2021 전국 지방자치단체 2021. 3.

민·관 협업사무 운영 현황 II

민간위탁금(307-05)

사회복지시설 법정운영비보조(307-10)

민간인위탁교육비(307-12)

공기관 등에 대한 경상적대행사업비(308-10)

한국민간위탁경영연구소
Korea Contracting-out Management Institute

한국민간위탁경영연구소
Korea Contracting-out Management Institute

한국민간위탁경영연구소는 정부에서 운영하는 민간위탁 공공서비스의 효율성 향상을 위해 설립된 연구기관입니다. 민간위탁은 성과지향형 공공서비스제공 공급방식의 하나로써 더 나은 정부, 더 효율적인 정부로 가기 위한 제도입니다.

세상의 모든 사물은 세상의 변화를 수용해야 합니다. 민간위탁 사무 또한 운영 목적이나 사회적 가치변화를 수용해야하기 때문에 지속적으로 변화해 왔습니다. 현행 민간위탁 사무의 유형은 공익적 성격과 사익적성격의 사무가 혼재되어 스펙트럼이 다양합니다. 시대적 흐름과 환경변화에 맞는 민간위탁사무는 갈수록 커뮤니티거버넌스형(CG) 공공서비스 제공방식으로 변화 되어 가고 있습니다.

이를 효율적으로 관리하기 위해서는 민간위탁의 본질을 이해해야 하는데, 대표적인 영문표기가 contracting out인 것처럼 구매계약 또는 외주계약으로 계약에 관한 전반적인 프로세스를 이해하고 계약관리능력이 필요한 제도라는 것을 이해해야 합니다. 민간위탁 과정은 먼저 민간위탁을 위한 추진계획을 수립한 후 지방의회의 심의를 거쳐 민간위탁 선정심의위원회의 선정과정을 통해 최종 민간위탁 사업자를 선정하게 됩니다. 이 과정에 민간위탁 업체선정을 위한 계약법검토, 조례제정 또는 개정, 적정 위탁비용 산정, 위탁 후 성과평가 결과 적용을 위한 지표개발 등 세부적이고 전문적인 연구결과를 통한 의사결정 자료가 필요하게 됩니다. 이러한 연구결과는 민간기업이 공공서비스를 제공할 때 지속적인 품질 개선을 유도함으로써 서비스경쟁력을 향상시키고, 지자체는 효율적인 예산운영을 통하여 과대 또는 과소예산으로 인한 사회적 비용을 감소시키며 재정운영의 건전성을 증대시키는 효과가 있습니다. 이와 같이 민간위탁만을 연구해온 저희 연구소는 다양한 연구를 통해 얻은 노하우를 바탕으로 좀 더 선진화된 민간위탁 의사결정 자료와 효율적인 운영방안을 제안하는 역할을 수행할 것입니다.

연구소장 배성기

주요연구분야

공공서비스디자인(Public Service Design)
민간위탁관리(Contracting Out Management)
사업타당성검토(Project Feasibility)
정부원가계산(Government Cost Accounting)
정부보조금정산(Government Grant Accounting)
공공서비스성과평가(Public Service Performance Evaluation)
사회적경제기업(Social Economy), 사회적가치평가(SROI)
조직 진단(Organizational Structure Design)
공공관리혁신(Public Management Innovation)
사회기반시설 자산관리(Infrastructure Asset Management)

연락처

전화 : 02 943 1941
팩스 : 02 943 1948
이메일 : kcomi@kcomi.re.kr
홈페이지: www.kcomi.re.kr

2021 전국 지방자치단체「민·관 협업사무 운영현황 II」는 이렇게 발간되었습니다.

1. 조사개요

민 · 관 협업은 학계와 실무계를 불문하고 사회 각계각층이 이 주제의 중요성을 인식하고 처방적 대안 마련에 관심을 쏟고 있음에도 불구하고 민간위탁 케이스별 연구만이 주로 되어 왔습니다. 또한 사회적 현상을 기반으로 공공서비스의 유형을 공공서비스, 준공공서비스, 선택적 공공서비스 등으로의 구분하고 공익성의 정도에 따른 관리기법 및 예산운영 방법 등을 심도 있게 연구한 연구문헌이 부족한 상황입니다.

민 · 관 협업형 공공서비스는 국민들과의 최접점에서 공급되는 공공서비스로 지속적으로 성장하는 국민들의 공공서비스 수요를 반영하고 개선하기 위해서는 다양한 주제와 분야별로 지속적인 연구가 되어야 합니다. 하지만 이러한 연구를 하기 위한 기초적 통계자료가 없다는 것은 실로 놀라운 일이 아닐 수 없습니다.

따라서 본 조사는 전국 243개 지자체 전부를 대상으로 민 · 관 협업사무 현황을 분석하기 위해 지자체의 민간경상사업보조(307-02), 민간단체 법정운영비보조(307-03), 민간행사사업보조(307-04), 민간위탁금(307-05), 사회복지시설 법정운영비보조(307-10), 민간인위탁교육비(307-12), 공기관 등에 대한 경상적대행사업비(308-10), 민간자본사업보조 자체재원(402-01), 민간자본사업보조 이전재원(402-02), 민간위탁사업비(402-03), 공기관 등에 대한 자본적 위탁사업비(403-02) 예산을 조사한 후 해당사무별 업체선정방법, 개별조례 유무, 원가산정기준, 서비스(성과)평가 유무, 수탁기업 현황 등에 대한 정보공개요청을 통해 현황을 조사하였습니다.

본 조사를 통해 얻을 수 있었던 것은 동종의 민 · 관 협업사무라도 운영예산규모, 업체선정기준, 개별조례유무, 위탁비용 산정기준, 서비스(성과)평가 유무 등이 같지 않다는 것을 알 수 있었습니다. 이를 검증하기 위해서는 심도 있는 연구가 수행 되어야 하겠으나 이런 비교결과조차도 유의미하다고 생각됩니다.

전국 지자체 민 · 관 협업사무 통계조사의 효용성은 첫째, 유사 민 · 관 협업사무의 운영예산 확인을 통한 예산운영의 적정성을 판단할 수 있는 기준자료, 둘째, 개별조례 유무 확인을 통한 제정 및 개정 용이, 셋째, 적정 비용 산정기준 확인, 넷째, 성과평가 기준 확인, 다섯째, 민간위탁기업명 확인을 통한 경쟁력 있는 기업선정 기초자료 확보 등과 같습니다.

상기와 같은 조사를 통해 궁극적으로 얻고자 한 것은 「건전한 긴장관계 유지」 입니다. 전국 민 · 관 협업사무 운영현황을 통해 사무의 종류와 예산의 규모, 협업 수행 기업의 종류와 유형이 공개됨으로써 민 · 관 협업사무를 추진하는 입장에서는 선택의 폭이 넓어질 것이고, 서비스를 받는 국민의 입장에서는 서비스기업 간 경쟁시스템이 올바르게 갖추어져, 좀 더 체계적이며,

경제적이고, 만족할 만한 공공서비스가 제공 되어질 것입니다.

현 통계 조사의 한계점은 지자체에서 민간이전(307), 자치단체등이전(308), 민간자본이전(402), 자치단체자본이전(403) 예산으로 운영하는 사무를 총괄하여 나열하였으나 해당 사무의 예산 편성시 다른 예산항목 사업으로 편성하여 혼재되어 공개된 사무가 다수 존재합니다. 이는 향후 관리자 교육을 통해 민간위탁 사업의 정확한 이해를 기반으로 해당사무 운영 기본 조례 제ㆍ개정과 함께 해당 사무가 운영될 시에 해소가 될 것으로 판단됩니다.

본 현황분석은 한국민간위탁경영연구소의 다섯 번째 전국단위 민ㆍ관 협업사무 운영현황 통계조사를 한 것으로서 미흡한 부분이 다소 존재합니다. 하지만 전국 민ㆍ관 협업 서비스 발전을 위한 기초 연구자료로써 중요한 역할을 할 수 있을 것을 기대합니다. 도움을 주신 전국 민ㆍ관 협업사무 담당 공무원분들께 감사드립니다.

2. 조사기간 : 2021년 1월 15일 ~ 2021년 2월 29일

3. 조사결과

- 민간이전 분류별 통계

(단위: 천원)

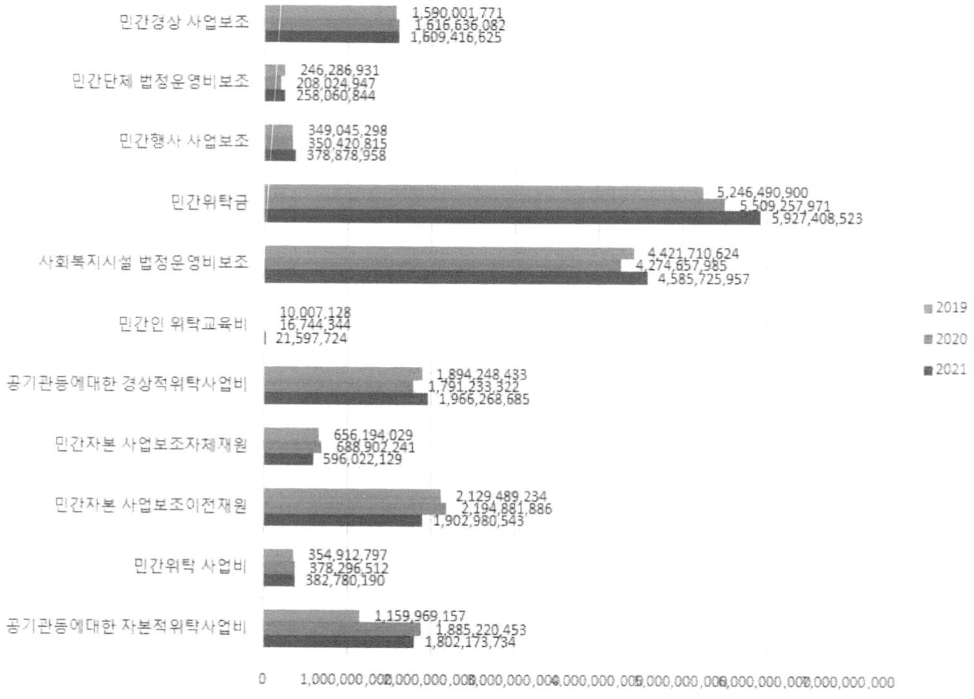

– 행정 단위별 통계

(단위: 천원)

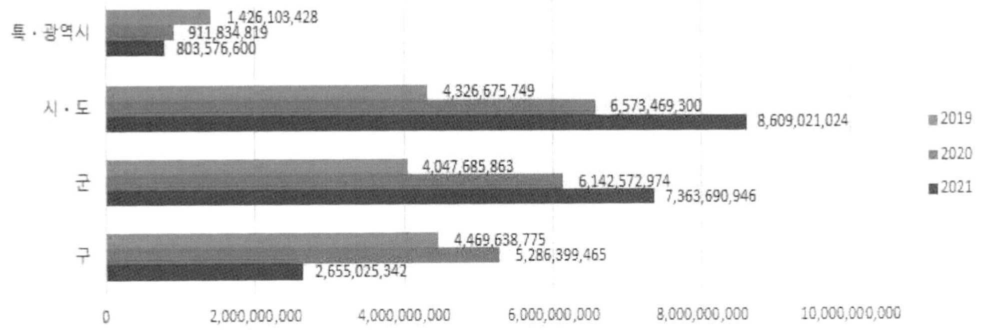

– 사업수별 통계

(단위: 건)

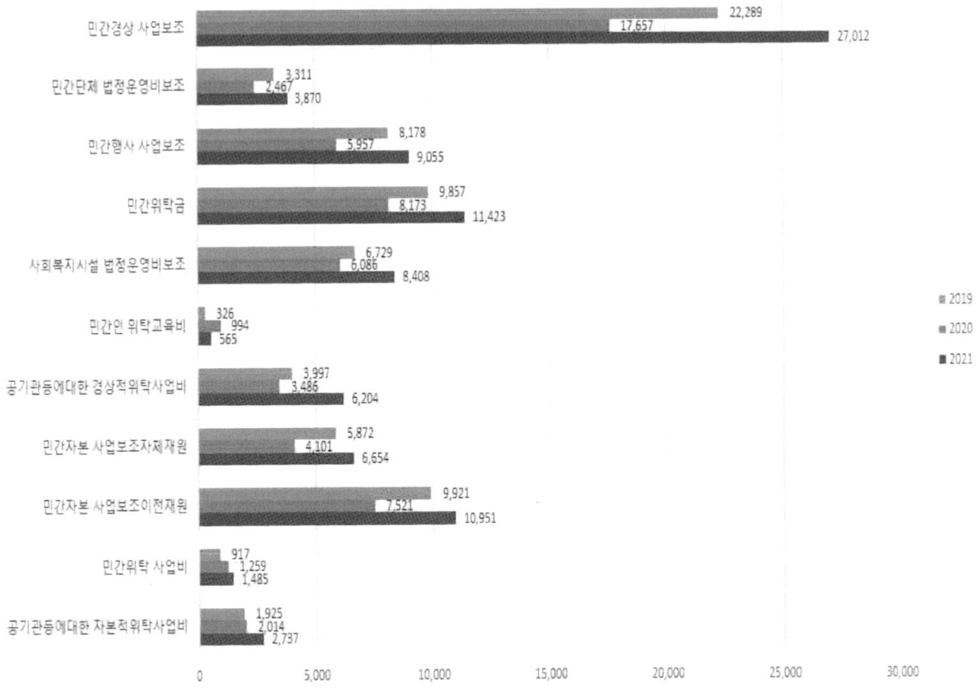

(1) 2021년 조사결과

(단위: 건, 천원)

행정단위	민간이전 (307)			
	민간경상 사업보조 (307-02)	민간단체 법정운영비보조 (307-03)	민간행사 사업보조 (307-04)	민간위탁금 (307-05)
합 계	1,609,416,625	258,060,844	378,878,958	5,927,408,523
특 · 광역시	126,483,885	20,717,888	17,495,418	141,897,563
시 · 도	741,694,406	140,478,657	191,036,108	2,505,501,914
군	584,384,872	69,810,174	144,100,714	2,369,312,165
구	156,853,462	27,054,125	26,246,718	910,696,881
사업수	27,012	3,870	9,055	11,423

(단위: 건, 천원)

행정단위	민간이전 (307)		자치단체등이전 (308)	민간자본이전 (402)
	사회복지시설 법정운영비보조 (307-10)	민간인 위탁교육비 (307-12)	공기관등에대한 경상적대행사업비 (308-10)	민간자본 사업보조자체재원 (402-01)
합 계	4,585,725,957	21,597,724	1,966,268,685	596,022,129
특 · 광역시	95,809,001	264,580	281,958,651	26,108,764
시 · 도	1,742,886,585	4,587,357	1,170,293,485	234,511,318
군	1,509,610,321	11,662,336	384,044,676	314,935,342
구	1,237,420,050	5,083,451	129,971,873	20,466,705
사업수	8,408	565	6,204	6,654

(단위: 건, 천원)

행정단위	민간자본이전 (402)		자치단체자본이전 (403)	합 계
	민간자본 사업보조이전재원 (402-02)	민간위탁 사업비 (402-03)	공기관등에대한 자본적위탁사업비 (403-02)	
합 계	1,902,980,543	382,780,190	1,802,173,734	19,431,313,912
특 · 광역시	39,179,680	3,210,219	50,450,951	803,576,600
시 · 도	945,399,600	154,139,608	778,491,986	8,609,021,024
군	877,097,853	206,285,393	892,447,100	7,363,690,946
구	41,303,410	19,144,970	80,783,697	2,655,025,342
사업수	10,951	1,485	2,737	88,364

(2) 2020년 조사결과

(단위: 건, 천원)

행정단위	민간이전 (307)			
	민간경상 사업보조 (307-02)	민간단체 법정운영비보조 (307-03)	민간행사 사업보조 (307-04)	민간위탁금 (307-05)
합 계	1,613,631,193	207,626,955	349,738,132	5,494,786,340
특 · 광역시	147,751,858	20,023,917	20,264,073	204,621,653
시 · 도	566,326,091	87,764,750	142,413,257	1,997,110,714
군	677,133,084	71,550,163	161,817,814	1,485,782,191
구	209,120,670	28,288,125	25,216,988	1,827,270,782
사업수	17,661	2,472	5,961	8,178

(단위: 건, 천원)

행정단위	민간이전 (307)		자치단체등이전 (308)	민간자본이전 (402)
	사회복지시설 법정운영비보조 (307-10)	민간인 위탁교육비 (307-12)	공기관등에대한 경상적대행사업비 (308-10)	민간자본 사업보조자체재원 (402-01)
합 계	4,274,657,985	16,717,494	1,782,394,299	687,021,554
특 · 광역시	44,339,980	530,799	237,658,493	30,815,530
시 · 도	1,531,484,016	7,576,845	546,833,688	288,285,931
군	555,538,178	5,401,983	395,187,050	314,260,931
구	2,143,295,811	3,207,867	602,715,068	53,659,162
사업수	6,091	998	3,491	4,105

(단위: 건, 천원)

행정단위	민간자본이전 (402)		자치단체자본이전 (403)	합 계
	민간자본 사업보조이전재원 (402-02)	민간위탁 사업비 (402-03)	공기관등에대한 자본적위탁사업비 (403-02)	
합 계	2,194,835,886	375,134,756	1,884,431,148	18,881,000,305
특 · 광역시	69,287,703	10,762,713	125,778,100	891,810,902
시 · 도	843,915,184	107,435,970	474,422,292	6,593,568,738
군	1,094,447,420	141,111,105	1,227,043,505	6,129,273,424
구	187,335,579	115,824,908	57,187,251	5,253,122,211
사업수	7,525	1,264	2,018	59,764

(3) 2019년 조사결과

(단위: 건, 천원)

행정단위	민간이전 (307)			
	민간경상 사업보조 (307-02)	민간단체 법정운영비보조 (307-03)	민간행사 사업보조 (307-04)	민간위탁금 (307-05)
합 계	1,590,001,771	246,286,931	349,045,298	5,246,490,900
특 · 광역시	200,987,484	29,044,236	14,397,959	286,187,513
시 · 도	351,272,974	67,665,725	97,460,507	1,341,628,928
군	563,956,333	69,149,178	121,324,527	826,580,474
구	130,535,245	31,369,935	28,102,809	1,768,578,685
사업수	22,289	3,311	8,178	9,857

(단위: 건, 천원)

행정단위	민간이전 (307)		자치단체등이전 (308)	민간자본이전 (402)
	사회복지시설 법정운영비보조 (307-10)	민간인 위탁교육비 (307-12)	공기관등에대한 경상적대행사업비 (308-10)	민간자본 사업보조자체재원 (402-01)
합 계	4,421,710,624	10,007,128	1,894,248,433	656,194,029
특 · 광역시	63,197,108	191,040	438,457,494	11,014,400
시 · 도	1,348,024,711	2,022,809	301,352,165	132,381,740
군	436,425,803	5,187,906	228,079,782	312,919,783
구	1,937,737,446	2,104,751	343,520,952	19,908,941
사업수	6,729	326	3,997	5,872

(단위: 건, 천원)

행정단위	민간자본이전(402)		자치단체자본이전 (403)	합 계
	민간자본 사업보조이전재원 (402-02)	민간위탁 사업비 (402-03)	공기관등에대한 자본적위탁사업비 (403-02)	
합 계	2,129,489,234	354,912,797	1,159,969,157	18,058,356,302
특 · 광역시	271,503,247	10,158,000	100,964,947	1,426,103,428
시 · 도	400,590,375	87,427,863	196,847,952	4,326,675,749
군	831,276,291	131,903,918	520,881,868	4,047,685,863
구	120,391,111	34,291,714	53,097,186	4,469,638,775
사업수	9,921	917	1,925	73,322

■ 민·관협업 예산비목 설명

1) 민간경상사업보조(307-02)란 민간이 행하는 사업에 대하여 자치단체가 이를 권장하기 위하여 교부하는 것으로 자본적 경비를 제외한 보조금을 말함
2) 민간단체 법정운영비보조(307-03)란 지방재정법 제17조 및 제32조의2제2항에 따라 운영비를 지원할 수 있는 단체 등에 지원하는 경비를 말함
3) 민간행사사업보조(307-04)란 민간이 주관 또는 주최하는 행사에 대하여 자본적 경비를 제외한 보조금을 말함
4) 민간위탁금(307-05)이란 국가 또는 지방자치단체가 법령 및 조례에 의하여 민간인에게 위탁관리시키는 사업 중 기금성격의 사업비로서 사업이 종료되거나 위탁이 폐지될 때에는 전액 국고 또는 지방비로 회수가 가능한 사업을 말함
5) 사회복지시설 법정운영비 보조(307-10)란 주민 복지를 위해 법령의 명시적 근거에 따라 사회복지시설에 대하여 운영비 지원 목적으로 편성하는 보조금을 말함
6) 민간인위탁교육비(307-12)란 법령 또는 조례 등에 따라 자치단체 사무를 위해 민간인을 위탁교육할 경우 위탁기관에 지급할 위탁교육비를 말함
7) 공기관등에 대한 경상적 대행사업비(308-10)란 광역사업 등 당해 자치단체가 시행하여야 할 자본형성적 사업 외의 경비를 공기관에 위임 또는 위탁, 대행하여 시행할 경우 부담하는 제반경비, 지방자치단체조합(한국지역정보개발원 등)에 위탁하는 자본 형성적 사업 외 제반 경비를 말함
8) 민간자본사업보조(자체재원)(402-01)이란 민간의 자본형성을 위하여 민간이 추진하는 사업을 권장할 목적으로 민간에게 자치단체 자체 재원으로 직접 지급하는 보조금을 말함
9) 민간자본사업보조(이전재원)(402-02)이란 민간의 자본형성을 위하여 민간이 추진하는 사업을 권장할 목적으로 민간에게 국비 또는 시도비를 시도 및 시군구에서 지급하는 보조금
10) 민간위탁사업비(402-03)란 자치단체가 직접 추진하여야 할 사업으로서 법령의 규정에 의하여 민간에 위임 또는 위탁, 대행시키는 사업의 사업비, 국가 또는 지방자치단체의 위임사무에 수반하는 경비로서 지방자치단체 이외의 타에 지급하는 교부금을 말함
11) 공기관등에 대한 자본적 위탁사업비(403-02)란 광역사업 등 당해 자치단체가 시행하여야 할 자본 형성적 사업을 공기관에 위임 또는 위탁, 대행하여 시행할 경우 부담하는 제반경비를 말함

자료출처 : 행정안전부, 2018년도 지방자치단체 예산편성 운영기준 및 기금운용계획 수립기준(2017. 7.)

목 차

목 차

목 차

목 차

목 차

목 차

목 차

목 차

전북

전남

제주

목 차

목 차

목 차

경북

경남

전북

전남

목 차

목 차

목 차

충북

충남

경북

경남

목 차

chapter

1

민간위탁금 (307-05)

2021년 전국 지방자치단체 민간위탁금(307-05) 운영 현황

순번	시군구	지출명 (사업명)	2021년예산 (단위:천원/1년간)	담당자 (공무원)	민간이전 분류 (지방자치단체 세출예산 집행기준에 의거)	민간이전지출 근거 (지방보조금 관리기준 참고)	입찰방식			운영예산 산정		성과평가 실시여부
				담당부서	1. 민간경상사업보조(307-02) 2. 민간단체 법정운영비보조(307-03) 3. 민간행사사업보조(307-04) 4. 민간위탁금(307-05) 5. 사회복지시설 법정운영비보조(307-10) 6. 민간인위탁교육비(307-12) 7. 공기관등에대한경상적위탁사업비(308-10) 8. 민간자본사업보조,자체재원(402-01) 9. 민간자본사업보조,이전재원(402-02) 10. 민간위탁사업비(402-03) 11. 공기관등에 대한 자본적 대행사업비(403-02)	1. 법률에 규정 2. 국고보조 재원(국가지정) 3. 용도 지정 기부금 4. 조례에 직접규정 5. 지자체가 권장하는 사업을 하는 공공기관 6. 시,도 정책 및 재정사정 7. 기타 8. 해당없음	계약체결방법 (경쟁형태) 1. 일반경쟁 2. 제한경쟁 3. 지명경쟁 4. 수의계약 5. 법정위탁 6. 기타 ( ) 7. 해당없음	계약기간 1. 1년 2. 2년 3. 3년 4. 4년 5. 5년 6. 기타 ( )년 7. 단기계약 (1년미만) 8. 해당없음	낙찰자선정방법 1. 적격심사 2. 협상에의한계약 3. 최저가낙찰제 4. 규격가격분리 5. 2단계 경쟁입찰 6. 기타 ( ) 7. 해당없음	운영예산 산정 1. 내부산정 (지자체 자체적으로 산정) 2. 외부산정 (외부전문기관위탁 산정) 3. 내·외부 모두 산정 4. 산정 無 5. 해당없음	정산방법 1. 내부정산 (지자체 내부적으로 정산) 2. 외부정산 (외부전문기관위탁 정산) 3. 내·외부 모두 산정 4. 정산 無 5. 해당없음	1. 실시 2. 미실시 3. 향후 추진 4. 해당없음
1	서울 종로구	치매안심센터 운영	621,000	건강증진과	4	2	7	8	7	3	3	1
2	서울 종로구	치매안심센터 운영	266,160	건강증진과	4	2	7	8	7	3	3	1
3	서울 종로구	정신건강복지센터 운영	701,081	건강증진과	4	2	7	8	7	3	3	1
4	서울 종로구	정신건강복지센터 운영	601,280	건강증진과	4	2	7	8	7	3	3	1
5	서울 종로구	정신건강복지센터 운영	35,200	건강증진과	4	2	7	8	7	3	3	1
6	서울 종로구	정신건강복지센터 운영	60,000	건강증진과	4	2	7	8	7	3	3	1
7	서울 종로구	중증치매노인 공공후견	50,000	건강증진과	4	2	7	8	7	3	3	1
8	서울 종로구	정신질환자 치료비 지원	80,240	건강증진과	4	2	7	8	7	3	3	1
9	서울 종로구	정신질환자 치료비 지원	37,600	건강증진과	4	2	7	8	7	3	3	1
10	서울 종로구	정신질환자 치료비 지원	53,280	건강증진과	4	2	7	8	7	3	3	1
11	서울 종로구	정신질환자 치료비 지원	80,240	건강증진과	4	2	7	8	7	3	3	1
12	서울 종로구	곱다 한복체험관 운영	480,000	관광과	4	4	6	3	6	1	1	1
13	서울 종로구	지역사회건강조사 조사분석 위탁운영	692,680	보건위생과	4	2	5	1	2	2	2	1
14	서울 종로구	어린이 급식관리지원센터 운영	315,000	보건위생과	4	1	6	3	7	1	3	1
15	서울 종로구	어린이집 운영 지원	480,900	보육지원과	4	2	7	8	7	5	1	2
16	서울 종로구	어린이집 운영 지원	79,000	보육지원과	4	2	7	8	7	5	1	2
17	서울 종로구	어린이집 운영 지원	10,900	보육지원과	4	2	7	8	7	5	1	2
18	서울 종로구	어린이집 운영 지원	44,500	보육지원과	4	2	7	8	7	5	1	2
19	서울 종로구	어린이집 운영 지원	66,600	보육지원과	4	2	7	8	7	5	1	2
20	서울 종로구	어린이집 운영 지원	335,400	보육지원과	4	2	7	8	7	5	1	2
21	서울 종로구	어린이집 운영 지원	50,400	보육지원과	4	2	7	8	7	5	1	2
22	서울 종로구	어린이집 운영 지원	1,350,000	보육지원과	4	2	7	8	7	5	1	2
23	서울 종로구	어린이집 운영 지원	22,500	보육지원과	4	2	7	8	7	5	1	2
24	서울 종로구	어린이집 운영 지원	24,300	보육지원과	4	2	7	8	7	5	1	2
25	서울 종로구	어린이집 운영 지원	2,250	보육지원과	4	2	7	8	7	5	1	2
26	서울 종로구	어린이집 운영 지원	28,000	보육지원과	4	2	7	8	7	5	1	2
27	서울 종로구	어린이집 운영 지원	36,000	보육지원과	4	2	7	8	7	5	1	2
28	서울 종로구	육아종합지원센터 운영 지원	659,517	보육지원과	4	4	5	3	7	3	3	2
29	서울 종로구	육아종합지원센터 운영 지원	165,827	보육지원과	4	4	5	3	7	3	3	2
30	서울 종로구	육아종합지원센터 운영 지원	118,440	보육지원과	4	4	5	3	7	3	3	2
31	서울 종로구	육아종합지원센터 운영 지원	40,000	보육지원과	4	4	5	3	7	3	3	2
32	서울 종로구	육아종합지원센터 운영 지원	35,961	보육지원과	4	4	5	3	7	3	3	2
33	서울 종로구	육아종합지원센터 운영 지원	40,420	보육지원과	4	4	5	3	7	3	3	2
34	서울 종로구	육아종합지원센터 운영 지원	54,500	보육지원과	4	4	5	3	7	3	3	2
35	서울 종로구	육아종합지원센터 운영 지원	27,770	보육지원과	4	4	5	3	7	3	3	2
36	서울 종로구	육아종합지원센터 운영 지원	171,199	보육지원과	4	4	5	3	7	3	3	2
37	서울 종로구	육아종합지원센터 운영 지원	5,400	보육지원과	4	4	5	3	7	3	3	2
38	서울 종로구	종로구청 직장어린이집 운영	244,076	보육지원과	4	1	5	5	7	3	3	2
39	서울 종로구	종로구청 직장어린이집 운영	38,140	보육지원과	4	1	5	5	7	3	3	2
40	서울 종로구	종로구청 직장어린이집 운영	205,936	보육지원과	4	1	5	5	7	3	3	2

순번	시군구	지출명 (사업명)	2021년예산 (단위:천원/1년간)	담당자 (공무원)	민간이전 분류 (지방자치단체 세출예산 집행기준에 의거) 1. 민간경상사업보조(307-02) 2. 민간단체 법정운영비보조(307-03) 3. 민간행사사업보조(307-04) 4. 민간위탁금(307-05) 5. 사회복지시설 법정운영비보조(307-10) 6. 민간인위탁교육비(307-12) 7. 공기관등에대한경상적위탁사업비(308-10) 8. 민간자본사업보조,자체재원(402-01) 9. 민간자본사업보조,이전재원(402-02) 10. 민간위탁사업비(402-03) 11. 공기관등에 대한 자본적 대행사업비(403-02)	민간이전지출 근거 (지방보조금 관리기준 참고) 1. 법률에 규정 2. 국고보조 재원(국가지정) 3. 용도 지정 기부금 4. 조례에 직접규정 5. 지자체가 권장하는 사업을 하는 공공기관 6. 시,도 정책 및 재정사정 7. 기타 8. 해당없음	입찰방식			운영예산 산정		성과평가 실시여부
				담당부서			계약체결방법 (경쟁형태) 1. 일반경쟁 2. 제한경쟁 3. 지명경쟁 4. 수의계약 5. 법정위탁 6. 기타 ( ) 7. 해당없음	계약기간 1. 1년 2. 2년 3. 3년 4. 4년 5. 5년 6. 기타 ( )년 7. 단기계약 (1년미만) 8. 해당없음	낙찰자선정방법 1. 적격심사 2. 협상에의한계약 3. 최저가낙찰제 4. 규격가격분리 5. 2단계 경쟁입찰 6. 기타 ( ) 7. 해당없음	운영예산 산정 1. 내부산정 (지자체 자체적으로 산정) 2. 외부산정 (외부전문기관위탁 산정) 3. 내·외부 모두 산정 4. 산정 無 5. 해당없음	정산방법 1. 내부정산 (지자체 내부적으로 정산) 2. 외부정산 (외부전문기관위탁 정산) 3. 내·외부 모두 산정 4. 정산 無 5. 해당없음	1. 실시 2. 미실시 3. 향후 추진 4. 해당없음
41	서울 종로구	종로구청 직장어린이집 운영	23,658	보육지원과	4	1	5	5	7	3	3	2
42	서울 종로구	종로구청 직장어린이집 운영	28,919	보육지원과	4	1	5	5	7	3	3	2
43	서울 종로구	종로구청 직장어린이집 운영	13,070	보육지원과	4	1	5	5	7	3	3	2
44	서울 종로구	종로구청 직장어린이집 운영	9,686	보육지원과	4	1	5	5	7	3	3	2
45	서울 종로구	종로구청 직장어린이집 운영	99,300	보육지원과	4	1	5	5	7	3	3	2
46	서울 종로구	종로구청 직장어린이집 운영	3,050	보육지원과	4	1	5	5	7	3	3	2
47	서울 종로구	종로구청 직장어린이집 운영	2,120	보육지원과	4	1	5	5	7	3	3	2
48	서울 종로구	종로구청 직장어린이집 운영	48,747	보육지원과	4	1	5	5	7	3	3	2
49	서울 종로구	종로구청 직장어린이집 운영	8,100	보육지원과	4	1	5	5	7	3	3	2
50	서울 종로구	종로구청 직장어린이집 운영	40,647	보육지원과	4	1	5	5	7	3	3	2
51	서울 종로구	보존식 기자재 지원	28,700	보육지원과	4	2	7	8	7	5	5	4
52	서울 종로구	아이돌봄 지원사업	1,729,000	보육지원과	4	1	1	3	1	1	1	2
53	서울 종로구	아이돌봄 지원사업	38,278	보육지원과	4	1	1	3	1	1	1	2
54	서울 종로구	아이돌봄 지원사업	17,280	보육지원과	4	1	1	3	1	1	1	2
55	서울 종로구	아이돌봄 지원사업	22,532	보육지원과	4	1	1	3	1	1	1	2
56	서울 종로구	공동육아나눔터 운영지원	53,828	보육지원과	4	1	1	3	1	1	1	2
57	서울 종로구	공동육아나눔터 운영지원	3,480	보육지원과	4	1	1	3	1	1	1	2
58	서울 종로구	한부모가족복지시설 아이돌봄 지원사업	53,860	보육지원과	4	1	1	3	1	1	1	2
59	서울 종로구	1인가구 사회적관계망 구축사업	80,000	보육지원과	4	8	1	3	1	1	1	2
60	서울 종로구	우리동네키움센터 운영	93,000	보육지원과	4	4	1	5	1	2	1	3
61	서울 종로구	우리동네키움센터 운영	33,600	보육지원과	4	4	1	5	1	2	1	3
62	서울 종로구	열린육아방 운영	77,592	보육지원과	4	4	5	3	7	3	3	2
63	서울 종로구	열린육아방 운영	64,800	보육지원과	4	4	5	3	7	3	3	2
64	서울 종로구	열린육아방 운영	12,792	보육지원과	4	4	5	3	7	3	3	2
65	서울 종로구	출산장려 홍보 및 활동 지원	5,000	보육지원과	4	5	1	3	1	1	1	2
66	서울 종로구	건강가정지원센터 운영 지원	210,400	보육지원과	4	1	1	3	1	1	1	2
67	서울 종로구	건강가정지원센터 운영 지원	43,046	보육지원과	4	1	1	3	1	1	1	2
68	서울 종로구	건강가정지원센터 운영 지원	1,410,000	보육지원과	4	1	1	3	1	1	1	2
69	서울 종로구	건강가정지원센터 운영 지원	3,019	보육지원과	4	1	1	3	1	1	1	2
70	서울 종로구	건강가정지원센터 운영 지원	44,000	보육지원과	4	1	1	3	1	1	1	2
71	서울 종로구	건강가정지원센터 운영 지원	83,680	보육지원과	4	1	1	3	1	1	1	2
72	서울 종로구	다문화가족 지원사업	152,300	보육지원과	4	1	1	3	1	1	1	2
73	서울 종로구	다문화가족 지원사업	51,700	보육지원과	4	1	1	3	1	1	1	2
74	서울 종로구	다문화가족 지원사업	8,000	보육지원과	4	1	1	3	1	1	1	2
75	서울 종로구	다문화가족 지원사업	3,000	보육지원과	4	1	1	3	1	1	1	2
76	서울 종로구	다문화가족 지원사업	13,000	보육지원과	4	1	1	3	1	1	1	2
77	서울 종로구	다문화가족 지원사업	5,000	보육지원과	4	1	1	3	1	1	1	2
78	서울 종로구	다문화가족 지원사업	5,000	보육지원과	4	1	1	3	1	1	1	2
79	서울 종로구	다문화가족 지원사업	25,000	보육지원과	4	1	1	3	1	1	1	2
80	서울 종로구	자활근로	1,766,000	사회복지과	4	1	6	1	2	1	1	2
81	서울 종로구	지역자활센터 운영	301,831	사회복지과	4	1	6	1	2	1	1	2
82	서울 종로구	자활센터 운영	44,466	사회복지과	4	1	6	1	2	1	1	2

순번	시군구	지출명 (사업명)	2021년예산 (단위:천원/1년간)	담당자 (공무원)	민간이전 분류 (지방자치단체 세출예산 집행기준에 의거)	민간이전지출 근거 (지방보조금 관리기준 참고)	입찰방식			운영예산 산정		성과평가 실시여부
				담당부서	1. 민간경상사업보조(307-02) 2. 민간단체 법정운영비보조(307-03) 3. 민간행사사업보조(307-04) 4. 민간위탁금(307-05) 5. 사회복지시설 법정운영비보조(307-10) 6. 민간인위탁교육비(307-12) 7. 공기관등에대한경상적위탁사업비(308-10) 8. 민간자본사업보조,자체재원(402-01) 9. 민간자본사업보조,이전재원(402-02) 10. 민간위탁사업비(402-03) 11. 공기관등에 대한 자본적 대행사업비(403-02)	1. 법률에 규정 2. 국고보조 재원(국가지정) 3. 용도 지정 기부금 4. 조례에 직접규정 5. 지자체가 권장하는 사업을 하는 공공기관 6. 시,도 정책 및 재정사정 7. 기타 8. 해당없음	계약체결방법 (경쟁형태) 1. 일반경쟁 2. 제한경쟁 3. 지명경쟁 4. 수의계약 5. 법정위탁 6. 기타 ( ) 7. 해당없음	계약기간 1. 1년 2. 2년 3. 3년 4. 4년 5. 5년 6. 기타 ( )년 7. 단기계약 (1년미만) 8. 해당없음	낙찰자선정방법 1. 적격심사 2. 협상에의한계약 3. 최저가낙찰제 4. 규격가격분리 5. 2단계 경쟁입찰 6. 기타 ( ) 7. 해당없음	운영예산 산정 1. 내부산정 (지자체 자체적으로 산정) 2. 외부산정 (외부전문기관위탁 산정) 3. 내·외부 모두 산정 4. 산정 無 5. 해당없음	정산방법 1. 내부정산 (지자체 내부적으로 정산) 2. 외부정산 (외부전문기관위탁 정산) 3. 내·외부 모두 산정 4. 정산 無 5. 해당없음	1. 실시 2. 미실시 3. 향후 추진 4. 해당없음
83	서울 종로구	장애인무료셔틀버스 운영	66,639	사회복지과	4	1	6	3	7	1	1	2
84	서울 종로구	장애인무료셔틀버스 운영	36,624	사회복지과	4	1	6	3	7	1	1	2
85	서울 종로구	장애인무료셔틀버스 운영	24,000	사회복지과	4	1	6	3	7	1	1	2
86	서울 종로구	장애인무료셔틀버스 운영	5,843	사회복지과	4	1	6	3	7	1	1	2
87	서울 종로구	편의증진기술지원센터 운영	127,310	사회복지과	4	1	5	1	7	1	1	1
88	서울 종로구	지역자율형사회서비스 투자사업	6,912	사회복지과	4	2	5	8	7	5	2	4
89	서울 종로구	지역자율형사회서비스 투자사업	38,880	사회복지과	4	2	5	8	7	5	2	4
90	서울 종로구	장애아동 발달재활서비스 지원	196,560	사회복지과	4	7	5	8	7	5	2	4
91	서울 종로구	종로장애인복지관 지원	1,896,000	사회복지과	4	1	6	5	6	1	1	2
92	서울 종로구	종로장애인복지관 지원	10,200	사회복지과	4	1	6	5	6	1	1	2
93	서울 종로구	발달장애인 평생교육센터 운영	510,000	사회복지과	4	1	1	5	7	5	1	4
94	서울 종로구	발달장애인 주간활동서비스	90,720	사회복지과	4	7	5	8	7	5	2	4
95	서울 종로구	종로 장애인가족지원센터 운영	199,582	사회복지과	4	7	1	3	1	1	1	1
96	서울 종로구	장애인 일자리사업	483,000	사회복지과	4	7	6	1	6	1	1	1
97	서울 종로구	청소년 발달장애인 방과후활동서비스	73,920	사회복지과	4	7	5	8	7	5	2	4
98	서울 종로구	취약계층 맞춤형 원스톱 주거지원 사업	23,500	사회복지과	4	5	6	8	7	1	1	2
99	서울 종로구	종로노인종합복지관 운영	24,731	어르신가족과	4	1	6	5	6	1	1	1
100	서울 종로구	종로노인종합복지관 무악센터 운영	405,124	어르신가족과	4	1	6	5	6	1	1	1
101	서울 종로구	종로시니어클럽 운영 보조	340,072	어르신가족과	4	1	6	8	7	1	1	2
102	서울 종로구	지역사회 청소년통합지원체계 구축	363,470	어르신가족과	4	1	6	2	7	1	1	4
103	서울 종로구	청소년독서실 및 야간공부방 운영	66,000	어르신가족과	4	4	1	2	1	1	1	1
104	서울 종로구	학교 밖 청소년 지원사업	99,518	어르신가족과	4	2	6	2	7	1	1	1
105	서울 종로구	학교 밖 청소년 지원사업	10,974	어르신가족과	4	2	6	2	7	1	1	1
106	서울 종로구	영상정보 관제 용역	554,432	재난안전과	4	4	2	1	6	1	1	4
107	서울 종로구	민간견인료 지급	178,378	주차관리과	4	1	6	6	6	1	1	4
108	서울 중구	손기정기념관 운영 지원	100,000	문화관광과	4	8	7	3	7	1	1	2
109	서울 중구	서소문성지 역사박물관 운영지원	500,000	문화관광과	4	4	7	8	7	5	5	2
110	서울 중구	음식물쓰레기 관리	54,398	청소행정과	4	1	6	1	7	5	5	4
111	서울 중구	자원 재활용 관리	37,900	청소행정과	4	4	1	1	3	1	1	4
112	서울 중구	폐기물안정적처리	9,885	청소행정과	4	1	1	1	1	1	1	1
113	서울 중구	신당종합사회복지관운영	1,298,000	복지지원과	4	1	6	5	7	3	1	1
114	서울 중구	유락종합사회복지관운영	1,320,000	복지지원과	4	1	6	5	7	3	1	1
115	서울 중구	보훈회관운영	353,745	복지지원과	4	4	4	3	7	1	1	1
116	서울 중구	남산실버복지센터운영	106,500	사회복지과	4	4	1	5	1	1	1	4
117	서울 중구	신당데이케어센터운영	76,500	사회복지과	4	4	1	5	1	1	1	4
118	서울 중구	중림어르신데이케어센터 운영	33,500	사회복지과	4	4	1	5	1	1	1	4
119	서울 중구	장애인복지관 운영	1,290,000	사회복지과	4	1	1	5	1	1	1	1
120	서울 중구	구립 중림장애인주간보호센터 운영	44,800	사회복지과	4	1	1	5	1	1	1	1
121	서울 중구	장애인가족지원센터 운영	190,000	사회복지과	4	4	7	8	7	5	5	4
122	서울 중구	저소득장애인 무료급식 지원	132,838	사회복지과	4	6	7	8	7	1	1	1
123	서울 중구	자활근로사업비	1,370,000	사회복지과	4	2	5	1	1	5	5	1
124	서울 중구	지역자활센터운영비	271,817	사회복지과	4	2	5	1	1	5	5	1

순번	시군구	지출명 (사업명)	2021년예산 (단위:천원/1년간)	담당자 (공무원) 담당부서	민간이전 분류 (지방자치단체 세출예산 집행기준에 의거) 1. 민간경상사업보조(307-02) 2. 민간단체 법정운영비보조(307-03) 3. 민간행사사업보조(307-04) 4. 민간위탁금(307-05) 5. 사회복지시설 법정운영비보조(307-10) 6. 민간인위탁교육비(307-12) 7. 공기관등에대한경상적위탁사업비(308-10) 8. 민간자본사업보조,자체재원(402-01) 9. 민간자본사업보조,이전재원(402-02) 10. 민간위탁사업비(402-03) 11. 공기관등에 대한 자본적 대행사업비(403-02)	민간이전지출 근거 (지방보조금 관리기준 참고) 1. 법률에 규정 2. 국고보조 재원(국가지정) 3. 용도 지정 기부금 4. 조례에 직접규정 5. 지자체가 권장하는 사업을 하는 공공기관 6. 시,도 정책 및 재정사정 7. 기타 8. 해당없음	입찰방식 계약체결방법 (경쟁형태) 1. 일반경쟁 2. 제한경쟁 3. 지명경쟁 4. 수의계약 5. 법정위탁 6. 기타 ( ) 7. 해당없음	입찰방식 계약기간 1. 1년 2. 2년 3. 3년 4. 4년 5. 5년 6. 기타 ( )년 7. 단기계약 (1년미만) 8. 해당없음	입찰방식 낙찰자선정방법 1. 적격심사 2. 협상에의한계약 3. 최저가낙찰제 4. 규격가격분리 5. 2단계 경쟁입찰 6. 기타 ( ) 7. 해당없음	운영예산 산정 운영예산 산정 1. 내부산정 (지자체 자체적으로 산정) 2. 외부산정 (외부전문기관위탁 산정) 3. 내·외부 모두 산정 4. 산정 無 5. 해당없음	운영예산 산정 정산방법 1. 내부정산 (지자체 내부적으로 정산) 2. 외부정산 (외부전문기관위탁 정산) 3. 내·외부 모두 산정 4. 정산 無 5. 해당없음	성과평가 실시여부 1. 실시 2. 미실시 3. 향후 추진 4. 해당없음
125	서울 중구	직원자녀 위탁보육 지원	254,398	여성보육과	4	1	7	8	7	5	1	4
126	서울 중구	건강가정지원센터 운영	374,874	여성보육과	4	2	7	8	7	5	1	4
127	서울 중구	아이돌봄 지원	183,876	여성보육과	4	2	7	8	7	5	1	4
128	서울 중구	다문화가족 지원	263,520	여성보육과	4	2	7	8	7	5	1	4
129	서울 중구	공동육아나눔터 운영	86,828	여성보육과	4	2	7	8	7	5	1	4
130	서울 중구	중구 여성플라자 운영	416,792	여성보육과	4	4	1	3	1	3	1	4
131	서울 중구	제설대책 운영	160,000	도로시설과	4	1	1	7	1	1	1	4
132	서울 중구	패션·봉제 활성화 지원	476,500	도심산업과	4	1	2	3	2	1	1	1
133	서울 중구	소상공인지원센터 설치 및 운영	190,000	전통시장과	4	4	7	8	7	5	5	4
134	서울 중구	가로환경 정비	950,000	가로환경과	4	7	2	1	1	2	1	2
135	서울 중구	어린이급식관리지원센터 설치운영	315,000	보건위생과	4	2	5	3	1	3	2	1
136	서울 중구	지역사회건강조사 조사분석 위탁운영	69,192	시민건강과	4	2	6	1	6	5	3	1
137	서울 중구	치매안심센터운영	10,000	시민건강과	4	4	1	3	1	5	3	1
138	서울 중구	중증치매노인공공후견사업	2,700	시민건강과	4	4	1	3	1	5	3	1
139	서울 중구	정신건강증진사업	808,184	의약과	4	1	1	3	2	1	1	2
140	서울 중구	아동청소년정신건강증진사업	55,532	의약과	4	2	1	3	2	1	1	2
141	서울 중구	정신질환자치료비지원사업	20,648	의약과	4	2	1	3	2	1	1	2
142	서울 중구	정신건강 열린상담실 운영	72,648	의약과	4	2	1	3	2	1	1	2
143	서울 용산구	마을공동체 활성화	40,000	자치행정과	4	4	6	6	6	1	1	1
144	서울 용산구	U-용산 통합관제센터 관제용역	564,529	스마트정보과	4	4	2	1	1	1	1	1
145	서울 용산구	자원봉사센터 위탁운영	445,177	복지정책과	4	1	5	3	1	1	1	1
146	서울 용산구	전국 통합 자원봉사보험 가입 서비스 지원	12,310	복지정책과	4	1	6	1	1	5	1	1
147	서울 용산구	자원봉사 코디네이터 지원·육성	59,096	복지정책과	4	1	6	1	6	5	1	1
148	서울 용산구	종합사회복지관 운영	23,168	복지정책과	4	4	5	5	2	1	1	1
149	서울 용산구	푸드뱅크/마켓 지원	179,718	복지정책과	4	1	1	5	1	1	1	1
150	서울 용산구	장애인커뮤니티센터 운영	135,069	사회복지과	4	4	1	5	6	1	1	3
151	서울 용산구	발달장애인 평생교육센터 운영	50,000	사회복지과	4	4	1	3	6	1	1	3
152	서울 용산구	장애인 단체 및 시설지원	180,000	사회복지과	4	1	6	3	6	1	1	1
153	서울 용산구	장애인복지관운영지원	15,100,000	사회복지과	4	1	6	5	6	1	1	1
154	서울 용산구	장애인 단체 및 시설지원	12,000	사회복지과	4	1	1	5	1	1	1	4
155	서울 용산구	청파노인복지센터 운영비 지원	547,898	어르신청소년과	4	1	5	5	1	3	3	1
156	서울 용산구	청소년상담복지센터 운영	414,417	어르신청소년과	4	1	1	3	1	1	1	1
157	서울 용산구	공공형 실내놀이터 운영	234,362	어르신청소년과	4	4	1	5	1	1	1	3
158	서울 용산구	청소년지원센터 운영	141,594	어르신청소년과	4	1	5	3	1	1	1	1
159	서울 용산구	학교밖청소년 급식지원	16,800	어르신청소년과	4	2	7	8	7	5	5	4
160	서울 용산구	노인일자리사업 위탁운영비	52,212	어르신청소년과	4	1	6	1	6	2	3	1
161	서울 용산구	양성발전	29,000	여성가족과	4	4	6	1	6	1	1	1
162	서울 용산구	육아종합지원센터 운영	856,960	여성가족과	4	1	1	5	7	5	1	4
163	서울 용산구	건강가정지원센터 운영	79,999	여성가족과	4	1	5	3	1	5	1	1
164	서울 용산구	아이돌봄지원	25,000	여성가족과	4	2	5	3	1	5	1	1
165	서울 용산구	여성폭력 예방 및 인프라 구축	84,000	여성가족과	4	7	2	1	1	1	1	1
166	서울 용산구	건강가정 및 다문화가족 지원센터 운영	338,080	여성가족과	4	2	5	3	1	5	1	1

순번	시군구	지출명 (사업명)	2021년예산 (단위:천원/1년간)	담당자 (공무원)	민간이전 분류 (지방자치단체 세출예산 집행기준에 의거)	민간이전지출 근거 (지방보조금 관리기준 참고)	입찰방식			운영예산 산정		성과평가 실시여부
				담당부서	1. 민간경상사업보조(307-02) 2. 민간단체 법정운영비보조(307-03) 3. 민간행사사업보조(307-04) 4. 민간위탁금(307-05) 5. 사회복지시설 법정운영비보조(307-10) 6. 민간인위탁교육비(307-12) 7. 공기관등에대한경상적위탁사업비(308-10) 8. 민간자본사업보조,자체재원(402-01) 9. 민간자본사업보조,이전재원(402-02) 10. 민간위탁사업비(402-03) 11. 공기관등에 대한 자본적 대행사업비(403-02)	1. 법률에 규정 2. 국고보조 재원(국가지정) 3. 용도 지정 기부금 4. 조례에 직접규정 5. 지자체가 권장하는 사업을 하는 공공기관 6. 시,도 정책 및 재정사정 7. 기타 8. 해당없음	계약체결방법 (경쟁형태) 1. 일반경쟁 2. 제한경쟁 3. 지명경쟁 4. 수의계약 5. 법정위탁 6. 기타 ( ) 7. 해당없음	계약기간 1. 1년 2. 2년 3. 3년 4. 4년 5. 5년 6. 기타 ( )년 7. 단기계약 (1년미만) 8. 해당없음	낙찰자선정방법 1. 적격심사 2. 협상에의한계약 3. 최저가낙찰제 4. 규격가격분리 5. 2단계 경쟁입찰 6. 기타 ( ) 7. 해당없음	운영예산 산정 1. 내부산정 (지자체 자체적으로 산정) 2. 외부산정 (외부전문기관위탁 산정) 3. 내·외부 모두 산정 4. 산정 無 5. 해당없음	정산방법 1. 내부정산 (지자체 내부적으로 정산) 2. 외부정산 (외부전문기관위탁 정산) 3. 내·외부 모두 산정 4. 정산 無 5. 해당없음	1. 실시 2. 미실시 3. 향후 추진 4. 해당없음
167	서울 용산구	아이돌봄지원	19,900	여성가족과	4	1	5	3	1	5	1	1
168	서울 용산구	자치구 육아종합지원센터 운영지원	40,000	여성가족과	4	1	1	5	7	5	1	4
169	서울 용산구	다문화가족지원센터 운영	20,000	여성가족과	4	1	5	3	1	5	1	1
170	서울 용산구	다문화가족 특성화사업 운영	93,722	여성가족과	4	2	5	3	1	5	1	1
171	서울 용산구	다문화가족 지원센터 운영	84,172	여성가족과	4	2	5	3	1	5	1	1
172	서울 용산구	공동육아나눔터 운영	52,420	여성가족과	4	2	5	8	7	5	1	1
173	서울 용산구	열린육아방 지원사업	38,532	여성가족과	4	1	1	5	7	5	1	4
174	서울 용산구	건강플러스 운영	10,000	여성가족과	4	7	5	3	1	5	1	1
175	서울 용산구	육아종합지원센터 특화사업	37,000	여성가족과	4	6	1	1	7	5	1	4
176	서울 용산구	자활근로사업 지원	26,388	복지조사과	4	2	5	1	7	1	1	1
177	서울 용산구	생활과학교실 운영	40,000	인재양성과	4	4	7	8	7	1	1	4
178	서울 용산구	진로직업체험지원센터 운영	230,000	인재양성과	4	4	7	8	7	1	1	3
179	서울 용산구	영재교육 지원	5,750	인재양성과	4	1	7	7	7	3	2	1
180	서울 용산구	어린이영어도서관 운영지원	216,000	인재양성과	4	4	7	2	1	1	1	1
181	서울 용산구	원어민 외국어교실 운영	285,858	인재양성과	4	4	2	2	2	2	2	1
182	서울 용산구	어린이 영어캠프 운영	62,500	인재양성과	4	4	7	7	7	3	2	1
183	서울 용산구	생활폐기물 수집운반	9,195	자원순환과	4	4	2	3	1	2	1	1
184	서울 용산구	일반폐기물 처리	52,531	자원순환과	4	4	4	2	1	1	1	4
185	서울 용산구	음식물류 폐기물 처리	28,579	자원순환과	4	4	1	2	2	1	1	1
186	서울 용산구	음식물류 폐기물 운송	218,051	자원순환과	4	4	2	2	6	1	1	1
187	서울 용산구	자원 재활용 촉진 및 재활용품 처리	16,844	자원순환과	4	4	6	3	1	1	1	4
188	서울 용산구	가로정비 민간용역	114,000	건설관리과	4	8	4	1	7	1	1	4
189	서울 용산구	자전거수리센터 인건비	13,600	교통행정과	4	4	4	1	6	1	1	2
190	서울 용산구	견인관리	310,250	주차관리과	4	7	6	6	6	1	1	2
191	서울 용산구	지역사회건강조사	69,420	보건행정과	4	2	7	1	7	3	3	1
192	서울 용산구	유기유실동물 관리수준 개선지원	52,200	보건위생과	4	1	6	3	6	3	1	2
193	서울 용산구	길고양이중성화 수술비 지원	90,000	보건위생과	4	7	2	1	3	3	1	2
194	서울 용산구	용산구치매지원센터위탁 운영	10,541	건강관리과	4	2	1	3	1	1	1	3
195	서울 용산구	중증치매노인공공후견사업	5,000	건강관리과	4	2	1	3	1	1	1	3
196	서울 성동구	인사 운영	93,600	총무과	4	1	7	1	7	1	1	4
197	서울 성동구	자원봉사 코디네이터 지원·육성	70,474	자치행정과	4	2	7	8	7	5	1	1
198	서울 성동구	전국통합자원봉사보험 가입 서비스 지원	14,100	자치행정과	4	2	7	8	7	5	1	1
199	서울 성동구	주민자치회 시범운영 지원	785,846	자치행정과	4	6	7	8	7	1	1	3
200	서울 성동구	공공복합청사 시설 위탁관리	171,390	자치행정과	4	4	7	3	7	1	1	2
201	서울 성동구	성동공유센터 운영	184,317	자치행정과	4	4	1	3	1	1	1	1
202	서울 성동구	자원봉사센터 운영 지원	608,432	자치행정과	4	1	7	8	7	5	1	1
203	서울 성동구	옥수역 고가하부 공공문화공간 [다락(樂) 옥수] 운영	133,450	자치행정과	4	5	4	3	1	1	1	1
204	서울 성동구	자치구 마을생태계 조성사업 지원	326,400	자치행정과	4	6	2	3	1	1	1	1
205	서울 성동구	원어민영어회화상학습센터 운영	32,000	교육지원과	4	4	7	8	7	1	1	3
206	서울 성동구	평생학습관(독서당) 운영	32,000	교육지원과	4	5	1	1	1	1	1	1
207	서울 성동구	4차 산업혁명 체험센터 운영	849,384	교육지원과	4	7	1	1	2	1	1	4
208	서울 성동구	창의예술놀터 운영	24,000	교육지원과	4	5	7	8	7	5	5	4

순번	시군구	지출명 (사업명)	2021년예산 (단위:천원/1년간)	담당자 (공무원)	민간이전 분류 (지방자치단체 세출예산 집행기준에 의거)	민간이전지출 근거 (지방보조금 관리기준 참고)	입찰방식			운영예산 산정		성과평가 실시여부
				담당부서	1. 민간경상사업보조(307-02) 2. 민간단체 법정운영비보조(307-03) 3. 민간행사사업보조(307-04) 4. 민간위탁금(307-05) 5. 사회복지시설 법정운영비보조(307-10) 6. 민간인위탁교육비(307-12) 7. 공기관등에대한경상적위탁사업비(308-10) 8. 민간자본사업보조,자체재원(402-01) 9. 민간자본사업보조,이전재원(402-02) 10. 민간위탁사업비(402-03) 11. 공기관등에 대한 자본적 대행사업비(403-02)	1. 법률에 규정 2. 국고보조 재원(국가지정) 3. 용도 지정 기부금 4. 조례에 직접규정 5. 지자체가 권장하는 사업을 하는 공공기관 6. 시,도 정책 및 재정사정 7. 기타 8. 해당없음	계약체결방법 (경쟁형태) 1. 일반경쟁 2. 제한경쟁 3. 지명경쟁 4. 수의계약 5. 법정위탁 6. 기타 ( ) 7. 해당없음	계약기간 1. 1년 2. 2년 3. 3년 4. 4년 5. 5년 6. 기타 ( )년 7. 단기계약 (1년미만) 8. 해당없음	낙찰자선정방법 1. 적격심사 2. 협상에의한계약 3. 최저가낙찰제 4. 규격가격분리 5. 2단계 경쟁입찰 6. 기타 ( ) 7. 해당없음	운영예산 산정 1. 내부산정 (지자체 자체적으로 산정) 2. 외부산정 (외부전문기관위탁 산정) 3. 내·외부 모두 산정 4. 산정 無 5. 해당없음	정산방법 1. 내부정산 (지자체 내부적으로 정산) 2. 외부정산 (외부전문기관위탁 정산) 3. 내·외부 모두 산정 4. 정산 無 5. 해당없음	1. 실시 2. 미실시 3. 향후 추진 4. 해당없음
209	서울 성동구	구청장기대회 개최	130,000	문화체육과	4	4	7	8	7	1	1	4
210	서울 성동구	공립 작은도서관(동 문고) 운영	1,500,000	문화체육과	4	4	4	8	7	1	1	2
211	서울 성동구	성동구립 문화예술단체 운영	81,980	문화체육과	4	5	5	2	7	1	1	1
212	서울 성동구	성동문화마당 공연 지원	10,000	문화체육과	4	5	5	7	7	1	1	1
213	서울 성동구	생활체육 활성화 지원	40,000	문화체육과	4	4	7	8	7	1	1	4
214	서울 성동구	성동 힐링영화제	39,000	문화체육과	4	5	7	7	7	1	1	4
215	서울 성동구	성동구민풋살팀 운영 지원	12,000	문화체육과	4	4	6	1	7	1	1	4
216	서울 성동구	성동구민체육대회 개최	95,000	문화체육과	4	4	7	8	7	1	1	4
217	서울 성동구	유기동물 보호관리	42,100	지역경제과	4	2	6	3	7	2	1	2
218	서울 성동구	길고양이 중성화	63,750	지역경제과	4	2	6	2	7	2	1	2
219	서울 성동구	노동복지센터 설치 운영 및 활성화 지원	43,832	지역경제과	4	6	1	2	7	1	1	1
220	서울 성동구	사회적경제 생태계 조성	327,000	일자리정책과	4	4	1	2	1	1	1	1
221	서울 성동구	파워스탠드 운영	126,720	일자리정책과	4	4	4	3	6	1	1	1
222	서울 성동구	메이커스페이스 운영	286,320	일자리정책과	4	4	1	1	6	1	1	3
223	서울 성동구	지역주도형 청년일자리사업	15,000	일자리정책과	4	1	7	7	7	1	1	4
224	서울 성동구	경로행사 지원	4,600	어르신장애인복지과	4	6	7	8	7	1	1	1
225	서울 성동구	노인일자리 및 사회활동지원 확대	47,027	어르신장애인복지과	4	2	7	1	7	1	1	1
226	서울 성동구	중증장애인 자립생활센터 운영	291,704	어르신장애인복지과	4	1	5	3	6	1	1	4
227	서울 성동구	성동재활의원 운영	488,480	어르신장애인복지과	4	1	1	5	1	1	1	1
228	서울 성동구	노인복지센터 운영	1,230,000	어르신장애인복지과	4	1	2	5	6	1	3	2
229	서울 성동구	발달장애인 평생교육센터 운영	724,700	어르신장애인복지과	4	6	1	5	1	1	1	1
230	서울 성동구	장애인가족지원센터 운영	243,157	어르신장애인복지과	4	6	1	3	1	1	1	1
231	서울 성동구	장난감세상 운영	237,840	여성가족과	4	1	7	8	7	5	5	4
232	서울 성동구	육아종합지원센터 운영	378,376	여성가족과	4	1	7	8	7	5	5	4
233	서울 성동구	어린이집 서비스 향상	544,880	여성가족과	4	1	7	8	7	5	5	4
234	서울 성동구	영유아 안전한 먹거리 지원	699,600	여성가족과	4	1	7	8	7	5	5	4
235	서울 성동구	성동구청 직장 어린이집 운영	234,000	여성가족과	4	1	7	8	7	5	5	4
236	서울 성동구	다문화카페 등 운영	10,000	여성가족과	4	2	7	8	7	1	1	2
237	서울 성동구	다문화가족 한국사회적응 지원사업	11,000	여성가족과	4	2	7	8	7	1	1	2
238	서울 성동구	놀이체험실 운영	263,000	여성가족과	4	1	7	8	7	5	5	4
239	서울 성동구	장애아지원프로그램 운영	57,800	여성가족과	4	1	7	8	7	5	5	4
240	서울 성동구	부모교육 운영	9,600	여성가족과	4	1	7	8	7	5	5	4
241	서울 성동구	어린이집 교사 연수지원	35,000	여성가족과	4	1	7	8	7	5	5	4
242	서울 성동구	어린이집 안전관리관 운영	36,190	여성가족과	4	4	7	7	6	3	3	1
243	서울 성동구	공동육아방 운영	101,434	여성가족과	4	1	7	8	7	5	5	4
244	서울 성동구	임신부 가사돌봄 서비스	229,900	여성가족과	4	4	2	1	2	1	1	4
245	서울 성동구	아이사랑 뮤직 키즈카페 운영	42,210	여성가족과	4	1	7	8	7	5	5	4
246	서울 성동구	구립 성동청소년문화의집 운영	451,017	아동청년과	4	1	5	3	7	1	3	3
247	서울 성동구	성동구 청년지원센터 운영	170,887	아동청년과	4	4	1	3	1	1	1	1
248	서울 성동구	청소년 체험학습카드 지원	127,000	아동청년과	4	4	4	1	7	1	3	3
249	서울 성동구	온종일 돌봄시설 확충 및 운영	376,620	아동청년과	4	7	1	5	1	1	1	3
250	서울 성동구	우리동네키움센터 운영	91,966	아동청년과	4	7	1	5	1	1	1	3

순번	시군구	지출명 (사업명)	2021년예산 (단위:천원/1년간)	담당자 (공무원)	민간이전 분류 (지방자치단체 세출예산 집행기준에 의거)	민간이전지출 근거 (지방보조금 관리기준 참고)	입찰방식			운영예산 산정		성과평가 실시여부
				담당부서	1. 민간경상사업보조(307-02) 2. 민간단체 법정운영비보조(307-03) 3. 민간행사사업보조(307-04) 4. 민간위탁금(307-05) 5. 사회복지시설 법정운영비보조(307-10) 6. 민간인위탁교육비(307-12) 7. 공기관등에대한경상적위탁사업비(308-10) 8. 민간자본사업보조,자체재원(402-01) 9. 민간자본사업보조,이전재원(402-02) 10. 민간위탁사업비(402-03) 11. 공기관등에 대한 자본적 대행사업비(403-02)	1. 법률에 규정 2. 국고보조 재원(국가지정) 3. 용도 지정 기부금 4. 조례에 직접규정 5. 지자체가 권장하는 사업을 하는 공공기관 6. 시,도 정책 및 재정사정 7. 기타 8. 해당없음	계약체결방법 (경쟁형태) 1. 일반경쟁 2. 제한경쟁 3. 지명경쟁 4. 수의계약 5. 법정위탁 6. 기타 ( ) 7. 해당없음	계약기간 1. 1년 2. 2년 3. 3년 4. 4년 5. 5년 6. 기타 ( )년 7. 단기계약 (1년미만) 8. 해당없음	낙찰자선정방법 1. 적격심사 2. 협상에의한계약 3. 최저가낙찰제 4. 규격가격분리 5. 2단계 경쟁입찰 6. 기타 ( ) 7. 해당없음	운영예산 산정 1. 내부산정 (지자체 자체적으로 산정) 2. 외부산정 (외부전문기관위탁 산정) 3. 내·외부 모두 산정 4. 산정 無 5. 해당없음	정산방법 1. 내부정산 (지자체 내부적으로 정산) 2. 외부정산 (외부전문기관위탁 정산) 3. 내·외부 모두 산정 4. 정산 無 5. 해당없음	1. 실시 2. 미실시 3. 향후 추진 4. 해당없음
251	서울 성동구	가로 및 골목길 청소	3,899	청소행정과	4	7	7	1	7	1	1	4
252	서울 성동구	음식물류 폐기물 처리	41,928	청소행정과	4	1	1	1	1	1	1	4
253	서울 성동구	재활용품 수집운반 처리	168,000	청소행정과	4	1	2	1	3	1	1	4
254	서울 성동구	폐기물 처리시설 이용	37,242	청소행정과	4	7	7	8	7	1	5	4
255	서울 성동구	폐기물 처리	10,166	청소행정과	4	7	1	1	1	3	1	4
256	서울 성동구	자원회수센터(舊 재활용선별장) 운영 활성화	1,386,000	청소행정과	4	1	1	1	3	1	1	4
257	서울 성동구	이면도로 등 취약지역 청소용역	954,433	청소행정과	4	7	4	1	7	3	1	1
258	서울 성동구	공원시설물 유지관리	111,890	공원녹지과	4	1	6	7	6	1	1	1
259	서울 성동구	우리아이 교통안전지킴이 운영	246,890	교통행정과	4	7	1	1	7	1	1	4
260	서울 성동구	어류폐사체 폐기물처리	1,850,000	맑은환경과	4	7	7	8	7	5	5	4
261	서울 성동구	청사청소용역	102,194	보건위생과	4	4	4	1	7	1	1	1
262	서울 성동구	어린이급식관리지원센터 설치 운영	525,000	보건위생과	4	4	7	3	6	5	2	1
263	서울 성동구	지역사회건강조사 조사분석 위탁운영	69,420	건강관리과	4	2	6	3	7	1	1	1
264	서울 성동구	선천성대사이상 검사 및 환아관리	1,560,000	건강관리과	4	2	7	8	7	3	3	1
265	서울 성동구	난청조기진단	400,000	건강관리과	4	2	7	8	7	3	3	1
266	서울 성동구	만성질환 예방관리	220,000	보건의료과	4	4	1	3	1	1	1	1
267	서울 성동구	정신건강복지사업	840,784	질병예방과	4	4	4	2	1	1	1	1
268	서울 성동구	지역사회기반 자살예방사업	1,000,000	질병예방과	4	4	4	2	1	1	1	1
269	서울 성동구	코로나 블루 극복을 위한 심리상담 서비스 제공	10,000	질병예방과	4	4	4	2	1	1	1	1
270	서울 성동구	정신질환 치료비 지원 사업	32,320	질병예방과	4	4	4	2	1	1	1	1
271	서울 광진구	서울형 주민자치회 사업 지원	390,279	자치행정과	4	6	5	2	1	5	1	3
272	서울 광진구	마을자치센터 운영지원	25,000	자치행정과	4	4	5	2	2	1	1	3
273	서울 광진구	진로직업체험지원센터 운영	129,400	교육지원과	4	1	5	3	1	1	1	1
274	서울 광진구	구립 광진노인보호센터 운영	109,519	어르신복지과	4	1	5	5	1	1	1	3
275	서울 광진구	국가보훈대상자 예우 및 지원	312,324	복지정책과	4	1	5	3	7	1	1	1
276	서울 광진구	건강가정다문화가족지원센터 운영	27,773	가정복지과	4	1	5	3	1	1	1	1
277	서울 광진구	아이돌봄지원사업 운영	22,172	가정복지과	4	1	5	1	1	1	1	1
278	서울 광진구	육아종합지원센터 운영지원	1,768,000	가정복지과	4	1	2	3	1	1	1	1
279	서울 광진구	정신건강복지센터 운영	842,952	건강관리과	4	1	1	3	1	1	1	1
280	서울 광진구	치매안심센터 운영	1,000,000	건강관리과	4	1	1	5	1	1	1	1
281	서울 광진구	치매공공후견사업	7,200	건강관리과	4	1	1	5	1	1	1	1
282	서울 광진구	비대면 인지학습 지원사업	3,000	건강관리과	4	1	7	8	7	5	5	4
283	서울 광진구	자원 재활용 촉진 및 재활용품 적정처리	30,658	청소과	4	7	4	2	7	1	1	2
284	서울 광진구	음식물류폐기물 발생량 감량 및 안정적 수거처리	41,719	청소과	4	8	4	1	7	5	5	4
285	서울 광진구	일반생활폐기물 처리	18,000	청소과	4	1	7	8	7	5	5	4
286	서울 광진구	대형생활폐기물 처리	22,677	청소과	4	1	2	2	1	2	5	4
287	서울 광진구	청소대행업체 관리	8,314	청소과	4	1	2	1	1	5	5	4
288	서울 동대문구	베봉산 청소년체육시설 운영	50,000	공원녹지과	4	4	4	4	6	1	1	2
289	서울 동대문구	사회적경제통합지원센터 운영	100,000	일자리정책과	4	6	1	1	1	1	1	4
290	서울 동대문구	초등학교 및 방범 CCTV 모니터링 용역	391,008	스마트도시과	4	6	2	1	1	1	1	1
291	서울 동대문구	지역사회 건강조사	69,496	보건정책과	4	1	6	1	6	2	2	1
292	서울 동대문구	생활폐기물 수집운반 대행사업	11,378	청소행정과	4	1	1	2	1	2	3	1

순번	시군구	지출명 (사업명)	2021년예산 (단위:천원/1년간)	담당자 (공무원)	민간이전 분류 (지방자치단체 세출예산 집행기준에 의거)	민간이전지출 근거 (지방보조금 관리기준 참고)	입찰방식			운영예산 산정		성과평가 실시여부
				담당부서	1. 민간경상사업보조(307-02) 2. 민간단체 법정운영비보조(307-03) 3. 민간행사사업보조(307-04) 4. 민간위탁금(307-05) 5. 사회복지시설 법정운영비보조(307-10) 6. 민간인위탁교육비(307-12) 7. 공기관등에대한경상적위탁사업비(308-10) 8. 민간자본사업보조,자체재원(402-01) 9. 민간자본사업보조,이전재원(402-02) 10. 민간위탁사업비(402-03) 11. 공기관등에 대한 자본적 대행사업비(403-02)	1. 법률에 규정 2. 국고보조 재원(국가지정) 3. 용도 지정 기부금 4. 조례에 직접규정 5. 지자체가 권장하는 사업을 하는 공공기관 6. 시,도 정책 및 재정사정 7. 기타 8. 해당없음	계약체결방법 (경쟁형태) 1. 일반경쟁 2. 제한경쟁 3. 지명경쟁 4. 수의계약 5. 법정위탁 6. 기타 ( ) 7. 해당없음	계약기간 1. 1년 2. 2년 3. 3년 4. 4년 5. 5년 6. 기타 ( )년 7. 단기계약 (1년미만) 8. 해당없음	낙찰자선정방법 1. 적격심사 2. 협상에의한계약 3. 최저가낙찰제 4. 규격가격분리 5. 2단계 경쟁입찰 6. 기타 ( ) 7. 해당없음	운영예산 산정 1. 내부산정 (지자체 자체적으로 산정) 2. 외부산정 (외부전문기관위탁 산정) 3. 내·외부 모두 산정 4. 산정 無 5. 해당없음	정산방법 1. 내부정산 (지자체 내부적으로 정산) 2. 외부정산 (외부전문기관위탁 정산) 3. 내·외부 모두 산정 4. 정산 無 5. 해당없음	1. 실시 2. 미실시 3. 향후 추진 4. 해당없음
293	서울 동대문구	공공처리시설 반입불가 폐기물 위탁처리 용역	799,200	청소행정과	4	1	1	1	1	1	1	4
294	서울 동대문구	동대문 환경자원센터 민간투자사업	6,668	청소행정과	4	1	6	6	7	5	5	4
295	서울 동대문구	대형폐기물 폐목재처리	50,000	청소행정과	4	4	7	8	7	5	5	4
296	서울 동대문구	재활용 잔재물	384,000	청소행정과	4	4	2	1	5	1	1	4
297	서울 동대문구	대형폐기물 잔재물	504,000	청소행정과	4	4	2	1	5	1	1	4
298	서울 동대문구	음식물 잔재물	1,046,760	청소행정과	4	4	2	1	5	1	1	4
299	서울 동대문구	재활용선별장 처리용량 초과 재활용품 처리	1,320,000	청소행정과	4	8	7	8	7	5	5	4
300	서울 동대문구	봉제원단 위탁처리	86,400	청소행정과	4	8	2	1	5	1	1	4
301	서울 동대문구	민방위 사이버교육 위탁	17,500	안전재난과	4	8	4	1	7	5	5	1
302	서울 동대문구	민방위통지서 전자고지 위탁	15,500	안전재난과	4	8	4	1	7	5	5	1
303	서울 동대문구	주민자치학교 운영	5,000	자치행정과	4	4	7	8	7	1	1	1
304	서울 동대문구	주민자치사업단 운영	234,062	자치행정과	4	6	7	8	7	1	1	1
305	서울 동대문구	마을자치센터 운영	323,000	자치행정과	4	4	2	1	1	1	1	1
306	서울 동대문구	어린이 급식관리지원센터 운영	420,000	보건위생과	4	1	1	3	6	2	2	1
307	서울 동대문구	구립청소년독서실	1,189,000	아동청소년과	4	4	7	3	6	1	1	1
308	서울 동대문구	아동의회 운영	20,000	아동청소년과	4	4	6	1	6	1	1	3
309	서울 동대문구	청소년참여위원회 운영	3,500	아동청소년과	4	2	6	1	6	1	1	3
310	서울 동대문구	유기동물 보호관리	58,500	경제진흥과	4	1	1	3	2	2	2	1
311	서울 동대문구	TNR	64,500	경제진흥과	4	1	7	8	7	5	5	4
312	서울 동대문구	창업지원센터 운영	92,748	경제진흥과	4	4	1	2	1	1	1	4
313	서울 동대문구	이문어린이도서관 운영	119,881	문화관광과	4	4	7	7	1	1	1	1
314	서울 동대문구	발달장애인평생교육센터 운영	22,500	어르신장애인복지과	4	6	7	8	7	5	5	4
315	서울 동대문구	한국외국어대학교 영어체험교실	88,200	교육지원과	4	7	7	8	7	1	1	4
316	서울 동대문구	동대문구-경희대 평생학습원	35,000	교육지원과	4	1	7	8	7	1	1	1
317	서울 동대문구	구민아카데미	35,000	교육지원과	4	1	7	8	7	1	1	1
318	서울 동대문구	대학연계 평생교육 프로그램	10,000	교육지원과	4	1	7	8	7	5	5	4
319	서울 동대문구	학교 평생학습 지원	4,000	교육지원과	4	1	7	8	7	5	5	4
320	서울 동대문구	동대문 다산 시민대학	40,000	교육지원과	4	1	7	8	7	1	1	1
321	서울 동대문구	진로직업체험센터 운영	283,507	교육지원과	4	4	1	2	1	1	1	1
322	서울 동대문구	진학상담센터 운영	314,000	교육지원과	4	4	1	2	1	1	1	1
323	서울 동대문구	청소년 산모 의료비 지원	1,200,000	지역보건과	4	2	7	8	7	5	5	4
324	서울 동대문구	기저귀 및 조제분유 지원사업	373,000	지역보건과	4	2	7	8	7	5	5	4
325	서울 동대문구	자살예방사업 운영비	19,000	지역보건과	4	6	1	3	7	3	3	1
326	서울 동대문구	정신건강복지센터 운영	764,800	지역보건과	4	6	1	3	7	3	3	1
327	서울 동대문구	정신질환자 치료비 지원	57,168	지역보건과	4	2	1	3	7	1	1	1
328	서울 동대문구	정신건강복지센터 인력 확충	108,972	지역보건과	4	2	1	3	7	1	1	1
329	서울 동대문구	지역치매안심센터 운영	1,167,000	지역보건과	4	2	1	3	7	5	5	4
330	서울 동대문구	중증치매노인 공공후견비	9,500	지역보건과	4	2	1	3	3	3	1	1
331	서울 동대문구	보훈회관 운영	250,000	복지정책과	4	4	7	2	7	1	1	4
332	서울 동대문구	어린이집 운영	286,735	가정복지과	4	7	7	8	7	1	1	2
333	서울 동대문구	육아종합지원센터 운영	720,823	가정복지과	4	4	1	5	1	1	1	1
334	서울 동대문구	육아종합지원센터 운영	191,806	가정복지과	4	4	1	5	1	1	1	1

순번	시군구	지출명 (사업명)	2021년예산 (단위:천원/1년간)	담당자 (공무원)	민간이전 분류 (지방자치단체 세출예산 집행기준에 의거) 1. 민간경상사업보조(307-02) 2. 민간단체 법정운영비보조(307-03) 3. 민간행사사업보조(307-04) 4. 민간위탁금(307-05) 5. 사회복지시설 법정운영비보조(307-10) 6. 민간인위탁교육비(307-12) 7. 공기관등에대한경상적위탁사업비(308-10) 8. 민간자본사업보조,자체재원(402-01) 9. 민간자본사업보조,이전재원(402-02) 10. 민간위탁사업비(402-03) 11. 공기관등에 대한 자본적 대행사업비(403-02)	민간이전지출 근거 (지방보조금 관리기준 참고) 1. 법률에 규정 2. 국고보조 재원(국가지정) 3. 용도 지정 기부금 4. 조례에 직접규정 5. 지자체가 권장하는 사업을 하는 공공기관 6. 시,도 정책 및 재정사정 7. 기타 8. 해당없음	입찰방식			운영예산 산정		성과평가 실시여부
				담당부서			계약체결방법 (경쟁형태) 1. 일반경쟁 2. 제한경쟁 3. 지명경쟁 4. 수의계약 5. 법정위탁 6. 기타 ( ) 7. 해당없음	계약기간 1. 1년 2. 2년 3. 3년 4. 4년 5. 5년 6. 기타 ( )년 7. 단기계약 (1년미만) 8. 해당없음	낙찰자선정방법 1. 적격심사 2. 협상에의한계약 3. 최저가낙찰제 4. 규격가격분리 5. 2단계 경쟁입찰 6. 기타 ( ) 7. 해당없음	운영예산 산정 1. 내부산정 (지자체 자체적으로 산정) 2. 외부산정 (외부전문기관위탁 산정) 3. 내·외부 모두 산정 4. 산정 無 5. 해당없음	정산방법 1. 내부정산 (지자체 내부적으로 정산) 2. 외부정산 (외부전문기관위탁 정산) 3. 내·외부 모두 산정 4. 정산 無 5. 해당없음	1. 실시 2. 미실시 3. 향후 추진 4. 해당없음
335	서울 동대문구	장애아통합어린이집 운영지원	52,440	가정복지과	4	4	7	8	7	1	1	1
336	서울 동대문구	우리동네 보육반장사업	45,440	가정복지과	4	6	7	8	7	1	1	1
337	서울 동대문구	클로버 부모교육	40,000	가정복지과	4	2	7	8	7	1	1	1
338	서울 동대문구	어린이집 안전관리 전문요원 운영	36,190	가정복지과	4	5	1	7	1	1	1	1
339	서울 동대문구	공공급식센터 운영	379,630	가정복지과	4	4	1	5	1	1	1	3
340	서울 동대문구	배송비 및 기타 관리	205,270	가정복지과	4	4	1	5	1	1	1	3
341	서울 동대문구	건강가정지원센터 운영	369,340	가정복지과	4	2	7	8	7	1	1	1
342	서울 동대문구	다문화아카데미 운영	10,000	가정복지과	4	5	7	8	7	1	1	1
343	서울 동대문구	다문화자녀 진로 진학프로그램	19,000	가정복지과	4	5	7	8	7	1	1	1
344	서울 동대문구	다문화자녀 문화예술프로그램 지원	15,000	가정복지과	4	5	7	8	7	1	1	1
345	서울 중랑구	장애인공무원 편의지원 사업	31,400	행정지원과	4	4	5	8	1	1	1	2
346	서울 중랑구	마을지원센터 운영지원	353,000	마을협치과	4	6	6	3	1	1	1	3
347	서울 중랑구	방정환 교육지원센터 관리 위탁	72,000	교육지원과	4	7	7	8	7	5	5	4
348	서울 중랑구	방정환 교육지원센터 프로그램 운영	147,200	교육지원과	4	7	7	8	7	5	5	4
349	서울 중랑구	중랑진로직업체험지원센터 운영	277,000	교육지원과	4	1	1	2	1	3	3	1
350	서울 중랑구	공공급식센터 운영	575,860	교육지원과	4	4	2	3	2	1	1	1
351	서울 중랑구	평생학습 프로그램 운영	20,000	교육지원과	4	7	6	3	6	1	1	3
352	서울 중랑구	지정문화재 관리	16,000	문화관광과	4	1	7	3	7	3	1	4
353	서울 중랑구	여성축구교실운영	20,040	체육청소년과	4	4	4	1	7	1	1	4
354	서울 중랑구	인공암벽장 운영	41,159	체육청소년과	4	4	4	3	7	3	3	1
355	서울 중랑구	이동식 물놀이장	155,000	체육청소년과	4	6	2	7	2	2	3	4
356	서울 중랑구	청소년학습여건 조성	604,000	체육청소년과	4	6	1	3	1	1	1	1
357	서울 중랑구	청소년안전망 운영	331,945	체육청소년과	4	4	4	3	7	1	2	1
358	서울 중랑구	학교 밖 청소년 지원	149,263	체육청소년과	4	4	4	3	7	1	2	1
359	서울 중랑구	학교 밖 청소년 급식 지원	18,300	체육청소년과	4	4	4	1	7	1	2	1
360	서울 중랑구	청소년 커뮤니티 공간 조성	66,600	체육청소년과	4	7	1	1	1	1	1	1
361	서울 중랑구	청소년 커뮤니티 공간 조성	38,400	체육청소년과	4	7	1	1	1	1	1	1
362	서울 중랑구	청소년 커뮤니티 공간 조성	69,180	체육청소년과	4	7	1	1	1	1	1	1
363	서울 중랑구	청소년 커뮤니티 공간 조성	66,178	체육청소년과	4	6	1	1	1	1	1	1
364	서울 중랑구	노동자 종합지원센터 운영	301,870	일자리창출과	4	4	6	3	6	1	1	1
365	서울 중랑구	푸드마켓뱅크센터 운영	267,182	복지정책과	4	1	5	5	7	5	1	2
366	서울 중랑구	주거급여	70,000	사회복지과	4	1	5	1	7	1	1	4
367	서울 중랑구	노인복지관 운영	1,299,000	어르신복지과	4	1	5	5	1	1	1	1
368	서울 중랑구	노인복지관 운영	421,627	어르신복지과	4	1	5	5	1	1	1	1
369	서울 중랑구	노인복지관 운영	510,004	어르신복지과	4	1	5	5	1	1	1	1
370	서울 중랑구	노인복지관 운영	367,515	어르신복지과	4	1	5	5	1	1	1	1
371	서울 중랑구	노인복지관 운영	45,161	어르신복지과	4	1	5	3	1	1	1	1
372	서울 중랑구	아이돌봄 지원	24,926	여성가족과	4	1	5	3	7	5	1	1
373	서울 중랑구	건강가정지원센터 운영지원	461,711	여성가족과	4	1	5	3	7	5	1	1
374	서울 중랑구	다문화가족 지원사업	323,570	여성가족과	4	1	5	3	7	5	1	1
375	서울 중랑구	공동육아나눔터 운영지원	55,028	여성가족과	4	1	5	3	7	5	1	1
376	서울 중랑구	구청직장어린이집 운영지원	447,476	여성가족과	4	4	1	5	1	1	1	4

순번	시군구	지출명 (사업명)	2021년예산 (단위:천원/1년간)	담당자 (공무원) 담당부서	민간이전 분류 (지방자치단체 세출예산 집행기준에 의거) 1. 민간경상사업보조(307-02) 2. 민간단체 법정운영비보조(307-03) 3. 민간행사사업보조(307-04) 4. 민간위탁금(307-05) 5. 사회복지시설 법정운영비보조(307-10) 6. 민간인위탁교육비(307-12) 7. 공기관등에대한경상적위탁사업비(308-10) 8. 민간자본사업보조,자체재원(402-01) 9. 민간자본사업보조,이전재원(402-02) 10. 민간위탁사업비(402-03) 11. 공기관등에 대한 자본적 대행사업비(403-02)	민간이전지출 근거 (지방보조금 관리기준 참고) 1. 법률에 규정 2. 국고보조 재원(국가지정) 3. 용도 지정 기부금 4. 조례에 직접규정 5. 지자체가 권장하는 사업을 하는 공공기관 6. 시,도 정책 및 재정사정 7. 기타 8. 해당없음	입찰방식 계약체결방법 (경쟁형태) 1. 일반경쟁 2. 제한경쟁 3. 지명경쟁 4. 수의계약 5. 법정위탁 6. 기타 ( ) 7. 해당없음	입찰방식 계약기간 1. 1년 2. 2년 3. 3년 4. 4년 5. 5년 6. 기타 ( )년 7. 단기계약 (1년미만) 8. 해당없음	입찰방식 낙찰자선정방법 1. 적격심사 2. 협상에의한계약 3. 최저가낙찰제 4. 규격가격분리 5. 2단계 경쟁입찰 6. 기타 ( ) 7. 해당없음	운영예산 산정 운영예산 산정 1. 내부산정 (지자체 자체적으로 산정) 2. 외부산정 (외부전문기관위탁 산정) 3. 내·외부 모두 산정 4. 산정 無 5. 해당없음	운영예산 산정 정산방법 1. 내부정산 (지자체 내부적으로 정산) 2. 외부정산 (외부전문기관위탁 정산) 3. 내·외부 모두 산정 4. 정산 無 5. 해당없음	성과평가 실시여부 1. 실시 2. 미실시 3. 향후 추진 4. 해당없음
377	서울 중랑구	육아종합지원센터 운영지원	1,222,000	여성가족과	4	1	1	3	1	1	1	1
378	서울 중랑구	장난감 도서관 운영	453,152	여성가족과	4	4	1	3	1	1	1	1
379	서울 중랑구	공동육아방 운영지원	489,068	여성가족과	4	1	1	3	1	1	1	1
380	서울 중랑구	중랑아동돌봄센터(우리동네키움센터) 운영지원	18,600	여성가족과	4	2	1	5	1	1	1	3
381	서울 중랑구	중랑아동돌봄센터(우리동네키움센터) 운영지원	18,600	여성가족과	4	2	1	5	1	1	1	3
382	서울 중랑구	장애인 일자리 지원	433,924	장애인복지과	4	1	1	1	1	1	1	4
383	서울 중랑구	발달장애인 평생교육센터 운영	696,700	장애인복지과	4	6	1	3	2	3	1	1
384	서울 중랑구	중랑구립직업재활센터 운영	135,325	장애인복지과	4	1	6	5	6	1	1	3
385	서울 중랑구	장애인 이용시설 개선	116,636	장애인복지과	4	2	7	8	7	1	1	3
386	서울 중랑구	생활쓰레기 종량제봉투 공급대행 수수료	94,166	청소행정과	4	4	7	2	7	1	1	2
387	서울 중랑구	생활폐기물 수집운반 및 가로기동대 민간위탁	44,883	청소행정과	4	4	4	2	7	3	1	4
388	서울 중랑구	매립지반입불가 폐기물 및 폐목재 처리	575,400	청소행정과	4	8	1	1	1	1	1	4
389	서울 중랑구	매립지반입불가 폐기물 및 폐목재 처리		청소행정과	4	8	1	1	1	1	1	4
390	서울 중랑구	매립지반입불가 폐기물 및 폐목재 처리	70,225	청소행정과	4	8	2	1	1	1	1	4
391	서울 중랑구	매립지반입불가 폐기물 및 폐목재 처리		청소행정과	4	8	2	1	1	1	1	4
392	서울 중랑구	매립지반입불가 폐기물 및 폐목재 처리	99,960	청소행정과	4	8	2	1	1	1	1	4
393	서울 중랑구	매립지반입불가 폐기물 및 폐목재 처리	1,180,000	청소행정과	4	4	4	2	2	1	1	1
394	서울 중랑구	도로상방치 동물사체 처리	14,924	청소행정과	4	4	4	1	2	1	1	4
395	서울 중랑구	음식물류 폐기물 수집 운반 및 민간위탁 처리 지원	8,707	청소행정과	4	4	4	1	2	3	1	4
396	서울 중랑구	재활용품 수집운반 위탁운영	27,648	청소행정과	4	4	4	2	6	2	1	1
397	서울 중랑구	재활용선별장 위탁운영	1,062,086	청소행정과	4	4	1	2	2	2	1	1
398	서울 중랑구	재활용품 선별처리	150,000	청소행정과	4	4	7	8	7	5	5	4
399	서울 중랑구	폐형광등 운반	5,265	청소행정과	4	4	4	1	6	1	1	2
400	서울 중랑구	봉제원단조각 위탁처리	129,600	청소행정과	4	4	2	1	6	1	1	2
401	서울 중랑구	커피박 재활용 사업	48,000	청소행정과	4	4	7	8	7	5	5	4
402	서울 중랑구	어린이공원 및 마을마당 민간위탁	247,645	공원녹지과	4	7	7	8	7	1	1	4
403	서울 중랑구	자전거이용활성화	26,327	교통행정과	4	4	5	3	1	1	1	1
404	서울 중랑구	불법주정차 견인차량 관리	314,603	주차관리과	4	1	4	2	6	3	3	2
405	서울 중랑구	유기동물 보호지원	71,100	보건행정과	4	2	7	3	7	4	1	4
406	서울 중랑구	길고양이 보호	60,750	보건행정과	4	2	4	1	6	4	1	4
407	서울 중랑구	어린이급식관리지원센터 설치 운영	630,000	위생과	4	2	1	3	1	5	5	3
408	서울 중랑구	정신건강증진사업	896,768	건강증진과	4	1	5	3	1	1	1	1
409	서울 중랑구	마음건강상담소 운영	56,600	건강증진과	4	7	6	3	1	1	1	1
410	서울 중랑구	치매지원사업	1,220,000	건강증진과	4	1	5	3	1	1	1	1
411	서울 중랑구	지역사회건강조사	69,420	의약과	4	2	7	1	7	5	2	1
412	서울 중랑구	지역 내 소지역 건강격차 해소	350,000	의약과	4	7	2	3	2	3	3	1
413	서울 성북구	성북구푸드뱅크마켓센터운영지원	362,611	복지정책과	4	1	1	5	1	1	1	1
414	서울 성북구	노인맞춤돌봄서비스	20,000	어르신복지과	4	1	7	8	7	1	1	4
415	서울 성북구	구립실버복지센터	1,321,000	어르신복지과	4	6	5	5	1	1	1	1
416	서울 성북구	정릉1동커뮤니티센터	65,500	어르신복지과	4	6	5	3	1	1	1	2
417	서울 성북구	성북50플러스센터	70,000	어르신복지과	4	6	5	5	1	1	1	1
418	서울 성북구	장애인자립생활체험홈	42,072	어르신복지과	4	1	7	8	7	5	5	4

순번	시군구	지출명 (사업명)	2021년예산 (단위:천원/1년간)	담당자 (공무원)	민간이전 분류 (지방자치단체 세출예산 집행기준에 의거)	민간이전지출 근거 (지방보조금 관리기준 참고)	입찰방식			운영예산 산정		성과평가 실시여부
				담당부서	1. 민간경상사업보조(307-02) 2. 민간단체 법정운영비보조(307-03) 3. 민간행사사업보조(307-04) 4. 민간위탁금(307-05) 5. 사회복지시설 법정운영비보조(307-10) 6. 민간인위탁교육비(307-12) 7. 공기관등에대한경상적위탁사업비(308-10) 8. 민간자본사업보조,자체재원(402-01) 9. 민간자본사업보조,이전재원(402-02) 10. 민간위탁사업비(402-03) 11. 공기관등에 대한 자본적 대행사업비(403-02)	1. 법률에 규정 2. 국고보조 재원(국가지정) 3. 용도 지정 기부금 4. 조례에 직접규정 5. 지자체가 권장하는 사업을 하는 공공기관 6. 시,도 정책 및 재정사정 7. 기타 8. 해당없음	계약체결방법 (경쟁형태) 1. 일반경쟁 2. 제한경쟁 3. 지명경쟁 4. 수의계약 5. 법정위탁 6. 기타 ( ) 7. 해당없음	계약기간 1. 1년 2. 2년 3. 3년 4. 4년 5. 5년 6. 기타 ( )년 7. 단기계약 (1년미만) 8. 해당없음	낙찰자선정방법 1. 적격심사 2. 협상에의한계약 3. 최저가낙찰제 4. 규격가격분리 5. 2단계 경쟁입찰 6. 기타 ( ) 7. 해당없음	운영예산 산정 1. 내부산정 (지자체 자체적으로 산정) 2. 외부산정 (외부전문기관위탁 산정) 3. 내·외부 모두 산정 4. 산정 無 5. 해당없음	정산방법 1. 내부정산 (지자체 내부적으로 정산) 2. 외부정산 (외부전문기관위탁 정산) 3. 내·외부 모두 산정 4. 정산 無 5. 해당없음	1. 실시 2. 미실시 3. 향후 추진 4. 해당없음
419	서울 성북구	장애인가족지원센터	244,440	어르신복지과	4	6	7	5	7	1	1	4
420	서울 성북구	교재교구비 및 복리후생비 지원	16,832	여성가족과	4	8	7	8	7	5	5	4
421	서울 성북구	어린이집 영아반 간식비 지원	672,000	여성가족과	4	8	7	8	7	5	5	4
422	서울 성북구	어린이집 친환경 쌀 급식 지원	134,400	여성가족과	4	8	7	8	7	5	5	4
423	서울 성북구	저출산 극복 원스톱 지원체계 구축	35,000	여성가족과	4	4	5	3	7	1	1	4
424	서울 성북구	우리동네키움센터 설치 운영	775,720	여성가족과	4	4	7	8	7	5	5	4
425	서울 성북구	성북진경축제	28,000	문화체육과	4	7	7	8	7	1	1	4
426	서울 성북구	세계음식축제	70,000	문화체육과	4	7	7	8	7	1	1	4
427	서울 성북구	예술활동거점지역활성화사업	440,000	문화체육과	4	7	7	8	7	1	1	4
428	서울 성북구	정기문화행사	95,000	문화체육과	4	7	7	8	7	1	1	4
429	서울 성북구	책읽는 성북 하나되는 성북운동	100,000	문화체육과	4	4	7	8	7	1	1	1
430	서울 성북구	관광활성화사업추진	10,000	문화관광과	4	1	7	8	7	1	1	4
431	서울 성북구	한옥 발전 및 보존사업	25,000	건축과	4	6	7	8	7	5	5	4
432	서울 성북구	찾아가는 교통안전교육	5,000	교통행정과	4	4	4	7	7	1	1	1
433	서울 성북구	교통유발과다시설물 조사	10,000	교통행정과	4	6	4	7	7	1	1	1
434	서울 성북구	마을사회적경제센터 운영 위탁금	429,527	주민공동체과	4	4	6	3	6	1	1	1
435	서울 성북구	공정무역센터 위탁운영비	90,000	주민공동체과	4	4	6	3	6	1	1	2
436	서울 성북구	마을공동체 공모사업	25,000	주민공동체과	4	4	7	8	7	5	5	4
437	서울 성북구	생활폐기물 수집운반 대행비	64,340	청소행정과	4	1	4	1	7	3	1	1
438	서울 성북구	대형폐기물 수집운반 대행비	1,357,000	청소행정과	4	1	1	3	2	2	1	1
439	서울 성북구	반입불가폐기물 처리비	1,320,000	청소행정과	4	1	1	1	3	1	1	4
440	서울 성북구	폐매트리스 처리비	140,000	청소행정과	4	1	1	1	3	1	1	4
441	서울 성북구	폐목재 처리비	96,000	청소행정과	4	1	1	1	3	1	1	4
442	서울 성북구	재활용선별장 위탁운영금 지원사업	24,750	청소행정과	4	1	4	1	1	1	1	1
443	서울 성북구	음식물류폐기물 위탁처리비	41,328	청소행정과	4	4	4	1	2	3	1	2
444	서울 성북구	음식물류폐기물 수집운반비	20,083	청소행정과	4	4	4	7	7	3	1	1
445	서울 성북구	음식물류폐기물 운송직송비	879,164	청소행정과	4	4	4	7	7	3	1	1
446	서울 성북구	종량제 봉투판매 위탁비	118,686	청소행정과	4	1	4	1	7	3	1	1
447	서울 성북구	공공용, 재사용봉투 등 수집운반비	450,000	청소행정과	4	1	4	1	7	3	1	1
448	서울 성북구	유기동물보호사업	54,000	일자리경제과	4	1	6	3	1	1	1	4
449	서울 성북구	길고양이중성화사업	66,750	일자리경제과	4	1	7	8	7	5	5	4
450	서울 성북구	벤처창업지원센터	60,000	일자리경제과	4	4	7	6	7	1	1	2
451	서울 성북구	중장년 기술창업센터	15,000	일자리경제과	4	2	7	1	7	1	1	1
452	서울 성북구	창업선도대학 육성사업	50,000	일자리경제과	4	2	7	1	7	1	1	1
453	서울 성북구	패션봉제지원센터 운영	256,759	일자리경제과	4	4	7	6	7	1	1	2
454	서울 성북구	소공인특화지원센터	30,000	일자리경제과	4	2	7	1	7	1	1	1
455	서울 성북구	소상공인공동인프라	13,000	일자리경제과	4	2	7	1	7	1	1	1
456	서울 성북구	청년살이발전소 운영	97,000	일자리경제과	4	4	5	3	7	1	1	1
457	서울 성북구	성북청년 정책연구소 운영	20,000	일자리경제과	4	6	2	1	2	1	1	3
458	서울 성북구	시-구 상향적·협력적 일자리창출사업	267,000	일자리경제과	4	6	6	1	7	1	1	3
459	서울 성북구	청년인턴 지원사업	108,000	일자리경제과	4	4	7	8	7	5	5	4
460	서울 성북구	성북노동권익센터 운영	274,000	일자리경제과	4	6	6	3	6	2	2	1

순번	시군구	지출명 (사업명)	2021년예산 (단위:천원/1년간)	담당자 (공무원)	민간이전 분류 (지방자치단체 세출예산 집행기준에 의거) 1. 민간경상사업보조(307-02) 2. 민간단체 법정운영비보조(307-03) 3. 민간행사사업보조(307-04) 4. 민간위탁금(307-05) 5. 사회복지시설 법정운영비보조(307-10) 6. 민간인위탁교육비(307-12) 7. 공기관등에대한경상적위탁사업비(308-10) 8. 민간자본사업보조,자체재원(402-01) 9. 민간자본사업보조,이전재원(402-02) 10. 민간위탁사업비(402-03) 11. 공기관등에 대한 자본적 대행사업비(403-02)	민간이전지출 근거 (지방보조금 관리기준 참고) 1. 법률에 규정 2. 국고보조 재원(국가지정) 3. 용도 지정 기부금 4. 조례에 직접규정 5. 지자체가 권장하는 사업을 하는 공공기관 6. 시,도 정책 및 재정사정 7. 기타 8. 해당없음	입찰방식			운영예산 산정		성과평가 실시여부
				담당부서			계약체결방법 (경쟁형태) 1. 일반경쟁 2. 제한경쟁 3. 지명경쟁 4. 수의계약 5. 법정위탁 6. 기타 ( ) 7. 해당없음	계약기간 1. 1년 2. 2년 3. 3년 4. 4년 5. 5년 6. 기타 ( )년 7. 단기계약 (1년미만) 8. 해당없음	낙찰자선정방법 1. 적격심사 2. 협상에의한계약 3. 최저가낙찰제 4. 규격가격분리 5. 2단계 경쟁입찰 6. 기타 ( ) 7. 해당없음	운영예산 산정 1. 내부산정 (지자체 자체적으로 산정) 2. 외부산정 (외부전문기관위탁 산정) 3. 내·외부 모두 산정 4. 산정 無 5. 해당없음	정산방법 1. 내부정산 (지자체 내부적으로 정산) 2. 외부정산 (외부전문기관위탁 정산) 3. 내·외부 모두 산정 4. 정산 無 5. 해당없음	1. 실시 2. 미실시 3. 향후 추진 4. 해당없음
461	서울 성북구	주민과 함께하는 환경교육	12,000	환경과	4	7	4	7	7	1	1	4
462	서울 성북구	참여 토론 워크숍	22,000	행정지원과	4	1	7	8	7	5	5	4
463	서울 성북구	신규 직원 워크숍	22,000	행정지원과	4	1	7	8	7	5	5	4
464	서울 성북구	친절공무원 국내연수	10,000	행정지원과	4	8	7	8	7	5	5	4
465	서울 성북구	격무직원 국내연수	45,500	행정지원과	4	7	7	8	7	5	5	4
466	서울 성북구	성북 청소년 문화의 집 운영	566,666	교육지원과	4	4	1	3	6	1	1	1
467	서울 성북구	월곡 청소년 문화의 집 운영	173,992	교육지원과	4	4	7	8	7	5	5	4
468	서울 성북구	아동청소년 동행카드 지원	309,780	교육지원과	4	4	1	2	2	1	1	4
469	서울 성북구	장위청소년문화누림센터 운영	350,540	교육지원과	4	1	1	3	1	1	1	3
470	서울 성북구	성북 청소년 상담복지센터 운영	231,955	교육지원과	4	1	1	3	1	1	1	3
471	서울 성북구	학교 밖 청소년 지원센터 운영	28,700	교육지원과	4	1	1	3	1	1	1	3
472	서울 성북구	학력신장 프로그램 운영	86,000	교육지원과	4	1	4	8	7	1	3	3
473	서울 성북구	자기주도학습 지원	22,000	교육지원과	4	1	7	8	7	5	5	4
474	서울 성북구	멘토링 지원	120,000	교육지원과	4	1	7	8	7	5	5	4
475	서울 성북구	치매안심센터운영	1,181,000	건강관리과	4	2	1	3	1	1	1	1
476	서울 성북구	중증치매노인 공공후견사업	5,000	건강관리과	4	2	1	3	1	1	1	1
477	서울 성북구	생명존중 및 자살예방사업	340,100	의약과	4	4	6	3	1	1	1	1
478	서울 성북구	어린이급식관리지원센터운영	630,000	보건위생과	4	2	6	3	6	3	3	1
479	서울 강북구	구청사 안내데스크 위탁 운영	353,328	행정지원과	4	7	2	1	3	1	1	4
480	서울 강북구	청자 가마터 체험장 조성 및 운영	155,630	문화관광체육과	4	7	7	8	7	5	5	4
481	서울 강북구	근현대사기념관 운영	380,482	문화관광체육과	4	4	1	3	1	1	1	1
482	서울 강북구	인수 국제인공암벽장 운영	110,394	문화관광체육과	4	1	7	8	7	5	5	4
483	서울 강북구	기록관 기록물 전수조사 및 정리 사업	160,000	민원여권과	4	7	7	8	7	5	5	4
484	서울 강북구	진로직업체험지원센터 운영	140,000	교육지원과	4	4	5	6	6	1	1	1
485	서울 강북구	강북봉제지원센터 운영	148,581	일자리경제과	4	4	7	8	7	5	5	4
486	서울 강북구	유기동물 보호관리	63,000	일자리경제과	4	2	7	3	7	1	1	4
487	서울 강북구	길고양이 중성화	54,000	일자리경제과	4	2	2	1	3	1	1	4
488	서울 강북구	종합사회복지관 운영비 지원	152,214	복지정책과	4	1	7	8	7	5	1	3
489	서울 강북구	행복나눔 강북푸드 뱅크·마켓 운영	234,048	복지정책과	4	1	5	5	1	3	3	1
490	서울 강북구	강북구 보훈회관 운영	252,733	복지정책과	4	4	1	3	1	1	1	3
491	서울 강북구	민간위탁형 자활근로사업	40,344	생활보장과	4	2	7	8	7	1	1	4
492	서울 강북구	지역자활센터 운영비 지원	400,536	생활보장과	4	2	7	8	7	1	1	4
493	서울 강북구	장애인복지시설 지원	48,135	생활보장과	4	1	7	1	7	1	1	4
494	서울 강북구	장애인보조기기 수리사업	82,185	생활보장과	4	1	7	1	7	1	1	4
495	서울 강북구	노약자 등 교통약자 무료셔틀버스 운영	128,032	생활보장과	4	2	6	5	6	1	1	4
496	서울 강북구	강북장애인종합복지관 운영	1,518,000	생활보장과	4	2	6	5	6	1	1	4
497	서울 강북구	발달장애인 평생교육센터 운영	696,700	생활보장과	4	4	1	5	1	5	1	3
498	서울 강북구	장애인가족지원센터 운영	199,582	생활보장과	4	1	1	3	1	5	1	3
499	서울 강북구	직장어린이집 운영 지원	183,240	여성가족과	4	1	1	5	7	1	1	1
500	서울 강북구	육아종합지원센터 운영	844,416	여성가족과	4	1	1	3	7	1	1	1
501	서울 강북구	육아종합지원센터 부모교육	40,000	여성가족과	4	2	1	3	1	1	1	1
502	서울 강북구	어린이집 안전관리관 운영	36,190	여성가족과	4	1	1	3	1	1	1	1

순번	시군구	지출명 (사업명)	2021년예산 (단위:천원/1년간)	담당자 (공무원)	민간이전 분류 (지방자치단체 세출예산 집행기준에 의거)	민간이전지출 근거 (지방보조금 관리기준 참고)	입찰방식			운영예산 산정		성과평가 실시여부
				담당부서	1. 민간경상사업보조(307-02) 2. 민간단체 법정운영비보조(307-03) 3. 민간행사사업보조(307-04) 4. 민간위탁금(307-05) 5. 사회복지시설 법정운영비보조(307-10) 6. 민간인위탁교육비(307-12) 7. 공기관등에대한경상적위탁사업비(308-10) 8. 민간자본사업보조,자체재원(402-01) 9. 민간자본사업보조,이전재원(402-02) 10. 민간위탁사업비(402-03) 11. 공기관등에 대한 자본적 대행사업비(403-02)	1. 법률에 규정 2. 국고보조 재원(국가지정) 3. 용도 지정 기부금 4. 조례에 직접규정 5. 지자체가 권장하는 사업을 하는 공공기관 6. 시,도 정책 및 재정사정 7. 기타 8. 해당없음	계약체결방법 (경쟁형태) 1. 일반경쟁 2. 제한경쟁 3. 지명경쟁 4. 수의계약 5. 법정위탁 6. 기타 ( ) 7. 해당없음	계약기간 1. 1년 2. 2년 3. 3년 4. 4년 5. 5년 6. 기타 ( )년 7. 단기계약 (1년미만) 8. 해당없음	낙찰자선정방법 1. 적격심사 2. 협상에의한계약 3. 최저가낙찰제 4. 규격가격분리 5. 2단계 경쟁입찰 6. 기타 ( ) 7. 해당없음	운영예산 산정 1. 내부산정 (지자체 자체적으로 산정) 2. 외부산정 (외부전문기관위탁 산정) 3. 내·외부 모두 산정 4. 산정 無 5. 해당없음	정산방법 1. 내부정산 (지자체 내부적으로 정산) 2. 외부정산 (외부전문기관위탁 정산) 3. 내·외부 모두 산정 4. 정산 無 5. 해당없음	1. 실시 2. 미실시 3. 향후 추진 4. 해당없음
503	서울 강북구	아동학대 예방사업	50,000	여성가족과	4	1	1	3	1	1	1	1
504	서울 강북구	어린이집 직접 채용 대체교사 지원	163,800	여성가족과	4	1	1	3	1	1	1	1
505	서울 강북구	어린이집 대체 조리사 지원	25,000	여성가족과	4	1	1	3	1	1	1	1
506	서울 강북구	도농상생 공공급식 지원	490,325	여성가족과	4	4	1	3	7	1	1	3
507	서울 강북구	건강가정·다문화가족지원센터 운영	387,268	여성가족과	4	2	1	3	7	1	1	1
508	서울 강북구	다문화가족 꿈동이 예비학교 운영	31,650	여성가족과	4	5	1	3	1	1	1	1
509	서울 강북구	공동육아나눔터 운영 지원	129,256	여성가족과	4	2	1	3	1	1	1	1
510	서울 강북구	미아동 열린육아방 설치·운영	43,900	여성가족과	4	6	7	8	7	5	5	4
511	서울 강북구	강북구 심리치료실 운영	23,370	여성가족과	4	5	1	3	1	1	1	1
512	서울 강북구	노인일자리 및 사회활동 지원	7,256	어르신복지과	4	2	7	8	7	1	1	1
513	서울 강북구	청소년참여위원회 운영	4,050	청소년과	4	2	6	7	6	1	1	1
514	서울 강북구	지역사회 청소년 안전망 구축	366,241	청소년과	4	1	4	2	1	3	3	1
515	서울 강북구	학교 밖 청소년 지원	136,255	청소년과	4	1	5	3	7	3	3	1
516	서울 강북구	학교 밖 청소년 지원	18,600	청소년과	4	1	5	3	7	3	3	1
517	서울 강북구	인공암벽장 운영	47,394	청소년과	4	4	1	2	6	1	1	1
518	서울 강북구	삼양동종합복지센터 운영	511,170	청소년과	4	1	4	5	1	1	1	3
519	서울 강북구	우리동네키움센터 운영	85,080	청소년과	4	6	7	8	7	1	1	4
520	서울 강북구	수도권 매립지 반입불가 폐기물 처리비 폐합성수지류 등	1,260,000	청소행정과	4	1	1	1	1	1	1	2
521	서울 강북구	수도권 매립지 반입불가 폐기물 처리비 폐목재	155,040	청소행정과	4	1	2	1	1	1	1	2
522	서울 강북구	수도권 매립지 반입불가 폐기물 처리비가로청소 폐토사 등	34,440	청소행정과	4	1	4	1	7	1	1	2
523	서울 강북구	수도권 매립지 반입불가 폐기물 처리비낙엽	58,800	청소행정과	4	1	7	8	7	1	1	4
524	서울 강북구	폐의약품 및 동물성잔재물 처리비	16,800	청소행정과	4	1	7	8	7	1	1	4
525	서울 강북구	재활용선별처리시설 잔재쓰레기 처리	15,840	청소행정과	4	8	1	1	1	1	1	4
526	서울 강북구	대형생활폐기물(폐매트리스) 처리	39,900	청소행정과	4	1	1	1	3	1	1	4
527	서울 강북구	생활(일반)폐기물 수집운반비	36,680	청소행정과	4	1	1	3	1	2	1	1
528	서울 강북구	종량제봉투 제작 및 공급	84,750	청소행정과	4	1	1	3	1	2	1	1
529	서울 강북구	음식물류 폐기물 수집·운반 및 처리	58,761	청소행정과	4	1	4	1	1	1	1	2
530	서울 강북구	음식물류 폐기물 수집·운반 및 처리		청소행정과	4	1	4	1	1	3	1	2
531	서울 강북구	재활용 및 자원순환 촉진	54,891	청소행정과	4	1	1	3	1	2	1	1
532	서울 강북구	재활용선별장 관리	747,504	청소행정과	4	8	4	1	6	1	1	4
533	서울 강북구	희망마을 만들기 프로젝트	20,000	마을협치과	4	4	2	3	6	1	3	1
534	서울 강북구	사회적경제지원센터 민간위탁 운영	249,450	마을협치과	4	4	1	1	1	1	1	1
535	서울 강북구	불법유동광고물(전단지 등) 정비 단속	162,000	건축과	4	1	1	7	1	1	1	4
536	서울 강북구	어린이공원 유지관리	25,440	공원녹지과	4	6	7	7	7	1	1	1
537	서울 강북구	산악박물관 위탁 운영	210,000	공원녹지과	4	4	7	8	7	5	5	4
538	서울 강북구	거리가게 및 노상적치물 정비	299,177	건설관리과	4	4	2	1	1	1	1	4
539	서울 강북구	견인업무 대행	187,200	주차관리과	4	1	6	8	6	1	1	4
540	서울 강북구	어린이 급식관리지원센터 운영	525,000	보건위생과	4	1	1	3	1	1	1	1
541	서울 강북구	생활안전 증진사업	10,000	건강증진과	4	4	7	8	7	1	1	2
542	서울 강북구	지역사회 건강조사 조사분석 위탁운영	69,420	건강증진과	4	1	7	1	7	2	3	1
543	서울 강북구	지역 치매안심센터 운영	1,069,500	지역보건과	4	2	4	3	1	5	3	1
544	서울 강북구	중독관리 통합지원센터 지원	163,023	지역보건과	4	2	1	3	1	3	3	1

순번	시군구	지출명 (사업명)	2021년예산 (단위:천원/1년간)	담당자 (공무원) 담당부서	민간이전 분류 (지방자치단체 세출예산 집행기준에 의거) 1. 민간경상사업보조(307-02) 2. 민간단체 법정운영비보조(307-03) 3. 민간행사사업보조(307-04) 4. 민간위탁금(307-05) 5. 사회복지시설 법정운영비보조(307-10) 6. 민간인위탁교육비(307-12) 7. 공기관등에대한경상적위탁사업비(308-10) 8. 민간자본사업보조,자체재원(402-01) 9. 민간자본사업보조,이전재원(402-02) 10. 민간위탁사업비(402-03) 11. 공기관등에 대한 자본적 대행사업비(403-02)	민간이전지출 근거 (지방보조금 관리기준 참고) 1. 법률에 규정 2. 국고보조 재원(국가지정) 3. 용도 지정 기부금 4. 조례에 직접규정 5. 지자체가 권장하는 사업을 하는 공공기관 6. 시,도 정책 및 재정사정 7. 기타 8. 해당없음	입찰방식 계약체결방법 (경쟁형태) 1. 일반경쟁 2. 제한경쟁 3. 지명경쟁 4. 수의계약 5. 법정위탁 6. 기타 ( ) 7. 해당없음	입찰방식 계약기간 1. 1년 2. 2년 3. 3년 4. 4년 5. 5년 6. 기타 ( )년 7. 단기계약 (1년미만) 8. 해당없음	입찰방식 낙찰자선정방법 1. 적격심사 2. 협상에의한계약 3. 최저가낙찰제 4. 규격가격분리 5. 2단계 경쟁입찰 6. 기타 ( ) 7. 해당없음	운영예산 산정 운영예산 산정 1. 내부산정 (지자체 자체적으로 산정) 2. 외부산정 (외부전문기관위탁 산정) 3. 내·외부 모두 산정 4. 산정 無 5. 해당없음	운영예산 산정 정산방법 1. 내부정산 (지자체 내부적으로 정산) 2. 외부정산 (외부전문기관위탁 정산) 3. 내·외부 모두 산정 4. 정산 無 5. 해당없음	성과평가 실시여부 1. 실시 2. 미실시 3. 향후 추진 4. 해당없음
545	서울 강북구	노숙자등 중독자 사례관리	100,000	지역보건과	4	2	1	3	1	3	3	1
546	서울 노원구	공릉보건지소 청소위탁관리	37,440	공릉보건지소	4	4	4	1	7	1	4	2
547	서울 노원구	청사환경미화청소용역	99,427	월계보건지소	4	1	4	1	1	1	1	4
548	서울 노원구	도농상생 공공급식센터 운영	490,325	교육지원과	4	4	1	3	1	1	1	1
549	서울 노원구	어린이교통공원 운영	45,790	교통지도과	4	4	7	3	2	1	1	3
550	서울 노원구	자전거대여소 운영	31,250	교통지도과	4	7	7	1	2	1	1	3
551	서울 노원구	중랑천환경센터	227,071	녹색환경과	4	4	7	8	7	1	1	4
552	서울 노원구	노원에코센터	297,284	녹색환경과	4	5	7	8	7	1	1	4
553	서울 노원구	노원 에너지제로주택 관리	1,873,000	녹색환경과	4	4	6	3	1	1	1	1
554	서울 노원구	노원 이지체험주택 운영	18,917	녹색환경과	4	4	6	3	1	1	1	1
555	서울 노원구	노원 이지센터 운영	92,554	녹색환경과	4	4	6	3	1	1	1	1
556	서울 노원구	노원문화원 운영	574,131	문화체육과	4	4	6	6	6	1	1	3
557	서울 노원구	문화시설 위탁운영	23,918	문화체육과	4	4	6	3	6	1	1	3
558	서울 노원구	노원구어린이급식관리지원센터	630,000	보건위생과	4	1	6	3	6	1	1	1
559	서울 노원구	길고양이 TNR처리비	72,000	보건위생과	4	4	1	1	1	1	1	2
560	서울 노원구	유기동물 관리	54,000	보건위생과	4	4	6	3	6	1	1	2
561	서울 노원구	반려동물문화센터 운영 및 교육	57,000	보건위생과	4	5	7	8	7	5	5	4
562	서울 노원구	치매안심센터 운영	1,280,000	생활보건과	4	2	1	3	1	1	1	1
563	서울 노원구	중독관리통합지원센터 지원	477,346	생활보건과	4	2	1	3	1	1	1	1
564	서울 노원구	공릉청소년문화정보센터 운영	756,045	아동청소년과	4	4	1	3	1	1	1	1
565	서울 노원구	청소년운영위원회 운영	3,368	아동청소년과	4	2	7	8	7	2	1	4
566	서울 노원구	청소년지도사배치지원사업	46,416	아동청소년과	4	2	7	8	7	2	1	4
567	서울 노원구	상계청소년문화의집 운영	518,529	아동청소년과	4	4	1	3	1	1	1	1
568	서울 노원구	상상이룸센터 운영	303,585	아동청소년과	4	4	2	3	1	1	1	1
569	서울 노원구	청소년아지트 운영	136,630	아동청소년과	4	5	1	3	1	1	1	1
570	서울 노원구	인덕지하보도 문화창작공간 운영	95,000	아동청소년과	4	4	1	3	1	1	1	1
571	서울 노원구	고위기맞춤형프로그램	50,000	아동청소년과	4	2	6	1	6	5	1	1
572	서울 노원구	청소년동반자프로그램	59,840	아동청소년과	4	2	6	1	6	5	1	1
573	서울 노원구	청소년상담복지센터 운영	1,341,000	아동청소년과	4	1	1	3	1	1	1	1
574	서울 노원구	학교 밖 청소년지원센터 급식 지원	19,200	아동청소년과	4	1	1	3	1	1	1	1
575	서울 노원구	청소년성상담센터운영	162,769	아동청소년과	4	1	7	8	7	5	5	4
576	서울 노원구	온종일돌봄사업단 운영	294,309	아동청소년과	4	4	7	5	7	1	1	1
577	서울 노원구	청년일경험지원사업	177,000	아동청소년과	4	7	1	7	1	1	1	3
578	서울 노원구	노원형 청년일자리 사업	1,419,000	아동청소년과	4	2	7	1	7	1	1	1
579	서울 노원구	노원청년정책 아카데미 운영	20,000	아동청소년과	4	6	4	4	1	1	1	1
580	서울 노원구	서울청년센터 노원 오랑 운영	461,000	아동청소년과	4	6	1	3	1	1	1	1
581	서울 노원구	노원 청년정책 거버넌스 운영	92,476	아동청소년과	4	6	1	1	1	1	1	1
582	서울 노원구	노원구 청년 문화예술 네트워크 확산 사업	92,476	아동청소년과	4	6	1	1	1	1	1	1
583	서울 노원구	어르신 일자리지원센터 운영	158,477	어르신복지과	4	5	7	7	7	1	1	3
584	서울 노원구	불암산 나비정원 운영	57,600	여가도시과	4	4	5	1	7	1	1	4
585	서울 노원구	노원 불빛정원 운영	19,200	여가도시과	4	8	7	1	7	5	5	4
586	서울 노원구	마들상상놀이터 유지관리	71,920	여가도시과	4	7	5	3	1	1	1	4

순번	시군구	지출명 (사업명)	2021년예산 (단위:천원/1년간)	담당자 (공무원)	민간이전 분류 (지방자치단체 세출예산 집행기준에 의거)	민간이전지출 근거 (지방보조금 관리기준 참고)	입찰방식			운영예산 산정		성과평가 실시여부
				담당부서	1. 민간경상사업보조(307-02) 2. 민간단체 법정운영비보조(307-03) 3. 민간행사사업보조(307-04) 4. 민간위탁금(307-05) 5. 사회복지시설 법정운영비보조(307-10) 6. 민간인위탁교육비(307-12) 7. 공기관등에대한경상적위탁사업비(308-10) 8. 민간자본사업보조,자체재원(402-01) 9. 민간자본사업보조,이전재원(402-02) 10. 민간위탁사업비(402-03) 11. 공기관등에 대한 자본적 대행사업비(403-02)	1. 법률에 규정 2. 국고보조 재원(국가지정) 3. 용도 지정 기부금 4. 조례에 직접규정 5. 지자체가 권장하는 사업을 하는 공공기관 6. 시,도 정책 및 재정사정 7. 기타 8. 해당없음	계약체결방법 (경쟁형태) 1. 일반경쟁 2. 제한경쟁 3. 지명경쟁 4. 수의계약 5. 법정위탁 6. 기타 ( ) 7. 해당없음	계약기간 1. 1년 2. 2년 3. 3년 4. 4년 5. 5년 6. 기타 ( )년 7. 단기계약 (1년미만) 8. 해당없음	낙찰자선정방법 1. 적격심사 2. 협상에의한계약 3. 최저가낙찰제 4. 규격가격분리 5. 2단계 경쟁입찰 6. 기타 ( ) 7. 해당없음	운영예산 산정 1. 내부산정 (지자체 자체적으로 산정) 2. 외부산정 (외부전문기관위탁 산정) 3. 내·외부 모두 산정 4. 산정 無 5. 해당없음	정산방법 1. 내부정산 (지자체 내부적으로 정산) 2. 외부정산 (외부전문기관위탁 정산) 3. 내·외부 모두 산정 4. 정산 無 5. 해당없음	1. 실시 2. 미실시 3. 향후 추진 4. 해당없음
587	서울 노원구	경춘선 숲길에서 누리는 모두의 행복 프로젝트	20,000	여가도시과	4	4	6	1	6	1	1	4
588	서울 노원구	타임뮤지엄 운영	155,262	여가도시과	4	6	7	8	7	5	5	4
589	서울 노원구	직장어린이집 운영	256,764	여성가족과	4	6	7	8	7	1	1	4
590	서울 노원구	건강가정다문화가족지원센터	996,123	여성가족과	4	3	4	5	7	3	3	1
591	서울 노원구	외국인주민 및 다문화가족지원	24,500	여성가족과	4	5	4	3	7	3	3	1
592	서울 노원구	부모심리상담지원센터 운영	99,261	여성가족과	4	4	7	8	7	5	5	4
593	서울 노원구	노원사회적경제지원센터 운영	251,777	일자리경제과	4	4	1	2	1	1	1	3
594	서울 노원구	나쉐프(나도 쉐프다)프로젝트	118,050	일자리경제과	4	5	1	1	1	1	1	1
595	서울 노원구	노원 메이커스원 운영	230,000	일자리경제과	4	5	1	1	1	1	1	1
596	서울 노원구	생활폐기물(음식물 포함) 수집운반비	9,755	자원순환과	4	7	4	2	1	2	2	1
597	서울 노원구	음식물류 폐기물 처리비	51,943	자원순환과	4	1	1	2	2	1	1	4
598	서울 노원구	자활근로사업단 매출금	435,600	자원순환과	4	7	6	1	7	1	1	4
599	서울 노원구	주민자치회 지원사업	596,578	자치안전과	4	4	7	2	7	1	1	4
600	서울 노원구	마을공동체 지원센터 운영	89,013	자치안전과	4	4	5	3	7	1	1	1
601	서울 노원구	다모인 운영지원	165,840	장애인복지과	4	5	7	8	7	1	1	1
602	서울 은평구	주민주도의 마을공동체 활성화	40,000	협치담당관	4	6	5	3	7	1	1	3
603	서울 은평구	주민자치회	537,737	자치안전과	4	4	7	3	1	1	1	1
604	서울 은평구	평생학습관 및 어린이영어도서관 운영	13,926	시민교육과	4	1	1	3	1	1	1	1
605	서울 은평구	도농상생 공공급식 지원	633,340	시민교육과	4	4	1	3	1	1	1	3
606	서울 은평구	민관학 교육협력 지원	440,000	시민교육과	4	4	7	8	7	1	1	1
607	서울 은평구	마을-학교 연계 지원	761,819	시민교육과	4	1	1	3	1	1	1	1
608	서울 은평구	은평청소년마을학교 운영	20,000	시민교육과	4	4	7	8	7	1	1	3
609	서울 은평구	청소년문화의집 운영	933,580	시민교육과	4	1	1	3	1	1	1	3
610	서울 은평구	지역청소년참여기구운영	3,368	시민교육과	4	1	7	8	7	1	1	3
611	서울 은평구	청소년쉼터 운영	598,037	시민교육과	4	1	1	3	1	1	1	1
612	서울 은평구	청소년지도사 배치지원	23,208	시민교육과	4	1	1	3	1	1	1	1
613	서울 은평구	청소년진로지원	303,800	시민교육과	4	1	1	3	1	1	1	3
614	서울 은평구	지역사회 청소년 통합지원체계 구축	361,797	시민교육과	4	1	1	3	1	1	1	3
615	서울 은평구	학교 밖 청소년 지원	198,694	시민교육과	4	1	1	3	1	1	1	3
616	서울 은평구	학교 밖 청소년 급식지원	18,000	시민교육과	4	1	1	1	1	1	1	3
617	서울 은평구	청소년어울림마당지원	24,000	시민교육과	4	1	7	8	7	1	1	3
618	서울 은평구	청소년동아리 지원	13,750	시민교육과	4	1	7	8	7	1	1	3
619	서울 은평구	청소년 전문상담인력 양성 및 상담	30,000	시민교육과	4	4	7	8	7	1	1	3
620	서울 은평구	청소년 대학생 멘토링	30,000	시민교육과	4	4	7	8	7	1	1	3
621	서울 은평구	청소년 e-스포츠 대회 운영	20,000	시민교육과	4	4	7	8	7	1	1	3
622	서울 은평구	은평누리축제	125,000	문화관광과	4	5	6	1	7	1	1	1
623	서울 은평구	파발제	122,000	문화관광과	4	4	7	8	7	1	1	3
624	서울 은평구	민관협력형 마을예술창작소 조성 및 운영	73,904	문화관광과	4	5	6	1	7	1	1	1
625	서울 은평구	문화예술시장활성화	39,000	문화관광과	4	5	6	1	7	1	1	1
626	서울 은평구	은평생활문화센터 운영	150,000	문화관광과	4	5	6	1	7	1	1	1
627	서울 은평구	은평구립도서관 운영	24,818	문화관광과	4	1	6	3	7	1	3	1
628	서울 은평구	증산정보도서관 운영	1,065,195	문화관광과	4	1	6	3	7	1	3	1

순번	시군구	지출명 (사업명)	2021년예산 (단위:천원/1년간)	담당자 (공무원)	민간이전 분류 (지방자치단체 세출예산 집행기준에 의거)	민간이전지출 근거 (지방보조금 관리기준 참고)	입찰방식			운영예산 산정		성과평가 실시여부
				담당부서	1. 민간경상사업보조(307-02) 2. 민간단체 법정운영비보조(307-03) 3. 민간행사사업보조(307-04) 4. 민간위탁금(307-05) 5. 사회복지시설 법정운영비보조(307-10) 6. 민간인위탁교육비(307-12) 7. 공기관등에대한경상적위탁사업비(308-10) 8. 민간자본사업보조,자체재원(402-01) 9. 민간자본사업보조,이전재원(402-02) 10. 민간위탁사업비(402-03) 11. 공기관등에 대한 자본적 대행사업비(403-02)	1. 법률에 규정 2. 국고보조 재원(국가지정) 3. 용도 지정 기부금 4. 조례에 직접규정 5. 지자체가 권장하는 사업을 하는 공공기관 6. 시,도 정책 및 재정사정 7. 기타 8. 해당없음	계약체결방법 (경쟁형태) 1. 일반경쟁 2. 제한경쟁 3. 지명경쟁 4. 수의계약 5. 법정위탁 6. 기타 ( ) 7. 해당없음	계약기간 1. 1년 2. 2년 3. 3년 4. 4년 5. 5년 6. 기타 ( )년 7. 단기계약 (1년미만) 8. 해당없음	낙찰자선정방법 1. 적격심사 2. 협상에의한계약 3. 최저가낙찰제 4. 규격가격분리 5. 2단계 경쟁입찰 6. 기타 ( ) 7. 해당없음	운영예산 산정 1. 내부산정 (지자체 자체적으로 산정) 2. 외부산정 (외부전문기관위탁 산정) 3. 내·외부 모두 산정 4. 산정 無 5. 해당없음	정산방법 1. 내부정산 (지자체 내부적으로 정산) 2. 외부정산 (외부전문기관위탁 정산) 3. 내·외부 모두 산정 4. 정산 無 5. 해당없음	1. 실시 2. 미실시 3. 향후 추진 4. 해당없음
629	서울 은평구	응암정보도서관 운영	771,787	문화관광과	4	1	6	3	7	1	3	1
630	서울 은평구	상림마을작은도서관 운영	218,367	문화관광과	4	1	6	3	7	1	1	1
631	서울 은평구	은평뉴타운도서관 운영	1,028,538	문화관광과	4	1	6	3	7	1	3	1
632	서울 은평구	구산동도서관마을 운영	1,147,000	문화관광과	4	1	6	3	7	1	3	1
633	서울 은평구	내를건너서숲으로도서관 운영	995,819	문화관광과	4	1	6	3	7	1	3	1
634	서울 은평구	은뜨락도서관 운영	739,325	문화관광과	4	1	6	3	7	1	3	1
635	서울 은평구	대조꿈나무어린이도서관 운영	122,326	문화관광과	4	1	6	3	7	1	1	1
636	서울 은평구	은평도서문화축제	10,000	문화관광과	4	4	7	8	7	1	1	2
637	서울 은평구	작은도서관 운영비 지원	117,400	문화관광과	4	4	7	8	7	1	1	2
638	서울 은평구	청소년 독서활동 장려 및 지식 교류 사업	15,000	문화관광과	4	4	7	8	7	5	5	4
639	서울 은평구	임산부 및 영유아가정 아이맘택시 추진	363,840	가족정책과	4	4	7	8	7	5	5	4
640	서울 은평구	건강가정지원센터 운영	401,408	가족정책과	4	1	1	3	1	1	1	1
641	서울 은평구	1인가구지원센터 운영	40,000	가족정책과	4	6	6	3	6	1	1	2
642	서울 은평구	아이돌봄지원사업 운영	27,009	가족정책과	4	1	5	3	1	1	1	1
643	서울 은평구	공동육아나눔터 운영	113,656	가족정책과	4	1	5	3	1	1	1	1
644	서울 은평구	가족 역량강화 지원사업	116,240	가족정책과	4	1	6	3	6	1	1	2
645	서울 은평구	우리동네키움센터 운영	14,858	가족정책과	4	1	1	5	1	1	1	3
646	서울 은평구	우리동네키움센터 운영 지원	327,474	가족정책과	4	1	1	5	1	1	1	3
647	서울 은평구	동물보호사업 추진	82,000	가족정책과	4	2	2	3	1	1	1	4
648	서울 은평구	길고양이 중성화 사업 추진	75,000	가족정책과	4	2	2	2	1	1	1	4
649	서울 은평구	은평통일로스포츠센터 운영	1,335,000	생활체육과	4	4	2	3	1	1	1	1
650	서울 은평구	은평인공암벽장 운영	215,854	생활체육과	4	4	2	3	1	1	1	1
651	서울 은평구	기초푸드뱅크/마켓 운영	176,786	복지정책과	4	5	5	5	7	1	1	1
652	서울 은평구	종합사회복지관 운영	30,893	복지정책과	4	1	2	5	2	3	3	1
653	서울 은평구	발달장애인 평생교육센터 운영	808,867	장애인복지과	4	1	1	5	1	1	1	1
654	서울 은평구	장애인 이동기기 수리센터 운영	88,752	장애인복지과	4	1	1	3	1	1	1	1
655	서울 은평구	장애통합순회치료지원	100,000	보육지원과	4	4	7	8	7	5	5	4
656	서울 은평구	노인복지관 운영	2,945	어르신복지과	4	1	7	8	7	1	1	1
657	서울 은평구	노약자 등 교통약자를 위한 무료셔틀버스 운영	266,214	어르신복지과	4	7	7	8	7	1	1	4
658	서울 은평구	어르신일자리지원센터 지원	297,316	어르신복지과	4	1	1	5	1	3	3	3
659	서울 은평구	은평구사회적경제 허브센터 운영	243,100	사회적경제과	4	4	1	3	1	1	1	1
660	서울 은평구	서울창업카페 은평불광점 운영	63,500	사회적경제과	4	6	7	2	7	1	1	1
661	서울 은평구	서울청년센터 은평 오랑 운영	500,000	사회적경제과	4	6	1	3	1	3	1	3
662	서울 은평구	노동자 종합지원센터 운영	439,720	일자리경제과	4	4	1	2	1	1	1	1
663	서울 은평구	생활폐기물 처리	13,586	자원순환과	4	1	2	3	1	3	1	1
664	서울 은평구	재활용 및 대형생활폐기물 처리	10,080	자원순환과	4	1	4	1	7	1	1	2
665	서울 은평구	매립지반입불가 폐기물 처리	40,002	자원순환과	4	1	1	1	1	3	1	1
666	서울 은평구	음식물류폐기물 처리	36,799	자원순환과	4	1	4	1	7	1	1	4
667	서울 은평구	공중화장실 관리	644,021	자원순환과	4	4	1	1	1	1	1	3
668	서울 은평구	깨끗한 은평 가꾸기 추진	4,080	자원순환과	4	6	4	1	7	1	1	4
669	서울 은평구	은평환경플랜트 관리운영	55,190	자원순환과	4	1	1	3	1	3	1	1
670	서울 은평구	불법노점 및 노상적치물 정비	100,000	도시경관과	4	8	7	8	7	5	5	4

순번	시군구	지출명 (사업명)	2021년예산 (단위:천원/1년간)	담당자 (공무원) 담당부서	민간이전 분류 (지방자치단체 세출예산 집행기준에 의거) 1. 민간경상사업보조(307-02) 2. 민간단체 법정운영비보조(307-03) 3. 민간행사사업보조(307-04) 4. 민간위탁금(307-05) 5. 사회복지시설 법정운영비보조(307-10) 6. 민간인위탁교육비(307-12) 7. 공기관등에대한경상적위탁사업비(308-10) 8. 민간자본사업보조,자체재원(402-01) 9. 민간자본사업보조,이전재원(402-02) 10. 민간위탁사업비(402-03) 11. 공기관등에 대한 자본적 대행사업비(403-02)	민간이전지출 근거 (지방보조금 관리기준 참고) 1. 법률에 규정 2. 국고보조 재원(국가지정) 3. 용도 지정 기부금 4. 조례에 직접규정 5. 지자체가 권장하는 사업을 하는 공공기관 6. 시,도 정책 및 재정사정 7. 기타 8. 해당없음	입찰방식 계약체결방법 (경쟁형태) 1. 일반경쟁 2. 제한경쟁 3. 지명경쟁 4. 수의계약 5. 법정위탁 6. 기타 ( ) 7. 해당없음	입찰방식 계약기간 1. 1년 2. 2년 3. 3년 4. 4년 5. 5년 6. 기타 ( )년 7. 단기계약 (1년미만) 8. 해당없음	입찰방식 낙찰자선정방법 1. 적격심사 2. 협상에의한계약 3. 최저가낙찰제 4. 규격가격분리 5. 2단계 경쟁입찰 6. 기타 ( ) 7. 해당없음	운영예산 산정 운영예산 산정 1. 내부산정 (지자체 자체적으로 산정) 2. 외부산정 (외부전문기관위탁 산정) 3. 내·외부 모두 산정 4. 산정 無 5. 해당없음	운영예산 산정 정산방법 1. 내부정산 (지자체 내부적으로 정산) 2. 외부정산 (외부전문기관위탁 정산) 3. 내·외부 모두 산정 4. 정산 無 5. 해당없음	성과평가 실시여부 1. 실시 2. 미실시 3. 향후 추진 4. 해당없음
671	서울 은평구	불법주차차량 견인 및 보관대행	52,800	주차관리과	4	4	4	2	7	1	1	3
672	서울 은평구	위법건축물정비추진	4,000	주거재생과	4	7	7	8	7	5	5	4
673	서울 은평구	불광천 생태학습체험방 운영	59,560	치수과	4	5	4	3	7	3	3	3
674	서울 은평구	도시농업활성화 사업	115,000	공원녹지과	4	4	6	2	6	1	1	3
675	서울 은평구	어린이 먹을거리 안전관리 강화	735,000	보건위생과	4	2	1	3	1	1	2	1
676	서울 은평구	지역사회건강조사	69,420	건강증진과	4	2	5	1	7	1	1	4
677	서울 은평구	치매안심센터 운영	11,283	보건지소	4	1	1	3	2	1	1	1
678	서울 은평구	중증치매노인 공공후견사업	7,200	보건지소	4	1	1	3	2	1	1	1
679	서울 서대문구	가로기(태극기,민방위기)게양용역비	16,500	자치행정과	4	6	4	1	1	1	1	2
680	서울 서대문구	창업지원센터 운영	30,000	일자리경제과	4	4	7	8	7	1	1	1
681	서울 서대문구	50플러스센터 운영	700,000	일자리경제과	4	4	1	3	1	1	1	1
682	서울 서대문구	취업지원교육 프로그램 운영	70,000	일자리경제과	4	1	7	1	7	1	1	1
683	서울 서대문구	노동자종합지원센터 운영 지원	17,400	일자리경제과	4	4	7	3	7	1	1	1
684	서울 서대문구	유기동물 보호관리	30,600	일자리경제과	4	4	2	3	1	1	1	1
685	서울 서대문구	길고양이 중성화 사업	75,000	일자리경제과	4	4	2	3	1	1	1	1
686	서울 서대문구	길고양이 2주 항생제 처방	10,000	일자리경제과	4	4	2	3	1	1	1	1
687	서울 서대문구	공공급식센터 운영	604,570	사회적경제과	4	4	1	3	1	1	1	1
688	서울 서대문구	대형폐기물 수집운반 처리비	22,187	청소행정과	4	1	7	8	7	5	5	4
689	서울 서대문구	뒷골목 청소용역비	1,307,000	청소행정과	4	8	1	2	1	1	1	2
690	서울 서대문구	생활폐기물(음식물포함) 수집운반비	10,897	청소행정과	4	1	2	2	1	2	1	1
691	서울 서대문구	반입불가폐기물 반입수수료	90,000	청소행정과	4	7	7	8	7	5	5	4
692	서울 서대문구	종량제봉투 공급판매 대행수수료	120,485	청소행정과	4	7	2	2	1	1	1	2
693	서울 서대문구	음식물류폐기물 민간위탁 처리비	30,240	청소행정과	4	4	7	8	7	5	5	4
694	서울 서대문구	혼합재활용품 잔재폐기물 처리	23,364	청소행정과	4	4	1	1	1	1	1	4
695	서울 서대문구	공사장생활폐기물 및 불연성 폐기물 처리 대행	49,950	청소행정과	4	8	7	8	7	5	5	4
696	서울 서대문구	이동목욕사업 운영지원	89,364	복지정책과	4	1	2	5	1	1	1	1
697	서울 서대문구	거동불편자 가정세탁사업	116,141	복지정책과	4	1	2	5	1	1	1	1
698	서울 서대문구	푸드마켓 운영지원	220,645	복지정책과	4	1	1	5	1	1	1	1
699	서울 서대문구	푸드뱅크 운영지원	58,166	복지정책과	4	1	1	3	1	1	1	1
700	서울 서대문구	발달장애인 평생교육센터 운영	660,000	사회복지과	4	4	7	1	6	1	1	4
701	서울 서대문구	장애인 가족지원센터 운영	179,000	사회복지과	4	4	7	1	6	1	1	4
702	서울 서대문구	시니어클럽 운영	342,072	어르신복지과	4	1	5	5	1	1	1	2
703	서울 서대문구	경로 이·미용실 운영 지원	43,409	어르신복지과	4	1	7	8	7	1	1	4
704	서울 서대문구	경로당 순회프로그램 관리자 지원	97,238	어르신복지과	4	1	7	8	7	1	1	4
705	서울 서대문구	경로당 활성화사업 지원	32,031	어르신복지과	4	1	7	8	7	1	1	4
706	서울 서대문구	특화프로그램 전담인력 인건비	24,766	어르신복지과	4	1	7	8	7	1	1	4
707	서울 서대문구	북가좌2동 노인복지센터 운영지원	168,396	어르신복지과	4	1	1	5	1	1	1	1
708	서울 서대문구	연희 노인여가복지시설 운영지원	224,735	어르신복지과	4	1	1	5	1	1	1	1
709	서울 서대문구	인왕 어르신복지센터 운영	206,474	어르신복지과	4	1	1	5	1	1	1	1
710	서울 서대문구	운전기사 인건비	134,583	어르신복지과	4	1	1	3	1	1	1	1
711	서울 서대문구	차량보조원 인건비	73,248	어르신복지과	4	1	1	3	1	1	1	1
712	서울 서대문구	정류장 유지관리비	12,038	어르신복지과	4	1	1	3	1	1	1	1

순번	시군구	지출명 (사업명)	2021년예산 (단위:천원/1년간)	담당자 (공무원)	민간이전 분류 (지방자치단체 세출예산 집행기준에 의거)	민간이전지출 근거 (지방보조금 관리기준 참고)	입찰방식			운영예산 산정		성과평가 실시여부
				담당부서	1. 민간경상사업보조(307-02) 2. 민간단체 법정운영비보조(307-03) 3. 민간행사사업보조(307-04) 4. 민간위탁금(307-05) 5. 사회복지시설 법정운영비보조(307-10) 6. 민간인위탁교육비(307-12) 7. 공기관등에대한경상적위탁사업비(308-10) 8. 민간자본사업보조,자체재원(402-01) 9. 민간자본사업보조,이전재원(402-02) 10. 민간위탁사업비(402-03) 11. 공기관등에 대한 자본적 대행사업비(403-02)	1. 법률에 규정 2. 국고보조 재원(국가지정) 3. 용도 지정 기부금 4. 조례에 직접규정 5. 지자체가 권장하는 사업을 하는 공공기관 6. 시,도 정책 및 재정사정 7. 기타 8. 해당없음	계약체결방법 (경쟁형태) 1. 일반경쟁 2. 제한경쟁 3. 지명경쟁 4. 수의계약 5. 법정위탁 6. 기타 ( ) 7. 해당없음	계약기간 1. 1년 2. 2년 3. 3년 4. 4년 5. 5년 6. 기타 ( )년 7. 단기계약 (1년미만) 8. 해당없음	낙찰자선정방법 1. 적격심사 2. 협상에의한계약 3. 최저가낙찰제 4. 규격가격분리 5. 2단계 경쟁입찰 6. 기타 ( ) 7. 해당없음	운영예산 산정 1. 내부산정 (지자체 자체적으로 산정) 2. 외부산정 (외부전문기관위탁 산정) 3. 내·외부 모두 산정 4. 산정 無 5. 해당없음	정산방법 1. 내부정산 (지자체 내부적으로 정산) 2. 외부정산 (외부전문기관위탁 정산) 3. 내·외부 모두 산정 4. 정산 無 5. 해당없음	1. 실시 2. 미실시 3. 향후 추진 4. 해당없음
713	서울 서대문구	무료셔틀버스 운영비	49,440	어르신복지과	4	1	1	3	1	1	1	1
714	서울 서대문구	구립어린이집 비담임교사 급여 지원	690,768	여성가족과	4	1	7	8	7	1	1	1
715	서울 서대문구	신규구립어린이집 개원준비 지원	4,000	여성가족과	4	1	7	8	7	1	1	1
716	서울 서대문구	인건비	373,126	여성가족과	4	1	7	8	7	1	1	1
717	서울 서대문구	교재교구비	3,000	여성가족과	4	1	7	8	7	1	1	1
718	서울 서대문구	장애아지원프로그램	48,484	여성가족과	4	1	6	5	6	1	1	1
719	서울 서대문구	장애아통합보육지원	23,716	여성가족과	4	1	6	5	6	1	1	1
720	서울 서대문구	육아종합지원센터	1,066,766	여성가족과	4	1	6	5	6	1	1	1
721	서울 서대문구	보육교직원 위탁교육	10,500	여성가족과	4	1	6	5	6	1	1	1
722	서울 서대문구	부모커뮤니티 지원	30,000	여성가족과	4	1	6	5	6	1	1	1
723	서울 서대문구	부모교육 지원	28,840	여성가족과	4	1	6	5	6	1	1	1
724	서울 서대문구	전문인력 인건비	39,637	여성가족과	4	1	6	5	6	1	1	1
725	서울 서대문구	서대문키드센터 운영	214,400	여성가족과	4	1	6	5	6	1	1	1
726	서울 서대문구	부모모니터링 운영지원	9,772	여성가족과	4	1	6	5	6	1	1	1
727	서울 서대문구	우리동네 보육반장 운영	40,420	여성가족과	4	1	6	5	6	1	1	1
728	서울 서대문구	어린이집 안전관리관 운영	37,094	여성가족과	4	1	6	5	6	1	1	1
729	서울 서대문구	보육반장 인건비	32,136	여성가족과	4	1	6	5	6	1	1	1
730	서울 서대문구	보육반장 인건비	32,136	여성가족과	4	1	6	5	6	1	1	1
731	서울 서대문구	운영비 및 사업비	6,396	여성가족과	4	1	6	5	6	1	1	1
732	서울 서대문구	운영비 및 사업비	12,396	여성가족과	4	1	6	5	6	1	1	1
733	서울 서대문구	인건비	599,040	여성가족과	4	1	6	5	6	1	1	1
734	서울 서대문구	생태친화형 어린이집 운영	100,000	여성가족과	4	1	6	5	6	1	1	1
735	서울 서대문구	맞벌이가정 방학돌봄지원	12,000	여성가족과	4	4	5	3	1	1	1	1
736	서울 서대문구	부모역할 지원 사업	50,000	여성가족과	4	4	5	3	1	1	1	1
737	서울 서대문구	운영비	337,000	여성가족과	4	2	5	3	1	1	1	1
738	서울 서대문구	종사자 수당	45,952	여성가족과	4	2	5	3	1	1	1	1
739	서울 서대문구	종사자 복지포인트	1,490,000	여성가족과	4	2	5	3	1	1	1	1
740	서울 서대문구	보조인력 지원	35,110	여성가족과	4	4	5	3	1	1	1	1
741	서울 서대문구	건강가정다문화가족지원센터 외 2개소 청소인력 운영비	6,000	여성가족과	4	4	5	3	1	1	1	1
742	서울 서대문구	공동육아나눔터 운영	98,840	여성가족과	4	2	5	3	1	1	1	1
743	서울 서대문구	종사자 수당	6,000	여성가족과	4	2	5	3	1	1	1	1
744	서울 서대문구	다문화 홍보 및 인식개선 사업	30,000	여성가족과	4	4	5	3	1	1	1	1
745	서울 서대문구	다문화가족 자녀성장 지원	50,000	여성가족과	4	4	5	3	1	1	1	1
746	서울 서대문구	다문화가족 조기정착 지원 멘토링 사업	17,500	여성가족과	4	4	5	3	1	1	1	1
747	서울 서대문구	이중언어가족환경 조성사업	4,000	여성가족과	4	4	5	3	1	1	1	1
748	서울 서대문구	취약위기가족지원사업	90,800	여성가족과	4	2	5	3	1	1	1	1
749	서울 서대문구	종사자 수당	11,000	여성가족과	4	6	5	3	1	1	1	1
750	서울 서대문구	아이돌봄 지원	23,000	여성가족과	4	2	5	3	1	1	1	1
751	서울 서대문구	종사자 처우수당	24,000	여성가족과	4	6	5	3	1	1	1	1
752	서울 서대문구	종일제·시간제 추가수당 및 예방접종비 등	150,000	여성가족과	4	6	5	3	1	1	1	1
753	서울 서대문구	가족학교 운영지원	48,229	여성가족과	4	6	5	3	1	1	1	1
754	서울 서대문구	다문화가족 특성화사업	352,738	여성가족과	4	2	5	3	1	1	1	1

순번	시군구	지출명 (사업명)	2021년예산 (단위:천원/1년간)	담당자 (공무원)	민간이전 분류 (지방자치단체 세출예산 집행기준에 의거)	민간이전지출 근거 (지방보조금 관리기준 참고)	입찰방식			운영예산 산정		성과평가 실시여부
				담당부서	1. 민간경상사업보조(307-02) 2. 민간단체 법정운영비보조(307-03) 3. 민간행사사업보조(307-04) 4. 민간위탁금(307-05) 5. 사회복지시설 법정운영비보조(307-10) 6. 민간인위탁교육비(307-12) 7. 공기관등에대한경상적위탁사업비(308-10) 8. 민간자본사업보조,자체재원(402-01) 9. 민간자본사업보조,이전재원(402-02) 10. 민간위탁사업비(402-03) 11. 공기관등에 대한 자본적 대행사업비(403-02)	1. 법률에 규정 2. 국고보조 재원(국가지정) 3. 용도 지정 기부금 4. 조례에 직접규정 5. 지자체가 권장하는 사업을 하는 공공기관 6. 시,도 정책 및 재정사정 7. 기타 8. 해당없음	계약체결방법 (경쟁형태) 1. 일반경쟁 2. 제한경쟁 3. 지명경쟁 4. 수의계약 5. 법정위탁 6. 기타 ( ) 7. 해당없음	계약기간 1. 1년 2. 2년 3. 3년 4. 4년 5. 5년 6. 기타 ( )년 7. 단기계약 (1년미만) 8. 해당없음	낙찰자선정방법 1. 적격심사 2. 협상에의한계약 3. 최저가낙찰제 4. 규격가격분리 5. 2단계 경쟁입찰 6. 기타 ( ) 7. 해당없음	운영예산 산정 1. 내부산정 (지자체 자체적으로 산정) 2. 외부산정 (외부전문기관위탁 산정) 3. 내·외부 모두 산정 4. 산정 無 5. 해당없음	정산방법 1. 내부정산 (지자체 내부적으로 정산) 2. 외부정산 (외부전문기관위탁 정산) 3. 내·외부 모두 산정 4. 정산 無 5. 해당없음	1. 실시 2. 미실시 3. 향후 추진 4. 해당없음
755	서울 서대문구	찾아가는 결혼이주여성 다이음사업	3,000	여성가족과	4	2	5	3	1	1	1	1
756	서울 서대문구	운영비	192,400	여성가족과	4	2	5	3	1	1	1	1
757	서울 서대문구	종사자수당	83,900	여성가족과	4	2	5	3	1	1	1	1
758	서울 서대문구	다문화가족지원사업 인건비	37,500	여성가족과	4	2	5	3	1	1	1	1
759	서울 서대문구	1인가구 지원사업 전담인력 인건비	64,000	여성가족과	4	6	5	3	1	1	1	1
760	서울 서대문구	1인가구 지원사업 사업비	18,400	여성가족과	4	6	5	3	1	1	1	1
761	서울 서대문구	홍은청소년문화의집 운영지원	615,168	아동청소년과	4	1	2	3	1	1	1	1
762	서울 서대문구	서대문진로직업체험지원센터 운영지원	230,741	아동청소년과	4	4	7	8	7	1	1	1
763	서울 서대문구	청소년 진로박람회 개최	50,000	아동청소년과	4	4	7	8	7	1	1	1
764	서울 서대문구	진로직업체험지원센터 운영지원	125,000	아동청소년과	4	6	7	8	7	1	1	1
765	서울 서대문구	청소년디지털미디어공간 조성 및 운영	57,431	아동청소년과	4	7	7	8	7	1	1	4
766	서울 서대문구	청소년운영위원회 운영	1,684,000	아동청소년과	4	2	7	8	7	1	1	4
767	서울 서대문구	청소년상담복지센터(청소년안전망) 운영지원	409,904	아동청소년과	4	2	7	5	7	1	1	1
768	서울 서대문구	학교 밖 청소년 지원	137,820	아동청소년과	4	2	7	5	7	1	1	1
769	서울 서대문구	청소년아지트 운영지원	60,364	아동청소년과	4	7	7	6	7	1	1	1
770	서울 서대문구	학교 밖 청소년 꿈지원 사업 운영	45,000	아동청소년과	4	7	7	6	7	1	1	1
771	서울 서대문구	청소년문화체험활동 지원	10,000	아동청소년과	4	7	7	6	7	1	1	1
772	서울 서대문구	학교 밖 청소년 급식지원	20,400	아동청소년과	4	2	7	5	7	1	1	1
773	서울 서대문구	구립 홍은청소년공부방 운영지원	123,159	아동청소년과	4	4	2	3	1	1	1	1
774	서울 서대문구	청소년활동공간 꿈다락 운영지원	172,081	아동청소년과	4	4	2	3	1	1	1	3
775	서울 서대문구	청소년1인 미디어 지원	8,200	아동청소년과	4	7	5	1	7	1	1	1
776	서울 서대문구	청소년역사캠프	13,525	아동청소년과	4	7	5	1	7	1	1	1
777	서울 서대문구	비대면대학진로탐색	11,475	아동청소년과	4	7	5	1	7	1	1	1
778	서울 서대문구	구민 정보화교육 운영	75,600	스마트정보과	4	4	2	1	2	1	1	1
779	서울 서대문구	특정폐기물처리 용역	2,000,000	건설관리과	4	1	4	1	6	1	2	4
780	서울 서대문구	지역자율방재단 활동비	16,800	안전치수과	4	1	7	8	7	5	5	4
781	서울 서대문구	불법주차 등 견인대행료	60,000	교통관리과	4	4	7	8	7	1	1	4
782	서울 서대문구	불법주차 등 견인출동 보전금	26,400	교통관리과	4	6	7	8	7	1	1	4
783	서울 서대문구	어린이급식관리지원센터 운영	238,835	보건위생과	4	1	1	3	1	1	2	3
784	서울 서대문구	어린이급식관리지원센터 운영	138,820	보건위생과	4	1	1	3	1	1	2	3
785	서울 서대문구	어린이급식관리지원센터 운영	30,345	보건위생과	4	1	1	3	1	1	2	3
786	서울 서대문구	어린이급식관리지원센터 운영	12,000	보건위생과	4	1	1	3	1	1	2	3
787	서울 서대문구	서대문구 치매안심센터 운영	1,114,200	의약과	4	1	5	3	7	5	5	1
788	서울 서대문구	치매안심센터 시설물 유지 관리	74,866	의약과	4	1	7	8	7	1	1	4
789	서울 서대문구	후견인 심판절차 비용	5,000	의약과	4	1	7	8	7	5	5	4
790	서울 서대문구	지역사회 건강면접 조사	69,420	의약과	4	2	5	1	7	5	5	1
791	서울 마포구	마포구청 직장어린이집 지원	409,956	총무과	4	1	1	5	1	1	1	4
792	서울 마포구	마을공동체 육성	20,000	자치행정과	4	4	1	3	2	1	1	1
793	서울 마포구	자원재활용 사업	11,158	청소행정과	4	8	1	2	1	1	1	4
794	서울 마포구	자원재활용 사업		청소행정과	4	1	1	2	1	1	1	4
795	서울 마포구	음식물류 폐기물 관리	4,783	청소행정과	4	1	1	2	1	1	1	4
796	서울 마포구	음식물류 폐기물 관리		청소행정과	4	1	4	1	1	1	5	4

순번	시군구	지출명 (사업명)	2021년예산 (단위:천원/1년간)	담당자 (공무원)	민간이전 분류 (지방자치단체 세출예산 집행기준에 의거) 1. 민간경상사업보조(307-02) 2. 민간단체 법정운영비보조(307-03) 3. 민간행사사업보조(307-04) 4. 민간위탁금(307-05) 5. 사회복지시설 법정운영비보조(307-10) 6. 민간인위탁교육비(307-12) 7. 공기관등에대한경상적위탁사업비(308-10) 8. 민간자본사업보조,자체재원(402-01) 9. 민간자본사업보조,이전재원(402-02) 10. 민간위탁사업비(402-03) 11. 공기관등에 대한 자본적 대행사업비(403-02)	민간이전지출 근거 (지방보조금 관리기준 참고) 1. 법률에 규정 2. 국고보조 재원(국가지정) 3. 용도 지정 기부금 4. 조례에 직접규정 5. 지자체가 권장하는 사업을 하는 공공기관 6. 시,도 정책 및 재정사정 7. 기타 8. 해당없음	입찰방식			운영예산 산정		성과평가 실시여부
				담당부서			계약체결방법 (경쟁형태) 1. 일반경쟁 2. 제한경쟁 3. 지명경쟁 4. 수의계약 5. 법정위탁 6. 기타 ( ) 7. 해당없음	계약기간 1. 1년 2. 2년 3. 3년 4. 4년 5. 5년 6. 기타 ( )년 7. 단기계약 (1년미만) 8. 해당없음	낙찰자선정방법 1. 적격심사 2. 협상에의한계약 3. 최저가낙찰제 4. 규격가격분리 5. 2단계 경쟁입찰 6. 기타 ( ) 7. 해당없음	운영예산 산정 1. 내부산정 (지자체 자체적으로 산정) 2. 외부산정 (외부전문기관위탁 산정) 3. 내·외부 모두 산정 4. 산정 無 5. 해당없음	정산방법 1. 내부정산 (지자체 내부적으로 정산) 2. 외부정산 (외부전문기관위탁 정산) 3. 내·외부 모두 산정 4. 정산 無 5. 해당없음	1. 실시 2. 미실시 3. 향후 추진 4. 해당없음
797	서울 마포구	폐기물 처리	6,529	청소행정과	4	1	1	2	1	1	1	4
798	서울 마포구	깨끗한 마포가꾸기	1,420,000	청소행정과	4	1	1	2	1	1	1	1
799	서울 마포구	깨끗한 거리환경 조성	1,306,000	청소행정과	4	4	1	1	3	1	1	4
800	서울 마포구	관광안내소 위탁 운영	196,107	관광과	4	4	1	3	2	1	1	3
801	서울 마포구	마포구고용복지지원센터 운영	585,000	일자리지원과	4	1	1	3	1	3	3	1
802	서울 마포구	마포청년나루 운영	352,000	일자리지원과	4	1	1	3	1	1	3	1
803	서울 마포구	사회적경제 활성화 사업	122,000	일자리지원과	4	4	4	1	7	1	1	1
804	서울 마포구	경의선 책거리 운영	500,000	문화예술과	4	4	1	6	2	1	1	3
805	서울 마포구	구립예술합창단 운영	142,000	문화예술과	4	4	6	3	6	2	2	1
806	서울 마포구	광흥당 운영 및 관리	181,200	문화예술과	4	1	5	5	6	2	1	4
807	서울 마포구	마포출판문화진흥센터 운영	736,000	문화예술과	4	4	1	6	2	1	1	3
808	서울 마포구	문화재 보존관리	72,858	문화예술과	4	1	4	3	7	1	1	1
809	서울 마포구	중소기업 제품 판매 지원	99,200	지역경제과	4	4	7	8	7	5	1	4
810	서울 마포구	중소기업 및 소상공인 창업지원	124,794	지역경제과	4	4	6	2	6	1	1	1
811	서울 마포구	동물보호 관리	90,000	지역경제과	4	4	7	3	7	1	1	3
812	서울 마포구	고양이중성화(TNR) 사업 관리	109,500	지역경제과	4	4	7	3	7	1	1	3
813	서울 마포구	체육관 운영지원	34,694	생활체육과	4	4	6	3	6	1	1	1
814	서울 마포구	체육관 운영지원		생활체육과	4	4	6	3	6	1	1	1
815	서울 마포구	마포체력인증센터 운영지원	206,250	생활체육과	4	2	6	2	7	3	3	4
816	서울 마포구	종합사회복지관운영지원	15,284	복지정책과	4	1	2	5	1	1	1	1
817	서울 마포구	푸드마켓(뱅크) 운영 지원	317,590	복지정책과	4	1	2	5	1	1	1	2
818	서울 마포구	마포영유아통합지원센터 운영 지원	415,000	아동청년과	4	8	7	8	7	5	5	4
819	서울 마포구	자활근로사업운영	25,105	생활보장과	4	2	6	1	7	1	1	1
820	서울 마포구	마포 시니어클럽 운영	353,360	노인장애인과	4	1	6	5	6	1	1	1
821	서울 마포구	우리마포복지관 내 노인복지센터 운영	1,075,000	노인장애인과	4	1	2	5	1	1	1	1
822	서울 마포구	아현실버복지관 운영지원	600,453	노인장애인과	4	1	2	5	1	1	1	3
823	서울 마포구	용강노인복지관 운영지원	608,150	노인장애인과	4	1	2	5	1	1	1	3
824	서울 마포구	마포어르신돌봄통합센터 운영지원	32,500	노인장애인과	4	1	1	5	1	1	1	3
825	서울 마포구	장애인휠체어등 수리센터 운영	70,000	노인장애인과	4	4	5	3	1	1	1	2
826	서울 마포구	발달장애인 요양보호사 보조사업	266,196	노인장애인과	4	2	5	3	1	5	1	1
827	서울 마포구	장애인종합복지관 운영	15,577	노인장애인과	4	1	5	5	1	1	1	3
828	서울 마포구	어린이재활병원 및 사회복지시설 운영	21,975	노인장애인과	4	1	5	5	1	1	1	1
829	서울 마포구	우리마포복지관 내 장애인복지센터 운영	80,000	노인장애인과	4	1	5	5	1	1	1	3
830	서울 마포구	염리종합복지관 내 장애인주간이용센터 운영	131,300	노인장애인과	4	1	7	8	7	5	5	4
831	서울 마포구	장애인 직업재활시설 운영	12,000	노인장애인과	4	1	7	8	7	1	1	1
832	서울 마포구	발달장애인 평생교육센터 운영	717,000	노인장애인과	4	1	5	5	1	1	1	3
833	서울 마포구	뇌병변장애인 비전센터 운영	500,000	노인장애인과	4	6	7	8	7	1	1	3
834	서울 마포구	마포복지목욕탕 운영	271,104	노인장애인과	4	4	5	5	1	1	1	3
835	서울 마포구	농아인쉼터 운영	49,066	노인장애인과	4	1	7	8	7	1	1	2
836	서울 마포구	점자도서실 운영	132,000	노인장애인과	4	5	1	5	1	1	1	2
837	서울 마포구	육아종합지원센터 운영	16,083	여성가족과	4	1	5	5	7	1	1	4
838	서울 마포구	장난감대여점 운영	321,970	여성가족과	4	1	5	3	7	1	1	4

순번	시군구	지출명 (사업명)	2021년예산 (단위:천원/1년간)	담당자 (공무원)	민간이전 분류 (지방자치단체 세출예산 집행기준에 의거)	민간이전지출 근거 (지방보조금 관리기준 참고)	입찰방식			운영예산 산정		성과평가 실시여부
				담당부서	1. 민간경상사업보조(307-02) 2. 민간단체 법정운영비보조(307-03) 3. 민간행사사업보조(307-04) 4. 민간위탁금(307-05) 5. 사회복지시설 법정운영비보조(307-10) 6. 민간인위탁교육비(307-12) 7. 공기관등에대한경상적위탁사업비(308-10) 8. 민간자본사업보조,자체재원(402-01) 9. 민간자본사업보조,이전재원(402-02) 10. 민간위탁사업비(402-03) 11. 공기관등에 대한 자본적 대행사업비(403-02)	1. 법률에 규정 2. 국고보조 재원(국가지정) 3. 용도 지정 기부금 4. 조례에 직접규정 5. 지자체가 권장하는 사업을 하는 공공기관 6. 시,도 정책 및 재정사정 7. 기타 8. 해당없음	계약체결방법 (경쟁형태) 1. 일반경쟁 2. 제한경쟁 3. 지명경쟁 4. 수의계약 5. 법정위탁 6. 기타 ( ) 7. 해당없음	계약기간 1. 1년 2. 2년 3. 3년 4. 4년 5. 5년 6. 기타 ( )년 7. 단기계약 (1년미만) 8. 해당없음	낙찰자선정방법 1. 적격심사 2. 협상에의한계약 3. 최저가낙찰제 4. 규격가격분리 5. 2단계 경쟁입찰 6. 기타 ( ) 7. 해당없음	운영예산 산정 1. 내부산정 (지자체 자체적으로 산정) 2. 외부산정 (외부전문기관위탁 산정) 3. 내·외부 모두 산정 4. 산정 無 5. 해당없음	정산방법 1. 내부정산 (지자체 내부적으로 정산) 2. 외부정산 (외부전문기관위탁 정산) 3. 내·외부 모두 산정 4. 정산 無 5. 해당없음	1. 실시 2. 미실시 3. 향후 추진 4. 해당없음
839	서울 마포구	건강가정·다문화가족지원센터 운영	500,116	여성가족과	4	2	1	3	1	5	1	3
840	서울 마포구	다문화가족지원센터 운영	212,800	여성가족과	4	2	1	3	1	5	1	3
841	서울 마포구	다문화가족 특성화 사업	286,669	여성가족과	4	2	1	3	1	5	1	3
842	서울 마포구	찾아가는 결혼이주여성 다이음사업	3,000	여성가족과	4	2	1	3	1	5	1	3
843	서울 마포구	공동육아나눔터 운영	3,000	여성가족과	4	2	1	3	1	5	1	3
844	서울 마포구	아이돌봄시비지원사업	15,960	여성가족과	4	6	1	3	1	5	1	3
845	서울 마포구	다문화가족지원사업	13,000	여성가족과	4	4	1	3	1	1	1	3
846	서울 마포구	다함께돌봄(우리동네키움센터)운영	205,250	아동청년과	4	1	1	5	7	1	1	3
847	서울 마포구	다함께돌봄(우리동네키움센터)인건비	308,265	아동청년과	4	1	1	5	7	1	1	3
848	서울 마포구	열린육아방 운영	39,816	아동청년과	4	5	7	8	7	1	1	4
849	서울 마포구	청소년상담복지센터 운영	413,070	아동청년과	4	5	1	3	1	1	1	1
850	서울 마포구	청소년지원센터 '꿈드림' 운영지원	125,994	아동청년과	4	5	1	3	1	1	1	1
851	서울 마포구	청소년수련시설 운영지원	19,289	아동청년과	4	4	1	3	1	1	1	1
852	서울 마포구	청소년참여지원	39,000	아동청년과	4	2	7	8	7	5	1	4
853	서울 마포구	방과후 아카데미 운영지원	69,242	아동청년과	4	2	7	8	7	5	1	4
854	서울 마포구	우리동네 예술학교 운영지원	42,000	아동청년과	4	5	4	1	7	1	1	2
855	서울 마포구	학교 밖 청소년 급식지원	18,300	아동청년과	4	5	1	3	1	1	1	1
856	서울 마포구	진로직업체험활동 지원	373,500	교육지원과	4	4	2	3	1	3	1	1
857	서울 마포구	공원시설 유지관리	672,517	공원녹지과	4	4	7	8	7	1	1	1
858	서울 마포구	정신보건사업	751,732	보건행정과	4	1	4	3	6	2	2	1
859	서울 마포구	지역사회건강조사	69,420	보건행정과	4	2	7	1	7	3	3	1
860	서울 마포구	정신질환자 치료비 지원사업	61,600	보건행정과	4	1	4	3	6	2	2	1
861	서울 마포구	어린이급식관리 지원센터 설치,운영	525,000	위생과	4	2	7	8	7	5	5	4
862	서울 마포구	치매안심센터 운영지원	1,280,000	건강증진과	4	2	1	3	1	1	1	1
863	서울 마포구	중증치매노인 공공후견	50,000	건강증진과	4	2	1	3	1	1	1	1
864	서울 마포구	청소년산모 임신출산 의료비 지원	16,000	건강증진과	4	2	7	8	7	5	2	4
865	서울 마포구	산모신생아 건강관리 지원사업	19,519	건강증진과	4	2	7	8	7	5	2	4
866	서울 마포구	저소득층 기저귀 조제분유 지원사업	423,100	건강증진과	4	2	7	8	7	5	2	4
867	서울 마포구	서울형 산모신생아 건강관리지원사업	712,145	건강증진과	4	6	7	8	7	5	2	4
868	서울 마포구	마포구립서강도서관 운영	665,956	마포중앙도서관	4	4	6	3	6	1	1	1
869	서울 마포구	마포푸르메어린이도서관 운영	122,346	마포중앙도서관	4	4	6	5	6	1	1	1
870	서울 마포구	작은도서관 운영(꿈을이루는작은도서관)	713,187	마포중앙도서관	4	4	6	3	6	1	1	3
871	서울 마포구	작은도서관 운영(아름드리작은도서관)	713,187	마포중앙도서관	4	4	6	3	6	1	1	3
872	서울 마포구	어린이 영어도서관 운영	234,026	마포중앙도서관	4	4	6	3	6	1	1	1
873	서울 마포구	어린이 영어도서관 운영		마포중앙도서관	4	4	6	3	6	1	1	1
874	서울 마포구	다문화서비스 사업	1,095,000	마포중앙도서관	4	2	7	8	7	1	1	1
875	서울 양천구	자원봉사센터지원	561,475	주민협치과	4	4	1	1	1	1	1	1
876	서울 양천구	자원봉사활성화	24,894	주민협치과	4	2	1	1	1	1	1	1
877	서울 양천구	자원봉사활성화	59,548	주민협치과	4	2	1	1	1	1	1	1
878	서울 양천구	마을공동체활성화지원사업	295,000	주민협치과	4	4	1	2	1	1	1	1
879	서울 양천구	주민자치회시범사업운영	523,498	주민협치과	4	4	7	8	7	1	1	4
880	서울 양천구	지역사회와 함께하는 방과후학교 지원	99,800	교육지원과	4	4	7	8	7	1	1	1

순번	시군구	지출명 (사업명)	2021년예산 (단위:천원/1년간)	담당자 (공무원)	민간이전 분류 (지방자치단체 세출예산 집행기준에 의거)	민간이전지출 근거 (지방보조금 관리기준 참고)	입찰방식			운영예산 산정		성과평가 실시여부
				담당부서	1. 민간경상사업보조(307-02) 2. 민간단체 법정운영비보조(307-03) 3. 민간행사사업보조(307-04) 4. 민간위탁금(307-05) 5. 사회복지시설 법정운영비보조(307-10) 6. 민간인위탁교육비(307-12) 7. 공기관등에대한경상적위탁사업비(308-10) 8. 민간자본사업보조,자체재원(402-01) 9. 민간자본사업보조,이전재원(402-02) 10. 민간위탁사업비(402-03) 11. 공기관등에 대한 자본적 대행사업비(403-02)	1. 법률에 규정 2. 국고보조 재원(국가지정) 3. 용도 지정 기부금 4. 조례에 직접규정 5. 지자체가 권장하는 사업을 하는 공공기관 6. 시,도 정책 및 재정사정 7. 기타 8. 해당없음	계약체결방법 (경쟁형태) 1. 일반경쟁 2. 제한경쟁 3. 지명경쟁 4. 수의계약 5. 법정위탁 6. 기타 ( ) 7. 해당없음	계약기간 1. 1년 2. 2년 3. 3년 4. 4년 5. 5년 6. 기타 ( )년 7. 단기계약 (1년미만) 8. 해당없음	낙찰자선정방법 1. 적격심사 2. 협상에의한계약 3. 최저가낙찰제 4. 규격가격분리 5. 2단계 경쟁입찰 6. 기타 ( ) 7. 해당없음	운영예산 산정 1. 내부산정 (지자체 자체적으로 산정) 2. 외부산정 (외부전문기관위탁 산정) 3. 내·외부 모두 산정 4. 산정 無 5. 해당없음	정산방법 1. 내부정산 (지자체 내부적으로 정산) 2. 외부정산 (외부전문기관위탁 정산) 3. 내·외부 모두 산정 4. 정산 無 5. 해당없음	1. 실시 2. 미실시 3. 향후 추진 4. 해당없음
881	서울 양천구	스마트 양천 미래교육센터 운영	48,000	교육지원과	4	4	7	8	7	1	1	1
882	서울 양천구	평생학습관 운영	70,000	교육지원과	4	4	7	8	7	1	1	1
883	서울 양천구	드론체험장 조성 및 교육 운영	20,000	문화체육과	4	6	7	8	7	1	1	4
884	서울 양천구	중요기록물 전산화(DB)구축 사업	358,550	민원여권과	4	1	2	1	2	5	5	4
885	서울 양천구	서울창업카페 양천신정점 운영	225,715	일자리경제과	4	4	1	3	7	1	1	1
886	서울 양천구	사회적경제 통합지원센터사업	210,000	일자리경제과	4	4	1	1	1	1	1	1
887	서울 양천구	U-양천통합관제센터 운영	496,666	스마트정보과	4	4	2	1	1	1	1	4
888	서울 양천구	푸드뱅크마켓 운영	293,111	복지정책과	4	5	4	5	1	1	1	1
889	서울 양천구	지역사회보장협의체운영	90,820	복지정책과	4	4	1	1	1	1	1	1
890	서울 양천구	종합사회복지관 지원	48,680	복지정책과	4	1	5	5	1	1	1	2
891	서울 양천구	양천어르신종합복지관 운영	15,289	어르신복지과	4	1	6	5	6	1	1	1
892	서울 양천구	소규모어르신복지센터 운영	1,735,000	어르신복지과	4	4	6	5	6	1	1	1
893	서울 양천구	노인회지회 지원	25,009	어르신복지과	4	6	7	8	7	1	1	4
894	서울 양천구	경로식당 운영	230,095	어르신복지과	4	6	7	1	7	1	1	4
895	서울 양천구	어르신사랑방 프로그램 활성화 사업 운영	371,202	어르신복지과	4	4	7	8	7	1	1	1
896	서울 양천구	노인일자리 및 사회활동 지원 확대	7,965	어르신복지과	4	2	7	8	7	1	1	1
897	서울 양천구	시니어클럽 운영 지원	367,040	어르신복지과	4	2	7	8	7	1	1	1
898	서울 양천구	양천해누리복지관 운영	21,943	자립지원과	4	1	7	8	7	1	1	1
899	서울 양천구	자립생활센터 종사자 지원	108,600	자립지원과	4	1	7	8	7	1	1	1
900	서울 양천구	장애인권교육센터 운영	257,944	자립지원과	4	1	7	8	7	1	1	1
901	서울 양천구	재활보조기구 수리센터 지원	45,000	자립지원과	4	1	7	8	7	1	1	1
902	서울 양천구	양천구수어통역센터지원	1,066,000	자립지원과	4	1	7	8	7	1	1	1
903	서울 양천구	발달장애인 평생교육센터 운영	697,000	자립지원과	4	1	7	8	7	1	1	1
904	서울 양천구	신월누리복지센터 시설유지관리	12,000	자립지원과	4	1	7	8	7	1	1	1
905	서울 양천구	장애인가족지원센터 설치운영	178,916	자립지원과	4	1	7	8	7	1	1	1
906	서울 양천구	자활근로사업	26,000	자립지원과	4	1	7	8	7	1	1	1
907	서울 양천구	지역자활센터 운영	338,827	자립지원과	4	1	7	8	7	1	1	1
908	서울 양천구	자활사례관리	28,866	자립지원과	4	1	7	8	7	1	1	1
909	서울 양천구	지역자활센터 종사자 복지수당 지원	45,170	자립지원과	4	1	7	8	7	1	1	1
910	서울 양천구	건강가정지원센터 운영	418,094	가족정책과	4	2	1	3	1	1	1	4
911	서울 양천구	다문화가족지원	27,230	가족정책과	4	2	1	3	1	1	1	4
912	서울 양천구	아이돌봄지원	30,462	가족정책과	4	2	1	3	1	1	1	4
913	서울 양천구	서울가족학교 운영	47,291	가족정책과	4	6	7	1	7	1	1	4
914	서울 양천구	청소년수련시설 운영 지원	912,153	가족정책과	4	5	1	3	1	1	1	4
915	서울 양천구	지역사회 청소년통합지원체계 구축	323,467	가족정책과	4	2	1	3	1	1	1	4
916	서울 양천구	학교밖 청소년 지원센터 운영	138,994	가족정책과	4	2	1	3	1	1	1	4
917	서울 양천구	학교밖 청소년지원센터 급식 지원	12,600	가족정책과	4	2	7	1	7	1	1	4
918	서울 양천구	다함께 돌봄(우리동네키움센터)운영 지원	146,280	가족정책과	4	2	1	5	1	1	1	4
919	서울 양천구	청소년 어울림 마당 운영	24,000	가족정책과	4	2	7	1	7	1	1	4
920	서울 양천구	청소년동아리 지원	13,750	가족정책과	4	2	7	1	7	1	1	4
921	서울 양천구	정서발달 문제아동 동행 상담 치료 지원 사업	56,800	가족정책과	4	5	7	1	7	1	1	4
922	서울 양천구	아동친화도시 추진	5,000	가족정책과	4	5	7	1	7	1	1	4

순번	시군구	지출명 (사업명)	2021년예산 (단위:천원/1년간)	담당자 (공무원)	민간이전 분류 (지방자치단체 세출예산 집행기준에 의거)	민간이전지출 근거 (지방보조금 관리기준 참고)	입찰방식			운영예산 산정		성과평가 실시여부
				담당부서	1. 민간경상사업보조(307-02) 2. 민간단체 법정운영비보조(307-03) 3. 민간행사사업보조(307-04) 4. 민간위탁금(307-05) 5. 사회복지시설 법정운영비보조(307-10) 6. 민간인위탁교육비(307-12) 7. 공기관등에대한경상적위탁사업비(308-10) 8. 민간자본사업보조,자체재원(402-01) 9. 민간자본사업보조,이전재원(402-02) 10. 민간위탁사업비(402-03) 11. 공기관등에 대한 자본적 대행사업비(403-02)	1. 법률에 규정 2. 국고보조 재원(국가지정) 3. 용도 지정 기부금 4. 조례에 직접규정 5. 지자체가 권장하는 사업을 하는 공공기관 6. 시,도 정책 및 재정사정 7. 기타 8. 해당없음	계약체결방법 (경쟁형태) 1. 일반경쟁 2. 제한경쟁 3. 지명경쟁 4. 수의계약 5. 법정위탁 6. 기타 ( ) 7. 해당없음	계약기간 1. 1년 2. 2년 3. 3년 4. 4년 5. 5년 6. 기타 ( )년 7. 단기계약 (1년미만) 8. 해당없음	낙찰자선정방법 1. 적격심사 2. 협상에의한계약 3. 최저가낙찰제 4. 규격가격분리 5. 2단계 경쟁입찰 6. 기타 ( ) 7. 해당없음	운영예산 산정 1. 내부산정 (지자체 자체적으로 산정) 2. 외부산정 (외부전문기관위탁 산정) 3. 내·외부 모두 산정 4. 산정 無 5. 해당없음	정산방법 1. 내부정산 (지자체 내부적으로 정산) 2. 외부정산 (외부전문기관위탁 정산) 3. 내·외부 모두 산정 4. 정산 無 5. 해당없음	1. 실시 2. 미실시 3. 향후 추진 4. 해당없음
923	서울 양천구	드림스타트사업 운영 지원	178,912	가족정책과	4	2	1	1	1	1	1	4
924	서울 양천구	노점정비 외주용역 사업비	318,655	건설관리과	4	8	1	1	3	1	1	4
925	서울 양천구	고정광고물 정비용역	10,000	건설관리과	4	8	4	7	7	1	1	4
926	서울 양천구	유동광고 잔여물 정비용역	10,000	건설관리과	4	8	4	7	7	1	1	4
927	서울 양천구	불법광고물 자동경고 발신시스템 관리용역	25,000	건설관리과	4	8	4	7	7	1	1	4
928	서울 양천구	생활폐기물처리비	55,193	청소행정과	4	7	4	3	7	3	1	1
929	서울 양천구	폐합성수지류 폐기물 처리비	11,250	청소행정과	4	1	1	7	1	1	1	4
930	서울 양천구	불연성폐기물 처리	244,655	청소행정과	4	1	1	1	6	1	1	4
931	서울 양천구	폐목재 처리	140,000	청소행정과	4	1	1	1	6	1	1	4
932	서울 양천구	재활용품 잔재처리비	1,918,000	청소행정과	4	1	1	2	2	1	1	4
933	서울 양천구	음식물폐기물 위탁처리비	44,347	청소행정과	4	1	4	2	7	1	1	4
934	서울 양천구	음식물폐기물 위탁처리비	44,347	청소행정과	4	1	4	2	7	1	1	4
935	서울 양천구	음식물류폐기물 수집운반 위탁대행비	40,661	청소행정과	4	1	4	3	7	1	1	4
936	서울 양천구	음식물류폐기물 수집운반 위탁대행비	40,661	청소행정과	4	1	4	3	7	1	1	4
937	서울 양천구	음식물류폐기물 전용수거용기 위탁체척비	323,840	청소행정과	4	7	4	1	7	1	1	4
938	서울 양천구	수방대책 배수지원 민간위탁 용역	21,000	치수과	4	4	7	8	7	5	5	4
939	서울 양천구	의료폐기물처리	6,400	보건행정과	4	1	4	1	7	1	1	2
940	서울 양천구	지역사회건강조사	69,920	의약과	4	2	7	1	7	5	3	1
941	서울 양천구	정신건강복지센터	854,186	의약과	4	6	1	1	1	3	3	1
942	서울 양천구	치매안심센터	1,175,000	의약과	4	6	1	3	1	3	3	1
943	서울 강서구	고객만족행정 구현	267,120	행정지원과	4	8	1	1	1	2	2	1
944	서울 강서구	직원 후생 지원	257,436	행정지원과	4	1	1	5	7	1	1	1
945	서울 강서구	직원 후생 지원	1,000,000	행정지원과	4	1	1	5	7	1	1	1
946	서울 강서구	자치회관 프로그램 운영지원	14,400	자치행정과	4	4	4	1	7	1	1	2
947	서울 강서구	허준박물관 운영	685,843	문화체육과	4	4	7	5	1	1	1	1
948	서울 강서구	겸재정선미술관 운영	705,533	문화체육과	4	4	7	5	1	1	1	1
949	서울 강서구	문화원 운영	4,000	문화체육과	4	4	5	1	7	1	1	1
950	서울 강서구	문화센터 운영	619,415	문화체육과	4	4	7	5	1	1	1	1
951	서울 강서구	역사전통문화도시조성	92,500	문화체육과	4	1	6	1	7	5	1	1
952	서울 강서구	강서문화투어 운영	39,500	문화체육과	4	5	4	1	2	1	1	2
953	서울 강서구	생활체육시설 운영	24,800	문화체육과	4	4	7	8	7	1	1	4
954	서울 강서구	진로직업체험지원센터 운영	304,000	교육청소년과	4	4	5	5	7	5	5	4
955	서울 강서구	진로직업체험지원센터 운영	35,000	교육청소년과	4	4	5	5	7	5	5	4
956	서울 강서구	강서청소년회관 운영	671,904	교육청소년과	4	1	1	5	1	1	1	3
957	서울 강서구	강서청소년회관 운영	231,110	교육청소년과	4	1	1	5	1	1	1	3
958	서울 강서구	강서청소년회관 운영	10,000	교육청소년과	4	1	1	5	1	1	1	3
959	서울 강서구	청소년 아지트 운영	32,484	교육청소년과	4	7	6	8	7	1	1	3
960	서울 강서구	청소년수련시설 지도사 지원	23,208	교육청소년과	4	2	5	8	7	5	1	4
961	서울 강서구	청소년운영위원회 운영지원	1,684,000	교육청소년과	4	2	5	8	7	5	1	4
962	서울 강서구	지역사회 청소년안전망 구축	426,884	교육청소년과	4	2	2	5	1	1	1	1
963	서울 강서구	학교 밖 청소년지원센터 운영	165,987	교육청소년과	4	2	2	5	1	1	1	1
964	서울 강서구	학교 밖 청소년지원센터 운영	7,000	교육청소년과	4	2	2	5	1	1	1	1

순번	시군구	지출명 (사업명)	2021년예산 (단위:천원/1년간)	담당자 (공무원)	민간이전 분류 (지방자치단체 세출예산 집행기준에 의거)	민간이전지출 근거 (지방보조금 관리기준 참고)	입찰방식			운영예산 산정		성과평가 실시여부
				담당부서	1. 민간경상사업보조(307-02) 2. 민간단체 법정운영비보조(307-03) 3. 민간행사사업보조(307-04) 4. 민간위탁금(307-05) 5. 사회복지시설 법정운영비보조(307-10) 6. 민간인위탁교육비(307-12) 7. 공기관등에대한경상적위탁사업비(308-10) 8. 민간자본사업보조,자체재원(402-01) 9. 민간자본사업보조,이전재원(402-02) 10. 민간위탁사업비(402-03) 11. 공기관등에 대한 자본적 대행사업비(403-02)	1. 법률에 규정 2. 국고보조 재원(국가지정) 3. 용도 지정 기부금 4. 조례에 직접규정 5. 지자체가 권장하는 사업을 하는 공공기관 6. 시,도 정책 및 재정사정 7. 기타 8. 해당없음	계약체결방법 (경쟁형태) 1. 일반경쟁 2. 제한경쟁 3. 지명경쟁 4. 수의계약 5. 법정위탁 6. 기타 ( ) 7. 해당없음	계약기간 1. 1년 2. 2년 3. 3년 4. 4년 5. 5년 6. 기타 ( )년 7. 단기계약 (1년미만) 8. 해당없음	낙찰자선정방법 1. 적격심사 2. 협상에의한계약 3. 최저가낙찰제 4. 규격가격분리 5. 2단계 경쟁입찰 6. 기타 ( ) 7. 해당없음	운영예산 산정 1. 내부산정 (지자체 자체적으로 산정) 2. 외부산정 (외부전문기관위탁 산정) 3. 내·외부 모두 산정 4. 산정 無 5. 해당없음	정산방법 1. 내부정산 (지자체 내부적으로 정산) 2. 외부정산 (외부전문기관위탁 정산) 3. 내·외부 모두 산정 4. 정산 無 5. 해당없음	1. 실시 2. 미실시 3. 향후 추진 4. 해당없음
965	서울 강서구	학교 밖 청소년 급식지원	24,300	교육청소년과	4	2	2	5	1	1	1	1
966	서울 강서구	특별지원대상청소년지원사업	530,000	교육청소년과	4	2	7	8	7	1	1	4
967	서울 강서구	고위기청소년 맞춤형 프로그램 운영	50,000	교육청소년과	4	2	2	5	1	1	1	1
968	서울 강서구	청소년안전망 선도사업 전담인력 지원	29,660	교육청소년과	4	2	2	5	1	1	1	1
969	서울 강서구	아동친화도시 조성	5,000	교육청소년과	4	4	7	3	7	1	1	3
970	서울 강서구	청소년공부방 시설관리	136,839	교육청소년과	4	4	1	5	1	1	1	3
971	서울 강서구	지역사회 인재 육성	82,000	교육청소년과	4	1	7	8	7	5	5	4
972	서울 강서구	지역사회 인재 육성	43,000	교육청소년과	4	1	7	8	7	5	5	4
973	서울 강서구	평생학습 네트워크 사업	50,000	교육청소년과	4	1	7	8	7	5	5	4
974	서울 강서구	강서 구립도서관 운영	31,567	교육청소년과	4	4	5	5	1	1	1	1
975	서울 강서구	강서 구립도서관 운영	1,289,000	교육청소년과	4	4	5	5	1	1	1	1
976	서울 강서구	강서 구립도서관 운영	84,288	교육청소년과	4	4	5	5	1	1	1	1
977	서울 강서구	강서 구립도서관 운영	220,289	교육청소년과	4	4	5	5	1	1	1	1
978	서울 강서구	독서 문화 프로그램 운영	40,000	교육청소년과	4	4	5	5	1	1	1	1
979	서울 강서구	독서 문화 프로그램 운영	24,000	교육청소년과	4	4	5	5	1	1	1	1
980	서울 강서구	유기동물 보호관리	56,700	지역경제과	4	2	1	3	1	1	1	1
981	서울 강서구	길고양이 중성화(TNR) 사업	55,952	지역경제과	4	2	7	8	7	5	5	4
982	서울 강서구	지역일자리창출	51,314	일자리정책과	4	6	1	3	1	1	1	1
983	서울 강서구	사회적경제 통합지원센터 운영	37,500	일자리정책과	4	6	4	1	1	1	1	4
984	서울 강서구	Smart 강서통합관제센터 운영	378,000	스마트도시과	4	7	2	1	1	1	1	4
985	서울 강서구	생활폐기물 처리	21,734	자원순환과	4	1	7	8	7	5	5	4
986	서울 강서구	생활폐기물 처리	46,682	자원순환과	4	1	7	8	7	5	5	4
987	서울 강서구	대형폐기물 처리	14,580	자원순환과	4	8	1	1	3	1	1	3
988	서울 강서구	대형폐기물 처리	180,000	자원순환과	4	8	2	1	3	1	4	3
989	서울 강서구	대형폐기물 처리	61,200	자원순환과	4	8	4	1	3	1	4	3
990	서울 강서구	생활폐기물 수집운반 대행	16,531	자원순환과	4	4	4	2	1	2	2	1
991	서울 강서구	재활용품 수집.운반.처리	42,084	자원순환과	4	4	7	3	7	1	1	1
992	서울 강서구	재활용품 수집.운반.처리	1,116,000	자원순환과	4	4	1	1	3	1	1	2
993	서울 강서구	음식물류폐기물 처리	6,721	자원순환과	4	4	1	2	1	1	4	4
994	서울 강서구	종합사회복지관 운영비 지원	10,552	복지정책과	4	1	5	5	1	3	1	4
995	서울 강서구	자활근로사업	46,248	생활보장과	4	1	5	1	6	1	1	4
996	서울 강서구	다함께돌봄사업	607,200	생활보장과	4	4	1	5	1	1	1	4
997	서울 강서구	다함께돌봄사업	135,300	생활보장과	4	4	1	5	1	1	1	4
998	서울 강서구	장애인 사회참여활동 지원	180,000	장애인복지과	4	1	6	3	6	1	1	3
999	서울 강서구	장애인 사회참여활동 지원	766,700	장애인복지과	4	1	1	5	1	1	1	1
1000	서울 강서구	노약자 무료 셔틀버스 운영	285,400	장애인복지과	4	4	4	3	1	1	1	1
1001	서울 강서구	강서구장애인편의증진기술지원센터 운영	127,000	장애인복지과	4	1	5	3	7	1	1	3
1002	서울 강서구	구립장애인직업재활센터 운영 지원	292,500	장애인복지과	4	1	1	5	1	1	1	3
1003	서울 강서구	육아종합지원센터 운영	40,000	가족정책과	4	2	6	3	7	3	3	1
1004	서울 강서구	육아종합지원센터 운영	274,280	가족정책과	4	6	6	3	7	3	3	1
1005	서울 강서구	육아종합지원센터 운영	37,040	가족정책과	4	6	6	3	7	3	3	1
1006	서울 강서구	육아종합지원센터 운영	359,388	가족정책과	4	7	6	3	7	1	1	1

순번	시군구	지출명 (사업명)	2021년예산 (단위:천원/1년간)	담당자 (공무원) 담당부서	민간이전 분류 (지방자치단체 세출예산 집행기준에 의거) 1. 민간경상사업보조(307-02) 2. 민간단체 법정운영비보조(307-03) 3. 민간행사사업보조(307-04) 4. 민간위탁금(307-05) 5. 사회복지시설 법정운영비보조(307-10) 6. 민간인위탁교육비(307-12) 7. 공기관등에대한경상적위탁사업비(308-10) 8. 민간자본사업보조,자체재원(402-01) 9. 민간자본사업보조,이전재원(402-02) 10. 민간위탁사업비(402-03) 11. 공기관등에 대한 자본적 대행사업비(403-02)	민간이전지출 근거 (지방보조금 관리기준 참고) 1. 법률에 규정 2. 국고보조 재원(국가지정) 3. 용도 지정 기부금 4. 조례에 직접규정 5. 지자체가 권장하는 사업을 하는 공공기관 6. 시,도 정책 및 재정사정 7. 기타 8. 해당없음	입찰방식 계약체결방법 (경쟁형태) 1. 일반경쟁 2. 제한경쟁 3. 지명경쟁 4. 수의계약 5. 법정위탁 6. 기타 ( ) 7. 해당없음	입찰방식 계약기간 1. 1년 2. 2년 3. 3년 4. 4년 5. 5년 6. 기타 ( )년 7. 단기계약 (1년미만) 8. 해당없음	입찰방식 낙찰자선정방법 1. 적격심사 2. 협상에의한계약 3. 최저가낙찰제 4. 규격가격분리 5. 2단계 경쟁입찰 6. 기타 ( ) 7. 해당없음	운영예산 산정 운영예산 산정 1. 내부산정 (지자체 자체적으로 산정) 2. 외부산정 (외부전문기관위탁 산정) 3. 내·외부 모두 산정 4. 산정 無 5. 해당없음	운영예산 산정 정산방법 1. 내부정산 (지자체 내부적으로 정산) 2. 외부정산 (외부전문기관위탁 정산) 3. 내·외부 모두 산정 4. 정산 無 5. 해당없음	성과평가 실시여부 1. 실시 2. 미실시 3. 향후 추진 4. 해당없음
1007	서울 강서구	육아종합지원센터 운영	49,530	가족정책과	4	7	6	3	7	1	1	1
1008	서울 강서구	열린육아방 운영	37,596	가족정책과	4	6	7	8	7	1	1	4
1009	서울 강서구	부모 모니터링단 운영지원	25,012	가족정책과	4	2	6	3	7	3	3	1
1010	서울 강서구	생태친화보육사업 운영지원	80,000	가족정책과	4	6	6	3	7	3	3	1
1011	서울 강서구	아이돌봄지원	2,945	가족정책과	4	2	6	3	7	3	1	1
1012	서울 강서구	아이돌봄지원	15,960	가족정책과	4	6	6	3	7	3	1	1
1013	서울 강서구	종일제 아이돌봄 추가 수당 지원	71,979	가족정책과	4	6	6	3	7	3	1	1
1014	서울 강서구	아이돌봄 저소득 한부모 추가 지원	3,555	가족정책과	4	6	6	3	7	3	1	1
1015	서울 강서구	건강가정지원센터 운영	452,434	가족정책과	4	2	2	3	7	3	1	1
1016	서울 강서구	공동육아나눔터 운영	53,828	가족정책과	4	2	2	3	7	3	1	1
1017	서울 강서구	공동육아나눔터 운영	3,000	가족정책과	4	2	2	3	7	3	1	1
1018	서울 강서구	다문화가족지원	143,000	가족정책과	4	4	2	3	7	3	1	1
1019	서울 강서구	다문화가족지원	272,478	가족정책과	4	2	2	3	7	3	1	1
1020	서울 강서구	다문화가족지원 특성화사업	409,272	가족정책과	4	2	2	3	7	3	1	1
1021	서울 강서구	성평등문화 조성 및 여성사회참여 지원	50,000	가족정책과	4	5	5	7	1	1	1	1
1022	서울 강서구	여성최고지도자과정 운영	20,000	가족정책과	4	5	5	7	7	1	1	1
1023	서울 강서구	아동·여성보호 안전망 구축	129,600	가족정책과	4	6	2	1	5	1	1	4
1024	서울 강서구	강서50플러스센터 운영	700,000	어르신복지과	4	4	1	3	1	1	1	3
1025	서울 강서구	구립 어르신복지센터 운영	255,672	어르신복지과	4	1	5	5	1	1	1	3
1026	서울 강서구	구립 어르신복지센터 운영	426,555	어르신복지과	4	1	5	5	1	1	1	3
1027	서울 강서구	구립 어르신복지센터 운영	593,640	어르신복지과	4	1	5	5	1	1	1	3
1028	서울 강서구	구립 어르신복지센터 운영	420,716	어르신복지과	4	1	5	5	1	1	1	3
1029	서울 강서구	강서시니어클럽 운영	342,072	어르신복지과	4	1	5	5	1	1	1	3
1030	서울 강서구	강서시니어클럽 운영	20,000	어르신복지과	4	1	5	1	1	1	1	1
1031	서울 강서구	어르신 일자리 및 사회활동지원사업	10,312	어르신복지과	4	1	5	1	1	1	1	1
1032	서울 강서구	노인맞춤돌봄서비스	23,802	어르신복지과	4	1	1	1	1	1	1	1
1033	서울 강서구	노인맞춤돌봄서비스 종사자 및 대표수행기관 지원	67,040	어르신복지과	4	1	1	1	1	1	1	1
1034	서울 강서구	노인맞춤돌봄서비스 종사자 및 대표수행기관 지원	54,720	어르신복지과	4	1	1	1	1	1	1	1
1035	서울 강서구	어린이공원 관리위탁	443,400	공원녹지과	4	7	6	1	6	1	1	4
1036	서울 강서구	발산역 지하보도 청소용역 추진	65,000	도로과	4	7	1	1	1	1	1	2
1037	서울 강서구	겨울철 신속한 제설작업	80,000	도로과	4	7	1	7	1	1	1	2
1038	서울 강서구	교통공원 운영	30,000	교통행정과	4	4	7	8	7	1	1	1
1039	서울 강서구	방역관리 강화	2,500	보건행정과	4	7	7	8	7	5	5	4
1040	서울 강서구	정신건강복지센터 운영	716,000	건강관리과	4	1	2	5	1	1	1	1
1041	서울 강서구	정신건강복지센터 운영	40,000	건강관리과	4	1	2	5	1	1	1	1
1042	서울 강서구	정신건강복지센터 운영	44,800	건강관리과	4	1	2	5	1	1	1	1
1043	서울 강서구	정신건강복지센터 운영	36,324	건강관리과	4	1	2	5	1	1	1	1
1044	서울 강서구	아동청소년 정신건강증진사업	36,976	건강관리과	4	1	2	5	1	1	1	1
1045	서울 강서구	아동청소년 정신건강증진사업	2,720	건강관리과	4	1	2	5	1	1	1	1
1046	서울 강서구	아동청소년 정신건강증진사업	12,598	건강관리과	4	1	2	5	1	1	1	1
1047	서울 강서구	지역사회기반 자살예방사업	2,000,000	건강관리과	4	1	2	5	1	1	1	1
1048	서울 강서구	치매안심센터 운영	932,996	건강관리과	4	1	5	3	7	1	1	1

순번	시군구	지출명 (사업명)	2021년예산 (단위:천원/1년간)	담당자 (공무원)	민간이전 분류 (지방자치단체 세출예산 집행기준에 의거)	민간이전지출 근거 (지방보조금 관리기준 참고)	입찰방식			운영예산 산정		성과평가 실시여부
				담당부서	1. 민간경상사업보조(307-02) 2. 민간단체 법정운영비보조(307-03) 3. 민간행사사업보조(307-04) 4. 민간위탁금(307-05) 5. 사회복지시설 법정운영비보조(307-10) 6. 민간인위탁교육비(307-12) 7. 공기관등에대한경상적위탁사업비(308-10) 8. 민간자본사업보조,자체재원(402-01) 9. 민간자본사업보조,이전재원(402-02) 10. 민간위탁사업비(402-03) 11. 공기관등에 대한 자본적 대행사업비(403-02)	1. 법률에 규정 2. 국고보조 재원(국가지정) 3. 용도 지정 기부금 4. 조례에 직접규정 5. 지자체가 권장하는 사업을 하는 공공기관 6. 시,도 정책 및 재정사정 7. 기타 8. 해당없음	계약체결방법 (경쟁형태) 1. 일반경쟁 2. 제한경쟁 3. 지명경쟁 4. 수의계약 5. 법정위탁 6. 기타 ( ) 7. 해당없음	계약기간 1. 1년 2. 2년 3. 3년 4. 4년 5. 5년 6. 기타 ( )년 7. 단기계약 (1년미만) 8. 해당없음	낙찰자선정방법 1. 적격심사 2. 협상에의한계약 3. 최저가낙찰제 4. 규격가격분리 5. 2단계 경쟁입찰 6. 기타 ( ) 7. 해당없음	운영예산 산정 1. 내부산정 (지자체 자체적으로 산정) 2. 외부산정 (외부전문기관위탁 산정) 3. 내·외부 모두 산정 4. 산정 無 5. 해당없음	정산방법 1. 내부정산 (지자체 내부적으로 정산) 2. 외부정산 (외부전문기관위탁 정산) 3. 내·외부 모두 산정 4. 정산 無 5. 해당없음	1. 실시 2. 미실시 3. 향후 추진 4. 해당없음
1049	서울 강서구	치매안심센터 운영	347,004	건강관리과	4	1	5	3	7	1	1	1
1050	서울 강서구	치매공공후견 사업	9,500	건강관리과	4	1	5	3	7	1	1	1
1051	서울 강서구	지역사회건강조사 조사분석 위탁운영	69,496	의약과	4	2	6	1	6	1	3	4
1052	서울 강서구	어린이급식관리지원센터 운영	525,000	위생관리과	4	7	1	3	1	1	3	1
1053	서울 구로구	공익활동지원센터	226,100	기획예산과	4	4	5	3	7	1	3	1
1054	서울 구로구	구로구-벤처기업 공동직장어린이집 지원	315,000	여성정책과	4	2	7	8	7	5	1	2
1055	서울 구로구	지방육아종합지원센터 지원	368,829	여성정책과	4	2	7	8	7	5	1	2
1056	서울 구로구	다문화 다민족 어린이집 지정 지원	18,000	여성정책과	4	2	7	8	7	5	1	2
1057	서울 구로구	부모모니터링단 운영	20,128	여성정책과	4	2	7	8	7	5	1	2
1058	서울 구로구	어린이집 안전관리관 운영	35,960	여성정책과	4	2	7	8	7	5	1	2
1059	서울 구로구	열린어린이집 선정 운영	3,500	여성정책과	4	2	7	8	7	5	1	2
1060	서울 구로구	여성취업교실 운영	30,000	여성정책과	4	1	7	8	7	5	1	2
1061	서울 구로구	불법주차 견인	252,252	주차관리과	4	7	7	6	7	1	1	4
1062	서울 구로구	어린이급식관리지원센터 설치 운영	735,000	위생과	4	1	2	6	1	5	2	1
1063	서울 구로구	주민자치회시범운영	455,623	자치행정과	4	6	1	3	1	1	1	1
1064	서울 구로구	토요체험학교 및 학교밖 청소년 지원	24,000	교육지원과	4	4	7	8	7	5	5	4
1065	서울 구로구	전국 학생 로봇경진대회 지원	20,000	교육지원과	4	1	7	1	1	1	1	2
1066	서울 구로구	구로어린이나라	35,000	교육지원과	4	4	7	8	7	5	5	4
1067	서울 구로구	지역사회 연계 관학 프로그램	110,000	교육지원과	4	1	7	8	7	5	1	1
1068	서울 구로구	역사속 어린이 예절캠프	7,000	교육지원과	4	1	4	7	7	1	1	3
1069	서울 구로구	청소년 인성함양을 위한 교육	10,000	교육지원과	4	1	4	7	7	1	1	3
1070	서울 구로구	4차산업 인재양성 프로그램	20,000	교육지원과	4	1	4	7	7	1	1	3
1071	서울 구로구	원어민 외국어학습 프로그램 운영	392,000	교육지원과	4	4	7	8	7	5	5	4
1072	서울 구로구	학부모 프로그램 운영	55,000	교육지원과	4	4	7	8	7	5	5	4
1073	서울 구로구	창의인성과학교실운영	28,000	교육지원과	4	4	7	8	7	5	5	4
1074	서울 구로구	방과후 학습지원 프로그램 운영	110,000	교육지원과	4	4	7	8	7	5	5	4
1075	서울 구로구	자기주도학습상담실 운영	48,000	교육지원과	4	4	7	8	7	5	5	4
1076	서울 구로구	불법광고물철거용역비	20,000	건설관리과	4	6	7	8	7	1	1	1
1077	서울 구로구	불법노점상 밀집지역 정비 및 사후관리	446,791	건설관리과	4	7	2	1	1	1	1	2
1078	서울 구로구	청사관리 위탁	114,760	보건행정과	4	7	2	1	1	1	1	4
1079	서울 구로구	민원안내도우미 위탁 운영	69,785	보건행정과	4	7	2	1	1	1	1	4
1080	서울 구로구	건강조사비	69,420	보건행정과	4	2	7	1	7	5	3	1
1081	서울 구로구	구로자원순환센터 운영	50,417	청소행정과	4	1	2	3	2	3	1	1
1082	서울 구로구	생활폐기물 수집운반 대행용역	704,607	청소행정과	4	1	2	3	1	2	1	1
1083	서울 구로구	생활폐기물 수집운반 대행용역	406,854	청소행정과	4	1	2	3	1	1	1	4
1084	서울 구로구	생활폐기물 수집운반 대행용역	710,140	청소행정과	4	1	2	3	1	1	1	4
1085	서울 구로구	생활폐기물 수집운반 대행용역	831,726	청소행정과	4	1	2	3	1	1	1	4
1086	서울 구로구	생활폐기물 수집운반 대행용역	31,352	청소행정과	4	1	2	3	1	2	1	1
1087	서울 구로구	생활폐기물 수집운반 대행용역	2,909	청소행정과	4	1	2	3	1	1	1	4
1088	서울 구로구	생활폐기물 수집운반 대행용역	2,933	청소행정과	4	1	2	3	1	1	1	4
1089	서울 구로구	생활폐기물 수집운반 대행용역	31,803	청소행정과	4	1	2	3	1	1	1	4
1090	서울 구로구	음식물류폐기물 민간위탁처리	37,580	청소행정과	4	1	2	3	1	1	1	4

순번	시군구	지출명 (사업명)	2021년예산 (단위:천원/1년간)	담당자 (공무원) 담당부서	민간이전 분류 (지방자치단체 세출예산 집행기준에 의거) 1. 민간경상사업보조(307-02) 2. 민간단체 법정운영비보조(307-03) 3. 민간행사사업보조(307-04) 4. 민간위탁금(307-05) 5. 사회복지시설 법정운영비보조(307-10) 6. 민간인위탁교육비(307-12) 7. 공기관등에대한경상적위탁사업비(308-10) 8. 민간자본사업보조,자체재원(402-01) 9. 민간자본사업보조,이전재원(402-02) 10. 민간위탁사업비(402-03) 11. 공기관등에 대한 자본적 대행사업비(403-02)	민간이전지출 근거 (지방보조금 관리기준 참고) 1. 법률에 규정 2. 국고보조 재원(국가지정) 3. 용도 지정 기부금 4. 조례에 직접규정 5. 지자체가 권장하는 사업을 하는 공공기관 6. 시,도 정책 및 재정사정 7. 기타 8. 해당없음	입찰방식 계약체결방법 (경쟁형태) 1. 일반경쟁 2. 제한경쟁 3. 지명경쟁 4. 수의계약 5. 법정위탁 6. 기타 ( ) 7. 해당없음	입찰방식 계약기간 1. 1년 2. 2년 3. 3년 4. 4년 5. 5년 6. 기타 ( )년 7. 단기계약 (1년미만) 8. 해당없음	입찰방식 낙찰자선정방법 1. 적격심사 2. 협상에의한계약 3. 최저가낙찰제 4. 규격가격분리 5. 2단계 경쟁입찰 6. 기타 ( ) 7. 해당없음	운영예산 산정 운영예산 산정 1. 내부산정 (지자체 자체적으로 산정) 2. 외부산정 (외부전문기관위탁 산정) 3. 내·외부 모두 산정 4. 산정 無 5. 해당없음	운영예산 산정 정산방법 1. 내부정산 (지자체 내부적으로 정산) 2. 외부정산 (외부전문기관위탁 정산) 3. 내·외부 모두 산정 4. 정산 無 5. 해당없음	성과평가 실시여부 1. 실시 2. 미실시 3. 향후 추진 4. 해당없음
1091	서울 구로구	공중화장실 민간위탁 운영	522,377	청소행정과	4	1	2	3	1	2	1	1
1092	서울 구로구	대형폐기물 수거운반 대행	15,000	청소행정과	4	1	4	1	7	1	1	1
1093	서울 구로구	폐목재처리	104,500	청소행정과	4	1	4	1	7	1	1	4
1094	서울 구로구	폐기물광역처리	690,000	청소행정과	4	1	1	1	1	1	1	4
1095	서울 구로구	천왕역 일자리토털플랫폼 구축	593,400	일자리지원과	4	4	1	2	1	1	1	3
1096	서울 구로구	사회적기업 일자리창출	274,289	일자리지원과	4	2	1	1	1	5	1	1
1097	서울 구로구	사회적기업 사회보험료	6,300	일자리지원과	4	2	1	1	1	5	1	1
1098	서울 구로구	구로사회적경제통합지원센터	174,472	일자리지원과	4	4	6	3	1	1	1	4
1099	서울 구로구	청년민주주의교육	22,000	일자리지원과	4	4	7	8	7	5	5	4
1100	서울 구로구	G밸리형 구로청년 일경험 지원사업	300,000	일자리지원과	4	4	7	8	7	5	5	4
1101	서울 구로구	구로형 아이돌봄체계 구축	729,600	어르신청소년과	4	4	6	1	7	5	1	2
1102	서울 구로구	구립 온수어르신복지관 지원	783,744	어르신청소년과	4	1	5	5	6	5	1	1
1103	서울 구로구	청소년문화의집 운영	881,053	어르신청소년과	4	4	1	3	7	1	1	1
1104	서울 구로구	청소년안전망 운영	376,330	어르신청소년과	4	2	1	3	7	3	3	1
1105	서울 구로구	청소년운영위원회 운영 지원	3,368	어르신청소년과	4	2	7	8	7	3	3	1
1106	서울 구로구	청소년지도사 배치지원	23,208	어르신청소년과	4	2	7	8	7	3	3	1
1107	서울 구로구	학교 밖 청소년 급식지원	19,800	어르신청소년과	4	2	7	8	7	3	3	1
1108	서울 구로구	학교 밖 청소년지원센터 운영	135,994	어르신청소년과	4	2	1	3	7	3	3	1
1109	서울 구로구	구로종합사회복지관 운영보조금 지원	11,254	복지정책과	4	1	5	5	7	3	1	4
1110	서울 구로구	궁동종합사회복지관 운영보조금 지원	1,169,000	복지정책과	4	1	5	5	7	3	1	4
1111	서울 구로구	화원종합사회복지관 운영보조금 지원	1,045,408	복지정책과	4	1	5	5	7	3	1	4
1112	서울 구로구	보훈회관(단체) 운영	37,000	복지정책과	4	1	7	8	7	1	1	4
1113	서울 구로구	해외시장개척단 운영	70,000	지역경제과	4	4	7	8	7	5	5	4
1114	서울 구로구	아트테리어 용역비	1,000,000	지역경제과	4	4	7	8	7	5	5	4
1115	서울 구로구	구로구 발달장애인평생교육센터 운영	600,000	사회복지과	4	1	5	5	6	1	1	4
1116	서울 구로구	장애인가족 지원센터 운영	173,332	사회복지과	4	1	5	3	6	1	1	4
1117	서울 구로구	치매안심센터운영	1,200,000	지역보건과	4	2	6	3	6	2	3	1
1118	서울 구로구	유기동물 구조 및 보호	43,800	지역보건과	4	2	7	3	3	1	4	4
1119	서울 구로구	길고양이중성화사업	64,500	지역보건과	4	2	2	1	1	1	4	4
1120	서울 금천구	금천혁신교육지구 운영	385,000	교육지원과	4	6	1	1	2	1	1	1
1121	서울 금천구	금천진로직업체험지원센터 운영	47,200	교육지원과	4	7	7	8	7	5	5	4
1122	서울 금천구	맞춤형 대입지원정책 추진	560,000	교육지원과	4	7	7	8	7	5	5	4
1123	서울 금천구	금천어르신복지센터 운영	193,118	어르신장애인과	4	1	1	3	1	1	1	3
1124	서울 금천구	금천어울림복지센터 운영	896,700	어르신장애인과	4	1	7	5	7	1	3	1
1125	서울 금천구	장애인 복지 일자리 지원	275,022	어르신장애인과	4	1	7	8	7	1	1	4
1126	서울 금천구	새길과학놀이터 조성	140,172	여성가족과	4	4	5	8	7	1	1	2
1127	서울 금천구	생태친화어린이집 운영	90,000	여성가족과	4	1	7	8	7	1	1	1
1128	서울 금천구	열린육아방 운영	39,024	여성가족과	4	1	7	8	7	1	1	1
1129	서울 금천구	어린이집 안전관리 전문요원 운영지원	36,190	여성가족과	4	1	7	8	7	1	1	1
1130	서울 금천구	구청 직장어린이집 운영지원	255,752	여성가족과	4	1	7	8	7	1	1	4
1131	서울 금천구	가족역량강화 지원 사업	164,860	여성가족과	4	1	1	3	1	1	1	1
1132	서울 금천구	가족학교 운영	49,286	여성가족과	4	1	1	3	1	1	1	1

순번	시군구	지출명 (사업명)	2021년예산 (단위:천원/1년간)	담당자 (공무원)	민간이전 분류 (지방자치단체 세출예산 집행기준에 의거)	민간이전지출 근거 (지방보조금 관리기준 참고)	입찰방식			운영예산 산정		성과평가 실시여부
				담당부서	1. 민간경상사업보조(307-02) 2. 민간단체 법정운영비보조(307-03) 3. 민간행사사업보조(307-04) 4. 민간위탁금(307-05) 5. 사회복지시설 법정운영비보조(307-10) 6. 민간인위탁교육비(307-12) 7. 공기관등에대한경상적위탁사업비(308-10) 8. 민간자본사업보조,자체재원(402-01) 9. 민간자본사업보조,이전재원(402-02) 10. 민간위탁사업비(402-03) 11. 공기관등에 대한 자본적 대행사업비(403-02)	1. 법률에 규정 2. 국고보조 재원(국가지정) 3. 용도 지정 기부금 4. 조례에 직접규정 5. 지자체가 권장하는 사업을 하는 공공기관 6. 시,도 정책 및 재정사정 7. 기타 8. 해당없음	계약체결방법 (경쟁형태) 1. 일반경쟁 2. 제한경쟁 3. 지명경쟁 4. 수의계약 5. 법정위탁 6. 기타 ( ) 7. 해당없음	계약기간 1. 1년 2. 2년 3. 3년 4. 4년 5. 5년 6. 기타 ( )년 7. 단기계약 (1년미만) 8. 해당없음	낙찰자선정방법 1. 적격심사 2. 협상에의한계약 3. 최저가낙찰제 4. 규격가격분리 5. 2단계 경쟁입찰 6. 기타 ( ) 7. 해당없음	운영예산 산정 1. 내부산정 (지자체 자체적으로 산정) 2. 외부산정 (외부전문기관위탁 산정) 3. 내·외부 모두 산정 4. 산정 無 5. 해당없음	정산방법 1. 내부정산 (지자체 내부적으로 정산) 2. 외부정산 (외부전문기관위탁 정산) 3. 내·외부 모두 산정 4. 정산 無 5. 해당없음	1. 실시 2. 미실시 3. 향후 추진 4. 해당없음
1133	서울 금천구	1인가구 지원센터 운영	80,000	여성가족과	4	6	1	3	1	1	1	1
1134	서울 금천구	다문화가족지원센터 운영	273,698	여성가족과	4	1	5	3	1	1	1	2
1135	서울 금천구	다문화가족 특성화사업	338,463	여성가족과	4	1	5	3	1	1	1	2
1136	서울 금천구	다문화 축제	15,000	여성가족과	4	1	5	8	7	1	1	2
1137	서울 금천구	학교 밖 청소년 지원	145,994	아동청년과	4	1	6	3	7	3	1	1
1138	서울 금천구	학교 밖 청소년 지원	18,300	아동청년과	4	1	6	3	7	3	1	1
1139	서울 금천구	청소년 통합지원체계 구축 지원	267,470	아동청년과	4	1	6	3	7	3	1	1
1140	서울 금천구	청춘빌딩 운영	360,146	아동청년과	4	4	1	3	1	1	1	4
1141	서울 금천구	스포츠강좌이용권 사업	226,560	문화체육과	4	6	7	8	7	1	1	1
1142	서울 금천구	장애인 스포츠강좌이용권 사업	20,480	문화체육과	4	6	7	8	7	1	1	1
1143	서울 금천구	음식물쓰레기 자원화 위탁처리	24,734	청소행정과	4	1	2	2	2	1	1	4
1144	서울 금천구	치매안심센터 운영	1,000,000	보건의료과	4	1	5	3	7	3	3	1
1145	서울 금천구	중증치매노인 공공후견사업	2,700	보건의료과	4	1	5	3	7	3	3	1
1146	서울 금천구	아동청소년 정신건강증진사업	52,294	건강증진과	4	1	1	3	1	1	1	1
1147	서울 금천구	심리상담 마음 쉼 운영	159,223	건강증진과	4	4	6	3	6	1	1	1
1148	서울 금천구	어린이 급식관리지원센터 운영	525,000	위생과	4	2	1	3	1	5	2	1
1149	서울 금천구	청소년독서실 운영	130,527	문화체육과	4	1	5	3	6	1	1	1
1150	서울 영등포구	소상공인 온라인 컨설팅 지원	40,000	일자리경제과	4	4	7	8	7	5	5	4
1151	서울 영등포구	도시농업 활성화	15,500	일자리경제과	4	6	7	8	7	5	5	4
1152	서울 영등포구	자기주도 학습지원센터 운영	383,500	미래교육과	4	4	1	2	2	1	1	1
1153	서울 영등포구	꿈더하기학교 운영	346,523	미래교육과	4	4	6	3	1	1	1	1
1154	서울 영등포구	곤충체험학습장 운영	100,146	미래교육과	4	4	6	3	1	1	1	1
1155	서울 영등포구	사회적경제지원센터 운영	90,594	사회적경제과	4	4	1	2	1	1	3	1
1156	서울 영등포구	골목상권 공동마케팅 사업	50,000	사회적경제과	4	1	7	8	7	5	5	4
1157	서울 영등포구	영등포 청년건축학교 운영	162,652	사회적경제과	4	7	1	3	1	1	1	1
1158	서울 영등포구	영등포 청년건축인 육성 및 지원	69,020	사회적경제과	4	2	7	1	7	1	1	4
1159	서울 영등포구	우리동네 주거개선 관리기업 모델 구축	41,070	사회적경제과	4	2	7	8	7	5	5	4
1160	서울 영등포구	사랑나눔 푸드뱅크.마켓 운영	305,866	복지정책과	4	1	4	3	1	1	1	4
1161	서울 영등포구	장애인 복지센터 운영	770,939	사회복지과	4	1	4	5	1	1	1	1
1162	서울 영등포구	꿈더하기 지원센터 운영	292,000	사회복지과	4	1	4	3	1	1	1	1
1163	서울 영등포구	도농상생 공공급식센터 운영	594,450	보육지원과	4	4	1	3	1	1	1	2
1164	서울 영등포구	육아종합지원센터 운영지원	303,000	보육지원과	4	1	1	5	1	1	1	1
1165	서울 영등포구	육아종합지원센터 운영지원	347,000	보육지원과	4	1	1	5	1	1	1	1
1166	서울 영등포구	어린이집 안전관리관 운영 지원	36,190	보육지원과	4	6	7	1	7	1	1	1
1167	서울 영등포구	열린육아방 운영지원	131,624	보육지원과	4	6	7	8	7	1	1	1
1168	서울 영등포구	생태친화 어린이집 운영지원	107,000	보육지원과	4	6	7	8	7	1	1	1
1169	서울 영등포구	맘든든센터 설치	42,000	보육지원과	4	6	7	8	7	1	1	1
1170	서울 영등포구	청소년자율문화공간 조성 운영	183,964	아동청소년복지과	4	4	1	3	1	1	1	2
1171	서울 영등포구	청소년상담복지센터 운영	484,069	아동청소년복지과	4	1	1	3	1	1	1	2
1172	서울 영등포구	학교폭력예방센터 운영	69,000	아동청소년복지과	4	1	1	3	1	1	1	2
1173	서울 영등포구	학교밖 청소년 지원사업	138,994	아동청소년복지과	4	4	1	3	1	1	1	2
1174	서울 영등포구	건강가정지원센터 운영	387,772	아동청소년복지과	4	1	1	3	1	1	1	2

순번	시군구	지출명 (사업명)	2021년예산 (단위:천원/1년간)	담당자 (공무원)	민간이전 분류 (지방자치단체 세출예산 집행기준에 의거)	민간이전지출 근거 (지방보조금 관리기준 참고)	입찰방식			운영예산 산정		성과평가 실시여부
				담당부서	1. 민간경상사업보조(307-02) 2. 민간단체 법정운영비보조(307-03) 3. 민간행사사업보조(307-04) 4. 민간위탁금(307-05) 5. 사회복지시설 법정운영비보조(307-10) 6. 민간인위탁교육비(307-12) 7. 공기관등에대한경상적위탁사업비(308-10) 8. 민간자본사업보조,자체재원(402-01) 9. 민간자본사업보조,이전재원(402-02) 10. 민간위탁사업비(402-03) 11. 공기관등에 대한 자본적 대행사업비(403-02)	1. 법률에 규정 2. 국고보조 재원(국가지정) 3. 용도 지정 기부금 4. 조례에 직접규정 5. 지자체가 권장하는 사업을 하는 공공기관 6. 시,도 정책 및 재정사정 7. 기타 8. 해당없음	계약체결방법 (경쟁형태) 1. 일반경쟁 2. 제한경쟁 3. 지명경쟁 4. 수의계약 5. 법정위탁 6. 기타 ( ) 7. 해당없음	계약기간 1. 1년 2. 2년 3. 3년 4. 4년 5. 5년 6. 기타 ( )년 7. 단기계약 (1년미만) 8. 해당없음	낙찰자선정방법 1. 적격심사 2. 협상에의한계약 3. 최저가낙찰제 4. 규격가격분리 5. 2단계 경쟁입찰 6. 기타 ( ) 7. 해당없음	운영예산 산정 1. 내부산정 (지자체 자체적으로 산정) 2. 외부산정 (외부전문기관위탁 산정) 3. 내·외부 모두 산정 4. 산정 無 5. 해당없음	정산방법 1. 내부정산 (지자체 내부적으로 정산) 2. 외부정산 (외부전문기관위탁 정산) 3. 내·외부 모두 산정 4. 정산 無 5. 해당없음	1. 실시 2. 미실시 3. 향후 추진 4. 해당없음
1175	서울 영등포구	다문화가족지원센터운영	304,734	아동청소년복지과	4	1	1	3	1	1	1	1
1176	서울 영등포구	다문화가족지원 거점센터 운영	46,100	아동청소년복지과	4	1	1	3	1	1	1	1
1177	서울 영등포구	다문화가족 특성화사업 운영	453,198	아동청소년복지과	4	1	1	3	1	1	1	1
1178	서울 영등포구	아이돌봄지원사업 운영	30,175	아동청소년복지과	4	1	1	3	1	1	1	2
1179	서울 영등포구	공동육아나눔터 운영	56,828	아동청소년복지과	4	1	1	3	1	1	1	2
1180	서울 영등포구	취약위기가구지원사업 운영	117,240	아동청소년복지과	4	1	1	3	1	1	1	2
1181	서울 영등포구	1인가구 지원센터 운영	86,000	아동청소년복지과	4	1	1	3	1	1	1	2
1182	서울 영등포구	어르신복지센터 운영 및 확충	1,026,154	어르신복지과	4	1	1	5	1	1	1	1
1183	서울 영등포구	시니어행복발전센터 운영	60,000	어르신복지과	4	4	1	5	1	1	1	1
1184	서울 영등포구	영등포50플러스센터 운영	1,027,987	어르신복지과	4	4	1	5	1	1	1	1
1185	서울 영등포구	노인종합복지관 운영	16,823	어르신복지과	4	1	1	5	1	1	1	1
1186	서울 영등포구	노인맞춤돌봄서비스사업 지원	1,000,000	어르신복지과	4	7	7	1	7	1	1	1
1187	서울 영등포구	노인상담센터 운영	234,393	어르신복지과	4	4	1	5	1	1	1	1
1188	서울 영등포구	노인복지서비스 근무자 심리안정지원 운영	23,550	어르신복지과	4	4	1	5	1	1	1	1
1189	서울 영등포구	노점상 및 노상적치물 단속	275,000	가로경관과	4	8	2	1	1	1	1	4
1190	서울 영등포구	여의나루역 보행환경개선	100,000	가로경관과	4	8	7	8	7	5	5	4
1191	서울 영등포구	재활용품 및 대형폐기물 수거 대행	49,820	청소과	4	1	1	2	1	2	2	1
1192	서울 영등포구	여의도 가로청소 대행	908,374	청소과	4	1	1	1	1	1	1	2
1193	서울 영등포구	생활폐기물 수집 및 운반 대행	6,652	청소과	4	1	1	2	1	2	2	1
1194	서울 영등포구	종량제봉투 및 납부필증 배송운반 대행	108,693	청소과	4	1	1	2	1	2	2	1
1195	서울 영등포구	음식물류폐기물 수집 및 운반 대행	10,998	청소과	4	1	1	2	1	2	2	1
1196	서울 영등포구	재활용선별장 운영 및 잔재물 처리	27,752	청소과	4	1	6	3	6	1	1	1
1197	서울 영등포구	자전거 이용 활성화	10,000	교통행정과	4	4	4	3	1	1	1	1
1198	서울 영등포구	어린이 교통안전체험장 운영	17,850	교통행정과	4	4	4	3	1	1	1	1
1199	서울 영등포구	공영주차장 운영	327,400	주차문화과	4	5	5	3	7	1	1	1
1200	서울 영등포구	불법주정차 관리	615,000	주차문화과	4	1	7	8	1	5	5	4
1201	서울 영등포구	주민자치회 시범사업 운영	211,149	자치행정과	4	7	6	2	6	1	1	1
1202	서울 영등포구	마을공동체사업 지원	215,402	자치행정과	4	4	6	6	1	3	3	3
1203	서울 영등포구	자원봉사센터 운영	467,420	자치행정과	4	4	6	3	1	3	3	1
1204	서울 영등포구	자원봉사 코디네이터 지원·육성	59,096	자치행정과	4	4	6	3	1	3	3	1
1205	서울 영등포구	전국 통합 자원봉사보험 가입 서비스 지원	19,904	자치행정과	4	4	6	3	1	3	3	1
1206	서울 영등포구	영등포 여의도 봄꽃축제 개최	30,000	문화체육과	4	8	7	8	7	5	5	4
1207	서울 영등포구	방역소독	50,000	보건지원과	4	4	7	8	7	5	5	4
1208	서울 영등포구	지역사회 만성병조사 감시체계	69,420	건강증진과	4	2	6	1	6	5	3	1
1209	서울 영등포구	치매안심센터 운영	1,228,000	건강증진과	4	2	1	3	1	1	3	1
1210	서울 영등포구	중증치매노인 공공후견	9,500	건강증진과	4	2	1	3	1	1	3	1
1211	서울 영등포구	어린이급식관리지원센터 운영 및 지원	525,000	위생과	4	1	1	3	1	2	2	1
1212	서울 동작구	로봇체험캠퍼스 교육 위탁	39,500	미래도시과	4	4	7	8	7	5	5	4
1213	서울 동작구	CCTV 통합관제센터 모니터링 용역	557,673	미래도시과	4	4	2	1	3	1	1	1
1214	서울 동작구	교통약자 무료셔틀 운영비 지원	62,900	복지정책과	4	4	2	1	7	1	1	3
1215	서울 동작구	교통약자 무료셔틀 운영비 지원	62,900	복지정책과	4	4	2	1	7	1	1	3
1216	서울 동작구	교통약자 무료셔틀 운영비 지원	62,900	복지정책과	4	4	2	1	7	1	1	3

순번	시군구	지출명 (사업명)	2021년예산 (단위:천원/1년간)	담당자 (공무원) 담당부서	민간이전 분류 (지방자치단체 세출예산 집행기준에 의거) 1. 민간경상사업보조(307-02) 2. 민간단체 법정운영비보조(307-03) 3. 민간행사사업보조(307-04) 4. 민간위탁금(307-05) 5. 사회복지시설 법정운영비보조(307-10) 6. 민간인위탁교육비(307-12) 7. 공기관등에대한경상적위탁사업비(308-10) 8. 민간자본사업보조,자체재원(402-01) 9. 민간자본사업보조,이전재원(402-02) 10. 민간위탁사업비(402-03) 11. 공기관등에 대한 자본적 대행사업비(403-02)	민간이전지출 근거 (지방보조금 관리기준 참고) 1. 법률에 규정 2. 국고보조 재원(국가지정) 3. 용도 지정 기부금 4. 조례에 직접규정 5. 지자체가 권장하는 사업을 하는 공공기관 6. 시,도 정책 및 재정사정 7. 기타 8. 해당없음	입찰방식 계약체결방법 (경쟁형태) 1. 일반경쟁 2. 제한경쟁 3. 지명경쟁 4. 수의계약 5. 법정위탁 6. 기타 ( ) 7. 해당없음	입찰방식 계약기간 1. 1년 2. 2년 3. 3년 4. 4년 5. 5년 6. 기타 ( )년 7. 단기계약 (1년미만) 8. 해당없음	입찰방식 낙찰자선정방법 1. 적격심사 2. 협상에의한계약 3. 최저가낙찰제 4. 규격가격분리 5. 2단계 경쟁입찰 6. 기타 ( ) 7. 해당없음	운영예산 산정 운영예산 산정 1. 내부산정 (지자체 자체적으로 산정) 2. 외부산정 (외부전문기관위탁 산정) 3. 내·외부 모두 산정 4. 산정 無 5. 해당없음	운영예산 산정 정산방법 1. 내부정산 (지자체 내부적으로 정산) 2. 외부정산 (외부전문기관위탁 정산) 3. 내·외부 모두 산정 4. 정산 無 5. 해당없음	성과평가 실시여부 1. 실시 2. 미실시 3. 향후 추진 4. 해당없음
1217	서울 동작구	교통약자 무료셔틀 운영비 지원	44,540	복지정책과	4	4	2	1	7	1	1	3
1218	서울 동작구	장애인가족지원센터 운영 지원	173,332	어르신장애인과	4	1	5	3	1	1	1	1
1219	서울 동작구	발달장애인평생교육센터 운영 지원	696,700	어르신장애인과	4	1	1	3	1	1	1	1
1220	서울 동작구	경로당활성화사업	216,452	어르신장애인과	4	4	2	5	1	1	1	1
1221	서울 동작구	다함께돌봄센터 운영지원	201,920	아동청소년과	4	2	5	5	7	5	1	4
1222	서울 동작구	다함께돌봄센터 운영지원	201,920	아동청소년과	4	2	5	5	7	5	1	4
1223	서울 동작구	다함께돌봄센터 운영지원	201,920	아동청소년과	4	2	5	5	7	5	1	4
1224	서울 동작구	구립지역아동센터 운영지원	16,300	아동청소년과	4	4	1	5	1	1	1	3
1225	서울 동작구	공공청소년 수련시설 프로그램 운영 지원	2,400	아동청소년과	4	4	6	1	6	3	3	4
1226	서울 동작구	지역자율형 사회서비스 투자사업	40,000	아동청소년과	4	4	6	1	6	3	3	4
1227	서울 동작구	지역자율형 사회서비스 투자사업	60,000	아동청소년과	4	4	6	1	6	3	3	4
1228	서울 동작구	지역자율형 사회서비스 투자사업	120,000	아동청소년과	4	4	6	1	6	3	3	4
1229	서울 동작구	청소년 동아리활동 지원	13,750	아동청소년과	4	4	6	1	6	3	3	4
1230	서울 동작구	청소년 어울림마당 사업	24,000	아동청소년과	4	4	6	1	6	3	3	4
1231	서울 동작구	청소년 보호·문화활동 지원	8,000	아동청소년과	4	4	6	1	6	3	3	4
1232	서울 동작구	청소년 시설 운영	22,778	아동청소년과	4	4	6	1	6	3	3	4
1233	서울 동작구	대방동 청소년 창의혁신 체험공간 조성	126,668	아동청소년과	4	4	7	8	7	5	5	4
1234	서울 동작구	청소년안전망 구축	350,768	아동청소년과	4	4	6	1	6	3	3	4
1235	서울 동작구	청소년운영위원회 운영	3,368	아동청소년과	4	1	6	1	6	3	3	4
1236	서울 동작구	청소년참여위원회 운영	2,800	아동청소년과	4	1	6	1	6	3	3	4
1237	서울 동작구	청소년지도사 배치지원사업 운영	51,360	아동청소년과	4	4	6	1	6	3	3	4
1238	서울 동작구	학교 밖 청소년 지원	154,945	아동청소년과	4	4	6	1	6	3	3	4
1239	서울 동작구	학교 밖 청소년 급식지원	21,000	아동청소년과	4	4	6	1	6	3	3	4
1240	서울 동작구	건강가정 및 다문화가족지원센터 운영	338,080	아동청소년과	4	2	5	3	1	3	3	1
1241	서울 동작구	건강가정 및 다문화가족지원센터 운영 추가사업	292,135	아동청소년과	4	2	5	3	1	3	3	1
1242	서울 동작구	건강가정 및 다문화가족지원센터 시설운영	32,000	아동청소년과	4	2	5	3	1	3	3	1
1243	서울 동작구	서울가족학교 운영 지원	46,350	아동청소년과	4	2	5	3	1	3	3	1
1244	서울 동작구	위기가족 상담 지원사업	46,670	아동청소년과	4	2	5	3	1	3	3	1
1245	서울 동작구	서로돌봄지원사업	54,000	아동청소년과	4	2	5	3	1	3	3	1
1246	서울 동작구	공동육아나눔터 지원	53,828	아동청소년과	4	2	5	3	1	3	3	1
1247	서울 동작구	외국인주민 및 다문화가족 지원	18,000	아동청소년과	4	2	5	3	1	3	3	1
1248	서울 동작구	다문화가족지원센터 특화사업	274,357	아동청소년과	4	2	5	3	1	3	3	1
1249	서울 동작구	지역자활센터운영	391,987	사회복지과	4	2	5	8	7	5	1	1
1250	서울 동작구	구청사 청소용역	439,562	행정지원과	4	1	4	1	7	1	1	2
1251	서울 동작구	문화복지센터 청소용역	234,890	행정지원과	4	1	4	1	7	1	1	2
1252	서울 동작구	가로기 게양 위탁	14,913	행정지원과	4	1	4	1	7	1	1	2
1253	서울 동작구	동청사 청소용역	305,379	자치행정과	4	4	5	1	7	1	1	4
1254	서울 동작구	동 자치지원관 인건비	208,488	자치행정과	4	6	1	1	1	1	1	3
1255	서울 동작구	마을자치센터 운영	45,200	자치행정과	4	6	1	3	1	1	1	3
1256	서울 동작구	자원봉사센터 운영	599,770	자치행정과	4	4	7	8	7	5	5	4
1257	서울 동작구	자원봉사 코디네이터 지원 육성	59,096	자치행정과	4	2	7	8	7	5	5	4
1258	서울 동작구	전국통합자원봉사 보험가입 서비스 지원	10,240	자치행정과	4	2	7	8	7	5	5	4

순번	시군구	지출명 (사업명)	2021년예산 (단위:천원/1년간)	담당자 (공무원)	민간이전 분류 (지방자치단체 세출예산 집행기준에 의거)	민간이전지출 근거 (지방보조금 관리기준 참고)	입찰방식			운영예산 산정		성과평가 실시여부
				담당부서	1. 민간경상사업보조(307-02) 2. 민간단체 법정운영비보조(307-03) 3. 민간행사사업보조(307-04) 4. 민간위탁금(307-05) 5. 사회복지시설 법정운영비보조(307-10) 6. 민간인위탁교육비(307-12) 7. 공기관등에대한경상적위탁사업비(308-10) 8. 민간자본사업보조,자체재원(402-01) 9. 민간자본사업보조,이전재원(402-02) 10. 민간위탁사업비(402-03) 11. 공기관등에 대한 자본적 대행사업비(403-02)	1. 법률에 규정 2. 국고보조 재원(국가지정) 3. 용도 지정 기부금 4. 조례에 직접규정 5. 지자체가 권장하는 사업을 하는 공공기관 6. 시,도 정책 및 재정사정 7. 기타 8. 해당없음	계약체결방법 (경쟁형태) 1. 일반경쟁 2. 제한경쟁 3. 지명경쟁 4. 수의계약 5. 법정위탁 6. 기타 ( ) 7. 해당없음	계약기간 1. 1년 2. 2년 3. 3년 4. 4년 5. 5년 6. 기타 ( )년 7. 단기계약 (1년미만) 8. 해당없음	낙찰자선정방법 1. 적격심사 2. 협상에의한계약 3. 최저가낙찰제 4. 규격가격분리 5. 2단계 경쟁입찰 6. 기타 ( ) 7. 해당없음	운영예산 산정 1. 내부산정 (지자체 자체적으로 산정) 2. 외부산정 (외부전문기관위탁 산정) 3. 내·외부 모두 산정 4. 산정 無 5. 해당없음	정산방법 1. 내부정산 (지자체 내부적으로 정산) 2. 외부정산 (외부전문기관위탁 정산) 3. 내·외부 모두 산정 4. 정산 無 5. 해당없음	1. 실시 2. 미실시 3. 향후 추진 4. 해당없음
1259	서울 동작구	민방위 가로기 게양	8,145	자치행정과	4	1	4	7	2	1	1	1
1260	서울 동작구	마을교육풀-학교연계 사업 추진	258,000	교육정책과	4	4	7	8	7	5	5	4
1261	서울 동작구	진로직업체험지원센터 운영	175,400	교육정책과	4	4	4	3	7	1	1	1
1262	서울 동작구	도농상생 공공급식 지원사업 운영	617,140	교육정책과	4	4	1	3	1	1	1	1
1263	서울 동작구	방학중 원어민 영어캠프 운영	84,900	교육정책과	4	4	7	8	7	5	5	4
1264	서울 동작구	대학연계 평생교육프로그램	56,000	교육정책과	4	6	7	8	7	5	5	4
1265	서울 동작구	지역사회건강조사 조사분석 위탁운영	69,920	보건기획과	4	2	7	1	7	3	3	4
1266	서울 동작구	유기동물 보호관리	55,800	보건위생과	4	1	2	3	1	3	1	1
1267	서울 동작구	길고양이 중성화사업	75,000	보건위생과	4	1	7	8	7	5	5	4
1268	서울 동작구	어린이 급식관리지원센터 설치 운영	630,000	보건위생과	4	1	2	3	1	3	2	1
1269	서울 동작구	치매안심센터운영	1,160,000	건강관리과	4	4	1	3	1	1	1	1
1270	서울 동작구	치매 공공후견인지원	2,700	건강관리과	4	1	7	8	7	1	1	1
1271	서울 동작구	비대면 인공지능 치매서비스 지원	4,000	건강관리과	4	7	7	8	7	1	1	1
1272	서울 동작구	표준모자보건수첩 지원	3,510	건강관리과	4	2	6	8	7	5	2	4
1273	서울 관악구	노동복지센터 운영	30,000	일자리벤처과	4	4	1	3	6	1	1	3
1274	서울 관악구	벤처밸리 창업공간 운영	390,979	일자리벤처과	4	4	1	2	1	1	1	3
1275	서울 관악구	서울창업카페 낙성대점 운영	227,510	일자리벤처과	4	6	1	2	1	1	1	3
1276	서울 관악구	유기동물 보호관리	126,000	일자리벤처과	4	1	6	6	1	3	3	4
1277	서울 관악구	유기동물 보호관리	49,885	일자리벤처과	4	6	7	8	7	5	5	4
1278	서울 관악구	길고양이 TNR 위탁	126,000	일자리벤처과	4	2	7	8	7	5	5	4
1279	서울 관악구	다문화가족 지원	27,800	여성가족과	4	4	4	1	7	1	1	2
1280	서울 관악구	관악형 마더센터 아이랑 운영	37,950	여성가족과	4	7	4	6	7	1	1	2
1281	서울 관악구	육아종합지원센터 운영지원	615,950	여성가족과	4	1	1	3	1	1	1	1
1282	서울 관악구	육아종합지원센터 운영지원	62,000	여성가족과	4	1	1	3	1	1	1	1
1283	서울 관악구	청소년 운영위원회 지원	1,684,000	노인청소년과	4	2	5	8	7	3	1	1
1284	서울 관악구	청소년 참여위원회 지원	2,500	노인청소년과	4	2	5	8	7	3	1	1
1285	서울 관악구	청소년시설 위탁운영 지원	216,534	노인청소년과	4	4	5	3	7	3	1	1
1286	서울 관악구	청소년시설 위탁운영 지원	300,000	노인청소년과	4	4	5	3	7	3	1	1
1287	서울 관악구	청소년지도사 배치지원 사업운영 지원	23,208	노인청소년과	4	2	5	8	7	3	1	3
1288	서울 관악구	청소년 상담복지센터 운영 지원	208,889	노인청소년과	4	1	5	3	7	3	1	1
1289	서울 관악구	청소년 상담복지센터 운영 지원	41,616	노인청소년과	4	1	5	3	7	3	1	1
1290	서울 관악구	청소년 상담복지센터 운영 지원	20,582	노인청소년과	4	1	5	3	7	3	1	1
1291	서울 관악구	학교 밖 청소년 지원센터 급식 지원	20,100	노인청소년과	4	1	5	3	7	3	1	1
1292	서울 관악구	학교 밖 청소년 지원 '넘나들며 배우는 인턴십'	20,000	노인청소년과	4	1	5	3	7	3	1	1
1293	서울 관악구	공공도서관 개관시간 연장지원 사업	157,968	문화관광체육과	4	2	7	8	7	1	1	1
1294	서울 관악구	다문화 서비스 지원	5,700	문화관광체육과	4	2	7	8	7	1	1	1
1295	서울 관악구	자치회관 작은도서관 운영지원	291,668	문화관광체육과	4	4	7	8	7	1	1	1
1296	서울 관악구	생활폐기물 공공처리시설 공동이용	18,000	청소행정과	4	4	7	8	7	5	5	4
1297	서울 관악구	생활폐기물수집운반대행비	10,438	청소행정과	4	4	1	2	2	2	1	1
1298	서울 관악구	동물사체위생처리	10,800	청소행정과	4	1	6	8	7	1	1	2
1299	서울 관악구	2021년 공공처리시설 반입불가 폐기물(폐합성) 처리 용역	1,896,000	청소행정과	4	7	2	1	1	2	1	4
1300	서울 관악구	2021년 대형폐기물(폐목재) 운반 · 처리 용역	487,221	청소행정과	4	7	2	1	1	2	1	4

순번	시군구	지출명 (사업명)	2021년예산 (단위:천원/1년간)	담당자 (공무원)	민간이전 분류 (지방자치단체 세출예산 집행기준에 의거)	민간이전지출 근거 (지방보조금 관리기준 참고)	입찰방식			운영예산 산정		성과평가 실시여부
				담당부서	1. 민간경상사업보조(307-02) 2. 민간단체 법정운영비보조(307-03) 3. 민간행사사업보조(307-04) 4. 민간위탁금(307-05) 5. 사회복지시설 법정운영비보조(307-10) 6. 민간인위탁교육비(307-12) 7. 공기관등에대한경상적위탁사업비(308-10) 8. 민간자본사업보조,자체재원(402-01) 9. 민간자본사업보조,이전재원(402-02) 10. 민간위탁사업비(402-03) 11. 공기관등에 대한 자본적 대행사업비(403-02)	1. 법률에 규정 2. 국고보조 재원(국가지정) 3. 용도 지정 기부금 4. 조례에 직접규정 5. 지자체가 권장하는 사업을 하는 공공기관 6. 시,도 정책 및 재정사정 7. 기타 8. 해당없음	계약체결방법 (경쟁형태) 1. 일반경쟁 2. 제한경쟁 3. 지명경쟁 4. 수의계약 5. 법정위탁 6. 기타 ( ) 7. 해당없음	계약기간 1. 1년 2. 2년 3. 3년 4. 4년 5. 5년 6. 기타 ( )년 7. 단기계약 (1년미만) 8. 해당없음	낙찰자선정방법 1. 적격심사 2. 협상에의한계약 3. 최저가낙찰제 4. 규격가격분리 5. 2단계 경쟁입찰 6. 기타 ( ) 7. 해당없음	운영예산 산정 1. 내부산정 (지자체 자체적으로 산정) 2. 외부산정 (외부전문기관위탁 산정) 3. 내·외부 모두 산정 4. 산정 無 5. 해당없음	정산방법 1. 내부정산 (지자체 내부적으로 정산) 2. 외부정산 (외부전문기관위탁 정산) 3. 내·외부 모두 산정 4. 정산 無 5. 해당없음	1. 실시 2. 미실시 3. 향후 추진 4. 해당없음
1301	서울 관악구	2021년 대형폐기물(폐매트리스) 운반 · 처리 용역	313,500	청소행정과	4	7	2	1	1	2	1	4
1302	서울 관악구	종량제봉투공급대행비	261,951	청소행정과	4	6	4	1	7	2	2	2
1303	서울 관악구	종량제봉투공급대행비	261,951	청소행정과	4	6	4	1	7	2	2	2
1304	서울 관악구	음식물폐기물 대행처리	45,281	청소행정과	4	1	2	2	2	2	5	4
1305	서울 관악구	재활용폐기물 처리대행	5,571	청소행정과	4	1	2	2	2	2	5	4
1306	서울 관악구	교육지원 프로그램 운영	60,000	교육지원과	4	4	7	8	7	5	5	4
1307	서울 관악구	진로직업체험지원센터 운영	167,400	교육지원과	4	1	2	1	2	3	3	1
1308	서울 관악구	방과후교육지원센터 운영	120,000	교육지원과	4	4	7	8	7	5	5	4
1309	서울 관악구	인문학프로그램 활성화	7,000	교육지원과	4	4	7	8	7	5	5	4
1310	서울 관악구	서울대 협력 평생학습강좌 운영	72,000	교육지원과	4	1	7	8	7	5	5	4
1311	서울 관악구	청소년 인재육성 프로그램 운영	15,000	교육지원과	4	1	7	8	7	5	5	4
1312	서울 관악구	피견인차량견인업무	240,000	교통지도과	4	1	4	8	7	1	1	4
1313	서울 관악구	관악 청년 문화공간 운영	236,662	청년정책과	4	4	7	6	7	1	1	1
1314	서울 관악구	사회적경제통합지원사업	145,000	민관협치과	4	4	5	2	7	1	1	3
1315	서울 관악구	관악마을생태계조성사업비	10,000	민관협치과	4	4	1	3	1	1	3	3
1316	서울 관악구	관악구 난곡·난향동 도시재생뉴딜사업 지원	45,000	도시재생과	4	1	7	8	7	5	5	4
1317	서울 관악구	지역사회건강조사	69,420	지역보건과	4	2	5	1	7	5	3	1
1318	서울 서초구	어르신문화여가복합시설 운영지원	16,692	어르신행복과	4	4	1	5	1	1	1	3
1319	서울 서초구	서초50플러스센터 운영지원	740,000	어르신행복과	4	4	1	3	1	1	1	3
1320	서울 서초구	어르신 정보화 교육 운영	202,910	어르신행복과	4	7	7	8	7	5	5	4
1321	서울 서초구	효도안마사업	692,620	어르신행복과	4	4	1	7	2	1	1	4
1322	서울 서초구	양재노인종합복지관 운영	11,249	어르신행복과	4	4	1	5	1	1	3	3
1323	서울 서초구	방배노인종합복지관 운영	1,227,000	어르신행복과	4	4	1	5	1	1	3	3
1324	서울 서초구	중앙노인종합복지관 운영	1,228,000	어르신행복과	4	4	1	5	1	1	3	3
1325	서울 서초구	동주민센터 청사 청소용역	984,348	자치행정과	4	8	2	1	1	1	1	4
1326	서울 서초구	방배열린문화센터 시설물관리 용역	343,695	자치행정과	4	8	2	1	1	1	1	4
1327	서울 서초구	도서관 운영 지원	48,690	자치행정과	4	4	6	3	7	1	1	3
1328	서울 서초구	자원봉사센터 보조금 지원	746,176	자치행정과	4	1	1	3	1	1	1	1
1329	서울 서초구	매립지 반입금지 대형생활폐기물(폐합성수지)처리용역	33,000	청소행정과	4	1	1	1	3	1	1	2
1330	서울 서초구	매립지 반입금지 대형생활폐기물(폐목재)처리용역	18,000	청소행정과	4	1	4	1	7	1	1	2
1331	서울 서초구	대형생활폐기물(매트리스)처리용역	90,000	청소행정과	4	1	1	1	3	1	1	2
1332	서울 서초구	폐수(세차수) 민간위탁 처리비	18,000	청소행정과	4	1	7	8	7	5	5	4
1333	서울 서초구	공사장 생활폐기물 위탁처리비	30,090	청소행정과	4	1	7	8	7	5	5	4
1334	서울 서초구	혼합 및 포장재필림류 처리용역	24,000	청소행정과	4	1	1	1	1	1	1	4
1335	서울 서초구	음식물류 폐기물 처리비	57,120	청소행정과	4	1	6	1	6	3	1	4
1336	서울 서초구	생활폐기물 수집운반 위탁대행비	61,449	청소행정과	4	1	4	2	1	3	1	4
1337	서울 송파구	송파ICT청년창업지원센터 운영	242,200	일자리정책담당관	4	4	2	3	1	1	1	1
1338	서울 송파구	중장년 취업역량 강화프로그램 운영	28,400	일자리정책담당관	4	4	4	7	7	1	1	1
1339	서울 송파구	S-스타트업 패키지	23,000	일자리정책담당관	4	4	7	8	7	5	5	4
1340	서울 송파구	사회적경제지원센터 운영	359,000	일자리정책담당관	4	4	1	3	1	1	1	1
1341	서울 송파구	인터넷방송국 운영	330,000	홍보담당관	4	7	7	8	7	5	5	4
1342	서울 송파구	청소년 진로 직업 프로그램 운영	160,000	교육협력과	4	2	1	3	1	1	1	1

순번	시군구	지출명 (사업명)	2021년예산 (단위:천원/1년간)	담당자 (공무원) 담당부서	민간이전 분류 (지방자치단체 세출예산 집행기준에 의거) 1. 민간경상사업보조(307-02) 2. 민간단체 법정운영비보조(307-03) 3. 민간행사사업보조(307-04) 4. 민간위탁금(307-05) 5. 사회복지시설 법정운영비보조(307-10) 6. 민간인위탁교육비(307-12) 7. 공기관등에대한경상적위탁사업비(308-10) 8. 민간자본사업보조,자체재원(402-01) 9. 민간자본사업보조,이전재원(402-02) 10. 민간위탁사업비(402-03) 11. 공기관등에 대한 자본적 대행사업비(403-02)	민간이전지출 근거 (지방보조금 관리기준 참고) 1. 법률에 규정 2. 국고보조 재원(국가지정) 3. 용도 지정 기부금 4. 조례에 직접규정 5. 지자체가 권장하는 사업을 하는 공공기관 6. 시,도 정책 및 재정사정 7. 기타 8. 해당없음	입찰방식 계약체결방법 (경쟁형태) 1. 일반경쟁 2. 제한경쟁 3. 지명경쟁 4. 수의계약 5. 법정위탁 6. 기타 ( ) 7. 해당없음	입찰방식 계약기간 1. 1년 2. 2년 3. 3년 4. 4년 5. 5년 6. 기타 ( )년 7. 단기계약 (1년미만) 8. 해당없음	입찰방식 낙찰자선정방법 1. 적격심사 2. 협상에의한계약 3. 최저가낙찰제 4. 규격가격분리 5. 2단계 경쟁입찰 6. 기타 ( ) 7. 해당없음	운영예산 산정 운영예산 산정 1. 내부산정 (지자체 자체적으로 산정) 2. 외부산정 (외부전문기관위탁 산정) 3. 내·외부 모두 산정 4. 산정 無 5. 해당없음	운영예산 산정 정산방법 1. 내부정산 (지자체 내부적으로 정산) 2. 외부정산 (외부전문기관위탁 정산) 3. 내·외부 모두 산정 4. 정산 無 5. 해당없음	성과평가 실시여부 1. 실시 2. 미실시 3. 향후 추진 4. 해당없음
1343	서울 송파구	송파문화예술회관 운영	331,670	문화체육과	4	1	6	8	7	1	1	4
1344	서울 송파구	시설물 민간관리 위탁	47,400	역사문화재과	4	1	4	1	7	1	1	1
1345	서울 송파구	청사 시설물 기능유지	290,630	총무과	4	1	4	1	6	1	1	4
1346	서울 송파구	청사 시설물 기능유지	508,859	총무과	4	1	2	1	1	1	1	4
1347	서울 송파구	생활치료센터 설치 및 운영	212,510	총무과	4	7	6	7	7	3	1	2
1348	서울 송파구	긍정성 강화를 통한 고객만족 체계구축	180,000	총무과	4	1	2	1	1	1	1	4
1349	서울 송파구	주민자치회 시범사업	467,374	자치행정과	4	4	6	2	1	1	1	1
1350	서울 송파구	마을공동체 공모사업	353,000	자치행정과	4	4	6	2	1	1	1	1
1351	서울 송파구	송파안전체험교육관 운영	848,303	재난안전과	4	6	1	3	1	1	1	1
1352	서울 송파구	송파육아종합지원센터 운영	813,070	여성보육과	4	2	5	3	6	1	1	1
1353	서울 송파구	송파어린이문화회관 운영지원	814,800	여성보육과	4	4	1	3	6	1	1	1
1354	서울 송파구	열린육아방 운영	184,768	여성보육과	4	6	5	3	6	5	1	1
1355	서울 송파구	구청 직장어린이집 운영 지원	178,200	여성보육과	4	1	1	5	1	1	1	1
1356	서울 송파구	건강가정지원센터 운영	534,749	여성보육과	4	4	1	3	6	1	1	1
1357	서울 송파구	공동육아나눔터 운영	65,828	여성보육과	4	2	5	3	7	5	1	1
1358	서울 송파구	아이돌봄 지원	41,416	여성보육과	4	2	5	3	7	5	1	1
1359	서울 송파구	아이돌봄 종사자 처우개선수당 지원	30,480	여성보육과	4	6	5	3	7	5	1	1
1360	서울 송파구	아기사랑나눔센터 운영	38,000	여성보육과	4	6	6	3	6	1	1	1
1361	서울 송파구	다문화가족 지원	626,445	여성보육과	4	1	1	3	6	1	1	1
1362	서울 송파구	자활근로사업	25,230	복지정책과	4	2	1	5	1	1	1	1
1363	서울 송파구	자활근로사업 운영지원	332,947	복지정책과	4	2	1	5	1	1	1	1
1364	서울 송파구	종합사회복지관 운영비 지원	694,770	복지정책과	4	1	1	5	1	1	1	1
1365	서울 송파구	솔바람 복지센터 운영	140,000	복지정책과	4	1	1	5	1	1	1	1
1366	서울 송파구	지역사회보장협의체 운영	73,711	복지정책과	4	1	7	8	7	1	1	1
1367	서울 송파구	송파 푸드마켓 지원	122,648	복지정책과	4	1	1	5	1	1	1	1
1368	서울 송파구	송파 푸드뱅크 지원	50,940	복지정책과	4	1	1	5	1	1	1	1
1369	서울 송파구	보훈회관 및 미입주단체 운영 지원	82,000	복지정책과	4	4	4	3	2	1	1	1
1370	서울 송파구	보훈단체 행사 지원	83,000	복지정책과	4	4	7	8	7	1	1	4
1371	서울 송파구	송파구자원봉사센터 운영	779,974	복지정책과	4	4	7	8	7	1	1	1
1372	서울 송파구	자원봉사 코디네이터 지원·육성	59,096	복지정책과	4	2	7	8	7	3	3	1
1373	서울 송파구	전국 통합 자원봉사보험 가입 서비스 지원	26,368	복지정책과	4	2	7	8	7	3	3	1
1374	서울 송파구	송파복지센터 운영	308,360	어르신복지과	4	1	1	5	1	3	3	1
1375	서울 송파구	다함께 돌봄 사업	537,360	아동돌봄청소년과	4	1	1	5	6	1	1	1
1376	서울 송파구	송파청소년센터 운영	811,720	아동돌봄청소년과	4	1	1	3	7	1	1	1
1377	서울 송파구	마천청소년센터 운영	398,600	아동돌봄청소년과	4	1	1	3	7	1	1	1
1378	서울 송파구	잠실청소년센터 운영	649,700	아동돌봄청소년과	4	1	1	3	7	1	1	1
1379	서울 송파구	송파청소년미래센터 운영	940,117	아동돌봄청소년과	4	1	1	3	7	1	1	1
1380	서울 송파구	청소년지원센터 운영	248,451	아동돌봄청소년과	4	1	7	8	7	3	3	4
1381	서울 송파구	청소년지원센터 꿈드림 급식지원	24,600	아동돌봄청소년과	4	1	7	8	7	3	3	4
1382	서울 송파구	청소년독서실 운영	143,000	아동돌봄청소년과	4	1	1	3	7	1	1	1
1383	서울 송파구	청소년 성문화센터 운영	197,931	아동돌봄청소년과	4	1	1	3	7	1	1	1
1384	서울 송파구	청소년 상담복지센터 운영	307,470	아동돌봄청소년과	4	1	1	3	1	1	3	1

순번	시군구	지출명 (사업명)	2021년예산 (단위:천원/1년간)	담당자 (공무원) 담당부서	민간이전 분류 (지방자치단체 세출예산 집행기준에 의거) 1. 민간경상사업보조(307-02) 2. 민간단체 법정운영비보조(307-03) 3. 민간행사사업보조(307-04) 4. 민간위탁금(307-05) 5. 사회복지시설 법정운영비보조(307-10) 6. 민간인위탁교육비(307-12) 7. 공기관등에대한경상적위탁사업비(308-10) 8. 민간자본사업보조,자체재원(402-01) 9. 민간자본사업보조,이전재원(402-02) 10. 민간위탁사업비(402-03) 11. 공기관등에 대한 자본적 대행사업비(403-02)	민간이전지출 근거 (지방보조금 관리기준 참고) 1. 법률에 규정 2. 국고보조 재원(국가지정) 3. 용도 지정 기부금 4. 조례에 직접규정 5. 지자체가 권장하는 사업을 하는 공공기관 6. 시,도 정책 및 재정사정 7. 기타 8. 해당없음	입찰방식 계약체결방법 (경쟁형태) 1. 일반경쟁 2. 제한경쟁 3. 지명경쟁 4. 수의계약 5. 법정위탁 6. 기타 ( ) 7. 해당없음	입찰방식 계약기간 1. 1년 2. 2년 3. 3년 4. 4년 5. 5년 6. 기타 ( )년 7. 단기계약 (1년미만) 8. 해당없음	입찰방식 낙찰자선정방법 1. 적격심사 2. 협상에의한계약 3. 최저가낙찰제 4. 규격가격분리 5. 2단계 경쟁입찰 6. 기타 ( ) 7. 해당없음	운영예산 산정 운영예산 산정 1. 내부산정 (지자체 자체적으로 산정) 2. 외부산정 (외부전문기관위탁 산정) 3. 내·외부 모두 산정 4. 산정 無 5. 해당없음	운영예산 산정 정산방법 1. 내부정산 (지자체 내부적으로 정산) 2. 외부정산 (외부전문기관위탁 정산) 3. 내·외부 모두 산정 4. 정산 無 5. 해당없음	성과평가 실시여부 1. 실시 2. 미실시 3. 향후 추진 4. 해당없음
1385	서울 송파구	장애인직업재활지원사업 운영	327,594	장애인복지과	4	5	1	5	7	1	1	1
1386	서울 송파구	장애인편의증진기술지원센터 운영	137,046	장애인복지과	4	1	5	1	7	1	1	4
1387	서울 송파구	장애인일자리지원(복지일자리)	385,031	장애인복지과	4	2	1	1	7	2	1	1
1388	서울 송파구	발달장애인평생교육센터 운영	697,000	장애인복지과	4	4	1	3	5	5	1	1
1389	서울 송파구	장애인가족지원센터 운영	193,332	장애인복지과	4	4	1	3	5	5	1	1
1390	서울 송파구	노점상 정비 및 사후관리	176,908	도시계획과	4	1	7	8	7	5	5	4
1391	서울 송파구	새마을시장주변 고착형 집단노점 정비	120,000	도시계획과	4	6	7	8	7	5	5	4
1392	서울 송파구	어린이공원 및 마을마당 관리위탁	307,007	공원녹지과	4	4	6	1	6	1	4	1
1393	서울 송파구	산림서비스증진(숲해설 운영)	40,000	공원녹지과	4	2	7	8	7	5	5	4
1394	서울 송파구	공중화장실 관리	72,000	환경과	4	1	4	1	2	1	1	1
1395	서울 송파구	각종 폐기물처리	10,360	자원순환과	4	1	1	2	6	1	1	1
1396	서울 송파구	각종폐기물처리	23,920	자원순환과	4	1	2	6	1	1	1	4
1397	서울 송파구	음식물류 폐기물 위탁처리	7,220	자원순환과	4	1	2	6	1	1	1	4
1398	서울 송파구	음식물류폐기물 수집・운반	5,650	자원순환과	4	1	1	2	6	1	1	1
1399	서울 송파구	재활용품 선별・처리	2,980	자원순환과	4	7	2	6	1	1	1	4
1400	서울 송파구	재활용품 수집・운반	54,771	자원순환과	4	1	1	2	6	1	1	1
1401	서울 송파구	안전도시 지원센터 업무협약 체결	10,000	보건위생과	4	6	6	1	7	4	1	1
1402	서울 송파구	지역사회 손상분석 및 안전통계	35,000	보건위생과	4	6	4	7	7	1	1	1
1403	서울 송파구	어린이급식관리지원센터 운영	840,000	보건위생과	4	2	4	2	1	3	3	1
1404	서울 송파구	사회복지시설 급식관리지원센터 시범운영	100,000	보건위생과	4	2	6	1	6	3	3	1
1405	서울 송파구	안전먹거리 구축을 위한 공공급식 지원	842,340	보건위생과	4	4	2	3	1	3	3	1
1406	서울 송파구	지역사회건강조사 조사분석 위탁운영	69,496	건강증진과	4	2	7	1	7	5	2	1
1407	서울 송파구	여성건강대학운영	13,600	미래건강정책과	4	7	7	8	7	5	5	4
1408	서울 송파구	주정차 위반차량 견인 대행	381,060	주차관리과	4	4	6	6	6	4	4	2
1409	서울 송파구	방치차량 관리	10,000	주차관리과	4	1	6	6	6	4	4	2
1410	서울 강동구	자전거 종합서비스센터 운영	220,000	교통행정과	4	4	2	1	2	1	4	1
1411	서울 강동구	시범동 주민자치회 기본경비	30,000	자치안전과	4	4	7	8	7	1	1	1
1412	서울 강동구	가로정비 민간용역	125,530	도시경관과	4	8	2	1	3	1	1	4
1413	서울 강동구	구립해공어르신복지관운영지원	586,200	어르신복지과	4	1	5	5	6	1	1	1
1414	서울 강동구	강동시니어클럽운영	342,072	어르신복지과	4	1	1	5	1	1	1	1
1415	서울 강동구	코로나19대응 어르신복지시설 방역비,방역물품비 지원	21,600	어르신복지과	4	1	7	8	7	5	5	4
1416	서울 강동구	생활폐기물 반입처리	29,328	청소행정과	4	1	7	8	7	3	5	4
1417	서울 강동구	반입불가폐기물 처리	1,810,000	청소행정과	4	1	1	1	3	1	1	4
1418	서울 강동구	반입불가폐기물 처리	181,031	청소행정과	4	1	1	1	3	1	1	4
1419	서울 강동구	재활용폐기물 민간위탁 처리용역	19,900	청소행정과	4	1	4	3	2	3	1	4
1420	서울 강동구	생활폐기물 수집, 운반	13,961	청소행정과	4	1	1	3	2	2	2	1
1421	서울 강동구	생활폐기물 수집, 운반	13,961	청소행정과	4	1	1	3	2	2	2	1
1422	서울 강동구	길고양이 중성화 사업	72,000	사회적경제과	4	1	2	1	3	1	1	4
1423	서울 강동구	소외계층 위한 동물매개치유활동	50,000	사회적경제과	4	1	7	1	7	1	1	4
1424	서울 강동구	유기동물 입양교육 운영	10,800	사회적경제과	4	4	4	1	7	1	1	3
1425	서울 강동구	유기동물 진료위탁	21,600	사회적경제과	4	4	4	1	7	1	1	3
1426	서울 강동구	유기동물 구조보호사업	75,601	사회적경제과	4	1	5	3	7	1	1	4

순번	시군구	지출명 (사업명)	2021년예산 (단위:천원/1년간)	담당자 (공무원)	민간이전 분류 (지방자치단체 세출예산 집행기준에 의거)	민간이전지출 근거 (지방보조금 관리기준 참고)	입찰방식			운영예산 산정		성과평가 실시여부
				담당부서	1. 민간경상사업보조(307-02) 2. 민간단체 법정운영비보조(307-03) 3. 민간행사사업보조(307-04) 4. 민간위탁금(307-05) 5. 사회복지시설 법정운영비보조(307-10) 6. 민간인위탁교육비(307-12) 7. 공기관등에대한경상적위탁사업비(308-10) 8. 민간자본사업보조,자체재원(402-01) 9. 민간자본사업보조,이전재원(402-02) 10. 민간위탁사업비(402-03) 11. 공기관등에 대한 자본적 대행사업비(403-02)	1. 법률에 규정 2. 국고보조 재원(국가지정) 3. 용도 지정 기부금 4. 조례에 직접규정 5. 지자체가 권장하는 사업을 하는 공공기관 6. 시,도 정책 및 재정사정 7. 기타 8. 해당없음	계약체결방법 (경쟁형태) 1. 일반경쟁 2. 제한경쟁 3. 지명경쟁 4. 수의계약 5. 법정위탁 6. 기타 ( ) 7. 해당없음	계약기간 1. 1년 2. 2년 3. 3년 4. 4년 5. 5년 6. 기타 ( )년 7. 단기계약 (1년미만) 8. 해당없음	낙찰자선정방법 1. 적격심사 2. 협상에의한계약 3. 최저가낙찰제 4. 규격가격분리 5. 2단계 경쟁입찰 6. 기타 ( ) 7. 해당없음	운영예산 산정 1. 내부산정 (지자체 자체적으로 산정) 2. 외부산정 (외부전문기관위탁 산정) 3. 내·외부 모두 산정 4. 산정 無 5. 해당없음	정산방법 1. 내부정산 (지자체 내부적으로 정산) 2. 외부정산 (외부전문기관위탁 정산) 3. 내·외부 모두 산정 4. 정산 無 5. 해당없음	1. 실시 2. 미실시 3. 향후 추진 4. 해당없음
1427	서울 강동구	강동구 청년해냄센터	176,000	사회적경제과	4	4	1	3	1	1	1	1
1428	서울 강동구	사회적경제지원센터	217,762	사회적경제과	4	4	1	2	1	1	1	1
1429	서울 강동구	가죽패션창업지원센터	109,000	사회적경제과	4	4	1	3	1	1	1	1
1430	서울 강동구	마을공동체지원센터	270,000	마을협치과	4	6	1	3	1	1	1	1
1431	서울 강동구	강동청소년누리터 운영	215,700	아동청소년과	4	4	1	3	1	1	1	1
1432	서울 강동구	청소년상담복지센터 운영	287,660	아동청소년과	4	1	1	3	1	3	1	1
1433	서울 강동구	청소년지원센터 운영	140,194	아동청소년과	4	1	6	3	1	3	1	1
1434	서울 강동구	아동자치센터	590,376	아동청소년과	4	4	1	3	1	1	1	1
1435	서울 강동구	공립형지역아동센터 운영지원	159,408	아동청소년과	4	1	1	5	1	1	1	1
1436	서울 강동구	아동비만예방사업	240,000	건강증진과	4	4	7	8	7	5	5	4
1437	서울 강동구	에너지마루	128,000	녹색에너지과	4	4	4	2	7	1	1	1
1438	서울 강동구	푸드마켓,뱅크 운영	164,782	복지정책과	4	6	1	5	1	1	1	1
1439	서울 강동구	종합사회복지관 운영지원	1,003,550	복지정책과	4	1	1	5	1	1	1	1
1440	서울 강동구	종합사회복지관 운영지원	1,096,804	복지정책과	4	1	1	5	1	1	1	1
1441	서울 강동구	이동기기 수리비 지원	18,000	장애인복지과	4	1	1	1	1	1	1	2
1442	서울 강동구	장애인가족지원센터운영	173,332	장애인복지과	4	5	6	3	6	1	1	1
1443	서울 강동구	강동꿈드래마켓 운영	24,000	장애인복지과	4	4	5	5	6	1	1	1
1444	서울 강동구	장애인편의증진기술지원센터 운영	186,918	장애인복지과	4	1	5	8	7	1	1	1
1445	서울 강동구	파란마음복지센터 운영	14,400	장애인복지과	4	4	5	5	1	1	1	1
1446	서울 강동구	강동그린나래복지센터 운영	150,000	장애인복지과	4	4	5	5	1	1	1	1
1447	서울 강동구	발달장애인 평생교육센터 운영	643,600	장애인복지과	4	4	5	5	1	1	1	1
1448	서울 강동구	청소년독서실	33,692	문화예술과	4	4	1	1	2	1	1	1
1449	서울 강동구	한국점자도서관	44,800	문화예술과	4	4	1	1	2	1	1	1
1450	서울 강동구	작은도서관 웃는책	90,892	문화예술과	4	4	1	1	2	1	1	1
1451	서울 강동구	해오름 작은도서관	10,800	문화예술과	4	4	1	1	2	1	1	1
1452	서울 강동구	도담도담 북카페	10,800	문화예술과	4	4	1	1	2	1	1	1
1453	서울 강동구	글마루 작은도서관	10,800	문화예술과	4	4	1	1	2	1	1	1
1454	서울 강동구	늘솔길 작은도서관	10,800	문화예술과	4	4	1	1	2	1	1	1
1455	서울 강동구	솔향기 북카페	10,800	문화예술과	4	4	1	1	2	1	1	1
1456	서울 강동구	게냇골 작은도서관	10,800	문화예술과	4	4	1	1	2	1	1	1
1457	서울 강동구	책꾸러미 작은도서관	10,800	문화예술과	4	4	1	1	2	1	1	1
1458	서울 강동구	채우리 작은도서관	10,800	문화예술과	4	4	1	1	2	1	1	1
1459	서울 강동구	글익는 작은도서관	10,800	문화예술과	4	4	1	1	2	1	1	1
1460	서울 강동구	글향기 작은도서관	10,800	문화예술과	4	4	1	1	2	1	1	1
1461	서울 강동구	부엉이 작은도서관	10,800	문화예술과	4	4	1	1	2	1	1	1
1462	서울 강동구	글고운 작은도서관	10,800	문화예술과	4	4	1	1	2	1	1	1
1463	서울 강동구	안말 작은도서관	10,800	문화예술과	4	4	1	1	2	1	1	1
1464	서울 강동구	가람슬기 작은도서관	10,800	문화예술과	4	4	1	1	2	1	1	1
1465	서울 강동구	파랑새 작은도서관	10,800	문화예술과	4	4	1	1	2	1	1	1
1466	서울 강동구	명일동별관 운영비	222,000	총무과	4	5	7	3	7	1	1	2
1467	서울 강동구	치매안심센터 운영	1,100,000	보건의료과	4	1	2	3	2	1	1	1
1468	서울 강동구	강동평생교육대학	40,000	교육지원과	4	6	7	8	7	5	5	4

순번	시군구	지출명 (사업명)	2021년예산 (단위:천원/1년간)	담당자 (공무원)	민간이전 분류 (지방자치단체 세출예산 집행기준에 의거)	민간이전지출 근거 (지방보조금 관리기준 참고)	입찰방식			운영예산 산정		성과평가 실시여부
				담당부서	1. 민간경상사업보조(307-02) 2. 민간단체 법정운영비보조(307-03) 3. 민간행사사업보조(307-04) 4. 민간위탁금(307-05) 5. 사회복지시설 법정운영비보조(307-10) 6. 민간인위탁교육비(307-12) 7. 공기관등에대한경상적위탁사업비(308-10) 8. 민간자본사업보조,자체재원(402-01) 9. 민간자본사업보조,이전재원(402-02) 10. 민간위탁사업비(402-03) 11. 공기관등에 대한 자본적 대행사업비(403-02)	1. 법률에 규정 2. 국고보조 재원(국가지정) 3. 용도 지정 기부금 4. 조례에 직접규정 5. 지자체가 권장하는 사업을 하는 공공기관 6. 시,도 정책 및 재정사정 7. 기타 8. 해당없음	계약체결방법 (경쟁형태) 1. 일반경쟁 2. 제한경쟁 3. 지명경쟁 4. 수의계약 5. 법정위탁 6. 기타 ( ) 7. 해당없음	계약기간 1. 1년 2. 2년 3. 3년 4. 4년 5. 5년 6. 기타 ( )년 7. 단기계약 (1년미만) 8. 해당없음	낙찰자선정방법 1. 적격심사 2. 협상에의한계약 3. 최저가낙찰제 4. 규격가격분리 5. 2단계 경쟁입찰 6. 기타 ( ) 7. 해당없음	운영예산 산정 1. 내부산정 (지자체 자체적으로 산정) 2. 외부산정 (외부전문기관위탁 산정) 3. 내·외부 모두 산정 4. 산정 無 5. 해당없음	정산방법 1. 내부정산 (지자체 내부적으로 정산) 2. 외부정산 (외부전문기관위탁 정산) 3. 내·외부 모두 산정 4. 정산 無 5. 해당없음	1. 실시 2. 미실시 3. 향후 추진 4. 해당없음
1469	서울 강동구	강동진로직업체험센터 운영	280,000	교육지원과	4	4	1	1	1	1	1	3
1470	서울 강동구	자기주도학습지원 운영	30,000	교육지원과	4	4	7	8	7	5	5	4
1471	경기 수원시	수원시청 직장어린이집 운영	810,438	행정지원과	4	1	1	3	1	1	1	1
1472	경기 수원시	수원지속가능발전협의회 운영	450,821	정책기획과	4	4	4	5	6	1	1	1
1473	경기 수원시	자유회관 유지관리	25,258	자치행정과	4	4	5	3	7	1	1	1
1474	경기 수원시	신중년인생이모작지원센터 운영	250,052	일자리정책과	4	4	1	3	1	1	1	3
1475	경기 수원시	일자리센터 운영	15,752	일자리정책과	4	4	2	2	2	1	1	1
1476	경기 수원시	비정규직노동자복지센터운영	262,653	노동정책과	4	1	1	3	6	1	1	1
1477	경기 수원시	보훈회관 관리운영	180,292	사회복지과	4	4	1	3	1	1	1	2
1478	경기 수원시	현충탑 시설 관리 운영	69,458	사회복지과	4	4	1	3	1	1	1	2
1479	경기 수원시	사회복지관 운영	56,808	사회복지과	4	6	1	5	1	1	1	3
1480	경기 수원시	수원푸드뱅크 운영	155,944	사회복지과	4	6	1	5	1	1	1	3
1481	경기 수원시	노숙인 자활 지원	1,014,667	사회복지과	4	6	4	1	7	1	1	3
1482	경기 수원시	자활근로사업 운영	7,502	사회복지과	4	2	5	1	7	1	1	3
1483	경기 수원시	수원시휴먼서비스센터 운영	485,730	복지협력과	4	4	7	8	7	1	1	4
1484	경기 수원시	수원시육아종합지원센터운영	14,436	보육아동과	4	1	1	5	1	3	1	1
1485	경기 수원시	수원시동부육아종합지원센터육아종합지원센터운영	1,300,000	보육아동과	4	1	1	5	1	3	1	1
1486	경기 수원시	아이러브맘카페운영	121,200	보육아동과	4	1	1	3	1	3	1	1
1487	경기 수원시	다함께돌봄센터인건비지원	450,840	보육아동과	4	1	1	5	1	3	1	3
1488	경기 수원시	다함께돌봄센터운영비지원	255,000	보육아동과	4	1	1	5	1	3	1	3
1489	경기 수원시	다함께돌봄센터아동돌봄틈새서비스	172,524	보육아동과	4	1	1	5	1	3	1	3
1490	경기 수원시	글로벌청소년 드림센터 운영	581,654	다문화정책과	4	4	1	3	1	1	1	3
1491	경기 수원시	외국인복지센터 운영	411,206	다문화정책과	4	4	1	5	1	1	1	3
1492	경기 수원시	수원시다문화가족지원센터운영	265,168	다문화정책과	4	2	5	5	1	1	1	1
1493	경기 수원시	수원시민회관 운영	327,415	문화예술과	4	4	4	3	7	1	1	1
1494	경기 수원시	고색향토문화전시관 운영	131,719	문화예술과	4	4	4	6	7	1	1	1
1495	경기 수원시	수원시평생학습관,외국어마을	25,181	교육청소년과	4	4	1	3	2	1	1	1
1496	경기 수원시	직장운동경기부 운영	10,682	체육진흥과	4	1	7	8	7	1	1	3
1497	경기 수원시	수원선수촌 운영	593,680	체육진흥과	4	1	7	8	7	1	1	3
1498	경기 수원시	수원시체육회관 운영	409,721	체육진흥과	4	1	7	8	7	1	1	3
1499	경기 수원시	광교체육센터 운영	925,104	체육진흥과	4	1	7	8	7	1	1	3
1500	경기 수원시	광교씨름체육관 운영	180,750	체육진흥과	4	1	7	8	7	1	1	3
1501	경기 수원시	광교스포츠클라이밍장 운영	76,336	체육진흥과	4	1	7	8	7	1	1	3
1502	경기 수원시	연암배수지체육시설 운영	139,490	체육진흥과	4	1	7	8	7	1	1	3
1503	경기 수원시	호매실배수지테니스장 운영	46,697	체육진흥과	4	1	7	8	7	1	1	3
1504	경기 수원시	여기산게이트볼장 운영	37,380	체육진흥과	4	1	7	8	7	1	1	3
1505	경기 수원시	생활체육관 운영	473,267	체육진흥과	4	1	7	8	7	1	1	3
1506	경기 수원시	풋살장구장 운영	124,703	체육진흥과	4	1	7	8	7	1	1	3
1507	경기 수원시	인조잔디구장 운영	192,870	체육진흥과	4	1	7	8	7	1	1	3
1508	경기 수원시	벌터체육문화센터 운영	310,769	체육진흥과	4	1	7	8	7	1	1	3
1509	경기 수원시	매탄다목적체육관 운영	299,154	체육진흥과	4	1	7	8	7	1	1	3
1510	경기 수원시	수원시배드민턴경기장 운영	343,974	체육진흥과	4	1	7	8	7	1	1	3

순번	시군구	지출명 (사업명)	2021년예산 (단위:천원/1년간)	담당자 (공무원)	민간이전 분류 (지방자치단체 세출예산 집행기준에 의거) 1. 민간경상사업보조(307-02) 2. 민간단체 법정운영비보조(307-03) 3. 민간행사사업보조(307-04) 4. 민간위탁금(307-05) 5. 사회복지시설 법정운영비보조(307-10) 6. 민간인위탁교육비(307-12) 7. 공기관등에대한경상적위탁사업비(308-10) 8. 민간자본사업보조,자체재원(402-01) 9. 민간자본사업보조,이전재원(402-02) 10. 민간위탁사업비(402-03) 11. 공기관등에 대한 자본적 대행사업비(403-02)	민간이전지출 근거 (지방보조금 관리기준 참고) 1. 법률에 규정 2. 국고보조 재원(국가지정) 3. 용도 지정 기부금 4. 조례에 직접규정 5. 지자체가 권장하는 사업을 하는 공공기관 6. 시,도 정책 및 재정사정 7. 기타 8. 해당없음	입찰방식			운영예산 산정		성과평가 실시여부
				담당부서			계약체결방법 (경쟁형태) 1. 일반경쟁 2. 제한경쟁 3. 지명경쟁 4. 수의계약 5. 법정위탁 6. 기타 ( ) 7. 해당없음	계약기간 1. 1년 2. 2년 3. 3년 4. 4년 5. 5년 6. 기타 ( )년 7. 단기계약 (1년미만) 8. 해당없음	낙찰자선정방법 1. 적격심사 2. 협상에의한계약 3. 최저가낙찰제 4. 규격가격분리 5. 2단계 경쟁입찰 6. 기타 ( ) 7. 해당없음	운영예산 산정 1. 내부산정 (지자체 자체적으로 산정) 2. 외부산정 (외부전문기관위탁 산정) 3. 내·외부 모두 산정 4. 산정 無 5. 해당없음	정산방법 1. 내부정산 (지자체 내부적으로 정산) 2. 외부정산 (외부전문기관위탁 정산) 3. 내·외부 모두 산정 4. 정산 無 5. 해당없음	1. 실시 2. 미실시 3. 향후 추진 4. 해당없음
1511	경기 수원시	서호체육센터 운영	836,377	체육진흥과	4	1	7	8	7	1	1	3
1512	경기 수원시	매탄인조잔디구장 운영	60,550	체육진흥과	4	1	7	8	7	1	1	3
1513	경기 수원시	칠보인조잔디구장 운영	44,901	체육진흥과	4	1	7	8	7	1	1	3
1514	경기 수원시	체육회 휘트니스센터 운영	174,234	체육진흥과	4	1	7	8	7	1	1	3
1515	경기 수원시	공원테니스장 운영	189,737	체육진흥과	4	1	7	8	7	1	1	3
1516	경기 수원시	수원시정구장 운영	6,600	체육진흥과	4	1	7	8	7	1	1	3
1517	경기 수원시	이의궁도장 운영	79,098	체육진흥과	4	1	7	8	7	1	1	3
1518	경기 수원시	고색중보들 실내테니스장 운영	149,647	체육진흥과	4	1	7	8	7	1	1	3
1519	경기 수원시	지방산업단지 인조잔디구장 운영	88,824	체육진흥과	4	1	7	8	7	1	1	3
1520	경기 수원시	칠보 생태환경체험교육관 운영	255,000	환경정책과	4	4	4	3	6	1	1	1
1521	경기 수원시	광교 생태환경체험교육관 운영	246,780	환경정책과	4	4	4	3	6	1	1	1
1522	경기 수원시	환경성질환 아토피센터 운영	1,179,000	환경정책과	4	4	6	3	6	1	1	3
1523	경기 수원시	수원시 기후변화체험교육관 운영	732,000	기후대기과	4	4	5	3	7	1	1	1
1524	경기 수원시	어린이급식관리지원센터 운영	21,856	위생정책과	4	1	6	5	6	1	2	1
1525	경기 수원시	교통약자 이동편의기술센터 운영	122,600	도시교통과	4	4	4	5	7	1	1	1
1526	경기 수원시	택시쉼터 운영	320,523	대중교통과	4	4	2	5	2	1	1	3
1527	경기 수원시	녹색교통회관 운영	1,099,642	대중교통과	4	4	2	5	2	1	1	3
1528	경기 수원시	지역사회 건강조사	68,966	장안구보건소 보건행정과	4	2	5	8	7	5	3	4
1529	경기 수원시	심폐소생술 등 응급처치 교육비 지원	30,000	보건행정과	4	1	1	1	2	1	1	1
1530	경기 수원시	기초정신건강복지센터운영	30,655	장안구보건소 보건행정과	4	2	1	3	1	1	1	1
1531	경기 수원시	지역사회건강조사	69,042	권선구보건소	4	2	5	8	7	5	3	4
1532	경기 수원시	수원시 근골격 건강센터	118,899	팔달구보건소	4	4	1	3	1	1	1	3
1533	경기 수원시	지역사회 건강조사	68,966	영통구보건소 보건행정과	4	2	5	8	7	5	3	4
1534	경기 수원시	시민이 주인인 공원가꾸기	33,000	공원관리과	4	4	7	1	7	1	1	1
1535	경기 수원시	글빛누리공원놀이학교	6,000	공원관리과	4	4	7	8	7	5	5	4
1536	경기 수원시	광교호수공원 프로그램 운영	86,000	공원관리과	4	4	7	8	7	5	5	1
1537	경기 수원시	어린이공원 관리	51,552	팔달구 녹지공원과	4	1	1	1	6	1	1	1
1538	경기 수원시	동그라미어린이공원 등 7개소 관리 민간위탁 사업	24,866	영통구 녹지공원과	4	1	6	1	1	1	1	1
1539	경기 성남시	가로기(태극기, 시기) 게양	129,700	행정지원과	4	4	4	7	1	1	1	4
1540	경기 성남시	시청 직장 어린이집 운영	1,053,000	행정지원과	4	1	6	5	1	1	1	4
1541	경기 성남시	성남시새마을회지원	312,530	자치행정과	4	1	7	8	7	1	1	1
1542	경기 성남시	자원봉사센터 운영관리	1,090,138	자치행정과	4	4	7	8	7	1	1	1
1543	경기 성남시	자원봉사 활성화 지원	369,500	자치행정과	4	4	7	8	7	1	1	1
1544	경기 성남시	청년지원센터 운영	800,000	청년정책과	4	4	7	8	7	1	1	4
1545	경기 성남시	성남시 직업능력개발센터 위탁 운영	700,000	고용노동과	4	6	1	3	1	1	3	1
1546	경기 성남시	성남일자리센터 운영	16,940	고용노동과	4	8	1	1	2	1	1	4
1547	경기 성남시	채용박람회 개최 지원	52,000	고용노동과	4	8	1	1	2	1	1	4
1548	경기 성남시	성남시 금융복지상담센터	375,389	지역경제과	4	4	1	3	6	1	1	2
1549	경기 성남시	찾아가는 공유경제 강좌 운영	2,300	지역경제과	4	6	7	8	7	1	1	1
1550	경기 성남시	찾아가는 공유경제 강좌 운영	9,000	지역경제과	4	6	7	8	7	1	1	1
1551	경기 성남시	찾아가는 공유경제 강좌 운영	1,750,000	지역경제과	4	6	7	8	7	1	1	1
1552	경기 성남시	찾아가는 공유경제 강좌 운영	400,000	지역경제과	4	6	7	8	7	1	1	1

순번	시군구	지출명 (사업명)	2021년예산 (단위:천원/1년간)	담당자 (공무원)	민간이전 분류 (지방자치단체 세출예산 집행기준에 의거)	민간이전지출 근거 (지방보조금 관리기준 참고)	입찰방식			운영예산 산정		성과평가 실시여부
				담당부서	1. 민간경상사업보조(307-02) 2. 민간단체 법정운영비보조(307-03) 3. 민간행사사업보조(307-04) 4. 민간위탁금(307-05) 5. 사회복지시설 법정운영비보조(307-10) 6. 민간인위탁교육비(307-12) 7. 공기관등에대한경상적위탁사업비(308-10) 8. 민간자본사업보조,자체재원(402-01) 9. 민간자본사업보조,이전재원(402-02) 10. 민간위탁사업비(402-03) 11. 공기관등에 대한 자본적 대행사업비(403-02)	1. 법률에 규정 2. 국고보조 재원(국가지정) 3. 용도 지정 기부금 4. 조례에 직접규정 5. 지자체가 권장하는 사업을 하는 공공기관 6. 시,도 정책 및 재정사정 7. 기타 8. 해당없음	계약체결방법 (경쟁형태) 1. 일반경쟁 2. 제한경쟁 3. 지명경쟁 4. 수의계약 5. 법정위탁 6. 기타 ( ) 7. 해당없음	계약기간 1. 1년 2. 2년 3. 3년 4. 4년 5. 5년 6. 기타 ( )년 7. 단기계약 (1년미만) 8. 해당없음	낙찰자선정방법 1. 적격심사 2. 협상에의한계약 3. 최저가낙찰제 4. 규격가격분리 5. 2단계 경쟁입찰 6. 기타 ( ) 7. 해당없음	운영예산 산정 1. 내부산정 (지자체 자체적으로 산정) 2. 외부산정 (외부전문기관위탁 산정) 3. 내·외부 모두 산정 4. 산정 無 5. 해당없음	정산방법 1. 내부정산 (지자체 내부적으로 정산) 2. 외부정산 (외부전문기관위탁 정산) 3. 내·외부 모두 산정 4. 정산 無 5. 해당없음	1. 실시 2. 미실시 3. 향후 추진 4. 해당없음
1553	경기 성남시	찾아가는 공유경제 강좌 운영	8,500	지역경제과	4	6	7	8	7	1	1	1
1554	경기 성남시	찾아가는 공유경제 강좌 운영	500,000	지역경제과	4	6	7	8	7	1	1	1
1555	경기 성남시	공유포럼 개최	10,000	지역경제과	4	6	7	8	7	1	1	1
1556	경기 성남시	협동조합 디딤돌 지원단 운영	14,200	지역경제과	4	4	7	8	7	1	1	1
1557	경기 성남시	공정무역 포럼	10,000	지역경제과	4	4	7	8	7	1	1	1
1558	경기 성남시	공정무역 활동가 양성과정	11,320	지역경제과	4	4	7	8	7	1	1	1
1559	경기 성남시	찾아가는 공정무역 교실	5,360	지역경제과	4	4	7	8	7	1	1	1
1560	경기 성남시	성남상공회의소 지원	40,000	산업지원과	4	1	7	8	7	1	1	1
1561	경기 성남시	성남상공회의소 지원	20,000	산업지원과	4	1	7	8	7	1	1	1
1562	경기 성남시	성남상공회의소 지원	40,000	산업지원과	4	1	7	8	7	1	1	1
1563	경기 성남시	고령친화제품서비스종합체험관운영	26,628	산업지원과	4	4	2	3	1	1	3	1
1564	경기 성남시	고령친화제품서비스종합체험관운영	26,628	산업지원과	4	4	2	3	1	1	3	1
1565	경기 성남시	보훈회관(태평동)운영비	24,468	복지정책과	4	7	7	8	7	1	1	1
1566	경기 성남시	종합사회복지관 운영비 지원	669,168	복지정책과	4	1	6	5	6	1	1	1
1567	경기 성남시	종합사회복지관 운영비 지원	704,543	복지정책과	4	1	6	5	6	1	1	1
1568	경기 성남시	종합사회복지관 운영비 지원	702,776	복지정책과	4	1	6	5	6	1	1	1
1569	경기 성남시	종합사회복지관 운영비 지원	809,438	복지정책과	4	1	6	5	6	1	1	1
1570	경기 성남시	종합사회복지관 운영비 지원	825,969	복지정책과	4	1	6	5	6	1	1	1
1571	경기 성남시	종합사회복지관 운영비 지원	949,531	복지정책과	4	1	6	5	6	1	1	1
1572	경기 성남시	종합사회복지관 운영비 지원	888,883	복지정책과	4	1	6	5	6	1	1	1
1573	경기 성남시	종합사회복지관 운영비 지원	403,597	복지정책과	4	1	6	5	6	1	1	1
1574	경기 성남시	종합사회복지관 운영비 지원	810,749	복지정책과	4	1	6	5	6	1	1	1
1575	경기 성남시	노숙인 임시주거 지원사업	59,800	복지정책과	4	1	1	5	1	1	1	2
1576	경기 성남시	노숙인 자활사업	375,225	복지정책과	4	1	1	5	1	1	1	2
1577	경기 성남시	노숙인 자활시설 운영	265,026	복지정책과	4	1	1	5	1	1	1	2
1578	경기 성남시	노숙인 종합지원센터 운영	718,947	복지정책과	4	1	1	5	1	1	1	2
1579	경기 성남시	노숙인 프로그램 운영	41,844	복지정책과	4	1	1	5	1	1	1	2
1580	경기 성남시	자활근로사업	44,863	복지정책과	4	1	5	1	7	1	1	1
1581	경기 성남시	성남시무한돌봄네트워크팀	307,400	복지정책과	4	1	6	3	6	3	1	1
1582	경기 성남시	자활근로사업	44,863	복지정책과	4	1	5	1	7	1	1	1
1583	경기 성남시	성남시무한돌봄네트워크팀	307,400	복지정책과	4	1	6	3	6	3	1	1
1584	경기 성남시	시각장애인점자도서관 운영	179,851	장애인복지과	4	1	1	5	1	1	1	4
1585	경기 성남시	장애인 가족지원(평생교육)센터 운영비	750,483	장애인복지과	4	6	1	5	1	1	1	4
1586	경기 성남시	장애인활동지원 추가지원사업 위탁업무비	8,000	장애인복지과	4	6	7	8	7	1	1	4
1587	경기 성남시	장애인복지일자리 지원	721,168	장애인복지과	4	1	7	1	7	1	1	4
1588	경기 성남시	장애인복지일자리 직무지도원 파견	101,277	장애인복지과	4	1	7	1	7	1	1	4
1589	경기 성남시	장애인복지시설 재활프로그램 운영	21,332	장애인복지과	4	1	7	8	7	1	1	4
1590	경기 성남시	장애인 맞춤형도우미 운영	161,000	장애인복지과	4	1	7	8	7	1	1	4
1591	경기 성남시	성남시 율동생태학습원 운영	430,238	장애인복지과	4	1	1	5	1	1	1	4
1592	경기 성남시	중증장애인 휠체어 수리지원비	70,000	장애인복지과	4	6	7	8	7	1	1	4
1593	경기 성남시	장애인복지치과서비스 지원	40,000	장애인복지과	4	1	7	8	7	1	1	4
1594	경기 성남시	성남시 장애인권리증진센터 운영비	534,868	장애인복지과	4	1	7	5	7	1	1	4

순번	시군구	지출명 (사업명)	2021년예산 (단위:천원/1년간)	담당자 (공무원)	민간이전 분류 (지방자치단체 세출예산 집행기준에 의거)	민간이전지출 근거 (지방보조금 관리기준 참고)	입찰방식			운영예산 산정		성과평가 실시여부
				담당부서	1. 민간경상사업보조(307-02) 2. 민간단체 법정운영비보조(307-03) 3. 민간행사사업보조(307-04) 4. 민간위탁금(307-05) 5. 사회복지시설 법정운영비보조(307-10) 6. 민간인위탁교육비(307-12) 7. 공기관등에대한경상적위탁사업비(308-10) 8. 민간자본사업보조,자체재원(402-01) 9. 민간자본사업보조,이전재원(402-02) 10. 민간위탁사업비(402-03) 11. 공기관등에 대한 자본적 대행사업비(403-02)	1. 법률에 규정 2. 국고보조 재원(국가지정) 3. 용도 지정 기부금 4. 조례에 직접규정 5. 지자체가 권장하는 사업을 하는 공공기관 6. 시,도 정책 및 재정사정 7. 기타 8. 해당없음	계약체결방법 (경쟁형태) 1. 일반경쟁 2. 제한경쟁 3. 지명경쟁 4. 수의계약 5. 법정위탁 6. 기타 ( ) 7. 해당없음	계약기간 1. 1년 2. 2년 3. 3년 4. 4년 5. 5년 6. 기타 ( )년 7. 단기계약 (1년미만) 8. 해당없음	낙찰자선정방법 1. 적격심사 2. 협상에의한계약 3. 최저가낙찰제 4. 규격가격분리 5. 2단계 경쟁입찰 6. 기타 ( ) 7. 해당없음	운영예산 산정 1. 내부산정 (지자체 자체적으로 산정) 2. 외부산정 (외부전문기관위탁 산정) 3. 내·외부 모두 산정 4. 산정 無 5. 해당없음	정산방법 1. 내부정산 (지자체 내부적으로 정산) 2. 외부정산 (외부전문기관위탁 정산) 3. 내·외부 모두 산정 4. 정산 無 5. 해당없음	1. 실시 2. 미실시 3. 향후 추진 4. 해당없음
1595	경기 성남시	장애인 조이(Joy)누리 버스 운영	139,574	장애인복지과	4	1	7	8	7	1	1	4
1596	경기 성남시	장애인 조이(Joy)누리 카 운영	35,000	장애인복지과	4	1	7	8	7	1	1	4
1597	경기 성남시	고령 장애인 여가활동 지원	80,000	장애인복지과	4	1	7	8	7	1	1	4
1598	경기 성남시	성남시민을 위한 복지용구 플랫폼 구축	41,000	장애인복지과	4	6	7	8	7	1	1	4
1599	경기 성남시	장애인 응급안전알림서비스 지원	18,000	장애인복지과	4	2	7	8	7	1	1	4
1600	경기 성남시	노인복지시설 및 장기요양기관 종사자 직무교육	40,000	노인복지과	4	1	7	8	7	1	1	4
1601	경기 성남시	경로당 운영 혁신사업 위탁사업비	127,242	노인복지과	4	1	6	7	6	1	1	1
1602	경기 성남시	실버비지니스 사업	478,864	노인복지과	4	1	7	8	7	1	1	2
1603	경기 성남시	노인취업알선센터 운영	31,836	노인복지과	4	1	1	8	1	1	1	1
1604	경기 성남시	시니어생활영어지도사 양성사업	517,632	노인복지과	4	1	1	8	1	1	1	1
1605	경기 성남시	노인일자리 수행기관 지원	546,000	노인복지과	4	1	1	8	1	1	1	1
1606	경기 성남시	노인일자리 수행기관 지원	67,300	노인복지과	4	1	1	8	1	1	1	1
1607	경기 성남시	노인종합복지관 운영	1,916,000	노인복지과	4	1	1	8	1	1	1	1
1608	경기 성남시	노인종합복지관 운영	14,760	노인복지과	4	4	1	5	1	1	1	1
1609	경기 성남시	노인종합복지관 운영	25,380	노인복지과	4	4	1	5	1	1	1	1
1610	경기 성남시	노인종합복지관 운영	14,620	노인복지과	4	4	1	5	1	1	1	1
1611	경기 성남시	노인종합복지관 운영	24,980	노인복지과	4	4	1	5	1	1	1	1
1612	경기 성남시	노인종합복지관 운영	2,895	노인복지과	4	4	1	5	1	1	1	1
1613	경기 성남시	노인종합복지관 특성화 사업	8,000	노인복지과	4	4	1	5	1	1	1	1
1614	경기 성남시	노인종합복지관 기능보강 사업	412,730	노인복지과	4	4	7	8	7	1	1	1
1615	경기 성남시	독거노인주거복지주택 관리운영비	400,000	노인복지과	4	4	7	8	7	1	1	1
1616	경기 성남시	노인맞춤돌봄서비스사업	7,287	노인복지과	4	4	1	2	1	1	1	1
1617	경기 성남시	독거노인종합지원센터 운영	294,588	노인복지과	4	4	1	2	1	1	1	1
1618	경기 성남시	독거노인중증장애인 응급안전알림서비스 운영지원	682,900	노인복지과	4	4	1	2	1	1	1	1
1619	경기 성남시	노인상담센터 운영	223,515	노인복지과	4	4	1	2	1	1	1	1
1620	경기 성남시	독거노인 공동생활 카네이션 하우스 운영	10,000	노인복지과	4	4	1	2	1	1	1	1
1621	경기 성남시	다목적복지회관 운영지원	177,627	노인복지과	4	4	1	2	1	1	1	1
1622	경기 성남시	다목적복지회관 운영지원	322,177	노인복지과	4	4	1	5	1	1	1	1
1623	경기 성남시	다목적복지회관 운영지원	130,060	노인복지과	4	4	1	3	1	1	1	1
1624	경기 성남시	다목적복지회관 운영지원	125,110	노인복지과	4	4	1	5	1	1	1	1
1625	경기 성남시	다목적복지회관 운영지원	170,243	노인복지과	4	4	1	3	1	1	1	1
1626	경기 성남시	다목적복지회관 운영지원	114,754	노인복지과	4	4	1	5	1	1	1	1
1627	경기 성남시	다목적복지회관 운영지원	180,127	노인복지과	4	4	1	5	1	1	1	1
1628	경기 성남시	다목적복지회관 운영지원	67,527	노인복지과	4	4	1	5	1	1	1	1
1629	경기 성남시	다목적복지회관 운영지원	131,600	노인복지과	4	4	1	5	1	1	1	1
1630	경기 성남시	다목적복지회관 운영지원	120,600	노인복지과	4	4	1	5	1	1	1	1
1631	경기 성남시	다목적복지회관 운영지원	197,027	노인복지과	4	4	1	5	1	1	1	1
1632	경기 성남시	다목적복지회관 운영지원	175,627	노인복지과	4	4	1	5	1	1	1	1
1633	경기 성남시	다목적복지회관 운영지원	67,527	노인복지과	4	4	1	5	1	1	1	1
1634	경기 성남시	다목적복지회관 운영지원	68,827	노인복지과	4	4	1	5	1	1	1	1
1635	경기 성남시	다목적복지회관 운영지원	186,757	노인복지과	4	4	1	5	1	1	1	1
1636	경기 성남시	다목적복지회관 운영지원	126,500	노인복지과	4	4	1	3	1	1	1	1

순번	시군구	지출명 (사업명)	2021년예산 (단위:천원/1년간)	담당자 (공무원) 담당부서	민간이전 분류 (지방자치단체 세출예산 집행기준에 의거) 1. 민간경상사업보조(307-02) 2. 민간단체 법정운영비보조(307-03) 3. 민간행사사업보조(307-04) 4. 민간위탁금(307-05) 5. 사회복지시설 법정운영비보조(307-10) 6. 민간인위탁교육비(307-12) 7. 공기관등에대한경상적위탁사업비(308-10) 8. 민간자본사업보조,자체재원(402-01) 9. 민간자본사업보조,이전재원(402-02) 10. 민간위탁사업비(402-03) 11. 공기관등에 대한 자본적 대행사업비(403-02)	민간이전지출 근거 (지방보조금 관리기준 참고) 1. 법률에 규정 2. 국고보조 재원(국가지정) 3. 용도 지정 기부금 4. 조례에 직접규정 5. 지자체가 권장하는 사업을 하는 공공기관 6. 시,도 정책 및 재정사정 7. 기타 8. 해당없음	입찰방식 계약체결방법 (경쟁형태) 1. 일반경쟁 2. 제한경쟁 3. 지명경쟁 4. 수의계약 5. 법정위탁 6. 기타 ( ) 7. 해당없음	입찰방식 계약기간 1. 1년 2. 2년 3. 3년 4. 4년 5. 5년 6. 기타 ( )년 7. 단기계약 (1년미만) 8. 해당없음	입찰방식 낙찰자선정방법 1. 적격심사 2. 협상에의한계약 3. 최저가낙찰제 4. 규격가격분리 5. 2단계 경쟁입찰 6. 기타 ( ) 7. 해당없음	운영예산 산정 운영예산 산정 1. 내부산정 (지자체 자체적으로 산정) 2. 외부산정 (외부전문기관위탁 산정) 3. 내·외부 모두 산정 4. 산정 無 5. 해당없음	운영예산 산정 정산방법 1. 내부정산 (지자체 내부적으로 정산) 2. 외부정산 (외부전문기관위탁 정산) 3. 내·외부 모두 산정 4. 정산 無 5. 해당없음	성과평가 실시여부 1. 실시 2. 미실시 3. 향후 추진 4. 해당없음
1637	경기 성남시	다목적복지회관 운영지원	260,351	노인복지과	4	4	1	5	1	1	1	1
1638	경기 성남시	다목적복지회관 운영지원	178,367	노인복지과	4	4	1	5	1	1	1	1
1639	경기 성남시	다목적복지회관 운영지원	134,100	노인복지과	4	4	1	3	1	1	1	1
1640	경기 성남시	다목적복지회관 운영지원	380,829	노인복지과	4	4	1	3	1	1	1	1
1641	경기 성남시	다목적복지회관 기능보강	82,374	노인복지과	4	4	7	8	7	1	1	1
1642	경기 성남시	3개구 노인회지회 전담인력 인건비	83,437	노인복지과	4	4	7	8	7	1	1	2
1643	경기 성남시	건강가정지원센터 활성화	455,933	여성가족과	4	4	1	5	1	1	3	1
1644	경기 성남시	건강가정지원센터 활성화	5,000	여성가족과	4	4	1	5	1	1	3	1
1645	경기 성남시	건강가정지원센터 활성화	5,000	여성가족과	4	4	1	5	1	1	3	1
1646	경기 성남시	건강가정지원센터 활성화	5,000	여성가족과	4	4	1	5	1	1	3	1
1647	경기 성남시	건강가정지원센터 활성화	4,500	여성가족과	4	4	1	5	1	1	3	1
1648	경기 성남시	건강가정지원센터 활성화	10,000	여성가족과	4	4	1	5	1	1	3	1
1649	경기 성남시	가족상담 전문인력	41,840	여성가족과	4	2	1	5	1	1	3	1
1650	경기 성남시	행복한 가족 프로그램	10,000	여성가족과	4	4	1	5	1	1	3	1
1651	경기 성남시	아이돌보미 사회적일자리 지원사업	27,620	여성가족과	4	2	7	5	7	1	1	1
1652	경기 성남시	아이돌보미 사회적일자리 지원사업	150,000	여성가족과	4	7	7	5	7	1	1	1
1653	경기 성남시	일·생활 균형 지원사업 운영	180,000	여성가족과	4	4	1	5	1	1	3	1
1654	경기 성남시	공동육아나눔터 지원	84,880	여성가족과	4	2	1	5	1	1	3	1
1655	경기 성남시	공동육아나눔터 지원	174,178	여성가족과	4	4	1	5	1	1	3	1
1656	경기 성남시	한부모가족 복지시설 통합관리운영비 지원	317,032	여성가족과	4	1	1	5	1	1	1	1
1657	경기 성남시	한부모가족 복지시설 운영	15,621	여성가족과	4	1	1	5	1	1	1	1
1658	경기 성남시	한부모가족 복지시설 입소자 상담치료 지원	7,496	여성가족과	4	1	1	5	1	1	1	1
1659	경기 성남시	한부모가족복지시설 아이돌봄 지원	15,066	여성가족과	4	1	1	5	1	1	1	1
1660	경기 성남시	다문화가족지원센터운영	320,351	여성가족과	4	2	5	3	7	3	3	1
1661	경기 성남시	자녀양육 및 자녀생활 등 방문교육서비스 지원	245,610	여성가족과	4	2	5	3	7	3	3	1
1662	경기 성남시	다문화가족 사례관리 지원	61,298	여성가족과	4	2	5	3	7	3	3	1
1663	경기 성남시	결혼이민자 통·번역서비스 지원	55,018	여성가족과	4	2	5	3	7	3	3	1
1664	경기 성남시	다문화가족 자녀언어발달 지원	65,620	여성가족과	4	2	5	3	7	3	3	1
1665	경기 성남시	이중언어 가족환경 조성	28,325	여성가족과	4	2	5	3	7	3	3	1
1666	경기 성남시	한국어교육 운영	24,500	여성가족과	4	2	5	3	7	3	3	1
1667	경기 성남시	찾아가는 결혼이주여성 다이음 사업	3,000	여성가족과	4	2	5	3	7	3	3	1
1668	경기 성남시	다문화신문 구독지원	18,000	여성가족과	4	4	5	3	7	3	3	1
1669	경기 성남시	다문화가족 서포터즈 운영	11,649	여성가족과	4	4	5	3	7	3	3	1
1670	경기 성남시	결혼이민자 역량강화	14,000	여성가족과	4	4	5	3	7	3	3	1
1671	경기 성남시	결혼이민자 한국어 교육	72,000	여성가족과	4	4	5	3	7	3	3	1
1672	경기 성남시	다문화가족 자녀 방문학습지 지원	14,400	여성가족과	4	4	5	3	7	3	3	1
1673	경기 성남시	중도입국자녀 한국사회 적응지원	12,000	여성가족과	4	4	5	3	7	3	3	1
1674	경기 성남시	다문화가족 동아리모임 활성화 지원	2,700	여성가족과	4	4	5	3	7	3	3	1
1675	경기 성남시	다문화가족 전문 상담실 운영	42,581	여성가족과	4	4	5	3	7	3	3	1
1676	경기 성남시	다문화가족 유대강화 사업	15,000	여성가족과	4	4	5	3	7	3	3	1
1677	경기 성남시	다문화가족 유대강화 사업	15,000	여성가족과	4	4	5	3	7	3	3	1
1678	경기 성남시	다문화가족 유대강화 사업	15,000	여성가족과	4	4	5	3	7	3	3	1

순번	시군구	지출명 (사업명)	2021년예산 (단위:천원/1년간)	담당자 (공무원) 담당부서	민간이전 분류 (지방자치단체 세출예산 집행기준에 의거) 1. 민간경상사업보조(307-02) 2. 민간단체 법정운영비보조(307-03) 3. 민간행사사업보조(307-04) 4. 민간위탁금(307-05) 5. 사회복지시설 법정운영비보조(307-10) 6. 민간인위탁교육비(307-12) 7. 공기관등에대한경상적위탁사업비(308-10) 8. 민간자본사업보조,자체재원(402-01) 9. 민간자본사업보조,이전재원(402-02) 10. 민간위탁사업비(402-03) 11. 공기관등에 대한 자본적 대행사업비(403-02)	민간이전지출 근거 (지방보조금 관리기준 참고) 1. 법률에 규정 2. 국고보조 재원(국가지정) 3. 용도 지정 기부금 4. 조례에 직접규정 5. 지자체가 권장하는 사업을 하는 공공기관 6. 시,도 정책 및 재정사정 7. 기타 8. 해당없음	입찰방식 계약체결방법 (경쟁형태) 1. 일반경쟁 2. 제한경쟁 3. 지명경쟁 4. 수의계약 5. 법정위탁 6. 기타 ( ) 7. 해당없음	입찰방식 계약기간 1. 1년 2. 2년 3. 3년 4. 4년 5. 5년 6. 기타 ( )년 7. 단기계약 (1년미만) 8. 해당없음	입찰방식 낙찰자선정방법 1. 적격심사 2. 협상에의한계약 3. 최저가낙찰제 4. 규격가격분리 5. 2단계 경쟁입찰 6. 기타 ( ) 7. 해당없음	운영예산 산정 운영예산 산정 1. 내부산정 (지자체 자체적으로 산정) 2. 외부산정 (외부전문기관위탁 산정) 3. 내·외부 모두 산정 4. 산정 無 5. 해당없음	운영예산 산정 정산방법 1. 내부정산 (지자체 내부적으로 정산) 2. 외부정산 (외부전문기관위탁 정산) 3. 내·외부 모두 산정 4. 정산 無 5. 해당없음	성과평가 실시여부 1. 실시 2. 미실시 3. 향후 추진 4. 해당없음
1679	경기 성남시	다문화가족 자조모임 활성화 지원	7,000	여성가족과	4	4	5	3	7	3	3	1
1680	경기 성남시	다문화가족자녀 정서지원 사업	24,500	여성가족과	4	4	5	3	7	3	3	1
1681	경기 성남시	외국인주민복지지원센터 운영	381,396	여성가족과	4	4	5	3	7	3	3	1
1682	경기 성남시	외국인주민 직업능력개발	50,660	여성가족과	4	4	5	3	7	1	1	1
1683	경기 성남시	외국인주민 행사지원	50,000	여성가족과	4	4	5	3	7	1	1	1
1684	경기 성남시	외국인주민 행사지원	10,000	여성가족과	4	4	5	3	7	3	3	1
1685	경기 성남시	외국인주민 의료보건지원	10,800	여성가족과	4	4	5	3	7	1	1	1
1686	경기 성남시	다문화사회 이해교육	29,000	여성가족과	4	4	5	3	7	1	1	1
1687	경기 성남시	외국인주민 상담서비스	107,105	여성가족과	4	4	5	3	7	1	1	1
1688	경기 성남시	외국인주민 한국어교육	69,760	여성가족과	4	4	5	3	7	1	1	1
1689	경기 성남시	외국인복지센터 지원	66,660	여성가족과	4	4	5	3	7	1	1	1
1690	경기 성남시	외국인복지센터 통역 지원	29,678	여성가족과	4	4	5	3	7	1	1	1
1691	경기 성남시	다함께돌봄센터 설치비 지원	140,000	아동보육과	4	2	7	8	7	1	1	4
1692	경기 성남시	다함께 돌봄 사업	800,000	아동보육과	4	4	7	8	7	1	1	4
1693	경기 성남시	아동권리증진 및 아동학대예방 프로그램 지원	75,950	아동보육과	4	1	1	5	1	1	1	4
1694	경기 성남시	정부지원어린이집 활성화 지원	620,356	아동보육과	4	7	7	8	7	5	5	4
1695	경기 성남시	정부지원어린이집 활성화 지원	122,400	아동보육과	4	7	7	8	7	5	5	4
1696	경기 성남시	정부지원어린이집 활성화 지원	564,000	아동보육과	4	7	7	8	7	5	5	4
1697	경기 성남시	정부지원어린이집 활성화 지원	51,600	아동보육과	4	7	7	8	7	5	5	4
1698	경기 성남시	국공립, 법인 교직원 인건비 지원	17,361	아동보육과	4	2	7	8	7	5	5	4
1699	경기 성남시	국공립.법인 장애반(영아,취학유예) 교사 인건비 지원	64,770	아동보육과	4	7	7	8	7	5	5	4
1700	경기 성남시	영아전담 등 교직원인건비	2,966	아동보육과	4	2	7	8	7	5	5	4
1701	경기 성남시	대체교사 인건비 지원	19,765	아동보육과	4	1	7	8	7	5	5	4
1702	경기 성남시	야간연장형어린이집 운영지원	163,160	아동보육과	4	4	7	8	7	5	5	4
1703	경기 성남시	어린이집 교재교구비 지원	37,936	아동보육과	4	2	7	8	7	5	5	4
1704	경기 성남시	육아종합지원센터운영 지원	985,866	아동보육과	4	1	7	8	7	5	5	4
1705	경기 성남시	육아종합지원센터운영 지원	147,660	아동보육과	4	1	7	8	7	5	5	4
1706	경기 성남시	육아종합지원센터운영 지원	56,661	아동보육과	4	1	7	8	7	5	5	4
1707	경기 성남시	육아종합지원센터운영 지원	244,271	아동보육과	4	1	7	8	7	5	5	4
1708	경기 성남시	아이사랑놀이터 운영 지원	26,066	아동보육과	4	1	7	8	7	5	5	4
1709	경기 성남시	육아종합지원센터 놀이지도사 배치	40,000	아동보육과	4	1	7	8	7	5	5	4
1710	경기 성남시	부모교육 공통사업	16,500	아동보육과	4	1	7	8	7	5	5	4
1711	경기 성남시	성남형어린이집 지원	220,000	아동보육과	4	1	7	8	7	5	5	4
1712	경기 성남시	아이사랑 공공 베이비시터 운영	119,760	아동보육과	4	6	7	8	7	1	1	1
1713	경기 성남시	보육환경개선비 지원	329,000	아동보육과	4	7	7	8	7	5	5	4
1714	경기 성남시	어린이집 차량운영비 지원	9,000	아동보육과	4	6	7	8	7	5	5	4
1715	경기 성남시	어린이집 차량운영비 지원	6,900	아동보육과	4	2	7	8	7	5	5	4
1716	경기 성남시	어린이집 차량운영비 지원	1,300,000	아동보육과	4	2	7	8	7	5	5	4
1717	경기 성남시	장애아전문 어린이집 특수보육 활성화 지원	2,000,000	아동보육과	4	2	7	8	7	5	5	4
1718	경기 성남시	육아종합지원센터 경기도형 보육컨설턴트 인건비 지원	62,400	아동보육과	4	2	7	8	7	5	5	4
1719	경기 성남시	성남형 교육지원단운영	1,512,000	교육청소년과	4	6	7	8	7	1	1	1
1720	경기 성남시	청소년쉼터 운영 지원	32,400	교육청소년과	4	4	4	8	7	1	1	2

순번	시군구	지출명 (사업명)	2021년예산 (단위:천원/1년간)	담당자 (공무원)	민간이전 분류 (지방자치단체 세출예산 집행기준에 의거)	민간이전지출 근거 (지방보조금 관리기준 참고)	입찰방식			운영예산 산정		성과평가 실시여부
				담당부서	1. 민간경상사업보조(307-02) 2. 민간단체 법정운영비보조(307-03) 3. 민간행사사업보조(307-04) 4. 민간위탁금(307-05) 5. 사회복지시설 법정운영비보조(307-10) 6. 민간인위탁교육비(307-12) 7. 공기관등에대한경상적위탁사업비(308-10) 8. 민간자본사업보조,자체재원(402-01) 9. 민간자본사업보조,이전재원(402-02) 10. 민간위탁사업비(402-03) 11. 공기관등에 대한 자본적 대행사업비(403-02)	1. 법률에 규정 2. 국고보조 재원(국가지정) 3. 용도 지정 기부금 4. 조례에 직접규정 5. 지자체가 권장하는 사업을 하는 공공기관 6. 시,도 정책 및 재정사정 7. 기타 8. 해당없음	계약체결방법 (경쟁형태) 1. 일반경쟁 2. 제한경쟁 3. 지명경쟁 4. 수의계약 5. 법정위탁 6. 기타 ( ) 7. 해당없음	계약기간 1. 1년 2. 2년 3. 3년 4. 4년 5. 5년 6. 기타 ( )년 7. 단기계약 (1년미만) 8. 해당없음	낙찰자선정방법 1. 적격심사 2. 협상에의한계약 3. 최저가낙찰제 4. 규격가격분리 5. 2단계 경쟁입찰 6. 기타 ( ) 7. 해당없음	운영예산 산정 1. 내부산정 (지자체 자체적으로 산정) 2. 외부산정 (외부전문기관위탁 산정) 3. 내·외부 모두 산정 4. 산정 無 5. 해당없음	정산방법 1. 내부정산 (지자체 내부적으로 정산) 2. 외부정산 (외부전문기관위탁 정산) 3. 내·외부 모두 산정 4. 정산 無 5. 해당없음	1. 실시 2. 미실시 3. 향후 추진 4. 해당없음
1721	경기 성남시	청소년쉼터 운영 지원	3,300	교육청소년과	4	2	7	7	7	1	1	1
1722	경기 성남시	청소년쉼터 운영 지원	12,000	교육청소년과	4	2	7	7	7	1	1	1
1723	경기 성남시	청소년쉼터 운영 지원	80,335	교육청소년과	4	2	7	7	7	1	1	1
1724	경기 성남시	청소년쉼터 운영 지원	15,600	교육청소년과	4	2	7	7	7	1	1	1
1725	경기 성남시	청소년쉼터 운영 지원	12,000	교육청소년과	4	2	7	7	7	1	1	1
1726	경기 성남시	청소년쉼터 운영 지원	416,453	교육청소년과	4	2	7	7	7	1	1	1
1727	경기 성남시	청소년쉼터 운영 지원	288,906	교육청소년과	4	2	7	7	7	1	1	1
1728	경기 성남시	청소년쉼터 운영 지원	469,245	교육청소년과	4	2	7	7	7	1	1	1
1729	경기 성남시	청소년쉼터 운영 지원	276,930	교육청소년과	4	2	7	7	7	1	1	1
1730	경기 성남시	청소년쉼터 운영 지원	276,930	교육청소년과	4	2	7	7	7	1	1	1
1731	경기 성남시	청소년쉼터 야간근무자 배치사업지원	167,628	교육청소년과	4	2	7	7	7	1	1	1
1732	경기 성남시	청소년 자립지원관 운영지원	274,379	교육청소년과	4	2	7	7	7	1	1	1
1733	경기 성남시	3.1만세운동기념탑 유지관리	3,600	문화예술과	4	1	1	8	1	1	1	1
1734	경기 성남시	종교문화예술활동 지원	100,000	문화예술과	4	1	7	8	7	1	1	1
1735	경기 성남시	성남문화의집 민간위탁 운영	360,685	문화예술과	4	1	1	3	1	1	1	4
1736	경기 성남시	성남서현문화의집 생활문화센터 민간위탁 운영	332,550	문화예술과	4	1	1	3	1	1	1	4
1737	경기 성남시	수내동가옥 유지 관리	35,000	문화예술과	4	1	6	1	7	1	1	2
1738	경기 성남시	성남 시티투어 운영	65,000	관광과	4	4	1	2	1	1	1	2
1739	경기 성남시	판교환경생태학습원 관리 및 교육운영 위탁금	968,716	환경정책과	4	1	1	3	1	1	1	4
1740	경기 성남시	맹산환경생태학습원 교육운영 위탁금	324,734	환경정책과	4	1	1	3	1	1	1	4
1741	경기 성남시	판교 크린넷(쓰레기 자동집하시설) 운영관리 위수탁 용역	178,389	자원순환과	4	7	1	3	2	3	1	1
1742	경기 성남시	수도권매립지 쓰레기 수송 대행비	144,000	자원순환과	4	8	4	7	2	1	1	4
1743	경기 성남시	재활용선별장	46,000	자원순환과	4	1	1	3	2	2	1	1
1744	경기 성남시	대형폐기물처리장	34,560	자원순환과	4	1	1	2	2	2	1	1
1745	경기 성남시	어린이 급식관리 지원센터 운영비	1,222,000	위생정책과	4	1	1	3	1	3	3	1
1746	경기 성남시	교통카드 단말기 카드 수수료 지원	785,174	대중교통과	4	6	7	8	7	1	1	4
1747	경기 성남시	도로명주소 기본도 현행화사업	8,491	토지정보과	4	1	5	1	2	2	2	4
1748	경기 성남시	정신재활시설 공동캠프비	1,000,000	수정구보건소 건강증진과	4	1	7	8	7	1	1	4
1749	경기 성남시	지역사회 건강조사	68,966	수정구보건소 건강증진과	4	2	7	1	7	5	1	1
1750	경기 성남시	성남시민건강박람회 행사 추진	45,000	수정구보건소 건강증진과	4	3	7	8	7	1	1	4
1751	경기 성남시	방역소독(분무소독) 민간위탁	32,620	중원구보건소 보건행정과	4	4	6	1	6	1	1	1
1752	경기 성남시	방역소독(특장차동력분무소독) 민간위탁	22,757	중원구보건소 보건행정과	4	4	6	1	6	1	1	1
1753	경기 성남시	방역소독(동절기 유충구제) 민간위탁	15,975	중원구보건소 보건행정과	4	4	6	1	6	1	1	1
1754	경기 성남시	표본감시의료기관 운영비 지원	3,360	중원구보건소 보건행정과	4	1	6	8	7	5	5	4
1755	경기 성남시	지역사회건강조사	68,966	중원구보건소 건강증진과	4	2	6	1	6	5	1	4
1756	경기 성남시	치매안심센터 운영	1,033,446	중원구보건소 건강증진과	4	2	6	3	1	3	3	1
1757	경기 성남시	정신재활시설 공동 캠프비	3,000	중원구보건소 건강증진과	4	1	7	8	7	1	1	4
1758	경기 성남시	방역	335,693	분당구보건소 보건행정과	4	4	6	1	6	1	1	1
1759	경기 성남시	지역사회 건강조사	69,024	분당구보건소 건강증진과	4	2	6	1	6	5	1	4
1760	경기 성남시	기초정신건강복지센터 지원	25,603	분당구보건소 건강증진과	4	2	2	3	1	1	1	1
1761	경기 성남시	정신건강복지센터 인력확충	535,780	분당구보건소 건강증진과	4	2	2	3	1	1	1	1
1762	경기 성남시	정신질환자 치료비 지원	77,210	분당구보건소 건강증진과	4	2	2	3	1	1	1	1

순번	시군구	지출명 (사업명)	2021년예산 (단위:천원/1년간)	담당자 (공무원) 담당부서	민간이전 분류 (지방자치단체 세출예산 집행기준에 의거) 1. 민간경상사업보조(307-02) 2. 민간단체 법정운영비보조(307-03) 3. 민간행사사업보조(307-04) 4. 민간위탁금(307-05) 5. 사회복지시설 법정운영비보조(307-10) 6. 민간인위탁교육비(307-12) 7. 공기관등에대한경상적위탁사업비(308-10) 8. 민간자본사업보조,자체재원(402-01) 9. 민간자본사업보조,이전재원(402-02) 10. 민간위탁사업비(402-03) 11. 공기관등에 대한 자본적 대행사업비(403-02)	민간이전지출 근거 (지방보조금 관리기준 참고) 1. 법률에 규정 2. 국고보조 재원(국가지정) 3. 용도 지정 기부금 4. 조례에 직접규정 5. 지자체가 권장하는 사업을 하는 공공기관 6. 시,도 정책 및 재정사정 7. 기타 8. 해당없음	입찰방식 계약체결방법 (경쟁형태) 1. 일반경쟁 2. 제한경쟁 3. 지명경쟁 4. 수의계약 5. 법정위탁 6. 기타 ( ) 7. 해당없음	입찰방식 계약기간 1. 1년 2. 2년 3. 3년 4. 4년 5. 5년 6. 기타 ( )년 7. 단기계약 (1년미만) 8. 해당없음	입찰방식 낙찰자선정방법 1. 적격심사 2. 협상에의한계약 3. 최저가낙찰제 4. 규격가격분리 5. 2단계 경쟁입찰 6. 기타 ( ) 7. 해당없음	운영예산 산정 운영예산 산정 1. 내부산정 (지자체 자체적으로 산정) 2. 외부산정 (외부전문기관위탁 산정) 3. 내·외부 모두 산정 4. 산정 無 5. 해당없음	운영예산 산정 정산방법 1. 내부정산 (지자체 내부적으로 정산) 2. 외부정산 (외부전문기관위탁 정산) 3. 내·외부 모두 산정 4. 정산 無 5. 해당없음	성과평가 실시여부 1. 실시 2. 미실시 3. 향후 추진 4. 해당없음
1763	경기 성남시	정신질환자 치료지원	319,400	분당구보건소 건강증진과	4	6	2	3	1	1	1	1
1764	경기 성남시	청년정신건강증진사업	273,680	분당구보건소 건강증진과	4	2	2	3	1	1	1	1
1765	경기 성남시	자살예방 및 정신건강증진사업	101,800	분당구보건소 건강증진과	4	2	2	3	1	1	1	1
1766	경기 성남시	생명사랑 프로젝트 전담인력 배치	120,000	분당구보건소 건강증진과	4	6	2	3	1	1	1	1
1767	경기 성남시	자살시도자 및 가족 등 치료지원	14,600	분당구보건소 건강증진과	4	6	2	3	1	1	1	1
1768	경기 성남시	노인자살예방사업	210,000	분당구보건소 건강증진과	4	6	2	3	1	1	1	1
1769	경기 성남시	기초정신건강복지센터 자살예방사업 지원	17,500	분당구보건소 건강증진과	4	2	2	3	1	1	1	1
1770	경기 성남시	아동청소년 정신건강사업	103,940	분당구보건소 건강증진과	4	2	2	3	1	1	1	1
1771	경기 성남시	아동청소년 정신건강사업	949,320	분당구보건소 건강증진과	4	2	2	3	1	1	1	1
1772	경기 성남시	중독관리통합지원센터 지원	161,688	분당구보건소 건강증진과	4	2	2	3	1	1	1	1
1773	경기 성남시	정신재활시설 공동캠프 지원	1,000,000	분당구보건소 건강증진과	4	6	7	8	7	1	1	1
1774	경기 성남시	중앙공원 야외공연장 운영경비	816,257	공원과	4	4	5	5	2	1	1	1
1775	경기 성남시	사립 작은도서관 운영비품 지원	65,240	도서관지원과	4	4	7	8	7	1	1	1
1776	경기 성남시	성남시 장례식장 운영	317,966	영생관리사업소	4	4	4	3	6	1	1	3
1777	경기 성남시	경로당운영 활성화 사업	90,000	수정구 사회복지과	4	4	1	3	1	1	1	1
1778	경기 성남시	경로당운영 활성화 사업	16,000	수정구 사회복지과	4	4	6	8	7	1	1	1
1779	경기 성남시	내집주차장 조성 보조금	5,100	수정구 경제교통과	4	4	7	8	7	1	1	1
1780	경기 성남시	청내 보육시설 운영	251,122	중원구 행정지원과	4	4	7	8	7	5	1	4
1781	경기 성남시	경로당 운영비 지원	558,000	중원구 사회복지과	4	1	7	8	7	1	1	4
1782	경기 성남시	경로당운영 활성화 사업	90,000	중원구 사회복지과	4	4	7	8	7	1	1	1
1783	경기 성남시	내집주차장 조성 보조금 지원	3,400	중원구 경제교통과	4	4	1	3	1	1	1	1
1784	경기 성남시	지역청소 대행 용역비	17,491	중원구 환경위생과	4	4	7	8	7	1	1	4
1785	경기 성남시	하대원동 끼 콩쿠르의 밤 행사	10,000	하대원동	4	4	4	1	7	2	1	1
1786	경기 성남시	경로당 운영 지원	1,298,000	분당구 사회복지과	4	7	7	8	7	1	1	3
1787	경기 성남시	경로당운영 활성화 사업	225,000	분당구 사회복지과	4	4	7	8	7	1	1	1
1788	경기 성남시	야생동물 부상치료 위탁대행비	3,500	분당구 환경자원과	4	4	1	3	1	1	1	1
1789	경기 성남시	수집운반 대행 용역비	22,836	분당구 환경자원과	4	1	5	8	7	1	1	4
1790	경기 의정부시	의정부영상미디어센터 운영비	806,859	홍보과	4	1	4	1	7	2	1	4
1791	경기 의정부시	직장어린이집 운영비 보조	632,154	자치행정과	4	4	6	3	2	1	1	1
1792	경기 의정부시	직장어린이집 운영비 보조	516,077	자치행정과	4	1	7	5	7	1	1	4
1793	경기 의정부시	이동도서관 차량운영비	20,312	자치행정과	4	1	7	8	7	5	5	4
1794	경기 의정부시	이동도서관 도서구입비	20,000	자치행정과	4	4	7	8	7	1	1	4
1795	경기 의정부시	이동도서관 인건비	326,137	자치행정과	4	4	7	8	7	1	1	4
1796	경기 의정부시	이동도서관 관리비	37,621	자치행정과	4	4	7	8	7	1	1	4
1797	경기 의정부시	사)의정부시자원봉사센터 인건비	546,367	자치행정과	4	4	7	8	7	1	1	4
1798	경기 의정부시	사)의정부시자원봉사센터 운영비	134,832	자치행정과	4	1	7	8	7	1	1	1
1799	경기 의정부시	사)의정부시자원봉사센터 행사운영비	213,500	자치행정과	4	1	7	8	7	1	1	1
1800	경기 의정부시	전국통합자원봉사보험 가입서비스 지원	22,358	자치행정과	4	1	7	8	7	1	1	1
1801	경기 의정부시	자원봉사 코디네이터 지원·육성	59,076	자치행정과	4	1	7	8	7	1	1	1
1802	경기 의정부시	노동복지회관 위탁관리비	143,195	일자리정책과	4	1	7	8	7	1	1	1
1803	경기 의정부시	청년일자리 플랫폼 구축 사업	400,000	일자리정책과	4	4	1	5	1	1	1	4
1804	경기 의정부시	1인창조기업중장년기술창업센터 기관부담금	150,000	지역경제과	4	4	4	1	1	1	1	3

순번	시군구	지출명 (사업명)	2021년예산 (단위:천원/1년간)	담당자 (공무원)	민간이전 분류 (지방자치단체 세출예산 집행기준에 의거)	민간이전지출 근거 (지방보조금 관리기준 참고)	입찰방식			운영예산 산정		성과평가 실시여부
				담당부서	1. 민간경상사업보조(307-02) 2. 민간단체 법정운영비보조(307-03) 3. 민간행사사업보조(307-04) 4. 민간위탁금(307-05) 5. 사회복지시설 법정운영비보조(307-10) 6. 민간인위탁교육비(307-12) 7. 공기관등에대한경상적위탁사업비(308-10) 8. 민간자본사업보조,자체재원(402-01) 9. 민간자본사업보조,이전재원(402-02) 10. 민간위탁사업비(402-03) 11. 공기관등에 대한 자본적 대행사업비(403-02)	1. 법률에 규정 2. 국고보조 재원(국가지정) 3. 용도 지정 기부금 4. 조례에 직접규정 5. 지자체가 권장하는 사업을 하는 공공기관 6. 시,도 정책 및 재정사정 7. 기타 8. 해당없음	계약체결방법 (경쟁형태) 1. 일반경쟁 2. 제한경쟁 3. 지명경쟁 4. 수의계약 5. 법정위탁 6. 기타 ( ) 7. 해당없음	계약기간 1. 1년 2. 2년 3. 3년 4. 4년 5. 5년 6. 기타 ( )년 7. 단기계약 (1년미만) 8. 해당없음	낙찰자선정방법 1. 적격심사 2. 협상에의한계약 3. 최저가낙찰제 4. 규격가격분리 5. 2단계 경쟁입찰 6. 기타 ( ) 7. 해당없음	운영예산 산정 1. 내부산정 (지자체 자체적으로 산정) 2. 외부산정 (외부전문기관위탁 산정) 3. 내·외부 모두 산정 4. 산정 無 5. 해당없음	정산방법 1. 내부정산 (지자체 내부적으로 정산) 2. 외부정산 (외부전문기관위탁 정산) 3. 내·외부 모두 산정 4. 정산 無 5. 해당없음	1. 실시 2. 미실시 3. 향후 추진 4. 해당없음
1805	경기 의정부시	의정부시 중소기업지원센터 위탁운영비	208,117	지역경제과	4	4	1	5	2	2	1	3
1806	경기 의정부시	유실유기동물 구조보호관리	54,000	도시농업과	4	1	1	2	1	1	1	1
1807	경기 의정부시	길고양이 중성화 지원	120,000	도시농업과	4	1	1	2	1	1	1	1
1808	경기 의정부시	동물보호소 환경개선	4,500	도시농업과	4	6	7	8	7	4	1	4
1809	경기 의정부시	유실유기동물 입양비 지원	1,500,000	도시농업과	4	6	7	8	7	1	1	4
1810	경기 의정부시	유실유기동물 구조보호비 지원	700,000	도시농업과	4	6	7	8	7	4	1	4
1811	경기 의정부시	박스 포장재 지원	2,250	도시농업과	4	1	4	7	1	1	1	3
1812	경기 의정부시	종합사회복지관 운영 지원	20,610	복지정책과	4	1	7	5	7	5	1	4
1813	경기 의정부시	종합사회복지관 운영 지원	20,610	복지정책과	4	1	7	5	7	5	1	4
1814	경기 의정부시	노숙인 보호 및 지원	45,100	복지정책과	4	2	7	8	7	5	5	4
1815	경기 의정부시	노숙인 종합지원센터 운영	484,479	복지정책과	4	2	7	8	7	5	5	4
1816	경기 의정부시	노숙인 일시보호 사업 운영	69,996	복지정책과	4	2	7	8	7	5	5	4
1817	경기 의정부시	노숙인 프로그램 지원 사업	62,805	복지정책과	4	2	7	8	7	5	5	4
1818	경기 의정부시	노숙인 임시주거 지원사업	13,000	복지정책과	4	2	7	8	7	5	5	4
1819	경기 의정부시	행려인 귀향여비	600,000	복지정책과	4	2	7	8	7	5	5	4
1820	경기 의정부시	노인종합복지관 운영	15,600	노인장애인과	4	6	5	5	1	1	1	4
1821	경기 의정부시	노인종합복지관 운영	462,566	노인장애인과	4	6	5	5	1	1	1	4
1822	경기 의정부시	장애인종합복지관 운영	70,000	노인장애인과	4	1	5	5	1	1	1	1
1823	경기 의정부시	장애인종합복지관 운영	1,779,000	노인장애인과	4	1	5	5	1	1	1	1
1824	경기 의정부시	장애인주간보호시설 운영 지원	736,360	노인장애인과	4	1	5	5	1	1	1	1
1825	경기 의정부시	장애인 단기거주시설 운영	235,412	노인장애인과	4	1	5	5	1	1	1	1
1826	경기 의정부시	장애인공동생활가정 운영	135,102	노인장애인과	4	1	5	5	1	1	1	1
1827	경기 의정부시	장애인가족지원센터 운영지원	150,000	노인장애인과	4	4	5	3	1	1	1	1
1828	경기 의정부시	성폭력피해자 보호시설 운영	172,668	여성가족과	4	1	5	5	7	1	1	4
1829	경기 의정부시	성폭력피해자 보호시설 운영	9,000	여성가족과	4	1	5	5	7	1	1	4
1830	경기 의정부시	건강가정지원센터 운영지원	210,400	여성가족과	4	1	1	3	1	1	1	1
1831	경기 의정부시	건강가정 및 다문화가족지원센터 운영	240,700	여성가족과	4	1	1	3	1	1	1	1
1832	경기 의정부시	다문화가족 고국방문사업	10,000	여성가족과	4	7	4	8	7	1	1	1
1833	경기 의정부시	다문화가족 육아정보나눔터 운영	20,500	여성가족과	4	7	4	8	7	1	1	1
1834	경기 의정부시	다문화가족 자녀 방문학습지 지원	8,140	여성가족과	4	6	7	8	7	5	5	4
1835	경기 의정부시	다문화신문 구독 지원	12,600	여성가족과	4	6	1	1	1	1	1	1
1836	경기 의정부시	외국인주민 한국어교육	12,500	여성가족과	4	6	4	8	7	1	1	1
1837	경기 의정부시	세계인이 함께하는 하하 페스티벌	30,000	여성가족과	4	6	4	8	7	1	1	1
1838	경기 의정부시	다함께돌봄센터 인건비 지원	172,380	여성가족과	4	1	1	5	1	1	1	1
1839	경기 의정부시	다함께돌봄센터 운영비 지원	11,700	여성가족과	4	1	1	5	1	1	1	1
1840	경기 의정부시	다함께돌봄센터 운영비 지원	43,200	여성가족과	4	1	1	5	1	1	1	1
1841	경기 의정부시	다함께돌봄센터 돌봄인력 지원	39,852	여성가족과	4	1	1	5	1	1	1	1
1842	경기 의정부시	아동돌봄 프로그램 지원	7,200	여성가족과	4	1	1	5	1	1	1	1
1843	경기 의정부시	육아종합지원센터 운영	884,059	보육과	4	1	1	5	1	1	1	4
1844	경기 의정부시	어린이집 특별활동 온라인 강사 양성 지원	5,000	보육과	4	6	7	8	7	5	5	4
1845	경기 의정부시	공립어린이집 확충 기자재비	60,000	보육과	4	2	7	8	7	1	1	4
1846	경기 의정부시	공립어린이집 확충 기자재비	40,000	보육과	4	6	7	8	7	1	1	4

순번	시군구	지출명 (사업명)	2021년예산 (단위:천원/1년간)	담당자 (공무원)	민간이전 분류 (지방자치단체 세출예산 집행기준에 의거)	민간이전지출 근거 (지방보조금 관리기준 참고)	입찰방식			운영예산 산정		성과평가 실시여부
				담당부서	1. 민간경상사업보조(307-02) 2. 민간단체 법정운영비보조(307-03) 3. 민간행사사업보조(307-04) 4. 민간위탁금(307-05) 5. 사회복지시설 법정운영비보조(307-10) 6. 민간인위탁교육비(307-12) 7. 공기관등에대한경상적위탁사업비(308-10) 8. 민간자본사업보조,자체재원(402-01) 9. 민간자본사업보조,이전재원(402-02) 10. 민간위탁사업비(402-03) 11. 공기관등에 대한 자본적 대행사업비(403-02)	1. 법률에 규정 2. 국고보조 재원(국가지정) 3. 용도 지정 기부금 4. 조례에 직접규정 5. 지자체가 권장하는 사업을 하는 공공기관 6. 시,도 정책 및 재정사정 7. 기타 8. 해당없음	계약체결방법 (경쟁형태) 1. 일반경쟁 2. 제한경쟁 3. 지명경쟁 4. 수의계약 5. 법정위탁 6. 기타 ( ) 7. 해당없음	계약기간 1. 1년 2. 2년 3. 3년 4. 4년 5. 5년 6. 기타 ( )년 7. 단기계약 (1년미만) 8. 해당없음	낙찰자선정방법 1. 적격심사 2. 협상에의한계약 3. 최저가낙찰제 4. 규격가격분리 5. 2단계 경쟁입찰 6. 기타 ( ) 7. 해당없음	운영예산 산정 1. 내부산정 (지자체 자체적으로 산정) 2. 외부산정 (외부전문기관위탁 산정) 3. 내·외부 모두 산정 4. 산정 無 5. 해당없음	정산방법 1. 내부정산 (지자체 내부적으로 정산) 2. 외부정산 (외부전문기관위탁 정산) 3. 내·외부 모두 산정 4. 정산 無 5. 해당없음	1. 실시 2. 미실시 3. 향후 추진 4. 해당없음
1847	경기 의정부시	공립어린이집 개원준비금	6,000	보육과	4	6	7	8	7	1	1	4
1848	경기 의정부시	경기도형 보육컨설팅 운영	60,480	보육과	4	6	5	8	7	1	1	3
1849	경기 의정부시	의정부시 상설야외무대 위탁운영	84,468	문화관광과	4	4	5	2	2	1	1	3
1850	경기 의정부시	시민참여형 문화자원 발굴사업	70,000	문화관광과	4	4	7	8	7	5	5	4
1851	경기 의정부시	의정부시 도시역사문화 자원 아카이브 구축	100,000	문화관광과	4	4	7	8	7	5	5	4
1852	경기 의정부시	표준모자보건수첩 제작	2,952	건강증진과	4	2	7	8	7	2	3	4
1853	경기 의정부시	청소년산모 임신출산 의료비 지원	7,900	건강증진과	4	2	7	8	7	2	3	4
1854	경기 의정부시	저소득층 기저귀, 조제분유 지원	430,000	건강증진과	4	2	7	8	7	2	3	4
1855	경기 의정부시	자살예방센터 지원	330,000	동부보건과	4	1	1	3	1	5	1	1
1856	경기 의정부시	기초정신건강복지센터 지원	687,422	동부보건과	4	1	1	3	1	5	1	1
1857	경기 의정부시	기초정신건강복지센터 지원	43,560	동부보건과	4	1	1	3	1	5	1	1
1858	경기 의정부시	기초정신건강복지센터 인력확충	472,212	동부보건과	4	1	1	3	1	5	1	1
1859	경기 의정부시	아동 청소년 정신보건사업	52,294	동부보건과	4	1	1	3	1	5	1	1
1860	경기 의정부시	자살예방 및 정신건강증진사업	40,720	동부보건과	4	1	1	3	1	5	1	1
1861	경기 의정부시	정신질환자 치료비 지원	72,336	동부보건과	4	1	1	3	1	5	1	1
1862	경기 의정부시	정신질환자 치료비 지원	112,860	동부보건과	4	1	1	3	1	5	1	1
1863	경기 의정부시	생명사랑 전담인력 배치	40,000	동부보건과	4	1	1	3	1	5	1	1
1864	경기 의정부시	생명사랑 치료비 지원	10,300	동부보건과	4	1	1	3	1	5	1	1
1865	경기 의정부시	노인자살예방사업	70,000	동부보건과	4	1	1	3	1	5	1	1
1866	경기 의정부시	자살예방시스템 확충	134,000	동부보건과	4	1	1	3	1	5	1	1
1867	경기 의정부시	중독관리통합지원센터 운영	163,022	동부보건과	4	1	1	5	1	5	1	1
1868	경기 의정부시	중독관리통합지원센터 운영	168,812	동부보건과	4	1	1	5	1	5	1	1
1869	경기 의정부시	통합정신건강증진사업	156,800	동부보건과	4	1	1	3	1	5	1	1
1870	경기 의정부시	기초정신건강복지센터 자살예방사업 지원	35,320	동부보건과	4	1	1	3	1	5	1	1
1871	경기 의정부시	노숙자등 중독자사례관리	100,000	동부보건과	4	1	1	3	1	5	1	1
1872	경기 의정부시	(사)의정부시 어린이식생활안전관리센터 운영	50,000	위생과	4	4	6	8	7	1	1	2
1873	경기 의정부시	물놀이장 위탁관리	109,787	하수시설운영과	4	1	1	3	4	2	4	1
1874	경기 의정부시	장암 제2,3 공공하수처리시설	47,987	하수시설운영과	4	1	1	3	4	2	4	1
1875	경기 의정부시	낙양물사랑 공공하수처리시설	14,591	하수시설운영과	4	1	1	3	4	2	4	1
1876	경기 의정부시	생활폐기물 수집운반 및 이면도로 청소대행 사업	28,046	자원순환과	4	1	4	1	2	2	1	1
1877	경기 의정부시	생활폐기물 수집운반 및 이면도로 청소대행 사업	28,046	자원순환과	4	1	7	8	7	5	1	4
1878	경기 의정부시	대형폐기물 가연성 잔재물 위탁처리	1,053,000	자원순환과	4	1	7	8	7	5	5	4
1879	경기 의정부시	노면청소 폐기물(폐토사) 위탁처리	17,500	자원순환과	4	1	4	7	7	1	4	2
1880	경기 의정부시	폐목재류 위탁처리	440,000	자원순환과	4	1	1	1	3	1	4	2
1881	경기 의정부시	동물사체(로드킬) 위탁처리	77,000	자원순환과	4	1	1	1	3	1	4	2
1882	경기 의정부시	미세먼지 제거용 살수차 임차 용역 지원 사업	100,000	자원순환과	4	2	1	7	7	1	4	2
1883	경기 의정부시	환경자원센터 재활용선별장 위탁운영 사업	31,000	자원순환과	4	1	1	3	1	2	1	1
1884	경기 의정부시	음식물류폐기물자원화시설 위탁운영 사업	35,000	자원순환과	4	1	1	3	1	2	1	1
1885	경기 의정부시	자원회수시설 민간위탁 사업	7,500	자원순환과	4	4	4	3	1	2	1	1
1886	경기 의정부시	수목진료 민간컨설팅 사업	3,750	녹지산림과	4	1	5	7	7	1	1	4
1887	경기 의정부시	불법 노점상(노상적치물) 정비 및 불법 광고물 관리 용역	467,121	허가안전과(흥선)	4	4	2	1	1	1	1	4
1888	경기 의정부시	불법노점상 및 노상적치물 정비 사후관리 용역	193,952	허가안전과(호원)	4	4	7	8	7	5	5	4

순번	시군구	지출명 (사업명)	2021년예산 (단위:천원/1년간)	담당자 (공무원)	민간이전 분류 (지방자치단체 세출예산 집행기준에 의거)	민간이전지출 근거 (지방보조금 관리기준 참고)	입찰방식			운영예산 산정		성과평가 실시여부
				담당부서	1. 민간경상사업보조(307-02) 2. 민간단체 법정운영비보조(307-03) 3. 민간행사사업보조(307-04) 4. 민간위탁금(307-05) 5. 사회복지시설 법정운영비보조(307-10) 6. 민간인위탁교육비(307-12) 7. 공기관등에대한경상적위탁사업비(308-10) 8. 민간자본사업보조,자체재원(402-01) 9. 민간자본사업보조,이전재원(402-02) 10. 민간위탁사업비(402-03) 11. 공기관등에 대한 자본적 대행사업비(403-02)	1. 법률에 규정 2. 국고보조 재원(국가지정) 3. 용도 지정 기부금 4. 조례에 직접규정 5. 지자체가 권장하는 사업을 하는 공공기관 6. 시,도 정책 및 재정사정 7. 기타 8. 해당없음	계약체결방법 (경쟁형태) 1. 일반경쟁 2. 제한경쟁 3. 지명경쟁 4. 수의계약 5. 법정위탁 6. 기타 ( ) 7. 해당없음	계약기간 1. 1년 2. 2년 3. 3년 4. 4년 5. 5년 6. 기타 ( )년 7. 단기계약 (1년미만) 8. 해당없음	낙찰자선정방법 1. 적격심사 2. 협상에의한계약 3. 최저가낙찰제 4. 규격가격분리 5. 2단계 경쟁입찰 6. 기타 ( ) 7. 해당없음	운영예산 산정 1. 내부산정 (지자체 자체적으로 산정) 2. 외부산정 (외부전문기관위탁 산정) 3. 내·외부 모두 산정 4. 산정 無 5. 해당없음	정산방법 1. 내부정산 (지자체 내부적으로 정산) 2. 외부정산 (외부전문기관위탁 정산) 3. 내·외부 모두 산정 4. 정산 無 5. 해당없음	1. 실시 2. 미실시 3. 향후 추진 4. 해당없음
1889	경기 의정부시	불법노점상(적치물) 정비 사후관리용역	126,853	허가안전과(신곡)	4	4	7	8	7	5	5	4
1890	경기 의정부시	불법노점상 및 노상적치물 정비 사후관리 용역	203,000	허가안전과(송산)	4	4	7	8	7	5	5	4
1891	경기 안양시	청년공간(범계역 청년출구) 운영	103,240	청년정책관	4	8	7	8	7	5	5	4
1892	경기 안양시	직업상담사 인건비	1,341,000	일자리정책과	4	8	7	8	7	5	5	4
1893	경기 안양시	취업지원프로그램 운영	150,000	일자리정책과	4	8	7	8	7	5	5	4
1894	경기 안양시	사회공헌활동 민간위탁비	264,709	일자리정책과	4	8	7	8	7	5	5	4
1895	경기 안양시	지원센터 상담사 인건비	168,705	일자리정책과	4	8	7	8	7	5	5	4
1896	경기 안양시	프로그램 운영비	100,000	일자리정책과	4	8	7	8	7	5	5	4
1897	경기 안양시	노동복지회관 운영비	93,782	기업경제과	4	8	7	8	7	5	5	4
1898	경기 안양시	안양역 지하쇼핑몰 에스컬레이터 유지보수	10,000	회계과	4	8	7	8	7	5	5	4
1899	경기 안양시	안양시청어린이집 운영	565,200	총무과	4	8	7	8	7	5	5	4
1900	경기 안양시	만안구청어린이집 운영	312,200	총무과	4	8	7	8	7	5	5	4
1901	경기 안양시	자유센터 위탁운영비	71,404	자치행정과	4	8	7	8	7	5	5	4
1902	경기 안양시	새마을이동도서관 위탁운영비	226,876	자치행정과	4	8	7	8	7	5	5	4
1903	경기 안양시	자원봉사센터 운영	1,217,000	자치행정과	4	8	7	8	7	5	5	4
1904	경기 안양시	자원봉사 코디네이터 지원·육성	59,076	자치행정과	4	8	7	8	7	5	5	4
1905	경기 안양시	전국 통합 자원봉사보험 가입 서비스 지원	33,490	자치행정과	4	8	7	8	7	5	5	4
1906	경기 안양시	호계실내게이트볼장 운영	5,100	체육과	4	8	7	8	7	5	5	4
1907	경기 안양시	지역체육운영단체 지원	1,063,380	체육과	4	8	7	8	7	5	5	4
1908	경기 안양시	지역체육운영단체 지원	148,600	체육과	4	8	7	8	7	5	5	4
1909	경기 안양시	사회초년생(청년) 작은방 운영 지원	15,000	복지정책과	4	8	7	8	7	5	5	4
1910	경기 안양시	종합사회복지관 운영 지원	27,491	복지정책과	4	8	7	8	7	5	5	4
1911	경기 안양시	종합사회복지관 청년구직자 직장체험	59,944	복지정책과	4	8	7	8	7	5	5	4
1912	경기 안양시	무한돌봄 네트워크 운영지원	206,000	복지정책과	4	8	7	8	7	5	5	4
1913	경기 안양시	종합사회복지관 기능보강	95,600	복지정책과	4	8	7	8	7	5	5	4
1914	경기 안양시	자활근로사업	24,691	복지정책과	4	8	7	8	7	5	5	4
1915	경기 안양시	아동보호전문기관 운영	524,678	복지정책과	4	8	7	8	7	5	5	4
1916	경기 안양시	아동보호전문기관 종사자 시간외근무수당 지원	28,522	복지정책과	4	8	7	8	7	5	5	4
1917	경기 안양시	다함께 돌봄센터 인건비 지원	172,380	복지정책과	4	8	7	8	7	5	5	4
1918	경기 안양시	다함께 돌봄센터 운영비 지원	11,700	복지정책과	4	8	7	8	7	5	5	4
1919	경기 안양시	다함께돌봄센터 추가 운영비 지원	20,000	복지정책과	4	8	7	8	7	5	5	4
1920	경기 안양시	아동돌봄 프로그램 지원	2,400	복지정책과	4	8	7	8	7	5	5	4
1921	경기 안양시	노인종합복지관 운영	1,157,000	노인복지과	4	8	7	8	7	5	5	4
1922	경기 안양시	건강보듬터 운영	40,744	노인복지과	4	8	7	8	7	5	5	4
1923	경기 안양시	노인상담사업	77,748	노인복지과	4	8	7	8	7	5	5	4
1924	경기 안양시	노인일자리 및 사회활동 지원	9,320	노인복지과	4	8	7	8	7	5	5	4
1925	경기 안양시	수행기관 전담인력 인건비	737,945	노인복지과	4	8	7	8	7	5	5	4
1926	경기 안양시	노인일자리사업	389,564	노인복지과	4	8	7	8	7	5	5	4
1927	경기 안양시	노인일자리 수행기관 부대경비 지원	9,000	노인복지과	4	8	7	8	7	5	5	4
1928	경기 안양시	노인일자리 창출 지원	30,000	노인복지과	4	8	7	8	7	5	5	4
1929	경기 안양시	실버인력뱅크 지원	97,300	노인복지과	4	8	7	8	7	5	5	4
1930	경기 안양시	시니어클럽 지원	344,000	노인복지과	4	8	7	8	7	5	5	4

순번	시군구	지출명 (사업명)	2021년예산 (단위:천원/1년간)	담당자 (공무원)	민간이전 분류 (지방자치단체 세출예산 집행기준에 의거)	민간이전지출 근거 (지방보조금 관리기준 참고)	입찰방식			운영예산 산정		성과평가 실시여부
				담당부서	1. 민간경상사업보조(307-02) 2. 민간단체 법정운영비보조(307-03) 3. 민간행사사업보조(307-04) 4. 민간위탁금(307-05) 5. 사회복지시설 법정운영비보조(307-10) 6. 민간인위탁교육비(307-12) 7. 공기관등에대한경상적위탁사업비(308-10) 8. 민간자본사업보조,자체재원(402-01) 9. 민간자본사업보조,이전재원(402-02) 10. 민간위탁사업비(402-03) 11. 공기관등에 대한 자본적 대행사업비(403-02)	1. 법률에 규정 2. 국고보조 재원(국가지정) 3. 용도 지정 기부금 4. 조례에 직접규정 5. 지자체가 권장하는 사업을 하는 공공기관 6. 시,도 정책 및 재정사정 7. 기타 8. 해당없음	계약체결방법 (경쟁형태) 1. 일반경쟁 2. 제한경쟁 3. 지명경쟁 4. 수의계약 5. 법정위탁 6. 기타 ( ) 7. 해당없음	계약기간 1. 1년 2. 2년 3. 3년 4. 4년 5. 5년 6. 기타 ( )년 7. 단기계약 (1년미만) 8. 해당없음	낙찰자선정방법 1. 적격심사 2. 협상에의한계약 3. 최저가낙찰제 4. 규격가격분리 5. 2단계 경쟁입찰 6. 기타 ( ) 7. 해당없음	운영예산 산정 1. 내부산정 (지자체 자체적으로 산정) 2. 외부산정 (외부전문기관위탁 산정) 3. 내·외부 모두 산정 4. 산정 無 5. 해당없음	정산방법 1. 내부정산 (지자체 내부적으로 정산) 2. 외부정산 (외부전문기관위탁 정산) 3. 내·외부 모두 산정 4. 정산 無 5. 해당없음	1. 실시 2. 미실시 3. 향후 추진 4. 해당없음
1931	경기 안양시	카네이션하우스 운영	10,000	노인복지과	4	8	7	8	7	5	5	4
1932	경기 안양시	장애인지원센터 운영비	102,848	장애인복지과	4	8	7	8	7	5	5	4
1933	경기 안양시	장애인보조기기수리센터 운영	147,094	장애인복지과	4	8	7	8	7	5	5	4
1934	경기 안양시	장애인전용 셔틀버스 운영	292,558	장애인복지과	4	8	7	8	7	5	5	4
1935	경기 안양시	발달장애인 생활일자리 확대	408,000	장애인복지과	4	8	7	8	7	5	5	4
1936	경기 안양시	장애인일자리 지원	623,382	장애인복지과	4	8	7	8	7	5	5	4
1937	경기 안양시	장애인복지일자리 직무지도원 파견	106,533	장애인복지과	4	8	7	8	7	5	5	4
1938	경기 안양시	발달장애인 요양보호사 보조일자리	49,911	장애인복지과	4	8	7	8	7	5	5	4
1939	경기 안양시	장애인 맞춤형도우미 운영	250,000	장애인복지과	4	8	7	8	7	5	5	4
1940	경기 안양시	장애아동 특수치료사 지원	245,784	장애인복지과	4	8	7	8	7	5	5	4
1941	경기 안양시	장애인종합복지관 운영	50,778	장애인복지과	4	8	7	8	7	5	5	4
1942	경기 안양시	장애인종합복지관 기능보강	197,622	장애인복지과	4	8	7	8	7	5	5	4
1943	경기 안양시	장애인주간보호시설 운영	1,046,320	장애인복지과	4	8	7	8	7	5	5	4
1944	경기 안양시	장애인주간보호시설 기능보강	21,989	장애인복지과	4	8	7	8	7	5	5	4
1945	경기 안양시	수리장애인단기보호시설 운영	521,158	장애인복지과	4	8	7	8	7	5	5	4
1946	경기 안양시	장애인공동생활가정 운영	63,048	장애인복지과	4	8	7	8	7	5	5	4
1947	경기 안양시	장애인공동생활가정 운영	180,579	장애인복지과	4	8	7	8	7	5	5	4
1948	경기 안양시	장애인직업재활시설 기능보강	4,000	장애인복지과	4	8	7	8	7	5	5	4
1949	경기 안양시	장애인복지시설 운영 지원	157,842	장애인복지과	4	8	7	8	7	5	5	4
1950	경기 안양시	장애인복지시설 입소자 지원	45,120	장애인복지과	4	8	7	8	7	5	5	4
1951	경기 안양시	건강가정지원센터 운영 지원	470,743	여성가족과	4	8	7	8	7	5	5	4
1952	경기 안양시	건강가정·다문화가족지원센터 통합서비스	278,987	여성가족과	4	8	7	8	7	5	5	4
1953	경기 안양시	공동육아나눔터 운영	57,108	여성가족과	4	8	7	8	7	5	5	4
1954	경기 안양시	경기육아나눔터 운영	18,480	여성가족과	4	8	7	8	7	5	5	4
1955	경기 안양시	행복한 가족 프로그램	10,000	여성가족과	4	8	7	8	7	5	5	4
1956	경기 안양시	아이돌보미 독감예방접종비	6,175	여성가족과	4	8	7	8	7	5	5	4
1957	경기 안양시	다문화가족 지원 프로그램 운영	35,000	여성가족과	4	8	7	8	7	5	5	4
1958	경기 안양시	다문화가족 특성화사업	454,189	여성가족과	4	8	7	8	7	5	5	4
1959	경기 안양시	결혼이민자 역량강화지원	25,000	여성가족과	4	8	7	8	7	5	5	4
1960	경기 안양시	결혼이민자 한국어 교육	18,211	여성가족과	4	8	7	8	7	5	5	4
1961	경기 안양시	다문화신문 구독 지원	6,120	여성가족과	4	8	7	8	7	5	5	4
1962	경기 안양시	결혼이민자 취업교육 지원	12,900	여성가족과	4	8	7	8	7	5	5	4
1963	경기 안양시	다문화가족 서포터즈 운영	7,060	여성가족과	4	8	7	8	7	5	5	4
1964	경기 안양시	다문화가족 동아리모임 활성화 지원	3,000	여성가족과	4	8	7	8	7	5	5	4
1965	경기 안양시	다문화 아동 이중언어 교육 지원	15,100	여성가족과	4	8	7	8	7	5	5	4
1966	경기 안양시	지역주민 인식개선을 위한 문화다양성 이해교육	11,667	여성가족과	4	8	7	8	7	5	5	4
1967	경기 안양시	내외국인이 참여하는 문화 소통 프로그램 지원	25,000	여성가족과	4	8	7	8	7	5	5	4
1968	경기 안양시	대체교사 인건비	966,198	여성가족과	4	8	7	8	7	5	5	4
1969	경기 안양시	육아종합지원센터 운영비	465,410	여성가족과	4	8	7	8	7	5	5	4
1970	경기 안양시	우수보육프로그램 운영	60,000	여성가족과	4	8	7	8	7	5	5	4
1971	경기 안양시	바른인성·열린보육 맞춤프로젝트 운영	139,000	여성가족과	4	8	7	8	7	5	5	4
1972	경기 안양시	육아종합지원센터 치료사 배치	53,572	여성가족과	4	8	7	8	7	5	5	4

순번	시군구	지출명 (사업명)	2021년예산 (단위:천원/1년간)	담당자 (공무원) 담당부서	민간이전 분류 (지방자치단체 세출예산 집행기준에 의거) 1. 민간경상사업보조(307-02) 2. 민간단체 법정운영비보조(307-03) 3. 민간행사사업보조(307-04) 4. 민간위탁금(307-05) 5. 사회복지시설 법정운영비보조(307-10) 6. 민간인위탁교육비(307-12) 7. 공기관등에대한경상적위탁사업비(308-10) 8. 민간자본사업보조,자체재원(402-01) 9. 민간자본사업보조,이전재원(402-02) 10. 민간위탁사업비(402-03) 11. 공기관등에 대한 자본적 대행사업비(403-02)	민간이전지출 근거 (지방보조금 관리기준 참고) 1. 법률에 규정 2. 국고보조 재원(국가지정) 3. 용도 지정 기부금 4. 조례에 직접규정 5. 지자체가 권장하는 사업을 하는 공공기관 6. 시,도 정책 및 재정사정 7. 기타 8. 해당없음	입찰방식 계약체결방법 (경쟁형태) 1. 일반경쟁 2. 제한경쟁 3. 지명경쟁 4. 수의계약 5. 법정위탁 6. 기타 ( ) 7. 해당없음	입찰방식 계약기간 1. 1년 2. 2년 3. 3년 4. 4년 5. 5년 6. 기타 ( )년 7. 단기계약 (1년미만) 8. 해당없음	입찰방식 낙찰자선정방법 1. 적격심사 2. 협상에의한계약 3. 최저가낙찰제 4. 규격가격분리 5. 2단계 경쟁입찰 6. 기타 ( ) 7. 해당없음	운영예산 산정 운영예산 산정 1. 내부산정 (지자체 자체적으로 산정) 2. 외부산정 (외부전문기관위탁 산정) 3. 내·외부 모두 산정 4. 산정 無 5. 해당없음	운영예산 산정 정산방법 1. 내부정산 (지자체 내부적으로 정산) 2. 외부정산 (외부전문기관위탁 정산) 3. 내·외부 모두 산정 4. 정산 無 5. 해당없음	성과평가 실시여부 1. 실시 2. 미실시 3. 향후 추진 4. 해당없음
1973	경기 안양시	육아종합지원센터 부모교육	34,000	여성가족과	4	8	7	8	7	5	5	4
1974	경기 안양시	육아종합지원센터 상담지원인력 배치	90,000	여성가족과	4	8	7	8	7	5	5	4
1975	경기 안양시	아이사랑놀이터·장난감나라 운영비	321,890	여성가족과	4	8	7	8	7	5	5	4
1976	경기 안양시	사전 맞춤형 보육컨설팅 운영	60,480	여성가족과	4	8	7	8	7	5	5	4
1977	경기 안양시	어린이집 환경개선	42,366	여성가족과	4	8	7	8	7	5	5	4
1978	경기 안양시	신규개원 국공립어린이집 기자재 구입비	20,000	여성가족과	4	8	7	8	7	5	5	4
1979	경기 안양시	신규개원 국공립어린이집 기자재 구입비	75,000	여성가족과	4	8	7	8	7	5	5	4
1980	경기 안양시	예절교육관 운영위탁	92,000	여성가족과	4	8	7	8	7	5	5	4
1981	경기 안양시	고등학생 진로진학 길찾기 사업	32,500	교육청소년과	4	8	7	8	7	5	5	4
1982	경기 안양시	학생 동아리 운영	465,000	교육청소년과	4	8	7	8	7	5	5	4
1983	경기 안양시	찾아가는 학교 문화예술 프로그램 운영	80,000	교육청소년과	4	8	7	8	7	5	5	4
1984	경기 안양시	우리고장 바로알기 프로그램 운영	150,000	교육청소년과	4	8	7	8	7	5	5	4
1985	경기 안양시	학교폭력예방 교육사업	83,300	교육청소년과	4	8	7	8	7	5	5	4
1986	경기 안양시	청소년지도사 배치지원	92,832	교육청소년과	4	8	7	8	7	5	5	4
1987	경기 안양시	청소년 상담복지센터 운영	688,227	교육청소년과	4	8	7	8	7	5	5	4
1988	경기 안양시	청소년안전망 운영	102,990	교육청소년과	4	8	7	8	7	5	5	4
1989	경기 안양시	청소년 동반자 프로그램 운영 지원	257,780	교육청소년과	4	8	7	8	7	5	5	4
1990	경기 안양시	학교밖청소년지원센터 운영	134,273	교육청소년과	4	8	7	8	7	5	5	4
1991	경기 안양시	대안교육기관 운영 지원	216,400	교육청소년과	4	8	7	8	7	5	5	4
1992	경기 안양시	학교밖청소년지원센터 급식비 지원	17,860	교육청소년과	4	8	7	8	7	5	5	4
1993	경기 안양시	학교 밖 청소년 프로그램 운영 지원	129,710	교육청소년과	4	8	7	8	7	5	5	4
1994	경기 안양시	학교 밖 청소년 문화활동지원	40,000	교육청소년과	4	8	7	8	7	5	5	4
1995	경기 안양시	학교 밖 청소년 자립지원 수당	9,750	교육청소년과	4	8	7	8	7	5	5	4
1996	경기 안양시	청소년 일시쉼터 운영	440,939	교육청소년과	4	8	7	8	7	5	5	4
1997	경기 안양시	청소년 단기쉼터 운영	448,983	교육청소년과	4	8	7	8	7	5	5	4
1998	경기 안양시	청소년 중장기쉼터 운영	302,280	교육청소년과	4	8	7	8	7	5	5	4
1999	경기 안양시	청소년쉼터 이용청소년 등 지원	45,000	교육청소년과	4	8	7	8	7	5	5	4
2000	경기 안양시	청소년 일시쉼터 야간근무자 배치지원	81,818	교육청소년과	4	8	7	8	7	5	5	4
2001	경기 안양시	청소년 단기쉼터 야간근무자 배치지원	100,163	교육청소년과	4	8	7	8	7	5	5	4
2002	경기 안양시	청소년 중장기쉼터 야간근무자 배치지원	70,326	교육청소년과	4	8	7	8	7	5	5	4
2003	경기 안양시	이동형 청소년 성문화센터 운영	196,768	교육청소년과	4	8	7	8	7	5	5	4
2004	경기 안양시	초등 돌봄교실 과일간식비 지원	105,168	교육청소년과	4	8	7	8	7	5	5	4
2005	경기 안양시	친환경 가공식품 차액 지원사업	1,193,000	교육청소년과	4	8	7	8	7	5	5	4
2006	경기 안양시	어린이급식관리지원센터 운영	1,050,000	식품안전과	4	8	7	8	7	5	5	4
2007	경기 안양시	길고양이 중성화수술사업	195,000	식품안전과	4	8	7	8	7	5	5	4
2008	경기 안양시	경유자동차 조기폐차 절차 대행비	36,000	기후대기과	4	8	7	8	7	5	5	4
2009	경기 안양시	생활폐기물 수집·운반 대행사업비	27,000	자원순환과	4	8	7	8	7	5	5	4
2010	경기 안양시	재활용선별장 민간위탁운영비	43,900	자원순환과	4	8	7	8	7	5	5	4
2011	경기 안양시	재활용선별장 잔재 민간대행 처리비	1,890,000	자원순환과	4	8	7	8	7	5	5	4
2012	경기 안양시	공동주택 플라스틱류 민간대행 처리	714,800	자원순환과	4	8	7	8	7	5	5	4
2013	경기 안양시	대형폐기물 잔재 민간대행 처리	493,000	자원순환과	4	8	7	8	7	5	5	4
2014	경기 안양시	음식물류폐기물 자원화시설 위탁운영비	55,988	자원순환과	4	8	7	8	7	5	5	4

순번	시군구	지출명 (사업명)	2021년예산 (단위:천원/1년간)	담당자 (공무원)	민간이전 분류 (지방자치단체 세출예산 집행기준에 의거)	민간이전지출 근거 (지방보조금 관리기준 참고)	입찰방식			운영예산 산정		성과평가 실시여부
				담당부서	1. 민간경상사업보조(307-02) 2. 민간단체 법정운영비보조(307-03) 3. 민간행사사업보조(307-04) 4. 민간위탁금(307-05) 5. 사회복지시설 법정운영비보조(307-10) 6. 민간인위탁교육비(307-12) 7. 공기관등에대한경상적위탁사업비(308-10) 8. 민간자본사업보조,자체재원(402-01) 9. 민간자본사업보조,이전재원(402-02) 10. 민간위탁사업비(402-03) 11. 공기관등에 대한 자본적 대행사업비(403-02)	1. 법률에 규정 2. 국고보조 재원(국가지정) 3. 용도 지정 기부금 4. 조례에 직접규정 5. 지자체가 권장하는 사업을 하는 공공기관 6. 시,도 정책 및 재정사정 7. 기타 8. 해당없음	계약체결방법 (경쟁형태) 1. 일반경쟁 2. 제한경쟁 3. 지명경쟁 4. 수의계약 5. 법정위탁 6. 기타 ( ) 7. 해당없음	계약기간 1. 1년 2. 2년 3. 3년 4. 4년 5. 5년 6. 기타 ( )년 7. 단기계약 (1년미만) 8. 해당없음	낙찰자선정방법 1. 적격심사 2. 협상에의한계약 3. 최저가낙찰제 4. 규격가격분리 5. 2단계 경쟁입찰 6. 기타 ( ) 7. 해당없음	운영예산 산정 1. 내부산정 (지자체 자체적으로 산정) 2. 외부산정 (외부전문기관위탁 산정) 3. 내·외부 모두 산정 4. 산정 無 5. 해당없음	정산방법 1. 내부정산 (지자체 내부적으로 정산) 2. 외부정산 (외부전문기관위탁 정산) 3. 내·외부 모두 산정 4. 정산 無 5. 해당없음	1. 실시 2. 미실시 3. 향후 추진 4. 해당없음
2015	경기 안양시	지역사회 건강조사	68,966	만안보건과	4	8	7	8	7	5	5	4
2016	경기 안양시	기초정신건강복지센터 운영	820,796	만안보건과	4	8	7	8	7	5	5	4
2017	경기 안양시	기초정신건강복지센터 인력확충	363,240	만안보건과	4	8	7	8	7	5	5	4
2018	경기 안양시	기초정신건강복지센터 자살예방사업 지원	70,640	만안보건과	4	8	7	8	7	5	5	4
2019	경기 안양시	아동청소년 정신건강증진사업	104,588	만안보건과	4	8	7	8	7	5	5	4
2020	경기 안양시	자살예방 및 정신건강증진사업	30,540	만안보건과	4	8	7	8	7	5	5	4
2021	경기 안양시	생명사랑 전담인력 배치	80,000	만안보건과	4	8	7	8	7	5	5	4
2022	경기 안양시	생명사랑 치료비 지원	11,000	만안보건과	4	8	7	8	7	5	5	4
2023	경기 안양시	노인자살예방사업	140,000	만안보건과	4	8	7	8	7	5	5	4
2024	경기 안양시	자살예방시스템 확충	107,000	만안보건과	4	8	7	8	7	5	5	4
2025	경기 안양시	청년정신건강 외래치료비 지원	63,360	만안보건과	4	8	7	8	7	5	5	4
2026	경기 안양시	전담인력 배치	80,000	만안보건과	4	8	7	8	7	5	5	4
2027	경기 안양시	사업운영비	30,000	만안보건과	4	8	7	8	7	5	5	4
2028	경기 안양시	정신질환자 치료비 지원	93,340	만안보건과	4	8	7	8	7	5	5	4
2029	경기 안양시	정신질환자 치료지원	123,460	만안보건과	4	8	7	8	7	5	5	4
2030	경기 안양시	전담인력 배치	40,000	만안보건과	4	8	7	8	7	5	5	4
2031	경기 안양시	지역사회 건강조사	69,042	동안보건과	4	8	7	8	7	5	5	4
2032	경기 안양시	중독관리통합지원센터 운영	163,022	동안보건과	4	8	7	8	7	5	5	4
2033	경기 안양시	자살예방시스템 확충	107,000	동안보건과	4	8	7	8	7	5	5	4
2034	경기 안양시	중독자 재활지원사업	42,000	동안보건과	4	8	7	8	7	5	5	4
2035	경기 안양시	아동청소년 중독폐해예방사업	63,000	동안보건과	4	8	7	8	7	5	5	4
2036	경기 안양시	가로기 위탁관리	21,890	만안 행정지원과	4	8	7	8	7	5	5	4
2037	경기 안양시	가로기 위탁관리	21,890	동안 행정지원과	4	8	7	8	7	5	5	4
2038	경기 광명시	광명시청 직장어린이집 위탁운영비	555,493	총무과	4	1	1	3	1	4	4	4
2039	경기 광명시	민원콜센터 위탁운영비	540,342	민원여권과	4	4	6	3	2	1	3	1
2040	경기 광명시	광명시 스마트인력개발센터 운영	127,244	일자리창출과	4	1	2	3	1	1	1	4
2041	경기 광명시	메이커스페이스 운영위탁	212,600	창업지원과	4	5	1	2	1	1	1	1
2042	경기 광명시	하안도서관 메이커스페이스 운영위탁	207,927	창업지원과	4	5	1	6	1	1	1	4
2043	경기 광명시	광명문화원 운영	544,022	문화관광과	4	4	5	3	7	1	1	3
2044	경기 광명시	공공체육시설 운영	72,328	체육진흥과	4	1	7	8	7	5	5	4
2045	경기 광명시	보훈회관 운영	130,985	복지정책과	4	4	7	8	7	5	5	4
2046	경기 광명시	무한돌봄센터 네트워크팀 운영 지원	157,000	복지정책과	4	4	1	5	1	1	1	1
2047	경기 광명시	시립 광명푸드뱅크·마켓	256,613	복지정책과	4	1	7	8	7	1	1	1
2048	경기 광명시	G-푸드드림사업	24,000	복지정책과	4	1	7	8	7	1	1	1
2049	경기 광명시	G-푸드드림 사업	15,875	복지정책과	4	1	7	8	7	1	1	1
2050	경기 광명시	종합사회복지관 운영	36,963	복지정책과	4	4	5	5	1	1	1	2
2051	경기 광명시	소하노인종합복지관 운영	520,000	노인복지과	4	4	5	5	1	1	1	1
2052	경기 광명시	하안노인종합복지관 운영	520,000	노인복지과	4	4	5	5	1	1	1	1
2053	경기 광명시	소하노인종합복지관 운영	1,212,000	노인복지과	4	4	5	5	1	1	1	1
2054	경기 광명시	하안노인종합복지관 운영	542,457	노인복지과	4	4	5	5	1	1	1	1
2055	경기 광명시	장애인전용주차구역 지킴이센터 운영	65,000	장애인복지과	4	4	5	2	1	5	1	1
2056	경기 광명시	시각장애인안마사 안마서비스사업	37,987	장애인복지과	4	8	7	8	7	5	5	4

순번	시군구	지출명 (사업명)	2021년예산 (단위:천원/1년간)	담당자 (공무원)	민간이전 분류 (지방자치단체 세출예산 집행기준에 의거)	민간이전지출 근거 (지방보조금 관리기준 참고)	입찰방식			운영예산 산정		성과평가 실시여부
				담당부서	1. 민간경상사업보조(307-02) 2. 민간단체 법정운영비보조(307-03) 3. 민간행사사업보조(307-04) 4. 민간위탁금(307-05) 5. 사회복지시설 법정운영비보조(307-10) 6. 민간인위탁교육비(307-12) 7. 공기관등에대한경상적위탁사업비(308-10) 8. 민간자본사업보조,자체재원(402-01) 9. 민간자본사업보조,이전재원(402-02) 10. 민간위탁사업비(402-03) 11. 공기관등에 대한 자본적 대행사업비(403-02)	1. 법률에 규정 2. 국고보조 재원(국가지정) 3. 용도 지정 기부금 4. 조례에 직접규정 5. 지자체가 권장하는 사업을 하는 공공기관 6. 시,도 정책 및 재정사정 7. 기타 8. 해당없음	계약체결방법 (경쟁형태) 1. 일반경쟁 2. 제한경쟁 3. 지명경쟁 4. 수의계약 5. 법정위탁 6. 기타 ( ) 7. 해당없음	계약기간 1. 1년 2. 2년 3. 3년 4. 4년 5. 5년 6. 기타 ( )년 7. 단기계약 (1년미만) 8. 해당없음	낙찰자선정방법 1. 적격심사 2. 협상에의한계약 3. 최저가낙찰제 4. 규격가격분리 5. 2단계 경쟁입찰 6. 기타 ( ) 7. 해당없음	운영예산 산정 1. 내부산정 (지자체 자체적으로 산정) 2. 외부산정 (외부전문기관위탁 산정) 3. 내·외부 모두 산정 4. 산정 無 5. 해당없음	정산방법 1. 내부정산 (지자체 내부적으로 정산) 2. 외부정산 (외부전문기관위탁 정산) 3. 내·외부 모두 산정 4. 정산 無 5. 해당없음	1. 실시 2. 미실시 3. 향후 추진 4. 해당없음
2057	경기 광명시	광명장애인보호작업장 운영	719,063	장애인복지과	4	8	7	8	7	5	5	4
2058	경기 광명시	광명장애인직업적응훈련센터 운영	277,584	장애인복지과	4	8	7	8	7	5	5	4
2059	경기 광명시	장애인자립작업장 운영	26,400	장애인복지과	4	8	7	8	7	5	5	4
2060	경기 광명시	장애인체력단련센터 운영	45,692	장애인복지과	4	8	7	8	7	5	5	4
2061	경기 광명시	시민정보화교육장 운영	73,913	장애인복지과	4	8	7	8	7	5	5	4
2062	경기 광명시	장애인복지관 운영	20,244	장애인복지과	4	1	5	5	6	3	3	1
2063	경기 광명시	장애인체육관 운영	226,320	장애인복지과	4	1	5	5	6	3	3	1
2064	경기 광명시	장애인주간보호시설 운영	660,856	장애인복지과	4	1	5	5	6	3	3	1
2065	경기 광명시	장애인체육관 운영	22,869	장애인복지과	4	1	5	5	6	3	3	1
2066	경기 광명시	장애인가족지원센터 운영	210,000	장애인복지과	4	4	7	8	7	1	1	1
2067	경기 광명시	장애인가족지원센터 임차료 지원	19,800	장애인복지과	4	1	7	8	7	1	1	1
2068	경기 광명시	아이 안심 돌봄터 운영	210,000	여성가족과	4	5	5	3	1	1	1	1
2069	경기 광명시	다함께 돌봄센터 운영	4,500	여성가족과	4	2	5	5	1	3	1	1
2070	경기 광명시	다함께 돌봄센터 운영 지원	77,000	여성가족과	4	2	5	5	1	3	1	1
2071	경기 광명시	다함게 돌봄센터 운영 인건비	66,300	여성가족과	4	2	5	5	1	3	1	1
2072	경기 광명시	다함께 돌봄센터 돌봄인력 지원	13,284	여성가족과	4	2	5	5	1	3	1	1
2073	경기 광명시	다함께 돌봄센터 아동돌봄 프로그램 지원	2,400	여성가족과	4	2	5	5	1	3	1	1
2074	경기 광명시	우리가족 사랑만들기	10,000	여성가족과	4	5	5	3	1	5	5	4
2075	경기 광명시	가족쉼표 만들기	8,000	여성가족과	4	5	5	3	1	3	1	1
2076	경기 광명시	1인 가구 지원	51,000	여성가족과	4	5	5	3	1	3	1	1
2077	경기 광명시	광명시아동보호전문기관 운영	524,678	여성가족과	4	2	5	5	1	5	1	4
2078	경기 광명시	광명시아동보호전문기관 운영	95,000	여성가족과	4	6	5	5	1	1	1	4
2079	경기 광명시	광명시아동보호전문기관 종사자 시간외근무수당 지원	28,525	여성가족과	4	1	5	5	1	1	1	4
2080	경기 광명시	다문화가족지원센터 운영	237,700	여성가족과	4	5	5	3	1	3	1	1
2081	경기 광명시	건강가정지원센터 운영	210,400	여성가족과	4	5	5	3	1	3	1	1
2082	경기 광명시	가족상담사업 운영	10,800	여성가족과	4	5	5	3	1	3	1	1
2083	경기 광명시	건강가정다문화가족지원 통합센터 종사자 인건비	103,914	여성가족과	4	7	5	3	1	3	1	1
2084	경기 광명시	다문화가정 요리교실	5,000	여성가족과	4	5	5	3	1	3	1	1
2085	경기 광명시	다문화 강사 양성교육	4,000	여성가족과	4	5	5	3	1	3	1	1
2086	경기 광명시	다문화가정 행복 쌓기	7,000	여성가족과	4	5	5	3	1	3	1	1
2087	경기 광명시	다문화이해교육 강사 파견	46,000	여성가족과	4	5	5	3	1	3	1	1
2088	경기 광명시	지역주민과 함께하는 다문화축제	15,000	여성가족과	4	5	5	3	1	3	1	1
2089	경기 광명시	다문화가정 상담치료	20,000	여성가족과	4	5	5	3	1	3	1	1
2090	경기 광명시	육아종합지원센터 운영	916,930	보육정책과	4	1	7	8	7	5	5	4
2091	경기 광명시	부모모니터링 운영지원	16,176	보육정책과	4	2	7	8	7	5	5	4
2092	경기 광명시	보육컨설팅	60,480	보육정책과	4	2	7	8	7	5	5	4
2093	경기 광명시	어린이 교통교육장 위탁 운영	122,324	도시교통과	4	4	2	3	1	1	1	2
2094	경기 광명시	저소득층 기저귀 조제분유 지원	162,000	보건행정과	4	2	7	8	7	5	5	4
2095	경기 광명시	표준모자보건수첩 제작 공단 위탁금	3,000	보건행정과	4	2	7	8	7	5	5	4
2096	경기 광명시	산모신생아건강관리사 바우처 지원	771,600	보건행정과	4	1	7	8	7	5	5	4
2097	경기 광명시	광명형 산모신생아 건강관리사 바우처 지원	175,808	보건행정과	4	1	7	8	7	5	5	4
2098	경기 광명시	정신건강복지센터 운영 위탁비	783,742	건강생활과	4	2	2	3	1	3	3	1

순번	시군구	지출명 (사업명)	2021년예산 (단위:천원/1년간)	담당자 (공무원)	민간이전 분류 (지방자치단체 세출예산 집행기준에 의거)	민간이전지출 근거 (지방보조금 관리기준 참고)	입찰방식			운영예산 산정		성과평가 실시여부
				담당부서	1. 민간경상사업보조(307-02) 2. 민간단체 법정운영비보조(307-03) 3. 민간행사사업보조(307-04) 4. 민간위탁금(307-05) 5. 사회복지시설 법정운영비보조(307-10) 6. 민간인위탁교육비(307-12) 7. 공기관등에대한경상적위탁사업비(308-10) 8. 민간자본사업보조,자체재원(402-01) 9. 민간자본사업보조,이전재원(402-02) 10. 민간위탁사업비(402-03) 11. 공기관등에 대한 자본적 대행사업비(403-02)	1. 법률에 규정 2. 국고보조 재원(국가지정) 3. 용도 지정 기부금 4. 조례에 직접규정 5. 지자체가 권장하는 사업을 하는 공공기관 6. 시,도 정책 및 재정사정 7. 기타 8. 해당없음	계약체결방법 (경쟁형태) 1. 일반경쟁 2. 제한경쟁 3. 지명경쟁 4. 수의계약 5. 법정위탁 6. 기타 ( ) 7. 해당없음	계약기간 1. 1년 2. 2년 3. 3년 4. 4년 5. 5년 6. 기타 ( )년 7. 단기계약 (1년미만) 8. 해당없음	낙찰자선정방법 1. 적격심사 2. 협상에의한계약 3. 최저가낙찰제 4. 규격가격분리 5. 2단계 경쟁입찰 6. 기타 ( ) 7. 해당없음	운영예산 산정 1. 내부산정 (지자체 자체적으로 산정) 2. 외부산정 (외부전문기관위탁 산정) 3. 내·외부 모두 산정 4. 산정 無 5. 해당없음	정산방법 1. 내부정산 (지자체 내부적으로 정산) 2. 외부정산 (외부전문기관위탁 정산) 3. 내·외부 모두 산정 4. 정산 無 5. 해당없음	1. 실시 2. 미실시 3. 향후 추진 4. 해당없음
2099	경기 광명시	정신건강복지센터 인력 확충	181,620	건강생활과	4	2	2	3	1	3	3	1
2100	경기 광명시	정신질환자 치료비 지원	52,884	건강생활과	4	2	2	3	1	3	3	1
2101	경기 광명시	정신질환자 치료비 지원	108,920	건강생활과	4	6	2	3	1	3	3	1
2102	경기 광명시	아동청소년 정신보건사업 운영 위탁비	52,294	건강생활과	4	2	2	3	1	3	3	1
2103	경기 광명시	청년정신건강 외래치료비 지원	32,400	건강생활과	4	2	2	3	1	3	3	1
2104	경기 광명시	청년 마인드링크 사업운영	110,000	건강생활과	4	2	2	3	1	3	3	1
2105	경기 광명시	자살예방센터 운영위탁비	220,000	건강생활과	4	6	2	3	1	3	3	1
2106	경기 광명시	생명사랑 전담인력 배치	40,000	건강생활과	4	6	2	3	1	3	3	1
2107	경기 광명시	생명사랑 치료비지원	7,000	건강생활과	4	6	2	3	1	3	3	1
2108	경기 광명시	노인자살예방사업	70,000	건강생활과	4	6	2	3	1	3	3	1
2109	경기 광명시	자살예방 시스템확충	70,000	건강생활과	4	6	2	3	1	3	3	1
2110	경기 광명시	자살예방 및 생명존중사업	30,540	건강생활과	4	2	2	3	1	3	3	1
2111	경기 광명시	자살예방사업 지원	70,640	건강생활과	4	2	2	3	1	3	3	1
2112	경기 광명시	2021년 지역사회건강조사	69,042	건강생활과	4	2	5	1	6	2	3	1
2113	경기 광명시	고혈압,당뇨병 등록교육센터 위탁운영비	421,500	건강생활과	4	2	1	2	1	2	3	1
2114	경기 광명시	민주시민교육 센터 운영	100,000	평생학습원	4	4	1	7	1	1	1	1
2115	경기 평택시	호스피스 및 웰다잉사업	110,000	건강증진과	4	7	1	3	1	1	1	3
2116	경기 평택시	종합사회복지관 운영지원	1,199,000	복지정책과	4	1	5	5	1	1	1	1
2117	경기 평택시	보훈회관 운영비	144,000	복지정책과	4	4	4	2	2	1	1	1
2118	경기 평택시	가로기 게양관리	52,880	총무과	4	7	7	8	7	5	5	4
2119	경기 평택시	청소년쉼터 운영지원	304,733	교육청소년과	4	2	1	8	1	1	1	1
2120	경기 평택시	청소년쉼터 야간근무자 배치 지원	66,487	교육청소년과	4	6	1	8	1	1	1	1
2121	경기 평택시	청소년쉼터 이용 청소년 등 지원사업	15,000	교육청소년과	4	6	1	8	1	1	1	1
2122	경기 평택시	청소년공부방 운영지원	54,420	교육청소년과	4	6	1	8	1	1	1	1
2123	경기 평택시	공공청소년수련시설 청소년운영위원회 운영	10,000	교육청소년과	4	6	7	8	7	1	1	1
2124	경기 평택시	청소년문화의집 운영지원	328,369	교육청소년과	4	4	7	8	7	1	1	1
2125	경기 평택시	공공청소년수련시설 청소년지도사 배치지원	150,288	교육청소년과	4	6	7	8	7	1	1	1
2126	경기 평택시	청소년상담복지센터 지원	236,972	교육청소년과	4	4	7	8	7	1	1	1
2127	경기 평택시	청소년상담복지센터 지원	23,100	교육청소년과	4	4	7	8	7	1	1	1
2128	경기 평택시	청소년안전망 구축 사업	97,470	교육청소년과	4	2	7	8	7	1	1	1
2129	경기 평택시	청소년동반자 프로그램 운영	165,340	교육청소년과	4	2	7	8	7	1	1	1
2130	경기 평택시	공공폐수처리시설운영	8,809	생태하천과	4	1	1	4	2	2	1	4
2131	경기 평택시	통복위생처리장 위탁관리 운영	496,800	생태하천과	4	1	7	5	7	1	1	1
2132	경기 평택시	심폐소생술 등 응급처리 교육비 지원	5,500	보건사업과	4	6	7	8	7	5	5	4
2133	경기 평택시	어린이급식관리지원센터 운영	1,155,000	식품정책과	4	1	2	3	1	5	2	1
2134	경기 평택시	수난사고예찰 및 구조활동	40,000	안전총괄과	4	7	4	3	7	1	1	1
2135	경기 평택시	육아종합지원센터 운영 지원	1,025,600	여성가족과	4	1	5	5	1	1	1	1
2136	경기 평택시	외국인복지센터 지원	40,800	여성가족과	4	4	7	3	7	1	1	4
2137	경기 평택시	불법유동광고물 정비사업	60,000	주택과	4	4	1	7	1	1	1	4
2138	경기 평택시	2021년 생활폐기물 수집운반 및 가로청소 위탁용역	9,163	자원순환과	4	8	4	1	7	2	4	1
2139	경기 평택시	2021년 생활폐기물 수집운반 및 가로청소 위탁용역	64,380	자원순환과	4	8	4	1	7	2	4	1
2140	경기 평택시	2021년 생활폐기물 수집운반 및 가로청소 위탁용역	50,780	자원순환과	4	8	4	1	7	2	4	1

순번	시군구	지출명 (사업명)	2021년예산 (단위:천원/1년간)	담당자 (공무원)	민간이전 분류 (지방자치단체 세출예산 집행기준에 의거)	민간이전지출 근거 (지방보조금 관리기준 참고)	입찰방식			운영예산 산정		성과평가 실시여부
				담당부서	1. 민간경상사업보조(307-02) 2. 민간단체 법정운영비보조(307-03) 3. 민간행사사업보조(307-04) 4. 민간위탁금(307-05) 5. 사회복지시설 법정운영비보조(307-10) 6. 민간인위탁교육비(307-12) 7. 공기관등에대한경상적위탁사업비(308-10) 8. 민간자본사업보조,자체재원(402-01) 9. 민간자본사업보조,이전재원(402-02) 10. 민간위탁사업비(402-03) 11. 공기관등에 대한 자본적 대행사업비(403-02)	1. 법률에 규정 2. 국고보조 재원(국가지정) 3. 용도 지정 기부금 4. 조례에 직접규정 5. 지자체가 권장하는 사업을 하는 공공기관 6. 시,도 정책 및 재정사정 7. 기타 8. 해당없음	계약체결방법 (경쟁형태) 1. 일반경쟁 2. 제한경쟁 3. 지명경쟁 4. 수의계약 5. 법정위탁 6. 기타 ( ) 7. 해당없음	계약기간 1. 1년 2. 2년 3. 3년 4. 4년 5. 5년 6. 기타 ( )년 7. 단기계약 (1년미만) 8. 해당없음	낙찰자선정방법 1. 적격심사 2. 협상에의한계약 3. 최저가낙찰제 4. 규격가격분리 5. 2단계 경쟁입찰 6. 기타 ( ) 7. 해당없음	운영예산 산정 1. 내부산정 (지자체 자체적으로 산정) 2. 외부산정 (외부전문기관위탁 산정) 3. 내·외부 모두 산정 4. 산정 無 5. 해당없음	정산방법 1. 내부정산 (지자체 내부적으로 정산) 2. 외부정산 (외부전문기관위탁 정산) 3. 내·외부 모두 산정 4. 정산 無 5. 해당없음	1. 실시 2. 미실시 3. 향후 추진 4. 해당없음
2141	경기 평택시	2021년 생활폐기물 수집운반 및 가로청소 위탁용역	9,937	자원순환과	4	8	4	1	7	2	4	1
2142	경기 평택시	2021년 생활폐기물 수집운반 및 가로청소 위탁용역	11,588	자원순환과	4	8	4	1	7	2	4	1
2143	경기 평택시	2021년 평택에코센터 반입불가 폐기물 처리용역	117,000	자원순환과	4	8	2	1	1	1	4	2
2144	경기 평택시	2021년 평택에코센터 반입불가 폐기물 처리용역	986,000	자원순환과	4	8	2	1	1	1	4	2
2145	경기 평택시	2021년 평택에코센터 반입불가 폐기물 처리용역	198,000	자원순환과	4	8	2	1	1	1	4	2
2146	경기 평택시	2021년 코로나19 자가격리자 폐기물 처리 용역	348,000	자원순환과	4	8	4	1	7	1	4	2
2147	경기 평택시	평택에코센터 최종폐기물 처리비	8,804	자원순환과	4	7	6	6	2	1	1	4
2148	경기 평택시	주민편익시설 운영 관리	39,868	자원순환과	4	8	1	7	1	1	1	1
2149	경기 동두천시	청소년상담복지센터운영	165,080	여성청소년과	4	1	7	8	7	5	1	2
2150	경기 동두천시	2021년 동두천시 CCTV 통합관제센터 관제 용역	650,000	공보전산과	4	8	2	1	1	1	1	4
2151	경기 동두천시	정신질환자 치료지원	16,200	보건소	4	6	7	8	7	5	5	4
2152	경기 동두천시	정신질환자 치료비 지원	4,976	보건소	4	2	7	8	7	5	5	4
2153	경기 동두천시	정신질환자 치료비 지원	2,324	보건소	4	2	7	8	7	5	5	4
2154	경기 동두천시	정신질환자 치료비 지원	3,296	보건소	4	2	7	8	7	5	5	4
2155	경기 동두천시	정신질환자 치료비 지원	4,976	보건소	4	2	7	8	7	5	5	4
2156	경기 동두천시	기초정신건강복지센터 인력확충	254,268	보건소	4	2	2	3	1	1	3	1
2157	경기 동두천시	기초정신건강복지센터 지원	582,868	보건소	4	2	2	3	1	1	3	1
2158	경기 동두천시	생명사랑 전담인력 배치	40,000	보건소	4	6	2	3	1	1	3	1
2159	경기 동두천시	자살예방 및 정신건강증진사업	30,540	보건소	4	2	2	3	1	1	3	1
2160	경기 동두천시	노인자살예방사업	70,000	보건소	4	6	2	3	1	1	3	1
2161	경기 동두천시	생명사랑 치료비 지원	4,200	보건소	4	6	2	3	1	1	3	1
2162	경기 동두천시	조기폐차 보조금 지급 업무 대행사업	8,000	환경보호과	4	2	5	8	7	3	3	4
2163	경기 동두천시	공중화장실 청소관리 민간위탁	348,000	환경보호과	4	4	6	2	6	1	1	2
2164	경기 동두천시	2021년도 생활폐기물 수집운반대행	43,000	환경보호과	4	1	2	1	1	3	1	1
2165	경기 동두천시	대형폐기물 및 불법투기폐기물 처리	300,000	환경보호과	4	7	7	8	7	5	5	4
2166	경기 동두천시	진공노면청소차 폐토사처리비	25,000	환경보호과	4	7	7	8	7	5	5	4
2167	경기 동두천시	로드킬처리(동물사체) 수거처리비	28,500	환경보호과	4	8	2	1	3	1	1	2
2168	경기 동두천시	재활용품폐기물 민간위탁처리비	263,150	환경보호과	4	7	1	1	7	1	1	2
2169	경기 동두천시	폐매트리스 처리비용	30,600	환경보호과	4	7	7	8	7	5	5	4
2170	경기 동두천시	음식물류폐기물 민간위탁처리	150,000	환경보호과	4	7	1	1	1	1	1	3
2171	경기 동두천시	음식물류폐기물 수거운반 민간위탁	15,950	환경보호과	4	1	2	1	1	1	1	1
2172	경기 동두천시	음식물류폐기물 협잡물(잔재물) 민간위탁처리비	166,200	환경보호과	4	7	1	1	1	1	1	3
2173	경기 동두천시	단미사료 처리비	35,200	환경보호과	4	1	4	3	2	1	4	2
2174	경기 동두천시	어린이급식관리지원센터 설치 운영	420,000	농업축산위생과	4	1	6	3	6	2	2	3
2175	경기 동두천시	전통시장 및 골목상권 방역소독 위탁용역	100,000	일자리경제과	4	8	7	8	7	5	5	4
2176	경기 동두천시	특별교통수단 운영 지원	1,000,000	교통행정과	4	1	1	2	1	1	1	3
2177	경기 안산시	안산시 민원콜센터 위탁 운영	1,101,063	시민소통관	4	8	6	3	2	1	1	1
2178	경기 안산시	경기내일스퀘어안산 상상대로 운영	300,000	기획예산과	4	4	5	3	7	1	1	3
2179	경기 안산시	사회적경제지원센터 운영	535,000	상생경제과	4	5	7	8	7	3	3	1
2180	경기 안산시	안산문화원사 위탁운영	420,000	문화예술과	4	1	6	3	6	1	1	1
2181	경기 안산시	비움 예술창작소 운영	100,000	문화예술과	4	6	1	5	6	1	1	1
2182	경기 안산시	스포츠강좌이용권 지원	535,040	체육진흥과	4	2	7	8	7	1	1	3

순번	시군구	지출명 (사업명)	2021년예산 (단위:천원/1년간)	담당자 (공무원) 담당부서	민간이전 분류 (지방자치단체 세출예산 집행기준에 의거) 1. 민간경상사업보조(307-02) 2. 민간단체 법정운영비보조(307-03) 3. 민간행사사업보조(307-04) 4. 민간위탁금(307-05) 5. 사회복지시설 법정운영비보조(307-10) 6. 민간인위탁교육비(307-12) 7. 공기관등에대한경상적위탁사업비(308-10) 8. 민간자본사업보조,자체재원(402-01) 9. 민간자본사업보조,이전재원(402-02) 10. 민간위탁사업비(402-03) 11. 공기관등에 대한 자본적 대행사업비(403-02)	민간이전지출 근거 (지방보조금 관리기준 참고) 1. 법률에 규정 2. 국고보조 재원(국가지정) 3. 용도 지정 기부금 4. 조례에 직접규정 5. 지자체가 권장하는 사업을 하는 공공기관 6. 시,도 정책 및 재정사정 7. 기타 8. 해당없음	입찰방식 계약체결방법 (경쟁형태) 1. 일반경쟁 2. 제한경쟁 3. 지명경쟁 4. 수의계약 5. 법정위탁 6. 기타 ( ) 7. 해당없음	입찰방식 계약기간 1. 1년 2. 2년 3. 3년 4. 4년 5. 5년 6. 기타 ( )년 7. 단기계약 (1년미만) 8. 해당없음	입찰방식 낙찰자선정방법 1. 적격심사 2. 협상에의한계약 3. 최저가낙찰제 4. 규격가격분리 5. 2단계 경쟁입찰 6. 기타 ( ) 7. 해당없음	운영예산 산정 운영예산 산정 1. 내부산정 (지자체 자체적으로 산정) 2. 외부산정 (외부전문기관위탁 산정) 3. 내·외부 모두 산정 4. 산정 無 5. 해당없음	운영예산 산정 정산방법 1. 내부정산 (지자체 내부적으로 정산) 2. 외부정산 (외부전문기관위탁 정산) 3. 내·외부 모두 산정 4. 정산 無 5. 해당없음	성과평가 실시여부 1. 실시 2. 미실시 3. 향후 추진 4. 해당없음
2183	경기 안산시	지역스포츠클럽 육성지원	136,020	체육진흥과	4	2	4	3	7	1	1	1
2184	경기 안산시	장애인스포츠강좌 이용권 지원	32,000	체육진흥과	4	2	7	8	7	1	1	3
2185	경기 안산시	관광안내소 운영	285,000	관광과	4	4	2	3	1	1	1	1
2186	경기 안산시	생태관광육성및활성화사업	86,000	관광과	4	2	6	3	6	3	1	4
2187	경기 안산시	무한돌봄센터 운영	53,920	복지정책과	4	4	2	2	1	1	1	1
2188	경기 안산시	무한돌봄센터 운영	53,920	복지정책과	4	4	2	2	1	1	1	1
2189	경기 안산시	무한돌봄센터 운영	53,920	복지정책과	4	4	2	2	1	1	1	1
2190	경기 안산시	무한돌봄센터 운영	53,920	복지정책과	4	4	2	2	1	1	1	1
2191	경기 안산시	무한돌봄센터 운영	53,920	복지정책과	4	4	2	2	1	1	1	1
2192	경기 안산시	본오종합사회복지관운영 지원	741,000	복지정책과	4	4	1	5	1	1	1	1
2193	경기 안산시	초지종합사회복지관운영 지원	747,317	복지정책과	4	4	1	5	1	1	1	1
2194	경기 안산시	부곡종합사회복지관운영 지원	761,040	복지정책과	4	4	1	5	1	1	1	1
2195	경기 안산시	와동종합사회복지관운영 지원	672,134	복지정책과	4	4	1	5	1	1	1	1
2196	경기 안산시	선부종합사회복지관운영 지원	618,688	복지정책과	4	4	1	5	1	1	1	1
2197	경기 안산시	상록구노인복지관운영비	829,000	노인복지과	4	4	7	5	7	1	1	1
2198	경기 안산시	단원구노인복지관운영비	1,079,000	노인복지과	4	4	7	5	7	1	1	1
2199	경기 안산시	안산시 일자리센터 운영	1,474,000	일자리정책과	4	1	7	2	7	1	1	2
2200	경기 안산시	비정규직노동자지원센터	471,295	일자리정책과	4	4	1	3	1	1	1	1
2201	경기 안산시	근로자종합복지관	889,440	일자리정책과	4	4	1	3	1	1	1	1
2202	경기 안산시	산단근로자복지관	263,560	일자리정책과	4	4	1	3	1	1	1	1
2203	경기 안산시	장애인맞춤형도우미운영보조	139,000	장애인복지과	4	7	7	8	6	5	1	1
2204	경기 안산시	장애인지원센터 운영	414,000	장애인복지과	4	1	5	5	7	1	1	1
2205	경기 안산시	장애인이동기기 수리 지원	100,000	장애인복지과	4	4	1	2	1	1	1	1
2206	경기 안산시	장애인 복지관운영	31,260	장애인복지과	4	1	7	8	7	1	1	1
2207	경기 안산시	다함께돌봄센터 인건비 지원	304,980	아동권리과	4	1	1	5	1	5	1	3
2208	경기 안산시	다함께돌봄센터 운영비 지원	20,700	아동권리과	4	1	1	5	1	5	1	3
2209	경기 안산시	다함께돌봄사업 추진	42,000	아동권리과	4	4	1	5	1	5	1	3
2210	경기 안산시	아동돌봄 프로그램 지원	4,800	아동권리과	4	1	1	5	1	5	1	3
2211	경기 안산시	여성근로자복지센터운영지원	250,350	여성보육과	4	2	7	8	7	4	1	1
2212	경기 안산시	육아종합지원센터 운영지원	751,204	여성보육과	4	4	7	8	7	1	1	1
2213	경기 안산시	육아종합지원센터 부모교육 지원	34,000	여성보육과	4	2	7	8	7	4	1	1
2214	경기 안산시	육아종합지원센터 사업 지원	150,480	여성보육과	4	6	7	8	7	4	1	1
2215	경기 안산시	국공립어린이집 개원준비금 지원	7,500	여성보육과	4	4	7	8	7	1	1	2
2216	경기 안산시	어린이 급식관리지원센터 운영	1,155,000	위생정책과	4	2	1	3	1	3	3	1
2217	경기 안산시	사회복지시설 급식관리 지원 센터 운영	100,000	위생정책과	4	2	1	3	1	3	3	1
2218	경기 안산시	뷰티아카데미 전문기술교육	20,000	위생정책과	4	4	1	1	1	1	1	1
2219	경기 안산시	녹색구매지원센터 설치·운영	200,000	환경정책과	4	1	6	3	6	1	1	1
2220	경기 안산시	생활폐기물 수집·운반 위탁	41,500	자원순환과	4	1	4	3	1	2	1	1
2221	경기 안산시	스마트허브 및 MTV지역 가로청소 위탁	25,119	자원순환과	4	1	4	3	1	2	1	1
2222	경기 안산시	음식물류폐기물 자원화시설	50,160	자원순환과	4	8	2	3	1	2	1	3
2223	경기 안산시	안산시 자원회수시설	8,944	자원순환과	4	8	6	3	2	2	1	1
2224	경기 안산시	시청 직장어린이집 운영관리 위탁사업	672,000	총무과	4	1	1	5	1	1	1	4

순번	시군구	지출명 (사업명)	2021년예산 (단위:천원/1년간)	담당자 (공무원)	민간이전 분류 (지방자치단체 세출예산 집행기준에 의거)	민간이전지출 근거 (지방보조금 관리기준 참고)	입찰방식			운영예산 산정		성과평가 실시여부
				담당부서	1. 민간경상사업보조(307-02) 2. 민간단체 법정운영비보조(307-03) 3. 민간행사사업보조(307-04) 4. 민간위탁금(307-05) 5. 사회복지시설 법정운영비보조(307-10) 6. 민간인위탁교육비(307-12) 7. 공기관등에대한경상적위탁사업비(308-10) 8. 민간자본사업보조,자체재원(402-01) 9. 민간자본사업보조,이전재원(402-02) 10. 민간위탁사업비(402-03) 11. 공기관등에 대한 자본적 대행사업비(403-02)	1. 법률에 규정 2. 국고보조 재원(국가지정) 3. 용도 지정 기부금 4. 조례에 직접규정 5. 지자체가 권장하는 사업을 하는 공공기관 6. 시,도 정책 및 재정사정 7. 기타 8. 해당없음	계약체결방법 (경쟁형태) 1. 일반경쟁 2. 제한경쟁 3. 지명경쟁 4. 수의계약 5. 법정위탁 6. 기타 ( ) 7. 해당없음	계약기간 1. 1년 2. 2년 3. 3년 4. 4년 5. 5년 6. 기타 ( )년 7. 단기계약 (1년미만) 8. 해당없음	낙찰자선정방법 1. 적격심사 2. 협상에의한계약 3. 최저가낙찰제 4. 규격가격분리 5. 2단계 경쟁입찰 6. 기타 ( ) 7. 해당없음	운영예산 산정 1. 내부산정 (지자체 자체적으로 산정) 2. 외부산정 (외부전문기관위탁 산정) 3. 내·외부 모두 산정 4. 산정 無 5. 해당없음	정산방법 1. 내부정산 (지자체 내부적으로 정산) 2. 외부정산 (외부전문기관위탁 정산) 3. 내·외부 모두 산정 4. 정산 無 5. 해당없음	1. 실시 2. 미실시 3. 향후 추진 4. 해당없음
2225	경기 안산시	자원봉사센터 운영경비	1,076,683	자치행정과	4	1	7	7	7	1	1	1
2226	경기 안산시	자살예방 및 정신건강증진사업	30,540	상록보건정책과	4	2	1	3	1	1	1	1
2227	경기 안산시	자살예방 및 정신건강증진사업	423,064	상록보건정책과	4	1	1	3	1	1	1	1
2228	경기 안산시	자살예방 및 정신건강증진사업	225,000	상록보건정책과	4	1	1	3	1	1	1	1
2229	경기 안산시	노인자살예방사업	140,000	상록보건정책과	4	1	1	3	1	1	1	1
2230	경기 안산시	정신건강복지센터 등 종사자 처우개선지원	7,200	상록보건정책과	4	1	1	3	1	1	1	1
2231	경기 안산시	기초정신건강복지센터 자살예방사업 지원	35,320	상록보건정책과	4	1	1	3	1	1	1	1
2232	경기 안산시	한방진료사업지원	52,179	상록보건정책과	4	1	7	8	7	1	1	1
2233	경기 안산시	고혈압당뇨병등록관리사업	500,000	상록 건강증진과	4	1	1	2	1	5	2	1
2234	경기 안산시	업무대행 인건비	106,757	단원보건소 보건정책과	4	4	1	6	1	1	1	1
2235	경기 안산시	중독관리통합지원센터 위탁	683,000	단원보건소 보건정책과	4	1	1	3	1	1	1	1
2236	경기 안산시	유기동물 구조 보호비	225,000	농업정책과	4	2	1	3	1	1	1	1
2237	경기 안산시	유기동물 구조보호비	45,500	농업정책과	4	2	1	3	1	1	1	1
2238	경기 안산시	하수슬러지 소각시설 등 관리대행 용역	6,753	하수과	4	1	1	3	2	2	1	1
2239	경기 안산시	공공하수처리시설 관리대행 용역	12,360	하수과	4	1	1	3	2	2	1	1
2240	경기 안산시	화정영어마을 운영 위탁사업	1,200,000	평생학습과	4	4	2	3	1	1	1	1
2241	경기 안산시	평생학습관 운영 위탁사업	1,200,000	평생학습과	4	4	2	3	1	1	1	1
2242	경기 안산시	청소년방과후아카데미운영지원	172,322	교육청소년과	4	2	7	8	7	1	1	2
2243	경기 안산시	청소년방과후아카데미운영지원	172,322	교육청소년과	4	2	7	8	7	1	1	2
2244	경기 안산시	청소년방과후아카데미운영지원	172,322	교육청소년과	4	2	7	8	7	1	1	2
2245	경기 안산시	청소년운영위원회운영	2,000,000	교육청소년과	4	2	7	8	7	1	1	2
2246	경기 안산시	청소년운영위원회운영	2,000,000	교육청소년과	4	2	7	8	7	1	1	2
2247	경기 안산시	청소년운영위원회운영	2,000,000	교육청소년과	4	2	7	8	7	1	1	2
2248	경기 안산시	청소년운영위원회운영	2,000,000	교육청소년과	4	2	7	8	7	1	1	2
2249	경기 안산시	청소년 동반자프로그램 운영지원	294,174	교육청소년과	4	2	5	3	7	1	1	4
2250	경기 안산시	청소년통합지원체계 구축	97,470	교육청소년과	4	2	5	3	7	1	1	4
2251	경기 안산시	청소년상담복지센터 운영	402,067	교육청소년과	4	4	1	3	1	1	1	4
2252	경기 안산시	시군 학교밖 청소년지원사업	172,484	교육청소년과	4	2	5	3	7	1	1	4
2253	경기 안산시	학교밖청소년지원센터 검정고시 프로그램 지원	4,480	교육청소년과	4	4	5	3	7	1	1	4
2254	경기 안산시	시군 학교밖 청소년 문화활동 지원	40,000	교육청소년과	4	4	5	3	7	1	1	4
2255	경기 안산시	시군 학교밖 청소년 맞춤형 프로그램 운영지원	135,560	교육청소년과	4	4	5	3	7	1	1	4
2256	경기 안산시	시군 학교밖 청소년 자립지원 수당	7,500	교육청소년과	4	4	5	3	7	1	1	4
2257	경기 안산시	시군 학교밖 청소년 급식비 지원사업	19,667	교육청소년과	4	2	5	3	7	1	1	4
2258	경기 안산시	청소년쉼터 운영지원	162,671	교육청소년과	4	6	1	3	1	1	1	4
2259	경기 안산시	청소년쉼터 운영지원	635,805	교육청소년과	4	2	1	3	1	1	1	4
2260	경기 안산시	교육국제화특구	180,000	교육청소년과	4	4	7	8	7	5	5	4
2261	경기 안산시	사이동꿈을키우는작은도서관 운영지원	100,000	중앙도서관	4	4	2	3	1	1	1	1
2262	경기 안산시	안산시외국인주민상담지원센터 운영	426,000	외국인주민정책과	4	4	4	3	1	1	1	1
2263	경기 안산시	고려인 문화센터 운영	280,000	외국인주민정책과	4	4	6	2	6	1	1	1
2264	경기 안산시	건강가정 및 다문화가족지원센터 운영	191,000	외국인주민지원과	4	1	5	3	1	1	1	1
2265	경기 안산시	건강가정 및 다문화가족지원센터 운영	3,520	외국인주민지원과	4	4	5	3	1	1	1	1
2266	경기 안산시	안산글로벌다문화센터 시설관리	240,000	외국인주민지원과	4	4	1	3	1	1	1	4

순번	시군구	지출명 (사업명)	2021년예산 (단위:천원/1년간)	담당자 (공무원)	민간이전 분류 (지방자치단체 세출예산 집행기준에 의거)	민간이전지출 근거 (지방보조금 관리기준 참고)	입찰방식			운영예산 산정		성과평가 실시여부
				담당부서	1. 민간경상사업보조(307-02) 2. 민간단체 법정운영비보조(307-03) 3. 민간행사사업보조(307-04) 4. 민간위탁금(307-05) 5. 사회복지시설 법정운영비보조(307-10) 6. 민간인위탁교육비(307-12) 7. 공기관등에대한경상적위탁사업비(308-10) 8. 민간자본사업보조,자체재원(402-01) 9. 민간자본사업보조,이전재원(402-02) 10. 민간위탁사업비(402-03) 11. 공기관등에 대한 자본적 대행사업비(403-02)	1. 법률에 규정 2. 국고보조 재원(국가지정) 3. 용도 지정 기부금 4. 조례에 직접규정 5. 지자체가 권장하는 사업을 하는 공공기관 6. 시,도 정책 및 재정사정 7. 기타 8. 해당없음	계약체결방법 (경쟁형태) 1. 일반경쟁 2. 제한경쟁 3. 지명경쟁 4. 수의계약 5. 법정위탁 6. 기타 ( ) 7. 해당없음	계약기간 1. 1년 2. 2년 3. 3년 4. 4년 5. 5년 6. 기타 ( )년 7. 단기계약 (1년미만) 8. 해당없음	낙찰자선정방법 1. 적격심사 2. 협상에의한계약 3. 최저가낙찰제 4. 규격가격분리 5. 2단계 경쟁입찰 6. 기타 ( ) 7. 해당없음	운영예산 산정 1. 내부산정 (지자체 자체적으로 산정) 2. 외부산정 (외부전문기관위탁 산정) 3. 내·외부 모두 산정 4. 산정 無 5. 해당없음	정산방법 1. 내부정산 (지자체 내부적으로 정산) 2. 외부정산 (외부전문기관위탁 정산) 3. 내·외부 모두 산정 4. 정산 無 5. 해당없음	1. 실시 2. 미실시 3. 향후 추진 4. 해당없음
2267	경기 안산시	결혼이민자 한국어교육	42,000	외국인주민지원과	4	1	1	1	6	1	1	1
2268	경기 안산시	안산시 글로벌청소년센터 운영	384,304	외국인주민지원과	4	4	1	3	1	1	1	1
2269	경기 안산시	외국인주민 한국어교육	60,000	외국인주민지원과	4	4	1	1	6	1	1	1
2270	경기 안산시	자율방범대 합동 체육대회	3,000	상록행정지원과	4	1	2	5	1	1	1	4
2271	경기 안산시	노점상 및 노상적치물 정비용역	150,000	상록생활안전과	4	1	4	1	1	1	1	1
2272	경기 안산시	노점상 및 노상적치물 폐기물 위탁처리비	6,000	상록생활안전과	4	1	4	7	1	1	1	1
2273	경기 안산시	상록구 현장로드킬 용역	40,000	상록환경위생과	4	7	1	1	3	2	1	4
2274	경기 안산시	외식사업 아카데미 위탁교육	20,000	상록환경위생과	4	7	6	3	6	1	1	1
2275	경기 안산시	구청어린이집 운영관리 위탁사업	344,000	단원행정지원과	4	1	2	5	1	1	1	4
2276	경기 안산시	단원구 노점 및 노상적치물 정비용역	300,000	단원생활안전과	4	1	4	1	2	1	1	2
2277	경기 안산시	초지시민시장 노점 및 노상적치물 정비용역	50,000	단원생활안전과	4	1	4	7	1	1	1	1
2278	경기 안산시	단원구 현장로드킬 용역처리비	54,000	단원환경위생과	4	7	1	1	3	2	1	4
2279	경기 안산시	외식경영아카데미 운영	20,000	단원환경위생과	4	4	7	3	6	1	1	1
2280	경기 고양시	직장보육시설 운영	630,000	일산동구 자치행정과	4	1	6	3	6	1	1	2
2281	경기 고양시	지역사회건강조사 조사분석 위탁운영	69,042	덕양구보건소 보건기획과	4	2	7	8	7	5	5	4
2282	경기 고양시	가로청소 대행사업	33,711	환경녹지과	4	7	1	2	6	1	1	2
2283	경기 고양시	일산 벽제수질복원센터 운영 하수처리비	23,000	하수행정과	4	1	7	8	7	1	1	1
2284	경기 고양시	원능삼송수질복원센터 운영 하수처리비	10,000	하수행정과	4	1	1	5	6	2	1	1
2285	경기 고양시	고양시민원콜센터 운영 용역	22,748	민원여권과	4	4	1	2	2	1	1	1
2286	경기 고양시	철도건널목 관리	234,900	안전건설과	4	4	6	6	6	1	1	2
2287	경기 고양시	장애인복지관운영	28,900	장애인복지과	4	1	5	5	7	1	1	1
2288	경기 고양시	고양시재활스포츠센터운영	1,514,000	장애인복지과	4	1	5	5	1	1	1	2
2289	경기 고양시	고양시위탁장애인주간보호센터운영	841,000	장애인복지과	4	1	5	5	1	1	1	2
2290	경기 고양시	다함께돌봄센터 설치 및 운영	224,008	아동청소년과	4	4	5	5	1	1	1	3
2291	경기 고양시	어린이집 확충	130,000	아동청소년과	4	2	7	8	7	5	5	4
2292	경기 고양시	지방육아종합지원센터 운영	19,715	아동청소년과	4	1	5	5	7	1	2	2
2293	경기 고양시	지방육아종합지원센터 운영	34,000	아동청소년과	4	2	5	5	7	1	1	2
2294	경기 고양시	장애영유아보육교사 전문성 교육사업	20,000	아동청소년과	4	6	5	3	1	1	1	2
2295	경기 고양시	고양시-KB국민은행 배움누리 지원	130,000	아동청소년과	4	5	6	3	6	1	1	1
2296	경기 고양시	고양시 기업애로상담지원센터 운영	200,000	기업지원과	4	4	5	3	1	1	3	1
2297	경기 고양시	지역사회건강조사 조사분석 위탁운영	68,966	일산동구보건소	4	1	7	1	7	5	1	1
2298	경기 고양시	정신건강복지센터 지원	33,053	일산동구보건소	4	1	6	5	1	5	1	1
2299	경기 고양시	중독관리통합지원센터 지원	472,116	일산동구보건소	4	1	6	5	1	5	1	1
2300	경기 고양시	고양시 자치공동체지원센터 지원	14,999	주민자치과	4	4	5	3	2	5	1	1
2301	경기 고양시	고양시비정규직노동자지원센터 운영	250,000	일자리정책과	4	4	5	3	1	1	1	4
2302	경기 고양시	고양시노동권익센터 운영	320,000	일자리정책과	4	4	5	3	1	1	1	4
2303	경기 고양시	직장어린이집 운영	555,000	일산서구 자치행정과	4	1	6	3	6	1	1	2
2304	경기 고양시	고양여성창업지원센터 운영	150,000	여성가족과	4	4	1	8	7	5	1	2
2305	경기 고양시	개방공유형 여성창업지원 플랫폼(꿈마루)운영지원	70,000	여성가족과	4	1	7	8	7	5	1	2
2306	경기 고양시	여성노동자복지센터 운영지원	158,750	여성가족과	4	4	1	3	1	5	5	1
2307	경기 고양시	가정폭력 피해자 보호시설 운영	233,777	여성가족과	4	1	1	3	1	1	1	2
2308	경기 고양시	폭력피해여성 주거지원 운영지원	607,000	여성가족과	4	1	1	3	1	1	1	2

순번	시군구	지출명 (사업명)	2021년예산 (단위:천원/1년간)	담당자 (공무원)	민간이전 분류 (지방자치단체 세출예산 집행기준에 의거)	민간이전지출 근거 (지방보조금 관리기준 참고)	입찰방식			운영예산 산정		성과평가 실시여부
				담당부서	1. 민간경상사업보조(307-02) 2. 민간단체 법정운영비보조(307-03) 3. 민간행사사업보조(307-04) 4. 민간위탁금(307-05) 5. 사회복지시설 법정운영비보조(307-10) 6. 민간인위탁교육비(307-12) 7. 공기관등에대한경상적위탁사업비(308-10) 8. 민간자본사업보조,자체재원(402-01) 9. 민간자본사업보조,이전재원(402-02) 10. 민간위탁사업비(402-03) 11. 공기관등에 대한 자본적 대행사업비(403-02)	1. 법률에 규정 2. 국고보조 재원(국가지정) 3. 용도 지정 기부금 4. 조례에 직접규정 5. 지자체가 권장하는 사업을 하는 공공기관 6. 시,도 정책 및 재정사정 7. 기타 8. 해당없음	계약체결방법 (경쟁형태) 1. 일반경쟁 2. 제한경쟁 3. 지명경쟁 4. 수의계약 5. 법정위탁 6. 기타 ( ) 7. 해당없음	계약기간 1. 1년 2. 2년 3. 3년 4. 4년 5. 5년 6. 기타 ( )년 7. 단기계약 (1년미만) 8. 해당없음	낙찰자선정방법 1. 적격심사 2. 협상에의한계약 3. 최저가낙찰제 4. 규격가격분리 5. 2단계 경쟁입찰 6. 기타 ( ) 7. 해당없음	운영예산 산정 1. 내부산정 (지자체 자체적으로 산정) 2. 외부산정 (외부전문기관위탁 산정) 3. 내·외부 모두 산정 4. 산정 無 5. 해당없음	정산방법 1. 내부정산 (지자체 내부적으로 정산) 2. 외부정산 (외부전문기관위탁 정산) 3. 내·외부 모두 산정 4. 정산 無 5. 해당없음	1. 실시 2. 미실시 3. 향후 추진 4. 해당없음
2309	경기 고양시	폭력피해여성 주거지원 운영지원	37,699	여성가족과	4	1	1	3	1	1	1	2
2310	경기 고양시	아이돌봄 지원	40,529	여성가족과	4	1	1	3	1	5	5	4
2311	경기 고양시	건강가정지원센터 운영 지원	372,263	여성가족과	4	1	1	3	1	5	5	4
2312	경기 고양시	공동육아나눔터 운영지원	53,828	여성가족과	4	1	1	3	1	5	5	4
2313	경기 고양시	아버지 학교 운영	10,000	여성가족과	4	1	1	3	1	5	5	4
2314	경기 고양시	행복한 가족 프로그램	10,000	여성가족과	4	1	1	3	1	5	5	4
2315	경기 고양시	건강가정지원센터 운영	83,680	여성가족과	4	1	1	3	1	5	5	4
2316	경기 고양시	아이돌보미 독감예방접종비	7,000	여성가족과	4	1	1	3	1	5	5	4
2317	경기 고양시	건강가정 및 다문화가족 지원센터 운영	245,592	여성가족과	4	1	1	3	1	5	5	4
2318	경기 고양시	다문화가족 특화사업	474,526	여성가족과	4	1	1	3	1	5	5	4
2319	경기 고양시	찾아가는 결혼이주여성 다이음 사업	300,000	여성가족과	4	1	1	3	1	5	5	4
2320	경기 고양시	문화다양성 이해교육	25,000	여성가족과	4	1	1	3	1	5	5	4
2321	경기 고양시	다문화가정 청소년 교육 지원	2,038,000	여성가족과	4	1	1	3	1	5	5	4
2322	경기 고양시	다문화가족 캠프	1,020,000	여성가족과	4	1	1	3	1	5	5	4
2323	경기 고양시	한국어교육 운영	2,500,000	여성가족과	4	1	1	3	1	5	5	4
2324	경기 고양시	다문화가족 전문상담실 운영	1,000,000	여성가족과	4	1	1	3	1	5	5	4
2325	경기 과천시	과천시청 직장어린이집 운영	37,800,000	자치행정과	4	1	6	5	7	3	3	4
2326	경기 과천시	자원봉사센터 운영	47,351,200	자치행정과	4	1	7	8	7	5	5	4
2327	경기 과천시	자원봉사자 보험료 지원	739,800	자치행정과	4	1	7	8	7	5	5	4
2328	경기 과천시	자원봉사 코디네이터 지원	5,907,600	자치행정과	4	1	7	8	7	5	5	4
2329	경기 과천시	통합문화이용권 지원	8,840,000	문화체육과	4	2	7	8	7	1	1	1
2330	경기 과천시	지방문화원 운영	54,764,400	문화체육과	4	1	4	6	7	3	3	1
2331	경기 과천시	경기소리전수관 운영	21,128,500	문화체육과	4	4	4	2	1	3	3	1
2332	경기 과천시	과천시 창업·상권활성화센터 운영	22,120,000	일자리경제과	4	6	2	1	2	1	1	1
2333	경기 과천시	취업프로그램 운영	11,000,000	일자리경제과	4	1	2	1	2	1	1	1
2334	경기 과천시	일자리센터 운영	23,500,000	일자리경제과	4	1	2	1	2	1	1	1
2335	경기 과천시	지역사회복지서비스 체계 구축	942,860	복지정책과	4	8	5	8	7	3	3	4
2336	경기 과천시	종합사회복지관 운영 지원	9,638,360	복지정책과	4	4	1	5	1	3	3	1
2337	경기 과천시	깔끄미 사업	60,000	복지정책과	4	6	7	8	7	5	5	4
2338	경기 과천시	장애인복지관(보훈종합회관) 운영비	3,022,800	사회복지과	4	4	1	5	1	5	1	4
2339	경기 과천시	장애인복지관 위탁사업	663,215	사회복지과	4	4	1	5	1	5	1	4
2340	경기 과천시	장애인 주간보호시설 운영	300,000	사회복지과	4	4	1	5	1	5	1	4
2341	경기 과천시	장애인 맞춤형도우미 운영	6,537,000	사회복지과	4	6	6	8	6	5	1	4
2342	경기 과천시	장애인 복지일자리 사업	2,200,180	사회복지과	4	2	5	1	1	5	3	4
2343	경기 과천시	장애인복지일자리 직무지도원 파견사업	35,511,000	사회복지과	4	2	5	1	1	5	3	4
2344	경기 과천시	국가유공자 의료비 지원	3,600,000	사회복지과	4	5	7	8	7	1	1	4
2345	경기 과천시	장애아동 재활치료비	3,600,000	사회복지과	4	4	6	8	7	1	1	4
2346	경기 과천시	장애인 응급안전알림서비스사업	1,200,000	사회복지과	4	2	5	3	1	5	3	2
2347	경기 과천시	노인의 날 행사운영	15,000	사회복지과	4	5	5	3	1	1	3	2
2348	경기 과천시	노인 및 장애인 케이블카 이용 관악산 견학	10,380	사회복지과	4	5	5	3	1	1	3	2
2349	경기 과천시	실버가족 주말농장 운영	10,000	사회복지과	4	5	5	3	1	1	3	2
2350	경기 과천시	노인자원봉사 주말농장 운영	7,500	사회복지과	4	5	5	3	1	1	3	2

순번	시군구	지출명 (사업명)	2021년예산 (단위:천원/1년간)	담당자 (공무원)	민간이전 분류 (지방자치단체 세출예산 집행기준에 의거)	민간이전지출 근거 (지방보조금 관리기준 참고)	입찰방식			운영예산 산정		성과평가 실시여부
				담당부서	1. 민간경상사업보조(307-02) 2. 민간단체 법정운영비보조(307-03) 3. 민간행사사업보조(307-04) 4. 민간위탁금(307-05) 5. 사회복지시설 법정운영비보조(307-10) 6. 민간인위탁교육비(307-12) 7. 공기관등에대한경상적위탁사업비(308-10) 8. 민간자본사업보조,자체재원(402-01) 9. 민간자본사업보조,이전재원(402-02) 10. 민간위탁사업비(402-03) 11. 공기관등에 대한 자본적 대행사업비(403-02)	1. 법률에 규정 2. 국고보조 재원(국가지정) 3. 용도 지정 기부금 4. 조례에 직접규정 5. 지자체가 권장하는 사업을 하는 공공기관 6. 시,도 정책 및 재정사정 7. 기타 8. 해당없음	계약체결방법 (경쟁형태) 1. 일반경쟁 2. 제한경쟁 3. 지명경쟁 4. 수의계약 5. 법정위탁 6. 기타 ( ) 7. 해당없음	계약기간 1. 1년 2. 2년 3. 3년 4. 4년 5. 5년 6. 기타 ( )년 7. 단기계약 (1년미만) 8. 해당없음	낙찰자선정방법 1. 적격심사 2. 협상에의한계약 3. 최저가낙찰제 4. 규격가격분리 5. 2단계 경쟁입찰 6. 기타 ( ) 7. 해당없음	운영예산 산정 1. 내부산정 (지자체 자체적으로 산정) 2. 외부산정 (외부전문기관위탁 산정) 3. 내·외부 모두 산정 4. 산정 無 5. 해당없음	정산방법 1. 내부정산 (지자체 내부적으로 정산) 2. 외부정산 (외부전문기관위탁 정산) 3. 내·외부 모두 산정 4. 정산 無 5. 해당없음	1. 실시 2. 미실시 3. 향후 추진 4. 해당없음
2351	경기 과천시	어버이 날 행사운영	7,000	사회복지과	4	5	5	3	1	1	3	2
2352	경기 과천시	1~3세대 공감 프로그램 운영	8,000	사회복지과	4	5	5	3	1	1	3	2
2353	경기 과천시	노인맞춤 돌봄 서비스	447,140	사회복지과	4	2	5	3	1	5	3	2
2354	경기 과천시	독거노인 응급안전안심 서비스	62,520	사회복지과	4	2	5	3	1	5	3	2
2355	경기 과천시	노인복지관 운영	27,650	사회복지과	4	6	5	3	1	5	3	2
2356	경기 과천시	노인상담센터 지원	53,427	사회복지과	4	6	5	3	1	5	3	2
2357	경기 과천시	경로식당 무료급식	59,400	사회복지과	4	6	5	3	1	5	3	2
2358	경기 과천시	경로식당 취사원 인건비 지원	56,100	사회복지과	4	6	5	3	1	5	3	2
2359	경기 과천시	저소득 재가노인 식사배달	63,000	사회복지과	4	6	5	3	1	5	3	2
2360	경기 과천시	노인일자리지원	1,912,000	사회복지과	4	2	5	3	1	5	3	2
2361	경기 과천시	노인일자리 전담인력 인건비	76,986	사회복지과	4	2	5	3	1	5	3	2
2362	경기 과천시	실버인력뱅크 지원	97,300	사회복지과	4	6	5	3	1	5	3	2
2363	경기 과천시	365 어르신돌봄센터 운영	50,000	사회복지과	4	6	5	3	1	5	3	2
2364	경기 과천시	재가노인복지시설 운영비	270,000	사회복지과	4	6	5	5	1	5	3	2
2365	경기 과천시	세계여성의 날 기념행사	5,000	사회복지과	4	4	1	3	1	1	1	4
2366	경기 과천시	여성 지도자 역량강화 교육 및 워크숍	10,000	사회복지과	4	4	1	3	1	1	1	4
2367	경기 과천시	강사뱅크 운영	25,000	사회복지과	4	4	1	3	1	1	1	4
2368	경기 과천시	여성 취·창업 지원 열린마당 운영	11,000	사회복지과	4	4	1	3	1	1	1	4
2369	경기 과천시	여성전문상담	4,500	사회복지과	4	4	1	3	1	1	1	4
2370	경기 과천시	여성비전센터 운영	306,560	사회복지과	4	4	1	3	1	1	1	4
2371	경기 과천시	경력단절여성 디딤돌 취업지원	60,000	사회복지과	4	4	1	3	1	1	1	4
2372	경기 과천시	새일센터 미지정지역 취업상담사 인건비	63,792	사회복지과	4	4	1	3	1	1	1	4
2373	경기 과천시	건강가정지원센터 운영	459,216	사회복지과	4	8	1	3	1	1	1	1
2374	경기 과천시	아이돌봄 지원사업	676,000	사회복지과	4	8	1	3	1	1	1	1
2375	경기 과천시	마을돌봄나눔터(래미안, 부림동) 운영비	78,000	사회복지과	4	8	1	3	1	1	1	4
2376	경기 과천시	다함께 돌봄센터 기자재비	20,000	사회복지과	4	2	1	5	1	1	1	4
2377	경기 과천시	다함께 돌봄센터 인건비	119,340	사회복지과	4	2	1	5	1	1	1	4
2378	경기 과천시	다함께 돌봄센터 운영비	22,500	사회복지과	4	2	1	5	1	1	1	4
2379	경기 과천시	성매매 및 성폭력, 가정폭력 예방교육	20,000	사회복지과	4	4	1	3	1	1	1	4
2380	경기 과천시	한국어교육 운영 지원	15,500	사회복지과	4	4	1	3	1	1	1	4
2381	경기 과천시	방문교육 서비스 지원사업	13,680	사회복지과	4	4	1	3	1	1	1	4
2382	경기 과천시	다문화신문 구독지원	1,800,000	사회복지과	4	4	1	3	1	1	1	4
2383	경기 과천시	다문화사회 이해 교육	4,000	사회복지과	4	4	1	3	1	1	1	1
2384	경기 과천시	다문화가정 자녀 방문학습지 지원	1,820,000	사회복지과	4	4	1	3	1	1	1	4
2385	경기 과천시	행복한 가정 프로그램	10,000	사회복지과	4	4	1	3	1	1	1	1
2386	경기 과천시	결혼이주여성 한국어 교육	2,100	사회복지과	4	4	1	3	1	1	1	4
2387	경기 과천시	입양아동 심리치료 지원	1,000,000	사회복지과	4	4	1	3	1	1	1	4
2388	경기 과천시	육아종합지원센터 운영	446,453	사회복지과	4	4	6	3	6	3	3	4
2389	경기 과천시	부모교육 프로그램 지원	34,000	사회복지과	4	6	6	8	6	4	4	4
2390	경기 과천시	경기도형 보육컨설팅 운영	57,330	사회복지과	4	6	6	8	6	4	4	4
2391	경기 과천시	가족여성플라자 관리 운영	31,690	사회복지과	4	6	6	8	6	3	3	4
2392	경기 과천시	중앙엄마랑아이랑 운영	103,426	사회복지과	4	6	6	8	6	3	3	4

순번	시군구	지출명 (사업명)	2021년예산 (단위:천원/1년간)	담당자 (공무원)	민간이전 분류 (지방자치단체 세출예산 집행기준에 의거)	민간이전지출 근거 (지방보조금 관리기준 참고)	입찰방식			운영예산 산정		성과평가 실시여부
				담당부서	1. 민간경상사업보조(307-02) 2. 민간단체 법정운영비보조(307-03) 3. 민간행사사업보조(307-04) 4. 민간위탁금(307-05) 5. 사회복지시설 법정운영비보조(307-10) 6. 민간인위탁교육비(307-12) 7. 공기관등에대한경상적위탁사업비(308-10) 8. 민간자본사업보조,자체재원(402-01) 9. 민간자본사업보조,이전재원(402-02) 10. 민간위탁사업비(402-03) 11. 공기관등에 대한 자본적 대행사업비(403-02)	1. 법률에 규정 2. 국고보조 재원(국가지정) 3. 용도 지정 기부금 4. 조례에 직접규정 5. 지자체가 권장하는 사업을 하는 공공기관 6. 시,도 정책 및 재정사정 7. 기타 8. 해당없음	계약체결방법 (경쟁형태) 1. 일반경쟁 2. 제한경쟁 3. 지명경쟁 4. 수의계약 5. 법정위탁 6. 기타 ( ) 7. 해당없음	계약기간 1. 1년 2. 2년 3. 3년 4. 4년 5. 5년 6. 기타 ( )년 7. 단기계약 (1년미만) 8. 해당없음	낙찰자선정방법 1. 적격심사 2. 협상에의한계약 3. 최저가낙찰제 4. 규격가격분리 5. 2단계 경쟁입찰 6. 기타 ( ) 7. 해당없음	운영예산 산정 1. 내부산정 (지자체 자체적으로 산정) 2. 외부산정 (외부전문기관위탁 산정) 3. 내·외부 모두 산정 4. 산정 無 5. 해당없음	정산방법 1. 내부정산 (지자체 내부적으로 정산) 2. 외부정산 (외부전문기관위탁 정산) 3. 내·외부 모두 산정 4. 정산 無 5. 해당없음	1. 실시 2. 미실시 3. 향후 추진 4. 해당없음
2393	경기 과천시	아이러브맘카페 운영	284,919	사회복지과	4	6	6	8	6	4	4	4
2394	경기 과천시	시군 육아종합지원센터 전문상담사 등 배치	81,654	사회복지과	4	6	6	8	6	4	4	4
2395	경기 과천시	어린이집 확충	90,000	사회복지과	4	2	7	8	7	1	1	4
2396	경기 과천시	국공립어린이집 운영비 추가 지원	50,000	사회복지과	4	6	7	8	7	1	1	4
2397	경기 과천시	영어체험장 운영	859,950	교육청소년과	4	4	7	8	7	1	1	1
2398	경기 과천시	청소대행료	27,940	환경위생과	4	1	4	2	7	2	1	1
2399	경기 과천시	노면청소 도급비용	570,000	환경위생과	4	1	4	2	7	2	1	1
2400	경기 과천시	자원정화센터 위탁운영	6,504,000	환경위생과	4	4	2	3	2	2	1	1
2401	경기 과천시	자동집하시설 위탁운영	58,800,000	환경위생과	4	4	2	3	2	2	1	1
2402	경기 과천시	2021년 분뇨·개인하수처리시설 청소 및 수집·운반 대행용역	43,214,400	환경위생과	4	1	4	1	7	2	1	4
2403	경기 과천시	2021년 분뇨·개인하수처리시설 청소 및 수집·운반 대행용역	10,167,600	환경위생과	4	1	4	1	7	2	1	4
2404	경기 과천시	어린이 급식관리 지원센터 운영	21,000,000	환경위생과	4	2	7	8	7	5	5	4
2405	경기 과천시	외식업 경영 리더과정	2,000,000	환경위생과	4	7	7	8	7	5	5	4
2406	경기 과천시	가축양성 전염병 양성축처리 위탁	2,500,000	공원농림과	4	1	7	8	7	1	1	1
2407	경기 과천시	가축양성 전염병 양성축처리 위탁	4,000,000	공원농림과	4	1	7	8	7	1	1	1
2408	경기 과천시	가축전염병 양성축처리 소각비	900,000	공원농림과	4	1	7	8	7	1	1	1
2409	경기 과천시	민간위탁대행(구제역, AI 등) 농가소독	1,375,000	공원농림과	4	1	4	1	7	1	1	1
2410	경기 과천시	유아숲체험원 교육운영	5,140,000	공원농림과	4	6	1	7	2	3	3	1
2411	경기 과천시	산불진화 민간헬기 운영	400,000	공원농림과	4	6	6	1	6	3	3	4
2412	경기 과천시	하천유지관리	420,000	안전총괄과	4	7	4	1	6	1	1	4
2413	경기 과천시	교통약자 특별교통수단 운영	486,000	교통과	4	4	1	3	6	1	1	4
2414	경기 과천시	공공자전거 대여소 운영	500,000	교통과	4	4	1	1	1	1	1	4
2415	경기 과천시	불법 주정차 단속 보조용역	460,000	교통과	4	4	1	1	1	1	1	4
2416	경기 과천시	견인차량보관소 관리위탁	67,000	교통과	4	1	1	1	1	1	1	4
2417	경기 과천시	지역보건 업무대행	33,840	보건행정과	4	8	7	8	7	5	5	4
2418	경기 과천시	지역보건 업무대행	67,680	보건행정과	4	8	7	8	7	5	5	4
2419	경기 과천시	지역사회 건강조사	68,358	보건행정과	4	2	6	8	6	2	2	1
2420	경기 과천시	정신건강복지센터 운영	396,796	보건행정과	4	1	1	3	2	4	1	1
2421	경기 과천시	자살예방 및 정신건강증진사업	30,540	보건행정과	4	1	1	3	2	4	1	1
2422	경기 과천시	생명사랑 프로젝트 전담인력비	40,000	보건행정과	4	1	1	3	2	4	1	1
2423	경기 과천시	자살시도자 및 가족 등 치료 지원	227,000	보건행정과	4	1	1	3	2	4	1	1
2424	경기 과천시	노인자살 예방사업	70,000	보건행정과	4	1	1	3	2	4	1	1
2425	경기 과천시	자살예방시스템 확충	70,000	보건행정과	4	1	1	3	2	4	1	1
2426	경기 과천시	정신질환자 치료비 지원	941,600	보건행정과	4	1	1	3	2	4	1	1
2427	경기 과천시	정신질환자 치료지원	49,620	보건행정과	4	1	1	3	2	4	1	1
2428	경기 과천시	청년정신건강증진사업	76,120	보건행정과	4	1	1	3	2	4	1	1
2429	경기 과천시	기초정신건강복지센터 자살예방사업 지원	35,320	보건행정과	4	1	1	3	2	4	1	1
2430	경기 과천시	기초정신건강복지센터 인력확충	36,324	보건행정과	4	1	1	3	2	4	1	1
2431	경기 과천시	상수도 민간검침 위탁	130,000	맑은물사업소	4	4	1	1	6	1	1	4
2432	경기 구리시	자원봉사센터 운영	570,000	소통공보담당관	4	4	7	8	7	1	1	1
2433	경기 구리시	전국통합자원봉사보험 가입서비스 지원	1,346,400	소통공보담당관	4	2	7	8	7	1	1	1
2434	경기 구리시	자원봉사센터 코디네이터 지원·육성	59,076	소통공보담당관	4	2	7	8	7	1	1	1

순번	시군구	지출명 (사업명)	2021년예산 (단위:천원/1년간)	담당자 (공무원)	민간이전 분류 (지방자치단체 세출예산 집행기준에 의거)	민간이전지출 근거 (지방보조금 관리기준 참고)	입찰방식			운영예산 산정		성과평가 실시여부
				담당부서	1. 민간경상사업보조(307-02) 2. 민간단체 법정운영비보조(307-03) 3. 민간행사사업보조(307-04) 4. 민간위탁금(307-05) 5. 사회복지시설 법정운영비보조(307-10) 6. 민간인위탁교육비(307-12) 7. 공기관등에대한경상적위탁사업비(308-10) 8. 민간자본사업보조,자체재원(402-01) 9. 민간자본사업보조,이전재원(402-02) 10. 민간위탁사업비(402-03) 11. 공기관등에 대한 자본적 대행사업비(403-02)	1. 법률에 규정 2. 국고보조 재원(국가지정) 3. 용도 지정 기부금 4. 조례에 직접규정 5. 지자체가 권장하는 사업을 하는 공공기관 6. 시,도 정책 및 재정사정 7. 기타 8. 해당없음	계약체결방법 (경쟁형태) 1. 일반경쟁 2. 제한경쟁 3. 지명경쟁 4. 수의계약 5. 법정위탁 6. 기타 ( ) 7. 해당없음	계약기간 1. 1년 2. 2년 3. 3년 4. 4년 5. 5년 6. 기타 ( )년 7. 단기계약 (1년미만) 8. 해당없음	낙찰자선정방법 1. 적격심사 2. 협상에의한계약 3. 최저가낙찰제 4. 규격가격분리 5. 2단계 경쟁입찰 6. 기타 ( ) 7. 해당없음	운영예산 산정 1. 내부산정 (지자체 자체적으로 산정) 2. 외부산정 (외부전문기관위탁 산정) 3. 내·외부 모두 산정 4. 산정 無 5. 해당없음	정산방법 1. 내부정산 (지자체 내부적으로 정산) 2. 외부정산 (외부전문기관위탁 정산) 3. 내·외부 모두 산정 4. 정산 無 5. 해당없음	1. 실시 2. 미실시 3. 향후 추진 4. 해당없음
2435	경기 구리시	구리시 청년창업지원센터 운영	300,000	일자리경제과	4	4	1	3	2	1	1	1
2436	경기 구리시	시군 일자리센터 운영 지원	481,617	일자리경제과	4	4	1	2	1	1	1	1
2437	경기 구리시	보훈향군회관위탁운영	160,152	복지정책과	4	4	4	5	6	1	1	2
2438	경기 구리시	현충탑,무공수훈자탑 위탁운영	12,200	복지정책과	4	4	4	5	6	1	1	2
2439	경기 구리시	6.25참전기념탑,베트남참전기념탑 위탁관리	4,800,000	복지정책과	4	4	4	5	6	1	1	2
2440	경기 구리시	구리시종합사회복지관 민간위탁금 지급	667,598	복지정책과	4	1	1	5	7	1	1	1
2441	경기 구리시	갈매사회복지관 민간위탁금 지급	407,270	복지정책과	4	1	1	5	7	1	1	1
2442	경기 구리시	지역자활센터 운영	227,065	복지정책과	4	2	7	8	7	5	5	4
2443	경기 구리시	자활근로사업	1,238,000	복지정책과	4	2	5	1	7	5	5	4
2444	경기 구리시	탈수급유지지원사업	39,000	복지정책과	4	2	5	1	7	5	5	4
2445	경기 구리시	교육훈련센터 운영	12,000	복지정책과	4	2	5	1	7	5	5	4
2446	경기 구리시	통장사례관리 운영	35,741	복지정책과	4	2	5	1	7	5	5	4
2447	경기 구리시	경로식당 무료급식	530,640	노인장애인복지과	4	1	1	3	7	1	1	1
2448	경기 구리시	재가노인식사배달	325,500	노인장애인복지과	4	1	1	3	7	1	1	1
2449	경기 구리시	경로식당 취사원인건비	114,240	노인장애인복지과	4	1	1	3	7	1	1	1
2450	경기 구리시	노인급식 지원사업	90,379	노인장애인복지과	4	4	1	3	7	1	1	1
2451	경기 구리시	경로당 활성화 추진	650,056	노인장애인복지과	4	4	1	5	7	1	1	1
2452	경기 구리시	노인일자리및사회활동지원	62,076	노인장애인복지과	4	1	6	1	6	5	1	1
2453	경기 구리시	노인일자리수행기관전담인력인건비	307,944	노인장애인복지과	4	1	6	1	6	5	1	1
2454	경기 구리시	실버인력뱅크지원	97,300	노인장애인복지과	4	6	6	5	6	5	1	1
2455	경기 구리시	구리실버인력뱅크운영	75,000	노인장애인복지과	4	6	6	5	6	1	1	1
2456	경기 구리시	노인일자리창출지원	55,500	노인장애인복지과	4	6	6	1	6	5	1	1
2457	경기 구리시	노인일자리수행기관부대경비지원	7,000	노인장애인복지과	4	6	6	1	6	5	1	4
2458	경기 구리시	시군노인상담센터 지원	44,313	노인장애인복지과	4	4	1	3	6	5	1	1
2459	경기 구리시	노인상담센터	105,767	노인장애인복지과	4	4	1	3	6	5	1	1
2460	경기 구리시	노인맞춤돌봄서비스사업 지원	1,469,000	노인장애인복지과	4	1	1	3	6	5	1	1
2461	경기 구리시	독거노인중증장애인 응급안전안심서비스 운영지원	80,360	노인장애인복지과	4	1	1	1	6	5	1	1
2462	경기 구리시	장애인복지관 운영	1,897,000	노인장애인복지과	4	6	7	8	7	5	1	4
2463	경기 구리시	장애인일자리지원	317,803	노인장애인복지과	4	1	1	1	7	5	1	1
2464	경기 구리시	장애인 맞춤형도우미 운영	76,795	노인장애인복지과	4	1	7	1	7	5	1	4
2465	경기 구리시	장애아재활치료교육센터운영	80,000	노인장애인복지과	4	6	7	8	7	5	1	4
2466	경기 구리시	장애인주간보호시설운영	512,530	노인장애인복지과	4	6	7	8	7	5	1	4
2467	경기 구리시	장애인근로복지센터 운영	225,963	노인장애인복지과	4	4	7	8	7	1	1	4
2468	경기 구리시	장애인가족지원센터 운영 지원	150,000	노인장애인복지과	4	6	7	8	7	5	1	4
2469	경기 구리시	구리시 발달장애인 평생학습센터 개소 및 운영	1,344,000	노인장애인복지과	4	4	5	3	1	5	1	1
2470	경기 구리시	다문화가족특성화	166,699	여성가족과	4	2	1	3	1	1	1	1
2471	경기 구리시	결혼이민자역량강화지원	20,000,000	여성가족과	4	2	1	3	1	1	1	1
2472	경기 구리시	건강가정 및 다문화가족 지원센터운영	54,455,200	여성가족과	4	2	1	3	1	1	1	1
2473	경기 구리시	아이돌봄지원사업	2,246,800	여성가족과	4	2	1	3	1	1	1	1
2474	경기 구리시	가족역량강화 지원	7,562,000	여성가족과	4	2	7	8	7	5	5	4
2475	경기 구리시	공동육아나눔터 운영	53,828,000	여성가족과	4	2	1	3	1	1	1	1
2476	경기 구리시	위기가족 회복지원사업	5,300,000	여성가족과	4	4	7	8	7	5	5	4

순번	시군구	지출명 (사업명)	2021년예산 (단위:천원/1년간)	담당자 (공무원)	민간이전 분류 (지방자치단체 세출예산 집행기준에 의거)	민간이전지출 근거 (지방보조금 관리기준 참고)	입찰방식			운영예산 산정		성과평가 실시여부
				담당부서	1. 민간경상사업보조(307-02) 2. 민간단체 법정운영비보조(307-03) 3. 민간행사사업보조(307-04) 4. 민간위탁금(307-05) 5. 사회복지시설 법정운영비보조(307-10) 6. 민간인위탁교육비(307-12) 7. 공기관등에대한경상적위탁사업비(308-10) 8. 민간자본사업보조,자체재원(402-01) 9. 민간자본사업보조,이전재원(402-02) 10. 민간위탁사업비(402-03) 11. 공기관등에 대한 자본적 대행사업비(403-02)	1. 법률에 규정 2. 국고보조 재원(국가지정) 3. 용도 지정 기부금 4. 조례에 직접규정 5. 지자체가 권장하는 사업을 하는 공공기관 6. 시,도 정책 및 재정사정 7. 기타 8. 해당없음	계약체결방법 (경쟁형태) 1. 일반경쟁 2. 제한경쟁 3. 지명경쟁 4. 수의계약 5. 법정위탁 6. 기타 ( ) 7. 해당없음	계약기간 1. 1년 2. 2년 3. 3년 4. 4년 5. 5년 6. 기타 ( )년 7. 단기계약 (1년미만) 8. 해당없음	낙찰자선정방법 1. 적격심사 2. 협상에의한계약 3. 최저가낙찰제 4. 규격가격분리 5. 2단계 경쟁입찰 6. 기타 ( ) 7. 해당없음	운영예산 산정 1. 내부산정 (지자체 자체적으로 산정) 2. 외부산정 (외부전문기관위탁 산정) 3. 내·외부 모두 산정 4. 산정 無 5. 해당없음	정산방법 1. 내부정산 (지자체 내부적으로 정산) 2. 외부정산 (외부전문기관위탁 정산) 3. 내·외부 모두 산정 4. 정산 無 5. 해당없음	1. 실시 2. 미실시 3. 향후 추진 4. 해당없음
2477	경기 구리시	행복한가족 프로그램	10,000,000	여성가족과	4	4	1	3	1	1	1	1
2478	경기 구리시	아이돌보미 독감예방접종비	4,500,000	여성가족과	4	4	7	8	7	5	5	4
2479	경기 구리시	다문화신문 구독지원	594,000	여성가족과	4	4	1	3	1	1	1	1
2480	경기 구리시	다문화가족 동아리 모임활성화 지원	4,050	여성가족과	4	4	1	3	1	1	1	1
2481	경기 구리시	다문화가족지원센터 기능강화	48,400	여성가족과	4	4	1	3	1	1	1	1
2482	경기 구리시	다문화가족 서포터즈 운영	3,000	여성가족과	4	4	1	3	1	1	1	1
2483	경기 구리시	결혼이민자 취업교육 지원	6,080	여성가족과	4	4	1	3	1	1	1	1
2484	경기 구리시	다문화가족 방문학습지 지원	3,510	여성가족과	4	4	1	3	1	1	1	1
2485	경기 구리시	다문화아동 이중언어 교육 지원	5,000	여성가족과	4	4	7	8	7	5	5	4
2486	경기 구리시	결혼이민자 한국어 교육	9,730	여성가족과	4	4	1	3	1	1	1	1
2487	경기 구리시	내외국인이 참여하는 문화 소통프로그램 지원	22,500	여성가족과	4	4	1	3	1	1	1	1
2488	경기 구리시	지역주민인식개선을 위한 문화다양성 이해교육	10,000	여성가족과	4	4	1	3	1	1	1	1
2489	경기 구리시	외국인주민 한국어교육	5,170	여성가족과	4	4	1	7	1	1	1	3
2490	경기 구리시	구리시 육아종합지원센터 및 아이러브맘카페 운영	450,110	여성가족과	4	1	5	5	7	1	1	4
2491	경기 구리시	지방육아종합지원센터 운영	34,000	여성가족과	4	6	5	5	7	5	1	4
2492	경기 구리시	경기도형 보육컨설턴트 인건비 지원	60,480	여성가족과	4	6	5	5	7	5	1	4
2493	경기 구리시	시군 육아종합지원센터 상담인력 지원	90,000	여성가족과	4	6	5	5	7	5	1	4
2494	경기 구리시	어린이집 운영 지원	563,801	여성가족과	4	6	7	8	7	5	1	4
2495	경기 구리시	다함께돌봄사업	111,032	여성가족과	4	2	1	5	1	1	1	1
2496	경기 구리시	청소년쉼터(여자) 운영	315,128	평생학습과	4	1	1	3	1	3	3	1
2497	경기 구리시	말라리아 박멸사업	90,000	보건행정과	4	6	1	3	1	1	1	4
2498	경기 구리시	지역사회건강조사	68,966	건강증진과	4	2	7	1	7	2	2	1
2499	경기 구리시	기초정신건강복지센터 지원	462,664	건강증진과	4	2	1	3	1	1	1	1
2500	경기 구리시	정신건강복지센터 인력확충	254,261	건강증진과	4	2	1	3	1	1	1	1
2501	경기 구리시	아동청소년 정신보건사업	52,294	건강증진과	4	2	1	3	1	1	1	1
2502	경기 구리시	자살예방 및 정신건강증진사업	40,720	건강증진과	4	2	1	3	1	1	1	1
2503	경기 구리시	기초정신건강복지센터 자살예방사업 지원	105,900	건강증진과	4	2	1	3	1	1	1	1
2504	경기 구리시	생명사랑 전담인력 배치	40,000	건강증진과	4	2	1	3	1	1	1	1
2505	경기 구리시	생명사랑치료비지원	5,400	건강증진과	4	2	1	3	1	1	1	1
2506	경기 구리시	정신질환자 치료비 지원	32,940	건강증진과	4	2	1	3	1	1	1	1
2507	경기 구리시	정신질환자 치료지원	75,040	건강증진과	4	2	1	3	1	1	1	1
2508	경기 구리시	노인자살예방사업	70,000	건강증진과	4	2	1	3	1	1	1	1
2509	경기 구리시	어르신행복지킴이 사업	15,000	건강증진과	4	6	1	3	1	1	1	1
2510	경기 구리시	자살예방시스템확충	150,000	건강증진과	4	2	1	3	1	1	1	1
2511	경기 구리시	청년정신건강증진사업	130,880	건강증진과	4	2	1	3	1	1	1	1
2512	경기 남양주시	남은음식물자원화시설 운영	6,778	자원순환과	4	8	2	3	3	4	5	4
2513	경기 남양주시	에코랜시설 위탁 운영비	37,385	자원순환과	4	8	1	1	1	1	5	4
2514	경기 남양주시	납부필증 위탁판매	72,115	자원순환과	4	8	7	1	1	4	5	4
2515	경기 남양주시	재활용품 수집선별 위탁처리	29,214	자원순환과	4	8	7	3	1	4	5	4
2516	경기 남양주시	지방문화원 사업활동 지원	216,368	문화예술과	4	8	7	1	1	1	5	4
2517	경기 남양주시	전문예술활동지원	150,000	문화예술과	4	8	7	1	1	2	5	4
2518	경기 남양주시	생활예술활동지원	70,000	문화예술과	4	8	7	1	1	2	5	4

순번	시군구	지출명 (사업명)	2021년예산 (단위:천원/1년간)	담당자 (공무원) 담당부서	민간이전 분류 (지방자치단체 세출예산 집행기준에 의거) 1. 민간경상사업보조(307-02) 2. 민간단체 법정운영비보조(307-03) 3. 민간행사사업보조(307-04) 4. 민간위탁금(307-05) 5. 사회복지시설 법정운영비보조(307-10) 6. 민간인위탁교육비(307-12) 7. 공기관등에대한경상적위탁사업비(308-10) 8. 민간자본사업보조,자체재원(402-01) 9. 민간자본사업보조,이전재원(402-02) 10. 민간위탁사업비(402-03) 11. 공기관등에 대한 자본적 대행사업비(403-02)	민간이전지출 근거 (지방보조금 관리기준 참고) 1. 법률에 규정 2. 국고보조 재원(국가지정) 3. 용도 지정 기부금 4. 조례에 직접규정 5. 지자체가 권장하는 사업을 하는 공공기관 6. 시,도 정책 및 재정사정 7. 기타 8. 해당없음	입찰방식 계약체결방법 (경쟁형태) 1. 일반경쟁 2. 제한경쟁 3. 지명경쟁 4. 수의계약 5. 법정위탁 6. 기타 ( ) 7. 해당없음	입찰방식 계약기간 1. 1년 2. 2년 3. 3년 4. 4년 5. 5년 6. 기타 ( )년 7. 단기계약 (1년미만) 8. 해당없음	입찰방식 낙찰자선정방법 1. 적격심사 2. 협상에의한계약 3. 최저가낙찰제 4. 규격가격분리 5. 2단계 경쟁입찰 6. 기타 ( ) 7. 해당없음	운영예산 산정 운영예산 산정 1. 내부산정 (지자체 자체적으로 산정) 2. 외부산정 (외부전문기관위탁 산정) 3. 내·외부 모두 산정 4. 산정 無 5. 해당없음	운영예산 산정 정산방법 1. 내부정산 (지자체 내부적으로 정산) 2. 외부정산 (외부전문기관위탁 정산) 3. 내·외부 모두 산정 4. 정산 無 5. 해당없음	성과평가 실시여부 1. 실시 2. 미실시 3. 향후 추진 4. 해당없음
2519	경기 남양주시	문화예술단체 지원	36,000	문화예술과	4	1	7	1	3	2	5	4
2520	경기 남양주시	거리로나온예술	25,000	문화예술과	4	8	7	1	1	2	5	4
2521	경기 남양주시	장애인 문화예술진흥사업	4,500	문화예술과	4	8	7	1	1	2	5	4
2522	경기 남양주시	공연장 대관료 지원	10,000	문화예술과	4	8	7	1	1	2	5	4
2523	경기 남양주시	찾아가는 문화활동	132,000	문화예술과	4	8	7	1	1	2	5	4
2524	경기 남양주시	시민페스티벌 운영	148,400	문화예술과	4	8	7	1	1	2	5	4
2525	경기 남양주시	문화시설 위탁운영	189,829	문화예술과	4	1	7	1	1	4	5	4
2526	경기 남양주시	자역자율방재단 운영	51,025	시민안전관	4	8	7	1	1	1	5	4
2527	경기 남양주시	자율방범대 지원	28,000	시민안전관	4	8	7	5	5	4	5	4
2528	경기 남양주시	지역보건의료사업 대행의사 운영비	240,000	남양주보건소 보건정책과	4	8	7	5	5	4	5	4
2529	경기 남양주시	이석영뉴미디어도서관	1,206,000	도서관정책과	4	1	2	1	1	3	5	4
2530	경기 남양주시	열린(이동)도서관 위탁운영	245,584	도서관정책과	4	1	7	1	1	3	5	4
2531	경기 남양주시	지역보건의료사업 대행의사 운영비	120,000	동부보건센터	4	8	7	5	5	4	5	4
2532	경기 남양주시	소비자보호 업무추진	20,583	소상공인과	4	1	7	1	1	1	5	4
2533	경기 남양주시	소상공인 지원	250,000	소상공인과	4	8	7	1	2	2	5	4
2534	경기 남양주시	남양주시 마을공동체 사업	110,000	자치행정과	4	8	7	5	5	4	5	4
2535	경기 남양주시	정약용문화제	500,000	정약용과	4	8	7	1	1	1	5	4
2536	경기 남양주시	봉선사 연꽃축제	30,000	진접읍 생활자치과	4	8	7	1	1	4	5	4
2537	경기 남양주시	특별교통수단 운영	38,000	철도교통과	4	8	1	1	1	3	5	4
2538	경기 남양주시	범죄예방활동 지원	5,000	총무과	4	8	7	1	1	4	5	4
2539	경기 남양주시	반딧불이 보전사업	30,000	환경정책과	4	8	7	5	5	4	5	4
2540	경기 남양주시	환경보호 공익활동 지원사업	10,000	환경정책과	4	8	7	5	5	4	5	4
2541	경기 남양주시	노동안전지킴이 운영	90,000	일자리복지과	4	8	7	5	5	4	5	4
2542	경기 남양주시	장현3리 마을회관 보수	29,000	진접읍 산업환경과	4	8	7	5	5	4	5	4
2543	경기 남양주시	부평1리 마을회관 보수	9,000	진접읍 산업환경과	4	8	7	5	5	4	5	4
2544	경기 남양주시	보건의료기관 운영	240,000	풍양 보건정책과	4	8	7	1	1	4	5	4
2545	경기 남양주시	장애인어울림평생학습지원	9,000	장애인복지과	4	8	7	8	1	4	5	4
2546	경기 남양주시	장애인자립생활센터 지원	156,666	장애인복지과	4	8	7	5	1	4	5	4
2547	경기 남양주시	장애인자립생활센터 체험홈 운영 지원	80,000	장애인복지과	4	8	7	5	1	4	5	4
2548	경기 남양주시	글로벌 시장 개척	65,000	기업지원과	4	8	7	1	1	1	5	4
2549	경기 남양주시	글로벌 시장 개척	299,000	기업지원과	4	8	7	3	3	1	5	4
2550	경기 남양주시	디자인 개발지원 사업	36,000	기업지원과	4	8	7	3	3	1	5	4
2551	경기 남양주시	중소기업 생산판로개척 지원사업	95,000	기업지원과	4	8	7	3	3	1	5	4
2552	경기 남양주시	수출지원센터 운영	10,000	기업지원과	4	8	7	3	3	1	5	4
2553	경기 남양주시	가구산업 홍보비 지원	52,500	기업지원과	4	8	7	1	1	1	5	4
2554	경기 남양주시	지역산업마케팅지원	22,000	기업지원과	4	8	7	1	1	1	5	4
2555	경기 남양주시	소규모 기업환경개선 사업	224,742	기업지원과	4	8	7	3	3	1	5	4
2556	경기 남양주시	공예산업 지원	202,012	기업지원과	4	8	7	1	1	1	5	4
2557	경기 남양주시	지식재산창출 지원사업	60,000	기업지원과	4	8	7	3	3	1	5	4
2558	경기 남양주시	기술닥터사업	126,674	기업지원과	4	8	7	3	3	1	5	4
2559	경기 남양주시	회상수출상담실 설치	80,000	기업지원과	4	8	7	5	5	4	5	4
2560	경기 오산시	오산시 하수처리수 재이용시설 운영	22,000	하수과	4	1	2	3	2	2	1	1

순번	시군구	지출명 (사업명)	2021년예산 (단위:천원/1년간)	담당자 (공무원)	민간이전 분류 (지방자치단체 세출예산 집행기준에 의거)	민간이전지출 근거 (지방보조금 관리기준 참고)	입찰방식			운영예산 산정		성과평가 실시여부
				담당부서	1. 민간경상사업보조(307-02) 2. 민간단체 법정운영비보조(307-03) 3. 민간행사사업보조(307-04) 4. 민간위탁금(307-05) 5. 사회복지시설 법정운영비보조(307-10) 6. 민간인위탁교육비(307-12) 7. 공기관등에대한경상적위탁사업비(308-10) 8. 민간자본사업보조,자체재원(402-01) 9. 민간자본사업보조,이전재원(402-02) 10. 민간위탁사업비(402-03) 11. 공기관등에 대한 자본적 대행사업비(403-02)	1. 법률에 규정 2. 국고보조 재원(국가지정) 3. 용도 지정 기부금 4. 조례에 직접규정 5. 지자체가 권장하는 사업을 하는 공공기관 6. 시,도 정책 및 재정사정 7. 기타 8. 해당없음	계약체결방법 (경쟁형태) 1. 일반경쟁 2. 제한경쟁 3. 지명경쟁 4. 수의계약 5. 법정위탁 6. 기타 ( ) 7. 해당없음	계약기간 1. 1년 2. 2년 3. 3년 4. 4년 5. 5년 6. 기타 ( )년 7. 단기계약 (1년미만) 8. 해당없음	낙찰자선정방법 1. 적격심사 2. 협상에의한계약 3. 최저가낙찰제 4. 규격가격분리 5. 2단계 경쟁입찰 6. 기타 ( ) 7. 해당없음	운영예산 산정 1. 내부산정 (지자체 자체적으로 산정) 2. 외부산정 (외부전문기관위탁 산정) 3. 내·외부 모두 산정 4. 산정 無 5. 해당없음	정산방법 1. 내부정산 (지자체 내부적으로 정산) 2. 외부정산 (외부전문기관위탁 정산) 3. 내·외부 모두 산정 4. 정산 無 5. 해당없음	1. 실시 2. 미실시 3. 향후 추진 4. 해당없음
2561	경기 오산시	지역보건 의료사업 업무대행경비	288,000	보건행정과	4	7	7	8	7	5	5	4
2562	경기 오산시	예방접종 업무대행 인력운영	72,000	보건행정과	4	7	7	8	7	5	5	4
2563	경기 오산시	유엔군초전기념관 운영	434,820	문화예술과	4	4	1	2	1	1	1	1
2564	경기 오산시	고객지원센터 운영비 지원	158,000	지역경제과	4	1	7	1	7	1	1	1
2565	경기 오산시	오산종합사회복지관	700,000	희망복지과	4	1	1	6	1	1	1	1
2566	경기 오산시	오산남부종합사회복지관	988,600	희망복지과	4	1	1	5	1	1	1	1
2567	경기 오산시	오산세교종합사회복지관	11,282	희망복지과	4	1	1	5	1	1	1	1
2568	경기 오산시	지역사회건강조사	68,966	건강증진과	4	1	5	1	2	1	1	1
2569	경기 오산시	기초정신건강복지센터 운영	605,906	건강증진과	4	1	5	3	7	1	1	1
2570	경기 오산시	기초정신건강복지센터 인력확충	72,646	건강증진과	4	1	5	3	7	1	1	1
2571	경기 오산시	정신질환자 치료비 지원	35,608	건강증진과	4	1	5	3	7	1	1	1
2572	경기 오산시	정신질환자 치료 지원	81,620	건강증진과	4	1	5	3	7	1	1	1
2573	경기 오산시	정신건강전문상담사 배치	38,000	건강증진과	4	1	5	3	7	1	1	1
2574	경기 오산시	통합정신건강증진사업	134,840	건강증진과	4	1	5	3	7	1	1	1
2575	경기 오산시	생명사랑프로젝트 전담인력 배치	40,000	건강증진과	4	1	5	3	7	1	1	1
2576	경기 오산시	생명사랑 치료비 지원	2,800	건강증진과	4	1	5	3	7	1	1	1
2577	경기 오산시	자살예방 및 정신건강증진사업	30,540	건강증진과	4	1	5	3	7	1	1	1
2578	경기 오산시	노인자살예방사업	70,000	건강증진과	4	1	5	3	7	1	1	1
2579	경기 오산시	자살예방시스템확충	110,000	건강증진과	4	1	5	3	7	1	1	1
2580	경기 오산시	기초정신건강복지센터 자살예방사업 지원	35,320	건강증진과	4	1	5	3	7	1	1	1
2581	경기 오산시	건강가정다문화가족지원센터 운영지원	698,294	가족보육과	4	1	1	5	1	5	1	4
2582	경기 오산시	육아종합지원센터 운영비 지원	528,990	가족보육과	4	1	1	5	1	3	1	1
2583	경기 오산시	아이사랑놀이터 운영비 지원	707,031	가족보육과	4	1	1	5	1	3	1	4
2584	경기 오산시	장난감대여점 운영비 지원	172,665	가족보육과	4	1	1	5	1	3	1	4
2585	경기 오산시	클린하우스 청소용역	40,000	청소자원과	4	6	4	1	7	1	1	4
2586	경기 오산시	쓰레기 수집운반대행	14,500	청소자원과	4	1	1	1	7	2	5	1
2587	경기 오산시	수도권매립지수송대행비	93,100	청소자원과	4	1	1	1	7	2	5	1
2588	경기 오산시	화성소각장수송대행비	594,500	청소자원과	4	1	1	1	7	2	5	1
2589	경기 오산시	생활폐기물 노면청소 대행용역	575,152	청소자원과	4	1	1	1	7	2	5	4
2590	경기 오산시	불연성폐기물 대행처리	107,184	청소자원과	4	1	2	1	3	2	1	4
2591	경기 오산시	노면청소차 폐토사 대행처리	83,999	청소자원과	4	1	2	1	3	2	1	4
2592	경기 오산시	공공처리시설 반입불가 소각폐기물 대행처리	1,326,000	청소자원과	4	1	2	1	3	2	1	4
2593	경기 오산시	폐목재대행처리	74,490	청소자원과	4	1	2	1	3	2	1	4
2594	경기 오산시	재활용품 선별 대행처리비	21,455	청소자원과	4	1	2	1	2	2	1	4
2595	경기 오산시	로드킬 수거위탁	24,500	청소자원과	4	6	4	1	7	1	1	4
2596	경기 오산시	음식물자원화시설 운영위탁	23,582	청소자원과	4	1	2	4	2	2	4	4
2597	경기 군포시	미디어센터 민간위탁금	695,000	홍보정보담당관	4	4	2	2	2	1	1	3
2598	경기 군포시	청소년 드론 교육	20,000	홍보정보담당관	4	6	7	8	7	5	5	4
2599	경기 군포시	민원콜센터 위탁운영비	420,507	시민봉사과	4	4	1	3	2	1	1	1
2600	경기 군포시	환경관리소 보수기간 생활폐기물 처리	594,000	위생자원과	4	1	2	7	7	1	1	4
2601	경기 군포시	2021년 불연성 폐기물(연탄재) 위탁처리 용역	16,881	위생자원과	4	8	4	1	7	1	4	4
2602	경기 군포시	2021년 불연성 폐기물(폐도자기조각) 위탁처리 용역	19,800	위생자원과	4	8	4	1	7	1	4	4

순번	시군구	지출명 (사업명)	2021년예산 (단위:천원/1년간)	담당자 (공무원)	민간이전 분류 (지방자치단체 세출예산 집행기준에 의거)	민간이전지출 근거 (지방보조금 관리기준 참고)	입찰방식			운영예산 산정		성과평가 실시여부
				담당부서	1. 민간경상사업보조(307-02) 2. 민간단체 법정운영비보조(307-03) 3. 민간행사사업보조(307-04) 4. 민간위탁금(307-05) 5. 사회복지시설 법정운영비보조(307-10) 6. 민간인위탁교육비(307-12) 7. 공기관등에대한경상적위탁사업비(308-10) 8. 민간자본사업보조,자체재원(402-01) 9. 민간자본사업보조,이전재원(402-02) 10. 민간위탁사업비(402-03) 11. 공기관등에 대한 자본적 대행사업비(403-02)	1. 법률에 규정 2. 국고보조 재원(국가지정) 3. 용도 지정 기부금 4. 조례에 직접규정 5. 지자체가 권장하는 사업을 하는 공공기관 6. 시,도 정책 및 재정사정 7. 기타 8. 해당없음	계약체결방법 (경쟁형태) 1. 일반경쟁 2. 제한경쟁 3. 지명경쟁 4. 수의계약 5. 법정위탁 6. 기타 ( ) 7. 해당없음	계약기간 1. 1년 2. 2년 3. 3년 4. 4년 5. 5년 6. 기타 ( )년 7. 단기계약 (1년미만) 8. 해당없음	낙찰자선정방법 1. 적격심사 2. 협상에의한계약 3. 최저가낙찰제 4. 규격가격분리 5. 2단계 경쟁입찰 6. 기타 ( ) 7. 해당없음	운영예산 산정 1. 내부산정 (지자체 자체적으로 산정) 2. 외부산정 (외부전문기관위탁 산정) 3. 내·외부 모두 산정 4. 산정 無 5. 해당없음	정산방법 1. 내부정산 (지자체 내부적으로 정산) 2. 외부정산 (외부전문기관위탁 정산) 3. 내·외부 모두 산정 4. 정산 無 5. 해당없음	1. 실시 2. 미실시 3. 향후 추진 4. 해당없음
2603	경기 군포시	2021년 폐기물(폐사) 위탁처리 용역	21,750	위생자원과	4	8	4	1	7	1	4	4
2604	경기 군포시	2021년 동물사체(로드킬) 위탁처리 용역	20,650	위생자원과	4	8	4	1	7	2	1	4
2605	경기 군포시	생활폐기물 수집운반 대행사업비	9,437	위생자원과	4	4	4	1	1	2	1	1
2606	경기 군포시	공동주택 플라스틱 수거운반처리 용역	623,700	위생자원과	4	6	1	1	1	2	1	4
2607	경기 군포시	음식물류 폐기물 위탁처리비	33,600	위생자원과	4	6	7	7	7	5	5	4
2608	경기 군포시	음식물류 폐기물 전용수거용기 세척위탁처리	282,481	위생자원과	4	6	7	7	7	5	5	4
2609	경기 군포시	자전거교실 및 자전거대행진 운영	20,000	건설과	4	4	7	8	7	5	5	4
2610	경기 군포시	불법유동광고물 정비사업	113,300	건축과	4	1	4	1	7	1	1	2
2611	경기 군포시	노동종합복지관 운영	1,339,000	일자리기업과	4	4	7	3	7	5	1	1
2612	경기 군포시	민간위탁금	670,400	복지정책과	4	1	5	5	6	1	1	1
2613	경기 군포시	민간위탁금	626,334	복지정책과	4	1	5	5	6	1	1	1
2614	경기 군포시	민간위탁금	602,476	복지정책과	4	1	5	5	6	1	1	1
2615	경기 군포시	군포시우한돌봄 네트워크팀 운영	109,797	복지정책과	4	4	5	3	1	1	1	4
2616	경기 군포시	지역사회서비스투자사업	1,185,000	복지정책과	4	2	7	8	7	5	5	4
2617	경기 군포시	노인여가활동 지원	32,000	사회복지과	4	4	7	8	7	1	1	1
2618	경기 군포시	노인여가활동 지원	291,300	사회복지과	4	4	7	8	7	1	1	1
2619	경기 군포시	노인여가활동지원	33,047	사회복지과	4	4	5	8	1	1	1	1
2620	경기 군포시	노인일자리 및 사회활동지원 확대	8,115	사회복지과	4	1	7	8	7	1	1	1
2621	경기 군포시	노인일자리 및 사회활동지원 확대	436,254	사회복지과	4	1	7	8	7	1	1	1
2622	경기 군포시	노인일자리 수행기관 지원	559,846	사회복지과	4	5	7	8	7	1	1	1
2623	경기 군포시	노인일자리 수행기관 지원	97,300	사회복지과	4	5	7	8	7	1	1	1
2624	경기 군포시	노인일자리 창출지원	70,000	사회복지과	4	5	7	8	7	5	5	4
2625	경기 군포시	독거노인응급안전안심서비스	84,320	사회복지과	4	2	7	8	7	1	1	1
2626	경기 군포시	장애인맞춤형도우미 운영	130,000	사회복지과	4	1	5	5	1	1	1	4
2627	경기 군포시	장애인복지관 운영	19,770	사회복지과	4	4	5	5	1	1	1	4
2628	경기 군포시	장애인직업재활시설 운영	689,000	사회복지과	4	4	5	5	1	1	1	4
2629	경기 군포시	장애인주간보호시설 운영	247,000	사회복지과	4	4	5	5	1	1	1	4
2630	경기 군포시	장애인 응급안전알림서비스사업 지원	2,400	사회복지과	4	2	7	8	7	5	1	4
2631	경기 군포시	아이돌봄 지원사업	22,886	여성가족과	4	1	5	3	2	3	3	1
2632	경기 군포시	건강가정지원센터 운영 지원	210,400	여성가족과	4	4	5	3	2	3	3	1
2633	경기 군포시	건강가정지원센터 운영 지원	100,000	여성가족과	4	7	5	3	2	3	3	1
2634	경기 군포시	건강가정 및 다문화가족지원센터 운영 지원	324,360	여성가족과	4	2	5	3	2	3	3	1
2635	경기 군포시	다문화가족 교류소통공간(다가온) 운영비	10,000	여성가족과	4	7	5	3	2	3	3	1
2636	경기 군포시	다문화축제	20,000	여성가족과	4	7	5	3	2	3	3	1
2637	경기 군포시	어린이집 친환경 쌀 지원	326,700	여성가족과	4	8	7	8	7	5	5	4
2638	경기 군포시	육아종합지원센터 운영	526,977	여성가족과	4	1	5	5	6	1	1	1
2639	경기 군포시	육아종합지원센터 부모교육	34,000	여성가족과	4	1	5	5	6	1	1	1
2640	경기 군포시	부모 모니터링단 운영지원	14,649	여성가족과	4	1	5	5	6	1	1	1
2641	경기 군포시	육아종합지원센터 보육컨설턴트 인건비 지원	60,480	여성가족과	4	1	5	5	6	1	1	1
2642	경기 군포시	육아종합지원센터 전문상담사 등 배치	90,000	여성가족과	4	1	5	5	6	1	1	1
2643	경기 군포시	영유아 공공놀이시설 운영	437,411	여성가족과	4	1	5	5	6	1	1	1
2644	경기 군포시	장난감도서관 구입비	10,000	여성가족과	4	6	7	8	7	5	5	4
2645	경기 군포시	청소년 노동인권센터 운영 지원	83,000	청소년청년정책과	4	4	5	2	7	1	1	3

순번	시군구	지출명 (사업명)	2021년예산 (단위:천원/1년간)	담당자 (공무원)	민간이전 분류 (지방자치단체 세출예산 집행기준에 의거)	민간이전지출 근거 (지방보조금 관리기준 참고)	입찰방식			운영예산 산정		성과평가 실시여부
				담당부서	1. 민간경상사업보조(307-02) 2. 민간단체 법정운영비보조(307-03) 3. 민간행사사업보조(307-04) 4. 민간위탁금(307-05) 5. 사회복지시설 법정운영비보조(307-10) 6. 민간인위탁교육비(307-12) 7. 공기관등에대한경상적위탁사업비(308-10) 8. 민간자본사업보조,자체재원(402-01) 9. 민간자본사업보조,이전재원(402-02) 10. 민간위탁사업비(402-03) 11. 공기관등에 대한 자본적 대행사업비(403-02)	1. 법률에 규정 2. 국고보조 재원(국가지정) 3. 용도 지정 기부금 4. 조례에 직접규정 5. 지자체가 권장하는 사업을 하는 공공기관 6. 시,도 정책 및 재정사정 7. 기타 8. 해당없음	계약체결방법 (경쟁형태) 1. 일반경쟁 2. 제한경쟁 3. 지명경쟁 4. 수의계약 5. 법정위탁 6. 기타 ( ) 7. 해당없음	계약기간 1. 1년 2. 2년 3. 3년 4. 4년 5. 5년 6. 기타 ( )년 7. 단기계약 (1년미만) 8. 해당없음	낙찰자선정방법 1. 적격심사 2. 협상에의한계약 3. 최저가낙찰제 4. 규격가격분리 5. 2단계 경쟁입찰 6. 기타 ( ) 7. 해당없음	운영예산 산정 1. 내부산정 (지자체 자체적으로 산정) 2. 외부산정 (외부전문기관위탁 산정) 3. 내·외부 모두 산정 4. 산정 無 5. 해당없음	정산방법 1. 내부정산 (지자체 내부적으로 정산) 2. 외부정산 (외부전문기관위탁 정산) 3. 내·외부 모두 산정 4. 정산 無 5. 해당없음	1. 실시 2. 미실시 3. 향후 추진 4. 해당없음
2646	경기 군포시	청소년 노동인권센터 사업 지원	30,000	청소년청년정책과	4	4	5	2	7	1	1	3
2647	경기 군포시	차별없는 아동인권 보호사업	22,320	청소년청년정책과	4	5	7	8	7	1	1	4
2648	경기 군포시	다함께돌봄센터 인건비 지원	145,860	청소년청년정책과	4	2	7	8	7	5	1	4
2649	경기 군포시	작은도서관 냉난방비 지원사업	3,910	도서관정책과	4	8	7	8	7	5	5	4
2650	경기 군포시	작은도서관 냉난방비 지원사업	1,250,000	도서관정책과	4	8	7	8	7	5	5	4
2651	경기 군포시	작은도서관 냉난방비 지원사업	1,500,000	도서관정책과	4	8	7	8	7	5	5	4
2652	경기 군포시	작은도서관 냉난방비 지원사업	1,110,000	도서관정책과	4	8	7	8	7	5	5	4
2653	경기 군포시	작은도서관 냉난방비 지원사업	440,000	도서관정책과	4	8	7	8	7	5	5	4
2654	경기 군포시	작은도서관 냉난방비 지원사업	8,000	도서관정책과	4	8	7	8	7	5	5	4
2655	경기 군포시	작은도서관 냉난방비 지원사업	8,500	도서관정책과	4	8	7	8	7	5	5	4
2656	경기 군포시	작은도서관 냉난방비 지원사업	2,290	도서관정책과	4	8	7	8	7	5	5	4
2657	경기 군포시	작은도서관 냉난방비 지원사업	2,800	도서관정책과	4	8	7	8	7	5	5	4
2658	경기 군포시	작은도서관 냉난방비 지원사업	1,000,000	도서관정책과	4	8	7	8	7	5	5	4
2659	경기 군포시	작은도서관 냉난방비 지원사업	2,000,000	도서관정책과	4	8	7	8	7	5	5	4
2660	경기 군포시	작은도서관 냉난방비 지원사업	196,000	도서관정책과	4	8	7	8	7	5	5	4
2661	경기 군포시	작은도서관 냉난방비 지원사업	3,690	도서관정책과	4	8	7	8	7	5	5	4
2662	경기 군포시	작은도서관 냉난방비 지원사업	6,000	도서관정책과	4	8	7	8	7	5	5	4
2663	경기 군포시	작은도서관 냉난방비 지원사업	1,200,000	도서관정책과	4	8	7	8	7	5	5	4
2664	경기 군포시	작은도서관 냉난방비 지원사업	151,000	도서관정책과	4	8	7	8	7	5	5	4
2665	경기 군포시	작은도서관 냉난방비 지원사업	186,000	도서관정책과	4	8	7	8	7	5	5	4
2666	경기 군포시	작은도서관 냉난방비 지원사업	3,000	도서관정책과	4	8	7	8	7	5	5	4
2667	경기 군포시	작은도서관 냉난방비 지원사업	170,000	도서관정책과	4	8	7	8	7	5	5	4
2668	경기 군포시	작은도서관 냉난방비 지원사업	2,050	도서관정책과	4	8	7	8	7	5	5	4
2669	경기 군포시	작은도서관 아이돌봄 독서문화프로그램 지원	20,250	도서관정책과	4	8	7	8	7	5	5	4
2670	경기 군포시	작은도서관 아이돌봄 독서문화프로그램 지원	20,250	도서관정책과	4	8	7	8	7	5	5	4
2671	경기 군포시	작은도서관 아이돌봄 독서문화프로그램 지원	20,250	도서관정책과	4	8	7	8	7	5	5	4
2672	경기 군포시	작은도서관 아이돌봄 독서문화프로그램 지원	20,250	도서관정책과	4	8	7	8	7	5	5	4
2673	경기 군포시	독서환경 조성	3,660	도서관정책과	4	8	7	8	7	5	5	4
2674	경기 군포시	독서환경 조성	3,060	도서관정책과	4	8	7	8	7	5	5	4
2675	경기 군포시	독서환경 조성	3,060	도서관정책과	4	8	7	8	7	5	5	4
2676	경기 군포시	독서환경 조성	3,060	도서관정책과	4	8	7	8	7	5	5	4
2677	경기 군포시	독서환경 조성	3,060	도서관정책과	4	8	7	8	7	5	5	4
2678	경기 군포시	독서환경 조성	3,060	도서관정책과	4	8	7	8	7	5	5	4
2679	경기 군포시	독서환경 조성	3,060	도서관정책과	4	8	7	8	7	5	5	4
2680	경기 군포시	독서환경 조성	3,060	도서관정책과	4	8	7	8	7	5	5	4
2681	경기 군포시	독서환경 조성	3,060	도서관정책과	4	8	7	8	7	5	5	4
2682	경기 군포시	독서환경 조성	3,060	도서관정책과	4	8	7	8	7	5	5	4
2683	경기 군포시	독서환경 조성	3,060	도서관정책과	4	8	7	8	7	5	5	4
2684	경기 군포시	독서환경 조성	3,060	도서관정책과	4	8	7	8	7	5	5	4
2685	경기 군포시	독서환경 조성	3,060	도서관정책과	4	8	7	8	7	5	5	4
2686	경기 군포시	독서환경 조성	2,460	도서관정책과	4	8	7	8	7	5	5	4
2687	경기 군포시	독서환경 조성	2,460	도서관정책과	4	8	7	8	7	5	5	4
2688	경기 군포시	독서환경 조성	2,460	도서관정책과	4	8	7	8	7	5	5	4

순번	시군구	지출명 (사업명)	2021년예산 (단위:천원/1년간)	담당자 (공무원)	민간이전 분류 (지방자치단체 세출예산 집행기준에 의거)	민간이전지출 근거 (지방보조금 관리기준 참고)	입찰방식			운영예산 산정		성과평가 실시여부
				담당부서	1. 민간경상사업보조(307-02) 2. 민간단체 법정운영비보조(307-03) 3. 민간행사사업보조(307-04) 4. 민간위탁금(307-05) 5. 사회복지시설 법정운영비보조(307-10) 6. 민간인위탁교육비(307-12) 7. 공기관등에대한경상적위탁사업비(308-10) 8. 민간자본사업보조,자체재원(402-01) 9. 민간자본사업보조,이전재원(402-02) 10. 민간위탁사업비(402-03) 11. 공기관등에 대한 자본적 대행사업비(403-02)	1. 법률에 규정 2. 국고보조 재원(국가지정) 3. 용도 지정 기부금 4. 조례에 직접규정 5. 지자체가 권장하는 사업을 하는 공공기관 6. 시,도 정책 및 재정사정 7. 기타 8. 해당없음	계약체결방법 (경쟁형태) 1. 일반경쟁 2. 제한경쟁 3. 지명경쟁 4. 수의계약 5. 법정위탁 6. 기타 ( ) 7. 해당없음	계약기간 1. 1년 2. 2년 3. 3년 4. 4년 5. 5년 6. 기타 ( )년 7. 단기계약 (1년미만) 8. 해당없음	낙찰자선정방법 1. 적격심사 2. 협상에의한계약 3. 최저가낙찰제 4. 규격가격분리 5. 2단계 경쟁입찰 6. 기타 ( ) 7. 해당없음	운영예산 산정 1. 내부산정 (지자체 자체적으로 산정) 2. 외부산정 (외부전문기관위탁 산정) 3. 내·외부 모두 산정 4. 산정 無 5. 해당없음	정산방법 1. 내부정산 (지자체 내부적으로 정산) 2. 외부정산 (외부전문기관위탁 정산) 3. 내·외부 모두 산정 4. 정산 無 5. 해당없음	1. 실시 2. 미실시 3. 향후 추진 4. 해당없음
2689	경기 군포시	독서환경 조성	2,460	도서관정책과	4	8	7	8	7	5	5	4
2690	경기 군포시	독서환경 조성	2,460	도서관정책과	4	8	7	8	7	5	5	4
2691	경기 군포시	독서환경 조성	2,460	도서관정책과	4	8	7	8	7	5	5	4
2692	경기 군포시	작은도서관 냉난방기기 구입	7,270	도서관정책과	4	8	7	8	7	5	5	4
2693	경기 군포시	시청어린이집 운영지원	576,072	행정지원과	4	4	1	3	1	2	2	1
2694	경기 군포시	지방문화원 운영	516,357	문화예술과	4	4	5	8	7	1	1	4
2695	경기 군포시	민속신앙 7개 지원사업	12,000	문화예술과	4	4	5	8	7	1	1	4
2696	경기 군포시	제8회 수리산 축제	8,000	문화예술과	4	4	5	8	7	1	1	4
2697	경기 군포시	제19회 어린이 사생대회	8,000	문화예술과	4	4	5	8	7	1	1	4
2698	경기 군포시	성년례 개최	5,000	문화예술과	4	4	5	8	7	1	1	4
2699	경기 군포시	찾아가는 전통문화 교육	2,500	문화예술과	4	4	5	8	7	1	1	4
2700	경기 군포시	문화해설사 양성 교육	10,000	문화예술과	4	4	5	8	7	1	1	4
2701	경기 군포시	시민(청소년) 문화유적답사	3,500	문화예술과	4	4	5	8	7	1	1	4
2702	경기 군포시	대한민국 허백당 태을서예 문인화대전	13,000	문화예술과	4	4	5	8	7	1	1	4
2703	경기 군포시	군포문화소식지 발간	8,000	문화예술과	4	4	5	8	7	1	1	4
2704	경기 군포시	기초 정신건강복지센터 운영	523,578	보건행정과(보건민원팀)	4	2	5	2	7	2	1	1
2705	경기 군포시	정신건강복지센터 위탁운영비	57,626	보건행정과(보건민원팀)	4	6	5	2	7	2	1	1
2706	경기 군포시	기초정신건강복지센터 인력확충	363,240	보건행정과(보건민원팀)	4	2	5	2	7	2	1	1
2707	경기 군포시	정신질환자 조기치료 지원	14,316	보건행정과(보건민원팀)	4	2	5	2	7	2	1	1
2708	경기 군포시	행정입원 치료비 지원	6,692	보건행정과(보건민원팀)	4	2	5	2	7	2	1	1
2709	경기 군포시	응급입원 비용지원	9,488	보건행정과(보건민원팀)	4	2	5	2	7	2	1	1
2710	경기 군포시	정신질환 외래치료지원제 치료비 지원	14,316	보건행정과(보건민원팀)	4	2	5	2	7	2	1	1
2711	경기 군포시	정신질환 초기진단비 지원	14,800	보건행정과(보건민원팀)	4	2	5	2	7	2	1	1
2712	경기 군포시	응급입원비 지원	170,000	보건행정과(보건민원팀)	4	2	5	2	7	2	1	1
2713	경기 군포시	행정입원비 지원	12,000	보건행정과(보건민원팀)	4	2	5	2	7	2	1	1
2714	경기 군포시	정신질환자 외래치료 지원제 치료비	1,440,000	보건행정과(보건민원팀)	4	6	5	2	7	2	1	1
2715	경기 군포시	정신질환자 외래진료비 지원	22,680	보건행정과(보건민원팀)	4	6	5	2	7	2	1	1
2716	경기 군포시	전담인력 배치	40,000	보건행정과(보건민원팀)	4	6	5	2	7	2	1	1
2717	경기 군포시	아동청소년정신보건사업	52,294	보건행정과(보건민원팀)	4	2	5	2	7	2	1	1
2718	경기 군포시	청년정신건강 외래치료비 지원	29,880	보건행정과(보건민원팀)	4	2	5	2	7	2	1	1
2719	경기 군포시	청년 마인드링크 사업 운영	110,000	보건행정과(보건민원팀)	4	2	5	2	7	2	1	1
2720	경기 군포시	자살예방 및 정신건강증진사업	30,540	보건행정과(보건민원팀)	4	2	5	2	7	2	1	1
2721	경기 군포시	기초정신건강복지센터 자살예방사업 지원	35,320	보건행정과(보건민원팀)	4	2	5	2	7	2	1	1
2722	경기 군포시	생명사랑 치료비 지원	6,400	보건행정과(보건민원팀)	4	6	5	2	7	2	1	1
2723	경기 군포시	생명사랑 전담인력 배치	40,000	보건행정과(보건민원팀)	4	6	5	2	7	2	1	1
2724	경기 군포시	자살예방시스템 확충	70,000	보건행정과(보건민원팀)	4	6	5	2	7	2	1	1
2725	경기 군포시	노인자살예방사업	70,000	보건행정과(보건민원팀)	4	6	5	2	7	2	1	1
2726	경기 군포시	코로나19 대응 방역택시 운영	150,000	보건행정과(감염병대응)	4	8	7	8	7	5	5	4
2727	경기 군포시	지역자율형사회서비스투자사업	1,094,586	산본보건지소	4	2	7	8	7	5	5	4
2728	경기 군포시	청소년산모의료비지원	2,200	산본보건지소	4	2	7	8	7	5	5	4
2729	경기 군포시	저소득층기저귀및조제분유지원	180,000	산본보건지소	4	2	7	8	7	5	5	4
2730	경기 군포시	어린이공원(54개소) 청소용역관리	253,000	생태공원녹지과	4	8	4	8	7	1	1	4
2731	경기 군포시	어린이공원 등 청소용역관리	250,000	생태공원녹지과	4	8	4	8	7	1	1	4

순번	시군구	지출명 (사업명)	2021년예산 (단위:천원/1년간)	담당자 (공무원) 담당부서	민간이전 분류 (지방자치단체 세출예산 집행기준에 의거) 1. 민간경상사업보조(307-02) 2. 민간단체 법정운영비보조(307-03) 3. 민간행사사업보조(307-04) 4. 민간위탁금(307-05) 5. 사회복지시설 법정운영비보조(307-10) 6. 민간인위탁교육비(307-12) 7. 공기관등에대한경상적위탁사업비(308-10) 8. 민간자본사업보조,자체재원(402-01) 9. 민간자본사업보조,이전재원(402-02) 10. 민간위탁사업비(402-03) 11. 공기관등에 대한 자본적 대행사업비(403-02)	민간이전지출 근거 (지방보조금 관리기준 참고) 1. 법률에 규정 2. 국고보조 재원(국가지정) 3. 용도 지정 기부금 4. 조례에 직접규정 5. 지자체가 권장하는 사업을 하는 공공기관 6. 시,도 정책 및 재정사정 7. 기타 8. 해당없음	입찰방식 계약체결방법 (경쟁형태) 1. 일반경쟁 2. 제한경쟁 3. 지명경쟁 4. 수의계약 5. 법정위탁 6. 기타 ( ) 7. 해당없음	입찰방식 계약기간 1. 1년 2. 2년 3. 3년 4. 4년 5. 5년 6. 기타 ( )년 7. 단기계약 (1년미만) 8. 해당없음	입찰방식 낙찰자선정방법 1. 적격심사 2. 협상에의한계약 3. 최저가낙찰제 4. 규격가격분리 5. 2단계 경쟁입찰 6. 기타 ( ) 7. 해당없음	운영예산 산정 운영예산 산정 1. 내부산정 (지자체 자체적으로 산정) 2. 외부산정 (외부전문기관위탁 산정) 3. 내·외부 모두 산정 4. 산정 無 5. 해당없음	운영예산 산정 정산방법 1. 내부정산 (지자체 내부적으로 정산) 2. 외부정산 (외부전문기관위탁 정산) 3. 내·외부 모두 산정 4. 정산 無 5. 해당없음	성과평가 실시여부 1. 실시 2. 미실시 3. 향후 추진 4. 해당없음
2732	경기 군포시	대야 물말끔터	20,420	하수과	4	5	5	6	6	2	1	1
2733	경기 군포시	부곡 물말끔터	15,800	하수과	4	5	5	5	6	1	1	1
2734	경기 군포시	마을공동체지원센터 운영	100,000	자치분권과	4	5	4	8	7	1	1	1
2735	경기 군포시	공동체지원활동가 인건비 지원	60,000	자치분권과	4	5	4	8	7	1	1	1
2736	경기 군포시	공동체활성화 지원	10,000	자치분권과	4	5	4	8	7	1	1	1
2737	경기 군포시	자원봉사센터 운영 지원	764,396	자치분권과	4	1	7	8	7	1	1	1
2738	경기 군포시	자원봉사코디네이터 지원	59,076	자치분권과	4	1	7	8	7	1	1	1
2739	경기 군포시	자원봉사자 보험료 지원	12,888	자치분권과	4	1	7	8	7	1	1	1
2740	경기 군포시	민주시민교육센터 운영	100,000	자치분권과	4	5	7	8	7	1	1	1
2741	경기 군포시	민주시민교육센터 운영지원	30,000	자치분권과	4	5	7	8	7	1	1	1
2742	경기 군포시	군포시사회적경제,마을공동체지원센터 운영	420,000	자치분권과	4	4	7	8	7	1	1	1
2743	경기 군포시	초막골청년살롱(청춘쉼미당)활성화사업	320,000	자치분권과	4	4	7	8	7	1	1	1
2744	경기 하남시	자전거 보관소 시설물 유지관리 용역	300,000	도시전략과	4	4	1	1	6	1	1	4
2745	경기 하남시	하남시 안전체험장	300,000	안전정책과	4	1	2	3	1	1	1	2
2746	경기 하남시	하수처리시설 관리대행사업비	63,520	하수도과	4	1	4	3	7	1	1	1
2747	경기 하남시	하수관거 계측시스템 및 펌프장 관리대행사업비	1,900,000	하수도과	4	1	5	2	7	1	1	2
2748	경기 하남시	분뇨처리수수료 징수교부금	3,500	하수도과	4	4	7	8	7	1	1	2
2749	경기 하남시	고혈압당뇨병 등록교육센터 운영	350,000	건강증진과	4	2	1	3	1	5	2	1
2750	경기 하남시	정신건강증진사업	1,505,000	미사보건센터	4	2	1	3	1	1	1	1
2751	경기 하남시	하남창업지원센터 운영	700,000	기업지원과	4	4	6	2	6	1	1	3
2752	경기 하남시	사회적경제지원센터 운영 위탁	218,000	도시재생과	4	4	1	3	1	1	1	3
2753	경기 하남시	사회적경제 창업교육	42,000	도시재생과	4	2	1	8	7	2	1	4
2754	경기 하남시	사회적경제 시군 중간지원조직 인력지원	120,000	도시재생과	4	2	7	8	7	2	1	4
2755	경기 하남시	교통약자이동지원센터	20,000	교통정책과	4	4	5	3	1	1	1	3
2756	경기 하남시	반입불가폐기물 처리용역	400,000	자원순환과	4	1	1	1	1	1	1	2
2757	경기 하남시	1구역 생활폐기물 수집운반 대행	28,043	자원순환과	4	1	1	1	1	2	1	1
2758	경기 하남시	2구역 생활폐기물 수집운반 대행	1,715,000	자원순환과	4	1	1	1	1	2	1	1
2759	경기 하남시	3구역 생활폐기물 수집운반 대행	1,709,000	자원순환과	4	1	1	1	1	2	1	1
2760	경기 하남시	폐기물처리시설 및 부대시설 민간위탁 운영비	8,193	자원순환과	4	4	1	6	2	2	1	4
2761	경기 하남시	어린이급식관리지원센터	630,000	식품위생과	4	1	2	3	1	2	2	1
2762	경기 하남시	하남시종합사회복지관 운영	1,000,820	복지정책과	4	1	5	5	1	1	1	3
2763	경기 하남시	하남시미사강변종합사회복지관 운영	628,430	복지정책과	4	1	5	5	1	1	1	1
2764	경기 하남시	하남시감일종합사회복지관	496,241	복지정책과	4	1	5	5	1	1	1	3
2765	경기 하남시	푸드뱅크 운영	317,365	복지정책과	4	4	6	5	1	1	1	1
2766	경기 하남시	지역자활센터 초과근무 수당 지원	10,000	복지정책과	4	4	7	8	7	1	1	4
2767	경기 하남시	자활근로 위탁사업지원	22,080	복지정책과	4	1	7	8	7	1	1	4
2768	경기 하남시	통장사례관리	7,196	복지정책과	4	1	7	8	7	1	1	4
2769	경기 하남시	경로식당 무료급식 사업	175,200	노인장애인복지과	4	5	4	1	1	1	1	1
2770	경기 하남시	경로식당 무료급식 사업	70,261	노인장애인복지과	4	5	4	1	1	1	1	1
2771	경기 하남시	자원봉사 코디네이터 지원	59,076	자치행정과	4	5	7	8	7	1	1	4
2772	경기 하남시	자원봉사자 상해보험 가입	10,756	자치행정과	4	5	7	8	7	1	1	4
2773	경기 용인시	청소년 성문화센터 교재교구 지원	2,500	여성가족과	4	1	7	8	7	5	1	4
2774	경기 용인시	동절기 분무소독	11,893	처인구보건소 보건정책과	4	1	6	1	6	1	1	1

순번	시군구	지출명 (사업명)	2021년예산 (단위:천원/1년간)	담당자 (공무원) 담당부서	민간이전 분류 (지방자치단체 세출예산 집행기준에 의거) 1. 민간경상사업보조(307-02) 2. 민간단체 법정운영비보조(307-03) 3. 민간행사사업보조(307-04) 4. 민간위탁금(307-05) 5. 사회복지시설 법정운영비보조(307-10) 6. 민간인위탁교육비(307-12) 7. 공기관등에대한경상적위탁사업비(308-10) 8. 민간자본사업보조,자체재원(402-01) 9. 민간자본사업보조,이전재원(402-02) 10. 민간위탁사업비(402-03) 11. 공기관등에 대한 자본적 대행사업비(403-02)	민간이전지출 근거 (지방보조금 관리기준 참고) 1. 법률에 규정 2. 국고보조 재원(국가지정) 3. 용도 지정 기부금 4. 조례에 직접규정 5. 지자체가 권장하는 사업을 하는 공공기관 6. 시,도 정책 및 재정사정 7. 기타 8. 해당없음	입찰방식 계약체결방법 (경쟁형태) 1. 일반경쟁 2. 제한경쟁 3. 지명경쟁 4. 수의계약 5. 법정위탁 6. 기타 ( ) 7. 해당없음	입찰방식 계약기간 1. 1년 2. 2년 3. 3년 4. 4년 5. 5년 6. 기타 ( )년 7. 단기계약 (1년미만) 8. 해당없음	입찰방식 낙찰자선정방법 1. 적격심사 2. 협상에의한계약 3. 최저가낙찰제 4. 규격가격분리 5. 2단계 경쟁입찰 6. 기타 ( ) 7. 해당없음	운영예산 산정 운영예산 산정 1. 내부산정 (지자체 자체적으로 산정) 2. 외부산정 (외부전문기관위탁 산정) 3. 내·외부 모두 산정 4. 산정 無 5. 해당없음	운영예산 산정 정산방법 1. 내부정산 (지자체 내부적으로 정산) 2. 외부정산 (외부전문기관위탁 정산) 3. 내·외부 모두 산정 4. 정산 無 5. 해당없음	성과평가 실시여부 1. 실시 2. 미실시 3. 향후 추진 4. 해당없음
2775	경기 용인시	코로나19 방역대책비	18,000	기흥구보건소 보건행정과	4	1	7	8	7	1	1	4
2776	경기 용인시	코로나-19 방역대책비	18,000	수지구보건소 보건행정과	4	1	7	8	7	1	1	4
2777	경기 용인시	다문화가족 한마당	20,000	여성가족과	4	1	7	8	7	1	1	1
2778	경기 용인시	의료폐기물 위탁처리	21,000	동물보호과	4	6	4	1	2	1	1	4
2779	경기 용인시	코로나19 예방 방역소독	23,000	처인구보건소 보건정책과	4	1	4	1	7	1	1	1
2780	경기 용인시	유기동물 위탁관리 협력병원 운영	24,000	동물보호과	4	7	4	1	2	1	1	4
2781	경기 용인시	다문화가족 프로그램 운영	26,000	여성가족과	4	1	7	8	7	1	1	1
2782	경기 용인시	자치단체 지역특화사업	28,860	일자리정책과	4	2	1	3	2	1	1	3
2783	경기 용인시	유기동물 복지지원 사업	30,500	동물보호과	4	6	7	8	7	1	1	4
2784	경기 용인시	유충구제	30,616	처인구보건소 보건정책과	4	1	6	1	6	1	1	1
2785	경기 용인시	분무소독	30,921	처인구보건소 보건정책과	4	1	6	1	6	1	1	1
2786	경기 용인시	유기동물 입양쉼터	31,500	동물보호과	4	6	7	8	7	1	1	4
2787	경기 용인시	청소년쉼터 야간근무자 배치 지원	33,056	교육청소년과	4	6	1	3	7	1	1	4
2788	경기 용인시	육아종합지원센터 부모교육 지원	34,000	아동보육과	4	2	5	8	7	5	1	4
2789	경기 용인시	시군 사회적경제 중간지원조직 인력 지원	40,000	일자리정책과	4	6	1	3	2	1	1	3
2790	경기 용인시	유기동물 입양상담 및 교육	49,000	동물보호과	4	6	7	8	7	1	1	4
2791	경기 용인시	사회적경제 창업 교육 지원	60,000	일자리정책과	4	6	1	3	2	1	1	3
2792	경기 용인시	지역사회 건강조사 조사분석 위탁운영	69,042	수지구보건소 건강증진과	4	2	7	8	7	5	3	4
2793	경기 용인시	지역사회 건강조사 조사분석 위탁운영	69,466	처인구보건소 건강증진과	4	2	5	8	7	5	3	4
2794	경기 용인시	지역사회 건강조사 조사분석 위탁운영	69,542	기흥구보건소 건강증진과	4	2	6	8	7	5	3	4
2795	경기 용인시	장애아 재활치료 교육센터 운영	80,000	장애인복지과	4	1	7	8	7	1	1	4
2796	경기 용인시	연무소독	86,712	처인구보건소 보건정책과	4	1	6	1	6	1	1	1
2797	경기 용인시	육아종합지원센터 상담지원인력 배치	90,000	아동보육과	4	6	5	8	7	5	1	4
2798	경기 용인시	어린이집 평가제 지원	91,470	아동보육과	4	6	5	8	7	1	1	1
2799	경기 용인시	시군 아동보호전문기관 운영	108,267	아동보육과	4	1	1	5	1	3	1	1
2800	경기 용인시	육아종합지원센터 경기도형 보육 컨설턴트 인건비 지원	120,960	아동보육과	4	6	5	8	7	5	1	1
2801	경기 용인시	다함께돌봄센터 돌봄인력 지원	132,840	아동보육과	4	6	7	8	7	5	5	4
2802	경기 용인시	다함께돌봄센터 아동돌봄 프로그램 지원	132,840	아동보육과	4	6	7	8	7	5	5	4
2803	경기 용인시	다함께돌봄센터 운영비	135,200	아동보육과	4	2	7	8	7	5	5	4
2804	경기 용인시	평생학습관 체육시설 이용료 감면 지원	150,000	평생교육과	4	4	1	3	6	1	1	1
2805	경기 용인시	사회적경제지원센터 운영비	160,000	일자리정책과	4	4	1	3	2	1	1	3
2806	경기 용인시	친환경 방역	163,634	수지구보건소 보건행정과	4	1	4	7	3	1	1	1
2807	경기 용인시	폐의자 분리선별	165,600	도시청결과	4	1	2	1	1	1	1	1
2808	경기 용인시	사회적경제지원센터 사업비	200,000	일자리정책과	4	4	1	3	2	1	1	3
2809	경기 용인시	동물구조 및 포획 용역	218,148	동물보호과	4	7	1	1	1	1	1	1
2810	경기 용인시	친환경 방역	229,361	기흥구보건소 보건행정과	4	1	4	7	3	1	1	1
2811	경기 용인시	청소년 성문화센터 운영	235,570	여성가족과	4	1	7	8	7	5	1	4
2812	경기 용인시	연막소독	253,009	처인구보건소 보건정책과	4	1	6	1	6	1	1	1
2813	경기 용인시	가정폭력 보호시설 운영 지원	260,000	여성가족과	4	1	7	8	7	5	1	4
2814	경기 용인시	사랑의 집	280,000	노인복지과	4	4	1	3	1	1	1	1
2815	경기 용인시	직장어린이집 위탁 운영	292,501	자치행정과	4	1	2	3	1	1	1	1
2816	경기 용인시	건강가정 및 다문화가족지원 센터 운영	297,000	여성가족과	4	1	5	5	1	1	1	1
2817	경기 용인시	직장어린이집 위탁운영	321,432	자치행정과	4	1	2	3	1	1	1	1

순번	시군구	지출명 (사업명)	2021년예산 (단위:천원/1년간)	담당자 (공무원)	민간이전 분류 (지방자치단체 세출예산 집행기준에 의거) 1. 민간경상사업보조(307-02) 2. 민간단체 법정운영비보조(307-03) 3. 민간행사사업보조(307-04) 4. 민간위탁금(307-05) 5. 사회복지시설 법정운영비보조(307-10) 6. 민간인위탁교육비(307-12) 7. 공기관등에대한경상적위탁사업비(308-10) 8. 민간자본사업보조,자체재원(402-01) 9. 민간자본사업보조,이전재원(402-02) 10. 민간위탁사업비(402-03) 11. 공기관등에 대한 자본적 대행사업비(403-02)	민간이전지출 근거 (지방보조금 관리기준 참고) 1. 법률에 규정 2. 국고보조 재원(국가지정) 3. 용도 지정 기부금 4. 조례에 직접규정 5. 지자체가 권장하는 사업을 하는 공공기관 6. 시,도 정책 및 재정사정 7. 기타 8. 해당없음	입찰방식			운영예산 산정		성과평가 실시여부
				담당부서			계약체결방법 (경쟁형태) 1. 일반경쟁 2. 제한경쟁 3. 지명경쟁 4. 수의계약 5. 법정위탁 6. 기타 ( ) 7. 해당없음	계약기간 1. 1년 2. 2년 3. 3년 4. 4년 5. 5년 6. 기타 ( )년 7. 단기계약 (1년미만) 8. 해당없음	낙찰자선정방법 1. 적격심사 2. 협상에의한계약 3. 최저가낙찰제 4. 규격가격분리 5. 2단계 경쟁입찰 6. 기타 ( ) 7. 해당없음	운영예산 산정 1. 내부산정 (지자체 자체적으로 산정) 2. 외부산정 (외부전문기관위탁 산정) 3. 내·외부 모두 산정 4. 산정 無 5. 해당없음	정산방법 1. 내부정산 (지자체 내부적으로 정산) 2. 외부정산 (외부전문기관위탁 정산) 3. 내·외부 모두 산정 4. 정산 無 5. 해당없음	1. 실시 2. 미실시 3. 향후 추진 4. 해당없음
2818	경기 용인시	노동복지회관 위탁운영	348,868	기업지원과	4	4	1	3	1	1	1	4
2819	경기 용인시	외국인복지센터 운영지원	374,000	여성가족과	4	1	5	3	1	1	1	1
2820	경기 용인시	학대피해아동쉼터 운영비,인건비,사업비	396,985	아동보육과	4	4	5	5	1	1	1	3
2821	경기 용인시	다함께돌봄센터 인건비	424,320	아동보육과	4	2	7	8	7	5	5	4
2822	경기 용인시	체육시설 민간위탁금	434,240	체육진흥과	4	4	1	3	1	1	1	1
2823	경기 용인시	청소년쉼터 운영 지원	613,539	교육청소년과	4	2	1	3	7	1	1	4
2824	경기 용인시	장애인직업재활시설 운영	679,000	장애인복지과	4	1	7	8	7	1	1	4
2825	경기 용인시	지역아동보호전문기관 운영	744,870	아동보육과	4	1	1	5	1	3	1	1
2826	경기 용인시	건강가정지원센터 운영	750,000	여성가족과	4	1	7	8	7	5	1	4
2827	경기 용인시	전용수거용기 위생관리	1,080,108	도시청결과	4	1	1	1	1	2	1	2
2828	경기 용인시	시군일자리센터운영지원	1,164,000	일자리정책과	4	4	1	2	1	3	3	1
2829	경기 용인시	민원안내 콜센터 운영	1,205,000	민원여권과	4	4	2	2	2	1	1	1
2830	경기 용인시	장애인주간보호시설 운영	1,283,000	장애인복지과	4	1	7	8	7	1	1	4
2831	경기 용인시	노인복지관 운영	1,290,000	노인복지과	4	1	1	5	1	1	1	1
2832	경기 용인시	노인복지관 운영	1,311,000	노인복지과	4	1	1	5	1	1	1	1
2833	경기 용인시	노인복지관 운영	1,517,000	노인복지과	4	1	1	5	1	1	1	1
2834	경기 용인시	육아종합지원센터 운영비	185,300	아동보육과	4	1	5	8	7	1	1	3
2835	경기 용인시	용인시 어린이급식관리지원센터	1,886,000	위생과	4	2	2	3	1	1	3	1
2836	경기 용인시	자동집하시설	20,020	도시청결과	4	4	1	3	2	2	1	1
2837	경기 용인시	09BTL 민간위탁 대행운영	20,885	하수시설과	4	1	5	6	7	1	1	1
2838	경기 용인시	09BTL 민간위탁 대행운영	20,885	하수시설과	4	1	5	6	7	1	1	1
2839	경기 용인시	백암 가축분뇨공공처리시설 관리운영 민간위탁	26,000	하수운영과	4	1	4	3	2	2	1	3
2840	경기 용인시	노면청소	41,705	도시청결과	4	1	1	2	2	2	1	1
2841	경기 용인시	06BTL 민간위탁 대행운영	47,545	하수시설과	4	1	5	6	7	1	1	1
2842	경기 용인시	06BTL 민간위탁 대행운영	47,545	하수시설과	4	1	5	6	7	1	1	1
2843	경기 용인시	대형폐기물 수집 운반	6,617	도시청결과	4	1	1	2	1	2	1	1
2844	경기 용인시	수지환경센터	6,886	도시청결과	4	4	1	3	2	2	1	1
2845	경기 용인시	장애인복지관 운영	7,198	장애인복지과	4	1	7	8	7	1	1	4
2846	경기 용인시	재활용 가능자원 광역수거	7,691	도시청결과	4	1	1	2	1	2	1	1
2847	경기 용인시	음식물류폐기물 처리	9,349	도시청결과	4	1	4	1	1	2	1	2
2848	경기 용인시	용인환경센터	14,011	도시청결과	4	4	1	3	2	2	1	1
2849	경기 파주시	말라리아 예방 위탁방역	497,611	보건행정과	4	4	1	2	1	1	1	1
2850	경기 파주시	환경관리센터 운영	21,400	자원순환과	4	7	2	3	2	2	1	2
2851	경기 파주시	생활폐기물 수집운반 대행	28,700	자원순환과	4	1	2	3	1	2	2	4
2852	경기 파주시	운정자동집하시설 운영 및 관리	30,814	자원순환과	4	4	2	3	2	2	1	2
2853	경기 파주시	가축질병진단실운영	105,377	동물자원과	4	7	7	8	7	5	5	4
2854	경기 파주시	자원봉사센터 운영	983,505	민원봉사과	4	1	7	8	7	1	1	1
2855	경기 파주시	자원봉사 코니네이터 지원 육성	59,076	민원봉사과	4	1	7	8	7	1	1	1
2856	경기 파주시	파주이이유적 민간위탁	169,817	문화예술과	4	4	4	2	7	1	1	1
2857	경기 파주시	황희선생유적지 민간위탁	147,591	문화예술과	4	4	4	2	7	1	1	1
2858	경기 파주시	2006년 하수관로정비 BTL사업 시설운영비	16,450	하수도과	4	1	6	6	6	2	2	1
2859	경기 파주시	2011년 하수관로정비 BTL사업 시설운영비	16,670	하수도과	4	1	6	6	6	2	2	1
2860	경기 파주시	공공하수처리시설 운영비	27,769	하수도과	4	1	1	3	6	2	1	1

순번	시군구	지출명 (사업명)	2021년예산 (단위:천원/1년간)	담당자 (공무원)	민간이전 분류 (지방자치단체 세출예산 집행기준에 의거)	민간이전지출 근거 (지방보조금 관리기준 참고)	입찰방식			운영예산 산정		성과평가 실시여부
				담당부서	1. 민간경상사업보조(307-02) 2. 민간단체 법정운영비보조(307-03) 3. 민간행사사업보조(307-04) 4. 민간위탁금(307-05) 5. 사회복지시설 법정운영비보조(307-10) 6. 민간인위탁교육비(307-12) 7. 공기관등에대한경상적위탁사업비(308-10) 8. 민간자본사업보조,자체재원(402-01) 9. 민간자본사업보조,이전재원(402-02) 10. 민간위탁사업비(402-03) 11. 공기관등에 대한 자본적 대행사업비(403-02)	1. 법률에 규정 2. 국고보조 재원(국가지정) 3. 용도 지정 기부금 4. 조례에 직접규정 5. 지자체가 권장하는 사업을 하는 공공기관 6. 시,도 정책 및 재정사정 7. 기타 8. 해당없음	계약체결방법 (경쟁형태) 1. 일반경쟁 2. 제한경쟁 3. 지명경쟁 4. 수의계약 5. 법정위탁 6. 기타 ( ) 7. 해당없음	계약기간 1. 1년 2. 2년 3. 3년 4. 4년 5. 5년 6. 기타 ( )년 7. 단기계약 (1년미만) 8. 해당없음	낙찰자선정방법 1. 적격심사 2. 협상에의한계약 3. 최저가낙찰제 4. 규격가격분리 5. 2단계 경쟁입찰 6. 기타 ( ) 7. 해당없음	운영예산 산정 1. 내부산정 (지자체 자체적으로 산정) 2. 외부산정 (외부전문기관위탁 산정) 3. 내·외부 모두 산정 4. 산정 無 5. 해당없음	정산방법 1. 내부정산 (지자체 내부적으로 정산) 2. 외부정산 (외부전문기관위탁 정산) 3. 내·외부 모두 산정 4. 정산 無 5. 해당없음	1. 실시 2. 미실시 3. 향후 추진 4. 해당없음
2861	경기 파주시	파주시일자리센터	650,780	일자리경제과	4	4	1	2	2	1	1	1
2862	경기 파주시	정보취약계층 정보화 교육	75,000	정보통신과	4	1	7	8	7	5	5	4
2863	경기 파주시	기초정신건강복지센터 지원	857,023	건강증진과	4	2	1	2	1	3	1	1
2864	경기 파주시	기초정신건강복지센터 인력충원	326,916	건강증진과	4	2	1	2	1	3	1	1
2865	경기 파주시	아동청소년 정신보건	52,294	건강증진과	4	2	1	2	1	3	1	1
2866	경기 파주시	자살예방센터 인력 지원	176,480	건강증진과	4	2	1	2	1	3	1	1
2867	경기 파주시	자살예방 및 정신건강증진	61,080	건강증진과	4	2	1	2	1	3	1	1
2868	경기 파주시	생명사랑 프로젝트 전담인력 배치	40,000	건강증진과	4	1	1	2	1	3	1	1
2869	경기 파주시	생명사랑 치료비 지원	8,000	건강증진과	4	1	1	2	1	3	1	1
2870	경기 파주시	자살예방시스템 확충	174,000	건강증진과	4	1	1	2	1	3	1	1
2871	경기 파주시	노인 자살예방	70,000	건강증진과	4	1	1	2	1	3	1	1
2872	경기 파주시	청년 정신건강 증진	155,000	건강증진과	4	2	1	2	1	3	1	1
2873	경기 파주시	통합정신건강증진사업	298,120	건강증진과	4	2	1	2	1	3	1	1
2874	경기 파주시	정신질환자 치료비 지원	73,112	건강증진과	4	2	1	2	1	3	1	1
2875	경기 파주시	정신질환자 치료비 지원	113,720	건강증진과	4	1	1	2	1	3	1	1
2876	경기 파주시	중독관리통합지원센터 지원	163,022	건강증진과	4	2	1	2	1	3	1	1
2877	경기 파주시	중독관리통합지원센터 지원	66,363	건강증진과	4	1	1	2	1	3	1	1
2878	경기 파주시	중증정신질환자 사례관리 인력확충	94,984	건강증진과	4	1	1	2	1	3	1	1
2879	경기 파주시	복지시책 운영	346,595	자치행정과	4	4	1	5	1	1	1	4
2880	경기 파주시	공공도서관 개관시간 연장	52,656	교육지원과	4	2	7	7	7	5	3	4
2881	경기 파주시	공공도서관 개관시간 연장	21,276	교육지원과	4	2	7	7	7	5	3	4
2882	경기 파주시	도서관 민간위탁	182,165	교육지원과	4	4	2	3	2	1	1	1
2883	경기 파주시	공공도서관 그린커튼 조성사업	24,120	교육지원과	4	6	7	8	7	5	5	4
2884	경기 파주시	독서진흥시설 운영관리	150,022	교육지원과	4	8	7	8	7	5	5	4
2885	경기 파주시	파주진로체험지원센터	458,122	교육지원과	4	4	1	3	1	1	1	3
2886	경기 파주시	어린이급식관리지원센터 설치 운영	1,050,000	위생과	4	1	1	3	1	5	2	1
2887	경기 파주시	부상야생동물 구조	24,000	환경보전과	4	3	1	3	1	1	1	4
2888	경기 파주시	청소년문화의집	354,060	보육청소년과	4	1	2	6	1	1	1	1
2889	경기 파주시	청소년지도사 배치지원	25,968	보육청소년과	4	1	7	8	7	5	5	4
2890	경기 파주시	청소년 상담복지센터 운영	190,514	보육청소년과	4	1	2	6	1	1	1	1
2891	경기 파주시	어린이집 확충	50,000	보육청소년과	4	6	7	8	7	5	5	4
2892	경기 파주시	어린이집 확충	788,400	보육청소년과	4	6	7	8	7	5	5	4
2893	경기 파주시	육아종합지원센터 운영	498,960	보육청소년과	4	1	1	3	1	1	1	1
2894	경기 파주시	장난감도서관 운영	95,583	보육청소년과	4	1	1	3	1	1	1	1
2895	경기 파주시	육아종합지원센터 부모교육	34,000	보육청소년과	4	1	1	3	1	1	1	1
2896	경기 파주시	육아종합지원센터 상담지원 인력 배치	90,000	보육청소년과	4	1	1	3	1	1	1	1
2897	경기 파주시	청소년안전망구축	97,470	보육청소년과	4	2	6	8	7	5	1	1
2898	경기 파주시	청소년동반자프로그램운영	173,940	보육청소년과	4	2	6	8	7	5	1	1
2899	경기 파주시	통일로변 가로수 및 녹지대관리	330,000	공원녹지과	4	1	7	8	7	5	5	4
2900	경기 파주시	취약지역 생활여건 개조	140,000	도시재생과	4	8	7	8	7	1	1	3
2901	경기 이천시	이천시청 직장보육시설 위탁운영	398,335	자치행정과	4	4	7	2	7	1	1	1
2902	경기 이천시	이천영어마을 위탁운영	1,055,070	교육청소년과	4	4	5	3	2	1	1	1
2903	경기 이천시	이천영어마을 저소득층 지원	4,480	교육청소년과	4	4	5	3	2	1	1	1

순번	시군구	지출명 (사업명)	2021년예산 (단위:천원/1년간)	담당자 (공무원)	민간이전 분류 (지방자치단체 세출예산 집행기준에 의거)	민간이전지출 근거 (지방보조금 관리기준 참고)	입찰방식			운영예산 산정		성과평가 실시여부
				담당부서	1. 민간경상사업보조(307-02) 2. 민간단체 법정운영비보조(307-03) 3. 민간행사사업보조(307-04) 4. 민간위탁금(307-05) 5. 사회복지시설 법정운영비보조(307-10) 6. 민간인위탁교육비(307-12) 7. 공기관등에대한경상적위탁사업비(308-10) 8. 민간자본사업보조,자체재원(402-01) 9. 민간자본사업보조,이전재원(402-02) 10. 민간위탁사업비(402-03) 11. 공기관등에 대한 자본적 대행사업비(403-02)	1. 법률에 규정 2. 국고보조 재원(국가지정) 3. 용도 지정 기부금 4. 조례에 직접규정 5. 지자체가 권장하는 사업을 하는 공공기관 6. 시,도 정책 및 재정사정 7. 기타 8. 해당없음	계약체결방법 (경쟁형태) 1. 일반경쟁 2. 제한경쟁 3. 지명경쟁 4. 수의계약 5. 법정위탁 6. 기타 ( ) 7. 해당없음	계약기간 1. 1년 2. 2년 3. 3년 4. 4년 5. 5년 6. 기타 ( )년 7. 단기계약 (1년미만) 8. 해당없음	낙찰자선정방법 1. 적격심사 2. 협상에의한계약 3. 최저가낙찰제 4. 규격가격분리 5. 2단계 경쟁입찰 6. 기타 ( ) 7. 해당없음	운영예산 산정 1. 내부산정 (지자체 자체적으로 산정) 2. 외부산정 (외부전문기관위탁 산정) 3. 내·외부 모두 산정 4. 산정 無 5. 해당없음	정산방법 1. 내부정산 (지자체 내부적으로 정산) 2. 외부정산 (외부전문기관위탁 정산) 3. 내·외부 모두 산정 4. 정산 無 5. 해당없음	1. 실시 2. 미실시 3. 향후 추진 4. 해당없음
2904	경기 이천시	노인복지관 운영비	16,800	노인장애인과	4	8	1	5	1	1	1	4
2905	경기 이천시	장애인복지관 운영	26,950	노인장애인과	4	1	1	5	1	1	3	2
2906	경기 이천시	주간보호시설(효양동산) 운영	356,390	노인장애인과	4	1	1	5	1	1	3	2
2907	경기 이천시	장애인주간보호시설운영	230,017	노인장애인과	4	1	1	5	1	1	3	2
2908	경기 이천시	장애인단기거주시설 운영 지원	267,299	노인장애인과	4	1	1	5	1	1	3	2
2909	경기 이천시	건강가정지원센터 운영	30,000	여성정책과	4	1	5	1	1	1	1	1
2910	경기 이천시	다문화가족지원센터 운영	10,000	여성정책과	4	1	5	1	1	1	1	1
2911	경기 이천시	육아종합지원센터 운영 지원	529,000	아동보육과	4	4	7	8	7	5	5	1
2912	경기 이천시	기존센터	159,120	아동보육과	4	2	7	8	7	5	5	4
2913	경기 이천시	신규센터	26,520	아동보육과	4	2	7	8	7	5	5	4
2914	경기 이천시	다함께돌봄센터 운영비	150,000	아동보육과	4	4	7	8	7	5	5	1
2915	경기 이천시	이천시립월전미술관 운영	613,848	문예관광과	4	4	4	5	7	1	1	4
2916	경기 이천시	기획전시	120,000	문예관광과	4	4	4	5	7	1	1	4
2917	경기 이천시	상설전시	14,800	문예관광과	4	4	4	5	7	1	1	4
2918	경기 이천시	월전학술연구사업	10,000	문예관광과	4	4	4	5	7	1	1	4
2919	경기 이천시	월전교육프로그램	17,000	문예관광과	4	4	4	5	7	1	1	4
2920	경기 이천시	꿈나무그림잔치	14,500	문예관광과	4	4	4	5	7	1	1	4
2921	경기 이천시	현존유물관리	12,000	문예관광과	4	4	4	5	7	1	1	4
2922	경기 이천시	아트숍상품개발	11,150	문예관광과	4	4	4	5	7	1	1	4
2923	경기 이천시	미술관홍보인쇄	24,550	문예관광과	4	4	4	5	7	1	1	4
2924	경기 이천시	서울소재 미술관 운영비	171,981	문예관광과	4	4	4	5	7	1	1	4
2925	경기 이천시	동방예술연구회 강좌운영	17,420	문예관광과	4	4	4	5	7	1	1	4
2926	경기 이천시	재단선정작가 지원전시	23,320	문예관광과	4	4	4	5	7	1	1	4
2927	경기 이천시	설봉서원 운영	157,728	문예관광과	4	4	7	5	7	1	1	4
2928	경기 이천시	일반인교육	67,950	문예관광과	4	4	7	5	7	1	1	4
2929	경기 이천시	수시위탁교육	5,040	문예관광과	4	4	7	5	7	1	1	4
2930	경기 이천시	학생체험교육	5,900	문예관광과	4	4	7	5	7	1	1	4
2931	경기 이천시	수료식, 발표회 및 국악공연	10,310	문예관광과	4	4	7	5	7	1	1	4
2932	경기 이천시	향제	5,000	문예관광과	4	4	7	5	7	1	1	4
2933	경기 이천시	간재학술회의 개최 및 학술집 발간	10,000	문예관광과	4	4	7	5	7	1	1	4
2934	경기 이천시	전국서예대전 개최 및 도록발간	10,000	문예관광과	4	4	7	5	7	1	1	4
2935	경기 이천시	노동자종합복지관 운영비	489,296	기업지원과	4	4	2	3	1	1	1	1
2936	경기 이천시	비정규직노동자 지원센터 운영비	215,400	기업지원과	4	4	2	3	1	1	1	3
2937	경기 이천시	노동자종합복지관 교육사업비	118,870	기업지원과	4	4	2	3	1	1	1	1
2938	경기 이천시	일자리센터(읍면동 및 고플센터포함) 직업상담사 인건비	439,768	일자리정책과	4	6	1	2	5	1	1	1
2939	경기 이천시	일자리센터(읍면동 및 고플센터포함) 직업상담사 인건비	279,709	일자리정책과	4	6	1	2	5	1	1	1
2940	경기 이천시	일자리센터 취업지원프로그램 운영	90,000	일자리정책과	4	6	1	2	5	1	1	1
2941	경기 이천시	노면청소차량 폐기물(모래등) 위탁처리	25,920	자원관리과	4	1	4	1	1	1	1	4
2942	경기 이천시	생활폐기물 수집운반 민간위탁비	8,134	자원관리과	4	1	4	1	7	2	1	1
2943	경기 이천시	방치폐기물 위탁 처리비	45,000	자원관리과	4	1	4	7	3	1	1	4
2944	경기 이천시	재활용품 선별관리 민간위탁비	728,000	자원관리과	4	1	4	1	7	2	1	4
2945	경기 이천시	폐형광등(수은 함유) 위탁처리비	5,250	자원관리과	4	1	4	1	7	1	1	4
2946	경기 이천시	난연성 스티로폼 위탁처리비	30,000	자원관리과	4	1	2	1	1	1	1	4

순번	시군구	지출명 (사업명)	2021년예산 (단위:천원/1년간)	담당자 (공무원)	민간이전 분류 (지방자치단체 세출예산 집행기준에 의거)	민간이전지출 근거 (지방보조금 관리기준 참고)	입찰방식			운영예산 산정		성과평가 실시여부
				담당부서	1. 민간경상사업보조(307-02) 2. 민간단체 법정운영비보조(307-03) 3. 민간행사사업보조(307-04) 4. 민간위탁금(307-05) 5. 사회복지시설 법정운영비보조(307-10) 6. 민간인위탁교육비(307-12) 7. 공기관등에대한경상적위탁사업비(308-10) 8. 민간자본사업보조,자체재원(402-01) 9. 민간자본사업보조,이전재원(402-02) 10. 민간위탁사업비(402-03) 11. 공기관등에 대한 자본적 대행사업비(403-02)	1. 법률에 규정 2. 국고보조 재원(국가지정) 3. 용도 지정 기부금 4. 조례에 직접규정 5. 지자체가 권장하는 사업을 하는 공공기관 6. 시,도 정책 및 재정사정 7. 기타 8. 해당없음	계약체결방법 (경쟁형태) 1. 일반경쟁 2. 제한경쟁 3. 지명경쟁 4. 수의계약 5. 법정위탁 6. 기타 ( ) 7. 해당없음	계약기간 1. 1년 2. 2년 3. 3년 4. 4년 5. 5년 6. 기타 ( )년 7. 단기계약 (1년미만) 8. 해당없음	낙찰자선정방법 1. 적격심사 2. 협상에의한계약 3. 최저가낙찰제 4. 규격가격분리 5. 2단계 경쟁입찰 6. 기타 ( ) 7. 해당없음	운영예산 산정 1. 내부산정 (지자체 자체적으로 산정) 2. 외부산정 (외부전문기관위탁 산정) 3. 내·외부 모두 산정 4. 산정 無 5. 해당없음	정산방법 1. 내부정산 (지자체 내부적으로 정산) 2. 외부정산 (외부전문기관위탁 정산) 3. 내·외부 모두 산정 4. 정산 無 5. 해당없음	1. 실시 2. 미실시 3. 향후 추진 4. 해당없음
2947	경기 이천시	폐비닐 위탁처리비	23,400	자원관리과	4	1	4	1	2	1	1	4
2948	경기 이천시	폐형광등(수은 미포함) 운반비	6,600	자원관리과	4	1	4	1	2	1	1	4
2949	경기 이천시	폐농약 위탁처리비	20,000	자원관리과	4	1	2	1	3	1	1	4
2950	경기 이천시	음식물류 폐기물 수집·운반 위탁비	16,320	자원관리과	4	1	4	1	7	2	1	1
2951	경기 이천시	음식물류 폐기물 위탁처리	20,560	자원관리과	4	1	4	1	7	5	4	4
2952	경기 이천시	동부권광역자원회수시설 위탁운영	13,432	자원관리과	4	4	1	3	2	2	1	1
2953	경기 이천시	동부권광역자원회수시설 주민편익시설 위탁운영	635,000	자원관리과	4	4	1	3	2	2	1	1
2954	경기 이천시	환경학습관 위탁운영	500,000	자원관리과	4	4	1	3	2	2	1	1
2955	경기 이천시	생활폐기물 위탁처리비	939,250	자원관리과	4	1	7	8	7	5	5	4
2956	경기 이천시	생활폐기물 수도권매립지 반입운반비	207,900	자원관리과	4	1	7	8	7	5	5	4
2957	경기 이천시	대형폐기물 위탁처리비	1,008,000	자원관리과	4	7	1	1	3	1	1	2
2958	경기 이천시	폐목재 위탁처리비	198,000	자원관리과	4	7	1	1	3	1	1	2
2959	경기 이천시	불연성폐기물 위탁처리비	360,000	자원관리과	4	7	1	1	3	1	1	2
2960	경기 이천시	건축폐기물 위탁처리비	18,000	자원관리과	4	7	1	1	3	1	1	2
2961	경기 이천시	폐매트리스 위탁처리비	118,800	자원관리과	4	7	1	1	3	1	1	2
2962	경기 이천시	폐석면, 폐페인트통, 폐소화기 등 위탁처리비	50,000	자원관리과	4	7	1	1	3	1	1	2
2963	경기 이천시	고철 혼합폐기물 위탁처리비	50,000	자원관리과	4	7	1	1	3	1	1	2
2964	경기 이천시	어린이 급식관리지원센터 운영	525,000	보건위생과	4	2	4	3	7	4	2	1
2965	경기 이천시	산모신생아 건강관리사 지원	725,800	건강증진과	4	2	7	8	7	5	5	4
2966	경기 이천시	표준모자보건수첩 위탁	1,920,000	건강증진과	4	2	7	8	7	5	5	4
2967	경기 이천시	영유아 건강검진 지원	1,950,000	건강증진과	4	2	7	8	7	5	5	4
2968	경기 이천시	지역사회건강조사 사업위탁	68,966	건강증진과	4	1	7	7	7	5	2	4
2969	경기 이천시	기초정신건강복지센터 지원	654,484	건강증진과	4	1	1	3	6	5	1	1
2970	경기 이천시	아동청소년 정신건강증진사업	52,294	건강증진과	4	1	1	3	6	5	1	1
2971	경기 이천시	생명사랑 전담인력 배치	40,000	건강증진과	4	1	1	3	6	5	1	1
2972	경기 이천시	생명사랑 치료비 지원	3,800	건강증진과	4	1	1	3	6	5	1	1
2973	경기 이천시	노인자살예방사업	70,000	건강증진과	4	1	1	3	6	5	1	1
2974	경기 이천시	자살예방 및 정신건강증진사업	30,540	건강증진과	4	1	1	3	6	5	1	1
2975	경기 이천시	정신질환 조기치료 지원사업	11,072	건강증진과	4	1	1	3	6	5	1	1
2976	경기 이천시	행정입원 치료비 지원	5,176	건강증진과	4	1	1	3	6	5	1	1
2977	경기 이천시	응급입원 비용지원	7,340	건강증진과	4	1	1	3	6	5	1	1
2978	경기 이천시	정신질환 외래치료지원제 치료비 지원	11,072	건강증진과	4	1	1	3	6	5	1	1
2979	경기 이천시	초기진단비 지원	10,000	건강증진과	4	1	1	3	6	5	1	1
2980	경기 이천시	응급입원비 지원	1,300,000	건강증진과	4	1	1	3	6	5	1	1
2981	경기 이천시	행정입원비 지원	8,000	건강증진과	4	1	1	3	6	5	1	1
2982	경기 이천시	외래치료 지원제 치료비 지원	72,000	건강증진과	4	1	1	3	6	5	1	1
2983	경기 이천시	외래진료치료비 지원	14,760	건강증진과	4	1	1	3	6	5	1	1
2984	경기 이천시	전담인력 배치	40,000	건강증진과	4	1	1	3	6	5	1	1
2985	경기 이천시	정신건강복지센터 인력확충	145,296	건강증진과	4	1	1	3	6	5	1	1
2986	경기 이천시	청년정신건강 외래치료비 지원	22,680	건강증진과	4	1	1	3	6	5	1	1
2987	경기 이천시	인건비	80,000	건강증진과	4	1	1	3	6	5	1	1
2988	경기 이천시	운영사업비	30,000	건강증진과	4	1	1	3	6	5	1	1
2989	경기 이천시	기초정신건강복지센터 자살예방사업 지원	70,640	건강증진과	4	1	1	3	6	5	1	1

순번	시군구	지출명 (사업명)	2021년예산 (단위:천원/1년간)	담당자 (공무원)	민간이전 분류 (지방자치단체 세출예산 집행기준에 의거)	민간이전지출 근거 (지방보조금 관리기준 참고)	입찰방식			운영예산 산정		성과평가 실시여부
				담당부서	1. 민간경상사업보조(307-02) 2. 민간단체 법정운영비보조(307-03) 3. 민간행사사업보조(307-04) 4. 민간위탁금(307-05) 5. 사회복지시설 법정운영비보조(307-10) 6. 민간인위탁교육비(307-12) 7. 공기관등에대한경상적위탁사업비(308-10) 8. 민간자본사업보조,자체재원(402-01) 9. 민간자본사업보조,이전재원(402-02) 10. 민간위탁사업비(402-03) 11. 공기관등에 대한 자본적 대행사업비(403-02)	1. 법률에 규정 2. 국고보조 재원(국가지정) 3. 용도 지정 기부금 4. 조례에 직접규정 5. 지자체가 권장하는 사업을 하는 공공기관 6. 시,도 정책 및 재정사정 7. 기타 8. 해당없음	계약체결방법 (경쟁형태) 1. 일반경쟁 2. 제한경쟁 3. 지명경쟁 4. 수의계약 5. 법정위탁 6. 기타 ( ) 7. 해당없음	계약기간 1. 1년 2. 2년 3. 3년 4. 4년 5. 5년 6. 기타 ( )년 7. 단기계약 (1년미만) 8. 해당없음	낙찰자선정방법 1. 적격심사 2. 협상에의한계약 3. 최저가낙찰제 4. 규격가격분리 5. 2단계 경쟁입찰 6. 기타 ( ) 7. 해당없음	운영예산 산정 1. 내부산정 (지자체 자체적으로 산정) 2. 외부산정 (외부전문기관위탁 산정) 3. 내·외부 모두 산정 4. 산정 無 5. 해당없음	정산방법 1. 내부정산 (지자체 내부적으로 정산) 2. 외부정산 (외부전문기관위탁 정산) 3. 내·외부 모두 산정 4. 정산 無 5. 해당없음	1. 실시 2. 미실시 3. 향후 추진 4. 해당없음
2990	경기 이천시	유기동물보호관리	96,000	축산과	4	1	4	1	1	1	1	2
2991	경기 이천시	길고양이 중성화수술 지원	60,000	축산과	4	1	4	1	1	1	1	2
2992	경기 이천시	유기동물보호소 환경개선 지원	8,000	축산과	4	1	4	1	1	1	1	1
2993	경기 이천시	길고양이 중성화 수술 지원	22,500	축산과	4	1	1	1	3	1	1	2
2994	경기 이천시	유기ㆍ유실동물 구조ㆍ보호비 지원	2,100	축산과	4	2	7	8	7	5	1	4
2995	경기 이천시	개인하수처리시설 지역관리대행	371,482	상하수도사업소	4	4	7	8	7	5	5	4
2996	경기 이천시	공공체육시설 민간위탁운영	20,088	체육지원센터	4	4	7	8	7	5	5	1
2997	경기 이천시	인공암벽등반장 위탁운영	100,799	체육지원센터	4	4	7	8	7	1	1	1
2998	경기 시흥시	사회적경제 중간지원조직 인력지원	80,000	일자리총괄과	4	2	7	8	7	5	5	4
2999	경기 시흥시	사회적경제지원센터 운영	604,544	일자리총괄과	4	4	1	3	1	1	3	1
3000	경기 시흥시	시흥시 기업체생산품 상설전시장 위탁운영	177,455	기업지원과	4	4	5	3	6	1	3	3
3001	경기 시흥시	시흥시근로자종합복지관 위탁운영비	344,847	기업지원과	4	4	1	3	1	1	2	1
3002	경기 시흥시	시흥시노동자지원센터 위탁운영비	163,143	기업지원과	4	4	1	3	1	1	2	4
3003	경기 시흥시	문화예술교육사업 운영	185,211	문화예술과	4	4	1	7	1	1	1	3
3004	경기 시흥시	역사자료전시관 운영 지원	41,965	문화예술과	4	1	5	3	7	1	1	3
3005	경기 시흥시	이동미술관 아트캔버스 운영	105,980	문화예술과	4	4	1	3	1	1	1	3
3006	경기 시흥시	생생문화재	50,000	관광과	4	2	7	8	7	5	5	4
3007	경기 시흥시	공공스포츠클럽 운영	298,141	체육진흥과	4	7	1	1	1	1	1	3
3008	경기 시흥시	국민체력100 시흥체력인증센터 운영	206,250	체육진흥과	4	6	1	1	1	1	1	3
3009	경기 시흥시	체육시설 관리인력 운영	515,120	체육진흥과	4	6	1	1	1	1	1	3
3010	경기 시흥시	정왕동 택시주차쉼터 운영비	20,000	대중교통과	4	4	7	8	7	1	1	1
3011	경기 시흥시	도로 무단점용 정비용역	400,000	건설행정과	4	7	7	8	7	5	5	4
3012	경기 시흥시	무한돌봄 드림네트워크팀 운영	504,300	복지정책과	4	4	2	5	1	3	2	1
3013	경기 시흥시	사회복지관 운영	23,691	복지정책과	4	1	1	5	1	3	2	1
3014	경기 시흥시	이동빨래방 운영	57,728	복지정책과	4	1	4	3	1	1	1	1
3015	경기 시흥시	노인복지관 운영	905,603	노인복지과	4	4	5	5	1	1	1	3
3016	경기 시흥시	노인복지관 운영	432,642	노인복지과	4	4	5	5	1	1	1	3
3017	경기 시흥시	노인복지관 운영	520,000	노인복지과	4	4	5	5	1	1	1	3
3018	경기 시흥시	독거노인공동생활 카네이션하우스 지원	20,000	노인복지과	4	5	7	8	7	3	3	2
3019	경기 시흥시	독거노인공동생활 카네이션하우스 지원	86,115	노인복지과	4	5	7	8	7	3	3	2
3020	경기 시흥시	어르신 작은복지관 운영	146,850	노인복지과	4	6	5	3	1	1	1	2
3021	경기 시흥시	정왕 카네이션하우스 운영지원	57,570	노인복지과	4	5	7	8	7	3	3	2
3022	경기 시흥시	시흥시 장애인보호작업장 운영 지원	481,000	장애인복지과	4	4	5	5	1	1	1	3
3023	경기 시흥시	장애인 가족지원센터 운영	200,000	장애인복지과	4	4	2	3	1	1	1	1
3024	경기 시흥시	장애인가족지원센터 부설 평생교육센터 운영	400,000	장애인복지과	4	4	2	3	1	1	1	1
3025	경기 시흥시	장애인기능특화복지관 운영	220,212	장애인복지과	4	1	7	8	7	1	1	4
3026	경기 시흥시	장애인보장구수리센터 운영	115,813	장애인복지과	4	1	1	3	1	1	1	1
3027	경기 시흥시	국공립어린이집 확충	30,000	아동보육과	4	1	7	5	7	1	1	3
3028	경기 시흥시	국공립어린이집 확충	175,000	아동보육과	4	4	7	5	7	1	1	3
3029	경기 시흥시	다함께돌봄센터 운영비	180,000	아동보육과	4	1	5	3	1	1	1	2
3030	경기 시흥시	다함께돌봄센터 인건비	318,240	아동보육과	4	1	5	3	1	1	1	2
3031	경기 시흥시	부모교육 공통사업	34,000	아동보육과	4	1	1	3	1	1	1	3
3032	경기 시흥시	어린이집 컨설팅 운영지원	60,480	아동보육과	4	6	5	3	1	5	3	4

순번	시군구	지출명 (사업명)	2021년예산 (단위:천원/1년간)	담당자 (공무원)	민간이전 분류 (지방자치단체 세출예산 집행기준에 의거)	민간이전지출 근거 (지방보조금 관리기준 참고)	입찰방식			운영예산 산정		성과평가 실시여부
				담당부서	1. 민간경상사업보조(307-02) 2. 민간단체 법정운영비보조(307-03) 3. 민간행사사업보조(307-04) 4. 민간위탁금(307-05) 5. 사회복지시설 법정운영비보조(307-10) 6. 민간인위탁교육비(307-12) 7. 공기관등에대한경상적위탁사업비(308-10) 8. 민간자본사업보조,자체재원(402-01) 9. 민간자본사업보조,이전재원(402-02) 10. 민간위탁사업비(402-03) 11. 공기관등에 대한 자본적 대행사업비(403-02)	1. 법률에 규정 2. 국고보조 재원(국가지정) 3. 용도 지정 기부금 4. 조례에 직접규정 5. 지자체가 권장하는 사업을 하는 공공기관 6. 시,도 정책 및 재정사정 7. 기타 8. 해당없음	계약체결방법 (경쟁형태) 1. 일반경쟁 2. 제한경쟁 3. 지명경쟁 4. 수의계약 5. 법정위탁 6. 기타 ( ) 7. 해당없음	계약기간 1. 1년 2. 2년 3. 3년 4. 4년 5. 5년 6. 기타 ( )년 7. 단기계약 (1년미만) 8. 해당없음	낙찰자선정방법 1. 적격심사 2. 협상에의한계약 3. 최저가낙찰제 4. 규격가격분리 5. 2단계 경쟁입찰 6. 기타 ( ) 7. 해당없음	운영예산 산정 1. 내부산정 (지자체 자체적으로 산정) 2. 외부산정 (외부전문기관위탁 산정) 3. 내·외부 모두 산정 4. 산정 無 5. 해당없음	정산방법 1. 내부정산 (지자체 내부적으로 정산) 2. 외부정산 (외부전문기관위탁 정산) 3. 내·외부 모두 산정 4. 정산 無 5. 해당없음	1. 실시 2. 미실시 3. 향후 추진 4. 해당없음
3033	경기 시흥시	육아종합지원센터 위탁 운영	505,968	아동보육과	4	1	1	3	1	1	1	3
3034	경기 시흥시	육아종합지원센터 전문상담사 등 배치	90,000	아동보육과	4	1	1	3	1	1	1	3
3035	경기 시흥시	지역아동보호전문기관 운영	493,222	아동보육과	4	2	5	5	7	3	1	2
3036	경기 시흥시	지역아동보호전문기관 지원	90,716	아동보육과	4	2	5	5	7	3	1	2
3037	경기 시흥시	학대피해아동쉼터 운영	198,493	아동보육과	4	2	5	5	7	1	1	2
3038	경기 시흥시	학대피해아동쉼터 운영	19,915	아동보육과	4	2	5	5	7	1	1	2
3039	경기 시흥시	학대피해아동쉼터 지원	13,004	아동보육과	4	2	5	5	7	1	1	2
3040	경기 시흥시	건강가정 및 다문화가족 지원센터 운영	363,080	여성가족과	4	1	6	6	6	2	2	3
3041	경기 시흥시	건강가정·다문화가족지원센터 및 분소 운영	376,529	여성가족과	4	1	6	6	6	2	2	3
3042	경기 시흥시	건강가정지원센터 운영	210,400	여성가족과	4	1	6	6	6	2	2	3
3043	경기 시흥시	성교육체험관 운영	103,488	여성가족과	4	1	1	5	1	1	1	1
3044	경기 시흥시	시흥 공동육아나눔터 운영	315,840	여성가족과	4	1	5	5	1	1	1	3
3045	경기 시흥시	외국인복지센터 운영	563,479	여성가족과	4	4	1	3	1	1	2	3
3046	경기 시흥시	비점오염저감시설 준설공사 폐기물 처리	10,000	환경정책과	4	1	4	7	7	1	1	4
3047	경기 시흥시	수질오염사고 방재작업 위탁용역비	16,000	환경정책과	4	7	4	7	7	1	1	4
3048	경기 시흥시	시흥에코센터 민간위탁운영비	1,050,734	환경정책과	4	4	1	3	1	1	1	1
3049	경기 시흥시	야생동물 포획 및 이주관리 용역	15,000	환경정책과	4	8	4	1	7	1	1	4
3050	경기 시흥시	화학사고 방재작업 위탁용역비	10,000	환경정책과	4	7	4	7	7	1	1	4
3051	경기 시흥시	음식물류폐기물 위탁처리비	800,000	자원순환과	4	1	7	8	7	5	5	4
3052	경기 시흥시	음식물류폐기물 자원화시설 민간위탁금	53,613	자원순환과	4	1	2	3	2	2	2	4
3053	경기 시흥시	재활용 폐기물 처리비	850,000	자원순환과	4	4	4	1	6	1	1	4
3054	경기 시흥시	청소차량 폐토사 및 폐수 처리비	200,000	자원순환과	4	4	7	8	7	5	5	4
3055	경기 시흥시	폐기물 처리 및 대행 도급비	37,620	자원순환과	4	1	1	3	1	2	1	1
3056	경기 시흥시	공원 내 소각폐기물 처리	27,690	공원과	4	1	4	1	7	1	1	2
3057	경기 시흥시	산림녹지 내 소각폐기물 처리	21,300	녹지과	4	7	7	8	7	5	5	4
3058	경기 시흥시	유아숲체험원 운영	154,200	녹지과	4	7	7	8	7	5	5	4
3059	경기 시흥시	공공용지 내 불법 옥외광고물 설치 예방 및 정비용역	440,000	경관디자인과	4	8	2	1	7	1	2	4
3060	경기 시흥시	소규모공동주택 안전점검비용 지원	133,240	주택과	4	1	7	8	7	5	5	4
3061	경기 시흥시	미래키움 어린이집 운영	421,224	행정과	4	1	1	5	1	3	3	3
3062	경기 시흥시	시흥시청 어린이집 운영	434,080	행정과	4	1	1	5	1	3	3	3
3063	경기 시흥시	동네관리소 사업	450,000	주민자치과	4	4	4	1	1	1	1	1
3064	경기 시흥시	미산동문화복지센터 운영비	233,872	주민자치과	4	4	1	6	1	1	3	3
3065	경기 시흥시	오이도문화복지센터 운영비	180,867	주민자치과	4	4	1	6	1	1	3	3
3066	경기 시흥시	자원봉사 코디네이터 지원	59,076	주민자치과	4	1	7	1	7	5	5	3
3067	경기 시흥시	자원봉사센터 운영비	636,772	주민자치과	4	1	7	3	7	1	1	3
3068	경기 시흥시	전국통합자원봉사보험 가입서비스지원	19,256	주민자치과	4	1	7	1	7	5	5	3
3069	경기 시흥시	기초 정신건강복지센터 지원	640,492	건강도시과	4	1	1	3	1	1	1	3
3070	경기 시흥시	기초정신건강복지센터 인력확충	544,860	건강도시과	4	1	1	3	1	1	1	3
3071	경기 시흥시	기초정신건강복지센터 자살예방사업 지원	35,320	건강도시과	4	1	1	3	1	1	1	3
3072	경기 시흥시	노인자살예방사업	70,000	건강도시과	4	1	1	3	1	1	1	3
3073	경기 시흥시	생명사랑 전담인력 배치	40,000	건강도시과	4	1	1	3	1	1	1	3
3074	경기 시흥시	생명사랑 치료비 지원	7,600	건강도시과	4	1	1	3	1	1	1	3
3075	경기 시흥시	생명존중 자살예방사업	127,686	건강도시과	4	1	1	3	1	1	1	3

순번	시군구	지출명 (사업명)	2021년예산 (단위:천원/1년간)	담당자 (공무원)	민간이전 분류 (지방자치단체 세출예산 집행기준에 의거)	민간이전지출 근거 (지방보조금 관리기준 참고)	입찰방식			운영예산 산정		성과평가 실시여부
				담당부서	1. 민간경상사업보조(307-02) 2. 민간단체 법정운영비보조(307-03) 3. 민간행사사업보조(307-04) 4. 민간위탁금(307-05) 5. 사회복지시설 법정운영비보조(307-10) 6. 민간인위탁교육비(307-12) 7. 공기관등에대한경상적위탁사업비(308-10) 8. 민간자본사업보조,자체재원(402-01) 9. 민간자본사업보조,이전재원(402-02) 10. 민간위탁사업비(402-03) 11. 공기관등에 대한 자본적 대행사업비(403-02)	1. 법률에 규정 2. 국고보조 재원(국가지정) 3. 용도 지정 기부금 4. 조례에 직접규정 5. 지자체가 권장하는 사업을 하는 공공기관 6. 시,도 정책 및 재정사정 7. 기타 8. 해당없음	계약체결방법 (경쟁형태) 1. 일반경쟁 2. 제한경쟁 3. 지명경쟁 4. 수의계약 5. 법정위탁 6. 기타 ( ) 7. 해당없음	계약기간 1. 1년 2. 2년 3. 3년 4. 4년 5. 5년 6. 기타 ( )년 7. 단기계약 (1년미만) 8. 해당없음	낙찰자선정방법 1. 적격심사 2. 협상에의한계약 3. 최저가낙찰제 4. 규격가격분리 5. 2단계 경쟁입찰 6. 기타 ( ) 7. 해당없음	운영예산 산정 1. 내부산정 (지자체 자체적으로 산정) 2. 외부산정 (외부전문기관위탁 산정) 3. 내·외부 모두 산정 4. 산정 無 5. 해당없음	정산방법 1. 내부정산 (지자체 내부적으로 정산) 2. 외부정산 (외부전문기관위탁 정산) 3. 내·외부 모두 산정 4. 정산 無 5. 해당없음	1. 실시 2. 미실시 3. 향후 추진 4. 해당없음
3076	경기 시흥시	아동청소년 심리지원사업	148,640	건강도시과	4	1	1	3	1	1	1	3
3077	경기 시흥시	아동청소년 정신보건사업	52,294	건강도시과	4	1	1	3	1	1	1	3
3078	경기 시흥시	알코올중독 관리사업	87,200	건강도시과	4	1	1	3	1	1	1	3
3079	경기 시흥시	자살예방 및 정신건강증진사업	61,080	건강도시과	4	1	1	3	1	1	1	3
3080	경기 시흥시	정신질환자 치료비지원	72,608	건강도시과	4	1	1	3	1	1	1	3
3081	경기 시흥시	정신질환자 치료지원	121,220	건강도시과	4	1	1	3	1	1	1	3
3082	경기 시흥시	지역사회건강조사	69,042	건강도시과	4	2	6	1	6	5	2	4
3083	경기 시흥시	청년정신건강증진사업	161,120	건강도시과	4	1	1	3	1	1	1	3
3084	경기 시흥시	어린이 급식관리지원센터 운영	1,050,000	위생과	4	2	1	3	1	5	2	1
3085	경기 시흥시	학교급식지원센터 운영	549,596	농업정책과	4	4	1	3	1	1	3	3
3086	경기 시흥시	길고양이 중성화 수술비 지원	150,000	축수산과	4	1	2	1	3	1	1	2
3087	경기 시흥시	동물보호관리	132,000	축수산과	4	1	2	1	3	1	1	2
3088	경기 시흥시	ABC타운 프로그램 운영	96,000	평생학습과	4	8	1	1	1	1	1	1
3089	경기 시흥시	마을활동가 교육 운영 지원	14,000	평생학습과	4	4	6	7	6	1	1	1
3090	경기 시흥시	민주시민교육 사업 프로그램 지원	26,000	평생학습과	4	6	7	8	7	5	5	4
3091	경기 시흥시	소래권 학습관 특화사업	20,000	평생학습과	4	8	7	8	7	5	5	4
3092	경기 시흥시	정왕권 학습관 특화사업	20,000	평생학습과	4	8	7	8	7	5	5	4
3093	경기 시흥시	평생학습 활성화 사업	166,000	평생학습과	4	4	7	8	7	5	5	4
3094	경기 시흥시	평생학습센터 청사경비용역	47,357	평생학습과	4	4	2	1	3	1	1	4
3095	경기 시흥시	학습동아리 성과공유회 운영	20,000	평생학습과	4	4	1	1	1	1	1	1
3096	경기 시흥시	마을융합학교 운영비 등	32,000	교육자치과	4	4	1	1	1	1	1	1
3097	경기 시흥시	오이도 방과후 안심학교 운영	131,680	교육자치과	4	4	1	6	1	1	3	3
3098	경기 시흥시	적성검사 및 진로체험 운영 지원	150,000	교육자치과	4	1	5	1	7	1	1	1
3099	경기 시흥시	공공청소년수련시설 청소년지도사 배치 지원	46,416	청년청소년과	4	2	7	8	7	1	1	1
3100	경기 시흥시	국제교류 민간위탁금	205,000	청년청소년과	4	4	1	7	1	1	1	3
3101	경기 시흥시	군자동 청소년문화센터 운영	257,890	청년청소년과	4	6	7	8	7	1	1	1
3102	경기 시흥시	남자단기청소년쉼터 야간근무자 배치지원	47,701	청년청소년과	4	1	1	3	1	1	1	1
3103	경기 시흥시	남자단기청소년쉼터 운영 지원	264,529	청년청소년과	4	1	1	3	1	1	1	1
3104	경기 시흥시	남자단기청소년쉼터 운영	137,000	청년청소년과	4	1	1	3	1	1	1	1
3105	경기 시흥시	남자단기청소년쉼터 이용 청소년 등 지원	15,000	청년청소년과	4	1	1	3	1	1	1	1
3106	경기 시흥시	매화 청소년문화센터 운영	217,107	청년청소년과	4	6	7	8	7	1	1	1
3107	경기 시흥시	문화예술 청년단체 역량강화	40,000	청년청소년과	4	4	1	7	1	2	2	4
3108	경기 시흥시	어울림 청소년문화의집 운영	357,266	청년청소년과	4	6	7	8	7	1	1	1
3109	경기 시흥시	여자단기청소년쉼터 야간근무자 배치지원	47,700	청년청소년과	4	1	1	3	1	1	1	1
3110	경기 시흥시	여자단기청소년쉼터 운영 지원	264,529	청년청소년과	4	1	1	3	1	1	1	1
3111	경기 시흥시	여자단기청소년쉼터 운영	128,545	청년청소년과	4	1	1	3	1	1	1	1
3112	경기 시흥시	여자단기청소년쉼터 이용 청소년 등 지원	15,000	청년청소년과	4	1	1	3	1	1	1	1
3113	경기 시흥시	자기주도적 청소년동아리 활동지원	28,750	청년청소년과	4	6	7	8	7	1	1	1
3114	경기 시흥시	자기주도적 청소년동아리 활동지원	281,248	청년청소년과	4	6	7	8	7	1	1	1
3115	경기 시흥시	청년육성 프로그램 운영	80,000	청년청소년과	4	6	1	7	1	1	1	1
3116	경기 시흥시	청소년 방과후 아카데미 운영 지원	4,840	청년청소년과	4	6	7	8	7	1	1	1
3117	경기 시흥시	청소년 방과후 아카데미 운영지원	274,008	청년청소년과	4	2	7	8	7	1	1	1
3118	경기 시흥시	청소년 어울림마당 지원	24,000	청년청소년과	4	6	7	8	7	1	1	1

순번	시군구	지출명 (사업명)	2021년예산 (단위:천원/1년간)	담당자 (공무원) 담당부서	민간이전 분류 (지방자치단체 세출예산 집행기준에 의거) 1. 민간경상사업보조(307-02) 2. 민간단체 법정운영비보조(307-03) 3. 민간행사사업보조(307-04) 4. 민간위탁금(307-05) 5. 사회복지시설 법정운영비보조(307-10) 6. 민간인위탁교육비(307-12) 7. 공기관등에대한경상적위탁사업비(308-10) 8. 민간자본사업보조,자체재원(402-01) 9. 민간자본사업보조,이전재원(402-02) 10. 민간위탁사업비(402-03) 11. 공기관등에 대한 자본적 대행사업비(403-02)	민간이전지출 근거 (지방보조금 관리기준 참고) 1. 법률에 규정 2. 국고보조 재원(국가지정) 3. 용도 지정 기부금 4. 조례에 직접규정 5. 지자체가 권장하는 사업을 하는 공공기관 6. 시,도 정책 및 재정사정 7. 기타 8. 해당없음	입찰방식 계약체결방법 (경쟁형태) 1. 일반경쟁 2. 제한경쟁 3. 지명경쟁 4. 수의계약 5. 법정위탁 6. 기타 ( ) 7. 해당없음	입찰방식 계약기간 1. 1년 2. 2년 3. 3년 4. 4년 5. 5년 6. 기타 ( )년 7. 단기계약 (1년미만) 8. 해당없음	입찰방식 낙찰자선정방법 1. 적격심사 2. 협상에의한계약 3. 최저가낙찰제 4. 규격가격분리 5. 2단계 경쟁입찰 6. 기타 ( ) 7. 해당없음	운영예산 산정 운영예산 산정 1. 내부산정 (지자체 자체적으로 산정) 2. 외부산정 (외부전문기관위탁 산정) 3. 내·외부 모두 산정 4. 산정 無 5. 해당없음	운영예산 산정 정산방법 1. 내부정산 (지자체 내부적으로 정산) 2. 외부정산 (외부전문기관위탁 정산) 3. 내·외부 모두 산정 4. 정산 無 5. 해당없음	성과평가 실시여부 1. 실시 2. 미실시 3. 향후 추진 4. 해당없음
3119	경기 시흥시	청소년수련관 운영	13,962	청년청소년과	4	6	7	8	7	1	1	1
3120	경기 시흥시	청소년운영위원회 운영지원	2,000,000	청년청소년과	4	2	7	8	7	1	1	1
3121	경기 시흥시	라온도서관 민간위탁	170,059	중앙도서관	4	7	1	6	6	1	2	2
3122	경기 시흥시	상호대차 민간위탁	126,910	중앙도서관	4	1	1	6	6	1	2	1
3123	경기 시흥시	시설경비 및 안내용역	602,000	중앙도서관	4	1	1	2	6	1	1	2
3124	경기 시흥시	마을관리기업 하천관리 위탁운영	241,000	생태하천과	4	1	1	7	1	1	1	2
3125	경기 시흥시	골목길 가로청소 민간위탁	1,732,000	안전생활과	4	1	5	1	6	1	2	4
3126	경기 시흥시	우리 동네 보드美 사업	314,444	군자동	4	7	1	1	1	3	3	1
3127	경기 시흥시	골목길 가로청소사업	73,800	월곶동	4	1	5	7	1	1	1	1
3128	경기 안성시	심폐소생술 등 응급처치 교육비 지원	5,000	보건위생과	4	1	7	8	7	5	5	4
3129	경기 안성시	산모신생아 건강관리사 지원	482,000	지역보건과	4	2	7	8	7	5	5	3
3130	경기 안성시	저소득층 기저귀 조제분유 지원	122,000	지역보건과	4	2	7	8	7	5	5	3
3131	경기 안성시	지역사회 건강조사	68,890	건강증진과	4	2	5	1	7	2	2	4
3132	경기 안성시	치매치료비관리비지원	114,928	지역보건과	4	2	7	8	7	2	2	4
3133	경기 안성시	어린이급식관리지원센터 운영	525,000	보건위생과	4	1	1	3	5	2	2	3
3134	경기 안성시	아동청소년 정신보건사업	52,294	지역보건과	4	1	7	3	7	1	1	2
3135	경기 안성시	기초정신건강복지센터지원	440,429	지역보건과	4	1	7	3	7	1	1	2
3136	경기 안성시	생명사랑 전담인력 배치	40,000	지역보건과	4	1	7	3	7	1	1	2
3137	경기 안성시	생명사랑 치료비 지원	3,800	지역보건과	4	1	7	3	7	1	1	2
3138	경기 안성시	자살예방 및 정신건강증진사업	30,540	지역보건과	4	1	7	3	7	1	1	2
3139	경기 안성시	노인자살예방사업	70,000	지역보건과	4	1	7	3	7	1	1	2
3140	경기 안성시	기초정신건강복지센터 인력확충	145,296	지역보건과	4	1	7	3	7	1	1	2
3141	경기 안성시	정신질환자 치료 지원	75,660	지역보건과	4	1	7	3	7	1	1	2
3142	경기 안성시	정신질환자 치료비 지원	29,700	지역보건과	4	1	7	3	7	1	1	2
3143	경기 안성시	자살예방시스템 확충	70,000	지역보건과	4	1	7	3	7	1	1	2
3144	경기 안성시	청년정신건강증진사업	126,560	지역보건과	4	1	7	3	7	1	1	2
3145	경기 안성시	기초정신건강복지센터 자살예방사업지원	70,640	지역보건과	4	1	7	3	7	1	1	2
3146	경기 안성시	암검진사업	288,600	지역보건과	4	2	7	8	7	3	3	1
3147	경기 안성시	희귀질환자 의료비지원	80,000	지역보건과	4	2	7	8	7	3	3	1
3148	경기 안성시	일반건강검진 지원	28,700	지역보건과	4	2	7	8	7	3	3	1
3149	경기 안성시	산모신생아 건강관리사 지원	482,000	지역보건과	4	2	7	8	7	5	5	3
3150	경기 안성시	저소득층 기저귀 조제분유 지원	122,000	지역보건과	4	2	7	8	7	5	5	3
3151	경기 여주시	직장어린이집 위탁운영	270,000	자치행정과	4	1	6	5	6	1	1	1
3152	경기 여주시	보훈회관 위탁관리 운영비	13,700	복지행정과	4	4	2	3	1	1	1	1
3153	경기 여주시	노인일자리 수행기관 및 종사자 지원	344,000	사회복지과	4	1	7	7	7	1	1	4
3154	경기 여주시	노인복지관 운영비	1,082,800	사회복지과	4	1	7	7	7	1	2	4
3155	경기 여주시	장애인복지시설 운영 지원-장애인복지관 운영	16,649	사회복지과	4	1	7	8	7	4	1	4
3156	경기 여주시	건강가정 및 다문화가족 지원센터 운영	596,018	여성가족과	4	1	1	3	6	1	1	3
3157	경기 여주시	국공립어린이집 조리사인건비	106,080	여성가족과	4	4	6	1	1	1	1	4
3158	경기 여주시	국공립어린이집 확충	126,400	여성가족과	4	1	1	5	1	1	1	1
3159	경기 여주시	육아종합지원센터 지원	500,000	여성가족과	4	1	1	5	1	1	1	1
3160	경기 여주시	시군 육아종합지원센터 경기도형 보육컨설턴트 인건비 지원	60,480	여성가족과	4	1	7	8	7	5	1	1
3161	경기 여주시	다함께돌봄센터 운영비 지원	67,200	여성가족과	4	1	7	8	7	1	1	4

순번	시군구	지출명 (사업명)	2021년예산 (단위:천원/1년간)	담당자 (공무원)	민간이전 분류 (지방자치단체 세출예산 집행기준에 의거)	민간이전지출 근거 (지방보조금 관리기준 참고)	입찰방식			운영예산 산정		성과평가 실시여부
				담당부서	1. 민간경상사업보조(307-02) 2. 민간단체 법정운영비보조(307-03) 3. 민간행사사업보조(307-04) 4. 민간위탁금(307-05) 5. 사회복지시설 법정운영비보조(307-10) 6. 민간인위탁교육비(307-12) 7. 공기관등에대한경상적위탁사업비(308-10) 8. 민간자본사업보조,자체재원(402-01) 9. 민간자본사업보조,이전재원(402-02) 10. 민간위탁사업비(402-03) 11. 공기관등에 대한 자본적 대행사업비(403-02)	1. 법률에 규정 2. 국고보조 재원(국가지정) 3. 용도 지정 기부금 4. 조례에 직접규정 5. 지자체가 권장하는 사업을 하는 공공기관 6. 시,도 정책 및 재정사정 7. 기타 8. 해당없음	계약체결방법 (경쟁형태) 1. 일반경쟁 2. 제한경쟁 3. 지명경쟁 4. 수의계약 5. 법정위탁 6. 기타 ( ) 7. 해당없음	계약기간 1. 1년 2. 2년 3. 3년 4. 4년 5. 5년 6. 기타 ( )년 7. 단기계약 (1년미만) 8. 해당없음	낙찰자선정방법 1. 적격심사 2. 협상에의한계약 3. 최저가낙찰제 4. 규격가격분리 5. 2단계 경쟁입찰 6. 기타 ( ) 7. 해당없음	운영예산 산정 1. 내부산정 (지자체 자체적으로 산정) 2. 외부산정 (외부전문기관위탁 산정) 3. 내·외부 모두 산정 4. 산정 無 5. 해당없음	정산방법 1. 내부정산 (지자체 내부적으로 정산) 2. 외부정산 (외부전문기관위탁 정산) 3. 내·외부 모두 산정 4. 정산 無 5. 해당없음	1. 실시 2. 미실시 3. 향후 추진 4. 해당없음
3162	경기 여주시	다함께돌봄센터 인건비 지원	106,080	여성가족과	4	1	7	8	7	1	1	4
3163	경기 여주시	아동돌봄틈새서비스	13,284	여성가족과	4	1	7	8	7	1	1	4
3164	경기 여주시	여강길 관리 민간위탁	225,000	관광체육과	4	4	6	3	6	1	1	3
3165	경기 여주시	맞춤형 취업지원프로그램 운영	62,000	일자리경제과	4	4	2	2	2	1	1	3
3166	경기 여주시	여주일자리센터 직업상담사 운영 지원	400,000	일자리경제과	4	4	2	2	2	1	1	3
3167	경기 여주시	사회적공동체지원센터 설립운영	400,000	일자리경제과	4	4	6	2	6	1	1	3
3168	경기 여주시	무단방치폐기물 위탁처리	150,000	자원순환과	4	8	7	8	7	5	5	4
3169	경기 여주시	로드킬(동물사체) 구조 처리 위탁	60,000	자원순환과	4	4	4	1	3	1	1	1
3170	경기 여주시	재활용 잔재물 위탁처리 용역	130,200	자원순환과	4	4	2	7	1	1	1	4
3171	경기 여주시	대형폐기물 위탁처리 용역	576,000	자원순환과	4	4	2	7	1	1	1	4
3172	경기 여주시	음식물류자원화사업장 위탁처리비	763,566	자원순환과	4	6	7	8	7	5	5	4
3173	경기 여주시	음폐수처리시설 운영비	159,449	자원순환과	4	6	7	8	7	5	5	4
3174	경기 여주시	음폐수슬러지 처리비	124,308	자원순환과	4	6	7	8	7	5	5	4
3175	경기 여주시	수도권매립지 3-1매립장 운반비	127,200	자원순환과	4	8	7	8	7	5	5	4
3176	경기 여주시	시설개선기간 운영 위탁처리비	366,000	자원순환과	4	8	7	8	7	5	5	4
3177	경기 여주시	방역소독 민간대행용역	260,000	보건행정과	4	7	7	8	7	5	5	4
3178	경기 여주시	여주시어린이급식관리지원센터	135,000	보건행정과	4	2	1	5	1	2	1	1
3179	경기 여주시	지역사회건강조사 조사분석 위탁운영	68,738	건강증진과	4	1	6	1	6	5	5	1
3180	경기 여주시	정신건강증진사업,자살예방사업	1,239,000	건강증진과	4	4	6	3	6	1	1	1
3181	경기 여주시	경기 여주공공산후조리원 운영	86,000	건강증진과	4	4	4	5	7	1	3	1
3182	경기 여주시	종합폐기물 위탁처리 수수료	64,000	가남읍	4	4	7	8	7	5	5	4
3183	경기 김포시	청소년공부방 지원	16,320	교육청소년과	4	4	7	1	7	5	5	4
3184	경기 김포시	주민자치회운영	76,376	마산동	4	4	6	5	7	1	1	1
3185	경기 김포시	말라리아민간위탁방역소독	391,522	보건행정과	4	6	7	8	7	5	5	4
3186	경기 김포시	육아종합지원센터 운영	758,251	보육과	4	4	7	8	7	5	5	1
3187	경기 김포시	시군 육아종합지원센터 부모교육 지원	34,000	보육과	4	4	7	8	7	5	5	4
3188	경기 김포시	시군 육아종합지원센터「경기도형보육컨설턴트」인건비 지원	60,480	보육과	4	4	7	8	7	5	5	4
3189	경기 김포시	시군 육아종합지원센터 전문상담사 등 배치	90,000	보육과	4	4	7	8	7	5	5	4
3190	경기 김포시	주민자치회운영	94,540	사우동	4	7	7	5	7	1	1	1
3191	경기 김포시	주민자치회운영	99,800	양촌읍	4	1	5	5	7	1	1	1
3192	경기 김포시	요보호아동 그룹홈운영	267,489	여성가족과	4	1	7	8	7	1	1	4
3193	경기 김포시	사회복지시설법정운영비보조	17,600	여성가족과	4	1	7	8	7	1	1	4
3194	경기 김포시	건강가정지원센터 운영	210,400	여성가족과	4	1	5	8	7	1	1	1
3195	경기 김포시	행복한 가족 프로그램	10,000	여성가족과	4	1	5	8	7	1	1	1
3196	경기 김포시	취약위기가족지원사업	104,240	여성가족과	4	1	5	8	7	1	1	1
3197	경기 김포시	다문화사회 이해교육	13,333	여성가족과	4	4	5	8	7	1	1	1
3198	경기 김포시	다문화신문 구독지원	15,120	여성가족과	4	1	5	8	7	1	1	1
3199	경기 김포시	다문화가족 동아리모임 활성화 지원	7,500	여성가족과	4	1	5	8	7	1	1	1
3200	경기 김포시	결혼이민자 한국어 교육	12,600	여성가족과	4	1	5	8	7	1	1	1
3201	경기 김포시	결혼이민자 취업교육 지원	9,900	여성가족과	4	1	5	8	7	1	1	1
3202	경기 김포시	결혼이민자 통번역서비스 지원	60,100	여성가족과	4	1	5	8	7	1	1	1
3203	경기 김포시	다문화가족 자녀언어발달 지원	34,680	여성가족과	4	1	5	8	7	1	1	1
3204	경기 김포시	다문화가족 서포터즈 운영	4,230	여성가족과	4	1	5	8	7	1	1	1

순번	시군구	지출명 (사업명)	2021년예산 (단위:천원/1년간)	담당자 (공무원) 담당부서	민간이전 분류 (지방자치단체 세출예산 집행기준에 의거) 1. 민간경상사업보조(307-02) 2. 민간단체 법정운영비보조(307-03) 3. 민간행사사업보조(307-04) 4. 민간위탁금(307-05) 5. 사회복지시설 법정운영비보조(307-10) 6. 민간인위탁교육비(307-12) 7. 공기관등에대한경상적위탁사업비(308-10) 8. 민간자본사업보조,자체재원(402-01) 9. 민간자본사업보조,이전재원(402-02) 10. 민간위탁사업비(402-03) 11. 공기관등에 대한 자본적 대행사업비(403-02)	민간이전지출 근거 (지방보조금 관리기준 참고) 1. 법률에 규정 2. 국고보조 재원(국가지정) 3. 용도 지정 기부금 4. 조례에 직접규정 5. 지자체가 권장하는 사업을 하는 공공기관 6. 시,도 정책 및 재정사정 7. 기타 8. 해당없음	입찰방식 계약체결방법 (경쟁형태) 1. 일반경쟁 2. 제한경쟁 3. 지명경쟁 4. 수의계약 5. 법정위탁 6. 기타 ( ) 7. 해당없음	입찰방식 계약기간 1. 1년 2. 2년 3. 3년 4. 4년 5. 5년 6. 기타 ( )년 7. 단기계약 (1년미만) 8. 해당없음	입찰방식 낙찰자선정방법 1. 적격심사 2. 협상에의한계약 3. 최저가낙찰제 4. 규격가격분리 5. 2단계 경쟁입찰 6. 기타 ( ) 7. 해당없음	운영예산 산정 운영예산 산정 1. 내부산정 (지자체 자체적으로 산정) 2. 외부산정 (외부전문기관위탁 산정) 3. 내·외부 모두 산정 4. 산정 無 5. 해당없음	운영예산 산정 정산방법 1. 내부정산 (지자체 내부적으로 정산) 2. 외부정산 (외부전문기관위탁 정산) 3. 내·외부 모두 산정 4. 정산 無 5. 해당없음	성과평가 실시여부 1. 실시 2. 미실시 3. 향후 추진 4. 해당없음
3205	경기 김포시	결혼이민자 역량강화지원	25,000	여성가족과	4	1	5	8	7	1	1	1
3206	경기 김포시	자녀양육 및 자녀생활 등 방문교육서비스 지원	227,968	여성가족과	4	1	5	8	7	1	1	1
3207	경기 김포시	건강가정 및 다문화가족 지원센터 운영	282,540	여성가족과	4	1	5	8	7	1	1	1
3208	경기 김포시	다문화가족 사례관리 지원	31,825	여성가족과	4	1	5	8	7	1	1	1
3209	경기 김포시	아이돌봄지원	853,014	여성가족과	4	1	5	8	7	1	1	1
3210	경기 김포시	아이돌보미 독감 예방접종비	4,250	여성가족과	4	4	7	8	7	5	5	4
3211	경기 김포시	다문화소통 프로그램 지원	30,000	여성가족과	4	4	5	8	7	1	1	1
3212	경기 김포시	경기육아나눔터 운영	18,480	여성가족과	4	1	5	8	7	1	1	1
3213	경기 김포시	공동육아나눔터 운영지원	53,828	여성가족과	4	1	5	8	7	1	1	1
3214	경기 김포시	외국인주민 상담지원	25,000	여성가족과	4	4	5	8	7	1	1	1
3215	경기 김포시	외국인주민 한국어교육	10,670	여성가족과	4	4	5	8	7	1	1	1
3216	경기 김포시	중도입국자녀 한국사회 적응지원	8,000	여성가족과	4	4	5	8	7	1	1	1
3217	경기 김포시	외국인주민지원센터 운영	542,204	여성가족과	4	4	5	8	7	1	1	1
3218	경기 김포시	외국인복지센터 지원	66,660	여성가족과	4	4	5	8	7	1	1	1
3219	경기 김포시	외국인복지센터 통역 지원	105,000	여성가족과	4	4	5	8	7	1	1	1
3220	경기 김포시	경기도 통역 서포터즈 운영	50,000	여성가족과	4	4	5	8	7	1	1	1
3221	경기 김포시	가정폭력 피해자 보호시설 운영지원	177,064	여성가족과	4	2	7	8	7	5	1	4
3222	경기 김포시	가정폭력피해자 보호지원	5,425	여성가족과	4	7	7	8	7	5	1	4
3223	경기 김포시	가정폭력피해자 보호시설 운영지원	20,000	여성가족과	4	2	7	8	7	5	1	4
3224	경기 김포시	가정폭력피해자 보호시설 운영지원	4,540	여성가족과	4	2	7	8	7	5	1	4
3225	경기 김포시	여성권익시설 지원	14,112	여성가족과	4	7	7	8	7	5	1	4
3226	경기 김포시	가정폭력피해자 보호시설 운영지원	33,230	여성가족과	4	8	7	8	7	1	1	4
3227	경기 김포시	주민자치회 운영지원	72,880	운양동	4	4	7	8	7	5	5	4
3228	경기 김포시	자원봉사 지원	713,123	주민협치담당관	4	4	7	8	7	1	1	3
3229	경기 김포시	전국 통합 자원봉사보험 가입 서비스 지원	20,512	주민협치담당관	4	2	7	8	7	5	5	4
3230	경기 김포시	자원봉사 코디네이터 지원·육성	59,076	주민협치담당관	4	2	7	8	7	5	5	4
3231	경기 김포시	대곶주민자치센터	74,402	총무팀	4	7	7	8	7	5	5	4
3232	경기 김포시	노면청소차 폐토사 처리 용역	182,700	클린도시과	4	1	3	1	1	1	1	4
3233	경기 김포시	동지역 등 가로청소 용역	36,458	클린도시과	4	1	7	8	7	5	5	3
3234	경기 김포시	주민자치회운영	80,880	하성면	4	4	5	5	7	1	1	4
3235	경기 김포시	레코파크 관리운영비	19,579	하수과	4	4	6	6	6	3	4	2
3236	경기 김포시	하수관로정비 임대형 민자사업('08BTL) 운영비	15,410	하수과	4	4	6	6	6	3	4	1
3237	경기 김포시	하수관로정비 임대형 민자사업('15BTL) 운영비	1,048,000	하수과	4	4	6	6	6	3	4	1
3238	경기 김포시	하수관로정비 임대형 민자사업('08BTL) 임대료	6,962	하수과	4	4	6	6	6	3	4	1
3239	경기 김포시	하수관로정비 임대형 민자사업('15BTL) 임대료	55,500	하수과	4	4	6	6	6	3	4	1
3240	경기 김포시	김포시청 직장어린이집 운영	619,912	행정과	4	1	4	5	1	1	1	1
3241	경기 화성시	화성시 사회적경제센터	786,905	사회적경제과	4	4	7	2	6	1	1	3
3242	경기 화성시	사회적경제 중간지원조직 인력지원	80,000	사회적경제과	4	6	7	8	7	5	5	4
3243	경기 화성시	사회적경제 창업교육	20,000	사회적경제과	4	6	7	8	7	1	1	4
3244	경기 화성시	공공폐수처리시설 및 수질정화시설 운영	36,959	수질관리과	4	4	7	8	7	5	5	4
3245	경기 화성시	화성시 가축분뇨공공처리시설 민간위탁운영	1,380,000	수질관리과	4	4	2	3	6	2	1	1
3246	경기 화성시	장안 가축분뇨 공공(액비)처리시설 민간위탁 운영	180,000	수질관리과	4	4	4	3	7	2	1	1
3247	경기 화성시	화성시사 편찬	84,905	문화유산과	4	4	4	2	1	1	1	3

순번	시군구	지출명 (사업명)	2021년예산 (단위:천원/1년간)	담당자 (공무원) 담당부서	민간이전 분류 (지방자치단체 세출예산 집행기준에 의거) 1. 민간경상사업보조(307-02) 2. 민간단체 법정운영비보조(307-03) 3. 민간행사사업보조(307-04) 4. 민간위탁금(307-05) 5. 사회복지시설 법정운영비보조(307-10) 6. 민간인위탁교육비(307-12) 7. 공기관등에대한경상적위탁사업비(308-10) 8. 민간자본사업보조,자체재원(402-01) 9. 민간자본사업보조,이전재원(402-02) 10. 민간위탁사업비(402-03) 11. 공기관등에 대한 자본적 대행사업비(403-02)	민간이전지출 근거 (지방보조금 관리기준 참고) 1. 법률에 규정 2. 국고보조 재원(국가지정) 3. 용도 지정 기부금 4. 조례에 직접규정 5. 지자체가 권장하는 사업을 하는 공공기관 6. 시,도 정책 및 재정사정 7. 기타 8. 해당없음	입찰방식 계약체결방법 (경쟁형태) 1. 일반경쟁 2. 제한경쟁 3. 지명경쟁 4. 수의계약 5. 법정위탁 6. 기타 ( ) 7. 해당없음	입찰방식 계약기간 1. 1년 2. 2년 3. 3년 4. 4년 5. 5년 6. 기타 ( )년 7. 단기계약 (1년미만) 8. 해당없음	입찰방식 낙찰자선정방법 1. 적격심사 2. 협상에의한계약 3. 최저가낙찰제 4. 규격가격분리 5. 2단계 경쟁입찰 6. 기타 ( ) 7. 해당없음	운영예산 산정 운영예산 산정 1. 내부산정 (지자체 자체적으로 산정) 2. 외부산정 (외부전문기관위탁 산정) 3. 내·외부 모두 산정 4. 산정 無 5. 해당없음	운영예산 산정 정산방법 1. 내부정산 (지자체 내부적으로 정산) 2. 외부정산 (외부전문기관위탁 정산) 3. 내·외부 모두 산정 4. 정산 無 5. 해당없음	성과평가 실시여부 1. 실시 2. 미실시 3. 향후 추진 4. 해당없음
3248	경기 화성시	공공폐수처리시설 및 수질정화시설 운영	36,959	수질관리과	4	4	7	8	7	5	5	4
3249	경기 화성시	화성시 가축분뇨공공처리시설 민간위탁운영	1,380,000	수질관리과	4	4	2	3	6	2	1	1
3250	경기 화성시	장안 가축분뇨 공공(액비)처리시설 민간위탁 운영	180,000	수질관리과	4	4	4	3	7	2	1	1
3251	경기 화성시	화성시사 편찬	84,905	문화유산과	4	4	4	2	1	1	1	3
3252	경기 화성시	일자리센터 운영	1,346,000	일자리정책과	4	4	1	1	1	1	1	3
3253	경기 화성시	근로자복지관 운영	26,530	일자리정책과	4	4	1	2	1	1	1	1
3254	경기 화성시	홍사용문학관운영	740,682	문화예술과	4	4	6	2	7	1	1	1
3255	경기 화성시	봉담문화의집 운영	157,057	문화예술과	4	4	7	8	7	1	1	1
3256	경기 화성시	향남문화의집 운영	141,801	문화예술과	4	4	7	8	7	1	1	1
3257	경기 화성시	역말문화회관 위탁운영	69,994	문화예술과	4	4	7	8	7	1	1	1
3258	경기 화성시	화성ICT생활문화센터 운영	1,324,000	문화예술과	4	4	7	2	7	1	1	3
3259	경기 화성시	화성시수출업무지원센터 사업지원 및 운영	958,000	기업지원과	4	4	1	3	6	1	1	1
3260	경기 화성시	장애아동재활센터 운영	244,500	동부보건소	4	4	1	5	1	1	1	1
3261	경기 화성시	장애아동재활센터 운영	248,700	동부보건소	4	4	1	5	1	1	1	1
3262	경기 화성시	장애아동재활센터 운영	494,000	동부보건소	4	4	1	5	1	1	1	1
3263	경기 화성시	장애아동재활센터 운영	294,300	동부보건소	4	4	1	5	1	1	1	1
3264	경기 화성시	장애아동재활센터 운영	500,400	동부보건소	4	4	1	5	1	1	1	1
3265	경기 화성시	발안시장 고객지원센터 민간위탁금	616,000	소상공인과	4	4	6	3	6	1	1	3
3266	경기 화성시	소공인 집적지구 공동기반시설 운영	438,853	소상공인과	4	1	1	2	6	1	1	3
3267	경기 화성시	소공인 집적지구 공동기반시설 운영	30,000	소상공인과	4	1	1	2	6	1	1	3
3268	경기 화성시	화성시 공예문화관 운영	259,601	소상공인과	4	4	7	8	7	1	1	3
3269	경기 화성시	어린이급식관리지원센터	1,890,000	위생과	4	1	2	3	1	1	2	1
3270	경기 화성시	기초정신건강복지센터 운영	1,105,959	보건정책과	4	2	5	3	7	1	1	1
3271	경기 화성시	중독관리통합지원센터 지원	530,334	보건정책과	4	2	5	3	7	1	1	1
3272	경기 화성시	웰빙건강클리닉센터 운영	330,000	건강증진과	4	5	7	3	1	1	1	1
3273	경기 화성시	지역사회건강조사 조사분석 위탁운영	69,542	동탄보건소 건강증진과	4	2	7	8	7	5	5	4
3274	경기 화성시	U-만성질환관리센터 운영	865,167	동탄보건소 건강증진과	4	4	1	3	6	1	1	1
3275	경기 화성시	노인보건센터	642,300	동탄보건소 건강증진과	4	4	7	2	7	1	1	1
3276	경기 화성시	노인보건센터	208,000	동탄보건소 건강증진과	4	4	7	2	7	1	1	1
3277	경기 화성시	노인보건센터	452,000	동탄보건소 건강증진과	4	4	7	2	7	1	1	1
3278	경기 화성시	화성시장애인가족지원센터 운영	228,500	장애인복지과	4	4	7	8	7	5	2	4
3279	경기 화성시	장애인복지관 운영 지원	29,766	장애인복지과	4	1	5	5	1	1	1	1
3280	경기 화성시	장애인복지관 운영 지원	25,349	장애인복지과	4	1	5	5	1	1	1	1
3281	경기 화성시	장애인주간보호시설 운영 지원	322,457	장애인복지과	4	1	5	5	1	1	1	1
3282	경기 화성시	장애인주간보호시설 운영 지원	199,581	장애인복지과	4	1	5	5	1	1	1	1
3283	경기 화성시	장애인주간보호시설 운영 지원	337,794	장애인복지과	4	1	5	5	1	1	1	1
3284	경기 화성시	장애인주간보호시설 운영 지원	173,807	장애인복지과	4	1	5	5	1	1	1	1
3285	경기 화성시	장애인주간보호시설 운영 지원	226,805	장애인복지과	4	1	5	5	1	1	1	1
3286	경기 화성시	장애인주간보호시설 운영 지원	198,985	장애인복지과	4	1	5	5	1	1	1	1
3287	경기 화성시	장애인주간보호시설 운영 지원	508,906	장애인복지과	4	1	5	5	1	1	1	1
3288	경기 화성시	장애인직업재활시설운영비지원	390,404	장애인복지과	4	1	5	5	1	1	1	1
3289	경기 화성시	장애인직업재활시설운영비지원	458,455	장애인복지과	4	1	5	5	1	1	1	1
3290	경기 화성시	장애인직업재활시설운영비지원	261,780	장애인복지과	4	1	5	5	1	1	1	1

순번	시군구	지출명 (사업명)	2021년예산 (단위:천원/1년간)	담당자 (공무원)	민간이전 분류 (지방자치단체 세출예산 집행기준에 의거)	민간이전지출 근거 (지방보조금 관리기준 참고)	입찰방식			운영예산 산정		성과평가 실시여부
				담당부서	1. 민간경상사업보조(307-02) 2. 민간단체 법정운영비보조(307-03) 3. 민간행사사업보조(307-04) 4. 민간위탁금(307-05) 5. 사회복지시설 법정운영비보조(307-10) 6. 민간인위탁교육비(307-12) 7. 공기관등에대한경상적위탁사업비(308-10) 8. 민간자본사업보조,자체재원(402-01) 9. 민간자본사업보조,이전재원(402-02) 10. 민간위탁사업비(402-03) 11. 공기관등에 대한 자본적 대행사업비(403-02)	1. 법률에 규정 2. 국고보조 재원(국가지정) 3. 용도 지정 기부금 4. 조례에 직접규정 5. 지자체가 권장하는 사업을 하는 공공기관 6. 시,도 정책 및 재정사정 7. 기타 8. 해당없음	계약체결방법 (경쟁형태) 1. 일반경쟁 2. 제한경쟁 3. 지명경쟁 4. 수의계약 5. 법정위탁 6. 기타 ( ) 7. 해당없음	계약기간 1. 1년 2. 2년 3. 3년 4. 4년 5. 5년 6. 기타 ( )년 7. 단기계약 (1년미만) 8. 해당없음	낙찰자선정방법 1. 적격심사 2. 협상에의한계약 3. 최저가낙찰제 4. 규격가격분리 5. 2단계 경쟁입찰 6. 기타 ( ) 7. 해당없음	운영예산 산정 1. 내부산정 (지자체 자체적으로 산정) 2. 외부산정 (외부전문기관위탁 산정) 3. 내·외부 모두 산정 4. 산정 無 5. 해당없음	정산방법 1. 내부정산 (지자체 내부적으로 정산) 2. 외부정산 (외부전문기관위탁 정산) 3. 내·외부 모두 산정 4. 정산 無 5. 해당없음	1. 실시 2. 미실시 3. 향후 추진 4. 해당없음
3291	경기 화성시	화성시남부노인복지관 운영	21,855	노인복지과	4	1	1	5	1	1	1	3
3292	경기 화성시	화성시동탄노인복지관 운영	24,923	노인복지과	4	1	1	5	1	1	1	3
3293	경기 화성시	화성시서부노인복지관 운영	1,051,080	노인복지과	4	1	1	5	1	1	1	3
3294	경기 화성시	독거노인 카네이션하우스	10,000	노인복지과	4	4	1	5	1	1	1	3
3295	경기 화성시	시니어클럽 운영	1,012,260	노인복지과	4	1	1	5	1	1	1	3
3296	경기 화성시	노인일자리 수행기관 부대경비 지원	10,000	노인복지과	4	4	2	8	1	1	1	3
3297	경기 화성시	청소업무 대행	53,500	자원순환과	4	1	4	3	7	2	2	1
3298	경기 화성시	동물사체(로드킬) 수거 용역	107,049	자원순환과	4	4	1	7	3	1	1	1
3299	경기 화성시	화성그린환경센터 소각시설 민간위탁	9,599	자원순환과	4	4	1	2	1	2	1	1
3300	경기 화성시	그린환경센터 운영(에코센터)	400,000	자원순환과	4	4	1	3	1	2	1	1
3301	경기 화성시	자동집하시설 운영	1,164,000	자원순환과	4	4	1	3	1	2	1	1
3302	경기 화성시	크린에너지센터 민간위탁 운영	28,854	자원순환과	4	4	1	3	2	2	1	1
3303	경기 화성시	팔탄침출수처리시설 운영	95,289	자원순환과	4	4	1	3	1	2	1	1
3304	경기 화성시	도로변 청소 대행용역	425,572	자원순환과	4	4	1	1	1	1	1	1
3305	경기 화성시	노면청소차량 운행 용역	330,000	자원순환과	4	4	1	7	1	1	1	1
3306	경기 화성시	민주시민교육활성화	100,000	평생학습과	4	4	2	1	2	1	1	1
3307	경기 광주시	직원복지제도운영	513,000	행정지원과	4	4	5	3	7	1	1	1
3308	경기 광주시	시군 육아종합지원센터 경기도형 보육컨설턴트 인건비 지원	60,480	여성보육과	4	6	7	8	7	1	1	1
3309	경기 광주시	육아종합지원센터 운영	510,000	여성보육과	4	1	1	5	6	1	1	2
3310	경기 광주시	장난감도서 대여 회수 이동서비스	99,000	여성보육과	4	1	7	8	7	1	1	2
3311	경기 광주시	시군 육아종합지원센터 부모교육 지원	34,000	여성보육과	4	1	7	8	7	5	1	2
3312	경기 광주시	시군 육아종합지원센터 상담지원인력 배치	90,000	여성보육과	4	1	7	8	7	5	1	2
3313	경기 광주시	청소년상담복지센터 운영	365,720	교육청소년과	4	1	7	8	7	1	1	1
3314	경기 광주시	외국어체험센터 운영	730,000	교육청소년과	4	4	1	2	1	3	3	1
3315	경기 광주시	비산업부문 온실가스 진단 컨설팅	10,000	환경정책과	4	2	5	3	7	1	1	1
3316	경기 광주시	생활폐기물 수집운반 대행용역(1권역)	22,527	자원순환과	4	1	4	1	7	2	1	1
3317	경기 광주시	생활폐기물 처리시설 운반 대행	1,505,000	자원순환과	4	1	1	1	1	2	1	4
3318	경기 광주시	생활폐기물 처리 대행	39,184	자원순환과	4	1	1	1	1	2	1	4
3319	경기 광주시	대형폐기물(소파 등) 처리 대행	23,374	자원순환과	4	1	1	1	1	2	1	4
3320	경기 광주시	노면청소 수거물 처리 대행	100,000	자원순환과	4	1	7	8	7	5	5	4
3321	경기 광주시	로드킬(동물사체) 위탁 처리	74,880	자원순환과	4	1	7	8	7	5	5	4
3322	경기 광주시	폐기물 적정처리 지도	70,000	자원순환과	4	7	7	8	7	5	5	4
3323	경기 광주시	음식물자원화시설 운영관리 수수료	20,700	자원순환과	4	7	6	6	6	3	5	4
3324	경기 광주시	음식물류폐기물 민간처리 대행	38,026	자원순환과	4	1	1	1	1	2	1	4
3325	경기 광주시	재활용선별장 운영 및 처리 대행	24,284	자원순환과	4	1	2	1	1	2	1	4
3326	경기 광주시	재활용선별장 잔재폐기물 처리 대행	1,242,000	자원순환과	4	1	1	1	1	2	1	4
3327	경기 광주시	유아숲체험원 운영 및 관리	51,400	산림과	4	2	2	7	1	1	1	1
3328	경기 광주시	어린이급식관리지원센터 설치 운영	840,000	식품위생과	4	1	2	3	1	4	2	1
3329	경기 광주시	방치폐기물 위탁처리용역	20,000	오포읍	4	4	7	8	7	5	5	4
3330	경기 광주시	초월읍 방치 쓰레기 수거 용역비	30,000	초월읍	4	4	4	7	6	1	1	2
3331	경기 광주시	행락질서 단속 및 계도	15,000	초월읍	4	4	4	7	6	1	1	2
3332	경기 광주시	지역관리	15,000	곤지암읍	4	7	4	7	7	1	1	2
3333	경기 광주시	공중화장실유지관리	20,000	도척면	4	1	7	8	7	5	5	4

순번	시군구	지출명 (사업명)	2021년예산 (단위:천원/1년간)	담당자 (공무원) 담당부서	민간이전 분류 (지방자치단체 세출예산 집행기준에 의거) 1. 민간경상사업보조(307-02) 2. 민간단체 법정운영비보조(307-03) 3. 민간행사사업보조(307-04) 4. 민간위탁금(307-05) 5. 사회복지시설 법정운영비보조(307-10) 6. 민간인위탁교육비(307-12) 7. 공기관등에대한경상적위탁사업비(308-10) 8. 민간자본사업보조,자체재원(402-01) 9. 민간자본사업보조,이전재원(402-02) 10. 민간위탁사업비(402-03) 11. 공기관등에 대한 자본적 대행사업비(403-02)	민간이전지출 근거 (지방보조금 관리기준 참고) 1. 법률에 규정 2. 국고보조 재원(국가지정) 3. 용도 지정 기부금 4. 조례에 직접규정 5. 지자체가 권장하는 사업을 하는 공공기관 6. 시,도 정책 및 재정사정 7. 기타 8. 해당없음	입찰방식 계약체결방법 (경쟁형태) 1. 일반경쟁 2. 제한경쟁 3. 지명경쟁 4. 수의계약 5. 법정위탁 6. 기타 ( ) 7. 해당없음	입찰방식 계약기간 1. 1년 2. 2년 3. 3년 4. 4년 5. 5년 6. 기타 ( )년 7. 단기계약 (1년미만) 8. 해당없음	입찰방식 낙찰자선정방법 1. 적격심사 2. 협상에의한계약 3. 최저가낙찰제 4. 규격가격분리 5. 2단계 경쟁입찰 6. 기타 ( ) 7. 해당없음	운영예산 산정 운영예산 산정 1. 내부산정 (지자체 자체적으로 산정) 2. 외부산정 (외부전문기관위탁 산정) 3. 내·외부 모두 산정 4. 산정 無 5. 해당없음	운영예산 산정 정산방법 1. 내부정산 (지자체 내부적으로 정산) 2. 외부정산 (외부전문기관위탁 정산) 3. 내·외부 모두 산정 4. 정산 無 5. 해당없음	성과평가 실시여부 1. 실시 2. 미실시 3. 향후 추진 4. 해당없음
3334	경기 광주시	행락질서민간위탁용역	10,000	도척면	4	6	7	8	7	5	5	4
3335	경기 양주시	직장어린이집 운영	466,956	자치행정과	4	1	7	8	7	5	5	4
3336	경기 양주시	수영장 위탁운영	50,000	체육청소년과	4	5	7	8	7	5	5	4
3337	경기 양주시	양주시옥정종합사회복지관 운영	519,129	사회복지과	4	4	5	5	1	2	1	1
3338	경기 양주시	노인복지관 운영	520,000	사회복지과	4	6	7	8	7	5	1	3
3339	경기 양주시	무한돌봄센터 운영	606,128	사회복지과	4	6	5	3	1	2	1	1
3340	경기 양주시	경신 하늘뜰 공원 운영관리	40,000	사회복지과	4	1	7	3	7	1	1	1
3341	경기 양주시	자활근로사업	20,738	복지지원과	4	2	7	1	7	4	1	4
3342	경기 양주시	이동목욕 및 빨래방차량운영	127,000	복지지원과	4	6	7	1	7	4	1	4
3343	경기 양주시	장애인주간보호시설 운영	34,899	복지지원과	4	1	7	8	7	1	1	4
3344	경기 양주시	장애인보호작업장 운영	268,159	복지지원과	4	1	7	8	7	1	1	4
3345	경기 양주시	육아종합지원센터 운영	500,319	여성보육과	4	1	1	3	7	1	3	1
3346	경기 양주시	건강가정·다문화가족지원센터 운영	409,700	여성보육과	4	2	7	8	7	1	1	1
3347	경기 양주시	보육 컨설턴트 인건비 및 운영비 지원	60,480	여성보육과	4	1	7	8	7	5	1	4
3348	경기 양주시	폭력피해이주여성 보호시설 인건비 지원	14,448	여성보육과	4	2	7	8	7	1	1	4
3349	경기 양주시	육아종합지원센터 운영(육아종합센터 부모교육)	34,000	여성보육과	4	2	7	8	7	1	3	4
3350	경기 양주시	육아종합지원센터 전문상담사 배치(놀이지도사)	40,000	여성보육과	4	6	7	8	7	1	3	4
3351	경기 양주시	육아종합지원센터 전문상담사 배치(장애위험영유아 상담사)	50,000	여성보육과	4	6	7	8	7	1	3	4
3352	경기 양주시	경기섬유종합지원센터 운영	20,000	기업경제과	4	4	2	3	2	1	1	2
3353	경기 양주시	경기패션창작스튜디오 운영	400,000	기업경제과	4	4	1	3	2	1	1	2
3354	경기 양주시	숲해설 프로그램 운영	51,120	산림휴양과	4	2	7	8	7	5	5	4
3355	경기 양주시	유아숲체험 프로그램 운영	205,600	산림휴양과	4	2	7	8	7	5	5	4
3356	경기 양주시	야생동물 구조·치료	3,700	환경관리과	4	1	5	1	7	1	1	2
3357	경기 양주시	기초정신건강복지센터 지원	546,094	보건행정과	4	2	1	3	1	1	1	1
3358	경기 양주시	아동청소년 정신건강증진사업	52,294	보건행정과	4	2	1	3	1	1	1	1
3359	경기 양주시	생명사랑 전담인력 배치	40,000	보건행정과	4	6	1	3	1	1	1	1
3360	경기 양주시	생명사랑 치료비 지원	5,700	보건행정과	4	6	1	3	1	1	1	1
3361	경기 양주시	자살예방 및 정신건강증진사업	40,720	보건행정과	4	2	1	3	1	1	1	1
3362	경기 양주시	노인자살 예방사업	70,000	보건행정과	4	6	1	3	1	1	1	1
3363	경기 양주시	자살예방 시스템 확충	150,000	보건행정과	4	6	1	3	1	1	1	1
3364	경기 양주시	정신건강복지센터 등 종사자 처우개선비 지원	17,400	보건행정과	4	6	1	3	1	1	1	1
3365	경기 양주시	정신질환자 치료비 지원	73,260	보건행정과	4	6	1	3	1	1	1	1
3366	경기 양주시	기초정신건강복지센터 인력확충	290,592	보건행정과	4	2	1	3	1	1	1	1
3367	경기 양주시	정신질환자 치료비 지원	35,108	보건행정과	4	2	1	3	1	1	1	1
3368	경기 양주시	경기도 알코올 중독관리사업 확충	260,000	보건행정과	4	6	1	3	1	1	1	1
3369	경기 양주시	청년정신건강증진사업	130,160	보건행정과	4	2	1	3	1	1	1	1
3370	경기 양주시	기초정신건강복지센터 자살예방사업 지원	35,320	보건행정과	4	2	1	3	1	1	1	1
3371	경기 양주시	지역사회건강조사 조사분석 위탁운영	68,966	건강증진과	4	1	5	1	7	5	2	1
3372	경기 양주시	어린이급식관리지원센터 설치 운영	630,000	위생과	4	2	1	3	1	1	1	1
3373	경기 양주시	가축분뇨 공공처리시설 관리	20,500	축산과	4	1	1	3	1	1	1	4
3374	경기 포천시	직장보육시설 운영	420,389	자치행정과	4	4	1	3	1	1	1	2
3375	경기 포천시	꿈모락 진로직업체센터 운영	200,000	교육지원과	4	1	7	8	7	1	1	1
3376	경기 포천시	청소년상담복지센터 운영	264,280	교육지원과	4	1	7	8	7	1	1	1

순번	시군구	지출명 (사업명)	2021년예산 (단위:천원/1년간)	담당자 (공무원)	민간이전 분류 (지방자치단체 세출예산 집행기준에 의거)	민간이전지출 근거 (지방보조금 관리기준 참고)	입찰방식			운영예산 산정		성과평가 실시여부
				담당부서	1. 민간경상사업보조(307-02) 2. 민간단체 법정운영비보조(307-03) 3. 민간행사사업보조(307-04) 4. 민간위탁금(307-05) 5. 사회복지시설 법정운영비보조(307-10) 6. 민간인위탁교육비(307-12) 7. 공기관등에대한경상적위탁사업비(308-10) 8. 민간자본사업보조,자체재원(402-01) 9. 민간자본사업보조,이전재원(402-02) 10. 민간위탁사업비(402-03) 11. 공기관등에 대한 자본적 대행사업비(403-02)	1. 법률에 규정 2. 국고보조 재원(국가지정) 3. 용도 지정 기부금 4. 조례에 직접규정 5. 지자체가 권장하는 사업을 하는 공공기관 6. 시,도 정책 및 재정사정 7. 기타 8. 해당없음	계약체결방법 (경쟁형태) 1. 일반경쟁 2. 제한경쟁 3. 지명경쟁 4. 수의계약 5. 법정위탁 6. 기타 ( ) 7. 해당없음	계약기간 1. 1년 2. 2년 3. 3년 4. 4년 5. 5년 6. 기타 ( )년 7. 단기계약 (1년미만) 8. 해당없음	낙찰자선정방법 1. 적격심사 2. 협상에의한계약 3. 최저가낙찰제 4. 규격가격분리 5. 2단계 경쟁입찰 6. 기타 ( ) 7. 해당없음	운영예산 산정 1. 내부산정 (지자체 자체적으로 산정) 2. 외부산정 (외부전문기관위탁 산정) 3. 내·외부 모두 산정 4. 산정 無 5. 해당없음	정산방법 1. 내부정산 (지자체 내부적으로 정산) 2. 외부정산 (외부전문기관위탁 정산) 3. 내·외부 모두 산정 4. 정산 無 5. 해당없음	1. 실시 2. 미실시 3. 향후 추진 4. 해당없음
3377	경기 포천시	청소년 안전망 구축	97,470	교육지원과	4	1	7	8	7	1	1	1
3378	경기 포천시	청소년동반자 프로그램 운영	141,280	교육지원과	4	1	7	8	7	1	1	1
3379	경기 포천시	학교 밖 청소년 지원 사업	84,517	교육지원과	4	1	7	8	7	1	1	1
3380	경기 포천시	경기도 학교 밖 청소년 프로그램 운영	74,180	교육지원과	4	1	7	8	7	1	1	1
3381	경기 포천시	학교밖 청소년 문화활동 지원	10,000	교육지원과	4	1	7	8	7	1	1	1
3382	경기 포천시	학교밖 청소년 급식비 지원	10,594	교육지원과	4	1	7	8	7	1	1	1
3383	경기 포천시	청소년 안전망 구축	23,870	교육지원과	4	1	7	8	7	1	1	1
3384	경기 포천시	청소년동반자 프로그램 운영	20,720	교육지원과	4	1	7	8	7	1	1	1
3385	경기 포천시	학교 밖 청소년 지원 사업	8,673	교육지원과	4	1	7	8	7	1	1	1
3386	경기 포천시	현충시설물 관리	17,000	시민복지과	4	1	7	8	7	1	1	1
3387	경기 포천시	종합사회복지관운영	773,544	시민복지과	4	1	7	8	7	1	1	1
3388	경기 포천시	무한돌봄희망복지센터	281,976	시민복지과	4	4	7	8	7	5	1	1
3389	경기 포천시	아이돌봄지원사업	957,960	여성가족과	4	2	1	3	1	1	1	1
3390	경기 포천시	건강가정지원센터및다문화가족지원센터운영지원	451,080	여성가족과	4	2	1	3	1	1	1	1
3391	경기 포천시	경기육아나눔터지원	18,480	여성가족과	4	6	1	3	1	1	1	1
3392	경기 포천시	경기육아나눔터지원	3,000	여성가족과	4	6	1	3	1	1	1	1
3393	경기 포천시	경기북부이혼위기가족상담	7,400	여성가족과	4	6	1	3	1	1	1	1
3394	경기 포천시	행복한가족프로그램	10,000	여성가족과	4	6	1	3	1	1	1	1
3395	경기 포천시	다문화가족특성화사업	235,928	여성가족과	4	2	5	1	1	1	1	1
3396	경기 포천시	한국어교육운영지원	20,000	여성가족과	4	2	5	1	1	1	1	1
3397	경기 포천시	다문화가정서포터즈운영	4,130	여성가족과	4	6	5	1	1	1	1	1
3398	경기 포천시	지역주민인식개선을위한문화다양성이해교육	15,100	여성가족과	4	6	7	8	7	5	5	4
3399	경기 포천시	내외국인참여하는문화소통프로그램	22,500	여성가족과	4	6	7	8	7	5	5	4
3400	경기 포천시	육아종합지원센터 운영	439,100	여성가족과	4	1	5	5	7	1	1	4
3401	경기 포천시	대체교사 인건비	411,232	여성가족과	4	1	5	5	7	1	1	4
3402	경기 포천시	지방육아종합지원센터 운영	34,000	여성가족과	4	1	5	5	7	1	1	4
3403	경기 포천시	보육컨설턴트 인건비 지원	60,480	여성가족과	4	1	5	5	7	1	1	4
3404	경기 포천시	전문상담사 및 놀이지도사 지원	90,000	여성가족과	4	1	5	5	7	1	1	4
3405	경기 포천시	장애인 자립작업장 운영	23,400	노인장애인과	4	1	6	3	6	1	1	2
3406	경기 포천시	장애인 자립작업장 운영	2,100	노인장애인과	4	1	6	3	6	1	1	2
3407	경기 포천시	장애인 자립작업장 운영	23,694	노인장애인과	4	1	6	3	6	1	1	2
3408	경기 포천시	노인복지관 운영비	630,000	노인장애인과	4	6	1	5	1	5	1	4
3409	경기 포천시	노인복지관 운영비	520,000	노인장애인과	4	6	1	5	1	5	1	4
3410	경기 포천시	포천장자공공폐수처리시설 민간위탁 운영비	44,000	친환경정책과	4	1	2	3	2	1	1	2
3411	경기 포천시	포천용정공공폐수처리시설 민간위탁 운영비	900,000	친환경정책과	4	1	4	1	2	1	1	2
3412	경기 포천시	청소대행위탁금	9,500	친환경정책과	4	4	4	1	7	2	1	1
3413	경기 포천시	청소대행위탁금	216,000	친환경정책과	4	4	4	1	7	2	1	1
3414	경기 포천시	음식물류 처리비	1,254,000	친환경정책과	4	4	4	1	7	2	1	1
3415	경기 포천시	청소대행업체 소속 환경미화원 퇴직금 지급	325,000	친환경정책과	4	4	4	1	7	2	1	1
3416	경기 포천시	토요일 생활쓰레기 연장수거	34,000	친환경정책과	4	4	4	1	7	2	1	1
3417	경기 포천시	산림서비스도우미	51,120	생태공원과	4	8	1	7	5	1	1	3
3418	경기 포천시	산림서비스도우미	92,000	생태공원과	4	8	1	7	5	1	1	3
3419	경기 포천시	산림서비스도우미	102,800	생태공원과	4	8	1	7	5	1	1	3

순번	시군구	지출명 (사업명)	2021년예산 (단위:천원/1년간)	담당자 (공무원)	민간이전 분류 (지방자치단체 세출예산 집행기준에 의거)	민간이전지출 근거 (지방보조금 관리기준 참고)	입찰방식			운영예산 산정		성과평가 실시여부
				담당부서	1. 민간경상사업보조(307-02) 2. 민간단체 법정운영비보조(307-03) 3. 민간행사사업보조(307-04) 4. 민간위탁금(307-05) 5. 사회복지시설 법정운영비보조(307-10) 6. 민간인위탁교육비(307-12) 7. 공기관등에대한경상적위탁사업비(308-10) 8. 민간자본사업보조,자체재원(402-01) 9. 민간자본사업보조,이전재원(402-02) 10. 민간위탁사업비(402-03) 11. 공기관등에 대한 자본적 대행사업비(403-02)	1. 법률에 규정 2. 국고보조 재원(국가지정) 3. 용도 지정 기부금 4. 조례에 직접규정 5. 지자체가 권장하는 사업을 하는 공공기관 6. 시,도 정책 및 재정사정 7. 기타 8. 해당없음	계약체결방법 (경쟁형태) 1. 일반경쟁 2. 제한경쟁 3. 지명경쟁 4. 수의계약 5. 법정위탁 6. 기타 ( ) 7. 해당없음	계약기간 1. 1년 2. 2년 3. 3년 4. 4년 5. 5년 6. 기타 ( )년 7. 단기계약 (1년미만) 8. 해당없음	낙찰자선정방법 1. 적격심사 2. 협상에의한계약 3. 최저가낙찰제 4. 규격가격분리 5. 2단계 경쟁입찰 6. 기타 ( ) 7. 해당없음	운영예산 산정 1. 내부산정 (지자체 자체적으로 산정) 2. 외부산정 (외부전문기관위탁 산정) 3. 내·외부 모두 산정 4. 산정 無 5. 해당없음	정산방법 1. 내부정산 (지자체 내부적으로 정산) 2. 외부정산 (외부전문기관위탁 정산) 3. 내·외부 모두 산정 4. 정산 無 5. 해당없음	1. 실시 2. 미실시 3. 향후 추진 4. 해당없음
3420	경기 포천시	어린이급식지원센터 운영	420,000	식품안전과	4	2	1	3	1	5	1	1
3421	경기 포천시	고모호수공원 수변공간 유지관리	30,000	도시정책과	4	4	1	1	1	1	1	3
3422	경기 포천시	환경기초시설 민간위탁 운영비	13,767	상하수과	4	6	2	5	2	1	1	1
3423	경기 포천시	자살예방 및 건강증진사업	30,540	보건정책과	4	2	5	5	1	3	3	4
3424	경기 포천시	생명사랑 전담인력 배치	40,000	보건정책과	4	2	5	5	1	3	3	4
3425	경기 포천시	자살시도자 및 가족 등 치료지원	4,800	보건정책과	4	2	5	5	1	3	3	4
3426	경기 포천시	노인자살예방사업	70,000	보건정책과	4	2	5	5	1	3	3	4
3427	경기 포천시	자살예방시스템확충	110,000	보건정책과	4	2	5	5	1	3	3	4
3428	경기 포천시	기초정신건강복지센터 자살예방사업 지원	35,320	보건정책과	4	2	5	5	1	3	3	4
3429	경기 포천시	정신건강복지센터운영 민간위탁	498,883	보건정책과	4	2	5	5	1	3	3	4
3430	경기 포천시	통합정신건강증진사업	83,320	보건정책과	4	2	5	5	1	3	3	4
3431	경기 포천시	정신건강복지센터 인력확충	363,240	보건정책과	4	2	5	5	1	3	3	4
3432	경기 포천시	경기도 정신질환자치료비지원	24,376	보건정책과	4	6	5	5	1	3	3	4
3433	경기 연천군	연천군 종합복지관 운영	627,318	복지정책과	4	4	7	8	7	1	1	4
3434	경기 연천군	환경기초시설 민간위탁	38,663	환경보호과	4	1	7	8	7	5	5	4
3435	경기 연천군	어린이급식관리지원센터 운영	216,000	종합민원과	4	2	1	3	1	3	3	1
3436	경기 연천군	하수처리시설 운영관리 관리대행비	6,597	맑은물관리사업소	4	1	2	5	2	2	1	1
3437	경기 연천군	하수처리시설 운영관리 관리대행비	1,272,000	맑은물관리사업소	4	1	2	5	2	2	1	1
3438	경기 연천군	하수처리시설 운영관리 관리대행비	936,000	맑은물관리사업소	4	1	2	3	2	2	1	4
3439	경기 연천군	국내 어학연수 지원	120,000	통일평생교육원	4	4	7	8	7	5	5	4
3440	경기 연천군	장학관식당유지관리	194,400	통일평생교육원	4	1	2	2	2	1	1	4
3441	경기 연천군	2021년 숲해설 위탁운영 용역	50,900	산림녹지과	4	1	7	8	7	5	5	4
3442	경기 연천군	2021년 유아숲체험원 위탁운영 용역	25,060	산림녹지과	4	1	7	8	7	5	5	4
3443	경기 연천군	노인복지관 운영 지원	931,000	사회복지과	4	4	7	8	7	1	1	4
3444	경기 연천군	장애인 가족지원센터 설치 운영 지원	150,000	사회복지과	4	1	7	8	7	5	5	4
3445	경기 연천군	장애아 재활치료교육센터 운영 지원	80,000	사회복지과	4	1	7	8	7	5	5	4
3446	경기 연천군	신세계이마트희망장난감도서관 연천관 지원	223,000	사회복지과	4	5	7	7	7	1	1	3
3447	경기 연천군	어린이급식관리지원센터 운영	216,000	종합민원과	4	2	1	3	1	3	3	1
3448	경기 연천군	자원봉사 코디네이터 지원	59,076	행정담당관	4	2	7	8	7	1	1	4
3449	경기 연천군	전국통합자원봉사보험 가입서비스지원	2,560	행정담당관	4	2	7	8	7	1	1	4
3450	경기 연천군	자원봉사센터 운영	540,099	행정담당관	4	4	7	8	7	1	1	4
3451	경기 연천군	자원봉사활성화운영	224,600	행정담당관	4	4	7	8	7	1	1	4
3452	경기 연천군	말라리아 박멸사업	192,000	보건사업과	4	5	7	8	7	5	5	4
3453	경기 연천군	기초정신건강복지센터 지원	425,610	보건사업과	4	1	1	2	1	5	1	1
3454	경기 연천군	의료원 시설 유지관리	216,000	의료지원과	4	8	2	1	1	1	1	1
3455	경기 연천군	지역사회 건강조사	68,404	보건사업과	4	2	6	1	6	5	5	1
3456	경기 연천군	생명사랑 프로젝트 전담인력 배치	40,000	보건사업과	4	1	1	2	1	5	1	1
3457	경기 연천군	생명사랑 치료비 지원	4,100	보건사업과	4	1	1	2	1	5	1	1
3458	경기 연천군	정신건강복지센터 운영	21,000	보건사업과	4	1	1	2	1	5	1	1
3459	경기 연천군	자살예방 및 정신건강 증진사업	30,540	보건사업과	4	1	1	2	1	5	1	1
3460	경기 연천군	노인 자살예방사업	70,000	보건사업과	4	1	1	2	1	5	1	1
3461	경기 연천군	기초정신건강복지센터 인력확충	290,584	보건사업과	4	1	1	2	1	5	1	1
3462	경기 연천군	정신질환자 치료비 지원	7,228	보건사업과	4	1	1	2	1	5	1	1

순번	시군구	지출명 (사업명)	2021년예산 (단위:천원/1년간)	담당자 (공무원) 담당부서	민간이전 분류 (지방자치단체 세출예산 집행기준에 의거) 1. 민간경상사업보조(307-02) 2. 민간단체 법정운영비보조(307-03) 3. 민간행사사업보조(307-04) 4. 민간위탁금(307-05) 5. 사회복지시설 법정운영비보조(307-10) 6. 민간인위탁교육비(307-12) 7. 공기관등에대한경상적위탁사업비(308-10) 8. 민간자본사업보조,자체재원(402-01) 9. 민간자본사업보조,이전재원(402-02) 10. 민간위탁사업비(402-03) 11. 공기관등에 대한 자본적 대행사업비(403-02)	민간이전지출 근거 (지방보조금 관리기준 참고) 1. 법률에 규정 2. 국고보조 재원(국가지정) 3. 용도 지정 기부금 4. 조례에 직접규정 5. 지자체가 권장하는 사업을 하는 공공기관 6. 시,도 정책 및 재정사정 7. 기타 8. 해당없음	입찰방식 계약체결방법 (경쟁형태) 1. 일반경쟁 2. 제한경쟁 3. 지명경쟁 4. 수의계약 5. 법정위탁 6. 기타 ( ) 7. 해당없음	입찰방식 계약기간 1. 1년 2. 2년 3. 3년 4. 4년 5. 5년 6. 기타 ( )년 7. 단기계약 (1년미만) 8. 해당없음	입찰방식 낙찰자선정방법 1. 적격심사 2. 협상에의한계약 3. 최저가낙찰제 4. 규격가격분리 5. 2단계 경쟁입찰 6. 기타 ( ) 7. 해당없음	운영예산 산정 운영예산 산정 1. 내부산정 (지자체 자체적으로 산정) 2. 외부산정 (외부전문기관위탁 산정) 3. 내·외부 모두 산정 4. 산정 無 5. 해당없음	운영예산 산정 정산방법 1. 내부정산 (지자체 내부적으로 정산) 2. 외부정산 (외부전문기관위탁 정산) 3. 내·외부 모두 산정 4. 정산 無 5. 해당없음	성과평가 실시여부 1. 실시 2. 미실시 3. 향후 추진 4. 해당없음
3463	경기 연천군	정신질환자 치료지원	48,000	보건사업과	4	1	1	2	1	5	1	1
3464	경기 연천군	자살예방시스템확충	70,000	보건사업과	4	1	1	2	1	5	1	1
3465	경기 연천군	청년정신건강증진사업	113,960	보건사업과	4	1	1	2	1	5	1	1
3466	경기 연천군	기초정신건강복지센터 자살예방사업 지원	70,640	보건사업과	4	1	1	2	1	5	1	1
3467	경기 연천군	보건의료원 구내식당 운영	198,000	의료지원과	4	4	4	1	7	1	1	1
3468	경기 가평군	가평시장사용료 징수 위탁	6,000	일자리경제과	4	4	4	7	6	1	1	2
3469	경기 가평군	미원시장사용료 징수 위탁	1,400,000	일자리경제과	4	4	4	7	6	1	1	2
3470	경기 가평군	청평시장사용료 징수 위탁	1,400,000	일자리경제과	4	4	4	7	6	1	1	2
3471	경기 가평군	자원봉사센터운영	560,712	복지정책과	4	4	5	8	7	1	1	1
3472	경기 가평군	자원봉사자 상해보험 가입 보험료	3,450	복지정책과	4	2	5	8	7	1	1	1
3473	경기 가평군	경기도형 보육 컨설턴트 인건비 지원	60,480	행복돌봄과	4	8	1	3	1	5	1	4
3474	경기 가평군	시군 육아종합지원센터 운영	34,000	행복돌봄과	4	8	1	3	1	5	1	4
3475	경기 가평군	육아종합지원센터 운영	299,994	행복돌봄과	4	8	1	3	1	1	1	4
3476	경기 가평군	육아종합지원센터 상담지원인력	90,000	행복돌봄과	4	8	1	3	1	5	1	4
3477	경기 가평군	한석봉어린이집 운영 지원	15,000	행복돌봄과	4	8	1	5	1	1	1	4
3478	경기 가평군	다함께돌봄사업 운영 지원	18,000	행복돌봄과	4	8	5	5	6	1	1	1
3479	경기 가평군	가정폭력 성폭력 성매매 예방교육	15,000	행복돌봄과	4	8	7	8	7	5	5	4
3480	경기 가평군	가족친화직장조성 프로그램 운영	7,000	행복돌봄과	4	8	5	8	7	1	1	1
3481	경기 가평군	아이돌봄 비용 지원	644,096	행복돌봄과	4	1	4	1	1	1	1	1
3482	경기 가평군	장애인복지관 운영	1,111,561	행복돌봄과	4	8	1	5	1	1	1	3
3483	경기 가평군	중증장애인 이동편의 차량 운영	256,324	행복돌봄과	4	8	1	5	1	1	1	3
3484	경기 가평군	생활폐기물 수집운반 대행사업	32,021	환경과	4	8	1	3	3	1	1	1
3485	경기 가평군	신활력플러스사업 S/W사업	542,000	농업정책과	4	8	1	1	2	2	2	3
3486	경기 가평군	기초정신건강복지센터지원	435,258	생명사랑팀	4	8	2	3	1	1	1	1
3487	경기 가평군	기초정신건강복지센터 인력확충	217,944	생명사랑팀	4	8	2	3	1	1	1	1
3488	경기 가평군	아동청소년 정신보건사업	52,294	생명사랑팀	4	8	2	3	1	1	1	1
3489	경기 가평군	자살예방 및 정신건강증진사업	30,540	생명사랑팀	4	8	2	3	1	1	1	1
3490	경기 가평군	기초정신건강복지센터 자살예방사업 지원	70,640	생명사랑팀	4	8	2	3	1	1	1	1
3491	경기 가평군	생명사랑 치료비 지원	2,400	생명사랑팀	4	8	2	3	1	1	1	1
3492	경기 가평군	생명사랑 전담인력 배치	40,000	생명사랑팀	4	8	2	3	1	1	1	1
3493	경기 가평군	노인자살예방사업	70,000	생명사랑팀	4	8	2	3	1	1	1	1
3494	경기 가평군	정신질환 조기치료지원	3,252	생명사랑팀	4	8	2	3	1	1	1	1
3495	경기 가평군	행정입원 치료비지원	152,000	생명사랑팀	4	8	2	3	1	1	1	1
3496	경기 가평군	응급입원 비용지원	2,156	생명사랑팀	4	8	2	3	1	1	1	1
3497	경기 가평군	정신질환자 외래치료지원제 치료비지원	3,252	생명사랑팀	4	8	2	3	1	1	1	1
3498	경기 가평군	정신질환자 치료지원	49,880	생명사랑팀	4	8	2	3	1	1	1	1
3499	경기 가평군	기초정신건강복지센터 종사자 처우개선비 지원	13,800	생명사랑팀	4	8	2	3	1	1	1	1
3500	경기 가평군	자살예방시스템 확충	110,000	생명사랑팀	4	8	2	3	1	1	1	1
3501	경기 가평군	청년정신건강증진사업	114,320	생명사랑팀	4	8	2	3	1	1	1	1
3502	경기 가평군	식당 위탁운영비	234,900	인재양성팀	4	8	2	4	2	1	1	1
3503	경기 가평군	가평군청소년상담복지센터 운영	312,515	평생교육사업소	4	8	1	3	1	1	1	1
3504	경기 가평군	청소년안전망 지원	97,470	평생교육사업소	4	8	1	3	1	5	5	1
3505	경기 가평군	청소년안전망 지원	111,463	평생교육사업소	4	8	1	3	1	1	1	1

순번	시군구	지출명 (사업명)	2021년예산 (단위:천원/1년간)	담당자 (공무원) 담당부서	민간이전 분류 (지방자치단체 세출예산 집행기준에 의거) 1. 민간경상사업보조(307-02) 2. 민간단체 법정운영비보조(307-03) 3. 민간행사사업보조(307-04) 4. 민간위탁금(307-05) 5. 사회복지시설 법정운영비보조(307-10) 6. 민간인위탁교육비(307-12) 7. 공기관등에대한경상적위탁사업비(308-10) 8. 민간자본사업보조,자체재원(402-01) 9. 민간자본사업보조,이전재원(402-02) 10. 민간위탁사업비(402-03) 11. 공기관등에 대한 자본적 대행사업비(403-02)	민간이전지출 근거 (지방보조금 관리기준 참고) 1. 법률에 규정 2. 국고보조 재원(국가지정) 3. 용도 지정 기부금 4. 조례에 직접규정 5. 지자체가 권장하는 사업을 하는 공공기관 6. 시,도 정책 및 재정사정 7. 기타 8. 해당없음	입찰방식 계약체결방법 (경쟁형태) 1. 일반경쟁 2. 제한경쟁 3. 지명경쟁 4. 수의계약 5. 법정위탁 6. 기타 ( ) 7. 해당없음	입찰방식 계약기간 1. 1년 2. 2년 3. 3년 4. 4년 5. 5년 6. 기타 ( )년 7. 단기계약 (1년미만) 8. 해당없음	입찰방식 낙찰자선정방법 1. 적격심사 2. 협상에의한계약 3. 최저가낙찰제 4. 규격가격분리 5. 2단계 경쟁입찰 6. 기타 ( ) 7. 해당없음	운영예산 산정 운영예산 산정 1. 내부산정 (지자체 자체적으로 산정) 2. 외부산정 (외부전문기관위탁 산정) 3. 내·외부 모두 산정 4. 산정 無 5. 해당없음	운영예산 산정 정산방법 1. 내부정산 (지자체 내부적으로 정산) 2. 외부정산 (외부전문기관위탁 정산) 3. 내·외부 모두 산정 4. 정산 無 5. 해당없음	성과평가 실시여부 1. 실시 2. 미실시 3. 향후 추진 4. 해당없음
3506	경기 가평군	학교폭력원스톱 지원센터	55,986	평생교육사업소	4	8	1	3	1	5	5	1
3507	경기 가평군	학교밖 청소년 지원	59,162	평생교육사업소	4	8	1	3	1	5	5	1
3508	경기 가평군	학교 밖 청소년 자립지원	4,700	평생교육사업소	4	8	1	3	1	5	5	1
3509	경기 가평군	학교 밖 청소년 급식 지원	13,138	평생교육사업소	4	8	1	3	1	5	5	1
3510	경기 가평군	학교 밖 청소년 문화활동 지원	40,000	평생교육사업소	4	8	1	3	1	5	5	1
3511	경기 가평군	학교 밖 청소년 맞춤형 프로그램 운영 지원	75,680	평생교육사업소	4	8	1	3	1	5	5	1
3512	경기 가평군	청소년 동반자 프로그램 운영지원	139,710	평생교육사업소	4	8	1	3	1	5	5	1
3513	경기 가평군	청소년문화의집 운영	489,871	평생교육사업소	4	8	1	3	1	1	1	1
3514	경기 가평군	청소년문화의집 청소년 지도사 배치	23,208	평생교육사업소	4	8	1	3	1	5	5	1
3515	경기 가평군	청소년 동아리 활동 지원	12,500	평생교육사업소	4	8	1	3	1	5	5	1
3516	경기 가평군	경기도 청소년 종합예술제	17,500	평생교육사업소	4	8	1	3	1	5	5	1
3517	경기 가평군	경기도 청소년 종합예술제	6,000	평생교육사업소	4	8	1	3	1	1	1	1
3518	경기 가평군	청소년 방과후 아카데미 운영	169,092	평생교육사업소	4	8	1	3	1	5	5	1
3519	경기 가평군	수련시설 청소년운영위원회 운영 지원	200,000	평생교육사업소	4	8	1	3	1	5	5	1
3520	경기 가평군	공공청소년수련시설 프로그램 운영 지원	10,000	평생교육사업소	4	8	1	3	1	5	5	1
3521	경기 가평군	청소년 드론교육 지원사업	20,000	평생교육사업소	4	8	1	3	1	5	5	1
3522	경기 가평군	청소년 참여위원회 운영 지원	2,800	평생교육사업소	4	8	1	3	1	5	5	1
3523	경기 양평군	치매안심센터 운영	1,200,000	건강증진과	4	2	2	3	1	1	1	1
3524	경기 양평군	기초정신건강복지센터 지원	431,375	건강증진과	4	1	2	3	1	1	1	1
3525	경기 양평군	기초정신건강복지센터 인력확충	217,938	건강증진과	4	1	2	3	1	1	1	1
3526	경기 양평군	기초자살예방센터 지원	180,000	건강증진과	4	1	2	3	1	1	1	1
3527	경기 양평군	전군민 자살위험도 검사	130,000	건강증진과	4	1	2	3	1	1	1	1
3528	경기 양평군	청년정신건강증진사업	118,280	건강증진과	4	1	2	3	1	1	1	1
3529	경기 양평군	기초센터 자살예방사업 지원	70,640	건강증진과	4	1	2	3	1	1	1	1
3530	경기 양평군	정신질환자치료비지원	58,280	건강증진과	4	1	2	3	1	1	1	1
3531	경기 양평군	아동청소년 정신건강사업	52,294	건강증진과	4	1	2	3	1	1	1	1
3532	경기 양평군	자살예방사업 지원	44,800	건강증진과	4	1	2	3	1	1	1	1
3533	경기 양평군	자살예방 및 건강증진사업	40,720	건강증진과	4	1	2	3	1	1	1	1
3534	경기 양평군	정신질환자치료비지원	18,788	건강증진과	4	1	2	3	1	1	1	1
3535	경기 양평군	치매공공후견 지원	2,169	건강증진과	4	2	2	3	1	1	1	1
3536	경기 양평군	교통약자이동지원센터 운영 지원	189,000	교통과	4	4	6	3	2	1	1	4
3537	경기 양평군	용문터미널 관리위탁 용역	40,000	교통과	4	4	6	3	2	1	1	4
3538	경기 양평군	양평군립미술관운영	13,892	문화관광과	4	4	1	3	1	1	3	1
3539	경기 양평군	소나기마을 운영	682,015	문화관광과	4	4	1	3	1	1	3	1
3540	경기 양평군	몽양기념관	446,935	문화관광과	4	4	1	3	1	1	3	1
3541	경기 양평군	양평친환경농업박물관 운영	430,808	문화관광과	4	4	1	3	1	1	3	1
3542	경기 양평군	양평곤충박물관	408,592	문화관광과	4	4	1	3	1	1	3	1
3543	경기 양평군	용문산관광안내소	88,000	문화관광과	4	4	4	1	7	1	1	1
3544	경기 양평군	양평관광안내소	82,000	문화관광과	4	4	4	1	7	1	1	1
3545	경기 양평군	어린이급식관리지원센터 설치 운영	315,000	보건정책과	4	2	1	3	1	1	2	1
3546	경기 양평군	방역관리사업	234,600	보건정책과	4	1	7	8	7	5	5	4
3547	경기 양평군	신종감염병 예방 및 관리사업	60,000	보건정책과	4	1	4	7	2	1	1	4
3548	경기 양평군	종합사회복지관 운영	795,160	복지정책과	4	1	5	5	1	1	1	1

순번	시군구	지출명 (사업명)	2021년예산 (단위:천원/1년간)	담당자 (공무원)	민간이전 분류 (지방자치단체 세출예산 집행기준에 의거)	민간이전지출 근거 (지방보조금 관리기준 참고)	입찰방식			운영예산 산정		성과평가 실시여부
				담당부서	1. 민간경상사업보조(307-02) 2. 민간단체 법정운영비보조(307-03) 3. 민간행사사업보조(307-04) 4. 민간위탁금(307-05) 5. 사회복지시설 법정운영비보조(307-10) 6. 민간인위탁교육비(307-12) 7. 공기관등에대한경상적위탁사업비(308-10) 8. 민간자본사업보조,자체재원(402-01) 9. 민간자본사업보조,이전재원(402-02) 10. 민간위탁사업비(402-03) 11. 공기관등에 대한 자본적 대행사업비(403-02)	1. 법률에 규정 2. 국고보조 재원(국가지정) 3. 용도 지정 기부금 4. 조례에 직접규정 5. 지자체가 권장하는 사업을 하는 공공기관 6. 시,도 정책 및 재정사정 7. 기타 8. 해당없음	계약체결방법 (경쟁형태) 1. 일반경쟁 2. 제한경쟁 3. 지명경쟁 4. 수의계약 5. 법정위탁 6. 기타 ( ) 7. 해당없음	계약기간 1. 1년 2. 2년 3. 3년 4. 4년 5. 5년 6. 기타 ( )년 7. 단기계약 (1년미만) 8. 해당없음	낙찰자선정방법 1. 적격심사 2. 협상에의한계약 3. 최저가낙찰제 4. 규격가격분리 5. 2단계 경쟁입찰 6. 기타 ( ) 7. 해당없음	운영예산 산정 1. 내부산정 (지자체 자체적으로 산정) 2. 외부산정 (외부전문기관위탁 산정) 3. 내·외부 모두 산정 4. 산정 無 5. 해당없음	정산방법 1. 내부정산 (지자체 내부적으로 정산) 2. 외부정산 (외부전문기관위탁 정산) 3. 내·외부 모두 산정 4. 정산 無 5. 해당없음	1. 실시 2. 미실시 3. 향후 추진 4. 해당없음
3549	경기 양평군	자활근로사업	741,264	복지정책과	4	2	5	1	1	1	1	1
3550	경기 양평군	청소년문화의집 민간위탁금	400,000	복지정책과	4	1	7	8	7	1	1	1
3551	경기 양평군	무한돌봄 네트워크팀 운영	191,890	복지정책과	4	2	7	8	7	1	1	1
3552	경기 양평군	가사간병 방문서비스사업	65,000	복지정책과	4	2	7	8	7	1	1	1
3553	경기 양평군	디딤돌사업	25,000	복지정책과	4	4	6	1	7	1	2	1
3554	경기 양평군	통장사례관리 운영	4,626	복지정책과	4	2	5	1	1	1	1	1
3555	경기 양평군	자활교육훈련	3,061	복지정책과	4	2	5	1	1	1	1	1
3556	경기 양평군	두물머리 주정차 관리	25,000	양서면	4	4	7	8	7	5	5	4
3557	경기 양평군	장애인복지관 운영비	16,452	주민복지과	4	1	7	8	7	1	1	4
3558	경기 양평군	운영비 지원	493,380	주민복지과	4	2	5	3	1	5	3	4
3559	경기 양평군	장애인 주간보호시설 운영 지원	332,859	주민복지과	4	1	7	8	7	1	1	4
3560	경기 양평군	추가운영비 지원	72,000	주민복지과	4	5	5	3	1	1	1	1
3561	경기 양평군	장애인전용주차구역 관리사무 위탁	34,000	주민복지과	4	4	1	3	1	1	1	4
3562	경기 양평군	노인복지관 운영비	868,913	지역돌봄과	4	4	7	8	7	1	1	1
3563	경기 양평군	공동방제단	215,824	축산과	4	1	1	1	1	1	1	3
3564	경기 양평군	가축전염병 양성가축 위탁처리비	60,000	축산과	4	1	7	8	7	5	5	4
3565	경기 양평군	축산농가 폐의약품 처리	12,000	축산과	4	1	7	8	7	5	5	4
3566	경기 양평군	농업잔재물 토양환원 환경공동체 지원	160,000	친환경농업과	4	6	6	6	6	5	2	4
3567	경기 양평군	여성농업인 행복바우처	48,640	친환경농업과	4	6	7	8	7	5	5	4
3568	경기 양평군	가연성쓰레기 운반비	782,925	환경과	4	1	2	1	1	1	1	4
3569	경기 양평군	수도권매립지 쓰레기 운반비	211,200	환경과	4	1	2	1	1	1	1	4
3570	경기 양평군	불법투기폐기물 위탁처리	31,200	환경과	4	1	7	8	7	5	5	4
3571	경기 양평군	불용농약 위탁처리	9,960	환경과	4	4	7	8	7	5	5	4
3572	경기 양평군	하수찌꺼기 소각시설 운전관리 용역	656,160	환경사업소	4	7	1	3	2	1	4	1
3573	인천광역시	세월호 추모관 운영비 지원	356,000	안전정책과	4	1	6	3	6	1	1	1
3574	인천광역시	사회적경제지원센터 운영	1,000,000	사회적경제과	4	4	5	3	1	1	1	3
3575	인천광역시	마을기업 교육 컨설팅 지원	300,000	사회적경제과	4	2	6	7	6	1	1	3
3576	인천광역시	인천상생유통지원센터 운영	170,000	사회적경제과	4	4	1	3	2	1	1	2
3577	인천광역시	광복회관 관리운영	26,400	보훈과	4	4	7	8	7	1	1	2
3578	인천광역시	수돗물 시민평가단 및 대학생 서포터즈 운영	150,000	상수도사업본부	4	4	2	1	1	1	1	2
3579	인천광역시	인천광역시 육아종합지원센터	61,567	보육정책과	4	2	1	5	1	1	1	1
3580	인천광역시	어린이집방문간호사사업	325,799	보육정책과	4	6	2	3	1	1	1	1
3581	인천광역시	경원재 앰배서더호텔운영	49,200	미디어문화과	4	6	7	8	7	5	5	4
3582	인천광역시	문화회관 등 위탁	1,254,000	문화예술과	4	4	1	3	1	1	1	4
3583	인천광역시	문학시어터위탁관리	270,060	문화예술과	4	4	1	3	1	1	1	4
3584	인천광역시	마을공동체 만들기 지원센터 운영	593,040	협치인권담당관	4	4	1	3	1	1	1	3
3585	인천광역시	인천민주화운동센터 운영	409,272	협치인권담당관	4	4	2	3	1	1	1	3
3586	인천광역시	시유지식재산권 및 직무발명 관리	110,000	산업진흥과	4	4	5	1	7	1	1	1
3587	인천광역시	인천시노인복지관 운영	250,999	노인정책과	4	4	7	3	7	1	1	4
3588	인천광역시	효행장려지원센터 사업 지원	150,000	노인정책과	4	4	7	3	7	1	1	4
3589	인천광역시	인천노인보호전문기관운영	444,448	노인정책과	4	1	1	5	1	5	1	1
3590	인천광역시	인천서부노인보호전문기관운영	408,000	노인정책과	4	1	1	5	1	5	1	1
3591	인천광역시	학대피해노인 전용쉼터지원	194,822	노인정책과	4	1	1	5	1	5	1	1

순번	시군구	지출명 (사업명)	2021년예산 (단위:천원/1년간)	담당자 (공무원) 담당부서	민간이전 분류 (지방자치단체 세출예산 집행기준에 의거) 1. 민간경상사업보조(307-02) 2. 민간단체 법정운영비보조(307-03) 3. 민간행사사업보조(307-04) 4. 민간위탁금(307-05) 5. 사회복지시설 법정운영비보조(307-10) 6. 민간인위탁교육비(307-12) 7. 공기관등에대한경상적위탁사업비(308-10) 8. 민간자본사업보조,자체재원(402-01) 9. 민간자본사업보조,이전재원(402-02) 10. 민간위탁사업비(402-03) 11. 공기관등에 대한 자본적 대행사업비(403-02)	민간이전지출 근거 (지방보조금 관리기준 참고) 1. 법률에 규정 2. 국고보조 재원(국가지정) 3. 용도 지정 기부금 4. 조례에 직접규정 5. 지자체가 권장하는 사업을 하는 공공기관 6. 시,도 정책 및 재정사정 7. 기타 8. 해당없음	입찰방식 계약체결방법 (경쟁형태) 1. 일반경쟁 2. 제한경쟁 3. 지명경쟁 4. 수의계약 5. 법정위탁 6. 기타 ( ) 7. 해당없음	입찰방식 계약기간 1. 1년 2. 2년 3. 3년 4. 4년 5. 5년 6. 기타 ( )년 7. 단기계약 (1년미만) 8. 해당없음	입찰방식 낙찰자선정방법 1. 적격심사 2. 협상에의한계약 3. 최저가낙찰제 4. 규격가격분리 5. 2단계 경쟁입찰 6. 기타 ( ) 7. 해당없음	운영예산 산정 운영예산 산정 1. 내부산정 (지자체 자체적으로 산정) 2. 외부산정 (외부전문기관위탁 산정) 3. 내·외부 모두 산정 4. 산정 無 5. 해당없음	운영예산 산정 정산방법 1. 내부정산 (지자체 내부적으로 정산) 2. 외부정산 (외부전문기관위탁 정산) 3. 내·외부 모두 산정 4. 정산 無 5. 해당없음	성과평가 실시여부 1. 실시 2. 미실시 3. 향후 추진 4. 해당없음
3592	인천광역시	인천광역시 통합건강증진사업지원단 운영	110,000	건강증진과	4	2	6	3	7	1	2	1
3593	인천광역시	광역정신건강복지센터 지원	163,000	건강증진과	4	6	5	3	6	1	1	1
3594	인천광역시	광역정신건강복지센터 지원	861,284	건강증진과	4	2	5	3	6	5	1	1
3595	인천광역시	광역정신건강복지센터 인력확충	108,972	건강증진과	4	2	5	3	6	5	1	1
3596	인천광역시	응급개입팀 운영 지원	449,644	건강증진과	4	2	5	3	6	5	1	1
3597	인천광역시	광역자살예방센터 운영	456,065	건강증진과	4	4	5	3	6	1	1	1
3598	인천광역시	광역자살예방센터 자살예방사업 지원	35,315	건강증진과	4	2	5	3	6	5	1	1
3599	인천광역시	자살예방실무자 정신건강증진	32,000	건강증진과	4	2	5	3	6	5	1	1
3600	인천광역시	자살유족원스톱서비스 지원사업	354,700	건강증진과	4	2	5	3	6	5	1	1
3601	인천광역시	광역치매센터 운영	591,314	건강증진과	4	1	2	3	1	5	1	4
3602	인천광역시	뇌건강학교 운영	230,000	건강증진과	4	4	7	8	7	1	1	4
3603	인천광역시	치매공공후견 지원	33,480	건강증진과	4	1	7	8	7	5	1	4
3604	인천광역시	심뇌혈관질환예방관리사업 지원단 운영	69,412	건강증진과	4	2	1	3	1	5	2	1
3605	인천광역시	권역장애인구강진료센터 운영비 지원	196,000	건강증진과	4	1	5	3	2	4	1	2
3606	인천광역시	직원 마음건강 지원사업	100,000	총무과	4	6	1	3	1	1	1	3
3607	인천광역시	직장어린이집 운영위탁금	815,924	총무과	4	1	1	3	1	1	1	3
3608	인천광역시	지역환경교육센터 운영	300,000	환경기후정책과	4	2	5	3	7	1	1	1
3609	인천광역시	인천친환경생활지원센터	220,000	환경기후정책과	4	1	1	3	1	1	1	1
3610	인천광역시	관광취약계층 맞춤형여행프로그램 운영	80,000	관광진흥과	4	4	7	8	7	5	5	4
3611	인천광역시	관광안내소 운영	1,471,000	관광진흥과	4	4	1	2	1	1	1	1
3612	인천광역시	작은결혼식 운영	60,000	가족다문화과	4	6	1	7	1	1	1	2
3613	인천광역시	영상산업 육성	31,500	문화콘텐츠과	4	1	5	3	7	1	1	1
3614	인천광역시	시청운동경기부 위탁운영	9,862	체육진흥과	4	7	6	3	6	1	3	3
3615	인천광역시	시청장애인운동경기부 위탁운영	212,536	체육진흥과	4	4	7	8	7	1	1	1
3616	인천광역시	문학경기장 위탁	946,439	체육진흥과	4	4	2	5	1	1	3	3
3617	인천광역시	인천축구전용경기장 위탁	28,788	체육진흥과	4	1	7	5	2	1	1	4
3618	인천광역시	승기잔디구장 위탁	265,850	체육진흥과	4	1	7	5	2	1	1	4
3619	인천광역시	송도LNG종합스포츠타운/야구장 위탁	1,177,000	체육진흥과	4	1	1	3	2	1	1	4
3620	인천광역시	소규모체육시설 위탁	1,285,000	체육진흥과	4	1	1	3	2	1	1	4
3621	인천광역시	도원체육관/수영장 위탁	30,752	체육진흥과	4	1	1	3	2	1	1	4
3622	인천광역시	올림픽기념국민생활관 위탁	36,376	체육진흥과	4	1	1	3	2	1	1	4
3623	인천광역시	남동체육관 위탁	19,458	체육진흥과	4	1	1	3	2	1	1	4
3624	인천광역시	아시아드럭비경기장 위탁	19,458	체육진흥과	4	1	4	5	7	1	1	1
3625	인천광역시	선학파크골프장 위탁	327,184	체육진흥과	4	1	4	5	7	1	1	4
3626	인천광역시	선학하키경기장 위탁	11,209	체육진흥과	4	1	4	5	7	1	1	1
3627	인천광역시	문학박태환수영장 위탁	39,182	체육진흥과	4	1	1	3	2	1	1	4
3628	인천광역시	옥련국제사격장 위탁	1,188,000	체육진흥과	4	1	4	5	7	1	1	1
3629	인천광역시	열우물테니스/스쿼시경기장 위탁	39,710	체육진흥과	4	1	4	5	7	1	1	1
3630	인천광역시	장애인국민체육센터/장애인체육관 위탁	24,611	체육진흥과	4	4	7	8	7	1	1	1
3631	인천광역시	검단공공폐수처리시설 운영관리, 노후시시설 긴급보수 및 교체	101,526	수질환경과	4	1	6	8	7	5	5	3
3632	인천광역시	강화공공폐수처리시설 운영관리	535,431	수질환경과	4	1	6	3	7	5	5	3
3633	인천광역시	상인교육관 운영비 지원	25,000	소상공인정책과	4	4	4	3	7	1	1	1
3634	인천광역시	인천일자리희망버스 운영	180,000	일자리경제과	4	6	5	3	7	1	1	1

순번	시군구	지출명 (사업명)	2021년예산 (단위:천원/1년간)	담당자 (공무원)	민간이전 분류 (지방자치단체 세출예산 집행기준에 의거)	민간이전지출 근거 (지방보조금 관리기준 참고)	입찰방식			운영예산 산정		성과평가 실시여부
				담당부서	1. 민간경상사업보조(307-02) 2. 민간단체 법정운영비보조(307-03) 3. 민간행사사업보조(307-04) 4. 민간위탁금(307-05) 5. 사회복지시설 법정운영비보조(307-10) 6. 민간인위탁교육비(307-12) 7. 공기관등에대한경상적위탁사업비(308-10) 8. 민간자본사업보조,자체재원(402-01) 9. 민간자본사업보조,이전재원(402-02) 10. 민간위탁사업비(402-03) 11. 공기관등에 대한 자본적 대행사업비(403-02)	1. 법률에 규정 2. 국고보조 재원(국가지정) 3. 용도 지정 기부금 4. 조례에 직접규정 5. 지자체가 권장하는 사업을 하는 공공기관 6. 시,도 정책 및 재정사정 7. 기타 8. 해당없음	계약체결방법 (경쟁형태) 1. 일반경쟁 2. 제한경쟁 3. 지명경쟁 4. 수의계약 5. 법정위탁 6. 기타 ( ) 7. 해당없음	계약기간 1. 1년 2. 2년 3. 3년 4. 4년 5. 5년 6. 기타 ( )년 7. 단기계약 (1년미만) 8. 해당없음	낙찰자선정방법 1. 적격심사 2. 협상에의한계약 3. 최저가낙찰제 4. 규격가격분리 5. 2단계 경쟁입찰 6. 기타 ( ) 7. 해당없음	운영예산 산정 1. 내부산정 (지자체 자체적으로 산정) 2. 외부산정 (외부전문기관위탁 산정) 3. 내·외부 모두 산정 4. 산정 無 5. 해당없음	정산방법 1. 내부정산 (지자체 내부적으로 정산) 2. 외부정산 (외부전문기관위탁 정산) 3. 내·외부 모두 산정 4. 정산 無 5. 해당없음	1. 실시 2. 미실시 3. 향후 추진 4. 해당없음
3635	인천광역시	잡스인천 운영	252,000	일자리경제과	4	6	5	5	7	1	1	1
3636	인천 중구	청소년 상담사업 운영지원	107,146	교육혁신과	4	1	5	3	1	3	3	4
3637	인천 중구	영종분소 운영 지원	84,902	교육혁신과	4	1	5	3	1	3	3	4
3638	인천 중구	청소년안전망 구축 지원	97,470	교육혁신과	4	1	5	3	1	3	3	4
3639	인천 중구	영종분소 청소년안전망 구축 지원	83,470	교육혁신과	4	1	5	3	1	3	3	4
3640	인천 중구	학교폭력예방사업 지원	15,000	교육혁신과	4	1	5	3	1	3	3	4
3641	인천 중구	청소년 동반자 프로그램 운영	29,920	교육혁신과	4	1	5	3	1	3	3	4
3642	인천 중구	영종분소 청소년 동반자 프로그램 운영	29,920	교육혁신과	4	1	5	3	1	3	3	4
3643	인천 중구	학교 밖 청소년 지원사업	84,517	교육혁신과	4	1	5	3	1	3	3	4
3644	인천 중구	학교 밖 청소년 급식비 지원	11,880	교육혁신과	4	1	5	3	1	3	3	4
3645	인천 중구	학교 밖 청소년 지원센터 종사자 처우개선비 지원	4,700	교육혁신과	4	1	5	3	1	3	3	4
3646	인천 중구	학교 밖 청소년 지원센터 종사자 처우개선비 지원	8,961	교육혁신과	4	1	5	3	1	3	3	4
3647	인천 중구	청소년산모 임신출산 의료비 지원	2,400	국제도시보건과	4	2	5	8	7	3	3	1
3648	인천 중구	표준모자수첩	1,000,000	국제도시보건과	4	2	5	8	7	3	3	1
3649	인천 중구	지역자율형 사회서비스 투자사업	498,394	국제도시보건과	4	2	5	8	7	3	3	1
3650	인천 중구	저소득층 기저귀 및 조제분유	108,800	국제도시보건과	4	2	5	8	7	3	3	1
3651	인천 중구	해수욕장 행락쓰레기 수거	611,790	기반시설과	4	1	2	1	1	1	1	2
3652	인천 중구	해수욕장 공중화장실 청소 및 관리	190,000	기반시설과	4	1	2	1	1	1	1	2
3653	인천 중구	2021년 영종·용유 일원 노점상 및 노상적치물 단속	170,000	기반시설과	4	1	2	7	1	1	1	2
3654	인천 중구	을왕리간이하수처리장 및 펌프장 위탁운영	450,000	기반시설과	4	1	7	8	7	5	5	4
3655	인천 중구	을왕리간이하수처리장 하수처리비	156,000	기반시설과	4	1	7	8	7	5	5	4
3656	인천 중구	불법 유동광고물 정비용역	44,000	도시개발과	4	1	1	7	3	1	1	4
3657	인천 중구	불법 유동광고물 폐기물 처리용역	18,000	도시개발과	4	1	4	7	7	1	1	4
3658	인천 중구	옥외광고물 안전점검업무 위탁	1,000,000	도시개발과	4	4	1	3	6	1	1	4
3659	인천 중구	2021년도 두드림 생태학습관 프로그램 운영사업	100,000	도시공원과	4	7	7	8	7	5	5	4
3660	인천 중구	중구문화예술인 작품전시회	9,000	문화관광과	4	7	7	8	7	5	5	4
3661	인천 중구	중구도서관 위탁운영비	360,000	문화관광과	4	4	6	3	1	1	1	1
3662	인천 중구	유충구제 위탁	26,895	보건행정과	4	7	7	8	7	5	5	4
3663	인천 중구	하절기 야간위탁방역	89,656	보건행정과	4	7	7	8	7	5	5	4
3664	인천 중구	하절기 연무방역	21,312	보건행정과	4	7	7	8	7	5	5	4
3665	인천 중구	하절기 연무방역	21,312	보건행정과	4	7	7	8	7	5	5	4
3666	인천 중구	병의원 접촉자 검진비	1,500,000	보건행정과	4	2	7	8	7	5	5	2
3667	인천 중구	지역사회서비스투자사업	1,160,000	복지과	4	1	7	8	7	1	3	1
3668	인천 중구	구립해송노인요양원종사자장려수당	55,200	어르신장애인과	4	4	7	8	7	1	1	4
3669	인천 중구	경로 및 노인의 날 행사 운영	7,500	어르신장애인과	4	7	7	8	7	1	1	4
3670	인천 중구	어버이날 주관 행사	5,000	어르신장애인과	4	6	7	8	7	1	1	4
3671	인천 중구	노인복지관 운영비 지원	1,006,274	어르신장애인과	4	7	7	8	7	1	1	4
3672	인천 중구	어르신 민간시설 활용한 여가보급사업	10,000	어르신장애인과	4	7	7	8	7	1	1	4
3673	인천 중구	노인여가시설 복지점수 지원	2,750	어르신장애인과	4	7	7	8	7	1	1	4
3674	인천 중구	노인여가시설 건강검진비	1,400,000	어르신장애인과	4	7	7	8	7	1	1	4
3675	인천 중구	장애인활동지원 급여	35,468	어르신장애인과	4	2	7	8	7	5	1	4
3676	인천 중구	시추가 중증장애인 활동지원	288,552	어르신장애인과	4	2	7	8	7	5	1	4
3677	인천 중구	장애인활동지원 가산급여	13,879	어르신장애인과	4	2	7	8	7	5	1	4

순번	시군구	지출명 (사업명)	2021년예산 (단위:천원/1년간)	담당자 (공무원) 담당부서	민간이전 분류 (지방자치단체 세출예산 집행기준에 의거) 1. 민간경상사업보조(307-02) 2. 민간단체 법정운영비보조(307-03) 3. 민간행사사업보조(307-04) 4. 민간위탁금(307-05) 5. 사회복지시설 법정운영비보조(307-10) 6. 민간인위탁교육비(307-12) 7. 공기관등에대한경상적위탁사업비(308-10) 8. 민간자본사업보조,자체재원(402-01) 9. 민간자본사업보조,이전재원(402-02) 10. 민간위탁사업비(402-03) 11. 공기관등에 대한 자본적 대행사업비(403-02)	민간이전지출 근거 (지방보조금 관리기준 참고) 1. 법률에 규정 2. 국고보조 재원(국가지정) 3. 용도 지정 기부금 4. 조례에 직접규정 5. 지자체가 권장하는 사업을 하는 공공기관 6. 시,도 정책 및 재정사정 7. 기타 8. 해당없음	입찰방식 계약체결방법 (경쟁형태) 1. 일반경쟁 2. 제한경쟁 3. 지명경쟁 4. 수의계약 5. 법정위탁 6. 기타 ( ) 7. 해당없음	입찰방식 계약기간 1. 1년 2. 2년 3. 3년 4. 4년 5. 5년 6. 기타 ( )년 7. 단기계약 (1년미만) 8. 해당없음	입찰방식 낙찰자선정방법 1. 적격심사 2. 협상에의한계약 3. 최저가낙찰제 4. 규격가격분리 5. 2단계 경쟁입찰 6. 기타 ( ) 7. 해당없음	운영예산 산정 운영예산 산정 1. 내부산정 (지자체 자체적으로 산정) 2. 외부산정 (외부전문기관위탁 산정) 3. 내·외부 모두 산정 4. 산정 無 5. 해당없음	운영예산 산정 정산방법 1. 내부정산 (지자체 내부적으로 정산) 2. 외부정산 (외부전문기관위탁 정산) 3. 내·외부 모두 산정 4. 정산 無 5. 해당없음	성과평가 실시여부 1. 실시 2. 미실시 3. 향후 추진 4. 해당없음
3678	인천 중구	발달재활서비스 바우처 지원	302,400	어르신장애인과	4	2	7	8	7	5	1	4
3679	인천 중구	발달장애인 부모상담지원	2,858	어르신장애인과	4	2	7	8	7	5	1	4
3680	인천 중구	발달장애인 주간활동서비스	450,444	어르신장애인과	4	2	7	8	7	5	1	4
3681	인천 중구	발달장애인 시추가 주간활동 서비스	55,680	어르신장애인과	4	2	7	8	7	5	1	4
3682	인천 중구	발달장애인 방과후활동서비스	223,345	어르신장애인과	4	2	7	8	7	5	1	4
3683	인천 중구	장애인복지관(본관, 영종분관) 운영	16,132	어르신장애인과	4	1	7	8	7	1	1	4
3684	인천 중구	중증장애인 시민옹호지원사업	30,683	어르신장애인과	4	6	7	8	7	1	1	4
3685	인천 중구	세상!두드림 여행사업	30,000	어르신장애인과	4	6	7	8	7	1	1	4
3686	인천 중구	장애인친화도시'ALL IN ONE'프로젝트	10,000	어르신장애인과	4	6	7	8	7	1	1	4
3687	인천 중구	구립(중구,영종)주간보호센터 운영	399,468	어르신장애인과	4	1	7	8	7	1	1	4
3688	인천 중구	구립(중구,영종)주간보호센터프로그램비 지원	28,800	어르신장애인과	4	1	1	5	1	1	1	4
3689	인천 중구	장애인특별운송사업추진	98,201	어르신장애인과	4	6	7	8	7	1	1	4
3690	인천 중구	장애인직업재활시설 운영	279,741	어르신장애인과	4	1	7	8	7	1	1	4
3691	인천 중구	어린이급식관리지원센터 운영관리	315,000	위생과	4	2	5	3	6	5	1	1
3692	인천 중구	식품접객업소 기존영업자 위생교육비 지원	7,000	위생과	4	1	5	8	7	2	2	4
3693	인천 중구	자원봉사센터 운영 활성화	715,238	총무과	4	1	7	8	7	1	1	1
3694	인천 중구	직장보육시설운영	352,214	총무과	4	4	5	5	6	1	1	2
3695	인천 중구	2021년도 영종국제도시 공중화장실 청소 및 관리 용역	248,883	친환경조성과	4	4	2	1	1	1	1	4
3696	인천 중구	청소대행수수료	44,154	환경보호과	4	4	4	3	7	3	1	1
3697	인천 중구	청소대행수수료	44,154	환경보호과	4	4	4	3	7	3	1	1
3698	인천 중구	가정사업계 폐기물	348,180	환경보호과	4	4	4	3	7	3	1	1
3699	인천 중구	소규모건설폐기물	348,180	환경보호과	4	4	4	3	7	3	1	1
3700	인천 중구	소규모건설폐기물	348,180	환경보호과	4	4	4	3	7	3	1	1
3701	인천 중구	선녀바위 해변 행락쓰레기수거위탁 운영비	223,329	환경보호과	4	4	4	1	7	3	1	1
3702	인천 중구	도로폐토사	23,400	환경보호과	4	4	4	3	7	3	1	1
3703	인천 중구	영종하늘도시 및 월미도 도로청소용역	28,670	환경보호과	4	6	1	3	1	1	1	2
3704	인천 중구	공중화장실 청소용역	219,160	환경보호과	4	1	2	1	1	1	1	4
3705	인천 중구	음식물류 폐기물 수집운반 대행 수수료	169,900	환경보호과	4	1	4	3	1	2	1	4
3706	인천 중구	음식물류 폐기물 처리 대행 수수료	15,000	환경보호과	4	1	1	1	1	3	1	4
3707	인천 중구	영종 용유 지역 음식물류 폐기술 도선료 및 통행료	16,800	환경보호과	4	1	7	8	7	5	1	4
3708	인천 중구	재활용품 선별위탁 대행수수료	271,700	환경보호과	4	4	2	1	1	1	1	4
3709	인천 중구	재활용품 수집운반 대행수수료	16,206	환경보호과	4	4	4	3	7	1	1	4
3710	인천 중구	영종용유지역 재활용품 수집운반 통행료	31,200	환경보호과	4	4	4	3	7	1	1	4
3711	인천 중구	재활용 배출수거개선사업 수집운반대행료	1,078,000	환경보호과	4	4	4	3	7	1	1	4
3712	인천 중구	폐형광등 운반 수수료	4,000	환경보호과	4	4	7	8	7	5	5	4
3713	인천 동구	기초정신건강복지센터 지원	530,496	건강증진과	4	2	1	3	1	1	1	1
3714	인천 동구	기초정신건강복지센터 지원	530,496	건강증진과	4	2	1	3	1	1	1	1
3715	인천 동구	중독관리통합지원센터 지원	163,021	건강증진과	4	2	1	3	1	1	1	1
3716	인천 동구	작은 미술관 운영	261,844	문화홍보체육실	4	4	2	3	1	1	1	3
3717	인천 동구	가상현실체험관 운영	264,000	문화홍보체육실	4	4	6	5	1	1	1	1
3718	인천 동구	직장어린이집 운영	222,972	총무과	4	1	7	8	7	5	5	4
3719	인천 동구	자원봉사센터 운영 지원	355,784	주민자치과	4	4	7	8	7	1	1	4
3720	인천 동구	노인복지관 운영 지원	1,029,246	노인장애인복지과	4	1	5	5	1	5	1	4

순번	시군구	지출명 (사업명)	2021년예산 (단위:천원/1년간)	담당자 (공무원) 담당부서	민간이전 분류 (지방자치단체 세출예산 집행기준에 의거) 1. 민간경상사업보조(307-02) 2. 민간단체 법정운영비보조(307-03) 3. 민간행사사업보조(307-04) 4. 민간위탁금(307-05) 5. 사회복지시설 법정운영비보조(307-10) 6. 민간인위탁교육비(307-12) 7. 공기관등에대한경상적위탁사업비(308-10) 8. 민간자본사업보조,자체재원(402-01) 9. 민간자본사업보조,이전재원(402-02) 10. 민간위탁사업비(402-03) 11. 공기관등에 대한 자본적 대행사업비(403-02)	민간이전지출 근거 (지방보조금 관리기준 참고) 1. 법률에 규정 2. 국고보조 재원(국가지정) 3. 용도 지정 기부금 4. 조례에 직접규정 5. 지자체가 권장하는 사업을 하는 공공기관 6. 시,도 정책 및 재정사정 7. 기타 8. 해당없음	입찰방식 계약체결방법 (경쟁형태) 1. 일반경쟁 2. 제한경쟁 3. 지명경쟁 4. 수의계약 5. 법정위탁 6. 기타 ( ) 7. 해당없음	입찰방식 계약기간 1. 1년 2. 2년 3. 3년 4. 4년 5. 5년 6. 기타 ( )년 7. 단기계약 (1년미만) 8. 해당없음	입찰방식 낙찰자선정방법 1. 적격심사 2. 협상에의한계약 3. 최저가낙찰제 4. 규격가격분리 5. 2단계 경쟁입찰 6. 기타 ( ) 7. 해당없음	운영예산 산정 운영예산 산정 1. 내부산정 (지자체 자체적으로 산정) 2. 외부산정 (외부전문기관위탁 산정) 3. 내·외부 모두 산정 4. 산정 無 5. 해당없음	운영예산 산정 정산방법 1. 내부정산 (지자체 내부적으로 정산) 2. 외부정산 (외부전문기관위탁 정산) 3. 내·외부 모두 산정 4. 정산 無 5. 해당없음	성과평가 실시여부 1. 실시 2. 미실시 3. 향후 추진 4. 해당없음
3721	인천 동구	노인문화센터 운영 지원	498,756	노인장애인복지과	4	1	5	5	1	5	1	4
3722	인천 동구	동구한마음종합복지관 운영	70,000	노인장애인복지과	4	1	5	5	1	5	1	1
3723	인천 동구	어린이급식관리지원센터 운영	216,000	환경위생과	4	2	1	5	1	5	2	3
3724	인천 동구	CCTV 통합관제센터 모니터링 용역	573,480	안전관리과	4	1	2	1	1	1	1	4
3725	인천 동구	노점상 및 노상적치물 단속 용역 대행	118,850	건설과	4	1	4	1	7	1	1	4
3726	인천 동구	동구 공영버스 운영	343,100	교통과	4	4	6	3	7	1	1	3
3727	인천 동구	도시재생지원센터 운영	337,222	도시전략실	4	4	7	8	7	1	1	4
3728	인천 동구	금창동 도시재생현장지원센터 운영	3,000	도시전략실	4	4	7	8	7	1	1	4
3729	인천 동구	주민역량강화사업 및 현장지원센터 운영	125,000	도시전략실	4	4	7	8	7	1	1	4
3730	인천 동구	송림골 마을관리협동조합 설립 컨설팅	50,000	도시전략실	4	4	7	8	7	1	1	4
3731	인천 동구	송림골 마을관리협동조합 육성 및 공공지원	25,000	도시전략실	4	4	7	8	7	1	1	4
3732	인천 미추홀구	주안영상미디어센터	450,000	미디어홍보실	4	4	2	3	2	1	1	2
3733	인천 미추홀구	청소년수련관	957,250	평생학습과	4	4	5	3	1	1	1	1
3734	인천 미추홀구	승강기안전관리 위탁용역 수수료	8,800	재무과	4	1	4	1	2	5	4	4
3735	인천 미추홀구	소방시설 안전관리 위탁용역 수수료	9,200	재무과	4	1	4	1	2	5	4	4
3736	인천 미추홀구	시스템 냉난방기 유지보수 위탁용역 수수료	22,000	재무과	4	8	4	1	2	5	4	4
3737	인천 미추홀구	청사 건축물 정기안전점검 위탁용역 수수료	8,000	재무과	4	1	4	1	2	5	4	4
3738	인천 미추홀구	작은극장돌체 사업비 및 운영비	190,000	문화예술과	4	4	7	3	7	1	1	2
3739	인천 미추홀구	영화공간주안 사업비 및 운영비	580,000	문화예술과	4	4	7	3	1	1	1	2
3740	인천 미추홀구	미추홀구 사회적경제지원센터 운영	248,000	일자리정책과	4	4	1	6	1	1	1	1
3741	인천 미추홀구	외국인근로자 상담소 위탁운영	69,700	일자리정책과	4	4	1	1	1	1	1	1
3742	인천 미추홀구	2021년 어버이날 주관 행사 지원	500,000	노인장애인복지과	4	6	7	8	7	5	1	4
3743	인천 미추홀구	어르신 사관학교 운영	19,500	노인장애인복지과	4	6	7	8	7	1	1	1
3744	인천 미추홀구	육아종합지원센터 운영	470,500	보육정책과	4	1	1	5	1	1	1	1
3745	인천 미추홀구	아이사랑꿈터(혁신육아카페) 운영	285,764	보육정책과	4	1	6	5	7	1	1	3
3746	인천 미추홀구	가정육아활성화지원센터 운영	8,500,000	보육정책과	4	1	6	5	7	1	1	3
3747	인천 미추홀구	아이사랑꿈터 운영	1,076,560	보육정책과	4	2	6	5	7	1	1	3
3748	인천 미추홀구	생활쓰레기 수거대행료	640,770	자원순환과	4	1	4	1	7	2	1	1
3749	인천 미추홀구	생활쓰레기 수거 기동처리반운영	2,000,000	자원순환과	4	7	6	1	7	2	1	1
3750	인천 미추홀구	사업장생활계폐기물 수거대행료	833,330	자원순환과	4	4	7	8	7	5	5	4
3751	인천 미추홀구	대형폐기물 수거대행료	185,825	자원순환과	4	4	7	8	7	5	5	4
3752	인천 미추홀구	재활용품 수거 대행료	23,080	자원순환과	4	4	4	1	1	1	1	1
3753	인천 미추홀구	재활용품 선별 처리비	14,880	자원순환과	4	4	1	1	6	1	1	2
3754	인천 미추홀구	음식물쓰레기 수거운반대행료	835,021	자원순환과	4	4	4	1	1	1	1	1
3755	인천 미추홀구	음식물쓰레기 수거운반대행료	2,500,900	자원순환과	4	4	4	1	1	1	1	1
3756	인천 미추홀구	음식물쓰레기 처리대행료	2,177,100	자원순환과	4	1	4	1	1	1	1	1
3757	인천 미추홀구	폐토사 및 폐합성수지 처리	13,295,000	자원순환과	4	1	7	8	7	5	5	4
3758	인천 미추홀구	인천업사이클에코센터 운영	43,600,000	자원순환과	4	4	2	3	1	1	1	3
3759	인천 미추홀구	비주택 거주자 주거상향 지원사업	8,000,000	주택관리과	4	2	7	8	7	5	5	4
3760	인천 미추홀구	미추홀구 주거복지센터 운영	170,000	주택관리과	4	4	7	8	7	5	5	4
3761	인천 미추홀구	방역소독 대행운영비	89,907	보건행정과	4	8	2	7	1	1	1	4
3762	인천 미추홀구	가족접촉자 병의원 검진비 예탁	13,000	보건행정과	4	2	7	8	7	5	5	2
3763	인천 미추홀구	지역자율형 사회서비스 투자사업	1,302,000	건강증진과	4	1	7	8	7	5	2	4

순번	시군구	지출명 (사업명)	2021년예산 (단위:천원/1년간)	담당자 (공무원) 담당부서	민간이전 분류 (지방자치단체 세출예산 집행기준에 의거) 1. 민간경상사업보조(307-02) 2. 민간단체 법정운영비보조(307-03) 3. 민간행사사업보조(307-04) 4. 민간위탁금(307-05) 5. 사회복지시설 법정운영비보조(307-10) 6. 민간인위탁교육비(307-12) 7. 공기관등에대한경상적위탁사업비(308-10) 8. 민간자본사업보조,자체재원(402-01) 9. 민간자본사업보조,이전재원(402-02) 10. 민간위탁사업비(402-03) 11. 공기관등에 대한 자본적 대행사업비(403-02)	민간이전지출 근거 (지방보조금 관리기준 참고) 1. 법률에 규정 2. 국고보조 재원(국가지정) 3. 용도 지정 기부금 4. 조례에 직접규정 5. 지자체가 권장하는 사업을 하는 공공기관 6. 시,도 정책 및 재정사정 7. 기타 8. 해당없음	입찰방식 계약체결방법 (경쟁형태) 1. 일반경쟁 2. 제한경쟁 3. 지명경쟁 4. 수의계약 5. 법정위탁 6. 기타 ( ) 7. 해당없음	입찰방식 계약기간 1. 1년 2. 2년 3. 3년 4. 4년 5. 5년 6. 기타 ( )년 7. 단기계약 (1년미만) 8. 해당없음	입찰방식 낙찰자선정방법 1. 적격심사 2. 협상에의한계약 3. 최저가낙찰제 4. 규격가격분리 5. 2단계 경쟁입찰 6. 기타 ( ) 7. 해당없음	운영예산 산정 운영예산 산정 1. 내부산정 (지자체 자체적으로 산정) 2. 외부산정 (외부전문기관위탁 산정) 3. 내·외부 모두 산정 4. 산정 無 5. 해당없음	운영예산 산정 정산방법 1. 내부정산 (지자체 내부적으로 정산) 2. 외부정산 (외부전문기관위탁 정산) 3. 내·외부 모두 산정 4. 정산 無 5. 해당없음	성과평가 실시여부 1. 실시 2. 미실시 3. 향후 추진 4. 해당없음
3764	인천 미추홀구	표준모자수첩 제작	3,128	건강증진과	4	1	7	8	7	5	2	4
3765	인천 미추홀구	청소년산모 임신출산 의료비 지원	7,200	건강증진과	4	1	7	8	7	5	2	4
3766	인천 미추홀구	선천성 난청검사 및 보청기 지원	260,000	건강증진과	4	2	7	8	7	5	5	4
3767	인천 미추홀구	저소득층 기저귀 및 조제분유 지원	353,200	건강증진과	4	1	7	8	7	5	2	4
3768	인천 미추홀구	의료급여수급권자 영유아 건강검진 지원	11,000	건강증진과	4	2	7	8	7	5	2	4
3769	인천 미추홀구	희귀질환자 의료비 지원	879,640	건강증진과	4	7	5	8	7	5	5	4
3770	인천 미추홀구	의료급여수급권자 일반건강검진	77,444	건강증진과	4	2	7	8	7	5	2	4
3771	인천 미추홀구	국가암 지자체지원	921,244	건강증진과	4	2	7	8	7	5	2	4
3772	인천 미추홀구	지역사회건강조사사업	68,434	건강증진과	4	2	7	8	7	5	2	4
3773	인천 미추홀구	어린이급식관리지원센터 설치 운영	630,000	위생과	4	1	1	3	1	5	3	1
3774	인천 연수구	자원봉사센터 운영	625,519	총무과	4	4	7	7	7	1	1	4
3775	인천 연수구	연수 외국어 열린센터 설립운영	191,190	평생교육과	4	7	7	2	6	1	1	3
3776	인천 연수구	연수구 국제언어체험센터 운영	600,000	평생교육과	4	4	1	3	1	1	1	3
3777	인천 연수구	청학복합문화센터 유지관리 및 운영	114,288	문화체육과	4	7	7	4	7	1	1	1
3778	인천 연수구	마을만들기 지원센터 운영	301,019	마을자치과	4	4	1	3	1	1	1	3
3779	인천 연수구	공원 내 작은도서관 운영	85,310	도서관정책과	4	4	7	8	7	5	5	4
3780	인천 연수구	지역자율형 사회서비스 투자사업	21,250	복지정책과	4	1	7	8	7	5	5	4
3781	인천 연수구	지역자율형 사회서비스 투자사업	296,640	사회보장과	4	1	5	8	7	1	2	1
3782	인천 연수구	장애인일자리지원	67,228	노인장애인과	4	2	7	8	7	1	1	4
3783	인천 연수구	장애인일자리지원	25,551	노인장애인과	4	8	7	8	7	5	5	4
3784	광주 북구	중독관리통합지원센터 운영	737,990	치매건강과	4	1	1	3	1	1	1	1
3785	광주 북구	기초정신건강복지센터 운영	15,911	치매건강과	4	1	1	3	1	1	1	1
3786	광주 북구	치매치료관비 사업	224,640	치매건강과	4	1	7	8	7	1	1	1
3787	광주 북구	영유아건강검진	15,790	건강증진과	4	2	7	8	7	3	3	1
3788	광주 북구	의료급여수급권자검진사업	133,210	건강증진과	4	2	7	8	7	3	3	1
3789	광주 북구	국가암조기검진	1,078,776	건강증진과	4	2	7	8	7	3	3	1
3790	광주 북구	저소득층기저귀 및 조제분유지원	360,000	건강증진과	4	2	7	8	7	5	5	4
3791	광주 북구	산모신생아 관리지원	1,372,000	건강증진과	4	2	7	8	7	5	5	4
3792	광주 북구	선천성대사이상검사 및 환아관리	1,400,000	건강증진과	4	2	7	8	7	5	5	4
3793	광주 북구	신생아 난청검사 및 보청기 지원	300,000	건강증진과	4	2	7	8	7	5	5	4
3794	광주 북구	표준모자보건수첩제작	3,480	건강증진과	4	2	7	8	7	1	1	4
3795	광주 북구	광주광역시 북구 공공하수도시설 관리대행	122,500	건설과	4	1	1	3	1	2	5	3
3796	광주 북구	청소년수련관운영	189,000	교육지원과	4	1	2	5	1	1	3	1
3797	광주 북구	청소년상담복지센터운영	122,548	교육지원과	4	1	2	3	1	1	1	1
3798	광주 북구	학교밖청소년지원센터운영	164,041	교육지원과	4	1	1	3	1	5	1	1
3799	광주 북구	학교밖청소년무상급식지원	22,410	교육지원과	4	1	7	8	7	5	5	4
3800	광주 북구	종합사회복지관운영	31,081	복지정책과	4	1	6	5	2	3	1	1
3801	광주 북구	지역자율형사회서비스투자사업예탁금	36,514	복지정책과	4	2	7	8	7	1	3	4
3802	광주 북구	자활근로사업민간위탁금	8,259	복지정책과	4	2	6	6	2	3	1	1
3803	광주 북구	지역자활센터등운영등지원	967,838	복지정책과	4	2	6	6	2	3	1	1
3804	광주 북구	지역자활센터종사자특별수당	24,000	복지정책과	4	6	6	6	2	3	1	1
3805	광주 북구	자활사례관리운영	57,208	복지정책과	4	2	6	6	2	3	1	1
3806	광주 북구	가사간병방문지원사업	522,470	복지정책과	4	2	6	6	2	3	3	4

순번	시군구	지출명 (사업명)	2021년예산 (단위:천원/1년간)	담당자 (공무원)	민간이전 분류 (지방자치단체 세출예산 집행기준에 의거)	민간이전지출 근거 (지방보조금 관리기준 참고)	입찰방식			운영예산 산정		성과평가 실시여부
				담당부서	1. 민간경상사업보조(307-02) 2. 민간단체 법정운영비보조(307-03) 3. 민간행사사업보조(307-04) 4. 민간위탁금(307-05) 5. 사회복지시설 법정운영비보조(307-10) 6. 민간인위탁교육비(307-12) 7. 공기관등에대한경상적위탁사업비(308-10) 8. 민간자본사업보조,자체재원(402-01) 9. 민간자본사업보조,이전재원(402-02) 10. 민간위탁사업비(402-03) 11. 공기관등에 대한 자본적 대행사업비(403-02)	1. 법률에 규정 2. 국고보조 재원(국가지정) 3. 용도 지정 기부금 4. 조례에 직접규정 5. 지자체가 권장하는 사업을 하는 공공기관 6. 시,도 정책 및 재정사정 7. 기타 8. 해당없음	계약체결방법 (경쟁형태) 1. 일반경쟁 2. 제한경쟁 3. 지명경쟁 4. 수의계약 5. 법정위탁 6. 기타 ( ) 7. 해당없음	계약기간 1. 1년 2. 2년 3. 3년 4. 4년 5. 5년 6. 기타 ( )년 7. 단기계약 (1년미만) 8. 해당없음	낙찰자선정방법 1. 적격심사 2. 협상에의한계약 3. 최저가낙찰제 4. 규격가격분리 5. 2단계 경쟁입찰 6. 기타 ( ) 7. 해당없음	운영예산 산정 1. 내부산정 (지자체 자체적으로 산정) 2. 외부산정 (외부전문기관위탁 산정) 3. 내·외부 모두 산정 4. 산정 無 5. 해당없음	정산방법 1. 내부정산 (지자체 내부적으로 정산) 2. 외부정산 (외부전문기관위탁 정산) 3. 내·외부 모두 산정 4. 정산 無 5. 해당없음	1. 실시 2. 미실시 3. 향후 추진 4. 해당없음
3807	광주 북구	자산형성지원사업위탁운영비	6,964	복지정책과	4	7	7	8	7	5	3	4
3808	광주 북구	가정청소대행사업	9,030	청소행정과	4	4	1	3	2	1	1	1
3809	광주 북구	재활용품종말품처리	525,600	청소행정과	4	1	4	1	7	1	1	4
3810	광주 북구	재활용품종말품처리	345,600	청소행정과	4	1	4	1	7	1	1	4
3811	광주 북구	음식물류폐기물분리수거	390,000	청소행정과	4	1	4	1	7	1	1	4
3812	광주 북구	대형폐기물관리	1,080,000	청소행정과	4	1	1	3	3	1	1	4
3813	광주 북구	대형폐기물관리	882,000	청소행정과	4	1	4	1	7	1	1	4
3814	광주 북구	북구첨단론볼장운영	28,428	체육관광과	4	4	7	7	7	5	1	1
3815	광주 북구	중독관리통합지원센터 운영	737,990	치매건강과	4	1	1	3	1	1	1	1
3816	광주 북구	기초정신건강복지센터 운영	15,911	치매건강과	4	1	1	3	1	1	1	1
3817	광주 북구	광주호수생태원지구센터운영	10,000	환경과	4	4	2	3	6	1	1	1
3818	광주 광산구	자활근로사업	36,532	생활보장과	4	2	5	1	6	5	1	4
3819	광주 광산구	지역자율형사회서비스투자사업	489,000	생활보장과	4	1	7	8	6	1	1	4
3820	광주 광산구	청소년지도사배치지원	46,416	교육지원과	4	1	5	3	7	1	1	1
3821	광주 광산구	지방청소년운영위원회운영	20,000	교육지원과	4	1	5	3	7	1	1	1
3822	광주 광산구	청소년 방과후 아카데미 운영	141,232	교육지원과	4	1	5	3	7	1	1	1
3823	광주 광산구	청소년수련관운영지원	230,000	교육지원과	4	1	5	3	7	1	1	1
3824	광주 광산구	예비청소년지도자양성지원	6,312	교육지원과	4	1	5	3	7	1	1	1
3825	광주 광산구	청소년통합지원체계구축	97,470	교육지원과	4	1	5	3	7	1	1	1
3826	광주 광산구	청소년상담복지센터운영	125,600	교육지원과	4	1	5	3	7	1	1	1
3827	광주 광산구	인터넷중독전담상담사운영	35,074	교육지원과	4	1	5	3	7	1	1	1
3828	광주 광산구	청소년동반자프로그램	59,840	교육지원과	4	1	5	3	7	1	1	1
3829	광주 광산구	학교밖청소년지원	165,633	교육지원과	4	1	5	3	7	1	1	1
3830	광주 광산구	학교밖청소년지원	21,440	교육지원과	4	1	5	3	7	1	1	1
3831	광주 광산구	청소년성문화센터운영	161,862	교육지원과	4	1	5	3	7	1	1	1
3832	광주 광산구	교재교구교체 지원	2,500	교육지원과	4	1	5	3	7	1	1	1
3833	광주 광산구	소규모 공공하수처리시설 관리대행 용역	110,000	건설과	4	1	1	2	2	2	1	3
3834	광주 광산구	대형폐기물 수집·운반·처리 대행용역	29,700	청소행정과	4	4	1	1	3	1	1	1
3835	광주 광산구	재활용품 선별·처리 대행용역	19,200	청소행정과	4	4	1	1	2	1	1	4
3836	광주 광산구	폐의약품 처리 대행용역	1,100,000	청소행정과	4	1	6	2	7	4	1	4
3837	광주 광산구	음식물류폐기물 처리 대행용역	540,000	청소행정과	4	7	4	1	1	1	1	3
3838	광주 광산구	정신재활시설 운영 지원	223,243	건강증진과	4	1	6	8	7	1	1	1
3839	광주 광산구	어린이급식관리지원센터	945,000	식품위생과	4	1	1	5	1	1	3	1
3840	대구광역시	웨딩 의복제조 소공인 집적지구 공동인프라 운영	175,000	민생경제과	4	1	6	6	7	2	2	3
3841	대구광역시	종합유통단지 관리운영 위탁	103,700	민생경제과	4	4	4	5	7	4	1	1
3842	대구광역시	산업단지 위탁운영 지원	19,280	산단진흥과	4	1	5	8	7	1	1	1
3843	대구광역시	임대형 지식산업센터 위탁운영 지원	450,000	산단진흥과	4	5	2	5	1	1	1	1
3844	대구광역시	산업단지 환경정비	250,000	산단진흥과	4	4	4	5	6	1	1	1
3845	대구광역시	안경테 표면처리센터 운영 위탁	460,000	섬유패션과	4	6	7	8	7	5	5	4
3846	대구광역시	한국섬유개발연구원 위탁	300,000	섬유패션과	4	4	7	7	7	4	3	1
3847	대구광역시	FXCO 위탁운영비 지원	500,000	섬유패션과	4	4	1	3	1	2	1	1
3848	대구광역시	한국패션산업연구원 운영	320,000	섬유패션과	4	4	4	3	7	1	1	1
3849	대구광역시	한국염색기술연구원 운영위탁	300,000	섬유패션과	4	4	4	3	7	1	1	1

순번	시군구	지출명 (사업명)	2021년예산 (단위:천원/1년간)	담당자 (공무원)	민간이전 분류 (지방자치단체 세출예산 집행기준에 의거)	민간이전지출 근거 (지방보조금 관리기준 참고)	입찰방식			운영예산 산정		성과평가 실시여부
				담당부서	1. 민간경상사업보조(307-02) 2. 민간단체 법정운영비보조(307-03) 3. 민간행사사업보조(307-04) 4. 민간위탁금(307-05) 5. 사회복지시설 법정운영비보조(307-10) 6. 민간인위탁교육비(307-12) 7. 공기관등에대한경상적위탁사업비(308-10) 8. 민간자본사업보조,자체재원(402-01) 9. 민간자본사업보조,이전재원(402-02) 10. 민간위탁사업비(402-03) 11. 공기관등에 대한 자본적 대행사업비(403-02)	1. 법률에 규정 2. 국고보조 재원(국가지정) 3. 용도 지정 기부금 4. 조례에 직접규정 5. 지자체가 권장하는 사업을 하는 공공기관 6. 시,도 정책 및 재정사정 7. 기타 8. 해당없음	계약체결방법 (경쟁형태) 1. 일반경쟁 2. 제한경쟁 3. 지명경쟁 4. 수의계약 5. 법정위탁 6. 기타 ( ) 7. 해당없음	계약기간 1. 1년 2. 2년 3. 3년 4. 4년 5. 5년 6. 기타 ( )년 7. 단기계약 (1년미만) 8. 해당없음	낙찰자선정방법 1. 적격심사 2. 협상에의한계약 3. 최저가낙찰제 4. 규격가격분리 5. 2단계 경쟁입찰 6. 기타 ( ) 7. 해당없음	운영예산 산정 1. 내부산정 (지자체 자체적으로 산정) 2. 외부산정 (외부전문기관위탁 산정) 3. 내·외부 모두 산정 4. 산정 無 5. 해당없음	정산방법 1. 내부정산 (지자체 내부적으로 정산) 2. 외부정산 (외부전문기관위탁 정산) 3. 내·외부 모두 산정 4. 정산 無 5. 해당없음	1. 실시 2. 미실시 3. 향후 추진 4. 해당없음
3850	대구광역시	노동복지회관 운영위탁	50,000	일자리노동정책과	4	4	7	8	7	1	1	1
3851	대구광역시	대구청년센터운영	11,370	청년정책과	4	4	1	3	1	1	2	1
3852	대구광역시	청년공동체 활성화사업	100,000	청년정책과	4	2	7	8	7	5	5	4
3853	대구광역시	청년주간 개최	200,000	청년정책과	4	4	1	3	1	1	2	1
3854	대구광역시	디지털 활용 청년일자리 예스매칭사업	15,390	청년정책과	4	2	7	8	7	5	5	4
3855	대구광역시	청년생활 종합상담사업	200,000	청년정책과	4	4	1	3	1	1	2	1
3856	대구광역시	사회적경제지원센터 운영	980,000	사회적경제과	4	4	1	3	1	1	1	1
3857	대구광역시	주거복지센터 운영	310,000	건축주택과	4	4	1	2	1	1	1	1
3858	대구광역시	낙동강 승전기념관 운영	381,046	자치행정과	4	1	7	8	7	1	1	1
3859	대구광역시	마을공동체 지원센터 운영 지원	732,000	자치행정과	4	4	1	3	1	1	2	1
3860	대구광역시	시민공익활동지원센터 운영	520,000	자치행정과	4	4	1	3	2	1	1	1
3861	대구광역시	대구자원봉사센터위탁운영	560,000	자치행정과	4	4	1	3	1	1	1	1
3862	대구광역시	자원봉사코디네이터운영지원	88,416	자치행정과	4	4	7	8	7	1	1	1
3863	대구광역시	쪽방생활인 주거지원센터 운영지원	102,000	복지정책과	4	7	1	5	1	1	1	3
3864	대구광역시	임란호국영남충의단 전시관 운영	107,763	복지정책과	4	7	1	3	2	1	1	1
3865	대구광역시	대구경북항일독립운동 기념탑 운영	69,289	복지정책과	4	7	1	3	2	1	1	1
3866	대구광역시	대구노인종합복지관운영	1,173,000	어르신복지과	4	4	5	5	6	1	1	1
3867	대구광역시	시립묘지및봉안당운영	296,000	어르신복지과	4	4	1	3	7	5	1	1
3868	대구광역시	장애인 권익옹호기관 운영 지원	202,508	장애인복지과	4	1	1	3	1	1	1	1
3869	대구광역시	학대피해장애인 쉼터 운영지원	145,400	장애인복지과	4	1	1	3	1	1	1	1
3870	대구광역시	학대피해 장애인쉼터 운영 추가지원	140,000	장애인복지과	4	1	1	3	1	1	1	1
3871	대구광역시	중증장애인 다수고용사업장 위탁운영	948,185	장애인복지과	4	7	1	5	1	1	1	1
3872	대구광역시	희망드리 보호작업장 운영	296,429	장애인복지과	4	7	1	5	1	1	1	1
3873	대구광역시	섬들 보호작업장 운영	242,608	장애인복지과	4	7	1	5	1	1	1	1
3874	대구광역시	대구장애인종합복지관 운영	22,410	장애인복지과	4	7	1	5	1	1	1	1
3875	대구광역시	달구벌종합복지관 운영	20,921	장애인복지과	4	7	1	5	1	1	1	1
3876	대구광역시	대구시각장애인복지관 운영	126,300	장애인복지과	4	7	1	5	1	1	1	1
3877	대구광역시	대구청각언어장애인복지관 운영	1,169,000	장애인복지과	4	7	1	5	1	1	1	1
3878	대구광역시	달구벌재활스포츠센터 운영	1,241,000	장애인복지과	4	7	1	5	1	1	1	1
3879	대구광역시	물리치료실 위탁운영	76,072	종합복지회관	4	4	1	5	1	1	1	1
3880	대구광역시	무료급식소 위탁운영	36,600	종합복지회관	4	4	1	5	1	1	1	1
3881	대구광역시	시도감염병관리지원단운영지원	600,000	감염병관리과	4	1	6	3	7	5	5	1
3882	대구광역시	심뇌혈관질환예방관리사업지원단 운영	273,410	건강증진과	4	2	6	3	1	2	2	3
3883	대구광역시	광역치매센터 운영	599,514	건강증진과	4	2	1	3	1	5	2	1
3884	대구광역시	광역치매센터 치매공공후견 사업지원	2,679	건강증진과	4	2	1	3	1	5	2	1
3885	대구광역시	광역정신건강복지센터 운영	861,284	건강증진과	4	2	1	3	1	5	2	1
3886	대구광역시	자살예방실무자등 정신건강 증진	32,000	건강증진과	4	2	1	3	1	5	2	1
3887	대구광역시	응급개입팀 운영	449,644	건강증진과	4	2	1	3	1	5	2	1
3888	대구광역시	광역자살예방센터 운영	284,809	건강증진과	4	6	1	3	1	1	2	1
3889	대구광역시	시민건강놀이터 운영	110,000	건강증진과	4	4	6	3	1	2	2	1
3890	대구광역시	통합건강증진사업 지원단 운영	143,000	건강증진과	4	2	6	3	1	2	2	3
3891	대구광역시	청소년수련시설 민간위탁	19,720	청소년과	4	2	7	8	7	5	1	1
3892	대구광역시	청소년창의센터 민간위탁 운영	335,779	청소년과	4	6	7	8	7	1	1	1

순번	시군구	지출명 (사업명)	2021년예산 (단위:천원/1년간)	담당자 (공무원) 담당부서	민간이전 분류 (지방자치단체 세출예산 집행기준에 의거) 1. 민간경상사업보조(307-02) 2. 민간단체 법정운영비보조(307-03) 3. 민간행사사업보조(307-04) 4. 민간위탁금(307-05) 5. 사회복지시설 법정운영비보조(307-10) 6. 민간인위탁교육비(307-12) 7. 공기관등에대한경상적위탁사업비(308-10) 8. 민간자본사업보조,자체재원(402-01) 9. 민간자본사업보조,이전재원(402-02) 10. 민간위탁사업비(402-03) 11. 공기관등에 대한 자본적 대행사업비(403-02)	민간이전지출 근거 (지방보조금 관리기준 참고) 1. 법률에 규정 2. 국고보조 재원(국가지정) 3. 용도 지정 기부금 4. 조례에 직접규정 5. 지자체가 권장하는 사업을 하는 공공기관 6. 시,도 정책 및 재정사정 7. 기타 8. 해당없음	입찰방식 계약체결방법 (경쟁형태) 1. 일반경쟁 2. 제한경쟁 3. 지명경쟁 4. 수의계약 5. 법정위탁 6. 기타 ( ) 7. 해당없음	입찰방식 계약기간 1. 1년 2. 2년 3. 3년 4. 4년 5. 5년 6. 기타 ( )년 7. 단기계약 (1년미만) 8. 해당없음	입찰방식 낙찰자선정방법 1. 적격심사 2. 협상에의한계약 3. 최저가낙찰제 4. 규격가격분리 5. 2단계 경쟁입찰 6. 기타 ( ) 7. 해당없음	운영예산 산정 운영예산 산정 1. 내부산정 (지자체 자체적으로 산정) 2. 외부산정 (외부전문기관위탁 산정) 3. 내·외부 모두 산정 4. 산정 無 5. 해당없음	운영예산 산정 정산방법 1. 내부정산 (지자체 내부적으로 정산) 2. 외부정산 (외부전문기관위탁 정산) 3. 내·외부 모두 산정 4. 정산 無 5. 해당없음	성과평가 실시여부 1. 실시 2. 미실시 3. 향후 추진 4. 해당없음
3893	대구광역시	청소년성문화센터 운영	311,724	청소년과	4	2	7	8	7	5	1	1
3894	대구광역시	청소년성문화센터 교재.교구 교체 지원	2,500	청소년과	4	2	7	8	7	5	1	1
3895	대구광역시	청소년자립지원관 운영	261,770	청소년과	4	2	7	8	7	5	1	1
3896	대구광역시	대구형 온종일돌봄	100,000	청소년과	4	6	7	8	7	5	5	4
3897	대구광역시	보호대상아동 자립통합운영 지원	295,764	청소년과	4	6	1	3	1	1	1	1
3898	대구광역시	권역난임우울증 상담센터 설치운영	238,000	출산보육과	4	2	5	3	1	1	1	1
3899	대구광역시	고택 민간위탁	53,000	문화예술정책과	4	1	1	3	1	2	1	1
3900	대구광역시	대구문학관 운영	585,000	문화예술정책과	4	1	7	8	7	1	1	1
3901	대구광역시	수창청춘맨숀 운영	596,000	문화예술정책과	4	1	1	2	6	1	1	1
3902	대구광역시	무형문화재 전수교육관 운영지원	342,000	문화예술정책과	4	1	1	3	1	1	1	1
3903	대구광역시	국채보상운동기념관 운영	412,200	문화예술정책과	4	1	7	8	7	1	1	1
3904	대구광역시	2.28민주운동기념회관 운영	677,700	문화예술정책과	4	1	7	8	7	1	1	1
3905	대구광역시	출판산업지원센터 운영	800,000	문화콘텐츠과	4	4	1	3	1	1	1	1
3906	대구광역시	대구스포츠단(실업팀) 민간위탁	9,000	체육진흥과	4	4	7	8	7	1	1	1
3907	대구광역시	장애인실업팀 민간위탁	284,500	체육진흥과	4	4	6	3	6	1	1	1
3908	대구광역시	관광전담조직 운영 지원	250,000	관광과	4	1	7	8	7	1	1	1
3909	대구광역시	국내관광마케팅사업	850,000	관광과	4	1	7	8	7	1	1	1
3910	대구광역시	해외관광마케팅사업	430,000	관광과	4	1	7	8	7	1	1	1
3911	대구광역시	대구관광 콘텐츠 홍보마케팅	22,000	관광과	4	1	7	8	7	1	1	1
3912	대구광역시	대구관광정보센터 운영	350,000	관광과	4	1	7	8	7	1	1	1
3913	대구광역시	만촌자전거경기장 위탁운영	169,741	체육시설관리사무소	4	1	1	3	1	1	1	1
3914	대구광역시	만촌롤러스케이트장 위탁운영	95,000	체육시설관리사무소	4	1	1	3	1	1	1	1
3915	대구광역시	앞산양궁장 위탁운영	35,000	체육시설관리사무소	4	1	1	3	1	1	1	1
3916	대구광역시	범어궁도장 위탁운영	60,000	체육시설관리사무소	4	1	1	3	1	1	1	1
3917	대구광역시	대구스포츠기념관 위탁운영	318,000	체육시설관리사무소	4	1	1	3	1	1	1	1
3918	대구광역시	암벽등반장 위탁운영	77,000	체육시설관리사무소	4	1	1	3	1	1	1	1
3919	대구광역시	체육회관 위탁운영	336,000	체육시설관리사무소	4	1	1	3	1	1	1	1
3920	대구광역시	장애인 국민체육센터 위탁운영	400,000	체육시설관리사무소	4	1	1	3	1	1	1	1
3921	대구광역시	성서운동장 위탁운영	700,000	체육시설관리사무소	4	1	1	3	1	1	1	1
3922	대구광역시	대구스포츠단훈련센터 위탁운영	407,000	체육시설관리사무소	4	1	1	3	1	1	1	1
3923	대구광역시	대구스타디움 외 1개소 폐기물수거처리 용역	90,000	체육시설관리사무소	4	4	2	1	3	1	1	4
3924	대구광역시	시민운동장 외 1개소 폐기물수거처리용역	70,000	체육시설관리사무소	4	4	4	1	3	1	1	4
3925	대구광역시	육상진흥센터 폐기물 수거처리용역	22,000	체육시설관리사무소	4	4	4	1	3	1	1	4
3926	대구광역시	폐기물에너지화(SRF)시설 위탁운영	7,599	자원순환과	4	1	7	6	7	5	5	2
3927	대구광역시	상리음식물류폐기물처리시설 의무운전	7,106	자원순환과	4	4	7	8	7	1	1	4
3928	대구광역시	테크노폴리스산업단지 공공폐수처리시설 운영	965,000	수질개선과	4	1	1	2	2	1	1	4
3929	대구광역시	테크노폴리스산업단지 공공폐수처리시설 수선	86,000	수질개선과	4	1	1	2	2	1	1	4
3930	대구광역시	달성2차산업단지 공공폐수처리시설 수선	66,000	수질개선과	4	1	7	8	7	1	1	4
3931	대구광역시	달성2차산업단지 공공폐수처리시설 체납부담금	3,000	수질개선과	4	1	7	8	7	1	1	4
3932	대구광역시	공공폐수처리시설 사용료	357,000	수질개선과	4	1	7	8	7	1	1	4
3933	대구광역시	두류공원 폐기물처리 용역	53,000	두류공원관리소	4	4	1	1	3	1	1	4
3934	대구광역시	달성공원 폐기물 운반처리 용역	43,000	달성공원관리소	4	4	1	1	3	1	1	4
3935	대구광역시	도학야영장 야간경비용역	61,383	팔공산자연공원관리사무소	4	4	7	8	7	5	5	4

순번	시군구	지출명 (사업명)	2021년예산 (단위:천원/1년간)	담당자 (공무원)	민간이전 분류 (지방자치단체 세출예산 집행기준에 의거)	민간이전지출 근거 (지방보조금 관리기준 참고)	입찰방식			운영예산 산정		성과평가 실시여부
				담당부서	1. 민간경상사업보조(307-02) 2. 민간단체 법정운영비보조(307-03) 3. 민간행사사업보조(307-04) 4. 민간위탁금(307-05) 5. 사회복지시설 법정운영비보조(307-10) 6. 민간인위탁교육비(307-12) 7. 공기관등에대한경상적위탁사업비(308-10) 8. 민간자본사업보조,자체재원(402-01) 9. 민간자본사업보조,이전재원(402-02) 10. 민간위탁사업비(402-03) 11. 공기관등에 대한 자본적 대행사업비(403-02)	1. 법률에 규정 2. 국고보조 재원(국가지정) 3. 용도 지정 기부금 4. 조례에 직접규정 5. 지자체가 권장하는 사업을 하는 공공기관 6. 시,도 정책 및 재정사정 7. 기타 8. 해당없음	계약체결방법 (경쟁형태) 1. 일반경쟁 2. 제한경쟁 3. 지명경쟁 4. 수의계약 5. 법정위탁 6. 기타 ( ) 7. 해당없음	계약기간 1. 1년 2. 2년 3. 3년 4. 4년 5. 5년 6. 기타 ( )년 7. 단기계약 (1년미만) 8. 해당없음	낙찰자선정방법 1. 적격심사 2. 협상에의한계약 3. 최저가낙찰제 4. 규격가격분리 5. 2단계 경쟁입찰 6. 기타 ( ) 7. 해당없음	운영예산 산정 1. 내부산정 (지자체 자체적으로 산정) 2. 외부산정 (외부전문기관위탁 산정) 3. 내·외부 모두 산정 4. 산정 無 5. 해당없음	정산방법 1. 내부정산 (지자체 내부적으로 정산) 2. 외부정산 (외부전문기관위탁 정산) 3. 내·외부 모두 산정 4. 정산 無 5. 해당없음	1. 실시 2. 미실시 3. 향후 추진 4. 해당없음
3936	대구광역시	공중화장실 방향제 관리용역	1,200,000	팔공산자연공원관리사무소	4	4	7	8	7	5	5	4
3937	대구광역시	자연발효화장실 관리용역	16,200	팔공산자연공원관리사무소	4	4	4	1	2	1	1	2
3938	대구광역시	쓰레기 소각 처리용역	16,800	팔공산자연공원관리사무소	4	4	4	1	2	1	1	2
3939	대구광역시	어린이교통랜드 운영	280,000	교통정책과	4	4	1	3	1	1	1	1
3940	대구광역시	택시쉼터 운영	67,000	택시물류과	4	1	1	3	1	2	1	1
3941	대구광역시	청사안전관리 용역	11,000	차량등록사업소	4	4	4	1	7	1	5	4
3942	대구광역시	소방교육대 청소용역	8,000	소방행정과	4	4	7	8	7	5	5	4
3943	대구광역시	청사 대청소 용역	8,691	시민안전테마파크	4	4	7	8	7	5	5	4
3944	대구 중구	2021년 청사청소용역	450,000	행정지원과	4	7	4	1	6	2	1	4
3945	대구 중구	2021년 청사 및 부설주차장 안내용역	210,000	행정지원과	4	4	2	1	1	2	1	4
3946	대구 중구	2021년 청사 주차타워 관리용역	65,000	행정지원과	4	7	2	1	6	2	1	4
3947	대구 중구	2021년 청사 승강기 관리용역	22,000	행정지원과	4	7	4	1	6	1	1	4
3948	대구 중구	청사 소방안전관리 업무대행 용역	14,000	행정지원과	4	7	4	1	6	1	1	4
3949	대구 중구	청사에너지진단	22,000	행정지원과	4	7	4	7	6	1	1	4
3950	대구 중구	지역자율형사회서비스투자사업	628,571	복지정책과	4	1	7	8	7	1	5	1
3951	대구 중구	중구노인상담소운영지원	180,000	복지정책과	4	4	7	8	7	3	1	4
3952	대구 중구	노인복지관운영지원	624,909	복지정책과	4	1	1	5	1	1	1	1
3953	대구 중구	중구노인상담소운영지원	180,000	복지정책과	4	4	7	8	7	3	1	4
3954	대구 중구	노인복지관운영지원	624,909	복지정책과	4	1	7	8	7	3	1	4
3955	대구 중구	한국어교육운영	15,500	복지정책과	4	1	7	8	7	3	1	4
3956	대구 중구	다문화가족사례관리지원	31,825	복지정책과	4	1	7	8	7	3	1	4
3957	대구 중구	다문화가족이중언어가족환경조성지원	30,070	복지정책과	4	1	7	8	7	3	1	4
3958	대구 중구	다문화가족지원특성화사업	20,750	복지정책과	4	1	7	8	7	3	1	4
3959	대구 중구	결혼이민자통번역서비스지원	30,050	복지정책과	4	1	7	8	7	3	1	4
3960	대구 중구	자원봉사활성화시책사업	109,500	생활지원과	4	1	7	4	7	1	1	3
3961	대구 중구	자원봉사코디네이터지원	58,200	생활지원과	4	2	7	4	7	1	1	3
3962	대구 중구	자원봉사센터위탁운영	180,000	생활지원과	4	4	7	4	7	1	1	3
3963	대구 중구	자원봉사활성화지원	16,000	생활지원과	4	4	7	4	7	1	1	3
3964	대구 중구	자활근로사업자활센터위탁운영	16,107	생활지원과	4	1	7	8	7	3	1	1
3965	대구 중구	가사간병도우미사업	81,180	생활지원과	4	1	5	8	7	5	3	4
3966	대구 중구	희망키움통장	40,081	생활지원과	4	1	5	8	7	5	3	4
3967	대구 중구	내일키움통장	34,199	생활지원과	4	1	5	8	7	5	3	4
3968	대구 중구	청년희망키움통장	26,540	생활지원과	4	1	5	8	7	5	3	4
3969	대구 중구	청년저축계좌	61,200	생활지원과	4	1	5	8	7	5	3	4
3970	대구 중구	김광석스토리하우스위탁운영	90,000	관광진흥과	4	4	6	3	6	1	1	4
3971	대구 중구	도심순환용투어버스운영	90,000	관광진흥과	4	4	1	3	6	1	1	2
3972	대구 중구	북성로기술예술융합소운영	93,450	문화교육과	4	4	1	6	1	1	1	1
3973	대구 중구	중구 진로진학지원사업	240,000	문화교육과	4	6	1	1	6	1	1	1
3974	대구 중구	청소년방과후아카데미운영지원	164,042	문화교육과	4	2	5	3	1	5	1	3
3975	대구 중구	학교밖청소년지원센터운영	125,993	문화교육과	4	4	5	3	1	5	1	3
3976	대구 중구	학교밖청소년복지지원	23,190	문화교육과	4	6	5	3	1	5	1	3
3977	대구 중구	청소년상담복지센터운영	102,500	문화교육과	4	4	5	6	1	5	1	3
3978	대구 중구	치유및심화상담프로그램운영	17,000	문화교육과	4	6	5	6	1	5	1	3

순번	시군구	지출명 (사업명)	2021년예산 (단위:천원/1년간)	담당자 (공무원)	민간이전 분류 (지방자치단체 세출예산 집행기준에 의거)	민간이전지출 근거 (지방보조금 관리기준 참고)	입찰방식			운영예산 산정		성과평가 실시여부
				담당부서	1. 민간경상사업보조(307-02) 2. 민간단체 법정운영비보조(307-03) 3. 민간행사사업보조(307-04) 4. 민간위탁금(307-05) 5. 사회복지시설 법정운영비보조(307-10) 6. 민간인위탁교육비(307-12) 7. 공기관등에대한경상적위탁사업비(308-10) 8. 민간자본사업보조,자체재원(402-01) 9. 민간자본사업보조,이전재원(402-02) 10. 민간위탁사업비(402-03) 11. 공기관등에 대한 자본적 대행사업비(403-02)	1. 법률에 규정 2. 국고보조 재원(국가지정) 3. 용도 지정 기부금 4. 조례에 직접규정 5. 지자체가 권장하는 사업을 하는 공공기관 6. 시,도 정책 및 재정사정 7. 기타 8. 해당없음	계약체결방법 (경쟁형태) 1. 일반경쟁 2. 제한경쟁 3. 지명경쟁 4. 수의계약 5. 법정위탁 6. 기타 ( ) 7. 해당없음	계약기간 1. 1년 2. 2년 3. 3년 4. 4년 5. 5년 6. 기타 ( )년 7. 단기계약 (1년미만) 8. 해당없음	낙찰자선정방법 1. 적격심사 2. 협상에의한계약 3. 최저가낙찰제 4. 규격가격분리 5. 2단계 경쟁입찰 6. 기타 ( ) 7. 해당없음	운영예산 산정 1. 내부산정 (지자체 자체적으로 산정) 2. 외부산정 (외부전문기관위탁 산정) 3. 내·외부 모두 산정 4. 산정 無 5. 해당없음	정산방법 1. 내부정산 (지자체 내부적으로 정산) 2. 외부정산 (외부전문기관위탁 정산) 3. 내·외부 모두 산정 4. 정산 無 5. 해당없음	1. 실시 2. 미실시 3. 향후 추진 4. 해당없음
3979	대구 중구	청소년안전망운영	97,470	문화교육과	4	4	5	6	1	5	1	3
3980	대구 중구	청소년동반자프로그램운영	116,890	문화교육과	4	4	5	6	1	5	1	3
3981	대구 중구	학교밖청소년급식지원	15,280	문화교육과	4	4	5	3	1	5	1	3
3982	대구 중구	동물보호사업	58,000	일자리경제과	4	6	2	2	1	1	1	4
3983	대구 중구	유기유실동물관리수준개선지원사업	24,900	일자리경제과	4	2	2	2	1	1	1	4
3984	대구 중구	길고양이중성화수술비지원	37,500	일자리경제과	4	2	2	2	1	1	1	4
3985	대구 중구	2030청년창업프로젝트	366,000	일자리경제과	4	4	1	3	6	1	1	1
3986	대구 중구	종량제봉투창고배달민간위탁	33,600	환경자원과	4	1	4	1	6	1	1	4
3987	대구 중구	비근무시간대 동물사체 수거, 운반 용역	20,000	환경자원과	4	1	4	1	7	1	1	2
3988	대구 중구	현장지원센터운영	600,000	도시재생과	4	4	1	2	1	1	1	3
3989	대구 중구	현장지원센터운영	560,000	도시재생과	4	4	1	2	1	1	1	3
3990	대구 중구	도시재생지원센터운영	155,750	도시재생과	4	4	4	2	1	1	1	3
3991	대구 중구	현장지원센터운영	340,000	도시재생과	4	4	4	2	1	1	1	3
3992	대구 중구	커뮤니티센터운영지원사업	70,000	도시재생과	4	4	4	2	1	2	1	3
3993	대구 중구	커뮤니티센터운영	44,000	도시재생과	4	4	4	2	1	2	1	3
3994	대구 중구	커뮤니티센터운영지원사업	12,200	도시재생과	4	4	4	2	1	2	1	3
3995	대구 중구	커뮤니티센터운영지원사업	102,000	도시재생과	4	4	4	2	1	2	1	3
3996	대구 중구	달성토성 커뮤니티센터 관리운영 위탁	35,000	건축주택과	4	1	4	6	7	1	1	2
3997	대구 중구	어린이급식관리지원센터설치운영	216,000	위생과	4	2	2	3	2	3	3	1
3998	대구 중구	청사청소용역	70,000	보건과	4	7	4	1	6	2	1	4
3999	대구 중구	지역사회건강조사사업	68,662	보건과	4	2	7	8	7	3	3	1
4000	대구 중구	의료관련감염병표본감시체계운영	30,000	보건과	4	2	7	7	7	2	3	1
4001	대구 중구	생물테러이중감시체계운영지원	6,360	보건과	4	2	7	7	7	2	3	1
4002	대구 중구	의료급여수급권자건강검진비용지원	15,785	보건과	4	2	5	8	7	3	3	1
4003	대구 중구	국가암검진사업	135,000	보건과	4	2	5	8	7	3	3	1
4004	대구 중구	산모신생아건강관리지원사업	287,853	보건과	4	1	5	8	7	3	3	1
4005	대구 중구	의료급여수급권자영유아건강검진사업	7,260	보건과	4	2	5	8	7	3	3	1
4006	대구 중구	표준모자보건수첩제작사업	684,000	보건과	4	2	5	8	7	3	3	1
4007	대구 중구	청소년산모임신출산의료비지원사업	1,200,000	보건과	4	2	5	8	7	3	3	1
4008	대구 중구	저소득층기저귀조제분유지원사업	57,000	보건과	4	2	5	8	7	3	3	1
4009	대구 중구	영유아사전예방적건강관리사업	40,000	보건과	4	2	5	8	7	3	3	1
4010	대구 중구	기초정신건강복지센터운영 지원	184,224	보건과	4	1	7	8	7	2	1	1
4011	대구 중구	정신건강복지센터 인력확충	217,944	보건과	4	1	7	8	7	2	1	1
4012	대구 중구	아동청소년정신보건사업	52,294	보건과	4	1	7	8	7	2	1	1
4013	대구 중구	자살예방 및 정신건강증진사업	71,260	보건과	4	1	7	8	7	2	1	1
4014	대구 중구	정신건강복지센터 자살예방사업지원	35,314	보건과	4	1	7	8	7	2	1	1
4015	대구 중구	청소 · 경비용역	252,660	봉산문화회관	4	7	2	1	1	1	1	2
4016	대구 중구	승강기 점검관리용역	3,240	봉산문화회관	4	1	4	1	7	1	1	2
4017	대구 중구	소방시설 점검관리용역	4,720	봉산문화회관	4	1	4	1	7	1	1	2
4018	대구 동구	동구문화재단 사업 지원	60,000	문화체육과	4	4	5	5	7	2	2	1
4019	대구 동구	공공도서관 개관시간 연장	54,888	문화체육과	4	1	7	7	7	1	1	1
4020	대구 동구	도서관 환경개선 지원 사업	33,000	문화체육과	4	1	7	7	7	1	1	1
4021	대구 동구	도서관 환경개선 지원 사업	40,000	문화체육과	4	1	7	7	7	1	1	1

순번	시군구	지출명 (사업명)	2021년예산 (단위:천원/1년간)	담당자 (공무원)	민간이전 분류 (지방자치단체 세출예산 집행기준에 의거)	민간이전지출 근거 (지방보조금 관리기준 참고)	입찰방식			운영예산 산정		성과평가 실시여부
				담당부서	1. 민간경상사업보조(307-02) 2. 민간단체 법정운영비보조(307-03) 3. 민간행사사업보조(307-04) 4. 민간위탁금(307-05) 5. 사회복지시설 법정운영비보조(307-10) 6. 민간인위탁교육비(307-12) 7. 공기관등에대한경상적위탁사업비(308-10) 8. 민간자본사업보조,자체재원(402-01) 9. 민간자본사업보조,이전재원(402-02) 10. 민간위탁사업비(402-03) 11. 공기관등에 대한 자본적 대행사업비(403-02)	1. 법률에 규정 2. 국고보조 재원(국가지정) 3. 용도 지정 기부금 4. 조례에 직접규정 5. 지자체가 권장하는 사업을 하는 공공기관 6. 시,도 정책 및 재정사정 7. 기타 8. 해당없음	계약체결방법 (경쟁형태) 1. 일반경쟁 2. 제한경쟁 3. 지명경쟁 4. 수의계약 5. 법정위탁 6. 기타 ( ) 7. 해당없음	계약기간 1. 1년 2. 2년 3. 3년 4. 4년 5. 5년 6. 기타 ( )년 7. 단기계약 (1년미만) 8. 해당없음	낙찰자선정방법 1. 적격심사 2. 협상에의한계약 3. 최저가낙찰제 4. 규격가격분리 5. 2단계 경쟁입찰 6. 기타 ( ) 7. 해당없음	운영예산 산정 1. 내부산정 (지자체 자체적으로 산정) 2. 외부산정 (외부전문기관위탁 산정) 3. 내·외부 모두 산정 4. 산정 無 5. 해당없음	정산방법 1. 내부정산 (지자체 내부적으로 정산) 2. 외부정산 (외부전문기관위탁 정산) 3. 내·외부 모두 산정 4. 정산 無 5. 해당없음	1. 실시 2. 미실시 3. 향후 추진 4. 해당없음
4022	대구 동구	도서관 환경개선 지원 사업	50,000	문화체육과	4	4	5	8	7	1	1	4
4023	대구 동구	진로진학지원사업	200,000	문화체육과	4	7	7	8	7	1	1	1
4024	대구 동구	어린이급식지원센터 설치운영	630,000	식품산업과	4	1	2	5	7	5	2	4
4025	대구 동구	유기동물보호사업	90,000	경제지원과	4	2	1	2	7	5	1	2
4026	대구 동구	유기유실동물 관리수준 개선지원사업	29,540	경제지원과	4	2	1	2	7	5	1	2
4027	대구 동구	길고양이 중성화수술비 지원	24,750	경제지원과	4	2	1	2	7	5	1	2
4028	대구 동구	지역자율형 사회서비스 투자사업	23,285	복지정책과	4	1	7	8	7	5	2	1
4029	대구 동구	자활근로, 지역자활센터 및 광역자활센터운영	42,000	복지정책과	4	1	4	1	1	5	1	1
4030	대구 동구	지역자율형 사회서비스 투자사업	453,320	복지정책과	4	1	7	8	7	5	2	1
4031	대구 동구	팔공노인복지관 운영경비	435,832	어르신장애인과	4	1	7	8	7	1	1	1
4032	대구 동구	팔공노인복지관 운영 추가지원	30,000	어르신장애인과	4	1	7	8	7	1	1	1
4033	대구 동구	강동어르신행복센터 운영경비	504,909	어르신장애인과	4	1	7	8	7	1	1	1
4034	대구 동구	강동 어르신 행복센터 운영 추가지원	40,000	어르신장애인과	4	1	7	8	7	1	1	1
4035	대구 동구	장애인활동지원급여 지원	12,704	어르신장애인과	4	1	7	8	7	2	3	1
4036	대구 동구	장애인활동지원급여 지원	1,104,323	어르신장애인과	4	1	7	8	7	2	3	1
4037	대구 동구	활동보조 가산급여	65,294	어르신장애인과	4	1	7	8	7	2	3	1
4038	대구 동구	발달재활서비스 바우처 지원	1,015,200	어르신장애인과	4	1	1	3	1	1	2	1
4039	대구 동구	발달장애인 부모심리상담지원	9,686	어르신장애인과	4	1	1	3	1	1	2	1
4040	대구 동구	발달장애인 주간활동서비스 지원사업	814,286	어르신장애인과	4	1	7	8	7	2	3	1
4041	대구 동구	청소년 발달장애학생 방과후활동지원	412,857	어르신장애인과	4	1	7	8	7	2	3	1
4042	대구 동구	장애인재활센터 운영지원	105,000	어르신장애인과	4	4	1	3	1	5	1	3
4043	대구 동구	"여성문화공간" 지원	73,000	여성청소년과	4	4	1	5	1	1	1	4
4044	대구 동구	건강가정 및 다문화가족 지원센터 운영	299,900	여성청소년과	4	1	6	5	6	2	3	1
4045	대구 동구	건강가정 및 다문화가족 지원센터 운영	41,400	여성청소년과	4	1	6	5	6	2	3	1
4046	대구 동구	건강가정 및 다문화가족 지원센터 운영	2,250	여성청소년과	4	1	6	5	6	2	3	1
4047	대구 동구	건강가정 및 다문화가족 지원센터 운영	16,440	여성청소년과	4	1	6	5	6	2	3	1
4048	대구 동구	건강가정 및 다문화가족 지원센터 운영	19,080	여성청소년과	4	1	6	5	6	2	3	1
4049	대구 동구	건강가정 및 다문화가족 지원센터 운영	13,000	여성청소년과	4	1	6	5	6	2	3	1
4050	대구 동구	건강가정 및 다문화가족 지원센터 운영	83,680	여성청소년과	4	1	6	5	6	2	3	1
4051	대구 동구	건강가정 및 다문화가족 지원센터 운영	4,000	여성청소년과	4	1	6	5	6	2	3	1
4052	대구 동구	자녀양육 및 자녀생활 등 방문교육서비스 지원	122,752	여성청소년과	4	1	6	5	6	2	3	1
4053	대구 동구	다문화가족 사례관리 지원	31,825	여성청소년과	4	1	6	5	6	2	3	1
4054	대구 동구	다문화가족 자녀언어발달 지원	71,040	여성청소년과	4	1	6	5	6	2	3	1
4055	대구 동구	결혼이민자 통번역서비스 지원	30,050	여성청소년과	4	1	6	5	6	2	3	1
4056	대구 동구	이중언어 가족환경 조성	30,070	여성청소년과	4	1	6	5	6	2	3	1
4057	대구 동구	한국어교육 운영	25,000	여성청소년과	4	1	6	5	6	2	3	1
4058	대구 동구	찾아가는 결혼이주여성 다이음 사업	3,000	여성청소년과	4	1	6	5	6	2	3	1
4059	대구 동구	취약위기가족 지원사업	104,240	여성청소년과	4	1	6	5	6	2	3	1
4060	대구 동구	공동육아나눔터 국비지원사업	53,828	여성청소년과	4	1	6	5	6	2	3	1
4061	대구 동구	직장어린이집 운영지원	163,308	여성청소년과	4	7	7	8	7	1	1	2
4062	대구 동구	청소년수련시설 운영	297,000	여성청소년과	4	1	2	3	1	1	1	1
4063	대구 동구	청소년수련시설 운영	63,000	여성청소년과	4	1	2	3	1	1	1	1
4064	대구 동구	청소년상담복지센터 운영	102,500	여성청소년과	4	1	2	3	1	1	1	1

순번	시군구	지출명 (사업명)	2021년예산 (단위:천원/1년간)	담당자 (공무원)	민간이전 분류 (지방자치단체 세출예산 집행기준에 의거)	민간이전지출 근거 (지방보조금 관리기준 참고)	입찰방식			운영예산 산정		성과평가 실시여부
				담당부서	1. 민간경상사업보조(307-02) 2. 민간단체 법정운영비보조(307-03) 3. 민간행사사업보조(307-04) 4. 민간위탁금(307-05) 5. 사회복지시설 법정운영비보조(307-10) 6. 민간인위탁교육비(307-12) 7. 공기관등에대한경상적위탁사업비(308-10) 8. 민간자본사업보조,자체재원(402-01) 9. 민간자본사업보조,이전재원(402-02) 10. 민간위탁사업비(402-03) 11. 공기관등에 대한 자본적 대행사업비(403-02)	1. 법률에 규정 2. 국고보조 재원(국가지정) 3. 용도 지정 기부금 4. 조례에 직접규정 5. 지자체가 권장하는 사업을 하는 공공기관 6. 시,도 정책 및 재정사정 7. 기타 8. 해당없음	계약체결방법 (경쟁형태) 1. 일반경쟁 2. 제한경쟁 3. 지명경쟁 4. 수의계약 5. 법정위탁 6. 기타 ( ) 7. 해당없음	계약기간 1. 1년 2. 2년 3. 3년 4. 4년 5. 5년 6. 기타 ( )년 7. 단기계약 (1년미만) 8. 해당없음	낙찰자선정방법 1. 적격심사 2. 협상에의한계약 3. 최저가낙찰제 4. 규격가격분리 5. 2단계 경쟁입찰 6. 기타 ( ) 7. 해당없음	운영예산 산정 1. 내부산정 (지자체 자체적으로 산정) 2. 외부산정 (외부전문기관위탁 산정) 3. 내·외부 모두 산정 4. 산정 無 5. 해당없음	정산방법 1. 내부정산 (지자체 내부적으로 정산) 2. 외부정산 (외부전문기관위탁 정산) 3. 내·외부 모두 산정 4. 정산 無 5. 해당없음	1. 실시 2. 미실시 3. 향후 추진 4. 해당없음
4065	대구 동구	치유 및 심화상담 프로그램 운영	17,000	여성청소년과	4	1	2	3	1	1	1	1
4066	대구 동구	지역사회 청소년안전망 구축	97,470	여성청소년과	4	1	2	3	1	5	1	1
4067	대구 동구	생활폐기물 관리	47,520	환경녹색과	4	1	1	2	1	2	1	1
4068	대구 동구	음식물류 폐기물 처리	1,396,000	환경녹색과	4	1	4	2	6	1	1	3
4069	대구 동구	재활용품 관리	53,694	환경녹색과	4	1	1	2	2	2	1	1
4070	대구 동구	환경성질환 사후관리	50,000	환경녹색과	4	1	7	8	7	5	1	4
4071	대구 동구	도시재생지원센터 운영	282,000	도시과	4	1	1	3	1	1	1	2
4072	대구 동구	도시재생뉴딜사업(소소한 이야기, 소목골)	147,000	도시과	4	1	1	3	1	1	1	2
4073	대구 동구	도시재생뉴딜사업(소소한 이야기, 소목골)	320,000	도시과	4	1	1	3	1	1	1	2
4074	대구 동구	선천성 난청검사 및 보청기 지원	148,000	건강증진과	4	2	7	8	7	5	5	4
4075	대구 동구	영유아건강검진	5,084	건강증진과	4	2	7	8	7	5	1	4
4076	대구 동구	표준모자보건수첩 제작	2,844	건강증진과	4	2	7	8	7	5	1	4
4077	대구 동구	국가암관리 지자체 지원	656,925	건강증진과	4	2	7	8	7	5	1	4
4078	대구 동구	의료급여수급권자 일반검진비 지원	84,185	건강증진과	4	2	7	8	7	5	1	4
4079	대구 동구	기초정신건강복지센터운영 지원	184,224	건강증진과	4	1	5	3	7	1	1	1
4080	대구 동구	정신건강복지센터 인력확충	290,592	건강증진과	4	1	5	3	7	1	1	1
4081	대구 동구	자살예방 및 정신건강증진사업	71,260	건강증진과	4	1	5	3	7	1	1	1
4082	대구 동구	아동청소년 정신건강증진사업	52,294	건강증진과	4	1	5	3	7	1	1	1
4083	대구 동구	중독관리통합지원센터 지원	163,022	건강증진과	4	1	5	8	7	1	1	4
4084	대구 동구	노숙자등 중독자 사례관리	100,000	건강증진과	4	1	5	8	7	1	1	4
4085	대구 동구	정신건강복지센터 자살예방사업 지원	35,315	건강증진과	4	1	5	3	7	1	1	1
4086	대구 동구	지역사회건강조사 조사분석 위탁운영	69,268	건강증진과	4	2	7	1	7	5	1	4
4087	대구 동구	치매치료관리비 지원	309,900	건강증진과	4	1	5	8	7	5	2	4
4088	대구 서구	구청사 위탁관리비	310,000	총무과	4	8	4	1	2	1	1	2
4089	대구 서구	효율적인 가로기 관리	20,000	총무과	4	8	7	8	7	5	5	4
4090	대구 서구	비산도서관 청소대행용역	23,207	평생교육과	4	8	4	1	7	1	1	4
4091	대구 서구	비원도서관 청소대행용역	23,451	평생교육과	4	8	4	1	7	1	1	4
4092	대구 서구	영어도서관 청소대행용역	18,000	평생교육과	4	8	4	1	7	1	1	2
4093	대구 서구	원고개도서관 청소용역	24,000	평생교육과	4	8	4	1	7	1	1	4
4094	대구 서구	어린이도서관 청소 용역	33,000	평생교육과	4	8	4	1	7	1	1	4
4095	대구 서구	청소년 운영위원회 지원	20,000	평생교육과	4	4	1	3	1	1	1	1
4096	대구 서구	지역사회 청소년안전망 구축	97,470	평생교육과	4	2	1	3	1	1	1	1
4097	대구 서구	학교 밖 청소년 지원	167,293	평생교육과	4	2	1	3	1	1	1	1
4098	대구 서구	청소년 상담복지센터 운영	102,500	평생교육과	4	4	1	3	1	1	1	1
4099	대구 서구	청소년동반자 프로그램 운영	116,890	평생교육과	4	2	1	3	1	1	1	1
4100	대구 서구	치유 및 상담 프로그램 운영	17,000	평생교육과	4	2	1	3	1	1	1	1
4101	대구 서구	청소년지도사 배치지원	23,208	평생교육과	4	2	1	3	1	1	1	1
4102	대구 서구	청소년지도사 배치지원	70,872	평생교육과	4	4	1	3	1	1	1	1
4103	대구 서구	청소년수련관 위탁운영	50,000	평생교육과	4	4	1	3	1	1	1	1
4104	대구 서구	지역사회서비스투자사업	15,800	복지정책과	4	1	5	1	7	4	3	1
4105	대구 서구	노인복지관 운영	1,380,000	사회복지과	4	1	6	5	6	1	1	4
4106	대구 서구	장애인 재활교육센터 운영 지원	51,000	사회복지과	4	4	7	3	7	1	1	4
4107	대구 서구	자활근로사업 지원	37,500	생활보장과	4	1	5	1	7	5	5	4

순번	시군구	지출명 (사업명)	2021년예산 (단위:천원/1년간)	담당자 (공무원)	민간이전 분류 (지방자치단체 세출예산 집행기준에 의거) 1. 민간경상사업보조(307-02) 2. 민간단체 법정운영비보조(307-03) 3. 민간행사사업보조(307-04) 4. 민간위탁금(307-05) 5. 사회복지시설 법정운영비보조(307-10) 6. 민간인위탁교육비(307-12) 7. 공기관등에대한경상적위탁사업비(308-10) 8. 민간자본사업보조,자체재원(402-01) 9. 민간자본사업보조,이전재원(402-02) 10. 민간위탁사업비(402-03) 11. 공기관등에 대한 자본적 대행사업비(403-02)	민간이전지출 근거 (지방보조금 관리기준 참고) 1. 법률에 규정 2. 국고보조 재원(국가지정) 3. 용도 지정 기부금 4. 조례에 직접규정 5. 지자체가 권장하는 사업을 하는 공공기관 6. 시,도 정책 및 재정사정 7. 기타 8. 해당없음	입찰방식			운영예산 산정		성과평가 실시여부
				담당부서			계약체결방법 (경쟁형태) 1. 일반경쟁 2. 제한경쟁 3. 지명경쟁 4. 수의계약 5. 법정위탁 6. 기타 ( ) 7. 해당없음	계약기간 1. 1년 2. 2년 3. 3년 4. 4년 5. 5년 6. 기타 ( )년 7. 단기계약 (1년미만) 8. 해당없음	낙찰자선정방법 1. 적격심사 2. 협상에의한계약 3. 최저가낙찰제 4. 규격가격분리 5. 2단계 경쟁입찰 6. 기타 ( ) 7. 해당없음	운영예산 산정 1. 내부산정 (지자체 자체적으로 산정) 2. 외부산정 (외부전문기관위탁 산정) 3. 내·외부 모두 산정 4. 산정 無 5. 해당없음	정산방법 1. 내부정산 (지자체 내부적으로 정산) 2. 외부정산 (외부전문기관위탁 정산) 3. 내·외부 모두 산정 4. 정산 無 5. 해당없음	1. 실시 2. 미실시 3. 향후 추진 4. 해당없음
4108	대구 서구	어린이급식관리지원센터 운영	315,000	위생과	4	1	6	3	1	5	1	1
4109	대구 서구	생활폐기물 수집운반 민간대행	27,562	환경청소과	4	4	2	2	2	2	1	1
4110	대구 서구	음식물류 폐기물 처리	1,156,000	환경청소과	4	7	4	2	2	2	1	1
4111	대구 서구	재활용품 및 대형폐기물 처리	29,277	환경청소과	4	7	4	2	2	2	1	1
4112	대구 서구	도시재생지원센터 운영	303,843	도시재생과	4	1	2	3	1	1	1	2
4113	대구 서구	인동촌현장지원센터	303,700	도시재생과	4	1	2	3	1	1	1	2
4114	대구 서구	원대동현장지원센터	267,997	도시재생과	4	1	2	3	1	1	1	2
4115	대구 서구	국가암관리 지자체 지원	394,155	보건행정과	4	2	7	8	7	5	5	4
4116	대구 서구	의료급여수급권자 일반검진비 지원	52,616	보건행정과	4	2	7	8	7	5	5	4
4117	대구 서구	지역사회건강조사 조사분석 위탁운영	69,116	보건행정과	4	2	7	1	7	5	1	1
4118	대구 서구	보건소결핵관리사업	3,000	보건행정과	4	4	7	8	7	5	5	1
4119	대구 서구	의료관련감염병 표본감시기관 운영비 지원	10,000	보건행정과	4	2	7	8	7	5	1	1
4120	대구 서구	생물테러 이중감시체계 운영지원	2,520	보건행정과	4	2	7	8	7	5	1	1
4121	대구 서구	기초정신건강복지센터 운영	184,224	건강증진과	4	1	1	3	1	5	5	1
4122	대구 서구	정신건강복지센터 인력확충	290,584	건강증진과	4	1	1	3	1	5	5	1
4123	대구 서구	아동청소년 정신보건사업	52,294	건강증진과	4	1	1	3	1	5	5	1
4124	대구 서구	자살예방 및 정신건강증진사업	81,440	건강증진과	4	1	1	3	1	5	5	1
4125	대구 서구	정신건강복지센터 자살예방사업 지원	35,315	건강증진과	4	1	1	3	1	5	5	1
4126	대구 서구	의료급여수급권자 영유아건강검진 지원	3,268	건강증진과	4	2	7	8	7	2	2	4
4127	대구 서구	지역자율형 사회서비스 투자사업	347,772	건강증진과	4	2	7	8	7	2	2	1
4128	대구 서구	표준모자보건수첩 제작	7,680	건강증진과	4	2	7	8	7	2	2	4
4129	대구 서구	선천성 난청검사 및 보청기 지원	40,000	건강증진과	4	2	7	8	7	2	2	4
4130	대구 서구	기저귀 및 조제분유 지원	111,240	건강증진과	4	2	7	8	7	2	2	4
4131	대구 서구	청소년산모 임신출산의료비 지원	2,400	건강증진과	4	2	7	8	7	2	2	4
4132	대구 서구	치매치료관리비 지원	153,320	건강증진과	4	1	7	8	7	5	5	4
4133	대구 서구	치매안심센터 청소대행 용역	5,000	건강증진과	4	8	4	7	7	1	1	4
4134	대구 서구	비원건강증진센터운영	29,000	건강증진과	4	1	4	1	7	1	1	4
4135	대구 서구	문화회관 청사청소대행 용역	118,500	문화회관	4	7	4	1	6	1	1	4
4136	대구 서구	국민체육센터 청사청소대행 용역	59,250	문화회관	4	7	4	1	6	1	1	4
4137	대구 남구	가로기 게양 대행료	15,100	행정지원과	4	4	7	8	7	1	3	4
4138	대구 남구	남구 스포츠클럽 운영지원	70,000	평생교육홍보과	4	2	1	6	1	1	1	3
4139	대구 남구	남구 스포츠클럽 행정인력 인건비	30,000	평생교육홍보과	4	2	1	6	1	1	1	3
4140	대구 남구	꿈틀작은도서관 민간위탁 운영비	35,000	평생교육홍보과	4	1	2	3	6	1	1	4
4141	대구 남구	대명공연예술센터 문화콘텐츠사업 운영	140,000	문화관광과	4	4	7	2	7	1	1	2
4142	대구 남구	지역사회서비스투자사업	15,601	행복정책과	4	1	5	8	7	4	1	1
4143	대구 남구	장애인재활지원센터(운영비,인건비)지원	78,435	행복정책과	4	5	1	4	1	1	1	4
4144	대구 남구	이동방문목욕사업 추진	20,000	행복정책과	4	5	1	3	1	1	1	4
4145	대구 남구	청소년 방과후 아카데미	164,042	복지지원과	4	2	1	3	1	1	1	1
4146	대구 남구	학교 밖 청소년 지원	125,993	복지지원과	4	2	6	3	1	1	1	1
4147	대구 남구	학교 밖 청소년 복지지원	21,520	복지지원과	4	2	6	3	1	1	1	1
4148	대구 남구	찾아가는 학교밖 청소년 축제 사업	8,000	복지지원과	4	7	7	8	7	5	5	4
4149	대구 남구	청소년상담복지센터 운영비	102,500	복지지원과	4	6	6	3	1	1	1	1
4150	대구 남구	청소년 안전망 구축	97,470	복지지원과	4	2	6	3	1	1	1	1

순번	시군구	지출명 (사업명)	2021년예산 (단위:천원/1년간)	담당자 (공무원)	민간이전 분류 (지방자치단체 세출예산 집행기준에 의거)	민간이전지출 근거 (지방보조금 관리기준 참고)	입찰방식			운영예산 산정		성과평가 실시여부
				담당부서	1. 민간경상사업보조(307-02) 2. 민간단체 법정운영비보조(307-03) 3. 민간행사사업보조(307-04) 4. 민간위탁금(307-05) 5. 사회복지시설 법정운영비보조(307-10) 6. 민간인위탁교육비(307-12) 7. 공기관등에대한경상적위탁사업비(308-10) 8. 민간자본사업보조,자체재원(402-01) 9. 민간자본사업보조,이전재원(402-02) 10. 민간위탁사업비(402-03) 11. 공기관등에 대한 자본적 대행사업비(403-02)	1. 법률에 규정 2. 국고보조 재원(국가지정) 3. 용도 지정 기부금 4. 조례에 직접규정 5. 지자체가 권장하는 사업을 하는 공공기관 6. 시,도 정책 및 재정사정 7. 기타 8. 해당없음	계약체결방법 (경쟁형태) 1. 일반경쟁 2. 제한경쟁 3. 지명경쟁 4. 수의계약 5. 법정위탁 6. 기타 ( ) 7. 해당없음	계약기간 1. 1년 2. 2년 3. 3년 4. 4년 5. 5년 6. 기타 ( )년 7. 단기계약 (1년미만) 8. 해당없음	낙찰자선정방법 1. 적격심사 2. 협상에의한계약 3. 최저가낙찰제 4. 규격가격분리 5. 2단계 경쟁입찰 6. 기타 ( ) 7. 해당없음	운영예산 산정 1. 내부산정 (지자체 자체적으로 산정) 2. 외부산정 (외부전문기관위탁 산정) 3. 내·외부 모두 산정 4. 산정 無 5. 해당없음	정산방법 1. 내부정산 (지자체 내부적으로 정산) 2. 외부정산 (외부전문기관위탁 정산) 3. 내·외부 모두 산정 4. 정산 無 5. 해당없음	1. 실시 2. 미실시 3. 향후 추진 4. 해당없음
4151	대구 남구	치유 및 심화상담프로그램 운영	17,000	복지지원과	4	6	6	3	1	1	1	1
4152	대구 남구	청소년 토크콘서트 사업	8,000	복지지원과	4	7	7	8	7	5	5	4
4153	대구 남구	청소년 동반자 프로그램 운영	116,890	복지지원과	4	2	6	3	1	1	1	1
4154	대구 남구	청소년 참여위원회 운영 지원	2,800	복지지원과	4	2	6	3	1	1	1	1
4155	대구 남구	아이돌봄 지원	1,148,000	복지지원과	4	1	7	8	7	1	1	1
4156	대구 남구	다문화가족지원 특수시책개발사업	5,000	복지지원과	4	1	7	8	7	1	1	2
4157	대구 남구	사각지대 다문화가족발굴 및 지원사업	10,000	복지지원과	4	1	7	8	7	1	1	2
4158	대구 남구	다문화가족지원센터 방문교육사업	157,824	복지지원과	4	1	7	8	7	1	1	2
4159	대구 남구	다문화가족 사례관리 지원	31,825	복지지원과	4	1	7	8	7	1	1	2
4160	대구 남구	결혼이민자 통・번역서비스	30,050	복지지원과	4	1	7	8	7	1	1	2
4161	대구 남구	다문화가족 자녀 언어발달	35,520	복지지원과	4	1	7	8	7	1	1	2
4162	대구 남구	이중언어 가족환경 조성 사업비	30,070	복지지원과	4	1	7	8	7	1	1	2
4163	대구 남구	다문화가족 한국어교육 운영	20,000	복지지원과	4	1	7	8	7	1	1	2
4164	대구 남구	찾아가는 결혼이주여성 다이음 사업	3,000	복지지원과	4	1	7	8	7	1	1	2
4165	대구 남구	건강가정·다문화가족지원센터 통합사업	406,700	복지지원과	4	1	7	8	7	1	1	2
4166	대구 남구	건강가정지원센터 종사자 수당	19,080	복지지원과	4	1	7	8	7	1	1	2
4167	대구 남구	다문화가족지원센터 종사자 수당	14,640	복지지원과	4	1	7	8	7	1	1	2
4168	대구 남구	다문화가족 교류소통공간 운영	41,400	복지지원과	4	1	7	8	7	1	1	2
4169	대구 남구	가족상담사업지원	83,680	복지지원과	4	1	7	8	7	1	1	2
4170	대구 남구	가족역량강화지원사업	75,620	복지지원과	4	1	7	8	7	1	1	2
4171	대구 남구	공동육아나눔터 운영	107,656	복지지원과	4	1	7	8	7	1	1	1
4172	대구 남구	경력단절여성 퀄트자격증반 운영	7,000	복지지원과	4	6	7	8	7	1	1	2
4173	대구 남구	자활근로사업 위탁비	31,785	생활보장과	4	1	5	1	7	5	5	1
4174	대구 남구	희망키움통장 근로소득장려금	140,280	생활보장과	4	1	5	8	7	5	5	1
4175	대구 남구	내일키움통장 근로소득장려금	36,280	생활보장과	4	1	5	8	7	5	5	1
4176	대구 남구	청년희망키움통장 근로소득장려금	53,088	생활보장과	4	1	5	8	7	5	5	1
4177	대구 남구	청년저축계좌	198,023	생활보장과	4	1	5	8	7	5	5	1
4178	대구 남구	가사간병방문 지원사업	242,270	생활보장과	4	1	5	8	7	5	5	1
4179	대구 남구	생활폐기물 수집·운반 대행업체 수수료	182,000	녹색환경과	4	4	1	2	1	2	1	1
4180	대구 남구	대형폐기물처리 대행업체 위탁수수료	465,232	녹색환경과	4	4	2	1	2	2	1	1
4181	대구 남구	음식물류폐기물 처리비용	145,800	녹색환경과	4	4	7	8	7	5	5	4
4182	대구 남구	재활용품수거 대행업체 위탁수수료	31,071	녹색환경과	4	4	1	2	2	2	1	1
4183	대구 남구	어린이 급식관리지원센터 운영	315,000	위생과	4	2	1	3	1	5	2	1
4184	대구 남구	남구 도시만들기 지원센터 운영	138,000	도시재생과	4	4	1	2	1	1	1	3
4185	대구 남구	앞산 행복 커뮤니티 플래폼(가칭) 운영	18,500	도시재생과	4	4	7	8	7	5	5	4
4186	대구 남구	건강조사사업 협력대학 위탁운영비	69,116	보건행정과	4	2	7	8	7	2	2	1
4187	대구 남구	기저귀 및 조제분유 지원	111,240	보건행정과	4	2	7	8	7	5	5	4
4188	대구 남구	청소년산모 임신출산 의료비지원	1,200,000	보건행정과	4	2	7	8	7	5	5	4
4189	대구 남구	산모·신생아 건강관리사지원 위탁운영비	323,480	보건행정과	4	2	7	8	7	5	5	4
4190	대구 남구	표준모자보건수첩 제공 위탁운영비	8,080	보건행정과	4	1	7	8	7	5	5	2
4191	대구 남구	사업관리비	40,000	보건행정과	4	1	7	8	7	5	5	2
4192	대구 남구	영유아건강검진비	4,721	보건행정과	4	1	7	8	7	5	5	1
4193	대구 남구	의료관련 감염관리사업	37,000	보건행정과	4	2	6	1	1	1	1	1

순번	시군구	지출명 (사업명)	2021년예산 (단위:천원/1년간)	담당자 (공무원)	민간이전 분류 (지방자치단체 세출예산 집행기준에 의거)	민간이전지출 근거 (지방보조금 관리기준 참고)	입찰방식			운영예산 산정		성과평가 실시여부
				담당부서	1. 민간경상사업보조(307-02) 2. 민간단체 법정운영비보조(307-03) 3. 민간행사사업보조(307-04) 4. 민간위탁금(307-05) 5. 사회복지시설 법정운영비보조(307-10) 6. 민간인위탁교육비(307-12) 7. 공기관등에대한경상적위탁사업비(308-10) 8. 민간자본사업보조,자체재원(402-01) 9. 민간자본사업보조,이전재원(402-02) 10. 민간위탁사업비(402-03) 11. 공기관등에 대한 자본적 대행사업비(403-02)	1. 법률에 규정 2. 국고보조 재원(국가지정) 3. 용도 지정 기부금 4. 조례에 직접규정 5. 지자체가 권장하는 사업을 하는 공공기관 6. 시,도 정책 및 재정사정 7. 기타 8. 해당없음	계약체결방법 (경쟁형태) 1. 일반경쟁 2. 제한경쟁 3. 지명경쟁 4. 수의계약 5. 법정위탁 6. 기타 ( ) 7. 해당없음	계약기간 1. 1년 2. 2년 3. 3년 4. 4년 5. 5년 6. 기타 ( )년 7. 단기계약 (1년미만) 8. 해당없음	낙찰자선정방법 1. 적격심사 2. 협상에의한계약 3. 최저가낙찰제 4. 규격가격분리 5. 2단계 경쟁입찰 6. 기타 ( ) 7. 해당없음	운영예산 산정 1. 내부산정 (지자체 자체적으로 산정) 2. 외부산정 (외부전문기관위탁 산정) 3. 내·외부 모두 산정 4. 산정 無 5. 해당없음	정산방법 1. 내부정산 (지자체 내부적으로 정산) 2. 외부정산 (외부전문기관위탁 정산) 3. 내·외부 모두 산정 4. 정산 無 5. 해당없음	1. 실시 2. 미실시 3. 향후 추진 4. 해당없음
4194	대구 남구	생물테러 이중감시체계 운영지원	5,040	보건행정과	4	2	6	1	1	1	1	1
4195	대구 남구	지역사회정신건강복지센터 위탁운영비	184,224	건강증진과	4	1	5	2	1	5	1	4
4196	대구 남구	정신건강복지센터 인력확충비	217,944	건강증진과	4	1	5	2	1	5	1	4
4197	대구 남구	아동, 청소년 정신보건사업 보조금	52,294	건강증진과	4	1	5	2	1	5	1	4
4198	대구 남구	자살예방 및 정신건강증진사업 보조금	71,260	건강증진과	4	1	5	2	1	5	1	4
4199	대구 남구	자살예방사업 인건비 등	70,630	건강증진과	4	1	5	2	1	5	1	4
4200	대구 남구	주민자치센터 운영 위탁	32,500	대명6동	4	4	5	1	7	1	1	3
4201	대구 남구	대명6동 주민자치 한마당	15,000	대명6동	4	4	5	1	7	1	1	3
4202	대구 남구	힐링웃음치료 프로그램 운영	3,000	대명6동	4	4	5	1	7	1	1	3
4203	대구 북구	북구청직장어린이집	270,000	총무과	4	1	1	5	1	1	1	4
4204	대구 북구	안전관리자 업무대행	23,400	총무과	4	1	4	1	3	1	1	4
4205	대구 북구	보건관리자 업무대행	23,400	총무과	4	1	4	1	3	1	1	4
4206	대구 북구	EYE VIL 관리위탁	311,930	일자리정책과	4	4	2	4	1	3	1	4
4207	대구 북구	자연을 담고 마음을 나누는 침산에 반하다	339,701	도시재생과	4	4	5	5	1	1	1	1
4208	대구 북구	칠곡향교 (전통문화체험관) 운영비지원	28,000	관광과	4	1	7	8	7	5	5	4
4209	대구 북구	칠곡향교(전통문화체험관) 인건비지원	12,000	관광과	4	1	7	8	7	5	5	4
4210	대구 북구	청년문화와 기술의 융합놀이터, 경북대 혁신타운	741,441	도시재생과	4	1	1	2	1	1	1	1
4211	대구 북구	피란민촌의 재탄생, 어울림마을 복현	355,441	도시재생과	4	1	1	2	1	1	1	1
4212	대구 북구	북구도시재생지원센터 운영	190,240	도시재생과	4	1	1	2	1	1	1	1
4213	대구 북구	연암서당골 도시재생 조성시설물 관리위탁	19,152	도시재생과	4	4	4	2	7	1	1	1
4214	대구 북구	자활지원	22,860	복지정책과	4	2	5	1	7	5	1	1
4215	대구 북구	북구자원봉사센터 지원	256,000	복지정책과	4	4	5	2	1	1	1	1
4216	대구 북구	자원봉사활성화지원	148,448	복지정책과	4	2	5	2	1	1	1	1
4217	대구 북구	장애인활동지원사업	17,376	복지정책과	4	2	5	8	7	5	5	4
4218	대구 북구	지역사회서비스투자사업	20,714	복지정책과	4	2	5	8	7	1	1	1
4219	대구 북구	가사간병방문지원사업	257,440	복지정책과	4	2	5	8	7	5	1	1
4220	대구 북구	장애아동 발달재활서비스사업	1,220,000	복지정책과	4	5	5	8	7	5	1	4
4221	대구 북구	언어발달지원사업	5,400	복지정책과	4	2	5	8	7	5	1	4
4222	대구 북구	희망키움통장Ⅰ	200,400	복지정책과	4	2	5	8	7	5	1	4
4223	대구 북구	내일키움통장	30,750	복지정책과	4	2	5	8	7	5	1	4
4224	대구 북구	중증장애인 활동지원 추가 지원사업	70,986	복지정책과	4	2	5	8	7	5	5	4
4225	대구 북구	청년희망키움통장	151,680	복지정책과	4	2	5	8	7	5	1	4
4226	대구 북구	발달장애인 평생교육프로그램 운영지원사업	150,000	복지정책과	4	4	1	1	1	1	1	4
4227	대구 북구	북구 보훈회관 및 노인회관 운영	179,150	복지정책과	4	4	7	8	7	5	5	4
4228	대구 북구	장애인 활동보조 추가지원	116,500	복지정책과	4	2	5	8	7	5	5	4
4229	대구 북구	청년저축계좌 사업	309,600	복지정책과	4	2	5	8	7	5	1	4
4230	대구 북구	노인사회활동지원사업지원	13,387	가족복지과	4	1	6	1	1	1	1	1
4231	대구 북구	노인복지관 지원	23,833	가족복지과	4	4	1	5	1	1	1	4
4232	대구 북구	생활폐기물 수집운반 대행수수료	47,309	자원순환과	4	1	1	2	2	2	1	1
4233	대구 북구	재활용품수거, 운반, 선별위탁처리비	38,841	자원순환과	4	1	1	2	2	2	1	1
4234	대구 북구	음식물폐기물 수집운반비	18,850	자원순환과	4	1	1	2	2	3	1	1
4235	대구 북구	음식물류폐기물 처리비	18,890	자원순환과	4	1	1	2	2	3	1	1
4236	대구 북구	대형폐기물위탁처리비	17,000	자원순환과	4	1	1	2	2	2	1	1

순번	시군구	지출명 (사업명)	2021년예산 (단위:천원/1년간)	담당자 (공무원)	민간이전 분류 (지방자치단체 세출예산 집행기준에 의거)	민간이전지출 근거 (지방보조금 관리기준 참고)	입찰방식			운영예산 산정		성과평가 실시여부
				담당부서	1. 민간경상사업보조(307-02) 2. 민간단체 법정운영비보조(307-03) 3. 민간행사사업보조(307-04) 4. 민간위탁금(307-05) 5. 사회복지시설 법정운영비보조(307-10) 6. 민간인위탁교육비(307-12) 7. 공기관등에대한경상적위탁사업비(308-10) 8. 민간자본사업보조,자체재원(402-01) 9. 민간자본사업보조,이전재원(402-02) 10. 민간위탁사업비(402-03) 11. 공기관등에 대한 자본적 대행사업비(403-02)	1. 법률에 규정 2. 국고보조 재원(국가지정) 3. 용도 지정 기부금 4. 조례에 직접규정 5. 지자체가 권장하는 사업을 하는 공공기관 6. 시,도 정책 및 재정사정 7. 기타 8. 해당없음	계약체결방법 (경쟁형태) 1. 일반경쟁 2. 제한경쟁 3. 지명경쟁 4. 수의계약 5. 법정위탁 6. 기타 ( ) 7. 해당없음	계약기간 1. 1년 2. 2년 3. 3년 4. 4년 5. 5년 6. 기타 ( )년 7. 단기계약 (1년미만) 8. 해당없음	낙찰자선정방법 1. 적격심사 2. 협상에의한계약 3. 최저가낙찰제 4. 규격가격분리 5. 2단계 경쟁입찰 6. 기타 ( ) 7. 해당없음	운영예산 산정 1. 내부산정 (지자체 자체적으로 산정) 2. 외부산정 (외부전문기관위탁 산정) 3. 내·외부 모두 산정 4. 산정 無 5. 해당없음	정산방법 1. 내부정산 (지자체 내부적으로 정산) 2. 외부정산 (외부전문기관위탁 정산) 3. 내·외부 모두 산정 4. 정산 無 5. 해당없음	1. 실시 2. 미실시 3. 향후 추진 4. 해당없음
4237	대구 북구	진로·진학 지원	30,000	평생교육과	4	1	7	8	7	5	5	4
4238	대구 북구	진로·진학 지원센터 운영	220,000	평생교육과	4	1	7	8	7	5	5	4
4239	대구 북구	주민 외국어교육 프로그램 운영	46,000	평생교육과	4	1	7	1	6	1	1	4
4240	대구 북구	원어민 화상영어센터 운영	100,000	평생교육과	4	1	1	1	6	1	1	4
4241	대구 북구	중등영어캠프 운영	15,000	평생교육과	4	1	7	1	6	1	1	4
4242	대구 북구	청소년참여활동지원	5,000	평생교육과	4	1	7	8	7	5	5	4
4243	대구 북구	대불스포츠센터 운영지원	210,000	체육진흥과	4	4	5	5	1	1	1	4
4244	대구 북구	공동주택 법정의무교육 위탁	6,000	건축주택과	4	1	5	8	7	1	5	4
4245	대구 북구	국가암관리(암검진)사업	767,600	건강증진과	4	2	7	8	7	5	5	4
4246	대구 북구	국가건강검진사업	78,924	건강증진과	4	2	7	8	7	5	5	4
4247	대구 북구	의료급여수급권자	4,721	건강증진과	4	2	7	8	7	5	5	4
4248	대구 북구	기초정신건강복지센터운영 지원	184,224	건강증진과	4	2	6	3	1	5	5	4
4249	대구 북구	아동청소년 정신건강증진	52,294	건강증진과	4	2	6	3	1	5	5	4
4250	대구 북구	자살예방 및 정신건강증진사업	81,440	건강증진과	4	2	6	3	1	5	5	4
4251	대구 북구	지역사회건강조사사업	69,768	건강증진과	4	2	7	8	7	5	5	4
4252	대구 북구	정신건강복지센터 인력확충	254,268	건강증진과	4	2	6	3	1	5	5	4
4253	대구 북구	산모신생아건강관리사지원사업	1,410,000	건강증진과	4	2	7	8	7	5	5	4
4254	대구 북구	영유아 사전예방적 건강관리	204,000	건강증진과	4	2	7	8	7	5	5	4
4255	대구 북구	청소년산모 임신출산의료비 지원	2,400	건강증진과	4	2	7	8	7	5	5	4
4256	대구 북구	표준모자보건수첩 제작	3,464	건강증진과	4	2	7	8	7	5	5	4
4257	대구 북구	기저귀 및 조제분유 지원	352,260	건강증진과	4	2	7	8	7	5	5	4
4258	대구 수성구	고산2동 커뮤니티센터 청소대행료	19,836	고산2동	4	7	4	1	1	1	1	4
4259	대구 수성구	평생학습센터 청소 대행료	311,013	교육지원과	4	4	4	1	7	1	1	1
4260	대구 수성구	청소년수련관 운영지원	450,000	교육지원과	4	4	2	5	6	1	1	2
4261	대구 수성구	청소년지도사 배치지원	139,248	교육지원과	4	1	7	8	7	1	1	1
4262	대구 수성구	지역청소년참여기구 운영	4,000	교육지원과	4	2	7	8	7	5	1	4
4263	대구 수성구	청소년수련원 운영지원	400,000	교육지원과	4	4	2	3	6	1	1	1
4264	대구 수성구	청소년문화의집 운영지원	450,000	교육지원과	4	4	1	3	6	1	1	2
4265	대구 수성구	진로진학지원센터 운영	370,000	교육지원과	4	4	2	3	6	1	1	2
4266	대구 수성구	청소년 방과후 아카데미 운영	328,084	교육지원과	4	2	7	8	7	5	1	1
4267	대구 수성구	지역청소년참여기구 운영	2,800	교육지원과	4	2	7	8	7	5	1	4
4268	대구 수성구	동물보호사업	105,000	녹색환경과	4	2	1	2	1	1	1	4
4269	대구 수성구	유기유실동물 관리수준 개선지원	75,420	녹색환경과	4	2	1	2	1	1	1	4
4270	대구 수성구	길고양이 중성화수술비 지원	40,950	녹색환경과	4	2	1	2	1	1	1	4
4271	대구 수성구	수성구 관광정보체험센터 운영 사무	300,000	관광과	4	4	1	3	1	1	3	1
4272	대구 수성구	고모지역 문화콘텐츠 개발	72,810	문화예술과	4	4	1	3	1	1	1	1
4273	대구 수성구	고모령 가요제	130,000	문화예술과	4	4	1	1	1	1	1	1
4274	대구 수성구	수성영상미디어센터 운영 위탁금	260,000	문화예술과	4	4	1	3	1	1	1	1
4275	대구 수성구	수성여성클럽 운영	362,000	청년여성가족과	4	4	1	3	1	1	1	1
4276	대구 수성구	취약위기가족 지원	75,620	청년여성가족과	4	2	7	8	7	5	5	4
4277	대구 수성구	건강가정 및 다문화가족지원센터 운영	576,460	청년여성가족과	4	2	7	8	7	5	5	4
4278	대구 수성구	아이돌봄 지원	24,090	청년여성가족과	4	2	7	8	7	5	5	4
4279	대구 수성구	공동육아나눔터 운영	161,484	청년여성가족과	4	2	7	8	7	5	5	4

순번	시군구	지출명 (사업명)	2021년예산 (단위:천원/1년간)	담당자 (공무원)	민간이전 분류 (지방자치단체 세출예산 집행기준에 의거)	민간이전지출 근거 (지방보조금 관리기준 참고)	입찰방식			운영예산 산정		성과평가 실시여부
				담당부서	1. 민간경상사업보조(307-02) 2. 민간단체 법정운영비보조(307-03) 3. 민간행사사업보조(307-04) 4. 민간위탁금(307-05) 5. 사회복지시설 법정운영비보조(307-10) 6. 민간인위탁교육비(307-12) 7. 공기관등에대한경상적위탁사업비(308-10) 8. 민간자본사업보조,자체재원(402-01) 9. 민간자본사업보조,이전재원(402-02) 10. 민간위탁사업비(402-03) 11. 공기관등에 대한 자본적 대행사업비(403-02)	1. 법률에 규정 2. 국고보조 재원(국가지정) 3. 용도 지정 기부금 4. 조례에 직접규정 5. 지자체가 권장하는 사업을 하는 공공기관 6. 시,도 정책 및 재정사정 7. 기타 8. 해당없음	계약체결방법 (경쟁형태) 1. 일반경쟁 2. 제한경쟁 3. 지명경쟁 4. 수의계약 5. 법정위탁 6. 기타 ( ) 7. 해당없음	계약기간 1. 1년 2. 2년 3. 3년 4. 4년 5. 5년 6. 기타 ( )년 7. 단기계약 (1년미만) 8. 해당없음	낙찰자선정방법 1. 적격심사 2. 협상에의한계약 3. 최저가낙찰제 4. 규격가격분리 5. 2단계 경쟁입찰 6. 기타 ( ) 7. 해당없음	운영예산 산정 1. 내부산정 (지자체 자체적으로 산정) 2. 외부산정 (외부전문기관위탁 산정) 3. 내·외부 모두 산정 4. 산정 無 5. 해당없음	정산방법 1. 내부정산 (지자체 내부적으로 정산) 2. 외부정산 (외부전문기관위탁 정산) 3. 내·외부 모두 산정 4. 정산 無 5. 해당없음	1. 실시 2. 미실시 3. 향후 추진 4. 해당없음
4280	대구 수성구	다문화가족 지원	11,250	청년여성가족과	4	2	7	8	7	5	5	4
4281	대구 수성구	다문화가족 자조모임 지원	10,000	청년여성가족과	4	6	7	8	7	5	5	4
4282	대구 수성구	다문화가족 방문교육서비스 지원	140,288	청년여성가족과	4	2	7	8	7	5	5	4
4283	대구 수성구	다문화가족 사례관리 지원	31,825	청년여성가족과	4	2	7	8	7	5	5	4
4284	대구 수성구	결혼이민자 통번역서비스 지원	30,050	청년여성가족과	4	2	7	8	7	5	5	4
4285	대구 수성구	다문화가족 자녀 언어발달 지원	34,680	청년여성가족과	4	2	7	8	7	5	5	4
4286	대구 수성구	이중언어 가족환경 조성	30,070	청년여성가족과	4	2	7	8	7	5	5	4
4287	대구 수성구	한국어교육 운영	20,000	청년여성가족과	4	2	7	8	7	5	5	4
4288	대구 수성구	찾아가는 결혼이주여성 다이음 사업	3,000	청년여성가족과	4	2	7	8	7	5	5	4
4289	대구 수성구	직장어린이집 운영 지원	294,400	청년여성가족과	4	1	7	8	7	5	5	4
4290	대구 수성구	종합사회복지관 운영지원	951,430	복지정책과	4	1	7	8	7	1	1	1
4291	대구 수성구	종합사회복지관 운영지원	851,646	복지정책과	4	1	7	8	7	1	1	1
4292	대구 수성구	종합사회복지관 운영지원	976,827	복지정책과	4	1	7	8	7	1	1	1
4293	대구 수성구	종합사회복지관 운영지원	11,000	복지정책과	4	1	7	8	7	1	1	1
4294	대구 수성구	종합사회복지관 운영지원	20,000	복지정책과	4	1	7	8	7	1	1	1
4295	대구 수성구	종합사회복지관 운영지원	20,000	복지정책과	4	1	7	8	7	1	1	1
4296	대구 수성구	종합사회복지관 웰레폰 안부확인사업	7,300	복지정책과	4	1	7	8	7	1	1	1
4297	대구 수성구	종합사회복지관 웰레폰 안부확인사업	7,300	복지정책과	4	1	7	8	7	1	1	1
4298	대구 수성구	종합사회복지관 웰레폰 안부확인사업	7,300	복지정책과	4	1	7	8	7	1	1	1
4299	대구 수성구	종합사회복지관 행복공동체 조성사업	10,000	복지정책과	4	1	7	8	7	1	1	1
4300	대구 수성구	종합사회복지관 행복공동체 조성사업	10,000	복지정책과	4	1	7	8	7	1	1	1
4301	대구 수성구	종합사회복지관 행복공동체 조성사업	10,000	복지정책과	4	1	7	8	7	1	1	1
4302	대구 수성구	지역자율형 사회서비스 투자사업	22,285	복지정책과	4	1	7	8	7	5	5	1
4303	대구 수성구	노인복지관 운영	500,832	복지정책과	4	1	7	8	7	1	1	1
4304	대구 수성구	노인복지관 운영	518,882	복지정책과	4	1	7	8	7	1	1	1
4305	대구 수성구	노인일자리 및 사회활동지원 확대	123,334	복지정책과	4	1	5	1	1	1	1	2
4306	대구 수성구	시니어클럽 운영 지원	367,350	복지정책과	4	1	7	8	7	1	1	4
4307	대구 수성구	시니어클럽 운영 지원	105,000	복지정책과	4	1	7	8	7	1	1	4
4308	대구 수성구	장애인재활센터 운영	163,000	복지정책과	4	1	2	3	6	1	1	4
4309	대구 수성구	발달장애인 평생교육프로그램 운영지원	150,000	복지정책과	4	1	1	3	1	1	1	4
4310	대구 수성구	장애청소년 자립지원센터 운영 지원	160,000	복지정책과	4	1	1	3	1	1	1	4
4311	대구 수성구	도시재생 지원센터 운영	100,000	도시디자인과	4	4	4	2	1	1	1	1
4312	대구 수성구	노점상 및 노상적치물 정비 및 사후관리 용역	27,950	도시디자인과	4	8	4	7	7	1	1	3
4313	대구 수성구	대구 삼성 라이온즈파크 주변노점 정비단속용역	83,200	도시디자인과	4	8	2	7	1	1	1	3
4314	대구 수성구	욱수골 공영주차장 청소대행위탁	12,900	교통과	4	4	4	1	7	1	1	4
4315	대구 수성구	고산건강생활지원센터 청사관리	30,000	고산건강생활지원센터	4	1	4	1	7	1	1	4
4316	대구 수성구	사랑의 고쳐주기사업 운영	20,900	행정지원과	4	6	7	1	7	1	1	1
4317	대구 달서구	어린이 급식관리지원센터 설치 운영	945,000	위생과	4	2	6	3	6	3	3	1
4318	대구 달서구	주거복지센터	150,000	복지정책과	4	4	1	3	1	1	1	3
4319	대구 달서구	노인종합복지관 운영 지원	796,909	어르신장애인과	4	4	5	5	1	1	1	2
4320	대구 달서구	노인종합복지관 운영 지원	628,909	어르신장애인과	4	4	5	5	1	1	1	2
4321	대구 달서구	장애인이동지원센터 운영	62,000	어르신장애인과	4	4	7	8	7	1	1	1
4322	대구 달서구	이동방문목욕,단체목욕사업	41,000	어르신장애인과	4	4	7	8	7	1	1	1

순번	시군구	지출명 (사업명)	2021년예산 (단위:천원/1년간)	담당자 (공무원)	민간이전 분류 (지방자치단체 세출예산 집행기준에 의거)	민간이전지출 근거 (지방보조금 관리기준 참고)	입찰방식			운영예산 산정		성과평가 실시여부
				담당부서	1. 민간경상사업보조(307-02) 2. 민간단체 법정운영비보조(307-03) 3. 민간행사사업보조(307-04) 4. 민간위탁금(307-05) 5. 사회복지시설 법정운영비보조(307-10) 6. 민간인위탁교육비(307-12) 7. 공기관등에대한경상적위탁사업비(308-10) 8. 민간자본사업보조,자체재원(402-01) 9. 민간자본사업보조,이전재원(402-02) 10. 민간위탁사업비(402-03) 11. 공기관등에 대한 자본적 대행사업비(403-02)	1. 법률에 규정 2. 국고보조 재원(국가지정) 3. 용도 지정 기부금 4. 조례에 직접규정 5. 지자체가 권장하는 사업을 하는 공공기관 6. 시,도 정책 및 재정사정 7. 기타 8. 해당없음	계약체결방법 (경쟁형태) 1. 일반경쟁 2. 제한경쟁 3. 지명경쟁 4. 수의계약 5. 법정위탁 6. 기타 ( ) 7. 해당없음	계약기간 1. 1년 2. 2년 3. 3년 4. 4년 5. 5년 6. 기타 ( )년 7. 단기계약 (1년미만) 8. 해당없음	낙찰자선정방법 1. 적격심사 2. 협상에의한계약 3. 최저가낙찰제 4. 규격가격분리 5. 2단계 경쟁입찰 6. 기타 ( ) 7. 해당없음	운영예산 산정 1. 내부산정 (지자체 자체적으로 산정) 2. 외부산정 (외부전문기관위탁 산정) 3. 내·외부 모두 산정 4. 산정 無 5. 해당없음	정산방법 1. 내부정산 (지자체 내부적으로 정산) 2. 외부정산 (외부전문기관위탁 정산) 3. 내·외부 모두 산정 4. 정산 無 5. 해당없음	1. 실시 2. 미실시 3. 향후 추진 4. 해당없음
4323	대구 달서구	월배장애인 재활복지센터 운영	110,000	어르신장애인과	4	4	1	3	1	1	1	2
4324	대구 달서구	자활근로사업 위탁비	28,395	어르신장애인과	4	1	5	1	7	5	5	1
4325	대구 달서구	자활근로사업 위탁비	28,395	어르신장애인과	4	1	5	1	7	5	5	1
4326	대구 달서구	종합사회복지관 운영비	58,670	행복나눔과	4	1	7	8	7	1	1	1
4327	대구 달서구	종합사회복지관 운영비 지원	700,000	행복나눔과	4	1	7	8	7	1	1	1
4328	대구 달서구	종합사회복지관 무료급식소 운영	286,812	행복나눔과	4	1	7	8	7	1	1	1
4329	대구 달서구	심리상담실운영	45,000	행복나눔과	4	1	7	8	7	1	1	1
4330	대구 달서구	문화사랑도서관 운영	6,000	행복나눔과	4	1	7	8	7	1	1	1
4331	대구 달서구	교육복지지원센터 운영	24,000	행복나눔과	4	1	7	8	7	1	1	1
4332	대구 달서구	독거노인생신축하사업	49,000	행복나눔과	4	1	7	8	7	1	1	1
4333	대구 달서구	독거노인 건강관찰사업	118,188	행복나눔과	4	1	7	8	7	1	1	1
4334	대구 달서구	푸드마켓 운영	95,600	행복나눔과	4	1	7	8	7	1	1	1
4335	대구 달서구	품앗이공동체늘품운영	31,200	행복나눔과	4	1	7	8	7	1	1	1
4336	대구 달서구	학산행복일터 운영	31,200	행복나눔과	4	1	7	8	7	1	1	1
4337	대구 달서구	노인웰빙라이프센터 운영	226,800	행복나눔과	4	1	7	8	7	1	1	1
4338	대구 달서구	다문화가정 식습관 개선 프로그램 운영	13,000	행복나눔과	4	1	7	8	7	1	1	1
4339	대구 달서구	웰레폰사업 운영지원	51,000	행복나눔과	4	6	7	8	7	1	1	1
4340	대구 달서구	민관합동사례회의	25,200	행복나눔과	4	5	7	8	7	5	1	1
4341	대구 달서구	자원봉사활성화	517,848	행복나눔과	4	4	2	3	1	1	1	1
4342	대구 달서구	건강가정다문화가족지원센터 통합운영 지원	570,480	여성가족과	4	2	5	3	7	5	1	1
4343	대구 달서구	건강가정 및 다문화가족지원센터운영	118,940	여성가족과	4	1	5	3	7	5	1	1
4344	대구 달서구	아이돌봄지원	3,358	여성가족과	4	2	5	3	7	5	1	1
4345	대구 달서구	공동육아나눔터 운영	161,484	여성가족과	4	2	5	3	7	5	1	1
4346	대구 달서구	취약위기가족지원	144,860	여성가족과	4	2	5	3	7	5	1	1
4347	대구 달서구	다문화가족지원센터 특성화 사업 운영	12,250	여성가족과	4	2	5	3	7	5	1	1
4348	대구 달서구	다문화가족 사례관리 지원	63,650	여성가족과	4	2	5	3	7	5	1	1
4349	대구 달서구	이중언어 가족환경 조성	60,140	여성가족과	4	2	5	3	7	5	1	1
4350	대구 달서구	다문화가족 통번역서비스 지원	60,100	여성가족과	4	2	5	3	7	5	1	1
4351	대구 달서구	다문화가족 자녀언어발달 지원	70,200	여성가족과	4	2	5	3	7	5	1	1
4352	대구 달서구	한국어교육 운영	25,000	여성가족과	4	2	5	3	7	5	1	1
4353	대구 달서구	찾아가는 결혼이주여성 다이음 사업	3,000	여성가족과	4	2	5	3	7	5	1	1
4354	대구 달서구	결혼장려 지원 사업	31,000	여성가족과	4	4	5	3	7	5	1	1
4355	대구 달서구	직장어린이집 운영지원	250,000	여성가족과	4	4	7	8	7	5	1	2
4356	대구 달서구	진로진학 지원사업 운영	300,000	평생교육과	4	4	1	1	6	1	1	1
4357	대구 달서구	달서구청소년수련관 위탁운영	306,800	평생교육과	4	4	1	3	1	1	1	1
4358	대구 달서구	청소년운영위원회 운영	20,000	평생교육과	4	2	1	3	1	1	1	1
4359	대구 달서구	청소년방과후아카데미 운영	164,042	평생교육과	4	2	1	3	1	1	1	1
4360	대구 달서구	청소년지도사배치	116,040	평생교육과	4	2	1	3	1	1	1	1
4361	대구 달서구	청소년 쉼터 운영	327,360	평생교육과	4	2	1	3	1	1	1	1
4362	대구 달서구	학교밖 청소년 지원센터 운영	165,633	평생교육과	4	2	1	3	1	1	1	1
4363	대구 달서구	학교 밖 청소년 급식지원	25,480	평생교육과	4	2	1	3	1	1	1	1
4364	대구 달서구	학교 밖 청소년 복지지원	38,650	평생교육과	4	2	1	3	1	1	1	1
4365	대구 달서구	청소년안전망운영	97,470	평생교육과	4	2	1	3	1	1	1	1

순번	시군구	지출명 (사업명)	2021년예산 (단위:천원/1년간)	담당자 (공무원) 담당부서	민간이전 분류 (지방자치단체 세출예산 집행기준에 의거) 1. 민간경상사업보조(307-02) 2. 민간단체 법정운영비보조(307-03) 3. 민간행사사업보조(307-04) 4. 민간위탁금(307-05) 5. 사회복지시설 법정운영비보조(307-10) 6. 민간인위탁교육비(307-12) 7. 공기관등에대한경상적위탁사업비(308-10) 8. 민간자본사업보조,자체재원(402-01) 9. 민간자본사업보조,이전재원(402-02) 10. 민간위탁사업비(402-03) 11. 공기관등에 대한 자본적 대행사업비(403-02)	민간이전지출 근거 (지방보조금 관리기준 참고) 1. 법률에 규정 2. 국고보조 재원(국가지정) 3. 용도 지정 기부금 4. 조례에 직접규정 5. 지자체가 권장하는 사업을 하는 공공기관 6. 시,도 정책 및 재정사정 7. 기타 8. 해당없음	입찰방식 계약체결방법 (경쟁형태) 1. 일반경쟁 2. 제한경쟁 3. 지명경쟁 4. 수의계약 5. 법정위탁 6. 기타 ( ) 7. 해당없음	입찰방식 계약기간 1. 1년 2. 2년 3. 3년 4. 4년 5. 5년 6. 기타 ( )년 7. 단기계약 (1년미만) 8. 해당없음	입찰방식 낙찰자선정방법 1. 적격심사 2. 협상에의한계약 3. 최저가낙찰제 4. 규격가격분리 5. 2단계 경쟁입찰 6. 기타 ( ) 7. 해당없음	운영예산 산정 운영예산 산정 1. 내부산정 (지자체 자체적으로 산정) 2. 외부산정 (외부전문기관위탁 산정) 3. 내·외부 모두 산정 4. 산정 無 5. 해당없음	운영예산 산정 정산방법 1. 내부정산 (지자체 내부적으로 정산) 2. 외부정산 (외부전문기관위탁 정산) 3. 내·외부 모두 산정 4. 정산 無 5. 해당없음	성과평가 실시여부 1. 실시 2. 미실시 3. 향후 추진 4. 해당없음
4366	대구 달서구	청소년상담복지센터 운영	142,500	평생교육과	4	6	1	3	1	1	1	1
4367	대구 달서구	성서청소년상담복지센터 운영	200,000	평생교육과	4	6	1	3	1	1	1	1
4368	대구 달서구	치유 및 심화상담 프로그램 운영	17,000	평생교육과	4	6	1	3	1	1	1	1
4369	대구 달서구	청소년동반자 프로그램 운영	128,300	평생교육과	4	2	1	3	1	1	1	1
4370	대구 달서구	인터넷중독 전담상담사 배치사업	35,074	평생교육과	4	2	1	3	1	1	1	1
4371	대구 달서구	도시재생 지원센터 운영	200,000	도시재생과	4	1	5	2	1	1	1	1
4372	대구 달서구	소규모 공동주택 안전점검	40,000	건축과	4	4	7	8	7	5	5	4
4373	대구 달서구	국가암관리 지자체 지원	1,007,285	보건행정과	4	2	5	8	7	5	1	4
4374	대구 달서구	의료급여수급권자 일반건강검진 지원	121,017	보건행정과	4	2	5	8	7	5	1	4
4375	대구 달서구	기초정신건강복지센터 운영지원	184,224	보건행정과	4	2	1	3	1	5	1	1
4376	대구 달서구	정신건강복지센터 인력확충	363,230	보건행정과	4	2	1	3	1	5	1	1
4377	대구 달서구	아동청소년 정신보건사업	52,294	보건행정과	4	2	1	3	1	5	1	1
4378	대구 달서구	자살예방 및 정신건강증진사업	71,260	보건행정과	4	2	1	3	1	5	1	1
4379	대구 달서구	정신건강복지센터 자살예방사업지원	105,945	보건행정과	4	2	1	3	1	5	1	1
4380	대구 달서구	중독관리통합지원센터 운영	163,022	보건행정과	4	2	1	3	1	5	1	1
4381	대구 달서구	치매치료관리비 지원사업	341,040	건강증진과	4	2	7	8	7	5	5	4
4382	대구 달서구	치매안심센터운영	44,400	건강증진과	4	2	4	1	7	5	5	4
4383	대구 달서구	지역자율형사회서비스투자사업	17,140	건강증진과	4	1	5	8	7	5	5	4
4384	대구 달서구	의료급여수급권자 영유아검진비 지원	8,352	건강증진과	4	2	7	8	7	5	3	2
4385	대구 달서구	청소년산모 임신출산 의료비 지원	2,400	건강증진과	4	2	7	8	7	5	3	2
4386	대구 달서구	표준모자보건수첩 제작	4,160	건강증진과	4	2	7	8	7	5	5	4
4387	대구 달서구	기저귀 및 조제분유 지원	370,800	건강증진과	4	2	7	8	7	5	5	4
4388	대구 달서구	선천성 난청검사 및 보청기지원	5,020	건강증진과	4	2	7	8	7	5	5	4
4389	대구 달성군	2021년 군청사 청소용역	384,000	회계과	4	7	1	1	1	1	1	2
4390	대구 달성군	2021년 승강기관리용역	23,940	회계과	4	7	4	1	7	1	1	2
4391	대구 달성군	달성군 근로자복지시설 운영위탁	63,000	일자리경제과	4	6	7	2	7	1	1	1
4392	대구 달성군	분뇨수집운반 대행업체 재정지원	28,900	환경과	4	4	7	8	7	5	5	4
4393	대구 달성군	옥포농공단지 수질 TMS 관리대행	43,000	환경과	4	1	4	1	7	1	1	2
4394	대구 달성군	생활쓰레기수거운반대행수수료	4,475	청소위생과	4	1	1	3	1	2	1	1
4395	대구 달성군	음식물류폐기물수거대행수수료	2,872	청소위생과	4	1	1	3	1	2	1	1
4396	대구 달성군	재활용품 수집운반선별 대행수수료	2,052	청소위생과	4	1	1	3	1	2	1	2
4397	대구 달성군	대형폐기물수거처리대행수수료	946,668	청소위생과	4	1	1	3	1	2	1	2
4398	대구 달성군	로드킬 동물사체 처리대행수수료	33,600	청소위생과	4	1	4	8	7	1	1	2
4399	대구 달성군	어린이급식관리지원센터 운영	630,000	청소위생과	4	2	2	3	6	2	2	1
4400	대구 달성군	보훈회관 위탁운영비	74,635	복지정책과	4	4	7	3	4	1	1	4
4401	대구 달성군	결핵요양시설 운영	635,576	복지정책과	4	1	5	8	7	3	3	4
4402	대구 달성군	달성군노인복지관 운영비	1,338,000	복지정책과	4	1	7	8	7	1	1	4
4403	대구 달성군	달성군북부노인복지관 운영비	11,414	복지정책과	4	1	7	8	7	1	1	4
4404	대구 달성군	경로당 활성화 사업	13,400	복지정책과	4	1	7	8	7	1	1	4
4405	대구 달성군	국공립어린이집 리모델링	290,000	복지정책과	4	1	7	8	7	2	1	1
4406	대구 달성군	저소득 취약계층 청소 및 소독지원	21,000	생활보장과	4	7	4	1	3	1	1	4
4407	대구 달성군	자활근로사업	20,000	생활보장과	4	2	7	8	7	1	1	4
4408	대구 달성군	자원봉사 활성화	515,534	희망지원과	4	2	5	3	1	1	1	1

순번	시군구	지출명 (사업명)	2021년예산 (단위:천원/1년간)	담당자 (공무원)	민간이전 분류 (지방자치단체 세출예산 집행기준에 의거)	민간이전지출 근거 (지방보조금 관리기준 참고)	입찰방식			운영예산 산정		성과평가 실시여부
				담당부서	1. 민간경상사업보조(307-02) 2. 민간단체 법정운영비보조(307-03) 3. 민간행사사업보조(307-04) 4. 민간위탁금(307-05) 5. 사회복지시설 법정운영비보조(307-10) 6. 민간인위탁교육비(307-12) 7. 공기관등에대한경상적위탁사업비(308-10) 8. 민간자본사업보조,자체재원(402-01) 9. 민간자본사업보조,이전재원(402-02) 10. 민간위탁사업비(402-03) 11. 공기관등에 대한 자본적 대행사업비(403-02)	1. 법률에 규정 2. 국고보조 재원(국가지정) 3. 용도 지정 기부금 4. 조례에 직접규정 5. 지자체가 권장하는 사업을 하는 공공기관 6. 시,도 정책 및 재정사정 7. 기타 8. 해당없음	계약체결방법 (경쟁형태) 1. 일반경쟁 2. 제한경쟁 3. 지명경쟁 4. 수의계약 5. 법정위탁 6. 기타 ( ) 7. 해당없음	계약기간 1. 1년 2. 2년 3. 3년 4. 4년 5. 5년 6. 기타 ( )년 7. 단기계약 (1년미만) 8. 해당없음	낙찰자선정방법 1. 적격심사 2. 협상에의한계약 3. 최저가낙찰제 4. 규격가격분리 5. 2단계 경쟁입찰 6. 기타 ( ) 7. 해당없음	운영예산 산정 1. 내부산정 (지자체 자체적으로 산정) 2. 외부산정 (외부전문기관위탁 산정) 3. 내·외부 모두 산정 4. 산정 無 5. 해당없음	정산방법 1. 내부정산 (지자체 내부적으로 정산) 2. 외부정산 (외부전문기관위탁 정산) 3. 내·외부 모두 산정 4. 정산 無 5. 해당없음	1. 실시 2. 미실시 3. 향후 추진 4. 해당없음
4409	대구 달성군	종합사회복지관 운영지원	1,317,000	희망지원과	4	1	5	5	1	1	1	1
4410	대구 달성군	지역자율형사회서비스 투자사업	1,438,000	희망지원과	4	1	7	8	7	5	5	4
4411	대구 달성군	장애인복지관 운영	2,042	희망지원과	4	1	1	5	1	5	1	4
4412	대구 달성군	장애인 주간보호센터 운영 보조	504,303	희망지원과	4	1	7	8	1	5	1	4
4413	대구 달성군	장애인복지관 및 부설 주간보호센터 종사자 연장근로 수당	140,000	희망지원과	4	1	7	8	1	5	1	4
4414	대구 달성군	장애인직업재활시설 운영	1,630	희망지원과	4	1	7	8	7	1	1	1
4415	대구 달성군	장애인직업새활시설 운영	401,400	희망지원과	4	1	7	8	7	1	1	1
4416	대구 달성군	장애인편의시설지원센터 운영	93,000	희망지원과	4	1	7	8	7	5	1	1
4417	대구 달성군	달성군 도시재생지원센터 운영	230,000	도시과	4	4	1	2	6	1	1	1
4418	대구 달성군	하빈 PMZ평화예술센터 민간위탁운영	232,562	도시과	4	4	1	2	6	1	1	1
4419	대구 달성군	달성문화원 위탁운영비	322,130	문화체육과	4	4	5	8	7	1	1	4
4420	대구 달성군	청소년해외테마체험단 운영	20,000	교육청소년과	4	5	5	8	7	1	1	1
4421	대구 달성군	청소년 문화활동	20,000	교육청소년과	4	5	5	8	7	1	1	1
4422	대구 달성군	청소년 성범죄예방 순회 교육	6,000	교육청소년과	4	5	5	8	7	1	1	1
4423	대구 달성군	청소년센터 운영	1,341,000	교육청소년과	4	5	5	8	7	1	1	1
4424	대구 달성군	청소년센터 시설보수	30,000	교육청소년과	4	5	5	8	7	1	1	1
4425	대구 달성군	청소년문화의집 운영	603,874	교육청소년과	4	5	5	8	7	1	1	1
4426	대구 달성군	청소년문화의집 시설보수	10,000	교육청소년과	4	5	5	8	7	1	1	1
4427	대구 달성군	청소년방과후아카데미 운영	514,536	교육청소년과	4	2	5	8	7	1	1	1
4428	대구 달성군	청소년지도사 배치지원	46,416	교육청소년과	4	2	5	8	7	1	1	1
4429	대구 달성군	청소년지도사 배치 추가지원	68,820	교육청소년과	4	6	5	8	7	1	1	1
4430	대구 달성군	청소년수련시설 프로그램 운영 지원	780,000	교육청소년과	4	5	5	8	7	1	1	1
4431	대구 달성군	청소년운영위원회 운영	4,000	교육청소년과	4	2	5	8	7	1	1	1
4432	대구 달성군	청소년참여위원회 운영	2,800	교육청소년과	4	2	5	8	7	1	1	1
4433	대구 달성군	청소년어울림마당 운영	24,000	교육청소년과	4	2	5	8	7	1	1	1
4434	대구 달성군	청소년안전망 운영	102,990	교육청소년과	4	2	5	8	7	1	1	1
4435	대구 달성군	청소년동반자 인건비	116,890	교육청소년과	4	2	5	8	7	1	1	1
4436	대구 달성군	학교 밖 청소년지원센터 운영	144,993	교육청소년과	4	2	5	8	7	1	1	1
4437	대구 달성군	청소년상담복지센터 운영	141,400	교육청소년과	4	6	5	8	7	1	1	1
4438	대구 달성군	치유 및 심화상담프로그램 지원	17,000	교육청소년과	4	6	5	8	7	1	1	1
4439	대구 달성군	학교 밖 청소년 복지지원	16,320	교육청소년과	4	6	5	8	7	1	1	1
4440	대구 달성군	달성군 원어민 영어교실 운영	350,000	교육청소년과	4	4	6	2	6	1	1	1
4441	대구 달성군	달성군 원어민 화상영어 학습센터 운영	180,000	교육청소년과	4	4	6	1	5	1	1	1
4442	대구 달성군	달성군 영어마을 체험학습	1,485,000	교육청소년과	4	4	7	8	7	1	1	1
4443	대구 달성군	공공도서관 개관시간 연장지원	26,328	교육청소년과	4	2	7	8	7	1	1	1
4444	대구 달성군	결핵관리사업 가족검진 공단위탁금	40,000	보건과	4	6	5	8	7	3	3	4
4445	대구 달성군	치매치료관리비 지원	143,120	건강증진과	4	1	7	8	7	5	5	4
4446	대구 달성군	치매안심센터 운영	9,900	건강증진과	4	5	4	1	2	1	1	1
4447	대구 달성군	기초정신건강복지센터운영 지원	184,224	건강증진과	4	1	1	3	1	1	1	1
4448	대구 달성군	자살예방 및 정신건강증진사업	71,260	건강증진과	4	1	1	3	1	1	1	1
4449	대구 달성군	정신건강복지센터 자살예방사업 인력지원	70,630	건강증진과	4	1	1	3	1	1	1	1
4450	대구 달성군	아동청소년 정신건강증진사업	52,294	건강증진과	4	1	1	3	1	1	1	1
4451	대구 달성군	정신건강복지센터 인력확충	326,916	건강증진과	4	1	1	3	1	1	1	1

순번	시군구	지출명 (사업명)	2021년예산 (단위:천원/1년간)	담당자 (공무원)	민간이전 분류 (지방자치단체 세출예산 집행기준에 의거)	민간이전지출 근거 (지방보조금 관리기준 참고)	입찰방식			운영예산 산정		성과평가 실시여부
				담당부서	1. 민간경상사업보조(307-02) 2. 민간단체 법정운영비보조(307-03) 3. 민간행사사업보조(307-04) 4. 민간위탁금(307-05) 5. 사회복지시설 법정운영비보조(307-10) 6. 민간인위탁교육비(307-12) 7. 공기관등에대한경상적위탁사업비(308-10) 8. 민간자본사업보조,자체재원(402-01) 9. 민간자본사업보조,이전재원(402-02) 10. 민간위탁사업비(402-03) 11. 공기관등에 대한 자본적 대행사업비(403-02)	1. 법률에 규정 2. 국고보조 재원(국가지정) 3. 용도 지정 기부금 4. 조례에 직접규정 5. 지자체가 권장하는 사업을 하는 공공기관 6. 시,도 정책 및 재정사정 7. 기타 8. 해당없음	계약체결방법 (경쟁형태) 1. 일반경쟁 2. 제한경쟁 3. 지명경쟁 4. 수의계약 5. 법정위탁 6. 기타 ( ) 7. 해당없음	계약기간 1. 1년 2. 2년 3. 3년 4. 4년 5. 5년 6. 기타 ( )년 7. 단기계약 (1년미만) 8. 해당없음	낙찰자선정방법 1. 적격심사 2. 협상에의한계약 3. 최저가낙찰제 4. 규격가격분리 5. 2단계 경쟁입찰 6. 기타 ( ) 7. 해당없음	운영예산 산정 1. 내부산정 (지자체 자체적으로 산정) 2. 외부산정 (외부전문기관위탁 산정) 3. 내·외부 모두 산정 4. 산정 無 5. 해당없음	정산방법 1. 내부정산 (지자체 내부적으로 정산) 2. 외부정산 (외부전문기관위탁 정산) 3. 내·외부 모두 산정 4. 정산 無 5. 해당없음	1. 실시 2. 미실시 3. 향후 추진 4. 해당없음
4452	대구 달성군	국가암관리 지자체 지원	42,093	건강증진과	4	1	7	8	7	1	1	4
4453	대구 달성군	국가건강검진	394,155	건강증진과	4	1	7	8	7	1	1	4
4454	대구 달성군	난청조기진단	220,000	건강증진과	4	1	7	8	7	5	5	4
4455	대구 달성군	저소득층 기저귀·조제분유 지원사업	380,000	건강증진과	4	1	7	8	7	5	5	4
4456	대구 달성군	청소년산모 임신출산 의료비 지원사업	3,600	건강증진과	4	1	7	8	7	5	5	4
4457	대구 달성군	지역자율형 사회서비스 투자사업	1,631	건강증진과	4	1	7	8	7	5	5	4
4458	대구 달성군	국가건강검진사업	4,556	건강증진과	4	1	7	8	7	5	5	4
4459	대구 달성군	표준모자보건수첩 제작	3,700	건강증진과	4	1	7	8	7	5	5	4
4460	대구 달성군	군민의 날 행사 지원	32,700	하빈면	4	7	7	8	7	1	1	1
4461	대구 달성군	문화예술행사 지원	3,000	하빈면	4	7	7	8	7	1	1	1
4462	대전광역시	여성긴급전화1366센터 운영지원	631,980	성인지정책담당관	4	1	1	3	2	1	1	1
4463	대전광역시	여성긴급전화1355센터 운영지원	91,120	성인지정책담당관	4	1	1	3	2	1	1	1
4464	대전광역시	여성긴급전화1366센터 긴급피난처 운영	5,000	성인지정책담당관	4	1	1	3	2	1	1	1
4465	대전광역시	가정폭력피해자 치료회복프로그램 및 의료비 지원	6,000	성인지정책담당관	4	1	1	3	2	1	1	1
4466	대전광역시	둔산동근로자종합복지회관	295,315	일자리노동경제과	4	4	6	3	6	1	1	1
4467	대전광역시	대화동근로자종합복지회관	511,658	일자리노동경제과	4	4	6	3	6	1	1	1
4468	대전광역시	대덕테크노밸리종합복지회관	191,588	일자리노동경제과	4	4	6	3	6	1	1	1
4469	대전광역시	노동권익센터	669,009	일자리노동경제과	4	4	6	3	6	1	1	1
4470	대전광역시	해외투자유치활동	20,000	투자유치과	4	4	4	7	7	1	1	1
4471	대전광역시	대전산업단지관리위탁	150,000	투자유치과	4	1	7	8	7	1	1	3
4472	대전광역시	대덕산업단지배수펌프장지원	87,320	투자유치과	4	1	7	8	7	1	1	2
4473	대전광역시	대전시민천문대 운영	504,825	과학산업과	4	4	5	8	7	1	1	1
4474	대전광역시	대전광역시NGO지원센터	619,200	자치분권과	4	4	1	3	7	1	1	1
4475	대전광역시	대전사랑운동센터	594,234	자치분권과	4	4	1	3	7	1	1	3
4476	대전광역시	청년공익일자리지원	49,580	자치분권과	4	2	1	3	7	2	1	4
4477	대전광역시	포스트코로나청년공익일자리지원	179,912	자치분권과	4	2	1	3	7	2	1	4
4478	대전광역시	(사)대전광역시자원봉사지원센터 운영	916,479	자치분권과	4	1	7	8	7	1	3	4
4479	대전광역시	3.8민주의거 기념사업	134,000	자치분권과	4	4	7	8	7	1	1	1
4480	대전광역시	6.10민주 항쟁 기념사업	10,000	자치분권과	4	4	7	8	7	1	1	1
4481	대전광역시	민족민주열사 합동추모제	10,000	자치분권과	4	4	7	8	7	1	1	1
4482	대전광역시	다온숲 위탁운영	100,000	운영지원과	4	4	1	1	2	2	1	1
4483	대전광역시	시청어린이집 운영지원	341,000	운영지원과	4	1	5	5	6	1	1	4
4484	대전광역시	사회적자본지원센터 위탁운영	2,442	지역공동체과	4	4	2	3	1	1	2	1
4485	대전광역시	대전장외발매소 주변지역 공동체 활성화 사업	218,000	지역공동체과	4	4	1	1	1	1	2	3
4486	대전광역시	대전120콜센터	1,296,000	시민봉사과	4	4	1	3	1	1	1	1
4487	대전광역시	테미오래 위탁운영 사업비	730,431	문화예술정책과	4	4	2	3	1	1	1	1
4488	대전광역시	숭현서원 관리	33,530	문화유산과	4	1	7	1	7	1	1	1
4489	대전광역시	대전여행프로그램 운영	162,000	관광마케팅과	4	4	7	8	7	5	5	4
4490	대전광역시	코레일 연계 관광프로그램 운영	24,000	관광마케팅과	4	4	7	8	7	5	5	4
4491	대전광역시	공예품대전 개최	44,550	관광마케팅과	4	4	4	1	7	1	1	1
4492	대전광역시	관광기념품공모전 개최	30,000	관광마케팅과	4	4	4	1	7	1	1	1
4493	대전광역시	대전관광사진 전국공모전	21,600	관광마케팅과	4	4	7	8	7	5	5	4
4494	대전광역시	국내외 관광박람회 대전홍보관 운영	120,000	관광마케팅과	4	4	7	8	7	5	5	4

순번	시군구	지출명 (사업명)	2021년예산 (단위:천원/1년간)	담당자 (공무원) 담당부서	민간이전 분류 (지방자치단체 세출예산 집행기준에 의거) 1. 민간경상사업보조(307-02) 2. 민간단체 법정운영비보조(307-03) 3. 민간행사사업보조(307-04) 4. 민간위탁금(307-05) 5. 사회복지시설 법정운영비보조(307-10) 6. 민간인위탁교육비(307-12) 7. 공기관등에대한경상적위탁사업비(308-10) 8. 민간자본사업보조,자체재원(402-01) 9. 민간자본사업보조,이전재원(402-02) 10. 민간위탁사업비(402-03) 11. 공기관등에 대한 자본적 대행사업비(403-02)	민간이전지출 근거 (지방보조금 관리기준 참고) 1. 법률에 규정 2. 국고보조 재원(국가지정) 3. 용도 지정 기부금 4. 조례에 직접규정 5. 지자체가 권장하는 사업을 하는 공공기관 6. 시,도 정책 및 재정사정 7. 기타 8. 해당없음	입찰방식 계약체결방법 (경쟁형태) 1. 일반경쟁 2. 제한경쟁 3. 지명경쟁 4. 수의계약 5. 법정위탁 6. 기타 ( ) 7. 해당없음	입찰방식 계약기간 1. 1년 2. 2년 3. 3년 4. 4년 5. 5년 6. 기타 ( )년 7. 단기계약 (1년미만) 8. 해당없음	입찰방식 낙찰자선정방법 1. 적격심사 2. 협상에의한계약 3. 최저가낙찰제 4. 규격가격분리 5. 2단계 경쟁입찰 6. 기타 ( ) 7. 해당없음	운영예산 산정 운영예산 산정 1. 내부산정 (지자체 자체적으로 산정) 2. 외부산정 (외부전문기관위탁 산정) 3. 내·외부 모두 산정 4. 산정 無 5. 해당없음	운영예산 산정 정산방법 1. 내부정산 (지자체 내부적으로 정산) 2. 외부정산 (외부전문기관위탁 정산) 3. 내·외부 모두 산정 4. 정산 無 5. 해당없음	성과평가 실시여부 1. 실시 2. 미실시 3. 향후 추진 4. 해당없음
4495	대전광역시	외래관광객 유치 보상사업	100,000	관광마케팅과	4	4	7	8	7	5	5	4
4496	대전광역시	지역관광상품 해외 마케팅사업	100,000	관광마케팅과	4	4	7	8	7	5	5	4
4497	대전광역시	대전관광 블로그 및 블로그기자단 운영	30,000	관광마케팅과	4	4	7	8	7	5	5	4
4498	대전광역시	문화관광해설사 운영	548,000	관광마케팅과	4	4	2	2	7	1	1	1
4499	대전광역시	관광안내소 운영	582,000	관광마케팅과	4	4	2	2	7	1	1	1
4500	대전광역시	대전 트래블라운지 운영	500,000	관광마케팅과	4	4	2	2	7	1	1	1
4501	대전광역시	시 노인복지관 운영	1,237,000	노인복지과	4	1	4	5	7	1	1	1
4502	대전광역시	결핵관리사업	47,600	감염병관리과	4	1	7	3	7	1	1	1
4503	대전광역시	에이즈예방관리사업	27,000	감염병관리과	4	1	7	3	7	1	1	4
4504	대전광역시	한센병관리사업	49,000	감염병관리과	4	4	7	3	7	1	1	4
4505	대전광역시	감염병관리지원단운영	600,000	감염병관리과	4	2	1	3	1	5	1	1
4506	대전광역시	심폐소생술응급처치교육비지원	130,000	보건의료과	4	1	1	3	1	1	1	1
4507	대전광역시	공공보건 사업	20,000	건강보건과	4	4	7	8	7	1	1	3
4508	대전광역시	자살예방실무자 등 정신건강증진사업	32,000	건강보건과	4	2	1	3	1	1	1	1
4509	대전광역시	장애인치과진료소 운영	60,000	건강보건과	4	1	7	3	7	1	1	1
4510	대전광역시	심뇌혈관질환예방관리사업	69,412	건강보건과	4	2	7	8	7	1	1	1
4511	대전광역시	광역치매센터 운영	581,343	건강보건과	4	1	7	8	7	1	1	1
4512	대전광역시	광역정신건강복지센터 지원	861,284	건강보건과	4	2	1	3	1	1	1	1
4513	대전광역시	호스피스완화의료사업	118,750	건강보건과	4	4	6	3	6	1	1	1
4514	대전광역시	광역정신건강복지센터 종사자특별수당	36,000	건강보건과	4	2	1	3	1	1	1	1
4515	대전광역시	통합건강증진사업단 운영	110,000	건강보건과	4	2	7	8	7	1	1	1
4516	대전광역시	공립요양병원 공공보건사업	200,000	건강보건과	4	1	7	8	7	3	3	3
4517	대전광역시	자살예방센터 지원	40,000	건강보건과	4	4	1	3	1	1	1	1
4518	대전광역시	공공보건의료지원단 운영	467,000	건강보건과	4	1	7	8	7	3	3	4
4519	대전광역시	정신건강복지센터 인력확충	72,648	건강보건과	4	2	1	3	1	1	1	1
4520	대전광역시	치매공공후견광역지원	1,674	건강보건과	4	1	7	8	7	1	1	1
4521	대전광역시	응급개입팀 운영	449,644	건강보건과	4	2	1	3	1	1	1	1
4522	대전광역시	통합정신건강증진사업	613,000	건강보건과	4	2	1	3	1	1	1	1
4523	대전광역시	정신건강복지센터 자살예방사업 지원	70,630	건강보건과	4	2	1	3	1	1	1	1
4524	대전광역시	한방난임치료비 지원	36,000	건강보건과	4	4	7	8	7	5	5	4
4525	대전광역시	청년공간운영	900,000	청년정책과	4	4	2	6	2	1	1	3
4526	대전광역시	청년커뮤니티 지원	135,000	청년정책과	4	4	4	1	7	1	1	3
4527	대전광역시	다함께돌봄 원스톱통합지원센터 운영	398,943	가족돌봄과	4	6	1	6	1	1	1	1
4528	대전광역시	어린이회관 위탁운영	1,035,000	가족돌봄과	4	4	1	5	1	1	1	1
4529	대전광역시	가정위탁지원센터 운영	266,646	가족돌봄과	4	1	7	8	7	1	1	1
4530	대전광역시	아동보호전문기관 운영지원	1,385,000	가족돌봄과	4	1	1	5	1	1	1	2
4531	대전광역시	아동보호전문기관 심리치료지원	63,500	가족돌봄과	4	2	3	8	6	1	1	2
4532	대전광역시	시립어린이집 운영	2,322	가족돌봄과	4	4	2	5	6	1	1	1
4533	대전광역시	시립어린이집 정원수목관리	5,000	가족돌봄과	4	6	7	8	7	1	1	1
4534	대전광역시	시립어린이집 담장 정비공사	200,000	가족돌봄과	4	6	7	8	7	1	1	1
4535	대전광역시	어린이집 보육교직원 교육	5,000	가족돌봄과	4	4	7	8	7	1	1	1
4536	대전광역시	부모모니터링단 교육	3,200	가족돌봄과	4	2	5	8	7	1	1	1
4537	대전광역시	육아종합지원센터 운영	473,808	가족돌봄과	4	2	5	8	7	1	1	1

순번	시군구	지출명 (사업명)	2021년예산 (단위:천원/1년간)	담당자 (공무원)	민간이전 분류 (지방자치단체 세출예산 집행기준에 의거)	민간이전지출 근거 (지방보조금 관리기준 참고)	입찰방식			운영예산 산정		성과평가 실시여부
				담당부서	1. 민간경상사업보조(307-02) 2. 민간단체 법정운영비보조(307-03) 3. 민간행사사업보조(307-04) 4. 민간위탁금(307-05) 5. 사회복지시설 법정운영비보조(307-10) 6. 민간인위탁교육비(307-12) 7. 공기관등에대한경상적위탁사업비(308-10) 8. 민간자본사업보조,자체재원(402-01) 9. 민간자본사업보조,이전재원(402-02) 10. 민간위탁사업비(402-03) 11. 공기관등에 대한 자본적 대행사업비(403-02)	1. 법률에 규정 2. 국고보조 재원(국가지정) 3. 용도 지정 기부금 4. 조례에 직접규정 5. 지자체가 권장하는 사업을 하는 공공기관 6. 시,도 정책 및 재정사정 7. 기타 8. 해당없음	계약체결방법 (경쟁형태) 1. 일반경쟁 2. 제한경쟁 3. 지명경쟁 4. 수의계약 5. 법정위탁 6. 기타 ( ) 7. 해당없음	계약기간 1. 1년 2. 2년 3. 3년 4. 4년 5. 5년 6. 기타 ( )년 7. 단기계약 (1년미만) 8. 해당없음	낙찰자선정방법 1. 적격심사 2. 협상에의한계약 3. 최저가낙찰제 4. 규격가격분리 5. 2단계 경쟁입찰 6. 기타 ( ) 7. 해당없음	운영예산 산정 1. 내부산정 (지자체 자체적으로 산정) 2. 외부산정 (외부전문기관위탁 산정) 3. 내·외부 모두 산정 4. 산정 無 5. 해당없음	정산방법 1. 내부정산 (지자체 내부적으로 정산) 2. 외부정산 (외부전문기관위탁 정산) 3. 내·외부 모두 산정 4. 정산 無 5. 해당없음	1. 실시 2. 미실시 3. 향후 추진 4. 해당없음
4538	대전광역시	육아종합지원센터 운영	953,694	가족돌봄과	4	5	5	8	7	1	1	1
4539	대전광역시	하수관로정비 임대형 민자사업	13,107	맑은물정책과	4	1	1	6	2	3	3	1
4540	대전광역시	하수관로정비 임대형 민자사업	10,707	맑은물정책과	4	1	1	6	2	3	3	1
4541	대전광역시	시내버스 모니터단 운영	48,000	버스운영과	4	4	7	3	7	1	1	1
4542	대전광역시	청사 소독	2,640	보건환경연구원 총무과	4	7	4	1	7	1	1	4
4543	대전광역시	청사 조경	10,000	보건환경연구원 총무과	4	7	7	8	7	5	5	4
4544	대전 동구	청년공간 민간위탁	128,000	기획공보실	4	4	1	3	6	1	1	3
4545	대전 동구	동구 공동체지원센터 운영	333,164	자치분권과	4	4	1	3	1	1	1	3
4546	대전 동구	생태관 청소 민간위탁	28,080	관광문화체육과	4	8	2	1	3	1	1	4
4547	대전 동구	동구생활문화센터 민간위탁 운영지원	77,759	관광문화체육과	4	4	4	3	1	1	1	1
4548	대전 동구	전국체전 동구선수단 출전지원	5,000	관광문화체육과	4	1	7	8	7	1	1	4
4549	대전 동구	공공체육시설 지원	8,500	관광문화체육과	4	1	6	8	7	1	1	4
4550	대전 동구	2021 숲해설 민간위탁	51,000	공원녹지과	4	2	7	8	7	5	5	4
4551	대전 동구	2021 유아숲교육 민원위탁	51,360	공원녹지과	4	2	7	8	7	5	5	4
4552	대전 동구	직장어린이집 운영 지원	170,000	여성가족과	4	1	1	5	1	1	1	1
4553	대전 동구	다함께 돌봄센터 인건비 지원	212,160	여성가족과	4	1	6	5	1	1	1	2
4554	대전 동구	다함께 돌봄센터 인건비 지원	26,520	여성가족과	4	1	6	5	1	1	1	2
4555	대전 동구	다함께 돌봄센터 운영비 지원	14,400	여성가족과	4	1	6	5	1	1	1	2
4556	대전 동구	다함께 돌봄센터 운영비 지원	1,800	여성가족과	4	1	6	5	1	1	1	2
4557	대전 동구	다함께 돌봄센터 운영비 지원	27,000	여성가족과	4	1	6	5	1	1	1	2
4558	대전 동구	다함께 돌봄센터 협업모델 운영비 지원	2,700	여성가족과	4	1	6	5	1	1	1	2
4559	대전 동구	다함께 돌봄센터 협업모델 인건비 지원	24,750	여성가족과	4	1	6	5	1	1	1	2
4560	대전 동구	다함께 돌봄센터 종사자 지원	38,400	여성가족과	4	1	6	5	1	1	1	2
4561	대전 동구	다함께 돌봄센터 종사자 지원	11,232	여성가족과	4	1	6	5	1	1	1	2
4562	대전 동구	자원 재활용 활성화 추진	2,158	환경과	4	1	1	2	1	1	1	1
4563	대전 동구	자원 재활용 활성화 추진	1,169,157	환경과	4	1	1	2	1	1	1	1
4564	대전 동구	생활쓰레기 수집운반 처리	87,600	환경과	4	1	6	2	1	1	1	1
4565	대전 동구	쓰레기종량제봉투 및 음식물류폐기물 납부필증 공급대행사업	95,580	환경과	4	1	2	2	1	1	1	1
4566	대전 동구	공중화장실 관리	229,050	환경과	4	1	7	8	7	5	5	4
4567	대전 동구	어린이급식관리지원센터 설치 및 운영	525,000	위생과	4	2	1	3	1	5	2	1
4568	대전 동구	방역 민간대행	172,000	질병관리과	4	1	1	7	1	1	1	4
4569	대전 동구	지역사회건강조사 조사분석 위탁운영	69,344	건강생활지원과	4	2	6	1	6	5	2	1
4570	대전 동구	정신건강복지센터지원	712,433	건강생활지원과	4	1	1	5	1	5	1	4
4571	대전 동구	중독관리 통합지원센터	323,822	건강생활지원과	4	1	1	3	1	5	1	4
4572	대전 동구	중구국민체육센터 민간위탁금	100,000	문화체육과	4	7	1	3	1	1	3	1
4573	대전 동구	축산기업납세조합 시세징수위탁	10,000	세무과	4	1	5	8	7	1	1	2
4574	대전 동구	사회복지관 기본운영비	131,048	복지정책과	4	1	6	5	6	1	1	4
4575	대전 동구	사회복지관 종사자 인건비	1,223,000	복지정책과	4	1	6	5	6	1	1	4
4576	대전 동구	사회복지관 종사자 특별수당	31,200	복지정책과	4	1	6	5	6	1	1	4
4577	대전 동구	사회복지관 종사자 정액급식비	15,600	복지정책과	4	1	6	5	6	1	1	4
4578	대전 동구	지역사회서비스투자사업	3,076	사회복지과	4	2	7	8	7	5	2	1
4579	대전 동구	청소년문화의집 운영	45,320	여성가족과	4	1	5	8	7	1	1	1
4580	대전 동구	공중화장실 관리	5,000	경제기업과	4	1	7	8	7	5	5	4

순번	시군구	지출명 (사업명)	2021년예산 (단위:천원/1년간)	담당자 (공무원) 담당부서	민간이전 분류 (지방자치단체 세출예산 집행기준에 의거) 1. 민간경상사업보조(307-02) 2. 민간단체 법정운영비보조(307-03) 3. 민간행사사업보조(307-04) 4. 민간위탁금(307-05) 5. 사회복지시설 법정운영비보조(307-10) 6. 민간인위탁교육비(307-12) 7. 공기관등에대한경상적위탁사업비(308-10) 8. 민간자본사업보조,자체재원(402-01) 9. 민간자본사업보조,이전재원(402-02) 10. 민간위탁사업비(402-03) 11. 공기관등에 대한 자본적 대행사업비(403-02)	민간이전지출 근거 (지방보조금 관리기준 참고) 1. 법률에 규정 2. 국고보조 재원(국가지정) 3. 용도 지정 기부금 4. 조례에 직접규정 5. 지자체가 권장하는 사업을 하는 공공기관 6. 시,도 정책 및 재정사정 7. 기타 8. 해당없음	입찰방식 계약체결방법 (경쟁형태) 1. 일반경쟁 2. 제한경쟁 3. 지명경쟁 4. 수의계약 5. 법정위탁 6. 기타 ( ) 7. 해당없음	입찰방식 계약기간 1. 1년 2. 2년 3. 3년 4. 4년 5. 5년 6. 기타 ( )년 7. 단기계약 (1년미만) 8. 해당없음	입찰방식 낙찰자선정방법 1. 적격심사 2. 협상에의한계약 3. 최저가낙찰제 4. 규격가격분리 5. 2단계 경쟁입찰 6. 기타 ( ) 7. 해당없음	운영예산 산정 운영예산 산정 1. 내부산정 (지자체 자체적으로 산정) 2. 외부산정 (외부전문기관위탁 산정) 3. 내·외부 모두 산정 4. 산정 無 5. 해당없음	운영예산 산정 정산방법 1. 내부정산 (지자체 내부적으로 정산) 2. 외부정산 (외부전문기관위탁 정산) 3. 내·외부 모두 산정 4. 정산 無 5. 해당없음	성과평가 실시여부 1. 실시 2. 미실시 3. 향후 추진 4. 해당없음
4581	대전 동구	은행동상점가 공중화장실 관리	10,000	경제기업과	4	7	7	8	7	5	5	4
4582	대전 동구	재활용품 수집·운반·처리 대행사업비	2,146	환경과	4	4	1	2	3	2	4	1
4583	대전 동구	음식물류폐기물 처리 대행사업비	1,187,999	환경과	4	4	1	2	3	1	1	4
4584	대전 동구	대형폐기물(폐목재) 파쇄처리비	87,600	환경과	4	1	4	2	7	1	1	2
4585	대전 동구	대형폐기물(폐타이어) 처리비	1,000,000	환경과	4	1	4	1	7	1	1	2
4586	대전 동구	어린이급식관리지원센터 설치·운영	525,000	위생과	4	2	7	5	7	5	2	4
4587	대전 동구	공원화장실관리	115,000	공원녹지과	4	6	2	1	1	1	4	4
4588	대전 동구	견인대행 및 보관료	58,900	교통과	4	4	6	1	7	1	1	4
4589	대전 동구	하절기 방역소독 민간대행비	274,946	보건소	4	7	7	3	1	1	5	4
4590	대전 동구	아동청소년 정신건강증진사업 운영비	52,294	보건소	4	1	7	8	7	5	1	4
4591	대전 동구	생명존중문화조성 사업 운영비	50,000	보건소	4	1	7	8	7	5	1	4
4592	대전 동구	지역사회 건강조사 지정위탁	69,268	보건소	4	2	5	1	7	2	2	1
4593	대전 동구	기초정신건강복지센터 운영비	184,224	보건소	4	1	7	8	7	5	1	4
4594	대전 동구	정신건강복지센터 인력확충 운영비	217,944	보건소	4	1	7	8	7	5	1	4
4595	대전 동구	자살예방 및 정신건강증진사업 운영비	61,064	보건소	4	1	7	8	7	5	1	4
4596	대전 동구	정신건강복지센터 자살예방사업 지원	35,315	보건소	4	1	7	8	7	5	1	4
4597	대전 동구	통합정신건강증진사업 운영비	92,000	보건소	4	1	7	8	7	5	1	4
4598	대전 동구	기초정신건강복지센터 종사자특별수당	15,600	보건소	4	1	7	8	7	5	1	4
4599	대전 서구	마을공동체 지원센터 운영	3,595	자치행정과	4	4	7	8	7	1	1	4
4600	대전 서구	마을공동체 지원센터 운영	58,936	자치행정과	4	4	7	8	7	1	1	4
4601	대전 서구	마을공동체 지원센터 운영	79,620	자치행정과	4	4	7	8	7	1	1	4
4602	대전 서구	마을공동체 지원센터 운영	147,874	자치행정과	4	4	7	8	7	1	1	4
4603	대전 서구	마을공동체 지원센터 운영	100,000	자치행정과	4	4	7	8	7	1	1	4
4604	대전 서구	마을공동체 지원센터 운영	20,000	자치행정과	4	4	7	8	7	1	1	4
4605	대전 서구	전국 통합 자원봉사보험 가입 서비스 지원	27,876	자치행정과	4	2	7	8	7	3	3	4
4606	대전 서구	자원봉사센터운영 지원	28,930	자치행정과	4	2	7	8	7	3	3	4
4607	대전 서구	자원봉사센터운영 지원	180,929	자치행정과	4	2	7	8	7	3	3	4
4608	대전 서구	자원봉사센터운영 지원	31,600	자치행정과	4	2	7	8	7	3	3	4
4609	대전 서구	자원봉사센터운영 지원	241,459	자치행정과	4	2	7	8	7	3	3	4
4610	대전 서구	자원봉사 코디네이터 지원 육성	58,768	자치행정과	4	2	7	8	7	3	3	4
4611	대전 대덕구	대덕문예회관위탁운영	356,000	문화관광체육과	4	1	4	3	7	1	1	2
4612	대전 대덕구	장애인 종합복지관 운영	14,249	사회복지과	4	6	7	8	7	5	1	4
4613	대전 대덕구	노인복지관운영지원	1,189,810	사회복지과	4	1	5	5	1	1	1	1
4614	대전 대덕구	사회복지관 운영	2,124	사회복지과	4	1	7	8	7	1	1	4
4615	대전 대덕구	유아숲교육운영	77,040	공원녹지과	4	2	7	8	7	5	5	4
4616	대전 대덕구	어린이급식관리 지원센터 운영	525,000	위생과	4	2	1	3	1	5	3	1
4617	대전 대덕구	대덕구청직장어린이집 운영 지원	240,233	총무과	4	1	2	5	1	1	1	3
4618	대전 대덕구	정신건강복지센터 지원	184,224	건강정책과	4	1	1	5	1	1	1	1
4619	대전 대덕구	정신건강복지센터 종사자특별수당	12,000	건강정책과	4	1	1	5	1	1	1	1
4620	대전 대덕구	아동청소년 정신보건사업	104,588	건강정책과	4	1	1	5	1	1	1	1
4621	대전 대덕구	자살예방 및 정신건강증진사업	61,064	건강정책과	4	1	1	5	1	1	1	1
4622	대전 대덕구	생명존중문화조성사업	50,000	건강정책과	4	1	1	5	1	1	1	1
4623	대전 대덕구	정신건강복지센터 인력확충	72,646	건강정책과	4	1	1	5	1	1	1	1

순번	시군구	지출명 (사업명)	2021년예산 (단위:천원/1년간)	담당자 (공무원)	민간이전 분류 (지방자치단체 세출예산 집행기준에 의거)	민간이전지출 근거 (지방보조금 관리기준 참고)	입찰방식			운영예산 산정		성과평가 실시여부
				담당부서	1. 민간경상사업보조(307-02) 2. 민간단체 법정운영비보조(307-03) 3. 민간행사사업보조(307-04) 4. 민간위탁금(307-05) 5. 사회복지시설 법정운영비보조(307-10) 6. 민간인위탁교육비(307-12) 7. 공기관등에대한경상적위탁사업비(308-10) 8. 민간자본사업보조,자체재원(402-01) 9. 민간자본사업보조,이전재원(402-02) 10. 민간위탁사업비(402-03) 11. 공기관등에 대한 자본적 대행사업비(403-02)	1. 법률에 규정 2. 국고보조 재원(국가지정) 3. 용도 지정 기부금 4. 조례에 직접규정 5. 지자체가 권장하는 사업을 하는 공공기관 6. 시,도 정책 및 재정사정 7. 기타 8. 해당없음	계약체결방법 (경쟁형태) 1. 일반경쟁 2. 제한경쟁 3. 지명경쟁 4. 수의계약 5. 법정위탁 6. 기타 ( ) 7. 해당없음	계약기간 1. 1년 2. 2년 3. 3년 4. 4년 5. 5년 6. 기타 ( )년 7. 단기계약 (1년미만) 8. 해당없음	낙찰자선정방법 1. 적격심사 2. 협상에의한계약 3. 최저가낙찰제 4. 규격가격분리 5. 2단계 경쟁입찰 6. 기타 ( ) 7. 해당없음	운영예산 산정 1. 내부산정 (지자체 자체적으로 산정) 2. 외부산정 (외부전문기관위탁 산정) 3. 내·외부 모두 산정 4. 산정 無 5. 해당없음	정산방법 1. 내부정산 (지자체 내부적으로 정산) 2. 외부정산 (외부전문기관위탁 정산) 3. 내·외부 모두 산정 4. 정산 無 5. 해당없음	1. 실시 2. 미실시 3. 향후 추진 4. 해당없음
4624	대전 대덕구	정신건강복지센터 자살예방사업 지원	35,315	건강정책과	4	1	1	5	1	1	1	1
4625	대전 대덕구	중독관리통합지원센터 지원	163,022	건강정책과	4	1	1	5	1	1	1	1
4626	대전 대덕구	중독관리통합지원센터 종사자특별수당	3,600	건강정책과	4	1	1	5	1	1	1	1
4627	대전 대덕구	통합정신건강증진사업	156,000	건강정책과	4	1	1	5	1	1	1	1
4628	대전 대덕구	지역사회건강조사 조사분석 위탁운영	69,768	건강정책과	4	2	6	1	7	5	3	1
4629	부산 서구	산모신생아 건강관리 지원 사업	173,544	보건행정과	4	1	7	8	7	5	3	1
4630	부산 서구	저소득층 기저귀 조제분유 지원사업	48,240	보건행정과	4	1	7	8	7	5	3	2
4631	부산 서구	지역사회건강조사 조사분석 위탁운영	69,162	보건행정과	4	1	6	1	7	1	3	2
4632	부산 서구	기초 정신건강복지센터운영	182,440	보건행정과	4	1	1	3	1	1	3	1
4633	부산 서구	정신건강증진사업	30,540	보건행정과	4	1	1	3	1	1	3	1
4634	부산 서구	아동청소년정신보건	51,970	보건행정과	4	1	1	3	1	1	3	1
4635	부산 서구	중증정신질환자 집중관리 재활프로그램 운영	9,000	보건행정과	4	1	1	3	1	1	3	1
4636	부산 서구	정신건강증진센터 종사자 복지수당	25,200	보건행정과	4	1	1	3	1	1	3	1
4637	부산 서구	자살예방사업	10,180	보건행정과	4	1	1	3	1	1	3	1
4638	부산 서구	자살예방 및 정신건강증진 사업	9,292	보건행정과	4	1	1	3	1	1	3	1
4639	부산 서구	통합정신건강증진사업	160,000	보건행정과	4	1	1	3	1	1	3	1
4640	부산 서구	정신건강복지센터 자살예방사업지원	17,500	보건행정과	4	1	1	3	1	1	3	1
4641	부산 서구	기초 정신건강복지센터 인력확충	269,360	보건행정과	4	1	1	3	1	1	3	1
4642	부산 서구	시니어클럽 운영	312,288	복지정책과	4	1	6	5	6	1	1	1
4643	부산 서구	노인복지관 운영비	1,279,000	복지정책과	4	1	5	5	6	1	1	1
4644	부산 서구	사회복지관 운영비 지원	713,100	복지정책과	4	4	5	5	6	1	1	3
4645	부산 서구	무연고사망자 처리	12,000	생활지원과	4	7	4	1	7	5	5	4
4646	부산 서구	자활근로사업지원	180,000	생활지원과	4	2	5	1	7	5	5	4
4647	부산 서구	청소년지도사배치지원	23,208	시설사업단	4	2	2	3	6	5	1	4
4648	부산 서구	청소년방과후아카데미운영지원	164,042	시설사업단	4	2	2	3	6	5	1	4
4649	부산 서구	구덕청소년수련시설운영	200,000	시설사업단	4	4	2	3	6	1	1	4
4650	부산 서구	2021년 유아숲교육 민간위탁	154,000	시설사업단	4	2	2	7	6	5	1	4
4651	부산 서구	건강가정·다문화가족지원센터 운영	490,380	가족행복과	4	4	7	8	7	1	1	2
4652	부산 서구	가족역량강화지원	104,240	가족행복과	4	4	7	8	7	1	1	2
4653	부산 서구	공동육아나눔터 운영	53,828	가족행복과	4	4	7	8	7	1	1	2
4654	부산 서구	아이돌봄지원	1,078,218	가족행복과	4	4	7	8	7	1	1	2
4655	부산 서구	다문화가족 방문교육 서비스	52,608	가족행복과	4	4	7	8	7	1	1	2
4656	부산 서구	다문화가족 사례관리	31,825	가족행복과	4	4	7	8	7	1	1	2
4657	부산 서구	결혼이민자 통번역 서비스	30,050	가족행복과	4	4	7	8	7	1	1	2
4658	부산 서구	이중언어 가족환경 조성	30,070	가족행복과	4	4	7	8	7	1	1	2
4659	부산 서구	다함께돌봄센터 지원 사업	105,120	가족행복과	4	2	1	5	1	5	1	1
4660	부산 서구	다함께돌봄센터 지원 사업	7,200	가족행복과	4	2	1	5	1	5	1	1
4661	부산 서구	다함께돌봄센터 운영 지원	12,000	가족행복과	4	2	1	5	1	5	1	1
4662	부산 서구	청소년안전망 구축	96,800	가족행복과	4	4	7	8	7	1	1	2
4663	부산 서구	청소년안전망 구축	154,680	가족행복과	4	4	7	8	7	1	1	2
4664	부산 서구	청소년동반자 프로그램 운영	93,280	가족행복과	4	4	7	8	7	1	1	2
4665	부산 서구	청소년동반자 프로그램 운영	11,218	가족행복과	4	4	7	8	7	1	1	2
4666	부산 서구	성수기 송도해수욕장일원 질서유지 관리용역	60,000	구민안전과	4	7	2	7	3	5	5	4

순번	시군구	지출명 (사업명)	2021년예산 (단위:천원/1년간)	담당자 (공무원)	민간이전 분류 (지방자치단체 세출예산 집행기준에 의거) 1. 민간경상사업보조(307-02) 2. 민간단체 법정운영비보조(307-03) 3. 민간행사사업보조(307-04) 4. 민간위탁금(307-05) 5. 사회복지시설 법정운영비보조(307-10) 6. 민간인위탁교육비(307-12) 7. 공기관등에대한경상적위탁사업비(308-10) 8. 민간자본사업보조,자체재원(402-01) 9. 민간자본사업보조,이전재원(402-02) 10. 민간위탁사업비(402-03) 11. 공기관등에 대한 자본적 대행사업비(403-02)	민간이전지출 근거 (지방보조금 관리기준 참고) 1. 법률에 규정 2. 국고보조 재원(국가지정) 3. 용도 지정 기부금 4. 조례에 직접규정 5. 지자체가 권장하는 사업을 하는 공공기관 6. 시,도 정책 및 재정사정 7. 기타 8. 해당없음	입찰방식			운영예산 산정		성과평가 실시여부
				담당부서			계약체결방법 (경쟁형태) 1. 일반경쟁 2. 제한경쟁 3. 지명경쟁 4. 수의계약 5. 법정위탁 6. 기타 ( ) 7. 해당없음	계약기간 1. 1년 2. 2년 3. 3년 4. 4년 5. 5년 6. 기타 ( )년 7. 단기계약 (1년미만) 8. 해당없음	낙찰자선정방법 1. 적격심사 2. 협상에의한계약 3. 최저가낙찰제 4. 규격가격분리 5. 2단계 경쟁입찰 6. 기타 ( ) 7. 해당없음	운영예산 산정 1. 내부산정 (지자체 자체적으로 산정) 2. 외부산정 (외부전문기관위탁 산정) 3. 내·외부 모두 산정 4. 산정 無 5. 해당없음	정산방법 1. 내부정산 (지자체 내부적으로 정산) 2. 외부정산 (외부전문기관위탁 정산) 3. 내·외부 모두 산정 4. 정산 無 5. 해당없음	1. 실시 2. 미실시 3. 향후 추진 4. 해당없음
4667	부산 서구	이태석신부기념관 위탁 운영	103,740	문화관광과	4	4	2	2	1	1	1	2
4668	부산 서구	송도스포츠센터 운영 지원	217,000	문화관광과	4	7	1	3	1	1	1	1
4669	부산 서구	자원봉사센터 운영 지원	89,850	총무과	4	1	7	3	6	1	1	1
4670	부산 서구	직장 어린이집 지원	192,000	총무과	4	1	7	8	7	5	5	4
4671	부산 서구	진로교육지원센터 운영	125,000	총무과	4	4	2	2	6	1	1	3
4672	부산 동구	직원자녀어린이집 위탁보육비	99,600	행정자치과	4	1	6	1	6	1	1	4
4673	부산 동구	생활체육교실 운영	16,667	문화체육관광과	4	1	7	8	7	5	1	1
4674	부산 동구	일반생활체육지도자 배치	146,160	문화체육관광과	4	2	7	8	7	5	1	1
4675	부산 동구	어르신 체육활동 지도자 배치	58,464	문화체육관광과	4	2	7	8	7	5	1	1
4676	부산 동구	생활체육프로그램 운영	9,460	문화체육관광과	4	1	7	8	7	5	1	1
4677	부산 동구	스포츠강좌이용권 사업	114,000	문화체육관광과	4	2	7	8	7	5	1	1
4678	부산 동구	장애인스포츠강좌이용권 지원사업	7,680	문화체육관광과	4	2	7	8	7	5	1	1
4679	부산 동구	생활체육 실천광장 운영	4,000	문화체육관광과	4	1	7	8	7	5	1	1
4680	부산 동구	일반·어르신 생활체육지도자 처우개선	10,920	문화체육관광과	4	1	7	8	7	5	1	1
4681	부산 동구	동구 새마을이동도서관	82,154	교육운영과	4	4	7	8	7	1	1	4
4682	부산 동구	유기동물 관리	15,000	일자리경제과	4	1	4	1	1	1	1	4
4683	부산 동구	광견병 예방접종 시술비 지원	1,200,000	일자리경제과	4	1	7	8	7	5	5	4
4684	부산 동구	유기동물 구조보호비	2,000	일자리경제과	4	1	7	8	7	5	5	4
4685	부산 동구	길고양이 중성화수술비 지원	24,720	일자리경제과	4	1	7	8	7	5	5	4
4686	부산 동구	유아숲 교육운영	51,000	일자리경제과	4	2	7	8	7	5	5	4
4687	부산 동구	무연고 행려사망자 지원	8,000	복지지원과	4	1	5	1	2	2	2	3
4688	부산 동구	발달장애인 요양보호사 보조사업	415,933	복지지원과	4	1	5	7	1	1	1	3
4689	부산 동구	무료급식소 운영	10,000	복지지원과	4	4	5	2	2	1	1	2
4690	부산 동구	동구노인복지관 운영비 지원	695,920	복지지원과	4	1	7	8	7	1	1	1
4691	부산 동구	동구노인복지관 분관 운영비 지원	421,175	복지지원과	4	1	7	8	7	1	1	1
4692	부산 동구	자성대노인복지관 운영비 지원	597,002	복지지원과	4	1	7	8	7	1	1	1
4693	부산 동구	다문화가족지원센터운영지원	155,280	행복가정과	4	2	1	3	6	4	1	2
4694	부산 동구	자녀방문교육지원서비스	87,680	행복가정과	4	2	1	3	6	4	1	2
4695	부산 동구	다문화가족 사례관리 지원	31,825	행복가정과	4	2	1	3	6	4	1	2
4696	부산 동구	이중언어 가족환경조성	30,070	행복가정과	4	2	1	3	6	4	1	2
4697	부산 동구	다문화가족자녀언어발달지원	34,680	행복가정과	4	2	1	3	6	4	1	2
4698	부산 동구	결혼이민자 통번역 서비스	30,050	행복가정과	4	2	1	3	6	4	1	2
4699	부산 동구	결혼이민자 역량강화 지원	20,000	행복가정과	4	2	1	3	6	4	1	2
4700	부산 동구	학교 밖 청소년 지원	84,517	행복가정과	4	2	7	8	7	5	1	1
4701	부산 동구	청소년 안전망 구축	97,470	행복가정과	4	2	7	8	7	5	1	1
4702	부산 동구	청소년 안전망 구축	160,096	행복가정과	4	2	7	8	7	5	1	1
4703	부산 동구	청소년 동반자 프로그램 운영	94,070	행복가정과	4	2	7	8	7	5	1	1
4704	부산 동구	청소년 동반자 프로그램 운영	11,588	행복가정과	4	2	7	8	7	5	1	1
4705	부산 동구	학교밖 청소년 급식비 지원	10,521	행복가정과	4	2	7	8	7	5	1	1
4706	부산 동구	음식물류폐기물 민간위탁 처리	228,725	자원순환과	4	1	4	1	7	5	5	4
4707	부산 동구	음식물류폐기물 민간위탁 처리	228,725	자원순환과	4	8	4	1	7	5	5	4
4708	부산 동구	음식물류폐기물 민간위탁 처리	228,725	자원순환과	4	8	4	1	7	5	5	4
4709	부산 동구	폐유리병 민간위탁 처리	13,200	자원순환과	4	8	4	1	7	5	5	4

순번	시군구	지출명 (사업명)	2021년예산 (단위:천원/1년간)	담당자 (공무원)	민간이전 분류 (지방자치단체 세출예산 집행기준에 의거)	민간이전지출 근거 (지방보조금 관리기준 참고)	입찰방식			운영예산 산정		성과평가 실시여부
				담당부서	1. 민간경상사업보조(307-02) 2. 민간단체 법정운영비보조(307-03) 3. 민간행사사업보조(307-04) 4. 민간위탁금(307-05) 5. 사회복지시설 법정운영비보조(307-10) 6. 민간인위탁교육비(307-12) 7. 공기관등에대한경상적위탁사업비(308-10) 8. 민간자본사업보조,자체재원(402-01) 9. 민간자본사업보조,이전재원(402-02) 10. 민간위탁사업비(402-03) 11. 공기관등에 대한 자본적 대행사업비(403-02)	1. 법률에 규정 2. 국고보조 재원(국가지정) 3. 용도 지정 기부금 4. 조례에 직접규정 5. 지자체가 권장하는 사업을 하는 공공기관 6. 시,도 정책 및 재정사정 7. 기타 8. 해당없음	계약체결방법 (경쟁형태) 1. 일반경쟁 2. 제한경쟁 3. 지명경쟁 4. 수의계약 5. 법정위탁 6. 기타 ( ) 7. 해당없음	계약기간 1. 1년 2. 2년 3. 3년 4. 4년 5. 5년 6. 기타 ( )년 7. 단기계약 (1년미만) 8. 해당없음	낙찰자선정방법 1. 적격심사 2. 협상에의한계약 3. 최저가낙찰제 4. 규격가격분리 5. 2단계 경쟁입찰 6. 기타 ( ) 7. 해당없음	운영예산 산정 1. 내부산정 (지자체 자체적으로 산정) 2. 외부산정 (외부전문기관위탁 산정) 3. 내·외부 모두 산정 4. 산정 無 5. 해당없음	정산방법 1. 내부정산 (지자체 내부적으로 정산) 2. 외부정산 (외부전문기관위탁 정산) 3. 내·외부 모두 산정 4. 정산 無 5. 해당없음	1. 실시 2. 미실시 3. 향후 추진 4. 해당없음
4710	부산 동구	폐형광등 민간위탁 처리	1,600	자원순환과	4	8	4	1	7	5	5	4
4711	부산 동구	생활폐기물 수집 민간위탁	7,780	자원순환과	4	4	2	1	1	2	1	1
4712	부산 동구	업무시간외 로드킬 처리	29,254	자원순환과	4	8	2	7	3	1	5	4
4713	부산 동구	주거지전용주차장 관리 위탁	6,240	교통행정과	4	4	4	1	2	1	1	1
4714	부산 동구	주거지전용주차장 관리 위탁	6,240	교통행정과	4	4	4	1	2	1	1	1
4715	부산 동구	주거지전용주차장 관리 위탁	6,240	교통행정과	4	4	4	1	2	1	1	1
4716	부산 동구	주거지전용주차장 관리 위탁	6,240	교통행정과	4	4	4	1	2	1	1	1
4717	부산 동구	주거지전용주차장 관리 위탁	6,240	교통행정과	4	4	4	1	2	1	1	1
4718	부산 동구	주거지전용주차장 관리 위탁	6,240	교통행정과	4	4	4	1	2	1	1	1
4719	부산 동구	주거지전용주차장 관리 위탁	6,240	교통행정과	4	4	4	1	2	1	1	1
4720	부산 동구	주거지전용주차장 관리 위탁	6,240	교통행정과	4	4	4	1	2	1	1	1
4721	부산 동구	주거지전용주차장 관리 위탁	6,240	교통행정과	4	4	4	1	2	1	1	1
4722	부산 동구	주거지전용주차장 관리 위탁	6,240	교통행정과	4	4	4	1	2	1	1	1
4723	부산 동구	주거지전용주차장 관리 위탁	6,240	교통행정과	4	4	4	1	2	1	1	1
4724	부산 동구	주거지전용주차장 관리 위탁	6,240	교통행정과	4	4	4	1	2	1	1	1
4725	부산 동구	신생아 난청 조기진단	44,000	보건행정과	4	2	5	1	1	1	1	1
4726	부산 동구	표준모자보건수첩 제작	5,360	보건행정과	4	2	5	1	1	1	1	1
4727	부산 동구	청소년산모 임신출산 의료비 지원	100,000	보건행정과	4	2	7	8	7	1	1	1
4728	부산 동구	산모신생아 건강관리 지원사업	173,544	보건행정과	4	2	7	8	7	1	1	1
4729	부산 동구	저소득층 기저귀 조제분유 지원	48,240	보건행정과	4	2	7	8	7	1	1	1
4730	부산 동구	의료급여수급권자 영유아검진비 지원	1,600	보건행정과	4	2	5	8	7	5	5	1
4731	부산 동구	기초정신건강복지센터 운영	290,584	보건행정과	4	4	1	3	1	5	1	1
4732	부산 동구	중증질환자 관리운영 및 복지수당	26,100	보건행정과	4	4	1	3	1	5	1	1
4733	부산 동구	자살예방 및 정신건강증진사업	40,720	보건행정과	4	4	1	3	1	5	1	1
4734	부산 동구	자살예방 및 정신건강증진사업	9,292	보건행정과	4	4	1	3	1	5	1	1
4735	부산 동구	아동청소년 정신보건사업	52,294	보건행정과	4	4	1	3	1	5	1	1
4736	부산 동구	정신건강복지센터 인력확충	290,592	보건행정과	4	7	1	3	1	5	1	1
4737	부산 동구	통합정신건강증진사업	160,000	보건행정과	4	7	1	3	1	5	1	1
4738	부산 동구	정신건강복지센터 자살예방사업 지원	35,316	보건행정과	4	7	1	3	1	5	1	1
4739	부산 동구	의료급여수급권자 일반검진비 지원	37,000	보건행정과	4	2	5	8	7	5	5	4
4740	부산 동구	국가암관리사업	253,004	보건행정과	4	2	5	8	7	5	5	4
4741	부산 영도구	직원자녀 어린이집 위탁보육비	122,000	행정지원과	4	1	6	7	7	1	1	4
4742	부산 영도구	구청사 소방시설 위탁관리 수수료	6,600	행정지원과	4	1	4	1	7	1	5	4
4743	부산 영도구	오수정화조 위탁관리 수수료	4,800	행정지원과	4	8	4	1	7	1	5	4
4744	부산 영도구	구청사 청소 위탁관리 수수료	432,261	행정지원과	4	8	2	1	1	2	1	4
4745	부산 영도구	저소득 청소년 스포츠강좌 이용대금 지원	155,000	행정지원과	4	2	7	8	7	1	1	4
4746	부산 영도구	저소득 장애인 스포츠강좌 이용대금 지원	12,160	행정지원과	4	2	7	8	7	1	1	4
4747	부산 영도구	자원봉사자보험료	6,840	행정지원과	4	1	7	7	7	1	1	1
4748	부산 영도구	자원봉사센터 코디네이터 인건비	58,000	행정지원과	4	1	7	7	7	1	1	1
4749	부산 영도구	자원봉사센터 운영비 지원	126,314	행정지원과	4	1	7	7	7	1	1	1
4750	부산 영도구	자원봉사활성화 프로그램개발 사업비	21,000	행정지원과	4	1	7	7	7	1	1	1
4751	부산 영도구	진로교육지원센터 운영	250,000	평생교육과	4	4	6	3	7	1	1	1
4752	부산 영도구	유기동물위탁보호비	35,000	일자리경제과	4	4	4	3	1	2	2	4

순번	시군구	지출명 (사업명)	2021년예산 (단위:천원/1년간)	담당자 (공무원) 담당부서	민간이전 분류 (지방자치단체 세출예산 집행기준에 의거) 1. 민간경상사업보조(307-02) 2. 민간단체 법정운영비보조(307-03) 3. 민간행사사업보조(307-04) 4. 민간위탁금(307-05) 5. 사회복지시설 법정운영비보조(307-10) 6. 민간인위탁교육비(307-12) 7. 공기관등에대한경상적위탁사업비(308-10) 8. 민간자본사업보조,자체재원(402-01) 9. 민간자본사업보조,이전재원(402-02) 10. 민간위탁사업비(402-03) 11. 공기관등에 대한 자본적 대행사업비(403-02)	민간이전지출 근거 (지방보조금 관리기준 참고) 1. 법률에 규정 2. 국고보조 재원(국가지정) 3. 용도 지정 기부금 4. 조례에 직접규정 5. 지자체가 권장하는 사업을 하는 공공기관 6. 시,도 정책 및 재정사정 7. 기타 8. 해당없음	입찰방식 계약체결방법 (경쟁형태) 1. 일반경쟁 2. 제한경쟁 3. 지명경쟁 4. 수의계약 5. 법정위탁 6. 기타 ( ) 7. 해당없음	입찰방식 계약기간 1. 1년 2. 2년 3. 3년 4. 4년 5. 5년 6. 기타 ( )년 7. 단기계약 (1년미만) 8. 해당없음	입찰방식 낙찰자선정방법 1. 적격심사 2. 협상에의한계약 3. 최저가낙찰제 4. 규격가격분리 5. 2단계 경쟁입찰 6. 기타 ( ) 7. 해당없음	운영예산 산정 운영예산 산정 1. 내부산정 (지자체 자체적으로 산정) 2. 외부산정 (외부전문기관위탁 산정) 3. 내·외부 모두 산정 4. 산정 無 5. 해당없음	운영예산 산정 정산방법 1. 내부정산 (지자체 내부적으로 정산) 2. 외부정산 (외부전문기관위탁 정산) 3. 내·외부 모두 산정 4. 정산 無 5. 해당없음	성과평가 실시여부 1. 실시 2. 미실시 3. 향후 추진 4. 해당없음
4753	부산 영도구	중성화시술료	38,400	일자리경제과	4	4	7	8	7	5	5	4
4754	부산 영도구	유기동물 구조보호비 지원사업	7,000	일자리경제과	4	2	4	3	1	2	2	4
4755	부산 영도구	숲해설 산림복지전문업 위탁 운영 지원	51,000	일자리경제과	4	2	2	1	2	1	1	4
4756	부산 영도구	바우처방식 가사간병도우미사업	276,635	생활보장과	4	2	6	8	7	5	2	1
4757	부산 영도구	지역개발형 바우처 사업	1,028,765	복지사업과	4	1	5	8	7	2	2	4
4758	부산 영도구	발달장애인 요양보호사 보조일자리 지원사업	311,446	복지사업과	4	2	1	1	1	1	1	1
4759	부산 영도구	발달장애인 주간활동서비스 시비추가지원사업	8,630	복지사업과	4	2	7	8	7	5	5	4
4760	부산 영도구	학교밖 청소년지원사업	125,993	복지사업과	4	1	6	3	7	1	1	1
4761	부산 영도구	학교밖 청소년 급식비 지원	7,042	복지사업과	4	1	6	3	7	1	1	1
4762	부산 영도구	급식비 시비 추가지원분	1,284,000	복지사업과	4	1	6	3	7	1	1	1
4763	부산 영도구	노면청소차량 폐기물처리비	6,400	청소행정과	4	6	4	1	2	1	4	4
4764	부산 영도구	생활쓰레기 수집운반 민간위탁 수수료	43,000	청소행정과	4	6	4	1	7	2	1	4
4765	부산 영도구	폐합성수지류 처리비	75,600	청소행정과	4	6	2	1	1	1	4	4
4766	부산 영도구	비업무시간대 로드킬처리 수수료	29,100	청소행정과	4	6	4	1	7	1	4	4
4767	부산 영도구	음식물류 위탁처리비	1,168,136	청소행정과	4	6	4	1	7	1	1	2
4768	부산 영도구	전기안전대행수수료	3,195	청소행정과	4	6	4	1	2	3	1	2
4769	부산 영도구	재활용선별장 경비용역수수료	28,200	청소행정과	4	6	4	1	2	3	1	2
4770	부산 영도구	폐비닐 처리수수료	5,760	청소행정과	4	6	4	1	2	3	3	1
4771	부산 영도구	폐유리병 처리수수료	9,240	청소행정과	4	6	4	1	2	3	3	1
4772	부산 영도구	폐형광등 운송비	1,325,000	청소행정과	4	6	4	1	2	3	3	1
4773	부산 영도구	분뇨수집운반 및 정화조청소대행 교부금	3,380	청소행정과	4	4	4	1	7	1	1	2
4774	부산 영도구	통합관제센터 관제요원 위탁용역	552,624	도시안전과	4	4	4	1	7	1	1	2
4775	부산 영도구	지역사회건강조사 사업비 지원	68,738	보건행정과	4	2	3	1	2	1	1	1
4776	부산 영도구	정신건강복지센터 운영비	184,224	보건행정과	4	2	5	3	7	5	5	1
4777	부산 영도구	기초정신건강복지센터 인력확충	254,268	보건행정과	4	2	5	3	7	5	5	1
4778	부산 영도구	정신건강복지센터 종사자 복지수당	18,000	보건행정과	4	6	5	3	7	5	5	1
4779	부산 영도구	중증정신질환자 집중관리 프로그램 운영	9,000	보건행정과	4	6	5	3	7	5	5	1
4780	부산 영도구	자살예방 및 정신건강증진사업	40,720	보건행정과	4	2	5	3	7	5	5	1
4781	부산 영도구	아동청소년 정신건강증진 사업 지원	52,294	보건행정과	4	2	5	3	7	5	5	1
4782	부산 영도구	치매치료관리비 예탁	124,380	보건행정과	4	2	7	8	7	5	5	4
4783	부산 영도구	통합정신건강증진사업	160,000	보건행정과	4	2	5	3	7	5	5	1
4784	부산 영도구	자살예방 및 정신건강증진사업	9,292	보건행정과	4	6	5	3	7	5	5	1
4785	부산 영도구	기초정신건강복지센터 자살예방사업 지원	70,631	보건행정과	4	2	5	3	7	5	5	1
4786	부산 영도구	청소년산모 임신출산 의료지원사업	1,640	보건행정과	4	2	7	8	7	5	2	4
4787	부산 영도구	표준모자보건수첩 제작	5,360	보건행정과	4	2	7	8	7	5	2	4
4788	부산 영도구	산모신생아 건강관리 지원사업	180,714	보건행정과	4	2	7	8	7	5	2	1
4789	부산 영도구	선천성 난청 환아관리 홍보비 등	84,000	보건행정과	4	2	7	8	7	5	4	4
4790	부산 영도구	의료급여수급권자 검진비	2,200	보건행정과	4	2	7	7	7	5	4	4
4791	부산 영도구	저소득층 기저귀,조제분유 지원사업	71,760	보건행정과	4	2	7	8	7	5	2	4
4792	부산 영도구	국가 암검진비 예탁금	471,644	보건행정과	4	2	7	8	7	5	5	1
4793	부산 영도구	희귀난치성질환자 의료비지원 예탁금	350,000	보건행정과	4	2	5	8	2	1	1	1
4794	부산 영도구	의료급여수급권자 일반 건강검진비 예탁금	53,500	보건행정과	4	2	7	8	7	5	5	4
4795	부산 영도구	도서관 청소 위탁금	154,980	도서관	4	1	2	1	1	2	3	4

순번	시군구	지출명 (사업명)	2021년예산 (단위:천원/1년간)	담당자 (공무원)	민간이전 분류 (지방자치단체 세출예산 집행기준에 의거)	민간이전지출 근거 (지방보조금 관리기준 참고)	입찰방식			운영예산 산정		성과평가 실시여부
				담당부서	1. 민간경상사업보조(307-02) 2. 민간단체 법정운영비보조(307-03) 3. 민간행사사업보조(307-04) 4. 민간위탁금(307-05) 5. 사회복지시설 법정운영비보조(307-10) 6. 민간인위탁교육비(307-12) 7. 공기관등에대한경상적위탁사업비(308-10) 8. 민간자본사업보조,자체재원(402-01) 9. 민간자본사업보조,이전재원(402-02) 10. 민간위탁사업비(402-03) 11. 공기관등에 대한 자본적 대행사업비(403-02)	1. 법률에 규정 2. 국고보조 재원(국가지정) 3. 용도 지정 기부금 4. 조례에 직접규정 5. 지자체가 권장하는 사업을 하는 공공기관 6. 시,도 정책 및 재정사정 7. 기타 8. 해당없음	계약체결방법 (경쟁형태) 1. 일반경쟁 2. 제한경쟁 3. 지명경쟁 4. 수의계약 5. 법정위탁 6. 기타 ( ) 7. 해당없음	계약기간 1. 1년 2. 2년 3. 3년 4. 4년 5. 5년 6. 기타 ( )년 7. 단기계약 (1년미만) 8. 해당없음	낙찰자선정방법 1. 적격심사 2. 협상에의한계약 3. 최저가낙찰제 4. 규격가격분리 5. 2단계 경쟁입찰 6. 기타 ( ) 7. 해당없음	운영예산 산정 1. 내부산정 (지자체 자체적으로 산정) 2. 외부산정 (외부전문기관위탁 산정) 3. 내·외부 모두 산정 4. 산정 無 5. 해당없음	정산방법 1. 내부정산 (지자체 내부적으로 정산) 2. 외부정산 (외부전문기관위탁 정산) 3. 내·외부 모두 산정 4. 정산 無 5. 해당없음	1. 실시 2. 미실시 3. 향후 추진 4. 해당없음
4796	부산 영도구	어린이영어도서관 소방시설위탁관리 용역비	1,584	도서관	4	1	4	1	7	1	4	4
4797	부산 영도구	어린이영어도서관 방역위탁관리	1,500,000	도서관	4	1	4	1	7	1	4	4
4798	부산 영도구	승강기 점검 및 유지관리 용역	4,440	문화예술회관	4	7	4	1	7	1	1	2
4799	부산 영도구	소방시설 관리점검 용역	1,500,000	문화예술회관	4	7	4	1	7	1	1	2
4800	부산 영도구	청사시설 무인경비 용역	5,400	문화예술회관	4	7	4	1	7	1	1	2
4801	부산 영도구	오수처리시설 유지관리 위탁용역	1,500,000	문화예술회관	4	7	4	1	7	1	1	2
4802	부산 영도구	청사 청소용역비	167,193	문화예술회관	4	7	2	1	1	2	1	2
4803	부산 진구	구청어린이집 위탁운영	309,414	행정자치과	4	3	1	3	1	1	1	4
4804	부산 진구	붑산진구자원봉사센터 운영	291,681	행정자치과	4	1	7	8	7	1	1	4
4805	부산 진구	일자리 거버넌스 구축 운영	200,000	일자리경제과	4	7	7	8	7	5	5	4
4806	부산 진구	청년플랫폼 프로그램 운영	22,000	일자리경제과	4	8	7	8	7	5	5	4
4807	부산 진구	유기동물 위탁보호비	70,000	일자리경제과	4	1	6	2	1	1	1	2
4808	부산 진구	유기동물 구조보호비	15,000	일자리경제과	4	2	7	8	7	5	5	4
4809	부산 진구	길고양이 중성화 수술비 지원	101,000	일자리경제과	4	2	7	8	7	5	5	4
4810	부산 진구	생활폐기물 수거운반 대행수수료	13,000	청소행정과	4	1	4	1	7	2	1	1
4811	부산 진구	대형폐기물처리 대행수수료	50,000	청소행정과	4	4	4	3	7	5	1	1
4812	부산 진구	폐유리병 처리수수료	33,000	청소행정과	4	1	4	1	7	1	1	4
4813	부산 진구	폐형광등 운반수수료	6,171	청소행정과	4	7	4	1	7	1	1	4
4814	부산 진구	음식물쓰레기처리비	2,517	청소행정과	4	1	4	1	7	1	1	4
4815	부산 진구	분뇨처리수수료대행징수금	5,610	청소행정과	4	4	4	2	7	1	1	4
4816	부산 진구	공중화장실청소대행수	19,800	청소행정과	4	6	4	2	7	1	1	4
4817	부산 진구	자활근로사업	2,911	희망복지과	4	2	6	3	6	1	1	4
4818	부산 진구	사회복지관 운영비 지원	622,400	희망복지과	4	2	6	5	6	3	3	4
4819	부산 진구	사회복지관 운영비 지원	741,100	희망복지과	4	2	6	5	6	3	3	4
4820	부산 진구	사회복지관 운영비 지원	761,200	희망복지과	4	2	6	5	6	3	3	4
4821	부산 진구	사회복지관 운영비 지원	741,100	희망복지과	4	2	6	5	6	3	3	4
4822	부산 진구	노인친화형 주거환경개선사업	200,000	희망복지과	4	7	4	6	6	1	1	4
4823	부산 진구	청소년문화의집 운영	189,600	평생교육과	4	1	2	3	1	1	1	3
4824	부산 진구	청소년문화센터 운영	198,000	평생교육과	4	1	2	3	1	1	1	1
4825	부산 진구	청소년참여위원회 운영	2,800	평생교육과	4	4	7	3	7	5	5	3
4826	부산 진구	부산진구진로교육지원센터 운영 지원	280,000	평생교육과	4	4	2	1	1	1	1	1
4827	부산 진구	어린이청소년도서관 청소 및 사서보조 위탁	23,760	평생교육과	4	1	7	7	7	1	1	4
4828	부산 진구	4차 산업혁명 대비 인재 양성 SW교육 지원	45,000	평생교육과	4	7	7	8	7	5	5	4
4829	부산 진구	노인복지관 운영비	849,694	노인장애인복지과	4	1	5	5	1	1	1	1
4830	부산 진구	양정어르신쉼터	30,000	노인장애인복지과	4	1	5	5	1	1	1	1
4831	부산 진구	장애인복지관 운영	1,058,071	노인장애인복지과	4	1	7	8	7	5	1	1
4832	부산 진구	건강가정지원센터 운영	294,080	여성가족과	4	2	5	3	6	5	1	2
4833	부산 진구	건강가정지원센터 종사자 복지포인트	1,400,000	여성가족과	4	2	5	3	6	5	1	2
4834	부산 진구	다문화가족지원센터 운영	155,300	여성가족과	4	2	5	3	6	5	1	2
4835	부산 진구	다문화가족지원센터 종사자 복지포인트	1,800	여성가족과	4	2	5	3	6	5	1	2
4836	부산 진구	다문화가족 특성화사업	354,648	여성가족과	4	2	5	3	6	5	1	2
4837	부산 진구	결혼이민자 학력신장 지원사업	4,400	여성가족과	4	2	5	3	6	5	1	2
4838	부산 진구	육아종합지원센터 운영 지원	648,650	여성가족과	4	4	7	8	7	1	1	2

순번	시군구	지출명 (사업명)	2021년예산 (단위:천원/1년간)	담당자 (공무원)	민간이전 분류 (지방자치단체 세출예산 집행기준에 의거)	민간이전지출 근거 (지방보조금 관리기준 참고)	입찰방식			운영예산 산정		성과평가 실시여부
				담당부서	1. 민간경상사업보조(307-02) 2. 민간단체 법정운영비보조(307-03) 3. 민간행사사업보조(307-04) 4. 민간위탁금(307-05) 5. 사회복지시설 법정운영비보조(307-10) 6. 민간인위탁교육비(307-12) 7. 공기관등에대한경상적위탁사업비(308-10) 8. 민간자본사업보조,자체재원(402-01) 9. 민간자본사업보조,이전재원(402-02) 10. 민간위탁사업비(402-03) 11. 공기관등에 대한 자본적 대행사업비(403-02)	1. 법률에 규정 2. 국고보조 재원(국가지정) 3. 용도 지정 기부금 4. 조례에 직접규정 5. 지자체가 권장하는 사업을 하는 공공기관 6. 시,도 정책 및 재정사정 7. 기타 8. 해당없음	계약체결방법 (경쟁형태) 1. 일반경쟁 2. 제한경쟁 3. 지명경쟁 4. 수의계약 5. 법정위탁 6. 기타 ( ) 7. 해당없음	계약기간 1. 1년 2. 2년 3. 3년 4. 4년 5. 5년 6. 기타 ( )년 7. 단기계약 (1년미만) 8. 해당없음	낙찰자선정방법 1. 적격심사 2. 협상에의한계약 3. 최저가낙찰제 4. 규격가격분리 5. 2단계 경쟁입찰 6. 기타 ( ) 7. 해당없음	운영예산 산정 1. 내부산정 (지자체 자체적으로 산정) 2. 외부산정 (외부전문기관위탁 산정) 3. 내·외부 모두 산정 4. 산정 無 5. 해당없음	정산방법 1. 내부정산 (지자체 내부적으로 정산) 2. 외부정산 (외부전문기관위탁 정산) 3. 내·외부 모두 산정 4. 정산 無 5. 해당없음	1. 실시 2. 미실시 3. 향후 추진 4. 해당없음
4839	부산 진구	육아종합지원센터 가정양육사업 지원	28,000	여성가족과	4	4	7	8	7	1	1	2
4840	부산 진구	시간제보육서비스	133,236	여성가족과	4	2	7	8	7	1	1	2
4841	부산 진구	유아숲체험원 민간위탁	102,000	공원녹지과	4	2	7	8	7	5	5	4
4842	부산 진구	지역사회건강조사 조사분석 위탁운영	69,042	건강증진과	4	1	6	1	7	2	2	1
4843	부산 진구	자살예방 및 정신건강증진사업	81,440	건강증진과	4	1	3	3	1	1	1	1
4844	부산 진구	정신건강복지센터 자살예방사업 지원	35,000	건강증진과	4	1	3	3	1	1	1	1
4845	부산 진구	기초정신건강복지센터 지원	184,224	건강증진과	4	1	3	3	1	1	1	1
4846	부산 진구	정신건강복지센터 종사자 복지수당	39,600	건강증진과	4	1	3	3	1	1	1	1
4847	부산 진구	중증정신질환자 집중관리사업	9,000	건강증진과	4	1	3	3	1	1	1	1
4848	부산 진구	정신건강복지센터 인력확충	508,522	건강증진과	4	1	3	3	1	1	1	1
4849	부산 진구	통합정신건강증진사업	160,000	건강증진과	4	1	3	3	1	1	1	1
4850	부산 진구	아동청소년정신보건사업	52,294	건강증진과	4	1	3	3	1	1	1	1
4851	부산 진구	문화복합센터운영	7,200	초읍동	4	5	4	1	7	2	4	2
4852	부산 진구	행복마루 작은도서관 사서업무 위탁	7,200	양정1동	4	7	4	1	7	1	1	2
4853	부산 진구	생활문화센터 운영	21,600	전포1동	4	5	4	1	7	2	4	2
4854	부산 진구	작은도서관 사서업무 위탁	7,200	당감1동	4	7	4	1	7	1	1	2
4855	부산 진구	작은도서관 사서업무 위탁	7,200	당감4동	4	7	4	1	7	1	1	2
4856	부산 동래구	직원자녀 어린이집 위탁보육	110,400	총무과	4	1	5	1	7	1	1	4
4857	부산 동래구	진로교육지원센터 운영	270,000	평생교육과	4	4	1	5	1	1	1	4
4858	부산 동래구	쓰레기 민간위탁 처리	9,419	청소과	4	4	2	1	3	2	1	1
4859	부산 동래구	자체처리불가 폐기물 위탁처리	54,000	청소과	4	4	2	6	6	1	1	4
4860	부산 동래구	로드킬 동물사체 처리비	19,700	청소과	4	4	4	1	7	1	1	4
4861	부산 동래구	폐유리병 선별 처리비	21,120	청소과	4	8	4	1	7	5	5	2
4862	부산 동래구	폐형광등 처리 운반비	3,218	청소과	4	8	4	1	7	5	5	2
4863	부산 동래구	음식물류 폐기물민간시설 위탁처리비	2,470	청소과	4	1	4	1	7	1	5	4
4864	부산 동래구	청소년 안전망 구축 지원	97,470	복지정책과	4	1	1	3	1	4	1	2
4865	부산 동래구	지방상담사업 운영	174,496	복지정책과	4	1	1	3	1	4	1	2
4866	부산 동래구	청소년동반자 운영 지원	116,890	복지정책과	4	1	1	3	1	4	1	2
4867	부산 동래구	청소년동반자 퇴직적립금 및 사회보험금 기관부담금 지원	12,104	복지정책과	4	1	1	3	1	4	1	2
4868	부산 동래구	가정양육사업 지원	28,000	주민복지과	4	2	1	5	6	5	5	4
4869	부산 동래구	육아종합지원센터 운영	570,000	주민복지과	4	1	1	5	6	1	1	4
4870	부산 동래구	다함께 돌봄센터 인건비 지원	105,120	주민복지과	4	2	5	5	7	1	1	4
4871	부산 동래구	다함께 돌봄센터 운영비 지원	19,200	주민복지과	4	2	5	5	7	1	1	4
4872	부산 동래구	숲해설산림복지전문업위탁운영	51,000	녹지공원과	4	2	7	8	7	5	5	4
4873	부산 동래구	기초 정신건강복지센터운영	182,440	건강증진과	4	2	2	3	6	5	5	4
4874	부산 동래구	지역사회건강조사 조사분석 위탁운영	68,966	건강증진과	4	2	7	8	7	5	5	4
4875	부산 동래구	정신건강복지센터 종사자 복지수당	21,600	건강증진과	4	2	2	3	6	5	5	4
4876	부산 동래구	중증정신질환자 집중관리 프로그램 운영	10,000	건강증진과	4	2	2	3	6	5	5	4
4877	부산 동래구	아동청소년정신보건	51,970	건강증진과	4	2	2	3	6	5	5	4
4878	부산 동래구	지역자살예방사업	50,012	건강증진과	4	2	2	3	6	5	5	4
4879	부산 동래구	정신건강기초센터 인력확충	215,880	건강증진과	4	2	2	3	6	5	5	4
4880	부산 동래구	통합정신건강증진사업	182,440	건강증진과	4	2	2	3	6	5	5	4
4881	부산 남구	직원자녀 어린이집 위탁보육료	200,000	행정지원과	4	1	4	1	7	1	1	4

순번	시군구	지출명 (사업명)	2021년예산 (단위:천원/1년간)	담당자 (공무원)	민간이전 분류 (지방자치단체 세출예산 집행기준에 의거)	민간이전지출 근거 (지방보조금 관리기준 참고)	입찰방식			운영예산 산정		성과평가 실시여부
				담당부서	1. 민간경상사업보조(307-02) 2. 민간단체 법정운영비보조(307-03) 3. 민간행사사업보조(307-04) 4. 민간위탁금(307-05) 5. 사회복지시설 법정운영비보조(307-10) 6. 민간인위탁교육비(307-12) 7. 공기관등에대한경상적위탁사업비(308-10) 8. 민간자본사업보조,자체재원(402-01) 9. 민간자본사업보조,이전재원(402-02) 10. 민간위탁사업비(402-03) 11. 공기관등에 대한 자본적 대행사업비(403-02)	1. 법률에 규정 2. 국고보조 재원(국가지정) 3. 용도 지정 기부금 4. 조례에 직접규정 5. 지자체가 권장하는 사업을 하는 공공기관 6. 시,도 정책 및 재정사정 7. 기타 8. 해당없음	계약체결방법 (경쟁형태) 1. 일반경쟁 2. 제한경쟁 3. 지명경쟁 4. 수의계약 5. 법정위탁 6. 기타 ( ) 7. 해당없음	계약기간 1. 1년 2. 2년 3. 3년 4. 4년 5. 5년 6. 기타 ( )년 7. 단기계약 (1년미만) 8. 해당없음	낙찰자선정방법 1. 적격심사 2. 협상에의한계약 3. 최저가낙찰제 4. 규격가격분리 5. 2단계 경쟁입찰 6. 기타 ( ) 7. 해당없음	운영예산 산정 1. 내부산정 (지자체 자체적으로 산정) 2. 외부산정 (외부전문기관위탁 산정) 3. 내·외부 모두 산정 4. 산정 無 5. 해당없음	정산방법 1. 내부정산 (지자체 내부적으로 정산) 2. 외부정산 (외부전문기관위탁 정산) 3. 내·외부 모두 산정 4. 정산 無 5. 해당없음	1. 실시 2. 미실시 3. 향후 추진 4. 해당없음
4882	부산 남구	자원봉사 활성화 지원	156,262	행정지원과	4	1	7	8	7	1	1	1
4883	부산 남구	전국 통합 자원봉사보험 가입 서비스 지원	14,750	행정지원과	4	1	7	8	7	1	1	1
4884	부산 남구	자원봉사 코디네이터 지원·육성	62,493	행정지원과	4	1	7	8	7	1	1	1
4885	부산 남구	유기동물 위탁보호	43,000	일자리경제과	4	6	2	2	5	1	1	2
4886	부산 남구	들개 긴급 포획(구조) 사업	10,000	일자리경제과	4	6	4	1	1	1	1	2
4887	부산 남구	길고양이 중성화 수술지원	54,000	일자리경제과	4	2	7	8	7	5	5	4
4888	부산 남구	생활쓰레기 수집운반 민간위탁수수료	11,786	자원순환과	4	1	4	1	2	2	1	1
4889	부산 남구	2021년 공중화장실 청소 민간위탁	219,461	자원순환과	4	7	4	1	2	2	1	2
4890	부산 남구	2021년 공동화장실 청소 민간위탁	70,817	자원순환과	4	7	4	1	2	2	1	2
4891	부산 남구	분뇨처리수수료	4,290	자원순환과	4	4	4	1	6	1	1	2
4892	부산 남구	음식물류폐기물 민간위탁처리	2,256	자원순환과	4	1	4	1	7	1	1	1
4893	부산 남구	민간위탁금	25,920	자원순환과	4	1	4	1	7	1	1	2
4894	부산 남구	숲해설 산림복지전문업 위탁 운영 지원	51,000	공원녹지과	4	2	6	1	6	1	1	3
4895	부산 남구	복지관 운영 지원	2,085	복지정책과	4	1	6	5	6	1	1	4
4896	부산 남구	진로교육지원센터 운영	270,000	평생교육과	4	1	1	3	1	1	1	1
4897	부산 남구	청소년 활동지원	2,800	평생교육과	4	1	1	3	1	1	1	2
4898	부산 남구	학교 밖 청소년지원	84,517	평생교육과	4	1	1	3	1	1	1	2
4899	부산 남구	학교 밖 청소년 급식비 지원	13,844	평생교육과	4	1	1	3	1	1	1	2
4900	부산 남구	학교 밖 청소년 급식비 지원	1,949	평생교육과	4	1	1	3	1	1	1	2
4901	부산 남구	청소년안전망 구축 지원	97,470	평생교육과	4	1	1	3	1	1	1	2
4902	부산 남구	지방상담 운영	160,096	평생교육과	4	1	1	3	1	1	1	2
4903	부산 남구	청소년동반자 운영 지원	116,890	평생교육과	4	1	1	3	1	1	1	2
4904	부산 남구	청소년동반자 기관부담금 지원	12,104	평생교육과	4	1	1	3	1	1	1	2
4905	부산 남구	남구노인회관 시설 운영	3,600	주민복지과	4	4	7	3	7	1	1	1
4906	부산 남구	노인복지관 운영 지원	693,840	주민복지과	4	4	7	5	7	1	1	1
4907	부산 남구	노인일자리 및 사회활동지원 확대	10,599	주민복지과	4	4	7	1	7	1	1	1
4908	부산 남구	시니어클럽 운영	327,472	주민복지과	4	4	7	3	7	1	1	1
4909	부산 남구	중증장애인 지역 맞춤형 취업지원	45,880	주민복지과	4	1	7	8	7	1	1	1
4910	부산 남구	행려환자 사망자 장제처리	4,800	생활보장과	4	7	4	1	7	1	1	4
4911	부산 남구	지역사회건강조사	68,966	건강증진과	4	1	5	1	1	1	1	3
4912	부산 남구	기초정신건강복지센터운영	182,440	건강증진과	4	2	1	5	2	1	1	3
4913	부산 남구	기초정신건강복지센터운영 시비추가사업	36,000	건강증진과	4	2	1	5	2	1	1	3
4914	부산 남구	기초정신건강복지센터 인력확충	283,920	건강증진과	4	2	1	5	2	1	1	3
4915	부산 남구	아동청소년 정신보건사업	51,970	건강증진과	4	2	1	5	2	1	1	3
4916	부산 남구	자살예방 및 정신건강증진사업	40,720	건강증진과	4	2	1	5	2	1	1	3
4917	부산 남구	자살예방 및 정신건강증진사업 시비추가사업	9,292	건강증진과	4	2	1	5	2	1	1	3
4918	부산 남구	기초정신건강복지센터 자살예방사업 지원	70,000	건강증진과	4	2	1	5	2	1	1	3
4919	부산 남구	통합정신건강증진사업	160,000	건강증진과	4	2	1	5	2	1	1	3
4920	부산 남구	통합정신건강증진사업	3,600	건강증진과	4	2	1	5	2	1	1	3
4921	부산 북구	자원봉사 코디네이터 지원·육성	63,065	소통담당관	4	2	5	8	7	1	1	1
4922	부산 북구	전국 통합 자원봉사보험 가입 서비스 지원	11,100	소통담당관	4	2	5	8	7	1	1	1
4923	부산 북구	자원봉사센터 운영 지원	59,317	소통담당관	4	6	5	8	7	1	1	1
4924	부산 북구	자원봉사센터 유급실무자 인건비 지원	31,532	소통담당관	4	6	5	8	7	1	1	1

순번	시군구	지출명 (사업명)	2021년예산 (단위:천원/1년간)	담당자 (공무원)	민간이전 분류 (지방자치단체 세출예산 집행기준에 의거)	민간이전지출 근거 (지방보조금 관리기준 참고)	입찰방식			운영예산 산정		성과평가 실시여부
				담당부서	1. 민간경상사업보조(307-02) 2. 민간단체 법정운영비보조(307-03) 3. 민간행사사업보조(307-04) 4. 민간위탁금(307-05) 5. 사회복지시설 법정운영비보조(307-10) 6. 민간인위탁교육비(307-12) 7. 공기관등에대한경상적위탁사업비(308-10) 8. 민간자본사업보조,자체재원(402-01) 9. 민간자본사업보조,이전재원(402-02) 10. 민간위탁사업비(402-03) 11. 공기관등에 대한 자본적 대행사업비(403-02)	1. 법률에 규정 2. 국고보조 재원(국가지정) 3. 용도 지정 기부금 4. 조례에 직접규정 5. 지자체가 권장하는 사업을 하는 공공기관 6. 시,도 정책 및 재정사정 7. 기타 8. 해당없음	계약체결방법 (경쟁형태) 1. 일반경쟁 2. 제한경쟁 3. 지명경쟁 4. 수의계약 5. 법정위탁 6. 기타 ( ) 7. 해당없음	계약기간 1. 1년 2. 2년 3. 3년 4. 4년 5. 5년 6. 기타 ( )년 7. 단기계약 (1년미만) 8. 해당없음	낙찰자선정방법 1. 적격심사 2. 협상에의한계약 3. 최저가낙찰제 4. 규격가격분리 5. 2단계 경쟁입찰 6. 기타 ( ) 7. 해당없음	운영예산 산정 1. 내부산정 (지자체 자체적으로 산정) 2. 외부산정 (외부전문기관위탁 산정) 3. 내·외부 모두 산정 4. 산정 無 5. 해당없음	정산방법 1. 내부정산 (지자체 내부적으로 정산) 2. 외부정산 (외부전문기관위탁 정산) 3. 내·외부 모두 산정 4. 정산 無 5. 해당없음	1. 실시 2. 미실시 3. 향후 추진 4. 해당없음
4925	부산 북구	자원봉사센터 사무국장 인건비 지원	34,810	소통담당관	4	4	5	8	7	1	1	1
4926	부산 북구	직장보육 영유아 민간위탁	156,286	행정지원과	4	1	7	8	7	1	2	2
4927	부산 북구	구포동 대리당산제 지원	3,000	문화체육과	4	4	7	8	7	1	1	2
4928	부산 북구	2021년 북구문화예술회관 청소용역	94,848	문화체육과	4	1	1	1	1	2	1	4
4929	부산 북구	구청사 청소위탁금358452	358,452	재무과	4	8	1	1	1	2	1	4
4930	부산 북구	화정종합사회복지관 특성화사업	40,000	복지정책과	4	1	5	8	7	2	3	1
4931	부산 북구	화명종합사회복지관 특성화사업	30,000	복지정책과	4	1	5	8	7	2	3	1
4932	부산 북구	발달재활서비스 사업	783,067	복지정책과	4	1	5	8	7	1	5	4
4933	부산 북구	언어발달지원사업	4,700	복지정책과	4	2	5	8	7	1	5	4
4934	부산 북구	장애인 활동지원	16,838	복지정책과	4	2	5	8	7	1	5	4
4935	부산 북구	장애인 활동보조 가산급여	23,474	복지정책과	4	2	5	8	7	1	5	4
4936	부산 북구	중증장애인활동보조	14,209	복지정책과	4	6	5	8	7	1	5	4
4937	부산 북구	발달장애인 주간활동서비스 지원	324,000	복지정책과	4	2	5	8	7	1	5	4
4938	부산 북구	발달장애인 주간활동서비스 시비추가지원	49,860	복지정책과	4	6	1	3	1	1	5	4
4939	부산 북구	발달장애인 방과후 돌봄서비스 지원	196,666	복지정책과	4	2	5	8	7	1	5	4
4940	부산 북구	발달장애인 부모 심리상담 지원	7,817	복지정책과	4	2	5	8	7	1	5	4
4941	부산 북구	커뮤니티케어 선도사업 추진	1,244,000	희망복지과	4	4	1	7	1	1	1	3
4942	부산 북구	희망키움통장Ⅰ 사업	237,838	희망복지과	4	2	7	8	7	5	5	4
4943	부산 북구	희망키움통장Ⅱ 사업	335,293	희망복지과	4	2	7	8	7	5	5	4
4944	부산 북구	내일키움통장 사업	46,609	희망복지과	4	2	7	8	7	5	5	4
4945	부산 북구	청년희망키움통장 사업	225,012	희망복지과	4	2	7	8	7	5	5	4
4946	부산 북구	청년저축계좌 사업	102,112	희망복지과	4	3	7	8	7	5	5	4
4947	부산 북구	한국자활복지개발원 위탁 운영	4,275	희망복지과	4	4	7	8	7	5	5	4
4948	부산 북구	지역자활센터 자활사례관리	57,979	희망복지과	4	2	7	8	7	5	1	1
4949	부산 북구	청소년문화의집 운영 지원	108,380	희망복지과	4	2	1	5	1	1	1	1
4950	부산 북구	청소년상담복지센터 운영	21,068	희망복지과	4	7	4	1	3	2	1	4
4951	부산 북구	북구진로교육지원센터 운영비	270,000	교육지원과	4	1	6	3	6	2	2	1
4952	부산 북구	디지털도서관 청소용역	43,810	교육지원과	4	1	7	8	7	5	5	4
4953	부산 북구	화명도서관 BTL사업 운영	442,000	교육지원과	4	1	2	6	2	3	1	1
4954	부산 북구	화명도서관 시설 관리	22,831	교육지원과	4	7	4	1	7	1	1	4
4955	부산 북구	금곡도서관 청소용역	83,272	교육지원과	4	1	2	1	3	2	1	4
4956	부산 북구	금곡도서관 방호용역	87,756	교육지원과	4	1	2	1	3	2	1	4
4957	부산 북구	인공지능(AI)감성케어 지원사업	60,000	주민복지과	4	1	7	8	7	5	5	1
4958	부산 북구	가족역량강화지원사업	70,000	주민복지과	4	2	6	8	7	5	1	4
4959	부산 북구	공동육아나눔터 운영 지원	53,828	주민복지과	4	2	6	8	7	5	1	4
4960	부산 북구	공동육아나눔터 운영 지원	161,484	주민복지과	4	2	1	3	1	5	1	4
4961	부산 북구	육아종합지원센터 운영	550,000	주민복지과	4	4	7	8	7	1	1	4
4962	부산 북구	가정양육사업 지원	28,000	주민복지과	4	2	7	8	7	1	1	4
4963	부산 북구	어린이집 냉·난방비 지원	100,000	주민복지과	4	6	5	8	7	1	1	1
4964	부산 북구	만0~2세 영아 보육료	26,923	주민복지과	4	2	5	8	7	1	1	1
4965	부산 북구	어린이집 확충사업	100,000	주민복지과	4	4	7	8	7	1	1	4
4966	부산 북구	어린이집 보존식 기자재 지원사업	28,700	주민복지과	4	6	5	8	7	1	1	1
4967	부산 북구	고양이 중성화 수술(TNR) 지원	38,000	일자리경제과	4	1	2	1	1	1	1	1

순번	시군구	지출명 (사업명)	2021년예산 (단위:천원/1년간)	담당자 (공무원) 담당부서	민간이전 분류 (지방자치단체 세출예산 집행기준에 의거) 1. 민간경상사업보조(307-02) 2. 민간단체 법정운영비보조(307-03) 3. 민간행사사업보조(307-04) 4. 민간위탁금(307-05) 5. 사회복지시설 법정운영비보조(307-10) 6. 민간인위탁교육비(307-12) 7. 공기관등에대한경상적위탁사업비(308-10) 8. 민간자본사업보조,자체재원(402-01) 9. 민간자본사업보조,이전재원(402-02) 10. 민간위탁사업비(402-03) 11. 공기관등에 대한 자본적 대행사업비(403-02)	민간이전지출 근거 (지방보조금 관리기준 참고) 1. 법률에 규정 2. 국고보조 재원(국가지정) 3. 용도 지정 기부금 4. 조례에 직접규정 5. 지자체가 권장하는 사업을 하는 공공기관 6. 시,도 정책 및 재정사정 7. 기타 8. 해당없음	입찰방식 계약체결방법 (경쟁형태) 1. 일반경쟁 2. 제한경쟁 3. 지명경쟁 4. 수의계약 5. 법정위탁 6. 기타 ( ) 7. 해당없음	입찰방식 계약기간 1. 1년 2. 2년 3. 3년 4. 4년 5. 5년 6. 기타 ( )년 7. 단기계약 (1년미만) 8. 해당없음	입찰방식 낙찰자선정방법 1. 적격심사 2. 협상에의한계약 3. 최저가낙찰제 4. 규격가격분리 5. 2단계 경쟁입찰 6. 기타 ( ) 7. 해당없음	운영예산 산정 운영예산 산정 1. 내부산정 (지자체 자체적으로 산정) 2. 외부산정 (외부전문기관위탁 산정) 3. 내·외부 모두 산정 4. 산정 無 5. 해당없음	운영예산 산정 정산방법 1. 내부정산 (지자체 내부적으로 정산) 2. 외부정산 (외부전문기관위탁 정산) 3. 내·외부 모두 산정 4. 정산 無 5. 해당없음	성과평가 실시여부 1. 실시 2. 미실시 3. 향후 추진 4. 해당없음
4968	부산 북구	유기동물 보호	30,000	일자리경제과	4	1	4	1	7	1	1	1
4969	부산 북구	유기동물 보호	9,500	일자리경제과	4	1	4	1	7	1	1	1
4970	부산 북구	동물등록제	4,800	일자리경제과	4	1	7	8	7	1	1	4
4971	부산 북구	생활폐기물 수집운반 민간위탁	8,771	자원순환과	4	4	4	1	6	2	1	1
4972	부산 북구	당직시간대 로드킬 동물사체 처리 용역	23,520	자원순환과	4	1	2	1	6	1	1	4
4973	부산 북구	폐합성수지류 위탁 처리	16,200	자원순환과	4	1	4	1	6	1	1	4
4974	부산 북구	폐목재류 위탁 처리	4,320	자원순환과	4	1	4	1	6	1	1	4
4975	부산 북구	종량제봉투(음식물납부필증)공급대행용역	90,000	자원순환과	4	1	7	8	7	5	5	4
4976	부산 북구	음식물류폐기물 처리 민간위탁	2,171	자원순환과	4	1	4	1	7	1	1	4
4977	부산 북구	폐유리병 처리 위탁 비용	13,200	자원순환과	4	1	4	1	7	1	1	4
4978	부산 북구	재사용 아이스팩 운반 및 세척	18,000	자원순환과	4	1	7	8	7	5	5	4
4979	부산 북구	소형폐가전 위탁 처리	50,400	자원순환과	4	1	4	1	7	1	1	4
4980	부산 북구	폐형광등 운송 민간위탁 처리	4,860	자원순환과	4	1	4	1	7	1	1	4
4981	부산 북구	분뇨처리수수료 대행 징수교부금	3,102	자원순환과	4	4	7	3	7	5	5	4
4982	부산 북구	청소용역위탁금	48,000	환경위생과	4	5	1	1	3	3	3	2
4983	부산 북구	숲해설가 운영	51,000	공원녹지과	4	2	6	7	1	1	1	1
4984	부산 북구	주거지전용 주차장 설치 및 관리	281,424	교통행정과	4	4	7	8	7	1	1	1
4985	부산 북구	불법현수막 수거보상제	20,000	도시관리과	4	7	4	1	3	1	1	4
4986	부산 북구	구강보건사업 운영	3,600	덕천지소	4	7	6	3	6	1	1	2
4987	부산 북구	지역사회건강조사 조사분석 위탁운영	68,966	덕천지소	4	2	5	1	7	1	1	1
4988	부산 북구	청소년산모 임신출산의료비지원	1,480,000	건강증진과	4	2	5	8	7	1	1	4
4989	부산 북구	산모신생아 건강관리 지원사업	791,000	건강증진과	4	2	5	8	7	1	1	4
4990	부산 북구	고위험 임산부 가사도우미 지원	5,000	건강증진과	4	8	7	8	7	5	5	4
4991	부산 북구	저소득층 기저귀,조제분유 지원사업	239,200	건강증진과	4	2	7	8	7	1	1	4
4992	부산 북구	정신건강복지센터운영	182,440	건강증진과	4	2	2	5	1	4	3	4
4993	부산 북구	기초정신건강복지센터 인력확충	248,920	건강증진과	4	2	2	5	1	4	3	4
4994	부산 북구	정신건강복지센터 종사자 복지수당	28,800	건강증진과	4	6	2	5	1	4	3	4
4995	부산 북구	아동·청소년 정신보건사업	51,970	건강증진과	4	2	2	5	1	4	3	4
4996	부산 북구	중증정신질환자 집중관리 프로그램 운영	9,000	건강증진과	4	6	2	5	1	4	3	4
4997	부산 북구	통합정신건강사업	160,000	건강증진과	4	2	2	5	1	4	3	4
4998	부산 북구	자살예방 및 정신건강증진사업	81,440	건강증진과	4	2	2	3	2	1	1	1
4999	부산 북구	자살예방 및 정신건강증진사업	18,583	건강증진과	4	2	2	3	2	1	1	1
5000	부산 북구	기초정신건강복지센터 자살예방사업 지원	70,000	건강증진과	4	2	2	3	2	1	1	1
5001	부산 북구	정신건강프로그램지원	6,000	건강증진과	4	2	2	3	2	1	1	1
5002	부산 해운대구	문화복합센터 시설물 관리	389,280	재무과	4	1	2	1	1	3	1	4
5003	부산 해운대구	진로교육지원센터운영	280,000	소통협력과	4	6	7	3	7	1	1	1
5004	부산 해운대구	자원봉사센터 운영지원	37,776	소통협력과	4	4	7	8	7	1	1	1
5005	부산 해운대구	자원봉사센터 인력지원	346,938	소통협력과	4	4	7	8	7	1	1	1
5006	부산 해운대구	자원봉사센터 사업지원	96,192	소통협력과	4	4	7	8	7	1	1	1
5007	부산 해운대구	어항 및 해양폐기물 처리	30,000	일자리경제과	4	7	1	7	3	1	1	4
5008	부산 해운대구	해양쓰레기 정화사업 지원	8,127	일자리경제과	4	2	7	8	7	1	1	4
5009	부산 해운대구	해운대청소년수련관 운영	300,000	가족복지과	4	5	2	2	1	1	1	4
5010	부산 해운대구	유아숲체험장 위탁운영	100,000	늘푸른과	4	7	2	2	1	5	1	3

순번	시군구	지출명 (사업명)	2021년예산 (단위:천원/1년간)	담당자 (공무원)	민간이전 분류 (지방자치단체 세출예산 집행기준에 의거)	민간이전지출 근거 (지방보조금 관리기준 참고)	입찰방식			운영예산 산정		성과평가 실시여부
				담당부서	1. 민간경상사업보조(307-02) 2. 민간단체 법정운영비보조(307-03) 3. 민간행사사업보조(307-04) 4. 민간위탁금(307-05) 5. 사회복지시설 법정운영비보조(307-10) 6. 민간인위탁교육비(307-12) 7. 공기관등에대한경상적위탁사업비(308-10) 8. 민간자본사업보조,자체재원(402-01) 9. 민간자본사업보조,이전재원(402-02) 10. 민간위탁사업비(402-03) 11. 공기관등에 대한 자본적 대행사업비(403-02)	1. 법률에 규정 2. 국고보조 재원(국가지정) 3. 용도 지정 기부금 4. 조례에 직접규정 5. 지자체가 권장하는 사업을 하는 공공기관 6. 시,도 정책 및 재정사정 7. 기타 8. 해당없음	계약체결방법 (경쟁형태) 1. 일반경쟁 2. 제한경쟁 3. 지명경쟁 4. 수의계약 5. 법정위탁 6. 기타 ( ) 7. 해당없음	계약기간 1. 1년 2. 2년 3. 3년 4. 4년 5. 5년 6. 기타 ( )년 7. 단기계약 (1년미만) 8. 해당없음	낙찰자선정방법 1. 적격심사 2. 협상에의한계약 3. 최저가낙찰제 4. 규격가격분리 5. 2단계 경쟁입찰 6. 기타 ( ) 7. 해당없음	운영예산 산정 1. 내부산정 (지자체 자체적으로 산정) 2. 외부산정 (외부전문기관위탁 산정) 3. 내·외부 모두 산정 4. 산정 無 5. 해당없음	정산방법 1. 내부정산 (지자체 내부적으로 정산) 2. 외부정산 (외부전문기관위탁 정산) 3. 내·외부 모두 산정 4. 정산 無 5. 해당없음	1. 실시 2. 미실시 3. 향후 추진 4. 해당없음
5011	부산 해운대구	숲해설 산림복지전문업 위탁 운영 지원	76,500	늘푸른과	4	2	2	2	1	5	1	3
5012	부산 해운대구	청사방호및 청소용역비	386,000	인문학도서관	4	8	2	1	1	5	5	2
5013	부산 해운대구	해운대도서관운영	408,500	인문학도서관	4	1	6	6	7	5	5	1
5014	부산 사하구	직원복지 제도 운영	186,750	총무과	4	4	7	8	7	5	5	4
5015	부산 사하구	자원봉사 코디네이터 지원·육성	66,872	총무과	4	4	5	8	7	1	1	4
5016	부산 사하구	자원봉사센터 유급실무자 인건비 지원	32,325	총무과	4	4	5	8	7	1	1	4
5017	부산 사하구	자원봉사센터 운영 지원	81,231	총무과	4	4	5	8	7	1	1	4
5018	부산 사하구	자원봉사센터 인력 지원	82,222	총무과	4	4	5	8	7	1	1	4
5019	부산 사하구	전국 통합 자원봉사 보험가입 서비스 지원	13,000	총무과	4	4	5	8	7	1	1	4
5020	부산 사하구	사회진흥	9,600	총무과	4	4	7	8	7	5	5	4
5021	부산 사하구	스포츠강좌 이용권 사업	260,160	문화관광과	4	2	7	8	7	5	5	4
5022	부산 사하구	생활체육교실 운영	16,667	문화관광과	4	2	7	8	7	4	1	1
5023	부산 사하구	장수체육대학 운영	3,600	문화관광과	4	2	7	8	7	4	1	1
5024	부산 사하구	어린이체능교실 운영	3,400	문화관광과	4	2	7	8	7	4	1	1
5025	부산 사하구	청소년체련교실 운영	2,860	문화관광과	4	2	7	8	7	4	1	1
5026	부산 사하구	주5일제 생활체육 실천광장	4,580	문화관광과	4	2	7	8	7	4	1	1
5027	부산 사하구	장애인스포츠강좌 이용권 사업	23,040	문화관광과	4	2	7	8	7	5	5	4
5028	부산 사하구	진로교육지원센터 운영 지원	270,000	평생교육과	4	6	6	5	7	1	1	1
5029	부산 사하구	다행복진로체험	40,000	평생교육과	4	6	6	8	7	1	1	1
5030	부산 사하구	시설관리 위탁 용역	150,000	재무과	4	4	7	8	7	5	5	4
5031	부산 사하구	사회복지관 운영	666,629	복지정책과	4	4	5	5	7	1	1	1
5032	부산 사하구	사회복지관 운영	620,685	복지정책과	4	4	5	5	7	1	1	1
5033	부산 사하구	사회복지관 운영	784,249	복지정책과	4	4	5	5	7	1	1	1
5034	부산 사하구	사회복지관 운영	826,219	복지정책과	4	4	5	5	7	1	1	1
5035	부산 사하구	사회복지관 운영	664,629	복지정책과	4	4	5	5	7	1	1	1
5036	부산 사하구	기초푸드마켓운영	50,000	복지정책과	4	1	7	8	7	1	1	1
5037	부산 사하구	다함께돌봄센터 운영비 지원	53,000	복지정책과	4	2	7	5	7	1	1	4
5038	부산 사하구	사하 청소년 문화의 집 운영	193,245	복지정책과	4	1	5	5	7	1	1	1
5039	부산 사하구	청소년 방과후 아카데미 운영	160,702	복지정책과	4	2	7	8	7	4	1	1
5040	부산 사하구	청소년지도사 배치지원	22,320	복지정책과	4	2	7	8	7	4	1	1
5041	부산 사하구	청소년참여위원회 운영 지원	2,800	복지정책과	4	2	1	2	6	4	1	1
5042	부산 사하구	청소년안전망 고위기청소년 맞춤형프로그램	50,000	복지정책과	4	2	1	3	1	3	3	1
5043	부산 사하구	청소년안전망 운영(청소년상담복지센터)	96,800	복지정책과	4	2	1	3	1	3	3	1
5044	부산 사하구	청소년안전망 지방상담사업	154,680	복지정책과	4	2	1	3	1	3	3	1
5045	부산 사하구	청소년동반자 사업	167,420	복지정책과	4	2	1	3	1	3	3	1
5046	부산 사하구	학교 밖 청소년 지원	127,494	복지정책과	4	2	1	3	1	3	3	1
5047	부산 사하구	학교 밖 청소년 급식비 지원	23,585	복지정책과	4	2	1	3	1	3	3	1
5048	부산 사하구	장애인보조기기수리센터 운영	91,512	복지사업과	4	6	7	8	7	2	3	1
5049	부산 사하구	발달재활서비스 지원	1,189,000	복지사업과	4	1	7	8	7	5	1	2
5050	부산 사하구	언어발달 바우처 지원	2,193	복지사업과	4	1	7	8	7	5	1	2
5051	부산 사하구	장애인복지관 운영지원	997,666	복지사업과	4	5	7	8	7	5	5	1
5052	부산 사하구	사하구 장애인복지관 목욕탕 운영	42,100	복지사업과	4	6	7	8	7	5	5	1
5053	부산 사하구	지역자활센터운영	524,224	생활보장과	4	1	5	1	2	1	1	1

순번	시군구	지출명 (사업명)	2021년예산 (단위:천원/1년간)	담당자 (공무원)	민간이전 분류 (지방자치단체 세출예산 집행기준에 의거)	민간이전지출 근거 (지방보조금 관리기준 참고)	입찰방식			운영예산 산정		성과평가 실시여부
				담당부서	1. 민간경상사업보조(307-02) 2. 민간단체 법정운영비보조(307-03) 3. 민간행사사업보조(307-04) 4. 민간위탁금(307-05) 5. 사회복지시설 법정운영비보조(307-10) 6. 민간인위탁교육비(307-12) 7. 공기관등에대한경상적위탁사업비(308-10) 8. 민간자본사업보조,자체재원(402-01) 9. 민간자본사업보조,이전재원(402-02) 10. 민간위탁사업비(402-03) 11. 공기관등에 대한 자본적 대행사업비(403-02)	1. 법률에 규정 2. 국고보조 재원(국가지정) 3. 용도 지정 기부금 4. 조례에 직접규정 5. 지자체가 권장하는 사업을 하는 공공기관 6. 시,도 정책 및 재정사정 7. 기타 8. 해당없음	계약체결방법 (경쟁형태) 1. 일반경쟁 2. 제한경쟁 3. 지명경쟁 4. 수의계약 5. 법정위탁 6. 기타 ( ) 7. 해당없음	계약기간 1. 1년 2. 2년 3. 3년 4. 4년 5. 5년 6. 기타 ( )년 7. 단기계약 (1년미만) 8. 해당없음	낙찰자선정방법 1. 적격심사 2. 협상에의한계약 3. 최저가낙찰제 4. 규격가격분리 5. 2단계 경쟁입찰 6. 기타 ( ) 7. 해당없음	운영예산 산정 1. 내부산정 (지자체 자체적으로 산정) 2. 외부산정 (외부전문기관위탁 산정) 3. 내·외부 모두 산정 4. 산정 無 5. 해당없음	정산방법 1. 내부정산 (지자체 내부적으로 정산) 2. 외부정산 (외부전문기관위탁 정산) 3. 내·외부 모두 산정 4. 정산 無 5. 해당없음	1. 실시 2. 미실시 3. 향후 추진 4. 해당없음
5054	부산 사하구	자활사례관리	54,800	생활보장과	4	1	5	1	2	1	1	1
5055	부산 사하구	지역자활센터 직원복지수당	36,840	생활보장과	4	1	5	1	2	1	1	1
5056	부산 사하구	건강가정지원센터 운영	294,080	여성가족과	4	1	5	2	7	1	1	1
5057	부산 사하구	취약위기가족지원	144,860	여성가족과	4	1	5	2	7	1	1	1
5058	부산 사하구	공동육아나눔터 운영	306,820	여성가족과	4	1	5	2	7	1	1	1
5059	부산 사하구	건강가정지원센터 종사자 복지포인트 지원	1,800	여성가족과	4	6	5	2	7	1	1	1
5060	부산 사하구	다문화가족 지원센터 운영지원	230,800	여성가족과	4	1	5	2	7	1	1	1
5061	부산 사하구	다문화가정 특성화 사업비	417,742	여성가족과	4	1	5	2	7	1	1	1
5062	부산 사하구	찾아가는 결혼이주여성 다이음 사업	3,000	여성가족과	4	1	5	2	7	1	1	1
5063	부산 사하구	다문화가정 교육지원	6,000	여성가족과	4	1	5	2	7	1	1	1
5064	부산 사하구	다문화 이해 증진	18,000	여성가족과	4	1	5	2	7	1	1	1
5065	부산 사하구	다문화지원센터 종사자 복지포인트 지급	2,400	여성가족과	4	1	5	2	7	1	1	1
5066	부산 사하구	영유아보육료 지원	26,597	여성가족과	4	1	7	7	7	1	1	2
5067	부산 사하구	누리과정 보육료 지원	11,260	여성가족과	4	1	7	7	7	1	1	2
5068	부산 사하구	조업중 인양쓰레기 수매사업	50,000	경제진흥과	4	6	7	8	7	1	1	4
5069	부산 사하구	유기질비료	4,280	경제진흥과	4	1	7	8	7	5	5	4
5070	부산 사하구	농업인 재해안전 공제료 지원	2,824	경제진흥과	4	6	7	8	7	5	5	4
5071	부산 사하구	유기동물 관리	57,500	경제진흥과	4	6	6	2	1	1	1	4
5072	부산 사하구	동물보호복지대책사업	15,000	경제진흥과	4	2	6	2	1	1	1	4
5073	부산 사하구	길고양이 중성화 수술 지원	39,750	경제진흥과	4	2	1	1	1	1	1	4
5074	부산 사하구	생활폐기물 수집·운반 민간위탁수수료	12,100	자원순환과	4	1	4	1	2	2	1	1
5075	부산 사하구	재활용품 처리비	20,856	자원순환과	4	6	4	1	7	1	1	4
5076	부산 사하구	재활용품 처리비	3,747	자원순환과	4	6	4	1	7	1	1	4
5077	부산 사하구	음식물류폐기물 민간위탁처리	2,720	자원순환과	4	1	4	1	1	1	1	2
5078	부산 사하구	공중화장실 관리	65,000	자원순환과	4	4	4	1	7	1	1	2
5079	부산 사하구	청소 대행업자 징수교부금	7,062	자원순환과	4	4	6	2	7	1	1	2
5080	부산 사하구	건축행정건실화	40,000	건축과	4	1	7	7	7	1	2	1
5081	부산 사하구	숲해설 산림복지전문업 위탁운영	76,500	산림녹지과	4	2	4	1	1	1	1	3
5082	부산 사하구	2021년 청소위탁관리 용역	120,000	을숙도문화회관	4	8	2	1	1	1	1	2
5083	부산 사하구	오수처리시설 위탁수수료	3,600	을숙도문화회관	4	8	4	1	7	1	1	2
5084	부산 사하구	민자사업 정부지급금	911,200	다대도서관	4	1	1	6	1	5	4	1
5085	부산 사하구	서부산권장애인스포츠센터 운영	300,000	시설관리사업소	4	4	2	3	6	1	3	4
5086	부산 사하구	지역스포츠클럽 운영지원	30,000	시설관리사업소	4	2	7	8	7	5	3	1
5087	부산 사하구	국민체력100사업 추진	206,250	시설관리사업소	4	2	7	8	7	5	3	1
5088	부산 사하구	을숙도체육시설 유지 및 보수	6,600	시설관리사업소	4	1	4	2	6	1	1	2
5089	부산 사하구	해수욕장 운영	301,000	시설관리사업소	4	7	2	1	1	1	1	2
5090	부산 사하구	다대포 꿈의 낙조분수 운영	50,000	시설관리사업소	4	8	4	1	7	1	1	4
5091	부산 사하구	보건소 결핵관리사업	8,000	보건행정과	4	2	7	8	7	5	5	4
5092	부산 사하구	기초정신건강복지센터 운영	182,440	건강증진과	4	2	5	5	1	5	3	1
5093	부산 사하구	기초정신건강복지센터 인력확충	179,900	건강증진과	4	2	5	5	1	5	3	1
5094	부산 사하구	아동청소년 정신건강증진사업	51,970	건강증진과	4	2	5	5	1	5	3	1
5095	부산 사하구	자살예방 및 정신건강증진사업	30,540	건강증진과	4	2	5	5	1	5	3	1
5096	부산 사하구	기초정신건강복지센터 종사자 복지수당 지원	10,800	건강증진과	4	1	5	5	1	5	3	1

순번	시군구	지출명 (사업명)	2021년예산 (단위:천원/1년간)	담당자 (공무원)	민간이전 분류 (지방자치단체 세출예산 집행기준에 의거)	민간이전지출 근거 (지방보조금 관리기준 참고)	입찰방식			운영예산 산정		성과평가 실시여부
				담당부서	1. 민간경상사업보조(307-02) 2. 민간단체 법정운영비보조(307-03) 3. 민간행사사업보조(307-04) 4. 민간위탁금(307-05) 5. 사회복지시설 법정운영비보조(307-10) 6. 민간인위탁교육비(307-12) 7. 공기관등에대한경상적위탁사업비(308-10) 8. 민간자본사업보조,자체재원(402-01) 9. 민간자본사업보조,이전재원(402-02) 10. 민간위탁사업비(402-03) 11. 공기관등에 대한 자본적 대행사업비(403-02)	1. 법률에 규정 2. 국고보조 재원(국가지정) 3. 용도 지정 기부금 4. 조례에 직접규정 5. 지자체가 권장하는 사업을 하는 공공기관 6. 시,도 정책 및 재정사정 7. 기타 8. 해당없음	계약체결방법 (경쟁형태) 1. 일반경쟁 2. 제한경쟁 3. 지명경쟁 4. 수의계약 5. 법정위탁 6. 기타 ( ) 7. 해당없음	계약기간 1. 1년 2. 2년 3. 3년 4. 4년 5. 5년 6. 기타 ( )년 7. 단기계약 (1년미만) 8. 해당없음	낙찰자선정방법 1. 적격심사 2. 협상에의한계약 3. 최저가낙찰제 4. 규격가격분리 5. 2단계 경쟁입찰 6. 기타 ( ) 7. 해당없음	운영예산 산정 1. 내부산정 (지자체 자체적으로 산정) 2. 외부산정 (외부전문기관위탁 산정) 3. 내·외부 모두 산정 4. 산정 無 5. 해당없음	정산방법 1. 내부정산 (지자체 내부적으로 정산) 2. 외부정산 (외부전문기관위탁 정산) 3. 내·외부 모두 산정 4. 정산 無 5. 해당없음	1. 실시 2. 미실시 3. 향후 추진 4. 해당없음
5097	부산 사하구	중증정신질환자 집중관리 프로그램 운영	10,000	건강증진과	4	1	5	5	1	5	3	1
5098	부산 사하구	희귀질환 의료비지원 사업	687,840	건강증진과	4	2	7	8	7	5	5	4
5099	부산 사하구	치매치료비관리비 지원	216,000	건강증진과	4	2	7	8	7	5	1	2
5100	부산 사하구	한의치매예방관리 지원	8,500	건강증진과	4	6	7	8	7	5	1	2
5101	부산 사하구	지역사회건강조사 조사분석 위탁 운영	69,042	건강증진과	4	2	7	8	7	5	2	1
5102	부산 사하구	국가암관리사업(암검진)	350,880	건강증진과	4	2	7	8	7	5	5	1
5103	부산 사하구	의료수급권자 일반검진비 지원	67,500	건강증진과	4	2	7	8	7	5	5	4
5104	부산 사하구	기저귀 및 조제분유 지원	250,840	건강증진과	4	2	7	8	7	5	1	4
5105	부산 사하구	의료급여수급권자 영유아 건강검진 지원	3,650	건강증진과	4	2	7	8	7	5	1	4
5106	부산 사하구	표준모자보건수첩 제작	2,440	건강증진과	4	2	7	8	7	5	1	4
5107	부산 사하구	산모신생아 건강관리 지원사업	322,300	건강증진과	4	2	7	8	7	5	1	4
5108	부산 사하구	산모신생아 건강관리 지원사업	70,000	건강증진과	4	7	7	8	7	5	1	4
5109	부산 사하구	청소년산모 임신출산 의료비 지원	3,600	건강증진과	4	2	7	8	7	5	1	4
5110	부산 사하구	오수정화시설 위탁관리	1,980	괴정3동	4	1	4	1	7	1	5	4
5111	부산 금정구	자원봉사코디네이터 지원육성	58,000	총무과	4	2	1	3	1	5	1	1
5112	부산 금정구	자원봉사 활성화 지원	12,754	총무과	4	2	1	3	1	5	1	1
5113	부산 금정구	자원봉사센터 운영 지원	121,242	총무과	4	1	1	3	1	5	1	1
5114	부산 금정구	자원봉사활성화 프로그램 운영 지원	22,800	총무과	4	1	1	3	1	5	1	1
5115	부산 금정구	자원봉사센터 유급실무자 인건비 지원	25,364	총무과	4	1	1	3	1	5	1	1
5116	부산 금정구	금정 어린이 영어캠프 운영	40,000	평생교육과	4	4	5	2	1	1	1	1
5117	부산 금정구	진로교육지원센터 운영	270,000	평생교육과	4	1	7	8	7	1	1	1
5118	부산 금정구	다함께돌봄센터 인건비	148,920	여성가족과	4	1	1	5	1	1	1	3
5119	부산 금정구	다함께돌봄센터 운영비	34,000	여성가족과	4	1	1	5	1	1	1	3
5120	부산 금정구	학교 밖 청소년 지원 사업	125,993	여성가족과	4	2	1	3	7	1	1	1
5121	부산 금정구	청소년참여위원회 운영	2,800	여성가족과	4	2	1	2	1	1	1	1
5122	부산 금정구	학교 밖 청소년 급식비 지원	8,948	여성가족과	4	2	1	3	7	1	1	4
5123	부산 금정구	학교 밖 청소년 급식비 지원	1,578	여성가족과	4	6	1	3	7	1	1	4
5124	부산 금정구	청년창조발전소 꿈터+ 운영	160,000	일자리경제과	4	4	1	3	1	1	1	1
5125	부산 금정구	유기동물 보호비 지원	48,000	일자리경제과	4	6	5	2	6	5	5	3
5126	부산 금정구	길고양이 중성화 수술 지원	96,000	일자리경제과	4	2	7	8	7	5	5	4
5127	부산 금정구	유기동물 구조보호비 지원	9,600	일자리경제과	4	2	5	2	6	5	5	3
5128	부산 금정구	생활폐기물처리 민간위탁금	10,107	자원순환과	4	4	4	1	7	2	1	1
5129	부산 금정구	광역처리장 반입불가 폐기물 위탁처리비	42,000	자원순환과	4	4	4	1	7	1	4	4
5130	부산 금정구	공중화장실 민간위탁금	321,216	자원순환과	4	7	7	8	7	5	4	4
5131	부산 금정구	분뇨처리 징수대행 교부금	6,336	자원순환과	4	7	5	2	1	4	4	2
5132	부산 금정구	음식물류폐기물 민간처리시설 반입 처리비	2,807	자원순환과	4	4	4	1	1	1	1	2
5133	부산 금정구	폐유리병 민간처리시설 반입처리비	13,200	자원순환과	4	4	4	1	1	1	1	2
5134	부산 금정구	주거지전용주차장 위탁수수료	167,271	교통행정과	4	4	7	8	7	5	5	4
5135	부산 금정구	유아숲교육 민간위탁 운영	76,500	공원녹지과	4	2	4	2	2	5	1	1
5136	부산 금정구	정신건강복지센터 운영	182,440	건강증진과	4	2	2	4	1	1	1	1
5137	부산 금정구	기초 정신건강복지센터 인력확충	178,920	건강증진과	4	2	2	4	1	1	1	1
5138	부산 금정구	정신건강복지센터 종사자 복지수당	23,400	건강증진과	4	6	2	4	1	1	1	1
5139	부산 금정구	중증정신질환자 집중관리 프로그램 운영비	9,000	건강증진과	4	6	2	4	1	1	1	1

순번	시군구	지출명 (사업명)	2021년예산 (단위:천원/1년간)	담당자 (공무원) 담당부서	민간이전 분류 (지방자치단체 세출예산 집행기준에 의거) 1. 민간경상사업보조(307-02) 2. 민간단체 법정운영비보조(307-03) 3. 민간행사사업보조(307-04) 4. 민간위탁금(307-05) 5. 사회복지시설 법정운영비보조(307-10) 6. 민간인위탁교육비(307-12) 7. 공기관등에대한경상적위탁사업비(308-10) 8. 민간자본사업보조,자체재원(402-01) 9. 민간자본사업보조,이전재원(402-02) 10. 민간위탁사업비(402-03) 11. 공기관등에 대한 자본적 대행사업비(403-02)	민간이전지출 근거 (지방보조금 관리기준 참고) 1. 법률에 규정 2. 국고보조 재원(국가지정) 3. 용도 지정 기부금 4. 조례에 직접규정 5. 지자체가 권장하는 사업을 하는 공공기관 6. 시,도 정책 및 재정사정 7. 기타 8. 해당없음	입찰방식: 계약체결방법 (경쟁형태) 1. 일반경쟁 2. 제한경쟁 3. 지명경쟁 4. 수의계약 5. 법정위탁 6. 기타 ( ) 7. 해당없음	입찰방식: 계약기간 1. 1년 2. 2년 3. 3년 4. 4년 5. 5년 6. 기타 ( )년 7. 단기계약 (1년미만) 8. 해당없음	입찰방식: 낙찰자선정방법 1. 적격심사 2. 협상에의한계약 3. 최저가낙찰제 4. 규격가격분리 5. 2단계 경쟁입찰 6. 기타 ( ) 7. 해당없음	운영예산 산정: 운영예산 산정 1. 내부산정 (지자체 자체적으로 산정) 2. 외부산정 (외부전문기관위탁 산정) 3. 내·외부 모두 산정 4. 산정 無 5. 해당없음	운영예산 산정: 정산방법 1. 내부정산 (지자체 내부적으로 정산) 2. 외부정산 (외부전문기관위탁 정산) 3. 내·외부 모두 산정 4. 정산 無 5. 해당없음	성과평가 실시여부 1. 실시 2. 미실시 3. 향후 추진 4. 해당없음
5140	부산 금정구	아동청소년 정신건강사업	51,970	건강증진과	4	2	2	4	1	1	1	1
5141	부산 금정구	통합정신건강증진사업 운영비	160,000	건강증진과	4	2	2	4	1	1	1	1
5142	부산 금정구	자살예방 및 정신건강증진사업	40,720	건강증진과	4	2	2	4	1	1	1	1
5143	부산 금정구	자살예방 및 정신건강증진사업	9,292	건강증진과	4	6	2	4	1	1	1	1
5144	부산 금정구	기초정신건강복지센터 자살예방사업 지원	70,000	건강증진과	4	2	2	4	1	1	1	1
5145	부산 강서구	진로교육지원센터 운영	260,000	총무과	4	4	2	5	1	1	1	1
5146	부산 강서구	직원 복지제도 운영	133,290	총무과	4	1	7	1	7	1	1	3
5147	부산 강서구	자원봉사 활성화	62,244	총무과	4	1	5	4	1	1	1	1
5148	부산 강서구	전국 통합 자원봉사보험 가입 서비스 지원	6,904	총무과	4	1	5	4	1	1	1	1
5149	부산 강서구	자원봉사 코디네이터 지원·육성	58,000	총무과	4	1	5	4	1	1	1	1
5150	부산 강서구	자원봉사센터 운영	88,649	총무과	4	1	5	4	1	1	1	1
5151	부산 강서구	강서기적의도서관 청소 용역	73,102	문화체육과	4	4	2	1	3	2	1	4
5152	부산 강서구	인조잔디운동장 위탁운영 지원	13,000	문화체육과	4	4	1	2	1	1	1	4
5153	부산 강서구	스포츠강좌 이용권 지원	56,400	문화체육과	4	2	7	5	7	5	5	4
5154	부산 강서구	강서구청사및 강서브라이트센터 시설관리 용역	2,880	재무과	4	1	1	2	1	2	5	4
5155	부산 강서구	사회복지관 운영지원	1,368,000	주민복지과	4	1	5	5	7	5	1	1
5156	부산 강서구	강서구복지관 재가지원사업	11,000	주민복지과	4	1	5	5	7	5	1	1
5157	부산 강서구	낙동복지관 재가지원사업	11,000	주민복지과	4	1	5	5	7	5	1	1
5158	부산 강서구	강서구 여성센터 운영	29,847	주민복지과	4	1	7	3	7	1	1	1
5159	부산 강서구	학교 밖 청소년 지원센터 운영	84,517	주민복지과	4	2	7	8	7	5	3	1
5160	부산 강서구	학교 밖 청소년 급식비 지원	4,152	주민복지과	4	2	7	8	7	5	3	1
5161	부산 강서구	학교 밖 청소년 급식비 지원	9,350	주민복지과	4	2	7	8	7	5	3	1
5162	부산 강서구	다함께돌봄센터 인건비	140,160	주민복지과	4	2	1	5	6	1	1	4
5163	부산 강서구	다함께돌봄센터 운영비	9,600	주민복지과	4	2	1	5	6	1	1	4
5164	부산 강서구	다함께돌봄센터 운영비	30,000	주민복지과	4	2	1	5	6	1	1	4
5165	부산 강서구	영유아보육료 지원	25,717	주민복지과	4	2	7	8	7	1	1	2
5166	부산 강서구	만3~5세 누리과정 보육료 지원	4,984,295	주민복지과	4	2	7	8	7	1	1	2
5167	부산 강서구	정부미지원 어린이집 모든아이 차액보육료 지원	625,518	주민복지과	4	2	7	8	7	1	1	2
5168	부산 강서구	시간제보육서비스 제공지원	43,033	주민복지과	4	2	7	8	7	1	1	2
5169	부산 강서구	장애인콜승합차 운영	39,334	주민복지과	4	4	5	5	6	3	1	1
5170	부산 강서구	근로능력있는 수급자의 탈수급 지원	193,155	생활지원과	4	2	7	8	7	5	1	1
5171	부산 강서구	독거노인 장애인 응급안전안심서비스 운영지원	54,872	생활지원과	4	2	7	1	7	5	5	1
5172	부산 강서구	노인일자리 및 사회활동지원 확대	8,119,182	생활지원과	4	1	7	1	7	5	1	1
5173	부산 강서구	무연고사망자 장의비 지원	3,750	생활지원과	4	1	4	1	7	5	1	2
5174	부산 강서구	노인일자리 확충	60,000	생활지원과	4	1	7	1	7	5	1	1
5175	부산 강서구	강서노인종합복지관 운영	682,240	생활지원과	4	1	7	8	7	4	1	1
5176	부산 강서구	강서노인종합복지관 운영	5,100	생활지원과	4	1	7	8	7	4	1	1
5177	부산 강서구	강서노인종합복지관 운영	12,072	생활지원과	4	1	7	8	7	4	1	1
5178	부산 강서구	강서노인종합복지관 운영	50,794	생활지원과	4	1	7	8	7	4	1	1
5179	부산 강서구	강서노인종합복지관 운영	32,100	생활지원과	4	1	7	8	7	4	1	1
5180	부산 강서구	강서노인종합복지관 운영	23,292	생활지원과	4	1	7	8	7	4	1	1
5181	부산 강서구	강서노인종합복지관 운영	2,256	생활지원과	4	1	7	8	7	4	1	1
5182	부산 강서구	강서노인종합복지관 운영	2,782	생활지원과	4	1	7	8	7	4	1	1

순번	시군구	지출명 (사업명)	2021년예산 (단위:천원/1년간)	담당자 (공무원)	민간이전 분류 (지방자치단체 세출예산 집행기준에 의거)	민간이전지출 근거 (지방보조금 관리기준 참고)	입찰방식			운영예산 산정		성과평가 실시여부
				담당부서	1. 민간경상사업보조(307-02) 2. 민간단체 법정운영비보조(307-03) 3. 민간행사사업보조(307-04) 4. 민간위탁금(307-05) 5. 사회복지시설 법정운영비보조(307-10) 6. 민간인위탁교육비(307-12) 7. 공기관등에대한경상적위탁사업비(308-10) 8. 민간자본사업보조,자체재원(402-01) 9. 민간자본사업보조,이전재원(402-02) 10. 민간위탁사업비(402-03) 11. 공기관등에 대한 자본적 대행사업비(403-02)	1. 법률에 규정 2. 국고보조 재원(국가지정) 3. 용도 지정 기부금 4. 조례에 직접규정 5. 지자체가 권장하는 사업을 하는 공공기관 6. 시,도 정책 및 재정사정 7. 기타 8. 해당없음	계약체결방법 (경쟁형태) 1. 일반경쟁 2. 제한경쟁 3. 지명경쟁 4. 수의계약 5. 법정위탁 6. 기타 ( ) 7. 해당없음	계약기간 1. 1년 2. 2년 3. 3년 4. 4년 5. 5년 6. 기타 ( )년 7. 단기계약 (1년미만) 8. 해당없음	낙찰자선정방법 1. 적격심사 2. 협상에의한계약 3. 최저가낙찰제 4. 규격가격분리 5. 2단계 경쟁입찰 6. 기타 ( ) 7. 해당없음	운영예산 산정 1. 내부산정 (지자체 자체적으로 산정) 2. 외부산정 (외부전문기관위탁 산정) 3. 내·외부 모두 산정 4. 산정 無 5. 해당없음	정산방법 1. 내부정산 (지자체 내부적으로 정산) 2. 외부정산 (외부전문기관위탁 정산) 3. 내·외부 모두 산정 4. 정산 無 5. 해당없음	1. 실시 2. 미실시 3. 향후 추진 4. 해당없음
5183	부산 강서구	강서노인종합복지관 운영	3,770	생활지원과	4	1	7	8	7	4	1	1
5184	부산 강서구	강서노인종합복지관 운영	16,080	생활지원과	4	1	7	8	7	4	1	1
5185	부산 강서구	강서노인종합복지관 운영	2,614	생활지원과	4	1	7	8	7	4	1	1
5186	부산 강서구	가덕도동 노인복지관 운영	141,113	생활지원과	4	1	7	8	7	5	1	1
5187	부산 강서구	생활폐기물 수집운반 민간위탁	10,198	청소행정과	4	1	4	1	7	2	1	4
5188	부산 강서구	로드킬 동물사체 위탁처리비	28,920	청소행정과	4	1	2	1	6	1	1	4
5189	부산 강서구	공중·개방화장실 관리	306,133	청소행정과	4	4	4	1	7	1	1	4
5190	부산 강서구	분뇨처리 및 수거료 지원	2,100	청소행정과	4	4	4	1	7	1	4	4
5191	부산 강서구	음식물류폐기물 위탁처리	1,229,616	청소행정과	4	4	7	8	7	1	4	4
5192	부산 강서구	슬레이트 처리 및 지붕개량 지우너사업	236,480	환경위생과	4	1	7	1	7	5	1	4
5193	부산 강서구	유아숲교육 운영	51,000	녹지공원과	4	2	7	7	7	5	5	4
5194	부산 강서구	불법어구 등 처리	15,000	해양수산과	4	1	6	1	2	1	1	4
5195	부산 강서구	친환경 부표 보급 지원사업 처리비	13,000	해양수산과	4	1	4	7	7	1	1	2
5196	부산 강서구	광견병 예방접종 시술비	400,000	농산과	4	1	4	1	3	1	1	2
5197	부산 강서구	유기동물 구조보호비	8,400	농산과	4	6	7	8	7	1	1	1
5198	부산 강서구	유기동물 위탁보호비	50,000	농산과	4	2	6	1	7	1	1	4
5199	부산 강서구	2021년 녹산배수펌프장 협잡물 처리용역	15,660	안전관리과	4	1	6	1	7	1	1	4
5200	부산 강서구	2021년 배수펌프장 협잡물 처리용역	30,875	안전관리과	4	7	7	8	7	5	5	4
5201	부산 강서구	2021년 소규모 공공하수처리시설 위탁관리용역	86,400	안전관리과	4	7	7	8	7	5	5	4
5202	부산 강서구	CCTV 통합관제센터	992,634	안전관리과	4	1	1	1	3	1	1	3
5203	부산 강서구	선천성 난청검사 및 보청기 지원	160,000	보건행정과	4	7	1	1	3	3	2	4
5204	부산 강서구	선천성대사이상 검사 및 환아관리	70,000	보건행정과	4	2	7	8	7	5	5	4
5205	부산 강서구	자살예방 및 정신건강증진사업	30,556	보건행정과	4	2	7	8	7	5	5	4
5206	부산 강서구	자살예방 및 정신건강증진사업	19,456	보건행정과	4	2	5	3	1	1	1	1
5207	부산 강서구	정신건강증진센터 운영	184,224	보건행정과	4	6	5	3	1	1	1	1
5208	부산 강서구	정신건강증진센터 운영	28,800	보건행정과	4	2	5	3	1	1	1	1
5209	부산 강서구	기초정신건강복지센터 인력확충	254,261	보건행정과	4	6	5	3	1	1	1	1
5210	부산 강서구	기초정신건강복지센터 자살예방사업 지원	35,316	보건행정과	4	2	5	3	1	1	1	1
5211	부산 강서구	아동청소년 정신건강증진사업	52,294	보건행정과	4	2	5	3	1	1	1	1
5212	부산 강서구	통합정신건강증진사업	160,000	보건행정과	4	2	5	3	1	1	1	1
5213	부산 강서구	산업단지 내 무단투기 폐기물 위탁처리	100,000	산업단지관리사업소	4	7	7	8	7	5	5	4
5214	부산 연제구	건강가정및다문화가족지원센터운영	390,560	가정복지과	4	1	2	3	6	1	1	1
5215	부산 연제구	공동육아나눔터운영	53,828	가정복지과	4	1	2	3	7	1	1	1
5216	부산 연제구	가족역량강화지원사업	104,240	가정복지과	4	1	2	3	7	1	1	1
5217	부산 연제구	한국어교육운영	15,500	가정복지과	4	1	2	3	7	1	1	1
5218	부산 연제구	다문화가족사례관리지원	31,825	가정복지과	4	1	2	3	7	1	1	1
5219	부산 연제구	아이돌봄지원사업	2,300,861	가정복지과	4	1	2	3	7	1	1	1
5220	부산 연제구	아이돌봄더하기지원사업	13,605	가정복지과	4	1	2	3	7	1	3	1
5221	부산 연제구	육아종합지원센터 지원	483,500	가정복지과	4	4	7	8	7	1	1	1
5222	부산 연제구	카시트대여사업	4,600	가정복지과	4	5	7	8	7	1	1	1
5223	부산 연제구	어린이집 시간제 대체교사 운영	490,200	가정복지과	4	7	7	8	7	1	1	4
5224	부산 연제구	공공형어린이집 운영 지원	475,912	가정복지과	4	7	7	8	7	1	1	4
5225	부산 연제구	공공형어린이집 조리원 인건비	32,400	가정복지과	4	7	7	8	7	1	1	4

순번	시군구	지출명 (사업명)	2021년예산 (단위:천원/1년간)	담당자 (공무원) 담당부서	민간이전 분류 (지방자치단체 세출예산 집행기준에 의거) 1. 민간경상사업보조(307-02) 2. 민간단체 법정운영비보조(307-03) 3. 민간행사사업보조(307-04) 4. 민간위탁금(307-05) 5. 사회복지시설 법정운영비보조(307-10) 6. 민간인위탁교육비(307-12) 7. 공기관등에대한경상적위탁사업비(308-10) 8. 민간자본사업보조,자체재원(402-01) 9. 민간자본사업보조,이전재원(402-02) 10. 민간위탁사업비(402-03) 11. 공기관등에 대한 자본적 대행사업비(403-02)	민간이전지출 근거 (지방보조금 관리기준 참고) 1. 법률에 규정 2. 국고보조 재원(국가지정) 3. 용도 지정 기부금 4. 조례에 직접규정 5. 지자체가 권장하는 사업을 하는 공공기관 6. 시,도 정책 및 재정사정 7. 기타 8. 해당없음	입찰방식 계약체결방법 (경쟁형태) 1. 일반경쟁 2. 제한경쟁 3. 지명경쟁 4. 수의계약 5. 법정위탁 6. 기타 ( ) 7. 해당없음	입찰방식 계약기간 1. 1년 2. 2년 3. 3년 4. 4년 5. 5년 6. 기타 ( )년 7. 단기계약 (1년미만) 8. 해당없음	입찰방식 낙찰자선정방법 1. 적격심사 2. 협상에의한계약 3. 최저가낙찰제 4. 규격가격분리 5. 2단계 경쟁입찰 6. 기타 ( ) 7. 해당없음	운영예산 산정 운영예산 산정 1. 내부산정 (지자체 자체적으로 산정) 2. 외부산정 (외부전문기관위탁 산정) 3. 내·외부 모두 산정 4. 산정 無 5. 해당없음	운영예산 산정 정산방법 1. 내부정산 (지자체 내부적으로 정산) 2. 외부정산 (외부전문기관위탁 정산) 3. 내·외부 모두 산정 4. 정산 無 5. 해당없음	성과평가 실시여부 1. 실시 2. 미실시 3. 향후 추진 4. 해당없음
5226	부산 연제구	어린이집 보존식 기자재 지원	27,300	가정복지과	4	7	7	8	7	1	1	4
5227	부산 연제구	어린이집 급간식비 재료비 지원사업	118,800	가정복지과	4	7	7	8	7	1	1	4
5228	부산 연제구	다함께돌봄센터 운영	179,580	가정복지과	4	1	6	5	6	1	1	4
5229	부산 연제구	다함께돌봄센터 운영	12,300	가정복지과	4	1	6	5	6	1	1	4
5230	부산 연제구	다함께돌봄센터 운영	12,000	가정복지과	4	4	6	5	6	1	1	4
5231	부산 연제구	산모신생아건강관리지원사업	361,000	건강증진과	4	2	7	1	7	4	2	2
5232	부산 연제구	표준모자보건수첩 제작	1,520	건강증진과	4	2	7	1	7	4	2	2
5233	부산 연제구	청소년산모 임신출산 의료비 지원	2,400	건강증진과	4	2	7	1	7	4	2	2
5234	부산 연제구	기저귀 및 조제분유 지원	133,980	건강증진과	4	2	7	8	7	5	3	4
5235	부산 연제구	선천성대사이상 검사 및 환아관리	70,000	건강증진과	4	2	7	8	7	5	5	4
5236	부산 연제구	난청조기진단	264,000	건강증진과	4	2	7	8	7	5	5	4
5237	부산 연제구	의료급여수급권자 영유아검진비 지원	1,900	건강증진과	4	2	7	8	7	5	3	4
5238	부산 연제구	의료급여수급권자 일반건강검진 지원	40,000	건강증진과	4	2	7	8	7	5	3	4
5239	부산 연제구	암조기 검진사업	430,210	건강증진과	4	2	7	8	7	5	3	4
5240	부산 연제구	지역사회건강조사사업	68,890	건강증진과	4	2	5	1	7	2	2	4
5241	부산 연제구	정신건강복지센터 운영	182,440	건강증진과	4	1	7	8	7	5	5	4
5242	부산 연제구	기초정신건강복지센터 사업	160,000	건강증진과	4	1	7	8	7	5	5	4
5243	부산 연제구	기초정신건강복지센터 인력확충	215,880	건강증진과	4	1	7	8	7	5	5	4
5244	부산 연제구	아동청소년 정신보건사업	51,970	건강증진과	4	1	7	8	7	5	5	4
5245	부산 연제구	중증정신질환자 집중관리 프로그램 운영	10,000	건강증진과	4	1	7	8	7	5	5	4
5246	부산 연제구	정신건강복지센터 종사자 복지수당 지급	28,800	건강증진과	4	1	7	8	7	5	5	4
5247	부산 연제구	자살예방 및 정신건강증진사업	30,000	건강증진과	4	1	7	8	7	5	5	4
5248	부산 연제구	자살예방 및 정신건강증진사업	9,292	건강증진과	4	1	7	8	7	5	5	4
5249	부산 연제구	정신건강복지센터 자살예방사업 지원	17,500	건강증진과	4	1	7	8	7	5	5	4
5250	부산 연제구	치매치료 관리비 지원사업	143,728	건강증진과	4	1	7	8	7	5	2	2
5251	부산 연제구	희귀질환자 의료비지원사업	390,000	건강증진과	4	2	7	8	7	5	3	4
5252	부산 연제구	건축민원 해소 등 시책추진	35,520	건축과	4	1	7	8	7	5	5	4
5253	부산 연제구	노인일자리 및 사회활동지원	10,797	복지정책과	4	1	1	1	1	1	1	4
5254	부산 연제구	장애인 활동지원급여 지원	1,459,463	생활보장과	4	1	5	8	7	1	1	4
5255	부산 연제구	활동보조 가산수당	11,075	생활보장과	4	1	5	8	7	1	1	4
5256	부산 연제구	중증장애인 활동보조 지원	125,944	생활보장과	4	1	5	8	7	1	1	4
5257	부산 연제구	발달재활서비스	524,755	생활보장과	4	2	5	8	7	1	1	4
5258	부산 연제구	언어발달 지원사업	2,193	생활보장과	4	2	5	8	7	1	1	4
5259	부산 연제구	발달장애인 주간활동서비스 지원	168,960	생활보장과	4	2	5	8	7	1	1	4
5260	부산 연제구	발달장애인 주간활동서비스 시비추가지원	14,920	생활보장과	4	2	5	8	7	1	1	4
5261	부산 연제구	발달장애인 방과후 돌봄서비스 지원	133,722	생활보장과	4	2	5	8	7	1	1	4
5262	부산 연제구	발달장애인 부모상담 지원사업	1,000,000	생활보장과	4	2	5	8	7	1	1	4
5263	부산 연제구	푸드서비스 선진화	120,000	일자리경제과	4	6	6	3	7	1	1	3
5264	부산 연제구	동물보호	4,000	일자리경제과	4	1	7	8	7	1	1	4
5265	부산 연제구	가축전염병 예방 및 방역	77,400	일자리경제과	4	1	4	1	6	1	1	4
5266	부산 연제구	길고양이 중성화 사업	75,000	일자리경제과	4	1	7	8	7	5	5	4
5267	부산 연제구	생활쓰레기 수집·운반 대행용역 수수료	8,700,000	자원순환과	4	1	1	6	2	2	1	1
5268	부산 연제구	무단투기 및 재해 피해발생 폐기물처리비	115,200	자원순환과	4	7	2	1	1	1	4	4

순번	시군구	지출명 (사업명)	2021년예산 (단위:천원/1년간)	담당자 (공무원) 담당부서	민간이전 분류 (지방자치단체 세출예산 집행기준에 의거) 1. 민간경상사업보조(307-02) 2. 민간단체 법정운영비보조(307-03) 3. 민간행사사업보조(307-04) 4. 민간위탁금(307-05) 5. 사회복지시설 법정운영비보조(307-10) 6. 민간인위탁교육비(307-12) 7. 공기관등에대한경상적위탁사업비(308-10) 8. 민간자본사업보조,자체재원(402-01) 9. 민간자본사업보조,이전재원(402-02) 10. 민간위탁사업비(402-03) 11. 공기관등에 대한 자본적 대행사업비(403-02)	민간이전지출 근거 (지방보조금 관리기준 참고) 1. 법률에 규정 2. 국고보조 재원(국가지정) 3. 용도 지정 기부금 4. 조례에 직접규정 5. 지자체가 권장하는 사업을 하는 공공기관 6. 시,도 정책 및 재정사정 7. 기타 8. 해당없음	입찰방식 계약체결방법 (경쟁형태) 1. 일반경쟁 2. 제한경쟁 3. 지명경쟁 4. 수의계약 5. 법정위탁 6. 기타 ( ) 7. 해당없음	입찰방식 계약기간 1. 1년 2. 2년 3. 3년 4. 4년 5. 5년 6. 기타 ( )년 7. 단기계약 (1년미만) 8. 해당없음	입찰방식 낙찰자선정방법 1. 적격심사 2. 협상에의한계약 3. 최저가낙찰제 4. 규격가격분리 5. 2단계 경쟁입찰 6. 기타 ( ) 7. 해당없음	운영예산 산정 운영예산 산정 1. 내부산정 (지자체 자체적으로 산정) 2. 외부산정 (외부전문기관위탁 산정) 3. 내·외부 모두 산정 4. 산정 無 5. 해당없음	운영예산 산정 정산방법 1. 내부정산 (지자체 내부적으로 정산) 2. 외부정산 (외부전문기관위탁 정산) 3. 내·외부 모두 산정 4. 정산 無 5. 해당없음	성과평가 실시여부 1. 실시 2. 미실시 3. 향후 추진 4. 해당없음
5269	부산 연제구	음식물쓰레기 민간시설 위탁처리비	1,350,420	자원순환과	4	1	4	1	2	1	1	4
5270	부산 연제구	재활용선별장 운용위탁금	36,000	자원순환과	4	1	4	1	7	1	5	4
5271	부산 연제구	폐유리병 위탁처리비	19,800	자원순환과	4	1	4	1	7	1	5	4
5272	부산 연제구	폐형광등 운반 처리비	5,213	자원순환과	4	1	4	1	7	1	5	4
5273	부산 연제구	분뇨처리부담금	5,544	자원순환과	4	4	6	2	7	1	1	2
5274	부산 연제구	당직실 운영	17,100	자치지원과	4	1	4	1	7	1	1	2
5275	부산 연제구	직장어린이집 운영	290,000	자치지원과	4	1	1	5	6	1	1	2
5276	부산 연제구	직원 후생복지 지원	1,000,000	자치지원과	4	1	5	6	7	2	3	4
5277	부산 연제구	자원봉사센터 운영 지원	119,772	자치지원과	4	1	7	8	7	1	1	1
5278	부산 연제구	전국 통합 자원봉사보험 가입 서비스 지원	10,508	자치지원과	4	1	7	8	7	1	1	1
5279	부산 연제구	자원봉사 코디네이터 지원·육성	29,600	자치지원과	4	1	7	8	7	1	1	1
5280	부산 연제구	진로교육지원센터 운영비	260,000	평생교육과	4	4	2	2	1	1	1	1
5281	부산 수영구	평생학습관 운영	51,600	창조도시교육추진단	4	5	4	1	6	1	1	4
5282	부산 수영구	진로교육지원센터 운영	260,000	창조도시교육추진단	4	4	1	5	1	1	1	4
5283	부산 수영구	직원자녀 어린이집 위탁 보육	94,116	총무과	4	1	4	1	7	5	1	4
5284	부산 수영구	구민정보화교육장 청소 대행비	10,658	총무과	4	7	4	1	7	5	5	4
5285	부산 수영구	자원봉사자 보험료 지원	9,726	총무과	4	2	7	8	7	1	1	2
5286	부산 수영구	자원봉사 코디네이터 인건비	59,200	총무과	4	2	7	8	7	1	1	2
5287	부산 수영구	자원봉사센터 운영비	26,620	총무과	4	1	7	8	7	1	1	2
5288	부산 수영구	유급실무자 인건비	36,288	총무과	4	1	7	8	7	1	1	2
5289	부산 수영구	센터장 직급보조비	3,600	총무과	4	1	7	8	7	1	1	2
5290	부산 수영구	사무국장 인건비	31,515	총무과	4	1	7	8	7	1	1	2
5291	부산 수영구	4대보험부담금	13,878	총무과	4	1	7	8	7	1	1	2
5292	부산 수영구	자원봉사센터 직원 수당 등	39,465	총무과	4	1	7	8	7	1	1	2
5293	부산 수영구	자원봉사활성화 프로그램운영 사업비	22,800	총무과	4	1	7	8	7	1	1	2
5294	부산 수영구	스포츠강좌이용권 지원 운영	110,200	총무과	4	2	7	8	7	1	1	4
5295	부산 수영구	수영구 생활문화센터 관리	48,720	문화관광과	4	1	4	1	7	1	1	4
5296	부산 수영구	수영구 생활문화센터 관리	3,500	문화관광과	4	1	4	1	7	1	1	4
5297	부산 수영구	수영성 마을박물관 운영 위탁비	28,192	문화관광과	4	4	4	3	7	1	1	4
5298	부산 수영구	수영성 마을박물관 부설 주차장위탁수수료	1,440,000	문화관광과	4	4	4	3	7	1	1	4
5299	부산 수영구	수영사적공원 부설주차장 위탁수수료	16,200	문화관광과	4	7	7	8	7	1	1	1
5300	부산 수영구	수영민속예술관 및 문화유산 시설물 관리	20,000	문화관광과	4	1	7	8	7	1	1	1
5301	부산 수영구	안용복장군 사당.관리사 운영 관리	1,000,000	문화관광과	4	1	7	8	7	1	1	1
5302	부산 수영구	향사비(25의용.안용복)	4,000	문화관광과	4	1	7	8	7	1	1	1
5303	부산 수영구	광안리해변 야간 안전관리 경비용역	142,600	문화관광과	4	7	2	7	2	1	1	1
5304	부산 수영구	민락수변공원 행락철 질서유지 용역	91,200	문화관광과	4	6	2	7	6	1	1	2
5305	부산 수영구	구청사 청소용역(일반)	213,600	재무과	4	6	4	1	6	1	4	2
5306	부산 수영구	무연고 사망자 장의비	4,600	복지정책과	4	1	4	1	2	1	1	4
5307	부산 수영구	청소년안전망운영사업	97,470	복지정책과	4	7	1	5	1	1	1	1
5308	부산 수영구	청소년지방상담사업	160,096	복지정책과	4	7	1	5	1	1	1	1
5309	부산 수영구	청소년동반자 프로그램 운영	112,580	복지정책과	4	7	1	5	1	1	1	1
5310	부산 수영구	청소년동반자 프로그램 운영	16,738	복지정책과	4	7	1	5	1	1	1	1
5311	부산 수영구	청소년문화의집 운영	197,450	복지정책과	4	7	1	5	1	1	1	1

순번	시군구	지출명 (사업명)	2021년예산 (단위:천원/1년간)	담당자 (공무원)	민간이전 분류 (지방자치단체 세출예산 집행기준에 의거)	민간이전지출 근거 (지방보조금 관리기준 참고)	입찰방식			운영예산 산정		성과평가 실시여부
				담당부서	1. 민간경상사업보조(307-02) 2. 민간단체 법정운영비보조(307-03) 3. 민간행사사업보조(307-04) 4. 민간위탁금(307-05) 5. 사회복지시설 법정운영비보조(307-10) 6. 민간인위탁교육비(307-12) 7. 공기관등에대한경상적위탁사업비(308-10) 8. 민간자본사업보조,자체재원(402-01) 9. 민간자본사업보조,이전재원(402-02) 10. 민간위탁사업비(402-03) 11. 공기관등에 대한 자본적 대행사업비(403-02)	1. 법률에 규정 2. 국고보조 재원(국가지정) 3. 용도 지정 기부금 4. 조례에 직접규정 5. 지자체가 권장하는 사업을 하는 공공기관 6. 시,도 정책 및 재정사정 7. 기타 8. 해당없음	계약체결방법 (경쟁형태) 1. 일반경쟁 2. 제한경쟁 3. 지명경쟁 4. 수의계약 5. 법정위탁 6. 기타 ( ) 7. 해당없음	계약기간 1. 1년 2. 2년 3. 3년 4. 4년 5. 5년 6. 기타 ( )년 7. 단기계약 (1년미만) 8. 해당없음	낙찰자선정방법 1. 적격심사 2. 협상에의한계약 3. 최저가낙찰제 4. 규격가격분리 5. 2단계 경쟁입찰 6. 기타 ( ) 7. 해당없음	운영예산 산정 1. 내부산정 (지자체 자체적으로 산정) 2. 외부산정 (외부전문기관위탁 산정) 3. 내·외부 모두 산정 4. 산정 無 5. 해당없음	정산방법 1. 내부정산 (지자체 내부적으로 정산) 2. 외부정산 (외부전문기관위탁 정산) 3. 내·외부 모두 산정 4. 정산 無 5. 해당없음	1. 실시 2. 미실시 3. 향후 추진 4. 해당없음
5312	부산 수영구	가정양육사업 지원	28,000	가족행복과	4	1	7	5	6	1	1	1
5313	부산 수영구	육아종합지원센터 운영	747,492	가족행복과	4	1	7	5	6	1	1	1
5314	부산 수영구	공동육아나눔터 운영	53,828	가족행복과	4	1	7	3	6	5	1	4
5315	부산 수영구	건강가정 및 다문화가족 지원센터 운영	390,580	가족행복과	4	1	7	3	6	5	1	4
5316	부산 수영구	건강가정 및 다문화가족 지원센터 운영	80,000	가족행복과	4	5	7	3	6	5	1	4
5317	부산 수영구	생활폐기물 민간위탁 수집운반수수료	4,045,999	자원순환과	4	1	4	1	7	2	1	1
5318	부산 수영구	생활폐기물 민간위탁 수집운반수수료	3,659,880	자원순환과	4	1	4	1	6	2	1	1
5319	부산 수영구	무단투기 대형폐기물 처리수수료	9,600	자원순환과	4	4	1	1	2	1	1	2
5320	부산 수영구	수영클린센터 대형폐기물 처리 수수료	3,500	자원순환과	4	1	4	1	6	1	1	2
5321	부산 수영구	재활용품선별장 선별인력 운영위탁금	372,000	자원순환과	4	7	4	1	6	1	1	2
5322	부산 수영구	음식물류폐기물 처리 수수료	1,287,242	자원순환과	4	1	4	1	7	1	1	4
5323	부산 수영구	폐비닐 처리 수수료	2,304	자원순환과	4	1	7	1	7	1	1	4
5324	부산 수영구	폐유리병 처리 수수료	18,480	자원순환과	4	1	4	1	7	1	1	4
5325	부산 수영구	폐형광등 운반 수수료	2,088	자원순환과	4	7	4	1	7	1	1	4
5326	부산 수영구	분뇨수수료 대행징수 교부금 지급	5,280	자원순환과	4	4	6	2	7	5	5	4
5327	부산 수영구	유기동물 위탁보호비	36,000	일자리경제과	4	1	4	1	1	1	1	2
5328	부산 수영구	길고양이 포획 및 중성화수술비	24,000	일자리경제과	4	1	7	8	7	5	5	4
5329	부산 수영구	어업용 폐기물 처리지원 사업	10,000	일자리경제과	4	6	4	7	7	1	1	4
5330	부산 수영구	유아숲교육 운영	76,500	일자리경제과	4	2	6	2	7	4	1	1
5331	부산 수영구	주거지전용주차장 민간위탁금	110,391	교통행정과	4	4	7	1	7	1	1	4
5332	부산 수영구	의회청사청소용역비	27,600	의회사무과	4	7	4	1	7	1	1	4
5333	부산 수영구	의회청사청소	3,000	의회사무과	4	7	4	1	7	1	1	4
5334	부산 수영구	보건소 청소용역	66,000	보건행정과	4	4	4	1	7	1	1	2
5335	부산 수영구	보건소 청소용역	6,000	보건행정과	4	4	4	7	7	1	1	2
5336	부산 수영구	정신건강복지센터 운영	182,440	건강증진과	4	2	1	3	2	4	1	1
5337	부산 수영구	중증정신질환자 집중관리프로그램 운영	9,000	건강증진과	4	6	1	3	2	1	1	1
5338	부산 수영구	종사자 복지수당	32,400	건강증진과	4	6	1	3	2	1	1	1
5339	부산 수영구	자살예방 및 정신건강증진사업	40,720	건강증진과	4	2	1	3	2	4	1	1
5340	부산 수영구	아동청소년 정신보건사업	51,970	건강증진과	4	2	1	3	2	4	1	1
5341	부산 수영구	자살예방 및 정신건강증진사업	9,292	건강증진과	4	6	1	3	2	1	1	1
5342	부산 수영구	독거노인 자살예방사업	41,000	건강증진과	4	6	1	3	2	1	1	1
5343	부산 수영구	기초정신건강복지센터 인력확충비	412,300	건강증진과	4	6	1	3	2	1	1	1
5344	부산 수영구	기초 정신건강복지센터 자살예방사업 지원	17,500	건강증진과	4	6	1	3	2	1	1	1
5345	부산 수영구	지역사회건강조사 위탁사업비	68,890	건강증진과	4	2	5	1	7	5	2	4
5346	부산 수영구	도서관 청소용역	10,656	도서관	4	1	4	1	7	1	1	2
5347	부산 수영구	수영구어린이도서관 청소용역	44,865	도서관	4	1	4	1	7	1	1	2
5348	부산 수영구	수영구어린이도서관 입주전 청소용역	3,591	도서관	4	1	4	1	7	1	1	2
5349	부산 수영구	망미분관 청소용역	56,616	도서관	4	5	4	1	6	1	1	2
5350	부산 사상구	직장보육(영유아) 민간위탁금	172,000	자치행정과	4	1	7	7	7	5	5	4
5351	부산 사상구	자원봉사센터 운영비	19,600	자치행정과	4	1	5	2	1	1	1	1
5352	부산 사상구	자원봉사센터 유급실무자 인건비	59,662	자치행정과	4	1	5	2	1	1	1	1
5353	부산 사상구	자원봉사자 보험료	11,818	자치행정과	4	1	5	2	1	1	1	1
5354	부산 사상구	자원봉사 코디네이팅 도우미사업	58,000	자치행정과	4	1	5	2	1	1	1	1

순번	시군구	지출명 (사업명)	2021년예산 (단위:천원/1년간)	담당자 (공무원)	민간이전 분류 (지방자치단체 세출예산 집행기준에 의거)	민간이전지출 근거 (지방보조금 관리기준 참고)	입찰방식			운영예산 산정		성과평가 실시여부
				담당부서	1. 민간경상사업보조(307-02) 2. 민간단체 법정운영비보조(307-03) 3. 민간행사사업보조(307-04) 4. 민간위탁금(307-05) 5. 사회복지시설 법정운영비보조(307-10) 6. 민간인위탁교육비(307-12) 7. 공기관등에대한경상적위탁사업비(308-10) 8. 민간자본사업보조,자체재원(402-01) 9. 민간자본사업보조,이전재원(402-02) 10. 민간위탁사업비(402-03) 11. 공기관등에 대한 자본적 대행사업비(403-02)	1. 법률에 규정 2. 국고보조 재원(국가지정) 3. 용도 지정 기부금 4. 조례에 직접규정 5. 지자체가 권장하는 사업을 하는 공공기관 6. 시,도 정책 및 재정사정 7. 기타 8. 해당없음	계약체결방법 (경쟁형태) 1. 일반경쟁 2. 제한경쟁 3. 지명경쟁 4. 수의계약 5. 법정위탁 6. 기타 ( ) 7. 해당없음	계약기간 1. 1년 2. 2년 3. 3년 4. 4년 5. 5년 6. 기타 ( )년 7. 단기계약 (1년미만) 8. 해당없음	낙찰자선정방법 1. 적격심사 2. 협상에의한계약 3. 최저가낙찰제 4. 규격가격분리 5. 2단계 경쟁입찰 6. 기타 ( ) 7. 해당없음	운영예산 산정 1. 내부산정 (지자체 자체적으로 산정) 2. 외부산정 (외부전문기관위탁 산정) 3. 내·외부 모두 산정 4. 산정 無 5. 해당없음	정산방법 1. 내부정산 (지자체 내부적으로 정산) 2. 외부정산 (외부전문기관위탁 정산) 3. 내·외부 모두 산정 4. 정산 無 5. 해당없음	1. 실시 2. 미실시 3. 향후 추진 4. 해당없음
5355	부산 사상구	자원봉사활성화 프로그램 개발	19,920	자치행정과	4	1	5	2	1	1	1	1
5356	부산 사상구	청사 청소관리 위탁	365,185	재무과	4	8	2	1	1	2	1	4
5357	부산 사상구	스포츠 강좌 이용권 지원	192,000	문화체육과	4	1	7	8	7	5	1	1
5358	부산 사상구	장애인 스포츠 강좌 이용권 지원	17,920	문화체육과	4	1	7	8	7	5	1	1
5359	부산 사상구	다누림센터 개보수	242,000	문화체육과	4	2	7	8	7	2	1	3
5360	부산 사상구	다누림홀 운영 지원	80,000	문화체육과	4	5	3	3	7	1	1	1
5361	부산 사상구	사상인디스테이션 운영	78,000	문화체육과	4	7	1	3	7	1	1	1
5362	부산 사상구	유기동물 위탁보호비	50,000	일자리경제과	4	6	7	8	7	1	1	1
5363	부산 사상구	중성화 시술료	67,500	일자리경제과	4	1	1	7	1	1	1	1
5364	부산 사상구	광견병 예방접종 시술비 지원	8,000	일자리경제과	4	1	7	8	7	1	1	1
5365	부산 사상구	유기동물 구조보호비	11,500	일자리경제과	4	6	7	8	7	1	1	1
5366	부산 사상구	생활폐기물 수집운반비	7,012,000	청소행정과	4	4	4	1	7	2	1	1
5367	부산 사상구	음식물폐기물 처리	2,218,110	청소행정과	4	4	4	1	7	4	4	4
5368	부산 사상구	로드킬 동물사체 처리	18,000	청소행정과	4	4	7	8	7	5	5	4
5369	부산 사상구	혼합 건설폐기물 처리	5,530	청소행정과	4	7	4	1	7	4	4	4
5370	부산 사상구	폐합성수지 처리	19,250	청소행정과	4	7	4	1	7	4	4	4
5371	부산 사상구	폐유리병 위탁처리	15,180	청소행정과	4	7	4	1	7	4	4	4
5372	부산 사상구	폐형광등 위탁(운반) 처리	4,536	청소행정과	4	7	4	1	7	4	4	4
5373	부산 사상구	분뇨처리수수료 대행 징수교부금	3,900	청소행정과	4	4	4	3	7	5	5	4
5374	부산 사상구	유아숲 산림복지전문업 위탁 운영	132,000	녹지공원과	4	5	4	2	6	5	1	4
5375	부산 사상구	사회복지관 운영	2,877,000	복지정책과	4	4	5	5	7	1	1	4
5376	부산 사상구	엄궁복지센터 사랑채 운영	15,000	복지정책과	4	4	5	5	7	1	1	4
5377	부산 사상구	덕포복지센터 디딤돌 운영	15,000	복지정책과	4	4	5	5	7	1	1	4
5378	부산 사상구	사회복지사 보수교육비 및 자질향상교육	6,000	복지정책과	4	4	7	8	7	1	1	4
5379	부산 사상구	민관협력 복지아카데미 운영	8,000	복지정책과	4	4	7	8	7	1	1	4
5380	부산 사상구	민관협력 고독사 예방사업	8,000	복지정책과	4	4	7	8	7	1	1	4
5381	부산 사상구	건강가정·다문화가족 지원센터 운영	390,580	복지정책과	4	1	7	8	7	5	5	4
5382	부산 사상구	건강가정·다문화가족지원센터 복지포인트	3,100	복지정책과	4	1	7	8	7	5	5	4
5383	부산 사상구	취약위기가족(가족역량강화) 지원	104,240	복지정책과	4	1	7	8	7	5	5	4
5384	부산 사상구	자녀양육 및 자녀생활등 방문교육서비스 지원	210,432	복지정책과	4	1	7	8	7	5	5	4
5385	부산 사상구	다문화가족 사례관리 지원	31,825	복지정책과	4	1	7	8	7	5	5	4
5386	부산 사상구	결혼이민자 통·번역서비스 지원	30,050	복지정책과	4	1	7	8	7	5	5	4
5387	부산 사상구	다문화가족 자녀언어발달 지원	71,040	복지정책과	4	1	7	8	7	5	5	4
5388	부산 사상구	이중언어가족환경 조성	30,070	복지정책과	4	1	7	8	7	5	5	4
5389	부산 사상구	결혼이민자 역량강화지원	20,000	복지정책과	4	1	7	8	7	5	5	4
5390	부산 사상구	다문화 나눔터 운영	30,000	복지정책과	4	4	7	8	7	5	5	4
5391	부산 사상구	공동육아나눔터 운영	53,828	복지정책과	4	1	7	8	7	5	5	4
5392	부산 사상구	공동육아나눔터 도서구입 및 시설개선	20,000	복지정책과	4	7	7	8	7	5	5	4
5393	부산 사상구	노인복지관 운영	710,820	노인장애인복지과	4	4	5	8	7	1	1	1
5394	부산 사상구	노인복지관 분관 운영	432,501	노인장애인복지과	4	4	5	8	7	1	1	1
5395	부산 사상구	장애인복지관 운영	1,210,472	노인장애인복지과	4	1	7	8	7	5	5	4
5396	부산 사상구	장애인복지관 세탁서비스	5,000	노인장애인복지과	4	1	7	8	7	5	5	4
5397	부산 사상구	장애인 목욕서비스 제공	35,400	노인장애인복지과	4	1	7	8	7	5	5	4

순번	시군구	지출명 (사업명)	2021년예산 (단위:천원/1년간)	담당자 (공무원) 담당부서	민간이전 분류 (지방자치단체 세출예산 집행기준에 의거) 1. 민간경상사업보조(307-02) 2. 민간단체 법정운영비보조(307-03) 3. 민간행사사업보조(307-04) 4. 민간위탁금(307-05) 5. 사회복지시설 법정운영비보조(307-10) 6. 민간인위탁교육비(307-12) 7. 공기관등에대한경상적위탁사업비(308-10) 8. 민간자본사업보조,자체재원(402-01) 9. 민간자본사업보조,이전재원(402-02) 10. 민간위탁사업비(402-03) 11. 공기관등에 대한 자본적 대행사업비(403-02)	민간이전지출 근거 (지방보조금 관리기준 참고) 1. 법률에 규정 2. 국고보조 재원(국가지정) 3. 용도 지정 기부금 4. 조례에 직접규정 5. 지자체가 권장하는 사업을 하는 공공기관 6. 시,도 정책 및 재정사정 7. 기타 8. 해당없음	입찰방식 계약체결방법 (경쟁형태) 1. 일반경쟁 2. 제한경쟁 3. 지명경쟁 4. 수의계약 5. 법정위탁 6. 기타 ( ) 7. 해당없음	입찰방식 계약기간 1. 1년 2. 2년 3. 3년 4. 4년 5. 5년 6. 기타 ( )년 7. 단기계약 (1년미만) 8. 해당없음	입찰방식 낙찰자선정방법 1. 적격심사 2. 협상에의한계약 3. 최저가낙찰제 4. 규격가격분리 5. 2단계 경쟁입찰 6. 기타 ( ) 7. 해당없음	운영예산 산정 운영예산 산정 1. 내부산정 (지자체 자체적으로 산정) 2. 외부산정 (외부전문기관위탁 산정) 3. 내·외부 모두 산정 4. 산정 無 5. 해당없음	운영예산 산정 정산방법 1. 내부정산 (지자체 내부적으로 정산) 2. 외부정산 (외부전문기관위탁 정산) 3. 내·외부 모두 산정 4. 정산 無 5. 해당없음	성과평가 실시여부 1. 실시 2. 미실시 3. 향후 추진 4. 해당없음
5398	부산 사상구	사상구장애인근로작업장 운영	367,629	노인장애인복지과	4	1	7	8	7	5	5	4
5399	부산 사상구	가사간병방문지원사업	370,260	노인장애인복지과	4	2	7	8	7	5	5	4
5400	부산 사상구	만0~2세 보육료	16,627	아동청소년과	4	1	7	8	7	5	5	4
5401	부산 사상구	누리과정 보육료 지원	5,497,148	아동청소년과	4	1	7	8	7	5	5	4
5402	부산 사상구	정부미지원어린이집 모든아이 차액보육료 지원	619,340	아동청소년과	4	6	7	8	7	5	5	4
5403	부산 사상구	비장애아 방과후 보육료 지원	1,997	아동청소년과	4	6	7	8	7	5	5	4
5404	부산 사상구	육아종합지원센터 운영	616,000	아동청소년과	4	1	7	8	7	1	1	2
5405	부산 사상구	시간제대체교사 사업운영	490,200	아동청소년과	4	1	7	8	7	1	1	2
5406	부산 사상구	가정양육지원사업(클로버교육)	28,000	아동청소년과	4	1	7	8	7	1	1	2
5407	부산 사상구	육아종합지원센터 분소(사상아기성장터) 운영	150,000	아동청소년과	4	1	7	8	7	1	1	2
5408	부산 사상구	다함께돌봄센터 종사자 인건비 지원	135,330	아동청소년과	4	2	1	8	1	1	1	2
5409	부산 사상구	다함께돌봄센터 종사자 복지포인트	60,000	아동청소년과	4	2	1	8	1	1	1	2
5410	부산 사상구	다함께돌봄센터 운영비 지원	34,300	아동청소년과	4	2	1	8	1	1	1	2
5411	부산 사상구	청소년수련관 운영	250,000	아동청소년과	4	1	7	8	7	5	1	1
5412	부산 사상구	청소년수련관 직원 처우개선비 지원	36,520	아동청소년과	4	1	7	8	7	5	1	1
5413	부산 사상구	청소년안전망 운영 지원	97,470	아동청소년과	4	1	7	8	7	5	1	1
5414	부산 사상구	청소년동반자 프로그램 운영 지원	82,000	아동청소년과	4	1	7	8	7	5	1	1
5415	부산 사상구	지방청소년상담사업 운영 지원	160,096	아동청소년과	4	1	7	8	7	5	1	1
5416	부산 사상구	국제화센터 운영	660,000	평생교육과	4	4	7	8	7	1	2	1
5417	부산 사상구	학부모 컨설팅 지원	30,000	평생교육과	4	4	7	1	7	1	1	1
5418	부산 사상구	진로교육지원센터 운영	260,000	평생교육과	4	4	7	3	7	1	1	1
5419	부산 사상구	오수처리시설 관리	4,800	평생교육과	4	4	4	1	2	1	1	2
5420	부산 사상구	광장로 주변 노점상 단속	21,000	안전총괄과	4	8	4	7	7	1	1	4
5421	부산 사상구	정신건강복지센터 운영	184,224	건강증진과	4	2	6	3	6	3	1	1
5422	부산 사상구	정신건강복지센터 인력 확충	363,240	건강증진과	4	2	6	3	6	3	1	1
5423	부산 사상구	정신건강복지센터 종사자 복지수당 지원	29,700	건강증진과	4	6	6	3	6	3	1	1
5424	부산 사상구	자살예방 및 정신건강증진사업	81,440	건강증진과	4	2	6	3	6	3	1	1
5425	부산 사상구	자살예방 및 정신건강증진사업	18,582	건강증진과	4	6	6	3	6	3	1	1
5426	부산 사상구	아동청소년 정신건강증진사업	52,294	건강증진과	4	2	6	3	6	3	1	1
5427	부산 사상구	중증정신질환자 집중관리 프로그램 운영	9,000	건강증진과	4	6	6	3	6	3	1	1
5428	부산 사상구	중독관리통합지원센터 운영	161,688	건강증진과	4	2	6	3	6	3	1	1
5429	부산 사상구	중독관리통합지원센터 종사자 복지수당	5,400	건강증진과	4	6	6	3	6	3	1	1
5430	부산 사상구	산모·신생아도우미 지원사업	532,572	건강증진과	4	2	7	8	7	4	1	2
5431	부산 사상구	청소년산모 임신출산 의료비 지원	1,200,000	건강증진과	4	2	7	8	7	4	1	2
5432	부산 사상구	선천성 대사이상 검사 및 환아관리 홍보 등	50,000	건강증진과	4	2	7	8	7	5	2	2
5433	부산 사상구	지역사회건강조사	68,966	건강증진과	4	8	6	1	7	5	5	4
5434	부산 사상구	통합정신건강증진사업	160,000	건강증진과	4	2	6	3	6	3	1	1
5435	부산 사상구	통합정신건강증진사업	100,000	건강증진과	4	2	6	3	6	3	1	1
5436	부산 사상구	정신건강복지센터 자살예방사업 지원	70,631	건강증진과	4	2	6	3	6	3	1	1
5437	부산 사상구	저소득층 기저귀·조제분유 지원	131,960	건강증진과	4	2	7	8	7	5	2	4
5438	부산 기장군	군정 홍보	33,000	행정지원과	4	6	7	8	7	5	5	4
5439	부산 기장군	직장어린이집 위탁보육	162,000	행정지원과	4	1	7	8	7	1	1	4
5440	부산 기장군	청사관리	2,082,745	재무과	4	8	2	3	1	2	1	2

순번	시군구	지출명 (사업명)	2021년예산 (단위:천원/1년간)	담당자 (공무원)	민간이전 분류 (지방자치단체 세출예산 집행기준에 의거)	민간이전지출 근거 (지방보조금 관리기준 참고)	입찰방식			운영예산 산정		성과평가 실시여부
				담당부서	1. 민간경상사업보조(307-02) 2. 민간단체 법정운영비보조(307-03) 3. 민간행사사업보조(307-04) 4. 민간위탁금(307-05) 5. 사회복지시설 법정운영비보조(307-10) 6. 민간인위탁교육비(307-12) 7. 공기관등에대한경상적위탁사업비(308-10) 8. 민간자본사업보조,자체재원(402-01) 9. 민간자본사업보조,이전재원(402-02) 10. 민간위탁사업비(402-03) 11. 공기관등에 대한 자본적 대행사업비(403-02)	1. 법률에 규정 2. 국고보조 재원(국가지정) 3. 용도 지정 기부금 4. 조례에 직접규정 5. 지자체가 권장하는 사업을 하는 공공기관 6. 시,도 정책 및 재정사정 7. 기타 8. 해당없음	계약체결방법 (경쟁형태) 1. 일반경쟁 2. 제한경쟁 3. 지명경쟁 4. 수의계약 5. 법정위탁 6. 기타 ( ) 7. 해당없음	계약기간 1. 1년 2. 2년 3. 3년 4. 4년 5. 5년 6. 기타 ( )년 7. 단기계약 (1년미만) 8. 해당없음	낙찰자선정방법 1. 적격심사 2. 협상에의한계약 3. 최저가낙찰제 4. 규격가격분리 5. 2단계 경쟁입찰 6. 기타 ( ) 7. 해당없음	운영예산 산정 1. 내부산정 (지자체 자체적으로 산정) 2. 외부산정 (외부전문기관위탁 산정) 3. 내·외부 모두 산정 4. 산정 無 5. 해당없음	정산방법 1. 내부정산 (지자체 내부적으로 정산) 2. 외부정산 (외부전문기관위탁 정산) 3. 내·외부 모두 산정 4. 정산 無 5. 해당없음	1. 실시 2. 미실시 3. 향후 추진 4. 해당없음
5441	부산 기장군	지역인재 양성 및 교육협력 사업	135,000	인재양성과	4	4	1	2	1	1	1	1
5442	부산 기장군	육아종합지원센터 운영	761,893	인재양성과	4	1	1	3	6	1	1	1
5443	부산 기장군	지방육아종합지원센터운영	28,000	인재양성과	4	1	1	3	6	1	1	1
5444	부산 기장군	다함께 돌봄 사업	52,560	인재양성과	4	4	6	5	6	5	1	4
5445	부산 기장군	다함께 돌봄 사업	3,600	인재양성과	4	4	6	5	6	5	1	4
5446	부산 기장군	민자사업 정부지급금	765,000	도서관과	4	1	5	6	7	4	4	1
5447	부산 기장군	민자사업 정부지급금	620,000	도서관과	4	1	5	6	7	4	4	1
5448	부산 기장군	기장도서관 운영	130,000	도서관과	4	7	1	1	1	2	1	4
5449	부산 기장군	기장군민대학 운영	310,000	도서관과	4	4	7	8	7	5	5	4
5450	부산 기장군	기장군민어학당 운영	310,000	도서관과	4	4	7	8	7	5	5	4
5451	부산 기장군	노숙자 보호	4,800	행복나눔과	4	1	4	1	7	1	1	4
5452	부산 기장군	장애인 활동지원급여 지원	4,835,164	행복나눔과	4	1	7	8	7	5	5	4
5453	부산 기장군	활동보조 가산급여	10,035	행복나눔과	4	1	7	8	7	5	5	4
5454	부산 기장군	중증장애인 활동보조 지원	165,270	행복나눔과	4	1	7	8	7	5	5	4
5455	부산 기장군	발달재활서비스 바우처 지원	615,600	행복나눔과	4	1	7	8	7	1	1	4
5456	부산 기장군	언어발달지원 바우처 지원	2,000	행복나눔과	4	1	7	8	7	1	1	4
5457	부산 기장군	발달장애인 부모상담 지원	1,700	행복나눔과	4	1	7	8	7	1	1	4
5458	부산 기장군	발달장애인 주간활동서비스 지원	140,800	행복나눔과	4	1	7	8	7	1	1	4
5459	부산 기장군	청소년 발달장애학생 방과후활동서비스 지원	197,064	행복나눔과	4	1	7	8	7	1	1	4
5460	부산 기장군	발달장애인 주간활동서비스 지원	27,870	행복나눔과	4	1	7	8	7	1	1	4
5461	부산 기장군	안데르센극장 운영	171,000	문화관광과	4	4	2	7	2	1	1	4
5462	부산 기장군	노인일자리 및 사회활동지원 확대	7,943,776	일자리경제과	4	2	1	1	1	5	1	1
5463	부산 기장군	발달장애인 요양보호사 보조사업	245,880	일자리경제과	4	6	1	1	1	5	1	2
5464	부산 기장군	생활폐기물 처리	8,800	청소자원과	4	1	3	1	2	2	1	1
5465	부산 기장군	무단투기 쓰레기 처리	180,000	청소자원과	4	8	2	1	1	1	1	4
5466	부산 기장군	로드킬 동물사체 처리	23,100	청소자원과	4	8	4	1	7	1	1	4
5467	부산 기장군	재활용품 관리	492,080	청소자원과	4	1	2	1	1	1	1	2
5468	부산 기장군	음식물 쓰레기 처리	2,415,540	청소자원과	4	1	4	1	7	1	1	4
5469	부산 기장군	유기동물 구조보호비 지원	18,000	친환경농업과	4	1	4	1	1	1	1	2
5470	부산 기장군	동물보호비 지원	36,000	친환경농업과	4	1	4	1	1	1	1	2
5471	부산 기장군	광견병 예방접종시술비 지원	2,000	친환경농업과	4	8	7	8	7	5	5	4
5472	부산 기장군	길고양이 중성화 수술 사업	60,000	친환경농업과	4	2	1	1	2	1	1	2
5473	부산 기장군	도심 주변 위해 유기견 포획	15,000	친환경농업과	4	1	4	1	1	1	1	2
5474	부산 기장군	기장수산물 체험·홍보센터 운영	379,000	해양수산과	4	4	4	2	6	2	1	3
5475	부산 기장군	해양환경 정비	200,000	해양수산과	4	5	1	1	3	1	1	2
5476	부산 기장군	해수욕장 개장지원 및 관리	52,000	해양수산과	4	8	1	1	3	1	1	2
5477	부산 기장군	유아숲 교육운영	51,000	산림공원과	4	2	7	8	7	5	5	4
5478	부산 기장군	육영사업	180,000	원전안전과	4	4	1	8	3	1	1	4
5479	부산 기장군	하수관리 운영	700,000	휴먼도시과	4	4	2	1	2	1	1	1
5480	부산 기장군	아토피 케어 푸드센터 운영	300,000	건강증진과	4	8	7	8	7	5	5	4
5481	부산 기장군	청소년산모 임신출산 의료비 지원	1,200,000	건강증진과	4	2	5	8	7	3	3	1
5482	부산 기장군	산모·신생아 건강관리 지원사업	560,000	건강증진과	4	2	5	8	7	3	3	1
5483	부산 기장군	저소득층 기저귀·조제분유 지원사업	200,928	건강증진과	4	2	5	8	7	3	3	1

순번	시군구	지출명 (사업명)	2021년예산 (단위:천원/1년간)	담당자 (공무원)	민간이전 분류 (지방자치단체 세출예산 집행기준에 의거)	민간이전지출 근거 (지방보조금 관리기준 참고)	입찰방식			운영예산 산정		성과평가 실시여부
				담당부서	1. 민간경상사업보조(307-02) 2. 민간단체 법정운영비보조(307-03) 3. 민간행사사업보조(307-04) 4. 민간위탁금(307-05) 5. 사회복지시설 법정운영비보조(307-10) 6. 민간인위탁교육비(307-12) 7. 공기관등에대한경상적위탁사업비(308-10) 8. 민간자본사업보조,자체재원(402-01) 9. 민간자본사업보조,이전재원(402-02) 10. 민간위탁사업비(402-03) 11. 공기관등에 대한 자본적 대행사업비(403-02)	1. 법률에 규정 2. 국고보조 재원(국가지정) 3. 용도 지정 기부금 4. 조례에 직접규정 5. 지자체가 권장하는 사업을 하는 공공기관 6. 시,도 정책 및 재정사정 7. 기타 8. 해당없음	계약체결방법 (경쟁형태) 1. 일반경쟁 2. 제한경쟁 3. 지명경쟁 4. 수의계약 5. 법정위탁 6. 기타 ( ) 7. 해당없음	계약기간 1. 1년 2. 2년 3. 3년 4. 4년 5. 5년 6. 기타 ( )년 7. 단기계약 (1년미만) 8. 해당없음	낙찰자선정방법 1. 적격심사 2. 협상에의한계약 3. 최저가낙찰제 4. 규격가격분리 5. 2단계 경쟁입찰 6. 기타 ( ) 7. 해당없음	운영예산 산정 1. 내부산정 (지자체 자체적으로 산정) 2. 외부산정 (외부전문기관위탁 산정) 3. 내·외부 모두 산정 4. 산정 無 5. 해당없음	정산방법 1. 내부정산 (지자체 내부적으로 정산) 2. 외부정산 (외부전문기관위탁 정산) 3. 내·외부 모두 산정 4. 정산 無 5. 해당없음	1. 실시 2. 미실시 3. 향후 추진 4. 해당없음
5484	부산 기장군	지역사회건강조사 조사분석 위탁운영	68,738	건강증진과	4	2	5	8	7	1	1	4
5485	부산 기장군	정신건강복지센터 운영	184,224	건강증진과	4	2	1	3	1	1	1	1
5486	부산 기장군	중증정신질환자 집중관리프로그램 운영비	9,000	건강증진과	4	6	1	3	1	1	1	1
5487	부산 기장군	자살예방 및 정신건강증진사업	40,720	건강증진과	4	2	1	3	1	1	1	1
5488	부산 기장군	자살예방 및 정신건강증진사업	9,292	건강증진과	4	6	1	3	1	1	1	1
5489	부산 기장군	아동청소년 정신건강증진사업	52,294	건강증진과	4	2	1	3	1	1	1	1
5490	부산 기장군	정신건강복지센터 종사자 복지수당	27,000	건강증진과	4	6	1	3	1	1	1	1
5491	부산 기장군	기초정신건강복지센터 인력확충	399,564	건강증진과	4	2	1	3	1	1	1	1
5492	부산 기장군	통합정신건강증진사업	160,000	건강증진과	4	2	1	3	1	1	1	1
5493	부산 기장군	자살예방사업 인력확충	35,316	건강증진과	4	2	1	3	1	1	1	1
5494	부산 기장군	농업기술지원 기반확충	399,723	농업기술센터	4	1	2	1	1	2	1	4
5495	부산 기장군	농기계 임대사업	119,502	농업기술센터	4	2	2	1	3	1	1	4
5496	부산 기장군	기본경비	390,000	해조류육종융합연구센터	4	7	1	3	3	2	1	4
5497	울산광역시	감염병관리지원단 운영지원	600,000	감염병관리과	4	1	1	3	1	1	1	2
5498	울산광역시	장애인특별운송사업	252,841	교통기획과	4	4	5	3	7	1	1	4
5499	울산광역시	장애인콜센터 운영	1,374,000	교통기획과	4	4	5	3	7	1	1	4
5500	울산광역시	장애인콜택시 운영	5,931	교통기획과	4	4	5	3	7	1	1	4
5501	울산광역시	반려동물 문화센터 운영	1,000,000	농축산과	4	4	1	2	1	1	1	1
5502	울산광역시	건강뉴드림센터 설치운영	746,000	시민건강과	4	1	6	2	6	1	1	1
5503	울산광역시	광역정신건강복지센터 지원	861,284	시민건강과	4	2	5	3	1	1	1	1
5504	울산광역시	광역정신건강복지센터 지원	86,800	시민건강과	4	6	5	3	1	1	1	1
5505	울산광역시	응급개입팀 운영	449,644	시민건강과	4	2	5	3	1	1	1	1
5506	울산광역시	공립요양병원 공공보건사업 지원	90,000	시민건강과	4	2	6	5	6	1	1	1
5507	울산광역시	광역치매센터 운영	575,871	시민건강과	4	2	5	3	1	1	1	1
5508	울산광역시	치매공공후견 지원사업	1,674,000	시민건강과	4	2	5	3	1	1	1	1
5509	울산광역시	시 노인복지관 운영	1,345,000	어르신복지과	4	1	2	3	6	1	1	4
5510	울산광역시	내일설계지원센터및취업지원센터 운영	745,000	어르신복지과	4	4	2	3	6	1	1	1
5511	울산광역시	장애인체육관 운영	1,229,000	장애인복지과	4	4	1	5	6	1	1	2
5512	울산광역시	제2장애인체육관 운영	1,594,000	장애인복지과	4	4	1	5	6	1	1	2
5513	울산광역시	장애인공무원 편의지원 사업	600,000	총무과	4	4	5	1	7	1	1	4
5514	울산광역시	어린이집 위탁운영비	680,601	총무과	4	4	1	3	1	1	1	1
5515	울산광역시	수산생물 전염병 방역 위탁교육	300,000	해양항만수산과	4	2	5	7	7	5	1	4
5516	울산광역시	기생충 구제사업	10,000	해양항만수산과	4	2	5	7	7	5	1	4
5517	울산광역시	야생동물 구조위탁처리비	40,000	환경생태과	4	6	6	1	6	1	1	2
5518	울산광역시	생물다양성센터 운영	150,000	환경생태과	4	4	1	3	1	1	1	1
5519	울산광역시	관광안내소 운영	1,224,000	관광진흥과	4	4	7	8	7	1	1	4
5520	울산광역시	관광기념품 공모전 지원	30,000	관광진흥과	4	7	7	8	7	1	1	4
5521	울산광역시	문화관광해설사 육성	60,000	관광진흥과	4	2	7	8	7	1	1	4
5522	울산광역시	울산여행 온라인홍보단 운영	50,000	관광진흥과	4	7	7	8	7	1	1	3
5523	울산광역시	울산 전담여행사 지정운영	50,000	관광진흥과	4	7	7	8	7	1	1	3
5524	울산광역시	국내외 단체관광객유치 인센티브 지원	600,000	관광진흥과	4	7	7	8	7	1	1	3
5525	울산광역시	국내외 여행업계,언론자 등 초청 팸투어	130,000	관광진흥과	4	7	7	8	7	1	1	3
5526	울산광역시	울산관광 정책 설명회	30,000	관광진흥과	4	7	7	8	7	1	1	3

순번	시군구	지출명 (사업명)	2021년예산 (단위:천원/1년간)	담당자 (공무원)	민간이전 분류 (지방자치단체 세출예산 집행기준에 의거)	민간이전지출 근거 (지방보조금 관리기준 참고)	입찰방식			운영예산 산정		성과평가 실시여부
				담당부서	1. 민간경상사업보조(307-02) 2. 민간단체 법정운영비보조(307-03) 3. 민간행사사업보조(307-04) 4. 민간위탁금(307-05) 5. 사회복지시설 법정운영비보조(307-10) 6. 민간인위탁교육비(307-12) 7. 공기관등에대한경상적위탁사업비(308-10) 8. 민간자본사업보조,자체재원(402-01) 9. 민간자본사업보조,이전재원(402-02) 10. 민간위탁사업비(402-03) 11. 공기관등에 대한 자본적 대행사업비(403-02)	1. 법률에 규정 2. 국고보조 재원(국가지정) 3. 용도 지정 기부금 4. 조례에 직접규정 5. 지자체가 권장하는 사업을 하는 공공기관 6. 시,도 정책 및 재정사정 7. 기타 8. 해당없음	계약체결방법 (경쟁형태) 1. 일반경쟁 2. 제한경쟁 3. 지명경쟁 4. 수의계약 5. 법정위탁 6. 기타 ( ) 7. 해당없음	계약기간 1. 1년 2. 2년 3. 3년 4. 4년 5. 5년 6. 기타 ( )년 7. 단기계약 (1년미만) 8. 해당없음	낙찰자선정방법 1. 적격심사 2. 협상에의한계약 3. 최저가낙찰제 4. 규격가격분리 5. 2단계 경쟁입찰 6. 기타 ( ) 7. 해당없음	운영예산 산정 1. 내부산정 (지자체 자체적으로 산정) 2. 외부산정 (외부전문기관위탁 산정) 3. 내·외부 모두 산정 4. 산정 無 5. 해당없음	정산방법 1. 내부정산 (지자체 내부적으로 정산) 2. 외부정산 (외부전문기관위탁 정산) 3. 내·외부 모두 산정 4. 정산 無 5. 해당없음	1. 실시 2. 미실시 3. 향후 추진 4. 해당없음
5527	울산광역시	국내 관광홍보관 운영	100,000	관광진흥과	4	7	7	8	7	1	1	3
5528	울산광역시	울산 마이스 아카데미 운영	300,000	관광진흥과	4	4	7	8	7	1	1	4
5529	울산광역시	시청직장운동경기부 육성	421,900	체육지원과	4	4	7	8	7	5	5	4
5530	울산광역시	여성인력개발센터 운영	1,088,000	여성가족청소년과	4	4	5	3	7	1	1	1
5531	울산광역시	여성회관 운영	1,320,000	여성가족청소년과	4	4	5	3	7	1	1	1
5532	울산광역시	여성긴급전화1366센터 운영지원	596,820	여성가족청소년과	4	1	1	5	1	3	1	1
5533	울산광역시	여성긴급전화1366센터 종사자 수당	38,400	여성가족청소년과	4	1	1	5	1	3	1	1
5534	울산광역시	청소년활동진흥센터 운영	650,600	여성가족청소년과	4	2	7	8	7	3	3	1
5535	울산광역시	청소년성문화센터 운영	155,862	여성가족청소년과	4	2	1	3	1	1	1	1
5536	울산광역시	청소년상담복지센터 운영	590,134	여성가족청소년과	4	6	1	3	1	1	1	1
5537	울산광역시	지역사회 청소년 통합지원체계 구축	432,752	여성가족청소년과	4	1	7	3	7	1	1	1
5538	울산광역시	청소년 안심약국 운영	1,000,000	여성가족청소년과	4	6	7	3	7	1	1	1
5539	울산광역시	청소년 동반자 프로그램 운영	225,970	여성가족청소년과	4	2	7	3	7	1	1	1
5540	울산광역시	학교 밖 청소년 지원	268,422	여성가족청소년과	4	2	7	3	7	1	1	1
5541	울산광역시	학교 밖 청소년 급식지원	26,400	여성가족청소년과	4	2	7	3	7	1	1	1
5542	울산광역시	117 학교폭력예방 프로그램 운영	62,746	여성가족청소년과	4	2	1	3	2	1	1	1
5543	울산광역시	청소년 인터넷·스마트폰 중독 전담상담사 배치	70,148	여성가족청소년과	4	2	1	3	2	1	1	1
5544	울산광역시	마을공동체 지원센터 운영	516,000	사회혁신담당관	4	4	1	3	1	1	1	1
5545	울산광역시	울산 청년센터 운영	644,000	사회혁신담당관	4	4	1	2	1	1	1	1
5546	울산광역시	지역사회서비스지원단 운영	260,000	복지인구정책과	4	2	1	3	1	1	1	4
5547	울산광역시	청년사회서비스사업단 운영	125,820	복지인구정책과	4	2	7	8	7	1	1	4
5548	울산광역시	육아종합지원센터 운영	385,608	복지인구정책과	4	2	6	6	7	5	1	4
5549	울산광역시	육아종합지원센터 운영	665,000	복지인구정책과	4	1	6	6	7	5	1	4
5550	울산광역시	지역아동센터 시도지원단 운영	90,400	복지인구정책과	4	2	1	3	7	1	1	4
5551	울산광역시	의료급여 진료비	143,546	복지인구정책과	4	1	6	8	7	5	1	4
5552	울산광역시	건강생활 유지비	425,122	복지인구정책과	4	1	6	8	7	5	1	4
5553	울산광역시	임신출산 진료비	984,100	복지인구정책과	4	1	6	8	7	5	1	4
5554	울산광역시	진료비 심사수수료	144,558	복지인구정책과	4	1	6	8	7	5	1	4
5555	울산광역시	자격관리 수수료	109,068	복지인구정책과	4	1	6	8	7	5	1	4
5556	울산광역시	시 자원봉사센터 운영	1,293,000	시민소통협력과	4	1	5	8	7	5	1	4
5557	울산광역시	시 자원봉사센터 코디네이터 지원	116,379	시민소통협력과	4	1	5	8	7	5	1	4
5558	울산광역시	민원콜센터 위탁금	456,187	시민소통협력과	4	1	1	2	1	1	1	1
5559	울산광역시	노동회관 운영	85,000	노동정책과	4	1	7	1	7	1	1	1
5560	울산광역시	온산바이오에너지센터 위탁운영비	30,430	온산수질개선사업소	4	4	5	3	2	3	1	3
5561	울산광역시	공공급속충전시설 운영관리 위탁	45,000	환경보전과	4	1	5	1	6	1	1	3
5562	울산 중구	청년디딤터 운영	120,000	일자리기업과	4	4	1	2	1	1	1	3
5563	울산 중구	사회적경제기업 창업 아카데미 운영	10,000	일자리기업과	4	4	4	7	7	5	5	4
5564	울산 중구	동물등록 대행사업	30,000	경제진흥과	4	1	7	8	7	1	1	1
5565	울산 중구	구강서원운영	95,000	문화관광과	4	4	4	2	6	1	1	2
5566	울산 중구	울산 관광종합정보 공유소 운영	50,000	문화관광과	4	4	2	2	1	1	1	4
5567	울산 중구	우리서로나눔키움터	180,000	혁신교육과	4	1	5	2	1	1	1	1
5568	울산 중구	지역사회서비스투자사업	1,233,756	복지지원과	4	2	7	8	7	5	5	4
5569	울산 중구	종합사회복지관 운영	850,147	복지지원과	4	1	5	5	1	1	1	1

순번	시군구	지출명 (사업명)	2021년예산 (단위:천원/1년간)	담당자 (공무원)	민간이전 분류 (지방자치단체 세출예산 집행기준에 의거)	민간이전지출 근거 (지방보조금 관리기준 참고)	입찰방식			운영예산 산정		성과평가 실시여부
				담당부서	1. 민간경상사업보조(307-02) 2. 민간단체 법정운영비보조(307-03) 3. 민간행사사업보조(307-04) 4. 민간위탁금(307-05) 5. 사회복지시설 법정운영비보조(307-10) 6. 민간인위탁교육비(307-12) 7. 공기관등에대한경상적위탁사업비(308-10) 8. 민간자본사업보조,자체재원(402-01) 9. 민간자본사업보조,이전재원(402-02) 10. 민간위탁사업비(402-03) 11. 공기관등에 대한 자본적 대행사업비(403-02)	1. 법률에 규정 2. 국고보조 재원(국가지정) 3. 용도 지정 기부금 4. 조례에 직접규정 5. 지자체가 권장하는 사업을 하는 공공기관 6. 시,도 정책 및 재정사정 7. 기타 8. 해당없음	계약체결방법 (경쟁형태) 1. 일반경쟁 2. 제한경쟁 3. 지명경쟁 4. 수의계약 5. 법정위탁 6. 기타 ( ) 7. 해당없음	계약기간 1. 1년 2. 2년 3. 3년 4. 4년 5. 5년 6. 기타 ( )년 7. 단기계약 (1년미만) 8. 해당없음	낙찰자선정방법 1. 적격심사 2. 협상에의한계약 3. 최저가낙찰제 4. 규격가격분리 5. 2단계 경쟁입찰 6. 기타 ( ) 7. 해당없음	운영예산 산정 1. 내부산정 (지자체 자체적으로 산정) 2. 외부산정 (외부전문기관위탁 산정) 3. 내·외부 모두 산정 4. 산정 無 5. 해당없음	정산방법 1. 내부정산 (지자체 내부적으로 정산) 2. 외부정산 (외부전문기관위탁 정산) 3. 내·외부 모두 산정 4. 정산 無 5. 해당없음	1. 실시 2. 미실시 3. 향후 추진 4. 해당없음
5570	울산 중구	자원봉사센터 운영	415,574	복지지원과	4	1	7	8	7	1	1	4
5571	울산 중구	전국 통합 자원봉사보험 가입 서비스 지원	201,960	복지지원과	4	2	7	8	7	1	1	4
5572	울산 중구	독거노인중증장애인 응급안전알림서비	966,240	노인장애인과	4	1	5	2	1	5	1	1
5573	울산 중구	노인맞춤돌봄종합서비스	2,208,280	노인장애인과	4	1	5	2	1	5	1	1
5574	울산 중구	장애인활동지원급여 지원	5,297,700	노인장애인과	4	1	5	8	7	5	5	1
5575	울산 중구	장애인활동지원제도 추가사업	677,120	노인장애인과	4	1	5	8	7	5	5	1
5576	울산 중구	장애인활동보조 가산급여지원	12,350	노인장애인과	4	1	5	8	7	5	5	1
5577	울산 중구	발달재활서비스 바우처지원	640,000	노인장애인과	4	1	5	8	7	5	5	1
5578	울산 중구	언어발달지원 바우처지원	10,000	노인장애인과	4	1	5	8	7	5	5	1
5579	울산 중구	장애인의료비 지원	241,465	노인장애인과	4	1	5	8	7	5	5	1
5580	울산 중구	장애인 전용목욕탕사업운영비	55,200	노인장애인과	4	6	4	1	7	1	1	2
5581	울산 중구	시각장애인안마사파견사업	168,059	노인장애인과	4	1	4	1	7	1	1	2
5582	울산 중구	노인복지관운영	638,880	노인장애인과	4	1	5	5	1	1	1	4
5583	울산 중구	노인복지관운영	759,420	노인장애인과	4	1	5	5	1	1	1	4
5584	울산 중구	중구다문화가족 화합한마당	800,000	여성가족과	4	6	5	5	7	1	1	1
5585	울산 중구	위탁운영비	480,487	여성가족과	4	4	1	2	1	1	1	4
5586	울산 중구	청소년방과후 아카데미 운영	164,042	여성가족과	4	1	7	8	7	1	1	4
5587	울산 중구	청소년지도사 배치사업	46,416	여성가족과	4	1	7	8	7	1	1	4
5588	울산 중구	청소년문화의집 프로그램 운영	12,000	여성가족과	4	1	7	8	7	1	1	4
5589	울산 중구	청소년운영위원회 운영 지원	4,000	여성가족과	4	1	7	8	7	1	1	4
5590	울산 중구	지역청소년참여위원회 운영	2,800	여성가족과	4	1	7	8	7	1	1	4
5591	울산 중구	청소년동아리 지원	11,000	여성가족과	4	1	1	1	1	1	1	4
5592	울산 중구	저소득 여성청소년 위생용품 지원	53,600	여성가족과	4	1	7	8	7	1	1	4
5593	울산 중구	0~2세 보육료	22,000	여성가족과	4	2	7	8	7	1	1	4
5594	울산 중구	3~5세 보육료	9,088,282	여성가족과	4	2	7	8	7	1	1	4
5595	울산 중구	시간제보육지원	236,000	여성가족과	4	2	7	8	7	5	5	4
5596	울산 중구	법정저소득층 보육료 차액지원	37,872	여성가족과	4	4	7	8	7	1	1	4
5597	울산 중구	어린이집 보육료 차액 지원	914,128	여성가족과	4	4	7	8	7	1	1	4
5598	울산 중구	대체교사 운영비	600,000	여성가족과	4	2	5	3	1	1	1	4
5599	울산 중구	육아종합지원센터 클로버부모교육사업 운영비	40,200	여성가족과	4	2	5	3	1	1	1	4
5600	울산 중구	육아종합지원센터 운영비	680,000	여성가족과	4	4	5	3	1	1	1	4
5601	울산 중구	울산 중구 어린이급식관리지원센터 운영	525,000	환경위생과	4	2	2	3	2	3	3	1
5602	울산 중구	생활폐기물 수집 운반 대행	2,947,391	환경미화과	4	1	4	1	7	2	1	1
5603	울산 중구	원도심 가로청소 대행	464,932	환경미화과	4	1	4	1	7	2	1	1
5604	울산 중구	대형폐기물 수집 운반 대행	204,000	환경미화과	4	1	4	1	7	2	1	1
5605	울산 중구	공사장생활폐기물 수집 운반 대행	630,287	환경미화과	4	1	4	1	7	2	1	1
5606	울산 중구	재활용품 선별 위탁	343,724	환경미화과	4	1	4	1	7	2	1	1
5607	울산 중구	재활용품 수집 운반 대행	1,913,301	환경미화과	4	1	4	1	7	2	1	1
5608	울산 중구	음식물류 폐기물 수집 운반 대행	2,195,106	환경미화과	4	1	4	1	7	2	2	1
5609	울산 중구	음식물류 폐기물 처리비	1,521,502	환경미화과	4	1	6	6	6	1	1	2
5610	울산 중구	음식물류 폐기물 처리비	46,200	환경미화과	4	1	6	6	7	5	2	4
5611	울산 중구	공원화장실 청소 및 시설 유지관리 위탁	51,240	공원녹지과	4	8	2	1	1	1	1	4
5612	울산 중구	공원화장실 오수처리시설 유지관리 위탁	6,840	공원녹지과	4	8	4	1	3	1	1	4

순번	시군구	지출명 (사업명)	2021년예산 (단위:천원/1년간)	담당자 (공무원) 담당부서	민간이전 분류 (지방자치단체 세출예산 집행기준에 의거) 1. 민간경상사업보조(307-02) 2. 민간단체 법정운영비보조(307-03) 3. 민간행사사업보조(307-04) 4. 민간위탁금(307-05) 5. 사회복지시설 법정운영비보조(307-10) 6. 민간인위탁교육비(307-12) 7. 공기관등에대한경상적위탁사업비(308-10) 8. 민간자본사업보조,자체재원(402-01) 9. 민간자본사업보조,이전재원(402-02) 10. 민간위탁사업비(402-03) 11. 공기관등에 대한 자본적 대행사업비(403-02)	민간이전지출 근거 (지방보조금 관리기준 참고) 1. 법률에 규정 2. 국고보조 재원(국가지정) 3. 용도 지정 기부금 4. 조례에 직접규정 5. 지자체가 권장하는 사업을 하는 공공기관 6. 시,도 정책 및 재정사정 7. 기타 8. 해당없음	입찰방식 계약체결방법 (경쟁형태) 1. 일반경쟁 2. 제한경쟁 3. 지명경쟁 4. 수의계약 5. 법정위탁 6. 기타 ( ) 7. 해당없음	입찰방식 계약기간 1. 1년 2. 2년 3. 3년 4. 4년 5. 5년 6. 기타 ( )년 7. 단기계약 (1년미만) 8. 해당없음	입찰방식 낙찰자선정방법 1. 적격심사 2. 협상에의한계약 3. 최저가낙찰제 4. 규격가격분리 5. 2단계 경쟁입찰 6. 기타 ( ) 7. 해당없음	운영예산 산정 운영예산 산정 1. 내부산정 (지자체 자체적으로 산정) 2. 외부산정 (외부전문기관위탁 산정) 3. 내·외부 모두 산정 4. 산정 無 5. 해당없음	운영예산 산정 정산방법 1. 내부정산 (지자체 내부적으로 정산) 2. 외부정산 (외부전문기관위탁 정산) 3. 내·외부 모두 산정 4. 정산 無 5. 해당없음	성과평가 실시여부 1. 실시 2. 미실시 3. 향후 추진 4. 해당없음
5613	울산 중구	2021년 관내야영장 오수처리시설 유지관리 위탁	20,000	공원녹지과	4	8	4	1	3	1	1	4
5614	울산 중구	2021년 관내야영장 화장실 청소 및 시설 유지관리 위탁	46,080	공원녹지과	4	8	2	1	1	1	1	4
5615	울산 중구	기초정신건강복지센터 지원	212,566	보건과	4	1	2	5	1	5	5	1
5616	울산 중구	정신건강복지센터 인력확충	181,620	보건과	4	1	2	5	1	5	5	1
5617	울산 중구	정신건강복지센터 자살예방사업 지원	35,000	보건과	4	1	2	5	1	5	5	1
5618	울산 중구	자살예방 및 정신건강증진사업	59,048	보건과	4	1	2	5	1	5	5	1
5619	울산 중구	아동청소년 정신건강증진사업	52,294	보건과	4	1	2	5	1	5	5	1
5620	울산 중구	중독관리통합지원센터 운영	163,022	보건과	4	1	2	3	1	5	5	1
5621	울산 중구	치매치료관리비 지원	107,000	보건과	4	1	7	8	7	5	4	2
5622	울산 중구	고혈압당뇨병 등록교육센터 운영	295,000	보건과	4	2	2	3	1	5	2	1
5623	울산 중구	표본감시운영경비	7,800	건강관리과	4	1	5	8	7	5	1	4
5624	울산 중구	의료기관 감시체계 운영비 지원	10,000	건강관리과	4	1	5	8	7	5	1	4
5625	울산 중구	의료기관 결핵환자 관리지원	71,300	건강관리과	4	2	5	1	7	3	2	1
5626	울산 중구	희귀질환자의료비지원사업	280,000	건강관리과	4	2	5	1	7	1	1	1
5627	울산 중구	청소년산모 임신출산 의료비 지원사업	6,782	건강관리과	4	2	5	1	7	3	3	4
5628	울산 중구	표준모자보건수첩	2,400	건강관리과	4	2	5	1	7	3	3	4
5629	울산 중구	기저귀 및 조제분유 지원	100,800	건강관리과	4	2	5	1	7	3	3	4
5630	울산 중구	지역자율형 사회서비스 투자사업	630,407	건강관리과	4	2	5	1	7	3	3	4
5631	울산 중구	선천성대사이상 환아관리 위탁사업비	362,000	건강관리과	4	2	5	1	7	3	3	4
5632	울산 중구	신생아 난청 위탁용역비	128,000	건강관리과	4	2	5	1	7	3	3	4
5633	울산 중구	풍진 및 기형아 검사비	32,700	건강관리과	4	6	1	1	3	1	1	4
5634	울산 중구	저소득시민 건강검진	63,000	건강관리과	4	7	4	1	1	1	1	1
5635	울산 중구	국가암검진	285,000	건강관리과	4	1	5	1	7	5	5	4
5636	울산 중구	의료수급권자 일반건강검진	22,923	건강관리과	4	1	5	1	7	5	5	4
5637	울산 중구	의료수급권자 영유아건강검진	1,916	건강관리과	4	1	5	1	7	5	5	4
5638	울산 남구	불법광고물정비위탁	136,000	도시창조과	4	4	6	2	6	1	1	3
5639	울산 남구	남구 직장어린이집 운영	402,936	총무과	4	4	1	3	1	1	1	3
5640	울산 남구	가로기 관리	33,000	총무과	4	4	1	1	1	1	1	1
5641	울산 남구	친절한 남구 만들기 민간위탁금	20,000	민원여권과	4	6	4	1	6	4	4	1
5642	울산 남구	애견운동공원 운영 관리	96,393	경제정책과	4	4	1	5	1	1	1	2
5643	울산 남구	어르신 영화보러가는 날 운영	10,800	노인장애인과	4	4	5	5	1	1	1	1
5644	울산 남구	노인복지관 민간위탁금	2,777,250	노인장애인과	4	4	5	5	1	1	1	1
5645	울산 남구	장애인 활동지원사업	11,760	노인장애인과	4	1	5	8	1	1	1	1
5646	울산 남구	노인맞춤돌봄서비스 사업	2,678,890	노인장애인과	4	1	6	2	1	1	1	1
5647	울산 남구	독거노인·장애인 응급안전안심서비스	152,918	노인장애인과	4	1	6	3	1	1	1	1
5648	울산 남구	노인일자리 및 사회활동지원 확대	9,864,804	노인장애인과	4	2	5	1	1	1	1	1
5649	울산 남구	생활폐기물 수집운반 대행	13,328	환경관리과	4	1	4	1	7	2	1	1
5650	울산 남구	생활폐기물(가로청소) 대행	537,928	환경관리과	4	1	4	1	7	2	1	1
5651	울산 남구	2021년도 재활용품 선별위탁 용역	727,495	환경관리과	4	7	6	3	2	2	5	4
5652	울산 남구	어린이급식관리지원센터 설치운영	630,000	위생과	4	6	6	5	1	2	2	3
5653	울산 남구	버스승강장 유지관리	132,000	교통행정과	4	4	6	1	1	1	1	1
5654	울산 남구	지역사회건강조사분석위탁운영	69,116	보건관리과	4	2	6	1	7	2	1	1
5655	울산 남구	한센관리사업	3,840	보건관리과	4	7	6	1	7	5	2	4

순번	시군구	지출명 (사업명)	2021년예산 (단위:천원/1년간)	담당자 (공무원)	민간이전 분류 (지방자치단체 세출예산 집행기준에 의거) 1. 민간경상사업보조(307-02) 2. 민간단체 법정운영비보조(307-03) 3. 민간행사사업보조(307-04) 4. 민간위탁금(307-05) 5. 사회복지시설 법정운영비보조(307-10) 6. 민간인위탁교육비(307-12) 7. 공기관등에대한경상적위탁사업비(308-10) 8. 민간자본사업보조,자체재원(402-01) 9. 민간자본사업보조,이전재원(402-02) 10. 민간위탁사업비(402-03) 11. 공기관등에 대한 자본적 대행사업비(403-02)	민간이전지출 근거 (지방보조금 관리기준 참고) 1. 법률에 규정 2. 국고보조 재원(국가지정) 3. 용도 지정 기부금 4. 조례에 직접규정 5. 지자체가 권장하는 사업을 하는 공공기관 6. 시,도 정책 및 재정사정 7. 기타 8. 해당없음	입찰방식			운영예산 산정		성과평가 실시여부
				담당부서			계약체결방법 (경쟁형태) 1. 일반경쟁 2. 제한경쟁 3. 지명경쟁 4. 수의계약 5. 법정위탁 6. 기타 ( ) 7. 해당없음	계약기간 1. 1년 2. 2년 3. 3년 4. 4년 5. 5년 6. 기타 ( )년 7. 단기계약 (1년미만) 8. 해당없음	낙찰자선정방법 1. 적격심사 2. 협상에의한계약 3. 최저가낙찰제 4. 규격가격분리 5. 2단계 경쟁입찰 6. 기타 ( ) 7. 해당없음	운영예산 산정 1. 내부산정 (지자체 자체적으로 산정) 2. 외부산정 (외부전문기관위탁 산정) 3. 내·외부 모두 산정 4. 산정 無 5. 해당없음	정산방법 1. 내부정산 (지자체 내부적으로 정산) 2. 외부정산 (외부전문기관위탁 정산) 3. 내·외부 모두 산정 4. 정산 無 5. 해당없음	1. 실시 2. 미실시 3. 향후 추진 4. 해당없음
5656	울산 남구	의료기관 결핵환자관리 인력지원	71,300	보건관리과	4	2	5	1	7	2	1	1
5657	울산 남구	보건소 결핵관리사업	7,676	보건관리과	4	2	7	8	7	2	1	4
5658	울산 남구	기초정신건강복지센터 지원	981,729	건강행복과	4	2	2	2	1	1	1	1
5659	울산 남구	중독관리통합지원센터 지원	173,422	건강행복과	4	2	2	2	1	1	1	1
5660	울산 동구	직장보육시설 운영 위탁비	200,301	총무과	4	6	1	5	1	1	1	1
5661	울산 동구	영어광장 운영	75,000	교육지원과	4	7	6	3	6	1	1	1
5662	울산 동구	방학영어캠프 기본과정 운영	30,000	교육지원과	4	7	6	7	2	1	1	1
5663	울산 동구	동구청소년진로지원센터 운영	235,565	교육지원과	4	4	6	3	6	1	1	1
5664	울산 동구	찾아가는 인권학교 운영	300,000	교육지원과	4	4	6	7	6	1	1	2
5665	울산 동구	동구국민체육센터 관리	1,617,000	문화체육과	4	4	1	5	1	1	1	2
5666	울산 동구	전하체육센터 관리	1,235,000	문화체육과	4	4	1	5	1	1	1	2
5667	울산 동구	동구야구경기장 관리	86,000	문화체육과	4	4	1	5	1	1	1	2
5668	울산 동구	마을공동체 학교운영	16,000	일자리정책과	4	4	4	7	7	1	1	4
5669	울산 동구	2021년 경영안정자금 지원 업무위탁	10,000	일자리정책과	4	4	6	1	6	1	1	4
5670	울산 동구	2021년 조업중 인양쓰레기 수매사업	120,000	경제진흥과	4	6	5	1	6	1	1	1
5671	울산 동구	유기동물 보호 사업	3,000	경제진흥과	4	1	7	1	7	1	1	4
5672	울산 동구	유기유실동물 구조보호비 지원사업	6,500	경제진흥과	4	1	7	1	7	1	1	4
5673	울산 동구	유기동물 보호 사업	54,800	경제진흥과	4	1	7	1	7	5	5	4
5674	울산 동구	길고양이 중성화 사업	10,500	경제진흥과	4	1	7	1	7	5	5	4
5675	울산 동구	지역사회서비스 투자사업	1,092,930	생활지원과	4	1	7	8	7	1	1	2
5676	울산 동구	자원봉사센터 운영비	256,460	생활지원과	4	1	7	8	7	1	1	1
5677	울산 동구	자원봉사 베스트울산 활성화	60,000	생활지원과	4	1	7	8	7	1	1	1
5678	울산 동구	자원봉사 코디네이터 인건비	75,327	생활지원과	4	1	7	8	7	1	1	4
5679	울산 동구	자원봉사자 보험료 지원	8,766	생활지원과	4	1	7	8	7	1	1	4
5680	울산 동구	푸드뱅크 운영	7,180	생활지원과	4	1	7	8	7	1	1	4
5681	울산 동구	장애인활동지원사업	3,344,420	사회복지과	4	1	5	8	7	5	1	4
5682	울산 동구	장애인활동지원 시비추가지원사업	434,700	사회복지과	4	1	5	8	7	5	1	4
5683	울산 동구	장애인활동지원 가산수당	2,240	사회복지과	4	1	5	8	7	5	1	4
5684	울산 동구	장애아동 발달재활서비스 사업	500,000	사회복지과	4	1	5	8	7	5	1	4
5685	울산 동구	언어발달지원사업	4,460	사회복지과	4	1	5	8	7	5	1	4
5686	울산 동구	발달장애인 주간활동서비스지원	243,840	사회복지과	4	1	5	8	7	5	1	4
5687	울산 동구	발달장애인 주간활동서비스 시비추가지원	15,000	사회복지과	4	1	5	8	7	5	1	4
5688	울산 동구	청소년 발달장애학생 방과후 활동서비스지원	154,143	사회복지과	4	1	5	8	7	5	1	4
5689	울산 동구	근로능력있는 수급자의 탈수급 지원	46,000	사회복지과	4	2	5	8	7	5	1	4
5690	울산 동구	근로능력있는 수급자의 탈수급 지원	169,344	사회복지과	4	2	5	8	7	5	1	4
5691	울산 동구	근로능력있는 수급자의 탈수급 지원	20,000	사회복지과	4	2	5	8	7	5	1	4
5692	울산 동구	근로능력있는 수급자의 탈수급 지원	29,000	사회복지과	4	2	5	8	7	5	1	4
5693	울산 동구	근로능력있는 수급자의 탈수급 지원	34,567	사회복지과	4	2	5	8	7	5	1	4
5694	울산 동구	가사간병방문지원사업	252,686	사회복지과	4	1	5	8	7	5	2	4
5695	울산 동구	동구청소년문화의집 위탁운영	205,040	가족정책과	4	1	6	3	6	1	1	4
5696	울산 동구	남목청소년문화의집 위탁운영	211,364	가족정책과	4	1	6	3	6	1	1	4
5697	울산 동구	청소년문화의집 프로그램 운영	72,000	가족정책과	4	1	7	8	7	1	1	4
5698	울산 동구	청소년지도사 배치지원	46,560	가족정책과	4	1	7	8	7	1	1	4

순번	시군구	지출명 (사업명)	2021년예산 (단위:천원/1년간)	담당자 (공무원)	민간이전 분류 (지방자치단체 세출예산 집행기준에 의거) 1. 민간경상사업보조(307-02) 2. 민간단체 법정운영비보조(307-03) 3. 민간행사사업보조(307-04) 4. 민간위탁금(307-05) 5. 사회복지시설 법정운영비보조(307-10) 6. 민간인위탁교육비(307-12) 7. 공기관등에대한경상적위탁사업비(308-10) 8. 민간자본사업보조,자체재원(402-01) 9. 민간자본사업보조,이전재원(402-02) 10. 민간위탁사업비(402-03) 11. 공기관등에 대한 자본적 대행사업비(403-02)	민간이전지출 근거 (지방보조금 관리기준 참고) 1. 법률에 규정 2. 국고보조 재원(국가지정) 3. 용도 지정 기부금 4. 조례에 직접규정 5. 지자체가 권장하는 사업을 하는 공공기관 6. 시,도 정책 및 재정사정 7. 기타 8. 해당없음	입찰방식			운영예산 산정		성과평가 실시여부
				담당부서			계약체결방법 (경쟁형태) 1. 일반경쟁 2. 제한경쟁 3. 지명경쟁 4. 수의계약 5. 법정위탁 6. 기타 ( ) 7. 해당없음	계약기간 1. 1년 2. 2년 3. 3년 4. 4년 5. 5년 6. 기타 ( )년 7. 단기계약 (1년미만) 8. 해당없음	낙찰자선정방법 1. 적격심사 2. 협상에의한계약 3. 최저가낙찰제 4. 규격가격분리 5. 2단계 경쟁입찰 6. 기타 ( ) 7. 해당없음	운영예산 산정 1. 내부산정 (지자체 자체적으로 산정) 2. 외부산정 (외부전문기관위탁 산정) 3. 내·외부 모두 산정 4. 산정 無 5. 해당없음	정산방법 1. 내부정산 (지자체 내부적으로 정산) 2. 외부정산 (외부전문기관위탁 정산) 3. 내·외부 모두 산정 4. 정산 無 5. 해당없음	1. 실시 2. 미실시 3. 향후 추진 4. 해당없음
5699	울산 동구	청소년동아리활동 지원	11,000	가족정책과	4	1	7	8	7	1	1	4
5700	울산 동구	청소년운영위원회 운영	4,000	가족정책과	4	1	7	8	7	1	1	4
5701	울산 동구	청소년참여위원회 운영	3,400	가족정책과	4	1	7	8	7	1	1	4
5702	울산 동구	청소년방과후아카데미 운영	402,973	가족정책과	4	1	7	8	7	1	1	4
5703	울산 동구	청소년상담복지센터 위탁운영	194,368	가족정책과	4	1	6	3	6	1	1	4
5704	울산 동구	지역사회 청소년통합지원체계 구축	113,387	가족정책과	4	1	7	8	7	1	1	4
5705	울산 동구	청소년동반자 프로그램 운영	110,772	가족정책과	4	1	7	8	7	1	1	4
5706	울산 동구	학교 밖 청소년 지원	99,218	가족정책과	4	1	6	3	6	1	1	4
5707	울산 동구	학교 밖 청소년 급식지원	20,330	가족정책과	4	1	7	8	7	1	1	4
5708	울산 동구	여성청소년 위생용품 지원	33,312	가족정책과	4	8	7	8	7	5	5	4
5709	울산 동구	만0~2세 보육료(영유아보육료)	21,378	가족정책과	4	2	7	8	7	1	1	4
5710	울산 동구	만3~5세 누리과정 보육료	7,200,000	가족정책과	4	1	7	8	7	1	1	4
5711	울산 동구	어린이집 차액 보육료 지원	960,000	가족정책과	4	2	7	8	7	1	1	4
5712	울산 동구	법정저소득층 차액 보육료 지원	14,400	가족정책과	4	2	7	8	7	1	1	4
5713	울산 동구	시간제 보육지원	97,000	가족정책과	4	2	7	8	7	1	1	4
5714	울산 동구	육아종합지원센터 운영비	284,636	가족정책과	4	2	7	8	7	1	1	4
5715	울산 동구	가정양육지원(부모교육사업) 운영비	38,500	가족정책과	4	2	7	8	7	1	1	4
5716	울산 동구	공중화장실 청소용역	708,412	환경위생과	4	4	4	1	7	1	1	4
5717	울산 동구	어린이급식관리지원센터운영 보조금	525,000	환경위생과	4	2	2	5	1	3	2	1
5718	울산 동구	생활폐기물 수집운반 대행료	3,452,573	환경미화과	4	1	4	1	7	2	1	1
5719	울산 동구	대형폐기물 처리 대행료	200,000	환경미화과	4	1	4	1	7	1	1	2
5720	울산 동구	종량제봉투 공급 민간위탁금	88,220	환경미화과	4	4	2	2	3	1	1	2
5721	울산 동구	단독주택 재활용품 선별 민간위탁 대행료	428,725	환경미화과	4	6	2	3	2	2	1	2
5722	울산 동구	음식물류 폐기물 수집운반 대행료	1,650,886	환경미화과	4	1	4	1	7	2	1	1
5723	울산 동구	음식물류 폐기물 자원화시설 위탁 처리비	1,114,446	환경미화과	4	1	7	8	7	1	5	4
5724	울산 동구	음식물류 폐기물 납부필증 공급대행료	14,160	환경미화과	4	4	2	2	3	1	1	2
5725	울산 동구	분뇨수집.운반수수료 지원	38,000	건설과	4	4	4	3	7	1	1	4
5726	울산 동구	자전거안전교육 및 수리센터운영	43,100	건설과	4	4	4	3	7	1	1	4
5727	울산 동구	방어동 도시재생 현장지원센터 운영	60,000	도시디자인과	4	2	6	5	7	1	1	3
5728	울산 동구	서부동 도시재생 현장지원센터 운영	30,000	도시디자인과	4	2	6	4	7	1	1	3
5729	울산 동구	서부동 도시재생 현장지원센터 운영	130,000	도시디자인과	4	2	6	4	7	1	1	3
5730	울산 동구	지역사회건강조사 조사분석 위탁운영	68,966	동구보건소	4	2	7	8	7	5	1	4
5731	울산 동구	정신보건관리운영	40,600	동구보건소	4	4	7	8	7	1	1	1
5732	울산 동구	정신보건관리운영	60,000	동구보건소	4	4	7	8	7	1	1	1
5733	울산 동구	자살예방 및 정신건강증진사업	59,048	동구보건소	4	2	7	8	7	1	1	1
5734	울산 동구	아동청소년 정신보건사업	52,294	동구보건소	4	2	7	8	7	1	1	1
5735	울산 동구	기초정신건강복지센터 지원	177,139	동구보건소	4	2	7	8	7	1	1	1
5736	울산 동구	정신건강복지센터 인력 확충	108,972	동구보건소	4	2	7	8	7	1	1	1
5737	울산 동구	정신보건종사자 처우개선	16,200	동구보건소	4	2	7	8	7	1	1	1
5738	울산 동구	한센복지협회 부담금 지료	3,380	동구보건소	4	1	5	1	7	2	2	4
5739	울산 동구	주요 감염병 표본감시	1,440,000	동구보건소	4	1	5	1	7	5	5	4
5740	울산 동구	의료관련감염 표본감시	20,000	동구보건소	4	1	5	1	7	5	1	4
5741	울산 동구	난청조기진단	116,000	동구보건소	4	2	7	8	7	5	5	2

순번	시군구	지출명 (사업명)	2021년예산 (단위:천원/1년간)	담당자 (공무원)	민간이전 분류 (지방자치단체 세출예산 집행기준에 의거)	민간이전지출 근거 (지방보조금 관리기준 참고)	입찰방식			운영예산 산정		성과평가 실시여부
				담당부서	1. 민간경상사업보조(307-02) 2. 민간단체 법정운영비보조(307-03) 3. 민간행사사업보조(307-04) 4. 민간위탁금(307-05) 5. 사회복지시설 법정운영비보조(307-10) 6. 민간인위탁교육비(307-12) 7. 공기관등에대한경상적위탁사업비(308-10) 8. 민간자본사업보조,자체재원(402-01) 9. 민간자본사업보조,이전재원(402-02) 10. 민간위탁사업비(402-03) 11. 공기관등에 대한 자본적 대행사업비(403-02)	1. 법률에 규정 2. 국고보조 재원(국가지정) 3. 용도 지정 기부금 4. 조례에 직접규정 5. 지자체가 권장하는 사업을 하는 공공기관 6. 시,도 정책 및 재정사정 7. 기타 8. 해당없음	계약체결방법 (경쟁형태) 1. 일반경쟁 2. 제한경쟁 3. 지명경쟁 4. 수의계약 5. 법정위탁 6. 기타 ( ) 7. 해당없음	계약기간 1. 1년 2. 2년 3. 3년 4. 4년 5. 5년 6. 기타 ( )년 7. 단기계약 (1년미만) 8. 해당없음	낙찰자선정방법 1. 적격심사 2. 협상에의한계약 3. 최저가낙찰제 4. 규격가격분리 5. 2단계 경쟁입찰 6. 기타 ( ) 7. 해당없음	운영예산 산정 1. 내부산정 (지자체 자체적으로 산정) 2. 외부산정 (외부전문기관위탁 산정) 3. 내·외부 모두 산정 4. 산정 無 5. 해당없음	정산방법 1. 내부정산 (지자체 내부적으로 정산) 2. 외부정산 (외부전문기관위탁 정산) 3. 내·외부 모두 산정 4. 정산 無 5. 해당없음	1. 실시 2. 미실시 3. 향후 추진 4. 해당없음
5742	울산 동구	의료기관 결핵환자 관리지원	123,187	동구보건소	4	2	5	8	1	1	1	1
5743	울산 북구	농소1동 주민자치센터 운영 위탁	39,236	주민소통담당관	4	4	7	1	7	1	1	3
5744	울산 북구	농소3동 주민자치센터 운영 위탁	78,200	주민소통담당관	4	4	7	1	7	1	1	3
5745	울산 북구	강동동 주민자치센터 운영 위탁	53,648	주민소통담당관	4	4	7	1	7	1	1	3
5746	울산 북구	효문동 주민자치센터 운영 위탁	56,912	주민소통담당관	4	4	7	1	7	1	1	3
5747	울산 북구	비정규직 노동자지원센터 운영	111,693	경제일자리담당관	4	4	4	2	1	1	1	1
5748	울산 북구	노동역사관 운영	88,360	경제일자리담당관	4	4	4	2	1	1	1	1
5749	울산 북구	거주 외국인 근로자 지원사업	30,000	경제일자리담당관	4	4	2	1	6	1	1	2
5750	울산 북구	가로기 달기사업 추진	24,000	총무과	4	4	4	1	6	1	1	1
5751	울산 북구	태극기 상시 게양거리 사업	17,000	총무과	4	4	4	1	6	1	1	1
5752	울산 북구	구청 어린이집 운영	304,249	총무과	4	1	4	5	6	1	1	4
5753	울산 북구	북구 생활문화센터 운영 위탁금	134,542	문화체육과	4	4	1	3	1	1	1	2
5754	울산 북구	세대공감 창의놀이터 운영 위탁금	420,270	문화체육과	4	4	2	3	1	1	3	2
5755	울산 북구	박상진의사 역사공원 운영	200,000	문화체육과	4	5	2	6	1	1	1	2
5756	울산 북구	박상진의사 생가 위탁운영비	40,010	문화체육과	4	4	1	3	1	1	1	2
5757	울산 북구	운영 위탁금	183,985	관광해양개발과	4	4	6	3	6	1	1	2
5758	울산 북구	운영 위탁금	213,614	관광해양개발과	4	4	6	3	6	1	1	2
5759	울산 북구	자원봉사센터 코디네이터 인건비(교육,D/B)	66,488	복지지원과	4	2	7	8	7	1	1	2
5760	울산 북구	자원봉사보험료 지원	12,976	복지지원과	4	2	7	8	7	1	1	2
5761	울산 북구	사)울산광역시북구자원봉사센터 운영	205,706	복지지원과	4	5	7	8	7	1	1	2
5762	울산 북구	자원봉사 베스트 울산 활성화	60,000	복지지원과	4	6	7	8	7	1	1	2
5763	울산 북구	찾아가는 경로당 프로그램 운영	35,000	사회복지과	4	1	7	7	7	1	1	4
5764	울산 북구	노인복지관 운영비	1,017,040	사회복지과	4	1	1	5	1	1	1	4
5765	울산 북구	노인복지관 분관 운영비	386,540	사회복지과	4	1	1	5	1	1	1	4
5766	울산 북구	지역사회서비스투자사업 사업비	1,148,035	사회복지과	4	2	7	8	7	4	4	1
5767	울산 북구	장애인활동지원사업	4,882,000	사회복지과	4	2	7	8	7	5	4	2
5768	울산 북구	장애인 활동보조 가산급여	20,980	사회복지과	4	1	7	8	7	4	4	2
5769	울산 북구	장애인활동지원 시비추가사업	509,490	사회복지과	4	1	7	8	7	4	4	2
5770	울산 북구	발달재활서비스사업	646,098	사회복지과	4	1	7	8	7	4	4	2
5771	울산 북구	언어발달지원사업	13,091	사회복지과	4	1	7	3	7	4	4	2
5772	울산 북구	발달장애인 부모심리 상담	1,429,000	사회복지과	4	1	7	3	7	4	4	2
5773	울산 북구	발달장애인 주간활동서비스 지원	233,280	사회복지과	4	1	7	8	7	4	4	2
5774	울산 북구	발달장애인 주간활동서비스 시비추가 지원	17,500	사회복지과	4	1	7	8	7	4	4	2
5775	울산 북구	청소년 발달장애학생 방과후활동서비스 지원	272,714	사회복지과	4	1	7	8	7	4	4	2
5776	울산 북구	장애인 전용목욕탕 운영	49,300	사회복지과	4	1	7	8	7	4	4	2
5777	울산 북구	북구장애아동재활치료센터 운영	85,000	사회복지과	4	6	4	1	7	1	1	4
5778	울산 북구	북구장애인인권센터 운영	66,000	사회복지과	4	1	1	5	1	1	1	2
5779	울산 북구	특별지원청소년 사례관리	400,000	가족정책과	4	1	1	3	7	1	1	1
5780	울산 북구	여성청소년 위생용품 지원	46,800	가족정책과	4	1	7	8	7	5	3	4
5781	울산 북구	지역청소년참여기구 운영	2,800	가족정책과	4	1	1	3	7	5	1	1
5782	울산 북구	청소년문화의 집 운영	443,366	가족정책과	4	1	1	3	1	1	1	1
5783	울산 북구	"꿈에마루" 운영	86,950	가족정책과	4	1	1	3	1	1	1	1
5784	울산 북구	"강동분관" 운영	68,860	가족정책과	4	1	1	3	1	1	1	1

순번	시군구	지출명 (사업명)	2021년예산 (단위:천원/1년간)	담당자 (공무원)	민간이전 분류 (지방자치단체 세출예산 집행기준에 의거)	민간이전지출 근거 (지방보조금 관리기준 참고)	입찰방식			운영예산 산정		성과평가 실시여부
				담당부서	1. 민간경상사업보조(307-02) 2. 민간단체 법정운영비보조(307-03) 3. 민간행사사업보조(307-04) 4. 민간위탁금(307-05) 5. 사회복지시설 법정운영비보조(307-10) 6. 민간인위탁교육비(307-12) 7. 공기관등에대한경상적위탁사업비(308-10) 8. 민간자본사업보조,자체재원(402-01) 9. 민간자본사업보조,이전재원(402-02) 10. 민간위탁사업비(402-03) 11. 공기관등에 대한 자본적 대행사업비(403-02)	1. 법률에 규정 2. 국고보조 재원(국가지정) 3. 용도 지정 기부금 4. 조례에 직접규정 5. 지자체가 권장하는 사업을 하는 공공기관 6. 시,도 정책 및 재정사정 7. 기타 8. 해당없음	계약체결방법 (경쟁형태) 1. 일반경쟁 2. 제한경쟁 3. 지명경쟁 4. 수의계약 5. 법정위탁 6. 기타 ( ) 7. 해당없음	계약기간 1. 1년 2. 2년 3. 3년 4. 4년 5. 5년 6. 기타 ( )년 7. 단기계약 (1년미만) 8. 해당없음	낙찰자선정방법 1. 적격심사 2. 협상에의한계약 3. 최저가낙찰제 4. 규격가격분리 5. 2단계 경쟁입찰 6. 기타 ( ) 7. 해당없음	운영예산 산정 1. 내부산정 (지자체 자체적으로 산정) 2. 외부산정 (외부전문기관위탁 산정) 3. 내·외부 모두 산정 4. 산정 無 5. 해당없음	정산방법 1. 내부정산 (지자체 내부적으로 정산) 2. 외부정산 (외부전문기관위탁 정산) 3. 내·외부 모두 산정 4. 정산 無 5. 해당없음	1. 실시 2. 미실시 3. 향후 추진 4. 해당없음
5785	울산 북구	청소년시설운영위원회 운영	2,000	가족정책과	4	2	1	3	7	5	1	1
5786	울산 북구	청소년지도사 배치지원	41,202	가족정책과	4	2	1	3	7	1	1	1
5787	울산 북구	청소년 방과후 아카데미 운영지원	224,436	가족정책과	4	2	1	3	7	1	1	1
5788	울산 북구	진로직업체험센터 운영	160,000	가족정책과	4	1	1	3	7	5	1	1
5789	울산 북구	청소년상담복지센터 운영	230,532	가족정책과	4	1	1	3	1	1	1	1
5790	울산 북구	지역사회 청소년 통합지원체계 구축	131,600	가족정책과	4	2	1	3	7	1	1	1
5791	울산 북구	청소년 동반자 프로그램 운영	12,905,000	가족정책과	4	2	1	3	7	1	1	1
5792	울산 북구	학교 밖 청소년 지원	11,366,600	가족정책과	4	1	3	3	1	1	1	1
5793	울산 북구	학교 밖 청소년 급식지원	21,299	가족정책과	4	2	3	3	7	5	1	1
5794	울산 북구	0~2세 보육료	32,000	가족정책과	4	1	7	8	7	5	5	4
5795	울산 북구	3~5세 보육료	7,993,187	가족정책과	4	1	7	7	7	5	5	4
5796	울산 북구	보육료	175,112	가족정책과	4	1	7	8	7	5	1	4
5797	울산 북구	법정저소득층 보육료 차액 지원	27,048	가족정책과	4	6	7	8	7	5	5	4
5798	울산 북구	다자녀가정 보육료 차액지원	1,323,278	가족정책과	4	6	7	8	7	5	5	4
5799	울산 북구	건강가정·다문화가족지원센터 운영	300,700	가족정책과	4	1	1	3	1	5	1	3
5800	울산 북구	육아종합지원센터 운영	794,626	가족정책과	4	4	1	3	1	1	1	3
5801	울산 북구	친환경 학교급식 식재료 배송료 지원	260,000	농수산과	4	4	7	8	7	5	5	4
5802	울산 북구	친환경농산물 재배전문가 양성 지원	33,000	농수산과	4	4	7	8	7	5	5	4
5803	울산 북구	유기동물 보호포획비	60,000	농수산과	4	6	7	8	7	1	1	3
5804	울산 북구	유기유실동물 구조보호비	6,175	농수산과	4	2	7	8	7	1	1	3
5805	울산 북구	중성화 수술비 지원	30,000	농수산과	4	2	7	8	7	1	1	3
5806	울산 북구	해안쓰레기 위탁 처리비	40,000	농수산과	4	1	1	1	1	1	1	2
5807	울산 북구	조업 중 인양된 해양쓰레기 수매사업 위탁비	120,000	농수산과	4	1	5	1	6	1	1	2
5808	울산 북구	어린이급식관리지원센터 지원	525,000	환경위생과	4	2	2	3	1	3	2	1
5809	울산 북구	종량제봉투 및 음식물류폐기물 납부필증 등 공급대행료	139,206	환경미화과	4	1	1	1	1	2	1	1
5810	울산 북구	대형폐기물 처리비 지급	253,704	환경미화과	4	1	1	1	1	2	1	1
5811	울산 북구	생활폐기물 수집, 운반 대행료	2,794,612	환경미화과	4	1	1	1	1	2	1	1
5812	울산 북구	공사장폐기물 수집, 운반 대행료	595,616	환경미화과	4	1	1	1	1	2	1	1
5813	울산 북구	재활용품 수집, 운반 대행료	614,057	환경미화과	4	1	1	8	7	5	5	4
5814	울산 북구	재활용품 선별 대행료	269,824	환경미화과	4	1	1	3	2	2	1	1
5815	울산 북구	폐형광등, 폐전지, 폐가전 수거 대행료	103,470	환경미화과	4	1	1	1	1	2	1	1
5816	울산 북구	음식물류폐기물 처리 대행료	1,601,282	환경미화과	4	1	7	8	7	3	3	4
5817	울산 북구	음식물류폐기물 수집, 운반 대행료	2,199,116	환경미화과	4	1	1	1	1	2	1	1
5818	울산 북구	음식물류폐기물 민간처리시설 처리 대행료	52,800	환경미화과	4	1	4	1	6	5	1	2
5819	울산 북구	분뇨수집운반 업체 지원	60,000	건설과	4	4	4	3	7	3	4	2
5820	울산 북구	한센병 관리 위탁금	13,350	보건소	4	1	5	1	7	3	3	4
5821	울산 북구	산모신생아건강관리 지원사업	1,061,525	보건소	4	2	7	8	7	5	5	4
5822	울산 북구	신생아 난청 조기진단 홍보위탁비 지급	162,000	보건소	4	2	7	8	7	5	5	4
5823	울산 북구	만6세 미만 의료수급권자 검진	1,623	보건소	4	2	7	8	7	5	5	4
5824	울산 북구	표준모자보건수첩 제작	1,800	보건소	4	2	7	8	7	5	5	4
5825	울산 북구	청소년산모 임신출산 의료비지원	1,174,000	보건소	4	2	7	8	7	5	5	4
5826	울산 북구	기저귀 및 조제분유 지원	224,000	보건소	4	2	7	8	7	5	5	4
5827	울산 북구	암 검진비 지원	225,730	보건소	4	2	5	8	7	5	5	4

순번	시군구	지출명 (사업명)	2021년예산 (단위:천원/1년간)	담당자 (공무원)	민간이전 분류 (지방자치단체 세출예산 집행기준에 의거)	민간이전지출 근거 (지방보조금 관리기준 참고)	입찰방식			운영예산 산정		성과평가 실시여부
				담당부서	1. 민간경상사업보조(307-02) 2. 민간단체 법정운영비보조(307-03) 3. 민간행사사업보조(307-04) 4. 민간위탁금(307-05) 5. 사회복지시설 법정운영비보조(307-10) 6. 민간인위탁교육비(307-12) 7. 공기관등에대한경상적위탁사업비(308-10) 8. 민간자본사업보조,자체재원(402-01) 9. 민간자본사업보조,이전재원(402-02) 10. 민간위탁사업비(402-03) 11. 공기관등에 대한 자본적 대행사업비(403-02)	1. 법률에 규정 2. 국고보조 재원(국가지정) 3. 용도 지정 기부금 4. 조례에 직접규정 5. 지자체가 권장하는 사업을 하는 공공기관 6. 시,도 정책 및 재정사정 7. 기타 8. 해당없음	계약체결방법 (경쟁형태) 1. 일반경쟁 2. 제한경쟁 3. 지명경쟁 4. 수의계약 5. 법정위탁 6. 기타 ( ) 7. 해당없음	계약기간 1. 1년 2. 2년 3. 3년 4. 4년 5. 5년 6. 기타 ( )년 7. 단기계약 (1년미만) 8. 해당없음	낙찰자선정방법 1. 적격심사 2. 협상에의한계약 3. 최저가낙찰제 4. 규격가격분리 5. 2단계 경쟁입찰 6. 기타 ( ) 7. 해당없음	운영예산 산정 1. 내부산정 (지자체 자체적으로 산정) 2. 외부산정 (외부전문기관위탁 산정) 3. 내·외부 모두 산정 4. 산정 無 5. 해당없음	정산방법 1. 내부정산 (지자체 내부적으로 정산) 2. 외부정산 (외부전문기관위탁 정산) 3. 내·외부 모두 산정 4. 정산 無 5. 해당없음	1. 실시 2. 미실시 3. 향후 추진 4. 해당없음
5828	울산 북구	의료급여수급권자 일반건강검진비	24,635	보건소	4	2	5	8	7	5	5	4
5829	울산 북구	지역사회건강조사 조사분석 위탁	69,042	보건소	4	2	5	8	7	5	3	4
5830	울산 북구	기초정신건강복지센터 운영	212,566	보건소	4	2	2	5	1	5	3	4
5831	울산 북구	종사자 수당	25,200	보건소	4	2	2	5	1	5	3	4
5832	울산 북구	아동청소년 정신보건사업	52,294	보건소	4	2	2	5	1	5	3	4
5833	울산 북구	자살예방 및 정신건강증진사업	244,268	보건소	4	2	2	5	1	5	3	4
5834	울산 북구	정신건강복지센터 인력확충	217,944	보건소	4	2	2	5	1	5	3	4
5835	울산 북구	자살예방사업 인력 확충	35,316	보건소	4	2	2	5	1	5	3	4
5836	울산 북구	치매치료관리비 본인부담금 지원	122,400	보건소	4	2	5	1	7	5	5	4
5837	울산 북구	결핵환자 접촉자 병의원 검진비 지원	2,000	보건소	4	2	5	1	7	5	5	4
5838	울산 북구	저소득 희귀난치성질환자 의료비 지원	206,000	보건소	4	2	5	8	7	5	5	4
5839	울산 울주군	공유재산 실태조사 용역	34,100	회계정보과	4	8	7	8	7	5	5	4
5840	울산 울주군	청사 시설관리 위탁 용역	213,438	회계정보과	4	7	2	1	1	1	1	2
5841	울산 울주군	울주 청소년 영어캠프 운영	100,000	인재교육과	4	8	7	8	7	5	5	4
5842	울산 울주군	가로기달기 위탁	26,000	총무과	4	6	4	1	7	1	1	1
5843	울산 울주군	직장어린이집 운영	623,939	총무과	4	1	1	5	1	1	1	4
5844	울산 울주군	자원봉사센터 운영	510,036	복지정책과	4	4	7	8	7	1	1	2
5845	울산 울주군	전국 통합 자원봉사보험 가입 서비스 지원	11,730	복지정책과	4	4	7	8	7	1	1	2
5846	울산 울주군	자원봉사 코디네이터 지원육성	80,731	복지정책과	4	4	7	8	7	1	1	2
5847	울산 울주군	자원봉사 베스트 울산 활성화 지원	50,000	복지정책과	4	4	7	8	7	1	1	2
5848	울산 울주군	푸드뱅크마켓 운영	350,087	복지정책과	4	4	7	8	7	1	1	4
5849	울산 울주군	지역자율형 사회서비스 투자사업	1,152,500	복지정책과	4	2	5	8	7	5	2	1
5850	울산 울주군	발달재활서비스 바우처 지원	635,298	노인장애인과	4	1	7	8	7	1	1	2
5851	울산 울주군	언어발달지원 바우처 지원	13,091	노인장애인과	4	1	7	8	7	1	1	2
5852	울산 울주군	발달장애인 주간활동서비스 지원	376,680	노인장애인과	4	1	7	8	7	1	1	2
5853	울산 울주군	발달장애인 주간활동서비스 시비 지원	25,000	노인장애인과	4	1	7	8	7	1	1	2
5854	울산 울주군	청소년 발달장애학생 방과후활동서비스 지원	237,143	노인장애인과	4	1	7	8	7	1	1	2
5855	울산 울주군	장애인활동지원사업	7,259,149	노인장애인과	4	2	7	8	7	5	1	4
5856	울산 울주군	장애인활동보조 가산급여	25,500	노인장애인과	4	2	7	8	7	5	1	4
5857	울산 울주군	장애인활동지원 시비지원	859,222	노인장애인과	4	6	7	8	7	5	1	4
5858	울산 울주군	가사간병방문 지원사업	173,642	노인장애인과	4	2	7	8	7	1	1	1
5859	울산 울주군	건강가정 및 다문화가족지원센터 통합서비스 운영	390,580	여성가족과	4	1	5	3	7	1	1	1
5860	울산 울주군	종사자수당	14,280	여성가족과	4	1	5	3	7	1	1	1
5861	울산 울주군	종사자 맞춤형 복지포인트	1,200,000	여성가족과	4	1	5	3	7	1	1	1
5862	울산 울주군	센터운영비	50,889	여성가족과	4	1	5	3	7	1	1	1
5863	울산 울주군	센터 건물관리비	80,150	여성가족과	4	1	5	3	7	1	1	1
5864	울산 울주군	다문화가족 캠프	6,000	여성가족과	4	1	5	3	7	1	1	1
5865	울산 울주군	찾아가는 한국어교육	36,182	여성가족과	4	1	5	3	7	1	1	1
5866	울산 울주군	장난감도서관 운영	153,600	여성가족과	4	1	5	3	7	1	1	1
5867	울산 울주군	울주드림하이 응원단 운영	7,000	여성가족과	4	1	5	3	7	1	1	1
5868	울산 울주군	찾아가는 희망상담	13,000	여성가족과	4	1	5	3	7	1	1	1
5869	울산 울주군	가족사랑운동회	7,000	여성가족과	4	1	5	3	7	1	1	1
5870	울산 울주군	든부모 된부모 가족학교	26,000	여성가족과	4	1	5	3	7	1	1	1

순번	시군구	지출명 (사업명)	2021년예산 (단위:천원/1년간)	담당자 (공무원)	민간이전 분류 (지방자치단체 세출예산 집행기준에 의거)	민간이전지출 근거 (지방보조금 관리기준 참고)	입찰방식			운영예산 산정		성과평가 실시여부
				담당부서	1. 민간경상사업보조(307-02) 2. 민간단체 법정운영비보조(307-03) 3. 민간행사사업보조(307-04) 4. 민간위탁금(307-05) 5. 사회복지시설 법정운영비보조(307-10) 6. 민간인위탁교육비(307-12) 7. 공기관등에대한경상적위탁사업비(308-10) 8. 민간자본사업보조,자체재원(402-01) 9. 민간자본사업보조,이전재원(402-02) 10. 민간위탁사업비(402-03) 11. 공기관등에 대한 자본적 대행사업비(403-02)	1. 법률에 규정 2. 국고보조 재원(국가지정) 3. 용도 지정 기부금 4. 조례에 직접규정 5. 지자체가 권장하는 사업을 하는 공공기관 6. 시,도 정책 및 재정사정 7. 기타 8. 해당없음	계약체결방법 (경쟁형태) 1. 일반경쟁 2. 제한경쟁 3. 지명경쟁 4. 수의계약 5. 법정위탁 6. 기타 ( ) 7. 해당없음	계약기간 1. 1년 2. 2년 3. 3년 4. 4년 5. 5년 6. 기타 ( )년 7. 단기계약 (1년미만) 8. 해당없음	낙찰자선정방법 1. 적격심사 2. 협상에의한계약 3. 최저가낙찰제 4. 규격가격분리 5. 2단계 경쟁입찰 6. 기타 ( ) 7. 해당없음	운영예산 산정 1. 내부산정 (지자체 자체적으로 산정) 2. 외부산정 (외부전문기관위탁 산정) 3. 내·외부 모두 산정 4. 산정 無 5. 해당없음	정산방법 1. 내부정산 (지자체 내부적으로 정산) 2. 외부정산 (외부전문기관위탁 정산) 3. 내·외부 모두 산정 4. 정산 無 5. 해당없음	1. 실시 2. 미실시 3. 향후 추진 4. 해당없음
5871	울산 울주군	경력단절여성 취업패키지	10,000	여성가족과	4	1	5	3	7	1	1	1
5872	울산 울주군	취약·위기가족지원	144,860	여성가족과	4	1	5	3	7	1	1	1
5873	울산 울주군	공동육아나눔터 운영 지원	53,828	여성가족과	4	1	5	3	7	1	1	1
5874	울산 울주군	자녀양육 및 자녀생활등 방문교육 서비스 지원	192,896	여성가족과	4	1	5	3	7	1	1	1
5875	울산 울주군	다문화가족 사례관리 지원	31,825	여성가족과	4	1	5	3	7	1	1	1
5876	울산 울주군	결혼이민자 통번역서비스 지원	30,050	여성가족과	4	1	5	3	7	1	1	1
5877	울산 울주군	다문화가족 자녀언어발달 지원	105,720	여성가족과	4	1	5	3	7	1	1	1
5878	울산 울주군	이중언어 가족환경조성사업	60,140	여성가족과	4	1	5	3	7	1	1	1
5879	울산 울주군	한국어교육 운영 지원	25,000	여성가족과	4	1	5	3	7	1	1	1
5880	울산 울주군	다문화가족 사회적응 및 조기정착사업 지원	10,000	여성가족과	4	1	5	3	7	1	1	1
5881	울산 울주군	다문화가족(배우자)교육	6,000	여성가족과	4	1	5	3	7	1	1	1
5882	울산 울주군	영유아보육료 지원	22,184	여성가족과	4	2	7	8	7	5	2	4
5883	울산 울주군	만3~5세 누리과정 보육료 지원	6,417,000	여성가족과	4	2	7	8	7	5	2	4
5884	울산 울주군	어린이집 보육료 차액지원	811,800	여성가족과	4	6	7	8	7	5	3	4
5885	울산 울주군	시간제보육서비스 제공지원	80,000	여성가족과	4	2	7	8	7	5	2	4
5886	울산 울주군	보육교직원 처우개선 지원	468,580	여성가족과	4	2	7	8	7	5	1	4
5887	울산 울주군	어린이집 운영비 추가 지원	51,310	여성가족과	4	6	7	1	7	5	5	4
5888	울산 울주군	지방육아종합지원센터 운영	40,200	여성가족과	4	2	5	3	7	5	1	4
5889	울산 울주군	육아종합지원센터 운영	1,326,151	여성가족과	4	4	5	3	7	1	1	4
5890	울산 울주군	청소년쉼터 운영	260,670	여성가족과	4	1	7	8	7	1	1	2
5891	울산 울주군	울주세계산악영화제	24,000	문화체육과	4	4	6	2	7	1	1	1
5892	울산 울주군	울주민속박물관 운영	367,730	관광과	4	4	2	3	6	1	1	1
5893	울산 울주군	울주관광 청년 벤처 운영	200,000	관광과	4	6	7	8	7	1	1	1
5894	울산 울주군	소상공인 경영안정자금 사무위탁	40,000	지역경제과	4	4	5	8	7	1	1	2
5895	울산 울주군	중소기업 경영안정자금 사무위탁	84,000	지역경제과	4	4	5	8	7	1	1	2
5896	울산 울주군	울주선바위도서관 청소용역	133,308	도서관과	4	4	2	1	1	1	1	4
5897	울산 울주군	울주옹기종기도서관 청소용역	50,460	도서관과	4	4	4	1	7	1	1	4
5898	울산 울주군	울주옹기종기도서관 바닥 및 외벽 청소	10,000	도서관과	4	4	4	7	7	1	1	4
5899	울산 울주군	울주천상도서관 청소용역	50,460	도서관과	4	4	4	1	7	1	1	4
5900	울산 울주군	친환경 학교급식 식재료 배송료 지원	475,100	농업정책과	4	4	1	3	7	1	1	4
5901	울산 울주군	농어촌테마공원 운영비	65,000	농업정책과	4	6	4	1	3	2	2	4
5902	울산 울주군	연안정비사업	60,000	축수산과	4	6	1	1	3	1	1	4
5903	울산 울주군	해양쓰레기처리사업	74,000	축수산과	4	6	1	1	3	1	1	4
5904	울산 울주군	동물 보호	246,000	축수산과	4	1	1	1	1	1	1	4
5905	울산 울주군	동물보호 및 복지대책	75,000	축수산과	4	2	1	1	1	1	1	4
5906	울산 울주군	유기유실동물 구조보호비 지원사업	12,000	축수산과	4	2	1	1	1	1	1	4
5907	울산 울주군	태화강생태관 청소용역	99,773	축수산과	4	8	1	1	1	1	1	4
5908	울산 울주군	대곡댐상류 가축분뇨 수집 운반비	43,058	환경자원과	4	7	7	8	7	5	5	4
5909	울산 울주군	생활쓰레기 수집운반 대행료	9,240,555	환경자원과	4	4	4	1	7	2	1	1
5910	울산 울주군	무단투기폐기물 처리비	52,500	환경자원과	4	1	4	7	7	5	5	4
5911	울산 울주군	수해쓰레기 수집운반비	55,000	환경자원과	4	4	4	7	7	5	5	4
5912	울산 울주군	에너지화시설 등 처리비	1,595,200	환경자원과	4	4	6	8	7	5	5	4
5913	울산 울주군	숲해설 산림복지전문업 위탁운영	51,000	산림공원과	4	1	1	7	6	1	1	2

순번	시군구	지출명 (사업명)	2021년예산 (단위:천원/1년간)	담당자 (공무원)	민간이전 분류 (지방자치단체 세출예산 집행기준에 의거)	민간이전지출 근거 (지방보조금 관리기준 참고)	입찰방식			운영예산 산정		성과평가 실시여부
				담당부서	1. 민간경상사업보조(307-02) 2. 민간단체 법정운영비보조(307-03) 3. 민간행사사업보조(307-04) 4. 민간위탁금(307-05) 5. 사회복지시설 법정운영비보조(307-10) 6. 민간인위탁교육비(307-12) 7. 공기관등에대한경상적위탁사업비(308-10) 8. 민간자본사업보조,자체재원(402-01) 9. 민간자본사업보조,이전재원(402-02) 10. 민간위탁사업비(402-03) 11. 공기관등에 대한 자본적 대행사업비(403-02)	1. 법률에 규정 2. 국고보조 재원(국가지정) 3. 용도 지정 기부금 4. 조례에 직접규정 5. 지자체가 권장하는 사업을 하는 공공기관 6. 시,도 정책 및 재정사정 7. 기타 8. 해당없음	계약체결방법 (경쟁형태) 1. 일반경쟁 2. 제한경쟁 3. 지명경쟁 4. 수의계약 5. 법정위탁 6. 기타 ( ) 7. 해당없음	계약기간 1. 1년 2. 2년 3. 3년 4. 4년 5. 5년 6. 기타 ( )년 7. 단기계약 (1년미만) 8. 해당없음	낙찰자선정방법 1. 적격심사 2. 협상에의한계약 3. 최저가낙찰제 4. 규격가격분리 5. 2단계 경쟁입찰 6. 기타 ( ) 7. 해당없음	운영예산 산정 1. 내부산정 (지자체 자체적으로 산정) 2. 외부산정 (외부전문기관위탁 산정) 3. 내·외부 모두 산정 4. 산정 無 5. 해당없음	정산방법 1. 내부정산 (지자체 내부적으로 정산) 2. 외부정산 (외부전문기관위탁 정산) 3. 내·외부 모두 산정 4. 정산 無 5. 해당없음	1. 실시 2. 미실시 3. 향후 추진 4. 해당없음
5914	울산 울주군	어린이급식관리지원센터 운영	525,000	위생과	4	1	6	3	6	5	2	1
5915	울산 울주군	주요 행락지 하천불법행위 단속 위탁용역	250,000	건설과	4	4	7	8	7	5	5	4
5916	울산 울주군	간이급수시설 유지관리	370,000	건설과	4	4	2	1	1	3	1	4
5917	울산 울주군	공중화장실 유지·관리	43,200	건설과	4	7	4	7	3	1	1	4
5918	울산 울주군	공공하수도 운영관리대행용역	1,675,000	건설과	4	1	6	5	7	1	1	2
5919	울산 울주군	공공하수도 운영관리대행용역	468,000	건설과	4	1	1	6	1	1	1	2
5920	울산 울주군	KCC 폐수처리장 마을하수처리 사용료	350,000	건설과	4	6	7	8	7	3	3	4
5921	울산 울주군	드론시스템 구축	50,000	시설지원과	4	8	7	8	7	5	5	4
5922	울산 울주군	2021년 울주군보건소 청사 청소 용역	47,111	보건과	4	8	4	1	6	1	1	2
5923	울산 울주군	지역사회건강조사	68,966	보건과	4	1	6	7	7	1	1	1
5924	울산 울주군	가족보건지원	111,000	보건과	4	4	5	8	7	2	2	4
5925	울산 울주군	한센인 관리	10,760	보건과	4	1	5	1	7	5	1	1
5926	울산 울주군	정신건강관리	258,960	보건과	4	1	1	3	1	1	1	4
5927	울산 울주군	정신건강복지센터 종사자 수당	25,200	보건과	4	1	1	3	1	1	1	4
5928	울산 울주군	정신건강복지센터 운영	106,283	보건과	4	1	1	3	1	1	1	4
5929	울산 울주군	자살예방 및 정신건강증진사업	59,048	보건과	4	1	1	3	1	1	1	4
5930	울산 울주군	아동청소년 정신보건사업	52,294	보건과	4	1	1	3	1	1	1	4
5931	울산 울주군	정신건강복지센터 인력확충	290,592	보건과	4	1	1	3	1	1	1	4
5932	울산 울주군	정신건강복지센터 자살예방사업지원	70,626	보건과	4	1	1	3	1	1	1	4
5933	울산 울주군	가족보건지원	111,000	보건과	4	4	5	8	7	2	2	4
5934	울산 울주군	지역자율형 사회서비스 투자사업	780,892	보건과	4	2	5	8	7	2	2	4
5935	울산 울주군	표준모자수첩제작	1,800	보건과	4	2	5	8	7	2	2	4
5936	울산 울주군	청소년산모 임신출산 의료비 지원	1,774	보건과	4	2	5	8	7	2	2	4
5937	울산 울주군	기저귀 및 조제분유 지원	154,600	보건과	4	2	5	8	7	2	2	4
5938	울산 울주군	난청조기진단	300,000	보건과	4	2	5	8	7	2	2	4
5939	울산 울주군	국가암관리	300,000	보건과	4	2	7	8	7	5	5	4
5940	울산 울주군	일반건강검진	26,722	보건과	4	2	7	8	7	5	5	4
5941	울산 울주군	영유아검진비 지원	1,783	보건과	4	2	7	8	7	5	5	4
5942	울산 울주군	결핵환자 가족검진	5,000	보건과	4	2	7	8	7	5	5	4
5943	울산 울주군	희귀질환자 의료비지원	413,890	보건과	4	2	7	8	7	5	5	4
5944	울산 울주군	청사 청소용역	94,221	남부통합보건지소	4	8	4	1	6	1	1	2
5945	울산 울주군	치매치료관리비 지원	86,700	남부통합보건지소	4	2	7	8	7	5	5	4
5946	세종특별자치시	종목별 시장기(배) 협회장기(배) 대회 개최	140,000	체육진흥과	4	1	7	8	7	1	1	1
5947	세종특별자치시	전국규모대회	37,000	체육진흥과	4	1	7	8	7	1	1	1
5948	세종특별자치시	시민체육대회 개최	600,000	체육진흥과	4	1	7	8	7	1	1	1
5949	세종특별자치시	전국 게이트볼대회	15,000	체육진흥과	4	1	7	8	7	1	1	1
5950	세종특별자치시	어르신 생활체육대회	44,940	체육진흥과	4	1	7	8	7	1	1	1
5951	세종특별자치시	동하계 전국장애인체육대회 참가	190,000	체육진흥과	4	1	7	8	7	1	1	1
5952	세종특별자치시	전국규모대회 개최 및 참가	50,000	체육진흥과	4	1	7	8	7	1	1	1
5953	세종특별자치시	전국휠체어펜싱선수권대회 개최	25,000	체육진흥과	4	1	7	8	7	1	1	1
5954	세종특별자치시	각종 장애인체육대회 개최	25,000	체육진흥과	4	1	7	8	7	1	1	1
5955	세종특별자치시	전국장애학생체육대회 참가	15,000	체육진흥과	4	1	7	8	7	1	1	1
5956	세종특별자치시	세종시 어울림거북이대회 개최	20,000	체육진흥과	4	1	7	8	7	1	1	1

순번	시군구	지출명 (사업명)	2021년예산 (단위:천원/1년간)	담당자 (공무원)	민간이전 분류 (지방자치단체 세출예산 집행기준에 의거)	민간이전지출 근거 (지방보조금 관리기준 참고)	입찰방식			운영예산 산정		성과평가 실시여부
				담당부서	1. 민간경상사업보조(307-02) 2. 민간단체 법정운영비보조(307-03) 3. 민간행사사업보조(307-04) 4. 민간위탁금(307-05) 5. 사회복지시설 법정운영비보조(307-10) 6. 민간인위탁교육비(307-12) 7. 공기관등에대한경상적위탁사업비(308-10) 8. 민간자본사업보조,자체재원(402-01) 9. 민간자본사업보조,이전재원(402-02) 10. 민간위탁사업비(402-03) 11. 공기관등에 대한 자본적 대행사업비(403-02)	1. 법률에 규정 2. 국고보조 재원(국가지정) 3. 용도 지정 기부금 4. 조례에 직접규정 5. 지자체가 권장하는 사업을 하는 공공기관 6. 시,도 정책 및 재정사정 7. 기타 8. 해당없음	계약체결방법 (경쟁형태) 1. 일반경쟁 2. 제한경쟁 3. 지명경쟁 4. 수의계약 5. 법정위탁 6. 기타 ( ) 7. 해당없음	계약기간 1. 1년 2. 2년 3. 3년 4. 4년 5. 5년 6. 기타 ( )년 7. 단기계약 (1년미만) 8. 해당없음	낙찰자선정방법 1. 적격심사 2. 협상에의한계약 3. 최저가낙찰제 4. 규격가격분리 5. 2단계 경쟁입찰 6. 기타 ( ) 7. 해당없음	운영예산 산정 1. 내부산정 (지자체 자체적으로 산정) 2. 외부산정 (외부전문기관위탁 산정) 3. 내·외부 모두 산정 4. 산정 無 5. 해당없음	정산방법 1. 내부정산 (지자체 내부적으로 정산) 2. 외부정산 (외부전문기관위탁 정산) 3. 내·외부 모두 산정 4. 정산 無 5. 해당없음	1. 실시 2. 미실시 3. 향후 추진 4. 해당없음
5957	세종특별자치시	전국춘계장애인배드미턴선수권대회 개최	30,000	체육진흥과	4	1	7	8	7	1	1	1
5958	세종특별자치시	장애인생활체육대회 개최	83,000	체육진흥과	4	1	7	8	7	1	1	1
5959	세종특별자치시	소형특수농기계 면허취득교육비	3,500	미래농업과	4	4	7	7	7	1	1	4
5960	세종특별자치시	공동육아나눔터 운영	1,139,526	여성가족과	4	4	5	3	1	5	1	1
5961	세종특별자치시	돌봄공동체 지원	75,000	여성가족과	4	4	5	3	1	5	1	1
5962	세종특별자치시	건강가정,다문화가족지원센터 운영	493,360	여성가족과	4	2	5	3	1	5	1	1
5963	세종특별자치시	취약위기가족지원사업	75,620	여성가족과	4	2	5	3	1	5	1	1
5964	세종특별자치시	결혼이민자역량강화지원	20,000	여성가족과	4	2	5	3	1	5	1	1
5965	세종특별자치시	다문화가족 어울림 사업	45,000	여성가족과	4	1	5	3	1	5	1	1
5966	세종특별자치시	건강가정,다문화가족지원센터 종사자 처우개선	50,760	여성가족과	4	4	5	3	1	5	1	1
5967	세종특별자치시	다문화가족 정착지원 활성화	60,000	여성가족과	4	4	5	3	1	5	1	1
5968	세종특별자치시	방문교육지도사 추가 지원 사업	18,012	여성가족과	4	4	5	3	1	5	1	1
5969	세종특별자치시	다문화가족 특화사업	340,387	여성가족과	4	2	5	3	1	5	1	1
5970	세종특별자치시	북한이탈주민지원사업	10,000	여성가족과	4	4	5	3	1	5	1	1
5971	세종특별자치시	가정·성폭력 통합상담소 운영	203,156	여성가족과	4	5	7	8	7	1	1	1
5972	세종특별자치시	폭력예방 인식개선 홍보 등	5,600	여성가족과	4	6	7	8	7	1	1	1
5973	세종특별자치시	가정폭력 피해자 의료비	4,323	여성가족과	4	2	7	8	7	1	1	1
5974	세종특별자치시	가정폭력 피해자 치료회복프로그램	8,463	여성가족과	4	2	7	8	7	1	1	1
5975	세종특별자치시	육아종합지원서비스	490,308	여성가족과	4	2	5	5	1	3	1	4
5976	세종특별자치시	지방육아종합지원센터 운영 지원	30,000	여성가족과	4	6	5	5	7	3	1	4
5977	세종특별자치시	수질복원센터 A 공공하수처리시설 관리대행	8,890,018	상하수도시설과	4	1	1	5	6	2	1	1
5978	세종특별자치시	수질복원센터 B 공공하수처리시설 관리대행	1,553,172	상하수도시설과	4	1	1	5	6	2	1	1
5979	세종특별자치시	연동부강공공하수처리시설 관리대행	749,760	상하수도시설과	4	1	1	5	6	2	1	1
5980	세종특별자치시	소규모공공하수처리시설 관리대행	781,200	상하수도시설과	4	1	1	5	6	2	1	1
5981	세종특별자치시	등곡가축분뇨공공처리시설 관리대행	1,464,888	상하수도시설과	4	1	1	5	6	2	1	4
5982	세종특별자치시	근로자종합복지관 운영	65,000	일자리정책과	4	4	1	3	1	1	1	1
5983	세종특별자치시	노사민정협의회 사무국 운영	43,000	일자리정책과	4	4	7	8	7	1	1	1
5984	세종특별자치시	세종 창업키움센터 관리운영	164,600	기업지원과	4	1	5	3	7	1	1	3
5985	세종특별자치시	중소기업 국내판로 지원	100,000	기업지원과	4	5	7	8	7	1	1	1
5986	세종특별자치시	해외시장 개척 지원	360,000	기업지원과	4	5	7	8	7	1	1	1
5987	세종특별자치시	정신질환자 치료비 지원사업	42,000	보건행정과	4	2	4	3	7	1	1	1
5988	세종특별자치시	기초정신건강복지센터 지원	211,024	보건행정과	4	2	4	3	7	1	1	1
5989	세종특별자치시	아동청소년 정신보건사업	52,294	보건행정과	4	2	4	3	7	1	1	1
5990	세종특별자치시	지역자살예방사업	61,084	보건행정과	4	2	4	3	7	1	1	1
5991	세종특별자치시	자살예방실무자 등 정신건강증진사업	32,000	보건행정과	4	2	4	3	7	1	1	1
5992	세종특별자치시	정신건강복지센터 인력확충	290,592	보건행정과	4	2	4	3	7	1	1	1
5993	세종특별자치시	응급개입팀 운영	171,854	보건행정과	4	2	4	3	7	1	1	1
5994	세종특별자치시	지역사회건강조사 조사분석 위탁운영	69,572	건강증진과	4	2	7	1	7	5	3	1
5995	세종특별자치시	한센병환자 치료위탁	50,000	보건의료과	4	4	5	3	1	5	5	4
5996	세종특별자치시	지역보건의료사업 업무대행 의사 운영	144,000	보건행정과	4	4	6	2	6	1	1	2
5997	세종특별자치시	심뇌혈관질환예방관리사업	240,000	건강증진과	4	1	2	3	1	5	3	1
5998	세종특별자치시	콜센터 민간위탁	656,758	민원과	4	4	1	3	2	1	1	1
5999	세종특별자치시	마을기업 컨설팅 등 지원	186,000	참여공동체과	4	2	1	1	2	1	1	1

순번	시군구	지출명 (사업명)	2021년예산 (단위:천원/1년간)	담당자 (공무원)	민간이전 분류 (지방자치단체 세출예산 집행기준에 의거)	민간이전지출 근거 (지방보조금 관리기준 참고)	입찰방식			운영예산 산정		성과평가 실시여부
				담당부서	1. 민간경상사업보조(307-02) 2. 민간단체 법정운영비보조(307-03) 3. 민간행사사업보조(307-04) 4. 민간위탁금(307-05) 5. 사회복지시설 법정운영비보조(307-10) 6. 민간인위탁교육비(307-12) 7. 공기관등에대한경상적위탁사업비(308-10) 8. 민간자본사업보조,자체재원(402-01) 9. 민간자본사업보조,이전재원(402-02) 10. 민간위탁사업비(402-03) 11. 공기관등에 대한 자본적 대행사업비(403-02)	1. 법률에 규정 2. 국고보조 재원(국가지정) 3. 용도 지정 기부금 4. 조례에 직접규정 5. 지자체가 권장하는 사업을 하는 공공기관 6. 시,도 정책 및 재정사정 7. 기타 8. 해당없음	계약체결방법 (경쟁형태) 1. 일반경쟁 2. 제한경쟁 3. 지명경쟁 4. 수의계약 5. 법정위탁 6. 기타 ( ) 7. 해당없음	계약기간 1. 1년 2. 2년 3. 3년 4. 4년 5. 5년 6. 기타 ( )년 7. 단기계약 (1년미만) 8. 해당없음	낙찰자선정방법 1. 적격심사 2. 협상에의한계약 3. 최저가낙찰제 4. 규격가격분리 5. 2단계 경쟁입찰 6. 기타 ( ) 7. 해당없음	운영예산 산정 1. 내부산정 (지자체 자체적으로 산정) 2. 외부산정 (외부전문기관위탁 산정) 3. 내·외부 모두 산정 4. 산정 無 5. 해당없음	정산방법 1. 내부정산 (지자체 내부적으로 정산) 2. 외부정산 (외부전문기관위탁 정산) 3. 내·외부 모두 산정 4. 정산 無 5. 해당없음	1. 실시 2. 미실시 3. 향후 추진 4. 해당없음
6000	세종특별자치시	세종사회적경제공동체센터 사회적경제팀 운영	470,000	참여공동체과	4	4	1	2	2	1	1	1
6001	세종특별자치시	시민주권대학 운영	300,000	참여공동체과	4	4	1	2	2	1	1	1
6002	세종특별자치시	세종사회적경제공동체센터 운영	560,000	참여공동체과	4	4	1	2	2	1	1	4
6003	세종특별자치시	시민회관 운영관리 민간위탁	182,427	시설관리과	4	4	4	3	2	2	1	1
6004	세종특별자치시	아름스포츠센터 민간위탁	1,004,501	시설관리과	4	4	2	6	2	2	2	1
6005	세종특별자치시	한솔복컴수영장 민간위탁	659,953	시설관리과	4	4	2	6	2	2	2	1
6006	세종특별자치시	도시재생지원센터 운영	550,000	도시재생과	4	1	1	3	1	1	1	1
6007	세종특별자치시	조치원역 일원 도시재생 뉴딜사업	1,900	도시재생과	4	1	1	2	1	1	3	4
6008	세종특별자치시	조치원읍 번암리 도시재생 뉴딜사업	650,000	도시재생과	4	1	1	2	1	1	1	1
6009	세종특별자치시	광역치매센터 운영	512,257	보건정책과	4	2	5	3	7	5	3	1
6010	세종특별자치시	지역사회통합건강증진사업	70,000	보건정책과	4	2	2	3	1	5	3	1
6011	세종특별자치시	심뇌혈관질환예방관리사업	69,412	보건정책과	4	2	2	3	1	5	3	1
6012	세종특별자치시	시도 감염병관리지원단 운영지원	600,000	보건정책과	4	2	1	2	1	5	2	3
6013	세종특별자치시	어린이급식관리지원센터 설치 운영	840,000	보건정책과	4	1	2	3	1	5	3	1
6014	세종특별자치시	국내외 여행박람회 관광홍보관 운영	100,000	관광문화재과	4	4	6	2	6	4	1	1
6015	세종특별자치시	국내외 관광설명회 개최	13,000	관광문화재과	4	4	6	2	6	4	1	1
6016	세종특별자치시	국내외 관광관계자 초청 팸투어 진행	16,000	관광문화재과	4	4	6	2	6	4	1	1
6017	세종특별자치시	세종 시티투어	80,000	관광문화재과	4	4	6	2	6	1	1	1
6018	세종특별자치시	호수공원 시설관리용역	699,936	중앙공원관리사업소	4	1	1	3	1	2	1	3
6019	세종특별자치시	호수공원 수질관리용역	500,833	중앙공원관리사업소	4	1	1	3	2	2	1	3
6020	세종특별자치시	특별교통수단 운영	2,026,644	교통과	4	1	1	3	1	1	1	2
6021	세종특별자치시	시니어클럽 운영	280,000	노인장애인과	4	4	1	5	6	1	1	3
6022	세종특별자치시	장애인가족지원센터	330,000	노인장애인과	4	1	7	8	7	1	1	1
6023	세종특별자치시	지역장애인권익옹호기관 운영	204,000	노인장애인과	4	1	7	8	7	1	1	1
6024	세종특별자치시	장애인권익옹호기관 운영	40,000	노인장애인과	4	1	7	8	7	1	1	1
6025	세종특별자치시	장애인직업재활시설 운영지원	860,780	노인장애인과	4	6	1	5	1	5	5	4
6026	세종특별자치시	보조기기센터 운영	216,996	노인장애인과	4	2	1	3	1	5	5	4
6027	세종특별자치시	장애인복지관 운영	1,584,648	노인장애인과	4	1	1	5	1	1	1	1
6028	세종특별자치시	세종장애인 주간보호센터 운영	464,786	노인장애인과	4	1	1	5	1	1	1	1
6029	세종특별자치시	종촌장애인주간보호센터 운영	331,005	노인장애인과	4	1	1	5	1	1	1	1
6030	세종특별자치시	보람장애인주간보호센터 운영	507,663	노인장애인과	4	1	1	5	1	1	1	1
6031	세종특별자치시	아이돌봄 지원사업 종사자 처우개선	10,380	아동청소년과	4	2	5	3	1	5	1	1
6032	세종특별자치시	청소년활동진흥센터 운영	306,400	아동청소년과	4	1	7	8	7	1	1	1
6033	세종특별자치시	북세종종합청소년센터 운영	441,763	아동청소년과	4	4	1	3	1	1	1	1
6034	세종특별자치시	조치원청소년센터 운영	130,573	아동청소년과	4	4	1	3	1	1	1	1
6035	세종특별자치시	새롬청소년센터 운영	198,180	아동청소년과	4	4	1	3	1	1	1	1
6036	세종특별자치시	아동보호전문기관 운영 지원	650,502	아동청소년과	4	1	5	5	7	1	1	3
6037	세종특별자치시	학대피해아동쉼터 운영 지원	288,318	아동청소년과	4	1	5	5	7	1	1	3
6038	세종특별자치시	종촌종합사회복지관 운영	1,291,193	복지정책과	4	1	1	5	1	1	1	1
6039	세종특별자치시	사회복지시설 대체인력 지원	63,280	복지정책과	4	1	7	7	7	1	1	4
6040	강원 춘천시	관공선 및 선착장 관리	50,000	안전총괄담당관	4	1	5	3	1	1	1	1
6041	강원 춘천시	직장 어린이집 설치 및 운영	515,000	행정지원과	4	1	7	8	7	5	5	4
6042	강원 춘천시	노숙인복지시설 운영지원	11,401	복지지원과	4	1	1	5	1	1	3	1

순번	시군구	지출명 (사업명)	2021년예산 (단위:천원/1년간)	담당자 (공무원)	민간이전 분류 (지방자치단체 세출예산 집행기준에 의거) 1. 민간경상사업보조(307-02) 2. 민간단체 법정운영비보조(307-03) 3. 민간행사사업보조(307-04) 4. 민간위탁금(307-05) 5. 사회복지시설 법정운영비보조(307-10) 6. 민간인위탁교육비(307-12) 7. 공기관등에대한경상적위탁사업비(308-10) 8. 민간자본사업보조,자체재원(402-01) 9. 민간자본사업보조,이전재원(402-02) 10. 민간위탁사업비(402-03) 11. 공기관등에 대한 자본적 대행사업비(403-02)	민간이전지출 근거 (지방보조금 관리기준 참고) 1. 법률에 규정 2. 국고보조 재원(국가지정) 3. 용도 지정 기부금 4. 조례에 직접규정 5. 지자체가 권장하는 사업을 하는 공공기관 6. 시,도 정책 및 재정사정 7. 기타 8. 해당없음	입찰방식			운영예산 산정		성과평가 실시여부
				담당부서			계약체결방법 (경쟁형태) 1. 일반경쟁 2. 제한경쟁 3. 지명경쟁 4. 수의계약 5. 법정위탁 6. 기타 ( ) 7. 해당없음	계약기간 1. 1년 2. 2년 3. 3년 4. 4년 5. 5년 6. 기타 ( )년 7. 단기계약 (1년미만) 8. 해당없음	낙찰자선정방법 1. 적격심사 2. 협상에의한계약 3. 최저가낙찰제 4. 규격가격분리 5. 2단계 경쟁입찰 6. 기타 ( ) 7. 해당없음	운영예산 산정 1. 내부산정 (지자체 자체적으로 산정) 2. 외부산정 (외부전문기관위탁 산정) 3. 내·외부 모두 산정 4. 산정 無 5. 해당없음	정산방법 1. 내부정산 (지자체 내부적으로 정산) 2. 외부정산 (외부전문기관위탁 정산) 3. 내·외부 모두 산정 4. 정산 無 5. 해당없음	1. 실시 2. 미실시 3. 향후 추진 4. 해당없음
6043	강원 춘천시	노숙인일시보호 시설운영	198,581	복지지원과	4	1	1	5	1	1	3	1
6044	강원 춘천시	종합사회복지관 운영지원	1,554,000	복지정책과	4	1	1	5	1	1	1	4
6045	강원 춘천시	보훈단체 활성화	100,000	복지지원과	4	8	1	3	7	1	1	2
6046	강원 춘천시	희망키움통장Ⅰ 지원	275,860	복지지원과	4	1	7	8	7	2	2	2
6047	강원 춘천시	희망키움통장Ⅱ 지원	635,530	복지지원과	4	1	7	8	7	2	2	2
6048	강원 춘천시	내일키움통장 지원	36,300	복지지원과	4	1	7	8	7	2	2	2
6049	강원 춘천시	청년희망키움통장 지원	80,356	복지지원과	4	1	7	8	7	2	2	2
6050	강원 춘천시	청년저축계좌 지원	162,000	복지지원과	4	1	7	8	7	2	2	2
6051	강원 춘천시	지역사회서비스투자사업	2,847,143	복지지원과	4	1	5	8	7	2	2	2
6052	강원 춘천시	가사간병 방문관리사 지원사업	244,300	복지지원과	4	1	5	8	7	2	2	2
6053	강원 춘천시	육아종합지원센터 관리 및 운영	1,124,000	보육아동과	4	1	2	3	1	1	1	3
6054	강원 춘천시	육아종합지원센터 운영 지원	140,000	보육아동과	4	1	2	3	1	1	1	3
6055	강원 춘천시	시니어클럽 운영	530,000	경로복지과	4	1	7	8	7	1	1	1
6056	강원 춘천시	시립노인복지관 운영	3,332,805	경로복지과	4	1	7	8	7	1	1	1
6057	강원 춘천시	장애인거주시설 운영지원	308,840	장애인복지과	4	1	1	5	1	1	1	3
6058	강원 춘천시	장애인직업재활시설 운영지원	1,044,953	장애인복지과	4	1	1	5	1	1	1	3
6059	강원 춘천시	장애인지역사회재활시설 운영지원	1,951,057	장애인복지과	4	1	1	5	1	1	1	3
6060	강원 춘천시	장애인가족지원센터 운영	119,953	장애인복지과	4	1	1	3	1	1	1	3
6061	강원 춘천시	장애인 특별교통수단 지원	2,085,000	장애인복지과	4	1	1	3	1	1	1	1
6062	강원 춘천시	성매매피해자 지원시설 및 상담소 운영	113,472	여성가족과	4	1	1	5	1	1	1	4
6063	강원 춘천시	성매매피해자 지원시설 운영	18,000	여성가족과	4	1	1	5	1	1	1	4
6064	강원 춘천시	청소년시설 운영지원	747,000	여성가족과	4	1	6	2	7	1	1	1
6065	강원 춘천시	청소년안전망 운영	97,470	여성가족과	4	1	7	6	7	1	1	1
6066	강원 춘천시	학교 밖 청소년지원센터 운영	125,993	여성가족과	4	1	7	3	7	1	1	1
6067	강원 춘천시	학교 밖 청소년지원센터 운영	60,000	여성가족과	4	1	7	3	7	1	1	1
6068	강원 춘천시	춘천시 협동조합지원센터 운영 지원	460,000	사회적경제과	4	4	1	2	1	1	1	3
6069	강원 춘천시	「근화동396」청년창업공간 운영	692,494	사회적경제과	4	4	1	2	1	1	1	3
6070	강원 춘천시	청년청 운영	500,000	사회적경제과	4	4	1	2	1	1	1	3
6071	강원 춘천시	춘천사회혁신센터 운영	2,190,000	사회적경제과	4	4	1	3	1	1	3	1
6072	강원 춘천시	동춘천 일반산업단지 공공폐수처리시설 운영	436,000	기업과	4	4	2	3	2	1	1	1
6073	강원 춘천시	생활폐기물 수집·운반 대행	21,966	자원순환과	4	1	2	2	1	2	1	1
6074	강원 춘천시	대형폐기물 관리 및 수집·운반·처리 대행	2,134,500	자원순환과	4	1	1	1	1	2	1	2
6075	강원 춘천시	음식물류폐기물 자원화시설 운영 및 관리	1,700	자원순환과	4	4	1	1	2	1	1	1
6076	강원 춘천시	유아숲교육 운영	106,000	녹지공원과	4	1	2	3	1	1	1	1
6077	강원 춘천시	춘천인형극장 운영	600,000	문화예술과	4	4	1	3	7	1	1	3
6078	강원 춘천시	춘천예술마당 위탁 운영	396,268	문화예술과	4	4	1	3	1	1	1	3
6079	강원 춘천시	의암류인석기념관 운영	468,000	문화예술과	4	4	4	3	7	1	1	3
6080	강원 춘천시	강원도형 수선유지 주거급여 지원	24,000	건축과	4	6	5	8	7	1	1	1
6081	강원 춘천시	지역먹거리 기반 식품산업 인큐베이팅 운영 지원	342,000	안심농식품과	4	4	1	4	6	1	1	1
6082	강원 춘천시	춘천막국수체험박물관 운영	79,200	안심농식품과	4	4	1	2	6	1	1	1
6083	강원 춘천시	한센병관리	11,000	보건운영과	4	6	5	5	7	1	1	1
6084	강원 춘천시	어린이급식관리지원센터 운영	630,000	식품의약과	4	1	6	5	7	1	1	1
6085	강원 춘천시	청소년 산모 의료비 지원	2,400	건강관리과	4	1	7	8	7	5	2	4

순번	시군구	지출명 (사업명)	2021년예산 (단위:천원/1년간)	담당자 (공무원)	민간이전 분류 (지방자치단체 세출예산 집행기준에 의거)	민간이전지출 근거 (지방보조금 관리기준 참고)	입찰방식			운영예산 산정		성과평가 실시여부
				담당부서	1. 민간경상사업보조(307-02) 2. 민간단체 법정운영비보조(307-03) 3. 민간행사사업보조(307-04) 4. 민간위탁금(307-05) 5. 사회복지시설 법정운영비보조(307-10) 6. 민간인위탁교육비(307-12) 7. 공기관등에대한경상적위탁사업비(308-10) 8. 민간자본사업보조,자체재원(402-01) 9. 민간자본사업보조,이전재원(402-02) 10. 민간위탁사업비(402-03) 11. 공기관등에 대한 자본적 대행사업비(403-02)	1. 법률에 규정 2. 국고보조 재원(국가지정) 3. 용도 지정 기부금 4. 조례에 직접규정 5. 지자체가 권장하는 사업을 하는 공공기관 6. 시,도 정책 및 재정사정 7. 기타 8. 해당없음	계약체결방법 (경쟁형태) 1. 일반경쟁 2. 제한경쟁 3. 지명경쟁 4. 수의계약 5. 법정위탁 6. 기타 ( ) 7. 해당없음	계약기간 1. 1년 2. 2년 3. 3년 4. 4년 5. 5년 6. 기타 ( )년 7. 단기계약 (1년미만) 8. 해당없음	낙찰자선정방법 1. 적격심사 2. 협상에의한계약 3. 최저가낙찰제 4. 규격가격분리 5. 2단계 경쟁입찰 6. 기타 ( ) 7. 해당없음	운영예산 산정 1. 내부산정 (지자체 자체적으로 산정) 2. 외부산정 (외부전문기관위탁 산정) 3. 내·외부 모두 산정 4. 산정 無 5. 해당없음	정산방법 1. 내부정산 (지자체 내부적으로 정산) 2. 외부정산 (외부전문기관위탁 정산) 3. 내·외부 모두 산정 4. 정산 無 5. 해당없음	1. 실시 2. 미실시 3. 향후 추진 4. 해당없음
6086	강원 춘천시	표준모자보건 수첩 제작	1,960	건강관리과	4	1	7	8	7	5	2	4
6087	강원 춘천시	저소득층 기저귀·조제분유 지원	240,000	건강관리과	4	1	7	8	7	5	2	4
6088	강원 춘천시	산모신생아 건강관리 지원	1,420,000	건강관리과	4	1	7	8	7	3	3	1
6089	강원 춘천시	기초정신건강복지센터 운영	212,664	방문보건과	4	2	6	8	7	1	1	1
6090	강원 춘천시	기초정신건강복지센터 인력확충	690,156	방문보건과	4	2	6	3	7	1	1	1
6091	강원 춘천시	아동청소년 정신건강증진	104,588	방문보건과	4	2	6	3	7	1	1	1
6092	강원 춘천시	지역 자살예방 및 정신건강증진	61,092	방문보건과	4	2	6	3	7	1	1	1
6093	강원 춘천시	자살예방 및 생명존중	103,509	방문보건과	4	6	6	3	7	1	1	1
6094	강원 춘천시	생명지킴이 사례관리 활동 지원	36,061	방문보건과	4	6	6	3	7	1	1	1
6095	강원 춘천시	정신건강복지센터 운영 지원	90,000	방문보건과	4	6	6	3	7	1	1	1
6096	강원 춘천시	중독관리통합지원센터 운영	163,023	방문보건과	4	2	6	3	7	1	1	1
6097	강원 춘천시	청소년 중독예방관리	55,000	방문보건과	4	6	6	3	7	1	1	1
6098	강원 춘천시	정신보건시설 종사자 처우개선	63,000	방문보건과	4	6	6	3	7	1	1	1
6099	강원 춘천시	기초정신건강복지센터 자살예방사업 지원	70,629	방문보건과	4	2	6	3	7	1	1	1
6100	강원 춘천시	지역사회건강조사 조사분석 위탁운영	67,600	방문보건과	4	1	5	1	7	1	1	1
6101	강원 춘천시	하수관로정비 임대형 민자사업(BTL) 운영비	1,345,990	하수시설과	4	2	5	6	7	2	2	1
6102	강원 춘천시	분뇨수집 현실화에 따른 차액보전금	150,000	하수시설과	4	4	7	8	7	1	5	4
6103	강원 춘천시	소규모 하수처리시설 관리대행	880,000	하수운영과	4	1	1	5	2	3	1	1
6104	강원 춘천시	담작은도서관 운영	376,254	시립도서관	4	4	1	5	1	1	1	3
6105	강원 강릉시	직장어린이집 위탁 운영비	470,000	행정지원과	4	1	1	5	1	1	1	3
6106	강원 강릉시	민원콜센터 구축 운영	340,000	행정지원과	4	4	1	3	2	1	1	1
6107	강원 강릉시	소비자상담센터 위탁운영	50,000	일자리경제과	4	6	7	8	7	1	1	4
6108	강원 강릉시	농공단지협의회 운영비 지원	24,000	기업지원과	4	1	4	2	7	1	1	4
6109	강원 강릉시	농공단지 폐수처리장 운영비 지원	800,000	기업지원과	4	4	4	8	7	1	1	4
6110	강원 강릉시	환경성질환 건강검진 대행	6,000	환경과	4	1	7	1	7	3	3	1
6111	강원 강릉시	쓰레기 반출 운반 대행	100,000	자원순환과	4	1	4	1	2	1	1	2
6112	강원 강릉시	폐수액팩 및 폐비닐포장재 처리 대행	270,000	자원순환과	4	1	7	8	7	5	5	4
6113	강원 강릉시	생활폐기물 수집운반 대행	9,500	자원순환과	4	1	2	2	1	2	1	1
6114	강원 강릉시	대형폐기물 수집운반 대행	347,000	자원순환과	4	1	4	2	7	2	1	1
6115	강원 강릉시	폐가구류 등 대형폐기물 처리 대행	300,000	자원순환과	4	6	4	2	2	1	5	4
6116	강원 강릉시	경포권 해변쓰레기 처리 대행	70,000	자원순환과	4	1	2	2	2	2	1	1
6117	강원 강릉시	관광지 쓰레기 휴일 운반수거 대행	28,000	자원순환과	4	1	2	2	1	2	1	1
6118	강원 강릉시	시내권역 상시기동처리 운반수거 대행	50,000	자원순환과	4	1	2	2	1	2	1	1
6119	강원 강릉시	음식물류폐기물 처리 대행	29,800	자원순환과	4	1	1	1	1	5	5	4
6120	강원 강릉시	음식물류폐기물 거점수거용기 세척 대행	100,000	자원순환과	4	1	7	8	7	5	5	4
6121	강원 강릉시	폐스티로폼 처리 대행	198,000	자원순환과	4	1	1	1	1	5	5	4
6122	강원 강릉시	강릉영상미디어센터 운영	140,000	문화예술과	4	4	6	3	6	4	1	4
6123	강원 강릉시	공동주택 찾아가는 영화 상영회	10,000	문화예술과	4	4	6	3	6	4	1	4
6124	강원 강릉시	해수욕장 청소용역	400,000	관광과	4	1	1	7	3	1	1	2
6125	강원 강릉시	해수욕장 불법행위 단속용역	80,000	관광과	4	1	4	7	7	1	1	2
6126	강원 강릉시	강릉항 오폐수 중계펌프장 유지관리	14,000	해양수산과	4	4	4	7	7	1	1	4
6127	강원 강릉시	항로표지관리	13,000	해양수산과	4	1	4	7	7	1	1	4
6128	강원 강릉시	주문진항 항만관리 및 단속	55,000	해양수산과	4	4	4	7	7	1	1	4

순번	시군구	지출명 (사업명)	2021년예산 (단위:천원/1년간)	담당자 (공무원)	민간이전 분류 (지방자치단체 세출예산 집행기준에 의거)	민간이전지출 근거 (지방보조금 관리기준 참고)	입찰방식			운영예산 산정		성과평가 실시여부
				담당부서	1. 민간경상사업보조(307-02) 2. 민간단체 법정운영비보조(307-03) 3. 민간행사사업보조(307-04) 4. 민간위탁금(307-05) 5. 사회복지시설 법정운영비보조(307-10) 6. 민간인위탁교육비(307-12) 7. 공기관등에대한경상적위탁사업비(308-10) 8. 민간자본사업보조,자체재원(402-01) 9. 민간자본사업보조,이전재원(402-02) 10. 민간위탁사업비(402-03) 11. 공기관등에 대한 자본적 대행사업비(403-02)	1. 법률에 규정 2. 국고보조 재원(국가지정) 3. 용도 지정 기부금 4. 조례에 직접규정 5. 지자체가 권장하는 사업을 하는 공공기관 6. 시,도 정책 및 재정사정 7. 기타 8. 해당없음	계약체결방법 (경쟁형태) 1. 일반경쟁 2. 제한경쟁 3. 지명경쟁 4. 수의계약 5. 법정위탁 6. 기타 ( ) 7. 해당없음	계약기간 1. 1년 2. 2년 3. 3년 4. 4년 5. 5년 6. 기타 ( )년 7. 단기계약 (1년미만) 8. 해당없음	낙찰자선정방법 1. 적격심사 2. 협상에의한계약 3. 최저가낙찰제 4. 규격가격분리 5. 2단계 경쟁입찰 6. 기타 ( ) 7. 해당없음	운영예산 산정 1. 내부산정 (지자체 자체적으로 산정) 2. 외부산정 (외부전문기관위탁 산정) 3. 내·외부 모두 산정 4. 산정 無 5. 해당없음	정산방법 1. 내부정산 (지자체 내부적으로 정산) 2. 외부정산 (외부전문기관위탁 정산) 3. 내·외부 모두 산정 4. 정산 無 5. 해당없음	1. 실시 2. 미실시 3. 향후 추진 4. 해당없음
6129	강원 강릉시	공유수면 불법시설물 단속	22,000	해양수산과	4	1	7	8	7	5	5	4
6130	강원 강릉시	지역자율형 사회서비스 투자사업 지원	1,071,429	복지정책과	4	2	5	8	7	5	5	1
6131	강원 강릉시	저소득주민 건강보험료지원	110,000	생활보장과	4	4	7	8	7	1	1	3
6132	강원 강릉시	영구임대아파트 공동전기료지원	31,000	생활보장과	4	4	7	8	7	1	1	3
6133	강원 강릉시	희망키움통장Ⅰ	81,840	생활보장과	4	2	7	8	7	3	3	4
6134	강원 강릉시	희망키움통장Ⅱ	281,170	생활보장과	4	2	7	8	7	3	3	4
6135	강원 강릉시	내일키움통장	19,980	생활보장과	4	2	7	8	7	3	3	4
6136	강원 강릉시	청년희망키움통장	36,000	생활보장과	4	2	7	8	7	3	3	4
6137	강원 강릉시	가사간병 방문 지원	233,000	생활보장과	4	1	5	1	7	5	5	1
6138	강원 강릉시	청년저축계좌	162,000	생활보장과	4	2	7	8	7	3	3	4
6139	강원 강릉시	대체교사 지원	358,500	아동보육과	4	2	7	5	7	5	1	4
6140	강원 강릉시	장난감도서관 운영비 지원	62,957	아동보육과	4	4	7	5	7	1	1	4
6141	강원 강릉시	장난감도서관 운영요원 인건비 지원	94,023	아동보육과	4	4	7	5	7	1	1	4
6142	강원 강릉시	옥천동도시재생현장지원센터 위탁운영비	400,000	도시재생과	4	1	1	3	1	1	1	3
6143	강원 강릉시	강릉시도시재생지원센터 민간위탁 운영	350,000	도시재생과	4	1	1	3	1	1	1	3
6144	강원 강릉시	중앙동 도시재생현장지원센터 위탁운영비	455,000	도시재생과	4	1	1	3	1	1	1	3
6145	강원 강릉시	새뜰마을사업 추진	70,000	도시재생과	4	1	1	3	1	1	1	3
6146	강원 강릉시	노점정비 대행	184,500	도로과	4	4	2	1	1	1	1	2
6147	강원 강릉시	특별교통수단 운영지원	1,540,032	교통과	4	2	5	3	1	1	1	4
6148	강원 강릉시	옥외광고물 안전도 검사 대행	32,000	건축과	4	4	5	2	1	1	1	4
6149	강원 강릉시	이동통제초소 설치 및 운영사무 위탁비	100,000	동물정책과	4	1	7	8	7	5	5	4
6150	강원 강릉시	통제초소, 농장초소 긴급 설치 및 운영사무 위탁비	200,000	동물정책과	4	1	7	8	7	5	5	4
6151	강원 강릉시	동물사랑센터 운영 위탁금	36,000	동물정책과	4	1	2	3	1	1	1	4
6152	강원 강릉시	동물사랑센터 운영 위탁금	174,000	동물정책과	4	1	2	3	1	1	1	4
6153	강원 강릉시	농산물 가공센터 위탁운영	3,000	유통지원과	4	4	7	8	7	1	1	3
6154	강원 강릉시	저소득 취약계층 로컬푸드 지원	336,600	유통지원과	4	1	7	8	7	1	1	3
6155	강원 강릉시	방역소독 대행료	55,000	보건행정과	4	1	1	7	3	2	5	1
6156	강원 강릉시	어린이급식관리지원센터 운영	525,000	위생과	4	1	1	5	1	3	2	1
6157	강원 강릉시	공공급식관리지원센터 운영	100,000	위생과	4	1	1	5	1	3	1	1
6158	강원 강릉시	지정위탁사업비	67,524	건강증진과	4	2	7	1	7	5	3	4
6159	강원 강릉시	중독관리통합지원센터 운영	163,021	건강증진과	4	1	1	3	1	1	1	4
6160	강원 강릉시	정신건강복지센터 운영	192,704	건강증진과	4	1	1	3	1	1	1	4
6161	강원 강릉시	자살예방 및 정신건강증진사업	61,092	건강증진과	4	1	1	3	1	1	1	4
6162	강원 강릉시	자살예방센터 운영 지원	105,151	건강증진과	4	1	1	3	1	1	1	4
6163	강원 강릉시	생명지킴이 사례관리 활동지원	45,596	건강증진과	4	1	1	3	1	1	1	4
6164	강원 강릉시	아동청소년 정신건강증진사업 운영	52,294	건강증진과	4	1	1	3	1	1	1	4
6165	강원 강릉시	정신건강복지센터 인력확충	363,240	건강증진과	4	1	1	3	1	1	1	4
6166	강원 강릉시	정신건강복지센터 자살예방사업 인력 지원	35,315	건강증진과	4	1	1	3	1	1	1	4
6167	강원 강릉시	응급개입팀 운영	224,822	건강증진과	4	1	1	3	1	1	1	4
6168	강원 강릉시	중독관리통합지원센터 운영지원	60,000	건강증진과	4	1	1	3	1	1	1	4
6169	강원 강릉시	장애인 구강 진료센터 운영비	324,000	건강증진과	4	1	5	1	7	5	5	4
6170	강원 강릉시	산모신생아 건강관리사 지원	960,000	건강증진과	4	1	7	1	7	5	3	4
6171	강원 강릉시	청소년산모 의료비 지원	3,600	건강증진과	4	1	7	1	7	5	3	4

순번	시군구	지출명 (사업명)	2021년예산 (단위:천원/1년간)	담당자 (공무원) 담당부서	민간이전 분류 (지방자치단체 세출예산 집행기준에 의거) 1. 민간경상사업보조(307-02) 2. 민간단체 법정운영비보조(307-03) 3. 민간행사사업보조(307-04) 4. 민간위탁금(307-05) 5. 사회복지시설 법정운영비보조(307-10) 6. 민간인위탁교육비(307-12) 7. 공기관등에대한경상적위탁사업비(308-10) 8. 민간자본사업보조,자체재원(402-01) 9. 민간자본사업보조,이전재원(402-02) 10. 민간위탁사업비(402-03) 11. 공기관등에 대한 자본적 대행사업비(403-02)	민간이전지출 근거 (지방보조금 관리기준 참고) 1. 법률에 규정 2. 국고보조 재원(국가지정) 3. 용도 지정 기부금 4. 조례에 직접규정 5. 지자체가 권장하는 사업을 하는 공공기관 6. 시,도 정책 및 재정사정 7. 기타 8. 해당없음	입찰방식 계약체결방법 (경쟁형태) 1. 일반경쟁 2. 제한경쟁 3. 지명경쟁 4. 수의계약 5. 법정위탁 6. 기타 ( ) 7. 해당없음	입찰방식 계약기간 1. 1년 2. 2년 3. 3년 4. 4년 5. 5년 6. 기타 ( )년 7. 단기계약 (1년미만) 8. 해당없음	입찰방식 낙찰자선정방법 1. 적격심사 2. 협상에의한계약 3. 최저가낙찰제 4. 규격가격분리 5. 2단계 경쟁입찰 6. 기타 ( ) 7. 해당없음	운영예산 산정 운영예산 산정 1. 내부산정 (지자체 자체적으로 산정) 2. 외부산정 (외부전문기관위탁 산정) 3. 내·외부 모두 산정 4. 산정 無 5. 해당없음	운영예산 산정 정산방법 1. 내부정산 (지자체 내부적으로 정산) 2. 외부정산 (외부전문기관위탁 정산) 3. 내·외부 모두 산정 4. 정산 無 5. 해당없음	성과평가 실시여부 1. 실시 2. 미실시 3. 향후 추진 4. 해당없음
6172	강원 강릉시	기저귀 지원, 조제분유지원	180,000	건강증진과	4	1	7	1	7	5	3	4
6173	강원 강릉시	마약물 수탁검사	4,800	질병예방과	4	1	4	1	2	1	1	2
6174	강원 강릉시	한센병 관리	15,500	질병예방과	4	2	7	8	7	5	1	4
6175	강원 강릉시	의료기관 결핵환자 관리지원	159,800	질병예방과	4	1	7	8	7	1	1	1
6176	강원 강릉시	방역소독 대행	150,000	질병예방과	4	1	4	7	3	2	5	1
6177	강원 강릉시	방역소독 대행 유류대	12,384	질병예방과	4	1	7	8	7	5	5	4
6178	강원 강릉시	코로나19관련 방역소독 대행	40,000	질병예방과	4	1	4	7	2	5	5	4
6179	강원 강릉시	마실작은도서관 운영	21,542	시립도서관	4	4	1	5	1	1	1	1
6180	강원 동해시	생활문화센터 운영비	110,000	문화교육과	4	4	4	3	7	1	1	1
6181	강원 동해시	동해시청소년시설민간위탁	586,785	문화교육과	4	1	1	3	6	1	1	2
6182	강원 동해시	청소년지도사 인건비	67,660	문화교육과	4	1	5	1	7	3	3	2
6183	강원 동해시	어린이급식관리지원센터 설치 운영	315,000	체육위생과	4	2	1	3	1	3	3	1
6184	강원 동해시	청년공간 운영비 지원	82,778	경제과	4	4	7	8	7	5	5	4
6185	강원 동해시	해양쓰레기 집하장 해양쓰레기 처리	30,000	해양수산과	4	2	7	8	7	5	5	4
6186	강원 동해시	조업 중 인양쓰레기 수매	60,000	해양수산과	4	6	7	8	7	5	5	4
6187	강원 동해시	2021년 음식물류폐기물 수집운반 대행용역	832,278	환경과	4	4	4	1	7	2	1	1
6188	강원 동해시	2021년 동해시 재활용센터 설치운영 대행용역	238,406	환경과	4	4	4	1	7	2	1	1
6189	강원 동해시	2021년도 생활폐기물 수집운반 및 처리 민간위탁용역	248,536	환경과	4	4	6	1	1	2	1	1
6190	강원 동해시	2021년도 생활폐기물 수집운반 및 처리 민간위탁용역	240,385	환경과	4	4	6	1	1	2	1	1
6191	강원 동해시	2021년도 생활폐기물 수집운반 및 처리 민간위탁용역	240,385	환경과	4	4	6	1	1	2	1	1
6192	강원 동해시	2021년도 대형폐기물 수집운반 및 처리 민간위탁용역	317,119	환경과	4	4	6	1	1	2	1	1
6193	강원 동해시	생활폐기물 전처리시설 운영관리 민간위탁 용역	1,900	환경과	4	4	1	3	2	2	1	4
6194	강원 동해시	음식물류폐기물 위탁처리 용역	1,615,000	환경과	4	4	1	2	3	2	1	4
6195	강원 동해시	하수종말처리장 민간위탁비	2,364,000	상하수도사업소	4	1	1	5	2	3	3	1
6196	강원 동해시	수질TMS 유지관리 위탁비	24,000	상하수도사업소	4	1	4	1	7	3	3	1
6197	강원 동해시	동트는동해대학운영	30,000	평생교육센터	4	6	7	8	7	5	5	4
6198	강원 동해시	평생학습특성화프로그램운영	72,640	평생교육센터	4	6	7	8	7	5	5	4
6199	강원 동해시	옥외광고물 안전점검 및 지정게시대 위탁관리	30,000	도시과	4	1	1	3	1	1	1	2
6200	강원 태백시	시 마케팅 전략 수립 및 홍보	95,000	일자리경제과	4	4	1	3	2	1	1	3
6201	강원 태백시	가사간병 방문 지원	152,500	주민생활지원과	4	1	7	8	7	1	1	1
6202	강원 태백시	자활근로 지원	1,003,006	주민생활지원과	4	1	5	1	7	5	1	1
6203	강원 태백시	지역사회서비스 투자사업 지원	205,000	주민생활지원과	4	1	7	8	7	1	1	1
6204	강원 태백시	어린이급식관리 지원센터 운영	210,000	주민생활지원과	4	1	1	3	6	1	1	1
6205	강원 태백시	장애인 활동지원급여 지원	1,145,857	사회복지과	4	1	7	8	7	5	1	4
6206	강원 태백시	활동보조 가산급여	6,938	사회복지과	4	1	7	8	7	5	1	4
6207	강원 태백시	발달재활서비스 바우처 사업	58,339	사회복지과	4	1	7	8	7	5	1	4
6208	강원 태백시	장난감도서관 운영 관리	80,000	사회복지과	4	4	7	5	1	1	1	4
6209	강원 태백시	태백문화의 집 운영	68,000	문화관광과	4	4	1	2	7	2	1	1
6210	강원 태백시	국민체육센터 운영	300,000	스포츠레저과	4	4	6	2	6	3	3	1
6211	강원 태백시	근로자종합복지관 운영	60,000	일자리경제과	4	4	4	3	7	1	1	4
6212	강원 태백시	태백건널목 위탁관리	191,000	건설과	4	1	2	1	1	1	1	4
6213	강원 태백시	특별교통수단(교통약자 콜택시)운영	177,325	민원교통과	4	2	5	3	6	1	1	1
6214	강원 태백시	공중·간이 화장실 관리	110,700	환경과	4	4	2	1	3	3	1	4

순번	시군구	지출명 (사업명)	2021년예산 (단위:천원/1년간)	담당자 (공무원) 담당부서	민간이전 분류 (지방자치단체 세출예산 집행기준에 의거) 1. 민간경상사업보조(307-02) 2. 민간단체 법정운영비보조(307-03) 3. 민간행사사업보조(307-04) 4. 민간위탁금(307-05) 5. 사회복지시설 법정운영비보조(307-10) 6. 민간인위탁교육비(307-12) 7. 공기관등에대한경상적위탁사업비(308-10) 8. 민간자본사업보조,자체재원(402-01) 9. 민간자본사업보조,이전재원(402-02) 10. 민간위탁사업비(402-03) 11. 공기관등에 대한 자본적 대행사업비(403-02)	민간이전지출 근거 (지방보조금 관리기준 참고) 1. 법률에 규정 2. 국고보조 재원(국가지정) 3. 용도 지정 기부금 4. 조례에 직접규정 5. 지자체가 권장하는 사업을 하는 공공기관 6. 시,도 정책 및 재정사정 7. 기타 8. 해당없음	입찰방식 계약체결방법 (경쟁형태) 1. 일반경쟁 2. 제한경쟁 3. 지명경쟁 4. 수의계약 5. 법정위탁 6. 기타 ( ) 7. 해당없음	입찰방식 계약기간 1. 1년 2. 2년 3. 3년 4. 4년 5. 5년 6. 기타 ( )년 7. 단기계약 (1년미만) 8. 해당없음	입찰방식 낙찰자선정방법 1. 적격심사 2. 협상에의한계약 3. 최저가낙찰제 4. 규격가격분리 5. 2단계 경쟁입찰 6. 기타 ( ) 7. 해당없음	운영예산 산정 운영예산 산정 1. 내부산정 (지자체 자체적으로 산정) 2. 외부산정 (외부전문기관위탁 산정) 3. 내·외부 모두 산정 4. 산정 無 5. 해당없음	운영예산 산정 정산방법 1. 내부정산 (지자체 내부적으로 정산) 2. 외부정산 (외부전문기관위탁 정산) 3. 내·외부 모두 산정 4. 정산 無 5. 해당없음	성과평가 실시여부 1. 실시 2. 미실시 3. 향후 추진 4. 해당없음
6215	강원 태백시	쓰레기 종량제 운영	30,282	환경과	4	4	4	2	6	4	5	3
6216	강원 태백시	폐기물 수집운반 수수료 비용보전	1,365,466	환경과	4	1	2	1	1	2	3	1
6217	강원 태백시	음식물류폐기물 자원화	198,000	환경과	4	1	4	1	7	1	1	4
6218	강원 태백시	폐기물 소각시설 운영	2,550,000	환경과	4	7	2	3	2	2	1	4
6219	강원 태백시	지역사회 건강조사 지원	66,538	보건소	4	3	6	1	7	3	3	1
6220	강원 태백시	기초형 정신건강증진센터 운영	182,000	보건소	4	4	6	3	1	1	2	1
6221	강원 태백시	정신보건사업	152,376	보건소	4	4	6	3	1	1	2	1
6222	강원 태백시	자살예방 및 정신건강증진사업지원	30,544	보건소	4	4	6	3	1	1	2	1
6223	강원 태백시	기초형정신건강복지센터 인력확충	36,324	보건소	4	4	6	3	1	1	2	1
6224	강원 태백시	태백청년 치유캠프	5,000	보건소	4	4	6	3	1	1	2	1
6225	강원 태백시	결핵예방 및 퇴치지원	10,325	보건소	4	1	5	8	7	1	1	3
6226	강원 태백시	한센병 관리사업	11,000	보건소	4	1	5	1	1	3	3	1
6227	강원 태백시	신종 코로나바이러스 비상방역대책반 운영	30,000	보건소	4	1	4	1	1	3	3	2
6228	강원 태백시	태백체험공원 운영 활성화	132,000	탄광유산관리사업소	4	1	2	2	2	3	1	1
6229	강원 태백시	철암탄광역사촌 운영 활성화	118,000	탄광유산관리사업소	4	1	2	2	2	3	1	1
6230	강원 속초시	종합사회복지관 운영	540,000	주민생활지원과	4	1	7	8	7	1	1	1
6231	강원 속초시	지역사회서비스투자사업	340,286	주민생활지원과	4	1	7	8	7	1	1	1
6232	강원 속초시	가사간병방문지원사업	110,000	주민생활지원과	4	1	7	8	7	1	1	1
6233	강원 속초시	장애인생활이동지원센터 운영	139,578	주민생활지원과	4	4	5	8	7	3	2	1
6234	강원 속초시	노인복지관 운영	634,009	가족지원과	4	4	7	8	7	1	1	4
6235	강원 속초시	청소년문화의집 민간위탁금	126,784	교육청소년과	4	4	4	5	1	3	1	4
6236	강원 속초시	아동청소년친화공간 운영지원	100,000	교육청소년과	4	4	4	5	1	3	1	4
6237	강원 속초시	환경행정 업무추진	90,000	환경위생과	4	4	4	8	7	1	1	2
6238	강원 속초시	어린이급식관리지원센터 설치 운영	315,000	환경위생과	4	1	6	5	6	3	3	1
6239	강원 속초시	청소시설 운영 및 관리	4,376,785	환경위생과	4	1	4	1	1	1	1	1
6240	강원 속초시	교통약자 특별교통수단 운영	642,804	교통과	4	1	7	8	7	1	1	1
6241	강원 속초시	지역행복생활권 연계협력	105,000	교통과	4	4	2	3	1	1	1	3
6242	강원 속초시	지역사회건강조사	67,068	보건행정	4	1	5	1	7	5	2	2
6243	강원 속초시	한센병 관리사업	13,000	보건소	4	6	5	5	7	1	1	4
6244	강원 속초시	속초시정신건강복지센터 운영	682,870	보건소	4	4	5	5	7	3	1	2
6245	강원 홍천군	공공수련시설 청소년운영위원회 운영	2,000	교육과	4	1	5	8	7	5	1	4
6246	강원 홍천군	공공청소년시설 프로그램 운영지원	5,000	교육과	4	1	5	8	7	5	1	4
6247	강원 홍천군	청소년 방과후 아카데미운영	316,109	교육과	4	1	5	8	7	5	1	4
6248	강원 홍천군	청소년 어울마당 운영	24,000	교육과	4	1	5	8	7	5	1	4
6249	강원 홍천군	청소년동아리 운영지원	11,500	교육과	4	1	5	8	7	5	1	4
6250	강원 홍천군	청소년지도사 배치지원	23,208	교육과	4	1	5	8	7	5	1	4
6251	강원 홍천군	청소년수련관 운영	371,500	교육과	4	1	5	8	7	5	1	4
6252	강원 홍천군	청소년수련관 프로그램 운영	75,000	교육과	4	1	1	3	1	5	1	4
6253	강원 홍천군	청소년공부방 운영지원	64,090	교육과	4	1	5	8	7	5	1	4
6254	강원 홍천군	청소년상담복지센터 운영	142,938	교육과	4	1	5	8	7	5	1	4
6255	강원 홍천군	청소년통합지원체계구축지원	97,470	교육과	4	1	1	3	1	5	1	4
6256	강원 홍천군	청소년동반자사업운영	46,330	교육과	4	1	5	8	7	5	1	4
6257	강원 홍천군	청소년상담복지센터 프로그램 운영	21,500	교육과	4	1	5	8	7	5	1	4

순번	시군구	지출명 (사업명)	2021년예산 (단위:천원/1년간)	담당자 (공무원)	민간이전 분류 (지방자치단체 세출예산 집행기준에 의거)	민간이전지출 근거 (지방보조금 관리기준 참고)	입찰방식			운영예산 산정		성과평가 실시여부
				담당부서	1. 민간경상사업보조(307-02) 2. 민간단체 법정운영비보조(307-03) 3. 민간행사사업보조(307-04) 4. 민간위탁금(307-05) 5. 사회복지시설 법정운영비보조(307-10) 6. 민간인위탁교육비(307-12) 7. 공기관등에대한경상적위탁사업비(308-10) 8. 민간자본사업보조,자체재원(402-01) 9. 민간자본사업보조,이전재원(402-02) 10. 민간위탁사업비(402-03) 11. 공기관등에 대한 자본적 대행사업비(403-02)	1. 법률에 규정 2. 국고보조 재원(국가지정) 3. 용도 지정 기부금 4. 조례에 직접규정 5. 지자체가 권장하는 사업을 하는 공공기관 6. 시,도 정책 및 재정사정 7. 기타 8. 해당없음	계약체결방법 (경쟁형태) 1. 일반경쟁 2. 제한경쟁 3. 지명경쟁 4. 수의계약 5. 법정위탁 6. 기타 ( ) 7. 해당없음	계약기간 1. 1년 2. 2년 3. 3년 4. 4년 5. 5년 6. 기타 ( )년 7. 단기계약 (1년미만) 8. 해당없음	낙찰자선정방법 1. 적격심사 2. 협상에의한계약 3. 최저가낙찰제 4. 규격가격분리 5. 2단계 경쟁입찰 6. 기타 ( ) 7. 해당없음	운영예산 산정 1. 내부산정 (지자체 자체적으로 산정) 2. 외부산정 (외부전문기관위탁 산정) 3. 내·외부 모두 산정 4. 산정 無 5. 해당없음	정산방법 1. 내부정산 (지자체 내부적으로 정산) 2. 외부정산 (외부전문기관위탁 정산) 3. 내·외부 모두 산정 4. 정산 無 5. 해당없음	1. 실시 2. 미실시 3. 향후 추진 4. 해당없음
6258	강원 홍천군	학교 밖 청소년 지원	125,993	교육과	4	1	5	3	7	5	1	4
6259	강원 홍천군	학교폭력 예방프로그램	55,986	교육과	4	1	5	8	7	5	1	1
6260	강원 홍천군	학교 밖 청소년지원 급식비	7,000	교육과	4	1	5	8	7	5	1	4
6261	강원 홍천군	해설사 양성 프로그램 운영	20,000	교육과	4	4	7	8	7	5	5	4
6262	강원 홍천군	평생학습 예비대학 운영	30,000	교육과	4	4	7	8	7	5	5	4
6263	강원 홍천군	생활과학교실 프로그램 운영	30,000	교육과	4	4	7	8	7	5	5	4
6264	강원 홍천군	허준약초학교 프로그램 운영	20,000	교육과	4	4	7	8	7	5	5	4
6265	강원 홍천군	지역사회서비스투자사업 위탁	273,750	복지정책과	4	1	5	8	7	5	2	1
6266	강원 홍천군	자활근로사업	1,346,957	복지정책과	4	1	7	8	7	5	1	1
6267	강원 홍천군	가사간병방문지원	56,250	복지정책과	4	1	7	8	7	5	1	1
6268	강원 홍천군	지역자활센터 운영지원	227,065	복지정책과	4	1	7	8	7	5	1	1
6269	강원 홍천군	자활참여주민 심리정서지원 프로그램 운영비지원	17,000	복지정책과	4	1	7	8	7	5	1	1
6270	강원 홍천군	홍천군종합사회복지관 위탁운영	1,002,086	복지정책과	4	4	1	5	5	1	1	1
6271	강원 홍천군	경로당 순회프로그램 운영	46,575	행복나눔과	4	4	7	8	7	1	1	4
6272	강원 홍천군	경로당 순회프로그램 관리자 지원	31,624	행복나눔과	4	4	7	8	7	1	1	4
6273	강원 홍천군	노인복지관운영	1,212,606	행복나눔과	4	4	5	5	1	1	1	4
6274	강원 홍천군	장애인복지관 운영	1,449,810	행복나눔과	4	4	6	5	1	1	1	1
6275	강원 홍천군	건강가정 및 다문화가족 지원센터 운영	387,491	행복나눔과	4	1	5	3	7	5	1	4
6276	강원 홍천군	다문화 특화사업	485,190	행복나눔과	4	1	5	3	7	5	1	4
6277	강원 홍천군	찾아가는 결혼이주여성 다이음사업	3,000	행복나눔과	4	1	5	3	7	5	1	4
6278	강원 홍천군	공동육아나눔터 운영	100,708	행복나눔과	4	1	5	3	7	5	1	4
6279	강원 홍천군	다문화가족자녀 한글교육 지원	44,580	행복나눔과	4	6	5	3	7	5	1	4
6280	강원 홍천군	다문화가족 방문교육지도사 처우개선	9,830	행복나눔과	4	6	5	3	7	5	1	4
6281	강원 홍천군	결혼이민자 상호 멘토링 사업	3,200	행복나눔과	4	1	5	3	7	5	1	4
6282	강원 홍천군	다문화가족지원 활성화	141,545	행복나눔과	4	4	5	3	7	5	1	4
6283	강원 홍천군	다함께 돌봄센터 운영 지원	106,080	행복나눔과	4	1	7	8	7	5	1	4
6284	강원 홍천군	다함께 돌봄센터 운영 지원	7,200	행복나눔과	4	1	7	8	7	5	1	4
6285	강원 홍천군	읍면 아동 문화탐방 지원	32,000	행복나눔과	4	1	1	3	1	1	1	1
6286	강원 홍천군	홍천군청년창업지원센터 위탁운영	230,400	일자리경제과	4	4	1	2	2	1	1	3
6287	강원 홍천군	화전농공단지 공공폐수처리시설 민간위탁 운영관리용역	420,000	일자리경제과	4	4	1	3	2	2	1	4
6288	강원 홍천군	행락지 공중화장실 관리	100,000	환경과	4	4	7	8	7	5	5	4
6289	강원 홍천군	한센병관리사업	10,000	보건소	4	5	7	8	7	1	1	4
6290	강원 홍천군	기초형 정신건강복지센터 운영 지원	182,000	보건소	4	2	5	3	7	1	1	1
6291	강원 홍천군	기초형 정신건강복지센터 인력확충원	145,296	보건소	4	2	5	3	7	1	1	1
6292	강원 홍천군	아동 청소년 정신보건사업	52,294	보건소	4	2	5	3	7	1	1	1
6293	강원 홍천군	자살예방 및 정신건강증진사업	40,770	보건소	4	2	5	3	7	1	1	1
6294	강원 홍천군	기초정신자살예방사업	35,315	보건소	4	2	5	3	7	1	1	1
6295	강원 홍천군	정신보건시설 종사자 처우개선	23,400	보건소	4	2	5	3	7	1	1	1
6296	강원 홍천군	자살예방 및 생명존중사업	104,216	보건소	4	2	5	3	7	1	1	1
6297	강원 홍천군	생명지킴이 사례관리 활동지원	41,279	보건소	4	2	5	3	7	1	1	1
6298	강원 홍천군	통합정신건강증진사업	280,000	보건소	4	2	5	3	7	1	1	1
6299	강원 홍천군	심뇌혈관질환예방관리사업 지자체보조	300,000	보건소	4	2	5	2	1	1	2	1
6300	강원 홍천군	지역사회건강조사 조사분석 위탁운영	66,916	보건소	4	2	7	8	7	5	2	4

순번	시군구	지출명 (사업명)	2021년예산 (단위:천원/1년간)	담당자 (공무원)	민간이전 분류 (지방자치단체 세출예산 집행기준에 의거) 1. 민간경상사업보조(307-02) 2. 민간단체 법정운영비보조(307-03) 3. 민간행사사업보조(307-04) 4. 민간위탁금(307-05) 5. 사회복지시설 법정운영비보조(307-10) 6. 민간인위탁교육비(307-12) 7. 공기관등에대한경상적위탁사업비(308-10) 8. 민간자본사업보조,자체재원(402-01) 9. 민간자본사업보조,이전재원(402-02) 10. 민간위탁사업비(402-03) 11. 공기관등에 대한 자본적 대행사업비(403-02)	민간이전지출 근거 (지방보조금 관리기준 참고) 1. 법률에 규정 2. 국고보조 재원(국가지정) 3. 용도 지정 기부금 4. 조례에 직접규정 5. 지자체가 권장하는 사업을 하는 공공기관 6. 시,도 정책 및 재정사정 7. 기타 8. 해당없음	입찰방식			운영예산 산정		성과평가 실시여부
				담당부서			계약체결방법 (경쟁형태) 1. 일반경쟁 2. 제한경쟁 3. 지명경쟁 4. 수의계약 5. 법정위탁 6. 기타 ( ) 7. 해당없음	계약기간 1. 1년 2. 2년 3. 3년 4. 4년 5. 5년 6. 기타 ( )년 7. 단기계약 (1년미만) 8. 해당없음	낙찰자선정방법 1. 적격심사 2. 협상에의한계약 3. 최저가낙찰제 4. 규격가격분리 5. 2단계 경쟁입찰 6. 기타 ( ) 7. 해당없음	운영예산 산정 1. 내부산정 (지자체 자체적으로 산정) 2. 외부산정 (외부전문기관위탁 산정) 3. 내·외부 모두 산정 4. 산정 無 5. 해당없음	정산방법 1. 내부정산 (지자체 내부적으로 정산) 2. 외부정산 (외부전문기관위탁 정산) 3. 내·외부 모두 산정 4. 정산 無 5. 해당없음	1. 실시 2. 미실시 3. 향후 추진 4. 해당없음
6301	강원 홍천군	분만취약지안전한출산인프라 구축	50,000	보건소	4	5	5	8	7	5	1	1
6302	강원 홍천군	환경기초시설 민간위탁 운영	48,000	상하수도사업소	4	7	5	3	2	2	1	3
6303	강원 횡성군	생활폐기물 수집운반 대행사업비	1,790,865	청정환경사업소	4	4	4	3	7	2	1	3
6304	강원 횡성군	음식물폐기물 수집운반 대행사업비	573,579	청정환경사업소	4	4	4	3	7	2	1	3
6305	강원 횡성군	교통약자 특별교통수단 운영 민간위탁	243,500	도시교통과	4	2	2	2	1	1	1	1
6306	강원 횡성군	교통약자 특별교통수단 운영 민간위탁	180,508	도시교통과	4	2	2	2	1	1	1	1
6307	강원 횡성군	노상주차장 민간위탁 운영비 지원	386,000	도시교통과	4	4	1	3	6	1	1	3
6308	강원 횡성군	산업단지 공공폐수처리시설 민간위탁	835,000	기업경제과	4	4	1	3	4	1	1	3
6309	강원 횡성군	산업단지 공공폐수처리시설 민간위탁	835,000	기업경제과	4	4	1	3	4	1	1	3
6310	강원 횡성군	산업단지 공동이용시설 관리운영	218,000	기업경제과	4	4	5	6	7	1	1	4
6311	강원 횡성군	농어촌 장애인주택 개조사업	34,200	토지주택과	4	2	7	8	7	5	1	1
6312	강원 횡성군	강원도형 수선유지급여사업	6,000	토지주택과	4	6	7	8	7	5	1	1
6313	강원 횡성군	시군역량강화	65,000	기획감사실	4	2	7	8	7	5	5	4
6314	강원 횡성군	시군역량강화	15,000	기획감사실	4	2	7	1	7	5	1	3
6315	강원 횡성군	주민주도 마을만들기 지원	21,000	농업지원과	4	2	7	8	7	2	2	1
6316	강원 횡성군	농특산물 직거래센터	330,000	농업지원과	4	4	2	3	1	1	1	1
6317	강원 횡성군	농업인단체 지원사업	42,000	농업지원과	4	4	7	8	7	5	5	4
6318	강원 횡성군	사회복지시설 운영	825,000	행복나눔복지과	4	4	7	8	7	5	1	4
6319	강원 횡성군	지역사회서비스 투자사업	370,000	행복나눔복지과	4	2	5	8	7	5	1	1
6320	강원 횡성군	자활근로사업	2,192,471	행복나눔복지과	4	2	5	1	7	5	1	2
6321	강원 횡성군	발달재활서비스 바우처 지원	54,018	행복나눔복지과	4	2	7	8	7	5	1	4
6322	강원 횡성군	시각장애인안마사파견사업	100,835	행복나눔복지과	4	2	7	8	7	5	1	4
6323	강원 횡성군	장애인활동보조가산수당	2,313	행복나눔복지과	4	2	7	8	7	5	1	4
6324	강원 횡성군	장애인주간활동서비스	325,123	행복나눔복지과	4	2	7	8	7	5	1	4
6325	강원 횡성군	장애인방과후활동서비스	66,214	행복나눔복지과	4	2	7	8	7	5	1	4
6326	강원 횡성군	장애인 활동지원급여 지원	2,222,114	행복나눔복지과	4	2	7	8	7	5	1	4
6327	강원 횡성군	장애인목욕사업비	194,700	행복나눔복지과	4	4	7	5	7	5	1	4
6328	강원 횡성군	장애인활동지원추가사업	105,095	행복나눔복지과	4	6	7	8	7	5	1	4
6329	강원 횡성군	장애인 지역사회재활시설 지원	1,366,488	행복나눔복지과	4	1	7	5	7	5	1	3
6330	강원 횡성군	장애인직업재활시설 지원	466,000	행복나눔복지과	4	1	7	5	7	5	1	3
6331	강원 횡성군	횡성 루지체험장 운영위탁사업	2,136,000	문화체육관광과	4	7	7	8	7	5	5	4
6332	강원 횡성군	작은영화관 위탁운영비	291,200	문화체육관광과	4	4	7	8	7	5	1	1
6333	강원 횡성군	통합문화이용권사업	173,200	문화체육관광과	4	2	7	8	7	5	2	4
6334	강원 횡성군	건강가정 및 다문화가족 지원센터 운영	348,140	교육복지과	4	2	7	8	7	5	1	2
6335	강원 횡성군	횡성인재육성관 운영	1,766,794	교육복지과	4	4	6	1	7	5	1	1
6336	강원 횡성군	횡성형 마을교육공동체 운영	460,000	교육복지과	4	4	6	2	7	5	1	1
6337	강원 횡성군	다함께돌봄센터 운영비 지원	56,640	교육복지과	4	2	7	8	7	5	1	2
6338	강원 횡성군	대한한센복지협회 위탁금	7,000	보건소	4	1	6	8	7	5	3	2
6339	강원 횡성군	코로나19 방역소독 대행	62,000	보건소	4	1	4	1	7	5	1	2
6340	강원 횡성군	정신보건센터 운영지원	18,000	보건소	4	2	7	8	7	5	3	2
6341	강원 횡성군	지역사회 건강조사	66,538	보건소	4	2	7	8	7	5	3	2
6342	강원 횡성군	매개체 방역사업	99,975	보건소	4	1	4	1	7	5	1	2
6343	강원 횡성군	자살예방 및 생명존중사업	66,430	보건소	4	2	7	8	7	5	3	2

순번	시군구	지출명 (사업명)	2021년예산 (단위:천원/1년간)	담당자 (공무원)	민간이전 분류 (지방자치단체 세출예산 집행기준에 의거)	민간이전지출 근거 (지방보조금 관리기준 참고)	입찰방식			운영예산 산정		성과평가 실시여부
				담당부서	1. 민간경상사업보조(307-02) 2. 민간단체 법정운영비보조(307-03) 3. 민간행사사업보조(307-04) 4. 민간위탁금(307-05) 5. 사회복지시설 법정운영비보조(307-10) 6. 민간인위탁교육비(307-12) 7. 공기관등에대한경상적위탁사업비(308-10) 8. 민간자본사업보조,자체재원(402-01) 9. 민간자본사업보조,이전재원(402-02) 10. 민간위탁사업비(402-03) 11. 공기관등에 대한 자본적 대행사업비(403-02)	1. 법률에 규정 2. 국고보조 재원(국가지정) 3. 용도 지정 기부금 4. 조례에 직접규정 5. 지자체가 권장하는 사업을 하는 공공기관 6. 시,도 정책 및 재정사정 7. 기타 8. 해당없음	계약체결방법 (경쟁형태) 1. 일반경쟁 2. 제한경쟁 3. 지명경쟁 4. 수의계약 5. 법정위탁 6. 기타 ( ) 7. 해당없음	계약기간 1. 1년 2. 2년 3. 3년 4. 4년 5. 5년 6. 기타 ( )년 7. 단기계약 (1년미만) 8. 해당없음	낙찰자선정방법 1. 적격심사 2. 협상에의한계약 3. 최저가낙찰제 4. 규격가격분리 5. 2단계 경쟁입찰 6. 기타 ( ) 7. 해당없음	운영예산 산정 1. 내부산정 (지자체 자체적으로 산정) 2. 외부산정 (외부전문기관위탁 산정) 3. 내·외부 모두 산정 4. 산정 無 5. 해당없음	정산방법 1. 내부정산 (지자체 내부적으로 정산) 2. 외부정산 (외부전문기관위탁 정산) 3. 내·외부 모두 산정 4. 정산 無 5. 해당없음	1. 실시 2. 미실시 3. 향후 추진 4. 해당없음
6344	강원 횡성군	기초정신건강증진센터위탁운영	182,000	보건소	4	2	7	8	7	5	3	2
6345	강원 횡성군	어린이급식관리지원센터 운영	105,000	보건소	4	2	7	8	7	5	2	1
6346	강원 횡성군	생명존중사업	14,000	보건소	4	2	7	8	7	5	3	2
6347	강원 횡성군	생명지킴이 활동 지원	28,797	보건소	4	2	7	8	7	5	3	2
6348	강원 횡성군	아동청소년 정신보건사업	52,294	보건소	4	2	7	8	7	5	3	2
6349	강원 횡성군	자살예방 및 정신건강증진사업	71,200	보건소	4	2	7	8	7	5	3	2
6350	강원 횡성군	어린이급식관리지원센터 운영	10,000	보건소	4	2	7	8	7	5	2	1
6351	강원 횡성군	기초정신건강복지센터 인력확충	36,324	보건소	4	2	7	8	7	5	3	2
6352	강원 횡성군	정신건강복지센터 자살예방사업 지원	35,315	보건소	4	2	7	8	7	5	3	2
6353	강원 영월군	건강가정및다문화가족지원센터운영	428,980	여성가족과	4	2	7	8	7	1	1	1
6354	강원 영월군	청소년수련관 운영	668,600	여성가족과	4	4	5	5	7	1	1	4
6355	강원 영월군	청소년문화의집 운영	372,773	여성가족과	4	4	5	5	7	1	1	4
6356	강원 영월군	청소년방과후아카데미	229,408	여성가족과	4	1	5	5	7	5	1	1
6357	강원 영월군	청소년방과후아카데미	27,925	여성가족과	4	1	5	5	7	5	1	1
6358	강원 영월군	청소년상담복지센터 운영	193,200	여성가족과	4	4	5	5	7	1	1	1
6359	강원 영월군	학교밖청소년지원	84,517	여성가족과	4	1	5	3	7	1	1	1
6360	강원 영월군	학교밖청소년급식지원	7,200	여성가족과	4	1	5	3	7	1	1	1
6361	강원 영월군	학교밖청소년지원	19,322	여성가족과	4	4	5	3	7	1	1	4
6362	강원 영월군	청소관리	925,000	환경위생과	4	4	4	1	1	1	1	1
6363	강원 영월군	어린이 급식관리지원센터 운영	105,000	환경위생과	4	1	5	3	1	1	2	1
6364	강원 영월군	한센병 위탁관리	12,500	감염병관리	4	1	5	1	7	1	1	1
6365	강원 영월군	영월군 공공하수도시설 관리대행	4,034,800	상하수도사업소	4	1	4	5	6	3	1	3
6366	강원 영월군	옥외광고물 관리,정비	30,000	도시교통과	4	4	5	3	1	1	1	1
6367	강원 영월군	강원도형 수선유지 주거급여	6,000	도시교통과	4	6	7	7	7	1	1	4
6368	강원 영월군	농어촌 장애인주택개조 지원사업	53,200	도시교통과	4	2	7	7	7	1	1	4
6369	강원 영월군	특별교통수단 운영 지원	270,000	도시교통과	4	2	1	3	1	1	1	3
6370	강원 영월군	음식물류 처리 민간대행	350,000	환경시설관리사업소	4	6	4	1	7	1	1	3
6371	강원 영월군	음식물류 운반 민간대행	100,000	환경시설관리사업소	4	6	4	1	7	1	1	3
6372	강원 영월군	대형폐기물 처리 대행	50,000	환경시설관리사업소	4	6	4	1	7	1	1	3
6373	강원 평창군	희망키움통장1	7,640	복지정책과	4	1	5	1	7	2	2	4
6374	강원 평창군	희망키움통장2	21,350	복지정책과	4	1	5	1	7	2	2	4
6375	강원 평창군	내일키움통장	6,090	복지정책과	4	1	5	1	7	2	2	4
6376	강원 평창군	청년희망키움통장	10,800	복지정책과	4	1	5	1	7	2	2	4
6377	강원 평창군	청년저축계좌	18,000	복지정책과	4	1	5	1	7	2	2	4
6378	강원 평창군	노인복지회관 위탁금	100,700	가족복지과	4	1	7	8	7	5	1	4
6379	강원 평창군	HAPPY700평창 시민대학 운영 위탁금	340,000	교육체육과	4	4	7	8	7	3	1	4
6380	강원 평창군	HAPPY700평창 청소년 진로캠프 운영 위탁금	260,000	교육체육과	4	4	7	8	7	5	5	4
6381	강원 평창군	시티투어 버스운영 위탁금	204,000	문화관광과	4	4	2	1	3	1	1	4
6382	강원 평창군	평창관광센터 운영 위탁금	101,125	문화관광과	4	4	1	2	3	1	1	4
6383	강원 평창군	HAPPY700평창시네마 민간위탁금	12,672	문화관광과	4	7	7	8	7	5	5	4
6384	강원 평창군	통합문화이용권 위탁금	150,800	문화관광과	4	2	6	8	1	1	1	4
6385	강원 평창군	어린이 급식관리 지원센터 위탁비	10,000	환경위생과	4	1	1	3	1	1	3	4
6386	강원 평창군	어린이 급식관리 지원센터 위탁비	105,000	환경위생과	4	1	1	3	1	1	1	4

순번	시군구	지출명 (사업명)	2021년예산 (단위:천원/1년간)	담당자 (공무원)	민간이전 분류 (지방자치단체 세출예산 집행기준에 의거)	민간이전지출 근거 (지방보조금 관리기준 참고)	입찰방식			운영예산 산정		성과평가 실시여부
				담당부서	1. 민간경상사업보조(307-02) 2. 민간단체 법정운영비보조(307-03) 3. 민간행사사업보조(307-04) 4. 민간위탁금(307-05) 5. 사회복지시설 법정운영비보조(307-10) 6. 민간인위탁교육비(307-12) 7. 공기관등에대한경상적위탁사업비(308-10) 8. 민간자본사업보조,자체재원(402-01) 9. 민간자본사업보조,이전재원(402-02) 10. 민간위탁사업비(402-03) 11. 공기관등에 대한 자본적 대행사업비(403-02)	1. 법률에 규정 2. 국고보조 재원(국가지정) 3. 용도 지정 기부금 4. 조례에 직접규정 5. 지자체가 권장하는 사업을 하는 공공기관 6. 시,도 정책 및 재정사정 7. 기타 8. 해당없음	계약체결방법 (경쟁형태) 1. 일반경쟁 2. 제한경쟁 3. 지명경쟁 4. 수의계약 5. 법정위탁 6. 기타 ( ) 7. 해당없음	계약기간 1. 1년 2. 2년 3. 3년 4. 4년 5. 5년 6. 기타 ( )년 7. 단기계약 (1년미만) 8. 해당없음	낙찰자선정방법 1. 적격심사 2. 협상에의한계약 3. 최저가낙찰제 4. 규격가격분리 5. 2단계 경쟁입찰 6. 기타 ( ) 7. 해당없음	운영예산 산정 1. 내부산정 (지자체 자체적으로 산정) 2. 외부산정 (외부전문기관위탁 산정) 3. 내·외부 모두 산정 4. 산정 無 5. 해당없음	정산방법 1. 내부정산 (지자체 내부적으로 정산) 2. 외부정산 (외부전문기관위탁 정산) 3. 내·외부 모두 산정 4. 정산 無 5. 해당없음	1. 실시 2. 미실시 3. 향후 추진 4. 해당없음
6387	강원 평창군	음식물쓰레기 공공처리시설 위탁금	1,400,000	환경위생과	4	1	1	1	1	2	1	4
6388	강원 평창군	소각시설 위탁금	1,951,548	환경위생과	4	1	1	6	2	3	1	4
6389	강원 평창군	재활용시설 위탁금	996,000	환경위생과	4	1	2	6	2	3	1	4
6390	강원 평창군	특별교통수단 운영 위탁금	257,000	안전교통과	4	2	6	3	6	1	1	4
6391	강원 평창군	봉평면 문화복지센터 위탁금	43,800	도시과	4	1	4	5	7	1	1	4
6392	강원 평창군	현수막게시대 및 불법광고물정비 위탁금	20,000	도시과	4	4	5	3	7	3	1	4
6393	강원 평창군	안전도검사 위탁금	10,000	도시과	4	4	5	3	7	3	1	4
6394	강원 평창군	보건의료원 진료업무 대행의사 위탁금	400,000	진료지원과	4	6	7	8	7	5	5	4
6395	강원 평창군	스마트 건강지킴이 운영 위탁금	176,000	보건사업과	4	8	7	8	7	5	5	4
6396	강원 평창군	한센병관리 위탁금	9,000	보건사업과	4	5	7	8	7	2	2	4
6397	강원 평창군	과채류 토양복원 및 병충해 방제지원	90,000	농업축산과	4	4	7	7	7	1	1	4
6398	강원 평창군	채소병해충(무사마귀병) 방제지원	600,000	농업축산과	4	4	7	7	7	1	1	4
6399	강원 평창군	벼 건묘생산자재 지원사업	41,640	농업축산과	4	4	7	8	7	5	5	4
6400	강원 평창군	한우암소 검정사업 위탁금	30,000	농업축산과	4	1	7	8	7	1	1	4
6401	강원 평창군	조사료 재배확대 지원	30,000	농업축산과	4	1	7	8	7	1	1	4
6402	강원 평창군	환경축산기반 톱밥공급사업	280,000	농업축산과	4	1	7	8	7	1	1	4
6403	강원 평창군	한약재 유통지원시설 운영 위탁금	256,000	유통산업과	4	7	7	8	7	1	5	4
6404	강원 평창군	농특산물 온라인 쇼핑몰 운영지원	50,000	유통산업과	4	4	7	8	7	1	1	4
6405	강원 평창군	조합공동사업법인 운영비	300,000	유통산업과	4	4	7	8	7	1	1	4
6406	강원 평창군	조합공동사업법인 판촉 및 홍보비	30,000	유통산업과	4	4	7	8	7	1	1	4
6407	강원 평창군	조합공동사업법인 물류비 및 상품화비용 지원	500,000	유통산업과	4	4	7	8	7	1	1	4
6408	강원 평창군	농촌자원 연계 유통 활성화 사업	50,000	유통산업과	4	4	7	8	7	1	1	4
6409	강원 평창군	농산물유통 관계자 역량강화교육	10,000	유통산업과	4	4	7	8	7	1	1	4
6410	강원 평창군	프리미엄 농산물 포장재 제작	100,000	유통산업과	4	4	7	8	7	1	1	4
6411	강원 평창군	우체국 쇼핑몰 이용촉진 지원	10,000	유통산업과	4	4	7	8	7	2	1	4
6412	강원 정선군	콜센터 위탁운영비	161,267	민원과	4	4	2	3	2	2	1	3
6413	강원 정선군	아이돌보미 지원사업	208,147	여성청소년과	4	2	7	3	7	3	1	4
6414	강원 정선군	영아반 보육료 지원	1,248,560	여성청소년과	4	2	7	8	7	3	1	3
6415	강원 정선군	정선군청소년수련관 운영	853,934	여성청소년과	4	1	1	3	7	5	1	1
6416	강원 정선군	정선인재육성 아카데미	1,381,766	여성청소년과	4	5	1	3	1	2	1	1
6417	강원 정선군	아이랑키즈카페 운영비	145,000	여성청소년과	4	5	1	3	7	5	1	4
6418	강원 정선군	사북청소년장학센터 운영	652,727	여성청소년과	4	1	1	3	7	5	1	1
6419	강원 정선군	아리키즈카페 운영비	135,000	여성청소년과	4	5	1	3	7	5	1	4
6420	강원 정선군	신동 청소년아동장학센터 운영	504,125	여성청소년과	4	1	1	3	7	5	1	1
6421	강원 정선군	임계청소년문화의집 운영관리	461,467	여성청소년과	4	1	1	3	7	5	1	1
6422	강원 정선군	청소년상담복지센터 운영	166,838	여성청소년과	4	1	1	3	7	5	1	1
6423	강원 정선군	청소년상담복지센터 종사자 처우개선 수당	10,650	여성청소년과	4	2	7	8	7	5	1	1
6424	강원 정선군	청소년 동반자 프로그램 운영	52,740	여성청소년과	4	2	7	8	7	5	1	1
6425	강원 정선군	학교 밖 청소년 지원사업	84,517	여성청소년과	4	2	7	8	7	5	1	1
6426	강원 정선군	학교밖청소년 급식비지원	5,200	여성청소년과	4	2	7	8	7	5	1	1
6427	강원 정선군	청소년 통합지원체계 구축 지원	97,470	여성청소년과	4	2	7	8	7	5	1	1
6428	강원 정선군	임계문화의집 배치지도사 인건비	23,208	여성청소년과	4	2	7	8	7	5	1	4
6429	강원 정선군	사북장학센터 배치지도사 인건비	23,208	여성청소년과	4	2	7	8	7	5	1	4

순번	시군구	지출명 (사업명)	2021년예산 (단위:천원/1년간)	담당자 (공무원)	민간이전 분류 (지방자치단체 세출예산 집행기준에 의거) 1. 민간경상사업보조(307-02) 2. 민간단체 법정운영비보조(307-03) 3. 민간행사사업보조(307-04) 4. 민간위탁금(307-05) 5. 사회복지시설 법정운영비보조(307-10) 6. 민간인위탁교육비(307-12) 7. 공기관등에대한경상적위탁사업비(308-10) 8. 민간자본사업보조,자체재원(402-01) 9. 민간자본사업보조,이전재원(402-02) 10. 민간위탁사업비(402-03) 11. 공기관등에 대한 자본적 대행사업비(403-02)	민간이전지출 근거 (지방보조금 관리기준 참고) 1. 법률에 규정 2. 국고보조 재원(국가지정) 3. 용도 지정 기부금 4. 조례에 직접규정 5. 지자체가 권장하는 사업을 하는 공공기관 6. 시,도 정책 및 재정사정 7. 기타 8. 해당없음	입찰방식			운영예산 산정		성과평가 실시여부
				담당부서			계약체결방법 (경쟁형태) 1. 일반경쟁 2. 제한경쟁 3. 지명경쟁 4. 수의계약 5. 법정위탁 6. 기타 ( ) 7. 해당없음	계약기간 1. 1년 2. 2년 3. 3년 4. 4년 5. 5년 6. 기타 ( )년 7. 단기계약 (1년미만) 8. 해당없음	낙찰자선정방법 1. 적격심사 2. 협상에의한계약 3. 최저가낙찰제 4. 규격가격분리 5. 2단계 경쟁입찰 6. 기타 ( ) 7. 해당없음	운영예산 산정 1. 내부산정 (지자체 자체적으로 산정) 2. 외부산정 (외부전문기관위탁 산정) 3. 내·외부 모두 산정 4. 산정 無 5. 해당없음	정산방법 1. 내부정산 (지자체 내부적으로 정산) 2. 외부정산 (외부전문기관위탁 정산) 3. 내·외부 모두 산정 4. 정산 無 5. 해당없음	1. 실시 2. 미실시 3. 향후 추진 4. 해당없음
6430	강원 정선군	신동장학센터 배치지도사 인건비	23,208	여성청소년과	4	2	7	8	7	5	1	4
6431	강원 정선군	청소년수련관 배치지도사 인건비	24,456	여성청소년과	4	2	7	8	7	5	1	4
6432	강원 정선군	머물고 싶은 정선공동육아모임	60,000	여성청소년과	4	6	1	3	1	2	1	1
6433	강원 정선군	인문 융합 미래인재양성	20,000	여성청소년과	4	6	1	3	1	2	1	1
6434	강원 정선군	학교 밖 돌봄 꿈이 자라는 마을	45,000	여성청소년과	4	6	1	3	1	2	1	1
6435	강원 정선군	찾아가는 문해교실 위탁운영비	50,000	여성청소년과	4	4	1	5	1	3	1	1
6436	강원 정선군	사북공공도서관 운영	388,000	여성청소년과	4	1	1	3	1	1	1	1
6437	강원 정선군	문화학교 운영	20,000	여성청소년과	4	1	1	3	1	1	1	1
6438	강원 정선군	북스타트 운영	20,000	여성청소년과	4	1	1	3	1	1	1	1
6439	강원 정선군	작은도서관 순회 사서 지원	60,000	여성청소년과	4	1	1	3	1	1	1	1
6440	강원 정선군	특화도서관 운영	20,000	여성청소년과	4	1	1	3	1	1	1	1
6441	강원 정선군	징검다리스쿨	400,000	여성청소년과	4	1	1	3	1	1	1	1
6442	강원 정선군	공공도서관 개관시간 연장지원	52,656	여성청소년과	4	2	1	3	1	1	1	1
6443	강원 정선군	가사간병 방문서비스 지원	32,500	복지과	4	2	7	8	7	1	1	4
6444	강원 정선군	지역사회서비스 투자사업 지원	23,010	복지과	4	2	7	8	7	1	1	4
6445	강원 정선군	종합사회복지관 운영 지원	1,233,140	복지과	4	2	7	8	7	1	1	4
6446	강원 정선군	장애인 활동지원급여 지원	277,763	복지과	4	2	7	8	7	5	1	4
6447	강원 정선군	활동보조 가산급여	2,313	복지과	4	2	7	8	7	5	1	4
6448	강원 정선군	발달재활서비스 바우처 지원	47,536	복지과	4	2	7	8	7	5	1	4
6449	강원 정선군	장애인보호작업장 운영	100,000	복지과	4	6	7	8	7	1	1	4
6450	강원 정선군	정선 작은영화관 운영 지원	300,000	문화관광과	4	4	7	8	7	3	1	3
6451	강원 정선군	토속음식 맛 전수관 관리 및 운영	100,000	문화관광과	4	6	2	3	1	1	1	1
6452	강원 정선군	음식물류폐기물 전문업체 위탁처리	1,300,000	환경과	4	1	1	2	1	3	1	4
6453	강원 정선군	특별교통수단(장애인 콜택시) 민간위탁 운영	336,313	안전과	4	2	1	3	1	1	1	4
6454	강원 정선군	사북 도시재생 뉴딜사업	248,715	도시과	4	1	6	6	6	1	1	3
6455	강원 정선군	도시재생지원센터 인건비 및 운영비	690,364	도시과	4	1	1	3	1	1	1	4
6456	강원 정선군	친환경 우수농산물 학교급식 지원	282,000	농업기술센터	4	1	7	8	7	1	1	4
6457	강원 정선군	귀농귀촌상담 및 농업인 교육업무	43,915	농업기술센터	4	4	7	8	7	1	1	4
6458	강원 정선군	농업인회관 위탁관리비 지원	25,200	농업기술센터	4	6	7	8	7	1	1	4
6459	강원 정선군	쌀가공체험장 위탁운영	80,000	농업기술센터	4	5	7	8	7	1	1	3
6460	강원 정선군	지역사회 건강연구 조사 위탁	66,386	보건소	4	2	7	8	7	5	2	1
6461	강원 정선군	어린이 급식관리지원센터 운영비	115,000	보건소	4	1	1	3	1	3	2	1
6462	강원 정선군	정선군 공공하수처리시설 관리대행 용역	3,275,001	상하수도사업소	4	1	2	5	1	2	1	1
6463	강원 정선군	소규모공공하수처리시설 관리대행 용역	706,000	상하수도사업소	4	1	2	5	1	2	1	1
6464	강원 정선군	농촌오수처리시설 관리대행 용역	70,000	상하수도사업소	4	1	2	5	1	2	1	1
6465	강원 정선군	환경위생시설(분뇨처리) 관리대행 용역	399,000	상하수도사업소	4	1	2	5	1	2	1	1
6466	강원 철원군	유아숲 교육운영	25,680	녹색성장과	4	2	5	1	2	5	1	4
6467	강원 철원군	숲해설 산림복지전문업 위탁 운영 지원	25,600	녹색성장과	4	2	5	1	2	5	1	4
6468	강원 철원군	지역자활센터 자활근로사업 운영	1,297,914	주민생활지원과	4	2	7	8	7	1	1	1
6469	강원 철원군	지역자율형사회서비스 투자사업	135,800	보건소	4	2	5	8	7	5	1	4
6470	강원 철원군	청소년산모임신출산 의료비지원	1,200,000	보건소	4	2	5	8	7	5	1	4
6471	강원 철원군	기저귀및조제분유지원	56,000	보건소	4	2	5	8	7	5	1	4
6472	강원 철원군	철원공공산후조리원운영	800,000	보건소	4	2	1	5	1	3	3	1

순번	시군구	지출명 (사업명)	2021년예산 (단위:천원/1년간)	담당자 (공무원)	민간이전 분류 (지방자치단체 세출예산 집행기준에 의거)	민간이전지출 근거 (지방보조금 관리기준 참고)	입찰방식			운영예산 산정		성과평가 실시여부
				담당부서	1. 민간경상사업보조(307-02) 2. 민간단체 법정운영비보조(307-03) 3. 민간행사사업보조(307-04) 4. 민간위탁금(307-05) 5. 사회복지시설 법정운영비보조(307-10) 6. 민간인위탁교육비(307-12) 7. 공기관등에대한경상적위탁사업비(308-10) 8. 민간자본사업보조,자체재원(402-01) 9. 민간자본사업보조,이전재원(402-02) 10. 민간위탁사업비(402-03) 11. 공기관등에 대한 자본적 대행사업비(403-02)	1. 법률에 규정 2. 국고보조 재원(국가지정) 3. 용도 지정 기부금 4. 조례에 직접규정 5. 지자체가 권장하는 사업을 하는 공공기관 6. 시,도 정책 및 재정사정 7. 기타 8. 해당없음	계약체결방법 (경쟁형태) 1. 일반경쟁 2. 제한경쟁 3. 지명경쟁 4. 수의계약 5. 법정위탁 6. 기타 ( ) 7. 해당없음	계약기간 1. 1년 2. 2년 3. 3년 4. 4년 5. 5년 6. 기타 ( )년 7. 단기계약 (1년미만) 8. 해당없음	낙찰자선정방법 1. 적격심사 2. 협상에의한계약 3. 최저가낙찰제 4. 규격가격분리 5. 2단계 경쟁입찰 6. 기타 ( ) 7. 해당없음	운영예산 산정 1. 내부산정 (지자체 자체적으로 산정) 2. 외부산정 (외부전문기관위탁 산정) 3. 내·외부 모두 산정 4. 산정 無 5. 해당없음	정산방법 1. 내부정산 (지자체 내부적으로 정산) 2. 외부정산 (외부전문기관위탁 정산) 3. 내·외부 모두 산정 4. 정산 無 5. 해당없음	1. 실시 2. 미실시 3. 향후 추진 4. 해당없음
6473	강원 철원군	한센병환자관리	11,500	보건소	4	5	7	5	7	1	1	4
6474	강원 화천군	장례식장 위탁 운영비	134,000	주민복지과	4	4	1	5	1	1	1	3
6475	강원 화천군	이동목욕차량운영사업	93,000	주민복지과	4	7	6	3	6	1	1	2
6476	강원 화천군	장애인복지일자리사업	228,776	주민복지과	4	2	2	1	1	5	1	1
6477	강원 화천군	장애인일자리(안마사파견)사업	16,657	주민복지과	4	2	7	1	7	5	1	1
6478	강원 화천군	장애인편의시설지원센터운영	48,820	주민복지과	4	1	5	3	7	3	1	1
6479	강원 화천군	장애인활동지원바우처사업	470,063	주민복지과	4	1	5	8	7	5	1	4
6480	강원 화천군	장애인활동지원추가사업	23,328	주민복지과	4	1	5	8	7	5	1	4
6481	강원 화천군	장애인활동지원사업	2,313	주민복지과	4	1	5	8	7	5	1	4
6482	강원 화천군	발달장애인주간활동서비스	251,232	주민복지과	4	1	5	8	7	5	1	4
6483	강원 화천군	발달장애학생 방과후활동서비스	105,942	주민복지과	4	1	5	8	7	5	1	4
6484	강원 화천군	발달재활서비스 바우처사업	58,339	주민복지과	4	1	5	8	7	5	1	4
6485	강원 화천군	가사간병방문지원사업	42,850	주민복지과	4	1	5	8	7	5	1	4
6486	강원 화천군	자활근로사업	837,402	주민복지과	4	1	5	1	7	3	1	1
6487	강원 화천군	지역사회서비스투자사업	184,287	주민복지과	4	1	5	8	7	5	1	4
6488	강원 화천군	화천군 공공하수도 운영	3,090,000	상하수도사업소	4	4	1	5	2	3	1	1
6489	강원 양구군	초·중학생 영어캠프 운영	50,000	교육생활지원과	4	4	7	8	7	5	5	4
6490	강원 양구군	국내·역사문화탐방 지원	336,000	교육생활지원과	4	4	7	8	7	5	5	4
6491	강원 양구군	자원봉사센터 활성화 운영	77,400	교육생활지원과	4	1	7	8	7	1	1	4
6492	강원 양구군	자원봉사센터 운영비 지원	167,178	교육생활지원과	4	1	7	8	7	1	1	4
6493	강원 양구군	자원봉사 코디네이터 지원·육성	59,078	교육생활지원과	4	2	7	8	7	5	1	4
6494	강원 양구군	전국 통합 자원봉사보험 가입 서비스 지원	8,700	교육생활지원과	4	2	7	8	7	5	1	4
6495	강원 양구군	자원봉사 활성화 추진	22,000	교육생활지원과	4	6	7	8	7	5	1	1
6496	강원 양구군	지역사회서비스 투자사업	117,144	교육생활지원과	4	2	7	8	7	5	1	4
6497	강원 양구군	가사간병도우미지원사업	25,700	사회복지과	4	1	7	8	7	5	5	4
6498	강원 양구군	아이돌봄지원사업	327,470	사회복지과	4	2	7	8	7	1	1	4
6499	강원 양구군	전통예절교육관 운영	29,000	문화관광과	4	4	7	8	7	5	1	3
6500	강원 양구군	dmz생태아카데미운영	30,000	생태산림과	4	4	7	8	7	5	5	4
6501	강원 양구군	산림서비스도우미 운영	51,200	생태산림과	4	2	7	8	7	5	5	4
6502	강원 양구군	산림서비스도우미 운영	25,680	생태산림과	4	2	7	8	7	5	5	4
6503	강원 양구군	침출수처리장 위탁관리	22,000	환경위생과	4	1	4	1	7	1	1	4
6504	강원 양구군	소각시설 관리운영 민간위탁	1,812,000	환경위생과	4	1	1	2	2	2	1	3
6505	강원 양구군	음식물쓰레기 수집운반 용역	563,418	환경위생과	4	1	2	1	1	2	1	1
6506	강원 양구군	음식물쓰레기 처리 용역	437,536	환경위생과	4	1	2	1	1	2	1	1
6507	강원 양구군	생활폐기물 수집운반 민간위탁용역	657,560	환경위생과	4	1	4	1	7	2	1	1
6508	강원 양구군	어린이급식관리지원센터 설치 운영	118,600	환경위생과	4	2	7	8	7	3	3	1
6509	강원 양구군	감염병관리사업	9,500	감염병관리	4	2	5	1	7	5	5	1
6510	강원 양구군	감염병관리사업	46,852	감염병관리	4	7	4	7	6	1	5	2
6511	강원 양구군	감염병 대응관리	241,920	감염병관리	4	7	4	7	6	1	5	2
6512	강원 양구군	표준모자보건수첩	130,000	진료지원	4	2	5	8	7	5	5	4
6513	강원 양구군	청소년산모의료비지원	1,200,000	진료지원	4	2	5	8	7	5	5	4
6514	강원 양구군	선천성대사이상검사및환아관리	6,000	진료지원	4	2	5	8	7	5	5	4
6515	강원 양구군	신생아난청조기진단	1,000,000	진료지원	4	2	5	8	7	5	5	4

순번	시군구	지출명 (사업명)	2021년예산 (단위:천원/1년간)	담당자 (공무원)	민간이전 분류 (지방자치단체 세출예산 집행기준에 의거) 1. 민간경상사업보조(307-02) 2. 민간단체 법정운영비보조(307-03) 3. 민간행사사업보조(307-04) 4. 민간위탁금(307-05) 5. 사회복지시설 법정운영비보조(307-10) 6. 민간인위탁교육비(307-12) 7. 공기관등에대한경상적위탁사업비(308-10) 8. 민간자본사업보조,자체재원(402-01) 9. 민간자본사업보조,이전재원(402-02) 10. 민간위탁사업비(402-03) 11. 공기관등에 대한 자본적 대행사업비(403-02)	민간이전지출 근거 (지방보조금 관리기준 참고) 1. 법률에 규정 2. 국고보조 재원(국가지정) 3. 용도 지정 기부금 4. 조례에 직접규정 5. 지자체가 권장하는 사업을 하는 공공기관 6. 시,도 정책 및 재정사정 7. 기타 8. 해당없음	입찰방식			운영예산 산정		성과평가 실시여부
				담당부서			계약체결방법 (경쟁형태) 1. 일반경쟁 2. 제한경쟁 3. 지명경쟁 4. 수의계약 5. 법정위탁 6. 기타 ( ) 7. 해당없음	계약기간 1. 1년 2. 2년 3. 3년 4. 4년 5. 5년 6. 기타 ( )년 7. 단기계약 (1년미만) 8. 해당없음	낙찰자선정방법 1. 적격심사 2. 협상에의한계약 3. 최저가낙찰제 4. 규격가격분리 5. 2단계 경쟁입찰 6. 기타 ( ) 7. 해당없음	운영예산 산정 1. 내부산정 (지자체 자체적으로 산정) 2. 외부산정 (외부전문기관위탁 산정) 3. 내·외부 모두 산정 4. 산정 無 5. 해당없음	정산방법 1. 내부정산 (지자체 내부적으로 정산) 2. 외부정산 (외부전문기관위탁 정산) 3. 내·외부 모두 산정 4. 정산 無 5. 해당없음	1. 실시 2. 미실시 3. 향후 추진 4. 해당없음
6516	강원 양구군	저소득층기저귀및조제분유지원	44,000	진료지원	4	2	5	8	7	5	5	4
6517	강원 양구군	산모신생아건강관리지원	100,000	진료지원	4	2	5	8	7	5	5	4
6518	강원 양구군	의료수급권자 일반건강검진	5,727	진료지원	4	2	5	8	7	5	5	4
6519	강원 양구군	영유아건강검진지원사업	349,000	진료지원	4	2	5	8	7	5	5	4
6520	강원 양구군	암조기검진사업	39,735	진료지원	4	2	5	8	7	5	5	4
6521	강원 양구군	안전한 출산 인프라 구축사업	50,000	보건소	4	6	5	1	7	4	1	3
6522	강원 양구군	지역사회건강조사 조사분석 위탁운영	65,324	보건소	4	1	5	1	7	4	1	3
6523	강원 양구군	정신건강사업	859,334	보건소	4	4	5	3	1	1	1	1
6524	강원 양구군	치매치료관리비 지원사업	43,000	보건소	4	2	5	8	7	1	2	2
6525	강원 양구군	양구군 공공하수처리시설 단순관리대행용역	4,065,439	상하수도사업소	4	1	1	5	2	2	1	3
6526	강원 인제군	특별교통수단 운영 지원	180,000	안전교통과	4	1	1	3	1	1	1	4
6527	강원 인제군	도시재생	35,000	도시개발과	4	1	7	8	7	5	5	4
6528	강원 인제군	하수건조화시설 위탁관리	198,000	상하수도사업소	4	8	4	1	2	1	1	4
6529	강원 인제군	공공하수처리시설 운영	3,770,000	상하수도사업소	4	1	1	5	2	1	1	1
6530	강원 인제군	상수도 검침업무 위탁 용역	151,200	상하수도사업소	4	4	1	1	6	1	1	1
6531	강원 인제군	농촌체험휴양마을 역량강화 교육	5,040	농정과	4	1	7	7	6	1	1	1
6532	강원 인제군	인제군사회복지관	884,000	주민복지과	4	6	6	5	1	3	3	1
6533	강원 인제군	가사간병 방문 지원 사업	44,300	주민복지과	4	1	5	8	7	5	5	1
6534	강원 인제군	지역사회서비스 투자사업	444,287	주민복지과	4	1	5	8	7	5	5	1
6535	강원 인제군	농산물 가공센터 관리위탁	360,000	유통축산과	4	4	7	8	7	5	5	4
6536	강원 인제군	지역사회건강조사	66,006	건강증진과	4	1	5	1	6	5	2	4
6537	강원 인제군	스마트건강관리사업운영	125,000	건강증진과	4	6	1	3	2	1	1	1
6538	강원 인제군	슬레이트 처리사업	1,099,280	환경보호과	4	2	7	8	7	5	5	4
6539	강원 인제군	DMZ생태계보전 교육·홍보	600,000	환경보호과	4	4	7	8	7	1	1	1
6540	강원 인제군	인제 내설악미술관 운영	157,300	문화관광과	4	6	5	3	7	1	1	1
6541	강원 인제군	인제군 마케팅센터 위수탁	526,000	문화관광과	4	4	1	3	7	1	1	1
6542	강원 고성군	옥외광고물 안전점검 위탁	6,000	종합민원실	4	4	4	2	7	1	1	2
6543	강원 고성군	장애인복지일자리지원	79,441	주민복지실	4	2	2	1	1	1	1	1
6544	강원 고성군	희망키움통장사업Ⅰ지원	5,160	주민복지실	4	2	7	8	7	5	1	1
6545	강원 고성군	희망키움통장사업Ⅱ지원	32,760	주민복지실	4	2	7	8	7	5	1	1
6546	강원 고성군	내일키움통장지원	5,950	주민복지실	4	2	7	8	7	5	1	1
6547	강원 고성군	청년희망키움통장 지원	10,800	주민복지실	4	2	7	8	7	5	1	1
6548	강원 고성군	청년저축계좌 지원	18,000	주민복지실	4	2	7	8	7	5	1	1
6549	강원 고성군	고성사랑카드 위탁 운영비	100,000	경제투자과	4	4	7	8	7	1	1	2
6550	강원 고성군	해양심층수전용 농공단지 공공폐수처리시설 민간위탁 운영	331,244	경제투자과	4	1	1	2	2	1	1	3
6551	강원 고성군	통일전망대 위탁징수 교부금	500,000	관광과	4	8	7	8	7	5	5	4
6552	강원 고성군	역사안보전시관 및 생태박물관 통합발권 위탁교부금	124,500	관광과	4	4	2	5	1	1	1	4
6553	강원 고성군	왕곡마을 숙박체험료 징수 위탁금 교부	18,000	문화체육과	4	1	4	5	2	1	1	2
6554	강원 고성군	스포츠 바우처사업	38,080	문화체육과	4	8	7	8	7	5	5	4
6555	강원 고성군	장애인스포츠강좌이용권 지원사업	2,560	문화체육과	4	8	7	8	7	5	5	4
6556	강원 고성군	산림복지전문업(유아숲교육업) 위탁운영	51,360	산림과	4	2	7	8	7	5	5	4
6557	강원 고성군	생활권수목진료지원	2,500	산림과	4	2	7	8	7	5	5	4
6558	강원 고성군	불가사리 수매	39,340	해양수산과	4	4	7	8	7	5	1	4

순번	시군구	지출명 (사업명)	2021년예산 (단위:천원/1년간)	담당자 (공무원)	민간이전 분류 (지방자치단체 세출예산 집행기준에 의거)	민간이전지출 근거 (지방보조금 관리기준 참고)	입찰방식			운영예산 산정		성과평가 실시여부
				담당부서	1. 민간경상사업보조(307-02) 2. 민간단체 법정운영비보조(307-03) 3. 민간행사사업보조(307-04) 4. 민간위탁금(307-05) 5. 사회복지시설 법정운영비보조(307-10) 6. 민간인위탁교육비(307-12) 7. 공기관등에대한경상적위탁사업비(308-10) 8. 민간자본사업보조,자체재원(402-01) 9. 민간자본사업보조,이전재원(402-02) 10. 민간위탁사업비(402-03) 11. 공기관등에 대한 자본적 대행사업비(403-02)	1. 법률에 규정 2. 국고보조 재원(국가지정) 3. 용도 지정 기부금 4. 조례에 직접규정 5. 지자체가 권장하는 사업을 하는 공공기관 6. 시,도 정책 및 재정사정 7. 기타 8. 해당없음	계약체결방법 (경쟁형태) 1. 일반경쟁 2. 제한경쟁 3. 지명경쟁 4. 수의계약 5. 법정위탁 6. 기타 ( ) 7. 해당없음	계약기간 1. 1년 2. 2년 3. 3년 4. 4년 5. 5년 6. 기타 ( )년 7. 단기계약 (1년미만) 8. 해당없음	낙찰자선정방법 1. 적격심사 2. 협상에의한계약 3. 최저가낙찰제 4. 규격가격분리 5. 2단계 경쟁입찰 6. 기타 ( ) 7. 해당없음	운영예산 산정 1. 내부산정 (지자체 자체적으로 산정) 2. 외부산정 (외부전문기관위탁 산정) 3. 내·외부 모두 산정 4. 산정 無 5. 해당없음	정산방법 1. 내부정산 (지자체 내부적으로 정산) 2. 외부정산 (외부전문기관위탁 정산) 3. 내·외부 모두 산정 4. 정산 無 5. 해당없음	1. 실시 2. 미실시 3. 향후 추진 4. 해당없음
6559	강원 고성군	대문어 매입 방류	63,000	해양수산과	4	4	7	8	7	5	1	4
6560	강원 고성군	농수산물가공처리장 폐수처리시설 운영 용역	316,000	해양수산과	4	4	7	8	7	5	5	4
6561	강원 고성군	조업 중 인양쓰레기 수매	100,000	해양수산과	4	6	7	8	7	5	1	1
6562	강원 고성군	해양쓰레기 처리비	30,000	해양수산과	4	2	7	8	7	5	1	1
6563	강원 고성군	특별교통수단 운영비	99,000	안전교통과	4	1	5	3	1	1	1	2
6564	강원 고성군	특별교통수단 운영지원사업	60,072	안전교통과	4	1	5	3	1	1	1	2
6565	강원 고성군	한센병관리사업 위탁금	10,000	보건소	4	5	4	1	2	3	3	1
6566	강원 고성군	지역사회건강조사위탁금	65,854	보건소	4	2	7	1	7	5	3	1
6567	강원 고성군	어린이급식관리지원센터 운영	105,000	보건소	4	1	1	3	7	1	2	2
6568	강원 고성군	공공하수도시설 통합운영 관리대행	3,417,585	상하수도사업소	4	4	1	5	2	1	1	1
6569	강원 고성군	공공하수도시설 하수슬러지처리	612,500	상하수도사업소	4	1	1	1	3	1	1	4
6570	강원 고성군	공공하수처리시설 TMS 유지보수관리용역	180,510	상하수도사업소	4	1	2	1	3	1	1	4
6571	강원 양양군	옥외광고물등 안전도검사 위탁	22,000	도시계획과	4	4	4	3	7	1	1	1
6572	강원 양양군	현수막게시대 운영관리 위탁	22,000	도시계획과	4	4	4	3	7	1	1	1
6573	강원 양양군	민간투자사업(BTO) 하수도시설 위탁운영	20,000	상하수도사업소	4	4	6	6	6	2	1	3
6574	강원 양양군	중계펌프장 위탁운영	313,900	상하수도사업소	4	4	4	5	6	2	1	1
6575	강원 양양군	교통약자 특별교통수단(장애인 콜택시) 운영	280,105	전략교통과	4	2	6	1	1	1	1	4
6576	강원 양양군	승강기 안전관리	10,000	재난안전과	4	2	4	7	7	5	1	4
6577	강원 양양군	통합문화이용권	150,300	문화체육과	4	1	5	8	7	5	5	4
6578	강원 양양군	불가사리 수매사업	40,000	해양수산과	4	6	7	8	7	5	5	4
6579	강원 양양군	조업중 인양쓰레기 수매	100,000	해양수산과	4	6	7	8	7	5	5	4
6580	강원 양양군	해양쓰레기 집하장 건립	60,000	해양수산과	4	6	7	8	7	5	5	4
6581	강원 양양군	여성어업인 복지바우처 지원	24,600	해양수산과	4	6	7	8	7	5	5	4
6582	강원 양양군	포월농공단지 공공폐수처리시설 위탁운영	618,264	경제에너지과	4	1	2	3	2	2	1	1
6583	강원 양양군	정신건강복지센터 운영	356,000	정신건강	4	1	4	3	2	1	1	1
6584	강원 양양군	저소득층복지사업	88,800	복지과	4	1	7	8	7	1	1	4
6585	강원 양양군	지역사회서비스투자사업	293,750	복지과	4	2	7	8	7	1	1	1
6586	강원 양양군	장애인의료비지원	13,089	복지과	4	2	7	8	7	2	2	1
6587	강원 양양군	장애인직업재활시설 운영	193,970	복지과	4	4	5	5	7	1	1	1
6588	강원 양양군	장애인복지일자리 지원	73,330	복지과	4	2	1	1	7	1	1	1
6589	강원 양양군	장애인활동지원급여 지원	961,492	복지과	4	2	7	8	7	2	2	1
6590	강원 양양군	발달재활서비스 바우처 지원	39,398	복지과	4	2	7	8	7	2	2	1
6591	강원 양양군	발달장애인 주간활동서비스 지원	221,674	복지과	4	2	7	8	7	2	2	1
6592	강원 양양군	언어발달 바우처 지원	4,506	복지과	4	2	7	8	7	2	2	1
6593	강원 양양군	활동보조 가산급여	2,313	복지과	4	2	7	8	7	2	2	1
6594	강원 양양군	노인복지관 운영	620,042	복지과	4	4	1	5	1	1	1	1
6595	강원 양양군	음식물쓰레기 위탁처리비	144,000	환경과	4	8	1	1	1	1	3	4
6596	강원 양양군	환경자원센터 위탁운영비	2,831,173	환경과	4	4	1	2	2	2	1	3
6597	강원 양양군	재활용품 분리선별사업	618,885	환경과	4	8	4	1	6	2	1	4
6598	충북 청주시	근로복지시설 운영관리	132,472	상생협력담당관	4	4	6	3	6	1	1	1
6599	충북 청주시	청년뜨락5959 운영	406,209	청년정책담당관	4	4	1	3	6	1	1	3
6600	충북 청주시	지역정착지원형 청년일자리 사업	2,170,300	청년정책담당관	4	2	1	1	6	3	3	3
6601	충북 청주시	청소년 방과후 활동지원	164,042	청년정책담당관	4	2	1	3	1	1	1	3

순번	시군구	지출명 (사업명)	2021년예산 (단위:천원/1년간)	담당자 (공무원)	민간이전 분류 (지방자치단체 세출예산 집행기준에 의거)	민간이전지출 근거 (지방보조금 관리기준 참고)	입찰방식			운영예산 산정		성과평가 실시여부
				담당부서	1. 민간경상사업보조(307-02) 2. 민간단체 법정운영비보조(307-03) 3. 민간행사사업보조(307-04) 4. 민간위탁금(307-05) 5. 사회복지시설 법정운영비보조(307-10) 6. 민간인위탁교육비(307-12) 7. 공기관등에대한경상적위탁사업비(308-10) 8. 민간자본사업보조,자체재원(402-01) 9. 민간자본사업보조,이전재원(402-02) 10. 민간위탁사업비(402-03) 11. 공기관등에 대한 자본적 대행사업비(403-02)	1. 법률에 규정 2. 국고보조 재원(국가지정) 3. 용도 지정 기부금 4. 조례에 직접규정 5. 지자체가 권장하는 사업을 하는 공공기관 6. 시,도 정책 및 재정사정 7. 기타 8. 해당없음	계약체결방법 (경쟁형태) 1. 일반경쟁 2. 제한경쟁 3. 지명경쟁 4. 수의계약 5. 법정위탁 6. 기타 ( ) 7. 해당없음	계약기간 1. 1년 2. 2년 3. 3년 4. 4년 5. 5년 6. 기타 ( )년 7. 단기계약 (1년미만) 8. 해당없음	낙찰자선정방법 1. 적격심사 2. 협상에의한계약 3. 최저가낙찰제 4. 규격가격분리 5. 2단계 경쟁입찰 6. 기타 ( ) 7. 해당없음	운영예산 산정 1. 내부산정 (지자체 자체적으로 산정) 2. 외부산정 (외부전문기관위탁 산정) 3. 내·외부 모두 산정 4. 산정 無 5. 해당없음	정산방법 1. 내부정산 (지자체 내부적으로 정산) 2. 외부정산 (외부전문기관위탁 정산) 3. 내·외부 모두 산정 4. 정산 無 5. 해당없음	1. 실시 2. 미실시 3. 향후 추진 4. 해당없음
6602	충북 청주시	청소년 방과후 활동지원	7,075	청년정책담당관	4	1	1	3	1	1	1	3
6603	충북 청주시	청소년수련시설 운영	591,375	청년정책담당관	4	4	1	3	1	1	1	2
6604	충북 청주시	청소년수련시설 운영	267,385	청년정책담당관	4	4	1	3	1	1	1	2
6605	충북 청주시	청소년수련시설 운영	108,064	청년정책담당관	4	4	1	3	1	1	1	2
6606	충북 청주시	청소년수련시설 운영	163,531	청년정책담당관	4	4	1	3	1	1	1	2
6607	충북 청주시	청주시청소년상담복지센터 운영지원	189,135	청년정책담당관	4	4	1	3	1	1	1	2
6608	충북 청주시	서청주청소년상담복지센터 운영지원	169,670	청년정책담당관	4	4	1	3	1	1	1	2
6609	충북 청주시	청주시 도시재생지원센터운영	990,360	도시재생과	4	4	6	3	7	1	1	4
6610	충북 청주시	마을공동체 지원센터 운영	509,996	자치행정과	4	4	7	5	7	1	1	1
6611	충북 청주시	부서 및 유관기관 지원	34,560	행정지원과	4	4	4	1	3	4	1	3
6612	충북 청주시	부서 및 유관기관 지원	34,560	행정지원과	4	4	4	1	3	4	1	3
6613	충북 청주시	수소차 충전소 운영	200,000	경제정책과	4	4	1	5	1	4	1	4
6614	충북 청주시	일자리종합지원센터 운영	355,000	일자리정책과	4	4	1	3	1	1	1	1
6615	충북 청주시	일자리종합지원센터 운영	50,000	일자리정책과	4	4	1	3	1	1	1	1
6616	충북 청주시	일자리종합지원센터 운영	10,000	일자리정책과	4	4	1	3	1	1	1	1
6617	충북 청주시	일자리종합지원센터이용 구직자 급식비 지원	111,510	일자리정책과	4	4	1	3	1	1	1	1
6618	충북 청주시	국제통상 증대	155,000	기업지원과	4	4	1	2	1	1	1	3
6619	충북 청주시	정보화교육 운영관리	12,000	정보통신과	4	7	4	1	6	1	4	2
6620	충북 청주시	저소득주민생활안정기금융자	50,000	복지정책과	4	4	7	8	7	5	5	4
6621	충북 청주시	자활근로사업	3,529,470	복지정책과	4	2	6	1	6	2	3	1
6622	충북 청주시	주거복지센터 운영	135,000	복지정책과	4	4	1	6	1	1	1	3
6623	충북 청주시	가출노인 일시보호	3,780	노인복지과	4	7	7	8	7	1	1	4
6624	충북 청주시	독거노인 통합지원센터 운영	250,740	노인복지과	4	4	2	5	1	1	1	1
6625	충북 청주시	노인복지관 운영	3,121,993	노인복지과	4	4	1	5	1	1	1	1
6626	충북 청주시	장례식장 운영	360,000	노인복지과	4	4	4	5	6	1	1	4
6627	충북 청주시	장애인가족지원센터 운영	294,977	장애인복지과	4	4	1	5	1	1	1	3
6628	충북 청주시	장애인복지관 운영	1,523,036	장애인복지과	4	1	1	5	1	1	1	3
6629	충북 청주시	장애인주간보호시설 운영	602,135	장애인복지과	4	1	1	5	1	1	1	3
6630	충북 청주시	장애인직업재활시설 운영	620,950	장애인복지과	4	1	1	5	1	1	1	3
6631	충북 청주시	건강가정.다문화가족지원 통합센터 운영	532,080	여성가족과	4	1	7	8	7	1	1	1
6632	충북 청주시	다문화가족지원센터 운영	155,300	여성가족과	4	1	7	8	7	1	1	1
6633	충북 청주시	다함께 돌봄센터 운영비 지원	18,000	아동보육과	4	2	1	5	6	1	1	3
6634	충북 청주시	다함께 돌봄센터 운영비 지원	3,600	아동보육과	4	2	1	5	6	1	1	3
6635	충북 청주시	다함께 돌봄센터 인건비 지원	265,200	아동보육과	4	2	1	5	6	1	1	3
6636	충북 청주시	다함께 돌봄센터 인건비 지원	53,040	아동보육과	4	2	1	5	6	1	1	3
6637	충북 청주시	다함께 돌봄센터 운영비 지원	100,000	아동보육과	4	6	1	5	6	1	1	3
6638	충북 청주시	청주시육아종합지원센터 운영	474,000	아동보육과	4	4	1	5	1	1	1	1
6639	충북 청주시	장난감대여센터 운영	280,000	아동보육과	4	4	1	5	1	1	1	1
6640	충북 청주시	문화의집 운영	112,000	문화예술과	4	4	6	3	6	1	1	1
6641	충북 청주시	문화의집 운영	112,000	문화예술과	4	4	6	3	6	1	1	1
6642	충북 청주시	무형문화재 전수교육관 운영	56,200	문화예술과	4	4	4	3	7	1	1	1
6643	충북 청주시	한국공예관 운영	1,129,000	문화예술과	4	4	6	3	7	1	1	1
6644	충북 청주시	체육시설 위탁운영비 지원	712,066	체육시설과	4	4	6	3	7	1	1	1

순번	시군구	지출명 (사업명)	2021년예산 (단위:천원/1년간)	담당자 (공무원)	민간이전 분류 (지방자치단체 세출예산 집행기준에 의거)	민간이전지출 근거 (지방보조금 관리기준 참고)	입찰방식			운영예산 산정		성과평가 실시여부
				담당부서	1. 민간경상사업보조(307-02) 2. 민간단체 법정운영비보조(307-03) 3. 민간행사사업보조(307-04) 4. 민간위탁금(307-05) 5. 사회복지시설 법정운영비보조(307-10) 6. 민간인위탁교육비(307-12) 7. 공기관등에대한경상적위탁사업비(308-10) 8. 민간자본사업보조,자체재원(402-01) 9. 민간자본사업보조,이전재원(402-02) 10. 민간위탁사업비(402-03) 11. 공기관등에 대한 자본적 대행사업비(403-02)	1. 법률에 규정 2. 국고보조 재원(국가지정) 3. 용도 지정 기부금 4. 조례에 직접규정 5. 지자체가 권장하는 사업을 하는 공공기관 6. 시,도 정책 및 재정사정 7. 기타 8. 해당없음	계약체결방법 (경쟁형태) 1. 일반경쟁 2. 제한경쟁 3. 지명경쟁 4. 수의계약 5. 법정위탁 6. 기타 ( ) 7. 해당없음	계약기간 1. 1년 2. 2년 3. 3년 4. 4년 5. 5년 6. 기타 ( )년 7. 단기계약 (1년미만) 8. 해당없음	낙찰자선정방법 1. 적격심사 2. 협상에의한계약 3. 최저가낙찰제 4. 규격가격분리 5. 2단계 경쟁입찰 6. 기타 ( ) 7. 해당없음	운영예산 산정 1. 내부산정 (지자체 자체적으로 산정) 2. 외부산정 (외부전문기관위탁 산정) 3. 내·외부 모두 산정 4. 산정 無 5. 해당없음	정산방법 1. 내부정산 (지자체 내부적으로 정산) 2. 외부정산 (외부전문기관위탁 정산) 3. 내·외부 모두 산정 4. 정산 無 5. 해당없음	1. 실시 2. 미실시 3. 향후 추진 4. 해당없음
6645	충북 청주시	체육시설 위탁운영비 지원	201,231	체육시설과	4	4	6	5	7	1	1	3
6646	충북 청주시	체육시설 위탁운영비 지원	195,128	체육시설과	4	4	4	3	7	1	1	1
6647	충북 청주시	체육시설 위탁운영비 지원	188,880	체육시설과	4	4	4	3	7	1	1	1
6648	충북 청주시	시립예술단 활성화	31,500	문예운영과	4	4	6	3	2	1	1	3
6649	충북 청주시	시립예술단 활성화	36,473	문예운영과	4	1	1	1	3	1	1	2
6650	충북 청주시	시설관리 및 시민편의제공	7,419	문예운영과	4	1	1	1	3	1	1	3
6651	충북 청주시	여성농업인 행복바우처 지원	992,000	농업정책과	4	6	7	8	7	1	1	4
6652	충북 청주시	시군역량강화	290,000	농업정책과	4	8	7	8	7	5	5	4
6653	충북 청주시	일반농산어촌개발 시설물 유지보수사업	79,000	농업정책과	4	8	7	8	7	5	5	4
6654	충북 청주시	일반농산어촌개발 시설물 유지보수사업	14,000	농업정책과	4	8	7	8	7	5	5	4
6655	충북 청주시	농촌신활력플러스사업	1,400,000	농업정책과	4	8	7	8	7	5	5	4
6656	충북 청주시	농작물 재해보험 가입비 지원	800,277	친환경농산과	4	6	7	8	7	1	1	4
6657	충북 청주시	학생 승마체험 사업	269,800	축산과	4	1	1	1	1	3	1	1
6658	충북 청주시	폐사된 소 처리비용 지원	135,000	축산과	4	1	6	1	1	1	1	2
6659	충북 청주시	폐사 축 처리 지원사업	50,000	축산과	4	1	6	1	1	1	1	2
6660	충북 청주시	가축매몰지 발굴·소멸처리	300,000	축산과	4	2	7	8	7	5	5	4
6661	충북 청주시	주요전염병 근절	20,000	축산과	4	4	4	1	7	1	1	4
6662	충북 청주시	통제초소 및 거점소독소 용역비	100,926	축산과	4	4	1	7	1	3	3	1
6663	충북 청주시	통제초소운영 및 소독비용지원	378,000	축산과	4	2	1	7	1	3	3	1
6664	충북 청주시	청주시 통합산업단지관리공단	500,000	도시개발과	4	4	4	5	7	1	1	3
6665	충북 청주시	교통안전	78,000	교통정책과	4	4	6	3	6	1	1	1
6666	충북 청주시	청주국제공항 활성화 사업지원	90,000	교통정책과	4	7	7	8	7	5	5	4
6667	충북 청주시	지역사회건강조사	67,978	상당보건소 건강증진과	4	2	7	1	7	1	2	1
6668	충북 청주시	감염병관리	15,000	상당보건소 건강증진과	4	1	5	1	7	1	1	1
6669	충북 청주시	의료관련감염병표본감시체계운영	20,000	상당보건소 건강증진과	4	2	7	1	7	1	1	1
6670	충북 청주시	정신건강복지센터 운영	184,224	상당보건소 건강증진과	4	1	6	3	1	1	1	1
6671	충북 청주시	정신건강복지센터 인력확충	254,268	상당보건소 건강증진과	4	1	6	3	1	1	1	1
6672	충북 청주시	아동청소년 정신보건사업	52,294	상당보건소 건강증진과	4	1	6	3	1	1	1	1
6673	충북 청주시	자살예방 및 정신건강증진사업	25,000	상당보건소 건강증진과	4	1	6	3	1	1	1	1
6674	충북 청주시	자살예방 및 정신건강증진사업	71,260	상당보건소 건강증진과	4	1	6	3	1	1	1	1
6675	충북 청주시	우울증환자 치료관리비 지원	25,000	상당보건소 건강증진과	4	1	6	3	1	1	1	1
6676	충북 청주시	자살위험자 응급개입 치료비 지원	13,000	상당보건소 건강증진과	4	1	6	3	1	1	1	1
6677	충북 청주시	지역사회 자살예방 네트워크 구축	4,000	상당보건소 건강증진과	4	1	6	3	1	1	1	1
6678	충북 청주시	정신건강복지센터 등 종사자 처우개선비 지원	20,400	상당보건소 건강증진과	4	1	6	3	1	1	1	1
6679	충북 청주시	정신질환 치료비 지원 사업	19,000	상당보건소 건강증진과	4	1	6	5	1	1	1	1
6680	충북 청주시	중독관리 통합지원센터 운영	163,022	상당보건소 건강증진과	4	1	6	3	1	1	1	1
6681	충북 청주시	중독관리 통합지원센터 운영	53,000	상당보건소 건강증진과	4	1	6	3	1	1	1	1
6682	충북 청주시	지역사회건강조사	68,054	서원보건소	4	2	7	1	7	1	2	1
6683	충북 청주시	감염병관리	17,400	서원보건소	4	1	4	1	7	1	1	1
6684	충북 청주시	의료관련감염병 표본감시체계 운영	28,000	서원보건소	4	2	7	1	7	1	1	4
6685	충북 청주시	의료관련감염병 표본감시체계 운영	10,000	서원보건소	4	2	7	1	7	1	1	4
6686	충북 청주시	정신건강복지센터 운영	184,224	서원보건소	4	1	6	5	1	1	1	1
6687	충북 청주시	정신건강복지센터 인력확충	108,972	서원보건소	4	1	6	5	1	1	1	1

순번	시군구	지출명 (사업명)	2021년예산 (단위:천원/1년간)	담당자 (공무원)	민간이전 분류 (지방자치단체 세출예산 집행기준에 의거)	민간이전지출 근거 (지방보조금 관리기준 참고)	입찰방식			운영예산 산정		성과평가 실시여부
				담당부서	1. 민간경상사업보조(307-02) 2. 민간단체 법정운영비보조(307-03) 3. 민간행사사업보조(307-04) 4. 민간위탁금(307-05) 5. 사회복지시설 법정운영비보조(307-10) 6. 민간인위탁교육비(307-12) 7. 공기관등에대한경상적위탁사업비(308-10) 8. 민간자본사업보조,자체재원(402-01) 9. 민간자본사업보조,이전재원(402-02) 10. 민간위탁사업비(402-03) 11. 공기관등에 대한 자본적 대행사업비(403-02)	1. 법률에 규정 2. 국고보조 재원(국가지정) 3. 용도 지정 기부금 4. 조례에 직접규정 5. 지자체가 권장하는 사업을 하는 공공기관 6. 시,도 정책 및 재정사정 7. 기타 8. 해당없음	계약체결방법 (경쟁형태) 1. 일반경쟁 2. 제한경쟁 3. 지명경쟁 4. 수의계약 5. 법정위탁 6. 기타 ( ) 7. 해당없음	계약기간 1. 1년 2. 2년 3. 3년 4. 4년 5. 5년 6. 기타 ( )년 7. 단기계약 (1년미만) 8. 해당없음	낙찰자선정방법 1. 적격심사 2. 협상에의한계약 3. 최저가낙찰제 4. 규격가격분리 5. 2단계 경쟁입찰 6. 기타 ( ) 7. 해당없음	운영예산 산정 1. 내부산정 (지자체 자체적으로 산정) 2. 외부산정 (외부전문기관위탁 산정) 3. 내·외부 모두 산정 4. 산정 無 5. 해당없음	정산방법 1. 내부정산 (지자체 내부적으로 정산) 2. 외부정산 (외부전문기관위탁 정산) 3. 내·외부 모두 산정 4. 정산 無 5. 해당없음	1. 실시 2. 미실시 3. 향후 추진 4. 해당없음
6688	충북 청주시	아동청소년 정신보건사업	52,294	서원보건소	4	1	6	5	1	1	1	1
6689	충북 청주시	자살예방 및 정신건강증진사업	61,106	서원보건소	4	1	6	5	1	1	1	1
6690	충북 청주시	자살예방 및 정신건강증진사업	25,000	서원보건소	4	1	6	5	1	1	1	1
6691	충북 청주시	우울증환자 치료관리비 지원	25,000	서원보건소	4	1	6	5	1	1	1	1
6692	충북 청주시	자살위험자 응급개입 치료비 지원	20,000	서원보건소	4	1	6	5	1	1	1	1
6693	충북 청주시	지역사회 자살예방 네트워크 구축	4,000	서원보건소	4	1	6	5	1	1	1	1
6694	충북 청주시	정신건강복지센터 등 종사자 처우개선비 지원	12,000	서원보건소	4	1	6	5	1	1	1	1
6695	충북 청주시	정신질환 치료비 지원 사업	19,000	서원보건소	4	1	6	5	1	1	1	1
6696	충북 청주시	지역사회건강조사	68,130	흥덕보건소	4	2	7	1	7	1	2	1
6697	충북 청주시	감염병관리	20,000	흥덕보건소	4	5	7	1	7	5	1	1
6698	충북 청주시	의료관련감염병 표본감시체계 운영	20,000	흥덕보건소	4	2	7	1	7	5	5	1
6699	충북 청주시	정신건강복지센터 운영	20,000	흥덕보건소	4	1	6	5	1	1	1	1
6700	충북 청주시	정신건강복지센터 운영	184,224	흥덕보건소	4	1	6	5	1	1	1	1
6701	충북 청주시	정신건강복지센터 인력확충	254,268	흥덕보건소	4	1	6	5	1	1	1	1
6702	충북 청주시	아동·청소년 정신보건사업	52,294	흥덕보건소	4	1	6	5	1	1	1	1
6703	충북 청주시	우울증환자 치료관리비 지원	25,000	흥덕보건소	4	1	6	5	1	1	1	1
6704	충북 청주시	자살위험자 응급개입 치료비 지원	26,000	흥덕보건소	4	1	6	5	1	1	1	1
6705	충북 청주시	지역사회 자살예방 네트워크 구축	4,000	흥덕보건소	4	1	6	5	1	1	1	1
6706	충북 청주시	정신건강복지센터 등 종사자 처우개선비 지원	14,400	흥덕보건소	4	1	6	5	1	1	1	1
6707	충북 청주시	정신질환 치료비 지원사업	19,000	흥덕보건소	4	1	6	5	1	1	1	1
6708	충북 청주시	지역사회건강조사	67,978	청원보건소	4	2	7	1	7	1	2	1
6709	충북 청주시	감염병관리	28,600	청원보건소	4	1	7	1	7	1	1	1
6710	충북 청주시	의료관련 감염병 표본감시체계 운영	10,000	청원보건소	4	2	7	1	7	1	1	1
6711	충북 청주시	정신건강복지센터 운영	184,224	청원보건소	4	1	6	5	1	1	1	1
6712	충북 청주시	정신건강복지센터 운영	20,000	청원보건소	4	1	6	5	1	1	1	1
6713	충북 청주시	정신건강복지센터 인력확충	181,620	청원보건소	4	1	6	5	1	1	1	1
6714	충북 청주시	아동·청소년 정신보건사업	52,294	청원보건소	4	1	6	5	1	1	1	1
6715	충북 청주시	우울증환자 치료관리비 지원	22,000	청원보건소	4	1	6	5	1	1	1	1
6716	충북 청주시	자살위험자 응급개입 치료비 지원	13,000	청원보건소	4	1	6	5	1	1	1	1
6717	충북 청주시	지역사회 자살예방 네트워크 구축	4,000	청원보건소	4	1	6	5	1	1	1	1
6718	충북 청주시	정신건강복지센터 등 종사자 처우개선비 지원	12,000	청원보건소	4	1	6	5	1	1	1	1
6719	충북 청주시	정신질환 치료비 지원 사업	19,000	청원보건소	4	1	6	5	1	1	1	1
6720	충북 청주시	농업기계 임대 및 일반	20,000	농업기술센터 지원기획과	4	6	4	7	7	1	1	4
6721	충북 청주시	자전거이용 활성화사업	24,366	도로사업본부 지역개발과	4	4	4	3	7	1	1	4
6722	충북 청주시	청주 국제 에코 콤플렉스 운영	502,557	환경관리본부 환경정책과	4	4	1	6	1	1	1	4
6723	충북 청주시	생활쓰레기 처리	11,000	환경관리본부 자원정책과	4	1	1	2	1	2	2	1
6724	충북 청주시	생활쓰레기 처리	1,320,000	환경관리본부 자원정책과	4	1	7	8	7	5	5	4
6725	충북 청주시	음식물류 폐기물 처리 및 감량	8,760,000	환경관리본부 자원정책과	4	1	1	2	1	2	2	1
6726	충북 청주시	음식물류 폐기물 처리 및 감량	650,000	환경관리본부 자원정책과	4	4	7	8	7	5	5	4
6727	충북 청주시	재활용 활성화와 1회용품 사용규제	403,200	환경관리본부 자원정책과	4	1	2	1	1	1	1	1
6728	충북 청주시	재활용 활성화와 1회용품 사용규제	552,000	환경관리본부 자원정책과	4	1	4	7	2	1	1	1
6729	충북 청주시	청주시 새활용시민센터 운영	450,000	환경관리본부 자원정책과	4	4	1	6	7	1	1	3
6730	충북 청주시	청주권광역소각시설 관리	6,636,000	환경관리본부 자원관리과	4	4	4	1	7	1	1	2

순번	시군구	지출명 (사업명)	2021년예산 (단위:천원/1년간)	담당자 (공무원) 담당부서	민간이전 분류 (지방자치단체 세출예산 집행기준에 의거) 1. 민간경상사업보조(307-02) 2. 민간단체 법정운영비보조(307-03) 3. 민간행사사업보조(307-04) 4. 민간위탁금(307-05) 5. 사회복지시설 법정운영비보조(307-10) 6. 민간인위탁교육비(307-12) 7. 공기관등에대한경상적위탁사업비(308-10) 8. 민간자본사업보조,자체재원(402-01) 9. 민간자본사업보조,이전재원(402-02) 10. 민간위탁사업비(402-03) 11. 공기관등에 대한 자본적 대행사업비(403-02)	민간이전지출 근거 (지방보조금 관리기준 참고) 1. 법률에 규정 2. 국고보조 재원(국가지정) 3. 용도 지정 기부금 4. 조례에 직접규정 5. 지자체가 권장하는 사업을 하는 공공기관 6. 시,도 정책 및 재정사정 7. 기타 8. 해당없음	입찰방식 계약체결방법 (경쟁형태) 1. 일반경쟁 2. 제한경쟁 3. 지명경쟁 4. 수의계약 5. 법정위탁 6. 기타 ( ) 7. 해당없음	입찰방식 계약기간 1. 1년 2. 2년 3. 3년 4. 4년 5. 5년 6. 기타 ( )년 7. 단기계약 (1년미만) 8. 해당없음	입찰방식 낙찰자선정방법 1. 적격심사 2. 협상에의한계약 3. 최저가낙찰제 4. 규격가격분리 5. 2단계 경쟁입찰 6. 기타 ( ) 7. 해당없음	운영예산 산정 운영예산 산정 1. 내부산정 (지자체 자체적으로 산정) 2. 외부산정 (외부전문기관위탁 산정) 3. 내·외부 모두 산정 4. 산정 無 5. 해당없음	운영예산 산정 정산방법 1. 내부정산 (지자체 내부적으로 정산) 2. 외부정산 (외부전문기관위탁 정산) 3. 내·외부 모두 산정 4. 정산 無 5. 해당없음	성과평가 실시여부 1. 실시 2. 미실시 3. 향후 추진 4. 해당없음
6731	충북 청주시	재활용품 선별시설 관리	3,990,000	환경관리본부 자원관리과	4	4	1	2	2	2	1	2
6732	충북 청주시	음식물류폐기물 자원화시설 운영	3,499,992	환경관리본부 자원관리과	4	4	4	3	2	2	1	2
6733	충북 청주시	음식물류폐기물 자원화시설 운영	3,254,996	환경관리본부 자원관리과	4	4	4	3	2	2	1	2
6734	충북 청주시	경상이전	150,000	환경관리본부 하수정책과	4	2	6	6	2	5	4	1
6735	충북 청주시	읍면단위 공공하수처리시설 운영관리	2,082,304	환경관리본부 하수처리과	4	7	2	5	2	2	1	1
6736	충북 청주시	경상이전	37,302	환경관리본부 하수처리과	4	7	2	7	2	2	1	1
6737	충북 청주시	친절하고 신뢰받는 상수도 행정 구현	328,800	상수도사업본부 업무과	4	4	6	1	6	1	1	2
6738	충북 청주시	기적의도서관운영	352,000	도서관평생학습본부 시립도서관	4	4	1	3	2	1	1	1
6739	충북 청주시	금속활자 전수교육관 운영	210,158	청주고인쇄박물관 학예연구실	4	4	4	3	7	1	1	1
6740	충북 청주시	근린공원 관리	421,400	푸른도시사업본부 공원관리과	4	1	2	7	1	1	1	4
6741	충북 청주시	근린공원 관리	150,500	푸른도시사업본부 공원관리과	4	1	2	7	1	1	1	4
6742	충북 청주시	근린공원 관리	361,200	푸른도시사업본부 공원관리과	4	1	2	7	1	1	1	4
6743	충북 청주시	근린공원 관리	511,700	푸른도시사업본부 공원관리과	4	1	2	7	1	1	1	4
6744	충북 청주시	근린공원 관리	8,000	푸른도시사업본부 공원관리과	4	1	7	8	7	5	5	4
6745	충북 청주시	근린공원 관리	4,500	푸른도시사업본부 공원관리과	4	1	7	8	7	5	5	4
6746	충북 청주시	어린이공원 관리	10,883	푸른도시사업본부 공원관리과	4	4	6	1	7	1	4	4
6747	충북 청주시	문암생태공원 관리	206,400	푸른도시사업본부 공원관리과	4	1	2	1	1	1	1	4
6748	충북 청주시	문암생태공원 관리	32,000	푸른도시사업본부 공원관리과	4	1	7	8	7	5	5	4
6749	충북 청주시	미래지테마공원 관리	51,600	푸른도시사업본부 공원관리과	4	1	6	1	7	1	1	4
6750	충북 청주시	전기 및 수경시설 관리	72,000	푸른도시사업본부 공원관리과	4	1	7	8	7	5	5	4
6751	충북 청주시	전기 및 수경시설 관리	50,000	푸른도시사업본부 공원관리과	4	1	7	8	7	5	5	4
6752	충북 청주시	전기 및 수경시설 관리	60,000	푸른도시사업본부 공원관리과	4	1	7	8	7	5	5	4
6753	충북 청주시	녹지관리사업	139,673	푸른도시사업본부 공원관리과	4	1	2	7	1	1	1	4
6754	충북 청주시	유아숲 교육 위탁운영	51,350	푸른도시사업본부 공원관리과	4	1	7	8	7	5	5	4
6755	충북 청주시	미래지농촌테마공원 이용활성화 사업	120,000	푸른도시사업본부 공원관리과	4	6	7	8	7	5	5	4
6756	충북 청주시	명암유원지 관리	52,800	푸른도시사업본부 공원조성과	4	8	4	1	7	1	1	4
6757	충북 청주시	명암유원지 관리	4,800	푸른도시사업본부 공원조성과	4	8	4	1	7	1	1	4
6758	충북 청주시	명암유원지 관리	3,300	푸른도시사업본부 공원조성과	4	8	4	7	7	1	1	4
6759	충북 청주시	명암유원지 관리	5,400	푸른도시사업본부 공원조성과	4	8	4	7	7	1	1	4
6760	충북 청주시	등산로 조성 및 관리	61,200	푸른도시사업본부 산림관리과	4	6	7	8	7	5	5	4
6761	충북 청주시	숲해설 위탁운영	51,000	푸른도시사업본부 산림관리과	4	6	7	8	7	5	5	4
6762	충북 청주시	유아숲 위탁운영	51,350	푸른도시사업본부 산림관리과	4	6	7	8	7	5	5	4
6763	충북 청주시	전시관람 시설관리	112,800	청주랜드관리사업소	4	8	7	8	7	5	5	4
6764	충북 청주시	전시관람 시설관리	18,000	청주랜드관리사업소	4	8	4	1	2	1	1	2
6765	충북 청주시	2전시관 운영	794,400	청주랜드관리사업소	4	4	1	1	1	1	1	2
6766	충북 청주시	각종행사 추진 및 지원	12,429	상당구 행정지원과	4	1	7	8	7	5	5	4
6767	충북 청주시	동네체육시설 관리	2,512	상당구 행정지원과	4	1	7	1	7	1	1	1
6768	충북 청주시	공중・열린화장실 청결유지관리	19,200	상당구 환경위생과	4	4	5	1	7	1	1	1
6769	충북 청주시	도로정비 및 유지보수	16,800	상당구 건설과	4	7	4	1	1	1	1	2
6770	충북 청주시	도로정비 및 유지보수	38,000	상당구 건설과	4	7	2	1	1	1	1	2
6771	충북 청주시	광고물 관리 및 단속	35,000	상당구 건축과	4	4	1	1	3	1	1	2
6772	충북 청주시	각종 행사 추진 및 지원	13,923	서원구 행정지원과	4	1	7	8	7	5	5	4
6773	충북 청주시	광고물 관리 및 단속	35,000	서원구 건축과	4	8	2	7	3	1	1	4

순번	시군구	지출명 (사업명)	2021년예산 (단위:천원/1년간)	담당자 (공무원)	민간이전 분류 (지방자치단체 세출예산 집행기준에 의거)	민간이전지출 근거 (지방보조금 관리기준 참고)	입찰방식			운영예산 산정		성과평가 실시여부
				담당부서	1. 민간경상사업보조(307-02) 2. 민간단체 법정운영비보조(307-03) 3. 민간행사사업보조(307-04) 4. 민간위탁금(307-05) 5. 사회복지시설 법정운영비보조(307-10) 6. 민간인위탁교육비(307-12) 7. 공기관등에대한경상적위탁사업비(308-10) 8. 민간자본사업보조,자체재원(402-01) 9. 민간자본사업보조,이전재원(402-02) 10. 민간위탁사업비(402-03) 11. 공기관등에 대한 자본적 대행사업비(403-02)	1. 법률에 규정 2. 국고보조 재원(국가지정) 3. 용도 지정 기부금 4. 조례에 직접규정 5. 지자체가 권장하는 사업을 하는 공공기관 6. 시,도 정책 및 재정사정 7. 기타 8. 해당없음	계약체결방법 (경쟁형태) 1. 일반경쟁 2. 제한경쟁 3. 지명경쟁 4. 수의계약 5. 법정위탁 6. 기타 ( ) 7. 해당없음	계약기간 1. 1년 2. 2년 3. 3년 4. 4년 5. 5년 6. 기타 ( )년 7. 단기계약 (1년미만) 8. 해당없음	낙찰자선정방법 1. 적격심사 2. 협상에의한계약 3. 최저가낙찰제 4. 규격가격분리 5. 2단계 경쟁입찰 6. 기타 ( ) 7. 해당없음	운영예산 산정 1. 내부산정 (지자체 자체적으로 산정) 2. 외부산정 (외부전문기관위탁 산정) 3. 내·외부 모두 산정 4. 산정 無 5. 해당없음	정산방법 1. 내부정산 (지자체 내부적으로 정산) 2. 외부정산 (외부전문기관위탁 정산) 3. 내·외부 모두 산정 4. 정산 無 5. 해당없음	1. 실시 2. 미실시 3. 향후 추진 4. 해당없음
6774	충북 청주시	각종 행사추진 및 지원	17,200	흥덕구 행정지원과	4	1	7	8	7	5	5	4
6775	충북 청주시	불법건축물 및 불법광고물 지도단속	35,000	흥덕구 건축과	4	4	2	1	3	1	1	3
6776	충북 청주시	각종 행사추진 및 지원	16,984	청원구 행정지원과	4	1	4	1	7	1	5	4
6777	충북 청주시	도로정비 및 유지보수	30,000	청원구 건설과	4	7	4	1	7	1	5	4
6778	충북 청주시	도로정비 및 유지보수	2,640	청원구 건설과	4	7	4	1	7	1	5	4
6779	충북 청주시	광고물 관리 및 단속	35,000	청원구 건축과	4	8	1	1	3	1	1	4
6780	충북 청주시	청사환경개선	4,200	산남동	4	7	6	1	6	1	5	4
6781	충북 충주시	통합관제센터(초등학교) CCTV 모니터링 민간위탁	812,640	정보통신과	4	4	2	2	6	1	1	1
6782	충북 충주시	어린이 교통안전 체험장 운영	50,000	교통정책과	4	4	1	3	3	1	1	1
6783	충북 충주시	사회복지관 운영	803,476	복지정책과	4	1	5	5	1	1	1	1
6784	충북 충주시	자활근로사업	2,008,675	복지정책과	4	2	5	1	7	5	1	3
6785	충북 충주시	자활사업활성화추진사업	21,000	복지정책과	4	2	5	1	7	5	1	3
6786	충북 충주시	다함께돌봄센터 인건비 지원	106,080	여성청소년과	4	2	7	8	7	1	1	1
6787	충북 충주시	다함께돌봄센터 운영비 지원	7,200	여성청소년과	4	2	7	8	7	1	1	1
6788	충북 충주시	다함께돌봄센터 운영비 지원	20,000	여성청소년과	4	2	7	8	7	1	1	1
6789	충북 충주시	드림스타트 수행기관 운영비	127,490	여성청소년과	4	7	7	8	7	1	1	2
6790	충북 충주시	충주시아동청소년숲&뜰운영	300,000	여성청소년과	4	4	7	8	7	5	5	4
6791	충북 충주시	아동권리교육	4,000	여성청소년과	4	6	4	7	7	1	1	1
6792	충북 충주시	아동권리향상프로그램운영	8,000	여성청소년과	4	6	4	7	7	1	1	1
6793	충북 충주시	어린이의회 및 청소년의회 운영	4,000	여성청소년과	4	6	4	7	7	1	1	1
6794	충북 충주시	청소년자기도전포상제	20,000	여성청소년과	4	6	4	7	7	1	1	1
6795	충북 충주시	아동학대예방 예비부모교육	2,000	여성청소년과	4	6	4	7	7	1	1	1
6796	충북 충주시	가족상담 프로그램 운영	8,000	여성청소년과	4	6	4	7	7	1	1	1
6797	충북 충주시	시민행복콜센터 위탁운영	407,774	민원봉사과	4	4	2	3	2	1	1	1
6798	충북 충주시	충주시어린이급식관리지원센터	525,000	위생과	4	2	1	3	1	5	3	1
6799	충북 충주시	수안보인공암벽장위탁운영	35,000	체육진흥과	4	7	1	3	7	1	1	3
6800	충북 충주시	수안보생활체육공원 위탁운영	30,000	체육진흥과	4	7	1	3	7	1	1	3
6801	충북 충주시	국내관광전 참가	20,000	관광과	4	4	4	7	6	1	1	3
6802	충북 충주시	앙성온천광장위탁운영	25,656	관광과	4	7	6	3	6	1	1	4
6803	충북 충주시	숲해설가	51,000	산림정책과	4	2	7	8	7	5	5	4
6804	충북 충주시	유아숲 교육 운영	51,352	산림정책과	4	2	7	8	7	5	5	4
6805	충북 충주시	산림치유지도사 운영	92,000	산림정책과	4	2	7	8	7	5	5	4
6806	충북 충주시	산림치유 두드림캠프 운영	35,766	산림정책과	4	6	7	8	7	5	5	4
6807	충북 충주시	한센병환자관리사업	26,200	감염병관리과	4	1	5	8	7	5	1	3
6808	충북 충주시	호암생태공원위탁관리	45,000	환경수자원과	4	7	6	1	7	1	1	1
6809	충북 충주시	자연생태체험관 운영	276,200	환경수자원과	4	4	1	3	2	1	1	1
6810	충북 충주시	산업단지 공공폐수처리시설 위탁운영	1,897,071	환경수자원과	4	1	6	3	2	3	1	1
6811	충북 충주시	수소자동차 충전소 운영관리	244,000	기후에너지과	4	4	7	8	7	5	1	4
6812	충북 충주시	클린에너지파크 정비기간 미처리분 생활폐기물 위탁처리	600,000	자원순환과	4	7	7	8	7	5	5	4
6813	충북 충주시	침출수 등 검사대행 용역비	100,000	자원순환과	4	1	7	8	7	5	5	4
6814	충북 충주시	음식물류폐기물 민간위탁처리비	3,300,304	자원순환과	4	7	6	6	6	2	1	1
6815	충북 충주시	음식물류폐기물 수집운반 민간대행	2,642,691	자원순환과	4	4	2	3	2	2	1	1
6816	충북 충주시	재활용 가능자원 수집운반 민간대행	2,930,774	자원순환과	4	4	2	3	2	2	1	1

순번	시군구	지출명 (사업명)	2021년예산 (단위:천원/1년간)	담당자 (공무원)	민간이전 분류 (지방자치단체 세출예산 집행기준에 의거)	민간이전지출 근거 (지방보조금 관리기준 참고)	입찰방식			운영예산 산정		성과평가 실시여부
				담당부서	1. 민간경상사업보조(307-02) 2. 민간단체 법정운영비보조(307-03) 3. 민간행사사업보조(307-04) 4. 민간위탁금(307-05) 5. 사회복지시설 법정운영비보조(307-10) 6. 민간인위탁교육비(307-12) 7. 공기관등에대한경상적위탁사업비(308-10) 8. 민간자본사업보조,자체재원(402-01) 9. 민간자본사업보조,이전재원(402-02) 10. 민간위탁사업비(402-03) 11. 공기관등에 대한 자본적 대행사업비(403-02)	1. 법률에 규정 2. 국고보조 재원(국가지정) 3. 용도 지정 기부금 4. 조례에 직접규정 5. 지자체가 권장하는 사업을 하는 공공기관 6. 시,도 정책 및 재정사정 7. 기타 8. 해당없음	계약체결방법 (경쟁형태) 1. 일반경쟁 2. 제한경쟁 3. 지명경쟁 4. 수의계약 5. 법정위탁 6. 기타 ( ) 7. 해당없음	계약기간 1. 1년 2. 2년 3. 3년 4. 4년 5. 5년 6. 기타 ( )년 7. 단기계약 (1년미만) 8. 해당없음	낙찰자선정방법 1. 적격심사 2. 협상에의한계약 3. 최저가낙찰제 4. 규격가격분리 5. 2단계 경쟁입찰 6. 기타 ( ) 7. 해당없음	운영예산 산정 1. 내부산정 (지자체 자체적으로 산정) 2. 외부산정 (외부전문기관위탁 산정) 3. 내·외부 모두 산정 4. 산정 無 5. 해당없음	정산방법 1. 내부정산 (지자체 내부적으로 정산) 2. 외부정산 (외부전문기관위탁 정산) 3. 내·외부 모두 산정 4. 정산 無 5. 해당없음	1. 실시 2. 미실시 3. 향후 추진 4. 해당없음
6817	충북 충주시	폐형광등 운반 민간대행	3,600	자원순환과	4	1	7	8	7	5	5	4
6818	충북 충주시	생활폐기물 수집운반 민간대행	4,796,879	자원순환과	4	4	2	3	2	2	1	1
6819	충북 충주시	수도계량기검침민간위탁	619,400	상수도과	4	4	7	1	7	1	5	2
6820	충북 제천시	시군역량강화사업	190,000	농업정책과	4	8	7	8	7	5	5	4
6821	충북 제천시	농촌협약지원센터 운영	210,000	농업정책과	4	8	7	8	7	5	5	4
6822	충북 제천시	종합사회복지관운영	788,000	사회복지과	4	4	1	5	1	1	1	1
6823	충북 제천시	지역사회서비스 투자사업	1,075,123	사회복지과	4	2	7	8	7	5	5	4
6824	충북 제천시	자활근로사업비	1,535,375	사회복지과	4	2	7	8	7	1	1	4
6825	충북 제천시	가사간병방문도우미지원사업	124,403	사회복지과	4	2	7	8	7	1	1	4
6826	충북 제천시	제천시 노인교실 운영	330,000	노인장애인과	4	4	5	5	7	1	1	1
6827	충북 제천시	제천사랑의 집 운영비	208,000	노인장애인과	4	4	7	3	7	1	1	4
6828	충북 제천시	제천시노인종합복지관운영	455,000	노인장애인과	4	4	7	5	1	1	1	4
6829	충북 제천시	장애아동재활치료센터 운영	120,000	노인장애인과	4	1	2	3	1	1	1	1
6830	충북 제천시	장애인보장구수리센터 운영	42,000	노인장애인과	4	1	5	7	7	1	1	1
6831	충북 제천시	장애인시설(단체)종사자 워크숍	10,000	노인장애인과	4	1	5	7	5	1	1	1
6832	충북 제천시	장애청소년 직업적응훈련시설 운영지원	430,405	노인장애인과	4	1	5	5	1	1	1	1
6833	충북 제천시	장애인종합복지관운영지원	1,333,000	노인장애인과	4	1	5	5	1	1	1	1
6834	충북 제천시	제천시 장애인단기보호센터 운영지원	477,719	노인장애인과	4	1	7	8	7	5	5	4
6835	충북 제천시	중부내륙중심권 관광협의회 홍보전	28,000	관광미식과	4	4	7	8	7	2	1	2
6836	충북 제천시	대한민국 테마여행 10선 사업	140,000	관광미식과	4	4	4	1	7	1	1	4
6837	충북 제천시	제천시티투어 운영사업	150,000	관광미식과	4	4	7	7	7	1	1	1
6838	충북 제천시	단체관광객 유치 인센티브	70,000	관광미식과	4	4	7	7	7	1	1	1
6839	충북 제천시	팸투어 추진	30,000	관광미식과	4	4	4	7	7	1	1	4
6840	충북 제천시	행복주택 임대아파트 위탁관리비	5,000	건축과	4	5	4	1	7	1	1	3
6841	충북 제천시	건축허가 현장조사 및 확인 업무 대행 수수료	95,000	신속허가과	4	1	5	8	7	1	1	4
6842	충북 제천시	2021 한방힐링아카데미 운영	50,000	한방바이오과	4	4	7	8	7	1	1	1
6843	충북 제천시	한방바이오박람회	15,000	한방바이오과	4	5	7	8	7	1	1	1
6844	충북 제천시	우수한약재유통지원시설설치운영	276,000	한방바이오과	4	2	2	6	1	1	4	1
6845	충북 제천시	한방엑스포공원 위탁운영	505,000	한방바이오과	4	4	4	3	7	1	1	1
6846	충북 제천시	한방생명과학관 시설(BTL)운영비	650,000	한방바이오과	4	4	4	6	7	1	5	1
6847	충북 제천시	제천시어린이급식관리지원센터 운영	315,000	보건위생과	4	2	1	3	2	2	2	1
6848	충북 제천시	어린이급식관리지원세터 노인급식팀 운영사업	100,000	보건위생과	4	4	7	8	7	5	5	4
6849	충북 제천시	청소년상담복지센터운영	160,000	여성가족과	4	1	1	3	1	1	1	1
6850	충북 제천시	제천청소년문화의집운영지원	192,771	여성가족과	4	1	1	3	1	1	1	1
6851	충북 제천시	누리과정 부모부담보육료 지원	134,592	여성가족과	4	6	7	8	7	1	1	4
6852	충북 제천시	육아종합지원센터 운영지원	390,000	여성가족과	4	4	1	5	2	1	1	1
6853	충북 제천시	영유아보육료	13,802	여성가족과	4	2	7	8	7	5	5	4
6854	충북 제천시	누리과정보육료지원	2,800	여성가족과	4	6	7	8	7	5	5	4
6855	충북 제천시	시간제보육료	80,000	여성가족과	4	2	7	8	7	5	5	4
6856	충북 제천시	한센병관리사업	16,000	시민보건과	4	1	7	8	7	5	2	1
6857	충북 제천시	병의원 결핵 접촉자 검진비 지원	3,000	시민보건과	4	2	7	8	7	5	5	4
6858	충북 제천시	의료관련감염관리 참여병원 예방관리비	20,000	시민보건과	4	2	7	8	7	5	5	1
6859	충북 제천시	방역소독 민간대행	92,000	시민보건과	4	1	7	8	7	5	5	4

순번	시군구	지출명 (사업명)	2021년예산 (단위:천원/1년간)	담당자 (공무원)	민간이전 분류 (지방자치단체 세출예산 집행기준에 의거)	민간이전지출 근거 (지방보조금 관리기준 참고)	입찰방식			운영예산 산정		성과평가 실시여부
				담당부서	1. 민간경상사업보조(307-02) 2. 민간단체 법정운영비보조(307-03) 3. 민간행사사업보조(307-04) 4. 민간위탁금(307-05) 5. 사회복지시설 법정운영비보조(307-10) 6. 민간인위탁교육비(307-12) 7. 공기관등에대한경상적위탁사업비(308-10) 8. 민간자본사업보조,자체재원(402-01) 9. 민간자본사업보조,이전재원(402-02) 10. 민간위탁사업비(402-03) 11. 공기관등에 대한 자본적 대행사업비(403-02)	1. 법률에 규정 2. 국고보조 재원(국가지정) 3. 용도 지정 기부금 4. 조례에 직접규정 5. 지자체가 권장하는 사업을 하는 공공기관 6. 시,도 정책 및 재정사정 7. 기타 8. 해당없음	계약체결방법 (경쟁형태) 1. 일반경쟁 2. 제한경쟁 3. 지명경쟁 4. 수의계약 5. 법정위탁 6. 기타 ( ) 7. 해당없음	계약기간 1. 1년 2. 2년 3. 3년 4. 4년 5. 5년 6. 기타 ( )년 7. 단기계약 (1년미만) 8. 해당없음	낙찰자선정방법 1. 적격심사 2. 협상에의한계약 3. 최저가낙찰제 4. 규격가격분리 5. 2단계 경쟁입찰 6. 기타 ( ) 7. 해당없음	운영예산 산정 1. 내부산정 (지자체 자체적으로 산정) 2. 외부산정 (외부전문기관위탁 산정) 3. 내·외부 모두 산정 4. 산정 無 5. 해당없음	정산방법 1. 내부정산 (지자체 내부적으로 정산) 2. 외부정산 (외부전문기관위탁 정산) 3. 내·외부 모두 산정 4. 정산 無 5. 해당없음	1. 실시 2. 미실시 3. 향후 추진 4. 해당없음
6860	충북 제천시	치매치료관리비지원사업	217,392	시민보건과	4	2	7	8	7	1	2	4
6861	충북 제천시	시멘트공장 주변지역 주민건강 검진사업	14,000	자연환경과	4	6	4	1	2	1	1	1
6862	충북 제천시	수소충전소 운영관리	240,000	자연환경과	4	6	7	8	7	5	5	4
6863	충북 제천시	시민회관 민간위탁	30,000	문화예술과	4	4	4	3	1	1	1	1
6864	충북 제천시	오티별신제 전수교육관 운영	12,000	문화예술과	4	4	7	8	7	1	1	1
6865	충북 제천시	제천국제음악영화제	2,030,000	문화예술과	4	4	4	8	7	5	3	1
6866	충북 제천시	지역사회건강조사 위탁비	67,904	건강관리과	4	2	7	8	7	5	1	4
6867	충북 제천시	지역사회 정신보건사업	57,000	건강관리과	4	2	4	3	1	5	1	1
6868	충북 제천시	정신건강증진센터운영	184,224	건강관리과	4	2	4	3	1	5	1	1
6869	충북 제천시	아동청소년정신보건사업	52,294	건강관리과	4	2	4	3	1	5	1	1
6870	충북 제천시	자살예방및정신건강증진사업	81,440	건강관리과	4	2	4	3	1	5	1	1
6871	충북 제천시	정신건강복지센터 인력확충	290,592	건강관리과	4	2	4	3	1	5	1	1
6872	충북 제천시	자살위험자 응급개입치료비 지원	16,000	건강관리과	4	2	4	3	1	5	1	1
6873	충북 제천시	지역사회 자살예방 네트워크 구축	4,000	건강관리과	4	2	4	3	1	5	1	1
6874	충북 제천시	우울증환자 치료관리비 지원	27,000	건강관리과	4	2	4	3	1	5	1	1
6875	충북 제천시	정신건강증진센터 등 종사자 처우개선비 지원	19,200	건강관리과	4	2	4	3	1	5	1	1
6876	충북 제천시	정신건강복지센터 자살예방사업 지원	70,634	건강관리과	4	2	4	3	1	5	1	1
6877	충북 제천시	산모신생아건강관리사지원사업	307,000	건강과리과	4	2	7	8	7	5	1	1
6878	충북 제천시	모자보건사업	3,000	건강과리과	4	2	7	8	7	5	1	1
6879	충북 제천시	모자보건사업	2,620	건강과리과	4	2	7	8	7	5	1	1
6880	충북 제천시	저소득층 기저귀,조제분유 지원	170,000	건강과리과	4	2	7	8	7	5	1	1
6881	충북 제천시	산모신생아건강관리사 예외자 지원사업	30,000	건강과리과	4	6	7	8	7	1	1	1
6882	충북 제천시	국가건강검진사업	1,625	건강관리과	4	1	7	8	7	5	5	4
6883	충북 제천시	암조기검진사업	166,250	건강관리과	4	2	7	8	7	5	1	4
6884	충북 제천시	국가건강검진사업	28,319	건강관리과	4	2	7	8	7	5	1	4
6885	충북 제천시	동물보호센터운영	51,000	유통축산과	4	6	7	8	7	5	5	4
6886	충북 제천시	동물보호센터 운영	246,000	유통축산과	4	4	7	8	7	5	5	4
6887	충북 제천시	AI·구제역 발생농가 살처분 일괄 처리·용역비	100,000	유통축산과	4	6	7	8	7	5	5	4
6888	충북 제천시	우수약초 GAP 인증사업 지원	392,000	유통축산과	4	4	1	1	6	1	1	2
6889	충북 제천시	제천 로컬푸드 판매장 운영 등	600,000	유통축산과	4	4	1	3	2	1	1	3
6890	충북 제천시	농산물유통법인 운영 활성화	300,000	유통축산과	4	4	1	3	2	1	1	3
6891	충북 제천시	기적의도서관	557,000	시립도서관	4	4	6	5	2	2	1	1
6892	충북 보은군	초중학생영어캠프	140,000	행정과	4	8	7	7	7	5	5	3
6893	충북 보은군	CCTV 통합관제센터 모니터링 요원 용역 사업	365,688	행정과	4	6	3	1	1	1	1	2
6894	충북 보은군	초등학교 CCTV 연계사업	162,528	행정과	4	6	3	1	1	1	1	2
6895	충북 보은군	청소년문화의집 운영비	87,559	주민복지과	4	1	7	8	7	1	1	1
6896	충북 보은군	공공청소년시설 프로그램 운영 지원	10,800	주민복지과	4	1	7	8	7	1	1	1
6897	충북 보은군	보은 청소년 축제 지원	12,000	주민복지과	4	1	7	8	7	1	1	1
6898	충북 보은군	청소년상담복지센터 운영비	97,450	주민복지과	4	1	7	8	7	1	1	1
6899	충북 보은군	보은군 노인복지관 운영	466,369	주민복지과	4	4	7	5	7	1	1	1
6900	충북 보은군	보은군 실버복지관 운영	613,566	주민복지과	4	4	5	5	7	1	1	1
6901	충북 보은군	장애인복지관 운영	892,720	주민복지과	4	5	7	8	7	5	1	1
6902	충북 보은군	장애인직업능력향상교육	39,018	주민복지과	4	5	7	8	7	5	1	1

순번	시군구	지출명 (사업명)	2021년예산 (단위:천원/1년간)	담당자 (공무원) 담당부서	민간이전 분류 (지방자치단체 세출예산 집행기준에 의거) 1. 민간경상사업보조(307-02) 2. 민간단체 법정운영비보조(307-03) 3. 민간행사사업보조(307-04) 4. 민간위탁금(307-05) 5. 사회복지시설 법정운영비보조(307-10) 6. 민간인위탁교육비(307-12) 7. 공기관등에대한경상적위탁사업비(308-10) 8. 민간자본사업보조,자체재원(402-01) 9. 민간자본사업보조,이전재원(402-02) 10. 민간위탁사업비(402-03) 11. 공기관등에 대한 자본적 대행사업비(403-02)	민간이전지출 근거 (지방보조금 관리기준 참고) 1. 법률에 규정 2. 국고보조 재원(국가지정) 3. 용도 지정 기부금 4. 조례에 직접규정 5. 지자체가 권장하는 사업을 하는 공공기관 6. 시,도 정책 및 재정사정 7. 기타 8. 해당없음	입찰방식 계약체결방법 (경쟁형태) 1. 일반경쟁 2. 제한경쟁 3. 지명경쟁 4. 수의계약 5. 법정위탁 6. 기타 ( ) 7. 해당없음	입찰방식 계약기간 1. 1년 2. 2년 3. 3년 4. 4년 5. 5년 6. 기타 ( )년 7. 단기계약 (1년미만) 8. 해당없음	입찰방식 낙찰자선정방법 1. 적격심사 2. 협상에의한계약 3. 최저가낙찰제 4. 규격가격분리 5. 2단계 경쟁입찰 6. 기타 ( ) 7. 해당없음	운영예산 산정 운영예산 산정 1. 내부산정 (지자체 자체적으로 산정) 2. 외부산정 (외부전문기관위탁 산정) 3. 내·외부 모두 산정 4. 산정 無 5. 해당없음	운영예산 산정 정산방법 1. 내부정산 (지자체 내부적으로 정산) 2. 외부정산 (외부전문기관위탁 정산) 3. 내·외부 모두 산정 4. 정산 無 5. 해당없음	성과평가 실시여부 1. 실시 2. 미실시 3. 향후 추진 4. 해당없음
6903	충북 보은군	자활근로사업비	1,096,865	주민복지과	4	1	5	1	6	5	1	1
6904	충북 보은군	공중화장실 청소 대행 1권역	60,500	환경위생과	4	6	1	1	3	1	1	4
6905	충북 보은군	공중화장실 청소 대행 2권역	60,500	환경위생과	4	6	1	1	3	1	1	4
6906	충북 보은군	생활폐기물 수집운반 대행사업비 1권역	973,870	환경위생과	4	6	4	7	7	2	1	1
6907	충북 보은군	생활폐기물 수집운반 대행사업비 2권역	825,593	환경위생과	4	6	4	7	7	2	1	1
6908	충북 보은군	생활폐기물 소각시설 운영 민간위탁	1,999,454	환경위생과	4	6	4	3	2	2	1	4
6909	충북 보은군	어린이급식관리지원센터 운영	105,000	환경위생과	4	1	7	5	1	4	2	1
6910	충북 보은군	보은군일자리종합지원센터 운영	154,200	경제전략과	4	4	7	3	7	1	1	1
6911	충북 보은군	보은산업단지 공공폐수처리시설 민간위탁금	630,000	경제전략과	4	4	1	3	2	2	1	3
6912	충북 보은군	보은산업단지 공업용수도시설 민간위탁금	262,500	경제전략과	4	4	1	3	2	2	1	3
6913	충북 보은군	속리산둘레길 운영관리 위탁	135,000	산림녹지과	4	2	4	3	1	1	1	1
6914	충북 보은군	공공실버주택 주택관리 위탁수수료	8,400	지역개발과	4	1	1	2	1	1	4	2
6915	충북 보은군	농약안전보관함 보급사업 위탁운영비	50,000	보건행정과	4	4	6	3	6	3	1	1
6916	충북 보은군	농약안전보관함 구입	232,650	보건행정과	4	4	6	3	6	3	1	1
6917	충북 보은군	우울증환자 치료관리비 지원 위탁운영비	28,000	보건행정과	4	4	6	3	6	3	1	1
6918	충북 보은군	정신건강복지센터 운영 위탁운영비	184,224	보건행정과	4	4	6	3	6	3	1	1
6919	충북 보은군	정신건강복지센터 인력확충 위탁 운영비	72,648	보건행정과	4	4	6	3	6	3	1	1
6920	충북 보은군	정신건강복지센터 등 종사자 처우개선비 위탁운영비	10,800	보건행정과	4	4	6	3	6	3	1	1
6921	충북 보은군	아동청소년정신보건 위탁운영비	52,294	보건행정과	4	4	6	3	6	3	1	1
6922	충북 보은군	자살예방 및 정신건강증진 위탁운영비	71,260	보건행정과	4	4	6	3	6	3	1	1
6923	충북 보은군	자살위험자 응급개입치료비 지원 위탁운영비	4,000	보건행정과	4	4	6	3	6	3	1	1
6924	충북 보은군	지역사회 자살예방 네트워크 구축 위탁운영비	3,000	보건행정과	4	4	6	3	6	3	1	1
6925	충북 보은군	정신질환 치료비 지원사업	17,600	보건행정과	4	4	6	3	6	3	1	1
6926	충북 보은군	정신건강복지센터 자살예방사업 지원 위탁운영비	35,314	보건행정과	4	4	6	3	6	3	1	1
6927	충북 보은군	보은군 장류체험장 민간위탁금	39,921	농업기술센터	4	4	6	3	6	3	1	1
6928	충북 보은군	보은군 하수관거(BTL) 운영비	480,000	상하수도사업소	4	4	6	5	6	2	2	2
6929	충북 보은군	금강수계 환경기초시설 민간위탁금	3,595,479	상하수도사업소	4	7	7	6	2	3	3	1
6930	충북 보은군	한강수계 환경기초시설 민간위탁금	1,343,159	상하수도사업소	4	7	1	5	2	3	3	1
6931	충북 보은군	가축분뇨공공처리시설 운영 민간위탁금	1,706,090	상하수도사업소	4	7	1	5	2	3	3	1
6932	충북 옥천군	다문화가족 고국방문지원	37,000	복지정책과	4	5	7	8	7	5	5	4
6933	충북 옥천군	다문화가족 자활교육지원	25,000	복지정책과	4	5	7	8	7	5	5	4
6934	충북 옥천군	자활근로사업	1,206,080	복지정책과	4	2	6	1	6	5	1	4
6935	충북 옥천군	독거노인응급안전시스템운영	110,064	주민복지과	4	2	4	1	1	1	1	1
6936	충북 옥천군	공설장사시설 민간위탁	153,853	주민복지과	4	7	2	5	1	2	1	3
6937	충북 옥천군	여성장애인 가사도우미 사업	35,850	주민복지과	4	7	7	8	7	1	1	1
6938	충북 옥천군	장애인복지관 운영비	1,322,800	주민복지과	4	4	6	5	7	1	1	1
6939	충북 옥천군	장애인주간보호시설 운영비	170,400	주민복지과	4	4	6	5	7	1	1	1
6940	충북 옥천군	장애인건강증진생활사업	10,000	주민복지과	4	6	7	8	7	1	1	1
6941	충북 옥천군	장애인 일감만들어주기지원센터 운영	67,635	주민복지과	4	6	7	8	7	1	1	1
6942	충북 옥천군	저소득 재가장애인 밑반찬 배달사업	52,000	주민복지과	4	6	7	8	7	1	1	1
6943	충북 옥천군	관성회관 민간위탁금	199,984	문화관광과	4	1	7	8	7	3	3	4
6944	충북 옥천군	전통문화체험관 야간경비 용역	96,000	문화관광과	4	1	2	1	7	1	1	2
6945	충북 옥천군	특별교통수단 위탁운영비 지원	654,000	도시교통과	4	4	5	3	6	1	1	4

순번	시군구	지출명 (사업명)	2021년예산 (단위:천원/1년간)	담당자 (공무원)	민간이전 분류 (지방자치단체 세출예산 집행기준에 의거)	민간이전지출 근거 (지방보조금 관리기준 참고)	입찰방식			운영예산 산정		성과평가 실시여부
				담당부서	1. 민간경상사업보조(307-02) 2. 민간단체 법정운영비보조(307-03) 3. 민간행사사업보조(307-04) 4. 민간위탁금(307-05) 5. 사회복지시설 법정운영비보조(307-10) 6. 민간인위탁교육비(307-12) 7. 공기관등에대한경상적위탁사업비(308-10) 8. 민간자본사업보조,자체재원(402-01) 9. 민간자본사업보조,이전재원(402-02) 10. 민간위탁사업비(402-03) 11. 공기관등에 대한 자본적 대행사업비(403-02)	1. 법률에 규정 2. 국고보조 재원(국가지정) 3. 용도 지정 기부금 4. 조례에 직접규정 5. 지자체가 권장하는 사업을 하는 공공기관 6. 시,도 정책 및 재정사정 7. 기타 8. 해당없음	계약체결방법 (경쟁형태) 1. 일반경쟁 2. 제한경쟁 3. 지명경쟁 4. 수의계약 5. 법정위탁 6. 기타 ( ) 7. 해당없음	계약기간 1. 1년 2. 2년 3. 3년 4. 4년 5. 5년 6. 기타 ( )년 7. 단기계약 (1년미만) 8. 해당없음	낙찰자선정방법 1. 적격심사 2. 협상에의한계약 3. 최저가낙찰제 4. 규격가격분리 5. 2단계 경쟁입찰 6. 기타 ( ) 7. 해당없음	운영예산 산정 1. 내부산정 (지자체 자체적으로 산정) 2. 외부산정 (외부전문기관위탁 산정) 3. 내·외부 모두 산정 4. 산정 無 5. 해당없음	정산방법 1. 내부정산 (지자체 내부적으로 정산) 2. 외부정산 (외부전문기관위탁 정산) 3. 내·외부 모두 정산 4. 정산 無 5. 해당없음	1. 실시 2. 미실시 3. 향후 추진 4. 해당없음
6946	충북 옥천군	정신건강복지센터 운영	254,224	보건행정과	4	1	6	5	6	1	1	1
6947	충북 옥천군	정신건강복지센터 인력확충	145,296	보건행정과	4	1	6	5	6	1	1	1
6948	충북 옥천군	아동청소년 정신보건사업	52,294	보건행정과	4	1	6	5	6	1	1	1
6949	충북 옥천군	정신질환자 치료비지원	18,000	보건행정과	4	1	6	5	6	1	1	1
6950	충북 옥천군	자살예방 및 정신건강증진사업	40,720	보건행정과	4	1	6	5	6	1	1	1
6951	충북 옥천군	자살위험자 응급개입 치료비 지원	11,000	보건행정과	4	1	6	5	6	1	1	1
6952	충북 옥천군	우울증환자 치료관리비 지원	60,000	보건행정과	4	1	6	5	6	1	1	1
6953	충북 옥천군	정신건강복지센터 자살예방사업 지원	35,314	보건행정과	4	1	6	5	6	1	1	1
6954	충북 옥천군	여성농어업인 행복바우처사업	528,000	친환경농축산과	4	1	7	8	7	1	1	4
6955	충북 옥천군	농산물산지유통센터 운영관리	40,000	친환경농축산과	4	4	2	5	2	2	1	1
6956	충북 옥천군	동물보호 운영비	18,750	친환경농축산과	4	1	5	1	2	1	1	1
6957	충북 옥천군	동물보호센터 운영	42,000	친환경농축산과	4	1	5	1	2	1	1	1
6958	충북 옥천군	오염 가축처리	10,000	친환경농축산과	4	2	7	8	7	5	5	4
6959	충북 옥천군	하수처리시설 및 분뇨처리시설 운영관리 위탁	5,865,944	상하수도사업소	4	2	2	5	2	2	2	1
6960	충북 옥천군	옥천군 마을공동체 지원센터 운영	200,000	경제과	4	4	1	3	2	2	1	3
6961	충북 영동군	문화의 집 운영비	61,730	국악문화체육과	4	4	7	8	7	1	1	1
6962	충북 영동군	문화의 집 사업비	28,700	국악문화체육과	4	4	7	8	7	1	1	1
6963	충북 영동군	설계리농요전수관 위탁	18,000	국악문화체육과	4	7	2	5	2	1	1	3
6964	충북 영동군	국악체험촌 민간위탁금	622,025	국악문화체육과	4	4	7	8	7	5	5	4
6965	충북 영동군	자활근로사업비	863,175	주민복지과	4	2	5	1	6	3	1	1
6966	충북 영동군	내일키움통장사업	2,010	주민복지과	4	2	5	1	6	3	1	1
6967	충북 영동군	희망키움통장1사업지원	15,331	주민복지과	4	2	5	1	6	3	1	1
6968	충북 영동군	희망키움통장2사업지원	74,200	주민복지과	4	2	5	1	6	3	1	1
6969	충북 영동군	청년희망키움통장 사업	10,470	주민복지과	4	2	5	1	6	3	1	1
6970	충북 영동군	청년저축계좌사업 지원	24,404	주민복지과	4	2	5	1	6	3	1	1
6971	충북 영동군	노인일자리 사회활동지원	66,080	주민복지과	4	6	7	8	7	5	5	1
6972	충북 영동군	공익형사업	5,827,500	주민복지과	4	2	7	8	7	5	5	1
6973	충북 영동군	사회서비스형 사업	396,550	주민복지과	4	2	7	8	7	5	5	1
6974	충북 영동군	노인일자리지원	16,020	주민복지과	4	2	7	8	7	5	5	1
6975	충북 영동군	노인일자리지원	1,500,000	주민복지과	4	2	7	8	7	5	5	1
6976	충북 영동군	노인일자리지원	282,282	주민복지과	4	2	7	8	7	5	5	1
6977	충북 영동군	장애인복지일자리사업 지원	232,240	주민복지과	4	4	1	1	2	1	1	2
6978	충북 영동군	여성장애인평생교육확대	30,000	주민복지과	4	4	5	1	7	2	1	1
6979	충북 영동군	1인1기 장애인기업체 상생일자리사업	14,000	주민복지과	4	6	4	1	7	1	1	1
6980	충북 영동군	영동군 장애인보호작업장 운영	613,761	주민복지과	4	1	7	5	1	1	2	1
6981	충북 영동군	장애인복지관장애인건강증진	10,000	주민복지과	4	4	5	1	7	2	1	1
6982	충북 영동군	장애인복지관장애인일감지원확대	67,635	주민복지과	4	4	5	1	7	2	1	1
6983	충북 영동군	여성장애인가사도우미 지원사업	29,000	주민복지과	4	4	5	1	7	1	1	1
6984	충북 영동군	영동군 장애인복지관 운영	970,935	주민복지과	4	1	2	5	1	1	2	1
6985	충북 영동군	영동군 재가복지센터 운영	182,155	주민복지과	4	1	2	5	1	1	2	1
6986	충북 영동군	취약계층 주거환경개선서비스	150,000	주민복지과	4	4	4	7	1	1	1	1
6987	충북 영동군	다문화가정 초등학생 학습지원	25,000	가족행복과	4	5	7	8	7	5	1	2
6988	충북 영동군	국적취득대비반 지원	2,000	가족행복과	4	5	7	8	7	5	1	2

순번	시군구	지출명 (사업명)	2021년예산 (단위:천원/1년간)	담당자 (공무원) 담당부서	민간이전 분류 (지방자치단체 세출예산 집행기준에 의거) 1. 민간경상사업보조(307-02) 2. 민간단체 법정운영비보조(307-03) 3. 민간행사사업보조(307-04) 4. 민간위탁금(307-05) 5. 사회복지시설 법정운영비보조(307-10) 6. 민간인위탁교육비(307-12) 7. 공기관등에대한경상적위탁사업비(308-10) 8. 민간자본사업보조,자체재원(402-01) 9. 민간자본사업보조,이전재원(402-02) 10. 민간위탁사업비(402-03) 11. 공기관등에 대한 자본적 대행사업비(403-02)	민간이전지출 근거 (지방보조금 관리기준 참고) 1. 법률에 규정 2. 국고보조 재원(국가지정) 3. 용도 지정 기부금 4. 조례에 직접규정 5. 지자체가 권장하는 사업을 하는 공공기관 6. 시,도 정책 및 재정사정 7. 기타 8. 해당없음	입찰방식 계약체결방법 (경쟁형태) 1. 일반경쟁 2. 제한경쟁 3. 지명경쟁 4. 수의계약 5. 법정위탁 6. 기타 ( ) 7. 해당없음	입찰방식 계약기간 1. 1년 2. 2년 3. 3년 4. 4년 5. 5년 6. 기타 ( )년 7. 단기계약 (1년미만) 8. 해당없음	입찰방식 낙찰자선정방법 1. 적격심사 2. 협상에의한계약 3. 최저가낙찰제 4. 규격가격분리 5. 2단계 경쟁입찰 6. 기타 ( ) 7. 해당없음	운영예산 산정 운영예산 산정 1. 내부산정 (지자체 자체적으로 산정) 2. 외부산정 (외부전문기관위탁 산정) 3. 내·외부 모두 산정 4. 산정 無 5. 해당없음	운영예산 산정 정산방법 1. 내부정산 (지자체 내부적으로 정산) 2. 외부정산 (외부전문기관위탁 정산) 3. 내·외부 모두 산정 4. 정산 無 5. 해당없음	성과평가 실시여부 1. 실시 2. 미실시 3. 향후 추진 4. 해당없음
6989	충북 영동군	건강가정및다문화가족지원센터 종사자 처우개선비	4,800	가족행복과	4	6	7	8	7	5	1	2
6990	충북 영동군	행복가족상담서비스	20,000	가족행복과	4	6	7	8	7	5	1	2
6991	충북 영동군	다문화가족 통번역 지원	27,509	가족행복과	4	5	7	8	7	5	1	2
6992	충북 영동군	아이돌봄지원사업	367,363	가족행복과	4	5	7	8	7	5	1	2
6993	충북 영동군	아이돌봄지원센터 종사자 처우개선비	1,200,000	가족행복과	4	6	7	8	7	5	1	2
6994	충북 영동군	다문화가족 특화사업	218,111	가족행복과	4	2	7	8	7	5	1	2
6995	충북 영동군	건강가정및다문화가족지원센터 운영비	342,960	가족행복과	4	2	7	8	7	5	1	2
6996	충북 영동군	지방청소년 상담사업 운영	132,882	가족행복과	4	4	1	3	1	3	3	1
6997	충북 영동군	청소년 안전망 구축사업	97,470	가족행복과	4	4	1	3	1	3	3	1
6998	충북 영동군	학교 밖 청소년지원	84,517	가족행복과	4	4	1	3	1	3	3	1
6999	충북 영동군	학교 밖 청소년 급식비 지원	7,500	가족행복과	4	4	1	3	1	3	3	1
7000	충북 영동군	청소년 동반자 프로그램	41,330	가족행복과	4	4	1	3	1	3	3	1
7001	충북 영동군	레인보우영동연수원 민간위탁 운영	454,933	가족행복과	4	4	1	2	2	1	1	3
7002	충북 영동군	영어캠프 운영	115,000	가족행복과	4	4	1	7	2	1	1	3
7003	충북 영동군	영동산업단지 공공폐수처리시설 민간위탁	441,000	경제과	4	1	1	3	2	2	1	1
7004	충북 영동군	여성농어업인 행복바우처 사업	688,000	농정과	4	6	7	8	7	1	1	4
7005	충북 영동군	생활쓰레기수집운반 위탁금	1,644,000	환경과	4	1	1	6	3	2	1	1
7006	충북 영동군	소각시설 운영관리 위탁금	20,500	환경과	4	1	2	3	2	2	1	1
7007	충북 영동군	자원순환센터 사업장폐기물 위탁처리비	150,000	환경과	4	1	4	7	3	1	1	2
7008	충북 영동군	환경기초시설 민간위탁금	4,185,710	환경과	4	1	2	5	2	2	1	1
7009	충북 영동군	정책숲가꾸기	1,599,040	산림과	4	2	1	1	1	1	1	1
7010	충북 영동군	경제림조성	600,752	산림과	4	2	1	1	1	1	1	1
7011	충북 영동군	미세먼지저감숲가꾸기	108,480	산림과	4	2	1	1	1	1	1	1
7012	충북 영동군	내화수림대 조림	105,000	산림과	4	2	1	1	1	1	1	1
7013	충북 영동군	CCTV관제센터 모니터요원 용역	325,056	안전관리과	4	7	1	1	3	1	1	2
7014	충북 영동군	초등학교CCTV 모니터요원 용역	162,528	안전관리과	4	7	1	1	3	1	1	2
7015	충북 영동군	노근리평화공원 관리운영	655,800	시설사업소	4	4	2	3	1	1	2	3
7016	충북 영동군	노근리 평화상 지원	45,000	시설사업소	4	4	7	8	7	1	1	3
7017	충북 영동군	노근리평화공원 정원축제지원	10,000	시설사업소	4	4	7	8	7	1	1	3
7018	충북 영동군	문화체육센터 관리운영	161,987	시설사업소	4	4	2	3	1	1	1	3
7019	충북 영동군	실내테니스장 관리운영	45,700	시설사업소	4	4	2	3	1	1	1	3
7020	충북 증평군	장애인복지관 운영	876,356	생활지원과	4	1	4	5	1	1	1	1
7021	충북 증평군	사회복지관 운영	385,184	생활지원과	4	1	4	5	2	1	1	1
7022	충북 증평군	노인복지관 운영	553,033	사회복지과	4	4	4	5	6	1	1	1
7023	충북 증평군	청소년상담복지센터 운영	100,134	사회복지과	4	1	4	3	7	1	1	1
7024	충북 증평군	청소년수련관 운영	447,372	사회복지과	4	1	4	3	7	1	1	1
7025	충북 증평군	다함께돌봄센터 인건비 지원	13,260	사회복지과	4	1	7	8	7	5	5	4
7026	충북 증평군	다함께돌봄센터 운영비 지원	9,000	사회복지과	4	1	7	8	7	5	5	4
7027	충북 증평군	문화의 집 운영	65,000	문화체육과	4	1	4	5	6	1	1	1
7028	충북 증평군	중부권 관광협의회 공동사업	18,000	문화체육과	4	4	7	8	7	1	1	2
7029	충북 증평군	일자리종합지원센터 운영	110,000	경제과	4	4	6	3	1	1	1	2
7030	충북 증평군	공공폐수처리시설 운영관리	50,000	환경위생과	4	1	1	1	1	1	4	2
7031	충북 증평군	청소 및 종량제봉투 관리	1,350,000	환경위생과	4	1	4	1	1	2	1	1

순번	시군구	지출명 (사업명)	2021년예산 (단위:천원/1년간)	담당자 (공무원) 담당부서	민간이전 분류 (지방자치단체 세출예산 집행기준에 의거) 1. 민간경상사업보조(307-02) 2. 민간단체 법정운영비보조(307-03) 3. 민간행사사업보조(307-04) 4. 민간위탁금(307-05) 5. 사회복지시설 법정운영비보조(307-10) 6. 민간인위탁교육비(307-12) 7. 공기관등에대한경상적위탁사업비(308-10) 8. 민간자본사업보조,자체재원(402-01) 9. 민간자본사업보조,이전재원(402-02) 10. 민간위탁사업비(402-03) 11. 공기관등에 대한 자본적 대행사업비(403-02)	민간이전지출 근거 (지방보조금 관리기준 참고) 1. 법률에 규정 2. 국고보조 재원(국가지정) 3. 용도 지정 기부금 4. 조례에 직접규정 5. 지자체가 권장하는 사업을 하는 공공기관 6. 시,도 정책 및 재정사정 7. 기타 8. 해당없음	입찰방식 계약체결방법 (경쟁형태) 1. 일반경쟁 2. 제한경쟁 3. 지명경쟁 4. 수의계약 5. 법정위탁 6. 기타 ( ) 7. 해당없음	입찰방식 계약기간 1. 1년 2. 2년 3. 3년 4. 4년 5. 5년 6. 기타 ( )년 7. 단기계약 (1년미만) 8. 해당없음	입찰방식 낙찰자선정방법 1. 적격심사 2. 협상에의한계약 3. 최저가낙찰제 4. 규격가격분리 5. 2단계 경쟁입찰 6. 기타 ( ) 7. 해당없음	운영예산 산정 운영예산 산정 1. 내부산정 (지자체 자체적으로 산정) 2. 외부산정 (외부전문기관위탁 산정) 3. 내·외부 모두 산정 4. 산정 無 5. 해당없음	운영예산 산정 정산방법 1. 내부정산 (지자체 내부적으로 정산) 2. 외부정산 (외부전문기관위탁 정산) 3. 내·외부 모두 산정 4. 정산 無 5. 해당없음	성과평가 실시여부 1. 실시 2. 미실시 3. 향후 추진 4. 해당없음
7032	충북 증평군	증평 인삼상설판매장 민간위탁 지원	35,000	농정과	4	4	4	5	2	1	1	4
7033	충북 증평군	노점상 및 노상적치물 관리	99,874	건설과	4	6	4	7	7	1	1	4
7034	충북 증평군	교통약자이동편의증진	101,524	도시교통과	4	4	6	2	6	1	1	4
7035	충북 증평군	상수도 요금관리	90,360	상하수도사업소	4	4	7	8	7	5	5	4
7036	충북 증평군	산림서비스도우미	107,180	휴양공원사업소	4	2	7	8	7	5	5	4
7037	충북 증평군	산림서비스도우미	71,426	휴양공원사업소	4	2	7	8	7	5	5	4
7038	충북 증평군	증평국민체육센터 운영	250,000	시설관리사업소	4	7	1	3	6	2	4	2
7039	충북 진천군	지역사회서비스 투자사업 예탁금	806,863	주민복지과	4	1	7	8	7	1	2	2
7040	충북 진천군	가사간병 방문관리사 지원사업	20,338	주민복지과	4	1	7	8	7	1	2	2
7041	충북 진천군	자활근로사업	1,037,725	주민복지과	4	2	5	1	7	5	5	1
7042	충북 진천군	보훈회관 위탁관리비	4,100	주민복지과	4	4	7	8	7	1	1	1
7043	충북 진천군	노인복지관 위탁운영비	746,832	주민복지과	4	1	5	5	7	1	1	1
7044	충북 진천군	생거진천노인복지센터 운영	10,000	주민복지과	4	1	5	5	7	1	1	1
7045	충북 진천군	진천군 장애인주간보호시설 운영	298,811	주민복지과	4	4	7	8	7	1	1	1
7046	충북 진천군	진천군 장애인복지관 운영	1,015,687	주민복지과	4	4	1	5	1	1	1	1
7047	충북 진천군	장애인 활동지원 급여	2,009,436	주민복지과	4	1	4	8	7	3	3	2
7048	충북 진천군	장애인 활동지원 가산급여 지원	8,928	주민복지과	4	1	4	8	7	3	3	2
7049	충북 진천군	장애인활동지원사업	5,520	주민복지과	4	1	4	8	7	3	3	2
7050	충북 진천군	발달서비스 바우처 지원	140,400	주민복지과	4	1	4	8	7	3	3	2
7051	충북 진천군	발달장애인 주간활동서비스	148,005	주민복지과	4	1	4	8	7	3	3	2
7052	충북 진천군	발달장애인 방과후 돌봄서비스 바우처 지원	133,229	주민복지과	4	1	4	8	7	3	3	2
7053	충북 진천군	발달장애인 부모심리상담 바우처 지원	9,600	주민복지과	4	1	4	8	7	3	3	2
7054	충북 진천군	다문화가족지원센터 위탁관리비	5,000	여성가족과	4	1	1	5	1	1	1	1
7055	충북 진천군	영유아보육료 지원	9,625,170	여성가족과	4	2	7	8	7	5	5	4
7056	충북 진천군	시간제보육료	10,000	여성가족과	4	2	7	8	7	5	5	4
7057	충북 진천군	누리과정 보육료예탁	3,882,147	여성가족과	4	2	7	8	7	5	5	4
7058	충북 진천군	민간,가정어린이집 학부모부담금 지원	360,000	여성가족과	4	1	7	8	7	5	5	4
7059	충북 진천군	진천군 육아종합지원센터 운영	400,000	여성가족과	4	1	1	5	1	1	1	3
7060	충북 진천군	다함께돌봄센터 인건비	119,340	여성가족과	4	1	1	5	1	1	1	4
7061	충북 진천군	다함께돌봄센터 운영비	8,100	여성가족과	4	1	1	5	1	1	1	4
7062	충북 진천군	다함께돌봄센터 운영비 지원	16,800	여성가족과	4	1	1	5	1	1	1	4
7063	충북 진천군	청소년 안전망 구축	97,470	여성가족과	4	1	5	3	6	2	1	2
7064	충북 진천군	학교 밖 청소년 지원	125,993	여성가족과	4	1	5	3	6	2	1	2
7065	충북 진천군	학교 밖 청소년 운영비 지원	20,000	여성가족과	4	1	5	3	6	1	1	2
7066	충북 진천군	학교 밖 청소년 교통비 지원	6,000	여성가족과	4	1	5	3	6	1	1	2
7067	충북 진천군	학교 밖 청소년 급식비 지원	10,372	여성가족과	4	1	5	3	6	2	1	2
7068	충북 진천군	청소년상담복지센터 운영지원	130,000	여성가족과	4	1	5	3	6	1	1	2
7069	충북 진천군	저소득층 여성청소년 위생용품 지원	15,868	여성가족과	4	1	7	8	7	5	5	4
7070	충북 진천군	중부권관광협의회 국내관광전	27,000	문화관광과	4	7	7	8	7	5	5	4
7071	충북 진천군	진천공예미술관 민간위탁운영비	30,000	문화관광과	4	4	7	8	7	5	5	4
7072	충북 진천군	글로벌 인재양성 패키지 사업	40,000	평생학습과	4	4	7	8	7	1	1	1
7073	충북 진천군	청소년 외국어 페스티벌	27,000	평생학습과	4	4	7	8	7	1	1	1
7074	충북 진천군	창의가족 캠프	15,000	평생학습과	4	4	7	8	7	1	1	1

순번	시군구	지출명 (사업명)	2021년예산 (단위:천원/1년간)	담당자 (공무원) 담당부서	민간이전 분류 (지방자치단체 세출예산 집행기준에 의거) 1. 민간경상사업보조(307-02) 2. 민간단체 법정운영비보조(307-03) 3. 민간행사사업보조(307-04) 4. 민간위탁금(307-05) 5. 사회복지시설 법정운영비보조(307-10) 6. 민간인위탁교육비(307-12) 7. 공기관등에대한경상적위탁사업비(308-10) 8. 민간자본사업보조,자체재원(402-01) 9. 민간자본사업보조,이전재원(402-02) 10. 민간위탁사업비(402-03) 11. 공기관등에 대한 자본적 대행사업비(403-02)	민간이전지출 근거 (지방보조금 관리기준 참고) 1. 법률에 규정 2. 국고보조 재원(국가지정) 3. 용도 지정 기부금 4. 조례에 직접규정 5. 지자체가 권장하는 사업을 하는 공공기관 6. 시,도 정책 및 재정사정 7. 기타 8. 해당없음	입찰방식 계약체결방법 (경쟁형태) 1. 일반경쟁 2. 제한경쟁 3. 지명경쟁 4. 수의계약 5. 법정위탁 6. 기타 ( ) 7. 해당없음	입찰방식 계약기간 1. 1년 2. 2년 3. 3년 4. 4년 5. 5년 6. 기타 ( )년 7. 단기계약 (1년미만) 8. 해당없음	입찰방식 낙찰자선정방법 1. 적격심사 2. 협상에의한계약 3. 최저가낙찰제 4. 규격가격분리 5. 2단계 경쟁입찰 6. 기타 ( ) 7. 해당없음	운영예산 산정 운영예산 산정 1. 내부산정 (지자체 자체적으로 산정) 2. 외부산정 (외부전문기관위탁 산정) 3. 내·외부 모두 산정 4. 산정 無 5. 해당없음	운영예산 산정 정산방법 1. 내부정산 (지자체 내부적으로 정산) 2. 외부정산 (외부전문기관위탁 정산) 3. 내·외부 모두 산정 4. 정산 無 5. 해당없음	성과평가 실시여부 1. 실시 2. 미실시 3. 향후 추진 4. 해당없음
7075	충북 진천군	폐수종말처리시설 민간위탁금	2,013,828	환경과	4	4	2	5	1	2	5	3
7076	충북 진천군	케이푸드밸리산단 공공폐수처리시설 민간위탁금	1,144,920	환경과	4	4	2	3	1	2	5	3
7077	충북 진천군	가축분뇨공공처리시설 민간위탁 운영비	2,450,000	환경과	4	4	6	5	2	2	1	2
7078	충북 진천군	가축분뇨처리비 징수교부금	72,000	환경과	4	4	6	5	2	1	1	2
7079	충북 진천군	소각시설 위탁운영	3,735,961	식산업자원과	4	1	2	5	2	2	1	4
7080	충북 진천군	침출수처리시설 위탁운영	802,291	식산업자원과	4	1	1	5	1	2	1	4
7081	충북 진천군	재활용선별시설 위탁운영	506,041	식산업자원과	4	1	1	5	1	2	1	4
7082	충북 진천군	대형폐기물 위탁처리	210,000	식산업자원과	4	1	7	8	7	5	5	4
7083	충북 진천군	대형폐기물(폐목재)민간위탁금	160,000	식산업자원과	4	1	7	8	7	5	5	4
7084	충북 진천군	대형폐기물(매트리스) 위탁처리	19,440	식산업자원과	4	1	4	1	7	1	1	4
7085	충북 진천군	재활용품 선별 잔재물 민간위탁처리 용역	288,000	식산업자원과	4	8	7	8	7	5	5	4
7086	충북 진천군	광역폐기물처리시설 처리 초과물량 폐기물 위탁처리	28,500	식산업자원과	4	1	7	8	7	5	5	4
7087	충북 진천군	어린이급식관리지원센터 운영	315,000	식산업자원과	4	2	7	8	7	3	1	1
7088	충북 진천군	생활폐기물 수집운반 대행비	6,096,000	식산업자원과	4	4	1	3	1	2	1	1
7089	충북 진천군	음식물쓰레기 처리비 징수 교부금	43,680	식산업자원과	4	4	1	3	1	2	1	1
7090	충북 진천군	음식물류폐기물 공공처리시설 위탁비	400,944	식산업자원과	4	6	1	5	1	1	1	2
7091	충북 진천군	매립장 침출수 위탁처리	13,200	식산업자원과	4	1	4	1	7	1	1	2
7092	충북 진천군	종합안전교육체험관 운영	195,440	안전총괄과	4	4	5	5	7	1	1	4
7093	충북 진천군	CCTV 통합관제센터 모니터요원 용역사업	386,004	안전총괄과	4	6	1	1	1	1	1	4
7094	충북 진천군	초등학교 CCTV 모니터요원 용역	243,792	안전총괄과	4	6	1	1	1	1	1	4
7095	충북 진천군	장애인차량 운행	338,270	건설교통과	4	1	4	2	2	1	1	2
7096	충북 진천군	마을만들기 통합지원센터 민간위탁금	400,000	지역개발과	4	4	6	3	6	1	1	3
7097	충북 진천군	숲해설 위탁운영	51,000	산림녹지과	4	1	2	1	2	1	1	1
7098	충북 진천군	유아숲 교육 운영	51,352	산림녹지과	4	1	2	1	2	1	1	1
7099	충북 진천군	치유의 숲 산림치유프로그램 운영비	93,110	산림녹지과	4	1	7	8	7	5	5	4
7100	충북 진천군	취약지 응급의료기관 운영지원	135,000	보건행정과	4	2	5	8	7	2	1	1
7101	충북 진천군	호흡기 전담 클리닉 설치 운영지원	100,000	보건행정과	4	8	7	8	7	5	5	4
7102	충북 진천군	자살예방 및 정신건강증진사업 운영 위탁금	40,720	보건행정과	4	2	5	8	7	5	1	1
7103	충북 진천군	아동청소년 정신보건사업	52,294	보건행정과	4	2	5	8	7	5	1	1
7104	충북 진천군	정신건강복지센터 운영	184,224	보건행정과	4	2	5	8	7	5	1	1
7105	충북 진천군	자살위험자 응급개입치료비 지원	12,000	보건행정과	4	6	5	8	7	5	1	1
7106	충북 진천군	정신건강증진사업수행	74,573	보건행정과	4	4	5	8	7	1	1	1
7107	충북 진천군	자살예방사업 수행	62,769	보건행정과	4	4	5	8	7	1	1	1
7108	충북 진천군	중증정신장애인 사회재활 프로그램 운영	13,000	보건행정과	4	4	5	8	7	1	1	1
7109	충북 진천군	정신건강복지센터 등 처우개선비	18,000	보건행정과	4	6	5	8	7	5	1	1
7110	충북 진천군	지역사회 자살예방 네트워크 구축	4,000	보건행정과	4	6	5	8	7	5	1	1
7111	충북 진천군	우울증환자 치료관리비 지원	25,000	보건행정과	4	6	5	8	7	5	1	1
7112	충북 진천군	정신건강복지센터 인력확충	290,592	보건행정과	4	2	5	8	7	5	1	1
7113	충북 진천군	정신건강복지센터 자살예방사업 지원	35,314	보건행정과	4	2	5	8	7	5	1	1
7114	충북 진천군	청소년 산모 임신,출산 의료비 예탁	2,400	건강증진과	4	2	7	8	7	5	3	4
7115	충북 진천군	저소득층 기저귀 및 조제분유 지원	80,400	건강증진과	4	2	7	8	7	5	3	4
7116	충북 진천군	농촌신활력플러스사업 추진단 위탁금	500,000	농업정책과	4	4	6	6	6	1	1	3
7117	충북 진천군	농촌신활력플러스인건비	75,900	농업정책과	4	4	6	6	6	1	1	3

순번	시군구	지출명 (사업명)	2021년예산 (단위:천원/1년간)	담당자 (공무원)	민간이전 분류 (지방자치단체 세출예산 집행기준에 의거)	민간이전지출 근거 (지방보조금 관리기준 참고)	입찰방식			운영예산 산정		성과평가 실시여부
				담당부서	1. 민간경상사업보조(307-02) 2. 민간단체 법정운영비보조(307-03) 3. 민간행사사업보조(307-04) 4. 민간위탁금(307-05) 5. 사회복지시설 법정운영비보조(307-10) 6. 민간인위탁교육비(307-12) 7. 공기관등에대한경상적위탁사업비(308-10) 8. 민간자본사업보조,자체재원(402-01) 9. 민간자본사업보조,이전재원(402-02) 10. 민간위탁사업비(402-03) 11. 공기관등에 대한 자본적 대행사업비(403-02)	1. 법률에 규정 2. 국고보조 재원(국가지정) 3. 용도 지정 기부금 4. 조례에 직접규정 5. 지자체가 권장하는 사업을 하는 공공기관 6. 시,도 정책 및 재정사정 7. 기타 8. 해당없음	계약체결방법 (경쟁형태) 1. 일반경쟁 2. 제한경쟁 3. 지명경쟁 4. 수의계약 5. 법정위탁 6. 기타 ( ) 7. 해당없음	계약기간 1. 1년 2. 2년 3. 3년 4. 4년 5. 5년 6. 기타 ( )년 7. 단기계약 (1년미만) 8. 해당없음	낙찰자선정방법 1. 적격심사 2. 협상에의한계약 3. 최저가낙찰제 4. 규격가격분리 5. 2단계 경쟁입찰 6. 기타 ( ) 7. 해당없음	운영예산 산정 1. 내부산정 (지자체 자체적으로 산정) 2. 외부산정 (외부전문기관위탁 산정) 3. 내·외부 모두 산정 4. 산정 無 5. 해당없음	정산방법 1. 내부정산 (지자체 내부적으로 정산) 2. 외부정산 (외부전문기관위탁 정산) 3. 내·외부 모두 산정 4. 정산 無 5. 해당없음	1. 실시 2. 미실시 3. 향후 추진 4. 해당없음
7118	충북 진천군	시군역량강화	300,000	농업정책과	4	4	7	8	7	5	5	4
7119	충북 진천군	마을만들기 지원센터 운영 인건비	18,058	농업정책과	4	4	7	8	7	5	5	4
7120	충북 진천군	마을만들기 지원센터 운영 인건비	49,846	농업정책과	4	4	7	8	7	5	5	4
7121	충북 진천군	마을만들기 지원센터 운영 인건비	40,622	농업정책과	4	4	7	8	7	5	5	4
7122	충북 진천군	마을만들기 지원센터 운영 인건비	34,971	농업정책과	4	4	7	8	7	5	5	4
7123	충북 진천군	마을만들기 지원센터 운영 인건비	10,453	농업정책과	4	4	7	8	7	5	5	4
7124	충북 진천군	마을만들기 지원센터 운영 인건비	15,300	농업정책과	4	4	7	8	7	5	5	4
7125	충북 진천군	마을만들기 지원센터 운영 인건비	2,400	농업정책과	4	4	7	8	7	5	5	4
7126	충북 진천군	마을만들기 지원센터 운영 인건비	14,350	농업정책과	4	4	7	8	7	5	5	4
7127	충북 진천군	마을만들기 지원센터 운영 인건비	1,800	농업정책과	4	4	7	8	7	5	5	4
7128	충북 진천군	마을만들기 지원센터 운영 인건비	7,200	농업정책과	4	4	7	8	7	5	5	4
7129	충북 진천군	마을만들기 지원센터 운영 인건비	3,000	농업정책과	4	4	7	8	7	5	5	4
7130	충북 진천군	축산농가 분뇨처리지원	100,000	축산유통과	4	4	7	1	7	5	1	2
7131	충북 진천군	가축전염병 살처분비	10,000	축산유통과	4	1	7	8	7	1	1	2
7132	충북 진천군	폐사된 소 처리비용 지원	56,250	축산유통과	4	6	7	8	7	1	1	2
7133	충북 진천군	농산물 유통지원센터 안정화 지원	200,000	축산유통과	4	7	7	8	7	1	1	2
7134	충북 진천군	전자상거래 운영활성화 지원	50,000	축산유통과	4	7	2	1	3	1	1	3
7135	충북 진천군	택배 배송비	52,000	축산유통과	4	7	2	1	3	1	1	3
7136	충북 진천군	민간위탁 검침대행 사업비	232,320	상하수도사업소	4	4	7	8	7	5	2	4
7137	충북 진천군	05 덕산,이월 하수관거정비 임대형민자사업(BTL) 운영비	315,000	상하수도사업소	4	1	7	8	7	2	2	1
7138	충북 진천군	06 진천,초평 하수관거정비 임대형민자사업(BTL) 운영비	475,000	상하수도사업소	4	1	7	8	7	2	2	1
7139	충북 진천군	진천군(1,2단계) 하수관거정비 임대형민자사업(BTL) 성과평가업무위탁금	55,000	상하수도사업소	4	1	7	8	7	2	2	1
7140	충북 진천군	하수도 민간위탁 검침대행 사업비(지하수)	16,752	상하수도사업소	4	4	7	8	7	5	2	4
7141	충북 진천군	공공하수처리시설 관리대행비	5,761,051	상하수도사업소	4	1	1	5	4	1	1	1
7142	충북 진천군	진천 하수슬러지처리시설	973,502	상하수도사업소	4	1	1	5	4	1	1	1
7143	충북 진천군	공공하수처리시설 수질관제시스템 유지관리용역	260,000	상하수도사업소	4	1	1	1	1	1	1	4
7144	충북 진천군	지하수 이용부담금 민간위탁 검침대행 사업비	32,304	상하수도사업소	4	4	7	8	7	5	5	4
7145	충북 진천군	분뇨처리시설 민간위탁 운영비(60톤/일)	480,000	상하수도사업소	4	1	1	5	4	1	1	1
7146	충북 괴산군	2021년 괴산군 CCTV통합관제센터 모니터요원 용역	487,584	행정과	4	6	3	1	1	1	1	2
7147	충북 괴산군	괴산지역자활센터	878,650	주민복지과	4	1	7	8	7	5	5	4
7148	충북 괴산군	장애인복지관운영	894,821	주민복지과	4	4	1	5	1	3	3	1
7149	충북 괴산군	장애인복지일자리지원	183,348	주민복지과	4	2	1	1	1	3	3	1
7150	충북 괴산군	여성장애인평생교육사업	30,000	주민복지과	4	6	1	3	1	3	3	1
7151	충북 괴산군	노인복지관 운영	538,750	주민복지과	4	1	1	5	1	1	1	4
7152	충북 괴산군	청소년안전망 구축	97,470	주민복지과	4	2	1	3	1	1	1	1
7153	충북 괴산군	청소년 동반자프로그램 운영지원	34,230	주민복지과	4	2	1	3	1	1	1	1
7154	충북 괴산군	학교 밖 청소년 지원	84,517	주민복지과	4	2	1	3	1	1	1	1
7155	충북 괴산군	학교 밖 청소년 급식지원	9,588	주민복지과	4	2	1	3	1	1	1	1
7156	충북 괴산군	청소년 상담복지센터 운영	161,574	주민복지과	4	1	1	3	1	1	1	1
7157	충북 괴산군	청소년방과후 활동지원	113,416	주민복지과	4	2	1	5	1	1	1	1
7158	충북 괴산군	아이돌봄지원	117,945	주민복지과	4	1	1	3	6	1	1	1
7159	충북 괴산군	공동육아나눔터 사업	53,828	주민복지과	4	1	1	5	6	1	1	1
7160	충북 괴산군	건강가정·다문화가족지원센터 운영	367,540	주민복지과	4	1	6	3	7	1	1	1

순번	시군구	지출명 (사업명)	2021년예산 (단위:천원/1년간)	담당자 (공무원) 담당부서	민간이전 분류 (지방자치단체 세출예산 집행기준에 의거) 1. 민간경상사업보조(307-02) 2. 민간단체 법정운영비보조(307-03) 3. 민간행사사업보조(307-04) 4. 민간위탁금(307-05) 5. 사회복지시설 법정운영비보조(307-10) 6. 민간인위탁교육비(307-12) 7. 공기관등에대한경상적위탁사업비(308-10) 8. 민간자본사업보조,자체재원(402-01) 9. 민간자본사업보조,이전재원(402-02) 10. 민간위탁사업비(402-03) 11. 공기관등에 대한 자본적 대행사업비(403-02)	민간이전지출 근거 (지방보조금 관리기준 참고) 1. 법률에 규정 2. 국고보조 재원(국가지정) 3. 용도 지정 기부금 4. 조례에 직접규정 5. 지자체가 권장하는 사업을 하는 공공기관 6. 시,도 정책 및 재정사정 7. 기타 8. 해당없음	입찰방식 계약체결방법 (경쟁형태) 1. 일반경쟁 2. 제한경쟁 3. 지명경쟁 4. 수의계약 5. 법정위탁 6. 기타 ( ) 7. 해당없음	입찰방식 계약기간 1. 1년 2. 2년 3. 3년 4. 4년 5. 5년 6. 기타 ( )년 7. 단기계약 (1년미만) 8. 해당없음	입찰방식 낙찰자선정방법 1. 적격심사 2. 협상에의한계약 3. 최저가낙찰제 4. 규격가격분리 5. 2단계 경쟁입찰 6. 기타 ( ) 7. 해당없음	운영예산 산정 운영예산 산정 1. 내부산정 (지자체 자체적으로 산정) 2. 외부산정 (외부전문기관위탁 산정) 3. 내·외부 모두 산정 4. 산정 無 5. 해당없음	운영예산 산정 정산방법 1. 내부정산 (지자체 내부적으로 정산) 2. 외부정산 (외부전문기관위탁 정산) 3. 내·외부 모두 산정 4. 정산 無 5. 해당없음	성과평가 실시여부 1. 실시 2. 미실시 3. 향후 추진 4. 해당없음
7161	충북 괴산군	다문화가족 특성화사업	199,735	주민복지과	4	1	6	3	7	1	1	1
7162	충북 괴산군	다문화 초등 원어민 영어교실 운영	248,899	주민복지과	4	7	6	3	7	1	1	1
7163	충북 괴산군	다함께돌봄센터 인건비지원	66,300	주민복지과	4	1	7	8	7	1	1	2
7164	충북 괴산군	다함께돌봄센터 돌봄사업 운영	8,400	주민복지과	4	1	7	8	7	1	1	2
7165	충북 괴산군	다함께돌봄센터 돌봄사업 운영비지원	3,600	주민복지과	4	1	7	8	7	1	1	2
7166	충북 괴산군	지방교통약자 이동편의 증진	180,000	민원지적과	4	1	4	2	2	1	1	4
7167	충북 괴산군	미래식품산업연구센터 운영 지원사업	150,000	농식품유통과	4	7	6	2	7	1	1	1
7168	충북 괴산군	괴산군생활폐기물수집운반대행사업비	739,200	환경과	4	4	1	3	2	2	1	1
7169	충북 괴산군	괴산군음식물류폐기물위탁처리비	105,000	환경과	4	4	4	1	6	1	1	1
7170	충북 괴산군	한센복지협회 지원	17,100	보건소	4	1	7	1	7	5	5	4
7171	충북 괴산군	지역사회건강조사 조사분석 위탁운영	66,840	보건소	4	1	5	8	7	2	2	4
7172	충북 괴산군	자살예방 및 정신건강증진사업	30,540	보건소	4	2	1	5	1	5	1	1
7173	충북 괴산군	정신건강복지센터 운영	184,224	보건소	4	2	1	5	1	5	1	1
7174	충북 괴산군	자살위험자 응급개입치료비 지원	2,000	보건소	4	2	1	5	1	5	1	1
7175	충북 괴산군	정신건강증진센터 종사자 처우개선비 지원	12,000	보건소	4	2	1	5	1	5	1	1
7176	충북 괴산군	우울증환자 치료관리비 지원	19,000	보건소	4	2	1	5	1	5	1	1
7177	충북 괴산군	지역사회 자살예방 네트워크 구축	3,000	보건소	4	2	1	5	1	5	1	1
7178	충북 괴산군	정신건강복지센터 인력확충	181,620	보건소	4	2	1	5	1	5	1	1
7179	충북 괴산군	아동청소년 정신보건사업	52,294	보건소	4	2	1	5	1	5	1	1
7180	충북 괴산군	정신질환 치료비 지원사업	18,000	보건소	4	2	1	5	1	5	1	1
7181	충북 괴산군	정신건강복지센터 자살예방사업 지원	35,314	보건소	4	2	1	5	1	5	1	1
7182	충북 괴산군	서울농장조성사업	200,000	농업기술센터	4	1	7	8	7	5	5	4
7183	충북 음성군	반기문 아카데미	13,000	평생학습과	4	4	7	8	7	1	2	4
7184	충북 음성군	학부모 아카데미	8,000	평생학습과	4	4	4	1	7	1	1	1
7185	충북 음성군	꿈나무 리더십 프로그램 운영	10,000	평생학습과	4	7	7	8	7	1	1	1
7186	충북 음성군	청소년상담복지센터 운영지원	132,000	평생학습과	4	1	1	3	1	1	1	1
7187	충북 음성군	청소년안전망 구축	100,483	평생학습과	4	2	1	3	1	5	1	1
7188	충북 음성군	청소년안전망 구축	3,013	평생학습과	4	2	1	3	1	5	1	1
7189	충북 음성군	금왕청소년문화의집 운영지원	185,329	평생학습과	4	1	1	2	1	1	1	3
7190	충북 음성군	청소년수련원 운영지원	150,000	평생학습과	4	4	1	6	1	1	1	3
7191	충북 음성군	장애인가족지원센터 운영비	165,233	주민지원과	4	1	7	5	7	5	1	1
7192	충북 음성군	시군 장애인복지관 운영	1,303,825	주민지원과	4	1	7	5	7	5	1	1
7193	충북 음성군	주거급여 지원	38,000	주민지원과	4	1	1	7	1	1	1	4
7194	충북 음성군	외국인지원센터 운영	277,800	주민지원과	4	4	2	3	1	1	1	3
7195	충북 음성군	노인일자리 및 사회활동 지원사업	9,629,750	사회복지과	4	2	6	1	2	1	1	1
7196	충북 음성군	노인일자리 및 사회활동 지원사업	104,720	사회복지과	4	2	6	1	2	1	1	1
7197	충북 음성군	시니어클럽 운영	367,962	사회복지과	4	1	7	8	7	1	1	1
7198	충북 음성군	노인복지관 운영	732,000	사회복지과	4	1	7	8	7	1	1	1
7199	충북 음성군	공동육아나눔터 사업	80,742	사회복지과	4	2	5	3	7	1	1	1
7200	충북 음성군	음성형 마더센터 운영	14,000	사회복지과	4	7	7	8	7	5	5	4
7201	충북 음성군	아이돌봄 지원사업	232,000	사회복지과	4	1	7	8	7	5	5	4
7202	충북 음성군	음성군 문화예술 체험촌 민간위탁금	66,000	문화체육과	4	4	6	3	6	1	1	3
7203	충북 음성군	품바축제 관련 SNS이벤트	15,000	문화체육과	4	7	7	8	7	5	5	4

순번	시군구	지출명 (사업명)	2021년예산 (단위:천원/1년간)	담당자 (공무원)	민간이전 분류 (지방자치단체 세출예산 집행기준에 의거)	민간이전지출 근거 (지방보조금 관리기준 참고)	입찰방식			운영예산 산정		성과평가 실시여부
				담당부서	1. 민간경상사업보조(307-02) 2. 민간단체 법정운영비보조(307-03) 3. 민간행사사업보조(307-04) 4. 민간위탁금(307-05) 5. 사회복지시설 법정운영비보조(307-10) 6. 민간인위탁교육비(307-12) 7. 공기관등에대한경상적위탁사업비(308-10) 8. 민간자본사업보조,자체재원(402-01) 9. 민간자본사업보조,이전재원(402-02) 10. 민간위탁사업비(402-03) 11. 공기관등에 대한 자본적 대행사업비(403-02)	1. 법률에 규정 2. 국고보조 재원(국가지정) 3. 용도 지정 기부금 4. 조례에 직접규정 5. 지자체가 권장하는 사업을 하는 공공기관 6. 시,도 정책 및 재정사정 7. 기타 8. 해당없음	계약체결방법 (경쟁형태) 1. 일반경쟁 2. 제한경쟁 3. 지명경쟁 4. 수의계약 5. 법정위탁 6. 기타 ( ) 7. 해당없음	계약기간 1. 1년 2. 2년 3. 3년 4. 4년 5. 5년 6. 기타 ( )년 7. 단기계약 (1년미만) 8. 해당없음	낙찰자선정방법 1. 적격심사 2. 협상에의한계약 3. 최저가낙찰제 4. 규격가격분리 5. 2단계 경쟁입찰 6. 기타 ( ) 7. 해당없음	운영예산 산정 1. 내부산정 (지자체 자체적으로 산정) 2. 외부산정 (외부전문기관위탁 산정) 3. 내·외부 모두 산정 4. 산정 無 5. 해당없음	정산방법 1. 내부정산 (지자체 내부적으로 정산) 2. 외부정산 (외부전문기관위탁 정산) 3. 내·외부 모두 산정 4. 정산 無 5. 해당없음	1. 실시 2. 미실시 3. 향후 추진 4. 해당없음
7204	충북 음성군	중부권관광협의회 공동사업	36,000	문화체육과	4	4	7	8	7	5	5	4
7205	충북 음성군	품바재생예술체험초 위탁 운영비	95,000	문화체육과	4	4	6	3	6	1	1	1
7206	충북 음성군	품바재생예술체험촌 콘텐츠 사업비	40,000	문화체육과	4	4	6	3	6	1	1	1
7207	충북 음성군	근로자종합복지관 운영	131,753	경제과	4	4	1	3	1	1	1	1
7208	충북 음성군	근로자종합복지관 차량 임차료	25,932	경제과	4	4	4	6	3	1	1	1
7209	충북 음성군	농산물 쇼핑몰(음성장터) 운영 관리비	150,000	농정과	4	1	7	8	7	5	5	4
7210	충북 음성군	도시민 농촌유치 지원사업	40,000	농정과	4	1	1	7	3	1	1	1
7211	충북 음성군	전염병 발생축 위탁처리 비용	20,000	축산식품과	4	1	7	8	7	5	5	4
7212	충북 음성군	가축 매몰지 발굴, 소멸처리비	750,000	축산식품과	4	1	7	8	7	5	5	4
7213	충북 음성군	폐사된 소 처리 비용 지원	42,500	축산식품과	4	6	4	1	3	1	1	4
7214	충북 음성군	배송차 임차료	300,000	축산식품과	4	6	7	7	7	1	1	4
7215	충북 음성군	숲해설가운영	51,000	산림녹지과	4	1	1	7	2	5	1	4
7216	충북 음성군	유아숲교육운영	51,352	산림녹지과	4	1	6	7	2	5	1	4
7217	충북 음성군	수소충전소 운영관리	244,000	환경과	4	4	6	5	1	2	1	4
7218	충북 음성군	공단폐수처리시설	475,002	환경과	4	1	2	1	6	1	1	2
7219	충북 음성군	야생동물 폐사체 처리	35,000	환경과	4	1	7	8	1	1	1	4
7220	충북 음성군	마을만들기 지원센터 운영비	204,229	균형개발과	4	4	7	8	7	5	5	3
7221	충북 음성군	시군역량강화	90,000	균형개발과	4	2	7	8	7	5	5	3
7222	충북 음성군	한센병 민간위탁금	18,000	보건소	4	1	6	1	6	3	3	1
7223	충북 음성군	방역소독 민간위탁금	367,500	보건소	4	1	4	1	3	2	1	4
7224	충북 음성군	동절기 유충구제 위탁사업	6,000	보건소	4	1	4	1	1	2	1	4
7225	충북 음성군	지역사회건강조사 지정위탁사업비	68,176	보건소	4	2	7	1	7	5	2	4
7226	충북 음성군	자살예방 및 정신건강증진사업	130,720	보건소	4	2	5	3	1	1	1	1
7227	충북 음성군	자살예방 및 정신건강증진사업	90,000	보건소	4	4	5	3	1	1	1	1
7228	충북 음성군	아동청소년 정신보건사업	52,294	보건소	4	2	5	3	1	1	1	1
7229	충북 음성군	아동청소년 정신보건사업	20,000	보건소	4	4	5	3	1	1	1	1
7230	충북 음성군	정신건강복지센터운영	184,224	보건소	4	2	5	3	1	1	1	1
7231	충북 음성군	정신건강복지센터운영	9,000	보건소	4	4	5	3	1	1	1	1
7232	충북 음성군	정신건강복지센터 등 종사자 처우개선비 지원	18,000	보건소	4	4	5	3	1	1	1	1
7233	충북 음성군	자살위험자 응급개입치료비 지원	12,000	보건소	4	4	5	3	1	1	1	1
7234	충북 음성군	우울증환자 치료관리비 지원	20,000	보건소	4	4	5	3	1	1	1	1
7235	충북 음성군	지역사회 자살예방 네트워크 구축	4,000	보건소	4	4	5	3	1	1	1	1
7236	충북 음성군	자살예방 및 지역정신보건사업	290,592	보건소	4	2	5	3	1	1	1	1
7237	충북 음성군	정신질환자 치료비 지원	18,000	보건소	4	2	5	3	1	1	1	1
7238	충북 음성군	정신건강복지센터 자살예방 사업 지원	35,314	보건소	4	2	5	3	1	1	1	1
7239	충북 음성군	모자보건사업	8,280	보건소	4	2	7	8	7	5	5	4
7240	충북 음성군	실험 폐시약 및 폐액 처리	2,000	기술보급과	4	8	4	8	7	5	5	4
7241	충북 음성군	정화조 오수처리시설 관리비	1,800	기술보급과	4	7	4	1	7	5	5	4
7242	충북 음성군	하수슬러지처리시설 관리대행비	900,000	수도사업소	4	2	6	5	2	2	1	1
7243	충북 음성군	공공하수처리시설 수질자동측정기기 TMS 유지관리 대행비	300,000	수도사업소	4	2	6	5	2	2	1	1
7244	충북 음성군	공공하수처리시설 관리대행비	2,847,038	수도사업소	4	2	6	5	2	2	1	1
7245	충북 음성군	분뇨처리시설 관리대행비	525,483	수도사업소	4	2	6	5	2	2	1	1
7246	충북 음성군	소규모공공하수처리시설 관리대행비	263,945	수도사업소	4	2	6	5	2	2	1	1

순번	시군구	지출명 (사업명)	2021년예산 (단위:천원/1년간)	담당자 (공무원)	민간이전 분류 (지방자치단체 세출예산 집행기준에 의거)	민간이전지출 근거 (지방보조금 관리기준 참고)	입찰방식			운영예산 산정		성과평가 실시여부
				담당부서	1. 민간경상사업보조(307-02) 2. 민간단체 법정운영비보조(307-03) 3. 민간행사사업보조(307-04) 4. 민간위탁금(307-05) 5. 사회복지시설 법정운영비보조(307-10) 6. 민간인위탁교육비(307-12) 7. 공기관등에대한경상적위탁사업비(308-10) 8. 민간자본사업보조,자체재원(402-01) 9. 민간자본사업보조,이전재원(402-02) 10. 민간위탁사업비(402-03) 11. 공기관등에 대한 자본적 대행사업비(403-02)	1. 법률에 규정 2. 국고보조 재원(국가지정) 3. 용도 지정 기부금 4. 조례에 직접규정 5. 지자체가 권장하는 사업을 하는 공공기관 6. 시,도 정책 및 재정사정 7. 기타 8. 해당없음	계약체결방법 (경쟁형태) 1. 일반경쟁 2. 제한경쟁 3. 지명경쟁 4. 수의계약 5. 법정위탁 6. 기타 ( ) 7. 해당없음	계약기간 1. 1년 2. 2년 3. 3년 4. 4년 5. 5년 6. 기타 ( )년 7. 단기계약 (1년미만) 8. 해당없음	낙찰자선정방법 1. 적격심사 2. 협상에의한계약 3. 최저가낙찰제 4. 규격가격분리 5. 2단계 경쟁입찰 6. 기타 ( ) 7. 해당없음	운영예산 산정 1. 내부산정 (지자체 자체적으로 산정) 2. 외부산정 (외부전문기관위탁 산정) 3. 내·외부 모두 산정 4. 산정 無 5. 해당없음	정산방법 1. 내부정산 (지자체 내부적으로 정산) 2. 외부정산 (외부전문기관위탁 정산) 3. 내·외부 모두 산정 4. 정산 無 5. 해당없음	1. 실시 2. 미실시 3. 향후 추진 4. 해당없음
7247	충북 음성군	하수관거정비 BTL 운영 민간위탁비	880,000	수도사업소	4	2	1	6	3	2	2	1
7248	충북 음성군	공공하수관로 관리대행 운영비	870,000	수도사업소	4	1	1	5	3	2	1	4
7249	충북 단양군	교통약자 특별교통수단 운영단체 지원	121,000	민원과	4	1	2	2	1	1	1	2
7250	충북 단양군	단양군 일자리종합지원센터 운영	140,000	지역경제과	4	4	7	8	7	5	5	4
7251	충북 단양군	전문기능인력 자격과정 운영	30,000	지역경제과	4	7	7	8	7	5	5	4
7252	충북 단양군	청년창업자 지원(교육 및 컨설팅)	15,000	지역경제과	4	4	7	8	7	5	5	4
7253	충북 단양군	산림서비스도우미	25,000	산림녹지과	4	2	2	7	1	3	1	1
7254	충북 단양군	산림서비스도우미	50,000	산림녹지과	4	2	2	7	1	3	1	1
7255	충북 단양군	농산업인력지원센터 운영	60,000	농업축산과	4	8	7	8	7	1	1	4
7256	충북 단양군	무형문화재 전수관(사기장) 위탁운영비	15,000	문화체육과	4	1	7	5	7	1	1	1
7257	충북 단양군	성인문해교사 역량강화 교육	5,000	문화체육과	4	1	7	8	7	5	5	4
7258	충북 단양군	매포여성발전센터 예식장 식당운영	25,000	문화체육과	4	1	4	3	7	1	1	4
7259	충남 천안시	일자리종합지원센터 민간위탁	243,647	일자리경제과	4	4	1	2	2	1	1	1
7260	충남 천안시	천안시 사회적경제지원센터 운영	270,000	일자리경제과	4	7	2	2	2	1	1	3
7261	충남 천안시	공공폐수처리시설 운영관리 풍세일반산업단지	340,000	기업지원과	4	7	7	8	7	1	1	4
7262	충남 천안시	공공폐수처리시설 운영관리 제5일반산업단지	350,000	기업지원과	4	7	7	8	7	1	1	4
7263	충남 천안시	직장보육시설 민간위탁	420,000	행정지원과	4	1	7	5	7	1	1	4
7264	충남 천안시	콜센터 위탁운영	793,000	자치민원과	4	4	2	2	2	1	1	1
7265	충남 천안시	천안 NGO 센터 운영	300,000	자치민원과	4	4	5	3	2	1	1	1
7266	충남 천안시	자활근로사업 위탁 인건비	1,956,850	복지정책과	4	2	7	1	1	1	1	1
7267	충남 천안시	자활근로사업 위탁 사업비	345,332	복지정책과	4	2	7	1	1	1	1	1
7268	충남 천안시	천안시 직장맘지원센터 운영	237,500	여성가족과	4	4	1	3	1	1	1	1
7269	충남 천안시	건강가정지원센터 인건비	200,000	여성가족과	4	2	5	3	6	1	1	4
7270	충남 천안시	건강가정지원센터.다문화가족지원센터 종사자 인건비 추가지원	180,000	여성가족과	4	7	5	3	6	1	1	4
7271	충남 천안시	아이돌봄지원사업	2,883,170	여성가족과	4	2	5	3	6	1	1	4
7272	충남 천안시	공동육아나눔터 운영	322,968	여성가족과	4	2	5	3	6	1	1	4
7273	충남 천안시	다문화 어울림 사업	160,000	여성가족과	4	1	5	3	6	1	1	4
7274	충남 천안시	다문화가족지원센터 운영지원	191,000	여성가족과	4	2	5	3	6	1	1	4
7275	충남 천안시	충남외국인주민통합콜센터 운영	480,000	여성가족과	4	1	5	3	6	1	1	4
7276	충남 천안시	다문화가족 특성화사업	528,839	여성가족과	4	2	5	3	6	1	1	4
7277	충남 천안시	천안어린이꿈누리터 운영	2,376,000	아동보육과	4	4	2	3	1	2	2	4
7278	충남 천안시	다함께돌봄센터 인건비	157,680	아동보육과	4	1	6	5	6	1	1	4
7279	충남 천안시	육아종합지원센터 인건비	416,000	아동보육과	4	1	1	3	1	1	3	1
7280	충남 천안시	장애인가족지원센터 운영	163,000	노인장애인과	4	1	2	5	1	1	1	1
7281	충남 천안시	BTL 운영비 지급(SPC)	2,560,000	문화관광과	4	7	6	6	6	3	4	1
7282	충남 천안시	천안시장애인종합체육관운영	414,000	체육진흥과	4	4	1	3	1	1	1	1
7283	충남 천안시	천안생활체육공원 시설(BTL) 운영비	980,000	체육진흥과	4	7	6	6	6	5	4	1
7284	충남 천안시	신방체육관 운영	132,000	체육진흥과	4	4	6	3	6	1	1	3
7285	충남 천안시	천안시청소년수련관 운영	929,000	교육청소년과	4	4	6	3	6	1	1	1
7286	충남 천안시	태조산청소년수련관 운영	929,000	교육청소년과	4	4	6	3	6	1	1	1
7287	충남 천안시	성정청소년문화의집 운영	319,500	교육청소년과	4	4	6	3	6	1	1	1
7288	충남 천안시	청소년자유공간(청다움 3호점, 성환읍) 운영	113,000	교육청소년과	4	4	6	3	6	1	1	1
7289	충남 천안시	여자단기청소년쉼터 운영	235,502	교육청소년과	4	4	6	5	6	1	3	1

순번	시군구	지출명 (사업명)	2021년예산 (단위:천원/1년간)	담당자 (공무원)	민간이전 분류 (지방자치단체 세출예산 집행기준에 의거)	민간이전지출 근거 (지방보조금 관리기준 참고)	입찰방식			운영예산 산정		성과평가 실시여부
				담당부서	1. 민간경상사업보조(307-02) 2. 민간단체 법정운영비보조(307-03) 3. 민간행사사업보조(307-04) 4. 민간위탁금(307-05) 5. 사회복지시설 법정운영비보조(307-10) 6. 민간인위탁교육비(307-12) 7. 공기관등에대한경상적위탁사업비(308-10) 8. 민간자본사업보조,자체재원(402-01) 9. 민간자본사업보조,이전재원(402-02) 10. 민간위탁사업비(402-03) 11. 공기관등에 대한 자본적 대행사업비(403-02)	1. 법률에 규정 2. 국고보조 재원(국가지정) 3. 용도 지정 기부금 4. 조례에 직접규정 5. 지자체가 권장하는 사업을 하는 공공기관 6. 시,도 정책 및 재정사정 7. 기타 8. 해당없음	계약체결방법 (경쟁형태) 1. 일반경쟁 2. 제한경쟁 3. 지명경쟁 4. 수의계약 5. 법정위탁 6. 기타 ( ) 7. 해당없음	계약기간 1. 1년 2. 2년 3. 3년 4. 4년 5. 5년 6. 기타 ( )년 7. 단기계약 (1년미만) 8. 해당없음	낙찰자선정방법 1. 적격심사 2. 협상에의한계약 3. 최저가낙찰제 4. 규격가격분리 5. 2단계 경쟁입찰 6. 기타 ( ) 7. 해당없음	운영예산 산정 1. 내부산정 (지자체 자체적으로 산정) 2. 외부산정 (외부전문기관위탁 산정) 3. 내·외부 모두 산정 4. 산정 無 5. 해당없음	정산방법 1. 내부정산 (지자체 내부적으로 정산) 2. 외부정산 (외부전문기관위탁 정산) 3. 내·외부 모두 산정 4. 정산 無 5. 해당없음	1. 실시 2. 미실시 3. 향후 추진 4. 해당없음
7290	충남 천안시	남자단기청소년쉼터 운영	327,360	교육청소년과	4	4	6	5	6	1	3	1
7291	충남 천안시	청소년자립지원관 운영	261,770	교육청소년과	4	4	6	5	6	1	3	1
7292	충남 천안시	청소년상담복지센터 운영	455,000	교육청소년과	4	4	6	3	6	1	3	1
7293	충남 천안시	청소년지원센터 운영	103,900	교육청소년과	4	4	6	3	6	1	3	1
7294	충남 천안시	학교 밖 청소년 지원	125,993	교육청소년과	4	4	7	8	7	2	3	1
7295	충남 천안시	청소년동반자프로그램 운영	151,120	교육청소년과	4	2	7	8	7	2	3	1
7296	충남 천안시	천안시2030청년복지센터 운영	395,000	교육청소년과	4	4	6	2	6	1	1	1
7297	충남 천안시	천안시마을공동체지원센터 역량강화사업비	440,000	농업정책과	4	4	1	3	2	1	1	3
7298	충남 천안시	천안시마을공동체지원센터 운영	208,397	농업정책과	4	4	1	3	2	1	1	3
7299	충남 천안시	생활폐기물(재활용품 및 대형포함) 수집,운반 대행위탁	20,000	청소행정과	4	4	1	2	1	2	1	1
7300	충남 천안시	생활폐기물 수집운반 퇴직자 퇴직금	1,983,288	청소행정과	4	6	1	2	1	2	1	1
7301	충남 천안시	생활폐기물 수집운반 근로자 퇴직충당금	700,000	청소행정과	4	6	1	2	1	2	1	1
7302	충남 천안시	음식물폐기물 수집,운반,처리 대행위탁	9,400,000	청소행정과	4	4	4	1	7	2	3	1
7303	충남 천안시	생활폐기물 소각처리비(BTO)	26,000	청소행정과	4	1	6	6	7	5	5	4
7304	충남 천안시	어린이급식관리지원센터 운영	126,000	식품안전과	4	1	1	3	1	1	2	1
7305	충남 천안시	교통약자이동지원센터 운영	2,458,700	대중교통과	4	4	4	2	6	1	2	3
7306	충남 천안시	주거복지종합지원센터 운영	180,000	건축디자인과	4	4	1	2	7	1	1	1
7307	충남 천안시	서북구정신건강복지센터 운영	184,224	건강관리과	4	4	2	3	1	1	1	4
7308	충남 천안시	서북구자살예방센터 운영	190,000	건강관리과	4	4	2	3	1	1	1	4
7309	충남 천안시	서북구정신건강복지(자살예방)센터 인력확충	290,592	건강관리과	4	4	2	3	1	1	1	4
7310	충남 천안시	중독관리통합지원센터 운영	163,022	동남구보건소	4	2	4	3	6	1	1	2
7311	충남 천안시	마을하수도 관리업무 대행	820,000	하수운영과	4	1	1	3	6	3	1	1
7312	충남 천안시	가축분뇨처리시설 민간위탁관리	1,300,000	하수운영과	4	1	1	3	6	3	1	1
7313	충남 천안시	BTL운영비용	590,000	쌍용도서관	4	2	2	6	1	1	4	1
7314	충남 천안시	어린이체험관 위탁	256,597	시민문화여성회관	4	3	1	3	2	1	1	1
7315	충남 천안시	홍대용과학관 BTL 시설운영비 지급	1,360,000	천안박물관	4	7	1	6	2	3	4	1
7316	충남 공주시	공주시 안전체험공원 운영	144,000	시민안전과	4	1	1	2	1	1	1	3
7317	충남 공주시	통합관제센터 관제업무 운영	894,000	시민안전과	4	1	1	2	1	1	1	4
7318	충남 공주시	공주시 컨텍센타 민간위탁용역	335,190	민원토지과	4	4	2	2	2	1	1	3
7319	충남 공주시	고마나루전국향토연극제	400,000	문화체육과	4	4	7	8	7	1	1	3
7320	충남 공주시	금강자연미술비엔날레	300,000	문화체육과	4	4	7	8	7	1	1	3
7321	충남 공주시	박동진판소리명창명고대회	300,000	문화체육과	4	4	7	8	7	1	1	3
7322	충남 공주시	공주예술제	40,000	문화체육과	4	4	7	8	7	1	1	3
7323	충남 공주시	국악한마당	16,000	문화체육과	4	4	7	8	7	1	1	3
7324	충남 공주시	금강유역문학축제	10,000	문화체육과	4	4	7	8	7	1	1	3
7325	충남 공주시	풀꽃문학관 운영지원	60,000	문화체육과	4	4	5	2	7	1	1	1
7326	충남 공주시	공주문화예술촌 운영	140,000	문화체육과	4	4	5	3	7	1	1	1
7327	충남 공주시	방문자센터 위탁운영	38,000	문화재과	4	4	7	8	7	1	1	3
7328	충남 공주시	박동진 판소리 전수관 위탁 운영	50,000	문화재과	4	4	6	7	1	1	1	3
7329	충남 공주시	노인종합복지관 민간위탁 운영비	553,406	경로장애인과	4	4	5	5	6	1	1	3
7330	충남 공주시	발달재활서비스 바우처 지원	524,644	경로장애인과	4	2	7	8	7	5	5	4
7331	충남 공주시	장애인활동보조 급여지원	6,445,463	경로장애인과	4	2	7	8	7	5	5	4
7332	충남 공주시	발달장애인 부모상담지원	13,440	경로장애인과	4	2	7	8	7	5	5	4

순번	시군구	지출명 (사업명)	2021년예산 (단위:천원/1년간)	담당자 (공무원) 담당부서	민간이전 분류 (지방자치단체 세출예산 집행기준에 의거) 1. 민간경상사업보조(307-02) 2. 민간단체 법정운영비보조(307-03) 3. 민간행사사업보조(307-04) 4. 민간위탁금(307-05) 5. 사회복지시설 법정운영비보조(307-10) 6. 민간인위탁교육비(307-12) 7. 공기관등에대한경상적위탁사업비(308-10) 8. 민간자본사업보조,자체재원(402-01) 9. 민간자본사업보조,이전재원(402-02) 10. 민간위탁사업비(402-03) 11. 공기관등에 대한 자본적 대행사업비(403-02)	민간이전지출 근거 (지방보조금 관리기준 참고) 1. 법률에 규정 2. 국고보조 재원(국가지정) 3. 용도 지정 기부금 4. 조례에 직접규정 5. 지자체가 권장하는 사업을 하는 공공기관 6. 시,도 정책 및 재정사정 7. 기타 8. 해당없음	입찰방식 계약체결방법 (경쟁형태) 1. 일반경쟁 2. 제한경쟁 3. 지명경쟁 4. 수의계약 5. 법정위탁 6. 기타 ( ) 7. 해당없음	입찰방식 계약기간 1. 1년 2. 2년 3. 3년 4. 4년 5. 5년 6. 기타 ( )년 7. 단기계약 (1년미만) 8. 해당없음	입찰방식 낙찰자선정방법 1. 적격심사 2. 협상에의한계약 3. 최저가낙찰제 4. 규격가격분리 5. 2단계 경쟁입찰 6. 기타 ( ) 7. 해당없음	운영예산 산정 운영예산 산정 1. 내부산정 (지자체 자체적으로 산정) 2. 외부산정 (외부전문기관위탁 산정) 3. 내·외부 모두 산정 4. 산정 無 5. 해당없음	운영예산 산정 정산방법 1. 내부정산 (지자체 내부적으로 정산) 2. 외부정산 (외부전문기관위탁 정산) 3. 내·외부 모두 산정 4. 정산 無 5. 해당없음	성과평가 실시여부 1. 실시 2. 미실시 3. 향후 추진 4. 해당없음
7333	충남 공주시	발달장애인 주간활동서비스 지원	190,203	경로장애인과	4	2	7	8	7	5	5	4
7334	충남 공주시	청소년발달장애학생 방과후활동서비스	271,081	경로장애인과	4	2	7	8	7	5	5	4
7335	충남 공주시	언어발달지원 바우처지원	4,848	경로장애인과	4	2	7	8	7	5	5	4
7336	충남 공주시	활동보조 가산급여	29,050	경로장애인과	4	2	7	8	7	5	5	4
7337	충남 공주시	중증장애인 활동보조 지원사업	2,085,800	경로장애인과	4	2	7	8	7	5	5	4
7338	충남 공주시	공주시 장애인종합복지관 운영	1,400,000	경로장애인과	4	4	7	8	7	5	5	4
7339	충남 공주시	아이돌봄지원사업	892,018	여성가족과	4	1	1	3	7	5	3	1
7340	충남 공주시	다함께돌봄센터 인건비 지원	157,680	여성가족과	4	2	1	5	7	1	1	1
7341	충남 공주시	다함께돌봄센터 인건비 지원	10,800	여성가족과	4	2	1	5	7	1	1	1
7342	충남 공주시	다함께돌봄센터 인건비 지원	36,000	여성가족과	4	4	1	5	7	1	1	1
7343	충남 공주시	공중화장실 청소위탁	160,000	환경보호과	4	3	1	2	3	1	1	2
7344	충남 공주시	음식물류폐기물 수집운반처리대행	360,000	자원순환과	4	4	1	2	1	2	1	3
7345	충남 공주시	자원순환센터 민간위탁금	350,000	자원순환과	4	4	1	4	1	2	1	3
7346	충남 공주시	생활폐기물소각시설민간위탁운영	600,000	자원순환과	4	4	1	4	2	2	1	3
7347	충남 공주시	공주사랑상품권(공주페이) 발행 수수료	852,000	경제과	4	7	1	6	1	5	5	4
7348	충남 공주시	어린이급식관리지원센터 설치운영	315,000	보건정책과	4	2	1	3	1	5	2	1
7349	충남 공주시	쌀전업농 선진지 견학 및 전국대회 참가	18,700	농업정책과	4	4	7	8	7	5	5	4
7350	충남 보령시	명천종합사회복지관 운영	542,024	주민생활지원과	4	1	5	5	1	1	1	1
7351	충남 보령시	마을만들기지원센터운영	241,900	도시재생과	4	4	1	2	1	1	1	2
7352	충남 보령시	일반농산어촌개발 지역역량강화사업	400,000	도시재생과	4	4	1	2	1	1	1	2
7353	충남 보령시	체험관광네트워크 사업	330,000	도시재생과	4	4	1	2	1	1	1	2
7354	충남 보령시	웅천돌문화공원 민간위탁	125,000	건설과	4	4	2	3	7	1	1	4
7355	충남 보령시	특별교통수단(장애인콜택시)운영	359,923	교통과	4	4	1	3	1	1	1	3
7356	충남 보령시	대천여객선 터미널 위탁관리	470,000	해양정책과	4	1	4	1	7	2	1	3
7357	충남 보령시	대천해수욕장 관광지 질서계도업무	600,000	해수욕장경영과	4	1	4	3	1	2	1	1
7358	충남 보령시	생물테러 이중감시체계 운영지원	2,520	보건소	4	2	5	1	7	5	1	1
7359	충남 보령시	의료관련 감염병 표본감시 운영지원	7,000	보건소	4	2	5	1	7	5	1	1
7360	충남 보령시	주요감염병 표본감시	7,200	보건소	4	2	5	1	7	5	1	1
7361	충남 보령시	한센병환자 관리 위탁금	27,000	보건소	4	1	5	1	7	5	1	1
7362	충남 보령시	의료기관 결핵환자 관리지원	17,200	보건소	4	2	5	1	7	5	2	1
7363	충남 보령시	취약지역 응급의료센터 기관 운영비 지원	382,000	보건소	4	1	5	1	7	5	3	4
7364	충남 보령시	공립요양병원 공공보건사업 운영지원	90,000	보건소	4	1	5	1	7	5	2	1
7365	충남 보령시	어린이급식관리지원센터 설치 운영	314,000	보건소	4	1	5	1	7	5	3	1
7366	충남 보령시	어린이급식관리지원센터 설치 운영	2,450	보건소	4	1	5	1	7	5	1	4
7367	충남 아산시	특별교통수단 이동지원센터 운영관리 사업	900,000	교통행정과	4	4	2	3	2	1	1	1
7368	충남 아산시	하수관거정비 BTL사업 운영비	645,500	하수도과	4	1	2	6	1	2	4	1
7369	충남 아산시	한센병 민간위탁 사업	19,800	질병예방과	4	1	5	1	7	5	5	4
7370	충남 아산시	어린이 급식관리지원센터 운영	945,000	위생과	4	1	7	8	7	5	2	4
7371	충남 아산시	어린이 급식관리지원센터 종사자 처우개선	4,200	위생과	4	6	7	8	7	5	5	4
7372	충남 아산시	아산시청 직장어린이집	443,000	총무과	4	4	7	8	7	5	5	4
7373	충남 아산시	장영실과학관 운영	660,000	공공시설과	4	7	1	6	2	1	1	1
7374	충남 아산시	장영실과학관 운영	40,000	공공시설과	4	7	1	3	2	1	1	1
7375	충남 아산시	지역사회건강조사 조사분석 위탁운영	68,858	건강증진과	4	2	5	1	2	2	2	1

순번	시군구	지출명 (사업명)	2021년예산 (단위:천원/1년간)	담당자 (공무원)	민간이전 분류 (지방자치단체 세출예산 집행기준에 의거)	민간이전지출 근거 (지방보조금 관리기준 참고)	입찰방식			운영예산 산정		성과평가 실시여부
				담당부서	1. 민간경상사업보조(307-02) 2. 민간단체 법정운영비보조(307-03) 3. 민간행사사업보조(307-04) 4. 민간위탁금(307-05) 5. 사회복지시설 법정운영비보조(307-10) 6. 민간인위탁교육비(307-12) 7. 공기관등에대한경상적위탁사업비(308-10) 8. 민간자본사업보조,자체재원(402-01) 9. 민간자본사업보조,이전재원(402-02) 10. 민간위탁사업비(402-03) 11. 공기관등에 대한 자본적 대행사업비(403-02)	1. 법률에 규정 2. 국고보조 재원(국가지정) 3. 용도 지정 기부금 4. 조례에 직접규정 5. 지자체가 권장하는 사업을 하는 공공기관 6. 시,도 정책 및 재정사정 7. 기타 8. 해당없음	계약체결방법 (경쟁형태) 1. 일반경쟁 2. 제한경쟁 3. 지명경쟁 4. 수의계약 5. 법정위탁 6. 기타 ( ) 7. 해당없음	계약기간 1. 1년 2. 2년 3. 3년 4. 4년 5. 5년 6. 기타 ( )년 7. 단기계약 (1년미만) 8. 해당없음	낙찰자선정방법 1. 적격심사 2. 협상에의한계약 3. 최저가낙찰제 4. 규격가격분리 5. 2단계 경쟁입찰 6. 기타 ( ) 7. 해당없음	운영예산 산정 1. 내부산정 (지자체 자체적으로 산정) 2. 외부산정 (외부전문기관위탁 산정) 3. 내·외부 모두 산정 4. 산정 無 5. 해당없음	정산방법 1. 내부정산 (지자체 내부적으로 정산) 2. 외부정산 (외부전문기관위탁 정산) 3. 내·외부 모두 산정 4. 정산 無 5. 해당없음	1. 실시 2. 미실시 3. 향후 추진 4. 해당없음
7376	충남 아산시	불우소외계층 주거개선 사업비	50,000	주택과	4	4	1	3	1	1	1	1
7377	충남 아산시	고령자 주택 주거환경 개선	56,000	주택과	4	6	1	3	1	5	1	1
7378	충남 아산시	농어촌 장애인 주택 주거환경개선	56,000	주택과	4	1	1	3	1	5	1	1
7379	충남 아산시	북한이탈여성 심리치유 프로그램 운영비	26,400	여성가족과	4	2	7	8	7	5	1	1
7380	충남 아산시	북한이탈여성 심리치유 프로그램 사업	15,000	여성가족과	4	2	7	8	7	5	1	1
7381	충남 아산시	건강가정 및 다문화가족지원센터 통합서비스 지원	492,940	여성가족과	4	2	1	3	1	5	1	1
7382	충남 아산시	건강가정 및 다문화가족지원센터 통합서비스 신창분원	200,000	여성가족과	4	6	1	3	1	5	1	1
7383	충남 아산시	다문화가족 특성화 사업	444,406	여성가족과	4	2	1	3	1	5	1	1
7384	충남 아산시	다문화가족 방문교육지도사 추가 교통비	2,304	여성가족과	4	6	1	3	1	5	1	1
7385	충남 아산시	다문화어울림사업	158,767	여성가족과	4	6	1	3	1	5	1	1
7386	충남 아산시	글로벌인재육성사업	100,000	여성가족과	4	6	1	3	1	5	1	1
7387	충남 아산시	건강가정지원사업 종사자 처우개선비	11,550	여성가족과	4	6	1	3	1	5	1	1
7388	충남 아산시	다문화가족지원사업 종사자 처우개선비	28,440	여성가족과	4	6	1	3	1	5	1	1
7389	충남 아산시	다문화가족 방문교육지도사 처우개선비	10,800	여성가족과	4	6	1	3	1	5	1	1
7390	충남 아산시	건강가정지원센터 종사자 인건비 추가	32,400	여성가족과	4	6	1	3	1	5	1	1
7391	충남 아산시	다문화가족지원센터 종사자 인건비 추가	61,200	여성가족과	4	6	1	3	1	5	1	1
7392	충남 아산시	건강가정지원 종사자 명절휴가비	20,320	여성가족과	4	6	1	3	1	5	1	1
7393	충남 아산시	다문화가족지원 종사자 명절휴가비	45,050	여성가족과	4	6	1	3	1	5	1	1
7394	충남 아산시	공동육아나눔터 운영	53,828	여성가족과	4	2	1	3	1	5	1	1
7395	충남 아산시	가족역량강화지원사업	84,420	여성가족과	4	2	1	3	1	5	1	1
7396	충남 아산시	세대공감 희망나누기 사업	9,000	여성가족과	4	6	1	3	1	5	1	1
7397	충남 아산시	건강가정육성 프로그램 운영	10,000	여성가족과	4	6	1	3	1	5	1	1
7398	충남 아산시	아이돌봄지원사업	2,246,000	여성가족과	4	1	7	3	1	1	1	1
7399	충남 아산시	다함께 돌봄센터 운영비 지원	3,600	여성가족과	4	2	7	8	7	5	5	4
7400	충남 아산시	다함께 돌봄센터 인건비 지원	52,560	여성가족과	4	2	7	8	7	5	5	4
7401	충남 아산시	시간제보육센터 보육교사 인건비	62,400	여성가족과	4	8	7	8	7	5	5	4
7402	충남 아산시	생활임금보전수당	1,200,000	여성가족과	4	8	7	8	7	5	5	4
7403	충남 아산시	이용아동 간식비	4,500	여성가족과	4	8	7	8	7	5	5	4
7404	충남 아산시	육아종합지원센터 운영	350,000	여성가족과	4	8	7	8	7	5	5	4
7405	충남 아산시	장난감도서관 운영비	55,000	여성가족과	4	8	7	8	7	5	5	4
7406	충남 아산시	사회복지관 운영	474,000	사회복지과	4	4	5	5	1	1	1	1
7407	충남 아산시	사회복지관 운영	576,000	사회복지과	4	4	5	5	1	1	1	1
7408	충남 아산시	사회복지관 운영	477,000	사회복지과	4	4	5	5	1	1	1	1
7409	충남 아산시	자활근로사업	1,450,023	사회복지과	4	1	5	8	7	5	1	1
7410	충남 아산시	아산시콜센터 관리운영 위탁 용역	816,000	민원봉사과	4	4	2	2	2	1	1	1
7411	충남 아산시	자전거이용활성화시설 민간위탁	600,000	도로과	4	4	2	3	2	2	1	1
7412	충남 서산시	비정규직 근로자지원센터 민간위탁	165,400	일자리경제과	4	4	7	3	6	1	1	4
7413	충남 서산시	서산시 공공폐수처리시설 운영관리 민간위탁	2,710,000	기업지원과	4	4	1	3	6	2	1	2
7414	충남 서산시	교통약자 이동지원	496,852	교통과	4	1	1	3	1	1	1	1
7415	충남 서산시	대산버스터미널 운영지원	185,000	교통과	4	4	6	3	6	2	1	1
7416	충남 서산시	생활폐기물 소각처리 용역 민간위탁	8,672,400	자원순환과	4	7	1	1	1	1	1	4
7417	충남 서산시	공공재활용 기반시설 운영관리 위탁	1,610,000	자원순환과	4	1	1	6	2	2	1	3
7418	충남 서산시	생활폐기물 수집운반 대행사업	7,250,000	자원순환과	4	4	4	3	7	2	1	1

순번	시군구	지출명 (사업명)	2021년예산 (단위:천원/1년간)	담당자 (공무원) 담당부서	민간이전 분류 (지방자치단체 세출예산 집행기준에 의거) 1. 민간경상사업보조(307-02) 2. 민간단체 법정운영비보조(307-03) 3. 민간행사사업보조(307-04) 4. 민간위탁금(307-05) 5. 사회복지시설 법정운영비보조(307-10) 6. 민간인위탁교육비(307-12) 7. 공기관등에대한경상적위탁사업비(308-10) 8. 민간자본사업보조,자체재원(402-01) 9. 민간자본사업보조,이전재원(402-02) 10. 민간위탁사업비(402-03) 11. 공기관등에 대한 자본적 대행사업비(403-02)	민간이전지출 근거 (지방보조금 관리기준 참고) 1. 법률에 규정 2. 국고보조 재원(국가지정) 3. 용도 지정 기부금 4. 조례에 직접규정 5. 지자체가 권장하는 사업을 하는 공공기관 6. 시,도 정책 및 재정사정 7. 기타 8. 해당없음	입찰방식 계약체결방법 (경쟁형태) 1. 일반경쟁 2. 제한경쟁 3. 지명경쟁 4. 수의계약 5. 법정위탁 6. 기타 ( ) 7. 해당없음	입찰방식 계약기간 1. 1년 2. 2년 3. 3년 4. 4년 5. 5년 6. 기타 ( )년 7. 단기계약 (1년미만) 8. 해당없음	입찰방식 낙찰자선정방법 1. 적격심사 2. 협상에의한계약 3. 최저가낙찰제 4. 규격가격분리 5. 2단계 경쟁입찰 6. 기타 ( ) 7. 해당없음	운영예산 산정 운영예산 산정 1. 내부산정 (지자체 자체적으로 산정) 2. 외부산정 (외부전문기관위탁 산정) 3. 내·외부 모두 산정 4. 산정 無 5. 해당없음	운영예산 산정 정산방법 1. 내부정산 (지자체 내부적으로 정산) 2. 외부정산 (외부전문기관위탁 정산) 3. 내·외부 모두 산정 4. 정산 無 5. 해당없음	성과평가 실시여부 1. 실시 2. 미실시 3. 향후 추진 4. 해당없음
7419	충남 서산시	생활폐기물 수집운반 대행사업	4,856,000	자원순환과	4	4	4	3	7	2	1	1
7420	충남 서산시	서산 공공하수처리시설 관리업무 대행사업비	7,869,000	맑은물관리과	4	1	6	2	7	2	1	3
7421	충남 서산시	하수관거정비 임대형 민자사업(BTL) 운영비	1,504,000	맑은물관리과	4	1	6	6	2	2	1	3
7422	충남 서산시	부춘산 유아숲체험원 위탁운영	51,360	산림공원과	4	2	7	8	7	5	5	4
7423	충남 서산시	내포문화숲길 위탁운영	110,000	산림공원과	4	1	5	7	2	1	3	4
7424	충남 서산시	사회복지사 보수교육비 지원	13,328	사회복지과	4	1	7	8	7	1	1	3
7425	충남 서산시	자활근로사업	1,555,798	사회복지과	4	1	7	8	7	1	1	3
7426	충남 서산시	지역자활센터 운영	335,846	사회복지과	4	1	7	8	7	1	1	3
7427	충남 서산시	가사간병방문지원사업	73,486	사회복지과	4	1	7	8	7	1	1	3
7428	충남 서산시	석림사회복지관운영	668,181	사회복지과	4	1	7	8	7	1	1	1
7429	충남 서산시	어르신상담센터 운영지원	116,167	경로장애인과	4	4	7	5	7	1	1	2
7430	충남 서산시	시니어클럽 운영	300,349	경로장애인과	4	1	1	3	1	1	1	2
7431	충남 서산시	장애인활동지원 급여지원	5,524,897	경로장애인과	4	2	7	8	7	5	3	2
7432	충남 서산시	활동보조 가산급여	8,980	경로장애인과	4	2	7	8	7	5	3	2
7433	충남 서산시	중증장애인 활동보조 도 추가지원	1,105,966	경로장애인과	4	6	7	8	7	5	3	2
7434	충남 서산시	발달재활서비스 바우처 지원	446,884	경로장애인과	4	2	7	8	7	5	3	2
7435	충남 서산시	언어발달지원 바우처 지원	7,466	경로장애인과	4	2	7	8	7	5	3	2
7436	충남 서산시	발달장애인 부모상담지원	14,358	경로장애인과	4	2	7	8	7	5	3	2
7437	충남 서산시	청소년 발달장애학생 방과후활동서비스	211,862	경로장애인과	4	2	7	8	7	5	3	2
7438	충남 서산시	발달장애인 주간활동서비스 지원	493,034	경로장애인과	4	2	7	8	7	5	3	2
7439	충남 서산시	발달장애인 주간활동서비스 도추가지원	71,280	경로장애인과	4	6	7	8	7	5	3	2
7440	충남 서산시	장애인일자리지원(복지일자리)	391,144	경로장애인과	4	2	7	8	7	5	1	1
7441	충남 서산시	장애인보호작업장 운영	462,145	경로장애인과	4	1	7	8	7	5	1	2
7442	충남 서산시	두리사랑보호작업장 운영	404,974	경로장애인과	4	1	7	8	7	5	1	2
7443	충남 서산시	서림직업재활원 운영	517,481	경로장애인과	4	1	7	8	7	5	1	2
7444	충남 서산시	장애인직업재활시설운영	1,389,640	경로장애인과	4	1	7	8	7	5	1	2
7445	충남 서산시	장애인보호작업장 근로장애인급식지원	10,000	경로장애인과	4	1	7	8	7	5	1	4
7446	충남 서산시	장애인가족지원센터 지원	215,447	경로장애인과	4	1	7	8	7	1	1	2
7447	충남 서산시	중증장애인자립생활지원	182,420	경로장애인과	4	1	7	8	7	1	1	2
7448	충남 서산시	건강가정 및 다문화가족지원센터 운영	440,260	여성가족과	4	1	7	1	7	5	1	4
7449	충남 서산시	건강가정 및 다문화가족지원센터 운영	191,881	여성가족과	4	1	7	1	7	5	1	4
7450	충남 서산시	공동육아나눔터 운영	144,493	여성가족과	4	1	7	1	7	5	1	4
7451	충남 서산시	공동육아나눔터 운영	215,312	여성가족과	4	1	7	1	7	5	1	4
7452	충남 서산시	아이돌봄 지원사업	385,239	여성가족과	4	2	7	1	7	1	1	4
7453	충남 서산시	청소년시설 운영지원	2,439,132	여성가족과	4	1	4	3	7	1	1	1
7454	충남 서산시	청소년전용카페 운영	146,000	여성가족과	4	1	7	7	7	5	1	1
7455	충남 서산시	다함께돌봄센터 인건비 지원	114,676	여성가족과	4	2	7	7	7	5	1	4
7456	충남 서산시	다함께 돌봄센터 운영비 지원	115,200	여성가족과	4	2	7	7	7	5	1	4
7457	충남 서산시	학대피해아동쉼터 운영 지원	217,944	여성가족과	4	2	5	5	7	1	1	4
7458	충남 서산시	서해안 안전체험관 운영	351,505	안전총괄과	4	4	1	3	1	1	1	1
7459	충남 서산시	도시안전통합센터 CCTV관제사무	825,000	정보통신과	4	4	2	3	2	2	1	3
7460	충남 서산시	엽연초 영농자재 지원사업	15,000	농정과	4	6	4	7	7	1	1	1
7461	충남 서산시	어린이급식관리지원센터 설치·운영	420,000	정신보건위생과	4	1	1	5	7	2	2	1

순번	시군구	지출명 (사업명)	2021년예산 (단위:천원/1년간)	담당자 (공무원)	민간이전 분류 (지방자치단체 세출예산 집행기준에 의거)	민간이전지출 근거 (지방보조금 관리기준 참고)	입찰방식			운영예산 산정		성과평가 실시여부
				담당부서	1. 민간경상사업보조(307-02) 2. 민간단체 법정운영비보조(307-03) 3. 민간행사사업보조(307-04) 4. 민간위탁금(307-05) 5. 사회복지시설 법정운영비보조(307-10) 6. 민간인위탁교육비(307-12) 7. 공기관등에대한경상적위탁사업비(308-10) 8. 민간자본사업보조,자체재원(402-01) 9. 민간자본사업보조,이전재원(402-02) 10. 민간위탁사업비(402-03) 11. 공기관등에 대한 자본적 대행사업비(403-02)	1. 법률에 규정 2. 국고보조 재원(국가지정) 3. 용도 지정 기부금 4. 조례에 직접규정 5. 지자체가 권장하는 사업을 하는 공공기관 6. 시,도 정책 및 재정사정 7. 기타 8. 해당없음	계약체결방법 (경쟁형태) 1. 일반경쟁 2. 제한경쟁 3. 지명경쟁 4. 수의계약 5. 법정위탁 6. 기타 ( ) 7. 해당없음	계약기간 1. 1년 2. 2년 3. 3년 4. 4년 5. 5년 6. 기타 ( )년 7. 단기계약 (1년미만) 8. 해당없음	낙찰자선정방법 1. 적격심사 2. 협상에의한계약 3. 최저가낙찰제 4. 규격가격분리 5. 2단계 경쟁입찰 6. 기타 ( ) 7. 해당없음	운영예산 산정 1. 내부산정 (지자체 자체적으로 산정) 2. 외부산정 (외부전문기관위탁 산정) 3. 내·외부 모두 산정 4. 산정 無 5. 해당없음	정산방법 1. 내부정산 (지자체 내부적으로 정산) 2. 외부정산 (외부전문기관위탁 정산) 3. 내·외부 모두 산정 4. 정산 無 5. 해당없음	1. 실시 2. 미실시 3. 향후 추진 4. 해당없음
7462	충남 서산시	지역사회건강조사 조사분석 위탁운영	68,206	건강증진과	4	2	5	1	7	5	5	4
7463	충남 서산시	한센병관리 위탁사업	31,000	감염병관리과	4	6	7	8	7	5	5	4
7464	충남 계룡시	시니어클럽 운영	297,140	가족행복과	4	1	7	8	7	5	1	1
7465	충남 계룡시	노인복지관 운영 지원	589,044	가족행복과	4	1	7	8	7	5	1	1
7466	충남 계룡시	어르신 자율대학 경진대회	1,292,000	가족행복과	4	6	7	8	7	5	1	1
7467	충남 계룡시	정명각 운영 지원	50,000	가족행복과	4	4	7	8	7	5	1	1
7468	충남 계룡시	청소년상담복지센터 운영	113,000	가족행복과	4	4	5	3	7	3	3	1
7469	충남 계룡시	아이돌봄지원	720,000	가족행복과	4	1	5	5	1	3	3	1
7470	충남 계룡시	다문화가족지원사업	143,300	가족행복과	4	1	5	5	1	3	3	1
7471	충남 계룡시	건강가정 및 다문화가족지원센터 운영	108,000	가족행복과	4	1	5	5	1	3	3	1
7472	충남 계룡시	어린이 감성체험장 운영	271,000	가족행복과	4	4	1	5	1	1	1	3
7473	충남 계룡시	계룡문화예술의전당 민간투자사업 운영비	960,000	공공시설사업소	4	7	5	6	2	5	5	1
7474	충남 계룡시	지역자율형 사회서비스 투자사업	142,000	사회복지과	4	1	7	8	7	5	1	1
7475	충남 계룡시	종합사회복지관 운영지원	501,000	사회복지과	4	1	7	1	7	1	1	1
7476	충남 계룡시	가사간병도우미 사업	18,372	사회복지과	4	1	7	8	7	5	1	1
7477	충남 계룡시	근로능력있는 수급자의 탈수급 지원 사업	115,241	사회복지과	4	2	7	8	7	5	1	1
7478	충남 계룡시	발달재활서비스사업	142,646	사회복지과	4	1	7	8	7	5	1	1
7479	충남 계룡시	언어발달지원 바우처 지원사업	2,423	사회복지과	4	1	7	8	7	5	1	1
7480	충남 계룡시	장애인활동지원사업	3,266,070	사회복지과	4	1	7	8	7	5	1	1
7481	충남 계룡시	장애인 활동보조 가산급여	1,321,000	사회복지과	4	1	7	8	7	5	1	1
7482	충남 계룡시	장애인활동지원 도 추가지원사업	183,544	사회복지과	4	1	7	8	7	5	1	1
7483	충남 계룡시	발달장애인 방과후 돌봄서비스 지원	174,848	사회복지과	4	1	7	8	7	5	1	1
7484	충남 계룡시	성인발달장애인 주간활동서비스 지원	358,443	사회복지과	4	1	7	8	7	5	1	1
7485	충남 계룡시	장애인 주간보호시설 운영 지원	150,000	사회복지과	4	1	7	8	7	5	1	1
7486	충남 계룡시	계룡공공하수처리시설 관리대행	3,948,000	상하수도과	4	1	1	3	4	2	1	1
7487	충남 계룡시	생활쓰레기 소각처리	2,175,426	환경위생과	4	1	6	6	2	2	1	2
7488	충남 계룡시	음식물쓰레기 수집운반처리 수수료	795,000	환경위생과	4	1	1	2	1	2	1	3
7489	충남 계룡시	입암생활폐기물 매립장 위탁운영	157,356	환경위생과	4	1	6	3	2	2	1	1
7490	충남 계룡시	어린이급식관지원센터 설치운영	200,000	환경위생과	4	2	1	5	1	4	2	1
7491	충남 당진시	생활문화센터 위탁운영	112,996	문화관광과	4	4	1	5	1	1	1	2
7492	충남 당진시	당진문예의전당	14,900	문화관광과	4	4	4	5	7	1	1	1
7493	충남 당진시	당진문화예술학교	345,000	문화관광과	4	4	4	5	7	1	1	1
7494	충남 당진시	지역 무형유산 활성화	54,187	문화관광과	4	4	7	8	7	5	5	4
7495	충남 당진시	당진행복아카데미	21,000	평생학습과	4	5	4	1	7	2	1	1
7496	충남 당진시	청년창업활성화지원	470,000	평생학습과	4	4	1	2	1	1	1	1
7497	충남 당진시	청년취업지원	50,000	평생학습과	4	4	7	8	7	5	5	4
7498	충남 당진시	메이커스페이스운영	250,000	평생학습과	4	4	1	2	1	1	1	1
7499	충남 당진시	당진시종합복지타운 운영	680,000	사회복지과	4	4	5	5	7	1	1	1
7500	충남 당진시	근로능력있는 수급자의 탈수급지원	25,901	사회복지과	4	1	7	8	7	5	5	1
7501	충남 당진시	근로능력있는 수급자의 탈수급지원	80,010	사회복지과	4	1	7	8	7	5	5	1
7502	충남 당진시	근로능력있는 수급자의 탈수급지원	37,015	사회복지과	4	1	7	8	7	5	5	1
7503	충남 당진시	근로능력있는 수급자의 탈수급지원	29,810	사회복지과	4	1	7	8	7	5	5	1
7504	충남 당진시	근로능력있는 수급자의 탈수급지원	35,850	사회복지과	4	1	7	8	7	5	5	1

순번	시군구	지출명 (사업명)	2021년예산 (단위:천원/1년간)	담당자 (공무원)	민간이전 분류 (지방자치단체 세출예산 집행기준에 의거)	민간이전지출 근거 (지방보조금 관리기준 참고)	입찰방식			운영예산 산정		성과평가 실시여부
				담당부서	1. 민간경상사업보조(307-02) 2. 민간단체 법정운영비보조(307-03) 3. 민간행사사업보조(307-04) 4. 민간위탁금(307-05) 5. 사회복지시설 법정운영비보조(307-10) 6. 민간인위탁교육비(307-12) 7. 공기관등에대한경상적위탁사업비(308-10) 8. 민간자본사업보조,자체재원(402-01) 9. 민간자본사업보조,이전재원(402-02) 10. 민간위탁사업비(402-03) 11. 공기관등에 대한 자본적 대행사업비(403-02)	1. 법률에 규정 2. 국고보조 재원(국가지정) 3. 용도 지정 기부금 4. 조례에 직접규정 5. 지자체가 권장하는 사업을 하는 공공기관 6. 시,도 정책 및 재정사정 7. 기타 8. 해당없음	계약체결방법 (경쟁형태) 1. 일반경쟁 2. 제한경쟁 3. 지명경쟁 4. 수의계약 5. 법정위탁 6. 기타 ( ) 7. 해당없음	계약기간 1. 1년 2. 2년 3. 3년 4. 4년 5. 5년 6. 기타 ( )년 7. 단기계약 (1년미만) 8. 해당없음	낙찰자선정방법 1. 적격심사 2. 협상에의한계약 3. 최저가낙찰제 4. 규격가격분리 5. 2단계 경쟁입찰 6. 기타 ( ) 7. 해당없음	운영예산 산정 1. 내부산정 (지자체 자체적으로 산정) 2. 외부산정 (외부전문기관위탁 산정) 3. 내·외부 모두 산정 4. 산정 無 5. 해당없음	정산방법 1. 내부정산 (지자체 내부적으로 정산) 2. 외부정산 (외부전문기관위탁 정산) 3. 내·외부 모두 산정 4. 정산 無 5. 해당없음	1. 실시 2. 미실시 3. 향후 추진 4. 해당없음
7505	충남 당진시	지역자율형 사회서비스 투자사업	73,486	사회복지과	4	1	7	8	7	5	1	1
7506	충남 당진시	송산종합사회복지관 위탁운영	720,680	사회복지과	4	4	5	5	7	5	1	3
7507	충남 당진시	당진북부사회복지관 위탁운영	549,999	사회복지과	4	4	5	5	7	5	1	3
7508	충남 당진시	당진남부사회복지관 위탁운영	572,000	사회복지과	4	4	5	5	7	5	1	3
7509	충남 당진시	송악사회복지관 위탁운영	720,000	사회복지과	4	4	5	5	7	5	1	4
7510	충남 당진시	노인회지회 운영비 지원	66,340	경로장애인과	4	1	7	8	7	5	1	1
7511	충남 당진시	장애인복지관 운영	1,450,642	경로장애인과	4	4	1	5	1	1	1	1
7512	충남 당진시	노인복지관 운영 지원	1,613,000	경로장애인과	4	1	1	5	1	1	1	1
7513	충남 당진시	노사민정협의회 사무국 위탁운영	79,000	경제과	4	4	7	8	7	5	5	4
7514	충남 당진시	비정규직지원센터 위탁운영	146,000	경제과	4	4	7	8	7	5	5	4
7515	충남 당진시	외국인근로자지원센터 위탁운영	185,417	경제과	4	4	7	8	7	5	5	4
7516	충남 당진시	중장년 기술창업센터 운영	100,000	경제과	4	6	7	8	7	1	1	1
7517	충남 당진시	동반성장 상생협력 지원사업	70,000	경제과	4	6	7	8	7	5	5	4
7518	충남 당진시	당진시 에너지센터 운영	330,000	기후에너지과	4	4	1	6	1	1	3	3
7519	충남 당진시	삼선산수목원 산림교육 위탁운영사업	76,860	산림녹지과	4	1	7	8	7	1	1	3
7520	충남 당진시	내포문화숲길 운영관리	140,000	산림녹지과	4	1	4	7	7	1	1	1
7521	충남 당진시	지정게시대 민간위탁	20,000	건축과	4	4	6	3	1	1	1	1
7522	충남 당진시	민간위탁대행사업비	1,100,000	수도과	4	7	6	6	2	2	1	1
7523	충남 당진시	환경기초시설 관리업무 대행비	9,320,000	수도과	4	1	6	5	2	2	1	1
7524	충남 당진시	콜센터 운영 민간위탁	332,299	민원정보과	4	4	1	2	2	1	1	1
7525	충남 당진시	어린이 급식관리지원센터 운영	521,100	보건위생과	4	2	5	3	7	2	2	1
7526	충남 당진시	동물보호소운영	340,000	축산지원과	4	8	7	8	7	5	5	4
7527	충남 당진시	다함께 돌봄센터 운영비 지원	9,000	여성가족과	4	6	7	8	7	5	5	4
7528	충남 당진시	다함께 돌봄센터 인건비 지원	13,140	여성가족과	4	6	7	8	7	5	5	4
7529	충남 당진시	어린이 교통공원	137,200	교통과	4	4	6	6	2	1	1	1
7530	충남 금산군	사회복지사 보수교육비지원	8,092	주민복지지원실	4	1	5	8	7	5	5	4
7531	충남 금산군	자활근로사업 위탁	1,403,058	주민복지지원실	4	2	5	1	7	1	1	1
7532	충남 금산군	금산 온종일 초등돌봄센터 인건비	52,560	주민복지지원실	4	1	1	3	6	5	5	3
7533	충남 금산군	금산군 온종일 초등돌봄센터 인건비	27,777	주민복지지원실	4	1	1	3	6	5	5	3
7534	충남 금산군	돌봄아동 급식지원	31,200	주민복지지원실	4	1	1	3	6	5	5	3
7535	충남 금산군	금산군 온종일 초등돌봄센터 운영비	3,600	주민복지지원실	4	1	1	3	6	5	5	3
7536	충남 금산군	금산군 온종일 초등돌봄센터 운영비	4,800	주민복지지원실	4	1	1	3	6	5	5	3
7537	충남 금산군	노인일자리사업 위탁운영비	2,963,310	주민복지지원실	4	2	6	1	7	1	1	4
7538	충남 금산군	어린이급식관리지원센터 설치 운영	216,000	허가처리과	4	1	2	3	1	3	2	1
7539	충남 금산군	어린이급식관리지원센터 종사자 처우개선	1,300,000	허가처리과	4	1	2	3	1	3	2	1
7540	충남 금산군	금강생태과학체험장 위탁사업비	30,000	관광문화체육과	4	4	1	1	7	1	1	3
7541	충남 금산군	금산문화의 집 운영	155,000	관광문화체육과	4	2	2	3	7	1	1	1
7542	충남 금산군	추부문화의 집 운영	155,000	관광문화체육과	4	2	2	3	7	1	1	1
7543	충남 금산군	음식물류폐기물 위탁 수집운반	1,150,000	환경자원과	4	4	1	1	1	2	1	2
7544	충남 금산군	생활자원회수센터 운영 및 관리 위탁운영	537,000	환경자원과	4	2	6	3	2	2	2	3
7545	충남 금산군	소각장 운영 및 관리 민간위탁	2,868,000	환경자원과	4	2	6	3	2	2	2	3
7546	충남 금산군	하수관거정비사업(BTL) 임대료	3,035,000	환경자원과	4	1	5	6	2	3	3	1
7547	충남 금산군	하수관거정비사업(BTL) 운영비	750,000	환경자원과	4	1	5	6	2	3	3	1

순번	시군구	지출명 (사업명)	2021년예산 (단위:천원/1년간)	담당자 (공무원)	민간이전 분류 (지방자치단체 세출예산 집행기준에 의거)	민간이전지출 근거 (지방보조금 관리기준 참고)	입찰방식			운영예산 산정		성과평가 실시여부
				담당부서	1. 민간경상사업보조(307-02) 2. 민간단체 법정운영비보조(307-03) 3. 민간행사사업보조(307-04) 4. 민간위탁금(307-05) 5. 사회복지시설 법정운영비보조(307-10) 6. 민간인위탁교육비(307-12) 7. 공기관등에대한경상적위탁사업비(308-10) 8. 민간자본사업보조,자체재원(402-01) 9. 민간자본사업보조,이전재원(402-02) 10. 민간위탁사업비(402-03) 11. 공기관등에 대한 자본적 대행사업비(403-02)	1. 법률에 규정 2. 국고보조 재원(국가지정) 3. 용도 지정 기부금 4. 조례에 직접규정 5. 지자체가 권장하는 사업을 하는 공공기관 6. 시,도 정책 및 재정사정 7. 기타 8. 해당없음	계약체결방법 (경쟁형태) 1. 일반경쟁 2. 제한경쟁 3. 지명경쟁 4. 수의계약 5. 법정위탁 6. 기타 ( ) 7. 해당없음	계약기간 1. 1년 2. 2년 3. 3년 4. 4년 5. 5년 6. 기타 ( )년 7. 단기계약 (1년미만) 8. 해당없음	낙찰자선정방법 1. 적격심사 2. 협상에의한계약 3. 최저가낙찰제 4. 규격가격분리 5. 2단계 경쟁입찰 6. 기타 ( ) 7. 해당없음	운영예산 산정 1. 내부산정 (지자체 자체적으로 산정) 2. 외부산정 (외부전문기관위탁 산정) 3. 내·외부 모두 산정 4. 산정 無 5. 해당없음	정산방법 1. 내부정산 (지자체 내부적으로 정산) 2. 외부정산 (외부전문기관위탁 정산) 3. 내·외부 모두 산정 4. 정산 無 5. 해당없음	1. 실시 2. 미실시 3. 향후 추진 4. 해당없음
7548	충남 금산군	여성농어업인 행복카드 지원	1,100,000	농업유통과	4	1	7	8	7	1	1	1
7549	충남 금산군	폐수종말처리시설운영 위탁관리비	24,000	지역경제과	4	7	7	8	7	5	5	4
7550	충남 금산군	통합관제센터 운영	120,000	안전총괄과	4	7	1	1	1	1	1	4
7551	충남 금산군	교통약자 이동지원센터 운영 위탁	190,000	건설교통과	4	4	1	3	3	1	1	4
7552	충남 금산군	특별교통수단 운영지원	16,000	건설교통과	4	4	1	3	3	1	1	4
7553	충남 금산군	마을만들기 중간조직 지원	200,000	건설교통과	4	4	6	3	7	3	3	4
7554	충남 금산군	금산군 지역역량강화사업	220,000	건설교통과	4	4	6	1	7	3	3	4
7555	충남 금산군	금산군마을만들기지원센터 수탁기관 운영비 지원	100,000	건설교통과	4	4	6	1	7	1	1	4
7556	충남 금산군	농촌신활력플러스사업 추진단 인건비	84,000	건설교통과	4	4	6	1	7	1	1	4
7557	충남 금산군	인삼축제 노점상 단속용역	47,000	도시재생과	4	7	7	8	7	5	5	4
7558	충남 금산군	현수막게시대 운영관리 민간위탁	22,000	도시재생과	4	4	2	1	1	1	1	2
7559	충남 금산군	농어촌장애인 주택 개조 지원사업	49,000	도시재생과	4	2	5	8	7	1	1	4
7560	충남 금산군	고령자주택주거환경개선사업	42,000	도시재생과	4	6	5	8	7	1	1	4
7561	충남 금산군	한센병환자 위탁 진료	21,000	보건소	4	5	7	8	7	3	1	4
7562	충남 금산군	정신건강복지센터 지원	8,000	보건소	4	7	5	3	1	1	1	1
7563	충남 금산군	지역사회 자살예방사업	6,000	보건소	4	7	5	3	1	1	1	1
7564	충남 금산군	기초정신건강복지센터 지원	184,224	보건소	4	1	5	3	1	1	1	1
7565	충남 금산군	정신건강복지센터 인력 확충	145,296	보건소	4	2	5	3	1	1	1	1
7566	충남 금산군	아동청소년 정신보건사업 지원	52,294	보건소	4	2	5	3	1	1	1	1
7567	충남 금산군	정신건강복지센터 종사자 처우개선비	12,060	보건소	4	6	5	3	1	1	1	1
7568	충남 금산군	정신건강증진사업 지원	19,400	보건소	4	2	5	3	1	1	1	1
7569	충남 금산군	지역자살예방사업지원	20,000	보건소	4	2	5	3	1	1	1	1
7570	충남 금산군	기초 자살예방사업 수행인력 확충	35,314	보건소	4	2	5	3	1	1	1	1
7571	충남 금산군	통합정신건강증진사업	54,400	보건소	4	6	5	3	1	1	1	1
7572	충남 금산군	통합정신건강증진사업	20,000	보건소	4	6	5	3	1	1	1	1
7573	충남 금산군	자살고위험군 심리지원 및 마음다독임	9,500	보건소	4	6	5	3	1	1	1	1
7574	충남 금산군	지역사회건강조사	67,524	보건소	4	1	5	1	7	2	3	1
7575	충남 금산군	재가치매노인 주간보호소 운영	110,160	보건소	4	4	1	3	1	1	3	4
7576	충남 부여군	상권활성화구역 공중화장실 관리	75,000	공동체협력과	4	4	7	8	7	5	5	4
7577	충남 부여군	마을만들기 현장포럼 운영	20,000	공동체협력과	4	7	7	8	7	5	5	4
7578	충남 부여군	부여군 역량강화	230,000	공동체협력과	4	7	7	8	7	5	5	4
7579	충남 부여군	공익활동 지원센터 설치 및 운영	200,000	공동체협력과	4	4	7	8	7	5	5	4
7580	충남 부여군	공동체 현장코디네이터 선발 및 운영	46,500	공동체협력과	4	4	7	8	7	5	5	4
7581	충남 부여군	부여군 도시재생(현장)지원센터 운영비 및 사업비	280,000	공동체협력과	4	4	4	1	1	1	1	3
7582	충남 부여군	신동엽문학관 위탁관리비	200,000	문화체육관광과	4	4	6	2	6	1	1	1
7583	충남 부여군	국내외 여행박람회 참가	20,000	문화체육관광과	4	7	7	8	7	5	5	4
7584	충남 부여군	국내외 관광설명회 개최	30,000	문화체육관광과	4	7	7	8	7	5	5	4
7585	충남 부여군	국내외 관광관계자 팸투어	30,000	문화체육관광과	4	7	7	8	7	5	5	4
7586	충남 부여군	굿뜨래 농식품 온라인 판촉 마케팅	40,000	굿뜨래경영과	4	5	3	1	1	3	1	1
7587	충남 부여군	굿뜨래 브랜드 외부평가 홍보사업	27,500	굿뜨래경영과	4	6	7	8	7	1	1	1
7588	충남 부여군	로컬푸드 전략품목 생산조직 육성	10,000	굿뜨래경영과	4	6	4	1	3	5	5	4
7589	충남 부여군	사회적경제 지원센터 운영	95,250	경제교통과	4	4	1	3	1	1	1	1
7590	충남 부여군	교통약자 콜승합차 민간위탁 운영	185,000	경제교통과	4	4	7	8	7	1	1	1

순번	시군구	지출명 (사업명)	2021년예산 (단위:천원/1년간)	담당자 (공무원)	민간이전 분류 (지방자치단체 세출예산 집행기준에 의거)	민간이전지출 근거 (지방보조금 관리기준 참고)	입찰방식			운영예산 산정		성과평가 실시여부
				담당부서	1. 민간경상사업보조(307-02) 2. 민간단체 법정운영비보조(307-03) 3. 민간행사사업보조(307-04) 4. 민간위탁금(307-05) 5. 사회복지시설 법정운영비보조(307-10) 6. 민간인위탁교육비(307-12) 7. 공기관등에대한경상적위탁사업비(308-10) 8. 민간자본사업보조,자체재원(402-01) 9. 민간자본사업보조,이전재원(402-02) 10. 민간위탁사업비(402-03) 11. 공기관등에 대한 자본적 대행사업비(403-02)	1. 법률에 규정 2. 국고보조 재원(국가지정) 3. 용도 지정 기부금 4. 조례에 직접규정 5. 지자체가 권장하는 사업을 하는 공공기관 6. 시,도 정책 및 재정사정 7. 기타 8. 해당없음	계약체결방법 (경쟁형태) 1. 일반경쟁 2. 제한경쟁 3. 지명경쟁 4. 수의계약 5. 법정위탁 6. 기타 ( ) 7. 해당없음	계약기간 1. 1년 2. 2년 3. 3년 4. 4년 5. 5년 6. 기타 ( )년 7. 단기계약 (1년미만) 8. 해당없음	낙찰자선정방법 1. 적격심사 2. 협상에의한계약 3. 최저가낙찰제 4. 규격가격분리 5. 2단계 경쟁입찰 6. 기타 ( ) 7. 해당없음	운영예산 산정 1. 내부산정 (지자체 자체적으로 산정) 2. 외부산정 (외부전문기관위탁 산정) 3. 내·외부 모두 산정 4. 산정 無 5. 해당없음	정산방법 1. 내부정산 (지자체 내부적으로 정산) 2. 외부정산 (외부전문기관위탁 정산) 3. 내·외부 모두 산정 4. 정산 無 5. 해당없음	1. 실시 2. 미실시 3. 향후 추진 4. 해당없음
7591	충남 부여군	자활근로사업 민간위탁금	1,412,000	기초생활보장팀	4	2	7	8	7	5	1	4
7592	충남 부여군	장애인종합복지관 운영	900,000	사회복지과	4	4	7	1	7	1	1	1
7593	충남 부여군	지적발달장애인 직업지원 확대운영	30,000	사회복지과	4	4	7	1	7	1	1	1
7594	충남 부여군	부여군 분뇨처리시설	1,095,163	환경과	4	1	4	3	7	2	1	1
7595	충남 부여군	청소업무 민간위탁비	5,510,901	환경과	4	4	6	2	2	2	1	1
7596	충남 부여군	산림복지전문 위탁지원	25,500	산림녹지과	4	2	1	7	2	1	1	3
7597	충남 부여군	건축사 업무(현장조사 및 검사 확인업무)대행	50,000	도시건축과	4	1	7	8	7	1	1	4
7598	충남 부여군	불법옥외광고물 철거 민간위탁금	40,000	도시건축과	4	4	7	1	7	1	1	4
7599	충남 부여군	게시대 운영관리 민간위탁사업비	30,000	도시건축과	4	4	7	1	7	1	1	4
7600	충남 부여군	시가지 노상적치물 정비용역	50,000	도시건축과	4	1	7	8	7	5	5	4
7601	충남 부여군	어린이급식관리지원센터 운영지원	216,000	보건소	4	2	5	5	2	5	2	4
7602	충남 부여군	어린이급식관리센터 종사자 처우개선	1,350,000	보건소	4	6	5	5	2	5	1	4
7603	충남 부여군	하수처리시설 위탁관리	2,405,495	상하수도사업소	4	4	1	5	1	2	1	1
7604	충남 부여군	하수처리시설 위탁관리	700,000	상하수도사업소	4	4	1	5	1	2	1	1
7605	충남 부여군	마을하수처리시설 운영	20,390	상하수도사업소	4	4	1	5	1	2	1	1
7606	충남 부여군	사적보호	350,954	사적보호팀	4	7	7	8	7	5	5	4
7607	충남 부여군	사적보호	54,473	사적보호팀	4	7	7	8	7	5	5	4
7608	충남 부여군	사적보호	25,817	사적보호팀	4	7	7	8	7	5	5	4
7609	충남 서천군	자활근로	935,371	사회복지실	4	2	7	8	7	5	1	1
7610	충남 서천군	1+3사랑나눔자원봉사활동	8,000	사회복지실	4	1	7	8	7	3	3	1
7611	충남 서천군	자원봉사센터위탁	75,000	사회복지실	4	1	7	8	7	1	1	1
7612	충남 서천군	노인일자리및 사회활동지원확대	11,543	사회복지실	4	1	7	1	7	5	1	1
7613	충남 서천군	노인복지관 운영지원	660,000	사회복지실	4	4	7	8	7	1	1	1
7614	충남 서천군	셔틀버스 유류 보조금	5,000	사회복지실	4	4	7	8	7	1	1	1
7615	충남 서천군	복지마을 조경 및 부대시설 운영	15,760	사회복지실	4	4	7	8	7	1	1	1
7616	충남 서천군	노인건강체육시설 운영	18,000	사회복지실	4	4	7	8	7	1	1	1
7617	충남 서천군	찜질방 운영	15,000	사회복지실	4	4	7	8	7	1	1	1
7618	충남 서천군	영명각 민간위탁금	93,012	사회복지실	4	6	7	2	7	1	1	1
7619	충남 서천군	다함께돌봄사업	8,400	사회복지실	4	1	1	5	1	1	1	1
7620	충남 서천군	다함께돌봄사업	8,400	사회복지실	4	1	1	5	1	1	1	1
7621	충남 서천군	다함께돌봄사업	8,400	사회복지실	4	1	1	5	1	1	1	1
7622	충남 서천군	다함께돌봄사업	56,940	사회복지실	4	1	1	5	1	1	1	1
7623	충남 서천군	다함께돌봄사업	56,940	사회복지실	4	1	1	5	1	1	1	1
7624	충남 서천군	다함께돌봄사업	56,940	사회복지실	4	1	1	5	1	1	1	1
7625	충남 서천군	장애인직업재활시설 운영지원	361,200	사회복지실	4	1	7	8	7	1	1	1
7626	충남 서천군	장애인복지관 민간위탁 운영비 지원	820,000	사회복지실	4	1	7	8	7	1	1	1
7627	충남 서천군	여성문화센터 민간위탁금	185,000	사회복지실	4	1	7	5	7	1	1	4
7628	충남 서천군	청소년상담복지센터 운영	109,000	사회복지실	4	1	7	3	7	1	1	4
7629	충남 서천군	청소년수련관운영	436,000	사회복지실	4	1	7	5	7	1	1	4
7630	충남 서천군	청소년문화센터운영	219,000	사회복지실	4	1	7	5	7	1	1	4
7631	충남 서천군	외국인노동자 상담활동지원	59,379	민원봉사과	4	4	6	1	6	3	3	2
7632	충남 서천군	어린이 급식관리센터 종사자 처우개선	1,950	민원봉사과	4	2	1	5	1	2	2	4
7633	충남 서천군	어린이급식관리 지원센터 운영지원	216,000	민원봉사과	4	2	1	5	1	2	2	1

순번	시군구	지출명 (사업명)	2021년예산 (단위:천원/1년간)	담당자 (공무원)	민간이전 분류 (지방자치단체 세출예산 집행기준에 의거)	민간이전지출 근거 (지방보조금 관리기준 참고)	입찰방식			운영예산 산정		성과평가 실시여부
				담당부서	1. 민간경상사업보조(307-02) 2. 민간단체 법정운영비보조(307-03) 3. 민간행사사업보조(307-04) 4. 민간위탁금(307-05) 5. 사회복지시설 법정운영비보조(307-10) 6. 민간인위탁교육비(307-12) 7. 공기관등에대한경상적위탁사업비(308-10) 8. 민간자본사업보조,자체재원(402-01) 9. 민간자본사업보조,이전재원(402-02) 10. 민간위탁사업비(402-03) 11. 공기관등에 대한 자본적 대행사업비(403-02)	1. 법률에 규정 2. 국고보조 재원(국가지정) 3. 용도 지정 기부금 4. 조례에 직접규정 5. 지자체가 권장하는 사업을 하는 공공기관 6. 시,도 정책 및 재정사정 7. 기타 8. 해당없음	계약체결방법 (경쟁형태) 1. 일반경쟁 2. 제한경쟁 3. 지명경쟁 4. 수의계약 5. 법정위탁 6. 기타 ( ) 7. 해당없음	계약기간 1. 1년 2. 2년 3. 3년 4. 4년 5. 5년 6. 기타 ( )년 7. 단기계약 (1년미만) 8. 해당없음	낙찰자선정방법 1. 적격심사 2. 협상에의한계약 3. 최저가낙찰제 4. 규격가격분리 5. 2단계 경쟁입찰 6. 기타 ( ) 7. 해당없음	운영예산 산정 1. 내부산정 (지자체 자체적으로 산정) 2. 외부산정 (외부전문기관위탁 산정) 3. 내·외부 모두 산정 4. 산정 無 5. 해당없음	정산방법 1. 내부정산 (지자체 내부적으로 정산) 2. 외부정산 (외부전문기관위탁 정산) 3. 내·외부 모두 산정 4. 정산 無 5. 해당없음	1. 실시 2. 미실시 3. 향후 추진 4. 해당없음
7634	충남 서천군	장항농어촌공공도서관	370,157	문화진흥과	4	4	1	5	2	2	1	1
7635	충남 서천군	문헌서원관리운영	237,000	문화진흥과	4	7	6	5	7	1	1	1
7636	충남 서천군	한국최초성경전래지기념관 민간위탁	150,000	문화진흥과	4	4	6	5	6	2	3	3
7637	충남 서천군	장항도시탐험역 민간위탁	317,000	문화진흥과	4	4	1	1	2	2	3	3
7638	충남 서천군	미디어문화센터 민간위탁	230,000	문화진흥과	4	4	2	3	2	2	3	3
7639	충남 서천군	기벌포영화관 민간위탁	230,000	문화진흥과	4	4	2	3	2	2	3	3
7640	충남 서천군	기벌포생활문화센터 민간위탁	87,600	문화진흥과	4	4	4	1	2	2	3	3
7641	충남 서천군	문화예술창작공간 민간위탁	170,000	문화진흥과	4	4	2	6	2	2	3	3
7642	충남 서천군	생활쓰레기 수집운반	3,085,400	환경보호과	4	1	2	3	2	2	2	1
7643	충남 서천군	쓰레기종량제봉투 판매위탁	63,000	환경보호과	4	4	2	1	2	2	1	2
7644	충남 서천군	분뇨처리시설 민간위탁운영	531,638	환경보호과	4	6	1	3	2	2	1	4
7645	충남 서천군	음식물사료화시설 민간위탁운영	196,184	환경보호과	4	6	1	3	2	2	1	4
7646	충남 서천군	소각시설 민간위탁운영	3,084,000	환경보호과	4	6	2	6	2	2	1	4
7647	충남 서천군	현수막관리	36,886	도시건축과	4	4	4	2	2	1	1	1
7648	충남 서천군	한센병환자 지원	17,000	보건행정과	4	4	7	1	7	3	3	4
7649	충남 서천군	서천공공하수처리시설	2,487,765	맑은물사업소	4	1	6	6	6	4	4	3
7650	충남 서천군	서천군 공공하수처리시설	1,225,374	맑은물사업소	4	8	2	**3**	2	2	1	3
7651	충남 서천군	서천군1권역가로(보안)등수선및유지관리민간위탁사업	**58,674**	**공공시설사업소**	**4**	**2**	**2**	**1**	**3**	**2**	**1**	**1**
7652	충남 서천군	서천군2권역가로(보안)등수선및유지관리민간위탁사업	**63,486**	**공공시설사업소**	**4**	**2**	**2**	**1**	**3**	**2**	**1**	**1**
7653	충남 서천군	서천군3권역가로(보안)등수선및유지관리민간위탁사업	**58,350**	**공공시설사업소**	**4**	**2**	**2**	**1**	**3**	**2**	**1**	**1**
7654	충남 서천군	서천군4권역가로(보안)등수선및유지관리민간위탁사업	**52,179**	**공공시설사업소**	**4**	**2**	**2**	**1**	**3**	**2**	**1**	**1**
7655	충남 서천군	서천군5권역가로(보안)등수선및유지관리민간위탁사업	**61,300**	**공공시설사업소**	**4**	**2**	**2**	**1**	**3**	**2**	**1**	**1**
7656	충남 서천군	서천군민체육관	29,800	체육사업소	4	6	6	5	6	3	3	4
7657	충남 청양군	지역사회복지구축	6,332	복지정책과	4	2	7	8	7	1	1	1
7658	충남 청양군	자활근로사업비	849,371	복지정책과	4	1	5	1	7	1	1	1
7659	충남 청양군	노인일자리 및 사회활동지원	6,711,424	통합돌봄과	4	1	7	8	7	1	1	1
7660	충남 청양군	자원봉사 코디네이터 육성지원	59,152	통합돌봄과	4	2	7	8	7	2	1	1
7661	충남 청양군	CCTV 관제 모니터링 용역	926,000	안전재난과	4	7	2	1	1	1	1	2
7662	충남 청양군	스포츠마케팅 추진사업	24,000	문화체육관광과	4	4	5	3	1	1	1	1
7663	충남 청양군	수리계운영경비지원	200,000	건설도시과	4	7	7	8	7	1	1	2
7664	충남 청양군	주택슬레이트처리사업	532,140	건설도시과	4	2	1	1	1	1	1	1
7665	충남 청양군	고령자주택주거환경개선사업	35,000	건설도시과	4	6	5	2	7	1	1	1
7666	충남 청양군	농어촌장애인주택개조지원사업	35,000	건설도시과	4	2	5	2	7	1	1	1
7667	충남 청양군	공동방제단 운영비 지원	131,612	산림축산과	4	2	7	8	7	2	1	2
7668	충남 청양군	공동방제단 인건비 지원	130,700	산림축산과	4	2	7	8	7	2	1	2
7669	충남 청양군	구제역 예방백신 지원	195,650	산림축산과	4	2	7	8	7	2	1	2
7670	충남 청양군	청사 청소용역비	106,000	재무과	4	1	2	1	1	1	1	2
7671	충남 청양군	건강검진사업	98,325	보건의료과	4	4	7	1	7	1	1	3
7672	충남 청양군	업무대행 운영비	1,322,884	진료관리팀	4	4	7	1	7	1	1	4
7673	충남 청양군	교통서비스 향상 및 개선	162,000	사회적경제과	4	1	5	5	7	1	1	4
7674	충남 홍성군	공공급식 확대 지원	15,000	기획감사담당관	4	8	7	8	7	5	5	4
7675	충남 홍성군	공공급식 확대 지원	45,000	기획감사담당관	4	8	7	8	7	5	5	4
7676	충남 태안군	고령자주택 주거환경 개선사업	42,000	신속민원처리과	4	1	4	1	7	1	1	4

순번	시군구	지출명 (사업명)	2021년예산 (단위:천원/1년간)	담당자 (공무원) 담당부서	민간이전 분류 (지방자치단체 세출예산 집행기준에 의거) 1. 민간경상사업보조(307-02) 2. 민간단체 법정운영비보조(307-03) 3. 민간행사사업보조(307-04) 4. 민간위탁금(307-05) 5. 사회복지시설 법정운영비보조(307-10) 6. 민간인위탁교육비(307-12) 7. 공기관등에대한경상적위탁사업비(308-10) 8. 민간자본사업보조,자체재원(402-01) 9. 민간자본사업보조,이전재원(402-02) 10. 민간위탁사업비(402-03) 11. 공기관등에 대한 자본적 대행사업비(403-02)	민간이전지출 근거 (지방보조금 관리기준 참고) 1. 법률에 규정 2. 국고보조 재원(국가지정) 3. 용도 지정 기부금 4. 조례에 직접규정 5. 지자체가 권장하는 사업을 하는 공공기관 6. 시,도 정책 및 재정사정 7. 기타 8. 해당없음	입찰방식 계약체결방법 (경쟁형태) 1. 일반경쟁 2. 제한경쟁 3. 지명경쟁 4. 수의계약 5. 법정위탁 6. 기타 ( ) 7. 해당없음	입찰방식 계약기간 1. 1년 2. 2년 3. 3년 4. 4년 5. 5년 6. 기타 ( )년 7. 단기계약 (1년미만) 8. 해당없음	입찰방식 낙찰자선정방법 1. 적격심사 2. 협상에의한계약 3. 최저가낙찰제 4. 규격가격분리 5. 2단계 경쟁입찰 6. 기타 ( ) 7. 해당없음	운영예산 산정 운영예산 산정 1. 내부산정 (지자체 자체적으로 산정) 2. 외부산정 (외부전문기관위탁 산정) 3. 내·외부 모두 산정 4. 산정 無 5. 해당없음	운영예산 산정 정산방법 1. 내부정산 (지자체 내부적으로 정산) 2. 외부정산 (외부전문기관위탁 정산) 3. 내·외부 모두 산정 4. 정산 無 5. 해당없음	성과평가 실시여부 1. 실시 2. 미실시 3. 향후 추진 4. 해당없음
7677	충남 태안군	농어촌 장애인 주택 주거환경개선사업	42,000	신속민원처리과	4	1	4	1	7	1	1	4
7678	충남 태안군	지역자활센터 자활근로사업	1,163,216	복지증진과	4	1	7	8	7	5	5	4
7679	충남 태안군	지역자활센터 운영비	235,625	복지증진과	4	1	7	8	7	5	5	4
7680	충남 태안군	지역자활센터 종사자 처우개선	11,000	복지증진과	4	1	7	8	7	5	5	4
7681	충남 태안군	푸드뱅크 운영비	33,000	복지증진과	4	4	7	8	7	5	5	4
7682	충남 태안군	에너지나눔 태양광발전소 운영	10,000	복지증진과	4	4	7	8	7	5	5	4
7683	충남 태안군	장애인복지관 운영	1,120,000	복지증진과	4	4	7	8	7	5	5	4
7684	충남 태안군	농어촌이동복지관 운영	10,000	복지증진과	4	5	7	8	7	5	5	4
7685	충남 태안군	중증장애인 주간보호실 운영	62,000	복지증진과	4	5	7	8	7	5	5	4
7686	충남 태안군	이동목욕차량 운영	73,000	복지증진과	4	5	7	8	7	5	5	4
7687	충남 태안군	자원봉사센터 운영비 지원	147,630	복지증진과	4	4	7	8	7	5	5	4
7688	충남 태안군	사랑의 밥차 운영비 지원	111,433	복지증진과	4	5	7	8	7	5	5	4
7689	충남 태안군	시니어클럽 운영지원	252,643	가족정책과	4	1	5	5	7	1	1	4
7690	충남 태안군	태안 노인복지관 운영 지원	520,000	가족정책과	4	1	5	5	7	1	1	4
7691	충남 태안군	백화 노인복지관 운영 지원	600,000	가족정책과	4	1	5	5	7	1	1	4
7692	충남 태안군	안면 노인복지관 운영 지원	500,000	가족정책과	4	1	5	5	7	1	1	4
7693	충남 태안군	청소년상담복지센터 운영	69,000	가족정책과	4	2	7	8	7	5	5	4
7694	충남 태안군	원북면 공립형 지역아동센터 지원	68,040	가족정책과	4	2	7	8	7	5	5	4
7695	충남 태안군	소원면 공립형 지역아동센터 지원	68,040	가족정책과	4	2	7	8	7	5	5	4
7696	충남 태안군	어린이 급식관리지원센터 운영	105,000	안전총괄과	4	1	1	3	1	3	2	1
7697	충남 태안군	어린이 급식관리지원센터 종사자 처우개선	250,000	안전총괄과	4	1	1	3	1	3	2	1
7698	충남 태안군	예비못자리 생산 공급	72,000	농정과	4	4	7	8	7	5	5	4
7699	충남 태안군	조업중 인양쓰레기 수매	200,000	해양산업과	4	5	4	1	7	1	1	4
7700	충남 태안군	노점상 및 노상적치물 단속 용역	50,000	도시교통과	4	1	4	1	7	1	1	4
7701	충남 태안군	교통약자 특별교통수단 운영	96,000	도시교통과	4	4	1	3	1	1	1	4
7702	충남 태안군	특별교통수단 운영지원	20,000	도시교통과	4	4	1	3	1	1	1	4
7703	충남 태안군	지역사회조사 감시	68,176	보건의료원	4	1	6	1	6	4	3	2
7704	충남 태안군	한센병관리 위탁사업	12,500	보건의료원	4	1	6	1	6	4	3	2
7705	충남 태안군	업무대행비	483,600	보건의료원	4	7	7	8	7	5	5	4
7706	충남 태안군	4대보험 기관부담금	60,000	보건의료원	4	7	7	8	7	5	5	4
7707	충남 태안군	퇴직금	45,000	보건의료원	4	7	7	8	7	5	5	4
7708	충남 태안군	추가퇴직금	39,000	보건의료원	4	7	7	8	7	5	5	4
7709	충남 태안군	업무대행비	504,000	보건의료원	4	4	7	8	7	5	5	4
7710	충남 태안군	4대보험료	57,600	보건의료원	4	4	7	8	7	5	5	4
7711	충남 태안군	퇴직금	42,000	보건의료원	4	4	7	8	7	5	5	4
7712	충남 태안군	업무대행비	230,001	보건의료원	4	4	7	8	7	5	5	4
7713	충남 태안군	4대보험료	30,360	보건의료원	4	4	7	8	7	5	5	4
7714	충남 태안군	퇴직금	19,167	보건의료원	4	4	7	8	7	5	5	4
7715	충남 태안군	업무대행비	239,400	보건의료원	4	4	7	8	7	5	5	4
7716	충남 태안군	4대보험료	26,400	보건의료원	4	4	7	8	7	5	5	4
7717	충남 태안군	퇴직금	19,950	보건의료원	4	4	7	8	7	5	5	4
7718	충남 태안군	업무대행비	308,447	보건의료원	4	4	7	8	7	5	5	4
7719	충남 태안군	4대보험료	34,800	보건의료원	4	4	7	8	7	5	5	4

순번	시군구	지출명 (사업명)	2021년예산 (단위:천원/1년간)	담당자 (공무원)	민간이전 분류 (지방자치단체 세출예산 집행기준에 의거)	민간이전지출 근거 (지방보조금 관리기준 참고)	입찰방식			운영예산 산정		성과평가 실시여부
				담당부서	1. 민간경상사업보조(307-02) 2. 민간단체 법정운영비보조(307-03) 3. 민간행사사업보조(307-04) 4. 민간위탁금(307-05) 5. 사회복지시설 법정운영비보조(307-10) 6. 민간인위탁교육비(307-12) 7. 공기관등에대한경상적위탁사업비(308-10) 8. 민간자본사업보조,자체재원(402-01) 9. 민간자본사업보조,이전재원(402-02) 10. 민간위탁사업비(402-03) 11. 공기관등에 대한 자본적 대행사업비(403-02)	1. 법률에 규정 2. 국고보조 재원(국가지정) 3. 용도 지정 기부금 4. 조례에 직접규정 5. 지자체가 권장하는 사업을 하는 공공기관 6. 시,도 정책 및 재정사정 7. 기타 8. 해당없음	계약체결방법 (경쟁형태) 1. 일반경쟁 2. 제한경쟁 3. 지명경쟁 4. 수의계약 5. 법정위탁 6. 기타 ( ) 7. 해당없음	계약기간 1. 1년 2. 2년 3. 3년 4. 4년 5. 5년 6. 기타 ( )년 7. 단기계약 (1년미만) 8. 해당없음	낙찰자선정방법 1. 적격심사 2. 협상에의한계약 3. 최저가낙찰제 4. 규격가격분리 5. 2단계 경쟁입찰 6. 기타 ( ) 7. 해당없음	운영예산 산정 1. 내부산정 (지자체 자체적으로 산정) 2. 외부산정 (외부전문기관위탁 산정) 3. 내·외부 모두 산정 4. 산정 無 5. 해당없음	정산방법 1. 내부정산 (지자체 내부적으로 정산) 2. 외부정산 (외부전문기관위탁 정산) 3. 내·외부 모두 산정 4. 정산 無 5. 해당없음	1. 실시 2. 미실시 3. 향후 추진 4. 해당없음
7720	충남 태안군	퇴직금	25,704	보건의료원	4	4	7	8	7	5	5	4
7721	충남 태안군	업무대행비	240,000	보건의료원	4	4	7	8	7	5	5	4
7722	충남 태안군	4대보험료	26,400	보건의료원	4	4	7	8	7	5	5	4
7723	충남 태안군	퇴직금	20,000	보건의료원	4	4	7	8	7	5	5	4
7724	충남 태안군	업무대행비	168,000	보건의료원	4	4	7	8	7	5	5	4
7725	충남 태안군	4대보험료	19,200	보건의료원	4	4	7	8	7	5	5	4
7726	충남 태안군	퇴직금	14,000	보건의료원	4	4	7	8	7	5	5	4
7727	충남 태안군	추가 퇴직급	10,500	보건의료원	4	4	7	8	7	5	5	4
7728	충남 태안군	업무대행비	469,560	보건의료원	4	4	7	8	7	5	5	4
7729	충남 태안군	야간근무수당	76,650	보건의료원	4	4	7	8	7	5	5	4
7730	충남 태안군	4대보험료	66,825	보건의료원	4	4	7	8	7	5	5	4
7731	충남 태안군	퇴직금	46,200	보건의료원	4	4	7	8	7	5	5	4
7732	충남 태안군	교육여비	2,160	보건의료원	4	4	7	8	7	5	5	4
7733	충남 태안군	휴일근무수당	8,190	보건의료원	4	4	7	8	7	5	5	4
7734	충남 태안군	피복비	3,800	보건의료원	4	4	7	8	7	5	5	4
7735	충남 태안군	보호자 없는 병실 운영비	371,000	보건의료원	4	4	2	3	1	1	1	1
7736	충남 태안군	국가관리병해충 방제 인력 교육	20,000	농업기술센터	4	2	7	8	7	5	5	4
7737	충남 태안군	벼 병해충 항공방제 지원사업	1,460,000	농업기술센터	4	6	7	8	7	5	5	4
7738	충남 태안군	초유 품질향상을 위한 거점농가 육성 시범	14,000	농업기술센터	4	1	7	8	7	5	5	4
7739	충남 태안군	기후변화대응 축사환경개선 기술보급 시범	14,000	농업기술센터	4	1	7	8	7	5	5	4
7740	충남 태안군	주변마을(어은 1리) 지원 사업	15,000	환경관리센터	4	4	7	8	7	5	5	4
7741	충남 태안군	주변마을(어은 2리) 지원 사업	15,000	환경관리센터	4	4	7	8	7	5	5	4
7742	충남 태안군	주변마을(산후 1리) 지원 사업	15,000	환경관리센터	4	4	7	8	7	5	5	4
7743	충남 태안군	주변마을(산후 2리) 지원 사업	15,000	환경관리센터	4	4	7	8	7	5	5	4
7744	충남 태안군	주변마을(삭선 2리) 지원 사업	15,000	환경관리센터	4	4	7	8	7	5	5	4
7745	충남 태안군	주변마을(삭선 3리) 지원 사업	15,000	환경관리센터	4	4	7	8	7	5	5	4
7746	충남 태안군	주변마을(삭선 4리) 지원 사업	15,000	환경관리센터	4	4	7	8	7	5	5	4
7747	충남 태안군	주변마을(삭선 5리) 지원 사업	15,000	환경관리센터	4	4	7	8	7	5	5	4
7748	충남 태안군	소각시설 민간위탁 운영비	1,795,000	환경관리센터	4	1	7	8	7	5	5	4
7749	경북 포항시	종합사회복지관 지역복지증진 사업	15,000	주민복지과	4	4	5	5	1	1	1	2
7750	경북 포항시	종합사회복지관 운영비	1,475,793	주민복지과	4	4	5	5	1	1	1	2
7751	경북 포항시	사회복지관 특화사업	60,000	주민복지과	4	6	7	8	7	5	1	2
7752	경북 포항시	사회복지관 사례관리사운영지원	90,000	주민복지과	4	6	7	8	7	5	1	2
7753	경북 포항시	청소구역 민간위탁금	7,045,908	자원순환과	4	1	1	2	1	2	1	1
7754	경북 포항시	생활폐기물에너지화시설 사용료	6,003,000	자원순환과	4	1	6	6	6	1	1	4
7755	경북 포항시	음식물쓰레기 수집운반 및 처리	5,582,240	자원순환과	4	1	1	1	1	2	1	1
7756	경북 포항시	자원봉사센터 운영 및 활성화사업	438,363	새마을체육과	4	1	7	3	7	1	1	2
7757	경북 포항시	자원봉사센터 활성화사업	90,000	새마을체육과	4	1	7	3	7	1	1	2
7758	경북 포항시	자원봉사센터 코디네이터지원	59,183	새마을체육과	4	1	7	3	7	1	1	2
7759	경북 포항시	맞춤형 자원봉사 프로그램운영지원	10,000	새마을체육과	4	1	7	3	7	1	1	2
7760	경북 포항시	포항실내사격장 민간위탁	60,000	새마을체육과	4	5	7	1	7	1	1	1
7761	경북 포항시	양덕한마음체육관 민간위탁	265,000	새마을체육과	4	5	7	1	7	1	1	1
7762	경북 포항시	만인당 민간위탁	130,000	새마을체육과	4	5	7	1	7	1	1	1

순번	시군구	지출명 (사업명)	2021년예산 (단위:천원/1년간)	담당자 (공무원) 담당부서	민간이전 분류 (지방자치단체 세출예산 집행기준에 의거) 1. 민간경상사업보조(307-02) 2. 민간단체 법정운영비보조(307-03) 3. 민간행사사업보조(307-04) 4. 민간위탁금(307-05) 5. 사회복지시설 법정운영비보조(307-10) 6. 민간인위탁교육비(307-12) 7. 공기관등에대한경상적위탁사업비(308-10) 8. 민간자본사업보조,자체재원(402-01) 9. 민간자본사업보조,이전재원(402-02) 10. 민간위탁사업비(402-03) 11. 공기관등에 대한 자본적 대행사업비(403-02)	민간이전지출 근거 (지방보조금 관리기준 참고) 1. 법률에 규정 2. 국고보조 재원(국가지정) 3. 용도 지정 기부금 4. 조례에 직접규정 5. 지자체가 권장하는 사업을 하는 공공기관 6. 시,도 정책 및 재정사정 7. 기타 8. 해당없음	입찰방식 계약체결방법 (경쟁형태) 1. 일반경쟁 2. 제한경쟁 3. 지명경쟁 4. 수의계약 5. 법정위탁 6. 기타 ( ) 7. 해당없음	입찰방식 계약기간 1. 1년 2. 2년 3. 3년 4. 4년 5. 5년 6. 기타 ( )년 7. 단기계약 (1년미만) 8. 해당없음	입찰방식 낙찰자선정방법 1. 적격심사 2. 협상에의한계약 3. 최저가낙찰제 4. 규격가격분리 5. 2단계 경쟁입찰 6. 기타 ( ) 7. 해당없음	운영예산 산정 운영예산 산정 1. 내부산정 (지자체 자체적으로 산정) 2. 외부산정 (외부전문기관위탁 산정) 3. 내·외부 모두 산정 4. 산정 無 5. 해당없음	운영예산 산정 정산방법 1. 내부정산 (지자체 내부적으로 정산) 2. 외부정산 (외부전문기관위탁 정산) 3. 내·외부 모두 산정 4. 정산 無 5. 해당없음	성과평가 실시여부 1. 실시 2. 미실시 3. 향후 추진 4. 해당없음
7763	경북 포항시	친환경농산물 학교급식지원	5,403,023	농식품유통과	4	1	7	8	7	5	5	4
7764	경북 포항시	초중고우상급식지원	10,871	농식품유통과	4	1	7	8	7	5	5	4
7765	경북 포항시	친환경농산물 유치원 급식 지원	206,160	농식품유통과	4	4	7	8	7	5	5	4
7766	경북 포항시	유치원 급식 지원	3,436,000	농식품유통과	4	2	7	8	7	5	5	4
7767	경북 포항시	노인일자리및사회활동지원확대	22,485	노인장애인복지과	4	1	6	1	6	1	3	1
7768	경북 포항시	은빛빌리지운영	130,000	노인장애인복지과	4	4	5	3	7	1	1	4
7769	경북 포항시	장애인종합복지관 운영	1,110,000	노인장애인복지과	4	1	1	5	1	1	1	1
7770	경북 포항시	장애인종합복지관 운영	1,085,000	노인장애인복지과	4	1	1	5	1	1	1	1
7771	경북 포항시	하수슬러지 자원화시설 운영	5,715,353	하수재생과	4	6	4	3	2	1	1	1
7772	경북 포항시	포항하수처리장 사용료	17,068	하수재생과	4	1	6	6	6	2	5	1
7773	경북 포항시	장량하수처리장 사용료	4,179,479	하수재생과	4	1	6	6	6	2	5	1
7774	경북 포항시	청하·기계하수처리장 사용료	3,988,418	하수재생과	4	1	6	6	6	2	5	3
7775	경북 포항시	흥해다목적재난대피시설 운영	110,000	도시계획과	4	1	6	3	6	2	1	3
7776	경북 포항시	건강가정 및 다문화가족지원센터 운영	573,480	여성가족과	4	2	6	5	1	5	1	4
7777	경북 포항시	아이돌봄지원	4,814,188	여성가족과	4	2	6	5	1	5	1	4
7778	경북 포항시	아이돌봄서비스 부모부담금 경감	816,092	여성가족과	4	6	6	5	1	5	1	4
7779	경북 포항시	공동육아나눔터 운영	134,570	여성가족과	4	2	6	5	1	5	1	4
7780	경북 포항시	공동생활가정형(매입임대) 주거지원	64,800	여성가족과	4	2	6	5	1	5	1	4
7781	경북 포항시	가족역량강화지원	144,860	여성가족과	4	2	6	5	1	5	1	4
7782	경북 포항시	다문화특성화사업	515,307	여성가족과	4	2	6	5	1	5	1	4
7783	경북 포항시	시청어린이집운영	340,000	여성가족과	4	4	1	5	1	1	1	4
7784	경북 포항시	육아종합지원센터 놀이터운영	120,000	여성가족과	4	4	1	5	1	1	1	4
7785	경북 포항시	포항시육아종합지원센터 운영	250,000	여성가족과	4	4	1	5	1	1	1	4
7786	경북 포항시	영유아통합놀이시설 운영	100,000	여성가족과	4	4	1	5	1	1	1	4
7787	경북 포항시	국공립법인 어린이집 개보수 사업	20,000	여성가족과	4	4	7	7	7	1	1	4
7788	경북 포항시	어린이집 대체교사 지원	79,339	여성가족과	4	4	7	7	7	1	1	4
7789	경북 포항시	육아종합지원센터 운영	50,000	여성가족과	4	2	1	5	1	1	1	4
7790	경북 포항시	장난감도서관 운영	360,000	여성가족과	4	4	7	7	7	1	1	4
7791	경북 포항시	포항환경학교 운영지원	220,000	환경정책과	4	4	1	3	1	1	1	1
7792	경북 포항시	슬레이트전수조사 사업	40,000	환경정책과	4	2	6	7	6	1	1	4
7793	경북 포항시	통합관제센터 모니터링 위탁 운영	1,840,000	안전총괄과	4	4	1	1	1	1	1	1
7794	경북 포항시	조업중 인양쓰레기 수매	200,000	수산진흥과	4	4	7	8	7	1	1	4
7795	경북 포항시	2020년도 지역사회건강조사	68,130	건강관리과	4	1	6	1	6	5	2	1
7796	경북 포항시	어린이급식관리지원1,2센터 운영지원	1,190,000	식품산업과	4	1	5	4	1	2	2	3
7797	경북 포항시	2021 지역사회건강조사	68,630	건강관리과 지역보건팀	4	1	5	6	7	3	3	3
7798	경북 포항시	2021 고혈압당뇨병 등록관리사업	1,393,464	건강관리과 지역보건팀	4	1	2	2	1	3	3	3
7799	경북 경주시	정신건강복지센터운영	184,224	건강증진과	4	2	1	3	1	3	3	1
7800	경북 경주시	정신건강복지센터 인력확충	290,592	건강증진과	4	2	1	3	1	3	3	1
7801	경북 경주시	정신건강 및 중독관리통합지원센터 종사자수당	25,200	건강증진과	4	2	1	3	1	3	3	1
7802	경북 경주시	아동청소년정신보건사업	52,294	건강증진과	4	2	1	3	1	3	3	1
7803	경북 경주시	자살예방 및 정신건강증진사업	69,656	건강증진과	4	2	1	3	1	3	3	1
7804	경북 경주시	자살예방환경조성	12,500	건강증진과	4	6	1	3	1	3	3	1
7805	경북 경주시	자살예방사업 인력확충	35,320	건강증진과	4	2	1	3	1	3	3	1

순번	시군구	지출명 (사업명)	2021년예산 (단위:천원/1년간)	담당자 (공무원)	민간이전 분류 (지방자치단체 세출예산 집행기준에 의거)	민간이전지출 근거 (지방보조금 관리기준 참고)	입찰방식			운영예산 산정		성과평가 실시여부
				담당부서	1. 민간경상사업보조(307-02) 2. 민간단체 법정운영비보조(307-03) 3. 민간행사사업보조(307-04) 4. 민간위탁금(307-05) 5. 사회복지시설 법정운영비보조(307-10) 6. 민간인위탁교육비(307-12) 7. 공기관등에대한경상적위탁사업비(308-10) 8. 민간자본사업보조,자체재원(402-01) 9. 민간자본사업보조,이전재원(402-02) 10. 민간위탁사업비(402-03) 11. 공기관등에 대한 자본적 대행사업비(403-02)	1. 법률에 규정 2. 국고보조 재원(국가지정) 3. 용도 지정 기부금 4. 조례에 직접규정 5. 지자체가 권장하는 사업을 하는 공공기관 6. 시,도 정책 및 재정사정 7. 기타 8. 해당없음	계약체결방법 (경쟁형태) 1. 일반경쟁 2. 제한경쟁 3. 지명경쟁 4. 수의계약 5. 법정위탁 6. 기타 ( ) 7. 해당없음	계약기간 1. 1년 2. 2년 3. 3년 4. 4년 5. 5년 6. 기타 ( )년 7. 단기계약 (1년미만) 8. 해당없음	낙찰자선정방법 1. 적격심사 2. 협상에의한계약 3. 최저가낙찰제 4. 규격가격분리 5. 2단계 경쟁입찰 6. 기타 ( ) 7. 해당없음	운영예산 산정 1. 내부산정 (지자체 자체적으로 산정) 2. 외부산정 (외부전문기관위탁 산정) 3. 내·외부 모두 산정 4. 산정 無 5. 해당없음	정산방법 1. 내부정산 (지자체 내부적으로 정산) 2. 외부정산 (외부전문기관위탁 정산) 3. 내·외부 모두 산정 4. 정산 無 5. 해당없음	1. 실시 2. 미실시 3. 향후 추진 4. 해당없음
7806	경북 경주시	정신재활시설운영	472,000	건강증진과	4	6	5	8	7	3	3	1
7807	경북 경주시	정신재활시설종사자수당	20,160	건강증진과	4	6	5	8	7	3	3	1
7808	경북 경주시	민관협력보건소 고혈압당뇨병등록관리사업	280,000	건강증진과	4	2	1	3	1	3	3	1
7809	경북 경주시	관광안내소 운영위탁금	700,000	관광컨벤션과	4	4	7	7	7	1	1	1
7810	경북 경주시	최부자아카데미 교육 및 생활관 운영	114,000	관광컨벤션과	4	4	7	1	7	1	1	1
7811	경북 경주시	경주문화원 사업비	53,000	문화예술과	4	5	7	8	7	1	1	1
7812	경북 경주시	안강유교문화교육장 사업비	40,000	문화예술과	4	5	7	8	7	1	1	1
7813	경북 경주시	경주브랜드 상설공연지원	700,000	문화예술과	4	6	7	8	7	1	1	1
7814	경북 경주시	목월생가 운영	35,000	문화예술과	4	4	7	8	7	1	1	1
7815	경북 경주시	동리목월문학관 운영	119,000	문화예술과	4	4	7	8	7	1	1	1
7816	경북 경주시	자활근로사업	1,333,349	복지정책과	4	4	2	5	1	1	1	3
7817	경북 경주시	사랑의 주거환경개선사업	70,000	복지정책과	4	6	7	8	7	1	1	4
7818	경북 경주시	자활기금사업비 지원	200,000	복지정책과	4	4	7	8	7	5	5	4
7819	경북 경주시	사회복지관 지원	72,000	복지정책과	4	6	7	8	7	1	1	4
7820	경북 경주시	사회복지과 사업지원	30,000	복지정책과	4	6	7	8	7	1	1	4
7821	경북 경주시	사회복지관 운영	605,220	복지정책과	4	6	7	8	7	1	1	4
7822	경북 경주시	사회복지관 사례관리사 운영지원	30,000	복지정책과	4	6	7	8	7	1	1	4
7823	경북 경주시	산림경영계획작성	31,194	산림경영과	4	2	7	8	7	5	1	3
7824	경북 경주시	05BTL사업 시설운영비	972,000	에코물센터	4	2	6	6	2	3	1	1
7825	경북 경주시	08BTL사업 시설운영비	711,000	에코물센터	4	2	6	6	2	3	1	1
7826	경북 경주시	BTL사업 인근시설 관리대행비	162,500	에코물센터	4	1	6	6	2	3	1	1
7827	경북 경주시	수질TMS위탁운영관리비	400,000	에코물센터	4	8	7	8	7	5	5	4
7828	경북 경주시	하수슬러지처리시설 위탁운영관리비	1,130,000	에코물센터	4	1	2	5	3	3	1	1
7829	경북 경주시	감포하수처리시설 위탁운영관리비	1,000,000	에코물센터	4	1	2	5	3	3	1	1
7830	경북 경주시	외동건천양남 하수처리시설 사용료	2,688,000	에코물센터	4	1	6	6	2	3	5	1
7831	경북 경주시	내남건천양남 하수처리시설 사용료	3,990,000	에코물센터	4	1	6	6	2	3	5	1
7832	경북 경주시	노동상담소 위탁운영	50,000	일자리창출과	4	4	7	3	7	1	1	4
7833	경북 경주시	근로자종합복지관 위탁운영	300,000	일자리창출과	4	4	7	3	7	1	1	4
7834	경북 경주시	경력단절여성취업지원	390,540	장애인여성복지과	4	2	7	8	7	5	5	4
7835	경북 경주시	장난감도서관 운영	120,000	장애인여성복지과	4	6	7	8	7	1	1	4
7836	경북 경주시	어린이집 한마음 큰잔치	30,000	장애인여성복지과	4	7	7	8	7	1	1	4
7837	경북 경주시	다문화가족자녀 교육지원사업	80,000	장애인여성복지과	4	1	7	8	7	1	1	4
7838	경북 경주시	결혼이민여성 친정방문사업	20,000	장애인여성복지과	4	1	7	8	7	1	1	4
7839	경북 경주시	경기력 향상을 위한 우수선수 육성지원	200,000	체육진흥과	4	4	7	8	7	1	1	1
7840	경북 경주시	학교 축구 육성	266,000	체육진흥과	4	4	7	8	7	1	1	1
7841	경북 경주시	도민체전 취약종목 집중 육성지원	200,000	체육진흥과	4	4	7	8	7	1	1	1
7842	경북 경주시	우수선수 영입 및 운영비	50,000	체육진흥과	4	4	7	8	7	1	1	1
7843	경북 경주시	경주마이티여자야구단 육성	18,000	체육진흥과	4	4	7	8	7	1	1	1
7844	경북 경주시	리틀야구팀 지원	10,000	체육진흥과	4	4	7	8	7	1	1	1
7845	경북 경주시	시청직장운동경기부 육성지원	2,078,837	체육진흥과	4	4	7	8	7	1	1	2
7846	경북 경주시	각종 경기단체 육성지원	140,000	체육진흥과	4	4	7	8	7	1	1	1
7847	경북 경주시	평생교육사 계속교육 및 워크숍 개최	20,000	평생학습가족관	4	4	1	7	1	1	1	2
7848	경북 경주시	시민과 함께 하는 경주행복아카데미 운영	90,000	평생학습가족관	4	4	1	7	1	1	1	2

순번	시군구	지출명 (사업명)	2021년예산 (단위:천원/1년간)	담당자 (공무원)	민간이전 분류 (지방자치단체 세출예산 집행기준에 의거)	민간이전지출 근거 (지방보조금 관리기준 참고)	입찰방식			운영예산 산정		성과평가 실시여부
				담당부서	1. 민간경상사업보조(307-02) 2. 민간단체 법정운영비보조(307-03) 3. 민간행사사업보조(307-04) 4. 민간위탁금(307-05) 5. 사회복지시설 법정운영비보조(307-10) 6. 민간인위탁교육비(307-12) 7. 공기관등에대한경상적위탁사업비(308-10) 8. 민간자본사업보조,자체재원(402-01) 9. 민간자본사업보조,이전재원(402-02) 10. 민간위탁사업비(402-03) 11. 공기관등에 대한 자본적 대행사업비(403-02)	1. 법률에 규정 2. 국고보조 재원(국가지정) 3. 용도 지정 기부금 4. 조례에 직접규정 5. 지자체가 권장하는 사업을 하는 공공기관 6. 시,도 정책 및 재정사정 7. 기타 8. 해당없음	계약체결방법 (경쟁형태) 1. 일반경쟁 2. 제한경쟁 3. 지명경쟁 4. 수의계약 5. 법정위탁 6. 기타 ( ) 7. 해당없음	계약기간 1. 1년 2. 2년 3. 3년 4. 4년 5. 5년 6. 기타 ( )년 7. 단기계약 (1년미만) 8. 해당없음	낙찰자선정방법 1. 적격심사 2. 협상에의한계약 3. 최저가낙찰제 4. 규격가격분리 5. 2단계 경쟁입찰 6. 기타 ( ) 7. 해당없음	운영예산 산정 1. 내부산정 (지자체 자체적으로 산정) 2. 외부산정 (외부전문기관위탁 산정) 3. 내·외부 모두 산정 4. 산정 無 5. 해당없음	정산방법 1. 내부정산 (지자체 내부적으로 정산) 2. 외부정산 (외부전문기관위탁 정산) 3. 내·외부 모두 산정 4. 정산 無 5. 해당없음	1. 실시 2. 미실시 3. 향후 추진 4. 해당없음
7849	경북 경주시	성인문해교육 활성화 사업	5,000	평생학습가족관	4	4	1	7	1	1	1	2
7850	경북 영천시	산업안전관리업무 위탁	20,000	총무과	4	1	4	1	2	3	3	4
7851	경북 영천시	코디네이터지원	59,184	새마을체육과	4	2	7	8	7	1	1	4
7852	경북 영천시	보험료지원	5,038	새마을체육과	4	2	7	8	7	1	1	4
7853	경북 영천시	자원봉사우수프로그램 스타빌리지사업	40,000	새마을체육과	4	1	7	8	7	1	1	4
7854	경북 영천시	클린마을공동체만들기	12,000	새마을체육과	4	1	7	8	7	1	1	4
7855	경북 영천시	리더자원봉사자 역량강화워크숍	3,000	새마을체육과	4	1	7	8	7	1	1	4
7856	경북 영천시	시군자원봉사센터운영지원	350,000	새마을체육과	4	1	7	8	7	1	1	4
7857	경북 영천시	담배소매인지정사실조사 민간위탁	4,000	일자리노사과	4	1	7	3	7	5	1	4
7858	경북 영천시	영천공설시장 부설주차장 관리위탁	69,435	일자리노사과	4	1	4	6	7	1	1	4
7859	경북 영천시	근로자복지회관 운영위탁	40,000	일자리노사과	4	5	4	5	6	1	1	4
7860	경북 영천시	농공단지 가로등 전기료	8,000	기업유치과	4	1	5	1	7	4	1	4
7861	경북 영천시	공공폐수처리시설 운영비	27,000	기업유치과	4	1	5	1	7	4	1	4
7862	경북 영천시	배출업소대기오염도 위탁측정	16,000	환경보호과	4	7	7	8	7	5	5	4
7863	경북 영천시	민원발생사업장 시료채취	16,000	환경보호과	4	7	7	8	7	5	5	4
7864	경북 영천시	유해야생동물 사체 위탁처리	30,000	환경보호과	4	7	4	1	7	1	1	4
7865	경북 영천시	생활쓰레기수거운반위탁처리비	1,000,000	자원순환과	4	4	1	1	1	2	1	4
7866	경북 영천시	음식물쓰레기위탁처리비	900,000	자원순환과	4	1	6	6	6	2	1	4
7867	경북 영천시	폐가전제품위탁운반비	6,000	자원순환과	4	8	7	8	7	5	5	4
7868	경북 영천시	슬레이트전수조사	26,000	자원순환과	4	2	7	8	7	5	5	4
7869	경북 영천시	가연성생활쓰레기위탁처리비	5,140,836	자원순환과	4	8	4	1	1	1	4	4
7870	경북 영천시	폐부직포위탁처리비	125,665	자원순환과	4	8	4	1	1	1	4	4
7871	경북 영천시	폐목재위탁처리비	36,000	자원순환과	4	8	2	1	3	1	4	4
7872	경북 영천시	그린환경센터침출수수질검사	13,200	자원순환과	4	1	4	1	6	1	4	4
7873	경북 영천시	그린환경센터지하수검사정수질검사	9,600	자원순환과	4	1	4	1	6	1	4	4
7874	경북 영천시	사용종료매립장침출수수질검사	4,400	자원순환과	4	1	4	1	6	1	4	4
7875	경북 영천시	사용종료매립장지하수검사정수질검사	19,200	자원순환과	4	1	4	1	6	1	4	4
7876	경북 영천시	영화관위탁운영지원	20,000	문화예술과	4	4	7	8	7	5	5	4
7877	경북 영천시	포은선생충효정신선양및인재양성교육	206,250	문화예술과	4	4	1	3	1	1	3	4
7878	경북 영천시	경북의선비정신과미래인재양성교육	428,000	문화예술과	4	4	1	3	1	1	1	4
7879	경북 영천시	자활근로사업비	1,155,819	복지정책과	4	1	4	1	7	5	1	4
7880	경북 영천시	노인사회활동지원사업 운영비	996,324	사회복지과	4	2	1	2	1	1	1	4
7881	경북 영천시	노인일자리 및 사회활동지원사업비	4,863,068	사회복지과	4	2	5	5	1	1	1	4
7882	경북 영천시	시니어클럽운영보조	310,000	사회복지과	4	4	5	5	1	1	1	4
7883	경북 영천시	민간분야노인일자리사업개발비	45,000	사회복지과	4	4	5	5	1	1	1	4
7884	경북 영천시	실버자원봉사단운영	7,000	사회복지과	4	6	7	8	7	1	1	4
7885	경북 영천시	독거노인생활관리사지원	228,000	사회복지과	4	1	1	3	1	3	1	4
7886	경북 영천시	무의탁노인건강음료배달및안부묻기사업	128,154	사회복지과	4	1	1	3	1	3	1	4
7887	경북 영천시	독거노인중증장애인응급안전알림서비스운영지원	4,080	사회복지과	4	2	1	3	1	3	1	4
7888	경북 영천시	독거노인중증장애인 응급안전알림서비스 운영지원	26,068	사회복지과	4	2	1	3	1	3	1	4
7889	경북 영천시	독거노인중증장애인응급안전알림서비스운영지원	85,450	사회복지과	4	2	1	3	1	3	1	4
7890	경북 영천시	노인복지관운영지원	80,554	사회복지과	4	6	7	8	7	1	1	4
7891	경북 영천시	지역사회서비스투자사업	475,375	사회복지과	4	1	7	8	7	5	5	4

순번	시군구	지출명 (사업명)	2021년예산 (단위:천원/1년간)	담당자 (공무원)	민간이전 분류 (지방자치단체 세출예산 집행기준에 의거)	민간이전지출 근거 (지방보조금 관리기준 참고)	입찰방식			운영예산 산정		성과평가 실시여부
				담당부서	1. 민간경상사업보조(307-02) 2. 민간단체 법정운영비보조(307-03) 3. 민간행사사업보조(307-04) 4. 민간위탁금(307-05) 5. 사회복지시설 법정운영비보조(307-10) 6. 민간인위탁교육비(307-12) 7. 공기관등에대한경상적위탁사업비(308-10) 8. 민간자본사업보조,자체재원(402-01) 9. 민간자본사업보조,이전재원(402-02) 10. 민간위탁사업비(402-03) 11. 공기관등에 대한 자본적 대행사업비(403-02)	1. 법률에 규정 2. 국고보조 재원(국가지정) 3. 용도 지정 기부금 4. 조례에 직접규정 5. 지자체가 권장하는 사업을 하는 공공기관 6. 시,도 정책 및 재정사정 7. 기타 8. 해당없음	계약체결방법 (경쟁형태) 1. 일반경쟁 2. 제한경쟁 3. 지명경쟁 4. 수의계약 5. 법정위탁 6. 기타 ( ) 7. 해당없음	계약기간 1. 1년 2. 2년 3. 3년 4. 4년 5. 5년 6. 기타 ( )년 7. 단기계약 (1년미만) 8. 해당없음	낙찰자선정방법 1. 적격심사 2. 협상에의한계약 3. 최저가낙찰제 4. 규격가격분리 5. 2단계 경쟁입찰 6. 기타 ( ) 7. 해당없음	운영예산 산정 1. 내부산정 (지자체 자체적으로 산정) 2. 외부산정 (외부전문기관위탁 산정) 3. 내·외부 모두 산정 4. 산정 無 5. 해당없음	정산방법 1. 내부정산 (지자체 내부적으로 정산) 2. 외부정산 (외부전문기관위탁 정산) 3. 내·외부 모두 산정 4. 정산 無 5. 해당없음	1. 실시 2. 미실시 3. 향후 추진 4. 해당없음
7892	경북 영천시	가사간병방문지원사업	165,066	사회복지과	4	1	7	8	7	5	5	4
7893	경북 영천시	장난감도서관운영지원	130,000	가족행복과	4	6	1	5	1	1	1	4
7894	경북 영천시	영천별빛직장어린이집운영분담금	210,000	가족행복과	4	4	5	5	1	1	1	4
7895	경북 영천시	특별교통수단 운영	315,000	교통행정과	4	4	6	3	6	1	1	4
7896	경북 영천시	취약지역응급의료기관 운영지원	550,000	보건소	4	4	7	8	7	5	1	4
7897	경북 영천시	어린이급식관리지원센터설치운영	210,000	보건소	4	2	5	3	1	1	1	4
7898	경북 영천시	저소득층기저귀조제분유지원	148,000	보건소	4	1	7	8	7	5	5	4
7899	경북 영천시	분만취약지분만산부인과운영지원	500,000	보건소	4	2	6	6	2	3	3	4
7900	경북 영천시	지역사회건강조사	67,752	보건소	4	2	7	1	2	3	3	4
7901	경북 영천시	기초정신건강복지센터운영	184,224	보건소	4	4	1	3	1	5	1	4
7902	경북 영천시	정신건강복지센터인력확충	290,592	보건소	4	4	1	3	1	5	1	4
7903	경북 영천시	아동청소년정신보건사업	52,294	보건소	4	4	1	3	1	5	1	4
7904	경북 영천시	통합정신건강증진사업	200,000	보건소	4	4	1	3	1	5	1	4
7905	경북 영천시	자살예방및정신건강증진사업	69,656	보건소	4	4	1	3	1	5	1	4
7906	경북 영천시	자살예방사업인력확충	35,320	보건소	4	4	1	3	1	5	1	4
7907	경북 영천시	정신건강복지센터종사자수당	21,840	보건소	4	4	1	3	1	5	1	4
7908	경북 영천시	생명사랑마을조성 농약안전함 보급	9,000	보건소	4	4	1	3	1	5	1	4
7909	경북 영천시	생명사랑 마을조성 사업비	1,000,000	보건소	4	4	1	3	1	5	1	4
7910	경북 영천시	응급실기반 자살시도자 관리	50,000	보건소	4	4	1	3	1	5	1	4
7911	경북 영천시	응급실기반 자살시도자 관리	3,000	보건소	4	4	1	3	1	5	1	4
7912	경북 영천시	홍보용경주마위탁관리비	52,800	농업기술센터	4	7	6	1	7	4	1	4
7913	경북 영천시	특산자원상품화 교육 및 컨설팅	20,000	농업기술센터	4	2	7	8	7	5	5	4
7914	경북 김천시	도농순환일자리창출사업운영	37,000	농업정책과	4	4	7	8	7	5	5	1
7915	경북 김천시	농촌인력중개센터운영지원	80,000	농업정책과	4	1	7	8	7	5	5	4
7916	경북 김천시	농촌인력지원센터지원	133,000	농업정책과	4	6	7	8	7	5	5	1
7917	경북 김천시	장애인일자리지원	580,602	사회복지과	4	2	1	1	1	5	1	1
7918	경북 김천시	장애인활동지원급여지원	5,778,020	사회복지과	4	2	7	8	7	5	3	1
7919	경북 김천시	장애인활동보조서비스지원	105,243	사회복지과	4	6	7	8	7	5	3	1
7920	경북 김천시	활동보조 가산급여	8,570	사회복지과	4	2	4	8	7	5	3	1
7921	경북 김천시	장애인종합복지관운영	1,249,368	사회복지과	4	6	4	8	7	3	3	2
7922	경북 김천시	중증장애인자립지원센터운영	190,994	사회복지과	4	6	4	8	7	3	3	2
7923	경북 김천시	발달장애인 부모상담지원	9,000	사회복지과	4	2	7	8	7	5	1	1
7924	경북 김천시	발달재활서비스 바우처 지원	585,987	사회복지과	4	2	7	8	7	5	1	1
7925	경북 김천시	언어발달지원 바우처 지원	10,800	사회복지과	4	1	7	8	7	5	1	1
7926	경북 김천시	발달장애인 주간활동서비스지원	517,515	사회복지과	4	2	7	8	7	5	1	1
7927	경북 김천시	발달장애인 방과후 돌봄서비스지원	266,454	사회복지과	4	2	7	8	7	5	1	1
7928	경북 김천시	노인일자리 및 사회활동지원 확대	9,662,554	사회복지과	4	2	7	8	7	1	1	1
7929	경북 김천시	시니어클럽 운영	310,000	사회복지과	4	6	7	8	7	1	1	1
7930	경북 김천시	시니어클럽 운영비 지원	44,400	사회복지과	4	6	7	8	7	1	1	1
7931	경북 김천시	독거노인중증장애인 응급안전알림서비스 운영지원	52,135	사회복지과	4	2	4	1	1	1	1	1
7932	경북 김천시	독거노인중증장애인 응급안전알림서비스	93,510	사회복지과	4	2	4	1	1	1	1	1
7933	경북 김천시	독거노인중증장애인 응급안전알림서비스 운영지원	4,080	사회복지과	4	2	4	1	1	1	1	1
7934	경북 김천시	독거노인생활지도사 파견사업	225,600	사회복지과	4	1	4	1	1	1	1	1

순번	시군구	지출명 (사업명)	2021년예산 (단위:천원/1년간)	담당자 (공무원) 담당부서	민간이전 분류 (지방자치단체 세출예산 집행기준에 의거) 1. 민간경상사업보조(307-02) 2. 민간단체 법정운영비보조(307-03) 3. 민간행사사업보조(307-04) 4. 민간위탁금(307-05) 5. 사회복지시설 법정운영비보조(307-10) 6. 민간인위탁교육비(307-12) 7. 공기관등에대한경상적위탁사업비(308-10) 8. 민간자본사업보조,자체재원(402-01) 9. 민간자본사업보조,이전재원(402-02) 10. 민간위탁사업비(402-03) 11. 공기관등에 대한 자본적 대행사업비(403-02)	민간이전지출 근거 (지방보조금 관리기준 참고) 1. 법률에 규정 2. 국고보조 재원(국가지정) 3. 용도 지정 기부금 4. 조례에 직접규정 5. 지자체가 권장하는 사업을 하는 공공기관 6. 시,도 정책 및 재정사정 7. 기타 8. 해당없음	입찰방식: 계약체결방법 (경쟁형태) 1. 일반경쟁 2. 제한경쟁 3. 지명경쟁 4. 수의계약 5. 법정위탁 6. 기타 ( ) 7. 해당없음	입찰방식: 계약기간 1. 1년 2. 2년 3. 3년 4. 4년 5. 5년 6. 기타 ( )년 7. 단기계약 (1년미만) 8. 해당없음	입찰방식: 낙찰자선정방법 1. 적격심사 2. 협상에의한계약 3. 최저가낙찰제 4. 규격가격분리 5. 2단계 경쟁입찰 6. 기타 ( ) 7. 해당없음	운영예산 산정: 운영예산 산정 1. 내부산정 (지자체 자체적으로 산정) 2. 외부산정 (외부전문기관위탁 산정) 3. 내·외부 모두 산정 4. 산정 無 5. 해당없음	운영예산 산정: 정산방법 1. 내부정산 (지자체 내부적으로 정산) 2. 외부정산 (외부전문기관위탁 정산) 3. 내·외부 모두 산정 4. 정산 無 5. 해당없음	성과평가 실시여부 1. 실시 2. 미실시 3. 향후 추진 4. 해당없음
7935	경북 김천시	노인종합복지회관 위탁 운영비	730,000	사회복지과	4	4	4	5	7	1	1	4
7936	경북 김천시	희귀질환자의료비지원사업	230,000	중앙보건지소	4	2	7	8	7	5	5	4
7937	경북 김천시	5대암 조기검진사업	272,900	중앙보건지소	4	2	7	8	7	5	5	4
7938	경북 김천시	의료수급권자 일반건강검진사업	24,207	중앙보건지소	4	2	7	8	7	5	5	4
7939	경북 김천시	영유아건강검진사업	2,600	중앙보건지소	4	2	7	8	7	5	5	4
7940	경북 김천시	찾아라 행복마을 운영	20,000	평생교육원	4	4	7	1	7	1	1	4
7941	경북 김천시	자원봉사자 대회	16,000	평생교육원	4	4	7	1	7	1	1	4
7942	경북 김천시	경북 자원봉사자 대회 참가지원	3,000	평생교육원	4	4	7	1	7	1	1	4
7943	경북 김천시	자원봉사 거점 운영	5,000	평생교육원	4	4	7	1	7	1	1	4
7944	경북 김천시	재능 나눔 봉사 활성화 지원	5,000	평생교육원	4	4	7	1	7	1	1	4
7945	경북 김천시	자원봉사단체 활동 지원	13,000	평생교육원	4	4	7	1	7	1	1	4
7946	경북 김천시	자원봉사 프로그램 운영	6,000	평생교육원	4	4	7	1	7	1	1	4
7947	경북 김천시	3040행복한 자원봉사단 운영	3,000	평생교육원	4	4	7	1	7	1	1	4
7948	경북 김천시	가족파티물품 공유 활성화 사업	3,000	평생교육원	4	4	7	1	7	1	1	4
7949	경북 김천시	시군자원봉사센터 운영	205,800	평생교육원	4	6	7	1	7	1	1	4
7950	경북 김천시	자원봉사센터코디네이터지원	59,184	평생교육원	4	2	7	1	7	1	1	4
7951	경북 김천시	자원봉사센터 자원봉사자 보험료 지원	8,110	평생교육원	4	2	7	1	7	1	1	4
7952	경북 김천시	맞춤형자원봉사 프로그램 운영 지원	10,000	평생교육원	4	6	7	1	7	1	1	4
7953	경북 김천시	사회복지관 운영	456,102	복지기획과	4	1	4	5	2	1	3	1
7954	경북 김천시	가축전염병 폐사축 랜더링 처리비	50,000	축산과	4	8	7	8	7	1	1	1
7955	경북 김천시	통제초소운영및소독비용지원	121,000	축산과	4	2	7	8	7	1	1	1
7956	경북 김천시	구제역및AI등차단방역	60,000	축산과	4	8	7	8	7	1	1	1
7957	경북 김천시	김천시 도시재생지원센터 위탁 운영	300,000	원도심재생과	4	4	4	2	1	1	1	1
7958	경북 김천시	창업,사회적경제조직 육성 프로그램 및 컨설팅 지원	115,000	원도심재생과	4	1	7	8	7	5	5	4
7959	경북 김천시	교통안전 체험 프로그램	36,000	원도심재생과	4	1	7	8	7	5	5	4
7960	경북 김천시	목재 관련 창업문화 육성 프로그램 운영	24,000	원도심재생과	4	1	7	8	7	5	5	4
7961	경북 김천시	주민역량강화 프로그램 운영	40,000	원도심재생과	4	1	7	8	7	5	5	4
7962	경북 안동시	유아숲교육 위탁운영	76,898	공원녹지과	4	2	7	8	7	5	5	4
7963	경북 안동시	숲해설 위탁운영	51,104	공원녹지과	4	2	7	8	7	5	5	4
7964	경북 안동시	안동시종합사회복지관 운영비	750,000	사회복지과	4	4	5	1	1	1	1	1
7965	경북 안동시	안동시립도서관 청사 청소용역	318,000	시립도서관	4	7	2	1	1	1	1	2
7966	경북 안동시	안동시립도서관 경비 용역	70,000	시립도서관	4	7	2	1	1	1	1	2
7967	경북 안동시	안동시립도서관 경비 용역	56,000	시립도서관	4	7	4	1	2	1	1	1
7968	경북 안동시	보건기관및공공보건의료기관운영	105,000	보건위생과	4	1	1	1	1	1	1	4
7969	경북 안동시	어린이급식관리지원센터 설치운영	420,000	보건위생과	4	4	7	8	7	5	5	4
7970	경북 안동시	정신건강복지센터운영	237,393	치매안심센터	4	2	1	3	1	3	3	1
7971	경북 안동시	정신건강복지센터 인력확충	217,944	치매안심센터	4	2	1	3	1	3	3	1
7972	경북 안동시	아동청소년 정신보건사업	56,697	치매안심센터	4	2	1	3	1	3	3	1
7973	경북 안동시	자살예방 및 정신건강증진사업	98,682	치매안심센터	4	2	1	3	1	3	3	1
7974	경북 안동시	정신응급개입팀 운영	224,822	치매안심센터	4	2	1	3	1	3	3	1
7975	경북 안동시	통합정신건강증진사업	200,000	치매안심센터	4	2	1	3	1	3	3	1
7976	경북 안동시	정신건강 및 중독관리통합지원센터종사자수당	20,160	치매안심센터	4	6	1	3	1	3	3	1
7977	경북 안동시	자살예방 환경조성	13,500	치매안심센터	4	6	1	3	1	3	3	1

순번	시군구	지출명 (사업명)	2021년예산 (단위:천원/1년간)	담당자 (공무원)	민간이전 분류 (지방자치단체 세출예산 집행기준에 의거)	민간이전지출 근거 (지방보조금 관리기준 참고)	입찰방식			운영예산 산정		성과평가 실시여부
				담당부서	1. 민간경상사업보조(307-02) 2. 민간단체 법정운영비보조(307-03) 3. 민간행사사업보조(307-04) 4. 민간위탁금(307-05) 5. 사회복지시설 법정운영비보조(307-10) 6. 민간인위탁교육비(307-12) 7. 공기관등에대한경상적위탁사업비(308-10) 8. 민간자본사업보조,자체재원(402-01) 9. 민간자본사업보조,이전재원(402-02) 10. 민간위탁사업비(402-03) 11. 공기관등에 대한 자본적 대행사업비(403-02)	1. 법률에 규정 2. 국고보조 재원(국가지정) 3. 용도 지정 기부금 4. 조례에 직접규정 5. 지자체가 권장하는 사업을 하는 공공기관 6. 시,도 정책 및 재정사정 7. 기타 8. 해당없음	계약체결방법 (경쟁형태) 1. 일반경쟁 2. 제한경쟁 3. 지명경쟁 4. 수의계약 5. 법정위탁 6. 기타 ( ) 7. 해당없음	계약기간 1. 1년 2. 2년 3. 3년 4. 4년 5. 5년 6. 기타 ( )년 7. 단기계약 (1년미만) 8. 해당없음	낙찰자선정방법 1. 적격심사 2. 협상에의한계약 3. 최저가낙찰제 4. 규격가격분리 5. 2단계 경쟁입찰 6. 기타 ( ) 7. 해당없음	운영예산 산정 1. 내부산정 (지자체 자체적으로 산정) 2. 외부산정 (외부전문기관위탁 산정) 3. 내·외부 모두 산정 4. 산정 無 5. 해당없음	정산방법 1. 내부정산 (지자체 내부적으로 정산) 2. 외부정산 (외부전문기관위탁 정산) 3. 내·외부 모두 산정 4. 정산 無 5. 해당없음	1. 실시 2. 미실시 3. 향후 추진 4. 해당없음
7978	경북 안동시	상수도검침대행사업비	1,567,680	상하수도과	4	4	5	8	7	3	3	1
7979	경북 안동시	축산폐수수거대행 징수교부금	2,000	상하수도과	4	8	7	8	7	5	5	4
7980	경북 안동시	남후농공단지 공공시설물 관리위탁	25,000	투자유치과	4	1	4	3	7	1	1	1
7981	경북 안동시	풍산농공단지 공공시설물 관리위탁	25,000	투자유치과	4	1	4	3	7	1	1	1
7982	경북 안동시	불법광고물 정비단속 민간위탁	17,000	도시디자인과	4	8	7	7	7	1	1	1
7983	경북 안동시	사무실 청소용역비	72,000	농촌지원과	4	4	2	1	6	1	1	2
7984	경북 안동시	농업인상담소 순회 청소 위탁	10,800	농촌지원과	4	4	4	1	6	1	1	2
7985	경북 안동시	(재)한국천연색소산업화센터 운영 지원	600,000	농촌지원과	4	4	7	8	7	5	5	4
7986	경북 안동시	천연색소 경쟁력강화 지원	267,000	농촌지원과	4	6	7	8	7	5	5	4
7987	경북 안동시	수출사과 병해충예찰 사업	100,000	기술보급과	4	1	7	8	7	5	5	4
7988	경북 안동시	충의역사체험장 운영지원	50,000	문화유산과	4	4	2	3	1	1	1	1
7989	경북 안동시	건강가정 및 다문화가족 지원센터 통합서비스 지원	513,360	여성가족과	4	4	7	5	7	1	1	1
7990	경북 안동시	육아종합지원센터 운영비지원	1,044,000	여성가족과	4	4	5	3	7	1	1	3
7991	경북 안동시	장난감도서관운영지원	120,000	여성가족과	4	4	5	3	7	1	1	3
7992	경북 안동시	전통문화콘텐츠박물관 청소 용역	70,000	관리팀	4	1	1	1	3	1	1	4
7993	경북 안동시	퇴계학당운영	750,000	평생교육과	4	4	6	8	7	1	1	3
7994	경북 안동시	청사시설물관리	70,000	평생교육과	4	4	4	1	7	1	1	4
7995	경북 안동시	청소년방과후아카데미운영지원	164,042	평생교육과	4	2	7	8	7	1	1	1
7996	경북 안동시	노인맞춤돌봄서비스	4,336,627	노인장애인복지과	4	1	1	1	1	1	1	1
7997	경북 안동시	노인일자리 및 사회활동지원 확대	11,032	노인장애인복지과	4	1	3	1	6	1	1	1
7998	경북 안동시	독거노인중증장애인응급안전서비스사업	237,441	노인장애인복지과	4	1	1	1	1	1	1	1
7999	경북 안동시	경로당행복도우미지원	915,930	노인장애인복지과	4	6	5	1	7	5	1	1
8000	경북 안동시	노인복지시설관리및지원	40,000	노인장애인복지과	4	7	2	3	6	1	1	1
8001	경북 안동시	안동시노인종합복지관운영	35,000	노인장애인복지과	4	7	7	8	7	1	1	1
8002	경북 안동시	공설봉안당관리	89,255	노인장애인복지과	4	4	5	5	7	5	3	1
8003	경북 안동시	안동시장애인종합복지관 운영	1,120,000	노인장애인복지과	4	4	1	5	1	1	1	1
8004	경북 안동시	장애인일자리지원	733,392	노인장애인복지과	4	2	7	8	7	5	5	1
8005	경북 안동시	시각장애인안마사파견사업	67,223	노인장애인복지과	4	2	7	8	7	5	5	1
8006	경북 안동시	시군장애인종합복지관운영	16,000	노인장애인복지과	4	1	1	5	1	1	1	1
8007	경북 안동시	중증장애인자립지원센터운영	215,349	노인장애인복지과	4	6	1	5	1	1	1	1
8008	경북 안동시	지식재산아카데미	10,000	일자리경제과	4	4	7	1	7	1	1	2
8009	경북 안동시	근로자종합복지관 운영	220,000	일자리경제과	4	4	6	3	7	1	1	2
8010	경북 안동시	한국담배판매인회 안동조합 민간위탁금	5,000	일자리경제과	4	4	7	1	7	1	1	4
8011	경북 안동시	사이버안동장터 위탁운영	27,000	일자리경제과	4	4	4	1	7	1	1	3
8012	경북 안동시	사이버안동장터 할인쿠폰 발행 지원	20,000	일자리경제과	4	4	4	1	7	1	1	3
8013	경북 안동시	사이버안동장터 택배비 비원	12,000	일자리경제과	4	4	4	1	7	1	1	3
8014	경북 안동시	사이버안동장터 화요특가 운영지원	15,000	일자리경제과	4	4	4	1	7	1	1	3
8015	경북 안동시	사이버안동장터 신규회원이벤트 지원	15,000	일자리경제과	4	4	4	1	7	1	1	3
8016	경북 안동시	소비자민원 위탁대행	10,000	일자리경제과	4	1	1	1	1	1	1	3
8017	경북 안동시	수산물도매시장 및 관리사무소 주변 환경 청소 용역	22,000	안동시농수산물도매시장관리사무소	4	7	4	1	7	1	1	4
8018	경북 안동시	이육사문학관 운영지원	415,000	전통문화예술과	4	4	7	1	1	1	1	1
8019	경북 안동시	소천권태호음악관 운영지원	140,000	전통문화예술과	4	4	1	1	1	1	1	1
8020	경북 안동시	권정생동화나라 운영지원	100,000	전통문화예술과	4	4	1	1	1	1	1	1

순번	시군구	지출명 (사업명)	2021년예산 (단위:천원/1년간)	담당자 (공무원) 담당부서	민간이전 분류 (지방자치단체 세출예산 집행기준에 의거) 1. 민간경상사업보조(307-02) 2. 민간단체 법정운영비보조(307-03) 3. 민간행사사업보조(307-04) 4. 민간위탁금(307-05) 5. 사회복지시설 법정운영비보조(307-10) 6. 민간인위탁교육비(307-12) 7. 공기관등에대한경상적위탁사업비(308-10) 8. 민간자본사업보조,자체재원(402-01) 9. 민간자본사업보조,이전재원(402-02) 10. 민간위탁사업비(402-03) 11. 공기관등에 대한 자본적 대행사업비(403-02)	민간이전지출 근거 (지방보조금 관리기준 참고) 1. 법률에 규정 2. 국고보조 재원(국가지정) 3. 용도 지정 기부금 4. 조례에 직접규정 5. 지자체가 권장하는 사업을 하는 공공기관 6. 시,도 정책 및 재정사정 7. 기타 8. 해당없음	입찰방식 계약체결방법 (경쟁형태) 1. 일반경쟁 2. 제한경쟁 3. 지명경쟁 4. 수의계약 5. 법정위탁 6. 기타 ( ) 7. 해당없음	입찰방식 계약기간 1. 1년 2. 2년 3. 3년 4. 4년 5. 5년 6. 기타 ( )년 7. 단기계약 (1년미만) 8. 해당없음	입찰방식 낙찰자선정방법 1. 적격심사 2. 협상에의한계약 3. 최저가낙찰제 4. 규격가격분리 5. 2단계 경쟁입찰 6. 기타 ( ) 7. 해당없음	운영예산 산정 운영예산 산정 1. 내부산정 (지자체 자체적으로 산정) 2. 외부산정 (외부전문기관위탁 산정) 3. 내·외부 모두 산정 4. 산정 無 5. 해당없음	운영예산 산정 정산방법 1. 내부정산 (지자체 내부적으로 정산) 2. 외부정산 (외부전문기관위탁 정산) 3. 내·외부 모두 산정 4. 정산 無 5. 해당없음	성과평가 실시여부 1. 실시 2. 미실시 3. 향후 추진 4. 해당없음
8021	경북 안동시	경상북도유교문화회관 유지관리 지원	90,000	전통문화예술과	4	4	5	3	1	1	1	1
8022	경북 안동시	안동포타운 민간위탁 운영비	300,000	전통문화예술과	4	4	1	3	1	2	1	3
8023	경북 안동시	우수한약재유통지원시설 운영비 지원	270,000	전통문화예술과	4	7	7	8	7	5	5	1
8024	경북 안동시	자연색문화원 운영비	30,000	전통문화예술과	4	4	7	8	7	5	5	4
8025	경북 안동시	안동공예문화전시관 운영지원	67,100	전통문화예술과	4	4	7	8	7	5	5	4
8026	경북 구미시	의회 방송실 운영	78,192	의회사무국	4	7	2	1	1	2	1	4
8027	경북 구미시	의정활동 영상편집	21,960	의회사무국	4	7	4	1	7	2	1	4
8028	경북 구미시	지방분권 아카데미 운영	10,000	미래전략담당관	4	4	7	8	7	5	5	4
8029	경북 구미시	구미시 정책과제연구개발	31,500	미래전략담당관	4	4	7	8	7	5	5	4
8030	경북 구미시	인구의 날 기념식 및 문화행사	11,700	미래전략담당관	4	4	7	8	7	5	5	4
8031	경북 구미시	주민참여예산제 예산학교 운영	13,500	기획예산과	4	4	7	8	7	5	5	4
8032	경북 구미시	신성장동력산업 육성 세미나	13,500	신산업정책과	4	4	7	8	7	5	5	4
8033	경북 구미시	청소용역	30,000	신산업정책과	4	1	7	8	7	5	5	4
8034	경북 구미시	시설관리 용역	45,000	신산업정책과	4	1	7	8	7	5	5	4
8035	경북 구미시	방역 및 소독용역	4,000	신산업정책과	4	1	7	8	7	5	5	4
8036	경북 구미시	후문경비 용역	77,000	신산업정책과	4	1	2	1	1	1	1	4
8037	경북 구미시	청소용역	33,820	신산업정책과	4	1	2	1	1	1	1	4
8038	경북 구미시	시설관리 용역	55,425	신산업정책과	4	1	2	1	1	1	1	4
8039	경북 구미시	방역 및 소독용역	4,120	신산업정책과	4	1	2	1	1	1	5	4
8040	경북 구미시	Yes구미캠퍼스 운영사업	48,000	신산업정책과	4	7	7	8	7	5	5	1
8041	경북 구미시	비즈니스지원센터 청소 용역	62,628	기업지원과	4	1	4	1	3	2	1	2
8042	경북 구미시	비즈니스지원센터 시설관리(전기,기계) 용역	55,465	기업지원과	4	1	4	1	3	2	1	2
8043	경북 구미시	센터방역 및 소독용역	7,260	기업지원과	4	1	7	8	7	1	1	2
8044	경북 구미시	구미산업기술정보센터 위탁운영비	65,000	기업지원과	4	4	7	7	7	1	1	1
8045	경북 구미시	국제화 역량 강화 사업	10,800	기업지원과	4	7	7	8	7	5	1	4
8046	경북 구미시	키르기즈 비슈케크시 자매결연 30주년 기념행사	30,000	기업지원과	4	7	7	8	7	5	5	4
8047	경북 구미시	지역 노사민정협력 활성화 사업	50,000	노동복지과	4	2	7	8	7	5	5	4
8048	경북 구미시	구미 노사정네트워킹협력 사업	18,000	노동복지과	4	4	7	8	7	5	5	4
8049	경북 구미시	노동법률상담센터 운영	160,000	노동복지과	4	4	7	8	7	5	5	4
8050	경북 구미시	고령근로자 건강증진 프로그램 운영	18,000	노동복지과	4	4	7	8	7	5	5	4
8051	경북 구미시	경북행복기업산업안전환경개선사업	60,000	노동복지과	4	4	7	8	7	5	5	4
8052	경북 구미시	외국인근로자상담센터(쉼터) 운영	248,000	노동복지과	4	4	7	8	7	5	5	4
8053	경북 구미시	근로자문화센터 위탁운영	23,000	노동복지과	4	4	7	8	7	5	5	4
8054	경북 구미시	구미시취업지원센터 운영	200,000	노동복지과	4	4	7	8	7	5	5	4
8055	경북 구미시	중소기업기술지원 및 학생진로적성교육 사업	18,000	노동복지과	4	4	7	8	7	5	5	4
8056	경북 구미시	신중년 사회공헌사업	245,836	일자리경제과	4	2	1	1	1	1	1	2
8057	경북 구미시	담배소매인지정 사실조사 업무대행비	6,720	일자리경제과	4	4	7	3	7	1	1	4
8058	경북 구미시	소상공인 경영능력 향상 교육	3,200	일자리경제과	4	4	7	8	7	5	5	4
8059	경북 구미시	선산문화의 집 운영 위탁	63,800	문화예술과	4	4	5	1	7	1	1	1
8060	경북 구미시	2021 구미아시아연극제	53,000	문화예술과	4	4	4	1	2	1	1	1
8061	경북 구미시	정월대보름민속문화축제	30,000	문화예술과	4	4	4	1	7	1	1	1
8062	경북 구미시	구미문화예술동아리 지원사업	30,000	문화예술과	4	4	4	1	2	1	1	1
8063	경북 구미시	찾아가는 음악회	90,000	문화예술과	4	4	4	1	2	1	1	1

순번	시군구	지출명 (사업명)	2021년예산 (단위:천원/1년간)	담당자 (공무원)	민간이전 분류 (지방자치단체 세출예산 집행기준에 의거)	민간이전지출 근거 (지방보조금 관리기준 참고)	입찰방식			운영예산 산정		성과평가 실시여부
				담당부서	1. 민간경상사업보조(307-02) 2. 민간단체 법정운영비보조(307-03) 3. 민간행사사업보조(307-04) 4. 민간위탁금(307-05) 5. 사회복지시설 법정운영비보조(307-10) 6. 민간인위탁교육비(307-12) 7. 공기관등에대한경상적위탁사업비(308-10) 8. 민간자본사업보조,자체재원(402-01) 9. 민간자본사업보조,이전재원(402-02) 10. 민간위탁사업비(402-03) 11. 공기관등에 대한 자본적 대행사업비(403-02)	1. 법률에 규정 2. 국고보조 재원(국가지정) 3. 용도 지정 기부금 4. 조례에 직접규정 5. 지자체가 권장하는 사업을 하는 공공기관 6. 시,도 정책 및 재정사정 7. 기타 8. 해당없음	계약체결방법 (경쟁형태) 1. 일반경쟁 2. 제한경쟁 3. 지명경쟁 4. 수의계약 5. 법정위탁 6. 기타 ( ) 7. 해당없음	계약기간 1. 1년 2. 2년 3. 3년 4. 4년 5. 5년 6. 기타 ( )년 7. 단기계약 (1년미만) 8. 해당없음	낙찰자선정방법 1. 적격심사 2. 협상에의한계약 3. 최저가낙찰제 4. 규격가격분리 5. 2단계 경쟁입찰 6. 기타 ( ) 7. 해당없음	운영예산 산정 1. 내부산정 (지자체 자체적으로 산정) 2. 외부산정 (외부전문기관위탁 산정) 3. 내·외부 모두 산정 4. 산정 無 5. 해당없음	정산방법 1. 내부정산 (지자체 내부적으로 정산) 2. 외부정산 (외부전문기관위탁 정산) 3. 내·외부 모두 산정 4. 정산 無 5. 해당없음	1. 실시 2. 미실시 3. 향후 추진 4. 해당없음
8064	경북 구미시	명창 박록주 전국국악대전	100,000	문화예술과	4	4	1	1	1	1	1	1
8065	경북 구미시	구미전국풍물경연축제	70,000	문화예술과	4	4	4	1	2	1	1	1
8066	경북 구미시	랜선 버스킹 도시 조성	60,000	문화예술과	4	4	7	8	7	5	5	4
8067	경북 구미시	노래연습장업자 정기교육	4,500	문화예술과	4	4	5	1	2	1	1	1
8068	경북 구미시	왕산기념관 운영위탁금	260,000	문화예술과	4	4	7	8	7	1	1	1
8069	경북 구미시	구미발갱이들소리전수관	120,000	문화예술과	4	6	7	8	7	1	1	1
8070	경북 구미시	구미역 관광안내부스 운영	45,000	관광진흥과	4	4	1	1	3	1	1	4
8071	경북 구미시	경북중서부권 관광진흥협의회 분담금	13,400	관광진흥과	4	6	7	7	7	5	1	4
8072	경북 구미시	시티투어 운영	45,000	관광진흥과	4	4	7	8	7	5	5	4
8073	경북 구미시	성리학역사관 청소용역	50,400	관광진흥과	4	4	4	1	3	2	1	4
8074	경북 구미시	성리학역사관 경비용역	80,400	관광진흥과	4	4	4	1	3	3	1	4
8075	경북 구미시	한자능력 향상 프로그램	60,000	교육지원과	4	5	1	1	1	1	1	4
8076	경북 구미시	초등학생 영어향상 프로그램	60,000	교육지원과	4	5	1	1	1	1	1	4
8077	경북 구미시	과학영재교육원 운영 지원	250,000	교육지원과	4	7	7	8	7	1	1	4
8078	경북 구미시	초등학교 영어체험 학습지원	400,520	교육지원과	4	6	6	7	6	1	1	4
8079	경북 구미시	평생학습 추진성과 보고회	22,500	교육지원과	4	7	4	7	2	1	1	3
8080	경북 구미시	도민대학 운영	60,000	교육지원과	4	6	1	7	1	1	1	3
8081	경북 구미시	평생학습인문학마을공동체 조성	28,000	교육지원과	4	6	1	7	1	1	1	3
8082	경북 구미시	신규 선정 마을공동체	20,000	교육지원과	4	6	1	7	1	1	1	3
8083	경북 구미시	기존 운영 마을공동체	8,000	교육지원과	4	6	1	7	1	1	1	3
8084	경북 구미시	마을평생학습활성화 사업	18,000	교육지원과	4	4	5	7	7	1	1	3
8085	경북 구미시	인문도시조성 지원사업	100,000	교육지원과	4	2	7	3	7	1	1	3
8086	경북 구미시	청소년상담복지센터 운영	183,000	교육지원과	4	4	7	8	7	1	1	4
8087	경북 구미시	청소년상담복지센터 운영지원	50,100	교육지원과	4	4	7	8	7	1	1	4
8088	경북 구미시	솔리언또래상담자 양성 및 운영	6,000	교육지원과	4	4	7	8	7	1	1	4
8089	경북 구미시	졸업생또래상담자 양성 및 운영	3,000	교육지원과	4	4	7	8	7	1	1	4
8090	경북 구미시	청소년자원상담원 교육 및 운영	5,000	교육지원과	4	4	7	8	7	1	1	4
8091	경북 구미시	인터넷중독 치료 및 재활프로그램	9,000	교육지원과	4	4	7	8	7	1	1	4
8092	경북 구미시	학교폭력 예방 및 대책활동 지원	110,000	교육지원과	4	4	7	8	7	1	1	4
8093	경북 구미시	1388청소년지원단 운영	10,000	교육지원과	4	4	7	8	7	1	1	4
8094	경북 구미시	학교 밖 청소년 자기계발 프로그램 운영	6,000	교육지원과	4	4	7	8	7	1	1	4
8095	경북 구미시	꿈드림청소년 비전형성 프로그램	3,000	교육지원과	4	4	7	8	7	1	1	4
8096	경북 구미시	위기청소년 집단상담 캠프	7,000	교육지원과	4	4	7	8	7	1	1	4
8097	경북 구미시	청소년참여위원회 지원	4,000	교육지원과	4	4	7	8	7	1	1	4
8098	경북 구미시	청소년안전망 구축	110,100	교육지원과	4	4	7	8	7	1	1	4
8099	경북 구미시	청소년동반자프로그램 운영 지원	115,350	교육지원과	4	4	7	8	7	1	1	4
8100	경북 구미시	학교 밖 청소년 지원	176,673	교육지원과	4	4	7	8	7	1	1	4
8101	경북 구미시	학교 밖 청소년 급식지원	15,840	교육지원과	4	4	7	8	7	1	1	4
8102	경북 구미시	청소년쉼터 운영지원	261,410	교육지원과	4	2	7	8	7	1	1	4
8103	경북 구미시	청소년 자립강화 프로그램 운영	3,000	교육지원과	4	2	7	8	7	1	1	4
8104	경북 구미시	청소년방과후아카데미 운영	165,172	교육지원과	4	2	7	8	7	1	1	4
8105	경북 구미시	선산청소년수련관 위탁운영	1,969,191	교육지원과	4	6	7	8	7	1	1	4
8106	경북 구미시	새마을 알뜰벼룩장터 운영	18,000	새마을과	4	4	5	1	7	1	5	4

순번	시군구	지출명 (사업명)	2021년예산 (단위:천원/1년간)	담당자 (공무원)	민간이전 분류 (지방자치단체 세출예산 집행기준에 의거)	민간이전지출 근거 (지방보조금 관리기준 참고)	입찰방식			운영예산 산정		성과평가 실시여부
				담당부서	1. 민간경상사업보조(307-02) 2. 민간단체 법정운영비보조(307-03) 3. 민간행사사업보조(307-04) 4. 민간위탁금(307-05) 5. 사회복지시설 법정운영비보조(307-10) 6. 민간인위탁교육비(307-12) 7. 공기관등에대한경상적위탁사업비(308-10) 8. 민간자본사업보조,자체재원(402-01) 9. 민간자본사업보조,이전재원(402-02) 10. 민간위탁사업비(402-03) 11. 공기관등에 대한 자본적 대행사업비(403-02)	1. 법률에 규정 2. 국고보조 재원(국가지정) 3. 용도 지정 기부금 4. 조례에 직접규정 5. 지자체가 권장하는 사업을 하는 공공기관 6. 시,도 정책 및 재정사정 7. 기타 8. 해당없음	계약체결방법 (경쟁형태) 1. 일반경쟁 2. 제한경쟁 3. 지명경쟁 4. 수의계약 5. 법정위탁 6. 기타 ( ) 7. 해당없음	계약기간 1. 1년 2. 2년 3. 3년 4. 4년 5. 5년 6. 기타 ( )년 7. 단기계약 (1년미만) 8. 해당없음	낙찰자선정방법 1. 적격심사 2. 협상에의한계약 3. 최저가낙찰제 4. 규격가격분리 5. 2단계 경쟁입찰 6. 기타 ( ) 7. 해당없음	운영예산 산정 1. 내부산정 (지자체 자체적으로 산정) 2. 외부산정 (외부전문기관위탁 산정) 3. 내·외부 모두 산정 4. 산정 無 5. 해당없음	정산방법 1. 내부정산 (지자체 내부적으로 정산) 2. 외부정산 (외부전문기관위탁 정산) 3. 내·외부 모두 산정 4. 정산 無 5. 해당없음	1. 실시 2. 미실시 3. 향후 추진 4. 해당없음
8107	경북 구미시	새마을이동도서관운영	85,000	새마을과	4	4	5	1	7	1	5	4
8108	경북 구미시	자연보호아카데미	9,000	새마을과	4	4	5	1	7	1	5	4
8109	경북 구미시	자연과 함께하는 꿈나무 캠프	9,000	새마을과	4	4	5	1	7	1	5	4
8110	경북 구미시	구미시자원봉사센터운영지원	394,600	새마을과	4	1	5	1	5	1	5	4
8111	경북 구미시	자원봉사코디네이터지원	59,184	새마을과	4	1	5	1	5	1	5	4
8112	경북 구미시	맞춤형자원봉사프로그램운영지원	10,000	새마을과	4	1	5	1	5	1	5	4
8113	경북 구미시	새마을운동테마공원 시설관리용역	970,000	새마을과	4	6	2	7	1	1	5	4
8114	경북 구미시	사회적기업지역특화사업	30,000	새마을과	4	2	7	8	7	5	5	4
8115	경북 구미시	2021 경북도민생활체육대축전 참가	104,500	체육진흥과	4	6	7	7	7	1	1	2
8116	경북 구미시	2021경북어르신종합체육대회 참가	40,500	체육진흥과	4	6	7	7	7	1	1	2
8117	경북 구미시	장애인체육단체 활성화지원	71,000	체육진흥과	4	6	7	7	7	1	1	2
8118	경북 구미시	제8회 구미시장애인생활체육대회 개최	10,000	체육진흥과	4	6	7	7	7	1	1	2
8119	경북 구미시	낙동강수상레포츠체험센터운영	200,000	체육진흥과	4	6	1	7	1	1	1	1
8120	경북 구미시	2021 레저스포츠 페스티벌 개최	100,000	체육진흥과	4	2	7	1	2	3	3	1
8121	경북 구미시	문화체육관광부장관기 제42회 전국시도대항 육상경기대회	170,000	체육진흥과	4	4	7	1	7	1	1	1
8122	경북 구미시	시민운동장 주경기장 및 보조경기장 잔디관리 용역	140,000	체육진흥과	4	7	7	8	7	5	5	4
8123	경북 구미시	박정희체육관 및 시민운동장,보조경기장,복합스포츠센터청소용역	234,213	체육진흥과	4	7	2	1	3	2	5	4
8124	경북 구미시	볼링장 매표 및 고객안내 용역	201,000	체육진흥과	4	7	7	8	7	5	5	4
8125	경북 구미시	볼링장 기계운영관리 용역	265,000	체육진흥과	4	7	7	8	7	5	5	4
8126	경북 구미시	시가지 가로기 관리운영	22,000	총무과	4	7	7	8	7	5	5	4
8127	경북 구미시	시청방문 민원인 안내 데스크운영	80,000	총무과	4	7	1	1	3	2	1	2
8128	경북 구미시	청사방호경비용역	220,000	총무과	4	7	2	1	5	2	1	2
8129	경북 구미시	건강지킴이센터 운영	40,000	총무과	4	4	6	1	6	1	1	2
8130	경북 구미시	중학생 생활안전순회교육	14,400	안전재난과	4	1	1	1	1	1	1	2
8131	경북 구미시	어린이 교통안전체험장 운영	10,000	안전재난과	4	4	1	1	1	1	1	2
8132	경북 구미시	국제안전도시 업무 지원센터 협약금	11,000	안전재난과	4	4	7	7	7	1	1	4
8133	경북 구미시	다목적용 CCTV 모니터링 용역	1,291,000	안전재난과	4	4	1	1	1	1	1	2
8134	경북 구미시	학교연계 CCTV 모니터링 용역	520,716	안전재난과	4	4	1	1	1	1	1	2
8135	경북 구미시	시청사 청소 위탁처리	585,000	회계과	4	7	2	1	1	2	1	4
8136	경북 구미시	찾아가는 민관협력사업 운영	18,000	복지정책과	4	1	5	1	7	1	1	2
8137	경북 구미시	주민서비스 연계사업	12,600	복지정책과	4	1	5	1	7	1	1	2
8138	경북 구미시	주민서비스 아카데미	7,200	복지정책과	4	1	5	1	7	1	1	2
8139	경북 구미시	저소득청소년 멘토링 '희망학습관' 운영	47,000	복지정책과	4	1	5	1	7	1	1	2
8140	경북 구미시	푸드마켓 운영비지원	70,000	복지정책과	4	1	7	1	7	1	1	2
8141	경북 구미시	기초푸드뱅크 운영비지원	33,000	복지정책과	4	1	7	1	7	1	1	2
8142	경북 구미시	사회복지관 특화사업비 지원	40,000	복지정책과	4	1	7	1	7	1	1	2
8143	경북 구미시	사회복지관 사례관리사 운영지원	60,000	복지정책과	4	1	7	1	7	1	1	2
8144	경북 구미시	금오종합사회복지관 장난감도서관 운영비지원	25,000	복지정책과	4	1	7	1	7	1	1	2
8145	경북 구미시	구미종합사회복지관 이동복지관사업 운영비지원	30,000	복지정책과	4	1	7	1	7	1	1	2
8146	경북 구미시	종합사회복지관 운영	116,000	복지정책과	4	1	7	5	7	1	1	2
8147	경북 구미시	지역사회서비스투자사업	1,863,630	복지정책과	4	1	5	1	7	1	1	2
8148	경북 구미시	새일센터 지정운영	740,876	복지정책과	4	4	7	8	7	5	1	1
8149	경북 구미시	여성취업인력육성사업	15,750	복지정책과	4	4	7	8	7	5	1	2

순번	시군구	지출명 (사업명)	2021년예산 (단위:천원/1년간)	담당자 (공무원)	민간이전 분류 (지방자치단체 세출예산 집행기준에 의거)	민간이전지출 근거 (지방보조금 관리기준 참고)	입찰방식			운영예산 산정		성과평가 실시여부
				담당부서	1. 민간경상사업보조(307-02) 2. 민간단체 법정운영비보조(307-03) 3. 민간행사사업보조(307-04) 4. 민간위탁금(307-05) 5. 사회복지시설 법정운영비보조(307-10) 6. 민간인위탁교육비(307-12) 7. 공기관등에대한경상적위탁사업비(308-10) 8. 민간자본사업보조,자체재원(402-01) 9. 민간자본사업보조,이전재원(402-02) 10. 민간위탁사업비(402-03) 11. 공기관등에 대한 자본적 대행사업비(403-02)	1. 법률에 규정 2. 국고보조 재원(국가지정) 3. 용도 지정 기부금 4. 조례에 직접규정 5. 지자체가 권장하는 사업을 하는 공공기관 6. 시,도 정책 및 재정사정 7. 기타 8. 해당없음	계약체결방법 (경쟁형태) 1. 일반경쟁 2. 제한경쟁 3. 지명경쟁 4. 수의계약 5. 법정위탁 6. 기타 ( ) 7. 해당없음	계약기간 1. 1년 2. 2년 3. 3년 4. 4년 5. 5년 6. 기타 ( )년 7. 단기계약 (1년미만) 8. 해당없음	낙찰자선정방법 1. 적격심사 2. 협상에의한계약 3. 최저가낙찰제 4. 규격가격분리 5. 2단계 경쟁입찰 6. 기타 ( ) 7. 해당없음	운영예산 산정 1. 내부산정 (지자체 자체적으로 산정) 2. 외부산정 (외부전문기관위탁 산정) 3. 내·외부 모두 산정 4. 산정 無 5. 해당없음	정산방법 1. 내부정산 (지자체 내부적으로 정산) 2. 외부정산 (외부전문기관위탁 정산) 3. 내·외부 모두 산정 4. 정산 無 5. 해당없음	1. 실시 2. 미실시 3. 향후 추진 4. 해당없음
8150	경북 구미시	여성인력개발센터운영	220,000	복지정책과	4	4	7	8	7	5	1	2
8151	경북 구미시	장애인복지관운영	1,460,000	노인장애인과	4	1	5	8	7	5	1	4
8152	경북 구미시	장애인재가복지봉사센터운영	133,333	노인장애인과	4	1	5	8	7	5	1	4
8153	경북 구미시	장애인체육시설운영	836,000	노인장애인과	4	1	5	8	7	5	1	4
8154	경북 구미시	장애인복지일자리지원사업	550,044	노인장애인과	4	1	7	1	7	1	1	4
8155	경북 구미시	시각장애인안마사파견사업	134,448	노인장애인과	4	1	7	1	7	1	1	4
8156	경북 구미시	발달장애인요양보호사보조일자리사업	316,108	노인장애인과	4	1	7	1	7	1	1	4
8157	경북 구미시	장애인활동지원사업	11,406	노인장애인과	4	2	7	8	7	5	1	2
8158	경북 구미시	활동보조가산급여지원사업	15,968	노인장애인과	4	2	7	8	7	5	1	2
8159	경북 구미시	장애인활동지원(추가)사업	440,017	노인장애인과	4	6	7	8	7	5	1	2
8160	경북 구미시	발달재활서비스사업	959,709	노인장애인과	4	2	7	8	7	5	1	2
8161	경북 구미시	언어발달지원사업	2,590	노인장애인과	4	2	7	8	7	5	1	2
8162	경북 구미시	발달장애인 부모심리상담서비스 지원사업	18,000	노인장애인과	4	2	7	8	7	5	1	2
8163	경북 구미시	발달장애인 주간활동서비스 지원사업	1,035,026	노인장애인과	4	2	7	8	7	5	1	2
8164	경북 구미시	청소년 발달장애학생 방과후활동서비스 지원사업	266,454	노인장애인과	4	2	7	8	7	5	1	2
8165	경북 구미시	노인일자리 및 사회활동지원사업	9,952	노인장애인과	4	2	7	8	7	5	1	2
8166	경북 구미시	노인맞춤돌봄서비스	2,802,140	노인장애인과	4	2	3	1	1	1	1	1
8167	경북 구미시	노인맞춤돌봄서비스생활지원사전화비및교통비	117,600	노인장애인과	4	7	3	1	1	1	1	1
8168	경북 구미시	독거노인중증장애인응급안전알림서비스운영지원	146,754	노인장애인과	4	1	3	1	1	1	1	1
8169	경북 구미시	노인일자리창출지원센터운영비	200,000	노인장애인과	4	6	7	8	7	5	1	1
8170	경북 구미시	경로당 행복도우미 지원 사업	688,000	노인장애인과	4	1	6	1	1	1	1	1
8171	경북 구미시	숭조당1,2관 운영비	355,400	노인장애인과	4	4	4	3	1	3	1	2
8172	경북 구미시	건강가정다문화가족지원센터통합운영	533,380	아동보육과	4	2	5	3	1	5	1	1
8173	경북 구미시	공동육아나눔터운영	161,484	아동보육과	4	2	5	3	1	5	1	1
8174	경북 구미시	아이돌봄지원	2,298,897	아동보육과	4	2	5	3	1	5	1	1
8175	경북 구미시	아이돌봄부모부담금경감	389,706	아동보육과	4	2	5	3	1	5	1	1
8176	경북 구미시	영아종일제등전담아이돌보미지원	12,127	아동보육과	4	2	5	3	1	5	1	1
8177	경북 구미시	결혼이민여성이중언어강사일자리창출사업	116,667	아동보육과	4	2	5	3	1	5	1	1
8178	경북 구미시	다문화가족특화프로그램운영	7,500	아동보육과	4	2	5	3	1	5	1	1
8179	경북 구미시	다문화가족공부방운영	27,000	아동보육과	4	2	5	3	1	5	1	1
8180	경북 구미시	다문화가족자녀언어 발달지원	34,680	아동보육과	4	2	5	3	1	5	1	1
8181	경북 구미시	자녀양육 및 자녀생활등 방문교육서비스 지원	245,504	아동보육과	4	2	5	3	1	5	1	1
8182	경북 구미시	다문화가족사례관리지원	31,825	아동보육과	4	2	5	3	1	5	1	1
8183	경북 구미시	결혼이민자통번역서비스지원	60,100	아동보육과	4	2	5	3	1	5	1	1
8184	경북 구미시	결혼이민자 역량강화지원	25,000	아동보육과	4	2	5	3	1	5	1	1
8185	경북 구미시	학교로 찾아가는 아동권리교육	10,000	아동보육과	4	4	7	8	7	5	5	4
8186	경북 구미시	어린이날 행사 개최	54,000	아동보육과	4	2	7	8	7	5	5	4
8187	경북 구미시	마을돌봄터운영지원	24,000	아동보육과	4	6	7	8	7	5	1	4
8188	경북 구미시	마을돌봄터운영지원	6,000	아동보육과	4	6	7	8	7	5	5	4
8189	경북 구미시	마을돌봄터 코디네이터 지원	105,600	아동보육과	4	6	7	8	7	5	1	4
8190	경북 구미시	마을돌봄터 코디네이터 지원	26,400	아동보육과	4	6	7	8	7	5	5	4
8191	경북 구미시	마을돌봄터사업지원	24,000	아동보육과	4	6	7	8	7	5	1	4
8192	경북 구미시	마을돌봄터사업지원	6,000	아동보육과	4	6	7	8	7	5	5	4

순번	시군구	지출명 (사업명)	2021년예산 (단위:천원/1년간)	담당자 (공무원)	민간이전 분류 (지방자치단체 세출예산 집행기준에 의거)	민간이전지출 근거 (지방보조금 관리기준 참고)	입찰방식			운영예산 산정		성과평가 실시여부
				담당부서	1. 민간경상사업보조(307-02) 2. 민간단체 법정운영비보조(307-03) 3. 민간행사사업보조(307-04) 4. 민간위탁금(307-05) 5. 사회복지시설 법정운영비보조(307-10) 6. 민간인위탁교육비(307-12) 7. 공기관등에대한경상적위탁사업비(308-10) 8. 민간자본사업보조,자체재원(402-01) 9. 민간자본사업보조,이전재원(402-02) 10. 민간위탁사업비(402-03) 11. 공기관등에 대한 자본적 대행사업비(403-02)	1. 법률에 규정 2. 국고보조 재원(국가지정) 3. 용도 지정 기부금 4. 조례에 직접규정 5. 지자체가 권장하는 사업을 하는 공공기관 6. 시,도 정책 및 재정사정 7. 기타 8. 해당없음	계약체결방법 (경쟁형태) 1. 일반경쟁 2. 제한경쟁 3. 지명경쟁 4. 수의계약 5. 법정위탁 6. 기타 ( ) 7. 해당없음	계약기간 1. 1년 2. 2년 3. 3년 4. 4년 5. 5년 6. 기타 ( )년 7. 단기계약 (1년미만) 8. 해당없음	낙찰자선정방법 1. 적격심사 2. 협상에의한계약 3. 최저가낙찰제 4. 규격가격분리 5. 2단계 경쟁입찰 6. 기타 ( ) 7. 해당없음	운영예산 산정 1. 내부산정 (지자체 자체적으로 산정) 2. 외부산정 (외부전문기관위탁 산정) 3. 내·외부 모두 산정 4. 산정 無 5. 해당없음	정산방법 1. 내부정산 (지자체 내부적으로 정산) 2. 외부정산 (외부전문기관위탁 정산) 3. 내·외부 모두 산정 4. 정산 無 5. 해당없음	1. 실시 2. 미실시 3. 향후 추진 4. 해당없음
8193	경북 구미시	마을돌봄터 운영비 지원	14,400	아동보육과	4	2	7	8	7	5	1	4
8194	경북 구미시	마을돌봄터 운영비 지원	1,800	아동보육과	4	2	7	8	7	5	5	4
8195	경북 구미시	마을돌봄터 설치비지원	100,000	아동보육과	4	2	7	8	7	5	1	4
8196	경북 구미시	마을돌봄터 집기구입비	40,000	아동보육과	4	2	7	8	7	5	5	4
8197	경북 구미시	마을돌봄터인건비지원	212,160	아동보육과	4	2	7	8	7	5	1	4
8198	경북 구미시	마을돌봄터인건비지원	26,520	아동보육과	4	2	7	8	7	5	5	4
8199	경북 구미시	장난감도서관운영	240,000	아동보육과	4	2	5	3	6	1	1	4
8200	경북 구미시	청소용역	2,000	아동보육과	4	8	4	8	7	5	5	4
8201	경북 구미시	가사간병방문지원사업	168,742	생활안정과	4	2	7	8	7	1	2	1
8202	경북 구미시	자활활성화사업비지원	15,000	생활안정과	4	6	5	8	7	5	5	1
8203	경북 구미시	지역자활센터자활근로사업	2,423,780	생활안정과	4	2	5	8	7	5	5	1
8204	경북 구미시	자활사례관리	28,989	생활안정과	4	2	5	8	7	5	5	1
8205	경북 구미시	위생업소 환경정비	18,600	위생과	4	4	4	7	6	1	1	4
8206	경북 구미시	구미맛집 발굴 및 육성	45,000	위생과	4	4	1	7	1	1	1	3
8207	경북 구미시	일반음식점 맞춤형 경영컨설팅	18,000	위생과	4	4	4	7	6	1	1	3
8208	경북 구미시	어린이급식관리지원센터설치운영	945,000	위생과	4	2	1	3	1	5	1	3
8209	경북 구미시	구미대표맛집라이브경연&품평	36,000	위생과	4	4	1	7	1	1	1	3
8210	경북 구미시	행정서비스 고객만족도 평가	6,000	민원봉사과	4	7	7	8	7	5	5	4
8211	경북 구미시	전화친절도 평가	6,000	민원봉사과	4	7	7	8	7	5	5	4
8212	경북 구미시	도시재생대학운영	20,000	도시재생과	4	4	7	8	7	5	5	4
8213	경북 구미시	대학협력형 프로그램 운영	30,000	도시재생과	4	4	7	8	7	5	5	4
8214	경북 구미시	옥외광고사업 종사자 교육	4,500	도시재생과	4	4	1	7	1	1	1	2
8215	경북 구미시	일반쓰레기 수집운반대행	3,923,954	자원순환과	4	1	4	3	2	2	1	1
8216	경북 구미시	재활용품·대형폐기물 수집운반대행	1,312,048	자원순환과	4	1	4	3	2	2	1	1
8217	경북 구미시	남은음식물쓰레기 민간위탁 처리비	1,840,000	자원순환과	4	1	2	3	2	2	1	4
8218	경북 구미시	음식물쓰레기 수집·운반 대행	22,000	자원순환과	4	1	4	3	2	2	1	1
8219	경북 구미시	환경자원화시설 위탁운영비	60,000	자원순환과	4	4	4	3	2	2	1	1
8220	경북 구미시	대기오염측정망 위탁관리비	125,000	환경보전과	4	1	1	1	1	1	1	4
8221	경북 구미시	ASF 대응 멧돼지 사체처리	47,700	환경보전과	4	7	7	8	7	5	5	4
8222	경북 구미시	동락공원 분수대 청소용역	12,000	공원녹지과	4	8	4	7	6	1	1	4
8223	경북 구미시	동락공원 야간경비용역	60,400	공원녹지과	4	8	1	1	1	1	1	4
8224	경북 구미시	도시숲정원관리인 운영	192,000	공원녹지과	4	2	7	8	7	5	5	4
8225	경북 구미시	전국체전 셔틀버스 임차	24,000	대중교통과	4	7	7	8	7	5	5	4
8226	경북 구미시	버스승강장 청소용역	21,600	대중교통과	4	7	4	1	7	1	1	2
8227	경북 구미시	청사 청소용역	47,802	행정민원과	4	7	4	1	6	3	1	4
8228	경북 구미시	선산문화회관 청소용역	16,401	행정민원과	4	7	4	1	6	3	1	4
8229	경북 구미시	농특산물 금요직거래장터 운영	28,000	유통과	4	4	7	8	7	5	5	4
8230	경북 구미시	농특산물 싱싱장터 운영	5,000	유통과	4	4	7	8	7	5	5	4
8231	경북 구미시	직거래장터 농특산물 홍보	10,500	유통과	4	4	7	8	7	5	5	4
8232	경북 구미시	농업인단체 구미농특산물 홍보	5,000	유통과	4	4	7	8	7	5	5	4
8233	경북 구미시	고속도로 휴게소 농특산물 홍보	10,000	유통과	4	8	7	8	7	5	5	4
8234	경북 구미시	주산지농산물우수관리(GAP)안전성분석	23,000	유통과	4	2	7	8	7	5	5	4
8235	경북 구미시	구미팜농특산물쇼핑몰위탁운영	21,600	유통과	4	4	4	1	1	1	1	2

순번	시군구	지출명 (사업명)	2021년예산 (단위:천원/1년간)	담당자 (공무원) 담당부서	민간이전 분류 (지방자치단체 세출예산 집행기준에 의거) 1. 민간경상사업보조(307-02) 2. 민간단체 법정운영비보조(307-03) 3. 민간행사사업보조(307-04) 4. 민간위탁금(307-05) 5. 사회복지시설 법정운영비보조(307-10) 6. 민간인위탁교육비(307-12) 7. 공기관등에대한경상적위탁사업비(308-10) 8. 민간자본사업보조,자체재원(402-01) 9. 민간자본사업보조,이전재원(402-02) 10. 민간위탁사업비(402-03) 11. 공기관등에 대한 자본적 대행사업비(403-02)	민간이전지출 근거 (지방보조금 관리기준 참고) 1. 법률에 규정 2. 국고보조 재원(국가지정) 3. 용도 지정 기부금 4. 조례에 직접규정 5. 지자체가 권장하는 사업을 하는 공공기관 6. 시,도 정책 및 재정사정 7. 기타 8. 해당없음	입찰방식 계약체결방법 (경쟁형태) 1. 일반경쟁 2. 제한경쟁 3. 지명경쟁 4. 수의계약 5. 법정위탁 6. 기타 ( ) 7. 해당없음	입찰방식 계약기간 1. 1년 2. 2년 3. 3년 4. 4년 5. 5년 6. 기타 ( )년 7. 단기계약 (1년미만) 8. 해당없음	입찰방식 낙찰자선정방법 1. 적격심사 2. 협상에의한계약 3. 최저가낙찰제 4. 규격가격분리 5. 2단계 경쟁입찰 6. 기타 ( ) 7. 해당없음	운영예산 산정 운영예산 산정 1. 내부산정 (지자체 자체적으로 산정) 2. 외부산정 (외부전문기관위탁 산정) 3. 내·외부 모두 산정 4. 산정 無 5. 해당없음	운영예산 산정 정산방법 1. 내부정산 (지자체 내부적으로 정산) 2. 외부정산 (외부전문기관위탁 정산) 3. 내·외부 모두 산정 4. 정산 無 5. 해당없음	성과평가 실시여부 1. 실시 2. 미실시 3. 향후 추진 4. 해당없음
8236	경북 구미시	구미팜농특산물쇼핑몰마케팅지원	14,400	유통과	4	4	7	8	7	5	5	4
8237	경북 구미시	구미팜농특산물상품배송료	28,800	유통과	4	4	7	8	7	5	5	4
8238	경북 구미시	청사청소용역	54,000	산림과	4	1	1	1	3	1	1	3
8239	경북 구미시	유아숲교육 운영 위탁	153,794	산림과	4	2	7	8	7	5	5	4
8240	경북 구미시	숲해설산림복지전문업위탁운영지원	127,758	산림과	4	2	4	7	6	1	1	4
8241	경북 구미시	청사 청소 위탁처리	67,188	구미보건소	4	7	1	1	3	1	1	4
8242	경북 구미시	치매안심센터 청소 위탁처리	30,000	구미보건소	4	7	1	1	3	1	1	4
8243	경북 구미시	지역사회건강조사 위탁비	68,206	구미보건소	4	1	5	1	1	1	1	2
8244	경북 구미시	정신응급대응팀운영	224,822	구미보건소	4	1	1	5	1	1	1	2
8245	경북 구미시	기초정신건강복지센터운영	184,224	구미보건소	4	1	1	5	1	1	1	2
8246	경북 구미시	정신건강복지센터 인력확충	435,888	구미보건소	4	1	1	5	1	1	1	2
8247	경북 구미시	아동청소년 정신건강증진사업	52,294	구미보건소	4	1	1	5	1	1	1	2
8248	경북 구미시	정신건강증진센터 종사자 수당	31,920	구미보건소	4	1	1	5	1	1	1	2
8249	경북 구미시	중독관리통합지원센터 종사자 수당	8,400	구미보건소	4	1	1	5	1	1	1	2
8250	경북 구미시	자살예방 및 정신건강 증진사업	69,656	구미보건소	4	1	1	5	1	1	1	2
8251	경북 구미시	자살예방사업인력확충	35,320	구미보건소	4	1	1	5	1	1	1	2
8252	경북 구미시	자살예방환경조성	17,000	구미보건소	4	1	1	5	1	1	1	2
8253	경북 구미시	정신건강복지센터 운영	62,000	구미보건소	4	1	1	5	1	1	1	2
8254	경북 구미시	중독관리통합지원센터 운영	80,000	구미보건소	4	1	1	5	1	1	1	2
8255	경북 구미시	중독관리통합지원센터 운영	163,022	구미보건소	4	1	1	5	1	1	1	2
8256	경북 구미시	산모신생아건강관리지원	1,204,286	구미보건소	4	2	7	8	7	5	5	2
8257	경북 구미시	청사청소 위탁처리	16,380	구미보건소	4	7	7	8	7	5	5	4
8258	경북 구미시	보건소 청사 청소용역	39,144	선산보건소	4	7	4	1	6	1	1	4
8259	경북 구미시	보건지소 청사 청소용역	57,120	선산보건소	4	7	4	1	6	1	1	4
8260	경북 구미시	지역사회건강조사사업 위탁비	67,524	선산보건소	4	2	7	8	7	5	5	4
8261	경북 구미시	산모신생아건강관리지원비	134,286	선산보건소	4	2	5	8	7	5	5	4
8262	경북 구미시	센터	24,000	농업기술센터	4	7	2	1	3	1	1	4
8263	경북 구미시	미래농업교육관	18,000	농업기술센터	4	7	2	1	3	1	1	4
8264	경북 구미시	창조농업인양성과정 위탁교육	32,000	농업기술센터	4	4	7	8	7	5	5	4
8265	경북 구미시	억대농양성과정 위탁교육	59,400	농업기술센터	4	4	7	8	7	5	5	4
8266	경북 구미시	농기계아카데미 위탁교육	61,920	농업기술센터	4	4	7	8	7	5	5	4
8267	경북 구미시	지역특화 전문경영인 교육	9,800	농업기술센터	4	4	7	8	7	5	5	4
8268	경북 구미시	평생교육원 시설 경비용역	72,120	평생교육원	4	7	2	1	1	1	1	2
8269	경북 구미시	우수프로그램 운영지원	10,800	평생교육원	4	7	7	8	7	5	5	2
8270	경북 구미시	성인문해교육 프로그램 지원사업	20,000	평생교육원	4	7	7	8	7	5	5	2
8271	경북 구미시	대학위탁 전문평생교육과정	50,000	평생교육원	4	7	7	8	7	5	5	2
8272	경북 구미시	수강생 종합작품발표회 및 전시회	10,000	평생교육원	4	7	7	8	7	5	5	2
8273	경북 구미시	야은아카데미	40,000	평생교육원	4	7	7	8	7	5	5	2
8274	경북 구미시	늘푸른대학과 함께하는 학습증진	10,800	평생교육원	4	7	7	8	7	5	5	2
8275	경북 구미시	평생행복대학과 함께하는 학습증진	9,000	평생교육원	4	7	7	8	7	5	5	2
8276	경북 구미시	청사방호경비용역	158,904	평생교육원	4	1	2	1	1	1	1	2
8277	경북 구미시	강동문화복지회관 경비용역	158,904	평생교육원	4	1	2	1	1	1	1	2
8278	경북 구미시	강동문화복지회관 청소용역	179,100	평생교육원	4	1	2	1	1	1	1	2

순번	시군구	지출명 (사업명)	2021년예산 (단위:천원/1년간)	담당자 (공무원) 담당부서	민간이전 분류 (지방자치단체 세출예산 집행기준에 의거) 1. 민간경상사업보조(307-02) 2. 민간단체 법정운영비보조(307-03) 3. 민간행사사업보조(307-04) 4. 민간위탁금(307-05) 5. 사회복지시설 법정운영비보조(307-10) 6. 민간인위탁교육비(307-12) 7. 공기관등에대한경상적위탁사업비(308-10) 8. 민간자본사업보조,자체재원(402-01) 9. 민간자본사업보조,이전재원(402-02) 10. 민간위탁사업비(402-03) 11. 공기관등에 대한 자본적 대행사업비(403-02)	민간이전지출 근거 (지방보조금 관리기준 참고) 1. 법률에 규정 2. 국고보조 재원(국가지정) 3. 용도 지정 기부금 4. 조례에 직접규정 5. 지자체가 권장하는 사업을 하는 공공기관 6. 시,도 정책 및 재정사정 7. 기타 8. 해당없음	입찰방식 계약체결방법 (경쟁형태) 1. 일반경쟁 2. 제한경쟁 3. 지명경쟁 4. 수의계약 5. 법정위탁 6. 기타 ( ) 7. 해당없음	입찰방식 계약기간 1. 1년 2. 2년 3. 3년 4. 4년 5. 5년 6. 기타 ( )년 7. 단기계약 (1년미만) 8. 해당없음	입찰방식 낙찰자선정방법 1. 적격심사 2. 협상에의한계약 3. 최저가낙찰제 4. 규격가격분리 5. 2단계 경쟁입찰 6. 기타 ( ) 7. 해당없음	운영예산 산정 운영예산 산정 1. 내부산정 (지자체 자체적으로 산정) 2. 외부산정 (외부전문기관위탁 산정) 3. 내·외부 모두 산정 4. 산정 無 5. 해당없음	운영예산 산정 정산방법 1. 내부정산 (지자체 내부적으로 정산) 2. 외부정산 (외부전문기관위탁 정산) 3. 내·외부 모두 산정 4. 정산 無 5. 해당없음	성과평가 실시여부 1. 실시 2. 미실시 3. 향후 추진 4. 해당없음
8279	경북 구미시	금오 전국 시낭송대회	20,000	평생교육원	4	4	7	8	7	5	5	4
8280	경북 구미시	외벽 및 창문청소	10,000	평생교육원	4	1	2	1	3	2	1	2
8281	경북 구미시	청사방호용역	99,288	평생교육원	4	1	2	1	3	2	1	2
8282	경북 구미시	청사청소용역	37,656	평생교육원	4	1	2	1	7	5	5	4
8283	경북 구미시	청사방호용역	94,464	평생교육원	4	1	2	1	3	2	1	2
8284	경북 구미시	청사청소용역	112,968	평생교육원	4	1	2	1	3	2	1	2
8285	경북 구미시	청사방호용역	94,464	평생교육원	4	1	2	1	3	2	1	2
8286	경북 구미시	청사청소용역	112,968	평생교육원	4	1	2	1	3	2	1	2
8287	경북 구미시	청사 대청소	10,000	평생교육원	4	1	2	1	3	2	1	2
8288	경북 구미시	청사방호용역	94,464	평생교육원	4	1	2	1	3	2	1	2
8289	경북 구미시	청사청소용역	112,968	평생교육원	4	1	2	1	3	2	1	2
8290	경북 구미시	도립공원청사 청소용역	18,000	금오산도립공원관리사무소	4	4	4	1	7	1	1	4
8291	경북 구미시	도립공원 분수대 및 예총 연못	15,000	금오산도립공원관리사무소	4	4	7	8	7	5	5	4
8292	경북 구미시	도립공원 지하저수조 청소용역	7,650	금오산도립공원관리사무소	4	4	7	8	7	5	5	4
8293	경북 구미시	도립공원 야간경비용역	50,640	금오산도립공원관리사무소	4	4	4	1	6	1	1	4
8294	경북 구미시	관리사무소 청소용역	34,800	농산물도매시장관리사무소	4	1	2	1	3	1	1	4
8295	경북 구미시	농산물도매시장 경비용역	153,144	농산물도매시장관리사무소	4	1	2	1	3	1	1	4
8296	경북 구미시	도매시장 방역.소독 용역	13,750	농산물도매시장관리사무소	4	1	7	8	7	5	5	4
8297	경북 구미시	코로나19 예방 방역	12,000	농산물도매시장관리사무소	4	1	7	8	7	5	5	4
8298	경북 구미시	차량등록사업소 청소용역	15,600	차량등록사업소	4	8	4	1	2	1	1	4
8299	경북 구미시	청사청소용역	124,200	노인종합복지관	4	4	1	1	1	2	1	3
8300	경북 구미시	청사청소용역	70,000	노인종합복지관	4	4	1	1	1	2	1	3
8301	경북 구미시	셔틀버스운행용역	480,000	노인종합복지관	4	4	1	1	1	2	1	3
8302	경북 구미시	복지관이용 65세이상 어르신 급식비 지원	193,505	노인종합복지관	4	4	1	1	1	2	1	3
8303	경북 구미시	역사자료관 등 청소용역	100,000	박정희대통령역사자료관	4	4	4	1	6	2	1	4
8304	경북 구미시	박대통령생가 야간경비용역	57,000	박정희대통령역사자료관	4	4	4	1	6	1	1	4
8305	경북 구미시	생가및주변시설물 관리운영	468,538	박정희대통령역사자료관	4	4	4	3	6	1	1	1
8306	경북 구미시	청사청소용역	16,296	선산읍	4	4	4	1	7	1	1	2
8307	경북 구미시	청사청소용역	24,696	고아읍	4	4	2	1	3	1	1	4
8308	경북 구미시	청소용역	12,348	고아읍	4	4	4	1	7	1	1	4
8309	경북 구미시	면청사 청소용역	12,960	무을면	4	7	4	1	6	1	1	2
8310	경북 구미시	무을문화복지센터운영	42,000	무을면	4	7	6	8	7	1	1	4
8311	경북 구미시	청사청소 용역	10,497	옥성면	4	6	4	1	7	1	1	4
8312	경북 구미시	청사청소용역	10,497	도개면	4	4	4	1	2	1	1	2
8313	경북 구미시	도개면종합복지회관운영	38,000	도개면	4	4	7	8	7	5	5	4
8314	경북 구미시	청사청소용역	14,818	해평면	4	4	4	1	7	1	1	4
8315	경북 구미시	해평복지회관 운영	39,600	해평면	4	4	7	8	7	5	5	4
8316	경북 구미시	청사 및 복지회관 청소용역	16,440	산동읍	4	4	4	1	2	1	1	2
8317	경북 구미시	청사청소용역	12,420	장천면	4	6	4	1	1	1	1	4
8318	경북 구미시	상천면종합복지회관운영	64,800	장천면	4	4	5	1	7	1	1	4
8319	경북 구미시	동청사청소용역	20,400	송정동	4	4	4	1	7	1	1	4
8320	경북 구미시	청사 청소용역	13,200	원평1동	4	8	4	1	2	1	1	2
8321	경북 구미시	청사 청소용역	12,600	지산동	4	7	4	1	7	1	1	4

순번	시군구	지출명 (사업명)	2021년예산 (단위:천원/1년간)	담당자 (공무원) 담당부서	민간이전 분류 (지방자치단체 세출예산 집행기준에 의거) 1. 민간경상사업보조(307-02) 2. 민간단체 법정운영비보조(307-03) 3. 민간행사사업보조(307-04) 4. 민간위탁금(307-05) 5. 사회복지시설 법정운영비보조(307-10) 6. 민간인위탁교육비(307-12) 7. 공기관등에대한경상적위탁사업비(308-10) 8. 민간자본사업보조,자체재원(402-01) 9. 민간자본사업보조,이전재원(402-02) 10. 민간위탁사업비(402-03) 11. 공기관등에 대한 자본적 대행사업비(403-02)	민간이전지출 근거 (지방보조금 관리기준 참고) 1. 법률에 규정 2. 국고보조 재원(국가지정) 3. 용도 지정 기부금 4. 조례에 직접규정 5. 지자체가 권장하는 사업을 하는 공공기관 6. 시,도 정책 및 재정사정 7. 기타 8. 해당없음	입찰방식 계약체결방법 (경쟁형태) 1. 일반경쟁 2. 제한경쟁 3. 지명경쟁 4. 수의계약 5. 법정위탁 6. 기타 ( ) 7. 해당없음	입찰방식 계약기간 1. 1년 2. 2년 3. 3년 4. 4년 5. 5년 6. 기타 ( )년 7. 단기계약 (1년미만) 8. 해당없음	입찰방식 낙찰자선정방법 1. 적격심사 2. 협상에의한계약 3. 최저가낙찰제 4. 규격가격분리 5. 2단계 경쟁입찰 6. 기타 ( ) 7. 해당없음	운영예산 산정 운영예산 산정 1. 내부산정 (지자체 자체적으로 산정) 2. 외부산정 (외부전문기관위탁 산정) 3. 내·외부 모두 산정 4. 산정 無 5. 해당없음	운영예산 산정 정산방법 1. 내부정산 (지자체 내부적으로 정산) 2. 외부정산 (외부전문기관위탁 정산) 3. 내·외부 모두 산정 4. 정산 無 5. 해당없음	성과평가 실시여부 1. 실시 2. 미실시 3. 향후 추진 4. 해당없음
8322	경북 구미시	청사 청소용역	24,000	도량동	4	7	4	1	7	1	1	4
8323	경북 구미시	청사 청소용역	17,280	선주원남동	4	7	4	1	7	1	1	4
8324	경북 구미시	청사 청소용역	14,201	형곡1동	4	4	4	1	7	1	1	2
8325	경북 구미시	청사 청소용역	14,262	형곡2동	4	4	4	1	7	1	1	4
8326	경북 구미시	청사 청소용역	14,201	신평1동	4	4	1	1	2	1	1	2
8327	경북 구미시	청사 청소용역	15,180	신평2동	4	4	1	1	2	1	1	2
8328	경북 구미시	청사 청소용역	14,400	비산동	4	6	4	1	7	1	1	2
8329	경북 구미시	청사 청소용역	13,584	공단1동	4	6	4	1	7	1	1	2
8330	경북 구미시	청사 청소용역	14,818	공단2동	4	7	4	1	7	1	1	4
8331	경북 구미시	공단지하도 청소용역	5,200	공단2동	4	7	4	7	7	1	1	4
8332	경북 구미시	청사 청소용역	14,818	광평동	4	4	4	1	7	1	1	4
8333	경북 구미시	동청사 청소용역	13,583	상모사곡동	4	1	4	1	7	1	1	4
8334	경북 구미시	청사 청소용역	14,880	임오동	4	4	4	1	7	1	1	4
8335	경북 구미시	청소용역	9,780	임오동	4	4	4	1	7	1	1	4
8336	경북 구미시	청사 청소용역	24,000	인동동	4	7	4	1	7	1	1	4
8337	경북 구미시	청사 청소용역	15,788	진미동	4	4	1	1	2	1	1	2
8338	경북 구미시	청사 청소용역	17,280	양포동	4	7	4	1	7	1	1	2
8339	경북 영주시	2021년도 소비자상담선터(상담중계실)운영	8,000	일자리경제과	4	4	7	8	7	1	1	1
8340	경북 영주시	근로자복지회관 위탁운영	55,000	투자유치과	4	4	2	3	1	1	1	4
8341	경북 영주시	환경에너지 종합타운 가연성 생활폐기물 처리비	2,530,000	환경보호과	4	7	6	8	7	1	5	4
8342	경북 영주시	생활쓰레기 수집운반 대행료	1,080,000	환경보호과	4	1	1	1	1	2	1	1
8343	경북 영주시	생활쓰레기 수집운반 대행료	1,132,000	환경보호과	4	1	1	1	1	2	1	1
8344	경북 영주시	생활쓰레기 수집운반 대행료	1,082,000	환경보호과	4	1	1	1	1	2	1	1
8345	경북 영주시	생활쓰레기 수집운반 대행료	1,081,000	환경보호과	4	1	1	1	1	2	1	1
8346	경북 영주시	환경에너지 종합타운 생활폐기물 반입 대행	850,000	환경보호과	4	1	1	1	1	2	1	2
8347	경북 영주시	음식물류폐기물 운반처리수수료 지급	945,000	환경보호과	4	7	4	1	7	3	5	4
8348	경북 영주시	음식물류폐기물 처리수수료지급	510,000	환경보호과	4	7	6	8	7	1	5	4
8349	경북 영주시	쓰레기 종량제봉투 공급 및 대금수납 대행 위탁	61,000	환경보호과	4	4	1	1	1	1	1	2
8350	경북 영주시	반사필름 위탁처리	140,000	환경보호과	4	6	7	8	7	5	5	4
8351	경북 영주시	분뇨수집운반대행업자 징수교부금	1,278,000	환경보호과	4	1	7	8	7	1	1	4
8352	경북 영주시	특별교통수단 민간위탁 운영비	333,900	교통행정과	4	8	7	8	7	1	1	3
8353	경북 영주시	산림경영계획작성	31,194	산림녹지과	4	2	7	8	7	5	5	4
8354	경북 영주시	유아숲교육위탁운영	92,500	산림녹지과	4	4	7	8	7	5	5	4
8355	경북 영주시	이동식 관광안내소 운영	3,000	관광진흥과	4	4	7	8	7	5	5	4
8356	경북 영주시	관광마일리지운영	10,000	관광진흥과	4	8	6	1	7	1	1	4
8357	경북 영주시	스포츠강좌이용권 지원	115,200	체육진흥과	4	2	7	7	7	1	1	3
8358	경북 영주시	대한광복단기념공원 운영비 지원	100,000	복지정책과	4	4	2	3	6	1	1	2
8359	경북 영주시	지역사회서비스투자사업 운영비 지원	306,095	복지정책과	4	1	7	8	7	5	1	4
8360	경북 영주시	가사간병 방문지원사업	165,193	복지정책과	4	1	5	8	7	5	1	4
8361	경북 영주시	시장진입형, 사회적일자리형 자활근로사업	1,162,398	복지정책과	4	1	7	8	7	5	1	1
8362	경북 영주시	사회복지관 운영	883,752	복지정책과	4	1	4	3	1	5	1	1
8363	경북 영주시	희망키움통장사업	28,662	복지정책과	4	1	5	8	7	5	1	4
8364	경북 영주시	희망키움통장	138,774	복지정책과	4	1	5	8	7	5	1	4

순번	시군구	지출명 (사업명)	2021년예산 (단위:천원/1년간)	담당자 (공무원)	민간이전 분류 (지방자치단체 세출예산 집행기준에 의거)	민간이전지출 근거 (지방보조금 관리기준 참고)	입찰방식			운영예산 산정		성과평가 실시여부
				담당부서	1. 민간경상사업보조(307-02) 2. 민간단체 법정운영비보조(307-03) 3. 민간행사사업보조(307-04) 4. 민간위탁금(307-05) 5. 사회복지시설 법정운영비보조(307-10) 6. 민간인위탁교육비(307-12) 7. 공기관등에대한경상적위탁사업비(308-10) 8. 민간자본사업보조,자체재원(402-01) 9. 민간자본사업보조,이전재원(402-02) 10. 민간위탁사업비(402-03) 11. 공기관등에 대한 자본적 대행사업비(403-02)	1. 법률에 규정 2. 국고보조 재원(국가지정) 3. 용도 지정 기부금 4. 조례에 직접규정 5. 지자체가 권장하는 사업을 하는 공공기관 6. 시,도 정책 및 재정사정 7. 기타 8. 해당없음	계약체결방법 (경쟁형태) 1. 일반경쟁 2. 제한경쟁 3. 지명경쟁 4. 수의계약 5. 법정위탁 6. 기타 ( ) 7. 해당없음	계약기간 1. 1년 2. 2년 3. 3년 4. 4년 5. 5년 6. 기타 ( )년 7. 단기계약 (1년미만) 8. 해당없음	낙찰자선정방법 1. 적격심사 2. 협상에의한계약 3. 최저가낙찰제 4. 규격가격분리 5. 2단계 경쟁입찰 6. 기타 ( ) 7. 해당없음	운영예산 산정 1. 내부산정 (지자체 자체적으로 산정) 2. 외부산정 (외부전문기관위탁 산정) 3. 내·외부 모두 산정 4. 산정 無 5. 해당없음	정산방법 1. 내부정산 (지자체 내부적으로 정산) 2. 외부정산 (외부전문기관위탁 정산) 3. 내·외부 모두 산정 4. 정산 無 5. 해당없음	1. 실시 2. 미실시 3. 향후 추진 4. 해당없음
8365	경북 영주시	내일키움통장사업	15,941	복지정책과	4	1	5	8	7	5	1	4
8366	경북 영주시	청년희망키움통장사업	63,749	복지정책과	4	1	5	8	7	5	1	4
8367	경북 영주시	청년저축계좌	89,573	복지정책과	4	1	5	8	7	5	1	4
8368	경북 영주시	여성새로일하기센터 운영	191,404	아동청소년과	4	1	7	8	7	3	3	1
8369	경북 영주시	여성새로일하기센터 운영	94,000	아동청소년과	4	1	7	8	7	3	3	1
8370	경북 영주시	여성새로일하기센터 운영	38,000	아동청소년과	4	1	7	8	7	3	3	1
8371	경북 영주시	청소년수련원(전기,유류대)지원	48,000	아동청소년과	4	7	7	8	7	1	1	1
8372	경북 영주시	저소득층여성청소년위생용품지원	41,095	아동청소년과	4	2	7	8	7	1	1	1
8373	경북 영주시	장난감도서관 운영	120,000	아동청소년과	4	4	1	5	1	3	3	1
8374	경북 영주시	아이돌봄지원	1,587,841	아동청소년과	4	2	5	3	1	2	2	3
8375	경북 영주시	노인일자리 및 사회활동지원사업	6,861,566	노인장애인과	4	2	5	1	1	5	1	1
8376	경북 영주시	노인사회활동지원	364,000	노인장애인과	4	1	5	8	1	5	1	1
8377	경북 영주시	독거노인중증장애인응급안전알림서비스 운영지원	111,863	노인장애인과	4	4	5	2	1	5	1	4
8378	경북 영주시	노인종합복지관 운영지원	950,000	노인장애인과	4	4	1	5	1	1	1	4
8379	경북 영주시	양로시설 운영비 지원	785,022	노인장애인과	4	2	1	5	1	1	1	4
8380	경북 영주시	장애인일자리지원	366,696	노인장애인과	4	2	1	1	1	2	3	2
8381	경북 영주시	장애인활동지원급여지원	5,362,440	노인장애인과	4	2	7	8	7	5	1	4
8382	경북 영주시	활동보조가산급여	21,944	노인장애인과	4	2	7	8	7	5	1	4
8383	경북 영주시	언어발달지원바우처지원	2,160	노인장애인과	4	2	7	8	7	5	5	4
8384	경북 영주시	발달재활서비스바우처지원	345,715	노인장애인과	4	2	7	8	7	5	1	4
8385	경북 영주시	발달장애인주간활동서비스지원	813,236	노인장애인과	4	2	7	8	7	5	1	4
8386	경북 영주시	발달장애인방과후돌봄서비스지원	233,144	노인장애인과	4	2	7	8	7	5	1	4
8387	경북 영주시	중증장애인자립지원센터운영사업	219,671	노인장애인과	4	1	5	5	7	1	1	4
8388	경북 영주시	장애인종합복지관 운영	1,260,000	노인장애인과	4	4	5	5	7	1	1	4
8389	경북 영주시	장애인활동보조지원	414,516	노인장애인과	4	7	7	8	7	5	1	4
8390	경북 영주시	영주시 원어민 사이버화상영어 위탁운영	165,132	선비인재양성과	4	5	6	1	6	1	2	4
8391	경북 영주시	건널목(이산) 경비용역 관리위탁	350,000	건설과	4	7	4	1	7	1	1	3
8392	경북 영주시	저소득층기저귀조제분유지원사업	116,400	보건사업과	4	2	7	8	7	1	1	2
8393	경북 영주시	지역사회 건강조사	67,828	건강관리과	4	2	7	8	7	2	2	1
8394	경북 영주시	한센병관리협회 위탁금	11,718	건강관리과	4	5	7	8	7	1	1	1
8395	경북 영주시	농작물 재해보험료 지원	5,242,053	농정과수과	4	6	7	8	7	1	1	4
8396	경북 영주시	농업인 안전재해보험료 지원	140,369	농정과수과	4	6	7	8	7	1	1	4
8397	경북 영주시	농촌 신활력플러스지원사업	420,000	농정과수과	4	2	7	8	7	1	1	3
8398	경북 영주시	하수관거정비 임대형 민자사업 임대료지급	6,208,000	환경사업소	4	2	5	6	1	2	1	1
8399	경북 영주시	하수관거정비 임대형 민자사업 임대료지급	3,305,000	환경사업소	4	2	5	6	1	2	1	1
8400	경북 영주시	하수관거정비 임대형 민자사업 임대료지급	1,000,000	환경사업소	4	2	5	6	1	2	1	1
8401	경북 영주시	하수관거정비 임대형 민자사업 임대료지급	700,000	환경사업소	4	2	5	6	1	2	1	1
8402	경북 영주시	선비촌 및 한국선비문화 수련원 민간위탁	735,417	소수서원 관리사무소	4	2	1	3	1	3	3	3
8403	경북 영주시	시민회관운영비	164,000	문화예술회관	4	4	1	3	1	1	1	1
8404	경북 영주시	풍기문화의집 운영비	37,000	문화예술회관	4	4	4	3	6	1	1	1
8405	경북 영주시	선비세상 개장 홍보	500,000	선비세상사업단	4	4	7	8	7	5	5	4
8406	경북 상주시	공보육기능강화	120,000	가족복지과	4	6	5	5	7	1	1	2
8407	경북 상주시	육아종합지원센터 운영	28,000	가족복지과	4	2	5	5	7	1	1	2

순번	시군구	지출명 (사업명)	2021년예산 (단위:천원/1년간)	담당자 (공무원)	민간이전 분류 (지방자치단체 세출예산 집행기준에 의거)	민간이전지출 근거 (지방보조금 관리기준 참고)	입찰방식			운영예산 산정		성과평가 실시여부
				담당부서	1. 민간경상사업보조(307-02) 2. 민간단체 법정운영비보조(307-03) 3. 민간행사사업보조(307-04) 4. 민간위탁금(307-05) 5. 사회복지시설 법정운영비보조(307-10) 6. 민간인위탁교육비(307-12) 7. 공기관등에대한경상적위탁사업비(308-10) 8. 민간자본사업보조,자체재원(402-01) 9. 민간자본사업보조,이전재원(402-02) 10. 민간위탁사업비(402-03) 11. 공기관등에 대한 자본적 대행사업비(403-02)	1. 법률에 규정 2. 국고보조 재원(국가지정) 3. 용도 지정 기부금 4. 조례에 직접규정 5. 지자체가 권장하는 사업을 하는 공공기관 6. 시,도 정책 및 재정사정 7. 기타 8. 해당없음	계약체결방법 (경쟁형태) 1. 일반경쟁 2. 제한경쟁 3. 지명경쟁 4. 수의계약 5. 법정위탁 6. 기타 ( ) 7. 해당없음	계약기간 1. 1년 2. 2년 3. 3년 4. 4년 5. 5년 6. 기타 ( )년 7. 단기계약 (1년미만) 8. 해당없음	낙찰자선정방법 1. 적격심사 2. 협상에의한계약 3. 최저가낙찰제 4. 규격가격분리 5. 2단계 경쟁입찰 6. 기타 ( ) 7. 해당없음	운영예산 산정 1. 내부산정 (지자체 자체적으로 산정) 2. 외부산정 (외부전문기관위탁 산정) 3. 내·외부 모두 산정 4. 산정 無 5. 해당없음	정산방법 1. 내부정산 (지자체 내부적으로 정산) 2. 외부정산 (외부전문기관위탁 정산) 3. 내·외부 모두 산정 4. 정산 無 5. 해당없음	1. 실시 2. 미실시 3. 향후 추진 4. 해당없음
8408	경북 상주시	육아종합지원센터 운영	434,000	가족복지과	4	4	5	5	7	1	1	1
8409	경북 상주시	승천원 청소용역	42,000	가족복지과	4	1	1	1	3	1	1	4
8410	경북 상주시	경로식당무료급식	78,624	가족복지과	4	1	1	1	2	1	1	2
8411	경북 상주시	경로식당무료급식	101,088	가족복지과	4	1	1	1	2	1	1	2
8412	경북 상주시	경로식당무료급식	58,032	가족복지과	4	1	1	1	2	1	1	2
8413	경북 상주시	저소득재가노인식사배달	52,560	가족복지과	4	1	1	1	2	1	1	2
8414	경북 상주시	저소득재가노인식사배달	60,225	가족복지과	4	1	1	1	2	1	1	2
8415	경북 상주시	저소득재가노인식사배달	42,705	가족복지과	4	1	1	1	2	1	1	2
8416	경북 상주시	저소득재가노인식사배달	47,085	가족복지과	4	1	1	1	2	1	1	2
8417	경북 상주시	경로당관리지원활동 및 노노케어	496,901	가족복지과	4	1	1	1	2	1	1	2
8418	경북 상주시	공익형(사회문화재관리지원사업) 및 근린생활시설지원사업	496,901	가족복지과	4	1	1	1	2	1	1	2
8419	경북 상주시	시니어클럽 운영 지원	310,000	가족복지과	4	1	1	5	2	1	1	2
8420	경북 상주시	독거노인생활관리사 및 응급안전알림서비스사업 교통비 지원	288,000	가족복지과	4	1	1	1	2	1	1	2
8421	경북 상주시	독거노인중증장애인응급안전알림서비스운영지원	161,027	가족복지과	4	1	1	1	2	1	1	2
8422	경북 상주시	시니어클럽 운영 지원	310,000	가족복지과	4	1	1	5	2	1	1	2
8423	경북 상주시	민간분야 노인일자리사업 개발비 지원	18,000	가족복지과	4	1	1	5	2	1	1	2
8424	경북 상주시	마을돌봄터 인건비 지원	53,040	가족복지과	4	2	7	8	7	5	1	4
8425	경북 상주시	마을돌봄터 운영비 지원	3,600	가족복지과	4	2	7	8	7	5	1	4
8426	경북 상주시	마을돌봄터사업	41,760	가족복지과	4	6	7	8	7	5	1	4
8427	경북 상주시	저소득층암검진비지원	247,000	건강증진과	4	1	5	8	7	5	5	4
8428	경북 상주시	지역자율형 사회서비스 투자사업	243,750	건강증진과	4	2	7	8	7	5	3	1
8429	경북 상주시	영유아 건강검진 지원	1,000,000	건강증진과	4	2	7	8	7	5	3	4
8430	경북 상주시	청소년산모 의료비지원	6,000	건강증진과	4	2	7	8	7	5	3	4
8431	경북 상주시	표준모자보건수첩 지원	6,000	건강증진과	4	2	7	8	7	5	3	4
8432	경북 상주시	지역사회건강조사 조사분석위탁운영	67,752	건강증진과	4	2	7	8	7	5	5	4
8433	경북 상주시	희귀질환자의료비지원사업	351,000	건강증진과	4	2	7	8	7	5	5	4
8434	경북 상주시	정신건강증진사업	55,000	건강증진과	4	1	1	3	1	1	1	1
8435	경북 상주시	기초정신건강복지센터지원	184,224	건강증진과	4	1	1	3	1	1	1	1
8436	경북 상주시	기초정신건강복지센터 인력 확충	290,592	건강증진과	4	1	1	3	1	1	1	1
8437	경북 상주시	지역자살예방사업	34,827	건강증진과	4	1	1	3	1	1	1	1
8438	경북 상주시	아동청소년 정신보건사업	52,294	건강증진과	4	1	1	3	1	1	1	1
8439	경북 상주시	자살예방사업 인력확충	35,320	건강증진과	4	1	1	3	1	1	1	1
8440	경북 상주시	자살예방 환경조성	12,500	건강증진과	4	1	1	3	1	1	1	1
8441	경북 상주시	정신재활시설 운영	177,330	건강증진과	4	1	1	3	1	1	1	1
8442	경북 상주시	치매관리사업	90,000	건강증진과	4	2	7	8	7	5	5	4
8443	경북 상주시	치매치료관리비지원	300,000	건강증진과	4	2	7	8	7	5	5	4
8444	경북 상주시	치매안심센터운영	64,000	건강증진과	4	2	7	8	7	5	5	4
8445	경북 상주시	주민참여예산제 예산학교 운영 위탁	9,000	기획예산담당관	4	4	4	7	7	1	1	2
8446	경북 상주시	농업기술센터 청사 청소용역	84,000	농촌지원과	4	1	1	1	1	1	1	4
8447	경북 상주시	농산물 가공기술 표준화 컨설팅	10,000	미래농업과	4	1	7	8	7	5	5	3
8448	경북 상주시	농촌인력중개센터운영지원	80,000	농업정책과	4	2	7	8	7	1	1	1
8449	경북 상주시	농촌인력지원센터 지원	133,000	농업정책과	4	6	7	8	7	1	1	1
8450	경북 상주시	특수미 생산가공유통 기반구축 지원	163,080	농업정책과	4	6	7	8	7	1	1	1

순번	시군구	지출명 (사업명)	2021년예산 (단위:천원/1년간)	담당자 (공무원)	민간이전 분류 (지방자치단체 세출예산 집행기준에 의거)	민간이전지출 근거 (지방보조금 관리기준 참고)	입찰방식			운영예산 산정		성과평가 실시여부
				담당부서	1. 민간경상사업보조(307-02) 2. 민간단체 법정운영비보조(307-03) 3. 민간행사사업보조(307-04) 4. 민간위탁금(307-05) 5. 사회복지시설 법정운영비보조(307-10) 6. 민간인위탁교육비(307-12) 7. 공기관등에대한경상적위탁사업비(308-10) 8. 민간자본사업보조,자체재원(402-01) 9. 민간자본사업보조,이전재원(402-02) 10. 민간위탁사업비(402-03) 11. 공기관등에 대한 자본적 대행사업비(403-02)	1. 법률에 규정 2. 국고보조 재원(국가지정) 3. 용도 지정 기부금 4. 조례에 직접규정 5. 지자체가 권장하는 사업을 하는 공공기관 6. 시,도 정책 및 재정사정 7. 기타 8. 해당없음	계약체결방법 (경쟁형태) 1. 일반경쟁 2. 제한경쟁 3. 지명경쟁 4. 수의계약 5. 법정위탁 6. 기타 ( ) 7. 해당없음	계약기간 1. 1년 2. 2년 3. 3년 4. 4년 5. 5년 6. 기타 ( )년 7. 단기계약 (1년미만) 8. 해당없음	낙찰자선정방법 1. 적격심사 2. 협상에의한계약 3. 최저가낙찰제 4. 규격가격분리 5. 2단계 경쟁입찰 6. 기타 ( ) 7. 해당없음	운영예산 산정 1. 내부산정 (지자체 자체적으로 산정) 2. 외부산정 (외부전문기관위탁 산정) 3. 내·외부 모두 산정 4. 산정 無 5. 해당없음	정산방법 1. 내부정산 (지자체 내부적으로 정산) 2. 외부정산 (외부전문기관위탁 정산) 3. 내·외부 모두 산정 4. 정산 無 5. 해당없음	1. 실시 2. 미실시 3. 향후 추진 4. 해당없음
8451	경북 상주시	상주쌀 명품화 추진	3,240	농업정책과	4	6	7	8	7	1	1	1
8452	경북 상주시	상주쌀홍보	15,760	농업정책과	4	6	7	8	7	1	1	1
8453	경북 상주시	상주시 도시재생지원센터 운영	320,000	도시과	4	4	1	2	2	2	1	4
8454	경북 상주시	도시재생 뉴딜사업(일반근린형) 주민역량 강화사업	150,000	도시과	4	4	6	8	7	1	1	4
8455	경북 상주시	도시재생 뉴딜사업(주거지지원형) 주민역량 강화사업	150,000	도시과	4	4	6	8	7	1	1	4
8456	경북 상주시	문화회관 유지관리	42,000	문화예술과	4	1	2	1	3	1	1	2
8457	경북 상주시	문화재유지관리및홍보	17,000	문화예술과	4	5	7	8	7	1	1	1
8458	경북 상주시	어린이급식관리지원센터운영위탁	315,000	보건위생과	4	2	5	3	6	1	1	1
8459	경북 상주시	한센병관리사업	11,000	보건위생과	4	1	5	1	7	2	2	4
8460	경북 상주시	한센간이양로주택 운영지원	44,646	보건위생과	4	1	5	1	7	5	2	4
8461	경북 상주시	중학생 결핵환자 발견 조기검진비	2,569	보건위생과	4	4	5	1	7	5	2	4
8462	경북 상주시	자활근로사업	1,470,561	사회복지과	4	2	7	8	7	5	1	4
8463	경북 상주시	가사간병방문지원사업	111,403	사회복지과	4	2	7	8	7	5	1	1
8464	경북 상주시	지역사회서비스투자사업	417,367	사회복지과	4	1	7	1	7	5	1	1
8465	경북 상주시	기초푸드뱅크 운영	6,550	사회복지과	4	1	7	1	7	5	1	1
8466	경북 상주시	사회복지관 사례관리사 운영	30,000	사회복지과	4	1	7	1	7	5	1	3
8467	경북 상주시	자원봉사 보험가입서비스 지원	4,938	사회복지과	4	1	6	1	1	5	1	3
8468	경북 상주시	자원봉사센터 코디네이터 지원	59,184	사회복지과	4	1	7	1	7	5	1	3
8469	경북 상주시	환경조림및수목관리	28,000	산림녹지과	4	6	7	8	7	5	5	4
8470	경북 상주시	숲해설 산림복지전문업 위탁운영지원	51,104	산림녹지과	4	1	7	8	7	5	5	4
8471	경북 상주시	백두대간산림생태탐방지원	50,000	산림녹지과	4	6	5	2	7	5	1	4
8472	경북 상주시	도시공원관리	28,920	산림녹지과	4	4	7	8	7	5	5	4
8473	경북 상주시	상주박물관 청소 용역	84,000	상주박물관	4	8	7	8	7	5	5	4
8474	경북 상주시	상주자전거박물관 청소 용역	84,000	상주박물관	4	8	7	8	7	5	5	4
8475	경북 상주시	상주시 공공하수처리시설 운영관리 민간위탁	4,676,920	상하수도사업소	4	1	6	5	2	2	1	1
8476	경북 상주시	대청댐 권역 소규모 하수처리시설 운영관리 민간위탁	617,000	상하수도사업소	4	1	4	1	2	2	1	1
8477	경북 상주시	국민체육센터 지도자 인건비	502,599	새마을체육과	4	5	5	1	7	1	1	2
8478	경북 상주시	국민체육센터 운영요원 인건비	85,061	새마을체육과	4	5	5	1	7	1	1	2
8479	경북 상주시	국민체육센터 청소 용역	42,000	새마을체육과	4	8	1	1	3	1	1	2
8480	경북 상주시	상주시청 실업팀 운영	1,200,000	새마을체육과	4	1	7	8	7	5	5	4
8481	경북 상주시	도 장애인 체육대회 훈련 및 출전 경비	25,000	새마을체육과	4	4	7	8	7	1	1	1
8482	경북 상주시	2021년 CCTV통합관제센터 모니터링 용역	1,172,991	안전재난과	4	7	1	1	1	1	1	2
8483	경북 상주시	신활력플러스사업	950,000	유통마케팅과	4	2	5	4	2	3	3	1
8484	경북 상주시	국제교류 협력사업 활성화 프로그램 운영 위탁	20,000	총무과	4	7	4	7	7	1	1	2
8485	경북 상주시	직장어린이집 운영 지원금	300,000	총무과	4	6	1	5	1	1	1	4
8486	경북 상주시	청사 청소 용역	168,000	총무과	4	7	1	1	1	1	1	2
8487	경북 상주시	청사 유리창문 청소 용역	6,000	총무과	4	7	4	7	7	1	1	2
8488	경북 상주시	산업안전관리 업무위탁	20,000	총무과	4	1	4	1	7	1	1	2
8489	경북 상주시	근골격계질환 예방관리 업무위탁	15,000	총무과	4	1	4	1	7	1	1	2
8490	경북 상주시	산업안전보건교육 업무위탁	10,000	총무과	4	1	4	1	7	1	1	2
8491	경북 상주시	오폐수처리장 위탁관리	90,000	한방산업단지관리사업소	4	7	1	5	2	1	1	1
8492	경북 상주시	여름철 성수기 물놀이장 의료지원	21,000	한방산업단지관리사업소	4	5	6	7	7	1	1	1
8493	경북 상주시	대형폐기물(폐가구류 등)처리 위탁	92,400	환경관리과	4	7	1	1	3	1	1	1

순번	시군구	지출명 (사업명)	2021년예산 (단위:천원/1년간)	담당자 (공무원) 담당부서	민간이전 분류 (지방자치단체 세출예산 집행기준에 의거) 1. 민간경상사업보조(307-02) 2. 민간단체 법정운영비보조(307-03) 3. 민간행사사업보조(307-04) 4. 민간위탁금(307-05) 5. 사회복지시설 법정운영비보조(307-10) 6. 민간인위탁교육비(307-12) 7. 공기관등에대한경상적위탁사업비(308-10) 8. 민간자본사업보조,자체재원(402-01) 9. 민간자본사업보조,이전재원(402-02) 10. 민간위탁사업비(402-03) 11. 공기관등에 대한 자본적 대행사업비(403-02)	민간이전지출 근거 (지방보조금 관리기준 참고) 1. 법률에 규정 2. 국고보조 재원(국가지정) 3. 용도 지정 기부금 4. 조례에 직접규정 5. 지자체가 권장하는 사업을 하는 공공기관 6. 시,도 정책 및 재정사정 7. 기타 8. 해당없음	입찰방식 계약체결방법 (경쟁형태) 1. 일반경쟁 2. 제한경쟁 3. 지명경쟁 4. 수의계약 5. 법정위탁 6. 기타 ( ) 7. 해당없음	입찰방식 계약기간 1. 1년 2. 2년 3. 3년 4. 4년 5. 5년 6. 기타 ( )년 7. 단기계약 (1년미만) 8. 해당없음	입찰방식 낙찰자선정방법 1. 적격심사 2. 협상에의한계약 3. 최저가낙찰제 4. 규격가격분리 5. 2단계 경쟁입찰 6. 기타 ( ) 7. 해당없음	운영예산 산정 운영예산 산정 1. 내부산정 (지자체 자체적으로 산정) 2. 외부산정 (외부전문기관위탁 산정) 3. 내·외부 모두 산정 4. 산정 無 5. 해당없음	운영예산 산정 정산방법 1. 내부정산 (지자체 내부적으로 정산) 2. 외부정산 (외부전문기관위탁 정산) 3. 내·외부 모두 산정 4. 정산 無 5. 해당없음	성과평가 실시여부 1. 실시 2. 미실시 3. 향후 추진 4. 해당없음
8494	경북 상주시	폐반사필름 처리 위탁	19,800	환경관리과	4	7	7	8	7	5	5	4
8495	경북 상주시	폐타이어 및 방치쓰레기 처리 위탁	10,000	환경관리과	4	7	7	8	7	5	5	4
8496	경북 상주시	쓰레기 종량제 봉투판매 위탁수수료	90,000	환경관리과	4	7	6	2	7	1	1	1
8497	경북 상주시	음식물류폐기물 종량제 납부칩 판매 위탁수수료	9,000	환경관리과	4	7	6	2	7	1	1	1
8498	경북 상주시	생활폐기물 소각시설 운영 위탁	4,554,000	환경관리과	4	7	2	3	2	2	1	2
8499	경북 상주시	생활폐기물 처리 위탁	1,440,000	환경관리과	4	7	6	6	6	2	1	2
8500	경북 상주시	북천 산책로 공중화장실 청소 용역	10,800	환경관리과	4	8	7	8	7	5	5	4
8501	경북 상주시	가축분뇨 공공처리 및 자원화시설 운영	2,715,360	환경관리과	4	7	2	3	2	2	1	1
8502	경북 문경시	한센관리사업 운영 위탁금	11,500	보건사업과	4	2	5	1	7	2	2	4
8503	경북 문경시	한센간이양로주택 운영지원	38,820	보건사업과	4	2	5	1	7	1	2	4
8504	경북 문경시	공립요양병원 치매환자 지원 프로그램 운영	127,000	보건사업과	4	2	7	1	7	5	5	1
8505	경북 문경시	숲해설 위탁운영	51,104	산림녹지과	4	1	7	8	7	5	5	4
8506	경북 문경시	유아숲교육 위탁운영	25,632	산림녹지과	4	1	7	8	7	5	5	4
8507	경북 문경시	특별교통수단(장애인콜택시) 운영	342,000	교통행정과	4	4	5	3	1	1	1	1
8508	경북 문경시	(재)문경문화관광재단 운영	221,687	관광진흥과	4	4	5	1	7	1	1	3
8509	경북 문경시	농촌 신활력플러스사업	880,000	농정과	4	2	7	8	7	2	2	3
8510	경북 문경시	농작물재해보험료 지원	3,646,286	농정과	4	2	7	8	7	1	1	4
8511	경북 문경시	농업인안전재해보험료 지원	244,759	농정과	4	2	7	8	7	1	1	4
8512	경북 문경시	여성농업인 행복바우처 지원	57,600	농정과	4	2	7	8	7	1	1	4
8513	경북 문경시	노인일자리 및 사회활동지원	5,453,994	노인장애인복지과	4	1	5	1	6	1	1	1
8514	경북 문경시	장애인복지일자리	397,254	노인장애인복지과	4	1	7	7	7	5	1	4
8515	경북 문경시	장애인 활동지원급여 지원	3,654,710	노인장애인복지과	4	1	7	7	7	5	2	4
8516	경북 문경시	장애인활동보조 가산급여	4,992	노인장애인복지과	4	1	7	7	7	5	2	4
8517	경북 문경시	장애인활동보조 서비스 지원	103,632	노인장애인복지과	4	1	7	7	7	5	2	4
8518	경북 문경시	발달재활서비스 바우처 지원	248,915	노인장애인복지과	4	1	7	7	7	5	2	4
8519	경북 문경시	발달장애인주간활동서비스지원	369,656	노인장애인복지과	4	1	7	7	7	5	2	4
8520	경북 문경시	청소년발달장애학생 방과후활동서비스지원	133,231	노인장애인복지과	4	1	7	7	7	5	2	4
8521	경북 문경시	건강가정 및 다문화가족 지원센터 운영	456,380	여성청소년과	4	2	5	5	1	1	1	1
8522	경북 문경시	다문화가족 복지시설 종사자 수당	26,880	여성청소년과	4	4	5	5	1	1	1	1
8523	경북 문경시	다문화가족 공부방 운영	13,000	여성청소년과	4	4	5	5	1	1	1	1
8524	경북 문경시	다문화가족 특화프로그램 운영지원	7,500	여성청소년과	4	4	5	5	1	1	1	1
8525	경북 문경시	다문화가족방문지도사 활동지원	10,800	여성청소년과	4	4	5	5	1	1	1	1
8526	경북 문경시	다문화가족특성화사업	305,289	여성청소년과	4	2	5	5	1	1	1	1
8527	경북 문경시	문경시청소년수련관 운영 위탁금	150,000	여성청소년과	4	1	1	3	1	1	3	2
8528	경북 문경시	마을돌봄터사업지원	6,000	여성청소년과	4	2	7	8	7	5	5	4
8529	경북 문경시	마을돌봄터운영비지원	3,600	여성청소년과	4	2	7	8	7	5	5	4
8530	경북 문경시	마을돌봄터운영지원	6,000	여성청소년과	4	2	7	8	7	5	5	4
8531	경북 문경시	마을돌봄터인건비지원	53,040	여성청소년과	4	2	7	8	7	5	5	4
8532	경북 문경시	마을돌봄코디네이터지원	26,400	여성청소년과	4	2	7	8	7	5	5	4
8533	경북 문경시	문경시종합사회복지관 운영	456,000	사회복지과	4	4	7	8	7	1	1	1
8534	경북 문경시	흥덕종합사회복지관 운영	360,000	사회복지과	4	4	7	8	7	1	1	1
8535	경북 문경시	자활근로	1,448,814	사회복지과	4	2	7	8	7	1	1	2
8536	경북 문경시	지역사회건강조사	67,524	건강관리과	4	2	7	8	7	3	3	4

순번	시군구	지출명 (사업명)	2021년예산 (단위:천원/1년간)	담당자 (공무원)	민간이전 분류 (지방자치단체 세출예산 집행기준에 의거)	민간이전지출 근거 (지방보조금 관리기준 참고)	입찰방식			운영예산 산정		성과평가 실시여부
				담당부서	1. 민간경상사업보조(307-02) 2. 민간단체 법정운영비보조(307-03) 3. 민간행사사업보조(307-04) 4. 민간위탁금(307-05) 5. 사회복지시설 법정운영비보조(307-10) 6. 민간인위탁교육비(307-12) 7. 공기관등에대한경상적위탁사업비(308-10) 8. 민간자본사업보조,자체재원(402-01) 9. 민간자본사업보조,이전재원(402-02) 10. 민간위탁사업비(402-03) 11. 공기관등에 대한 자본적 대행사업비(403-02)	1. 법률에 규정 2. 국고보조 재원(국가지정) 3. 용도 지정 기부금 4. 조례에 직접규정 5. 지자체가 권장하는 사업을 하는 공공기관 6. 시,도 정책 및 재정사정 7. 기타 8. 해당없음	계약체결방법 (경쟁형태) 1. 일반경쟁 2. 제한경쟁 3. 지명경쟁 4. 수의계약 5. 법정위탁 6. 기타 ( ) 7. 해당없음	계약기간 1. 1년 2. 2년 3. 3년 4. 4년 5. 5년 6. 기타 ( )년 7. 단기계약 (1년미만) 8. 해당없음	낙찰자선정방법 1. 적격심사 2. 협상에의한계약 3. 최저가낙찰제 4. 규격가격분리 5. 2단계 경쟁입찰 6. 기타 ( ) 7. 해당없음	운영예산 산정 1. 내부산정 (지자체 자체적으로 산정) 2. 외부산정 (외부전문기관위탁 산정) 3. 내·외부 모두 산정 4. 산정 無 5. 해당없음	정산방법 1. 내부정산 (지자체 내부적으로 정산) 2. 외부정산 (외부전문기관위탁 정산) 3. 내·외부 모두 산정 4. 정산 無 5. 해당없음	1. 실시 2. 미실시 3. 향후 추진 4. 해당없음
8537	경북 문경시	산모신생아건강관리지원사업	250,000	건강관리과	4	2	5	8	7	5	3	4
8538	경북 문경시	청소년산모의료비지원	6,000	건강관리과	4	2	5	8	7	5	3	4
8539	경북 문경시	표준모자보건수첩지원	400,000	건강관리과	4	2	5	8	7	5	3	4
8540	경북 문경시	저소득층기저귀조제분유지원	58,400	건강관리과	4	2	5	8	7	5	3	4
8541	경북 문경시	정신건강복지센터운영	184,224	건강관리과	4	2	2	3	1	5	3	1
8542	경북 문경시	정신건강복지센터인력확충	290,592	건강관리과	4	2	2	3	1	5	3	1
8543	경북 문경시	아동청소년 정신보건사업	52,294	건강관리과	4	2	2	3	1	5	3	1
8544	경북 문경시	자살예방 및 정신건강증진사업	34,827	건강관리과	4	2	2	3	1	5	3	1
8545	경북 문경시	정신질환자 치료비 지원	18,000	건강관리과	4	2	2	3	1	5	3	1
8546	경북 문경시	자살예방 환경조성사업	14,000	건강관리과	4	2	2	3	1	5	3	1
8547	경북 문경시	정신건강 및 중독관리통합센터종사자수당	21,840	건강관리과	4	2	2	3	1	5	3	1
8548	경북 문경시	문경도시재생지원센터 운영	250,000	도시과	4	4	1	6	1	1	1	4
8549	경북 문경시	장애인스포츠강좌이용권지원	3,200	새마을체육과	4	7	7	8	7	1	1	2
8550	경북 문경시	경상북도건축대전개최	9,000	건축디자인과	4	6	7	1	7	1	1	3
8551	경북 문경시	젖소 축산분뇨공동처리장 운영비 지원	24,000	유통축산과	4	4	7	8	7	3	3	1
8552	경북 문경시	한우친자확인	28,000	유통축산과	4	6	7	8	7	3	3	1
8553	경북 문경시	등록비지원	54,000	유통축산과	4	6	7	8	7	3	3	1
8554	경북 문경시	한우선형심사비	6,000	유통축산과	4	6	7	8	7	3	3	1
8555	경북 문경시	조사료생산용종자 지원	89,040	유통축산과	4	2	7	8	7	3	3	1
8556	경북 문경시	축산물이력제	81,600	유통축산과	4	2	5	1	7	3	3	1
8557	경북 문경시	유기동물보호센터운영지원	20,000	유통축산과	4	1	7	1	1	1	1	4
8558	경북 문경시	유기동물 구조,포획단운영	20,928	유통축산과	4	1	7	1	1	1	1	4
8559	경북 문경시	향토산업육성사업	692,000	기술지원과	4	2	7	8	7	5	5	4
8560	경북 문경시	1인창조기업 비즈니스센터 육성	150,000	기술지원과	4	1	7	8	7	5	5	4
8561	경북 문경시	공중화장실 관리 민간위탁대행	350,000	환경보호과	4	4	1	2	3	2	1	2
8562	경북 문경시	공중화장실 관리 민간위탁대행	350,000	환경보호과	4	4	1	2	3	2	1	2
8563	경북 문경시	생활폐기물 수집운반 및 가로청소 대행	3,886,000	환경보호과	4	1	1	2	1	2	1	1
8564	경북 문경시	맑은누리파크 운반비	360,000	환경보호과	4	1	6	2	1	2	1	1
8565	경북 문경시	슬레이트 전수조사	26,000	환경보호과	4	2	7	8	7	5	5	4
8566	경북 문경시	생활폐기물소각처리	3,230,000	환경보호과	4	1	7	6	7	2	4	4
8567	경북 문경시	문경문화원 운영 지원	225,000	문화예술과	4	1	7	8	7	1	1	1
8568	경북 문경시	2021 문경문화제	100,000	문화예술과	4	4	7	8	7	1	1	1
8569	경북 문경시	통합문화이용권사업지원	311,200	문화예술과	4	2	7	8	7	1	2	1
8570	경북 문경시	박열기념관 운영	206,105	문화예술과	4	7	6	5	6	1	1	3
8571	경북 문경시	문경 무형문화재 전수관 운영	23,000	문화예술과	4	7	6	1	6	1	1	3
8572	경북 경산시	시설경비 용역	108,000	총무과	4	7	7	8	7	5	5	4
8573	경북 경산시	직장어린이집 운영	260,000	총무과	4	1	7	5	7	1	1	2
8574	경북 경산시	자원봉사 코디네이터 지원	59,184	새마을민원과	4	1	7	8	7	1	1	1
8575	경북 경산시	자원봉사자 보험료 지원	14,346	새마을민원과	4	1	7	8	7	1	1	1
8576	경북 경산시	자원봉사센터 운영 지원	530,070	새마을민원과	4	1	7	8	7	1	1	1
8577	경북 경산시	맞춤형 자원봉사프로그램 운영 지원	10,000	새마을민원과	4	1	7	8	7	1	1	1
8578	경북 경산시	하양공설시장 위탁 관리	46,614	일자리경제과	4	4	7	8	7	1	1	1
8579	경북 경산시	담배소매인 지정 사실조사 업무대행비	3,000	일자리경제과	4	4	7	1	7	1	1	1

순번	시군구	지출명 (사업명)	2021년예산 (단위:천원/1년간)	담당자 (공무원) 담당부서	민간이전 분류 (지방자치단체 세출예산 집행기준에 의거) 1. 민간경상사업보조(307-02) 2. 민간단체 법정운영비보조(307-03) 3. 민간행사사업보조(307-04) 4. 민간위탁금(307-05) 5. 사회복지시설 법정운영비보조(307-10) 6. 민간인위탁교육비(307-12) 7. 공기관등에대한경상적위탁사업비(308-10) 8. 민간자본사업보조,자체재원(402-01) 9. 민간자본사업보조,이전재원(402-02) 10. 민간위탁사업비(402-03) 11. 공기관등에 대한 자본적 대행사업비(403-02)	민간이전지출 근거 (지방보조금 관리기준 참고) 1. 법률에 규정 2. 국고보조 재원(국가지정) 3. 용도 지정 기부금 4. 조례에 직접규정 5. 지자체가 권장하는 사업을 하는 공공기관 6. 시,도 정책 및 재정사정 7. 기타 8. 해당없음	입찰방식 계약체결방법 (경쟁형태) 1. 일반경쟁 2. 제한경쟁 3. 지명경쟁 4. 수의계약 5. 법정위탁 6. 기타 ( ) 7. 해당없음	입찰방식 계약기간 1. 1년 2. 2년 3. 3년 4. 4년 5. 5년 6. 기타 ( )년 7. 단기계약 (1년미만) 8. 해당없음	입찰방식 낙찰자선정방법 1. 적격심사 2. 협상에의한계약 3. 최저가낙찰제 4. 규격가격분리 5. 2단계 경쟁입찰 6. 기타 ( ) 7. 해당없음	운영예산 산정 운영예산 산정 1. 내부산정 (지자체 자체적으로 산정) 2. 외부산정 (외부전문기관위탁 산정) 3. 내·외부 모두 산정 4. 산정 無 5. 해당없음	운영예산 산정 정산방법 1. 내부정산 (지자체 내부적으로 정산) 2. 외부정산 (외부전문기관위탁 정산) 3. 내·외부 모두 산정 4. 정산 無 5. 해당없음	성과평가 실시여부 1. 실시 2. 미실시 3. 향후 추진 4. 해당없음
8580	경북 경산시	경산 일반산업단지 공공시설물 위탁관리	2,247,947	중소기업벤처과	4	7	6	1	7	3	1	3
8581	경북 경산시	환경관리소 운영	1,934,192	중소기업벤처과	4	7	6	1	7	3	1	3
8582	경북 경산시	공공시설물 관리	313,755	중소기업벤처과	4	7	6	1	7	3	1	3
8583	경북 경산시	근로자복지회관 민간위탁	150,000	중소기업벤처과	4	4	1	3	7	1	1	4
8584	경북 경산시	특별교통수단(교통약자 콜택시) 운영	950,351	교통행정과	4	4	1	3	1	1	1	1
8585	경북 경산시	유아숲체험원 운영	153,794	산림녹지과	4	1	7	8	7	5	5	4
8586	경북 경산시	경북녹색환경지원센터 지역환경 조사연구	35,000	환경과	4	7	7	1	7	1	1	1
8587	경북 경산시	생활폐기물 수집·운반 대행비	4,023,234	자원순환과	4	1	2	1	3	2	1	1
8588	경북 경산시	일 반	1,808,007	자원순환과	4	1	2	1	3	2	1	1
8589	경북 경산시	재활용	2,215,227	자원순환과	4	1	2	1	3	2	1	1
8590	경북 경산시	음식물류 폐기물 수집·운반 대행비	2,479,460	자원순환과	4	1	2	1	3	2	1	1
8591	경북 경산시	음식물류 폐기물 처리 대행비	3,272,270	자원순환과	4	1	1	1	1	2	1	4
8592	경북 경산시	재활용선별장 반입 대형폐기물 위탁처리비	422,400	자원순환과	4	7	7	8	7	5	5	4
8593	경북 경산시	폐비닐 위탁처리비	90,000	자원순환과	4	7	7	8	7	5	5	4
8594	경북 경산시	자원회수시설 민간위탁 운영 사용료	5,814,686	자원순환과	4	7	6	6	7	2	5	4
8595	경북 경산시	생활폐기물	5,482,586	자원순환과	4	7	7	8	7	5	5	4
8596	경북 경산시	재활용품	332,100	자원순환과	4	7	7	8	7	5	5	4
8597	경북 경산시	지역사회서비스 투자	1,546,871	복지정책과	4	1	5	8	7	5	5	4
8598	경북 경산시	백천사회복지관 운영지원	434,222	복지정책과	4	4	5	5	1	1	1	1
8599	경북 경산시	백천사회복지관 사례관리사 인건비	30,000	복지정책과	4	4	5	5	1	1	1	1
8600	경북 경산시	가사간병방문지원사업 추진	74,354	복지정책과	4	1	5	8	7	5	5	4
8601	경북 경산시	경산지역자활센터 자활근로 사업비	1,830,000	복지정책과	4	2	7	1	7	1	1	4
8602	경북 경산시	시니어클럽 운영지원	370,000	사회복지과	4	1	7	8	7	1	1	1
8603	경북 경산시	독거노인 중증장애인 응급안전알림서비스 운영지원	123,751	사회복지과	4	1	7	8	7	1	1	1
8604	경북 경산시	노인종합복지관 운영	1,175,661	사회복지과	4	4	5	5	1	1	1	1
8605	경북 경산시	경산시어르신복지센터 운영	944,287	사회복지과	4	4	5	5	1	1	1	1
8606	경북 경산시	장애인종합복지관 운영	1,185,004	사회복지과	4	4	5	5	1	1	1	1
8607	경북 경산시	다함께돌봄 인건비 지원	66,300	사회복지과	4	1	5	5	1	5	1	1
8608	경북 경산시	다함께돌봄 운영비 지원	4,500	사회복지과	4	1	5	5	1	5	1	1
8609	경북 경산시	마을돌봄터 운영지원	9,000	사회복지과	4	1	5	5	1	5	1	1
8610	경북 경산시	마을돌봄터 사업지원	9,000	사회복지과	4	1	5	5	1	5	1	1
8611	경북 경산시	마을돌봄터 코디네이터지원	39,600	사회복지과	4	1	5	5	1	5	1	1
8612	경북 경산시	장난감도서관 운영	134,000	여성가족과	4	4	1	5	1	5	1	1
8613	경북 경산시	계림청소년수련원 운영	203,114	여성가족과	4	4	1	5	1	1	1	1
8614	경북 경산시	아이돌봄지원	2,252,289	여성가족과	4	1	5	3	1	1	1	1
8615	경북 경산시	건강가정다문화가족지원센터 통합서비스 지원	431,980	여성가족과	4	1	5	5	1	1	1	1
8616	경북 경산시	공동육아나눔터 운영	107,656	여성가족과	4	1	5	5	1	1	1	1
8617	경북 경산시	가족역량강화지원	104,240	여성가족과	4	1	5	5	1	1	1	1
8618	경북 경산시	아이돌봄 부모부담금 경감	381,804	여성가족과	4	4	5	3	1	1	1	1
8619	경북 경산시	자녀양육 및 자녀생활 등 방문교육서비스 지원	175,360	여성가족과	4	1	5	5	1	1	1	1
8620	경북 경산시	다문화가족 사례관리 지원	31,825	여성가족과	4	1	5	5	1	1	1	1
8621	경북 경산시	결혼이민자 통번역서비스 지원	30,050	여성가족과	4	1	5	5	1	1	1	1
8622	경북 경산시	다문화가족 자녀언어발달 지원	35,520	여성가족과	4	1	5	5	1	1	1	1

순번	시군구	지출명 (사업명)	2021년예산 (단위:천원/1년간)	담당자 (공무원)	민간이전 분류 (지방자치단체 세출예산 집행기준에 의거)	민간이전지출 근거 (지방보조금 관리기준 참고)	입찰방식			운영예산 산정		성과평가 실시여부
				담당부서	1. 민간경상사업보조(307-02) 2. 민간단체 법정운영비보조(307-03) 3. 민간행사사업보조(307-04) 4. 민간위탁금(307-05) 5. 사회복지시설 법정운영비보조(307-10) 6. 민간인위탁교육비(307-12) 7. 공기관등에대한경상적위탁사업비(308-10) 8. 민간자본사업보조,자체재원(402-01) 9. 민간자본사업보조,이전재원(402-02) 10. 민간위탁사업비(402-03) 11. 공기관등에 대한 자본적 대행사업비(403-02)	1. 법률에 규정 2. 국고보조 재원(국가지정) 3. 용도 지정 기부금 4. 조례에 직접규정 5. 지자체가 권장하는 사업을 하는 공공기관 6. 시,도 정책 및 재정사정 7. 기타 8. 해당없음	계약체결방법 (경쟁형태) 1. 일반경쟁 2. 제한경쟁 3. 지명경쟁 4. 수의계약 5. 법정위탁 6. 기타 ( ) 7. 해당없음	계약기간 1. 1년 2. 2년 3. 3년 4. 4년 5. 5년 6. 기타 ( )년 7. 단기계약 (1년미만) 8. 해당없음	낙찰자선정방법 1. 적격심사 2. 협상에의한계약 3. 최저가낙찰제 4. 규격가격분리 5. 2단계 경쟁입찰 6. 기타 ( ) 7. 해당없음	운영예산 산정 1. 내부산정 (지자체 자체적으로 산정) 2. 외부산정 (외부전문기관위탁 산정) 3. 내·외부 모두 산정 4. 산정 無 5. 해당없음	정산방법 1. 내부정산 (지자체 내부적으로 정산) 2. 외부정산 (외부전문기관위탁 정산) 3. 내·외부 모두 산정 4. 정산 無 5. 해당없음	1. 실시 2. 미실시 3. 향후 추진 4. 해당없음
8623	경북 경산시	결혼이민자 역량강화 지원	25,000	여성가족과	4	1	5	5	1	1	1	1
8624	경북 경산시	동의한방촌 관리운영 지원	401,771	문화관광과	4	4	1	3	1	3	1	1
8625	경북 경산시	삽살개육종연구소 운영 지원	834,755	문화관광과	4	1	7	8	7	1	2	4
8626	경북 경산시	경산의 삽살개 사료 및 방역비	160,000	문화관광과	4	2	7	8	7	1	2	4
8627	경북 경산시	경산의 삽살개 종개체 보호관리비	98,500	문화관광과	4	2	7	8	7	1	2	4
8628	경북 경산시	글로컬6차산업 창업문화센터 위탁운영비	180,000	건설과	4	4	7	8	7	5	5	4
8629	경북 경산시	도시재생(현장)지원센터 지원	144,000	도시과	4	4	1	2	2	1	1	1
8630	경북 경산시	주민역량강화 프로그램 운영 용역	200,000	도시과	4	1	1	2	2	1	1	1
8631	경북 경산시	도시재생(현장)지원센터 지원	147,000	도시과	4	4	1	2	2	1	1	1
8632	경북 경산시	주민역량강화 프로그램 운영 용역	200,000	도시과	4	1	1	2	2	1	1	1
8633	경북 경산시	공영 자전거 위탁 운영사업	300,000	도로철도과	4	4	6	2	1	3	1	3
8634	경북 경산시	2021년 노점상 정비 용역 시행	250,000	도로철도과	4	8	7	8	7	5	5	4
8635	경북 경산시	읍면지역 주말, 공휴일 불법광고물 정비사업	42,000	건축과	4	7	1	1	3	1	1	3
8636	경북 경산시	동지역 주말, 공휴일 불법광고물 정비사업	41,000	건축과	4	7	1	1	3	1	1	3
8637	경북 경산시	한센환자관리 운영비 지원	13,600	보건행정과	4	4	7	1	7	5	1	4
8638	경북 경산시	경로당 방역소독 위탁운영	45,600	보건행정과	4	7	2	1	3	1	5	4
8639	경북 경산시	코로나19 확진자 자택 특별방역소독 위탁운영	9,600	보건행정과	4	7	7	8	7	5	5	4
8640	경북 경산시	지역사회건강조사	68,130	건강증진과	4	2	7	1	7	1	1	1
8641	경북 경산시	정신건강복지센터 운영	184,224	건강증진과	4	2	2	5	1	5	1	1
8642	경북 경산시	종사자 인력증원 인건비	363,240	건강증진과	4	2	2	5	1	5	1	1
8643	경북 경산시	자살예방 및 정신건강증진사업 운영	69,656	건강증진과	4	2	2	5	1	5	1	1
8644	경북 경산시	아동청소년 정신보건사업 운영	52,294	건강증진과	4	2	2	5	1	5	1	1
8645	경북 경산시	정신건강복지센터 종사자 수당	26,880	건강증진과	4	2	2	5	1	5	1	1
8646	경북 경산시	생명사랑 마을조성	10,000	건강증진과	4	2	2	5	1	5	1	1
8647	경북 경산시	농약안전보관함 보급	9,000	건강증진과	4	2	2	5	1	5	1	1
8648	경북 경산시	생명사랑 마을조성 사업비	1,000,000	건강증진과	4	2	2	5	1	5	1	1
8649	경북 경산시	응급실기반 자살시도자 관리	3,500	건강증진과	4	2	2	5	1	5	1	1
8650	경북 경산시	연계장려수당	5,000	건강증진과	4	2	2	5	1	5	1	1
8651	경북 경산시	자살시도자 치료비 지원	3,000	건강증진과	4	2	2	5	1	5	1	1
8652	경북 경산시	치매보듬마을 벽화그리기 사업	3,000	건강증진과	4	2	4	7	7	5	5	4
8653	경북 경산시	어린이급식관리지원센터 운영	630,000	식품의약과	4	1	7	8	7	1	1	3
8654	경북 경산시	농촌보육정보센터운영 지원	90,000	농정유통과	4	4	7	8	7	5	5	4
8655	경북 경산시	노동력절감기술교육	16,000	농정유통과	4	4	7	8	7	5	5	4
8656	경북 경산시	유기동물보호소 운영	232,500	축산진흥과	4	1	1	1	1	1	1	4
8657	경북 경산시	유실유기동물 구조보호비 지원	17,500	축산진흥과	4	1	7	8	7	5	5	4
8658	경북 경산시	농산물가공 전문기능 교육	15,000	농촌진흥과	4	4	7	8	7	5	5	3
8659	경북 경산시	농촌여성 일자리창출 전문자격취득 교육	10,000	농촌진흥과	4	4	7	8	7	5	5	3
8660	경북 경산시	경산묘목조합운영 및 유통시설 지원	80,000	농촌진흥과	4	4	4	3	1	1	1	3
8661	경북 군위군	가사간병도우미사업	57,359	주민복지실	4	1	7	8	7	1	1	1
8662	경북 군위군	자활근로사업	894,706	주민복지실	4	1	7	1	1	1	1	1
8663	경북 군위군	지역자활센터 운영비	225,625	주민복지실	4	1	7	1	1	1	1	1
8664	경북 군위군	지역사회서비스투자사업	233,167	주민복지실	4	1	7	8	7	1	1	1
8665	경북 군위군	지역사회보장협의체 운영지원	50,000	주민복지실	4	1	7	8	7	1	1	4

순번	시군구	지출명 (사업명)	2021년예산 (단위:천원/1년간)	담당자 (공무원)	민간이전 분류 (지방자치단체 세출예산 집행기준에 의거)	민간이전지출 근거 (지방보조금 관리기준 참고)	입찰방식			운영예산 산정		성과평가 실시여부
				담당부서	1. 민간경상사업보조(307-02) 2. 민간단체 법정운영비보조(307-03) 3. 민간행사사업보조(307-04) 4. 민간위탁금(307-05) 5. 사회복지시설 법정운영비보조(307-10) 6. 민간인위탁교육비(307-12) 7. 공기관등에대한경상적위탁사업비(308-10) 8. 민간자본사업보조,자체재원(402-01) 9. 민간자본사업보조,이전재원(402-02) 10. 민간위탁사업비(402-03) 11. 공기관등에 대한 자본적 대행사업비(403-02)	1. 법률에 규정 2. 국고보조 재원(국가지정) 3. 용도 지정 기부금 4. 조례에 직접규정 5. 지자체가 권장하는 사업을 하는 공공기관 6. 시,도 정책 및 재정사정 7. 기타 8. 해당없음	계약체결방법 (경쟁형태) 1. 일반경쟁 2. 제한경쟁 3. 지명경쟁 4. 수의계약 5. 법정위탁 6. 기타 ( ) 7. 해당없음	계약기간 1. 1년 2. 2년 3. 3년 4. 4년 5. 5년 6. 기타 ( )년 7. 단기계약 (1년미만) 8. 해당없음	낙찰자선정방법 1. 적격심사 2. 협상에의한계약 3. 최저가낙찰제 4. 규격가격분리 5. 2단계 경쟁입찰 6. 기타 ( ) 7. 해당없음	운영예산 산정 1. 내부산정 (지자체 자체적으로 산정) 2. 외부산정 (외부전문기관위탁 산정) 3. 내·외부 모두 산정 4. 산정 無 5. 해당없음	정산방법 1. 내부정산 (지자체 내부적으로 정산) 2. 외부정산 (외부전문기관위탁 정산) 3. 내·외부 모두 산정 4. 정산 無 5. 해당없음	1. 실시 2. 미실시 3. 향후 추진 4. 해당없음
8666	경북 군위군	시군자원봉사센터코디네이터지원	59,184	주민복지실	4	1	7	8	7	1	1	1
8667	경북 군위군	맞춤형자원봉사프로그램운영지원	10,000	주민복지실	4	1	7	8	7	1	1	1
8668	경북 군위군	시군자원봉사센터자원봉사자보험료지원	1,140,000	주민복지실	4	1	7	8	7	1	1	1
8669	경북 군위군	시군자원봉사센터 운영지원	340,247	주민복지실	4	1	7	8	7	1	1	1
8670	경북 군위군	군위군노인복지관	630,000	주민복지실	4	1	5	5	7	1	1	4
8671	경북 군위군	군위군청소년수련원 운영	400,000	주민복지실	4	4	1	5	1	3	1	3
8672	경북 군위군	장난감도서관 운영	120,000	주민복지실	4	4	7	8	7	5	5	4
8673	경북 군위군	군위농공 폐수종말처리장 수질원격감시체계(TMS)운영비 지원	56,000	경제과	4	4	7	8	7	1	1	4
8674	경북 군위군	군위농공 폐수종말처리장 약품비 지원	9,900	경제과	4	4	7	8	7	1	1	4
8675	경북 군위군	효령농공 폐수종말처리장 약품비 지원	1,000,000	경제과	4	4	7	8	7	1	1	4
8676	경북 군위군	군위,효령농공 폐수종말처리장 생태독성 성분검사 수수료 지원	12,000	경제과	4	4	7	8	7	1	1	4
8677	경북 군위군	군위농공 수질측정비 지원	18,000	경제과	4	4	7	8	7	1	1	4
8678	경북 군위군	효령농공 수질측정비 지원	14,800	경제과	4	4	7	8	7	1	1	4
8679	경북 군위군	어슬렁 대추정원 관리 위탁	55,000	경제과	4	4	4	1	7	2	1	2
8680	경북 군위군	군위군 생활문화센터 운영	83,000	문화관광과	4	4	1	3	1	1	1	3
8681	경북 군위군	김수환 추기경 사랑과 나눔공원 운영	121,000	문화관광과	4	4	1	5	1	2	1	1
8682	경북 군위군	하수처리시설운영 민간위탁비	250,000	문화관광과	4	7	7	8	7	5	5	4
8683	경북 군위군	경북중서부권 관광진흥협의회 공동홍보	13,400	문화관광과	4	6	6	8	7	1	1	4
8684	경북 군위군	생활폐기물 수집운반 민간위탁비	2,312,131	환경위생과	4	1	1	3	1	2	1	1
8685	경북 군위군	소각대상 생활폐기물 민간위탁비	600,000	환경위생과	4	1	7	8	7	1	1	4
8686	경북 군위군	과수용 반사필름 등 위탁처리비	35,000	환경위생과	4	1	4	1	7	1	1	4
8687	경북 군위군	부직포 위탁처리비	20,000	환경위생과	4	1	7	8	7	5	5	4
8688	경북 군위군	방역소독 민간위탁비	160,000	보건소	4	4	2	7	1	1	1	4
8689	경북 군위군	지역사회 만성병 조사 감시체계 구축	65,930	보건소	4	2	7	1	7	2	2	4
8690	경북 군위군	암 조기 검진비	57,700	보건소	4	1	5	8	7	5	5	4
8691	경북 군위군	희귀난치성질환자의료비지원	100,000	보건소	4	1	5	8	7	5	5	4
8692	경북 군위군	의료급여 수급권자 일반 건강검진비	6,343	보건소	4	1	5	8	7	5	5	4
8693	경북 군위군	산모신생아건강관리지원사업	5,500	보건소	4	1	5	8	7	5	2	1
8694	경북 군위군	저소득층기저귀조제분유지원사업	2,500	보건소	4	1	5	8	7	5	2	2
8695	경북 군위군	치매치료비지원사업	100,000	보건소	4	2	5	8	7	2	2	1
8696	경북 군위군	치매정밀검사 검진비	8,000	보건소	4	2	4	1	2	3	1	1
8697	경북 군위군	상수도검침 민간위탁금	200,000	맑은물사업소	4	4	2	1	1	2	1	4
8698	경북 군위군	하수처리시설운영 민간위탁비	1,000,000	맑은물사업소	4	1	2	3	5	2	4	1
8699	경북 군위군	가축분뇨 및 분뇨공공처리시설운영 민간위탁비	1,400,000	맑은물사업소	4	1	2	5	5	2	1	1
8700	경북 군위군	분뇨처리수수료 징수교부금	1,500,000	맑은물사업소	4	4	7	8	7	5	5	4
8701	경북 군위군	테마공원 운영 위탁비	387,685	문화체육시설사업소	4	4	2	5	2	2	1	4
8702	경북 군위군	생활체육공원 시설관리 민간위탁비	55,000	문화체육시설사업소	4	4	4	1	7	2	1	4
8703	경북 의성군	민원콜센터 운영	248,544	민원과	4	4	2	3	2	2	1	3
8704	경북 의성군	노인대학운영	70,000	복지과	4	4	1	1	1	1	1	1
8705	경북 의성군	의성노인복지관	237,772	복지과	4	4	5	3	1	1	1	1
8706	경북 의성군	안계노인복지관	244,798	복지과	4	4	5	3	1	1	1	1
8707	경북 의성군	금성노인복지관	231,500	복지과	4	4	5	5	1	1	1	1
8708	경북 의성군	이동목욕차량운영	40,000	복지과	4	1	1	3	1	1	1	1

순번	시군구	지출명 (사업명)	2021년예산 (단위:천원/1년간)	담당자 (공무원)	민간이전 분류 (지방자치단체 세출예산 집행기준에 의거) 1. 민간경상사업보조(307-02) 2. 민간단체 법정운영비보조(307-03) 3. 민간행사사업보조(307-04) 4. 민간위탁금(307-05) 5. 사회복지시설 법정운영비보조(307-10) 6. 민간인위탁교육비(307-12) 7. 공기관등에대한경상적위탁사업비(308-10) 8. 민간자본사업보조,자체재원(402-01) 9. 민간자본사업보조,이전재원(402-02) 10. 민간위탁사업비(402-03) 11. 공기관등에 대한 자본적 대행사업비(403-02)	민간이전지출 근거 (지방보조금 관리기준 참고) 1. 법률에 규정 2. 국고보조 재원(국가지정) 3. 용도 지정 기부금 4. 조례에 직접규정 5. 지자체가 권장하는 사업을 하는 공공기관 6. 시,도 정책 및 재정사정 7. 기타 8. 해당없음	입찰방식			운영예산 산정		성과평가 실시여부
				담당부서			계약체결방법 (경쟁형태) 1. 일반경쟁 2. 제한경쟁 3. 지명경쟁 4. 수의계약 5. 법정위탁 6. 기타 ( ) 7. 해당없음	계약기간 1. 1년 2. 2년 3. 3년 4. 4년 5. 5년 6. 기타 ( )년 7. 단기계약 (1년미만) 8. 해당없음	낙찰자선정방법 1. 적격심사 2. 협상에의한계약 3. 최저가낙찰제 4. 규격가격분리 5. 2단계 경쟁입찰 6. 기타 ( ) 7. 해당없음	운영예산 산정 1. 내부산정 (지자체 자체적으로 산정) 2. 외부산정 (외부전문기관위탁 산정) 3. 내·외부 모두 산정 4. 산정 無 5. 해당없음	정산방법 1. 내부정산 (지자체 내부적으로 정산) 2. 외부정산 (외부전문기관위탁 정산) 3. 내·외부 모두 산정 4. 정산 無 5. 해당없음	1. 실시 2. 미실시 3. 향후 추진 4. 해당없음
8709	경북 의성군	자원봉사코디네이터지원	59,184	복지과	4	2	7	8	7	1	1	2
8710	경북 의성군	자원봉사센터운영지원	330,000	복지과	4	1	7	8	7	1	1	4
8711	경북 의성군	맞춤형자원봉사프로그램운영지원	10,000	복지과	4	2	7	8	7	1	1	4
8712	경북 의성군	의성군이웃사촌복지센터지원	230,000	복지과	4	6	7	8	7	1	1	1
8713	경북 의성군	자활근로사업비	823,233	복지과	4	2	5	1	7	3	3	1
8714	경북 의성군	최치원문학관운영위탁	260,000	관광문화과	4	4	1	2	1	2	1	1
8715	경북 의성군	박서생과 청년통신사	201,000	일자리창출과	4	4	2	2	2	3	1	3
8716	경북 의성군	청년창업프로그램운영	350,000	일자리창출과	4	4	5	2	7	3	1	1
8717	경북 의성군	특별교통수단위탁운영	135,000	일자리창출과	4	1	6	3	6	1	1	1
8718	경북 의성군	의성펫월드운영관리	250,000	일자리창출과	4	4	5	1	2	2	1	3
8719	경북 의성군	농작물재해보험료지원	4,714,426	농축산과	4	6	7	8	7	1	1	3
8720	경북 의성군	농업인안전보험료지원	166,693	농축산과	4	6	7	8	7	1	1	3
8721	경북 의성군	의성장날쇼핑몰유지관리	70,000	원예산업과	4	4	6	3	6	1	1	3
8722	경북 의성군	슬레이트전수조사	30,000	환경과	4	2	7	8	7	5	5	4
8723	경북 의성군	기후변화대응업무추진	22,000	환경과	4	1	4	1	3	1	1	4
8724	경북 의성군	순환자원회수기기유지관리	10,000	환경과	4	7	7	8	7	5	5	4
8725	경북 의성군	영농폐기물 위탁처리	70,000	환경과	4	1	7	8	7	5	5	4
8726	경북 의성군	생활폐기물 위탁처리	439,500	환경과	4	6	6	8	7	5	5	4
8727	경북 의성군	가연성 생활폐기물 운반용역	200,000	환경과	4	7	4	1	7	5	5	4
8728	경북 의성군	생활폐기물수집운반 민간위탁	1,850,000	환경과	4	4	5	3	2	1	1	3
8729	경북 의성군	생활폐기물소각시설 운영 민간대행	563,000	환경과	4	4	5	3	7	1	1	3
8730	경북 의성군	가축분뇨공공처리시설운영위탁금	400,000	환경과	4	2	7	8	7	5	5	4
8731	경북 의성군	유아숲교육위탁운영	25,632	산림과	4	2	5	1	1	3	3	1
8732	경북 의성군	의성종합복지관 청소용역	52,000	시설관리사업소	4	7	4	1	7	2	1	2
8733	경북 의성군	공설화장장청소용역대행	71,000	시설관리사업소	4	7	2	1	3	2	1	2
8734	경북 의성군	의성군환경사업소단순관리대행사업	3,544,300	상하수도사업소	4	1	4	5	7	2	1	1
8735	경북 의성군	의성군슬러지처리시설민간위탁사업	743,556	상하수도사업소	4	1	1	5	2	2	1	2
8736	경북 청송군	장애인의료비지원	38,881	사회복지과	4	2	7	8	7	5	5	4
8737	경북 청송군	장애인활동지원급여	1,259,280	사회복지과	4	2	7	8	7	5	5	4
8738	경북 청송군	장애아동가족지원발달재활서비스	64,203	사회복지과	4	2	7	8	7	5	5	4
8739	경북 청송군	중증장애인활동보조가산급여	2,391	사회복지과	4	2	7	8	7	5	5	4
8740	경북 청송군	지역사회서비스투자사업	156,144	사회복지과	4	2	6	1	7	1	2	1
8741	경북 청송군	가사간병도우미사업	84,832	사회복지과	4	1	7	8	7	5	5	4
8742	경북 청송군	노인사회활동지원사업	412,800	주민행복과	4	1	7	8	7	5	5	4
8743	경북 청송군	노인사회활동지원사업	27,139	주민행복과	4	1	7	8	7	5	5	4
8744	경북 청송군	시니어클럽다듬이공연사업지원	10,000	주민행복과	4	1	7	8	7	5	5	4
8745	경북 청송군	시니어리더스양성문화활동교육지원	25,000	주민행복과	4	1	7	8	7	5	5	4
8746	경북 청송군	노인사회활동지원사업	7,897,050	주민행복과	4	1	7	8	7	5	5	4
8747	경북 청송군	노인사회활동지원사업	888,160	주민행복과	4	1	7	8	7	5	5	4
8748	경북 청송군	노인사회활동지원사업	275,010	주민행복과	4	1	7	8	7	5	5	4
8749	경북 청송군	노인사회활동지원사업	461,916	주민행복과	4	1	7	8	7	5	5	4
8750	경북 청송군	민간분야노인일자리사업개발비지원	36,100	주민행복과	4	1	7	8	7	5	5	4
8751	경북 청송군	시니어클럽운영지원	500,000	주민행복과	4	1	7	8	7	5	5	4

순번	시군구	지출명 (사업명)	2021년예산 (단위:천원/1년간)	담당자 (공무원) 담당부서	민간이전 분류 (지방자치단체 세출예산 집행기준에 의거) 1. 민간경상사업보조(307-02) 2. 민간단체 법정운영비보조(307-03) 3. 민간행사사업보조(307-04) 4. 민간위탁금(307-05) 5. 사회복지시설 법정운영비보조(307-10) 6. 민간인위탁교육비(307-12) 7. 공기관등에대한경상적위탁사업비(308-10) 8. 민간자본사업보조,자체재원(402-01) 9. 민간자본사업보조,이전재원(402-02) 10. 민간위탁사업비(402-03) 11. 공기관등에 대한 자본적 대행사업비(403-02)	민간이전지출 근거 (지방보조금 관리기준 참고) 1. 법률에 규정 2. 국고보조 재원(국가지정) 3. 용도 지정 기부금 4. 조례에 직접규정 5. 지자체가 권장하는 사업을 하는 공공기관 6. 시,도 정책 및 재정사정 7. 기타 8. 해당없음	입찰방식 계약체결방법 (경쟁형태) 1. 일반경쟁 2. 제한경쟁 3. 지명경쟁 4. 수의계약 5. 법정위탁 6. 기타 ( ) 7. 해당없음	입찰방식 계약기간 1. 1년 2. 2년 3. 3년 4. 4년 5. 5년 6. 기타 ( )년 7. 단기계약 (1년미만) 8. 해당없음	입찰방식 낙찰자선정방법 1. 적격심사 2. 협상에의한계약 3. 최저가낙찰제 4. 규격가격분리 5. 2단계 경쟁입찰 6. 기타 ( ) 7. 해당없음	운영예산 산정 운영예산 산정 1. 내부산정 (지자체 자체적으로 산정) 2. 외부산정 (외부전문기관위탁 산정) 3. 내·외부 모두 산정 4. 산정 無 5. 해당없음	운영예산 산정 정산방법 1. 내부정산 (지자체 내부적으로 정산) 2. 외부정산 (외부전문기관위탁 정산) 3. 내·외부 모두 산정 4. 정산 無 5. 해당없음	성과평가 실시여부 1. 실시 2. 미실시 3. 향후 추진 4. 해당없음
8752	경북 청송군	특별교통수단(장애인콜택시)위탁운영	105,000	문화체육과	4	1	5	8	7	1	1	4
8753	경북 청송군	BIS시스템및시설위탁운영	45,000	문화체육과	4	2	6	8	7	5	5	4
8754	경북 청송군	공공형버스지원사업	130,000	문화체육과	4	2	6	8	7	5	5	4
8755	경북 청송군	얼음골빙벽밸리지구관리위탁	240,000	문화체육과	4	4	6	2	6	5	1	4
8756	경북 청송군	세계유교문화축전개최지원	130,000	관광정책과	4	4	7	8	7	5	1	1
8757	경북 청송군	농작물재해보험료지원	10,595	농정과	4	2	7	8	7	5	5	4
8758	경북 청송군	농업인안전보험료지원사업	132,421	농정과	4	2	7	8	7	5	5	4
8759	경북 청송군	FTA시행사업관리위탁	50,000	농정과	4	5	7	8	7	1	1	4
8760	경북 청송군	저품위사과시장격리수매지원등	306,000	농정과	4	6	7	8	7	1	1	4
8761	경북 청송군	사과자판기운영관리	10,000	농정과	4	4	2	3	2	1	1	4
8762	경북 청송군	유아숲지도사위탁운영	25,632	산림자원과	4	2	7	8	7	5	5	4
8763	경북 청송군	유해야생동물포획사체처리	30,000	환경축산과	4	7	7	8	7	5	5	4
8764	경북 청송군	침출수위탁처리	72,000	환경축산과	4	1	7	8	7	5	5	4
8765	경북 청송군	생활폐기물처리위탁	180,000	환경축산과	4	7	6	6	7	5	5	4
8766	경북 청송군	사업장생활계폐기물위탁처리	50,000	환경축산과	4	1	7	8	7	5	5	4
8767	경북 청송군	주왕산상의집단오수처리시설위탁관리비	24,000	환경축산과	4	1	4	1	7	5	1	4
8768	경북 청송군	한센병관리사업지원	5,800	보건의료원	4	4	6	1	6	1	1	2
8769	경북 청송군	보건의료원진료부문민간위탁금	3,980,000	보건의료원	4	7	4	5	6	1	2	1
8770	경북 청송군	농촌인력중개센터운영지원	230,000	농업기술센터	4	1	7	8	7	1	1	1
8771	경북 영양군	복지회관운영	195,000	총무과	4	4	7	8	7	1	1	3
8772	경북 영양군	다문화가족공부방운영	6,000	주민복지과	4	1	7	8	7	1	1	4
8773	경북 영양군	작은영화관조성	100,000	문화관광과	4	4	4	2	2	1	1	1
8774	경북 영덕군	국내 선진행정 비교연수 견학	20,000	자치행정과	4	4	7	8	7	5	5	4
8775	경북 영덕군	이장 직무역량강화 워크숍	20,000	자치행정과	4	4	7	8	7	5	5	4
8776	경북 영덕군	슬레이트 처리지원	682,240	환경위생과	4	1	5	2	1	2	2	2
8777	경북 영덕군	슬레이트 전수조사	10,000	환경위생과	4	1	5	2	1	2	2	2
8778	경북 영덕군	생활폐기물소각시설 민간위탁금	1,277,445	환경위생과	4	4	1	4	2	1	1	1
8779	경북 영덕군	국가건강검진사업	8,781	보건소	4	2	7	1	7	5	2	4
8780	경북 영덕군	영유아건강검진	400,000	보건소	4	2	7	1	7	5	2	4
8781	경북 영덕군	지역사회건강조사	67,416	보건소	4	2	5	1	7	5	5	4
8782	경북 영덕군	국가암관리	101,500	보건소	4	2	5	1	7	5	5	4
8783	경북 영덕군	희귀질환자 의료비지원사업	45,000	보건소	4	2	5	1	7	5	5	4
8784	경북 영덕군	산모신생아건강관리지원	110,000	보건소	4	2	5	8	7	5	5	4
8785	경북 영덕군	청소년산모의료비지원	6,000	보건소	4	2	5	8	7	5	5	4
8786	경북 영덕군	저소득층기저귀조제분유지원	32,000	보건소	4	2	5	8	7	5	5	4
8787	경북 영덕군	표준모자보건수첩지원	200,000	보건소	4	2	5	8	7	5	5	4
8788	경북 영덕군	수산물 공동가공센터 폐수처리 운영비 지원	290,000	해양수산과	4	4	4	2	7	1	1	4
8789	경북 영덕군	영덕 로하스수산식품거점단지 육성	600,000	해양수산과	4	4	4	5	7	1	1	1
8790	경북 영덕군	로하스수산식품거점단지활성화사업	133,000	해양수산과	4	1	7	8	7	5	1	4
8791	경북 영덕군	농촌공공형버스지원	200,000	도시디자인과	4	2	7	8	7	2	1	4
8792	경북 영덕군	영덕로하스 농공단지폐수처리시설 운영	714,750	물관리사업소	4	1	6	2	6	2	1	1
8793	경북 영덕군	폐수처리시설 수질 TMS측정위탁운영	40,000	물관리사업소	4	1	1	1	3	5	5	4
8794	경북 영덕군	하수관로정비 BTL사업 운영비	470,000	물관리사업소	4	3	7	6	7	5	5	1

순번	시군구	지출명 (사업명)	2021년예산 (단위:천원/1년간)	담당자 (공무원) 담당부서	민간이전 분류 (지방자치단체 세출예산 집행기준에 의거) 1. 민간경상사업보조(307-02) 2. 민간단체 법정운영비보조(307-03) 3. 민간행사사업보조(307-04) 4. 민간위탁금(307-05) 5. 사회복지시설 법정운영비보조(307-10) 6. 민간인위탁교육비(307-12) 7. 공기관등에대한경상적위탁사업비(308-10) 8. 민간자본사업보조,자체재원(402-01) 9. 민간자본사업보조,이전재원(402-02) 10. 민간위탁사업비(402-03) 11. 공기관등에 대한 자본적 대행사업비(403-02)	민간이전지출 근거 (지방보조금 관리기준 참고) 1. 법률에 규정 2. 국고보조 재원(국가지정) 3. 용도 지정 기부금 4. 조례에 직접규정 5. 지자체가 권장하는 사업을 하는 공공기관 6. 시,도 정책 및 재정사정 7. 기타 8. 해당없음	입찰방식 계약체결방법 (경쟁형태) 1. 일반경쟁 2. 제한경쟁 3. 지명경쟁 4. 수의계약 5. 법정위탁 6. 기타 ( ) 7. 해당없음	입찰방식 계약기간 1. 1년 2. 2년 3. 3년 4. 4년 5. 5년 6. 기타 ( )년 7. 단기계약 (1년미만) 8. 해당없음	입찰방식 낙찰자선정방법 1. 적격심사 2. 협상에의한계약 3. 최저가낙찰제 4. 규격가격분리 5. 2단계 경쟁입찰 6. 기타 ( ) 7. 해당없음	운영예산 산정 운영예산 산정 1. 내부산정 (지자체 자체적으로 산정) 2. 외부산정 (외부전문기관위탁 산정) 3. 내·외부 모두 산정 4. 산정 無 5. 해당없음	운영예산 산정 정산방법 1. 내부정산 (지자체 내부적으로 정산) 2. 외부정산 (외부전문기관위탁 정산) 3. 내·외부 모두 산정 4. 정산 無 5. 해당없음	성과평가 실시여부 1. 실시 2. 미실시 3. 향후 추진 4. 해당없음
8795	경북 영덕군	영덕군 공공하수도 관리대행비	30,000	물관리사업소	4	1	6	3	6	2	4	1
8796	경북 영덕군	폐기물 위탁 처리비	477,240	물관리사업소	4	1	6	3	6	1	1	4
8797	경북 영덕군	공공하수도 수질TMS 위탁운영비	168,000	물관리사업소	4	1	1	1	3	1	5	4
8798	경북 영덕군	장애인활동지원	2,590,140	주민복지과	4	2	2	8	1	1	1	1
8799	경북 영덕군	장애인활동보조지원	4,517	주민복지과	4	2	2	8	1	1	1	1
8800	경북 영덕군	농어촌장애인주택개조지원사업	26,600	주민복지과	4	2	6	1	1	1	1	1
8801	경북 영덕군	장애인활동지원가산급여	1,906	주민복지과	4	2	2	8	1	1	1	1
8802	경북 영덕군	지역자활센터 자활근로사업	1,251,435	주민복지과	4	2	7	1	6	1	1	1
8803	경북 영덕군	가사간병방문지원사업	110,893	주민복지과	4	2	7	1	6	1	1	1
8804	경북 영덕군	국민기초생활급여(수선유지급여)	900,000	주민복지과	4	2	5	1	6	1	1	1
8805	경북 영덕군	지역사회서비스투자사업	232,772	주민복지과	4	1	7	8	7	1	1	1
8806	경북 영덕군	자원봉사센터 운영 지원	207,000	주민복지과	4	4	7	8	7	1	2	1
8807	경북 영덕군	맞춤형자원봉사프로그램운영지원	10,000	주민복지과	4	4	7	8	7	1	2	1
8808	경북 영덕군	자원봉사 코디네이터 지원	59,183	주민복지과	4	4	7	8	7	1	2	1
8809	경북 영덕군	자원봉사자 보험료 지원	1,862	주민복지과	4	4	7	8	7	1	2	1
8810	경북 영덕군	자원봉사박람회 개최	36,000	주민복지과	4	4	7	8	7	1	2	1
8811	경북 영덕군	자원봉사행복마을 만들기사업	8,000	주민복지과	4	4	7	8	7	1	2	1
8812	경북 영덕군	자원봉사자 역량강화사업	20,000	주민복지과	4	4	7	8	7	1	2	1
8813	경북 영덕군	자원봉사센터 활성화사업	12,000	주민복지과	4	4	7	8	7	1	2	1
8814	경북 영덕군	YOYO클럽활성화지원	1,500,000	주민복지과	4	6	7	8	7	1	1	4
8815	경북 영덕군	노인교실운영지원	3,200	주민복지과	4	6	7	8	7	1	1	4
8816	경북 영덕군	경로당 및 노인복지회관 프로그램 운영	10,000	주민복지과	4	6	7	8	7	1	1	4
8817	경북 영덕군	실버아카데미 개최 및 운영	6,000	주민복지과	4	6	7	8	7	1	1	4
8818	경북 영덕군	아이돌봄지원사업	415,898	주민복지과	4	2	5	8	7	5	3	1
8819	경북 영덕군	건강가정 다문화가족센터 운영	289,660	주민복지과	4	2	5	8	7	5	3	1
8820	경북 영덕군	건강가정·다문화가족지원센터 센터 운영	45,000	주민복지과	4	4	5	8	7	5	3	1
8821	경북 영덕군	다문화가족공부방운영	11,000	주민복지과	4	6	7	8	7	5	3	1
8822	경북 영덕군	다문화가족특화프로그램운영지원	5,000	주민복지과	4	6	7	8	7	5	3	1
8823	경북 영덕군	다문화가족복지시설종사자수당	18,480	주민복지과	4	6	7	8	7	5	3	1
8824	경북 영덕군	결혼이민여성이중언어강사일자리창출사업	63,333	주민복지과	4	6	7	8	7	5	3	1
8825	경북 영덕군	다문화가족방문지도사활동지원	6,000	주민복지과	4	6	7	8	7	5	3	1
8826	경북 영덕군	공동육아나눔터운영	53,828	주민복지과	4	2	7	8	7	5	3	1
8827	경북 영덕군	아이돌봄부모부담금경감 사업	70,502	주민복지과	4	6	7	8	7	5	3	1
8828	경북 영덕군	다문화가족특성화사업	198,820	주민복지과	4	2	7	8	7	5	3	1
8829	경북 영덕군	저소득층여성청소년위생용품지원	11,019	주민복지과	4	2	5	8	7	5	5	4
8830	경북 영덕군	영덕군죠이풀합창단 지원	22,500	주민복지과	4	6	7	8	7	1	1	1
8831	경북 영덕군	장난감도서관 운영	120,000	주민복지과	4	6	7	8	7	1	1	1
8832	경북 청도군	경로당환경개선	40,000	사회보장과	4	7	7	8	7	5	5	4
8833	경북 청도군	노인대학운영	30,000	사회보장과	4	4	7	8	7	5	5	4
8834	경북 청도군	노인복지활성화순회프로그램운영	30,000	사회보장과	4	1	5	1	6	1	1	1
8835	경북 청도군	노인일자리및사회활동지원사업	3,859,296	사회보장과	4	2	5	1	6	1	1	1
8836	경북 청도군	노인일자리및사회활동지원사업	72,900	사회보장과	4	2	5	1	6	1	1	1
8837	경북 청도군	독거노인중증장애인응급안전알림서비스운영지원	316,719	사회보장과	4	2	5	1	6	1	1	1

순번	시군구	지출명 (사업명)	2021년예산 (단위:천원/1년간)	담당자 (공무원)	민간이전 분류 (지방자치단체 세출예산 집행기준에 의거)	민간이전지출 근거 (지방보조금 관리기준 참고)	입찰방식			운영예산 산정		성과평가 실시여부
				담당부서	1. 민간경상사업보조(307-02) 2. 민간단체 법정운영비보조(307-03) 3. 민간행사사업보조(307-04) 4. 민간위탁금(307-05) 5. 사회복지시설 법정운영비보조(307-10) 6. 민간인위탁교육비(307-12) 7. 공기관등에대한경상적위탁사업비(308-10) 8. 민간자본사업보조,자체재원(402-01) 9. 민간자본사업보조,이전재원(402-02) 10. 민간위탁사업비(402-03) 11. 공기관등에 대한 자본적 대행사업비(403-02)	1. 법률에 규정 2. 국고보조 재원(국가지정) 3. 용도 지정 기부금 4. 조례에 직접규정 5. 지자체가 권장하는 사업을 하는 공공기관 6. 시,도 정책 및 재정사정 7. 기타 8. 해당없음	계약체결방법 (경쟁형태) 1. 일반경쟁 2. 제한경쟁 3. 지명경쟁 4. 수의계약 5. 법정위탁 6. 기타 ( ) 7. 해당없음	계약기간 1. 1년 2. 2년 3. 3년 4. 4년 5. 5년 6. 기타 ( )년 7. 단기계약 (1년미만) 8. 해당없음	낙찰자선정방법 1. 적격심사 2. 협상에의한계약 3. 최저가낙찰제 4. 규격가격분리 5. 2단계 경쟁입찰 6. 기타 ( ) 7. 해당없음	운영예산 산정 1. 내부산정 (지자체 자체적으로 산정) 2. 외부산정 (외부전문기관위탁 산정) 3. 내·외부 모두 산정 4. 산정 無 5. 해당없음	정산방법 1. 내부정산 (지자체 내부적으로 정산) 2. 외부정산 (외부전문기관위탁 정산) 3. 내·외부 모두 산정 4. 정산 無 5. 해당없음	1. 실시 2. 미실시 3. 향후 추진 4. 해당없음
8838	경북 청도군	독거노인중증장애인응급안전알림서비스운영지원	21,800	사회보장과	4	2	5	1	6	1	1	1
8839	경북 청도군	결혼이민여성및자녀한글교육지원	20,000	사회보장과	4	5	4	1	1	1	1	1
8840	경북 청도군	아이돌봄지원	386,629	사회보장과	4	2	1	1	1	5	5	1
8841	경북 청도군	영유아보육료지원	1,225,829	사회보장과	4	2	5	8	7	5	5	4
8842	경북 청도군	누리과정보육료	345,600	사회보장과	4	6	5	8	7	5	5	4
8843	경북 청도군	어린이급식관리지원센터운영지원	118,600	사회보장과	4	2	1	5	1	5	3	1
8844	경북 청도군	풍각농공단지공공 시설물전기사용료	48,000	경제산림과	4	4	7	1	7	1	1	4
8845	경북 청도군	자연의학활성화를 위한 대안의학전문과정 운영	13,000	보건행정과	4	5	7	8	7	5	5	4
8846	경북 청도군	암검진	89,500	보건행정과	4	1	5	8	7	5	2	1
8847	경북 청도군	희귀질환자의료비지원	35,000	보건행정과	4	1	5	8	7	5	2	2
8848	경북 청도군	일반건강검진	10,001	보건행정과	4	1	5	8	7	5	2	1
8849	경북 청도군	표준모자보건수첩지원	200,000	건강증진과	4	8	7	8	7	5	5	4
8850	경북 청도군	저소득층기저귀조제분유지원	27,200	건강증진과	4	8	7	8	7	5	5	4
8851	경북 청도군	영유아건강검진사업	300,000	건강증진과	4	8	7	8	7	5	5	4
8852	경북 청도군	기초정신건강복지센터운영	51,226	건강증진과	4	2	2	3	1	1	1	1
8853	경북 청도군	정신건강및중독관리통합지원센터종사자수당	11,760	건강증진과	4	2	2	3	1	1	1	1
8854	경북 청도군	정신건강복지센터인력확충	217,944	건강증진과	4	2	2	3	1	1	1	1
8855	경북 청도군	자살예방사업인력확충	35,320	건강증진과	4	2	2	3	1	1	1	1
8856	경북 청도군	치매치료비관리비지원사업	220,000	건강증진과	4	2	7	8	7	4	2	4
8857	경북 청도군	장애인복지운영	85,000	주민복지과	4	1	7	8	7	1	1	2
8858	경북 청도군	장애인복지운영	50,000	주민복지과	4	1	7	8	7	1	1	2
8859	경북 청도군	청도군장애인복지관운영	1,016,000	주민복지과	4	4	1	5	1	1	1	2
8860	경북 청도군	보훈회관운영	36,000	주민복지과	4	4	7	8	7	1	1	1
8861	경북 청도군	지역사회서비스투자사업	270,236	주민복지과	4	1	7	8	7	1	1	1
8862	경북 청도군	기초푸드뱅크운영지원	6,550	주민복지과	4	1	7	8	7	1	1	1
8863	경북 청도군	다함께돌봄설치비지원	20,000	주민복지과	4	2	7	8	7	5	5	4
8864	경북 청도군	농촌여성일자리창출전문자격취득교육	10,000	농촌지도과	4	2	4	7	7	1	1	3
8865	경북 청도군	농산물가공창업교육운영	20,000	농촌지도과	4	4	4	7	7	1	1	3
8866	경북 청도군	청도맘농특산물가공양성가양성교육	20,000	농촌지도과	4	4	4	7	7	1	1	3
8867	경북 청도군	청도반시염색디자인개발및패션쇼의상제작	22,000	농촌지도과	4	4	4	7	7	1	1	3
8868	경북 청도군	패션쇼참가모델아카데미운영및디자인도록제작	18,000	농촌지도과	4	4	4	7	7	1	1	3
8869	경북 청도군	청도반시염색디자인패션쇼운영	20,000	농촌지도과	4	4	4	7	7	1	1	3
8870	경북 청도군	청도군신화랑단육성	45,000	문화관광과	4	4	7	8	7	1	1	2
8871	경북 청도군	신화랑풍류마을관리운영	990,000	문화관광과	4	1	4	3	7	1	1	3
8872	경북 청도군	한국코미디타운관리운영	109,500	문화관광과	4	1	1	3	2	1	1	3
8873	경북 청도군	풍각농공단지오폐수처리시설운영비지원	28,000	환경과	4	1	6	8	7	1	1	1
8874	경북 청도군	슬레이트전수조사사업	30,000	환경과	4	2	1	7	1	5	2	4
8875	경북 청도군	음식물류폐기물수집운반대행수수료	545,000	환경과	4	4	1	2	3	2	1	1
8876	경북 청도군	음식물류폐기물위탁처리수수료	432,000	환경과	4	4	1	2	3	2	1	1
8877	경북 청도군	생활폐기물수집운반대행수수료	1,100,000	환경과	4	4	1	2	3	2	1	1
8878	경북 청도군	신활력플러스추진단운영지원	260,000	농정과	4	4	5	4	6	1	1	3
8879	경북 청도군	신활력플러스사업인건비	112,200	농정과	4	4	5	4	6	1	1	4
8880	경북 고령군	시군자원봉사센터자원봉사자보험료 지원	1,484,000	총무과	4	2	5	3	7	5	1	2

순번	시군구	지출명 (사업명)	2021년예산 (단위:천원/1년간)	담당자 (공무원)	민간이전 분류 (지방자치단체 세출예산 집행기준에 의거)	민간이전지출 근거 (지방보조금 관리기준 참고)	입찰방식			운영예산 산정		성과평가 실시여부
				담당부서	1. 민간경상사업보조(307-02) 2. 민간단체 법정운영비보조(307-03) 3. 민간행사사업보조(307-04) 4. 민간위탁금(307-05) 5. 사회복지시설 법정운영비보조(307-10) 6. 민간인위탁교육비(307-12) 7. 공기관등에대한경상적위탁사업비(308-10) 8. 민간자본사업보조,자체재원(402-01) 9. 민간자본사업보조,이전재원(402-02) 10. 민간위탁사업비(402-03) 11. 공기관등에 대한 자본적 대행사업비(403-02)	1. 법률에 규정 2. 국고보조 재원(국가지정) 3. 용도 지정 기부금 4. 조례에 직접규정 5. 지자체가 권장하는 사업을 하는 공공기관 6. 시,도 정책 및 재정사정 7. 기타 8. 해당없음	계약체결방법 (경쟁형태) 1. 일반경쟁 2. 제한경쟁 3. 지명경쟁 4. 수의계약 5. 법정위탁 6. 기타 ( ) 7. 해당없음	계약기간 1. 1년 2. 2년 3. 3년 4. 4년 5. 5년 6. 기타 ( )년 7. 단기계약 (1년미만) 8. 해당없음	낙찰자선정방법 1. 적격심사 2. 협상에의한계약 3. 최저가낙찰제 4. 규격가격분리 5. 2단계 경쟁입찰 6. 기타 ( ) 7. 해당없음	운영예산 산정 1. 내부산정 (지자체 자체적으로 산정) 2. 외부산정 (외부전문기관위탁 산정) 3. 내·외부 모두 산정 4. 산정 無 5. 해당없음	정산방법 1. 내부정산 (지자체 내부적으로 정산) 2. 외부정산 (외부전문기관위탁 정산) 3. 내·외부 모두 산정 4. 정산 無 5. 해당없음	1. 실시 2. 미실시 3. 향후 추진 4. 해당없음
8881	경북 고령군	시군자원봉사센터 운영지원	221,000	총무과	4	4	5	3	7	5	1	2
8882	경북 고령군	맞춤형자원봉사프로그램 운영지원	10,000	총무과	4	4	5	3	7	5	1	2
8883	경북 고령군	시군자원봉사센터코디네이터지원	59,184	총무과	4	2	5	3	7	5	1	2
8884	경북 고령군	노인일자리 및 사회활동지원사업	1,039,104	주민복지과	4	1	7	8	7	1	1	1
8885	경북 고령군	지역자율형사회서비스투자사업	259,754	주민복지과	4	2	5	8	7	1	2	1
8886	경북 고령군	지역자활센터운영	227,065	주민복지과	4	2	4	1	7	1	1	1
8887	경북 고령군	지역자활센터운영	47,799	주민복지과	4	2	4	1	7	1	1	1
8888	경북 고령군	발달재활서비스 바우처 지원	63,996	주민복지과	4	2	7	8	7	1	1	2
8889	경북 고령군	장애인 활동지원급여 지원	1,491,390	주민복지과	4	2	7	8	7	1	1	2
8890	경북 고령군	중증장애인 활동보조 가산급여	8,819	주민복지과	4	2	7	8	7	1	1	2
8891	경북 고령군	발달장애인방과후돌봄서비스지원	99,924	주민복지과	4	2	7	8	7	1	1	2
8892	경북 고령군	부례관광지시설관리	360,000	관광진흥과	4	4	4	3	2	2	1	1
8893	경북 고령군	기후변화교육센터 운영지원	20,000	기업경제과	4	1	6	2	7	1	1	4
8894	경북 고령군	근로자종합복지관 운영지원	10,000	기업경제과	4	4	4	3	7	1	1	1
8895	경북 고령군	고령군지 편찬사업 추진	100,000	문화유산과	4	7	7	7	7	5	1	4
8896	경북 고령군	다문화가족 모국방문지원	20,000	여성청소년과	4	4	5	3	1	1	1	2
8897	경북 고령군	아이나라키즈교육센터운영	250,000	여성청소년과	4	4	4	2	1	1	1	1
8898	경북 고령군	장난감도서관운영	120,000	여성청소년과	4	4	4	2	1	1	1	1
8899	경북 고령군	영유아보육료 지원	1,713,011	여성청소년과	4	2	7	8	7	2	3	1
8900	경북 고령군	만3-5세 부모부담보육료 지원	119,394	여성청소년과	4	6	7	8	7	2	3	1
8901	경북 고령군	다함께돌봄지원	53,040	여성청소년과	4	2	5	3	1	3	3	3
8902	경북 고령군	고령군 공공폐수처리시설 수질TMS 관리대행	224,000	환경과	4	1	1	1	5	1	1	4
8903	경북 고령군	대기측정망 위탁운영비	22,000	환경과	4	8	4	1	7	1	1	4
8904	경북 고령군	생활폐기물 수집운반 대행	2,245,752	환경과	4	1	7	8	7	5	5	4
8905	경북 고령군	음식물류폐기물 수집운반 및 처리 대행	244,500	환경과	4	1	7	8	7	5	5	4
8906	경북 고령군	폐부직포 위탁처리	50,000	환경과	4	8	7	8	7	5	5	4
8907	경북 고령군	공중화장실 청소용역 위탁	26,400	환경과	4	8	7	8	7	5	5	4
8908	경북 고령군	고령상수도위탁운영	4,610,800	환경과	4	5	5	6	7	2	3	4
8909	경북 고령군	고령군 환경기초시설 관리대행	27,000	환경과	4	1	1	5	2	2	1	1
8910	경북 고령군	공공하수처리시설 TMS운영 관리대행	50,000	환경과	4	1	7	8	7	5	5	4
8911	경북 고령군	지역사회건강조사 조사분석 위탁운영	67,190	건강증진과	4	2	6	1	7	1	1	1
8912	경북 고령군	생활폐기물소각시설 민간위탁 운영 관리 용역	1,350,000	환경사업소	4	1	2	3	2	2	1	1
8913	경북 고령군	재활용 선별 및 매립시설 관리 등 민간위탁 운영	385,494	환경사업소	4	4	6	3	6	2	1	1
8914	경북 고령군	파머스마켓 운영 인력지원	27,760	농업정책과	4	6	7	7	7	1	1	3
8915	경북 고령군	어린이급식관리지원센터 운영지원	118,600	민원과	4	1	2	3	1	2	2	1
8916	경북 고령군	축제교통용역	21,120	민원과	4	1	7	8	7	1	1	2
8917	경북 고령군	장날주차장단속용역	19,008	민원과	4	1	7	8	7	1	1	2
8918	경북 고령군	대중교통방역용역	10,000	민원과	4	1	7	8	7	1	1	2
8919	경북 고령군	농촌공공형택시지원	100,000	민원과	4	1	7	8	7	1	1	2
8920	경북 성주군	성주생활문화센터 위탁운영	41,105	문화예술과	4	4	4	3	1	1	1	1
8921	경북 성주군	종합사회복지관운영	850,000	주민복지과	4	4	5	5	1	1	1	1
8922	경북 성주군	종합사회복지관종사자수당지원	29,760	주민복지과	4	4	5	5	1	1	1	1
8923	경북 성주군	종합사회복지관사례관리사운영지원	30,000	주민복지과	4	4	5	5	1	1	1	1

순번	시군구	지출명 (사업명)	2021년예산 (단위:천원/1년간)	담당자 (공무원) 담당부서	민간이전 분류 (지방자치단체 세출예산 집행기준에 의거) 1. 민간경상사업보조(307-02) 2. 민간단체 법정운영비보조(307-03) 3. 민간행사사업보조(307-04) 4. 민간위탁금(307-05) 5. 사회복지시설 법정운영비보조(307-10) 6. 민간인위탁교육비(307-12) 7. 공기관등에대한경상적위탁사업비(308-10) 8. 민간자본사업보조,자체재원(402-01) 9. 민간자본사업보조,이전재원(402-02) 10. 민간위탁사업비(402-03) 11. 공기관등에 대한 자본적 대행사업비(403-02)	민간이전지출 근거 (지방보조금 관리기준 참고) 1. 법률에 규정 2. 국고보조 재원(국가지정) 3. 용도 지정 기부금 4. 조례에 직접규정 5. 지자체가 권장하는 사업을 하는 공공기관 6. 시,도 정책 및 재정사정 7. 기타 8. 해당없음	입찰방식 계약체결방법 (경쟁형태) 1. 일반경쟁 2. 제한경쟁 3. 지명경쟁 4. 수의계약 5. 법정위탁 6. 기타 ( ) 7. 해당없음	입찰방식 계약기간 1. 1년 2. 2년 3. 3년 4. 4년 5. 5년 6. 기타 ( )년 7. 단기계약 (1년미만) 8. 해당없음	입찰방식 낙찰자선정방법 1. 적격심사 2. 협상에의한계약 3. 최저가낙찰제 4. 규격가격분리 5. 2단계 경쟁입찰 6. 기타 ( ) 7. 해당없음	운영예산 산정 운영예산 산정 1. 내부산정 (지자체 자체적으로 산정) 2. 외부산정 (외부전문기관위탁 산정) 3. 내·외부 모두 산정 4. 산정 無 5. 해당없음	운영예산 산정 정산방법 1. 내부정산 (지자체 내부적으로 정산) 2. 외부정산 (외부전문기관위탁 정산) 3. 내·외부 모두 산정 4. 정산 無 5. 해당없음	성과평가 실시여부 1. 실시 2. 미실시 3. 향후 추진 4. 해당없음
8924	경북 성주군	사회복지관특화사업	20,000	주민복지과	4	4	5	5	1	1	1	1
8925	경북 성주군	지역사회서비스투자사업	325,000	주민복지과	4	1	5	1	7	1	1	1
8926	경북 성주군	노인교실(교양교실,건강교실) 운영지원	1,600	가족지원과	4	5	6	1	7	1	1	2
8927	경북 성주군	노인교실 운영지원	8,400	가족지원과	4	5	6	1	7	1	1	2
8928	경북 성주군	경로당지도자교육지원	5,400	가족지원과	4	5	6	1	7	1	1	2
8929	경북 성주군	노인사회활동지원사업운영비	2,992,500	가족지원과	4	2	7	8	7	5	5	4
8930	경북 성주군	노인사회활동지원사업운영비	114,810	가족지원과	4	2	7	8	7	5	5	4
8931	경북 성주군	노인사회활동지원사업운영비	158,600	가족지원과	4	2	7	8	7	5	5	4
8932	경북 성주군	노인사회활동지원사업위탁전담인력	170,807	가족지원과	4	2	7	8	7	5	5	4
8933	경북 성주군	YOYO클럽활성화지원	3,000	가족지원과	4	5	6	1	7	1	1	2
8934	경북 성주군	공립어린이집운영비	800,000	가족지원과	4	4	7	1	7	1	1	4
8935	경북 성주군	보육아동부모교육운영	5,000	가족지원과	4	4	7	1	7	1	1	4
8936	경북 성주군	어린이집교직원연수대회	5,000	가족지원과	4	4	7	1	7	1	1	4
8937	경북 성주군	여성대학운영	12,000	가족지원과	4	5	4	7	7	1	1	4
8938	경북 성주군	다문화가족공부방운영	6,730	가족지원과	4	2	7	8	7	5	5	4
8939	경북 성주군	아이돌봄지원사업운영	321,396	가족지원과	4	2	7	8	7	5	5	4
8940	경북 성주군	다문화가족특화프로그램운영	3,000	가족지원과	4	6	7	8	7	5	5	4
8941	경북 성주군	결혼이민여성이중언어강사일자리창출사업	25,516	가족지원과	4	6	7	8	7	5	5	4
8942	경북 성주군	아이돌봄부모부담금경감운영	56,704	가족지원과	4	6	7	8	7	5	5	4
8943	경북 성주군	건강가정및다문화가족지원센터통합서비스지원	209,571	가족지원과	4	2	7	8	7	5	5	4
8944	경북 성주군	영아종일제등전담아이돌보미지원운영	1,453,000	가족지원과	4	2	7	8	7	5	5	4
8945	경북 성주군	다문화가족특성화사업	118,996	가족지원과	4	2	7	8	7	5	5	4
8946	경북 성주군	특별교통수단(교통약자콜택시)운영비	250,000	기업경제과	4	2	1	2	1	1	1	3
8947	경북 성주군	성주일반산업단지공공시설물유지관리비	80,000	도시계획과	4	4	7	8	7	1	1	4
8948	경북 성주군	어린이급식관리지원센터설치운영	105,000	보건소	4	2	7	8	7	5	5	4
8949	경북 성주군	저소득층기저귀조제분유지원사업	51,000	출산지원	4	2	7	8	7	1	3	4
8950	경북 성주군	저소득층기저귀조제분유지원사업	51,000	출산지원	4	1	7	8	7	2	2	1
8951	경북 성주군	산모신생아건강관리지원사업	108,750	출산지원	4	1	7	8	7	2	2	1
8952	경북 성주군	산모신생아건강관리지원	12,000	출산지원	4	1	7	8	7	2	2	1
8953	경북 성주군	공공하수처리시설 운영관리 민간위탁비	2,449,200	하수도	4	4	1	5	1	2	4	1
8954	경북 성주군	체육시설관리	50,000	체육시설사업소	4	4	7	8	7	5	5	4
8955	경북 성주군	생활폐기물수집운반대행비	1,000,000	자원순환사업소	4	4	2	2	3	2	1	1
8956	경북 성주군	음식물류폐기물처리대행비	288,000	자원순환사업소	4	4	1	1	3	2	1	1
8957	경북 성주군	분뇨및가축분뇨공공처리시설운영	1,376,300	자원순환사업소	4	4	1	2	2	2	1	4
8958	경북 성주군	하천하구쓰레기정화사업	141,224	자원순환사업소	4	2	7	8	7	5	5	4
8959	경북 칠곡군	공설봉안당 위탁 관리비	8,000	사회복지과	4	1	7	8	7	1	1	4
8960	경북 칠곡군	장난감 도서관 운영	240,000	사회복지과	4	1	1	3	1	1	1	4
8961	경북 칠곡군	취업지원센터활성화사업	210,000	일자리경제과	4	4	1	3	1	1	1	4
8962	경북 칠곡군	1인창조기업지원사업	67,000	일자리경제과	4	4	1	3	1	1	1	4
8963	경북 칠곡군	특별교통수단 운영비	310,800	교통행정과	4	4	2	3	6	1	1	2
8964	경북 칠곡군	자원봉사 프로그램 운영 사업비	30,000	새마을체육과	4	1	7	8	7	1	1	2
8965	경북 칠곡군	자원봉사자 대회	15,000	새마을체육과	4	1	7	8	7	1	1	2
8966	경북 칠곡군	칠곡군 자원봉사센터 운영지원	242,000	새마을체육과	4	1	7	8	7	1	1	2

순번	시군구	지출명 (사업명)	2021년예산 (단위:천원/1년간)	담당자 (공무원) 담당부서	민간이전 분류 (지방자치단체 세출예산 집행기준에 의거) 1. 민간경상사업보조(307-02) 2. 민간단체 법정운영비보조(307-03) 3. 민간행사사업보조(307-04) 4. 민간위탁금(307-05) 5. 사회복지시설 법정운영비보조(307-10) 6. 민간인위탁교육비(307-12) 7. 공기관등에대한경상적위탁사업비(308-10) 8. 민간자본사업보조,자체재원(402-01) 9. 민간자본사업보조,이전재원(402-02) 10. 민간위탁사업비(402-03) 11. 공기관등에 대한 자본적 대행사업비(403-02)	민간이전지출 근거 (지방보조금 관리기준 참고) 1. 법률에 규정 2. 국고보조 재원(국가지정) 3. 용도 지정 기부금 4. 조례에 직접규정 5. 지자체가 권장하는 사업을 하는 공공기관 6. 시,도 정책 및 재정사정 7. 기타 8. 해당없음	입찰방식 계약체결방법 (경쟁형태) 1. 일반경쟁 2. 제한경쟁 3. 지명경쟁 4. 수의계약 5. 법정위탁 6. 기타 ( ) 7. 해당없음	입찰방식 계약기간 1. 1년 2. 2년 3. 3년 4. 4년 5. 5년 6. 기타 ( )년 7. 단기계약 (1년미만) 8. 해당없음	입찰방식 낙찰자선정방법 1. 적격심사 2. 협상에의한계약 3. 최저가낙찰제 4. 규격가격분리 5. 2단계 경쟁입찰 6. 기타 ( ) 7. 해당없음	운영예산 산정 운영예산 산정 1. 내부산정 (지자체 자체적으로 산정) 2. 외부산정 (외부전문기관위탁 산정) 3. 내·외부 모두 산정 4. 산정 無 5. 해당없음	운영예산 산정 정산방법 1. 내부정산 (지자체 내부적으로 정산) 2. 외부정산 (외부전문기관위탁 정산) 3. 내·외부 모두 산정 4. 정산 無 5. 해당없음	성과평가 실시여부 1. 실시 2. 미실시 3. 향후 추진 4. 해당없음
8967	경북 칠곡군	맞춤형 자원봉사프로그램 운영지원	10,000	새마을체육과	4	1	7	8	7	1	1	2
8968	경북 칠곡군	자원봉사자 보험료 지원	6,023	새마을체육과	4	1	7	8	7	1	1	2
8969	경북 칠곡군	하천쓰레기 위탁 운반.처리비	36,000	환경관리과	4	7	1	1	1	1	1	2
8970	경북 칠곡군	가축분뇨공공처리시설 운영비	410,472	환경관리과	4	7	7	6	7	1	5	4
8971	경북 칠곡군	분뇨처리시설 운영비	564,586	환경관리과	4	7	7	6	7	1	5	3
8972	경북 칠곡군	생활쓰레기 수집운반 대행사업비	4,367,000	환경관리과	4	7	1	2	2	2	1	1
8973	경북 칠곡군	방치폐기물 위탁처리비	105,200	환경관리과	4	7	2	1	1	1	1	2
8974	경북 칠곡군	생활폐기물 위탁처리비	3,740,000	환경관리과	4	7	7	6	7	1	5	4
8975	경북 칠곡군	생활폐기물 처분부담금	70,000	환경관리과	4	7	7	6	7	1	5	4
8976	경북 칠곡군	소각장 비산재 위탁처리비	72,000	환경관리과	4	7	1	1	3	1	5	4
8977	경북 칠곡군	폐수 위탁처리비	24,000	환경관리과	4	7	4	1	2	1	2	4
8978	경북 칠곡군	음식물쓰레기 위탁처리비	25,000	환경관리과	4	7	7	8	7	5	5	4
8979	경북 칠곡군	숲해설 위탁운영	51,104	산림녹지과	4	1	7	8	7	1	1	4
8980	경북 칠곡군	호이유아숲체험원 유아숲지도 위탁운영	55,000	산림녹지과	4	1	7	8	7	1	1	4
8981	경북 칠곡군	찾아가는 학교숲 위탁운영	55,000	산림녹지과	4	1	7	8	7	1	1	4
8982	경북 칠곡군	송정자연휴양림 유아숲지도 위탁운영	18,162	산림녹지과	4	1	7	8	7	1	1	4
8983	경북 칠곡군	칠곡농업 "부자농" CEO육성 프로젝트	10,000	농업기술센터	4	7	4	1	7	1	1	1
8984	경북 칠곡군	농업인 신기술 양성 교육	15,000	농업기술센터	4	7	4	1	7	1	1	1
8985	경북 칠곡군	농기계 안전교육 위탁교육비	2,800	농업기술센터	4	7	4	1	7	1	1	4
8986	경북 칠곡군	6차산업 가공전문 교육	30,000	농업기술센터	4	7	4	1	7	1	1	4
8987	경북 칠곡군	6차산업 컨텐츠 홍보프로그램 운영	20,000	농업기술센터	4	7	7	8	7	5	5	4
8988	경북 칠곡군	벼 병해충 무인항공방제 지원	100,000	농업기술센터	4	6	4	1	7	1	1	4
8989	경북 칠곡군	지역거점형평생학습운영	20,000	교육문화회관	4	5	7	8	7	5	5	4
8990	경북 칠곡군	인문학특성화사업	320,000	교육문화회관	4	5	7	8	7	5	5	4
8991	경북 칠곡군	전적기념관	600,000	시설관리사업소	4	4	7	8	1	1	1	1
8992	경북 예천군	신활력플러스사업	921,320	기획감사실	4	4	4	4	1	1	1	1
8993	경북 예천군	장애인 활동지원급여	2,390,900	주민복지실	4	2	7	8	7	3	3	1
8994	경북 예천군	활동보조 가산급여	5,491	주민복지실	4	2	7	8	7	3	3	1
8995	경북 예천군	장애인활동보조 추가지원	27,115	주민복지실	4	6	7	8	7	3	3	2
8996	경북 예천군	발달재활서비스 바우처 지원	161,587	주민복지실	4	2	7	8	7	3	3	1
8997	경북 예천군	발달장애인 주간활동서비스지원	295,726	주민복지실	4	2	7	8	7	3	3	1
8998	경북 예천군	발달장애학생 방과후활동서비스지원	99,924	주민복지실	4	2	7	8	7	3	3	1
8999	경북 예천군	시청각장애부모 자녀언어발달 지원	2,160	주민복지실	4	2	7	8	7	3	3	1
9000	경북 예천군	지역사회보장협의체운영지원	69,150	주민복지실	4	4	7	8	7	1	3	4
9001	경북 예천군	지역자율형사회서비스투자사업	248,620	주민복지실	4	2	7	8	7	1	2	4
9002	경북 예천군	사례관리사업지원	20,000	주민복지실	4	1	7	8	7	1	2	4
9003	경북 예천군	자활사업 운영 관리	30,000	주민복지실	4	1	7	8	7	1	3	4
9004	경북 예천군	자활근로사업	719,907	주민복지실	4	1	7	8	7	1	3	4
9005	경북 예천군	가사간병방문도우미사업	29,062	주민복지실	4	2	7	8	7	1	2	4
9006	경북 예천군	노인복지관 위탁 운영	548,000	주민복지실	4	4	7	8	7	1	1	1
9007	경북 예천군	시니어클럽운영	310,000	주민복지실	4	1	7	8	7	1	1	2
9008	경북 예천군	노인일자리 및 사회활동지원사업 위탁	4,170,626	주민복지실	4	2	7	8	7	1	1	1

순번	시군구	지출명 (사업명)	2021년예산 (단위:천원/1년간)	담당자 (공무원)	민간이전 분류 (지방자치단체 세출예산 집행기준에 의거) 1. 민간경상사업보조(307-02) 2. 민간단체 법정운영비보조(307-03) 3. 민간행사사업보조(307-04) 4. 민간위탁금(307-05) 5. 사회복지시설 법정운영비보조(307-10) 6. 민간인위탁교육비(307-12) 7. 공기관등에대한경상적위탁사업비(308-10) 8. 민간자본사업보조,자체재원(402-01) 9. 민간자본사업보조,이전재원(402-02) 10. 민간위탁사업비(402-03) 11. 공기관등에 대한 자본적 대행사업비(403-02)	민간이전지출 근거 (지방보조금 관리기준 참고) 1. 법률에 규정 2. 국고보조 재원(국가지정) 3. 용도 지정 기부금 4. 조례에 직접규정 5. 지자체가 권장하는 사업을 하는 공공기관 6. 시,도 정책 및 재정사정 7. 기타 8. 해당없음	입찰방식			운영예산 산정		성과평가 실시여부
				담당부서			계약체결방법 (경쟁형태) 1. 일반경쟁 2. 제한경쟁 3. 지명경쟁 4. 수의계약 5. 법정위탁 6. 기타 ( ) 7. 해당없음	계약기간 1. 1년 2. 2년 3. 3년 4. 4년 5. 5년 6. 기타 ( )년 7. 단기계약 (1년미만) 8. 해당없음	낙찰자선정방법 1. 적격심사 2. 협상에의한계약 3. 최저가낙찰제 4. 규격가격분리 5. 2단계 경쟁입찰 6. 기타 ( ) 7. 해당없음	운영예산 산정 1. 내부산정 (지자체 자체적으로 산정) 2. 외부산정 (외부전문기관위탁 산정) 3. 내·외부 모두 산정 4. 산정 無 5. 해당없음	정산방법 1. 내부정산 (지자체 내부적으로 정산) 2. 외부정산 (외부전문기관위탁 정산) 3. 내·외부 모두 산정 4. 정산 無 5. 해당없음	1. 실시 2. 미실시 3. 향후 추진 4. 해당없음
9009	경북 예천군	여성회관운영	41,000	주민복지실	4	4	1	5	7	1	1	4
9010	경북 예천군	지역특화 여성취업교육	6,000	주민복지실	4	6	1	5	7	1	1	4
9011	경북 예천군	다문화가족특화사업	15,000	주민복지실	4	2	1	5	7	5	5	3
9012	경북 예천군	공동육아나눔터	53,828	주민복지실	4	2	7	5	7	5	5	3
9013	경북 예천군	직장어린이집 위탁 운영	170,000	행정지원실	4	1	1	5	6	1	1	1
9014	경북 예천군	예천아카데미 위탁 운영	24,000	행정지원실	4	4	7	8	7	5	5	4
9015	경북 예천군	도민행복대학 운영	60,000	행정지원실	4	6	7	8	7	5	5	4
9016	경북 예천군	예천군 평생학습관 운영	40,000	행정지원실	4	4	7	8	7	5	5	4
9017	경북 예천군	찾아가는 평생학습 지원	20,000	행정지원실	4	4	7	8	7	5	5	4
9018	경북 예천군	여성교육 위탁운영	30,000	행정지원실	4	4	7	8	7	5	5	4
9019	경북 예천군	이동여성교육 위탁 운영	20,000	행정지원실	4	4	7	8	7	5	5	4
9020	경북 예천군	청소년 성장캠프 운영	15,000	행정지원실	4	4	7	8	7	5	5	4
9021	경북 예천군	사회적기업 지역특화사업	30,000	새마을경제과	4	2	7	8	7	5	3	4
9022	경북 예천군	지적기준점 위탁관리	33,000	종합민원과	4	1	4	1	7	1	1	1
9023	경북 예천군	어린이급식관리지원센터 운영 지원	210,000	종합민원과	4	1	7	8	7	5	5	4
9024	경북 예천군	국궁전수관 위탁관리	20,000	문화관광과	4	4	7	1	7	1	1	1
9025	경북 예천군	포획 야생동물 사체 위탁처리	66,000	환경관리과	4	7	7	8	7	5	5	4
9026	경북 예천군	가축분뇨 공공처리시설 관리대행	560,000	환경관리과	4	2	2	5	2	3	1	3
9027	경북 예천군	방치 폐기물(폐타이어 등) 운반 및 처리	6,000	환경관리과	4	1	7	8	7	5	5	4
9028	경북 예천군	생활폐기물 처리 민간위탁	990,000	환경관리과	4	1	7	8	7	5	5	4
9029	경북 예천군	대형폐기물 처리 민간위탁	104,000	환경관리과	4	1	7	8	7	5	5	4
9030	경북 예천군	음식물류 폐기물 처리 민간위탁	493,000	환경관리과	4	1	7	8	7	5	5	4
9031	경북 예천군	생활폐기물 수집·운반 대행수수료	800,000	환경관리과	4	1	1	2	2	3	1	1
9032	경북 예천군	귀농인의 집 위탁운영	3,000	농정과	4	1	7	2	7	5	1	4
9033	경북 예천군	도시민 초청 귀농활성화 팜투어	20,000	농정과	4	7	7	7	7	5	1	4
9034	경북 예천군	농촌인력지원센터 운영	133,000	농정과	4	6	7	8	7	5	5	4
9035	경북 예천군	농촌인력중개센터운영지원	80,000	농정과	4	2	7	8	7	5	5	4
9036	경북 예천군	주차장 관리 운영비	25,000	건설교통과	4	4	7	8	7	5	5	4
9037	경북 예천군	특별교통수단 위탁 운영	252,000	건설교통과	4	4	1	3	1	1	1	2
9038	경북 예천군	농어촌장애인 주택개조 지원	19,000	건축과	4	1	6	1	6	4	3	2
9039	경북 예천군	보건소 청사 청소용역	100,000	보건소	4	4	2	1	1	1	1	2
9040	경북 예천군	한센환자진료사업 위탁 운영	9,650	보건소	4	4	5	1	2	2	1	2
9041	경북 예천군	지역사회건강조사	67,568	보건소	4	1	7	1	7	1	1	1
9042	경북 예천군	특수장비(드론) 위탁교육	15,000	농업기술센터	4	4	7	8	7	5	5	4
9043	경북 예천군	양궁체험장 위탁관리	70,000	체육사업소	4	4	7	8	7	5	5	4
9044	경북 예천군	공설테니스장 위탁관리	13,000	체육사업소	4	4	4	1	2	1	1	1
9045	경북 예천군	야구장 위탁관리	5,000	체육사업소	4	4	4	1	2	1	1	1
9046	경북 예천군	탁구장 위탁관리	7,000	체육사업소	4	4	4	1	2	1	1	1
9047	경북 예천군	정구장 위탁관리	2,500	체육사업소	4	4	4	1	2	1	1	1
9048	경북 예천군	예천 도효자배 전국 중고 단축마라톤 대회 개최 지원	90,000	체육사업소	4	7	7	8	7	1	1	1
9049	경북 예천군	춘계 전국 중고 육상대회 개최 지원	180,000	체육사업소	4	7	7	8	7	1	1	1
9050	경북 예천군	2021 전국실업/대학육상경기대회 개최 지원	100,000	체육사업소	4	7	7	8	7	1	5	4

순번	시군구	지출명 (사업명)	2021년예산 (단위:천원/1년간)	담당자 (공무원) 담당부서	민간이전 분류 (지방자치단체 세출예산 집행기준에 의거) 1. 민간경상사업보조(307-02) 2. 민간단체 법정운영비보조(307-03) 3. 민간행사사업보조(307-04) 4. 민간위탁금(307-05) 5. 사회복지시설 법정운영비보조(307-10) 6. 민간인위탁교육비(307-12) 7. 공기관등에대한경상적위탁사업비(308-10) 8. 민간자본사업보조,자체재원(402-01) 9. 민간자본사업보조,이전재원(402-02) 10. 민간위탁사업비(402-03) 11. 공기관등에 대한 자본적 대행사업비(403-02)	민간이전지출 근거 (지방보조금 관리기준 참고) 1. 법률에 규정 2. 국고보조 재원(국가지정) 3. 용도 지정 기부금 4. 조례에 직접규정 5. 지자체가 권장하는 사업을 하는 공공기관 6. 시,도 정책 및 재정사정 7. 기타 8. 해당없음	입찰방식 계약체결방법 (경쟁형태) 1. 일반경쟁 2. 제한경쟁 3. 지명경쟁 4. 수의계약 5. 법정위탁 6. 기타 ( ) 7. 해당없음	입찰방식 계약기간 1. 1년 2. 2년 3. 3년 4. 4년 5. 5년 6. 기타 ( )년 7. 단기계약 (1년미만) 8. 해당없음	입찰방식 낙찰자선정방법 1. 적격심사 2. 협상에의한계약 3. 최저가낙찰제 4. 규격가격분리 5. 2단계 경쟁입찰 6. 기타 ( ) 7. 해당없음	운영예산 산정 운영예산 산정 1. 내부산정 (지자체 자체적으로 산정) 2. 외부산정 (외부전문기관위탁 산정) 3. 내·외부 모두 산정 4. 산정 無 5. 해당없음	운영예산 산정 정산방법 1. 내부정산 (지자체 내부적으로 정산) 2. 외부정산 (외부전문기관위탁 정산) 3. 내·외부 모두 산정 4. 정산 無 5. 해당없음	성과평가 실시여부 1. 실시 2. 미실시 3. 향후 추진 4. 해당없음
9051	경북 예천군	제49회 KBS배 전국육상경기대회,2021코리아오픈국제육상대회	220,000	체육사업소	4	7	7	8	7	1	1	1
9052	경북 예천군	곤충생태 디지털 테마파크 조성사업	21,000	곤충연구소	4	2	7	8	7	5	5	4
9053	경북 예천군	호명지구	38,880	맑은물사업소	4	1	2	1	3	3	1	3
9054	경북 예천군	용궁지구	47,400	맑은물사업소	4	1	2	1	3	3	1	3
9055	경북 예천군	유천지구	48,000	맑은물사업소	4	1	2	1	3	3	1	3
9056	경북 예천군	효자은풍지구	48,000	맑은물사업소	4	1	2	1	3	3	1	3
9057	경북 예천군	풍양지구	39,360	맑은물사업소	4	1	2	1	3	3	1	3
9058	경북 예천군	용문지구	39,360	맑은물사업소	4	1	2	1	3	3	1	3
9059	경북 예천군	지보지구	42,120	맑은물사업소	4	1	2	1	3	3	1	3
9060	경북 예천군	도청신도시 하수관거 관리대행	102,000	맑은물사업소	4	1	2	1	2	3	1	3
9061	경북 예천군	TMS 관리대행	90,000	맑은물사업소	4	1	2	1	2	3	1	3
9062	경북 예천군	예천 하수슬러지처리 관리대행	1,093,000	맑은물사업소	4	1	2	4	2	3	1	3
9063	경북 예천군	예천 하수처리장 관리대행	1,048,858	맑은물사업소	4	1	2	5	2	3	1	3
9064	경북 예천군	읍부 마을하수처리장(총인시설 포함) 관리대행	283,186	맑은물사업소	4	1	2	5	2	3	1	3
9065	경북 예천군	감천 문화마을 하수처리장 관리대행	35,684	맑은물사업소	4	1	2	5	2	3	1	3
9066	경북 예천군	읍실 마을하수처리장 관리대행	122,765	맑은물사업소	4	1	2	5	2	3	1	3
9067	경북 예천군	포리 마을하수처리장 관리대행	59,202	맑은물사업소	4	1	2	5	2	3	1	3
9068	경북 예천군	낙상 마을하수처리장 관리대행	110,731	맑은물사업소	4	1	2	5	2	3	1	3
9069	경북 예천군	마전 마을하수처리장 관리대행	90,015	맑은물사업소	4	1	2	5	2	3	1	3
9070	경북 예천군	담암 마을하수처리장 관리대행	24,819	맑은물사업소	4	1	2	5	2	3	1	3
9071	경북 예천군	삼강 마을하수처리장 관리대행	46,368	맑은물사업소	4	1	2	5	2	3	1	3
9072	경북 예천군	암천 마을하수처리장 관리대행	31,539	맑은물사업소	4	1	2	5	2	3	1	3
9073	경북 예천군	향석 마을하수처리장 관리대행	38,468	맑은물사업소	4	1	2	5	2	3	1	3
9074	경북 예천군	신음 마을하수처리장 관리대행	151,112	맑은물사업소	4	1	2	5	2	3	1	3
9075	경북 예천군	신풍 마을하수처리장 관리대행	179,964	맑은물사업소	4	1	2	5	2	3	1	3
9076	경북 봉화군	정신질환자치료비지원사업	2,000	건강관리과	4	2	2	3	1	2	1	1
9077	경북 봉화군	정신질환자행정입원치료비지원	2,000	건강관리과	4	2	2	3	1	2	1	1
9078	경북 봉화군	정신질환응급입원비용지원	2,000	건강관리과	4	2	2	3	1	2	1	1
9079	경북 봉화군	정신질환자외래치료지원제치료비지원	2,000	건강관리과	4	2	2	3	1	2	1	1
9080	경북 봉화군	정신건강복지센터운영	184,224	건강관리과	4	2	2	3	1	2	1	1
9081	경북 봉화군	정신건강복지센터인력확충	290,592	건강관리과	4	2	2	3	1	2	1	1
9082	경북 봉화군	자살예방환경조성	11,500	건강관리과	4	2	2	3	1	2	1	1
9083	경북 봉화군	정신건강및중독관리통합지원센터종사자수당	16,800	건강관리과	4	2	2	3	1	2	1	1
9084	경북 봉화군	자살예방인력확충	35,300	건강관리과	4	2	2	3	1	2	1	1
9085	경북 봉화군	오수처리시설관리대행	7,200	봉화군시설관리사업소	4	4	4	1	6	1	1	4
9086	경북 봉화군	유아숲교육위탁운영	25,632	봉화군시설관리사업소	4	2	7	8	7	5	5	4
9087	경북 봉화군	영동선 봉화~거촌간 봉화 제1청원건널목 위탁관리 경비용역	286,200	도시교통과	4	7	2	1	1	1	1	4
9088	경북 봉화군	특별교통수단 운영비	177,000	도시교통과	4	4	7	8	7	1	1	1
9089	경북 봉화군	농업유통단지오수처리시설유지관리	8,400	유통특작과	4	1	4	1	7	1	1	1
9090	경북 봉화군	토양용수안전성분석	35,000	유통특작과	4	2	1	1	6	5	1	1
9091	경북 봉화군	어린이급식관리지원센터 운영 지원	105,000	종합민원과	4	2	7	8	7	1	1	2
9092	경북 봉화군	춘양체육관 오수처리시설 위탁관리	3,000	춘양면	4	1	7	8	7	5	5	4

순번	시군구	지출명 (사업명)	2021년예산 (단위:천원/1년간)	담당자 (공무원)	민간이전 분류 (지방자치단체 세출예산 집행기준에 의거)	민간이전지출 근거 (지방보조금 관리기준 참고)	입찰방식			운영예산 산정		성과평가 실시여부
				담당부서	1. 민간경상사업보조(307-02) 2. 민간단체 법정운영비보조(307-03) 3. 민간행사사업보조(307-04) 4. 민간위탁금(307-05) 5. 사회복지시설 법정운영비보조(307-10) 6. 민간인위탁교육비(307-12) 7. 공기관등에대한경상적위탁사업비(308-10) 8. 민간자본사업보조,자체재원(402-01) 9. 민간자본사업보조,이전재원(402-02) 10. 민간위탁사업비(402-03) 11. 공기관등에 대한 자본적 대행사업비(403-02)	1. 법률에 규정 2. 국고보조 재원(국가지정) 3. 용도 지정 기부금 4. 조례에 직접규정 5. 지자체가 권장하는 사업을 하는 공공기관 6. 시,도 정책 및 재정사정 7. 기타 8. 해당없음	계약체결방법 (경쟁형태) 1. 일반경쟁 2. 제한경쟁 3. 지명경쟁 4. 수의계약 5. 법정위탁 6. 기타 ( ) 7. 해당없음	계약기간 1. 1년 2. 2년 3. 3년 4. 4년 5. 5년 6. 기타 ( )년 7. 단기계약 (1년미만) 8. 해당없음	낙찰자선정방법 1. 적격심사 2. 협상에의한계약 3. 최저가낙찰제 4. 규격가격분리 5. 2단계 경쟁입찰 6. 기타 ( ) 7. 해당없음	운영예산 산정 1. 내부산정 (지자체 자체적으로 산정) 2. 외부산정 (외부전문기관위탁 산정) 3. 내·외부 모두 산정 4. 산정 無 5. 해당없음	정산방법 1. 내부정산 (지자체 내부적으로 정산) 2. 외부정산 (외부전문기관위탁 정산) 3. 내·외부 모두 산정 4. 정산 無 5. 해당없음	1. 실시 2. 미실시 3. 향후 추진 4. 해당없음
9093	경북 울진군	농어촌장애인주택개조지원사업	19,000	열린민원과	4	7	4	7	7	1	1	4
9094	경북 울진군	자활스쿨 운영	10,000	복지정책과	4	4	7	7	7	1	1	4
9095	경북 울진군	사회복지시설 종사자 역량강화 워크숍	10,000	복지정책과	4	4	7	7	7	1	1	4
9096	경북 울진군	장애아동 발달재활서비스 지원	117,075	사회복지과	4	1	7	8	5	2	1	1
9097	경북 울진군	장애인활동지원급여지원	2,065,220	사회복지과	4	1	7	8	5	2	1	1
9098	경북 울진군	장애인활동지원 가산급여	3,294	사회복지과	4	1	7	8	5	2	1	1
9099	경북 울진군	중증장애인 자립지원센터 운영	213,703	사회복지과	4	1	7	8	1	1	1	1
9100	경북 울진군	장애인종합복지관 운영 지원	1,257,000	사회복지과	4	1	7	8	1	1	1	1
9101	경북 울진군	특별교통수단지원	200,000	일자리경제과	4	1	7	8	7	1	1	2
9102	경북 울진군	생활폐기물 수집운반 대행사업비	1,324,056	환경위생과	4	4	4	2	1	2	1	1
9103	경북 울진군	생활폐기물 수집운반 대행사업비	1,153,294	환경위생과	4	4	4	2	1	2	1	1
9104	경북 울진군	생활폐기물 수집운반 대행사업비	719,756	환경위생과	4	4	4	2	1	2	1	1
9105	경북 울진군	울진소각장 민간위탁 운영비	1,460,250	환경위생과	4	4	4	2	6	2	1	2
9106	경북 울진군	울진군 가축분뇨공공처리시설 민간위탁 운영비	1,756,494	환경위생과	4	4	4	2	6	2	1	2
9107	경북 울진군	나곡소각장 민간위탁 운영비	1,494,720	환경위생과	4	4	4	2	6	2	1	2
9108	경북 울진군	음식물쓰레기종량기(RFID방식)청소 방역위탁관리	447,900	환경위생과	4	7	7	7	7	2	1	3
9109	경북 울진군	동물사체 수거 위탁관리	16,200	환경위생과	4	4	7	7	7	1	1	4
9110	경북 울진군	공중화장실 개선사업	547,200	환경위생과	4	1	7	8	7	1	1	4
9111	경북 울진군	현수막게시대 위탁관리운영	15,000	도시새마을과	4	4	7	1	7	1	1	3
9112	경북 울진군	국가암관리	108,756	보건소	4	1	7	7	7	2	2	2
9113	경북 울진군	건강한치아가꾸기	5,000	보건소	4	6	7	1	7	5	1	2
9114	경북 울진군	지역사회건강조사	67,220	보건소	4	2	5	1	7	2	2	1
9115	경북 울진군	표준모자보건수첩지원	300,000	보건소	4	2	7	8	7	2	2	1
9116	경북 울진군	방문건강관리사업운영	20,000	보건소	4	6	7	1	7	2	1	1
9117	경북 울진군	당뇨합병증예방사업	7,500	보건소	4	6	7	1	7	2	1	1
9118	경북 울진군	청소년산모의료비지원	1,200,000	보건소	4	2	7	8	7	2	2	1
9119	경북 울진군	저소득층기저귀조제분유지원	35,400	보건소	4	2	7	8	7	2	2	1
9120	경북 울진군	산모신생아건강관리지원	52,500	보건소	4	2	7	8	7	2	2	1
9121	경북 울진군	방역활동	200,000	보건소	4	6	2	7	6	2	1	1
9122	경북 울진군	감염병예방관리	7,850	보건소	4	1	7	8	7	5	2	2
9123	경북 울진군	일반건강검진지원	12,226	보건소	4	1	7	7	7	2	2	2
9124	경북 울진군	아쿠아리움 운영	515,334	시설관리사업소	4	4	2	5	2	2	1	3
9125	경북 울진군	근남면 문화체육센터 운영	47,000	체육진흥사업소	4	4	6	5	6	3	3	3
9126	경북 울진군	울진군요트학교 운영 위탁	250,000	체육진흥사업소	4	4	4	2	2	1	1	2
9127	경북 울릉군	통합관제센터모니터링운영위탁	437,900	총무과	4	4	6	8	7	5	5	4
9128	경북 울릉군	장애인활동지원	203,419	주민복지과	4	1	7	1	1	5	5	4
9129	경북 울릉군	발달재활서비스	7,022	주민복지과	4	1	7	1	1	5	5	4
9130	경북 울릉군	가사간병도우미사업	3,549	주민복지과	4	2	7	8	7	5	5	4
9131	경북 울릉군	저소득층여성청소년위생용품지원	2,484	주민복지과	4	2	7	8	7	5	1	4
9132	경북 울릉군	아이돌봄지원	70,000	주민복지과	4	2	5	5	1	5	1	4
9133	경북 울릉군	아이돌봄부담금경감지원	11,866	주민복지과	4	6	5	5	1	5	1	4
9134	경북 울릉군	건강가정다문화가족지원센터통합서비스지원	322,181	주민복지과	4	2	5	5	1	5	1	4

순번	시군구	지출명 (사업명)	2021년예산 (단위:천원/1년간)	담당자 (공무원)	민간이전 분류 (지방자치단체 세출예산 집행기준에 의거)	민간이전지출 근거 (지방보조금 관리기준 참고)	입찰방식			운영예산 산정		성과평가 실시여부
				담당부서	1. 민간경상사업보조(307-02) 2. 민간단체 법정운영비보조(307-03) 3. 민간행사사업보조(307-04) 4. 민간위탁금(307-05) 5. 사회복지시설 법정운영비보조(307-10) 6. 민간인위탁교육비(307-12) 7. 공기관등에대한경상적위탁사업비(308-10) 8. 민간자본사업보조,자체재원(402-01) 9. 민간자본사업보조,이전재원(402-02) 10. 민간위탁사업비(402-03) 11. 공기관등에 대한 자본적 대행사업비(403-02)	1. 법률에 규정 2. 국고보조 재원(국가지정) 3. 용도 지정 기부금 4. 조례에 직접규정 5. 지자체가 권장하는 사업을 하는 공공기관 6. 시,도 정책 및 재정사정 7. 기타 8. 해당없음	계약체결방법 (경쟁형태) 1. 일반경쟁 2. 제한경쟁 3. 지명경쟁 4. 수의계약 5. 법정위탁 6. 기타 ( ) 7. 해당없음	계약기간 1. 1년 2. 2년 3. 3년 4. 4년 5. 5년 6. 기타 ( )년 7. 단기계약 (1년미만) 8. 해당없음	낙찰자선정방법 1. 적격심사 2. 협상에의한계약 3. 최저가낙찰제 4. 규격가격분리 5. 2단계 경쟁입찰 6. 기타 ( ) 7. 해당없음	운영예산 산정 1. 내부산정 (지자체 자체적으로 산정) 2. 외부산정 (외부전문기관위탁 산정) 3. 내·외부 모두 산정 4. 산정 無 5. 해당없음	정산방법 1. 내부정산 (지자체 내부적으로 정산) 2. 외부정산 (외부전문기관위탁 정산) 3. 내·외부 모두 산정 4. 정산 無 5. 해당없음	1. 실시 2. 미실시 3. 향후 추진 4. 해당없음
9135	경북 울릉군	찾아가는결혼이주여성다이음사업	3,000	주민복지과	4	2	5	5	1	5	1	4
9136	경북 울릉군	다문화가족한국어교육운영	15,500	주민복지과	4	2	5	5	1	5	1	4
9137	경북 울릉군	다문화가족특화프로그램운영지원	3,000	주민복지과	4	6	5	5	1	5	1	4
9138	경북 울릉군	누리과정	57,720	주민복지과	4	1	7	8	7	5	5	4
9139	경북 울릉군	영유아보육료지원	171,995	주민복지과	4	2	7	8	7	5	5	4
9140	경북 울릉군	환경기초시설민간위탁	1,200,000	환경위생과	4	4	2	6	2	1	1	4
9141	경북 울릉군	특별교통수단운영	6,000	일자리경제교통과	4	1	4	1	7	1	1	4
9142	경북 울릉군	통합문화이용권지원	43,000	관광문화체육과	4	8	7	8	7	5	5	4
9143	경북 울릉군	울릉천국아트센터민간위탁비	120,000	관광문화체육과	4	8	7	8	7	5	5	4
9144	경북 울릉군	스포츠강좌이용권지원사업	2,800	관광문화체육과	4	1	7	8	7	5	5	4
9145	경북 울릉군	지역사회건강조사	62,972	보건의료원	4	2	4	1	7	5	3	4
9146	경북 울릉군	숲해설산림복지전문업위탁운영	51,104	농업기술센터	4	1	7	8	7	5	5	4
9147	경남 창원시	국경일 등 폴배너기 게양 강하	50,000	자치행정과	4	6	4	1	3	2	5	4
9148	경남 창원시	3.15의거 발원지 상징공간 위탁 운영	89,000	자치행정과	4	1	7	8	7	5	5	4
9149	경남 창원시	시청사 청소용역	740,400	회계과	4	7	1	1	1	1	1	4
9150	경남 창원시	시청사 조경용역	253,200	회계과	4	7	2	1	1	1	1	4
9151	경남 창원시	평생학습센터 위탁 운영비	1,767,468	평생교육과	4	4	7	8	7	1	1	4
9152	경남 창원시	공립작은도서관 위탁 운영비	775,796	평생교육과	4	4	7	8	7	1	1	4
9153	경남 창원시	공공부문 사립작은도서관 위탁 운영비	60,780	평생교육과	4	4	7	8	7	1	1	4
9154	경남 창원시	새마을문고 운영비	187,200	평생교육과	4	4	7	8	7	1	1	4
9155	경남 창원시	추가부지 유지관리대행	18,000	평생교육과	4	7	4	7	7	5	5	4
9156	경남 창원시	창원과학체험관 BTL사업 임대료	2,104,000	평생교육과	4	2	1	6	2	5	5	1
9157	경남 창원시	창원과학체험관 BTL사업 운영비	1,232,748	평생교육과	4	7	1	6	2	5	5	1
9158	경남 창원시	이순신리더십국제센터 운영	200,000	평생교육과	4	4	1	2	2	1	2	3
9159	경남 창원시	창원-i 피우미 시스템 운영	1,000,000	평생교육과	4	4	2	1	2	2	5	4
9160	경남 창원시	진로교육지원센터 운영 및 진로교육프로그램 지원사업	320,000	평생교육과	4	6	1	1	2	2	1	1
9161	경남 창원시	근로자복지타운 관리운영 위탁금	40,000	경제살리기과	4	4	7	8	7	1	1	1
9162	경남 창원시	중·장년 맞춤형 직업훈련사업	120,000	일자리창출과	4	2	7	8	7	5	5	4
9163	경남 창원시	창원청년 조선업 인력양성 및 취업지원사업	1,227,600	일자리창출과	4	2	7	2	7	1	3	3
9164	경남 창원시	창원시 전략산업 부흥 프로젝트	1,017,000	일자리창출과	4	2	7	2	7	1	3	3
9165	경남 창원시	사회적경제지원센터 운영	300,000	일자리창출과	4	4	7	8	7	5	5	4
9166	경남 창원시	융자금 취급 수수료	9,365	투자유치단	4	4	5	6	7	1	4	4
9167	경남 창원시	진북산단 공공폐수처리시설 위탁 운영	702,245	전략산업과	4	1	2	3	2	3	1	4
9168	경남 창원시	리폼자전거 생산	27,500	교통정책과	4	6	1	7	1	1	1	4
9169	경남 창원시	리폼자전거 폐기물 처리	12,000	교통정책과	4	6	1	7	1	1	1	4
9170	경남 창원시	문학관 야간경비 용역	71,000	문화예술과	4	1	2	1	2	1	1	2
9171	경남 창원시	음악관 야간경비 용역	71,000	문화예술과	4	1	2	1	2	1	1	2
9172	경남 창원시	음악관 및 문학관 청소용역	46,000	문화예술과	4	1	4	1	2	1	1	2
9173	경남 창원시	문신미술관 야간경비 용역	71,000	문화예술과	4	8	1	1	3	1	1	4
9174	경남 창원시	문신미술관 청소 용역	48,000	문화예술과	4	8	1	1	3	1	1	4
9175	경남 창원시	문화도시지원센터 운영	15,000	문화예술과	4	2	5	3	1	1	1	1
9176	경남 창원시	성호생활문화센터 운영	90,000	문화예술과	4	4	5	2	1	1	1	1

순번	시군구	지출명 (사업명)	2021년예산 (단위:천원/1년간)	담당자 (공무원)	민간이전 분류 (지방자치단체 세출예산 집행기준에 의거)	민간이전지출 근거 (지방보조금 관리기준 참고)	입찰방식			운영예산 산정		성과평가 실시여부
				담당부서	1. 민간경상사업보조(307-02) 2. 민간단체 법정운영비보조(307-03) 3. 민간행사사업보조(307-04) 4. 민간위탁금(307-05) 5. 사회복지시설 법정운영비보조(307-10) 6. 민간인위탁교육비(307-12) 7. 공기관등에대한경상적위탁사업비(308-10) 8. 민간자본사업보조,자체재원(402-01) 9. 민간자본사업보조,이전재원(402-02) 10. 민간위탁사업비(402-03) 11. 공기관등에 대한 자본적 대행사업비(403-02)	1. 법률에 규정 2. 국고보조 재원(국가지정) 3. 용도 지정 기부금 4. 조례에 직접규정 5. 지자체가 권장하는 사업을 하는 공공기관 6. 시,도 정책 및 재정사정 7. 기타 8. 해당없음	계약체결방법 (경쟁형태) 1. 일반경쟁 2. 제한경쟁 3. 지명경쟁 4. 수의계약 5. 법정위탁 6. 기타 ( ) 7. 해당없음	계약기간 1. 1년 2. 2년 3. 3년 4. 4년 5. 5년 6. 기타 ( )년 7. 단기계약 (1년미만) 8. 해당없음	낙찰자선정방법 1. 적격심사 2. 협상에의한계약 3. 최저가낙찰제 4. 규격가격분리 5. 2단계 경쟁입찰 6. 기타 ( ) 7. 해당없음	운영예산 산정 1. 내부산정 (지자체 자체적으로 산정) 2. 외부산정 (외부전문기관위탁 산정) 3. 내·외부 모두 산정 4. 산정 無 5. 해당없음	정산방법 1. 내부정산 (지자체 내부적으로 정산) 2. 외부정산 (외부전문기관위탁 정산) 3. 내·외부 모두 산정 4. 정산 無 5. 해당없음	1. 실시 2. 미실시 3. 향후 추진 4. 해당없음
9177	경남 창원시	휠체어컬링팀 운영	170,000	체육진흥과	4	1	7	8	7	1	1	1
9178	경남 창원시	중리초등학교 BTL사업 부담금	606,000	체육진흥과	4	6	6	6	6	3	3	1
9179	경남 창원시	마산박물관 야간경비 용역	72,000	문화유산육성과	4	4	1	1	3	1	1	4
9180	경남 창원시	마산박물관 청소 용역	47,605	문화유산육성과	4	4	1	1	3	1	1	4
9181	경남 창원시	웅천도요지전시관 청소 용역	48,000	문화유산육성과	4	4	4	1	3	1	1	2
9182	경남 창원시	웅천도요지전시관 야간경비 용역	62,648	문화유산육성과	4	4	4	1	3	1	1	2
9183	경남 창원시	웅천도요지전시관 조경관리 용역	10,000	문화유산육성과	4	4	7	8	7	5	5	4
9184	경남 창원시	여성생활공감 아이디어 공모 페스티벌	81,000	여성가족과	4	6	7	8	7	1	1	2
9185	경남 창원시	3.8 세계여성의 날 기념 행사	9,000	여성가족과	4	6	7	8	7	1	1	2
9186	경남 창원시	취약계층과 함께하는 문화사업	2,700	여성가족과	4	6	7	8	7	1	1	2
9187	경남 창원시	부부힐링페스티벌	3,150	여성가족과	4	6	7	8	7	1	1	2
9188	경남 창원시	여성안심택배함 운영	22,000	여성가족과	4	1	7	8	7	1	1	2
9189	경남 창원시	진해여성인력개발센터 운영	152,000	여성가족과	4	1	1	3	1	1	1	1
9190	경남 창원시	병원아동돌봄서비스	34,600	여성가족과	4	4	7	8	7	1	1	1
9191	경남 창원시	가사지원서비스	45,000	여성가족과	4	1	7	8	7	1	1	1
9192	경남 창원시	마산건강가정다문화가족지원센터 운영	178,920	여성가족과	4	2	1	3	7	3	1	1
9193	경남 창원시	종사자 수당	20,800	여성가족과	4	6	7	8	7	1	1	2
9194	경남 창원시	사회복지사 수당	7,680	여성가족과	4	6	7	8	7	1	1	2
9195	경남 창원시	청사청소용역	46,000	여성가족과	4	4	5	3	7	1	1	3
9196	경남 창원시	여성회관 진해관 운영	85,000	여성가족과	4	6	4	7	3	1	1	4
9197	경남 창원시	여성회관 창원관 청소용역	46,000	여성가족과	4	6	4	1	1	1	1	2
9198	경남 창원시	아파트 시설 경비용역	130,000	여성가족과	4	6	2	1	1	1	1	2
9199	경남 창원시	육아종합지원센터	366,500	보육청소년과	4	5	1	3	1	1	1	1
9200	경남 창원시	가정양육지원사업	30,000	보육청소년과	4	5	1	3	1	1	1	1
9201	경남 창원시	장난감도서관	170,000	보육청소년과	4	4	7	3	7	1	1	4
9202	경남 창원시	육아종합지원센터 대체교사	1,115,175	보육청소년과	4	1	5	3	1	1	3	1
9203	경남 창원시	보육교사 안식휴가 대체교사	474,964	보육청소년과	4	1	5	3	1	1	3	1
9204	경남 창원시	진해청소년전당	577,500	보육청소년과	4	1	1	5	6	1	1	4
9205	경남 창원시	진해청소년수련원	178,500	보육청소년과	4	1	1	5	6	1	1	4
9206	경남 창원시	진해청소년수련관	329,000	보육청소년과	4	1	1	5	6	1	1	4
9207	경남 창원시	봉림청소년수련관	189,000	보육청소년과	4	1	1	6	6	1	1	4
9208	경남 창원시	봉림청소년문화의집	117,600	보육청소년과	4	1	1	5	6	1	1	4
9209	경남 창원시	마산청소년문화의집	117,600	보육청소년과	4	1	1	5	6	1	1	4
9210	경남 창원시	진해청소년문화의집	112,350	보육청소년과	4	1	1	5	6	1	1	4
9211	경남 창원시	청소년성문화센터	203,000	보육청소년과	4	2	7	8	7	1	1	4
9212	경남 창원시	진해노인종합복지관 운영	753,450	노인장애인과	4	1	1	5	6	1	1	4
9213	경남 창원시	진해서부노인종합복지관 운영	756,603	노인장애인과	4	1	1	5	6	1	1	4
9214	경남 창원시	마산회원노인종합복지관 운영	929,700	노인장애인과	4	1	1	5	6	1	1	4
9215	경남 창원시	장애인체육관 운영	183,750	노인장애인과	4	5	7	8	7	1	1	1
9216	경남 창원시	시립 곰두리국민체육센터 운영	920,000	노인장애인과	4	4	7	8	7	1	1	1
9217	경남 창원시	장애인복지관 재가복지센터 운영	109,000	노인장애인과	4	6	7	8	7	1	1	1
9218	경남 창원시	진해장애인목욕탕 운영	102,000	노인장애인과	4	8	7	8	7	1	1	1

순번	시군구	지출명 (사업명)	2021년예산 (단위:천원/1년간)	담당자 (공무원)	민간이전 분류 (지방자치단체 세출예산 집행기준에 의거)	민간이전지출 근거 (지방보조금 관리기준 참고)	입찰방식			운영예산 산정		성과평가 실시여부
				담당부서	1. 민간경상사업보조(307-02) 2. 민간단체 법정운영비보조(307-03) 3. 민간행사사업보조(307-04) 4. 민간위탁금(307-05) 5. 사회복지시설 법정운영비보조(307-10) 6. 민간인위탁교육비(307-12) 7. 공기관등에대한경상적위탁사업비(308-10) 8. 민간자본사업보조,자체재원(402-01) 9. 민간자본사업보조,이전재원(402-02) 10. 민간위탁사업비(402-03) 11. 공기관등에 대한 자본적 대행사업비(403-02)	1. 법률에 규정 2. 국고보조 재원(국가지정) 3. 용도 지정 기부금 4. 조례에 직접규정 5. 지자체가 권장하는 사업을 하는 공공기관 6. 시,도 정책 및 재정사정 7. 기타 8. 해당없음	계약체결방법 (경쟁형태) 1. 일반경쟁 2. 제한경쟁 3. 지명경쟁 4. 수의계약 5. 법정위탁 6. 기타 ( ) 7. 해당없음	계약기간 1. 1년 2. 2년 3. 3년 4. 4년 5. 5년 6. 기타 ( )년 7. 단기계약 (1년미만) 8. 해당없음	낙찰자선정방법 1. 적격심사 2. 협상에의한계약 3. 최저가낙찰제 4. 규격가격분리 5. 2단계 경쟁입찰 6. 기타 ( ) 7. 해당없음	운영예산 산정 1. 내부산정 (지자체 자체적으로 산정) 2. 외부산정 (외부전문기관위탁 산정) 3. 내·외부 모두 산정 4. 산정 無 5. 해당없음	정산방법 1. 내부정산 (지자체 내부적으로 정산) 2. 외부정산 (외부전문기관위탁 정산) 3. 내·외부 모두 산정 4. 정산 無 5. 해당없음	1. 실시 2. 미실시 3. 향후 추진 4. 해당없음
9219	경남 창원시	장애아동발달지원센터 운영	170,000	노인장애인과	4	6	7	8	7	1	1	1
9220	경남 창원시	장애인 특별운송사업 운영	600,000	노인장애인과	4	4	7	8	7	1	1	1
9221	경남 창원시	여성장애인 교육	24,150	노인장애인과	4	6	7	8	7	1	1	1
9222	경남 창원시	직업재활센터 및 보호작업센터 운영 지원	800,000	노인장애인과	4	4	7	8	7	1	1	2
9223	경남 창원시	장애인복지관 운영	2,640,000	노인장애인과	4	5	7	8	7	1	1	2
9224	경남 창원시	어린이급식관리지원센터 운영비	1,427,600	보건위생과	4	2	1	5	1	3	2	1
9225	경남 창원시	우도보도교 사설항로표지 위탁관리용역	8,000	해양정책과	4	4	4	1	7	5	1	4
9226	경남 창원시	해양친수시설 청소위탁관리	72,000	해양정책과	4	1	2	1	1	1	1	4
9227	경남 창원시	명동마리나방파제 사설항로표지 위탁관리용역	7,800	해양사업과	4	1	4	1	6	1	1	4
9228	경남 창원시	조업중 인양쓰레기 수매사업	160,000	수산과	4	2	7	8	7	1	1	2
9229	경남 창원시	유해 야생동물 포획틀 관리용역	15,000	환경정책과	4	1	4	1	7	1	1	4
9230	경남 창원시	생태계 교란 생물 퇴치사업	10,000	환경정책과	4	2	4	7	7	1	1	4
9231	경남 창원시	생태계 교란 생물 퇴치사업	20,000	환경정책과	4	2	4	7	7	1	1	4
9232	경남 창원시	용지호수 수질관리 민간위탁	50,000	환경정책과	4	7	1	1	3	1	1	1
9233	경남 창원시	청소업무 민간위탁금	29,000	자원순환과	4	1	1	3	1	2	1	1
9234	경남 창원시	폐형광등 폐건전지 수집운반 민간위탁금	69,600	자원순환과	4	6	2	1	1	2	1	3
9235	경남 창원시	창원재활용종합단지 위탁운영	8,716,200	자원순환과	4	6	1	3	1	2	2	1
9236	경남 창원시	마산음식물류폐기물 자원화처리장 위탁운영비	3,838,340	자원순환과	4	6	1	3	1	2	2	3
9237	경남 창원시	성산자원회수시설 위탁운영	10,043	자원순환과	4	1	1	3	1	2	1	1
9238	경남 창원시	마산자원회수시설 위탁운영	7,882,000	자원순환과	4	1	1	3	1	2	1	1
9239	경남 창원시	진해자원회수시설 위탁운영	3,613,000	자원순환과	4	1	1	3	1	2	1	1
9240	경남 창원시	도시재생지원센터 운영	642,273	도시재생과	4	4	6	3	7	1	1	2
9241	경남 창원시	도시재생 예비학교 운영	51,103	도시재생과	4	4	6	1	7	1	1	2
9242	경남 창원시	예비사업지역 주민역량강화사업	36,000	도시재생과	4	4	6	1	7	1	1	2
9243	경남 창원시	예비사업지역 현장지원센터 운영	104,109	도시재생과	4	4	6	1	7	1	1	2
9244	경남 창원시	집수리 지원사업 추진	290,000	도시재생과	4	7	4	1	7	1	1	1
9245	경남 창원시	주민역량강화사업	75,000	도시재생과	4	7	2	2	2	1	1	1
9246	경남 창원시	신월지구 주민역량강화사업 등	40,000	도시재생과	4	7	2	2	2	1	1	1
9247	경남 창원시	도시재생 현장지원센터 운영	320,000	도시재생과	4	4	6	1	7	1	1	2
9248	경남 창원시	주민역량강화사업	584,000	도시재생과	4	4	6	1	7	1	1	1
9249	경남 창원시	도시재생 현장지원센터 운영	208,000	도시재생과	4	4	6	3	7	1	1	2
9250	경남 창원시	주민역량강화사업	307,000	도시재생과	4	4	6	3	7	1	1	2
9251	경남 창원시	도시재생 현장지원센터 운영	235,000	도시재생과	4	4	6	3	7	1	1	2
9252	경남 창원시	도시재생대학 등 주민역량강화사업 및 집수리사업 운영	1,191,000	도시재생과	4	4	6	3	7	1	1	2
9253	경남 창원시	창동르네상스방송국 운영	120,000	도시재생과	4	7	6	2	2	1	1	4
9254	경남 창원시	주민역량강화사업	300,000	도시재생과	4	4	6	1	7	1	1	1
9255	경남 창원시	청사 청소용역	135,930	농업정책과	4	7	2	1	1	1	1	4
9256	경남 창원시	여성농업인 바우처지원사업	164,528	농업정책과	4	6	7	8	7	5	5	4
9257	경남 창원시	신활력 플러스 사업 추진단 인건비	61,080	농업정책과	4	4	7	8	7	5	5	4
9258	경남 창원시	신활력 플러스 사업 추진단 운영비	10,920	농업정책과	4	4	7	8	7	5	5	4
9259	경남 창원시	중간지원조직 운영	204,120	농업정책과	4	4	7	8	7	5	5	4
9260	경남 창원시	중간지원조직 운영	22,600	농업정책과	4	4	7	8	7	5	5	4

순번	시군구	지출명 (사업명)	2021년예산 (단위:천원/1년간)	담당자 (공무원)	민간이전 분류 (지방자치단체 세출예산 집행기준에 의거)	민간이전지출 근거 (지방보조금 관리기준 참고)	입찰방식			운영예산 산정		성과평가 실시여부
				담당부서	1. 민간경상사업보조(307-02) 2. 민간단체 법정운영비보조(307-03) 3. 민간행사사업보조(307-04) 4. 민간위탁금(307-05) 5. 사회복지시설 법정운영비보조(307-10) 6. 민간인위탁교육비(307-12) 7. 공기관등에대한경상적위탁사업비(308-10) 8. 민간자본사업보조,자체재원(402-01) 9. 민간자본사업보조,이전재원(402-02) 10. 민간위탁사업비(402-03) 11. 공기관등에 대한 자본적 대행사업비(403-02)	1. 법률에 규정 2. 국고보조 재원(국가지정) 3. 용도 지정 기부금 4. 조례에 직접규정 5. 지자체가 권장하는 사업을 하는 공공기관 6. 시,도 정책 및 재정사정 7. 기타 8. 해당없음	계약체결방법 (경쟁형태) 1. 일반경쟁 2. 제한경쟁 3. 지명경쟁 4. 수의계약 5. 법정위탁 6. 기타 ( ) 7. 해당없음	계약기간 1. 1년 2. 2년 3. 3년 4. 4년 5. 5년 6. 기타 ( )년 7. 단기계약 (1년미만) 8. 해당없음	낙찰자선정방법 1. 적격심사 2. 협상에의한계약 3. 최저가낙찰제 4. 규격가격분리 5. 2단계 경쟁입찰 6. 기타 ( ) 7. 해당없음	운영예산 산정 1. 내부산정 (지자체 자체적으로 산정) 2. 외부산정 (외부전문기관위탁 산정) 3. 내·외부 모두 산정 4. 산정 無 5. 해당없음	정산방법 1. 내부정산 (지자체 내부적으로 정산) 2. 외부정산 (외부전문기관위탁 정산) 3. 내·외부 모두 산정 4. 정산 無 5. 해당없음	1. 실시 2. 미실시 3. 향후 추진 4. 해당없음
9261	경남 창원시	중간지원조직 운영	31,600	농업정책과	4	4	7	8	7	5	5	4
9262	경남 창원시	청사 청소용역	28,000	농산물유통과	4	7	4	1	7	1	1	4
9263	경남 창원시	물류센터포장재비 지원	150,000	농산물유통과	4	4	7	8	7	5	5	4
9264	경남 창원시	창원몰 홈페이지 유지보수 및 위탁운영	22,000	농산물유통과	4	4	4	1	7	1	1	4
9265	경남 창원시	청사 청소 용역	30,000	도시농업과	4	1	4	1	7	1	1	4
9266	경남 창원시	팔용도매시장 청소용역	180,000	농산물도매시장관리과	4	7	1	1	3	1	1	2
9267	경남 창원시	팔용도매시장 방역용역	10,000	농산물도매시장관리과	4	7	4	1	6	1	1	2
9268	경남 창원시	팔용도매시장 소방시설 방화관리 용역	10,800	농산물도매시장관리과	4	7	4	1	6	1	1	2
9269	경남 창원시	내서도매시장 청소용역	180,000	농산물도매시장관리과	4	7	1	1	3	1	1	2
9270	경남 창원시	내서도매시장 방역용역	10,000	농산물도매시장관리과	4	7	4	1	6	1	1	2
9271	경남 창원시	소방시설 방화관리 용역	10,800	농산물도매시장관리과	4	7	4	1	6	1	1	2
9272	경남 창원시	창원보건소 청소용역	135,000	창원보건소 보건정책과	4	7	2	1	1	1	1	4
9273	경남 창원시	청사청소용역	45,000	창원보건소 건강관리과	4	7	2	1	3	1	1	4
9274	경남 창원시	한센병관리사업 지원	6,370	창원보건소 건강관리과	4	2	7	8	7	5	5	4
9275	경남 창원시	기초정신건강복지센터 운영비	182,440	창원보건소 건강관리과	4	2	1	3	1	1	1	1
9276	경남 창원시	기초정신건강복지센터 운영비	73,840	창원보건소 건강관리과	4	2	1	3	1	1	1	1
9277	경남 창원시	인력확충 운영비	176,960	창원보건소 건강관리과	4	2	1	3	1	1	1	1
9278	경남 창원시	종사자 복지수당	9,540	창원보건소 건강관리과	4	2	1	3	1	1	1	1
9279	경남 창원시	아동·청소년 정신보건사업	50,900	창원보건소 건강관리과	4	2	1	3	1	1	1	1
9280	경남 창원시	자살예방 및 정신건강증진사업	71,302	창원보건소 건강관리과	4	2	1	3	1	1	1	1
9281	경남 창원시	인력확충 운영비	35,000	창원보건소 건강관리과	4	2	1	3	1	1	1	1
9282	경남 창원시	정신질환자 치료비 지원	36,428	창원보건소 건강관리과	4	2	1	3	1	1	1	1
9283	경남 창원시	중독관리통합지원센터 운영비	161,688	창원보건소 건강관리과	4	2	1	3	1	1	1	1
9284	경남 창원시	청사청소 용역	48,100	창원보건소 건강증진과	4	5	4	1	3	1	1	2
9285	경남 창원시	지역사회 건강조사 분석 위탁운영비	68,586	창원보건소 건강증진과	4	2	4	1	2	3	3	1
9286	경남 창원시	청사 청소 용역	128,840	마산보건소 보건행정과	4	7	1	1	3	1	1	4
9287	경남 창원시	지역사회건강조사 조사분석 위탁운영비	54,395	마산보건소 건강관리과	4	2	4	1	2	3	3	1
9288	경남 창원시	한센병관리사업 지원	8,900	마산보건소 건강관리과	4	1	7	8	7	5	5	4
9289	경남 창원시	중독관리통합지원센터 운영비	159,011	마산보건소 건강관리과	4	2	1	3	1	3	3	1
9290	경남 창원시	진해보건소 청사 청소용역	88,000	진해보건소 보건행정과	4	1	4	1	3	1	1	4
9291	경남 창원시	한센병환자관리	3,610	진해보건소 보건행정과	4	2	7	8	7	5	5	4
9292	경남 창원시	서부보건지소 청사 청소용역	88,000	진해보건소 서부보건지소	4	7	4	1	6	1	5	4
9293	경남 창원시	지역사회건강조사 조사분석 위탁운영비	15,000	진해보건소 서부보건지소	4	2	4	1	2	3	3	1
9294	경남 창원시	본서 및 안전센터 청소인부 용역	123,956	창원소방본부 소방행정과	4	8	1	1	1	2	2	4
9295	경남 창원시	본서 식당 영양사 용역	41,319	창원소방본부 소방행정과	4	8	1	1	1	2	2	4
9296	경남 창원시	안전센터 취사인부 용역	92,672	창원소방본부 소방행정과	4	8	1	1	1	2	2	4
9297	경남 창원시	본서 청소인부 용역	41,319	창원소방서 소방행정과	4	8	1	1	1	1	1	4
9298	경남 창원시	안전센터 취사인부 용역	321,721	창원소방서 소방행정과	4	8	1	1	1	1	1	4
9299	경남 창원시	본서 청소인부 용역	41,319	마산소방서 소방행정과	4	8	2	1	3	1	1	2
9300	경남 창원시	안전센터 취사인부 용역	123,562	마산소방서 소방행정과	4	8	2	1	3	1	1	2
9301	경남 창원시	창원수목원 청소용역	70,000	산림휴양과	4	1	2	1	1	1	1	4
9302	경남 창원시	창원수목원 분수시설 청소용역	15,000	산림휴양과	4	1	4	7	2	1	1	4

순번	시군구	지출명 (사업명)	2021년예산 (단위:천원/1년간)	담당자 (공무원)	민간이전 분류 (지방자치단체 세출예산 집행기준에 의거) 1. 민간경상사업보조(307-02) 2. 민간단체 법정운영비보조(307-03) 3. 민간행사사업보조(307-04) 4. 민간위탁금(307-05) 5. 사회복지시설 법정운영비보조(307-10) 6. 민간인위탁교육비(307-12) 7. 공기관등에대한경상적위탁사업비(308-10) 8. 민간자본사업보조,자체재원(402-01) 9. 민간자본사업보조,이전재원(402-02) 10. 민간위탁사업비(402-03) 11. 공기관등에 대한 자본적 대행사업비(403-02)	민간이전지출 근거 (지방보조금 관리기준 참고) 1. 법률에 규정 2. 국고보조 재원(국가지정) 3. 용도 지정 기부금 4. 조례에 직접규정 5. 지자체가 권장하는 사업을 하는 공공기관 6. 시,도 정책 및 재정사정 7. 기타 8. 해당없음	입찰방식			운영예산 산정		성과평가 실시여부
				담당부서			계약체결방법 (경쟁형태) 1. 일반경쟁 2. 제한경쟁 3. 지명경쟁 4. 수의계약 5. 법정위탁 6. 기타 ( ) 7. 해당없음	계약기간 1. 1년 2. 2년 3. 3년 4. 4년 5. 5년 6. 기타 ( )년 7. 단기계약 (1년미만) 8. 해당없음	낙찰자선정방법 1. 적격심사 2. 협상에의한계약 3. 최저가낙찰제 4. 규격가격분리 5. 2단계 경쟁입찰 6. 기타 ( ) 7. 해당없음	운영예산 산정 1. 내부산정 (지자체 자체적으로 산정) 2. 외부산정 (외부전문기관위탁 산정) 3. 내·외부 모두 산정 4. 산정 無 5. 해당없음	정산방법 1. 내부정산 (지자체 내부적으로 정산) 2. 외부정산 (외부전문기관위탁 정산) 3. 내·외부 모두 산정 4. 정산 無 5. 해당없음	1. 실시 2. 미실시 3. 향후 추진 4. 해당없음
9303	경남 창원시	산림병해충 생활권 민간컨설팅 운영	8,699	산림휴양과	4	7	4	1	3	1	1	2
9304	경남 창원시	진해만생태숲 해설가	51,000	산림휴양과	4	7	2	8	1	1	1	3
9305	경남 창원시	치유의 숲 청소용역	28,200	산림휴양과	4	7	1	3	3	3	4	4
9306	경남 창원시	산림치유지도사 위탁운영 지원	91,992	산림휴양과	4	7	7	8	7	5	5	4
9307	경남 창원시	유아숲체험원 위탁운영	128,300	산림휴양과	4	7	7	8	7	5	5	4
9308	경남 창원시	드림파크전시관 청소 용역	30,000	산림휴양과	4	7	4	1	7	1	1	2
9309	경남 창원시	드림파크 하수처리시설(정화조) 유지관리대행 용역	8,640	산림휴양과	4	7	4	1	7	1	4	2
9310	경남 창원시	드림파크전시관 방역 용역	4,800	산림휴양과	4	7	4	1	7	1	4	2
9311	경남 창원시	드림파크전시관 무인경비시스템 용역	3,600	산림휴양과	4	7	4	1	7	1	4	2
9312	경남 창원시	드림파크전시관 승강기 관리대행 용역	5,760	산림휴양과	4	7	4	1	7	1	4	2
9313	경남 창원시	드림파크전시관 전기안전설비 관리대행 용역	5,400	산림휴양과	4	7	4	1	7	1	4	2
9314	경남 창원시	드림파크전시관 소방설비 관리대행 용역	2,400	산림휴양과	4	7	4	1	7	1	4	2
9315	경남 창원시	주남저수지 연꽃단지 관리위탁	10,000	주남저수지과	4	7	7	8	7	5	5	4
9316	경남 창원시	주남저수지 철새먹이(볍씨) 생산 영농위탁	10,000	주남저수지과	4	7	7	8	7	5	5	4
9317	경남 창원시	주남저수지 환경정비(수중포함)	10,000	주남저수지과	4	7	7	8	7	5	5	4
9318	경남 창원시	주남 환경교실 생태교육프로그램 운영	400,000	주남저수지과	4	4	7	8	7	5	5	4
9319	경남 창원시	농어촌 마을상수도 위탁관리사업	100,000	수도시설과	4	7	4	7	7	1	1	2
9320	경남 창원시	먹는물공동시설 위탁관리사업	25,000	수도시설과	4	7	4	7	7	1	1	2
9321	경남 창원시	정수장 청사관리(청소·제초) 용역	244,800	칠서정수과	4	7	1	1	3	1	5	4
9322	경남 창원시	정수장 청사관리(청소,제초작업)용역 민간위탁금	122,400	대산정수과	4	7	2	1	3	1	1	4
9323	경남 창원시	상수도시설 경비,청소 민간위탁금	375,000	석동정수과	4	7	2	1	3	1	1	4
9324	경남 창원시	창원가축분뇨 공공처리시설 위탁운영비	1,930,120	하수행정과	4	1	1	3	2	2	1	1
9325	경남 창원시	마산권역(진동, 소규모) 물재생센터 관리대행 운영	20,000	하수행정과	4	1	1	3	2	2	1	1
9326	경남 창원시	창원권역(대산, 북면) 물재생센터 관리대행 운영	4,450,000	하수행정과	4	1	1	3	2	2	1	1
9327	경남 창원시	수질자동분석장비 유지보수 대행용역	19,500	하수행정과	4	1	7	8	7	5	5	4
9328	경남 창원시	하수관거정비 BTL사업 임대료	5,127,000	하수시설과	4	1	7	6	7	3	3	1
9329	경남 창원시	하수관거정비 BTL사업 운영비	850,000	하수시설과	4	1	7	6	7	3	3	1
9330	경남 창원시	덕동하수슬러지 소각시설 민간위탁운영	6,300,000	하수운영과	4	7	1	3	1	2	1	1
9331	경남 창원시	수질TMS유지보수 대행	38,000	하수운영과	4	7	4	1	3	1	1	4
9332	경남 창원시	수질 자동분석장비 유지보수 대행	10,000	하수운영과	4	7	4	1	7	1	1	4
9333	경남 창원시	소화가스 복합가스 분석기 위탁관리	15,840	하수운영과	4	7	4	1	7	1	1	1
9334	경남 창원시	진해분뇨처리장 민간위탁 관리대행 운영비	210,000	진해하수센터	4	1	1	3	2	2	1	1
9335	경남 창원시	진해권역(진해,동부,우도,건조) 물재생센터 관리대행 운영	7,413,000	진해하수센터	4	1	1	3	2	2	1	1
9336	경남 창원시	2021년 의창도서관 청소용역	292,000	의창도서관	4	8	2	1	3	1	1	2
9337	경남 창원시	2021년 고향의봄도서관 청소용역	230,000	고향의봄도서관	4	8	2	1	3	1	1	2
9338	경남 창원시	2021년 명곡도서관 청소용역	230,000	명곡도서관	4	8	2	1	3	1	1	2
9339	경남 창원시	청소용역	432,000	성산도서관	4	8	1	1	5	1	1	1
9340	경남 창원시	청소용역	220,000	마산합포도서관	4	1	2	1	1	1	1	2
9341	경남 창원시	청소용역(2개관)	200,000	마산회원도서관	4	8	2	1	3	1	1	4
9342	경남 창원시	(진해)청소용역	220,000	진해도서관	4	8	2	1	3	1	1	4
9343	경남 창원시	(동부)청소용역	165,000	진해도서관	4	8	2	1	3	1	1	4
9344	경남 창원시	기적의도서관 위탁운영	440,000	진해도서관	4	4	5	5	1	1	1	1

순번	시군구	지출명 (사업명)	2021년예산 (단위:천원/1년간)	담당자 (공무원)	민간이전 분류 (지방자치단체 세출예산 집행기준에 의거)	민간이전지출 근거 (지방보조금 관리기준 참고)	입찰방식			운영예산 산정		성과평가 실시여부
				담당부서	1. 민간경상사업보조(307-02) 2. 민간단체 법정운영비보조(307-03) 3. 민간행사사업보조(307-04) 4. 민간위탁금(307-05) 5. 사회복지시설 법정운영비보조(307-10) 6. 민간인위탁교육비(307-12) 7. 공기관등에대한경상적위탁사업비(308-10) 8. 민간자본사업보조,자체재원(402-01) 9. 민간자본사업보조,이전재원(402-02) 10. 민간위탁사업비(402-03) 11. 공기관등에 대한 자본적 대행사업비(403-02)	1. 법률에 규정 2. 국고보조 재원(국가지정) 3. 용도 지정 기부금 4. 조례에 직접규정 5. 지자체가 권장하는 사업을 하는 공공기관 6. 시,도 정책 및 재정사정 7. 기타 8. 해당없음	계약체결방법 (경쟁형태) 1. 일반경쟁 2. 제한경쟁 3. 지명경쟁 4. 수의계약 5. 법정위탁 6. 기타 ( ) 7. 해당없음	계약기간 1. 1년 2. 2년 3. 3년 4. 4년 5. 5년 6. 기타 ( )년 7. 단기계약 (1년미만) 8. 해당없음	낙찰자선정방법 1. 적격심사 2. 협상에의한계약 3. 최저가낙찰제 4. 규격가격분리 5. 2단계 경쟁입찰 6. 기타 ( ) 7. 해당없음	운영예산 산정 1. 내부산정 (지자체 자체적으로 산정) 2. 외부산정 (외부전문기관위탁 산정) 3. 내·외부 모두 산정 4. 산정 無 5. 해당없음	정산방법 1. 내부정산 (지자체 내부적으로 정산) 2. 외부정산 (외부전문기관위탁 정산) 3. 내·외부 모두 산정 4. 정산 無 5. 해당없음	1. 실시 2. 미실시 3. 향후 추진 4. 해당없음
9345	경남 창원시	청사 청소용역비	29,760	창원차량등록과	4	1	4	1	7	1	1	2
9346	경남 창원시	청사 청소 용역	186,000	의창구 행정과	4	7	1	1	3	1	1	2
9347	경남 창원시	청사 승강기 관리대행 용역	24,000	의창구 행정과	4	1	4	1	2	1	1	2
9348	경남 창원시	청사 소방시설 관리대행 용역	37,200	의창구 행정과	4	1	4	1	2	1	1	2
9349	경남 창원시	3종 시설물 정기점검 용역	8,000	의창구 행정과	4	1	7	8	7	5	5	4
9350	경남 창원시	청사 자가용전기설비 안전관리대행 용역	6,000	의창구 행정과	4	1	4	1	2	1	1	2
9351	경남 창원시	청사 무인경비시스템 관리대행 용역	8,400	의창구 행정과	4	1	4	1	7	1	1	4
9352	경남 창원시	별관 무인경비시스템 관리대행 용역	31,200	의창구 행정과	4	1	4	1	7	1	1	4
9353	경남 창원시	청사방역(소독)대행료	25,000	의창구 행정과	4	1	4	1	2	1	1	2
9354	경남 창원시	공중화장실 위탁관리	200,230	의창구 환경미화과	4	7	1	1	3	2	1	4
9355	경남 창원시	의료 및 구조비	20,000	의창구 환경미화과	4	1	4	1	7	1	1	4
9356	경남 창원시	폐수용성절삭유 수거운반 위탁사업	24,000	의창구 환경미화과	4	7	2	1	1	1	1	4
9357	경남 창원시	이원수문학관 위탁운영	44,400	의창구 문화위생과	4	7	6	3	6	1	1	1
9358	경남 창원시	이원수문학관 홈페이지 유지보수 및 소식지 발간	12,000	의창구 문화위생과	4	7	6	3	6	1	1	1
9359	경남 창원시	북동공설시장 관리 위탁금	118,450	의창구 경제교통과	4	8	2	1	3	3	1	1
9360	경남 창원시	어린이교통공원 위탁운영비	33,400	의창구 경제교통과	4	8	6	2	1	1	1	1
9361	경남 창원시	산불무인감시카메라 위탁관리용역	16,000	의창구 산림농정과	4	8	4	7	7	1	1	4
9362	경남 창원시	2021년 의창1구역 공원녹지 청소 용역	776,778	의창구 산림농정과	4	8	2	1	1	1	1	2
9363	경남 창원시	2021년 의창2구역 공원녹지 청소 용역	5,648,600	의창구 산림농정과	4	8	2	1	1	1	1	2
9364	경남 창원시	감계1호 승강기 안전점검대행 용역	19,200	의창구 산림농정과	4	8	4	1	7	1	1	4
9365	경남 창원시	사화공원 모험체험존 운영 용역	300,000	의창구 산림농정과	4	8	2	7	1	3	1	2
9366	경남 창원시	읍청사 청소용역	43,200	의창구 동읍	4	7	4	1	7	1	1	2
9367	경남 창원시	갈전운동장 위탁관리비	60,000	의창구 대산면	4	4	6	7	6	1	1	1
9368	경남 창원시	청사 청소 용역	39,000	의창구 대산면	4	7	2	1	3	1	1	2
9369	경남 창원시	청사 청소용역	25,000	의창구 의창동	4	7	4	1	7	1	1	3
9370	경남 창원시	청사 청소용역	26,000	의창구 팔룡동	4	4	4	1	7	1	1	2
9371	경남 창원시	행정복지센터 청소용역	24,000	의창구 용지동	4	8	4	1	6	1	1	4
9372	경남 창원시	민원센터 청소용역	19,000	의창구 용지동	4	8	4	1	6	1	1	4
9373	경남 창원시	청사 청소용역	220,000	성산구 행정과	4	7	2	1	1	1	1	4
9374	경남 창원시	공중화장실 위탁관리	182,160	성산구 환경미화과	4	4	2	1	1	1	1	1
9375	경남 창원시	부상 야생동물 치료비	12,000	성산구 환경미화과	4	1	4	1	7	1	1	4
9376	경남 창원시	부상 야생동물 구조비	6,000	성산구 환경미화과	4	1	4	1	7	1	1	4
9377	경남 창원시	창원터널 위탁운영 및 환경정비	700,000	성산구 안전건설과	4	8	1	1	3	3	1	4
9378	경남 창원시	지하보도 벽체,배수로,집수정 청소용역	21,000	성산구 안전건설과	4	8	7	8	7	5	5	4
9379	경남 창원시	지하차도 벽체,배수로,집수정 청소용역	22,000	성산구 안전건설과	4	8	7	8	7	5	5	4
9380	경남 창원시	산불무인 감시카메라 위탁관리 용역	20,000	성산구 산림농정과	4	7	4	7	6	1	1	4
9381	경남 창원시	분수운영 및 분수청소 용역	40,000	성산구 산림농정과	4	6	4	7	7	1	1	3
9382	경남 창원시	기업사랑공원 물놀이장 청소 용역	120,000	성산구 산림농정과	4	6	4	7	7	1	1	3
9383	경남 창원시	공원녹지 및 화장실 청소 용역	800,000	성산구 산림농정과	4	6	1	1	3	1	1	3
9384	경남 창원시	기업사랑공원 물놀이장 운영 용역	20,000	성산구 산림농정과	4	6	4	7	7	1	1	3
9385	경남 창원시	청사 청소용역비	22,000	성산구 상남동	4	8	4	1	7	1	4	2
9386	경남 창원시	청사 청소용역	22,000	성산구 사파동	4	6	4	1	6	1	1	3

순번	시군구	지출명 (사업명)	2021년예산 (단위:천원/1년간)	담당자 (공무원)	민간이전 분류 (지방자치단체 세출예산 집행기준에 의거) 1. 민간경상사업보조(307-02) 2. 민간단체 법정운영비보조(307-03) 3. 민간행사사업보조(307-04) 4. 민간위탁금(307-05) 5. 사회복지시설 법정운영비보조(307-10) 6. 민간인위탁교육비(307-12) 7. 공기관등에대한경상적위탁사업비(308-10) 8. 민간자본사업보조,자체재원(402-01) 9. 민간자본사업보조,이전재원(402-02) 10. 민간위탁사업비(402-03) 11. 공기관등에 대한 자본적 대행사업비(403-02)	민간이전지출 근거 (지방보조금 관리기준 참고) 1. 법률에 규정 2. 국고보조 재원(국가지정) 3. 용도 지정 기부금 4. 조례에 직접규정 5. 지자체가 권장하는 사업을 하는 공공기관 6. 시,도 정책 및 재정사정 7. 기타 8. 해당없음	입찰방식			운영예산 산정		성과평가 실시여부
				담당부서			계약체결방법 (경쟁형태) 1. 일반경쟁 2. 제한경쟁 3. 지명경쟁 4. 수의계약 5. 법정위탁 6. 기타 ( ) 7. 해당없음	계약기간 1. 1년 2. 2년 3. 3년 4. 4년 5. 5년 6. 기타 ( )년 7. 단기계약 (1년미만) 8. 해당없음	낙찰자선정방법 1. 적격심사 2. 협상에의한계약 3. 최저가낙찰제 4. 규격가격분리 5. 2단계 경쟁입찰 6. 기타 ( ) 7. 해당없음	운영예산 산정 1. 내부산정 (지자체 자체적으로 산정) 2. 외부산정 (외부전문기관위탁 산정) 3. 내·외부 모두 산정 4. 산정 無 5. 해당없음	정산방법 1. 내부정산 (지자체 내부적으로 정산) 2. 외부정산 (외부전문기관위탁 정산) 3. 내·외부 모두 산정 4. 정산 無 5. 해당없음	1. 실시 2. 미실시 3. 향후 추진 4. 해당없음
9387	경남 창원시	청사 청소용역비	22,000	성산구 가음정동	4	6	4	1	7	1	1	3
9388	경남 창원시	청사 청소대행 용역	22,800	성산구 웅남동	4	8	4	1	7	1	1	4
9389	경남 창원시	마산합포구청 직장어린이집 운영	190,000	마산합포구 행정과	4	7	1	5	1	1	1	4
9390	경남 창원시	청사 청소 용역	510,000	마산합포구 행정과	4	7	2	1	1	1	1	2
9391	경남 창원시	보훈시설 유지 관리	17,500	마산합포구 사회복지과	4	7	4	1	1	1	1	2
9392	경남 창원시	공중화장실 위탁관리	327,804	마산합포구 환경미화과	4	4	1	1	1	1	1	2
9393	경남 창원시	부상야생동물 구조	9,000	마산합포구 환경미화과	4	1	4	1	6	1	1	3
9394	경남 창원시	부상야생동물 치료	9,000	마산합포구 환경미화과	4	1	4	1	6	1	1	3
9395	경남 창원시	청소용역	43,020	마산합포구 문화위생과	4	7	2	1	3	1	1	4
9396	경남 창원시	경비용역	200,976	마산합포구 문화위생과	4	7	2	1	3	1	1	4
9397	경남 창원시	공원녹지 및 시설(화장실,분수) 청소위탁관리	510,000	마산합포구 수산산림과	4	7	1	1	3	1	1	1
9398	경남 창원시	현동근린공원 어린이 물놀이장 운영관리용역	50,000	마산합포구 수산산림과	4	7	7	8	7	5	5	4
9399	경남 창원시	삼진운동장 청소 용역	19,200	마산합포구 진북면	4	8	4	1	2	5	4	4
9400	경남 창원시	청사 청소용역	138,000	마산회원구 행정과	4	7	6	1	6	1	1	4
9401	경남 창원시	노숙인 재활시설 운영비	786,623	마산회원구 사회복지과	4	2	7	8	7	5	1	1
9402	경남 창원시	노숙인 재활시설 취사원 인건비	21,544	마산회원구 사회복지과	4	6	7	8	7	5	1	1
9403	경남 창원시	노숙인 재활시설 입소자 사회적응 프로그램 운영	15,000	마산회원구 사회복지과	4	4	7	8	7	1	1	1
9404	경남 창원시	장기 입원환자 사후관리	9,000	마산회원구 사회복지과	4	4	7	8	7	1	1	1
9405	경남 창원시	공중화장실 위탁관리	194,040	마산회원구 환경미화과	4	4	2	1	1	1	1	4
9406	경남 창원시	부상야생동물 출동구조비	10,200	마산회원구 환경미화과	4	1	4	1	6	1	1	4
9407	경남 창원시	부상야생동물 치료비	11,000	마산회원구 환경미화과	4	1	4	1	6	1	1	4
9408	경남 창원시	산불무인감시카메라 위탁관리	18,000	마산회원구 산림농정과	4	7	4	1	6	1	1	2
9409	경남 창원시	분수시설 운영 및 유지 관리	18,000	마산회원구 산림농정과	4	7	4	7	6	1	1	2
9410	경남 창원시	공원 분수시설 및 물놀이장 저수조 청소 관리	20,000	마산회원구 산림농정과	4	7	4	7	6	1	1	2
9411	경남 창원시	공원녹지 및 화장실 청소 관리위탁	340,000	마산회원구 산림농정과	4	1	2	1	1	1	1	2
9412	경남 창원시	삼계물놀이장 운영 및 유지 관리	50,000	마산회원구 산림농정과	4	4	2	7	6	1	1	2
9413	경남 창원시	읍청사 청소용역	32,500	마산회원구 내서읍	4	4	4	1	3	1	5	4
9414	경남 창원시	공원 및 조경시설지 관리 용역	19,000	마산회원구 내서읍	4	4	4	7	6	1	5	4
9415	경남 창원시	청사 청소용역	477,515	진해구 행정과	4	8	2	1	1	1	1	4
9416	경남 창원시	공중화장실 청소민간위탁 용역	382,680	진해구 환경미화과	4	4	1	1	1	1	1	2
9417	경남 창원시	부상야생동물 구조비	6,900	진해구 환경미화과	4	1	4	1	6	1	1	4
9418	경남 창원시	부상야생동물 치료비	9,000	진해구 환경미화과	4	1	4	1	6	1	1	4
9419	경남 창원시	김달진문학관 위탁 운영	84,670	진해구 문화위생과	4	4	6	2	6	1	1	1
9420	경남 창원시	진해예술촌 위탁 운영	65,000	진해구 문화위생과	4	4	6	2	6	1	1	1
9421	경남 창원시	주기철목사기념관 위탁 운영	72,600	진해구 문화위생과	4	4	6	1	6	1	1	1
9422	경남 창원시	산불방지 CCTV 유지보수 위탁관리	22,000	진해구 수산산림과	4	8	4	7	7	5	5	4
9423	경남 창원시	분수시설 운영관리 용역	22,000	진해구 수산산림과	4	7	7	8	7	5	5	4
9424	경남 창원시	분수시설 저류조 청소 및 수질관리용역	22,000	진해구 수산산림과	4	7	7	8	7	5	5	4
9425	경남 창원시	물놀이장 저류조 청소 및 수질관리용역	10,000	진해구 수산산림과	4	7	7	8	7	5	5	4
9426	경남 창원시	공중화장실 정화조 위탁관리	18,000	진해구 수산산림과	4	7	4	1	7	1	1	4
9427	경남 창원시	안청공원 물놀이장 운영관리 용역	22,000	진해구 수산산림과	4	7	7	8	7	5	5	4
9428	경남 창원시	육대부지근린공원 물놀이장 운영관리 용역	22,000	진해구 수산산림과	4	7	7	8	7	5	5	4

순번	시군구	지출명 (사업명)	2021년예산 (단위:천원/1년간)	담당자 (공무원)	민간이전 분류 (지방자치단체 세출예산 집행기준에 의거)	민간이전지출 근거 (지방보조금 관리기준 참고)	입찰방식			운영예산 산정		성과평가 실시여부
				담당부서	1. 민간경상사업보조(307-02) 2. 민간단체 법정운영비보조(307-03) 3. 민간행사사업보조(307-04) 4. 민간위탁금(307-05) 5. 사회복지시설 법정운영비보조(307-10) 6. 민간인위탁교육비(307-12) 7. 공기관등에대한경상적위탁사업비(308-10) 8. 민간자본사업보조,자체재원(402-01) 9. 민간자본사업보조,이전재원(402-02) 10. 민간위탁사업비(402-03) 11. 공기관등에 대한 자본적 대행사업비(403-02)	1. 법률에 규정 2. 국고보조 재원(국가지정) 3. 용도 지정 기부금 4. 조례에 직접규정 5. 지자체가 권장하는 사업을 하는 공공기관 6. 시,도 정책 및 재정사정 7. 기타 8. 해당없음	계약체결방법 (경쟁형태) 1. 일반경쟁 2. 제한경쟁 3. 지명경쟁 4. 수의계약 5. 법정위탁 6. 기타 ( ) 7. 해당없음	계약기간 1. 1년 2. 2년 3. 3년 4. 4년 5. 5년 6. 기타 ( )년 7. 단기계약 (1년미만) 8. 해당없음	낙찰자선정방법 1. 적격심사 2. 협상에의한계약 3. 최저가낙찰제 4. 규격가격분리 5. 2단계 경쟁입찰 6. 기타 ( ) 7. 해당없음	운영예산 산정 1. 내부산정 (지자체 자체적으로 산정) 2. 외부산정 (외부전문기관위탁 산정) 3. 내·외부 모두 산정 4. 산정 無 5. 해당없음	정산방법 1. 내부정산 (지자체 내부적으로 정산) 2. 외부정산 (외부전문기관위탁 정산) 3. 내·외부 모두 산정 4. 정산 無 5. 해당없음	1. 실시 2. 미실시 3. 향후 추진 4. 해당없음
9429	경남 진주시	건강한아파트만들기	25,000	건강증진과	4	7	1	1	1	1	1	1
9430	경남 진주시	건강올리고사업	30,000	건강증진과	4	1	1	1	1	1	1	1
9431	경남 진주시	건강생활실천 교육자료 개발	20,000	건강증진과	4	1	1	1	1	1	1	1
9432	경남 진주시	건강한아파트 만들기 사업	20,000	건강증진과	4	1	1	1	1	1	1	1
9433	경남 진주시	호스피스 자원봉가바 양성 및 심화교육프로그램 위탁비	10,000	건강증진과	4	1	1	1	1	1	1	1
9434	경남 진주시	가족과 함께하는 희망프로그램	30,000	건강증진과	4	1	1	1	1	1	1	1
9435	경남 진주시	창작 유등체험관 사업 지원	150,000	관광진흥과	4	1	4	1	7	1	1	1
9436	경남 진주시	실크산업혁신센터 위탁관리비	800,000	기업통상과	4	4	7	7	7	1	1	1
9437	경남 진주시	진주지식산업센터 건물관리용역	500,000	기업통상과	4	1	7	8	7	5	5	4
9438	경남 진주시	근로자가족복지회관 위탁운영비	50,000	기업통상과	4	4	4	3	1	1	1	2
9439	경남 진주시	종합무역사절단 파견	120,000	기업통상과	4	4	6	7	7	5	1	2
9440	경남 진주시	기계류 전문 해외박람회 참가	50,000	기업통상과	4	4	6	7	7	5	1	2
9441	경남 진주시	수출보험료 지원사업	10,000	기업통상과	4	4	6	1	7	5	1	2
9442	경남 진주시	사회복지관 운영비	1,098,326	노인장애인과	4	2	7	8	7	1	1	4
9443	경남 진주시	노숙인시설 운영비	1,283,211	노인장애인과	4	2	7	8	7	1	1	4
9444	경남 진주시	노인일자리 및 사회활동지원	5,163,310	노인장애인과	4	2	5	1	7	3	3	1
9445	경남 진주시	노인일자리 및 사회활동지원	1,841,934	노인장애인과	4	2	5	1	7	3	3	1
9446	경남 진주시	노인일자리 및 사회활동지원	2,780,610	노인장애인과	4	2	5	1	7	3	3	1
9447	경남 진주시	노인일자리 및 사회활동지원	3,487,832	노인장애인과	4	2	5	1	7	3	3	1
9448	경남 진주시	문산시장 공중화장실 관리위탁	3,240	도시재생과	4	4	6	1	7	1	1	4
9449	경남 진주시	음식물쓰레기 공공처리시설 위탁운영 수수료	1,713,700	매립장사업소	4	1	6	2	7	2	1	2
9450	경남 진주시	재활용품선별장 민강위탁	1,948,000	매립장사업소	4	2	4	2	7	2	1	2
9451	경남 진주시	봉산사 운영비	3,600	문화예술과	4	6	7	1	7	1	1	3
9452	경남 진주시	장도장 및 두석장 운영비	21,600	문화예술과	4	6	4	1	7	1	1	3
9453	경남 진주시	한센간이양로주택 운영지원 및 재가한센인생계비지원	22,090	보건행정과	4	1	7	1	7	2	3	1
9454	경남 진주시	생물테러이중감시체계운영지원	2,520	보건행정과	4	2	7	8	7	2	3	1
9455	경남 진주시	표본감시운영경비	4,800	보건행정과	4	2	7	8	7	2	3	2
9456	경남 진주시	의료관련 감염병 표본감시체계 운영	22,000	보건행정과	4	2	7	8	7	2	3	1
9457	경남 진주시	위탁 자활근로사업	2,614,332	복지정책과	4	2	7	1	7	1	1	1
9458	경남 진주시	희망키움통장Ⅰ 지원사업	111,149	복지정책과	4	2	7	8	7	1	1	1
9459	경남 진주시	희망키움통장Ⅱ지원사업	335,399	복지정책과	4	2	7	8	7	1	1	1
9460	경남 진주시	내일키움통장 지원사업	33,819	복지정책과	4	2	7	8	7	1	1	1
9461	경남 진주시	청년희망키움통장 지원사업	139,628	복지정책과	4	2	7	8	7	1	1	1
9462	경남 진주시	탈수급지원 위탁운영비	5,664	복지정책과	4	6	7	8	7	1	1	1
9463	경남 진주시	청년저축계좌지원사업	210,998	복지정책과	4	2	7	8	7	1	1	1
9464	경남 진주시	유아숲지도사 위탁운영지원	51,320	산림과	4	2	7	8	7	5	5	4
9465	경남 진주시	숲해설 산림복지전문업 위탁운영	25,500	산림과	4	2	7	8	7	5	5	4
9466	경남 진주시	등산로변 편의시설 위탁관리	43,200	산림과	4	7	7	7	7	4	1	4
9467	경남 진주시	어린이급식관리지원센터설치운영	830,000	위생과	4	1	1	5	6	2	2	3
9468	경남 진주시	종합사회복지관(본관) 식당운영	244,201	종합사회복지관(본관)	4	1	1	2	5	1	1	3
9469	경남 진주시	종합사회복지관(상락원) 식당운영	173,246	종합사회복지관(상락원)	4	1	1	2	5	1	1	3
9470	경남 진주시	종합사회복지관(청락원) 식당운영	207,999	종합사회복지관(청락원)	4	1	1	2	5	1	1	3

순번	시군구	지출명 (사업명)	2021년예산 (단위:천원/1년간)	담당자 (공무원) 담당부서	민간이전 분류 (지방자치단체 세출예산 집행기준에 의거) 1. 민간경상사업보조(307-02) 2. 민간단체 법정운영비보조(307-03) 3. 민간행사사업보조(307-04) 4. 민간위탁금(307-05) 5. 사회복지시설 법정운영비보조(307-10) 6. 민간인위탁교육비(307-12) 7. 공기관등에대한경상적위탁사업비(308-10) 8. 민간자본사업보조,자체재원(402-01) 9. 민간자본사업보조,이전재원(402-02) 10. 민간위탁사업비(402-03) 11. 공기관등에 대한 자본적 대행사업비(403-02)	민간이전지출 근거 (지방보조금 관리기준 참고) 1. 법률에 규정 2. 국고보조 재원(국가지정) 3. 용도 지정 기부금 4. 조례에 직접규정 5. 지자체가 권장하는 사업을 하는 공공기관 6. 시,도 정책 및 재정사정 7. 기타 8. 해당없음	입찰방식 계약체결방법 (경쟁형태) 1. 일반경쟁 2. 제한경쟁 3. 지명경쟁 4. 수의계약 5. 법정위탁 6. 기타 ( ) 7. 해당없음	입찰방식 계약기간 1. 1년 2. 2년 3. 3년 4. 4년 5. 5년 6. 기타 ( )년 7. 단기계약 (1년미만) 8. 해당없음	입찰방식 낙찰자선정방법 1. 적격심사 2. 협상에의한계약 3. 최저가낙찰제 4. 규격가격분리 5. 2단계 경쟁입찰 6. 기타 ( ) 7. 해당없음	운영예산 산정 운영예산 산정 1. 내부산정 (지자체 자체적으로 산정) 2. 외부산정 (외부전문기관위탁 산정) 3. 내·외부 모두 산정 4. 산정 無 5. 해당없음	운영예산 산정 정산방법 1. 내부정산 (지자체 내부적으로 정산) 2. 외부정산 (외부전문기관위탁 정산) 3. 내·외부 모두 산정 4. 정산 無 5. 해당없음	성과평가 실시여부 1. 실시 2. 미실시 3. 향후 추진 4. 해당없음
9471	경남 진주시	청소업무 위탁운영	18,300	청소과	4	1	2	2	1	2	2	1
9472	경남 진주시	청소업무 위탁운영	18,300	청소과	4	1	2	2	1	2	2	1
9473	경남 진주시	2020~21년 진주시 대형폐기물 수집·운반·처리 대행 용역	37,847	청소과	4	1	7	8	7	5	5	4
9474	경남 진주시	진주시체육회 운영 지원	2,976,191	체육진흥과	4	1	7	8	7	1	1	4
9475	경남 진주시	장애인체육회 운영 지원	474,500	체육진흥과	4	1	7	8	7	1	1	4
9476	경남 진주시	진주시민축구단 운영 지원	770,000	체육진흥과	4	1	7	8	7	1	1	4
9477	경남 진주시	충효교육원 운영비	150,000	평생학습과	4	4	5	2	6	1	1	1
9478	경남 진주시	하수슬러지처리시설(탄화) 관리대행 용역비	2,076,101	하수운영과	4	4	4	3	3	2	1	2
9479	경남 진주시	진성 및 소규모 공공하수처리시설 관리대행 운영 용역비	1,050,000	하수운영과	4	4	2	2	2	2	1	2
9480	경남 진주시	공공폐수처리시설 위탁운영비	821,800	환경관리과	4	1	2	3	6	2	1	1
9481	경남 진주시	공공폐수처리시설 위탁용역비	474,461	환경관리과	4	1	2	3	6	2	1	1
9482	경남 진주시	공영자전거 운영	22,500	환경관리과	4	1	6	1	7	5	1	4
9483	경남 진주시	어린이교통공원 위탁운영	204,000	교통행정과	4	4	1	2	1	2	1	2
9484	경남 진주시	특별교통수단(휠체어 콜택시) 위탁운영	2,380,000	교통행정과	4	4	7	2	7	2	1	2
9485	경남 통영시	근로자종합복지관 운영	133,457	일자리정책과	4	4	6	6	7	1	1	4
9486	경남 통영시	비정규직근로자지원센터 운영	56,519	일자리정책과	4	4	6	3	7	1	1	4
9487	경남 통영시	청년센터운영	224,412	일자리정책과	4	4	1	2	1	1	1	4
9488	경남 통영시	통영요트학교 운영 지원	100,000	관광과	4	4	7	8	7	1	1	1
9489	경남 통영시	비진도해수욕장 환경정비 위탁	10,000	관광과	4	7	7	8	7	5	5	4
9490	경남 통영시	사량대항해수욕장 환경정비 위탁	5,000	관광과	4	7	7	8	7	5	5	4
9491	경남 통영시	조업중인양쓰레기수매사업	320,000	해양개발과	4	6	7	1	7	1	1	3
9492	경남 통영시	생활권 수목진료 민간컨설팅	2,782	공원녹지과	4	2	7	8	7	5	5	4
9493	경남 통영시	숲해설 산림복지전문업 위탁 운영	25,500	공원녹지과	4	2	7	8	7	5	5	4
9494	경남 통영시	직장어린이집 운영	260,000	행정과	4	1	2	5	1	5	5	4
9495	경남 통영시	인건비	52,000	문화예술과	4	4	7	1	7	1	1	1
9496	경남 통영시	경상경비	25,000	문화예술과	4	4	7	1	7	1	1	1
9497	경남 통영시	통영상륙작전기념관 운영비	85,000	문화예술과	4	4	7	8	7	1	1	4
9498	경남 통영시	통영시장애인종합복지관 운영	1,172,400	노인장애인복지과	4	1	5	5	1	1	1	1
9499	경남 통영시	통영시 환경자원화센터 민간위탁운영비	930,000	자원순환과	4	6	1	3	2	2	1	1
9500	경남 통영시	2020~2021년 생활폐기물 수집운반 및 거리청소 대행용역	2,052,883	자원순환과	4	1	2	2	1	2	2	1
9501	경남 통영시	2020~2022년 생활폐기물 수집운반 및 거리청소 대행용역	1,872,201	자원순환과	4	1	2	2	1	2	2	1
9502	경남 통영시	2020~2023년 생활폐기물 수집운반 및 거리청소 대행용역	2,116,678	자원순환과	4	1	2	2	1	2	2	1
9503	경남 통영시	2020~2024년 생활폐기물 수집운반 및 거리청소 대행용역	1,942,052	자원순환과	4	1	2	2	1	2	2	1
9504	경남 통영시	2020~2025년 생활폐기물 수집운반 및 거리청소 대행용역	1,920,545	자원순환과	4	1	2	2	1	2	2	1
9505	경남 통영시	2021년 종량제봉투 및 음식물납부필증 공급 대행용역	124,117	자원순환과	4	1	2	1	1	2	1	4
9506	경남 통영시	농촌신활력플러스 사업 추진 인건비	72,000	미래농업과	4	4	7	8	7	5	5	4
9507	경남 통영시	신활력사무국 운영비 신활력플러스사업	640,000	미래농업과	4	4	7	8	7	5	5	4
9508	경남 통영시	지역사회건강조사 책임대학 위탁금	68,282	건강증진과	4	2	5	1	7	3	3	4
9509	경남 통영시	통영시 소규모공공하수처리시설 관리대행 용역	1,080,921	상하수도과	4	1	1	5	2	2	1	1
9510	경남 통영시	통영시 분뇨처리장	910,000	상하수도과	4	8	4	1	2	1	1	1
9511	경남 통영시	자활근로사업	1,884,757	주민생활복지과	4	1	5	8	7	5	1	1
9512	경남 통영시	저소득차상위계층특별지원사업	78,593	주민생활복지과	4	6	7	8	7	5	1	4

순번	시군구	지출명 (사업명)	2021년예산 (단위:천원/1년간)	담당자 (공무원)	민간이전 분류 (지방자치단체 세출예산 집행기준에 의거) 1. 민간경상사업보조(307-02) 2. 민간단체 법정운영비보조(307-03) 3. 민간행사사업보조(307-04) 4. 민간위탁금(307-05) 5. 사회복지시설 법정운영비보조(307-10) 6. 민간인위탁교육비(307-12) 7. 공기관등에대한경상적위탁사업비(308-10) 8. 민간자본사업보조,자체재원(402-01) 9. 민간자본사업보조,이전재원(402-02) 10. 민간위탁사업비(402-03) 11. 공기관등에 대한 자본적 대행사업비(403-02)	민간이전지출 근거 (지방보조금 관리기준 참고) 1. 법률에 규정 2. 국고보조 재원(국가지정) 3. 용도 지정 기부금 4. 조례에 직접규정 5. 지자체가 권장하는 사업을 하는 공공기관 6. 시,도 정책 및 재정사정 7. 기타 8. 해당없음	입찰방식			운영예산 산정		성과평가 실시여부
				담당부서			계약체결방법 (경쟁형태) 1. 일반경쟁 2. 제한경쟁 3. 지명경쟁 4. 수의계약 5. 법정위탁 6. 기타 ( ) 7. 해당없음	계약기간 1. 1년 2. 2년 3. 3년 4. 4년 5. 5년 6. 기타 ( )년 7. 단기계약 (1년미만) 8. 해당없음	낙찰자선정방법 1. 적격심사 2. 협상에의한계약 3. 최저가낙찰제 4. 규격가격분리 5. 2단계 경쟁입찰 6. 기타 ( ) 7. 해당없음	운영예산 산정 1. 내부산정 (지자체 자체적으로 산정) 2. 외부산정 (외부전문기관위탁 산정) 3. 내·외부 모두 산정 4. 산정 無 5. 해당없음	정산방법 1. 내부정산 (지자체 내부적으로 정산) 2. 외부정산 (외부전문기관위탁 정산) 3. 내·외부 모두 산정 4. 정산 無 5. 해당없음	1. 실시 2. 미실시 3. 향후 추진 4. 해당없음
9513	경남 통영시	도남사회복지관운영	650,159	주민생활복지과	4	4	1	5	1	1	1	4
9514	경남 통영시	종합사회복지관운영	1,039,341	주민생활복지과	4	4	1	5	1	1	1	4
9515	경남 통영시	어린이급식관리지원센터운영	420,000	보건위생과	4	1	5	5	1	1	2	1
9516	경남 통영시	구제역 및 AI 예방약품 구입지원(구제역 예방접종 강화사업)	1,235,200	농축산과	4	1	7	8	7	5	5	4
9517	경남 사천시	어린이급식관리지원센터 설치운영	315,000	보건위생과	4	4	1	5	1	1	2	1
9518	경남 사천시	생활쓰레기 수집운반 위탁대행 용역비	20,000	환경사업소	4	1	2	1	1	2	2	1
9519	경남 사천시	사천시 자원회수센터 소각사용료	3,439,085	환경사업소	4	7	6	6	6	1	1	4
9520	경남 사천시	폐기물처리시설 관리대행	489,190	환경사업소	4	7	6	6	6	1	1	4
9521	경남 사천시	통합문화이용권사업	481,400	문화체육과	4	2	5	8	7	2	2	1
9522	경남 사천시	남양열린함마당축제지원	5,000,000	문화체육과	4	4	7	8	7	1	1	1
9523	경남 사천시	별주부전 축제 경비 지원	20,000	문화체육과	4	4	7	8	7	1	1	1
9524	경남 사천시	밝은 땅 다솔축제	12,000	문화체육과	4	4	7	8	7	1	1	1
9525	경남 사천시	삼천포아가씨 가요제	80,000	문화체육과	4	4	7	8	7	1	1	1
9526	경남 사천시	건강가정다문화가족지원센터 통합서비스	363,300	여성가족과	4	2	1	3	1	1	1	1
9527	경남 사천시	공동육아나눔터 운영	80,742	여성가족과	4	2	3	2	1	1	1	1
9528	경남 사천시	공중화장실 민간위탁 관리비	316,800	환경보호과	4	6	7	1	7	1	1	4
9529	경남 사천시	교통약자 콜택시 운영비 지원	357,300	민원교통과	4	4	7	2	7	5	1	4
9530	경남 사천시	특별교통수단 유료도로 통행료 지원	200,000	민원교통과	4	1	7	8	7	5	1	4
9531	경남 사천시	직장어린이집 민간위탁	358,000	행정과	4	1	6	5	6	1	1	4
9532	경남 사천시	조업 중 인양쓰레기 수매	100,000	해양수산과	4	6	7	1	7	1	1	4
9533	경남 사천시	어린이도서관 BTL사업	195,000	평생학습센터	4	2	6	6	6	2	4	1
9534	경남 사천시	공동방제단 운영	136,677	농축산과	4	2	7	8	7	1	1	1
9535	경남 사천시	공동방제단 운영	128,833	농축산과	4	2	7	8	7	1	1	1
9536	경남 사천시	사천사랑 시티투어 운영	2,500,000	관광진흥과	4	4	7	8	7	5	5	4
9537	경남 사천시	자활근로,지역자활센터 및 광역자활센터운영	1,600,000	주민생활지원과	4	2	6	1	7	1	1	4
9538	경남 사천시	자산형성지원사업	1,736,700	주민생활지원과	4	2	5	8	7	1	1	4
9539	경남 사천시	자산형성지원사업	15,391,600	주민생활지원과	4	2	5	8	7	1	1	4
9540	경남 사천시	자산형성지원사업	1,831,700	주민생활지원과	4	2	5	8	7	1	1	4
9541	경남 사천시	자산형성지원사업	1,662,200	주민생활지원과	4	2	5	8	7	1	1	4
9542	경남 사천시	자산형성지원사업	131,872	주민생활지원과	4	2	5	8	7	1	1	4
9543	경남 사천시	청사관리용역	860,000	회계과	4	7	1	3	3	2	1	3
9544	경남 사천시	향촌삽재농공단지 폐수연계처리시설 유지관리비지원	48,000	산업입지과	4	4	4	8	7	1	1	4
9545	경남 김해시	지역사회건강조사	69,086	건강증진과	4	2	6	1	7	1	3	1
9546	경남 김해시	김해시 어린이교통공원 위탁 운영	235,000	교통정책과	4	4	1	2	1	2	1	3
9547	경남 김해시	김해민속박물관 운영	99,100	문화예술과	4	1	7	8	7	1	1	1
9548	경남 김해시	통합문화이용권 사업	1,736,400	문화예술과	4	1	7	8	7	1	1	1
9549	경남 김해시	자활사업참여자 한마당 행사지원	900,000	생활안정과	4	7	5	1	6	1	1	1
9550	경남 김해시	민간위탁 자활근로사업 인부임	4,851,720	생활안정과	4	2	5	1	6	1	1	1
9551	경남 김해시	차상위계층 특별지원사업	324,450	생활안정과	4	6	5	1	6	1	1	1
9552	경남 김해시	목재문화박물관 운영 및 관리	555,000	산림과	4	1	1	3	2	1	1	3
9553	경남 김해시	김해시 재활용품선별장	1,704,993	청소행정과	4	1	2	3	2	2	1	1
9554	경남 김해시	음식물쓰레기 민간대행 처리비	126,800	청소행정과	4	1	2	1	2	2	1	1

순번	시군구	지출명 (사업명)	2021년예산 (단위:천원/1년간)	담당자 (공무원)	민간이전 분류 (지방자치단체 세출예산 집행기준에 의거)	민간이전지출 근거 (지방보조금 관리기준 참고)	입찰방식			운영예산 산정		성과평가 실시여부
				담당부서	1. 민간경상사업보조(307-02) 2. 민간단체 법정운영비보조(307-03) 3. 민간행사사업보조(307-04) 4. 민간위탁금(307-05) 5. 사회복지시설 법정운영비보조(307-10) 6. 민간인위탁교육비(307-12) 7. 공기관등에대한경상적위탁사업비(308-10) 8. 민간자본사업보조,자체재원(402-01) 9. 민간자본사업보조,이전재원(402-02) 10. 민간위탁사업비(402-03) 11. 공기관등에 대한 자본적 대행사업비(403-02)	1. 법률에 규정 2. 국고보조 재원(국가지정) 3. 용도 지정 기부금 4. 조례에 직접규정 5. 지자체가 권장하는 사업을 하는 공공기관 6. 시,도 정책 및 재정사정 7. 기타 8. 해당없음	계약체결방법 (경쟁형태) 1. 일반경쟁 2. 제한경쟁 3. 지명경쟁 4. 수의계약 5. 법정위탁 6. 기타 ( ) 7. 해당없음	계약기간 1. 1년 2. 2년 3. 3년 4. 4년 5. 5년 6. 기타 ( )년 7. 단기계약 (1년미만) 8. 해당없음	낙찰자선정방법 1. 적격심사 2. 협상에의한계약 3. 최저가낙찰제 4. 규격가격분리 5. 2단계 경쟁입찰 6. 기타 ( ) 7. 해당없음	운영예산 산정 1. 내부산정 (지자체 자체적으로 산정) 2. 외부산정 (외부전문기관위탁 산정) 3. 내·외부 모두 산정 4. 산정 無 5. 해당없음	정산방법 1. 내부정산 (지자체 내부적으로 정산) 2. 외부정산 (외부전문기관위탁 정산) 3. 내·외부 모두 산정 4. 정산 無 5. 해당없음	1. 실시 2. 미실시 3. 향후 추진 4. 해당없음
9555	경남 김해시	음식물쓰레기 민간대행 처리비	126,800	청소행정과	4	1	2	1	2	2	1	1
9556	경남 김해시	음식물 자원화처리시설 위탁대행료	3,284,893	청소행정과	4	1	2	3	2	2	1	1
9557	경남 김해시	김해시자원순환시설 관리운영 민간위탁	6,289,000	청소행정과	4	1	4	3	7	2	1	1
9558	경남 김해시	기초정신건강복지센터 지원	182,440	지역보건과	4	1	1	3	1	1	1	1
9559	경남 김해시	기초정신건강복지센터 지원	13,000,000	지역보건과	4	1	1	3	1	1	1	1
9560	경남 김해시	기초정신건강복지센터 인력확충	144,290	지역보건과	4	1	1	3	1	1	1	1
9561	경남 김해시	자살예방 및 정신건강증진사업	61,080	지역보건과	4	1	1	3	1	1	1	1
9562	경남 김해시	자살예방 및 정신건강증진사업	30,000	지역보건과	4	1	1	3	1	1	1	1
9563	경남 김해시	아동청소년 정신보건사업	51,970	지역보건과	4	1	1	3	1	1	1	1
9564	경남 김해시	기초정신건강복지센터 등 종사자 복지수당	8,268,000	지역보건과	4	1	1	3	1	1	1	1
9565	경남 김해시	정신질환 치료비 지원	41,090	지역보건과	4	1	1	3	1	1	1	1
9566	경남 김해시	중독관리통합지원센터 지원	161,688	지역보건과	4	1	1	3	1	1	1	1
9567	경남 김해시	중독관리통합지원센터 지원	25,000	지역보건과	4	1	1	3	1	1	1	1
9568	경남 김해시	김해교통약자콜택시 위탁운영	2,364,615	대중교통과	4	4	2	2	1	3	1	2
9569	경남 김해시	드론연습장 위탁 운영비	65,473	체육지원과	4	4	6	1	6	2	1	4
9570	경남 김해시	공공형 예식장 운영 지원	48,000	여성가족과	4	4	6	2	1	1	1	4
9571	경남 김해시	다문화가족지원센터 권역별 운영	70,000	여성가족과	4	4	7	8	7	1	1	4
9572	경남 김해시	다문화푸드카페 운영	10,000	여성가족과	4	4	6	2	1	1	1	4
9573	경남 김해시	아이돌봄 지원 운영비	1,179,000	여성가족과	4	1	7	8	7	5	1	4
9574	경남 김해시	청년 허브 운영	180,000	일자리정책과	4	7	7	8	7	5	5	4
9575	경남 김해시	김해형 1인 크리에이터 육성사업	50,000	일자리정책과	4	2	2	7	2	5	5	4
9576	경남 밀양시	지역사회건강조사 조사분석 위탁운영	68,130	건강증진과	4	2	6	6	7	5	2	1
9577	경남 밀양시	특별교통수단 도입운영	1,234,380	교통행정과	4	1	1	3	6	1	1	1
9578	경남 밀양시	농촌희망 일자리지원센터 지원	450,000	농정과	4	5	6	1	7	1	1	1
9579	경남 밀양시	문화시설 운영지원	80,000	문화예술과	4	4	7	3	7	1	1	4
9580	경남 밀양시	어린이급식관리 지원센터 운영	315,000	보건위생과	4	1	6	5	6	5	2	1
9581	경남 밀양시	장애인생활안정	37,008	사회복지과	4	4	1	1	1	5	1	1
9582	경남 밀양시	종합사회복지관 운영	980,000	사회복지과	4	4	2	5	1	1	1	1
9583	경남 밀양시	청소년동반자 프로그램 운영	66,910	사회복지과	4	1	7	8	7	1	1	1
9584	경남 밀양시	지역사회 청소년통합지원체계 구축	97,470	사회복지과	4	1	7	8	7	1	1	1
9585	경남 밀양시	청소년수련관 운영	555,996	사회복지과	4	1	7	8	7	1	1	1
9586	경남 밀양시	청소년문화의집 운영	223,252	사회복지과	4	1	7	8	7	1	1	1
9587	경남 밀양시	청소년상담실 운영	216,000	사회복지과	4	1	7	8	7	1	1	1
9588	경남 밀양시	학교 밖 청소년 지원	84,517	사회복지과	4	1	7	8	7	1	1	1
9589	경남 밀양시	건강가정 및 다문화가족 지원센터 운영	457,970	사회복지과	4	1	5	3	1	5	1	1
9590	경남 밀양시	장애인복지관 운영	1,046,159	사회복지과	4	4	2	5	1	1	1	1
9591	경남 밀양시	장애인일자리지원	183,348	사회복지과	4	2	1	1	1	5	1	1
9592	경남 밀양시	청소년 방과후 아카데미 운영	113,416	사회복지과	4	1	7	8	7	1	1	1
9593	경남 밀양시	학교 밖 청소년 급식 지원	9,070	사회복지과	4	1	7	8	7	1	1	1
9594	경남 밀양시	청소년 건강지원	44,180	사회복지과	4	1	7	8	7	1	1	1
9595	경남 밀양시	상수도사업	304,460	상하수도과	4	8	7	8	7	5	5	4
9596	경남 밀양시	하수도사업	28,880	상하수도과	4	8	7	8	7	5	5	4

순번	시군구	지출명 (사업명)	2021년예산 (단위:천원/1년간)	담당자 (공무원)	민간이전 분류 (지방자치단체 세출예산 집행기준에 의거)	민간이전지출 근거 (지방보조금 관리기준 참고)	입찰방식			운영예산 산정		성과평가 실시여부
				담당부서	1. 민간경상사업보조(307-02) 2. 민간단체 법정운영비보조(307-03) 3. 민간행사사업보조(307-04) 4. 민간위탁금(307-05) 5. 사회복지시설 법정운영비보조(307-10) 6. 민간인위탁교육비(307-12) 7. 공기관등에대한경상적위탁사업비(308-10) 8. 민간자본사업보조,자체재원(402-01) 9. 민간자본사업보조,이전재원(402-02) 10. 민간위탁사업비(402-03) 11. 공기관등에 대한 자본적 대행사업비(403-02)	1. 법률에 규정 2. 국고보조 재원(국가지정) 3. 용도 지정 기부금 4. 조례에 직접규정 5. 지자체가 권장하는 사업을 하는 공공기관 6. 시,도 정책 및 재정사정 7. 기타 8. 해당없음	계약체결방법 (경쟁형태) 1. 일반경쟁 2. 제한경쟁 3. 지명경쟁 4. 수의계약 5. 법정위탁 6. 기타 ( ) 7. 해당없음	계약기간 1. 1년 2. 2년 3. 3년 4. 4년 5. 5년 6. 기타 ( )년 7. 단기계약 (1년미만) 8. 해당없음	낙찰자선정방법 1. 적격심사 2. 협상에의한계약 3. 최저가낙찰제 4. 규격가격분리 5. 2단계 경쟁입찰 6. 기타 ( ) 7. 해당없음	운영예산 산정 1. 내부산정 (지자체 자체적으로 산정) 2. 외부산정 (외부전문기관위탁 산정) 3. 내·외부 모두 산정 4. 산정 無 5. 해당없음	정산방법 1. 내부정산 (지자체 내부적으로 정산) 2. 외부정산 (외부전문기관위탁 정산) 3. 내·외부 모두 산정 4. 정산 無 5. 해당없음	1. 실시 2. 미실시 3. 향후 추진 4. 해당없음
9597	경남 밀양시	어린이교통공원운영	70,000	안전재난관리과	4	4	7	8	7	5	5	4
9598	경남 밀양시	지역사랑상품권	480,000	일자리경제과	4	4	1	3	2	1	1	4
9599	경남 밀양시	자활근로 지역자활센터 및 광역자활센터운영	2,459,590	주민생활지원과	4	2	5	1	7	1	1	1
9600	경남 밀양시	시군역량강화	185,000	지역개발과	4	4	7	8	7	5	5	4
9601	경남 밀양시	마을만들기 종합개발	204,000	지역개발과	4	4	7	8	7	5	5	4
9602	경남 밀양시	마을만들기 자율개발	255,000	지역개발과	4	4	7	8	7	5	5	4
9603	경남 밀양시	마을만들기 지원센터 운영	497,377	지역개발과	4	4	7	8	7	5	5	4
9604	경남 밀양시	평생학습기반 구축	71,500	평생학습관	4	4	1	7	3	1	1	4
9605	경남 밀양시	평생학습기반 구축	39,960	평생학습관	4	4	4	7	7	1	1	4
9606	경남 밀양시	평생학습도시 조성	20,000	평생학습관	4	7	4	8	7	5	1	4
9607	경남 밀양시	후생복지증진	295,000	행정과	4	1	6	5	1	1	1	2
9608	경남 밀양시	생활쓰레기 수거	4,100,000	환경관리과	4	1	2	2	1	2	1	1
9609	경남 밀양시	폐기물소각장운영관리	3,161,000	환경관리과	4	4	2	4	4	2	1	1
9610	경남 거제시	민간의료기관 간병인 인건비 지원	206,300	감염관리과	4	6	7	1	7	3	3	4
9611	경남 거제시	한센등록환자 위탁관리	37,700	감염관리과	4	5	5	1	7	1	1	3
9612	경남 거제시	현장조사검사 및 확인 업무대행 수수료	2,000	허가과	4	4	7	8	7	1	1	1
9613	경남 거제시	거제블루시티투어 운영비 지원	42,000	관광과	4	4	6	2	6	1	1	1
9614	경남 거제시	특별교통수단(교통약자 콜택시) 위탁 운영	1,968,147	교통과	4	4	6	2	1	1	1	4
9615	경남 거제시	거제시종합사회복지관 운영	1,569,744	노인장애인과	4	4	5	5	7	1	1	4
9616	경남 거제시	옥포종합사회복지관 운영	1,206,553	노인장애인과	4	4	5	5	7	1	1	4
9617	경남 거제시	시니어클럽 운영비 지원	300,000	노인장애인과	4	1	1	5	1	1	1	1
9618	경남 거제시	독거노인 생활관리사 유류비	51,600	노인장애인과	4	2	1	1	1	1	1	1
9619	경남 거제시	관리자 수당	4,800,000	노인장애인과	4	2	1	1	1	1	1	1
9620	경남 거제시	고독사 예방을 위한 안부확인 전화비	1,200,000	노인장애인과	4	2	1	1	1	1	1	1
9621	경남 거제시	독거노인중증장애인 응급안전알림서비스 운영지원	31,854	노인장애인과	4	6	4	1	1	1	1	1
9622	경남 거제시	홀로사는 어르신 안전확인	39,228	노인장애인과	4	6	4	1	1	1	1	1
9623	경남 거제시	노인일자리 및 사회활동지원사업 참여자 및 전담인력 임금	282,840	노인장애인과	4	2	4	1	1	1	1	1
9624	경남 거제시	노인일자리 및 사회활동지원사업 수당보조	1,006,830	노인장애인과	4	6	4	1	1	1	1	1
9625	경남 거제시	장애인 일자리 지원	60,480	노인장애인과	4	6	2	1	1	1	1	4
9626	경남 거제시	거제시장애인복지관 운영	1,187,703	노인장애인과	4	4	5	5	7	1	1	4
9627	경남 거제시	맞춤형 중소형 농기계 구입 지원	420,000	농업관광과	4	6	7	8	7	5	5	4
9628	경남 거제시	청마생가 및 기념관 등 시설물 관리운영 위탁	125,000	문화예술과	4	4	7	8	7	5	5	4
9629	경남 거제시	조업 중 인양쓰레기 수매	100,000	바다자원과	4	6	7	8	7	5	5	4
9630	경남 거제시	권역별 바닷가 쓰레기수거 처리	100,000	바다자원과	4	6	7	8	7	5	5	4
9631	경남 거제시	방치선박 정리	40,000,000	바다자원과	4	6	7	8	7	5	5	4
9632	경남 거제시	지방상수도 위탁사업비	9,248,104	상하수도과	4	1	5	6	7	3	3	4
9633	경남 거제시	사회적공동체지원센터 운영	150,000	생활경제과	4	4	6	3	7	1	1	3
9634	경남 거제시	거제사랑상품권 위탁 업무 대행 수수료	1,165,000	생활경제과	4	1	6	1	7	1	1	4
9635	경남 거제시	담배소매인 지정신청 사실조사 업무대행	240,000	생활경제과	4	4	4	1	7	1	1	4
9636	경남 거제시	도서자가발전시설 위탁운영	790,821	생활경제과	4	4	7	8	7	1	1	4
9637	경남 거제시	오션사이드 수영장 운영	686,000	생활체육과	4	4	7	8	7	5	5	4
9638	경남 거제시	배수펌프장 위탁관리 용역	360,000	시민안전과	4	1	1	1	3	3	1	3

순번	시군구	지출명 (사업명)	2021년예산 (단위:천원/1년간)	담당자 (공무원) 담당부서	민간이전 분류 (지방자치단체 세출예산 집행기준에 의거) 1. 민간경상사업보조(307-02) 2. 민간단체 법정운영비보조(307-03) 3. 민간행사사업보조(307-04) 4. 민간위탁금(307-05) 5. 사회복지시설 법정운영비보조(307-10) 6. 민간인위탁교육비(307-12) 7. 공기관등에대한경상적위탁사업비(308-10) 8. 민간자본사업보조,자체재원(402-01) 9. 민간자본사업보조,이전재원(402-02) 10. 민간위탁사업비(402-03) 11. 공기관등에 대한 자본적 대행사업비(403-02)	민간이전지출 근거 (지방보조금 관리기준 참고) 1. 법률에 규정 2. 국고보조 재원(국가지정) 3. 용도 지정 기부금 4. 조례에 직접규정 5. 지자체가 권장하는 사업을 하는 공공기관 6. 시,도 정책 및 재정사정 7. 기타 8. 해당없음	입찰방식 계약체결방법 (경쟁형태) 1. 일반경쟁 2. 제한경쟁 3. 지명경쟁 4. 수의계약 5. 법정위탁 6. 기타 ( ) 7. 해당없음	입찰방식 계약기간 1. 1년 2. 2년 3. 3년 4. 4년 5. 5년 6. 기타 ( )년 7. 단기계약 (1년미만) 8. 해당없음	입찰방식 낙찰자선정방법 1. 적격심사 2. 협상에의한계약 3. 최저가낙찰제 4. 규격가격분리 5. 2단계 경쟁입찰 6. 기타 ( ) 7. 해당없음	운영예산 산정 운영예산 산정 1. 내부산정 (지자체 자체적으로 산정) 2. 외부산정 (외부전문기관위탁 산정) 3. 내·외부 모두 산정 4. 산정 無 5. 해당없음	운영예산 산정 정산방법 1. 내부정산 (지자체 내부적으로 정산) 2. 외부정산 (외부전문기관위탁 정산) 3. 내·외부 모두 산정 4. 정산 無 5. 해당없음	성과평가 실시여부 1. 실시 2. 미실시 3. 향후 추진 4. 해당없음
9639	경남 거제시	돌봄프로그램비 지원	24,000	평생교육과	4	4	7	8	7	1	1	3
9640	경남 거제시	공공요금 지원	4,800,000	평생교육과	4	4	7	8	7	1	1	3
9641	경남 거제시	여성인력개발센터 운영	230,000	여성가족과	4	4	1	5	1	1	1	2
9642	경남 거제시	다문화가족지원 특수시책사업	20,000	여성가족과	4	4	5	3	7	5	1	1
9643	경남 거제시	다문화가족 남편 서포터즈 운영	2,500	여성가족과	4	4	5	3	7	5	1	1
9644	경남 거제시	건강가정·다문화가족지원센터 종사자 수당 지원	20,800	여성가족과	4	4	5	3	7	5	1	1
9645	경남 거제시	이중언어 교육프로그램(글로벌 인재양성) 운영	13,000	여성가족과	4	4	5	3	7	5	1	1
9646	경남 거제시	건강가정 활성화사업	10,000	여성가족과	4	4	5	3	7	5	1	1
9647	경남 거제시	방문교육지도사 수당	2,400,000	여성가족과	4	4	5	3	7	5	1	1
9648	경남 거제시	소식지 발간	2,000,000	여성가족과	4	4	5	3	7	5	1	1
9649	경남 거제시	작은다문화학교 운영	25,000	여성가족과	4	4	5	3	7	5	1	1
9650	경남 거제시	가족한마당행사	5,000	여성가족과	4	4	5	3	7	5	1	1
9651	경남 거제시	신혼부부 프로그램 운영	10,000	여성가족과	4	4	5	3	7	5	1	1
9652	경남 거제시	여성결혼이민자 원어민강사 수당 지원	33,600	여성가족과	4	4	5	3	7	5	1	1
9653	경남 거제시	여성결혼이민자 인턴채용	17,300	여성가족과	4	4	5	3	7	5	1	1
9654	경남 거제시	시민자치대학 위탁운영	80,000	평생교육과	4	4	7	8	7	5	5	4
9655	경남 거제시	영어마을 위탁 및 진로교육지원센터 운영	500,000	평생교육과	4	4	7	8	7	5	5	4
9656	경남 거제시	생활폐기물 수집·운반 대행료	4,896,890	자원순환과	4	6	1	2	1	2	2	1
9657	경남 거제시	공중화장실 청소용역	805,000	자원순환과	4	6	2	1	1	2	1	4
9658	경남 거제시	하수처리시설(정화조) 관리용역	21,600	자원순환과	4	6	7	8	7	5	5	4
9659	경남 거제시	음식물류 폐기물 수집·운반대행료	2,542,170	자원순환과	4	6	1	1	1	2	1	4
9660	경남 거제시	재활용품 폐기물 수집·운반 대행료	3,429,268	자원순환과	4	6	1	1	1	2	1	4
9661	경남 거제시	폐형광등 수집·운반 대행료	45,348	자원순환과	4	6	1	1	1	2	1	4
9662	경남 거제시	비정규직 노동자 지원센터 운영지원	120,000	조선산업일자리과	4	4	1	2	1	1	1	1
9663	경남 거제시	노동복지회관 운영지원	100,000	조선산업일자리과	4	4	1	3	1	1	1	1
9664	경남 거제시	노동자 작업복 공동세탁소 운영지원	20,000	조선산업일자리과	4	5	7	8	7	5	5	4
9665	경남 거제시	도로명주소기본도 유지보수	9,484,000	토지정보과	4	1	5	1	7	2	2	4
9666	경남 거제시	하수슬러지 자원화 및 공공하수처리시설 등 위탁운영	2,520,480	하수운영과	4	1	4	5	1	2	1	1
9667	경남 거제시	하수슬러지 자원화 및 공공하수처리시설 등 위탁운영	500,040	하수운영과	4	1	4	5	1	2	1	1
9668	경남 거제시	직장보육시설 민간위탁 운영	375,610	행정과	4	4	1	5	1	3	2	3
9669	경남 거제시	자원봉사센터 위탁운영	225,200	행정과	4	1	7	8	7	5	5	4
9670	경남 거제시	현장조사검사 및 확인 업무 대행 수수료	70,000	허가과	4	4	7	2	7	1	1	1
9671	경남 양산시	기초정신건강복지센터 지원	311,454	건강증진과	4	4	1	3	1	3	3	3
9672	경남 양산시	만성질환 예방관리 지역사회 건강조사	68,510	건강증진과	4	1	6	1	6	5	2	1
9673	경남 양산시	정신건강복지센터등 종사자 복지수당 지원	10,176	건강증진과	4	4	1	3	1	3	3	3
9674	경남 양산시	정신건강복지센터등 종사자 복지수당 지원	1,908,000	건강증진과	4	4	1	3	1	3	3	3
9675	경남 양산시	지역자살예방사업	56,767	건강증진과	4	4	1	3	1	3	3	3
9676	경남 양산시	중독관리통합지원센터 지원	191,022	건강증진과	4	4	1	5	1	3	3	1
9677	경남 양산시	아동청소년 정신보건사업	104,588	건강증진과	4	4	1	3	1	3	3	3
9678	경남 양산시	기초정신건강복지센터 인력 확충	290,592	건강증진과	4	4	1	3	1	3	3	3
9679	경남 양산시	정신건강복지센터 자살예방사업 지원	35,315	건강증진과	4	4	1	3	1	3	3	3
9680	경남 양산시	시민평생교육원 위탁 운영	100,000	교육체육과	4	1	3	1	7	1	1	1

순번	시군구	지출명 (사업명)	2021년예산 (단위:천원/1년간)	담당자 (공무원)	민간이전 분류 (지방자치단체 세출예산 집행기준에 의거)	민간이전지출 근거 (지방보조금 관리기준 참고)	입찰방식			운영예산 산정		성과평가 실시여부
				담당부서	1. 민간경상사업보조(307-02) 2. 민간단체 법정운영비보조(307-03) 3. 민간행사사업보조(307-04) 4. 민간위탁금(307-05) 5. 사회복지시설 법정운영비보조(307-10) 6. 민간인위탁교육비(307-12) 7. 공기관등에대한경상적위탁사업비(308-10) 8. 민간자본사업보조,자체재원(402-01) 9. 민간자본사업보조,이전재원(402-02) 10. 민간위탁사업비(402-03) 11. 공기관등에 대한 자본적 대행사업비(403-02)	1. 법률에 규정 2. 국고보조 재원(국가지정) 3. 용도 지정 기부금 4. 조례에 직접규정 5. 지자체가 권장하는 사업을 하는 공공기관 6. 시,도 정책 및 재정사정 7. 기타 8. 해당없음	계약체결방법 (경쟁형태) 1. 일반경쟁 2. 제한경쟁 3. 지명경쟁 4. 수의계약 5. 법정위탁 6. 기타 ( ) 7. 해당없음	계약기간 1. 1년 2. 2년 3. 3년 4. 4년 5. 5년 6. 기타 ( )년 7. 단기계약 (1년미만) 8. 해당없음	낙찰자선정방법 1. 적격심사 2. 협상에의한계약 3. 최저가낙찰제 4. 규격가격분리 5. 2단계 경쟁입찰 6. 기타 ( ) 7. 해당없음	운영예산 산정 1. 내부산정 (지자체 자체적으로 산정) 2. 외부산정 (외부전문기관위탁 산정) 3. 내·외부 모두 산정 4. 산정 無 5. 해당없음	정산방법 1. 내부정산 (지자체 내부적으로 정산) 2. 외부정산 (외부전문기관위탁 정산) 3. 내·외부 모두 산정 4. 정산 無 5. 해당없음	1. 실시 2. 미실시 3. 향후 추진 4. 해당없음
9681	경남 양산시	평생학습 마을학교	98,000	교육체육과	4	1	2	1	1	3	1	1
9682	경남 양산시	양산 온누리 학습교실	27,000	교육체육과	4	1	2	1	1	3	1	1
9683	경남 양산시	중장년 남성을 위한 프로그램 운영	20,000	교육체육과	4	1	2	1	1	3	1	1
9684	경남 양산시	행락철 홍룡사 일원 주정차 지도	941,800	교통과	4	4	1	7	1	1	1	1
9685	경남 양산시	귀농 창업 활성화 지원	23,334	농업기술과	4	2	7	8	7	5	5	4
9686	경남 양산시	청년농업인 경영 진단·분석 컨설팅사업	1,200,000	농업기술과	4	2	7	8	7	5	5	4
9687	경남 양산시	병해충예찰답운영관리	200,000	농업기술과	4	2	7	8	7	5	5	4
9688	경남 양산시	웅상문예원 관리운영	70,000	문화관광과	4	6	7	8	7	3	3	1
9689	경남 양산시	근로자종합복지관 위탁운영	157,000	미래산업과	4	4	7	8	7	5	5	4
9690	경남 양산시	비정규직근로자지원센터 위탁운영	44,000	미래산업과	4	4	7	8	7	5	5	4
9691	경남 양산시	양산시종합사회복지관 운영	924,513	사회복지과	4	4	5	5	7	5	5	1
9692	경남 양산시	휠체어택시 운영	92,774	사회복지과	4	4	1	1	1	1	1	1
9693	경남 양산시	2021년 양산시 숲해설 운영사업	25,500	산림과	4	2	2	7	2	1	1	3
9694	경남 양산시	2021년 양산시 유아숲교육 운영사업	154,000	산림과	4	2	2	7	2	1	1	3
9695	경남 양산시	작은도서관 독서활동지도자 양성지원	500,000	시립도서관	4	4	7	8	7	5	5	4
9696	경남 양산시	어린이급식관리지원센터 설치 운영	945,000	위생과	4	1	7	3	7	1	2	1
9697	경남 양산시	양산사랑상품권 운영	200,000	일자리경제과	4	4	6	4	6	1	1	1
9698	경남 양산시	양산시 담배 소매인 지정 사실조사 보상 민간위탁	400,000	일자리경제과	4	4	7	5	7	1	1	1
9699	경남 양산시	생활폐기물 및 재활용품(1구역) 수집운반 대행	1,986,054	자원순환과	4	4	1	2	5	2	2	1
9700	경남 양산시	생활폐기물 및 재활용품(2구역) 수집운반 대행	1,716,953	자원순환과	4	4	1	2	5	2	2	1
9701	경남 양산시	생활폐기물 및 재활용품(3구역) 수집운반 대행	1,143,440	자원순환과	4	4	1	2	5	2	2	1
9702	경남 양산시	생활폐기물 및 재활용품(4구역) 수집운반 대행	1,131,114	자원순환과	4	4	1	2	5	2	2	1
9703	경남 양산시	음식물류폐기물(1구역) 수집운반 대행	1,472,993	자원순환과	4	4	1	2	5	2	2	1
9704	경남 양산시	음식물류폐기물(2구역) 수집운반 대행	1,029,392	자원순환과	4	4	1	2	5	2	2	1
9705	경남 양산시	대형폐기물 수집운반 대행	7,435,630	자원순환과	4	4	1	2	5	2	2	1
9706	경남 양산시	24시간 로드킬처리 대행	7,845,600	자원순환과	4	4	1	2	5	2	2	1
9707	경남 양산시	2021년 바이오가스화시설 및 침출수처리시설 민간위탁 관리운영	3,987,817	자원순환과	4	1	2	3	2	2	1	1
9708	경남 양산시	2021년 양산자원회수시설 운영관리 위수탁 용역	1,439,700	자원순환과	4	1	2	3	1	2	1	1
9709	경남 양산시	2021년도 양산시 도시재생지원센터 민간위탁비 교부	671,500	지역재생과	4	4	6	2	6	1	1	3
9710	경남 양산시	환경기초시설 통합운영비	8,395,000	하수과	4	1	2	5	2	2	1	1
9711	경남 의령군	천강문학상 작품 공모	9,000,000	문화관광과	4	4	7	8	7	1	1	4
9712	경남 의령군	교통약자 특별교통수단 운영	21,300,000	일자리경제과	4	4	1	3	1	1	1	4
9713	경남 의령군	교통약자 특별교통수단 유료도로 통행료 지원	2,600,000	일자리경제과	4	4	1	3	1	1	1	4
9714	경남 의령군	시설유지운영 지원	7,000,000	건설과	4	4	4	5	7	2	1	2
9715	경남 의령군	농어촌 마을상수도 위탁관리비	120,000,000	상하수도과	4	2	7	8	7	5	5	4
9716	경남 의령군	환경기초시설 민간위탁금	3,750,000	상하수도과	4	8	2	5	1	2	1	1
9717	경남 의령군	농어촌 마을상수도 위탁관리비	120,000	상하수도과	4	2	7	8	7	5	5	4
9718	경남 의령군	환경기초시설 민간위탁금	37,500,000	상하수도과	4	8	2	5	1	2	1	1
9719	경남 의령군	가사간병 방문지원사업	3,639,300	사회복지과	4	2	7	8	7	1	1	4
9720	경남 의령군	희망키움통장Ⅰ	694,600	사회복지과	4	2	7	8	7	1	1	4
9721	경남 의령군	희망키움통장Ⅱ	3,905,400	사회복지과	4	2	7	8	7	1	1	4
9722	경남 의령군	내일키움통장	3,522,000	사회복지과	4	2	7	8	7	1	1	4

순번	시군구	지출명 (사업명)	2021년예산 (단위:천원/1년간)	담당자 (공무원)	민간이전 분류 (지방자치단체 세출예산 집행기준에 의거)	민간이전지출 근거 (지방보조금 관리기준 참고)	입찰방식			운영예산 산정		성과평가 실시여부
				담당부서	1. 민간경상사업보조(307-02) 2. 민간단체 법정운영비보조(307-03) 3. 민간행사사업보조(307-04) 4. 민간위탁금(307-05) 5. 사회복지시설 법정운영비보조(307-10) 6. 민간인위탁교육비(307-12) 7. 공기관등에대한경상적위탁사업비(308-10) 8. 민간자본사업보조,자체재원(402-01) 9. 민간자본사업보조,이전재원(402-02) 10. 민간위탁사업비(402-03) 11. 공기관등에 대한 자본적 대행사업비(403-02)	1. 법률에 규정 2. 국고보조 재원(국가지정) 3. 용도 지정 기부금 4. 조례에 직접규정 5. 지자체가 권장하는 사업을 하는 공공기관 6. 시,도 정책 및 재정사정 7. 기타 8. 해당없음	계약체결방법 (경쟁형태) 1. 일반경쟁 2. 제한경쟁 3. 지명경쟁 4. 수의계약 5. 법정위탁 6. 기타 ( ) 7. 해당없음	계약기간 1. 1년 2. 2년 3. 3년 4. 4년 5. 5년 6. 기타 ( )년 7. 단기계약 (1년미만) 8. 해당없음	낙찰자선정방법 1. 적격심사 2. 협상에의한계약 3. 최저가낙찰제 4. 규격가격분리 5. 2단계 경쟁입찰 6. 기타 ( ) 7. 해당없음	운영예산 산정 1. 내부산정 (지자체 자체적으로 산정) 2. 외부산정 (외부전문기관위탁 산정) 3. 내·외부 모두 산정 4. 산정 無 5. 해당없음	정산방법 1. 내부정산 (지자체 내부적으로 정산) 2. 외부정산 (외부전문기관위탁 정산) 3. 내·외부 모두 산정 4. 정산 無 5. 해당없음	1. 실시 2. 미실시 3. 향후 추진 4. 해당없음
9723	경남 의령군	청년희망키움통장	3,326,000	사회복지과	4	2	7	8	7	1	1	4
9724	경남 의령군	청년저축계좌	5,275,000	사회복지과	4	2	7	8	7	1	1	4
9725	경남 의령군	위탁운영비	71,100,000	사회복지과	4	2	7	8	7	1	1	4
9726	경남 의령군	지역사회서비스투자사업	13,015,900	사회복지과	4	1	5	8	7	1	1	1
9727	경남 의령군	자원봉사자 연수	2,200,000	사회복지과	4	1	7	8	7	1	1	1
9728	경남 의령군	장애인 편의증진 도모	80,000,000	주민행복과	4	1	7	8	7	1	1	4
9729	경남 의령군	장애인 활동지원급여 지원	183,751,700	주민행복과	4	2	5	8	7	5	5	4
9730	경남 의령군	장애인 활동보조 가산급여	2,313,000	주민행복과	4	2	5	8	7	5	5	4
9731	경남 의령군	중증장애인 도우미 지원사업	155,280	주민행복과	4	2	5	8	7	5	5	4
9732	경남 의령군	발달장애인 부모심리상담지원	1,920,000	주민행복과	4	2	5	8	7	5	5	4
9733	경남 의령군	발달재활서비스 바우처 지원	47,520	주민행복과	4	2	5	8	7	5	5	4
9734	경남 의령군	발달장애인 주간활동서비스	444,003	주민행복과	4	2	5	8	7	5	5	4
9735	경남 의령군	발달장애인 방과후 돌봄서비스 지원	9,327,300	주민행복과	4	2	5	8	7	5	5	4
9736	경남 의령군	노인사회활동지원사업 민간위탁	1,576,654	주민행복과	4	2	7	1	7	1	1	4
9737	경남 의령군	노인일자리 수당	1,379,400	주민행복과	4	6	7	1	7	1	1	4
9738	경남 의령군	꿈나르미 육아센터 운영	2,301,190	주민행복과	4	8	7	8	7	1	1	1
9739	경남 의령군	청소년문화의 집	2,400,000	주민행복과	4	1	1	3	1	2	1	1
9740	경남 함안군	대학시설 위탁교육	3,600,000	기획예산실	4	8	4	3	2	5	5	4
9741	경남 함안군	시군역량강화사업	34,000,000	혁신성장담당관	4	4	6	6	7	3	1	3
9742	경남 함안군	농촌현장포럼	2,100,000	혁신성장담당관	4	4	6	6	7	3	1	3
9743	경남 함안군	어린이급식관리지원센터 설치운영지원	2,260,000	종합민원과	4	2	5	5	7	3	3	1
9744	경남 함안군	애국지사 손양원 기념관 운영	1,433,020	행복나눔과	4	1	7	8	7	1	1	2
9745	경남 함안군	독립유공 이태준 기념관 운영	5,000,000	행복나눔과	4	1	7	8	7	1	1	2
9746	경남 함안군	지역자율형 사회서비스 투자사업	30,385,400	행복나눔과	4	2	7	8	7	1	1	4
9747	경남 함안군	자활근로사업	1,350,000	행복나눔과	4	2	7	8	7	1	1	1
9748	경남 함안군	가사간병방문도우미사업	8,822,200	행복나눔과	4	2	7	8	7	1	1	1
9749	경남 함안군	근로능력있는 수급자의 탈수급 지원	254,014	행복나눔과	4	2	7	8	7	1	1	1
9750	경남 함안군	맞춤형 하우스클린사업	30,000	행복나눔과	4	6	7	8	7	1	1	1
9751	경남 함안군	청소년상담센터운영	161,000	주민복지과	4	4	1	3	1	1	1	4
9752	경남 함안군	청소년문화의집운영	235,000	주민복지과	4	4	7	8	7	5	5	4
9753	경남 함안군	청소년동반자프로그램운영	66,000	주민복지과	4	4	1	3	1	1	1	4
9754	경남 함안군	지역사회 청소년통합지원체계 구축	128,730	주민복지과	4	4	1	3	1	1	1	4
9755	경남 함안군	학교 밖 청소년 지원	102,566	주민복지과	4	4	1	3	1	1	1	4
9756	경남 함안군	지역청소년참여기구	280,000	주민복지과	4	4	1	3	1	1	1	4
9757	경남 함안군	청소년수련관운영	362,615	주민복지과	4	4	1	3	1	1	1	4
9758	경남 함안군	청소년 방과후 아카데미 운영	200,058	주민복지과	4	4	1	3	1	1	1	4
9759	경남 함안군	노인일자리및사회활동지원사업	3,586,927	주민복지과	4	2	4	1	2	5	3	1
9760	경남 함안군	노인복지회관 운영 및 관리	18,000,000	주민복지과	4	4	4	3	7	1	1	4
9761	경남 함안군	공동육아나눔터 운영 지원	10,765,600	주민복지과	4	2	5	5	7	1	1	4
9762	경남 함안군	장애인재활센터운영	15,400,000	주민복지과	4	4	1	4	1	1	1	3
9763	경남 함안군	장애인지역사회재활시설 운영	2,808,000	주민복지과	4	6	7	8	7	5	1	3
9764	경남 함안군	생활폐기물 수집운반 및 청소대행	3,369,753	환경과	4	2	2	1	1	2	1	1

순번	시군구	지출명 (사업명)	2021년예산 (단위:천원/1년간)	담당자 (공무원)	민간이전 분류 (지방자치단체 세출예산 집행기준에 의거)	민간이전지출 근거 (지방보조금 관리기준 참고)	입찰방식			운영예산 산정		성과평가 실시여부
				담당부서	1. 민간경상사업보조(307-02) 2. 민간단체 법정운영비보조(307-03) 3. 민간행사사업보조(307-04) 4. 민간위탁금(307-05) 5. 사회복지시설 법정운영비보조(307-10) 6. 민간인위탁교육비(307-12) 7. 공기관등에대한경상적위탁사업비(308-10) 8. 민간자본사업보조,자체재원(402-01) 9. 민간자본사업보조,이전재원(402-02) 10. 민간위탁사업비(402-03) 11. 공기관등에 대한 자본적 대행사업비(403-02)	1. 법률에 규정 2. 국고보조 재원(국가지정) 3. 용도 지정 기부금 4. 조례에 직접규정 5. 지자체가 권장하는 사업을 하는 공공기관 6. 시,도 정책 및 재정사정 7. 기타 8. 해당없음	계약체결방법 (경쟁형태) 1. 일반경쟁 2. 제한경쟁 3. 지명경쟁 4. 수의계약 5. 법정위탁 6. 기타 ( ) 7. 해당없음	계약기간 1. 1년 2. 2년 3. 3년 4. 4년 5. 5년 6. 기타 ( )년 7. 단기계약 (1년미만) 8. 해당없음	낙찰자선정방법 1. 적격심사 2. 협상에의한계약 3. 최저가낙찰제 4. 규격가격분리 5. 2단계 경쟁입찰 6. 기타 ( ) 7. 해당없음	운영예산 산정 1. 내부산정 (지자체 자체적으로 산정) 2. 외부산정 (외부전문기관위탁 산정) 3. 내·외부 모두 산정 4. 산정 無 5. 해당없음	정산방법 1. 내부정산 (지자체 내부적으로 정산) 2. 외부정산 (외부전문기관위탁 정산) 3. 내·외부 모두 산정 4. 정산 無 5. 해당없음	1. 실시 2. 미실시 3. 향후 추진 4. 해당없음
9765	경남 함안군	수질오염사고 처리 및 오염물질 위탁처리	10,000,000	환경과	4	2	4	7	2	2	1	2
9766	경남 함안군	숲해설 산림복지전문업 위탁	2,550,000	산림녹지과	4	2	7	8	7	5	5	4
9767	경남 함안군	한국한센복지협회 위탁진료비 및 시설지원보조	330,000	보건행정과	4	4	7	8	7	1	1	4
9768	경남 함안군	경주마 위탁관리	1,000,000	승마공원	4	7	7	8	7	5	5	4
9769	경남 함안군	육성마 경매 위탁관리	350,000	승마공원	4	7	7	8	7	5	5	4
9770	경남 창녕군	근로능력있는 수급자의 탈수급 지원	208,096	주민복지과	4	2	5	8	7	2	2	4
9771	경남 창녕군	장애인복지관 운영	1,444,000	주민복지과	4	1	1	5	1	1	1	1
9772	경남 창녕군	청소년수련시설 운영 지원	1,429,426	노인여성아동과	4	4	7	8	7	1	1	4
9773	경남 창녕군	청소년방과후아카데미 운영	388,256	노인여성아동과	4	4	7	8	7	1	1	4
9774	경남 창녕군	관광상품 개발	10,000	노인여성아동과	4	2	7	8	7	1	1	1
9775	경남 창녕군	관광시설물 관리	28,200	생태관광과	4	4	1	2	1	1	1	1
9776	경남 창녕군	통합문화이용권 사업	284,900	문화체육과	4	1	7	8	7	5	5	4
9777	경남 창녕군	매립시설 운영	30,000	환경위생과	4	8	7	8	7	5	5	4
9778	경남 창녕군	쓰레기 불법투기 근절	100,000	환경위생과	4	7	7	8	7	5	5	4
9779	경남 창녕군	자원순환형 사회구축	66,700	환경위생과	4	6	7	8	7	5	5	4
9780	경남 창녕군	공중화장실 민간위탁	204,601	환경위생과	4	8	7	8	7	5	5	4
9781	경남 창녕군	수질오염사고 및 오염원 관리	10,000,000	환경위생과	4	7	7	8	7	5	5	4
9782	경남 창녕군	하천하구쓰레기정화사업	7,200,000	환경위생과	4	2	7	8	7	5	5	4
9783	경남 창녕군	어린이급식관리지원센터 설치 운영	105,000	환경위생과	4	1	7	8	7	5	5	4
9784	경남 창녕군	숲해설 산림복지전문업 위탁 운영 지원	25,500	산림녹지과	4	1	7	8	7	5	5	2
9785	경남 창녕군	특별교통수단 도입 운영	501,008	건설교통과	4	7	1	3	1	1	1	1
9786	경남 창녕군	도시민농촌유치사업	36,000	농업정책과	4	2	7	8	7	5	5	4
9787	경남 창녕군	강소농 육성 지원	40,000	기술지원과	4	2	7	8	7	5	5	4
9788	경남 창녕군	한센환자 진료 위탁부담금	135,000	보건소 보건정책과	4	1	3	1	6	1	1	3
9789	경남 창녕군	지역사회건강조사 조사분석 위탁경영	678,280	보건소 건강관리과	4	2	7	8	7	5	3	1
9790	경남 고성군	공룡나라 두레-팜 관리위탁	73,000	군정혁신담당관	4	1	4	5	6	1	1	1
9791	경남 고성군	건강가정 및 다문화가족지원센터 운영	282,400	복지지원과	4	1	1	3	1	1	1	2
9792	경남 고성군	찾아가는 결혼이주여성 다이음사업 운영	30,000	복지지원과	4	1	1	3	1	1	1	2
9793	경남 고성군	여성결혼이민자 다문화가족지원센터 인턴	17,600	복지지원과	4	1	1	3	1	1	1	2
9794	경남 고성군	여성결혼이민자 원어민강사 수당지원	84,000	복지지원과	4	1	1	3	1	1	1	2
9795	경남 고성군	다문화가족지원센터 특수시책 지원	20,000	복지지원과	4	1	1	3	1	1	1	2
9796	경남 고성군	건강가정.다문화가족지원센터 종사자 수당 지원	15,600	복지지원과	4	1	1	3	1	1	1	2
9797	경남 고성군	결혼이민자 영유아기 자녀 양육서비스	17,500	복지지원과	4	1	1	3	1	1	1	2
9798	경남 고성군	이중언어 교육프로그램 운영	13,000	복지지원과	4	1	1	3	1	1	1	2
9799	경남 고성군	다문화가족 특성화사업	217,271	복지지원과	4	1	1	3	1	1	1	2
9800	경남 고성군	장애인복지관 운영	295,911	복지지원과	4	1	2	5	1	1	1	2
9801	경남 고성군	장사시설 운영지원	180,400	복지지원과	4	1	5	3	1	1	1	4
9802	경남 고성군	장사시설 운영지원	81,000	복지지원과	4	1	5	3	1	1	1	4
9803	경남 고성군	다함께돌봄센터 인건비 지원	106,080	교육청소년과	4	2	5	2	6	5	1	1
9804	경남 고성군	다함께돌봄센터 운영비 지원	72,000	교육청소년과	4	2	5	2	6	5	1	1
9805	경남 고성군	다함께돌봄센터 운영비 지원	24,000	교육청소년과	4	7	5	2	6	5	1	1
9806	경남 고성군	장난감 도서관 운영	56,650	교육청소년과	4	7	5	5	6	1	1	1

순번	시군구	지출명 (사업명)	2021년예산 (단위:천원/1년간)	담당자 (공무원)	민간이전 분류 (지방자치단체 세출예산 집행기준에 의거)	민간이전지출 근거 (지방보조금 관리기준 참고)	입찰방식			운영예산 산정		성과평가 실시여부
				담당부서	1. 민간경상사업보조(307-02) 2. 민간단체 법정운영비보조(307-03) 3. 민간행사사업보조(307-04) 4. 민간위탁금(307-05) 5. 사회복지시설 법정운영비보조(307-10) 6. 민간인위탁교육비(307-12) 7. 공기관등에대한경상적위탁사업비(308-10) 8. 민간자본사업보조,자체재원(402-01) 9. 민간자본사업보조,이전재원(402-02) 10. 민간위탁사업비(402-03) 11. 공기관등에 대한 자본적 대행사업비(403-02)	1. 법률에 규정 2. 국고보조 재원(국가지정) 3. 용도 지정 기부금 4. 조례에 직접규정 5. 지자체가 권장하는 사업을 하는 공공기관 6. 시,도 정책 및 재정사정 7. 기타 8. 해당없음	계약체결방법 (경쟁형태) 1. 일반경쟁 2. 제한경쟁 3. 지명경쟁 4. 수의계약 5. 법정위탁 6. 기타 ( ) 7. 해당없음	계약기간 1. 1년 2. 2년 3. 3년 4. 4년 5. 5년 6. 기타 ( )년 7. 단기계약 (1년미만) 8. 해당없음	낙찰자선정방법 1. 적격심사 2. 협상에의한계약 3. 최저가낙찰제 4. 규격가격분리 5. 2단계 경쟁입찰 6. 기타 ( ) 7. 해당없음	운영예산 산정 1. 내부산정 (지자체 자체적으로 산정) 2. 외부산정 (외부전문기관위탁 산정) 3. 내·외부 모두 산정 4. 산정 無 5. 해당없음	정산방법 1. 내부정산 (지자체 내부적으로 정산) 2. 외부정산 (외부전문기관위탁 정산) 3. 내·외부 모두 산정 4. 정산 無 5. 해당없음	1. 실시 2. 미실시 3. 향후 추진 4. 해당없음
9807	경남 고성군	공동육아나눔터 운영	107,656	교육청소년과	4	2	5	5	6	5	1	1
9808	경남 고성군	일반사업 지원	48,000	문화관광과	4	4	7	8	7	1	1	1
9809	경남 고성군	문화유적지 순례 지원	9,000	문화관광과	4	4	7	8	7	1	1	1
9810	경남 고성군	향토사료조사 지원	10,000	문화관광과	4	4	7	8	7	1	1	1
9811	경남 고성군	제6회 디카시 작품 계간지 발간	8,000	문화관광과	4	4	7	8	7	1	1	1
9812	경남 고성군	문학의 밤 행사 지원	3,000	문화관광과	4	4	7	8	7	1	1	1
9813	경남 고성군	창작도자기만들기 대회	7,000	문화관광과	4	4	7	8	7	1	1	1
9814	경남 고성군	소가야 골목 여행	10,000	문화관광과	4	4	7	8	7	1	1	1
9815	경남 고성군	기획공연	13,000	문화관광과	4	4	7	8	7	1	1	1
9816	경남 고성군	문묘석전제례	7,000	문화관광과	4	4	7	8	7	1	1	1
9817	경남 고성군	우수예술단체 찾아가는 문화활동	27,000	문화관광과	4	4	7	8	7	1	1	1
9818	경남 고성군	공립작은도서관 운영	133,000	문화관광과	4	1	7	8	7	1	1	1
9819	경남 고성군	슬레이트 처리지원 사업	1,528,000	환경과	4	2	7	8	7	5	5	4
9820	경남 고성군	음식물류폐기물 위탁처리	281,936	환경과	4	1	4	1	7	2	1	4
9821	경남 고성군	소각시설 위탁운영용역	1,510,913	환경과	4	1	2	2	2	2	1	1
9822	경남 고성군	조업중 인양쓰레기 수매	100,000	해양수산과	4	7	7	8	7	1	1	2
9823	경남 고성군	숲해설 산림복지전문업 위탁운영	25,500	녹지공원과	4	1	7	8	7	5	5	4
9824	경남 고성군	유아숲 체험원 위탁운영	51,320	녹지공원과	4	1	7	8	7	5	5	4
9825	경남 고성군	생활권민간컨설팅	3,478	녹지공원과	4	6	7	8	7	5	5	4
9826	경남 고성군	교통약자 특별교통수단 운영	290,000	도시교통과	4	4	5	3	7	1	1	4
9827	경남 고성군	버스승객대기실 청소 민간위탁	54,720	도시교통과	4	6	1	1	1	1	1	4
9828	경남 고성군	배둔터미널 관리 보조 지원	21,600	도시교통과	4	6	7	7	7	1	1	4
9829	경남 고성군	농업재해 지원	30,000	친환경농업과	4	4	7	8	7	5	5	4
9830	경남 고성군	산부인과 운영	220,000	보건소	4	7	2	3	2	1	2	1
9831	경남 고성군	한센병 위탁관리사업	21,800	보건소	4	4	5	1	7	3	3	4
9832	경남 고성군	지역사회건강조사 조사분석 위탁 운영	68,252	보건소	4	2	7	1	7	4	3	1
9833	경남 고성군	고성군 마을단위 공공하수처리시설 단순관리 대행용역	400,955	상하수도사업소	4	2	2	3	2	2	1	3
9834	경남 남해군	자활근로사업	1,026,270	주민복지과	4	1	5	1	7	3	1	1
9835	경남 남해군	한아름센터 운영	200,000	주민복지과	4	4	1	3	7	1	1	4
9836	경남 남해군	보물섬아카데미 일반 교양 강좌 운영	100,000	청년혁신과	4	4	7	8	7	1	1	3
9837	경남 남해군	물건방조어부림 등 화장실 및 주변정비 위탁관리	28,485	문화관광과	4	4	7	1	7	1	1	1
9838	경남 남해군	해수욕장 운영 및 유지관리	480,800	해양수산과	4	1	7	8	7	1	1	1
9839	경남 남해군	조업중 인양쓰레기 수매	120,000	해양수산과	4	1	6	8	7	1	1	4
9840	경남 남해군	지정해역위생관리	20,000	해양수산과	4	1	7	8	7	1	1	4
9841	경남 남해군	사촌마을 화장실 관리	432,000	건설교통과	4	7	4	1	6	1	1	1
9842	경남 남해군	공중화장실 관리 민간위탁	237,389	환경녹지과	4	7	4	1	7	1	1	2
9843	경남 남해군	음식물류폐기물 수집.운반 및 처리시설 운영 관리 위탁	881,769	환경녹지과	4	1	1	1	2	2	1	2
9844	경남 남해군	소아청소년과 운영지원	250,000	보건소	4	2	7	8	7	1	1	1
9845	경남 남해군	어린이급식관리지원센터 설치 운영	105,000	보건소	4	1	5	3	7	2	2	1
9846	경남 남해군	남해군 승마장 운영	77,000	농축산과	4	4	1	3	2	2	2	3
9847	경남 하동군	복지회관목욕탕운영비	30,000	주민행복과	4	6	1	1	6	1	1	3
9848	경남 하동군	알프스하동 종합복지관 운영지원	1,382,691	주민행복과	4	1	7	8	7	5	5	4

순번	시군구	지출명 (사업명)	2021년예산 (단위:천원/1년간)	담당자 (공무원)	민간이전 분류 (지방자치단체 세출예산 집행기준에 의거)	민간이전지출 근거 (지방보조금 관리기준 참고)	입찰방식			운영예산 산정		성과평가 실시여부
				담당부서	1. 민간경상사업보조(307-02) 2. 민간단체 법정운영비보조(307-03) 3. 민간행사사업보조(307-04) 4. 민간위탁금(307-05) 5. 사회복지시설 법정운영비보조(307-10) 6. 민간인위탁교육비(307-12) 7. 공기관등에대한경상적위탁사업비(308-10) 8. 민간자본사업보조,자체재원(402-01) 9. 민간자본사업보조,이전재원(402-02) 10. 민간위탁사업비(402-03) 11. 공기관등에 대한 자본적 대행사업비(403-02)	1. 법률에 규정 2. 국고보조 재원(국가지정) 3. 용도 지정 기부금 4. 조례에 직접규정 5. 지자체가 권장하는 사업을 하는 공공기관 6. 시,도 정책 및 재정사정 7. 기타 8. 해당없음	계약체결방법 (경쟁형태) 1. 일반경쟁 2. 제한경쟁 3. 지명경쟁 4. 수의계약 5. 법정위탁 6. 기타 ( ) 7. 해당없음	계약기간 1. 1년 2. 2년 3. 3년 4. 4년 5. 5년 6. 기타 ( )년 7. 단기계약 (1년미만) 8. 해당없음	낙찰자선정방법 1. 적격심사 2. 협상에의한계약 3. 최저가낙찰제 4. 규격가격분리 5. 2단계 경쟁입찰 6. 기타 ( ) 7. 해당없음	운영예산 산정 1. 내부산정 (지자체 자체적으로 산정) 2. 외부산정 (외부전문기관위탁 산정) 3. 내·외부 모두 산정 4. 산정 無 5. 해당없음	정산방법 1. 내부정산 (지자체 내부적으로 정산) 2. 외부정산 (외부전문기관위탁 정산) 3. 내·외부 모두 산정 4. 정산 無 5. 해당없음	1. 실시 2. 미실시 3. 향후 추진 4. 해당없음
9849	경남 하동군	장애인복지관 운영지원	51,100	주민행복과	4	1	7	8	7	5	5	4
9850	경남 하동군	중증장애인 도우미수당 지원사업	19,050	주민행복과	4	6	7	8	7	1	1	4
9851	경남 하동군	발달재활서비스 바우처 지원	58,320	주민행복과	4	2	7	8	7	1	1	4
9852	경남 하동군	장애인 활동지원급여 지원	1,281,989	주민행복과	4	2	7	8	7	1	1	4
9853	경남 하동군	장애인활동지원 가산급여	2,313	주민행복과	4	2	7	8	7	1	1	4
9854	경남 하동군	발달장애인 주간활동서비스 지원	384,800	주민행복과	4	2	7	8	7	1	1	4
9855	경남 하동군	발달장애인 방과후 돌봄서비스 지원	213,194	주민행복과	4	2	7	8	7	1	1	4
9856	경남 하동군	근로능력이 있는 수급자의 탈수급지원	160,096	주민행복과	4	2	7	8	7	1	1	4
9857	경남 하동군	자활사업 활성화 지원사업	30,000	주민행복과	4	4	7	8	7	1	1	4
9858	경남 하동군	자산형성지원 위탁운영 지원	1,204,000	주민행복과	4	2	7	8	7	1	1	4
9859	경남 하동군	가사간병방문지원사업	196,669	주민행복과	4	2	7	8	7	1	1	4
9860	경남 하동군	아이돌봄지원	335,000	주민행복과	4	1	5	3	1	1	1	4
9861	경남 하동군	문화시설 관리	55,000	문화체육과	4	4	7	8	7	1	1	4
9862	경남 하동군	통합문화이용권사업	255,300	문화체육과	4	2	7	8	7	1	1	4
9863	경남 하동군	이병주 문학관 위탁 운영	50,000	문화체육과	4	4	7	8	7	1	1	4
9864	경남 하동군	숲해설사 운영	25,500	산림녹지과	4	2	7	8	7	5	5	4
9865	경남 하동군	한센병 예방관리	3,250,000	보건정책과	4	3	7	1	7	1	1	1
9866	경남 하동군	어린이 급식관리지원센터 설치 운영	100,000	보건정책과	4	4	7	1	7	1	1	1
9867	경남 하동군	교통약자콜택시 위탁운영비	412,002	건설교통과	4	4	4	2	7	1	1	4
9868	경남 산청군	산청 목면시배유지 운영	50,000	문화체육과	4	4	7	8	7	5	5	4
9869	경남 산청군	산청 목조각장 전수관 운영 프로그램 지원	30,000	문화체육과	4	4	7	8	7	5	5	4
9870	경남 산청군	산청박물관 운영	138,000	문화체육과	4	4	7	8	7	5	5	4
9871	경남 산청군	청소년 방과후아카데미 운영	169,092	복지지원과	4	7	1	3	1	1	1	1
9872	경남 산청군	청소년 방과후아카데미 운영	27,200	복지지원과	4	7	1	3	1	1	1	1
9873	경남 산청군	공공 청소년 수련시설 관리	50,000	복지지원과	4	4	1	3	2	1	1	4
9874	경남 산청군	숲해설 산림복지전문업 위탁운영 지원	51,000	산림녹지과	4	2	7	8	7	5	5	4
9875	경남 산청군	공중화장실 관리	159,120	환경위생과	4	8	7	8	7	5	5	4
9876	경남 산청군	특별교통수단 운영비 지원	370,000	도시교통과	4	4	1	3	1	1	1	1
9877	경남 산청군	재가한센환자 관리	7,680	예방의약	4	5	7	8	7	1	1	1
9878	경남 산청군	공공하수처리시설 관리대행비	20,500	상하수도과	4	1	6	5	1	1	1	1
9879	경남 산청군	수질TMS관리대행비	160,000	상하수도과	4	1	7	8	7	5	5	4
9880	경남 산청군	분뇨처리시설 관리대행비	396,051	상하수도과	4	1	6	5	1	1	1	1
9881	경남 함양군	공동 관정 전기사용료 보조	120,000	상하수도사업소	4	8	7	8	7	1	5	4
9882	경남 함양군	2021년 마을상수도 및 소규모급수시설 유지관리 위탁 용역	143,000	상하수도사업소	4	4	4	1	3	1	1	3
9883	경남 함양군	4-H 영농시범사업	30,000	농산물유통과	4	4	7	8	7	5	5	4
9884	경남 함양군	학습단체 유수분리 농업용 급유기 지원	30,000	농산물유통과	4	4	7	8	7	5	5	4
9885	경남 함양군	영농폐기물 분리수거대 제작 지원	30,000	농산물유통과	4	4	7	8	7	5	5	4
9886	경남 함양군	희망키움통장Ⅰ	6,946	사회복지과	4	1	5	1	7	4	1	2
9887	경남 함양군	희망키움통장Ⅱ	44,796	사회복지과	4	1	5	1	7	4	1	2
9888	경남 함양군	내일키움통장	21,136	사회복지과	4	1	5	1	7	4	1	2
9889	경남 함양군	청년희망키움	3,326	사회복지과	4	1	5	1	7	4	1	2
9890	경남 함양군	청년저축계좌	52,750	사회복지과	4	1	5	1	7	4	1	2

순번	시군구	지출명 (사업명)	2021년예산 (단위:천원/1년간)	담당자 (공무원)	민간이전 분류 (지방자치단체 세출예산 집행기준에 의거)	민간이전지출 근거 (지방보조금 관리기준 참고)	입찰방식			운영예산 산정		성과평가 실시여부
				담당부서	1. 민간경상사업보조(307-02) 2. 민간단체 법정운영비보조(307-03) 3. 민간행사사업보조(307-04) 4. 민간위탁금(307-05) 5. 사회복지시설 법정운영비보조(307-10) 6. 민간인위탁교육비(307-12) 7. 공기관등에대한경상적위탁사업비(308-10) 8. 민간자본사업보조,자체재원(402-01) 9. 민간자본사업보조,이전재원(402-02) 10. 민간위탁사업비(402-03) 11. 공기관등에 대한 자본적 대행사업비(403-02)	1. 법률에 규정 2. 국고보조 재원(국가지정) 3. 용도 지정 기부금 4. 조례에 직접규정 5. 지자체가 권장하는 사업을 하는 공공기관 6. 시,도 정책 및 재정사정 7. 기타 8. 해당없음	계약체결방법 (경쟁형태) 1. 일반경쟁 2. 제한경쟁 3. 지명경쟁 4. 수의계약 5. 법정위탁 6. 기타 ( ) 7. 해당없음	계약기간 1. 1년 2. 2년 3. 3년 4. 4년 5. 5년 6. 기타 ( )년 7. 단기계약 (1년미만) 8. 해당없음	낙찰자선정방법 1. 적격심사 2. 협상에의한계약 3. 최저가낙찰제 4. 규격가격분리 5. 2단계 경쟁입찰 6. 기타 ( ) 7. 해당없음	운영예산 산정 1. 내부산정 (지자체 자체적으로 산정) 2. 외부산정 (외부전문기관위탁 산정) 3. 내·외부 모두 산정 4. 산정 無 5. 해당없음	정산방법 1. 내부정산 (지자체 내부적으로 정산) 2. 외부정산 (외부전문기관위탁 정산) 3. 내·외부 모두 산정 4. 정산 無 5. 해당없음	1. 실시 2. 미실시 3. 향후 추진 4. 해당없음
9891	경남 함양군	자활근로사업	1,747,102	사회복지과	4	1	5	1	7	4	1	2
9892	경남 함양군	자산형성지원사업 위탁운영비	1,055,000	사회복지과	4	1	5	1	7	4	1	2
9893	경남 함양군	일반산업단지 폐수종말처리시설 민간위탁 운영	244,000	일자리경제과	4	4	2	2	3	1	3	1
9894	경남 함양군	전통시장 공중화장실 민간위탁 관리	21,000	일자리경제과	4	1	7	8	7	5	5	4
9895	경남 함양군	취업지원사업	20,000	일자리경제과	4	4	7	8	7	5	5	4
9896	경남 함양군	숲해설 위탁 운영	51,000	산림녹지과	4	1	7	8	7	5	5	4
9897	경남 함양군	산림치유지도사 위탁 운영	61,332	산림녹지과	4	1	7	8	7	5	5	4
9898	경남 함양군	교통약자 콜택시 운영	270,000	건설교통과	4	4	6	3	1	1	1	2
9899	경남 거창군	어린이 급식관리 지원센터 설치운영	118,000	민원소통과	4	1	5	3	6	5	2	1
9900	경남 거창군	전수관 사무국 운영비	116,548	문화관광과	4	4	7	8	7	5	5	4
9901	경남 거창군	거창목재문화체험장 프로그램운영비	55,000	문화관광과	4	7	4	2	7	1	1	1
9902	경남 거창군	지역자율형 사회서비스 투자사업	342,655	복지정책과	4	1	7	7	7	1	1	1
9903	경남 거창군	지역자율형 사회서비스 투자사업	135,428	복지정책과	4	1	7	7	7	1	1	1
9904	경남 거창군	근로능력있는 수급자의탈수급지원	10,420	복지정책과	4	2	7	8	7	5	1	4
9905	경남 거창군	근로능력있는 수급자의탈수급지원	112,565	복지정책과	4	2	7	8	7	5	1	4
9906	경남 거창군	근로능력있는 수급자의탈수급지원	15,500	복지정책과	4	2	7	8	7	5	1	4
9907	경남 거창군	근로능력있는 수급자의탈수급지원	36,569	복지정책과	4	2	7	8	7	5	1	4
9908	경남 거창군	근로능력있는 수급자의탈수급지원	52,750	복지정책과	4	2	7	8	7	5	1	4
9909	경남 거창군	결혼이민자 일자리 창출	30,000	행복나눔과	4	1	5	2	1	1	1	1
9910	경남 거창군	시니어클럽운영	300,000	행복나눔과	4	1	7	5	7	1	1	1
9911	경남 거창군	삶의 쉼터 운영	1,008,698	행복나눔과	4	4	1	5	6	1	1	1
9912	경남 거창군	장애인복지관 운영	1,035,100	행복나눔과	4	6	7	3	1	1	1	1
9913	경남 거창군	장애인근로사업장운영	322,481	행복나눔과	4	6	7	3	1	1	1	4
9914	경남 거창군	휠체어택시 위탁 운영	77,320	행복나눔과	4	7	1	3	1	1	1	1
9915	경남 거창군	이동목욕차량 위탁 운영	34,000	행복나눔과	4	7	1	3	1	1	1	4
9916	경남 거창군	경남장애인도우미사업	400,000	행복나눔과	4	6	7	8	7	1	1	4
9917	경남 거창군	발달재활서비스지원	159,840	행복나눔과	4	2	7	8	7	1	1	4
9918	경남 거창군	발달장애인 부모상담지원	1,920	행복나눔과	4	2	7	8	7	1	1	4
9919	경남 거창군	장애인 활동지원급여	3,696,401	행복나눔과	4	2	7	8	7	1	1	4
9920	경남 거창군	중증장애인 활동보조 가산급여	4,626	행복나눔과	4	2	7	8	7	1	1	4
9921	경남 거창군	발달장애인 주간활동서비스 지원	370,000	행복나눔과	4	2	7	8	7	1	1	4
9922	경남 거창군	발달장애인 방과후 돌봄서비스지원	106,598	행복나눔과	4	2	7	8	7	1	1	4
9923	경남 거창군	폐기물 자원화	897,000	환경과	4	8	2	1	1	5	5	4
9924	경남 거창군	청소관리	4,980,000	환경과	4	8	4	3	7	2	1	1
9925	경남 거창군	소각시설 운영	1,796,113	환경과	4	8	1	3	7	2	1	1
9926	경남 거창군	천적생태과학관 위탁운영	200,000	농업기술과	4	4	4	3	2	3	3	1
9927	경남 거창군	마을만들기지원센터 운영 지원	412,000	행복농촌과	4	4	1	3	1	1	1	1
9928	경남 거창군	거창푸드종합센터 민간위탁금 지원	374,000	행복농촌과	4	4	1	3	1	1	1	1
9929	경남 거창군	마을상수도 등 위탁관리	321,030	수도사업소	4	4	2	5	1	2	1	4
9930	경남 거창군	환경기초시설 운영 민간위탁금	50,000	수도사업소	4	1	1	3	2	2	1	1
9931	경남 거창군	환경기초시설 발생 슬러지 처리	300,000	수도사업소	4	1	7	8	7	5	5	4
9932	경남 거창군	엘리트운동부 육성	317,500	체육시설사업소	4	4	7	8	7	1	1	1

순번	시군구	지출명 (사업명)	2021년예산 (단위:천원/1년간)	담당자 (공무원) 담당부서	민간이전 분류 (지방자치단체 세출예산 집행기준에 의거) 1. 민간경상사업보조(307-02) 2. 민간단체 법정운영비보조(307-03) 3. 민간행사사업보조(307-04) 4. 민간위탁금(307-05) 5. 사회복지시설 법정운영비보조(307-10) 6. 민간인위탁교육비(307-12) 7. 공기관등에대한경상적위탁사업비(308-10) 8. 민간자본사업보조,자체재원(402-01) 9. 민간자본사업보조,이전재원(402-02) 10. 민간위탁사업비(402-03) 11. 공기관등에 대한 자본적 대행사업비(403-02)	민간이전지출 근거 (지방보조금 관리기준 참고) 1. 법률에 규정 2. 국고보조 재원(국가지정) 3. 용도 지정 기부금 4. 조례에 직접규정 5. 지자체가 권장하는 사업을 하는 공공기관 6. 시,도 정책 및 재정사정 7. 기타 8. 해당없음	입찰방식 계약체결방법 (경쟁형태) 1. 일반경쟁 2. 제한경쟁 3. 지명경쟁 4. 수의계약 5. 법정위탁 6. 기타 ( ) 7. 해당없음	입찰방식 계약기간 1. 1년 2. 2년 3. 3년 4. 4년 5. 5년 6. 기타 ( )년 7. 단기계약 (1년미만) 8. 해당없음	입찰방식 낙찰자선정방법 1. 적격심사 2. 협상에의한계약 3. 최저가낙찰제 4. 규격가격분리 5. 2단계 경쟁입찰 6. 기타 ( ) 7. 해당없음	운영예산 산정 운영예산 산정 1. 내부산정 (지자체 자체적으로 산정) 2. 외부산정 (외부전문기관위탁 산정) 3. 내·외부 모두 산정 4. 산정 無 5. 해당없음	운영예산 산정 정산방법 1. 내부정산 (지자체 내부적으로 정산) 2. 외부정산 (외부전문기관위탁 정산) 3. 내·외부 모두 산정 4. 정산 無 5. 해당없음	성과평가 실시여부 1. 실시 2. 미실시 3. 향후 추진 4. 해당없음
9933	경남 합천군	합천군창의사 민간위탁	160,000	문화예술과	4	4	7	2	7	1	1	1
9934	경남 합천군	합천문화원사 관리위탁	50,000	문화예술과	4	1	7	8	7	1	1	1
9935	경남 합천군	황산화장실 관리위탁	41,160,000	관광진흥과	4	4	6	1	6	1	1	1
9936	경남 합천군	합천체육관 민간위탁 운영	442,284	체육시설과	4	4	5	3	7	2	1	2
9937	경남 합천군	원폭자료관 위탁 운영	55,000	주민복지과	4	4	7	8	7	1	1	1
9938	경남 합천군	아동청소년 심리지원 서비스 등 8개 사업	372,812	주민복지과	4	2	7	8	7	5	2	4
9939	경남 합천군	가사간병 방문지원 사업	59,013	주민복지과	4	2	7	8	7	5	2	4
9940	경남 합천군	자활근로사업	1,702,148	주민복지과	4	1	7	8	7	1	1	4
9941	경남 합천군	희망키움통장사업(Ⅰ)	9,680	주민복지과	4	1	7	8	7	1	1	4
9942	경남 합천군	희망키움통장사업(Ⅱ)	119,190	주민복지과	4	1	7	8	7	1	1	4
9943	경남 합천군	내일키움통장사업	25,946	주민복지과	4	1	7	8	7	1	1	4
9944	경남 합천군	청년희망키움통장사업	58,400	주민복지과	4	1	7	8	7	1	1	4
9945	경남 합천군	청년저축계좌	20,735	주민복지과	4	1	7	8	7	1	1	4
9946	경남 합천군	자산형성지원사업 위탁운영비	2,000	주민복지과	4	1	7	8	7	1	1	4
9947	경남 합천군	맞춤형클린하우스 지원사업	20,000	주민복지과	4	1	7	8	7	1	1	4
9948	경남 합천군	장애인 활동지원 사업	3,183,606	주민복지과	4	1	7	8	7	1	1	3
9949	경남 합천군	활동보조 가산급여	2,313	주민복지과	4	1	7	8	7	1	1	3
9950	경남 합천군	중증장애인 도우미지원 사업	131,120	주민복지과	4	1	7	8	7	1	1	3
9951	경남 합천군	발달재활서비스 지원	45,360	주민복지과	4	1	7	3	7	1	1	3
9952	경남 합천군	발달장애인 주간활동서비스지원	592,002	주민복지과	4	1	7	8	7	1	1	3
9953	경남 합천군	발달장애인 방과후 돌봄서비스지원	106,598	주민복지과	4	1	7	8	7	1	1	3
9954	경남 합천군	시간제 및 영아종일제 돌봄 서비스	400,000	노인아동여성과	4	2	7	8	7	1	1	4
9955	경남 합천군	육아종합지원센터 종사자 인건비	289,892	노인아동여성과	4	4	7	8	7	1	1	4
9956	경남 합천군	육아종합지원센터 운영비	140,370	노인아동여성과	4	4	7	8	7	1	1	4
9957	경남 합천군	육아종합지원센터(부모교육)	24,000	노인아동여성과	4	2	7	8	7	1	1	4
9958	경남 합천군	전통시장 공중화장실 관리비	22,184	경제교통과	4	7	4	1	1	1	1	4
9959	경남 합천군	특별교통수단 위탁운영	285,600	경제교통과	4	4	5	3	7	1	1	4
9960	경남 합천군	야로농공단지	150,000	경제교통과	4	4	1	3	1	2	1	4
9961	경남 합천군	율곡농공단지	130,000	경제교통과	4	4	1	3	1	2	1	4
9962	경남 합천군	가야천 수변공원 공중화장실 관리위탁	11,520,000	안전총괄과	4	6	6	7	6	1	1	4
9963	경남 합천군	통합관제센터 운영 모니터요원 용역비	654,580	안전총괄과	4	6	1	1	1	1	1	4
9964	경남 합천군	초등학교 CCTV연계 모니터요원 용역비	122,784	안전총괄과	4	6	1	1	1	1	1	4
9965	경남 합천군	음식물류 폐기물 처리 위탁수수료	300,000	환경위생과	4	7	2	1	1	1	5	4
9966	경남 합천군	쓰레기 배출장 클린화 사업비	50,000	환경위생과	4	7	7	8	7	5	5	4
9967	경남 합천군	폐기물처리시설 민간위탁	1,973,668	환경위생과	4	6	1	3	2	2	1	2
9968	경남 합천군	생활폐기물소각시설 굴뚝자동측정기기 유지관리 용역	216,000,000	환경위생과	4	1	4	1	6	1	1	2
9969	경남 합천군	환경사업소 소방설비 작동기능 점검 및 안전관리 용역	6,000	환경위생과	4	1	4	1	6	1	1	2
9970	경남 합천군	수처리시설 민간위탁금	1,662,367	환경위생과	4	6	1	3	2	2	1	2
9971	경남 합천군	전문소독(청소)대행	23,100	환경위생과	4	1	4	1	6	1	1	2
9972	경남 합천군	공중화장실 관리위탁	98,208	환경위생과	4	1	6	7	7	1	1	2
9973	경남 합천군	어린이급식관리지원센터 운영사업	105,000	환경위생과	4	2	5	3	1	5	2	1
9974	경남 합천군	공공하수처리시설운영 위탁관리	36,000	상하수도과	4	1	1	3	1	2	1	1

순번	시군구	지출명 (사업명)	2021년예산 (단위:천원/1년간)	담당자 (공무원)	민간이전 분류 (지방자치단체 세출예산 집행기준에 의거)	민간이전지출 근거 (지방보조금 관리기준 참고)	입찰방식			운영예산 산정		성과평가 실시여부
				담당부서	1. 민간경상사업보조(307-02) 2. 민간단체 법정운영비보조(307-03) 3. 민간행사사업보조(307-04) 4. 민간위탁금(307-05) 5. 사회복지시설 법정운영비보조(307-10) 6. 민간인위탁교육비(307-12) 7. 공기관등에대한경상적위탁사업비(308-10) 8. 민간자본사업보조,자체재원(402-01) 9. 민간자본사업보조,이전재원(402-02) 10. 민간위탁사업비(402-03) 11. 공기관등에 대한 자본적 대행사업비(403-02)	1. 법률에 규정 2. 국고보조 재원(국가지정) 3. 용도 지정 기부금 4. 조례에 직접규정 5. 지자체가 권장하는 사업을 하는 공공기관 6. 시,도 정책 및 재정사정 7. 기타 8. 해당없음	계약체결방법 (경쟁형태) 1. 일반경쟁 2. 제한경쟁 3. 지명경쟁 4. 수의계약 5. 법정위탁 6. 기타 ( ) 7. 해당없음	계약기간 1. 1년 2. 2년 3. 3년 4. 4년 5. 5년 6. 기타 ( )년 7. 단기계약 (1년미만) 8. 해당없음	낙찰자선정방법 1. 적격심사 2. 협상에의한계약 3. 최저가낙찰제 4. 규격가격분리 5. 2단계 경쟁입찰 6. 기타 ( ) 7. 해당없음	운영예산 산정 1. 내부산정 (지자체 자체적으로 산정) 2. 외부산정 (외부전문기관위탁 산정) 3. 내·외부 모두 산정 4. 산정 無 5. 해당없음	정산방법 1. 내부정산 (지자체 내부적으로 정산) 2. 외부정산 (외부전문기관위탁 정산) 3. 내·외부 모두 산정 4. 정산 無 5. 해당없음	1. 실시 2. 미실시 3. 향후 추진 4. 해당없음
9975	경남 합천군	산림치유지도사 산림복지전문업 위탁	61,336	산림과	4	8	7	8	7	5	5	4
9976	경남 합천군	강소농모델농가육성 정밀경영컨설팅	10,000	농업지도과	4	2	7	8	7	5	5	4
9977	경남 합천군	농촌인력은행 운영	135,000	농업지도과	4	6	4	1	7	1	1	1
9978	경남 합천군	의료폐기물 위탁처리 용역비	23,040	보건소	4	7	2	1	1	1	1	4
9979	경남 합천군	암조기 검진사업	96,852	보건소	4	2	7	8	7	5	1	4
9980	경남 합천군	영유아 건강검진사업	8,780	보건소	4	2	7	8	7	5	1	4
9981	경남 합천군	의료급여수급권자 건강검진	11,819	보건소	4	2	7	8	7	5	1	4
9982	경남 합천군	희귀난치성질환자 의료비 지원	109,746	보건소	4	2	7	8	7	5	1	4
9983	경남 합천군	한센병 관리사업	5,070	보건소	4	1	7	1	7	1	1	4
9984	경남 합천군	저소득층 기저귀 지원사업	34,052	보건소	4	2	7	8	7	5	3	1
9985	경남 합천군	저소득층 조제분유 지원사업	1,792,000	보건소	4	2	7	8	7	5	3	1
9986	경남 합천군	표준모자보건수첩 제작	2,000,000	보건소	4	2	7	8	7	5	3	4
9987	경남 합천군	청소년산모 임신출산의료비지원	4,000,000	보건소	4	2	7	8	7	5	5	4
9988	경남 합천군	지역자율형 사회서비스 투자사업	97,245	보건소	4	2	7	8	7	5	5	4
9989	경남 합천군	지역사회 건강조사사업	67,600	보건소	4	2	7	8	7	3	3	1
9990	전북 전주시	청소년시설 민간위탁 운영	1,455,143	교육청소년과	4	6	1	3	6	3	1	4
9991	전북 전주시	비정규직 노동자 지원센터 운영	195,067	일자리청년정책과	4	4	1	3	1	1	1	1
9992	전북 전주시	CCTV 통합관제센터 운영	915,264	스마트시티과	4	8	7	8	7	5	5	4
9993	전북 전주시	CCTV 통합관제센터 운영	915,264	스마트시티과	4	4	2	3	2	1	1	2
9994	전북 전주시	사회복지관 운영	1,886,440	생활복지과	4	1	5	8	7	5	1	1
9995	전북 전주시	노숙인시설 위탁관리(사랑의 집)	27,000	생활복지과	4	1	7	8	7	1	1	1
9996	전북 전주시	장애인 일자리지원센터 운영	70,000	생활복지과	4	1	1	3	1	1	1	1
9997	전북 전주시	저소득장애인 맞춤형 일자리 지원	200,000	생활복지과	4	1	1	3	1	1	1	1
9998	전북 전주시	장애인 활동보조 추가지원 사업	2,273,385	생활복지과	4	1	7	8	7	5	5	4
9999	전북 전주시	발달재활서비스 바우처 지원	2,044,704	생활복지과	4	2	7	8	7	5	5	4
10000	전북 전주시	언어발달지원 바우처 지원	4,764,900	생활복지과	4	2	7	8	7	5	5	4
10001	전북 전주시	발달장애인 부모심리상담지원	7,714,000	생활복지과	4	2	7	8	7	5	5	4
10002	전북 전주시	활동보조 가산급여	88,663	생활복지과	4	1	7	8	7	5	5	4
10003	전북 전주시	장애인 전용목욕탕 운영	120,000	생활복지과	4	6	7	5	7	1	1	1
10004	전북 전주시	노인복지관 운영	4,314,700	통합돌봄과	4	4	7	8	7	1	1	1
10005	전북 전주시	노인취업지원센터 운영	219,437	통합돌봄과	4	7	7	8	7	1	1	1
10006	전북 전주시	노인일거리 마련사업	704,770	통합돌봄과	4	7	7	8	7	1	1	1
10007	전북 전주시	전주시 아동보호전문기관 운영	220,192	여성가족과	4	1	7	8	7	1	1	2
10008	전북 전주시	에너지센터 운영	470,000	맑은공기에너지과	4	4	1	2	1	1	1	1
10009	전북 전주시	어린이급식관리지원센터 설치 운영	1,234,600	환경위생과	4	1	1	3	1	2	2	1
10010	전북 전주시	전주대사습청 운영	164,000	문화정책과	4	4	7	8	7	5	5	4
10011	전북 전주시	생활문화센터 민간위탁	611,000	문화정책과	4	4	7	8	7	1	1	1
10012	전북 전주시	전주영화종합촬영소 운영	347,000	문화정책과	4	4	7	3	7	1	1	1
10013	전북 전주시	전주영화제작소 운영	546,000	문화정책과	4	4	7	3	7	1	1	1
10014	전북 전주시	최명희문학관 민간위탁	199,929	한옥마을지원과	4	4	1	3	1	1	1	1
10015	전북 전주시	전주전통술박물관 민간위탁	150,443	한옥마을지원과	4	4	1	3	1	1	1	1
10016	전북 전주시	전주부채문화관 민간위탁	186,929	한옥마을지원과	4	4	1	3	1	1	1	1

순번	시군구	지출명 (사업명)	2021년예산 (단위:천원/1년간)	담당자 (공무원)	민간이전 분류 (지방자치단체 세출예산 집행기준에 의거)	민간이전지출 근거 (지방보조금 관리기준 참고)	입찰방식			운영예산 산정		성과평가 실시여부
				담당부서	1. 민간경상사업보조(307-02) 2. 민간단체 법정운영비보조(307-03) 3. 민간행사사업보조(307-04) 4. 민간위탁금(307-05) 5. 사회복지시설 법정운영비보조(307-10) 6. 민간인위탁교육비(307-12) 7. 공기관등에대한경상적위탁사업비(308-10) 8. 민간자본사업보조,자체재원(402-01) 9. 민간자본사업보조,이전재원(402-02) 10. 민간위탁사업비(402-03) 11. 공기관등에 대한 자본적 대행사업비(403-02)	1. 법률에 규정 2. 국고보조 재원(국가지정) 3. 용도 지정 기부금 4. 조례에 직접규정 5. 지자체가 권장하는 사업을 하는 공공기관 6. 시,도 정책 및 재정사정 7. 기타 8. 해당없음	계약체결방법 (경쟁형태) 1. 일반경쟁 2. 제한경쟁 3. 지명경쟁 4. 수의계약 5. 법정위탁 6. 기타 ( ) 7. 해당없음	계약기간 1. 1년 2. 2년 3. 3년 4. 4년 5. 5년 6. 기타 ( )년 7. 단기계약 (1년미만) 8. 해당없음	낙찰자선정방법 1. 적격심사 2. 협상에의한계약 3. 최저가낙찰제 4. 규격가격분리 5. 2단계 경쟁입찰 6. 기타 ( ) 7. 해당없음	운영예산 산정 1. 내부산정 (지자체 자체적으로 산정) 2. 외부산정 (외부전문기관위탁 산정) 3. 내·외부 모두 산정 4. 산정 無 5. 해당없음	정산방법 1. 내부정산 (지자체 내부적으로 정산) 2. 외부정산 (외부전문기관위탁 정산) 3. 내·외부 모두 산정 4. 정산 無 5. 해당없음	1. 실시 2. 미실시 3. 향후 추진 4. 해당없음
10017	전북 전주시	완판본문화관 민간위탁	186,929	한옥마을지원과	4	4	1	3	1	1	1	1
10018	전북 전주시	전주시 주거복지센터 운영	300,000	주거복지과	4	4	2	6	1	1	1	3
10019	전북 전주시	전주시 사회적경제 지원센터 운영	612,498	사회연대지원과	4	1	6	2	7	1	1	1
10020	전북 전주시	지역거점별 소통협력공간 조성 및 운영	20,000	사회연대지원과	4	2	5	2	7	3	1	3
10021	전북 전주시	자활근로사업	5,541,900	사회연대지원과	4	2	5	1	7	5	1	4
10022	전북 전주시	지역자활센터 운영지원	755,321	사회연대지원과	4	2	5	1	7	5	1	4
10023	전북 전주시	지역자활센터 사례관리사 인건비	57,978	사회연대지원과	4	2	5	1	7	5	1	4
10024	전북 전주시	근로능력있는 수급자의 탈수급지원	2,811,420	사회연대지원과	4	2	5	1	7	5	1	4
10025	전북 전주시	근로능력있는 수급자의 탈수급지원	806,590	사회연대지원과	4	2	5	1	7	5	1	4
10026	전북 전주시	근로능력있는 수급자의 탈수급지원	2,023,790	사회연대지원과	4	2	5	1	7	5	1	4
10027	전북 전주시	근로능력있는 수급자의 탈수급지원	347,287	사회연대지원과	4	2	5	1	7	5	1	4
10028	전북 전주시	도시재생지원센터 운영	452,220	도시재생과	4	4	2	2	1	1	1	1
10029	전북 전주시	현장지원센터 운영	186,329	도시재생과	4	1	5	8	7	1	1	1
10030	전북 전주시	서학동 예술마을 도시재생 뉴딜사업	288,000	도시재생과	4	2	7	8	7	5	5	1
10031	전북 전주시	용머리 여의주마을 도시재생 뉴딜사업	197,000	도시재생과	4	2	7	8	7	5	5	1
10032	전북 전주시	취약지역 개조(도시x도토리골 새뜰마을	90,000	도시재생과	4	2	7	8	7	5	5	1
10033	전북 전주시	전주역세권 도시재생 뉴딜사업	432,486	도시재생과	4	4	7	1	7	4	1	1
10034	전북 전주시	취약지역 개조(도시x남노송동 새뜰마을	50,000	도시재생과	4	2	7	1	7	4	1	4
10035	전북 전주시	교통약자 교통안전 위탁교육 운영	125,000	교통안전과	4	4	1	2	1	1	1	1
10036	전북 전주시	전주시공영자전거대여소	112,034	자전거정책과	4	4	1	2	1	1	1	1
10037	전북 전주시	전주권 소각자원센터 위탁 운영	9,000	자원순환과	4	4	2	3	2	1	1	4
10038	전북 전주시	음식물쓰레기 민간위탁처리비	55,500	자원순환과	4	1	1	2	1	1	1	4
10039	전북 전주시	재활용품쓰레기 민간위탁처리비	1,418,000	자원순환과	4	4	5	6	7	1	1	4
10040	전북 전주시	전주시 새활용센터 다시봄 운영	400,000	자원순환과	4	2	1	2	1	3	3	1
10041	전북 전주시	생활폐기물 수집운반 대행비	36,000	청소지원과	4	1	2	2	1	2	2	1
10042	전북 전주시	쓰레기 불법투기 단속 및 관리	130,000	청소지원과	4	8	2	1	1	5	5	4
10043	전북 전주시	쓰레기 불법투기 단속 및 관리	130,000	청소지원과	4	8	2	1	1	5	5	4
10044	전북 전주시	공립작은도서관 운영	105,100	전주시립도서관	4	4	7	8	7	1	1	1
10045	전북 전주시	한센병관리사업	30,000	감염병관리과	4	4	7	8	7	3	3	2
10046	전북 전주시	보건소결핵관리사업	14,200	감염병관리과	4	1	7	8	7	5	1	4
10047	전북 전주시	기초정신건강증진센터 지원	184,224	건강증진과	4	1	1	3	1	1	1	1
10048	전북 전주시	자살예방 및 정신건강증진사업	81,440	건강증진과	4	1	1	3	1	1	1	1
10049	전북 전주시	아동청소년 정신보건사업	104,588	건강증진과	4	1	1	3	1	1	1	1
10050	전북 전주시	자살예방 심리치유 지원	314,350	건강증진과	4	1	1	3	1	1	1	1
10051	전북 전주시	중독관리통합지원센터운영	193,022	건강증진과	4	1	1	5	1	1	1	1
10052	전북 전주시	정신건강복지센터 인력확충	290,592	건강증진과	4	1	1	3	1	1	1	1
10053	전북 전주시	기초정신건강복지센터 자살예방사업 지원	141,260	건강증진과	4	1	1	3	1	1	1	1
10054	전북 전주시	통합정신건강증진사업	280,000	건강증진과	4	1	1	3	1	1	1	1
10055	전북 군산시	중학생 진로체험 활동 지원	80,000	교육지원과	4	1	1	7	2	1	1	1
10056	전북 군산시	군산학 어린이 교실	30,000	교육지원과	4	4	1	7	2	1	1	1
10057	전북 군산시	평생학습 리더 양성과정 운영	20,000	교육지원과	4	4	4	7	7	1	1	1
10058	전북 군산시	평생학습관 청소용역	46,420	교육지원과	4	4	4	1	7	1	1	4

순번	시군구	지출명 (사업명)	2021년예산 (단위:천원/1년간)	담당자 (공무원)	민간이전 분류 (지방자치단체 세출예산 집행기준에 의거)	민간이전지출 근거 (지방보조금 관리기준 참고)	입찰방식			운영예산 산정		성과평가 실시여부
				담당부서	1. 민간경상사업보조(307-02) 2. 민간단체 법정운영비보조(307-03) 3. 민간행사사업보조(307-04) 4. 민간위탁금(307-05) 5. 사회복지시설 법정운영비보조(307-10) 6. 민간인위탁교육비(307-12) 7. 공기관등에대한경상적위탁사업비(308-10) 8. 민간자본사업보조,자체재원(402-01) 9. 민간자본사업보조,이전재원(402-02) 10. 민간위탁사업비(402-03) 11. 공기관등에 대한 자본적 대행사업비(403-02)	1. 법률에 규정 2. 국고보조 재원(국가지정) 3. 용도 지정 기부금 4. 조례에 직접규정 5. 지자체가 권장하는 사업을 하는 공공기관 6. 시,도 정책 및 재정사정 7. 기타 8. 해당없음	계약체결방법 (경쟁형태) 1. 일반경쟁 2. 제한경쟁 3. 지명경쟁 4. 수의계약 5. 법정위탁 6. 기타 ( ) 7. 해당없음	계약기간 1. 1년 2. 2년 3. 3년 4. 4년 5. 5년 6. 기타 ( )년 7. 단기계약 (1년미만) 8. 해당없음	낙찰자선정방법 1. 적격심사 2. 협상에의한계약 3. 최저가낙찰제 4. 규격가격분리 5. 2단계 경쟁입찰 6. 기타 ( ) 7. 해당없음	운영예산 산정 1. 내부산정 (지자체 자체적으로 산정) 2. 외부산정 (외부전문기관위탁 산정) 3. 내·외부 모두 산정 4. 산정 無 5. 해당없음	정산방법 1. 내부정산 (지자체 내부적으로 정산) 2. 외부정산 (외부전문기관위탁 정산) 3. 내·외부 모두 산정 4. 정산 無 5. 해당없음	1. 실시 2. 미실시 3. 향후 추진 4. 해당없음
10059	전북 군산시	군산학 운영	30,000	교육지원과	4	5	7	7	1	1	1	1
10060	전북 군산시	군산새만금종합비즈니스컨벤션센터 위탁운영	1,889,000	소상공인지원과	4	4	1	3	1	1	1	1
10061	전북 군산시	2021 새만금 오토&레저캠핑쇼	30,000	소상공인지원과	4	4	7	8	7	1	1	1
10062	전북 군산시	공설시장 민간위탁관리	83,078	소상공인지원과	4	1	7	8	7	1	1	1
10063	전북 군산시	서군산,동군산,성산,임피산업단지 방역소독	6,000	산업혁신과	4	7	7	8	7	1	1	4
10064	전북 군산시	청년센터 지원사업	800,000	일자리정책과	4	4	1	3	1	1	3	1
10065	전북 군산시	사회적경제지원센터 운영	331,000	일자리정책과	4	4	6	2	6	1	1	3
10066	전북 군산시	근로자관련 시설물 관리	123,000	일자리정책과	4	4	2	1	1	5	5	4
10067	전북 군산시	음식점 위생등급 평가지원	4,200	위생행정과	4	1	4	7	7	1	1	4
10068	전북 군산시	어린급식관리지원센터 설치 운영	630,000	위생행정과	4	1	5	3	1	2	2	1
10069	전북 군산시	군산노인종합복지관 운영비	912,470	경로장애인과	4	5	1	5	1	1	5	4
10070	전북 군산시	금강노인복지관 운영비	766,410	경로장애인과	4	5	1	5	1	1	5	4
10071	전북 군산시	노인복지관 종사자 특별수당	49,170	경로장애인과	4	5	1	5	1	1	5	4
10072	전북 군산시	노인맞춤형 운동처방서비스 관리자	56,120	경로장애인과	4	6	1	5	1	1	5	4
10073	전북 군산시	노인복지관 연계프로그램 운영지원	54,144	경로장애인과	4	6	1	5	1	1	5	4
10074	전북 군산시	군산경로식당 운영	52,000	경로장애인과	4	5	1	3	1	1	5	4
10075	전북 군산시	희망키움통장지원	79,694	경로장애인과	4	2	7	7	7	5	5	4
10076	전북 군산시	내일키움통장지원	35,288	경로장애인과	4	2	7	7	7	5	5	4
10077	전북 군산시	청년희망키움통장지원	101,833	경로장애인과	4	2	7	7	7	5	5	4
10078	전북 군산시	청년저축계좌지원	179,018	경로장애인과	4	2	7	7	7	5	5	4
10079	전북 군산시	발달재활서비스 바우처지원사업 예탁금	975,207	경로장애인과	4	2	7	7	7	5	5	4
10080	전북 군산시	언어발달지원 바우처지원사업 예탁금	22,164	경로장애인과	4	2	7	7	7	5	5	4
10081	전북 군산시	발달장애인 부모심리상담지원사업 예탁금	17,143	경로장애인과	4	2	7	7	7	5	5	4
10082	전북 군산시	발달장애인 주간활동 지원사업	813,410	경로장애인과	4	2	7	7	7	5	5	4
10083	전북 군산시	발달장애인 방과후 돌봄지원사업	466,805	경로장애인과	4	2	7	7	7	5	5	4
10084	전북 군산시	지역자율형사회서비스투자사업예탁금	2,861,066	경로장애인과	4	2	7	7	7	5	5	4
10085	전북 군산시	지역자율형사회서비스투자사업예탁금	860,814	경로장애인과	4	2	7	7	7	5	5	4
10086	전북 군산시	지역자활센터 위탁근로사업	2,562,845	경로장애인과	4	2	5	1	7	1	5	4
10087	전북 군산시	여성사회대학 청소용역	20,000	여성가족과	4	7	4	1	3	1	1	4
10088	전북 군산시	자전거종합지원센터운영	141,000	건설과	4	4	1	3	1	1	1	3
10089	전북 군산시	특별교통수단 운영비	960,000	교통행정과	4	1	1	3	1	3	3	4
10090	전북 군산시	특별교통수단 외 교통수단 운행	176,000	교통행정과	4	1	1	1	1	5	5	4
10091	전북 군산시	지역사회건강조사	68,478	건강관리과	4	1	5	1	7	2	2	4
10092	전북 군산시	기초정신건강복지센터 지원	184,224	건강관리과	4	2	1	5	1	5	1	1
10093	전북 군산시	정신건강복지센터 인력확충	254,260	건강관리과	4	2	1	5	1	5	1	1
10094	전북 군산시	아동청소년 정신건강 증진사업	52,294	건강관리과	4	2	1	5	1	5	1	1
10095	전북 군산시	자살예방 심리치유지원	146,830	건강관리과	4	1	1	5	1	5	1	1
10096	전북 군산시	중독관리통합지원센터 지원	163,022	건강관리과	4	2	1	5	1	5	1	1
10097	전북 군산시	자살예방 및 정신건강증진사업	40,740	건강관리과	4	2	1	5	1	5	1	1
10098	전북 군산시	자살예방사업 수행기관 인력확충 지원	35,314	건강관리과	4	2	1	5	1	5	1	1
10099	전북 군산시	유기유실동물보호	337,500	농업축산과	4	6	4	3	7	1	1	4
10100	전북 군산시	군산공공하수처리시설 관리대행	5,571,655	하수과	4	4	1	4	4	2	1	1

순번	시군구	지출명 (사업명)	2021년예산 (단위:천원/1년간)	담당자 (공무원)	민간이전 분류 (지방자치단체 세출예산 집행기준에 의거)	민간이전지출 근거 (지방보조금 관리기준 참고)	입찰방식			운영예산 산정		성과평가 실시여부
				담당부서	1. 민간경상사업보조(307-02) 2. 민간단체 법정운영비보조(307-03) 3. 민간행사사업보조(307-04) 4. 민간위탁금(307-05) 5. 사회복지시설 법정운영비보조(307-10) 6. 민간인위탁교육비(307-12) 7. 공기관등에대한경상적위탁사업비(308-10) 8. 민간자본사업보조,자체재원(402-01) 9. 민간자본사업보조,이전재원(402-02) 10. 민간위탁사업비(402-03) 11. 공기관등에 대한 자본적 대행사업비(403-02)	1. 법률에 규정 2. 국고보조 재원(국가지정) 3. 용도 지정 기부금 4. 조례에 직접규정 5. 지자체가 권장하는 사업을 하는 공공기관 6. 시,도 정책 및 재정사정 7. 기타 8. 해당없음	계약체결방법 (경쟁형태) 1. 일반경쟁 2. 제한경쟁 3. 지명경쟁 4. 수의계약 5. 법정위탁 6. 기타 ( ) 7. 해당없음	계약기간 1. 1년 2. 2년 3. 3년 4. 4년 5. 5년 6. 기타 ( )년 7. 단기계약 (1년미만) 8. 해당없음	낙찰자선정방법 1. 적격심사 2. 협상에의한계약 3. 최저가낙찰제 4. 규격가격분리 5. 2단계 경쟁입찰 6. 기타 ( ) 7. 해당없음	운영예산 산정 1. 내부산정 (지자체 자체적으로 산정) 2. 외부산정 (외부전문기관위탁 산정) 3. 내·외부 모두 산정 4. 산정 無 5. 해당없음	정산방법 1. 내부정산 (지자체 내부적으로 정산) 2. 외부정산 (외부전문기관위탁 정산) 3. 내·외부 모두 산정 4. 정산 無 5. 해당없음	1. 실시 2. 미실시 3. 향후 추진 4. 해당없음
10101	전북 군산시	군산공공폐수처리시설 관리대행	3,178,500	하수과	4	4	1	4	4	2	1	1
10102	전북 군산시	새만금유역공공하수처리장	4,752,959	하수과	4	7	6	6	7	5	5	1
10103	전북 군산시	시립도서관 운영	318,000	시립도서관관리과	4	1	2	1	1	1	1	4
10104	전북 군산시	근대역사박물관 청소용역	91,000	박물관관리과	4	8	1	1	3	1	1	4
10105	전북 군산시	장미공연장·갤러리 및 야외화장실 청소용역	91,000	박물관관리과	4	8	1	1	3	1	1	4
10106	전북 군산시	근대미술관·건축관 및 위봉함 청소용역	91,000	박물관관리과	4	8	1	1	3	1	1	4
10107	전북 군산시	박물관 광장 및 공영주차장 청소용역	30,500	박물관관리과	4	8	4	1	3	1	1	4
10108	전북 군산시	진포해양테마공원 청소용역	30,500	박물관관리과	4	8	4	1	3	1	1	4
10109	전북 군산시	채만식문학관	42,000	박물관관리과	4	8	4	1	6	1	1	4
10110	전북 군산시	3.1운동100주년기념관 청소용역	75,240	박물관관리과	4	8	4	1	7	1	1	4
10111	전북 익산시	수소충전소 운영비 지원	50,000	일자리정책과	4	1	6	6	1	1	1	4
10112	전북 익산시	익산시 비정규직 노동자 지원센터 운영	30,720	신성장동력과	4	4	6	3	1	1	1	4
10113	전북 익산시	익산패션주얼리 공동연구개발센터민간위탁금	496,641	신성장동력과	4	4	1	3	2	1	1	4
10114	전북 익산시	익산패션주얼리 공동연구개발센터민간위탁	256,600	신성장동력과	4	4	1	3	2	1	1	4
10115	전북 익산시	공공영상미디어센터 운영비	450,000	문화관광산업과	4	4	2	3	1	1	1	1
10116	전북 익산시	익산시 송백정 민간위탁운영비	18,500	체육진흥과	4	4	1	3	1	1	1	3
10117	전북 익산시	민간위탁 운영경비	113,920	체육진흥과	4	4	1	3	1	1	1	3
10118	전북 익산시	지역사회서비스투자사업	2,228,765	복지정책과	4	1	5	8	7	5	3	4
10119	전북 익산시	가사간병 방문지원 사업	737,429	복지정책과	4	1	5	8	7	5	2	4
10120	전북 익산시	자활근로사업 민간위탁	5,543,900	복지정책과	4	2	5	1	7	3	3	4
10121	전북 익산시	희망키움통장	95,190	복지정책과	4	2	5	8	7	5	5	4
10122	전북 익산시	내일키움통장	60,494	복지정책과	4	2	5	8	7	5	5	4
10123	전북 익산시	청년희망키움통장	106,475	복지정책과	4	2	5	8	7	5	5	4
10124	전북 익산시	청년저축계좌	236,072	복지정책과	4	2	5	8	7	5	5	4
10125	전북 익산시	장애인 활동지원사업	10,149	경로장애인과	4	1	7	7	7	5	1	4
10126	전북 익산시	장애인 활동지원사업	328,886	경로장애인과	4	1	7	7	7	5	1	4
10127	전북 익산시	장애인활동보조 가산급여	32,767	경로장애인과	4	1	7	7	7	5	1	4
10128	전북 익산시	발달재활서비스 지원	1,101,151	경로장애인과	4	1	7	7	7	5	1	4
10129	전북 익산시	언어발달지원사업	22,164	경로장애인과	4	1	7	7	7	5	1	4
10130	전북 익산시	발달장애인 부모심리상담지원	3,714	경로장애인과	4	1	7	7	7	5	1	4
10131	전북 익산시	발달장애인 주간활동서비스지원	591,575	경로장애인과	4	1	7	7	7	5	1	4
10132	전북 익산시	발달장애인 주간활동서비스 도추가지원	169,516	경로장애인과	4	1	7	7	7	5	1	4
10133	전북 익산시	발달장애인 방과후활동서비스지원	400,119	경로장애인과	4	1	7	7	7	5	1	4
10134	전북 익산시	건강가정 및 다문화가족 지원센터 운영	577,480	여성청소년과	4	2	1	3	1	1	1	2
10135	전북 익산시	가족역량강화지원	164,460	여성청소년과	4	2	1	3	1	1	1	2
10136	전북 익산시	공동육아나눔터 운영	107,656	여성청소년과	4	2	1	3	1	1	1	2
10137	전북 익산시	건강한 가정 조성 부모교육 지원	5,000	여성청소년과	4	2	1	3	1	1	1	2
10138	전북 익산시	아이돌봄지원 운영비 등	1,200,000	여성청소년과	4	2	1	3	1	1	1	2
10139	전북 익산시	아이돌보미 건강검진비 지원	5,100	여성청소년과	4	2	1	3	1	1	1	2
10140	전북 익산시	결혼이민자 역량강화지원	20,000	여성청소년과	4	2	1	3	1	1	1	2
10141	전북 익산시	다문화가족지원센터 종사자 인건비 및 수당	97,174	여성청소년과	4	6	1	3	1	1	1	2
10142	전북 익산시	글로벌 마을학당 운영	136,000	여성청소년과	4	6	1	3	1	1	1	2

순번	시군구	지출명 (사업명)	2021년예산 (단위:천원/1년간)	담당자 (공무원)	민간이전 분류 (지방자치단체 세출예산 집행기준에 의거)	민간이전지출 근거 (지방보조금 관리기준 참고)	입찰방식			운영예산 산정		성과평가 실시여부
				담당부서	1. 민간경상사업보조(307-02) 2. 민간단체 법정운영비보조(307-03) 3. 민간행사사업보조(307-04) 4. 민간위탁금(307-05) 5. 사회복지시설 법정운영비보조(307-10) 6. 민간인위탁교육비(307-12) 7. 공기관등에대한경상적위탁사업비(308-10) 8. 민간자본사업보조,자체재원(402-01) 9. 민간자본사업보조,이전재원(402-02) 10. 민간위탁사업비(402-03) 11. 공기관등에 대한 자본적 대행사업비(403-02)	1. 법률에 규정 2. 국고보조 재원(국가지정) 3. 용도 지정 기부금 4. 조례에 직접규정 5. 지자체가 권장하는 사업을 하는 공공기관 6. 시,도 정책 및 재정사정 7. 기타 8. 해당없음	계약체결방법 (경쟁형태) 1. 일반경쟁 2. 제한경쟁 3. 지명경쟁 4. 수의계약 5. 법정위탁 6. 기타 ( ) 7. 해당없음	계약기간 1. 1년 2. 2년 3. 3년 4. 4년 5. 5년 6. 기타 ( )년 7. 단기계약 (1년미만) 8. 해당없음	낙찰자선정방법 1. 적격심사 2. 협상에의한계약 3. 최저가낙찰제 4. 규격가격분리 5. 2단계 경쟁입찰 6. 기타 ( ) 7. 해당없음	운영예산 산정 1. 내부산정 (지자체 자체적으로 산정) 2. 외부산정 (외부전문기관위탁 산정) 3. 내·외부 모두 산정 4. 산정 無 5. 해당없음	정산방법 1. 내부정산 (지자체 내부적으로 정산) 2. 외부정산 (외부전문기관위탁 정산) 3. 내·외부 모두 산정 4. 정산 無 5. 해당없음	1. 실시 2. 미실시 3. 향후 추진 4. 해당없음
10143	전북 익산시	다문화가족 고향나들이 사업	68,000	여성청소년과	4	6	1	3	1	1	1	2
10144	전북 익산시	다문화청소년 진로 지원	9,000	여성청소년과	4	6	1	3	1	1	1	2
10145	전북 익산시	직업훈련교육	14,000	여성청소년과	4	6	1	3	1	1	1	2
10146	전북 익산시	결혼이민자 학력지원	28,000	여성청소년과	4	6	1	3	1	1	1	2
10147	전북 익산시	다문화이주민플러스센터 운영	100,000	여성청소년과	4	6	1	3	1	1	1	2
10148	전북 익산시	다문화가정 화합 한마당	13,000	여성청소년과	4	4	1	3	1	1	1	2
10149	전북 익산시	종사자 명절휴가비	18,000	여성청소년과	4	4	1	3	1	1	1	2
10150	전북 익산시	친정부모 초청지원사업	20,000	여성청소년과	4	4	1	3	1	1	1	2
10151	전북 익산시	국제운송비 지원사업	10,000	여성청소년과	4	4	1	3	1	1	1	2
10152	전북 익산시	다문화가정 자녀 심리.정서지원	10,000	여성청소년과	4	4	1	3	1	1	1	2
10153	전북 익산시	자조모임 활성화 지원	5,000	여성청소년과	4	2	1	3	1	1	1	2
10154	전북 익산시	건강가정지원센터 지원	47,000	여성청소년과	4	4	1	3	1	1	1	2
10155	전북 익산시	다문화가족 사례관리 지원	63,650	여성청소년과	4	2	1	3	1	1	1	2
10156	전북 익산시	결혼이민자 통번역서비스 지원	60,100	여성청소년과	4	2	1	3	1	1	1	2
10157	전북 익산시	다문화가족자녀 언어발달 지원	105,720	여성청소년과	4	2	1	3	1	1	1	2
10158	전북 익산시	이중언어 가족환경 조성사업	60,140	여성청소년과	4	2	1	3	1	1	1	2
10159	전북 익산시	다문화가족 방문교육서비스	333,184	여성청소년과	4	2	1	3	1	1	1	2
10160	전북 익산시	공동육아나눔터 종사자 복지수당	3,600	여성청소년과	4	2	1	3	1	1	1	2
10161	전북 익산시	청소년 문화의집 민간위탁	258,700	여성청소년과	4	4	1	3	1	1	1	2
10162	전북 익산시	청소년 수련관 민간위탁	456,390	여성청소년과	4	4	1	3	1	1	1	2
10163	전북 익산시	청소년성문화센터운영	155,862	여성청소년과	4	4	1	3	1	1	1	2
10164	전북 익산시	청소년 성문화센터 운영 종사자 처우개선비	6,000	여성청소년과	4	4	1	3	1	1	1	2
10165	전북 익산시	주산지 GAP분석지원	120,000	미래농업과	4	2	7	8	7	5	5	4
10166	전북 익산시	가축분뇨처리시설 운영 민간위탁금	6,245,000	환경정책과	4	7	6	6	2	2	1	4
10167	전북 익산시	농업부산물 처리 파쇄기 운영	80,000	청소자원과	4	7	7	8	7	5	5	4
10168	전북 익산시	공동주택 수집, 운반 위탁금	1,593,042	청소자원과	4	1	1	2	2	2	4	1
10169	전북 익산시	일반주택 및 가로청소 위탁금	12,936	청소자원과	4	1	1	2	2	2	1	1
10170	전북 익산시	일반주택 및 가로청소 위탁금	500,000	청소자원과	4	1	1	2	2	2	1	1
10171	전북 익산시	음식물류 수거 등 위탁금	5,614,488	청소자원과	4	1	1	2	2	2	1	1
10172	전북 익산시	재활용품 수집운반 및 생활자원회수센터 운영	5,330,000	청소자원과	4	1	1	2	7	2	1	1
10173	전북 익산시	음식물류 폐기물 위탁처리	4,093,635	청소자원과	4	1	4	2	7	1	1	4
10174	전북 익산시	신재생자원센터 위탁운영비	6,092,900	청소자원과	4	1	2	3	2	3	1	4
10175	전북 익산시	익산문화체육센터 전기사용료	116,000	청소자원과	4	4	6	3	6	4	4	4
10176	전북 익산시	익산문화체육센터 상하수도요금	286,400	청소자원과	4	4	6	3	6	4	4	4
10177	전북 익산시	CCTV통합관제센터 24시간 모니터링 용역	535,958	시민안전과	4	1	1	2	5	1	1	4
10178	전북 익산시	어린이 급식관리 지원센터 운영	630,000	위생과	4	1	5	3	7	1	1	1
10179	전북 익산시	산모신생아 건강관리 지원사업	757,142	보건지원과	4	8	7	8	7	5	5	4
10180	전북 익산시	선천성 난청검사 및 보청기 지원	2,600	보건지원과	4	2	7	8	7	5	5	4
10181	전북 익산시	표준 모자보건수첩 제작 및 배부	2,224	보건지원과	4	8	7	8	7	5	5	4
10182	전북 익산시	청소년산모 임신 출산의료비 지원	4,800	보건지원과	4	8	7	8	7	5	5	4
10183	전북 익산시	저소득층 기저귀 조제분유 지원	210,000	보건지원과	4	8	7	8	7	5	5	4
10184	전북 익산시	저소득층 기저귀 조제분유 지원	245,760	보건지원과	4	8	7	8	7	5	5	4

순번	시군구	지출명 (사업명)	2021년예산 (단위:천원/1년간)	담당자 (공무원)	민간이전 분류 (지방자치단체 세출예산 집행기준에 의거)	민간이전지출 근거 (지방보조금 관리기준 참고)	입찰방식			운영예산 산정		성과평가 실시여부
				담당부서	1. 민간경상사업보조(307-02) 2. 민간단체 법정운영비보조(307-03) 3. 민간행사사업보조(307-04) 4. 민간위탁금(307-05) 5. 사회복지시설 법정운영비보조(307-10) 6. 민간인위탁교육비(307-12) 7. 공기관등에대한경상적위탁사업비(308-10) 8. 민간자본사업보조,자체재원(402-01) 9. 민간자본사업보조,이전재원(402-02) 10. 민간위탁사업비(402-03) 11. 공기관등에 대한 자본적 대행사업비(403-02)	1. 법률에 규정 2. 국고보조 재원(국가지정) 3. 용도 지정 기부금 4. 조례에 직접규정 5. 지자체가 권장하는 사업을 하는 공공기관 6. 시,도 정책 및 재정사정 7. 기타 8. 해당없음	계약체결방법 (경쟁형태) 1. 일반경쟁 2. 제한경쟁 3. 지명경쟁 4. 수의계약 5. 법정위탁 6. 기타 ( ) 7. 해당없음	계약기간 1. 1년 2. 2년 3. 3년 4. 4년 5. 5년 6. 기타 ( )년 7. 단기계약 (1년미만) 8. 해당없음	낙찰자선정방법 1. 적격심사 2. 협상에의한계약 3. 최저가낙찰제 4. 규격가격분리 5. 2단계 경쟁입찰 6. 기타 ( ) 7. 해당없음	운영예산 산정 1. 내부산정 (지자체 자체적으로 산정) 2. 외부산정 (외부전문기관위탁 산정) 3. 내·외부 모두 산정 4. 산정 無 5. 해당없음	정산방법 1. 내부정산 (지자체 내부적으로 정산) 2. 외부정산 (외부전문기관위탁 정산) 3. 내·외부 모두 산정 4. 정산 無 5. 해당없음	1. 실시 2. 미실시 3. 향후 추진 4. 해당없음
10185	전북 익산시	의료급여수급권자 영유아건강검진비 지원	5,540	보건지원과	4	8	7	8	7	5	5	4
10186	전북 익산시	영유아 발달장애 정밀검사 지원	6,500	보건지원과	4	8	7	8	7	5	5	4
10187	전북 익산시	한센병 관리 이동진료 위탁비	42,814	보건지원과	4	1	7	8	7	1	1	4
10188	전북 익산시	지역사회건강조	68,478	보건사업과	4	2	7	1	7	2	2	4
10189	전북 익산시	암검진 검진비	648,062	보건사업과	4	2	7	8	7	3	3	4
10190	전북 익산시	희귀질환자 의료비지원	316,640	보건사업과	4	2	7	8	7	3	3	4
10191	전북 익산시	의료급여수급권자 일반건강검진 지원	90,000	보건사업과	4	2	7	8	7	3	3	4
10192	전북 익산시	정신건강복지센터 운영	184,224	보건사업과	4	1	2	3	1	5	1	1
10193	전북 익산시	정신건강복지센터 인력확충	363,240	보건사업과	4	1	2	3	1	5	1	1
10194	전북 익산시	아동청소년 정신보건사업	52,294	보건사업과	4	1	2	3	1	5	1	1
10195	전북 익산시	정신건강증진사업	61,080	보건사업과	4	1	2	3	1	5	1	1
10196	전북 익산시	자살예방 심리치유 지원	180,430	보건사업과	4	1	2	3	1	5	1	1
10197	전북 익산시	정신질환자 치료비 지원	40,252	보건사업과	4	1	2	3	1	5	1	1
10198	전북 익산시	통합정신건강증진사업	400,000	보건사업과	4	2	2	3	1	5	1	1
10199	전북 익산시	치매치료관리비 지원	486,996	보건사업과	4	1	7	8	7	5	5	4
10200	전북 익산시	민간투자 시설관리위탁금	888,000	예술의전당	4	6	6	6	2	3	4	1
10201	전북 익산시	민간투자 예술의전당 임대	30,240	예술의전당	4	6	6	6	2	3	4	1
10202	전북 정읍시	정읍청년지원센터 인건비	156,600	성장전략실	4	1	5	2	7	1	1	3
10203	전북 정읍시	정읍청년지원센터 운영비	24,875	성장전략실	4	1	5	2	7	1	1	3
10204	전북 정읍시	정읍청년지원센터 사업비	44,000	성장전략실	4	1	5	2	7	1	1	3
10205	전북 정읍시	고택문화체험관 운영	220,170	문화예술팀	4	1	1	2	3	2	1	3
10206	전북 정읍시	정읍시생활문화센터 활성화사업 위탁관리비	148,330	문화예술과	4	1	2	3	1	3	1	1
10207	전북 정읍시	선비문화관운영 및 활성화사업 위탁관리비	213,520	문화예술과	4	1	2	3	1	1	1	1
10208	전북 정읍시	정읍사회복지관 기초푸드뱅크 운영비	39,600	사회복지과	4	1	1	5	1	1	1	3
10209	전북 정읍시	사회복지관종사자 특별수당	16,170	사회복지과	4	1	1	5	1	1	1	3
10210	전북 정읍시	정읍사회복지관 지역복지 프로그램 사업비	10,000	사회복지과	4	1	1	5	1	1	1	3
10211	전북 정읍시	정읍사회복지관 운영비	598,136	사회복지과	4	1	1	5	1	1	1	3
10212	전북 정읍시	국가유공자 주거환경 개선사업	50,000	사회복지과	4	1	7	8	7	5	5	4
10213	전북 정읍시	자활근로 민간위탁	2,034,157	사회복지과	4	1	5	1	7	5	1	4
10214	전북 정읍시	근로능력있는 수급자의 탈수급지원	92,977	사회복지과	4	1	5	1	7	5	1	4
10215	전북 정읍시	근로능력있는 수급자의 탈수급지원	45,370	사회복지과	4	1	5	1	7	5	1	4
10216	전북 정읍시	근로능력있는 수급자의 탈수급지원	42,538	사회복지과	4	1	5	1	7	5	1	4
10217	전북 정읍시	근로능력있는 수급자의 탈수급지원	141,809	사회복지과	4	1	5	1	7	5	1	4
10218	전북 정읍시	지역사회서비스투자사업	2,162,995	사회복지과	4	1	7	8	7	5	5	4
10219	전북 정읍시	가사간병 방문 지원사업	483,938	사회복지과	4	1	7	8	7	5	5	4
10220	전북 정읍시	다문화가족지원센터 종사자 인건비	32,780	다문화가족	4	1	2	3	1	1	1	4
10221	전북 정읍시	다문화 청소년 진로지원	6,300	다문화가족	4	1	2	3	1	1	1	4
10222	전북 정읍시	글로벌 마을학당운영	120,000	다문화가족	4	1	2	3	1	1	1	4
10223	전북 정읍시	다문화가족지원센터 종사자 복지수당	30,300	다문화가족	4	1	2	3	1	1	1	4
10224	전북 정읍시	결혼이민자 직업훈련교육	11,000	다문화가족	4	1	2	3	1	1	1	4
10225	전북 정읍시	방문지도사 처우개선비	15,600	다문화가족	4	1	2	3	1	1	1	4
10226	전북 정읍시	다문화가족 교육생 자녀 돌보미	11,031	다문화가족	4	1	2	3	1	1	1	4

순번	시군구	지출명 (사업명)	2021년예산 (단위:천원/1년간)	담당자 (공무원) 담당부서	민간이전 분류 (지방자치단체 세출예산 집행기준에 의거) 1. 민간경상사업보조(307-02) 2. 민간단체 법정운영비보조(307-03) 3. 민간행사사업보조(307-04) 4. 민간위탁금(307-05) 5. 사회복지시설 법정운영비보조(307-10) 6. 민간인위탁교육비(307-12) 7. 공기관등에대한경상적위탁사업비(308-10) 8. 민간자본사업보조,자체재원(402-01) 9. 민간자본사업보조,이전재원(402-02) 10. 민간위탁사업비(402-03) 11. 공기관등에 대한 자본적 대행사업비(403-02)	민간이전지출 근거 (지방보조금 관리기준 참고) 1. 법률에 규정 2. 국고보조 재원(국가지정) 3. 용도 지정 기부금 4. 조례에 직접규정 5. 지자체가 권장하는 사업을 하는 공공기관 6. 시,도 정책 및 재정사정 7. 기타 8. 해당없음	입찰방식 계약체결방법 (경쟁형태) 1. 일반경쟁 2. 제한경쟁 3. 지명경쟁 4. 수의계약 5. 법정위탁 6. 기타 ( ) 7. 해당없음	입찰방식 계약기간 1. 1년 2. 2년 3. 3년 4. 4년 5. 5년 6. 기타 ( )년 7. 단기계약 (1년미만) 8. 해당없음	입찰방식 낙찰자선정방법 1. 적격심사 2. 협상에의한계약 3. 최저가낙찰제 4. 규격가격분리 5. 2단계 경쟁입찰 6. 기타 ( ) 7. 해당없음	운영예산 산정 운영예산 산정 1. 내부산정 (지자체 자체적으로 산정) 2. 외부산정 (외부전문기관위탁 산정) 3. 내·외부 모두 산정 4. 산정 無 5. 해당없음	운영예산 산정 정산방법 1. 내부정산 (지자체 내부적으로 정산) 2. 외부정산 (외부전문기관위탁 정산) 3. 내·외부 모두 산정 4. 정산 無 5. 해당없음	성과평가 실시여부 1. 실시 2. 미실시 3. 향후 추진 4. 해당없음
10227	전북 정읍시	급여	9,156	다문화가족	4	1	2	3	1	1	1	4
10228	전북 정읍시	주휴수당	1,875	다문화가족	4	1	2	3	1	1	1	4
10229	전북 정읍시	자녀양육 및 자녀생활 등 방문교육서비스	227,968	다문화가족	4	1	2	3	1	1	1	4
10230	전북 정읍시	결혼이민자 통번역서비스지원	60,100	다문화가족	4	1	2	3	1	1	1	4
10231	전북 정읍시	다문화가족 자녀언어발달지원	71,040	다문화가족	4	1	2	3	1	1	1	4
10232	전북 정읍시	이중언어 가족환경조성	30,070	다문화가족	4	1	2	3	1	1	1	4
10233	전북 정읍시	결혼이민자 역량강화지원	20,000	다문화가족	4	1	2	3	1	1	1	4
10234	전북 정읍시	다문화가족 사례관리	31,825	다문화가족	4	1	2	3	1	1	1	4
10235	전북 정읍시	건강가정·다문화가족지원센터 운영비 지원	391,440	다문화가족	4	1	2	3	1	1	1	4
10236	전북 정읍시	건강가정·다문화가족지원센터 법정제수당 지원	98,902	다문화가족	4	1	2	3	1	1	1	4
10237	전북 정읍시	아이돌봄 지원사업	1,200,000	다문화가족	4	1	2	3	1	1	1	4
10238	전북 정읍시	아이돌보미 건강검진비 지원	2,310	다문화가족	4	1	2	3	1	1	1	4
10239	전북 정읍시	공동육아나눔터 운영비 지원	55,268	다문화가족	4	1	2	3	1	1	1	4
10240	전북 정읍시	노인일자리사업	14,132	노인정책팀	4	1	7	8	7	3	3	3
10241	전북 정읍시	노인일자리사업	654,000	노인정책팀	4	1	7	8	7	1	3	3
10242	전북 정읍시	노인일자리사업 일자리담당자 지원	732,030	노인정책팀	4	1	7	8	7	3	3	3
10243	전북 정읍시	정읍시노인복지관 위탁운영	643,000	노인시설팀	4	1	2	5	1	1	1	1
10244	전북 정읍시	정읍시북부노인복지관 위탁운영	546,575	노인시설팀	4	1	2	5	1	1	1	1
10245	전북 정읍시	정읍체력인증센터 운영	220,000	교육체육청소년과	4	1	1	3	1	3	3	3
10246	전북 정읍시	청소년수련관 민간위탁 재정지원	268,000	교육체육청소년과	4	1	1	3	1	2	1	3
10247	전북 정읍시	비정규직 노동자 지원센터 운영	90,000	지역경제과	4	1	7	8	7	5	5	4
10248	전북 정읍시	정읍시공동체활성화센터 민간위탁운영 지원	359,224	공동체과	4	1	6	2	1	1	1	1
10249	전북 정읍시	마을만들기 예비지구 교육 및 역량 강화사업	271,000	공동체과	4	1	6	8	7	5	5	4
10250	전북 정읍시	생활쓰레기 수집운반 대행 처리비	3,759,122	환경과	4	1	4	1	7	3	1	1
10251	전북 정읍시	생활쓰레기 소각처리 민간위탁 처리비	2,608,212	환경과	4	1	4	6	7	3	1	4
10252	전북 정읍시	음식물쓰레기 수집운반 민간위탁 처리비	286,781	환경과	4	1	4	1	7	3	1	1
10253	전북 정읍시	음식물쓰레기처리 민간위탁처리비	2,640,460	환경과	4	1	4	1	7	3	1	4
10254	전북 정읍시	음식물쓰레기 침출수처리 위탁처리비	1,075,520	환경과	4	1	4	1	7	3	1	4
10255	전북 정읍시	쓰레기종량제 제외지역 수거수수료	100,000	환경과	4	1	4	6	7	3	1	4
10256	전북 정읍시	영농폐기물 처리비 지원	600,000	환경과	4	1	4	1	1	1	1	4
10257	전북 정읍시	분뇨 및 가축분뇨 공공처리시설 민간위탁	2,561,229	환경과	4	1	7	6	7	1	1	4
10258	전북 정읍시	생활악취 상시감시 대행 용역	120,000	환경과	4	1	2	7	1	1	1	3
10259	전북 정읍시	도시재생뉴딜사업(중심시가지형) 역량강화	205,000	도시재생과	4	1	1	3	2	1	1	3
10260	전북 정읍시	도시재생뉴딜사업(중심시가지형) 지역특화산업 고도화	160,000	도시재생과	4	1	1	4	2	1	1	3
10261	전북 정읍시	도시재생뉴딜사업(중심시가지형) 상권활성화 컨설팅	80,000	도시재생과	4	1	7	8	7	5	5	4
10262	전북 정읍시	도시재생뉴딜사업(중심시가지형) 문화예술프로그램 운영	150,000	도시재생과	4	1	7	8	7	5	5	4
10263	전북 정읍시	도시재생뉴딜사업(공기업제안형) 주민역량강화사업	308,000	도시재생과	4	1	1	4	2	1	1	3
10264	전북 정읍시	도시재생뉴딜사업(공기업제안형) 연지시장 아카이브	100,000	도시재생과	4	1	7	8	7	5	5	4
10265	전북 정읍시	도시재생뉴딜사업 메이플 슈퍼푸드플랫폼 교육프로그램 운영	100,000	도시재생과	4	1	7	8	7	5	5	4
10266	전북 정읍시	도시재생뉴딜사업(공기업제안형) 청년창업 프로그램 운영	40,000	도시재생과	4	1	7	8	7	5	5	4
10267	전북 정읍시	도시재생뉴딜사업(공기업제안형) 정읍역 광장활용 어울림 나눔장터운영	20,000	도시재생과	4	1	7	8	7	5	5	4
10268	전북 정읍시	도시재생뉴딜사업(주거지지원형) 주민역량강화사업	115,000	도시재생과	4	1	1	3	2	1	1	3

순번	시군구	지출명 (사업명)	2021년예산 (단위:천원/1년간)	담당자 (공무원)	민간이전 분류 (지방자치단체 세출예산 집행기준에 의거) 1. 민간경상사업보조(307-02) 2. 민간단체 법정운영비보조(307-03) 3. 민간행사사업보조(307-04) 4. 민간위탁금(307-05) 5. 사회복지시설 법정운영비보조(307-10) 6. 민간인위탁교육비(307-12) 7. 공기관등에대한경상적위탁사업비(308-10) 8. 민간자본사업보조,자체재원(402-01) 9. 민간자본사업보조,이전재원(402-02) 10. 민간위탁사업비(402-03) 11. 공기관등에 대한 자본적 대행사업비(403-02)	민간이전지출 근거 (지방보조금 관리기준 참고) 1. 법률에 규정 2. 국고보조 재원(국가지정) 3. 용도 지정 기부금 4. 조례에 직접규정 5. 지자체가 권장하는 사업을 하는 공공기관 6. 시,도 정책 및 재정사정 7. 기타 8. 해당없음	입찰방식			운영예산 산정		성과평가 실시여부
				담당부서			계약체결방법 (경쟁형태) 1. 일반경쟁 2. 제한경쟁 3. 지명경쟁 4. 수의계약 5. 법정위탁 6. 기타 ( ) 7. 해당없음	계약기간 1. 1년 2. 2년 3. 3년 4. 4년 5. 5년 6. 기타 ( )년 7. 단기계약 (1년미만) 8. 해당없음	낙찰자선정방법 1. 적격심사 2. 협상에의한계약 3. 최저가낙찰제 4. 규격가격분리 5. 2단계 경쟁입찰 6. 기타 ( ) 7. 해당없음	운영예산 산정 1. 내부산정 (지자체 자체적으로 산정) 2. 외부산정 (외부전문기관위탁 산정) 3. 내·외부 모두 산정 4. 산정 無 5. 해당없음	정산방법 1. 내부정산 (지자체 내부적으로 정산) 2. 외부정산 (외부전문기관위탁 정산) 3. 내·외부 모두 산정 4. 정산 無 5. 해당없음	1. 실시 2. 미실시 3. 향후 추진 4. 해당없음
10269	전북 정읍시	도시재생뉴딜사업(주거지지원형) 마을공연장 프로그램 운영	50,000	도시재생과	4	1	7	8	7	5	5	4
10270	전북 정읍시	어린이 교통공원 민간위탁금	69,900	교통과	4	1	5	1	7	1	1	3
10271	전북 정읍시	장애인콜택시 운영비	620,980	교통과	4	1	1	3	1	1	1	1
10272	전북 정읍시	임차택시 운영비	144,000	교통과	4	1	1	1	1	1	1	1
10273	전북 정읍시	어린이급식관리지원센터 설치 운영비	315,000	보건위생과	4	1	5	3	1	5	2	1
10274	전북 정읍시	저소득층 기저귀 및 조제분유 지원	110,000	방문보건팀	4	1	5	5	7	5	2	2
10275	전북 정읍시	희귀난치성 질환자 의료비 지원	81,482	건강증진과	4	1	7	8	7	5	5	3
10276	전북 정읍시	한센병관리 사업 위탁비	20,141	건강증진과	4	1	5	8	7	5	1	4
10277	전북 정읍시	표본감시기관 운영비 지원	7,200	건강증진과	4	1	7	8	7	5	1	4
10278	전북 정읍시	지역사회 건강조사 조사분석	68,176	방문보건팀	4	1	5	1	7	5	2	1
10279	전북 정읍시	의료급여 수급권자 일반건강검진	42,000	건강증진과	4	1	7	8	7	5	5	4
10280	전북 정읍시	국가 암검진 사업 예탁금	190,000	건강증진과	4	1	7	8	7	5	5	4
10281	전북 정읍시	정신건강증진사업 및 지역자살예방사업	30,540	건강재활과	4	1	2	3	1	1	1	3
10282	전북 정읍시	자살고위험군 집중관리사업	6,000	건강재활과	4	1	2	3	1	1	1	3
10283	전북 정읍시	자살예방 심리치유 지원	59,500	건강재활과	4	1	2	3	1	1	1	3
10284	전북 정읍시	정신건강복지센터 운영	184,224	건강재활과	4	1	2	3	1	1	1	3
10285	전북 정읍시	정신건강복지센터 인력확충	217,944	건강재활과	4	1	2	3	1	1	1	3
10286	전북 정읍시	정신건강복지센터 자살예방 인력확충	35,316	건강재활과	4	1	2	3	1	1	1	3
10287	전북 정읍시	아동청소년 정신건강증진사업	52,294	건강재활과	4	1	2	3	1	1	1	3
10288	전북 정읍시	영유아 건강검진비 지원	2,560	건강재활과	4	1	7	8	7	2	2	2
10289	전북 정읍시	산모·신생아 건강관리 지원	187,500	건강재활과	4	1	7	8	7	2	2	2
10290	전북 정읍시	표준모자보건수첩 제작	7,200	건강재활과	4	1	7	8	7	2	2	2
10291	전북 정읍시	소규모 공공하수처리장 및 중계펌프장 운영 민간대행비	1,000,000	상하수도사업소	4	1	2	3	6	3	1	1
10292	전북 남원시	광한루원광장및서문주차장 민간위탁 운영	96,000	관광시설사업소	4	4	6	1	1	1	1	1
10293	전북 남원시	남원예촌 민간위탁 관리운영	1,425,100	관광과	4	4	1	5	2	1	3	1
10294	전북 김제시	청년공간 운영	330,000	경제진흥과	4	4	6	6	6	1	2	4
10295	전북 김제시	지역사회서비스 투자사업	1,404,561	주민복지과	4	2	7	8	7	5	1	1
10296	전북 김제시	가사간병 방문 지원사업	430,162	주민복지과	4	2	7	8	7	5	1	1
10297	전북 김제시	김제사회복지관 운영	453,703	주민복지과	4	1	7	8	7	1	1	1
10298	전북 김제시	자활근로사업	2,862,847	주민복지과	4	2	7	8	7	1	1	1
10299	전북 김제시	근로능력이 있는 수급자 탈수급 지원	112,070	주민복지과	4	2	7	8	7	5	1	1
10300	전북 김제시	근로능력이 있는 수급자 탈수급 지원	69,190	주민복지과	4	2	7	8	7	5	1	1
10301	전북 김제시	근로능력이 있는 수급자 탈수급 지원	82,485	주민복지과	4	2	7	8	7	5	1	1
10302	전북 김제시	근로능력이 있는 수급자 탈수급 지원	218,605	주민복지과	4	2	7	8	7	5	1	1
10303	전북 김제시	발달장애인 주간활동서비스 추가 지원	105,946	주민복지과	4	6	7	8	7	5	1	1
10304	전북 김제시	노인복지타운 노인복지관 민간위탁금	632,900	여성가족과	4	4	7	8	7	5	5	4
10305	전북 김제시	노인복지타운 노인요양원 민간위탁금	200,000	여성가족과	4	4	7	8	7	5	5	4
10306	전북 김제시	다함께 돌봄센터 운영비 지원	24,000	여성가족과	4	6	7	8	7	5	5	4
10307	전북 김제시	특별교통수단(장애인콜택시) 운영	493,781	교통행정과	4	4	2	3	6	1	1	2
10308	전북 김제시	임차택시 지원	72,000	교통행정과	4	4	2	3	6	1	1	2
10309	전북 김제시	장애인 콜택시 운영	167,000	교통행정과	4	4	2	3	6	1	1	2
10310	전북 김제시	자원봉사종합센터 운영	246,318	자치행정과	4	1	7	8	7	1	1	1

순번	시군구	지출명 (사업명)	2021년예산 (단위:천원/1년간)	담당자 (공무원)	민간이전 분류 (지방자치단체 세출예산 집행기준에 의거)	민간이전지출 근거 (지방보조금 관리기준 참고)	입찰방식			운영예산 산정		성과평가 실시여부
				담당부서	1. 민간경상사업보조(307-02) 2. 민간단체 법정운영비보조(307-03) 3. 민간행사사업보조(307-04) 4. 민간위탁금(307-05) 5. 사회복지시설 법정운영비보조(307-10) 6. 민간인위탁교육비(307-12) 7. 공기관등에대한경상적위탁사업비(308-10) 8. 민간자본사업보조,자체재원(402-01) 9. 민간자본사업보조,이전재원(402-02) 10. 민간위탁사업비(402-03) 11. 공기관등에 대한 자본적 대행사업비(403-02)	1. 법률에 규정 2. 국고보조 재원(국가지정) 3. 용도 지정 기부금 4. 조례에 직접규정 5. 지자체가 권장하는 사업을 하는 공공기관 6. 시,도 정책 및 재정사정 7. 기타 8. 해당없음	계약체결방법 (경쟁형태) 1. 일반경쟁 2. 제한경쟁 3. 지명경쟁 4. 수의계약 5. 법정위탁 6. 기타 ( ) 7. 해당없음	계약기간 1. 1년 2. 2년 3. 3년 4. 4년 5. 5년 6. 기타 ( )년 7. 단기계약 (1년미만) 8. 해당없음	낙찰자선정방법 1. 적격심사 2. 협상에의한계약 3. 최저가낙찰제 4. 규격가격분리 5. 2단계 경쟁입찰 6. 기타 ( ) 7. 해당없음	운영예산 산정 1. 내부산정 (지자체 자체적으로 산정) 2. 외부산정 (외부전문기관위탁 산정) 3. 내·외부 모두 산정 4. 산정 無 5. 해당없음	정산방법 1. 내부정산 (지자체 내부적으로 정산) 2. 외부정산 (외부전문기관위탁 정산) 3. 내·외부 모두 산정 4. 정산 無 5. 해당없음	1. 실시 2. 미실시 3. 향후 추진 4. 해당없음
10311	전북 김제시	2021년 김제통합관제센터 관제요원 위탁 용역	679,836	정보통신과	4	7	2	1	1	1	1	4
10312	전북 김제시	광역 쓰레기 처리장 반입불가 폐기물 처리	1,092,000	환경과	4	8	7	8	7	5	5	4
10313	전북 김제시	농촌,산간 방치쓰레기 처리	312,000	환경과	4	8	7	8	7	5	5	4
10314	전북 김제시	새만금지역 수거쓰레기 처리	220,000	환경과	4	8	7	8	7	5	5	4
10315	전북 김제시	폐가구류 등 대형폐기물 처리	110,000	환경과	4	5	7	8	7	5	5	4
10316	전북 김제시	하구쓰레기수거 처리사업	19,000	환경과	4	8	7	8	7	5	5	4
10317	전북 김제시	음식물류 폐기물 위탁	67,500	환경과	4	5	7	8	7	5	5	4
10318	전북 김제시	음식물류 폐기물 위탁	76,500	환경과	4	5	7	8	7	5	5	4
10319	전북 김제시	음식물류 폐기물 슬러지 처리비	150,000	환경과	4	5	7	8	7	5	5	4
10320	전북 김제시	협잡물 위탁	24,000	환경과	4	8	7	8	7	5	5	4
10321	전북 김제시	재활용 불가 폐기물 처리지원	210,000	환경과	4	8	7	8	7	5	5	4
10322	전북 김제시	방치 폐기물처리	80,000	환경과	4	8	7	8	7	5	5	4
10323	전북 김제시	방치 폐기물처리	55,000	환경과	4	8	7	8	7	5	5	4
10324	전북 김제시	분뇨 처리시설	804,384	환경과	4	4	6	6	6	1	1	4
10325	전북 김제시	가축분뇨 처리시설	3,272,232	환경과	4	4	6	6	6	1	1	4
10326	전북 김제시	시영영구임대주택 위탁관리	110,000	건축과	4	4	1	1	3	1	1	2
10327	전북 김제시	06BTL 민간위탁 운영	474,000	상하수도과	4	1	6	6	6	1	1	1
10328	전북 김제시	09BTL 민간위탁 운영	1,187,000	상하수도과	4	1	6	6	6	1	1	1
10329	전북 김제시	소규모 공공하수처리시설 민간위탁 운영	1,785,000	상하수도과	4	1	6	6	1	1	1	1
10330	전북 김제시	하수슬러지 처리시설 민간위탁 운영	1,200,000	상하수도과	4	1	6	5	1	1	1	4
10331	전북 김제시	공공하수처리시설 관리대행 운영	7,155,000	상하수도과	4	1	6	6	6	5	5	1
10332	전북 김제시	시민건강대학 운영	20,000	보건위생과	4	7	4	7	2	1	1	2
10333	전북 김제시	한센병관리 위탁	20,806	보건위생과	4	1	5	8	7	5	5	4
10334	전북 김제시	어린이 급식관리 지원센터 운영	315,000	보건위생과	4	1	2	5	1	5	2	1
10335	전북 김제시	지역사회 건강조사	68,024	건강증진과	4	1	7	1	7	5	2	1
10336	전북 김제시	치매치료 관리비	245,640	치매재활과	4	2	7	8	7	5	5	4
10337	전북 김제시	찾아가는 마음행복상담소 운영	15,476	치매재활과	4	2	1	3	1	4	1	2
10338	전북 김제시	정신건강복지센터 운영(기초)	184,224	치매재활과	4	2	1	3	1	4	1	2
10339	전북 김제시	정신건강복지센터 인력 확충	145,296	치매재활과	4	2	1	3	1	4	1	2
10340	전북 김제시	아동청소년 정신건강증진 사업	52,294	치매재활과	4	2	1	3	1	4	1	2
10341	전북 김제시	자살예방 심리치유 지원	49,000	치매재활과	4	2	7	8	7	4	1	2
10342	전북 김제시	자살예방 및 정신건강증진 사업	71,260	치매재활과	4	2	1	3	1	4	1	2
10343	전북 김제시	통합정신건강증진 사업	280,000	치매재활과	4	2	1	3	1	4	1	2
10344	전북 김제시	공공급식 기획생산체계 구축 지원사업	20,000	먹거리유통과	4	2	4	7	7	1	1	2
10345	전북 김제시	농특산물 홍보판매장(지평선몰) 운영요원 지원	11,000	먹거리유통과	4	4	7	8	7	5	1	1
10346	전북 김제시	예비 창업농업인 위탁 교육	25,000	농촌지원과	4	6	7	8	7	1	1	1
10347	전북 김제시	신규농업인 기초영농기술 교육	18,000	농촌지원과	4	2	7	1	7	1	3	1
10348	전북 김제시	귀농체험(현장실습)학교	9,000	농촌지원과	4	6	4	1	6	1	3	1
10349	전북 김제시	귀농창업 활성화 교육	10,000	농촌지원과	4	2	7	1	7	1	3	1
10350	전북 김제시	귀농귀촌 현장실습 교육	40,000	농촌지원과	4	2	1	1	3	1	3	1
10351	전북 완주군	민간위탁 자활근로사업	1,515,434	사회복지과	4	2	5	8	7	1	1	2
10352	전북 완주군	지역자활센터 운영비	297,103	사회복지과	4	2	5	8	7	1	1	2

순번	시군구	지출명 (사업명)	2021년예산 (단위:천원/1년간)	담당자 (공무원) 담당부서	민간이전 분류 (지방자치단체 세출예산 집행기준에 의거) 1. 민간경상사업보조(307-02) 2. 민간단체 법정운영비보조(307-03) 3. 민간행사사업보조(307-04) 4. 민간위탁금(307-05) 5. 사회복지시설 법정운영비보조(307-10) 6. 민간인위탁교육비(307-12) 7. 공기관등에대한경상적위탁사업비(308-10) 8. 민간자본사업보조,자체재원(402-01) 9. 민간자본사업보조,이전재원(402-02) 10. 민간위탁사업비(402-03) 11. 공기관등에 대한 자본적 대행사업비(403-02)	민간이전지출 근거 (지방보조금 관리기준 참고) 1. 법률에 규정 2. 국고보조 재원(국가지정) 3. 용도 지정 기부금 4. 조례에 직접규정 5. 지자체가 권장하는 사업을 하는 공공기관 6. 시,도 정책 및 재정사정 7. 기타 8. 해당없음	입찰방식: 계약체결방법 (경쟁형태) 1. 일반경쟁 2. 제한경쟁 3. 지명경쟁 4. 수의계약 5. 법정위탁 6. 기타 ( ) 7. 해당없음	입찰방식: 계약기간 1. 1년 2. 2년 3. 3년 4. 4년 5. 5년 6. 기타 ( )년 7. 단기계약 (1년미만) 8. 해당없음	입찰방식: 낙찰자선정방법 1. 적격심사 2. 협상에의한계약 3. 최저가낙찰제 4. 규격가격분리 5. 2단계 경쟁입찰 6. 기타 ( ) 7. 해당없음	운영예산 산정: 운영예산 산정 1. 내부산정 (지자체 자체적으로 산정) 2. 외부산정 (외부전문기관위탁 산정) 3. 내·외부 모두 산정 4. 산정 無 5. 해당없음	운영예산 산정: 정산방법 1. 내부정산 (지자체 내부적으로 정산) 2. 외부정산 (외부전문기관위탁 정산) 3. 내·외부 모두 산정 4. 정산 無 5. 해당없음	성과평가 실시여부 1. 실시 2. 미실시 3. 향후 추진 4. 해당없음
10353	전북 완주군	지역자활센터 종사자 특별수당	12,240	사회복지과	4	2	5	8	7	1	1	2
10354	전북 완주군	기초푸드뱅크사업	27,400	사회복지과	4	2	5	8	7	1	1	2
10355	전북 완주군	자활일자리사업 참여자 도비 사례관리	28,605	사회복지과	4	2	5	8	7	1	1	2
10356	전북 완주군	희망키움통장사업 지원	58,239	사회복지과	4	2	5	8	7	1	1	2
10357	전북 완주군	내일키움통장 사업	50,634	사회복지과	4	2	5	8	7	1	1	2
10358	전북 완주군	청년희망키움통장 사업	46,124	사회복지과	4	2	5	8	7	1	1	2
10359	전북 완주군	청년저축계좌사업	56,518	사회복지과	4	2	5	8	7	1	1	2
10360	전북 완주군	장애인복지관 운영	1,120,869	사회복지과	4	1	7	8	7	5	1	4
10361	전북 완주군	중증장애인 다수고용사업장 운영	671,182	사회복지과	4	1	7	8	7	5	1	4
10362	전북 완주군	완주교육통합지원센터	286,500	교육아동복지과	4	4	1	3	1	1	1	1
10363	전북 완주군	아이돌봄지원사업(정부지원금)	431,000	교육아동복지과	4	2	7	8	7	3	3	1
10364	전북 완주군	건강가정 다문화가족 지원센터 운영지원	474,680	교육아동복지과	4	2	7	3	7	1	1	1
10365	전북 완주군	다문화가족특성화사업	299,462	교육아동복지과	4	2	7	3	7	1	1	1
10366	전북 완주군	취약위기가족지원사업	104,240	교육아동복지과	4	2	7	3	7	1	1	1
10367	전북 완주군	돌봄공동체지원사업	75,000	교육아동복지과	4	2	7	3	7	1	1	1
10368	전북 완주군	건강가정.다문화가족지원센터 종사자 인건비 및 복지수당 지원	71,415	교육아동복지과	4	2	7	3	7	1	1	1
10369	전북 완주군	글로벌 마을학당 사업	120,000	교육아동복지과	4	2	7	3	7	1	1	1
10370	전북 완주군	다문화가족 고향나들이 사업	29,000	교육아동복지과	4	2	7	3	7	1	1	1
10371	전북 완주군	다문화 청소년 진로지원사업	7,000	교육아동복지과	4	2	7	3	7	1	1	1
10372	전북 완주군	결혼이민자 직업훈련교육 지원	10,000	교육아동복지과	4	2	7	3	7	1	1	1
10373	전북 완주군	결혼이민자 학비 지원	3,000	교육아동복지과	4	2	7	3	7	1	1	1
10374	전북 완주군	결혼이민자 등 학력취득지원 사업	10,000	교육아동복지과	4	2	7	3	7	1	1	1
10375	전북 완주군	건강가정.다문화가족지원센터 종사자 처우개선비	25,000	교육아동복지과	4	2	7	3	7	1	1	1
10376	전북 완주군	이주여성 국제운송비 지원	9,000	교육아동복지과	4	2	7	3	7	1	1	1
10377	전북 완주군	청소년문화의집 운영	205,000	교육아동복지과	4	1	2	3	1	1	1	1
10378	전북 완주군	청소년상담복지센터 운영	232,828	교육아동복지과	4	1	5	3	1	1	1	1
10379	전북 완주군	공공청소년 수련시설 배치지도사 지원	27,780	교육아동복지과	4	1	2	3	1	1	1	1
10380	전북 완주군	복합문화공간 운영	495,000	문화관광과	4	4	1	3	1	1	1	3
10381	전북 완주군	대둔산 문화전시체험장	160,000	문화관광과	4	4	1	3	1	1	1	3
10382	전북 완주군	대승한지마을 운영	214,200	문화관광과	4	4	1	3	1	1	1	3
10383	전북 완주군	완주미디어센터 운영	243,000	문화관광과	4	4	1	3	1	1	1	3
10384	전북 완주군	완주풍류학교 운영	162,000	문화관광과	4	4	1	3	1	1	1	3
10385	전북 완주군	향토문화예술회관 운영	243,000	문화관광과	4	4	1	3	1	1	1	3
10386	전북 완주군	이서 문화의 집 운영	180,000	문화관광과	4	1	1	3	1	1	1	3
10387	전북 완주군	구이 생활문화센터 운영	157,500	문화관광과	4	1	1	3	1	1	1	3
10388	전북 완주군	삼례 생활문화센터 운영	205,200	문화관광과	4	1	1	3	1	1	1	3
10389	전북 완주군	동상 생활문화센터 운영	148,500	문화관광과	4	1	1	3	1	1	1	3
10390	전북 완주군	책마을문화센터 프로그램운영	600,000	문화관광과	4	4	1	3	1	1	1	1
10391	전북 완주군	관광마케팅 종합지원센터 운영	360,000	문화관광과	4	4	6	3	1	1	1	1
10392	전북 완주군	완주 로컬 잡 센터 운영	400,000	일자리경제과	4	2	3	1	1	3	3	1
10393	전북 완주군	완주 새일센터 운영	394,102	일자리경제과	4	2	1	3	1	3	3	1
10394	전북 완주군	신재생에너지 융복합지원사업	1,116,640	일자리경제과	4	2	7	8	7	5	1	4

순번	시군구	지출명 (사업명)	2021년예산 (단위:천원/1년간)	담당자 (공무원) 담당부서	민간이전 분류 (지방자치단체 세출예산 집행기준에 의거) 1. 민간경상사업보조(307-02) 2. 민간단체 법정운영비보조(307-03) 3. 민간행사사업보조(307-04) 4. 민간위탁금(307-05) 5. 사회복지시설 법정운영비보조(307-10) 6. 민간인위탁교육비(307-12) 7. 공기관등에대한경상적위탁사업비(308-10) 8. 민간자본사업보조,자체재원(402-01) 9. 민간자본사업보조,이전재원(402-02) 10. 민간위탁사업비(402-03) 11. 공기관등에 대한 자본적 대행사업비(403-02)	민간이전지출 근거 (지방보조금 관리기준 참고) 1. 법률에 규정 2. 국고보조 재원(국가지정) 3. 용도 지정 기부금 4. 조례에 직접규정 5. 지자체가 권장하는 사업을 하는 공공기관 6. 시,도 정책 및 재정사정 7. 기타 8. 해당없음	입찰방식 계약체결방법 (경쟁형태) 1. 일반경쟁 2. 제한경쟁 3. 지명경쟁 4. 수의계약 5. 법정위탁 6. 기타 ( ) 7. 해당없음	입찰방식 계약기간 1. 1년 2. 2년 3. 3년 4. 4년 5. 5년 6. 기타 ( )년 7. 단기계약 (1년미만) 8. 해당없음	입찰방식 낙찰자선정방법 1. 적격심사 2. 협상에의한계약 3. 최저가낙찰제 4. 규격가격분리 5. 2단계 경쟁입찰 6. 기타 ( ) 7. 해당없음	운영예산 산정 운영예산 산정 1. 내부산정 (지자체 자체적으로 산정) 2. 외부산정 (외부전문기관위탁 산정) 3. 내·외부 모두 산정 4. 산정 無 5. 해당없음	운영예산 산정 정산방법 1. 내부정산 (지자체 내부적으로 정산) 2. 외부정산 (외부전문기관위탁 정산) 3. 내·외부 모두 산정 4. 정산 無 5. 해당없음	성과평가 실시여부 1. 실시 2. 미실시 3. 향후 추진 4. 해당없음
10395	전북 완주군	로컬에너지 자립기반 지원사업	78,500	일자리경제과	4	4	7	8	7	5	1	4
10396	전북 완주군	시군역량강화	78,500	일자리경제과	4	2	7	8	7	5	1	4
10397	전북 완주군	전통시장 활성화 지원	11,200	일자리경제과	4	6	7	8	7	5	5	4
10398	전북 완주군	창업보육센터 운영	288,000	사회적경제과	4	4	7	8	7	1	1	1
10399	전북 완주군	청년거점공간설치운영	135,000	사회적경제과	4	4	1	2	1	1	1	3
10400	전북 완주군	로컬푸드 공공급식지원센터 운영	1,000,000	먹거리정책과	4	4	4	3	7	1	1	1
10401	전북 완주군	완주군어린이급식관리지원센터	315,000	먹거리정책과	4	1	2	3	2	5	1	1
10402	전북 완주군	가축분뇨공공처리장 민간위탁금	1,456,782	환경과	4	7	6	6	6	1	1	3
10403	전북 완주군	공동주택 폐기물 수집운반 위탁 수수료	746,904	환경과	4	4	6	3	1	2	1	2
10404	전북 완주군	음식물류폐기물 수집운반 위탁수수료	2,073,298	환경과	4	4	6	3	1	2	1	2
10405	전북 완주군	조경수유통센터 민간위탁	30,000	산림녹지과	4	4	1	2	1	1	1	1
10406	전북 완주군	방범용 CCTV 모니터요원 위탁	429,984	재난안전과	4	4	2	3	1	1	1	1
10407	전북 완주군	장애인콜택시 운영비 지원사업	364,500	도로교통과	4	1	1	3	1	1	1	1
10408	전북 완주군	한센병관리	12,244	보건관리과	4	1	5	8	7	5	3	4
10409	전북 완주군	생명사랑녹색마을지킴사업	12,000	건강증진과	4	1	2	5	1	1	1	1
10410	전북 완주군	정신건강복지센터운영	184,224	건강증진과	4	1	2	5	1	1	1	1
10411	전북 완주군	정신건강복지센터 인력확충	217,944	건강증진과	4	1	2	5	1	1	1	1
10412	전북 완주군	아동청소년 정신보건사업	52,294	건강증진과	4	1	2	5	1	1	1	1
10413	전북 완주군	자살예방 및 정신건강증진사업	30,540	건강증진과	4	1	2	5	1	1	1	1
10414	전북 완주군	자살예방심리치유지원	58,410	건강증진과	4	1	2	5	1	1	1	1
10415	전북 완주군	농기계 종합보험 지원사업	111,000	농촌지원과	4	2	7	8	7	5	5	4
10416	전북 완주군	작은도서관 운영	198,000	도서관평생학습사업소	4	4	1	3	1	1	1	1
10417	전북 진안군	진안군 CCTV 통합관제센터 민간위탁 운영	458,118	행정지원과	4	4	1	3	1	1	1	1
10418	전북 진안군	자활근로위탁사업	1,481,714	사회복지과	4	1	5	8	7	5	1	1
10419	전북 진안군	장애인종합복지관 운영	762,203	사회복지과	4	1	7	8	7	1	1	4
10420	전북 진안군	장애인종합복지관 운영	365,580	사회복지과	4	1	7	8	7	1	1	4
10421	전북 진안군	장애인보호작업장 운영	301,912	사회복지과	4	1	7	8	7	1	1	4
10422	전북 진안군	노인복지관 운영비 지원	950,000	여성가족과	4	1	7	8	7	1	1	1
10423	전북 진안군	노인요양원 운영비 지원	6,200,000	여성가족과	4	1	7	8	7	1	1	1
10424	전북 진안군	여성일자리지원센터 운영비	998,520	여성가족과	4	4	1	3	1	1	1	1
10425	전북 진안군	여성지도자 전문교육 지원	124,000	여성가족과	4	4	1	3	1	1	1	1
10426	전북 진안군	여성직업훈련 교육사업	100,000	여성가족과	4	4	1	3	1	1	1	1
10427	전북 진안군	여성단체 역량강화 사업	130,000	여성가족과	4	4	1	3	1	5	1	1
10428	전북 진안군	기업체 네트워크 구축사업	20,000	여성가족과	4	4	1	3	1	5	1	1
10429	전북 진안군	건강가정 다문화가족 지원센터 운영	3,311,400	여성가족과	4	2	1	3	1	5	1	1
10430	전북 진안군	결혼이민자 모국방문지원	800,000	여성가족과	4	4	1	3	1	5	1	1
10431	전북 진안군	종사인력지원	276,780	여성가족과	4	4	1	3	1	5	1	1
10432	전북 진안군	종사자 복지수당	234,000	여성가족과	4	4	1	3	1	5	1	1
10433	전북 진안군	종사자 명절수당	236,000	여성가족과	4	4	1	3	1	5	1	1
10434	전북 진안군	다문화 청소년 진로지원	54,000	여성가족과	4	4	1	3	1	5	1	1
10435	전북 진안군	다문화 옹알이 교육지원	320,000	여성가족과	4	4	1	3	1	1	1	1
10436	전북 진안군	결혼이민자 취업교육	100,000	여성가족과	4	4	1	3	1	1	1	1

순번	시군구	지출명 (사업명)	2021년예산 (단위:천원/1년간)	담당자 (공무원)	민간이전 분류 (지방자치단체 세출예산 집행기준에 의거)	민간이전지출 근거 (지방보조금 관리기준 참고)	입찰방식			운영예산 산정		성과평가 실시여부
				담당부서	1. 민간경상사업보조(307-02) 2. 민간단체 법정운영비보조(307-03) 3. 민간행사사업보조(307-04) 4. 민간위탁금(307-05) 5. 사회복지시설 법정운영비보조(307-10) 6. 민간인위탁교육비(307-12) 7. 공기관등에대한경상적위탁사업비(308-10) 8. 민간자본사업보조,자체재원(402-01) 9. 민간자본사업보조,이전재원(402-02) 10. 민간위탁사업비(402-03) 11. 공기관등에 대한 자본적 대행사업비(403-02)	1. 법률에 규정 2. 국고보조 재원(국가지정) 3. 용도 지정 기부금 4. 조례에 직접규정 5. 지자체가 권장하는 사업을 하는 공공기관 6. 시,도 정책 및 재정사정 7. 기타 8. 해당없음	계약체결방법 (경쟁형태) 1. 일반경쟁 2. 제한경쟁 3. 지명경쟁 4. 수의계약 5. 법정위탁 6. 기타 ( ) 7. 해당없음	계약기간 1. 1년 2. 2년 3. 3년 4. 4년 5. 5년 6. 기타 ( )년 7. 단기계약 (1년미만) 8. 해당없음	낙찰자선정방법 1. 적격심사 2. 협상에의한계약 3. 최저가낙찰제 4. 규격가격분리 5. 2단계 경쟁입찰 6. 기타 ( ) 7. 해당없음	운영예산 산정 1. 내부산정 (지자체 자체적으로 산정) 2. 외부산정 (외부전문기관위탁 산정) 3. 내·외부 모두 산정 4. 산정 無 5. 해당없음	정산방법 1. 내부정산 (지자체 내부적으로 정산) 2. 외부정산 (외부전문기관위탁 정산) 3. 내·외부 모두 산정 4. 정산 無 5. 해당없음	1. 실시 2. 미실시 3. 향후 추진 4. 해당없음
10437	전북 진안군	아버지학교 운영 지원사업	150,000	여성가족과	4	4	1	3	1	1	1	1
10438	전북 진안군	국내문화체험 지원사업	160,000	여성가족과	4	4	1	3	1	1	1	1
10439	전북 진안군	자녀 심리정서 지원사업	587,190	여성가족과	4	4	1	3	1	1	1	1
10440	전북 진안군	자녀양육 및 자녀생활등 방문교육서비스 지원	701,440	여성가족과	4	2	1	3	1	5	1	1
10441	전북 진안군	다문화가족 사례관리 지원	318,250	여성가족과	4	2	1	3	1	5	1	1
10442	전북 진안군	결혼이민자 통번역서비스 지원	300,500	여성가족과	4	2	1	3	1	5	1	1
10443	전북 진안군	다문화가족 자녀언어발달 지원	346,800	여성가족과	4	2	1	3	1	5	1	1
10444	전북 진안군	한국어교육 운영	155,000	여성가족과	4	2	1	3	1	5	1	1
10445	전북 진안군	청소년수련관 운영비	3,939,230	여성가족과	4	4	1	3	1	1	3	1
10446	전북 진안군	청소년야영장 운영비	950,000	여성가족과	4	4	1	6	1	1	3	1
10447	전북 진안군	청소년참여위원회 운영비	28,000	여성가족과	4	4	1	3	1	1	3	1
10448	전북 진안군	청소년방과후아카데미 운영	1,927,370	여성가족과	4	4	1	3	1	1	3	1
10449	전북 진안군	아이돌봄지원사업 운영	3,500,000	여성가족과	4	4	1	3	1	1	3	1
10450	전북 진안군	아이돌보미 건강검진비 지원	57,000	여성가족과	4	4	1	3	1	1	3	1
10451	전북 진안군	문화의집 위탁운영	2,694,910	문화체육과	4	4	7	8	7	1	1	1
10452	전북 진안군	작은영화관 위탁운영	400,000	문화체육과	4	4	7	8	7	1	1	1
10453	전북 진안군	전통문화전수관 위탁 운영	846,000	문화체육과	4	4	7	8	7	1	1	1
10454	전북 진안군	푸른꿈 작은도서관 운영지원	429,100	문화체육과	4	4	7	8	7	1	1	1
10455	전북 진안군	학교급식 지원센터 지원	1,500,000	농축산유통과	4	4	2	3	1	1	1	1
10456	전북 진안군	특별교통수단 운영	2,450,000	건설교통과	4	4	1	5	1	1	1	2
10457	전북 진안군	음식물류폐기물 종량제 추진	3,200,000	환경과	4	4	1	1	3	1	1	1
10458	전북 진안군	슬러지위탁 처리비	486,000	환경과	4	1	2	1	1	1	1	3
10459	전북 진안군	치매조기검진비	25,600	보건소	4	1	6	1	6	1	1	1
10460	전북 진안군	치매치료관리비	315,082	보건소	4	1	6	8	7	1	1	2
10461	전북 진안군	산모신생아 도우미 지원사업	125,000	보건소	4	2	7	8	7	3	3	4
10462	전북 진안군	기저귀 및 조제분유 지원사업	40,000	보건소	4	2	7	8	7	3	3	4
10463	전북 진안군	청소년산모 임신출산 의료비 지원	6,000	보건소	4	2	7	8	7	3	3	4
10464	전북 진안군	표준모자보건수첩 제작	2,240	보건소	4	2	7	8	7	3	3	4
10465	전북 진안군	선천성대사이상 검사 및 환아관리	40,000	보건소	4	2	7	8	7	3	3	4
10466	전북 진안군	난청조기진단	40,000	보건소	4	2	7	8	7	3	3	4
10467	전북 진안군	고혈압당뇨병등록교육센터 위탁운영	240,000	보건소	4	1	7	8	7	2	2	1
10468	전북 진안군	지역사회건강조사	66,006	보건소	4	1	7	8	7	2	1	1
10469	전북 진안군	국가암검진사업	47,500	보건소	4	1	7	8	7	2	1	1
10470	전북 진안군	의료급여수급권자	1,100,000	보건소	4	1	7	8	7	2	1	1
10471	전북 진안군	의료급여수급권자	6,100,000	보건소	4	1	7	8	7	2	1	1
10472	전북 무주군	자활근로사업(up-grade)형 인건비	7,881,000	사회복지과	4	2	7	8	7	5	3	4
10473	전북 무주군	장애인일자리지원	1,222,320	사회복지과	4	2	2	1	7	5	3	4
10474	전북 무주군	장애인복지관 운영	12,935,590	사회복지과	4	6	5	5	7	5	3	4
10475	전북 무주군	장애인직업재활시설 운영	3,078,630	사회복지과	4	6	5	8	7	5	3	4
10476	전북 무주군	무주노인종합복지관	62,973,600	사회복지과	4	1	5	5	1	1	1	1
10477	전북 무주군	노인일자리 및 사회활동지원 확대	7,768,330	사회복지과	4	1	2	1	1	1	1	4
10478	전북 무주군	노인맞춤돌봄서비스사업	1,762,280	사회복지과	4	1	5	2	1	1	1	1

순번	시군구	지출명 (사업명)	2021년예산 (단위:천원/1년간)	담당자 (공무원)	민간이전 분류 (지방자치단체 세출예산 집행기준에 의거)	민간이전지출 근거 (지방보조금 관리기준 참고)	입찰방식			운영예산 산정		성과평가 실시여부
				담당부서	1. 민간경상사업보조(307-02) 2. 민간단체 법정운영비보조(307-03) 3. 민간행사사업보조(307-04) 4. 민간위탁금(307-05) 5. 사회복지시설 법정운영비보조(307-10) 6. 민간인위탁교육비(307-12) 7. 공기관등에대한경상적위탁사업비(308-10) 8. 민간자본사업보조,자체재원(402-01) 9. 민간자본사업보조,이전재원(402-02) 10. 민간위탁사업비(402-03) 11. 공기관등에 대한 자본적 대행사업비(403-02)	1. 법률에 규정 2. 국고보조 재원(국가지정) 3. 용도 지정 기부금 4. 조례에 직접규정 5. 지자체가 권장하는 사업을 하는 공공기관 6. 시,도 정책 및 재정사정 7. 기타 8. 해당없음	계약체결방법 (경쟁형태) 1. 일반경쟁 2. 제한경쟁 3. 지명경쟁 4. 수의계약 5. 법정위탁 6. 기타 ( ) 7. 해당없음	계약기간 1. 1년 2. 2년 3. 3년 4. 4년 5. 5년 6. 기타 ( )년 7. 단기계약 (1년미만) 8. 해당없음	낙찰자선정방법 1. 적격심사 2. 협상에의한계약 3. 최저가낙찰제 4. 규격가격분리 5. 2단계 경쟁입찰 6. 기타 ( ) 7. 해당없음	운영예산 산정 1. 내부산정 (지자체 자체적으로 산정) 2. 외부산정 (외부전문기관위탁 산정) 3. 내·외부 모두 산정 4. 산정 無 5. 해당없음	정산방법 1. 내부정산 (지자체 내부적으로 정산) 2. 외부정산 (외부전문기관위탁 정산) 3. 내·외부 모두 산정 4. 정산 無 5. 해당없음	1. 실시 2. 미실시 3. 향후 추진 4. 해당없음
10479	전북 무주군	노인맞춤돌봄서비스사업	288,000	사회복지과	4	1	5	2	1	1	1	1
10480	전북 무주군	독거노인장애인 응급안전안심서비스 운영지원	208,540	사회복지과	4	1	5	2	1	1	1	1
10481	전북 무주군	독거노인장애인 응급안전안심서비스 운영지원	245,098	사회복지과	4	1	5	2	1	1	1	1
10482	전북 무주군	독거노인장애인 응급안전안심서비스 운영지원	4,078,000	사회복지과	4	1	5	2	1	1	1	1
10483	전북 무주군	독거노인장애인 응급안전안심서비스 운영지원	28,900	사회복지과	4	1	5	2	1	1	1	1
10484	전북 무주군	여성일자리지원센터 운영	59,902	사회복지과	4	1	1	5	1	1	1	1
10485	전북 무주군	건강가정다문화가족지원센터운영	301,120	사회복지과	4	1	1	5	1	1	1	1
10486	전북 무주군	다문화가족지원센터 종사자 보강사업	30,785	사회복지과	4	1	1	5	1	1	1	1
10487	전북 무주군	다문화가족지원센터 종사자 복지수당 및 명절수당	29,840	사회복지과	4	1	1	5	1	1	1	1
10488	전북 무주군	공동육아나눔터 운영	53,828	사회복지과	4	1	1	5	1	1	1	1
10489	전북 무주군	공동육아나눔터 종사자 복지수당	1,440,000	사회복지과	4	1	1	5	1	1	1	1
10490	전북 무주군	무주청소년수련관 운영	464,422	사회복지과	4	4	1	5	1	1	1	1
10491	전북 무주군	안성청소년문화의집 운영	142,365	사회복지과	4	4	1	5	1	1	1	1
10492	전북 무주군	청소년동아리활동 지원	10,000	사회복지과	4	4	1	5	1	1	1	1
10493	전북 무주군	청소년상담복지센터 운영	179,743	사회복지과	4	1	1	3	1	1	1	1
10494	전북 무주군	목재펠릿공장운영	115,750	산림녹지과	4	4	7	8	7	5	1	4
10495	전북 무주군	어린이급식관리지원센터 설치운영지원	118,000	환경위생과	4	2	1	3	1	1	1	1
10496	전북 무주군	음식물류 폐기물 대행처리	193,877	환경위생과	4	4	7	8	7	5	5	4
10497	전북 무주군	재활용 불가 폐기물 대행처리	120,000	환경위생과	4	4	7	8	7	5	5	4
10498	전북 무주군	농업기술센터 청사 청소용역	92,804	농업지원과	4	7	2	1	1	1	1	4
10499	전북 무주군	무주군 도시재생 지원센터 운영	285,930	농촌활력과	4	1	1	3	2	1	1	3
10500	전북 무주군	농촌중심지 활성화사업 시설물 운영	30,680	농촌활력과	4	4	4	7	7	1	1	4
10501	전북 장수군	지역자활센터 자활근로사업 추진	1,219,435	주민복지실	4	2	7	8	7	1	1	1
10502	전북 장수군	자활근로 참여자 사례관리	28,989	주민복지실	4	2	7	8	7	1	1	1
10503	전북 장수군	희망키움통장지원	17,433	주민복지실	4	2	7	8	7	1	1	1
10504	전북 장수군	내일키움통장지원	26,088	주민복지실	4	2	7	8	7	1	1	1
10505	전북 장수군	청년희망키움통장사업	15,951	주민복지실	4	2	7	8	7	1	1	1
10506	전북 장수군	청년저축계좌	93,024	주민복지실	4	2	7	8	7	1	1	1
10507	전북 장수군	장애인보호작업장 운영	334,229	주민복지실	4	1	1	3	1	1	1	1
10508	전북 장수군	장애인복지관 운영	1,148,827	주민복지실	4	1	1	3	1	1	1	1
10509	전북 장수군	노인일자리 및 사회활동 지원사업 추진	9,192,486	주민복지실	4	1	2	1	1	1	1	3
10510	전북 장수군	노인복지관 운영	550,268	주민복지실	4	1	1	5	1	1	1	3
10511	전북 장수군	장수군 로컬 JOB센터 구축사업	400,000	일자리경제과	4	2	1	1	1	2	2	1
10512	전북 장수군	도시재생지원센터 민간위탁금	200,000	일자리경제과	4	4	1	3	1	1	1	3
10513	전북 장수군	군단위 LPG배관망시설 위탁관리	186,600	일자리경제과	4	4	7	1	7	1	1	3
10514	전북 장수군	CCTV 통합관제센터 관제업무 민간위탁운영	424,152	안전재난과	4	4	6	3	1	1	1	3
10515	전북 장수군	음식물폐기물 위탁처리	224,000	환경위생과	4	4	1	1	1	1	1	2
10516	전북 장수군	재활용 불가 폐기물(반사필름 등) 수거 및 처리	75,000	환경위생과	4	6	1	7	7	1	1	4
10517	전북 장수군	어린이 급식관리지원센터 설치·운영	105,000	환경위생과	4	2	6	3	6	5	2	1
10518	전북 장수군	교통약자 지원	176,000	건설교통과	4	1	4	3	1	1	1	3
10519	전북 장수군	지역사회 건강조사	65,702	보건사업과	4	2	5	1	1	3	3	1
10520	전북 장수군	희귀질환자 의료비 지원	3,400,000	보건사업과	4	2	5	1	2	3	3	4

순번	시군구	지출명 (사업명)	2021년예산 (단위:천원/1년간)	담당자 (공무원)	민간이전 분류 (지방자치단체 세출예산 집행기준에 의거)	민간이전지출 근거 (지방보조금 관리기준 참고)	입찰방식			운영예산 산정		성과평가 실시여부
				담당부서	1. 민간경상사업보조(307-02) 2. 민간단체 법정운영비보조(307-03) 3. 민간행사사업보조(307-04) 4. 민간위탁금(307-05) 5. 사회복지시설 법정운영비보조(307-10) 6. 민간인위탁교육비(307-12) 7. 공기관등에대한경상적위탁사업비(308-10) 8. 민간자본사업보조,자체재원(402-01) 9. 민간자본사업보조,이전재원(402-02) 10. 민간위탁사업비(402-03) 11. 공기관등에 대한 자본적 대행사업비(403-02)	1. 법률에 규정 2. 국고보조 재원(국가지정) 3. 용도 지정 기부금 4. 조례에 직접규정 5. 지자체가 권장하는 사업을 하는 공공기관 6. 시,도 정책 및 재정사정 7. 기타 8. 해당없음	계약체결방법 (경쟁형태) 1. 일반경쟁 2. 제한경쟁 3. 지명경쟁 4. 수의계약 5. 법정위탁 6. 기타 ( ) 7. 해당없음	계약기간 1. 1년 2. 2년 3. 3년 4. 4년 5. 5년 6. 기타 ( )년 7. 단기계약 (1년미만) 8. 해당없음	낙찰자선정방법 1. 적격심사 2. 협상에의한계약 3. 최저가낙찰제 4. 규격가격분리 5. 2단계 경쟁입찰 6. 기타 ( ) 7. 해당없음	운영예산 산정 1. 내부산정 (지자체 자체적으로 산정) 2. 외부산정 (외부전문기관위탁 산정) 3. 내·외부 모두 산정 4. 산정 無 5. 해당없음	정산방법 1. 내부정산 (지자체 내부적으로 정산) 2. 외부정산 (외부전문기관위탁 정산) 3. 내·외부 모두 산정 4. 정산 無 5. 해당없음	1. 실시 2. 미실시 3. 향후 추진 4. 해당없음
10521	전북 장수군	의료비 지원	2,908,000	의료지원과	4	1	5	1	7	2	1	4
10522	전북 장수군	보건소결핵관리사업	7,280,000	의료지원과	4	1	5	1	7	2	1	4
10523	전북 장수군	선천성대사이상 검사 및 환아관리 지원 위탁관리비	5,600,000	의료지원과	4	2	5	8	7	5	5	4
10524	전북 장수군	신생아 난청 조기진단 홍보	40,000,000	의료지원과	4	2	5	8	7	5	5	4
10525	전북 장수군	농촌융복합가공 지원센터 운영위탁	1,800,000	농업정책과	4	4	1	3	2	1	1	1
10526	전북 장수군	양봉인 단합대회 행사지원	2,500,000	축산과	4	4	7	8	7	5	5	4
10527	전북 장수군	구제역 예방약품	14,080,000	축산과	4	2	7	8	7	1	1	4
10528	전북 장수군	축산물이력제	72,070,000	축산과	4	2	7	8	7	1	1	1
10529	전북 장수군	상수도 검침 민간위탁금	97,680,000	시설관리사업소	4	8	7	8	7	5	5	4
10530	전북 장수군	공공하수처리시설 관리대행 사업	3,120,000	시설관리사업소	4	1	4	5	6	2	1	1
10531	전북 장수군	소각시설 및 재활용선별시설 민간위탁금	1,398,921	환경자원사업소	4	4	4	3	6	2	1	1
10532	전북 장수군	가축분뇨공공처리장 관리대행 용역비	989,714	환경자원사업소	4	4	1	3	2	2	1	3
10533	전북 장수군	가축분뇨공공처리장 사용료 징수교부금	9,000,000	환경자원사업소	4	8	7	8	7	5	4	4
10534	전북 장수군	가축분뇨자원화시설 민간위탁 용역비	996,699	환경자원사업소	4	4	7	8	7	5	5	4
10535	전북 임실군	임실공영주차장 위탁관리	18,000	경제교통과	4	4	7	8	7	5	5	4
10536	전북 임실군	교통약자 이동편의 증진사업	167,132	경제교통과	4	2	7	8	7	5	5	4
10537	전북 임실군	오수터미널 위탁운영	30,000	경제교통과	4	4	7	8	7	5	5	4
10538	전북 임실군	가사간병방문지원사업	161,312	주민복지과	4	1	5	8	7	1	1	4
10539	전북 임실군	장애인 연합회관 운영 지원	91,000	주민복지과	4	1	2	3	1	1	1	1
10540	전북 임실군	장애인 보호작업장 운영	257,797	주민복지과	4	1	2	3	1	5	1	4
10541	전북 임실군	발달장애인 방과후활동서비스 지원	106,696	주민복지과	4	1	1	3	1	5	1	4
10542	전북 임실군	발달장애인 주간활동서비스 지원	236,624	주민복지과	4	1	1	3	1	5	1	4
10543	전북 임실군	발달장애인 주간활동서비스 지원	67,804	주민복지과	4	1	1	3	1	5	1	4
10544	전북 임실군	중증장애인 활동보조 추가지원	41,106	주민복지과	4	2	5	8	7	1	1	4
10545	전북 임실군	발달재활서비스 바우처 지원	84,206	주민복지과	4	2	5	8	7	1	1	4
10546	전북 임실군	장애인 활동지원급여 지원	1,645,213	주민복지과	4	2	5	8	7	1	1	4
10547	전북 임실군	활동보조 가산급여	3,856	주민복지과	4	2	5	8	7	1	1	4
10548	전북 임실군	노인복지관 위탁	872,370	주민복지과	4	1	7	5	7	1	1	1
10549	전북 임실군	가축분뇨처리 슬러지 위탁처리 용역비	510,000	환경보호과	4	7	7	8	7	5	5	4
10550	전북 임실군	오수하수슬러지 위탁처리용역비	68,000	환경보호과	4	7	7	8	7	5	5	4
10551	전북 임실군	수질자동측정기(TMS) 위탁관리비	130,000	환경보호과	4	7	1	2	5	1	1	3
10552	전북 임실군	대기오염측정망 유지보수	42,000	환경보호과	4	7	4	1	7	1	1	4
10553	전북 임실군	어린이급식관리지원센터 설치운영비	151,976	청소위생과	4	2	7	8	7	5	5	4
10554	전북 임실군	섬진강자전거길 인증센터 운영	10,000	건설과	4	6	4	1	1	1	1	1
10555	전북 임실군	도시재생 아카데미 및 지원센터 운영	34,000	건설과	4	6	4	4	1	1	1	1
10556	전북 임실군	도시재생지원센터 민간위탁금	350,000	건설과	4	6	4	4	1	1	1	1
10557	전북 임실군	상수도 계량기 검침 위탁금	112,800	상하수도과	4	4	7	7	7	1	1	4
10558	전북 임실군	지역사회건강조사 조사분석 위탁운영	66,734	보건사업과	4	2	7	8	7	5	1	2
10559	전북 임실군	가족접촉자 검진비 국민건강보험공단위탁	1,000,000	의료지원과	4	2	7	8	7	1	1	4
10560	전북 임실군	한센병 이동진료사업 위탁	6,137	의료지원과	4	4	7	8	7	1	1	4
10561	전북 순창군	순창분원 학점은행제 운영	66,000	행정과	4	5	7	8	7	1	1	2
10562	전북 순창군	순창분원 평생교육과정 운영	33,000	행정과	4	5	7	8	7	1	1	2

순번	시군구	지출명 (사업명)	2021년예산 (단위:천원/1년간)	담당자 (공무원)	민간이전 분류 (지방자치단체 세출예산 집행기준에 의거)	민간이전지출 근거 (지방보조금 관리기준 참고)	입찰방식			운영예산 산정		성과평가 실시여부
				담당부서	1. 민간경상사업보조(307-02) 2. 민간단체 법정운영비보조(307-03) 3. 민간행사사업보조(307-04) 4. 민간위탁금(307-05) 5. 사회복지시설 법정운영비보조(307-10) 6. 민간인위탁교육비(307-12) 7. 공기관등에대한경상적위탁사업비(308-10) 8. 민간자본사업보조,자체재원(402-01) 9. 민간자본사업보조,이전재원(402-02) 10. 민간위탁사업비(402-03) 11. 공기관등에 대한 자본적 대행사업비(403-02)	1. 법률에 규정 2. 국고보조 재원(국가지정) 3. 용도 지정 기부금 4. 조례에 직접규정 5. 지자체가 권장하는 사업을 하는 공공기관 6. 시,도 정책 및 재정사정 7. 기타 8. 해당없음	계약체결방법 (경쟁형태) 1. 일반경쟁 2. 제한경쟁 3. 지명경쟁 4. 수의계약 5. 법정위탁 6. 기타 ( ) 7. 해당없음	계약기간 1. 1년 2. 2년 3. 3년 4. 4년 5. 5년 6. 기타 ( )년 7. 단기계약 (1년미만) 8. 해당없음	낙찰자선정방법 1. 적격심사 2. 협상에의한계약 3. 최저가낙찰제 4. 규격가격분리 5. 2단계 경쟁입찰 6. 기타 ( ) 7. 해당없음	운영예산 산정 1. 내부산정 (지자체 자체적으로 산정) 2. 외부산정 (외부전문기관위탁 산정) 3. 내·외부 모두 산정 4. 산정 無 5. 해당없음	정산방법 1. 내부정산 (지자체 내부적으로 정산) 2. 외부정산 (외부전문기관위탁 정산) 3. 내·외부 모두 산정 4. 정산 無 5. 해당없음	1. 실시 2. 미실시 3. 향후 추진 4. 해당없음
10563	전북 순창군	CCTV 통합관제센터 모니터요원 용역 사업비	262,053	행정과	4	4	2	2	2	1	1	1
10564	전북 순창군	장애인활동지원사업	53,437	주민복지과	4	2	7	1	7	3	3	1
10565	전북 순창군	장애인활동지원사업	2,072,541	주민복지과	4	2	7	1	7	3	3	1
10566	전북 순창군	장애인활동지원사업 가산급여	1,927	주민복지과	4	2	7	1	7	3	3	1
10567	전북 순창군	발달재활서비스지원	38,864	주민복지과	4	2	7	1	7	3	3	1
10568	전북 순창군	발달장애인지원사업	411,124	주민복지과	4	2	7	1	7	3	3	1
10569	전북 순창군	지역사회서비스 투자사업	502,567	주민복지과	4	1	7	8	7	5	5	1
10570	전북 순창군	자활근로사업	686,648	주민복지과	4	2	7	8	7	1	1	1
10571	전북 순창군	희망키움통장	19,924	주민복지과	4	2	7	8	7	1	1	1
10572	전북 순창군	내일키움통장	9,074	주민복지과	4	2	7	8	7	1	1	1
10573	전북 순창군	청년희망키움통장	15,951	주민복지과	4	2	7	8	7	1	1	1
10574	전북 순창군	청년저축계좌	18,605	주민복지과	4	2	7	8	7	1	1	1
10575	전북 순창군	가사간병 방문관리 지원사업	107,538	주민복지과	4	2	7	8	7	1	1	1
10576	전북 순창군	다문화글로벌방송 설치 및 이용료지원	1,800	주민복지과	4	4	4	8	2	1	3	1
10577	전북 순창군	다함께 돌봄 사업	53,040	주민복지과	4	5	2	5	7	1	1	1
10578	전북 순창군	다함께 돌봄 사업	3,600	주민복지과	4	5	2	5	7	1	1	1
10579	전북 순창군	다함께돌봄센터 운영비	5,500	주민복지과	4	5	2	5	7	1	1	1
10580	전북 순창군	지역사회청소년안전망 구축 운영	97,470	주민복지과	4	5	2	3	7	1	1	1
10581	전북 순창군	학교 밖 청소년 지원	84,517	주민복지과	4	5	2	3	7	1	1	1
10582	전북 순창군	학교 밖 청소년 급식지원	1,200,000	주민복지과	4	5	2	3	7	1	1	1
10583	전북 순창군	청소년동반자 프로그램 운영	29,920	주민복지과	4	5	2	3	7	1	1	1
10584	전북 순창군	청소년 진로탐색 및 학교폭력 예방교육	3,375	주민복지과	4	5	2	3	7	1	1	1
10585	전북 순창군	순창군청소년상담복지센터 운영	85,542	주민복지과	4	5	2	3	7	1	1	1
10586	전북 순창군	청소년상담복지센터 사업지원	17,000	주민복지과	4	5	2	3	7	1	1	1
10587	전북 순창군	청소년동아리운영	7,500	주민복지과	4	5	2	3	7	1	1	1
10588	전북 순창군	청소년동아리운영	2,500	주민복지과	4	5	2	3	7	1	1	1
10589	전북 순창군	청소년참여위원회운영	2,800	주민복지과	4	5	2	3	7	1	1	1
10590	전북 순창군	수련시설 청소년운영위원회 운영	2,000	주민복지과	4	5	2	3	7	1	1	1
10591	전북 순창군	순창군청소년 수련시설 운영	373,992	주민복지과	4	5	2	3	7	1	1	1
10592	전북 순창군	청소년참여위원회 운영	2,200	주민복지과	4	5	2	3	7	1	1	1
10593	전북 순창군	청소년문화의집 운영	169,521	주민복지과	4	5	2	3	7	1	1	1
10594	전북 순창군	노인일자리 및 사회활동 지원사업	3,387,704	주민복지과	4	2	7	8	7	1	1	1
10595	전북 순창군	거동불편 저소득 재가노인식사배달	77,760	주민복지과	4	1	7	8	7	1	1	1
10596	전북 순창군	동계면 작은도서관 운영지원	44,040	문화관광과	4	1	1	3	1	1	1	3
10597	전북 순창군	구림작은도서관운영관리	44,040	문화관광과	4	1	1	3	1	1	1	3
10598	전북 순창군	쌍치작은도서관운영관리	44,040	문화관광과	4	1	1	3	1	1	1	3
10599	전북 순창군	팔덕작은도서관운영관리	44,040	문화관광과	4	1	1	3	1	1	1	3
10600	전북 순창군	순창농요금과들소리 전수관 운영비	15,000	문화관광과	4	4	7	3	7	1	1	1
10601	전북 순창군	어린이급식관리지원센터설치·운영	105,000	민원과	4	1	7	8	7	5	3	1
10602	전북 순창군	행복콜버스 운영비	195,000	경제교통과	4	2	2	3	6	1	1	3
10603	전북 순창군	특별교통수단 광역이동지원센터 운영	213,560	경제교통과	4	4	1	3	1	1	1	1
10604	전북 순창군	음식물류폐기물 처리 위탁처리	248,160	환경수도과	4	1	4	1	7	1	1	4

순번	시군구	지출명 (사업명)	2021년예산 (단위:천원/1년간)	담당자 (공무원)	민간이전 분류 (지방자치단체 세출예산 집행기준에 의거)	민간이전지출 근거 (지방보조금 관리기준 참고)	입찰방식			운영예산 산정		성과평가 실시여부
				담당부서	1. 민간경상사업보조(307-02) 2. 민간단체 법정운영비보조(307-03) 3. 민간행사사업보조(307-04) 4. 민간위탁금(307-05) 5. 사회복지시설 법정운영비보조(307-10) 6. 민간인위탁교육비(307-12) 7. 공기관등에대한경상적위탁사업비(308-10) 8. 민간자본사업보조,자체재원(402-01) 9. 민간자본사업보조,이전재원(402-02) 10. 민간위탁사업비(402-03) 11. 공기관등에 대한 자본적 대행사업비(403-02)	1. 법률에 규정 2. 국고보조 재원(국가지정) 3. 용도 지정 기부금 4. 조례에 직접규정 5. 지자체가 권장하는 사업을 하는 공공기관 6. 시,도 정책 및 재정사정 7. 기타 8. 해당없음	계약체결방법 (경쟁형태) 1. 일반경쟁 2. 제한경쟁 3. 지명경쟁 4. 수의계약 5. 법정위탁 6. 기타 ( ) 7. 해당없음	계약기간 1. 1년 2. 2년 3. 3년 4. 4년 5. 5년 6. 기타 ( )년 7. 단기계약 (1년미만) 8. 해당없음	낙찰자선정방법 1. 적격심사 2. 협상에의한계약 3. 최저가낙찰제 4. 규격가격분리 5. 2단계 경쟁입찰 6. 기타 ( ) 7. 해당없음	운영예산 산정 1. 내부산정 (지자체 자체적으로 산정) 2. 외부산정 (외부전문기관위탁 산정) 3. 내·외부 모두 산정 4. 산정 無 5. 해당없음	정산방법 1. 내부정산 (지자체 내부적으로 정산) 2. 외부정산 (외부전문기관위탁 정산) 3. 내·외부 모두 산정 4. 정산 無 5. 해당없음	1. 실시 2. 미실시 3. 향후 추진 4. 해당없음
10605	전북 순창군	순창 공공하수처리장 민간위탁 운영	2,675,386	환경수도과	4	1	6	6	6	1	1	1
10606	전북 순창군	수도계량기 검침업무 민간위탁 수수료	101,346	환경수도과	4	4	6	6	6	1	1	4
10607	전북 순창군	희귀질환자 의료비 지원	56,276	보건사업과	4	1	5	1	7	3	1	4
10608	전북 순창군	지역사회건강조사 조사분석 위탁 운영	66,234	보건사업과	4	2	7	8	7	5	1	3
10609	전북 순창군	GAP 토양·용수 안전성 분석 지원	9,000	생명농업과	4	6	7	8	7	1	1	1
10610	전북 순창군	건강장수연구소 민간위탁 운영사업	360,000	건강장수사업소	4	5	6	5	6	1	1	1
10611	전북 순창군	옹기체험관 운영	8,000	장류사업소	4	4	5	3	1	1	1	1
10612	전북 순창군	발효미생물산업화지원센터 운영지원	200,000	미생물산업사업소	4	2	7	8	7	5	5	4
10613	전북 고창군	시군마을만들기중간지원조직 구축	210,000	농어촌식품과	4	4	6	3	6	1	1	1
10614	전북 고창군	전통식품 마케팅 활성화 사업	40,000	농어촌식품과	4	1	7	8	7	5	5	4
10615	전북 고창군	축산농가 미생물 환경처리제 지원	100,000	축산과	4	6	7	8	7	1	1	3
10616	전북 고창군	교통약자 특별교통수단 운영	366,215	상생경제과	4	4	1	3	1	1	1	1
10617	전북 고창군	도시재생 지원센터 운영	250,000	건설도시과	4	4	6	3	6	1	1	3
10618	전북 고창군	모양성마을 도시재생 현장지원센터 운영	250,000	건설도시과	4	4	6	3	6	1	1	3
10619	전북 고창군	옛도심지역 도시재생 현장지원센터 운영	250,000	건설도시과	4	4	6	3	6	1	1	3
10620	전북 고창군	고창 유교문화체험관 운영 위탁 관리 사업	148,150	문화유산관광과	4	4	5	3	1	1	1	3
10621	전북 고창군	내일키움통장	17,199	사회복지과	4	2	7	8	7	5	5	4
10622	전북 고창군	희망키움통장	17,432	사회복지과	4	2	7	8	7	5	5	4
10623	전북 고창군	청년희망키움통장	18,854	사회복지과	4	2	7	8	7	5	5	4
10624	전북 고창군	청년저축계좌	88,372	사회복지과	4	2	7	8	7	5	5	4
10625	전북 고창군	내일키움통장	27,222	사회복지과	4	2	7	8	7	5	5	4
10626	전북 고창군	자활근로사업 위탁사업비	1,000,000	사회복지과	4	2	7	8	7	5	5	4
10627	전북 고창군	장애인복지관 운영	1,091,302	사회복지과	4	4	7	8	7	1	1	2
10628	전북 고창군	장애인주간보호시설	112,080	사회복지과	4	4	7	8	7	1	1	2
10629	전북 고창군	장애인직업재활시설	180,475	사회복지과	4	4	7	8	7	1	1	2
10630	전북 고창군	장애인 활동지원급여 지원	2,029,808	사회복지과	4	2	7	8	7	1	1	2
10631	전북 고창군	장애인 활동보조 가산급여	1,927	사회복지과	4	2	7	8	7	1	1	2
10632	전북 고창군	발달재활서비스 바우처 지원	151,139	사회복지과	4	2	7	8	7	1	1	2
10633	전북 고창군	장애인활동보조 추가지원사업	127,441	사회복지과	4	2	7	8	7	1	1	2
10634	전북 고창군	발달장애인주간활동서비스 추가지원사업	67,804	사회복지과	4	2	7	8	7	1	1	2
10635	전북 고창군	발달장애인방과후활동서비스지원	106,696	사회복지과	4	2	7	8	7	1	1	2
10636	전북 고창군	추모의집 운영	95,000	사회복지과	4	4	7	8	7	1	1	4
10637	전북 고창군	고창군 자연장관리	142,500	사회복지과	4	4	7	8	7	1	1	4
10638	전북 고창군	노인맞춤돌봄서비스사업지원	2,679,640	사회복지과	4	2	7	8	7	1	1	4
10639	전북 고창군	노인일자리 및 사회활동지원확대	6,086,466	사회복지과	4	2	7	8	7	1	1	4
10640	전북 고창군	고창군 사회복지시설 운영	1,322,000	사회복지과	4	1	7	8	7	1	1	4
10641	전북 고창군	아이돌봄지원사업 정부지원금 예탁금	332,750	사회복지과	4	2	7	8	7	5	5	4
10642	전북 고창군	아동복지돌봄센터 운영	16,000	사회복지과	4	7	1	5	1	1	1	1
10643	전북 고창군	다함께돌봄센터 운영	56,640	사회복지과	4	2	1	5	1	1	1	1
10644	전북 고창군	육아종합지원센터	331,000	사회복지과	4	4	7	8	7	1	1	1
10645	전북 고창군	슬레이트처리지원사업	920,280	생태환경과	4	2	1	1	2	1	1	4
10646	전북 고창군	어린이급식관리지원센터 운영비	216,000	생태환경과	4	2	1	3	2	2	2	4

순번	시군구	지출명 (사업명)	2021년예산 (단위:천원/1년간)	담당자 (공무원) 담당부서	민간이전 분류 (지방자치단체 세출예산 집행기준에 의거) 1. 민간경상사업보조(307-02) 2. 민간단체 법정운영비보조(307-03) 3. 민간행사사업보조(307-04) 4. 민간위탁금(307-05) 5. 사회복지시설 법정운영비보조(307-10) 6. 민간인위탁교육비(307-12) 7. 공기관등에대한경상적위탁사업비(308-10) 8. 민간자본사업보조,자체재원(402-01) 9. 민간자본사업보조,이전재원(402-02) 10. 민간위탁사업비(402-03) 11. 공기관등에 대한 자본적 대행사업비(403-02)	민간이전지출 근거 (지방보조금 관리기준 참고) 1. 법률에 규정 2. 국고보조 재원(국가지정) 3. 용도 지정 기부금 4. 조례에 직접규정 5. 지자체가 권장하는 사업을 하는 공공기관 6. 시,도 정책 및 재정사정 7. 기타 8. 해당없음	입찰방식 계약체결방법 (경쟁형태) 1. 일반경쟁 2. 제한경쟁 3. 지명경쟁 4. 수의계약 5. 법정위탁 6. 기타 ( ) 7. 해당없음	입찰방식 계약기간 1. 1년 2. 2년 3. 3년 4. 4년 5. 5년 6. 기타 ( )년 7. 단기계약 (1년미만) 8. 해당없음	입찰방식 낙찰자선정방법 1. 적격심사 2. 협상에의한계약 3. 최저가낙찰제 4. 규격가격분리 5. 2단계 경쟁입찰 6. 기타 ( ) 7. 해당없음	운영예산 산정 운영예산 산정 1. 내부산정 (지자체 자체적으로 산정) 2. 외부산정 (외부전문기관위탁 산정) 3. 내·외부 모두 산정 4. 산정 無 5. 해당없음	운영예산 산정 정산방법 1. 내부정산 (지자체 내부적으로 정산) 2. 외부정산 (외부전문기관위탁 정산) 3. 내·외부 모두 산정 4. 정산 無 5. 해당없음	성과평가 실시여부 1. 실시 2. 미실시 3. 향후 추진 4. 해당없음
10647	전북 고창군	한센환자 이동진료사업	7,419	보건소	4	5	4	1	2	2	2	2
10648	전북 고창군	정신건강복지센터 운영	184,224	보건소	4	4	1	3	6	1	1	1
10649	전북 고창군	정신건강복지센터 인력확충	145,292	보건소	4	4	1	3	6	1	1	1
10650	전북 고창군	아동청소년 정신건강증진사업	52,294	보건소	4	4	1	3	6	1	1	1
10651	전북 고창군	통합정신건강증진사업	100,000	보건소	4	4	1	3	6	1	1	1
10652	전북 고창군	자살예방 심리 치유 지원 사업	51,220	보건소	4	4	1	3	6	1	1	1
10653	전북 고창군	기초정신건강복지센터 자살예방사업 지원	35,316	보건소	4	4	1	3	6	1	1	1
10654	전북 고창군	자살예방 및 정신건강증진사업	30,540	보건소	4	4	1	3	6	1	1	1
10655	전북 고창군	치매치료관리비지원	407,420	보건소	4	2	5	8	7	2	2	4
10656	전북 고창군	국가암검진사업	160,000	보건소	4	2	5	8	7	3	1	1
10657	전북 고창군	의료급여수급권자 일반검진사업	16,000	보건소	4	2	5	8	7	3	1	1
10658	전북 고창군	희귀질환자 의료비 지원사업	38,344	보건소	4	2	5	8	7	3	1	1
10659	전북 고창군	지역자율형 사회서비스 투자사업	131,250	보건소	4	2	7	8	7	2	2	4
10660	전북 고창군	청소년산모 임신출산 의료비 지원	1,200,000	보건소	4	2	7	8	7	2	2	4
10661	전북 고창군	표준모자보건수첩 제작	3,280	보건소	4	2	7	8	7	2	2	4
10662	전북 고창군	기저귀 및 조제분유 지원	56,000	보건소	4	2	7	8	7	2	2	4
10663	전북 고창군	의료급여수급권자 영유아검진비 지원	9,800	보건소	4	2	7	8	7	2	2	4
10664	전북 고창군	지역사회건강조사 조사분석 위탁운영	67,720	보건소	4	2	7	8	7	2	2	4
10665	전북 고창군	결핵환자 가족접촉자검진 예탁	2,000	보건소	4	2	7	8	7	1	2	2
10666	전북 고창군	고창청소년문화센터	153,000	체육청소년사업소	4	4	1	3	1	1	1	3
10667	전북 부안군	저출산 극복 인식개선 교육	15,000	인구청년정책팀	4	8	7	8	7	1	1	3
10668	전북 부안군	청년 행복코칭 지원사업	10,000	인구청년정책팀	4	4	7	8	7	1	1	3
10669	전북 부안군	변산해수욕장 관광지 민간위탁	172,000	문화관광과	4	4	6	1	2	1	1	2
10670	전북 부안군	모항 관광지 민간위탁	82,000	문화관광과	4	4	6	1	2	1	1	2
10671	전북 부안군	위도띠뱃놀이 전수교육관 민간위탁	20,000	문화관광과	4	4	4	3	7	1	1	2
10672	전북 부안군	저소득 여성청소년 보건위생용품 지원	16,880	교육청소년과	4	2	7	8	7	5	5	4
10673	전북 부안군	지역자율형 사회서비스 투자 사업 지원	939,029	사회복지과	4	2	7	8	7	5	5	4
10674	전북 부안군	자활근로사업 위탁	1,276,415	사회복지과	4	2	6	6	7	5	1	1
10675	전북 부안군	근로능력이 있는 수급자의 탈수급 지원	160,091	사회복지과	4	2	6	6	7	5	1	1
10676	전북 부안군	지역자활센터 종사자 특별수당	10,080	사회복지과	4	2	6	6	7	5	1	1
10677	전북 부안군	실버주택 노인복지관 위탁 운영	238,000	사회복지과	4	4	7	8	7	3	1	1
10678	전북 부안군	어린이 급식관리지원센터 설치운영	210,000	사회복지과	4	2	5	5	1	3	2	1
10679	전북 부안군	작은목욕탕 운영	180,000	재산관리	4	4	7	8	7	1	1	4
10680	전북 부안군	민원콜센터 위탁운영비	165,360	민원과	4	4	7	8	7	5	5	4
10681	전북 부안군	주산지 농산물우수관리(GAP) 안전성 분석	56,000	농업정책과	4	1	7	8	7	3	1	4
10682	전북 부안군	조업중 인양된 해양쓰레기 수매	450,000	해양수산과	4	1	5	1	7	2	3	3
10683	전북 부안군	공중화장실 청소관리(군관리) 민간위탁	526,350	환경과	4	4	2	1	1	1	1	3
10684	전북 부안군	교통약자 이동지원센터(특별교통수단) 운영비	449,930	건설교통과	4	1	4	5	1	1	1	4
10685	전북 부안군	중간지원조직 구축 지원	170,000	건설교통과	4	6	7	8	7	5	1	3
10686	전북 부안군	농어촌종합지원센터 사업 지원	100,000	건설교통과	4	6	7	8	7	5	1	3
10687	전북 부안군	시군 역량강화사업	340,000	건설교통과	4	2	7	8	7	5	5	4
10688	전북 부안군	표준모자보건수첩 제작	2,960	보건소	4	2	5	1	7	5	2	4

순번	시군구	지출명 (사업명)	2021년예산 (단위:천원/1년간)	담당자 (공무원)	민간이전 분류 (지방자치단체 세출예산 집행기준에 의거)	민간이전지출 근거 (지방보조금 관리기준 참고)	입찰방식			운영예산 산정		성과평가 실시여부
				담당부서	1. 민간경상사업보조(307-02) 2. 민간단체 법정운영비보조(307-03) 3. 민간행사사업보조(307-04) 4. 민간위탁금(307-05) 5. 사회복지시설 법정운영비보조(307-10) 6. 민간인위탁교육비(307-12) 7. 공기관등에대한경상적위탁사업비(308-10) 8. 민간자본사업보조,자체재원(402-01) 9. 민간자본사업보조,이전재원(402-02) 10. 민간위탁사업비(402-03) 11. 공기관등에 대한 자본적 대행사업비(403-02)	1. 법률에 규정 2. 국고보조 재원(국가지정) 3. 용도 지정 기부금 4. 조례에 직접규정 5. 지자체가 권장하는 사업을 하는 공공기관 6. 시,도 정책 및 재정사정 7. 기타 8. 해당없음	계약체결방법 (경쟁형태) 1. 일반경쟁 2. 제한경쟁 3. 지명경쟁 4. 수의계약 5. 법정위탁 6. 기타 ( ) 7. 해당없음	계약기간 1. 1년 2. 2년 3. 3년 4. 4년 5. 5년 6. 기타 ( )년 7. 단기계약 (1년미만) 8. 해당없음	낙찰자선정방법 1. 적격심사 2. 협상에의한계약 3. 최저가낙찰제 4. 규격가격분리 5. 2단계 경쟁입찰 6. 기타 ( ) 7. 해당없음	운영예산 산정 1. 내부산정 (지자체 자체적으로 산정) 2. 외부산정 (외부전문기관위탁 산정) 3. 내·외부 모두 산정 4. 산정 無 5. 해당없음	정산방법 1. 내부정산 (지자체 내부적으로 정산) 2. 외부정산 (외부전문기관위탁 정산) 3. 내·외부 모두 산정 4. 정산 無 5. 해당없음	1. 실시 2. 미실시 3. 향후 추진 4. 해당없음
10689	전북 부안군	청소년산모 임실출산 의료비 지원	1,200,000	보건소	4	2	5	1	7	5	2	4
10690	전북 부안군	저소득층 기저귀·조제분유 지원	50,000	보건소	4	2	5	1	7	5	2	4
10691	전북 부안군	산모 신생아 건강관리사 지원	117,500	보건소	4	2	5	1	7	5	2	4
10692	전북 부안군	표본감시기관 운영비 지원	5,640	보건소	4	2	7	8	7	5	5	4
10693	전북 부안군	한센병환자 진료 및 주민검진 위탁금	6,202	보건소	4	4	7	8	7	5	5	4
10694	전북 부안군	지역사회 만성병 조사 감시체계	67,720	보건소	4	2	5	1	6	2	2	2
10695	전북 부안군	암 조기검진	142,500	보건소	4	2	5	1	7	5	2	1
10696	전북 부안군	의료급여수급권자 일반검진비 지원	19,000	보건소	4	2	5	1	7	5	2	2
10697	전북 부안군	의료급여수급권자 영유아검진비 지원	1,015,000	보건소	4	2	5	1	7	5	2	2
10698	전북 부안군	희귀난치성질환자 의료비 지원	22,634	보건소	4	2	5	1	7	5	2	2
10699	전북 부안군	치매 치료비 지원	383,456	보건소	4	1	7	8	7	1	2	4
10700	전북 부안군	기초정신건강복지센터 운영	184,224	보건소	4	4	1	5	1	1	1	4
10701	전북 부안군	정신건강복지센터 종사자 보수	145,296	보건소	4	4	1	5	1	1	1	4
10702	전북 부안군	아동청소년정신건강증진사업	52,294	보건소	4	4	1	5	1	1	1	4
10703	전북 부안군	자살예방 심리치유 지원	53,900	보건소	4	4	1	5	1	1	1	4
10704	전라남도	2021년 김대중 평화회의 개최	300,000	자치행정과	4	4	7	8	7	5	5	4
10705	전남 완도군	유기동물임시보호센터 관리운영위탁비	18,000	농업축산과	4	4	7	8	7	4	3	1
10706	전남 완도군	사료작물종자지원	74,880	농업축산과	4	2	7	8	7	4	3	1
10707	전남 완도군	조사료전문단지 종자 지원	15,300	농업축산과	4	2	7	8	7	4	3	1
10708	전남 완도군	쇠고기이력추적제 귀표장착비	22,226	농업축산과	4	2	7	8	7	4	3	1
10709	전남 완도군	한우등록 지원사업	8,932	농업축산과	4	2	7	8	7	4	3	1
10710	전남 완도군	완도군장애인복지관 운영	787,495	주민복지과	4	2	5	5	7	5	1	1
10711	전남 완도군	완도군장애인복지관 급식비 지원	36,000	주민복지과	4	2	5	5	7	5	1	1
10712	전남 완도군	지체장애인 편의시설 지원센터 운영	40,000	주민복지과	4	2	5	5	7	5	1	1
10713	전남 완도군	완도지역자활센터 자활근로사업 위탁	1,180,000	주민복지과	4	2	5	1	7	5	3	4
10714	전남 완도군	응급안전돌봄사업	153,920	주민복지과	4	2	5	1	7	5	1	1
10715	전남 완도군	독거노인 건강안전알림서비스	11,826	주민복지과	4	2	7	8	7	5	5	4
10716	전남 완도군	노인맞춤돌봄서비스	2,538,770	주민복지과	4	2	5	1	7	5	1	1
10717	전남 완도군	공설묘지 및 추모공원 운영 민간위탁	93,000	주민복지과	4	7	7	8	7	5	5	4
10718	전남 완도군	의료취약지 의료지원사업	250,000	보건행정과	4	2	7	8	7	5	5	4
10719	전남 완도군	의료취약지 의료지원사업	200,000	보건행정과	4	2	7	8	7	5	5	4
10720	전남 완도군	의료취약지 의료지원사업	200,000	보건행정과	4	2	7	8	7	5	5	4
10721	전남 완도군	한센병환자 관리 위탁사업비	8,000	보건행정과	4	5	7	1	7	3	1	4
10722	전남 완도군	공공산후조리원지원사업	204,000	건강정책과	4	6	7	8	7	5	5	1
10723	전남 완도군	지역사회건강조사	67,296	건강증진과	4	2	7	1	7	2	2	1
10724	전남 완도군	청소년지도사 배치지원	23,613	여성가족과	4	2	7	4	7	3	1	1
10725	전남 완도군	청소년동아리 운영	8,750	여성가족과	4	2	7	4	7	3	1	1
10726	전남 완도군	청소년 어울림마당 운영	24,000	여성가족과	4	2	7	4	7	3	1	1
10727	전남 완도군	지역청소년참여기구운영	2,800	여성가족과	4	2	7	4	7	3	1	1
10728	전남 완도군	청소년상담복지센터 운영지원	112,351	여성가족과	4	2	7	4	7	3	1	1
10729	전남 완도군	아이돌보미 지원	391,450	여성가족과	4	1	7	4	7	3	1	1
10730	전남 완도군	완도 청소년 문화의 집 운영	238,384	여성가족과	4	2	7	4	7	3	1	1

순번	시군구	지출명 (사업명)	2021년예산 (단위:천원/1년간)	담당자 (공무원)	민간이전 분류 (지방자치단체 세출예산 집행기준에 의거)	민간이전지출 근거 (지방보조금 관리기준 참고)	입찰방식			운영예산 산정		성과평가 실시여부
				담당부서	1. 민간경상사업보조(307-02) 2. 민간단체 법정운영비보조(307-03) 3. 민간행사사업보조(307-04) 4. 민간위탁금(307-05) 5. 사회복지시설 법정운영비보조(307-10) 6. 민간인위탁교육비(307-12) 7. 공기관등에대한경상적위탁사업비(308-10) 8. 민간자본사업보조,자체재원(402-01) 9. 민간자본사업보조,이전재원(402-02) 10. 민간위탁사업비(402-03) 11. 공기관등에 대한 자본적 대행사업비(403-02)	1. 법률에 규정 2. 국고보조 재원(국가지정) 3. 용도 지정 기부금 4. 조례에 직접규정 5. 지자체가 권장하는 사업을 하는 공공기관 6. 시,도 정책 및 재정사정 7. 기타 8. 해당없음	계약체결방법 (경쟁형태) 1. 일반경쟁 2. 제한경쟁 3. 지명경쟁 4. 수의계약 5. 법정위탁 6. 기타 ( ) 7. 해당없음	계약기간 1. 1년 2. 2년 3. 3년 4. 4년 5. 5년 6. 기타 ( )년 7. 단기계약 (1년미만) 8. 해당없음	낙찰자선정방법 1. 적격심사 2. 협상에의한계약 3. 최저가낙찰제 4. 규격가격분리 5. 2단계 경쟁입찰 6. 기타 ( ) 7. 해당없음	운영예산 산정 1. 내부산정 (지자체 자체적으로 산정) 2. 외부산정 (외부전문기관위탁 산정) 3. 내·외부 모두 산정 4. 산정 無 5. 해당없음	정산방법 1. 내부정산 (지자체 내부적으로 정산) 2. 외부정산 (외부전문기관위탁 정산) 3. 내·외부 모두 산정 4. 정산 無 5. 해당없음	1. 실시 2. 미실시 3. 향후 추진 4. 해당없음
10731	전남 완도군	청소년 방과후 활동 지원사업	169,092	여성가족과	4	2	7	4	7	3	1	1
10732	전남 완도군	청소년 안전망 구축	97,470	여성가족과	4	2	7	4	7	3	1	1
10733	전남 완도군	지역청소년참여기구운영	2,000	여성가족과	4	2	7	4	7	3	1	1
10734	전남 완도군	학교폭력 예방프로그램 운영	27,993	여성가족과	4	2	7	4	7	3	1	1
10735	전남 완도군	효과적인 인구정책추진	40,000	여성가족과	4	2	7	8	7	3	1	1
10736	전남 완도군	청소년 동반자 프로그램 운영 지원	41,330	여성가족과	4	2	7	4	7	3	1	1
10737	전남 완도군	학교 밖 청소년지원센터 운영	84,517	여성가족과	4	2	1	3	2	1	1	1
10738	전남 완도군	학교 밖 청소년급식비 지원	5,124	여성가족과	4	2	1	3	2	1	1	1
10739	전남 목포시	목포중요무형문화재전수교육관 관리 및 운영	69,600	도시문화재과	4	4	7	8	7	1	1	1
10740	전남 목포시	2021년 공중화장실 청소 용역	348,184	환경보호과	4	4	4	1	1	1	1	1
10741	전남 목포시	예비문화도시 추진사업	150,000	문화예술과	4	4	7	8	7	1	1	1
10742	전남 목포시	시립도서관 민간위탁금	1,326,464	문화예술과	4	4	6	2	6	1	1	3
10743	전남 목포시	목포어린이도서관 민간위탁금	560,699	문화예술과	4	4	6	2	6	1	1	3
10744	전남 목포시	부주산클라이밍센터민간위탁보조금	52,230	체육시설관리사무소	4	4	5	2	2	1	1	4
10745	전남 목포시	음식물류폐기물 수집운반 및 처리 위탁금	2,563,181	자원순환과	4	4	1	2	1	2	1	3
10746	전남 목포시	대형폐기물(생활) 처리 민간위탁 용역	1,100,000	자원순환과	4	4	2	1	1	1	1	2
10747	전남 목포시	음식물류폐기물 수집운반 및 처리 위탁금	2,563,181	자원순환과	4	4	1	2	1	2	1	3
10748	전남 목포시	대형폐기물(생활) 처리 민간위탁 용역	1,100,000	자원순환과	4	4	2	1	1	1	1	2
10749	전남 목포시	행복콜택시 운영	1,219,011	교통행정과	4	1	1	3	7	1	1	4
10750	전남 목포시	새일센터 종사자 역량강화	2,000	여성가족과	4	1	6	8	7	5	1	1
10751	전남 목포시	고혈압당뇨병등록관리사업	323,000	건강증진과	4	2	5	2	1	5	3	4
10752	전남 목포시	어린이급식관리지원센터 설치 운영	630,000	건강증진과	4	1	1	3	1	5	2	1
10753	전남 목포시	담배판매인지정사실조사업무위탁	9,000	지역경제과	4	4	4	2	2	1	1	1
10754	전남 목포시	노동상담실 운영	43,740	지역경제과	4	4	7	8	7	1	1	1
10755	전남 목포시	청소년 노동인권센터 운영	51,840	지역경제과	4	4	7	8	7	1	1	1
10756	전남 목포시	벤처및문화산업지원센터운영 민간위탁금	180,000	지역경제과	4	5	2	2	1	1	1	1
10757	전남 목포시	전남 지식정보문화산업 기업유치 보조금	211,800	지역경제과	4	4	1	5	1	1	1	1
10758	전남 목포시	국제교류 활성화	56,140	지역경제과	4	4	7	8	7	1	1	1
10759	전남 목포시	요트스쿨 운영	10,000	해양항만과	4	1	1	7	1	1	1	1
10760	전남 목포시	보트 조종면허 아카데미 운영	60,000	해양항만과	4	1	1	7	1	1	1	1
10761	전남 목포시	평화광장 해양레저스포츠 체험교실 운영	120,000	해양항만과	4	1	4	7	7	1	1	1
10762	전남 목포시	조업중인양쓰레기수매사업	300,000	해양항만과	4	1	6	1	7	1	1	4
10763	전남 목포시	민방위가로기 게양 인부임	7,874	안전총괄과	4	7	4	7	7	1	1	4
10764	전남 여수시	노동상담소 운영 사업	60,720	산업지원과	4	4	5	1	7	1	1	1
10765	전남 여수시	비정규직 노동센터 운영 사업	68,712	산업지원과	4	4	5	1	7	1	1	1
10766	전남 여수시	여수산단 고령자 일자리센터 운영	63,912	산업지원과	4	4	5	1	7	1	1	1
10767	전남 여수시	여수시 콜센터 민간위탁 운영	485,000	정보통신과	4	4	2	2	2	1	1	1
10768	전남 여수시	여수문화관광해설사 위탁교육	12,000	관광과	4	7	1	1	1	1	1	1
10769	전남 여수시	여수낭만투어운영	409,835	관광과	4	7	1	1	1	1	1	1
10770	전남 여수시	대한민국 테마여행 10선 핵심관광지 육성	140,000	관광과	4	2	1	1	2	1	1	1
10771	전남 여수시	예술인촌 운영 관리	15,000	문화예술과	4	4	6	2	7	1	1	1
10772	전남 여수시	예울마루 운영 관리	2,144,000	문화예술과	4	1	4	5	2	2	2	3

순번	시군구	지출명 (사업명)	2021년예산 (단위:천원/1년간)	담당자 (공무원)	민간이전 분류 (지방자치단체 세출예산 집행기준에 의거)	민간이전지출 근거 (지방보조금 관리기준 참고)	입찰방식			운영예산 산정		성과평가 실시여부
				담당부서	1. 민간경상사업보조(307-02) 2. 민간단체 법정운영비보조(307-03) 3. 민간행사사업보조(307-04) 4. 민간위탁금(307-05) 5. 사회복지시설 법정운영비보조(307-10) 6. 민간인위탁교육비(307-12) 7. 공기관등에대한경상적위탁사업비(308-10) 8. 민간자본사업보조,자체재원(402-01) 9. 민간자본사업보조,이전재원(402-02) 10. 민간위탁사업비(402-03) 11. 공기관등에 대한 자본적 대행사업비(403-02)	1. 법률에 규정 2. 국고보조 재원(국가지정) 3. 용도 지정 기부금 4. 조례에 직접규정 5. 지자체가 권장하는 사업을 하는 공공기관 6. 시,도 정책 및 재정사정 7. 기타 8. 해당없음	계약체결방법 (경쟁형태) 1. 일반경쟁 2. 제한경쟁 3. 지명경쟁 4. 수의계약 5. 법정위탁 6. 기타 ( ) 7. 해당없음	계약기간 1. 1년 2. 2년 3. 3년 4. 4년 5. 5년 6. 기타 ( )년 7. 단기계약 (1년미만) 8. 해당없음	낙찰자선정방법 1. 적격심사 2. 협상에의한계약 3. 최저가낙찰제 4. 규격가격분리 5. 2단계 경쟁입찰 6. 기타 ( ) 7. 해당없음	운영예산 산정 1. 내부산정 (지자체 자체적으로 산정) 2. 외부산정 (외부전문기관위탁 산정) 3. 내·외부 모두 산정 4. 산정 無 5. 해당없음	정산방법 1. 내부정산 (지자체 내부적으로 정산) 2. 외부정산 (외부전문기관위탁 정산) 3. 내·외부 모두 산정 4. 정산 無 5. 해당없음	1. 실시 2. 미실시 3. 향후 추진 4. 해당없음
10773	전남 여수시	여수민속전시관 운영 관리	66,000	문화예술과	4	4	4	2	6	1	1	1
10774	전남 여수시	여수시 청소년 진로체험 행복카드	240,000	교육지원과	4	4	4	2	2	1	1	2
10775	전남 여수시	이동도서관 운영 지원	104,000	시립도서관	4	4	7	8	5	5	5	4
10776	전남 여수시	노인맞춤돌봄서비스사업	1,563,956	노인장애인과	4	2	5	3	1	3	3	1
10777	전남 여수시	노인맞춤돌봄서비스사업	1,250,586	노인장애인과	4	2	5	3	1	3	3	1
10778	전남 여수시	노인맞춤돌봄서비스사업	1,215,550	노인장애인과	4	2	5	3	1	3	3	1
10779	전남 여수시	노인맞춤돌봄서비스사업	919,531	노인장애인과	4	2	5	3	1	3	3	1
10780	전남 여수시	노인맞춤돌봄서비스사업	99,600	노인장애인과	4	2	5	3	1	3	3	1
10781	전남 여수시	노인맞춤돌봄서비스사업	81,600	노인장애인과	4	2	5	3	1	3	3	1
10782	전남 여수시	노인맞춤돌봄서비스사업	79,200	노인장애인과	4	2	5	3	1	3	3	1
10783	전남 여수시	노인맞춤돌봄서비스사업	57,600	노인장애인과	4	2	5	3	1	3	3	1
10784	전남 여수시	노인복지관 운영비	442,880	노인장애인과	4	1	7	8	7	1	1	1
10785	전남 여수시	노인복지관 운영비	407,900	노인장애인과	4	1	7	8	7	1	1	1
10786	전남 여수시	노인복지관 운영비	176,000	노인장애인과	4	1	7	8	7	1	1	1
10787	전남 여수시	여수시니어클럽 운영	326,500	노인장애인과	4	6	7	8	7	1	1	1
10788	전남 여수시	장애인 그룹홈·체험홈 운영	106,884	노인장애인과	4	1	7	8	7	1	1	2
10789	전남 여수시	장애인 그룹홈·체험홈 운영	53,334	노인장애인과	4	1	7	8	7	1	1	2
10790	전남 여수시	장애인 그룹홈·체험홈 운영	53,550	노인장애인과	4	1	7	8	7	1	1	2
10791	전남 여수시	장애인 이용시설 운영 지원	180,000	노인장애인과	4	1	7	8	7	1	1	2
10792	전남 여수시	장애인 이용시설 운영 지원	1,458,988	노인장애인과	4	1	7	8	7	1	1	2
10793	전남 여수시	여수시 사회적경제마을지원센터 운영	200,000	인구일자리과	4	4	2	3	1	1	1	3
10794	전남 여수시	여수시 사회적경제마을지원센터 운영	150,000	인구일자리과	4	4	2	3	1	1	1	3
10795	전남 여수시	여수시 사회적경제 공동판매장 조성	43,000	인구일자리과	4	7	7	8	7	5	5	4
10796	전남 여수시	공동주택 음식물류폐기물 중간수거용기 세척비	49,920	도시미화과	4	4	7	8	7	1	1	4
10797	전남 여수시	공동주택 재활용품 폐플라스틱류 수거 위탁	576,000	도시미화과	4	1	4	1	6	2	1	4
10798	전남 여수시	음식물류 폐기물 처리시설 운영	3,946,650	도시미화과	4	1	6	6	7	1	1	3
10799	전남 여수시	조업중 인양쓰레기 수매사업	700,000	어업생산과	4	6	7	7	7	1	1	2
10800	전남 여수시	해양공원 불법행위 단속 용역	300,000	해양항만레저과	4	7	1	1	1	1	1	4
10801	전남 여수시	여수 마린스쿨 운영	55,000	해양항만레저과	4	4	4	2	2	1	1	1
10802	전남 여수시	유아숲교육 운영	25,500	산림과	4	2	7	8	7	5	5	4
10803	전남 여수시	유아숲교육 운영	10,000	산림과	4	2	7	8	7	5	5	4
10804	전남 여수시	유아숲교육 운영	35,500	산림과	4	2	7	8	7	5	5	4
10805	전남 여수시	숲해설 산림복지전문업 위탁운영지원	12,750	산림과	4	2	7	8	7	5	5	4
10806	전남 여수시	숲해설 산림복지전문업 위탁운영지원	12,750	산림과	4	2	7	8	7	5	5	4
10807	전남 여수시	정원전문가 양성	3,000	산림과	4	2	7	8	7	5	5	4
10808	전남 여수시	정원전문가 양성	3,000	산림과	4	2	7	8	7	5	5	4
10809	전남 여수시	정원전문가 양성	3,100	산림과	4	2	7	8	7	5	5	4
10810	전남 여수시	지역사회건강조사 위탁	68,130	보건사업과	4	2	7	8	7	5	5	4
10811	전남 여수시	여수시공공하수처리시설	5,771,800	하수도과	4	1	1	5	2	2	1	1
10812	전남 여수시	한센병 관리사업 위탁	13,200	보건행정과	4	1	4	2	2	1	1	2
10813	전남 여수시	에이즈 예방사업 운영 지원	4,500	보건행정과	4	1	4	2	2	1	1	2
10814	전남 여수시	공립요양병원 치매환자 지원 프로그램 운영	90,000	보건행정과	4	2	2	5	1	3	3	1

순번	시군구	지출명 (사업명)	2021년예산 (단위:천원/1년간)	담당자 (공무원)	민간이전 분류 (지방자치단체 세출예산 집행기준에 의거)	민간이전지출 근거 (지방보조금 관리기준 참고)	입찰방식			운영예산 산정		성과평가 실시여부
				담당부서	1. 민간경상사업보조(307-02) 2. 민간단체 법정운영비보조(307-03) 3. 민간행사사업보조(307-04) 4. 민간위탁금(307-05) 5. 사회복지시설 법정운영비보조(307-10) 6. 민간인위탁교육비(307-12) 7. 공기관등에대한경상적위탁사업비(308-10) 8. 민간자본사업보조,자체재원(402-01) 9. 민간자본사업보조,이전재원(402-02) 10. 민간위탁사업비(402-03) 11. 공기관등에 대한 자본적 대행사업비(403-02)	1. 법률에 규정 2. 국고보조 재원(국가지정) 3. 용도 지정 기부금 4. 조례에 직접규정 5. 지자체가 권장하는 사업을 하는 공공기관 6. 시,도 정책 및 재정사정 7. 기타 8. 해당없음	계약체결방법 (경쟁형태) 1. 일반경쟁 2. 제한경쟁 3. 지명경쟁 4. 수의계약 5. 법정위탁 6. 기타 ( ) 7. 해당없음	계약기간 1. 1년 2. 2년 3. 3년 4. 4년 5. 5년 6. 기타 ( )년 7. 단기계약 (1년미만) 8. 해당없음	낙찰자선정방법 1. 적격심사 2. 협상에의한계약 3. 최저가낙찰제 4. 규격가격분리 5. 2단계 경쟁입찰 6. 기타 ( ) 7. 해당없음	운영예산 산정 1. 내부산정 (지자체 자체적으로 산정) 2. 외부산정 (외부전문기관위탁 산정) 3. 내·외부 모두 산정 4. 산정 無 5. 해당없음	정산방법 1. 내부정산 (지자체 내부적으로 정산) 2. 외부정산 (외부전문기관위탁 정산) 3. 내·외부 모두 산정 4. 정산 無 5. 해당없음	1. 실시 2. 미실시 3. 향후 추진 4. 해당없음
10815	전남 여수시	국가유공자 등 지원	20,000	사회복지과	4	4	7	8	7	1	1	3
10816	전남 여수시	보훈회관 운영	60,000	사회복지과	4	4	7	8	7	1	1	3
10817	전남 여수시	자활사업	24,000	사회복지과	4	1	2	1	1	1	1	1
10818	전남 여수시	자활사업	24,000	사회복지과	4	1	2	1	1	1	1	1
10819	전남 여수시	지역사회보장협의체 운영 지원	10,000	사회복지과	4	1	7	8	7	1	1	1
10820	전남 여수시	종합사회복지관 운영 지원	633,798	사회복지과	4	4	2	5	1	1	1	2
10821	전남 여수시	종합사회복지관 운영 지원	503,007	사회복지과	4	4	2	5	1	1	1	2
10822	전남 여수시	종합사회복지관 운영 지원	584,477	사회복지과	4	4	2	5	1	1	1	2
10823	전남 여수시	종합사회복지관 운영 지원	502,326	사회복지과	4	4	2	5	1	1	1	2
10824	전남 순천시	창업지원사업 추진	660,000	투자일자리과	4	4	7	8	7	5	5	3
10825	전남 순천시	마을학교 조성사업	230,000	평생교육과	4	2	7	8	7	5	5	3
10826	전남 순천시	직장어린이집 지원	330,000	총무과	4	4	5	5	1	1	1	3
10827	전남 순천시	세입.세출결산	1,700	회계과	4	8	7	8	7	5	5	3
10828	전남 순천시	한국 최고의 야시장 조성	60,000	지역경제과	4	7	7	8	7	5	5	3
10829	전남 순천시	전남 사회적경제 유통지원센터 운영	127,000	지역경제과	4	2	7	8	7	5	5	3
10830	전남 순천시	순천만잡월드 운영	16,000	미래산업과	4	6	7	8	7	5	5	3
10831	전남 순천시	영상미디어센터운영	324,680	문화예술과	4	4	7	8	7	5	5	3
10832	전남 순천시	창작예술촌 관리	400,000	문화예술과	4	4	7	8	7	5	5	3
10833	전남 순천시	주민커뮤니티 시설 관리 운영	60,000	문화예술과	4	4	7	8	7	5	5	3
10834	전남 순천시	조곡무료급식소 민간위탁 운영비 지원	10,000	노인장애인과	4	5	7	8	7	5	5	3
10835	전남 순천시	용당노인복지관 프로그램운영의 다양화	68,000	노인장애인과	4	6	7	8	7	5	5	3
10836	전남 순천시	동부노인복지관 프로그램운영의 다양화	71,200	노인장애인과	4	3	7	8	7	5	5	3
10837	전남 순천시	장애인 특수 시책 추진	30,000	노인장애인과	4	6	7	8	7	5	5	3
10838	전남 순천시	장애인 음악치료 사업	18,350	노인장애인과	4	6	7	8	7	5	5	3
10839	전남 순천시	장애인일자리지원	794,560	노인장애인과	4	2	7	8	7	5	5	3
10840	전남 순천시	시각장애인안마사파견사업	67,222	노인장애인과	4	2	7	8	7	5	5	3
10841	전남 순천시	발달장애인요양보호사 보조사업	249,560	노인장애인과	4	1	7	8	7	5	5	3
10842	전남 순천시	발달재활서비스 도 확대	166,320	노인장애인과	4	6	7	8	7	5	5	3
10843	전남 순천시	보훈복지회관 운영 및 관리	65,000	사회복지과	4	4	7	8	7	5	5	3
10844	전남 순천시	자활사업	1,220,000	사회복지과	4	1	7	8	7	5	5	3
10845	전남 순천시	희망장난감 도서관 운영	25,000	아동청소년과	4	4	7	8	7	5	5	3
10846	전남 순천시	청소년 성 문화센터 운영	155,862	아동청소년과	4	2	7	8	7	5	5	3
10847	전남 순천시	청소년 성문화센터 운영 지원	1,000,000	아동청소년과	4	2	7	8	7	5	5	3
10848	전남 순천시	청소년 성문화센터 교재 교구 교체지원	2,500	아동청소년과	4	2	7	8	7	5	5	3
10849	전남 순천시	지하차도및 철도건널목 유지관리	547,128	도로과	4	1	2	1	1	1	1	3
10850	전남 순천시	교통약자 이동편의 제공	1,630	교통과	4	4	7	8	7	5	5	3
10851	전남 순천시	어린이급식관리지원센터 운영	735,000	보건위생과	4	1	7	8	7	5	5	3
10852	전남 순천시	생활폐기물 수집.운반 대행비	8,800,000	청소자원과	4	1	4	1	1	1	1	3
10853	전남 순천시	쾌적한 매립장 시설물 관리	770,000	청소자원과	4	4	7	8	7	5	5	3
10854	전남 순천시	자원순환센터 체험시설 운영	60,700	청소자원과	4	4	5	3	7	1	1	3
10855	전남 순천시	순천만국가정원 운영 관리	4,651,356	국가정원운영과	4	1	2	2	2	3	2	3
10856	전남 순천시	순천만국가정원 운영 관리	405,000	국가정원운영과	4	4	2	2	2	1	2	3

순번	시군구	지출명 (사업명)	2021년예산 (단위:천원/1년간)	담당자 (공무원) 담당부서	민간이전 분류 (지방자치단체 세출예산 집행기준에 의거) 1. 민간경상사업보조(307-02) 2. 민간단체 법정운영비보조(307-03) 3. 민간행사사업보조(307-04) 4. 민간위탁금(307-05) 5. 사회복지시설 법정운영비보조(307-10) 6. 민간인위탁교육비(307-12) 7. 공기관등에대한경상적위탁사업비(308-10) 8. 민간자본사업보조,자체재원(402-01) 9. 민간자본사업보조,이전재원(402-02) 10. 민간위탁사업비(402-03) 11. 공기관등에 대한 자본적 대행사업비(403-02)	민간이전지출 근거 (지방보조금 관리기준 참고) 1. 법률에 규정 2. 국고보조 재원(국가지정) 3. 용도 지정 기부금 4. 조례에 직접규정 5. 지자체가 권장하는 사업을 하는 공공기관 6. 시,도 정책 및 재정사정 7. 기타 8. 해당없음	입찰방식 계약체결방법 (경쟁형태) 1. 일반경쟁 2. 제한경쟁 3. 지명경쟁 4. 수의계약 5. 법정위탁 6. 기타 ( ) 7. 해당없음	입찰방식 계약기간 1. 1년 2. 2년 3. 3년 4. 4년 5. 5년 6. 기타 ( )년 7. 단기계약 (1년미만) 8. 해당없음	입찰방식 낙찰자선정방법 1. 적격심사 2. 협상에의한계약 3. 최저가낙찰제 4. 규격가격분리 5. 2단계 경쟁입찰 6. 기타 ( ) 7. 해당없음	운영예산 산정 운영예산 산정 1. 내부산정 (지자체 자체적으로 산정) 2. 외부산정 (외부전문기관위탁 산정) 3. 내·외부 모두 산정 4. 산정 無 5. 해당없음	운영예산 산정 정산방법 1. 내부정산 (지자체 내부적으로 정산) 2. 외부정산 (외부전문기관위탁 정산) 3. 내·외부 모두 산정 4. 정산 無 5. 해당없음	성과평가 실시여부 1. 실시 2. 미실시 3. 향후 추진 4. 해당없음
10857	전남 순천시	순천만국가정원 체험프로그램 운영	176,400	국가정원운영과	4	4	7	8	7	5	5	3
10858	전남 순천시	한방체험센터 운영관리	140,000	국가정원운영과	4	4	7	8	7	5	5	3
10859	전남 순천시	스카이큐브 운영 관리	180,000	국가정원운영과	4	4	7	8	7	5	5	3
10860	전남 순천시	흑두루미 희망농업	90,000	순천만보전과	4	4	7	8	7	5	5	3
10861	전남 순천시	민원콜센터 운영	719,530	허가민원과	4	4	7	8	7	5	5	3
10862	전남 광양시	테마여행10선추진 경상사업	140,000	관광과	4	2	6	1	2	2	2	4
10863	전남 광양시	도시숲 정원관리단 운영	93,000	녹지과	4	2	7	8	7	5	5	4
10864	전남 광양시	광양장도전수교육관 위탁운영비	95,000	문화예술과	4	4	7	8	7	1	1	3
10865	전남 광양시	광양궁시전수교육관 위탁운영비	18,000	문화예술과	4	4	7	8	7	1	1	3
10866	전남 광양시	광양역사문화관 위탁운영비	45,000	문화예술과	4	8	6	3	7	1	1	1
10867	전남 광양시	방역소독사업	557,000	보건행정과	4	4	1	1	1	2	1	1
10868	전남 광양시	광양시 재활용선별시설	819,638	생활폐기물과	4	7	4	2	6	2	1	2
10869	전남 광양시	공중화장실 관리	9,750,000	자원순환과	4	4	1	1	3	1	1	3
10870	전남 광양시	시민 정보화교육 운영 민간위탁금	65,360	정보통신과	4	4	2	1	1	1	1	3
10871	전남 광양시	국민체육센터 민간위탁	146,569	체육과	4	4	1	3	1	1	1	2
10872	전남 광양시	태인동 도로면 분진청소 용역	45,000	환경과	4	6	2	1	3	1	1	4
10873	전남 광양시	노인일자리 및 사회활동지원 확대	254,200	노인장애인과	4	1	2	6	7	1	1	4
10874	전남 광양시	중마노인복지관 운영	594,400	노인장애인과	4	4	2	5	7	1	1	4
10875	전남 광양시	광양시립 영세공원 운영	478,000	노인장애인과	4	4	2	5	7	1	1	4
10876	전남 광양시	장애 유형별 복지 사업	298,426	노인장애인과	4	1	2	6	7	1	1	4
10877	전남 담양군	공무원 역량강화 워크숍	15,000	지속가능경영기획실	4	4	7	8	7	5	5	4
10878	전남 담양군	현장학습 및 직원 혁신교육	40,000	자치행정과	4	8	7	8	7	5	5	4
10879	전남 담양군	직원 건강관리를 위한 힐링 워크숍	20,000	자치행정과	4	8	7	8	7	5	5	4
10880	전남 담양군	노사 상생 발전방향 모색 워크숍	20,000	자치행정과	4	8	7	8	7	5	5	4
10881	전남 담양군	담양인문학 아카데미 운영	22,000	자치행정과	4	4	7	8	7	5	5	4
10882	전남 담양군	지역인문활동가 양성 및 역량강화	6,000	자치행정과	4	4	7	8	7	5	5	4
10883	전남 담양군	평생 직업교육 프로그램 운영	20,000	자치행정과	4	4	7	8	7	5	5	4
10884	전남 담양군	전문분야 재능기부인력 역량강화 교육	3,000	주민행복과	4	4	7	1	7	1	2	1
10885	전남 담양군	지역사회서비스투자사업	782,127	주민행복과	4	2	7	7	7	1	2	1
10886	전남 담양군	급식 위탁기관 운영비	110,400	주민행복과	4	4	5	1	7	1	1	2
10887	전남 담양군	노인맞춤돌봄서비스사업 민간위탁	240,000	주민행복과	4	6	4	2	1	1	1	2
10888	전남 담양군	IoT활용 독거노인 건강안전알림서비스사업	25,920	주민행복과	4	4	4	2	1	1	1	2
10889	전남 담양군	노인맞춤돌봄서비스사업	2,227,860	주민행복과	4	4	4	2	1	1	1	2
10890	전남 담양군	담양군 노인복지관 운영비	445,000	주민행복과	4	6	5	5	7	1	1	2
10891	전남 담양군	꿈키움 드림오케스트라 운영 1개소	48,000	주민행복과	4	6	7	1	7	3	1	4
10892	전남 담양군	대한민국 테마여행10선 남도맛기행 사업	140,000	녹색관광과	4	4	7	8	7	5	5	4
10893	전남 담양군	대나무축제 공중화장실 유지관리	30,000	녹색관광과	4	4	7	8	7	5	5	4
10894	전남 담양군	공중화장실 청소업무 및 쓰레기수거 민간위탁	27,600	녹색관광과	4	4	7	8	7	5	5	4
10895	전남 담양군	외식경영 아카데미	10,000	녹색관광과	4	4	7	8	7	5	5	4
10896	전남 담양군	어린이 급식관리 지원센터 설치·운영	210,000	녹색관광과	4	1	7	8	7	5	5	4
10897	전남 담양군	소각시설 민간위탁금	700,000	생태환경과	4	4	1	3	2	2	1	3
10898	전남 담양군	소각시설 민간위탁금	792,255	생태환경과	4	4	1	3	2	2	1	3

순번	시군구	지출명 (사업명)	2021년예산 (단위:천원/1년간)	담당자 (공무원)	민간이전 분류 (지방자치단체 세출예산 집행기준에 의거)	민간이전지출 근거 (지방보조금 관리기준 참고)	입찰방식			운영예산 산정		성과평가 실시여부
				담당부서	1. 민간경상사업보조(307-02) 2. 민간단체 법정운영비보조(307-03) 3. 민간행사사업보조(307-04) 4. 민간위탁금(307-05) 5. 사회복지시설 법정운영비보조(307-10) 6. 민간인위탁교육비(307-12) 7. 공기관등에대한경상적위탁사업비(308-10) 8. 민간자본사업보조,자체재원(402-01) 9. 민간자본사업보조,이전재원(402-02) 10. 민간위탁사업비(402-03) 11. 공기관등에 대한 자본적 대행사업비(403-02)	1. 법률에 규정 2. 국고보조 재원(국가지정) 3. 용도 지정 기부금 4. 조례에 직접규정 5. 지자체가 권장하는 사업을 하는 공공기관 6. 시,도 정책 및 재정사정 7. 기타 8. 해당없음	계약체결방법 (경쟁형태) 1. 일반경쟁 2. 제한경쟁 3. 지명경쟁 4. 수의계약 5. 법정위탁 6. 기타 ( ) 7. 해당없음	계약기간 1. 1년 2. 2년 3. 3년 4. 4년 5. 5년 6. 기타 ( )년 7. 단기계약 (1년미만) 8. 해당없음	낙찰자선정방법 1. 적격심사 2. 협상에의한계약 3. 최저가낙찰제 4. 규격가격분리 5. 2단계 경쟁입찰 6. 기타 ( ) 7. 해당없음	운영예산 산정 1. 내부산정 (지자체 자체적으로 산정) 2. 외부산정 (외부전문기관위탁 산정) 3. 내·외부 모두 산정 4. 산정 無 5. 해당없음	정산방법 1. 내부정산 (지자체 내부적으로 정산) 2. 외부정산 (외부전문기관위탁 정산) 3. 내·외부 모두 산정 4. 정산 無 5. 해당없음	1. 실시 2. 미실시 3. 향후 추진 4. 해당없음
10899	전남 담양군	청소업무 민간위탁비	30,000	생태환경과	4	4	1	3	5	2	1	1
10900	전남 담양군	음식물폐기물 처리시설 유지관리비	50,000	생태환경과	4	4	1	3	5	2	1	1
10901	전남 담양군	공중화장실 유지관리	60,000	생태환경과	4	4	1	3	5	2	1	1
10902	전남 담양군	무단투기 및 행락지,관광지 쓰레기관리	50,000	생태환경과	4	4	1	3	5	2	1	1
10903	전남 담양군	로드킬 수거 및 처리	20,000	생태환경과	4	4	1	3	5	2	1	1
10904	전남 담양군	찾아가는 자원순환교실 운영	12,000	생태환경과	4	4	7	8	7	5	5	4
10905	전남 담양군	풀뿌리공동체지원센터 위탁운영	323,000	풀뿌리경제과	4	4	1	2	1	1	1	1
10906	전남 담양군	풀뿌리공동체지원센터 운영	186,516	풀뿌리경제과	4	4	7	8	7	5	5	4
10907	전남 담양군	시티투어 전기버스 운영 위탁금	200,000	풀뿌리경제과	4	6	1	1	3	1	1	2
10908	전남 담양군	장애인콜택시 시·군 운영비	250,000	풀뿌리경제과	4	4	7	3	1	1	1	1
10909	전남 담양군	시설하우스 주변환경 정비사업	60,000	친환경농정과	4	4	7	8	7	5	5	4
10910	전남 담양군	도시디자인학교	25,000	도시디자인과	4	4	7	8	7	5	5	4
10911	전남 담양군	공원 내 쓰레기 수거 및 청소 용역	30,000	도시디자인과	4	5	7	8	7	5	5	4
10912	전남 담양군	공원 내 불법행위 단속 용역	30,000	도시디자인과	4	4	7	8	7	5	5	4
10913	전남 담양군	유아숲 위탁운영	25,640	산림정원과	4	2	2	7	3	5	1	4
10914	전남 담양군	정원전문가 양성교육(15명)	11,250	산림정원과	4	2	7	7	7	5	1	4
10915	전남 담양군	도시숲정원 운영관리사업	96,000	산림정원과	4	2	7	7	7	5	1	4
10916	전남 담양군	한센병 등록환자 위탁사업비	6,100	보건소	4	2	7	8	7	5	5	4
10917	전남 담양군	지역사회건강조사 지정위탁 사업비	67,144	보건소	4	2	6	1	6	2	1	4
10918	전남 담양군	소규모수도시설 및 먹는물공동시설 민간위탁	166,000	물순환사업소	4	1	3	2	1	1	1	2
10919	전남 담양군	신규급수전 설치공사	360,000	물순환사업소	4	4	2	3	1	1	1	2
10920	전남 담양군	공공하수도시설 관리대행	1,084,000	물순환사업소	4	1	4	3	6	2	1	2
10921	전남 곡성군	특별교통수단(장애인 콜택시) 운영지원	171,000	민원실	4	4	4	3	1	3	1	3
10922	전남 곡성군	공무직근로자 친절 및 역량강화 교육	20,000	행정과	4	7	4	7	7	1	1	4
10923	전남 곡성군	신규공무원 직무 소양교육	20,000	행정과	4	1	7	8	7	5	5	4
10924	전남 곡성군	실과소읍면장 직무 소양교육	20,000	행정과	4	1	7	8	7	5	5	4
10925	전남 곡성군	6급 무보직 이하 일반직 직무소양 교육	49,950	행정과	4	1	7	8	7	5	5	4
10926	전남 곡성군	행복하GO, 친절올리GO 인허가 담당 공무원 힐링 교육	50,000	행정과	4	1	7	8	7	5	5	4
10927	전남 곡성군	승진공무원 직무역량강화 교육	10,000	행정과	4	1	7	8	7	5	5	4
10928	전남 곡성군	초당대학교 산업체 위탁 교육	3,000	행정과	4	4	7	8	7	5	5	4
10929	전남 곡성군	곡성자치배움터	25,000	행정과	4	4	7	8	7	5	5	4
10930	전남 곡성군	주민자치위원 리더십 향상교육	16,000	행정과	4	4	7	8	7	5	5	4
10931	전남 곡성군	주민자치 활동가 양성교육	10,000	행정과	4	4	7	8	7	5	5	4
10932	전남 곡성군	장난감도서관 위탁 운영비	45,000	행정과	4	4	7	8	7	5	5	4
10933	전남 곡성군	청소년야영장 운영지원	30,000	행정과	4	4	2	5	1	2	2	4
10934	전남 곡성군	저소득층 월동김장 지원사업	19,250	주민복지과	4	7	7	8	7	5	5	4
10935	전남 곡성군	기부식품제공(푸드뱅크운영)	30,000	주민복지과	4	1	5	1	7	1	1	1
10936	전남 곡성군	민관협력 활성화를 위한 다림돌복지 전문가 간담회	40,000	주민복지과	4	1	7	8	7	2	2	3
10937	전남 곡성군	보건복지서비스 전달체계 강화교육사업	100,000	주민복지과	4	1	7	8	7	2	2	3
10938	전남 곡성군	곡성군지역사회보장협의체 활성화 지원사업	10,000	주민복지과	4	1	7	8	7	2	2	3
10939	전남 곡성군	읍면지역사회보장협의체 활성화 지원사업	55,000	주민복지과	4	1	7	8	7	2	2	3
10940	전남 곡성군	통합사례 민관연계협력 활성화 지원사업	50,000	주민복지과	4	1	7	8	7	2	2	3

순번	시군구	지출명 (사업명)	2021년예산 (단위:천원/1년간)	담당자 (공무원) 담당부서	민간이전 분류 (지방자치단체 세출예산 집행기준에 의거) 1. 민간경상사업보조(307-02) 2. 민간단체 법정운영비보조(307-03) 3. 민간행사사업보조(307-04) 4. 민간위탁금(307-05) 5. 사회복지시설 법정운영비보조(307-10) 6. 민간인위탁교육비(307-12) 7. 공기관등에대한경상적위탁사업비(308-10) 8. 민간자본사업보조,자체재원(402-01) 9. 민간자본사업보조,이전재원(402-02) 10. 민간위탁사업비(402-03) 11. 공기관등에 대한 자본적 대행사업비(403-02)	민간이전지출 근거 (지방보조금 관리기준 참고) 1. 법률에 규정 2. 국고보조 재원(국가지정) 3. 용도 지정 기부금 4. 조례에 직접규정 5. 지자체가 권장하는 사업을 하는 공공기관 6. 시,도 정책 및 재정사정 7. 기타 8. 해당없음	입찰방식 계약체결방법 (경쟁형태) 1. 일반경쟁 2. 제한경쟁 3. 지명경쟁 4. 수의계약 5. 법정위탁 6. 기타 ( ) 7. 해당없음	입찰방식 계약기간 1. 1년 2. 2년 3. 3년 4. 4년 5. 5년 6. 기타 ( )년 7. 단기계약 (1년미만) 8. 해당없음	입찰방식 낙찰자선정방법 1. 적격심사 2. 협상에의한계약 3. 최저가낙찰제 4. 규격가격분리 5. 2단계 경쟁입찰 6. 기타 ( ) 7. 해당없음	운영예산 산정 운영예산 산정 1. 내부산정 (지자체 자체적으로 산정) 2. 외부산정 (외부전문기관위탁 산정) 3. 내·외부 모두 산정 4. 산정 無 5. 해당없음	운영예산 산정 정산방법 1. 내부정산 (지자체 내부적으로 정산) 2. 외부정산 (외부전문기관위탁 정산) 3. 내·외부 모두 산정 4. 정산 無 5. 해당없음	성과평가 실시여부 1. 실시 2. 미실시 3. 향후 추진 4. 해당없음
10941	전남 곡성군	다모아희망드림 복지학당 운영	48,000	주민복지과	4	1	7	8	7	2	2	3
10942	전남 곡성군	순회서비스반 전기수리 재료비	20,000	주민복지과	4	5	4	8	7	5	1	1
10943	전남 곡성군	희망복지기동서비스 돋보기 안경 지원	5,000	주민복지과	4	5	4	8	7	5	1	1
10944	전남 곡성군	여성단체를 통한 지역특산품 판매	2,200	주민복지과	4	4	7	8	7	1	1	1
10945	전남 곡성군	학령기 아동 사회정서 지원사업	33,000	주민복지과	4	4	5	3	1	3	1	1
10946	전남 곡성군	건강가정다문화가족지원센터 종사자 수당지원	7,800	주민복지과	4	4	5	3	1	3	1	1
10947	전남 곡성군	건강가정다문화가족지원센터 운영 지원	2,977,000	주민복지과	4	2	5	3	1	3	1	1
10948	전남 곡성군	건강가정다문화가족지원센터 종사자 특별수당	108,000	주민복지과	4	6	5	3	1	3	1	1
10949	전남 곡성군	이중언어 가족환경조성 지원사업	301,080	주민복지과	4	2	5	3	1	3	1	1
10950	전남 곡성군	다문화가족 건강검진비 지원	100,000	주민복지과	4	4	5	3	1	3	1	1
10951	전남 곡성군	결혼이주여성 친정보내기 지원	210,000	주민복지과	4	4	5	3	1	3	1	1
10952	전남 곡성군	결혼이주여성 운전면허 취득지원	12,000,000	주민복지과	4	4	5	3	1	3	1	1
10953	전남 곡성군	결혼이민여성 산모도우미 운영 지원	6,552	주민복지과	4	6	5	3	1	3	1	1
10954	전남 곡성군	찾아가는 어린이집 다문화 이해교실 운영	3,600	주민복지과	4	6	5	3	1	3	1	1
10955	전남 곡성군	아이돌봄 종사자 건강검진비 지원	6,900	주민복지과	4	6	5	3	1	3	1	1
10956	전남 곡성군	적환장 운영 및 생활폐기물 운반위탁금	60,060	환경축산과	4	4	2	2	3	3	3	1
10957	전남 곡성군	대형생활폐기물 위탁처리비	190,000	환경축산과	4	4	2	1	3	3	3	3
10958	전남 곡성군	음식물류폐기물 수집대행비	220,000	환경축산과	4	4	2	2	3	3	3	1
10959	전남 곡성군	음식물류폐기물 관외 운반비	32,000	환경축산과	4	4	2	2	3	3	3	1
10960	전남 곡성군	음식물류폐기물 위탁처리비	170,000	환경축산과	4	4	2	1	3	3	3	1
10961	전남 곡성군	도시재생지원센터 운영	50,000	도시경제과	4	4	7	8	7	5	5	4
10962	전남 곡성군	한국벤처농업대학 농업인 위탁교육비	1,800	농촌지원과	4	7	7	8	7	5	5	4
10963	전남 곡성군	전남농업마이스터대학 위탁교육비	2,500	농촌지원과	4	7	7	8	7	5	5	4
10964	전남 곡성군	어린이급식관리지원센터 운영	118,600	보건과	4	2	1	3	1	1	2	1
10965	전남 곡성군	청소년산모 의료비 지원	1,200,000	보건과	4	2	7	8	7	5	5	2
10966	전남 곡성군	표준모자보건수첩 구입	12,000	보건과	4	2	7	8	7	5	5	2
10967	전남 곡성군	기저귀. 조제분유 지원	14,000	보건과	4	2	7	8	7	5	5	2
10968	전남 곡성군	희귀난치성질환 의료비 지원	23,144	보건과	4	2	7	8	7	5	5	2
10969	전남 곡성군	지역사회건강조사	66,462	보건과	4	2	5	1	2	2	2	1
10970	전남 곡성군	산모. 신생아 건강관리사 지원	21,222	보건과	4	2	7	7	7	5	5	2
10971	전남 곡성군	암조기검진비 예탁금	87,894	보건과	4	1	3	7	7	2	2	4
10972	전남 곡성군	의료급여 수급권자 검진비	14,567	보건과	4	1	3	7	7	2	2	4
10973	전남 곡성군	만6세미만 의료급여수급권자 검진비	8,040	보건과	4	1	3	7	7	2	2	4
10974	전남 곡성군	한센관리협회사업 위탁금	5,100	보건과	4	2	5	1	7	2	1	2
10975	전남 곡성군	치매치료 관리비	117,241	보건과	4	2	7	8	7	3	3	4
10976	전남 곡성군	주간재활 프로그램 운영	33,720	보건과	4	7	2	2	1	3	3	1
10977	전남 곡성군	정신건강복지센터 위탁운영	184,224	보건과	4	2	2	2	1	3	3	1
10978	전남 곡성군	자살예방사업 인력 지원	35,315	보건과	4	2	2	2	1	3	3	1
10979	전남 곡성군	정신건강복지센터 인력 확충	108,972	보건과	4	2	2	2	1	3	3	1
10980	전남 곡성군	하수슬러지 위탁처리 수수료	46,000	상하수도사업소	4	7	2	1	3	1	1	4
10981	전남 곡성군	위생처리장 분뇨대행자 교부금	1,500,000	상하수도사업소	4	8	7	8	7	1	1	4
10982	전남 구례군	문화이용권사업	140,000	문화관광실	4	1	7	8	7	1	1	1

순번	시군구	지출명 (사업명)	2021년예산 (단위:천원/1년간)	담당자 (공무원)	민간이전 분류 (지방자치단체 세출예산 집행기준에 의거)	민간이전지출 근거 (지방보조금 관리기준 참고)	입찰방식			운영예산 산정		성과평가 실시여부
				담당부서	1. 민간경상사업보조(307-02) 2. 민간단체 법정운영비보조(307-03) 3. 민간행사사업보조(307-04) 4. 민간위탁금(307-05) 5. 사회복지시설 법정운영비보조(307-10) 6. 민간인위탁교육비(307-12) 7. 공기관등에대한경상적위탁사업비(308-10) 8. 민간자본사업보조,자체재원(402-01) 9. 민간자본사업보조,이전재원(402-02) 10. 민간위탁사업비(402-03) 11. 공기관등에 대한 자본적 대행사업비(403-02)	1. 법률에 규정 2. 국고보조 재원(국가지정) 3. 용도 지정 기부금 4. 조례에 직접규정 5. 지자체가 권장하는 사업을 하는 공공기관 6. 시,도 정책 및 재정사정 7. 기타 8. 해당없음	계약체결방법 (경쟁형태) 1. 일반경쟁 2. 제한경쟁 3. 지명경쟁 4. 수의계약 5. 법정위탁 6. 기타 ( ) 7. 해당없음	계약기간 1. 1년 2. 2년 3. 3년 4. 4년 5. 5년 6. 기타 ( )년 7. 단기계약 (1년미만) 8. 해당없음	낙찰자선정방법 1. 적격심사 2. 협상에의한계약 3. 최저가낙찰제 4. 규격가격분리 5. 2단계 경쟁입찰 6. 기타 ( ) 7. 해당없음	운영예산 산정 1. 내부산정 (지자체 자체적으로 산정) 2. 외부산정 (외부전문기관위탁 산정) 3. 내·외부 모두 산정 4. 산정 無 5. 해당없음	정산방법 1. 내부정산 (지자체 내부적으로 정산) 2. 외부정산 (외부전문기관위탁 정산) 3. 내·외부 모두 산정 4. 정산 無 5. 해당없음	1. 실시 2. 미실시 3. 향후 추진 4. 해당없음
10983	전남 구례군	동편제 판소리전수관 운영관리	34,600	문화관광실	4	1	7	8	7	1	1	1
10984	전남 구례군	구례 향제줄풍류 전수관 운영지원	5,000	문화관광실	4	1	7	8	7	1	1	1
10985	전남 구례군	지체장애인 편의시설 지원센터 운영	50,670	주민복지과	4	1	7	8	7	5	1	4
10986	전남 구례군	장애인 주간보호시설 운영	136,897	주민복지과	4	1	1	5	1	5	1	4
10987	전남 구례군	장애인 공감과 치유탐방 프로그램 운영	40,000	주민복지과	4	1	7	8	7	5	1	4
10988	전남 구례군	장애인복지관 운영	1,163,477	주민복지과	4	1	1	5	1	5	1	1
10989	전남 구례군	구례학사 운영비 지원	42,000	평생교육과	4	4	5	5	7	3	3	4
10990	전남 구례군	농촌신활력플러스사업	1,700,000	경제활력과	4	1	7	8	7	2	1	4
10991	전남 구례군	시군역량강화사업	300,000	경제활력과	4	8	7	1	7	1	1	3
10992	전남 구례군	생활폐기물 위탁처리비	600,000	환경교통과	4	5	7	8	7	1	1	2
10993	전남 구례군	대형생활폐기물 위탁처리비	150,000	환경교통과	4	7	7	8	7	5	5	4
10994	전남 구례군	음식물폐기물 수집운반비	450,000	환경교통과	4	7	2	3	1	2	1	2
10995	전남 구례군	음식물폐기물 처리비	250,000	환경교통과	4	7	2	2	1	2	1	2
10996	전남 구례군	구례군 공공하수처리시설 운영관리 대행용역	830,648	상하수도사업소	4	4	1	3	1	2	1	1
10997	전남 구례군	구례군 마을단위 공공하수처리시설 운영관리 대행용역	322,531	상하수도사업소	4	4	1	3	1	2	1	1
10998	전남 구례군	유아숲 교육운영	51,280	지리산정원관리사업소	4	2	7	8	7	5	5	4
10999	전남 구례군	숲해설가	25,500	지리산정원관리사업소	4	2	7	8	7	5	5	4
11000	전남 화순군	미디어공작소 운영	120,000	기획감사실	4	4	7	8	7	5	5	4
11001	전남 화순군	가사간병방문도우미사업	221,339	사회복지과	4	2	7	8	7	5	2	4
11002	전남 화순군	지역사회투자사업	757,161	사회복지과	4	2	7	8	7	5	2	4
11003	전남 화순군	발달재활서비스 바우처 지원	139,183	사회복지과	4	1	7	8	7	5	2	4
11004	전남 화순군	발달재활서비스 도비 확대사업	12,960	사회복지과	4	1	7	8	7	5	2	4
11005	전남 화순군	발달장애인 부모상담지원	1,905,000	사회복지과	4	1	7	8	7	5	2	4
11006	전남 화순군	발달장애인 주간활동서비스 지원	266,101	사회복지과	4	1	7	8	7	5	2	4
11007	전남 화순군	발달장애인 방과후 돌봄서비스 지원	106,568	사회복지과	4	1	7	8	7	5	2	4
11008	전남 화순군	장애인활동지원급여 지원	3,892,200	사회복지과	4	1	7	8	7	5	2	4
11009	전남 화순군	활동보조 가산급여	39,914	사회복지과	4	1	7	8	7	5	2	4
11010	전남 화순군	장애인 활동지원 도 추가사업	127,524	사회복지과	4	1	7	8	7	5	2	4
11011	전남 화순군	청소년상담복지센터 운영	145,714	가장활력과	4	2	5	3	2	1	1	1
11012	전남 화순군	청소년동반자 프로그램 운영	11,410	가장활력과	4	2	5	3	2	1	1	1
11013	전남 화순군	청소년안전망 구축	97,470	가장활력과	4	2	5	3	2	1	1	1
11014	전남 화순군	학교 밖 청소년지원센터 운영	84,517	가장활력과	4	2	5	3	2	1	1	1
11015	전남 화순군	학교 밖 청소년 급식비 지원	6,960	가장활력과	4	2	5	3	2	1	1	1
11016	전남 화순군	다함께돌봄센터 운영비 지원	48,000	가장활력과	4	2	7	8	7	5	5	4
11017	전남 화순군	아이돌봄 지원	852,741	가정활력과	4	2	7	8	7	1	1	4
11018	전남 화순군	아이돌보미 건강검진비 지원	1,290,000	가정활력과	4	6	7	8	7	1	1	4
11019	전남 화순군	건강가정 다문화가족 지원센터 운영	381,380	가정활력과	4	2	7	8	7	1	1	4
11020	전남 화순군	결혼이민자 모국어 상담원 운영	29,250	가정활력과	4	6	7	8	7	1	1	4
11021	전남 화순군	다문화 이해교실 운영	6,900,000	가정활력과	4	6	7	8	7	1	1	4
11022	전남 화순군	결혼이민여성산모도우미 운영	10,920	가정활력과	4	6	7	8	7	1	1	4
11023	전남 화순군	다문화가정 지원	99,235	가정활력과	4	7	7	8	7	1	1	4
11024	전남 화순군	어린이급식관리지원센터 운영	135,000	관광진흥과	4	2	5	5	1	5	2	1

순번	시군구	지출명 (사업명)	2021년예산 (단위:천원/1년간)	담당자 (공무원)	민간이전 분류 (지방자치단체 세출예산 집행기준에 의거)	민간이전지출 근거 (지방보조금 관리기준 참고)	입찰방식			운영예산 산정		성과평가 실시여부
				담당부서	1. 민간경상사업보조(307-02) 2. 민간단체 법정운영비보조(307-03) 3. 민간행사사업보조(307-04) 4. 민간위탁금(307-05) 5. 사회복지시설 법정운영비보조(307-10) 6. 민간인위탁교육비(307-12) 7. 공기관등에대한경상적위탁사업비(308-10) 8. 민간자본사업보조,자체재원(402-01) 9. 민간자본사업보조,이전재원(402-02) 10. 민간위탁사업비(402-03) 11. 공기관등에 대한 자본적 대행사업비(403-02)	1. 법률에 규정 2. 국고보조 재원(국가지정) 3. 용도 지정 기부금 4. 조례에 직접규정 5. 지자체가 권장하는 사업을 하는 공공기관 6. 시,도 정책 및 재정사정 7. 기타 8. 해당없음	계약체결방법 (경쟁형태) 1. 일반경쟁 2. 제한경쟁 3. 지명경쟁 4. 수의계약 5. 법정위탁 6. 기타 ( ) 7. 해당없음	계약기간 1. 1년 2. 2년 3. 3년 4. 4년 5. 5년 6. 기타 ( )년 7. 단기계약 (1년미만) 8. 해당없음	낙찰자선정방법 1. 적격심사 2. 협상에의한계약 3. 최저가낙찰제 4. 규격가격분리 5. 2단계 경쟁입찰 6. 기타 ( ) 7. 해당없음	운영예산 산정 1. 내부산정 (지자체 자체적으로 산정) 2. 외부산정 (외부전문기관위탁 산정) 3. 내·외부 모두 산정 4. 산정 無 5. 해당없음	정산방법 1. 내부정산 (지자체 내부적으로 정산) 2. 외부정산 (외부전문기관위탁 정산) 3. 내·외부 모두 산정 4. 정산 無 5. 해당없음	1. 실시 2. 미실시 3. 향후 추진 4. 해당없음
11025	전남 화순군	화순군 생활문화센터 위탁운영	130,000	문화예술과	4	4	6	2	7	1	1	1
11026	전남 화순군	숲해설 산림복지전문업 위탁운영지원	51,000	산림산업과	4	2	7	8	7	5	5	4
11027	전남 화순군	산림치유프로그램 민간위탁 운영	90,000	산림산업과	4	1	7	8	7	5	5	4
11028	전남 화순군	화순군립요양병원 운영비 지원	100,000	보건소	4	4	7	7	7	1	1	4
11029	전남 화순군	치매안심요양병원 공공사업 지원	80,000	보건소	4	2	7	7	7	5	1	1
11030	전남 화순군	기초정신건강복지센터 운영	184,224	보건소	4	1	1	3	7	5	1	1
11031	전남 화순군	정신건강복지센터 인력확충	108,969	보건소	4	1	1	3	7	5	1	1
11032	전남 화순군	아동청소년 정신건강증진 사업	52,294	보건소	4	1	1	3	7	5	1	1
11033	전남 화순군	통합정신건강증진사업 운영	92,500	보건소	4	1	1	3	7	5	1	1
11034	전남 화순군	정신건강복지센터 자살예방사업 인력 지원	35,315	보건소	4	1	1	3	7	5	1	1
11035	전남 화순군	한센병관리지원사업	7,200	보건소	4	1	5	8	7	5	5	4
11036	전남 강진군	박물관 안내 및 해설	11,760	고려청자박물관	4	4	4	1	7	1	1	1
11037	전남 강진군	디지털박물관 안내 및 해설	3,840	고려청자박물관	4	4	4	1	7	1	1	1
11038	전남 강진군	장애인 일자리 지원	240,816	주민복지실	4	2	7	8	7	5	5	4
11039	전남 강진군	저소득층 여성청소년 위생용품 지원사업	13,200	주민복지실	4	2	5	8	7	5	5	1
11040	전남 강진군	자활근로사업	800,000	주민복지실	4	2	5	8	7	1	1	1
11041	전남 강진군	가사간병방문지원사업	80,000	주민복지실	4	2	5	8	7	3	3	1
11042	전남 강진군	지역자율형 사회서비스투자사업	805,159	주민복지실	4	2	5	8	7	3	3	1
11043	전남 강진군	지역사회 건강조사	66,916	보건소	4	2	7	8	7	3	2	4
11044	전남 강진군	강진공공 및 마을하수처리장 폐기물 위탁처리비	229,900	상하수도사업소	4	8	7	8	7	5	5	4
11045	전남 강진군	강진공공하수처리장 관리대행	1,192,000	상하수도사업소	4	8	1	5	2	2	1	1
11046	전남 강진군	하수협잡물 위탁처리비	38,500	상하수도사업소	4	8	7	8	7	5	5	4
11047	전남 강진군	강진 하수관거 BTL사업 위탁운영비	279,500	상하수도사업소	4	8	1	6	2	1	1	1
11048	전남 강진군	상수도시설운영관리	456,000	상하수도사업소	4	4	4	2	1	1	1	4
11049	전남 강진군	조업 중 인양쓰레기 수매사업	100,000	해양산림과	4	6	6	1	6	5	5	4
11050	전남 해남군	해남 시티투어 운영 지원금	130,000	관광과	4	4	1	1	2	1	1	1
11051	전남 해남군	자활사업(자활근로위탁)	1,202,856	주민복지과	4	2	7	1	7	5	1	4
11052	전남 해남군	면단위 공중목욕장 운영지원	133,337	주민복지과	4	6	7	2	1	1	1	1
11053	전남 해남군	노인일자리 및 사회활동지원	3,440,136	주민복지과	4	2	7	1	7	5	1	4
11054	전남 해남군	지역자율형 사회서비스 투자사업	117,900	인구정책과	4	2	7	8	7	5	1	4
11055	전남 해남군	청소년산모 임신출산 의료비 지원	2,400	인구정책과	4	2	7	8	7	5	1	4
11056	전남 해남군	저소득층 기저귀 조제분유 지원	100,000	인구정책과	4	2	7	8	7	5	1	4
11057	전남 해남군	여성직업훈련 수강료	12,000	인구정책과	4	6	7	8	7	1	1	4
11058	전남 해남군	다문화가족지원센터 종사자 인건비 보조	50,688	인구정책과	4	4	7	8	7	1	1	4
11059	전남 해남군	영유아 보육료 지원	3,193,692	인구정책과	4	1	7	8	7	1	1	4
11060	전남 해남군	만3-5세 누리과정 지원	1,810,092	인구정책과	4	1	7	8	7	1	1	4
11061	전남 해남군	공동방제단 운영	128,833	축산사업소	4	2	7	8	7	1	1	1
11062	전남 해남군	공동방제단 운영	133,259	축산사업소	4	2	7	8	7	1	1	1
11063	전남 해남군	방치 폐슬레이트 처리지원사업	291,600	환경교통과	4	2	1	1	6	1	1	2
11064	전남 해남군	노후 슬레이트 처리지원	1,568,560	환경교통과	4	2	1	1	6	1	1	2
11065	전남 해남군	환경영향마을 바역대행 사업	38,400	환경교통과	4	7	4	1	6	1	1	4
11066	전남 해남군	해남군교통약자 이동지원센터 운영	380,000	환경교통과	4	4	1	3	7	1	1	1

순번	시군구	지출명 (사업명)	2021년예산 (단위:천원/1년간)	담당자 (공무원)	민간이전 분류 (지방자치단체 세출예산 집행기준에 의거)	민간이전지출 근거 (지방보조금 관리기준 참고)	입찰방식			운영예산 산정		성과평가 실시여부
				담당부서	1. 민간경상사업보조(307-02) 2. 민간단체 법정운영비보조(307-03) 3. 민간행사사업보조(307-04) 4. 민간위탁금(307-05) 5. 사회복지시설 법정운영비보조(307-10) 6. 민간인위탁교육비(307-12) 7. 공기관등에대한경상적위탁사업비(308-10) 8. 민간자본사업보조,자체재원(402-01) 9. 민간자본사업보조,이전재원(402-02) 10. 민간위탁사업비(402-03) 11. 공기관등에 대한 자본적 대행사업비(403-02)	1. 법률에 규정 2. 국고보조 재원(국가지정) 3. 용도 지정 기부금 4. 조례에 직접규정 5. 지자체가 권장하는 사업을 하는 공공기관 6. 시,도 정책 및 재정사정 7. 기타 8. 해당없음	계약체결방법 (경쟁형태) 1. 일반경쟁 2. 제한경쟁 3. 지명경쟁 4. 수의계약 5. 법정위탁 6. 기타 ( ) 7. 해당없음	계약기간 1. 1년 2. 2년 3. 3년 4. 4년 5. 5년 6. 기타 ( )년 7. 단기계약 (1년미만) 8. 해당없음	낙찰자선정방법 1. 적격심사 2. 협상에의한계약 3. 최저가낙찰제 4. 규격가격분리 5. 2단계 경쟁입찰 6. 기타 ( ) 7. 해당없음	운영예산 산정 1. 내부산정 (지자체 자체적으로 산정) 2. 외부산정 (외부전문기관위탁 산정) 3. 내·외부 모두 산정 4. 산정 無 5. 해당없음	정산방법 1. 내부정산 (지자체 내부적으로 정산) 2. 외부정산 (외부전문기관위탁 정산) 3. 내·외부 모두 산정 4. 정산 無 5. 해당없음	1. 실시 2. 미실시 3. 향후 추진 4. 해당없음
11067	전남 영암군	천연염색전시체험관 위탁운영	30,000	투자경제과	4	4	7	8	7	1	1	2
11068	전남 영암군	근로자종합복지관 위탁운영	300,000	투자경제과	4	4	7	8	7	1	1	2
11069	전남 영암군	장애인콜택시 운영	250,000	건설교통과	4	1	4	3	7	1	1	1
11070	잔남 영암군	다문화여성 정리수납전문가 양성교육	3,000	여성가족과	4	6	7	8	7	5	5	4
11071	잔남 영암군	어린이급식관리 지원센터 설치 운영	216,000	여성가족과	4	1	5	1	7	3	2	1
11072	전남 영암군	문화관광해설가 운영	9,000	문화관광과	4	8	7	8	7	5	5	4
11073	전남 영암군	문화 예술활동 지원	170,000	문화관광과	4	8	7	8	7	5	5	4
11074	전남 영암군	영암문예회관 운영비 지원	15,800	문화관광과	4	8	7	8	7	5	5	4
11075	전남 영암군	야생멧돼지 사체처리비	21,150	환경보전과	4	6	4	1	2	1	1	2
11076	전남 영암군	쓰레기 종량제 봉투 공급 민간위탁비	73,000	환경보전과	4	4	4	1	3	1	1	2
11077	전남 영암군	공중화장실 청소관리 용역	54,600	환경보전과	4	1	4	1	7	1	4	4
11078	전남 영암군	소각시설 위탁운영비	645,828	환경보전과	4	4	2	5	2	2	1	4
11079	전남 영암군	가축분뇨공공처리시설 운영비	239,658	환경보전과	4	4	2	5	2	2	1	4
11080	전남 영암군	왕인대학 운영	60,000	종합사회복지관	4	1	7	8	7	5	5	4
11081	전남 영암군	찾아가는 노인대학운영	190,000	종합사회복지관	4	1	7	8	7	5	5	4
11082	전남 영암군	여성자치대학 운영	100,000	종합사회복지관	4	1	7	8	7	5	5	4
11083	전남 영암군	가축 살처분 랜더링비	8,800	축산과	4	4	7	8	7	1	1	3
11084	전남 영암군	AI 살처분 대행작업	60,000	축산과	4	4	7	8	7	1	1	3
11085	전남 영암군	공동방제단 운영비	106,463	축산과	4	1	7	8	7	1	1	3
11086	전남 영암군	공동방제단 인건비	103,067	축산과	4	1	7	8	7	1	1	3
11087	전남 영암군	유기동물 보호시설 운영	20,000	축산과	4	1	7	8	7	1	5	4
11088	전남 영암군	유기동물 보호센터 운영비 지원	25,200	축산과	4	6	7	8	7	1	5	4
11089	전남 영암군	유기·유실동물 입양비 지원	5,000	축산과	4	2	7	8	7	1	5	4
11090	전남 영암군	유기·유실동물 구조·보호 비용 지원	2,405	축산과	4	1	7	8	7	1	5	4
11091	전남 영암군	길고양이 중성화 수술비 지원	7,200	축산과	4	2	7	8	7	1	5	4
11092	전남 영암군	귀농인 창업센터 운영	200,000	농업기술센터	4	4	7	8	7	5	5	4
11093	전남 영암군	강소농 경영개선실천 심화교육	9,600	농업기술센터	4	2	7	8	7	5	5	4
11094	전남 무안군	분청사기명장전시관운영	53,000	문화관광과	4	4	4	2	1	1	1	1
11095	전남 무안군	토양개량제 공동살포비 지원	134,403	친환경농업과	4	2	7	8	7	5	5	1
11096	전남 무안군	환경관리종합센터 운영관리	6,626,793	환경과	4	8	6	6	6	1	1	2
11097	전남 무안군	발달장애인 방과후 돌봄서비스 지원	119,890	사회복지과	4	1	7	8	7	1	1	4
11098	전남 무안군	발달장애인 부모상담지원	1,904	사회복지과	4	1	7	8	7	1	1	4
11099	전남 무안군	발달장애인 주간활동서비스 지원	295,667	사회복지과	4	1	7	8	7	1	1	4
11100	전남 무안군	발달재활서비스 도 확대지원	38,880	사회복지과	4	1	7	8	7	1	1	4
11101	전남 무안군	발달재활서비스 바우처 지원	308,752	사회복지과	4	1	7	8	7	1	1	4
11102	전남 무안군	장애인활동지원 도 추가지원	64,320	사회복지과	4	6	1	8	1	3	1	1
11103	전남 무안군	장애인활동지원급여지원	2,092,330	사회복지과	4	1	1	8	1	3	1	1
11104	전남 무안군	활동보조 가산급여	9,742	사회복지과	4	1	1	8	1	3	1	1
11105	전남 무안군	가사간병 바우처사업	63,048	사회복지과	4	1	7	8	7	1	1	4
11106	전남 무안군	근로능력 있는 수급자의 탈수급 지원	166,519	사회복지과	4	2	7	8	7	5	1	4
11107	전남 무안군	지역사회서비스 투자사업	715,057	사회복지과	4	1	7	8	7	5	5	1
11108	전남 무안군	황토골 시민정원사 양성교육	38,750	산림공원과	4	1	7	8	7	5	5	4

순번	시군구	지출명 (사업명)	2021년예산 (단위:천원/1년간)	담당자 (공무원)	민간이전 분류 (지방자치단체 세출예산 집행기준에 의거)	민간이전지출 근거 (지방보조금 관리기준 참고)	입찰방식			운영예산 산정		성과평가 실시여부
				담당부서	1. 민간경상사업보조(307-02) 2. 민간단체 법정운영비보조(307-03) 3. 민간행사사업보조(307-04) 4. 민간위탁금(307-05) 5. 사회복지시설 법정운영비보조(307-10) 6. 민간인위탁교육비(307-12) 7. 공기관등에대한경상적위탁사업비(308-10) 8. 민간자본사업보조,자체재원(402-01) 9. 민간자본사업보조,이전재원(402-02) 10. 민간위탁사업비(402-03) 11. 공기관등에 대한 자본적 대행사업비(403-02)	1. 법률에 규정 2. 국고보조 재원(국가지정) 3. 용도 지정 기부금 4. 조례에 직접규정 5. 지자체가 권장하는 사업을 하는 공공기관 6. 시,도 정책 및 재정사정 7. 기타 8. 해당없음	계약체결방법 (경쟁형태) 1. 일반경쟁 2. 제한경쟁 3. 지명경쟁 4. 수의계약 5. 법정위탁 6. 기타 ( ) 7. 해당없음	계약기간 1. 1년 2. 2년 3. 3년 4. 4년 5. 5년 6. 기타 ( )년 7. 단기계약 (1년미만) 8. 해당없음	낙찰자선정방법 1. 적격심사 2. 협상에의한계약 3. 최저가낙찰제 4. 규격가격분리 5. 2단계 경쟁입찰 6. 기타 ( ) 7. 해당없음	운영예산 산정 1. 내부산정 (지자체 자체적으로 산정) 2. 외부산정 (외부전문기관위탁 산정) 3. 내·외부 모두 산정 4. 산정 無 5. 해당없음	정산방법 1. 내부정산 (지자체 내부적으로 정산) 2. 외부정산 (외부전문기관위탁 정산) 3. 내·외부 모두 산정 4. 정산 無 5. 해당없음	1. 실시 2. 미실시 3. 향후 추진 4. 해당없음
11109	전남 무안군	유아숲 민간 위탁 운영	153,280	산림공원과	4	1	7	8	7	5	5	4
11110	전남 함평군	전남야구장 및 함평야구장 운영 및 관라	128,800	문화관광체육과	4	4	1	2	1	1	1	3
11111	전남 함평군	다목적 선수합숙소 운영 및 관리	24,074	문화관광체육과	4	4	1	2	1	1	1	3
11112	전남 함평군	함평군 공공하수도시설 관리대행 사업	646,585	환경상하수도과	4	4	2	5	2	2	5	1
11113	전남 함평군	2020년 함평군 음식물류 폐기물 수집・운반대행 용역	302,316	환경상하수도과	4	4	2	2	3	2	1	1
11114	전남 함평군	함평군 음식물류 폐기물 위탁처리 용역	227,110	환경상하수도과	4	4	2	2	3	1	1	4
11115	전남 함평군	하천쓰레기 정화사업 폐기물 처리 용역	49,500	환경상하수도과	4	2	1	1	1	1	1	4
11116	전남 함평군	대기오염측정망 유지관리 용역	16,000	환경상하수도과	4	1	1	1	1	1	1	4
11117	전남 함평군	지방상수도 운영효율화사업	3,226,206	환경상하수도과	4	5	7	6	7	1	3	3
11118	전남 함평군	자활사업	1,045,600	주민복지과	4	2	7	7	7	2	1	1
11119	전남 함평군	근로능력 있는 수급자의 탈수급 지원	8,284	주민복지과	4	2	7	8	7	3	2	1
11120	전남 함평군	근로능력 있는 수급자의 탈수급 지원	32,379	주민복지과	4	2	7	8	7	3	2	1
11121	전남 함평군	근로능력 있는 수급자의 탈수급 지원	12,346	주민복지과	4	2	7	8	7	3	2	1
11122	전남 함평군	근로능력 있는 수급자의 탈수급 지원	8,607	주민복지과	4	2	7	8	7	3	2	1
11123	전남 함평군	근로능력 있는 수급자의 탈수급 지원	17,367	주민복지과	4	2	7	8	7	3	2	1
11124	전남 함평군	노인맞춤돌봄서비스	2,539,280	가족행복과	4	1	6	1	7	1	1	4
11125	전남 함평군	독거노인중증장애인 응급안전알림서비스운영지원	429,700	가족행복과	4	1	6	1	7	1	1	4
11126	전남 함평군	사례관리 전달체계	148,800	가족행복과	4	6	7	1	7	1	1	4
11127	전남 함평군	여성교육 및 행사지원	4,000	가족행복과	4	4	7	8	7	1	1	1
11128	전남 함평군	여성직업훈련교육	12,000	가족행복과	4	7	7	8	7	1	1	1
11129	전남 함평군	폭력 및 성희롱, 양성평등 예방교육	4,000	가족행복과	4	4	7	8	7	1	1	1
11130	전남 함평군	소외계층 김장담궈주기 지원	8,400	가족행복과	4	7	7	8	7	1	1	1
11131	전남 함평군	소외계층밑반찬사업지원	15,000	가족행복과	4	7	7	8	7	1	1	1
11132	전남 함평군	건강가정 및 다문화가족지원센터운영	339,540	가족행복과	4	2	7	8	7	1	1	1
11133	전남 함평군	다문화가정 지원	6,000	가족행복과	4	7	7	8	7	1	1	1
11134	전남 함평군	자녀양육 및 자녀생활등 방문교육서비스지원	158,022	가족행복과	4	2	7	8	7	1	1	1
11135	전남 함평군	결혼이민자 통번역서비스 지원	30,088	가족행복과	4	2	7	8	7	1	1	1
11136	전남 함평군	다문화가족 자녀언어발달 지원	34,724	가족행복과	4	2	7	8	7	1	1	1
11137	전남 함평군	이중언어 가족환경 조성사업	30,108	가족행복과	4	2	7	8	7	1	1	1
11138	전남 함평군	한국어교육 운영	17,773	가족행복과	4	2	7	8	7	1	1	1
11139	전남 함평군	찾아가는 어린이집 다문화이해교실 운영	3,600	가족행복과	4	6	7	8	7	1	1	1
11140	전남 함평군	결혼이민여성 산모도우미 운영	6,552	가족행복과	4	6	7	8	7	1	1	1
11141	전남 함평군	찾아가는 결혼이주여성 다이음 사업	3,000	가족행복과	4	2	7	8	7	1	1	1
11142	전남 함평군	폭력예방 체험형 프로그램 운영 지원	5,000	주민복지실	4	4	7	8	7	1	1	1
11143	전남 함평군	아이돌봄지원	271,133	가족행복과	4	2	7	8	7	1	1	1
11144	전남 함평군	함평천지종합복지관(노인복지관) 운영비	427,801	가족행복과	4	4	6	5	7	1	1	4
11145	전남 함평군	함평천지종합복지관 전기요금	24,000	가족행복과	4	4	6	5	7	1	1	4
11146	전남 함평군	함평군노인복지관 종사자 특별수당	7,560	가족행복과	4	4	6	5	7	1	1	4
11147	전남 함평군	함평군노인복지관 프로그램 지원사업	28,800	가족행복과	4	4	6	5	7	1	1	4
11148	전남 함평군	청소년문화의집 운영	230,537	가족행복과	4	4	1	5	1	1	1	1
11149	전남 함평군	지역청소년참여기구 운영	2,800	가족행복과	4	2	5	5	1	2	3	1
11150	전남 함평군	청소년방과후아카데미 운영	113,416	가족행복과	4	2	5	5	1	2	3	1

순번	시군구	지출명 (사업명)	2021년예산 (단위:천원/1년간)	담당자 (공무원)	민간이전 분류 (지방자치단체 세출예산 집행기준에 의거)	민간이전지출 근거 (지방보조금 관리기준 참고)	입찰방식			운영예산 산정		성과평가 실시여부
				담당부서	1. 민간경상사업보조(307-02) 2. 민간단체 법정운영비보조(307-03) 3. 민간행사사업보조(307-04) 4. 민간위탁금(307-05) 5. 사회복지시설 법정운영비보조(307-10) 6. 민간인위탁교육비(307-12) 7. 공기관등에대한경상적위탁사업비(308-10) 8. 민간자본사업보조,자체재원(402-01) 9. 민간자본사업보조,이전재원(402-02) 10. 민간위탁사업비(402-03) 11. 공기관등에 대한 자본적 대행사업비(403-02)	1. 법률에 규정 2. 국고보조 재원(국가지정) 3. 용도 지정 기부금 4. 조례에 직접규정 5. 지자체가 권장하는 사업을 하는 공공기관 6. 시,도 정책 및 재정사정 7. 기타 8. 해당없음	계약체결방법 (경쟁형태) 1. 일반경쟁 2. 제한경쟁 3. 지명경쟁 4. 수의계약 5. 법정위탁 6. 기타 ( ) 7. 해당없음	계약기간 1. 1년 2. 2년 3. 3년 4. 4년 5. 5년 6. 기타 ( )년 7. 단기계약 (1년미만) 8. 해당없음	낙찰자선정방법 1. 적격심사 2. 협상에의한계약 3. 최저가낙찰제 4. 규격가격분리 5. 2단계 경쟁입찰 6. 기타 ( ) 7. 해당없음	운영예산 산정 1. 내부산정 (지자체 자체적으로 산정) 2. 외부산정 (외부전문기관위탁 산정) 3. 내·외부 모두 산정 4. 산정 無 5. 해당없음	정산방법 1. 내부정산 (지자체 내부적으로 정산) 2. 외부정산 (외부전문기관위탁 정산) 3. 내·외부 모두 산정 4. 정산 無 5. 해당없음	1. 실시 2. 미실시 3. 향후 추진 4. 해당없음
11151	전남 함평군	청소년지도사 배치지원사업	23,208	가족행복과	4	2	5	5	1	2	3	1
11152	전남 함평군	청소년상담복지센터 운영	82,714	가족행복과	4	6	1	3	1	2	3	1
11153	전남 함평군	학교밖 청소년 지원	125,993	가족행복과	4	2	5	3	1	2	3	1
11154	전남 함평군	꿈키움 드림오케스트라 사업	48,000	가족행복과	4	6	1	3	1	1	1	1
11155	전남 함평군	전국일제소독의날 공동방제단 지원	210,894	축수산과	4	2	7	8	7	1	1	4
11156	전남 함평군	쇠고기이력추적제 지원	84,864	축수산과	4	1	7	8	7	1	1	4
11157	전남 함평군	함평읍시가지 불법노점상 및 노상적치물 정비용역	25,000	안전건설과	4	7	7	8	7	5	5	4
11158	전남 함평군	숲해설 서비스 위탁운영 지원사업	25,500	산림공원과	4	1	2	1	2	1	1	1
11159	전남 함평군	유아숲교육 위탁운영	51,280	산림공원과	4	1	2	1	2	1	1	1
11160	전남 함평군	지역사회 건강조사	66,690	보건소	4	2	6	1	6	5	2	4
11161	전남 영광군	특별운송수단(장애인콜택시) 운영	200,000	안전관리과	4	4	2	2	1	1	1	3
11162	전남 영광군	영다락방 복지리더 양성	5,000	사회복지과	4	1	7	8	7	1	1	4
11163	전남 영광군	지역사회서비스투자사업	519,340	사회복지과	4	2	7	8	7	1	3	1
11164	전남 영광군	가사간병방문지원	239,475	사회복지과	4	2	7	8	7	5	1	1
11165	전남 영광군	자활근로사업 민간위탁	1,200,000	사회복지과	4	2	5	1	7	5	1	1
11166	전남 영광군	행복둥지 사업	56,000	사회복지과	4	1	7	8	7	1	1	4
11167	전남 영광군	농어촌 장애인 주택개조 지원	57,000	사회복지과	4	1	1	8	7	1	1	4
11168	전남 영광군	장애인일자리	244,320	사회복지과	4	2	6	1	1	2	2	1
11169	전남 영광군	장애아동가족지원	136,297	사회복지과	4	2	5	3	1	2	2	1
11170	전남 영광군	장애인활동지원	208,697	사회복지과	4	1	6	8	1	3	3	1
11171	전남 영광군	노인맞춤돌봄서비스	3,424,550	노인가정과	4	2	6	2	7	5	1	1
11172	전남 영광군	노인일자리 및 사회활동지원 확대	1,615,068	노인가정과	4	2	6	1	6	1	3	1
11173	전남 영광군	경로당활성화지원	10,000	노인가정과	4	5	4	8	7	1	1	4
11174	전남 영광군	아이돌봄지원	1,883,962	노인가정과	4	1	5	3	1	5	1	4
11175	전남 영광군	공동육아나눔터 운영	53,828	노인가정과	4	1	1	5	1	5	1	4
11176	전남 영광군	아이돌보미 건강검진비 지원	1,890	노인가정과	4	6	7	7	7	5	1	4
11177	전남 영광군	자녀양육 및 자녀생활 등 방문교육 서비스 지원	70,232	노인가정과	4	1	5	8	1	5	1	4
11178	전남 영광군	다문화가족 자녀언어발달 지원	34,724	노인가정과	4	1	5	8	1	5	1	4
11179	전남 영광군	결혼이민자 통번역서비스 지원	60,176	노인가정과	4	1	5	8	1	5	1	4
11180	전남 영광군	한국어교육 운영	20,000	노인가정과	4	1	5	8	1	5	1	4
11181	전남 영광군	다문화가족 이중언어 가족환경조성	30,108	노인가정과	4	1	5	8	1	5	1	4
11182	전남 영광군	찾아가는 어린이집 다문화이해교실 운영	4,500	노인가정과	4	6	5	8	1	5	1	4
11183	전남 영광군	결혼이주여성 산모도우미 운영	8,736	노인가정과	4	6	5	8	1	5	1	4
11184	전남 영광군	다문화가족 사례관리사업	31,866	노인가정과	4	1	5	8	1	5	1	4
11185	전남 영광군	다문화엄마학교 운영	20,000	노인가정과	4	6	5	8	1	5	1	4
11186	전남 영광군	영유아 보육료 지원	2,416,290	노인가정과	4	2	7	8	7	5	1	2
11187	전남 영광군	누리과정 보육료 지원	1,368,100	노인가정과	4	2	7	8	7	5	1	2
11188	전남 영광군	민간가정어린이집 학부모 차액보육료 지원	96,000	노인가정과	4	2	7	8	7	5	1	2
11189	전남 영광군	다함께 돌봄센터 운영	6,300	노인가정과	4	2	7	8	7	5	1	4
11190	전남 영광군	다함께 돌봄센터 운영(추가)	2,400	노인가정과	4	4	7	8	7	1	1	4
11191	전남 영광군	청소년 방과후 아카데미 운영	381,384	노인가정과	4	2	1	7	1	5	1	4
11192	전남 영광군	청소년상담복지센터 운영	92,914	노인가정과	4	6	1	3	1	5	1	4

순번	시군구	지출명 (사업명)	2021년예산 (단위:천원/1년간)	담당자 (공무원)	민간이전 분류 (지방자치단체 세출예산 집행기준에 의거)	민간이전지출 근거 (지방보조금 관리기준 참고)	입찰방식			운영예산 산정		성과평가 실시여부
				담당부서	1. 민간경상사업보조(307-02) 2. 민간단체 법정운영비보조(307-03) 3. 민간행사사업보조(307-04) 4. 민간위탁금(307-05) 5. 사회복지시설 법정운영비보조(307-10) 6. 민간인위탁교육비(307-12) 7. 공기관등에대한경상적위탁사업비(308-10) 8. 민간자본사업보조,자체재원(402-01) 9. 민간자본사업보조,이전재원(402-02) 10. 민간위탁사업비(402-03) 11. 공기관등에 대한 자본적 대행사업비(403-02)	1. 법률에 규정 2. 국고보조 재원(국가지정) 3. 용도 지정 기부금 4. 조례에 직접규정 5. 지자체가 권장하는 사업을 하는 공공기관 6. 시,도 정책 및 재정사정 7. 기타 8. 해당없음	계약체결방법 (경쟁형태) 1. 일반경쟁 2. 제한경쟁 3. 지명경쟁 4. 수의계약 5. 법정위탁 6. 기타 ( ) 7. 해당없음	계약기간 1. 1년 2. 2년 3. 3년 4. 4년 5. 5년 6. 기타 ( )년 7. 단기계약 (1년미만) 8. 해당없음	낙찰자선정방법 1. 적격심사 2. 협상에의한계약 3. 최저가낙찰제 4. 규격가격분리 5. 2단계 경쟁입찰 6. 기타 ( ) 7. 해당없음	운영예산 산정 1. 내부산정 (지자체 자체적으로 산정) 2. 외부산정 (외부전문기관위탁 산정) 3. 내·외부 모두 산정 4. 산정 無 5. 해당없음	정산방법 1. 내부정산 (지자체 내부적으로 정산) 2. 외부정산 (외부전문기관위탁 정산) 3. 내·외부 모두 산정 4. 정산 無 5. 해당없음	1. 실시 2. 미실시 3. 향후 추진 4. 해당없음
11193	전남 영광군	학교폭력원스톱지원센터 운영	55,986	노인가정과	4	6	1	7	1	5	1	4
11194	전남 영광군	학교 밖 청소년 지원센터 운영	84,517	노인가정과	4	2	1	3	1	5	1	4
11195	전남 영광군	청소년 통합지원체계 구축 지원	97,470	노인가정과	4	6	1	7	1	5	1	4
11196	전남 영광군	청소년동반자 프로그램 운영	71,250	노인가정과	4	6	1	7	1	5	1	4
11197	전남 영광군	청소년 유해환경 감시단 운영	2,400	노인가정과	4	2	1	7	1	5	1	4
11198	전남 영광군	조업중 인양된 해양폐기물 수매	60,000	해양수산과	4	6	5	1	7	1	1	4
11199	전남 영광군	소형건설기계면허취득 위탁교육	15,750	기술보급과	4	4	7	8	7	5	5	4
11200	전남 영광군	드론자격증취득 위탁교육	20,250	기술보급과	4	4	7	8	7	5	5	4
11201	전남 영광군	지역사회건강조사	67,296	보건소	4	2	5	1	7	2	2	1
11202	전남 영광군	의료급여수급권자 일반건강검진사업	17,847	보건소	4	2	5	1	7	2	3	2
11203	전남 영광군	희귀난치성 질환자 의료비 지원	59,362	보건소	4	2	5	1	7	2	3	2
11204	전남 영광군	영유아 건강검진	1,278,000	보건소	4	2	5	1	7	2	3	2
11205	전남 영광군	국가암관리사업	158,712	보건소	4	2	5	1	7	2	3	2
11206	전남 영광군	표준모자보건수첩 제작	7,600	보건소	4	2	7	7	7	3	3	2
11207	전남 영광군	청소년산모 의료비 지원	1,200,000	보건소	4	2	7	7	7	3	3	1
11208	전남 영광군	선천성대사이상 사업 관리비	60,000	보건소	4	2	7	7	7	3	3	1
11209	전남 영광군	신생아 난청조기진단 홍보	1,080,000	보건소	4	2	7	7	7	3	3	1
11210	전남 영광군	저소득층 기저귀 조제분유 지원	84,000	보건소	4	2	7	7	7	3	3	1
11211	전남 영광군	산모 신생아 건강관리 서비스 지원	136,764	보건소	4	2	7	7	7	3	3	1
11212	전남 영광군	공립요양병원 치매환자지원 프로그램	100,000	보건소	4	2	7	8	7	5	1	1
11213	전남 영광군	정신건강복지센터 운영	184,224	보건소	4	4	2	3	1	1	1	1
11214	전남 영광군	아동.청소년 정신보건	52,294	보건소	4	4	2	3	1	1	1	1
11215	전남 영광군	자살예방사업	71,040	보건소	4	4	2	3	1	1	1	1
11216	전남 영광군	정신건강복지센터 인력확충	36,324	보건소	4	2	7	8	7	1	1	4
11217	전남 영광군	통합정신건강증진사업 운영	60,500	보건소	4	2	7	8	7	1	1	1
11218	전남 영광군	정원전문가양성교육지원	7,500	산림공원과	4	2	7	8	7	5	5	4
11219	전남 영광군	유아숲교육운영	25,500	산림공원과	4	2	7	8	7	5	5	4
11220	전남 영광군	숲해설가 운영	51,000	산림공원과	4	2	7	8	7	5	5	4
11221	전남 장성군	지역자활센터 자활근로사업	1,154,857	주민복지과	4	1	7	8	7	1	1	1
11222	전남 장성군	장성사랑의집 운영	130,306	주민복지과	4	4	1	3	1	1	1	3
11223	전남 장성군	공공실버주택 사회복지관 운영 지원	250,000	주민복지과	4	1	1	3	1	1	1	3
11224	전남 장성군	통합문화이용권사업	250,000	문화관광과	4	1	7	8	7	5	2	1
11225	전남 장성군	유림회관 운영	34,000	문화관광과	4	1	7	8	7	5	1	1
11226	전남 장성군	선비문화 세계화 육성 프로그램 시범 운영	100,000	문화관광과	4	2	7	8	7	5	5	4
11227	전남 장성군	장성호관광지 오수처리시설 관리위탁 운영비	7,200	문화관광과	4	1	4	1	6	5	1	1
11228	전남 장성군	금곡 마을하수처리시설 위탁관리	10,260	문화관광과	4	1	4	1	6	5	1	1
11229	전남 장성군	환경교육 프로그램 운영	20,000	환경위생과	4	6	7	8	7	5	5	4
11230	전남 장성군	공중화장실 청소 위탁관리	380,000	환경위생과	4	8	4	1	1	2	1	4
11231	전남 장성군	쓰레기소각시설 민간위탁	1,803,415	환경위생과	4	1	2	5	2	2	1	1
11232	전남 장성군	음식물쓰레기 민간위탁	702,700	환경위생과	4	1	2	3	3	2	1	3
11233	전남 장성군	어린이급식관리지원센터 운영관리	216,000	환경위생과	4	2	5	8	7	1	1	1
11234	전남 장성군	어린이급식관리지원센터 운영관리	20,000	환경위생과	4	2	5	8	7	1	1	1

순번	시군구	지출명 (사업명)	2021년예산 (단위:천원/1년간)	담당자 (공무원)	민간이전 분류 (지방자치단체 세출예산 집행기준에 의거) 1. 민간경상사업보조(307-02) 2. 민간단체 법정운영비보조(307-03) 3. 민간행사사업보조(307-04) 4. 민간위탁금(307-05) 5. 사회복지시설 법정운영비보조(307-10) 6. 민간인위탁교육비(307-12) 7. 공기관등에대한경상적위탁사업비(308-10) 8. 민간자본사업보조,자체재원(402-01) 9. 민간자본사업보조,이전재원(402-02) 10. 민간위탁사업비(402-03) 11. 공기관등에 대한 자본적 대행사업비(403-02)	민간이전지출 근거 (지방보조금 관리기준 참고) 1. 법률에 규정 2. 국고보조 재원(국가지정) 3. 용도 지정 기부금 4. 조례에 직접규정 5. 지자체가 권장하는 사업을 하는 공공기관 6. 시,도 정책 및 재정사정 7. 기타 8. 해당없음	입찰방식			운영예산 산정		성과평가 실시여부
				담당부서			계약체결방법 (경쟁형태) 1. 일반경쟁 2. 제한경쟁 3. 지명경쟁 4. 수의계약 5. 법정위탁 6. 기타 ( ) 7. 해당없음	계약기간 1. 1년 2. 2년 3. 3년 4. 4년 5. 5년 6. 기타 ( )년 7. 단기계약 (1년미만) 8. 해당없음	낙찰자선정방법 1. 적격심사 2. 협상에의한계약 3. 최저가낙찰제 4. 규격가격분리 5. 2단계 경쟁입찰 6. 기타 ( ) 7. 해당없음	운영예산 산정 1. 내부산정 (지자체 자체적으로 산정) 2. 외부산정 (외부전문기관위탁 산정) 3. 내·외부 모두 산정 4. 산정 無 5. 해당없음	정산방법 1. 내부정산 (지자체 내부적으로 정산) 2. 외부정산 (외부전문기관위탁 정산) 3. 내·외부 모두 산정 4. 정산 無 5. 해당없음	1. 실시 2. 미실시 3. 향후 추진 4. 해당없음
11235	전남 장성군	전통시장 장옥 주변 청소 위탁금	19,184	경제교통과	4	4	4	1	2	1	1	1
11236	전남 장성군	취업, 창업교실 운영	6,000	경제교통과	4	1	7	8	7	5	5	4
11237	전남 장성군	교통약자이동편의 증진 차량 운영	176,000	경제교통과	4	4	2	3	1	1	1	4
11238	전남 장성군	지역사회건강조사 지정위탁	67,144	보건소	4	2	5	1	1	2	2	1
11239	전남 장성군	여성농업인 행복바우처 지원	642,600	농업축산과	4	1	7	8	7	5	5	4
11240	전남 장성군	공동방제단 지원	103,067	농업축산과	4	2	7	8	7	5	5	4
11241	전남 장성군	공동방제단 운영	99,457	농업축산과	4	2	7	8	7	5	5	4
11242	전남 장성군	쇠고기이력추적제 귀표장착비	51,536	농업축산과	4	2	7	8	7	5	5	4
11243	전남 장성군	체리 재배단지 육성 농업인 컨설팅	20,000	원예소득과	4	4	7	8	7	5	5	4
11244	전남 장성군	농업용 시설원예 하우스 지도제작	20,000	원예소득과	4	4	7	8	7	5	5	4
11245	전남 장성군	장성하수(분뇨)처리시설 운영 민간위탁	1,670,000	맑은물관리사업소	4	6	2	2	2	3	1	1
11246	전남 장성군	가축분뇨처리시설 운영 민간위탁	780,000	맑은물관리사업소	4	6	2	2	2	3	1	4
11247	전남 장성군	삼계하수처리시설 운영 민간위탁	712,000	맑은물관리사업소	4	6	2	2	2	3	1	1
11248	전남 장성군	나노산단 폐수 운영관리 민간위탁	660,000	맑은물관리사업소	4	6	2	2	2	3	1	4
11249	전남 장성군	동화전자 폐수 운영관리 민간위탁	251,000	맑은물관리사업소	4	6	2	2	2	3	1	4
11250	전남 장성군	마을하수처리시설 위탁관리	209,760	맑은물관리사업소	4	6	2	2	1	2	1	1
11251	전남 장성군	지방상수도 자동제어설비(배수지, 가압장) 유지관리	20,400	맑은물관리사업소	4	6	4	7	7	1	1	4
11252	전남 장성군	지방상수도 시설물(배수지, 가압장)운영 유지관리	12,000	맑은물관리사업소	4	6	4	7	7	1	1	4
11253	전남 장성군	지역청소년참여위원회 운영	2,800	평생교육센터	4	2	5	3	7	1	1	1
11254	전남 장성군	장성군청소년상담복지센터운영	98,714	평생교육센터	4	6	1	6	1	1	1	2
11255	전남 장성군	장성군청소년상담복지센터운영	4,000	평생교육센터	4	6	1	6	1	1	1	2
11256	전남 장성군	청소년동반자 프로그램 운영	41,330	평생교육센터	4	2	1	6	1	1	1	2
11257	전남 장성군	지역사회청소년 통합지원체계 운영	97,470	평생교육센터	4	2	1	6	1	1	1	2
11258	전남 장성군	학교 밖 청소년 지원사업	90,037	평생교육센터	4	2	1	6	1	1	1	2
11259	전남 장성군	학교 밖 청소년 급식지원	7,948	평생교육센터	4	2	1	6	1	1	1	2
11260	전남 장성군	청소년수련관 운영 민간위탁	432,000	평생교육센터	4	1	5	3	1	1	1	1
11261	전남 장성군	청소년지도사 배치 지원사업	23,208	평생교육센터	4	2	5	3	7	1	1	1
11262	전남 장성군	21세기 장성아카데미 운영	170,400	평생교육센터	4	1	4	1	7	1	1	1
11263	전남 진도군	장애인 일자리사업 위탁	122,240	주민복지과	4	2	1	1	7	3	1	1
11264	전남 진도군	장애인 일자리사업 위탁	61,204	주민복지과	4	2	1	1	7	3	1	1
11265	전남 진도군	장애인 활동지원 급여지원	1,077,000	주민복지과	4	2	1	1	7	3	1	1
11266	전남 진도군	장애인활동지원 가산급여	2,870	주민복지과	4	2	1	1	7	3	1	1
11267	전남 진도군	발달재활서비스 바우처 지원	54,773	주민복지과	4	2	1	1	7	3	1	1
11268	전남 진도군	장애인활동지원 도 추가지원	54,240	주민복지과	4	2	1	1	7	3	1	1
11269	전남 진도군	발달재활서비스 도 확대 지원	21,600	주민복지과	4	2	1	1	7	3	1	1
11270	전남 진도군	발달장애인 주간활동서비스 바우처 지원	177,400	주민복지과	4	2	1	1	7	3	1	1
11271	전남 진도군	발달장애인 방과후 활동서비스 바우처 지원	79,925	주민복지과	4	2	1	1	7	3	1	1
11272	전남 진도군	발달장애인 사회참여프로그램(자조모임) 지원	9,000	주민복지과	4	2	1	1	7	3	1	1
11273	전남 진도군	지역사회서비스 투자사업	485,533	주민복지과	4	2	1	1	7	3	1	1
11274	전남 진도군	진도군립 자연장지 운영지원	75,000	주민복지과	4	4	1	5	1	1	1	3
11275	전남 진도군	어린이먹을거리안전관리 강화 사업	118,600	관광과	4	2	1	3	1	3	2	1
11276	전남 진도군	운영요원 인건비	1,540,000	경제마케팅과	4	1	7	7	7	1	3	4

순번	시군구	지출명 (사업명)	2021년예산 (단위:천원/1년간)	담당자 (공무원) 담당부서	민간이전 분류 (지방자치단체 세출예산 집행기준에 의거) 1. 민간경상사업보조(307-02) 2. 민간단체 법정운영비보조(307-03) 3. 민간행사사업보조(307-04) 4. 민간위탁금(307-05) 5. 사회복지시설 법정운영비보조(307-10) 6. 민간인위탁교육비(307-12) 7. 공기관등에대한경상적위탁사업비(308-10) 8. 민간자본사업보조,자체재원(402-01) 9. 민간자본사업보조,이전재원(402-02) 10. 민간위탁사업비(402-03) 11. 공기관등에 대한 자본적 대행사업비(403-02)	민간이전지출 근거 (지방보조금 관리기준 참고) 1. 법률에 규정 2. 국고보조 재원(국가지정) 3. 용도 지정 기부금 4. 조례에 직접규정 5. 지자체가 권장하는 사업을 하는 공공기관 6. 시,도 정책 및 재정사정 7. 기타 8. 해당없음	입찰방식 계약체결방법 (경쟁형태) 1. 일반경쟁 2. 제한경쟁 3. 지명경쟁 4. 수의계약 5. 법정위탁 6. 기타 ( ) 7. 해당없음	입찰방식 계약기간 1. 1년 2. 2년 3. 3년 4. 4년 5. 5년 6. 기타 ( )년 7. 단기계약 (1년미만) 8. 해당없음	입찰방식 낙찰자선정방법 1. 적격심사 2. 협상에의한계약 3. 최저가낙찰제 4. 규격가격분리 5. 2단계 경쟁입찰 6. 기타 ( ) 7. 해당없음	운영예산 산정 운영예산 산정 1. 내부산정 (지자체 자체적으로 산정) 2. 외부산정 (외부전문기관위탁 산정) 3. 내·외부 모두 산정 4. 산정 無 5. 해당없음	운영예산 산정 정산방법 1. 내부정산 (지자체 내부적으로 정산) 2. 외부정산 (외부전문기관위탁 정산) 3. 내·외부 모두 산정 4. 정산 無 5. 해당없음	성과평가 실시여부 1. 실시 2. 미실시 3. 향후 추진 4. 해당없음
11277	전남 진도군	폐유수거비	10,000	경제마케팅과	4	1	7	7	7	1	3	4
11278	전남 진도군	발전소 운영 유류대	650,000	경제마케팅과	4	1	7	7	7	1	3	4
11279	전남 진도군	환경관리센터 소각시설 위탁 관리비	1,636,940	환경산림과	4	7	1	3	2	2	4	4
11280	전남 진도군	슬레이트 처리사업	925,320	환경산림과	4	7	7	8	7	5	5	4
11281	전남 진도군	대기오염측정망 운영 위탁금	4,500	환경산림과	4	2	7	8	7	5	5	4
11282	전남 진도군	지역사회건강조사	66,614	보건소	4	1	7	1	6	5	3	1
11283	전남 진도군	분만취약지 외래산부인과 운영 지원	200,000	보건소	4	2	7	8	7	5	1	1
11284	전남 진도군	한센병진료 및 관리대행	8,200	보건소	4	1	7	8	7	3	2	1
11285	전남 진도군	진도군 공공하수처리시설 관리대행 용역	1,114,687	상하수도사업소	4	6	2	5	1	1	1	1
11286	전남 신안군	신규농업인 기초영농기술교육	10,000	기획홍보실	4	2	4	7	1	1	1	2
11287	전남 신안군	귀농귀촌 교육	55,000	기획홍보실	4	2	4	7	1	1	1	2
11288	전남 신안군	독거노인 응급안전돌보미사업운영	133,780	주민복지과	4	2	7	8	7	5	5	4
11289	전남 신안군	IOT활용 독거노인건강안전알림서비스사업	8,100	주민복지과	4	4	7	8	7	5	5	4
11290	전남 신안군	섬마을 인생학교 운영지원	200,000	교육복지과	4	4	4	5	1	2	2	3
11291	전남 신안군	농민운동기념사업회 사업활동지원	160,000	문화관광과	4	4	7	8	7	1	1	3
11292	전남 신안군	제2호 전라남도환경교육센터 운영비	40,000	세계유산과	4	4	5	5	1	1	1	1
11293	전남 신안군	안전관리업무 위탁사업	40,280	행정지원과	4	1	4	1	2	1	1	2
11294	전남 신안군	흑산홍도 아카데미 운영	10,000	행정지원과	4	6	5	3	2	5	1	1
11295	전남 신안군	신안군 내수면관리사업	275,000	안전건설과	4	4	6	3	6	1	1	1
11296	전남 신안군	조업중인양쓰레기수매사업	60,000	해양수산과	4	5	6	1	7	1	1	2
11297	전남 신안군	특별교통수단(장애인콜택시)운영비보조	208,000	교통지원과	4	1	7	8	7	5	5	4
11298	전남 신안군	강소농 사업관리 및 평가지원	4,000	농촌진흥과	4	6	7	8	7	5	5	4
11299	전남 신안군	농산물 가공 창업교육 추진	20,000	농촌진흥과	4	4	7	8	7	5	5	4
11300	전남 신안군	토양개량제 공급	677,499	친환경농업과	4	2	7	8	7	1	1	3
11301	전남 신안군	조사료용종자대등부존자원	163,350	친환경농업과	4	2	7	8	7	5	5	4
11302	전남 신안군	한우등록지원	15,484	친환경농업과	4	2	7	8	7	5	5	4
11303	전남 신안군	공동방제단운영비지원	77,300	친환경농업과	4	2	7	8	7	1	1	3
11304	전남 신안군	공동방제단재료비	64,132	친환경농업과	4	2	7	8	7	1	1	3
11305	전남 신안군	유아숲교육운영	13,000	공원녹지과	4	2	7	8	7	5	5	4
11306	전남 신안군	숲해설위탁운영교육	13,000	공원녹지과	4	2	7	8	7	5	5	4
11307	전남 신안군	신안군공립요양병원운영비	156,000	보건소	4	4	7	8	7	5	5	4
11308	전남 신안군	지역사회건강조사	67,068	보건소	4	1	7	8	7	5	5	4
11309	제주 서귀포시	동지역 가로기 게양 위탁	20,000	총무과	4	4	4	2	7	1	1	4
11310	제주 서귀포시	직장어린이집 운영 위탁	259,954	총무과	4	4	4	5	7	1	1	3
11311	제주 서귀포시	일반농산어촌개발 역량강화사업	150,000	마을활력과	4	2	7	8	7	5	5	4
11312	제주 서귀포시	서귀포시 행복드림아카데미 운영	19,000	평생교육지원과	4	4	4	2	7	1	1	4
11313	제주 서귀포시	진로. 진학프로그램	70,000	평생교육지원과	4	4	2	2	2	1	1	4
11314	제주 서귀포시	부모가 도와주는 자기주도학습	18,000	평생교육지원과	4	4	4	2	2	1	1	4
11315	제주 서귀포시	청소년리더십캠프	20,000	평생교육지원과	4	4	2	2	2	1	1	4
11316	제주 서귀포시	독서캠프	18,000	평생교육지원과	4	4	2	2	2	1	1	4
11317	제주 서귀포시	외국진로체험 프로그램	40,000	평생교육지원과	4	4	2	2	2	1	1	4
11318	제주 서귀포시	서귀포종합사회복지관 운영	553,100	주민복지과	4	1	1	5	2	1	1	1

순번	시군구	지출명 (사업명)	2021년예산 (단위:천원/1년간)	담당자 (공무원) 담당부서	민간이전 분류 (지방자치단체 세출예산 집행기준에 의거) 1. 민간경상사업보조(307-02) 2. 민간단체 법정운영비보조(307-03) 3. 민간행사사업보조(307-04) 4. 민간위탁금(307-05) 5. 사회복지시설 법정운영비보조(307-10) 6. 민간인위탁교육비(307-12) 7. 공기관등에대한경상적위탁사업비(308-10) 8. 민간자본사업보조,자체재원(402-01) 9. 민간자본사업보조,이전재원(402-02) 10. 민간위탁사업비(402-03) 11. 공기관등에 대한 자본적 대행사업비(403-02)	민간이전지출 근거 (지방보조금 관리기준 참고) 1. 법률에 규정 2. 국고보조 재원(국가지정) 3. 용도 지정 기부금 4. 조례에 직접규정 5. 지자체가 권장하는 사업을 하는 공공기관 6. 시,도 정책 및 재정사정 7. 기타 8. 해당없음	입찰방식 계약체결방법 (경쟁형태) 1. 일반경쟁 2. 제한경쟁 3. 지명경쟁 4. 수의계약 5. 법정위탁 6. 기타 ( ) 7. 해당없음	입찰방식 계약기간 1. 1년 2. 2년 3. 3년 4. 4년 5. 5년 6. 기타 ( )년 7. 단기계약 (1년미만) 8. 해당없음	입찰방식 낙찰자선정방법 1. 적격심사 2. 협상에의한계약 3. 최저가낙찰제 4. 규격가격분리 5. 2단계 경쟁입찰 6. 기타 ( ) 7. 해당없음	운영예산 산정 운영예산 산정 1. 내부산정 (지자체 자체적으로 산정) 2. 외부산정 (외부전문기관위탁 산정) 3. 내·외부 모두 산정 4. 산정 無 5. 해당없음	운영예산 산정 정산방법 1. 내부정산 (지자체 내부적으로 정산) 2. 외부정산 (외부전문기관위탁 정산) 3. 내·외부 모두 산정 4. 정산 無 5. 해당없음	성과평가 실시여부 1. 실시 2. 미실시 3. 향후 추진 4. 해당없음
11319	제주 서귀포시	동부종합사회복지관 운영	730,908	주민복지과	4	1	1	5	2	1	1	1
11320	제주 서귀포시	서귀포시서부종합사회복지관 운영	691,320	주민복지과	4	1	1	5	2	1	1	1
11321	제주 서귀포시	자활사업 민간위탁	3,007,303	주민복지과	4	1	4	1	7	1	1	2
11322	제주 서귀포시	희망키움통장Ⅰ 지원	73,875	주민복지과	4	1	4	8	7	1	1	4
11323	제주 서귀포시	희망키움통장Ⅱ 지원	267,750	주민복지과	4	1	4	8	7	1	1	4
11324	제주 서귀포시	내일키움통장 지원	30,750	주민복지과	4	1	4	8	7	1	1	4
11325	제주 서귀포시	청년희망키움통장 지원	87,375	주민복지과	4	1	4	8	7	1	1	4
11326	제주 서귀포시	청년저축계좌 지원	174,000	주민복지과	4	1	4	8	7	1	1	4
11327	제주 서귀포시	서귀포노인복지관 운영	854,278	노인상애인과	4	1	4	5	1	1	1	1
11328	제주 서귀포시	홀로 사는 노인 지원센터 운영	325,555	노인장애인과	4	4	1	3	7	1	1	3
11329	제주 서귀포시	홀로 사는 노인 에너지드림 지원사업	153,000	노인장애인과	4	4	4	3	7	1	1	3
11330	제주 서귀포시	서귀포시 노인보호전문기관 운영 지원	355,550	노인장애인과	4	1	1	5	1	1	1	3
11331	제주 서귀포시	경로당 프로그램 활성화 사업	138,600	노인장애인과	4	4	4	3	7	1	1	3
11332	제주 서귀포시	서귀포시장애인회관 관리 운영비	154,900	노인장애인과	4	4	1	3	1	1	1	1
11333	제주 서귀포시	서귀포시사랑원 운영비	906,353	노인장애인과	4	1	7	8	7	1	1	1
11334	제주 서귀포시	서귀포시사랑원 종사자 추가인건비	91,400	노인장애인과	4	1	7	8	7	1	1	1
11335	제주 서귀포시	서귀포시사랑원 종사자 처우개선비	36,240	노인장애인과	4	1	7	8	7	1	1	1
11336	제주 서귀포시	서귀포시사랑원 종사자 위험수당	20,400	노인장애인과	4	1	7	8	7	1	1	1
11337	제주 서귀포시	서귀포시사랑원 프로그램 운영 및 강사료	18,000	노인장애인과	4	1	7	8	7	1	1	1
11338	제주 서귀포시	서귀포시사랑원 의약품 등 지원	10,000	노인장애인과	4	1	7	8	7	1	1	1
11339	제주 서귀포시	권역형 장애인주간보호시설 운영	306,010	노인장애인과	4	4	7	8	7	1	1	3
11340	제주 서귀포시	서귀포시건강가정·다문화가족지원센터	501,660	여성가족과	4	2	7	8	7	5	5	4
11341	제주 서귀포시	성폭력 피해자 보호시설 운영비 등 지원	172,669	여성가족과	4	1	7	8	7	5	5	4
11342	제주 서귀포시	성폭력 피해자 보호시설 비수급자 생계비 등 지원	8,522	여성가족과	4	1	7	8	7	5	5	4
11343	제주 서귀포시	성폭력 피해자 보호시설 치료회복 프로그램 운영 지원	7,757	여성가족과	4	1	7	8	7	5	5	4
11344	제주 서귀포시	성폭력 피해자 보호시설 보수체계개편인건비	31,370	여성가족과	4	1	7	8	7	5	5	4
11345	제주 서귀포시	서귀포시청소년문화의집 민간위탁 운영	127,579	여성가족과	4	1	6	3	7	1	1	3
11346	제주 서귀포시	서귀포시청소년문화의집 청소년운영위원회 운영	1,780	여성가족과	4	2	7	8	7	5	5	4
11347	제주 서귀포시	서귀포시청소년문화의집 청소년 동아리 활동 지원	7,200	여성가족과	4	2	7	8	7	5	5	4
11348	제주 서귀포시	서귀포시여자중장기청소년쉼터 운영	328,736	여성가족과	4	2	2	3	1	2	1	3
11349	제주 서귀포시	서귀포시남자단기청소년쉼터 운영	328,736	여성가족과	4	2	2	3	1	2	1	3
11350	제주 서귀포시	청소년상담복지센터 운영	265,575	여성가족과	4	1	2	3	1	1	1	3
11351	제주 서귀포시	청소년 안전망 사업	97,470	여성가족과	4	2	2	3	1	2	1	3
11352	제주 서귀포시	청소년동반자 프로그램 운영	64,150	여성가족과	4	2	2	3	1	2	1	3
11353	제주 서귀포시	학교 밖 청소년 지원	131,993	여성가족과	4	2	2	3	1	2	1	3
11354	제주 서귀포시	학교밖 청소년 급식지원	9,966	여성가족과	4	2	2	3	1	2	1	3
11355	제주 서귀포시	서귀포시건강가정·다문화가족지원센터	501,660	여성가족과	4	2	7	8	7	5	5	4
11356	제주 서귀포시	성폭력 피해자 보호시설 운영비 등 지원	172,669	여성가족과	4	1	7	8	7	5	5	4
11357	제주 서귀포시	성폭력 피해사 보호시설 비수급자 생계비 등 지원	8,522	여성가족과	4	1	7	8	7	5	5	4
11358	제주 서귀포시	성폭력 피해자 보호시설 치료회복 프로그램 운영 지원	7,757	여성가족과	4	1	7	8	7	5	5	4
11359	제주 서귀포시	성폭력 피해자 보호시설 보수체계개편인건비	31,370	여성가족과	4	1	7	8	7	5	5	4
11360	제주 서귀포시	서귀포시청소년문화의집 민간위탁 운영	127,579	여성가족과	4	1	6	3	7	1	1	3

순번	시군구	지출명 (사업명)	2021년예산 (단위:천원/1년간)	담당자 (공무원)	민간이전 분류 (지방자치단체 세출예산 집행기준에 의거)	민간이전지출 근거 (지방보조금 관리기준 참고)	입찰방식			운영예산 산정		성과평가 실시여부
				담당부서	1. 민간경상사업보조(307-02) 2. 민간단체 법정운영비보조(307-03) 3. 민간행사사업보조(307-04) 4. 민간위탁금(307-05) 5. 사회복지시설 법정운영비보조(307-10) 6. 민간인위탁교육비(307-12) 7. 공기관등에대한경상적위탁사업비(308-10) 8. 민간자본사업보조,자체재원(402-01) 9. 민간자본사업보조,이전재원(402-02) 10. 민간위탁사업비(402-03) 11. 공기관등에 대한 자본적 대행사업비(403-02)	1. 법률에 규정 2. 국고보조 재원(국가지정) 3. 용도 지정 기부금 4. 조례에 직접규정 5. 지자체가 권장하는 사업을 하는 공공기관 6. 시,도 정책 및 재정사정 7. 기타 8. 해당없음	계약체결방법 (경쟁형태) 1. 일반경쟁 2. 제한경쟁 3. 지명경쟁 4. 수의계약 5. 법정위탁 6. 기타 ( ) 7. 해당없음	계약기간 1. 1년 2. 2년 3. 3년 4. 4년 5. 5년 6. 기타 ( )년 7. 단기계약 (1년미만) 8. 해당없음	낙찰자선정방법 1. 적격심사 2. 협상에의한계약 3. 최저가낙찰제 4. 규격가격분리 5. 2단계 경쟁입찰 6. 기타 ( ) 7. 해당없음	운영예산 산정 1. 내부산정 (지자체 자체적으로 산정) 2. 외부산정 (외부전문기관위탁 산정) 3. 내·외부 모두 산정 4. 산정 無 5. 해당없음	정산방법 1. 내부정산 (지자체 내부적으로 정산) 2. 외부정산 (외부전문기관위탁 정산) 3. 내·외부 모두 산정 4. 정산 無 5. 해당없음	1. 실시 2. 미실시 3. 향후 추진 4. 해당없음
11361	제주 서귀포시	서귀포시청소년문화의집 청소년운영위원회 운영	1,780	여성가족과	4	2	7	8	7	5	5	4
11362	제주 서귀포시	서귀포시청소년문화의집 청소년 동아리 활동 지원	7,200	여성가족과	4	2	7	8	7	5	5	4
11363	제주 서귀포시	서귀포시여자중장기청소년쉼터 운영	328,736	여성가족과	4	2	2	3	1	2	1	3
11364	제주 서귀포시	서귀포시남자단기청소년쉼터 운영	328,736	여성가족과	4	2	2	3	1	2	1	3
11365	제주 서귀포시	청소년상담복지센터 운영	265,575	여성가족과	4	1	2	3	1	1	1	3
11366	제주 서귀포시	청소년 안전망 사업	97,470	여성가족과	4	2	2	3	1	2	1	3
11367	제주 서귀포시	청소년동반자 프로그램 운영	64,150	여성가족과	4	2	2	3	1	2	1	3
11368	제주 서귀포시	학교 밖 청소년 지원	131,993	여성가족과	4	2	2	3	1	2	1	3
11369	제주 서귀포시	학교밖 청소년 급식지원	9,966	여성가족과	4	2	2	3	1	2	1	3
11370	제주 서귀포시	서귀포 문학작품 공모전	38,500	문화예술과	4	6	7	8	7	5	5	4
11371	제주 서귀포시	서귀포문예연감 발간	27,000	문화예술과	4	6	7	8	7	5	5	4
11372	제주 서귀포시	제24회 이중섭 세미나 개최	15,000	문화예술과	4	6	6	8	6	1	1	1
11373	제주 서귀포시	작가의산책길 운영 활성화 사업	257,000	문화예술과	4	4	7	8	7	5	5	4
11374	제주 서귀포시	문화도시조성사업 민간위탁	20,500	문화예술과	4	4	1	3	1	1	3	1
11375	제주 서귀포시	관광마케팅지원사업	25,000	관광진흥과	4	4	7	1	7	1	1	4
11376	제주 서귀포시	서귀포관광인재육성사업	80,000	관광진흥과	4	4	4	3	7	1	1	4
11377	제주 서귀포시	제주올레 안내소 및 올레지킴이 운영	550,000	관광진흥과	4	7	4	3	6	1	1	3
11378	제주 서귀포시	올레코스 공중화장실 운영	50,000	관광진흥과	4	7	1	1	1	1	1	3
11379	제주 서귀포시	서귀포 건축문화기행 민간위탁	58,000	관광진흥과	4	7	6	1	6	1	1	4
11380	제주 서귀포시	시직장운동경기부 운영	1,288,000	체육진흥과	4	1	7	8	7	1	3	2
11381	제주 서귀포시	서귀포테니스장운영관리	60,000	체육진흥과	4	4	7	8	7	1	1	2
11382	제주 서귀포시	효돈축구공원 천연잔디구장 운영관리	45,000	체육진흥과	4	4	7	8	7	1	1	2
11383	제주 서귀포시	생활야구장 운영관리	20,000	체육진흥과	4	4	7	8	7	1	1	2
11384	제주 서귀포시	제주FC전용축구장 운영관리	50,000	체육진흥과	4	4	7	8	7	1	1	2
11385	제주 서귀포시	파크골프장 운영관리	50,000	체육진흥과	4	4	7	8	7	1	1	2
11386	제주 서귀포시	서귀포전천후게이트볼장 운영관리	10,000	체육진흥과	4	4	7	8	7	1	1	2
11387	제주 서귀포시	삼다체육공원 인조잔디축구장 운영관리	10,000	체육진흥과	4	4	7	8	7	1	1	2
11388	제주 서귀포시	서귀포생활체육문화센터 위탁운영관리	62,878	체육진흥과	4	4	7	8	7	1	1	2
11389	제주 서귀포시	국민체육센터 운영관리	1,103,996	체육진흥과	4	4	7	8	7	1	3	1
11390	제주 서귀포시	작은도서관 위탁운영	100,000	도서관운영사무소	4	4	2	3	2	1	1	1
11391	제주 서귀포시	서귀포시 산업대학 운영	134,000	경제일자리과	4	7	6	1	6	1	1	4
11392	제주 서귀포시	서귀포시 스타트업베이 운영	310,000	경제일자리과	4	4	1	2	2	1	3	3
11393	제주 서귀포시	농수축산물 온라인 쇼핑몰 홍보 마케팅	400,000	감귤농정과	4	4	1	1	2	1	1	1
11394	제주 서귀포시	성산포항 여객터미널 대합실 이용료 위탁 징수	20,000	해양수산과	4	4	4	3	7	1	1	3
11395	제주 서귀포시	유기동물 포획관리 운영	275,000	축산과	4	1	1	3	1	1	2	1
11396	제주 서귀포시	가축분뇨공공처리시설 민간위탁	1,200,000	축산과	4	1	1	3	1	2	1	1
11397	제주 서귀포시	생태탐방로 순환수세식화장실 위탁관리	25,000	녹색환경과	4	4	6	2	1	1	1	1
11398	제주 서귀포시	야생생물(노루) 로드킬 처리	30,000	녹색환경과	4	4	6	2	1	1	1	1
11399	제주 서귀포시	제주곶자왈 도립공원 운영	370,000	녹색환경과	4	4	4	2	6	5	1	3
11400	제주 서귀포시	저장형수세식 공중화장실 위탁관리	50,000	녹색환경과	4	4	6	2	1	1	1	1
11401	제주 서귀포시	열린화장실 위탁관리	160,000	녹색환경과	4	4	2	2	1	1	1	1
11402	제주 서귀포시	클린하우스 및 배출용기 세척·소독업무	770,967	생활환경과	4	4	1	1	2	1	1	1

순번	시군구	지출명 (사업명)	2021년예산 (단위:천원/1년간)	담당자 (공무원)	민간이전 분류 (지방자치단체 세출예산 집행기준에 의거)	민간이전지출 근거 (지방보조금 관리기준 참고)	입찰방식			운영예산 산정		성과평가 실시여부
				담당부서	1. 민간경상사업보조(307-02) 2. 민간단체 법정운영비보조(307-03) 3. 민간행사사업보조(307-04) 4. 민간위탁금(307-05) 5. 사회복지시설 법정운영비보조(307-10) 6. 민간인위탁교육비(307-12) 7. 공기관등에대한경상적위탁사업비(308-10) 8. 민간자본사업보조,자체재원(402-01) 9. 민간자본사업보조,이전재원(402-02) 10. 민간위탁사업비(402-03) 11. 공기관등에 대한 자본적 대행사업비(403-02)	1. 법률에 규정 2. 국고보조 재원(국가지정) 3. 용도 지정 기부금 4. 조례에 직접규정 5. 지자체가 권장하는 사업을 하는 공공기관 6. 시,도 정책 및 재정사정 7. 기타 8. 해당없음	계약체결방법 (경쟁형태) 1. 일반경쟁 2. 제한경쟁 3. 지명경쟁 4. 수의계약 5. 법정위탁 6. 기타 ( ) 7. 해당없음	계약기간 1. 1년 2. 2년 3. 3년 4. 4년 5. 5년 6. 기타 ( )년 7. 단기계약 (1년미만) 8. 해당없음	낙찰자선정방법 1. 적격심사 2. 협상에의한계약 3. 최저가낙찰제 4. 규격가격분리 5. 2단계 경쟁입찰 6. 기타 ( ) 7. 해당없음	운영예산 산정 1. 내부산정 (지자체 자체적으로 산정) 2. 외부산정 (외부전문기관위탁 산정) 3. 내·외부 모두 산정 4. 산정 無 5. 해당없음	정산방법 1. 내부정산 (지자체 내부적으로 정산) 2. 외부정산 (외부전문기관위탁 정산) 3. 내·외부 모두 산정 4. 정산 無 5. 해당없음	1. 실시 2. 미실시 3. 향후 추진 4. 해당없음
11403	제주 서귀포시	생활폐기물 수집·운반업무	192,110	생활환경과	4	4	1	1	2	1	1	1
11404	제주 서귀포시	음식물 탈리액 운반, 처리 민간위탁비	585,310	생활환경과	4	1	1	1	6	1	1	3
11405	제주 서귀포시	남부광역환경관리센터 운영관리	6,200	생활환경과	4	1	2	3	2	2	3	3
11406	제주 서귀포시	생활자원회수센터	2,608,000	생활환경과	4	4	2	3	2	2	3	3
11407	제주 서귀포시	월평동 현장지원센터운영 및 지역역량강화사업	1,087,000	도시과	4	4	6	1	7	1	1	3
11408	제주 서귀포시	대정읍 현장지원센터 운영 및 지역역량강화사업	508,000	도시과	4	4	6	1	7	1	1	3
11409	제주 서귀포시	중앙동 현장지원센터운영 및 지역역량강화사업	508,000	도시과	4	4	6	1	7	1	1	3
11410	제주 서귀포시	원도심 도시재생 현장지원센터 운영 및 지역역량강화사업	150,000	도시과	4	4	6	1	7	5	5	4
11411	제주 서귀포시	성산읍 도시재생 현장지원센터 운영 및 지역역량강화사업	150,000	도시과	4	4	6	1	7	5	5	4
11412	제주 서귀포시	서홍동 소재지 종합정비사업	100,000	도시과	4	8	7	8	7	1	5	1
11413	제주 서귀포시	달리는 건강 쿠킹버스 활용 식생활 교육사업	200,000	서귀포보건소	4	4	1	2	6	1	1	3
11414	제주 서귀포시	가로기 게양 및 유지관리	6,000	대정읍	4	4	7	8	7	1	1	4
11415	제주 서귀포시	가파도 환경정비 및 공공시설물 관리	20,000	대정읍	4	4	7	8	7	1	1	1
11416	제주 서귀포시	마라도 환경정비 및 공공시설물 관리	20,000	대정읍	4	4	7	8	7	1	1	1
11417	제주 서귀포시	주요도로변 가로기 게양 관리대행	6,000	남원읍	4	1	7	8	7	1	1	3
11418	제주 서귀포시	주요도로변 가로기 게양 관리대행	6,000	남원읍	4	1	7	8	7	1	1	3
11419	제주 서귀포시	주요도로변 가로기 게양 관리대행	5,000	성산읍	4	4	7	8	7	1	1	1
11420	제주 서귀포시	고성오일시장 민간위탁 운영비	15,550	성산읍	4	4	7	8	7	1	1	4

chapter

2

사회복지시설법정운영비보조 (307-10)

2021년 전국 지방자치단체 사회복지시설 법정운영비보조(307-10) 운영 현황

순번	시군구	지출명 (사업명)	2021년예산 (단위:천원/1년간)	담당자 (공무원)	민간이전 분류 (지방자치단체 세출예산 집행기준에 의거)	민간이전지출 근거 (지방보조금 관리기준 참고)	입찰방식			운영예산 산정		성과평가 실시여부
				담당부서	1. 민간경상사업보조(307-02) 2. 민간단체 법정운영비보조(307-03) 3. 민간행사사업보조(307-04) 4. 민간위탁금(307-05) 5. 사회복지시설 법정운영비보조(307-10) 6. 민간인위탁교육비(307-12) 7. 공기관등에대한경상적위탁사업비(308-10) 8. 민간자본사업보조,자체재원(402-01) 9. 민간자본사업보조,이전재원(402-02) 10. 민간위탁사업비(402-03) 11. 공기관등에 대한 자본적 대행사업비(403-02)	1. 법률에 규정 2. 국고보조 재원(국가지정) 3. 용도 지정 기부금 4. 조례에 직접규정 5. 지자체가 권장하는 사업을 하는 공공기관 6. 시,도 정책 및 재정사정 7. 기타 8. 해당없음	계약체결방법 (경쟁형태) 1. 일반경쟁 2. 제한경쟁 3. 지명경쟁 4. 수의계약 5. 법정위탁 6. 기타 ( ) 7. 해당없음	계약기간 1. 1년 2. 2년 3. 3년 4. 4년 5. 5년 6. 기타 ( )년 7. 단기계약 (1년미만) 8. 해당없음	낙찰자선정방법 1. 적격심사 2. 협상에의한계약 3. 최저가낙찰제 4. 규격가격분리 5. 2단계 경쟁입찰 6. 기타 ( ) 7. 해당없음	운영예산 산정 1. 내부산정 (지자체 자체적으로 산정) 2. 외부산정 (외부전문기관위탁 산정) 3. 내·외부 모두 산정 4. 산정 無 5. 해당없음	정산방법 1. 내부정산 (지자체 내부적으로 정산) 2. 외부정산 (외부전문기관위탁 정산) 3. 내·외부 모두 산정 4. 정산 無 5. 해당없음	1. 실시 2. 미실시 3. 향후 추진 4. 해당없음
1	서울 종로구	보육교직원 인건비 지원	9,741	보육지원과	5	2	7	8	7	5	1	2
2	서울 종로구	보육교직원 처우개선 지원	27,741	보육지원과	5	2	7	8	7	5	1	2
3	서울 종로구	어린이집 운영지원	38,847	보육지원과	5	2	7	8	7	5	1	2
4	서울 종로구	어린이집 근무환경개선 지원	1,225,000	보육지원과	5	2	7	8	7	1	1	2
5	서울 종로구	어린이집 근무환경개선 지원	678,240	보육지원과	5	2	7	8	7	1	1	2
6	서울 종로구	어린이집 교원 보수교육	11,200	보육지원과	5	2	7	8	7	1	1	2
7	서울 종로구	보육사업	19,892	보육지원과	5	2	7	8	7	5	1	2
8	서울 종로구	보육사업	285,485	보육지원과	5	2	7	8	7	5	1	2
9	서울 종로구	보육사업	164,149	보육지원과	5	2	7	8	7	5	1	2
10	서울 종로구	보육사업	121,336	보육지원과	5	2	7	8	7	5	1	2
11	서울 종로구	보육사업	14,643	보육지원과	5	2	7	8	7	5	1	2
12	서울 종로구	보육사업	239,386	보육지원과	5	2	7	8	7	5	1	2
13	서울 종로구	보육사업	54,470	보육지원과	5	2	7	8	7	5	1	2
14	서울 종로구	보육사업	7,200	보육지원과	5	2	7	8	7	5	1	2
15	서울 종로구	보육사업	177,716	보육지원과	5	2	7	8	7	5	1	2
16	서울 종로구	보육사업	55,800	보육지원과	5	2	7	8	7	5	1	2
17	서울 종로구	보육사업	163,452	보육지원과	5	2	7	8	7	5	1	2
18	서울 종로구	어린이집 직접채용 대체교사 지원	74,700	보육지원과	5	2	7	8	7	3	3	2
19	서울 종로구	중증장애인자립생활지원센터 지원	65,000	사회복지과	5	4	4	1	1	1	1	1
20	서울 종로구	푸르메재활센터 지원	56,000	사회복지과	5	1	6	5	6	1	1	2
21	서울 종로구	경로당 운영비 지원	359,100	어르신가족과	5	1	7	8	7	5	5	4
22	서울 종로구	경로당 냉난방비 및 양곡비 지원	84,000	어르신가족과	5	1	7	8	7	5	5	4
23	서울 종로구	경로당 냉난방비 및 양곡비 지원	11,340	어르신가족과	5	1	7	8	7	5	5	4
24	서울 종로구	경로당 냉난방비 및 양곡비 지원	25,689	어르신가족과	5	1	7	8	7	5	5	4
25	서울 종로구	노인교실 운영 지원	19,200	어르신가족과	5	1	7	8	7	1	1	1
26	서울 종로구	노인교실 운영 지원	7,200	어르신가족과	5	1	7	8	7	1	1	1
27	서울 종로구	지역복지 활성화	11,400	어르신가족과	5	2	7	8	7	1	1	1
28	서울 종로구	아동 및 아동복지시설(단체) 지원	46,200	보육지원과	5	4	7	8	7	1	1	2
29	서울 종로구	아동 및 아동복지시설(단체) 지원	52,800	보육지원과	5	4	7	8	7	1	1	2
30	서울 종로구	아동 및 아동복지시설(단체) 지원	16,200	보육지원과	5	4	7	8	7	1	1	2
31	서울 중구	지역아동센터 운영	224,088	교육아동청소년과	5	1	1	5	1	1	1	4
32	서울 중구	푸드마켓(뱅크)운영	29,380	복지지원과	5	6	5	5	7	1	1	4
33	서울 중구	기부식품제공사업운영지원	153,294	복지지원과	5	6	5	5	7	3	3	4
34	서울 중구	경로당 냉난방비 및 양곡비 지원	346,800	사회복지과	5	1	7	8	7	1	1	4
35	서울 중구	보육교직원인건비지원	8,859	여성보육과	5	1	7	8	7	5	1	4
36	서울 중구	어린이집 운영지원	35,172	여성보육과	5	1	7	8	7	5	1	4
37	서울 중구	보육교직원처우개선지원	14,549	여성보육과	5	1	7	8	7	5	1	4
38	서울 중구	만3~5세아담임수당	16,606	여성보육과	5	1	7	8	7	5	1	4
39	서울 중구	어린이집교원보수교육	11,200	여성보육과	5	1	7	8	7	5	1	4
40	서울 중구	어린이집 특수사업 지원	924,470	여성보육과	5	1	7	8	7	5	1	4

순번	시군구	지출명 (사업명)	2021년예산 (단위:천원/1년간)	담당자 (공무원) 담당부서	민간이전 분류 (지방자치단체 세출예산 집행기준에 의거) 1. 민간경상사업보조(307-02) 2. 민간단체 법정운영비보조(307-03) 3. 민간행사사업보조(307-04) 4. 민간위탁금(307-05) 5. 사회복지시설 법정운영비보조(307-10) 6. 민간인위탁교육비(307-12) 7. 공기관등에대한경상적위탁사업비(308-10) 8. 민간자본사업보조,자체재원(402-01) 9. 민간자본사업보조,이전재원(402-02) 10. 민간위탁사업비(402-03) 11. 공기관등에 대한 자본적 대행사업비(403-02)	민간이전지출 근거 (지방보조금 관리기준 참고) 1. 법률에 규정 2. 국고보조 재원(국가지정) 3. 용도 지정 기부금 4. 조례에 직접규정 5. 지자체가 권장하는 사업을 하는 공공기관 6. 시,도 정책 및 재정사정 7. 기타 8. 해당없음	입찰방식 계약체결방법 (경쟁형태) 1. 일반경쟁 2. 제한경쟁 3. 지명경쟁 4. 수의계약 5. 법정위탁 6. 기타 ( ) 7. 해당없음	입찰방식 계약기간 1. 1년 2. 2년 3. 3년 4. 4년 5. 5년 6. 기타 ( )년 7. 단기계약 (1년미만) 8. 해당없음	입찰방식 낙찰자선정방법 1. 적격심사 2. 협상에의한계약 3. 최저가낙찰제 4. 규격가격분리 5. 2단계 경쟁입찰 6. 기타 ( ) 7. 해당없음	운영예산 산정 운영예산 산정 1. 내부산정 (지자체 자체적으로 산정) 2. 외부산정 (외부전문기관위탁 산정) 3. 내·외부 모두 산정 4. 산정 無 5. 해당없음	운영예산 산정 정산방법 1. 내부정산 (지자체 내부적으로 정산) 2. 외부정산 (외부전문기관위탁 정산) 3. 내·외부 모두 산정 4. 정산 無 5. 해당없음	성과평가 실시여부 1. 실시 2. 미실시 3. 향후 추진 4. 해당없음
41	서울 중구	어린이집운영비지원	50,610	여성보육과	5	1	7	8	7	5	1	4
42	서울 중구	어린이집 직접채용 대체교사 지원	131,040	여성보육과	5	1	7	8	7	5	1	4
43	서울 중구	시간제보육서비스제공지원	126,920	여성보육과	5	1	7	8	7	5	1	4
44	서울 중구	부모모니터링단 운영	29,000	여성보육과	5	1	7	8	7	5	5	4
45	서울 중구	보육돌봄서비스	36,025	여성보육과	5	1	7	8	7	5	1	4
46	서울 중구	어린이집 보육교직원 연수지원	70,640	여성보육과	5	1	7	8	7	5	1	4
47	서울 중구	어린이집공기청정기보급지원	104,803	여성보육과	5	1	7	8	7	5	1	4
48	서울 중구	어린이집 보존식 기자재 지원	15,400	여성보육과	5	1	7	8	7	5	1	4
49	서울 용산구	중증장애인 응급안전알림서비스 운영지원	36,250	사회복지과	5	1	7	1	1	5	5	1
50	서울 용산구	장애인편의시설지원	119,508	사회복지과	5	1	5	1	7	4	1	4
51	서울 용산구	지역아동센터 운영보조금	69,000	어르신청소년과	5	1	7	8	7	5	1	1
52	서울 용산구	지역아동복지센터 운영보조금	7,000	어르신청소년과	5	1	7	8	7	5	1	1
53	서울 용산구	경로당 운영비 지원	404,040	어르신청소년과	5	1	7	8	7	5	5	4
54	서울 용산구	개방형경로당 운영비 지원	34,800	어르신청소년과	5	1	7	8	7	5	5	4
55	서울 용산구	경로당 난방비 지원	82,600	어르신청소년과	5	1	7	8	7	5	5	4
56	서울 용산구	경로당 냉방비 지원	11,800	어르신청소년과	5	1	7	8	7	5	5	4
57	서울 용산구	어린이집 운영지원	1,140,000	여성가족과	5	1	7	8	7	5	1	1
58	서울 용산구	어린이집 보조교사 지원	1,330,000	여성가족과	5	6	7	8	7	5	1	1
59	서울 용산구	보육 교직원 지원	1,875,000	여성가족과	5	6	7	8	7	5	1	1
60	서울 용산구	보육교직원 인건비 지원	10,503	여성가족과	5	2	7	8	7	5	1	1
61	서울 용산구	어린이집 보조교사 지원	21,726	여성가족과	5	2	7	8	7	5	1	1
62	서울 용산구	보육교직원 처우개선 지원	1,715,000	여성가족과	5	2	7	8	7	5	1	1
63	서울 용산구	어린이집 대체교사 지원	98,400	여성가족과	5	2	7	8	7	5	1	1
64	서울 용산구	어린이집 운영 지원	230,566	여성가족과	5	6	7	8	7	5	1	1
65	서울 용산구	지역자활센터 운영지원	400,536	복지조사과	5	2	5	1	7	1	1	1
66	서울 용산구	자활사례관리	28,866	복지조사과	5	2	5	1	7	1	1	1
67	서울 용산구	지역자활센터 종사자복지	46,990	복지조사과	5	6	5	1	7	1	1	1
68	서울 성동구	복지관 운영	32,804	복지정책과	5	1	5	5	1	3	3	1
69	서울 성동구	기초푸드뱅크마켓 운영	195,799	복지정책과	5	1	5	5	1	1	1	1
70	서울 성동구	사회복지사 등의 처우개선 지원	65,000	복지정책과	5	4	7	8	7	1	1	4
71	서울 성동구	지역자활센터 운영 지원	332,947	기초복지과	5	1	5	1	1	1	1	1
72	서울 성동구	자활근로사업 지원	31,699	기초복지과	5	1	5	1	1	1	1	1
73	서울 성동구	지역자활센터 종사자 처우개선 지원	62,013	기초복지과	5	1	5	1	1	1	1	4
74	서울 성동구	자활근로사업 참여자 사례관리 지원	28,866	기초복지과	5	1	5	1	1	1	1	4
75	서울 성동구	경로당 운영비 지원	1,015,920	어르신장애인복지과	5	1	7	8	7	1	1	4
76	서울 성동구	장애인 편의증진기술지원센터 운영지원	118,688	어르신장애인복지과	5	1	6	1	7	1	1	1
77	서울 성동구	장애인종합복지관 운영	20,000	어르신장애인복지과	5	1	1	5	1	1	1	1
78	서울 성동구	장애인 생활회관 운영지원	23,280	어르신장애인복지과	5	1	5	3	6	1	1	4
79	서울 성동구	장애인 이동보조기기수리센터 운영	38,604	어르신장애인복지과	5	1	5	5	1	1	1	4
80	서울 성동구	장애인 무료급식소 운영지원	25,164	어르신장애인복지과	5	1	5	3	6	1	1	4
81	서울 성동구	장애인 심부름센터 운영	292,688	어르신장애인복지과	5	1	5	3	6	1	1	4
82	서울 성동구	경로당 양곡비 및 냉·난방비 지원	223,312	어르신장애인복지과	5	1	7	8	7	1	1	4

순번	시군구	지출명 (사업명)	2021년예산 (단위:천원/1년간)	담당자 (공무원)	민간이전 분류 (지방자치단체 세출예산 집행기준에 의거)	민간이전지출 근거 (지방보조금 관리기준 참고)	입찰방식			운영예산 산정		성과평가 실시여부
				담당부서	1. 민간경상사업보조(307-02) 2. 민간단체 법정운영비보조(307-03) 3. 민간행사사업보조(307-04) 4. 민간위탁금(307-05) 5. 사회복지시설 법정운영비보조(307-10) 6. 민간인위탁교육비(307-12) 7. 공기관등에대한경상적위탁사업비(308-10) 8. 민간자본사업보조,자체재원(402-01) 9. 민간자본사업보조,이전재원(402-02) 10. 민간위탁사업비(402-03) 11. 공기관등에 대한 자본적 대행사업비(403-02)	1. 법률에 규정 2. 국고보조 재원(국가지정) 3. 용도 지정 기부금 4. 조례에 직접규정 5. 지자체가 권장하는 사업을 하는 공공기관 6. 시,도 정책 및 재정사정 7. 기타 8. 해당없음	계약체결방법 (경쟁형태) 1. 일반경쟁 2. 제한경쟁 3. 지명경쟁 4. 수의계약 5. 법정위탁 6. 기타 ( ) 7. 해당없음	계약기간 1. 1년 2. 2년 3. 3년 4. 4년 5. 5년 6. 기타 ( )년 7. 단기계약 (1년미만) 8. 해당없음	낙찰자선정방법 1. 적격심사 2. 협상에의한계약 3. 최저가낙찰제 4. 규격가격분리 5. 2단계 경쟁입찰 6. 기타 ( ) 7. 해당없음	운영예산 산정 1. 내부산정 (지자체 자체적으로 산정) 2. 외부산정 (외부전문기관위탁 산정) 3. 내·외부 모두 산정 4. 산정 無 5. 해당없음	정산방법 1. 내부정산 (지자체 내부적으로 정산) 2. 외부정산 (외부전문기관위탁 정산) 3. 내·외부 모두 산정 4. 정산 無 5. 해당없음	1. 실시 2. 미실시 3. 향후 추진 4. 해당없음
83	서울 성동구	건강가정지원센터 운영	447,736	여성가족과	5	1	7	8	7	5	5	4
84	서울 성동구	어린이집 운영 지원	20,749	여성가족과	5	1	7	8	7	5	5	4
85	서울 성동구	어린이집 운영지원	91,340	여성가족과	5	8	7	8	7	1	1	4
86	서울 성동구	보육교직원 인건비 지원	20,172	여성가족과	5	1	7	8	7	5	5	4
87	서울 성동구	어린이집 교원 보수교육	19,600	여성가족과	5	1	7	8	7	5	5	4
88	서울 성동구	영유아보육료 지원	24,412	여성가족과	5	1	7	8	7	5	5	4
89	서울 성동구	보육교직원 처우개선 지원	27,642	여성가족과	5	1	7	8	7	5	5	4
90	서울 성동구	방과후 보육료	8,932	여성가족과	5	1	7	8	7	5	5	4
91	서울 성동구	보육교직원 복지 증진	398,000	여성가족과	5	1	7	8	7	5	5	4
92	서울 성동구	만3~5세 누리과정 보육료	7,039	여성가족과	5	1	7	8	7	5	5	4
93	서울 성동구	시간제보육서비스 제공 지원	172,600	여성가족과	5	1	7	8	7	5	5	4
94	서울 성동구	누리과정 담임수당 및 운영비 지원	23,997	여성가족과	5	1	7	8	7	5	5	4
95	서울 성동구	보육돌봄서비스	54,015	여성가족과	5	1	7	8	7	5	5	4
96	서울 성동구	장애아통합어린이집 운영지원	149,352	여성가족과	5	1	7	8	7	5	5	4
97	서울 성동구	방과후 어린이집 운영지원	123,000	여성가족과	5	1	7	8	7	5	5	4
98	서울 성동구	어린이집 공기청정기 지원	228,730	여성가족과	5	1	7	8	7	5	5	4
99	서울 성동구	대체교사 지원	170,352	여성가족과	5	1	7	8	7	5	5	4
100	서울 성동구	보육교직원 처우개선 지원	32,677	여성가족과	5	1	7	8	7	5	5	4
101	서울 성동구	1인가구 지원센터 운영	98,400	여성가족과	5	1	7	8	7	1	1	2
102	서울 성동구	특화보육 지원	339,755	여성가족과	5	1	7	8	7	5	5	4
103	서울 성동구	다문화가족지원센터 운영	104,884	여성가족과	5	1	7	8	7	5	5	4
104	서울 성동구	다문화가족 특성화사업 운영	107,751	여성가족과	5	1	7	8	7	5	5	4
105	서울 성동구	공동육아나눔터 운영	43,373	여성가족과	5	2	7	8	7	5	5	4
106	서울 성동구	성동구 청소년상담복지센터 운영	268,700	아동청년과	5	1	5	3	1	1	1	4
107	서울 성동구	청소년운영위원회 운영 지원	1,684,000	아동청년과	5	2	5	3	7	1	3	3
108	서울 성동구	지역아동센터 운영지원	80,350	아동청년과	5	4	7	8	7	1	1	4
109	서울 성동구	청소년지도사 배치 지원	23,208	아동청년과	5	2	5	3	7	1	3	3
110	서울 성동구	성동구 학교 밖 청소년 지원센터 운영	141,113	아동청년과	5	1	5	3	1	1	1	4
111	서울 광진구	경로식당·밑반찬배달 사업	21,053	어르신복지과	5	1	7	8	7	5	1	1
112	서울 광진구	경로당 운영 및 지원	615,440	어르신복지과	5	1	7	8	7	1	1	1
113	서울 광진구	노인회유지관리 및 행사지원	137,004	어르신복지과	5	1	7	8	7	1	1	1
114	서울 광진구	경로당 냉난방비 및 양곡비 지원	104,915	어르신복지과	5	1	7	8	7	1	1	1
115	서울 광진구	지역자활센터 운영지원	413,321	어르신복지과	5	1	7	8	7	1	1	3
116	서울 광진구	자활사례관리	28,866	어르신복지과	5	1	7	8	7	1	1	3
117	서울 광진구	광진시니어클럽 운영 지원	342,072	어르신복지과	5	1	1	8	7	5	1	1
118	서울 광진구	푸드뱅크마켓센터 운영	158,826	복지정책과	5	1	7	5	7	1	1	3
119	서울 광진구	광남어린이집	42,460	가정복지과	5	1	5	5	1	1	3	4
120	서울 광진구	구립 건대티움아이어린이집	205,198	가정복지과	5	1	5	5	1	1	3	4
121	서울 광진구	구립 구의1동 아이터어린이집	260,939	가정복지과	5	1	5	5	1	1	3	4
122	서울 광진구	구립 군자동 꿈모음어린이집	296,613	가정복지과	5	1	5	5	1	1	3	4
123	서울 광진구	구립 굿모닝어린이집	213,157	가정복지과	5	1	5	5	1	1	3	4
124	서울 광진구	구립 물고기어린이집	39,859	가정복지과	5	1	5	5	1	1	3	4

순번	시군구	지출명 (사업명)	2021년예산 (단위:천원/1년간)	담당자 (공무원)	민간이전 분류 (지방자치단체 세출예산 집행기준에 의거)	민간이전지출 근거 (지방보조금 관리기준 참고)	입찰방식			운영예산 산정		성과평가 실시여부
				담당부서	1. 민간경상사업보조(307-02) 2. 민간단체 법정운영비보조(307-03) 3. 민간행사사업보조(307-04) 4. 민간위탁금(307-05) 5. 사회복지시설 법정운영비보조(307-10) 6. 민간인위탁교육비(307-12) 7. 공기관등에대한경상적위탁사업비(308-10) 8. 민간자본사업보조,자체재원(402-01) 9. 민간자본사업보조,이전재원(402-02) 10. 민간위탁사업비(402-03) 11. 공기관등에 대한 자본적 대행사업비(403-02)	1. 법률에 규정 2. 국고보조 재원(국가지정) 3. 용도 지정 기부금 4. 조례에 직접규정 5. 지자체가 권장하는 사업을 하는 공공기관 6. 시,도 정책 및 재정사정 7. 기타 8. 해당없음	계약체결방법 (경쟁형태) 1. 일반경쟁 2. 제한경쟁 3. 지명경쟁 4. 수의계약 5. 법정위탁 6. 기타 ( ) 7. 해당없음	계약기간 1. 1년 2. 2년 3. 3년 4. 4년 5. 5년 6. 기타 ( )년 7. 단기계약 (1년미만) 8. 해당없음	낙찰자선정방법 1. 적격심사 2. 협상에의한계약 3. 최저가낙찰제 4. 규격가격분리 5. 2단계 경쟁입찰 6. 기타 ( ) 7. 해당없음	운영예산 산정 1. 내부산정 (지자체 자체적으로 산정) 2. 외부산정 (외부전문기관위탁 산정) 3. 내·외부 모두 산정 4. 산정 無 5. 해당없음	정산방법 1. 내부정산 (지자체 내부적으로 정산) 2. 외부정산 (외부전문기관위탁 정산) 3. 내·외부 모두 산정 4. 정산 無 5. 해당없음	1. 실시 2. 미실시 3. 향후 추진 4. 해당없음
125	서울 광진구	구립 미래어린이집	215,944	가정복지과	5	1	5	5	1	1	3	4
126	서울 광진구	구립 베베아이어린이집	43,784	가정복지과	5	1	5	5	1	1	3	4
127	서울 광진구	구립 봄빛어린이집	45,153	가정복지과	5	1	5	5	1	1	3	4
128	서울 광진구	구립 사랑모아어린이집	44,605	가정복지과	5	1	5	5	1	1	3	4
129	서울 광진구	구립 샘물어린이집	12,074	가정복지과	5	1	5	5	1	1	3	4
130	서울 광진구	구립 수호천사어린이집	245,166	가정복지과	5	1	5	5	1	1	3	4
131	서울 광진구	구립 아띠어린이집	207,697	가정복지과	5	1	5	5	1	1	3	4
132	서울 광진구	구립 자양1동 봄뜰어린이집	232,397	가정복지과	5	1	5	5	1	1	3	4
133	서울 광진구	구립 파크스위트어린이집	343,172	가정복지과	5	1	5	5	1	1	3	4
134	서울 광진구	구립 하늘땅별땅어린이집	298,281	가정복지과	5	1	5	5	1	1	3	4
135	서울 광진구	구립 한가람어린이집	307,889	가정복지과	5	1	5	5	1	1	3	4
136	서울 광진구	구립 행복마루어린이집	38,615	가정복지과	5	1	5	5	1	1	3	4
137	서울 광진구	구립 희망샘어린이집	368,632	가정복지과	5	1	5	5	1	1	3	4
138	서울 광진구	구립구의2동어린이집	366,136	가정복지과	5	1	5	5	1	1	3	4
139	서울 광진구	구립구의3동어린이집	286,265	가정복지과	5	1	5	5	1	1	3	4
140	서울 광진구	구립샘터어린이집	202,416	가정복지과	5	1	5	5	1	1	3	4
141	서울 광진구	구립아이와나무어린이집	62,309	가정복지과	5	1	5	5	1	1	3	4
142	서울 광진구	구립우리아이어린이집	204,353	가정복지과	5	1	5	5	1	1	3	4
143	서울 광진구	구립자양2동어린이집	370,110	가정복지과	5	1	5	5	1	1	3	4
144	서울 광진구	군자어린이집	399,716	가정복지과	5	1	5	5	1	1	3	4
145	서울 광진구	느티나무어린이집	432,149	가정복지과	5	1	5	5	1	1	3	4
146	서울 광진구	능동 꿈맞이어린이집	299,235	가정복지과	5	1	5	5	1	1	3	4
147	서울 광진구	능동어린이집	314,976	가정복지과	5	1	5	5	1	1	3	4
148	서울 광진구	능동주민센터어린이집	203,802	가정복지과	5	1	5	5	1	1	3	4
149	서울 광진구	대원어린이집	281,851	가정복지과	5	1	5	5	1	1	3	4
150	서울 광진구	동서울어린이집	440,662	가정복지과	5	1	5	5	1	1	3	4
151	서울 광진구	명성어린이집	293,926	가정복지과	5	1	5	5	1	1	3	4
152	서울 광진구	바니스쿨어린이집	52,111	가정복지과	5	1	5	5	1	1	3	4
153	서울 광진구	사랑의어린이집	450,860	가정복지과	5	1	5	5	1	1	3	4
154	서울 광진구	상명어린이집	313,962	가정복지과	5	1	5	5	1	1	3	4
155	서울 광진구	성심어린이집	358,301	가정복지과	5	1	5	5	1	1	3	4
156	서울 광진구	예담어린이집	256,250	가정복지과	5	1	5	5	1	1	3	4
157	서울 광진구	원스쿨어린이집	200,671	가정복지과	5	1	5	5	1	1	3	4
158	서울 광진구	은성어린이집	424,470	가정복지과	5	1	5	5	1	1	3	4
159	서울 광진구	인정어린이집	225,357	가정복지과	5	1	5	5	1	1	3	4
160	서울 광진구	자양4동어린이집	277,418	가정복지과	5	1	5	5	1	1	3	4
161	서울 광진구	자양어린이집	593,369	가정복지과	5	1	5	5	1	1	3	4
162	서울 광진구	중곡1동 자람터어린이집	386,606	가정복지과	5	1	5	5	1	1	3	4
163	서울 광진구	중곡1동어린이집	382,942	가정복지과	5	1	5	5	1	1	3	4
164	서울 광진구	중곡샛별어린이집	620,712	가정복지과	5	1	5	5	1	1	3	4
165	서울 광진구	중곡햇님어린이집	60,553	가정복지과	5	1	5	5	1	1	3	4
166	서울 광진구	중앙어린이집	399,848	가정복지과	5	1	5	5	1	1	3	4

순번	시군구	지출명 (사업명)	2021년예산 (단위:천원/1년간)	담당자 (공무원)	민간이전 분류 (지방자치단체 세출예산 집행기준에 의거)	민간이전지출 근거 (지방보조금 관리기준 참고)	입찰방식			운영예산 산정		성과평가 실시여부
				담당부서	1. 민간경상사업보조(307-02) 2. 민간단체 법정운영비보조(307-03) 3. 민간행사사업보조(307-04) 4. 민간위탁금(307-05) 5. 사회복지시설 법정운영비보조(307-10) 6. 민간인위탁교육비(307-12) 7. 공기관등에대한경상적위탁사업비(308-10) 8. 민간자본사업보조,자체재원(402-01) 9. 민간자본사업보조,이전재원(402-02) 10. 민간위탁사업비(402-03) 11. 공기관등에 대한 자본적 대행사업비(403-02)	1. 법률에 규정 2. 국고보조 재원(국가지정) 3. 용도 지정 기부금 4. 조례에 직접규정 5. 지자체가 권장하는 사업을 하는 공공기관 6. 시,도 정책 및 재정사정 7. 기타 8. 해당없음	계약체결방법 (경쟁형태) 1. 일반경쟁 2. 제한경쟁 3. 지명경쟁 4. 수의계약 5. 법정위탁 6. 기타 ( ) 7. 해당없음	계약기간 1. 1년 2. 2년 3. 3년 4. 4년 5. 5년 6. 기타 ( )년 7. 단기계약 (1년미만) 8. 해당없음	낙찰자선정방법 1. 적격심사 2. 협상에의한계약 3. 최저가낙찰제 4. 규격가격분리 5. 2단계 경쟁입찰 6. 기타 ( ) 7. 해당없음	운영예산 산정 1. 내부산정 (지자체 자체적으로 산정) 2. 외부산정 (외부전문기관위탁 산정) 3. 내·외부 모두 산정 4. 산정 無 5. 해당없음	정산방법 1. 내부정산 (지자체 내부적으로 정산) 2. 외부정산 (외부전문기관위탁 정산) 3. 내·외부 모두 산정 4. 정산 無 5. 해당없음	1. 실시 2. 미실시 3. 향후 추진 4. 해당없음
167	서울 광진구	진성어린이집	359,219	가정복지과	5	1	5	5	1	1	3	4
168	서울 광진구	화송어린이집	345,870	가정복지과	5	1	5	5	1	1	3	4
169	서울 광진구	효지어린이집	392,189	가정복지과	5	1	5	5	1	1	3	4
170	서울 광진구	휴먼시아어린이집	48,887	가정복지과	5	1	5	5	1	1	3	4
171	서울 동대문구	지역자활센터 운영	351,688	사회복지과	5	1	1	8	1	1	1	1
172	서울 동대문구	동대문구청소년상담복지센터 운영 지원	364,072	아동청소년과	5	2	7	3	6	1	1	1
173	서울 동대문구	지역아동센터 지원	101,800	아동청소년과	5	4	7	8	7	1	5	4
174	서울 동대문구	지역아동센터 지원	149,592	아동청소년과	5	4	1	3	1	2	1	3
175	서울 동대문구	우리동네키움센터	149,592	아동청소년과	5	4	4	3	1	2	1	3
176	서울 동대문구	우리동네키움센터	149,592	아동청소년과	5	4	1	5	1	2	1	3
177	서울 동대문구	경로당운영지원	1,176,000	어르신장애인복지과	5	7	7	8	7	1	1	1
178	서울 동대문구	개방형경로당지원	31,200	어르신장애인복지과	5	7	7	8	7	1	1	1
179	서울 동대문구	경로당 냉난방비 및 정부양곡 지원	150,400	어르신장애인복지과	5	7	7	8	7	1	1	1
180	서울 동대문구	시니어클럽운영	355,755	어르신장애인복지과	5	1	1	5	1	1	1	1
181	서울 동대문구	장애인편의시설지원센터 운영	116,850	어르신장애인복지과	5	6	5	1	2	1	1	2
182	서울 동대문구	구립동대문장애인복지관 운영	16,799	어르신장애인복지과	5	6	5	5	1	1	1	1
183	서울 동대문구	동문장애인복지관 운영	14,759	어르신장애인복지과	5	6	7	8	7	1	1	1
184	서울 동대문구	장애인가족지원센터 운영	183,292	어르신장애인복지과	5	6	5	3	1	1	1	2
185	서울 동대문구	노약자 무료셔틀버스 운영	117,600	어르신장애인복지과	5	6	5	3	1	1	1	2
186	서울 동대문구	중증장애인 자립생활 지원센터	131,610	어르신장애인복지과	5	6	7	8	7	1	1	2
187	서울 동대문구	민관협력체계구축지원	110,000	복지정책과	5	1	7	8	7	1	1	4
188	서울 동대문구	종합사회복지관 운영	22,055	복지정책과	5	1	5	5	1	3	1	1
189	서울 동대문구	푸드뱅크 및 푸드마켓 지원	184,314	복지정책과	5	1	5	5	1	3	1	1
190	서울 동대문구	방과후 어린이집 운영지원	186,000	가정복지과	5	6	7	7	7	1	1	2
191	서울 동대문구	장애통합어린이집 운영비 지원	57,780	가정복지과	5	6	7	7	7	1	1	2
192	서울 동대문구	어린이집 공기청정기 관리운영비 지원	274,607	가정복지과	5	6	7	7	7	1	1	2
193	서울 동대문구	특화보육 지원	1,894,000	가정복지과	5	6	7	7	7	1	1	2
194	서울 동대문구	보육교직원 인건비 지원	16,052	가정복지과	5	2	7	7	7	1	1	2
195	서울 동대문구	만0~5세 연장보육료 포함	24,994	가정복지과	5	2	7	7	7	1	1	2
196	서울 동대문구	만3~5세 누리과정 보육료	8,192	가정복지과	5	1	7	7	7	1	1	2
197	서울 동대문구	방과후 보육료	80,035	가정복지과	5	1	7	7	7	1	1	2
198	서울 동대문구	어린이집 운영지원	35,186	가정복지과	5	6	7	7	7	1	1	2
199	서울 동대문구	보육교직원 처우개선 지원	27,706	가정복지과	5	2	7	7	7	1	1	2
200	서울 동대문구	보육교직원 처우개선 지원	26,742	가정복지과	5	6	7	7	7	1	1	2
201	서울 동대문구	만3~5세 담임수당	27,569	가정복지과	5	1	7	7	7	1	1	2
202	서울 동대문구	지능형 영상감지시스템 운영비	20,700	가정복지과	5	7	7	3	7	2	1	2
203	서울 동대문구	민간·가정어린이집	10,164	가정복지과	5	7	7	8	7	1	1	2
204	서울 동대문구	보육교직원 명절수당	185,000	가정복지과	5	7	7	8	7	1	1	2
205	서울 동대문구	어린이집 운영지원	207,090	가정복지과	5	2	6	6	6	1	2	2
206	서울 동대문구	보육교직원 처우개선 지원	52,403	가정복지과	5	2	6	6	6	1	2	2
207	서울 동대문구	영유아 간식비 지원	1,209,000	가정복지과	5	7	7	8	7	1	1	2
208	서울 동대문구	어린이집 냉난방비 지원	181,500	가정복지과	5	7	7	8	7	1	1	2

순번	시군구	지출명 (사업명)	2021년예산 (단위:천원/1년간)	담당자 (공무원) 담당부서	민간이전 분류 (지방자치단체 세출예산 집행기준에 의거) 1. 민간경상사업보조(307-02) 2. 민간단체 법정운영비보조(307-03) 3. 민간행사사업보조(307-04) 4. 민간위탁금(307-05) 5. 사회복지시설 법정운영비보조(307-10) 6. 민간인위탁교육비(307-12) 7. 공기관등에대한경상적위탁사업비(308-10) 8. 민간자본사업보조,자체재원(402-01) 9. 민간자본사업보조,이전재원(402-02) 10. 민간위탁사업비(402-03) 11. 공기관등에 대한 자본적 대행사업비(403-02)	민간이전지출 근거 (지방보조금 관리기준 참고) 1. 법률에 규정 2. 국고보조 재원(국가지정) 3. 용도 지정 기부금 4. 조례에 직접규정 5. 지자체가 권장하는 사업을 하는 공공기관 6. 시,도 정책 및 재정사정 7. 기타 8. 해당없음	입찰방식 계약체결방법 (경쟁형태) 1. 일반경쟁 2. 제한경쟁 3. 지명경쟁 4. 수의계약 5. 법정위탁 6. 기타 ( ) 7. 해당없음	입찰방식 계약기간 1. 1년 2. 2년 3. 3년 4. 4년 5. 5년 6. 기타 ( )년 7. 단기계약 (1년미만) 8. 해당없음	입찰방식 낙찰자선정방법 1. 적격심사 2. 협상에의한계약 3. 최저가낙찰제 4. 규격가격분리 5. 2단계 경쟁입찰 6. 기타 ( ) 7. 해당없음	운영예산 산정 운영예산 산정 1. 내부산정 (지자체 자체적으로 산정) 2. 외부산정 (외부전문기관위탁 산정) 3. 내·외부 모두 산정 4. 산정 無 5. 해당없음	운영예산 산정 정산방법 1. 내부정산 (지자체 내부적으로 정산) 2. 외부정산 (외부전문기관위탁 정산) 3. 내·외부 모두 산정 4. 정산 無 5. 해당없음	성과평가 실시여부 1. 실시 2. 미실시 3. 향후 추진 4. 해당없음
209	서울 동대문구	원장연구개발비	92,400	가정복지과	5	7	7	8	7	1	1	2
210	서울 동대문구	어린이집 교원 보수교육	19,600	가정복지과	5	2	6	6	6	1	2	2
211	서울 동대문구	어린이집 교원 보수교육	9,830	가정복지과	5	2	6	6	6	1	2	2
212	서울 동대문구	대체교사 인건비 지원	287,944	가정복지과	5	2	7	8	7	1	1	1
213	서울 동대문구	시간제보육서비스 제공지원	110,460	가정복지과	5	1	7	8	7	1	1	1
214	서울 동대문구	운영비	19,328	가정복지과	5	5	7	8	7	1	1	1
215	서울 동대문구	종사자 처우개선수당	12,480	가정복지과	5	5	7	8	7	1	1	1
216	서울 동대문구	공동육아나눔터 운영지원 사업 종사자 처우개선 수당	6,000	가정복지과	5	5	7	8	7	1	1	1
217	서울 동대문구	취약위기가족지원사업 종사자 처우개선	19,745	가정복지과	5	6	7	8	7	1	1	1
218	서울 동대문구	다문화가족지원센터 운영	344,124	가정복지과	5	2	7	8	7	1	1	1
219	서울 중랑구	종합사회복지관 운영 지원	42,441	복지정책과	5	1	5	5	1	3	3	3
220	서울 중랑구	보훈회관 운영	204,371	복지정책과	5	4	7	2	7	1	1	2
221	서울 중랑구	사회복지협의회 지원	125,233	복지정책과	5	1	5	8	7	1	1	3
222	서울 중랑구	지역자활센터운영지원	332,947	사회복지과	5	1	5	6	1	1	1	1
223	서울 중랑구	경로당 운영 지원	882,380	어르신복지과	5	1	7	8	7	1	1	4
224	서울 중랑구	경로당 냉난방비 및 양곡비 지원	228,150	어르신복지과	5	1	7	8	7	1	1	4
225	서울 중랑구	개방형 경로당 운영지원	28,800	어르신복지과	5	6	7	8	7	1	1	4
226	서울 중랑구	보육교직원 인건비 지원	15,528	여성가족과	5	1	7	8	7	5	5	4
227	서울 중랑구	보육교직원 처우개선 지원	33,542	여성가족과	5	1	7	8	7	5	5	4
228	서울 중랑구	보조교사 등 인건비 지원	6,346	여성가족과	5	1	7	8	7	5	5	4
229	서울 중랑구	어린이집 운영지원	8,034	여성가족과	5	1	7	8	7	5	1	1
230	서울 중랑구	어린이집 운영지원	116,540	여성가족과	5	1	7	8	7	1	1	4
231	서울 중랑구	어린이집 교원 보수교육	22,400	여성가족과	5	1	7	8	7	5	5	4
232	서울 중랑구	영유아보육료 지원	30,911	여성가족과	5	1	7	8	7	5	5	4
233	서울 중랑구	누리과정 지원	16,035	여성가족과	5	1	7	8	7	5	5	4
234	서울 중랑구	방과후교실 운영지원	79,868	여성가족과	5	4	7	8	7	5	5	4
235	서울 중랑구	장애아통합시설 운영지원	388,284	여성가족과	5	1	7	8	7	5	1	4
236	서울 중랑구	시간제보육서비스 제공지원	455,624	여성가족과	5	1	7	8	7	5	1	4
237	서울 중랑구	어린이집 특화보육 지원	46,697	여성가족과	5	1	7	8	7	5	5	4
238	서울 중랑구	보육교사 복리후생 지원	1,297,000	여성가족과	5	4	7	8	7	5	5	4
239	서울 중랑구	영아 간식비 지원	720,000	여성가족과	5	4	7	8	7	1	5	4
240	서울 중랑구	어린이집 공기청정기 지원	333,083	여성가족과	5	1	7	8	7	5	5	4
241	서울 중랑구	어린이집 냉난방비 지원	50,160	여성가족과	5	4	7	8	7	5	5	4
242	서울 중랑구	조리사 인건비 지원	288,000	여성가족과	5	4	7	8	7	5	5	4
243	서울 중랑구	어린이집 직접 채용 대체교사 지원	327,600	여성가족과	5	1	7	8	7	5	5	4
244	서울 중랑구	장애인복지시설 운영지원	20,302	장애인복지과	5	1	7	8	7	1	1	3
245	서울 성북구	종합사회복지관운영지원	53,999	복지정책과	5	1	1	5	1	1	1	1
246	서울 성북구	보훈회관 운영비 지원	203,169	복지정책과	5	4	7	8	7	5	5	4
247	서울 성북구	지역자활센터 운영	332,974	생활보장과	5	1	5	8	7	2	1	1
248	서울 성북구	자활근로사업	23,431	생활보장과	5	1	5	1	7	2	1	1
249	서울 성북구	자활사례관리	111,105	생활보장과	5	1	5	8	7	2	1	1
250	서울 성북구	경로당 운영비	1,065,840	어르신복지과	5	1	7	8	7	5	5	4

순번	시군구	지출명 (사업명)	2021년예산 (단위:천원/1년간)	담당자 (공무원)	민간이전 분류 (지방자치단체 세출예산 집행기준에 의거)	민간이전지출 근거 (지방보조금 관리기준 참고)	입찰방식			운영예산 산정		성과평가 실시여부
				담당부서	1. 민간경상사업보조(307-02) 2. 민간단체 법정운영비보조(307-03) 3. 민간행사사업보조(307-04) 4. 민간위탁금(307-05) 5. 사회복지시설 법정운영비보조(307-10) 6. 민간인위탁교육비(307-12) 7. 공기관등에대한경상적위탁사업비(308-10) 8. 민간자본사업보조,자체재원(402-01) 9. 민간자본사업보조,이전재원(402-02) 10. 민간위탁사업비(402-03) 11. 공기관등에 대한 자본적 대행사업비(403-02)	1. 법률에 규정 2. 국고보조 재원(국가지정) 3. 용도 지정 기부금 4. 조례에 직접규정 5. 지자체가 권장하는 사업을 하는 공공기관 6. 시,도 정책 및 재정사정 7. 기타 8. 해당없음	계약체결방법 (경쟁형태) 1. 일반경쟁 2. 제한경쟁 3. 지명경쟁 4. 수의계약 5. 법정위탁 6. 기타 ( ) 7. 해당없음	계약기간 1. 1년 2. 2년 3. 3년 4. 4년 5. 5년 6. 기타 ( )년 7. 단기계약 (1년미만) 8. 해당없음	낙찰자선정방법 1. 적격심사 2. 협상에의한계약 3. 최저가낙찰제 4. 규격가격분리 5. 2단계 경쟁입찰 6. 기타 ( ) 7. 해당없음	운영예산 산정 1. 내부산정 (지자체 자체적으로 산정) 2. 외부산정 (외부전문기관위탁 산정) 3. 내·외부 모두 산정 4. 산정 無 5. 해당없음	정산방법 1. 내부정산 (지자체 내부적으로 정산) 2. 외부정산 (외부전문기관위탁 정산) 3. 내·외부 모두 산정 4. 정산 無 5. 해당없음	1. 실시 2. 미실시 3. 향후 추진 4. 해당없음
251	서울 성북구	경로당 냉난방비	161,100	어르신복지과	5	1	7	8	7	5	5	4
252	서울 성북구	노인교실	7,200	어르신복지과	5	1	7	8	7	5	5	4
253	서울 성북구	시니어클럽	342,072	어르신복지과	5	1	7	8	7	5	5	4
254	서울 성북구	성북노인종합복지관	15,000	어르신복지과	5	6	5	5	1	1	1	1
255	서울 성북구	개방형경로당	31,500	어르신복지과	5	7	7	8	7	5	5	4
256	서울 성북구	장애인복지관	32,490	어르신복지과	5	1	7	8	7	5	5	4
257	서울 성북구	장애인자립생활센터	161,817	어르신복지과	5	1	7	8	7	5	5	4
258	서울 성북구	점자도서관	136,000	어르신복지과	5	6	7	8	7	5	5	4
259	서울 성북구	장애인보조기구수리사업	117,697	어르신복지과	5	1	7	8	7	5	5	4
260	서울 성북구	발달장애인평생교육센터	550,840	어르신복지과	5	1	7	8	7	5	5	4
261	서울 성북구	농아인쉼터	48,093	어르신복지과	5	1	7	2	7	1	1	4
262	서울 성북구	장애인단체등운영지원	182,842	어르신복지과	5	1	7	1	7	1	1	4
263	서울 성북구	장애인편의시설지원센터	107,748	어르신복지과	5	1	4	1	7	3	3	1
264	서울 성북구	보육교직원인건비 지원	17,404	여성가족과	5	2	7	8	7	5	5	4
265	서울 성북구	보육교직원 근무환경개선비 지원	35,005	여성가족과	5	2	7	8	7	5	5	4
266	서울 성북구	어린이집운영지원	9,514	여성가족과	5	4	7	8	7	5	5	4
267	서울 성북구	장애아통합보육활성화사업비 지원	96,120	여성가족과	5	4	7	8	7	5	5	4
268	서울 성북구	만3~5세 담임수당	31,662	여성가족과	5	1	7	8	7	5	5	4
269	서울 성북구	시간제 보육사업 지원	386,800	여성가족과	5	1	7	8	7	5	5	4
270	서울 성북구	어린이집 대체교사 지원사업	334,152	여성가족과	5	2	7	8	7	5	5	4
271	서울 성북구	민간 가정어린이집 교재교구비지원	129,138	여성가족과	5	2	7	8	7	5	5	4
272	서울 성북구	보조교사 및 보육도우미지원	62,995	여성가족과	5	2	7	8	7	5	5	4
273	서울 성북구	어린이집 교원 보수교육	22,400	여성가족과	5	2	7	8	7	5	5	4
274	서울 성북구	방과후어린이집 운영비지원	18,600	여성가족과	5	1	7	8	7	5	5	4
275	서울 성북구	공동육아나눔터운영	113,656	여성가족과	5	2	5	3	7	5	1	4
276	서울 성북구	성북구 건강가정지원사업 운영	514,972	여성가족과	5	2	5	3	7	5	1	4
277	서울 성북구	지역아동센터지원	215,110	여성가족과	5	1	5	8	7	1	1	4
278	서울 성북구	지역사회건강조사	69,420	의약과	5	1	5	1	7	2	3	2
279	서울 강북구	장애인복지시설 지원	123,880	생활보장과	5	1	7	8	7	1	1	1
280	서울 강북구	장애인편의증진 기술지원센터 운영비 지원	128,158	생활보장과	5	6	6	3	6	1	1	2
281	서울 강북구	어린이집 운영 지원	182,068	여성가족과	5	4	7	8	7	1	1	4
282	서울 강북구	어린이집 운영 지원	33,488	여성가족과	5	6	7	8	7	5	1	4
283	서울 강북구	서울형어린이집 공인 운영	28,434	여성가족과	5	6	7	8	7	5	1	4
284	서울 강북구	방과후어린이집 운영 지원	38,400	여성가족과	5	6	7	8	7	5	1	4
285	서울 강북구	장애아통합(전문)어린이집 운영 지원	146,112	여성가족과	5	6	7	8	7	5	1	4
286	서울 강북구	누리과정 운영 지원	30,377	여성가족과	5	2	7	8	7	5	1	4
287	서울 강북구	보조교사 인건비 지원	15,629	여성가족과	5	6	7	8	7	5	1	4
288	서울 강북구	어린이집 운영 지원	78,518	여성가족과	5	2	7	8	7	5	1	4
289	서울 강북구	보육교직원 인건비 지원	12,879	여성가족과	5	2	7	8	7	5	1	4
290	서울 강북구	보육교직원 처우개선 지원	2,911,000	여성가족과	5	2	7	8	7	5	1	4
291	서울 강북구	보육교직원 처우개선 지원	22,281	여성가족과	5	2	7	8	7	5	1	4
292	서울 강북구	어린이집 교원 보수교육비 지원	16,800	여성가족과	5	2	7	8	7	5	1	4

순번	시군구	지출명 (사업명)	2021년예산 (단위:천원/1년간)	담당자 (공무원) 담당부서	민간이전 분류 (지방자치단체 세출예산 집행기준에 의거) 1. 민간경상사업보조(307-02) 2. 민간단체 법정운영비보조(307-03) 3. 민간행사사업보조(307-04) 4. 민간위탁금(307-05) 5. 사회복지시설 법정운영비보조(307-10) 6. 민간인위탁교육비(307-12) 7. 공기관등에대한경상적위탁사업비(308-10) 8. 민간자본사업보조,자체재원(402-01) 9. 민간자본사업보조,이전재원(402-02) 10. 민간위탁사업비(402-03) 11. 공기관등에 대한 자본적 대행사업비(403-02)	민간이전지출 근거 (지방보조금 관리기준 참고) 1. 법률에 규정 2. 국고보조 재원(국가지정) 3. 용도 지정 기부금 4. 조례에 직접규정 5. 지자체가 권장하는 사업을 하는 공공기관 6. 시,도 정책 및 재정사정 7. 기타 8. 해당없음	입찰방식 계약체결방법 (경쟁형태) 1. 일반경쟁 2. 제한경쟁 3. 지명경쟁 4. 수의계약 5. 법정위탁 6. 기타 ( ) 7. 해당없음	입찰방식 계약기간 1. 1년 2. 2년 3. 3년 4. 4년 5. 5년 6. 기타 ( )년 7. 단기계약 (1년미만) 8. 해당없음	입찰방식 낙찰자선정방법 1. 적격심사 2. 협상에의한계약 3. 최저가낙찰제 4. 규격가격분리 5. 2단계 경쟁입찰 6. 기타 ( ) 7. 해당없음	운영예산 산정 운영예산 산정 1. 내부산정 (지자체 자체적으로 산정) 2. 외부산정 (외부전문기관위탁 산정) 3. 내·외부 모두 산정 4. 산정 無 5. 해당없음	운영예산 산정 정산방법 1. 내부정산 (지자체 내부적으로 정산) 2. 외부정산 (외부전문기관위탁 정산) 3. 내·외부 모두 산정 4. 정산 無 5. 해당없음	성과평가 실시여부 1. 실시 2. 미실시 3. 향후 추진 4. 해당없음
293	서울 강북구	시간제보육서비스 제공 지원	172,600	여성가족과	5	2	1	3	1	1	1	1
294	서울 강북구	서울형어린이집 공인 운영	28,434	여성가족과	5	6	7	8	7	5	1	4
295	서울 강북구	경로당 운영 지원	621,792	어르신복지과	5	1	7	8	7	1	1	4
296	서울 강북구	경로당 냉난방비 및 양곡비 지원	356,420	어르신복지과	5	1	7	8	7	1	1	4
297	서울 강북구	지역아동센터 운영 지원	231,012	청소년과	5	1	7	8	7	5	1	1
298	서울 노원구	지역아동센터 운영비 지원	286,800	아동청소년과	5	5	7	5	7	1	1	1
299	서울 노원구	노원시니어클럽 운영	373,332	어르신복지과	5	1	1	5	1	3	3	3
300	서울 노원구	노원50플러스센터 운영	610,000	어르신복지과	5	4	1	5	1	3	3	3
301	서울 노원구	노인맞춤돌봄서비스 사업	15,993	어르신복지과	5	2	5	3	6	3	3	3
302	서울 노원구	노인맞춤돌봄서비스 사업	1,419,000	어르신복지과	5	2	5	3	6	3	3	3
303	서울 노원구	노인맞춤돌봄서비스 사업	15,643	어르신복지과	5	2	5	3	6	3	3	3
304	서울 노원구	자원회수시설 반입제한폐기물 처리비	15,000	자원순환과	5	1	1	1	1	1	1	4
305	서울 노원구	장애인복지시설종사자 복지포인트 지원	80,880	장애인복지과	5	4	7	8	7	5	5	4
306	서울 은평구	지역아동센터 및 신나는 애프터 지원	359,280	가족정책과	5	1	7	8	7	1	1	1
307	서울 은평구	복지기획 업무추진	185,373	복지정책과	5	1	7	8	7	1	1	4
308	서울 은평구	지역자활센터 운영	400,776	생활복지과	5	1	7	8	7	5	3	1
309	서울 은평구	지역자활센터 자활사례관리	28,866	생활복지과	5	1	7	8	7	5	3	1
310	서울 은평구	장애인 편의증진 기술지원센터 운영 지원	122,480	장애인복지과	5	1	7	8	7	1	1	1
311	서울 은평구	중증장애인 자립생활센터 지원	179,256	장애인복지과	5	1	7	8	7	1	1	1
312	서울 은평구	장애인가족지원센터 운영	153,132	장애인복지과	5	1	1	3	1	1	1	1
313	서울 은평구	장애인복지관 운영	41,824	장애인복지과	5	1	7	8	7	1	1	4
314	서울 은평구	장애인주간보호센터 운영 지원	350,000	장애인복지과	5	1	7	8	7	1	1	4
315	서울 은평구	농아인쉼터 운영비 지원	10,000	장애인복지과	5	1	7	8	7	1	1	4
316	서울 은평구	어린이집 교원 보수교육	28,000	보육지원과	5	2	7	8	7	5	5	4
317	서울 은평구	은평구청어린이집 운영	301,720	보육지원과	5	4	7	8	7	5	5	4
318	서울 은평구	보육교직원 인건비 지원	19,257	보육지원과	5	2	7	8	7	5	5	4
319	서울 은평구	어린이집 운영지원	129,662	보육지원과	5	2	7	8	7	5	5	4
320	서울 은평구	보육교직원 처우개선 지원	38,161	보육지원과	5	2	7	8	7	5	5	4
321	서울 은평구	만3~5세아 담임수당 및 운영비 지원	45,462	보육지원과	5	6	7	8	7	5	5	4
322	서울 은평구	보육교직원 처우개선 지원	4,931,000	보육지원과	5	2	7	8	7	5	5	4
323	서울 은평구	보조교사 비담임 지원	26,371	보육지원과	5	6	7	8	7	5	5	4
324	서울 은평구	어린이집 운영	16,450	보육지원과	5	6	7	8	7	5	5	4
325	서울 은평구	보육교직원 처우개선 지원	38,287	보육지원과	5	6	7	8	7	5	5	4
326	서울 은평구	특화보육 지원	2,989,000	보육지원과	5	6	7	8	7	5	5	4
327	서울 은평구	공기청정기 운영비 지원	401,833	보육지원과	5	6	7	8	7	5	5	4
328	서울 은평구	방과후 어린이집 운영	148,800	보육지원과	5	6	7	8	7	5	5	4
329	서울 은평구	장애아통합 어린이집 운영	255,336	보육지원과	5	6	7	8	7	5	5	4
330	서울 은평구	대체교사 인건비 지원	314,496	보육지원과	5	2	7	8	7	5	5	4
331	서울 은평구	어린이집 지원	178,024	보육지원과	5	4	7	8	7	5	5	4
332	서울 은평구	영유아보육료	34,304	보육지원과	5	2	7	8	7	5	5	4
333	서울 은평구	만3~5세누리과정 보육료	13,542	보육지원과	5	6	7	8	7	5	5	4
334	서울 은평구	방과후 보육료	53,542	보육지원과	5	6	7	8	7	5	5	4

순번	시군구	지출명 (사업명)	2021년예산 (단위:천원/1년간)	담당자 (공무원)	민간이전 분류 (지방자치단체 세출예산 집행기준에 의거)	민간이전지출 근거 (지방보조금 관리기준 참고)	입찰방식			운영예산 산정		성과평가 실시여부
				담당부서	1. 민간경상사업보조(307-02) 2. 민간단체 법정운영비보조(307-03) 3. 민간행사사업보조(307-04) 4. 민간위탁금(307-05) 5. 사회복지시설 법정운영비보조(307-10) 6. 민간인위탁교육비(307-12) 7. 공기관등에대한경상적위탁사업비(308-10) 8. 민간자본사업보조,자체재원(402-01) 9. 민간자본사업보조,이전재원(402-02) 10. 민간위탁사업비(402-03) 11. 공기관등에 대한 자본적 대행사업비(403-02)	1. 법률에 규정 2. 국고보조 재원(국가지정) 3. 용도 지정 기부금 4. 조례에 직접규정 5. 지자체가 권장하는 사업을 하는 공공기관 6. 시,도 정책 및 재정사정 7. 기타 8. 해당없음	계약체결방법 (경쟁형태) 1. 일반경쟁 2. 제한경쟁 3. 지명경쟁 4. 수의계약 5. 법정위탁 6. 기타 ( ) 7. 해당없음	계약기간 1. 1년 2. 2년 3. 3년 4. 4년 5. 5년 6. 기타 ( )년 7. 단기계약 (1년미만) 8. 해당없음	낙찰자선정방법 1. 적격심사 2. 협상에의한계약 3. 최저가낙찰제 4. 규격가격분리 5. 2단계 경쟁입찰 6. 기타 ( ) 7. 해당없음	운영예산 산정 1. 내부산정 (지자체 자체적으로 산정) 2. 외부산정 (외부전문기관위탁 산정) 3. 내·외부 모두 산정 4. 산정 無 5. 해당없음	정산방법 1. 내부정산 (지자체 내부적으로 정산) 2. 외부정산 (외부전문기관위탁 정산) 3. 내·외부 모두 산정 4. 정산 無 5. 해당없음	1. 실시 2. 미실시 3. 향후 추진 4. 해당없음
335	서울 은평구	차액보육료	57,652	보육지원과	5	6	7	8	7	5	5	4
336	서울 은평구	시간차등형 보육지원	213,004	보육지원과	5	2	7	8	7	5	5	4
337	서울 은평구	우리동네 보육반장 운영	50,670	보육지원과	5	6	7	8	7	5	5	4
338	서울 은평구	경로당 유지관리	1,049,400	어르신복지과	5	1	7	8	7	1	1	4
339	서울 은평구	경로당 냉난방비 및 양곡비 지원	120,600	어르신복지과	5	1	7	8	7	1	1	4
340	서울 은평구	시니어클럽 지원	371,960	어르신복지과	5	2	3	5	1	3	3	1
341	서울 서대문구	종합사회복지관 운영비 지원	1,080,597	복지정책과	5	1	2	5	1	1	1	1
342	서울 서대문구	종합사회복지관 운영비 지원	1,073,387	복지정책과	5	1	2	5	1	1	1	1
343	서울 서대문구	종합사회복지관 운영비 지원	1,105,011	복지정책과	5	1	7	8	7	1	1	1
344	서울 서대문구	사회복지협의회 운영 지원	159,497	복지정책과	5	1	7	8	7	1	1	1
345	서울 서대문구	지역자활센터 운영지원	297,205	사회복지과	5	1	7	8	7	1	1	2
346	서울 서대문구	희망키움통장 사업비	4,626,000	사회복지과	5	1	7	8	7	1	1	2
347	서울 서대문구	지역자활센터 종사자 복지수당	51,758	사회복지과	5	1	7	8	7	1	1	2
348	서울 서대문구	지역자활센터 종사자 처우개선 수당	12,100	사회복지과	5	1	7	8	7	1	1	2
349	서울 서대문구	편의시설지원센터 운영	132,282	사회복지과	5	7	7	1	6	1	1	4
350	서울 서대문구	서대문장애인종합복지관 운영	14,894	사회복지과	5	7	7	1	6	1	1	4
351	서울 서대문구	장애인복지관 식당 운영비 지원	66,000	사회복지과	5	7	7	1	6	1	1	4
352	서울 서대문구	농아인쉼터 운영비	10,000	사회복지과	5	7	7	1	6	1	1	4
353	서울 서대문구	장애인내일키움직업교육센터 운영	123,600	사회복지과	5	1	7	1	6	1	1	4
354	서울 서대문구	경로당 운영비	589,200	어르신복지과	5	1	7	8	7	1	1	4
355	서울 서대문구	경로당 주식비	107,500	어르신복지과	5	1	7	8	7	1	1	1
356	서울 서대문구	경로당 특별냉방비	4,800,000	어르신복지과	5	1	7	8	7	1	1	1
357	서울 서대문구	경로당 양곡비	22,641	어르신복지과	5	1	7	8	7	1	1	4
358	서울 서대문구	경로당 난방비	61,250	어르신복지과	5	1	7	8	7	1	1	4
359	서울 서대문구	경로당 냉방비	9,600	어르신복지과	5	1	7	8	7	1	1	4
360	서울 서대문구	노인교실 운영지원	80,400	어르신복지과	5	1	7	8	7	1	1	1
361	서울 서대문구	시설운영비 지원	999,380	여성가족과	5	1	7	8	7	1	1	1
362	서울 서대문구	종사자 지원	1,054,626	여성가족과	5	1	7	8	7	1	1	1
363	서울 서대문구	시간제보육서비스 운영 지원	344,780	여성가족과	5	1	7	8	7	1	1	1
364	서울 서대문구	보육교직원 인건비지원	12,634	여성가족과	5	1	7	8	7	1	1	1
365	서울 서대문구	보육교직원 처우개선 지원	20,718	여성가족과	5	1	7	8	7	1	1	1
366	서울 서대문구	중식비	220,200	여성가족과	5	1	7	8	7	1	1	1
367	서울 서대문구	보조교사 지원	26,744	여성가족과	5	1	7	8	7	1	1	1
368	서울 서대문구	보조교사 및 보육도우미 지원	1,548,000	여성가족과	5	1	7	8	7	1	1	1
369	서울 서대문구	어린이집 직접채용 대체교사 지원	324,720	여성가족과	5	1	7	8	7	1	1	1
370	서울 서대문구	3~5세 담임수당 지원	28,465	여성가족과	5	1	7	8	7	1	1	1
371	서울 서대문구	영유아보육료 지원	21,482	여성가족과	5	1	7	8	7	1	1	1
372	서울 서대문구	3~5세 누리과정 보육료 지원	7,698	여성가족과	5	1	7	8	7	1	1	1
373	서울 서대문구	방과후 보육료 지원	59,573	여성가족과	5	1	7	8	7	1	1	1
374	서울 서대문구	어린이집 교원 보수교육비	18,000	여성가족과	5	1	7	8	7	1	1	1
375	서울 서대문구	어린이집 운영지원	51,890	여성가족과	5	1	7	8	7	1	1	1
376	서울 서대문구	보육료 지원	19,306	여성가족과	5	1	7	8	7	1	1	1

순번	시군구	지출명 (사업명)	2021년예산 (단위:천원/1년간)	담당자 (공무원) 담당부서	민간이전 분류 (지방자치단체 세출예산 집행기준에 의거) 1. 민간경상사업보조(307-02) 2. 민간단체 법정운영비보조(307-03) 3. 민간행사사업보조(307-04) 4. 민간위탁금(307-05) 5. 사회복지시설 법정운영비보조(307-10) 6. 민간인위탁교육비(307-12) 7. 공기관등에대한경상적위탁사업비(308-10) 8. 민간자본사업보조,자체재원(402-01) 9. 민간자본사업보조,이전재원(402-02) 10. 민간위탁사업비(402-03) 11. 공기관등에 대한 자본적 대행사업비(403-02)	민간이전지출 근거 (지방보조금 관리기준 참고) 1. 법률에 규정 2. 국고보조 재원(국가지정) 3. 용도 지정 기부금 4. 조례에 직접규정 5. 지자체가 권장하는 사업을 하는 공공기관 6. 시,도 정책 및 재정사정 7. 기타 8. 해당없음	입찰방식 계약체결방법 (경쟁형태) 1. 일반경쟁 2. 제한경쟁 3. 지명경쟁 4. 수의계약 5. 법정위탁 6. 기타 ( ) 7. 해당없음	입찰방식 계약기간 1. 1년 2. 2년 3. 3년 4. 4년 5. 5년 6. 기타 ( )년 7. 단기계약 (1년미만) 8. 해당없음	입찰방식 낙찰자선정방법 1. 적격심사 2. 협상에의한계약 3. 최저가낙찰제 4. 규격가격분리 5. 2단계 경쟁입찰 6. 기타 ( ) 7. 해당없음	운영예산 산정 운영예산 산정 1. 내부산정 (지자체 자체적으로 산정) 2. 외부산정 (외부전문기관위탁 산정) 3. 내·외부 모두 산정 4. 산정 無 5. 해당없음	운영예산 산정 정산방법 1. 내부정산 (지자체 내부적으로 정산) 2. 외부정산 (외부전문기관위탁 정산) 3. 내·외부 모두 산정 4. 정산 無 5. 해당없음	성과평가 실시여부 1. 실시 2. 미실시 3. 향후 추진 4. 해당없음
377	서울 서대문구	영아반 운영비	717,420	여성가족과	5	1	7	8	7	1	1	1
378	서울 서대문구	어린이집 현장학습비 지원	10,800	여성가족과	5	1	7	8	7	1	1	1
379	서울 서대문구	시간제보육서비스 제공지원	473,720	여성가족과	5	1	7	8	7	1	1	1
380	서울 서대문구	시간연장어린이집 지원	8,400,000	여성가족과	5	1	7	8	7	1	1	1
381	서울 서대문구	거점형야간보육어린이집 차액 지원	59,140	여성가족과	5	1	7	8	7	1	1	1
382	서울 서대문구	서울형어린이집 인건비	937,610	여성가족과	5	1	7	8	7	1	1	1
383	서울 서대문구	서울형어린이집 운영비	162,537	여성가족과	5	1	7	8	7	1	1	1
384	서울 서대문구	다문화통합 보육시설 지정운영	7,200	여성가족과	5	1	7	8	7	1	1	1
385	서울 서대문구	방과후교실어린이집 지원 확대	117,000	여성가족과	5	1	7	8	7	1	1	1
386	서울 서대문구	장애아통합보육 활성화	236,891	여성가족과	5	1	7	8	7	1	1	1
387	서울 서대문구	어린이집 공기청정기 지원	256,550	여성가족과	5	1	7	8	7	1	1	1
388	서울 서대문구	한부모가족 매입임대주택 주거지원	106,400	여성가족과	5	2	7	8	7	5	5	4
389	서울 서대문구	우리동네키움센터 운영비 지원	154,920	아동청소년과	5	1	5	5	7	5	1	1
390	서울 서대문구	우리동네키움센터 인건비 지원	615,300	아동청소년과	5	1	5	5	7	5	1	1
391	서울 서대문구	지역아동센터 운영 지원	54,000	아동청소년과	5	4	7	8	7	1	1	1
392	서울 마포구	종합사회복지관운영지원	1,147,000	복지정책과	5	1	7	8	7	1	1	4
393	서울 마포구	마포구 사회복지협의회 운영지원	149,121	복지정책과	5	1	7	8	7	1	1	1
394	서울 마포구	보훈회관운영	199,150	복지정책과	5	1	7	8	7	1	1	4
395	서울 마포구	지역자활센터운영	332,947	생활보장과	5	2	6	8	7	1	1	1
396	서울 마포구	지역자활센터 종사자 복지지원	45,758	생활보장과	5	6	6	8	7	1	1	1
397	서울 마포구	자활사례관리	28,866	생활보장과	5	2	6	8	7	1	1	1
398	서울 마포구	가사·간병방문지원사업	77,312	생활보장과	5	2	6	8	1	2	2	1
399	서울 마포구	고령자 취업 및 일자리사업 지원	64,880	노인장애인과	5	1	6	1	6	1	1	2
400	서울 마포구	경로당 운영지원	823,560	노인장애인과	5	2	7	8	7	1	1	2
401	서울 마포구	경로당 냉·난방비, 양곡 지원	220,503	노인장애인과	5	2	7	8	7	1	1	2
402	서울 마포구	장애인 편의시설 확충	138,340	노인장애인과	5	1	5	1	7	1	1	2
403	서울 마포구	마포장애인가족지원센터 운영지원	156,600	노인장애인과	5	1	5	3	1	1	1	3
404	서울 마포구	장애인자립생활센터 지원	60,000	노인장애인과	5	4	6	1	6	3	3	1
405	서울 마포구	만0~2세보육료	28,516	여성가족과	5	1	7	8	7	5	1	2
406	서울 마포구	만3~5세아 누리과정 지원	13,982	여성가족과	5	1	7	8	7	5	1	2
407	서울 마포구	방과후 보육료	51,600	여성가족과	5	1	7	8	7	5	1	2
408	서울 마포구	차액보육료	16,892	여성가족과	5	1	7	8	7	5	1	2
409	서울 마포구	보육교직원 인건비 지원	16,014	여성가족과	5	1	7	8	7	5	1	2
410	서울 마포구	보육교직원 처우개선 지원	30,790	여성가족과	5	1	7	8	7	5	1	2
411	서울 마포구	보육교직원 처우개선 지원	38,988	여성가족과	5	1	7	8	7	5	1	2
412	서울 마포구	어린이집 운영지원	141,767	여성가족과	5	1	7	8	7	5	1	2
413	서울 마포구	어린이집 교원 보수교육	22,400	여성가족과	5	1	7	8	7	5	1	2
414	서울 마포구	어린이집 운영지원 사업	42,248	여성가족과	5	1	7	8	7	5	1	2
415	서울 마포구	어린이집 공기청정기 지원	259,230	여성가족과	5	1	7	8	7	5	1	2
416	서울 마포구	서울형어린이집 운영 지원	1,726,000	여성가족과	5	1	7	8	7	5	1	2
417	서울 마포구	보조교사보육도우미 지원	27,409	여성가족과	5	1	7	8	7	5	1	2
418	서울 마포구	방과후 어린이집 운영	37,200	여성가족과	5	1	7	8	7	5	1	2

순번	시군구	지출명 (사업명)	2021년예산 (단위:천원/1년간)	담당자 (공무원)	민간이전 분류 (지방자치단체 세출예산 집행기준에 의거) 1. 민간경상사업보조(307-02) 2. 민간단체 법정운영비보조(307-03) 3. 민간행사사업보조(307-04) 4. 민간위탁금(307-05) 5. 사회복지시설 법정운영비보조(307-10) 6. 민간인위탁교육비(307-12) 7. 공기관등에대한경상적위탁사업비(308-10) 8. 민간자본사업보조,자체재원(402-01) 9. 민간자본사업보조,이전재원(402-02) 10. 민간위탁사업비(402-03) 11. 공기관등에 대한 자본적 대행사업비(403-02)	민간이전지출 근거 (지방보조금 관리기준 참고) 1. 법률에 규정 2. 국고보조 재원(국가지정) 3. 용도 지정 기부금 4. 조례에 직접규정 5. 지자체가 권장하는 사업을 하는 공공기관 6. 시,도 정책 및 재정사정 7. 기타 8. 해당없음	입찰방식			운영예산 산정		성과평가 실시여부
				담당부서			계약체결방법 (경쟁형태) 1. 일반경쟁 2. 제한경쟁 3. 지명경쟁 4. 수의계약 5. 법정위탁 6. 기타 ( ) 7. 해당없음	계약기간 1. 1년 2. 2년 3. 3년 4. 4년 5. 5년 6. 기타 ( )년 7. 단기계약 (1년미만) 8. 해당없음	낙찰자선정방법 1. 적격심사 2. 협상에의한계약 3. 최저가낙찰제 4. 규격가격분리 5. 2단계 경쟁입찰 6. 기타 ( ) 7. 해당없음	운영예산 산정 1. 내부산정 (지자체 자체적으로 산정) 2. 외부산정 (외부전문기관위탁 산정) 3. 내·외부 모두 산정 4. 산정 無 5. 해당없음	정산방법 1. 내부정산 (지자체 내부적으로 정산) 2. 외부정산 (외부전문기관위탁 정산) 3. 내·외부 모두 산정 4. 정산 無 5. 해당없음	1. 실시 2. 미실시 3. 향후 추진 4. 해당없음
419	서울 마포구	장애아 통합보육 활성화	326,392	여성가족과	5	1	7	8	7	1	1	4
420	서울 마포구	어린이집 운영지원 사업	698,220	여성가족과	5	1	7	8	7	5	1	2
421	서울 마포구	정부미지원어린이집 원장 지원	69,600	여성가족과	5	1	7	8	7	5	1	2
422	서울 마포구	어린이집 보육교사 지원	813,480	여성가족과	5	1	7	8	7	5	1	2
423	서울 마포구	어린이집 영유아간식비 지원	692,136	여성가족과	5	1	7	8	7	5	1	2
424	서울 마포구	어린이집 직접 채용 대체교사 지원	235,183	여성가족과	5	1	7	8	7	5	1	2
425	서울 마포구	시간제보육서비스 제공 지원	172,600	여성가족과	5	1	5	5	7	1	1	4
426	서울 마포구	공동육아나눔터 운영	53,828	여성가족과	5	2	1	3	1	5	1	3
427	서울 마포구	아이돌봄지원	27,000	여성가족과	5	2	1	3	1	5	1	3
428	서울 마포구	지역아동센터 운영지원	154,356	아동청년과	5	2	7	8	7	5	5	4
429	서울 양천구	노인회지회 지원	73,348	어르신복지과	5	6	7	8	7	1	1	4
430	서울 양천구	어르신사랑방 운영	948,960	어르신복지과	5	4	7	8	7	1	1	2
431	서울 양천구	장애인일자리지원	495,211	자립지원과	5	1	7	8	7	1	1	1
432	서울 양천구	장애인편의증진기술지원센터지원	123,486	자립지원과	5	1	7	8	7	1	1	1
433	서울 양천구	지역아동센터 운영 지원	180,000	가족정책과	5	5	7	1	7	1	1	4
434	서울 양천구	방과후 교실 운영비	23,400	출산보육과	5	2	7	8	7	5	5	4
435	서울 양천구	민간보육시설 지원	806,400	출산보육과	5	4	7	8	7	5	5	4
436	서울 양천구	영유아보육료 지원	33,898	출산보육과	5	2	7	8	7	5	5	4
437	서울 양천구	만3~5세 누리과정 지원	18,590	출산보육과	5	2	7	8	7	5	5	4
438	서울 양천구	어린이집 교원 보수교육	17,505	출산보육과	5	2	7	8	7	5	5	4
439	서울 양천구	종사자 인건비	60,750	출산보육과	5	2	7	8	7	5	5	4
440	서울 양천구	장애통합 및 전담시설 지원	397,440	출산보육과	5	2	7	8	7	5	5	4
441	서울 양천구	서울형어린이집 지원	35,250	출산보육과	5	2	7	8	7	5	5	4
442	서울 양천구	보육료 차액지원	57,886	출산보육과	5	2	7	8	7	5	5	4
443	서울 양천구	보육교직원 처우개선 지원	33,766	출산보육과	5	2	7	8	7	5	5	4
444	서울 양천구	방과후 보육료	14,189	출산보육과	5	2	7	8	7	5	5	4
445	서울 양천구	시간제보육서비스 제공지원	358,000	출산보육과	5	2	7	8	7	5	5	4
446	서울 양천구	보육료 차액지원	30,906	출산보육과	5	2	7	8	7	5	5	4
447	서울 양천구	어린이집 운영지원	189,930	출산보육과	5	2	7	8	7	5	5	4
448	서울 양천구	보육교직원 처우개선 지원	7,016	출산보육과	5	2	7	8	7	5	5	4
449	서울 양천구	어린이집 공기청정기 설치운영비 지원	400,000	출산보육과	5	2	7	8	7	5	5	4
450	서울 강서구	사회복지시설 운영지원	70,492	복지정책과	5	1	7	1	7	1	1	2
451	서울 강서구	기초푸드뱅크·마켓 운영	153,070	복지정책과	5	1	1	5	1	1	1	2
452	서울 강서구	기초푸드뱅크·마켓 운영	4,754,000	복지정책과	5	1	1	5	1	1	1	2
453	서울 강서구	기초푸드뱅크·마켓 운영	29,433	복지정책과	5	1	1	5	1	1	1	2
454	서울 강서구	기초푸드뱅크·마켓 운영	22,800	복지정책과	5	1	1	5	1	1	1	2
455	서울 강서구	보훈단체 지원	118,000	복지정책과	5	1	7	7	7	1	1	4
456	서울 강서구	보훈단체 지원	33,168	복지정책과	5	1	7	7	7	1	1	4
457	서울 강서구	지역자활센터 운영	800,000	생활보장과	5	1	7	8	7	1	1	1
458	서울 강서구	지역자활센터 지원	113,821	생활보장과	5	1	7	8	7	1	1	4
459	서울 강서구	지역아동센터 운영 지원	139,520	생활보장과	5	4	7	8	7	5	5	4
460	서울 강서구	장애인복지시설 운영 지원	24,000	장애인복지과	5	1	7	7	7	1	1	4

순번	시군구	지출명 (사업명)	2021년예산 (단위:천원/1년간)	담당자 (공무원)	민간이전 분류 (지방자치단체 세출예산 집행기준에 의거)	민간이전지출 근거 (지방보조금 관리기준 참고)	입찰방식			운영예산 산정		성과평가 실시여부
				담당부서	1. 민간경상사업보조(307-02) 2. 민간단체 법정운영비보조(307-03) 3. 민간행사사업보조(307-04) 4. 민간위탁금(307-05) 5. 사회복지시설 법정운영비보조(307-10) 6. 민간인위탁교육비(307-12) 7. 공기관등에대한경상적위탁사업비(308-10) 8. 민간자본사업보조,자체재원(402-01) 9. 민간자본사업보조,이전재원(402-02) 10. 민간위탁사업비(402-03) 11. 공기관등에 대한 자본적 대행사업비(403-02)	1. 법률에 규정 2. 국고보조 재원(국가지정) 3. 용도 지정 기부금 4. 조례에 직접규정 5. 지자체가 권장하는 사업을 하는 공공기관 6. 시,도 정책 및 재정사정 7. 기타 8. 해당없음	계약체결방법 (경쟁형태) 1. 일반경쟁 2. 제한경쟁 3. 지명경쟁 4. 수의계약 5. 법정위탁 6. 기타 ( ) 7. 해당없음	계약기간 1. 1년 2. 2년 3. 3년 4. 4년 5. 5년 6. 기타 ( )년 7. 단기계약 (1년미만) 8. 해당없음	낙찰자선정방법 1. 적격심사 2. 협상에의한계약 3. 최저가낙찰제 4. 규격가격분리 5. 2단계 경쟁입찰 6. 기타 ( ) 7. 해당없음	운영예산 산정 1. 내부산정 (지자체 자체적으로 산정) 2. 외부산정 (외부전문기관위탁 산정) 3. 내·외부 모두 산정 4. 산정 無 5. 해당없음	정산방법 1. 내부정산 (지자체 내부적으로 정산) 2. 외부정산 (외부전문기관위탁 정산) 3. 내·외부 모두 산정 4. 정산 無 5. 해당없음	1. 실시 2. 미실시 3. 향후 추진 4. 해당없음
461	서울 강서구	장애인복지시설 운영 지원	10,000	장애인복지과	5	1	7	8	7	5	5	4
462	서울 강서구	장애인복지관 운영 지원	55,000	장애인복지과	5	1	7	8	7	5	5	4
463	서울 강서구	장애인복지관 운영 지원	32,631	장애인복지과	5	1	7	8	7	5	5	4
464	서울 강서구	영유아보육료	51,173	가족정책과	5	2	7	8	7	1	1	2
465	서울 강서구	누리과정보육료	16,588	가족정책과	5	2	7	8	7	1	1	2
466	서울 강서구	방과후보육료	63,505	가족정책과	5	2	7	8	7	1	1	2
467	서울 강서구	누리과정보육료 차액 지원	58,408	가족정책과	5	2	7	8	7	1	1	2
468	서울 강서구	누리과정보육료 차액 지원	51,054	가족정책과	5	2	7	8	7	1	1	2
469	서울 강서구	보육교직원 인건비 지원	12,122	가족정책과	5	2	7	8	7	1	1	2
470	서울 강서구	보육교직원 인건비 지원	5,580	가족정책과	5	2	7	8	7	1	1	2
471	서울 강서구	보육교사 처우개선비 지원	44,741	가족정책과	5	6	7	8	7	1	1	2
472	서울 강서구	보육교사 복리후생비 지원	864,000	가족정책과	5	6	7	8	7	1	1	2
473	서울 강서구	보육교사 담임교사수당 지원	51,687	가족정책과	5	2	7	8	7	1	1	2
474	서울 강서구	어린이집 보조교사 지원	61,228	가족정책과	5	2	7	8	7	1	1	2
475	서울 강서구	어린이집 보조교사 지원	35,386	가족정책과	5	6	7	8	7	1	1	2
476	서울 강서구	어린이집 대체교사 지원	438,984	가족정책과	5	2	7	8	7	1	1	2
477	서울 강서구	누리과정 운영지원	54,372	가족정책과	5	6	7	8	7	1	1	2
478	서울 강서구	서울형어린이집 운영지원	20,526	가족정책과	5	6	7	8	7	1	1	2
479	서울 강서구	어린이집 운영개선비 지원	273,600	가족정책과	5	6	7	8	7	1	1	2
480	서울 강서구	어린이집 운영개선비 지원	222,000	가족정책과	5	6	7	8	7	1	1	2
481	서울 강서구	어린이집 운영개선비 지원	318,000	가족정책과	5	6	7	8	7	1	1	2
482	서울 강서구	어린이집 영유아간식비 지원	756,000	가족정책과	5	6	7	8	7	1	1	2
483	서울 강서구	어린이집 영유아간식비 지원	159,600	가족정책과	5	6	7	8	7	1	1	2
484	서울 강서구	어린이집 영유아간식비 지원	235,200	가족정책과	5	6	7	8	7	1	1	2
485	서울 강서구	보육교사 중식비 등 지원	574,560	가족정책과	5	6	7	8	7	1	1	2
486	서울 강서구	보육교사 중식비 등 지원	6,534	가족정책과	5	6	7	8	7	1	1	2
487	서울 강서구	어린이집 영아반운영비 등 지원	25,195	가족정책과	5	6	7	8	7	1	1	2
488	서울 강서구	어린이집 영아반운영비 등 지원	336,000	가족정책과	5	6	7	8	7	1	1	2
489	서울 강서구	어린이집 영아반운영비 등 지원	20,000	가족정책과	5	6	7	8	7	1	1	2
490	서울 강서구	어린이집 영아반운영비 등 지원	7,200	가족정책과	5	6	7	8	7	1	1	2
491	서울 강서구	어린이집 영아반운영비 등 지원	10,929	가족정책과	5	6	7	8	7	1	1	2
492	서울 강서구	보육교사 보수교육비 지원	33,600	가족정책과	5	8	7	8	7	1	1	2
493	서울 강서구	방과후어린이집 운영지원	74,400	가족정책과	5	8	7	8	7	1	1	2
494	서울 강서구	장애아통합어린이집 운영지원	297,568	가족정책과	5	8	7	8	7	1	1	2
495	서울 강서구	어린이집 교재교구비 지원	196,856	가족정책과	5	2	7	8	7	5	1	4
496	서울 강서구	시간제보육사업	355,320	가족정책과	5	2	6	3	7	3	3	1
497	서울 강서구	어린이집 공기청정기 렌탈비 지원	521,076	가족정책과	5	6	7	8	7	5	1	4
498	서울 강서구	어르신 문화교실(노인교실) 운영	94,500	어르신복지과	5	7	7	8	7	1	1	1
499	서울 강서구	어르신사랑방(경로당) 운영비 지원	1,198,000	어르신복지과	5	1	7	8	7	1	1	4
500	서울 강서구	어르신사랑방(경로당) 활성화 지원	210,600	어르신복지과	5	7	7	8	7	1	1	1
501	서울 강서구	어르신사랑방(경로당) 활성화 지원	74,100	어르신복지과	5	6	7	8	7	1	1	1
502	서울 강서구	어르신사랑방(경로당) 활성화 지원	48,120	어르신복지과	5	7	7	8	7	1	1	1

순번	시군구	지출명 (사업명)	2021년예산 (단위:천원/1년간)	담당자 (공무원)	민간이전 분류 (지방자치단체 세출예산 집행기준에 의거)	민간이전지출 근거 (지방보조금 관리기준 참고)	입찰방식			운영예산 산정		성과평가 실시여부
				담당부서	1. 민간경상사업보조(307-02) 2. 민간단체 법정운영비보조(307-03) 3. 민간행사사업보조(307-04) 4. 민간위탁금(307-05) 5. 사회복지시설 법정운영비보조(307-10) 6. 민간인위탁교육비(307-12) 7. 공기관등에대한경상적위탁사업비(308-10) 8. 민간자본사업보조,자체재원(402-01) 9. 민간자본사업보조,이전재원(402-02) 10. 민간위탁사업비(402-03) 11. 공기관등에 대한 자본적 대행사업비(403-02)	1. 법률에 규정 2. 국고보조 재원(국가지정) 3. 용도 지정 기부금 4. 조례에 직접규정 5. 지자체가 권장하는 사업을 하는 공공기관 6. 시,도 정책 및 재정사정 7. 기타 8. 해당없음	계약체결방법 (경쟁형태) 1. 일반경쟁 2. 제한경쟁 3. 지명경쟁 4. 수의계약 5. 법정위탁 6. 기타 ( ) 7. 해당없음	계약기간 1. 1년 2. 2년 3. 3년 4. 4년 5. 5년 6. 기타 ( )년 7. 단기계약 (1년미만) 8. 해당없음	낙찰자선정방법 1. 적격심사 2. 협상에의한계약 3. 최저가낙찰제 4. 규격가격분리 5. 2단계 경쟁입찰 6. 기타 ( ) 7. 해당없음	운영예산 산정 1. 내부산정 (지자체 자체적으로 산정) 2. 외부산정 (외부전문기관위탁 산정) 3. 내·외부 모두 산정 4. 산정 無 5. 해당없음	정산방법 1. 내부정산 (지자체 내부적으로 정산) 2. 외부정산 (외부전문기관위탁 정산) 3. 내·외부 모두 산정 4. 정산 無 5. 해당없음	1. 실시 2. 미실시 3. 향후 추진 4. 해당없음
503	서울 구로구	어린이집 운영비 지원	19,675	여성정책과	5	2	7	8	7	5	1	2
504	서울 구로구	어린이집 간식비 및 복리후생비 지원	23,639	여성정책과	5	7	7	8	7	5	1	2
505	서울 구로구	어린이집 냉난방비 지원	297,000	여성정책과	5	7	7	8	7	5	1	2
506	서울 구로구	보육교직원 인건비 지원	17,964	여성정책과	5	2	7	8	7	5	1	2
507	서울 구로구	장애아 통합 어린이집 운영	345,452	여성정책과	5	2	7	8	7	5	1	2
508	서울 구로구	어린이집 운영개선 인건비 지원	37,006	여성정책과	5	2	7	8	7	5	1	2
509	서울 구로구	방과후 어린이집 운영 지원	71,400	여성정책과	5	2	7	8	7	5	1	2
510	서울 구로구	서울형어린이집 운영지원	42,651	여성정책과	5	2	7	8	7	5	1	2
511	서울 구로구	어린이집 운영지원	38,352	여성정책과	5	2	7	8	7	5	1	2
512	서울 구로구	만3~5세아 담임수당	46,307	여성정책과	5	2	7	8	7	5	1	2
513	서울 구로구	시간제보육서비스 제공지원	172,600	여성정책과	5	2	7	8	7	5	1	2
514	서울 구로구	보육교직원 처우개선 지원	7,936	여성정책과	5	2	7	8	7	5	1	2
515	서울 구로구	공기청정기 운영비 지원	394,538	여성정책과	5	2	7	8	7	5	1	2
516	서울 구로구	어린이집 운영지원	262,080	여성정책과	5	2	7	8	7	5	1	2
517	서울 구로구	아이돌봄지원	31,722	여성정책과	5	2	7	8	7	5	1	2
518	서울 구로구	건강가정지원센터 운영	389,631	여성정책과	5	2	7	8	7	5	1	2
519	서울 구로구	오류마을	1,770,000	어르신청소년과	5	7	7	8	7	5	5	4
520	서울 구로구	예델마을	179,000	어르신청소년과	5	7	7	8	7	5	5	4
521	서울 구로구	다함께돌봄	216,100	어르신청소년과	5	2	7	8	7	5	1	2
522	서울 구로구	지역아동센터 운영	253,200	어르신청소년과	5	2	7	8	7	5	1	2
523	서울 구로구	경로당 운영지원	924,000	어르신청소년과	5	4	7	8	7	1	1	2
524	서울 구로구	노인교실 운영	72,000	어르신청소년과	5	4	7	8	7	1	1	2
525	서울 구로구	경로당 냉난방비 및 양곡비 지원	457,600	어르신청소년과	5	4	7	8	7	1	1	2
526	서울 구로구	경로당 순회프로그램 관리자 운영	102,050	어르신청소년과	5	4	7	8	7	1	1	2
527	서울 구로구	대한노인회 구로구지회 운영	24,000	어르신청소년과	5	1	7	8	7	1	1	1
528	서울 구로구	사회복지협의회 운영 지원	70,600	복지정책과	5	1	7	8	7	1	1	4
529	서울 구로구	장애인편의증진기술지원센터 운영	115,326	사회복지과	5	1	5	8	7	5	1	1
530	서울 구로구	구로구 장애인직업재활작업장 운영	12,000	사회복지과	5	1	7	8	7	1	1	4
531	서울 구로구	장애인전산교육장 운영	106,355	사회복지과	5	1	5	8	7	1	1	1
532	서울 구로구	장애인복지시설 운영비 지원	36,000	사회복지과	5	4	7	8	7	1	1	2
533	서울 구로구	장애인복지시설 운영비 지원	11,760	사회복지과	5	1	7	8	7	1	1	4
534	서울 구로구	장애인복지시설 운영비 지원	41,600	사회복지과	5	1	7	8	7	1	1	4
535	서울 구로구	장애인복지시설 운영비 지원	24,790	사회복지과	5	6	7	8	7	1	1	4
536	서울 구로구	장애인단체 지원	19,200	사회복지과	5	6	7	8	7	1	1	4
537	서울 구로구	장애인종합복지관 운영비 지원	2,955,000	사회복지과	5	1	7	8	7	1	1	4
538	서울 구로구	자활사업	661,999	사회복지과	5	2	5	8	7	5	5	1
539	서울 구로구	자활사업	28,866	사회복지과	5	2	5	8	7	5	5	1
540	서울 구로구	자활사업	35,190	사회복지과	5	2	5	8	7	5	5	1
541	서울 금천구	금천푸드뱅크마켓 운영	206,730	복지정책과	5	1	6	5	6	1	1	4
542	서울 금천구	자활지원센터 운영	415,710	복지지원과	5	2	1	1	1	1	1	1
543	서울 금천구	경로당 특별 냉난방비 등 지원	105,280	어르신장애인과	5	2	7	8	7	5	1	2
544	서울 금천구	금천장애인종합복지관 운영	15,856	어르신장애인과	5	1	7	8	7	1	1	4

순번	시군구	지출명 (사업명)	2021년예산 (단위:천원/1년간)	담당자 (공무원) 담당부서	민간이전 분류 (지방자치단체 세출예산 집행기준에 의거) 1. 민간경상사업보조(307-02) 2. 민간단체 법정운영비보조(307-03) 3. 민간행사사업보조(307-04) 4. 민간위탁금(307-05) 5. 사회복지시설 법정운영비보조(307-10) 6. 민간인위탁교육비(307-12) 7. 공기관등에대한경상적위탁사업비(308-10) 8. 민간자본사업보조,자체재원(402-01) 9. 민간자본사업보조,이전재원(402-02) 10. 민간위탁사업비(402-03) 11. 공기관등에 대한 자본적 대행사업비(403-02)	민간이전지출 근거 (지방보조금 관리기준 참고) 1. 법률에 규정 2. 국고보조 재원(국가지정) 3. 용도 지정 기부금 4. 조례에 직접규정 5. 지자체가 권장하는 사업을 하는 공공기관 6. 시,도 정책 및 재정사정 7. 기타 8. 해당없음	입찰방식 계약체결방법 (경쟁형태) 1. 일반경쟁 2. 제한경쟁 3. 지명경쟁 4. 수의계약 5. 법정위탁 6. 기타 ( ) 7. 해당없음	입찰방식 계약기간 1. 1년 2. 2년 3. 3년 4. 4년 5. 5년 6. 기타 ( )년 7. 단기계약 (1년미만) 8. 해당없음	입찰방식 낙찰자선정방법 1. 적격심사 2. 협상에의한계약 3. 최저가낙찰제 4. 규격가격분리 5. 2단계 경쟁입찰 6. 기타 ( ) 7. 해당없음	운영예산 산정 운영예산 산정 1. 내부산정 (지자체 자체적으로 산정) 2. 외부산정 (외부전문기관위탁 산정) 3. 내·외부 모두 산정 4. 산정 無 5. 해당없음	운영예산 산정 정산방법 1. 내부정산 (지자체 내부적으로 정산) 2. 외부정산 (외부전문기관위탁 정산) 3. 내·외부 모두 산정 4. 정산 無 5. 해당없음	성과평가 실시여부 1. 실시 2. 미실시 3. 향후 추진 4. 해당없음
545	서울 금천구	장애인복지시설 지원	223,621	어르신장애인과	5	1	7	8	7	1	1	4
546	서울 영등포구	교육복지센터 운영	13,200	미래교육과	5	1	7	8	7	1	1	2
547	서울 영등포구	종합사회복지관 운영	19,459	복지정책과	5	1	1	5	1	1	1	1
548	서울 영등포구	사회복지협의회 지원	225,222	복지정책과	5	1	7	8	7	1	1	1
549	서울 영등포구	지역사회보장협의체 운영	47,690	복지정책과	5	1	7	8	7	1	1	4
550	서울 영등포구	지역자활센터종사자 수당	44,346	사회복지과	5	2	6	8	6	1	1	1
551	서울 영등포구	지역자활센터 운영	363,354	사회복지과	5	2	6	8	6	1	1	1
552	서울 영등포구	자활사례관리	28,866	사회복지과	5	2	6	8	6	1	1	1
553	서울 영등포구	보훈회관 운영	57,632	사회복지과	5	1	7	8	7	1	1	4
554	서울 영등포구	보훈대상자 위문 및 행사	25,000	사회복지과	5	1	7	8	7	1	1	4
555	서울 영등포구	지체장애인 편의시설지원센터 운영	104,190	사회복지과	5	1	4	3	1	1	1	1
556	서울 영등포구	발달장애인평생교육센터 운영	70,000	사회복지과	5	1	1	3	1	1	1	3
557	서울 영등포구	장애인 복지시설 운영 지원	**135,988**	**사회복지과**	5	6	3	8	7	1	1	3
558	서울 영등포구	어린이집 보육교직원 역량 강화	40,000	보육지원과	5	6	7	8	7	1	1	2
559	서울 영등포구	시간제보육서비스 제공지원	128,920	보육지원과	5	1	7	8	7	1	1	1
560	서울 영등포구	방과 후 보육시설 운영지원	60,000	보육지원과	5	4	7	8	7	1	1	2
561	서울 영등포구	보육교직원 인건비 지원	16,162	보육지원과	5	2	7	8	7	1	1	2
562	서울 영등포구	장애아 통합보육 활성화	255,780	보육지원과	5	4	7	8	7	1	1	2
563	서울 영등포구	국공립 어린이집 운영지원	469,560	보육지원과	5	6	7	8	7	1	1	2
564	서울 영등포구	보육교직원 처우개선 지원	38,947	보육지원과	5	2	7	8	7	1	1	2
565	서울 영등포구	누리과정 운영비 지원	43,155	보육지원과	5	4	7	8	7	1	1	2
566	서울 영등포구	어린이집 교원 보수교육	28,000	보육지원과	5	2	7	8	7	1	1	2
567	서울 영등포구	영유아 보육료 지원	32,544	보육지원과	5	2	7	8	7	1	1	2
568	서울 영등포구	누리과정 보육료지원	11,361	보육지원과	5	4	7	8	7	1	1	2
569	서울 영등포구	방과후 보육료	716,000	보육지원과	5	4	7	8	7	1	1	2
570	서울 영등포구	민간 가정 어린이집 운영 지원	1,419,000	보육지원과	5	6	7	8	7	1	1	2
571	서울 영등포구	어린이집 지원	479,714	보육지원과	5	4	7	8	7	1	1	2
572	서울 영등포구	보육교직원 처우개선 지원	60,291	보육지원과	5	2	7	8	7	1	1	2
573	서울 영등포구	어린이집 운영지원	33,451	보육지원과	5	4	7	8	7	1	1	2
574	서울 영등포구	보육교직원 처우개선 지원	38,765	보육지원과	5	4	7	8	7	1	1	2
575	서울 영등포구	특화보육 지원	778,112	보육지원과	5	4	7	8	7	1	1	2
576	서울 영등포구	직접채용 대체교사 운영지원	229,080	보육지원과	5	2	7	8	7	1	1	2
577	서울 영등포구	도농상생 공공급식센터 운영	258,000	보육지원과	5	4	7	8	7	5	5	4
578	서울 영등포구	하정어린이집 임시이전	7,260	보육지원과	5	1	7	8	7	5	5	4
579	서울 영등포구	지역아동센터 운영	110,400	아동청소년복지과	5	2	7	8	7	1	1	4
580	서울 영등포구	경로당 운영지원	879,408	어르신복지과	5	1	7	8	7	5	5	4
581	서울 영등포구	경로당 냉난방비 및 양곡비 지원	228,876	어르신복지과	5	1	7	8	7	5	5	4
582	서울 영등포구	경로당 프로그램 활성화	84,775	어르신복지과	5	1	7	8	7	1	1	4
583	서울 영등포구	노인교실 운영비 지원	74,950	어르신복지과	5	7	7	8	7	1	1	4
584	서울 영등포구	영등포 시니어클럽 운영	342,072	어르신복지과	5	1	6	5	6	1	1	1
585	서울 영등포구	영등포 시니어클럽 운영	24,000	어르신복지과	5	1	6	5	6	1	1	1
586	서울 동작구	푸드뱅크마켓 센터 운영지원	198,844	복지정책과	5	1	5	5	7	1	1	1

순번	시군구	지출명 (사업명)	2021년예산 (단위:천원/1년간)	담당자 (공무원) 담당부서	민간이전 분류 (지방자치단체 세출예산 집행기준에 의거) 1. 민간경상사업보조(307-02) 2. 민간단체 법정운영비보조(307-03) 3. 민간행사사업보조(307-04) 4. 민간위탁금(307-05) 5. 사회복지시설 법정운영비보조(307-10) 6. 민간인위탁교육비(307-12) 7. 공기관등에대한경상적위탁사업비(308-10) 8. 민간자본사업보조,자체재원(402-01) 9. 민간자본사업보조,이전재원(402-02) 10. 민간위탁사업비(402-03) 11. 공기관등에 대한 자본적 대행사업비(403-02)	민간이전지출 근거 (지방보조금 관리기준 참고) 1. 법률에 규정 2. 국고보조 재원(국가지정) 3. 용도 지정 기부금 4. 조례에 직접규정 5. 지자체가 권장하는 사업을 하는 공공기관 6. 시,도 정책 및 재정사정 7. 기타 8. 해당없음	입찰방식 계약체결방법 (경쟁형태) 1. 일반경쟁 2. 제한경쟁 3. 지명경쟁 4. 수의계약 5. 법정위탁 6. 기타 ( ) 7. 해당없음	입찰방식 계약기간 1. 1년 2. 2년 3. 3년 4. 4년 5. 5년 6. 기타 ( )년 7. 단기계약 (1년미만) 8. 해당없음	입찰방식 낙찰자선정방법 1. 적격심사 2. 협상에의한계약 3. 최저가낙찰제 4. 규격가격분리 5. 2단계 경쟁입찰 6. 기타 ( ) 7. 해당없음	운영예산 산정 운영예산 산정 1. 내부산정 (지자체 자체적으로 산정) 2. 외부산정 (외부전문기관위탁 산정) 3. 내·외부 모두 산정 4. 산정 無 5. 해당없음	운영예산 산정 정산방법 1. 내부정산 (지자체 내부적으로 정산) 2. 외부정산 (외부전문기관위탁 정산) 3. 내·외부 모두 산정 4. 정산 無 5. 해당없음	성과평가 실시여부 1. 실시 2. 미실시 3. 향후 추진 4. 해당없음
587	서울 동작구	동작종합사회복지관 위탁 운영지원	62,931	복지정책과	5	1	1	5	1	1	1	3
588	서울 동작구	장애인복지시설운영비	8,400	어르신장애인과	5	1	7	8	7	1	1	1
589	서울 동작구	장애인복지시설 운영지원	21,548	어르신장애인과	5	1	1	5	1	1	1	1
590	서울 관악구	관악푸드뱅크·마켓운영지원	198,226	복지정책과	5	1	5	5	1	1	1	1
591	서울 관악구	사회복지관 운영 지원	53,339	복지정책과	5	1	1	5	7	3	1	2
592	서울 관악구	사회복지관 운영 지원	53,339	복지정책과	5	1	1	5	7	3	1	2
593	서울 관악구	사회복지관 운영 지원	53,339	복지정책과	5	1	1	5	7	3	1	2
594	서울 관악구	사회복지관 운영 지원	53,339	복지정책과	5	1	1	5	7	3	1	2
595	서울 관악구	사회복지관 운영 지원	53,339	복지정책과	5	1	1	5	7	3	1	2
596	서울 관악구	지역자활센터 운영 지원	888,410	생활복지과	5	2	7	8	7	5	5	4
597	서울 관악구	자활사례관리	57,732	생활복지과	5	2	7	8	7	5	5	4
598	서울 관악구	보육교직원 인건비 지원	15,299	여성가족과	5	1	7	8	7	5	5	4
599	서울 관악구	보육교직원 인건비 지원	30,662	여성가족과	5	1	7	8	7	5	5	4
600	서울 관악구	시간제보육시설 운영지원	203,180	여성가족과	5	1	7	8	7	5	5	4
601	서울 관악구	장애아통합시설 운영지원	259,972	여성가족과	5	1	7	8	7	5	5	4
602	서울 관악구	보조교사 및 보육도우미 지원	60,821	여성가족과	5	2	7	8	7	1	1	4
603	서울 관악구	어린이집 대체교사 지원	235,872	여성가족과	5	2	7	8	7	1	1	4
604	서울 관악구	어린이집 교재교구비 지원	118,638	여성가족과	5	2	7	8	7	1	1	4
605	서울 관악구	어린이집 운영지원	32,894	여성가족과	5	4	7	8	7	1	1	1
606	서울 관악구	어린이집 공기청정기 지원	343,565	여성가족과	5	4	7	8	7	1	1	3
607	서울 관악구	어린이집 식당 운영지원	78,000	여성가족과	5	4	7	8	7	1	1	1
608	서울 관악구	어린이집 냉난방비 지원	40,000	여성가족과	5	4	7	8	7	1	1	3
609	서울 관악구	영유아 급간식비 지원	1,033,200	여성가족과	5	4	7	8	7	1	1	1
610	서울 관악구	방과후교실 운영지원	74,400	여성가족과	5	4	7	8	7	1	1	3
611	서울 관악구	특화보육 지원	42,413	여성가족과	5	4	7	8	7	1	1	3
612	서울 관악구	방과후 보육료	48,233	여성가족과	5	4	7	8	7	1	1	3
613	서울 관악구	담임교사지원비 및 교사겸직원장 지원	31,642	여성가족과	5	2	7	8	7	1	1	4
614	서울 관악구	어린이집 보육교직원 처우개선 지원	31,151	여성가족과	5	4	7	8	7	1	1	3
615	서울 관악구	누리과정 담임수당 지원	36,706	여성가족과	5	4	7	8	7	1	1	3
616	서울 관악구	보육교직원 자기개발비 지원	922,800	여성가족과	5	4	7	8	7	1	1	1
617	서울 관악구	건강가정지원센터 운영	372,838	여성가족과	5	1	1	3	1	1	1	1
618	서울 관악구	1인가구 지원사업	40,000	여성가족과	5	4	1	3	1	1	1	1
619	서울 관악구	다문화가족지원센터 운영	306,454	여성가족과	5	1	1	3	1	1	1	1
620	서울 관악구	시간제보육시설 운영지원	203,180	여성가족과	5	1	7	8	7	5	5	4
621	서울 관악구	장애아통합시설 운영지원	259,972	여성가족과	5	1	7	8	7	5	5	4
622	서울 관악구	우리동네 보육반장 운영	58,630	여성가족과	5	2	1	8	1	5	5	1
623	서울 관악구	보육교직원 보수교육 지원	491,710	여성가족과	5	1	7	8	7	5	5	1
624	서울 관악구	관악구청 직장어린이집 운영지원	247,000	여성가족과	5	1	1	5	1	3	1	1
625	서울 관악구	육아종합지원센터 운영지원	263,000	여성가족과	5	1	1	3	1	1	1	1
626	서울 관악구	담임교사지원비 및 교사겸직원장 지원	3,000,000	여성가족과	5	2	7	8	7	5	5	1
627	서울 관악구	담임교사지원비 및 교사겸직원장 지원	164,220	여성가족과	5	2	7	8	7	5	5	1
628	서울 관악구	관악구장애인종합복지관운영지원	1,759,000	장애인복지과	5	1	7	8	7	5	1	4

순번	시군구	지출명 (사업명)	2021년예산 (단위:천원/1년간)	담당자 (공무원)	민간이전 분류 (지방자치단체 세출예산 집행기준에 의거)	민간이전지출 근거 (지방보조금 관리기준 참고)	입찰방식			운영예산 산정		성과평가 실시여부
				담당부서	1. 민간경상사업보조(307-02) 2. 민간단체 법정운영비보조(307-03) 3. 민간행사사업보조(307-04) 4. 민간위탁금(307-05) 5. 사회복지시설 법정운영비보조(307-10) 6. 민간인위탁교육비(307-12) 7. 공기관등에대한경상적위탁사업비(308-10) 8. 민간자본사업보조,자체재원(402-01) 9. 민간자본사업보조,이전재원(402-02) 10. 민간위탁사업비(402-03) 11. 공기관등에 대한 자본적 대행사업비(403-02)	1. 법률에 규정 2. 국고보조 재원(국가지정) 3. 용도 지정 기부금 4. 조례에 직접규정 5. 지자체가 권장하는 사업을 하는 공공기관 6. 시,도 정책 및 재정사정 7. 기타 8. 해당없음	계약체결방법 (경쟁형태) 1. 일반경쟁 2. 제한경쟁 3. 지명경쟁 4. 수의계약 5. 법정위탁 6. 기타 ( ) 7. 해당없음	계약기간 1. 1년 2. 2년 3. 3년 4. 4년 5. 5년 6. 기타 ( )년 7. 단기계약 (1년미만) 8. 해당없음	낙찰자선정방법 1. 적격심사 2. 협상에의한계약 3. 최저가낙찰제 4. 규격가격분리 5. 2단계 경쟁입찰 6. 기타 ( ) 7. 해당없음	운영예산 산정 1. 내부산정 (지자체 자체적으로 산정) 2. 외부산정 (외부전문기관위탁 산정) 3. 내·외부 모두 산정 4. 산정 無 5. 해당없음	정산방법 1. 내부정산 (지자체 내부적으로 정산) 2. 외부정산 (외부전문기관위탁 정산) 3. 내·외부 모두 산정 4. 정산 無 5. 해당없음	1. 실시 2. 미실시 3. 향후 추진 4. 해당없음
629	서울 관악구	실로암시각장애인복지관운영지원	19,387	장애인복지과	5	1	7	8	7	5	1	4
630	서울 관악구	경로당 운영 지원	663,700	노인청소년과	5	4	7	8	7	1	1	1
631	서울 관악구	경로당 냉·난방비 지원	164,724	노인청소년과	5	4	7	8	7	1	1	1
632	서울 관악구	노인교실 운영	52,400	노인청소년과	5	4	7	8	7	1	1	1
633	서울 관악구	지역아동센터 종사자 처우개선비 지원	67,200	노인청소년과	5	4	7	8	7	1	1	1
634	서울 관악구	지역아동센터 운영비 지원	261,000	노인청소년과	5	4	7	8	7	1	1	1
635	서울 관악구	지역아동센터 토요운영프로그램 지원	15,600	노인청소년과	5	4	7	8	7	1	1	1
636	서울 관악구	미세먼지 및 실내공기질 관리	1,466,000	녹색환경과	5	4	7	8	7	1	1	4
637	서울 서초구	요양보호사 처우개선비	69,300	어르신행복과	5	1	7	8	7	5	5	4
638	서울 송파구	여성쉼터 운영	5,400	여성보육과	5	4	4	5	1	1	1	4
639	서울 송파구	보육교직원 인건비 지원	26,046	여성보육과	5	2	7	8	7	5	5	4
640	서울 송파구	보육교직원 처우개선 지원	13,624	여성보육과	5	2	7	8	7	5	5	4
641	서울 송파구	영유아보육료 지원	60,793	여성보육과	5	2	7	8	7	5	5	4
642	서울 송파구	3~5세 누리과정 보육료 지원	17,320	여성보육과	5	2	7	8	7	5	5	4
643	서울 송파구	방과후보육료 지원	20,868	여성보육과	5	2	7	8	7	5	5	4
644	서울 송파구	어린이집 교원 보수교육비 지원	39,200	여성보육과	5	2	7	8	7	5	5	4
645	서울 송파구	어린이집 지원	194,230	여성보육과	5	2	7	8	7	5	5	4
646	서울 송파구	어린이집 지원	58,546	여성보육과	5	2	7	8	7	5	5	4
647	서울 송파구	어린이집 직접 채용 대체교사 지원	366,913	여성보육과	5	2	7	8	7	5	5	4
648	서울 송파구	누리과정 담임수당 및 운영비 지원	57,726	여성보육과	5	2	7	8	7	5	5	4
649	서울 송파구	어린이집 운영 지원	18,047	여성보육과	5	4	7	8	7	5	5	4
650	서울 송파구	장애아통합보육시설 운영 지원	279,652	여성보육과	5	4	7	8	7	5	5	4
651	서울 송파구	다문화통합어린이집 운영 지원	3,600,000	여성보육과	5	6	7	8	7	5	5	4
652	서울 송파구	어린이집 보육교직원 복리후생비 지원	24,960	여성보육과	5	4	7	8	7	5	5	4
653	서울 송파구	어린이집 보육교사 장기근속수당 지원	100,000	여성보육과	5	4	7	8	7	5	5	4
654	서울 송파구	어린이집 영아간식비 지원	608,760	여성보육과	5	4	7	8	7	5	5	4
655	서울 송파구	어린이집 냉·난방비 지원	114,080	여성보육과	5	4	7	8	7	5	5	4
656	서울 송파구	장애아통합 및 아토피어린이집 운영 지원	1,733,000	여성보육과	5	5	7	8	7	5	5	4
657	서울 송파구	숲 어린이집 운영 지원	4,800,000	여성보육과	5	5	7	8	7	5	5	4
658	서울 송파구	시간제보육서비스 제공지원	263,840	여성보육과	5	2	5	3	6	1	1	1
659	서울 송파구	어린이집 공기청정기 설치 지원	516,720	여성보육과	5	6	7	8	7	1	1	2
660	서울 송파구	어린이집 명절휴가비 지원	171,000	여성보육과	5	4	7	8	7	5	5	4
661	서울 송파구	사회복지시설 종사자 보수교육비 및 상해보험료 등 지원	29,800	복지정책과	5	1	7	8	7	1	1	1
662	서울 송파구	경로식당 지원	635,576	어르신복지과	5	1	1	8	1	3	3	1
663	서울 송파구	경로당 활성화 사업	342,810	어르신복지과	5	2	7	8	7	1	1	4
664	서울 송파구	경로당 운영비 지원	15,557	어르신복지과	5	2	7	8	7	1	1	4
665	서울 송파구	송파노인종합복지관 운영	1,506,000	어르신복지과	5	1	1	5	1	3	3	1
666	서울 송파구	송파시니어클럽 운영	472,072	어르신복지과	5	1	6	5	1	3	3	1
667	서울 송파구	송파실벗뜨락 운영	388,960	어르신복지과	5	1	1	5	1	3	3	1
668	서울 송파구	구립 통합형 재가장기요양기관 설치 운영	68,900	어르신복지과	5	1	7	8	7	5	5	4
669	서울 송파구	지역아동센터 운영	369,565	아동돌봄청소년과	5	1	1	5	6	1	1	1
670	서울 송파구	지역아동센터 운영	369,565	아동돌봄청소년과	5	1	1	5	6	1	1	1

순번	시군구	지출명 (사업명)	2021년예산 (단위:천원/1년간)	담당자 (공무원)	민간이전 분류 (지방자치단체 세출예산 집행기준에 의거) 1. 민간경상사업보조(307-02) 2. 민간단체 법정운영비보조(307-03) 3. 민간행사사업보조(307-04) 4. 민간위탁금(307-05) 5. 사회복지시설 법정운영비보조(307-10) 6. 민간인위탁교육비(307-12) 7. 공기관등에대한경상적위탁사업비(308-10) 8. 민간자본사업보조,자체재원(402-01) 9. 민간자본사업보조,이전재원(402-02) 10. 민간위탁사업비(402-03) 11. 공기관등에 대한 자본적 대행사업비(403-02)	민간이전지출 근거 (지방보조금 관리기준 참고) 1. 법률에 규정 2. 국고보조 재원(국가지정) 3. 용도 지정 기부금 4. 조례에 직접규정 5. 지자체가 권장하는 사업을 하는 공공기관 6. 시,도 정책 및 재정사정 7. 기타 8. 해당없음	입찰방식			운영예산 산정		성과평가 실시여부
				담당부서			계약체결방법 (경쟁형태) 1. 일반경쟁 2. 제한경쟁 3. 지명경쟁 4. 수의계약 5. 법정위탁 6. 기타 ( ) 7. 해당없음	계약기간 1. 1년 2. 2년 3. 3년 4. 4년 5. 5년 6. 기타 ( )년 7. 단기계약 (1년미만) 8. 해당없음	낙찰자선정방법 1. 적격심사 2. 협상에의한계약 3. 최저가낙찰제 4. 규격가격분리 5. 2단계 경쟁입찰 6. 기타 ( ) 7. 해당없음	운영예산 산정 1. 내부산정 (지자체 자체적으로 산정) 2. 외부산정 (외부전문기관위탁 산정) 3. 내·외부 모두 산정 4. 산정 無 5. 해당없음	정산방법 1. 내부정산 (지자체 내부적으로 정산) 2. 외부정산 (외부전문기관위탁 정산) 3. 내·외부 모두 산정 4. 정산 無 5. 해당없음	1. 실시 2. 미실시 3. 향후 추진 4. 해당없음
671	서울 송파구	청소년공부방 운영	77,000	아동돌봄청소년과	5	1	1	3	7	1	1	1
672	서울 송파구	구립 장애인보호작업장 시설 운영	10,000	장애인복지과	5	1	1	5	1	1	1	4
673	서울 송파구	장애인복지관 운영	42,631	장애인복지과	5	6	1	5	7	2	1	1
674	서울 송파구	중증장애인자립생활지원센터 운영 지원	122,085	장애인복지과	5	4	7	1	7	1	3	1
675	서울 강동구	경로당 운영비	1,012,872	어르신복지과	5	1	5	8	7	1	1	1
676	서울 강동구	경로당 냉난방비 및 양곡비	150,680	어르신복지과	5	1	5	8	7	1	1	1
677	서울 강동구	구립어르신회관 운영지원	44,280	어르신복지과	5	1	5	8	7	1	1	1
678	서울 강동구	경로당 활성화	188,461	어르신복지과	5	4	5	8	7	1	1	1
679	서울 강동구	성가정어르신복지관 운영지원	30,000	어르신복지과	5	1	5	5	6	1	1	1
680	서울 강동구	노인맞춤돌봄서비스사업 인건비지원	21,434	어르신복지과	5	2	5	1	1	1	1	1
681	서울 강동구	노인맞춤돌봄서비스사업 인건비지원	21,434	어르신복지과	5	2	5	1	1	1	1	1
682	서울 강동구	지역아동센터 운영지원	177,440	아동청소년과	5	1	1	5	1	1	1	1
683	서울 강동구	다함께돌봄	120,330	아동청소년과	5	1	1	5	1	1	1	3
684	서울 강동구	강동 커리어플러스센터	320,000	장애인복지과	5	5	1	3	1	1	1	1
685	서울 강동구	장애인자립생활지원센터 지원	135,000	장애인복지과	5	4	7	8	7	1	1	1
686	서울 강동구	장애인복지관 운영지원	57,020	장애인복지과	5	1	7	8	7	1	1	1
687	서울 강동구	수어통역센터 운영지원	340,000	장애인복지과	5	1	7	8	7	3	1	4
688	서울 강동구	개인시설 운영지원	26,400	장애인복지과	5	4	7	8	7	1	1	4
689	경기 수원시	민간푸드뱅크 운영	163,300	사회복지과	5	6	7	8	7	1	1	3
690	경기 수원시	보육교직원 처우개선 지원	20,475	보육아동과	5	1	1	1	1	3	3	1
691	경기 수원시	시간제보육서비스 제공지원	378,840	보육아동과	5	1	1	1	1	3	1	1
692	경기 수원시	시군 육아종합지원센터 놀이지도사 배치	163,308	보육아동과	5	1	1	1	1	3	1	1
693	경기 수원시	야간시간제 보육지원	26,900	보육아동과	5	1	1	1	1	3	1	1
694	경기 수원시	정부지원시설 운영 지원	458,950	보육아동과	5	4	7	8	7	1	1	1
695	경기 수원시	보육교직원 인건비 지원	12,894	보육아동과	5	2	7	8	7	1	1	1
696	경기 수원시	어린이집 운영 지원	240,000	보육아동과	5	2	7	8	7	1	1	1
697	경기 수원시	어린이집 운영비 지원	16,507	보육아동과	5	4	7	8	7	1	1	1
698	경기 수원시	공공형 어린이집 운영비	1,250,000	보육아동과	5	2	7	8	7	1	1	1
699	경기 수원시	공공형 어린이집 인건비 지원	367,200	보육아동과	5	4	7	8	7	1	1	1
700	경기 수원시	어린이집 운영	498,400	보육아동과	5	2	7	8	7	1	1	1
701	경기 수원시	어린이집 운영	264,000	보육아동과	5	2	7	8	7	1	1	1
702	경기 수원시	보육교직원 처우개선 지원	17,498	보육아동과	5	2	7	8	7	1	1	1
703	경기 수원시	보육교직원 인건비 지원	51,927	보육아동과	5	2	7	8	7	1	1	1
704	경기 수원시	가정·민간어린이집 조리원 인건비	480,000	보육아동과	5	4	7	8	7	1	1	1
705	경기 수원시	수원형 우수어린이집 지원	346,000	보육아동과	5	4	7	8	7	1	1	1
706	경기 수원시	공공형 어린이집 운영활성화 지원	374,760	보육아동과	5	4	7	8	7	1	1	1
707	경기 수원시	가정·민간 조리원 인건비 지원	21,600	보육아동과	5	4	7	8	7	1	1	1
708	경기 수원시	어린이집 공기청정기 지원	429,458	보육아동과	5	4	7	8	7	1	1	1
709	경기 수원시	어린이집 운영 지원	36,115	보육아동과	5	4	7	8	7	1	1	1
710	경기 수원시	정부지원시설 야간보육 지원	373,404	보육아동과	5	4	7	8	7	1	1	1
711	경기 수원시	야간연장 어린이집 운영 지원	681,600	보육아동과	5	4	7	8	7	1	1	1
712	경기 수원시	0세아전용 어린이집 운영 지원	1,072,800	보육아동과	5	4	7	8	7	1	1	1

순번	시군구	지출명 (사업명)	2021년예산 (단위:천원/1년간)	담당자 (공무원)	민간이전 분류 (지방자치단체 세출예산 집행기준에 의거)	민간이전지출 근거 (지방보조금 관리기준 참고)	입찰방식			운영예산 산정		성과평가 실시여부
				담당부서	1. 민간경상사업보조(307-02) 2. 민간단체 법정운영비보조(307-03) 3. 민간행사사업보조(307-04) 4. 민간위탁금(307-05) 5. 사회복지시설 법정운영비보조(307-10) 6. 민간인위탁교육비(307-12) 7. 공기관등에대한경상적위탁사업비(308-10) 8. 민간자본사업보조,자체재원(402-01) 9. 민간자본사업보조,이전재원(402-02) 10. 민간위탁사업비(402-03) 11. 공기관등에 대한 자본적 대행사업비(403-02)	1. 법률에 규정 2. 국고보조 재원(국가지정) 3. 용도 지정 기부금 4. 조례에 직접규정 5. 지자체가 권장하는 사업을 하는 공공기관 6. 시,도 정책 및 재정사정 7. 기타 8. 해당없음	계약체결방법 (경쟁형태) 1. 일반경쟁 2. 제한경쟁 3. 지명경쟁 4. 수의계약 5. 법정위탁 6. 기타 ( ) 7. 해당없음	계약기간 1. 1년 2. 2년 3. 3년 4. 4년 5. 5년 6. 기타 ( )년 7. 단기계약 (1년미만) 8. 해당없음	낙찰자선정방법 1. 적격심사 2. 협상에의한계약 3. 최저가낙찰제 4. 규격가격분리 5. 2단계 경쟁입찰 6. 기타 ( ) 7. 해당없음	운영예산 산정 1. 내부산정 (지자체 자체적으로 산정) 2. 외부산정 (외부전문기관위탁 산정) 3. 내·외부 모두 산정 4. 산정 無 5. 해당없음	정산방법 1. 내부정산 (지자체 내부적으로 정산) 2. 외부정산 (외부전문기관위탁 정산) 3. 내·외부 모두 산정 4. 정산 無 5. 해당없음	1. 실시 2. 미실시 3. 향후 추진 4. 해당없음
713	경기 수원시	외국인근로자 자녀보육 지원	172,800	보육아동과	5	4	7	8	7	1	1	1
714	경기 수원시	장애아 보조교사 인건비	316,800	보육아동과	5	4	7	8	7	1	1	1
715	경기 수원시	영아 표준보육과정 프로그램 지원	14,203	보육아동과	5	4	7	8	7	1	1	1
716	경기 수원시	장애아전문 어린이집 지원	2,000,000	보육아동과	5	4	7	8	7	1	1	1
717	경기 수원시	대체인력 인건비	61,800	보육아동과	5	4	7	8	7	1	1	1
718	경기 수원시	보육교직원 처우개선 지원	1,312,000	보육아동과	5	4	7	8	7	1	1	1
719	경기 수원시	보육교직원 처우개선 지원	6,490	보육아동과	5	2	7	8	7	1	1	1
720	경기 수원시	장애아전문(통합) 특수교사수당	63,600	보육아동과	5	4	7	8	7	1	1	1
721	경기 수원시	아동양육시설 운영 지원	8,498	보육아동과	5	6	7	8	7	5	1	4
722	경기 수원시	요보호아동 그룹홈 운영	817,344	보육아동과	5	2	7	8	7	5	1	4
723	경기 수원시	학대피해아동쉼터 운영비,인건비,사업비	403,048	보육아동과	5	2	7	8	7	5	1	4
724	경기 수원시	학대피해아동쉼터 지원	49,408	보육아동과	5	6	7	8	7	5	1	4
725	경기 수원시	공동생활가정 시간외 근무수당	59,700	보육아동과	5	6	7	8	7	5	1	4
726	경기 수원시	지역아동센터 기본운영비 지원	48,953	보육아동과	5	2	7	8	7	5	1	4
727	경기 수원시	지역아동센터 급식종사자인건비	151,200	보육아동과	5	4	7	8	7	5	1	4
728	경기 수원시	지역아동센터 특수목적 운영	58,400	보육아동과	5	2	7	8	7	5	1	4
729	경기 수원시	지역아동센터 토요 운영비 지원	54,720	보육아동과	5	2	7	8	7	5	1	4
730	경기 수원시	지역아동센터 등하원안심알림이 이용료	22,156	보육아동과	5	2	7	8	7	5	1	4
731	경기 수원시	수원아동보호전문기관 운영	727,150	보육아동과	5	2	7	8	7	5	1	1
732	경기 수원시	지역아동보호전문기관 운영	131,685	보육아동과	5	6	7	8	7	5	1	1
733	경기 수원시	정신재활시설 운영 지원	22,947	장안구보건소 보건행정과	5	1	7	8	7	1	1	4
734	경기 수원시	민간어린이집 원장 처우개선비	170,880	장안구 가정복지과	5	4	7	8	7	1	1	1
735	경기 수원시	민간어린이집 난방비 지원	96,500	장안구 가정복지과	5	4	7	8	7	1	1	1
736	경기 수원시	민간어린이집 난방비	171,000	권선구 가정복지과	5	4	7	8	7	1	1	1
737	경기 수원시	민간어린이집 원장 처우개선	303,360	권선구 가정복지과	5	4	7	8	7	1	1	1
738	경기 수원시	어린이집 난방비	59,100	팔달구 가정복지과	5	5	7	8	7	1	1	3
739	경기 수원시	민간어린이집 원장 처우개선	112,320	팔달구 가정복지과	5	5	7	8	7	1	1	3
740	경기 성남시	푸드뱅크사업운영비	126,444	복지정책과	5	1	7	8	7	1	1	2
741	경기 성남시	푸드마켓사업운영비	109,029	복지정책과	5	1	7	8	7	1	1	2
742	경기 성남시	G-푸드드림사업	96,000	복지정책과	5	1	7	8	7	1	1	2
743	경기 성남시	지역자활센터 종사자 복지수당	10,200	복지정책과	5	1	5	1	7	1	1	1
744	경기 성남시	희망디자인 사업	32,000	복지정책과	5	1	5	1	7	1	1	1
745	경기 성남시	지역자활센터 운영 관리	650,701	복지정책과	5	1	5	1	7	1	1	1
746	경기 성남시	자활교육훈련경비	18,260	복지정책과	5	1	5	1	7	1	1	1
747	경기 성남시	통장사례관리자 운영	70,272	복지정책과	5	1	5	1	7	1	1	1
748	경기 성남시	자활사례관리	57,452	복지정책과	5	1	5	1	7	1	1	1
749	경기 성남시	지역자활센터 종사자 복지수당	10,200	복지정책과	5	1	5	1	7	1	1	1
750	경기 성남시	희망디자인 사업	32,000	복지정책과	5	1	5	1	7	1	1	1
751	경기 성남시	지역자활센터 운영 관리	650,701	복지정책과	5	1	5	1	7	1	1	1
752	경기 성남시	자활교육훈련경비	18,260	복지정책과	5	1	5	1	7	1	1	1
753	경기 성남시	통장사례관리자 운영	70,272	복지정책과	5	1	5	1	7	1	1	1
754	경기 성남시	자활사례관리	57,452	복지정책과	5	1	5	1	7	1	1	1

순번	시군구	지출명 (사업명)	2021년예산 (단위:천원/1년간)	담당자 (공무원)	민간이전 분류 (지방자치단체 세출예산 집행기준에 의거)	민간이전지출 근거 (지방보조금 관리기준 참고)	입찰방식			운영예산 산정		성과평가 실시여부
				담당부서	1. 민간경상사업보조(307-02) 2. 민간단체 법정운영비보조(307-03) 3. 민간행사사업보조(307-04) 4. 민간위탁금(307-05) 5. 사회복지시설 법정운영비보조(307-10) 6. 민간인위탁교육비(307-12) 7. 공기관등에대한경상적위탁사업비(308-10) 8. 민간자본사업보조,자체재원(402-01) 9. 민간자본사업보조,이전재원(402-02) 10. 민간위탁사업비(402-03) 11. 공기관등에 대한 자본적 대행사업비(403-02)	1. 법률에 규정 2. 국고보조 재원(국가지정) 3. 용도 지정 기부금 4. 조례에 직접규정 5. 지자체가 권장하는 사업을 하는 공공기관 6. 시,도 정책 및 재정사정 7. 기타 8. 해당없음	계약체결방법 (경쟁형태) 1. 일반경쟁 2. 제한경쟁 3. 지명경쟁 4. 수의계약 5. 법정위탁 6. 기타 ( ) 7. 해당없음	계약기간 1. 1년 2. 2년 3. 3년 4. 4년 5. 5년 6. 기타 ( )년 7. 단기계약 (1년미만) 8. 해당없음	낙찰자선정방법 1. 적격심사 2. 협상에의한계약 3. 최저가낙찰제 4. 규격가격분리 5. 2단계 경쟁입찰 6. 기타 ( ) 7. 해당없음	운영예산 산정 1. 내부산정 (지자체 자체적으로 산정) 2. 외부산정 (외부전문기관위탁 산정) 3. 내·외부 모두 산정 4. 산정 無 5. 해당없음	정산방법 1. 내부정산 (지자체 내부적으로 정산) 2. 외부정산 (외부전문기관위탁 정산) 3. 내·외부 모두 산정 4. 정산 無 5. 해당없음	1. 실시 2. 미실시 3. 향후 추진 4. 해당없음
755	경기 성남시	장애인거주시설 종사자 연장야간근로수당 지원	43,360	장애인복지과	5	6	7	8	7	1	1	4
756	경기 성남시	장애인 응급 365쉼터 운영비 지원	81,083	장애인복지과	5	6	7	8	7	1	1	4
757	경기 성남시	장애인편의시설 현장조사요원 운영	29,524	장애인복지과	5	1	7	8	7	1	1	4
758	경기 성남시	장애인생활시설 생활지도원 교대인력 증원	283,736	장애인복지과	5	2	7	8	7	1	1	4
759	경기 성남시	장애인생활시설 공기청정기 렌탈 지원	2,880,000	장애인복지과	5	2	7	8	7	1	1	4
760	경기 성남시	중증장애인자립생활센터 지원	466,467	장애인복지과	5	6	7	8	7	1	1	4
761	경기 성남시	노인요양시설 기초생활수급자 지원	82,460	노인복지과	5	1	7	8	7	5	1	4
762	경기 성남시	노인요양시설 기초생활수급자 지원	82,460	노인복지과	5	1	7	8	7	5	1	4
763	경기 성남시	가정폭력상담소 운영	217,209	여성가족과	5	2	5	8	7	3	3	4
764	경기 성남시	가정폭력상담소 운영	193,729	여성가족과	5	2	5	8	7	3	3	4
765	경기 성남시	가정폭력피해자 보호시설 운영	191,962	여성가족과	5	2	5	8	7	3	3	4
766	경기 성남시	가정폭력피해자 보호시설 운영	5,425	여성가족과	5	2	5	8	7	3	3	4
767	경기 성남시	가정폭력피해자 직업훈련비	4,214,000	여성가족과	5	2	5	8	7	3	3	4
768	경기 성남시	가정폭력피해자 의료비 지원	11,700	여성가족과	5	2	5	8	7	3	3	4
769	경기 성남시	가정폭력피해자보호시설 비수급 생계비	9,000	여성가족과	5	2	5	8	7	3	3	4
770	경기 성남시	가정폭력피해자 치료회복프로그램	23,000	여성가족과	5	2	5	8	7	3	3	4
771	경기 성남시	가정폭력가해자 교정치료프로그램	55,050	여성가족과	5	2	5	8	7	3	3	4
772	경기 성남시	가정폭력피해자 보호시설 퇴소자 자립지원금	25,000	여성가족과	5	2	5	8	7	3	3	4
773	경기 성남시	성폭력상담소 운영	202,431	여성가족과	5	2	5	8	7	3	3	4
774	경기 성남시	성폭력피해자 의료비 지원	66,500	여성가족과	5	2	5	8	7	3	3	4
775	경기 성남시	성폭력피해자 치료회복프로그램	33,050	여성가족과	5	2	5	8	7	3	3	4
776	경기 성남시	아동청소년 성폭력가해행위 교정교육프로그램	14,700	여성가족과	5	2	5	8	7	3	3	4
777	경기 성남시	성매매피해자상담소 운영	222,616	여성가족과	5	2	5	8	7	3	3	4
778	경기 성남시	성매매피해자 지원시설 운영	224,474	여성가족과	5	2	5	8	7	3	3	4
779	경기 성남시	성매매피해자 그룹홈 운영	61,485	여성가족과	5	2	5	8	7	3	3	4
780	경기 성남시	성매매집결지 현장기능강화사업	102,042	여성가족과	5	2	5	8	7	3	3	4
781	경기 성남시	성매매집결지 현장기능강화사업	8,757	여성가족과	5	2	5	8	7	3	3	4
782	경기 성남시	성매매피해자 구조지원사업	61,428	여성가족과	5	2	5	8	7	3	3	4
783	경기 성남시	성매매피해 아동·청소년 지원사업	15,000	여성가족과	5	2	5	8	7	3	3	4
784	경기 성남시	위기여성 긴급 보호시설 운영사업	57,000	여성가족과	5	2	5	8	7	3	3	4
785	경기 성남시	여성폭력피해자 인건비 차액 지원	76,078	여성가족과	5	2	5	8	7	3	3	4
786	경기 성남시	여성폭력피해자 인건비 차액 지원	7,613	여성가족과	5	2	5	8	7	3	3	4
787	경기 성남시	여성폭력피해자 인건비 차액 지원	5,073	여성가족과	5	2	5	8	7	3	3	4
788	경기 성남시	지역아동센터 운영비 지원	586,414	아동보육과	5	2	7	8	7	1	1	4
789	경기 성남시	특성별 지역아동센터 추가지원	21,888	아동보육과	5	2	7	8	7	1	1	4
790	경기 성남시	지역아동센터 운영비 지원	120,960	아동보육과	5	4	7	8	7	1	1	4
791	경기 성남시	지역아동센터 운영비 지원	227,664	아동보육과	5	4	7	8	7	1	1	4
792	경기 성남시	지역아동센터 운영비 지원	62,568	아동보육과	5	4	7	8	7	1	1	4
793	경기 성남시	지역아동센터 운영비 지원	24,000	아동보육과	5	4	7	8	7	1	1	4
794	경기 성남시	지역아동센터 운영비 지원	7,500	아동보육과	5	4	7	8	7	1	1	4
795	경기 성남시	지역아동센터 돌봄교사 지원	89,964	아동보육과	5	2	7	8	7	1	1	4
796	경기 성남시	지역아동센터 체험활동비 지원	13,450	아동보육과	5	2	7	8	7	1	1	4

순번	시군구	지출명 (사업명)	2021년예산 (단위:천원/1년간)	담당자 (공무원)	민간이전 분류 (지방자치단체 세출예산 집행기준에 의거)	민간이전지출 근거 (지방보조금 관리기준 참고)	입찰방식			운영예산 산정		성과평가 실시여부
				담당부서	1. 민간경상사업보조(307-02) 2. 민간단체 법정운영비보조(307-03) 3. 민간행사사업보조(307-04) 4. 민간위탁금(307-05) 5. 사회복지시설 법정운영비보조(307-10) 6. 민간인위탁교육비(307-12) 7. 공기관등에대한경상적위탁사업비(308-10) 8. 민간자본사업보조,자체재원(402-01) 9. 민간자본사업보조,이전재원(402-02) 10. 민간위탁사업비(402-03) 11. 공기관등에 대한 자본적 대행사업비(403-02)	1. 법률에 규정 2. 국고보조 재원(국가지정) 3. 용도 지정 기부금 4. 조례에 직접규정 5. 지자체가 권장하는 사업을 하는 공공기관 6. 시,도 정책 및 재정사정 7. 기타 8. 해당없음	계약체결방법 (경쟁형태) 1. 일반경쟁 2. 제한경쟁 3. 지명경쟁 4. 수의계약 5. 법정위탁 6. 기타 ( ) 7. 해당없음	계약기간 1. 1년 2. 2년 3. 3년 4. 4년 5. 5년 6. 기타 ( )년 7. 단기계약 (1년미만) 8. 해당없음	낙찰자선정방법 1. 적격심사 2. 협상에의한계약 3. 최저가낙찰제 4. 규격가격분리 5. 2단계 경쟁입찰 6. 기타 ( ) 7. 해당없음	운영예산 산정 1. 내부산정 (지자체 자체적으로 산정) 2. 외부산정 (외부전문기관위탁 산정) 3. 내·외부 모두 산정 4. 산정 無 5. 해당없음	정산방법 1. 내부정산 (지자체 내부적으로 정산) 2. 외부정산 (외부전문기관위탁 정산) 3. 내·외부 모두 산정 4. 정산 無 5. 해당없음	1. 실시 2. 미실시 3. 향후 추진 4. 해당없음
797	경기 성남시	그룹홈 지원	802,467	아동보육과	5	1	7	8	7	5	5	4
798	경기 성남시	아동복지시설 운영지원	206,364	아동보육과	5	1	7	8	7	5	5	4
799	경기 성남시	학대 피해아동 그룹홈 지원	209,716	아동보육과	5	1	7	8	7	5	5	4
800	경기 성남시	학대피해아동쉼터 지원	30,000	아동보육과	5	1	7	8	7	5	5	4
801	경기 성남시	학대 피해아동 전용 그룹홈 운영비 지원	13,004	아동보육과	5	1	7	8	7	5	5	4
802	경기 성남시	다함께돌봄센터 인건비 지원	398,580	아동보육과	5	2	7	8	7	1	1	4
803	경기 성남시	다함께돌봄센터 운영비 지원	27,300	아동보육과	5	2	7	8	7	1	1	4
804	경기 성남시	아동돌봄 틈새서비스	101,760	아동보육과	5	4	7	8	7	1	1	4
805	경기 성남시	아동돌봄 틈새서비스	19,200	아동보육과	5	4	7	8	7	5	5	4
806	경기 성남시	아동보호전문기관 지원	740,227	아동보육과	5	1	1	5	1	1	1	4
807	경기 성남시	아동보호전문기관 운영 지원	78,146	아동보육과	5	1	1	5	1	1	1	4
808	경기 성남시	시간제보육 지원	194,740	아동보육과	5	2	7	8	7	5	5	4
809	경기 성남시	어린이집 공기청정기 설치 지원	74,674	아동보육과	5	6	7	8	7	5	5	4
810	경기 성남시	자율방범대원 직무교육	10,000	수정구 행정지원과	5	4	7	8	7	1	1	1
811	경기 성남시	경로식당 무료급식 지원	223,440	수정구 사회복지과	5	4	1	3	1	1	1	4
812	경기 성남시	경로식당 무료급식 지원	116,480	수정구 사회복지과	5	4	1	3	1	1	1	4
813	경기 성남시	경로식당 무료급식 지원	35,840	수정구 사회복지과	5	4	1	3	1	1	1	4
814	경기 성남시	경로식당 무료급식 지원	119,168	수정구 사회복지과	5	4	1	3	1	1	1	4
815	경기 성남시	경로식당 무료급식 지원	98,560	수정구 사회복지과	5	4	1	3	1	1	1	4
816	경기 성남시	경로식당 무료급식 지원	98,560	수정구 사회복지과	5	4	1	3	1	1	1	4
817	경기 성남시	경로식당 무료급식 지원	79,800	수정구 사회복지과	5	4	1	3	1	1	1	4
818	경기 성남시	경로식당 무료급식 지원	100,352	수정구 사회복지과	5	4	1	3	1	1	1	4
819	경기 성남시	경로식당 무료급식 지원	180,992	수정구 사회복지과	5	4	1	3	1	1	1	4
820	경기 성남시	경로식당 무료급식 지원	44,800	수정구 사회복지과	5	4	1	3	1	1	1	4
821	경기 성남시	경로식당 무료급식 지원	89,600	수정구 사회복지과	5	4	1	3	1	1	1	4
822	경기 성남시	저소득 재가노인식사배달	7,350	수정구 사회복지과	5	4	1	3	1	1	1	4
823	경기 성남시	저소득 재가노인식사배달	21,000	수정구 사회복지과	5	4	1	3	1	1	1	4
824	경기 성남시	저소득 재가노인식사배달	21,000	수정구 사회복지과	5	4	1	3	1	1	1	4
825	경기 성남시	저소득 재가노인식사배달	21,000	수정구 사회복지과	5	4	1	3	1	1	1	4
826	경기 성남시	저소득 재가노인식사배달	10,500	수정구 사회복지과	5	4	1	3	1	1	1	4
827	경기 성남시	저소득 재가노인식사배달	31,500	수정구 사회복지과	5	4	1	3	1	1	1	4
828	경기 성남시	저소득 재가노인식사배달	21,000	수정구 사회복지과	5	4	1	3	1	1	1	4
829	경기 성남시	저소득 재가노인식사배달	11,550	수정구 사회복지과	5	4	1	3	1	1	1	4
830	경기 성남시	무료경로식당 부대비용지원	8,400	수정구 사회복지과	5	4	1	3	1	1	1	4
831	경기 성남시	무료경로식당 부대비용지원	8,400	수정구 사회복지과	5	4	1	3	1	1	1	4
832	경기 성남시	무료경로식당 부대비용지원	6,000	수정구 사회복지과	5	4	1	3	1	1	1	4
833	경기 성남시	무료경로식당 부대비용지원	8,400	수정구 사회복지과	5	4	1	3	1	1	1	4
834	경기 성남시	무료경로식당 부대비용지원	8,400	수정구 사회복지과	5	4	1	3	1	1	1	4
835	경기 성남시	무료경로식당 부대비용지원	8,400	수정구 사회복지과	5	4	1	3	1	1	1	4
836	경기 성남시	무료경로식당 부대비용지원	8,400	수정구 사회복지과	5	4	1	3	1	1	1	4
837	경기 성남시	무료경로식당 부대비용지원	8,400	수정구 사회복지과	5	4	1	3	1	1	1	4
838	경기 성남시	무료경로식당 부대비용지원	8,400	수정구 사회복지과	5	4	1	3	1	1	1	4

순번	시군구	지출명 (사업명)	2021년예산 (단위:천원/1년간)	담당자 (공무원)	민간이전 분류 (지방자치단체 세출예산 집행기준에 의거)	민간이전지출 근거 (지방보조금 관리기준 참고)	입찰방식			운영예산 산정		성과평가 실시여부
				담당부서	1. 민간경상사업보조(307-02) 2. 민간단체 법정운영비보조(307-03) 3. 민간행사사업보조(307-04) 4. 민간위탁금(307-05) 5. 사회복지시설 법정운영비보조(307-10) 6. 민간인위탁교육비(307-12) 7. 공기관등에대한경상적위탁사업비(308-10) 8. 민간자본사업보조,자체재원(402-01) 9. 민간자본사업보조,이전재원(402-02) 10. 민간위탁사업비(402-03) 11. 공기관등에 대한 자본적 대행사업비(403-02)	1. 법률에 규정 2. 국고보조 재원(국가지정) 3. 용도 지정 기부금 4. 조례에 직접규정 5. 지자체가 권장하는 사업을 하는 공공기관 6. 시,도 정책 및 재정사정 7. 기타 8. 해당없음	계약체결방법 (경쟁형태) 1. 일반경쟁 2. 제한경쟁 3. 지명경쟁 4. 수의계약 5. 법정위탁 6. 기타 ( ) 7. 해당없음	계약기간 1. 1년 2. 2년 3. 3년 4. 4년 5. 5년 6. 기타 ( )년 7. 단기계약 (1년미만) 8. 해당없음	낙찰자선정방법 1. 적격심사 2. 협상에의한계약 3. 최저가낙찰제 4. 규격가격분리 5. 2단계 경쟁입찰 6. 기타 ( ) 7. 해당없음	운영예산 산정 1. 내부산정 (지자체 자체적으로 산정) 2. 외부산정 (외부전문기관위탁 산정) 3. 내·외부 모두 산정 4. 산정 無 5. 해당없음	정산방법 1. 내부정산 (지자체 내부적으로 정산) 2. 외부정산 (외부전문기관위탁 정산) 3. 내·외부 모두 산정 4. 정산 無 5. 해당없음	1. 실시 2. 미실시 3. 향후 추진 4. 해당없음
839	경기 성남시	무료경로식당 부대비용지원	8,400	수정구 사회복지과	5	4	1	3	1	1	1	4
840	경기 성남시	무료경로식당 부대비용지원	8,400	수정구 사회복지과	5	4	1	3	1	1	1	4
841	경기 성남시	경로식당 취사원 인건비	51,636	수정구 사회복지과	5	4	1	3	1	1	1	4
842	경기 성남시	경로식당 취사원 인건비	53,466	수정구 사회복지과	5	4	1	3	1	1	1	4
843	경기 성남시	경로식당 취사원 인건비	16,930	수정구 사회복지과	5	4	1	3	1	1	1	4
844	경기 성남시	경로식당 취사원 인건비	51,636	수정구 사회복지과	5	4	1	3	1	1	1	4
845	경기 성남시	경로식당 취사원 인건비	53,466	수정구 사회복지과	5	4	1	3	1	1	1	4
846	경기 성남시	경로식당 취사원 인건비	53,466	수정구 사회복지과	5	4	1	3	1	1	1	4
847	경기 성남시	경로식당 취사원 인건비	35,316	수정구 사회복지과	5	4	1	3	1	1	1	4
848	경기 성남시	경로식당 취사원 인건비	53,466	수정구 사회복지과	5	4	1	3	1	1	1	4
849	경기 성남시	경로식당 취사원 인건비	52,956	수정구 사회복지과	5	4	1	3	1	1	1	4
850	경기 성남시	경로식당 취사원 인건비	36,536	수정구 사회복지과	5	4	1	3	1	1	1	4
851	경기 성남시	경로식당 취사원 인건비	53,466	수정구 사회복지과	5	4	1	3	1	1	1	4
852	경기 성남시	경로식당 기능보강	20,000	수정구 사회복지과	5	4	1	3	1	1	1	3
853	경기 성남시	경로당 사회봉사활동비	117,600	수정구 사회복지과	5	4	7	8	7	1	1	1
854	경기 성남시	경로당 운영비 지원	720,500	수정구 사회복지과	5	4	7	8	7	1	1	1
855	경기 성남시	경로당 냉난방비 및 양곡비 지원	100,000	수정구 사회복지과	5	4	7	8	7	1	1	1
856	경기 성남시	경로당 냉난방비 및 양곡비 지원	40,100	수정구 사회복지과	5	4	7	8	7	1	1	1
857	경기 성남시	경로당 냉난방비 및 양곡비 지원	15,900	수정구 사회복지과	5	4	7	8	7	1	1	1
858	경기 성남시	지역아동센터 관리운영비 지원	117,984	수정구 가정복지과	5	6	7	8	7	1	1	4
859	경기 성남시	장애통합 지역아동센터 지원	28,080	수정구 가정복지과	5	6	7	8	7	1	1	4
860	경기 성남시	장애통합 지역아동센터 지원	1,800,000	수정구 가정복지과	5	6	7	8	7	1	1	4
861	경기 성남시	지역아동센터 돌봄교사 지원	282,744	수정구 가정복지과	5	6	7	8	7	1	1	4
862	경기 성남시	지역아동센터 취사인건비 지원	229,416	수정구 가정복지과	5	6	7	8	7	1	1	4
863	경기 성남시	지역아동센터 환경개선비 지원	10,000	수정구 가정복지과	5	2	7	8	7	1	1	4
864	경기 성남시	자율방범대원 직무교육	10,000	중원구 행정지원과	5	4	7	8	7	1	1	1
865	경기 성남시	경로식당 무료급식 지원	1,264,000	중원구 사회복지과	5	4	1	3	1	1	1	3
866	경기 성남시	저소득 재가노인 식사배달	101,080	중원구 사회복지과	5	4	1	3	1	1	1	3
867	경기 성남시	경로식당 취사원 인건비	528,156	중원구 사회복지과	5	4	1	3	1	1	1	3
868	경기 성남시	경로식당 취사원 인건비	10,200	중원구 사회복지과	5	4	1	3	1	1	1	3
869	경기 성남시	경로식당 취사원 인건비	170,000	중원구 사회복지과	5	4	1	3	1	1	1	3
870	경기 성남시	무료경로식당 부대비용 지원	36,000	중원구 사회복지과	5	4	1	3	1	1	1	3
871	경기 성남시	무료경로식당 부대비용 지원	48,000	중원구 사회복지과	5	4	1	3	1	1	1	3
872	경기 성남시	경로식당 기능보강	20,000	중원구 사회복지과	5	4	1	3	1	1	1	3
873	경기 성남시	경로당 사회봉사활동비	93,600	중원구 사회복지과	5	4	7	8	7	1	1	1
874	경기 성남시	경로당 냉난방비 및 양곡비 지원	64,691	중원구 사회복지과	5	4	7	8	7	1	1	1
875	경기 성남시	경로당 냉난방비 및 양곡비 지원	22,518	중원구 사회복지과	5	4	7	8	7	1	1	1
876	경기 성남시	경로당 냉난방비 및 양곡비 지원	9,900	중원구 사회복지과	5	4	7	8	7	1	1	1
877	경기 성남시	제15회 생활체육 탁구대회	7,000	중원구 가정복지과	5	1	7	8	7	1	1	4
878	경기 성남시	공공형 어린이집 운영비 지원	141,180	중원구 가정복지과	5	2	7	8	7	1	1	4
879	경기 성남시	공공형 어린이집 인건비 지원	43,200	중원구 가정복지과	5	4	7	8	7	1	1	4
880	경기 성남시	공공형 어린이집 운영활성화 지원	41,484	중원구 가정복지과	5	4	7	8	7	1	1	4

순번	시군구	지출명 (사업명)	2021년예산 (단위:천원/1년간)	담당자 (공무원)	민간이전 분류 (지방자치단체 세출예산 집행기준에 의거)	민간이전지출 근거 (지방보조금 관리기준 참고)	입찰방식			운영예산 산정		성과평가 실시여부
				담당부서	1. 민간경상사업보조(307-02) 2. 민간단체 법정운영비보조(307-03) 3. 민간행사사업보조(307-04) 4. 민간위탁금(307-05) 5. 사회복지시설 법정운영비보조(307-10) 6. 민간인위탁교육비(307-12) 7. 공기관등에대한경상적위탁사업비(308-10) 8. 민간자본사업보조,자체재원(402-01) 9. 민간자본사업보조,이전재원(402-02) 10. 민간위탁사업비(402-03) 11. 공기관등에 대한 자본적 대행사업비(403-02)	1. 법률에 규정 2. 국고보조 재원(국가지정) 3. 용도 지정 기부금 4. 조례에 직접규정 5. 지자체가 권장하는 사업을 하는 공공기관 6. 시,도 정책 및 재정사정 7. 기타 8. 해당없음	계약체결방법 (경쟁형태) 1. 일반경쟁 2. 제한경쟁 3. 지명경쟁 4. 수의계약 5. 법정위탁 6. 기타 ( ) 7. 해당없음	계약기간 1. 1년 2. 2년 3. 3년 4. 4년 5. 5년 6. 기타 ( )년 7. 단기계약 (1년미만) 8. 해당없음	낙찰자선정방법 1. 적격심사 2. 협상에의한계약 3. 최저가낙찰제 4. 규격가격분리 5. 2단계 경쟁입찰 6. 기타 ( ) 7. 해당없음	운영예산 산정 1. 내부산정 (지자체 자체적으로 산정) 2. 외부산정 (외부전문기관위탁 산정) 3. 내·외부 모두 산정 4. 산정 無 5. 해당없음	정산방법 1. 내부정산 (지자체 내부적으로 정산) 2. 외부정산 (외부전문기관위탁 정산) 3. 내·외부 모두 산정 4. 정산 無 5. 해당없음	1. 실시 2. 미실시 3. 향후 추진 4. 해당없음
881	경기 성남시	공공형 어린이집 운영비 차액보존 지원	21,000	중원구 가정복지과	5	4	7	8	7	1	1	1
882	경기 성남시	어린이집 공기청정기 설치 지원	63,000	중원구 가정복지과	5	4	7	8	7	1	1	4
883	경기 성남시	지역아동센터 운영비 지원	1,188,000	중원구 가정복지과	5	2	7	8	7	1	1	4
884	경기 성남시	지역아동센터 관리 운영비 지원	87,396	중원구 가정복지과	5	6	7	8	7	1	1	4
885	경기 성남시	지역아동센터 취사인건비 지원	156,420	중원구 가정복지과	5	6	7	8	7	1	1	4
886	경기 성남시	지역아동센터 환경개선비 지원	30,000	중원구 가정복지과	5	2	7	8	7	1	1	4
887	경기 성남시	특성별 지역아동센터 추가지원	25,536	중원구 가정복지과	5	2	7	8	7	1	1	4
888	경기 성남시	자율방범대원 직무교육	10,000	분당구 행정지원과	5	4	7	8	7	1	1	1
889	경기 성남시	경로식당 무료급식 지원	740,229	분당구 사회복지과	5	4	1	5	1	1	1	3
890	경기 성남시	저소득 재가노인 식사배달비	373,296	분당구 사회복지과	5	4	1	5	1	1	1	3
891	경기 성남시	경로식당 취사원 인건비	302,256	분당구 사회복지과	5	4	1	5	1	1	1	3
892	경기 성남시	경로식당 취사원 복리후생비	1,800,000	분당구 사회복지과	5	4	1	5	1	1	1	3
893	경기 성남시	경로식당 취사원 상해공제 가입비	30,000	분당구 사회복지과	5	4	1	5	1	1	1	3
894	경기 성남시	경로식당 취사연료비 및 공공요금	21,600	분당구 사회복지과	5	4	1	5	1	1	1	1
895	경기 성남시	경로식당 자원봉사활동비	28,800	분당구 사회복지과	5	4	1	5	1	1	1	1
896	경기 성남시	무료경로식당 기능보강	20,000	분당구 사회복지과	5	4	1	5	1	1	1	1
897	경기 성남시	경로당 사회봉사활동비	255,600	분당구 사회복지과	5	4	7	8	7	1	1	1
898	경기 성남시	경로당 양곡비 지원	52,450	분당구 사회복지과	5	4	7	8	7	1	1	1
899	경기 성남시	경로당 동절기 난방비 지원	50,000	분당구 사회복지과	5	4	7	8	7	1	1	1
900	경기 성남시	폭염대비 냉방비 지원	10,550	분당구 사회복지과	5	4	7	8	7	1	1	1
901	경기 성남시	제25회 구청장기 게이트볼대회	7,000	분당구 가정복지과	5	1	6	8	7	1	1	4
902	경기 성남시	공공형 어린이집 운영비 지원	564,700	분당구 가정복지과	5	2	7	8	7	1	1	4
903	경기 성남시	공공형 어린이집 인건비 지원	172,800	분당구 가정복지과	5	2	7	8	7	1	1	4
904	경기 성남시	공공형 어린이집 운영비 차액보존 지원	75,000	분당구 가정복지과	5	4	7	8	7	1	1	1
905	경기 성남시	공공형 어린이집 운영활성화 지원	165,940	분당구 가정복지과	5	4	7	8	7	1	1	4
906	경기 성남시	어린이집 공기청정기 설치 지원	135,000	분당구 가정복지과	5	4	7	8	7	1	1	4
907	경기 성남시	지역아동센터 운영비 지원	769,800	분당구 가정복지과	5	2	7	8	7	5	5	4
908	경기 성남시	특성별 지역아동센터 추가지원	25,536	분당구 가정복지과	5	2	7	8	7	5	5	4
909	경기 성남시	시간연장시설 야간운영비	7,200	분당구 가정복지과	5	2	7	8	7	5	5	4
910	경기 성남시	지역아동센터 관리운영비 지원	56,544	분당구 가정복지과	5	2	7	8	7	5	5	4
911	경기 성남시	지역아동센터 취사인 인건비 지원	104,280	분당구 가정복지과	5	2	7	8	7	5	5	4
912	경기 성남시	지역아동센터 돌봄교사 지원	128,520	분당구 가정복지과	5	2	7	8	7	5	5	4
913	경기 의정부시	기초푸드뱅크 운영사업 지원	46,036	복지정책과	5	6	7	8	7	1	1	4
914	경기 의정부시	자비푸드마켓 운영사업 지원	83,700	복지정책과	5	6	7	8	7	1	1	4
915	경기 의정부시	나누리푸드뱅크 운영사업 지원	6,000	복지정책과	5	6	7	8	7	1	1	4
916	경기 의정부시	푸드코디네이터 인건비	60,000	복지정책과	5	6	7	8	7	1	1	4
917	경기 의정부시	지역자활센터 운영	364,794	복지정책과	5	2	7	8	7	5	5	4
918	경기 의정부시	자활사례관리	28,990	복지정책과	5	2	7	8	7	5	5	4
919	경기 의정부시	통장사례관리 운영	35,741	복지정책과	5	2	7	8	7	5	5	4
920	경기 의정부시	탈수급 유지지원사업	39,000	복지정책과	5	6	7	8	7	5	5	4
921	경기 의정부시	양로시설 운영비 지원	628,769	노인장애인과	5	2	7	8	7	5	5	4
922	경기 의정부시	재가노인복지시설 지원	400,000	노인장애인과	5	1	7	8	7	3	3	2

순번	시군구	지출명 (사업명)	2021년예산 (단위:천원/1년간)	담당자 (공무원)	민간이전 분류 (지방자치단체 세출예산 집행기준에 의거)	민간이전지출 근거 (지방보조금 관리기준 참고)	입찰방식			운영예산 산정		성과평가 실시여부
				담당부서	1. 민간경상사업보조(307-02) 2. 민간단체 법정운영비보조(307-03) 3. 민간행사사업보조(307-04) 4. 민간위탁금(307-05) 5. 사회복지시설 법정운영비보조(307-10) 6. 민간인위탁교육비(307-12) 7. 공기관등에대한경상적위탁사업비(308-10) 8. 민간자본사업보조,자체재원(402-01) 9. 민간자본사업보조,이전재원(402-02) 10. 민간위탁사업비(402-03) 11. 공기관등에 대한 자본적 대행사업비(403-02)	1. 법률에 규정 2. 국고보조 재원(국가지정) 3. 용도 지정 기부금 4. 조례에 직접규정 5. 지자체가 권장하는 사업을 하는 공공기관 6. 시,도 정책 및 재정사정 7. 기타 8. 해당없음	계약체결방법 (경쟁형태) 1. 일반경쟁 2. 제한경쟁 3. 지명경쟁 4. 수의계약 5. 법정위탁 6. 기타 ( ) 7. 해당없음	계약기간 1. 1년 2. 2년 3. 3년 4. 4년 5. 5년 6. 기타 ( )년 7. 단기계약 (1년미만) 8. 해당없음	낙찰자선정방법 1. 적격심사 2. 협상에의한계약 3. 최저가낙찰제 4. 규격가격분리 5. 2단계 경쟁입찰 6. 기타 ( ) 7. 해당없음	운영예산 산정 1. 내부산정 (지자체 자체적으로 산정) 2. 외부산정 (외부전문기관위탁 산정) 3. 내·외부 모두 산정 4. 산정 無 5. 해당없음	정산방법 1. 내부정산 (지자체 내부적으로 정산) 2. 외부정산 (외부전문기관위탁 정산) 3. 내·외부 모두 산정 4. 정산 無 5. 해당없음	1. 실시 2. 미실시 3. 향후 추진 4. 해당없음
923	경기 의정부시	시니어클럽운영	344,000	노인장애인과	5	6	7	8	7	1	1	4
924	경기 의정부시	경로당 운영난방비	476,160	노인장애인과	5	1	7	8	7	1	1	4
925	경기 의정부시	경로당 운영난방비	375,440	노인장애인과	5	1	7	8	7	1	1	4
926	경기 의정부시	장애인생활이동지원센터 운영	349,300	노인장애인과	5	1	7	8	7	1	1	1
927	경기 의정부시	수어통역센터 운영	295,700	노인장애인과	5	1	7	8	7	1	1	1
928	경기 의정부시	장애인직업재활시설 운영	1,724,000	노인장애인과	5	1	5	8	1	1	1	1
929	경기 의정부시	시각장애인점자도서관 운영	189,853	노인장애인과	5	1	7	8	7	1	1	1
930	경기 의정부시	개인운영 장애인거주시설 지원	86,400	노인장애인과	5	1	7	8	7	1	1	1
931	경기 의정부시	장애인거주시설 운영 지원	179,067	노인장애인과	5	1	7	8	7	1	1	1
932	경기 의정부시	여성폭력피해자 지원시설 종사자 인건비 지원	63,210	여성가족과	5	1	7	8	7	1	1	4
933	경기 의정부시	가정폭력상담소 지원	154,175	여성가족과	5	1	7	8	7	1	1	4
934	경기 의정부시	성폭력상담소 운영	163,178	여성가족과	5	1	5	5	7	1	1	4
935	경기 의정부시	성매매피해자 상담소 운영 지원	166,235	여성가족과	5	1	7	8	7	1	1	4
936	경기 의정부시	아동양육시설 운영	37,388	여성가족과	5	1	7	8	7	5	1	4
937	경기 의정부시	요보호아동 그룹홈형태 보호	178,326	여성가족과	5	1	7	8	7	5	1	4
938	경기 의정부시	학대피해아동쉼터 지원	13,004	여성가족과	5	2	7	8	7	1	1	4
939	경기 의정부시	학대피해아동쉼터 종사자 특수근무수당	8,400	여성가족과	5	2	7	8	7	1	1	4
940	경기 의정부시	학대피해아동쉼터 종사자 처우개선비	240,000	여성가족과	5	2	7	8	7	1	1	4
941	경기 의정부시	학대피해아동쉼터 운영비,인건비,사업비	198,493	여성가족과	5	2	7	8	7	1	1	4
942	경기 의정부시	지역아동센터 기본운영비	22,634	여성가족과	5	1	7	8	7	5	1	4
943	경기 의정부시	특수목적형 지역아동센터 추가지원	7,301	여성가족과	5	1	7	8	7	5	1	4
944	경기 의정부시	토요운영 지역아동센터 추가지원	29,184	여성가족과	5	1	7	8	7	5	1	4
945	경기 의정부시	공공성 강화 선도모델	9,600	여성가족과	5	1	7	8	7	5	1	4
946	경기 의정부시	지역아동센터 냉난방비 지원	16,250	여성가족과	5	1	7	8	7	1	1	1
947	경기 안양시	푸드뱅크사업 지원	94,382	복지정책과	5	8	7	8	7	5	5	4
948	경기 안양시	푸드마켓사업 지원	125,832	복지정책과	5	8	7	8	7	5	5	4
949	경기 안양시	G-푸드드림 지원	120,299	복지정책과	5	8	7	8	7	5	5	4
950	경기 안양시	사회복지협의회 운영지원	35,000	복지정책과	5	8	7	8	7	5	5	4
951	경기 안양시	지역자활센터 운영	364,794	복지정책과	5	8	7	8	7	5	5	4
952	경기 안양시	노숙인 자활시설 운영	307,539	복지정책과	5	8	7	8	7	5	5	4
953	경기 안양시	입양기관 운영	23,000	복지정책과	5	8	7	8	7	5	5	4
954	경기 안양시	입양비용 지원	16,200	복지정책과	5	8	7	8	7	5	5	4
955	경기 안양시	입양·가정위탁아동 심리정서 치료지원	4,400,000	복지정책과	5	8	7	8	7	5	5	4
956	경기 안양시	아동양육시설 운영	61,294	복지정책과	5	8	7	8	7	5	5	4
957	경기 안양시	아동양육시설 생계급여	600,000	복지정책과	5	8	7	8	7	5	5	4
958	경기 안양시	아동복지시설 아동문화학습 활동 지원	496,674	복지정책과	5	8	7	8	7	5	5	4
959	경기 안양시	요보호아동 그룹홈 운영 지원	178,326	복지정책과	5	8	7	8	7	5	5	4
960	경기 안양시	지역아동센터 기본운영비	1,755,000	복지정책과	5	8	7	8	7	5	5	4
961	경기 안양시	지역아동센터 공기청정기 지원	17,160	복지정책과	5	8	7	8	7	5	5	4
962	경기 안양시	지역아동센터 하원 안심알림이 이용료	8,464	복지정책과	5	8	7	8	7	5	5	4
963	경기 안양시	지역아동센터 운영비 추가 지원	75,600	복지정책과	5	8	7	8	7	5	5	4
964	경기 안양시	장애통합 지역아동센터 지원	30,240	복지정책과	5	8	7	8	7	5	5	4

순번	시군구	지출명 (사업명)	2021년예산 (단위:천원/1년간)	담당자 (공무원) 담당부서	민간이전 분류 (지방자치단체 세출예산 집행기준에 의거) 1. 민간경상사업보조(307-02) 2. 민간단체 법정운영비보조(307-03) 3. 민간행사사업보조(307-04) 4. 민간위탁금(307-05) 5. 사회복지시설 법정운영비보조(307-10) 6. 민간인위탁교육비(307-12) 7. 공기관등에대한경상적위탁사업비(308-10) 8. 민간자본사업보조,자체재원(402-01) 9. 민간자본사업보조,이전재원(402-02) 10. 민간위탁사업비(402-03) 11. 공기관등에 대한 자본적 대행사업비(403-02)	민간이전지출 근거 (지방보조금 관리기준 참고) 1. 법률에 규정 2. 국고보조 재원(국가지정) 3. 용도 지정 기부금 4. 조례에 직접규정 5. 지자체가 권장하는 사업을 하는 공공기관 6. 시,도 정책 및 재정사정 7. 기타 8. 해당없음	입찰방식 계약체결방법 (경쟁형태) 1. 일반경쟁 2. 제한경쟁 3. 지명경쟁 4. 수의계약 5. 법정위탁 6. 기타 ( ) 7. 해당없음	입찰방식 계약기간 1. 1년 2. 2년 3. 3년 4. 4년 5. 5년 6. 기타 ( )년 7. 단기계약 (1년미만) 8. 해당없음	입찰방식 낙찰자선정방법 1. 적격심사 2. 협상에의한계약 3. 최저가낙찰제 4. 규격가격분리 5. 2단계 경쟁입찰 6. 기타 ( ) 7. 해당없음	운영예산 산정 운영예산 산정 1. 내부산정 (지자체 자체적으로 산정) 2. 외부산정 (외부전문기관위탁 산정) 3. 내·외부 모두 산정 4. 산정 無 5. 해당없음	운영예산 산정 정산방법 1. 내부정산 (지자체 내부적으로 정산) 2. 외부정산 (외부전문기관위탁 정산) 3. 내·외부 모두 산정 4. 정산 無 5. 해당없음	성과평가 실시여부 1. 실시 2. 미실시 3. 향후 추진 4. 해당없음
965	경기 안양시	지역아동센터 특기적성 교육강사 지원	69,120	복지정책과	5	8	7	8	7	5	5	4
966	경기 안양시	지역아동센터 돌봄교사 지원	273,420	복지정책과	5	8	7	8	7	5	5	4
967	경기 안양시	지역아동센터 급식도우미 지원	59,400	복지정책과	5	8	7	8	7	5	5	4
968	경기 안양시	지역아동센터 냉·난방비 지원	29,400	복지정책과	5	8	7	8	7	5	5	4
969	경기 안양시	지역아동센터 토요운영비 지원	65,664	복지정책과	5	8	7	8	7	5	5	4
970	경기 안양시	지역아동센터 특수목적형 지원	21,900	복지정책과	5	8	7	8	7	5	5	4
971	경기 안양시	지역아동센터 환경개선 지원	40,000	복지정책과	5	8	7	8	7	5	5	4
972	경기 안양시	경계선 지능아동 자립지원	8,040	복지정책과	5	8	7	8	7	5	5	4
973	경기 안양시	노인양로·요양시설 기초생활수급자 지원 등	52,366	노인복지과	5	8	7	8	7	5	5	4
974	경기 안양시	365 어르신 돌봄센터 운영	70,000	노인복지과	5	8	7	8	7	5	5	4
975	경기 안양시	재가노인복지시설 운영 지원	200,000	노인복지과	5	8	7	8	7	5	5	4
976	경기 안양시	장애인주간보호시설 운영	586,640	장애인복지과	5	8	7	8	7	5	5	4
977	경기 안양시	장애인공동생활가정 운영	68,961	장애인복지과	5	8	7	8	7	5	5	4
978	경기 안양시	장애인공동생활가정 운영	273,781	장애인복지과	5	8	7	8	7	5	5	4
979	경기 안양시	장애인직업재활시설 기능보강	33,180	장애인복지과	5	8	7	8	7	5	5	4
980	경기 안양시	장애인생활이동지원센터 운영	291,900	장애인복지과	5	8	7	8	7	5	5	4
981	경기 안양시	수어통역센터 운영	271,800	장애인복지과	5	8	7	8	7	5	5	4
982	경기 안양시	장애인복지시설 운영 지원	152,725	장애인복지과	5	8	7	8	7	5	5	4
983	경기 안양시	장애인거주시설 운영	1,081,646	장애인복지과	5	8	7	8	7	5	5	4
984	경기 안양시	장애인거주시설 종사자 연장·야간 근로수당 지원	16,188	장애인복지과	5	8	7	8	7	5	5	4
985	경기 안양시	개인운영 장애인거주시설 지원	43,200	장애인복지과	5	8	7	8	7	5	5	4
986	경기 안양시	여성인력개발센터 운영	255,000	여성가족과	5	8	7	8	7	5	5	4
987	경기 안양시	여성새로일하기센터 운영	285,876	여성가족과	5	8	7	8	7	5	5	4
988	경기 안양시	가정폭력상담소 운영 지원	399,841	여성가족과	5	8	7	8	7	5	5	4
989	경기 안양시	가정폭력가해자 교정치료프로그램 운영	12,700	여성가족과	5	8	7	8	7	5	5	4
990	경기 안양시	기초생활 생계급여	39,000	여성가족과	5	8	7	8	7	5	5	4
991	경기 안양시	가정폭력피해자 보호시설 지원	296,470	여성가족과	5	8	7	8	7	5	5	4
992	경기 안양시	가정폭력피해자 보호지원	10,850	여성가족과	5	8	7	8	7	5	5	4
993	경기 안양시	가정폭력피해자 보호시설 (비수급)생계비 등 지원	13,000	여성가족과	5	8	7	8	7	5	5	4
994	경기 안양시	가정폭력피해자 보호시설 퇴소시 자립지원금 지원	55,000	여성가족과	5	8	7	8	7	5	5	4
995	경기 안양시	가정폭력피해자 직업훈련비	9,080	여성가족과	5	8	7	8	7	5	5	4
996	경기 안양시	가정폭력피해자 치료회복 프로그램 운영	40,000	여성가족과	5	8	7	8	7	5	5	4
997	경기 안양시	가정폭력피해자 의료비 지원	11,000	여성가족과	5	8	7	8	7	5	5	4
998	경기 안양시	성폭력 피해자 치료회복 프로그램	8,290	여성가족과	5	8	7	8	7	5	5	4
999	경기 안양시	여성폭력피해자 지원시설 인건비 지원	66,360	여성가족과	5	8	7	8	7	5	5	4
1000	경기 안양시	도민대상 폭력예방교육	40,000	여성가족과	5	8	7	8	7	5	5	4
1001	경기 안양시	급식비 차액 지원	6,000	여성가족과	5	8	7	8	7	5	5	4
1002	경기 안양시	어린이집 계절운영비 지원	29,400	여성가족과	5	8	7	8	7	5	5	4
1003	경기 안양시	어린이집 우수축산물 차액 지원	58,000	여성가족과	5	8	7	8	7	5	5	4
1004	경기 안양시	어린이집 조리원 인건비 지원	10,800	여성가족과	5	8	7	8	7	5	5	4
1005	경기 안양시	국공립어린이집 간호사 인건비 지원	17,057	여성가족과	5	8	7	8	7	5	5	4
1006	경기 안양시	가정 민간 어린이집 조리원 인건비 지원	10,800	여성가족과	5	8	7	8	7	5	5	4

순번	시군구	지출명 (사업명)	2021년예산 (단위:천원/1년간)	담당자 (공무원) 담당부서	민간이전 분류 (지방자치단체 세출예산 집행기준에 의거) 1. 민간경상사업보조(307-02) 2. 민간단체 법정운영비보조(307-03) 3. 민간행사사업보조(307-04) 4. 민간위탁금(307-05) 5. 사회복지시설 법정운영비보조(307-10) 6. 민간인위탁교육비(307-12) 7. 공기관등에대한경상적위탁사업비(308-10) 8. 민간자본사업보조,자체재원(402-01) 9. 민간자본사업보조,이전재원(402-02) 10. 민간위탁사업비(402-03) 11. 공기관등에 대한 자본적 대행사업비(403-02)	민간이전지출 근거 (지방보조금 관리기준 참고) 1. 법률에 규정 2. 국고보조 재원(국가지정) 3. 용도 지정 기부금 4. 조례에 직접규정 5. 지자체가 권장하는 사업을 하는 공공기관 6. 시,도 정책 및 재정사정 7. 기타 8. 해당없음	입찰방식 계약체결방법 (경쟁형태) 1. 일반경쟁 2. 제한경쟁 3. 지명경쟁 4. 수의계약 5. 법정위탁 6. 기타 ( ) 7. 해당없음	입찰방식 계약기간 1. 1년 2. 2년 3. 3년 4. 4년 5. 5년 6. 기타 ( )년 7. 단기계약 (1년미만) 8. 해당없음	입찰방식 낙찰자선정방법 1. 적격심사 2. 협상에의한계약 3. 최저가낙찰제 4. 규격가격분리 5. 2단계 경쟁입찰 6. 기타 ( ) 7. 해당없음	운영예산 산정 운영예산 산정 1. 내부산정 (지자체 자체적으로 산정) 2. 외부산정 (외부전문기관위탁 산정) 3. 내·외부 모두 산정 4. 산정 無 5. 해당없음	운영예산 산정 정산방법 1. 내부정산 (지자체 내부적으로 정산) 2. 외부정산 (외부전문기관위탁 정산) 3. 내·외부 모두 산정 4. 정산 無 5. 해당없음	성과평가 실시여부 1. 실시 2. 미실시 3. 향후 추진 4. 해당없음
1007	경기 안양시	어린이집 지원	231,630	여성가족과	5	8	7	8	7	5	5	4
1008	경기 안양시	어린이집 운영 지원	253,867	여성가족과	5	8	7	8	7	5	5	4
1009	경기 안양시	국공립·법인 교직원 인건비	7,349	여성가족과	5	8	7	8	7	5	5	4
1010	경기 안양시	영아전담 등 교직원 인건비	1,287,000	여성가족과	5	8	7	8	7	5	5	4
1011	경기 안양시	대체교사 인건비	40,000	여성가족과	5	8	7	8	7	5	5	4
1012	경기 안양시	보조교사 인건비	1,167,000	여성가족과	5	8	7	8	7	5	5	4
1013	경기 안양시	어린이집 교원 보수교육	5,968	여성가족과	5	8	7	8	7	5	5	4
1014	경기 안양시	어린이집 대체인력 인건비	8,300	여성가족과	5	8	7	8	7	5	5	4
1015	경기 안양시	야간연장형 어린이집 운영 지원	120,000	여성가족과	5	8	7	8	7	5	5	4
1016	경기 안양시	24시간 시간제보육 어린이집 운영 지원	69,400	여성가족과	5	8	7	8	7	5	5	4
1017	경기 안양시	영아표준보육과정 프로그램 지원	49,905	여성가족과	5	8	7	8	7	5	5	4
1018	경기 안양시	어린이집 공기청정기 지원	33,422	여성가족과	5	8	7	8	7	5	5	4
1019	경기 안양시	어린이집 공기청정기 지원	28,380	여성가족과	5	8	7	8	7	5	5	4
1020	경기 안양시	어린이집 전기레인지 지원	300,000	여성가족과	5	8	7	8	7	5	5	4
1021	경기 안양시	정신재활시설 운영지원	70,140	만안보건과	5	8	7	8	7	5	5	4
1022	경기 안양시	정신재활시설 입소자 구료비 등	4,966,000	만안보건과	5	8	7	8	7	5	5	4
1023	경기 안양시	영아 표준보육과정 프로그램 지원	242,871	만안 복지문화과	5	8	7	8	7	5	5	4
1024	경기 안양시	어린이집 급식비 차액 지원	150,000	만안 복지문화과	5	8	7	8	7	5	5	4
1025	경기 안양시	계절운영비 지원	83,300	만안 복지문화과	5	8	7	8	7	5	5	4
1026	경기 안양시	영세아전용 어린이집 운영 지원	471,684	만안 복지문화과	5	8	7	8	7	5	5	4
1027	경기 안양시	외국인 근로자 자녀 보육 지원	64,800	만안 복지문화과	5	8	7	8	7	5	5	4
1028	경기 안양시	야간연장형 어린이집 운영 지원	100,800	만안 복지문화과	5	8	7	8	7	5	5	4
1029	경기 안양시	시간제 보육서비스 제공 지원	209,192	만안 복지문화과	5	8	7	8	7	5	5	4
1030	경기 안양시	공공형 어린이집 운영비	440,000	만안 복지문화과	5	8	7	8	7	5	5	4
1031	경기 안양시	공공형 어린이집 조리원 인건비 지원	92,400	만안 복지문화과	5	8	7	8	7	5	5	4
1032	경기 안양시	공공형 어린이집 운영 활성화 지원	132,480	만안 복지문화과	5	8	7	8	7	5	5	4
1033	경기 안양시	우수형어린이집 환경개선비	90,000	만안 복지문화과	5	8	7	8	7	5	5	4
1034	경기 안양시	평가인증 어린이집 안심보육 지원	575,000	만안 복지문화과	5	8	7	8	7	5	5	4
1035	경기 안양시	대체교사 인건비	60,000	만안 복지문화과	5	8	7	8	7	5	5	4
1036	경기 안양시	어린이집 대체인력 인건비	21,000	만안 복지문화과	5	8	7	8	7	5	5	4
1037	경기 안양시	보조교사 인건비	34,000	만안 복지문화과	5	8	7	8	7	5	5	4
1038	경기 안양시	어린이집 조리원 인건비 지원	505,200	만안 복지문화과	5	8	7	8	7	5	5	4
1039	경기 안양시	가정민간어린이집 조리원 인건비	542,700	만안 복지문화과	5	8	7	8	7	5	5	4
1040	경기 안양시	어린이집 교원 보수교육	12,446	만안 복지문화과	5	8	7	8	7	5	5	4
1041	경기 안양시	영아전담 등 교직원 인건비	250,000	만안 복지문화과	5	8	7	8	7	5	5	4
1042	경기 안양시	어린이집 공기청정기 지원	105,838	만안 복지문화과	5	8	7	8	7	5	5	4
1043	경기 안양시	어린이집 공기청정기 지원	92,400	만안 복지문화과	5	8	7	8	7	5	5	4
1044	경기 안양시	어린이집 전기레인지 지원	7,200	만안 복지문화과	5	8	7	8	7	5	5	4
1045	경기 안양시	어린이집 운영 지원	661,983	만안 복지문화과	5	8	7	8	7	5	5	4
1046	경기 안양시	경로당 지원	186,960	만안 복지문화과	5	8	7	8	7	5	5	4
1047	경기 안양시	경로당 운영 지원	204,600	만안 복지문화과	5	8	7	8	7	5	5	4
1048	경기 안양시	경로당 사회봉사활동비	99,000	만안 복지문화과	5	8	7	8	7	5	5	4

순번	시군구	지출명 (사업명)	2021년예산 (단위:천원/1년간)	담당자 (공무원)	민간이전 분류 (지방자치단체 세출예산 집행기준에 의거)	민간이전지출 근거 (지방보조금 관리기준 참고)	입찰방식			운영예산 산정		성과평가 실시여부
				담당부서	1. 민간경상사업보조(307-02) 2. 민간단체 법정운영비보조(307-03) 3. 민간행사사업보조(307-04) 4. 민간위탁금(307-05) 5. 사회복지시설 법정운영비보조(307-10) 6. 민간인위탁교육비(307-12) 7. 공기관등에대한경상적위탁사업비(308-10) 8. 민간자본사업보조,자체재원(402-01) 9. 민간자본사업보조,이전재원(402-02) 10. 민간위탁사업비(402-03) 11. 공기관등에 대한 자본적 대행사업비(403-02)	1. 법률에 규정 2. 국고보조 재원(국가지정) 3. 용도 지정 기부금 4. 조례에 직접규정 5. 지자체가 권장하는 사업을 하는 공공기관 6. 시,도 정책 및 재정사정 7. 기타 8. 해당없음	계약체결방법 (경쟁형태) 1. 일반경쟁 2. 제한경쟁 3. 지명경쟁 4. 수의계약 5. 법정위탁 6. 기타 ( ) 7. 해당없음	계약기간 1. 1년 2. 2년 3. 3년 4. 4년 5. 5년 6. 기타 ( )년 7. 단기계약 (1년미만) 8. 해당없음	낙찰자선정방법 1. 적격심사 2. 협상에의한계약 3. 최저가낙찰제 4. 규격가격분리 5. 2단계 경쟁입찰 6. 기타 ( ) 7. 해당없음	운영예산 산정 1. 내부산정 (지자체 자체적으로 산정) 2. 외부산정 (외부전문기관위탁 산정) 3. 내·외부 모두 산정 4. 산정 無 5. 해당없음	정산방법 1. 내부정산 (지자체 내부적으로 정산) 2. 외부정산 (외부전문기관위탁 정산) 3. 내·외부 모두 산정 4. 정산 無 5. 해당없음	1. 실시 2. 미실시 3. 향후 추진 4. 해당없음
1049	경기 안양시	경로당 냉·난방비 및 양곡비 지원	235,601	만안 복지문화과	5	8	7	8	7	5	5	4
1050	경기 안양시	청소년공부방 운영	32,640	만안 복지문화과	5	8	7	8	7	5	5	4
1051	경기 안양시	청소년공부방 운영	32,640	만안 복지문화과	5	8	7	8	7	5	5	4
1052	경기 안양시	영아 표준보육과정 프로그램 지원	372,624	동안 복지문화과	5	8	7	8	7	5	5	4
1053	경기 안양시	어린이집 급식비 차액 지원	210,000	동안 복지문화과	5	8	7	8	7	5	5	4
1054	경기 안양시	계절운영비 지원	107,800	동안 복지문화과	5	8	7	8	7	5	5	4
1055	경기 안양시	영세아전용 어린이집 운영 지원	453,000	동안 복지문화과	5	8	7	8	7	5	5	4
1056	경기 안양시	장애전담어린이집 운전기사 인건비 지원	18,000	동안 복지문화과	5	8	7	8	7	5	5	4
1057	경기 안양시	장애전담어린이집 교재교구비	2,000,000	동안 복지문화과	5	8	7	8	7	5	5	4
1058	경기 안양시	어린이집 차량운영비 지원	240,000	동안 복지문화과	5	8	7	8	7	5	5	4
1059	경기 안양시	야간연장형 어린이집 운영 지원	52,800	동안 복지문화과	5	8	7	8	7	5	5	4
1060	경기 안양시	시간제 보육서비스 제공 지원	209,192	동안 복지문화과	5	8	7	8	7	5	5	4
1061	경기 안양시	공공형 어린이집 운영비	660,000	동안 복지문화과	5	8	7	8	7	5	5	4
1062	경기 안양시	공공형 어린이집 조리원 인건비 지원	187,600	동안 복지문화과	5	8	7	8	7	5	5	4
1063	경기 안양시	공공형 어린이집 운영 활성화 지원	198,720	동안 복지문화과	5	8	7	8	7	5	5	4
1064	경기 안양시	우수형어린이집 환경개선비	101,000	동안 복지문화과	5	8	7	8	7	5	5	4
1065	경기 안양시	평가인증 어린이집 안심보육 지원	758,000	동안 복지문화과	5	8	7	8	7	5	5	4
1066	경기 안양시	대체교사 인건비	50,000	동안 복지문화과	5	8	7	8	7	5	5	4
1067	경기 안양시	어린이집 대체인력 인건비	26,000	동안 복지문화과	5	8	7	8	7	5	5	4
1068	경기 안양시	보조교사 인건비	42,000	동안 복지문화과	5	8	7	8	7	5	5	4
1069	경기 안양시	어린이집 조리원 인건비 지원	784,800	동안 복지문화과	5	8	7	8	7	5	5	4
1070	경기 안양시	가정민간어린이집 조리원 인건비	821,700	동안 복지문화과	5	8	7	8	7	5	5	4
1071	경기 안양시	어린이집 교원 보수교육	15,686	동안 복지문화과	5	8	7	8	7	5	5	4
1072	경기 안양시	영아전담 등 교직원 인건비	570,000	동안 복지문화과	5	8	7	8	7	5	5	4
1073	경기 안양시	어린이집 공기청정기 지원	139,260	동안 복지문화과	5	8	7	8	7	5	5	4
1074	경기 안양시	어린이집 공기청정기 지원	122,670	동안 복지문화과	5	8	7	8	7	5	5	4
1075	경기 안양시	어린이집 전기레인지 지원	12,100	동안 복지문화과	5	8	7	8	7	5	5	4
1076	경기 안양시	어린이집 운영 지원	690,904	동안 복지문화과	5	8	7	8	7	5	5	4
1077	경기 안양시	경로당 지원	195,000	동안 복지문화과	5	8	7	8	7	5	5	4
1078	경기 안양시	경로당 운영 지원	241,800	동안 복지문화과	5	8	7	8	7	5	5	4
1079	경기 안양시	경로당 사회봉사활동비	117,000	동안 복지문화과	5	8	7	8	7	5	5	4
1080	경기 안양시	경로당 냉·난방비 및 양곡비 지원	276,670	동안 복지문화과	5	8	7	8	7	5	5	4
1081	경기 안양시	청소년공부방 운영	48,960	동안 복지문화과	5	8	7	8	7	5	5	4
1082	경기 안양시	청소년공부방 운영	128,574	동안 복지문화과	5	8	7	8	7	5	5	4
1083	경기 광명시	보훈단체 운영비 지원	165,768	복지정책과	5	4	7	8	7	5	5	4
1084	경기 광명시	재향군인회 운영비 지원	4,000,000	복지정책과	5	4	7	8	7	5	5	4
1085	경기 광명시	보훈단체 차량유지비	18,000	복지정책과	5	4	7	8	7	5	5	4
1086	경기 광명시	광명시 지역사회보장협의체 운영	84,541	복지정책과	5	1	7	8	7	5	5	4
1087	경기 광명시	시 지역사회보장협의체 활성화 지원	50,000	복지정책과	5	1	7	8	7	5	5	4
1088	경기 광명시	사회복지협의회 운영	42,211	복지정책과	5	1	7	8	7	1	1	1
1089	경기 광명시	광명희망나기운동본부 운영	312,681	복지정책과	5	5	7	8	7	1	1	1
1090	경기 광명시	사회복지협의회 사회복지정보센터 운영	35,000	복지정책과	5	1	7	8	7	1	1	1

순번	시군구	지출명 (사업명)	2021년예산 (단위:천원/1년간)	담당자 (공무원)	민간이전 분류 (지방자치단체 세출예산 집행기준에 의거)	민간이전지출 근거 (지방보조금 관리기준 참고)	입찰방식			운영예산 산정		성과평가 실시여부
				담당부서	1. 민간경상사업보조(307-02) 2. 민간단체 법정운영비보조(307-03) 3. 민간행사사업보조(307-04) 4. 민간위탁금(307-05) 5. 사회복지시설 법정운영비보조(307-10) 6. 민간인위탁교육비(307-12) 7. 공기관등에대한경상적위탁사업비(308-10) 8. 민간자본사업보조,자체재원(402-01) 9. 민간자본사업보조,이전재원(402-02) 10. 민간위탁사업비(402-03) 11. 공기관등에 대한 자본적 대행사업비(403-02)	1. 법률에 규정 2. 국고보조 재원(국가지정) 3. 용도 지정 기부금 4. 조례에 직접규정 5. 지자체가 권장하는 사업을 하는 공공기관 6. 시,도 정책 및 재정사정 7. 기타 8. 해당없음	계약체결방법 (경쟁형태) 1. 일반경쟁 2. 제한경쟁 3. 지명경쟁 4. 수의계약 5. 법정위탁 6. 기타 ( ) 7. 해당없음	계약기간 1. 1년 2. 2년 3. 3년 4. 4년 5. 5년 6. 기타 ( )년 7. 단기계약 (1년미만) 8. 해당없음	낙찰자선정방법 1. 적격심사 2. 협상에의한계약 3. 최저가낙찰제 4. 규격가격분리 5. 2단계 경쟁입찰 6. 기타 ( ) 7. 해당없음	운영예산 산정 1. 내부산정 (지자체 자체적으로 산정) 2. 외부산정 (외부전문기관위탁 산정) 3. 내·외부 모두 산정 4. 산정 無 5. 해당없음	정산방법 1. 내부정산 (지자체 내부적으로 정산) 2. 외부정산 (외부전문기관위탁 정산) 3. 내·외부 모두 산정 4. 정산 無 5. 해당없음	1. 실시 2. 미실시 3. 향후 추진 4. 해당없음
1091	경기 광명시	경로당 전담관리사 운영	30,281	노인복지과	5	1	6	8	7	3	3	1
1092	경기 광명시	대한노인회 광명시지회 운영	179,824	노인복지과	5	4	6	8	7	1	1	3
1093	경기 광명시	장애인주간보호시설운영	221,834	장애인복지과	5	1	5	5	6	3	3	1
1094	경기 광명시	생활이동지원센터 운영	290,900	장애인복지과	5	1	7	8	7	1	1	1
1095	경기 광명시	수어통역센터 운영	244,900	장애인복지과	5	1	7	8	7	1	1	1
1096	경기 광명시	생활이동지원센터 임차료 지원	5,280	장애인복지과	5	1	7	8	7	1	1	1
1097	경기 광명시	수어통역센터 임차료 지원	23,760	장애인복지과	5	1	7	8	7	1	1	1
1098	경기 광명시	장애인복지시설 운영지원	52,937	장애인복지과	5	8	7	8	7	5	5	4
1099	경기 광명시	장애인복지시설입소자 지원	34,072	장애인복지과	5	8	7	8	7	5	5	4
1100	경기 광명시	장애인복지시설 운영지원	10,800	장애인복지과	5	8	7	8	7	5	5	4
1101	경기 광명시	개인운영장애인거주시설	102,000	장애인복지과	5	8	7	8	7	1	1	1
1102	경기 광명시	지역자활센터 운영	297,205	장애인복지과	5	2	5	8	7	4	1	1
1103	경기 광명시	자활교육훈련지원사업	7,787	장애인복지과	5	2	5	8	7	4	1	4
1104	경기 광명시	가정폭력상담소 운영	126,382	여성가족과	5	1	6	8	7	5	1	1
1105	경기 광명시	가정폭력상담운영지원	6,000	여성가족과	5	1	6	8	7	5	1	1
1106	경기 광명시	여성폭력피해자 지원시설 종사자 인건비 지원	13,260	여성가족과	5	1	6	8	7	5	1	1
1107	경기 광명시	여성폭력피해자 지원시설 종사자 인건비 지원	58,026	여성가족과	5	1	6	8	7	5	1	1
1108	경기 광명시	요보호아동그룹홈 운영비 지원	445,815	여성가족과	5	2	7	8	7	5	1	4
1109	경기 광명시	아동복지시설 냉난방비 지원	17,400	여성가족과	5	4	7	8	7	1	1	4
1110	경기 광명시	아동복지시설 냉난방비 지원	12,600	여성가족과	5	6	7	8	7	1	1	4
1111	경기 광명시	공동생활가정 아동학습 활동비 지원	113,966	여성가족과	5	1	7	8	7	1	1	4
1112	경기 광명시	아동복지시설 종사자 인건비	295,200	여성가족과	5	4	7	8	7	1	1	4
1113	경기 광명시	지역아동센터 운영비 지원	21,981	여성가족과	5	2	7	8	7	1	1	4
1114	경기 광명시	우수지역아동센터 지원	66,560	여성가족과	5	2	7	8	7	1	1	4
1115	경기 광명시	등하원 안심알림이 이용료 지원	10,042	여성가족과	5	2	7	8	7	1	1	4
1116	경기 광명시	지역아동센터 공기청정기 지원	14,640	여성가족과	5	2	7	8	7	1	1	4
1117	경기 광명시	지역아동센터 특기적성 교육강사 지원	57,600	여성가족과	5	2	7	8	7	1	1	4
1118	경기 광명시	장애통합지역아동센터 지원	60,480	여성가족과	5	2	7	8	7	1	1	4
1119	경기 광명시	지역아동센터 돌봄교사 지원	390,600	여성가족과	5	2	7	8	7	1	1	4
1120	경기 광명시	지역아동센터 문자알림서비스	4,651,000	여성가족과	5	2	7	8	7	1	1	4
1121	경기 광명시	지역아동센터 환경개선 지원	40,000	여성가족과	5	2	7	8	7	1	1	4
1122	경기 광명시	대체보육시설운영및 기자재구입 지원	66,300	보육정책과	5	1	7	8	7	5	5	4
1123	경기 광명시	국공립법인 교직원 인건비	63,889	보육정책과	5	1	7	8	7	5	5	4
1124	경기 광명시	영아전담등 교직원 인건비	1,523,000	보육정책과	5	1	7	8	7	5	5	4
1125	경기 광명시	대체교사 인건비	627,905	보육정책과	5	1	7	8	7	5	5	4
1126	경기 광명시	장애영유아보육교사 신규인력 양성과정	8,000	보육정책과	5	1	7	8	7	5	5	4
1127	경기 광명시	장애영유아보육교사 전문성 강화 교육	4,500,000	보육정책과	5	1	7	8	7	5	5	4
1128	경기 광명시	보조교사 인건비	47,585	보육정책과	5	1	7	8	7	5	5	4
1129	경기 광명시	어린이집 대체인력 인건비	42,500	보육정책과	5	1	7	8	7	5	5	4
1130	경기 광명시	어린이집 대체교사 인건비	60,000	보육정책과	5	1	7	8	7	5	5	4
1131	경기 광명시	어린이집 조리원 인건비	262,800	보육정책과	5	1	7	8	7	5	5	4
1132	경기 광명시	가정·민간어린이집 조리원 인건비	522,000	보육정책과	5	1	7	8	7	5	5	4

순번	시군구	지출명 (사업명)	2021년예산 (단위:천원/1년간)	담당자 (공무원)	민간이전 분류 (지방자치단체 세출예산 집행기준에 의거)	민간이전지출 근거 (지방보조금 관리기준 참고)	입찰방식			운영예산 산정		성과평가 실시여부
				담당부서	1. 민간경상사업보조(307-02) 2. 민간단체 법정운영비보조(307-03) 3. 민간행사사업보조(307-04) 4. 민간위탁금(307-05) 5. 사회복지시설 법정운영비보조(307-10) 6. 민간인위탁교육비(307-12) 7. 공기관등에대한경상적위탁사업비(308-10) 8. 민간자본사업보조,자체재원(402-01) 9. 민간자본사업보조,이전재원(402-02) 10. 민간위탁사업비(402-03) 11. 공기관등에 대한 자본적 대행사업비(403-02)	1. 법률에 규정 2. 국고보조 재원(국가지정) 3. 용도 지정 기부금 4. 조례에 직접규정 5. 지자체가 권장하는 사업을 하는 공공기관 6. 시,도 정책 및 재정사정 7. 기타 8. 해당없음	계약체결방법 (경쟁형태) 1. 일반경쟁 2. 제한경쟁 3. 지명경쟁 4. 수의계약 5. 법정위탁 6. 기타 ( ) 7. 해당없음	계약기간 1. 1년 2. 2년 3. 3년 4. 4년 5. 5년 6. 기타 ( )년 7. 단기계약 (1년미만) 8. 해당없음	낙찰자선정방법 1. 적격심사 2. 협상에의한계약 3. 최저가낙찰제 4. 규격가격분리 5. 2단계 경쟁입찰 6. 기타 ( ) 7. 해당없음	운영예산 산정 1. 내부산정 (지자체 자체적으로 산정) 2. 외부산정 (외부전문기관위탁 산정) 3. 내·외부 모두 산정 4. 산정 無 5. 해당없음	정산방법 1. 내부정산 (지자체 내부적으로 정산) 2. 외부정산 (외부전문기관위탁 정산) 3. 내·외부 모두 산정 4. 정산 無 5. 해당없음	1. 실시 2. 미실시 3. 향후 추진 4. 해당없음
1133	경기 광명시	공공형어린이집 조리원 인건비	190,000	보육정책과	5	1	7	8	7	5	5	4
1134	경기 광명시	공공형어린이집 운영비	850,000	보육정책과	5	1	7	8	7	5	5	4
1135	경기 광명시	공공형어린이집 운영활성화	207,000	보육정책과	5	1	7	8	7	5	5	4
1136	경기 광명시	야간연장형 어린이집 운영비	316,800	보육정책과	5	1	7	8	7	5	5	4
1137	경기 광명시	외국인근로자 자녀 보육지원	64,800	보육정책과	5	1	7	8	7	5	5	4
1138	경기 광명시	0세아전용 어린이집 운영 지원	542,020	보육정책과	5	1	7	8	7	5	5	4
1139	경기 광명시	시간제보육 운영	221,000	보육정책과	5	2	7	8	7	5	5	4
1140	경기 광명시	영아 표준보육과정 프로그램 지원	370,260	보육정책과	5	1	7	8	7	5	5	4
1141	경기 광명시	어린이집 공기청정기 지원	106,942	보육정책과	5	1	7	8	7	5	5	4
1142	경기 광명시	교재교구비	127,600	보육정책과	5	1	7	8	7	5	5	4
1143	경기 광명시	어린이집 난방비 지원	84,300	보육정책과	5	1	7	8	7	5	5	4
1144	경기 광명시	어린이집 냉방비 지원	36,780	보육정책과	5	1	7	8	7	5	5	4
1145	경기 광명시	경기도 어린이집 운영 지원	938,774	보육정책과	5	1	7	8	7	5	5	4
1146	경기 광명시	어린이집 교원 보수교육	22,000	보육정책과	5	1	7	8	7	5	5	4
1147	경기 광명시	가정,협동 10인 이하/국공립,민간등 50인 이하 운영비 지원	327,600	보육정책과	5	1	7	8	7	1	1	4
1148	경기 광명시	가정,협동 11인 이상/국공립,민간등 51인 이상 운영비 지원	477,000	보육정책과	5	1	7	8	7	1	1	4
1149	경기 광명시	어린이집 방역비 지원	105,840	보육정책과	5	6	7	8	7	1	1	4
1150	경기 평택시	지역사회보장협의체 활성화 운영지원	38,410	복지정책과	5	2	7	7	7	1	1	1
1151	경기 평택시	평택행복나눔본부운영비	167,562	복지정책과	5	1	7	1	7	1	1	1
1152	경기 평택시	푸드뱅크 운영지원	80,400	복지정책과	5	1	7	8	7	1	1	4
1153	경기 평택시	푸드마켓 운영지원	183,000	복지정책과	5	1	7	8	7	1	1	4
1154	경기 평택시	지역아동센터 운영비 지원	28,154	여성가족과	5	1	7	8	7	1	1	4
1155	경기 평택시	장애통합 지역아동센터 지원	30,240	여성가족과	5	6	7	8	7	1	1	4
1156	경기 평택시	특성별 지역아동센터 추가지원	111,780	여성가족과	5	2	7	8	7	1	1	4
1157	경기 평택시	아동양육시설 운영지원	61,692	여성가족과	5	1	7	8	7	1	1	4
1158	경기 평택시	다함께돌봄센터 인건비 지원	198,900	여성가족과	5	6	7	8	7	1	1	4
1159	경기 평택시	다함께돌봄센터 운영비 지원	62,100	여성가족과	5	6	7	8	7	1	1	4
1160	경기 평택시	학대피해아동쉼터 운영지원	198,493	여성가족과	5	2	7	8	7	1	1	1
1161	경기 평택시	학대피해아동쉼터 지원	43,004	여성가족과	5	2	7	8	7	1	1	4
1162	경기 평택시	요보호아동 그룹홈형태보호	178,326	여성가족과	5	2	7	8	7	1	1	4
1163	경기 평택시	아동보호전문기관 운영	587,590	여성가족과	5	2	7	8	7	1	1	4
1164	경기 평택시	지역아동보호전문기관 운영	97,297	여성가족과	5	2	7	8	7	1	1	4
1165	경기 평택시	공공형 어린이집 운영 지원	12,000	여성가족과	5	2	7	8	7	1	1	4
1166	경기 평택시	공공형 어린이집 조리원 인건비 지원	235,000	여성가족과	5	1	7	8	7	1	1	4
1167	경기 평택시	공공형 어린이집 운영활성화 지원	349,200	여성가족과	5	1	7	8	7	1	1	4
1168	경기 평택시	영세아전용어린이집 운영 지원	822,000	여성가족과	5	1	7	8	7	1	1	4
1169	경기 평택시	야간연장어린이집운영지원	12,837	여성가족과	5	1	7	8	7	1	1	4
1170	경기 평택시	대체교사 인건비 지원	939,957	여성가족과	5	1	5	5	1	1	1	2
1171	경기 평택시	건강가정·다문화가족지원센터 통합운영지원	1,069,878	여성가족과	5	1	7	8	7	5	1	4
1172	경기 평택시	공동육아나눔터 운영지원	53,828	여성가족과	5	1	7	8	7	5	1	4
1173	경기 평택시	경기 육아나눔터 운영지원	18,480	여성가족과	5	1	7	8	7	5	1	4
1174	경기 평택시	성매매피해자 지원시설 운영	554,722	여성가족과	5	2	7	8	7	5	5	4

순번	시군구	지출명 (사업명)	2021년예산 (단위:천원/1년간)	담당자 (공무원)	민간이전 분류 (지방자치단체 세출예산 집행기준에 의거)	민간이전지출 근거 (지방보조금 관리기준 참고)	입찰방식			운영예산 산정		성과평가 실시여부
				담당부서	1. 민간경상사업보조(307-02) 2. 민간단체 법정운영비보조(307-03) 3. 민간행사사업보조(307-04) 4. 민간위탁금(307-05) 5. 사회복지시설 법정운영비보조(307-10) 6. 민간인위탁교육비(307-12) 7. 공기관등에대한경상적위탁사업비(308-10) 8. 민간자본사업보조,자체재원(402-01) 9. 민간자본사업보조,이전재원(402-02) 10. 민간위탁사업비(402-03) 11. 공기관등에 대한 자본적 대행사업비(403-02)	1. 법률에 규정 2. 국고보조 재원(국가지정) 3. 용도 지정 기부금 4. 조례에 직접규정 5. 지자체가 권장하는 사업을 하는 공공기관 6. 시,도 정책 및 재정사정 7. 기타 8. 해당없음	계약체결방법 (경쟁형태) 1. 일반경쟁 2. 제한경쟁 3. 지명경쟁 4. 수의계약 5. 법정위탁 6. 기타 ( ) 7. 해당없음	계약기간 1. 1년 2. 2년 3. 3년 4. 4년 5. 5년 6. 기타 ( )년 7. 단기계약 (1년미만) 8. 해당없음	낙찰자선정방법 1. 적격심사 2. 협상에의한계약 3. 최저가낙찰제 4. 규격가격분리 5. 2단계 경쟁입찰 6. 기타 ( ) 7. 해당없음	운영예산 산정 1. 내부산정 (지자체 자체적으로 산정) 2. 외부산정 (외부전문기관위탁 산정) 3. 내·외부 모두 산정 4. 산정 無 5. 해당없음	정산방법 1. 내부정산 (지자체 내부적으로 정산) 2. 외부정산 (외부전문기관위탁 정산) 3. 내·외부 모두 산정 4. 정산 無 5. 해당없음	1. 실시 2. 미실시 3. 향후 추진 4. 해당없음
1175	경기 평택시	성매매피해자 지원시설 운영	195,660	여성가족과	5	2	7	8	7	5	5	4
1176	경기 평택시	성폭력상담소 운영	123,816	여성가족과	5	2	7	8	7	5	5	4
1177	경기 평택시	가정폭력상담소 운영지원	154,175	여성가족과	5	2	7	8	7	5	5	4
1178	경기 평택시	여성폭력피해자지원시설인건비지원	7,728	여성가족과	5	6	7	8	7	5	5	4
1179	경기 평택시	여성폭력피해자지원시설인건비지원	6,440	여성가족과	5	6	7	8	7	5	5	4
1180	경기 평택시	여성폭력피해자지원시설인건비지원	17,850	여성가족과	5	6	7	8	7	5	5	4
1181	경기 평택시	여성폭력피해자지원시설인건비지원	15,344	여성가족과	5	6	7	8	7	5	5	4
1182	경기 동두천시	성매매피해자 지원시설(자활지원센터) 운영	209,324	여성청소년과	5	2	7	8	7	5	1	4
1183	경기 동두천시	성폭력 상담소 운영지원	123,816	여성청소년과	5	2	7	8	7	5	1	4
1184	경기 동두천시	건강가정 및 다문화가족지원센터 운영	427,540	여성청소년과	5	2	7	8	7	5	1	4
1185	경기 동두천시	아이돌봄지원사업	109,332	여성청소년과	5	2	7	8	7	5	1	4
1186	경기 동두천시	한부모가족 복지시설 운영	174,641	여성청소년과	5	1	7	8	7	5	1	4
1187	경기 동두천시	어린이집 대체인력 인건비	16,550	여성청소년과	5	6	7	8	7	5	1	4
1188	경기 동두천시	영아전담 등 교직원 인건비	1,317,000	여성청소년과	5	2	7	8	7	5	1	4
1189	경기 동두천시	보조교사 인건비	14,449	여성청소년과	5	2	7	8	7	5	1	4
1190	경기 동두천시	대체교사 인건비	323,110	여성청소년과	5	2	7	8	7	5	1	4
1191	경기 동두천시	야간연장 어린이집 운영 지원	177,600	여성청소년과	5	6	7	8	7	5	4	4
1192	경기 동두천시	시간제보육서비스 제공 지원	139,462	여성청소년과	5	2	7	8	7	5	1	4
1193	경기 동두천시	보육교직원 인건비 지원	1,774,000	여성청소년과	5	2	7	8	7	5	1	4
1194	경기 동두천시	어린이집 운영지원	35,820	여성청소년과	5	2	7	8	7	5	1	4
1195	경기 동두천시	어린이집 운영지원	33,400	여성청소년과	5	2	7	8	7	5	1	4
1196	경기 동두천시	공공형어린이집 운영비	80,000	여성청소년과	5	2	7	8	7	5	1	4
1197	경기 동두천시	공공형어린이집 인건비	15,000	여성청소년과	5	2	7	8	7	5	1	4
1198	경기 동두천시	가정, 민간어린이집 조리원 인건비	264,000	여성청소년과	5	6	7	8	7	5	1	4
1199	경기 동두천시	공공형어린이집 운영 활성화	25,200	여성청소년과	5	6	7	8	7	5	1	4
1200	경기 동두천시	영아 표준보육과정 프로그램	103,800	여성청소년과	5	6	7	8	7	5	1	4
1201	경기 동두천시	어린이집 운영지원	96,360	여성청소년과	5	6	7	8	7	5	1	4
1202	경기 동두천시	0세아 전용시설 운영	304,284	여성청소년과	5	6	7	8	7	5	1	4
1203	경기 동두천시	장애아 전문 어린이집 지원	20,000	여성청소년과	5	6	7	8	7	5	1	4
1204	경기 동두천시	어린이집 운영지원	2,648,000	여성청소년과	5	6	7	8	7	5	1	4
1205	경기 안산시	노숙인 자활시설운영	259,322	복지정책과	5	1	7	1	7	1	1	1
1206	경기 안산시	푸드뱅크 푸드코디네이터 배치	30,000	복지정책과	5	1	7	8	7	1	1	1
1207	경기 안산시	푸드뱅크 푸드코디네이터 배치	30,000	복지정책과	5	1	7	8	7	1	1	1
1208	경기 안산시	푸드뱅크 푸드코디네이터 배치	30,000	복지정책과	5	1	7	8	7	1	1	1
1209	경기 안산시	노인양로·요양시설 기초생활수급자 지원	30,505	노인복지과	5	6	7	8	7	1	1	1
1210	경기 안산시	개인운영신고시설지원	37,800	노인복지과	5	6	7	8	7	1	1	1
1211	경기 안산시	365어르신돌봄센터운영	100,000	노인복지과	5	6	7	8	7	1	1	1
1212	경기 안산시	독거노인공동생활기정 카네이션하우스 운영비	99,200	노인복지과	5	4	7	8	7	1	1	1
1213	경기 안산시	노인일자리 및 사회활동지원	453,300	노인복지과	5	1	7	8	7	1	1	1
1214	경기 안산시	장애인재가복지시설 운영 지원	81,800	장애인복지과	5	2	7	8	7	1	1	1
1215	경기 안산시	장애인거주시설 운영 지원	7,530	장애인복지과	5	1	7	8	7	1	1	1
1216	경기 안산시	장애인거주시설 공기청정리 렌탈지원	5,880	장애인복지과	5	1	7	8	7	1	1	1

순번	시군구	지출명 (사업명)	2021년예산 (단위:천원/1년간)	담당자 (공무원)	민간이전 분류 (지방자치단체 세출예산 집행기준에 의거)	민간이전지출 근거 (지방보조금 관리기준 참고)	입찰방식			운영예산 산정		성과평가 실시여부
				담당부서	1. 민간경상사업보조(307-02) 2. 민간단체 법정운영비보조(307-03) 3. 민간행사사업보조(307-04) 4. 민간위탁금(307-05) 5. 사회복지시설 법정운영비보조(307-10) 6. 민간인위탁교육비(307-12) 7. 공기관등에대한경상적위탁사업비(308-10) 8. 민간자본사업보조,자체재원(402-01) 9. 민간자본사업보조,이전재원(402-02) 10. 민간위탁사업비(402-03) 11. 공기관등에 대한 자본적 대행사업비(403-02)	1. 법률에 규정 2. 국고보조 재원(국가지정) 3. 용도 지정 기부금 4. 조례에 직접규정 5. 지자체가 권장하는 사업을 하는 공공기관 6. 시,도 정책 및 재정사정 7. 기타 8. 해당없음	계약체결방법 (경쟁형태) 1. 일반경쟁 2. 제한경쟁 3. 지명경쟁 4. 수의계약 5. 법정위탁 6. 기타 ( ) 7. 해당없음	계약기간 1. 1년 2. 2년 3. 3년 4. 4년 5. 5년 6. 기타 ( )년 7. 단기계약 (1년미만) 8. 해당없음	낙찰자선정방법 1. 적격심사 2. 협상에의한계약 3. 최저가낙찰제 4. 규격가격분리 5. 2단계 경쟁입찰 6. 기타 ( ) 7. 해당없음	운영예산 산정 1. 내부산정 (지자체 자체적으로 산정) 2. 외부산정 (외부전문기관위탁 산정) 3. 내·외부 모두 산정 4. 산정 無 5. 해당없음	정산방법 1. 내부정산 (지자체 내부적으로 정산) 2. 외부정산 (외부전문기관위탁 정산) 3. 내·외부 모두 산정 4. 정산 無 5. 해당없음	1. 실시 2. 미실시 3. 향후 추진 4. 해당없음
1217	경기 안산시	장애인 공동생활가정운영	526,223	장애인복지과	5	1	7	8	7	1	1	1
1218	경기 안산시	장애인 단기거주시설 운영	664,397	장애인복지과	5	1	7	8	7	1	1	1
1219	경기 안산시	개인운영 장애인거주시설 지원	172,800	장애인복지과	5	1	7	8	7	1	1	1
1220	경기 안산시	장애인 복지시설 재활프로그램 운영	73,088	장애인복지과	5	1	7	8	7	1	1	1
1221	경기 안산시	장애인거주시설 종사자 연장야간 근로수당 지원	89,670	장애인복지과	5	1	7	8	7	1	1	1
1222	경기 안산시	장애인 365쉼터 운영지원	72,630	장애인복지과	5	1	7	8	7	1	1	1
1223	경기 안산시	장애인직업재활시설 입소자 지원	102,141	장애인복지과	5	1	7	8	7	1	1	1
1224	경기 안산시	장애인직업재활시설 운영 지원	348,090	장애인복지과	5	1	7	8	7	1	1	1
1225	경기 안산시	장애인거주시설 입소자 지원	90,721	장애인복지과	5	1	7	8	7	1	1	1
1226	경기 안산시	장애인 거주시설 운영지원	821,408	장애인복지과	5	1	7	8	7	1	1	1
1227	경기 안산시	장애인직업재활시설 마케팅 지원	38,720	장애인복지과	5	1	7	8	7	1	1	1
1228	경기 안산시	장애인 직업재활시설 운영	51,897	장애인복지과	5	1	7	8	7	1	1	1
1229	경기 안산시	장애인 주간보호시설 운영	42,668	장애인복지과	5	1	7	8	7	1	1	1
1230	경기 안산시	수어통역센터 운영	318,400	장애인복지과	5	1	7	8	7	1	1	1
1231	경기 안산시	장애인생활이동지원센터 운영	351,900	장애인복지과	5	1	7	8	7	1	1	1
1232	경기 안산시	장애인체육관 운영	226,320	장애인복지과	5	1	7	8	7	1	1	1
1233	경기 안산시	요보호아동그룹홈 형태보호	28,152	아동권리과	5	1	7	6	7	4	1	1
1234	경기 안산시	학대피해아동그룹홈(생계비)지원	26,204	아동권리과	5	1	7	6	7	4	1	1
1235	경기 안산시	학대피해쉼터 운영비, 인건비, 사업비	201,524	아동권리과	5	1	7	6	7	4	1	1
1236	경기 안산시	우수지역아동센터 특기적성교육강사 지원	115,200	아동권리과	5	6	4	3	1	3	1	1
1237	경기 안산시	지역아동센터 돌봄도우미 지원	846,300	아동권리과	5	6	7	8	7	5	5	4
1238	경기 안산시	지역아동센터 급식교사지 지원	241,200	아동권리과	5	6	7	8	7	5	5	4
1239	경기 안산시	우수지역아동센터 특기적성교육강사 지원	115,200	아동권리과	5	6	7	8	7	5	5	4
1240	경기 안산시	지역아동센터 돌봄도우미 지원	846,300	아동권리과	5	6	7	8	7	5	5	4
1241	경기 안산시	지역아동센터 급식교사지 지원	241,200	아동권리과	5	6	7	8	7	5	5	4
1242	경기 안산시	지역아동센터 운영지원	53,185	아동권리과	5	2	7	8	7	5	5	4
1243	경기 안산시	지역아동센터 운영지원	250,590	아동권리과	5	7	7	8	7	5	5	4
1244	경기 안산시	지역아동센터특성별지원	135,020	아동권리과	5	2	7	8	7	5	5	4
1245	경기 안산시	아동복지시설 기능보강사업	14,000	아동권리과	5	2	7	8	7	5	5	4
1246	경기 안산시	시군아동보호전문기관운영	757,720	아동권리과	5	1	5	5	1	1	1	1
1247	경기 안산시	시군아동보호전문기관운영	110,461	아동권리과	5	1	5	5	1	1	1	1
1248	경기 안산시	가정폭력 상담소 운영지원	154,175	여성보육과	5	2	7	8	7	4	1	1
1249	경기 안산시	성폭력 상담소 운영지원	123,818	여성보육과	5	2	7	8	7	4	1	1
1250	경기 안산시	가정폭력 피해자 보호시설 운영 지원	177,064	여성보육과	5	2	7	8	7	4	1	1
1251	경기 안산시	가정폭력피해자 보호지원	159,600	여성보육과	5	6	7	8	7	4	1	1
1252	경기 안산시	여성인력개발센터운영지원	255,000	여성보육과	5	2	7	8	7	4	1	1
1253	경기 안산시	보육교직원 인건비 지원	13,449	여성보육과	5	2	7	8	7	5	5	4
1254	경기 안산시	공공형어린이집인건비(조리원)지원	299,920	여성보육과	5	6	7	8	7	4	1	1
1255	경기 안산시	시간제보육서비스 제공지원	157,400	여성보육과	5	2	7	8	7	4	1	1
1256	경기 안산시	장애아전문어린이집 지원	60,000	여성보육과	5	6	7	8	7	4	1	1
1257	경기 안산시	어린이집 운영지원	13,800	여성보육과	5	2	7	8	7	5	5	4
1258	경기 안산시	어린이집 운영지원	269,731	여성보육과	5	2	7	8	7	5	5	4

순번	시군구	지출명 (사업명)	2021년예산 (단위:천원/1년간)	담당자 (공무원)	민간이전 분류 (지방자치단체 세출예산 집행기준에 의거)	민간이전지출 근거 (지방보조금 관리기준 참고)	입찰방식			운영예산 산정		성과평가 실시여부
				담당부서	1. 민간경상사업보조(307-02) 2. 민간단체 법정운영비보조(307-03) 3. 민간행사사업보조(307-04) 4. 민간위탁금(307-05) 5. 사회복지시설 법정운영비보조(307-10) 6. 민간인위탁교육비(307-12) 7. 공기관등에대한경상적위탁사업비(308-10) 8. 민간자본사업보조,자체재원(402-01) 9. 민간자본사업보조,이전재원(402-02) 10. 민간위탁사업비(402-03) 11. 공기관등에 대한 자본적 대행사업비(403-02)	1. 법률에 규정 2. 국고보조 재원(국가지정) 3. 용도 지정 기부금 4. 조례에 직접규정 5. 지자체가 권장하는 사업을 하는 공공기관 6. 시,도 정책 및 재정사정 7. 기타 8. 해당없음	계약체결방법 (경쟁형태) 1. 일반경쟁 2. 제한경쟁 3. 지명경쟁 4. 수의계약 5. 법정위탁 6. 기타 ( ) 7. 해당없음	계약기간 1. 1년 2. 2년 3. 3년 4. 4년 5. 5년 6. 기타 ( )년 7. 단기계약 (1년미만) 8. 해당없음	낙찰자선정방법 1. 적격심사 2. 협상에의한계약 3. 최저가낙찰제 4. 규격가격분리 5. 2단계 경쟁입찰 6. 기타 ( ) 7. 해당없음	운영예산 산정 1. 내부산정 (지자체 자체적으로 산정) 2. 외부산정 (외부전문기관위탁 산정) 3. 내·외부 모두 산정 4. 산정 無 5. 해당없음	정산방법 1. 내부정산 (지자체 내부적으로 정산) 2. 외부정산 (외부전문기관위탁 정산) 3. 내·외부 모두 산정 4. 정산 無 5. 해당없음	1. 실시 2. 미실시 3. 향후 추진 4. 해당없음
1259	경기 안산시	보육교직원 처우개선 지원	1,166,000	여성보육과	5	2	7	8	7	5	5	4
1260	경기 안산시	보육교직원대체인력인건비지원	60,352	여성보육과	5	6	7	8	7	5	5	4
1261	경기 안산시	보육교직원 처우개선 지원	9,524	여성보육과	5	2	7	8	7	5	5	4
1262	경기 안산시	정신질환자 정신재활시설 운영	135,331	상록보건정책과	5	1	7	8	7	1	1	1
1263	경기 안산시	정신재활시설 공동캠프 지원	2,000,000	상록보건정책과	5	1	7	8	7	1	1	1
1264	경기 안산시	정신요양 및 정신재활시설 입소자 구료비 등	9,932	상록보건정책과	5	1	7	8	7	1	1	1
1265	경기 안산시	폭력피해이주여성보호시설운영	164,549	외국인주민정책과	5	1	7	8	7	1	1	1
1266	경기 고양시	장애인거주시설 운영지원	8,669	장애인복지과	5	1	7	8	7	1	1	2
1267	경기 고양시	장애인거주시설 종사자 연장,야간 근로수당지원	65,104	장애인복지과	5	1	7	8	7	1	1	2
1268	경기 고양시	장애인복지시설입소자 지원	106,357	장애인복지과	5	1	7	8	7	1	1	2
1269	경기 고양시	개인운영장애인생활시설지원	531,600	장애인복지과	5	1	7	8	7	1	1	2
1270	경기 고양시	장애인직업재활시설운영	61,120	장애인복지과	5	1	7	8	7	1	1	2
1271	경기 고양시	장애인직업재활시설마케팅지원	77,440	장애인복지과	5	1	7	8	7	1	1	2
1272	경기 고양시	장애인공동생활가정운영	605,584	장애인복지과	5	1	7	8	7	1	1	2
1273	경기 고양시	장애인단기거주시설운영	730,296	장애인복지과	5	1	7	8	7	1	1	2
1274	경기 고양시	장애인체육관운영	452,640	장애인복지과	5	1	5	5	1	1	1	2
1275	경기 고양시	장애인생활이동지원센터운영	474,800	장애인복지과	5	1	7	8	7	1	1	2
1276	경기 고양시	수어통역센터운영	296,100	장애인복지과	5	1	7	8	7	1	1	2
1277	경기 고양시	장애인주간보호시설운영	43,057	장애인복지과	5	1	5	5	1	1	1	1
1278	경기 고양시	장애인거주시설 운영 지원	780,274	장애인복지과	5	1	7	8	7	1	1	2
1279	경기 고양시	장애인재가복지시설 운영지원	63,000	장애인복지과	5	1	5	5	1	1	1	2
1280	경기 고양시	장애인거주시설 입소자 지원	110,226	장애인복지과	5	1	7	8	7	1	1	2
1281	경기 고양시	지역아동보호전문기관 운영	785,837	아동청소년과	5	1	7	8	7	5	1	4
1282	경기 고양시	아동복지시설 운영지원	15,580	아동청소년과	5	1	7	8	7	5	1	4
1283	경기 고양시	요보호아동 그룹홈 형태보호	483,145	아동청소년과	5	1	7	8	7	5	1	4
1284	경기 고양시	학대피해아동쉼터 운영비, 인건비, 사업비	198,493	아동청소년과	5	1	7	8	7	5	1	4
1285	경기 고양시	학대피해아동쉼터지원	13,004	아동청소년과	5	1	7	8	7	5	1	4
1286	경기 고양시	경계선지능아동 자립지원	13,095	아동청소년과	5	1	7	8	7	5	1	4
1287	경기 고양시	지역아동센터 운영비 지원	24,970	아동청소년과	5	2	5	8	7	3	1	4
1288	경기 고양시	특성별 지역아동센터 추가지원	41,288	아동청소년과	5	2	5	8	7	3	1	2
1289	경기 고양시	지역아동센터 환경개선 지원	60,000	아동청소년과	5	2	5	8	7	3	1	2
1290	경기 고양시	지역아동센터 특기적성교육 강사비	80,640	아동청소년과	5	4	5	8	7	3	1	2
1291	경기 고양시	장애통합 지역아동센터 지원	119,760	아동청소년과	5	4	5	8	7	3	1	2
1292	경기 고양시	지역아동센터 돌봄교사 지원	416,640	아동청소년과	5	4	5	8	7	3	1	2
1293	경기 고양시	지역아동센터 체험활동비 지원	46,250	아동청소년과	5	4	5	8	7	3	1	2
1294	경기 고양시	지역아동센터 냉난방비 지원	19,200	아동청소년과	5	4	5	8	7	3	1	2
1295	경기 고양시	시간제보육서비스 제공지원	483,480	아동청소년과	5	1	7	8	7	5	1	4
1296	경기 고양시	보육교직원 인건비 지원	16,080	아동청소년과	5	1	7	8	7	5	1	4
1297	경기 고양시	보육교직원 인건비 지원	50,124	아동청소년과	5	1	7	8	7	5	1	4
1298	경기 고양시	누리과정 운영	40,246	아동청소년과	5	1	7	8	7	1	1	4
1299	경기 고양시	보육교직원 처우개선 지원	965,683	아동청소년과	5	2	5	5	7	1	1	2
1300	경기 고양시	보육교직원 처우개선 지원	33,637	아동청소년과	5	1	7	8	7	5	1	4

순번	시군구	지출명 (사업명)	2021년예산 (단위:천원/1년간)	담당자 (공무원) 담당부서	민간이전 분류 (지방자치단체 세출예산 집행기준에 의거) 1. 민간경상사업보조(307-02) 2. 민간단체 법정운영비보조(307-03) 3. 민간행사사업보조(307-04) 4. 민간위탁금(307-05) 5. 사회복지시설 법정운영비보조(307-10) 6. 민간인위탁교육비(307-12) 7. 공기관등에대한경상적위탁사업비(308-10) 8. 민간자본사업보조,자체재원(402-01) 9. 민간자본사업보조,이전재원(402-02) 10. 민간위탁사업비(402-03) 11. 공기관등에 대한 자본적 대행사업비(403-02)	민간이전지출 근거 (지방보조금 관리기준 참고) 1. 법률에 규정 2. 국고보조 재원(국가지정) 3. 용도 지정 기부금 4. 조례에 직접규정 5. 지자체가 권장하는 사업을 하는 공공기관 6. 시,도 정책 및 재정사정 7. 기타 8. 해당없음	입찰방식: 계약체결방법 (경쟁형태) 1. 일반경쟁 2. 제한경쟁 3. 지명경쟁 4. 수의계약 5. 법정위탁 6. 기타 ( ) 7. 해당없음	입찰방식: 계약기간 1. 1년 2. 2년 3. 3년 4. 4년 5. 5년 6. 기타 ( )년 7. 단기계약 (1년미만) 8. 해당없음	입찰방식: 낙찰자선정방법 1. 적격심사 2. 협상에의한계약 3. 최저가낙찰제 4. 규격가격분리 5. 2단계 경쟁입찰 6. 기타 ( ) 7. 해당없음	운영예산 산정: 운영예산 산정 1. 내부산정 (지자체 자체적으로 산정) 2. 외부산정 (외부전문기관위탁 산정) 3. 내·외부 모두 산정 4. 산정 無 5. 해당없음	운영예산 산정: 정산방법 1. 내부정산 (지자체 내부적으로 정산) 2. 외부정산 (외부전문기관위탁 정산) 3. 내·외부 모두 산정 4. 정산 無 5. 해당없음	성과평가 실시여부 1. 실시 2. 미실시 3. 향후 추진 4. 해당없음
1301	경기 고양시	어린이집 운영지원	36,590	아동청소년과	5	2	7	8	7	1	1	4
1302	경기 고양시	어린이집 운영지원	240,000	아동청소년과	5	2	7	8	7	1	1	4
1303	경기 고양시	대체인력 인건비	75,700	아동청소년과	5	2	5	5	7	1	1	2
1304	경기 고양시	야간연장형 어린이집 운영	225,600	아동청소년과	5	6	7	8	7	1	1	4
1305	경기 고양시	영아 표준보육과정 프로그램 지원	96,000	아동청소년과	5	6	7	8	7	1	1	4
1306	경기 고양시	어린이집 공기청정기 지원	79,200	아동청소년과	5	1	7	8	7	5	1	4
1307	경기 고양시	장애아 전문 어린이집 지원	20,000	아동청소년과	5	6	7	8	7	1	1	4
1308	경기 고양시	어린이집 운영 지원	497,834	아동청소년과	5	1	7	8	7	1	1	4
1309	경기 고양시	국공립어린이집 공공요금 지원	187,200	아동청소년과	5	6	7	8	7	1	1	2
1310	경기 고양시	국공립어린이집 난방비 지원	100,800	아동청소년과	5	6	7	8	7	1	1	2
1311	경기 고양시	국공립어린이집 기타보육교직원 인건비 지원	822,000	아동청소년과	5	6	7	8	7	1	1	2
1312	경기 고양시	장애아전문 어린이집 운영 지원	84,400	아동청소년과	5	6	7	8	7	1	1	4
1313	경기 고양시	정부지원 어린이집 조리원 인건비	230,400	아동청소년과	5	6	7	8	7	1	1	2
1314	경기 고양시	평가제 우수 어린이집 환경개선비 지원	17,000	아동청소년과	5	6	7	8	7	1	1	2
1315	경기 고양시	준공영 어린이집 지원	24,000	아동청소년과	5	6	7	8	7	1	1	4
1316	경기 고양시	청소년쉼터 운영 지원	592,966	아동청소년과	5	4	7	8	7	5	1	4
1317	경기 고양시	청소년쉼터 종사자 지원	155,322	아동청소년과	5	4	7	8	7	5	1	4
1318	경기 고양시	보육교직원 처우개선 지원	50,000	덕양구 가정복지과	5	2	7	8	7	5	1	4
1319	경기 고양시	보육교직원 처우개선 지원	182,000	덕양구 가정복지과	5	2	7	8	7	5	1	4
1320	경기 고양시	대체인력인건비	11,700	덕양구 가정복지과	5	1	7	8	7	5	1	4
1321	경기 고양시	평가제 우수 어린이집 환경개선비 지원	32,500	덕양구 가정복지과	5	6	7	8	7	1	1	1
1322	경기 고양시	어린이집 운영 지원	106,900	덕양구 가정복지과	5	2	7	8	7	5	1	4
1323	경기 고양시	야간연장형 어린이집 운영지원	100,800	덕양구 가정복지과	5	6	7	8	7	5	1	4
1324	경기 고양시	어린이집 운영 지원	972,000	덕양구 가정복지과	5	6	7	8	7	5	1	4
1325	경기 고양시	어린이집 운영 지원	2,879,000	덕양구 가정복지과	5	2	7	8	7	5	1	4
1326	경기 고양시	어린이집 운영 지원	95,800	덕양구 가정복지과	5	2	7	8	7	5	1	4
1327	경기 고양시	0세아전용 어린이집 운영 지원	1,401,000	덕양구 가정복지과	5	6	7	8	7	5	1	4
1328	경기 고양시	평가제우수 어린이집 냉·난방비 지원	67,800	덕양구 가정복지과	5	6	7	8	7	1	1	1
1329	경기 고양시	공공형어린이집 운영비	450,000	덕양구 가정복지과	5	1	7	8	7	5	1	4
1330	경기 고양시	공공형어린이집 인건비(조리원) 지원	111,600	덕양구 가정복지과	5	1	7	8	7	5	1	4
1331	경기 고양시	가정·민간 어린이집 조리원 인건비	416,340	덕양구 가정복지과	5	1	7	8	7	5	1	4
1332	경기 고양시	공공형어린이집 운영활성화 지원	140,400	덕양구 가정복지과	5	1	7	8	7	5	1	4
1333	경기 고양시	어린이집 공기청정기 지원	116,160	덕양구 가정복지과	5	1	7	8	7	5	1	4
1334	경기 고양시	어린이집 조리원 인건비	144,000	덕양구 가정복지과	5	6	7	8	7	1	1	1
1335	경기 고양시	영아 표준보육과정 프로그램 지원	391,400	덕양구 가정복지과	5	6	7	8	7	5	1	4
1336	경기 고양시	정부지원 어린이집 조리원 인건비 지원	7,200	덕양구 가정복지과	5	6	7	8	7	1	1	1
1337	경기 고양시	정부지원 어린이집 인건비	480,000	덕양구 가정복지과	5	6	7	8	7	5	1	2
1338	경기 고양시	경로당 운영지원	1,116,600	덕양구 가정복지과	5	1	7	8	7	5	1	4
1339	경기 고양시	경로당 운영지원	446,400	덕양구 가정복지과	5	1	7	8	7	5	1	4
1340	경기 고양시	경로당 사회활동	291,000	덕양구 가정복지과	5	1	7	8	7	5	1	4
1341	경기 고양시	경로당 냉난방비 및 양곡비	299,544	덕양구 가정복지과	5	1	7	8	7	5	1	4
1342	경기 고양시	경로당 양곡비 지원	210,000	덕양구 가정복지과	5	1	2	1	1	1	1	4

순번	시군구	지출명 (사업명)	2021년예산 (단위:천원/1년간)	담당자 (공무원)	민간이전 분류 (지방자치단체 세출예산 집행기준에 의거)	민간이전지출 근거 (지방보조금 관리기준 참고)	입찰방식			운영예산 산정		성과평가 실시여부
				담당부서	1. 민간경상사업보조(307-02) 2. 민간단체 법정운영비보조(307-03) 3. 민간행사사업보조(307-04) 4. 민간위탁금(307-05) 5. 사회복지시설 법정운영비보조(307-10) 6. 민간인위탁교육비(307-12) 7. 공기관등에대한경상적위탁사업비(308-10) 8. 민간자본사업보조,자체재원(402-01) 9. 민간자본사업보조,이전재원(402-02) 10. 민간위탁사업비(402-03) 11. 공기관등에 대한 자본적 대행사업비(403-02)	1. 법률에 규정 2. 국고보조 재원(국가지정) 3. 용도 지정 기부금 4. 조례에 직접규정 5. 지자체가 권장하는 사업을 하는 공공기관 6. 시,도 정책 및 재정사정 7. 기타 8. 해당없음	계약체결방법 (경쟁형태) 1. 일반경쟁 2. 제한경쟁 3. 지명경쟁 4. 수의계약 5. 법정위탁 6. 기타 ( ) 7. 해당없음	계약기간 1. 1년 2. 2년 3. 3년 4. 4년 5. 5년 6. 기타 ( )년 7. 단기계약 (1년미만) 8. 해당없음	낙찰자선정방법 1. 적격심사 2. 협상에의한계약 3. 최저가낙찰제 4. 규격가격분리 5. 2단계 경쟁입찰 6. 기타 ( ) 7. 해당없음	운영예산 산정 1. 내부산정 (지자체 자체적으로 산정) 2. 외부산정 (외부전문기관위탁 산정) 3. 내·외부 모두 산정 4. 산정 無 5. 해당없음	정산방법 1. 내부정산 (지자체 내부적으로 정산) 2. 외부정산 (외부전문기관위탁 정산) 3. 내·외부 모두 산정 4. 정산 無 5. 해당없음	1. 실시 2. 미실시 3. 향후 추진 4. 해당없음
1343	경기 고양시	경로당 냉난방비 및 양곡비	143,782	가정복지과	5	1	7	8	7	1	1	4
1344	경기 고양시	경로당 양곡비 지원	148,680	가정복지과	5	1	7	8	7	1	1	4
1345	경기 고양시	경로당 운영비 지원	451,824	가정복지과	5	1	7	8	7	1	1	4
1346	경기 고양시	경로당 사회봉사활동비	211,500	가정복지과	5	1	7	8	7	1	1	4
1347	경기 고양시	경로당 식비 지원	637,200	가정복지과	5	1	7	8	7	1	1	4
1348	경기 고양시	보육교직원 처우개선지원	38,740	가정복지과	5	1	7	8	7	1	1	4
1349	경기 고양시	0세아전용 어린이집 운영	350,262	가정복지과	5	1	7	8	7	1	1	4
1350	경기 고양시	외국인근로자 자녀 보육지원	108,000	가정복지과	5	1	7	8	7	1	1	4
1351	경기 고양시	어린이집운영 지원	115,100	가정복지과	5	1	7	8	7	1	1	4
1352	경기 고양시	대체인력인건비	10,000	가정복지과	5	1	7	8	7	1	1	4
1353	경기 고양시	야간연장어린이집 운영지원	124,800	가정복지과	5	1	7	8	7	1	1	4
1354	경기 고양시	가정,민간어린이집 조리원 인건비	323,820	가정복지과	5	1	7	8	7	1	1	4
1355	경기 고양시	영아 표준보육과정 프로그램 지원	317,600	가정복지과	5	1	7	8	7	1	1	4
1356	경기 고양시	어린이집 조리원 인건비	96,000	가정복지과	5	1	7	8	7	1	1	4
1357	경기 고양시	어린이집 공기청정기 지원	112,200	가정복지과	5	1	7	8	7	1	1	4
1358	경기 고양시	공공형 어린이집 운영활성화	87,480	가정복지과	5	1	7	8	7	1	1	4
1359	경기 고양시	공공형 어린이집 인건비	93,600	가정복지과	5	1	7	8	7	1	1	4
1360	경기 고양시	어린이집 운영 지원	793,200	가정복지과	5	1	7	8	7	1	1	4
1361	경기 고양시	공공형어린이집 운영비	380,000	가정복지과	5	1	7	8	7	1	1	4
1362	경기 고양시	평가제우수 어린이집 환경개선비	34,000	가정복지과	5	1	7	8	7	1	1	4
1363	경기 고양시	평가제 우수 어린이집 냉,난방비	45,000	가정복지과	5	1	7	8	7	1	1	4
1364	경기 고양시	정신요양시설 운영지원	29,272	일산동구보건소	5	1	7	8	7	5	5	4
1365	경기 고양시	정신재활시설 운영비	1,032,900	일산동구보건소	5	1	7	8	7	5	5	4
1366	경기 고양시	아동청소년 정신건강사업	850,912	일산동구보건소	5	1	6	5	1	5	1	1
1367	경기 고양시	자활근로, 지역자활센터 및 광역자활센터운영	399,794	찾아가는복지과	5	2	6	1	7	1	1	1
1368	경기 고양시	보육교직원 인건비	390,000	가정복지과	5	1	7	8	7	1	1	4
1369	경기 고양시	보육교직원 처우개선지원	147,000	가정복지과	5	1	7	8	7	1	1	4
1370	경기 고양시	보육교직원 처우개선 지원	29,000	가정복지과	5	1	7	8	7	1	1	4
1371	경기 고양시	어린이집 운영지원	56,900	가정복지과	5	1	7	8	7	1	1	4
1372	경기 고양시	어린이집 운영지원	24,180	가정복지과	5	1	7	8	7	1	1	4
1373	경기 고양시	어린이집 운영지원	36,000	가정복지과	5	1	7	8	7	1	1	4
1374	경기 고양시	공공형 어린이집 운영비	170,000	가정복지과	5	1	7	8	7	1	1	4
1375	경기 고양시	대체인력 인건비	7,000	가정복지과	5	1	7	8	7	1	1	4
1376	경기 고양시	야간연장 어린이집 운영지원	96,000	가정복지과	5	1	7	8	7	1	1	4
1377	경기 고양시	0세아전용 어린이집 운영	875,656	가정복지과	5	1	7	8	7	1	1	4
1378	경기 고양시	가정 · 민간 조리원 인건비	185,040	가정복지과	5	1	7	8	7	1	1	4
1379	경기 고양시	영아표준보육과정 프로그램 지원	196,400	가정복지과	5	1	7	8	7	1	1	4
1380	경기 고양시	어린이집 공기청정기 지원	88,440	가정복지과	5	1	7	8	7	1	1	4
1381	경기 고양시	공공형 어린이집 운영활성화	45,720	가정복지과	5	1	7	8	7	1	1	4
1382	경기 고양시	공공형 어린이집 조리원 인건비	54,800	가정복지과	5	1	7	8	7	1	1	4
1383	경기 고양시	어린이집 운영지원	553,200	가정복지과	5	1	7	8	7	1	1	4
1384	경기 고양시	평가제 우수 어린이집 환경개선비	25,000	가정복지과	5	1	7	8	7	1	1	4

순번	시군구	지출명 (사업명)	2021년예산 (단위:천원/1년간)	담당자 (공무원) 담당부서	민간이전 분류 (지방자치단체 세출예산 집행기준에 의거) 1. 민간경상사업보조(307-02) 2. 민간단체 법정운영비보조(307-03) 3. 민간행사사업보조(307-04) 4. 민간위탁금(307-05) 5. 사회복지시설 법정운영비보조(307-10) 6. 민간인위탁교육비(307-12) 7. 공기관등에대한경상적위탁사업비(308-10) 8. 민간자본사업보조,자체재원(402-01) 9. 민간자본사업보조,이전재원(402-02) 10. 민간위탁사업비(402-03) 11. 공기관등에 대한 자본적 대행사업비(403-02)	민간이전지출 근거 (지방보조금 관리기준 참고) 1. 법률에 규정 2. 국고보조 재원(국가지정) 3. 용도 지정 기부금 4. 조례에 직접규정 5. 지자체가 권장하는 사업을 하는 공공기관 6. 시,도 정책 및 재정사정 7. 기타 8. 해당없음	입찰방식 계약체결방법 (경쟁형태) 1. 일반경쟁 2. 제한경쟁 3. 지명경쟁 4. 수의계약 5. 법정위탁 6. 기타 ( ) 7. 해당없음	입찰방식 계약기간 1. 1년 2. 2년 3. 3년 4. 4년 5. 5년 6. 기타 ( )년 7. 단기계약 (1년미만) 8. 해당없음	입찰방식 낙찰자선정방법 1. 적격심사 2. 협상에의한계약 3. 최저가낙찰제 4. 규격가격분리 5. 2단계 경쟁입찰 6. 기타 ( ) 7. 해당없음	운영예산 산정 운영예산 산정 1. 내부산정 (지자체 자체적으로 산정) 2. 외부산정 (외부전문기관위탁 산정) 3. 내·외부 모두 산정 4. 산정 無 5. 해당없음	운영예산 산정 정산방법 1. 내부정산 (지자체 내부적으로 정산) 2. 외부정산 (외부전문기관위탁 정산) 3. 내·외부 모두 산정 4. 정산 無 5. 해당없음	성과평가 실시여부 1. 실시 2. 미실시 3. 향후 추진 4. 해당없음
1385	경기 고양시	평가제 우수 냉·난방비	31,200	가정복지과	5	1	7	8	7	1	1	4
1386	경기 고양시	어린이집 조리원 인건비	60,000	가정복지과	5	1	7	8	7	1	1	4
1387	경기 고양시	어린이집 조리원 인건비	60,000	가정복지과	5	1	7	8	7	1	1	4
1388	경기 고양시	경로당 냉난방비 및 양곡비	281,764	가정복지과	5	1	2	1	1	1	1	1
1389	경기 고양시	경로당 운영비 지원	282,237	가정복지과	5	1	7	8	7	1	1	4
1390	경기 고양시	경로당 사회봉사활동비	181,566	가정복지과	5	1	7	8	7	1	1	4
1391	경기 고양시	경로당 운영지원	655,800	가정복지과	5	1	7	8	7	1	1	1
1392	경기 고양시	가정폭력 상담소 운영	182,025	여성가족과	5	1	7	8	7	1	1	2
1393	경기 고양시	성폭력 상담소 운영	139,161	여성가족과	5	1	7	8	7	1	1	2
1394	경기 과천시	지역사회보장협의체 운영	81,044	복지정책과	5	1	5	8	7	1	1	1
1395	경기 과천시	시군 지역사회보장협의체 활성화 지원	43,000	복지정책과	5	6	5	8	7	1	1	1
1396	경기 과천시	장애인생활이동지원센터 운영	277,526	사회복지과	5	6	7	8	7	5	1	4
1397	경기 과천시	수어통역센터 운영	264,500	사회복지과	5	6	7	8	7	5	1	4
1398	경기 과천시	장애인복지시설 운영지원	21,200	사회복지과	5	6	6	8	6	5	1	4
1399	경기 과천시	장애인 주간보호시설 운영	284,440	사회복지과	5	6	7	8	7	5	1	4
1400	경기 과천시	장애인 직업적응훈련시설 운영	257,327	사회복지과	5	2	7	8	7	1	1	2
1401	경기 과천시	노인양로시설 운영비	700,389	사회복지과	5	2	7	8	7	5	3	2
1402	경기 과천시	노인요양시설 운영비	11,086	사회복지과	5	6	7	8	7	5	3	2
1403	경기 과천시	노인양로·요양시설 기초생활 수급자 지원 등	36,436	사회복지과	5	6	7	8	7	5	3	2
1404	경기 구리시	장애인직업재활시설운영	185,212	노인장애인복지과	5	6	7	8	7	5	1	4
1405	경기 구리시	장애인공동생활가정 운영	193,388	노인장애인복지과	5	6	7	8	7	5	1	4
1406	경기 구리시	장애인복지시설 운영 지원	148,970	노인장애인복지과	5	6	7	8	7	5	1	4
1407	경기 구리시	장애인복지시설 운영 지원	34,070	노인장애인복지과	5	6	7	8	7	5	1	4
1408	경기 구리시	개인운영 장애인거주시설 지원	102,000	노인장애인복지과	5	6	7	8	7	5	1	4
1409	경기 구리시	장애인생활이동지원센터 운영	297,500	노인장애인복지과	5	6	7	8	7	5	1	4
1410	경기 구리시	수어통역센터 운영	285,000	노인장애인복지과	5	6	7	8	7	5	1	4
1411	경기 구리시	장애인편의시설 기술지원센터 운영	75,000	노인장애인복지과	5	1	7	8	7	5	1	4
1412	경기 구리시	장애인 직업재활시설 마케팅 지원	38,720	노인장애인복지과	5	6	7	8	7	5	1	4
1413	경기 구리시	장애인생활이동센터 운영 추가지원	35,869	노인장애인복지과	5	4	7	8	7	1	1	4
1414	경기 구리시	중증장애인자립생활센터 지원	163,873	노인장애인복지과	5	6	7	8	7	5	1	4
1415	경기 구리시	시군 장애인 편의시설 현장조사원 운영	24,448	노인장애인복지과	5	1	7	8	7	5	1	4
1416	경기 구리시	장애인거주시설 운영 지원	669,051	노인장애인복지과	5	2	7	8	7	5	1	4
1417	경기 구리시	마음편한 타요사업	35,000	노인장애인복지과	5	6	7	8	7	5	1	4
1418	경기 구리시	장애인거주시설종사자 연장야간근로수당 지원	9,972	노인장애인복지과	5	6	7	8	7	5	1	4
1419	경기 구리시	장애인재가복지시설 운영 지원	27,800	노인장애인복지과	5	6	7	8	7	5	1	4
1420	경기 구리시	장애인거주시설 입소자 지원	11,906	노인장애인복지과	5	6	7	8	7	5	1	4
1421	경기 구리시	장애인거주시설 운영 지원	52,527	노인장애인복지과	5	6	7	8	7	5	1	4
1422	경기 구리시	시니어클럽운영지원	344,000	노인장애인복지과	5	1	1	3	1	5	1	1
1423	경기 구리시	가정폭력피해자 보호지원	154,175	여성가족과	5	1	5	8	7	5	1	1
1424	경기 구리시	여성폭력피해자지원시설 인건비지원	17,850	여성가족과	5	1	5	8	7	5	1	1
1425	경기 구리시	공공형 어린이집 운영비	350,000	여성가족과	5	2	7	8	7	5	1	4
1426	경기 구리시	공공형 어린이집 운영 활성화	90,000	여성가족과	5	6	7	8	7	5	1	4

순번	시군구	지출명 (사업명)	2021년예산 (단위:천원/1년간)	담당자 (공무원)	민간이전 분류 (지방자치단체 세출예산 집행기준에 의거)	민간이전지출 근거 (지방보조금 관리기준 참고)	입찰방식			운영예산 산정		성과평가 실시여부
				담당부서	1. 민간경상사업보조(307-02) 2. 민간단체 법정운영비보조(307-03) 3. 민간행사사업보조(307-04) 4. 민간위탁금(307-05) 5. 사회복지시설 법정운영비보조(307-10) 6. 민간인위탁교육비(307-12) 7. 공기관등에대한경상적위탁사업비(308-10) 8. 민간자본사업보조,자체재원(402-01) 9. 민간자본사업보조,이전재원(402-02) 10. 민간위탁사업비(402-03) 11. 공기관등에 대한 자본적 대행사업비(403-02)	1. 법률에 규정 2. 국고보조 재원(국가지정) 3. 용도 지정 기부금 4. 조례에 직접규정 5. 지자체가 권장하는 사업을 하는 공공기관 6. 시,도 정책 및 재정사정 7. 기타 8. 해당없음	계약체결방법 (경쟁형태) 1. 일반경쟁 2. 제한경쟁 3. 지명경쟁 4. 수의계약 5. 법정위탁 6. 기타 ( ) 7. 해당없음	계약기간 1. 1년 2. 2년 3. 3년 4. 4년 5. 5년 6. 기타 ( )년 7. 단기계약 (1년미만) 8. 해당없음	낙찰자선정방법 1. 적격심사 2. 협상에의한계약 3. 최저가낙찰제 4. 규격가격분리 5. 2단계 경쟁입찰 6. 기타 ( ) 7. 해당없음	운영예산 산정 1. 내부산정 (지자체 자체적으로 산정) 2. 외부산정 (외부전문기관위탁 산정) 3. 내·외부 모두 산정 4. 산정 無 5. 해당없음	정산방법 1. 내부정산 (지자체 내부적으로 정산) 2. 외부정산 (외부전문기관위탁 정산) 3. 내·외부 모두 산정 4. 정산 無 5. 해당없음	1. 실시 2. 미실시 3. 향후 추진 4. 해당없음
1427	경기 구리시	공공형 어린이집 조리원 인건비	80,000	여성가족과	5	6	7	8	7	5	1	4
1428	경기 구리시	야간연장 어린이집 운영 지원	163,200	여성가족과	5	6	7	8	7	5	1	4
1429	경기 구리시	보육교직원 인건비 지원	28,901	여성가족과	5	2	7	8	7	5	1	4
1430	경기 구리시	보육교직원 인건비 지원	16,821	여성가족과	5	2	7	8	7	5	1	4
1431	경기 구리시	시간제보육서비스 제공 지원	232,436	여성가족과	5	2	7	8	7	5	1	4
1432	경기 구리시	0세아전용 어린이집 운영	631,368	여성가족과	5	4	7	8	7	5	5	4
1433	경기 구리시	영아표준보육과정 프로그램	218,400	여성가족과	5	4	7	8	7	5	1	4
1434	경기 구리시	교재교구비 지원	77,910	여성가족과	5	1	7	8	7	5	1	4
1435	경기 구리시	보육교사 장기근속수당 지원	300,000	여성가족과	5	4	7	8	7	5	1	4
1436	경기 구리시	보육교사 후생복지비 지원	552,000	여성가족과	5	4	7	8	7	5	1	4
1437	경기 구리시	보육교직원 처우개선 지원	16,626	여성가족과	5	2	7	8	7	5	1	4
1438	경기 구리시	보육교직원 처우개선 지원	87,148	여성가족과	5	2	7	8	7	5	1	4
1439	경기 구리시	보육교직원 처우개선 지원	499,352	여성가족과	5	2	7	8	7	5	1	4
1440	경기 구리시	보육교직원 처우개선 지원	32,572	여성가족과	5	2	7	8	7	5	1	4
1441	경기 구리시	어린이집 교원 보수교육	18,700	여성가족과	5	2	7	8	7	5	1	4
1442	경기 구리시	어린이집 교직원 처우개선 지원	1,421,000	여성가족과	5	6	7	8	7	5	1	4
1443	경기 구리시	어린이집 교직원 처우개선 지원	400,560	여성가족과	5	6	7	8	7	5	1	4
1444	경기 구리시	어린이집 교직원 처우개선 지원	5,850	여성가족과	5	6	7	8	7	5	1	4
1445	경기 구리시	특수보육 활성화 지원	274,680	여성가족과	5	6	7	8	7	5	1	4
1446	경기 구리시	특수보육 활성화 지원	403,200	여성가족과	5	6	7	8	7	5	1	4
1447	경기 구리시	특수보육 활성화 지원	290,160	여성가족과	5	4	7	8	7	5	1	4
1448	경기 구리시	지역아동센터 운영비 지원	11,328	여성가족과	5	2	7	8	7	1	1	4
1449	경기 구리시	특성별지역아동센터 추가지원	43,788	여성가족과	5	2	7	8	7	1	1	4
1450	경기 구리시	지역아동센터 체험활동비	22,500	여성가족과	5	6	7	8	7	1	1	4
1451	경기 구리시	지역아동센터 돌봄교사지원	208,320	여성가족과	5	6	7	8	7	1	1	4
1452	경기 구리시	지역아동센터 특기적성 교육강사지원	34,560	여성가족과	5	6	7	8	7	1	1	4
1453	경기 구리시	지역아동센터 추가운영비지원	121,200	여성가족과	5	6	7	8	7	1	1	1
1454	경기 구리시	요보호아동 그룹홈 운영비 지원	89,163	여성가족과	5	2	7	8	7	1	1	4
1455	경기 구리시	청소년쉼터(남자) 운영	30,308	평생학습과	5	1	7	8	7	3	3	4
1456	경기 남양주시	이석영청년창업센터 운영	400,000	미래인재과	5	8	7	5	5	4	5	4
1457	경기 남양주시	공공청소년 수련시설 프로그램 운영지원	10,000	미래인재과	5	8	7	5	1	2	5	4
1458	경기 남양주시	남양주도시공사 대행사업	38,441	미래인재과	5	8	7	1	1	2	5	4
1459	경기 남양주시	인성함양 프로그램 운영	23,000	미래인재과	5	8	7	5	1	2	5	4
1460	경기 남양주시	지역청소년참여기구 운영	2,000,000	미래인재과	5	8	7	5	1	2	5	4
1461	경기 남양주시	진접 청소년 문화의 집 조성	7,490	미래인재과	5	8	7	5	5	2	5	4
1462	경기 남양주시	청소년 방과후 아카데미 운영	172,322	미래인재과	5	8	7	5	1	2	5	4
1463	경기 남양주시	청소년동아리 지원	6,250	미래인재과	5	8	7	5	1	2	5	4
1464	경기 남양주시	청소년어울림마당 지원	24,000	미래인재과	5	8	7	5	1	2	5	4
1465	경기 남양주시	청소년지도사 배치지원	25,968	미래인재과	5	8	7	5	1	2	5	4
1466	경기 남양주시	남양주도시공사 대행사업비	26,020	체육과	5	8	7	1	1	4	5	4
1467	경기 오산시	지역사회보장협의체 운영	131,700	희망복지과	5	4	7	8	7	1	1	1
1468	경기 오산시	오산시사회복지협의회 운영	64,854	희망복지과	5	4	7	8	7	1	1	1

순번	시군구	지출명 (사업명)	2021년예산 (단위:천원/1년간)	담당자 (공무원)	민간이전 분류 (지방자치단체 세출예산 집행기준에 의거)	민간이전지출 근거 (지방보조금 관리기준 참고)	입찰방식			운영예산 산정		성과평가 실시여부
				담당부서	1. 민간경상사업보조(307-02) 2. 민간단체 법정운영비보조(307-03) 3. 민간행사사업보조(307-04) 4. 민간위탁금(307-05) 5. 사회복지시설 법정운영비보조(307-10) 6. 민간인위탁교육비(307-12) 7. 공기관등에대한경상적위탁사업비(308-10) 8. 민간자본사업보조,자체재원(402-01) 9. 민간자본사업보조,이전재원(402-02) 10. 민간위탁사업비(402-03) 11. 공기관등에 대한 자본적 대행사업비(403-02)	1. 법률에 규정 2. 국고보조 재원(국가지정) 3. 용도 지정 기부금 4. 조례에 직접규정 5. 지자체가 권장하는 사업을 하는 공공기관 6. 시,도 정책 및 재정사정 7. 기타 8. 해당없음	계약체결방법 (경쟁형태) 1. 일반경쟁 2. 제한경쟁 3. 지명경쟁 4. 수의계약 5. 법정위탁 6. 기타 ( ) 7. 해당없음	계약기간 1. 1년 2. 2년 3. 3년 4. 4년 5. 5년 6. 기타 ( )년 7. 단기계약 (1년미만) 8. 해당없음	낙찰자선정방법 1. 적격심사 2. 협상에의한계약 3. 최저가낙찰제 4. 규격가격분리 5. 2단계 경쟁입찰 6. 기타 ( ) 7. 해당없음	운영예산 산정 1. 내부산정 (지자체 자체적으로 산정) 2. 외부산정 (외부전문기관위탁 산정) 3. 내·외부 모두 산정 4. 산정 無 5. 해당없음	정산방법 1. 내부정산 (지자체 내부적으로 정산) 2. 외부정산 (외부전문기관위탁 정산) 3. 내·외부 모두 산정 4. 정산 無 5. 해당없음	1. 실시 2. 미실시 3. 향후 추진 4. 해당없음
1469	경기 오산시	정신요양시설 운영지원	24,398	건강증진과	5	1	7	8	7	1	1	4
1470	경기 오산시	정신재활시설 운영지원	608,227	건강증진과	5	1	7	8	7	1	1	4
1471	경기 오산시	폭력피해이주여성쉼터 운영비 지원	158,762	가족보육과	5	2	7	8	7	3	1	4
1472	경기 오산시	폭력피해이주여성보호시설 운영지원	10,060	가족보육과	5	2	7	8	7	3	1	4
1473	경기 군포시	자활근로사업	185,590	사회복지과	5	2	7	8	7	5	5	4
1474	경기 군포시	지역자활센터 운영	344,883	사회복지과	5	2	7	8	7	5	5	4
1475	경기 군포시	자활사례관리	28,990	사회복지과	5	2	7	8	7	5	5	4
1476	경기 군포시	통장사례관리	35,741	사회복지과	5	2	7	8	7	5	5	4
1477	경기 군포시	탈수급유지지원	39,000	사회복지과	5	2	7	8	7	5	5	4
1478	경기 군포시	자활교육훈련	7,680	사회복지과	5	2	7	8	7	5	5	4
1479	경기 군포시	노인일자리 수행기관 지원	5,000,000	사회복지과	5	5	7	8	7	1	1	1
1480	경기 군포시	장애인통합지원센터 운영	112,333	사회복지과	5	1	7	8	7	1	1	1
1481	경기 군포시	장애인 생활이동지원차량 운영	185,639	사회복지과	5	1	7	8	7	1	1	1
1482	경기 군포시	장애인단체 운영 지원	35,500	사회복지과	5	1	7	8	7	1	1	1
1483	경기 군포시	장애인단체 운영 지원	35,500	사회복지과	5	1	7	8	7	1	1	1
1484	경기 군포시	장애인단체 운영 지원	35,500	사회복지과	5	1	7	8	7	1	1	1
1485	경기 군포시	장애인단체 운영 지원	35,500	사회복지과	5	1	7	8	7	1	1	1
1486	경기 군포시	장애인단체 운영 지원	35,500	사회복지과	5	1	7	8	7	1	1	1
1487	경기 군포시	장애인단체 운영 지원	35,500	사회복지과	5	1	7	8	7	1	1	1
1488	경기 군포시	장애인단체 운영 지원	35,500	사회복지과	5	1	7	8	7	1	1	1
1489	경기 군포시	장애인단체 운영 지원	35,500	사회복지과	5	1	7	8	7	1	1	1
1490	경기 군포시	시군 장애인편의시설기술지원센터 운영	75,000	사회복지과	5	4	7	8	7	1	1	4
1491	경기 군포시	장애인거주시설 입소자 지원	12,726	사회복지과	5	4	7	8	7	1	1	4
1492	경기 군포시	장애인거주시설 운영지원	104,204	사회복지과	5	4	7	8	7	1	1	4
1493	경기 군포시	장애인거주시설 운영지원	47,057	사회복지과	5	4	7	8	7	1	1	4
1494	경기 군포시	장애인거주시설 운영지원	2,000,000	사회복지과	5	4	7	8	7	1	1	4
1495	경기 군포시	장애인거주시설 종사자 연장, 야간근로수당	19,226	사회복지과	5	4	7	8	7	1	1	4
1496	경기 군포시	장애인복지시설 운영지원	61,350	사회복지과	5	4	7	8	7	1	1	4
1497	경기 군포시	장애인복지시설 운영지원	8,600	사회복지과	5	4	7	8	7	1	1	4
1498	경기 군포시	장애인복지시설 운영지원	8,600	사회복지과	5	4	7	8	7	1	1	4
1499	경기 군포시	장애인복지시설 운영지원	8,600	사회복지과	5	4	7	8	7	1	1	4
1500	경기 군포시	장애인복지시설 입소자지원	14,616	사회복지과	5	4	7	8	7	1	1	4
1501	경기 군포시	장애인복지시설 입소자지원	8,621	사회복지과	5	4	7	8	7	1	1	4
1502	경기 군포시	장애인복지시설 입소자지원	9,442	사회복지과	5	4	7	8	7	1	1	4
1503	경기 군포시	장애인복지시설 입소자지원	4,560,000	사회복지과	5	4	7	8	7	1	1	4
1504	경기 군포시	장애인직업재활시설 운영	445,000	사회복지과	5	4	7	8	7	1	1	4
1505	경기 군포시	장애인직업재활시설 운영	449,000	사회복지과	5	4	7	8	7	1	1	4
1506	경기 군포시	장애인직업재활시설 운영	246,627	사회복지과	5	4	7	8	7	1	1	4
1507	경기 군포시	장애인주간보호시설 운영	264,000	사회복지과	5	4	7	8	7	1	1	4
1508	경기 군포시	장애인주간보호시설 운영	234,540	사회복지과	5	4	7	8	7	1	1	4
1509	경기 군포시	장애인주간보호시설 운영	255,770	사회복지과	5	4	7	8	7	1	1	4
1510	경기 군포시	장애인거주시설 운영 지원	1,289,000	사회복지과	5	4	7	8	7	1	1	4

순번	시군구	지출명 (사업명)	2021년예산 (단위:천원/1년간)	담당자 (공무원)	민간이전 분류 (지방자치단체 세출예산 집행기준에 의거)	민간이전지출 근거 (지방보조금 관리기준 참고)	입찰방식			운영예산 산정		성과평가 실시여부
				담당부서	1. 민간경상사업보조(307-02) 2. 민간단체 법정운영비보조(307-03) 3. 민간행사사업보조(307-04) 4. 민간위탁금(307-05) 5. 사회복지시설 법정운영비보조(307-10) 6. 민간인위탁교육비(307-12) 7. 공기관등에대한경상적위탁사업비(308-10) 8. 민간자본사업보조,자체재원(402-01) 9. 민간자본사업보조,이전재원(402-02) 10. 민간위탁사업비(402-03) 11. 공기관등에 대한 자본적 대행사업비(403-02)	1. 법률에 규정 2. 국고보조 재원(국가지정) 3. 용도 지정 기부금 4. 조례에 직접규정 5. 지자체가 권장하는 사업을 하는 공공기관 6. 시,도 정책 및 재정사정 7. 기타 8. 해당없음	계약체결방법 (경쟁형태) 1. 일반경쟁 2. 제한경쟁 3. 지명경쟁 4. 수의계약 5. 법정위탁 6. 기타 ( ) 7. 해당없음	계약기간 1. 1년 2. 2년 3. 3년 4. 4년 5. 5년 6. 기타 ( )년 7. 단기계약 (1년미만) 8. 해당없음	낙찰자선정방법 1. 적격심사 2. 협상에의한계약 3. 최저가낙찰제 4. 규격가격분리 5. 2단계 경쟁입찰 6. 기타 ( ) 7. 해당없음	운영예산 산정 1. 내부산정 (지자체 자체적으로 산정) 2. 외부산정 (외부전문기관위탁 산정) 3. 내·외부 모두 산정 4. 산정 無 5. 해당없음	정산방법 1. 내부정산 (지자체 내부적으로 정산) 2. 외부정산 (외부전문기관위탁 정산) 3. 내·외부 모두 산정 4. 정산 無 5. 해당없음	1. 실시 2. 미실시 3. 향후 추진 4. 해당없음
1511	경기 군포시	장애인거주시설 공기청정기 렌탈 지원	3,000,000	사회복지과	5	2	7	8	7	1	1	4
1512	경기 군포시	장애인단기거주시설 운영	327,210	사회복지과	5	4	7	8	7	1	1	4
1513	경기 군포시	장애인공동생활가정 운영	56,997	사회복지과	5	4	7	8	7	1	1	4
1514	경기 군포시	수어통역센터 운영	256,800	사회복지과	5	4	7	8	7	1	1	4
1515	경기 군포시	장애인 생활이동지원센터 운영	297,800	사회복지과	5	4	7	8	7	1	1	4
1516	경기 군포시	장애인 365쉼터 운영 지원	72,000	사회복지과	5	4	7	8	7	1	1	4
1517	경기 군포시	재가노인복지시설	200,000	사회복지과	5	1	5	8	1	1	1	2
1518	경기 군포시	재가노인복지시설	200,000	사회복지과	5	1	5	8	1	1	1	2
1519	경기 군포시	성폭력상담소 운영	123,818	여성가족과	5	1	7	8	7	1	1	3
1520	경기 군포시	가정폭력상담소 운영	154,175	여성가족과	5	7	7	8	7	1	1	3
1521	경기 군포시	여성폭력피해자 지원시설 종사자인건비 지원	33,194	여성가족과	5	1	7	8	7	1	1	3
1522	경기 군포시	한부모복지시설운영지원	179,806	여성가족과	5	1	7	8	7	5	5	4
1523	경기 군포시	시간제 보육 제공기관 지원	232,436	여성가족과	5	2	7	8	7	5	5	4
1524	경기 군포시	국공립법인 교직원 인건비 지원	53,270	여성가족과	5	2	7	8	7	5	5	4
1525	경기 군포시	보육교직원 인건비 지원	186,675	여성가족과	5	2	7	8	7	5	5	4
1526	경기 군포시	국공립(가정형)어린이집 장기수선충당금 지원	1,000,000	여성가족과	5	8	7	8	7	5	5	4
1527	경기 군포시	국공립,법인 육아휴직자 건강보험,퇴직적립금 지원	20,280	여성가족과	5	8	7	8	7	5	5	4
1528	경기 군포시	보조교사 인건비	46,899	여성가족과	5	2	7	8	7	5	5	4
1529	경기 군포시	어린이집 대체인력 인건비 지원	55,550	여성가족과	5	6	7	8	7	5	5	4
1530	경기 군포시	외국인근로자 자녀 보육 지원	86,400	여성가족과	5	6	7	8	7	5	5	4
1531	경기 군포시	교재교구비	112,070	여성가족과	5	2	7	8	7	5	5	4
1532	경기 군포시	영아 표준보육과정 프로그램 지원	363,000	여성가족과	5	6	7	8	7	5	5	4
1533	경기 군포시	어린이집 냉·난방비 지원	133,670	여성가족과	5	4	7	8	7	5	5	4
1534	경기 군포시	어린이집 공기청정기 지원	126,403	여성가족과	5	6	7	8	7	5	5	4
1535	경기 군포시	어린이집 운영(급식비,운영비)지원	831,453	여성가족과	5	6	7	8	7	5	5	4
1536	경기 군포시	공공형 어린이집 운영비	250,000	여성가족과	5	2	7	8	7	5	5	4
1537	경기 군포시	공공형 어린이집 인건비	83,000	여성가족과	5	6	7	8	7	5	5	4
1538	경기 군포시	공공형 어린이집 운영활성화 지원	63,000	여성가족과	5	6	7	8	7	5	5	4
1539	경기 군포시	영세아 어린이집 운영	891,252	여성가족과	5	6	7	8	7	5	5	4
1540	경기 군포시	야간연장 어린이집 운영	312,000	여성가족과	5	6	7	8	7	5	5	4
1541	경기 군포시	야간연장 어린이집 조리원 인건비	417,600	여성가족과	5	4	7	8	7	5	5	4
1542	경기 군포시	가정·민간 조리원 인건비 지원	576,000	여성가족과	5	6	7	8	7	5	5	4
1543	경기 군포시	가정·민간 조리원 인건비 추가 지원	644,400	여성가족과	5	4	7	8	7	5	5	4
1544	경기 군포시	대체교사 인건비	600,605	여성가족과	5	1	5	5	6	1	1	1
1545	경기 군포시	청소년쉼터 운영 지원	292,294	청소년청년정책과	5	1	7	8	7	1	1	4
1546	경기 군포시	청소년쉼터 야간근무자 배치지원	70,063	청소년청년정책과	5	4	7	8	7	1	1	4
1547	경기 군포시	청소년쉼터 이용 청소년 등 지원	15,000	청소년청년정책과	5	4	7	8	7	1	1	4
1548	경기 군포시	지역아동센터 운영비 지원	1,074,224	청소년청년정책과	5	1	7	8	7	5	1	4
1549	경기 군포시	지역아동센터 운영비 추가 지원	100,142	청소년청년정책과	5	1	7	8	7	1	1	4
1550	경기 군포시	특성별 지역아동센터 추가지원	2,189,600	청소년청년정책과	5	1	7	8	7	5	1	4
1551	경기 군포시	입양비용 지원	10,800	청소년청년정책과	5	1	7	8	7	5	5	4
1552	경기 군포시	요보호아동 그룹홈 운영 지원	445,815	청소년청년정책과	5	2	7	8	7	5	1	4

순번	시군구	지출명 (사업명)	2021년예산 (단위:천원/1년간)	담당자 (공무원)	민간이전 분류 (지방자치단체 세출예산 집행기준에 의거) 1. 민간경상사업보조(307-02) 2. 민간단체 법정운영비보조(307-03) 3. 민간행사사업보조(307-04) 4. 민간위탁금(307-05) 5. 사회복지시설 법정운영비보조(307-10) 6. 민간인위탁교육비(307-12) 7. 공기관등에대한경상적위탁사업비(308-10) 8. 민간자본사업보조,자체재원(402-01) 9. 민간자본사업보조,이전재원(402-02) 10. 민간위탁사업비(402-03) 11. 공기관등에 대한 자본적 대행사업비(403-02)	민간이전지출 근거 (지방보조금 관리기준 참고) 1. 법률에 규정 2. 국고보조 재원(국가지정) 3. 용도 지정 기부금 4. 조례에 직접규정 5. 지자체가 권장하는 사업을 하는 공공기관 6. 시,도 정책 및 재정사정 7. 기타 8. 해당없음	입찰방식			운영예산 산정		성과평가 실시여부
				담당부서			계약체결방법 (경쟁형태) 1. 일반경쟁 2. 제한경쟁 3. 지명경쟁 4. 수의계약 5. 법정위탁 6. 기타 ( ) 7. 해당없음	계약기간 1. 1년 2. 2년 3. 3년 4. 4년 5. 5년 6. 기타 ( )년 7. 단기계약 (1년미만) 8. 해당없음	낙찰자선정방법 1. 적격심사 2. 협상에의한계약 3. 최저가낙찰제 4. 규격가격분리 5. 2단계 경쟁입찰 6. 기타 ( ) 7. 해당없음	운영예산 산정 1. 내부산정 (지자체 자체적으로 산정) 2. 외부산정 (외부전문기관위탁 산정) 3. 내·외부 모두 산정 4. 산정 無 5. 해당없음	정산방법 1. 내부정산 (지자체 내부적으로 정산) 2. 외부정산 (외부전문기관위탁 정산) 3. 내·외부 모두 산정 4. 정산 無 5. 해당없음	1. 실시 2. 미실시 3. 향후 추진 4. 해당없음
1553	경기 군포시	그룹홈 아동문화학습활동 지원	90,562	청소년청년정책과	5	6	7	8	7	5	1	4
1554	경기 군포시	요보호아동 자립지원	5,355	청소년청년정책과	5	2	7	8	7	5	1	4
1555	경기 군포시	다함께돌봄센터 운영비 지원	9,900	청소년청년정책과	5	2	7	8	7	5	1	4
1556	경기 군포시	다함께돌봄센터 운영비 추가 지원	60,000	청소년청년정책과	5	4	7	8	7	1	1	4
1557	경기 군포시	다함께돌봄센터 돌봄인력 지원	13,284	청소년청년정책과	5	6	7	8	7	5	1	4
1558	경기 하남시	지역자활센터운영비지원	297,205	복지정책과	5	1	7	8	7	5	5	1
1559	경기 하남시	경로당 운영 지원	814,740	노인장애인복지과	5	4	7	8	7	1	1	1
1560	경기 하남시	경로당 냉난방비 및 양곡비 지원	318,030	노인장애인복지과	5	1	7	8	7	1	1	1
1561	경기 하남시	365어르신 돌봄센터 운영	50,000	노인장애인복지과	5	1	7	8	7	5	1	2
1562	경기 하남시	카네이션하우스 운영	10,000	노인장애인복지과	5	6	4	1	7	5	1	1
1563	경기 하남시	실버인력뱅크위탁사업지원	97,300	노인장애인복지과	5	6	7	8	7	5	1	2
1564	경기 하남시	재가노인복지시설 지원	330,000	노인장애인복지과	5	1	7	8	7	5	1	2
1565	경기 하남시	노인생활시설(양로시설) 운영비 지원	805,432	노인장애인복지과	5	1	7	8	7	5	1	2
1566	경기 하남시	노인양로요양시설 기초생활수급자 지원 등	31,025	노인장애인복지과	5	1	7	8	7	5	1	2
1567	경기 하남시	장애인복지시설 운영 지원	59,214	노인장애인복지과	5	1	7	8	7	5	1	2
1568	경기 하남시	장애인직업재활시설 운영	1,319,000	노인장애인복지과	5	1	7	8	7	5	1	2
1569	경기 하남시	장애인주간보호시설 운영	190,000	노인장애인복지과	5	1	7	8	7	5	1	2
1570	경기 하남시	장애인공동생활가정 운영	59,668	노인장애인복지과	5	1	7	8	7	5	1	2
1571	경기 하남시	장애인생활이동지원센터 운영	293,800	노인장애인복지과	5	1	7	8	7	5	1	2
1572	경기 하남시	수어통역센터 운영	294,721	노인장애인복지과	5	1	7	8	7	5	1	2
1573	경기 하남시	개인운영장애인생활시설 운영지원	182,400	노인장애인복지과	5	1	7	8	7	5	1	2
1574	경기 하남시	장애인거주시설 운영지원	490,722	노인장애인복지과	5	1	7	8	7	5	1	2
1575	경기 하남시	장애인단기거주시설 운영지원	265,881	노인장애인복지과	5	1	7	8	7	5	1	2
1576	경기 하남시	장애인 거주시설 종사자 연장, 야간 근로수당 지원	7,000	노인장애인복지과	5	1	7	8	7	5	1	2
1577	경기 하남시	마음편한 타요 인건비 지원	35,000	노인장애인복지과	5	1	7	8	7	5	1	2
1578	경기 하남시	장애인재가복지시설 운영 지원	7,200	노인장애인복지과	5	1	7	8	7	5	1	2
1579	경기 하남시	장애인거주시설 운영 지원	129,764	노인장애인복지과	5	1	7	8	7	5	1	2
1580	경기 용인시	정신재활시설 공동캠프비	1,000,000	기흥구보건소 건강증진과	5	1	7	8	7	1	1	1
1581	경기 용인시	정신재활시설 공동캠프비	2,000,000	처인구보건소 건강증진과	5	1	7	8	7	1	1	1
1582	경기 용인시	정신요양시설 합동체육비	2,000,000	처인구보건소 건강증진과	5	1	7	8	7	1	1	1
1583	경기 용인시	정신요양 및 정신재활시설 입소자 구료비 등	5,333	기흥구보건소 건강증진과	5	1	7	8	7	1	1	1
1584	경기 용인시	장애인거주시설 공기 청정기 렌탈 지원	6,420	장애인복지과	5	1	7	8	7	1	1	4
1585	경기 용인시	개인운영신고시설 지원	9,000	노인복지과	5	1	7	8	7	5	1	1
1586	경기 용인시	농어촌소재 법인어린이집 지원	10,594	아동보육과	5	2	7	8	7	1	1	4
1587	경기 용인시	장애아전문 어린이집 지원	20,000	아동보육과	5	4	7	8	7	1	1	4
1588	경기 용인시	지역아동센터 냉난방비 지원	28,000	아동보육과	5	1	7	8	7	1	1	4
1589	경기 용인시	장애인복지시설 입소자 지원	40,258	장애인복지과	5	1	7	8	7	1	1	4
1590	경기 용인시	한부모가족 복지시설 지원	45,427	여성가족과	5	1	7	8	7	5	1	4
1591	경기 용인시	노인양로시설 기초생활수급자 지원 등	46,435	처인구 사회복지과	5	1	7	8	7	1	1	4
1592	경기 용인시	여성폭력 피해자 지원시설 인건비 지원	47,306	여성가족과	5	1	7	8	7	5	1	4
1593	경기 용인시	장애인복지시설 재활프로그램 지원	54,421	장애인복지과	5	1	7	8	7	1	1	4
1594	경기 용인시	노인요양시설 운영비	55,427	처인구 사회복지과	5	1	7	8	7	1	1	4

순번	시군구	지출명 (사업명)	2021년예산 (단위:천원/1년간)	담당자 (공무원)	민간이전 분류 (지방자치단체 세출예산 집행기준에 의거) 1. 민간경상사업보조(307-02) 2. 민간단체 법정운영비보조(307-03) 3. 민간행사사업보조(307-04) 4. 민간위탁금(307-05) 5. 사회복지시설 법정운영비보조(307-10) 6. 민간인위탁교육비(307-12) 7. 공기관등에대한경상적위탁사업비(308-10) 8. 민간자본사업보조,자체재원(402-01) 9. 민간자본사업보조,이전재원(402-02) 10. 민간위탁사업비(402-03) 11. 공기관등에 대한 자본적 대행사업비(403-02)	민간이전지출 근거 (지방보조금 관리기준 참고) 1. 법률에 규정 2. 국고보조 재원(국가지정) 3. 용도 지정 기부금 4. 조례에 직접규정 5. 지자체가 권장하는 사업을 하는 공공기관 6. 시,도 정책 및 재정사정 7. 기타 8. 해당없음	입찰방식			운영예산 산정		성과평가 실시여부 1. 실시 2. 미실시 3. 향후 추진 4. 해당없음
				담당부서			계약체결방법 (경쟁형태) 1. 일반경쟁 2. 제한경쟁 3. 지명경쟁 4. 수의계약 5. 법정위탁 6. 기타 ( ) 7. 해당없음	계약기간 1. 1년 2. 2년 3. 3년 4. 4년 5. 5년 6. 기타 ( )년 7. 단기계약 (1년미만) 8. 해당없음	낙찰자선정방법 1. 적격심사 2. 협상에의한계약 3. 최저가낙찰제 4. 규격가격분리 5. 2단계 경쟁입찰 6. 기타 ( ) 7. 해당없음	운영예산 산정 1. 내부산정 (지자체 자체적으로 산정) 2. 외부산정 (외부전문기관위탁 산정) 3. 내·외부 모두 산정 4. 산정 無 5. 해당없음	정산방법 1. 내부정산 (지자체 내부적으로 정산) 2. 외부정산 (외부전문기관위탁 정산) 3. 내·외부 모두 산정 4. 정산 無 5. 해당없음	
1595	경기 용인시	장애인재가복지시설 운영 지원	63,400	장애인복지과	5	1	7	8	7	1	1	4
1596	경기 용인시	외국인근로자자녀 보육 지원	64,800	아동보육과	5	4	7	8	7	1	1	4
1597	경기 용인시	노인회 분회 지원	68,520	기흥구 가정복지과	5	1	7	8	7	1	1	2
1598	경기 용인시	정신재활시설 운영지원	71,605	기흥구보건소 건강증진과	5	1	7	8	7	1	1	1
1599	경기 용인시	어린이집 냉난방비 지원	72,800	아동보육과	5	4	7	8	7	1	1	4
1600	경기 용인시	노인회 분회지원	73,224	처인구청 사회복지과	5	4	7	8	7	1	1	3
1601	경기 용인시	장애인거주시설 입소자 지원	100,322	장애인복지과	5	1	7	8	7	1	1	4
1602	경기 용인시	정신요양및 정신재활시설 종사자 특수근무수당 등	112,159	처인구보건소 건강증진과	5	1	7	8	7	1	1	1
1603	경기 용인시	취사부인건비	112,500	사회복지과	5	4	7	8	7	1	1	3
1604	경기 용인시	재가노인 복지시설 운영	120,000	노인복지과	5	2	7	8	7	1	1	1
1605	경기 용인시	장애인거주시설 종사자 연장, 야간 근로수당 지원	120,600	장애인복지과	5	1	7	8	7	1	1	4
1606	경기 용인시	성폭력,가정폭력 상담소 운영 지원	123,818	여성가족과	5	1	7	8	7	5	1	4
1607	경기 용인시	장애인복지시설 운영 지원	150,637	장애인복지과	5	1	7	8	7	1	1	4
1608	경기 용인시	가정폭력 상담소 지원	154,175	여성가족과	5	1	7	8	7	5	1	4
1609	경기 용인시	어린이집냉난방비	170,000	사회복지과	5	4	7	8	7	1	1	3
1610	경기 용인시	개인운영 장애인거주시설 지원	198,000	장애인복지과	5	1	7	8	7	1	1	4
1611	경기 용인시	정신재활시설 운영지원	202,733	처인구보건소 건강증진과	5	1	7	8	7	1	1	1
1612	경기 용인시	대체인력 인건비	216,000	아동보육과	5	4	7	8	7	5	5	4
1613	경기 용인시	공공형어린이집 담임교사 차액인건비 지원	234,000	아동보육과	5	4	7	8	7	5	5	4
1614	경기 용인시	평가인증어린이집 냉난방비 지원	279,600	기흥구 가정복지과	5	4	7	8	7	1	1	1
1615	경기 용인시	공공형 어린이집 조리원인건비 사업	330,000	아동보육과	5	4	7	8	7	5	5	4
1616	경기 용인시	수어통역센터 운영	331,600	장애인복지과	5	1	7	8	7	1	1	4
1617	경기 용인시	장애인 생활이동지원센터 운영	342,900	장애인복지과	5	1	7	8	7	1	1	4
1618	경기 용인시	야간연장 어린이집 운영 지원	384,000	아동보육과	5	4	7	8	7	5	5	4
1619	경기 용인시	교재교구비	421,950	아동보육과	5	2	7	8	7	5	5	4
1620	경기 용인시	시니어클럽 운영비	441,300	노인복지과	5	1	7	8	7	5	1	4
1621	경기 용인시	공공형 어린이집 운영활성화	450,000	아동보육과	5	4	7	8	7	5	5	4
1622	경기 용인시	장애아통합 어린이집 운영비 지원	507,000	아동보육과	5	4	7	8	7	5	5	4
1623	경기 용인시	시간제보육서비스 제공 지원	511,374	아동보육과	5	2	7	8	7	5	5	4
1624	경기 용인시	어린이집 지원	558,860	아동보육과	5	2	7	8	7	5	5	4
1625	경기 용인시	한부모가족 복지시설 운영	677,923	여성가족과	5	1	7	8	7	5	1	4
1626	경기 용인시	장애인 공동생활가정 운영	683,112	장애인복지과	5	1	7	8	7	1	1	4
1627	경기 용인시	정부지원시설 운영비 지원	815,741	아동보육과	5	4	7	8	7	5	5	4
1628	경기 용인시	365어르신돌봄센터 운영	1,000,000	노인복지과	5	2	7	8	7	1	1	1
1629	경기 용인시	장애인거주시설 운영 지원	1,067,576	장애인복지과	5	1	7	8	7	1	1	4
1630	경기 용인시	평가인증시설 취사부 인건비 지급	1,080,000	기흥구 가정복지과	5	4	7	8	7	1	1	1
1631	경기 용인시	영아표준보육과정 프로그램 지원	1,229,000	아동보육과	5	4	7	8	7	5	5	4
1632	경기 용인시	공공형어린이집 운영비	1,240,000	아동보육과	5	2	7	8	7	5	5	4
1633	경기 용인시	장애인주간보호시설 운영	1,256,000	장애인복지과	5	1	7	8	7	1	1	4
1634	경기 용인시	0세아전용 어린이집 운영지원	1,269,000	아동보육과	5	4	7	8	7	5	5	4
1635	경기 용인시	대체교사 인건비	20,855	아동보육과	5	2	7	8	7	5	5	4
1636	경기 용인시	장애인직업재활시설 운영	26,219	장애인복지과	5	1	7	8	7	1	1	4

순번	시군구	지출명 (사업명)	2021년예산 (단위:천원/1년간)	담당자 (공무원) 담당부서	민간이전 분류 (지방자치단체 세출예산 집행기준에 의거) 1. 민간경상사업보조(307-02) 2. 민간단체 법정운영비보조(307-03) 3. 민간행사사업보조(307-04) 4. 민간위탁금(307-05) 5. 사회복지시설 법정운영비보조(307-10) 6. 민간인위탁교육비(307-12) 7. 공기관등에대한경상적위탁사업비(308-10) 8. 민간자본사업보조,자체재원(402-01) 9. 민간자본사업보조,이전재원(402-02) 10. 민간위탁사업비(402-03) 11. 공기관등에 대한 자본적 대행사업비(403-02)	민간이전지출 근거 (지방보조금 관리기준 참고) 1. 법률에 규정 2. 국고보조 재원(국가지정) 3. 용도 지정 기부금 4. 조례에 직접규정 5. 지자체가 권장하는 사업을 하는 공공기관 6. 시,도 정책 및 재정사정 7. 기타 8. 해당없음	입찰방식 계약체결방법 (경쟁형태) 1. 일반경쟁 2. 제한경쟁 3. 지명경쟁 4. 수의계약 5. 법정위탁 6. 기타 ( ) 7. 해당없음	입찰방식 계약기간 1. 1년 2. 2년 3. 3년 4. 4년 5. 5년 6. 기타 ( )년 7. 단기계약 (1년미만) 8. 해당없음	입찰방식 낙찰자선정방법 1. 적격심사 2. 협상에의한계약 3. 최저가낙찰제 4. 규격가격분리 5. 2단계 경쟁입찰 6. 기타 ( ) 7. 해당없음	운영예산 산정 운영예산 산정 1. 내부산정 (지자체 자체적으로 산정) 2. 외부산정 (외부전문기관위탁 산정) 3. 내·외부 모두 산정 4. 산정 無 5. 해당없음	운영예산 산정 정산방법 1. 내부정산 (지자체 내부적으로 정산) 2. 외부정산 (외부전문기관위탁 정산) 3. 내·외부 모두 산정 4. 정산 無 5. 해당없음	성과평가 실시여부 1. 실시 2. 미실시 3. 향후 추진 4. 해당없음
1637	경기 용인시	가정민간 어린이집 조리원 인건비 지원	27,000	아동보육과	5	4	7	8	7	5	5	4
1638	경기 용인시	정신요양시설 운영지원	27,688	처인구보건소 건강증진과	5	1	7	8	7	1	1	1
1639	경기 용인시	영아전담등 교직원 인건비	33,355	아동보육과	5	2	7	8	7	5	5	4
1640	경기 용인시	어린이집 운영지원	37,790	아동보육과	5	4	7	8	7	5	5	4
1641	경기 용인시	국공립법인 교직원 인건비	9,893	아동보육과	5	2	7	8	7	5	5	4
1642	경기 용인시	장애인거주시설 운영 지원	11,414	장애인복지과	5	1	7	8	7	1	1	4
1643	경기 용인시	보조교사 인건비	17,241	아동보육과	5	2	7	8	7	5	5	4
1644	경기 파주시	정신재활시설 운영지원	409,260	건강증진과	5	1	6	8	1	3	1	1
1645	경기 파주시	정신요양 및 정신재활시설종사자 특수근무수당 등	17,097	건강증진과	5	1	6	8	1	3	1	1
1646	경기 파주시	정신재활시설 공동캠프 지원	4,000,000	건강증진과	5	1	6	8	1	3	1	1
1647	경기 파주시	경로당 냉,난방비 및 양곡비 지원	76,300	조리읍 시민복지팀	5	1	7	8	7	5	5	4
1648	경기 파주시	노인여가활동지원	150,120	조리읍 시민복지팀	5	1	7	8	7	5	5	4
1649	경기 파주시	어린이집 지원	198,810	보육청소년과	5	1	7	8	7	5	1	4
1650	경기 파주시	보육교직원 인건비 지원	62,571	보육청소년과	5	1	7	8	7	5	5	4
1651	경기 파주시	보육교직원 인건비 지원	19,572	보육청소년과	5	1	7	8	7	5	5	4
1652	경기 파주시	영세아전용 어린이집 운영	1,253,000	보육청소년과	5	1	7	8	7	5	1	4
1653	경기 파주시	야간연장형 어린이집	211,200	보육청소년과	5	1	7	8	7	5	1	4
1654	경기 파주시	어린이집 지원	10,594	보육청소년과	5	1	7	8	7	5	1	4
1655	경기 파주시	어린이집 지원	412,470	보육청소년과	5	1	7	8	7	5	1	4
1656	경기 파주시	공공형 어린이집 운영비	700,000	보육청소년과	5	1	7	8	7	5	5	4
1657	경기 파주시	공공형 어린이집 조리원 인건비	160,000	보육청소년과	5	1	7	8	7	5	5	4
1658	경기 파주시	공공형 어린이집 운영 활성화 지원	248,400	보육청소년과	5	1	7	8	7	5	5	4
1659	경기 이천시	청소년쉼터 운영지원	224,236	교육청소년과	5	1	7	8	7	5	5	4
1660	경기 이천시	지역사회보장협의체 운영	286,095	복지정책과	5	1	7	8	7	1	1	1
1661	경기 이천시	사회복지정보센터운영	35,000	복지정책과	5	6	7	8	7	1	1	1
1662	경기 이천시	시군 지역사회보장협의체 활성화지원사업	50,000	복지정책과	5	1	7	8	7	1	1	1
1663	경기 이천시	이천푸드뱅크 차량운영	7,200	복지정책과	5	1	7	7	7	1	1	2
1664	경기 이천시	사랑나눔 이천푸드마켓 운영	93,800	복지정책과	5	1	7	7	7	5	5	2
1665	경기 이천시	지역자활센터 운영비	297,205	복지정책과	5	2	7	8	7	5	5	1
1666	경기 이천시	경로당 활성화사업 관리자 인건비	98,174	노인장애인과	5	1	7	7	7	1	1	2
1667	경기 이천시	경로당프로그램 교재교구재료비	13,000	노인장애인과	5	1	7	7	7	1	1	2
1668	경기 이천시	경로당 운영비	489,600	노인장애인과	5	1	7	7	7	1	1	2
1669	경기 이천시	경로당 프로그램비 지원	12,000	노인장애인과	5	1	7	7	7	1	1	2
1670	경기 이천시	경로당 사회봉사활동비 지원	369,900	노인장애인과	5	1	7	7	7	1	1	2
1671	경기 이천시	경로당 운영지원	764,460	노인장애인과	5	1	7	7	7	1	1	2
1672	경기 이천시	경로당 냉난방비 및 양곡비 지원	882,246	노인장애인과	5	1	7	7	7	1	1	2
1673	경기 이천시	노인양로요양시설 기초생활수급자 지원 등	65,064	노인장애인과	5	6	7	8	7	5	1	4
1674	경기 이천시	노인양로시설 운영	500,099	노인장애인과	5	2	7	8	7	5	1	4
1675	경기 이천시	장애인복지시설 운영 지원	87,586	노인장애인과	5	2	7	8	7	1	3	2
1676	경기 이천시	수어통역센터 운영 지원	241,200	노인장애인과	5	1	7	8	7	1	3	2
1677	경기 이천시	장애인직업재활시설 운영 지원	38,820	노인장애인과	5	1	7	7	7	1	3	2
1678	경기 이천시	장애인거주시설 운영 지원	11,462	노인장애인과	5	2	7	8	7	1	3	2

순번	시군구	지출명 (사업명)	2021년예산 (단위:천원/1년간)	담당자 (공무원)	민간이전 분류 (지방자치단체 세출예산 집행기준에 의거)	민간이전지출 근거 (지방보조금 관리기준 참고)	입찰방식			운영예산 산정		성과평가 실시여부
				담당부서	1. 민간경상사업보조(307-02) 2. 민간단체 법정운영비보조(307-03) 3. 민간행사사업보조(307-04) 4. 민간위탁금(307-05) 5. 사회복지시설 법정운영비보조(307-10) 6. 민간인위탁교육비(307-12) 7. 공기관등에대한경상적위탁사업비(308-10) 8. 민간자본사업보조,자체재원(402-01) 9. 민간자본사업보조,이전재원(402-02) 10. 민간위탁사업비(402-03) 11. 공기관등에 대한 자본적 대행사업비(403-02)	1. 법률에 규정 2. 국고보조 재원(국가지정) 3. 용도 지정 기부금 4. 조례에 직접규정 5. 지자체가 권장하는 사업을 하는 공공기관 6. 시,도 정책 및 재정사정 7. 기타 8. 해당없음	계약체결방법 (경쟁형태) 1. 일반경쟁 2. 제한경쟁 3. 지명경쟁 4. 수의계약 5. 법정위탁 6. 기타 ( ) 7. 해당없음	계약기간 1. 1년 2. 2년 3. 3년 4. 4년 5. 5년 6. 기타 ( )년 7. 단기계약 (1년미만) 8. 해당없음	낙찰자선정방법 1. 적격심사 2. 협상에의한계약 3. 최저가낙찰제 4. 규격가격분리 5. 2단계 경쟁입찰 6. 기타 ( ) 7. 해당없음	운영예산 산정 1. 내부산정 (지자체 자체적으로 산정) 2. 외부산정 (외부전문기관위탁 산정) 3. 내·외부 모두 산정 4. 산정 無 5. 해당없음	정산방법 1. 내부정산 (지자체 내부적으로 정산) 2. 외부정산 (외부전문기관위탁 정산) 3. 내·외부 모두 산정 4. 정산 無 5. 해당없음	1. 실시 2. 미실시 3. 향후 추진 4. 해당없음
1679	경기 이천시	장애인생활이동지원센터 운영 지원	248,700	노인장애인과	5	1	7	8	7	1	3	2
1680	경기 이천시	개인운영 장애인거주시설 지원	80,400	노인장애인과	5	2	7	8	7	1	3	2
1681	경기 이천시	장애인365쉼터 운영지원	72,000	노인장애인과	5	1	7	7	7	1	3	2
1682	경기 이천시	장애인 직업재활시설 마케팅 지원	77,440	노인장애인과	5	1	7	7	7	1	3	2
1683	경기 이천시	장애인편의시설 기술지원센터 운영	75,000	노인장애인과	5	1	7	8	7	1	1	4
1684	경기 이천시	주간보호시설(엘리엘동산) 운영	325,660	노인장애인과	5	1	7	8	1	1	3	2
1685	경기 이천시	장애인단기거주시설 운영 지원	239,829	노인장애인과	5	1	7	8	7	1	3	2
1686	경기 이천시	장애인거주시설 종사자 연장,야간 근로수당 지원	130,484	노인장애인과	5	1	7	8	7	1	3	2
1687	경기 이천시	중증장애인자립생활센터 체험홈 운영 지원	160,000	노인장애인과	5	1	7	8	7	5	5	3
1688	경기 이천시	장애인거주시설 운영지원	354,670	노인장애인과	5	2	7	8	7	1	3	2
1689	경기 이천시	장애인재가복지시설 운영 지원	17,800	노인장애인과	5	1	7	8	7	1	3	2
1690	경기 이천시	장애인직업재활시설	194,447	노인장애인과	5	1	7	8	7	1	3	2
1691	경기 이천시	장애인직업재활시설	49,716	노인장애인과	5	1	7	8	7	1	3	2
1692	경기 이천시	장애인거주시설입소자지원	133,822	노인장애인과	5	1	7	8	7	1	3	2
1693	경기 이천시	장애인거주시설운영지원	1,070,942	노인장애인과	5	1	7	8	7	1	3	2
1694	경기 이천시	가정폭력상담소 운영	81,710	여성정책과	5	1	4	1	1	1	1	1
1695	경기 이천시	정원 100인이상	24,000	아동보육과	5	4	7	8	7	5	5	1
1696	경기 이천시	정원 100인미만	75,000	아동보육과	5	4	7	8	7	5	5	1
1697	경기 이천시	어린이집 교원 보수교육	17,600	아동보육과	5	2	7	8	7	5	5	1
1698	경기 이천시	경기도형 보육 컨설턴트 인건비 지원	60,480	아동보육과	5	6	7	8	7	5	5	4
1699	경기 이천시	어린이집 공기청정기 지원	101,376	아동보육과	5	2	7	8	7	5	5	1
1700	경기 이천시	신규 국공립어린이집 기자재비 지원	20,000	아동보육과	5	2	7	8	7	5	5	1
1701	경기 이천시	어린이집 운영 지원	234,000	아동보육과	5	4	7	8	7	5	5	1
1702	경기 이천시	어린이집 운영 지원	853,927	아동보육과	5	2	7	8	7	5	5	1
1703	경기 시흥시	기부식품등제공사업장 운영 지원	102,000	복지정책과	5	1	7	8	7	1	2	2
1704	경기 시흥시	기부식품등제공사업장 운영장비 지원	24,000	복지정책과	5	1	7	8	7	1	1	2
1705	경기 시흥시	사회복지관 운영	23,801	복지정책과	5	1	1	5	1	3	2	1
1706	경기 시흥시	푸드뱅크마켓 운영	192,801	복지정책과	5	1	7	8	7	1	2	1
1707	경기 시흥시	지역자활센터 운영	573,270	생활보장과	5	2	7	8	7	5	3	1
1708	경기 시흥시	365 어르신 돌봄센터 지원	140,000	노인복지과	5	6	7	8	7	1	1	4
1709	경기 시흥시	개인운영신고시설 지원	36,000	노인복지과	5	6	7	8	7	1	1	4
1710	경기 시흥시	경로당 냉난방비 및 양곡비 지원	302,867	노인복지과	5	1	7	8	7	1	1	2
1711	경기 시흥시	경로당 양곡비 지원	112,200	노인복지과	5	4	7	8	7	1	1	2
1712	경기 시흥시	경로당 운영 지원	580,320	노인복지과	5	4	7	8	7	1	1	2
1713	경기 시흥시	경로당 운영 지원	922,280	노인복지과	5	4	7	8	7	1	1	2
1714	경기 시흥시	노인양로·요양시설 기초생활수급자 지원	41,435	노인복지과	5	6	7	8	7	1	1	4
1715	경기 시흥시	노인요양시설지원	66,511	노인복지과	5	6	7	8	7	1	1	4
1716	경기 시흥시	시군 실버인력뱅크 지원	97,300	노인복지과	5	2	5	1	1	1	3	1
1717	경기 시흥시	시군실버인력뱅크 지원	28,501	노인복지과	5	1	5	1	1	1	3	1
1718	경기 시흥시	시니어클럽 운영	344,000	노인복지과	5	2	5	1	1	1	3	1
1719	경기 시흥시	양로시설운영 지원	576,752	노인복지과	5	1	7	8	7	1	1	4
1720	경기 시흥시	일자리수행기관 운영지원	210,553	노인복지과	5	1	5	1	1	1	3	1

순번	시군구	지출명 (사업명)	2021년예산 (단위:천원/1년간)	담당자 (공무원)	민간이전 분류 (지방자치단체 세출예산 집행기준에 의거)	민간이전지출 근거 (지방보조금 관리기준 참고)	입찰방식			운영예산 산정		성과평가 실시여부
				담당부서	1. 민간경상사업보조(307-02) 2. 민간단체 법정운영비보조(307-03) 3. 민간행사사업보조(307-04) 4. 민간위탁금(307-05) 5. 사회복지시설 법정운영비보조(307-10) 6. 민간인위탁교육비(307-12) 7. 공기관등에대한경상적위탁사업비(308-10) 8. 민간자본사업보조,자체재원(402-01) 9. 민간자본사업보조,이전재원(402-02) 10. 민간위탁사업비(402-03) 11. 공기관등에 대한 자본적 대행사업비(403-02)	1. 법률에 규정 2. 국고보조 재원(국가지정) 3. 용도 지정 기부금 4. 조례에 직접규정 5. 지자체가 권장하는 사업을 하는 공공기관 6. 시,도 정책 및 재정사정 7. 기타 8. 해당없음	계약체결방법 (경쟁형태) 1. 일반경쟁 2. 제한경쟁 3. 지명경쟁 4. 수의계약 5. 법정위탁 6. 기타 ( ) 7. 해당없음	계약기간 1. 1년 2. 2년 3. 3년 4. 4년 5. 5년 6. 기타 ( )년 7. 단기계약 (1년미만) 8. 해당없음	낙찰자선정방법 1. 적격심사 2. 협상에의한계약 3. 최저가낙찰제 4. 규격가격분리 5. 2단계 경쟁입찰 6. 기타 ( ) 7. 해당없음	운영예산 산정 1. 내부산정 (지자체 자체적으로 산정) 2. 외부산정 (외부전문기관위탁 산정) 3. 내·외부 모두 산정 4. 산정 無 5. 해당없음	정산방법 1. 내부정산 (지자체 내부적으로 정산) 2. 외부정산 (외부전문기관위탁 정산) 3. 내·외부 모두 산정 4. 정산 無 5. 해당없음	1. 실시 2. 미실시 3. 향후 추진 4. 해당없음
1721	경기 시흥시	재가노인지원서비스 지원	400,000	노인복지과	5	1	6	1	1	1	1	3
1722	경기 시흥시	개인운영 장애인거주시설 지원	108,000	장애인복지과	5	1	7	8	7	1	1	4
1723	경기 시흥시	수어통역센터 운영	260,600	장애인복지과	5	1	7	8	7	1	1	4
1724	경기 시흥시	시흥시 장애인 긴급돌봄사업	15,480	장애인복지과	5	1	2	8	7	1	1	4
1725	경기 시흥시	시흥시 장애인보호작업장 운영	25,807	장애인복지과	5	1	7	8	7	1	1	4
1726	경기 시흥시	시흥시 장애인편의시설 기술지원센터 운영	75,000	장애인복지과	5	1	6	6	6	3	3	4
1727	경기 시흥시	시흥시 장애인편의시설 기술지원센터 운영 인건비	41,000	장애인복지과	5	1	6	6	6	1	1	4
1728	경기 시흥시	장애인 365쉼터 운영 지원	72,000	장애인복지과	5	1	2	8	7	1	1	4
1729	경기 시흥시	장애인 복지관 운영	70,000	장애인복지과	5	1	7	8	7	1	3	1
1730	경기 시흥시	장애인 복지관 운영	1,227,000	장애인복지과	5	1	7	8	7	1	3	1
1731	경기 시흥시	장애인 재가복지센터 운영	143,675	장애인복지과	5	1	7	8	7	1	1	1
1732	경기 시흥시	장애인거주시설 공기청정기 렌탈 지원	2,880,000	장애인복지과	5	1	7	8	7	1	1	4
1733	경기 시흥시	장애인거주시설 운영	29,794	장애인복지과	5	1	7	8	7	1	1	4
1734	경기 시흥시	장애인공동생활가정운영	118,650	장애인복지과	5	1	7	8	7	1	1	4
1735	경기 시흥시	장애인단기거주시설 운영	333,620	장애인복지과	5	1	7	8	7	1	1	4
1736	경기 시흥시	장애인보호작업장 운영 지원	519,000	장애인복지과	5	4	7	8	7	1	1	3
1737	경기 시흥시	장애인복지시설 운영 지원	328,555	장애인복지과	5	1	7	8	7	1	1	4
1738	경기 시흥시	장애인복지시설 운영 지원 4종	75,654	장애인복지과	5	1	7	8	7	1	1	4
1739	경기 시흥시	장애인생활이동지원센터 운영	315,000	장애인복지과	5	1	7	8	7	1	1	4
1740	경기 시흥시	장애인주간보호시설 운영 지원	1,288,000	장애인복지과	5	1	7	8	7	1	3	4
1741	경기 시흥시	0세반 운영 어린이집 지원	216,000	아동보육과	5	1	7	8	7	5	1	1
1742	경기 시흥시	40인미만 시립어린이집 및 특수보육시설 운영지원	78,190	아동보육과	5	1	7	8	7	5	1	1
1743	경기 시흥시	49인 이하 어린이집 취사부 인건비 지원	786,240	아동보육과	5	1	7	8	7	5	1	1
1744	경기 시흥시	가정민간조리원 인건비 지원	1,206,000	아동보육과	5	1	7	8	7	5	1	2
1745	경기 시흥시	공공형어린이집 운영비	700,000	아동보육과	5	1	7	8	7	5	1	2
1746	경기 시흥시	공공형어린이집 운영활성화 지원	219,600	아동보육과	5	1	7	8	7	5	1	2
1747	경기 시흥시	공공형어린이집 조리원 인건비	200,000	아동보육과	5	1	7	8	7	5	1	2
1748	경기 시흥시	교사 근무환경개선비	52,427	아동보육과	5	1	7	8	7	5	1	2
1749	경기 시흥시	교사겸직원장 근무환경개선비	228,070	아동보육과	5	1	7	8	7	5	1	2
1750	경기 시흥시	교재교구비 지원	190,150	아동보육과	5	1	7	8	7	5	1	2
1751	경기 시흥시	국공립법인 교직원 인건비	10,902	아동보육과	5	1	7	8	7	5	1	2
1752	경기 시흥시	대체교사인건비	120,400	아동보육과	5	1	7	8	7	5	1	2
1753	경기 시흥시	대체인력인건비	70,500	아동보육과	5	1	7	8	7	5	1	2
1754	경기 시흥시	보육교사 처우개선비 추가 지원	1,436,000	아동보육과	5	1	7	8	7	5	1	2
1755	경기 시흥시	보육시설 냉난방비 지원	215,220	아동보육과	5	1	7	8	7	5	1	1
1756	경기 시흥시	보조 및 연장전담교사 인건비	10,249	아동보육과	5	1	7	8	7	5	1	2
1757	경기 시흥시	아동양육시설 운영	1,247,000	아동보육과	5	2	7	8	7	5	5	4
1758	경기 시흥시	야간연장 어린이집 운영지원	422,400	아동보육과	5	1	7	8	7	5	1	2
1759	경기 시흥시	어린이집 공기청정기 지원	306,900	아동보육과	5	1	7	8	7	5	1	2
1760	경기 시흥시	어린이집 교직원 처우개선비 지원	46,147	아동보육과	5	1	7	8	7	5	1	2
1761	경기 시흥시	어린이집 운영지원	185,465	아동보육과	5	1	7	8	7	5	1	2
1762	경기 시흥시	어린이집 지원	4,800,000	아동보육과	5	1	7	8	7	5	1	2

순번	시군구	지출명 (사업명)	2021년예산 (단위:천원/1년간)	담당자 (공무원)	민간이전 분류 (지방자치단체 세출예산 집행기준에 의거) 1. 민간경상사업보조(307-02) 2. 민간단체 법정운영비보조(307-03) 3. 민간행사사업보조(307-04) 4. 민간위탁금(307-05) 5. 사회복지시설 법정운영비보조(307-10) 6. 민간인위탁교육비(307-12) 7. 공기관등에대한경상적위탁사업비(308-10) 8. 민간자본사업보조,자체재원(402-01) 9. 민간자본사업보조,이전재원(402-02) 10. 민간위탁사업비(402-03) 11. 공기관등에 대한 자본적 대행사업비(403-02)	민간이전지출 근거 (지방보조금 관리기준 참고) 1. 법률에 규정 2. 국고보조 재원(국가지정) 3. 용도 지정 기부금 4. 조례에 직접규정 5. 지자체가 권장하는 사업을 하는 공공기관 6. 시,도 정책 및 재정사정 7. 기타 8. 해당없음	입찰방식			운영예산 산정		성과평가 실시여부
				담당부서			계약체결방법 (경쟁형태) 1. 일반경쟁 2. 제한경쟁 3. 지명경쟁 4. 수의계약 5. 법정위탁 6. 기타 ( ) 7. 해당없음	계약기간 1. 1년 2. 2년 3. 3년 4. 4년 5. 5년 6. 기타 ( )년 7. 단기계약 (1년미만) 8. 해당없음	낙찰자선정방법 1. 적격심사 2. 협상에의한계약 3. 최저가낙찰제 4. 규격가격분리 5. 2단계 경쟁입찰 6. 기타 ( ) 7. 해당없음	운영예산 산정 1. 내부산정 (지자체 자체적으로 산정) 2. 외부산정 (외부전문기관위탁 산정) 3. 내·외부 모두 산정 4. 산정 無 5. 해당없음	정산방법 1. 내부정산 (지자체 내부적으로 정산) 2. 외부정산 (외부전문기관위탁 정산) 3. 내·외부 모두 산정 4. 정산 無 5. 해당없음	1. 실시 2. 미실시 3. 향후 추진 4. 해당없음
1763	경기 시흥시	영세아전용 어린이집 운영지원	590,400	아동보육과	5	1	7	8	7	5	1	2
1764	경기 시흥시	영아반교사 등 특수근무수당 지원	726,240	아동보육과	5	1	7	8	7	5	1	2
1765	경기 시흥시	영아전담등 교직원 인건비	34,295	아동보육과	5	1	7	8	7	5	1	2
1766	경기 시흥시	외국인근로자 자녀 보육지원	259,200	아동보육과	5	1	7	8	7	5	1	2
1767	경기 시흥시	요보호아동 그룹홈 형태보호	89,163	아동보육과	5	2	7	8	7	5	5	4
1768	경기 시흥시	장애아전문 어린이집 지원	20,000	아동보육과	5	1	7	8	7	5	1	2
1769	경기 시흥시	장애아통합어린이집 추가지정	50,000	아동보육과	5	1	7	8	7	5	1	1
1770	경기 시흥시	장애통합 지역아동센터 지원	239,520	아동보육과	5	6	7	8	7	5	1	4
1771	경기 시흥시	지역아동센터 급식교사 처우개선비 지원	136,800	아동보육과	5	4	7	8	7	1	1	1
1772	경기 시흥시	지역아동센터 기본 운영비 지원	30,363	아동보육과	5	2	7	8	7	5	1	4
1773	경기 시흥시	지역아동센터 냉난방비 지원	34,000	아동보육과	5	4	7	8	7	1	1	1
1774	경기 시흥시	지역아동센터 책임보험가입비 지원	9,500	아동보육과	5	4	7	8	7	1	1	1
1775	경기 시흥시	지역아동센터 추가운영비 지원	212,400	아동보육과	5	4	7	8	7	1	1	1
1776	경기 시흥시	토요운영	36,480	아동보육과	5	2	7	8	7	5	1	4
1777	경기 시흥시	특수목적형	21,904	아동보육과	5	2	7	8	7	5	1	4
1778	경기 시흥시	가정폭력·성폭력 통합상담소 운영	190,080	여성가족과	5	1	7	8	7	1	1	4
1779	경기 시흥시	가정폭력피해자 보호시설 운영	177,064	여성가족과	5	1	6	6	7	5	5	4
1780	경기 시흥시	가정폭력피해자 보호지원	5,425	여성가족과	5	1	6	6	7	5	5	4
1781	경기 시흥시	여성인력개발센터 운영 지원	255,000	여성가족과	5	1	7	8	7	1	1	3
1782	경기 시흥시	정신질환자 사회복귀시설 운영	147,835	정왕보건지소	5	1	7	8	7	5	5	2
1783	경기 여주시	시군사회복지협의회 사회복지정보센터 운영	35,000	복지행정과	5	4	7	8	7	1	1	1
1784	경기 여주시	지역사회보장협의체 지원	104,460	복지행정과	5	1	7	8	7	1	1	1
1785	경기 여주시	경로당 환경개선사업	25,000	사회복지과	5	1	7	7	7	1	1	4
1786	경기 여주시	카네이션하우스 운영 지원	20,000	사회복지과	5	1	7	7	7	1	1	4
1787	경기 여주시	재가노인복지시설 운영	800,000	사회복지과	5	8	7	7	7	1	1	4
1788	경기 여주시	노인 단기보호시설 운영지원	34,000	사회복지과	5	5	7	8	7	1	1	4
1789	경기 여주시	수화통역센터 운영	253,300	사회복지과	5	1	7	8	7	4	1	4
1790	경기 여주시	장애인 생활이동지원센터 운영	224,900	사회복지과	5	1	7	8	7	4	1	4
1791	경기 여주시	장애인거주시설운영지원	55,153	사회복지과	5	1	7	8	7	4	1	4
1792	경기 여주시	장애인복지시설 입소자지원	13,572	사회복지과	5	1	7	8	7	4	1	4
1793	경기 여주시	장애인직업재활시설 운영지원	53,608	사회복지과	5	1	7	8	7	4	1	4
1794	경기 여주시	개인운영 장애인거주시설 지원	86,400	사회복지과	5	1	7	8	7	4	1	4
1795	경기 여주시	장애인직업재활시설 운영지원	610,874	사회복지과	5	1	7	8	7	4	1	4
1796	경기 여주시	장애인거주시설 공기청정기 렌탈 지원	1,800,000	사회복지과	5	1	7	8	7	4	1	4
1797	경기 여주시	장애인거주시설 운영지원	532,107	사회복지과	5	1	7	8	7	4	1	4
1798	경기 여주시	장애인거주시설 입소자지원	71,837	사회복지과	5	1	7	8	7	4	1	4
1799	경기 여주시	장애인재가복지시설 운영지원	15,800	사회복지과	5	1	7	8	7	4	1	4
1800	경기 여주시	장애인거주시설 운영지원	415,750	사회복지과	5	1	7	8	7	4	1	4
1801	경기 여주시	장애인편의시설기술지원센터 운영	75,000	사회복지과	5	1	7	8	7	5	1	4
1802	경기 여주시	장애인 편의시설 현장조사요원 운영 지원	24,448	사회복지과	5	1	7	8	7	5	1	4
1803	경기 여주시	가정폭력 피해자 보호시설 운영 지원	431,336	여성가족과	5	1	7	8	7	5	1	4
1804	경기 여주시	가정폭력상담소 운영지원	147,406	여성가족과	5	1	7	8	7	5	1	4

순번	시군구	지출명 (사업명)	2021년예산 (단위:천원/1년간)	담당자 (공무원)	민간이전 분류 (지방자치단체 세출예산 집행기준에 의거)	민간이전지출 근거 (지방보조금 관리기준 참고)	입찰방식			운영예산 산정		성과평가 실시여부
				담당부서	1. 민간경상사업보조(307-02) 2. 민간단체 법정운영비보조(307-03) 3. 민간행사사업보조(307-04) 4. 민간위탁금(307-05) 5. 사회복지시설 법정운영비보조(307-10) 6. 민간인위탁교육비(307-12) 7. 공기관등에대한경상적위탁사업비(308-10) 8. 민간자본사업보조,자체재원(402-01) 9. 민간자본사업보조,이전재원(402-02) 10. 민간위탁사업비(402-03) 11. 공기관등에 대한 자본적 대행사업비(403-02)	1. 법률에 규정 2. 국고보조 재원(국가지정) 3. 용도 지정 기부금 4. 조례에 직접규정 5. 지자체가 권장하는 사업을 하는 공공기관 6. 시,도 정책 및 재정사정 7. 기타 8. 해당없음	계약체결방법 (경쟁형태) 1. 일반경쟁 2. 제한경쟁 3. 지명경쟁 4. 수의계약 5. 법정위탁 6. 기타 ( ) 7. 해당없음	계약기간 1. 1년 2. 2년 3. 3년 4. 4년 5. 5년 6. 기타 ( )년 7. 단기계약 (1년미만) 8. 해당없음	낙찰자선정방법 1. 적격심사 2. 협상에의한계약 3. 최저가낙찰제 4. 규격가격분리 5. 2단계 경쟁입찰 6. 기타 ( ) 7. 해당없음	운영예산 산정 1. 내부산정 (지자체 자체적으로 산정) 2. 외부산정 (외부전문기관위탁 산정) 3. 내·외부 모두 산정 4. 산정 無 5. 해당없음	정산방법 1. 내부정산 (지자체 내부적으로 정산) 2. 외부정산 (외부전문기관위탁 정산) 3. 내·외부 모두 산정 4. 정산 無 5. 해당없음	1. 실시 2. 미실시 3. 향후 추진 4. 해당없음
1805	경기 여주시	여성폭력피해자 지원시설 인건비 지원	43,722	여성가족과	5	1	7	8	7	5	1	4
1806	경기 여주시	한부모가족 복지시설 운영	420,804	여성가족과	5	1	7	8	7	5	1	4
1807	경기 여주시	공공형어린이집 운영지원	920,000	여성가족과	5	1	7	8	7	1	1	4
1808	경기 여주시	시간제 보육서비스 제공지원	185,948	여성가족과	5	1	5	5	1	1	1	4
1809	경기 여주시	요보호아동 그룹홈 형태 보호	271,269	여성가족과	5	1	7	8	7	1	1	4
1810	경기 여주시	아동양육시설 운영	755,848	여성가족과	5	1	7	8	7	1	1	4
1811	경기 여주시	장애통합지역아동센터 지원	89,520	여성가족과	5	1	7	8	7	1	1	4
1812	경기 여주시	지역아동센터 운영비 지원	1,012,068	여성가족과	5	1	7	8	7	1	1	4
1813	경기 여주시	특성별 지역아동센터 추가지원	33,992	여성가족과	5	1	7	8	7	1	1	4
1814	경기 김포시	어린이집 운영지원	206,620	보육과	5	2	7	8	7	5	1	4
1815	경기 김포시	대체인력 인건비	38,000	보육과	5	4	7	8	7	5	1	4
1816	경기 김포시	야간연장형 어린이집 운영지원	331,200	보육과	5	4	7	8	7	5	1	4
1817	경기 김포시	보육교직원 인건비 지원	8,831	보육과	5	2	7	8	7	5	1	4
1818	경기 김포시	0세아전용 어린이집 운영지원	982,968	보육과	5	4	7	8	7	5	1	4
1819	경기 김포시	어린이집 운영지원	141,400	보육과	5	2	7	8	7	5	1	4
1820	경기 김포시	어린이집 냉·난방비 지원	147,000	보육과	5	4	7	8	7	5	1	4
1821	경기 김포시	영유아보육료 지원	57,350	보육과	5	2	7	8	7	5	1	4
1822	경기 김포시	공공형 어린이집 운영비	330,000	보육과	5	4	7	8	7	5	1	4
1823	경기 김포시	누리과정 운영	17,674	보육과	5	4	7	8	7	5	1	4
1824	경기 김포시	누리과정 차액보육료 지원	33,967	보육과	5	4	7	8	7	5	1	4
1825	경기 김포시	평가인증시설 보육환경개선비 지원	50,000	보육과	5	4	7	8	7	5	1	4
1826	경기 김포시	어린이집 운영지원	18,539	보육과	5	2	7	8	7	5	1	4
1827	경기 김포시	공공형 어린이집 인건비 지원 등	95,000	보육과	5	4	7	8	7	5	1	4
1828	경기 김포시	시간제보육서비스 제공지원	418,384	보육과	5	2	7	8	7	5	1	4
1829	경기 김포시	보육교직원 인건비 지원	31,853	보육과	5	2	7	8	7	5	1	4
1830	경기 김포시	보육교직원 처우개선 지원	1,174,000	보육과	5	2	7	8	7	5	1	4
1831	경기 김포시	보육교직원 처우개선 지원	8,339	보육과	5	2	7	8	7	5	1	4
1832	경기 김포시	가정민간어린이집 조리원 인건비 지원	1,152,000	보육과	5	4	7	8	7	5	1	4
1833	경기 김포시	영아 표준보육과정 프로그램 지원	664,200	보육과	5	4	7	8	7	5	1	4
1834	경기 김포시	공공형 어린이집 운영활성화 지원	108,000	보육과	5	4	7	8	7	5	1	4
1835	경기 김포시	어린이집 공기청정기 지원	205,762	보육과	5	2	7	8	7	5	1	4
1836	경기 김포시	특수보육 활성화 지원	2,000,000	보육과	5	4	7	8	7	5	1	4
1837	경기 김포시	가정민간어린이집 조리원 인건비 지원	768,000	보육과	5	4	7	8	7	5	1	4
1838	경기 김포시	어린이집 운영 지원	16,040	보육과	5	2	7	8	7	5	1	4
1839	경기 김포시	외국인근로자자녀 보육 지원	21,600	보육과	5	4	7	8	7	5	1	4
1840	경기 김포시	지역아동센터 운영비 지원	1,265,000	여성가족과	5	2	7	8	7	5	1	4
1841	경기 김포시	토요운영 지원	21,888	여성가족과	5	2	7	8	7	5	1	4
1842	경기 김포시	특수목적형 지원	36,500	여성가족과	5	2	7	8	7	5	1	4
1843	경기 김포시	지역아동센터 추가운영비 지원	38,000	여성가족과	5	7	7	8	7	1	1	4
1844	경기 김포시	지역아동센터 공기청정기 지원사업	27,240	여성가족과	5	2	7	8	7	5	1	4
1845	경기 김포시	지역아동센터 종사자 처우개선비	41,000	여성가족과	5	7	7	8	7	1	1	4
1846	경기 김포시	여성인권보호 및 신장	126,382	여성가족과	5	2	7	8	7	5	1	4

순번	시군구	지출명 (사업명)	2021년예산 (단위:천원/1년간)	담당자 (공무원) 담당부서	민간이전 분류 (지방자치단체 세출예산 집행기준에 의거) 1. 민간경상사업보조(307-02) 2. 민간단체 법정운영비보조(307-03) 3. 민간행사사업보조(307-04) 4. 민간위탁금(307-05) 5. 사회복지시설 법정운영비보조(307-10) 6. 민간인위탁교육비(307-12) 7. 공기관등에대한경상적위탁사업비(308-10) 8. 민간자본사업보조,자체재원(402-01) 9. 민간자본사업보조,이전재원(402-02) 10. 민간위탁사업비(402-03) 11. 공기관등에 대한 자본적 대행사업비(403-02)	민간이전지출 근거 (지방보조금 관리기준 참고) 1. 법률에 규정 2. 국고보조 재원(국가지정) 3. 용도 지정 기부금 4. 조례에 직접규정 5. 지자체가 권장하는 사업을 하는 공공기관 6. 시,도 정책 및 재정사정 7. 기타 8. 해당없음	입찰방식 계약체결방법 (경쟁형태) 1. 일반경쟁 2. 제한경쟁 3. 지명경쟁 4. 수의계약 5. 법정위탁 6. 기타 ( ) 7. 해당없음	입찰방식 계약기간 1. 1년 2. 2년 3. 3년 4. 4년 5. 5년 6. 기타 ( )년 7. 단기계약 (1년미만) 8. 해당없음	입찰방식 낙찰자선정방법 1. 적격심사 2. 협상에의한계약 3. 최저가낙찰제 4. 규격가격분리 5. 2단계 경쟁입찰 6. 기타 ( ) 7. 해당없음	운영예산 산정 운영예산 산정 1. 내부산정 (지자체 자체적으로 산정) 2. 외부산정 (외부전문기관위탁 산정) 3. 내·외부 모두 산정 4. 산정 無 5. 해당없음	운영예산 산정 정산방법 1. 내부정산 (지자체 내부적으로 정산) 2. 외부정산 (외부전문기관위탁 정산) 3. 내·외부 모두 산정 4. 정산 無 5. 해당없음	성과평가 실시여부 1. 실시 2. 미실시 3. 향후 추진 4. 해당없음
1847	경기 김포시	성폭력상담소 운영지원	123,817	여성가족과	5	7	7	8	7	5	1	4
1848	경기 김포시	여성권익시설 지원	17,850	여성가족과	5	7	7	8	7	5	1	4
1849	경기 김포시	여성권익시설 지원	15,344	여성가족과	5	7	7	8	7	5	1	4
1850	경기 화성시	정신재활시설 운영지원	1,416,000	보건정책과	5	2	7	8	7	1	1	1
1851	경기 화성시	정신요양시설 운영지원	24,081	보건정책과	5	2	7	8	7	1	1	1
1852	경기 화성시	정신요양 및 정신재활시설 종사자 특수근무수당 등	115,157	보건정책과	5	2	7	8	7	1	1	1
1853	경기 화성시	수어통역센터 운영	320,600	장애인복지과	5	1	7	8	7	5	2	4
1854	경기 화성시	장애인 생활이동지원센터 운영	651,180	장애인복지과	5	1	7	8	7	5	2	4
1855	경기 화성시	장애인주간보호시설 운영 지원	415,055	장애인복지과	5	1	7	8	1	1	1	1
1856	경기 화성시	경로당 운영비 지원	14,400	노인복지과	5	4	7	8	7	5	5	4
1857	경기 화성시	경로당 냉·난방비 및 양곡비 지원	1,257,000	노인복지과	5	1	7	8	7	5	5	4
1858	경기 화성시	노인양로시설 운영비지원	431,888	노인복지과	5	1	7	8	7	5	5	4
1859	경기 화성시	노인양로요양시설 기초생활수급자 지원 등	72,776	노인복지과	5	1	7	8	7	5	5	4
1860	경기 화성시	개인운영신고시설 운영	64,800	노인복지과	5	1	7	8	7	5	5	4
1861	경기 화성시	재가노인복지시설운영	200,000	노인복지과	5	1	7	8	7	5	5	4
1862	경기 화성시	경로당 냉난방비 및 양곡비 지원	96,675	남양읍	5	1	7	8	7	5	5	4
1863	경기 화성시	경로당 운영비 지원	104,000	남양읍	5	1	7	8	7	5	5	4
1864	경기 광주시	가정폭력 피해자 보호시설 운영 지원	177,064	여성보육과	5	1	7	8	7	1	1	2
1865	경기 광주시	가정폭력피해자 보호시설 운영 지원	5,425	여성보육과	5	6	7	8	7	1	1	2
1866	경기 광주시	가정폭력 피해자 치료회복 프로그램 및 의료비 지원	1,000,000	여성보육과	5	1	7	8	7	1	1	2
1867	경기 광주시	가정폭력상담소 운영지원	154,175	여성보육과	5	1	7	8	7	1	1	2
1868	경기 광주시	성폭력 상담소 운영지원	123,818	여성보육과	5	1	7	8	7	1	1	2
1869	경기 광주시	여성폭력피해자 지원시설 인건비 지원	41,384	여성보육과	5	1	7	8	7	1	1	2
1870	경기 광주시	폭력피해이주여성보호시설운영지원	194,512	여성보육과	5	1	7	8	7	1	1	2
1871	경기 광주시	폭력피해이주여성보호시설운영지원	10,060	여성보육과	5	6	7	8	7	1	1	2
1872	경기 광주시	폭력피해이주여성보호시설 인건비 지원	18,060	여성보육과	5	1	7	8	7	1	1	2
1873	경기 광주시	건강가정 및 다문화가족 지원센터 운영	199,300	여성보육과	5	2	7	8	7	5	5	4
1874	경기 광주시	건강가정지원센터 운영	210,400	여성보육과	5	4	7	8	7	5	5	4
1875	경기 광주시	보육교직원 처우개선 지원(보조교사 인건비)	50,829	여성보육과	5	1	7	8	7	5	1	2
1876	경기 광주시	보육교직원 처우개선 지원(대체교사 인건비)	666,000	여성보육과	5	1	7	8	7	5	1	2
1877	경기 광주시	대체교사 인건비	46,804	여성보육과	5	1	7	8	7	5	1	2
1878	경기 광주시	공공형어린이집 운영비	1,200,000	여성보육과	5	1	7	8	7	5	1	2
1879	경기 광주시	공공형 어린이집 운영활성화 지원	392,040	여성보육과	5	1	7	8	7	5	1	2
1880	경기 광주시	공공형어린이집 조리원 인건비	219,600	여성보육과	5	1	7	8	7	5	1	2
1881	경기 광주시	야간연장형어린이집 운영비	292,800	여성보육과	5	1	7	8	7	5	1	2
1882	경기 광주시	영세아전용어린이집 운영	1,047,480	여성보육과	5	1	7	8	7	5	1	2
1883	경기 광주시	외국인근로자자녀 보육지원	21,600	여성보육과	5	1	7	8	7	5	1	2
1884	경기 광주시	보육교직원 인건비 지원	48,086	여성보육과	5	1	7	8	7	5	1	2
1885	경기 광주시	보육교직원 인건비 지원	23,756	여성보육과	5	1	7	8	7	5	1	2
1886	경기 광주시	보육교직원 인건비 지원(장애영유아보육교사 수당)	164,400	여성보육과	5	1	7	8	7	5	1	2
1887	경기 광주시	장애아전담어린이집 인건비(운전기사)	20,000	여성보육과	5	1	7	8	7	5	1	2
1888	경기 광주시	가정.민간어린이집 조리원 인건비 지원	612,000	여성보육과	5	1	7	8	7	5	1	2

순번	시군구	지출명 (사업명)	2021년예산 (단위:천원/1년간)	담당자 (공무원)	민간이전 분류 (지방자치단체 세출예산 집행기준에 의거)	민간이전지출 근거 (지방보조금 관리기준 참고)	입찰방식			운영예산 산정		성과평가 실시여부
				담당부서	1. 민간경상사업보조(307-02) 2. 민간단체 법정운영비보조(307-03) 3. 민간행사사업보조(307-04) 4. 민간위탁금(307-05) 5. 사회복지시설 법정운영비보조(307-10) 6. 민간인위탁교육비(307-12) 7. 공기관등에대한경상적위탁사업비(308-10) 8. 민간자본사업보조,자체재원(402-01) 9. 민간자본사업보조,이전재원(402-02) 10. 민간위탁사업비(402-03) 11. 공기관등에 대한 자본적 대행사업비(403-02)	1. 법률에 규정 2. 국고보조 재원(국가지정) 3. 용도 지정 기부금 4. 조례에 직접규정 5. 지자체가 권장하는 사업을 하는 공공기관 6. 시,도 정책 및 재정사정 7. 기타 8. 해당없음	계약체결방법 (경쟁형태) 1. 일반경쟁 2. 제한경쟁 3. 지명경쟁 4. 수의계약 5. 법정위탁 6. 기타 ( ) 7. 해당없음	계약기간 1. 1년 2. 2년 3. 3년 4. 4년 5. 5년 6. 기타 ( )년 7. 단기계약 (1년미만) 8. 해당없음	낙찰자선정방법 1. 적격심사 2. 협상에의한계약 3. 최저가낙찰제 4. 규격가격분리 5. 2단계 경쟁입찰 6. 기타 ( ) 7. 해당없음	운영예산 산정 1. 내부산정 (지자체 자체적으로 산정) 2. 외부산정 (외부전문기관위탁 산정) 3. 내·외부 모두 산정 4. 산정 無 5. 해당없음	정산방법 1. 내부정산 (지자체 내부적으로 정산) 2. 외부정산 (외부전문기관위탁 정산) 3. 내·외부 모두 산정 4. 정산 無 5. 해당없음	1. 실시 2. 미실시 3. 향후 추진 4. 해당없음
1889	경기 광주시	가정,민간어린이집 조리원 인건비 지원	828,000	여성보육과	5	4	7	8	7	5	1	2
1890	경기 광주시	어린이집 운영지원	142,857	여성보육과	5	1	7	8	7	5	1	2
1891	경기 광주시	어린이집 운영지원	230,776	여성보육과	5	1	7	8	7	5	1	2
1892	경기 광주시	어린이집 운영지원(농어촌소재법인어린이집)	257,100	여성보육과	5	1	7	8	7	5	1	2
1893	경기 광주시	영아 표준보육과정 프로그램 지원	442,170	여성보육과	5	1	7	8	7	5	1	2
1894	경기 광주시	어린이집 공기청정기 지원	179,978	여성보육과	5	1	7	8	7	5	1	2
1895	경기 광주시	어린이집 냉난방비	165,000	여성보육과	5	4	7	8	7	5	1	2
1896	경기 광주시	어린이집 운영 지원	16,998	여성보육과	5	1	7	8	7	5	1	2
1897	경기 양주시	지역사회보장협의체 운영	138,800	사회복지과	5	1	7	8	7	1	1	1
1898	경기 양주시	사회복지정보센터 운영지원	35,000	사회복지과	5	1	7	8	7	1	1	1
1899	경기 양주시	노인취업지원센터 운영지원	1,600,000	사회복지과	5	1	7	7	7	1	1	1
1900	경기 양주시	재가노인 복지시설 지원	200,000	사회복지과	5	6	7	8	7	5	1	4
1901	경기 양주시	개인운영 노인생활시설 지원	9,000	사회복지과	5	6	7	8	7	5	1	4
1902	경기 양주시	노인양로요양시설 기초생활수급자 지원	24,984	사회복지과	5	6	7	8	7	5	1	4
1903	경기 양주시	노인양로요양시설 기초생활수급자 지원	24,984	사회복지과	5	6	7	8	7	5	1	4
1904	경기 양주시	노인활용쉼터 운영지원	20,400	사회복지과	5	4	7	1	7	1	1	2
1905	경기 양주시	푸드마켓 운영비 지원	56,760	사회복지과	5	1	7	8	7	1	1	1
1906	경기 양주시	지역자활센터운영	238,052	복지지원과	5	2	7	8	7	4	1	4
1907	경기 양주시	장애인거주시설 운영	47,624	복지지원과	5	1	7	8	7	1	3	4
1908	경기 양주시	개인운영 장애인거주시설 지원	386,400	복지지원과	5	1	7	8	7	1	1	4
1909	경기 양주시	개인운영 장애인복지시설 난방비 지원	45,000	복지지원과	5	4	7	8	7	1	1	4
1910	경기 양주시	장애인 365쉼터 운영 지원	72,000	복지지원과	5	1	7	8	7	1	1	4
1911	경기 양주시	장애인거주시설 공기청정기 렌탈 지원	4,260,000	복지지원과	5	1	7	8	7	1	1	4
1912	경기 양주시	장애인생활이동지원센터 운영	322,100	복지지원과	5	1	7	8	7	1	1	4
1913	경기 양주시	수어통역센터 운영	234,900	복지지원과	5	1	7	8	7	1	1	4
1914	경기 양주시	장애인지역사회재활시설 기능보강	70,000	복지지원과	5	1	7	8	7	1	1	4
1915	경기 양주시	장애인재가복지시설 운영지원	14,400	복지지원과	5	1	7	8	7	1	1	4
1916	경기 양주시	장애인직업재활시설 운영	1,013,842	복지지원과	5	1	7	8	7	1	1	4
1917	경기 양주시	장애인복지시설 지원(재활프로그램 운영)	34,115	복지지원과	5	1	7	8	7	1	1	4
1918	경기 양주시	장애인직업재활시설 입소자지원	13,680	복지지원과	5	1	7	8	7	1	1	4
1919	경기 양주시	장애인직업재활시설 운영지원	56,630	복지지원과	5	1	7	8	7	1	1	4
1920	경기 양주시	장애인거주시설 입소자 지원	45,156	복지지원과	5	1	7	8	7	1	1	4
1921	경기 양주시	장애인거주시설 운영 지원	477,087	복지지원과	5	1	7	8	7	1	1	4
1922	경기 양주시	장애인거주시설 종사자 연장, 야간근로 수당	46,606	복지지원과	5	1	7	8	7	1	1	4
1923	경기 양주시	정부지원 어린이집 운영비 지원	11,622,000	여성보육과	5	1	7	8	7	5	1	4
1924	경기 양주시	어린이집 교직원 처우개선 지원	24,400	여성보육과	5	6	7	8	7	1	3	4
1925	경기 양주시	요보호아동 그룹홈운영	89,163	여성보육과	5	1	7	8	7	1	1	1
1926	경기 양주시	지역아동센터 운영비 지원	1,310,000	여성보육과	5	1	7	8	7	1	1	4
1927	경기 양주시	아동양육시설 운영	1,240,000	여성보육과	5	1	7	8	7	1	1	1
1928	경기 양주시	아동복지시설아동 문화학습활동 지원	187,516	여성보육과	5	1	7	8	7	1	1	1
1929	경기 양주시	어린이집 지원	208,600	여성보육과	5	2	7	8	7	1	3	4
1930	경기 양주시	어린이집 지원	9,987,000	여성보육과	5	2	7	8	7	1	3	4

순번	시군구	지출명 (사업명)	2021년예산 (단위:천원/1년간)	담당자 (공무원)	민간이전 분류 (지방자치단체 세출예산 집행기준에 의거)	민간이전지출 근거 (지방보조금 관리기준 참고)	입찰방식			운영예산 산정		성과평가 실시여부
				담당부서	1. 민간경상사업보조(307-02) 2. 민간단체 법정운영비보조(307-03) 3. 민간행사사업보조(307-04) 4. 민간위탁금(307-05) 5. 사회복지시설 법정운영비보조(307-10) 6. 민간인위탁교육비(307-12) 7. 공기관등에대한경상적위탁사업비(308-10) 8. 민간자본사업보조,자체재원(402-01) 9. 민간자본사업보조,이전재원(402-02) 10. 민간위탁사업비(402-03) 11. 공기관등에 대한 자본적 대행사업비(403-02)	1. 법률에 규정 2. 국고보조 재원(국가지정) 3. 용도 지정 기부금 4. 조례에 직접규정 5. 지자체가 권장하는 사업을 하는 공공기관 6. 시,도 정책 및 재정사정 7. 기타 8. 해당없음	계약체결방법 (경쟁형태) 1. 일반경쟁 2. 제한경쟁 3. 지명경쟁 4. 수의계약 5. 법정위탁 6. 기타 ( ) 7. 해당없음	계약기간 1. 1년 2. 2년 3. 3년 4. 4년 5. 5년 6. 기타 ( )년 7. 단기계약 (1년미만) 8. 해당없음	낙찰자선정방법 1. 적격심사 2. 협상에의한계약 3. 최저가낙찰제 4. 규격가격분리 5. 2단계 경쟁입찰 6. 기타 ( ) 7. 해당없음	운영예산 산정 1. 내부산정 (지자체 자체적으로 산정) 2. 외부산정 (외부전문기관위탁 산정) 3. 내·외부 모두 산정 4. 산정 無 5. 해당없음	정산방법 1. 내부정산 (지자체 내부적으로 정산) 2. 외부정산 (외부전문기관위탁 정산) 3. 내·외부 모두 산정 4. 정산 無 5. 해당없음	1. 실시 2. 미실시 3. 향후 추진 4. 해당없음
1931	경기 양주시	특수보육 활성화 지원(0세아전용 어린이집 운영)	1,221,000	여성보육과	5	6	7	8	7	1	3	4
1932	경기 양주시	특수보육 활성화 지원(야간연장형 어린이집 운영)	182,400	여성보육과	5	6	7	8	7	1	3	4
1933	경기 양주시	지역아동센터 냉난방비 지원	4,080,000	여성보육과	5	1	7	8	7	1	1	4
1934	경기 양주시	폭력피해이주여성보호시설 운영 지원	158,762	여성보육과	5	2	7	8	7	1	1	1
1935	경기 양주시	가정폭력상담소 운영	154,175	여성보육과	5	2	7	8	7	1	1	4
1936	경기 양주시	보육교직원 인건비 지원	15,757	여성보육과	5	2	7	8	7	1	3	4
1937	경기 양주시	누리과정 운영	225,000	여성보육과	5	2	7	8	7	1	3	4
1938	경기 양주시	공공형 어린이집 운영비	300,000	여성보육과	5	2	7	8	7	5	1	4
1939	경기 양주시	어린이집 안전점검 수수료 지원	5,280	여성보육과	5	1	7	8	7	1	3	1
1940	경기 양주시	시간제보육서비스 제공 지원	205,200	여성보육과	5	2	7	8	7	1	3	4
1941	경기 양주시	보육교직원 인건비 지원(국공립법인 교직원 인건비)	4,208,000	여성보육과	5	2	7	8	7	1	3	4
1942	경기 양주시	보육교직원 처우개선 지원	587,473	여성보육과	5	2	7	8	7	1	3	4
1943	경기 양주시	특수보육 활성화 지원	340,200	여성보육과	5	6	7	8	7	1	3	4
1944	경기 양주시	보육교직원 처우개선 지원(보조교사 인건비)	50,695	여성보육과	5	2	7	8	7	1	3	4
1945	경기 양주시	아동보호치료시설 운영	1,299,000	여성보육과	5	1	7	8	7	1	1	1
1946	경기 양주시	특수보육 활성화 지원	706,000	여성보육과	5	6	7	8	7	1	3	1
1947	경기 양주시	어린이집 냉난방비 지원	170,600	여성보육과	5	1	7	8	7	1	3	1
1948	경기 양주시	특성별 지역아동센터 추가지원	38,232	여성보육과	5	1	7	8	7	1	1	4
1949	경기 양주시	공공형어린이집 취사부 인건비	80,000	여성보육과	5	1	7	8	7	5	1	4
1950	경기 양주시	공공형 어린이집 운영 활성화	93,600	여성보육과	5	1	7	8	7	5	1	4
1951	경기 양주시	어린이집 공기청정기 지원	134,500	여성보육과	5	1	7	8	7	5	1	4
1952	경기 양주시	특수보육 활성화 지원(장애아전문 어린이집 지원)	38,000	여성보육과	5	6	7	8	7	1	3	1
1953	경기 양주시	폭력피해이주여성보호시설 운영 지원	10,060	여성보육과	5	2	7	8	7	1	1	1
1954	경기 양주시	여성폭력피해자 지원시설 인건비 지원	17,850	여성보육과	5	2	7	8	7	1	1	4
1955	경기 양주시	지역아동센터 추가운영비 지원	167,680	여성보육과	5	1	7	8	7	1	1	4
1956	경기 양주시	어린이집 운영 지원	805,154	여성보육과	5	6	7	8	7	1	3	4
1957	경기 양주시	다함께돌봄센터 인건비 지원	53,040	여성보육과	5	1	7	8	7	1	1	4
1958	경기 양주시	다함께돌봄센터 운영비 지원	3,600,000	자치행정과	5	1	7	8	7	1	1	4
1959	경기 양주시	어린이집 안전공제회비 지원	544,000	여성보육과	5	1	7	8	7	5	5	4
1960	경기 포천시	지역자활센터운영	227,065	시민복지과	5	2	5	8	7	4	2	1
1961	경기 포천시	지역자활센터 건물 임차료	28,800	시민복지과	5	1	5	8	7	1	1	1
1962	경기 포천시	기부식품등 제공사업장 운영지원	60,000	시민복지과	5	1	7	8	7	1	1	1
1963	경기 포천시	기부식품등 제공사업장 운영지원	12,000	시민복지과	5	1	7	8	7	1	1	1
1964	경기 포천시	성폭력상담소운영	123,816	여성가족과	5	2	7	8	7	1	1	4
1965	경기 포천시	여성폭력피해자지원시설인건비지원	33,194	여성가족과	5	1	7	8	7	1	1	4
1966	경기 포천시	가정폭력상담소운영	154,175	여성가족과	5	6	7	8	7	1	1	4
1967	경기 포천시	공공형 어린이집 운영비	1,000,000	여성가족과	5	1	7	8	7	1	1	4
1968	경기 포천시	공공형어린이집 조리원 인건비 지원	143,000	여성가족과	5	1	7	8	7	1	1	4
1969	경기 포천시	공공형 어린이집 운영 활성화	286,316	여성가족과	5	1	7	8	7	1	1	4
1970	경기 포천시	교재교구비	42,530	여성가족과	5	1	7	8	7	1	1	4
1971	경기 포천시	야간연장형 어린이집 운영지원	259,200	여성가족과	5	1	7	8	7	1	1	4
1972	경기 포천시	영세아전용 어린이집 운영지원	346,968	여성가족과	5	1	7	8	7	1	1	4

순번	시군구	지출명 (사업명)	2021년예산 (단위:천원/1년간)	담당자 (공무원) 담당부서	민간이전 분류 (지방자치단체 세출예산 집행기준에 의거) 1. 민간경상사업보조(307-02) 2. 민간단체 법정운영비보조(307-03) 3. 민간행사사업보조(307-04) 4. 민간위탁금(307-05) 5. 사회복지시설 법정운영비보조(307-10) 6. 민간인위탁교육비(307-12) 7. 공기관등에대한경상적위탁사업비(308-10) 8. 민간자본사업보조,자체재원(402-01) 9. 민간자본사업보조,이전재원(402-02) 10. 민간위탁사업비(402-03) 11. 공기관등에 대한 자본적 대행사업비(403-02)	민간이전지출 근거 (지방보조금 관리기준 참고) 1. 법률에 규정 2. 국고보조 재원(국가지정) 3. 용도 지정 기부금 4. 조례에 직접규정 5. 지자체가 권장하는 사업을 하는 공공기관 6. 시,도 정책 및 재정사정 7. 기타 8. 해당없음	입찰방식 계약체결방법 (경쟁형태) 1. 일반경쟁 2. 제한경쟁 3. 지명경쟁 4. 수의계약 5. 법정위탁 6. 기타 ( ) 7. 해당없음	입찰방식 계약기간 1. 1년 2. 2년 3. 3년 4. 4년 5. 5년 6. 기타 ( )년 7. 단기계약 (1년미만) 8. 해당없음	입찰방식 낙찰자선정방법 1. 적격심사 2. 협상에의한계약 3. 최저가낙찰제 4. 규격가격분리 5. 2단계 경쟁입찰 6. 기타 ( ) 7. 해당없음	운영예산 산정 운영예산 산정 1. 내부산정 (지자체 자체적으로 산정) 2. 외부산정 (외부전문기관위탁 산정) 3. 내·외부 모두 산정 4. 산정 無 5. 해당없음	운영예산 산정 정산방법 1. 내부정산 (지자체 내부적으로 정산) 2. 외부정산 (외부전문기관위탁 정산) 3. 내·외부 모두 산정 4. 정산 無 5. 해당없음	성과평가 실시여부 1. 실시 2. 미실시 3. 향후 추진 4. 해당없음
1973	경기 포천시	시간제보육서비스 제공 지원	139,462	여성가족과	5	1	7	8	7	1	1	4
1974	경기 포천시	외국인근로자 자녀 보육지원	172,800	여성가족과	5	1	7	8	7	1	1	4
1975	경기 포천시	장애아 전문 및 읍면 소재 어린이집 차량운영비	206,200	여성가족과	5	1	7	8	7	1	1	4
1976	경기 포천시	국공립법인 교직원 인건비	38,528	여성가족과	5	1	7	8	7	1	1	4
1977	경기 포천시	영아전담 등 교직원 인건비	1,204,000	여성가족과	5	1	7	8	7	1	1	4
1978	경기 포천시	보조교사 인건비	20,449	여성가족과	5	1	7	8	7	1	1	4
1979	경기 포천시	대체인력 인건비	30,400	여성가족과	5	1	7	8	7	1	1	4
1980	경기 포천시	장애아전문 어린이집 지원	20,000	여성가족과	5	1	7	8	7	1	1	4
1981	경기 포천시	가정민간어린이집 조리원 인건비 지원	97,200	여성가족과	5	1	7	8	7	1	1	4
1982	경기 포천시	가정민간어린이집 조리원 인건비 지원	72,000	여성가족과	5	1	7	8	7	1	1	4
1983	경기 포천시	어린이집 공기청정기 지원	54,150	여성가족과	5	1	7	8	7	1	1	4
1984	경기 포천시	어린이집 운영지원	452,863	여성가족과	5	1	7	8	7	1	1	4
1985	경기 포천시	보육지원	12,000	여성가족과	5	1	7	8	7	1	1	4
1986	경기 포천시	보육지원	2,000,000	여성가족과	5	1	7	8	7	1	1	4
1987	경기 포천시	보육지원	63,000	여성가족과	5	1	7	8	7	1	1	4
1988	경기 포천시	영아표준보육과정 프로그램 지원	127,200	여성가족과	5	1	7	8	7	1	1	4
1989	경기 포천시	공동생활가정프로그램운영비지원	5,700	여성가족과	5	6	7	8	7	1	1	4
1990	경기 포천시	지역아동센터운영비지원	726,060	여성가족과	5	2	7	8	7	1	1	2
1991	경기 포천시	지역아동센터체험프로그램지원	21,000	여성가족과	5	1	7	8	7	1	1	2
1992	경기 포천시	지역아동센터냉난방비지원	3,300,000	여성가족과	5	1	7	8	7	1	1	2
1993	경기 포천시	지역아동센터추가운영비지원	48,600	여성가족과	5	1	7	8	7	1	1	2
1994	경기 포천시	지역아동센터돌봄교사지원	143,220	여성가족과	5	1	7	8	7	1	1	2
1995	경기 포천시	특수목적형지역아동센터지원	7,301	여성가족과	5	2	7	8	7	1	1	2
1996	경기 포천시	지역아동센터체험활동비지원	16,500	여성가족과	5	1	7	8	7	1	1	2
1997	경기 포천시	토요운영지역아동센터지원	14,592	여성가족과	5	2	7	8	7	1	1	2
1998	경기 포천시	다함께돌봄센터운영비지원	3,600,000	여성가족과	5	2	4	5	1	1	1	2
1999	경기 포천시	다함께돌봄센터운영비지원	18,000	여성가족과	5	2	4	5	1	1	1	2
2000	경기 포천시	노인대학 교실운영	23,040	노인장애인과	5	1	7	8	7	1	1	1
2001	경기 포천시	노인대학 운영비	180,000	노인장애인과	5	1	7	8	7	1	1	1
2002	경기 포천시	노인대학원 운영 운영	20,000	노인장애인과	5	1	7	8	7	1	1	1
2003	경기 포천시	양로시설 운영비 지원	648,758	노인장애인과	5	2	7	8	7	5	1	4
2004	경기 포천시	양로시설 운영비 지원	2,700,000	노인장애인과	5	6	7	8	7	1	1	4
2005	경기 포천시	개인운영신고시설 지원	9,000	노인장애인과	5	6	7	8	7	4	1	4
2006	경기 포천시	개인운영신고시설 지원	9,000	노인장애인과	5	6	7	8	7	4	1	4
2007	경기 포천시	개인운영신고시설 지원	9,000	노인장애인과	5	6	7	8	7	4	1	4
2008	경기 포천시	노인요양시설 운영(등급외자)	22,880	노인장애인과	5	6	7	8	7	4	1	4
2009	경기 포천시	노인양로·요양시설 기초생활수급자 지원 등	8,730	노인장애인과	5	6	7	8	7	4	1	4
2010	경기 포천시	노인양로·요양시설 기초생활수급자 지원 등	29,562	노인장애인과	5	6	7	8	7	4	1	4
2011	경기 포천시	노인양로·요양시설 기초생활수급자 지원 등	34,080	노인장애인과	5	6	7	8	7	4	1	4
2012	경기 포천시	노인양로·요양시설 기초생활수급자 지원 등	14,310	노인장애인과	5	6	7	8	7	4	1	4
2013	경기 포천시	발달재활서비스 바우처 지원	325,604	노인장애인과	5	2	1	3	1	1	1	1
2014	경기 포천시	발달장애인 부모상담지원	1,920,000	노인장애인과	5	2	1	3	1	1	1	1

순번	시군구	지출명 (사업명)	2021년예산 (단위:천원/1년간)	담당자 (공무원) 담당부서	민간이전 분류 (지방자치단체 세출예산 집행기준에 의거) 1. 민간경상사업보조(307-02) 2. 민간단체 법정운영비보조(307-03) 3. 민간행사사업보조(307-04) 4. 민간위탁금(307-05) 5. 사회복지시설 법정운영비보조(307-10) 6. 민간인위탁교육비(307-12) 7. 공기관등에대한경상적위탁사업비(308-10) 8. 민간자본사업보조,자체재원(402-01) 9. 민간자본사업보조,이전재원(402-02) 10. 민간위탁사업비(402-03) 11. 공기관등에 대한 자본적 대행사업비(403-02)	민간이전지출 근거 (지방보조금 관리기준 참고) 1. 법률에 규정 2. 국고보조 재원(국가지정) 3. 용도 지정 기부금 4. 조례에 직접규정 5. 지자체가 권장하는 사업을 하는 공공기관 6. 시,도 정책 및 재정사정 7. 기타 8. 해당없음	입찰방식 계약체결방법 (경쟁형태) 1. 일반경쟁 2. 제한경쟁 3. 지명경쟁 4. 수의계약 5. 법정위탁 6. 기타 ( ) 7. 해당없음	입찰방식 계약기간 1. 1년 2. 2년 3. 3년 4. 4년 5. 5년 6. 기타 ( )년 7. 단기계약 (1년미만) 8. 해당없음	입찰방식 낙찰자선정방법 1. 적격심사 2. 협상에의한계약 3. 최저가낙찰제 4. 규격가격분리 5. 2단계 경쟁입찰 6. 기타 ( ) 7. 해당없음	운영예산 산정 운영예산 산정 1. 내부산정 (지자체 자체적으로 산정) 2. 외부산정 (외부전문기관위탁 산정) 3. 내·외부 모두 산정 4. 산정 無 5. 해당없음	운영예산 산정 정산방법 1. 내부정산 (지자체 내부적으로 정산) 2. 외부정산 (외부전문기관위탁 정산) 3. 내·외부 모두 산정 4. 정산 無 5. 해당없음	성과평가 실시여부 1. 실시 2. 미실시 3. 향후 추진 4. 해당없음
2015	경기 포천시	장애인의료비 지원	156,982	노인장애인과	5	2	7	8	7	1	1	1
2016	경기 포천시	중증장애인자립생활센터 지원	339,146	노인장애인과	5	1	7	8	7	1	1	1
2017	경기 포천시	장애인편의시설 기술지원센터 운영	75,000	노인장애인과	5	2	7	8	7	1	1	1
2018	경기 포천시	발달장애인 주간활동서비스 지원	168,240	노인장애인과	5	5	1	3	1	4	1	1
2019	경기 포천시	장애인거주시설 운영 지원	1,172,000	노인장애인과	5	2	7	8	7	5	1	4
2020	경기 포천시	장애인거주시설 운영 지원	15,552	노인장애인과	5	2	7	8	7	5	1	4
2021	경기 포천시	장애인거주시설 운영 지원	620,000	노인장애인과	5	2	7	8	7	5	1	4
2022	경기 포천시	장애인거주시설 운영 지원	766,000	노인장애인과	5	2	7	8	7	5	1	4
2023	경기 포천시	장애인거주시설 운영 지원	724,000	노인장애인과	5	2	7	8	7	5	1	4
2024	경기 포천시	장애인거주시설 운영 지원	788,000	노인장애인과	5	2	7	8	7	5	1	4
2025	경기 포천시	장애인거주시설 운영 지원	747,000	노인장애인과	5	2	7	8	7	5	1	4
2026	경기 포천시	장애인거주시설 공기청정기 렌탈 지원	216,000	노인장애인과	5	2	7	8	7	5	1	4
2027	경기 포천시	장애인 거주시설 종사자 연장, 야간 근로수당 지원	14,500	노인장애인과	5	6	7	8	7	4	1	4
2028	경기 포천시	장애인 거주시설 종사자 연장, 야간 근로수당 지원	15,858	노인장애인과	5	6	7	8	7	4	1	4
2029	경기 포천시	장애인 거주시설 종사자 연장, 야간 근로수당 지원	6,200	노인장애인과	5	6	7	8	7	4	1	4
2030	경기 포천시	장애인 거주시설 종사자 연장, 야간 근로수당 지원	6,000	노인장애인과	5	6	7	8	7	4	1	4
2031	경기 포천시	장애인 거주시설 종사자 연장, 야간 근로수당 지원	7,000	노인장애인과	5	6	7	8	7	4	1	4
2032	경기 포천시	장애인 거주시설 종사자 연장, 야간 근로수당 지원	8,400	노인장애인과	5	6	7	8	7	4	1	4
2033	경기 포천시	장애인 거주시설 종사자 연장, 야간 근로수당 지원	6,200	노인장애인과	5	6	7	8	7	4	1	4
2034	경기 포천시	장애인거주시설 입소자 지원	14,368	노인장애인과	5	6	7	8	7	4	1	4
2035	경기 포천시	장애인거주시설 입소자 지원	24,630	노인장애인과	5	6	7	8	7	4	1	4
2036	경기 포천시	장애인거주시설 입소자 지원	9,852	노인장애인과	5	6	7	8	7	4	1	4
2037	경기 포천시	장애인거주시설 입소자 지원	11,905	노인장애인과	5	6	7	8	7	4	1	4
2038	경기 포천시	장애인거주시설 입소자 지원	10,261	노인장애인과	5	6	7	8	7	4	1	4
2039	경기 포천시	장애인거주시설 입소자 지원	12,315	노인장애인과	5	6	7	8	7	4	1	4
2040	경기 포천시	장애인거주시설 입소자 지원	10,263	노인장애인과	5	6	7	8	7	4	1	4
2041	경기 포천시	장애인직업재활시설 입소자 지원	8,210	노인장애인과	5	6	7	8	7	4	1	4
2042	경기 포천시	장애인직업재활시설 입소자 지원	3,420,000	노인장애인과	5	6	1	5	1	4	1	4
2043	경기 포천시	장애인직업재활시설 입소자 지원	228,000	노인장애인과	5	6	7	8	7	4	1	4
2044	경기 포천시	장애인거주시설 운영 지원	58,800	노인장애인과	5	6	7	8	7	4	1	4
2045	경기 포천시	장애인거주시설 운영 지원	110,600	노인장애인과	5	6	7	8	7	4	1	4
2046	경기 포천시	장애인거주시설 운영 지원	53,300	노인장애인과	5	6	7	8	7	4	1	4
2047	경기 포천시	장애인거주시설 운영 지원	49,800	노인장애인과	5	6	7	8	7	4	1	4
2048	경기 포천시	장애인거주시설 운영 지원	44,800	노인장애인과	5	6	7	8	7	4	1	4
2049	경기 포천시	장애인거주시설 운영 지원	51,800	노인장애인과	5	6	7	8	7	4	1	4
2050	경기 포천시	장애인거주시설 운영 지원	50,086	노인장애인과	5	6	7	8	7	4	1	4
2051	경기 포천시	장애인거주시설 운영 지원	2,000,000	노인장애인과	5	6	1	5	1	4	1	4
2052	경기 포천시	장애인재가복지시설 운영 지원	3,600,000	노인장애인과	5	6	1	5	1	4	1	4
2053	경기 포천시	장애인재가복지시설 운영 지원	3,600,000	노인장애인과	5	6	1	5	1	4	1	4
2054	경기 포천시	장애인직업재활시설 운영 지원	60,600	노인장애인과	5	6	7	8	7	4	1	4
2055	경기 포천시	장애인직업재활시설 운영 지원	3,600,000	노인장애인과	5	6	1	5	1	4	1	4
2056	경기 포천시	장애인직업재활시설 운영 지원	3,600,000	노인장애인과	5	6	7	8	7	4	1	4

순번	시군구	지출명 (사업명)	2021년예산 (단위:천원/1년간)	담당자 (공무원)	민간이전 분류 (지방자치단체 세출예산 집행기준에 의거) 1. 민간경상사업보조(307-02) 2. 민간단체 법정운영비보조(307-03) 3. 민간행사사업보조(307-04) 4. 민간위탁금(307-05) 5. 사회복지시설 법정운영비보조(307-10) 6. 민간인위탁교육비(307-12) 7. 공기관등에대한경상적위탁사업비(308-10) 8. 민간자본사업보조,자체재원(402-01) 9. 민간자본사업보조,이전재원(402-02) 10. 민간위탁사업비(402-03) 11. 공기관등에 대한 자본적 대행사업비(403-02)	민간이전지출 근거 (지방보조금 관리기준 참고) 1. 법률에 규정 2. 국고보조 재원(국가지정) 3. 용도 지정 기부금 4. 조례에 직접규정 5. 지자체가 권장하는 사업을 하는 공공기관 6. 시,도 정책 및 재정사정 7. 기타 8. 해당없음	입찰방식			운영예산 산정		성과평가 실시여부
				담당부서			계약체결방법 (경쟁형태) 1. 일반경쟁 2. 제한경쟁 3. 지명경쟁 4. 수의계약 5. 법정위탁 6. 기타 ( ) 7. 해당없음	계약기간 1. 1년 2. 2년 3. 3년 4. 4년 5. 5년 6. 기타 ( )년 7. 단기계약 (1년미만) 8. 해당없음	낙찰자선정방법 1. 적격심사 2. 협상에의한계약 3. 최저가낙찰제 4. 규격가격분리 5. 2단계 경쟁입찰 6. 기타 ( ) 7. 해당없음	운영예산 산정 1. 내부산정 (지자체 자체적으로 산정) 2. 외부산정 (외부전문기관위탁 산정) 3. 내·외부 모두 산정 4. 산정 無 5. 해당없음	정산방법 1. 내부정산 (지자체 내부적으로 정산) 2. 외부정산 (외부전문기관위탁 정산) 3. 내·외부 모두 산정 4. 정산 無 5. 해당없음	1. 실시 2. 미실시 3. 향후 추진 4. 해당없음
2057	경기 포천시	개인운영 장애인생활시설 지원	80,400	노인장애인과	5	6	7	8	7	4	1	4
2058	경기 포천시	개인운영 장애인생활시설 지원	58,800	노인장애인과	5	6	7	8	7	4	1	4
2059	경기 포천시	개인운영 장애인생활시설 지원	80,400	노인장애인과	5	6	7	8	7	4	1	4
2060	경기 포천시	개인운영 장애인생활시설 지원	21,600	노인장애인과	5	6	7	8	7	4	1	4
2061	경기 포천시	개인운영 장애인생활시설 지원	21,600	노인장애인과	5	6	7	8	7	4	1	4
2062	경기 포천시	개인운영 장애인생활시설 지원	21,600	노인장애인과	5	6	7	8	7	4	1	4
2063	경기 포천시	개인운영 장애인생활시설 지원	21,600	노인장애인과	5	6	7	8	7	4	1	4
2064	경기 포천시	장애인 직업재활시설 마케팅 지원	38,720	노인장애인과	5	6	7	8	7	4	1	4
2065	경기 포천시	장애인직업재활시설 운영	680,870	노인장애인과	5	6	7	8	7	4	1	4
2066	경기 포천시	장애인직업재활시설 운영	309,680	노인장애인과	5	6	1	5	1	4	1	4
2067	경기 포천시	장애인직업재활시설 운영	310,290	노인장애인과	5	6	7	8	7	4	1	4
2068	경기 포천시	장애인주간보호시설 운영	346,474	노인장애인과	5	6	1	5	1	4	1	4
2069	경기 포천시	장애인주간보호시설 운영	334,776	노인장애인과	5	6	1	5	1	4	1	4
2070	경기 포천시	장애인공동생활가정 운영	71,554	노인장애인과	5	6	1	5	1	4	1	4
2071	경기 포천시	장애인 생활이동지원센터 운영	264,200	노인장애인과	5	6	7	8	7	4	1	4
2072	경기 포천시	수어통역센터 운영	226,400	노인장애인과	5	6	7	8	7	4	1	4
2073	경기 포천시	장애인가족지원센터 운영 지원	21,223	노인장애인과	5	6	1	3	1	4	1	4
2074	경기 포천시	장애인가족지원센터 운영 지원	150,000	노인장애인과	5	6	1	3	1	4	1	4
2075	경기 포천시	장애인 365쉼터 운영 지원	72,000	노인장애인과	5	6	1	5	1	4	1	4
2076	경기 포천시	노인여가활동 및 프로그램 지원	40,555	노인장애인과	5	1	7	8	7	1	1	1
2077	경기 포천시	경로당 운영 지원	572,880	노인장애인과	5	1	7	8	7	1	1	4
2078	경기 포천시	경로당운영 난방비	184,200	노인장애인과	5	1	7	8	7	1	1	4
2079	경기 포천시	경로당 활성화	12,000	노인장애인과	5	1	7	8	7	1	1	1
2080	경기 연천군	지역사회보장협의체 운영 지원	89,000	복지정책과	5	4	7	8	7	1	1	4
2081	경기 연천군	시군 지역사회보장협의체 활성화지원사업	50,000	복지정책과	5	6	7	8	7	5	1	4
2082	경기 연천군	푸드뱅크 운영비 지원	31,500	복지정책과	5	6	7	8	7	5	5	4
2083	경기 연천군	경로당 동절기 난방비 지원	171,200	사회복지과	5	1	7	8	7	5	1	4
2084	경기 연천군	경로당 냉방비 지원	21,400	사회복지과	5	1	7	8	7	5	1	4
2085	경기 연천군	경로당 양곡비 지원	38,679	사회복지과	5	1	7	8	7	5	1	4
2086	경기 연천군	경로당 운영 난방비 지원	128,400	사회복지과	5	1	7	8	7	5	1	4
2087	경기 연천군	경로당 양곡비 지원	27,820	사회복지과	5	4	7	8	7	1	1	4
2088	경기 연천군	경로당 지원	30,741	사회복지과	5	4	7	8	7	1	1	4
2089	경기 연천군	장애인복지시설 입소자 지원	33,066	사회복지과	5	1	7	8	7	5	5	4
2090	경기 연천군	장애인생활이동지원센터 운영 지원	192,700	사회복지과	5	1	7	8	7	5	5	4
2091	경기 연천군	수어통역센터 운영 지원	200,000	사회복지과	5	1	7	8	7	5	5	4
2092	경기 연천군	장애인거주시설 종사자 연장.야간 근로수당지원	61,154	사회복지과	5	1	7	8	7	5	5	4
2093	경기 연천군	장애인 거주시설(중증)공기청정기 렌탈 지원	5,160	사회복지과	5	2	7	8	7	5	5	4
2094	경기 연천군	야간연장 어린이집 운영 지원	86,400	사회복지과	5	6	7	8	7	5	5	4
2095	경기 연천군	어린이집 차량운영비 지원	64,600	사회복지과	5	1	7	8	7	5	5	4
2096	경기 연천군	요보호아동 그룹홈 운영	89,163	사회복지과	5	2	7	8	1	5	5	4
2097	경기 연천군	공공형 어린이집 운영비 지원	130,000	사회복지과	5	1	7	8	7	5	5	4
2098	경기 연천군	아동복지 서비스	14,505	사회복지과	5	6	7	8	7	5	5	1

순번	시군구	지출명 (사업명)	2021년예산 (단위:천원/1년간)	담당자 (공무원) 담당부서	민간이전 분류 (지방자치단체 세출예산 집행기준에 의거) 1. 민간경상사업보조(307-02) 2. 민간단체 법정운영비보조(307-03) 3. 민간행사사업보조(307-04) 4. 민간위탁금(307-05) 5. 사회복지시설 법정운영비보조(307-10) 6. 민간인위탁교육비(307-12) 7. 공기관등에대한경상적위탁사업비(308-10) 8. 민간자본사업보조,자체재원(402-01) 9. 민간자본사업보조,이전재원(402-02) 10. 민간위탁사업비(402-03) 11. 공기관등에 대한 자본적 대행사업비(403-02)	민간이전지출 근거 (지방보조금 관리기준 참고) 1. 법률에 규정 2. 국고보조 재원(국가지정) 3. 용도 지정 기부금 4. 조례에 직접규정 5. 지자체가 권장하는 사업을 하는 공공기관 6. 시,도 정책 및 재정사정 7. 기타 8. 해당없음	입찰방식 계약체결방법 (경쟁형태) 1. 일반경쟁 2. 제한경쟁 3. 지명경쟁 4. 수의계약 5. 법정위탁 6. 기타 ( ) 7. 해당없음	입찰방식 계약기간 1. 1년 2. 2년 3. 3년 4. 4년 5. 5년 6. 기타 ( )년 7. 단기계약 (1년미만) 8. 해당없음	입찰방식 낙찰자선정방법 1. 적격심사 2. 협상에의한계약 3. 최저가낙찰제 4. 규격가격분리 5. 2단계 경쟁입찰 6. 기타 ( ) 7. 해당없음	운영예산 산정 운영예산 산정 1. 내부산정 (지자체 자체적으로 산정) 2. 외부산정 (외부전문기관위탁 산정) 3. 내·외부 모두 산정 4. 산정 無 5. 해당없음	운영예산 산정 정산방법 1. 내부정산 (지자체 내부적으로 정산) 2. 외부정산 (외부전문기관위탁 정산) 3. 내·외부 모두 산정 4. 정산 無 5. 해당없음	성과평가 실시여부 1. 실시 2. 미실시 3. 향후 추진 4. 해당없음
2099	경기 연천군	농어촌소재 법인어린이집 지원	26,480,000	사회복지과	5	2	7	8	7	5	5	4
2100	경기 연천군	어린이집 공기청정기 지원	19,140	사회복지과	5	1	7	8	7	5	5	4
2101	경기 연천군	지역아동센터 문자알림 서비스	600,000	사회복지과	5	6	7	1	1	5	5	4
2102	경기 연천군	어린이집 보조금 지원	140,000	사회복지과	5	4	7	8	7	5	5	4
2103	경기 연천군	특성별지역아동센터 추가지원	7,301	사회복지과	5	2	7	8	1	5	5	4
2104	경기 연천군	다함께돌봄센터 인건비지원	13,260	사회복지과	5	2	7	8	7	5	5	4
2105	경기 연천군	다함께돌봄센터 운영비지원	900,000	사회복지과	5	2	7	8	7	5	5	4
2106	경기 가평군	등하원 안심알림이 이용료	1,558,000	행복돌봄과	5	8	7	8	7	5	1	1
2107	경기 가평군	공공성 강화 시범사업	6,372	행복돌봄과	5	8	7	8	7	5	1	1
2108	경기 가평군	다함께돌봄센터 시간제 돌봄인력 인건비 지원	240,000	행복돌봄과	5	8	5	5	6	1	1	1
2109	경기 가평군	장애인재가복지시설 운영 지원	21,200	행복돌봄과	5	6	7	8	7	5	5	4
2110	경기 가평군	마음편한 타요 인건비 지원	35,000	행복돌봄과	5	6	7	8	7	5	5	4
2111	경기 양평군	노숙인 자활시설 운영지원	355,382	복지정책과	5	1	7	8	7	1	1	1
2112	경기 양평군	마을단위 청소년 공간 운영비	169,812	복지정책과	5	1	7	8	7	1	1	1
2113	경기 양평군	지역사회보장협의체 운영	83,000	복지정책과	5	4	7	8	7	1	1	1
2114	경기 양평군	양평군사회복지협의회 운영비 지원	74,000	복지정책과	5	1	7	8	7	1	1	1
2115	경기 양평군	청소년문화공간 "별빛누리"운영비	65,796	복지정책과	5	1	7	8	7	1	1	1
2116	경기 양평군	고엽제전우회 운영 지원	39,700	복지정책과	5	4	7	8	7	1	1	1
2117	경기 양평군	6.25참전유공자회 운영 지원	33,600	복지정책과	5	4	7	8	7	1	1	1
2118	경기 양평군	상이군경회 운영 지원	33,400	복지정책과	5	4	7	8	7	1	1	1
2119	경기 양평군	무공수훈자회 운영 지원	32,700	복지정책과	5	4	7	8	7	1	1	1
2120	경기 양평군	전몰군경유족회 운영 지원	31,800	복지정책과	5	4	7	8	7	1	1	1
2121	경기 양평군	월남전참전자회 운영 지원	29,700	복지정책과	5	4	7	8	7	1	1	1
2122	경기 양평군	전몰군경미망인회 운영 지원	26,400	복지정책과	5	4	7	8	7	1	1	1
2123	경기 양평군	사회복지사협회 운영비 지원	24,570	복지정책과	5	1	7	8	7	1	1	1
2124	경기 양평군	보훈단체 차량운영비 및 운전원 인건비 지원	24,500	복지정책과	5	4	7	8	7	1	1	1
2125	경기 양평군	특수임무유공자회 지원	22,000	복지정책과	5	4	7	8	7	1	1	1
2126	경기 양평군	광복회운영지원	22,000	복지정책과	5	4	7	8	7	1	1	1
2127	경기 양평군	양평군보훈단체협의회 운영 지원	8,000	복지정책과	5	4	7	8	7	1	1	1
2128	경기 양평군	장애인거주시설 운영비 지원	15,801	주민복지과	5	1	7	8	7	1	1	4
2129	경기 양평군	장애인거주시설 운영지원	1,421,000	주민복지과	5	1	7	8	7	1	1	4
2130	경기 양평군	장애인직업재활시설 운영비 지원	1,076,764	주민복지과	5	1	7	8	7	1	1	4
2131	경기 양평군	장애인생활이동지원센터 운영비	287,900	주민복지과	5	1	7	8	7	1	1	1
2132	경기 양평군	수어통역센터 운영비 지원	241,100	주민복지과	5	1	7	8	7	1	1	4
2133	경기 양평군	장애인 공동생활가정 운영	146,964	주민복지과	5	1	7	8	7	1	1	4
2134	경기 양평군	장애인공동생활가정 운영	146,964	주민복지과	5	1	7	8	7	1	1	4
2135	경기 양평군	어린이집 차량운영비 지원	139,000	주민복지과	5	2	7	8	7	5	5	4
2136	경기 양평군	장애인복지시설 운영지원	126,541	주민복지과	5	1	7	8	7	5	5	4
2137	경기 양평군	장애인생활이동지원센터 운영비	99,372	주민복지과	5	1	7	8	7	1	1	1
2138	경기 양평군	어린이집 냉난방비 지원	63,600	주민복지과	5	4	7	8	7	1	1	1
2139	경기 양평군	어린이집 차량운영비 추가지원	57,600	주민복지과	5	4	7	8	7	1	1	1
2140	경기 양평군	개인운영 장애인거주시설 운영비 지원	55,200	주민복지과	5	1	7	8	7	1	1	4

순번	시군구	지출명 (사업명)	2021년예산 (단위:천원/1년간)	담당자 (공무원) 담당부서	민간이전 분류 (지방자치단체 세출예산 집행기준에 의거) 1. 민간경상사업보조(307-02) 2. 민간단체 법정운영비보조(307-03) 3. 민간행사사업보조(307-04) 4. 민간위탁금(307-05) 5. 사회복지시설 법정운영비보조(307-10) 6. 민간인위탁교육비(307-12) 7. 공기관등에대한경상적위탁사업비(308-10) 8. 민간자본사업보조,자체재원(402-01) 9. 민간자본사업보조,이전재원(402-02) 10. 민간위탁사업비(402-03) 11. 공기관등에 대한 자본적 대행사업비(403-02)	민간이전지출 근거 (지방보조금 관리기준 참고) 1. 법률에 규정 2. 국고보조 재원(국가지정) 3. 용도 지정 기부금 4. 조례에 직접규정 5. 지자체가 권장하는 사업을 하는 공공기관 6. 시,도 정책 및 재정사정 7. 기타 8. 해당없음	입찰방식 계약체결방법 (경쟁형태) 1. 일반경쟁 2. 제한경쟁 3. 지명경쟁 4. 수의계약 5. 법정위탁 6. 기타 ( ) 7. 해당없음	입찰방식 계약기간 1. 1년 2. 2년 3. 3년 4. 4년 5. 5년 6. 기타 ( )년 7. 단기계약 (1년미만) 8. 해당없음	입찰방식 낙찰자선정방법 1. 적격심사 2. 협상에의한계약 3. 최저가낙찰제 4. 규격가격분리 5. 2단계 경쟁입찰 6. 기타 ( ) 7. 해당없음	운영예산 산정 운영예산 산정 1. 내부산정 (지자체 자체적으로 산정) 2. 외부산정 (외부전문기관위탁 산정) 3. 내·외부 모두 산정 4. 산정 無 5. 해당없음	운영예산 산정 정산방법 1. 내부정산 (지자체 내부적으로 정산) 2. 외부정산 (외부전문기관위탁 정산) 3. 내·외부 모두 산정 4. 정산 無 5. 해당없음	성과평가 실시여부 1. 실시 2. 미실시 3. 향후 추진 4. 해당없음
2141	경기 양평군	시각장애인 연합회 지원	46,790	주민복지과	5	1	7	8	7	1	1	1
2142	경기 양평군	장애인 종합민원상담센터 지원	38,762	주민복지과	5	1	7	8	7	1	1	3
2143	경기 양평군	신체장애인복지회	36,400	주민복지과	5	1	7	8	7	1	1	1
2144	경기 양평군	지체장애인협회	26,000	주민복지과	5	1	7	8	7	1	1	1
2145	경기 양평군	장애인 사회적응훈련사업	26,000	주민복지과	5	1	7	8	7	1	1	1
2146	경기 양평군	장애인 단체 사무실 임대료	25,920	주민복지과	5	1	7	8	7	1	1	1
2147	경기 양평군	장애인주간보호시설 분소 임대료 지원	25,080	주민복지과	5	1	7	8	7	1	1	4
2148	경기 양평군	장애인재가복지시설 운영지원	21,200	주민복지과	5	1	7	8	7	5	5	4
2149	경기 양평군	시각장애인협회	7,000	주민복지과	5	1	7	8	7	1	1	1
2150	경기 양평군	장애인부모연대	3,600,000	주민복지과	5	1	7	8	7	1	1	1
2151	경기 양평군	장애인부모회	3,000,000	주민복지과	5	1	7	8	7	1	1	1
2152	경기 양평군	농어촌소재 법인어린이집 지원	2,648,000	주민복지과	5	2	7	8	7	5	5	4
2153	경기 양평군	경로당 운영비	983,131	지역돌봄과	5	6	7	8	7	1	1	1
2154	경기 양평군	대한노인회 양평군지회 운영 지원	234,644	지역돌봄과	5	4	7	8	7	1	1	1
2155	경기 양평군	대한노인회 읍면분회 운영	114,400	지역돌봄과	5	4	7	8	7	1	1	1
2156	경기 양평군	전담관리자 운영	104,900	지역돌봄과	5	4	7	8	7	1	1	1
2157	인천광역시	노인인력개발센터 운영 지원	899,230	노인정책과	5	1	7	8	7	1	1	1
2158	인천광역시	여성인력개발센터 운영비	600,000	여성정책과	5	4	7	8	7	1	1	4
2159	인천광역시	해바라기센터 운영지원	1,289,000	여성정책과	5	2	6	6	7	5	5	4
2160	인천광역시	해바라기센터 임금보전수당	75,570	여성정책과	5	6	6	6	7	5	5	4
2161	인천 중구	사회복지관운영	831,894	복지과	5	1	7	8	7	2	3	1
2162	인천 중구	영종공감복지센터 운영지원	695,360	복지과	5	6	5	5	1	1	3	1
2163	인천 중구	개방형경로당 운영비	1,200,000	어르신장애인과	5	7	7	8	7	1	1	2
2164	인천 중구	노인대학 운영비 지원	38,000	어르신장애인과	5	1	7	8	7	1	1	4
2165	인천 중구	노인대학 운영비 지원	7,800	어르신장애인과	5	1	7	8	7	1	1	4
2166	인천 중구	노인대학 운영비 지원	7,800	어르신장애인과	5	1	7	8	7	1	1	4
2167	인천 중구	경로당 운영비 지원	354,640	어르신장애인과	5	1	7	8	7	1	1	4
2168	인천 중구	경로당 냉난방비 및 양곡비 지원	191,056	어르신장애인과	5	1	7	8	7	1	1	4
2169	인천 중구	재가복지센터 운영	140,126	어르신장애인과	5	1	7	8	7	1	1	4
2170	인천 중구	민간 주간보호센터(무지개)운영	214,976	어르신장애인과	5	1	7	8	7	1	1	4
2171	인천 중구	종사자 복지점수 지원	8,050	어르신장애인과	5	6	7	8	7	1	1	4
2172	인천 중구	종사자 종합건강검진비	5,200	어르신장애인과	5	6	7	8	7	1	1	4
2173	인천 중구	장애인거주시설 운영지원	188,526	어르신장애인과	5	1	7	8	7	1	1	4
2174	인천 중구	장애인 단기거주시설 운영지원	319,875	어르신장애인과	5	1	7	8	7	1	1	4
2175	인천 중구	지역자활센터 운영	301,831	어르신장애인과	5	2	7	8	7	1	1	4
2176	인천 중구	지역자활센터 종사자 복지점수	1,750,000	어르신장애인과	5	6	7	8	7	1	1	4
2177	인천 중구	지역자활센터종사자 종합건강검진비	120,000	어르신장애인과	5	6	7	8	7	1	1	4
2178	인천 중구	지역자활센터종사자 임금보전수당	22,489	어르신장애인과	5	6	7	8	7	1	1	4
2179	인천 중구	노인인력개발센터 운영비 지원	557,577	어르신장애인과	5	4	7	8	7	5	5	4
2180	인천 중구	노인인력개발센터 종사자 복지점수 지원	1,400,000	어르신장애인과	5	4	7	8	7	5	5	4
2181	인천 중구	노인인력개발센터 종사자 종합건강검진비 지원	600,000	어르신장애인과	5	4	7	8	7	5	5	4
2182	인천 동구	종합사회복지관 운영	16,685	복지정책과	5	1	7	8	7	1	1	1

순번	시군구	지출명 (사업명)	2021년예산 (단위:천원/1년간)	담당자 (공무원)	민간이전 분류 (지방자치단체 세출예산 집행기준에 의거)	민간이전지출 근거 (지방보조금 관리기준 참고)	입찰방식			운영예산 산정		성과평가 실시여부
				담당부서	1. 민간경상사업보조(307-02) 2. 민간단체 법정운영비보조(307-03) 3. 민간행사사업보조(307-04) 4. 민간위탁금(307-05) 5. 사회복지시설 법정운영비보조(307-10) 6. 민간인위탁교육비(307-12) 7. 공기관등에대한경상적위탁사업비(308-10) 8. 민간자본사업보조,자체재원(402-01) 9. 민간자본사업보조,이전재원(402-02) 10. 민간위탁사업비(402-03) 11. 공기관등에 대한 자본적 대행사업비(403-02)	1. 법률에 규정 2. 국고보조 재원(국가지정) 3. 용도 지정 기부금 4. 조례에 직접규정 5. 지자체가 권장하는 사업을 하는 공공기관 6. 시,도 정책 및 재정사정 7. 기타 8. 해당없음	계약체결방법 (경쟁형태) 1. 일반경쟁 2. 제한경쟁 3. 지명경쟁 4. 수의계약 5. 법정위탁 6. 기타 ( ) 7. 해당없음	계약기간 1. 1년 2. 2년 3. 3년 4. 4년 5. 5년 6. 기타 ( )년 7. 단기계약 (1년미만) 8. 해당없음	낙찰자선정방법 1. 적격심사 2. 협상에의한계약 3. 최저가낙찰제 4. 규격가격분리 5. 2단계 경쟁입찰 6. 기타 ( ) 7. 해당없음	운영예산 산정 1. 내부산정 (지자체 자체적으로 산정) 2. 외부산정 (외부전문기관위탁 산정) 3. 내·외부 모두 산정 4. 산정 無 5. 해당없음	정산방법 1. 내부정산 (지자체 내부적으로 정산) 2. 외부정산 (외부전문기관위탁 정산) 3. 내·외부 모두 산정 4. 정산 無 5. 해당없음	1. 실시 2. 미실시 3. 향후 추진 4. 해당없음
2183	인천 동구	종합사회복지관 종사자 복지점수	5,150	복지정책과	5	1	7	8	7	1	1	1
2184	인천 동구	사회복지관 종사자 종합건강검진비	3,600,000	복지정책과	5	1	7	8	7	1	1	1
2185	인천 동구	사회복지시설 종사자 상해보험 지원	2,570,000	복지정책과	5	1	7	8	7	1	1	1
2186	인천 동구	사회복지관 기능보강사업	8,610	복지정책과	5	1	7	8	7	1	1	1
2187	인천 동구	지역자활센터운영비	332,946	복지정책과	5	2	7	8	7	5	5	4
2188	인천 동구	자활사례관리	28,989	복지정책과	5	2	7	8	7	5	5	4
2189	인천 동구	지역자활센터 종사자 복지점수	2,100,000	복지정책과	5	2	7	8	7	5	5	4
2190	인천 동구	지역자활센터 종사자 종합건강검진비	2,000,000	복지정책과	5	2	7	8	7	5	5	4
2191	인천 동구	지역자활센터 종사자 임금보전수당	14,116	복지정책과	5	6	7	8	7	5	5	4
2192	인천 동구	노인맞춤돌봄서비스 사업	895,540	노인장애인복지과	5	2	5	2	1	5	3	1
2193	인천 동구	경로당 운영 지원	119,872	노인장애인복지과	5	1	7	8	7	5	1	1
2194	인천 동구	경로당 냉난방비 등 한시지원	82,464	노인장애인복지과	5	1	7	8	7	5	1	1
2195	인천 동구	경로당 여가문화 보급사업 지원	107,500	노인장애인복지과	5	1	5	1	1	5	1	1
2196	인천 동구	노인대학 운영 지원	38,000	노인장애인복지과	5	1	7	8	7	5	1	1
2197	인천 동구	경로당 순회프로그램관리자 인건비 지원	33,160	노인장애인복지과	5	1	7	8	7	5	1	1
2198	인천 동구	경로당 방역(소독비) 지원	13,800	노인장애인복지과	5	1	7	8	7	5	1	1
2199	인천 동구	거동불편 저소득 재가노인 식사배달	145,600	노인장애인복지과	5	1	7	8	1	5	1	4
2200	인천 동구	경로식당 무료급식 사업	748,306	노인장애인복지과	5	1	7	8	1	5	1	4
2201	인천 동구	재가노인복지시설 운영	292,297	노인장애인복지과	5	6	7	8	7	5	1	4
2202	인천 동구	노인요양시설 확충 사업	19,400	노인장애인복지과	5	2	7	8	7	5	1	4
2203	인천 동구	발달재활서비스	136,080	노인장애인복지과	5	1	5	3	1	5	1	1
2204	인천 동구	동구한마음종합복지관 운영	1,065,946	노인장애인복지과	5	1	5	5	1	5	1	1
2205	인천 동구	동구장애인주간보호센터 운영	173,176	노인장애인복지과	5	1	5	5	1	5	1	1
2206	인천 동구	동구한마음종합복지관 재가복지센터 운영	133,062	노인장애인복지과	5	1	5	5	1	5	1	1
2207	인천 동구	장애인 특별운송 사업	67,440	노인장애인복지과	5	1	5	5	1	5	1	1
2208	인천 동구	탈시설 단기체험홈 운영	76,400	노인장애인복지과	5	1	7	8	7	5	1	1
2209	인천 동구	장애인직업재활시설 기능보강사업	23,960	노인장애인복지과	5	1	7	8	7	5	1	1
2210	인천 동구	중증장애인 시민옹호지원사업	30,683	노인장애인복지과	5	1	5	5	1	5	1	1
2211	인천 동구	장애인공동생활가정 운영	49,678	노인장애인복지과	5	1	7	8	7	5	1	1
2212	인천 동구	장애인직업재활시설 운영	797,275	노인장애인복지과	5	1	7	8	7	5	1	1
2213	인천 동구	가정폭력피해자 의료비 지원	2,500,000	여성정책과	5	7	7	8	7	5	5	4
2214	인천 동구	성폭력피해자 의료비 지원	50,000	여성정책과	5	7	7	8	7	5	5	4
2215	인천 동구	여성권익시설종사자 복지지원	1,450,000	여성정책과	5	7	7	8	7	5	5	4
2216	인천 동구	종합건강검진비 지원	1,000,000	여성정책과	5	7	7	8	7	5	5	4
2217	인천 동구	건강가정다문화가족지원센터 운영	490,380	여성정책과	5	1	5	3	6	5	5	4
2218	인천 동구	다문화가족지원센터 종사자 임금보전비	14,400	여성정책과	5	5	5	3	6	5	5	4
2219	인천 동구	다문화가족지원센터 종사자 복지지원	1,250,000	여성정책과	5	5	5	3	6	5	5	4
2220	인천 동구	다문화가족지원센터 종사자 건강검진비	1,200,000	여성정책과	5	5	5	3	6	5	5	4
2221	인천 동구	건강가정지원센터 종사자 장려수당	14,400	여성정책과	5	5	5	3	6	5	5	4
2222	인천 동구	건강가정지원센터 종사자 복지 지원	1,200,000	여성정책과	5	5	5	3	6	5	5	4
2223	인천 동구	건강가정지원센터 종사자 건강검진비 지원	600,000	여성정책과	5	5	5	3	6	5	5	4
2224	인천 동구	영유아보육료 지원	64,283	여성정책과	5	1	7	8	7	5	5	4

순번	시군구	지출명 (사업명)	2021년예산 (단위:천원/1년간)	담당자 (공무원) 담당부서	민간이전 분류 (지방자치단체 세출예산 집행기준에 의거) 1. 민간경상사업보조(307-02) 2. 민간단체 법정운영비보조(307-03) 3. 민간행사사업보조(307-04) 4. 민간위탁금(307-05) 5. 사회복지시설 법정운영비보조(307-10) 6. 민간인위탁교육비(307-12) 7. 공기관등에대한경상적위탁사업비(308-10) 8. 민간자본사업보조,자체재원(402-01) 9. 민간자본사업보조,이전재원(402-02) 10. 민간위탁사업비(402-03) 11. 공기관등에 대한 자본적 대행사업비(403-02)	민간이전지출 근거 (지방보조금 관리기준 참고) 1. 법률에 규정 2. 국고보조 재원(국가지정) 3. 용도 지정 기부금 4. 조례에 직접규정 5. 지자체가 권장하는 사업을 하는 공공기관 6. 시,도 정책 및 재정사정 7. 기타 8. 해당없음	입찰방식 계약체결방법 (경쟁형태) 1. 일반경쟁 2. 제한경쟁 3. 지명경쟁 4. 수의계약 5. 법정위탁 6. 기타 ( ) 7. 해당없음	입찰방식 계약기간 1. 1년 2. 2년 3. 3년 4. 4년 5. 5년 6. 기타 ( )년 7. 단기계약 (1년미만) 8. 해당없음	입찰방식 낙찰자선정방법 1. 적격심사 2. 협상에의한계약 3. 최저가낙찰제 4. 규격가격분리 5. 2단계 경쟁입찰 6. 기타 ( ) 7. 해당없음	운영예산 산정 운영예산 산정 1. 내부산정 (지자체 자체적으로 산정) 2. 외부산정 (외부전문기관위탁 산정) 3. 내·외부 모두 산정 4. 산정 無 5. 해당없음	운영예산 산정 정산방법 1. 내부정산 (지자체 내부적으로 정산) 2. 외부정산 (외부전문기관위탁 정산) 3. 내·외부 모두 산정 4. 정산 無 5. 해당없음	성과평가 실시여부 1. 실시 2. 미실시 3. 향후 추진 4. 해당없음
2225	인천 동구	만3~5세 누리과정 지원	25,061	여성정책과	5	1	7	8	7	5	5	4
2226	인천 동구	다자녀가정 부모부담 보육료지원	13,536	여성정책과	5	1	7	8	7	5	5	4
2227	인천 동구	무상보육추진	350,784	여성정책과	5	6	7	8	7	5	5	4
2228	인천 동구	보육교직원 인건비 지원	28,206	여성정책과	5	1	7	8	7	5	5	4
2229	인천 동구	정부미지원 어린이집 조리원 인건비 지원	59,536	여성정책과	5	6	7	8	7	5	5	4
2230	인천 동구	보육교직원 처우개선 지원	16,535	여성정책과	5	1	7	8	7	5	5	4
2231	인천 동구	보육교사 처우개선	497,640	여성정책과	5	1	7	8	7	5	5	4
2232	인천 동구	보육교직원 처우개선	336,800	여성정책과	5	6	7	8	7	5	5	4
2233	인천 동구	공공형어린이집 운영비	62,967	여성정책과	5	1	7	8	7	5	5	4
2234	인천 동구	공공형 어린이집 활성화 지원	23,280	여성정책과	5	1	7	8	7	5	5	4
2235	인천 동구	보육서비스 다양화	52,490	여성정책과	5	1	7	8	7	5	5	4
2236	인천 동구	시간차등형 보육지원	37,244	여성정책과	5	1	7	8	7	5	5	4
2237	인천 동구	어린이집 운영지원	21,239	여성정책과	5	1	7	8	7	5	5	4
2238	인천 동구	어린이집 냉난방비 지원	34,520	여성정책과	5	6	7	8	7	5	5	4
2239	인천 동구	어린이집 영유아 안전보험 가입 지원	7,364	여성정책과	5	6	7	8	7	5	5	4
2240	인천 동구	보육시설 환경개선	50,560	여성정책과	5	6	7	8	7	5	5	4
2241	인천 동구	노인인력전담기관 운영지원	462,779	일자리경제과	5	1	7	8	7	5	1	1
2242	인천 동구	노인일자리 활성화 지원	34,000	일자리경제과	5	6	7	8	7	5	1	1
2243	인천 미추홀구	청소년복지시설(쉼터)	832,285	평생학습과	5	2	7	8	7	1	1	1
2244	인천 미추홀구	인천종합사회복지관 운영보조금 지원	740,915	복지정책과	5	1	7	8	7	5	1	4
2245	인천 미추홀구	미추홀종합사회복지관 운영보조금 지원	873,083	복지정책과	5	1	7	8	7	5	1	4
2246	인천 미추홀구	숭의종합사회복지관 운영보조금 지원	930,009	복지정책과	5	1	7	8	7	5	1	4
2247	인천 미추홀구	지역자활센터 운영	765,329	복지정책과	5	1	7	8	7	1	1	1
2248	인천 미추홀구	자활사례관리	57,977	복지정책과	5	1	7	8	7	1	1	1
2249	인천 미추홀구	지역자활센터 종사자 복지점수	4,350,000	복지정책과	5	6	7	8	7	1	1	4
2250	인천 미추홀구	지역자활센터 종사자 종합검진비	280,000	복지정책과	5	6	7	8	7	1	1	4
2251	인천 미추홀구	지역자활센터 종사자 임금보전수당	39,022	복지정책과	5	6	7	8	7	1	1	4
2252	인천 미추홀구	노숙인복지시설 운영	14,875	복지정책과	5	2	7	8	7	5	1	4
2253	인천 미추홀구	노숙인복지시설 조리원 종사자 인건비 지원	43,740	복지정책과	5	1	7	8	7	5	1	4
2254	인천 미추홀구	노인일자리사업	136,000	노인장애인복지과	5	2	7	8	7	5	5	4
2255	인천 미추홀구	노인인력개발센터 운영	702,014	노인장애인복지과	5	2	7	8	7	5	5	4
2256	인천 미추홀구	시니어클럽 운영	311,248	노인장애인복지과	5	2	7	8	7	5	5	4
2257	인천 미추홀구	노인일자리사업	128,310	노인장애인복지과	5	2	7	8	7	5	5	4
2258	인천 미추홀구	노인일자리사업 전담인력 복지점수	8,850	노인장애인복지과	5	2	7	8	7	5	5	4
2259	인천 미추홀구	노인일자리사업 전담인력 종합건강검진	6,000	노인장애인복지과	5	2	7	8	7	5	5	4
2260	인천 미추홀구	노인일자리수행기관 사업운영지원	68,000	노인장애인복지과	5	2	7	8	7	5	5	4
2261	인천 미추홀구	노인일자리전담기관 종사자 복지점수	3,225,000	노인장애인복지과	5	2	7	8	7	5	5	4
2262	인천 미추홀구	노인일자리전담기관 종사자 종합건강검진	2,200,000	노인장애인복지과	5	2	7	8	7	5	5	4
2263	인천 미추홀구	노인일자리수행기관 종사자 복지점수	300,000	노인장애인복지과	5	2	7	8	7	5	5	4
2264	인천 미추홀구	노인일자리수행기관 종사자 종합건강검진	200,000	노인장애인복지과	5	2	7	8	7	5	5	4
2265	인천 미추홀구	노인맞춤돌봄서비스사업	27,025	노인장애인복지과	5	2	2	3	2	1	1	1
2266	인천 미추홀구	경로당 운영비 지원	624,080	노인장애인복지과	5	1	7	8	7	1	1	2

순번	시군구	지출명 (사업명)	2021년예산 (단위:천원/1년간)	담당자 (공무원)	민간이전 분류 (지방자치단체 세출예산 집행기준에 의거)	민간이전지출 근거 (지방보조금 관리기준 참고)	입찰방식			운영예산 산정		성과평가 실시여부
				담당부서	1. 민간경상사업보조(307-02) 2. 민간단체 법정운영비보조(307-03) 3. 민간행사사업보조(307-04) 4. 민간위탁금(307-05) 5. 사회복지시설 법정운영비보조(307-10) 6. 민간인위탁교육비(307-12) 7. 공기관등에대한경상적위탁사업비(308-10) 8. 민간자본사업보조,자체재원(402-01) 9. 민간자본사업보조,이전재원(402-02) 10. 민간위탁사업비(402-03) 11. 공기관등에 대한 자본적 대행사업비(403-02)	1. 법률에 규정 2. 국고보조 재원(국가지정) 3. 용도 지정 기부금 4. 조례에 직접규정 5. 지자체가 권장하는 사업을 하는 공공기관 6. 시,도 정책 및 재정사정 7. 기타 8. 해당없음	계약체결방법 (경쟁형태) 1. 일반경쟁 2. 제한경쟁 3. 지명경쟁 4. 수의계약 5. 법정위탁 6. 기타 ( ) 7. 해당없음	계약기간 1. 1년 2. 2년 3. 3년 4. 4년 5. 5년 6. 기타 ( )년 7. 단기계약 (1년미만) 8. 해당없음	낙찰자선정방법 1. 적격심사 2. 협상에의한계약 3. 최저가낙찰제 4. 규격가격분리 5. 2단계 경쟁입찰 6. 기타 ( ) 7. 해당없음	운영예산 산정 1. 내부산정 (지자체 자체적으로 산정) 2. 외부산정 (외부전문기관위탁 산정) 3. 내·외부 모두 산정 4. 산정 無 5. 해당없음	정산방법 1. 내부정산 (지자체 내부적으로 정산) 2. 외부정산 (외부전문기관위탁 정산) 3. 내·외부 모두 산정 4. 정산 無 5. 해당없음	1. 실시 2. 미실시 3. 향후 추진 4. 해당없음
2267	인천 미추홀구	개방형 경로당 운영비 지원	1,200,000	노인장애인복지과	5	1	7	8	7	1	1	2
2268	인천 미추홀구	경로당 냉난방비 및 양곡비 지원	357,446	노인장애인복지과	5	1	7	8	7	1	1	2
2269	인천 미추홀구	노인복지관 운영비 지원	1,088,270	노인장애인복지과	5	1	5	5	7	5	1	1
2270	인천 미추홀구	노인문화센터 운영	1,394,000	노인장애인복지과	5	1	5	5	7	5	1	1
2271	인천 미추홀구	노인대학운영비 지원	53,600	노인장애인복지과	5	1	7	8	7	5	1	1
2272	인천 미추홀구	노인여가시설종사자 처우개선	11,575	노인장애인복지과	5	1	5	5	7	5	1	4
2273	인천 미추홀구	재가노인복지시설 지원(등급외자)	550,272	노인장애인복지과	5	1	7	8	7	1	1	1
2274	인천 미추홀구	재가노인복지시설 지원(등급외자) 복지점수	1,600,000	노인장애인복지과	5	1	7	8	7	1	1	1
2275	인천 미추홀구	재가노인복지시설 지원(등급외자) 종합건강검진비	400,000	노인장애인복지과	5	1	7	8	7	1	1	1
2276	인천 미추홀구	장애인거주시설 운영 지원	1,466,000	노인장애인복지과	5	1	7	8	7	1	1	4
2277	인천 미추홀구	구립 장애인거주시설 운영 지원	656,385	노인장애인복지과	5	1	7	8	7	1	1	4
2278	인천 미추홀구	장애인 공동생활가정지원	460,190	노인장애인복지과	5	1	7	8	7	1	1	4
2279	인천 미추홀구	장애인복지관 운영	25,877	노인장애인복지과	5	1	7	8	7	1	1	4
2280	인천 미추홀구	장애인 시민 옹호지원사업	61,366	노인장애인복지과	5	1	7	8	7	1	1	4
2281	인천 미추홀구	장애인재가복지센터 운영	325,051	노인장애인복지과	5	1	7	8	7	1	1	4
2282	인천 미추홀구	장애인 주간보호사업 운영	1,152,000	노인장애인복지과	5	1	7	8	7	1	1	4
2283	인천 미추홀구	장애인 단기보호시설 운영	346,668	노인장애인복지과	5	1	7	8	7	1	1	4
2284	인천 미추홀구	장애인직업재활시설 운영	20,937	노인장애인복지과	5	1	7	8	7	1	1	4
2285	인천 미추홀구	점자도서관 운영지원	452,208	노인장애인복지과	5	1	7	8	7	1	1	4
2286	인천 미추홀구	인천재활의원 운영	752,219	노인장애인복지과	5	1	7	8	7	1	1	4
2287	인천 미추홀구	중증장애인 자립생활지원센터 운영비 지원	156,666	노인장애인복지과	5	1	7	8	7	1	1	4
2288	인천 미추홀구	자립생활체험 홈 운영	86,000	노인장애인복지과	5	1	7	8	7	1	1	4
2289	인천 미추홀구	중증장애인 자립주택 운영	6,000	노인장애인복지과	5	1	7	8	7	1	1	4
2290	인천 미추홀구	장애인복지시설 종사자 복지점수	36,475	노인장애인복지과	5	1	7	8	7	1	1	4
2291	인천 미추홀구	장애인복지시설 종사자 종합건강검진비	23,000	노인장애인복지과	5	1	7	8	7	1	1	4
2292	인천 미추홀구	미혼모자공동생활가정(스텔라의집) 운영활성화	312,018	여성가족과	5	1	7	8	7	1	1	2
2293	인천 미추홀구	모자일시보호시설(은혜주택) 운영활성화	274,923	여성가족과	5	1	7	8	7	1	1	2
2294	인천 미추홀구	모자공동생활가정(빈첸시아의집)운영 활성화	376,412	여성가족과	5	1	7	8	7	1	1	2
2295	인천 미추홀구	성매매피해자 지원시설 운영	176,700	여성가족과	5	1	5	8	1	1	1	4
2296	인천 미추홀구	성매매피해자 지원시설 운영지원	7,000	여성가족과	5	1	5	8	1	1	1	4
2297	인천 미추홀구	폭력피해여성 주거지원 운영지원	16,800	여성가족과	5	1	5	8	1	1	1	4
2298	인천 미추홀구	성매매피해자 자활지원센터 운영	429,722	여성가족과	5	1	5	8	1	1	1	4
2299	인천 미추홀구	성매매피해상담소 운영	166,235	여성가족과	5	1	5	8	1	1	1	4
2300	인천 미추홀구	성매매피해아동청소년 통합지원(지역전담지원센터운영)	124,000	여성가족과	5	1	5	8	1	1	1	4
2301	인천 미추홀구	성매매피해청소년일시보호사업(드롭인센터)	79,000	여성가족과	5	1	5	8	1	1	1	4
2302	인천 미추홀구	여성폭력 피해자 보호시설 임금 보전비	236,314	여성가족과	5	1	7	8	7	1	1	4
2303	인천 미추홀구	여성권익시설 종사자 복지 지원	6,150	여성가족과	5	1	7	8	7	1	1	4
2304	인천 미추홀구	여성권익시설 종사자 종합건강검진비	4,200,000	여성가족과	5	1	7	8	7	1	1	4
2305	인천 미추홀구	가정폭력 통합상담소 운영	316,462	여성가족과	5	1	7	8	7	1	1	4
2306	인천 미추홀구	가정폭력상담소 운영지원	252,764	여성가족과	5	1	7	8	7	1	1	4
2307	인천 미추홀구	아동복지시설 운영 지원	7,585	여성가족과	5	6	7	8	7	5	5	4
2308	인천 미추홀구	아동복지시설 당연직 승진운영	4,118,000	여성가족과	5	6	7	8	7	5	5	4

순번	시군구	지출명 (사업명)	2021년예산 (단위:천원/1년간)	담당자 (공무원)	민간이전 분류 (지방자치단체 세출예산 집행기준에 의거)	민간이전지출 근거 (지방보조금 관리기준 참고)	입찰방식			운영예산 산정		성과평가 실시여부
				담당부서	1. 민간경상사업보조(307-02) 2. 민간단체 법정운영비보조(307-03) 3. 민간행사사업보조(307-04) 4. 민간위탁금(307-05) 5. 사회복지시설 법정운영비보조(307-10) 6. 민간인위탁교육비(307-12) 7. 공기관등에대한경상적위탁사업비(308-10) 8. 민간자본사업보조,자체재원(402-01) 9. 민간자본사업보조,이전재원(402-02) 10. 민간위탁사업비(402-03) 11. 공기관등에 대한 자본적 대행사업비(403-02)	1. 법률에 규정 2. 국고보조 재원(국가지정) 3. 용도 지정 기부금 4. 조례에 직접규정 5. 지자체가 권장하는 사업을 하는 공공기관 6. 시,도 정책 및 재정사정 7. 기타 8. 해당없음	계약체결방법 (경쟁형태) 1. 일반경쟁 2. 제한경쟁 3. 지명경쟁 4. 수의계약 5. 법정위탁 6. 기타 ( ) 7. 해당없음	계약기간 1. 1년 2. 2년 3. 3년 4. 4년 5. 5년 6. 기타 ( )년 7. 단기계약 (1년미만) 8. 해당없음	낙찰자선정방법 1. 적격심사 2. 협상에의한계약 3. 최저가낙찰제 4. 규격가격분리 5. 2단계 경쟁입찰 6. 기타 ( ) 7. 해당없음	운영예산 산정 1. 내부산정 (지자체 자체적으로 산정) 2. 외부산정 (외부전문기관위탁 산정) 3. 내·외부 모두 산정 4. 산정 無 5. 해당없음	정산방법 1. 내부정산 (지자체 내부적으로 정산) 2. 외부정산 (외부전문기관위탁 정산) 3. 내·외부 모두 산정 4. 정산 無 5. 해당없음	1. 실시 2. 미실시 3. 향후 추진 4. 해당없음
2309	인천 미추홀구	지역아동센터운영(공부방)	996,720	여성가족과	5	2	7	7	7	5	5	4
2310	인천 미추홀구	공공성 강화 선도모델	4,800,000	여성가족과	5	2	7	7	7	5	5	4
2311	인천 미추홀구	지역아동센터 특수목적형 지원	29,232	여성가족과	5	2	7	7	7	5	5	4
2312	인천 미추홀구	지역아동센터 학습환경비 지원	44,732	여성가족과	5	6	7	7	7	5	5	4
2313	인천 미추홀구	지역아동센터 급식 도우미 지원(중식)	16,115	여성가족과	5	6	7	7	7	5	5	4
2314	인천 미추홀구	지역아동센터 급식 도우미 (석식) 인건비 지원	84,000	여성가족과	5	4	7	7	7	5	5	4
2315	인천 미추홀구	지역아동센터운영지원(토요일)	7,296	여성가족과	5	2	7	7	7	5	5	4
2316	인천 미추홀구	지역아동센터 프로그램비 지원	21,500	여성가족과	5	6	7	7	7	5	5	4
2317	인천 미추홀구	지역아동센터 환경개선 지원	20,000	여성가족과	5	2	7	7	7	5	5	4
2318	인천 미추홀구	지역아동센터 종사자 복지점수 지원	5,225	여성가족과	5	6	7	7	7	5	5	4
2319	인천 미추홀구	지역아동센터 종사자 종합 건강검진비 지원	3,000,000	여성가족과	5	6	7	7	7	5	5	4
2320	인천 미추홀구	지역아동센터 이용아동 건강검진 비용 지원	7,200	여성가족과	5	6	7	7	7	5	5	4
2321	인천 미추홀구	지역아동센터 종사자 임금보전비 지원	440,311	여성가족과	5	6	7	7	7	5	5	4
2322	인천 미추홀구	지역아동센터 소방안전점검비 지원	900,000	여성가족과	5	4	7	7	7	5	5	4
2323	인천 미추홀구	지역아동센터 공기청정기 지원	17,520	여성가족과	5	2	7	7	7	5	5	4
2324	인천 미추홀구	지역아동센터 이용아동 미세먼지 마스크 지원	4,100,000	여성가족과	5	6	7	7	7	5	5	4
2325	인천 미추홀구	직장어린이집 운영지원	260,088	보육정책과	5	1	1	5	1	1	1	1
2326	인천 미추홀구	어린이집 보육교직원 인건비	7,423	보육정책과	5	2	7	8	7	5	1	2
2327	인천 미추홀구	교재교구비	113,365	보육정책과	5	2	7	8	7	5	5	4
2328	인천 미추홀구	차량운영비	5,850	보육정책과	5	2	7	8	7	1	1	2
2329	인천 미추홀구	도담도담 장난감 월드 지원	223,000	보육정책과	5	1	1	5	1	1	1	1
2330	인천 미추홀구	공공형 어린이집 지원	1,189,000	보육정책과	5	2	7	8	7	1	1	1
2331	인천 미추홀구	시간제보육사업 지원	317,992	보육정책과	5	2	7	8	7	5	5	4
2332	인천 미추홀구	보조교사 등 인건비	45,945	보육정책과	5	2	7	8	7	5	1	2
2333	인천 미추홀구	어린이집 영유아 안전보험 가입 지원	43,204	보육정책과	5	6	7	8	7	5	5	4
2334	인천 미추홀구	정부미지원 어린이집 조리원 인건비	403,992	보육정책과	5	6	7	8	7	5	1	2
2335	인천 미추홀구	어린이집 직접채용 대체교사 인건비	242,780	보육정책과	5	2	7	8	7	5	1	2
2336	인천 미추홀구	공공형어린이집 활성화 지원	303,720	보육정책과	5	6	7	8	7	1	1	2
2337	인천 미추홀구	특수보육시설 운영지원	169,620	보육정책과	5	6	7	8	7	1	1	4
2338	인천 미추홀구	어린이집 냉난방비 지원	176,924	보육정책과	5	1	7	8	7	5	1	4
2339	인천 연수구	종합사회복지관운영 지원	30,145	복지정책과	5	1	1	5	1	5	1	1
2340	인천 연수구	지역자활센터 운영	333,254	사회보장과	5	1	5	1	7	1	1	1
2341	인천 연수구	지역자활센터종사자 임금보전 수당	13,400	사회보장과	5	4	5	1	7	1	1	1
2342	인천 연수구	장애인복지시설위문 및 일반지원	28,560,000	노인장애인과	5	1	7	8	7	1	1	4
2343	인천 연수구	장애인거주시설 운영 지원	34,582	노인장애인과	5	2	7	8	7	1	1	4
2344	인천 연수구	장애인 단기보호시설 운영	438,876	노인장애인과	5	1	7	8	7	1	1	4
2345	인천 연수구	장애인 개인신고시설 운영	73,610	노인장애인과	5	1	7	8	7	1	1	4
2346	인천 연수구	장애인 공동생활가정 운영	300,928	노인장애인과	5	1	7	8	7	1	1	4
2347	인천 연수구	장애인복지관 운영	15,610	노인장애인과	5	1	7	8	7	1	1	4
2348	인천 연수구	장애인 직업재활시설 운영	377,517	노인장애인과	5	1	7	8	7	1	1	4
2349	인천 연수구	장애인 주간보호시설 운영	622,898	노인장애인과	5	1	7	8	7	1	1	4
2350	인천 연수구	구립 장애인주간보호시설 운영	253,074	노인장애인과	5	1	7	8	7	1	1	4

순번	시군구	지출명 (사업명)	2021년예산 (단위:천원/1년간)	담당자 (공무원) 담당부서	민간이전 분류 (지방자치단체 세출예산 집행기준에 의거) 1. 민간경상사업보조(307-02) 2. 민간단체 법정운영비보조(307-03) 3. 민간행사사업보조(307-04) 4. 민간위탁금(307-05) 5. 사회복지시설 법정운영비보조(307-10) 6. 민간인위탁교육비(307-12) 7. 공기관등에대한경상적위탁사업비(308-10) 8. 민간자본사업보조,자체재원(402-01) 9. 민간자본사업보조,이전재원(402-02) 10. 민간위탁사업비(402-03) 11. 공기관등에 대한 자본적 대행사업비(403-02)	민간이전지출 근거 (지방보조금 관리기준 참고) 1. 법률에 규정 2. 국고보조 재원(국가지정) 3. 용도 지정 기부금 4. 조례에 직접규정 5. 지자체가 권장하는 사업을 하는 공공기관 6. 시,도 정책 및 재정사정 7. 기타 8. 해당없음	입찰방식 계약체결방법 (경쟁형태) 1. 일반경쟁 2. 제한경쟁 3. 지명경쟁 4. 수의계약 5. 법정위탁 6. 기타 ( ) 7. 해당없음	입찰방식 계약기간 1. 1년 2. 2년 3. 3년 4. 4년 5. 5년 6. 기타 ( )년 7. 단기계약 (1년미만) 8. 해당없음	입찰방식 낙찰자선정방법 1. 적격심사 2. 협상에의한계약 3. 최저가낙찰제 4. 규격가격분리 5. 2단계 경쟁입찰 6. 기타 ( ) 7. 해당없음	운영예산 산정 운영예산 산정 1. 내부산정 (지자체 자체적으로 산정) 2. 외부산정 (외부전문기관위탁 산정) 3. 내·외부 모두 산정 4. 산정 無 5. 해당없음	운영예산 산정 정산방법 1. 내부정산 (지자체 내부적으로 정산) 2. 외부정산 (외부전문기관위탁 정산) 3. 내·외부 모두 산정 4. 정산 無 5. 해당없음	성과평가 실시여부 1. 실시 2. 미실시 3. 향후 추진 4. 해당없음
2351	인천 연수구	장애인 재가복지센터 운영	164,745	노인장애인과	5	1	7	8	7	1	1	4
2352	인천 연수구	중증장애인 자립생활(IL)센터 지원	156,666	노인장애인과	5	2	7	8	7	5	2	4
2353	인천 연수구	장애인 특별운송사업 추진	169,320	노인장애인과	5	1	7	8	7	1	1	4
2354	인천 연수구	양로시설 운영비 지원	449,335	노인장애인과	5	1	7	8	7	1	1	4
2355	인천 연수구	영주귀국 사할린한인 입소시설 운영비 지원	14,510	노인장애인과	5	1	7	8	7	1	1	4
2356	인천 연수구	노인요양시설 운영(등외자)	623,193	노인장애인과	5	1	7	8	7	1	1	4
2357	인천 연수구	재가노인 복지시설 지원(등외자)	130,046	노인장애인과	5	1	5	1	1	5	5	1
2358	인천 연수구	노인복지시설 점검 및 지원	1,092,000	노인장애인과	5	1	7	8	7	5	5	4
2359	인천 연수구	연수구노인복지관 운영 지원	1,120,684	노인장애인과	5	1	5	1	1	5	5	1
2360	광주 북구	아동양육시설종사자특별수당	32,760	여성아동과	5	1	7	8	7	1	1	4
2361	광주 북구	아동양육시설종사자특별수당	32,760	여성아동과	5	1	7	8	7	1	1	4
2362	광주 북구	아동그룹홈종사자특별수당	117,000	여성아동과	5	1	7	8	7	1	1	4
2363	광주 북구	아동그룹홈종사자특별수당	117,000	여성아동과	5	1	7	8	7	1	1	4
2364	광주 북구	아동그룹홈종사자특별수당	117,000	여성아동과	5	1	7	8	7	1	1	4
2365	광주 북구	아동그룹홈종사자특별수당	117,000	여성아동과	5	1	7	8	7	1	1	4
2366	광주 북구	아동그룹홈종사자특별수당	117,000	여성아동과	5	1	7	8	7	1	1	4
2367	광주 북구	아동그룹홈종사자특별수당	117,000	여성아동과	5	1	7	8	7	1	1	4
2368	광주 북구	아동그룹홈종사자특별수당	117,000	여성아동과	5	1	7	8	7	1	1	4
2369	광주 북구	아동그룹홈종사자특별수당	117,000	여성아동과	5	1	7	8	7	1	1	4
2370	광주 북구	아동그룹홈종사자특별수당	117,000	여성아동과	5	1	7	8	7	1	1	4
2371	광주 북구	아동그룹홈종사자특별수당	117,000	여성아동과	5	1	7	8	7	1	1	4
2372	광주 북구	아동그룹홈종사자특별수당	117,000	여성아동과	5	1	7	8	7	1	1	4
2373	광주 북구	아동그룹홈종사자특별수당	117,000	여성아동과	5	1	7	8	7	1	1	4
2374	광주 북구	아동그룹홈종사자특별수당	117,000	여성아동과	5	1	7	8	7	1	1	4
2375	광주 북구	아동그룹홈종사자인건비보전수당	173,770	여성아동과	5	1	7	8	7	1	1	4
2376	광주 북구	아동그룹홈종사자인건비보전수당	173,770	여성아동과	5	1	7	8	7	1	1	4
2377	광주 북구	아동그룹홈종사자인건비보전수당	173,770	여성아동과	5	1	7	8	7	1	1	4
2378	광주 북구	아동그룹홈종사자인건비보전수당	173,770	여성아동과	5	1	7	8	7	1	1	4
2379	광주 북구	아동그룹홈종사자인건비보전수당	173,770	여성아동과	5	1	7	8	7	1	1	4
2380	광주 북구	아동그룹홈종사자인건비보전수당	173,770	여성아동과	5	1	7	8	7	1	1	4
2381	광주 북구	아동그룹홈종사자인건비보전수당	173,770	여성아동과	5	1	7	8	7	1	1	4
2382	광주 북구	아동그룹홈종사자인건비보전수당	173,770	여성아동과	5	1	7	8	7	1	1	4
2383	광주 북구	아동그룹홈종사자인건비보전수당	173,770	여성아동과	5	1	7	8	7	1	1	4
2384	광주 북구	아동그룹홈종사자인건비보전수당	173,770	여성아동과	5	1	7	8	7	1	1	4
2385	광주 북구	아동그룹홈종사자인건비보전수당	173,770	여성아동과	5	1	7	8	7	1	1	4
2386	광주 북구	아동그룹홈종사자인건비보전수당	173,770	여성아동과	5	1	7	8	7	1	1	4
2387	광주 북구	아동그룹홈종사자인건비보전수당	173,770	여성아동과	5	1	7	8	7	1	1	4
2388	광주 북구	지역아동센터기본운영비지원	7,573	여성아동과	5	2	7	8	7	1	1	1
2389	광주 북구	우수지역아동센터지원	274,552	여성아동과	5	2	7	8	7	1	1	4
2390	광주 북구	공기청정기임대료지원	154,348	여성아동과	5	2	7	8	7	1	1	4
2391	광주 북구	등하원안심알림이용료지원	42,024	여성아동과	5	2	7	8	7	1	1	4
2392	광주 북구	지역아동센터공공운영비지원	212,400	여성아동과	5	2	7	8	7	1	1	1

순번	시군구	지출명 (사업명)	2021년예산 (단위:천원/1년간)	담당자 (공무원) 담당부서	민간이전 분류 (지방자치단체 세출예산 집행기준에 의거) 1. 민간경상사업보조(307-02) 2. 민간단체 법정운영비보조(307-03) 3. 민간행사사업보조(307-04) 4. 민간위탁금(307-05) 5. 사회복지시설 법정운영비보조(307-10) 6. 민간인위탁교육비(307-12) 7. 공기관등에대한경상적위탁사업비(308-10) 8. 민간자본사업보조,자체재원(402-01) 9. 민간자본사업보조,이전재원(402-02) 10. 민간위탁사업비(402-03) 11. 공기관등에 대한 자본적 대행사업비(403-02)	민간이전지출 근거 (지방보조금 관리기준 참고) 1. 법률에 규정 2. 국고보조 재원(국가지정) 3. 용도 지정 기부금 4. 조례에 직접규정 5. 지자체가 권장하는 사업을 하는 공공기관 6. 시,도 정책 및 재정사정 7. 기타 8. 해당없음	입찰방식 계약체결방법 (경쟁형태) 1. 일반경쟁 2. 제한경쟁 3. 지명경쟁 4. 수의계약 5. 법정위탁 6. 기타 ( ) 7. 해당없음	입찰방식 계약기간 1. 1년 2. 2년 3. 3년 4. 4년 5. 5년 6. 기타 ( )년 7. 단기계약 (1년미만) 8. 해당없음	입찰방식 낙찰자선정방법 1. 적격심사 2. 협상에의한계약 3. 최저가낙찰제 4. 규격가격분리 5. 2단계 경쟁입찰 6. 기타 ( ) 7. 해당없음	운영예산 산정 운영예산 산정 1. 내부산정 (지자체 자체적으로 산정) 2. 외부산정 (외부전문기관위탁 산정) 3. 내·외부 모두 산정 4. 산정 無 5. 해당없음	운영예산 산정 정산방법 1. 내부정산 (지자체 내부적으로 정산) 2. 외부정산 (외부전문기관위탁 정산) 3. 내·외부 모두 산정 4. 정산 無 5. 해당없음	성과평가 실시여부 1. 실시 2. 미실시 3. 향후 추진 4. 해당없음
2393	광주 북구	특수목적형지역아동센터지원	7,308	여성아동과	5	2	7	8	7	1	1	4
2394	광주 북구	토요운영지역아동센터지원	73,656	여성아동과	5	2	7	8	7	1	1	4
2395	광주 북구	공공성강화선도모델사업지원	7,200	여성아동과	5	2	7	8	7	1	1	4
2396	광주 북구	다함께돌봄사업운영	157,680	여성아동과	5	2	5	3	7	1	1	4
2397	광주 북구	다함께돌봄센터운영비지원	10,800	여성아동과	5	2	5	3	7	1	1	4
2398	광주 북구	정신재활시설 운영 지원	168,945	치매건강과	5	1	7	8	7	1	1	1
2399	광주 북구	정신재활시설 운영 지원	78,135	치매건강과	5	1	7	8	7	1	1	1
2400	광주 북구	정신재활시설 운영 지원	130,339	치매건강과	5	1	7	8	7	1	1	1
2401	광주 북구	정신재활시설 운영 지원	109,400	치매건강과	5	1	7	8	7	1	1	1
2402	광주 북구	청소년수련관종사자특별수당지원	5,400	교육지원과	5	7	7	8	7	5	5	4
2403	광주 북구	지역사회보장협의체운영	148,000	복지정책과	5	4	7	8	7	1	1	1
2404	광주 북구	노숙인시설운영지원	254,005	복지정책과	5	1	6	5	2	3	1	1
2405	광주 북구	정신재활시설 운영 지원	168,945	치매건강과	5	1	7	8	7	1	1	1
2406	광주 북구	정신재활시설 운영 지원	78,135	치매건강과	5	1	7	8	7	1	1	1
2407	광주 북구	정신재활시설 운영 지원	130,339	치매건강과	5	1	7	8	7	1	1	1
2408	광주 북구	정신재활시설 운영 지원	109,400	치매건강과	5	1	7	8	7	1	1	1
2409	광주 북구	건강가정및다문화가족지원센터운영	488,300	희망복지과	5	2	5	3	1	1	1	4
2410	광주 북구	건강가정다문화가족지원센터종사자특별수당	27,600	희망복지과	5	6	5	3	1	1	1	4
2411	광주 북구	건강가정및다문화가족지원센터운영	33,200	희망복지과	5	2	5	3	1	1	1	4
2412	광주 북구	다문화가족교류소통공간운영	41,100	희망복지과	5	2	5	3	1	1	1	4
2413	광주 북구	찾아가는결혼이주여성다이음사업	3,000,000	희망복지과	5	2	5	3	1	1	1	4
2414	광주 북구	아이돌봄지원서비스제공기관종사자특별수당	7,200	희망복지과	5	6	5	3	1	1	1	4
2415	광주 북구	아이돌보미의료비지원	6,000	희망복지과	5	6	5	3	1	1	1	4
2416	광주 북구	폭력피해이주여성지원사업	203,919	희망복지과	5	2	7	8	7	5	1	4
2417	광주 북구	가정폭력방지업무추진	22,399	희망복지과	5	6	7	8	7	5	1	4
2418	광주 북구	이주여성보호시설퇴소자자립지원	10,000	희망복지과	5	2	7	8	7	5	1	4
2419	광주 북구	성폭력상담소운영지원	119,710	희망복지과	5	2	7	8	7	5	1	4
2420	광주 북구	성폭력피해자보호시설운영지원	176,046	희망복지과	5	2	7	8	7	5	1	4
2421	광주 북구	성폭력방지업무추진	65,832	희망복지과	5	6	7	8	7	5	1	4
2422	광주 광산구	지역자활센터운영등(광산지역자활센터)	405,512	생활보장과	5	2	5	1	6	5	1	4
2423	광주 광산구	자활사례관리	28,604	생활보장과	5	2	5	1	6	5	1	4
2424	광주 광산구	지역자활센터종사자특별수당	10,920	생활보장과	5	2	5	1	6	5	1	4
2425	대구광역시	사회복지협의회 지원	641,482	복지정책과	5	1	7	8	7	1	1	1
2426	대구광역시	사회복지공동모금회지원	99,000	복지정책과	5	1	7	8	7	1	1	1
2427	대구광역시	광역자활센터 운영	534,086	복지정책과	5	2	5	1	7	5	1	4
2428	대구광역시	지역사회서비스 청년사업단 운영	125,820	희망복지과	5	2	6	1	6	5	1	1
2429	대구광역시	지역노인보호전문기관 운영지원	400,000	어르신복지과	5	1	1	5	1	5	5	4
2430	대구광역시	지역노인보호전문기관 운영지원	355,550	어르신복지과	5	1	1	5	1	5	5	4
2431	대구광역시	노인보호전문기관 시비추가지원	30,240	어르신복지과	5	6	7	7	7	1	1	4
2432	대구광역시	학대피해노인전용쉼터 운영지원	194,822	어르신복지과	5	1	6	5	6	5	5	4
2433	대구광역시	여성인력개발센터운영	592,000	여성가족과	5	1	7	8	7	1	1	1
2434	대구광역시	아이돌봄지원 광역거점기관	190,000	여성가족과	5	2	4	1	7	1	1	4

순번	시군구	지출명 (사업명)	2021년예산 (단위:천원/1년간)	담당자 (공무원) 담당부서	민간이전 분류 (지방자치단체 세출예산 집행기준에 의거) 1. 민간경상사업보조(307-02) 2. 민간단체 법정운영비보조(307-03) 3. 민간행사사업보조(307-04) 4. 민간위탁금(307-05) 5. 사회복지시설 법정운영비보조(307-10) 6. 민간인위탁교육비(307-12) 7. 공기관등에대한경상적위탁사업비(308-10) 8. 민간자본사업보조,자체재원(402-01) 9. 민간자본사업보조,이전재원(402-02) 10. 민간위탁사업비(402-03) 11. 공기관등에 대한 자본적 대행사업비(403-02)	민간이전지출 근거 (지방보조금 관리기준 참고) 1. 법률에 규정 2. 국고보조 재원(국가지정) 3. 용도 지정 기부금 4. 조례에 직접규정 5. 지자체가 권장하는 사업을 하는 공공기관 6. 시,도 정책 및 재정사정 7. 기타 8. 해당없음	입찰방식 계약체결방법 (경쟁형태) 1. 일반경쟁 2. 제한경쟁 3. 지명경쟁 4. 수의계약 5. 법정위탁 6. 기타 ( ) 7. 해당없음	입찰방식 계약기간 1. 1년 2. 2년 3. 3년 4. 4년 5. 5년 6. 기타 ( )년 7. 단기계약 (1년미만) 8. 해당없음	입찰방식 낙찰자선정방법 1. 적격심사 2. 협상에의한계약 3. 최저가낙찰제 4. 규격가격분리 5. 2단계 경쟁입찰 6. 기타 ( ) 7. 해당없음	운영예산 산정 운영예산 산정 1. 내부산정 (지자체 자체적으로 산정) 2. 외부산정 (외부전문기관위탁 산정) 3. 내·외부 모두 산정 4. 산정 無 5. 해당없음	운영예산 산정 정산방법 1. 내부정산 (지자체 내부적으로 정산) 2. 외부정산 (외부전문기관위탁 정산) 3. 내·외부 모두 산정 4. 정산 無 5. 해당없음	성과평가 실시여부 1. 실시 2. 미실시 3. 향후 추진 4. 해당없음
2435	대구광역시	가정위탁지원센터 운영	407,560	청소년과	5	6	1	8	1	1	1	1
2436	대구광역시	시도지원단 운영(지역아동센터)	168,000	청소년과	5	2	1	3	1	1	1	1
2437	대구광역시	결연기관 운영	248,248	청소년과	5	6	7	8	7	1	1	4
2438	대구광역시	아동보호전문기관 운영	20,150	청소년과	5	2	1	5	1	5	1	4
2439	대구광역시	아동보호전문기관운영 추가지원	36,000	청소년과	5	6	1	5	1	1	1	4
2440	대구 중구	사회복지관운영지원	16,759	복지정책과	5	1	6	1	6	1	1	1
2441	대구 중구	노숙인쉼터및상담소운영	286,878	복지정책과	5	1	7	8	7	1	1	1
2442	대구 중구	시니어클럽운영비지원	325,596	복지정책과	5	1	7	8	7	1	1	4
2443	대구 중구	노인교실지원	4,200,000	복지정책과	5	1	7	8	7	1	1	4
2444	대구 중구	노인대학운영	8,500	복지정책과	5	1	7	8	7	1	1	4
2445	대구 중구	경로당운영	200,865	복지정책과	5	1	7	8	7	1	1	4
2446	대구 중구	경로당냉난방비및양곡비지원	105,087	복지정책과	5	1	7	8	7	1	1	4
2447	대구 중구	치매노인종합지원시설운영	325,837	복지정책과	5	1	7	8	7	3	1	4
2448	대구 중구	양로시설운영비지원	513,641	복지정책과	5	1	7	8	7	3	1	4
2449	대구 중구	노인요양시설운영	46,625	복지정책과	5	1	7	8	7	3	1	4
2450	대구 중구	성매매피해자상담소운영지원	166,235	복지정책과	5	2	7	8	7	1	1	2
2451	대구 중구	그룹홈운영지원	55,781	복지정책과	5	2	7	8	7	1	1	2
2452	대구 중구	자활지원센터운영지원	429,722	복지정책과	5	2	7	8	7	1	1	2
2453	대구 중구	성매매피해자지원시설운영지원	353,400	복지정책과	5	2	7	8	7	1	1	2
2454	대구 중구	성매매피해자지원시설운영지원	75,058	복지정책과	5	2	7	8	7	1	1	2
2455	대구 중구	가정폭력성폭력통합상담소운영	217,373	복지정책과	5	2	7	8	7	1	1	2
2456	대구 중구	여성폭력상담소종사자수당	16,800	복지정책과	5	2	7	8	7	1	1	2
2457	대구 중구	한부모가족복지시설운영비	243,101	복지정책과	5	2	7	8	7	1	1	2
2458	대구 중구	한부모가족복지시설생활지원	5,983	복지정책과	5	2	7	8	7	1	1	2
2459	대구 중구	다함께돌봄센터인건비지원	23,040	복지정책과	5	1	7	8	7	3	1	4
2460	대구 중구	다함께돌봄센터운영비지원	3,600,000	복지정책과	5	1	7	8	7	3	1	4
2461	대구 중구	지역아동센터운영비지원	419,808	복지정책과	5	1	7	8	7	3	1	4
2462	대구 중구	특성별지역아동센터추가지원	10,956	복지정책과	5	1	7	8	7	3	1	4
2463	대구 중구	지역아동센터냉난방비지원	3,000,000	복지정책과	5	1	7	8	7	3	1	4
2464	대구 중구	지역아동센터종사자수당지원	33,600	복지정책과	5	1	7	8	7	3	1	4
2465	대구 중구	지역아동센터특화프로그램지원	5,760	복지정책과	5	1	7	8	7	3	1	4
2466	대구 중구	지역아동센터아동문화체육활동지원	3,000,000	복지정책과	5	1	7	8	7	3	1	4
2467	대구 중구	요보호아동그룹홈운영	89,163	복지정책과	5	1	7	8	7	3	1	4
2468	대구 중구	요보호아동그룹홈아동지원	10,000	복지정책과	5	1	7	8	7	3	1	4
2469	대구 중구	학대피해아동쉼터운영지원	198,493	복지정책과	5	1	7	8	7	3	1	4
2470	대구 중구	아동그룹홈종사자수당지원	40,880	복지정책과	5	1	7	8	7	3	1	4
2471	대구 중구	아동복지시설운영지원	1,060,308	복지정책과	5	1	7	8	7	3	1	4
2472	대구 중구	보육교직원인건비지원	27,590	복지정책과	5	1	7	8	7	3	1	4
2473	대구 중구	보육교직원처우개선지원	15,803	복지정책과	5	1	7	8	7	3	1	4
2474	대구 중구	어린이집운영지원	17,381	복지정책과	5	1	7	8	7	3	1	4
2475	대구 중구	영유아보육료지원	58,676	복지정책과	5	1	7	8	7	3	1	4
2476	대구 중구	만3~5세누리과정담임수당등지원	509,260	복지정책과	5	1	7	8	7	3	1	4

순번	시군구	지출명 (사업명)	2021년예산 (단위:천원/1년간)	담당자 (공무원) 담당부서	민간이전 분류 (지방자치단체 세출예산 집행기준에 의거) 1. 민간경상사업보조(307-02) 2. 민간단체 법정운영비보조(307-03) 3. 민간행사사업보조(307-04) 4. 민간위탁금(307-05) 5. 사회복지시설 법정운영비보조(307-10) 6. 민간인위탁교육비(307-12) 7. 공기관등에대한경상적위탁사업비(308-10) 8. 민간자본사업보조,자체재원(402-01) 9. 민간자본사업보조,이전재원(402-02) 10. 민간위탁사업비(402-03) 11. 공기관등에 대한 자본적 대행사업비(403-02)	민간이전지출 근거 (지방보조금 관리기준 참고) 1. 법률에 규정 2. 국고보조 재원(국가지정) 3. 용도 지정 기부금 4. 조례에 직접규정 5. 지자체가 권장하는 사업을 하는 공공기관 6. 시,도 정책 및 재정사정 7. 기타 8. 해당없음	입찰방식 계약체결방법 (경쟁형태) 1. 일반경쟁 2. 제한경쟁 3. 지명경쟁 4. 수의계약 5. 법정위탁 6. 기타 ( ) 7. 해당없음	입찰방식 계약기간 1. 1년 2. 2년 3. 3년 4. 4년 5. 5년 6. 기타 ( )년 7. 단기계약 (1년미만) 8. 해당없음	입찰방식 낙찰자선정방법 1. 적격심사 2. 협상에의한계약 3. 최저가낙찰제 4. 규격가격분리 5. 2단계 경쟁입찰 6. 기타 ( ) 7. 해당없음	운영예산 산정 운영예산 산정 1. 내부산정 (지자체 자체적으로 산정) 2. 외부산정 (외부전문기관위탁 산정) 3. 내·외부 모두 산정 4. 산정 無 5. 해당없음	운영예산 산정 정산방법 1. 내부정산 (지자체 내부적으로 정산) 2. 외부정산 (외부전문기관위탁 정산) 3. 내·외부 모두 산정 4. 정산 無 5. 해당없음	성과평가 실시여부 1. 실시 2. 미실시 3. 향후 추진 4. 해당없음
2477	대구 중구	만3~5세누리과정보육료지원	1,468,000	복지정책과	5	1	7	8	7	3	1	4
2478	대구 중구	국공립등보육교사수당지원	102,000	복지정책과	5	1	7	8	7	3	1	4
2479	대구 중구	민간가정등보육교사수당지원	187,200	복지정책과	5	1	7	8	7	3	1	4
2480	대구 중구	유아보육료차액지원	85,090	복지정책과	5	1	7	8	7	3	1	4
2481	대구 중구	장애아보육교직원특별수당지원	1,680,000	복지정책과	5	1	7	8	7	3	1	4
2482	대구 중구	평가어린이집환경개선비지원	8,000	복지정책과	5	1	7	8	7	3	1	4
2483	대구 중구	어린이집안전공제회단체가입지원	8,500	복지정책과	5	1	7	8	7	3	1	4
2484	대구 중구	어린이집보육교사근속장려수당지원	5,400	복지정책과	5	1	7	8	7	3	1	4
2485	대구 중구	어린이집조리원운영비지원	15,840	복지정책과	5	1	7	8	7	3	1	4
2486	대구 중구	어린이집보육교사장기근속수당지원	43,680	복지정책과	5	1	7	8	7	3	1	4
2487	대구 중구	어린이집교직원하계연수비	8,400	복지정책과	5	1	7	8	7	3	1	4
2488	대구 중구	어린이집냉난방비지원	13,200	복지정책과	5	1	7	8	7	3	1	4
2489	대구 중구	교사겸직원장수당지원	7,560	복지정책과	5	1	7	8	7	3	1	4
2490	대구 중구	공공형어린이집운영비	46,425	복지정책과	5	1	7	8	7	3	1	4
2491	대구 중구	공공형어린이집조리원인건비지원	2,400,000	복지정책과	5	1	7	8	7	3	1	4
2492	대구 중구	지역자활센터운영	301,831	생활지원과	5	1	7	8	7	3	1	1
2493	대구 중구	지역자활센터종사자수당	12,480	생활지원과	5	4	7	8	7	3	1	1
2494	대구 중구	장애인거주시설운영	198,167	생활지원과	5	1	7	8	7	3	3	1
2495	대구 중구	장애인주간보호시설운영	716,596	생활지원과	5	1	7	8	7	3	3	1
2496	대구 중구	장애인생활이동지원센터운영	845,588	생활지원과	5	1	7	8	7	3	3	1
2497	대구 중구	장애인직업재활시설운영	895,296	생활지원과	5	1	7	8	7	3	3	1
2498	대구 동구	사회복지 일반운영	2,000,000	복지정책과	5	1	6	8	6	3	3	1
2499	대구 동구	사회복지 일반운영	50,740	복지정책과	5	1	6	8	6	3	3	1
2500	대구 동구	종합사회복지관 운영	43,394	복지정책과	5	1	2	5	1	3	3	1
2501	대구 동구	종합사회복지관 운영 추가지원	16,000	복지정책과	5	1	2	1	1	3	3	1
2502	대구 동구	종합사회복지관 운영 추가지원	8,000	복지정책과	5	1	2	1	1	3	3	1
2503	대구 동구	자활근로, 지역자활센터 및 광역자활센터운영	400,535	복지정책과	5	1	5	1	1	1	1	1
2504	대구 동구	지역자활센터 종사자 수당	16,320	복지정책과	5	1	5	1	1	1	1	1
2505	대구 동구	자활사례관리	28,989	복지정책과	5	1	5	1	1	1	1	1
2506	대구 동구	기초푸드뱅크 지원	60,000	복지정책과	5	1	7	8	7	5	1	4
2507	대구 동구	시니어클럽 운영	341,048	어르신장애인과	5	1	7	8	7	1	1	1
2508	대구 동구	경로당 운영 지원	185,207	어르신장애인과	5	1	7	8	7	1	1	1
2509	대구 동구	경로당 운영 지원	437,493	어르신장애인과	5	1	7	8	7	1	1	1
2510	대구 동구	경로당 냉난방비 및 양곡비 지원	337,988	어르신장애인과	5	1	7	8	7	1	1	1
2511	대구 동구	경로당 냉난방비 및 양곡비 지원	43,400	어르신장애인과	5	1	7	8	7	1	1	1
2512	대구 동구	경로당 냉난방비 및 양곡비 지원	93,692	어르신장애인과	5	1	7	8	7	1	1	1
2513	대구 동구	독거노인 폭염혹한기 극복지원	45,000	어르신장애인과	5	2	7	8	7	5	1	1
2514	대구 동구	독거노인장애인 응급안전안심서비스 운영지원	6,000	어르신장애인과	5	2	7	8	7	5	1	1
2515	대구 동구	독거노인장애인 응급안전안심서비스 운영지원	229,982	어르신장애인과	5	2	7	8	7	5	1	1
2516	대구 동구	노인맞춤돌봄서비스 사업	43,792	어르신장애인과	5	2	7	8	7	5	1	1
2517	대구 동구	동구노인종합복지관 운영	435,832	어르신장애인과	5	1	7	8	7	1	1	1
2518	대구 동구	동구노인종합복지관 운영 추가지원	40,000	어르신장애인과	5	1	7	8	7	1	1	1

순번	시군구	지출명 (사업명)	2021년예산 (단위:천원/1년간)	담당자 (공무원) 담당부서	민간이전 분류 (지방자치단체 세출예산 집행기준에 의거) 1. 민간경상사업보조(307-02) 2. 민간단체 법정운영비보조(307-03) 3. 민간행사사업보조(307-04) 4. 민간위탁금(307-05) 5. 사회복지시설 법정운영비보조(307-10) 6. 민간인위탁교육비(307-12) 7. 공기관등에대한경상적위탁사업비(308-10) 8. 민간자본사업보조,자체재원(402-01) 9. 민간자본사업보조,이전재원(402-02) 10. 민간위탁사업비(402-03) 11. 공기관등에 대한 자본적 대행사업비(403-02)	민간이전지출 근거 (지방보조금 관리기준 참고) 1. 법률에 규정 2. 국고보조 재원(국가지정) 3. 용도 지정 기부금 4. 조례에 직접규정 5. 지자체가 권장하는 사업을 하는 공공기관 6. 시,도 정책 및 재정사정 7. 기타 8. 해당없음	입찰방식 계약체결방법 (경쟁형태) 1. 일반경쟁 2. 제한경쟁 3. 지명경쟁 4. 수의계약 5. 법정위탁 6. 기타 ( ) 7. 해당없음	입찰방식 계약기간 1. 1년 2. 2년 3. 3년 4. 4년 5. 5년 6. 기타 ( )년 7. 단기계약 (1년미만) 8. 해당없음	입찰방식 낙찰자선정방법 1. 적격심사 2. 협상에의한계약 3. 최저가낙찰제 4. 규격가격분리 5. 2단계 경쟁입찰 6. 기타 ( ) 7. 해당없음	운영예산 산정 운영예산 산정 1. 내부산정 (지자체 자체적으로 산정) 2. 외부산정 (외부전문기관위탁 산정) 3. 내·외부 모두 산정 4. 산정 無 5. 해당없음	운영예산 산정 정산방법 1. 내부정산 (지자체 내부적으로 정산) 2. 외부정산 (외부전문기관위탁 정산) 3. 내·외부 모두 산정 4. 정산 無 5. 해당없음	성과평가 실시여부 1. 실시 2. 미실시 3. 향후 추진 4. 해당없음
2519	대구 동구	노인복지시설 운영	310,000	어르신장애인과	5	1	7	8	7	1	3	4
2520	대구 동구	재가노인복지시설 운영	16,215	어르신장애인과	5	1	7	8	7	1	1	1
2521	대구 동구	치매노인 보호시설 운영	651,668	어르신장애인과	5	1	7	8	7	1	1	1
2522	대구 동구	장애인거주시설 운영 지원	17,499	어르신장애인과	5	1	7	8	7	1	1	4
2523	대구 동구	장애인거주시설 운영 추가지원	1,219,000	어르신장애인과	5	1	7	8	7	1	3	4
2524	대구 동구	장애인거주시설 기능보강	237,784	어르신장애인과	5	1	7	8	7	1	3	4
2525	대구 동구	장애인거주시설 생활지도원 인력증원	888,435	어르신장애인과	5	1	7	8	7	1	3	4
2526	대구 동구	정신요양시설 운영 지원	1,711,000	어르신장애인과	5	1	7	8	7	1	3	4
2527	대구 동구	정신요양시설 운영 추가지원	142,000	어르신장애인과	5	1	7	8	7	1	3	4
2528	대구 동구	장애인 공동생활가정 및 주간보호시설 운영지원	1,224,000	어르신장애인과	5	1	7	8	7	1	1	4
2529	대구 동구	장애인 공동생활가정 및 주간보호시설 운영지원	286,955	어르신장애인과	5	1	7	8	7	1	1	4
2530	대구 동구	장애인 공동생활가정 및 주간보호시설 운영지원	158,212	어르신장애인과	5	1	7	8	7	1	1	4
2531	대구 동구	장애인시간제활동서비스지원센터(마실) 운영	175,000	어르신장애인과	5	7	7	8	7	1	1	4
2532	대구 동구	장애인편의증진기술지원 기초센터 운영	96,500	어르신장애인과	5	1	5	8	7	5	1	3
2533	대구 동구	장애인직업재활시설 운영지원	22,935	어르신장애인과	5	1	7	8	7	5	1	3
2534	대구 동구	장애인직업재활시설 운영지원	4,000,000	어르신장애인과	5	1	7	8	7	5	1	3
2535	대구 동구	장애인생산품판매시설 지원	170,145	어르신장애인과	5	1	7	8	7	5	1	3
2536	대구 동구	장애인생산품판매시설 추가지원	111,418	어르신장애인과	5	1	7	8	7	5	1	3
2537	대구 동구	장애인거주시설 공기청정기 렌탈지원	6,770	어르신장애인과	5	2	7	8	7	1	1	4
2538	대구 동구	가정폭력 상담소 운영지원	126,382	여성청소년과	5	1	6	8	6	2	3	1
2539	대구 동구	가정폭력 상담소 운영지원	12,000	여성청소년과	5	1	6	8	6	2	3	1
2540	대구 동구	양육모그룹홈운영지원	290,447	여성청소년과	5	1	6	8	6	2	3	1
2541	대구 동구	양육모그룹홈운영지원	7,680	여성청소년과	5	1	6	8	6	2	3	1
2542	대구 동구	만3~5세 보육료 지원	8,213	여성청소년과	5	2	7	8	7	5	5	2
2543	대구 동구	만3~5세 보육료 지원	28,478	여성청소년과	5	2	7	8	7	5	5	2
2544	대구 동구	보육교직원 인건비 지원	14,688	여성청소년과	5	2	7	8	7	1	1	2
2545	대구 동구	시간제보육서비스 제공지원	277,200	여성청소년과	5	2	7	8	7	1	1	2
2546	대구 동구	공공형 보육시설 지원	1,227,000	여성청소년과	5	2	7	8	7	1	1	2
2547	대구 동구	공공형어린이집 조리원 인건비 지원	52,800	여성청소년과	5	6	7	8	7	1	1	2
2548	대구 동구	민간, 가정 등 보육교사 수당지원	1,101,600	여성청소년과	5	6	7	8	7	1	1	2
2549	대구 동구	국공립 법인시설 종사자수당	418,200	여성청소년과	5	6	7	8	7	1	1	2
2550	대구 동구	장애아 보육시설 종사자 특별수당 지원	19,440	여성청소년과	5	6	7	8	7	1	1	2
2551	대구 동구	근속장려수당	39,600	여성청소년과	5	6	7	8	7	1	1	2
2552	대구 동구	장기근속 보육교직원 수당지원	216,000	여성청소년과	5	6	7	8	7	1	1	2
2553	대구 동구	교사겸직원장 수당	45,360	여성청소년과	5	6	7	8	7	1	1	2
2554	대구 동구	유아보육료 차액지원	984,280	여성청소년과	5	6	7	8	7	1	1	2
2555	대구 동구	평가인증 어린이집 환경개선비 지원	60,000	여성청소년과	5	6	7	8	7	1	1	2
2556	대구 동구	장애아전문 보육시설 활성화 지원	2,000,000	여성청소년과	5	6	7	8	7	1	1	2
2557	대구 동구	어린이집안전공제회 단체가입 지원	46,500	여성청소년과	5	6	7	8	7	1	1	2
2558	대구 동구	아동복지시설 지원	53,699	여성청소년과	5	2	7	8	7	1	1	1
2559	대구 동구	아동복지시설 지원	172,533	여성청소년과	5	2	7	8	7	1	1	1
2560	대구 동구	아동복지시설 지원	37,500	여성청소년과	5	2	7	8	7	1	1	1

순번	시군구	지출명 (사업명)	2021년예산 (단위:천원/1년간)	담당자 (공무원)	민간이전 분류 (지방자치단체 세출예산 집행기준에 의거)	민간이전지출 근거 (지방보조금 관리기준 참고)	입찰방식			운영예산 산정		성과평가 실시여부
				담당부서	1. 민간경상사업보조(307-02) 2. 민간단체 법정운영비보조(307-03) 3. 민간행사사업보조(307-04) 4. 민간위탁금(307-05) 5. 사회복지시설 법정운영비보조(307-10) 6. 민간인위탁교육비(307-12) 7. 공기관등에대한경상적위탁사업비(308-10) 8. 민간자본사업보조,자체재원(402-01) 9. 민간자본사업보조,이전재원(402-02) 10. 민간위탁사업비(402-03) 11. 공기관등에 대한 자본적 대행사업비(403-02)	1. 법률에 규정 2. 국고보조 재원(국가지정) 3. 용도 지정 기부금 4. 조례에 직접규정 5. 지자체가 권장하는 사업을 하는 공공기관 6. 시,도 정책 및 재정사정 7. 기타 8. 해당없음	계약체결방법 (경쟁형태) 1. 일반경쟁 2. 제한경쟁 3. 지명경쟁 4. 수의계약 5. 법정위탁 6. 기타 ( ) 7. 해당없음	계약기간 1. 1년 2. 2년 3. 3년 4. 4년 5. 5년 6. 기타 ( )년 7. 단기계약 (1년미만) 8. 해당없음	낙찰자선정방법 1. 적격심사 2. 협상에의한계약 3. 최저가낙찰제 4. 규격가격분리 5. 2단계 경쟁입찰 6. 기타 ( ) 7. 해당없음	운영예산 산정 1. 내부산정 (지자체 자체적으로 산정) 2. 외부산정 (외부전문기관위탁 산정) 3. 내·외부 모두 산정 4. 산정 無 5. 해당없음	정산방법 1. 내부정산 (지자체 내부적으로 정산) 2. 외부정산 (외부전문기관위탁 정산) 3. 내·외부 모두 산정 4. 정산 無 5. 해당없음	1. 실시 2. 미실시 3. 향후 추진 4. 해당없음
2561	대구 동구	아동복지시설 지원	10,000	여성청소년과	5	2	7	8	7	1	1	1
2562	대구 동구	지역아동센터 운영비 지원	16,658	여성청소년과	5	1	7	8	7	1	1	1
2563	대구 동구	지역아동센터 운영비 지원	60,248	여성청소년과	5	1	7	8	7	1	1	1
2564	대구 동구	지역아동센터 운영비 지원	32,160	여성청소년과	5	1	7	8	7	1	1	1
2565	대구 동구	지역아동센터 운영비 지원	8,992	여성청소년과	5	1	7	8	7	1	1	1
2566	대구 동구	지역아동센터 특성별 추가지원	21,924	여성청소년과	5	1	7	8	7	1	1	1
2567	대구 동구	지역아동센터 특성별 추가지원	18,240	여성청소년과	5	1	7	8	7	1	1	1
2568	대구 동구	지역아동센터 운영(종사자 수당 등)	126,000	여성청소년과	5	6	7	8	7	1	1	1
2569	대구 동구	지역아동센터 운영(종사자 수당 등)	24,810	여성청소년과	5	6	7	8	7	1	1	1
2570	대구 동구	지역아동센터 운영(종사자 수당 등)	15,000	여성청소년과	5	6	7	8	7	1	1	1
2571	대구 동구	지역아동센터 종사자 역량강화 워크숍 지원	18,540	여성청소년과	5	6	7	8	7	1	1	1
2572	대구 동구	청소년지도사 배치지원	22,404	여성청소년과	5	1	2	3	1	5	1	1
2573	대구 동구	청소년지도사 배치지원	23,208	여성청소년과	5	1	2	3	1	5	1	1
2574	대구 동구	학교 밖 청소년지원센터 운영 추가지원	12,000	여성청소년과	5	1	2	3	1	1	1	4
2575	대구 동구	노숙인 쉼터 운영 지원	315,764	생활보장과	5	1	7	8	7	5	1	4
2576	대구 서구	청소년유해환경 감시단 지원	10,000	평생교육과	5	4	7	8	7	1	1	1
2577	대구 서구	청소년방과후아카데미 운영	164,042	평생교육과	5	2	1	3	1	1	1	1
2578	대구 서구	청소년 프로그램 운영비 지원	2,400,000	평생교육과	5	4	1	3	1	1	1	1
2579	대구 서구	종합사회복지관 운영	1,774,000	복지정책과	5	1	1	5	1	1	1	1
2580	대구 서구	한부모시설 운영	514,356	복지정책과	5	2	7	8	7	3	3	1
2581	대구 서구	성폭력상담소운영	123,816	복지정책과	5	2	7	8	7	3	3	1
2582	대구 서구	퇴소자 자립정착금	45,000	복지정책과	5	2	7	8	7	3	3	1
2583	대구 서구	한부모시설 운영	62,500	복지정책과	5	2	7	8	7	3	3	1
2584	대구 서구	매입임대주거지원	47,200	복지정책과	5	2	7	8	7	3	3	1
2585	대구 서구	시설입소자 상담치료지원	32,712	복지정책과	5	2	7	8	7	3	3	1
2586	대구 서구	아동복지시설운영	11,291	복지정책과	5	2	7	8	7	3	3	1
2587	대구 서구	요보호아동 그룹홈 운영 종사자 수당 지원	27,480	복지정책과	5	2	7	8	7	3	3	1
2588	대구 서구	학대피해아동쉼터 운영비,인건비,사업비	201,523	복지정책과	5	2	7	8	7	3	3	1
2589	대구 서구	경계선지능아동 자립지원	5,655	복지정책과	5	1	7	1	7	3	3	1
2590	대구 서구	노인생활시설 운영 지원	34,050	사회복지과	5	2	7	8	7	5	5	4
2591	대구 서구	양로시설 운영비 지원	773,253	사회복지과	5	2	7	8	7	5	5	4
2592	대구 서구	경로당 운영 및 지원	476,166	사회복지과	5	1	7	8	7	1	1	2
2593	대구 서구	경로당 냉난방비 및 양곡비 지원	177,335	사회복지과	5	2	7	8	7	1	1	2
2594	대구 서구	서구시니어클럽 운영	346,917	사회복지과	5	1	7	8	7	1	1	4
2595	대구 서구	경증치매노인기억학교 운영	651,668	사회복지과	5	2	5	8	7	5	5	4
2596	대구 서구	재가노인복지시설 운영 지원	1,081,040	사회복지과	5	1	5	8	7	5	5	4
2597	대구 서구	장애인 주간보호시설 운영 지원	401,072	사회복지과	5	6	7	8	7	1	1	4
2598	대구 서구	장애인 직업재활시설 운영 지원	239,056	사회복지과	5	6	7	8	7	1	1	4
2599	대구 서구	지체장애인 편의시설 지원센터 운영	56,500	사회복지과	5	6	7	5	1	1	1	4
2600	대구 서구	장애인 공동생활가정 운영	130,310	사회복지과	5	6	7	8	7	1	1	4
2601	대구 서구	장애인거주시설 운영 지원	1,023,137	사회복지과	5	2	7	8	7	1	3	4
2602	대구 서구	장애인거주시설 운영 추가지원	23,301	사회복지과	5	6	7	8	7	1	1	4

순번	시군구	지출명 (사업명)	2021년예산 (단위:천원/1년간)	담당자 (공무원)	민간이전 분류 (지방자치단체 세출예산 집행기준에 의거)	민간이전지출 근거 (지방보조금 관리기준 참고)	입찰방식			운영예산 산정		성과평가 실시여부
				담당부서	1. 민간경상사업보조(307-02) 2. 민간단체 법정운영비보조(307-03) 3. 민간행사사업보조(307-04) 4. 민간위탁금(307-05) 5. 사회복지시설 법정운영비보조(307-10) 6. 민간인위탁교육비(307-12) 7. 공기관등에대한경상적위탁사업비(308-10) 8. 민간자본사업보조,자체재원(402-01) 9. 민간자본사업보조,이전재원(402-02) 10. 민간위탁사업비(402-03) 11. 공기관등에 대한 자본적 대행사업비(403-02)	1. 법률에 규정 2. 국고보조 재원(국가지정) 3. 용도 지정 기부금 4. 조례에 직접규정 5. 지자체가 권장하는 사업을 하는 공공기관 6. 시,도 정책 및 재정사정 7. 기타 8. 해당없음	계약체결방법 (경쟁형태) 1. 일반경쟁 2. 제한경쟁 3. 지명경쟁 4. 수의계약 5. 법정위탁 6. 기타 ( ) 7. 해당없음	계약기간 1. 1년 2. 2년 3. 3년 4. 4년 5. 5년 6. 기타 ( )년 7. 단기계약 (1년미만) 8. 해당없음	낙찰자선정방법 1. 적격심사 2. 협상에의한계약 3. 최저가낙찰제 4. 규격가격분리 5. 2단계 경쟁입찰 6. 기타 ( ) 7. 해당없음	운영예산 산정 1. 내부산정 (지자체 자체적으로 산정) 2. 외부산정 (외부전문기관위탁 산정) 3. 내·외부 모두 산정 4. 산정 無 5. 해당없음	정산방법 1. 내부정산 (지자체 내부적으로 정산) 2. 외부정산 (외부전문기관위탁 정산) 3. 내·외부 모두 산정 4. 정산 無 5. 해당없음	1. 실시 2. 미실시 3. 향후 추진 4. 해당없음
2603	대구 서구	중증장애인자립생활센터 지원	181,666	사회복지과	5	2	7	8	7	1	1	4
2604	대구 서구	중증장애인 자립생활센터 추가지원	20,000	사회복지과	5	6	7	8	7	1	1	4
2605	대구 서구	중증장애인 자립생활가정 설치.운영	45,320	사회복지과	5	6	7	8	7	1	1	4
2606	대구 서구	장애인거주시설 공기청정기	2,950,000	사회복지과	5	2	7	8	7	1	1	4
2607	대구 서구	보육교직원 인건비 지원	60,561	사회복지과	5	1	1	1	6	1	1	2
2608	대구 서구	보육교직원 처우개선 지원	29,178	사회복지과	5	1	1	1	6	1	1	2
2609	대구 서구	어린이집 운영지원	51,109	사회복지과	5	1	1	1	6	1	1	2
2610	대구 서구	어린이집 냉난방비 지원	22,000	사회복지과	5	1	1	1	6	1	1	2
2611	대구 서구	만3~5세 누리과정 지원	20,889	사회복지과	5	1	1	1	6	1	1	2
2612	대구 서구	장애아전담 어린이집 활성화 지원	2,000,000	사회복지과	5	1	1	1	6	1	1	2
2613	대구 서구	장애아 보육교직원 특별수당 지원	50,160	사회복지과	5	1	1	1	6	1	1	2
2614	대구 서구	민간,가정 등 보육교사 수당 지원	468,000	사회복지과	5	1	1	1	6	1	1	2
2615	대구 서구	국·공립,법인 보육교사 수당 지원	142,800	사회복지과	5	1	1	1	6	1	1	2
2616	대구 서구	장기근속 보육교사 처우개선 지원	105,000	사회복지과	5	1	1	1	6	1	1	2
2617	대구 서구	장기근속 보육교사 처우개선 지원	6,000	사회복지과	5	1	1	1	6	1	1	2
2618	대구 서구	근속장려수당 지원	23,400	사회복지과	5	1	1	1	6	1	1	2
2619	대구 서구	어린이집 원장 수당 지원	19,320	사회복지과	5	1	1	1	6	1	1	2
2620	대구 서구	공공형어린이집 인건비 지원	21,600	사회복지과	5	1	1	1	6	1	1	2
2621	대구 서구	공공형어린이집 운영비	591,593	사회복지과	5	1	1	1	6	1	1	2
2622	대구 서구	어린이집 안전공제회 단체가입 지원	24,000	사회복지과	5	1	1	1	6	1	1	2
2623	대구 서구	장애아전문 어린이집 차량운영 인건비 지원	3,600,000	사회복지과	5	1	1	1	6	1	1	2
2624	대구 서구	공공형어린이집 활성화 지원	5,000,000	사회복지과	5	1	1	1	6	1	1	2
2625	대구 서구	지역아동센터 종사자 수당	177,600	사회복지과	5	6	1	1	6	1	1	2
2626	대구 서구	지역아동센터 운영비지원	25,045	사회복지과	5	2	1	1	6	1	1	2
2627	대구 서구	특성별 지역아동센터 추가지원	86,232	사회복지과	5	2	1	1	6	1	1	2
2628	대구 서구	지역아동센터 난방비 지원	19,800	사회복지과	5	6	1	1	6	1	1	2
2629	대구 서구	지역자활센터 운영	400,535	생활보장과	5	2	5	8	7	5	5	1
2630	대구 서구	자활센터사례관리	28,989	생활보장과	5	2	5	8	7	5	5	4
2631	대구 서구	자활센터 종사자 인건비보전지원	12,960	생활보장과	5	4	5	8	7	5	5	4
2632	대구 남구	남구종합사회복지관 운영	849,988	행복정책과	5	2	5	5	2	1	1	1
2633	대구 남구	대명사회복지관 운영	813,222	행복정책과	5	2	5	5	2	1	1	1
2634	대구 남구	생명의전화 대구상담소 운영	159,184	행복정책과	5	5	7	8	7	1	1	4
2635	대구 남구	푸드뱅크 운영 지원	106,297	행복정책과	5	5	7	8	7	1	1	4
2636	대구 남구	푸드마켓 운영지원	41,000	행복정책과	5	5	7	8	7	1	1	4
2637	대구 남구	지역사회보장협의체 직원 인건비	41,960	행복정책과	5	1	7	7	7	1	1	4
2638	대구 남구	지역사회보장협의체 운영	7,000	행복정책과	5	1	7	7	7	1	1	4
2639	대구 남구	청소년 발달장애학생 방과후활동서비스 지원	220,000	행복정책과	5	1	7	8	7	1	1	4
2640	대구 남구	장애인 생활시설 운영	1,776,000	행복정책과	5	2	7	8	7	1	1	4
2641	대구 남구	장애인 생활시설 운영 추가지원	35,438	행복정책과	5	2	7	8	7	1	1	4
2642	대구 남구	장애인주간보호시설(인건비,운영비)운영	1,113,155	행복정책과	5	2	7	8	7	1	1	4
2643	대구 남구	수어통역센터(인건비,운영비) 운영	236,971	행복정책과	5	2	7	8	7	1	1	4
2644	대구 남구	장애인공동생활가정(운영비,인건비)운영	780,703	행복정책과	5	2	7	8	7	1	1	4
2645	대구 남구	재가장애인복지봉사센터(운영비,인건비) 운영	82,581	행복정책과	5	2	7	8	7	1	1	4

순번	시군구	지출명 (사업명)	2021년예산 (단위:천원/1년간)	담당자 (공무원)	민간이전 분류 (지방자치단체 세출예산 집행기준에 의거)	민간이전지출 근거 (지방보조금 관리기준 참고)	입찰방식			운영예산 산정		성과평가 실시여부
				담당부서	1. 민간경상사업보조(307-02) 2. 민간단체 법정운영비보조(307-03) 3. 민간행사사업보조(307-04) 4. 민간위탁금(307-05) 5. 사회복지시설 법정운영비보조(307-10) 6. 민간인위탁교육비(307-12) 7. 공기관등에대한경상적위탁사업비(308-10) 8. 민간자본사업보조,자체재원(402-01) 9. 민간자본사업보조,이전재원(402-02) 10. 민간위탁사업비(402-03) 11. 공기관등에 대한 자본적 대행사업비(403-02)	1. 법률에 규정 2. 국고보조 재원(국가지정) 3. 용도 지정 기부금 4. 조례에 직접규정 5. 지자체가 권장하는 사업을 하는 공공기관 6. 시,도 정책 및 재정사정 7. 기타 8. 해당없음	계약체결방법 (경쟁형태) 1. 일반경쟁 2. 제한경쟁 3. 지명경쟁 4. 수의계약 5. 법정위탁 6. 기타 ( ) 7. 해당없음	계약기간 1. 1년 2. 2년 3. 3년 4. 4년 5. 5년 6. 기타 ( )년 7. 단기계약 (1년미만) 8. 해당없음	낙찰자선정방법 1. 적격심사 2. 협상에의한계약 3. 최저가낙찰제 4. 규격가격분리 5. 2단계 경쟁입찰 6. 기타 ( ) 7. 해당없음	운영예산 산정 1. 내부산정 (지자체 자체적으로 산정) 2. 외부산정 (외부전문기관위탁 산정) 3. 내·외부 모두 산정 4. 산정 無 5. 해당없음	정산방법 1. 내부정산 (지자체 내부적으로 정산) 2. 외부정산 (외부전문기관위탁 정산) 3. 내·외부 모두 산정 4. 정산 無 5. 해당없음	1. 실시 2. 미실시 3. 향후 추진 4. 해당없음
2646	대구 남구	장애인직업재활시설(운영비,인건비) 운영	1,283,000	행복정책과	5	2	7	8	7	1	1	4
2647	대구 남구	장애인자립생활센터(운영비,인건비) 지원	176,666	행복정책과	5	2	7	8	7	1	1	4
2648	대구 남구	장애인 자립생활주택지원	181,280	행복정책과	5	2	7	8	7	1	1	4
2649	대구 남구	지적장애인 자립지원센터(운영비,인건비) 지원	120,000	행복정책과	5	6	7	8	7	1	1	4
2650	대구 남구	발달장애인 자립(문화,교육,여가서비스)지원	70,000	행복정책과	5	2	1	8	1	1	1	4
2651	대구 남구	발달장애인 주간활동서비스 지원사업	518,571	행복정책과	5	1	7	8	7	1	1	4
2652	대구 남구	지체장애인 편의증진기술지원센터(운영비,인건비)지원	70,104	행복정책과	5	2	7	8	7	1	1	4
2653	대구 남구	노인복지관 운영	435,832	복지지원과	5	4	7	8	7	1	1	1
2654	대구 남구	경증 치매노인 기억학교 운영지원	325,836	복지지원과	5	1	7	8	7	1	1	1
2655	대구 남구	재가노인지원서비스 운영지원	540,510	복지지원과	5	1	7	8	7	1	1	1
2656	대구 남구	경로당 운영	64,636	복지지원과	5	1	7	8	7	1	1	2
2657	대구 남구	경로당 운영 등 추가지원	120,164	복지지원과	5	1	7	8	7	1	1	2
2658	대구 남구	경로당 냉난방비 및 양곡비 지원	148,873	복지지원과	5	1	7	8	7	1	1	2
2659	대구 남구	경로당 순회프로그램 관리자 지원	31,639	복지지원과	5	1	7	8	7	1	1	2
2660	대구 남구	노인회 실버프로그램 운영	10,000	복지지원과	5	1	7	8	7	1	1	2
2661	대구 남구	시니어클럽 운영	326,230	복지지원과	5	1	7	8	7	1	1	2
2662	대구 남구	영유아보육료 지원	7,479	복지지원과	5	2	7	8	7	1	1	4
2663	대구 남구	보육교직원 인건비지원	8,280	복지지원과	5	2	7	8	7	1	1	4
2664	대구 남구	교재교구비	24,133	복지지원과	5	2	7	8	7	1	1	4
2665	대구 남구	차량운영비	12,000	복지지원과	5	2	7	8	7	1	1	4
2666	대구 남구	유아보육료 차액 지원	196,657	복지지원과	5	6	7	8	7	1	1	4
2667	대구 남구	공공형 어린이집 운영비	294,603	복지지원과	5	2	7	8	7	1	1	4
2668	대구 남구	만3-5세 보육료 지원	32,256	복지지원과	5	6	7	8	7	1	1	4
2669	대구 남구	만3-5세 담임수당 등 지원	1,118,380	복지지원과	5	6	7	8	7	1	1	4
2670	대구 남구	어린이집 안전공제회 단체가입 지원	15,000	복지지원과	5	6	7	8	7	1	1	4
2671	대구 남구	시간제보육지원	90,960	복지지원과	5	2	7	8	7	1	1	4
2672	대구 남구	보조교사	11,297	복지지원과	5	2	7	8	7	1	1	4
2673	대구 남구	담임교사 지원비	992,200	복지지원과	5	2	7	8	7	1	1	4
2674	대구 남구	장애아전담 어린이집 활성화지원	4,000,000	복지지원과	5	6	7	8	7	1	1	4
2675	대구 남구	장애아보육 교직원 특별수당 지원	51,360	복지지원과	5	6	7	8	7	1	1	4
2676	대구 남구	장애아전문 어린이집 차량운영 인건비 지원	7,200	복지지원과	5	6	7	8	7	1	1	4
2677	대구 남구	민간·가정 등 보육교사 수당 지원	237,600	복지지원과	5	6	7	8	7	1	1	4
2678	대구 남구	국공립·법인 보육교사 수당	183,600	복지지원과	5	6	7	8	7	1	1	4
2679	대구 남구	근속장려수당	9,000	복지지원과	5	6	7	8	7	1	1	4
2680	대구 남구	교사겸직원장 수당	7,560	복지지원과	5	6	7	8	7	1	1	4
2681	대구 남구	공공형어린이집 조리원 인건비 지원	12,000	복지지원과	5	6	7	8	7	1	1	4
2682	대구 남구	보육료지원 아동 간식비	62,100	복지지원과	5	7	7	8	7	1	1	4
2683	대구 남구	보육교사 장기근속 수당	54,000	복지지원과	5	7	7	8	7	1	1	4
2684	대구 남구	평가인증 어린이집 환경개선비 지원	16,000	복지지원과	5	6	7	8	7	5	1	4
2685	대구 남구	인건비 미지원어린이집 취사부 인건비 지원	22,800	복지지원과	5	7	7	8	7	1	1	4
2686	대구 남구	어린이집 냉난방비 지원	29,400	복지지원과	5	7	7	8	7	1	1	4
2687	대구 남구	공공형어린이집 담임교사 처우개선비 지원	19,008	복지지원과	5	7	7	8	7	1	1	4
2688	대구 남구	아동복지시설 인건비	5,512	복지지원과	5	4	7	8	7	5	5	4

순번	시군구	지출명 (사업명)	2021년예산 (단위:천원/1년간)	담당자 (공무원) 담당부서	민간이전 분류 (지방자치단체 세출예산 집행기준에 의거) 1. 민간경상사업보조(307-02) 2. 민간단체 법정운영비보조(307-03) 3. 민간행사사업보조(307-04) 4. 민간위탁금(307-05) 5. 사회복지시설 법정운영비보조(307-10) 6. 민간인위탁교육비(307-12) 7. 공기관등에대한경상적위탁사업비(308-10) 8. 민간자본사업보조,자체재원(402-01) 9. 민간자본사업보조,이전재원(402-02) 10. 민간위탁사업비(402-03) 11. 공기관등에 대한 자본적 대행사업비(403-02)	민간이전지출 근거 (지방보조금 관리기준 참고) 1. 법률에 규정 2. 국고보조 재원(국가지정) 3. 용도 지정 기부금 4. 조례에 직접규정 5. 지자체가 권장하는 사업을 하는 공공기관 6. 시,도 정책 및 재정사정 7. 기타 8. 해당없음	입찰방식 계약체결방법 (경쟁형태) 1. 일반경쟁 2. 제한경쟁 3. 지명경쟁 4. 수의계약 5. 법정위탁 6. 기타 ( ) 7. 해당없음	입찰방식 계약기간 1. 1년 2. 2년 3. 3년 4. 4년 5. 5년 6. 기타 ( )년 7. 단기계약 (1년미만) 8. 해당없음	입찰방식 낙찰자선정방법 1. 적격심사 2. 협상에의한계약 3. 최저가낙찰제 4. 규격가격분리 5. 2단계 경쟁입찰 6. 기타 ( ) 7. 해당없음	운영예산 산정 운영예산 산정 1. 내부산정 (지자체 자체적으로 산정) 2. 외부산정 (외부전문기관위탁 산정) 3. 내·외부 모두 산정 4. 산정 無 5. 해당없음	운영예산 산정 정산방법 1. 내부정산 (지자체 내부적으로 정산) 2. 외부정산 (외부전문기관위탁 정산) 3. 내·외부 모두 산정 4. 정산 無 5. 해당없음	성과평가 실시여부 1. 실시 2. 미실시 3. 향후 추진 4. 해당없음
2689	대구 남구	아동복지시설 운영비	347,767	복지지원과	5	4	7	8	7	1	1	4
2690	대구 남구	아동복지 시설아동 지원	259,997	복지지원과	5	4	7	8	7	1	1	4
2691	대구 남구	요보호아동그룹홈운영지원	445,815	복지지원과	5	2	7	8	7	1	1	4
2692	대구 남구	아동그룹홈 종사자 수당	50,400	복지지원과	5	4	7	8	7	1	1	4
2693	대구 남구	아동그룹홈 명절수당	30,000	복지지원과	5	4	7	8	7	1	1	4
2694	대구 남구	아동그룹홈 보호아동 지원	50,000	복지지원과	5	4	7	8	7	1	1	4
2695	대구 남구	모자가족복지시설 퇴소자 자립정착금 지원	30,000	복지지원과	5	2	7	8	7	1	1	4
2696	대구 남구	한부모가족복지시설 운영	418,506	복지지원과	5	2	7	8	7	1	1	4
2697	대구 남구	한부모가족복지시설 생활자 지원	39,300	복지지원과	5	2	7	8	7	1	1	4
2698	대구 남구	한부모시설 입소자 상담,치료 지원	9,800	복지지원과	5	1	7	8	7	1	1	4
2699	대구 남구	입소자 시설 아이돌봄서비스	40,500	복지지원과	5	1	7	8	7	1	1	4
2700	대구 남구	성폭력피해자 보호시설 운영 시비 특별비	46,422	복지지원과	5	1	7	8	7	1	1	2
2701	대구 남구	여성폭력상담소 종사자 수당	14,400	복지지원과	5	1	7	8	7	1	1	2
2702	대구 남구	가정폭력피해자보호시설 종사자 수당	28,560	복지지원과	5	1	7	8	7	1	1	2
2703	대구 남구	이주여성 보호시설 운영	154,512	복지지원과	5	1	7	8	7	1	1	2
2704	대구 남구	폭력피해이주여성 보호시설 종사자 수당	16,080	복지지원과	5	1	7	8	7	1	1	2
2705	대구 남구	가정폭력피해자보호시설 운영	325,297	복지지원과	5	1	7	8	7	1	1	2
2706	대구 남구	가정폭력피해자보호시설 비수급자생계비	26,928	복지지원과	5	1	7	8	7	1	1	2
2707	대구 남구	성폭력상담소 인건비,운영비	123,816	복지지원과	5	1	7	8	7	1	1	2
2708	대구 남구	성폭력피해자 보호시설 인건비,운영비,사업비	177,569	복지지원과	5	1	7	8	7	1	1	2
2709	대구 남구	성폭력피해자 보호시설 비수급자 생계비	8,522	복지지원과	5	1	7	8	7	1	1	2
2710	대구 남구	지역아동센터 기본운영비 지원	792,000	복지지원과	5	2	7	8	7	5	5	4
2711	대구 남구	우수지역아동센터 지원	28,916	복지지원과	5	2	7	8	7	5	5	4
2712	대구 남구	지역아동센터 공기청정기 지원	19,800	복지지원과	5	2	7	8	7	5	5	4
2713	대구 남구	지역아동센터 안심알리미 이용료 지원	4,316,000	복지지원과	5	2	7	8	7	5	5	4
2714	대구 남구	특수목적형 지역아동센터 추가지원	14,616	복지지원과	5	2	7	8	7	5	5	4
2715	대구 남구	토요운영 지역아동센터 추가지원	3,648,000	복지지원과	5	2	7	8	7	5	5	4
2716	대구 남구	지역아동센터 종사자수당 지원	60,000	복지지원과	5	1	7	8	7	5	5	4
2717	대구 남구	지역아동센터 이용아동 건강검진비 지원	7,020	복지지원과	5	1	7	8	7	5	5	4
2718	대구 남구	지역아동센터 난방비 지원	7,200	복지지원과	5	1	7	8	7	5	5	4
2719	대구 남구	지역아동센터 종사자 근무환경 개선비	15,000	복지지원과	5	1	7	8	7	5	5	4
2720	대구 남구	지역자활센터 사례관리팀 운영지원	28,988	생활보장과	5	2	5	8	7	5	5	4
2721	대구 남구	지역자활센터등 운영지원	400,535	생활보장과	5	2	5	8	7	5	5	1
2722	대구 남구	지역자활센터등 종사자수당	13,920	생활보장과	5	4	5	8	7	5	5	4
2723	대구 남구	노숙인복지시설 운영지원	308,004	생활보장과	5	4	5	8	7	5	5	4
2724	대구 북구	장애인거주시설지원	7,052	복지정책과	5	2	7	8	7	1	3	1
2725	대구 북구	장애인지역사회재활시설지원	21,962	복지정책과	5	6	7	8	7	1	1	1
2726	대구 북구	장애인직업재활시설지원	16,460	복지정책과	5	6	7	8	7	1	1	1
2727	대구 북구	정신요양시설지원	21,502	복지정책과	5	2	7	8	7	1	3	1
2728	대구 북구	종합사회복지관지원	25,807	복지정책과	5	1	5	8	7	1	1	4
2729	대구 북구	지역자활센터 운영지원	348,786	복지정책과	5	2	5	1	7	5	1	1
2730	대구 북구	푸드마켓사업 지원	60,000	복지정책과	5	1	5	8	7	1	1	4
2731	대구 북구	지역사회보장협의체 운영지원	50,610	복지정책과	5	4	5	8	7	1	1	4

순번	시군구	지출명 (사업명)	2021년예산 (단위:천원/1년간)	담당자 (공무원)	민간이전 분류 (지방자치단체 세출예산 집행기준에 의거)	민간이전지출 근거 (지방보조금 관리기준 참고)	입찰방식			운영예산 산정		성과평가 실시여부
				담당부서	1. 민간경상사업보조(307-02) 2. 민간단체 법정운영비보조(307-03) 3. 민간행사사업보조(307-04) 4. 민간위탁금(307-05) 5. 사회복지시설 법정운영비보조(307-10) 6. 민간인위탁교육비(307-12) 7. 공기관등에대한경상적위탁사업비(308-10) 8. 민간자본사업보조,자체재원(402-01) 9. 민간자본사업보조,이전재원(402-02) 10. 민간위탁사업비(402-03) 11. 공기관등에 대한 자본적 대행사업비(403-02)	1. 법률에 규정 2. 국고보조 재원(국가지정) 3. 용도 지정 기부금 4. 조례에 직접규정 5. 지자체가 권장하는 사업을 하는 공공기관 6. 시,도 정책 및 재정사정 7. 기타 8. 해당없음	계약체결방법 (경쟁형태) 1. 일반경쟁 2. 제한경쟁 3. 지명경쟁 4. 수의계약 5. 법정위탁 6. 기타 ( ) 7. 해당없음	계약기간 1. 1년 2. 2년 3. 3년 4. 4년 5. 5년 6. 기타 ( )년 7. 단기계약 (1년미만) 8. 해당없음	낙찰자선정방법 1. 적격심사 2. 협상에의한계약 3. 최저가낙찰제 4. 규격가격분리 5. 2단계 경쟁입찰 6. 기타 ( ) 7. 해당없음	운영예산 산정 1. 내부산정 (지자체 자체적으로 산정) 2. 외부산정 (외부전문기관위탁 산정) 3. 내·외부 모두 산정 4. 산정 無 5. 해당없음	정산방법 1. 내부정산 (지자체 내부적으로 정산) 2. 외부정산 (외부전문기관위탁 정산) 3. 내·외부 모두 산정 4. 정산 無 5. 해당없음	1. 실시 2. 미실시 3. 향후 추진 4. 해당없음
2732	대구 북구	중증장애인자립생활가정지원	90,640	복지정책과	5	6	7	8	7	1	1	1
2733	대구 북구	생활지도원 교대인력증원	111,054	복지정책과	5	2	7	1	7	1	1	1
2734	대구 북구	시니어클럽운영	327,542	가족복지과	5	1	5	8	7	1	1	1
2735	대구 북구	경로당운영비및난방비지원	879,677	가족복지과	5	4	7	8	7	1	1	4
2736	대구 북구	양로시설운영지원	706,590	가족복지과	5	1	7	8	7	1	1	4
2737	대구 북구	노인생활시설운영지원	140,375	가족복지과	5	6	7	8	7	1	1	1
2738	대구 북구	재가노인복지시설운영지원	1,081,060	가족복지과	5	6	6	1	6	1	1	1
2739	대구 북구	경증치매노인 기억학교 지원	675,668	가족복지과	5	6	6	1	6	1	1	1
2740	대구 북구	경로당냉난방비및양곡비한시특별지원	623,953	가족복지과	5	2	7	8	7	1	1	4
2741	대구 북구	노숙인시설 법정운영비	1,156,000	생활보장과	5	1	7	8	7	3	3	1
2742	대구 북구	대구경로당 활성화	9,750	가족복지과	5	1	7	8	7	1	1	4
2743	대구 북구	아이돌봄사업	29,547	가족복지과	5	1	7	8	7	1	1	1
2744	대구 북구	아동복지시설지원	28,567	가족복지과	5	1	7	8	7	1	1	4
2745	대구 북구	요보호아동그룹홈형태 보호지원	230,486	가족복지과	5	1	7	8	7	1	1	4
2746	대구 북구	건가,다가 지원센터운영	490,380	가족복지과	5	1	7	8	7	1	1	4
2747	대구 북구	공동육아나눔터 운영	107,656	가족복지과	5	1	7	8	7	1	1	4
2748	대구 북구	다문화가족방문교육서비스 지원	227,968	가족복지과	5	1	7	8	7	1	1	4
2749	대구 북구	다문화가족 사례관리	31,825	가족복지과	5	1	7	8	7	1	1	4
2750	대구 북구	이중언어 가족환경조성	30,070	가족복지과	5	1	7	8	7	1	1	4
2751	대구 북구	건강가정다문화가족지원센터 종사자 수당	46,680	가족복지과	5	1	7	8	7	1	1	4
2752	대구 북구	사각지대 다문화 가족 지원	10,000	가족복지과	5	1	7	8	7	1	1	4
2753	대구 북구	다문화가족 특수시책개발지원	2,250,000	가족복지과	5	1	7	8	7	1	1	4
2754	대구 북구	보육교직원 인건비지원	15,253	가족복지과	5	2	7	8	7	5	5	4
2755	대구 북구	보육교직원 처우개선비 지원	10,200	가족복지과	5	2	7	8	7	5	5	4
2756	대구 북구	공공형어린이집 운영비	1,098,461	가족복지과	5	2	7	8	7	5	5	4
2757	대구 북구	어린이집시비특별지원사업	32,975	가족복지과	5	2	7	8	7	5	5	4
2758	대구 북구	어린이집 운영지원	136,740	가족복지과	5	2	7	8	7	5	5	4
2759	대구 북구	지역아동센터 운영비 지원	33,658	가족복지과	5	2	7	8	7	1	1	1
2760	대구 북구	지역아동센터 등하원 안심알림이 이용료	16,184	가족복지과	5	2	7	8	7	1	1	1
2761	대구 북구	지역아동센터 급식운영비 추가 지원	108,000	가족복지과	5	2	7	8	7	1	1	1
2762	대구 북구	특수목적형 지역아동센터 추가지원	14,616	가족복지과	5	2	7	8	7	1	1	1
2763	대구 북구	토요운영 지역아동센터 추가지원	51,072	가족복지과	5	2	7	8	7	1	1	1
2764	대구 북구	지역아동센터 공공형 강화 선도모델	9,600	가족복지과	5	2	7	8	7	1	1	1
2765	대구 북구	지역아동센터 특화프로그램지원	43,240	가족복지과	5	2	7	8	7	1	1	1
2766	대구 북구	우수지역아동센터지원	108,447	가족복지과	5	2	7	8	7	1	1	1
2767	대구 북구	지역아동센터 공기청정기 지원	27,120	가족복지과	5	2	7	8	7	1	1	1
2768	대구 북구	지역아동센터 환경개선비 지원	57,000	가족복지과	5	2	7	8	7	1	1	1
2769	대구 수성구	한부모가족복지시설 운영 지원	1,053,255	청년여성가족과	5	2	7	8	7	5	5	4
2770	대구 수성구	폭력피해이주여성보호시설 운영 지원	210,352	청년여성가족과	5	2	7	8	7	5	5	4
2771	대구 수성구	성매매피해자지원시설 운영 지원	288,808	청년여성가족과	5	2	7	8	7	5	5	4
2772	대구 수성구	폭력피해이주여성상담소 운영 지원	300,100	청년여성가족과	5	2	7	8	7	5	5	4
2773	대구 수성구	보육교직원 인건비 지원	180,919	청년여성가족과	5	2	7	8	7	5	5	4
2774	대구 수성구	공공형 어린이집 운영비	269,393	청년여성가족과	5	2	7	8	7	5	5	4

순번	시군구	지출명 (사업명)	2021년예산 (단위:천원/1년간)	담당자 (공무원)	민간이전 분류 (지방자치단체 세출예산 집행기준에 의거)	민간이전지출 근거 (지방보조금 관리기준 참고)	입찰방식			운영예산 산정		성과평가 실시여부
				담당부서	1. 민간경상사업보조(307-02) 2. 민간단체 법정운영비보조(307-03) 3. 민간행사사업보조(307-04) 4. 민간위탁금(307-05) 5. 사회복지시설 법정운영비보조(307-10) 6. 민간인위탁교육비(307-12) 7. 공기관등에대한경상적위탁사업비(308-10) 8. 민간자본사업보조,자체재원(402-01) 9. 민간자본사업보조,이전재원(402-02) 10. 민간위탁사업비(402-03) 11. 공기관등에 대한 자본적 대행사업비(403-02)	1. 법률에 규정 2. 국고보조 재원(국가지정) 3. 용도 지정 기부금 4. 조례에 직접규정 5. 지자체가 권장하는 사업을 하는 공공기관 6. 시,도 정책 및 재정사정 7. 기타 8. 해당없음	계약체결방법 (경쟁형태) 1. 일반경쟁 2. 제한경쟁 3. 지명경쟁 4. 수의계약 5. 법정위탁 6. 기타 ( ) 7. 해당없음	계약기간 1. 1년 2. 2년 3. 3년 4. 4년 5. 5년 6. 기타 ( )년 7. 단기계약 (1년미만) 8. 해당없음	낙찰자선정방법 1. 적격심사 2. 협상에의한계약 3. 최저가낙찰제 4. 규격가격분리 5. 2단계 경쟁입찰 6. 기타 ( ) 7. 해당없음	운영예산 산정 1. 내부산정 (지자체 자체적으로 산정) 2. 외부산정 (외부전문기관위탁 산정) 3. 내·외부 모두 산정 4. 산정 無 5. 해당없음	정산방법 1. 내부정산 (지자체 내부적으로 정산) 2. 외부정산 (외부전문기관위탁 정산) 3. 내·외부 모두 산정 4. 정산 無 5. 해당없음	1. 실시 2. 미실시 3. 향후 추진 4. 해당없음
2775	대구 수성구	어린이집 운영지원	99,220	청년여성가족과	5	2	7	8	7	5	5	4
2776	대구 수성구	어린이집 냉난방비 지원	173,400	청년여성가족과	5	7	7	8	7	5	5	4
2777	대구 수성구	장애아전문 어린이집 차량운영인건비 지원	10,800	청년여성가족과	5	2	7	8	7	5	5	4
2778	대구 수성구	장기근속보육교사 수당지원	174,000	청년여성가족과	5	7	7	8	7	5	5	4
2779	대구 수성구	보육교직원 처우개선 지원	74,526	청년여성가족과	5	2	7	8	7	5	5	4
2780	대구 수성구	만3~5세 누리과정 담임수당 등 지원	26,901	청년여성가족과	5	6	7	8	7	5	5	4
2781	대구 수성구	보육교사 수당지원	15,631	청년여성가족과	5	6	7	8	7	5	5	4
2782	대구 수성구	정부 미지원 조리원 인건비 지원	54,000	청년여성가족과	5	7	7	8	7	5	5	4
2783	대구 수성구	시간제보육지원	432,720	청년여성가족과	5	2	7	8	7	5	5	4
2784	대구 수성구	어린이집 안전공제회 단체가입	42,800	청년여성가족과	5	7	7	8	7	5	5	4
2785	대구 수성구	종합사회복지관 운영지원	888,037	복지정책과	5	1	7	8	7	1	1	1
2786	대구 수성구	종합사회복지관 운영지원	777,454	복지정책과	5	1	7	8	7	1	1	1
2787	대구 수성구	양로시설 운영 지원	725,519	복지정책과	5	1	7	8	7	1	1	4
2788	대구 수성구	사회복지시설 생활자 부식비	24,220	복지정책과	5	1	7	8	7	1	1	4
2789	대구 수성구	양로시설 입소자 보호비	32,347	복지정책과	5	1	7	8	7	1	1	4
2790	대구 수성구	노인요양시설 정책지원비	129,600	복지정책과	5	1	7	8	7	1	1	4
2791	대구 수성구	재가노인복지시설 운영 지원	16,215	복지정책과	5	1	7	8	7	1	1	1
2792	대구 수성구	경증치매노인 기억학교 운영	651,668	복지정책과	5	1	7	8	7	1	1	1
2793	대구 수성구	장애인거주시설 운영 지원	95,940	복지정책과	5	2	7	8	7	1	1	4
2794	대구 수성구	장애인거주시설 생활지도원 교대인력 증원	111,054	복지정책과	5	2	7	8	7	1	1	4
2795	대구 수성구	장애인거주시설 기능보강	7,380	복지정책과	5	2	7	8	7	1	1	4
2796	대구 수성구	장애인주간보호시설 운영 지원	1,010,437	복지정책과	5	6	7	8	7	1	1	4
2797	대구 수성구	장애인공동생활가정 운영 지원	205,019	복지정책과	5	6	7	8	7	1	1	4
2798	대구 수성구	장애인의료재활시설 운영 지원	465,373	복지정책과	5	6	7	8	7	1	1	4
2799	대구 수성구	수어통역센터 운영 지원	215,588	복지정책과	5	6	7	8	7	1	1	4
2800	대구 수성구	장애인직업재활시설 운영 지원	1,021,231	복지정책과	5	1	7	8	7	5	1	4
2801	대구 수성구	발달장애지원센터 운영	212,000	복지정책과	5	1	7	8	7	5	1	4
2802	대구 수성구	장애인편의시설 지원센터 운영 지원	101,500	복지정책과	5	1	7	8	7	1	1	1
2803	대구 달서구	경로당 운영지원	257,300	어르신장애인과	5	4	7	8	7	1	1	1
2804	대구 달서구	경로당 운영 추가지원	561,130	어르신장애인과	5	4	7	8	7	1	1	1
2805	대구 달서구	경로당 냉,난방비 및 양곡비 지원	599,872	어르신장애인과	5	4	7	8	7	1	1	1
2806	대구 달서구	대구 달서시니어클럽 운영	347,580	어르신장애인과	5	1	5	5	1	1	1	2
2807	대구 달서구	재가노인돌봄센터 운영	1,725,000	어르신장애인과	5	1	5	8	7	1	1	4
2808	대구 달서구	경증치매노인 기억학교 운영지원	651,668	어르신장애인과	5	1	5	8	7	1	1	4
2809	대구 달서구	달서구 장애인 편의증진기술지원센터 운영	96,500	어르신장애인과	5	4	7	8	7	1	1	3
2810	대구 달서구	장애인 거주시설 운영 지원	673,137	어르신장애인과	5	1	7	8	7	1	1	1
2811	대구 달서구	장애인 단기(공동)거주시설 운영 지원	441,102	어르신장애인과	5	1	7	8	7	1	1	1
2812	대구 달서구	장애인 지역사회 재활시설 운영	14,550	어르신장애인과	5	1	7	8	7	1	1	1
2813	대구 달서구	장애인 직업재활시설 운영	740,420	어르신장애인과	5	1	7	8	7	1	1	1
2814	대구 달서구	성서장애인 재활복지센터	20,440	어르신장애인과	5	4	6	3	6	1	1	2
2815	대구 달서구	지역자활센터등 운영지원	332,946	어르신장애인과	5	2	5	8	7	5	5	1
2816	대구 달서구	지역자활센터등 운영지원	332,946	어르신장애인과	5	2	5	8	7	5	5	1
2817	대구 달서구	지역자활센터등 종사자수당	14,880	어르신장애인과	5	4	5	8	7	5	5	4

순번	시군구	지출명 (사업명)	2021년예산 (단위:천원/1년간)	담당자 (공무원)	민간이전 분류 (지방자치단체 세출예산 집행기준에 의거)	민간이전지출 근거 (지방보조금 관리기준 참고)	입찰방식			운영예산 산정		성과평가 실시여부
				담당부서	1. 민간경상사업보조(307-02) 2. 민간단체 법정운영비보조(307-03) 3. 민간행사사업보조(307-04) 4. 민간위탁금(307-05) 5. 사회복지시설 법정운영비보조(307-10) 6. 민간인위탁교육비(307-12) 7. 공기관등에대한경상적위탁사업비(308-10) 8. 민간자본사업보조,자체재원(402-01) 9. 민간자본사업보조,이전재원(402-02) 10. 민간위탁사업비(402-03) 11. 공기관등에 대한 자본적 대행사업비(403-02)	1. 법률에 규정 2. 국고보조 재원(국가지정) 3. 용도 지정 기부금 4. 조례에 직접규정 5. 지자체가 권장하는 사업을 하는 공공기관 6. 시,도 정책 및 재정사정 7. 기타 8. 해당없음	계약체결방법 (경쟁형태) 1. 일반경쟁 2. 제한경쟁 3. 지명경쟁 4. 수의계약 5. 법정위탁 6. 기타 ( ) 7. 해당없음	계약기간 1. 1년 2. 2년 3. 3년 4. 4년 5. 5년 6. 기타 ( )년 7. 단기계약 (1년미만) 8. 해당없음	낙찰자선정방법 1. 적격심사 2. 협상에의한계약 3. 최저가낙찰제 4. 규격가격분리 5. 2단계 경쟁입찰 6. 기타 ( ) 7. 해당없음	운영예산 산정 1. 내부산정 (지자체 자체적으로 산정) 2. 외부산정 (외부전문기관위탁 산정) 3. 내·외부 모두 산정 4. 산정 無 5. 해당없음	정산방법 1. 내부정산 (지자체 내부적으로 정산) 2. 외부정산 (외부전문기관위탁 정산) 3. 내·외부 모두 산정 4. 정산 無 5. 해당없음	1. 실시 2. 미실시 3. 향후 추진 4. 해당없음
2818	대구 달서구	지역자활센터등 종사자수당	13,920	어르신장애인과	5	4	5	8	7	5	5	4
2819	대구 달서구	기초푸드뱅크 운영	60,000	행복나눔과	5	1	7	8	7	1	1	1
2820	대구 달서구	여성1인가구지원사업	10,000	여성가족과	5	5	5	3	7	5	1	1
2821	대구 달서구	지역아동센터 운영비 지원	2,310,000	여성가족과	5	2	7	8	7	1	1	2
2822	대구 달서구	지역아동센터 특성별 추가지원	55,908	여성가족과	5	2	7	8	7	1	1	2
2823	대구 달서구	지역아동센터 운영비 지원	242,970	여성가족과	5	6	7	8	7	1	1	2
2824	대구 달서구	다함께돌봄센터 협업모델 인건비 지원	39,600	여성가족과	5	2	7	8	7	5	5	4
2825	대구 달서구	다함께돌봄센터 협업모델 운영비 지원	4,500,000	여성가족과	5	2	7	8	7	5	5	4
2826	대구 달서구	요보호아동 그룹홈 운영	178,325	여성가족과	5	2	5	8	7	1	1	1
2827	대구 달서구	요보호아동 그룹홈 운영	92,160	여성가족과	5	2	5	8	7	1	1	1
2828	대구 달서구	한부모가족복지시설 지원	1,032,517	여성가족과	5	2	5	8	7	1	1	1
2829	대구 달서구	한부모가족복지시설 아이돌봄서비스 지원	101,720	여성가족과	5	2	5	8	7	1	1	1
2830	대구 달서구	가정폭력 상담소 운영지원	229,972	여성가족과	5	2	7	8	7	5	1	4
2831	대구 달서구	가정폭력 상담소 운영지원	19,200	여성가족과	5	2	7	8	7	5	1	4
2832	대구 달서구	공공형 어린이집 운영비	19,683	여성가족과	5	2	7	8	7	5	1	2
2833	대구 달서구	보육교직원 인건비 지원	170,658	여성가족과	5	2	7	8	7	5	1	2
2834	대구 달서구	어린이집 교재 교구비 지원	134,623	여성가족과	5	2	7	8	7	5	1	2
2835	대구 달서구	만3~5세 누리과정 담임수당 등 지원	44,455	여성가족과	5	2	7	8	7	5	1	2
2836	대구 달서구	장애아전문어린이집 차량운영 인건비 지원	14,400	여성가족과	5	2	7	8	7	5	1	2
2837	대구 달서구	보육교직원 처우개선 지원	113,836	여성가족과	5	2	7	8	7	5	1	2
2838	대구 달서구	국공립법인 시설 보육교사 수당	397,800	여성가족과	5	2	7	8	7	5	1	2
2839	대구 달서구	민간, 가정 등 보육교사 수당지원	17,640	여성가족과	5	2	7	8	7	5	1	2
2840	대구 달서구	장애아 보육교직원 특별수당 지원	117,840	여성가족과	5	2	7	8	7	5	1	2
2841	대구 달서구	근속장려 수당 지원	86,400	여성가족과	5	2	7	8	7	5	1	2
2842	대구 달서구	어린이집 교사겸직 원장 수당	96,600	여성가족과	5	2	7	8	7	5	1	2
2843	대구 달서구	어린이집 보육서비스 지원	214,100	여성가족과	5	2	7	8	7	5	1	2
2844	대구 달서구	어린이집 차량유지비	37,440	여성가족과	5	4	7	8	7	5	1	2
2845	대구 달서구	국공립어린이집 특활프로그램 운영비	36,000	여성가족과	5	2	7	8	7	5	1	2
2846	대구 달서구	어린이집 장애아동 현장학습비	4,000,000	여성가족과	5	4	7	8	7	5	1	2
2847	대구 달서구	어린이집 교직원 장기근속 수당 지원	420,000	여성가족과	5	4	7	8	7	5	1	2
2848	대구 달서구	공공형 어린이집 조리원 인건비 지원	69,600	여성가족과	5	2	7	8	7	5	1	2
2849	대구 달서구	청소년쉼터 종사자 수당 지원	19,200	평생교육과	5	6	1	3	1	1	1	1
2850	대구 달성군	경로당 임차료 지원	36,000	복지정책과	5	4	7	8	7	1	1	1
2851	대구 달성군	경로당 운영비 지원	130,300	복지정책과	5	4	7	8	7	1	1	4
2852	대구 달성군	경로당 양곡비 지원	141,478	복지정책과	5	1	7	8	7	1	1	4
2853	대구 달성군	경로당 냉난방비 지원	594,000	복지정책과	5	1	7	8	7	1	1	4
2854	대구 달성군	대구형 경로당 여가프로그램 지원	9,750	복지정책과	5	1	7	8	7	1	1	4
2855	대구 달성군	양로시설 운영비	679,468	복지정책과	5	2	7	8	7	5	5	2
2856	대구 달성군	양로시설 입소자 보호비	23,268	복지정책과	5	6	7	8	7	5	5	2
2857	대구 달성군	노인요양시설 등급외자 보호비	67,550	복지정책과	5	6	7	8	7	5	5	2
2858	대구 달성군	우수 노인요양시설 종사자 장려금	295,200	복지정책과	5	6	7	8	7	5	5	2
2859	대구 달성군	보육교직원 인건비 지원	15,299	복지정책과	5	1	7	8	7	2	1	1
2860	대구 달성군	만3~5세 누리과정 담임수당 등 지원	1,965,000	복지정책과	5	1	7	8	7	2	1	1

순번	시군구	지출명 (사업명)	2021년예산 (단위:천원/1년간)	담당자 (공무원)	민간이전 분류 (지방자치단체 세출예산 집행기준에 의거) 1. 민간경상사업보조(307-02) 2. 민간단체 법정운영비보조(307-03) 3. 민간행사사업보조(307-04) 4. 민간위탁금(307-05) 5. 사회복지시설 법정운영비보조(307-10) 6. 민간인위탁교육비(307-12) 7. 공기관등에대한경상적위탁사업비(308-10) 8. 민간자본사업보조,자체재원(402-01) 9. 민간자본사업보조,이전재원(402-02) 10. 민간위탁사업비(402-03) 11. 공기관등에 대한 자본적 대행사업비(403-02)	민간이전지출 근거 (지방보조금 관리기준 참고) 1. 법률에 규정 2. 국고보조 재원(국가지정) 3. 용도 지정 기부금 4. 조례에 직접규정 5. 지자체가 권장하는 사업을 하는 공공기관 6. 시,도 정책 및 재정사정 7. 기타 8. 해당없음	입찰방식			운영예산 산정		성과평가 실시여부
				담당부서			계약체결방법 (경쟁형태) 1. 일반경쟁 2. 제한경쟁 3. 지명경쟁 4. 수의계약 5. 법정위탁 6. 기타 ( ) 7. 해당없음	계약기간 1. 1년 2. 2년 3. 3년 4. 4년 5. 5년 6. 기타 ( )년 7. 단기계약 (1년미만) 8. 해당없음	낙찰자선정방법 1. 적격심사 2. 협상에의한계약 3. 최저가낙찰제 4. 규격가격분리 5. 2단계 경쟁입찰 6. 기타 ( ) 7. 해당없음	운영예산 산정 1. 내부산정 (지자체 자체적으로 산정) 2. 외부산정 (외부전문기관위탁 산정) 3. 내·외부 모두 산정 4. 산정 無 5. 해당없음	정산방법 1. 내부정산 (지자체 내부적으로 정산) 2. 외부정산 (외부전문기관위탁 정산) 3. 내·외부 모두 산정 4. 정산 無 5. 해당없음	1. 실시 2. 미실시 3. 향후 추진 4. 해당없음
2861	대구 달성군	어린이집 운영지원(농어촌소재 법인어린이집)	30,000	복지정책과	5	1	7	8	7	2	1	1
2862	대구 달성군	공공형 어린이집 지원	699,144	복지정책과	5	1	7	8	7	2	1	1
2863	대구 달성군	공공형어린이집 (조리원) 인건비 지원	36,000	복지정책과	5	1	7	8	7	2	1	1
2864	대구 달성군	어린이집 냉난방비 지원	126,000	복지정책과	5	1	7	8	7	1	1	1
2865	대구 달성군	어린이집 방역소독비 지원	48,000	복지정책과	5	1	7	8	7	1	1	1
2866	대구 달성군	어린이집 운영지원	94,491	복지정책과	5	1	7	8	7	2	1	1
2867	대구 달성군	어린이집 운영지원	344,000	복지정책과	5	1	7	8	7	3	1	1
2868	대구 달성군	어린이집안전공제회 단체가입 지원	45,400	복지정책과	5	1	7	8	7	2	1	1
2869	대구 달성군	장애아전문 어린이집 차량운영 인건비 지원	7,200	복지정책과	5	1	7	8	7	2	1	1
2870	대구 달성군	민간가정등 보육교사 수당 지원	11,304	복지정책과	5	1	7	8	7	2	1	1
2871	대구 달성군	국공립.법인 보육교사 수당 지원	377,400	복지정책과	5	1	7	8	7	2	1	1
2872	대구 달성군	교사겸직원장 수당 지원	52,920	복지정책과	5	1	7	8	7	2	1	1
2873	대구 달성군	장애아전문어린이집 특별수당 지원	45,600	복지정책과	5	1	7	8	7	2	1	1
2874	대구 달성군	장기근속보육교사 수당	282,000	복지정책과	5	1	7	8	7	2	1	1
2875	대구 달성군	보육교직원 처우개선 지원	9,017	복지정책과	5	1	7	8	7	3	1	1
2876	대구 달성군	농어촌지역 어린이집 보육교사 교통비 지원	522,000	복지정책과	5	1	7	8	7	1	1	1
2877	대구 달성군	지역자활센터 운영	332,946	생활보장과	5	2	7	8	7	5	5	2
2878	대구 달성군	지역자활센터 종사자 수당	12,960	생활보장과	5	6	7	8	7	5	5	2
2879	대구 달성군	지역자활센터 자활사례관리	28,990	생활보장과	5	2	7	8	7	5	5	2
2880	대구 달성군	장애인거주시설 운영비	2,546,000	희망지원과	5	1	7	8	7	1	1	4
2881	대구 달성군	장애인거주시설 운영 시비추가지원	46,933	희망지원과	5	1	7	8	7	1	1	4
2882	대구 달성군	장애인거주시설 운영 특별지원	4,800,000	희망지원과	5	1	7	8	7	1	1	4
2883	대구 달성군	장애인거주시설 거주자 하계수련비 지원	126,000	희망지원과	5	1	7	8	7	1	1	4
2884	대구 달성군	장애인 공동생활가정 운영비	139,149	희망지원과	5	1	7	8	7	1	1	4
2885	대구 달성군	중증장애인자립생활센터 운영	195,000	희망지원과	5	1	7	8	7	5	1	4
2886	대구 달성군	지역아동센터 난방비 지원	18,600	희망지원과	5	6	7	8	7	5	1	4
2887	대구 달성군	지역아동센터 종사자수당 지원	214,600	희망지원과	5	6	7	8	7	5	1	4
2888	대구 달성군	지역아동센터 운영비 지원	2,410,000	희망지원과	5	2	7	8	7	5	5	4
2889	대구 달성군	특수목적형 지역아동센터 추가지원	21,924	희망지원과	5	2	7	8	7	5	5	4
2890	대구 달성군	토요운영 지역아동센터 추가지원	51,072	희망지원과	5	2	7	8	7	5	5	4
2891	대구 달성군	지역아동센터 특화프로그램 지원	33,631	희망지원과	5	6	7	8	7	5	1	4
2892	대구 달성군	달성군립도서관운영비	1,465,000	교육청소년과	5	4	6	3	6	1	1	1
2893	대구 달성군	정신재활시설 운영	347,450	건강증진과	5	1	7	8	7	1	1	1
2894	대전광역시	해바라기센터 운영지원	709,229	성인지정책담당관	5	1	2	8	2	1	1	1
2895	대전광역시	여성인력개발센터 운영	247,000	성인지정책담당관	5	4	6	8	7	1	1	1
2896	대전광역시	여성인력개발센터 시설보강	43,000	성인지정책담당관	5	4	7	8	7	5	5	4
2897	대전광역시	노인보호전문기관 운영	444,448	노인복지과	5	2	7	8	7	5	1	4
2898	대전광역시	노인보호전문기관 종사자 특별수당	12,000	노인복지과	5	6	7	8	7	1	1	4
2899	대전광역시	시 노인연합회 운영	119,000	노인복지과	5	1	7	8	7	1	1	4
2900	대전광역시	학대피해노인 전용쉼터 운영	194,822	노인복지과	5	2	7	8	7	5	1	4
2901	대전광역시	학대피해노인 전용쉼터 종사자 특별수당	4,800,000	노인복지과	5	6	7	8	7	1	1	4
2902	대전광역시	건강가정다문화가족지원센터 운영	543,780	가족돌봄과	5	1	1	5	1	5	5	1
2903	대전광역시	결연기관 운영	258,466	가족돌봄과	5	1	7	8	7	1	1	1

순번	시군구	지출명 (사업명)	2021년예산 (단위:천원/1년간)	담당자 (공무원) 담당부서	민간이전 분류 (지방자치단체 세출예산 집행기준에 의거) 1. 민간경상사업보조(307-02) 2. 민간단체 법정운영비보조(307-03) 3. 민간행사사업보조(307-04) 4. 민간위탁금(307-05) 5. 사회복지시설 법정운영비보조(307-10) 6. 민간인위탁교육비(307-12) 7. 공기관등에대한경상적위탁사업비(308-10) 8. 민간자본사업보조,자체재원(402-01) 9. 민간자본사업보조,이전재원(402-02) 10. 민간위탁사업비(402-03) 11. 공기관등에 대한 자본적 대행사업비(403-02)	민간이전지출 근거 (지방보조금 관리기준 참고) 1. 법률에 규정 2. 국고보조 재원(국가지정) 3. 용도 지정 기부금 4. 조례에 직접규정 5. 지자체가 권장하는 사업을 하는 공공기관 6. 시,도 정책 및 재정사정 7. 기타 8. 해당없음	입찰방식 계약체결방법 (경쟁형태) 1. 일반경쟁 2. 제한경쟁 3. 지명경쟁 4. 수의계약 5. 법정위탁 6. 기타 ( ) 7. 해당없음	입찰방식 계약기간 1. 1년 2. 2년 3. 3년 4. 4년 5. 5년 6. 기타 ( )년 7. 단기계약 (1년미만) 8. 해당없음	입찰방식 낙찰자선정방법 1. 적격심사 2. 협상에의한계약 3. 최저가낙찰제 4. 규격가격분리 5. 2단계 경쟁입찰 6. 기타 ( ) 7. 해당없음	운영예산 산정 운영예산 산정 1. 내부산정 (지자체 자체적으로 산정) 2. 외부산정 (외부전문기관위탁 산정) 3. 내·외부 모두 산정 4. 산정 無 5. 해당없음	운영예산 산정 정산방법 1. 내부정산 (지자체 내부적으로 정산) 2. 외부정산 (외부전문기관위탁 정산) 3. 내·외부 모두 산정 4. 정산 無 5. 해당없음	성과평가 실시여부 1. 실시 2. 미실시 3. 향후 추진 4. 해당없음
2904	대전광역시	지역아동센터 시도지원단 운영	161,000	가족돌봄과	5	1	1	3	1	1	1	1
2905	대전 동구	푸드마켓사업 지원	194,680	복지정책과	5	1	7	8	7	1	1	2
2906	대전 동구	경로당 운영비	956,340	복지정책과	5	4	7	7	7	1	1	2
2907	대전 동구	노인공동생활가정 운영비	3,500,000	복지정책과	5	4	7	7	7	1	1	2
2908	대전 동구	경로당 부식비	384,000	복지정책과	5	4	7	7	7	1	1	2
2909	대전 동구	건강관리실 설치 경로당 운영비 지원	8,400	복지정책과	5	4	7	7	7	1	1	2
2910	대전 동구	경로당 냉난방비 및 양곡비	376,320	복지정책과	5	2	7	7	7	1	1	2
2911	대전 동구	동구정다운어르신복지관 인건비	729,401	복지정책과	5	1	7	5	7	1	1	1
2912	대전 동구	동구정다운어르신복지관 운영비	92,510	복지정책과	5	1	7	5	7	1	1	1
2913	대전 동구	동구행복한어르신복지관 인건비	829,808	복지정책과	5	1	7	5	7	1	1	1
2914	대전 동구	동구행복한어르신복지관 운영비	92,014	복지정책과	5	1	7	5	7	1	1	1
2915	대전 동구	노인복지관 종사자특별수당	37,200	복지정책과	5	1	7	5	7	1	1	1
2916	대전 동구	노인복지관 종사자 정액급식비	18,600	복지정책과	5	1	7	5	7	1	1	1
2917	대전 동구	노인복지관 급식지원	61,232	복지정책과	5	1	7	5	7	1	1	1
2918	대전 동구	시니어클럽 운영	298,200	복지정책과	5	4	7	8	7	1	1	2
2919	대전 동구	노인복지시설 운영 및 확충	490,561	복지정책과	5	6	7	8	7	1	1	4
2920	대전 동구	노인복지시설 운영 및 확충	490,561	복지정책과	5	6	7	8	7	1	1	4
2921	대전 동구	노인복지시설 운영 및 확충	490,561	복지정책과	5	6	7	8	7	1	1	4
2922	대전 동구	노인복지시설 운영 및 확충	490,561	복지정책과	5	6	7	8	7	1	1	4
2923	대전 동구	노인복지시설 운영 및 확충	490,561	복지정책과	5	6	7	8	7	1	1	4
2924	대전 동구	노인복지시설 운영 및 확충	490,561	복지정책과	5	6	7	8	7	1	1	4
2925	대전 동구	노숙인시설 운영	425,382	복지정책과	5	1	7	8	7	1	1	1
2926	대전 동구	노숙인시설 운영	402,883	복지정책과	5	1	7	8	7	1	1	1
2927	대전 동구	노숙인시설 운영	309,165	복지정책과	5	1	7	8	7	1	1	1
2928	대전 동구	노숙인시설 운영	290,266	복지정책과	5	1	7	8	7	1	1	1
2929	대전 동구	노숙인시설 운영	640,022	복지정책과	5	1	7	8	7	1	1	1
2930	대전 동구	노숙인시설 운영	267,695	복지정책과	5	1	7	8	7	1	1	1
2931	대전 동구	희망진료센터 운영	159,764	복지정책과	5	6	7	8	7	1	1	1
2932	대전 동구	사회복지관 운영	665,705	복지정책과	5	1	7	8	7	1	1	1
2933	대전 동구	사회복지관 운영	661,984	복지정책과	5	1	7	8	7	1	1	1
2934	대전 동구	사회복지관 운영	624,501	복지정책과	5	1	7	8	7	1	1	1
2935	대전 동구	사회복지관 운영	588,074	복지정책과	5	1	7	8	7	1	1	1
2936	대전 동구	사회복지관 운영	582,714	복지정책과	5	1	7	8	7	1	1	1
2937	대전 동구	다문화센터 운영	180,900	복지정책과	5	1	7	8	7	1	1	1
2938	대전 동구	지역자활센터 운영비	332,946	사회복지과	5	1	5	6	1	4	3	1
2939	대전 동구	장애인 단체 및 행사지원	54,874	사회복지과	5	1	2	1	1	1	1	1
2940	대전 동구	중증장애인 자립생활센터 운영	156,666	사회복지과	5	1	2	3	1	1	3	1
2941	대전 동구	장애인거주시설	513,859	사회복지과	5	1	7	8	7	3	3	4
2942	대전 동구	장애인거주시설	1,337,000	사회복지과	5	1	7	8	7	3	3	4
2943	대전 동구	장애인거주시설	286,372	사회복지과	5	1	7	8	7	3	3	4
2944	대전 동구	장애인거주시설	225,013	사회복지과	5	1	7	8	7	3	3	4
2945	대전 동구	장애인거주시설	145,697	사회복지과	5	1	7	8	7	3	3	4
2946	대전 동구	장애인거주시설	65,353	사회복지과	5	1	7	8	7	3	3	4

순번	시군구	지출명 (사업명)	2021년예산 (단위:천원/1년간)	담당자 (공무원) 담당부서	민간이전 분류 (지방자치단체 세출예산 집행기준에 의거) 1. 민간경상사업보조(307-02) 2. 민간단체 법정운영비보조(307-03) 3. 민간행사사업보조(307-04) 4. 민간위탁금(307-05) 5. 사회복지시설 법정운영비보조(307-10) 6. 민간인위탁교육비(307-12) 7. 공기관등에대한경상적위탁사업비(308-10) 8. 민간자본사업보조,자체재원(402-01) 9. 민간자본사업보조,이전재원(402-02) 10. 민간위탁사업비(402-03) 11. 공기관등에 대한 자본적 대행사업비(403-02)	민간이전지출 근거 (지방보조금 관리기준 참고) 1. 법률에 규정 2. 국고보조 재원(국가지정) 3. 용도 지정 기부금 4. 조례에 직접규정 5. 지자체가 권장하는 사업을 하는 공공기관 6. 시,도 정책 및 재정사정 7. 기타 8. 해당없음	입찰방식 계약체결방법 (경쟁형태) 1. 일반경쟁 2. 제한경쟁 3. 지명경쟁 4. 수의계약 5. 법정위탁 6. 기타 ( ) 7. 해당없음	입찰방식 계약기간 1. 1년 2. 2년 3. 3년 4. 4년 5. 5년 6. 기타 ( )년 7. 단기계약 (1년미만) 8. 해당없음	입찰방식 낙찰자선정방법 1. 적격심사 2. 협상에의한계약 3. 최저가낙찰제 4. 규격가격분리 5. 2단계 경쟁입찰 6. 기타 ( ) 7. 해당없음	운영예산 산정 운영예산 산정 1. 내부산정 (지자체 자체적으로 산정) 2. 외부산정 (외부전문기관위탁 산정) 3. 내·외부 모두 산정 4. 산정 無 5. 해당없음	운영예산 산정 정산방법 1. 내부정산 (지자체 내부적으로 정산) 2. 외부정산 (외부전문기관위탁 정산) 3. 내·외부 모두 산정 4. 정산 無 5. 해당없음	성과평가 실시여부 1. 실시 2. 미실시 3. 향후 추진 4. 해당없음
2947	대전 동구	장애인거주시설	67,590	사회복지과	5	1	7	8	7	3	3	4
2948	대전 동구	장애인거주시설	89,646	사회복지과	5	1	7	8	7	3	3	4
2949	대전 동구	장애인거주시설	68,090	사회복지과	5	1	7	8	7	3	3	4
2950	대전 동구	장애인거주시설	69,059	사회복지과	5	1	7	8	7	3	3	4
2951	대전 동구	장애인거주시설	62,945	사회복지과	5	1	7	8	7	3	3	4
2952	대전 동구	장애인거주시설	76,237	사회복지과	5	1	7	8	7	3	3	4
2953	대전 동구	장애인거주시설	64,077	사회복지과	5	1	7	8	7	3	3	4
2954	대전 동구	장애인거주시설	75,708	사회복지과	5	1	7	8	7	3	3	4
2955	대전 동구	장애인거주시설	65,348	사회복지과	5	1	7	8	7	3	3	4
2956	대전 동구	장애인거주시설	82,386	사회복지과	5	1	7	8	7	3	3	4
2957	대전 동구	장애인거주시설	51,852	사회복지과	5	1	7	8	7	3	3	4
2958	대전 동구	장애인거주시설	54,450	사회복지과	5	1	7	8	7	3	3	4
2959	대전 동구	장애인거주시설	71,198	사회복지과	5	1	7	8	7	3	3	4
2960	대전 동구	장애인이용시설	15,475	사회복지과	5	1	7	8	7	3	3	4
2961	대전 동구	장애인이용시설	16,623	사회복지과	5	1	7	8	7	3	3	4
2962	대전 동구	장애인이용시설	171,216	사회복지과	5	1	7	8	7	3	3	4
2963	대전 동구	장애인이용시설	147,836	사회복지과	5	1	7	8	7	3	3	4
2964	대전 동구	장애인이용시설	297,875	사회복지과	5	1	7	8	7	3	3	4
2965	대전 동구	장애인이용시설	231,440	사회복지과	5	1	7	8	7	3	3	4
2966	대전 동구	장애인이용시설	174,937	사회복지과	5	1	7	8	7	3	3	4
2967	대전 동구	장애인이용시설	226,540	사회복지과	5	1	7	8	7	3	3	4
2968	대전 동구	장애인이용시설	142,093	사회복지과	5	1	7	8	7	3	3	4
2969	대전 동구	장애인이용시설	150,420	사회복지과	5	1	7	8	7	3	3	4
2970	대전 동구	장애인이용시설	209,540	사회복지과	5	1	7	8	7	3	3	4
2971	대전 동구	장애인이용시설	141,472	사회복지과	5	1	7	8	7	3	3	4
2972	대전 동구	장애인이용시설	159,622	사회복지과	5	1	7	8	7	3	3	4
2973	대전 동구	장애인이용시설	397,351	사회복지과	5	1	7	8	7	3	3	4
2974	대전 동구	장애인이용시설	463,622	사회복지과	5	1	7	8	7	3	3	4
2975	대전 동구	장애인이용시설	319,801	사회복지과	5	1	7	8	7	3	3	4
2976	대전 동구	장애인이용시설	250,857	사회복지과	5	1	7	8	7	3	3	4
2977	대전 동구	장애인기타시설	166,092	사회복지과	5	1	7	8	7	3	3	4
2978	대전 동구	장애인기타시설	154,580	사회복지과	5	1	7	8	7	3	3	4
2979	대전 동구	장애인직업재활시설	20,000	사회복지과	5	1	7	8	7	3	3	4
2980	대전 동구	장애인거주시설	205,500	장애인복지팀	5	1	7	8	7	3	3	4
2981	대전 동구	가정폭력 상담소 종사자 특별수당	9,600	여성가족과	5	1	7	8	7	1	1	1
2982	대전 동구	가정폭력 상담소 종사자 특별수당	2,400,000	여성가족과	5	1	7	8	7	1	1	1
2983	대전 동구	가정폭력 상담소 종사자 특별수당	5,600	여성가족과	5	1	7	8	7	1	1	1
2984	대전 동구	가정폭력 상담소 종사자 특별수당	3,840,000	여성가족과	5	1	7	8	7	1	1	1
2985	대전 동구	가정폭력 피해자 보호시설 운영 지원	248,136	여성가족과	5	1	7	8	7	1	1	1
2986	대전 동구	가정폭력 피해자 보호시설 지원	26,880	여성가족과	5	1	7	8	7	1	1	1
2987	대전 동구	가정폭력 피해자 보호시설 지원	4,800,000	여성가족과	5	1	7	8	7	1	1	1
2988	대전 동구	가정폭력 피해자 보호시설 지원	11,200	여성가족과	5	1	7	8	7	1	1	1
2989	대전 동구	가정폭력 피해자 보호시설 지원	7,680	여성가족과	5	1	7	8	7	1	1	1

순번	시군구	지출명 (사업명)	2021년예산 (단위:천원/1년간)	담당자 (공무원)	민간이전 분류 (지방자치단체 세출예산 집행기준에 의거)	민간이전지출 근거 (지방보조금 관리기준 참고)	입찰방식			운영예산 산정		성과평가 실시여부
				담당부서	1. 민간경상사업보조(307-02) 2. 민간단체 법정운영비보조(307-03) 3. 민간행사사업보조(307-04) 4. 민간위탁금(307-05) 5. 사회복지시설 법정운영비보조(307-10) 6. 민간인위탁교육비(307-12) 7. 공기관등에대한경상적위탁사업비(308-10) 8. 민간자본사업보조,자체재원(402-01) 9. 민간자본사업보조,이전재원(402-02) 10. 민간위탁사업비(402-03) 11. 공기관등에 대한 자본적 대행사업비(403-02)	1. 법률에 규정 2. 국고보조 재원(국가지정) 3. 용도 지정 기부금 4. 조례에 직접규정 5. 지자체가 권장하는 사업을 하는 공공기관 6. 시,도 정책 및 재정사정 7. 기타 8. 해당없음	계약체결방법 (경쟁형태) 1. 일반경쟁 2. 제한경쟁 3. 지명경쟁 4. 수의계약 5. 법정위탁 6. 기타 ( ) 7. 해당없음	계약기간 1. 1년 2. 2년 3. 3년 4. 4년 5. 5년 6. 기타 ( )년 7. 단기계약 (1년미만) 8. 해당없음	낙찰자선정방법 1. 적격심사 2. 협상에의한계약 3. 최저가낙찰제 4. 규격가격분리 5. 2단계 경쟁입찰 6. 기타 ( ) 7. 해당없음	운영예산 산정 1. 내부산정 (지자체 자체적으로 산정) 2. 외부산정 (외부전문기관위탁 산정) 3. 내·외부 모두 산정 4. 산정 無 5. 해당없음	정산방법 1. 내부정산 (지자체 내부적으로 정산) 2. 외부정산 (외부전문기관위탁 정산) 3. 내·외부 모두 산정 4. 정산 無 5. 해당없음	1. 실시 2. 미실시 3. 향후 추진 4. 해당없음
2990	대전 동구	성폭력 상담소 운영지원	163,178	여성가족과	5	1	7	8	7	1	1	1
2991	대전 동구	성폭력상담소종사자 특별수당	12,000	여성가족과	5	1	7	8	7	1	1	1
2992	대전 동구	성폭력상담소종사자 특별수당	3,000,000	여성가족과	5	1	7	8	7	1	1	1
2993	대전 동구	성폭력상담소종사자 특별수당	7,000	여성가족과	5	1	7	8	7	1	1	1
2994	대전 동구	성폭력상담소종사자 특별수당	4,800,000	여성가족과	5	1	7	8	7	1	1	1
2995	대전 동구	0세아 전용어린이집 보육교사 인건비 지원	172,040	여성가족과	5	1	7	3	1	1	1	2
2996	대전 동구	0세아 전용어린이집 운영비 지원	7,200	여성가족과	5	1	7	3	1	1	1	2
2997	대전 동구	아동복지시설 운영 지원	5,180	여성가족과	5	1	7	8	7	1	1	4
2998	대전 동구	아동복지시설 운영 지원	28,800	여성가족과	5	1	7	8	7	1	1	4
2999	대전 동구	아동복지시설 운영 지원	475,298	여성가족과	5	1	7	8	7	1	1	4
3000	대전 동구	아동복지시설 운영 지원	213,840	여성가족과	5	1	7	8	7	1	1	4
3001	대전 동구	아동복지시설 운영 지원	56,933	여성가족과	5	1	7	8	7	1	1	4
3002	대전 동구	아동복지시설 종사자 정액급식비	59,400	여성가족과	5	1	7	8	7	1	1	4
3003	대전 동구	요보호 아동그룹홈 운영	356,652	여성가족과	5	1	7	8	7	1	1	2
3004	대전 동구	요보호아동 그룹홈 운영지원	25,920	여성가족과	5	1	7	8	7	1	1	2
3005	대전 동구	요보호아동 그룹홈 운영지원	7,200	여성가족과	5	1	7	8	7	1	1	2
3006	대전 동구	요보호아동 그룹홈 운영지원	16,800	여성가족과	5	1	7	8	7	1	1	2
3007	대전 동구	요보호아동 그룹홈 운영지원	11,232	여성가족과	5	1	7	8	7	1	1	2
3008	대전 동구	요보호아동그룹홈 냉난방비	3,200,000	여성가족과	5	1	7	8	7	1	1	2
3009	대전 동구	지역아동센터 운영비 지원	1,911,000	여성가족과	5	2	7	8	7	5	1	4
3010	대전 동구	지역아동센터 운영비 지원	25,560	여성가족과	5	2	7	8	7	5	1	4
3011	대전 동구	지역아동센터 운영비 지원	9,360	여성가족과	5	2	7	8	7	5	1	4
3012	대전 동구	지역아동센터종사자 특별수당	72,000	여성가족과	5	1	7	8	7	5	1	4
3013	대전 동구	지역아동센터 냉난방비	20,800	여성가족과	5	1	7	8	7	5	1	4
3014	대전 동구	지역아동센터 급식종사자 지원	333,216	여성가족과	5	1	7	8	7	5	1	4
3015	대전 동구	지역아동센터 종사자 정액급식비 지원	36,000	여성가족과	5	1	7	8	7	5	1	4
3016	대전 동구	지역아동센터 명절휴가비 지원	84,000	여성가족과	5	1	7	8	7	5	1	4
3017	대전 동구	지역아동센터 프로그램비 지원	84,528	여성가족과	5	1	7	8	7	5	1	4
3018	대전 동구	특성별 지역아동센터 추가지원	29,232	여성가족과	5	2	7	8	7	5	1	4
3019	대전 동구	특성별 지역아동센터 추가지원	29,184	여성가족과	5	2	7	8	7	5	1	4
3020	대전 동구	특성별 지역아동센터 추가지원	4,800,000	여성가족과	5	2	7	8	7	5	1	4
3021	대전 동구	지역아동센터 종사자 가족수당	56,160	여성가족과	5	1	7	8	7	5	1	4
3022	대전 동구	정신요양시설 운영지원	16,137	건강생활지원과	5	1	7	8	7	5	1	4
3023	대전 동구	정신재활시설지원	418,071	건강생활지원과	5	1	7	8	7	5	1	4
3024	대전 동구	정신건강복지센터지원	16,800	건강생활지원과	5	1	7	8	7	5	5	4
3025	대전 동구	중독관리 통합지원센터	6,000	건강생활지원과	5	1	7	8	7	5	5	4
3026	대전 동구	노숙인 자활시설 운영지원	290,138	복지정책과	5	1	7	8	7	1	1	4
3027	대전 동구	노숙인 시설종사자 특별수당	6,000	복지정책과	5	1	7	8	7	1	1	4
3028	대전 동구	노숙인 시설종사자 정액급식비	3,000,000	복지정책과	5	1	7	8	7	1	1	4
3029	대전 동구	사회복지관 기본운영비	134,331	복지정책과	5	1	7	8	7	1	1	4
3030	대전 동구	사회복지관 종사자 인건비	1,290,000	복지정책과	5	1	7	8	7	1	1	4
3031	대전 동구	사회복지관 종사자 특별수당	31,200	복지정책과	5	1	7	8	7	1	1	4
3032	대전 동구	사회복지관 종사자 정액급식비	15,600	복지정책과	5	1	7	8	7	1	1	4

순번	시군구	지출명 (사업명)	2021년예산 (단위:천원/1년간)	담당자 (공무원)	민간이전 분류 (지방자치단체 세출예산 집행기준에 의거)	민간이전지출 근거 (지방보조금 관리기준 참고)	입찰방식			운영예산 산정		성과평가 실시여부
				담당부서	1. 민간경상사업보조(307-02) 2. 민간단체 법정운영비보조(307-03) 3. 민간행사사업보조(307-04) 4. 민간위탁금(307-05) 5. 사회복지시설 법정운영비보조(307-10) 6. 민간인위탁교육비(307-12) 7. 공기관등에대한경상적위탁사업비(308-10) 8. 민간자본사업보조,자체재원(402-01) 9. 민간자본사업보조,이전재원(402-02) 10. 민간위탁사업비(402-03) 11. 공기관등에 대한 자본적 대행사업비(403-02)	1. 법률에 규정 2. 국고보조 재원(국가지정) 3. 용도 지정 기부금 4. 조례에 직접규정 5. 지자체가 권장하는 사업을 하는 공공기관 6. 시,도 정책 및 재정사정 7. 기타 8. 해당없음	계약체결방법 (경쟁형태) 1. 일반경쟁 2. 제한경쟁 3. 지명경쟁 4. 수의계약 5. 법정위탁 6. 기타 ( ) 7. 해당없음	계약기간 1. 1년 2. 2년 3. 3년 4. 4년 5. 5년 6. 기타 ( )년 7. 단기계약 (1년미만) 8. 해당없음	낙찰자선정방법 1. 적격심사 2. 협상에의한계약 3. 최저가낙찰제 4. 규격가격분리 5. 2단계 경쟁입찰 6. 기타 ( ) 7. 해당없음	운영예산 산정 1. 내부산정 (지자체 자체적으로 산정) 2. 외부산정 (외부전문기관위탁 산정) 3. 내·외부 모두 산정 4. 산정 無 5. 해당없음	정산방법 1. 내부정산 (지자체 내부적으로 정산) 2. 외부정산 (외부전문기관위탁 정산) 3. 내·외부 모두 산정 4. 정산 無 5. 해당없음	1. 실시 2. 미실시 3. 향후 추진 4. 해당없음
3033	대전 동구	경로당 부식비지원	350,400	복지정책과	5	1	7	8	7	5	1	1
3034	대전 동구	경로당 운영비	846,216	복지정책과	5	1	7	8	7	5	1	1
3035	대전 동구	경로당 운영비 추가지원	88,800	복지정책과	5	1	7	8	7	5	1	1
3036	대전 동구	노인공동생활가정 운영비	3,500,000	복지정책과	5	1	7	8	7	5	1	2
3037	대전 동구	경로당 냉난방비 및 양곡비 지원	331,520	복지정책과	5	1	7	8	7	5	1	1
3038	대전 동구	양로시설 운영지원	433,850	복지정책과	5	1	7	8	7	5	1	1
3039	대전 동구	생활시설종사자 특별수당	25,920	복지정책과	5	1	7	8	7	5	1	2
3040	대전 동구	생활시설종사자 정액급식비	16,800	복지정책과	5	1	7	8	7	5	1	2
3041	대전 동구	사회복지법인시설 재가시설	136,215	복지정책과	5	1	7	8	7	5	1	2
3042	대전 동구	개인운영신고시설 생활시설	22,440	복지정책과	5	1	7	8	7	5	1	2
3043	대전 동구	개인운영신고시설 재가시설	136,215	복지정책과	5	1	7	8	7	5	1	2
3044	대전 동구	재가노인시설 운영비 지원	544,860	복지정책과	5	1	7	8	7	5	1	2
3045	대전 동구	이용시설종사자 특별수당	21,600	복지정책과	5	1	7	8	7	5	1	2
3046	대전 동구	서비스관리자 종사자특별수당	19,200	복지정책과	5	1	7	8	7	1	1	2
3047	대전 동구	서비스관리자 정액급식비	9,600	복지정책과	5	1	7	8	7	1	1	2
3048	대전 동구	응급관리요원 종사자특별수당	240,000	복지정책과	5	1	7	8	7	1	1	2
3049	대전 동구	응급관리요원 정액급식비	1,200,000	복지정책과	5	1	7	8	7	1	1	2
3050	대전 동구	시니어클럽 운영비	291,000	복지정책과	5	1	5	5	7	1	1	1
3051	대전 동구	시니어클럽 종사자 특별수당	7,200	복지정책과	5	1	5	5	7	1	1	1
3052	대전 동구	지역자활센터 운영	332,946	복지정책과	5	2	5	8	7	5	1	1
3053	대전 동구	자활사례관리	28,989	복지정책과	5	2	5	8	7	5	1	1
3054	대전 동구	지역자활센터 종사자 특별수당	14,400	복지정책과	5	6	5	8	7	1	1	1
3055	대전 동구	지역자활센터 종사자 정액급식비	7,200	복지정책과	5	6	5	8	7	1	1	1
3056	대전 동구	장애인 거주시설(유형별) 운영	1,717,000	복지정책과	5	1	7	8	7	5	1	4
3057	대전 동구	장애인 단기거주시설 운영	1,025,303	복지정책과	5	1	7	8	7	5	1	4
3058	대전 동구	장애인 단기거주시설 운영	93,700	복지정책과	5	1	7	8	7	5	1	4
3059	대전 동구	장애인 공동생활가정 운영	241,270	복지정책과	5	1	7	8	7	5	1	4
3060	대전 동구	장애인 거주시설 종사자 특별수당	151,200	복지정책과	5	4	7	8	7	5	1	4
3061	대전 동구	장애인 거주시설 종사자 정액급식비	42,000	복지정책과	5	4	7	8	7	5	1	4
3062	대전 동구	장애인 주간보호시설 운영	1,009,892	복지정책과	5	1	7	8	7	5	1	4
3063	대전 동구	장애인 생활이동지원센터 운영	632,442	복지정책과	5	1	7	8	7	5	1	4
3064	대전 동구	장애인 수어통역센터 운영	283,039	복지정책과	5	1	7	8	7	5	1	4
3065	대전 동구	점자도서관 운영	233,786	복지정책과	5	1	7	8	7	5	1	4
3066	대전 동구	장애인 지역사회재활시설 종사자 특별수당	50,400	복지정책과	5	4	7	8	7	5	1	4
3067	대전 동구	장애인 지역사회재활시설 종사자 정액급식비	25,200	복지정책과	5	4	7	8	7	5	1	4
3068	대전 동구	장애인 직업재활시설 운영	704,904	복지정책과	5	1	7	8	7	5	1	4
3069	대전 동구	장애인 직업재활시설 종사자 특별수당	13,200	복지정책과	5	4	7	8	7	5	1	4
3070	대전 동구	장애인 직업재활시설 종사자 정액급식비	6,600	복지정책과	5	4	7	8	7	5	1	4
3071	대전 동구	장애인 거주시설 공기청정기 렌탈지원사업	2,160,000	복지정책과	5	1	7	8	7	5	1	4
3072	대전 동구	대전장애인자립생활센터 지원	156,666	복지정책과	5	1	7	8	7	1	1	1
3073	대전 동구	빛나눔장애인자립생활센터 지원	80,000	복지정책과	5	1	7	8	7	1	1	1
3074	대전 동구	피해장애인 쉼터 운영 지원	145,400	복지정책과	5	1	7	8	7	5	1	4
3075	대전 동구	피해장애인 쉼터 종사자 특별수당	6,480	복지정책과	5	1	7	8	7	5	1	4

순번	시군구	지출명 (사업명)	2021년예산 (단위:천원/1년간)	담당자 (공무원) 담당부서	민간이전 분류 (지방자치단체 세출예산 집행기준에 의거) 1. 민간경상사업보조(307-02) 2. 민간단체 법정운영비보조(307-03) 3. 민간행사사업보조(307-04) 4. 민간위탁금(307-05) 5. 사회복지시설 법정운영비보조(307-10) 6. 민간인위탁교육비(307-12) 7. 공기관등에대한경상적위탁사업비(308-10) 8. 민간자본사업보조,자체재원(402-01) 9. 민간자본사업보조,이전재원(402-02) 10. 민간위탁사업비(402-03) 11. 공기관등에 대한 자본적 대행사업비(403-02)	민간이전지출 근거 (지방보조금 관리기준 참고) 1. 법률에 규정 2. 국고보조 재원(국가지정) 3. 용도 지정 기부금 4. 조례에 직접규정 5. 지자체가 권장하는 사업을 하는 공공기관 6. 시,도 정책 및 재정사정 7. 기타 8. 해당없음	입찰방식 계약체결방법 (경쟁형태) 1. 일반경쟁 2. 제한경쟁 3. 지명경쟁 4. 수의계약 5. 법정위탁 6. 기타 ( ) 7. 해당없음	입찰방식 계약기간 1. 1년 2. 2년 3. 3년 4. 4년 5. 5년 6. 기타 ( )년 7. 단기계약 (1년미만) 8. 해당없음	입찰방식 낙찰자선정방법 1. 적격심사 2. 협상에의한계약 3. 최저가낙찰제 4. 규격가격분리 5. 2단계 경쟁입찰 6. 기타 ( ) 7. 해당없음	운영예산 산정 운영예산 산정 1. 내부산정 (지자체 자체적으로 산정) 2. 외부산정 (외부전문기관위탁 산정) 3. 내·외부 모두 산정 4. 산정 無 5. 해당없음	운영예산 산정 정산방법 1. 내부정산 (지자체 내부적으로 정산) 2. 외부정산 (외부전문기관위탁 정산) 3. 내·외부 모두 산정 4. 정산 無 5. 해당없음	성과평가 실시여부 1. 실시 2. 미실시 3. 향후 추진 4. 해당없음
3076	대전 동구	피해장애인 쉼터 종사자 정액급식비	1,800,000	복지정책과	5	1	7	8	7	5	1	4
3077	대전 동구	장애인 거주시설(유형별) 생활지도원 교대인력 증원 인건비	99,450	복지정책과	5	1	7	8	7	5	1	4
3078	대전 동구	장애인 편의시설기초센터 운영비	55,468	복지정책과	5	1	5	8	7	1	1	1
3079	대전 동구	푸드뱅크 지원	7,000	사회복지과	5	1	7	8	7	5	1	4
3080	대전 동구	푸드마켓 운영지원	194,680	사회복지과	5	1	7	8	7	5	1	4
3081	대전 동구	한부모가족복지시설 운영비	875,163	여성가족과	5	1	7	8	7	1	1	1
3082	대전 동구	아침뜰 주거지원	49,800	여성가족과	5	1	7	8	7	1	1	1
3083	대전 동구	한부모가족복지시설 종사자특별수당	23,760	여성가족과	5	1	7	8	7	1	1	1
3084	대전 동구	한부모가족복지시설 종사자 급식비	6,600	여성가족과	5	1	7	8	7	1	1	1
3085	대전 동구	가정폭력상담소 운영	217,873	여성가족과	5	1	5	8	7	1	1	4
3086	대전 동구	가정폭력상담소 운영 지원	37,520	여성가족과	5	1	5	8	7	1	1	4
3087	대전 동구	성폭력피해자 보호시설 운영	294,417	여성가족과	5	1	5	8	7	1	1	4
3088	대전 동구	성폭력피해자 보호시설 운영 지원	50,560	여성가족과	5	1	5	8	7	1	1	4
3089	대전 동구	성매매피해자 지원시설 운영	176,700	여성가족과	5	1	5	8	7	1	1	4
3090	대전 동구	성매매피해자 지원시설 운영 지원	31,600	여성가족과	5	1	5	8	7	1	1	4
3091	대전 동구	성매매피해상담소 운영	166,235	여성가족과	5	1	5	8	7	1	1	4
3092	대전 동구	성매매피해상담소 운영 지원	42,880	여성가족과	5	1	5	8	7	1	1	4
3093	대전 동구	대전여성자활지원센터 운영	429,722	여성가족과	5	1	5	8	7	1	1	4
3094	대전 동구	성매매피해 아동청소년 지원	84,960	여성가족과	5	1	5	8	7	1	1	4
3095	대전 동구	대전여성자활지원센터 운영 지원	32,160	여성가족과	5	1	5	8	7	1	1	4
3096	대전 동구	다문화가족지원센터 운영	155,300	여성가족과	5	1	7	8	7	1	1	1
3097	대전 동구	종사자 처우개선비	25,600	여성가족과	5	1	7	8	7	1	1	1
3098	대전 동구	차량운영비	3,434,000	여성가족과	5	2	7	8	7	5	5	2
3099	대전 동구	교재교구비	70,641	여성가족과	5	1	7	8	7	1	1	1
3100	대전 동구	어린이집 냉.난방비지원	82,380	여성가족과	5	8	7	8	7	5	5	4
3101	대전 동구	도서구입비	20,800	여성가족과	5	1	7	8	7	1	1	1
3102	대전 동구	보육돌봄서비스	5,803	여성가족과	5	2	7	8	7	5	5	2
3103	대전 동구	장애아전문 어린이집 운전기사 인건비	20,928	여성가족과	5	2	7	8	7	5	5	2
3104	대전 동구	0세아 전용 어린이집 운영지원	285,240	여성가족과	5	2	7	8	7	5	5	2
3105	대전 동구	보조교사 지원	3,696,000	여성가족과	5	2	7	8	7	5	5	2
3106	대전 동구	차량유지비	27,000	여성가족과	5	2	7	8	7	5	5	2
3107	대전 동구	교재교구비	16,800	여성가족과	5	1	7	8	7	1	1	1
3108	대전 동구	야간연장형 어린이집 난방비	46,980	여성가족과	5	2	7	8	7	5	5	2
3109	대전 동구	보육교직원 장기근속수당	136,992	여성가족과	5	2	7	8	7	5	5	2
3110	대전 동구	어린이집 원장 처우개선수당	56,160	여성가족과	5	2	7	8	7	5	5	2
3111	대전 동구	특수어린이집 보육교직원 특별수당	563,040	여성가족과	5	2	7	8	7	5	5	2
3112	대전 동구	영유아반 보육교직원 특별수당	535,800	여성가족과	5	2	7	8	7	5	5	2
3113	대전 동구	영유아 어린이집 보조교사 인건비	76,680	여성가족과	5	2	7	8	7	5	5	2
3114	대전 동구	보육교직원 교통급식비	385,560	여성가족과	5	2	7	8	7	5	5	2
3115	대전 동구	보육교직원 특별수당	102,700	여성가족과	5	2	7	8	7	5	5	2
3116	대전 동구	야간연장형 어린이집 보조교사 수당	174,754	여성가족과	5	2	7	8	7	5	5	2
3117	대전 동구	보육교사 장기근속수당	95,040	여성가족과	5	2	7	8	7	5	5	2
3118	대전 동구	보육교직원 처우개선비	899,640	여성가족과	5	2	7	8	7	5	5	2

순번	시군구	지출명 (사업명)	2021년예산 (단위:천원/1년간)	담당자 (공무원)	민간이전 분류 (지방자치단체 세출예산 집행기준에 의거)	민간이전지출 근거 (지방보조금 관리기준 참고)	입찰방식			운영예산 산정		성과평가 실시여부
				담당부서	1. 민간경상사업보조(307-02) 2. 민간단체 법정운영비보조(307-03) 3. 민간행사사업보조(307-04) 4. 민간위탁금(307-05) 5. 사회복지시설 법정운영비보조(307-10) 6. 민간인위탁교육비(307-12) 7. 공기관등에대한경상적위탁사업비(308-10) 8. 민간자본사업보조,자체재원(402-01) 9. 민간자본사업보조,이전재원(402-02) 10. 민간위탁사업비(402-03) 11. 공기관등에 대한 자본적 대행사업비(403-02)	1. 법률에 규정 2. 국고보조 재원(국가지정) 3. 용도 지정 기부금 4. 조례에 직접규정 5. 지자체가 권장하는 사업을 하는 공공기관 6. 시,도 정책 및 재정사정 7. 기타 8. 해당없음	계약체결방법 (경쟁형태) 1. 일반경쟁 2. 제한경쟁 3. 지명경쟁 4. 수의계약 5. 법정위탁 6. 기타 ( ) 7. 해당없음	계약기간 1. 1년 2. 2년 3. 3년 4. 4년 5. 5년 6. 기타 ( )년 7. 단기계약 (1년미만) 8. 해당없음	낙찰자선정방법 1. 적격심사 2. 협상에의한계약 3. 최저가낙찰제 4. 규격가격분리 5. 2단계 경쟁입찰 6. 기타 ( ) 7. 해당없음	운영예산 산정 1. 내부산정 (지자체 자체적으로 산정) 2. 외부산정 (외부전문기관위탁 산정) 3. 내·외부 모두 산정 4. 산정 無 5. 해당없음	정산방법 1. 내부정산 (지자체 내부적으로 정산) 2. 외부정산 (외부전문기관위탁 정산) 3. 내·외부 모두 산정 4. 정산 無 5. 해당없음	1. 실시 2. 미실시 3. 향후 추진 4. 해당없음
3119	대전 동구	보육교직원 시간외근무수당	259,200	여성가족과	5	2	7	8	7	5	5	2
3120	대전 동구	보육교직원 명절수당	105,700	여성가족과	5	2	7	8	7	5	5	2
3121	대전 동구	어린이집원장 처우개선비	46,800	여성가족과	5	2	7	8	7	5	5	2
3122	대전 동구	어린이집 급간식 운영지원	1,248,000	여성가족과	5	2	7	8	7	5	5	2
3123	대전 동구	공공형 어린이집	1,188,000	여성가족과	5	1	7	8	7	1	1	1
3124	대전 동구	지역아동센터 기본운영비	2,578,000	여성가족과	5	1	7	8	7	1	1	1
3125	대전 동구	공기청정기 지원	47,880	여성가족과	5	1	7	8	7	1	1	1
3126	대전 동구	등하원 안심알림이 이용료	13,320	여성가족과	5	1	7	8	7	1	1	1
3127	대전 동구	지역아동센터 냉·난방비	29,600	여성가족과	5	1	7	8	7	1	1	1
3128	대전 동구	지역아동센터 종사자 특별수당	97,200	여성가족과	5	4	7	8	7	1	1	1
3129	대전 동구	지역아동센터 종사자 정액급식비	48,600	여성가족과	5	4	7	8	7	1	1	1
3130	대전 동구	지역아동센터 종사자 명절휴가비	113,400	여성가족과	5	4	7	8	7	1	1	1
3131	대전 동구	지역아동센터 종사자 가족수당	75,816	여성가족과	5	4	7	8	7	1	1	1
3132	대전 동구	지역아동센터 프로그램비	115,503	여성가족과	5	1	7	8	7	1	1	1
3133	대전 동구	지역아동센터 급식종사자 지원	474,192	여성가족과	5	1	7	8	7	1	1	1
3134	대전 동구	특수목적형 지역아동센터 추가지원	21,924	여성가족과	5	1	7	8	7	1	1	1
3135	대전 동구	토요운영 지역아동센터 추가지원	36,480	여성가족과	5	1	7	8	7	1	1	1
3136	대전 동구	공공성강화 선도모델 운영비 추가지원	4,800,000	여성가족과	5	1	7	8	7	1	1	1
3137	대전 동구	요보호아동 그룹홈 운영 지원	445,815	여성가족과	5	1	7	8	7	1	1	1
3138	대전 동구	요보호아동 그룹홈 냉·난방비	4,000,000	여성가족과	5	4	7	8	7	1	1	1
3139	대전 동구	요보호아동 그룹홈 종사자특별수당	32,400	여성가족과	5	4	7	8	7	1	1	1
3140	대전 동구	요보호아동 그룹홈 아동 지원	16,000	여성가족과	5	4	7	8	7	1	1	1
3141	대전 동구	요보호아동 그룹홈 종사자 정액급식비	9,000	여성가족과	5	4	7	8	7	1	1	1
3142	대전 동구	요보호아동 그룹홈 종사자 명절휴가비	21,000	여성가족과	5	4	7	8	7	1	1	1
3143	대전 동구	요보호아동 그룹홈 종사자 가족수당	14,040	여성가족과	5	4	7	8	7	1	1	1
3144	대전 동구	아동복지시설 운영	14,296	여성가족과	5	4	7	8	7	1	1	1
3145	대전 동구	아동복지시설 운영	97,235	여성가족과	5	4	7	8	7	1	1	1
3146	대전 동구	아동복지시설 종사자 특별수당	64,800	여성가족과	5	4	7	8	7	1	1	1
3147	대전 동구	아동복지시설 종사자 정액급식비	18,000	여성가족과	5	4	7	8	7	1	1	1
3148	대전 동구	다함께돌봄센터 인건비 지원	26,520	여성가족과	5	1	7	8	7	1	1	3
3149	대전 동구	다함께돌봄센터 운영비 지원	1,800,000	여성가족과	5	1	7	8	7	1	1	3
3150	대전 동구	다함께돌봄센터 협업모델 인건비 지원	22,275	여성가족과	5	1	7	8	7	1	1	3
3151	대전 동구	다함께돌봄센터 협업모델 운영비 지원	27,000,000	여성가족과	5	1	7	8	7	1	1	3
3152	대전 동구	학대피해아동쉼터 운영	226,871	여성가족과	5	1	7	8	7	1	1	1
3153	대전 동구	학대피해아동쉼터 종사자 특별수당	12,960	여성가족과	5	4	7	8	7	1	1	1
3154	대전 동구	학대피해아동쉼터 종사자 정액급식비	3,600,000	여성가족과	5	4	7	8	7	1	1	1
3155	대전 동구	학대피해아동쉼터 종사자 명절휴가비	8,400	여성가족과	5	4	7	8	7	1	1	1
3156	대전 동구	학대피해아동쉼터 종사자 가족수당	5,616	여성가족과	5	4	7	8	7	1	1	1
3157	대전 동구	청소년방과후아카데미 운영지원	164,042	여성가족과	5	2	7	8	7	1	1	1
3158	대전 동구	청소년운영위원회 운영지원	2,000,000	여성가족과	5	2	7	8	7	1	1	1
3159	대전 동구	청소년수련시설 지도사 배치지원	23,208	여성가족과	5	2	7	8	7	1	1	1
3160	대전 동구	청소년참여위원회 운영지원	280,000	여성가족과	5	2	7	8	7	1	1	1
3161	대전 동구	정신재활시설 운영비	1,813,000	보건소	5	1	7	8	7	5	1	4

순번	시군구	지출명 (사업명)	2021년예산 (단위:천원/1년간)	담당자 (공무원) 담당부서	민간이전 분류 (지방자치단체 세출예산 집행기준에 의거) 1. 민간경상사업보조(307-02) 2. 민간단체 법정운영비보조(307-03) 3. 민간행사사업보조(307-04) 4. 민간위탁금(307-05) 5. 사회복지시설 법정운영비보조(307-10) 6. 민간인위탁교육비(307-12) 7. 공기관등에대한경상적위탁사업비(308-10) 8. 민간자본사업보조,자체재원(402-01) 9. 민간자본사업보조,이전재원(402-02) 10. 민간위탁사업비(402-03) 11. 공기관등에 대한 자본적 대행사업비(403-02)	민간이전지출 근거 (지방보조금 관리기준 참고) 1. 법률에 규정 2. 국고보조 재원(국가지정) 3. 용도 지정 기부금 4. 조례에 직접규정 5. 지자체가 권장하는 사업을 하는 공공기관 6. 시,도 정책 및 재정사정 7. 기타 8. 해당없음	입찰방식 계약체결방법 (경쟁형태) 1. 일반경쟁 2. 제한경쟁 3. 지명경쟁 4. 수의계약 5. 법정위탁 6. 기타 ( ) 7. 해당없음	입찰방식 계약기간 1. 1년 2. 2년 3. 3년 4. 4년 5. 5년 6. 기타 ( )년 7. 단기계약 (1년미만) 8. 해당없음	입찰방식 낙찰자선정방법 1. 적격심사 2. 협상에의한계약 3. 최저가낙찰제 4. 규격가격분리 5. 2단계 경쟁입찰 6. 기타 ( ) 7. 해당없음	운영예산 산정 운영예산 산정 1. 내부산정 (지자체 자체적으로 산정) 2. 외부산정 (외부전문기관위탁 산정) 3. 내·외부 모두 산정 4. 산정 無 5. 해당없음	운영예산 산정 정산방법 1. 내부정산 (지자체 내부적으로 정산) 2. 외부정산 (외부전문기관위탁 정산) 3. 내·외부 모두 산정 4. 정산 無 5. 해당없음	성과평가 실시여부 1. 실시 2. 미실시 3. 향후 추진 4. 해당없음
3162	대전 동구	정신재활시설 종사자 특별수당	41,040	보건소	5	1	7	8	7	5	1	4
3163	대전 동구	정신재활시설 종사자 정액급식비	16,200	보건소	5	1	7	8	7	5	1	4
3164	대전 대덕구	지역자활센터운영	332,946	사회복지과	5	2	5	1	7	5	1	3
3165	대전 대덕구	지역자활센터운영	18,000	사회복지과	5	6	5	1	7	5	1	3
3166	대전 대덕구	노숙인시설 운영비	141,100	사회복지과	5	2	7	8	7	1	3	4
3167	대전 대덕구	노숙인시설 운영비 지원	54,000	사회복지과	5	2	7	8	7	1	3	4
3168	대전 대덕구	지체장애인편의시설지원	53,650	사회복지과	5	1	5	8	7	5	1	1
3169	대전 대덕구	장애인 직업재활시설 운영	15,734	사회복지과	5	6	7	8	7	5	1	4
3170	대전 대덕구	장애인 이용시설 종사자 특별수당	114,000	사회복지과	5	6	7	8	7	5	1	4
3171	대전 대덕구	장애인 주간보호시설 운영	1,725,000	사회복지과	5	6	7	8	7	5	1	4
3172	대전 대덕구	장애아동 재활지원센터 운영	205,530	사회복지과	5	6	7	8	7	5	1	4
3173	대전 대덕구	청각장애인 수어통역센터 운영	311,804	사회복지과	5	6	7	8	7	5	1	4
3174	대전 대덕구	노숙인시설 종사자 정액급식비	15,000	사회복지과	5	1	7	8	7	1	3	4
3175	대전 대덕구	장애인이용시설종사자 정액급식비 지원	57,000	사회복지과	5	6	7	8	7	5	1	4
3176	대전 대덕구	노인요양시설운영	15,120	사회복지과	5	1	7	8	7	5	1	4
3177	대전 대덕구	재가노인복지시설 운영	8,400	사회복지과	5	1	7	8	7	5	1	4
3178	대전 대덕구	경로당 운영비 지원	710,612	사회복지과	5	1	7	1	7	3	1	4
3179	대전 대덕구	노인복지관운영지원	41,400	사회복지과	5	1	5	5	1	1	1	1
3180	대전 대덕구	노인복지개인운영시설지원	5,610	사회복지과	5	1	7	8	7	5	1	4
3181	대전 대덕구	재가시설등급외자지원	136,215	사회복지과	5	1	7	8	7	5	1	4
3182	대전 대덕구	사회복지법인 재가시설지원	136,215	사회복지과	5	1	7	8	7	5	1	4
3183	대전 대덕구	시니어클럽운영	298,200	사회복지과	5	1	5	8	7	1	1	4
3184	대전 대덕구	경로당 냉난방비 및 양곡비	277,760	사회복지과	5	1	7	1	7	3	1	4
3185	대전 대덕구	경로당 운영비 지원	75,400	사회복지과	5	1	7	1	7	3	1	4
3186	대전 대덕구	경로당 부식비 지원	292,800	사회복지과	5	1	7	1	7	3	1	4
3187	대전 대덕구	재가노인지원서비스센터 종사자 정액급식비	3,600,000	사회복지과	5	1	7	8	7	5	1	4
3188	대전 대덕구	대전사회복지관 운영	691,233	사회복지과	5	1	7	8	7	1	1	4
3189	대전 대덕구	사회복지관 종사자 특별수당	60,000	사회복지과	5	1	7	8	7	1	1	4
3190	대전 대덕구	사회복지관 종사자 정액급식비	30,000	사회복지과	5	1	7	8	7	1	1	4
3191	대전 대덕구	장애인거주시설운영지원	4,208,000	사회복지과	5	1	7	8	7	5	3	4
3192	대전 대덕구	장애인거주시설운영지원	2,010,000	사회복지과	5	1	7	8	7	5	3	4
3193	대전 대덕구	장애인거주시설운영지원	2,156,000	사회복지과	5	1	7	8	7	5	3	4
3194	대전 대덕구	장애인거주시설운영지원	14,499	사회복지과	5	1	7	8	7	5	3	4
3195	대전 대덕구	장애인거주시설운영지원	15,101	사회복지과	5	1	7	8	7	5	3	4
3196	대전 대덕구	장애인거주시설운영지원	286,276	사회복지과	5	1	7	8	7	5	1	4
3197	대전 대덕구	장애인거주시설운영지원	238,352	사회복지과	5	1	7	8	7	5	1	4
3198	대전 대덕구	장애인거주시설운영지원	238,221	사회복지과	5	1	7	8	7	5	1	4
3199	대전 대덕구	장애인거주시설운영지원	186,264	사회복지과	5	1	7	8	7	5	1	4
3200	대전 대덕구	장애인거주시설운영지원	57,214	사회복지과	5	1	7	8	7	5	1	4
3201	대전 대덕구	장애인거주시설운영지원	49,010	사회복지과	5	1	7	8	7	5	1	4
3202	대전 대덕구	장애인거주시설운영지원	47,788	사회복지과	5	1	7	8	7	5	1	4
3203	대전 대덕구	장애인거주시설운영지원	62,778	사회복지과	5	1	7	8	7	5	1	4
3204	대전 대덕구	장애인거주시설운영지원	66,150	사회복지과	5	1	7	8	7	5	1	4

순번	시군구	지출명 (사업명)	2021년예산 (단위:천원/1년간)	담당자 (공무원) 담당부서	민간이전 분류 (지방자치단체 세출예산 집행기준에 의거) 1. 민간경상사업보조(307-02) 2. 민간단체 법정운영비보조(307-03) 3. 민간행사사업보조(307-04) 4. 민간위탁금(307-05) 5. 사회복지시설 법정운영비보조(307-10) 6. 민간인위탁교육비(307-12) 7. 공기관등에대한경상적위탁사업비(308-10) 8. 민간자본사업보조,자체재원(402-01) 9. 민간자본사업보조,이전재원(402-02) 10. 민간위탁사업비(402-03) 11. 공기관등에 대한 자본적 대행사업비(403-02)	민간이전지출 근거 (지방보조금 관리기준 참고) 1. 법률에 규정 2. 국고보조 재원(국가지정) 3. 용도 지정 기부금 4. 조례에 직접규정 5. 지자체가 권장하는 사업을 하는 공공기관 6. 시,도 정책 및 재정사정 7. 기타 8. 해당없음	입찰방식 계약체결방법 (경쟁형태) 1. 일반경쟁 2. 제한경쟁 3. 지명경쟁 4. 수의계약 5. 법정위탁 6. 기타 ( ) 7. 해당없음	입찰방식 계약기간 1. 1년 2. 2년 3. 3년 4. 4년 5. 5년 6. 기타 ( )년 7. 단기계약 (1년미만) 8. 해당없음	입찰방식 낙찰자선정방법 1. 적격심사 2. 협상에의한계약 3. 최저가낙찰제 4. 규격가격분리 5. 2단계 경쟁입찰 6. 기타 ( ) 7. 해당없음	운영예산 산정 운영예산 산정 1. 내부산정 (지자체 자체적으로 산정) 2. 외부산정 (외부전문기관위탁 산정) 3. 내·외부 모두 산정 4. 산정 無 5. 해당없음	운영예산 산정 정산방법 1. 내부정산 (지자체 내부적으로 정산) 2. 외부정산 (외부전문기관위탁 정산) 3. 내·외부 모두 산정 4. 정산 無 5. 해당없음	성과평가 실시여부 1. 실시 2. 미실시 3. 향후 추진 4. 해당없음
3205	대전 대덕구	중증장애인자립생활센터운영지원	80,000	사회복지과	5	1	7	8	7	5	1	4
3206	대전 대덕구	대전광역시지적장애인 자립지원센터운영지원	123,098	사회복지과	5	1	7	8	7	5	1	4
3207	대전 대덕구	정신재활시설 운영 지원	797,142	건강정책과	5	1	7	8	7	1	1	1
3208	부산 서구	재가노인지원서비스센터 운영비 지원	236,184	복지정책과	5	6	7	8	7	1	1	1
3209	부산 서구	사회복지관 운영비 지원	595,700	복지정책과	5	4	7	8	7	1	1	3
3210	부산 서구	육아용품 대여점 운영	385,000	복지정책과	5	4	7	5	7	1	1	1
3211	부산 서구	지역자활센터 종사자 복지수당	22,540	생활지원과	5	6	5	8	7	5	5	4
3212	부산 서구	지역자활센터운영비	332,946	생활지원과	5	2	5	8	7	5	5	4
3213	부산 서구	장애인복지시설 지원	5,599	생활지원과	5	2	7	8	7	5	5	4
3214	부산 서구	가정폭력피해자보호시설 운영지원	201,263	가족행복과	5	1	7	8	7	5	5	4
3215	부산 서구	성매매피해상담소 운영	166,235	가족행복과	5	1	7	8	7	5	5	4
3216	부산 서구	성매매피해자지원시설 운영	1,022,806	가족행복과	5	1	7	8	7	5	5	4
3217	부산 서구	해바라기센터 운영지원	723,430	가족행복과	5	1	7	8	7	5	5	4
3218	부산 서구	아동시설 운영비	6,200	가족행복과	5	2	5	8	7	1	1	4
3219	부산 서구	지역아동센터 운영 지원	332,400	가족행복과	5	2	5	8	7	1	1	4
3220	부산 서구	지역아동센터 운영 지원	33,000	가족행복과	5	2	5	8	7	1	1	4
3221	부산 서구	지역아동센터 특수목적형 지원	18,612	가족행복과	5	2	5	8	7	1	1	4
3222	부산 서구	우수지역아동센터 지원	12,392	가족행복과	5	2	5	8	7	1	1	4
3223	부산 서구	지역아동센터 공기청정기 지원	7,176	가족행복과	5	2	5	8	7	1	1	4
3224	부산 서구	보육교직원 인건비 지원	3,981,000	가족행복과	5	2	7	8	7	1	1	2
3225	부산 서구	어린이집 보조교사 인건비	571,810	가족행복과	5	2	7	8	7	1	1	2
3226	부산 서구	어린이집 난방비 지원	11,780	가족행복과	5	1	7	8	7	1	1	1
3227	부산 서구	어린이집 냉방비 지원	7,600	가족행복과	5	1	7	8	7	1	1	1
3228	부산 서구	정부미지원어린이집 조리원 인건비 지원	30,000	가족행복과	5	1	7	8	7	1	1	1
3229	부산 동구	동구종합사회복지관 운영	617,400	복지지원과	5	1	7	8	1	1	1	3
3230	부산 동구	부산종합사회복지관 운영	763,100	복지지원과	5	1	7	8	1	1	1	3
3231	부산 동구	노숙인종합지원센터 지원	379,465	복지지원과	5	1	7	8	1	1	1	3
3232	부산 동구	쪽방생활자 지원	313,237	복지지원과	5	1	7	8	1	1	1	3
3233	부산 동구	기초푸드뱅크 운영	5,000,000	복지지원과	5	2	7	7	1	1	2	3
3234	부산 동구	장애인 공동생활가정 운영지원	123,887	복지지원과	5	1	7	7	1	1	1	3
3235	부산 동구	장애인 주간보호시설 운영지원	768,863	복지지원과	5	1	7	7	1	1	1	3
3236	부산 동구	장애인생활이동지원센터 운영 지원	872,839	복지지원과	5	1	7	7	1	1	1	3
3237	부산 동구	동구장애인복지관 운영지원	1,003,793	복지지원과	5	1	7	7	1	1	1	3
3238	부산 동구	동구장애인복지관 운영지원	983,168	복지지원과	5	1	7	7	1	1	1	3
3239	부산 동구	경로당 순회프로그램관리자 배치	34,558	복지지원과	5	2	7	8	7	4	1	2
3240	부산 동구	경로당활성화사업 지원	17,000	복지지원과	5	2	7	8	7	4	1	2
3241	부산 동구	재가노인복지시설운영	132,065	복지지원과	5	1	7	8	7	4	1	1
3242	부산 동구	재가노인복지시설운영	132,065	복지지원과	5	1	7	8	7	4	1	1
3243	부산 동구	재가노인복지시설운영	132,065	복지지원과	5	1	7	8	7	4	1	1
3244	부산 동구	지역자활센터 운영	400,535	생활보장과	5	2	5	1	7	5	1	4
3245	부산 동구	지역자활센터 직원복지수당	28,980	생활보장과	5	2	5	1	7	5	1	4
3246	부산 동구	자활사례관리 지원	28,989	생활보장과	5	2	5	1	7	5	1	4
3247	부산 동구	아동양육시설 운영지원	529,900	행복가정과	5	2	7	8	7	5	1	4

순번	시군구	지출명 (사업명)	2021년예산 (단위:천원/1년간)	담당자 (공무원)	민간이전 분류 (지방자치단체 세출예산 집행기준에 의거) 1. 민간경상사업보조(307-02) 2. 민간단체 법정운영비보조(307-03) 3. 민간행사사업보조(307-04) 4. 민간위탁금(307-05) 5. 사회복지시설 법정운영비보조(307-10) 6. 민간인위탁교육비(307-12) 7. 공기관등에대한경상적위탁사업비(308-10) 8. 민간자본사업보조,자체재원(402-01) 9. 민간자본사업보조,이전재원(402-02) 10. 민간위탁사업비(402-03) 11. 공기관등에 대한 자본적 대행사업비(403-02)	민간이전지출 근거 (지방보조금 관리기준 참고) 1. 법률에 규정 2. 국고보조 재원(국가지정) 3. 용도 지정 기부금 4. 조례에 직접규정 5. 지자체가 권장하는 사업을 하는 공공기관 6. 시,도 정책 및 재정사정 7. 기타 8. 해당없음	입찰방식			운영예산 산정		성과평가 실시여부
				담당부서			계약체결방법 (경쟁형태) 1. 일반경쟁 2. 제한경쟁 3. 지명경쟁 4. 수의계약 5. 법정위탁 6. 기타 ( ) 7. 해당없음	계약기간 1. 1년 2. 2년 3. 3년 4. 4년 5. 5년 6. 기타 ( )년 7. 단기계약 (1년미만) 8. 해당없음	낙찰자선정방법 1. 적격심사 2. 협상에의한계약 3. 최저가낙찰제 4. 규격가격분리 5. 2단계 경쟁입찰 6. 기타 ( ) 7. 해당없음	운영예산 산정 1. 내부산정 (지자체 자체적으로 산정) 2. 외부산정 (외부전문기관위탁 산정) 3. 내·외부 모두 산정 4. 산정 無 5. 해당없음	정산방법 1. 내부정산 (지자체 내부적으로 정산) 2. 외부정산 (외부전문기관위탁 정산) 3. 내·외부 모두 산정 4. 정산 無 5. 해당없음	1. 실시 2. 미실시 3. 향후 추진 4. 해당없음
3248	부산 동구	요보호아동 그룹홈 운영 지원	216,608	행복가정과	5	1	7	8	7	1	1	2
3249	부산 동구	지역아동센터 운영지원	1,198,000	행복가정과	5	2	7	8	7	5	1	4
3250	부산 동구	지역아동센터 특수목적형 운영비 지원	51,156	행복가정과	5	2	7	8	7	5	1	4
3251	부산 동구	지역아동센터 토요운영비 지원	25,536	행복가정과	5	2	7	8	7	5	1	4
3252	부산 동구	우수지역아동센터 지원	34,700	행복가정과	5	2	7	8	7	5	1	4
3253	부산 동구	지역아동센터 공기청정기 지원	13,800	행복가정과	5	2	7	8	7	5	1	4
3254	부산 동구	지역아동센터 환경개선비 지원	50,000	행복가정과	5	2	7	8	7	5	1	4
3255	부산 동구	지역아동센터 종사자 처우개선비 지원	67,700	행복가정과	5	2	7	8	7	5	1	4
3256	부산 동구	지역아동센터 종사자 처우개선비 지원	22,200	행복가정과	5	4	7	8	7	1	1	4
3257	부산 동구	지역아동센터 iptv공부방 운영지원	38,000	행복가정과	5	2	7	8	7	5	1	1
3258	부산 동구	저녁돌봄 지역아동센터 지원	7,800	행복가정과	5	2	7	8	7	5	1	4
3259	부산 동구	지역아동센터 방과후 돌봄사업 지원	5,384	행복가정과	5	2	7	8	7	5	1	4
3260	부산 동구	보육교직원 인건비 지원	3,310,000	행복가정과	5	2	7	8	7	5	1	4
3261	부산 동구	어린이집 운영지원	15,544	행복가정과	5	2	7	8	7	5	1	4
3262	부산 동구	정부지원어린이집 차량운영비	6,000	행복가정과	5	6	7	8	7	5	1	4
3263	부산 동구	어린이집 현장학습비 및 문화행사비	17,000	행복가정과	5	6	7	8	7	5	1	4
3264	부산 동구	야간어린이집 폴리스콜 서비스 지원	414,000	행복가정과	5	6	7	8	7	5	1	4
3265	부산 동구	정부미지원 어린이집 조리원 인건비 지원	3,000,000	행복가정과	5	6	7	8	7	5	1	4
3266	부산 동구	어린이집 냉난방비 지원	22,650	행복가정과	5	1	7	8	7	5	1	1
3267	부산 동구	어린이집 환경개선비 지원	30,000	행복가정과	5	1	7	8	7	5	1	1
3268	부산 동구	보조교사 및 연장보육 전담교사 인건비 지원	684,410	행복가정과	5	2	7	8	7	5	1	4
3269	부산 동구	시간제보육서비스 제공지원	91,216	행복가정과	5	2	7	8	7	5	1	4
3270	부산 동구	공공형 어린이집 지원	91,439	행복가정과	5	2	7	8	7	5	1	4
3271	부산 동구	공공형 어린이집 조리원 인건비 지원	7,200	행복가정과	5	6	7	8	7	5	1	4
3272	부산 동구	어린이집 안전공제회비 지원	19,000	행복가정과	5	1	7	8	7	5	1	1
3273	부산 동구	어린이집 교직원 복지지원비	60,000	행복가정과	5	1	7	8	7	5	1	1
3274	부산 동구	어린이집 급간식비 지원	105,000	행복가정과	5	1	7	8	7	5	1	4
3275	부산 동구	영유아보육료 지원	4,720,000	행복가정과	5	2	7	8	7	5	1	4
3276	부산 동구	누리과정 보육료 지원	224,000	행복가정과	5	6	7	8	7	5	1	4
3277	부산 동구	비장애아 방과후 보육료 지원	25,000	행복가정과	5	6	7	8	7	5	1	4
3278	부산 동구	정부미지원 어린이집 모든아이 차액보육료 지원	272,870	행복가정과	5	6	7	8	7	5	1	4
3279	부산 영도구	사회복지관운영	3,046,000	복지정책과	5	1	2	5	6	1	1	1
3280	부산 영도구	기초푸드뱅크 지원	6,000	복지정책과	5	1	7	8	7	1	1	4
3281	부산 영도구	푸드마켓 운영 지원	50,000	복지정책과	5	1	7	8	7	1	1	4
3282	부산 영도구	노숙인 자활시설 운영비	393,374	복지정책과	5	1	7	8	7	1	1	1
3283	부산 영도구	모자복지시설 운영비	392,649	복지정책과	5	1	7	7	7	1	1	4
3284	부산 영도구	건강가정지원센터운영	390,580	복지정책과	5	2	1	5	1	1	1	1
3285	부산 영도구	건강가정지원센터 종사자 복지수당	1,000,000	복지정책과	5	2	1	5	1	1	1	1
3286	부산 영도구	보육교직원 인건비 지원	5,083	복지정책과	5	2	7	8	7	5	1	4
3287	부산 영도구	어린이집 보조교사 인건비 지원	1,313,000	복지정책과	5	2	7	8	7	5	1	4
3288	부산 영도구	정부미지원 어린이집 조리원인건비 지원	6,000	복지정책과	5	6	7	8	7	5	1	4
3289	부산 영도구	어린이집 현장학습 및 문화행사비	27,200	복지정책과	5	6	7	8	7	5	1	4
3290	부산 영도구	정부지원 어린이집 차량운영비 지원	13,800	복지정책과	5	6	7	8	7	5	1	4

순번	시군구	지출명 (사업명)	2021년예산 (단위:천원/1년간)	담당자 (공무원)	민간이전 분류 (지방자치단체 세출예산 집행기준에 의거)	민간이전지출 근거 (지방보조금 관리기준 참고)	입찰방식			운영예산 산정		성과평가 실시여부
				담당부서	1. 민간경상사업보조(307-02) 2. 민간단체 법정운영비보조(307-03) 3. 민간행사사업보조(307-04) 4. 민간위탁금(307-05) 5. 사회복지시설 법정운영비보조(307-10) 6. 민간인위탁교육비(307-12) 7. 공기관등에대한경상적위탁사업비(308-10) 8. 민간자본사업보조,자체재원(402-01) 9. 민간자본사업보조,이전재원(402-02) 10. 민간위탁사업비(402-03) 11. 공기관등에 대한 자본적 대행사업비(403-02)	1. 법률에 규정 2. 국고보조 재원(국가지정) 3. 용도 지정 기부금 4. 조례에 직접규정 5. 지자체가 권장하는 사업을 하는 공공기관 6. 시,도 정책 및 재정사정 7. 기타 8. 해당없음	계약체결방법 (경쟁형태) 1. 일반경쟁 2. 제한경쟁 3. 지명경쟁 4. 수의계약 5. 법정위탁 6. 기타 ( ) 7. 해당없음	계약기간 1. 1년 2. 2년 3. 3년 4. 4년 5. 5년 6. 기타 ( )년 7. 단기계약 (1년미만) 8. 해당없음	낙찰자선정방법 1. 적격심사 2. 협상에의한계약 3. 최저가낙찰제 4. 규격가격분리 5. 2단계 경쟁입찰 6. 기타 ( ) 7. 해당없음	운영예산 산정 1. 내부산정 (지자체 자체적으로 산정) 2. 외부산정 (외부전문기관위탁 산정) 3. 내·외부 모두 산정 4. 산정 無 5. 해당없음	정산방법 1. 내부정산 (지자체 내부적으로 정산) 2. 외부정산 (외부전문기관위탁 정산) 3. 내·외부 모두 산정 4. 정산 無 5. 해당없음	1. 실시 2. 미실시 3. 향후 추진 4. 해당없음
3291	부산 영도구	야간어린이집 폴리스쿨운영사업	635,000	복지정책과	5	6	7	8	7	5	1	4
3292	부산 영도구	어린이집 교재교구비 지원	22,918	복지정책과	5	2	7	8	7	5	1	4
3293	부산 영도구	어린이집 급식비 지원	86,400	복지정책과	5	7	7	8	7	5	1	4
3294	부산 영도구	어린이집 난방비 지원	20,400	복지정책과	5	7	7	8	7	5	1	4
3295	부산 영도구	어린이집 냉방비 지원	10,200	복지정책과	5	7	7	8	7	5	1	4
3296	부산 영도구	공공형 어린이집 지원	197,070	복지정책과	5	2	7	8	7	5	1	4
3297	부산 영도구	공공형어린이집 조리원 인건비 지원	14,400	복지정책과	5	6	7	8	7	5	1	4
3298	부산 영도구	시간제 보육지원	62,076	복지정책과	5	1	7	8	7	5	1	4
3299	부산 영도구	지역자활센터운영비	332,946	생활보장과	5	1	7	8	7	5	2	1
3300	부산 영도구	지역자활센터 직원복지수당	22,540	생활보장과	5	4	7	8	7	5	2	4
3301	부산 영도구	시니어클럽 운영비	35,772	복지사업과	5	1	7	8	7	5	5	4
3302	부산 영도구	시니어클럽 인건비	249,520	복지사업과	5	1	7	8	7	5	5	4
3303	부산 영도구	노인전문요양시설 종사자 복지수당	82,560	복지사업과	5	1	7	8	7	5	1	1
3304	부산 영도구	노인장기요양보험 등급외자부담금 지원	44,342	복지사업과	5	1	7	8	7	5	1	1
3305	부산 영도구	재가노인복지시설 운영비	264,112	복지사업과	5	1	7	8	7	5	1	1
3306	부산 영도구	노인복지관 운영비	183,048	복지사업과	5	1	1	5	6	1	1	1
3307	부산 영도구	노인복지관 인건비	857,458	복지사업과	5	1	1	5	6	1	1	1
3308	부산 영도구	경로당 운영비	165,888	복지사업과	5	1	7	8	7	5	1	1
3309	부산 영도구	아동시설 운영	14,366	복지사업과	5	1	7	8	7	1	1	4
3310	부산 영도구	아동시설 운영	3,000,000	복지사업과	5	1	7	8	7	1	1	4
3311	부산 영도구	아동시설 운영	84,780	복지사업과	5	1	7	8	7	1	1	4
3312	부산 영도구	아동양육시설 안전관리·환경개선비 지원	2,000,000	복지사업과	5	1	7	8	7	1	1	4
3313	부산 영도구	그룹홈 운영지원	82,731	복지사업과	5	1	7	8	7	1	1	4
3314	부산 영도구	그룹홈 운영지원	3,912,000	복지사업과	5	1	7	8	7	1	1	4
3315	부산 영도구	그룹홈(아동시설) 종사자 복지수당	6,820	복지사업과	5	1	7	8	7	1	1	4
3316	부산 영도구	공동생활가정 종사자 복지포인트	300,000	복지사업과	5	1	7	8	7	1	1	4
3317	부산 영도구	공동생활가정 안전관리비 지원	900,000	복지사업과	5	1	7	8	7	1	1	4
3318	부산 영도구	다함께돌봄센터 운영비 지원	20,000	복지사업과	5	1	7	8	7	1	1	4
3319	부산 영도구	다함께돌봄센터 종사자 인건비 지원	91,980	복지사업과	5	1	7	8	7	1	1	4
3320	부산 영도구	다함께돌봄센터 운영비지원	6,300	복지사업과	5	1	7	8	7	1	1	4
3321	부산 영도구	지역아동센터 기본운영비 지원	550,400	복지사업과	5	1	7	8	7	1	1	4
3322	부산 영도구	냉·난방비 지원	3,480,000	복지사업과	5	1	7	8	7	1	1	4
3323	부산 영도구	종사자 복지포인트 지원	1,900,000	복지사업과	5	1	7	8	7	1	1	4
3324	부산 영도구	우수 지역아동센터 지원	19,828	복지사업과	5	1	7	8	7	1	1	4
3325	부산 영도구	지역아동센터 특수목적형 지원	29,232	복지사업과	5	1	7	8	7	1	1	4
3326	부산 영도구	지역아동센터 토요운영 지원	14,592	복지사업과	5	1	7	8	7	1	1	4
3327	부산 영도구	지역아동센터 프로그램비 지원	20,274	복지사업과	5	1	7	8	7	1	1	4
3328	부산 영도구	지역아동센터 종사자 처우개선비	47,850	복지사업과	5	1	7	8	7	1	1	4
3329	부산 영도구	지역아동센터 종사자 처우개선비 추가지원	9,600	복지사업과	5	1	7	8	7	1	1	4
3330	부산 영도구	장애인 직업재활시설 운영	342,267	복지사업과	5	1	7	7	7	5	5	4
3331	부산 영도구	장애인 의료재활시설 운영	349,539	복지사업과	5	1	7	8	7	5	5	4
3332	부산 영도구	장애인 주간보호시설 운영	444,938	복지사업과	5	1	7	8	7	5	5	4
3333	부산 영도구	장애인생활시설 운영비	1,230,000	복지사업과	5	1	7	8	7	5	5	4

순번	시군구	지출명 (사업명)	2021년예산 (단위:천원/1년간)	담당자 (공무원)	민간이전 분류 (지방자치단체 세출예산 집행기준에 의거) 1. 민간경상사업보조(307-02) 2. 민간단체 법정운영비보조(307-03) 3. 민간행사사업보조(307-04) 4. 민간위탁금(307-05) 5. 사회복지시설 법정운영비보조(307-10) 6. 민간인위탁교육비(307-12) 7. 공기관등에대한경상적위탁사업비(308-10) 8. 민간자본사업보조,자체재원(402-01) 9. 민간자본사업보조,이전재원(402-02) 10. 민간위탁사업비(402-03) 11. 공기관등에 대한 자본적 대행사업비(403-02)	민간이전지출 근거 (지방보조금 관리기준 참고) 1. 법률에 규정 2. 국고보조 재원(국가지정) 3. 용도 지정 기부금 4. 조례에 직접규정 5. 지자체가 권장하는 사업을 하는 공공기관 6. 시,도 정책 및 재정사정 7. 기타 8. 해당없음	입찰방식			운영예산 산정		성과평가 실시여부
				담당부서			계약체결방법 (경쟁형태) 1. 일반경쟁 2. 제한경쟁 3. 지명경쟁 4. 수의계약 5. 법정위탁 6. 기타 ( ) 7. 해당없음	계약기간 1. 1년 2. 2년 3. 3년 4. 4년 5. 5년 6. 기타 ( )년 7. 단기계약 (1년미만) 8. 해당없음	낙찰자선정방법 1. 적격심사 2. 협상에의한계약 3. 최저가낙찰제 4. 규격가격분리 5. 2단계 경쟁입찰 6. 기타 ( ) 7. 해당없음	운영예산 산정 1. 내부산정 (지자체 자체적으로 산정) 2. 외부산정 (외부전문기관위탁 산정) 3. 내·외부 모두 산정 4. 산정 無 5. 해당없음	정산방법 1. 내부정산 (지자체 내부적으로 정산) 2. 외부정산 (외부전문기관위탁 정산) 3. 내·외부 모두 산정 4. 정산 無 5. 해당없음	1. 실시 2. 미실시 3. 향후 추진 4. 해당없음
3334	부산 영도구	장애인복지관 운영비	1,025,226	복지사업과	5	6	1	5	1	1	1	1
3335	부산 영도구	인건비	153,351	보건행정과	5	6	7	8	7	5	5	4
3336	부산 영도구	복지포인트	300,000	보건행정과	5	6	7	8	7	5	5	4
3337	부산 영도구	관리운영비	14,900	보건행정과	5	6	7	8	7	5	5	4
3338	부산 진구	기초푸드뱅크 지원	3,000,000	희망복지과	5	1	7	8	7	1	1	4
3339	부산 진구	기초푸드마켓 지원	58,000	희망복지과	5	1	7	8	7	1	1	4
3340	부산 진구	지역자활센터 운영	332,946	희망복지과	5	2	6	8	7	3	1	4
3341	부산 진구	지역자활센터 직원 복지수당	22,540	희망복지과	5	6	6	8	7	3	1	4
3342	부산 진구	자활사례관리	28,989	희망복지과	5	2	6	8	7	3	1	4
3343	부산 진구	쪽방상담소 운영지원	329,027	희망복지과	5	1	5	8	7	1	1	4
3344	부산 진구	노숙인 무료진료소 운영지원	76,912	희망복지과	5	1	5	8	7	1	1	4
3345	부산 진구	노숙인지원센터 운영지원	390,964	희망복지과	5	1	5	8	7	1	1	4
3346	부산 진구	학교밖 청소년 지원사업	14,800	평생교육과	5	1	7	8	7	1	1	1
3347	부산 진구	시니어클럽 운영비	327,472	노인장애인복지과	5	1	5	5	1	1	1	1
3348	부산 진구	재가노인지원서비스센터	528,224	노인장애인복지과	5	1	7	8	7	1	1	2
3349	부산 진구	노인교실 사업비	86,400	노인장애인복지과	5	1	7	8	7	1	1	2
3350	부산 진구	경로당 운영비	766,080	노인장애인복지과	5	1	7	8	7	5	1	4
3351	부산 진구	무등록 경로당 운영비	52,000	노인장애인복지과	5	1	7	8	7	5	1	4
3352	부산 진구	경로당 냉난방비 지원	478,800	노인장애인복지과	5	1	7	8	7	5	1	4
3353	부산 진구	장애인 직업재활시설 운영	16,833	노인장애인복지과	5	1	7	8	7	5	1	2
3354	부산 진구	장애인 공동생활가정 운영	150,530	노인장애인복지과	5	1	7	8	7	5	1	2
3355	부산 진구	장애인주간보호시설 운영	559,905	노인장애인복지과	5	1	7	8	7	5	1	2
3356	부산 진구	장애인 단기거주시설 운영	321,580	노인장애인복지과	5	1	7	8	7	5	1	2
3357	부산 진구	장애인 생산품판매시설 운영	170,145	노인장애인복지과	5	1	7	8	7	5	1	2
3358	부산 진구	장애인 생산품판매시설 직원복지수당	9,520	노인장애인복지과	5	1	7	8	7	5	1	2
3359	부산 진구	장애인 거주시설 운영지원	244,800	노인장애인복지과	5	1	7	8	7	5	1	2
3360	부산 진구	장애인 거주시설 종사자복지수당	65,100	노인장애인복지과	5	1	7	8	7	5	1	2
3361	부산 진구	장애인 거주시설 시비지원	3,800,000	노인장애인복지과	5	1	7	8	7	5	1	2
3362	부산 진구	장애인 거주시설 자립생활체험홈 운영	12,000	노인장애인복지과	5	1	7	8	7	5	1	2
3363	부산 진구	성가정폭력상담소 운영	217,873	여성가족과	5	2	7	8	7	5	1	2
3364	부산 진구	성가정폭력상담소 복지증진비	13,780	여성가족과	5	2	7	8	7	5	1	2
3365	부산 진구	성가정폭력상담소 종사자 처우개선	8,400	여성가족과	5	2	7	8	7	5	1	2
3366	부산 진구	어린이집 연료비 지원	90,300	여성가족과	5	4	7	8	7	1	1	2
3367	부산 진구	어린이집 보육교직원 인건비	8,507	여성가족과	5	2	7	8	7	1	1	2
3368	부산 진구	어린이집 보조교사(연장전담)인건비 지원	240,800	여성가족과	5	2	7	8	7	1	1	2
3369	부산 진구	정부미지원 어린이집 조리원 인건비 지원	276,000	여성가족과	5	4	7	8	7	1	1	2
3370	부산 진구	장애아전문 어린이집 차량운영비	4,800,000	여성가족과	5	2	7	8	7	1	1	2
3371	부산 진구	장애아전문어린이집 차량기사 인건비	3,600,000	여성가족과	5	4	7	8	7	1	1	2
3372	부산 진구	공공형 어린이집 지원	568,956	여성가족과	5	2	7	8	7	1	1	2
3373	부산 진구	공공형 어린이집 조리원 인건비	72,000	여성가족과	5	4	7	8	7	1	1	2
3374	부산 진구	정부지원어린이집 차량운영비	14,400	여성가족과	5	4	7	8	7	1	1	2
3375	부산 진구	아동양육시설 등 운영지원	519,260	여성가족과	5	1	7	8	7	1	1	2
3376	부산 진구	요보호아동 그룹홈 운영	86,250	여성가족과	5	1	7	8	7	1	1	2

순번	시군구	지출명 (사업명)	2021년예산 (단위:천원/1년간)	담당자 (공무원) 담당부서	민간이전 분류 (지방자치단체 세출예산 집행기준에 의거) 1. 민간경상사업보조(307-02) 2. 민간단체 법정운영비보조(307-03) 3. 민간행사사업보조(307-04) 4. 민간위탁금(307-05) 5. 사회복지시설 법정운영비보조(307-10) 6. 민간인위탁교육비(307-12) 7. 공기관등에대한경상적위탁사업비(308-10) 8. 민간자본사업보조,자체재원(402-01) 9. 민간자본사업보조,이전재원(402-02) 10. 민간위탁사업비(402-03) 11. 공기관등에 대한 자본적 대행사업비(403-02)	민간이전지출 근거 (지방보조금 관리기준 참고) 1. 법률에 규정 2. 국고보조 재원(국가지정) 3. 용도 지정 기부금 4. 조례에 직접규정 5. 지자체가 권장하는 사업을 하는 공공기관 6. 시,도 정책 및 재정사정 7. 기타 8. 해당없음	입찰방식 계약체결방법 (경쟁형태) 1. 일반경쟁 2. 제한경쟁 3. 지명경쟁 4. 수의계약 5. 법정위탁 6. 기타 ( ) 7. 해당없음	입찰방식 계약기간 1. 1년 2. 2년 3. 3년 4. 4년 5. 5년 6. 기타 ( )년 7. 단기계약 (1년미만) 8. 해당없음	입찰방식 낙찰자선정방법 1. 적격심사 2. 협상에의한계약 3. 최저가낙찰제 4. 규격가격분리 5. 2단계 경쟁입찰 6. 기타 ( ) 7. 해당없음	운영예산 산정 운영예산 산정 1. 내부산정 (지자체 자체적으로 산정) 2. 외부산정 (외부전문기관위탁 산정) 3. 내·외부 모두 산정 4. 산정 無 5. 해당없음	운영예산 산정 정산방법 1. 내부정산 (지자체 내부적으로 정산) 2. 외부정산 (외부전문기관위탁 정산) 3. 내·외부 모두 산정 4. 정산 無 5. 해당없음	성과평가 실시여부 1. 실시 2. 미실시 3. 향후 추진 4. 해당없음
3377	부산 진구	요보호아동 그룹홈 운영	7,800	여성가족과	5	1	7	8	7	1	1	2
3378	부산 진구	아동양육시설 안전관리환경개선비 지원	2,000,000	여성가족과	5	1	7	8	7	1	1	2
3379	부산 진구	다함께돌봄센터 운영비 지원	30,000	여성가족과	5	1	5	5	6	5	1	2
3380	부산 진구	다함께돌봄센터 인건비 지원	135,200	여성가족과	5	1	5	5	6	5	1	2
3381	부산 진구	지역아동센터 운영비 지원	14,299	여성가족과	5	1	7	8	7	5	1	2
3382	부산 진구	특수목적형 지역아동센터 추가지원	80,388	여성가족과	5	1	7	8	7	5	1	2
3383	부산 진구	토요운영 지역아동센터 추가지원	36,480	여성가족과	5	1	7	8	7	5	1	2
3384	부산 진구	우수지역아동센터 지원	52,048	여성가족과	5	1	7	8	7	5	1	2
3385	부산 진구	지역아동센터 공기청정기 지원	228,000	여성가족과	5	2	7	8	7	5	1	2
3386	부산 진구	지역아동센터운영 지원	87,197	여성가족과	5	1	7	8	7	5	1	2
3387	부산 진구	지역아동센터운영 지원	59,040	여성가족과	5	1	7	8	7	5	1	2
3388	부산 진구	학대피해아동쉼터 운영 지원	198,494	여성가족과	5	1	7	8	7	1	1	2
3389	부산 진구	학대피해아동쉼터 종사자 수당 지원	9,563	여성가족과	5	1	7	8	7	1	1	2
3390	부산 진구	정신재활시설 운영지원	334,133	건강증진과	5	1	7	8	7	1	1	2
3391	부산 진구	사회복지상담소 운영	220,400	건강증진과	5	2	5	5	7	1	1	4
3392	부산 동래구	건강가정·다문화가족지원센터운영	386,200	복지정책과	5	1	6	5	1	1	1	1
3393	부산 동래구	종합사회복지관 운영	713,100	복지정책과	5	1	7	5	6	5	1	1
3394	부산 동래구	노숙인 시설 운영	1,163,003	복지정책과	5	1	7	8	7	3	3	1
3395	부산 동래구	가정폭력상담소 운영 지원	217,873	복지정책과	5	2	7	8	7	4	1	2
3396	부산 동래구	성폭력 상담소 직원복지수당	9,000	복지정책과	5	1	7	8	7	4	1	2
3397	부산 동래구	성매매 피해자 지원시설 운영	176,700	복지정책과	5	2	7	8	7	4	1	2
3398	부산 동래구	성매매 피해자 지원시설 직원복지수당	10,800	복지정책과	5	1	7	8	7	4	1	2
3399	부산 동래구	성매매 피해자 지원시설 종사자 위험수당	6,000	복지정책과	5	1	7	8	7	4	1	2
3400	부산 동래구	성매매 피해자 지원시설 운영	55,781	복지정책과	5	2	7	8	7	4	1	2
3401	부산 동래구	성매매 피해자 그룹홈 직원복지수당	210,000	복지정책과	5	1	7	8	7	4	1	2
3402	부산 동래구	성매매 피해자 그룹홈 종사자 위험수당	1,200,000	복지정책과	5	1	7	8	7	4	1	2
3403	부산 동래구	성매매피해상담소 운영	166,235	복지정책과	5	2	7	8	7	4	1	2
3404	부산 동래구	지역자활센터 지원	332,946	생활보장과	5	2	6	1	7	5	5	4
3405	부산 동래구	자활센터 직원 복지수당	22,540	생활보장과	5	6	6	1	7	5	5	4
3406	부산 동래구	자활사례관리	28,989	생활보장과	5	2	6	1	7	5	5	4
3407	부산 동래구	양로시설 운영비 지원	769,789	주민복지과	5	2	7	8	7	5	1	4
3408	부산 동래구	양로시설 직원 복지수당	31,800	주민복지과	5	1	7	8	7	5	1	4
3409	부산 동래구	양로시설 야간경비 인건비	33,300	주민복지과	5	1	7	8	7	5	1	4
3410	부산 동래구	노인요양시설 운영	36,000	주민복지과	5	1	7	8	7	5	1	4
3411	부산 동래구	노인요양시설 노인 장기요양보험 등외수가 지원	330,000	주민복지과	5	1	7	8	7	5	1	4
3412	부산 동래구	시니어클럽운영	237,200	주민복지과	5	1	7	3	1	5	1	1
3413	부산 동래구	노인복지관 운영	409,860	주민복지과	5	1	7	5	1	5	1	1
3414	부산 동래구	재가노인복지시설 운영	292,000	주민복지과	5	1	7	8	7	5	1	4
3415	부산 동래구	경로당 운영비 지원	396,000	주민복지과	5	6	7	8	7	5	1	4
3416	부산 동래구	경로당 냉난방비 및 양곡비 지원	330,000	주민복지과	5	2	7	8	7	5	1	4
3417	부산 동래구	장애인복지관 운영	790,356	주민복지과	5	1	7	8	7	1	1	1
3418	부산 동래구	장애인 주간보호시설 운영	316,603	주민복지과	5	1	7	8	7	1	1	1
3419	부산 동래구	장애인직업재활시설 운영	681,916	주민복지과	5	1	7	8	7	1	1	1

순번	시군구	지출명 (사업명)	2021년예산 (단위:천원/1년간)	담당자 (공무원)	민간이전 분류 (지방자치단체 세출예산 집행기준에 의거)	민간이전지출 근거 (지방보조금 관리기준 참고)	입찰방식			운영예산 산정		성과평가 실시여부
				담당부서	1. 민간경상사업보조(307-02) 2. 민간단체 법정운영비보조(307-03) 3. 민간행사사업보조(307-04) 4. 민간위탁금(307-05) 5. 사회복지시설 법정운영비보조(307-10) 6. 민간인위탁교육비(307-12) 7. 공기관등에대한경상적위탁사업비(308-10) 8. 민간자본사업보조,자체재원(402-01) 9. 민간자본사업보조,이전재원(402-02) 10. 민간위탁사업비(402-03) 11. 공기관등에 대한 자본적 대행사업비(403-02)	1. 법률에 규정 2. 국고보조 재원(국가지정) 3. 용도 지정 기부금 4. 조례에 직접규정 5. 지자체가 권장하는 사업을 하는 공공기관 6. 시,도 정책 및 재정사정 7. 기타 8. 해당없음	계약체결방법 (경쟁형태) 1. 일반경쟁 2. 제한경쟁 3. 지명경쟁 4. 수의계약 5. 법정위탁 6. 기타 ( ) 7. 해당없음	계약기간 1. 1년 2. 2년 3. 3년 4. 4년 5. 5년 6. 기타 ( )년 7. 단기계약 (1년미만) 8. 해당없음	낙찰자선정방법 1. 적격심사 2. 협상에의한계약 3. 최저가낙찰제 4. 규격가격분리 5. 2단계 경쟁입찰 6. 기타 ( ) 7. 해당없음	운영예산 산정 1. 내부산정 (지자체 자체적으로 산정) 2. 외부산정 (외부전문기관위탁 산정) 3. 내·외부 모두 산정 4. 산정 無 5. 해당없음	정산방법 1. 내부정산 (지자체 내부적으로 정산) 2. 외부정산 (외부전문기관위탁 정산) 3. 내·외부 모두 산정 4. 정산 無 5. 해당없음	1. 실시 2. 미실시 3. 향후 추진 4. 해당없음
3420	부산 동래구	장애인자립생활센터 운영	120,000	주민복지과	5	1	7	8	7	1	1	1
3421	부산 동래구	장애인자립생활 체험홈 운영	18,000	주민복지과	5	1	7	8	7	1	1	1
3422	부산 동래구	장애인지역법인 근로작업장 지원	20,000	주민복지과	5	1	7	8	7	1	1	1
3423	부산 동래구	시각장애인 안마사 파견	134,448	주민복지과	5	2	7	1	7	3	3	2
3424	부산 동래구	공공형어린이집 조리원 인건비 지원	21,600	주민복지과	5	6	7	3	7	5	5	4
3425	부산 동래구	공공형어린이집 지원	216,667	주민복지과	5	2	7	3	7	5	5	4
3426	부산 동래구	어린이집 보육교직원인건비 지원	3,892,000	주민복지과	5	1	7	8	7	5	1	4
3427	부산 동래구	장애전담어린이집 보육교사 특수근무수당 지원	39,800	주민복지과	5	1	7	8	7	5	1	4
3428	부산 동래구	장애전담어린이집 차량운영비 지원	1,316,000	주민복지과	5	1	7	8	7	5	1	4
3429	부산 동래구	정부지원 어린이집 차량운영비 지원	11,000	주민복지과	5	1	7	8	7	5	1	4
3430	부산 동래구	장애아전문어린이집 차량기사 인건비 지원	3,600,000	주민복지과	5	1	7	8	7	5	1	4
3431	부산 동래구	만3-5세아 누리보육료 지원	5,296	주민복지과	5	6	7	8	7	1	3	4
3432	부산 동래구	비장애아 방과후 보육료 지원	750,000	주민복지과	5	6	7	8	7	1	3	4
3433	부산 동래구	어린이집 교재교구비 지원	54,342	주민복지과	5	2	7	8	7	1	1	4
3434	부산 동래구	어린이집 현장학습 및 문화행사비	61,080	주민복지과	5	1	7	8	7	1	1	4
3435	부산 동래구	보육교직원 처우개선 지원	19,040,000	주민복지과	5	2	7	8	7	1	1	4
3436	부산 동래구	민간·가정어린이집 보육교사 복지수당	548,000	주민복지과	5	6	7	8	7	1	1	4
3437	부산 동래구	정부지원어린이집 보육교사 복지수당	19,440	주민복지과	5	6	7	8	7	1	1	4
3438	부산 동래구	민간.가정 어린이집 보육교사 장기근속수당 지원	18,796	주민복지과	5	6	7	8	7	1	1	4
3439	부산 동래구	어린이집 보조교사 인건비 지원	1,377,000	주민복지과	5	2	7	8	7	1	1	4
3440	부산 동래구	정부미지원어린이집 조리원 인건비	84,000	주민복지과	5	6	7	8	7	1	1	4
3441	부산 동래구	어린이집 난방비 지원	99,300	주민복지과	5	7	7	8	7	1	1	4
3442	부산 동래구	어린이집 냉방비 지원	15,600	주민복지과	5	7	7	8	7	1	1	4
3443	부산 동래구	어린이집 급간식비 지원	59,400	주민복지과	5	7	7	8	7	1	1	4
3444	부산 동래구	어린이집 보조교사 인건비 지원	1,377,000	주민복지과	5	2	7	8	7	1	1	4
3445	부산 동래구	아동시설 운영	1,824,000	주민복지과	5	2	7	8	7	1	1	4
3446	부산 동래구	시설아동 건전육성비	67,654	주민복지과	5	2	7	8	7	1	1	4
3447	부산 동래구	안전관리.환경개선비	9,250	주민복지과	5	2	7	8	7	1	1	4
3448	부산 동래구	공동생활가정 보호아동지원	4,133,000	주민복지과	5	2	7	8	7	1	1	4
3449	부산 동래구	요보호아동 그룹홈 운영	82,335	주민복지과	5	2	7	8	7	1	1	4
3450	부산 동래구	공동생활가정 종사자 복지수당	4,200,000	주민복지과	5	2	7	8	7	1	1	4
3451	부산 동래구	공동생활가정종사자 복지포인트	300,000	주민복지과	5	2	7	8	7	1	1	4
3452	부산 동래구	공동생활가정 안전관리비	900,000	주민복지과	5	2	7	8	7	1	1	4
3453	부산 동래구	지역아동센터 운영지원	1,139,760	주민복지과	5	2	7	8	7	5	1	1
3454	부산 동래구	지역아동센터 환경개선비 지원	50,000	주민복지과	5	2	7	8	7	5	1	1
3455	부산 동래구	거점 및 특수목적형 지역아동센터 지원	65,772	주민복지과	5	2	7	8	7	5	1	1
3456	부산 동래구	토요운영 지원	29,184	주민복지과	5	2	7	8	7	5	1	1
3457	부산 동래구	지역아동센터 종사자 처우개선비	75,120	주민복지과	5	6	7	8	7	5	1	1
3458	부산 동래구	지역아동센터 종사자 복지포인트지원	3,800,000	주민복지과	5	6	7	8	7	5	1	1
3459	부산 동래구	지역아동센터 종사자 복지수당 지원	13,680	주민복지과	5	7	7	8	7	5	1	1
3460	부산 동래구	지역아동센터 냉.난방지 지원	6,277	주민복지과	5	6	7	8	7	5	1	1
3461	부산 동래구	지역아동센터 공기청정기지원	19,200	주민복지과	5	2	7	8	7	5	1	1
3462	부산 동래구	프로그램비 지원	36,708	주민복지과	5	6	7	8	7	5	1	1

순번	시군구	지출명 (사업명)	2021년예산 (단위:천원/1년간)	담당자 (공무원)	민간이전 분류 (지방자치단체 세출예산 집행기준에 의거)	민간이전지출 근거 (지방보조금 관리기준 참고)	입찰방식			운영예산 산정		성과평가 실시여부
				담당부서	1. 민간경상사업보조(307-02) 2. 민간단체 법정운영비보조(307-03) 3. 민간행사사업보조(307-04) 4. 민간위탁금(307-05) 5. 사회복지시설 법정운영비보조(307-10) 6. 민간인위탁교육비(307-12) 7. 공기관등에대한경상적위탁사업비(308-10) 8. 민간자본사업보조,자체재원(402-01) 9. 민간자본사업보조,이전재원(402-02) 10. 민간위탁사업비(402-03) 11. 공기관등에 대한 자본적 대행사업비(403-02)	1. 법률에 규정 2. 국고보조 재원(국가지정) 3. 용도 지정 기부금 4. 조례에 직접규정 5. 지자체가 권장하는 사업을 하는 공공기관 6. 시,도 정책 및 재정사정 7. 기타 8. 해당없음	계약체결방법 (경쟁형태) 1. 일반경쟁 2. 제한경쟁 3. 지명경쟁 4. 수의계약 5. 법정위탁 6. 기타 ( ) 7. 해당없음	계약기간 1. 1년 2. 2년 3. 3년 4. 4년 5. 5년 6. 기타 ( )년 7. 단기계약 (1년미만) 8. 해당없음	낙찰자선정방법 1. 적격심사 2. 협상에의한계약 3. 최저가낙찰제 4. 규격가격분리 5. 2단계 경쟁입찰 6. 기타 ( ) 7. 해당없음	운영예산 산정 1. 내부산정 (지자체 자체적으로 산정) 2. 외부산정 (외부전문기관위탁 산정) 3. 내·외부 모두 산정 4. 산정 無 5. 해당없음	정산방법 1. 내부정산 (지자체 내부적으로 정산) 2. 외부정산 (외부전문기관위탁 정산) 3. 내·외부 모두 산정 4. 정산 無 5. 해당없음	1. 실시 2. 미실시 3. 향후 추진 4. 해당없음
3463	부산 동래구	야간보호전담 지역아동센터 지원	14,400	주민복지과	5	6	7	8	7	5	1	1
3464	부산 동래구	정신재활시설 운영	420,935	건강증진과	5	6	7	8	7	5	5	4
3465	부산 동래구	정신요양시설 운영 지원	15,548	건강증진과	5	2	7	8	7	5	5	4
3466	부산 동래구	정신요양시설 종사자 복지수당	28,800	건강증진과	5	6	7	8	7	5	5	4
3467	부산 동래구	통합정신건강증진사업	22,800	건강증진과	5	2	7	8	7	5	5	4
3468	부산 남구	재가노인지원서비스센터 운영지원	264,112	주민복지과	5	6	7	8	7	4	1	1
3469	부산 남구	장애인자립생활센터 지원	209,300	주민복지과	5	1	7	8	7	1	1	2
3470	부산 남구	장애인단체지원	733,760	주민복지과	5	1	7	8	7	1	1	2
3471	부산 남구	장애인거주시설 운영 지원	285,300	주민복지과	5	1	7	8	7	1	1	1
3472	부산 남구	가정폭력 상담소 운영지원	126,382	여성아동과	5	1	7	8	7	5	1	1
3473	부산 남구	지역아동센터 운영비 지원	1,240,000	여성아동과	5	1	7	8	7	5	5	1
3474	부산 남구	아동복지시설 지원	1,068,890	여성아동과	5	6	7	8	7	5	5	1
3475	부산 남구	요보호아동 그룹홈 운영	454,080	여성아동과	5	2	7	8	7	5	5	1
3476	부산 남구	요보호아동 그룹홈 운영 시비추가지원사업	131,221	여성아동과	5	6	7	8	7	5	5	1
3477	부산 남구	어린이집 운영지원	63,185	여성아동과	5	1	7	8	7	5	1	4
3478	부산 남구	보육교직원 처우개선 지원	15,178	여성아동과	5	1	7	8	7	5	1	4
3479	부산 남구	만3-5세 누리과정 보육료지원	1,079,571	여성아동과	5	1	7	8	7	5	1	4
3480	부산 남구	시간제보육서비스 지원	92,048	여성아동과	5	1	7	8	7	5	1	4
3481	부산 남구	공공형 어린이집 조리원 인건비	39,600	여성아동과	5	6	7	8	7	5	1	4
3482	부산 남구	지역자활센터 종사자 복지수당	22,540	생활보장과	5	6	5	1	7	1	1	1
3483	부산 남구	지역자활센터 운영	332,946	생활보장과	5	2	5	1	7	1	1	1
3484	부산 남구	자활사례관리	28,989	생활보장과	5	2	5	1	7	1	1	1
3485	부산 북구	사회복지시설 종사자 맞춤형 복지포인트	32,000	복지정책과	5	1	7	8	7	1	1	1
3486	부산 북구	지역사회보장협의체 사무국 전담직원 인건비	36,000	복지정책과	5	1	7	8	7	3	1	1
3487	부산 북구	지역사회보장협의체 사무국 운영 지원	7,200	복지정책과	5	1	7	8	7	1	1	1
3488	부산 북구	사회복지관 운영	5,975	복지정책과	5	1	5	8	7	2	3	1
3489	부산 북구	장애인 보조기구 수리사업	121,420	복지정책과	5	2	5	8	7	1	1	1
3490	부산 북구	장애인생활시설 운영	1,918,000	복지정책과	5	2	7	8	7	1	5	4
3491	부산 북구	장애인생활시설 종사자 복지수당 지급	49,200	복지정책과	5	6	7	8	7	1	5	4
3492	부산 북구	장애인생활시설 종사자 복지포인트 지원	4,100,000	복지정책과	5	6	7	8	7	1	5	4
3493	부산 북구	장애인 공동생활가정 운영	119,806	복지정책과	5	6	7	8	7	1	5	4
3494	부산 북구	장애인복지관 운영	213,900	복지정책과	5	1	7	8	7	1	1	1
3495	부산 북구	장애인 주간보호시설 운영	359,054	복지정책과	5	1	7	8	7	1	1	1
3496	부산 북구	수화통역센터운영	181,495	복지정책과	5	1	7	8	7	1	1	1
3497	부산 북구	장애인 직업재활시설 운영	730,670	복지정책과	5	1	7	8	7	1	1	1
3498	부산 북구	푸드뱅크 지원	21,000	희망복지과	5	1	7	8	7	1	1	4
3499	부산 북구	푸드마켓 운영	60,000	희망복지과	5	1	7	8	7	1	1	4
3500	부산 북구	지역아동센터 운영비 지원	1,127,040	희망복지과	5	1	7	8	7	5	5	4
3501	부산 북구	지역아동센터 종사자 처우개선비 지원	21,000	희망복지과	5	1	7	8	7	5	5	4
3502	부산 북구	지역아동센터 운영 시비지원 사업	154,231	희망복지과	5	1	7	8	7	5	5	4
3503	부산 북구	우수지역아동센터 지원	37,178	희망복지과	5	1	7	8	7	5	5	4
3504	부산 북구	특수목적형 지역아동센터 추가지원	58,464	희망복지과	5	1	7	8	7	5	5	4
3505	부산 북구	토요운영 지역아동센터 추가지원	29,184	희망복지과	5	1	7	8	7	5	5	4

순번	시군구	지출명 (사업명)	2021년예산 (단위:천원/1년간)	담당자 (공무원)	민간이전 분류 (지방자치단체 세출예산 집행기준에 의거)	민간이전지출 근거 (지방보조금 관리기준 참고)	입찰방식			운영예산 산정		성과평가 실시여부
				담당부서	1. 민간경상사업보조(307-02) 2. 민간단체 법정운영비보조(307-03) 3. 민간행사사업보조(307-04) 4. 민간위탁금(307-05) 5. 사회복지시설 법정운영비보조(307-10) 6. 민간인위탁교육비(307-12) 7. 공기관등에대한경상적위탁사업비(308-10) 8. 민간자본사업보조,자체재원(402-01) 9. 민간자본사업보조,이전재원(402-02) 10. 민간위탁사업비(402-03) 11. 공기관등에 대한 자본적 대행사업비(403-02)	1. 법률에 규정 2. 국고보조 재원(국가지정) 3. 용도 지정 기부금 4. 조례에 직접규정 5. 지자체가 권장하는 사업을 하는 공공기관 6. 시,도 정책 및 재정사정 7. 기타 8. 해당없음	계약체결방법 (경쟁형태) 1. 일반경쟁 2. 제한경쟁 3. 지명경쟁 4. 수의계약 5. 법정위탁 6. 기타 ( ) 7. 해당없음	계약기간 1. 1년 2. 2년 3. 3년 4. 4년 5. 5년 6. 기타 ( )년 7. 단기계약 (1년미만) 8. 해당없음	낙찰자선정방법 1. 적격심사 2. 협상에의한계약 3. 최저가낙찰제 4. 규격가격분리 5. 2단계 경쟁입찰 6. 기타 ( ) 7. 해당없음	운영예산 산정 1. 내부산정 (지자체 자체적으로 산정) 2. 외부산정 (외부전문기관위탁 산정) 3. 내·외부 모두 산정 4. 산정 無 5. 해당없음	정산방법 1. 내부정산 (지자체 내부적으로 정산) 2. 외부정산 (외부전문기관위탁 정산) 3. 내·외부 모두 산정 4. 정산 無 5. 해당없음	1. 실시 2. 미실시 3. 향후 추진 4. 해당없음
3506	부산 북구	지역아동센터 환경개선비 지원	40,000	희망복지과	5	1	7	8	7	5	5	4
3507	부산 북구	지역아동센터 공기청정기 지원	17,880	희망복지과	5	1	7	8	7	5	5	4
3508	부산 북구	아동시설 운영	260,300	희망복지과	5	1	7	8	7	5	5	4
3509	부산 북구	요보호아동 그룹홈 운영지원	172,500	희망복지과	5	1	7	8	7	5	5	4
3510	부산 북구	요보호아동 그룹홈 운영 시비지원 사업	23,640	희망복지과	5	1	7	8	7	5	5	4
3511	부산 북구	요보호아동 그룹홈 운영 시비지원 사업	13,640	희망복지과	5	1	7	8	7	5	5	4
3512	부산 북구	요보호아동 그룹홈 운영 시비지원 사업	600,000	희망복지과	5	1	7	8	7	5	5	4
3513	부산 북구	지역자활센터 운영비	665,892	희망복지과	5	2	7	8	7	5	1	1
3514	부산 북구	지역자활센터 직원 복지수당	45,080	희망복지과	5	8	7	8	7	5	1	4
3515	부산 북구	다함께 돌봄센터 인건비 지원	157,680	희망복지과	5	1	1	5	1	1	1	1
3516	부산 북구	다함께 돌봄센터 인건비 추가 지원	300,000	희망복지과	5	1	1	5	1	1	1	1
3517	부산 북구	다함께돌봄센터 운영비 지원	40,800	희망복지과	5	1	1	5	1	1	1	1
3518	부산 북구	공공청소년 수련시설 청소년지도사 배치 지원	23,208	희망복지과	5	2	1	5	1	1	1	1
3519	부산 북구	청소년 회복지원시설 운영 지원	70,000	희망복지과	5	2	7	8	7	1	1	1
3520	부산 북구	청소년회복지원시설 종사자 복지포인트	200,000	희망복지과	5	2	7	8	7	1	1	1
3521	부산 북구	노인양로시설 운영비	678,677	주민복지과	5	1	5	8	7	1	1	4
3522	부산 북구	노인양로시설 야간경비인건비	43,200	주민복지과	5	1	5	8	7	1	1	4
3523	부산 북구	노인양로시설 종사자 복지수당	16,800	주민복지과	5	1	5	8	7	1	1	4
3524	부산 북구	노인양로시설 종사자 복지포인트지원	1,400,000	주민복지과	5	1	5	8	7	1	1	4
3525	부산 북구	노인요양시설 종사자복지수당	257,760	주민복지과	5	1	5	8	7	1	1	4
3526	부산 북구	노인복지관 운영	682,240	주민복지과	5	1	5	8	7	1	1	4
3527	부산 북구	노인복지관 종사자 복지포인트지원	1,400,000	주민복지과	5	1	5	8	7	1	1	4
3528	부산 북구	노인복지관 급여보전액	4,080,000	주민복지과	5	1	5	8	7	1	1	4
3529	부산 북구	시니어클럽 운영	327,472	주민복지과	5	1	5	8	7	1	1	4
3530	부산 북구	재가노인복지시설 운영비	528,224	주민복지과	5	1	7	8	7	5	5	1
3531	부산 북구	다문화가족지원센터 운영	192,400	주민복지과	5	1	1	5	1	1	1	4
3532	부산 북구	언어발달 지원 사업	65,640	주민복지과	5	1	1	5	1	1	1	4
3533	부산 북구	결혼이민자 통번역서비스사업	27,509	주민복지과	5	1	1	5	1	1	1	4
3534	부산 북구	한국어교육지원사업	24,000	주민복지과	5	1	1	5	1	1	1	4
3535	부산 북구	다문화가족 사례관리 지원	30,649	주민복지과	5	1	1	5	1	1	1	4
3536	부산 북구	이중언어가족환경 조성 사업	28,325	주민복지과	5	1	1	5	1	1	1	4
3537	부산 북구	자녀양육 및 자녀생활 등 방문교육 서비스 지원	143,280	주민복지과	5	4	1	5	1	1	1	4
3538	부산 북구	가정폭력·성폭력 방지 및 피해자 지원	126,382	주민복지과	5	1	7	8	7	5	1	4
3539	부산 북구	여성폭력피해상담소 종사자 지원	13,048	주민복지과	5	6	7	8	7	5	1	4
3540	부산 북구	보육교직원 인건비 지원	4,757,000	주민복지과	5	2	5	8	7	1	1	1
3541	부산 북구	교사 근무환경개선 지원	219,900	주민복지과	5	2	5	8	7	1	1	1
3542	부산 북구	어린이집 보조교사 지원	261,000	주민복지과	5	2	5	8	7	1	1	1
3543	부산 북구	민간·가정어린이집 보육교사 복지수당	1,323,000	주민복지과	5	6	5	8	7	1	1	1
3544	부산 북구	민간·가정어린이집 보육교사 장기근속수당	124,200	주민복지과	5	6	5	8	7	1	1	1
3545	부산 북구	시간제 보육지원	202,520	주민복지과	5	2	7	8	7	1	1	1
3546	부산 북구	장애영유아어린이집 보육교사 특수근무수당	61,110	주민복지과	5	6	5	8	7	1	1	1
3547	부산 북구	장애영유아어린이집 치료사 근무환경개선비	9,600	주민복지과	5	6	5	8	7	1	1	1
3548	부산 북구	정부지원 어린이집 보육교사 복지수당	17,420	주민복지과	5	6	5	8	7	1	1	1

순번	시군구	지출명 (사업명)	2021년예산 (단위:천원/1년간)	담당자 (공무원)	민간이전 분류 (지방자치단체 세출예산 집행기준에 의거)	민간이전지출 근거 (지방보조금 관리기준 참고)	입찰방식			운영예산 산정		성과평가 실시여부
				담당부서	1. 민간경상사업보조(307-02) 2. 민간단체 법정운영비보조(307-03) 3. 민간행사사업보조(307-04) 4. 민간위탁금(307-05) 5. 사회복지시설 법정운영비보조(307-10) 6. 민간인위탁교육비(307-12) 7. 공기관등에대한경상적위탁사업비(308-10) 8. 민간자본사업보조,자체재원(402-01) 9. 민간자본사업보조,이전재원(402-02) 10. 민간위탁사업비(402-03) 11. 공기관등에 대한 자본적 대행사업비(403-02)	1. 법률에 규정 2. 국고보조 재원(국가지정) 3. 용도 지정 기부금 4. 조례에 직접규정 5. 지자체가 권장하는 사업을 하는 공공기관 6. 시,도 정책 및 재정사정 7. 기타 8. 해당없음	계약체결방법 (경쟁형태) 1. 일반경쟁 2. 제한경쟁 3. 지명경쟁 4. 수의계약 5. 법정위탁 6. 기타 ( ) 7. 해당없음	계약기간 1. 1년 2. 2년 3. 3년 4. 4년 5. 5년 6. 기타 ( )년 7. 단기계약 (1년미만) 8. 해당없음	낙찰자선정방법 1. 적격심사 2. 협상에의한계약 3. 최저가낙찰제 4. 규격가격분리 5. 2단계 경쟁입찰 6. 기타 ( ) 7. 해당없음	운영예산 산정 1. 내부산정 (지자체 자체적으로 산정) 2. 외부산정 (외부전문기관위탁 산정) 3. 내·외부 모두 산정 4. 산정 無 5. 해당없음	정산방법 1. 내부정산 (지자체 내부적으로 정산) 2. 외부정산 (외부전문기관위탁 정산) 3. 내·외부 모두 산정 4. 정산 無 5. 해당없음	1. 실시 2. 미실시 3. 향후 추진 4. 해당없음
3549	부산 북구	정부미지원 어린이집 조리원 인건비	120,000	주민복지과	5	6	5	8	7	1	1	1
3550	부산 북구	공공형 어린이집 지원	441,757	주민복지과	5	2	7	8	7	1	1	1
3551	부산 북구	공공형어린이집 조리원 인건비 지원	25,200	주민복지과	5	6	7	8	7	1	1	1
3552	부산 북구	장애아전문어린이집 차량기사인건비 지원	10,800	주민복지과	5	6	5	8	7	1	1	1
3553	부산 해운대구	사회복지관 운영	4,856,000	복지정책과	5	1	7	8	7	1	1	1
3554	부산 해운대구	지역사회보장협의체 운영 지원	90,000	복지정책과	5	1	7	8	7	1	1	1
3555	부산 해운대구	한부모시설 입소자상담 및 치료지원	9,198	가족복지과	5	2	7	8	7	5	5	4
3556	부산 사하구	지역아동센터 운영지원	1,166,880	복지정책과	5	2	7	8	7	1	1	4
3557	부산 사하구	특수목적형 지역아동센터 지원	58,464	복지정책과	5	2	7	8	7	1	1	4
3558	부산 사하구	토요운영 지역아동센터 추가 지원	18,240	복지정책과	5	4	7	8	7	1	1	4
3559	부산 사하구	우수지역아동센터 지원	39,656	복지정책과	5	2	7	8	7	1	1	4
3560	부산 사하구	야간 전담 지역아동센터 지원	25,200	복지정책과	5	4	7	8	7	1	1	4
3561	부산 사하구	지역아동센터 종사자 처우개선 지원	101,300	복지정책과	5	4	7	8	7	1	1	4
3562	부산 사하구	지역아동센터 프로그램비 지원	31,000	복지정책과	5	4	7	8	7	1	1	4
3563	부산 사하구	지역아동센터 환경개선비 지원	30,000	복지정책과	5	2	7	8	7	1	1	4
3564	부산 사하구	지역아동센터 냉난방비 지원	5,919	복지정책과	5	4	7	8	7	1	1	4
3565	부산 사하구	지역아동센터 전자카드 운영비 지원	5,472	복지정책과	5	4	7	8	7	1	1	4
3566	부산 사하구	다함께돌봄센터 인건비 지원	263,300	복지정책과	5	2	7	5	7	1	1	4
3567	부산 사하구	아동양육시설(애아원) 운영 지원	1,393,000	복지정책과	5	4	7	8	7	1	1	4
3568	부산 사하구	아동양육시설(애아원) 안전관리 및 환경개선 지원	2,965,000	복지정책과	5	4	7	8	7	1	1	4
3569	부산 사하구	요호보아동 공동생활가정(하늘채) 운영	82,443	복지정책과	5	2	7	8	7	1	1	4
3570	부산 사하구	요호보아동 공동생활가정(하늘채) 운영지원	25,000	복지정책과	5	4	7	8	7	1	1	4
3571	부산 사하구	요호보아동 공동생활가정(하늘채) 운영지원	7,200	복지정책과	5	4	7	8	7	1	1	4
3572	부산 사하구	요호보아동 공동생활가정(하늘채) 운영지원	400,000	복지정책과	5	4	7	8	7	1	1	4
3573	부산 사하구	요호보아동 공동생활가정(하늘채) 운영지원	900,000	복지정책과	5	4	7	8	7	1	1	4
3574	부산 사하구	학대피해아동 쉼터 운영	180,305	복지정책과	5	2	7	8	7	1	1	4
3575	부산 사하구	학대피해아동 쉼터 운영지원	14,800	복지정책과	5	4	7	8	7	1	1	4
3576	부산 사하구	재가노인복지시설 운영비 지급	426,988	복지사업과	5	6	7	8	7	5	5	4
3577	부산 사하구	독거노인·중증장애인 응급안전알림서비스	161,264	복지사업과	5	7	7	1	1	1	1	2
3578	부산 사하구	장애인직업재활시설(보호작업장) 운영 지원	208,077	복지사업과	5	1	7	8	7	1	1	1
3579	부산 사하구	장애인공동생활가정 운영지원	381,625	복지사업과	5	1	7	8	7	1	1	1
3580	부산 사하구	중증장애인 자립생활센터 지원	149,875	복지사업과	5	1	7	8	7	1	1	1
3581	부산 사하구	중증장애인 자립생활체험홈 운영	18,000	복지사업과	5	1	7	8	7	1	1	1
3582	부산 사하구	양로시설 운영경비	497,579	복지사업과	5	2	7	8	7	5	1	4
3583	부산 사하구	노인요양시설 종사자 복지수당	191,980	복지사업과	5	2	7	8	7	5	1	4
3584	부산 사하구	장애인 주간 보호시설 운영지원	428,749	복지사업과	5	1	7	8	7	5	5	1
3585	부산 사하구	장애인지역법인 근로작업장 지원	31,563	복지사업과	5	6	7	8	7	2	3	1
3586	부산 사하구	모자보호시설 운영	380,419	여성가족과	5	1	7	8	7	1	1	1
3587	부산 사하구	모자보호시설 아이돌봄서비스 지원	39,341	여성가족과	5	1	7	8	7	1	1	1
3588	부산 사하구	어린이집 운영지원	89,664	여성가족과	5	1	7	7	7	1	1	2
3589	부산 사하구	어린이집 운영지원	223,000	여성가족과	5	1	7	7	7	1	1	2
3590	부산 사하구	정부지원어린이집 차량운영비 지원	16,200	여성가족과	5	1	7	7	7	1	1	2
3591	부산 사하구	정부미지원어린이집 차량운영비 지원	72,000	여성가족과	5	1	7	7	7	1	1	2

순번	시군구	지출명 (사업명)	2021년예산 (단위:천원/1년간)	담당자 (공무원) 담당부서	민간이전 분류 (지방자치단체 세출예산 집행기준에 의거) 1. 민간경상사업보조(307-02) 2. 민간단체 법정운영비보조(307-03) 3. 민간행사사업보조(307-04) 4. 민간위탁금(307-05) 5. 사회복지시설 법정운영비보조(307-10) 6. 민간인위탁교육비(307-12) 7. 공기관등에대한경상적위탁사업비(308-10) 8. 민간자본사업보조,자체재원(402-01) 9. 민간자본사업보조,이전재원(402-02) 10. 민간위탁사업비(402-03) 11. 공기관등에 대한 자본적 대행사업비(403-02)	민간이전지출 근거 (지방보조금 관리기준 참고) 1. 법률에 규정 2. 국고보조 재원(국가지정) 3. 용도 지정 기부금 4. 조례에 직접규정 5. 지자체가 권장하는 사업을 하는 공공기관 6. 시,도 정책 및 재정사정 7. 기타 8. 해당없음	입찰방식: 계약체결방법 (경쟁형태) 1. 일반경쟁 2. 제한경쟁 3. 지명경쟁 4. 수의계약 5. 법정위탁 6. 기타 ( ) 7. 해당없음	입찰방식: 계약기간 1. 1년 2. 2년 3. 3년 4. 4년 5. 5년 6. 기타 ( )년 7. 단기계약 (1년미만) 8. 해당없음	입찰방식: 낙찰자선정방법 1. 적격심사 2. 협상에의한계약 3. 최저가낙찰제 4. 규격가격분리 5. 2단계 경쟁입찰 6. 기타 ( ) 7. 해당없음	운영예산 산정: 운영예산 산정 1. 내부산정 (지자체 자체적으로 산정) 2. 외부산정 (외부전문기관위탁 산정) 3. 내·외부 모두 산정 4. 산정 無 5. 해당없음	운영예산 산정: 정산방법 1. 내부정산 (지자체 내부적으로 정산) 2. 외부정산 (외부전문기관위탁 정산) 3. 내·외부 모두 산정 4. 정산 無 5. 해당없음	성과평가 실시여부 1. 실시 2. 미실시 3. 향후 추진 4. 해당없음
3592	부산 사하구	공공형어린이집 지원	764,075	여성가족과	5	1	7	7	7	1	1	2
3593	부산 사하구	공공형어린이집 조리원 인건비 지원	61,200	여성가족과	5	1	7	7	7	1	1	2
3594	부산 사하구	보육교직원 인건비 지원	7,215	여성가족과	5	1	7	7	7	1	1	2
3595	부산 사하구	보육교직원 처우개선 지원	1,271,000	여성가족과	5	1	7	7	7	1	1	2
3596	부산 사하구	보육교직원 처우개선 지원	215,400	여성가족과	5	1	7	7	7	1	1	2
3597	부산 사하구	정부지원어린이집 보육교사 복지수당 지원	24,840	여성가족과	5	1	7	7	7	1	1	2
3598	부산 사하구	정부미지원어린이집 보육교사 복지수당 지원	1,301,000	여성가족과	5	1	7	7	7	1	1	2
3599	부산 사하구	정부미지원어린이집 조리원 인건비 지원	134,662	여성가족과	5	1	7	7	7	1	1	2
3600	부산 사하구	장애영유아어린이집 보육교사 특수근무수당 지원	18,000	여성가족과	5	1	7	7	7	1	1	2
3601	부산 사하구	장애아전문어린이집 차량기사인건비 지원	3,600,000	여성가족과	5	1	7	7	7	1	1	2
3602	부산 사하구	정부미지원 어린이집 모든아이 차액보육료 지원	14,385	여성가족과	5	1	7	7	7	1	1	2
3603	부산 사하구	정신요양시설 운영지원	240,600	건강증진과	5	2	7	8	7	5	3	4
3604	부산 금정구	사회복지관 운영비	1,355,000	사회복지과	5	1	1	5	1	3	1	1
3605	부산 금정구	금정구종합사회복지관 분관 운영비	25,000	사회복지과	5	1	1	5	1	3	1	1
3606	부산 금정구	기초푸드뱅크 운영비 지원	4,300,000	사회복지과	5	5	7	8	7	1	1	1
3607	부산 금정구	푸드마켓 운영비 지원	51,000	사회복지과	5	5	7	8	7	1	1	1
3608	부산 금정구	노숙인자활시설 운영비	681,815	사회복지과	5	1	7	8	7	1	1	4
3609	부산 금정구	양로시설 운영비	981,629	사회복지과	5	1	7	8	7	1	1	4
3610	부산 금정구	양로시설 종사자 복지수당	26,000	사회복지과	5	1	7	8	7	1	1	4
3611	부산 금정구	양로시설 야간경비인력 인건비	42,000	사회복지과	5	1	7	8	7	1	1	4
3612	부산 금정구	노인복지관 운영비	682,240	사회복지과	5	1	5	5	6	1	1	4
3613	부산 금정구	노인복지관 종사자 급여보존액	6,620	사회복지과	5	1	5	5	6	1	1	4
3614	부산 금정구	노인요양시설 등외수가 지원	400,000	사회복지과	5	1	7	8	7	1	1	4
3615	부산 금정구	노인요양시설 종사자 복지수당	288,960	사회복지과	5	1	7	8	7	1	1	4
3616	부산 금정구	경로당 운영비 지원	241,200	사회복지과	5	1	7	8	7	1	1	2
3617	부산 금정구	경로당 운영비 지원	112,560	사회복지과	5	1	7	8	7	1	1	1
3618	부산 금정구	재가노인복지시설 운영비 지원	354,276	사회복지과	5	1	7	8	7	1	1	4
3619	부산 금정구	노인교실 운영비 지원	39,000	사회복지과	5	1	7	8	7	1	1	2
3620	부산 금정구	시니어클럽 운영비 지원	285,292	사회복지과	5	1	5	5	1	1	1	4
3621	부산 금정구	경로당 냉난방비 및 양곡비 지원	291,852	사회복지과	5	1	7	8	7	1	1	2
3622	부산 금정구	성폭력피해자 보호시설 운영비	463,107	여성가족과	5	1	7	8	7	1	1	1
3623	부산 금정구	성매매피해자 지원시설 운영비	550,647	여성가족과	5	1	7	8	7	1	1	1
3624	부산 금정구	폭력피해 이주여성 보호시설 운영비	189,219	여성가족과	5	1	7	8	7	1	1	1
3625	부산 금정구	여성폭력피해자 지원시설 복지증진	180,110	여성가족과	5	1	7	8	7	1	1	1
3626	부산 금정구	건강가정 및 다문화가족지원센터 운영	203,800	여성가족과	5	1	5	3	1	1	1	1
3627	부산 금정구	보육교직원 인건비	4,877,000	여성가족과	5	2	7	8	7	5	1	4
3628	부산 금정구	어린이집 운영 지원	4,056,000	여성가족과	5	2	7	8	7	5	1	4
3629	부산 금정구	공공형 어린이집 지원	850,305	여성가족과	5	2	7	8	7	5	1	4
3630	부산 금정구	어린이집 운영지원	43,838	여성가족과	5	2	7	8	7	5	1	4
3631	부산 금정구	어린이집 냉·난방비 지원	77,640	여성가족과	5	4	7	8	7	1	1	4
3632	부산 금정구	보육교직원 처우개선 지원	14,807	여성가족과	5	2	7	8	7	5	1	4
3633	부산 금정구	시간제보육 제공기관 지원	172,452	여성가족과	5	2	7	8	7	5	1	4
3634	부산 금정구	보육교직원 처우개선 지원	203,100	여성가족과	5	2	7	8	7	5	1	4

순번	시군구	지출명 (사업명)	2021년예산 (단위:천원/1년간)	담당자 (공무원)	민간이전 분류 (지방자치단체 세출예산 집행기준에 의거) 1. 민간경상사업보조(307-02) 2. 민간단체 법정운영비보조(307-03) 3. 민간행사사업보조(307-04) 4. 민간위탁금(307-05) 5. 사회복지시설 법정운영비보조(307-10) 6. 민간인위탁교육비(307-12) 7. 공기관등에대한경상적위탁사업비(308-10) 8. 민간자본사업보조,자체재원(402-01) 9. 민간자본사업보조,이전재원(402-02) 10. 민간위탁사업비(402-03) 11. 공기관등에 대한 자본적 대행사업비(403-02)	민간이전지출 근거 (지방보조금 관리기준 참고) 1. 법률에 규정 2. 국고보조 재원(국가지정) 3. 용도 지정 기부금 4. 조례에 직접규정 5. 지자체가 권장하는 사업을 하는 공공기관 6. 시,도 정책 및 재정사정 7. 기타 8. 해당없음	입찰방식			운영예산 산정		성과평가 실시여부
				담당부서			계약체결방법 (경쟁형태) 1. 일반경쟁 2. 제한경쟁 3. 지명경쟁 4. 수의계약 5. 법정위탁 6. 기타 ( ) 7. 해당없음	계약기간 1. 1년 2. 2년 3. 3년 4. 4년 5. 5년 6. 기타 ( )년 7. 단기계약 (1년미만) 8. 해당없음	낙찰자선정방법 1. 적격심사 2. 협상에의한계약 3. 최저가낙찰제 4. 규격가격분리 5. 2단계 경쟁입찰 6. 기타 ( ) 7. 해당없음	운영예산 산정 1. 내부산정 (지자체 자체적으로 산정) 2. 외부산정 (외부전문기관위탁 산정) 3. 내·외부 모두 산정 4. 산정 無 5. 해당없음	정산방법 1. 내부정산 (지자체 내부적으로 정산) 2. 외부정산 (외부전문기관위탁 정산) 3. 내·외부 모두 산정 4. 정산 無 5. 해당없음	1. 실시 2. 미실시 3. 향후 추진 4. 해당없음
3635	부산 금정구	어린이집 친환경 급식 재료비	98,901	여성가족과	5	4	7	8	7	1	1	4
3636	부산 금정구	정부지원어린이집 차량운영비	10,800	여성가족과	5	6	7	8	7	5	1	4
3637	부산 금정구	장애영유아어린이집 보육교사 특수근무수당	25,200	여성가족과	5	6	7	8	7	5	1	4
3638	부산 금정구	공공형어린이집 조리원 인건비	57,600	여성가족과	5	6	7	8	7	5	1	4
3639	부산 금정구	보육교직원 처우개선	780,000	여성가족과	5	6	7	8	7	5	1	4
3640	부산 금정구	야간어린이집 풀리스쿨 운영 사업비	1,110,000	여성가족과	5	6	7	8	7	5	1	4
3641	부산 금정구	정부미지원어린이집 보육교사 장기근속수당	54,030	여성가족과	5	6	7	8	7	5	1	4
3642	부산 금정구	정부지원 어린이집 보육교사 복지수당	16,097	여성가족과	5	6	7	8	7	5	1	4
3643	부산 금정구	정부미지원어린이집 조리원 인건비 사업	90,000	여성가족과	5	6	7	8	7	5	1	4
3644	부산 금정구	장애아전문어린이집 차량기사 인건비	3,600,000	여성가족과	5	6	7	8	7	5	1	4
3645	부산 금정구	장애아전문어린이집 영유아안전장치 운영지원	820,000	여성가족과	5	6	7	8	7	5	1	4
3646	부산 금정구	지역아동센터 운영비 지원	933,000	여성가족과	5	2	7	8	7	5	1	4
3647	부산 금정구	특수목적형 지원	49,536	여성가족과	5	2	7	8	7	5	1	4
3648	부산 금정구	토요운영 지원	3,648,000	여성가족과	5	2	7	8	7	5	1	4
3649	부산 금정구	우수지역아동센터 지원	34,698	여성가족과	5	2	7	8	7	5	1	4
3650	부산 금정구	지역아동센터 종사자 처우개선비	75,960	여성가족과	5	6	7	8	7	5	1	4
3651	부산 금정구	시설장, 생활복지사 처우개선비	21,390	여성가족과	5	4	7	8	7	1	1	1
3652	부산 금정구	지역아동센터 프로그램비 지원	32,640	여성가족과	5	6	7	8	7	5	1	4
3653	부산 금정구	저녁돌봄 지역아동센터 운영비	16,800	여성가족과	5	6	7	8	7	5	1	4
3654	부산 금정구	지역아동센터 냉난방 운영비 지원	5,220	여성가족과	5	6	7	8	7	5	1	4
3655	부산 금정구	지역아동센터 종사자 복지포인트 지원	310,000	여성가족과	5	6	7	8	7	5	1	4
3656	부산 금정구	아동복지시설 운영비 및 종사자인건비	4,368,000	여성가족과	5	2	7	8	7	1	1	1
3657	부산 금정구	공동생활가정(그룹홈) 운영지원	86,643	여성가족과	5	2	7	8	7	1	1	1
3658	부산 금정구	공동생활가정 종사자 복지수당 지원	8,400	여성가족과	5	2	7	8	7	1	1	1
3659	부산 금정구	공동생활가정 종사자 복지포인트 지급	300,000	여성가족과	5	2	7	8	7	1	1	1
3660	부산 금정구	공동생활가정 보호아동 지원	8,640	여성가족과	5	2	7	8	7	1	1	1
3661	부산 금정구	아동시설 안전관리,환경개선비 지원	8,000	여성가족과	5	2	7	8	7	1	1	1
3662	부산 금정구	공동생활가정 안전관리비 지원	900,000	여성가족과	5	2	7	8	7	1	1	1
3663	부산 금정구	학대피해아동쉼터 운영지원	198,494	여성가족과	5	2	7	8	7	1	1	1
3664	부산 금정구	학대피해아동쉼터 종사자 복지수당 지원	13,440	여성가족과	5	2	7	8	7	1	1	1
3665	부산 금정구	학대피해아동쉼터 종사자 복지포인트 지급	500,000	여성가족과	5	2	7	8	7	1	1	1
3666	부산 금정구	학대피해아동쉼터 건전육성비 지원	6,580	여성가족과	5	2	7	8	7	1	1	1
3667	부산 금정구	경계선 지능아동 자립지원	13,040	여성가족과	5	2	7	8	7	1	1	1
3668	부산 금정구	청소년 회복지원시설 운영 지원	70,000	여성가족과	5	2	7	8	7	1	1	4
3669	부산 금정구	청소년 회복지원시설 종사자 복지포인트	200,000	여성가족과	5	6	7	8	7	5	5	4
3670	부산 금정구	지역자활센터 지원	327,865	생활보장과	5	2	7	7	7	1	1	1
3671	부산 금정구	지역자활센터 직원복지수당	28,980	생활보장과	5	4	7	7	7	1	1	1
3672	부산 금정구	장애인거주시설 직원인건비	2,114,000	생활보장과	5	2	7	8	7	1	1	1
3673	부산 금정구	장애인거주시설 관리운영비	136,000	생활보장과	5	2	7	8	7	1	1	1
3674	부산 금정구	장애인거주시설 종사자 복지수당	62,400	생활보장과	5	1	7	8	7	1	1	1
3675	부산 금정구	장애인거주시설 월동김장비 및 춘계부식비	1,184,000	생활보장과	5	1	7	8	7	1	1	1
3676	부산 금정구	장애인거주시설 장애인의날, 어린이날 간식비	592,000	생활보장과	5	1	7	8	7	1	1	1
3677	부산 금정구	장애인거주시설 입원간호비	2,000,000	생활보장과	5	1	7	8	7	1	1	1

순번	시군구	지출명 (사업명)	2021년예산 (단위:천원/1년간)	담당자 (공무원)	민간이전 분류 (지방자치단체 세출예산 집행기준에 의거)	민간이전지출 근거 (지방보조금 관리기준 참고)	입찰방식			운영예산 산정		성과평가 실시여부
				담당부서	1. 민간경상사업보조(307-02) 2. 민간단체 법정운영비보조(307-03) 3. 민간행사사업보조(307-04) 4. 민간위탁금(307-05) 5. 사회복지시설 법정운영비보조(307-10) 6. 민간인위탁교육비(307-12) 7. 공기관등에대한경상적위탁사업비(308-10) 8. 민간자본사업보조,자체재원(402-01) 9. 민간자본사업보조,이전재원(402-02) 10. 민간위탁사업비(402-03) 11. 공기관등에 대한 자본적 대행사업비(403-02)	1. 법률에 규정 2. 국고보조 재원(국가지정) 3. 용도 지정 기부금 4. 조례에 직접규정 5. 지자체가 권장하는 사업을 하는 공공기관 6. 시,도 정책 및 재정사정 7. 기타 8. 해당없음	계약체결방법 (경쟁형태) 1. 일반경쟁 2. 제한경쟁 3. 지명경쟁 4. 수의계약 5. 법정위탁 6. 기타 ( ) 7. 해당없음	계약기간 1. 1년 2. 2년 3. 3년 4. 4년 5. 5년 6. 기타 ( )년 7. 단기계약 (1년미만) 8. 해당없음	낙찰자선정방법 1. 적격심사 2. 협상에의한계약 3. 최저가낙찰제 4. 규격가격분리 5. 2단계 경쟁입찰 6. 기타 ( ) 7. 해당없음	운영예산 산정 1. 내부산정 (지자체 자체적으로 산정) 2. 외부산정 (외부전문기관위탁 산정) 3. 내·외부 모두 산정 4. 산정 無 5. 해당없음	정산방법 1. 내부정산 (지자체 내부적으로 정산) 2. 외부정산 (외부전문기관위탁 정산) 3. 내·외부 모두 산정 4. 정산 無 5. 해당없음	1. 실시 2. 미실시 3. 향후 추진 4. 해당없음
3678	부산 금정구	장애인직업재활시설 직원인건비	465,995	생활보장과	5	1	7	8	7	1	1	1
3679	부산 금정구	장애인직업재활시설 관리운영비	40,084	생활보장과	5	1	7	8	7	1	1	1
3680	부산 금정구	근로작업장부설 무료목욕탕 운영 지원	50,000	생활보장과	5	1	7	8	7	1	1	1
3681	부산 금정구	장애인직업재활시설 재가장애인 중식비 지원	37,296	생활보장과	5	1	7	8	7	1	1	1
3682	부산 금정구	장애인복지관 직원인건비	984,443	생활보장과	5	1	7	8	7	1	1	1
3683	부산 금정구	장애인복지관 관리운영비	93,304	생활보장과	5	1	7	8	7	1	1	1
3684	부산 금정구	장애인주간보호시설 인건비	279,060	생활보장과	5	1	7	8	7	1	1	1
3685	부산 금정구	장애인주간보호시설 관리운영비	31,000	생활보장과	5	1	7	8	7	1	1	1
3686	부산 금정구	장애인공동생활가정 인건비	97,964	생활보장과	5	1	7	8	7	1	1	1
3687	부산 금정구	장애인공동생활가정 관리운영비	24,000	생활보장과	5	1	7	8	7	1	1	1
3688	부산 금정구	수어통역센터 인건비	155,100	생활보장과	5	1	7	8	7	1	1	1
3689	부산 금정구	수어통역센터 관리운영비	12,000	생활보장과	5	1	5	8	7	1	1	1
3690	부산 금정구	중증장애인자립생활센터 지원	165,488	생활보장과	5	1	7	1	1	1	1	1
3691	부산 강서구	아이돌봄 지원사업	1,806,000	주민복지과	5	1	5	3	7	1	1	1
3692	부산 강서구	아이돌봄 더하기 지원사업	21,101	주민복지과	5	1	5	3	7	1	1	1
3693	부산 강서구	아동복지시설 운영 지원	14,433	주민복지과	5	6	7	7	7	5	5	4
3694	부산 강서구	요보호아동그룹홈 운영 지원	86,643	주민복지과	5	2	7	7	7	5	5	4
3695	부산 강서구	공동생활가정(그룹홈) 운영 지원	12,320	주민복지과	5	6	7	7	7	5	5	4
3696	부산 강서구	학대피해아동 전담기관(그룹홈) 운영 지원	27,315	주민복지과	5	6	7	7	7	5	5	4
3697	부산 강서구	지역아동센터 운영비 지원	251,280	주민복지과	5	2	7	7	7	5	5	4
3698	부산 강서구	지역아동센터 운영 지원	11,755	주민복지과	5	6	7	7	7	5	5	4
3699	부산 강서구	지역아동센터 종사자 처우개선비 지원	19,000	주민복지과	5	2	7	7	7	5	5	4
3700	부산 강서구	지역아동센터 종사자 처우개선비 지원	4,800,000	주민복지과	5	6	7	7	7	5	5	4
3701	부산 강서구	특수목적형 지역아동센터 추가지원	14,616	주민복지과	5	2	7	7	7	5	5	4
3702	부산 강서구	지역아동센터 저녁돌봄 지원	7,800	주민복지과	5	2	7	7	7	5	5	4
3703	부산 강서구	우수지역아동센터 지원	7,436	주민복지과	5	2	7	7	7	5	5	4
3704	부산 강서구	지역아동센터 공기청정기 지원	1,200,000	주민복지과	5	2	7	7	7	5	5	4
3705	부산 강서구	어린이집 교재교구비 지원	55,657	주민복지과	5	2	7	8	7	5	5	4
3706	부산 강서구	어린이집 운영 지원	178,606	주민복지과	5	6	7	8	7	5	1	4
3707	부산 강서구	어린이집 운영 지원	288,200	주민복지과	5	1	7	8	7	1	1	1
3708	부산 강서구	농·어촌어린이집 차량운영비 지원	36,000	주민복지과	5	2	7	8	7	5	1	4
3709	부산 강서구	농어촌 법인어린이집 지원	6,600	주민복지과	5	2	7	8	7	5	1	4
3710	부산 강서구	농촌보육교사 특별근무수당 지원	92,955	주민복지과	5	2	7	8	7	5	5	4
3711	부산 강서구	공공형 어린이집 지원	45,748	주민복지과	5	1	7	8	7	1	1	2
3712	부산 강서구	공공형 어린이집 지원	7,200	주민복지과	5	1	7	8	7	1	1	2
3713	부산 강서구	보육교직원 인건비 지원	4,178,477	주민복지과	5	2	7	8	7	2	1	2
3714	부산 강서구	보육보조교사(연장보육전담) 인건비 지원	1,861,425	주민복지과	5	2	7	8	7	5	5	4
3715	부산 강서구	보육교사 교통비 지원	475,200	주민복지과	5	1	7	8	7	1	1	2
3716	부산 강서구	보육교직원 처우개선 지원	11,755,260	주민복지과	5	6	7	8	7	5	5	4
3717	부산 강서구	교사근무환경개선 지원	1,992,114	주민복지과	5	2	7	8	7	5	5	4
3718	부산 강서구	장애인거주시설 운영 지원	10,755,524	주민복지과	5	1	7	8	7	5	1	4
3719	부산 강서구	장애인거주시설 운영 지원	312,724	주민복지과	5	1	7	8	7	5	1	4
3720	부산 강서구	장애인거주시설 공기청정기 렌탈 지원	6,000	주민복지과	5	1	7	8	7	5	1	4

순번	시군구	지출명 (사업명)	2021년예산 (단위:천원/1년간)	담당자 (공무원)	민간이전 분류 (지방자치단체 세출예산 집행기준에 의거)	민간이전지출 근거 (지방보조금 관리기준 참고)	입찰방식			운영예산 산정		성과평가 실시여부
				담당부서	1. 민간경상사업보조(307-02) 2. 민간단체 법정운영비보조(307-03) 3. 민간행사사업보조(307-04) 4. 민간위탁금(307-05) 5. 사회복지시설 법정운영비보조(307-10) 6. 민간인위탁교육비(307-12) 7. 공기관등에대한경상적위탁사업비(308-10) 8. 민간자본사업보조,자체재원(402-01) 9. 민간자본사업보조,이전재원(402-02) 10. 민간위탁사업비(402-03) 11. 공기관등에 대한 자본적 대행사업비(403-02)	1. 법률에 규정 2. 국고보조 재원(국가지정) 3. 용도 지정 기부금 4. 조례에 직접규정 5. 지자체가 권장하는 사업을 하는 공공기관 6. 시,도 정책 및 재정사정 7. 기타 8. 해당없음	계약체결방법 (경쟁형태) 1. 일반경쟁 2. 제한경쟁 3. 지명경쟁 4. 수의계약 5. 법정위탁 6. 기타 ( ) 7. 해당없음	계약기간 1. 1년 2. 2년 3. 3년 4. 4년 5. 5년 6. 기타 ( )년 7. 단기계약 (1년미만) 8. 해당없음	낙찰자선정방법 1. 적격심사 2. 협상에의한계약 3. 최저가낙찰제 4. 규격가격분리 5. 2단계 경쟁입찰 6. 기타 ( ) 7. 해당없음	운영예산 산정 1. 내부산정 (지자체 자체적으로 산정) 2. 외부산정 (외부전문기관위탁 산정) 3. 내·외부 모두 산정 4. 산정 無 5. 해당없음	정산방법 1. 내부정산 (지자체 내부적으로 정산) 2. 외부정산 (외부전문기관위탁 정산) 3. 내·외부 모두 산정 4. 정산 無 5. 해당없음	1. 실시 2. 미실시 3. 향후 추진 4. 해당없음
3721	부산 강서구	장애인직업재활시설 운영 지원	1,277,849	주민복지과	5	1	7	8	7	5	1	4
3722	부산 강서구	장애인 주간보호시설 운영	144,679	주민복지과	5	1	7	8	7	5	1	4
3723	부산 강서구	장애인 복지시설 실비입소 이용료 지원	104,594	주민복지과	5	1	7	8	7	5	1	4
3724	부산 강서구	재가노인복지시설 운영비	396,168	생활지원과	5	1	7	8	7	2	1	1
3725	부산 강서구	시니어클럽 운영지원	341,148	생활지원과	5	1	7	8	7	5	1	1
3726	부산 강서구	경로당 운영비 지원	306,000	생활지원과	5	1	7	8	7	5	1	1
3727	부산 강서구	경로당 운영비 지원	35,038	생활지원과	5	1	7	8	7	5	1	1
3728	부산 강서구	경로당 운영	292,224	생활지원과	5	1	7	8	7	5	1	1
3729	부산 강서구	경로당 운영	210,000	생활지원과	5	1	7	8	7	5	1	1
3730	부산 강서구	경로당 운영	35,000	생활지원과	5	1	7	8	7	5	1	1
3731	부산 강서구	경로당 운영	47,224	생활지원과	5	1	7	8	7	5	1	1
3732	부산 강서구	경로당 냉난방비 및 양곡비	272,000	생활지원과	5	1	7	8	7	5	1	1
3733	부산 강서구	경로당 냉난방비 및 양곡비	34,000	생활지원과	5	1	7	8	7	5	1	1
3734	부산 강서구	경로당 냉난방비 및 양곡비	66,000	생활지원과	5	1	7	8	7	5	1	1
3735	부산 강서구	노인의료복지시설 운영지원	96,480	생활지원과	5	1	7	8	7	5	1	1
3736	부산 연제구	보육교직원 인건비 지원	3,579,683	가정복지과	5	2	7	8	7	1	1	1
3737	부산 연제구	정부지원 어린이집 차량운영비	12,600	가정복지과	5	6	7	8	7	1	1	1
3738	부산 연제구	공제회 공제료 지원사업	48,000	가정복지과	5	4	7	8	7	1	1	1
3739	부산 연제구	어린이집 보조교사 인건비 지원	1,715,431	가정복지과	5	6	7	8	7	1	1	1
3740	부산 연제구	야간어린이집 폴리스콜 운영	378,000	가정복지과	5	6	7	8	7	1	1	1
3741	부산 연제구	어린이집 냉난방비 지원	84,000	가정복지과	5	6	7	8	7	1	1	1
3742	부산 연제구	어린이집 현장학습 등 문화행사비	52,000	가정복지과	5	6	7	8	7	1	1	1
3743	부산 연제구	어린이집 운영 지원	43,417	가정복지과	5	2	7	8	7	1	1	1
3744	부산 연제구	정부미지원어린이집 조리원 인건비 지원	150,000	가정복지과	5	6	7	8	7	1	1	1
3745	부산 연제구	만3~5세 누리과정 보육료 지원	2,607,467	가정복지과	5	1	7	8	7	1	1	1
3746	부산 연제구	지역아동센터 운영비 지원	715,200	가정복지과	5	2	7	8	7	1	1	1
3747	부산 연제구	우수지역아동센터 지원	22,306	가정복지과	5	2	7	8	7	1	1	1
3748	부산 연제구	특수목적형 지역아동센터 추가지원	43,848	가정복지과	5	2	7	8	7	1	1	1
3749	부산 연제구	토요운영 지역아동센터 추가지원	14,592	가정복지과	5	2	7	8	7	1	1	1
3750	부산 연제구	성폭력피해자 보호시설 운영지원	177,569	가정복지과	5	2	7	8	7	5	5	4
3751	부산 연제구	가정폭력피해자 보호시설 운영지원	481,183	가정복지과	5	2	7	8	7	5	5	4
3752	부산 연제구	해바라기센터 운영지원	409,476	가정복지과	5	2	7	8	7	5	5	4
3753	부산 연제구	해바라기센터 운영지원	8,700	가정복지과	5	2	7	8	7	5	5	4
3754	부산 연제구	모자가족복지시설 운영	250,757	가정복지과	5	1	7	8	7	1	1	4
3755	부산 연제구	정신재활시설 운영 지원	186,910	건강증진과	5	1	7	8	7	5	5	4
3756	부산 연제구	기부식품제공 사업 추진	54,000	복지정책과	5	1	7	8	7	5	5	2
3757	부산 연제구	기부식품제공 사업 추진	4,000,000	복지정책과	5	1	7	8	7	5	5	2
3758	부산 연제구	연제시니어클럽 운영지원	236,496	복지정책과	5	1	7	8	7	1	1	4
3759	부산 연제구	노인의료복지시설 종사자 복지수당	25,000	복지정책과	5	1	7	8	7	1	1	4
3760	부산 연제구	재가노인지원서비스센터 운영	146,000	복지정책과	5	1	7	8	7	1	1	4
3761	부산 연제구	경로당냉난방비,운영비,양곡지원	627,880	복지정책과	5	1	7	8	7	1	1	4
3762	부산 연제구	연제구노인복지관운영	451,480	복지정책과	5	1	7	8	7	1	1	4
3763	부산 연제구	지역자활센터운영 지원	327,271	복지정책과	5	2	5	1	6	1	1	1

순번	시군구	지출명 (사업명)	2021년예산 (단위:천원/1년간)	담당자 (공무원)	민간이전 분류 (지방자치단체 세출예산 집행기준에 의거)	민간이전지출 근거 (지방보조금 관리기준 참고)	입찰방식			운영예산 산정		성과평가 실시여부
				담당부서	1. 민간경상사업보조(307-02) 2. 민간단체 법정운영비보조(307-03) 3. 민간행사사업보조(307-04) 4. 민간위탁금(307-05) 5. 사회복지시설 법정운영비보조(307-10) 6. 민간인위탁교육비(307-12) 7. 공기관등에대한경상적위탁사업비(308-10) 8. 민간자본사업보조,자체재원(402-01) 9. 민간자본사업보조,이전재원(402-02) 10. 민간위탁사업비(402-03) 11. 공기관등에 대한 자본적 대행사업비(403-02)	1. 법률에 규정 2. 국고보조 재원(국가지정) 3. 용도 지정 기부금 4. 조례에 직접규정 5. 지자체가 권장하는 사업을 하는 공공기관 6. 시,도 정책 및 재정사정 7. 기타 8. 해당없음	계약체결방법 (경쟁형태) 1. 일반경쟁 2. 제한경쟁 3. 지명경쟁 4. 수의계약 5. 법정위탁 6. 기타 ( ) 7. 해당없음	계약기간 1. 1년 2. 2년 3. 3년 4. 4년 5. 5년 6. 기타 ( )년 7. 단기계약 (1년미만) 8. 해당없음	낙찰자선정방법 1. 적격심사 2. 협상에의한계약 3. 최저가낙찰제 4. 규격가격분리 5. 2단계 경쟁입찰 6. 기타 ( ) 7. 해당없음	운영예산 산정 1. 내부산정 (지자체 자체적으로 산정) 2. 외부산정 (외부전문기관위탁 산정) 3. 내·외부 모두 산정 4. 산정 無 5. 해당없음	정산방법 1. 내부정산 (지자체 내부적으로 정산) 2. 외부정산 (외부전문기관위탁 정산) 3. 내·외부 모두 산정 4. 정산 無 5. 해당없음	1. 실시 2. 미실시 3. 향후 추진 4. 해당없음
3764	부산 연제구	지역자활센터 종사자 복지수당	19,320	복지정책과	5	2	5	1	6	1	1	1
3765	부산 연제구	종합사회복지관 운영	718,100	복지정책과	5	1	7	8	7	1	1	4
3766	부산 연제구	종합사회복지관 운영	598,700	복지정책과	5	1	7	8	7	1	1	4
3767	부산 수영구	종합사회복지관 운영비	731,100	복지정책과	5	1	7	8	7	5	1	1
3768	부산 수영구	종합사회복지관 운영비	736,100	복지정책과	5	1	7	8	7	5	1	1
3769	부산 수영구	청소년회복지원시설 운영	16,738	복지정책과	5	7	5	8	7	1	1	4
3770	부산 수영구	다함께 돌봄사업 인건비 지원	247,320	복지정책과	5	7	1	5	1	1	1	1
3771	부산 수영구	아동복지시설 운영비	1,283,125	복지정책과	5	1	7	8	7	1	1	4
3772	부산 수영구	요보호아동 그룹홈 운영	90,816	복지정책과	5	1	7	8	7	1	1	4
3773	부산 수영구	아동공동생활가정 종사자 복지수당	11,400	복지정책과	5	1	7	8	7	1	1	4
3774	부산 수영구	아동공동생활가정 종사자 복지포인트	400,000	복지정책과	5	1	7	8	7	1	1	4
3775	부산 수영구	학대피해아동 전담 공동생활가정 운영지원	27,616	복지정책과	5	1	7	8	7	1	1	4
3776	부산 수영구	노인복지관 운영비	682,240	가족행복과	5	4	7	5	6	1	1	1
3777	부산 수영구	노인복지관 운영비	599,963	가족행복과	5	4	7	5	6	1	1	1
3778	부산 수영구	노인복지관 직원복지수당	6,960	가족행복과	5	4	7	5	6	1	1	1
3779	부산 수영구	노인복지관 직원복지수당	2,000,000	가족행복과	5	4	7	5	6	1	1	1
3780	부산 수영구	노인복지관 복지포인트	1,400,000	가족행복과	5	4	7	5	6	1	1	1
3781	부산 수영구	노인복지관 복지포인트	1,200,000	가족행복과	5	4	7	5	6	1	1	1
3782	부산 수영구	노인복지관 운영 지원	17,147	가족행복과	5	4	7	5	6	1	1	1
3783	부산 수영구	노인복지관 운영 지원	3,500,000	가족행복과	5	4	7	5	6	1	1	1
3784	부산 수영구	경로당 운영비 지원	163,800	가족행복과	5	1	7	8	6	1	1	4
3785	부산 수영구	경로당 운영비 지원	141,960	가족행복과	5	1	7	8	6	1	1	4
3786	부산 수영구	재가노인지원서비스센터 운영비 지원	264,112	가족행복과	5	8	7	8	6	5	5	4
3787	부산 수영구	노인복지시설 직원 복지수당	84,240	가족행복과	5	7	7	1	6	1	1	4
3788	부산 수영구	장애인 공동생활가정 운영 지원	293,583	가족행복과	5	1	7	8	6	1	1	2
3789	부산 수영구	장애인 공동생활가정 운영 지원	72,000	가족행복과	5	1	7	8	6	1	1	2
3790	부산 수영구	장애인 공동생활가정 운영 지원	600,000	가족행복과	5	1	7	8	6	1	1	2
3791	부산 수영구	장애인 주간보호시설 운영 지원	826,536	가족행복과	5	1	7	8	6	1	1	2
3792	부산 수영구	장애인 주간보호시설 운영 지원	72,000	가족행복과	5	1	7	8	6	1	1	2
3793	부산 수영구	장애인 주간보호시설 운영 지원	2,000,000	가족행복과	5	1	7	8	6	1	1	2
3794	부산 수영구	수영구 수어통역센터 운영 지원	185,600	가족행복과	5	1	7	8	6	1	1	2
3795	부산 수영구	수영구 수어통역센터 운영 지원	12,000	가족행복과	5	1	7	8	6	1	1	2
3796	부산 수영구	수영구 수어통역센터 운영 지원	400,000	가족행복과	5	1	7	8	6	1	1	2
3797	부산 수영구	장애인직업재활시설 운영	593,862	가족행복과	5	1	7	8	6	1	1	2
3798	부산 수영구	중증장애인 자립생활 지원사업	120,000	가족행복과	5	6	7	8	6	1	1	2
3799	부산 수영구	수영구 장애인복지관 운영	871,800	가족행복과	5	4	7	5	6	1	1	2
3800	부산 수영구	수영구 장애인복지관 운영	88,176	가족행복과	5	4	7	5	6	1	1	2
3801	부산 수영구	수영구 장애인복지관 운영	35,400	가족행복과	5	4	7	5	6	1	1	2
3802	부산 수영구	수영구 장애인복지관 운영	2,000,000	가족행복과	5	4	7	5	6	1	1	2
3803	부산 수영구	어린이집 운영 지원	25,750	가족행복과	5	1	7	8	6	5	5	4
3804	부산 수영구	어린이집 운영 지원	16,050	가족행복과	5	1	7	8	6	5	5	4
3805	부산 수영구	어린이집 운영 지원	178,092	가족행복과	5	1	7	8	6	5	5	4
3806	부산 수영구	어린이집 운영 지원	34,940	가족행복과	5	1	7	8	6	5	5	4

순번	시군구	지출명 (사업명)	2021년예산 (단위:천원/1년간)	담당자 (공무원)	민간이전 분류 (지방자치단체 세출예산 집행기준에 의거)	민간이전지출 근거 (지방보조금 관리기준 참고)	입찰방식			운영예산 산정		성과평가 실시여부
				담당부서	1. 민간경상사업보조(307-02) 2. 민간단체 법정운영비보조(307-03) 3. 민간행사사업보조(307-04) 4. 민간위탁금(307-05) 5. 사회복지시설 법정운영비보조(307-10) 6. 민간인위탁교육비(307-12) 7. 공기관등에대한경상적위탁사업비(308-10) 8. 민간자본사업보조,자체재원(402-01) 9. 민간자본사업보조,이전재원(402-02) 10. 민간위탁사업비(402-03) 11. 공기관등에 대한 자본적 대행사업비(403-02)	1. 법률에 규정 2. 국고보조 재원(국가지정) 3. 용도 지정 기부금 4. 조례에 직접규정 5. 지자체가 권장하는 사업을 하는 공공기관 6. 시,도 정책 및 재정사정 7. 기타 8. 해당없음	계약체결방법 (경쟁형태) 1. 일반경쟁 2. 제한경쟁 3. 지명경쟁 4. 수의계약 5. 법정위탁 6. 기타 ( ) 7. 해당없음	계약기간 1. 1년 2. 2년 3. 3년 4. 4년 5. 5년 6. 기타 ( )년 7. 단기계약 (1년미만) 8. 해당없음	낙찰자선정방법 1. 적격심사 2. 협상에의한계약 3. 최저가낙찰제 4. 규격가격분리 5. 2단계 경쟁입찰 6. 기타 ( ) 7. 해당없음	운영예산 산정 1. 내부산정 (지자체 자체적으로 산정) 2. 외부산정 (외부전문기관위탁 산정) 3. 내·외부 모두 산정 4. 산정 無 5. 해당없음	정산방법 1. 내부정산 (지자체 내부적으로 정산) 2. 외부정산 (외부전문기관위탁 정산) 3. 내·외부 모두 산정 4. 정산 無 5. 해당없음	1. 실시 2. 미실시 3. 향후 추진 4. 해당없음
3807	부산 수영구	어린이집 운영 지원	8,841	가족행복과	5	1	7	8	6	5	5	4
3808	부산 수영구	어린이집 운영 지원	27,932	가족행복과	5	1	7	8	7	5	5	4
3809	부산 수영구	어린이집 운영 지원	844,079	가족행복과	5	1	7	8	6	5	5	4
3810	부산 수영구	보육교직원 인건비 지원	5,908,000	가족행복과	5	1	7	8	6	5	5	4
3811	부산 수영구	보육교직원 처우개선 지원	980,822	가족행복과	5	1	7	8	6	5	5	4
3812	부산 수영구	어린이집 운영 지원	12,000	가족행복과	5	1	7	8	6	5	5	4
3813	부산 수영구	시간제보육서비스 제공지원	265,180	가족행복과	5	1	7	8	6	5	5	4
3814	부산 수영구	정부미지원어린이집 차액보육료 지원	588,558	가족행복과	5	1	7	8	6	5	5	4
3815	부산 수영구	공공형어린이집 운영비	104,407	가족행복과	5	1	7	8	6	5	5	4
3816	부산 수영구	공공형어린이집 조리원 인건비	10,800	가족행복과	5	1	7	8	6	5	5	4
3817	부산 수영구	건강가정다문화가족지원센터 종사자 복지포인트 지원	1,100,000	가족행복과	5	6	7	3	6	5	1	4
3818	부산 수영구	성폭력 상담소 운영지원	123,816	가족행복과	5	1	7	8	6	5	1	4
3819	부산 수영구	가정폭력 상담소 운영지원	217,873	가족행복과	5	1	7	8	6	5	1	4
3820	부산 수영구	성폭력상담소 종사자 복지수당	31,780	가족행복과	5	1	7	8	6	1	1	4
3821	부산 수영구	지역자활센터 지원	332,946	기초생활보장과	5	1	5	1	7	5	1	2
3822	부산 수영구	지역자활센터 종사자 직원복지수당	22,540	기초생활보장과	5	6	5	1	7	5	1	2
3823	부산 수영구	컴넷하우스 관리운영비	25,672	건강증진과	5	6	7	8	7	1	1	1
3824	부산 수영구	컴넷하우스 인건비	281,152	건강증진과	5	6	7	8	7	1	1	1
3825	부산 수영구	컴텟하우스 직원 복지포인트	600,000	건강증진과	5	6	7	8	7	1	1	1
3826	부산 수영구	통합정신건강증진(정신질환당사자 지원)사업	14,000	건강증진과	5	2	7	8	7	1	1	4
3827	부산 사상구	사무국 간사 인건비	36,000	복지정책과	5	4	7	8	7	1	1	4
3828	부산 사상구	노인복지시설 직원 복지수당	165,600	노인장애인복지과	5	1	7	8	7	5	1	1
3829	부산 사상구	재가노인복지시설 운영비	264,112	노인장애인복지과	5	1	7	8	7	1	1	1
3830	부산 사상구	시니어클럽 운영	295,852	노인장애인복지과	5	1	7	8	7	3	3	3
3831	부산 사상구	경로당 운영 지원	243,000	노인장애인복지과	5	1	7	8	7	5	1	1
3832	부산 사상구	경로당 운영	113,400	노인장애인복지과	5	1	7	8	7	5	1	1
3833	부산 사상구	장애인주간보호시설 운영	687,349	노인장애인복지과	5	1	7	8	7	5	5	4
3834	부산 사상구	부산점자도서관 운영	211,318	노인장애인복지과	5	1	7	8	7	5	5	4
3835	부산 사상구	장애인직업재활시설 운영	537,164	노인장애인복지과	5	1	7	8	7	5	5	4
3836	부산 사상구	장애인공동생활가정 지원	412,569	노인장애인복지과	5	1	7	8	7	5	5	4
3837	부산 사상구	장애인단기보호시설 지원	333,020	노인장애인복지과	5	1	7	8	7	5	5	4
3838	부산 사상구	장애인거주시설 운영 지원	886,672	노인장애인복지과	5	1	7	8	7	5	5	4
3839	부산 사상구	장애인거주시설 시비지원	27,720	노인장애인복지과	5	1	7	8	7	5	5	4
3840	부산 사상구	중증장애인 자립생활센터 지원	155,489	노인장애인복지과	5	1	7	8	7	5	5	4
3841	부산 사상구	중증장애인 자립생활센터 시비지원	20,000	노인장애인복지과	5	1	7	8	7	5	5	4
3842	부산 사상구	중증장애인 자립생활 체험홈 지원	18,000	노인장애인복지과	5	1	7	8	7	5	5	4
3843	부산 사상구	지역자활센터 운영지원	273,793	노인장애인복지과	5	2	7	8	7	5	1	2
3844	부산 사상구	지역자활센터 직원 복지수당	22,540	노인장애인복지과	5	6	7	8	7	5	1	2
3845	부산 사상구	어린이집 종사자 인건비	6,355,054	아동청소년과	5	1	7	6	7	1	1	2
3846	부산 사상구	어린이집 보조교사 인건비	1,635,014	아동청소년과	5	1	7	6	7	1	1	2
3847	부산 사상구	공공형 어린이집 운영비	566,458	아동청소년과	5	1	7	6	7	1	1	2
3848	부산 사상구	공공형어린이집 조리원 인건비	57,600	아동청소년과	5	1	7	6	7	1	1	2
3849	부산 사상구	요보호아동그룹홈 운영 지원	356,976	아동청소년과	5	2	7	8	7	5	1	2

순번	시군구	지출명 (사업명)	2021년예산 (단위:천원/1년간)	담당자 (공무원) 담당부서	민간이전 분류 (지방자치단체 세출예산 집행기준에 의거) 1. 민간경상사업보조(307-02) 2. 민간단체 법정운영비보조(307-03) 3. 민간행사사업보조(307-04) 4. 민간위탁금(307-05) 5. 사회복지시설 법정운영비보조(307-10) 6. 민간인위탁교육비(307-12) 7. 공기관등에대한경상적위탁사업비(308-10) 8. 민간자본사업보조,자체재원(402-01) 9. 민간자본사업보조,이전재원(402-02) 10. 민간위탁사업비(402-03) 11. 공기관등에 대한 자본적 대행사업비(403-02)	민간이전지출 근거 (지방보조금 관리기준 참고) 1. 법률에 규정 2. 국고보조 재원(국가지정) 3. 용도 지정 기부금 4. 조례에 직접규정 5. 지자체가 권장하는 사업을 하는 공공기관 6. 시,도 정책 및 재정사정 7. 기타 8. 해당없음	입찰방식 계약체결방법 (경쟁형태) 1. 일반경쟁 2. 제한경쟁 3. 지명경쟁 4. 수의계약 5. 법정위탁 6. 기타 ( ) 7. 해당없음	입찰방식 계약기간 1. 1년 2. 2년 3. 3년 4. 4년 5. 5년 6. 기타 ( )년 7. 단기계약 (1년미만) 8. 해당없음	입찰방식 낙찰자선정방법 1. 적격심사 2. 협상에의한계약 3. 최저가낙찰제 4. 규격가격분리 5. 2단계 경쟁입찰 6. 기타 ( ) 7. 해당없음	운영예산 산정 운영예산 산정 1. 내부산정 (지자체 자체적으로 산정) 2. 외부산정 (외부전문기관위탁 산정) 3. 내·외부 모두 산정 4. 산정 無 5. 해당없음	운영예산 산정 정산방법 1. 내부정산 (지자체 내부적으로 정산) 2. 외부정산 (외부전문기관위탁 정산) 3. 내·외부 모두 산정 4. 정산 無 5. 해당없음	성과평가 실시여부 1. 실시 2. 미실시 3. 향후 추진 4. 해당없음
3850	부산 사상구	학대피해아동 장기 그룹홈 지원	28,134	아동청소년과	5	7	7	8	7	5	1	2
3851	부산 사상구	공동생활가정 종사자 복지수당	38,640	아동청소년과	5	7	7	8	7	5	1	2
3852	부산 사상구	공동생활가정 종사자 복지포인트	1,300,000	아동청소년과	5	7	7	8	7	5	1	2
3853	부산 사상구	지역아동센터 운영비 지원	1,212,480	아동청소년과	5	2	7	8	7	1	1	2
3854	부산 사상구	특수목적형 지역아동센터 추가지원	65,772	아동청소년과	5	2	7	8	7	1	1	2
3855	부산 사상구	토요운영 지역아동센터 추가지원	38,832	아동청소년과	5	2	7	8	7	1	1	2
3856	부산 사상구	지역아동센터 공기청정기 지원	25,800	아동청소년과	5	2	7	8	7	1	1	2
3857	부산 사상구	지역아동센터 종사자 처우개선비	97,000	아동청소년과	5	4	7	8	7	1	1	2
3858	부산 사상구	지역아동센터 종사자 복지포인트 지원	3,800,000	아동청소년과	5	4	7	8	7	1	1	2
3859	부산 사상구	지역아동센터 종사자 장려수당 지원	22,800	아동청소년과	5	4	7	8	7	1	1	2
3860	부산 기장군	자원봉사 코디네이터 지원육성	55,286	행정지원과	5	2	7	7	7	5	1	1
3861	부산 기장군	전국 통합 자원봉사보험 가입서비스 지원	8,026	행정지원과	5	2	7	7	7	5	1	1
3862	부산 기장군	자원봉사센터 운영비 지원	16,000	행정지원과	5	1	7	7	7	5	1	1
3863	부산 기장군	자원봉사센터 운영비 지원	142,428	행정지원과	5	1	7	7	7	5	1	1
3864	부산 기장군	청년실업해소 유급실무자 인건비	25,896	행정지원과	5	1	7	7	7	5	1	1
3865	부산 기장군	보육교직원 인건비 지원	8,033,508	인재양성과	5	2	7	8	7	5	1	2
3866	부산 기장군	보육교직원 처우개선지원	3,601,189	인재양성과	5	2	7	8	7	5	1	2
3867	부산 기장군	공공형어린이집 조리원 인건비 지원	43,200	인재양성과	5	6	7	8	7	1	1	2
3868	부산 기장군	어린이집 냉난방비 지원	193,875	인재양성과	5	4	7	8	7	1	1	1
3869	부산 기장군	365 맞춤어린이집 운영	125,530	인재양성과	5	7	7	8	7	1	1	2
3870	부산 기장군	지역자활센터 지원	332,946	복지정책과	5	2	5	8	6	1	1	1
3871	부산 기장군	자활사례관리	28,989	복지정책과	5	2	5	8	6	1	1	1
3872	부산 기장군	지역자활센터 직원복지수당 지원	22,540	복지정책과	5	2	5	8	6	1	1	1
3873	부산 기장군	경로당 순회프로그램 관리자 배치사업 지원	68,956	행복나눔과	5	1	7	8	7	1	1	4
3874	부산 기장군	노인교실운영	9,000	행복나눔과	5	1	7	8	7	1	1	4
3875	부산 기장군	노인교실운영	21,200	행복나눔과	5	7	7	8	7	1	1	4
3876	부산 기장군	노인의료복지시설 종사자 복지수당	223,080	행복나눔과	5	1	7	8	7	1	1	4
3877	부산 기장군	노인장기요양보험 등급외자 부담금	57,000	행복나눔과	5	1	7	8	7	1	1	4
3878	부산 기장군	독거노인·중증장애인 응급안전알림서비스 사업	100,980	행복나눔과	5	2	7	8	7	5	5	4
3879	부산 기장군	건강가정 및 다문화가족 지원센터 운영	376,100	행복나눔과	5	2	2	5	1	5	5	1
3880	부산 기장군	자녀양육 및 자녀생활 등 방문교육서비스 지원	105,216	행복나눔과	5	2	2	5	1	5	5	1
3881	부산 기장군	결혼이민자 통번역서비스 지원	30,050	행복나눔과	5	2	2	5	1	5	5	1
3882	부산 기장군	다문화가족 자녀 언어발달 지원	35,520	행복나눔과	5	2	2	5	1	5	5	1
3883	부산 기장군	다문화가족 사례관리 지원	31,826	행복나눔과	5	2	2	5	1	5	5	1
3884	부산 기장군	성폭력,가정폭력 통합상담소 운영지원	217,873	행복나눔과	5	1	7	8	7	1	1	1
3885	부산 기장군	결혼이민자 역량강화지원	20,000	행복나눔과	5	2	2	5	1	5	5	1
3886	부산 기장군	지역사회보장협의체 사무국 설치운영	39,000	행복나눔과	5	4	7	8	7	1	1	4
3887	부산 기장군	중증장애인자립생활센터 운영 지원	100,000	행복나눔과	5	1	7	8	7	1	1	4
3888	부산 기장군	장애인거주시설 운영 지원	2,977,460	행복나눔과	5	2	7	8	7	5	1	4
3889	부산 기장군	장애인거주시설 운영 지원	946,751	행복나눔과	5	2	7	8	7	5	1	4
3890	부산 기장군	장애인거주시설 운영 지원	85,200	행복나눔과	5	1	7	8	7	5	1	4
3891	부산 기장군	장애인공동생활가정 지원	111,086	행복나눔과	5	1	7	8	7	5	1	4
3892	부산 기장군	장애인직업재활시설 운영	345,437	행복나눔과	5	1	7	8	7	1	1	4

순번	시군구	지출명 (사업명)	2021년예산 (단위:천원/1년간)	담당자 (공무원) 담당부서	민간이전 분류 (지방자치단체 세출예산 집행기준에 의거) 1. 민간경상사업보조(307-02) 2. 민간단체 법정운영비보조(307-03) 3. 민간행사사업보조(307-04) 4. 민간위탁금(307-05) 5. 사회복지시설 법정운영비보조(307-10) 6. 민간인위탁교육비(307-12) 7. 공기관등에대한경상적위탁사업비(308-10) 8. 민간자본사업보조,자체재원(402-01) 9. 민간자본사업보조,이전재원(402-02) 10. 민간위탁사업비(402-03) 11. 공기관등에 대한 자본적 대행사업비(403-02)	민간이전지출 근거 (지방보조금 관리기준 참고) 1. 법률에 규정 2. 국고보조 재원(국가지정) 3. 용도 지정 기부금 4. 조례에 직접규정 5. 지자체가 권장하는 사업을 하는 공공기관 6. 시,도 정책 및 재정사정 7. 기타 8. 해당없음	입찰방식 계약체결방법 (경쟁형태) 1. 일반경쟁 2. 제한경쟁 3. 지명경쟁 4. 수의계약 5. 법정위탁 6. 기타 ( ) 7. 해당없음	입찰방식 계약기간 1. 1년 2. 2년 3. 3년 4. 4년 5. 5년 6. 기타 ( )년 7. 단기계약 (1년미만) 8. 해당없음	입찰방식 낙찰자선정방법 1. 적격심사 2. 협상에의한계약 3. 최저가낙찰제 4. 규격가격분리 5. 2단계 경쟁입찰 6. 기타 ( ) 7. 해당없음	운영예산 산정 운영예산 산정 1. 내부산정 (지자체 자체적으로 산정) 2. 외부산정 (외부전문기관위탁 산정) 3. 내·외부 모두 산정 4. 산정 無 5. 해당없음	운영예산 산정 정산방법 1. 내부정산 (지자체 내부적으로 정산) 2. 외부정산 (외부전문기관위탁 정산) 3. 내·외부 모두 산정 4. 정산 無 5. 해당없음	성과평가 실시여부 1. 실시 2. 미실시 3. 향후 추진 4. 해당없음
3893	부산 기장군	장애인복지관 운영	813,139	행복나눔과	5	1	7	8	7	1	1	4
3894	부산 기장군	장애인 목욕탕 운영 지원	42,100	행복나눔과	5	1	7	8	7	1	1	4
3895	부산 기장군	장애인 주간보호시설 운영	171,481	행복나눔과	5	1	7	8	7	1	1	4
3896	부산 기장군	장애인 주말 주간 일시보호사업	30,000	행복나눔과	5	1	7	8	7	1	1	4
3897	부산 기장군	시니어클럽 운영지원	259,776	일자리경제과	5	1	5	5	1	5	1	1
3898	부산 기장군	정신질환당사자지원사업비	8,000	건강증진과	5	2	7	8	7	1	1	4
3899	부산 기장군	정신재활시설 운영비	143,767	건강증진과	5	6	7	8	7	1	1	4
3900	울산광역시	노인연합회 운영	103,793	어르신복지과	5	1	7	8	7	1	1	4
3901	울산광역시	경로당광역지원센터 운영	270,560	어르신복지과	5	2	7	8	7	2	1	4
3902	울산광역시	노인맞춤돌봄서비스사업 지원	72,970	어르신복지과	5	2	6	2	1	5	1	4
3903	울산광역시	독거노인 중증장애인 응급안전알림서비스	28,488	어르신복지과	5	2	6	2	1	5	1	4
3904	울산광역시	장애인총연합회 운영	62,000	장애인복지과	5	1	7	8	7	1	1	1
3905	울산광역시	지체장애인협회운영	46,000	장애인복지과	5	1	7	8	7	1	1	1
3906	울산광역시	시각장애인복지연합회운영	41,000	장애인복지과	5	1	7	8	7	1	1	1
3907	울산광역시	농아인협회운영	41,000	장애인복지과	5	1	7	8	7	1	1	1
3908	울산광역시	지적발달장애인복지협회운영	41,000	장애인복지과	5	1	7	8	7	1	1	1
3909	울산광역시	신장장애인협회운영	41,000	장애인복지과	5	1	7	8	7	1	1	1
3910	울산광역시	뇌병변장애인 인권협회 운영	40,500	장애인복지과	5	1	7	8	7	1	1	1
3911	울산광역시	장애인재활협회운영	20,500	장애인복지과	5	1	7	8	7	1	1	1
3912	울산광역시	장애인문화센터운영	185,153	장애인복지과	5	1	7	8	7	1	1	1
3913	울산광역시	성인장애인학교운영	259,892	장애인복지과	5	1	7	8	7	1	1	2
3914	울산광역시	장애인 보조기기 수리지원	230,716	장애인복지과	5	1	7	1	7	1	1	1
3915	울산광역시	장애인자립생활지원센터 지원	206,000	장애인복지과	5	1	7	8	7	1	1	1
3916	울산광역시	장애인생산품판매시설 지원	170,145	장애인복지과	5	1	7	5	7	1	1	1
3917	울산광역시	학대피해장애인쉼터	1,170,273	장애인복지과	5	2	1	5	7	1	1	2
3918	울산광역시	장애아동가족양육지원	220,000	장애인복지과	5	2	1	2	7	1	1	1
3919	울산광역시	해바라기센터 운영비 지원	704,231	여성가족청소년과	5	2	7	8	7	1	1	1
3920	울산광역시	청소년쉼터 운영지원	19,920	여성가족청소년과	5	1	1	3	1	1	1	1
3921	울산광역시	다문화가족지원센터 운영	34,000	여성가족청소년과	5	2	1	3	1	1	1	1
3922	울산광역시	사회복지협의회 운영	406,090	복지인구정책과	5	1	7	8	7	1	1	4
3923	울산광역시	사회복지사협회 운영	53,004	복지인구정책과	5	1	7	8	7	1	1	1
3924	울산광역시	광역푸드뱅크 운영	89,230	복지인구정책과	5	1	7	8	7	1	1	4
3925	울산광역시	푸드마켓 운영	75,259	복지인구정책과	5	1	7	8	7	1	1	4
3926	울산광역시	지역아동보호전문기관 운영	1,395,960	복지인구정책과	5	1	1	5	1	1	1	4
3927	울산광역시	결연사업기관 운영	266,531	복지인구정책과	5	1	7	8	7	1	1	4
3928	울산광역시	가정위탁지원센터 운영	270,781	복지인구정책과	5	1	5	5	7	1	1	4
3929	울산광역시	광역자활센터 지원	552,326	복지인구정책과	5	1	6	3	6	5	1	4
3930	울산광역시	자산형성지원사업 위탁운영비	13,805	복지인구정책과	5	1	6	8	6	5	1	4
3931	울산광역시	노숙인 자활지원센터 운영	306,373	복지인구정책과	5	1	5	5	7	1	1	4
3932	울산광역시	보훈안보단체 사무실 운영비	170,000	복지인구정책과	5	1	6	8	7	1	1	4
3933	울산광역시	고엽제환자 쉼터 운영비	15,000	복지인구정책과	5	1	6	8	7	1	1	4
3934	울산광역시	상이군경복지회관 운영비	42,000	복지인구정책과	5	1	6	8	7	1	1	4
3935	울산광역시	울산광역시 보훈회관 운영비	70,000	복지인구정책과	5	1	6	8	7	1	1	4

순번	시군구	지출명 (사업명)	2021년예산 (단위:천원/1년간)	담당자 (공무원) 담당부서	민간이전 분류 (지방자치단체 세출예산 집행기준에 의거) 1. 민간경상사업보조(307-02) 2. 민간단체 법정운영비보조(307-03) 3. 민간행사사업보조(307-04) 4. 민간위탁금(307-05) 5. 사회복지시설 법정운영비보조(307-10) 6. 민간인위탁교육비(307-12) 7. 공기관등에대한경상적위탁사업비(308-10) 8. 민간자본사업보조,자체재원(402-01) 9. 민간자본사업보조,이전재원(402-02) 10. 민간위탁사업비(402-03) 11. 공기관등에 대한 자본적 대행사업비(403-02)	민간이전지출 근거 (지방보조금 관리기준 참고) 1. 법률에 규정 2. 국고보조 재원(국가지정) 3. 용도 지정 기부금 4. 조례에 직접규정 5. 지자체가 권장하는 사업을 하는 공공기관 6. 시,도 정책 및 재정사정 7. 기타 8. 해당없음	입찰방식 계약체결방법 (경쟁형태) 1. 일반경쟁 2. 제한경쟁 3. 지명경쟁 4. 수의계약 5. 법정위탁 6. 기타 ( ) 7. 해당없음	입찰방식 계약기간 1. 1년 2. 2년 3. 3년 4. 4년 5. 5년 6. 기타 ( )년 7. 단기계약 (1년미만) 8. 해당없음	입찰방식 낙찰자선정방법 1. 적격심사 2. 협상에의한계약 3. 최저가낙찰제 4. 규격가격분리 5. 2단계 경쟁입찰 6. 기타 ( ) 7. 해당없음	운영예산 산정 운영예산 산정 1. 내부산정 (지자체 자체적으로 산정) 2. 외부산정 (외부전문기관위탁 산정) 3. 내·외부 모두 산정 4. 산정 無 5. 해당없음	운영예산 산정 정산방법 1. 내부정산 (지자체 내부적으로 정산) 2. 외부정산 (외부전문기관위탁 정산) 3. 내·외부 모두 산정 4. 정산 無 5. 해당없음	성과평가 실시여부 1. 실시 2. 미실시 3. 향후 추진 4. 해당없음
3936	울산 중구	고독사 맞춤형 사례관리사업	63,600	복지지원과	5	6	4	1	7	5	1	4
3937	울산 중구	사회복지시설 종사자 맞춤형 복지포인트 지원	2,700,000	복지지원과	5	6	5	5	1	1	1	1
3938	울산 중구	노인의료복지시설지원	330,720	노인장애인과	5	1	5	8	7	1	1	4
3939	울산 중구	노인재가복지시설지원	408,615	노인장애인과	5	1	5	8	7	1	1	4
3940	울산 중구	경로당 운영 지원	448,760	노인장애인과	5	2	7	8	7	1	1	4
3941	울산 중구	경로당 냉난방비 및 양곡비 지원	142,400	노인장애인과	5	2	7	8	7	1	1	4
3942	울산 중구	경로당 냉난방비 및 양곡비 지원	17,800	노인장애인과	5	2	7	8	7	1	1	4
3943	울산 중구	시니어클럽 운영	300,000	노인장애인과	5	2	5	5	1	1	1	4
3944	울산 중구	장애인 직업재활시설 운영비	828,383	노인장애인과	5	1	7	8	7	1	1	1
3945	울산 중구	장애인 주간보호시설 운영비	967,010	노인장애인과	5	1	7	8	7	1	1	1
3946	울산 중구	아름 중증장애인 주간보호센터 운영비	283,770	노인장애인과	5	1	7	8	7	1	1	1
3947	울산 중구	우리집장애인 단기보호센터 운영비	397,665	노인장애인과	5	1	7	8	7	1	1	1
3948	울산 중구	장애인 공동생활가정 운영비	122,150	노인장애인과	5	1	7	8	7	1	1	1
3949	울산 중구	수화통역센터 운영비	480,711	노인장애인과	5	1	7	8	7	1	1	1
3950	울산 중구	중구중증장애인 자립생활지원센터 운영	62,000	노인장애인과	5	1	7	8	7	1	1	1
3951	울산 중구	지역자활센터운영비	332,946	노인장애인과	5	1	5	8	7	5	1	1
3952	울산 중구	지역자활센터 종사자 수당지원	15,960	노인장애인과	5	1	5	8	7	1	1	1
3953	울산 중구	사회복지시설 종사자 맞춤형 복지포인트 지원	42,400	노인장애인과	5	4	7	8	7	1	1	4
3954	울산 중구	울산 다봄행복센터 운영비	3,600,000	여성가족과	5	2	7	8	7	1	1	4
3955	울산 중구	울산 다봄행복센터 운영비	12,000	여성가족과	5	2	7	8	7	1	1	4
3956	울산 중구	울산 다봄행복센터 인건비	53,232	여성가족과	5	2	7	8	7	1	1	4
3957	울산 중구	한부모가족복지시설 운영비	887,072	여성가족과	5	1	7	8	7	1	1	4
3958	울산 중구	아이돌봄지원사업 운영비	185,080	여성가족과	5	2	7	3	7	1	1	4
3959	울산 중구	건강가정·다문화가족지원센터 운영비	259,300	여성가족과	5	2	5	5	7	1	1	4
3960	울산 중구	건강가정다문화가족지원센터 처우개선 수당	7,800	여성가족과	5	6	5	5	7	1	1	4
3961	울산 중구	건강가정다문화가족지원센터 자격수당	2,400,000	여성가족과	5	6	5	5	7	1	1	4
3962	울산 중구	한부모가족복지시설	3,100,000	여성가족과	5	1	7	8	7	1	1	4
3963	울산 중구	건강가정다문화가족지원센터	1,300,000	여성가족과	5	2	7	8	7	5	5	4
3964	울산 중구	가정폭력,성폭력시설	2,200,000	여성가족과	5	1	7	8	7	1	1	4
3965	울산 중구	청소년복지시설	600,000	여성가족과	5	1	7	8	7	5	5	4
3966	울산 중구	아동복지시설	8,400	여성가족과	5	1	7	8	7	1	1	4
3967	울산 중구	성폭력상담소 운영비	123,816	여성가족과	5	1	7	8	7	1	1	4
3968	울산 중구	성폭력상담소 종사자 처우개선비	8,640	여성가족과	5	6	7	8	7	1	1	4
3969	울산 중구	청소년회복지원시설 운영 지원	70,000	여성가족과	5	1	7	8	7	1	1	4
3970	울산 중구	청소년회복지원시설 종사자수당	4,080,000	여성가족과	5	1	7	8	7	1	1	4
3971	울산 중구	학대피해아동쉼터 운영비 지원	198,494	여성가족과	5	1	7	8	7	1	1	4
3972	울산 중구	학대피해아동쉼터 종사자 수당	13,740	여성가족과	5	1	7	8	7	1	1	4
3973	울산 중구	지역아동센터 기본운영비	606,240	여성가족과	5	1	7	8	7	1	1	4
3974	울산 중구	안심알리미 이용료	3,240,000	여성가족과	5	1	7	8	7	1	1	4
3975	울산 중구	지역아동센터 프로그램 지원	18,000	여성가족과	5	1	7	8	7	1	1	4
3976	울산 중구	지역아동센터 종사자 수당	76,760	여성가족과	5	1	7	8	7	1	1	4
3977	울산 중구	토요운영 지역아동센터 추가운영비	200,000	여성가족과	5	1	7	8	7	1	1	4
3978	울산 중구	특수목적형 추가지원	7,308	여성가족과	5	1	7	8	7	1	1	4

순번	시군구	지출명 (사업명)	2021년예산 (단위:천원/1년간)	담당자 (공무원)	민간이전 분류 (지방자치단체 세출예산 집행기준에 의거)	민간이전지출 근거 (지방보조금 관리기준 참고)	입찰방식			운영예산 산정		성과평가 실시여부
				담당부서	1. 민간경상사업보조(307-02) 2. 민간단체 법정운영비보조(307-03) 3. 민간행사사업보조(307-04) 4. 민간위탁금(307-05) 5. 사회복지시설 법정운영비보조(307-10) 6. 민간인위탁교육비(307-12) 7. 공기관등에대한경상적위탁사업비(308-10) 8. 민간자본사업보조,자체재원(402-01) 9. 민간자본사업보조,이전재원(402-02) 10. 민간위탁사업비(402-03) 11. 공기관등에 대한 자본적 대행사업비(403-02)	1. 법률에 규정 2. 국고보조 재원(국가지정) 3. 용도 지정 기부금 4. 조례에 직접규정 5. 지자체가 권장하는 사업을 하는 공공기관 6. 시,도 정책 및 재정사정 7. 기타 8. 해당없음	계약체결방법 (경쟁형태) 1. 일반경쟁 2. 제한경쟁 3. 지명경쟁 4. 수의계약 5. 법정위탁 6. 기타 ( ) 7. 해당없음	계약기간 1. 1년 2. 2년 3. 3년 4. 4년 5. 5년 6. 기타 ( )년 7. 단기계약 (1년미만) 8. 해당없음	낙찰자선정방법 1. 적격심사 2. 협상에의한계약 3. 최저가낙찰제 4. 규격가격분리 5. 2단계 경쟁입찰 6. 기타 ( ) 7. 해당없음	운영예산 산정 1. 내부산정 (지자체 자체적으로 산정) 2. 외부산정 (외부전문기관위탁 산정) 3. 내·외부 모두 산정 4. 산정 無 5. 해당없음	정산방법 1. 내부정산 (지자체 내부적으로 정산) 2. 외부정산 (외부전문기관위탁 정산) 3. 내·외부 모두 산정 4. 정산 無 5. 해당없음	1. 실시 2. 미실시 3. 향후 추진 4. 해당없음
3979	울산 중구	토요운영 추가지원	3,648,000	여성가족과	5	1	7	8	7	1	1	4
3980	울산 중구	장애아동 보육료	7,800	여성가족과	5	4	7	8	7	5	5	4
3981	울산 중구	장애아전문어린이집 차량운영비	2,400,000	여성가족과	5	2	7	8	7	5	5	4
3982	울산 중구	냉난방비	63,400	여성가족과	5	4	7	8	7	1	1	1
3983	울산 중구	공공형 어린이집 운영비	894,924	여성가족과	5	1	7	8	7	3	1	4
3984	울산 중구	공공형 어린이집 교육환경 개선비	10,000	여성가족과	5	1	7	8	7	3	1	4
3985	울산 중구	정부지원어린이집 교직원 인건비	3,766,000	여성가족과	5	2	7	8	7	5	5	4
3986	울산 중구	교사 근무환경 개선비	2,069,920	여성가족과	5	1	7	8	7	3	5	4
3987	울산 중구	어린이집 보조교사 지원	2,802,000	여성가족과	5	1	7	8	7	3	1	4
3988	울산 중구	(인건비 미지원시설)담임교사 처우개선비	1,065,600	여성가족과	5	1	7	8	7	3	5	4
3989	울산 중구	(인건비 미지원시설)0~2세반, 장애아반 교사 처우개선비	357,000	여성가족과	5	1	7	8	7	3	5	4
3990	울산 중구	(인건비 미지원시설)교사 장기근속수당	53,820	여성가족과	5	1	7	8	7	3	5	4
3991	울산 중구	국공립,법인어린이집 취약보육 교직원 수당	140,000	여성가족과	5	4	7	8	7	5	5	4
3992	울산 중구	장애아전문어린이집 교직원 자격수당	13,800	여성가족과	5	4	7	8	7	5	5	4
3993	울산 중구	장애아전문어린이집 차량기사 인건비	21,544	여성가족과	5	4	7	8	7	5	5	4
3994	울산 중구	보육교사 맞춤형 복지포인트	51,100	여성가족과	5	1	7	8	7	3	1	4
3995	울산 중구	교사 장기근속수당	40,800,000	여성가족과	5	1	7	8	7	1	5	4
3996	울산 중구	근로자의 날 교사 당직수당	6,000	여성가족과	5	1	7	8	7	1	5	4
3997	울산 중구	조리원 인건비	252,000	여성가족과	5	1	7	8	7	1	5	4
3998	울산 중구	교사 명절휴가비	170,000	여성가족과	5	1	7	8	7	1	5	4
3999	울산 중구	어린이집 급, 간식비	69,000	여성가족과	5	5	7	8	7	1	1	1
4000	울산 중구	24시간 아이돌봄 어린이집 지원	39,168	여성가족과	5	4	7	8	7	1	1	1
4001	울산 남구	지역자활센터운영	315,738	노인장애인과	5	1	5	1	1	1	1	1
4002	울산 남구	지역자활센터 종사자 수당	15,080	노인장애인과	5	1	5	1	1	1	1	1
4003	울산 남구	노인요양시설 종사자 수당	170,160	노인장애인과	5	6	7	8	7	1	1	1
4004	울산 남구	재가노인복지시설 운영비	681,025	노인장애인과	5	6	7	8	7	1	1	1
4005	울산 남구	시니어클럽 운영	250,800	노인장애인과	5	1	5	5	1	1	1	1
4006	울산 남구	다함께돌봄사업	532,520	여성가족과	5	2	5	5	1	2	1	1
4007	울산 남구	정신재활시설 운영	309,853	건강행복과	5	1	6	8	7	5	1	1
4008	울산 동구	사회적 고립 중장년층 1인 가구 맞춤형 사례관리 사업	63,600	생활지원과	5	6	5	2	6	4	1	3
4009	울산 동구	종합사회복지관운영	1,260,249	생활지원과	5	1	7	8	6	1	1	1
4010	울산 동구	사회복지시설 사회복지사 보수교육비	10,640	생활지원과	5	1	7	8	7	1	1	2
4011	울산 동구	사회복지종사자 처우개선	3,300,000	생활지원과	5	1	7	8	7	1	1	2
4012	울산 동구	보훈·안보단체 호국보훈의달 위문	18,600	생활지원과	5	4	7	8	7	1	1	1
4013	울산 동구	상이군경회 운영비	13,185	생활지원과	5	4	7	8	7	1	1	1
4014	울산 동구	전몰군경유족회 운영비	12,495	생활지원과	5	4	7	8	7	1	1	1
4015	울산 동구	전몰군경미망인회 운영비	12,295	생활지원과	5	4	7	8	7	1	1	1
4016	울산 동구	무공수훈자회 운영비	12,748	생활지원과	5	4	7	8	7	1	1	1
4017	울산 동구	6.25참전유공자 운영비	17,040	생활지원과	5	4	7	8	7	1	1	1
4018	울산 동구	고엽제전우회 운영비	16,753	생활지원과	5	4	7	8	7	1	1	1
4019	울산 동구	월남전참전자회 운영비	12,099	생활지원과	5	4	7	8	7	1	1	1
4020	울산 동구	특수임무유공자회 운영비	3,560,000	생활지원과	5	4	7	8	7	1	1	1
4021	울산 동구	재향군인회 운영비	7,854	생활지원과	5	4	7	8	7	1	1	1

순번	시군구	지출명 (사업명)	2021년예산 (단위:천원/1년간)	담당자 (공무원) 담당부서	민간이전 분류 (지방자치단체 세출예산 집행기준에 의거) 1. 민간경상사업보조(307-02) 2. 민간단체 법정운영비보조(307-03) 3. 민간행사사업보조(307-04) 4. 민간위탁금(307-05) 5. 사회복지시설 법정운영비보조(307-10) 6. 민간인위탁교육비(307-12) 7. 공기관등에대한경상적위탁사업비(308-10) 8. 민간자본사업보조,자체재원(402-01) 9. 민간자본사업보조,이전재원(402-02) 10. 민간위탁사업비(402-03) 11. 공기관등에 대한 자본적 대행사업비(403-02)	민간이전지출 근거 (지방보조금 관리기준 참고) 1. 법률에 규정 2. 국고보조 재원(국가지정) 3. 용도 지정 기부금 4. 조례에 직접규정 5. 지자체가 권장하는 사업을 하는 공공기관 6. 시,도 정책 및 재정사정 7. 기타 8. 해당없음	입찰방식 계약체결방법 (경쟁형태) 1. 일반경쟁 2. 제한경쟁 3. 지명경쟁 4. 수의계약 5. 법정위탁 6. 기타 ( ) 7. 해당없음	입찰방식 계약기간 1. 1년 2. 2년 3. 3년 4. 4년 5. 5년 6. 기타 ( )년 7. 단기계약 (1년미만) 8. 해당없음	입찰방식 낙찰자선정방법 1. 적격심사 2. 협상에의한계약 3. 최저가낙찰제 4. 규격가격분리 5. 2단계 경쟁입찰 6. 기타 ( ) 7. 해당없음	운영예산 산정 운영예산 산정 1. 내부산정 (지자체 자체적으로 산정) 2. 외부산정 (외부전문기관위탁 산정) 3. 내·외부 모두 산정 4. 산정 無 5. 해당없음	운영예산 산정 정산방법 1. 내부정산 (지자체 내부적으로 정산) 2. 외부정산 (외부전문기관위탁 정산) 3. 내·외부 모두 산정 4. 정산 無 5. 해당없음	성과평가 실시여부 1. 실시 2. 미실시 3. 향후 추진 4. 해당없음
4022	울산 동구	노인일자리 및 사회활동지원사업	5,570,224	사회복지과	5	2	5	1	7	2	1	1
4023	울산 동구	시니어클럽 운영	250,000	사회복지과	5	2	5	5	7	2	1	1
4024	울산 동구	경로당 냉난방비 및 양곡비 지원	117,980	사회복지과	5	1	7	8	7	2	1	1
4025	울산 동구	노인복지관 운영	710,280	사회복지과	5	1	5	5	7	1	1	4
4026	울산 동구	노인복지관 운영	399,500	사회복지과	5	1	5	5	7	1	1	4
4027	울산 동구	노인복지관 운영	842,120	사회복지과	5	1	5	5	7	1	1	4
4028	울산 동구	노인복지관 운영	876,400	사회복지과	5	1	5	5	7	1	1	4
4029	울산 동구	노인복지시설종사자 처우개선 지원	81,000	사회복지과	5	1	5	5	7	1	1	4
4030	울산 동구	노인복지시설종사자 처우개선 지원	46,800	사회복지과	5	1	7	8	7	1	1	4
4031	울산 동구	재가노인복지시설 운영	139,587	사회복지과	5	1	7	8	7	1	1	4
4032	울산 동구	재가노인복지시설 운영	139,587	사회복지과	5	1	7	8	7	1	1	4
4033	울산 동구	사회복지종사자 처우개선	6,600	사회복지과	5	1	5	8	7	1	1	4
4034	울산 동구	울산참사랑의 집	1,795,469	사회복지과	5	1	7	8	7	5	1	4
4035	울산 동구	장애인공동생활가정 운영	63,904	사회복지과	5	1	7	8	7	1	1	4
4036	울산 동구	밀알의 집	351,771	사회복지과	5	1	7	8	7	1	1	4
4037	울산 동구	동구장애인보호작업장	284,775	사회복지과	5	1	7	8	7	1	1	4
4038	울산 동구	희망장애인보호작업장	237,378	사회복지과	5	1	7	8	7	1	1	4
4039	울산 동구	사랑울타리	171,763	사회복지과	5	1	7	8	7	1	1	4
4040	울산 동구	밀알주간보호센터	155,147	사회복지과	5	1	7	8	7	1	1	4
4041	울산 동구	동구종합사회복지관 주간보호센터	132,823	사회복지과	5	1	5	5	1	1	1	4
4042	울산 동구	다휜주간보호센터	141,446	사회복지과	5	1	7	8	7	1	1	4
4043	울산 동구	동구장애인복지관 주간보호센터	152,558	사회복지과	5	1	7	8	7	1	1	4
4044	울산 동구	동구장애인복지관	1,212,700	사회복지과	5	1	5	5	1	1	1	4
4045	울산 동구	곰솔주간보호센터	275,664	사회복지과	5	1	5	5	1	1	1	4
4046	울산 동구	중증장애인 자립생활센터 운영비	100,000	사회복지과	5	1	7	8	7	1	1	4
4047	울산 동구	사회복지종사자처우개선	21,000	사회복지과	5	6	7	8	7	1	1	4
4048	울산 동구	지역자활센터	297,205	사회복지과	5	2	5	1	7	5	1	4
4049	울산 동구	지역자활센터	4,626,000	사회복지과	5	2	5	8	7	5	1	4
4050	울산 동구	지역자활센터	15,960	사회복지과	5	2	5	1	7	5	1	4
4051	울산 동구	지역자활센터	1,300,000	사회복지과	5	2	5	1	7	5	1	4
4052	울산 동구	건강가정·다문화가족지원센터 운영비	339,300	가족정책과	5	2	5	3	1	1	1	1
4053	울산 동구	건강가정·다문화가족지원센터 종사자 처우개선 수당	20,280	가족정책과	5	2	5	3	1	1	1	1
4054	울산 동구	건강가정·다문화가족지원센터 종사자 자격수당	6,240	가족정책과	5	2	5	3	1	1	1	1
4055	울산 동구	사회복지시설종사자 맞춤형 복지포인트 지원	3,000,000	가족정책과	5	6	5	3	1	1	1	1
4056	울산 동구	아이돌봄지원사업 운영비	118,680	가족정책과	5	2	6	3	1	5	1	1
4057	울산 동구	정부지원어린이집 교직원 인건비	31,500	가족정책과	5	2	7	8	7	1	1	4
4058	울산 동구	보조교사 인건비 지원	3,139,200	가족정책과	5	2	7	8	7	1	1	4
4059	울산 동구	대체교사 인건비 지원	434,950	가족정책과	5	2	7	8	7	1	1	4
4060	울산 동구	담임교사지원비 지원	1,670,400	가족정책과	5	2	7	8	7	1	1	4
4061	울산 동구	교사겸직원장 지원비	40,500	가족정책과	5	2	7	8	7	1	1	4
4062	울산 동구	인건비 미지원시설 교직원 처우개선비	1,931,400	가족정책과	5	2	7	8	7	1	1	4
4063	울산 동구	24시간 국공립어린이집 교직원 지원	3,600,000	가족정책과	5	2	7	8	7	1	1	4
4064	울산 동구	국공립어린이집 취약보육 교직원 수당	72,000	가족정책과	5	2	7	8	7	1	1	4

순번	시군구	지출명 (사업명)	2021년예산 (단위:천원/1년간)	담당자 (공무원) 담당부서	민간이전 분류 (지방자치단체 세출예산 집행기준에 의거) 1. 민간경상사업보조(307-02) 2. 민간단체 법정운영비보조(307-03) 3. 민간행사사업보조(307-04) 4. 민간위탁금(307-05) 5. 사회복지시설 법정운영비보조(307-10) 6. 민간인위탁교육비(307-12) 7. 공기관등에대한경상적위탁사업비(308-10) 8. 민간자본사업보조,자체재원(402-01) 9. 민간자본사업보조,이전재원(402-02) 10. 민간위탁사업비(402-03) 11. 공기관등에 대한 자본적 대행사업비(403-02)	민간이전지출 근거 (지방보조금 관리기준 참고) 1. 법률에 규정 2. 국고보조 재원(국가지정) 3. 용도 지정 기부금 4. 조례에 직접규정 5. 지자체가 권장하는 사업을 하는 공공기관 6. 시,도 정책 및 재정사정 7. 기타 8. 해당없음	입찰방식 계약체결방법 (경쟁형태) 1. 일반경쟁 2. 제한경쟁 3. 지명경쟁 4. 수의계약 5. 법정위탁 6. 기타 ( ) 7. 해당없음	입찰방식 계약기간 1. 1년 2. 2년 3. 3년 4. 4년 5. 5년 6. 기타 ( )년 7. 단기계약 (1년미만) 8. 해당없음	입찰방식 낙찰자선정방법 1. 적격심사 2. 협상에의한계약 3. 최저가낙찰제 4. 규격가격분리 5. 2단계 경쟁입찰 6. 기타 ( ) 7. 해당없음	운영예산 산정 운영예산 산정 1. 내부산정 (지자체 자체적으로 산정) 2. 외부산정 (외부전문기관위탁 산정) 3. 내·외부 모두 산정 4. 산정 無 5. 해당없음	운영예산 산정 정산방법 1. 내부정산 (지자체 내부적으로 정산) 2. 외부정산 (외부전문기관위탁 정산) 3. 내·외부 모두 산정 4. 정산 無 5. 해당없음	성과평가 실시여부 1. 실시 2. 미실시 3. 향후 추진 4. 해당없음
4065	울산 동구	장애전문어린이집 교직원 자격수당	14,400	가족정책과	5	2	7	8	7	1	1	4
4066	울산 동구	국공립 장애전문어린이집 차량기사 인건비	21,870	가족정책과	5	2	7	8	7	1	1	4
4067	울산 동구	보육교사 맞춤형 복지포인트 지원	53,500	가족정책과	5	2	7	8	7	1	1	4
4068	울산 동구	만3~5세 종일반비 지원	23,000	가족정책과	5	1	7	8	7	1	1	4
4069	울산 동구	장애아동 보육료	2,000,000	가족정책과	5	2	7	8	7	1	1	4
4070	울산 동구	교재교구비 지원	63,667	가족정책과	5	2	7	8	7	1	1	4
4071	울산 동구	차량운영비	2,400,000	가족정책과	5	2	7	8	7	1	1	4
4072	울산 동구	장비비 및 교재교구비 지원	128,000	가족정책과	5	4	7	8	7	1	1	4
4073	울산 동구	어린이집 냉난방비 지원	63,000	가족정책과	5	4	7	8	7	1	1	4
4074	울산 동구	어린이집 환경개선비 지원	16,000	가족정책과	5	4	7	8	7	1	1	4
4075	울산 동구	24시간 아이돌봄 어린이집 운영비	36,000	가족정책과	5	2	7	8	7	1	1	4
4076	울산 동구	공공형 어린이집 지원	1,548,333	가족정책과	5	2	7	8	7	1	1	4
4077	울산 동구	공공형 어린이집 지원 조리원 인건비	61,200	가족정책과	5	4	7	8	7	1	1	4
4078	울산 동구	공공형 어린이집 교육환경개선비	12,000	가족정책과	5	4	7	8	7	1	1	4
4079	울산 동구	보존식 기자재 지원	21,700	가족정책과	5	2	7	8	7	5	5	4
4080	울산 동구	재무회계규칙 프로그램 운영비	5,600	가족정책과	5	4	7	8	7	1	1	1
4081	울산 동구	국공립 체험학습 차량임차비 지원	11,250	가족정책과	5	4	7	8	7	1	1	1
4082	울산 동구	어린이집 급간식비 지원	66,000	가족정책과	5	4	7	8	7	5	5	4
4083	울산 동구	보육교사 명절휴가비 지원	140,000	가족정책과	5	4	7	8	7	1	1	4
4084	울산 동구	근로자의 날(5.1) 휴일근무 수당 지원	11,510	가족정책과	5	4	7	8	7	1	1	4
4085	울산 동구	지역아동센터 운영비 지원	628,800	가족정책과	5	2	7	8	7	1	1	4
4086	울산 동구	지역아동센터 운영비 지원	628,800	가족정책과	5	2	7	8	7	1	1	4
4087	울산 동구	지역아동센터 운영비 지원	628,800	가족정책과	5	2	7	8	7	1	1	4
4088	울산 동구	지역아동센터 운영비 지원	628,800	가족정책과	5	2	7	8	7	1	1	4
4089	울산 동구	지역아동센터 운영비 지원	628,800	가족정책과	5	2	7	8	7	1	1	4
4090	울산 동구	지역아동센터 운영비 지원	628,800	가족정책과	5	2	7	8	7	1	1	4
4091	울산 동구	지역아동센터 운영비 지원	628,800	가족정책과	5	2	7	8	7	1	1	4
4092	울산 동구	지역아동센터 운영비 지원	628,800	가족정책과	5	2	7	8	7	1	1	4
4093	울산 동구	지역아동센터 운영비 지원	628,800	가족정책과	5	2	7	8	7	1	1	4
4094	울산 동구	특수목적형 지원	14,616	가족정책과	5	2	7	8	7	1	1	4
4095	울산 동구	특수목적형 지원	14,616	가족정책과	5	2	7	8	7	1	1	4
4096	울산 동구	지역아동센터 프로그램 사업비	27,000	가족정책과	5	6	7	8	7	1	1	4
4097	울산 동구	지역아동센터 프로그램 사업비	27,000	가족정책과	5	6	7	8	7	1	1	4
4098	울산 동구	지역아동센터 프로그램 사업비	27,000	가족정책과	5	6	7	8	7	1	1	4
4099	울산 동구	지역아동센터 프로그램 사업비	27,000	가족정책과	5	6	7	8	7	1	1	4
4100	울산 동구	지역아동센터 프로그램 사업비	27,000	가족정책과	5	6	7	8	7	1	1	4
4101	울산 동구	지역아동센터 프로그램 사업비	27,000	가족정책과	5	6	7	8	7	1	1	4
4102	울산 동구	지역아동센터 프로그램 사업비	27,000	가족정책과	5	6	7	8	7	1	1	4
4103	울산 동구	지역아동센터 프로그램 사업비	27,000	가족정책과	5	6	7	8	7	1	1	4
4104	울산 동구	지역아동센터 프로그램 사업비	27,000	가족정책과	5	6	7	8	7	1	1	4
4105	울산 동구	요보호아동 그룹홈 운영	120,552	가족정책과	5	2	7	8	7	1	1	4
4106	울산 동구	지역아동센터 급식지원	291,060	가족정책과	5	6	7	8	7	1	1	4
4107	울산 동구	지역아동센터 급식지원	291,060	가족정책과	5	6	7	8	7	1	1	4

순번	시군구	지출명 (사업명)	2021년예산 (단위:천원/1년간)	담당자 (공무원)	민간이전 분류 (지방자치단체 세출예산 집행기준에 의거) 1. 민간경상사업보조(307-02) 2. 민간단체 법정운영비보조(307-03) 3. 민간행사사업보조(307-04) 4. 민간위탁금(307-05) 5. 사회복지시설 법정운영비보조(307-10) 6. 민간인위탁교육비(307-12) 7. 공기관등에대한경상적위탁사업비(308-10) 8. 민간자본사업보조,자체재원(402-01) 9. 민간자본사업보조,이전재원(402-02) 10. 민간위탁사업비(402-03) 11. 공기관등에 대한 자본적 대행사업비(403-02)	민간이전지출 근거 (지방보조금 관리기준 참고) 1. 법률에 규정 2. 국고보조 재원(국가지정) 3. 용도 지정 기부금 4. 조례에 직접규정 5. 지자체가 권장하는 사업을 하는 공공기관 6. 시,도 정책 및 재정사정 7. 기타 8. 해당없음	입찰방식			운영예산 산정		성과평가 실시여부
				담당부서			계약체결방법 (경쟁형태) 1. 일반경쟁 2. 제한경쟁 3. 지명경쟁 4. 수의계약 5. 법정위탁 6. 기타 ( ) 7. 해당없음	계약기간 1. 1년 2. 2년 3. 3년 4. 4년 5. 5년 6. 기타 ( )년 7. 단기계약 (1년미만) 8. 해당없음	낙찰자선정방법 1. 적격심사 2. 협상에의한계약 3. 최저가낙찰제 4. 규격가격분리 5. 2단계 경쟁입찰 6. 기타 ( ) 7. 해당없음	운영예산 산정 1. 내부산정 (지자체 자체적으로 산정) 2. 외부산정 (외부전문기관위탁 산정) 3. 내·외부 모두 산정 4. 산정 無 5. 해당없음	정산방법 1. 내부정산 (지자체 내부적으로 정산) 2. 외부정산 (외부전문기관위탁 정산) 3. 내·외부 모두 산정 4. 정산 無 5. 해당없음	1. 실시 2. 미실시 3. 향후 추진 4. 해당없음
4108	울산 동구	지역아동센터 급식지원	291,060	가족정책과	5	6	7	8	7	1	1	4
4109	울산 동구	지역아동센터 급식지원	291,060	가족정책과	5	6	7	8	7	1	1	4
4110	울산 동구	지역아동센터 급식지원	291,060	가족정책과	5	6	7	8	7	1	1	4
4111	울산 동구	지역아동센터 급식지원	291,060	가족정책과	5	6	7	8	7	1	1	4
4112	울산 동구	지역아동센터 급식지원	291,060	가족정책과	5	6	7	8	7	1	1	4
4113	울산 동구	지역아동센터 급식지원	291,060	가족정책과	5	6	7	8	7	1	1	4
4114	울산 동구	지역아동센터 급식지원	291,060	가족정책과	5	6	7	8	7	1	1	4
4115	울산 동구	다함께돌봄사업 인건비 지원	102,996	가족정책과	5	2	7	8	7	1	1	4
4116	울산 동구	다함께돌봄사업 운영비 지원	6,300	가족정책과	5	2	7	8	7	1	1	4
4117	울산 북구	맞춤형 사례관리 사업 인건비	31,200	복지지원과	5	6	7	6	7	3	3	4
4118	울산 북구	맞춤형 사례관리 사업 사업비	32,400	복지지원과	5	6	7	6	7	3	3	4
4119	울산 북구	종합사회복지관 인건비 및 운영비	713,424	복지지원과	5	6	5	5	1	3	3	4
4120	울산 북구	종합사회복지관 종사자 수당	43,673	복지지원과	5	6	5	5	1	3	3	4
4121	울산 북구	권역별 복지관 운영비	140,000	복지지원과	5	6	5	5	1	1	3	4
4122	울산 북구	장난감도서관 운영비	10,000	복지지원과	5	6	5	5	1	1	3	4
4123	울산 북구	푸드뱅크 운영비	5,900	복지지원과	5	6	7	8	7	1	1	2
4124	울산 북구	시니어클럽 운영비	241,000	사회복지과	5	6	7	7	7	1	1	4
4125	울산 북구	종사자 수당	9,000	사회복지과	5	6	7	7	7	1	1	4
4126	울산 북구	노인의료복지시설 종사자 지원	336,600	사회복지과	5	6	7	5	7	1	1	4
4127	울산 북구	재가노인복지시설 운영비	253,192	사회복지과	5	6	7	8	7	1	1	4
4128	울산 북구	재가시설종사자 처우개선수당	10,800	사회복지과	5	6	7	8	7	1	1	4
4129	울산 북구	재가시설종사자 자격수당	2,880,000	사회복지과	5	6	7	8	7	1	1	4
4130	울산 북구	노인복지관 종사자 수당	31,920	사회복지과	5	6	7	8	7	1	1	4
4131	울산 북구	노인복지관 분관 종사자 수당	11,400	사회복지과	5	6	7	8	7	1	1	4
4132	울산 북구	장애유형별거주시설 운영비	6,166,543	사회복지과	5	1	7	8	7	1	1	1
4133	울산 북구	장애인거주시설 생활지도원 교대인력 인건비	993,076	사회복지과	5	1	7	8	7	1	1	4
4134	울산 북구	종사자 수당	210,000	사회복지과	5	1	5	8	7	5	1	1
4135	울산 북구	시비지원 인건비	120,661	사회복지과	5	1	5	8	7	5	1	1
4136	울산 북구	대인보험료	2,990,000	사회복지과	5	1	5	8	7	5	1	1
4137	울산 북구	입소자 부식비	53,217	사회복지과	5	1	5	8	7	5	1	1
4138	울산 북구	장애인단기보호시설 운영비	653,858	사회복지과	5	1	5	8	7	5	1	1
4139	울산 북구	장애인공동생활가정 운영비	218,145	사회복지과	5	1	5	8	7	5	1	1
4140	울산 북구	장애인주간보호시설 운영비	762,939	사회복지과	5	1	5	8	7	5	1	1
4141	울산 북구	최중증주간보호시설 운영비	284,511	사회복지과	5	1	7	8	7	5	1	4
4142	울산 북구	지역사회재활시설 이용자 급간식비	13,320	사회복지과	5	1	7	8	7	5	1	4
4143	울산 북구	장애인직업재활시설 운영비	992,750	사회복지과	5	1	5	8	7	5	1	1
4144	울산 북구	장애인 직업재활시설 근로자 급간식비 지원	28,800	사회복지과	5	1	5	8	7	5	1	1
4145	울산 북구	중증장애인자립생활센터 운영비	156,666	사회복지과	5	1	7	8	7	5	1	1
4146	울산 북구	지역자활센터 운영비	295,765	사회복지과	5	1	5	8	7	5	1	1
4147	울산 북구	희망키움통장 사업비	7,196	사회복지과	5	1	7	1	7	5	1	4
4148	울산 북구	공기청정기 렌탈 지원	1,440,000	사회복지과	5	1	5	8	7	5	1	4
4149	울산 북구	지역자활센터 종사자 처우개선수당	12,600	사회복지과	5	6	5	8	7	5	1	2
4150	울산 북구	지역자활센터 종사자 자격수당	3,360,000	사회복지과	5	6	5	8	7	5	1	2

순번	시군구	지출명 (사업명)	2021년예산 (단위:천원/1년간)	담당자 (공무원) 담당부서	민간이전 분류 (지방자치단체 세출예산 집행기준에 의거) 1. 민간경상사업보조(307-02) 2. 민간단체 법정운영비보조(307-03) 3. 민간행사사업보조(307-04) 4. 민간위탁금(307-05) 5. 사회복지시설 법정운영비보조(307-10) 6. 민간인위탁교육비(307-12) 7. 공기관등에대한경상적위탁사업비(308-10) 8. 민간자본사업보조,자체재원(402-01) 9. 민간자본사업보조,이전재원(402-02) 10. 민간위탁사업비(402-03) 11. 공기관등에 대한 자본적 대행사업비(403-02)	민간이전지출 근거 (지방보조금 관리기준 참고) 1. 법률에 규정 2. 국고보조 재원(국가지정) 3. 용도 지정 기부금 4. 조례에 직접규정 5. 지자체가 권장하는 사업을 하는 공공기관 6. 시,도 정책 및 재정사정 7. 기타 8. 해당없음	입찰방식 계약체결방법 (경쟁형태) 1. 일반경쟁 2. 제한경쟁 3. 지명경쟁 4. 수의계약 5. 법정위탁 6. 기타 ( ) 7. 해당없음	입찰방식 계약기간 1. 1년 2. 2년 3. 3년 4. 4년 5. 5년 6. 기타 ( )년 7. 단기계약 (1년미만) 8. 해당없음	입찰방식 낙찰자선정방법 1. 적격심사 2. 협상에의한계약 3. 최저가낙찰제 4. 규격가격분리 5. 2단계 경쟁입찰 6. 기타 ( ) 7. 해당없음	운영예산 산정 운영예산 산정 1. 내부산정 (지자체 자체적으로 산정) 2. 외부산정 (외부전문기관위탁 산정) 3. 내·외부 모두 산정 4. 산정 無 5. 해당없음	운영예산 산정 정산방법 1. 내부정산 (지자체 내부적으로 정산) 2. 외부정산 (외부전문기관위탁 정산) 3. 내·외부 모두 산정 4. 정산 無 5. 해당없음	성과평가 실시여부 1. 실시 2. 미실시 3. 향후 추진 4. 해당없음
4151	울산 북구	북구가정폭력상담소	126,382	가족정책과	5	1	5	8	7	1	1	1
4152	울산 북구	북울산가정폭력상담소	82,908	가족정책과	5	1	5	8	7	1	1	1
4153	울산 북구	종사자 수당	13,440	가족정책과	5	1	5	8	7	1	1	1
4154	울산 북구	사회복지사 자격수당	288,000	가족정책과	5	1	5	8	7	1	1	1
4155	울산 북구	성폭력피해자보호시설 운영비	172,669	가족정책과	5	1	5	8	7	1	1	1
4156	울산 북구	성폭력피해자보호시설 비수급자 생계비	8,522	가족정책과	5	1	5	8	7	1	1	1
4157	울산 북구	가계보조수당	10,800	가족정책과	5	1	5	8	7	1	1	1
4158	울산 북구	야간근무수당	6,000	가족정책과	5	1	5	8	7	1	1	1
4159	울산 북구	사회복지수당	2,400,000	가족정책과	5	1	5	8	7	1	1	1
4160	울산 북구	성폭력피해자보호시설 추가 운영비	7,800	가족정책과	5	1	5	8	7	1	1	1
4161	울산 북구	성폭력피해자보호시설 긴급생계비	1,071,000	가족정책과	5	1	5	8	7	1	1	1
4162	울산 북구	청소년쉼터 운영	324,255	가족정책과	5	1	7	8	7	1	1	1
4163	울산 북구	청소년쉼터 종사자 수당	11,760	가족정책과	5	6	7	8	7	1	1	1
4164	울산 북구	그룹홈 운영비 지원	164,886	가족정책과	5	2	7	8	7	4	1	2
4165	울산 북구	종사자 처우개선비	16,560	가족정책과	5	2	7	8	7	4	1	2
4166	울산 북구	3~5세 누리과정 운영비	3,180,000	가족정책과	5	1	7	7	7	5	1	4
4167	울산 북구	장애아동 보육료	10,850	가족정책과	5	6	7	8	7	5	5	4
4168	울산 북구	정부지원어린이집 보육교직원 인건비	7,075,674	가족정책과	5	1	7	8	7	5	1	4
4169	울산 북구	보조교사 인건비	2,258,200	가족정책과	5	1	7	7	7	5	1	4
4170	울산 북구	담임교사 및 교사겸직원장 지원	2,385,000	가족정책과	5	1	7	7	7	5	5	4
4171	울산 북구	대체교사 지원	516,164	가족정책과	5	1	7	7	7	5	1	4
4172	울산 북구	보육교사 처우개선비	1,433,200	가족정책과	5	6	7	7	7	5	1	4
4173	울산 북구	0-2세·장애아반 교직원 지원	545,000	가족정책과	5	6	7	7	7	5	1	4
4174	울산 북구	공공형어린이집 조리원 인건비 지원	28,800	가족정책과	5	6	7	8	7	5	5	4
4175	울산 북구	보육교사 근속수당 지원	73,540	가족정책과	5	6	7	7	7	5	1	4
4176	울산 북구	장애아전문어린이집 차량기사 인건비	64,626	가족정책과	5	6	7	8	7	5	1	4
4177	울산 북구	장애아전문어린이집 종사자 자격수당	44,400	가족정책과	5	6	7	8	7	5	5	4
4178	울산 북구	취약보육 종사자 수당	156,180	가족정책과	5	6	7	8	7	5	5	4
4179	울산 북구	24시간 국공립어린이집 종사자 지원	13,440	가족정책과	5	6	7	8	7	5	1	4
4180	울산 북구	보육교사 맞춤형 복지포인트 지원	52,500	가족정책과	5	6	7	8	7	5	1	4
4181	울산 북구	보육교사 근속수당	86,400	가족정책과	5	6	7	7	7	5	1	4
4182	울산 북구	조리원 인건비	390,000	가족정책과	5	6	7	7	7	5	1	4
4183	울산 북구	근로자의 날 당직수당	5,000,000	가족정책과	5	6	7	7	7	5	5	4
4184	울산 북구	명절휴가비	220,000	가족정책과	5	6	7	7	7	5	5	4
4185	울산 북구	장애아전문어린이집 차량운영비	7,200	가족정책과	5	1	7	8	7	5	1	4
4186	울산 북구	공공형어린이집 운영비 지원	1,191,232	가족정책과	5	1	7	7	7	5	1	4
4187	울산 북구	24시간 아이돌봄 어린이집 운영비	31,488	가족정책과	5	6	7	8	7	5	5	4
4188	울산 북구	아이돌봄지원 운영비	197,820	가족정책과	5	1	7	2	7	5	1	3
4189	울산 북구	다함께돌봄센터 처우개선비	17,940	가족정책과	5	4	7	7	7	5	1	3
4190	울산 북구	건강가정·다문화가족지원센터 처우개선비	10,200	가족정책과	5	1	1	3	1	5	1	3
4191	울산 북구	건강가정·다문화가족지원센터(다문화특성화사업 등) 처우개선비	32,160	가족정책과	5	1	1	3	1	5	1	3
4192	울산 북구	종사자 명절수당	49,266	가족정책과	5	1	7	7	7	3	1	1
4193	울산 북구	종사자 자격수당	10,080	가족정책과	5	4	7	7	7	1	1	1

순번	시군구	지출명 (사업명)	2021년예산 (단위:천원/1년간)	담당자 (공무원) 담당부서	민간이전 분류 (지방자치단체 세출예산 집행기준에 의거) 1. 민간경상사업보조(307-02) 2. 민간단체 법정운영비보조(307-03) 3. 민간행사사업보조(307-04) 4. 민간위탁금(307-05) 5. 사회복지시설 법정운영비보조(307-10) 6. 민간인위탁교육비(307-12) 7. 공기관등에대한경상적위탁사업비(308-10) 8. 민간자본사업보조,자체재원(402-01) 9. 민간자본사업보조,이전재원(402-02) 10. 민간위탁사업비(402-03) 11. 공기관등에 대한 자본적 대행사업비(403-02)	민간이전지출 근거 (지방보조금 관리기준 참고) 1. 법률에 규정 2. 국고보조 재원(국가지정) 3. 용도 지정 기부금 4. 조례에 직접규정 5. 지자체가 권장하는 사업을 하는 공공기관 6. 시,도 정책 및 재정사정 7. 기타 8. 해당없음	입찰방식: 계약체결방법 (경쟁형태) 1. 일반경쟁 2. 제한경쟁 3. 지명경쟁 4. 수의계약 5. 법정위탁 6. 기타 ( ) 7. 해당없음	입찰방식: 계약기간 1. 1년 2. 2년 3. 3년 4. 4년 5. 5년 6. 기타 ( )년 7. 단기계약 (1년미만) 8. 해당없음	입찰방식: 낙찰자선정방법 1. 적격심사 2. 협상에의한계약 3. 최저가낙찰제 4. 규격가격분리 5. 2단계 경쟁입찰 6. 기타 ( ) 7. 해당없음	운영예산 산정: 운영예산 산정 1. 내부산정 (지자체 자체적으로 산정) 2. 외부산정 (외부전문기관위탁 산정) 3. 내·외부 모두 산정 4. 산정 無 5. 해당없음	운영예산 산정: 정산방법 1. 내부정산 (지자체 내부적으로 정산) 2. 외부정산 (외부전문기관위탁 정산) 3. 내·외부 모두 산정 4. 정산 無 5. 해당없음	성과평가 실시여부 1. 실시 2. 미실시 3. 향후 추진 4. 해당없음
4194	울산 북구	토요운영 지원	11,904	가족정책과	5	4	7	7	7	1	1	1
4195	울산 북구	정서지원프로그램	12,000	가족정책과	5	4	7	7	7	1	1	1
4196	울산 북구	지역아동센터 기능보강비	10,000	가족정책과	5	4	7	7	7	1	1	1
4197	울산 북구	지역아동센터 운영 지원	682,440	가족정책과	5	1	7	7	7	5	1	2
4198	울산 북구	지역아동센터 특수목적형 운영비 지원	21,924	가족정책과	5	1	7	7	7	5	1	2
4199	울산 북구	지역아동센터 토요운영비 지원	10,944	가족정책과	5	1	7	7	7	5	1	2
4200	울산 북구	처우개선비	32,760	가족정책과	5	1	7	7	7	5	1	2
4201	울산 울주군	경로당운영비(냉난방비)등 지원	1,034,580	노인장애인과	5	1	7	8	7	1	1	4
4202	울산 울주군	화장장유치지역(삼동면) 경로당 지원	37,000	노인장애인과	5	6	7	8	7	1	1	4
4203	울산 울주군	읍면 노인분회 운영 지원	43,200	노인장애인과	5	4	7	8	7	1	1	4
4204	울산 울주군	독거노인 공동거주지원	3,600,000	노인장애인과	5	4	7	8	7	1	1	4
4205	울산 울주군	한시적 냉난방비, 양곡비 지원	786,887	노인장애인과	5	2	7	8	7	1	1	4
4206	울산 울주군	노인주거복지시설 운영비 지원	895,337	노인장애인과	5	1	7	8	7	5	1	4
4207	울산 울주군	노인생활시설 종사자 지원	665,040	노인장애인과	5	6	7	8	7	5	1	4
4208	울산 울주군	재가노인지원서비스센터 운영비	517,460	노인장애인과	5	1	7	8	7	5	1	4
4209	울산 울주군	재가노인지원서비스센터 종사자 시간외수당	21,600	노인장애인과	5	1	7	8	7	5	1	4
4210	울산 울주군	재가노인지원서비스센터 종사자 자격수당	5,760	노인장애인과	5	1	7	8	7	5	1	4
4211	울산 울주군	장애인거주시설 운영지원	9,044,360	노인장애인과	5	2	7	8	7	5	1	4
4212	울산 울주군	장애인거주시설 운영비 시비지원	548,083	노인장애인과	5	1	7	8	7	5	1	1
4213	울산 울주군	장애인단기거주시설 운영지원	342,102	노인장애인과	5	1	7	8	7	5	1	1
4214	울산 울주군	사회복지시설 종사자 맞춤형 복지포인트 지원	52,200	노인장애인과	5	6	7	8	7	1	1	4
4215	울산 울주군	장애인직업재활시설 운영지원	1,205,590	노인장애인과	5	6	7	5	7	1	1	1
4216	울산 울주군	장애인편의증진기술지원센터 운영비 등	45,971	노인장애인과	5	1	7	8	7	1	1	1
4217	울산 울주군	지적장애인자립지원센터 운영비 등	139,808	노인장애인과	5	1	7	8	7	1	1	1
4218	울산 울주군	수어통역센터 운영비 등	227,582	노인장애인과	5	6	7	8	7	1	1	1
4219	울산 울주군	중증장애인자립생활센터 운영지원	62,000	노인장애인과	5	6	7	8	7	1	1	1
4220	울산 울주군	장애인주간보호시설 인건비	1,087,595	노인장애인과	5	6	7	8	7	1	1	1
4221	울산 울주군	지역자활센터 운영지원	367,271	노인장애인과	5	1	5	1	2	1	1	1
4222	울산 울주군	지역자활센터 종사자 수당	15,960	노인장애인과	5	1	5	1	2	1	1	1
4223	울산 울주군	성폭력상담센터 운영지원	163,178	여성가족과	5	2	7	8	7	1	1	4
4224	울산 울주군	성폭력상담센터 추가 운영지원	12,020	여성가족과	5	6	7	8	7	1	1	4
4225	울산 울주군	모자일시보호시설 운영비	264,146	여성가족과	5	1	7	8	7	1	1	2
4226	울산 울주군	한부모가족복지시설 상담치료 지원	4,000,000	여성가족과	5	1	7	8	7	1	1	2
4227	울산 울주군	한부모가족복지시설 가족캠프 및 치료회복 사업	10,000	여성가족과	5	1	7	8	7	1	1	2
4228	울산 울주군	종사자 맞춤형 복지포인트	900,000	여성가족과	5	1	7	8	7	1	1	2
4229	울산 울주군	한부모가족복지시설 아이돌봄서비스	33,244	여성가족과	5	1	7	8	7	1	1	2
4230	울산 울주군	만3~5세 누리과정 보육료 지원	2,280,000	여성가족과	5	2	7	8	7	5	1	4
4231	울산 울주군	공공형 어린이집 지원	1,200,000	여성가족과	5	2	7	8	7	5	2	4
4232	울산 울주군	시간제보육서비스 제공지원	380,000	여성가족과	5	2	7	8	7	5	1	4
4233	울산 울주군	보육교직원 인건비 지원	7,984,960	여성가족과	5	2	7	8	7	5	1	4
4234	울산 울주군	보육교직원 처우개선 지원	6,355,360	여성가족과	5	2	7	8	7	5	1	4
4235	울산 울주군	어린이집 보육교직원 인건비 추가지원	1,822,328	여성가족과	5	6	7	8	7	5	1	4
4236	울산 울주군	어린이집 운영지원	405,840	여성가족과	5	2	7	8	7	5	1	4

순번	시군구	지출명 (사업명)	2021년예산 (단위:천원/1년간)	담당자 (공무원) 담당부서	민간이전 분류 (지방자치단체 세출예산 집행기준에 의거) 1. 민간경상사업보조(307-02) 2. 민간단체 법정운영비보조(307-03) 3. 민간행사사업보조(307-04) 4. 민간위탁금(307-05) 5. 사회복지시설 법정운영비보조(307-10) 6. 민간인위탁교육비(307-12) 7. 공기관등에대한경상적위탁사업비(308-10) 8. 민간자본사업보조,자체재원(402-01) 9. 민간자본사업보조,이전재원(402-02) 10. 민간위탁사업비(402-03) 11. 공기관등에 대한 자본적 대행사업비(403-02)	민간이전지출 근거 (지방보조금 관리기준 참고) 1. 법률에 규정 2. 국고보조 재원(국가지정) 3. 용도 지정 기부금 4. 조례에 직접규정 5. 지자체가 권장하는 사업을 하는 공공기관 6. 시,도 정책 및 재정사정 7. 기타 8. 해당없음	입찰방식 계약체결방법 (경쟁형태) 1. 일반경쟁 2. 제한경쟁 3. 지명경쟁 4. 수의계약 5. 법정위탁 6. 기타 ( ) 7. 해당없음	입찰방식 계약기간 1. 1년 2. 2년 3. 3년 4. 4년 5. 5년 6. 기타 ( )년 7. 단기계약 (1년미만) 8. 해당없음	입찰방식 낙찰자선정방법 1. 적격심사 2. 협상에의한계약 3. 최저가낙찰제 4. 규격가격분리 5. 2단계 경쟁입찰 6. 기타 ( ) 7. 해당없음	운영예산 산정 운영예산 산정 1. 내부산정 (지자체 자체적으로 산정) 2. 외부산정 (외부전문기관위탁 산정) 3. 내·외부 모두 산정 4. 산정 無 5. 해당없음	운영예산 산정 정산방법 1. 내부정산 (지자체 내부적으로 정산) 2. 외부정산 (외부전문기관위탁 정산) 3. 내·외부 모두 산정 4. 정산 無 5. 해당없음	성과평가 실시여부 1. 실시 2. 미실시 3. 향후 추진 4. 해당없음
4237	울산 울주군	어린이집 운영비 추가 지원	117,228	여성가족과	5	6	7	8	7	5	1	4
4238	울산 울주군	어린이집 운영 활성화	1,841,450	여성가족과	5	7	7	8	7	1	1	4
4239	울산 울주군	울산양육원 운영비 지원	4,562,961	여성가족과	5	1	7	8	7	1	1	4
4240	울산 울주군	종사자 맞춤형 복지포인트	8,500	여성가족과	5	6	7	8	7	1	1	4
4241	울산 울주군	아동자립지원시설 운영비 지원	441,747	여성가족과	5	1	7	8	7	1	1	4
4242	울산 울주군	종사자 맞춤형 복지포인트	300,000	여성가족과	5	6	7	8	7	1	1	4
4243	울산 울주군	입양비용 지원	8,100	여성가족과	5	1	7	8	7	1	5	4
4244	울산 울주군	그루터기 운영비	125,232	여성가족과	5	1	7	8	7	1	1	4
4245	울산 울주군	그루터기 추가 운영비	5,470	여성가족과	5	6	7	8	7	1	1	4
4246	울산 울주군	그루터기 종사자 처우개선수당	11,040	여성가족과	5	6	7	8	7	1	1	4
4247	울산 울주군	종사자 맞춤형 복지포인트	500,000	여성가족과	5	6	7	8	7	1	1	4
4248	울산 울주군	학대피해아동쉼터 운영비 지원	193,650	여성가족과	5	1	7	8	7	1	1	4
4249	울산 울주군	종사자 처우개선비	13,800	여성가족과	5	6	7	8	7	1	1	4
4250	울산 울주군	종사자 맞춤형 복지포인트	600,000	여성가족과	5	6	7	8	7	1	1	4
4251	울산 울주군	종사자 맞춤형 복지포인트	300,000	여성가족과	5	6	7	8	7	1	1	2
4252	울산 울주군	아이돌봄 지원사업	1,708,780	여성가족과	5	1	7	8	7	1	1	3
4253	울산 울주군	운영비 지원(17개소)	1,151,400	여성가족과	5	2	7	8	7	1	1	4
4254	울산 울주군	종사자 교통비	42,000	여성가족과	5	5	7	8	7	1	1	4
4255	울산 울주군	종사자 자격수당	16,800	여성가족과	5	5	7	8	7	1	1	4
4256	울산 울주군	종사자 추가인건비	42,000	여성가족과	5	5	7	8	7	1	1	4
4257	울산 울주군	종사자 명절휴가비	7,000	여성가족과	5	5	7	8	7	1	1	4
4258	울산 울주군	아동간식비(18개소)	48,000	여성가족과	5	5	7	8	7	1	1	4
4259	울산 울주군	급식도우미 인건비 지원	110,880	여성가족과	5	5	7	8	7	1	1	4
4260	울산 울주군	종사자 보수교육(36명)	5,000,000	여성가족과	5	5	7	8	7	1	1	4
4261	울산 울주군	연합캠프사업(17개소)	20,000	여성가족과	5	5	7	8	7	1	1	4
4262	울산 울주군	지역아동센터 종사자 처우개선비	54,600	여성가족과	5	5	7	8	7	1	1	4
4263	울산 울주군	종사자 맞춤형 복지포인트	7,600	여성가족과	5	5	7	8	7	1	1	4
4264	울산 울주군	토요운영 지역아동센터 추가지원	21,888	여성가족과	5	2	7	8	7	1	1	4
4265	울산 울주군	특수목적형 지역아동센터 추가지원	25,296	여성가족과	5	2	7	8	7	1	1	4
4266	울산 울주군	우수지역아동센터 지원	40,290	여성가족과	5	2	7	8	7	1	1	4
4267	울산 울주군	지역아동센터 아동급식비 지원	584,826	여성가족과	5	2	7	8	7	1	1	4
4268	울산 울주군	다함께 돌봄센터 인건비	222,720	여성가족과	5	2	5	5	1	1	1	4
4269	울산 울주군	다함께 돌봄센터 운영비	30,400	여성가족과	5	2	5	5	1	1	1	4
4270	울산 울주군	정신재활시설 운영지원	205,380	보건과	5	1	3	5	1	1	1	4
4271	울산 울주군	정신재활시설 운영보조	900,000	보건과	5	1	3	5	1	1	1	4
4272	울산 울주군	정신요양시설 운영 국비지원	1,757,700	보건과	5	1	7	8	7	5	5	4
4273	울산 울주군	정신요양시설 시비지원	59,935	보건과	5	1	7	8	7	5	5	4
4274	세종특별자치시	새일센터 지정운영	291,018	여성가족과	5	2	5	8	7	5	1	1
4275	세종특별자치시	새일센터 종사자 처우개선비	16,920	여성가족과	5	6	7	8	7	5	1	1
4276	세종특별자치시	성폭력상담소(성인권센터) 운영	123,818	여성가족과	5	2	7	8	7	1	1	1
4277	세종특별자치시	성인권상담센터 종사자 인건비 보전 및 수당	38,938	여성가족과	5	6	7	8	7	1	1	1
4278	세종특별자치시	국공립·법인어린이집 인건비	20,315,200	여성가족과	5	2	7	8	7	3	1	4
4279	세종특별자치시	야간연장형 어린이집 인건비	262,260	여성가족과	5	2	7	8	7	3	1	4

순번	시군구	지출명 (사업명)	2021년예산 (단위:천원/1년간)	담당자 (공무원) 담당부서	민간이전 분류 (지방자치단체 세출예산 집행기준에 의거) 1. 민간경상사업보조(307-02) 2. 민간단체 법정운영비보조(307-03) 3. 민간행사사업보조(307-04) 4. 민간위탁금(307-05) 5. 사회복지시설 법정운영비보조(307-10) 6. 민간인위탁교육비(307-12) 7. 공기관등에대한경상적위탁사업비(308-10) 8. 민간자본사업보조,자체재원(402-01) 9. 민간자본사업보조,이전재원(402-02) 10. 민간위탁사업비(402-03) 11. 공기관등에 대한 자본적 대행사업비(403-02)	민간이전지출 근거 (지방보조금 관리기준 참고) 1. 법률에 규정 2. 국고보조 재원(국가지정) 3. 용도 지정 기부금 4. 조례에 직접규정 5. 지자체가 권장하는 사업을 하는 공공기관 6. 시,도 정책 및 재정사정 7. 기타 8. 해당없음	입찰방식 계약체결방법 (경쟁형태) 1. 일반경쟁 2. 제한경쟁 3. 지명경쟁 4. 수의계약 5. 법정위탁 6. 기타 ( ) 7. 해당없음	입찰방식 계약기간 1. 1년 2. 2년 3. 3년 4. 4년 5. 5년 6. 기타 ( )년 7. 단기계약 (1년미만) 8. 해당없음	입찰방식 낙찰자선정방법 1. 적격심사 2. 협상에의한계약 3. 최저가낙찰제 4. 규격가격분리 5. 2단계 경쟁입찰 6. 기타 ( ) 7. 해당없음	운영예산 산정 운영예산 산정 1. 내부산정 (지자체 자체적으로 산정) 2. 외부산정 (외부전문기관위탁 산정) 3. 내·외부 모두 산정 4. 산정 無 5. 해당없음	운영예산 산정 정산방법 1. 내부정산 (지자체 내부적으로 정산) 2. 외부정산 (외부전문기관위탁 정산) 3. 내·외부 모두 산정 4. 정산 無 5. 해당없음	성과평가 실시여부 1. 실시 2. 미실시 3. 향후 추진 4. 해당없음
4280	세종특별자치시	장애아전문 어린이집 인건비	378,000	여성가족과	5	2	7	8	7	3	1	4
4281	세종특별자치시	장애아통합 어린이집 운영수당	45,336	여성가족과	5	2	7	8	7	3	1	4
4282	세종특별자치시	어린이집 보조교사,연장교사 인건비	8,274,816	여성가족과	5	2	7	8	7	3	1	4
4283	세종특별자치시	대체교사 지원	1,053,000	여성가족과	5	2	5	1	7	3	1	4
4284	세종특별자치시	어린이집 차량운영비	187,200	여성가족과	5	2	7	8	7	3	1	4
4285	세종특별자치시	어린이집 교재·교구비	168,000	여성가족과	5	2	7	8	7	3	1	4
4286	세종특별자치시	농어촌소재 법인어린이집 지원	27,000	여성가족과	5	2	7	8	7	3	1	4
4287	세종특별자치시	어린이집 동절기 난방비	132,184	여성가족과	5	1	7	8	7	1	1	4
4288	세종특별자치시	영유아간식비	1,625,500	여성가족과	5	1	7	8	7	1	1	4
4289	세종특별자치시	국공립법인어린이집 교재교구비	70,000	여성가족과	5	4	7	8	7	1	1	4
4290	세종특별자치시	평가인증어린이집 보육도우미	2,332,800	여성가족과	5	1	7	8	7	1	1	4
4291	세종특별자치시	공공형어린이집 지원	912,000	여성가족과	5	2	7	8	7	3	1	4
4292	세종특별자치시	상담전문요원 배치	57,608	여성가족과	5	2	5	5	1	3	1	4
4293	세종특별자치시	가정양육 지원	72,500	여성가족과	5	2	5	5	1	3	1	4
4294	세종특별자치시	누리과정 운영비 지원	5,139,360	여성가족과	5	2	7	8	7	3	1	4
4295	세종특별자치시	시간제 보육사업 운영	583,200	여성가족과	5	2	7	8	7	3	1	4
4296	세종특별자치시	정신요양시설운영	1,945,484	보건행정과	5	1	7	8	7	1	1	1
4297	세종특별자치시	정신재활시설운영	365,957	보건행정과	5	1	7	8	7	1	1	1
4298	세종특별자치시	정신재활시설운영	148,424	보건행정과	5	1	7	8	7	1	1	1
4299	세종특별자치시	학교폭력 상담사 배치지원	55,986	교육지원과	5	2	6	1	7	5	1	2
4300	세종특별자치시	노인개인운영신고시설 운영지원	40,864	노인장애인과	5	1	7	8	7	1	1	1
4301	세종특별자치시	노인생활시설 종사자 처우개선비	178,680	노인장애인과	5	1	7	8	7	1	1	1
4302	세종특별자치시	노인이용시설 종사자 처우개선비	4,320,000	노인장애인과	5	1	7	8	7	1	1	1
4303	세종특별자치시	재가노인복지시설 지원	180,680	노인장애인과	5	1	7	8	7	1	1	1
4304	세종특별자치시	노인장기요양보험 등급외자	338,930	노인장애인과	5	1	7	8	7	1	1	1
4305	세종특별자치시	노인보호전문기관 운영 지원	53,394	노인장애인과	5	1	7	8	7	5	5	4
4306	세종특별자치시	장애인거주시설 운영	5,290,176	노인장애인과	5	2	7	8	7	5	5	4
4307	세종특별자치시	장애인거주시설 종사자 처우개선	255,390	노인장애인과	5	6	7	8	7	5	5	4
4308	세종특별자치시	장애인직업재활시설 운영지원	1,678,486	노인장애인과	5	6	7	8	7	5	5	4
4309	세종특별자치시	장애인자립생활센터 운영	156,666	노인장애인과	5	2	7	8	7	5	5	4
4310	세종특별자치시	장애인자립생활센터 운영	112,535	노인장애인과	5	1	7	8	7	5	5	4
4311	세종특별자치시	장애인생산품 판매시설 운영	170,145	노인장애인과	5	2	7	8	7	5	5	4
4312	세종특별자치시	장애인생산품 판매시설 종사자 처우개선	5,040	노인장애인과	5	6	7	8	7	5	1	4
4313	세종특별자치시	장애인생활이동지원센터 운영	481,100	노인장애인과	5	1	7	8	7	5	1	4
4314	세종특별자치시	청각·언어장애인지원센터(수화통역센터) 운영	429,190	노인장애인과	5	1	7	5	7	5	5	4
4315	세종특별자치시	발달장애인지원센터 운영	280,000	노인장애인과	5	2	7	8	7	5	5	4
4316	세종특별자치시	발달장애인지원센터 주간활동서비스 운영인력 지원	89,000	노인장애인과	5	2	7	8	7	5	5	4
4317	세종특별자치시	장애인편의증진기술지원센터 운영지원	182,585	노인장애인과	5	1	7	8	7	1	1	4
4318	세종특별자치시	지역아동센터 급식비지원	400,622	아동청소년과	5	4	7	8	7	1	1	3
4319	세종특별자치시	지역아동센터 운영비 지원	986,040	아동청소년과	5	1	7	8	7	1	1	3
4320	세종특별자치시	특성별 지역아동센터 추가지원	18,144	아동청소년과	5	1	7	8	7	1	1	3
4321	세종특별자치시	지역아동센터 프로그램 운영비	32,900	아동청소년과	5	4	7	8	7	1	1	3
4322	세종특별자치시	지역아동센터 교재교구비	13,000	아동청소년과	5	4	7	8	7	1	1	3

순번	시군구	지출명 (사업명)	2021년예산 (단위:천원/1년간)	담당자 (공무원)	민간이전 분류 (지방자치단체 세출예산 집행기준에 의거)	민간이전지출 근거 (지방보조금 관리기준 참고)	입찰방식			운영예산 산정		성과평가 실시여부
				담당부서	1. 민간경상사업보조(307-02) 2. 민간단체 법정운영비보조(307-03) 3. 민간행사사업보조(307-04) 4. 민간위탁금(307-05) 5. 사회복지시설 법정운영비보조(307-10) 6. 민간인위탁교육비(307-12) 7. 공기관등에대한경상적위탁사업비(308-10) 8. 민간자본사업보조,자체재원(402-01) 9. 민간자본사업보조,이전재원(402-02) 10. 민간위탁사업비(402-03) 11. 공기관등에 대한 자본적 대행사업비(403-02)	1. 법률에 규정 2. 국고보조 재원(국가지정) 3. 용도 지정 기부금 4. 조례에 직접규정 5. 지자체가 권장하는 사업을 하는 공공기관 6. 시,도 정책 및 재정사정 7. 기타 8. 해당없음	계약체결방법 (경쟁형태) 1. 일반경쟁 2. 제한경쟁 3. 지명경쟁 4. 수의계약 5. 법정위탁 6. 기타 ( ) 7. 해당없음	계약기간 1. 1년 2. 2년 3. 3년 4. 4년 5. 5년 6. 기타 ( )년 7. 단기계약 (1년미만) 8. 해당없음	낙찰자선정방법 1. 적격심사 2. 협상에의한계약 3. 최저가낙찰제 4. 규격가격분리 5. 2단계 경쟁입찰 6. 기타 ( ) 7. 해당없음	운영예산 산정 1. 내부산정 (지자체 자체적으로 산정) 2. 외부산정 (외부전문기관위탁 산정) 3. 내·외부 모두 산정 4. 산정 無 5. 해당없음	정산방법 1. 내부정산 (지자체 내부적으로 정산) 2. 외부정산 (외부전문기관위탁 정산) 3. 내·외부 모두 산정 4. 정산 無 5. 해당없음	1. 실시 2. 미실시 3. 향후 추진 4. 해당없음
4323	세종특별자치시	지역아동센터 추가운영비	141,888	아동청소년과	5	4	7	8	7	1	1	3
4324	세종특별자치시	지역아동센터 시도지원단 운영	15,400	아동청소년과	5	1	7	8	7	1	1	3
4325	세종특별자치시	아동복지시설 종사자 처우개선비	160,500	아동청소년과	5	1	7	8	7	1	1	3
4326	세종특별자치시	다함께 돌봄센터 운영	19,800	아동청소년과	5	4	7	8	7	1	1	3
4327	세종특별자치시	다함께 돌봄센터 운영	6,600	아동청소년과	5	4	7	8	7	1	1	3
4328	세종특별자치시	다함께 돌봄센터 인건비 지원	291,720	아동청소년과	5	4	7	8	7	1	1	3
4329	세종특별자치시	아동양육시설 운영 지원	933,252	아동청소년과	5	1	7	8	7	1	1	3
4330	세종특별자치시	시 청소년참여위원회 운영	10,000	아동청소년과	5	1	7	8	7	1	1	1
4331	세종특별자치시	청소년시설 업무종사자 처우개선비	61,860	아동청소년과	5	4	7	8	7	1	1	4
4332	세종특별자치시	청소년수련시설 운영위원회 운영	4,000,000	아동청소년과	5	1	7	8	7	1	1	1
4333	세종특별자치시	청소년지도사 배치지원 인건비	69,624	아동청소년과	5	1	7	8	7	1	1	4
4334	세종특별자치시	세종종합사회복지관 운영	540,972	복지정책과	5	1	7	8	7	1	1	1
4335	세종특별자치시	자활근로	2,125,845	복지정책과	5	1	5	8	7	1	1	1
4336	세종특별자치시	자활근로	2,125,845	복지정책과	5	1	5	8	7	1	1	1
4337	세종특별자치시	지역자활센터 종사자 처우개선비	1,584,000	복지정책과	5	1	5	8	7	1	1	4
4338	세종특별자치시	노숙인시설 운영	1,095,370	복지정책과	5	1	7	8	7	1	1	4
4339	세종특별자치시	노숙인시설 운영	83,106	복지정책과	5	1	7	8	7	1	1	4
4340	세종특별자치시	노숙인시설 운영	10,500	복지정책과	5	1	7	8	7	1	1	4
4341	세종특별자치시	노숙인시설 종사자 처우개선	41,640	복지정책과	5	1	7	8	7	1	1	4
4342	강원 강릉시	사회복지시설 종사자 복지수당 지급	89,640	복지정책과	5	1	7	8	7	1	1	4
4343	강원 강릉시	사회복지시설 종사자 복지포인트 지원	180,000	복지정책과	5	1	7	8	7	1	1	4
4344	강원 강릉시	사회복지시설 종사자 대체인력지원	20,000	복지정책과	5	1	7	8	7	1	1	4
4345	강원 강릉시	사회복지기관 종사자 처우개선수당 지급	6,835	복지정책과	5	6	7	8	7	1	1	4
4346	강원 강릉시	종합사회복지관 운영지원	476,000	복지정책과	5	1	7	5	7	1	1	4
4347	강원 강릉시	지역사회보장협의체 활성화	35,000	복지정책과	5	4	7	8	7	1	1	4
4348	강원 강릉시	지역사회보장협의체 활성화	105,000	복지정책과	5	4	7	8	7	1	1	4
4349	강원 강릉시	사회복지협의회 운영 지원	52,500	복지정책과	5	1	7	8	7	1	1	4
4350	강원 강릉시	사회복지협의회 운영 지원	30,000	복지정책과	5	1	7	8	7	1	1	4
4351	강원 강릉시	강릉기초푸드뱅크 운영 지원	55,000	복지정책과	5	1	7	8	7	1	1	4
4352	강원 강릉시	강릉자유푸드뱅크 운영 지원	50,000	복지정책과	5	1	7	8	7	1	1	4
4353	강원 강릉시	장애인복지관 운영	1,412,000	복지정책과	5	6	5	5	1	1	1	1
4354	강원 강릉시	장애인복지관 구내식당 급식 지원	42,000	복지정책과	5	6	5	5	1	1	1	1
4355	강원 강릉시	장애인 거주시설 운영지원	4,907,829	복지정책과	5	1	5	5	1	1	1	1
4356	강원 강릉시	장애인 직업재활시설 운영 지원	786,080	복지정책과	5	1	7	5	1	1	1	1
4357	강원 강릉시	장애인 단기거주시설 운영	199,952	복지정책과	5	1	7	8	7	1	1	1
4358	강원 강릉시	장애인공동생활가정 운영 지원	470,000	복지정책과	5	1	7	8	7	1	1	4
4359	강원 강릉시	장애인 공동생활가정 대체인력 지원	6,007	복지정책과	5	6	7	8	7	1	1	4
4360	강원 강릉시	개인운영신고시설 운영 지원	4,200,000	복지정책과	5	6	7	8	7	1	1	4
4361	강원 강릉시	장애인 주간보호시설 운영	652,630	복지정책과	5	1	7	8	7	1	1	1
4362	강원 강릉시	생활이동지원센터 운영 지원	350,406	복지정책과	5	1	5	5	7	1	1	1
4363	강원 강릉시	수어통역센터 운영 지원	287,202	복지정책과	5	1	5	8	7	1	1	1
4364	강원 강릉시	장애인 종합상담실 운영 지원	80,665	복지정책과	5	4	7	8	7	1	1	3
4365	강원 강릉시	장애인 종합상담실 운영 지원	15,000	복지정책과	5	4	7	8	7	1	1	3

순번	시군구	지출명 (사업명)	2021년예산 (단위:천원/1년간)	담당자 (공무원)	민간이전 분류 (지방자치단체 세출예산 집행기준에 의거)	민간이전지출 근거 (지방보조금 관리기준 참고)	입찰방식			운영예산 산정		성과평가 실시여부
				담당부서	1. 민간경상사업보조(307-02) 2. 민간단체 법정운영비보조(307-03) 3. 민간행사사업보조(307-04) 4. 민간위탁금(307-05) 5. 사회복지시설 법정운영비보조(307-10) 6. 민간인위탁교육비(307-12) 7. 공기관등에대한경상적위탁사업비(308-10) 8. 민간자본사업보조,자체재원(402-01) 9. 민간자본사업보조,이전재원(402-02) 10. 민간위탁사업비(402-03) 11. 공기관등에 대한 자본적 대행사업비(403-02)	1. 법률에 규정 2. 국고보조 재원(국가지정) 3. 용도 지정 기부금 4. 조례에 직접규정 5. 지자체가 권장하는 사업을 하는 공공기관 6. 시,도 정책 및 재정사정 7. 기타 8. 해당없음	계약체결방법 (경쟁형태) 1. 일반경쟁 2. 제한경쟁 3. 지명경쟁 4. 수의계약 5. 법정위탁 6. 기타 ( ) 7. 해당없음	계약기간 1. 1년 2. 2년 3. 3년 4. 4년 5. 5년 6. 기타 ( )년 7. 단기계약 (1년미만) 8. 해당없음	낙찰자선정방법 1. 적격심사 2. 협상에의한계약 3. 최저가낙찰제 4. 규격가격분리 5. 2단계 경쟁입찰 6. 기타 ( ) 7. 해당없음	운영예산 산정 1. 내부산정 (지자체 자체적으로 산정) 2. 외부산정 (외부전문기관위탁 산정) 3. 내·외부 모두 산정 4. 산정 無 5. 해당없음	정산방법 1. 내부정산 (지자체 내부적으로 정산) 2. 외부정산 (외부전문기관위탁 정산) 3. 내·외부 모두 산정 4. 정산 無 5. 해당없음	1. 실시 2. 미실시 3. 향후 추진 4. 해당없음
4366	강원 강릉시	장애인 거주시설 전담인력지원	51,156	복지정책과	5	6	7	5	1	1	1	1
4367	강원 강릉시	장애인 사회복지기관 종사자 처우개선수당 지급	21,600	복지정책과	5	4	7	8	7	1	1	3
4368	강원 강릉시	장애인 자립퇴소 정착금 지원	9,100	복지정책과	5	2	7	5	1	1	1	1
4369	강원 강릉시	장애인가족지원센터 운영	70,000	복지정책과	5	4	7	8	7	1	1	3
4370	강원 강릉시	장애인편의시설지원센터 운영지원	40,000	복지정책과	5	4	7	8	7	1	1	3
4371	강원 강릉시	장애인편의시설지원센터 운영지원	19,757	복지정책과	5	4	7	8	7	1	1	3
4372	강원 강릉시	시각장애인 자립지원센터운영	40,437	복지정책과	5	4	7	8	7	1	1	3
4373	강원 강릉시	중증장애인 자립생활지원	156,666	복지정책과	5	4	7	8	7	1	1	3
4374	강원 강릉시	중증장애인 자립생활지원	10,000	복지정책과	5	4	7	8	7	1	1	3
4375	강원 강릉시	중증장애인자립지원센터 프로그램 운영지원	10,000	복지정책과	5	4	7	8	7	1	1	3
4376	강원 강릉시	지역자활센터 운영	400,535	생활보장과	5	1	5	1	7	5	5	1
4377	강원 강릉시	자활 사례관리	28,989	생활보장과	5	1	5	1	7	5	5	1
4378	강원 강릉시	노숙인시설 운영 지원	969,776	생활보장과	5	2	5	5	2	4	1	2
4379	강원 강릉시	물리치료사 인건비	30,000	생활보장과	5	2	5	5	2	4	1	2
4380	강원 강릉시	노숙인 일시보호 지원	100,000	생활보장과	5	2	5	5	2	4	1	2
4381	강원 강릉시	평안의 집 운영 지원	776,088	어르신복지과	5	2	7	8	7	1	1	1
4382	강원 강릉시	노인회 운영비	115,300	어르신복지과	5	4	7	8	7	1	1	1
4383	강원 강릉시	시니어클럽 운영	331,914	어르신복지과	5	4	7	8	7	1	1	1
4384	강원 강릉시	사회복지시설 종사자 복지수당	96,480	여성청소년가족과	5	6	7	8	7	1	1	4
4385	강원 강릉시	여성인력개발센터 운영	180,876	여성청소년가족과	5	1	7	8	7	1	1	4
4386	강원 강릉시	해솔터 운영	8,000	여성청소년가족과	5	6	7	8	7	1	1	4
4387	강원 강릉시	여성권익증진시설 종사자 역량강화 지원	3,000,000	여성청소년가족과	5	1	7	8	7	1	1	4
4388	강원 강릉시	가정폭력피해자 보호시설 운영	177,064	여성청소년가족과	5	1	7	8	7	1	1	4
4389	강원 강릉시	가정폭력상담소 운영	344,255	여성청소년가족과	5	1	7	8	7	1	1	4
4390	강원 강릉시	가정폭력피해자 보호시설 운영	18,000	여성청소년가족과	5	6	7	8	7	1	1	4
4391	강원 강릉시	4대보험 및 퇴직금 지원	66,742	여성청소년가족과	5	6	7	8	7	1	1	4
4392	강원 강릉시	여성폭력피해 위기가정 긴급지원	2,400,000	여성청소년가족과	5	6	7	8	7	1	1	4
4393	강원 강릉시	아이돌봄서비스제공기관 운영비	815,397	여성청소년가족과	5	2	7	8	7	3	1	1
4394	강원 강릉시	공동육아나눔터 임대료 지원	5,000,000	여성청소년가족과	5	1	7	8	7	3	1	1
4395	강원 강릉시	건강가정·다문화가족지원센터 통합서비스 지원	339,980	여성청소년가족과	5	1	7	8	7	3	1	1
4396	강원 강릉시	모자가족복지시설 운영 지원	366,000	여성청소년가족과	5	1	7	8	7	3	1	1
4397	강원 강릉시	지방청소년 상담사업 지원	100,000	여성청소년가족과	5	1	7	1	7	1	1	1
4398	강원 강릉시	청소년쉼터 운영지원	327,360	여성청소년가족과	5	1	7	1	7	1	1	1
4399	강원 강릉시	아동시설 운영	1,422,000	아동보육과	5	4	7	8	7	5	1	4
4400	강원 강릉시	요보호아동 그룹홈 운영	356,652	아동보육과	5	2	7	8	7	5	1	4
4401	강원 강릉시	요보호아동 그룹홈 인건비 부족분 지원	91,730	아동보육과	5	4	7	8	7	5	1	4
4402	강원 강릉시	사회복지시설 종사자 복지수당	169,200	아동보육과	5	4	7	7	7	5	1	4
4403	강원 강릉시	지역아동센터 종사자 명절수당 지원	30,000	아동보육과	5	1	7	8	7	1	1	4
4404	강원 강릉시	지역아동센터 인건비 부족분 지원	101,000	아동보육과	5	7	7	8	7	5	1	4
4405	강원 강릉시	지역아동센터 추가운영비 지원	285,600	아동보육과	5	1	7	8	7	5	1	4
4406	강원 강릉시	지역아동센터 기본운영비	1,537,200	아동보육과	5	2	7	8	7	5	1	4
4407	강원 강릉시	지역아동센터 운영지원	233,432	아동보육과	5	1	7	8	7	1	1	4
4408	강원 강릉시	40㎡이하	5,040	아동보육과	5	2	7	8	7	5	1	4

순번	시군구	지출명 (사업명)	2021년예산 (단위:천원/1년간)	담당자 (공무원)	민간이전 분류 (지방자치단체 세출예산 집행기준에 의거)	민간이전지출 근거 (지방보조금 관리기준 참고)	입찰방식			운영예산 산정		성과평가 실시여부
				담당부서	1. 민간경상사업보조(307-02) 2. 민간단체 법정운영비보조(307-03) 3. 민간행사사업보조(307-04) 4. 민간위탁금(307-05) 5. 사회복지시설 법정운영비보조(307-10) 6. 민간인위탁교육비(307-12) 7. 공기관등에대한경상적위탁사업비(308-10) 8. 민간자본사업보조,자체재원(402-01) 9. 민간자본사업보조,이전재원(402-02) 10. 민간위탁사업비(402-03) 11. 공기관등에 대한 자본적 대행사업비(403-02)	1. 법률에 규정 2. 국고보조 재원(국가지정) 3. 용도 지정 기부금 4. 조례에 직접규정 5. 지자체가 권장하는 사업을 하는 공공기관 6. 시,도 정책 및 재정사정 7. 기타 8. 해당없음	계약체결방법 (경쟁형태) 1. 일반경쟁 2. 제한경쟁 3. 지명경쟁 4. 수의계약 5. 법정위탁 6. 기타 ( ) 7. 해당없음	계약기간 1. 1년 2. 2년 3. 3년 4. 4년 5. 5년 6. 기타 ( )년 7. 단기계약 (1년미만) 8. 해당없음	낙찰자선정방법 1. 적격심사 2. 협상에의한계약 3. 최저가낙찰제 4. 규격가격분리 5. 2단계 경쟁입찰 6. 기타 ( ) 7. 해당없음	운영예산 산정 1. 내부산정 (지자체 자체적으로 산정) 2. 외부산정 (외부전문기관위탁 산정) 3. 내·외부 모두 산정 4. 산정 無 5. 해당없음	정산방법 1. 내부정산 (지자체 내부적으로 정산) 2. 외부정산 (외부전문기관위탁 정산) 3. 내·외부 모두 산정 4. 정산 無 5. 해당없음	1. 실시 2. 미실시 3. 향후 추진 4. 해당없음
4409	강원 강릉시	40㎡초과	10,200	아동보육과	5	2	7	8	7	5	1	4
4410	강원 강릉시	지역아동센터 등하원 안심알림	7,200	아동보육과	5	7	7	8	7	5	1	4
4411	강원 강릉시	특수목적형 지원	32,240	아동보육과	5	5	7	8	7	5	1	4
4412	강원 강릉시	토요운영 지원	21,888	아동보육과	5	5	7	8	7	5	1	4
4413	강원 강릉시	인건비	15,750	아동보육과	5	2	7	8	7	5	1	4
4414	강원 강릉시	운영비	1,800,000	아동보육과	5	2	7	8	7	5	1	4
4415	강원 강릉시	휴일어린이집 운영 지원	25,000	아동보육과	5	1	7	8	7	1	1	4
4416	강원 강릉시	강릉시 육아종합지원센터 운영지원	140,000	아동보육과	5	1	7	5	7	5	1	4
4417	강원 강릉시	가정양육지원(부모교육사업)	25,000	아동보육과	5	1	7	5	7	5	1	4
4418	강원 강릉시	공공형어린이집 지원	1,076,000	아동보육과	5	2	7	8	7	5	1	4
4419	강원 강릉시	평가제(인증.우수) 어린이집 급식비 지원	210,000	아동보육과	5	1	7	8	7	1	1	4
4420	강원 강릉시	39인이하 어린이집	22,400	아동보육과	5	1	7	8	7	1	1	4
4421	강원 강릉시	40인이상 어린이집	32,500	아동보육과	5	1	7	8	7	1	1	4
4422	강원 강릉시	장애아전문 어린이집 재활치료 프로그램 지원	5,000,000	아동보육과	5	1	7	8	7	1	1	4
4423	강원 강릉시	3년이상 근무교사	54,000	아동보육과	5	1	7	8	7	1	1	4
4424	강원 강릉시	5년이상 근무교사	33,600	아동보육과	5	1	7	8	7	1	1	4
4425	강원 강릉시	7년이상 근무교사	42,000	아동보육과	5	1	7	8	7	1	1	4
4426	강원 강릉시	10년이상 근무교사	36,000	아동보육과	5	1	7	8	7	1	1	4
4427	강원 강릉시	15년이상 근무교사	14,400	아동보육과	5	1	7	8	7	1	1	4
4428	강원 강릉시	시간제보육 운영비	161,080	아동보육과	5	2	7	8	7	5	1	4
4429	강원 강릉시	국공립,법인어린이집	7,150,290	아동보육과	5	2	7	8	7	5	1	4
4430	강원 강릉시	영아전담어린이집	711,790	아동보육과	5	2	7	8	7	5	1	4
4431	강원 강릉시	장애아전문어린이집	262,990	아동보육과	5	2	7	8	7	5	1	4
4432	강원 강릉시	그 밖의 연장형 교사	420,240	아동보육과	5	2	7	8	7	5	1	4
4433	강원 강릉시	장애아통합교사	104,840	아동보육과	5	2	7	8	7	5	1	4
4434	강원 강릉시	보조교사(연장보육 전담교사) 지원	2,629,990	아동보육과	5	2	7	8	7	5	1	4
4435	강원 강릉시	담임교사(연장보육 전담교사) 지원	1,726,280	아동보육과	5	2	7	8	7	5	1	4
4436	강원 강릉시	농어촌 보육교사 특별수당	301,470	아동보육과	5	2	7	8	7	5	1	4
4437	강원 강릉시	정부미지원어린이집 교재교구비	74,600	아동보육과	5	2	7	8	7	5	1	4
4438	강원 강릉시	차량운영비	92,200	아동보육과	5	2	7	8	7	5	1	4
4439	강원 강릉시	농어촌소재 법인어린이집	27,250	아동보육과	5	2	7	8	7	5	1	4
4440	강원 강릉시	정부미지원시설 보육교사 처우개선	331,800	아동보육과	5	2	7	8	7	5	1	4
4441	강원 강릉시	보육교직원 명절수당	231,000	아동보육과	5	2	7	8	7	5	1	4
4442	강원 강릉시	영아반 보육교사 특별수당	163,080	아동보육과	5	2	7	8	7	5	1	4
4443	강원 강릉시	장애아 어린이집 보육교사 수당	7,560	아동보육과	5	2	7	8	7	5	1	4
4444	강원 강릉시	어린이집 냉난방비 지원	52,000	아동보육과	5	1	7	8	7	5	1	4
4445	강원 강릉시	정부지원 어린이집 교재교구비 지원	31,200	아동보육과	5	1	7	8	7	5	1	4
4446	강원 강릉시	공공형조리원 인건비 지원	72,000	아동보육과	5	1	7	8	7	5	1	4
4447	강원 강릉시	저소득층 아동 어린이집 입학준비금 지원	14,175	아동보육과	5	1	7	8	7	5	1	4
4448	강원 강릉시	어린이집 보조인력 일자리 지원	702,000	아동보육과	5	1	7	8	7	5	1	4
4449	강원 강릉시	장애아전문어린이집 보조인력 일자리 지원	13,200	아동보육과	5	1	7	8	7	1	1	4
4450	강원 강릉시	50인 미만 시설	16,720	아동보육과	5	6	7	8	7	5	1	4
4451	강원 강릉시	50인 이상 시설	19,800	아동보육과	5	6	7	8	7	5	1	4

순번	시군구	지출명 (사업명)	2021년예산 (단위:천원/1년간)	담당자 (공무원) 담당부서	민간이전 분류 (지방자치단체 세출예산 집행기준에 의거) 1. 민간경상사업보조(307-02) 2. 민간단체 법정운영비보조(307-03) 3. 민간행사사업보조(307-04) 4. 민간위탁금(307-05) 5. 사회복지시설 법정운영비보조(307-10) 6. 민간인위탁교육비(307-12) 7. 공기관등에대한경상적위탁사업비(308-10) 8. 민간자본사업보조,자체재원(402-01) 9. 민간자본사업보조,이전재원(402-02) 10. 민간위탁사업비(402-03) 11. 공기관등에 대한 자본적 대행사업비(403-02)	민간이전지출 근거 (지방보조금 관리기준 참고) 1. 법률에 규정 2. 국고보조 재원(국가지정) 3. 용도 지정 기부금 4. 조례에 직접규정 5. 지자체가 권장하는 사업을 하는 공공기관 6. 시,도 정책 및 재정사정 7. 기타 8. 해당없음	입찰방식 계약체결방법 (경쟁형태) 1. 일반경쟁 2. 제한경쟁 3. 지명경쟁 4. 수의계약 5. 법정위탁 6. 기타 ( ) 7. 해당없음	입찰방식 계약기간 1. 1년 2. 2년 3. 3년 4. 4년 5. 5년 6. 기타 ( )년 7. 단기계약 (1년미만) 8. 해당없음	입찰방식 낙찰자선정방법 1. 적격심사 2. 협상에의한계약 3. 최저가낙찰제 4. 규격가격분리 5. 2단계 경쟁입찰 6. 기타 ( ) 7. 해당없음	운영예산 산정 운영예산 산정 1. 내부산정 (지자체 자체적으로 산정) 2. 외부산정 (외부전문기관위탁 산정) 3. 내·외부 모두 산정 4. 산정 無 5. 해당없음	운영예산 산정 정산방법 1. 내부정산 (지자체 내부적으로 정산) 2. 외부정산 (외부전문기관위탁 정산) 3. 내·외부 모두 산정 4. 정산 無 5. 해당없음	성과평가 실시여부 1. 실시 2. 미실시 3. 향후 추진 4. 해당없음
4452	강원 강릉시	정신재활시설 운영	170,000	건강증진과	5	1	7	8	7	1	1	1
4453	강원 태백시	자원봉사센터 운영 지원	157,490	총무과	5	1	7	8	7	1	1	1
4454	강원 태백시	자원봉사 코디네이터 지원	59,078	총무과	5	2	7	8	7	1	1	4
4455	강원 태백시	지역자활센터 운영	237,065	주민생활지원과	5	1	7	8	7	1	1	1
4456	강원 태백시	사회복지협의회 지원	67,577	주민생활지원과	5	1	7	8	7	1	1	1
4457	강원 태백시	지역사회보장협의체 운영	58,813	주민생활지원과	5	1	7	8	7	1	1	1
4458	강원 태백시	사회복지시설종사자 복지수당	611,830	사회복지과	5	1	7	8	7	5	1	1
4459	강원 태백시	노후 사회참여 프로그램 지원	21,600	사회복지과	5	1	7	8	7	1	1	4
4460	강원 태백시	재가노인복지시설 운영지원	115,302	사회복지과	5	1	7	8	7	3	1	1
4461	강원 태백시	노인종합복지관 운영	368,556	사회복지과	5	1	7	8	7	3	1	1
4462	강원 태백시	시니어클럽 설치 운영	246,316	사회복지과	5	6	5	8	7	1	1	1
4463	강원 태백시	독거노인중증장애인 응급안전 알림서비스 운영지원	114,760	사회복지과	5	2	1	3	1	5	1	1
4464	강원 태백시	노인맞춤돌봄서비스사업 운영	1,474,490	사회복지과	5	2	1	3	1	5	1	1
4465	강원 태백시	시각장애인안마사 파견	16,806	사회복지과	5	1	5	1	7	1	1	1
4466	강원 태백시	장애인복지관 운영지원	1,021,913	사회복지과	5	1	7	8	7	5	1	4
4467	강원 태백시	장애인직업재활시설 운영지원	973,388	사회복지과	5	1	7	8	7	5	1	4
4468	강원 태백시	장애인 지역사회재활시설 운영지원	524,543	사회복지과	5	1	7	8	7	5	1	4
4469	강원 태백시	장애인 자립지원센터 운영 지원	40,437	사회복지과	5	1	7	8	7	5	1	4
4470	강원 태백시	장애인 민원봉사실운영 지원	80,665	사회복지과	5	1	7	8	7	5	1	4
4471	강원 태백시	개인운영신고시설 지원	77,412	사회복지과	5	1	7	8	7	5	1	4
4472	강원 태백시	장애인편의시설지원센터 운영	43,887	사회복지과	5	1	7	8	7	5	1	4
4473	강원 태백시	가정폭력상담소 운영지원	126,382	사회복지과	5	1	7	8	7	5	1	4
4474	강원 태백시	여성권익증진시설운영지원	15,704	사회복지과	5	1	7	8	7	5	1	4
4475	강원 태백시	시군 사회복지시설 종사자 복지수당(여성)	26,640	사회복지과	5	1	7	8	7	5	1	4
4476	강원 태백시	건강가정다문화가족지원센터 운영	298,140	사회복지과	5	1	7	8	7	5	1	4
4477	강원 태백시	다문화가족 방문교육지도사 처우개선비 지원	3,690,000	사회복지과	5	1	7	8	7	5	1	4
4478	강원 태백시	보육시설 운영수준 향상 지원	87,400	사회복지과	5	1	5	1	1	3	1	1
4479	강원 태백시	보육시설 종사자 처우개선 지원	276,960	사회복지과	5	1	5	1	1	3	1	1
4480	강원 태백시	어린이집 지원	75,000	사회복지과	5	1	5	1	1	3	1	1
4481	강원 태백시	보육교직원 인건비 지원	3,170,624	사회복지과	5	1	5	1	1	3	1	1
4482	강원 태백시	영유아보육료 지원	2,451,680	사회복지과	5	1	5	1	1	3	1	1
4483	강원 태백시	공공형어린이집 지원	80,060	사회복지과	5	1	5	1	1	3	1	1
4484	강원 태백시	보육교직원 처우개선 지원사업	806,904	사회복지과	5	1	5	1	1	3	1	1
4485	강원 태백시	누리과정 보육료 지원	2,440,478	사회복지과	5	1	5	1	1	3	1	1
4486	강원 태백시	어린이집 급간식비 지원	181,200	사회복지과	5	1	5	1	1	3	1	1
4487	강원 태백시	어린이집 장난감 소독비 지원	16,296	사회복지과	5	1	5	1	1	3	1	1
4488	강원 태백시	시간제 보육서비스 지원 사업	45,880	사회복지과	5	1	5	1	1	3	1	1
4489	강원 태백시	아동복지시설 지원	33,600	사회복지과	5	1	7	8	7	1	1	4
4490	강원 태백시	요보호아동 그룹홈 보호 운영 지원	178,326	사회복지과	5	1	7	8	7	1	1	1
4491	강원 태백시	그룹홈 인건비 부족분 지원	33,090	사회복지과	5	1	7	8	7	1	1	1
4492	강원 태백시	지역아동센터 운영비 지원	903,720	사회복지과	5	1	7	8	7	1	1	4
4493	강원 태백시	특성별 지역아동센터 추가지원	10,097	사회복지과	5	1	7	8	7	1	1	4
4494	강원 태백시	지역아동센터 추가운영비 지원	248,800	사회복지과	5	1	7	8	7	1	1	4

순번	시군구	지출명 (사업명)	2021년예산 (단위:천원/1년간)	담당자 (공무원)	민간이전 분류 (지방자치단체 세출예산 집행기준에 의거)	민간이전지출 근거 (지방보조금 관리기준 참고)	입찰방식			운영예산 산정		성과평가 실시여부
				담당부서	1. 민간경상사업보조(307-02) 2. 민간단체 법정운영비보조(307-03) 3. 민간행사사업보조(307-04) 4. 민간위탁금(307-05) 5. 사회복지시설 법정운영비보조(307-10) 6. 민간인위탁교육비(307-12) 7. 공기관등에대한경상적위탁사업비(308-10) 8. 민간자본사업보조,자체재원(402-01) 9. 민간자본사업보조,이전재원(402-02) 10. 민간위탁사업비(402-03) 11. 공기관등에 대한 자본적 대행사업비(403-02)	1. 법률에 규정 2. 국고보조 재원(국가지정) 3. 용도 지정 기부금 4. 조례에 직접규정 5. 지자체가 권장하는 사업을 하는 공공기관 6. 시,도 정책 및 재정사정 7. 기타 8. 해당없음	계약체결방법 (경쟁형태) 1. 일반경쟁 2. 제한경쟁 3. 지명경쟁 4. 수의계약 5. 법정위탁 6. 기타 ( ) 7. 해당없음	계약기간 1. 1년 2. 2년 3. 3년 4. 4년 5. 5년 6. 기타 ( )년 7. 단기계약 (1년미만) 8. 해당없음	낙찰자선정방법 1. 적격심사 2. 협상에의한계약 3. 최저가낙찰제 4. 규격가격분리 5. 2단계 경쟁입찰 6. 기타 ( ) 7. 해당없음	운영예산 산정 1. 내부산정 (지자체 자체적으로 산정) 2. 외부산정 (외부전문기관위탁 산정) 3. 내·외부 모두 산정 4. 산정 無 5. 해당없음	정산방법 1. 내부정산 (지자체 내부적으로 정산) 2. 외부정산 (외부전문기관위탁 정산) 3. 내·외부 모두 산정 4. 정산 無 5. 해당없음	1. 실시 2. 미실시 3. 향후 추진 4. 해당없음
4495	강원 태백시	지역아동센터 운영 활성화 지원	201,935	사회복지과	5	1	7	8	7	1	1	4
4496	강원 태백시	다함께돌봄센터 운영 지원	107,040	사회복지과	5	1	7	8	7	1	1	4
4497	강원 속초시	보훈단체 운영 지원	164,465	주민생활지원과	5	1	7	8	7	1	1	1
4498	강원 속초시	사회복지기관 종사자 처우개선수당	3,232,000	주민생활지원과	5	1	7	8	7	1	1	1
4499	강원 속초시	사회복지시설 종사자 복지수당	87,120	주민생활지원과	5	1	7	8	7	1	1	1
4500	강원 속초시	사회복지시설 종사자 상해보험 가입비 지원	3,020,000	주민생활지원과	5	1	7	8	7	1	1	1
4501	강원 속초시	사회복지협의회 운영	96,000	주민생활지원과	5	1	7	8	7	1	1	1
4502	강원 속초시	지역사회보장협의체 활성화 지원	80,848	주민생활지원과	5	1	7	8	7	1	1	1
4503	강원 속초시	지역자활센터 운영지원	293,511	주민생활지원과	5	1	6	1	7	4	1	1
4504	강원 속초시	개인신고시설 운영지원	4,200,000	주민생활지원과	5	6	5	8	7	3	2	1
4505	강원 속초시	시각장애인 자립지원센터 운영	40,437	주민생활지원과	5	6	5	8	7	3	2	1
4506	강원 속초시	장애인거주시설 운영지원	292,025	주민생활지원과	5	2	5	8	7	5	2	1
4507	강원 속초시	장애인무료순환버스 운영	258,105	주민생활지원과	5	4	5	8	7	3	2	1
4508	강원 속초시	장애인보장구 A/S센터 운영	81,240	주민생활지원과	5	4	5	8	7	3	2	1
4509	강원 속초시	지적장애인자립지원센터 운영	119,385	주민생활지원과	5	4	5	8	7	3	2	1
4510	강원 속초시	장애인 사회참여 운영	144,366	주민생활지원과	5	4	5	8	7	3	2	1
4511	강원 속초시	장애인 야학운영	84,000	주민생활지원과	5	6	5	8	7	3	2	1
4512	강원 속초시	수어통역센터 운영	257,000	주민생활지원과	5	4	5	8	7	3	2	1
4513	강원 속초시	장애인 주간보호시설 운영	266,644	주민생활지원과	5	4	5	8	7	3	2	1
4514	강원 속초시	주간보호시설 운영	198,332	주민생활지원과	5	4	5	8	7	3	2	1
4515	강원 속초시	중증장애인자립생활센터 지원	221,157	주민생활지원과	5	2	5	8	7	5	2	1
4516	강원 속초시	편의시설지원센터 운영비 지원	99,139	주민생활지원과	5	2	5	8	7	3	2	1
4517	강원 속초시	가정폭력상담소 운영지원	154,175	가족지원과	5	2	7	8	7	5	1	4
4518	강원 속초시	가정폭력피해자 보호시설 운영지원	177,064	가족지원과	5	2	7	8	7	5	1	4
4519	강원 속초시	사회복지시설 운영추진	64,800	가족지원과	5	6	7	8	7	5	1	4
4520	강원 속초시	성폭력.장애인성폭력상담소	163,178	가족지원과	5	2	7	8	7	5	1	4
4521	강원 속초시	여성권익증진시설(장애인성폭력상담소)운영지원	10,000	가족지원과	5	6	7	8	7	5	1	4
4522	강원 속초시	여성권익증진시설 종사자 처우개선	58,890	가족지원과	5	6	7	8	7	5	1	4
4523	강원 속초시	건강가정 및 다문화가족 지원센터 운영	489,940	가족지원과	5	1	1	3	1	5	1	4
4524	강원 속초시	시니어클럽 운영지원	328,979	가족지원과	5	1	5	5	7	1	1	4
4525	강원 속초시	노인일자리 및 사회활동 지원확대	436,254	가족지원과	5	2	5	1	7	5	1	4
4526	강원 속초시	노인일자리 및 사회활동 지원확대	25,662	가족지원과	5	2	5	1	7	5	1	4
4527	강원 속초시	사회복지기관 종사자 처우개선수당 지원	3,600,000	가족지원과	5	6	7	8	7	5	1	4
4528	강원 속초시	경로당 냉난방비 및 양곡비 지원	167,400	가족지원과	5	2	7	8	7	5	1	4
4529	강원 속초시	경로당 운영 활성화지원	148,300	가족지원과	5	4	7	8	7	1	1	4
4530	강원 속초시	사회복지시설 운영	706,320	가족지원과	5	4	7	8	7	1	1	4
4531	강원 속초시	보조교사(연장보육전담교사) 지원	1,218,410	가족지원과	5	1	7	8	7	5	1	4
4532	강원 속초시	대체교사 지원	52,084	가족지원과	5	1	7	8	7	5	1	4
4533	강원 속초시	어린이집 동절기 난방비	22,000	가족지원과	5	4	7	8	7	1	1	4
4534	강원 속초시	어린이집 운영지원	29,600	가족지원과	5	1	7	8	7	5	1	4
4535	강원 속초시	공공형어린이집 운영비	403,500	가족지원과	5	2	7	8	7	5	1	4
4536	강원 속초시	어린이집 보조인력 일자리 지원	333,000	가족지원과	5	6	7	8	7	5	1	4
4537	강원 속초시	어린이집 품질 향상 지원	79,700	가족지원과	5	6	7	8	7	5	1	4

순번	시군구	지출명 (사업명)	2021년예산 (단위:천원/1년간)	담당자 (공무원) 담당부서	민간이전 분류 (지방자치단체 세출예산 집행기준에 의거) 1. 민간경상사업보조(307-02) 2. 민간단체 법정운영비보조(307-03) 3. 민간행사사업보조(307-04) 4. 민간위탁금(307-05) 5. 사회복지시설 법정운영비보조(307-10) 6. 민간인위탁교육비(307-12) 7. 공기관등에대한경상적위탁사업비(308-10) 8. 민간자본사업보조,자체재원(402-01) 9. 민간자본사업보조,이전재원(402-02) 10. 민간위탁사업비(402-03) 11. 공기관등에 대한 자본적 대행사업비(403-02)	민간이전지출 근거 (지방보조금 관리기준 참고) 1. 법률에 규정 2. 국고보조 재원(국가지정) 3. 용도 지정 기부금 4. 조례에 직접규정 5. 지자체가 권장하는 사업을 하는 공공기관 6. 시,도 정책 및 재정사정 7. 기타 8. 해당없음	입찰방식 계약체결방법 (경쟁형태) 1. 일반경쟁 2. 제한경쟁 3. 지명경쟁 4. 수의계약 5. 법정위탁 6. 기타 ( ) 7. 해당없음	입찰방식 계약기간 1. 1년 2. 2년 3. 3년 4. 4년 5. 5년 6. 기타 ( )년 7. 단기계약 (1년미만) 8. 해당없음	입찰방식 낙찰자선정방법 1. 적격심사 2. 협상에의한계약 3. 최저가낙찰제 4. 규격가격분리 5. 2단계 경쟁입찰 6. 기타 ( ) 7. 해당없음	운영예산 산정 운영예산 산정 1. 내부산정 (지자체 자체적으로 산정) 2. 외부산정 (외부전문기관위탁 산정) 3. 내·외부 모두 산정 4. 산정 無 5. 해당없음	운영예산 산정 정산방법 1. 내부정산 (지자체 내부적으로 정산) 2. 외부정산 (외부전문기관위탁 정산) 3. 내·외부 모두 산정 4. 정산 無 5. 해당없음	성과평가 실시여부 1. 실시 2. 미실시 3. 향후 추진 4. 해당없음
4538	강원 속초시	다함께 돌봄사업	56,640	교육청소년과	5	1	7	8	7	3	1	1
4539	강원 속초시	다함께 돌봄사업	56,640	교육청소년과	5	1	7	8	7	3	1	1
4540	강원 속초시	다함께돌봄센터	30,000	교육청소년과	5	1	7	8	7	3	1	1
4541	강원 속초시	다함께돌봄센터	300,000	교육청소년과	5	1	7	8	7	3	1	1
4542	강원 속초시	다함께돌봄센터 추가운영비 보조지원	37,052	교육청소년과	5	1	7	8	7	3	1	1
4543	강원 속초시	지역아동센터 운영비 지원	63,600	교육청소년과	5	1	7	8	7	3	1	1
4544	강원 속초시	지역아동센터 운영비 지원	67,200	교육청소년과	5	1	7	8	7	3	1	1
4545	강원 속초시	지역아동센터 운영비 지원	63,600	교육청소년과	5	1	7	8	7	3	1	1
4546	강원 속초시	지역아동센터 운영비 지원	67,200	교육청소년과	5	1	7	8	7	3	1	1
4547	강원 속초시	지역아동센터 운영비 지원	63,600	교육청소년과	5	1	7	8	7	3	1	1
4548	강원 속초시	지역아동센터 운영비 지원	67,200	교육청소년과	5	1	7	8	7	3	1	1
4549	강원 속초시	지역아동센터 종사자 인건비 지원	6,856	교육청소년과	5	1	7	8	7	3	1	1
4550	강원 속초시	지역아동센터 종사자 인건비 지원	350,000	교육청소년과	5	1	7	8	7	3	1	1
4551	강원 속초시	지역아동센터 종사자 인건비 지원	11,943	교육청소년과	5	1	7	8	7	3	1	1
4552	강원 속초시	지역아동센터 종사자 인건비 지원	1,663,000	교육청소년과	5	1	7	8	7	3	1	1
4553	강원 속초시	지역아동센터 종사자 인건비 지원	6,256	교육청소년과	5	1	7	8	7	3	1	1
4554	강원 속초시	지역아동센터 종사자 인건비 지원	166,000	교육청소년과	5	1	7	8	7	3	1	1
4555	강원 속초시	지역아동센터 추가운영비 보조지원	10,200	교육청소년과	5	1	7	8	7	3	1	1
4556	강원 속초시	지역아동센터 추가운영비 보조지원	11,400	교육청소년과	5	1	7	8	7	3	1	1
4557	강원 속초시	지역아동센터 추가운영비 보조지원	10,200	교육청소년과	5	1	7	8	7	3	1	1
4558	강원 속초시	지역아동센터 추가운영비 보조지원	11,400	교육청소년과	5	1	7	8	7	3	1	1
4559	강원 속초시	지역아동센터 추가운영비 보조지원	10,200	교육청소년과	5	1	7	8	7	3	1	1
4560	강원 속초시	지역아동센터 추가운영비 보조지원	11,400	교육청소년과	5	1	7	8	7	3	1	1
4561	강원 속초시	지역아동센터 추가운영비 보조지원	6,000	교육청소년과	5	1	7	8	7	3	1	1
4562	강원 속초시	지역아동센터 추가운영비 보조지원	6,000	교육청소년과	5	1	7	8	7	3	1	1
4563	강원 속초시	지역아동센터 추가운영비 보조지원	6,000	교육청소년과	5	1	7	8	7	3	1	1
4564	강원 속초시	지역아동센터 추가운영비 보조지원	6,000	교육청소년과	5	1	7	8	7	3	1	1
4565	강원 속초시	지역아동센터 추가운영비 보조지원	6,000	교육청소년과	5	1	7	8	7	3	1	1
4566	강원 속초시	지역아동센터 추가운영비 보조지원	6,000	교육청소년과	5	1	7	8	7	3	1	1
4567	강원 속초시	학대피해아동쉼터 운영 지원	198,494	교육청소년과	5	1	7	8	7	3	1	1
4568	강원 속초시	학대피해아동쉼터 운영 지원	10,320	교육청소년과	5	1	7	8	7	3	1	1
4569	강원 속초시	요보호아동그룹홈 운영지원	8,812	교육청소년과	5	4	7	8	7	5	5	4
4570	강원 속초시	요보호아동 그룹홈 운영지원	89,163	교육청소년과	5	2	7	8	7	5	1	4
4571	강원 속초시	그룹홈(인건비 부족분) 지원	3,610,000	교육청소년과	5	1	7	8	7	5	1	4
4572	강원 홍천군	청소년복지기관 종사자 처우개선수당	17,400	교육과	5	6	5	8	7	5	1	4
4573	강원 홍천군	사회복지협의회 운영	103,853	복지정책과	5	1	7	8	7	1	1	1
4574	강원 홍천군	푸드뱅크 운영비 지원	44,337	복지정책과	5	1	7	8	7	1	1	1
4575	강원 홍천군	사회복지시설 종사자 복지수당	75,600	복지정책과	5	1	7	8	7	5	1	2
4576	강원 홍천군	사회복지기관 종사자 처우개선수당	5,032	복지정책과	5	1	7	8	7	5	1	2
4577	강원 홍천군	개인운영신고시설 운영지원	16,800	행복나눔과	5	4	7	8	7	1	1	4
4578	강원 홍천군	사회복지시설(장애인) 종사자 복지수당	232,560	행복나눔과	5	4	7	8	7	1	1	4
4579	강원 홍천군	사회복지시설(노인) 종사자 복지수당	374,400	행복나눔과	5	4	7	8	7	1	1	4
4580	강원 홍천군	사회복지시설(여성) 종사자 복지수당	43,200	행복나눔과	5	6	5	3	7	1	1	4

순번	시군구	지출명 (사업명)	2021년예산 (단위:천원/1년간)	담당자 (공무원) 담당부서	민간이전 분류 (지방자치단체 세출예산 집행기준에 의거) 1. 민간경상사업보조(307-02) 2. 민간단체 법정운영비보조(307-03) 3. 민간행사사업보조(307-04) 4. 민간위탁금(307-05) 5. 사회복지시설 법정운영비보조(307-10) 6. 민간인위탁교육비(307-12) 7. 공기관등에대한경상적위탁사업비(308-10) 8. 민간자본사업보조,자체재원(402-01) 9. 민간자본사업보조,이전재원(402-02) 10. 민간위탁사업비(402-03) 11. 공기관등에 대한 자본적 대행사업비(403-02)	민간이전지출 근거 (지방보조금 관리기준 참고) 1. 법률에 규정 2. 국고보조 재원(국가지정) 3. 용도 지정 기부금 4. 조례에 직접규정 5. 지자체가 권장하는 사업을 하는 공공기관 6. 시,도 정책 및 재정사정 7. 기타 8. 해당없음	입찰방식 계약체결방법 (경쟁형태) 1. 일반경쟁 2. 제한경쟁 3. 지명경쟁 4. 수의계약 5. 법정위탁 6. 기타 ( ) 7. 해당없음	입찰방식 계약기간 1. 1년 2. 2년 3. 3년 4. 4년 5. 5년 6. 기타 ( )년 7. 단기계약 (1년미만) 8. 해당없음	입찰방식 낙찰자선정방법 1. 적격심사 2. 협상에의한계약 3. 최저가낙찰제 4. 규격가격분리 5. 2단계 경쟁입찰 6. 기타 ( ) 7. 해당없음	운영예산 산정 운영예산 산정 1. 내부산정 (지자체 자체적으로 산정) 2. 외부산정 (외부전문기관위탁 산정) 3. 내·외부 모두 산정 4. 산정 無 5. 해당없음	운영예산 산정 정산방법 1. 내부정산 (지자체 내부적으로 정산) 2. 외부정산 (외부전문기관위탁 정산) 3. 내·외부 모두 산정 4. 정산 無 5. 해당없음	성과평가 실시여부 1. 실시 2. 미실시 3. 향후 추진 4. 해당없음
4581	강원 홍천군	노인일자리 전담기관 운영	269,312	행복나눔과	5	1	7	8	7	1	1	4
4582	강원 홍천군	독거노인 응급안전안심서비스 사업	80,402	행복나눔과	5	1	5	2	1	1	3	1
4583	강원 홍천군	노인맞춤돌봄서비스사업	84,060	행복나눔과	5	1	5	2	1	1	3	1
4584	강원 홍천군	혹서기혹한기 독거노인 효도합숙 지원	5,397	행복나눔과	5	4	7	8	7	1	1	4
4585	강원 홍천군	양로시설 운영지원	639,455	행복나눔과	5	2	7	8	7	1	1	4
4586	강원 홍천군	장애인이동목욕지원	67,084	행복나눔과	5	4	6	1	1	1	1	1
4587	강원 홍천군	장애인거주시설 전담인력 지원	68,208	행복나눔과	5	1	7	1	7	1	1	4
4588	강원 홍천군	장애인거주시설 운영비 지원	3,217,268	행복나눔과	5	1	7	1	7	1	1	4
4589	강원 홍천군	장애인직업재활시설운영 지원	766,615	행복나눔과	5	4	1	3	1	5	1	1
4590	강원 홍천군	장애인종합상담실 운영지원	80,665	행복나눔과	5	4	1	3	1	5	1	1
4591	강원 홍천군	시각장애인자립지원센터 운영	40,437	행복나눔과	5	4	1	3	1	5	1	1
4592	강원 홍천군	장애인지역사회 재활시설 운영	478,726	행복나눔과	5	4	1	3	1	5	1	1
4593	강원 홍천군	지적장애인자립지원센터 운영	101,284	행복나눔과	5	4	1	3	1	5	1	1
4594	강원 홍천군	장애인편의시설지원센터 운영지원	40,000	행복나눔과	5	5	7	8	7	1	1	4
4595	강원 홍천군	사회복지기관(장애인)종사자 처우개선	12,600	행복나눔과	5	4	1	3	1	5	1	1
4596	강원 홍천군	여성권익증진시설 종사자 처우개선	15,704	행복나눔과	5	1	7	8	7	5	1	4
4597	강원 홍천군	가정폭력 상담소 운영지원	126,382	행복나눔과	5	1	5	8	7	5	1	4
4598	강원 홍천군	보육교직원 인건비 지원	2,316,288	행복나눔과	5	1	7	8	7	5	1	4
4599	강원 홍천군	보육교직원 처우개선 지원	653,780	행복나눔과	5	1	7	8	7	5	1	4
4600	강원 홍천군	보육교직원 처우개선지원	26,764	행복나눔과	5	1	7	8	7	5	1	4
4601	강원 홍천군	어린이집 지원	28,800	행복나눔과	5	1	7	8	7	5	1	4
4602	강원 홍천군	어린이집 지원	120,800	행복나눔과	5	1	7	8	7	5	1	4
4603	강원 홍천군	어린이집 지원	15,000	행복나눔과	5	1	7	8	7	5	1	4
4604	강원 홍천군	공공형어린이집 운영비	512,060	행복나눔과	5	1	7	8	7	5	1	4
4605	강원 홍천군	시간제보육서비스 제공지원	37,280	행복나눔과	5	1	7	8	7	5	1	4
4606	강원 홍천군	어린이집 품질 향상 지원	10,100	행복나눔과	5	1	7	8	7	5	1	4
4607	강원 홍천군	어린이집 품질 향상 지원	32,000	행복나눔과	5	1	7	8	7	5	1	4
4608	강원 홍천군	어린이집 품질 향상 지원	57,600	행복나눔과	5	1	7	8	7	5	1	4
4609	강원 홍천군	어린이집 보조인력 일자리 지원	252,000	행복나눔과	5	1	7	8	7	5	1	4
4610	강원 홍천군	어린이집 조리원, 운전기사 등 인건비 지원	200,400	행복나눔과	5	1	7	8	7	5	1	4
4611	강원 홍천군	아동양육시설 운영	563,647	행복나눔과	5	1	7	8	7	1	1	4
4612	강원 홍천군	아동복지시설 기능보강	13,200	행복나눔과	5	1	4	7	7	5	1	4
4613	강원 홍천군	지역아동센터 운영	298,800	행복나눔과	5	1	7	8	7	5	1	4
4614	강원 홍천군	지역아동센터 특성별 지원	20,193	행복나눔과	5	1	7	8	7	5	1	4
4615	강원 홍천군	지역아동센터 운영지원	78,228	행복나눔과	5	1	7	8	7	5	1	4
4616	강원 홍천군	지역아동센터 인건비 부족분 지원	20,000	행복나눔과	5	1	7	8	7	5	1	4
4617	강원 횡성군	사회복지협의회 운영	131,696	행복나눔복지과	5	6	7	8	7	5	1	2
4618	강원 횡성군	지역사회보장협의체 운영지원	35,000	행복나눔복지과	5	1	7	8	7	1	1	1
4619	강원 횡성군	지역사회보장협의체 운영지원	20,548	행복나눔복지과	5	1	7	8	7	1	1	1
4620	강원 횡성군	지역자활센터 운영지원	332,946	행복나눔복지과	5	2	7	8	7	1	1	2
4621	강원 횡성군	시각장애인 자립지원센터 운영	40,437	행복나눔복지과	5	6	7	8	7	5	1	4
4622	강원 횡성군	장애인 지역사회재활시설 지원	680,000	행복나눔복지과	5	1	7	5	7	5	1	3
4623	강원 횡성군	장애인거주시설 전담인력 인건비	17,052	행복나눔복지과	5	2	7	1	7	5	1	4

순번	시군구	지출명 (사업명)	2021년예산 (단위:천원/1년간)	담당자 (공무원) 담당부서	민간이전 분류 (지방자치단체 세출예산 집행기준에 의거) 1. 민간경상사업보조(307-02) 2. 민간단체 법정운영비보조(307-03) 3. 민간행사사업보조(307-04) 4. 민간위탁금(307-05) 5. 사회복지시설 법정운영비보조(307-10) 6. 민간인위탁교육비(307-12) 7. 공기관등에대한경상적위탁사업비(308-10) 8. 민간자본사업보조,자체재원(402-01) 9. 민간자본사업보조,이전재원(402-02) 10. 민간위탁사업비(402-03) 11. 공기관등에 대한 자본적 대행사업비(403-02)	민간이전지출 근거 (지방보조금 관리기준 참고) 1. 법률에 규정 2. 국고보조 재원(국가지정) 3. 용도 지정 기부금 4. 조례에 직접규정 5. 지자체가 권장하는 사업을 하는 공공기관 6. 시,도 정책 및 재정사정 7. 기타 8. 해당없음	입찰방식 계약체결방법 (경쟁형태) 1. 일반경쟁 2. 제한경쟁 3. 지명경쟁 4. 수의계약 5. 법정위탁 6. 기타 ( ) 7. 해당없음	입찰방식 계약기간 1. 1년 2. 2년 3. 3년 4. 4년 5. 5년 6. 기타 ( )년 7. 단기계약 (1년미만) 8. 해당없음	입찰방식 낙찰자선정방법 1. 적격심사 2. 협상에의한계약 3. 최저가낙찰제 4. 규격가격분리 5. 2단계 경쟁입찰 6. 기타 ( ) 7. 해당없음	운영예산 산정 운영예산 산정 1. 내부산정 (지자체 자체적으로 산정) 2. 외부산정 (외부전문기관위탁 산정) 3. 내·외부 모두 산정 4. 산정 無 5. 해당없음	운영예산 산정 정산방법 1. 내부정산 (지자체 내부적으로 정산) 2. 외부정산 (외부전문기관위탁 정산) 3. 내·외부 모두 산정 4. 정산 無 5. 해당없음	성과평가 실시여부 1. 실시 2. 미실시 3. 향후 추진 4. 해당없음
4624	강원 횡성군	시니어클럽 운영지원	250,000	행복나눔복지과	5	1	7	8	7	1	1	1
4625	강원 횡성군	요보호아동 그룹홈 운영	11,190	교육복지과	5	4	7	8	7	5	1	1
4626	강원 횡성군	요보호아동 그룹홈 운영	288,049	교육복지과	5	2	7	8	7	5	1	2
4627	강원 횡성군	가정폭력상담소 운영지원	126,382	교육복지과	5	2	7	8	7	5	1	2
4628	강원 횡성군	여성권익증진시설 운영 지원	75,179	교육복지과	5	6	7	8	7	5	1	2
4629	강원 횡성군	공공형어린이집 운영비 지원	142,860	교육복지과	5	2	7	8	7	5	1	4
4630	강원 횡성군	지역아동센터 운영비 지원	308,280	교육복지과	5	2	7	8	7	5	1	2
4631	강원 횡성군	지역아동센터 지원사업	52,800	교육복지과	5	6	7	8	7	5	1	2
4632	강원 횡성군	특성별지역아동센터 추가지원	3,648,000	교육복지과	5	2	7	8	7	5	1	2
4633	강원 영월군	여성권익증진시설 종사자 처우개선	11,778	여성가족과	5	1	7	8	7	1	1	1
4634	강원 영월군	지역아동센터 추가 운영 지원	901,198	여성가족과	5	1	7	8	7	1	1	4
4635	강원 영월군	지역아동센터 추가 운영 지원	282,400	여성가족과	5	6	7	8	7	1	1	4
4636	강원 영월군	지역아동센터 운영비 지원	1,037,280	여성가족과	5	2	7	8	7	1	1	4
4637	강원 영월군	지역아동센터 특성별 지원	88,321	여성가족과	5	2	7	8	7	1	1	4
4638	강원 영월군	다함께돌봄센터 인건비 지원	26,520	여성가족과	5	2	7	8	7	5	5	4
4639	강원 영월군	다함께돌봄센터 운영비 지원	1,800,000	여성가족과	5	2	7	8	7	5	5	4
4640	강원 영월군	요보호아동 그룹 홈 보호	356,652	여성가족과	5	2	7	8	7	1	1	4
4641	강원 영월군	요보호아동 그룹 홈 보호	55,970	여성가족과	5	6	7	8	7	1	1	4
4642	강원 영월군	요보호아동 그룹 홈 보호	88,639	여성가족과	5	1	7	8	7	1	1	4
4643	강원 영월군	청소년수련시설 운영지원	46,416	여성가족과	5	1	5	5	7	5	1	4
4644	강원 영월군	청소년수련시설 운영지원	23,165	여성가족과	5	1	5	5	7	5	1	4
4645	강원 영월군	공공청소년수련시설 프로그램 운영지원	2,000,000	여성가족과	5	1	5	5	7	5	1	1
4646	강원 영월군	영월군자원봉사센터 운영비 지원	226,890	자치행정교육과	5	4	7	8	7	1	1	1
4647	강원 평창군	사회복지시설 종사자 복지수당	61,200	복지정책과	5	6	7	8	7	5	5	3
4648	강원 평창군	사회복지시설 종사자 복지수당	10,440	복지정책과	5	6	7	8	7	5	5	3
4649	강원 평창군	사회복지기관 종사자 처우개선수당	5,400	복지정책과	5	1	7	8	7	5	5	3
4650	강원 평창군	사회복지기관 종사자 처우개선수당	7,200	복지정책과	5	6	7	8	7	5	5	3
4651	강원 평창군	장애인 거주시설 운영지원	1,216,801	복지정책과	5	2	7	8	7	5	5	3
4652	강원 평창군	장애인 거주시설관리 전담인력지원	24,360	복지정책과	5	4	7	8	7	5	5	3
4653	강원 평창군	장애인 거주시설 공기청정기 지원	3,000,000	복지정책과	5	2	7	8	7	5	5	3
4654	강원 평창군	장애인 직업재활시설 개보수사업	27,500	복지정책과	5	2	7	8	7	5	5	4
4655	강원 평창군	장애인 직업재활시설 방역장비구입 지원	4,000,000	복지정책과	5	2	7	8	7	5	5	4
4656	강원 평창군	시각장애인 자립지원센터 운영지원	49,790	복지정책과	5	6	7	8	7	5	5	3
4657	강원 평창군	장애인 종합상담실 운영지원	90,600	복지정책과	5	6	7	8	7	5	5	3
4658	강원 평창군	지체장애인 편의시설 지원센터 운영지원	60,000	복지정책과	5	6	7	8	7	5	5	3
4659	강원 평창군	장애인 이용시설 기능보강사업	40,000	복지정책과	5	6	7	8	7	5	5	4
4660	강원 평창군	수어통역센터 운영지원	183,000	복지정책과	5	4	7	8	7	5	5	3
4661	강원 평창군	장애인 생활이동지원센터 운영지원	225,300	복지정책과	5	4	7	8	7	5	5	3
4662	강원 평창군	장애인 직업재활시설 곰두리광고 운영지원	196,300	복지정책과	5	4	7	8	7	5	5	3
4663	강원 평창군	시각장애인 자립지원센터 운영지원	3,600,000	복지정책과	5	4	7	8	7	5	5	3
4664	강원 평창군	장애인복지센터 운영지원	71,600	복지정책과	5	4	7	8	7	5	5	3
4665	강원 평창군	지역자활센터 운영지원	227,065	복지정책과	5	2	5	1	7	1	1	4
4666	강원 평창군	사회복지협의회 운영지원	140,100	복지정책과	5	4	7	8	7	5	5	4

순번	시군구	지출명 (사업명)	2021년예산 (단위:천원/1년간)	담당자 (공무원)	민간이전 분류 (지방자치단체 세출예산 집행기준에 의거)	민간이전지출 근거 (지방보조금 관리기준 참고)	입찰방식			운영예산 산정		성과평가 실시여부
				담당부서	1. 민간경상사업보조(307-02) 2. 민간단체 법정운영비보조(307-03) 3. 민간행사사업보조(307-04) 4. 민간위탁금(307-05) 5. 사회복지시설 법정운영비보조(307-10) 6. 민간인위탁교육비(307-12) 7. 공기관등에대한경상적위탁사업비(308-10) 8. 민간자본사업보조,자체재원(402-01) 9. 민간자본사업보조,이전재원(402-02) 10. 민간위탁사업비(402-03) 11. 공기관등에 대한 자본적 대행사업비(403-02)	1. 법률에 규정 2. 국고보조 재원(국가지정) 3. 용도 지정 기부금 4. 조례에 직접규정 5. 지자체가 권장하는 사업을 하는 공공기관 6. 시,도 정책 및 재정사정 7. 기타 8. 해당없음	계약체결방법 (경쟁형태) 1. 일반경쟁 2. 제한경쟁 3. 지명경쟁 4. 수의계약 5. 법정위탁 6. 기타 ( ) 7. 해당없음	계약기간 1. 1년 2. 2년 3. 3년 4. 4년 5. 5년 6. 기타 ( )년 7. 단기계약 (1년미만) 8. 해당없음	낙찰자선정방법 1. 적격심사 2. 협상에의한계약 3. 최저가낙찰제 4. 규격가격분리 5. 2단계 경쟁입찰 6. 기타 ( ) 7. 해당없음	운영예산 산정 1. 내부산정 (지자체 자체적으로 산정) 2. 외부산정 (외부전문기관위탁 산정) 3. 내·외부 모두 산정 4. 산정 無 5. 해당없음	정산방법 1. 내부정산 (지자체 내부적으로 정산) 2. 외부정산 (외부전문기관위탁 정산) 3. 내·외부 모두 산정 4. 정산 無 5. 해당없음	1. 실시 2. 미실시 3. 향후 추진 4. 해당없음
4667	강원 평창군	경로당 운영지원	99,300	가족복지과	5	2	7	8	7	5	5	3
4668	강원 평창군	경로당 운영비 지원	255,615	가족복지과	5	2	7	8	7	5	5	4
4669	강원 평창군	경로당 냉방비 지원	36,200	가족복지과	5	2	7	8	7	5	5	4
4670	강원 평창군	경로당 난방비 지원	289,600	가족복지과	5	2	7	8	7	5	5	4
4671	강원 평창군	시니어클럽 운영지원	294,000	가족복지과	5	1	7	8	7	5	5	3
4672	강원 평창군	재가노인 지원 서비스	150,000	가족복지과	5	5	7	8	7	5	5	3
4673	강원 평창군	건강가정 및 다문화가족 지원센터 운영지원	256,300	가족복지과	5	2	7	8	7	5	5	4
4674	강원 평창군	다문화가족 교류소통공간 운영지원	41,400	가족복지과	5	2	7	8	7	5	5	4
4675	강원 평창군	공동육아나눔터 운영	53,828	가족복지과	5	2	7	8	7	5	5	4
4676	강원 평창군	어린이집 교직원 인건비 지원	2,462,396	가족복지과	5	2	7	8	7	5	5	4
4677	강원 평창군	보조교사 및 연장보육 교사 인건비 지원	297,172	가족복지과	5	2	7	8	7	5	5	4
4678	강원 평창군	대체교사 인건비 지원	27,588	가족복지과	5	2	7	8	7	5	5	4
4679	강원 평창군	교재교구비 지원	6,800	가족복지과	5	2	7	8	7	5	5	4
4680	강원 평창군	차량운영비 지원	167,800	가족복지과	5	2	7	8	7	5	5	4
4681	강원 평창군	농어촌소재 법인어린이집 지원	8,200	가족복지과	5	2	7	8	7	5	5	4
4682	강원 평창군	어린이집 냉난방비 지원	11,800	가족복지과	5	2	7	8	7	5	5	4
4683	강원 평창군	어린이집 교재교구비 지원	8,900	가족복지과	5	2	7	8	7	5	5	4
4684	강원 평창군	어린이집 간식비 지원	70,000	가족복지과	5	2	7	8	7	5	5	4
4685	강원 평창군	어린이집 입학준비금 지원	1,785,000	가족복지과	5	2	7	8	7	5	5	4
4686	강원 평창군	누리과정 운영지원	167,857	가족복지과	5	2	7	8	7	5	5	4
4687	강원 평창군	어린이집 보조인력 일자리 지원	96,000	가족복지과	5	2	7	8	7	5	5	4
4688	강원 평창군	시간제보육서비스 인건비 지원	25,000	가족복지과	5	2	7	8	7	5	5	4
4689	강원 평창군	시간제보육서비스 운영비 지원	3,840,000	가족복지과	5	2	7	8	7	5	5	4
4690	강원 평창군	사회복지시설 종사자 복지수당	244,800	가족복지과	5	2	7	8	7	5	5	4
4691	강원 평창군	사회복지시설 종사자 복지수당	19,080	가족복지과	5	8	7	8	7	5	5	4
4692	강원 평창군	사회복지기관 종사자 처우개선 수당	3,600,000	가족복지과	5	2	7	8	7	5	5	4
4693	강원 평창군	다함께돌봄사업 운영 지원	3,600,000	가족복지과	5	2	7	8	7	5	5	4
4694	강원 평창군	다함께돌봄센터 인건비 지원	53,040	가족복지과	5	2	7	8	7	5	5	4
4695	강원 평창군	지역아동센터 운영지원	218,520	가족복지과	5	1	7	8	7	5	5	4
4696	강원 평창군	지역아동센터 공기청정기 지원	2,400,000	가족복지과	5	1	7	8	7	5	5	4
4697	강원 평창군	지역아동센터 등하원 안심알림서비스 지원	1,080,000	가족복지과	5	1	7	8	7	5	5	4
4698	강원 평창군	지역아동센터 토요일 운영지원	3,648,000	가족복지과	5	1	7	8	7	5	5	4
4699	강원 평창군	지역아동센터 추가운영비 지원	39,000	가족복지과	5	1	7	8	7	5	5	4
4700	강원 평창군	지역아동센터 급식도우미 지원	29,250	가족복지과	5	1	7	8	7	5	5	4
4701	강원 평창군	지역아동센터 인건비 지원	38,431	가족복지과	5	1	7	8	7	5	5	4
4702	강원 평창군	지역사회건강조사 위탁금	66,538	보건사업과	5	2	5	5	6	3	3	1
4703	강원 정선군	지역아동센터 운영비 지원	897,000	여성청소년과	5	2	6	8	7	2	3	3
4704	강원 정선군	지역아동센터 특수목적형 지원	6,450	여성청소년과	5	2	6	8	7	2	3	3
4705	강원 정선군	지역아동센터 추가운영비 지원	340,200	여성청소년과	5	2	6	8	7	2	3	4
4706	강원 정선군	지역아동센터 토요운영 지원	364,800	여성청소년과	5	2	6	8	7	2	3	4
4707	강원 정선군	요보호아동 그룹홈 운영비 지원	89,163	여성청소년과	5	2	6	8	7	2	3	4
4708	강원 정선군	다함께돌봄센터 인건비 및 운영비	56,640	여성청소년과	5	2	7	8	7	5	1	4
4709	강원 정선군	누리과정 보육료 지원	848,309	여성청소년과	5	6	7	8	7	3	1	3

순번	시군구	지출명 (사업명)	2021년예산 (단위:천원/1년간)	담당자 (공무원) 담당부서	민간이전 분류 (지방자치단체 세출예산 집행기준에 의거) 1. 민간경상사업보조(307-02) 2. 민간단체 법정운영비보조(307-03) 3. 민간행사사업보조(307-04) 4. 민간위탁금(307-05) 5. 사회복지시설 법정운영비보조(307-10) 6. 민간인위탁교육비(307-12) 7. 공기관등에대한경상적위탁사업비(308-10) 8. 민간자본사업보조,자체재원(402-01) 9. 민간자본사업보조,이전재원(402-02) 10. 민간위탁사업비(402-03) 11. 공기관등에 대한 자본적 대행사업비(403-02)	민간이전지출 근거 (지방보조금 관리기준 참고) 1. 법률에 규정 2. 국고보조 재원(국가지정) 3. 용도 지정 기부금 4. 조례에 직접규정 5. 지자체가 권장하는 사업을 하는 공공기관 6. 시,도 정책 및 재정사정 7. 기타 8. 해당없음	입찰방식 계약체결방법 (경쟁형태) 1. 일반경쟁 2. 제한경쟁 3. 지명경쟁 4. 수의계약 5. 법정위탁 6. 기타 ( ) 7. 해당없음	입찰방식 계약기간 1. 1년 2. 2년 3. 3년 4. 4년 5. 5년 6. 기타 ( )년 7. 단기계약 (1년미만) 8. 해당없음	입찰방식 낙찰자선정방법 1. 적격심사 2. 협상에의한계약 3. 최저가낙찰제 4. 규격가격분리 5. 2단계 경쟁입찰 6. 기타 ( ) 7. 해당없음	운영예산 산정 운영예산 산정 1. 내부산정 (지자체 자체적으로 산정) 2. 외부산정 (외부전문기관위탁 산정) 3. 내·외부 모두 산정 4. 산정 無 5. 해당없음	운영예산 산정 정산방법 1. 내부정산 (지자체 내부적으로 정산) 2. 외부정산 (외부전문기관위탁 정산) 3. 내·외부 모두 산정 4. 정산 無 5. 해당없음	성과평가 실시여부 1. 실시 2. 미실시 3. 향후 추진 4. 해당없음
4710	강원 정선군	저소득층아동 입학준비금 지원	7,350	여성청소년과	5	6	7	8	7	3	1	3
4711	강원 정선군	어린이집 사무원 인건비 지원	307,200	여성청소년과	5	6	7	8	7	3	1	3
4712	강원 정선군	국공립법인어린이집 인건비 지원	2,400,716	여성청소년과	5	2	7	8	7	3	1	3
4713	강원 정선군	영아전담어린이집 인건비 지원	200,420	여성청소년과	5	2	7	8	7	3	1	3
4714	강원 정선군	시간연장형교사 인건비 지원	47,108	여성청소년과	5	2	7	8	7	3	1	3
4715	강원 정선군	장애아통합교사 지원	7,476	여성청소년과	5	2	7	8	7	3	1	3
4716	강원 정선군	보조교사 및 연장반교사 인건비 지원	237,740	여성청소년과	5	2	7	8	7	3	1	3
4717	강원 정선군	대체교사 인건비 지원	27,588	여성청소년과	5	2	7	8	7	3	1	3
4718	강원 정선군	어린이집 보조인력 일자리지원	78,000	여성청소년과	5	6	7	8	7	3	1	3
4719	강원 정선군	어린이집 냉난방비 지원	6,000	여성청소년과	5	6	7	8	7	3	1	3
4720	강원 정선군	어린이집 교재교구비 지원	11,200	여성청소년과	5	6	7	8	7	3	1	3
4721	강원 정선군	교재교구비	6,000	여성청소년과	5	2	7	8	7	3	1	3
4722	강원 정선군	차량운영비	41,400	여성청소년과	5	2	7	8	7	3	1	3
4723	강원 정선군	농어촌소재법인어린이집 지원	21,800	여성청소년과	5	2	7	8	7	3	1	3
4724	강원 정선군	누리반 특별활동비 지원	105,200	여성청소년과	5	6	7	8	7	3	1	3
4725	강원 정선군	어린이집 급간식비 지원	61,800	여성청소년과	5	6	7	8	7	3	1	3
4726	강원 정선군	시간제보육서비스 제공 기관 운영	45,880	여성청소년과	5	2	7	8	7	3	1	3
4727	강원 정선군	다문화가족 지원센터 운영	431,380	여성청소년과	5	2	1	3	7	5	1	4
4728	강원 정선군	공동육아나눔터 운영	107,656	여성청소년과	5	2	7	3	7	5	1	3
4729	강원 정선군	성폭력상담소 운영지원	123,816	여성청소년과	5	2	7	8	7	5	1	4
4730	강원 정선군	여성권익증진시설 종사자 처우개선	15,704	여성청소년과	5	6	7	8	7	5	1	4
4731	강원 정선군	지역자활센터 운영	332,946	복지과	5	2	7	8	7	1	1	4
4732	강원 정선군	읍면 지역사회 보장협의체 운영지원	23,400	복지과	5	1	7	8	7	1	1	3
4733	강원 정선군	정선군지역사회보장협의체 운영지원	55,362	복지과	5	1	7	8	7	1	1	3
4734	강원 정선군	사회복지협의회 운영	128,000	복지과	5	1	7	8	7	1	1	3
4735	강원 정선군	기초 푸드뱅크 운영사업	13,000	복지과	5	2	7	8	7	1	1	3
4736	강원 정선군	장애인 종합 상담실 운영	85,665	복지과	5	6	7	8	7	5	1	3
4737	강원 정선군	장애인단체 총 연합회 운영비	33,487	복지과	5	6	7	8	7	1	1	3
4738	강원 정선군	시각장애인 자립지원센터	46,937	복지과	5	6	7	8	7	5	1	3
4739	강원 정선군	장애인거주시설 운영 지원	1,430,891	복지과	5	2	7	8	7	5	1	3
4740	강원 정선군	장애인거주시설 전담인력지원	35,000	복지과	5	6	7	8	7	5	1	4
4741	강원 정선군	장애인생활이동지원센터 운영	151,958	복지과	5	2	7	8	7	5	1	3
4742	강원 정선군	수어통역센터 운영	193,431	복지과	5	2	7	8	7	5	1	3
4743	강원 정선군	지적장애인 자립지원센터 운영비	46,822	복지과	5	6	7	8	7	1	1	3
4744	강원 정선군	장애인 거주시설 공기청정기 렌탈료 지원	3,480,000	복지과	5	2	7	8	7	5	1	3
4745	강원 정선군	장애인편의증진기술지원센터 지원	43,600	복지과	5	6	7	8	7	1	1	3
4746	강원 정선군	시니어클럽 운영비	272,997	복지과	5	1	7	8	7	1	1	3
4747	강원 정선군	정선노인지회 운영 지원	72,414	복지과	5	1	7	8	7	1	1	3
4748	강원 정선군	정선노인지회 찾아가는 노인복지사업 운영	5,400	복지과	5	1	7	8	7	1	1	3
4749	강원 정선군	노인대학운영 프로그램비 지원	37,800	복지과	5	1	7	8	7	1	1	3
4750	강원 정선군	노인취업지원센터 운영	2,400,000	복지과	5	2	7	8	7	2	3	3
4751	강원 정선군	일복터진 친환경 어르신일자리 사업운영 지원	100,000	복지과	5	1	7	8	7	1	1	3
4752	강원 정선군	경로당 운영비 지원	228,195	복지과	5	1	7	8	7	5	5	4

순번	시군구	지출명 (사업명)	2021년예산 (단위:천원/1년간)	담당자 (공무원) 담당부서	민간이전 분류 (지방자치단체 세출예산 집행기준에 의거) 1. 민간경상사업보조(307-02) 2. 민간단체 법정운영비보조(307-03) 3. 민간행사사업보조(307-04) 4. 민간위탁금(307-05) 5. 사회복지시설 법정운영비보조(307-10) 6. 민간인위탁교육비(307-12) 7. 공기관등에대한경상적위탁사업비(308-10) 8. 민간자본사업보조,자체재원(402-01) 9. 민간자본사업보조,이전재원(402-02) 10. 민간위탁사업비(402-03) 11. 공기관등에 대한 자본적 대행사업비(403-02)	민간이전지출 근거 (지방보조금 관리기준 참고) 1. 법률에 규정 2. 국고보조 재원(국가지정) 3. 용도 지정 기부금 4. 조례에 직접규정 5. 지자체가 권장하는 사업을 하는 공공기관 6. 시,도 정책 및 재정사정 7. 기타 8. 해당없음	입찰방식 계약체결방법 (경쟁형태) 1. 일반경쟁 2. 제한경쟁 3. 지명경쟁 4. 수의계약 5. 법정위탁 6. 기타 ( ) 7. 해당없음	입찰방식 계약기간 1. 1년 2. 2년 3. 3년 4. 4년 5. 5년 6. 기타 ( )년 7. 단기계약 (1년미만) 8. 해당없음	입찰방식 낙찰자선정방법 1. 적격심사 2. 협상에의한계약 3. 최저가낙찰제 4. 규격가격분리 5. 2단계 경쟁입찰 6. 기타 ( ) 7. 해당없음	운영예산 산정 운영예산 산정 1. 내부산정 (지자체 자체적으로 산정) 2. 외부산정 (외부전문기관위탁 산정) 3. 내·외부 모두 산정 4. 산정 無 5. 해당없음	운영예산 산정 정산방법 1. 내부정산 (지자체 내부적으로 정산) 2. 외부정산 (외부전문기관위탁 정산) 3. 내·외부 모두 산정 4. 정산 無 5. 해당없음	성과평가 실시여부 1. 실시 2. 미실시 3. 향후 추진 4. 해당없음
4753	강원 정선군	경로당 냉난방비	286,200	복지과	5	1	7	8	7	5	5	4
4754	강원 정선군	재가노인복지시설 운영비 지원	311,668	복지과	5	1	7	8	7	2	3	4
4755	강원 정선군	개인운영신고시설 운영 지원	4,200,000	복지과	5	6	7	8	7	1	1	4
4756	강원 철원군	철원군장애인연합회운영지원	39,000	주민생활지원과	5	1	7	8	7	1	1	1
4757	강원 철원군	장애인생활이동지원센터 운영지원	141,500	주민생활지원과	5	1	7	8	7	1	1	1
4758	강원 철원군	수어통역센터운영지원	152,226	주민생활지원과	5	1	7	8	7	1	1	1
4759	강원 철원군	장애인 무료순환버스 운영지원	46,500	주민생활지원과	5	1	7	8	7	1	1	1
4760	강원 철원군	장애인종합상담실 운영	90,000	주민생활지원과	5	1	7	8	7	1	1	1
4761	강원 철원군	시각장애인 자립지원센터	33,100	주민생활지원과	5	1	7	8	7	1	1	1
4762	강원 철원군	철원군 장애인 편의시설지원센터 운영지원	35,800	주민생활지원과	5	1	7	8	7	1	1	1
4763	강원 철원군	강원도장애인복지관철원분관지원	3,000,000	주민생활지원과	5	1	7	8	7	1	1	1
4764	강원 철원군	장애인공동생활가정 대체인력 지원	3,696,000	주민생활지원과	5	1	7	8	7	1	1	1
4765	강원 철원군	장애인복지시설 종사자 복지수당	14,400	주민생활지원과	5	1	7	8	7	1	1	1
4766	강원 철원군	장애인복지시설 종사자 처우개선 지원	10,800	주민생활지원과	5	1	7	8	7	1	1	1
4767	강원 철원군	개인운영신고시설 지원	4,200,000	주민생활지원과	5	1	7	8	7	1	1	1
4768	강원 철원군	지역자활센터 운영비 지원	247,065	주민생활지원과	5	2	7	8	7	1	1	1
4769	강원 철원군	자활사업 실시기관 운영지원	6,000	주민생활지원과	5	6	7	8	7	1	1	1
4770	강원 철원군	지역사회보장협의체 운영지원	55,000	주민생활지원과	5	1	7	8	7	1	1	1
4771	강원 철원군	사회복지협의회 운영지원	104,000	주민생활지원과	5	1	7	8	7	1	1	1
4772	강원 철원군	사회복지시설 종사자 처우개선지원	5,040	주민생활지원과	5	1	7	8	7	1	1	1
4773	강원 철원군	100세 시대 어르시 일자리사업	2,400,000	주민생활지원과	5	1	7	8	7	1	1	1
4774	강원 철원군	경로당 운영비 지원	518,040	주민생활지원과	5	1	7	8	7	1	1	1
4775	강원 철원군	경로당 프로그램 운영비 지원	100,820	주민생활지원과	5	1	7	8	7	1	1	1
4776	강원 철원군	경로당 난방비 지원	187,500	주민생활지원과	5	1	7	8	7	1	1	1
4777	강원 철원군	경로당 냉방비	25,000	주민생활지원과	5	1	7	8	7	1	1	1
4778	강원 철원군	경로당 난방비	200,000	주민생활지원과	5	1	7	8	7	1	1	1
4779	강원 철원군	노인복지대학 운영비	7,896	주민생활지원과	5	4	7	8	7	1	1	1
4780	강원 철원군	노인복지시설 종사자 복지수당	167,760	주민생활지원과	5	6	7	8	7	1	1	1
4781	강원 철원군	가정폭력상담소 운영	126,382	주민생활지원과	5	2	7	8	7	1	1	1
4782	강원 철원군	여성긴급피난처 운영비 지원	11,600	주민생활지원과	5	2	7	8	7	1	1	1
4783	강원 철원군	여성복지시설 종사자 복지수당	25,920	주민생활지원과	5	6	7	8	7	1	1	1
4784	강원 철원군	여성권익증진시설 운영지원	13,580	주민생활지원과	5	2	7	8	7	1	1	1
4785	강원 철원군	여성폭력피해 위기가정 긴급지원	2,400,000	주민생활지원과	5	2	7	8	7	1	1	1
4786	강원 철원군	건강가정・다문화가족 지원센터 운영	298,140	주민생활지원과	5	2	7	8	7	1	1	1
4787	강원 철원군	방문교육지도사 처우개선 지원	6,144	주민생활지원과	5	6	7	8	7	1	1	1
4788	강원 철원군	방문교육지도사 원거리교통비 지원	2,400,000	주민생활지원과	5	7	7	8	7	1	1	1
4789	강원 철원군	시간제보육서비스 제공지원	254,540	주민생활지원과	5	2	7	8	7	1	1	1
4790	강원 철원군	보육교직원 인건비 지원	1,480,664	주민생활지원과	5	2	7	8	7	1	1	1
4791	강원 철원군	공공형어린이집 지원	501,800	주민생활지원과	5	2	7	8	7	1	1	1
4792	강원 철원군	어린이집 냉난방비 지원	11,000	주민생활지원과	5	2	7	8	7	1	1	1
4793	강원 철원군	정부지원시설 어린이집 교재교구비 지원	5,300	주민생활지원과	5	2	7	8	7	1	1	1
4794	강원 철원군	공공형어린이집 취사부 인건비 지원	33,600	주민생활지원과	5	2	7	8	7	1	1	1
4795	강원 철원군	보조교사(연장보육 전담교사) 지원	644,348	주민생활지원과	5	2	7	8	7	1	1	1

순번	시군구	지출명 (사업명)	2021년예산 (단위:천원/1년간)	담당자 (공무원)	민간이전 분류 (지방자치단체 세출예산 집행기준에 의거)	민간이전지출 근거 (지방보조금 관리기준 참고)	입찰방식			운영예산 산정		성과평가 실시여부
				담당부서	1. 민간경상사업보조(307-02) 2. 민간단체 법정운영비보조(307-03) 3. 민간행사사업보조(307-04) 4. 민간위탁금(307-05) 5. 사회복지시설 법정운영비보조(307-10) 6. 민간인위탁교육비(307-12) 7. 공기관등에대한경상적위탁사업비(308-10) 8. 민간자본사업보조,자체재원(402-01) 9. 민간자본사업보조,이전재원(402-02) 10. 민간위탁사업비(402-03) 11. 공기관등에 대한 자본적 대행사업비(403-02)	1. 법률에 규정 2. 국고보조 재원(국가지정) 3. 용도 지정 기부금 4. 조례에 직접규정 5. 지자체가 권장하는 사업을 하는 공공기관 6. 시,도 정책 및 재정사정 7. 기타 8. 해당없음	계약체결방법 (경쟁형태) 1. 일반경쟁 2. 제한경쟁 3. 지명경쟁 4. 수의계약 5. 법정위탁 6. 기타 ( ) 7. 해당없음	계약기간 1. 1년 2. 2년 3. 3년 4. 4년 5. 5년 6. 기타 ( )년 7. 단기계약 (1년미만) 8. 해당없음	낙찰자선정방법 1. 적격심사 2. 협상에의한계약 3. 최저가낙찰제 4. 규격가격분리 5. 2단계 경쟁입찰 6. 기타 ( ) 7. 해당없음	운영예산 산정 1. 내부산정 (지자체 자체적으로 산정) 2. 외부산정 (외부전문기관위탁 산정) 3. 내·외부 모두 산정 4. 산정 無 5. 해당없음	정산방법 1. 내부정산 (지자체 내부적으로 정산) 2. 외부정산 (외부전문기관위탁 정산) 3. 내·외부 모두 산정 4. 정산 無 5. 해당없음	1. 실시 2. 미실시 3. 향후 추진 4. 해당없음
4796	강원 철원군	교재교구비 지원	15,200	주민생활지원과	5	2	7	8	7	1	1	1
4797	강원 철원군	차량운영비 지원	63,600	주민생활지원과	5	2	7	8	7	1	1	1
4798	강원 철원군	농어촌소재법인어린이집 지원	5,400	주민생활지원과	5	2	7	8	7	1	1	1
4799	강원 철원군	어린이집 보조인력 일자리 지원	144,000	주민생활지원과	5	2	7	8	7	1	1	1
4800	강원 철원군	지역아동센터 기본운영비 지원	249,720	주민생활지원과	5	2	7	8	7	1	1	1
4801	강원 철원군	지역아동센터 특수목적형 지원	12,897	주민생활지원과	5	2	7	8	7	1	1	1
4802	강원 철원군	지역아동센터 급식도우미 지원	27,000	주민생활지원과	5	4	7	8	7	1	1	1
4803	강원 철원군	지역아동센터 운영 부족분 지원	33,000	주민생활지원과	5	4	7	8	7	1	1	1
4804	강원 철원군	지역아동센터 인건비 부족분 지원	15,000	주민생활지원과	5	4	7	8	7	1	1	1
4805	강원 철원군	지역아동센터 및 자활센터 종사자 복지수당 지원	27,000	주민생활지원과	5	4	7	8	7	1	1	1
4806	강원 철원군	아이돌봄 지원사업	11,236,013	주민생활지원과	5	1	7	8	7	1	1	1
4807	강원 화천군	보육교직원인건비지급	1,945,408	주민복지과	5	2	7	8	7	1	1	4
4808	강원 화천군	보육교직원처우개선지원	852,676	주민복지과	5	2	7	8	7	1	1	4
4809	강원 화천군	보육교직원처우개선지원	147,260	주민복지과	5	2	7	8	7	1	1	4
4810	강원 화천군	공공형어린이집운영비	168,920	주민복지과	5	2	7	8	7	1	1	4
4811	강원 화천군	어린이집운영지원	74,800	주민복지과	5	2	7	8	7	1	1	4
4812	강원 화천군	어린이집품질향상지원	137,500	주민복지과	5	2	7	8	7	1	1	4
4813	강원 화천군	어린이집입학준비금지원	95,907	주민복지과	5	2	7	8	7	1	1	4
4814	강원 화천군	어린이집차량운영비지원	13,000	주민복지과	5	8	7	8	7	1	1	4
4815	강원 화천군	누리과정보육료지원	413,230	주민복지과	5	2	7	8	7	1	1	4
4816	강원 화천군	시간보육제서비스제공지원	36,060	주민복지과	5	2	7	8	7	1	1	4
4817	강원 화천군	아이돌봄지원사업	175,793	주민복지과	5	2	7	8	7	1	1	4
4818	강원 화천군	취약지역어린이집운영지원	36,000	주민복지과	5	8	7	8	7	1	1	4
4819	강원 화천군	시니어클럽 운영비지원	200,000	주민복지과	5	1	6	1	6	5	1	3
4820	강원 화천군	경로당 운영비 지원	169,950	주민복지과	5	1	7	8	7	1	1	4
4821	강원 화천군	어린이집보조인력일자리지원	102,000	주민복지과	5	2	7	8	7	1	1	4
4822	강원 화천군	장애인거주시설 공기청정기렌탈 지원	6,750	주민복지과	5	2	7	8	7	5	5	4
4823	강원 화천군	생활폐기물 선별장 운영 인건비	115,700	주민복지과	5	6	7	1	7	1	1	1
4824	강원 화천군	수어통역센터운영	161,500	주민복지과	5	1	7	8	7	3	1	1
4825	강원 화천군	장애인종합상담실운영	114,300	주민복지과	5	1	7	8	7	3	1	1
4826	강원 화천군	장애인연합회운영	51,000	주민복지과	5	1	7	8	7	3	1	1
4827	강원 화천군	장애인보호작업장	184,800	주민복지과	5	1	7	8	7	3	1	1
4828	강원 화천군	지역자활센터 운영	277,060	주민복지과	5	2	7	8	7	5	1	4
4829	강원 화천군	지역자활센터 공기청정기 렌탈	1,440,000	주민복지과	5	2	7	8	7	5	1	4
4830	강원 화천군	지역아동센터 운영지원	137,520	주민복지과	5	2	7	8	7	5	5	4
4831	강원 화천군	지역아동센터 운영지원	69,550	주민복지과	5	6	7	8	7	5	5	4
4832	강원 화천군	아동복지시설 운영	388,000	주민복지과	5	1	7	8	7	5	5	4
4833	강원 화천군	지역사회보장협의체 운영비	43,000	주민복지과	5	6	7	8	7	1	1	1
4834	강원 화천군	시군 사회복지협의회 운영지원	107,600	주민복지과	5	6	7	8	7	1	1	1
4835	강원 양구군	푸드뱅크 사업지원	84,000	사회복지과	5	7	7	8	7	1	1	4
4836	강원 양구군	지역자활센터운영	227,065	사회복지과	5	1	7	8	7	1	1	4
4837	강원 양구군	혹서기혹한기 독거노인 효도합숙지원	5,387	사회복지과	5	4	7	8	7	1	1	4
4838	강원 양구군	재가노인지원서비스사업 지원	168,000	사회복지과	5	1	7	8	7	1	1	4

순번	시군구	지출명 (사업명)	2021년예산 (단위:천원/1년간)	담당자 (공무원)	민간이전 분류 (지방자치단체 세출예산 집행기준에 의거)	민간이전지출 근거 (지방보조금 관리기준 참고)	입찰방식			운영예산 산정		성과평가 실시여부
				담당부서	1. 민간경상사업보조(307-02) 2. 민간단체 법정운영비보조(307-03) 3. 민간행사사업보조(307-04) 4. 민간위탁금(307-05) 5. 사회복지시설 법정운영비보조(307-10) 6. 민간인위탁교육비(307-12) 7. 공기관등에대한경상적위탁사업비(308-10) 8. 민간자본사업보조,자체재원(402-01) 9. 민간자본사업보조,이전재원(402-02) 10. 민간위탁사업비(402-03) 11. 공기관등에 대한 자본적 대행사업비(403-02)	1. 법률에 규정 2. 국고보조 재원(국가지정) 3. 용도 지정 기부금 4. 조례에 직접규정 5. 지자체가 권장하는 사업을 하는 공공기관 6. 시,도 정책 및 재정사정 7. 기타 8. 해당없음	계약체결방법 (경쟁형태) 1. 일반경쟁 2. 제한경쟁 3. 지명경쟁 4. 수의계약 5. 법정위탁 6. 기타 ( ) 7. 해당없음	계약기간 1. 1년 2. 2년 3. 3년 4. 4년 5. 5년 6. 기타 ( )년 7. 단기계약 (1년미만) 8. 해당없음	낙찰자선정방법 1. 적격심사 2. 협상에의한계약 3. 최저가낙찰제 4. 규격가격분리 5. 2단계 경쟁입찰 6. 기타 ( ) 7. 해당없음	운영예산 산정 1. 내부산정 (지자체 자체적으로 산정) 2. 외부산정 (외부전문기관위탁 산정) 3. 내·외부 모두 산정 4. 산정 無 5. 해당없음	정산방법 1. 내부정산 (지자체 내부적으로 정산) 2. 외부정산 (외부전문기관위탁 정산) 3. 내·외부 모두 산정 4. 정산 無 5. 해당없음	1. 실시 2. 미실시 3. 향후 추진 4. 해당없음
4839	강원 양구군	노인대학프로그램 운영비	8,400	사회복지과	5	4	7	8	7	1	1	4
4840	강원 양구군	노인회 운영비 지원	60,280	사회복지과	5	4	7	8	7	1	1	4
4841	강원 양구군	장애인생활이동지원센터 지원	128,000	사회복지과	5	1	7	8	7	1	1	4
4842	강원 양구군	시각장애인 자립지원센터 운영지원	40,437	사회복지과	5	1	7	8	7	1	1	1
4843	강원 양구군	장애인 민원봉사실 운영지원	92,738	사회복지과	5	1	7	8	7	1	1	1
4844	강원 양구군	장애인편의시설 지원센터 운영	40,000	사회복지과	5	1	7	8	7	1	1	1
4845	강원 양구군	지적발달장애인 자립지원센터 운영지원	70,020	사회복지과	5	1	7	8	7	1	1	1
4846	강원 양구군	지역아동센터 운영비 지원	69,600	사회복지과	5	2	7	8	7	1	1	4
4847	강원 양구군	지역아동센터 추가운영비 지원	11,400	사회복지과	5	2	7	8	7	1	1	4
4848	강원 양구군	요보호아동 그룹홈 운영지원	89,163	사회복지과	5	1	7	8	7	5	5	4
4849	강원 양구군	아동복지시설(그룹홈) 운영	13,770	사회복지과	5	1	7	8	7	5	5	4
4850	강원 양구군	아동복지시설(그룹홈) 운영	300,000	사회복지과	5	1	7	8	7	5	5	4
4851	강원 양구군	어린이집 운영비 보조	2,399,296	사회복지과	5	2	7	8	7	1	1	1
4852	강원 양구군	어린이집 보육교사 처우개선	54,880	사회복지과	5	6	7	8	7	1	5	4
4853	강원 양구군	어린이집 보조인력 일자리 지원	84,000	사회복지과	5	6	7	8	7	1	1	1
4854	강원 양구군	어린이집 냉난방비, 교재교구비	15,600	사회복지과	5	6	7	8	7	1	1	1
4855	강원 양구군	농어촌소재 법인어린이집 지원	62,200	사회복지과	5	2	7	8	7	1	1	4
4856	강원 양구군	보육료 부모부담금 지원	17,520	사회복지과	5	6	7	8	7	1	1	1
4857	강원 양구군	어린이집 입학준비금 지원	388,500	사회복지과	5	6	7	8	7	1	1	1
4858	강원 양구군	어린이집 보호자 교육실시	4,000,000	사회복지과	5	4	7	8	7	1	5	4
4859	강원 양구군	시간제보육서비스제공지원	45,880	사회복지과	5	6	7	8	7	1	1	1
4860	강원 인제군	자원봉사센터 운영지원	210,000	주민복지과	5	4	7	8	7	1	1	1
4861	강원 인제군	자활센터운영	267,065	주민복지과	5	2	5	8	7	5	1	1
4862	강원 인제군	시니어클럽 운영지원	294,000	주민복지과	5	1	7	8	7	1	1	1
4863	강원 인제군	다문화가족지원센터운영	345,660	주민복지과	5	2	7	8	7	2	2	1
4864	강원 고성군	사회복지협의회 운영지원	12,377	주민복지실	5	1	7	8	7	1	1	1
4865	강원 고성군	사회복지협의회 운영지원	48,950	주민복지실	5	1	7	8	7	1	1	1
4866	강원 고성군	푸드뱅크 운영지원	84,290	주민복지실	5	1	7	8	7	1	1	1
4867	강원 고성군	재가노인복지시설 운영	260,000	주민복지실	5	1	7	8	7	1	1	1
4868	강원 고성군	노인생활시설 등급외자 운영	44,342	주민복지실	5	6	7	8	7	2	1	1
4869	강원 고성군	양로시설운영지원	362,210	주민복지실	5	2	7	8	7	2	1	1
4870	강원 고성군	고성군노인복지관 운영	414,000	주민복지실	5	4	1	5	1	1	1	1
4871	강원 고성군	시니어클럽 운영비	250,000	주민복지실	5	4	7	8	7	1	1	1
4872	강원 고성군	장애인거주시설운영지원	828,007	주민복지실	5	2	7	8	7	1	3	1
4873	강원 고성군	장애인거주시설관리 전담인력 지원	17,052	주민복지실	5	2	7	8	7	1	3	1
4874	강원 고성군	장애인보호작업장 운영	231,468	주민복지실	5	4	5	5	1	1	1	1
4875	강원 고성군	수어통역센터 운영	200,310	주민복지실	5	4	7	8	7	1	1	1
4876	강원 고성군	장애인생활이동지원센터 운영	151,890	주민복지실	5	4	7	8	7	1	1	1
4877	강원 고성군	장애인종합상담실 운영	88,340	주민복지실	5	4	5	8	7	1	1	1
4878	강원 고성군	시각장애인자립지원센터 운영	43,017	주민복지실	5	4	3	1	7	1	1	1
4879	강원 고성군	지적장애인자립지원센터 운영	82,547	주민복지실	5	4	3	1	7	1	1	1
4880	강원 고성군	강원고성군장애인편의증진기술지원센터 운영지원	47,355	주민복지실	5	6	7	8	7	1	1	1
4881	강원 고성군	지역자활센터운영	297,205	주민복지실	5	2	7	8	7	5	1	1

순번	시군구	지출명 (사업명)	2021년예산 (단위:천원/1년간)	담당자 (공무원) 담당부서	민간이전 분류 (지방자치단체 세출예산 집행기준에 의거) 1. 민간경상사업보조(307-02) 2. 민간단체 법정운영비보조(307-03) 3. 민간행사사업보조(307-04) 4. 민간위탁금(307-05) 5. 사회복지시설 법정운영비보조(307-10) 6. 민간인위탁교육비(307-12) 7. 공기관등에대한경상적위탁사업비(308-10) 8. 민간자본사업보조,자체재원(402-01) 9. 민간자본사업보조,이전재원(402-02) 10. 민간위탁사업비(402-03) 11. 공기관등에 대한 자본적 대행사업비(403-02)	민간이전지출 근거 (지방보조금 관리기준 참고) 1. 법률에 규정 2. 국고보조 재원(국가지정) 3. 용도 지정 기부금 4. 조례에 직접규정 5. 지자체가 권장하는 사업을 하는 공공기관 6. 시,도 정책 및 재정사정 7. 기타 8. 해당없음	입찰방식 계약체결방법 (경쟁형태) 1. 일반경쟁 2. 제한경쟁 3. 지명경쟁 4. 수의계약 5. 법정위탁 6. 기타 ( ) 7. 해당없음	입찰방식 계약기간 1. 1년 2. 2년 3. 3년 4. 4년 5. 5년 6. 기타 ( )년 7. 단기계약 (1년미만) 8. 해당없음	입찰방식 낙찰자선정방법 1. 적격심사 2. 협상에의한계약 3. 최저가낙찰제 4. 규격가격분리 5. 2단계 경쟁입찰 6. 기타 ( ) 7. 해당없음	운영예산 산정 운영예산 산정 1. 내부산정 (지자체 자체적으로 산정) 2. 외부산정 (외부전문기관위탁 산정) 3. 내·외부 모두 산정 4. 산정 無 5. 해당없음	운영예산 산정 정산방법 1. 내부정산 (지자체 내부적으로 정산) 2. 외부정산 (외부전문기관위탁 정산) 3. 내·외부 모두 산정 4. 정산 無 5. 해당없음	성과평가 실시여부 1. 실시 2. 미실시 3. 향후 추진 4. 해당없음
4882	강원 고성군	건강가정·다문화가족지원센터 운영 지원	126,054	주민복지실	5	1	5	3	1	1	1	1
4883	강원 고성군	건강가정·다문화가족지원센터 통합서비스	296,240	주민복지실	5	2	5	3	1	1	1	1
4884	강원 양양군	건강가정다문화가족지원센터 운영	297,840	여성가족	5	1	1	3	2	1	1	1
4885	강원 양양군	지역아동센터 운영	521,820	드림청소년	5	1	7	8	7	1	1	1
4886	강원 양양군	지역자활센터 운영	227,065	복지과	5	1	7	8	7	1	1	4
4887	강원 양양군	사회복지협의회 운영	69,600	복지과	5	6	7	8	7	1	1	4
4888	강원 양양군	지역사회보장협의체 활성화 지원	54,000	복지과	5	1	7	8	7	1	1	1
4889	강원 양양군	장애인편의시설지원센터 운영비	44,781	복지과	5	4	7	8	7	1	1	1
4890	강원 양양군	장애인직업재활시설 운영	290,926	복지과	5	1	7	8	7	1	1	1
4891	강원 양양군	지적장애인자립지원센터 운영	51,589	복지과	5	4	7	8	7	1	1	1
4892	강원 양양군	장애인거주시설 운영지원	3,053,863	복지과	5	2	7	8	7	1	1	1
4893	강원 양양군	장애인거주시설 운영지원	39,000	복지과	5	1	7	8	7	1	1	1
4894	강원 양양군	장애인거주시설 운영지원	361,763	복지과	5	2	7	8	7	1	1	1
4895	강원 양양군	장애인생활이동지원센터 운영 지원	187,076	복지과	5	4	7	8	7	1	1	1
4896	강원 양양군	장애인주간보호센터 운영 지원	216,503	복지과	5	4	7	8	7	1	1	1
4897	강원 양양군	수어통역센터 운영 지원	184,200	복지과	5	4	7	8	7	1	1	1
4898	강원 양양군	재가노인복지시설 운영	480,000	복지과	5	6	1	7	1	1	1	1
4899	강원 양양군	노인 사회활동지원	86,638	복지과	5	4	7	8	7	1	1	4
4900	강원 양양군	경로당 운영 활성화 지원	243,010	복지과	5	4	7	8	7	1	1	4
4901	강원 양양군	경로당 운영 활성화 지원	18,968	복지과	5	4	7	8	7	1	1	4
4902	강원 양양군	경로당 냉난방비 및 양곡비 지원	302,001	복지과	5	2	7	8	7	1	1	4
4903	충북 청주시	종합사회복지관 지원	4,500,723	복지정책과	5	1	7	8	7	5	5	3
4904	충북 청주시	도시노숙자 보호시설	222,802	복지정책과	5	1	7	8	7	5	5	3
4905	충북 청주시	노숙인시설 운영지원	917,632	복지정책과	5	1	7	8	7	5	5	3
4906	충북 청주시	자활센터 운영	332,946	복지정책과	5	2	7	8	7	5	5	3
4907	충북 청주시	자활센터 운영	332,946	복지정책과	5	2	7	8	7	5	5	3
4908	충북 청주시	시니어클럽 운영	1,884,400	노인복지과	5	1	7	8	7	5	5	3
4909	충북 청주시	노인양로시설 운영지원	932,998	노인복지과	5	2	7	8	7	5	5	3
4910	충북 청주시	개인운영 복지시설 운영지원	14,400	노인복지과	5	6	7	8	7	5	5	3
4911	충북 청주시	재가노인서비스기관 지원	1,192,170	노인복지과	5	6	7	8	7	5	5	3
4912	충북 청주시	장애인복지관 운영	1,741,710	장애인복지과	5	1	7	8	7	5	5	3
4913	충북 청주시	장애인재가복지봉사센터 운영	139,568	장애인복지과	5	1	7	8	7	5	5	3
4914	충북 청주시	장애인생활이동지원센터 운영	369,038	장애인복지과	5	1	7	8	7	5	5	3
4915	충북 청주시	장애인주간보호시설 운영	2,901,707	장애인복지과	5	1	7	8	7	5	5	3
4916	충북 청주시	수어통역센터 운영	304,000	장애인복지과	5	1	7	8	7	5	5	3
4917	충북 청주시	장애인재활의원 운영	699,506	장애인복지과	5	1	7	8	7	5	5	3
4918	충북 청주시	점자도서관 운영	498,457	장애인복지과	5	1	7	8	7	5	5	3
4919	충북 청주시	장애인거주시설 운영	18,473,544	장애인복지과	5	2	7	8	7	5	5	3
4920	충북 청주시	장애인단기거주시설 운영	354,249	장애인복지과	5	1	7	8	7	5	5	3
4921	충북 청주시	장애인공동생활가정 운영	1,471,585	장애인복지과	5	1	7	8	7	5	5	3
4922	충북 청주시	개인운영 장애인거주시설 지원	584,190	장애인복지과	5	1	7	8	7	5	5	3
4923	충북 청주시	정신요양시설 운영지원	1,426,886	장애인복지과	5	2	7	8	7	5	5	3
4924	충북 청주시	장애인직업재활시설 운영	7,789,956	장애인복지과	5	1	7	8	7	5	5	3

순번	시군구	지출명 (사업명)	2021년예산 (단위:천원/1년간)	담당자 (공무원)	민간이전 분류 (지방자치단체 세출예산 집행기준에 의거)	민간이전지출 근거 (지방보조금 관리기준 참고)	입찰방식			운영예산 산정		성과평가 실시여부
				담당부서	1. 민간경상사업보조(307-02) 2. 민간단체 법정운영비보조(307-03) 3. 민간행사사업보조(307-04) 4. 민간위탁금(307-05) 5. 사회복지시설 법정운영비보조(307-10) 6. 민간인위탁교육비(307-12) 7. 공기관등에대한경상적위탁사업비(308-10) 8. 민간자본사업보조,자체재원(402-01) 9. 민간자본사업보조,이전재원(402-02) 10. 민간위탁사업비(402-03) 11. 공기관등에 대한 자본적 대행사업비(403-02)	1. 법률에 규정 2. 국고보조 재원(국가지정) 3. 용도 지정 기부금 4. 조례에 직접규정 5. 지자체가 권장하는 사업을 하는 공공기관 6. 시,도 정책 및 재정사정 7. 기타 8. 해당없음	계약체결방법 (경쟁형태) 1. 일반경쟁 2. 제한경쟁 3. 지명경쟁 4. 수의계약 5. 법정위탁 6. 기타 ( ) 7. 해당없음	계약기간 1. 1년 2. 2년 3. 3년 4. 4년 5. 5년 6. 기타 ( )년 7. 단기계약 (1년미만) 8. 해당없음	낙찰자선정방법 1. 적격심사 2. 협상에의한계약 3. 최저가낙찰제 4. 규격가격분리 5. 2단계 경쟁입찰 6. 기타 ( ) 7. 해당없음	운영예산 산정 1. 내부산정 (지자체 자체적으로 산정) 2. 외부산정 (외부전문기관위탁 산정) 3. 내·외부 모두 산정 4. 산정 無 5. 해당없음	정산방법 1. 내부정산 (지자체 내부적으로 정산) 2. 외부정산 (외부전문기관위탁 정산) 3. 내·외부 모두 산정 4. 정산 無 5. 해당없음	1. 실시 2. 미실시 3. 향후 추진 4. 해당없음
4925	충북 청주시	생활지도원 교대인력증원 지원	1,023,065	장애인복지과	5	2	7	8	7	5	5	3
4926	충북 청주시	한부모가족복지시설 운영	630,433	여성가족과	5	1	7	8	7	5	5	3
4927	충북 청주시	폭력피해이주여성 보호시설 운영지원	204,512	여성가족과	5	1	7	8	7	5	5	3
4928	충북 청주시	폭력피해 이주여성 상담소 운영지원	288,100	여성가족과	5	1	7	8	7	5	5	3
4929	충북 청주시	아동복지시설 운영	7,819,624	아동보육과	5	1	7	8	7	5	5	3
4930	충북 청주시	요보호아동 그룹홈 운영지원	1,337,445	아동보육과	5	1	7	8	7	5	5	3
4931	충북 청주시	지역아동센터 운영지원	5,398,080	아동보육과	5	1	7	8	7	5	5	3
4932	충북 청주시	지역아동센터 운영지원	71,828	아동보육과	5	1	7	8	7	5	5	3
4933	충북 청주시	지역아동센터 운영지원	26,640	아동보육과	5	1	7	8	7	5	5	3
4934	충북 청주시	지역아동센터 운영지원	50,100	아동보육과	5	1	7	8	7	5	5	3
4935	충북 청주시	특성별 지역아동센터 추가지원	87,696	아동보육과	5	1	7	8	7	5	5	3
4936	충북 청주시	특성별 지역아동센터 추가지원	72,960	아동보육과	5	1	7	8	7	5	5	3
4937	충북 청주시	특성별 지역아동센터 추가지원	9,600	아동보육과	5	1	7	8	7	5	5	3
4938	충북 청주시	정신재활시설 운영	1,731,974	서원보건소	5	1	7	8	7	5	5	3
4939	충북 청주시	정신재활시설 운영	132,932	흥덕보건소	5	1	7	8	7	5	5	3
4940	충북 청주시	상당구청어린이집 운영	243,301	상당구 행정지원과	5	4	7	8	7	5	5	3
4941	충북 청주시	서원구청 어린이집 운영	234,979	서원구 행정지원과	5	1	7	8	7	5	5	3
4942	충북 청주시	청원구청어린이집 운영	229,333	청원구 행정지원과	5	1	7	8	7	5	5	3
4943	충북 충주시	사회복지시설종사자대우수당지원	850,120	복지정책과	5	1	7	8	7	5	1	4
4944	충북 충주시	지역자활센터운영비	244,217	복지정책과	5	2	5	1	7	5	1	3
4945	충북 충주시	건강가정다문화가족 통합서비스 운영	579,780	여성청소년과	5	1	1	3	1	5	5	1
4946	충북 충주시	가정폭력상담소 운영	129,882	여성청소년과	5	2	7	8	7	1	1	1
4947	충북 충주시	성폭력상담소 운영	127,316	여성청소년과	5	2	7	8	7	1	1	1
4948	충북 충주시	해바라기센터 운영	463,277	여성청소년과	5	2	7	8	7	1	3	1
4949	충북 충주시	성폭력피해자보호시설 운영	181,296	여성청소년과	5	2	7	8	7	1	1	1
4950	충북 충주시	공공형 어린이집 지원	574,780	여성청소년과	5	1	7	8	7	5	5	4
4951	충북 충주시	농어촌소재 법인어린이집 지원	20,700	여성청소년과	5	1	7	8	7	5	5	4
4952	충북 충주시	차량운영비	87,584	여성청소년과	5	1	7	8	7	5	5	4
4953	충북 충주시	보육돌봄서비스	9,166,273	여성청소년과	5	1	7	8	7	5	5	4
4954	충북 충주시	보육돌봄서비스	1,887,496	여성청소년과	5	1	7	8	7	5	5	4
4955	충북 제천시	제천시사회복지협의회	127,000	사회복지과	5	4	7	8	7	1	1	2
4956	충북 제천시	개인운영 신고시설 운영지원	91,200	노인장애인과	5	6	7	8	7	1	1	4
4957	충북 제천시	명락노인종합복지관운영	412,000	노인장애인과	5	1	7	7	7	1	1	4
4958	충북 제천시	장애인거주시설실비입소이용료지원	54,785	노인장애인과	5	1	5	7	7	1	1	1
4959	충북 제천시	장애인생활시설운영지원	7,484,323	노인장애인과	5	1	5	7	7	1	1	1
4960	충북 제천시	장애인생활시설 공기청정기 렌탈 지원	6,648	노인장애인과	5	2	7	7	7	1	1	1
4961	충북 제천시	중증장애인자립생활센터운영지원	120,000	노인장애인과	5	1	7	8	7	1	1	1
4962	충북 제천시	장애인가족지원센터운영	167,371	노인장애인과	5	1	5	7	7	1	1	1
4963	충북 제천시	장애인직업재활시설 운영지원	1,537,469	노인장애인과	5	1	5	7	7	1	1	1
4964	충북 제천시	장애인 공동생활가정 운영	118,069	노인장애인과	5	1	7	8	7	1	1	1
4965	충북 제천시	재가장애인순회재활서비스센터운영	181,000	노인장애인과	5	1	7	8	7	1	1	1
4966	충북 제천시	장애인주간보호센터운영지원	778,456	노인장애인과	5	1	7	8	7	1	1	1
4967	충북 제천시	시각장애인심부름센터운영	324,739	노인장애인과	5	1	7	8	7	1	1	1

순번	시군구	지출명 (사업명)	2021년예산 (단위:천원/1년간)	담당자 (공무원) 담당부서	민간이전 분류 (지방자치단체 세출예산 집행기준에 의거) 1. 민간경상사업보조(307-02) 2. 민간단체 법정운영비보조(307-03) 3. 민간행사사업보조(307-04) 4. 민간위탁금(307-05) 5. 사회복지시설 법정운영비보조(307-10) 6. 민간인위탁교육비(307-12) 7. 공기관등에대한경상적위탁사업비(308-10) 8. 민간자본사업보조,자체재원(402-01) 9. 민간자본사업보조,이전재원(402-02) 10. 민간위탁사업비(402-03) 11. 공기관등에 대한 자본적 대행사업비(403-02)	민간이전지출 근거 (지방보조금 관리기준 참고) 1. 법률에 규정 2. 국고보조 재원(국가지정) 3. 용도 지정 기부금 4. 조례에 직접규정 5. 지자체가 권장하는 사업을 하는 공공기관 6. 시,도 정책 및 재정사정 7. 기타 8. 해당없음	입찰방식 계약체결방법 (경쟁형태) 1. 일반경쟁 2. 제한경쟁 3. 지명경쟁 4. 수의계약 5. 법정위탁 6. 기타 ( ) 7. 해당없음	입찰방식 계약기간 1. 1년 2. 2년 3. 3년 4. 4년 5. 5년 6. 기타 ( )년 7. 단기계약 (1년미만) 8. 해당없음	입찰방식 낙찰자선정방법 1. 적격심사 2. 협상에의한계약 3. 최저가낙찰제 4. 규격가격분리 5. 2단계 경쟁입찰 6. 기타 ( ) 7. 해당없음	운영예산 산정 운영예산 산정 1. 내부산정 (지자체 자체적으로 산정) 2. 외부산정 (외부전문기관위탁 산정) 3. 내·외부 모두 산정 4. 산정 無 5. 해당없음	운영예산 산정 정산방법 1. 내부정산 (지자체 내부적으로 정산) 2. 외부정산 (외부전문기관위탁 정산) 3. 내·외부 모두 산정 4. 정산 無 5. 해당없음	성과평가 실시여부 1. 실시 2. 미실시 3. 향후 추진 4. 해당없음
4968	충북 제천시	수어통역센터운영	259,600	노인장애인과	5	1	7	8	7	1	1	4
4969	충북 제천시	장애인단기보호센터 운영지원	389,543	노인장애인과	5	1	7	8	7	1	1	1
4970	충북 제천시	장애인 일감 만들어주기 지원센터 운영	67,635	노인장애인과	5	1	5	7	7	1	1	1
4971	충북 제천시	제천시편의증진기술지원센터	47,108	노인장애인과	5	1	5	7	7	1	1	1
4972	충북 제천시	장애인거주시설 교대인력 지원	271,234	노인장애인과	5	1	7	8	7	5	5	4
4973	충북 제천시	사회복지시설종사자 대우수당	534,480	노인장애인과	5	2	7	8	7	1	1	1
4974	충북 제천시	가정폭력상담소운영	126,382	여성가족과	5	2	7	8	7	5	1	4
4975	충북 제천시	가정폭력피해자보호시설운영	263,812	여성가족과	5	2	7	8	7	5	1	4
4976	충북 제천시	성폭력상담소운영	123,816	여성가족과	5	2	7	8	7	5	1	4
4977	충북 제천시	여성폭력관련시설운영비	18,000	여성가족과	5	1	7	8	7	5	1	4
4978	충북 제천시	청소년쉼터운영지원	35,037	여성가족과	5	1	1	3	2	1	1	1
4979	충북 제천시	건강가정다문화가족지원센터 운영	40,000	여성가족과	5	4	7	8	7	1	1	1
4980	충북 제천시	아이돌봄지원센터 종사자 처우개선비	4,800,000	여성가족과	5	1	7	8	7	1	1	4
4981	충북 제천시	다문화종사자 처우개선비	9,600	여성가족과	5	1	7	8	7	1	1	4
4982	충북 제천시	건강가정다문화가족지원센터 통합서비스 지원	492,920	여성가족과	5	2	7	8	7	1	1	4
4983	충북 제천시	공동육아나눔터 종사자 처우개선비	2,400,000	여성가족과	5	1	7	8	7	1	1	4
4984	충북 제천시	학대피해아동쉼터 운영	198,493	여성가족과	5	2	7	8	7	4	1	1
4985	충북 제천시	아동복지시설 운영	4,101,000	여성가족과	5	1	7	8	7	1	1	1
4986	충북 제천시	요보호아동그룹홈 운영지원	178,326	여성가족과	5	2	7	8	7	4	1	1
4987	충북 제천시	지역아동센터 운영지원	54,000	여성가족과	5	1	7	7	7	1	1	1
4988	충북 제천시	지역아동센터 운영지원	595,452	여성가족과	5	1	7	7	7	1	1	1
4989	충북 제천시	특성별지역아동센터 추가지원	14,604	여성가족과	5	1	7	7	7	1	1	1
4990	충북 보은군	정부 미지원시설 취사부 지원	28,800	주민복지과	5	5	7	8	7	3	1	1
4991	충북 보은군	어린이집 냉난방비 지원	7,000	주민복지과	5	5	7	8	7	3	1	1
4992	충북 보은군	보육교직원 인건비 지원	794,880	주민복지과	5	5	7	8	7	3	1	1
4993	충북 보은군	보육교직원 인건비 지원	53,296	주민복지과	5	5	7	8	7	3	1	1
4994	충북 보은군	어린이집 지원	7,548	주민복지과	5	5	7	8	7	3	1	1
4995	충북 보은군	어린이집 지원	29,196	주민복지과	5	5	7	8	7	3	1	1
4996	충북 보은군	어린이집 지원	5,176	주민복지과	5	5	7	8	7	3	1	1
4997	충북 보은군	누리과정 운영지원	115,047	주민복지과	5	5	7	8	7	3	1	1
4998	충북 보은군	보육교직원 인건비 지원	167,456	주민복지과	5	5	7	8	7	3	1	1
4999	충북 보은군	보육교직원 인건비 지원	312,000	주민복지과	5	5	7	8	7	3	1	1
5000	충북 보은군	어린이집 아이행복(보육)도우미 지원	12,131	주민복지과	5	5	7	8	7	3	1	1
5001	충북 보은군	어린이집 공기청정기 운영비 지원	6,468	주민복지과	5	5	7	8	7	3	1	1
5002	충북 보은군	여성취업지원센터 운영	48,020	주민복지과	5	2	7	8	7	3	1	1
5003	충북 보은군	다문화가족지원센터 운영 지원	155,300	주민복지과	5	2	5	3	7	3	1	1
5004	충북 보은군	다문화가족지원센터 운영비 보조	10,000	주민복지과	5	2	5	3	7	3	1	1
5005	충북 보은군	지역아동센터 기본운영비	472,680	주민복지과	5	2	7	8	7	1	1	1
5006	충북 보은군	지역아동센터 공기청정기 지원	6,750	주민복지과	5	2	7	8	7	1	1	1
5007	충북 보은군	등하원 안심알림이 이용료	2,520,000	주민복지과	5	2	7	8	7	1	1	1
5008	충북 보은군	특수목적형 추가지원	14,616	주민복지과	5	2	7	8	7	1	1	1
5009	충북 보은군	토요운영 추가지원	10,944	주민복지과	5	2	7	8	7	1	1	1
5010	충북 보은군	지역아동센터 운영지원	420,000	주민복지과	5	2	7	8	7	1	1	1

순번	시군구	지출명 (사업명)	2021년예산 (단위:천원/1년간)	담당자 (공무원) 담당부서	민간이전 분류 (지방자치단체 세출예산 집행기준에 의거) 1. 민간경상사업보조(307-02) 2. 민간단체 법정운영비보조(307-03) 3. 민간행사사업보조(307-04) 4. 민간위탁금(307-05) 5. 사회복지시설 법정운영비보조(307-10) 6. 민간인위탁교육비(307-12) 7. 공기관등에대한경상적위탁사업비(308-10) 8. 민간자본사업보조,자체재원(402-01) 9. 민간자본사업보조,이전재원(402-02) 10. 민간위탁사업비(402-03) 11. 공기관등에 대한 자본적 대행사업비(403-02)	민간이전지출 근거 (지방보조금 관리기준 참고) 1. 법률에 규정 2. 국고보조 재원(국가지정) 3. 용도 지정 기부금 4. 조례에 직접규정 5. 지자체가 권장하는 사업을 하는 공공기관 6. 시,도 정책 및 재정사정 7. 기타 8. 해당없음	입찰방식 계약체결방법 (경쟁형태) 1. 일반경쟁 2. 제한경쟁 3. 지명경쟁 4. 수의계약 5. 법정위탁 6. 기타 ( ) 7. 해당없음	입찰방식 계약기간 1. 1년 2. 2년 3. 3년 4. 4년 5. 5년 6. 기타 ( )년 7. 단기계약 (1년미만) 8. 해당없음	입찰방식 낙찰자선정방법 1. 적격심사 2. 협상에의한계약 3. 최저가낙찰제 4. 규격가격분리 5. 2단계 경쟁입찰 6. 기타 ( ) 7. 해당없음	운영예산 산정 운영예산 산정 1. 내부산정 (지자체 자체적으로 산정) 2. 외부산정 (외부전문기관위탁 산정) 3. 내·외부 모두 산정 4. 산정 無 5. 해당없음	운영예산 산정 정산방법 1. 내부정산 (지자체 내부적으로 정산) 2. 외부정산 (외부전문기관위탁 정산) 3. 내·외부 모두 산정 4. 정산 無 5. 해당없음	성과평가 실시여부 1. 실시 2. 미실시 3. 향후 추진 4. 해당없음
5011	충북 보은군	지역아동센터 냉난방비 지원	10,500	주민복지과	5	2	7	8	7	1	1	1
5012	충북 보은군	경로당 냉,난방비 지원	460,800	주민복지과	5	2	7	8	7	3	1	1
5013	충북 보은군	경로당 운영비 지원	382,800	주민복지과	5	4	7	8	7	1	1	1
5014	충북 보은군	지역자활센터 운영비 지원	229,121	주민복지과	5	1	5	1	6	5	1	1
5015	충북 옥천군	보육교직원 인건비 지원	2,461,296	복지정책과	5	2	7	8	7	5	5	4
5016	충북 옥천군	어린이집 보조교사 지원	334,908	복지정책과	5	2	7	8	7	5	5	4
5017	충북 옥천군	소외지역 영유아 보육시설 이용 지원	17,000	복지정책과	5	4	7	8	7	5	5	4
5018	충북 옥천군	어린이집 냉난방비 지원	12,100	복지정책과	5	4	7	8	7	5	5	4
5019	충북 옥천군	어린이집 차량운영비 지원	56,144	복지정책과	5	2	7	8	7	5	5	4
5020	충북 옥천군	농어촌소재 법인어린이집 지원	7,764	복지정책과	5	2	7	8	7	5	5	4
5021	충북 옥천군	공공형어린이집 운영지원	229,920	복지정책과	5	2	7	8	7	5	5	4
5022	충북 옥천군	누리과정운영지원	228,096	복지정책과	5	1	7	8	7	5	5	4
5023	충북 옥천군	장애아전문어린이집 운전원 인건비 지원	21,876	복지정책과	5	1	7	8	7	5	5	4
5024	충북 옥천군	육아종합지원센터 시군분소 설치 운영 지원	55,452	복지정책과	5	1	7	8	7	5	5	4
5025	충북 옥천군	읍면 법인어린이집 차량운영지원	4,320,000	복지정책과	5	1	7	8	7	5	5	4
5026	충북 옥천군	어린이집 아이행복(보육) 도우미 지원	24,263	복지정책과	5	1	7	8	7	5	5	4
5027	충북 옥천군	어린이집 공기청정기 운영비 지원	19,140	복지정책과	5	1	7	8	7	5	5	4
5028	충북 옥천군	시간제 보육 운영 지원	79,680	복지정책과	5	2	7	8	7	5	5	4
5029	충북 옥천군	어린이집 대체교사 지원	6,496	복지정책과	5	2	7	8	7	5	5	4
5030	충북 옥천군	농촌공동아이돌봄센ㄴ터 운영비 지원	15,900	복지정책과	5	2	7	8	7	5	5	4
5031	충북 옥천군	지역아동센터 기본운영비	273,360	주민복지과	5	2	7	8	7	5	5	4
5032	충북 옥천군	지역아동센터 추가지원	2,400,000	주민복지과	5	6	7	8	7	5	5	4
5033	충북 옥천군	아동복지시설 운영비	1,462,845	주민복지과	5	1	7	8	7	5	5	4
5034	충북 옥천군	학대피해 아동쉼터 운영	396,986	주민복지과	5	1	7	8	7	5	5	4
5035	충북 옥천군	장애인생활이동지원센터 운영사업지원	191,837	주민복지과	5	1	7	8	7	1	1	1
5036	충북 옥천군	청각장애인수어통역센터 운영사업지원	200,587	주민복지과	5	1	7	8	7	1	1	1
5037	충북 옥천군	장애인생활시설 운영비 지원	2,074,826	주민복지과	5	2	7	8	7	1	1	1
5038	충북 옥천군	정신요양시설 운영지원	4,282,916	보건행정과	5	1	5	8	7	1	1	1
5039	충북 옥천군	정신재활시설 운영	218,791	보건행정과	5	1	5	8	7	1	1	1
5040	충북 영동군	영동군사회복지협의회운영비	30,000	주민복지과	5	1	7	8	7	5	5	4
5041	충북 영동군	지역자활센터운영비	229,121	주민복지과	5	2	5	1	6	3	1	1
5042	충북 영동군	노인회군지회 운영비 지원	108,910	주민복지과	5	4	7	8	7	1	1	1
5043	충북 영동군	읍면분회 운영비 지원	14,520	주민복지과	5	4	7	8	7	1	1	1
5044	충북 영동군	경로당 냉방비 지원	86,400	주민복지과	5	4	7	8	7	1	1	1
5045	충북 영동군	경로당 운영비 지원	133,000	주민복지과	5	4	7	8	7	1	1	1
5046	충북 영동군	경로당 운영비 지원	314,100	주민복지과	5	4	7	8	7	1	1	1
5047	충북 영동군	경로당 난방비 지원	31,000	주민복지과	5	4	7	8	7	1	1	1
5048	충북 영동군	노인교실운영	5,000,000	주민복지과	5	4	7	8	7	1	1	1
5049	충북 영동군	노인대학 운영비 지원	25,000	주민복지과	5	4	7	8	7	1	1	1
5050	충북 영동군	대한노인회 영동군지회 사무국운영비 지원	29,928	주민복지과	5	6	7	8	7	5	5	1
5051	충북 영동군	개인운영복지시설 운영지원	18,000	주민복지과	5	1	7	8	7	1	1	1
5052	충북 영동군	재가노인복지시설 운영 지원	140,000	주민복지과	5	1	7	8	7	1	1	1
5053	충북 영동군	경로당 난방비 지원	504,000	주민복지과	5	2	7	8	7	1	1	1

순번	시군구	지출명 (사업명)	2021년예산 (단위:천원/1년간)	담당자 (공무원)	민간이전 분류 (지방자치단체 세출예산 집행기준에 의거)	민간이전지출 근거 (지방보조금 관리기준 참고)	입찰방식			운영예산 산정		성과평가 실시여부
				담당부서	1. 민간경상사업보조(307-02) 2. 민간단체 법정운영비보조(307-03) 3. 민간행사사업보조(307-04) 4. 민간위탁금(307-05) 5. 사회복지시설 법정운영비보조(307-10) 6. 민간인위탁교육비(307-12) 7. 공기관등에대한경상적위탁사업비(308-10) 8. 민간자본사업보조,자체재원(402-01) 9. 민간자본사업보조,이전재원(402-02) 10. 민간위탁사업비(402-03) 11. 공기관등에 대한 자본적 대행사업비(403-02)	1. 법률에 규정 2. 국고보조 재원(국가지정) 3. 용도 지정 기부금 4. 조례에 직접규정 5. 지자체가 권장하는 사업을 하는 공공기관 6. 시,도 정책 및 재정사정 7. 기타 8. 해당없음	계약체결방법 (경쟁형태) 1. 일반경쟁 2. 제한경쟁 3. 지명경쟁 4. 수의계약 5. 법정위탁 6. 기타 ( ) 7. 해당없음	계약기간 1. 1년 2. 2년 3. 3년 4. 4년 5. 5년 6. 기타 ( )년 7. 단기계약 (1년미만) 8. 해당없음	낙찰자선정방법 1. 적격심사 2. 협상에의한계약 3. 최저가낙찰제 4. 규격가격분리 5. 2단계 경쟁입찰 6. 기타 ( ) 7. 해당없음	운영예산 산정 1. 내부산정 (지자체 자체적으로 산정) 2. 외부산정 (외부전문기관위탁 산정) 3. 내·외부 모두 산정 4. 산정 無 5. 해당없음	정산방법 1. 내부정산 (지자체 내부적으로 정산) 2. 외부정산 (외부전문기관위탁 정산) 3. 내·외부 모두 산정 4. 정산 無 5. 해당없음	1. 실시 2. 미실시 3. 향후 추진 4. 해당없음
5054	충북 영동군	경로당 냉방비 지원	69,800	주민복지과	5	2	7	8	7	1	1	1
5055	충북 영동군	노인맞춤돌봄서비스	1,727,620	주민복지과	5	2	7	8	7	1	1	1
5056	충북 영동군	노인 돌보미처우개선 지원	84,480	주민복지과	5	4	7	8	7	1	1	1
5057	충북 영동군	독거노인중증장애인 응급안전알림서비스 운영지원	110,462	주민복지과	5	4	7	8	7	1	1	1
5058	충북 영동군	저소득 재가노인 식사배달 사업	215,900	주민복지과	5	4	7	8	7	1	1	1
5059	충북 영동군	장애인 생활이동지원센터 운영	189,000	주민복지과	5	2	7	8	7	1	2	1
5060	충북 영동군	수어통역센터운영	176,511	주민복지과	5	2	7	8	7	1	2	1
5061	충북 영동군	장애인주간 보호시설 운영	431,708	주민복지과	5	2	7	8	7	1	1	1
5062	충북 영동군	장애인공동생활가정 운영	552,263	주민복지과	5	2	7	8	7	1	1	1
5063	충북 영동군	보육교직원 인건비 지원	2,240,140	가족행복과	5	2	7	8	7	5	5	4
5064	충북 영동군	공공형어린이집운영	57,480	가족행복과	5	2	7	8	7	5	5	4
5065	충북 영동군	지역아동센터 기본운영비 지원	601,560	가족행복과	5	2	7	8	7	5	5	4
5066	충북 영동군	지역아동센터 공기청정기 지원	2,892,000	가족행복과	5	2	7	8	7	5	5	4
5067	충북 영동군	토요운영 지역아동센터 추가지원	10,944	가족행복과	5	2	7	8	7	5	5	4
5068	충북 영동군	특수목적형 지역아동센터 추가지원	7,308	가족행복과	5	2	7	8	7	5	5	4
5069	충북 영동군	다함께돌봄센터 인건비 지원	13,260	가족행복과	5	2	7	8	7	5	5	4
5070	충북 영동군	지역아동센터 운영비 추가지원	6,000	가족행복과	5	2	7	8	7	5	5	4
5071	충북 증평군	지역자활센터 운영	227,065	생활지원과	5	2	6	1	7	1	1	1
5072	충북 증평군	장애인 편의증진 기술지원센터 운영	47,789	생활지원과	5	1	7	8	7	1	1	1
5073	충북 증평군	장애인생활이동지원센터 운영	148,798	생활지원과	5	1	7	8	7	1	1	1
5074	충북 증평군	장애인재가복지봉사센터 운영	86,898	생활지원과	5	1	7	8	7	1	1	1
5075	충북 증평군	장애인일감만들어주기지원센터 운영	67,635	생활지원과	5	1	4	5	1	1	1	1
5076	충북 증평군	사회복지관 운영	386,837	생활지원과	5	1	7	8	7	1	1	1
5077	충북 증평군	사회복지시설 종사자 대우수당 지원	77,400	생활지원과	5	1	7	8	7	1	1	1
5078	충북 증평군	개인운영 복지시설 운영지원	4,800,000	생활지원과	5	1	7	8	7	1	1	1
5079	충북 증평군	개인운영 장애인거주시설 지원	185,938	생활지원과	5	1	7	8	7	1	1	1
5080	충북 증평군	사회보장협의체 운영	59,013	생활지원과	5	1	6	8	7	1	1	1
5081	충북 증평군	경로당 냉난방비 및 양곡비 지원	182,900	사회복지과	5	2	7	8	7	5	5	4
5082	충북 증평군	사회복지시설 종사자 대우수당 지원	33,360	사회복지과	5	5	7	8	7	5	5	4
5083	충북 증평군	개인운영 복지시설 운영지원	8,400	사회복지과	5	5	7	8	7	5	5	4
5084	충북 증평군	보육교직원 인건비 지원	1,648,184	사회복지과	5	2	7	8	7	1	1	1
5085	충북 증평군	보조교사 지원	442,560	사회복지과	5	2	7	8	7	1	1	1
5086	충북 증평군	대체교사 지원	10,136	사회복지과	5	2	7	8	7	1	1	1
5087	충북 증평군	어린이집 운영지원	93,800	사회복지과	5	2	7	8	7	1	1	1
5088	충북 증평군	공공형어린이집 운영비 지원	114,960	사회복지과	5	2	7	8	7	5	5	4
5089	충북 증평군	공공형어린이집 환경개선비 지원	330,000	사회복지과	5	2	7	8	7	5	5	4
5090	충북 증평군	어린이집 공기청정기 운영지원	18,744	사회복지과	5	2	7	8	7	1	1	1
5091	충북 증평군	지역아동센터 운영비 지원	303,984	사회복지과	5	2	7	8	7	1	1	4
5092	충북 증평군	지역아동센터 운영비 추가지원	2,700,000	사회복지과	5	6	7	8	7	1	1	4
5093	충북 진천군	개인운영복지시설 운영지원	360,000	주민복지과	5	6	7	8	7	4	1	1
5094	충북 진천군	진흥복지원(종사자처우개선) 운영비	1,680,000	주민복지과	5	6	7	8	7	4	1	1
5095	충북 진천군	사회보장협의체 운영비	60,000	주민복지과	5	4	7	8	7	1	1	1
5096	충북 진천군	진천군 사회복지협의회 운영비	84,400	주민복지과	5	1	7	8	7	1	1	1

순번	시군구	지출명 (사업명)	2021년예산 (단위:천원/1년간)	담당자 (공무원) 담당부서	민간이전 분류 (지방자치단체 세출예산 집행기준에 의거) 1. 민간경상사업보조(307-02) 2. 민간단체 법정운영비보조(307-03) 3. 민간행사사업보조(307-04) 4. 민간위탁금(307-05) 5. 사회복지시설 법정운영비보조(307-10) 6. 민간인위탁교육비(307-12) 7. 공기관등에대한경상적위탁사업비(308-10) 8. 민간자본사업보조,자체재원(402-01) 9. 민간자본사업보조,이전재원(402-02) 10. 민간위탁사업비(402-03) 11. 공기관등에 대한 자본적 대행사업비(403-02)	민간이전지출 근거 (지방보조금 관리기준 참고) 1. 법률에 규정 2. 국고보조 재원(국가지정) 3. 용도 지정 기부금 4. 조례에 직접규정 5. 지자체가 권장하는 사업을 하는 공공기관 6. 시,도 정책 및 재정사정 7. 기타 8. 해당없음	입찰방식 계약체결방법 (경쟁형태) 1. 일반경쟁 2. 제한경쟁 3. 지명경쟁 4. 수의계약 5. 법정위탁 6. 기타 ( ) 7. 해당없음	입찰방식 계약기간 1. 1년 2. 2년 3. 3년 4. 4년 5. 5년 6. 기타 ( )년 7. 단기계약 (1년미만) 8. 해당없음	입찰방식 낙찰자선정방법 1. 적격심사 2. 협상에의한계약 3. 최저가낙찰제 4. 규격가격분리 5. 2단계 경쟁입찰 6. 기타 ( ) 7. 해당없음	운영예산 산정 운영예산 산정 1. 내부산정 (지자체 자체적으로 산정) 2. 외부산정 (외부전문기관위탁 산정) 3. 내·외부 모두 산정 4. 산정 無 5. 해당없음	운영예산 산정 정산방법 1. 내부정산 (지자체 내부적으로 정산) 2. 외부정산 (외부전문기관위탁 정산) 3. 내·외부 모두 산정 4. 정산 無 5. 해당없음	성과평가 실시여부 1. 실시 2. 미실시 3. 향후 추진 4. 해당없음
5097	충북 진천군	진천군 푸드뱅크 운영비	64,700	주민복지과	5	1	7	8	7	1	1	1
5098	충북 진천군	지역자활센터운영비지원	229,121	주민복지과	5	2	7	8	7	5	5	1
5099	충북 진천군	노인회장 등 활동비 지원	182,880	주민복지과	5	4	7	8	7	1	1	1
5100	충북 진천군	대한노인회 진천군지회 운영비	73,626	주민복지과	5	4	7	8	7	1	1	1
5101	충북 진천군	대한노인회 사무국 운영지원	29,928	주민복지과	5	4	7	8	7	1	1	2
5102	충북 진천군	노인회분회 운영비	18,200	주민복지과	5	4	7	8	7	1	1	1
5103	충북 진천군	경로당운영비 지원	417,600	주민복지과	5	4	7	8	7	1	1	1
5104	충북 진천군	신규경로당 난방비 지원	4,800,000	주민복지과	5	4	7	8	7	1	1	1
5105	충북 진천군	신규경로당 냉방비 지원	600,000	주민복지과	5	4	7	8	7	1	1	1
5106	충북 진천군	경로당 냉난방비 지원	445,976	주민복지과	5	4	7	8	7	1	1	1
5107	충북 진천군	경로당 냉난방비 지원	77,824	주민복지과	5	4	7	8	7	1	1	1
5108	충북 진천군	진천시니어클럽운영	334,446	주민복지과	5	1	5	5	7	1	1	1
5109	충북 진천군	재가노인복지시설 운영 지원	163,940	주민복지과	5	1	5	5	7	1	1	1
5110	충북 진천군	장애인거주시설(개인운영 장애인거주시설)운영지원	123,960	주민복지과	5	1	7	8	7	1	1	1
5111	충북 진천군	장애인 공동생활가정 운영비	62,164	주민복지과	5	1	7	8	7	1	1	1
5112	충북 진천군	장애인직업재활시설 운영비	375,663	주민복지과	5	4	7	8	7	1	1	1
5113	충북 진천군	진천군수어통역센터 운영지원	220,800	주민복지과	5	4	7	8	7	1	1	1
5114	충북 진천군	진천군 장애인생활이동지원센터 운영지원	244,725	주민복지과	5	1	7	8	7	1	1	1
5115	충북 진천군	진천군 재가복지봉사센터 운영지원	154,455	주민복지과	5	1	7	8	7	1	1	1
5116	충북 진천군	진천군 장애인편의시설 지원센터 운영비	47,546	주민복지과	5	1	5	8	7	1	1	1
5117	충북 진천군	가정폭력피해자 보호시설 운영지원	126,847	여성가족과	5	2	7	8	7	1	1	1
5118	충북 진천군	여성폭력 관련 시설 운영비 지원	4,800,000	여성가족과	5	2	7	8	7	1	1	1
5119	충북 진천군	가정폭력피해자 보호시설 종사자 인건비	27,000	여성가족과	5	2	7	8	7	1	1	1
5120	충북 진천군	건강가정.다문화가족지원센터 운영	431,980	여성가족과	5	2	1	5	1	1	1	1
5121	충북 진천군	다문화가족지원센터 종사자 처우개선	6,000	여성가족과	5	6	1	5	1	1	1	1
5122	충북 진천군	공동육아나눔터 종사자 처우개선	1,200,000	여성가족과	5	6	1	5	1	1	1	1
5123	충북 진천군	아이돌봄지원센터 종사자 처우개선	2,400,000	여성가족과	5	6	1	5	1	1	1	1
5124	충북 진천군	교재교구비 지원	33,960	여성가족과	5	2	7	8	7	5	1	4
5125	충북 진천군	차량운영비 지원	116,780	여성가족과	5	2	7	8	7	5	1	4
5126	충북 진천군	농어촌소재법인어린이집 지원	15,528	여성가족과	5	2	7	8	7	5	1	4
5127	충북 진천군	보육교직원 인건비 지원	5,945,316	여성가족과	5	2	7	8	7	5	1	4
5128	충북 진천군	어린이집 보조교사 및 연장보육 전담교사 지원	1,052,576	여성가족과	5	2	7	8	7	5	1	4
5129	충북 진천군	어린이집 직접채용 대체교사 지원	6,648	여성가족과	5	2	7	8	7	5	1	4
5130	충북 진천군	읍면 법인 어린이집 차량운영 지원	4,320,000	여성가족과	5	1	7	8	7	1	1	4
5131	충북 진천군	어린이집 아이행복(보육)도우미 지원	84,923	여성가족과	5	1	7	8	7	1	1	4
5132	충북 진천군	어린이집 공기청정기 운영비 지원	43,560	여성가족과	5	1	7	8	7	1	1	4
5133	충북 진천군	어린이집 재원아동 간식비 지원	470,400	여성가족과	5	1	7	8	7	1	1	4
5134	충북 진천군	공공형어린이집 운영비	172,440	여성가족과	5	2	7	8	7	1	1	4
5135	충북 진천군	야간연장보육료 지원	25,000	여성가족과	5	2	7	8	7	1	1	4
5136	충북 진천군	누리과정운영비 지원	1,000,000	여성가족과	5	1	7	8	7	1	1	4
5137	충북 진천군	열린어린이집 운영비 지원	20,000	여성가족과	5	1	7	8	7	1	1	4
5138	충북 진천군	어린이집 냉난방비 지원	65,000	여성가족과	5	1	7	8	7	1	1	4
5139	충북 진천군	지역아동센터 추가운영비 지원	75,600	여성가족과	5	4	7	8	7	1	1	1

순번	시군구	지출명 (사업명)	2021년예산 (단위:천원/1년간)	담당자 (공무원) 담당부서	민간이전 분류 (지방자치단체 세출예산 집행기준에 의거) 1. 민간경상사업보조(307-02) 2. 민간단체 법정운영비보조(307-03) 3. 민간행사사업보조(307-04) 4. 민간위탁금(307-05) 5. 사회복지시설 법정운영비보조(307-10) 6. 민간인위탁교육비(307-12) 7. 공기관등에대한경상적위탁사업비(308-10) 8. 민간자본사업보조,자체재원(402-01) 9. 민간자본사업보조,이전재원(402-02) 10. 민간위탁사업비(402-03) 11. 공기관등에 대한 자본적 대행사업비(403-02)	민간이전지출 근거 (지방보조금 관리기준 참고) 1. 법률에 규정 2. 국고보조 재원(국가지정) 3. 용도 지정 기부금 4. 조례에 직접규정 5. 지자체가 권장하는 사업을 하는 공공기관 6. 시,도 정책 및 재정사정 7. 기타 8. 해당없음	입찰방식 계약체결방법 (경쟁형태) 1. 일반경쟁 2. 제한경쟁 3. 지명경쟁 4. 수의계약 5. 법정위탁 6. 기타 ( ) 7. 해당없음	입찰방식 계약기간 1. 1년 2. 2년 3. 3년 4. 4년 5. 5년 6. 기타 ( )년 7. 단기계약 (1년미만) 8. 해당없음	입찰방식 낙찰자선정방법 1. 적격심사 2. 협상에의한계약 3. 최저가낙찰제 4. 규격가격분리 5. 2단계 경쟁입찰 6. 기타 ( ) 7. 해당없음	운영예산 산정 운영예산 산정 1. 내부산정 (지자체 자체적으로 산정) 2. 외부산정 (외부전문기관위탁 산정) 3. 내·외부 모두 산정 4. 산정 無 5. 해당없음	운영예산 산정 정산방법 1. 내부정산 (지자체 내부적으로 정산) 2. 외부정산 (외부전문기관위탁 정산) 3. 내·외부 모두 산정 4. 정산 無 5. 해당없음	성과평가 실시여부 1. 실시 2. 미실시 3. 향후 추진 4. 해당없음
5140	충북 진천군	지역아동센터 운영지원	6,000	여성가족과	5	4	7	8	7	1	1	1
5141	충북 진천군	지역아동센터 기본운영비 지원	623,880	여성가족과	5	1	7	8	7	1	1	1
5142	충북 진천군	지역아동센터 공기청정기 지원	11,086	여성가족과	5	1	7	8	7	1	1	1
5143	충북 진천군	지역아동센터 등하원 안심알림이 이용료 지원	2,520,000	여성가족과	5	1	7	8	7	1	1	1
5144	충북 진천군	지역아동센터 방학프로그램 운영비 지원	10,000	여성가족과	5	4	7	8	7	1	1	1
5145	충북 진천군	학대피해아동쉼터 운영	198,493	여성가족과	5	1	7	8	7	1	1	1
5146	충북 진천군	여성취업지원센터 운영비	46,120	통합일자리지원단	5	2	7	8	7	5	5	4
5147	충북 진천군	여성취업지원센터 종사자 처우개선비	1,200,000	통합일자리지원단	5	6	7	8	7	5	5	4
5148	충북 괴산군	괴산지역자활센터	231,691	주민복지과	5	1	7	8	7	5	5	4
5149	충북 괴산군	장애인 공동생활가정 지원	165,750	주민복지과	5	1	7	8	7	3	3	1
5150	충북 괴산군	장애인거주시설운영지원	1,207,401	주민복지과	5	1	7	8	7	3	3	1
5151	충북 괴산군	수어통역센터운영	145,844	주민복지과	5	1	7	8	7	3	3	1
5152	충북 괴산군	지체장애인편의시설기초지원센터운영	40,000	주민복지과	5	5	1	8	7	3	3	1
5153	충북 괴산군	재가복지봉사센터	158,523	주민복지과	5	4	1	1	1	3	3	1
5154	충북 괴산군	장애인일감만들어주기지원센터	67,635	주민복지과	5	6	1	1	1	3	3	1
5155	충북 괴산군	괴산군장애인주간보호센터	62,424	주민복지과	5	4	7	8	7	3	3	1
5156	충북 괴산군	장애인거주시설공기청정기렌탈지원	352,800	주민복지과	5	2	7	8	7	3	3	1
5157	충북 괴산군	경로당 난방비지원	539,200	주민복지과	5	2	7	8	7	5	1	4
5158	충북 괴산군	경로당 냉방비지원	67,400	주민복지과	5	2	7	8	7	5	1	4
5159	충북 괴산군	경로당 운영비지원	882,720	주민복지과	5	7	7	8	7	1	1	4
5160	충북 괴산군	어린이집 운영지원	29,192	주민복지과	5	2	7	8	7	1	1	2
5161	충북 괴산군	어린이집 운영지원	8,804	주민복지과	5	2	7	8	7	1	1	2
5162	충북 괴산군	어린이집 운영지원	12,936	주민복지과	5	2	7	8	7	1	1	2
5163	충북 괴산군	공공형어린이집 운영	57,480	주민복지과	5	2	7	8	7	1	1	2
5164	충북 괴산군	읍면법인어린이집등 차량운영지원	12,960	주민복지과	5	2	7	8	7	1	1	2
5165	충북 괴산군	보육교직원처우개선	233,336	주민복지과	5	2	7	8	7	1	1	2
5166	충북 괴산군	어린이집 공기청정기 운영비 지원	9,240	주민복지과	5	6	7	8	7	1	1	2
5167	충북 괴산군	어린이집 기능보강	31,400	주민복지과	5	2	7	8	7	1	1	2
5168	충북 괴산군	지역아동센터운영비지원	616,092	주민복지과	5	1	7	8	7	1	1	2
5169	충북 괴산군	지역아동센터아동급식지원	269,500	주민복지과	5	1	7	8	7	1	1	2
5170	충북 괴산군	특성별지역아동센터 추가지원	19,404	주민복지과	5	1	7	8	7	1	1	2
5171	충북 괴산군	정신재활시설운영지원	104,389	보건소	5	7	7	8	7	5	1	4
5172	충북 음성군	음성군 자원봉사센터 운영비	197,544	자치행정과	5	4	7	8	7	3	1	1
5173	충북 음성군	시군 사회복지시설 종사자 대우수당 지원	1,085,720	주민지원과	5	1	7	8	7	1	1	4
5174	충북 음성군	노숙인 시설 지원	14,286	주민지원과	5	1	7	8	7	1	1	4
5175	충북 음성군	범죄피해자 지원센터 운영비	15,000	주민지원과	5	1	7	8	7	1	1	1
5176	충북 음성군	상이군경회 운영비지원	15,671	주민지원과	5	1	7	8	7	1	1	1
5177	충북 음성군	전몰군경유족회 운영비지원	13,600	주민지원과	5	1	7	8	7	1	1	1
5178	충북 음성군	전몰군경미망인회 운영비 지원	12,294	주민지원과	5	1	7	8	7	1	1	1
5179	충북 음성군	무공수훈자회 운영비지원	10,245	주민지원과	5	1	7	8	7	1	1	1
5180	충북 음성군	고엽제전우회 운영비지원	16,500	주민지원과	5	1	7	8	7	1	1	1
5181	충북 음성군	월남참전자회 운영비지원	9,000	주민지원과	5	1	7	8	7	1	1	1
5182	충북 음성군	광복회 운영비 지원	420,000	주민지원과	5	1	7	8	7	1	1	1

순번	시군구	지출명 (사업명)	2021년예산 (단위:천원/1년간)	담당자 (공무원)	민간이전 분류 (지방자치단체 세출예산 집행기준에 의거)	민간이전지출 근거 (지방보조금 관리기준 참고)	입찰방식			운영예산 산정		성과평가 실시여부
				담당부서	1. 민간경상사업보조(307-02) 2. 민간단체 법정운영비보조(307-03) 3. 민간행사사업보조(307-04) 4. 민간위탁금(307-05) 5. 사회복지시설 법정운영비보조(307-10) 6. 민간인위탁교육비(307-12) 7. 공기관등에대한경상적위탁사업비(308-10) 8. 민간자본사업보조,자체재원(402-01) 9. 민간자본사업보조,이전재원(402-02) 10. 민간위탁사업비(402-03) 11. 공기관등에 대한 자본적 대행사업비(403-02)	1. 법률에 규정 2. 국고보조 재원(국가지정) 3. 용도 지정 기부금 4. 조례에 직접규정 5. 지자체가 권장하는 사업을 하는 공공기관 6. 시,도 정책 및 재정사정 7. 기타 8. 해당없음	계약체결방법 (경쟁형태) 1. 일반경쟁 2. 제한경쟁 3. 지명경쟁 4. 수의계약 5. 법정위탁 6. 기타 ( ) 7. 해당없음	계약기간 1. 1년 2. 2년 3. 3년 4. 4년 5. 5년 6. 기타 ( )년 7. 단기계약 (1년미만) 8. 해당없음	낙찰자선정방법 1. 적격심사 2. 협상에의한계약 3. 최저가낙찰제 4. 규격가격분리 5. 2단계 경쟁입찰 6. 기타 ( ) 7. 해당없음	운영예산 산정 1. 내부산정 (지자체 자체적으로 산정) 2. 외부산정 (외부전문기관위탁 산정) 3. 내·외부 모두 산정 4. 산정 無 5. 해당없음	정산방법 1. 내부정산 (지자체 내부적으로 정산) 2. 외부정산 (외부전문기관위탁 정산) 3. 내·외부 모두 산정 4. 정산 無 5. 해당없음	1. 실시 2. 미실시 3. 향후 추진 4. 해당없음
5183	충북 음성군	6.25 참전유공자회 운영비지원	15,700	주민지원과	5	1	7	8	7	1	1	1
5184	충북 음성군	자활근로사업	1,300,096	주민지원과	5	2	4	1	7	3	3	1
5185	충북 음성군	지역자활센터 운영비	301,831	주민지원과	5	2	4	1	7	3	3	1
5186	충북 음성군	주간보호시설 운영	175,020	주민지원과	5	1	7	5	7	5	1	1
5187	충북 음성군	장애인 재가복지봉사센터 운영	143,251	주민지원과	5	1	7	5	7	5	1	1
5188	충북 음성군	장애인 생활이동지원센터 운영	321,395	주민지원과	5	1	7	8	7	5	1	1
5189	충북 음성군	개인운영 장애인거주시설 지원	129,234	주민지원과	5	1	7	8	7	5	1	1
5190	충북 음성군	장애인연합회 운영비	68,662	주민지원과	5	1	7	8	7	5	1	1
5191	충북 음성군	장애인 직업 재활시설운영	87,480	주민지원과	5	1	7	8	7	5	1	1
5192	충북 음성군	장애인일감만들어주기지원센터 운영	67,635	주민지원과	5	1	7	8	7	5	1	1
5193	충북 음성군	건강가정 및 다문화가족지원센터 운영	342,980	주민지원과	5	1	2	3	1	1	1	3
5194	충북 음성군	경로당 운영비 지원	360,000	사회복지과	5	4	7	8	7	1	1	4
5195	충북 음성군	경로당 냉난방비 지원	721,260	사회복지과	5	2	7	8	7	1	1	1
5196	충북 음성군	대한노인회 음성군지회 운영지원	398,669	사회복지과	5	4	7	8	7	1	1	1
5197	충북 음성군	대한노인회 음성군지회 사무국 운영지원	29,928	사회복지과	5	6	7	8	7	1	1	1
5198	충북 음성군	개인운영시설 운영지원	10,800	사회복지과	5	1	7	8	7	5	1	4
5199	충북 음성군	여성단체협의회 운영지원	24,420	사회복지과	5	4	7	1	1	1	1	1
5200	충북 음성군	여성지도자 위탁교육비 지원	11,000	사회복지과	5	4	7	1	1	1	1	1
5201	충북 음성군	설장고반 운영지원	5,040	사회복지과	5	4	7	1	1	1	1	1
5202	충북 음성군	가정폭력상담소 운영	154,175	사회복지과	5	1	7	8	7	5	5	4
5203	충북 음성군	입양기관 운영	22,200	사회복지과	5	4	7	8	7	1	1	1
5204	충북 음성군	아동복지시설 운영	5,391,600	사회복지과	5	1	7	8	7	5	5	4
5205	충북 음성군	지역아동센터 냉난방비 지원	23,000	사회복지과	5	4	7	8	7	5	5	4
5206	충북 음성군	지역아동센터 운영비(기본운영비) 지원	1,457,238	사회복지과	5	2	7	8	7	5	5	4
5207	충북 음성군	지역아동센터 운영지원	13,250	사회복지과	5	6	7	8	7	5	5	4
5208	충북 음성군	특수목적형 지역아동센터 추가지원	43,848	사회복지과	5	2	7	8	7	5	5	4
5209	충북 음성군	토요운영 지역아동센터 추가지원	10,944	사회복지과	5	2	7	8	7	5	5	4
5210	충북 음성군	공공성강화 선도모델	9,600	사회복지과	5	2	7	8	7	5	5	4
5211	충북 음성군	육아종합지원센터 음성 분소 운영	150,000	사회복지과	5	5	7	8	7	5	5	4
5212	충북 음성군	어린이집 냉난방비 지원	79,300	사회복지과	5	1	7	8	7	5	5	4
5213	충북 음성군	어린이집 조리원 인건비 지원	93,600	사회복지과	5	1	7	8	7	5	5	4
5214	충북 음성군	교재교구비 지원	40,244	사회복지과	5	1	7	8	7	5	5	4
5215	충북 음성군	차량운영비 지원	145,972	사회복지과	5	1	7	8	7	5	5	4
5216	충북 음성군	농어촌소재 법인어린이집 지원	23,288	사회복지과	5	1	7	8	7	5	5	4
5217	충북 음성군	어린이집 공기청정기 운영비 지원	39,600	사회복지과	5	1	7	8	7	5	5	4
5218	충북 음성군	공공형어린이집 운영 지원	114,960	사회복지과	5	1	7	8	7	5	5	4
5219	충북 음성군	취약지역 국공립.법인 어린이집 차량운영지원	9,600	사회복지과	5	1	7	8	7	5	5	4
5220	충북 음성군	읍면 법인 어린이집 차량운영지원	8,640	사회복지과	5	1	7	8	7	5	5	4
5221	충북 음성군	보조교사 지원	739,600	사회복지과	5	1	7	8	7	5	5	4
5222	충북 음성군	대체교사 지원	64,180	사회복지과	5	1	7	8	7	5	5	4
5223	충북 음성군	공공형어린이집 환경개선비 지원	330,000	사회복지과	5	1	7	8	7	5	5	4
5224	충남 공주시	보훈단체운영비	150,800	복지정책과	5	1	7	8	7	5	1	3
5225	충남 공주시	공주시지역사회보장협의체 운영	50,000	복지정책과	5	1	5	8	7	1	1	3

순번	시군구	지출명 (사업명)	2021년예산 (단위:천원/1년간)	담당자 (공무원) 담당부서	민간이전 분류 (지방자치단체 세출예산 집행기준에 의거) 1. 민간경상사업보조(307-02) 2. 민간단체 법정운영비보조(307-03) 3. 민간행사사업보조(307-04) 4. 민간위탁금(307-05) 5. 사회복지시설 법정운영비보조(307-10) 6. 민간인위탁교육비(307-12) 7. 공기관등에대한경상적위탁사업비(308-10) 8. 민간자본사업보조,자체재원(402-01) 9. 민간자본사업보조,이전재원(402-02) 10. 민간위탁사업비(402-03) 11. 공기관등에 대한 자본적 대행사업비(403-02)	민간이전지출 근거 (지방보조금 관리기준 참고) 1. 법률에 규정 2. 국고보조 재원(국가지정) 3. 용도 지정 기부금 4. 조례에 직접규정 5. 지자체가 권장하는 사업을 하는 공공기관 6. 시,도 정책 및 재정사정 7. 기타 8. 해당없음	입찰방식 계약체결방법 (경쟁형태) 1. 일반경쟁 2. 제한경쟁 3. 지명경쟁 4. 수의계약 5. 법정위탁 6. 기타 ( ) 7. 해당없음	입찰방식 계약기간 1. 1년 2. 2년 3. 3년 4. 4년 5. 5년 6. 기타 ( )년 7. 단기계약 (1년미만) 8. 해당없음	입찰방식 낙찰자선정방법 1. 적격심사 2. 협상에의한계약 3. 최저가낙찰제 4. 규격가격분리 5. 2단계 경쟁입찰 6. 기타 ( ) 7. 해당없음	운영예산 산정 운영예산 산정 1. 내부산정 (지자체 자체적으로 산정) 2. 외부산정 (외부전문기관위탁 산정) 3. 내·외부 모두 산정 4. 산정 無 5. 해당없음	운영예산 산정 정산방법 1. 내부정산 (지자체 내부적으로 정산) 2. 외부정산 (외부전문기관위탁 정산) 3. 내·외부 모두 산정 4. 정산 無 5. 해당없음	성과평가 실시여부 1. 실시 2. 미실시 3. 향후 추진 4. 해당없음
5226	충남 공주시	기초푸드뱅크 운영지원	42,500	복지정책과	5	1	7	8	7	1	1	4
5227	충남 공주시	장애인연합회 상담활동 운영지원	19,000	경로장애인과	5	5	7	8	7	5	5	4
5228	충남 공주시	장애인실비 입소이용료 지원	162,980	경로장애인과	5	2	7	8	7	5	5	4
5229	충남 공주시	장애인거주시설 종사자 처우개선비	460,375	경로장애인과	5	6	7	8	7	5	5	4
5230	충남 공주시	장애인거주시설 중증장애인보호수당지원	96,000	경로장애인과	5	6	7	8	7	5	5	4
5231	충남 공주시	장애인거주시설 운영 지원	10,318,704	경로장애인과	5	2	7	8	7	5	5	4
5232	충남 공주시	장애인 단기보호시설 운영비 지원	185,000	경로장애인과	5	6	7	8	7	5	5	4
5233	충남 공주시	장애인 공동생활가정 운영비 지원	64,000	경로장애인과	5	6	7	8	7	5	5	4
5234	충남 공주시	장애인거주시설 연장근로수당 추가지원	368,693	경로장애인과	5	6	7	8	7	5	5	4
5235	충남 공주시	장애인이용시설 종사자 처우개선비	65,520	경로장애인과	5	6	7	8	7	5	5	4
5236	충남 공주시	장애인직업재활시설 종사자 처우개선비	47,040	경로장애인과	5	6	7	8	7	5	5	4
5237	충남 공주시	장애인직업재활시설 운영비 지원	1,204,000	경로장애인과	5	6	7	8	7	5	5	4
5238	충남 공주시	지체장애인편의시설 운영비 지원	60,000	경로장애인과	5	6	7	8	7	5	5	4
5239	충남 공주시	수화통역센터 운영비 지원	218,500	경로장애인과	5	6	7	8	7	5	5	4
5240	충남 공주시	장애인 생활이동지원센터 지원	226,000	경로장애인과	5	6	7	8	7	5	5	4
5241	충남 공주시	장애인직업재활시설중증장애인보호수당	8,793	경로장애인과	5	6	7	8	7	5	5	4
5242	충남 공주시	장애인단기주간보호지원	204,280	경로장애인과	5	6	7	8	7	5	5	4
5243	충남 공주시	성매매피해자 지원시설 및 상담소 운영	176,700	여성가족과	5	1	7	7	7	1	1	1
5244	충남 공주시	여성복지시설 종사자 처우개선비	36,840	여성가족과	5	1	7	7	7	1	1	1
5245	충남 공주시	가정폭력상담소 운영	154,175	여성가족과	5	1	7	7	7	1	1	1
5246	충남 공주시	성폭력 상담소 운영	123,817	여성가족과	5	1	7	7	7	1	1	1
5247	충남 공주시	가정폭력 피해자 보호시설 운영 지원	248,137	여성가족과	5	1	7	7	7	1	1	1
5248	충남 공주시	폭력관련시설 종사자 인건비	176,114	여성가족과	5	1	7	7	7	1	1	1
5249	충남 공주시	폭력피해여성 주거지원사업 운영지원	37,699	여성가족과	5	1	7	7	7	1	1	1
5250	충남 공주시	새일센터 지정운영	423,978	여성가족과	5	1	7	8	7	1	1	1
5251	충남 공주시	새일센터 취업역량강화	21,240	여성가족과	5	1	7	8	7	1	1	1
5252	충남 공주시	지역아동센터 운영비 지원	623,160	여성가족과	5	2	7	5	7	1	1	1
5253	충남 공주시	지역아동센터 운영비 지원	420,000	여성가족과	5	2	7	5	7	1	1	1
5254	충남 공주시	지역아동센터 운영비 지원	324,000	여성가족과	5	2	7	5	7	1	1	1
5255	충남 공주시	특성별 지역아동센터 추가지원	14,616	여성가족과	5	2	7	5	7	1	1	1
5256	충남 공주시	특성별 지역아동센터 추가지원	3,648,000	여성가족과	5	2	7	5	7	1	1	1
5257	충남 공주시	지역아동센터 지원	37,380	여성가족과	5	6	7	5	7	1	1	1
5258	충남 공주시	우수지역아동센터 지원	20,440	여성가족과	5	2	7	5	7	1	1	1
5259	충남 공주시	아동복지시설 인건비 추가 지원	52,391	여성가족과	5	6	7	5	7	1	1	1
5260	충남 공주시	아동복지시설 근무자 처우개선	30,390	여성가족과	5	6	7	5	7	1	1	1
5261	충남 보령시	지역자활센터 운영	227,065	주민생활지원과	5	2	7	8	7	1	1	4
5262	충남 보령시	지역자활센터 종사자 처우개선비	13,333	주민생활지원과	5	2	7	8	7	1	1	4
5263	충남 보령시	사회복지협의회 운영	87,800	주민생활지원과	5	1	7	8	7	1	1	1
5264	충남 보령시	지역사회보장협의체 운영	110,355	주민생활지원과	5	4	7	8	7	1	1	1
5265	충남 보령시	명천종합사회복지관 종사자 처우개선비	17,280	주민생활지원과	5	1	5	5	1	1	1	1
5266	충남 보령시	푸드마켓 운영	70,000	주민생활지원과	5	1	7	8	7	1	1	1
5267	충남 보령시	보훈단체 운영	124,000	주민생활지원과	5	4	7	8	7	1	1	1
5268	충남 아산시	성폭력상담소 운영 지원	277,756	여성가족과	5	1	7	8	7	5	1	1

순번	시군구	지출명 (사업명)	2021년예산 (단위:천원/1년간)	담당자 (공무원)	민간이전 분류 (지방자치단체 세출예산 집행기준에 의거) 1. 민간경상사업보조(307-02) 2. 민간단체 법정운영비보조(307-03) 3. 민간행사사업보조(307-04) 4. 민간위탁금(307-05) 5. 사회복지시설 법정운영비보조(307-10) 6. 민간인위탁교육비(307-12) 7. 공기관등에대한경상적위탁사업비(308-10) 8. 민간자본사업보조,자체재원(402-01) 9. 민간자본사업보조,이전재원(402-02) 10. 민간위탁사업비(402-03) 11. 공기관등에 대한 자본적 대행사업비(403-02)	민간이전지출 근거 (지방보조금 관리기준 참고) 1. 법률에 규정 2. 국고보조 재원(국가지정) 3. 용도 지정 기부금 4. 조례에 직접규정 5. 지자체가 권장하는 사업을 하는 공공기관 6. 시,도 정책 및 재정사정 7. 기타 8. 해당없음	입찰방식			운영예산 산정		성과평가 실시여부
				담당부서			계약체결방법 (경쟁형태) 1. 일반경쟁 2. 제한경쟁 3. 지명경쟁 4. 수의계약 5. 법정위탁 6. 기타 ( ) 7. 해당없음	계약기간 1. 1년 2. 2년 3. 3년 4. 4년 5. 5년 6. 기타 ( )년 7. 단기계약 (1년미만) 8. 해당없음	낙찰자선정방법 1. 적격심사 2. 협상에의한계약 3. 최저가낙찰제 4. 규격가격분리 5. 2단계 경쟁입찰 6. 기타 ( ) 7. 해당없음	운영예산 산정 1. 내부산정 (지자체 자체적으로 산정) 2. 외부산정 (외부전문기관위탁 산정) 3. 내·외부 모두 산정 4. 산정 無 5. 해당없음	정산방법 1. 내부정산 (지자체 내부적으로 정산) 2. 외부정산 (외부전문기관위탁 정산) 3. 내·외부 모두 산정 4. 정산 無 5. 해당없음	1. 실시 2. 미실시 3. 향후 추진 4. 해당없음
5269	충남 아산시	가정폭력상담소 운영	372,048	여성가족과	5	1	7	8	7	5	1	1
5270	충남 아산시	성폭력피해자 보호시설 운영	277,472	여성가족과	5	1	7	8	7	5	1	1
5271	충남 아산시	성폭력피해자 보호시설 인건비	24,596	여성가족과	5	1	7	8	7	5	1	1
5272	충남 아산시	긴급피난처 운영	60,000	여성가족과	5	1	7	8	7	5	1	1
5273	충남 아산시	아동 생활안정 지원	87,550	여성가족과	5	5	7	8	7	5	1	4
5274	충남 아산시	아동 학습환경 지원	107,000	여성가족과	5	5	7	8	7	5	1	4
5275	충남 아산시	아동 건강증진 및 정서함양 지원	129,800	여성가족과	5	5	7	8	7	5	1	4
5276	충남 아산시	아동양육시설 운영	1,306,500	여성가족과	5	5	7	8	7	5	1	4
5277	충남 아산시	경계선아동 자립지원	14,280	여성가족과	5	2	7	8	7	5	1	4
5278	충남 아산시	경계선지능아동 사례관리 전문인력 지원	35,000	여성가족과	5	5	7	8	7	5	1	4
5279	충남 아산시	그룹홈형태 아동시설운영비 지원	584,839	여성가족과	5	2	7	8	7	5	1	4
5280	충남 아산시	학대피해아동쉼터 운영	180,306	여성가족과	5	2	7	8	7	5	1	4
5281	충남 아산시	공동생활가정(그룹홈)운영비 추가지원	19,200	여성가족과	5	1	7	8	7	5	1	4
5282	충남 아산시	공동생활가정 종사자 시간외수당 지원	55,739	여성가족과	5	1	7	8	7	5	1	4
5283	충남 아산시	아동양육시설 종사자 처우개선비	65,140	여성가족과	5	1	7	8	7	5	1	4
5284	충남 아산시	공동생활가정(그룹홈) 종사자 처우개선비 지원	43,360	여성가족과	5	1	7	8	7	5	1	4
5285	충남 아산시	지역아동센터 종사자 처우개선비	141,150	여성가족과	5	1	7	8	7	5	1	4
5286	충남 아산시	그룹홈,지역아동센터 종사자 인건비추가지원	318,490	여성가족과	5	1	7	8	7	5	1	4
5287	충남 아산시	기본운영비 지원	2,847,850	여성가족과	5	1	7	8	7	5	1	4
5288	충남 아산시	공기청정기 지원	30,240	여성가족과	5	1	7	8	7	5	1	4
5289	충남 아산시	등하원 안심알림이 이용료	13,356	여성가족과	5	1	7	8	7	5	1	4
5290	충남 아산시	특수목적형 추가지원	51,156	여성가족과	5	1	7	8	7	5	1	4
5291	충남 아산시	토요운영 추가지원	47,424	여성가족과	5	1	7	8	7	5	1	4
5292	충남 아산시	공공성 강화 선도모델	9,600	여성가족과	5	1	7	8	7	5	1	4
5293	충남 아산시	토요운영 지역아동센터 운영비 지원	33,000	여성가족과	5	1	7	8	7	5	1	4
5294	충남 아산시	지역아동센터 운영·사업비 및 급식인력 지원	159,670	여성가족과	5	1	7	8	7	5	1	4
5295	충남 아산시	지역아동센터 운영비 추가 지원	93,600	여성가족과	5	1	7	8	7	5	1	4
5296	충남 아산시	지역아동센터 꾸러미사업	50,000	여성가족과	5	1	7	8	7	5	1	4
5297	충남 아산시	장애전문어린이집 기사 인건비	18,000	여성가족과	5	8	7	8	7	5	5	4
5298	충남 아산시	국공립어린이집 외 차량운영비	12,000	여성가족과	5	8	7	8	7	5	5	4
5299	충남 아산시	외국아동 통합어린이집 지정 보육교직원 인건비	43,200	여성가족과	5	8	7	8	7	5	5	4
5300	충남 아산시	야간어린이집 보육교사 인건비	46,000	여성가족과	5	8	7	8	7	5	5	4
5301	충남 아산시	야간어린이집 운영비	3,600,000	여성가족과	5	8	7	8	7	5	5	4
5302	충남 아산시	어린이집 냉난방비	156,000	여성가족과	5	8	7	8	7	5	5	4
5303	충남 아산시	행복키움 거점기관 사례관리사 인건비	173,000	사회복지과	5	6	7	1	1	1	1	1
5304	충남 아산시	지역사회보장협의체 지원	5,000,000	사회복지과	5	4	7	8	7	1	1	1
5305	충남 아산시	사회복지협의회 지원	30,000	사회복지과	5	4	7	8	7	1	1	1
5306	충남 아산시	사회복지관 운영	523,000	사회복지과	5	4	7	8	7	1	1	1
5307	충남 아산시	사회복지관 운영	486,000	사회복지과	5	4	7	8	7	1	1	1
5308	충남 아산시	사회복지관 종사자 처우개선비	81,720	사회복지과	5	6	7	8	7	1	1	4
5309	충남 아산시	지역자활센터운영	306,015	사회복지과	5	1	5	8	7	5	1	1
5310	충남 아산시	자활센터운영	40,000	사회복지과	5	1	5	8	7	1	1	1
5311	충남 아산시	지역자활센터 종사자 처우개선비	12,333	사회복지과	5	6	7	8	7	5	1	1

순번	시군구	지출명 (사업명)	2021년예산 (단위:천원/1년간)	담당자 (공무원) 담당부서	민간이전 분류 (지방자치단체 세출예산 집행기준에 의거) 1. 민간경상사업보조(307-02) 2. 민간단체 법정운영비보조(307-03) 3. 민간행사사업보조(307-04) 4. 민간위탁금(307-05) 5. 사회복지시설 법정운영비보조(307-10) 6. 민간인위탁교육비(307-12) 7. 공기관등에대한경상적위탁사업비(308-10) 8. 민간자본사업보조,자체재원(402-01) 9. 민간자본사업보조,이전재원(402-02) 10. 민간위탁사업비(402-03) 11. 공기관등에 대한 자본적 대행사업비(403-02)	민간이전지출 근거 (지방보조금 관리기준 참고) 1. 법률에 규정 2. 국고보조 재원(국가지정) 3. 용도 지정 기부금 4. 조례에 직접규정 5. 지자체가 권장하는 사업을 하는 공공기관 6. 시,도 정책 및 재정사정 7. 기타 8. 해당없음	입찰방식: 계약체결방법 (경쟁형태) 1. 일반경쟁 2. 제한경쟁 3. 지명경쟁 4. 수의계약 5. 법정위탁 6. 기타 ( ) 7. 해당없음	입찰방식: 계약기간 1. 1년 2. 2년 3. 3년 4. 4년 5. 5년 6. 기타 ( )년 7. 단기계약 (1년미만) 8. 해당없음	입찰방식: 낙찰자선정방법 1. 적격심사 2. 협상에의한계약 3. 최저가낙찰제 4. 규격가격분리 5. 2단계 경쟁입찰 6. 기타 ( ) 7. 해당없음	운영예산 산정: 운영예산 산정 1. 내부산정 (지자체 자체적으로 산정) 2. 외부산정 (외부전문기관위탁 산정) 3. 내·외부 모두 산정 4. 산정 無 5. 해당없음	운영예산 산정: 정산방법 1. 내부정산 (지자체 내부적으로 정산) 2. 외부정산 (외부전문기관위탁 정산) 3. 내·외부 모두 산정 4. 정산 無 5. 해당없음	성과평가 실시여부 1. 실시 2. 미실시 3. 향후 추진 4. 해당없음
5312	충남 아산시	자활사업지원	30,000	사회복지과	5	1	5	8	7	1	1	1
5313	충남 아산시	푸드뱅크사업 지원	200,000	사회복지과	5	7	7	8	7	1	1	3
5314	충남 서산시	지역자활센터 종사자 처우개선비	600,000	사회복지과	5	1	7	8	7	1	1	3
5315	충남 서산시	지역 노인대학 활성화 지원	25,500	경로장애인과	5	6	7	8	7	1	1	2
5316	충남 서산시	장애인거주시설 운영	6,172,533	경로장애인과	5	2	7	8	7	5	1	2
5317	충남 서산시	장애인생활이동지원센터	381,407	경로장애인과	5	1	7	8	7	1	1	2
5318	충남 서산시	수화통역센터 운영	285,900	경로장애인과	5	1	7	8	7	1	1	2
5319	충남 서산시	장애인직업재활시설 종사자 처우개선비	336,754	경로장애인과	5	1	7	8	7	5	1	4
5320	충남 서산시	장애인직업재활시설 중증장애인 보호자수당	58,593	경로장애인과	5	1	7	8	7	5	1	4
5321	충남 서산시	장애인거주시설 생활지도원 교대인력	298,412	경로장애인과	5	1	7	8	7	5	1	2
5322	충남 서산시	성폭력가정폭력 상담소 운영 지원	141,942	여성가족과	5	2	7	1	7	1	1	4
5323	충남 서산시	폭력관련시설 종사자 인건비 추가지원	25,400	여성가족과	5	6	7	8	7	5	5	4
5324	충남 서산시	여성폭력 긴급피난처 운영	53,218	여성가족과	5	1	7	1	7	1	1	4
5325	충남 서산시	지역청소년 참여기구 운영	2,800,000	여성가족과	5	2	5	7	7	5	1	1
5326	충남 서산시	학교 밖 청소년 지원	11,550	여성가족과	5	2	7	7	7	5	1	4
5327	충남 서산시	청소년지도사 배치지원	46,416	여성가족과	5	2	5	7	7	5	1	1
5328	충남 서산시	지역청소년 참여기구 운영	4,000,000	여성가족과	5	2	5	7	7	5	1	1
5329	충남 서산시	공공도서관 개관시간 연장	52,656	여성가족과	5	2	5	7	7	5	1	1
5330	충남 서산시	청소년 상담복지센터 운영	17,000	여성가족과	5	2	5	7	7	5	1	1
5331	충남 서산시	청소년 동반자 프로그램 운영	68,110	여성가족과	5	2	5	7	7	5	1	1
5332	충남 서산시	학교폭력 예방프로그램 운영	55,986	여성가족과	5	2	5	7	7	5	1	1
5333	충남 서산시	지역아동센터 운영비 지원	1,174,188	여성가족과	5	2	7	1	7	5	1	4
5334	충남 서산시	특성별 지역아동센터 추가지원	73,020	여성가족과	5	2	7	1	7	5	1	4
5335	충남 서산시	요보호아동 그룹홈 운영 지원	211,433	여성가족과	5	2	7	1	7	5	1	4
5336	충남 서산시	영유아 보육료 지원	20,000	여성가족과	5	2	7	8	7	5	1	4
5337	충남 서산시	3~5세 누리과정 보육료 지원	2,156,920	여성가족과	5	2	7	8	7	5	1	4
5338	충남 서산시	시간제 보육지원 사업	32,669	여성가족과	5	2	7	8	7	5	1	4
5339	충남 서산시	어린이집 운영 지원	335,020	여성가족과	5	2	7	8	7	5	1	4
5340	충남 서산시	어린이집 운영 지원	25,270	여성가족과	5	2	7	8	7	5	1	4
5341	충남 서산시	어린이집 운영 지원	95,000	여성가족과	5	2	7	8	7	5	1	4
5342	충남 서산시	보육교직원 인건비 지원	6,237,580	여성가족과	5	2	7	8	7	5	1	4
5343	충남 서산시	어린이집 직접 채용 대체교사 지원	160,680	여성가족과	5	2	7	8	7	5	1	4
5344	충남 서산시	보육교직원 처우개선 지원	2,559,000	여성가족과	5	2	7	8	7	5	1	4
5345	충남 서산시	공공형 어린이집 지원	696,000	여성가족과	5	2	7	8	7	5	1	4
5346	충남 서산시	공공형 어린이집 교육환경 개선비	72,000	여성가족과	5	2	7	8	7	5	1	4
5347	충남 서산시	공공형 어린이집 차량 안전도우미	87,360	여성가족과	5	2	7	8	7	5	1	4
5348	충남 서산시	어린이집 보육도우미 지원	1,549,992	여성가족과	5	2	7	8	7	5	1	4
5349	충남 서산시	영유아 급간식비 지원	406,050	여성가족과	5	2	7	8	7	5	1	4
5350	충남 서산시	장애아전담 어린이집 차량운영비 지원	7,800	여성가족과	5	2	7	8	7	5	1	4
5351	충남 서산시	지원시설 유아반교사 인건비 지원	540,819	여성가족과	5	2	7	8	7	5	1	4
5352	충남 서산시	정신건강재활시설 운영 지원	75,000	정신보건위생과	5	1	6	1	7	1	1	1
5353	충남 서산시	정신건강증진시설 종사자 처우개선비 지원	2,400,000	정신보건위생과	5	1	6	1	7	1	1	1
5354	충남 계룡시	한부모가족복지시설 운영	220,000	가족행복과	5	1	7	8	7	3	3	1

순번	시군구	지출명 (사업명)	2021년예산 (단위:천원/1년간)	담당자 (공무원)	민간이전 분류 (지방자치단체 세출예산 집행기준에 의거)	민간이전지출 근거 (지방보조금 관리기준 참고)	입찰방식			운영예산 산정		성과평가 실시여부
				담당부서	1. 민간경상사업보조(307-02) 2. 민간단체 법정운영비보조(307-03) 3. 민간행사사업보조(307-04) 4. 민간위탁금(307-05) 5. 사회복지시설 법정운영비보조(307-10) 6. 민간인위탁교육비(307-12) 7. 공기관등에대한경상적위탁사업비(308-10) 8. 민간자본사업보조,자체재원(402-01) 9. 민간자본사업보조,이전재원(402-02) 10. 민간위탁사업비(402-03) 11. 공기관등에 대한 자본적 대행사업비(403-02)	1. 법률에 규정 2. 국고보조 재원(국가지정) 3. 용도 지정 기부금 4. 조례에 직접규정 5. 지자체가 권장하는 사업을 하는 공공기관 6. 시,도 정책 및 재정사정 7. 기타 8. 해당없음	계약체결방법 (경쟁형태) 1. 일반경쟁 2. 제한경쟁 3. 지명경쟁 4. 수의계약 5. 법정위탁 6. 기타 ( ) 7. 해당없음	계약기간 1. 1년 2. 2년 3. 3년 4. 4년 5. 5년 6. 기타 ( )년 7. 단기계약 (1년미만) 8. 해당없음	낙찰자선정방법 1. 적격심사 2. 협상에의한계약 3. 최저가낙찰제 4. 규격가격분리 5. 2단계 경쟁입찰 6. 기타 ( ) 7. 해당없음	운영예산 산정 1. 내부산정 (지자체 자체적으로 산정) 2. 외부산정 (외부전문기관위탁 산정) 3. 내·외부 모두 산정 4. 산정 無 5. 해당없음	정산방법 1. 내부정산 (지자체 내부적으로 정산) 2. 외부정산 (외부전문기관위탁 정산) 3. 내·외부 모두 산정 4. 정산 無 5. 해당없음	1. 실시 2. 미실시 3. 향후 추진 4. 해당없음
5355	충남 계룡시	건강가정다문화가족지원센터 종사자 지원	46,800	가족행복과	5	1	5	5	1	3	3	4
5356	충남 계룡시	市 보육 특수시책사업	144,692	가족행복과	5	4	7	8	7	5	1	1
5357	충남 계룡시	영유아보육료	68,000	가족행복과	5	1	7	8	7	5	1	1
5358	충남 계룡시	만3~5세아 누리과정 보육료 지원	417,600	가족행복과	5	1	7	8	7	5	1	1
5359	충남 계룡시	시간제보육 어린이집 지원	33,000	가족행복과	5	1	7	8	7	5	1	1
5360	충남 계룡시	어린이집 교재교구비	31,440	가족행복과	5	1	7	8	7	5	1	1
5361	충남 계룡시	어린이집 차량운영비	69,000	가족행복과	5	1	7	8	7	5	1	1
5362	충남 계룡시	농어촌소재 법인 어린이집 지원	4,826,000	가족행복과	5	1	7	8	7	5	1	1
5363	충남 계룡시	공공형어린이집 지원	220,000	가족행복과	5	1	7	8	7	5	1	1
5364	충남 계룡시	정부지원어린이집 인건비	1,685,740	가족행복과	5	1	7	8	7	5	1	1
5365	충남 계룡시	어린이집 보조교사 지원	720,000	가족행복과	5	1	7	8	7	5	1	1
5366	충남 계룡시	영유아 급간식비 지원	109,793	가족행복과	5	1	7	8	7	5	1	1
5367	충남 계룡시	어린이집 직접채용 대체교사 지원	59,040	가족행복과	5	1	7	8	7	5	1	1
5368	충남 계룡시	평가인증 어린이집 보육도우미 지원	553,728	가족행복과	5	1	7	8	7	5	1	1
5369	충남 계룡시	공공형 어린이집 차량 안전도우미	43,680	가족행복과	5	1	7	8	7	5	1	1
5370	충남 계룡시	정부지원어린이집 유아반교사 인건비	87,000	가족행복과	5	1	7	8	7	5	1	1
5371	충남 계룡시	공공형 어린이집 교육환경 개선비	26,400	가족행복과	5	1	7	8	7	5	1	1
5372	충남 계룡시	지역아동센터 운영비 지원	179,580	가족행복과	5	2	7	8	7	5	1	4
5373	충남 계룡시	아동복지시설 인건비 추가 지원	17,244	가족행복과	5	1	7	8	7	5	1	4
5374	충남 계룡시	지역아동센터 근무자 처우개선비	7,200	가족행복과	5	1	7	8	7	5	1	4
5375	충남 계룡시	지역아동센터 운영비 추가지원	10,800	가족행복과	5	1	7	8	7	5	1	4
5376	충남 계룡시	정신재활시설	131,296	보건소	5	1	5	8	1	1	1	2
5377	충남 계룡시	지역사회보장협의체 운영	58,481	사회복지과	5	1	7	1	7	1	1	1
5378	충남 계룡시	지역사회보장협의체 활성화 지원	5,000,000	사회복지과	5	7	7	1	7	1	1	1
5379	충남 계룡시	다함께돌봄센터 운영비	53,600	사회복지과	5	2	7	3	6	1	1	3
5380	충남 계룡시	장애인 이용시설(편의시설) 종사자 처우개선비	1,800,000	사회복지과	5	1	7	8	7	5	1	1
5381	충남 계룡시	장애인 휠체어리프트차량 운영	32,700	사회복지과	5	1	7	8	7	5	1	1
5382	충남 계룡시	지체장애인 편의시설 지원센터 운영	43,416	사회복지과	5	1	7	8	7	5	1	1
5383	충남 계룡시	장애인 이동차량 지원	2,700,000	사회복지과	5	1	7	8	7	5	1	1
5384	충남 계룡시	장애인 건강교실	10,000	사회복지과	5	1	7	8	7	5	1	1
5385	충남 계룡시	계룡장애인단기보호센터 운영비	22,660	사회복지과	5	1	7	8	7	5	1	1
5386	충남 계룡시	계룡장애인단기보호센터 인건비	161,714	사회복지과	5	1	7	8	7	5	1	1
5387	충남 계룡시	장애인거주시설 종사자 처우개선비	9,070	사회복지과	5	1	7	8	7	5	1	1
5388	충남 계룡시	장애인 단기거주시설 인력 추가지원	43,000	사회복지과	5	1	7	8	7	5	1	1
5389	충남 계룡시	장애인 민원 상담실 운영	26,000	사회복지과	5	1	7	8	7	5	1	1
5390	충남 계룡시	발달장애인 주간활동 도추가	71,280	사회복지과	5	1	7	8	7	5	1	1
5391	충남 계룡시	장애인거주시설 중증장애인 보호자 수당	1,920,000	사회복지과	5	1	7	8	7	5	1	1
5392	충남 계룡시	장애인 주간보호시설 처우개선비	4,680,000	사회복지과	5	1	7	8	7	5	1	1
5393	충남 당진시	지역사회보장협의체 운영 활성화 지원	51,000	사회복지과	5	4	7	1	7	1	1	1
5394	충남 당진시	자활근로, 지역자활센터 및 광역자활센터운영	345,279	사회복지과	5	1	7	8	7	5	1	1
5395	충남 당진시	당진시사회복지협의회 운영보조	36,000	사회복지과	5	4	7	8	7	5	1	4
5396	충남 당진시	수화통역센터 운영	234,200	경로장애인과	5	1	7	8	7	1	1	1
5397	충남 당진시	노인복지시설 지원	295,823	경로장애인과	5	6	7	8	7	1	1	4

순번	시군구	지출명 (사업명)	2021년예산 (단위:천원/1년간)	담당자 (공무원)	민간이전 분류 (지방자치단체 세출예산 집행기준에 의거)	민간이전지출 근거 (지방보조금 관리기준 참고)	입찰방식			운영예산 산정		성과평가 실시여부
				담당부서	1. 민간경상사업보조(307-02) 2. 민간단체 법정운영비보조(307-03) 3. 민간행사사업보조(307-04) 4. 민간위탁금(307-05) 5. 사회복지시설 법정운영비보조(307-10) 6. 민간인위탁교육비(307-12) 7. 공기관등에대한경상적위탁사업비(308-10) 8. 민간자본사업보조,자체재원(402-01) 9. 민간자본사업보조,이전재원(402-02) 10. 민간위탁사업비(402-03) 11. 공기관등에 대한 자본적 대행사업비(403-02)	1. 법률에 규정 2. 국고보조 재원(국가지정) 3. 용도 지정 기부금 4. 조례에 직접규정 5. 지자체가 권장하는 사업을 하는 공공기관 6. 시,도 정책 및 재정사정 7. 기타 8. 해당없음	계약체결방법 (경쟁형태) 1. 일반경쟁 2. 제한경쟁 3. 지명경쟁 4. 수의계약 5. 법정위탁 6. 기타 ( ) 7. 해당없음	계약기간 1. 1년 2. 2년 3. 3년 4. 4년 5. 5년 6. 기타 ( )년 7. 단기계약 (1년미만) 8. 해당없음	낙찰자선정방법 1. 적격심사 2. 협상에의한계약 3. 최저가낙찰제 4. 규격가격분리 5. 2단계 경쟁입찰 6. 기타 ( ) 7. 해당없음	운영예산 산정 1. 내부산정 (지자체 자체적으로 산정) 2. 외부산정 (외부전문기관위탁 산정) 3. 내·외부 모두 산정 4. 산정 無 5. 해당없음	정산방법 1. 내부정산 (지자체 내부적으로 정산) 2. 외부정산 (외부전문기관위탁 정산) 3. 내·외부 모두 산정 4. 정산 無 5. 해당없음	1. 실시 2. 미실시 3. 향후 추진 4. 해당없음
5398	충남 당진시	경로당 지원	90,044	경로장애인과	5	1	7	8	7	1	1	1
5399	충남 당진시	장애인 재활사업 지원	38,925	경로장애인과	5	1	7	8	7	1	1	1
5400	충남 당진시	장애인생활이동지원센터 운영	290,100	경로장애인과	5	1	7	8	7	1	1	1
5401	충남 당진시	장애인편의시설지원센터 운영	62,948	경로장애인과	5	1	7	8	7	1	1	1
5402	충남 당진시	장애인 주간보호시설 운영	605,062	경로장애인과	5	1	7	8	7	1	1	1
5403	충남 당진시	장애인이용시설 종사자 처우개선비	148,507	경로장애인과	5	7	7	8	7	1	1	1
5404	충남 당진시	노인일자리 및 사회활동지원 확대	7,379,168	경로장애인과	5	2	7	8	7	1	1	4
5405	충남 당진시	노인맞춤돌봄서비스	2,183,830	경로장애인과	5	1	1	1	1	5	1	1
5406	충남 당진시	노인회지회 운영비 지원	127,950	경로장애인과	5	8	7	8	7	5	1	1
5407	충남 당진시	장애인직업재활시설 운영	848,953	경로장애인과	5	1	7	8	7	1	1	1
5408	충남 당진시	독거노인 응급안전안심서비스 운영지원	129,204	경로장애인과	5	1	1	1	1	5	1	1
5409	충남 당진시	장애인거주시설 운영 지원	1,139,022	경로장애인과	5	2	7	8	7	1	1	1
5410	충남 당진시	중증장애인 보호자수당	9,600	경로장애인과	5	7	7	8	7	1	1	1
5411	충남 당진시	시니어클럽 운영비 지원	260,263	경로장애인과	5	6	7	8	7	5	1	4
5412	충남 당진시	중증장애인자립생활센터 지원	142,492	경로장애인과	5	2	7	8	7	5	1	1
5413	충남 당진시	장애인거주시설 운영	37,557	경로장애인과	5	7	7	8	7	1	1	1
5414	충남 당진시	독거노인 지원(공동생활홈 운영)	60,200	경로장애인과	5	4	7	8	7	5	1	1
5415	충남 당진시	장애인거주시설 운영 지원	20,000	경로장애인과	5	7	7	8	7	1	1	1
5416	충남 당진시	경로당 운영비	743,900	경로장애인과	5	4	7	8	7	1	1	1
5417	충남 당진시	취업지원센터 활성화	2,400,000	경로장애인과	5	6	7	8	7	5	1	4
5418	충남 당진시	장애인가족지원센터 운영 지원	150,000	경로장애인과	5	4	5	1	1	1	1	1
5419	충남 당진시	독거노인 응급안전안심서비스 운영지원	3,600,000	경로장애인과	5	1	1	1	1	5	1	1
5420	충남 당진시	가정, 성폭력상담소 운영지원	142,560	여성가족과	5	8	7	8	7	5	5	4
5421	충남 당진시	여성폭력관련시설 종사자 인건비 추가지원	6,671	여성가족과	5	8	7	8	7	5	5	4
5422	충남 당진시	여성폭력관련시설 종사자 처우개선비	2,484,000	여성가족과	5	8	7	8	7	5	5	4
5423	충남 당진시	지역아동센터 운영비	66,000	여성가족과	5	2	7	8	7	5	5	4
5424	충남 당진시	지역아동센터 운영비	362,750	여성가족과	5	2	7	8	7	5	5	4
5425	충남 당진시	지역아동센터 운영비	37,560	여성가족과	5	2	7	8	7	5	5	4
5426	충남 당진시	지역아동센터 운영비	370,560	여성가족과	5	2	5	5	7	1	1	1
5427	충남 당진시	공공청정기 지원	2,880,000	여성가족과	5	2	7	8	7	5	5	4
5428	충남 당진시	등하원 안심알림이 이용료	3,960,000	여성가족과	5	2	7	8	7	5	5	4
5429	충남 당진시	지역아동센터 토요운영비 추가지원	12,600	여성가족과	5	2	7	8	7	5	5	4
5430	충남 당진시	지역아동센터 운영,사업비 및 급식인력지원	36,255	여성가족과	5	2	7	8	7	5	5	4
5431	충남 당진시	아동복지시설 종사자 처우개선비	35,340	여성가족과	5	8	7	8	7	5	5	4
5432	충남 당진시	아동복지시설 종사자 처우개선비	9,570	여성가족과	5	8	7	8	7	5	5	4
5433	충남 당진시	아동복지시설 종사자 처우개선비	2,400,000	여성가족과	5	8	7	8	7	5	5	4
5434	충남 당진시	아동복지시설 종사자 처우개선비	28,400	여성가족과	5	8	7	8	7	5	5	4
5435	충남 당진시	공동생활가정 안전점검비	400,000	여성가족과	5	8	7	8	7	5	5	4
5436	충남 당진시	공동생활가정 관리운영비	2,400,000	여성가족과	5	8	7	8	7	5	5	4
5437	충남 당진시	그룹홈 운영지원	173,288	여성가족과	5	8	7	8	7	5	5	4
5438	충남 당진시	아동복지시설 종사자 인건비 추가 지원	83,583	여성가족과	5	8	7	8	7	5	5	4
5439	충남 당진시	특수목적형 추가지원	36,540	여성가족과	5	2	7	8	7	5	5	4
5440	충남 당진시	토요운영 추가지원	14,592	여성가족과	5	2	7	8	7	5	5	4

순번	시군구	지출명 (사업명)	2021년예산 (단위:천원/1년간)	담당자 (공무원) 담당부서	민간이전 분류 (지방자치단체 세출예산 집행기준에 의거) 1. 민간경상사업보조(307-02) 2. 민간단체 법정운영비보조(307-03) 3. 민간행사사업보조(307-04) 4. 민간위탁금(307-05) 5. 사회복지시설 법정운영비보조(307-10) 6. 민간인위탁교육비(307-12) 7. 공기관등에대한경상적위탁사업비(308-10) 8. 민간자본사업보조,자체재원(402-01) 9. 민간자본사업보조,이전재원(402-02) 10. 민간위탁사업비(402-03) 11. 공기관등에 대한 자본적 대행사업비(403-02)	민간이전지출 근거 (지방보조금 관리기준 참고) 1. 법률에 규정 2. 국고보조 재원(국가지정) 3. 용도 지정 기부금 4. 조례에 직접규정 5. 지자체가 권장하는 사업을 하는 공공기관 6. 시,도 정책 및 재정사정 7. 기타 8. 해당없음	입찰방식 계약체결방법 (경쟁형태) 1. 일반경쟁 2. 제한경쟁 3. 지명경쟁 4. 수의계약 5. 법정위탁 6. 기타 ( ) 7. 해당없음	입찰방식 계약기간 1. 1년 2. 2년 3. 3년 4. 4년 5. 5년 6. 기타 ( )년 7. 단기계약 (1년미만) 8. 해당없음	입찰방식 낙찰자선정방법 1. 적격심사 2. 협상에의한계약 3. 최저가낙찰제 4. 규격가격분리 5. 2단계 경쟁입찰 6. 기타 ( ) 7. 해당없음	운영예산 산정 운영예산 산정 1. 내부산정 (지자체 자체적으로 산정) 2. 외부산정 (외부전문기관위탁 산정) 3. 내·외부 모두 산정 4. 산정 無 5. 해당없음	운영예산 산정 정산방법 1. 내부정산 (지자체 내부적으로 정산) 2. 외부정산 (외부전문기관위탁 정산) 3. 내·외부 모두 산정 4. 정산 無 5. 해당없음	성과평가 실시여부 1. 실시 2. 미실시 3. 향후 추진 4. 해당없음
5441	충남 당진시	공공성 강화 선도 모델	4,800,000	여성가족과	5	2	7	8	7	5	5	4
5442	충남 금산군	지역자활센터 운영비	301,831	주민복지지원실	5	2	7	8	7	1	1	1
5443	충남 금산군	지역자활센터 종사자 처우개선비	11,000	주민복지지원실	5	2	7	8	7	1	1	1
5444	충남 금산군	장애인 생활이동지원센터 운영지원	279,120	주민복지지원실	5	1	7	8	7	1	1	1
5445	충남 금산군	수화통역센터 운영지원	181,000	주민복지지원실	5	1	7	8	7	1	1	1
5446	충남 금산군	지체장애인편의시설 지원센터 운영비지원	66,000	주민복지지원실	5	1	7	8	7	1	1	1
5447	충남 금산군	장애인 거주시설 운영종사자 연장근로수당	46,833	주민복지지원실	5	2	7	8	7	1	1	1
5448	충남 금산군	장애인 단기거주시설 운영	44,280	주민복지지원실	5	4	7	8	7	1	1	1
5449	충남 금산군	비단고을 단기보호시설 운영비 지원	168,248	주민복지지원실	5	4	7	8	7	1	1	1
5450	충남 금산군	장애인 거주시설 종사자 처우개선	50,549	주민복지지원실	5	6	7	8	7	1	1	1
5451	충남 금산군	장애인 이용시설 종사자 처우개선	15,480	주민복지지원실	5	6	7	8	7	1	1	1
5452	충남 금산군	장애인 직업재활시설 종사자 처우개선	16,920	주민복지지원실	5	6	7	8	7	1	1	1
5453	충남 금산군	장애인 거주시설 중증장애인 보호자 수당	10,080	주민복지지원실	5	2	7	8	7	1	1	1
5454	충남 금산군	장애인 직업재활시설 중증장애인 보호자 수당	3,517,000	주민복지지원실	5	2	7	8	7	1	1	1
5455	충남 금산군	장애인 보호작업장 운영 지원	481,600	주민복지지원실	5	2	7	8	7	1	1	1
5456	충남 금산군	장애인거주시설 운영	1,229,733	주민복지지원실	5	2	7	8	7	1	1	1
5457	충남 금산군	장애인거주시설 생활지도원 인력지원	49,735	주민복지지원실	5	2	7	8	7	1	1	1
5458	충남 금산군	어린이집 차량운영비	72,220	주민복지지원실	5	2	7	8	7	1	1	4
5459	충남 금산군	영유아 급간식비 지원	59,475	주민복지지원실	5	6	7	8	7	1	1	4
5460	충남 금산군	평가인증 어린이집 보육도우미 지원	278,448	주민복지지원실	5	6	7	8	7	1	1	4
5461	충남 금산군	지원시설 유아반교사 인건비 지원	213,225	주민복지지원실	5	6	7	8	7	1	1	4
5462	충남 금산군	농어촌소재 어린이집 지원	11,160	주민복지지원실	5	2	7	8	7	1	1	4
5463	충남 금산군	국공립 법인어린이집 지원	2,548,060	주민복지지원실	5	2	7	8	7	1	1	4
5464	충남 금산군	어린이집 교재교구비	17,400	주민복지지원실	5	2	7	8	7	1	1	4
5465	충남 금산군	어린이집 보조교사 지원	523,980	주민복지지원실	5	2	7	8	7	1	1	4
5466	충남 금산군	어린이집 통학차량 인건비	219,744	주민복지지원실	5	7	7	8	7	1	1	4
5467	충남 금산군	시군대체교사 인건비	96,420	주민복지지원실	5	2	7	8	7	1	1	4
5468	충남 금산군	야간연장 어린이집 운영비 지원사업	10,240	주민복지지원실	5	7	7	8	7	1	1	4
5469	충남 금산군	누리과정 운영비	300,000	주민복지지원실	5	2	7	8	7	1	1	4
5470	충남 금산군	어린이집 냉난방비 지원	60,000	주민복지지원실	5	1	7	8	7	1	1	4
5471	충남 금산군	아동양육시설 운영비 지원	1,420,000	주민복지지원실	5	1	7	8	7	1	1	4
5472	충남 금산군	아동복지시설(생활및이용) 종사자 처우개선	109,530	주민복지지원실	5	1	7	8	7	1	1	4
5473	충남 금산군	노인생활시설 등급외자 운영비 지원	24,426	주민복지지원실	5	1	7	8	7	1	1	4
5474	충남 금산군	재가노인지원서비스 운영	139,000	주민복지지원실	5	1	7	8	7	1	1	4
5475	충남 금산군	노인생활시설 종사자 처우개선비	34,080	주민복지지원실	5	1	7	8	7	1	1	4
5476	충남 금산군	노인재가시설 종사자 처우개선비	3,960,000	주민복지지원실	5	1	7	8	7	1	1	4
5477	충남 금산군	성폭력상담소 운영 지원	123,817	교육가족과	5	6	7	8	7	1	1	1
5478	충남 금산군	성폭력상담소 종사자 인건비 추가지원	15,593	교육가족과	5	6	7	8	7	1	1	1
5479	충남 금산군	성폭력상담소 종사자 처우개선비	5,040	교육가족과	5	6	7	8	7	1	1	1
5480	충남 금산군	청소년유해환경감시단 운영	2,800,000	교육가족과	5	2	7	8	7	5	1	4
5481	충남 금산군	지역아동센터 지원	66,060	교육가족과	5	2	7	8	7	5	1	4
5482	충남 금산군	지역아동센터 종사자 인건비 추가지원	116,129	교육가족과	5	6	7	8	7	5	1	4
5483	충남 금산군	지역아동센터 근무자 명절휴가비	79,506	교육가족과	5	6	7	8	7	1	1	4

순번	시군구	지출명 (사업명)	2021년예산 (단위:천원/1년간)	담당자 (공무원) 담당부서	민간이전 분류 (지방자치단체 세출예산 집행기준에 의거) 1. 민간경상사업보조(307-02) 2. 민간단체 법정운영비보조(307-03) 3. 민간행사사업보조(307-04) 4. 민간위탁금(307-05) 5. 사회복지시설 법정운영비보조(307-10) 6. 민간인위탁교육비(307-12) 7. 공기관등에대한경상적위탁사업비(308-10) 8. 민간자본사업보조,자체재원(402-01) 9. 민간자본사업보조,이전재원(402-02) 10. 민간위탁사업비(402-03) 11. 공기관등에 대한 자본적 대행사업비(403-02)	민간이전지출 근거 (지방보조금 관리기준 참고) 1. 법률에 규정 2. 국고보조 재원(국가지정) 3. 용도 지정 기부금 4. 조례에 직접규정 5. 지자체가 권장하는 사업을 하는 공공기관 6. 시,도 정책 및 재정사정 7. 기타 8. 해당없음	입찰방식 계약체결방법 (경쟁형태) 1. 일반경쟁 2. 제한경쟁 3. 지명경쟁 4. 수의계약 5. 법정위탁 6. 기타 ( ) 7. 해당없음	입찰방식 계약기간 1. 1년 2. 2년 3. 3년 4. 4년 5. 5년 6. 기타 ( )년 7. 단기계약 (1년미만) 8. 해당없음	입찰방식 낙찰자선정방법 1. 적격심사 2. 협상에의한계약 3. 최저가낙찰제 4. 규격가격분리 5. 2단계 경쟁입찰 6. 기타 ( ) 7. 해당없음	운영예산 산정 운영예산 산정 1. 내부산정 (지자체 자체적으로 산정) 2. 외부산정 (외부전문기관위탁 산정) 3. 내·외부 모두 산정 4. 산정 無 5. 해당없음	운영예산 산정 정산방법 1. 내부정산 (지자체 내부적으로 정산) 2. 외부정산 (외부전문기관위탁 정산) 3. 내·외부 모두 산정 4. 정산 無 5. 해당없음	성과평가 실시여부 1. 실시 2. 미실시 3. 향후 추진 4. 해당없음
5484	충남 금산군	지역아동센터 운영비 지원	1,140,840	교육가족과	5	2	7	8	7	5	1	4
5485	충남 금산군	지역아동센터 등하원 안심알림이 이용료 지원	5,760	교육가족과	5	2	7	8	7	5	1	4
5486	충남 금산군	지역아동센터 특수목적형 추가지원	29,232	교육가족과	5	2	7	8	7	5	1	4
5487	충남 금산군	지역아동센터 토요운영 추가지원	7,296	교육가족과	5	2	7	8	7	5	1	4
5488	충남 금산군	농촌 공동아이돌봄센터 운영	13,700	농업유통과	5	1	7	8	7	1	1	1
5489	충남 부여군	부여지역자활센터 운영비	231,691	기초생활보장팀	5	2	7	8	7	5	1	4
5490	충남 부여군	지역자활센터 종사자처우개선비	11,000	기초생활보장팀	5	2	7	8	7	5	1	4
5491	충남 부여군	장애인거주시설 운영 지원	472,223	사회복지과	5	2	7	1	7	1	1	4
5492	충남 부여군	장애인거주시설 생활지도원 교대인력 지원	16,579	사회복지과	5	2	7	1	7	1	1	4
5493	충남 부여군	장애인거주시설 종사자 인건비 부족분	14,454	사회복지과	5	6	7	1	7	1	1	4
5494	충남 부여군	장애인거주시설 중증장애인 보호자 수당	3,840,000	사회복지과	5	6	7	1	7	1	1	4
5495	충남 부여군	장애인거주시설 종사자 처우개선	15,471	사회복지과	5	6	7	1	7	1	1	4
5496	충남 부여군	장애인생활이동지원센터(장애인심부름센터)운영	270,000	사회복지과	5	4	7	1	7	1	1	1
5497	충남 부여군	수화통역센터 운영	202,000	사회복지과	5	4	7	1	7	1	1	1
5498	충남 부여군	편의증진기술지원센터 운영	52,000	사회복지과	5	4	7	1	7	1	1	1
5499	충남 부여군	장애인 민간촉진 지원단 운영	29,000	사회복지과	5	4	7	1	7	1	1	1
5500	충남 부여군	지체중증장애인 리프트차량 운영	35,000	사회복지과	5	4	7	1	7	1	1	1
5501	충남 부여군	장애인이용시설종사자 처우개선	2,160,000	사회복지과	5	4	7	1	7	1	1	1
5502	충남 부여군	장애인이용시설종사자 처우개선	15,120	사회복지과	5	6	7	1	7	1	1	4
5503	충남 부여군	장애인이용시설종사자 처우개선	40,320	사회복지과	5	6	7	1	7	1	1	4
5504	충남 부여군	시각장애인주간보호센터운영	37,000	사회복지과	5	4	7	1	7	1	1	1
5505	충남 부여군	장애인직업재활시설(장애인보호작업장)운영	60,000	사회복지과	5	1	7	1	7	1	1	1
5506	충남 부여군	재가노인복지시설종사자 처우개선비	36,360	가족행복과	5	4	7	8	7	3	2	1
5507	충남 부여군	노인생활시설 종사자처우개선비	100,920	가족행복과	5	4	7	8	7	3	2	1
5508	충남 부여군	경로당 냉난방비 및 양곡비 지원	969,434	가족행복과	5	2	7	8	7	3	3	4
5509	충남 부여군	시니어클럽운영비	252,643	가족행복과	5	1	5	5	2	1	1	1
5510	충남 부여군	시니어클럽 종사자 처우개선	6,840	가족행복과	5	1	5	5	2	1	1	1
5511	충남 부여군	아동양육시설 운영비 지원	1,750,000	가족행복과	5	4	5	8	7	1	1	4
5512	충남 부여군	아동생활시설 관리운영비 추가 지원	4,800,000	가족행복과	5	4	5	8	7	1	1	4
5513	충남 부여군	아동복지시설(그룹홈 및 지역아동센터)종사자 인건비 추가지원	50,449	가족행복과	5	4	5	8	7	1	1	4
5514	충남 부여군	아동복지시설(생활 및 이용)종사자 처우개선	102,360	가족행복과	5	4	5	8	7	1	1	4
5515	충남 부여군	학대피해아동쉼터 운영 지원	180,052	가족행복과	5	2	5	8	7	1	1	4
5516	충남 부여군	충남형 온종일돌봄사업 활성화 지원	60,000	가족행복과	5	4	7	8	7	1	1	2
5517	충남 부여군	충남형 초등돌봄교실 연장 운영	10,000	가족행복과	5	4	7	8	7	1	1	2
5518	충남 부여군	다함께돌봄센터 운영비지원	3,600,000	가족행복과	5	1	7	8	7	1	1	2
5519	충남 부여군	다함께돌봄센터 인건비 지원	52,560	가족행복과	5	1	7	8	7	1	1	2
5520	충남 부여군	지역아동센터 운영 지원	642,720	가족행복과	5	1	7	8	7	1	1	2
5521	충남 부여군	공기청정기 지원	6,480	가족행복과	5	1	7	8	7	1	1	2
5522	충남 부여군	등하원 안심알림이 이용료	2,880,000	가족행복과	5	1	7	8	7	1	1	2
5523	충남 부여군	토요운영 추가지원	10,944	가족행복과	5	1	7	8	7	1	1	2
5524	충남 부여군	영유아 급간식비 지원	62,175	가족행복과	5	1	7	8	7	1	1	4
5525	충남 부여군	지원시설 유아반교사 인건비 지원	305,941	가족행복과	5	1	7	8	7	1	1	4
5526	충남 부여군	어린이집 보육도우미 지원	229,248	가족행복과	5	1	7	8	7	1	1	4

순번	시군구	지출명 (사업명)	2021년예산 (단위:천원/1년간)	담당자 (공무원)	민간이전 분류 (지방자치단체 세출예산 집행기준에 의거)	민간이전지출 근거 (지방보조금 관리기준 참고)	입찰방식			운영예산 산정		성과평가 실시여부
				담당부서	1. 민간경상사업보조(307-02) 2. 민간단체 법정운영비보조(307-03) 3. 민간행사사업보조(307-04) 4. 민간위탁금(307-05) 5. 사회복지시설 법정운영비보조(307-10) 6. 민간인위탁교육비(307-12) 7. 공기관등에대한경상적위탁사업비(308-10) 8. 민간자본사업보조,자체재원(402-01) 9. 민간자본사업보조,이전재원(402-02) 10. 민간위탁사업비(402-03) 11. 공기관등에 대한 자본적 대행사업비(403-02)	1. 법률에 규정 2. 국고보조 재원(국가지정) 3. 용도 지정 기부금 4. 조례에 직접규정 5. 지자체가 권장하는 사업을 하는 공공기관 6. 시,도 정책 및 재정사정 7. 기타 8. 해당없음	계약체결방법 (경쟁형태) 1. 일반경쟁 2. 제한경쟁 3. 지명경쟁 4. 수의계약 5. 법정위탁 6. 기타 ( ) 7. 해당없음	계약기간 1. 1년 2. 2년 3. 3년 4. 4년 5. 5년 6. 기타 ( )년 7. 단기계약 (1년미만) 8. 해당없음	낙찰자선정방법 1. 적격심사 2. 협상에의한계약 3. 최저가낙찰제 4. 규격가격분리 5. 2단계 경쟁입찰 6. 기타 ( ) 7. 해당없음	운영예산 산정 1. 내부산정 (지자체 자체적으로 산정) 2. 외부산정 (외부전문기관위탁 산정) 3. 내·외부 모두 산정 4. 산정 無 5. 해당없음	정산방법 1. 내부정산 (지자체 내부적으로 정산) 2. 외부정산 (외부전문기관위탁 정산) 3. 내·외부 모두 산정 4. 정산 無 5. 해당없음	1. 실시 2. 미실시 3. 향후 추진 4. 해당없음
5527	충남 부여군	어린이집 차액보육료 지원	75,563	가족행복과	5	1	7	8	7	1	1	4
5528	충남 부여군	만3~5세 담당 어린이집 지원	224,840	가족행복과	5	1	7	8	7	1	1	4
5529	충남 부여군	정부지원어린이집인건비지원	3,349,880	가족행복과	5	1	7	8	7	1	1	4
5530	충남 부여군	보조교사지원	395,860	가족행복과	5	1	7	8	7	1	1	4
5531	충남 부여군	시군대체교사 인건비	32,140	가족행복과	5	1	7	8	7	1	1	4
5532	충남 부여군	어린이집 교재교구비지원	16,000	가족행복과	5	1	7	8	7	1	1	4
5533	충남 부여군	어린이집 차량운영비 지원	76,460	가족행복과	5	1	7	8	7	1	1	4
5534	충남 부여군	농어촌소재 법인어린이집 지원	22,340	가족행복과	5	1	7	8	7	1	1	4
5535	충남 부여군	시간제보육 보육교사 인건비 및 운영비	37,840	가족행복과	5	1	7	8	7	1	1	4
5536	충남 부여군	정신요양시설 운영지원	1,611,176	보건소	5	2	7	8	7	1	1	4
5537	충남 부여군	정신재활시설 운영지원	126,174	보건소	5	6	7	8	7	1	1	4
5538	충남 부여군	정신건강증진시설 종사자 처우개선	50,880	보건소	5	6	7	8	7	1	1	4
5539	충남 서천군	지역자활센터 운영	227,065	사회복지실	5	2	7	8	7	5	1	1
5540	충남 서천군	지역자활센터 종사자 처우개선비	11,000	사회복지실	5	1	7	8	7	5	1	1
5541	충남 서천군	지역사회보장협의체운영	37,224	사회복지실	5	4	1	1	1	1	1	1
5542	충남 서천군	지역사회보장협의체 운영 활성화지원	5,000,000	사회복지실	5	4	1	1	1	1	1	1
5543	충남 서천군	읍면 지역사회보장협의체 운영	65,000	사회복지실	5	4	7	8	1	1	1	1
5544	충남 서천군	자원봉사센터운영	92,650	사회복지실	5	1	7	8	7	3	3	1
5545	충남 서천군	읍면동거점센터설치운영	94,201	사회복지실	5	1	7	8	7	3	3	1
5546	충남 서천군	행복마을자원봉사코디네이터양성	59,152	사회복지실	5	1	7	8	7	3	3	1
5547	충남 서천군	자원봉사코디네이터지원육성	59,152	사회복지실	5	1	7	8	7	3	3	1
5548	충남 서천군	푸드뱅크운영	30,000	사회복지실	5	1	7	8	7	1	1	1
5549	충남 서천군	푸드마켓운영	28,452	사회복지실	5	1	7	8	7	1	1	1
5550	충남 서천군	자원봉사센터 근무자 처우개선	2,400,000	사회복지실	5	1	7	8	7	3	3	1
5551	충남 서천군	시니어클럽운영지원	259,843	사회복지실	5	6	7	8	7	5	1	1
5552	충남 서천군	경로당운영지원	530,400	사회복지실	5	6	7	8	7	5	1	1
5553	충남 서천군	노인취업센터운영지원	2,400,000	사회복지실	5	6	7	8	7	5	1	1
5554	충남 서천군	경로당 난방비 지원	523,200	사회복지실	5	1	7	8	7	5	1	1
5555	충남 서천군	경로당 냉방비 지원	65,400	사회복지실	5	1	7	8	7	5	1	1
5556	충남 서천군	충남형 온종일돌봄사업 운영	56,160	사회복지실	5	6	1	5	1	1	1	1
5557	충남 서천군	어린이집 보육도우미 지원	207,456	사회복지실	5	6	7	7	7	4	1	1
5558	충남 서천군	영유아 급간식비 지원	60,450	사회복지실	5	6	7	7	7	4	1	1
5559	충남 서천군	지원시설 유아반교사 인건비 지원	361,558	사회복지실	5	6	7	7	7	4	1	1
5560	충남 서천군	공공형어린이집 교육환경개선비	9,000	사회복지실	5	6	7	7	7	4	1	1
5561	충남 서천군	공공형어린이집 차량안전도우미 지원	10,920	사회복지실	5	6	7	7	7	4	1	1
5562	충남 서천군	어린이집 차액보육료 지원	43,936	사회복지실	5	6	7	7	7	4	1	1
5563	충남 서천군	누리과정 운영지원비	383,400	사회복지실	5	1	7	8	7	2	2	2
5564	충남 서천군	정부지원 어린이집 인건비	3,589,500	사회복지실	5	1	7	8	7	4	1	1
5565	충남 서천군	보조교사 지원	339,320	사회복지실	5	1	7	8	7	4	1	1
5566	충남 서천군	대체교사인건비	32,140	사회복지실	5	1	7	8	7	4	1	1
5567	충남 서천군	농어촌소재법인 어린이집 지원	25,120	사회복지실	5	1	7	8	7	4	1	1
5568	충남 서천군	차량운영비 지원	72,220	사회복지실	5	1	7	8	7	4	1	1
5569	충남 서천군	공공형어린이집지원	122,000	사회복지실	5	1	7	8	7	4	1	1

순번	시군구	지출명 (사업명)	2021년예산 (단위:천원/1년간)	담당자 (공무원) 담당부서	민간이전 분류 (지방자치단체 세출예산 집행기준에 의거) 1. 민간경상사업보조(307-02) 2. 민간단체 법정운영비보조(307-03) 3. 민간행사사업보조(307-04) 4. 민간위탁금(307-05) 5. 사회복지시설 법정운영비보조(307-10) 6. 민간인위탁교육비(307-12) 7. 공기관등에대한경상적위탁사업비(308-10) 8. 민간자본사업보조,자체재원(402-01) 9. 민간자본사업보조,이전재원(402-02) 10. 민간위탁사업비(402-03) 11. 공기관등에 대한 자본적 대행사업비(403-02)	민간이전지출 근거 (지방보조금 관리기준 참고) 1. 법률에 규정 2. 국고보조 재원(국가지정) 3. 용도 지정 기부금 4. 조례에 직접규정 5. 지자체가 권장하는 사업을 하는 공공기관 6. 시,도 정책 및 재정사정 7. 기타 8. 해당없음	입찰방식 계약체결방법 (경쟁형태) 1. 일반경쟁 2. 제한경쟁 3. 지명경쟁 4. 수의계약 5. 법정위탁 6. 기타 ( ) 7. 해당없음	입찰방식 계약기간 1. 1년 2. 2년 3. 3년 4. 4년 5. 5년 6. 기타 ( )년 7. 단기계약 (1년미만) 8. 해당없음	입찰방식 낙찰자선정방법 1. 적격심사 2. 협상에의한계약 3. 최저가낙찰제 4. 규격가격분리 5. 2단계 경쟁입찰 6. 기타 ( ) 7. 해당없음	운영예산 산정 운영예산 산정 1. 내부산정 (지자체 자체적으로 산정) 2. 외부산정 (외부전문기관위탁 산정) 3. 내·외부 모두 산정 4. 산정 無 5. 해당없음	운영예산 산정 정산방법 1. 내부정산 (지자체 내부적으로 정산) 2. 외부정산 (외부전문기관위탁 정산) 3. 내·외부 모두 산정 4. 정산 無 5. 해당없음	성과평가 실시여부 1. 실시 2. 미실시 3. 향후 추진 4. 해당없음
5570	충남 서천군	지역아동센터 기본운영비지원	907,920	사회복지실	5	1	7	8	7	1	1	3
5571	충남 서천군	특성별 지역아동센터 지원	29,196	사회복지실	5	1	7	8	7	1	1	3
5572	충남 서천군	장애인거주시설 운영지원	3,041,818	사회복지실	5	1	7	8	7	1	1	1
5573	충남 서천군	장애인거주시설 종사자 인건비 부족분	96,737	사회복지실	5	1	7	8	7	1	1	1
5574	충남 서천군	장애인거주시설 중증장애인보호자 수당	26,520	사회복지실	5	1	7	8	7	1	1	1
5575	충남 서천군	장애인시설 종사자 처우개선비	179,675	사회복지실	5	1	7	8	7	1	1	1
5576	충남 서천군	장애인공동생활가정 운영	46,000	사회복지실	5	1	7	8	7	1	1	1
5577	충남 서천군	장애인직업재활시설 중증장애인 보호수당	2,637,000	사회복지실	5	1	7	8	7	1	1	1
5578	충남 서천군	장애인거주시설 공기청정기 렌탈 지원	2,100,000	사회복지실	5	1	7	8	7	1	1	1
5579	충남 서천군	장애인거주시설 생활지도원 교대인력 지원	149,206	사회복지실	5	1	7	8	7	1	1	1
5580	충남 서천군	장애인 생활이동지원센터 운영	223,400	사회복지실	5	1	7	8	7	1	1	1
5581	충남 서천군	수화통역센터 운영	188,000	사회복지실	5	1	7	8	7	1	1	1
5582	충남 서천군	장애인 편의시설지원센터 운영	56,000	사회복지실	5	1	7	8	7	1	1	1
5583	충남 서천군	장애인부모회 운영 지원	22,000	사회복지실	5	1	7	8	7	1	1	1
5584	충남 서천군	지체장애인협회 운영지원	21,600	사회복지실	5	1	7	8	7	1	1	1
5585	충남 서천군	성폭력상담소 운영지원	84,000	사회복지실	5	1	7	8	7	1	1	4
5586	충남 서천군	성폭력상담소 종사자 처우개선비	216,000	사회복지실	5	1	7	8	7	1	1	4
5587	충남 서천군	새일센터 지정운영	176,680	사회복지실	5	1	7	8	7	5	1	4
5588	충남 서천군	새일센터 여성 인턴	53,200	사회복지실	5	1	7	8	7	5	1	4
5589	충남 서천군	한부모가족 복지시설 운영	316,000	사회복지실	5	1	7	8	7	5	1	4
5590	충남 서천군	한부모가족 복지시설 종사자 처우개선비	14,160	사회복지실	5	1	7	8	7	5	1	4
5591	충남 서천군	건강가정 및 다문화가족지원센터	431,980	사회복지실	5	1	7	3	7	5	1	4
5592	충남 서천군	다문화가족지원센터 종사자 처우개선비	14,580	사회복지실	5	1	7	3	7	5	1	4
5593	충남 서천군	건강가정지원센터 등 종사자 처우개선비	5,400	사회복지실	5	1	7	3	7	5	1	4
5594	충남 서천군	청소년 상담복지센터 종사자 처우개선비	10,080	사회복지실	5	1	7	8	7	5	1	4
5595	충남 서천군	치매환자관리비 지원	110,160	건강증진과	5	4	2	3	6	3	3	1
5596	충남 청양군	지역자활센터 처우개선비 지원	11,000	복지정책과	5	1	7	8	7	1	1	1
5597	충남 청양군	지역자활센터 사무실 임차료 지원	7,200	복지정책과	5	1	7	8	7	1	1	1
5598	충남 청양군	푸드뱅크 운영지원	10,000	복지정책과	5	1	7	8	7	1	1	1
5599	충남 청양군	만3세~5세 누리과정 운영비	121,640	복지정책과	5	6	7	8	7	1	1	1
5600	충남 청양군	보육교직원 인건비 지원	964,360	복지정책과	5	2	7	8	7	1	1	1
5601	충남 청양군	지원시설 유아반교사 인건비 지원	83,442	복지정책과	5	6	7	8	7	1	1	1
5602	충남 청양군	어린이집 차량운영비	36,100	복지정책과	5	2	7	8	7	1	1	1
5603	충남 청양군	공공형 어린이집 지원	62,000	복지정책과	5	2	7	8	7	1	1	1
5604	충남 청양군	공공형 어린이집 차량안전 도우미 지원	21,840	복지정책과	5	6	7	8	7	1	1	1
5605	충남 청양군	농어촌소재 법인어린이집 지원	5,600	복지정책과	5	2	7	8	7	1	1	1
5606	충남 청양군	보조교사 지원(민간시설)	141,380	복지정책과	5	2	7	8	7	1	1	1
5607	충남 청양군	어린이집 보육도우미 지원	130,992	복지정책과	5	6	7	8	7	1	1	1
5608	충남 청양군	우수어린이집 냉난방비 지원	7,500	복지정책과	5	6	7	8	7	1	1	1
5609	충남 청양군	어린이집 아동상해보험료	5,000,000	복지정책과	5	2	7	8	7	1	1	1
5610	충남 청양군	보육시설 가스전기안전점검비	1,950,000	복지정책과	5	2	7	8	7	1	1	1
5611	충남 청양군	보육시설 회계프로그램 사용료	1,800,000	복지정책과	5	2	7	8	7	1	1	1
5612	충남 청양군	민간가정어린이집교사 인건비 지원	62,400	복지정책과	5	6	7	8	7	1	1	1

순번	시군구	지출명 (사업명)	2021년예산 (단위:천원/1년간)	담당자 (공무원)	민간이전 분류 (지방자치단체 세출예산 집행기준에 의거)	민간이전지출 근거 (지방보조금 관리기준 참고)	입찰방식			운영예산 산정		성과평가 실시여부
				담당부서	1. 민간경상사업보조(307-02) 2. 민간단체 법정운영비보조(307-03) 3. 민간행사사업보조(307-04) 4. 민간위탁금(307-05) 5. 사회복지시설 법정운영비보조(307-10) 6. 민간인위탁교육비(307-12) 7. 공기관등에대한경상적위탁사업비(308-10) 8. 민간자본사업보조,자체재원(402-01) 9. 민간자본사업보조,이전재원(402-02) 10. 민간위탁사업비(402-03) 11. 공기관등에 대한 자본적 대행사업비(403-02)	1. 법률에 규정 2. 국고보조 재원(국가지정) 3. 용도 지정 기부금 4. 조례에 직접규정 5. 지자체가 권장하는 사업을 하는 공공기관 6. 시,도 정책 및 재정사정 7. 기타 8. 해당없음	계약체결방법 (경쟁형태) 1. 일반경쟁 2. 제한경쟁 3. 지명경쟁 4. 수의계약 5. 법정위탁 6. 기타 ( ) 7. 해당없음	계약기간 1. 1년 2. 2년 3. 3년 4. 4년 5. 5년 6. 기타 ( )년 7. 단기계약 (1년미만) 8. 해당없음	낙찰자선정방법 1. 적격심사 2. 협상에의한계약 3. 최저가낙찰제 4. 규격가격분리 5. 2단계 경쟁입찰 6. 기타 ( ) 7. 해당없음	운영예산 산정 1. 내부산정 (지자체 자체적으로 산정) 2. 외부산정 (외부전문기관위탁 산정) 3. 내·외부 모두 산정 4. 산정 無 5. 해당없음	정산방법 1. 내부정산 (지자체 내부적으로 정산) 2. 외부정산 (외부전문기관위탁 정산) 3. 내·외부 모두 산정 4. 정산 無 5. 해당없음	1. 실시 2. 미실시 3. 향후 추진 4. 해당없음
5613	충남 청양군	가정폭력상담소운영	126,382	복지정책과	5	6	7	8	7	1	1	1
5614	충남 청양군	여성복지시설종사자 처우개선비	32,369	복지정책과	5	6	7	8	7	1	1	1
5615	충남 청양군	건강가정·다문화가족지원센터운영	259,300	복지정책과	5	2	7	8	7	1	1	1
5616	충남 청양군	결혼이민자통번역서비스지원	29,631	복지정책과	5	1	7	8	7	1	1	1
5617	충남 청양군	건강가정 및 다문화가족지원센터 종사자 인건비 추가지원	55,400	복지정책과	5	6	7	8	7	1	1	1
5618	충남 청양군	다문화가족지원센터 종사자 처우개선비 지원	14,760	복지정책과	5	6	7	8	7	1	1	1
5619	충남 청양군	건강가정지원센터 종사자 처우개선비 지원	225,300	복지정책과	5	6	7	8	7	1	1	1
5620	충남 청양군	아이돌봄 지원사업	180,000	복지정책과	5	1	5	3	7	1	1	1
5621	충남 청양군	지역아동센터 운영지원	207,720	복지정책과	5	1	7	8	7	1	1	1
5622	충남 청양군	아동복지시설 종사자 처우개선비 지원	9,270	복지정책과	5	6	7	8	7	1	1	1
5623	충남 청양군	지역아동센터 지원	16,665	복지정책과	5	6	7	8	7	1	1	1
5624	충남 청양군	토요운영 지역아동센터 지원	7,296	복지정책과	5	2	7	8	7	1	1	1
5625	충남 청양군	우수지역아동센터 운영비 지원	6,814	복지정책과	5	2	7	8	7	1	1	1
5626	충남 청양군	지역아동센터 종사자 처우개선비 지원	9,000	복지정책과	5	7	7	8	7	1	1	1
5627	충남 청양군	지역아동센터 차량유류비 지원	7,200	복지정책과	5	7	7	8	7	1	1	1
5628	충남 청양군	아동복지시설 종사자 인건비 추가지원	23,596	복지정책과	5	6	7	8	7	1	1	1
5629	충남 청양군	시니어클럽 운영	261,283	통합돌봄과	5	1	7	8	7	1	1	1
5630	충남 청양군	청양군노인종합복지관 지원	491,000	통합돌봄과	5	1	7	8	7	1	1	1
5631	충남 청양군	노인복지시설 종사자 처우개선비	14,040	통합돌봄과	5	1	7	8	7	1	1	1
5632	충남 청양군	경로당 냉난방비 지원	545,400	통합돌봄과	5	2	7	8	7	1	1	2
5633	충남 청양군	지역사회 통합돌봄 선도사업	791,180	통합돌봄과	5	2	7	8	7	1	1	4
5634	충남 청양군	재가노인지원서비스 운영	150,000	통합돌봄과	5	6	7	8	7	1	1	4
5635	충남 청양군	노인복지시설 종사자 처우개선비	18,720	통합돌봄과	5	6	7	8	7	1	1	4
5636	충남 청양군	장애인생활이동지원센터 운영	263,185	통합돌봄과	5	1	7	8	7	1	1	1
5637	충남 청양군	장애인 수화통역센터 운영	229,316	통합돌봄과	5	1	7	8	7	1	1	1
5638	충남 청양군	장애인편의증진기술지원센터 운영	62,892	통합돌봄과	5	1	7	8	7	1	1	1
5639	충남 청양군	장애인 이용시설 근무자 처우개선비	18,000	통합돌봄과	5	1	7	8	7	3	3	1
5640	충남 청양군	장애인 직업재활시설 운영 등 지원	433,400	통합돌봄과	5	1	7	8	7	3	3	1
5641	충남 청양군	장애인직업재활시설 종사자처우개선	14,760	통합돌봄과	5	1	7	8	7	3	3	1
5642	충남 청양군	장애인직업재활시설 중증장애인보호수당	3,360,000	통합돌봄과	5	1	7	8	7	3	3	1
5643	충남 청양군	서부장애인복지관 청양분관 운영비 지원	199,006	통합돌봄과	5	1	7	8	7	3	1	1
5644	충남 청양군	청양군지역사회보장협의체 운영비	54,000	통합돌봄과	5	1	7	7	7	1	1	1
5645	충남 청양군	지역사회보장협의체 활성화 운영 지원	5,000,000	통합돌봄과	5	6	7	7	7	2	1	1
5646	충남 태안군	태안노인대학 운영	6,000	가족정책과	5	4	7	8	7	5	5	4
5647	충남 태안군	서해노인대학 운영	5,400	가족정책과	5	4	7	8	7	5	5	4
5648	충남 태안군	경로당 운영비 지원	419,400	가족정책과	5	1	7	8	7	5	5	4
5649	충남 태안군	경로당 난방비 지원	58,250	가족정책과	5	1	7	8	7	5	5	4
5650	충남 태안군	경로당 인터넷 회선료 지원	44,592	가족정책과	5	4	7	8	7	5	5	4
5651	충남 태안군	경로당 난방비 등 지원	489,132	가족정책과	5	2	7	8	7	5	5	4
5652	충남 태안군	3~5세 누리과정 운영비	420,000	가족정책과	5	2	7	8	7	5	5	4
5653	충남 태안군	농어촌소재 법인어린이집 지원	16,760	가족정책과	5	2	7	8	7	5	5	4
5654	충남 태안군	공공형어린이집 지원	276,000	가족정책과	5	6	7	8	7	5	5	4
5655	충남 태안군	어린이집 난방비 지원	26,250	가족정책과	5	4	7	8	7	5	5	4

순번	시군구	지출명 (사업명)	2021년예산 (단위:천원/1년간)	담당자 (공무원)	민간이전 분류 (지방자치단체 세출예산 집행기준에 의거)	민간이전지출 근거 (지방보조금 관리기준 참고)	입찰방식			운영예산 산정		성과평가 실시여부
				담당부서	1. 민간경상사업보조(307-02) 2. 민간단체 법정운영비보조(307-03) 3. 민간행사사업보조(307-04) 4. 민간위탁금(307-05) 5. 사회복지시설 법정운영비보조(307-10) 6. 민간인위탁교육비(307-12) 7. 공기관등에대한경상적위탁사업비(308-10) 8. 민간자본사업보조,자체재원(402-01) 9. 민간자본사업보조,이전재원(402-02) 10. 민간위탁사업비(402-03) 11. 공기관등에 대한 자본적 대행사업비(403-02)	1. 법률에 규정 2. 국고보조 재원(국가지정) 3. 용도 지정 기부금 4. 조례에 직접규정 5. 지자체가 권장하는 사업을 하는 공공기관 6. 시,도 정책 및 재정사정 7. 기타 8. 해당없음	계약체결방법 (경쟁형태) 1. 일반경쟁 2. 제한경쟁 3. 지명경쟁 4. 수의계약 5. 법정위탁 6. 기타 ( ) 7. 해당없음	계약기간 1. 1년 2. 2년 3. 3년 4. 4년 5. 5년 6. 기타 ( )년 7. 단기계약 (1년미만) 8. 해당없음	낙찰자선정방법 1. 적격심사 2. 협상에의한계약 3. 최저가낙찰제 4. 규격가격분리 5. 2단계 경쟁입찰 6. 기타 ( ) 7. 해당없음	운영예산 산정 1. 내부산정 (지자체 자체적으로 산정) 2. 외부산정 (외부전문기관위탁 산정) 3. 내·외부 모두 산정 4. 산정 無 5. 해당없음	정산방법 1. 내부정산 (지자체 내부적으로 정산) 2. 외부정산 (외부전문기관위탁 정산) 3. 내·외부 모두 산정 4. 정산 無 5. 해당없음	1. 실시 2. 미실시 3. 향후 추진 4. 해당없음
5656	충남 태안군	공동생활가정 근무자 처우개선비	12,720	가족정책과	5	6	7	8	7	5	5	4
5657	충남 태안군	지역아동센터 근무자 처우개선비	29,880	가족정책과	5	6	7	8	7	5	5	4
5658	충남 태안군	요보호아동 그룹홈 운영 지원	267,488	가족정책과	5	2	7	8	7	5	5	4
5659	충남 태안군	지역아동센터 운영 지원	529,920	가족정책과	5	2	7	8	7	5	5	4
5660	충남 태안군	토요운영 지역아동센터 지원	14,592	가족정책과	5	2	7	8	7	5	5	4
5661	경북 포항시	지역사회보장협의체 운영지원	150,000	주민복지과	5	1	7	8	7	1	1	2
5662	경북 포항시	이웃사촌복지지원센터	230,000	주민복지과	5	6	7	2	7	1	1	2
5663	경북 포항시	지역자활센터 운영비	457,009	주민복지과	5	2	7	8	7	1	1	2
5664	경북 포항시	지역자활센터 자활사례관리	57,977	주민복지과	5	2	7	8	7	1	1	2
5665	경북 포항시	지역자활센터 자활활성화사업	30,000	주민복지과	5	2	7	8	7	1	1	2
5666	경북 포항시	기초푸드뱅크및푸드마켓지원	169,620	주민복지과	5	6	7	8	7	1	1	2
5667	경북 포항시	노인대학연료비	10,000	노인장애인복지과	5	6	5	8	7	1	1	1
5668	경북 포항시	노인교실운영	24,000	노인장애인복지과	5	6	5	8	7	1	1	1
5669	경북 포항시	노인일자리창출지원센터 운영	260,000	노인장애인복지과	5	1	6	5	6	1	3	1
5670	경북 포항시	포항시니어클럽 운영	310,000	노인장애인복지과	5	1	6	3	6	1	3	1
5671	경북 포항시	재가노인복지시설운영	900,000	노인장애인복지과	5	1	6	8	7	1	1	4
5672	경북 포항시	양로시설운영지원	1,144,452	노인장애인복지과	5	1	6	8	7	1	1	4
5673	경북 포항시	장애인직업재활시설 운영	604,363	노인장애인복지과	5	1	1	4	1	1	1	1
5674	경북 포항시	장애인직업재활시설 운영	1,182,963	노인장애인복지과	5	1	1	3	1	1	1	1
5675	경북 포항시	여성인력개발센터 운영	220,000	여성가족과	5	1	5	8	7	5	3	4
5676	경북 포항시	포항시 여성단체협의회	6,000	여성가족과	5	4	7	8	7	5	5	4
5677	경북 포항시	폭력이주여성보호시설운영지원	220,074	여성가족과	5	1	5	8	7	5	3	4
5678	경북 포항시	가정폭력피해자 보호시설 운영지원	215,616	여성가족과	5	1	5	8	7	5	3	4
5679	경북 포항시	가정폭력피해자보호시설 입소자중 비수급자 생계비지원	12,165	여성가족과	5	1	5	8	7	5	3	4
5680	경북 포항시	가정폭력상담소 운영지원	181,001	여성가족과	5	1	5	8	7	5	3	4
5681	경북 포항시	가정폭력상담소 운영지원	159,721	여성가족과	5	1	5	8	7	5	3	4
5682	경북 포항시	가정폭력상담소 운영지원	159,721	여성가족과	5	1	5	8	7	5	3	4
5683	경북 포항시	통합상담소운영지원	246,917	여성가족과	5	1	5	8	7	5	3	4
5684	경북 포항시	국비미지원상담소운영지원	18,000	여성가족과	5	1	5	8	7	5	3	4
5685	경북 포항시	국비미지원상담소운영지원	18,000	여성가족과	5	1	5	8	7	5	3	4
5686	경북 포항시	국비미지원상담소운영지원	18,000	여성가족과	5	1	5	8	7	5	3	4
5687	경북 포항시	성폭력상담소운영지원	142,753	여성가족과	5	1	5	8	7	5	3	4
5688	경북 포항시	성매매피해자지원시설운영지원	198,658	여성가족과	5	1	5	8	7	5	3	4
5689	경북 포항시	성매매피해자지원시설운영지원	176,700	여성가족과	5	1	5	8	7	5	3	4
5690	경북 포항시	성매매피해상담소운영지원	195,676	여성가족과	5	1	5	8	7	5	3	4
5691	경북 포항시	긴급피난처 운영	5,000,000	여성가족과	5	1	5	8	7	5	3	4
5692	경북 포항시	여성폭력관련시설 종사자수당	11,760	여성가족과	5	1	5	8	7	5	3	4
5693	경북 포항시	여성폭력관련시설 종사자수당	6,720	여성가족과	5	1	5	8	7	5	3	4
5694	경북 포항시	여성폭력관련시설 종사자수당	6,720	여성가족과	5	1	5	8	7	5	3	4
5695	경북 포항시	여성폭력관련시설 종사자수당	8,400	여성가족과	5	1	5	8	7	5	3	4
5696	경북 포항시	여성폭력관련시설 종사자수당	6,720	여성가족과	5	1	5	8	7	5	3	4
5697	경북 포항시	여성폭력관련시설 종사자수당	11,760	여성가족과	5	1	5	8	7	5	3	4
5698	경북 포항시	여성폭력관련시설 종사자수당	7,920	여성가족과	5	1	5	8	7	5	3	4

순번	시군구	지출명 (사업명)	2021년예산 (단위:천원/1년간)	담당자 (공무원) 담당부서	민간이전 분류 (지방자치단체 세출예산 집행기준에 의거) 1. 민간경상사업보조(307-02) 2. 민간단체 법정운영비보조(307-03) 3. 민간행사사업보조(307-04) 4. 민간위탁금(307-05) 5. 사회복지시설 법정운영비보조(307-10) 6. 민간인위탁교육비(307-12) 7. 공기관등에대한경상적위탁사업비(308-10) 8. 민간자본사업보조,자체재원(402-01) 9. 민간자본사업보조,이전재원(402-02) 10. 민간위탁사업비(402-03) 11. 공기관등에 대한 자본적 대행사업비(403-02)	민간이전지출 근거 (지방보조금 관리기준 참고) 1. 법률에 규정 2. 국고보조 재원(국가지정) 3. 용도 지정 기부금 4. 조례에 직접규정 5. 지자체가 권장하는 사업을 하는 공공기관 6. 시,도 정책 및 재정사정 7. 기타 8. 해당없음	입찰방식 계약체결방법 (경쟁형태) 1. 일반경쟁 2. 제한경쟁 3. 지명경쟁 4. 수의계약 5. 법정위탁 6. 기타 ( ) 7. 해당없음	입찰방식 계약기간 1. 1년 2. 2년 3. 3년 4. 4년 5. 5년 6. 기타 ( )년 7. 단기계약 (1년미만) 8. 해당없음	입찰방식 낙찰자선정방법 1. 적격심사 2. 협상에의한계약 3. 최저가낙찰제 4. 규격가격분리 5. 2단계 경쟁입찰 6. 기타 ( ) 7. 해당없음	운영예산 산정 운영예산 산정 1. 내부산정 (지자체 자체적으로 산정) 2. 외부산정 (외부전문기관위탁 산정) 3. 내·외부 모두 산정 4. 산정 無 5. 해당없음	운영예산 산정 정산방법 1. 내부정산 (지자체 내부적으로 정산) 2. 외부정산 (외부전문기관위탁 정산) 3. 내·외부 모두 산정 4. 정산 無 5. 해당없음	성과평가 실시여부 1. 실시 2. 미실시 3. 향후 추진 4. 해당없음
5699	경북 포항시	여성폭력관련시설 종사자수당	7,920	여성가족과	5	1	5	8	7	5	3	4
5700	경북 포항시	여성폭력관련시설 종사자수당	8,400	여성가족과	5	1	5	8	7	5	3	4
5701	경북 포항시	여성폭력관련시설 종사자수당	5,040	여성가족과	5	1	5	8	7	5	3	4
5702	경북 포항시	여성폭력관련시설 종사자수당	5,040	여성가족과	5	1	5	8	7	5	3	4
5703	경북 포항시	여성폭력관련시설 종사자수당	5,040	여성가족과	5	1	5	8	7	5	3	4
5704	경북 포항시	취약농어촌 시립어린이집 난방비 지원	4,500,000	여성가족과	5	4	7	7	7	1	1	4
5705	경북 포항시	어린이집 난방비 지원	200,000	여성가족과	5	4	7	7	7	1	1	4
5706	경북 포항시	어린이집 외국어 강사수당	38,400	여성가족과	5	4	7	7	7	1	1	4
5707	경북 포항시	외국어 특성화 어린이집 강사수당	28,800	여성가족과	5	4	7	7	7	1	1	4
5708	경북 포항시	공공형어린이집 지원	685,000	여성가족과	5	2	7	7	7	1	1	4
5709	경북 포항시	시간차등형보육지원	55,786	여성가족과	5	2	7	7	7	1	1	4
5710	경북 포항시	어린이집 영아반운영비 지원	1,739,653	여성가족과	5	4	7	7	7	1	1	4
5711	경북 포항시	보육아동 간식비	1,890,617	여성가족과	5	4	7	7	7	1	1	4
5712	경북 포항시	어린이집 차량유지비	70,000	여성가족과	5	4	7	7	7	1	1	4
5713	경북 포항시	다문화어린이집 차량운영비 지원	32,383	여성가족과	5	4	7	7	7	1	1	4
5714	경북 포항시	장애아동어린이집 입소료 등 지원	20,300	여성가족과	5	4	7	7	7	1	1	4
5715	경북 포항시	장애아전담어린이집 기사인건비	87,617	여성가족과	5	4	7	7	7	1	1	4
5716	경북 포항시	어린이집 환경개선비 지원	141,298	여성가족과	5	4	7	7	7	1	1	4
5717	경북 포항시	국공립어린이집 지원	5,944,192	여성가족과	5	2	7	7	7	1	1	4
5718	경북 포항시	영아전담어린이집 지원	903,993	여성가족과	5	2	7	7	7	1	1	4
5719	경북 포항시	장애아전문어린이집	3,085,023	여성가족과	5	2	7	7	7	1	1	4
5720	경북 포항시	시간연장형교사	386,323	여성가족과	5	2	7	7	7	1	1	4
5721	경북 포항시	시간연장어린이집 운영비 지원	148,800	여성가족과	5	4	7	7	7	1	1	4
5722	경북 포항시	장애아 통합교사	665,115	여성가족과	5	2	7	7	7	1	1	4
5723	경북 경주시	지역자활센터운영비 지원	298,147	복지정책과	5	1	2	5	1	1	1	3
5724	경북 경주시	장애인거주시설 운영지원	5,715,401	장애인여성복지과	5	1	7	8	7	5	1	4
5725	경북 경주시	장애인단기거주시설 운영지원	478,422	장애인여성복지과	5	1	7	8	7	5	1	4
5726	경북 경주시	중증장애인자립지원센터 운영	184,268	장애인여성복지과	5	1	7	8	7	5	1	4
5727	경북 경주시	시군장애인종합복지관 운영	1,392,684	장애인여성복지과	5	1	7	8	7	5	1	4
5728	경북 경주시	장애인재가복지봉사센터 운영	133,333	장애인여성복지과	5	1	7	8	7	5	1	4
5729	경북 경주시	장애인생활이동지원센터운영	242,594	장애인여성복지과	5	1	7	8	7	5	1	4
5730	경북 경주시	수어통역센터 운영	296,107	장애인여성복지과	5	1	7	8	7	5	1	4
5731	경북 경주시	장애인직업재활시설운영	1,463,816	장애인여성복지과	5	6	7	8	7	5	5	4
5732	경북 경주시	장애인주간보호시설운영	343,808	장애인여성복지과	5	6	1	8	1	5	5	1
5733	경북 경주시	한부모가족복지시설운영지원	348,562	장애인여성복지과	5	6	7	8	7	5	5	4
5734	경북 경주시	가정폭력상담소운영지원	146,887	장애인여성복지과	5	2	7	8	7	5	5	4
5735	경북 경주시	성폭력상담소운영지원	154,453	장애인여성복지과	5	2	7	8	7	5	5	4
5736	경북 경주시	보육교직원 인건비 지원	6,815,546	장애인여성복지과	5	2	7	8	7	1	1	4
5737	경북 경주시	보육교직원 처우개선	2,142,901	장애인여성복지과	5	2	7	8	7	1	1	4
5738	경북 경주시	아이행복도우미 지원	853,892	장애인여성복지과	5	6	7	8	7	1	1	4
5739	경북 경주시	야간연장어린이집 인건비 추가지원	54,000	장애인여성복지과	5	4	7	8	7	1	1	4
5740	경북 영천시	지역사회보장협의체 사무국운영비	50,000	복지정책과	5	1	7	8	7	5	5	1
5741	경북 영천시	지역자활센터운영비	262,806	복지정책과	5	1	7	8	7	5	1	1

순번	시군구	지출명 (사업명)	2021년예산 (단위:천원/1년간)	담당자 (공무원) 담당부서	민간이전 분류 (지방자치단체 세출예산 집행기준에 의거) 1. 민간경상사업보조(307-02) 2. 민간단체 법정운영비보조(307-03) 3. 민간행사사업보조(307-04) 4. 민간위탁금(307-05) 5. 사회복지시설 법정운영비보조(307-10) 6. 민간인위탁교육비(307-12) 7. 공기관등에대한경상적위탁사업비(308-10) 8. 민간자본사업보조,자체재원(402-01) 9. 민간자본사업보조,이전재원(402-02) 10. 민간위탁사업비(402-03) 11. 공기관등에 대한 자본적 대행사업비(403-02)	민간이전지출 근거 (지방보조금 관리기준 참고) 1. 법률에 규정 2. 국고보조 재원(국가지정) 3. 용도 지정 기부금 4. 조례에 직접규정 5. 지자체가 권장하는 사업을 하는 공공기관 6. 시,도 정책 및 재정사정 7. 기타 8. 해당없음	입찰방식: 계약체결방법 (경쟁형태) 1. 일반경쟁 2. 제한경쟁 3. 지명경쟁 4. 수의계약 5. 법정위탁 6. 기타 ( ) 7. 해당없음	입찰방식: 계약기간 1. 1년 2. 2년 3. 3년 4. 4년 5. 5년 6. 기타 ( )년 7. 단기계약 (1년미만) 8. 해당없음	입찰방식: 낙찰자선정방법 1. 적격심사 2. 협상에의한계약 3. 최저가낙찰제 4. 규격가격분리 5. 2단계 경쟁입찰 6. 기타 ( ) 7. 해당없음	운영예산 산정: 운영예산 산정 1. 내부산정 (지자체 자체적으로 산정) 2. 외부산정 (외부전문기관위탁 산정) 3. 내·외부 모두 산정 4. 산정 無 5. 해당없음	운영예산 산정: 정산방법 1. 내부정산 (지자체 내부적으로 정산) 2. 외부정산 (외부전문기관위탁 정산) 3. 내·외부 모두 산정 4. 정산 無 5. 해당없음	성과평가 실시여부 1. 실시 2. 미실시 3. 향후 추진 4. 해당없음
5742	경북 영천시	자활활성화사업비지원	15,000	복지정책과	5	1	7	8	7	5	1	1
5743	경북 영천시	자활사례관리	28,989	복지정책과	5	1	7	8	7	5	1	1
5744	경북 영천시	전기·상수도료및방화·전기·승강기·보안용역비	12,000	복지정책과	5	1	7	8	7	1	1	1
5745	경북 영천시	지체장애인편의증진기술지원센터운영	130,000	사회복지과	5	1	7	8	7	1	1	1
5746	경북 영천시	교통사고상담센터운영	130,000	사회복지과	5	1	7	8	7	1	1	1
5747	경북 영천시	지적장애인지원센터운영	130,000	사회복지과	5	1	7	8	7	1	1	1
5748	경북 영천시	수화통역센터운영	246,603	사회복지과	5	1	7	8	7	1	1	1
5749	경북 영천시	장애인생활이동지원센터운영	234,846	사회복지과	5	1	7	8	7	1	1	1
5750	경북 영천시	장애인종합복지관운영	1,208,620	사회복지과	5	1	7	8	7	1	1	1
5751	경북 영천시	장애인주간보호시설운영	180,831	사회복지과	5	1	7	8	7	1	1	1
5752	경북 영천시	중증장애인자립지원센터운영	190,058	사회복지과	5	1	7	8	7	1	1	1
5753	경북 영천시	장애인직업재활시설운영	410,211	사회복지과	5	1	7	8	7	1	1	1
5754	경북 영천시	장애인단기거주시설운영	390,251	사회복지과	5	1	7	8	7	1	1	1
5755	경북 영천시	장애인거주시설운영	3,281,529	사회복지과	5	1	7	8	7	1	1	1
5756	경북 영천시	정신요양시설운영	2,246,270	사회복지과	5	1	7	8	7	1	1	1
5757	경북 영천시	양로시설운영비지원(용평마을)	472,854	사회복지과	5	2	7	8	7	1	1	1
5758	경북 영천시	노숙인복지시설종사자인건비	28,800	사회복지과	5	6	7	8	7	5	5	1
5759	경북 영천시	영천시종합사회복지관운영비	563,000	사회복지과	5	1	1	8	7	3	1	1
5760	경북 영천시	영천시종합사회복지관(분관)운영비	20,000	사회복지과	5	1	1	8	7	3	1	1
5761	경북 영천시	사회복지관사례관리사운영지원	30,000	사회복지과	5	1	1	8	7	3	1	1
5762	경북 영천시	노숙인복지시설운영	1,714,104	사회복지과	5	2	7	8	7	5	5	1
5763	경북 영천시	가정폭력상담소운영지원	30,000	가족행복과	5	7	7	5	7	5	1	1
5764	경북 영천시	다문화어린이집차량운영비	12,084	가족행복과	5	6	7	8	7	1	1	1
5765	경북 영천시	공공형어린이집지원	656,000	가족행복과	5	2	7	8	7	1	1	1
5766	경북 영천시	지역아동보호전문기관운영비지원	90,933	가족행복과	5	2	7	8	7	1	1	1
5767	경북 영천시	지역아동센터기본운영비지원	512,160	가족행복과	5	2	7	8	7	3	3	1
5768	경북 영천시	지역아동센터공기청정기임대료지원	8,722	가족행복과	5	2	7	8	7	3	3	1
5769	경북 영천시	지역아동센터등하원안심알림이이용료지원	250,000	가족행복과	5	2	7	8	7	3	3	1
5770	경북 영천시	특수목적형지역아동센터추가지원	7,308	가족행복과	5	2	7	8	7	3	3	1
5771	경북 영천시	토요운영지역아동센터추가지원	7,296	가족행복과	5	2	7	8	7	3	3	1
5772	경북 영천시	지역아동보호전문기관운영지원	7,560	가족행복과	5	6	7	8	7	1	1	1
5773	경북 영천시	지역아동센터환경개선지원	20,000	가족행복과	5	2	7	8	7	3	3	1
5774	경북 영천시	지역아동센터조리사인건비지원	50,400	가족행복과	5	6	7	8	7	3	3	1
5775	경북 영천시	아동복지시설운영및사업비지원	1,388,601	가족행복과	5	6	7	8	7	1	1	1
5776	경북 영천시	아동복지시설종사자수당	50,400	가족행복과	5	6	7	8	7	1	1	1
5777	경북 영천시	시설냉난방비지원	5,400	가족행복과	5	6	7	8	7	1	1	1
5778	경북 영천시	다함께돌봄센터설치비지원	145,000	가족행복과	5	1	7	8	7	5	5	1
5779	경북 영천시	다함께돌봄센터인건비지원	79,560	가족행복과	5	1	7	8	7	5	5	1
5780	경북 영천시	다함께돌봄센터운영비지원	5,400	가족행복과	5	1	7	8	7	5	5	1
5781	경북 영천시	마을돌봄코디네이터지원	52,800	가족행복과	5	6	7	8	7	5	5	1
5782	경북 영천시	마을돌봄터운영지원	12,000	가족행복과	5	6	7	8	7	5	5	1
5783	경북 영천시	마을돌봄터사업지원	12,000	가족행복과	5	6	7	8	7	5	5	1
5784	경북 영천시	마을돌봄터종사자수당지원	6,720	가족행복과	5	6	7	8	7	5	5	1

순번	시군구	지출명 (사업명)	2021년예산 (단위:천원/1년간)	담당자 (공무원)	민간이전 분류 (지방자치단체 세출예산 집행기준에 의거)	민간이전지출 근거 (지방보조금 관리기준 참고)	입찰방식			운영예산 산정		성과평가 실시여부
				담당부서	1. 민간경상사업보조(307-02) 2. 민간단체 법정운영비보조(307-03) 3. 민간행사사업보조(307-04) 4. 민간위탁금(307-05) 5. 사회복지시설 법정운영비보조(307-10) 6. 민간인위탁교육비(307-12) 7. 공기관등에대한경상적위탁사업비(308-10) 8. 민간자본사업보조,자체재원(402-01) 9. 민간자본사업보조,이전재원(402-02) 10. 민간위탁사업비(402-03) 11. 공기관등에 대한 자본적 대행사업비(403-02)	1. 법률에 규정 2. 국고보조 재원(국가지정) 3. 용도 지정 기부금 4. 조례에 직접규정 5. 지자체가 권장하는 사업을 하는 공공기관 6. 시,도 정책 및 재정사정 7. 기타 8. 해당없음	계약체결방법 (경쟁형태) 1. 일반경쟁 2. 제한경쟁 3. 지명경쟁 4. 수의계약 5. 법정위탁 6. 기타 ( ) 7. 해당없음	계약기간 1. 1년 2. 2년 3. 3년 4. 4년 5. 5년 6. 기타 ( )년 7. 단기계약 (1년미만) 8. 해당없음	낙찰자선정방법 1. 적격심사 2. 협상에의한계약 3. 최저가낙찰제 4. 규격가격분리 5. 2단계 경쟁입찰 6. 기타 ( ) 7. 해당없음	운영예산 산정 1. 내부산정 (지자체 자체적으로 산정) 2. 외부산정 (외부전문기관위탁 산정) 3. 내·외부 모두 산정 4. 산정 無 5. 해당없음	정산방법 1. 내부정산 (지자체 내부적으로 정산) 2. 외부정산 (외부전문기관위탁 정산) 3. 내·외부 모두 산정 4. 정산 無 5. 해당없음	1. 실시 2. 미실시 3. 향후 추진 4. 해당없음
5785	경북 영천시	청소년안전망구축	102,990	가족행복과	5	2	7	1	7	4	1	1
5786	경북 영천시	시군청소년상담복지센터운영지원	131,400	가족행복과	5	2	7	1	7	4	1	1
5787	경북 영천시	시군학업중단청소년자립및학습지원	90,037	가족행복과	5	2	7	1	7	4	1	1
5788	경북 영천시	청소년동반자프로그램운영지원	112,600	가족행복과	5	2	7	1	7	4	1	1
5789	경북 영천시	시군학업중단청소년급식지원	9,874	가족행복과	5	2	7	1	7	4	1	1
5790	경북 김천시	장애인주간보호시설운영	329,631	사회복지과	5	6	4	8	7	3	3	2
5791	경북 김천시	수어통역센터운영	212,071	사회복지과	5	6	4	8	7	3	3	2
5792	경북 김천시	장애인생활이동지원센터운영	211,390	사회복지과	5	6	4	8	7	3	3	2
5793	경북 김천시	장애인단기거주시설운영	308,352	사회복지과	5	6	4	8	7	3	3	2
5794	경북 김천시	장애인거주시설운영	563,727	사회복지과	5	6	4	8	7	3	3	2
5795	경북 김천시	장애인직업재활시설 운영	406,301	사회복지과	5	6	4	8	7	3	3	2
5796	경북 김천시	장애인거주시설운영지원	2,304,094	사회복지과	5	2	4	8	7	3	3	2
5797	경북 김천시	경로당 운영	901,000	사회복지과	5	2	7	8	7	1	1	1
5798	경북 김천시	경로당 특별연료비	416,200	사회복지과	5	2	7	8	7	1	1	1
5799	경북 김천시	경로당 냉난방비및양곡 지원	1,129,515	사회복지과	5	2	7	8	7	1	1	1
5800	경북 김천시	경로당 급식비 지원	365,500	사회복지과	5	4	7	8	7	1	1	1
5801	경북 김천시	노인교실 운영	1,600,000	사회복지과	5	6	4	8	7	1	1	4
5802	경북 김천시	재가노인복지시설 운영	180,000	사회복지과	5	6	7	8	7	1	1	1
5803	경북 김천시	정신요양시설 운영	1,984,733	복지기획과	5	2	7	8	7	3	3	1
5804	경북 김천시	범죄피해자지원센터 운영지원	4,500,000	복지기획과	5	1	7	8	7	3	3	1
5805	경북 김천시	범죄피해자지원센터	54,000	복지기획과	5	1	7	8	7	3	3	1
5806	경북 김천시	지역자활센터 운영비 지원	332,946	복지기획과	5	1	5	1	7	1	1	1
5807	경북 안동시	사회복지종사자복지포인트지원	3,600,000	사회복지과	5	4	7	1	6	1	1	1
5808	경북 안동시	지역자활센터운영비	25,000	사회복지과	5	1	7	1	6	1	1	1
5809	경북 안동시	지역자활센터운영비지원	332,946	사회복지과	5	1	7	1	6	1	3	1
5810	경북 안동시	사회복지사 처우개선	3,240,000	치매안심센터	5	4	1	3	1	1	1	1
5811	경북 안동시	정신재활시설운영	966,730	치매안심센터	5	6	7	8	7	3	3	4
5812	경북 안동시	운영비지원	191,087	여성가족과	5	2	7	7	7	1	1	1
5813	경북 안동시	운영비지원	307,846	여성가족과	5	6	7	7	7	1	1	1
5814	경북 안동시	운영비지원	210,441	여성가족과	5	2	7	7	7	1	1	1
5815	경북 안동시	보육교직원인건비지원	4,519,904	여성가족과	5	1	7	8	7	5	1	1
5816	경북 안동시	보육교직원처우개선지원	3,112,154	여성가족과	5	1	7	8	7	5	1	1
5817	경북 안동시	어린이집 운영지원	111,106	여성가족과	5	1	7	8	7	5	1	1
5818	경북 안동시	공공형어린이집지원	620,000	여성가족과	5	1	7	8	7	5	1	1
5819	경북 안동시	지역아동보호전문기관운영	321,226	여성가족과	5	1	5	5	7	5	1	1
5820	경북 안동시	지역아동센터 운영비 지원	786,720	여성가족과	5	4	7	8	7	5	1	4
5821	경북 안동시	특수목적형 지원	21,924	여성가족과	5	4	7	8	7	5	1	4
5822	경북 안동시	토요운영 지원	7,296	여성가족과	5	4	7	8	7	5	1	4
5823	경북 안동시	지역아동센터환경개선지원	10,000	여성가족과	5	4	7	8	7	5	1	4
5824	경북 안동시	지역아동센터조리사인건비	79,200	여성가족과	5	4	7	8	7	5	1	4
5825	경북 안동시	지역사회보장협의체운영비	75,680	여성가족과	5	1	7	8	7	1	1	1
5826	경북 안동시	지역사회보장협의체 분과활동 지원	5,000,000	여성가족과	5	1	7	8	7	1	1	1
5827	경북 안동시	이웃사촌복지센터 운영지원	230,000	여성가족과	5	6	7	8	7	5	5	1

순번	시군구	지출명 (사업명)	2021년예산 (단위:천원/1년간)	담당자 (공무원)	민간이전 분류 (지방자치단체 세출예산 집행기준에 의거)	민간이전지출 근거 (지방보조금 관리기준 참고)	입찰방식			운영예산 산정		성과평가 실시여부
				담당부서	1. 민간경상사업보조(307-02) 2. 민간단체 법정운영비보조(307-03) 3. 민간행사사업보조(307-04) 4. 민간위탁금(307-05) 5. 사회복지시설 법정운영비보조(307-10) 6. 민간인위탁교육비(307-12) 7. 공기관등에대한경상적위탁사업비(308-10) 8. 민간자본사업보조,자체재원(402-01) 9. 민간자본사업보조,이전재원(402-02) 10. 민간위탁사업비(402-03) 11. 공기관등에 대한 자본적 대행사업비(403-02)	1. 법률에 규정 2. 국고보조 재원(국가지정) 3. 용도 지정 기부금 4. 조례에 직접규정 5. 지자체가 권장하는 사업을 하는 공공기관 6. 시,도 정책 및 재정사정 7. 기타 8. 해당없음	계약체결방법 (경쟁형태) 1. 일반경쟁 2. 제한경쟁 3. 지명경쟁 4. 수의계약 5. 법정위탁 6. 기타 ( ) 7. 해당없음	계약기간 1. 1년 2. 2년 3. 3년 4. 4년 5. 5년 6. 기타 ( )년 7. 단기계약 (1년미만) 8. 해당없음	낙찰자선정방법 1. 적격심사 2. 협상에의한계약 3. 최저가낙찰제 4. 규격가격분리 5. 2단계 경쟁입찰 6. 기타 ( ) 7. 해당없음	운영예산 산정 1. 내부산정 (지자체 자체적으로 산정) 2. 외부산정 (외부전문기관위탁 산정) 3. 내·외부 모두 산정 4. 산정 無 5. 해당없음	정산방법 1. 내부정산 (지자체 내부적으로 정산) 2. 외부정산 (외부전문기관위탁 정산) 3. 내·외부 모두 산정 4. 정산 無 5. 해당없음	1. 실시 2. 미실시 3. 향후 추진 4. 해당없음
5828	경북 안동시	청소년상담복지센터 운영지원	169,500	평생교육과	5	1	7	8	7	1	1	1
5829	경북 안동시	노인복지업무운영지원	135,835	노인장애인복지과	5	1	7	8	7	3	1	1
5830	경북 안동시	사회복지사 처우개선	70,320	노인장애인복지과	5	4	7	8	7	1	1	1
5831	경북 안동시	재가노인복지센터운영	220,800	노인장애인복지과	5	6	7	8	7	5	1	1
5832	경북 안동시	노인사회활동지원	310,000	노인장애인복지과	5	1	2	5	1	1	1	1
5833	경북 안동시	노인시설운영	10,488,317	노인장애인복지과	5	1	7	8	7	5	5	1
5834	경북 안동시	장애인복지시설운영지원	35,000	노인장애인복지과	5	8	7	8	7	3	3	1
5835	경북 안동시	사회복지사 처우개선	76,800	노인장애인복지과	5	5	7	8	7	1	1	1
5836	경북 안동시	장애인거주시설 운영 지원	15,534,497	노인장애인복지과	5	1	7	8	7	1	1	1
5837	경북 안동시	장애인실비입소이용료지원	58,057	노인장애인복지과	5	1	7	8	7	1	1	1
5838	경북 안동시	정신요양시설 운영지원	3,678,667	노인장애인복지과	5	1	7	8	7	1	1	1
5839	경북 안동시	한센시설운영지원	1,672,366	노인장애인복지과	5	1	7	8	7	1	1	1
5840	경북 안동시	장애인거주시설 생활지도원교대인력증원	417,865	노인장애인복지과	5	1	7	8	7	1	1	1
5841	경북 안동시	장애인거주시설 공기청정기렌탈지원	217,800	노인장애인복지과	5	2	7	8	7	1	1	1
5842	경북 안동시	여성장애인가사도우미파견사업	43,333	노인장애인복지과	5	6	7	8	7	5	5	1
5843	경북 안동시	시군지체장애인및편의시설상담지원	130,000	노인장애인복지과	5	1	7	8	7	1	1	1
5844	경북 안동시	지체장애인여성자립지원센터운영	65,000	노인장애인복지과	5	1	7	8	7	1	1	1
5845	경북 안동시	시군지체장애인민원상담사업	65,000	노인장애인복지과	5	1	7	8	7	1	1	1
5846	경북 안동시	시군교통사고피해자상담사업	130,000	노인장애인복지과	5	1	7	8	7	1	1	1
5847	경북 안동시	지적장애인지원센터운영	130,000	노인장애인복지과	5	1	7	8	7	1	1	1
5848	경북 안동시	척수장애인재활지원센터운영	89,100	노인장애인복지과	5	1	7	8	7	1	1	1
5849	경북 안동시	뇌병변장애인인권상담및이동지원센터운영지원	55,000	노인장애인복지과	5	1	7	8	7	1	1	1
5850	경북 안동시	신체장애인재활상담실운영	50,000	노인장애인복지과	5	1	7	8	7	1	1	1
5851	경북 안동시	신장장애인종합상담실운영	50,000	노인장애인복지과	5	1	7	8	7	1	1	1
5852	경북 안동시	장애인가족지원센터운영	150,000	노인장애인복지과	5	1	7	8	7	1	1	1
5853	경북 안동시	장애인재활지원센터운영	240,000	노인장애인복지과	5	1	7	8	7	1	1	1
5854	경북 안동시	장애인직업재활시설운영	3,150,621	노인장애인복지과	5	1	7	8	7	1	1	1
5855	경북 안동시	장애인재가복지봉사센터운영	266,667	노인장애인복지과	5	6	7	8	7	1	1	1
5856	경북 안동시	장애인주간보호시설운영	766,865	노인장애인복지과	5	1	7	8	7	1	1	1
5857	경북 안동시	장애인단기보호시설운영	285,265	노인장애인복지과	5	1	7	8	7	1	1	1
5858	경북 안동시	장애인공동생활가정운영	255,498	노인장애인복지과	5	1	7	8	7	1	1	1
5859	경북 안동시	장애인의료재활시설운영	536,667	노인장애인복지과	5	1	7	8	7	1	1	1
5860	경북 안동시	수화통역센터운영	288,798	노인장애인복지과	5	1	7	8	7	1	1	1
5861	경북 안동시	농아인동료상담요원활동지원	28,640	노인장애인복지과	5	6	7	8	7	1	1	1
5862	경북 안동시	장애인생활이동지원센터운영	205,369	노인장애인복지과	5	1	7	8	7	1	1	1
5863	경북 안동시	정신요양시설입소자의약품비	13,832	노인장애인복지과	5	6	7	8	7	1	1	1
5864	경북 안동시	한센생활시설입소자건강검진비및부식비	360,000	노인장애인복지과	5	6	7	8	7	1	1	1
5865	경북 안동시	장애인생활시설서비스지원	59,745	노인장애인복지과	5	1	7	8	7	1	1	1
5866	경북 안동시	장애인생활시설퇴소자자립생활정착금지원	10,000	노인장애인복지과	5	1	7	8	7	1	1	1
5867	경북 구미시	청소년쉼터 종사자 수당	10,080	교육지원과	5	6	7	8	7	1	1	4
5868	경북 구미시	여성지도자 리더십교육	13,500	복지정책과	5	6	4	7	7	5	5	4
5869	경북 구미시	성폭력상담소운영비	168,476	복지정책과	5	1	7	8	7	5	1	2
5870	경북 구미시	장애인성폭력상담소운영지원	180,118	복지정책과	5	1	7	8	7	5	1	2

순번	시군구	지출명 (사업명)	2021년예산 (단위:천원/1년간)	담당자 (공무원) 담당부서	민간이전 분류 (지방자치단체 세출예산 집행기준에 의거) 1. 민간경상사업보조(307-02) 2. 민간단체 법정운영비보조(307-03) 3. 민간행사사업보조(307-04) 4. 민간위탁금(307-05) 5. 사회복지시설 법정운영비보조(307-10) 6. 민간인위탁교육비(307-12) 7. 공기관등에대한경상적위탁사업비(308-10) 8. 민간자본사업보조,자체재원(402-01) 9. 민간자본사업보조,이전재원(402-02) 10. 민간위탁사업비(402-03) 11. 공기관등에 대한 자본적 대행사업비(403-02)	민간이전지출 근거 (지방보조금 관리기준 참고) 1. 법률에 규정 2. 국고보조 재원(국가지정) 3. 용도 지정 기부금 4. 조례에 직접규정 5. 지자체가 권장하는 사업을 하는 공공기관 6. 시,도 정책 및 재정사정 7. 기타 8. 해당없음	입찰방식 계약체결방법 (경쟁형태) 1. 일반경쟁 2. 제한경쟁 3. 지명경쟁 4. 수의계약 5. 법정위탁 6. 기타 ( ) 7. 해당없음	입찰방식 계약기간 1. 1년 2. 2년 3. 3년 4. 4년 5. 5년 6. 기타 ( )년 7. 단기계약 (1년미만) 8. 해당없음	입찰방식 낙찰자선정방법 1. 적격심사 2. 협상에의한계약 3. 최저가낙찰제 4. 규격가격분리 5. 2단계 경쟁입찰 6. 기타 ( ) 7. 해당없음	운영예산 산정 운영예산 산정 1. 내부산정 (지자체 자체적으로 산정) 2. 외부산정 (외부전문기관위탁 산정) 3. 내·외부 모두 산정 4. 산정 無 5. 해당없음	운영예산 산정 정산방법 1. 내부정산 (지자체 내부적으로 정산) 2. 외부정산 (외부전문기관위탁 정산) 3. 내·외부 모두 산정 4. 정산 無 5. 해당없음	성과평가 실시여부 1. 실시 2. 미실시 3. 향후 추진 4. 해당없음
5871	경북 구미시	여성폭력상담소종사자수당	15,120	복지정책과	5	1	7	8	7	5	1	2
5872	경북 구미시	피해자지원센터 운영비	38,200	복지정책과	5	1	7	8	7	5	1	2
5873	경북 구미시	중증장애인거주시설운영	1,207,460	노인장애인과	5	2	5	8	7	5	1	4
5874	경북 구미시	장애인단기거주시설운영	705,384	노인장애인과	5	1	5	8	7	5	1	4
5875	경북 구미시	장애인공동생활가정운영	112,329	노인장애인과	5	1	5	8	7	5	1	4
5876	경북 구미시	장애인주간보호시설운영	1,492,575	노인장애인과	5	1	5	8	7	5	1	4
5877	경북 구미시	중증장애인자립지원센터운영	191,824	노인장애인과	5	1	5	8	7	5	1	4
5878	경북 구미시	장애인생활이동지원센터운영	391,674	노인장애인과	5	1	5	8	7	5	1	4
5879	경북 구미시	수화통역센터운영	566,092	노인장애인과	5	1	5	8	7	5	1	4
5880	경북 구미시	장애인보호작업장운영	530,058	노인장애인과	5	1	5	8	7	5	1	4
5881	경북 구미시	양로시설운영비	548,789	노인장애인과	5	2	7	8	7	3	1	1
5882	경북 구미시	재가노인복지센터운영비	900,000	노인장애인과	5	1	7	8	7	3	1	1
5883	경북 구미시	ㅁ재가노인지원서비스센터운영비	900,000	노인장애인과	5	1	7	8	7	3	1	1
5884	경북 구미시	시니어클럽운영비	310,000	노인장애인과	5	2	7	8	7	5	1	2
5885	경북 구미시	한부모가족복지시설운영	119,619	아동보육과	5	2	7	8	7	5	5	4
5886	경북 구미시	폭력피해이주여성보호시설운영	225,974	아동보육과	5	2	7	8	7	5	5	4
5887	경북 구미시	폭력피해이주여성시설기능보강	5,000,000	아동보육과	5	2	7	8	7	5	5	4
5888	경북 구미시	아동양육시설운영비	1,445,707	아동보육과	5	2	7	8	7	5	1	4
5889	경북 구미시	아동양육시설 냉난방비지원	600,000	아동보육과	5	2	7	8	7	5	1	4
5890	경북 구미시	아동그룹홈 냉난방비지원	1,200,000	아동보육과	5	2	7	8	7	5	1	4
5891	경북 구미시	지역아동센터 냉난방비지원	28,200	아동보육과	5	6	7	8	7	5	1	2
5892	경북 구미시	요보호아동그룹홈운영비	89,163	아동보육과	5	2	7	8	7	5	1	4
5893	경북 구미시	학대피해아동쉼터 운영비	168,192	아동보육과	5	1	5	8	7	5	1	1
5894	경북 구미시	학대피해아동쉼터 대체인력지원	334,900	아동보육과	5	1	5	8	7	5	1	1
5895	경북 구미시	아동학대등긴급입소자지원	1,440,000	아동보육과	5	1	5	8	7	5	1	1
5896	경북 구미시	아동보호전문기관운영비	434,342	아동보육과	5	1	5	8	7	5	1	1
5897	경북 구미시	아동보호전문기관 운영지원	67,780	아동보육과	5	1	5	8	7	5	1	1
5898	경북 구미시	학대피해아동 심리치료지원	10,000	아동보육과	5	4	5	8	7	5	1	1
5899	경북 구미시	시립어린이집 영양사 인건비	20,772	아동보육과	5	4	7	8	7	5	1	4
5900	경북 구미시	어린이집 냉난방비	200,000	아동보육과	5	4	7	8	7	5	1	4
5901	경북 구미시	어린이집 영유아 급간식비	1,548,000	아동보육과	5	4	7	8	7	5	1	4
5902	경북 구미시	열린어린이집 프로그램 운영	50,000	아동보육과	5	1	7	8	7	5	5	4
5903	경북 구미시	보육교직원 인건비	9,963,552	아동보육과	5	2	7	8	7	5	1	4
5904	경북 구미시	보조교사 및 연장보육 전담교사	8,687,058	아동보육과	5	2	7	8	7	5	1	4
5905	경북 구미시	대체교사	250,360	아동보육과	5	2	7	8	7	5	1	4
5906	경북 구미시	담임교사지원비 및 교사겸직원장수당	6,195,916	아동보육과	5	2	7	8	7	5	1	4
5907	경북 구미시	농촌보육교사 특별근무수당	844,356	아동보육과	5	2	7	8	7	5	1	4
5908	경북 구미시	차량운영비	190,670	아동보육과	5	2	7	8	7	5	1	4
5909	경북 구미시	공공형어린이집 운영비	1,350,000	아동보육과	5	2	7	8	7	5	1	4
5910	경북 구미시	시간차등형보육 지원	297,268	아동보육과	5	2	7	8	7	5	1	4
5911	경북 구미시	누리과정 보육료 등	14,284,800	아동보육과	5	2	7	8	7	5	1	4
5912	경북 구미시	보육교직원 수당	3,562,613	아동보육과	5	2	7	8	7	5	1	4
5913	경북 구미시	장애아보육교직원 특별수당	81,251	아동보육과	5	2	7	8	7	5	1	4

순번	시군구	지출명 (사업명)	2021년예산 (단위:천원/1년간)	담당자 (공무원) 담당부서	민간이전 분류 (지방자치단체 세출예산 집행기준에 의거) 1. 민간경상사업보조(307-02) 2. 민간단체 법정운영비보조(307-03) 3. 민간행사사업보조(307-04) 4. 민간위탁금(307-05) 5. 사회복지시설 법정운영비보조(307-10) 6. 민간인위탁교육비(307-12) 7. 공기관등에대한경상적위탁사업비(308-10) 8. 민간자본사업보조,자체재원(402-01) 9. 민간자본사업보조,이전재원(402-02) 10. 민간위탁사업비(402-03) 11. 공기관등에 대한 자본적 대행사업비(403-02)	민간이전지출 근거 (지방보조금 관리기준 참고) 1. 법률에 규정 2. 국고보조 재원(국가지정) 3. 용도 지정 기부금 4. 조례에 직접규정 5. 지자체가 권장하는 사업을 하는 공공기관 6. 시,도 정책 및 재정사정 7. 기타 8. 해당없음	입찰방식 계약체결방법 (경쟁형태) 1. 일반경쟁 2. 제한경쟁 3. 지명경쟁 4. 수의계약 5. 법정위탁 6. 기타 ( ) 7. 해당없음	입찰방식 계약기간 1. 1년 2. 2년 3. 3년 4. 4년 5. 5년 6. 기타 ( )년 7. 단기계약 (1년미만) 8. 해당없음	입찰방식 낙찰자선정방법 1. 적격심사 2. 협상에의한계약 3. 최저가낙찰제 4. 규격가격분리 5. 2단계 경쟁입찰 6. 기타 ( ) 7. 해당없음	운영예산 산정 운영예산 산정 1. 내부산정 (지자체 자체적으로 산정) 2. 외부산정 (외부전문기관위탁 산정) 3. 내·외부 모두 산정 4. 산정 無 5. 해당없음	운영예산 산정 정산방법 1. 내부정산 (지자체 내부적으로 정산) 2. 외부정산 (외부전문기관위탁 정산) 3. 내·외부 모두 산정 4. 정산 無 5. 해당없음	성과평가 실시여부 1. 실시 2. 미실시 3. 향후 추진 4. 해당없음
5914	경북 구미시	아이행복도우미 인건비	2,153,296	아동보육과	5	2	7	8	7	5	1	4
5915	경북 구미시	보육아동 간식비	1,289,354	아동보육과	5	2	7	8	7	5	1	4
5916	경북 구미시	다문화어린이집 차량운영비	26,023	아동보육과	5	2	7	8	7	5	1	4
5917	경북 구미시	어린이집 차량유지비	55,000	아동보육과	5	2	7	8	7	5	1	4
5918	경북 구미시	장애아전문어린이집 기사 인건비	65,713	아동보육과	5	2	7	8	7	5	1	4
5919	경북 구미시	보육아동 인성교육비	32,031	아동보육과	5	2	7	8	7	5	1	4
5920	경북 구미시	어린이집 영아반 운영비	1,966,144	아동보육과	5	2	7	8	7	5	1	4
5921	경북 구미시	지역아동센터 체험활동비 지원	14,000	아동보육과	5	4	7	8	7	1	1	1
5922	경북 구미시	지역아동센터조리사인건비지원	352,800	아동보육과	5	6	7	8	7	5	1	2
5923	경북 구미시	특수목적형지원	36,540	아동보육과	5	1	7	8	7	5	1	2
5924	경북 구미시	토요운영지원	72,960	아동보육과	5	1	7	8	7	5	1	2
5925	경북 구미시	공공성강화선도모델사업	14,400	아동보육과	5	1	7	8	7	5	1	2
5926	경북 구미시	지역아동센터 운영 지원	3,492,240	아동보육과	5	1	7	8	7	5	1	2
5927	경북 구미시	지역아동센터 공기청정기 지원	36,634	아동보육과	5	1	7	8	7	5	1	2
5928	경북 구미시	등하원안심알림이이용료	16,784	아동보육과	5	1	7	8	7	5	1	2
5929	경북 구미시	자활센터운영비	400,535	생활안정과	5	2	5	8	7	5	5	1
5930	경북 영주시	지역자활센터 운영비 지원	251,691	복지정책과	5	1	7	8	7	5	1	4
5931	경북 영주시	자활활성화사업비지원	15,000	복지정책과	5	1	7	8	7	5	1	4
5932	경북 영주시	지역사회보장협의체 운영 지원	103,850	복지정책과	5	1	7	8	7	5	1	4
5933	경북 영주시	읍면동 지역사회보장협의체 활성화 지원	19,000	복지정책과	5	1	7	8	7	5	1	4
5934	경북 영주시	기초푸드뱅크 운영 지원	21,000	복지정책과	5	1	7	8	7	5	1	4
5935	경북 영주시	범죄피해자 보호 지원	25,000	복지정책과	5	1	7	8	7	5	1	4
5936	경북 영주시	사회복지관 사례관리사 운영 지원	30,000	복지정책과	5	1	7	8	7	5	1	4
5937	경북 영주시	건강가정및다문화가족지원센터운영	306,900	아동청소년과	5	2	1	3	7	3	3	1
5938	경북 영주시	가정폭력상담소 운영 지원	172,987	아동청소년과	5	1	7	8	7	3	3	1
5939	경북 영주시	청소년안전망 운영	102,990	아동청소년과	5	1	7	8	7	1	1	1
5940	경북 영주시	청소년상담복지센터 운영(상담팀)	134,000	아동청소년과	5	1	7	8	7	1	1	1
5941	경북 영주시	야간연장보육 인건비 보조	18,000	아동청소년과	5	4	7	8	7	3	3	1
5942	경북 영주시	어린이집 아동급식용 우수식재료 구입비	82,075	아동청소년과	5	4	7	8	7	3	3	1
5943	경북 영주시	어린이집 급식비 지원	781,660	아동청소년과	5	4	7	8	7	3	3	1
5944	경북 영주시	보육교직원 인건비 지원	4,562,720	아동청소년과	5	2	7	8	7	3	3	1
5945	경북 영주시	시간연장형교사 인건비 지원	83,644	아동청소년과	5	2	7	8	7	3	3	1
5946	경북 영주시	보조교사 지원	928,810	아동청소년과	5	2	7	8	7	3	3	1
5947	경북 영주시	대체교사 지원	34,296	아동청소년과	5	2	7	8	7	3	3	1
5948	경북 영주시	교재교구비 지원	30,446	아동청소년과	5	2	7	8	7	3	3	1
5949	경북 영주시	차량운영비 지원	37,260	아동청소년과	5	2	7	8	7	3	3	1
5950	경북 영주시	농어촌소재법인어린이집지원	5,002	아동청소년과	5	2	7	8	7	3	3	1
5951	경북 영주시	공공형어린이집 지원	380,000	아동청소년과	5	2	7	8	7	3	3	1
5952	경북 영주시	보육아동 장애조기검진비	480,000	아동청소년과	5	6	7	8	7	3	3	1
5953	경북 영주시	보육아동 간식비	222,973	아동청소년과	5	6	7	8	7	3	3	1
5954	경북 영주시	어린이집 차량유지비	6,000	아동청소년과	5	6	7	8	7	3	3	1
5955	경북 영주시	다문화어린이집 차량운영비	11,713	아동청소년과	5	6	7	8	7	3	3	1
5956	경북 영주시	장애아동어린이집 입소료	300,000	아동청소년과	5	6	7	8	7	3	3	1

순번	시군구	지출명 (사업명)	2021년예산 (단위:천원/1년간)	담당자 (공무원)	민간이전 분류 (지방자치단체 세출예산 집행기준에 의거)	민간이전지출 근거 (지방보조금 관리기준 참고)	입찰방식			운영예산 산정		성과평가 실시여부
				담당부서	1. 민간경상사업보조(307-02) 2. 민간단체 법정운영비보조(307-03) 3. 민간행사사업보조(307-04) 4. 민간위탁금(307-05) 5. 사회복지시설 법정운영비보조(307-10) 6. 민간인위탁교육비(307-12) 7. 공기관등에대한경상적위탁사업비(308-10) 8. 민간자본사업보조,자체재원(402-01) 9. 민간자본사업보조,이전재원(402-02) 10. 민간위탁사업비(402-03) 11. 공기관등에 대한 자본적 대행사업비(403-02)	1. 법률에 규정 2. 국고보조 재원(국가지정) 3. 용도 지정 기부금 4. 조례에 직접규정 5. 지자체가 권장하는 사업을 하는 공공기관 6. 시,도 정책 및 재정사정 7. 기타 8. 해당없음	계약체결방법 (경쟁형태) 1. 일반경쟁 2. 제한경쟁 3. 지명경쟁 4. 수의계약 5. 법정위탁 6. 기타 ( ) 7. 해당없음	계약기간 1. 1년 2. 2년 3. 3년 4. 4년 5. 5년 6. 기타 ( )년 7. 단기계약 (1년미만) 8. 해당없음	낙찰자선정방법 1. 적격심사 2. 협상에의한계약 3. 최저가낙찰제 4. 규격가격분리 5. 2단계 경쟁입찰 6. 기타 ( ) 7. 해당없음	운영예산 산정 1. 내부산정 (지자체 자체적으로 산정) 2. 외부산정 (외부전문기관위탁 산정) 3. 내·외부 모두 산정 4. 산정 無 5. 해당없음	정산방법 1. 내부정산 (지자체 내부적으로 정산) 2. 외부정산 (외부전문기관위탁 정산) 3. 내·외부 모두 산정 4. 정산 無 5. 해당없음	1. 실시 2. 미실시 3. 향후 추진 4. 해당없음
5957	경북 영주시	어린이집 환경개선비	16,485	아동청소년과	5	6	7	8	7	3	3	1
5958	경북 영주시	어린이집 안전공제회비	5,424	아동청소년과	5	6	7	8	7	3	3	1
5959	경북 영주시	아이행복도우미 인건비	232,029	아동청소년과	5	6	7	8	7	3	3	1
5960	경북 영주시	지역아동센터 운영 지원	843,158	아동청소년과	5	2	7	8	7	1	1	4
5961	경북 영주시	지역아동센터 특수목적형 지원	25,572	아동청소년과	5	2	7	8	7	1	1	4
5962	경북 영주시	지역아동센터 토요운영 지원	3,648,000	아동청소년과	5	2	7	8	7	1	1	4
5963	경북 영주시	지역아동보호전문기관 운영지원	201,353	아동청소년과	5	2	7	8	7	1	1	4
5964	경북 영주시	경로당 순회프로그램 관리자 인건비	47,953	노인장애인과	5	4	4	8	7	1	1	4
5965	경북 영주시	대한노인회영주시지회 운영	80,000	노인장애인과	5	4	4	8	7	1	1	4
5966	경북 영주시	재가노인복지시설운영	180,000	노인장애인과	5	1	5	8	7	1	1	4
5967	경북 영주시	중증장애인 이동사업 지원	43,000	노인장애인과	5	6	7	8	7	1	1	1
5968	경북 영주시	장애인복지콜 운영사업 지원	72,000	노인장애인과	5	6	7	8	7	1	1	1
5969	경북 영주시	신장장애인 차량이동사업 지원	34,000	노인장애인과	5	6	7	8	7	1	1	1
5970	경북 영주시	여성장애인교육지원	83,780	노인장애인과	5	2	7	8	7	1	1	4
5971	경북 영주시	정신요양시설운영	2,046,163	노인장애인과	5	2	7	8	7	1	1	4
5972	경북 영주시	장애인거주시설운영지원	4,704,608	노인장애인과	5	2	7	8	7	1	1	4
5973	경북 영주시	장애인재가복지봉사센터운영지원	133,333	노인장애인과	5	1	7	8	7	1	1	4
5974	경북 영주시	장애인주간보호시설운영	367,573	노인장애인과	5	1	7	8	7	1	1	4
5975	경북 영주시	장애인생활이동지원센터운영	230,657	노인장애인과	5	1	7	8	7	1	1	4
5976	경북 영주시	수화통역센터운영	221,881	노인장애인과	5	1	7	8	7	1	1	4
5977	경북 영주시	농아인동료상담요원활동지원	17,185	노인장애인과	5	6	7	8	7	2	1	2
5978	경북 영주시	지적장애인지원센터운영	130,000	노인장애인과	5	6	7	8	7	2	1	2
5979	경북 영주시	장애인직업재활시설운영	1,254,586	노인장애인과	5	1	7	8	7	1	1	4
5980	경북 영주시	장애인편의시설촉진지원	130,000	노인장애인과	5	6	7	8	7	2	1	2
5981	경북 영주시	장애인거주시설 운영	294,054	노인장애인과	5	1	7	8	7	1	1	4
5982	경북 영주시	장애인단기거주시설운영	269,100	노인장애인과	5	1	7	8	7	1	1	4
5983	경북 영주시	장애인복지지원사업	370,000	노인장애인과	5	6	7	8	7	2	1	2
5984	경북 영주시	시군뇌병변장애인가족지원사업	55,000	노인장애인과	5	6	7	8	7	2	1	2
5985	경북 영주시	시군신체장애인재활상담사업	50,000	노인장애인과	5	6	7	8	7	2	1	2
5986	경북 영주시	시군장애인가족지원센터운영	150,000	노인장애인과	5	6	7	8	7	2	1	2
5987	경북 영주시	장애인 거주시설 운영지원	222,000	노인장애인과	5	1	7	8	7	1	1	4
5988	경북 영주시	정신재활시설 관리운영비	237,000	보건사업과	5	1	5	8	7	1	1	2
5989	경북 상주시	가정폭력피해자보호시설운영지원	215,616	가족복지과	5	1	5	8	7	5	1	1
5990	경북 상주시	가정폭력 상담소 운영 지원	175,687	가족복지과	5	1	5	8	7	5	1	1
5991	경북 상주시	성폭력가정폭력상담소운영지원	168,853	가족복지과	5	1	5	8	7	5	1	1
5992	경북 상주시	재가노인지원서비스센터 운영 지원	720,000	사회복지과	5	1	7	8	7	1	1	2
5993	경북 상주시	노인회분회 지원	28,800	가족복지과	5	1	1	1	2	1	1	2
5994	경북 상주시	대한노인회상주시지회운영	60,600	가족복지과	5	1	1	1	2	1	1	2
5995	경북 상주시	어린이집 난방비 지원	10,800	가족복지과	5	5	5	8	7	1	1	1
5996	경북 상주시	민간보육교사 장려수당	48,000	가족복지과	5	5	5	8	7	1	1	1
5997	경북 상주시	평가제 인증어린이집 원장 장려수당	8,640	가족복지과	5	5	5	8	7	1	1	1
5998	경북 상주시	평가제 인증어린이집 원장, 교사 명절수당	36,800	가족복지과	5	5	5	8	7	1	1	1
5999	경북 상주시	어린이집 영아반 운영비 지원	48,000	가족복지과	5	5	5	8	7	1	1	1

순번	시군구	지출명 (사업명)	2021년예산 (단위:천원/1년간)	담당자 (공무원) 담당부서	민간이전 분류 (지방자치단체 세출예산 집행기준에 의거) 1. 민간경상사업보조(307-02) 2. 민간단체 법정운영비보조(307-03) 3. 민간행사사업보조(307-04) 4. 민간위탁금(307-05) 5. 사회복지시설 법정운영비보조(307-10) 6. 민간인위탁교육비(307-12) 7. 공기관등에대한경상적위탁사업비(308-10) 8. 민간자본사업보조,자체재원(402-01) 9. 민간자본사업보조,이전재원(402-02) 10. 민간위탁사업비(402-03) 11. 공기관등에 대한 자본적 대행사업비(403-02)	민간이전지출 근거 (지방보조금 관리기준 참고) 1. 법률에 규정 2. 국고보조 재원(국가지정) 3. 용도 지정 기부금 4. 조례에 직접규정 5. 지자체가 권장하는 사업을 하는 공공기관 6. 시,도 정책 및 재정사정 7. 기타 8. 해당없음	입찰방식 계약체결방법 (경쟁형태) 1. 일반경쟁 2. 제한경쟁 3. 지명경쟁 4. 수의계약 5. 법정위탁 6. 기타 ( ) 7. 해당없음	입찰방식 계약기간 1. 1년 2. 2년 3. 3년 4. 4년 5. 5년 6. 기타 ( )년 7. 단기계약 (1년미만) 8. 해당없음	입찰방식 낙찰자선정방법 1. 적격심사 2. 협상에의한계약 3. 최저가낙찰제 4. 규격가격분리 5. 2단계 경쟁입찰 6. 기타 ( ) 7. 해당없음	운영예산 산정 운영예산 산정 1. 내부산정 (지자체 자체적으로 산정) 2. 외부산정 (외부전문기관위탁 산정) 3. 내·외부 모두 산정 4. 산정 無 5. 해당없음	운영예산 산정 정산방법 1. 내부정산 (지자체 내부적으로 정산) 2. 외부정산 (외부전문기관위탁 정산) 3. 내·외부 모두 산정 4. 정산 無 5. 해당없음	성과평가 실시여부 1. 실시 2. 미실시 3. 향후 추진 4. 해당없음
6000	경북 상주시	공공형어린이집 운영비	28,000	가족복지과	5	2	5	8	7	1	1	2
6001	경북 상주시	보육교직원 인건비 지원	3,163,320	가족복지과	5	2	5	8	7	1	1	2
6002	경북 상주시	보육교직원 처우개선 지원	1,492,454	가족복지과	5	2	5	8	7	1	1	2
6003	경북 상주시	어린이집 운영지원	44,080	가족복지과	5	2	5	8	7	1	1	2
6004	경북 상주시	아이행복도우미 인건비 지원	183,939	가족복지과	5	6	5	8	7	1	1	2
6005	경북 상주시	경계선아동자립지원	11,400	가족복지과	5	2	7	8	7	5	1	4
6006	경북 상주시	요보호아동 그룹홈 운영	89,163	가족복지과	5	2	7	8	7	5	1	4
6007	경북 상주시	시설아동건전육성	1,641,638	가족복지과	5	6	7	8	7	5	1	4
6008	경북 상주시	특성별 지역아동센터 추가지원	43,836	가족복지과	5	2	7	8	7	5	1	4
6009	경북 상주시	아동복지시설 냉난방비지원	6,000	가족복지과	5	6	7	8	7	5	1	4
6010	경북 상주시	[도지역아동센터 조리사인건비 지원	57,600	가족복지과	5	6	7	8	7	5	1	4
6011	경북 상주시	지역아동센터 종사자 장려수당	12,000	가족복지과	5	4	7	8	7	1	4	1
6012	경북 상주시	지역아동센터 운영비 지원	652,104	가족복지과	5	2	7	8	7	5	1	4
6013	경북 상주시	정신요양시설 운영비 지원	1,892,098	사회복지과	5	1	7	8	7	5	1	2
6014	경북 상주시	지역자활센터운영비	331,506	사회복지과	5	2	7	8	7	5	1	4
6015	경북 상주시	종합사회복지관 운영비	539,600	사회복지과	5	1	7	1	7	1	1	3
6016	경북 문경시	시니어클럽운영	368,000	노인장애인복지과	5	1	5	1	6	1	1	2
6017	경북 문경시	수화통역센터운영	248,659	노인장애인복지과	5	1	5	8	7	1	3	1
6018	경북 문경시	장애인생활이동지원센터 운영	252,190	노인장애인복지과	5	1	5	8	7	1	3	1
6019	경북 문경시	장애인종합복지관 운영	871,061	노인장애인복지과	5	1	5	8	7	1	3	1
6020	경북 문경시	장애인 주간보호시설 운영	189,131	노인장애인복지과	5	1	5	8	7	1	3	1
6021	경북 문경시	중증장애인 자립지원센터 운영	213,087	노인장애인복지과	5	1	5	8	7	1	3	1
6022	경북 문경시	장애인 재가복지봉사센터 운영	133,333	노인장애인복지과	5	1	5	8	7	1	3	1
6023	경북 문경시	장애인 직업재활시설 운영	467,435	노인장애인복지과	5	1	5	8	7	1	3	1
6024	경북 문경시	장애인 단기거주시설 운영	219,920	노인장애인복지과	5	1	5	8	7	1	3	1
6025	경북 문경시	장애인거주시설 운영 지원	1,012,654	노인장애인복지과	5	1	5	8	7	1	3	1
6026	경북 문경시	장애인거주시설 이용자인권교육	600,000	노인장애인복지과	5	1	5	8	7	1	3	1
6027	경북 문경시	장애인생활시설 서비스지원	3,509,000	노인장애인복지과	5	1	5	8	7	1	3	1
6028	경북 문경시	장애인직업재활시설 기능보강사업	32,416	노인장애인복지과	5	1	5	8	7	1	3	1
6029	경북 문경시	시군지체장애인편의시설센터운영	130,000	노인장애인복지과	5	1	7	7	7	5	1	4
6030	경북 문경시	지체장애인여성자립지원센터 운영	65,000	노인장애인복지과	5	1	7	7	7	5	1	4
6031	경북 문경시	척수장애인 재활지원 센터운영	93,900	노인장애인복지과	5	1	7	7	7	5	1	4
6032	경북 문경시	시군교통사고예방상담센터운영	130,000	노인장애인복지과	5	1	7	7	7	5	1	4
6033	경북 문경시	시군장애인가족지원센터운영	154,800	노인장애인복지과	5	1	7	7	7	5	1	4
6034	경북 문경시	장애인권익옹호지원사업	50,000	노인장애인복지과	5	1	7	7	7	5	1	4
6035	경북 문경시	대한노인회문경시지회 운영비 지원	58,000	노인장애인복지과	5	4	7	8	7	1	1	2
6036	경북 문경시	재가노인지원서비스센터운영	180,000	노인장애인복지과	5	1	7	8	7	1	1	2
6037	경북 문경시	양로시설 운영비 지원	553,636	노인장애인복지과	5	1	7	8	7	1	1	2
6038	경북 문경시	성폭력 상담소 운영지원	149,953	여성청소년과	5	1	7	8	7	5	5	4
6039	경북 문경시	공동육아나눔터 운영지원	53,828	여성청소년과	5	2	5	5	1	1	1	1
6040	경북 문경시	청소년 상담센터 운영지원	130,200	여성청소년과	5	1	5	1	7	5	1	1
6041	경북 문경시	학업중단청소년 자립 및 학습지원	154,512	여성청소년과	5	1	5	1	7	5	1	1
6042	경북 문경시	청소년육성기금	79,920	여성청소년과	5	1	5	1	7	5	1	1

순번	시군구	지출명 (사업명)	2021년예산 (단위:천원/1년간)	담당자 (공무원) 담당부서	민간이전 분류 (지방자치단체 세출예산 집행기준에 의거) 1. 민간경상사업보조(307-02) 2. 민간단체 법정운영비보조(307-03) 3. 민간행사사업보조(307-04) 4. 민간위탁금(307-05) 5. 사회복지시설 법정운영비보조(307-10) 6. 민간인위탁교육비(307-12) 7. 공기관등에대한경상적위탁사업비(308-10) 8. 민간자본사업보조,자체재원(402-01) 9. 민간자본사업보조,이전재원(402-02) 10. 민간위탁사업비(402-03) 11. 공기관등에 대한 자본적 대행사업비(403-02)	민간이전지출 근거 (지방보조금 관리기준 참고) 1. 법률에 규정 2. 국고보조 재원(국가지정) 3. 용도 지정 기부금 4. 조례에 직접규정 5. 지자체가 권장하는 사업을 하는 공공기관 6. 시,도 정책 및 재정사정 7. 기타 8. 해당없음	입찰방식 계약체결방법 (경쟁형태) 1. 일반경쟁 2. 제한경쟁 3. 지명경쟁 4. 수의계약 5. 법정위탁 6. 기타 ( ) 7. 해당없음	입찰방식 계약기간 1. 1년 2. 2년 3. 3년 4. 4년 5. 5년 6. 기타 ( )년 7. 단기계약 (1년미만) 8. 해당없음	입찰방식 낙찰자선정방법 1. 적격심사 2. 협상에의한계약 3. 최저가낙찰제 4. 규격가격분리 5. 2단계 경쟁입찰 6. 기타 ( ) 7. 해당없음	운영예산 산정 운영예산 산정 1. 내부산정 (지자체 자체적으로 산정) 2. 외부산정 (외부전문기관위탁 산정) 3. 내·외부 모두 산정 4. 산정 無 5. 해당없음	운영예산 산정 정산방법 1. 내부정산 (지자체 내부적으로 정산) 2. 외부정산 (외부전문기관위탁 정산) 3. 내·외부 모두 산정 4. 정산 無 5. 해당없음	성과평가 실시여부 1. 실시 2. 미실시 3. 향후 추진 4. 해당없음
6043	경북 문경시	청소년 안전망사업	102,990	여성청소년과	5	1	5	1	7	5	1	1
6044	경북 문경시	국공립 어린이집 운영지원	48,000	여성청소년과	5	1	7	8	7	5	1	4
6045	경북 문경시	보육아동 간식비	121,180	여성청소년과	5	1	7	8	7	5	1	4
6046	경북 문경시	공공형어린이집 운영비	452,000	여성청소년과	5	1	7	8	7	5	1	4
6047	경북 문경시	누리과정	330,000	여성청소년과	5	1	7	8	7	5	1	4
6048	경북 문경시	보육교직원 인건비 지원	2,589,240	여성청소년과	5	1	7	8	7	5	1	4
6049	경북 문경시	어린이집 운영지원	57,848	여성청소년과	5	1	7	8	7	5	1	4
6050	경북 문경시	보육교직원 처우개선 지원	1,229,774	여성청소년과	5	1	7	8	7	5	1	4
6051	경북 문경시	어린이집 영유아반 운영비 지원	138,854	여성청소년과	5	1	7	8	7	5	1	4
6052	경북 문경시	지역아동센터운영지원	684,480	여성청소년과	5	2	7	8	7	5	5	4
6053	경북 문경시	아동복지시설운영지원	1,201,286	여성청소년과	5	2	7	8	7	5	5	4
6054	경북 문경시	아동보호전문기관운영지원	114,905	여성청소년과	5	2	7	8	7	5	5	4
6055	경북 문경시	아동보호전문기관운영지원	11,173	여성청소년과	5	2	7	8	7	5	5	4
6056	경북 문경시	지역사회보장협의체 운영지원	99,000	사회복지과	5	4	7	8	7	1	1	2
6057	경북 문경시	지역자활센터운영	227,065	사회복지과	5	2	7	8	7	1	1	2
6058	경북 경산시	지역사회보장협의체 지원	115,620	복지정책과	5	4	7	7	7	1	1	4
6059	경북 경산시	인건비	76,520	복지정책과	5	4	7	7	7	1	1	4
6060	경북 경산시	운영비	39,100	복지정책과	5	4	7	7	7	1	1	4
6061	경북 경산시	경산지역자활센터 운영	332,946	복지정책과	5	2	7	1	7	1	1	4
6062	경북 경산시	개인운영 노인복지시설 공공요금 지원	4,800,000	사회복지과	5	1	7	8	7	1	1	1
6063	경북 경산시	양로시설 인건비	535,970	사회복지과	5	1	7	8	7	1	1	1
6064	경북 경산시	양로시설 운영비	46,625	사회복지과	5	1	7	8	7	1	1	1
6065	경북 경산시	재가노인복지시설 인건비	432,000	사회복지과	5	1	7	8	7	1	1	1
6066	경북 경산시	재가노인복지시설 운영비	108,000	사회복지과	5	1	7	8	7	1	1	1
6067	경북 경산시	경로당 냉난방비 및 양곡비 지원	831,152	사회복지과	5	1	7	8	7	1	1	1
6068	경북 경산시	경로당 프로그램 관리자 인건비	60,320	사회복지과	5	1	7	8	7	1	1	1
6069	경북 경산시	경로당 운영 지원	663,000	사회복지과	5	1	7	8	7	1	1	1
6070	경북 경산시	경로당 특별연료비 지원	304,750	사회복지과	5	1	7	8	7	1	1	1
6071	경북 경산시	대한노인회 경산시지회 운영지원	109,760	사회복지과	5	1	7	8	7	1	1	1
6072	경북 경산시	수어통역센터 인건비	322,128	사회복지과	5	1	7	8	7	1	1	1
6073	경북 경산시	수어통역센터 운영비	19,600	사회복지과	5	1	7	8	7	1	1	1
6074	경북 경산시	장애인생활이동지원센터 인건비	204,945	사회복지과	5	1	7	8	7	1	1	1
6075	경북 경산시	장애인생활이동지원센터 운영비	34,000	사회복지과	5	1	7	8	7	1	1	1
6076	경북 경산시	장애인 주간보호시설 인건비	334,430	사회복지과	5	1	7	8	7	1	1	1
6077	경북 경산시	장애인 주간보호시설 운영비	32,000	사회복지과	5	1	7	8	7	1	1	1
6078	경북 경산시	뇌병변 장애인주간보호센터 인건비	173,980	사회복지과	5	1	7	8	7	5	5	4
6079	경북 경산시	뇌병변 장애인주간보호센터 운영비	16,000	사회복지과	5	1	7	8	7	5	5	4
6080	경북 경산시	중증장애인 자립지원센터 인건비	173,629	사회복지과	5	1	7	8	7	1	1	1
6081	경북 경산시	중증장애인 자립지원센터 운영비	19,600	사회복지과	5	1	7	8	7	1	1	1
6082	경북 경산시	장애인 직업재활시설 인건비	878,056	사회복지과	5	1	7	8	7	1	1	1
6083	경북 경산시	장애인 직업재활시설 운영비	82,115	사회복지과	5	1	7	8	7	1	1	1
6084	경북 경산시	장애인직업재활시설 운영	80,184	사회복지과	5	1	7	8	7	1	1	1
6085	경북 경산시	장애인 거주시설 인건비	13,876,278	사회복지과	5	2	7	8	7	1	1	1

순번	시군구	지출명 (사업명)	2021년예산 (단위:천원/1년간)	담당자 (공무원) 담당부서	민간이전 분류 (지방자치단체 세출예산 집행기준에 의거) 1. 민간경상사업보조(307-02) 2. 민간단체 법정운영비보조(307-03) 3. 민간행사사업보조(307-04) 4. 민간위탁금(307-05) 5. 사회복지시설 법정운영비보조(307-10) 6. 민간인위탁교육비(307-12) 7. 공기관등에대한경상적위탁사업비(308-10) 8. 민간자본사업보조,자체재원(402-01) 9. 민간자본사업보조,이전재원(402-02) 10. 민간위탁사업비(402-03) 11. 공기관등에 대한 자본적 대행사업비(403-02)	민간이전지출 근거 (지방보조금 관리기준 참고) 1. 법률에 규정 2. 국고보조 재원(국가지정) 3. 용도 지정 기부금 4. 조례에 직접규정 5. 지자체가 권장하는 사업을 하는 공공기관 6. 시,도 정책 및 재정사정 7. 기타 8. 해당없음	입찰방식 계약체결방법 (경쟁형태) 1. 일반경쟁 2. 제한경쟁 3. 지명경쟁 4. 수의계약 5. 법정위탁 6. 기타 ( ) 7. 해당없음	입찰방식 계약기간 1. 1년 2. 2년 3. 3년 4. 4년 5. 5년 6. 기타 ( )년 7. 단기계약 (1년미만) 8. 해당없음	입찰방식 낙찰자선정방법 1. 적격심사 2. 협상에의한계약 3. 최저가낙찰제 4. 규격가격분리 5. 2단계 경쟁입찰 6. 기타 ( ) 7. 해당없음	운영예산 산정 운영예산 산정 1. 내부산정 (지자체 자체적으로 산정) 2. 외부산정 (외부전문기관위탁 산정) 3. 내·외부 모두 산정 4. 산정 無 5. 해당없음	운영예산 산정 정산방법 1. 내부정산 (지자체 내부적으로 정산) 2. 외부정산 (외부전문기관위탁 정산) 3. 내·외부 모두 산정 4. 정산 無 5. 해당없음	성과평가 실시여부 1. 실시 2. 미실시 3. 향후 추진 4. 해당없음
6086	경북 경산시	장애인 거주시설 운영비	672,000	사회복지과	5	2	7	8	7	1	1	1
6087	경북 경산시	생활지도원 교대인력 인건비	1,309,566	사회복지과	5	2	7	8	7	1	1	1
6088	경북 경산시	장애인거주시설 공기청정기 렌탈 지원	3,846,000	사회복지과	5	2	7	8	7	5	5	4
6089	경북 경산시	장애인공동생활가정 운영	14,400	사회복지과	5	1	7	8	7	1	1	1
6090	경북 경산시	중증장애인 자립생활센터 인건비	130,316	사회복지과	5	2	7	8	7	1	1	1
6091	경북 경산시	중증장애인 자립생활센터 운영비	26,350	사회복지과	5	2	7	8	7	1	1	1
6092	경북 경산시	장애인단체 사무실 임차료	58,260	사회복지과	5	4	7	8	7	1	1	1
6093	경북 경산시	지역아동센터 기본운영비 지원	1,574,760	사회복지과	5	1	7	8	7	5	1	1
6094	경북 경산시	지역아동센터 공기청정기 지원	28,348	사회복지과	5	1	7	8	7	5	1	1
6095	경북 경산시	지역아동센터 등하원 안심알리미 이용료 지원	7,856	사회복지과	5	1	7	8	7	5	1	1
6096	경북 경산시	지역아동센터 조리사 인건비 지원	158,400	사회복지과	5	1	7	8	7	5	1	1
6097	경북 경산시	지역아동센터 냉난방비 지원	13,200	사회복지과	5	1	7	8	7	5	1	1
6098	경북 경산시	가정폭력상담소 운영지원	172,087	여성가족과	5	2	5	8	1	1	1	1
6099	경북 경산시	인건비	157,098	여성가족과	5	2	5	8	1	1	1	1
6100	경북 경산시	운영비	14,989	여성가족과	5	2	5	8	1	1	1	1
6101	경북 경산시	성폭력상담소 운영지원	317,907	여성가족과	5	2	5	8	1	1	1	1
6102	경북 경산시	인건비	289,103	여성가족과	5	2	5	8	1	1	1	1
6103	경북 경산시	운영비	28,804	여성가족과	5	2	5	8	1	1	1	1
6104	경북 경산시	여성폭력 관련시설 종사자 수당	19,680	여성가족과	5	6	5	8	1	1	1	1
6105	경북 경산시	어린이집 차량 유지비	18,300	여성가족과	5	5	7	8	7	5	1	1
6106	경북 경산시	다문화어린이집 차량 운영비	31,323	여성가족과	5	5	7	8	7	5	1	1
6107	경북 경산시	장애아전담 어린이집 기사인건비	21,904	여성가족과	5	6	7	8	7	5	1	1
6108	경북 경산시	어린이집 재무회계프로그램 사용료	11,340	여성가족과	5	4	7	8	7	5	1	1
6109	경북 경산시	정부지원어린이집 교구비	30,000	여성가족과	5	4	7	8	7	5	1	1
6110	경북 경산시	민간(가정)어린이집 교구비	190,000	여성가족과	5	4	7	8	7	5	1	1
6111	경북 경산시	어린이집 차량유지비	84,000	여성가족과	5	4	7	8	7	5	1	1
6112	경북 경산시	어린이집 냉난방비 지원	95,000	여성가족과	5	4	7	8	7	5	1	1
6113	경북 경산시	평가인증 어린이집 장비구입비	50,000	여성가족과	5	4	7	8	7	5	1	1
6114	경북 경산시	어린이집 보육교직원 명절휴가비	320,000	여성가족과	5	4	7	8	7	5	1	1
6115	경북 경산시	보육교직원 인건비	9,146,909	여성가족과	5	2	7	8	7	5	1	1
6116	경북 경산시	보육교직원 처우개선	8,160,812	여성가족과	5	2	7	8	7	5	1	1
6117	경북 경산시	어린이집 운영지원	302,327	여성가족과	5	2	7	8	7	5	1	1
6118	경북 경산시	아이행복도우미 인건비	916,412	여성가족과	5	6	7	8	7	5	1	1
6119	경북 경산시	지역아동보호전문기관 운영지원	319,659	여성가족과	5	2	7	8	7	5	5	4
6120	경북 경산시	지역아동보호전문기관 운영지원	26,573	여성가족과	5	2	7	8	7	5	5	4
6121	경북 경산시	결혼이민자 통번역지원사 처우개선비	4,000,000	여성가족과	5	4	7	8	7	5	5	4
6122	경북 경산시	한부모가족복지시설 종사자 수당	4,200,000	여성가족과	5	1	7	8	7	1	1	1
6123	경북 경산시	한부모가족복지시설 운영	243,610	여성가족과	5	1	7	8	7	1	1	1
6124	경북 경산시	인건비	166,030	여성가족과	5	1	7	8	7	1	1	1
6125	경북 경산시	운영비	77,580	여성가족과	5	1	7	8	7	1	1	1
6126	경북 경산시	다문화가족복지시설 종사자 수당	36,960	여성가족과	5	2	7	8	7	5	5	4
6127	경북 군위군	장애인생활이동지원센터운영	128,725	주민복지실	5	4	7	8	7	5	1	1
6128	경북 군위군	수어통역센터운영	146,600	주민복지실	5	4	7	8	7	5	1	1

순번	시군구	지출명 (사업명)	2021년예산 (단위:천원/1년간)	담당자 (공무원)	민간이전 분류 (지방자치단체 세출예산 집행기준에 의거)	민간이전지출 근거 (지방보조금 관리기준 참고)	입찰방식			운영예산 산정		성과평가 실시여부
				담당부서	1. 민간경상사업보조(307-02) 2. 민간단체 법정운영비보조(307-03) 3. 민간행사사업보조(307-04) 4. 민간위탁금(307-05) 5. 사회복지시설 법정운영비보조(307-10) 6. 민간인위탁교육비(307-12) 7. 공기관등에대한경상적위탁사업비(308-10) 8. 민간자본사업보조,자체재원(402-01) 9. 민간자본사업보조,이전재원(402-02) 10. 민간위탁사업비(402-03) 11. 공기관등에 대한 자본적 대행사업비(403-02)	1. 법률에 규정 2. 국고보조 재원(국가지정) 3. 용도 지정 기부금 4. 조례에 직접규정 5. 지자체가 권장하는 사업을 하는 공공기관 6. 시,도 정책 및 재정사정 7. 기타 8. 해당없음	계약체결방법 (경쟁형태) 1. 일반경쟁 2. 제한경쟁 3. 지명경쟁 4. 수의계약 5. 법정위탁 6. 기타 ( ) 7. 해당없음	계약기간 1. 1년 2. 2년 3. 3년 4. 4년 5. 5년 6. 기타 ( )년 7. 단기계약 (1년미만) 8. 해당없음	낙찰자선정방법 1. 적격심사 2. 협상에의한계약 3. 최저가낙찰제 4. 규격가격분리 5. 2단계 경쟁입찰 6. 기타 ( ) 7. 해당없음	운영예산 산정 1. 내부산정 (지자체 자체적으로 산정) 2. 외부산정 (외부전문기관위탁 산정) 3. 내·외부 모두 산정 4. 산정 無 5. 해당없음	정산방법 1. 내부정산 (지자체 내부적으로 정산) 2. 외부정산 (외부전문기관위탁 정산) 3. 내·외부 모두 산정 4. 정산 無 5. 해당없음	1. 실시 2. 미실시 3. 향후 추진 4. 해당없음
6129	경북 군위군	장애인생활시설운영	1,157,666	주민복지실	5	2	7	8	7	5	1	1
6130	경북 군위군	장애인직업재활시설운영	420,326	주민복지실	5	2	7	8	7	5	1	1
6131	경북 군위군	장애인거주시설이용자인권교육	300,000	주민복지실	5	4	7	8	7	5	1	1
6132	경북 군위군	장애인생활시설서비스지원	3,509,000	주민복지실	5	4	7	8	7	5	1	1
6133	경북 군위군	경로당동절기난방비지원	337,600	주민복지실	5	2	5	8	7	5	1	4
6134	경북 군위군	경로당냉방비지원	42,200	주민복지실	5	2	5	8	7	5	1	4
6135	경북 군위군	경로당 운영지원	528,550	주민복지실	5	2	5	8	7	5	1	4
6136	경북 군위군	재가노인복지시설운영	180,000	주민복지실	5	6	5	8	7	5	1	4
6137	경북 군위군	건강가정다문화가족지원센터 종사자 처우개선비	40,000	주민복지실	5	4	7	8	6	3	3	1
6138	경북 군위군	청소년상담복지센터 운영지원	115,830	주민복지실	5	2	7	8	7	1	1	1
6139	경북 군위군	시군청소년안전망	102,990	주민복지실	5	2	7	8	7	1	1	1
6140	경북 의성군	장애인거주시설운영	646,510	복지과	5	2	7	8	7	1	1	4
6141	경북 의성군	경상북도장애인복지관분관운영	210,000	복지과	5	6	7	8	7	1	1	4
6142	경북 의성군	시군장애인편의증진기술지원센터운영	110,000	복지과	5	6	7	8	7	1	1	4
6143	경북 의성군	시군지체장애인여성자립지원사업	65,000	복지과	5	6	7	8	7	1	1	4
6144	경북 의성군	장애인거주시설운영	381,078	복지과	5	1	7	8	7	1	1	4
6145	경북 의성군	장애인거주시설이용자인권교육	600,000	복지과	5	6	7	8	7	1	1	4
6146	경북 의성군	장애인주간보호시설운영	304,605	복지과	5	6	7	8	7	1	1	4
6147	경북 의성군	수화통역센터운영	205,473	복지과	5	6	7	8	7	1	1	4
6148	경북 의성군	장애인생활이동지원센터운영	135,960	복지과	5	6	7	8	7	1	1	4
6149	경북 의성군	장애인직업재활시설운영	339,613	복지과	5	6	7	8	7	1	1	4
6150	경북 의성군	경북지체장애인협회의성군지회운영지원	12,000	복지과	5	1	7	8	7	1	1	1
6151	경북 의성군	한국농아인협회의성군지회운영지원	5,000,000	복지과	5	1	7	8	7	1	1	1
6152	경북 의성군	경북시각장애인연합회의성지회운영지원	5,000,000	복지과	5	1	7	8	7	1	1	1
6153	경북 의성군	발달재활서비스제공기관운영지원	19,200	복지과	5	1	7	8	7	1	1	1
6154	경북 의성군	장애인주간보호시설운영지원(서부권역)	9,600	복지과	5	1	7	8	7	1	1	4
6155	경북 의성군	경로당냉방비지원(488개소)	97,600	복지과	5	2	7	1	7	1	1	4
6156	경북 의성군	경로당난방비지원(488개소)	780,800	복지과	5	2	7	1	7	1	1	4
6157	경북 의성군	경로당운영지원등(488개소)	1,220,800	복지과	5	1	7	1	7	1	1	4
6158	경북 의성군	양로시설운영지원	371,906	복지과	5	1	7	8	7	1	1	1
6159	경북 의성군	시니어클럽운영	310,000	복지과	5	1	5	7	7	1	1	1
6160	경북 의성군	기초푸드뱅크운영지원	6,550	복지과	5	6	7	1	7	1	1	4
6161	경북 의성군	지역사회보장협의체운영지원	50,000	복지과	5	6	7	8	7	1	1	1
6162	경북 의성군	지역사회보장협의체운영지원	50,000	복지과	5	6	7	8	7	1	1	1
6163	경북 의성군	지역자활센터운영비지원	227,065	복지과	5	2	5	1	7	3	3	1
6164	경북 의성군	국비미지원상담소운영지원	36,000	복지과	5	4	7	8	7	1	1	4
6165	경북 의성군	여성폭력관련시설종사자수당	9,120	복지과	5	4	7	8	7	1	1	4
6166	경북 의성군	건강가정다문화가족지원센터통합서비스지원	390,580	복지과	5	4	7	8	7	1	1	4
6167	경북 의성군	다기능센터종사자처우개선비	58,000	복지과	5	4	7	8	7	1	1	4
6168	경북 의성군	교재교구비	203,200	복지과	5	2	7	8	7	1	1	4
6169	경북 의성군	차량운영비	37,260	복지과	5	2	7	8	7	1	1	4
6170	경북 의성군	농어촌소재법인어린이집지원	10,006	복지과	5	2	7	8	7	1	1	4
6171	경북 의성군	농촌공동아이돌봄센터운영지원	13,700	복지과	5	2	7	8	7	1	1	4

순번	시군구	지출명 (사업명)	2021년예산 (단위:천원/1년간)	담당자 (공무원)	민간이전 분류 (지방자치단체 세출예산 집행기준에 의거) 1. 민간경상사업보조(307-02) 2. 민간단체 법정운영비보조(307-03) 3. 민간행사사업보조(307-04) 4. 민간위탁금(307-05) 5. 사회복지시설 법정운영비보조(307-10) 6. 민간인위탁교육비(307-12) 7. 공기관등에대한경상적위탁사업비(308-10) 8. 민간자본사업보조,자체재원(402-01) 9. 민간자본사업보조,이전재원(402-02) 10. 민간위탁사업비(402-03) 11. 공기관등에 대한 자본적 대행사업비(403-02)	민간이전지출 근거 (지방보조금 관리기준 참고) 1. 법률에 규정 2. 국고보조 재원(국가지정) 3. 용도 지정 기부금 4. 조례에 직접규정 5. 지자체가 권장하는 사업을 하는 공공기관 6. 시,도 정책 및 재정사정 7. 기타 8. 해당없음	입찰방식			운영예산 산정		성과평가 실시여부
				담당부서			계약체결방법 (경쟁형태) 1. 일반경쟁 2. 제한경쟁 3. 지명경쟁 4. 수의계약 5. 법정위탁 6. 기타 ( ) 7. 해당없음	계약기간 1. 1년 2. 2년 3. 3년 4. 4년 5. 5년 6. 기타 ( )년 7. 단기계약 (1년미만) 8. 해당없음	낙찰자선정방법 1. 적격심사 2. 협상에의한계약 3. 최저가낙찰제 4. 규격가격분리 5. 2단계 경쟁입찰 6. 기타 ( ) 7. 해당없음	운영예산 산정 1. 내부산정 (지자체 자체적으로 산정) 2. 외부산정 (외부전문기관위탁 산정) 3. 내·외부 모두 산정 4. 산정 無 5. 해당없음	정산방법 1. 내부정산 (지자체 내부적으로 정산) 2. 외부정산 (외부전문기관위탁 정산) 3. 내·외부 모두 산정 4. 정산 無 5. 해당없음	1. 실시 2. 미실시 3. 향후 추진 4. 해당없음
6172	경북 의성군	국공립법인어린이집지원	3,055,796	복지과	5	2	7	8	7	1	1	4
6173	경북 의성군	시간연장형교사지원	13,108	복지과	5	2	7	8	7	1	1	4
6174	경북 의성군	보조교사지원(연장교사포함)	168,378	복지과	5	2	7	8	7	1	1	4
6175	경북 의성군	대체교사지원	133,660	복지과	5	2	7	8	7	1	1	4
6176	경북 의성군	보육아동급간식비	62,652	복지과	5	6	7	8	7	1	1	4
6177	경북 의성군	다문화어린이집차량운영비	5,088	복지과	5	6	7	8	7	1	1	4
6178	경북 의성군	어린이집안전공제회비	1,480,000	복지과	5	6	7	8	7	1	1	4
6179	경북 의성군	보육아동인성교육비지원	3,472,000	복지과	5	6	7	8	7	1	1	4
6180	경북 의성군	아이행복도우미인건비지원	71,411	복지과	5	6	7	8	7	1	1	4
6181	경북 의성군	군립춘산어린이집운영지원	9,720	복지과	5	4	7	8	7	1	1	4
6182	경북 의성군	지역아동센터기본운영지원	514,680	복지과	5	2	7	8	7	1	1	4
6183	경북 의성군	마을돌봄터인건비지원	106,080	복지과	5	2	7	8	7	1	1	4
6184	경북 의성군	마을돌봄터운영비지원	7,200	복지과	5	2	7	8	7	1	1	4
6185	경북 의성군	지역아동센터조리사인건비지원	50,400	복지과	5	6	7	8	7	1	1	4
6186	경북 의성군	마을돌봄코디네이터지원	52,800	복지과	5	6	7	8	7	1	1	4
6187	경북 의성군	마을돌봄터운영지원	12,000	복지과	5	6	7	8	7	1	1	4
6188	경북 의성군	지역아동보호전문기관운영지원	31,791	복지과	5	2	7	8	7	1	1	2
6189	경북 의성군	아동양육시설운영지원	951,176	복지과	5	1	7	8	7	1	1	2
6190	경북 의성군	아동복지시설냉난방비지원	4,800,000	복지과	5	1	7	8	7	1	1	2
6191	경북 의성군	지역아동보호전문기관운영지원	2,643,000	복지과	5	1	7	8	7	1	1	2
6192	경북 의성군	시군청소년안전망	102,990	복지과	5	2	7	8	7	1	1	1
6193	경북 의성군	시군청소년동반자프로그램운영지원	32,680	복지과	5	2	7	8	7	1	1	1
6194	경북 의성군	시군청소년상담복지센터운영지원	167,000	복지과	5	4	7	8	7	1	1	1
6195	경북 의성군	공영주차장환경정비지원	31,500	일자리창출과	5	1	7	7	7	1	1	1
6196	경북 청송군	장애인거주시설운영	1,084,307	사회복지과	5	2	7	8	7	5	5	4
6197	경북 청송군	장애인직업재활시설운영	306,335	사회복지과	5	6	7	8	7	5	5	4
6198	경북 청송군	수어통역센터운영	189,613	사회복지과	5	6	7	8	7	5	5	4
6199	경북 청송군	장애인생활이동지원센터운영	145,995	사회복지과	5	6	7	8	7	5	5	4
6200	경북 청송군	행복경로당운영지원	40,000	주민행복과	5	1	7	8	7	5	5	4
6201	경북 청송군	경로당프로그램관리자인건비지원	41,989	주민행복과	5	1	7	8	7	5	5	4
6202	경북 청송군	경로당운영비지원	309,000	주민행복과	5	1	7	8	7	5	5	4
6203	경북 청송군	청송군노인지회사무국장인건비지원	45,420	주민행복과	5	1	7	8	7	5	5	4
6204	경북 청송군	노인취업지원센터장활동비지원	240,000	주민행복과	5	1	7	8	7	5	5	4
6205	경북 청송군	재가노인복지시설운영지원	150,000	주민행복과	5	1	7	8	7	5	5	4
6206	경북 청송군	출산휴가보육교사인건비	6,000	주민행복과	5	6	7	8	7	1	1	4
6207	경북 청송군	어린이집운영지원	20,000	주민행복과	5	6	7	8	7	1	1	4
6208	경북 청송군	지역아동센터운영지원	185,280	주민행복과	5	2	5	1	7	5	1	1
6209	경북 청송군	지역아동센터공기청정기지원	3,488,000	주민행복과	5	2	5	1	7	5	1	1
6210	경북 청송군	지역아동센터등하원안심알림이이용료지원	714,000	주민행복과	5	2	5	1	7	5	1	1
6211	경북 청송군	지역아동센터종사자수당	10,080	주민행복과	5	2	5	1	7	5	1	1
6212	경북 청송군	지역아동센터특화프로그램지원	4,700,000	주민행복과	5	2	5	1	7	5	1	1
6213	경북 청송군	지역아동센터조리사인건비지원	14,400	주민행복과	5	2	5	1	7	5	1	1
6214	경북 청송군	아동복지시설냉난방비지원	1,200,000	주민행복과	5	2	5	1	7	5	1	1

순번	시군구	지출명 (사업명)	2021년예산 (단위:천원/1년간)	담당자 (공무원)	민간이전 분류 (지방자치단체 세출예산 집행기준에 의거)	민간이전지출 근거 (지방보조금 관리기준 참고)	입찰방식			운영예산 산정		성과평가 실시여부
				담당부서	1. 민간경상사업보조(307-02) 2. 민간단체 법정운영비보조(307-03) 3. 민간행사사업보조(307-04) 4. 민간위탁금(307-05) 5. 사회복지시설 법정운영비보조(307-10) 6. 민간인위탁교육비(307-12) 7. 공기관등에대한경상적위탁사업비(308-10) 8. 민간자본사업보조,자체재원(402-01) 9. 민간자본사업보조,이전재원(402-02) 10. 민간위탁사업비(402-03) 11. 공기관등에 대한 자본적 대행사업비(403-02)	1. 법률에 규정 2. 국고보조 재원(국가지정) 3. 용도 지정 기부금 4. 조례에 직접규정 5. 지자체가 권장하는 사업을 하는 공공기관 6. 시,도 정책 및 재정사정 7. 기타 8. 해당없음	계약체결방법 (경쟁형태) 1. 일반경쟁 2. 제한경쟁 3. 지명경쟁 4. 수의계약 5. 법정위탁 6. 기타 ( ) 7. 해당없음	계약기간 1. 1년 2. 2년 3. 3년 4. 4년 5. 5년 6. 기타 ( )년 7. 단기계약 (1년미만) 8. 해당없음	낙찰자선정방법 1. 적격심사 2. 협상에의한계약 3. 최저가낙찰제 4. 규격가격분리 5. 2단계 경쟁입찰 6. 기타 ( ) 7. 해당없음	운영예산 산정 1. 내부산정 (지자체 자체적으로 산정) 2. 외부산정 (외부전문기관위탁 산정) 3. 내·외부 모두 산정 4. 산정 無 5. 해당없음	정산방법 1. 내부정산 (지자체 내부적으로 정산) 2. 외부정산 (외부전문기관위탁 정산) 3. 내·외부 모두 산정 4. 정산 無 5. 해당없음	1. 실시 2. 미실시 3. 향후 추진 4. 해당없음
6215	경북 청송군	마을돌봄터종사자수당	3,360,000	주민행복과	5	2	5	1	7	5	1	1
6216	경북 영양군	영양군립요양원운영	60,000	주민복지과	5	4	7	1	7	5	1	4
6217	경북 영양군	지역아동센터운영비지원	226,192	주민복지과	5	1	7	1	7	1	1	4
6218	경북 영양군	지역아동보호전문기관운영지원	20,864	주민복지과	5	1	7	1	7	1	1	4
6219	경북 영양군	지역아동센터운영비지원	90,600	주민복지과	5	1	7	1	7	1	1	4
6220	경북 영양군	지역아동센터종사자수당	26,160	주민복지과	5	1	7	1	7	1	1	4
6221	경북 영양군	지역아동보호전문기관운영지원	202,900	주민복지과	5	1	7	1	7	1	1	4
6222	경북 영양군	지역아동센터 공기청정기 지원	3,926,000	주민복지과	5	1	7	1	7	1	1	4
6223	경북 영양군	보육교직원인건비지원	980,520	주민복지과	5	1	7	1	7	1	1	4
6224	경북 영양군	어린이집 운영지원	14,002	주민복지과	5	1	7	1	7	1	1	4
6225	경북 영양군	보육아동간식비	20,287	주민복지과	5	1	7	1	7	1	1	4
6226	경북 영양군	어린이집운영지원	127,000	주민복지과	5	1	7	1	7	1	1	4
6227	경북 영양군	어린이집환경개선비지원	1,884,000	주민복지과	5	1	7	1	7	1	1	4
6228	경북 영양군	다문화어린이집차량운영비	2,650,000	주민복지과	5	1	7	1	7	1	1	4
6229	경북 영덕군	장애인거주시설(사랑마을)운영비 지원	940,479	주민복지과	5	2	7	8	7	1	1	1
6230	경북 영덕군	영덕군장애인보호작업장	319,258	주민복지과	5	6	7	8	7	1	1	1
6231	경북 영덕군	경상장애인보호작업장	282,078	주민복지과	5	6	7	8	7	1	1	1
6232	경북 영덕군	장애인생활이동지원센터운영비 지원	152,403	주민복지과	5	6	7	8	7	1	1	1
6233	경북 영덕군	장애인생활이동지원센터 리프트차량운영 지원	35,000	주민복지과	5	6	7	8	7	1	1	1
6234	경북 영덕군	수어통역센터 운영비 지원	180,010	주민복지과	5	6	7	8	7	1	1	1
6235	경북 영덕군	도장애인복지관 분관 운영비 지원	203,333	주민복지과	5	6	7	8	7	1	1	1
6236	경북 영덕군	장애인거주시설 공기청정기렌탈지원	1,089,000	주민복지과	5	2	7	8	7	1	1	1
6237	경북 영덕군	장애인직업재활시설 기능보강사업	8,000	주민복지과	5	2	7	8	7	1	1	1
6238	경북 영덕군	지역자활센터운영비지원	227,065	주민복지과	5	2	7	1	6	1	1	1
6239	경북 영덕군	평가인증 유효 어린이집 운영비 지원	11,700	주민복지과	5	5	7	8	7	5	5	4
6240	경북 영덕군	지역아동센터 운영비 지원	268,560	주민복지과	5	2	7	8	7	1	1	1
6241	경북 영덕군	지역아동센터 공기청정기 지원	6,106	주민복지과	5	2	7	8	7	1	1	1
6242	경북 영덕군	지역아동센터 등하원안심알림이 이용료	1,428,000	주민복지과	5	2	7	8	7	1	1	1
6243	경북 영덕군	지역아동센터 특화프로그램 지원	4,700,000	주민복지과	5	2	7	8	7	1	1	1
6244	경북 영덕군	지역아동센터조리사인건비지원	28,800	주민복지과	5	2	7	8	7	1	1	1
6245	경북 영덕군	시간제 아동교사 인건비	15,600	주민복지과	5	5	7	8	7	1	1	1
6246	경북 영덕군	급식도우미 인건비 보조	2,000,000	주민복지과	5	5	7	8	7	1	1	1
6247	경북 영덕군	사회보험료	240,000	주민복지과	5	5	7	8	7	1	1	1
6248	경북 영덕군	지역아동센터환경개선비지원	30,000	주민복지과	5	2	7	8	7	1	1	1
6249	경북 영덕군	아동복지시설냉난방비지원	3,000,000	주민복지과	5	2	7	8	7	1	1	1
6250	경북 영덕군	아동양육시설운영비	1,062,679	주민복지과	5	2	7	8	7	1	1	1
6251	경북 영덕군	지역아동보호전문기관운영지원	29,530	주민복지과	5	2	7	8	7	1	1	1
6252	경북 영덕군	지역아동보호전문기관 운영 지원	4,421,000	주민복지과	5	2	7	8	7	1	1	1
6253	경북 청도군	정신재활시설운영	70,000	건강증진과	5	7	6	8	7	1	1	4
6254	경북 청도군	지역사회보장협의체운영지원	50,000	주민복지과	5	4	7	8	7	1	1	1
6255	경북 청도군	시군자원봉사센터운영지원	288,070	주민복지과	5	4	7	8	7	1	1	1
6256	경북 청도군	맞춤형자원봉사프로그램운영지원	50,000	주민복지과	5	4	7	8	7	1	1	1
6257	경북 청도군	지역아동센터운영지원	134,880	주민복지과	5	2	7	8	7	5	1	1

순번	시군구	지출명 (사업명)	2021년예산 (단위:천원/1년간)	담당자 (공무원) 담당부서	민간이전 분류 (지방자치단체 세출예산 집행기준에 의거) 1. 민간경상사업보조(307-02) 2. 민간단체 법정운영비보조(307-03) 3. 민간행사사업보조(307-04) 4. 민간위탁금(307-05) 5. 사회복지시설 법정운영비보조(307-10) 6. 민간인위탁교육비(307-12) 7. 공기관등에대한경상적위탁사업비(308-10) 8. 민간자본사업보조,자체재원(402-01) 9. 민간자본사업보조,이전재원(402-02) 10. 민간위탁사업비(402-03) 11. 공기관등에 대한 자본적 대행사업비(403-02)	민간이전지출 근거 (지방보조금 관리기준 참고) 1. 법률에 규정 2. 국고보조 재원(국가지정) 3. 용도 지정 기부금 4. 조례에 직접규정 5. 지자체가 권장하는 사업을 하는 공공기관 6. 시,도 정책 및 재정사정 7. 기타 8. 해당없음	입찰방식 계약체결방법 (경쟁형태) 1. 일반경쟁 2. 제한경쟁 3. 지명경쟁 4. 수의계약 5. 법정위탁 6. 기타 ( ) 7. 해당없음	입찰방식 계약기간 1. 1년 2. 2년 3. 3년 4. 4년 5. 5년 6. 기타 ( )년 7. 단기계약 (1년미만) 8. 해당없음	입찰방식 낙찰자선정방법 1. 적격심사 2. 협상에의한계약 3. 최저가낙찰제 4. 규격가격분리 5. 2단계 경쟁입찰 6. 기타 ( ) 7. 해당없음	운영예산 산정 운영예산 산정 1. 내부산정 (지자체 자체적으로 산정) 2. 외부산정 (외부전문기관위탁 산정) 3. 내·외부 모두 산정 4. 산정 無 5. 해당없음	운영예산 산정 정산방법 1. 내부정산 (지자체 내부적으로 정산) 2. 외부정산 (외부전문기관위탁 정산) 3. 내·외부 모두 산정 4. 정산 無 5. 해당없음	성과평가 실시여부 1. 실시 2. 미실시 3. 향후 추진 4. 해당없음
6258	경북 청도군	요보호아동그룹홈운영지원	90,816	주민복지과	5	2	7	8	7	5	1	2
6259	경북 청도군	다함께돌봄인건비지원	66,300	주민복지과	5	2	7	8	7	5	1	1
6260	경북 청도군	다함께돌봄운영비지원	4,500,000	주민복지과	5	2	7	8	7	5	1	1
6261	경북 청도군	마을돌봄코디네이터지원	39,600	주민복지과	5	6	7	8	7	5	1	1
6262	경북 청도군	마을돌봄터운영지원	9,000	주민복지과	5	6	7	8	7	5	1	1
6263	경북 청도군	마을돌봄터사업지원	9,000	주민복지과	5	6	7	8	7	5	1	1
6264	경북 고령군	노숙인시설 운영비	978,165	주민복지과	5	1	7	8	7	1	1	2
6265	경북 고령군	장애인 직업재활시설운영	675,659	주민복지과	5	1	7	8	7	1	1	4
6266	경북 고령군	장애인거주시설 이용자 인권교육	600,000	주민복지과	5	1	7	8	7	1	1	4
6267	경북 고령군	수어통역센터 운영	194,618	주민복지과	5	1	7	8	7	1	1	4
6268	경북 고령군	장애인생활이동지원센터 운영	123,323	주민복지과	5	1	7	8	7	1	1	4
6269	경북 고령군	장애인거주시설 서비스지원	11,580	주민복지과	5	1	7	8	7	1	1	4
6270	경북 고령군	장애인거주시설 운영	3,346,445	주민복지과	5	2	7	8	7	1	1	4
6271	경북 고령군	경로당운영지원	544,700	주민복지과	5	6	7	8	7	5	1	4
6272	경북 고령군	경로당냉난방비및양곡비지원	374,400	주민복지과	5	6	7	8	7	5	1	4
6273	경북 고령군	영주귀국사할린한인지원	143,268	주민복지과	5	2	7	8	7	1	1	4
6274	경북 고령군	노인양로시설운영지원	1,034,445	주민복지과	5	2	7	8	7	1	1	4
6275	경북 고령군	다문화가족지원센터 운영	155,300	여성청소년과	5	2	5	3	1	1	1	2
6276	경북 고령군	누리과정 보육료 및 인건비 지원	1,066,680	여성청소년과	5	6	7	8	7	2	3	1
6277	경북 고령군	공공형어린이집 운영비	228,000	여성청소년과	5	2	7	8	7	2	3	1
6278	경북 고령군	보육교직원 인건비 지원	1,889,356	여성청소년과	5	2	7	8	7	2	3	1
6279	경북 고령군	어린이집 운영지원	58,640	여성청소년과	5	2	7	8	7	2	3	1
6280	경북 고령군	시간차등형보육사업	59,378	여성청소년과	5	2	7	8	7	2	3	1
6281	경북 고령군	아이행복도우미 인건비 지원	49,009	여성청소년과	5	6	7	8	7	2	3	1
6282	경북 고령군	어린이집 지원	14,720	여성청소년과	5	7	7	8	7	2	3	1
6283	경북 고령군	아동복지시설 냉난방비지원	3,000,000	여성청소년과	5	1	5	6	7	2	1	2
6284	경북 칠곡군	재가노인복지센터 운영	222,000	사회복지과	5	1	7	8	7	1	1	4
6285	경북 칠곡군	경로당 하절기 냉방비 지원	52,600	사회복지과	5	1	7	8	7	5	1	4
6286	경북 칠곡군	양로시설 운영비 지원	1,727,299	사회복지과	5	1	5	8	7	1	1	4
6287	경북 칠곡군	한부모가족복지시설 운영지원	384,778	사회복지과	5	1	7	8	7	5	5	4
6288	경북 칠곡군	여성새로일하기센터운영	539,776	사회복지과	5	2	7	8	7	5	5	4
6289	경북 칠곡군	여성인력개발센터 운영	220,000	사회복지과	5	2	7	8	7	5	5	4
6290	경북 칠곡군	여성폭력관련시설 종사자수당	11,760	사회복지과	5	2	7	8	7	5	5	4
6291	경북 칠곡군	가정폭력상담소 운영지원	246,917	사회복지과	5	6	7	8	7	5	5	4
6292	경북 칠곡군	긴급피난처 운영	12,000	사회복지과	5	6	7	8	7	5	5	4
6293	경북 칠곡군	어린이집 운영지원	416,638	사회복지과	5	1	7	8	7	1	1	4
6294	경북 칠곡군	다문화어린이집 차량운영비	15,370	사회복지과	5	1	7	8	7	1	1	4
6295	경북 칠곡군	공공형 어린이집 지원	1,070,000	사회복지과	5	1	7	8	7	1	1	4
6296	경북 칠곡군	보육아동 인성교육비 지원	18,263	사회복지과	5	1	7	8	7	1	1	4
6297	경북 칠곡군	지역아동센터 운영지원	858,480	사회복지과	5	2	7	8	7	5	1	2
6298	경북 칠곡군	지역아동센터 특화프로그램 지원	235,000	사회복지과	5	6	7	8	7	5	1	2
6299	경북 칠곡군	지역아동센터 특수목적형 지원	14,616	사회복지과	5	2	7	8	7	5	1	2
6300	경북 칠곡군	지역아동센터 토요운영지원	18,240	사회복지과	5	2	7	8	7	5	1	2

순번	시군구	지출명 (사업명)	2021년예산 (단위:천원/1년간)	담당자 (공무원)	민간이전 분류 (지방자치단체 세출예산 집행기준에 의거)	민간이전지출 근거 (지방보조금 관리기준 참고)	입찰방식			운영예산 산정		성과평가 실시여부
				담당부서	1. 민간경상사업보조(307-02) 2. 민간단체 법정운영비보조(307-03) 3. 민간행사사업보조(307-04) 4. 민간위탁금(307-05) 5. 사회복지시설 법정운영비보조(307-10) 6. 민간인위탁교육비(307-12) 7. 공기관등에대한경상적위탁사업비(308-10) 8. 민간자본사업보조,자체재원(402-01) 9. 민간자본사업보조,이전재원(402-02) 10. 민간위탁사업비(402-03) 11. 공기관등에 대한 자본적 대행사업비(403-02)	1. 법률에 규정 2. 국고보조 재원(국가지정) 3. 용도 지정 기부금 4. 조례에 직접규정 5. 지자체가 권장하는 사업을 하는 공공기관 6. 시,도 정책 및 재정사정 7. 기타 8. 해당없음	계약체결방법 (경쟁형태) 1. 일반경쟁 2. 제한경쟁 3. 지명경쟁 4. 수의계약 5. 법정위탁 6. 기타 ( ) 7. 해당없음	계약기간 1. 1년 2. 2년 3. 3년 4. 4년 5. 5년 6. 기타 ( )년 7. 단기계약 (1년미만) 8. 해당없음	낙찰자선정방법 1. 적격심사 2. 협상에의한계약 3. 최저가낙찰제 4. 규격가격분리 5. 2단계 경쟁입찰 6. 기타 ( ) 7. 해당없음	운영예산 산정 1. 내부산정 (지자체 자체적으로 산정) 2. 외부산정 (외부전문기관위탁 산정) 3. 내·외부 모두 산정 4. 산정 無 5. 해당없음	정산방법 1. 내부정산 (지자체 내부적으로 정산) 2. 외부정산 (외부전문기관위탁 정산) 3. 내·외부 모두 산정 4. 정산 無 5. 해당없음	1. 실시 2. 미실시 3. 향후 추진 4. 해당없음
6301	경북 칠곡군	아동복지시설 냉난방비 지원	7,200	사회복지과	5	6	7	8	7	5	1	2
6302	경북 칠곡군	장애인종합복지관 운영비 지원	1,250,000	주민생활지원과	5	1	2	5	1	1	1	4
6303	경북 칠곡군	장애인 생활이동 지원센터운영	177,693	주민생활지원과	5	1	7	8	7	1	1	4
6304	경북 칠곡군	수어통역센터운영	225,861	주민생활지원과	5	1	7	8	7	1	1	4
6305	경북 칠곡군	중증장애인자립지원센터운영	229,969	주민생활지원과	5	1	2	5	1	1	1	4
6306	경북 칠곡군	장애인거주시설이용자인권교육	600,000	주민생활지원과	5	1	7	8	7	1	1	4
6307	경북 칠곡군	장애인생활시설서비스지원	7,018	주민생활지원과	5	1	7	8	7	1	1	4
6308	경북 칠곡군	장애인거주시설운영	2,252,346	주민생활지원과	5	1	7	8	7	1	1	4
6309	경북 칠곡군	장애인직업재활시설 운영	550,197	주민생활지원과	5	1	7	8	7	1	1	4
6310	경북 칠곡군	장애인주간보호운영	197,710	주민생활지원과	5	1	7	8	7	1	1	4
6311	경북 칠곡군	장애인직업재활시설 운영	12,000	주민생활지원과	5	1	7	8	7	1	1	4
6312	경북 칠곡군	지역자활센터 운영비 지원	332,946	주민생활지원과	5	1	5	1	7	1	1	1
6313	경북 칠곡군	자활활성화 사업비 지원	15,000	주민생활지원과	5	1	5	1	7	1	1	1
6314	경북 예천군	장애인 거주시설 운영 지원	3,028,671	주민복지실	5	2	7	8	7	1	1	1
6315	경북 예천군	장애인 직업재활시설 운영	490,209	주민복지실	5	6	7	8	7	1	1	1
6316	경북 예천군	장애인 생활이동지원센터 운영 지원	189,421	주민복지실	5	1	7	8	7	1	1	1
6317	경북 예천군	수어통역센터 운영 지원	151,316	주민복지실	5	1	7	8	7	1	1	1
6318	경북 예천군	중증장애인거주시설 공기청정기 대여료 지원	5,098	주민복지실	5	1	7	8	7	1	1	1
6319	경북 예천군	자원봉사 활성화	278,500	주민복지실	5	4	7	8	7	1	3	4
6320	경북 예천군	자원봉사 코디네이터 지원	59,184	주민복지실	5	2	7	8	7	1	3	4
6321	경북 예천군	지역자활센터 운영비 지원	223,472	주민복지실	5	1	7	8	7	1	3	4
6322	경북 예천군	경로당 운영 지원	934,800	주민복지실	5	4	7	8	7	1	1	2
6323	경북 예천군	경로당 냉난방비 지원	669,600	주민복지실	5	4	7	8	7	1	1	2
6324	경북 예천군	어린이집 운영지원	69,634	주민복지실	5	2	7	8	7	5	5	4
6325	경북 예천군	공공형어린이집 지원	232,000	주민복지실	5	2	7	8	7	5	5	4
6326	경북 예천군	시간제보육지원	159,732	주민복지실	5	2	7	8	7	5	5	4
6327	경북 예천군	건강가정,다문화가족지원센터 운영	279,300	주민복지실	5	2	7	5	7	5	5	3
6328	경북 예천군	다함께돌봄센터 인건비지원	53,040	주민복지실	5	2	1	5	7	5	5	3
6329	경북 예천군	다함께돌봄센터 운영비지원	36,000	주민복지실	5	2	1	5	7	5	5	3
6330	경북 예천군	아동보호전문기관운영지원	108,533	주민복지실	5	2	7	8	7	1	1	1
6331	경북 예천군	아동보호전문기관운영지원	10,154	주민복지실	5	6	7	8	7	1	1	1
6332	경북 예천군	지역아동센터 운영비 지원	433,320	주민복지실	5	2	7	8	7	1	1	1
6333	경북 울진군	지역자활센터 운영비 지원	238,668	복지정책과	5	1	7	1	7	1	1	4
6334	경북 울진군	자활활성화사업비 지원	15,000	복지정책과	5	1	7	1	7	1	1	4
6335	경북 울진군	한국자활연수원 교육훈련 참가비	3,000,000	복지정책과	5	4	7	7	7	1	1	4
6336	경북 울진군	이동세탁 및 목욕차량 운영비	10,000	복지정책과	5	4	7	1	7	1	1	4
6337	경북 울진군	지역아동센터운영지원	94,320	복지정책과	5	1	7	8	7	1	1	4
6338	경북 울진군	지역아동센터조리사인건비지원	5,040	복지정책과	5	1	7	8	7	1	1	4
6339	경북 울진군	아동복지시설냉난방비지원	600,000	복지정책과	5	1	7	8	7	1	1	4
6340	경북 울진군	울진군건강가정·다문화가족지원센터 종사자 처우개선 지원	37,900	사회복지과	5	1	5	3	7	1	1	1
6341	경북 울진군	건강가정및다문화가족지원센터 운영	259,280	사회복지과	5	1	5	3	7	1	1	1
6342	경북 울릉군	경상북도장애인복지관분관운영	166,667	주민복지과	5	1	7	1	1	1	1	4
6343	경북 울릉군	장애인편의증진기술지원센터운영	100,000	주민복지과	5	1	7	1	1	1	1	4

순번	시군구	지출명 (사업명)	2021년예산 (단위:천원/1년간)	담당자 (공무원)	민간이전 분류 (지방자치단체 세출예산 집행기준에 의거)	민간이전지출 근거 (지방보조금 관리기준 참고)	입찰방식			운영예산 산정		성과평가 실시여부
				담당부서	1. 민간경상사업보조(307-02) 2. 민간단체 법정운영비보조(307-03) 3. 민간행사사업보조(307-04) 4. 민간위탁금(307-05) 5. 사회복지시설 법정운영비보조(307-10) 6. 민간인위탁교육비(307-12) 7. 공기관등에대한경상적위탁사업비(308-10) 8. 민간자본사업보조,자체재원(402-01) 9. 민간자본사업보조,이전재원(402-02) 10. 민간위탁사업비(402-03) 11. 공기관등에 대한 자본적 대행사업비(403-02)	1. 법률에 규정 2. 국고보조 재원(국가지정) 3. 용도 지정 기부금 4. 조례에 직접규정 5. 지자체가 권장하는 사업을 하는 공공기관 6. 시,도 정책 및 재정사정 7. 기타 8. 해당없음	계약체결방법 (경쟁형태) 1. 일반경쟁 2. 제한경쟁 3. 지명경쟁 4. 수의계약 5. 법정위탁 6. 기타 ( ) 7. 해당없음	계약기간 1. 1년 2. 2년 3. 3년 4. 4년 5. 5년 6. 기타 ( )년 7. 단기계약 (1년미만) 8. 해당없음	낙찰자선정방법 1. 적격심사 2. 협상에의한계약 3. 최저가낙찰제 4. 규격가격분리 5. 2단계 경쟁입찰 6. 기타 ( ) 7. 해당없음	운영예산 산정 1. 내부산정 (지자체 자체적으로 산정) 2. 외부산정 (외부전문기관위탁 산정) 3. 내·외부 모두 산정 4. 산정 無 5. 해당없음	정산방법 1. 내부정산 (지자체 내부적으로 정산) 2. 외부정산 (외부전문기관위탁 정산) 3. 내·외부 모두 산정 4. 정산 無 5. 해당없음	1. 실시 2. 미실시 3. 향후 추진 4. 해당없음
6344	경북 울릉군	수어통역센터운영	115,224	주민복지과	5	1	7	1	1	1	1	4
6345	경북 울릉군	장애인생활이동지원센터운영	128,704	주민복지과	5	1	7	1	1	1	1	4
6346	경북 울릉군	경로당운영지원	87,400	주민복지과	5	1	5	8	7	1	1	4
6347	경북 울릉군	경로당특별연료비지원	18,150	주민복지과	5	1	5	8	7	1	1	4
6348	경북 울릉군	경로당냉방비지원	4,400,000	주민복지과	5	1	5	8	7	1	1	4
6349	경북 울릉군	경로당동절기난방비지원	35,200	주민복지과	5	1	5	8	7	1	1	4
6350	경북 울릉군	경로당양곡비지원	7,285	주민복지과	5	1	5	8	7	1	1	4
6351	경북 울릉군	양로시설운영지원사업	311,547	주민복지과	5	1	6	8	7	1	1	4
6352	경북 울릉군	지역아동보호전문기관운영지원	1,049,000	주민복지과	5	6	7	8	7	1	1	4
6353	경북 울릉군	지역아동보호전문기관운영지원	7,000	주민복지과	5	6	7	8	7	1	1	4
6354	경북 울릉군	지역아동센터운영지원	64,440	주민복지과	5	2	7	8	7	1	1	4
6355	경북 울릉군	지역아동센터공기청정기지원	436,000	주민복지과	5	2	7	8	7	1	1	4
6356	경북 울릉군	등하원안심알리미이용료지원	358,000	주민복지과	5	2	7	8	7	1	1	4
6357	경북 울릉군	지역아동센터특화프로그램지원	235,000	주민복지과	5	6	7	8	7	1	1	4
6358	경북 울릉군	아동복지시설냉난방비지원	600,000	주민복지과	5	2	7	8	7	1	1	4
6359	경북 울릉군	지역아동센터조리사인건비지원	7,200	주민복지과	5	6	7	8	7	5	5	4
6360	경북 울릉군	지역아동센터토요운영지원	3,648,000	주민복지과	5	2	7	8	7	1	1	4
6361	경남 창원시	푸드뱅크 운영	176,560	사회복지과	5	1	7	8	7	5	5	4
6362	경남 창원시	푸드마켓 운영	76,500	사회복지과	5	1	7	8	7	5	5	4
6363	경남 창원시	지역자활센터 운영	958,913	사회복지과	5	1	7	1	6	1	5	1
6364	경남 창원시	통장 사례관리자 운영비	106,845	사회복지과	5	1	7	1	6	1	5	1
6365	경남 창원시	공기청정기 임대료	5,760	사회복지과	5	1	7	1	6	1	5	1
6366	경남 창원시	희망키움통장 사업비	4,626,000	사회복지과	5	1	7	1	6	1	5	1
6367	경남 창원시	자활사례관리자 인건비	86,968	사회복지과	5	1	7	1	6	1	5	1
6368	경남 창원시	자활사업 활성화 촉진	100,728	사회복지과	5	1	7	1	6	1	5	1
6369	경남 창원시	지역자활센터 종사자 지원	67,600	사회복지과	5	1	7	1	6	1	5	1
6370	경남 창원시	내서종합사회복지관 운영	465,255	사회복지과	5	1	7	8	7	1	1	1
6371	경남 창원시	자은종합사회복지관 운영	395,616	사회복지과	5	1	7	8	7	1	1	1
6372	경남 창원시	진해종합사회복지관 운영	1,336,995	사회복지과	5	1	7	8	7	1	1	1
6373	경남 창원시	커뮤니티케어 마을센터 운영	92,000	사회복지과	5	1	7	8	7	5	5	4
6374	경남 창원시	따뜻한 쉼자리 운영	167,106	여성가족과	5	2	7	8	7	1	1	1
6375	경남 창원시	사랑이 샘솟는 집 운영	119,689	여성가족과	5	2	7	8	7	1	1	1
6376	경남 창원시	가정폭력상담소 운영	228,382	여성가족과	5	2	7	8	7	1	1	1
6377	경남 창원시	주거지원사업 운영	67,844	여성가족과	5	2	7	8	7	1	1	1
6378	경남 창원시	폭력피해 이주여성 보호시설 운영	153,245	여성가족과	5	2	7	8	7	1	1	1
6379	경남 창원시	퇴소자 자립지원금	10,000	여성가족과	5	2	7	8	7	1	1	1
6380	경남 창원시	성폭력피해자 보호시설 운영	373,590	여성가족과	5	2	7	8	7	1	1	1
6381	경남 창원시	시설 퇴소자립지원금	15,000	여성가족과	5	2	7	8	7	1	1	1
6382	경남 창원시	성폭력상담소 운영	322,539	여성가족과	5	2	7	8	7	1	1	1
6383	경남 창원시	장애인성폭력상담소 운영	144,516	여성가족과	5	2	7	8	7	1	1	1
6384	경남 창원시	성매매피해자 지원시설 운영	806,200	여성가족과	5	2	7	8	7	1	1	1
6385	경남 창원시	자립지원공동생활시설 운영	101,800	여성가족과	5	2	7	8	7	1	1	1
6386	경남 창원시	상담소 운영	299,800	여성가족과	5	2	7	8	7	1	1	1

순번	시군구	지출명 (사업명)	2021년예산 (단위:천원/1년간)	담당자 (공무원)	민간이전 분류 (지방자치단체 세출예산 집행기준에 의거)	민간이전지출 근거 (지방보조금 관리기준 참고)	입찰방식			운영예산 산정		성과평가 실시여부
				담당부서	1. 민간경상사업보조(307-02) 2. 민간단체 법정운영비보조(307-03) 3. 민간행사사업보조(307-04) 4. 민간위탁금(307-05) 5. 사회복지시설 법정운영비보조(307-10) 6. 민간인위탁교육비(307-12) 7. 공기관등에대한경상적위탁사업비(308-10) 8. 민간자본사업보조,자체재원(402-01) 9. 민간자본사업보조,이전재원(402-02) 10. 민간위탁사업비(402-03) 11. 공기관등에 대한 자본적 대행사업비(403-02)	1. 법률에 규정 2. 국고보조 재원(국가지정) 3. 용도 지정 기부금 4. 조례에 직접규정 5. 지자체가 권장하는 사업을 하는 공공기관 6. 시,도 정책 및 재정사정 7. 기타 8. 해당없음	계약체결방법 (경쟁형태) 1. 일반경쟁 2. 제한경쟁 3. 지명경쟁 4. 수의계약 5. 법정위탁 6. 기타 ( ) 7. 해당없음	계약기간 1. 1년 2. 2년 3. 3년 4. 4년 5. 5년 6. 기타 ( )년 7. 단기계약 (1년미만) 8. 해당없음	낙찰자선정방법 1. 적격심사 2. 협상에의한계약 3. 최저가낙찰제 4. 규격가격분리 5. 2단계 경쟁입찰 6. 기타 ( ) 7. 해당없음	운영예산 산정 1. 내부산정 (지자체 자체적으로 산정) 2. 외부산정 (외부전문기관위탁 산정) 3. 내·외부 모두 산정 4. 산정 無 5. 해당없음	정산방법 1. 내부정산 (지자체 내부적으로 정산) 2. 외부정산 (외부전문기관위탁 정산) 3. 내·외부 모두 산정 4. 정산 無 5. 해당없음	1. 실시 2. 미실시 3. 향후 추진 4. 해당없음
6387	경남 창원시	대안교육 위탁기관 운영	141,500	여성가족과	5	2	7	8	7	1	1	1
6388	경남 창원시	수행상담소 운영	94,088	여성가족과	5	2	7	8	7	1	1	1
6389	경남 창원시	의료 법률 등 지원	14,300	여성가족과	5	2	7	8	7	1	1	1
6390	경남 창원시	지역협의체 운영	500,000	여성가족과	5	2	7	8	7	1	1	1
6391	경남 창원시	한부모가족시설 운영비	800,131	여성가족과	5	1	7	8	7	1	1	1
6392	경남 창원시	가계보조비	36,000	여성가족과	5	1	7	8	7	1	1	1
6393	경남 창원시	효도휴가비	3,000,000	여성가족과	5	1	7	8	7	1	1	1
6394	경남 창원시	민간어린이집 특화프로그램	238,500	보육청소년과	5	4	7	7	7	1	1	1
6395	경남 창원시	국공립.법인어린이집 종사자 인건비	18,464,967	보육청소년과	5	1	7	7	7	1	1	4
6396	경남 창원시	영아전담어린이집 종사자 인건비	2,402,788	보육청소년과	5	1	7	7	7	1	1	4
6397	경남 창원시	장애아전문어린이집 종사자 인건비	2,525,065	보육청소년과	5	1	7	7	7	1	1	4
6398	경남 창원시	야간연장형어린이집 종사자 인건비	3,506,940	보육청소년과	5	1	7	7	7	1	1	4
6399	경남 창원시	장애아통합어린이집 종사자 인건비	371,040	보육청소년과	5	1	7	7	7	1	1	4
6400	경남 창원시	국공립어린이집 간호사,영양사 인건비	46,000	보육청소년과	5	4	7	7	7	1	1	1
6401	경남 창원시	어린이집 차량운영비	442,333	보육청소년과	5	1	7	7	7	1	1	4
6402	경남 창원시	교재교구비	413,983	보육청소년과	5	1	7	7	7	1	1	4
6403	경남 창원시	농어촌소재 법인어린이집	27,474	보육청소년과	5	1	7	7	7	1	1	4
6404	경남 창원시	어린이집 직접채용 대체교사	194,667	보육청소년과	5	1	7	7	7	1	1	4
6405	경남 창원시	보조교사 인건비	8,547,342	보육청소년과	5	1	7	7	7	1	1	4
6406	경남 창원시	연장보육 전담교사 인건비	3,648,874	보육청소년과	5	1	7	7	7	1	1	4
6407	경남 창원시	공공형 어린이집 지원	2,800,000	보육청소년과	5	1	7	7	7	1	1	4
6408	경남 창원시	공공형 어린이집 보육품질 지원	174,000	보육청소년과	5	6	7	7	7	1	1	4
6409	경남 창원시	시간차등형 보육료	30,000	보육청소년과	5	1	7	7	7	1	1	4
6410	경남 창원시	시간차등형 보육지원 인건비	468,000	보육청소년과	5	1	7	7	7	1	1	4
6411	경남 창원시	시간차등형 보육지원 운영비	57,600	보육청소년과	5	1	7	7	7	1	1	4
6412	경남 창원시	평가인증 민간,가정어린이집 냉난방비	331,700	보육청소년과	5	6	7	7	7	1	1	4
6413	경남 창원시	평가인증 민간,가정어린이집 취사부 인건비	1,964,700	보육청소년과	5	6	7	7	7	1	1	4
6414	경남 창원시	영아반 운영활성화 지원	2,080,800	보육청소년과	5	6	7	7	7	1	1	4
6415	경남 창원시	인건비	69,960	보육청소년과	5	4	2	1	2	1	1	1
6416	경남 창원시	운영비	3,840,000	보육청소년과	5	4	2	1	2	1	1	1
6417	경남 창원시	교재교구비	1,200,000	보육청소년과	5	4	2	1	2	1	1	1
6418	경남 창원시	후원자와 아동의 만남 지원	243,000	보육청소년과	5	2	7	8	7	5	5	4
6419	경남 창원시	기본운영비 지원	5,188,960	보육청소년과	5	2	7	8	7	5	5	4
6420	경남 창원시	지역아동센터 추가운영비 지원	434,400	보육청소년과	5	5	7	8	7	5	5	4
6421	경남 창원시	지역아동센터 대체인력비 지원	15,800	보육청소년과	5	5	7	8	7	5	5	4
6422	경남 창원시	국고미지원 지역아동센터 운영비 지원	9,540	보육청소년과	5	5	7	8	7	5	5	4
6423	경남 창원시	상하반기 냉난방비 지원	114,000	보육청소년과	5	6	7	8	7	5	5	4
6424	경남 창원시	지역아동센터 추가운영비 지원	328,800	보육청소년과	5	6	7	8	7	5	5	4
6425	경남 창원시	특수목적형 지역아동센터 운영비 지원	43,848	보육청소년과	5	2	7	8	7	5	5	4
6426	경남 창원시	토요운영지역아동센터 운영비 지원	40,128	보육청소년과	5	2	7	8	7	5	5	4
6427	경남 창원시	우수지역아동센터 지원비	139,100	보육청소년과	5	2	7	8	7	5	5	4
6428	경남 창원시	지역아동센터 공기청정기 임대료 지원	60,000	보육청소년과	5	2	7	8	7	5	5	4
6429	경남 창원시	다함께 돌봄센터 돌봄교사 인건비	258,420	보육청소년과	5	2	7	8	7	5	5	4

순번	시군구	지출명 (사업명)	2021년예산 (단위:천원/1년간)	담당자 (공무원)	민간이전 분류 (지방자치단체 세출예산 집행기준에 의거) 1. 민간경상사업보조(307-02) 2. 민간단체 법정운영비보조(307-03) 3. 민간행사사업보조(307-04) 4. 민간위탁금(307-05) 5. 사회복지시설 법정운영비보조(307-10) 6. 민간인위탁교육비(307-12) 7. 공기관등에대한경상적위탁사업비(308-10) 8. 민간자본사업보조,자체재원(402-01) 9. 민간자본사업보조,이전재원(402-02) 10. 민간위탁사업비(402-03) 11. 공기관등에 대한 자본적 대행사업비(403-02)	민간이전지출 근거 (지방보조금 관리기준 참고) 1. 법률에 규정 2. 국고보조 재원(국가지정) 3. 용도 지정 기부금 4. 조례에 직접규정 5. 지자체가 권장하는 사업을 하는 공공기관 6. 시,도 정책 및 재정사정 7. 기타 8. 해당없음	입찰방식			운영예산 산정		성과평가 실시여부
				담당부서			계약체결방법 (경쟁형태) 1. 일반경쟁 2. 제한경쟁 3. 지명경쟁 4. 수의계약 5. 법정위탁 6. 기타 ( ) 7. 해당없음	계약기간 1. 1년 2. 2년 3. 3년 4. 4년 5. 5년 6. 기타 ( )년 7. 단기계약 (1년미만) 8. 해당없음	낙찰자선정방법 1. 적격심사 2. 협상에의한계약 3. 최저가낙찰제 4. 규격가격분리 5. 2단계 경쟁입찰 6. 기타 ( ) 7. 해당없음	운영예산 산정 1. 내부산정 (지자체 자체적으로 산정) 2. 외부산정 (외부전문기관위탁 산정) 3. 내·외부 모두 산정 4. 산정 無 5. 해당없음	정산방법 1. 내부정산 (지자체 내부적으로 정산) 2. 외부정산 (외부전문기관위탁 정산) 3. 내·외부 모두 산정 4. 정산 無 5. 해당없음	1. 실시 2. 미실시 3. 향후 추진 4. 해당없음
6430	경남 창원시	다함께 돌봄센터 운영비	17,700	보육청소년과	5	2	7	8	7	5	5	4
6431	경남 창원시	지역아동보호전문기관 운영지원	478,870	보육청소년과	5	2	7	8	7	5	5	4
6432	경남 창원시	지역아동보호전문기관 운영지원	59,709	보육청소년과	5	6	7	8	7	5	5	4
6433	경남 창원시	학대피해아동 일시쉼터 운영	180,305	보육청소년과	5	2	7	8	7	5	5	4
6434	경남 창원시	학대피해아동 일시쉼터 운영	37,160	보육청소년과	5	6	7	8	7	5	5	4
6435	경남 창원시	아동양육시설 운영비 및 인건비	6,030,798	보육청소년과	5	1	7	8	7	5	5	4
6436	경남 창원시	요보호아동 그룹홈 운영	433,215	보육청소년과	5	2	7	8	7	5	5	4
6437	경남 창원시	창원시단기청소년쉼터	260,000	보육청소년과	5	1	7	8	7	1	1	4
6438	경남 창원시	청소년회복지원시설 운영지원	122,800	보육청소년과	5	1	7	8	7	1	1	4
6439	경남 창원시	독거노인중증장애인 응급안전알림서비스 운영 지원	257,664	노인장애인과	5	2	6	1	6	5	5	1
6440	경남 창원시	노인일자리창출지원센터 운영	320,000	노인장애인과	5	4	7	8	7	1	1	1
6441	경남 창원시	시니어클럽 운영비 지원	1,250,000	노인장애인과	5	4	7	8	7	1	1	1
6442	경남 창원시	금강노인종합복지관 운영	598,500	노인장애인과	5	1	7	1	6	1	1	1
6443	경남 창원시	금강노인문화센터 운영	236,250	노인장애인과	5	1	7	1	6	1	1	1
6444	경남 창원시	양로시설 운영비 지원	1,321,062	노인장애인과	5	2	7	8	7	5	5	4
6445	경남 창원시	장애인거주시설 운영 지원	9,610,089	노인장애인과	5	2	7	8	7	1	1	2
6446	경남 창원시	장애인거주시설 생활지도원 3교대인력증원	366,890	노인장애인과	5	2	7	8	7	1	1	2
6447	경남 창원시	단기거주시설(진동사랑의집) 운영 지원	370,000	노인장애인과	5	5	7	8	7	1	1	2
6448	경남 창원시	장애인거주시설 지도원 야간근무수당	87,600	노인장애인과	5	2	7	8	7	1	1	2
6449	경남 창원시	장애인직업재활시설 운영 지원	5,222,000	노인장애인과	5	5	7	8	7	1	1	2
6450	경남 창원시	장애인의료재활시설 운영	478,100	노인장애인과	5	5	7	8	7	1	1	2
6451	경남 창원시	장애인주간보호시설 운영	851,000	노인장애인과	5	5	7	8	7	1	1	2
6452	경남 창원시	시각장애인주간보호시설 운영	252,000	노인장애인과	5	5	7	8	7	1	1	2
6453	경남 창원시	장애인공동생활가정 운영	748,000	노인장애인과	5	5	7	8	7	1	1	2
6454	경남 창원시	장애인생활이동지원센터 운영	480,000	노인장애인과	5	5	7	8	7	1	1	2
6455	경남 창원시	장애인수어통역센터 운영	470,000	노인장애인과	5	5	7	8	7	1	1	2
6456	경남 창원시	재활교재대출센터 운영	172,000	노인장애인과	5	5	7	8	7	1	1	2
6457	경남 창원시	점자정보도서관 운영	220,000	노인장애인과	5	5	7	8	7	1	1	2
6458	경남 창원시	장애인거주시설 공기청정기 렌탈지원	13,620	노인장애인과	5	2	7	8	7	1	1	2
6459	경남 창원시	농촌공동아이돌봄센터 운영 지원	13,700	농업정책과	5	2	7	8	7	5	5	4
6460	경남 창원시	정신요양원 운영비	2,299,921	마산합포구 사회복지과	5	2	6	8	7	1	1	2
6461	경남 창원시	정신요양원 경비원 인건비	21,581	마산합포구 사회복지과	5	4	6	8	7	1	1	2
6462	경남 창원시	마산정신요양원 종사자 수당	104,000	마산합포구 사회복지과	5	4	6	8	7	1	1	2
6463	경남 창원시	사회복지시설 종사자 가계보조수당	36,000	마산회원구 사회복지과	5	6	7	8	7	5	1	1
6464	경남 창원시	사회복지시설 종사자 격려수당	3,000,000	마산회원구 사회복지과	5	6	7	8	7	5	1	1
6465	경남 진주시	장애인복지시설 종사자 수당	327,600	노인장애인과	5	2	7	8	7	1	1	4
6466	경남 진주시	장애인복지시설 종사자 자격수당	54,240	노인장애인과	5	2	7	8	7	1	1	4
6467	경남 진주시	장애인종합복지관 운영비	1,466,807	노인장애인과	5	2	7	8	7	1	1	4
6468	경남 진주시	장애인셔틀버스 운영비	38,822	노인장애인과	5	2	7	8	7	1	1	4
6469	경남 진주시	장애인 생활이동지원센터 운영비	230,640	노인장애인과	5	2	7	8	7	1	1	4
6470	경남 진주시	장애인 수어통역센터 운영비	245,910	노인장애인과	5	2	7	8	7	1	1	4
6471	경남 진주시	장애인 주간보호시설 운영비	692,100	노인장애인과	5	2	7	8	7	1	1	4
6472	경남 진주시	장애인 단기거주시설 운영비	1,300,703	노인장애인과	5	2	7	8	7	1	1	4

순번	시군구	지출명 (사업명)	2021년예산 (단위:천원/1년간)	담당자 (공무원)	민간이전 분류 (지방자치단체 세출예산 집행기준에 의거)	민간이전지출 근거 (지방보조금 관리기준 참고)	입찰방식			운영예산 산정		성과평가 실시여부
				담당부서	1. 민간경상사업보조(307-02) 2. 민간단체 법정운영비보조(307-03) 3. 민간행사사업보조(307-04) 4. 민간위탁금(307-05) 5. 사회복지시설 법정운영비보조(307-10) 6. 민간인위탁교육비(307-12) 7. 공기관등에대한경상적위탁사업비(308-10) 8. 민간자본사업보조,자체재원(402-01) 9. 민간자본사업보조,이전재원(402-02) 10. 민간위탁사업비(402-03) 11. 공기관등에 대한 자본적 대행사업비(403-02)	1. 법률에 규정 2. 국고보조 재원(국가지정) 3. 용도 지정 기부금 4. 조례에 직접규정 5. 지자체가 권장하는 사업을 하는 공공기관 6. 시,도 정책 및 재정사정 7. 기타 8. 해당없음	계약체결방법 (경쟁형태) 1. 일반경쟁 2. 제한경쟁 3. 지명경쟁 4. 수의계약 5. 법정위탁 6. 기타 ( ) 7. 해당없음	계약기간 1. 1년 2. 2년 3. 3년 4. 4년 5. 5년 6. 기타 ( )년 7. 단기계약 (1년미만) 8. 해당없음	낙찰자선정방법 1. 적격심사 2. 협상에의한계약 3. 최저가낙찰제 4. 규격가격분리 5. 2단계 경쟁입찰 6. 기타 ( ) 7. 해당없음	운영예산 산정 1. 내부산정 (지자체 자체적으로 산정) 2. 외부산정 (외부전문기관위탁 산정) 3. 내·외부 모두 산정 4. 산정 無 5. 해당없음	정산방법 1. 내부정산 (지자체 내부적으로 정산) 2. 외부정산 (외부전문기관위탁 정산) 3. 내·외부 모두 산정 4. 정산 無 5. 해당없음	1. 실시 2. 미실시 3. 향후 추진 4. 해당없음
6473	경남 진주시	장애인 공동생활가정 운영비	264,770	노인장애인과	5	2	7	8	7	1	1	4
6474	경남 진주시	장애인 직업재활시설 운영비	1,650,238	노인장애인과	5	2	7	8	7	1	1	4
6475	경남 진주시	장애인 거주시설 운영비	1,361,904	노인장애인과	5	2	7	8	7	1	1	4
6476	경남 진주시	중증장애인 거주시설 야간근무수당	7,300	노인장애인과	5	2	7	8	7	1	1	4
6477	경남 진주시	장애인거주시설 생활지도원 3교대인력증원	82,876	노인장애인과	5	2	7	8	7	1	1	4
6478	경남 진주시	진주시어르신센터 운영지원	200,000	노인장애인과	5	6	5	5	7	3	3	1
6479	경남 진주시	노인복지시설 종사자 수당	1,066,000	노인장애인과	5	2	7	8	7	1	1	4
6480	경남 진주시	노인복지시설 종사자 자격수당	76,800	노인장애인과	5	1	7	8	7	1	1	4
6481	경남 진주시	아동복지시설 종사자 수당	109,200	노인장애인과	5	2	7	8	7	1	1	4
6482	경남 진주시	노숙인,복지관 등 종사자 수당	114,400	노인장애인과	5	2	7	8	7	1	1	4
6483	경남 진주시	아동복지시설 종사자 자격수당	19,200	노인장애인과	5	2	7	8	7	1	1	4
6484	경남 진주시	노숙인,복지관 등 종사자 자격수당	15,360	노인장애인과	5	2	7	8	7	1	1	4
6485	경남 진주시	아동복지시설 운영비	1,390,130	노인장애인과	5	2	7	8	7	1	1	4
6486	경남 진주시	요보호아동 그룹홈 운영비	433,215	노인장애인과	5	2	7	8	7	1	1	4
6487	경남 진주시	학대피해아동 쉼터 운영비	180,305	노인장애인과	5	2	7	8	7	1	1	4
6488	경남 진주시	학대피해아동 쉼터 운영비 추가지원	21,320	노인장애인과	5	2	7	8	7	1	1	4
6489	경남 진주시	사회복귀시설 운영비	201,775	노인장애인과	5	2	7	8	7	1	1	4
6490	경남 진주시	노숙인시설 취사원 인건비	21,870	노인장애인과	5	2	7	8	7	1	1	4
6491	경남 진주시	장애인자립생활지원센터 지원	170,000	노인장애인과	5	1	5	3	1	1	1	1
6492	경남 진주시	시군 장애인가족지원센터 운영	100,000	노인장애인과	5	1	5	5	1	1	1	1
6493	경남 진주시	여성장애인 교육지원센터 운영	78,361	노인장애인과	5	1	5	3	1	1	1	1
6494	경남 진주시	노인일자리지원기관 운영비	260,000	노인장애인과	5	6	5	8	7	3	3	4
6495	경남 진주시	노인일자리지원기관 운영비	300,000	노인장애인과	5	6	5	5	7	3	3	4
6496	경남 진주시	노인일자리지원기관 운영비	300,000	노인장애인과	5	6	5	8	7	3	3	4
6497	경남 진주시	보건지소 및 보건진료소 운영	30,000	보건행정과	5	7	7	8	7	5	5	4
6498	경남 진주시	푸드마켓 운영비	125,000	복지정책과	5	1	7	8	7	1	1	1
6499	경남 진주시	푸드뱅크 운영비	11,000	복지정책과	5	1	7	8	7	1	1	1
6500	경남 진주시	사례관리전달체계개선	28,989	복지정책과	5	2	7	8	7	1	1	1
6501	경남 진주시	지역자활센터 운영비	299,857	복지정책과	5	2	7	8	7	1	1	1
6502	경남 진주시	자산형성지원사업 사례관리자 운영비	34,642	복지정책과	5	2	7	8	7	1	1	1
6503	경남 진주시	지역자활센터 종사자 수당	18,200	복지정책과	5	1	7	8	7	1	1	1
6504	경남 진주시	지역자활센터 사회복지사 자격수당	4,320,000	복지정책과	5	1	7	8	7	1	1	1
6505	경남 진주시	지역아동센터운영비	1,525,302	아동보육과	5	1	7	8	7	5	1	1
6506	경남 진주시	특수목적형 시원	14,616	아동보육과	5	1	7	8	7	5	1	1
6507	경남 진주시	토요운영 지원	21,888	아동보육과	5	1	7	8	7	5	1	1
6508	경남 진주시	지역아동센터 종사자 수당지원	119,600	아동보육과	5	1	7	8	7	5	1	1
6509	경남 진주시	지역아동센터 종사자 자격수당지원	22,080	아동보육과	5	1	7	8	7	5	1	1
6510	경남 진주시	지역아동센터 추가운영 지원	84,000	아동보육과	5	1	7	8	7	5	1	1
6511	경남 진주시	다함께돌봄센터 운영 지원	74,600	아동보육과	5	1	7	5	7	1	1	1
6512	경남 진주시	다함께돌봄센터 종사자 수당 지원	20,800	아동보육과	5	1	7	8	7	1	1	1
6513	경남 진주시	다함께돌봄센터 종사자 자격수당 지원	3,840,000	아동보육과	5	1	7	8	7	1	1	1
6514	경남 진주시	아동보호전문기관 운영	356,850	아동보육과	5	1	6	6	6	2	1	4
6515	경남 진주시	아동보호전문기관 운영	44,484	아동보육과	5	1	6	6	6	2	1	4

순번	시군구	지출명 (사업명)	2021년예산 (단위:천원/1년간)	담당자 (공무원)	민간이전 분류 (지방자치단체 세출예산 집행기준에 의거)	민간이전지출 근거 (지방보조금 관리기준 참고)	입찰방식			운영예산 산정		성과평가 실시여부
				담당부서	1. 민간경상사업보조(307-02) 2. 민간단체 법정운영비보조(307-03) 3. 민간행사사업보조(307-04) 4. 민간위탁금(307-05) 5. 사회복지시설 법정운영비보조(307-10) 6. 민간인위탁교육비(307-12) 7. 공기관등에대한경상적위탁사업비(308-10) 8. 민간자본사업보조,자체재원(402-01) 9. 민간자본사업보조,이전재원(402-02) 10. 민간위탁사업비(402-03) 11. 공기관등에 대한 자본적 대행사업비(403-02)	1. 법률에 규정 2. 국고보조 재원(국가지정) 3. 용도 지정 기부금 4. 조례에 직접규정 5. 지자체가 권장하는 사업을 하는 공공기관 6. 시,도 정책 및 재정사정 7. 기타 8. 해당없음	계약체결방법 (경쟁형태) 1. 일반경쟁 2. 제한경쟁 3. 지명경쟁 4. 수의계약 5. 법정위탁 6. 기타 ( ) 7. 해당없음	계약기간 1. 1년 2. 2년 3. 3년 4. 4년 5. 5년 6. 기타 ( )년 7. 단기계약 (1년미만) 8. 해당없음	낙찰자선정방법 1. 적격심사 2. 협상에의한계약 3. 최저가낙찰제 4. 규격가격분리 5. 2단계 경쟁입찰 6. 기타 ( ) 7. 해당없음	운영예산 산정 1. 내부산정 (지자체 자체적으로 산정) 2. 외부산정 (외부전문기관위탁 산정) 3. 내·외부 모두 산정 4. 산정 無 5. 해당없음	정산방법 1. 내부정산 (지자체 내부적으로 정산) 2. 외부정산 (외부전문기관위탁 정산) 3. 내·외부 모두 산정 4. 정산 無 5. 해당없음	1. 실시 2. 미실시 3. 향후 추진 4. 해당없음
6516	경남 진주시	시청어린이집 운영비	175,000	아동보육과	5	1	7	8	7	5	1	4
6517	경남 진주시	보육교직원 인건비	10,230,799	아동보육과	5	1	7	8	7	5	1	4
6518	경남 진주시	농어촌소재 법인어린이집 지원	18,000	아동보육과	5	1	7	8	7	5	1	4
6519	경남 진주시	보조교사 인건비	4,222,108	아동보육과	5	1	7	8	7	5	1	4
6520	경남 진주시	공공형어린이집 운영비 보조	880,000	아동보육과	5	1	7	8	7	5	1	4
6521	경남 진주시	공공형어린이집 유아반 운영비 지원	45,600	아동보육과	5	1	7	8	7	5	1	4
6522	경남 진주시	어린이집 취사원 인건비 지원	535,200	아동보육과	5	1	7	8	7	5	1	4
6523	경남 진주시	정부미지원어린이집 영아반 운영비 지원	698,400	아동보육과	5	1	7	8	7	5	1	4
6524	경남 진주시	가정폭력피해자보호시설운영지원	212,237	여성가족과	5	2	7	8	7	1	1	4
6525	경남 진주시	가정폭력피해자보호시설취사원지원	25,472	여성가족과	5	6	7	8	7	1	1	4
6526	경남 진주시	여성폭력관련시설 종사자 처우개선	182,010	여성가족과	5	6	7	8	7	1	1	4
6527	경남 진주시	여성폭력관련시설종사자수당	39,000	여성가족과	5	6	7	8	7	1	1	4
6528	경남 진주시	여성폭력관련시설종사자자격수당	7,200	여성가족과	5	4	7	8	7	1	1	4
6529	경남 진주시	가정폭력상담소운영지원	122,364	여성가족과	5	2	7	8	7	1	1	4
6530	경남 통영시	시니어클럽 운영	300,000	노인장애인복지과	5	2	5	5	1	1	1	1
6531	경남 통영시	노인복지시설종사자지원	569,400	노인장애인복지과	5	2	7	8	7	1	1	1
6532	경남 통영시	노인여가복지시설운영	47,264	노인장애인복지과	5	1	7	8	7	1	1	1
6533	경남 통영시	해찬솔 운영보조	6,000	노인장애인복지과	5	4	7	8	7	1	1	1
6534	경남 통영시	양로시설 운영지원	458,882	노인장애인복지과	5	2	7	8	7	1	1	1
6535	경남 통영시	재가노인지원서비스	229,478	노인장애인복지과	5	2	7	8	7	1	1	1
6536	경남 통영시	통영시장애인종합복지관 종사자수당	55,624	노인장애인복지과	5	1	5	5	1	1	1	1
6537	경남 통영시	장애인복지시설 종사자 수당	206,440	노인장애인복지과	5	1	7	8	7	1	1	2
6538	경남 통영시	장애인 거주시설 운영비	2,048,251	노인장애인복지과	5	1	7	8	7	1	1	2
6539	경남 통영시	장애인거주시설 야간근무자 야근수당	9,125	노인장애인복지과	5	1	7	8	7	1	1	2
6540	경남 통영시	장애인 직업재활시설 운영지원	353,790	노인장애인복지과	5	1	7	8	7	1	1	2
6541	경남 통영시	장애인 주간보호시설 운영	155,000	노인장애인복지과	5	1	7	8	7	1	1	2
6542	경남 통영시	장애인 주간보호시설 운영	170,000	노인장애인복지과	5	1	7	8	7	1	1	2
6543	경남 통영시	시각장애인 주간보호시설 운영지원	128,684	노인장애인복지과	5	1	7	8	7	1	1	2
6544	경남 통영시	장애인단기거주시설운영	351,060	노인장애인복지과	5	1	7	8	7	1	1	2
6545	경남 통영시	장애인단기거주시설운영	230,135	노인장애인복지과	5	1	7	8	7	1	1	2
6546	경남 통영시	장애인 공동생활가정 운영	74,369	노인장애인복지과	5	1	7	8	7	1	1	2
6547	경남 통영시	장애인 공동생활가정 운영	37,742	노인장애인복지과	5	1	7	8	7	1	1	2
6548	경남 통영시	장애인 수어통역센터 운영지원	220,100	노인장애인복지과	5	1	7	8	7	1	1	2
6549	경남 통영시	장애인 생활이동지원센터 운영지원	100,758	노인장애인복지과	5	1	7	8	7	1	1	2
6550	경남 통영시	장애인편의증진기술지원센터 운영지원	70,000	노인장애인복지과	5	1	7	8	7	1	1	2
6551	경남 통영시	중증장애인 자립생활센터지원	197,666	노인장애인복지과	5	1	7	8	7	1	1	2
6552	경남 통영시	여성장애인 종합지원센터 지원	65,000	노인장애인복지과	5	1	7	8	7	1	1	2
6553	경남 통영시	장애인가족지원센터 지원	106,000	노인장애인복지과	5	1	7	8	7	1	1	2
6554	경남 통영시	경상남도 장애인도우미지원	639,000	노인장애인복지과	5	6	7	8	7	5	1	4
6555	경남 통영시	지역자활센터운영	301,831	주민생활복지과	5	1	7	8	7	5	1	4
6556	경남 통영시	지역자활센터종사자지원	28,130	주민생활복지과	5	4	7	8	7	5	1	4
6557	경남 통영시	민관협력활성화사업	37,584	주민생활복지과	5	7	7	8	7	1	1	4
6558	경남 통영시	푸드뱅크지원	7,440	주민생활복지과	5	1	6	8	7	1	1	1

순번	시군구	지출명 (사업명)	2021년예산 (단위:천원/1년간)	담당자 (공무원)	민간이전 분류 (지방자치단체 세출예산 집행기준에 의거) 1. 민간경상사업보조(307-02) 2. 민간단체 법정운영비보조(307-03) 3. 민간행사사업보조(307-04) 4. 민간위탁금(307-05) 5. 사회복지시설 법정운영비보조(307-10) 6. 민간인위탁교육비(307-12) 7. 공기관등에대한경상적위탁사업비(308-10) 8. 민간자본사업보조,자체재원(402-01) 9. 민간자본사업보조,이전재원(402-02) 10. 민간위탁사업비(402-03) 11. 공기관등에 대한 자본적 대행사업비(403-02)	민간이전지출 근거 (지방보조금 관리기준 참고) 1. 법률에 규정 2. 국고보조 재원(국가지정) 3. 용도 지정 기부금 4. 조례에 직접규정 5. 지자체가 권장하는 사업을 하는 공공기관 6. 시,도 정책 및 재정사정 7. 기타 8. 해당없음	입찰방식			운영예산 산정		성과평가 실시여부
				담당부서			계약체결방법 (경쟁형태) 1. 일반경쟁 2. 제한경쟁 3. 지명경쟁 4. 수의계약 5. 법정위탁 6. 기타 ( ) 7. 해당없음	계약기간 1. 1년 2. 2년 3. 3년 4. 4년 5. 5년 6. 기타 ( )년 7. 단기계약 (1년미만) 8. 해당없음	낙찰자선정방법 1. 적격심사 2. 협상에의한계약 3. 최저가낙찰제 4. 규격가격분리 5. 2단계 경쟁입찰 6. 기타 ( ) 7. 해당없음	운영예산 산정 1. 내부산정 (지자체 자체적으로 산정) 2. 외부산정 (외부전문기관위탁 산정) 3. 내·외부 모두 산정 4. 산정 無 5. 해당없음	정산방법 1. 내부정산 (지자체 내부적으로 정산) 2. 외부정산 (외부전문기관위탁 정산) 3. 내·외부 모두 산정 4. 정산 無 5. 해당없음	1. 실시 2. 미실시 3. 향후 추진 4. 해당없음
6559	경남 통영시	푸드마켓지원사업	59,955	주민생활복지과	5	1	6	8	7	1	1	1
6560	경남 통영시	사회복지관 종사자 수당지원	93,040	주민생활복지과	5	6	7	8	7	1	1	4
6561	경남 통영시	사회복지정보센터 운영	50,000	주민생활복지과	5	6	7	8	7	1	1	4
6562	경남 사천시	여성보호시설 상담소운영 지원	122,201	여성가족과	5	2	7	8	7	1	1	4
6563	경남 사천시	여성보호시설 상담원 인건비 지급	26,750	여성가족과	5	2	7	8	7	1	1	4
6564	경남 사천시	여성폭력 관련시설 종사자 처우개선	42,130	여성가족과	5	2	7	8	7	1	1	4
6565	경남 사천시	어린이집 운영 지원	750,080	여성가족과	5	1	1	3	2	1	1	4
6566	경남 사천시	보육교직원 인건비 지원	5,249,522	여성가족과	5	2	1	3	2	1	1	4
6567	경남 사천시	어린이집 운영지원	43,192	여성가족과	5	2	1	3	2	1	1	4
6568	경남 사천시	어린이집 운영지원	200,000	여성가족과	5	2	1	3	2	1	1	4
6569	경남 사천시	민간어린이집 지원	42,000	여성가족과	5	1	1	3	2	1	1	4
6570	경남 사천시	공공형어린이집 운영비	1,452,200	여성가족과	5	2	1	3	2	1	1	4
6571	경남 사천시	보육교직원 처우개선 지원	1,936,000	여성가족과	5	2	1	3	2	1	1	4
6572	경남 사천시	어린이집 운영지원	8,028	여성가족과	5	2	1	3	2	1	1	4
6573	경남 사천시	시간제 보육서비스 제공 지원	47,600	여성가족과	5	2	1	3	2	1	1	4
6574	경남 사천시	어린이집 취사원 인건비 지원	303,400	여성가족과	5	1	1	3	2	1	1	4
6575	경남 사천시	어린이집 영아반 운영활성화 지원	193,680	여성가족과	5	1	1	3	2	1	1	4
6576	경남 사천시	공공형어린이집 보육품질 지원	110,760	여성가족과	5	1	1	3	2	1	1	4
6577	경남 사천시	지역아동센터 운영비 지원	505,080	여성가족과	5	2	7	8	7	5	1	4
6578	경남 사천시	지역아동센터 냉난방비 지원	10,900	여성가족과	5	6	7	8	7	5	1	4
6579	경남 사천시	지역아동센터 추가운영비 지원	32,400	여성가족과	5	6	7	8	7	5	1	4
6580	경남 사천시	아동복지시설 운영비	435,151	여성가족과	5	2	7	8	7	5	1	4
6581	경남 사천시	요보호아동 그룹홈 운영	267,489	여성가족과	5	2	7	8	7	5	1	4
6582	경남 사천시	지역아동보호전문기관 운영지원	134,931	여성가족과	5	2	7	8	7	5	1	4
6583	경남 사천시	지역아동보호전문기관 운영지원	15,996	여성가족과	5	6	7	8	7	5	1	4
6584	경남 사천시	지역자활센터 종사자 지원	13,000	주민생활지원과	5	6	7	8	7	1	1	4
6585	경남 사천시	자활근로,지역자활센터 및 광역자활센터운영	225,254	주민생활지원과	5	2	7	8	7	1	1	4
6586	경남 사천시	사회복지시설 종사자 수당 지원	49,400	주민생활지원과	5	6	7	8	7	1	1	4
6587	경남 사천시	합심원 운영비 지원	935,630	주민생활지원과	5	2	7	8	7	1	1	4
6588	경남 사천시	노숙인시설 취사원 인건비 지원	21,870	주민생활지원과	5	6	7	8	7	1	1	4
6589	경남 김해시	지역아동보호전문기관 운영	488,062	아동보육과	5	2	7	8	7	5	5	4
6590	경남 김해시	아동복지시설 운영비 지원	2,451,123	아동보육과	5	1	7	8	7	5	5	4
6591	경남 김해시	아동복지시설 종사자 수당	173,800	아동보육과	5	1	7	8	7	5	5	4
6592	경남 김해시	공동생활가정 운영비 지원	178,326	아동보육과	5	2	7	8	7	5	5	4
6593	경남 김해시	지역아동센터 운영비 지원	2,417,640	아동보육과	5	2	7	8	7	5	5	4
6594	경남 김해시	특수목적형 지역아동센터 추가지원	51,156	아동보육과	5	2	7	8	7	5	5	4
6595	경남 김해시	토요운영 지역아동센터 추가지원	69,312	아동보육과	5	2	7	8	7	5	5	4
6596	경남 김해시	지역아동센터 운영비 지원	417,200	아동보육과	5	2	7	8	7	5	5	4
6597	경남 김해시	공공형어린이집 운영비	252,000	아동보육과	5	2	7	8	7	1	1	1
6598	경남 김해시	공공형 어린이집 보육품질 지원	32,250	아동보육과	5	6	7	8	7	1	1	1
6599	경남 김해시	공공형어린이집 운영활성화비	4,000,000	아동보육과	5	6	7	8	7	1	1	1
6600	경남 김해시	어린이집 교재교구비 지원	259,000	아동보육과	5	2	7	8	7	1	1	1
6601	경남 김해시	영유아 보육료 지원	150,000	아동보육과	5	2	7	8	7	1	1	1

순번	시군구	지출명 (사업명)	2021년예산 (단위:천원/1년간)	담당자 (공무원) 담당부서	민간이전 분류 (지방자치단체 세출예산 집행기준에 의거) 1. 민간경상사업보조(307-02) 2. 민간단체 법정운영비보조(307-03) 3. 민간행사사업보조(307-04) 4. 민간위탁금(307-05) 5. 사회복지시설 법정운영비보조(307-10) 6. 민간인위탁교육비(307-12) 7. 공기관등에대한경상적위탁사업비(308-10) 8. 민간자본사업보조,자체재원(402-01) 9. 민간자본사업보조,이전재원(402-02) 10. 민간위탁사업비(402-03) 11. 공기관등에 대한 자본적 대행사업비(403-02)	민간이전지출 근거 (지방보조금 관리기준 참고) 1. 법률에 규정 2. 국고보조 재원(국가지정) 3. 용도 지정 기부금 4. 조례에 직접규정 5. 지자체가 권장하는 사업을 하는 공공기관 6. 시,도 정책 및 재정사정 7. 기타 8. 해당없음	입찰방식 계약체결방법 (경쟁형태) 1. 일반경쟁 2. 제한경쟁 3. 지명경쟁 4. 수의계약 5. 법정위탁 6. 기타 ( ) 7. 해당없음	입찰방식 계약기간 1. 1년 2. 2년 3. 3년 4. 4년 5. 5년 6. 기타 ( )년 7. 단기계약 (1년미만) 8. 해당없음	입찰방식 낙찰자선정방법 1. 적격심사 2. 협상에의한계약 3. 최저가낙찰제 4. 규격가격분리 5. 2단계 경쟁입찰 6. 기타 ( ) 7. 해당없음	운영예산 산정 운영예산 산정 1. 내부산정 (지자체 자체적으로 산정) 2. 외부산정 (외부전문기관위탁 산정) 3. 내·외부 모두 산정 4. 산정 無 5. 해당없음	운영예산 산정 정산방법 1. 내부정산 (지자체 내부적으로 정산) 2. 외부정산 (외부전문기관위탁 정산) 3. 내·외부 모두 산정 4. 정산 無 5. 해당없음	성과평가 실시여부 1. 실시 2. 미실시 3. 향후 추진 4. 해당없음
6602	경남 김해시	담임교사지원비	5,139,000	아동보육과	5	2	7	8	7	1	1	1
6603	경남 김해시	농촌 보육교사 특별근무수당	568,020	아동보육과	5	2	7	8	7	1	1	1
6604	경남 김해시	어린이집 보육교직원 격무수당	332,000	아동보육과	5	6	7	8	7	1	1	1
6605	경남 김해시	어린이집 보육교직원 처우개선비	179,000	아동보육과	5	6	7	8	7	1	1	1
6606	경남 김해시	장애아전문어린이집 보육교직원 특수수당	86,400	아동보육과	5	6	7	8	7	1	1	1
6607	경남 김해시	방학중 종일제 보육아동 보육료	700,000	아동보육과	5	6	7	8	7	1	1	1
6608	경남 김해시	어린이집 영아반 운영활성화 지원	120,000	아동보육과	5	6	7	8	7	1	1	1
6609	경남 김해시	장애아전문어린이집 보육교직원 근무수당	59,400	아동보육과	5	4	7	8	7	1	1	1
6610	경남 김해시	정부미지원 시설 평가인증 원장격무수당	158,400	아동보육과	5	4	7	8	7	1	1	1
6611	경남 김해시	어린이집 담임교사 장기근속수당 지원	244,800	아동보육과	5	4	7	8	7	1	1	1
6612	경남 김해시	시간제보육 인건비 및 운영비	103,464	아동보육과	5	2	7	8	7	1	1	1
6613	경남 김해시	농어촌소재 법인어린이집 지원	11,880	아동보육과	5	2	7	8	7	1	1	2
6614	경남 김해시	직장어린이집 운영비 지원	365,400	아동보육과	5	5	7	8	7	1	1	2
6615	경남 김해시	보조.연장교사 인건비 지원	8,856,853	아동보육과	5	2	7	8	7	1	1	2
6616	경남 김해시	정부지원어린이집 종사자 인건비 지원	15,380,000	아동보육과	5	2	7	8	7	1	1	2
6617	경남 김해시	어린이집 차량운영비 지원	240,000	아동보육과	5	2	7	8	7	1	1	2
6618	경남 김해시	정부미지원어린이집 냉난방연료비	172,000	아동보육과	5	6	7	8	7	1	1	2
6619	경남 김해시	장애아통합어린이집 보육교사 인건비	242,424	아동보육과	5	2	7	8	7	1	1	2
6620	경남 김해시	장애아전문어린이집 운전원 인건비	88,320	아동보육과	5	5	7	8	7	1	1	2
6621	경남 김해시	그 밖의 연장형 어린이집 담당교사 인건비	1,333,560	아동보육과	5	2	7	8	7	1	1	2
6622	경남 김해시	어린이집 취사원 인건비 지원	1,047,824	아동보육과	5	6	7	8	7	1	1	2
6623	경남 김해시	누리과정 운영비 지원	4,104,000	아동보육과	5	6	7	8	7	1	1	2
6624	경남 김해시	누리과정 담당교사 처우개선비 지원	1,987,200	아동보육과	5	6	7	8	7	1	1	2
6625	경남 김해시	대체교사 인건비 지원	123,000	아동보육과	5	2	7	8	7	1	1	2
6626	경남 김해시	어린이집 단기간 종사자 건강검진비	6,000	아동보육과	5	6	7	8	7	5	5	4
6627	경남 김해시	지역자활센터운영비	364,794	생활안정과	5	2	5	1	6	1	1	1
6628	경남 김해시	자산형성지원사업사례관리자 운영비	35,741	생활안정과	5	2	5	1	6	1	1	1
6629	경남 김해시	지역자활센터 종사자수당	20,800	생활안정과	5	6	5	1	6	1	1	1
6630	경남 김해시	자활사업 활성화촉진 사업	31,000	생활안정과	5	6	5	1	6	1	1	1
6631	경남 김해시	자활사례관리자운영	28,989	생활안정과	5	2	5	1	6	1	1	1
6632	경남 김해시	지역자활센터 전기요금 등 공공요금 지원	15,000	생활안정과	5	6	5	1	6	1	1	1
6633	경남 김해시	사회서비스원 운영비 지원	14,000	생활안정과	5	5	7	8	7	1	1	1
6634	경남 김해시	경로당 냉난방비 및 양곡비지원	1,175,821	노인장애인과	5	2	7	8	7	5	1	4
6635	경남 김해시	경로당 운영비 지원	135,500	노인장애인과	5	6	1	8	7	5	1	4
6636	경남 김해시	노인복지시설 종사자 수당	413,400	노인장애인과	5	6	7	8	7	1	1	4
6637	경남 김해시	노인요양시설 등급외자 입소료 지원	187,392	노인장애인과	5	1	7	8	7	1	1	4
6638	경남 김해시	주간보호소 등급외자 지원	8,000	노인장애인과	5	1	7	8	7	1	1	4
6639	경남 김해시	장애인생활이동지원센터 운영	111,737	노인장애인과	5	1	7	8	7	5	1	4
6640	경남 김해시	김해시수어통역센터 운영	190,046	노인장애인과	5	1	7	8	7	5	1	4
6641	경남 김해시	장애인주간보호소 운영	316,682	노인장애인과	5	1	7	8	7	5	1	4
6642	경남 김해시	장애인공동생활가정 운영	230,576	노인장애인과	5	1	7	8	7	5	1	4
6643	경남 김해시	시각장애인주간보호센터 운영	91,600	노인장애인과	5	1	7	8	7	5	1	4
6644	경남 김해시	장애인거주시설(일반) 운영 지원	4,994,986	노인장애인과	5	1	7	8	7	5	1	4

순번	시군구	지출명 (사업명)	2021년예산 (단위:천원/1년간)	담당자 (공무원)	민간이전 분류 (지방자치단체 세출예산 집행기준에 의거)	민간이전지출 근거 (지방보조금 관리기준 참고)	입찰방식			운영예산 산정		성과평가 실시여부
				담당부서	1. 민간경상사업보조(307-02) 2. 민간단체 법정운영비보조(307-03) 3. 민간행사사업보조(307-04) 4. 민간위탁금(307-05) 5. 사회복지시설 법정운영비보조(307-10) 6. 민간인위탁교육비(307-12) 7. 공기관등에대한경상적위탁사업비(308-10) 8. 민간자본사업보조,자체재원(402-01) 9. 민간자본사업보조,이전재원(402-02) 10. 민간위탁사업비(402-03) 11. 공기관등에 대한 자본적 대행사업비(403-02)	1. 법률에 규정 2. 국고보조 재원(국가지정) 3. 용도 지정 기부금 4. 조례에 직접규정 5. 지자체가 권장하는 사업을 하는 공공기관 6. 시,도 정책 및 재정사정 7. 기타 8. 해당없음	계약체결방법 (경쟁형태) 1. 일반경쟁 2. 제한경쟁 3. 지명경쟁 4. 수의계약 5. 법정위탁 6. 기타 ( ) 7. 해당없음	계약기간 1. 1년 2. 2년 3. 3년 4. 4년 5. 5년 6. 기타 ( )년 7. 단기계약 (1년미만) 8. 해당없음	낙찰자선정방법 1. 적격심사 2. 협상에의한계약 3. 최저가낙찰제 4. 규격가격분리 5. 2단계 경쟁입찰 6. 기타 ( ) 7. 해당없음	운영예산 산정 1. 내부산정 (지자체 자체적으로 산정) 2. 외부산정 (외부전문기관위탁 산정) 3. 내·외부 모두 산정 4. 산정 無 5. 해당없음	정산방법 1. 내부정산 (지자체 내부적으로 정산) 2. 외부정산 (외부전문기관위탁 정산) 3. 내·외부 모두 산정 4. 정산 無 5. 해당없음	1. 실시 2. 미실시 3. 향후 추진 4. 해당없음
6645	경남 김해시	장애인거주시설(개인실비) 운영 지원	239,000	노인장애인과	5	1	7	8	7	5	1	4
6646	경남 김해시	장애인거주시설 생활지도원 교대인력 증원	253,320	노인장애인과	5	1	7	8	7	5	1	4
6647	경남 김해시	장애인직업재활시설 운영 지원	1,339,353	노인장애인과	5	1	7	8	7	5	1	4
6648	경남 김해시	장애인직업재활시설 운영 지원	379,465	노인장애인과	5	1	7	8	7	5	1	4
6649	경남 김해시	장애인복지시설 종사자 수당	350,400	노인장애인과	5	1	7	8	7	5	1	4
6650	경남 김해시	장애인거주시설 종사자 야간수당	20,000	노인장애인과	5	1	7	8	7	5	1	4
6651	경남 김해시	가정폭력 상담소 운영지원	244,402	여성가족과	5	2	7	8	7	5	5	4
6652	경남 김해시	가정폭력 피해자 보호시설 운영 지원	167,798	여성가족과	5	2	7	8	7	5	5	4
6653	경남 김해시	가정폭력 피해자 보호시설 운영 지원	26,000	여성가족과	5	6	7	8	7	5	5	4
6654	경남 김해시	가정폭력피해자 보호시설 퇴소시 자립지원금	30,000	여성가족과	5	2	7	8	7	5	5	4
6655	경남 김해시	건강가정・다문화가족지원센터 운영	582,000	여성가족과	5	1	7	8	7	5	1	4
6656	경남 김해시	건강가정다문화가족지원센터 분소 운영	38,050	여성가족과	5	4	7	8	7	1	1	4
6657	경남 김해시	건강가정지원국 차량임차지원	7,000	여성가족과	5	4	7	8	7	1	1	4
6658	경남 김해시	건강가정다문화가족지원센터 분소 물품구입비	8,000	여성가족과	5	4	7	8	7	1	1	4
6659	경남 김해시	공동육아나눔터운영 지원사업	101,310	여성가족과	5	1	7	8	7	5	1	4
6660	경남 김해시	건강가정다문화가족지원센터 종사자 수당	36,400	여성가족과	5	4	7	8	7	5	1	4
6661	경남 김해시	건강가정다문화가족지원센터 종사자 처우 개선지원	30,600	여성가족과	5	4	7	8	7	1	1	4
6662	경남 김해시	다문화가족지원국 차량임차지원	8,400	여성가족과	5	4	7	8	7	1	1	4
6663	경남 김해시	성폭력 상담소 운영지원	119,710	여성가족과	5	2	7	8	7	5	5	4
6664	경남 김해시	여성폭력관련시설 종사자 기본급처우개선	145,577	여성가족과	5	6	7	8	7	5	5	4
6665	경남 김해시	여성폭력관련시설 종사자 수당	46,800	여성가족과	5	6	7	8	7	5	5	4
6666	경남 김해시	청소년쉼터 운영지원	261,448	여성가족과	5	2	5	8	5	1	1	1
6667	경남 김해시	청소년회복지원시설 운영지원	70,000	여성가족과	5	2	5	8	5	1	1	1
6668	경남 김해시	한부모가족복지시설 운영 지원	301,000	여성가족과	5	1	7	8	7	5	1	4
6669	경남 김해시	한부모가족복지시설 종사자 수당	10,400	여성가족과	5	1	7	8	7	5	1	4
6670	경남 밀양시	종합사회복지관 운영	52,000	사회복지과	5	4	7	8	7	5	5	4
6671	경남 밀양시	아이돌봄 지원사업	580,500	사회복지과	5	1	6	7	7	1	1	1
6672	경남 밀양시	지역아동센터 운영	99,300	사회복지과	5	6	7	8	7	5	5	4
6673	경남 밀양시	장애인복지시설	150,300	사회복지과	5	4	7	8	7	5	5	4
6674	경남 밀양시	아동복지시설운영	180,000	사회복지과	5	1	7	8	7	1	1	1
6675	경남 밀양시	경로당 운영지원	1,144,000	사회복지과	5	1	7	8	7	1	1	1
6676	경남 밀양시	성폭력피해 상담소 운영	123,816	사회복지과	5	1	7	8	7	5	1	4
6677	경남 밀양시	장애인거주시설 운영지원	1,250,176	사회복지과	5	1	7	8	7	5	5	4
6678	경남 밀양시	경로당 냉난방비 및 양곡비 지원	792,000	사회복지과	5	1	7	8	7	1	1	1
6679	경남 밀양시	지역아동보호전문기관 운영	165,742	사회복지과	5	1	7	8	7	1	1	1
6680	경남 밀양시	지역아동센터 운영비 지원	1,297,440	사회복지과	5	2	7	8	7	5	5	4
6681	경남 밀양시	토요운영 지역아동센터 지원	18,240	사회복지과	5	2	7	8	7	5	5	4
6682	경남 밀양시	우수지역아동센터 지원	42,228	사회복지과	5	2	7	8	7	5	5	4
6683	경남 밀양시	특수목적형 지역아동센터 지원	21,924	사회복지과	5	2	7	8	7	5	5	4
6684	경남 밀양시	시니어클럽 운영	300,000	사회복지과	5	6	6	5	1	1	1	1
6685	경남 밀양시	장애인복지관 운영	55,624	사회복지과	5	4	7	8	7	5	5	4
6686	경남 밀양시	지역아동보호전문기관 운영	5,748	사회복지과	5	1	7	8	7	1	1	1
6687	경남 밀양시	보육교직원 인건비 지원	4,166,652	사회복지과	5	1	7	8	7	5	5	4

순번	시군구	지출명 (사업명)	2021년예산 (단위:천원/1년간)	담당자 (공무원) 담당부서	민간이전 분류 (지방자치단체 세출예산 집행기준에 의거) 1. 민간경상사업보조(307-02) 2. 민간단체 법정운영비보조(307-03) 3. 민간행사사업보조(307-04) 4. 민간위탁금(307-05) 5. 사회복지시설 법정운영비보조(307-10) 6. 민간인위탁교육비(307-12) 7. 공기관등에대한경상적위탁사업비(308-10) 8. 민간자본사업보조,자체재원(402-01) 9. 민간자본사업보조,이전재원(402-02) 10. 민간위탁사업비(402-03) 11. 공기관등에 대한 자본적 대행사업비(403-02)	민간이전지출 근거 (지방보조금 관리기준 참고) 1. 법률에 규정 2. 국고보조 재원(국가지정) 3. 용도 지정 기부금 4. 조례에 직접규정 5. 지자체가 권장하는 사업을 하는 공공기관 6. 시,도 정책 및 재정사정 7. 기타 8. 해당없음	입찰방식 계약체결방법 (경쟁형태) 1. 일반경쟁 2. 제한경쟁 3. 지명경쟁 4. 수의계약 5. 법정위탁 6. 기타 ( ) 7. 해당없음	입찰방식 계약기간 1. 1년 2. 2년 3. 3년 4. 4년 5. 5년 6. 기타 ( )년 7. 단기계약 (1년미만) 8. 해당없음	입찰방식 낙찰자선정방법 1. 적격심사 2. 협상에의한계약 3. 최저가낙찰제 4. 규격가격분리 5. 2단계 경쟁입찰 6. 기타 ( ) 7. 해당없음	운영예산 산정 운영예산 산정 1. 내부산정 (지자체 자체적으로 산정) 2. 외부산정 (외부전문기관위탁 산정) 3. 내·외부 모두 산정 4. 산정 無 5. 해당없음	운영예산 산정 정산방법 1. 내부정산 (지자체 내부적으로 정산) 2. 외부정산 (외부전문기관위탁 정산) 3. 내·외부 모두 산정 4. 정산 無 5. 해당없음	성과평가 실시여부 1. 실시 2. 미실시 3. 향후 추진 4. 해당없음
6688	경남 밀양시	보육교직원 처우개선 지원	1,108,440	사회복지과	5	1	7	8	7	5	5	4
6689	경남 밀양시	장애인직업재활시설 운영	998,935	사회복지과	5	1	7	8	7	5	5	4
6690	경남 밀양시	장애인생활이동지원센터 운영	156,488	사회복지과	5	4	7	8	7	5	5	4
6691	경남 밀양시	수어통역센터 운영	206,370	사회복지과	5	4	7	8	7	5	5	4
6692	경남 밀양시	장애인주간보호시설 운영	211,492	사회복지과	5	4	7	8	7	5	5	4
6693	경남 밀양시	시각장애인 주간보호센터 운영	133,560	사회복지과	5	4	7	8	7	5	5	4
6694	경남 밀양시	장애인공동생활가정 운영	163,732	사회복지과	5	4	7	8	7	5	5	4
6695	경남 밀양시	여성폭력관련시설 종사자 처우개선	46,694	사회복지과	5	6	7	8	7	5	1	4
6696	경남 밀양시	지역아동센터 공기청정기 지원	18,540	사회복지과	5	2	7	8	7	5	5	4
6697	경남 밀양시	장애인거주시설 생활지도원 3교대인력증원	84,440	사회복지과	5	1	7	8	7	5	5	4
6698	경남 밀양시	시간제보육서비스 제공 지원	33,100	사회복지과	5	1	7	8	7	5	5	4
6699	경남 밀양시	지역아동센터 안심알림이 지원	6,840	사회복지과	5	2	7	8	7	5	5	4
6700	경남 밀양시	공공성강화선도모델 지역아동센터 지원	4,800,000	사회복지과	5	2	7	8	7	5	5	4
6701	경남 밀양시	지역아동보호전문기관 심리치료 지원	1,398,000	사회복지과	5	1	7	8	7	1	1	1
6702	경남 밀양시	사회복지활성화	39,100	주민생활지원과	5	1	7	8	7	1	1	4
6703	경남 밀양시	자활사업 활성화 촉진	27,000	주민생활지원과	5	1	7	8	7	1	1	4
6704	경남 밀양시	지역자활센터종사자 수당	15,600	주민생활지원과	5	1	7	8	7	1	1	4
6705	경남 밀양시	자활근로 지역자활센터 및 광역자활센터운영	332,946	주민생활지원과	5	2	7	8	7	1	1	4
6706	경남 밀양시	사례관리전달 체계개선	28,989	주민생활지원과	5	2	7	8	7	1	1	4
6707	경남 밀양시	자활지원	3,818,000	주민생활지원과	5	1	7	8	7	1	1	4
6708	경남 거제시	가계보조수당, 명절격려수당	111,800	노인장애인과	5	6	7	8	7	5	1	1
6709	경남 거제시	경로당 운영비	666,400	노인장애인과	5	1	7	8	7	5	1	1
6710	경남 거제시	기존입소자 요양시설 이용료 지원	24,000	노인장애인과	5	1	1	8	1	1	1	1
6711	경남 거제시	재가시설 운영비	634,000	노인장애인과	5	1	1	8	1	1	1	1
6712	경남 거제시	노인복지시설 종사자 수당	598,000	노인장애인과	5	1	1	8	1	1	1	1
6713	경남 거제시	지회 부설 노인대학 운영	66,000	노인장애인과	5	6	6	8	7	1	1	1
6714	경남 거제시	민간노인교실 운영	10,500	노인장애인과	5	6	6	8	7	1	1	1
6715	경남 거제시	장애인 자립생활지원센터 운영	170,000	노인장애인과	5	6	2	3	1	1	1	4
6716	경남 거제시	장애인편의증진기술지원센터 운영	55,000	노인장애인과	5	6	2	8	1	1	1	2
6717	경남 거제시	거제시장애인가족지원센터 위탁운영	105,000	노인장애인과	5	6	2	3	1	1	1	4
6718	경남 거제시	중증장애인세대 사례관리지원	48,000	노인장애인과	5	6	2	8	1	1	1	4
6719	경남 거제시	장애인거주시설 야간근무자 격려수당	47,450	노인장애인과	5	1	7	8	7	1	1	1
6720	경남 거제시	장애인거주시설(실비) 운영	545,000	노인장애인과	5	1	7	8	7	1	1	1
6721	경남 거제시	장애인 공동생활가정 운영	609,000	노인장애인과	5	1	7	8	7	1	1	1
6722	경남 거제시	장애인의료재활시설 운영	506,200	노인장애인과	5	1	7	8	7	1	1	1
6723	경남 거제시	주바라기	174,757	노인장애인과	5	1	7	8	7	1	1	1
6724	경남 거제시	낮은울타리	471,473	노인장애인과	5	1	7	8	7	1	1	1
6725	경남 거제시	시각장애인 주간보호센터 운영	114,500	노인장애인과	5	1	7	8	7	1	1	1
6726	경남 거제시	장애인 생활이동지원센터 운영	94,500	노인장애인과	5	1	7	8	7	1	1	1
6727	경남 거제시	장애인 수어통역센터 운영	201,725	노인장애인과	5	1	7	8	7	1	1	1
6728	경남 거제시	소원의 항구	207,768	노인장애인과	5	1	7	8	7	1	1	1
6729	경남 거제시	애빈	459,943	노인장애인과	5	1	7	8	7	1	1	1
6730	경남 거제시	장애인복지시설 종사자수당	863,200	노인장애인과	5	6	7	8	7	1	1	1

순번	시군구	지출명 (사업명)	2021년예산 (단위:천원/1년간)	담당자 (공무원)	민간이전 분류 (지방자치단체 세출예산 집행기준에 의거)	민간이전지출 근거 (지방보조금 관리기준 참고)	입찰방식			운영예산 산정		성과평가 실시여부
				담당부서	1. 민간경상사업보조(307-02) 2. 민간단체 법정운영비보조(307-03) 3. 민간행사사업보조(307-04) 4. 민간위탁금(307-05) 5. 사회복지시설 법정운영비보조(307-10) 6. 민간인위탁교육비(307-12) 7. 공기관등에대한경상적위탁사업비(308-10) 8. 민간자본사업보조,자체재원(402-01) 9. 민간자본사업보조,이전재원(402-02) 10. 민간위탁사업비(402-03) 11. 공기관등에 대한 자본적 대행사업비(403-02)	1. 법률에 규정 2. 국고보조 재원(국가지정) 3. 용도 지정 기부금 4. 조례에 직접규정 5. 지자체가 권장하는 사업을 하는 공공기관 6. 시,도 정책 및 재정사정 7. 기타 8. 해당없음	계약체결방법 (경쟁형태) 1. 일반경쟁 2. 제한경쟁 3. 지명경쟁 4. 수의계약 5. 법정위탁 6. 기타 ( ) 7. 해당없음	계약기간 1. 1년 2. 2년 3. 3년 4. 4년 5. 5년 6. 기타 ( )년 7. 단기계약 (1년미만) 8. 해당없음	낙찰자선정방법 1. 적격심사 2. 협상에의한계약 3. 최저가낙찰제 4. 규격가격분리 5. 2단계 경쟁입찰 6. 기타 ( ) 7. 해당없음	운영예산 산정 1. 내부산정 (지자체 자체적으로 산정) 2. 외부산정 (외부전문기관위탁 산정) 3. 내·외부 모두 산정 4. 산정 無 5. 해당없음	정산방법 1. 내부정산 (지자체 내부적으로 정산) 2. 외부정산 (외부전문기관위탁 정산) 3. 내·외부 모두 산정 4. 정산 無 5. 해당없음	1. 실시 2. 미실시 3. 향후 추진 4. 해당없음
6731	경남 거제시	자활사업 활성화 촉진사업	23,950	생활지원과	5	6	7	8	7	1	1	4
6732	경남 거제시	지역자활센터 종사자 수당	15,600	생활지원과	5	6	7	8	7	1	1	4
6733	경남 거제시	지역아동센터 종사자 수당	65,000	평생교육과	5	6	7	8	7	5	1	3
6734	경남 거제시	지역아동센터 추가운영비 지원	46,800	평생교육과	5	6	7	8	7	5	1	3
6735	경남 거제시	지역아동센터 냉·난방비 지원	16,900	평생교육과	5	6	7	8	7	5	1	3
6736	경남 거제시	지역아동센터 전자출석카드 지원	3,300,000	평생교육과	5	4	7	8	7	1	1	3
6737	경남 거제시	지역아동센터 교육용 기자재 구입비 지원	6,050	평생교육과	5	4	7	8	7	1	1	3
6738	경남 거제시	아동복지시설 운영	2,501,639	아동돌봄과	5	1	1	8	7	1	1	1
6739	경남 거제시	학대피해아동쉼터 운영 지원	21,320	아동돌봄과	5	1	1	8	7	1	1	1
6740	경남 거제시	아동보호전문기관 운영지원	18,236	아동돌봄과	5	1	1	8	7	1	1	1
6741	경남 거제시	사회복지시설 종사자 수당	137,800	아동돌봄과	5	1	1	8	7	1	1	1
6742	경남 거제시	가정폭력상담소 임차료 지원	5,000,000	여성가족과	5	1	7	8	7	1	1	1
6743	경남 거제시	가정폭력피해자 보호시설 종사자 위험수당 지급	7,200	여성가족과	5	1	7	8	7	1	1	1
6744	경남 거제시	가정폭력피해자 보호시설 취사원 지원	25,433	여성가족과	5	1	7	8	7	1	1	1
6745	경남 거제시	여성폭력관련시설 종사자 수당	38,500	여성가족과	5	1	7	8	7	1	1	1
6746	경남 거제시	여성폭력관련시설 종사자 처우개선	85,544	여성가족과	5	1	7	8	7	1	1	1
6747	경남 거제시	누리과정 운영비 지원	24,000	아동돌봄과	5	6	7	8	7	1	1	1
6748	경남 거제시	공공형어린이집 보육품질 지원	16,440	아동돌봄과	5	6	7	8	7	1	1	1
6749	경남 거제시	어린이집 냉·난방비 지원	88,200	아동돌봄과	5	6	7	8	7	1	1	1
6750	경남 거제시	어린이집 영아반 운영활성화 지원	605,600	아동돌봄과	5	6	7	8	7	1	1	1
6751	경남 거제시	어린이집 취사원 인건비 지원	690,000	아동돌봄과	5	6	7	8	7	1	1	1
6752	경남 거제시	가정, 민간어린이집 취사원 인건비 지원	432,000	아동돌봄과	5	6	7	8	7	1	1	1
6753	경남 양산시	정신재활시설 운영	1,080,040	건강증진과	5	1	7	8	7	1	1	1
6754	경남 양산시	정신보건시설 종사자수당 지원	41,600	건강증진과	5	6	7	8	7	3	1	1
6755	경남 양산시	장애인공동생활가정지원	30,000	복지문화과	5	1	7	8	7	5	5	3
6756	경남 양산시	종합사회복지관 종사자 수당 지원	75,400	사회복지과	5	1	7	8	7	5	5	4
6757	경남 양산시	푸드뱅크운영지원	20,000	사회복지과	5	1	7	8	7	1	1	4
6758	경남 양산시	노인복지시설 종사자 수당 지원	819,000	사회복지과	5	1	7	8	7	5	5	4
6759	경남 양산시	지역사회시니어클럽운영	600,000	사회복지과	5	1	7	8	7	5	1	4
6760	경남 양산시	양로시설 운영 지원	655,271	사회복지과	5	1	7	8	7	5	5	4
6761	경남 양산시	장애인직업재활시설운영지원	1,203,779	사회복지과	5	1	7	8	7	1	1	4
6762	경남 양산시	장애인주간보호시설 운영	444,647	사회복지과	5	1	7	7	7	5	1	4
6763	경남 양산시	시각장애인주간보호시설 운영	131,460	사회복지과	5	1	7	7	7	5	1	4
6764	경남 양산시	장애인생활이동지원센터 운영	137,013	사회복지과	5	1	7	7	7	5	1	4
6765	경남 양산시	수어통역센터 운영	280,165	사회복지과	5	1	7	7	7	5	1	4
6766	경남 양산시	장애인복지시설 종사자 수당	395,200	사회복지과	5	1	7	8	7	5	1	4
6767	경남 양산시	장애인거주시설 운영지원	4,453,697	사회복지과	5	2	7	8	7	5	1	4
6768	경남 양산시	장애인거주시설 생활지도원 교대인력증원	337,760	사회복지과	5	2	7	8	7	5	1	4
6769	경남 양산시	장애인거주시설 보조원 야간수당	21,900	사회복지과	5	2	7	8	7	5	1	4
6770	경남 양산시	장애인단기 거주시설운영	271,000	사회복지과	5	1	7	8	7	5	1	4
6771	경남 양산시	중증장애인자립생활센터 지원	192,089	사회복지과	5	2	7	7	7	5	1	4
6772	경남 양산시	푸른양산장애인자립생활센터 운영	56,000	사회복지과	5	1	7	7	7	1	1	4
6773	경남 양산시	365일 24시간 시간제보육서비스 지원	85,900	아동보육과	5	1	7	8	7	5	5	4

순번	시군구	지출명 (사업명)	2021년예산 (단위:천원/1년간)	담당자 (공무원)	민간이전 분류 (지방자치단체 세출예산 집행기준에 의거)	민간이전지출 근거 (지방보조금 관리기준 참고)	입찰방식			운영예산 산정		성과평가 실시여부
				담당부서	1. 민간경상사업보조(307-02) 2. 민간단체 법정운영비보조(307-03) 3. 민간행사사업보조(307-04) 4. 민간위탁금(307-05) 5. 사회복지시설 법정운영비보조(307-10) 6. 민간인위탁교육비(307-12) 7. 공기관등에대한경상적위탁사업비(308-10) 8. 민간자본사업보조,자체재원(402-01) 9. 민간자본사업보조,이전재원(402-02) 10. 민간위탁사업비(402-03) 11. 공기관등에 대한 자본적 대행사업비(403-02)	1. 법률에 규정 2. 국고보조 재원(국가지정) 3. 용도 지정 기부금 4. 조례에 직접규정 5. 지자체가 권장하는 사업을 하는 공공기관 6. 시,도 정책 및 재정사정 7. 기타 8. 해당없음	계약체결방법 (경쟁형태) 1. 일반경쟁 2. 제한경쟁 3. 지명경쟁 4. 수의계약 5. 법정위탁 6. 기타 ( ) 7. 해당없음	계약기간 1. 1년 2. 2년 3. 3년 4. 4년 5. 5년 6. 기타 ( )년 7. 단기계약 (1년미만) 8. 해당없음	낙찰자선정방법 1. 적격심사 2. 협상에의한계약 3. 최저가낙찰제 4. 규격가격분리 5. 2단계 경쟁입찰 6. 기타 ( ) 7. 해당없음	운영예산 산정 1. 내부산정 (지자체 자체적으로 산정) 2. 외부산정 (외부전문기관위탁 산정) 3. 내·외부 모두 산정 4. 산정 無 5. 해당없음	정산방법 1. 내부정산 (지자체 내부적으로 정산) 2. 외부정산 (외부전문기관위탁 정산) 3. 내·외부 모두 산정 4. 정산 無 5. 해당없음	1. 실시 2. 미실시 3. 향후 추진 4. 해당없음
6774	경남 양산시	가정폭력피해자 보호시설 운영 지원	180,091	여성가족과	5	1	7	8	7	5	1	4
6775	경남 양산시	가정폭력피해자 보호시설 취사원지원	25,433	여성가족과	5	1	7	8	7	5	1	4
6776	경남 양산시	가정폭력상담소 운영지원	280,557	여성가족과	5	1	7	8	7	5	1	4
6777	경남 양산시	가정폭력피해자 보호시설 퇴소자 자립지원금 지원	5,000,000	여성가족과	5	1	7	8	7	5	1	4
6778	경남 양산시	성폭력상담소 운영지원	123,816	여성가족과	5	1	7	8	7	5	1	4
6779	경남 양산시	여성폭력관련시설 종사자 수당	44,200	여성가족과	5	1	7	8	7	5	1	4
6780	경남 양산시	여성폭력관련시설 종사자 처우개선	157,764	여성가족과	5	1	7	8	7	5	1	4
6781	경남 양산시	지역자활센터운영지원	332,946	주민생활지원과	5	2	6	1	7	5	1	4
6782	경남 양산시	지역자활센터종사자수당	18,200	주민생활지원과	5	6	6	1	7	5	1	4
6783	경남 양산시	자활사업활성화촉진	26,570	주민생활지원과	5	6	6	1	7	5	1	4
6784	경남 의령군	한센정착촌 간이양로시설 운영비 및 재가한센인 생계비 지원	38,407	보건소	5	2	7	8	7	5	1	4
6785	경남 의령군	노숙인시설 운영비 지원	1,086,109	사회복지과	5	2	7	8	7	1	1	4
6786	경남 의령군	노숙인복지시설 종사자 수당	46,800	사회복지과	5	6	7	8	7	1	1	4
6787	경남 의령군	노숙인복지시설 취사원 인건비	24,000	사회복지과	5	6	7	8	7	1	1	4
6788	경남 의령군	장애인 복지시설 운영	230,000	주민행복과	5	1	7	8	7	5	1	4
6789	경남 의령군	장애인 복지시설 운영	65,867	주민행복과	5	1	7	8	7	5	1	4
6790	경남 의령군	장애인 복지시설 운영	91,010	주민행복과	5	1	7	8	7	5	1	4
6791	경남 의령군	장애인 복지시설 운영	88,885	주민행복과	5	1	7	8	7	5	1	4
6792	경남 의령군	장애인 복지시설 운영	81,868	주민행복과	5	1	7	8	7	5	1	4
6793	경남 의령군	장애인 복지시설 운영	18,250	주민행복과	5	1	7	8	7	5	1	4
6794	경남 의령군	장애인 복지시설 운영	163,800	주민행복과	5	1	7	8	7	5	1	4
6795	경남 의령군	장애인거주시설 운영 지원	2,533,615	주민행복과	5	2	7	8	7	5	1	4
6796	경남 의령군	장애인거주시설 운영 지원	112,587	주민행복과	5	2	7	8	7	5	1	4
6797	경남 의령군	재가노인 식사배달사업	96,200	주민행복과	5	4	7	1	7	1	1	1
6798	경남 의령군	노인복지시설 종사자 수당	223,600	주민행복과	5	6	7	1	7	1	1	4
6799	경남 의령군	노인인권지킴이 활동비	480,000	주민행복과	5	6	7	1	7	1	1	4
6800	경남 의령군	경로당 운영비	547,080	주민행복과	5	6	7	1	7	1	1	4
6801	경남 의령군	경로당 공동취사 재료비 지원	174,902	주민행복과	5	7	7	1	7	1	1	1
6802	경남 의령군	경로당 순회프로그램 운영	50,000	주민행복과	5	4	7	1	7	1	1	1
6803	경남 의령군	경로당 회장 교육비	7,000	주민행복과	5	4	7	1	7	1	1	1
6804	경남 의령군	경로당 동절기 한시적 난방비 지원	465,600	주민행복과	5	2	7	1	7	1	1	4
6805	경남 의령군	경로당 정부양곡 구입	76,949	주민행복과	5	2	7	1	7	1	1	4
6806	경남 의령군	경로당 냉방비	58,200	주민행복과	5	2	7	1	7	1	1	4
6807	경남 의령군	시니어클럽 운영	200,000	주민행복과	5	6	7	8	7	5	5	4
6808	경남 의령군	다문화가족지원센터 운영비 지원	7,000	주민행복과	5	2	7	8	7	1	1	1
6809	경남 의령군	건강가정, 다문화가족지원센터 운영지원	431,300	주민행복과	5	2	7	8	7	1	1	1
6810	경남 의령군	다문화가족지원센터 종사자 수당지원	23,400	주민행복과	5	8	7	8	7	1	1	1
6811	경남 의령군	결혼이민자 다문화가족지원센터 인턴채용	14,700	주민행복과	5	8	7	8	7	1	1	1
6812	경남 의령군	민간 어린이집 난방비 지원	3,200,000	주민행복과	5	6	7	8	7	1	1	1
6813	경남 의령군	정부지원 어린이집 교재교구비 지원	3,000,000	주민행복과	5	6	7	8	7	1	1	1
6814	경남 의령군	어린이집 특별활동비 지원	21,600	주민행복과	5	6	7	8	7	1	1	1
6815	경남 의령군	평가인증 어린이집 취사부인건비 지원	8,040	주민행복과	5	6	7	8	7	1	1	1
6816	경남 의령군	교재교구비	4,000,000	주민행복과	5	2	7	8	7	1	1	1

순번	시군구	지출명 (사업명)	2021년예산 (단위:천원/1년간)	담당자 (공무원)	민간이전 분류 (지방자치단체 세출예산 집행기준에 의거)	민간이전지출 근거 (지방보조금 관리기준 참고)	입찰방식			운영예산 산정		성과평가 실시여부
				담당부서	1. 민간경상사업보조(307-02) 2. 민간단체 법정운영비보조(307-03) 3. 민간행사사업보조(307-04) 4. 민간위탁금(307-05) 5. 사회복지시설 법정운영비보조(307-10) 6. 민간인위탁교육비(307-12) 7. 공기관등에대한경상적위탁사업비(308-10) 8. 민간자본사업보조,자체재원(402-01) 9. 민간자본사업보조,이전재원(402-02) 10. 민간위탁사업비(402-03) 11. 공기관등에 대한 자본적 대행사업비(403-02)	1. 법률에 규정 2. 국고보조 재원(국가지정) 3. 용도 지정 기부금 4. 조례에 직접규정 5. 지자체가 권장하는 사업을 하는 공공기관 6. 시,도 정책 및 재정사정 7. 기타 8. 해당없음	계약체결방법 (경쟁형태) 1. 일반경쟁 2. 제한경쟁 3. 지명경쟁 4. 수의계약 5. 법정위탁 6. 기타 ( ) 7. 해당없음	계약기간 1. 1년 2. 2년 3. 3년 4. 4년 5. 5년 6. 기타 ( )년 7. 단기계약 (1년미만) 8. 해당없음	낙찰자선정방법 1. 적격심사 2. 협상에의한계약 3. 최저가낙찰제 4. 규격가격분리 5. 2단계 경쟁입찰 6. 기타 ( ) 7. 해당없음	운영예산 산정 1. 내부산정 (지자체 자체적으로 산정) 2. 외부산정 (외부전문기관위탁 산정) 3. 내·외부 모두 산정 4. 산정 無 5. 해당없음	정산방법 1. 내부정산 (지자체 내부적으로 정산) 2. 외부정산 (외부전문기관위탁 정산) 3. 내·외부 모두 산정 4. 정산 無 5. 해당없음	1. 실시 2. 미실시 3. 향후 추진 4. 해당없음
6817	경남 의령군	차량운영비	13,400	주민행복과	5	2	7	8	7	1	1	1
6818	경남 의령군	국공립,법인어린이집 보육교직원 인건비	1,090,224	주민행복과	5	2	7	8	7	1	1	1
6819	경남 의령군	영아전담 등 5개사업 보육교직원 인건비	205,004	주민행복과	5	2	7	8	7	1	1	1
6820	경남 의령군	담임교사지원비	129,400	주민행복과	5	2	7	8	7	1	4	1
6821	경남 의령군	교사겸직원장 수당	6,800	주민행복과	5	2	7	8	7	1	4	1
6822	경남 의령군	어린이집 대체교사 지원	1,800,000	주민행복과	5	2	7	8	7	1	4	1
6823	경남 의령군	농촌 보육교사 특별근무수당	64,000	주민행복과	5	2	7	8	7	1	4	1
6824	경남 의령군	보조교사 인건비	87,572	주민행복과	5	2	7	8	7	1	1	1
6825	경남 의령군	어린이집 기능보강	34,000	주민행복과	5	2	7	8	7	1	1	1
6826	경남 의령군	보존식 기자재	2,800,000	주민행복과	5	2	7	8	7	1	1	1
6827	경남 의령군	아동복지시설 운영	553,000	주민행복과	5	1	7	1	7	1	1	1
6828	경남 의령군	아동복지시설 운영	31,200	주민행복과	5	1	7	1	7	1	1	1
6829	경남 의령군	지역아동센터 운영비 지원	184,800	주민행복과	5	1	7	1	7	1	1	2
6830	경남 의령군	지역아동센터 운영	4,100,000	주민행복과	5	1	7	1	7	1	1	2
6831	경남 의령군	지역아동센터 운영	10,800	주민행복과	5	1	7	1	7	1	1	2
6832	경남 의령군	지역아동보호전문기관 운영	6,526	주민행복과	5	1	7	1	7	1	1	2
6833	경남 의령군	우수지역아동센터 지원	4,968,000	주민행복과	5	1	7	1	7	1	1	2
6834	경남 의령군	지역아동센터 공기청정기 지원	2,100,000	주민행복과	5	1	7	1	7	1	1	2
6835	경남 의령군	지역아동보호전문기관 운영비	844,000	주민행복과	5	1	7	1	7	1	1	2
6836	경남 의령군	청소년회 복지원시설 운영	70,000	주민행복과	5	2	7	8	7	5	1	1
6837	경남 함안군	지역사회보장협의체 운영 지원	74,500	행복나눔과	5	2	7	8	7	1	1	4
6838	경남 함안군	지역자활센터운영	255,422	행복나눔과	5	2	7	8	7	1	1	1
6839	경남 함안군	지역자활센터 운영 지원	39,550	행복나눔과	5	2	7	8	7	1	1	1
6840	경남 함안군	어르신센터사업	150,000	주민복지과	5	6	4	1	2	5	1	3
6841	경남 함안군	양로시설 운영비 지원	670,093	주민복지과	5	2	7	8	7	1	1	4
6842	경남 함안군	노인복지시설 종사자수당	436,800	주민복지과	5	4	7	8	7	1	1	4
6843	경남 함안군	여성보호시설(상담소)운영지원	157,254	주민복지과	5	2	7	8	7	1	1	4
6844	경남 함안군	나문화가족지원센터 종사자 지원	15,600	주민복지과	5	6	7	8	7	1	1	4
6845	경남 함안군	건강가정다문화가족지원센터 통합서비스 지원	303,400	주민복지과	5	2	7	8	7	1	1	4
6846	경남 함안군	정부지원 어린이집 인건비 지원	2,642,200	주민복지과	5	2	7	8	7	5	1	4
6847	경남 함안군	어린이집 교재교구비 지원	42,600	주민복지과	5	2	7	8	7	5	1	4
6848	경남 함안군	어린이집 차량운영비 지원	124,215	주민복지과	5	2	7	8	7	5	1	4
6849	경남 함안군	보육시설 및 종사자 지원	128,500	주민복지과	5	4	7	8	7	1	1	1
6850	경남 함안군	공공형 어린이집 운영비 지원	340,000	주민복지과	5	2	7	8	7	5	1	4
6851	경남 함안군	보육교직원 처우개선 지원	841,400	주민복지과	5	2	7	8	7	5	1	4
6852	경남 함안군	농어촌소재 법인어린이집 운영 지원	10,704	주민복지과	5	2	7	8	7	5	1	4
6853	경남 함안군	어린이집 취사원 인건비 지원	151,700	주민복지과	5	2	7	8	7	5	1	4
6854	경남 함안군	시간제보육서비스 제공지원	109,620	주민복지과	5	2	7	8	7	5	1	4
6855	경남 함안군	어린이집 난방비 지원	20,000	주민복지과	5	6	7	8	7	5	1	4
6856	경남 함안군	어린이집 영아반 운영활성화 지원	84,240	주민복지과	5	6	7	8	7	5	1	4
6857	경남 함안군	공공형어린이집 보육품질 지원	5,880	주민복지과	5	6	7	8	7	5	1	4
6858	경남 함안군	지역아동센터운영지원	255,360	주민복지과	5	1	7	8	7	5	1	2
6859	경남 함안군	지역아동센터 추가운영비지원	14,400	주민복지과	5	6	7	8	7	5	1	2

순번	시군구	지출명 (사업명)	2021년예산 (단위:천원/1년간)	담당자 (공무원)	민간이전 분류 (지방자치단체 세출예산 집행기준에 의거)	민간이전지출 근거 (지방보조금 관리기준 참고)	입찰방식			운영예산 산정		성과평가 실시여부
				담당부서	1. 민간경상사업보조(307-02) 2. 민간단체 법정운영비보조(307-03) 3. 민간행사사업보조(307-04) 4. 민간위탁금(307-05) 5. 사회복지시설 법정운영비보조(307-10) 6. 민간인위탁교육비(307-12) 7. 공기관등에대한경상적위탁사업비(308-10) 8. 민간자본사업보조,자체재원(402-01) 9. 민간자본사업보조,이전재원(402-02) 10. 민간위탁사업비(402-03) 11. 공기관등에 대한 자본적 대행사업비(403-02)	1. 법률에 규정 2. 국고보조 재원(국가지정) 3. 용도 지정 기부금 4. 조례에 직접규정 5. 지자체가 권장하는 사업을 하는 공공기관 6. 시,도 정책 및 재정사정 7. 기타 8. 해당없음	계약체결방법 (경쟁형태) 1. 일반경쟁 2. 제한경쟁 3. 지명경쟁 4. 수의계약 5. 법정위탁 6. 기타 ( ) 7. 해당없음	계약기간 1. 1년 2. 2년 3. 3년 4. 4년 5. 5년 6. 기타 ( )년 7. 단기계약 (1년미만) 8. 해당없음	낙찰자선정방법 1. 적격심사 2. 협상에의한계약 3. 최저가낙찰제 4. 규격가격분리 5. 2단계 경쟁입찰 6. 기타 ( ) 7. 해당없음	운영예산 산정 1. 내부산정 (지자체 자체적으로 산정) 2. 외부산정 (외부전문기관위탁 산정) 3. 내·외부 모두 산정 4. 산정 無 5. 해당없음	정산방법 1. 내부정산 (지자체 내부적으로 정산) 2. 외부정산 (외부전문기관위탁 정산) 3. 내·외부 모두 산정 4. 정산 無 5. 해당없음	1. 실시 2. 미실시 3. 향후 추진 4. 해당없음
6860	경남 함안군	지역아동센터 공기청정기 지원	5,700	주민복지과	5	1	7	8	7	5	1	2
6861	경남 함안군	우수지역아동센터 지원	12,420	주민복지과	5	1	7	8	7	5	1	2
6862	경남 함안군	지역아동센터 사업지원	32,100	주민복지과	5	6	7	8	7	5	1	2
6863	경남 함안군	특수목적형 지역아동센터 지원	7,308	주민복지과	5	1	7	8	7	5	1	2
6864	경남 함안군	요보호아동그룹홈지원	96,963	주민복지과	5	1	7	8	7	5	1	2
6865	경남 함안군	지역아동보호전문기관	39,300	주민복지과	5	1	7	8	7	5	1	2
6866	경남 창녕군	지역자활센터 종사자 지원	15,600	주민복지과	5	2	5	1	7	5	1	1
6867	경남 창녕군	지역자활센터 운영	183,996	주민복지과	5	2	5	1	7	5	1	1
6868	경남 창녕군	자활사업활성화 촉진	23,000	주민복지과	5	2	5	1	7	5	1	1
6869	경남 창녕군	생계급여	288,000	주민복지과	5	2	7	8	7	5	1	4
6870	경남 창녕군	장애인거주시설 운영 지원	1,242,127	주민복지과	5	1	1	5	1	1	3	1
6871	경남 창녕군	장애인거주시설 지도원 야근수당	7,300	주민복지과	5	6	5	5	7	1	1	1
6872	경남 창녕군	장애인근로사업장 운영	495,707	주민복지과	5	1	1	5	1	1	1	1
6873	경남 창녕군	수어통역센터 운영	146,858	주민복지과	5	1	5	5	7	1	1	1
6874	경남 창녕군	장애인 생활이동지원센터 운영	112,100	주민복지과	5	1	5	5	7	1	1	1
6875	경남 창녕군	시각장애인 주간보호센터 운영 지원	95,100	주민복지과	5	1	5	5	7	1	1	1
6876	경남 창녕군	장애인복지시설 종사자 수당	161,377	주민복지과	5	6	1	5	1	1	1	1
6877	경남 창녕군	장애인가족지원센터 운영	112,500	주민복지과	5	6	5	5	7	1	1	1
6878	경남 창녕군	장애인편의시설지원센터 운영	61,000	주민복지과	5	1	5	5	7	1	1	1
6879	경남 창녕군	장애인거주시설 생활지도원 교대인력증원	56,292	주민복지과	5	6	5	5	7	1	1	1
6880	경남 창녕군	성폭력 상담소 운영 지원	123,816	노인여성아동과	5	2	7	8	7	5	1	1
6881	경남 창녕군	여성폭력시설 종사자 수당 지원	10,400	노인여성아동과	5	6	7	8	7	5	1	1
6882	경남 창녕군	아이돌봄지원	726,600	노인여성아동과	5	1	7	8	7	5	1	1
6883	경남 창녕군	건강가정다문화가족지원센터 통합서비스 지원	408,100	노인여성아동과	5	1	7	8	7	5	1	1
6884	경남 창녕군	건강가정다문화가족지원센터 종사자수당 지원	23,400	노인여성아동과	5	6	7	8	7	5	1	4
6885	경남 창녕군	보육교직원 인건비 지원	2,643,034	노인여성아동과	5	1	7	8	7	5	1	1
6886	경남 창녕군	어린이집 운영지원	63,200	노인여성아동과	5	2	7	8	7	5	1	1
6887	경남 창녕군	민간어린이집 지원	144,280	노인여성아동과	5	6	7	8	7	5	1	4
6888	경남 창녕군	공공형어린이집 운영비	40,000	노인여성아동과	5	2	7	8	7	5	1	1
6889	경남 창녕군	어린이집 운영지원	10,120	노인여성아동과	5	2	7	8	7	5	1	1
6890	경남 창녕군	보육교직원 처우개선 지원	467,400	노인여성아동과	5	6	7	8	7	5	1	4
6891	경남 창녕군	노인취업지원	298,400	노인여성아동과	5	1	7	8	7	1	1	4
6892	경남 창녕군	양로시설 운영비 지원	504,581	노인여성아동과	5	2	7	8	7	1	1	4
6893	경남 창녕군	노인복지시설 운영비 지원	92,107	노인여성아동과	5	6	7	8	7	1	1	4
6894	경남 창녕군	재가노인복지시설 운영	555,089	노인여성아동과	5	6	7	8	7	1	1	4
6895	경남 창녕군	노인복지시설 종사자 수당	351,000	노인여성아동과	5	1	7	8	7	1	1	4
6896	경남 창녕군	지역아동센터 운영비 지원	567,960	노인여성아동과	5	1	7	8	7	5	2	4
6897	경남 창녕군	특수목적형 지역아동센터 추가 지원	14,616	노인여성아동과	5	2	7	8	7	1	1	1
6898	경남 창녕군	우수 지역아동센터 지원	12,420	노인여성아동과	5	6	7	8	7	1	1	1
6899	경남 창녕군	지역아동센터 지원	97,600	노인여성아동과	5	2	7	8	7	1	1	1
6900	경남 창녕군	지역아동보호전문기관 운영	19,488	노인여성아동과	5	4	7	8	1	1	1	2
6901	경남 창녕군	지역아동보호전문기관 운영지원	2,437,000	노인여성아동과	5	2	5	8	7	5	5	4
6902	경남 창녕군	지역아동센터 환경개선 지원	40,000	노인여성아동과	5	6	5	8	7	5	5	4

순번	시군구	지출명 (사업명)	2021년예산 (단위:천원/1년간)	담당자 (공무원)	민간이전 분류 (지방자치단체 세출예산 집행기준에 의거)	민간이전지출 근거 (지방보조금 관리기준 참고)	입찰방식			운영예산 산정		성과평가 실시여부
				담당부서	1. 민간경상사업보조(307-02) 2. 민간단체 법정운영비보조(307-03) 3. 민간행사사업보조(307-04) 4. 민간위탁금(307-05) 5. 사회복지시설 법정운영비보조(307-10) 6. 민간인위탁교육비(307-12) 7. 공기관등에대한경상적위탁사업비(308-10) 8. 민간자본사업보조,자체재원(402-01) 9. 민간자본사업보조,이전재원(402-02) 10. 민간위탁사업비(402-03) 11. 공기관등에 대한 자본적 대행사업비(403-02)	1. 법률에 규정 2. 국고보조 재원(국가지정) 3. 용도 지정 기부금 4. 조례에 직접규정 5. 지자체가 권장하는 사업을 하는 공공기관 6. 시,도 정책 및 재정사정 7. 기타 8. 해당없음	계약체결방법 (경쟁형태) 1. 일반경쟁 2. 제한경쟁 3. 지명경쟁 4. 수의계약 5. 법정위탁 6. 기타 ( ) 7. 해당없음	계약기간 1. 1년 2. 2년 3. 3년 4. 4년 5. 5년 6. 기타 ( )년 7. 단기계약 (1년미만) 8. 해당없음	낙찰자선정방법 1. 적격심사 2. 협상에의한계약 3. 최저가낙찰제 4. 규격가격분리 5. 2단계 경쟁입찰 6. 기타 ( ) 7. 해당없음	운영예산 산정 1. 내부산정 (지자체 자체적으로 산정) 2. 외부산정 (외부전문기관위탁 산정) 3. 내·외부 모두 산정 4. 산정 無 5. 해당없음	정산방법 1. 내부정산 (지자체 내부적으로 정산) 2. 외부정산 (외부전문기관위탁 정산) 3. 내·외부 모두 산정 4. 정산 無 5. 해당없음	1. 실시 2. 미실시 3. 향후 추진 4. 해당없음
6903	경남 고성군	푸드뱅크 운영	33,400	주민생활과	5	1	7	8	7	1	1	1
6904	경남 고성군	지역자활센터운영	227,065	주민생활과	5	2	5	8	7	1	1	1
6905	경남 고성군	자활사업 활성화 촉진사업	23,000	주민생활과	5	6	5	8	7	1	1	1
6906	경남 고성군	지역자활센터 종사자 수당	18,200	주민생활과	5	6	5	8	7	1	1	1
6907	경남 고성군	성폭력,가정폭력 상담소 운영 지원	141,282	복지지원과	5	2	7	8	7	1	1	4
6908	경남 고성군	가정폭력상담소종사자수당지원	10,400	복지지원과	5	7	7	8	7	1	1	4
6909	경남 고성군	위기여성 긴급 피난처 운영	4,500,000	복지지원과	5	7	7	8	7	1	1	4
6910	경남 고성군	노인교실 운영 지원	61,000	복지지원과	5	1	7	8	7	1	1	1
6911	경남 고성군	시니어클럽 지원	250,000	복지지원과	5	6	5	5	7	1	1	4
6912	경남 고성군	경로당 운영비 지원	470,000	복지지원과	5	4	7	8	7	1	1	4
6913	경남 고성군	경로당 냉난방비 및 양곡비 지원	541,008	복지지원과	5	2	7	8	7	1	1	4
6914	경남 고성군	장애인가족지원센터 운영	106,000	복지지원과	5	6	2	5	1	1	1	2
6915	경남 고성군	장애인거주시설 운영지원	1,525,796	복지지원과	5	2	7	8	7	1	1	2
6916	경남 고성군	장애인거주시설운영 지원	375,031	복지지원과	5	1	7	8	7	1	1	2
6917	경남 고성군	장애인직업재활시설 지원	342,240	복지지원과	5	1	7	8	7	1	1	2
6918	경남 고성군	지역사회재활시설 운영	457,442	복지지원과	5	1	7	8	7	1	1	2
6919	경남 고성군	시각장애인 주간보호소 운영	120,665	복지지원과	5	6	7	8	7	1	1	2
6920	경남 고성군	장애인복지시설 운영지원	153,400	복지지원과	5	6	7	8	7	1	1	2
6921	경남 고성군	생활지도원 3교대 인력증원 사업	70,367	복지지원과	5	1	7	8	7	1	1	2
6922	경남 고성군	보육교직원 인건비 지원	1,790,200	교육청소년과	5	2	1	8	7	5	1	2
6923	경남 고성군	공공형어린이집 운영비	203,851	교육청소년과	5	2	1	8	7	5	1	2
6924	경남 고성군	어린이집 운영지원	8,028	교육청소년과	5	2	1	8	7	5	1	2
6925	경남 고성군	어린이집 운영지원	32,000	교육청소년과	5	2	1	8	7	5	1	2
6926	경남 고성군	어린이집 운영지원	8,452	교육청소년과	5	2	1	8	7	5	1	2
6927	경남 고성군	시간제 보육서비스 제공지원	47,600	교육청소년과	5	2	7	8	7	5	5	4
6928	경남 고성군	아동복지시설 운영	1,840,000	교육청소년과	5	2	7	8	7	1	1	2
6929	경남 고성군	아동복지시설 운영	442,988	교육청소년과	5	2	7	8	7	1	1	2
6930	경남 고성군	아동복지시설 종사자 수당	98,800	교육청소년과	5	2	7	8	7	5	1	2
6931	경남 고성군	지역아동센터 운영비 지원	418,700	교육청소년과	5	4	7	8	7	5	1	2
6932	경남 고성군	지역아동센터 운영비 지원	21,600	교육청소년과	5	4	7	8	7	5	1	2
6933	경남 고성군	지역아동센터 추가 운영비 지원	14,400	교육청소년과	5	4	7	8	7	5	1	2
6934	경남 고성군	토요운영 지역아동센터 지원	364,800	교육청소년과	5	4	7	8	7	5	1	2
6935	경남 고성군	지역아동센터 종사자 수당	31,200	교육청소년과	5	4	7	8	7	5	1	2
6936	경남 고성군	지역아동센터 난방비 지원	9,000	교육청소년과	5	4	7	8	7	5	1	2
6937	경남 고성군	경상남도아동보호전문기관 운영비 지원	82,871	교육청소년과	5	2	7	8	7	5	1	2
6938	경남 고성군	지역아동보호전문기관 심리치료 전문인력	698,000	교육청소년과	5	2	7	8	7	5	1	2
6939	경남 고성군	경상남도아동보호전문기관 운영비 지원	2,874,000	교육청소년과	5	2	7	8	7	5	1	2
6940	경남 고성군	정신요양시설 운영지원	2,276,932	보건소	5	2	7	8	7	1	1	1
6941	경남 고성군	정신요양시설 경비원 인건비 지원	21,535	보건소	5	6	7	8	7	1	1	1
6942	경남 고성군	사회복귀시설 운영비 지원	496,800	보건소	5	6	7	8	7	1	1	1
6943	경남 고성군	정신보건시설 종사자 인건비	91,000	보건소	5	6	7	8	7	1	1	1
6944	경남 남해군	지역자활센터 운영	229,121	주민복지과	5	2	7	8	7	5	5	4
6945	경남 남해군	지역자활센터 자활사업 활성화 지원	23,000	주민복지과	5	6	7	8	7	5	5	4

순번	시군구	지출명 (사업명)	2021년예산 (단위:천원/1년간)	담당자 (공무원) 담당부서	민간이전 분류 (지방자치단체 세출예산 집행기준에 의거) 1. 민간경상사업보조(307-02) 2. 민간단체 법정운영비보조(307-03) 3. 민간행사사업보조(307-04) 4. 민간위탁금(307-05) 5. 사회복지시설 법정운영비보조(307-10) 6. 민간인위탁교육비(307-12) 7. 공기관등에대한경상적위탁사업비(308-10) 8. 민간자본사업보조,자체재원(402-01) 9. 민간자본사업보조,이전재원(402-02) 10. 민간위탁사업비(402-03) 11. 공기관등에 대한 자본적 대행사업비(403-02)	민간이전지출 근거 (지방보조금 관리기준 참고) 1. 법률에 규정 2. 국고보조 재원(국가지정) 3. 용도 지정 기부금 4. 조례에 직접규정 5. 지자체가 권장하는 사업을 하는 공공기관 6. 시,도 정책 및 재정사정 7. 기타 8. 해당없음	입찰방식 계약체결방법 (경쟁형태) 1. 일반경쟁 2. 제한경쟁 3. 지명경쟁 4. 수의계약 5. 법정위탁 6. 기타 ( ) 7. 해당없음	입찰방식 계약기간 1. 1년 2. 2년 3. 3년 4. 4년 5. 5년 6. 기타 ( )년 7. 단기계약 (1년미만) 8. 해당없음	입찰방식 낙찰자선정방법 1. 적격심사 2. 협상에의한계약 3. 최저가낙찰제 4. 규격가격분리 5. 2단계 경쟁입찰 6. 기타 ( ) 7. 해당없음	운영예산 산정 운영예산 산정 1. 내부산정 (지자체 자체적으로 산정) 2. 외부산정 (외부전문기관위탁 산정) 3. 내·외부 모두 산정 4. 산정 無 5. 해당없음	운영예산 산정 정산방법 1. 내부정산 (지자체 내부적으로 정산) 2. 외부정산 (외부전문기관위탁 정산) 3. 내·외부 모두 산정 4. 정산 無 5. 해당없음	성과평가 실시여부 1. 실시 2. 미실시 3. 향후 추진 4. 해당없음
6946	경남 남해군	지역자활센터 종사자 지원	13,000	주민복지과	5	6	7	8	7	5	5	4
6947	경남 남해군	노인복지시설 종사자 지원	390,000	주민복지과	5	1	7	8	7	5	5	4
6948	경남 남해군	노인맞춤돌봄서비스	2,091,090	주민복지과	5	2	6	1	7	3	3	1
6949	경남 남해군	독거노인 중증장애인 응급안전알림서비스	116,756	주민복지과	5	2	6	1	7	1	1	4
6950	경남 남해군	ICT연계인공지능 통합돌봄사업	54,000	주민복지과	5	6	6	1	7	1	1	4
6951	경남 남해군	장애인거주시설 운영	2,306,348	주민복지과	5	1	7	8	7	5	5	4
6952	경남 남해군	장애인거주시설 운영	84,440	주민복지과	5	1	7	8	7	5	5	4
6953	경남 남해군	장애인거주시설 야간 근무자 격려수당	10,950	주민복지과	5	1	7	8	7	5	5	4
6954	경남 남해군	장애인복지시설 종사자 수당	204,954	주민복지과	5	1	7	8	7	5	5	4
6955	경남 남해군	장애인 공동생활가정 운영	84,000	주민복지과	5	1	7	8	7	5	5	4
6956	경남 남해군	장애인복지관 운영	930,000	주민복지과	5	1	7	8	7	5	5	4
6957	경남 남해군	장애인직업재활시설 운영	293,226	주민복지과	5	1	7	8	7	5	5	4
6958	경남 남해군	장애인 가족지원센터 운영	106,000	주민복지과	5	4	7	8	7	5	5	4
6959	경남 남해군	장애아동 방과후 돌봄사업	19,000	주민복지과	5	1	7	8	7	5	5	4
6960	경남 남해군	장애인 생활이동지원센터 운영	93,300	주민복지과	5	1	7	8	7	5	5	4
6961	경남 남해군	시각장애인 주간보호소 운영	104,000	주민복지과	5	1	7	8	7	5	5	4
6962	경남 남해군	장애인 수어통역센터 운영	135,650	주민복지과	5	1	7	8	7	5	5	4
6963	경남 남해군	장애인편의증진기술지원센터 운영	58,000	주민복지과	5	1	7	8	7	5	5	4
6964	경남 남해군	여성장애인 일감지원센터 운영	52,000	주민복지과	5	1	7	8	7	5	5	4
6965	경남 남해군	보육교직원 인건비 지원	2,116,593	주민복지과	5	2	7	8	7	5	5	4
6966	경남 남해군	보육교직원 처우개선 지원	290,400	주민복지과	5	2	7	8	7	5	5	4
6967	경남 남해군	공공형어린이집 운영비	101,927	주민복지과	5	2	7	8	7	5	5	4
6968	경남 남해군	공공형어린이집 보육품질 지원사업	11,640	주민복지과	5	6	7	8	7	5	5	4
6969	경남 남해군	어린이집 운영지원	34,880	주민복지과	5	2	7	8	7	5	5	4
6970	경남 남해군	어린이집 운영지원	4,696,000	주민복지과	5	2	7	8	7	5	5	4
6971	경남 남해군	민간어린이집 난방연료비 지원	4,200,000	주민복지과	5	6	7	8	7	5	5	4
6972	경남 남해군	어린이집 영아반 운영활성화 지원	28,080	주민복지과	5	6	7	8	7	5	5	4
6973	경남 남해군	가정폭력상담소 운영	126,382	주민복지과	5	2	7	8	7	5	5	4
6974	경남 남해군	여성폭력시설 종사자 처우개선	50,520	주민복지과	5	6	7	8	7	5	5	4
6975	경남 남해군	경남서부아동보호전문기관 운영 지원	31,326	청년혁신과	5	1	7	8	7	5	5	2
6976	경남 남해군	경남서부아동보호전문기관 운영 지원	1,831,000	청년혁신과	5	1	7	8	7	5	5	2
6977	경남 남해군	지역아동센터 운영	460,760	청년혁신과	5	1	7	8	7	5	1	1
6978	경남 남해군	지역아동센터 추가운영비	25,200	청년혁신과	5	1	7	8	7	1	1	1
6979	경남 남해군	지역아동센터 냉난방비	9,100	청년혁신과	5	1	7	8	7	1	1	1
6980	경남 남해군	지역아동센터 종사자 수당 지원	36,400	청년혁신과	5	1	7	8	7	1	1	1
6981	경남 남해군	아동시설운영	409,352	청년혁신과	5	1	7	8	7	1	1	4
6982	경남 남해군	아동양육시설 종사자 수당 지원	18,200	청년혁신과	5	1	7	8	7	1	1	4
6983	경남 하동군	장애인거주시설 생활지도원 3교대인력증원	84,440	주민행복과	5	2	7	8	7	5	5	4
6984	경남 하동군	발달장애인 주간보호센터 운영	189,401	주민행복과	5	1	7	8	7	1	1	4
6985	경남 하동군	수어통역센터 운영	168,516	주민행복과	5	1	7	8	7	1	1	4
6986	경남 하동군	시각장애인 주간보호센터 운영	95,000	주민행복과	5	1	7	8	7	1	1	4
6987	경남 하동군	장애인 거주시설 근무자 야근수당	10,950	주민행복과	5	1	7	8	7	1	1	4
6988	경남 하동군	장애인거주시설 운영 지원	1,776,391	주민행복과	5	2	7	8	7	1	1	4

순번	시군구	지출명 (사업명)	2021년예산 (단위:천원/1년간)	담당자 (공무원) 담당부서	민간이전 분류 (지방자치단체 세출예산 집행기준에 의거) 1. 민간경상사업보조(307-02) 2. 민간단체 법정운영비보조(307-03) 3. 민간행사사업보조(307-04) 4. 민간위탁금(307-05) 5. 사회복지시설 법정운영비보조(307-10) 6. 민간인위탁교육비(307-12) 7. 공기관등에대한경상적위탁사업비(308-10) 8. 민간자본사업보조,자체재원(402-01) 9. 민간자본사업보조,이전재원(402-02) 10. 민간위탁사업비(402-03) 11. 공기관등에 대한 자본적 대행사업비(403-02)	민간이전지출 근거 (지방보조금 관리기준 참고) 1. 법률에 규정 2. 국고보조 재원(국가지정) 3. 용도 지정 기부금 4. 조례에 직접규정 5. 지자체가 권장하는 사업을 하는 공공기관 6. 시,도 정책 및 재정사정 7. 기타 8. 해당없음	입찰방식 계약체결방법 (경쟁형태) 1. 일반경쟁 2. 제한경쟁 3. 지명경쟁 4. 수의계약 5. 법정위탁 6. 기타 ( ) 7. 해당없음	입찰방식 계약기간 1. 1년 2. 2년 3. 3년 4. 4년 5. 5년 6. 기타 ( )년 7. 단기계약 (1년미만) 8. 해당없음	입찰방식 낙찰자선정방법 1. 적격심사 2. 협상에의한계약 3. 최저가낙찰제 4. 규격가격분리 5. 2단계 경쟁입찰 6. 기타 ( ) 7. 해당없음	운영예산 산정 운영예산 산정 1. 내부산정 (지자체 자체적으로 산정) 2. 외부산정 (외부전문기관위탁 산정) 3. 내·외부 모두 산정 4. 산정 無 5. 해당없음	운영예산 산정 정산방법 1. 내부정산 (지자체 내부적으로 정산) 2. 외부정산 (외부전문기관위탁 정산) 3. 내·외부 모두 산정 4. 정산 無 5. 해당없음	성과평가 실시여부 1. 실시 2. 미실시 3. 향후 추진 4. 해당없음
6989	경남 하동군	장애인복지시설 종사자수당 지원	124,800	주민행복과	5	1	7	8	7	1	1	4
6990	경남 하동군	장애인가족지원센터 지원	91,000	주민행복과	5	1	7	8	7	1	1	4
6991	경남 하동군	장애인생활이동지원센터운영	118,000	주민행복과	5	1	7	8	7	1	1	4
6992	경남 하동군	지역자활센터 종사자 지원	13,000	주민행복과	5	6	7	8	7	1	1	4
6993	경남 하동군	지역자활센터 운영비	225,625,000	주민행복과	5	2	7	8	7	1	1	4
6994	경남 하동군	공기청정기 임대료 지원사업	1,440,000	주민행복과	5	2	7	8	7	1	1	4
6995	경남 하동군	자활사례관리	28,989,000	주민행복과	5	2	7	8	7	1	1	4
6996	경남 하동군	어르신센터 운영지원	154,000	주민행복과	5	6	7	8	7	1	1	3
6997	경남 하동군	소규모요양시설 운영지원	15,000	주민행복과	5	4	7	8	7	1	1	4
6998	경남 하동군	시니어클럽 운영비 지원	300,000	주민행복과	5	1	5	5	1	5	3	1
6999	경남 하동군	성폭력상담소 운영지원	123,816	주민행복과	5	2	7	8	7	1	1	4
7000	경남 산청군	장애인생활이동지원센터	97,500	복지지원과	5	1	7	8	7	5	5	4
7001	경남 산청군	수어통역센터	96,000	복지지원과	5	1	7	8	7	5	5	4
7002	경남 산청군	시각장애인 주간보호센터	90,000	복지지원과	5	1	7	8	7	5	5	4
7003	경남 산청군	장애인가족지원센터	100,000	복지지원과	5	1	7	8	7	5	5	4
7004	경남 산청군	장애인거주시설 지원	3,559,611	복지지원과	5	1	7	8	7	5	5	4
7005	경남 산청군	장애인거주시설 지도원 야근수당	12,775	복지지원과	5	1	7	8	7	5	5	4
7006	경남 산청군	장애인시설 종사자수당	260,000	복지지원과	5	1	7	8	7	5	5	4
7007	경남 산청군	장애인직업재활시설 운영	204,400	복지지원과	5	1	7	8	7	5	5	4
7008	경남 산청군	산엔청복지관 운영비	1,000,000	복지지원과	5	4	7	8	7	5	5	4
7009	경남 산청군	장애인편의시설지원센터 운영	60,000	복지지원과	5	1	7	8	7	5	5	4
7010	경남 산청군	경로당 냉반방비 및 양곡비	710,478	복지지원과	5	1	7	8	7	5	5	4
7011	경남 산청군	경로당 운영 지원	369,360	복지지원과	5	1	7	8	7	5	5	4
7012	경남 산청군	경로당 운영 지원	62,910	복지지원과	5	1	7	8	7	5	5	4
7013	경남 산청군	노인복지시설 종사자지원	951,600	복지지원과	5	6	7	8	7	5	5	4
7014	경남 산청군	시니어클럽운영	300,000	복지지원과	5	6	7	8	7	5	5	4
7015	경남 산청군	노인돌봄맞춤서비스사업 지원	2,126,550	복지지원과	5	1	7	8	7	5	5	4
7016	경남 산청군	독거노인중증장애인 응급안전알림서비스 운영지원	79,870	복지지원과	5	1	7	8	7	5	5	4
7017	경남 산청군	다문화가족지원센터 종사자 수당지원	23,400	복지지원과	5	1	7	8	7	5	5	4
7018	경남 산청군	건강가정/다문화가족 지원센터 통합서비스 지원	400,300	복지지원과	5	1	7	8	7	5	5	4
7019	경남 산청군	건강가정 및 다문화가족지원센터 지원	480,000	복지지원과	5	1	7	8	7	5	5	4
7020	경남 산청군	공공형어린이집 지원	50,963	복지지원과	5	1	7	8	7	5	5	4
7021	경남 산청군	어린이집 차량운영비 지원	28,000	복지지원과	5	1	7	8	7	5	5	4
7022	경남 산청군	어린이집 교재교구비 지원	7,512	복지지원과	5	1	7	8	7	5	5	4
7023	경남 산청군	보육교직원 인건비 지원	2,021,088	복지지원과	5	1	7	8	7	5	5	4
7024	경남 산청군	보조교사 인건비	217,800	복지지원과	5	1	7	8	7	5	5	4
7025	경남 산청군	민간어린이집 난방비 지원	3,000	복지지원과	5	1	7	8	7	5	5	4
7026	경남 산청군	민간어린이집 취사원 인건비 지원	15,840	복지지원과	5	1	7	8	7	5	5	4
7027	경남 산청군	대체교사 인건비 지원	73,800	복지지원과	5	1	7	8	7	5	5	4
7028	경남 산청군	어린이집 영아반 운영활성화 지원	13,680	복지지원과	5	1	7	8	7	5	5	4
7029	경남 산청군	공공형어린이집 보육품질 지원	5,160	복지지원과	5	1	7	8	7	5	5	4
7030	경남 산청군	지역아동센터운영지원	331,800	복지지원과	5	2	7	8	7	5	5	4
7031	경남 산청군	지역아동센터운영지원	26,000	복지지원과	5	6	7	8	7	5	5	4

순번	시군구	지출명 (사업명)	2021년예산 (단위:천원/1년간)	담당자 (공무원)	민간이전 분류 (지방자치단체 세출예산 집행기준에 의거)	민간이전지출 근거 (지방보조금 관리기준 참고)	입찰방식			운영예산 산정		성과평가 실시여부
				담당부서	1. 민간경상사업보조(307-02) 2. 민간단체 법정운영비보조(307-03) 3. 민간행사사업보조(307-04) 4. 민간위탁금(307-05) 5. 사회복지시설 법정운영비보조(307-10) 6. 민간인위탁교육비(307-12) 7. 공기관등에대한경상적위탁사업비(308-10) 8. 민간자본사업보조,자체재원(402-01) 9. 민간자본사업보조,이전재원(402-02) 10. 민간위탁사업비(402-03) 11. 공기관등에 대한 자본적 대행사업비(403-02)	1. 법률에 규정 2. 국고보조 재원(국가지정) 3. 용도 지정 기부금 4. 조례에 직접규정 5. 지자체가 권장하는 사업을 하는 공공기관 6. 시,도 정책 및 재정사정 7. 기타 8. 해당없음	계약체결방법 (경쟁형태) 1. 일반경쟁 2. 제한경쟁 3. 지명경쟁 4. 수의계약 5. 법정위탁 6. 기타 ( ) 7. 해당없음	계약기간 1. 1년 2. 2년 3. 3년 4. 4년 5. 5년 6. 기타 ( )년 7. 단기계약 (1년미만) 8. 해당없음	낙찰자선정방법 1. 적격심사 2. 협상에의한계약 3. 최저가낙찰제 4. 규격가격분리 5. 2단계 경쟁입찰 6. 기타 ( ) 7. 해당없음	운영예산 산정 1. 내부산정 (지자체 자체적으로 산정) 2. 외부산정 (외부전문기관위탁 산정) 3. 내·외부 모두 산정 4. 산정 無 5. 해당없음	정산방법 1. 내부정산 (지자체 내부적으로 정산) 2. 외부정산 (외부전문기관위탁 정산) 3. 내·외부 모두 산정 4. 정산 無 5. 해당없음	1. 실시 2. 미실시 3. 향후 추진 4. 해당없음
7032	경남 산청군	지역아동센터운영지원	7,500	복지지원과	5	6	7	8	7	5	5	4
7033	경남 산청군	지역아동센터 추가운영비 지원	18,000	복지지원과	5	6	7	8	7	5	5	4
7034	경남 산청군	지역아동보호전문기관운영	24,522	복지지원과	5	2	7	8	7	5	5	4
7035	경남 산청군	아동보호전문기관 운영비 지원	1,446,000	복지지원과	5	2	7	8	7	5	5	4
7036	경남 산청군	지역사회보장협의체 사무실 운영경비	24,000	주민복지과	5	4	7	8	7	1	1	4
7037	경남 산청군	지역사회보장협의체 간사 인건비	37,692	주민복지과	5	4	7	8	7	1	1	1
7038	경남 산청군	지역자활센터운영	227,065	주민복지과	5	2	5	8	7	1	1	1
7039	경남 산청군	자활사업 활성화 촉진사업	23,000	주민복지과	5	6	5	8	7	1	1	1
7040	경남 산청군	지역자활센터 종사자 수당	13,000	주민복지과	5	6	5	8	7	1	1	1
7041	경남 산청군	자활사업 플랫폼 구축지원	15,000	주민복지과	5	6	5	8	7	1	1	1
7042	경남 산청군	어린이급식관리지원센터 운영	186,000	환경위생과	5	1	1	2	7	5	2	1
7043	경남 산청군	사회복지시설 운영비	1,099,550	예방의약	5	2	7	8	7	1	3	1
7044	경남 함양군	정신요양시설 운영 지원	2,023,726	보건소	5	1	7	8	7	1	1	1
7045	경남 함양군	정신요양시설 운영비	65,000	보건소	5	1	7	8	7	1	1	1
7046	경남 함양군	정신요양시설 운영비	21,580	보건소	5	1	7	8	7	1	1	1
7047	경남 함양군	장애인복지센터운영	280,412	사회복지과	5	6	7	8	7	5	1	4
7048	경남 함양군	장애인거주시설운영지원	32,000	사회복지과	5	6	7	8	7	5	1	4
7049	경남 함양군	장애인복지시설운영지원	109,200	사회복지과	5	6	7	8	7	5	5	4
7050	경남 함양군	지역사회재활시설운영	121,432	사회복지과	5	6	7	8	7	5	1	4
7051	경남 함양군	지역사회재활시설운영	311,300	사회복지과	5	6	7	8	7	5	1	4
7052	경남 함양군	지역사회재활시설운영	100,800	사회복지과	5	6	7	8	7	5	1	4
7053	경남 함양군	장애인거주시설운영지원	1,168,567	사회복지과	5	2	7	8	7	5	1	4
7054	경남 함양군	장애인직업재활시설운영지원	192,276	사회복지과	5	6	7	8	7	5	1	4
7055	경남 함양군	지역자활센터 운영	297,205	사회복지과	5	1	5	1	7	4	1	2
7056	경남 함양군	지역자활센터 종사자 수당	15,600	사회복지과	5	6	5	1	7	4	1	2
7057	경남 함양군	자활사업 활성화 촉진	27,000	사회복지과	5	6	5	1	7	4	1	2
7058	경남 함양군	재가노인복지시설 운영비 지원	400,000	주민행복과	5	1	7	8	7	5	1	4
7059	경남 함양군	시니어클럽 운영비 지원	300,000	주민행복과	5	1	5	5	1	5	1	4
7060	경남 함양군	보육교직원 인건비 지원	2,445,886	주민행복과	5	1	7	8	7	5	1	4
7061	경남 함양군	보육교직원 처우개선 지원	686,451	주민행복과	5	1	7	8	7	5	1	4
7062	경남 함양군	보육교직원 처우개선 지원	41,900	주민행복과	5	1	7	8	7	5	1	4
7063	경남 함양군	보육교직원 처우개선 지원	36,760	주민행복과	5	1	7	8	7	5	1	4
7064	경남 함양군	어린이집 운영지원	2,816,000	주민행복과	5	1	7	8	7	5	1	4
7065	경남 함양군	어린이집 운영지원	42,000	주민행복과	5	1	7	8	7	5	1	4
7066	경남 함양군	어린이집 운영지원	10,704	주민행복과	5	1	7	8	7	5	1	4
7067	경남 함양군	차량운영비	6,000	주민행복과	5	1	7	8	7	5	1	4
7068	경남 함양군	공공형어린이집 지원	101,927	주민행복과	5	1	7	8	7	5	1	4
7069	경남 함양군	어린이집 냉·난방비 지원	100,000	주민행복과	5	1	7	8	7	5	1	4
7070	경남 함양군	어린이집 취사원 인건비 지원	14,800	주민행복과	5	1	7	8	7	5	1	4
7071	경남 함양군	영유아보육지원	204,000	주민행복과	5	4	7	8	7	5	1	4
7072	경남 함양군	어린이집환경개선	20,000	주민행복과	5	1	7	8	7	5	1	4
7073	경남 함양군	지역아동센터운영지원	274,440	주민행복과	5	1	7	8	7	5	1	4
7074	경남 함양군	우수지역아동센터지원	7,452	주민행복과	5	1	7	8	7	5	1	4

순번	시군구	지출명 (사업명)	2021년예산 (단위:천원/1년간)	담당자 (공무원)	민간이전 분류 (지방자치단체 세출예산 집행기준에 의거)	민간이전지출 근거 (지방보조금 관리기준 참고)	입찰방식			운영예산 산정		성과평가 실시여부
				담당부서	1. 민간경상사업보조(307-02) 2. 민간단체 법정운영비보조(307-03) 3. 민간행사사업보조(307-04) 4. 민간위탁금(307-05) 5. 사회복지시설 법정운영비보조(307-10) 6. 민간인위탁교육비(307-12) 7. 공기관등에대한경상적위탁사업비(308-10) 8. 민간자본사업보조,자체재원(402-01) 9. 민간자본사업보조,이전재원(402-02) 10. 민간위탁사업비(402-03) 11. 공기관등에 대한 자본적 대행사업비(403-02)	1. 법률에 규정 2. 국고보조 재원(국가지정) 3. 용도 지정 기부금 4. 조례에 직접규정 5. 지자체가 권장하는 사업을 하는 공공기관 6. 시,도 정책 및 재정사정 7. 기타 8. 해당없음	계약체결방법 (경쟁형태) 1. 일반경쟁 2. 제한경쟁 3. 지명경쟁 4. 수의계약 5. 법정위탁 6. 기타 ( ) 7. 해당없음	계약기간 1. 1년 2. 2년 3. 3년 4. 4년 5. 5년 6. 기타 ( )년 7. 단기계약 (1년미만) 8. 해당없음	낙찰자선정방법 1. 적격심사 2. 협상에의한계약 3. 최저가낙찰제 4. 규격가격분리 5. 2단계 경쟁입찰 6. 기타 ( ) 7. 해당없음	운영예산 산정 1. 내부산정 (지자체 자체적으로 산정) 2. 외부산정 (외부전문기관위탁 산정) 3. 내·외부 모두 산정 4. 산정 無 5. 해당없음	정산방법 1. 내부정산 (지자체 내부적으로 정산) 2. 외부정산 (외부전문기관위탁 정산) 3. 내·외부 모두 산정 4. 정산 無 5. 해당없음	1. 실시 2. 미실시 3. 향후 추진 4. 해당없음
7075	경남 함양군	지역아동보호전문기관 운영지원	26,600	주민행복과	5	1	7	8	7	5	1	4
7076	경남 함양군	지역아동센터운영비지원	16,800	주민행복과	5	1	7	8	7	5	1	4
7077	경남 거창군	지역자활센터운영	301,831	복지정책과	5	2	5	8	7	5	1	1
7078	경남 거창군	건강가정 및 다문화가족 지원센터 운영	292,400	행복나눔과	5	1	5	3	6	1	1	1
7079	경남 거창군	성가족상담소운영	123,816	행복나눔과	5	1	7	8	7	1	1	1
7080	경남 거창군	평가인증 어린이집 교재교구비	8,452	행복나눔과	5	2	7	8	7	1	1	4
7081	경남 거창군	어린이집 차량운영비	56,400	행복나눔과	5	2	7	8	7	1	1	4
7082	경남 거창군	공공형어린이집운영비지원	305,776	행복나눔과	5	2	7	8	7	1	1	4
7083	경남 거창군	어린이집 냉난방비	11,000	행복나눔과	5	6	7	8	7	1	1	4
7084	경남 거창군	공립어린이집 운영비 지원	33,000	행복나눔과	5	4	7	8	7	1	1	4
7085	경남 거창군	공립어린이집 차량운영비 지원	61,200	행복나눔과	5	4	7	8	7	1	1	4
7086	경남 거창군	평가인증 어린이집 취사부 인건비지원	54,720	행복나눔과	5	4	7	8	7	1	1	4
7087	경남 거창군	민간가정어린이집 차량운영비지원	63,000	행복나눔과	5	4	7	8	7	1	1	4
7088	경남 거창군	어린이집 영아반 운영활성화 지원	66,240	행복나눔과	5	6	7	8	7	1	1	4
7089	경남 거창군	공공형어린이집 보육품질 지원사업	36,960	행복나눔과	5	6	7	8	7	1	1	4
7090	경남 거창군	지역아동센터운영	985,200	행복나눔과	5	2	7	8	7	5	1	4
7091	경남 거창군	지역아동센터 냉난방비 지원	22,500	행복나눔과	5	2	7	8	7	5	1	4
7092	경남 거창군	지역아동센터 추가운영비	66,000	행복나눔과	5	2	7	8	7	5	1	4
7093	경남 거창군	우수지역아동센터 지원	34,776	행복나눔과	5	2	7	8	7	5	1	4
7094	경남 거창군	특수목적형지역아동센터지원	7,308	행복나눔과	5	2	7	8	7	5	1	4
7095	경남 거창군	지역아동센터 공기청정기 렌탈료지원	5,152	행복나눔과	5	2	7	8	7	5	1	4
7096	경남 거창군	요보호아동 그룹홈 운영지원	86,250	행복나눔과	5	2	7	8	7	5	1	4
7097	경남 거창군	지역아동보호전문기관운영	48,365	행복나눔과	5	2	7	8	7	5	1	4
7098	경남 거창군	지역아동보호전문기관운영지원	6,501	행복나눔과	5	6	7	8	7	5	1	4
7099	경남 거창군	경로당 운영비 및 난방비	2,247,708	행복나눔과	5	2	7	8	7	1	1	1
7100	경남 거창군	장애인거주시설 운영	1,306,973	행복나눔과	5	2	7	8	7	3	3	4
7101	경남 거창군	장애인공동생활가정 운영	42,700	행복나눔과	5	6	7	8	7	1	1	4
7102	경남 거창군	장애인생활이동지원센터운영	108,800	행복나눔과	5	6	7	8	7	1	1	4
7103	경남 거창군	시각장애인주간보호소운영	104,800	행복나눔과	5	6	7	8	7	1	1	4
7104	경남 거창군	수화통역센터운영	161,600	행복나눔과	5	6	7	8	7	1	1	4
7105	경남 거창군	장애인복지시설 종사자 수당	145,600	행복나눔과	5	8	7	8	7	5	5	4
7106	경남 거창군	장애인거주시설 지도원 야근수당	4,563	행복나눔과	5	8	7	8	7	5	5	4
7107	경남 합천군	지역자활센터운영	236,612	주민복지과	5	1	7	8	7	1	1	4
7108	경남 합천군	공기청정기렌탈료	1,440,000	주민복지과	5	1	7	8	7	1	1	4
7109	경남 합천군	지역자활센터 종사자 지원	15,600	주민복지과	5	1	7	8	7	1	1	4
7110	경남 합천군	자활사업 활성화 촉진사업	27,000	주민복지과	5	1	7	8	7	1	1	4
7111	경남 합천군	장애인 거주시설 운영비	1,397,104	주민복지과	5	1	7	8	1	1	1	3
7112	경남 합천군	장애인거주시설 생활지도원 3교대인력 증원	70,367	주민복지과	5	1	7	8	1	1	1	3
7113	경남 합천군	장애인거주시설 공기청정기 렌탈지원	3,240	주민복지과	5	1	7	8	1	1	1	3
7114	경남 합천군	장애인 거주시설 지도원 야근수당	5,475	주민복지과	5	1	7	8	1	1	1	3
7115	경남 합천군	장애인 복지시설 종사자 수당	85,800	주민복지과	5	1	7	8	1	1	1	3
7116	경남 합천군	장애인생활이동지원센터 운영	102,600	주민복지과	5	1	7	8	1	1	1	3
7117	경남 합천군	시각장애인 주간보호소 운영	95,000	주민복지과	5	1	7	8	1	1	1	3

순번	시군구	지출명 (사업명)	2021년예산 (단위:천원/1년간)	담당자 (공무원)	민간이전 분류 (지방자치단체 세출예산 집행기준에 의거)	민간이전지출 근거 (지방보조금 관리기준 참고)	입찰방식			운영예산 산정		성과평가 실시여부
				담당부서	1. 민간경상사업보조(307-02) 2. 민간단체 법정운영비보조(307-03) 3. 민간행사사업보조(307-04) 4. 민간위탁금(307-05) 5. 사회복지시설 법정운영비보조(307-10) 6. 민간인위탁교육비(307-12) 7. 공기관등에대한경상적위탁사업비(308-10) 8. 민간자본사업보조,자체재원(402-01) 9. 민간자본사업보조,이전재원(402-02) 10. 민간위탁사업비(402-03) 11. 공기관등에 대한 자본적 대행사업비(403-02)	1. 법률에 규정 2. 국고보조 재원(국가지정) 3. 용도 지정 기부금 4. 조례에 직접규정 5. 지자체가 권장하는 사업을 하는 공공기관 6. 시,도 정책 및 재정사정 7. 기타 8. 해당없음	계약체결방법 (경쟁형태) 1. 일반경쟁 2. 제한경쟁 3. 지명경쟁 4. 수의계약 5. 법정위탁 6. 기타 ( ) 7. 해당없음	계약기간 1. 1년 2. 2년 3. 3년 4. 4년 5. 5년 6. 기타 ( )년 7. 단기계약 (1년미만) 8. 해당없음	낙찰자선정방법 1. 적격심사 2. 협상에의한계약 3. 최저가낙찰제 4. 규격가격분리 5. 2단계 경쟁입찰 6. 기타 ( ) 7. 해당없음	운영예산 산정 1. 내부산정 (지자체 자체적으로 산정) 2. 외부산정 (외부전문기관위탁 산정) 3. 내·외부 모두 산정 4. 산정 無 5. 해당없음	정산방법 1. 내부정산 (지자체 내부적으로 정산) 2. 외부정산 (외부전문기관위탁 정산) 3. 내·외부 모두 산정 4. 정산 無 5. 해당없음	1. 실시 2. 미실시 3. 향후 추진 4. 해당없음
7118	경남 합천군	수어통역센터 운영	141,900	주민복지과	5	1	7	8	1	1	1	3
7119	경남 합천군	장애인복지센터 운영	211,200	주민복지과	5	1	7	8	1	1	1	3
7120	경남 합천군	장애인복지관(센터)종사자 수당	9,271	주민복지과	5	1	7	8	1	1	1	3
7121	경남 합천군	경로당 난방비	840,000	노인아동여성과	5	1	7	8	7	1	1	4
7122	경남 합천군	경로당 냉방비	105,000	노인아동여성과	5	1	7	8	7	1	1	4
7123	경남 합천군	경로당 양곡비	125,645	노인아동여성과	5	1	7	8	7	1	1	4
7124	경남 합천군	경로당운영비	878,437	노인아동여성과	5	1	7	8	7	1	1	4
7125	경남 합천군	경로당 순회프로그램 관리자 인건비 등	35,627	노인아동여성과	5	4	7	8	7	1	1	1
7126	경남 합천군	노인복지시설 종사자 수당	756,600	노인아동여성과	5	1	7	8	7	1	1	4
7127	경남 합천군	시니어클럽 운영	300,000	노인아동여성과	5	2	5	3	1	1	1	4
7128	경남 합천군	합천가정행복상담센터 운영	117,732	노인아동여성과	5	1	7	8	7	1	1	4
7129	경남 합천군	합천가정행복상담센터 종사자 수당	10,400	노인아동여성과	5	1	7	8	7	1	1	4
7130	경남 합천군	아동보호전문기관 운영지원	22,822	노인아동여성과	5	2	7	8	7	1	1	4
7131	경남 합천군	아동보호전문기관 인건비 지원	2,846,000	노인아동여성과	5	6	7	8	7	1	1	4
7132	경남 합천군	종사자 수당지원	18,200	노인아동여성과	5	6	7	8	7	1	1	4
7133	경남 합천군	아동양육시설 운영비 지원	378,672	노인아동여성과	5	1	7	8	7	1	1	4
7134	경남 합천군	지역아동센터 운영	590,760	노인아동여성과	5	2	7	8	7	1	1	4
7135	경남 합천군	지역아동센터 안심알림이 이용료 지원	3,240	노인아동여성과	5	2	7	8	7	1	1	4
7136	경남 합천군	지역아동센터 추가운영비 지원	36,000	노인아동여성과	5	6	7	8	7	1	1	4
7137	경남 합천군	지역아동센터 운영	13,600	노인아동여성과	5	6	7	8	7	1	1	4
7138	경남 합천군	지역아동센터 종사자수당	52,000	노인아동여성과	5	6	7	8	7	1	1	4
7139	경남 합천군	특수목적형 지역아동센터 추가 지원	7,308	노인아동여성과	5	2	7	8	7	1	1	4
7140	경남 합천군	우수 지역아동센터 지원	24,840	노인아동여성과	5	2	7	8	7	1	1	4
7141	경남 합천군	농어촌소재 법인어린이집 지원	2,676,000	노인아동여성과	5	2	7	8	7	1	1	4
7142	경남 합천군	국공립, 법인어린이집 보육교직원 인건비	1,392,892	노인아동여성과	5	2	7	8	7	1	1	4
7143	경남 합천군	영아전담 등 5개사업 보육교직원 인건비	120,252	노인아동여성과	5	2	7	8	7	1	1	4
7144	경남 합천군	담임교사 지원비	129,600	노인아동여성과	5	2	7	8	7	1	1	4
7145	경남 합천군	연장보육 전담교사	10,560	노인아동여성과	5	2	7	8	7	1	1	4
7146	경남 합천군	교사 겸직 원장 지원비	2,700,000	노인아동여성과	5	2	7	8	7	1	1	4
7147	경남 합천군	농촌보육교사 특별근무수당	64,131	노인아동여성과	5	2	7	8	7	1	1	4
7148	경남 합천군	보조교사 인건비	96,800	노인아동여성과	5	2	7	8	7	1	1	4
7149	경남 합천군	연장보육 전담교사 인건비	96,800	노인아동여성과	5	2	7	8	7	1	1	4
7150	경남 합천군	대체교사 인건비 및 운영비	50,600	노인아동여성과	5	2	7	8	7	1	1	4
7151	경남 합천군	보육교직원 처우개선비	33,282	노인아동여성과	5	2	7	8	7	1	1	4
7152	경남 합천군	보육교직원 격무수당	8,100	노인아동여성과	5	2	7	8	7	1	1	4
7153	경남 합천군	어린이집 취사부 인건비	14,520	노인아동여성과	5	2	7	8	7	1	1	4
7154	경남 합천군	시간차등형 보육료,인건비,운영비	47,600	노인아동여성과	5	2	7	8	7	1	1	4
7155	전북 전주시	사회복지관 운영	1,163,744	생활복지과	5	1	5	8	7	5	1	1
7156	전북 전주시	노숙인시설 운영	1,016,526	생활복지과	5	1	7	8	7	5	2	1
7157	전북 전주시	전주시 지역사회보장협의체 운영	100,000	생활복지과	5	1	5	8	7	1	1	1
7158	전북 전주시	전주시 장애인단체 총연합회	32,000	생활복지과	5	1	1	1	1	1	1	1
7159	전북 전주시	장애인단체 사무실 지원	27,998	생활복지과	5	1	1	1	1	1	1	1
7160	전북 전주시	장애인편의증진 기술지원센터 운영	178,684	생활복지과	5	1	7	8	7	1	1	1

순번	시군구	지출명 (사업명)	2021년예산 (단위:천원/1년간)	담당자 (공무원)	민간이전 분류 (지방자치단체 세출예산 집행기준에 의거)	민간이전지출 근거 (지방보조금 관리기준 참고)	입찰방식			운영예산 산정		성과평가 실시여부
				담당부서	1. 민간경상사업보조(307-02) 2. 민간단체 법정운영비보조(307-03) 3. 민간행사사업보조(307-04) 4. 민간위탁금(307-05) 5. 사회복지시설 법정운영비보조(307-10) 6. 민간인위탁교육비(307-12) 7. 공기관등에대한경상적위탁사업비(308-10) 8. 민간자본사업보조,자체재원(402-01) 9. 민간자본사업보조,이전재원(402-02) 10. 민간위탁사업비(402-03) 11. 공기관등에 대한 자본적 대행사업비(403-02)	1. 법률에 규정 2. 국고보조 재원(국가지정) 3. 용도 지정 기부금 4. 조례에 직접규정 5. 지자체가 권장하는 사업을 하는 공공기관 6. 시,도 정책 및 재정사정 7. 기타 8. 해당없음	계약체결방법 (경쟁형태) 1. 일반경쟁 2. 제한경쟁 3. 지명경쟁 4. 수의계약 5. 법정위탁 6. 기타 ( ) 7. 해당없음	계약기간 1. 1년 2. 2년 3. 3년 4. 4년 5. 5년 6. 기타 ( )년 7. 단기계약 (1년미만) 8. 해당없음	낙찰자선정방법 1. 적격심사 2. 협상에의한계약 3. 최저가낙찰제 4. 규격가격분리 5. 2단계 경쟁입찰 6. 기타 ( ) 7. 해당없음	운영예산 산정 1. 내부산정 (지자체 자체적으로 산정) 2. 외부산정 (외부전문기관위탁 산정) 3. 내·외부 모두 산정 4. 산정 無 5. 해당없음	정산방법 1. 내부정산 (지자체 내부적으로 정산) 2. 외부정산 (외부전문기관위탁 정산) 3. 내·외부 모두 산정 4. 정산 無 5. 해당없음	1. 실시 2. 미실시 3. 향후 추진 4. 해당없음
7161	전북 전주시	지적장애인 자립지원센터 운영	147,330	생활복지과	5	1	1	1	1	1	1	1
7162	전북 전주시	정신요양시설 운영지원	2,270,522	생활복지과	5	1	7	8	7	5	2	1
7163	전북 전주시	장애인 거주시설 운영 지원	3,656,161	생활복지과	5	1	7	8	7	5	1	1
7164	전북 전주시	장애인 주간보호시설 운영	2,330,683	생활복지과	5	1	7	8	7	5	1	1
7165	전북 전주시	장애인 공동생활가정 운영	260,206	생활복지과	5	1	7	8	7	5	1	1
7166	전북 전주시	장애인 단기보호시설 운영	290,443	생활복지과	5	1	7	8	7	5	1	1
7167	전북 전주시	장애인 법정(개인) 거주시설 지원	97,226	생활복지과	5	1	7	8	7	5	1	1
7168	전북 전주시	장애인복지관 운영비	1,378,087	생활복지과	5	1	6	5	6	1	2	1
7169	전북 전주시	장애인 수화통역센터 운영	310,741	생활복지과	5	1	7	8	7	1	1	1
7170	전북 전주시	장애인 생활 이동 지원센터 운영	273,922	생활복지과	5	1	7	8	7	1	1	1
7171	전북 전주시	장애인 직업재활시설 운영비	1,318,545	생활복지과	5	1	7	8	7	5	2	1
7172	전북 전주시	장애인거주시설 생활지도원 교대인력 지원	173,174	생활복지과	5	1	7	8	7	5	1	1
7173	전북 전주시	독거노인 중증장애인 응급안전서비스 운영지원	206,524	통합돌봄과	5	1	7	8	7	5	1	1
7174	전북 전주시	대한노인회 분회 운영비 지원	59,700	통합돌봄과	5	1	7	8	7	1	1	1
7175	전북 전주시	시니어클럽 운영비	980,000	통합돌봄과	5	1	7	8	7	1	1	1
7176	전북 전주시	노인무료양로시설 지원	651,237	통합돌봄과	5	2	7	8	7	5	1	1
7177	전북 전주시	재가노인복지시설 지원	12,554,403	통합돌봄과	5	6	7	8	7	5	1	4
7178	전북 전주시	노인데이케어센터 운영	123,552	통합돌봄과	5	6	7	8	7	5	1	4
7179	전북 전주시	가정폭력 상담소 운영지원	294,362	여성가족과	5	2	7	8	7	5	1	4
7180	전북 전주시	가정폭력 피해자 보호시설 운영 지원	202,387	여성가족과	5	2	7	8	7	1	1	2
7181	전북 전주시	가정폭력 피해자 보호시설 운영 지원	3,960	여성가족과	5	2	7	8	7	1	1	2
7182	전북 전주시	성폭력 상담소 운영지원	333,915	여성가족과	5	2	7	8	7	1	1	2
7183	전북 전주시	성폭력 피해자 보호시설 운영지원	198,650	여성가족과	5	2	7	8	7	1	1	2
7184	전북 전주시	여성복지시설 종사자 수당	81,360	여성가족과	5	4	7	8	7	1	1	2
7185	전북 전주시	육아종합지원센터 위탁운영	540,000	여성가족과	5	1	7	8	7	1	1	2
7186	전북 전주시	야호(다함께)돌봄센터 인건비 지원	448,851	여성가족과	5	1	7	8	7	1	1	3
7187	전북 전주시	야호 (다함께)돌봄센터 운영비 지원	84,000	여성가족과	5	1	7	8	7	1	1	3
7188	전북 전주시	아동복지시설 운영지원	4,004,075	여성가족과	5	1	7	8	7	1	1	2
7189	전북 전주시	아동복지시설 종사자 특별수당	229,320	여성가족과	5	1	7	8	7	1	1	2
7190	전북 전주시	요보호아동 그룹홈 운영지원	1,604,934	여성가족과	5	1	7	8	7	1	1	2
7191	전북 전주시	학대피해아동 쉼터 운영	198,494	여성가족과	5	1	7	8	7	1	1	2
7192	전북 전주시	지역아동보호전문기관 운영	254,292	여성가족과	5	1	7	8	7	1	1	2
7193	전북 전주시	공동생활가정(그룹홈) 종사자 명절 수당	23,600	여성가족과	5	1	7	8	7	3	1	2
7194	전북 전주시	지역아동센터 종사자 특별수당	253,080	여성가족과	5	6	7	8	7	5	1	1
7195	전북 전주시	지역아동센터 종사자 복지수당	273,600	여성가족과	5	2	7	8	7	5	1	1
7196	전북 전주시	지역아동센터 종사자 명절수당	60,800	여성가족과	5	6	7	8	7	5	1	1
7197	전북 전주시	지역아동센터 냉난방비 지원	13,400	여성가족과	5	4	7	8	7	5	1	1
7198	전북 전주시	지역아동센터 교재교구비 지원	13,400	여성가족과	5	4	7	8	7	5	1	1
7199	전북 전주시	한부모가족 복지시설 운영비	1,072,385	여성가족과	5	1	7	8	7	1	1	2
7200	전북 전주시	한부모가족 복지시설 종사자 수당	22,068	여성가족과	5	1	7	8	7	1	1	2
7201	전북 전주시	건강가정지원업무 종사자 복지수당	20,520	여성가족과	5	6	7	8	7	1	1	2
7202	전북 전주시	다문화가족지원센터 종사인력 지원	29,003	여성가족과	5	6	7	8	7	1	1	2
7203	전북 전주시	다문화가족지원센터 종사자 수당	113,080	여성가족과	5	6	7	8	7	1	1	2

순번	시군구	지출명 (사업명)	2021년예산 (단위:천원/1년간)	담당자 (공무원) 담당부서	민간이전 분류 (지방자치단체 세출예산 집행기준에 의거) 1. 민간경상사업보조(307-02) 2. 민간단체 법정운영비보조(307-03) 3. 민간행사사업보조(307-04) 4. 민간위탁금(307-05) 5. 사회복지시설 법정운영비보조(307-10) 6. 민간인위탁교육비(307-12) 7. 공기관등에대한경상적위탁사업비(308-10) 8. 민간자본사업보조,자체재원(402-01) 9. 민간자본사업보조,이전재원(402-02) 10. 민간위탁사업비(402-03) 11. 공기관등에 대한 자본적 대행사업비(403-02)	민간이전지출 근거 (지방보조금 관리기준 참고) 1. 법률에 규정 2. 국고보조 재원(국가지정) 3. 용도 지정 기부금 4. 조례에 직접규정 5. 지자체가 권장하는 사업을 하는 공공기관 6. 시,도 정책 및 재정사정 7. 기타 8. 해당없음	입찰방식 계약체결방법 (경쟁형태) 1. 일반경쟁 2. 제한경쟁 3. 지명경쟁 4. 수의계약 5. 법정위탁 6. 기타 ( ) 7. 해당없음	입찰방식 계약기간 1. 1년 2. 2년 3. 3년 4. 4년 5. 5년 6. 기타 ( )년 7. 단기계약 (1년미만) 8. 해당없음	입찰방식 낙찰자선정방법 1. 적격심사 2. 협상에의한계약 3. 최저가낙찰제 4. 규격가격분리 5. 2단계 경쟁입찰 6. 기타 ( ) 7. 해당없음	운영예산 산정 운영예산 산정 1. 내부산정 (지자체 자체적으로 산정) 2. 외부산정 (외부전문기관위탁 산정) 3. 내·외부 모두 산정 4. 산정 無 5. 해당없음	운영예산 산정 정산방법 1. 내부정산 (지자체 내부적으로 정산) 2. 외부정산 (외부전문기관위탁 정산) 3. 내·외부 모두 산정 4. 정산 無 5. 해당없음	성과평가 실시여부 1. 실시 2. 미실시 3. 향후 추진 4. 해당없음
7204	전북 전주시	폭력피해 이주여성 보호시설 종사자 수당	12,640	여성가족과	5	2	7	8	7	1	1	2
7205	전북 전주시	폭력피해 이주여성 상담소 종사자 수당	49,000	여성가족과	5	2	7	8	7	1	1	2
7206	전북 전주시	보육시설 냉·난방비 지원	270,400	완산 가족청소년과	5	6	7	8	7	5	1	3
7207	전북 전주시	어린이집 급간식비 지원	540,160	완산 가족청소년과	5	6	7	8	7	5	1	3
7208	전북 전주시	노인여가시설 유지보수	9,750	완산 가족청소년과	5	1	1	7	7	1	1	3
7209	전북 전주시	경로당 냉난방비 및 양곡비 지원	719,498	완산 가족청소년과	5	1	7	8	7	1	1	3
7210	전북 전주시	주민참여형 경로당 시설지원	531,970	완산 가족청소년과	5	1	1	7	7	1	1	3
7211	전북 전주시	노인여가시설 유지보수	7,000	덕진 가족청소년과	5	1	1	7	7	1	1	2
7212	전북 전주시	경로당 냉난방비 및 양곡비 지원	730,212	덕진 가족청소년과	5	1	7	8	7	1	1	2
7213	전북 전주시	주민참여형 경로당 시설지원	283,500	덕진 가족청소년과	5	1	1	7	7	1	1	2
7214	전북 군산시	종합사회복지관관리	17,000	복지정책과	5	4	5	5	7	1	1	1
7215	전북 군산시	노숙인시설운영비	837,093	복지정책과	5	1	5	5	7	1	1	1
7216	전북 군산시	노숙인시설종사자특별수당	26,280	복지정책과	5	1	5	5	7	1	1	1
7217	전북 군산시	시니어클럽 운영비	313,490	경로장애인과	5	5	7	1	7	1	5	4
7218	전북 군산시	경로당 운영지원	1,122,590	경로장애인과	5	1	7	8	7	1	5	4
7219	전북 군산시	경로당 냉난방비 및 양곡비 지원	937,800	경로장애인과	5	2	7	8	7	1	5	4
7220	전북 군산시	장애인거주시설 운영 지원	4,109,738	경로장애인과	5	2	7	8	7	5	5	4
7221	전북 군산시	장애인공동생활시설 운영비	355,578	경로장애인과	5	1	7	8	7	5	5	4
7222	전북 군산시	장애인종합복지관 운영비	1,766,286	경로장애인과	5	1	7	5	7	5	5	4
7223	전북 군산시	장애인주간보호시설 운영비	715,496	경로장애인과	5	1	7	8	7	5	5	4
7224	전북 군산시	산돌 장애인주간보호시설 운영	36,990	경로장애인과	5	1	7	8	7	5	5	4
7225	전북 군산시	장애인생활이동지원센터 운영비	294,513	경로장애인과	5	1	7	8	7	5	5	4
7226	전북 군산시	수어통역센터 운영비	252,451	경로장애인과	5	1	7	8	7	5	5	4
7227	전북 군산시	장애인직업재활시설 운영비	721,092	경로장애인과	5	1	7	8	7	5	5	4
7228	전북 군산시	장애인복지시설 종사자 특별수당	247,257	경로장애인과	5	1	7	8	7	5	5	4
7229	전북 군산시	장애인거주시설 연립가구 운영	14,720	경로장애인과	5	1	7	8	7	1	5	4
7230	전북 군산시	모자복지시설 운영비 지원	368,968	여성가족과	5	2	7	8	7	5	1	1
7231	전북 군산시	모자복지시설 운영비 지원	138,170	여성가족과	5	2	7	8	7	5	1	1
7232	전북 정읍시	사회복지 심부름센터 운영비	90,185	사회복지과	5	1	7	8	7	5	5	3
7233	전북 정읍시	정읍시 사회복지협의회 운영비	47,600	사회복지과	5	1	7	8	7	5	5	3
7234	전북 정읍시	참좋은푸드뱅크 운영 지원	54,834	사회복지과	5	1	7	8	7	5	5	3
7235	전북 정읍시	참좋은푸드마켓 운영 지원	40,449	사회복지과	5	1	7	8	7	5	5	3
7236	전북 정읍시	광복회 운영비	10,000	사회복지과	5	4	7	8	7	5	5	3
7237	전북 정읍시	상이군경회 운영비	12,000	사회복지과	5	4	7	8	7	5	5	3
7238	전북 정읍시	전몰군경유족회 운영비	12,000	사회복지과	5	4	7	8	7	5	5	3
7239	전북 정읍시	전몰군경미망인회 운영비	12,000	사회복지과	5	4	7	8	7	5	5	3
7240	전북 정읍시	무공수훈자회 운영비	12,000	사회복지과	5	4	7	8	7	5	5	3
7241	전북 정읍시	고엽제전우회 운영비	16,000	사회복지과	5	4	7	8	7	5	5	3
7242	전북 정읍시	6.25참전 유공자회 운영비	20,000	사회복지과	5	4	7	8	7	5	5	3
7243	전북 정읍시	월남전참전자회 운영비	12,000	사회복지과	5	4	7	8	7	5	5	3
7244	전북 정읍시	재향군인회 운영비	12,000	사회복지과	5	4	7	8	7	5	5	3
7245	전북 정읍시	지역자활센터 종사자 특별수당	15,840	사회복지과	5	2	7	8	7	5	5	3
7246	전북 정읍시	지역자활센터 운영비	400,535	사회복지과	5	1	7	8	7	5	5	3

순번	시군구	지출명 (사업명)	2021년예산 (단위:천원/1년간)	담당자 (공무원) 담당부서	민간이전 분류 (지방자치단체 세출예산 집행기준에 의거) 1. 민간경상사업보조(307-02) 2. 민간단체 법정운영비보조(307-03) 3. 민간행사사업보조(307-04) 4. 민간위탁금(307-05) 5. 사회복지시설 법정운영비보조(307-10) 6. 민간인위탁교육비(307-12) 7. 공기관등에대한경상적위탁사업비(308-10) 8. 민간자본사업보조,자체재원(402-01) 9. 민간자본사업보조,이전재원(402-02) 10. 민간위탁사업비(402-03) 11. 공기관등에 대한 자본적 대행사업비(403-02)	민간이전지출 근거 (지방보조금 관리기준 참고) 1. 법률에 규정 2. 국고보조 재원(국가지정) 3. 용도 지정 기부금 4. 조례에 직접규정 5. 지자체가 권장하는 사업을 하는 공공기관 6. 시,도 정책 및 재정사정 7. 기타 8. 해당없음	입찰방식 계약체결방법 (경쟁형태) 1. 일반경쟁 2. 제한경쟁 3. 지명경쟁 4. 수의계약 5. 법정위탁 6. 기타 ( ) 7. 해당없음	입찰방식 계약기간 1. 1년 2. 2년 3. 3년 4. 4년 5. 5년 6. 기타 ( )년 7. 단기계약 (1년미만) 8. 해당없음	입찰방식 낙찰자선정방법 1. 적격심사 2. 협상에의한계약 3. 최저가낙찰제 4. 규격가격분리 5. 2단계 경쟁입찰 6. 기타 ( ) 7. 해당없음	운영예산 산정 운영예산 산정 1. 내부산정 (지자체 자체적으로 산정) 2. 외부산정 (외부전문기관위탁 산정) 3. 내·외부 모두 산정 4. 산정 無 5. 해당없음	운영예산 산정 정산방법 1. 내부정산 (지자체 내부적으로 정산) 2. 외부정산 (외부전문기관위탁 정산) 3. 내·외부 모두 산정 4. 정산 無 5. 해당없음	성과평가 실시여부 1. 실시 2. 미실시 3. 향후 추진 4. 해당없음
7247	전북 정읍시	자활일자리사업 참여자 국비 사례관리	28,989	사회복지과	5	1	7	8	7	5	5	3
7248	전북 정읍시	성폭력상담소운영	139,428	여성정책	5	2	7	8	7	5	5	3
7249	전북 정읍시	가정폭력상담소 운영	138,892	여성정책	5	2	7	8	7	5	5	3
7250	전북 정읍시	지역아동센터 기본운영비	1,986,960	드림스타트	5	1	7	8	7	5	5	3
7251	전북 정읍시	지역아동센터 운영비 추가지원	18,000	드림스타트	5	1	7	8	7	5	5	3
7252	전북 정읍시	지역아동센터 운영비	10,800	드림스타트	5	1	7	8	7	5	5	3
7253	전북 정읍시	지역아동센터 공기청정기 임대료 지원	33,810	드림스타트	5	1	7	8	7	5	5	3
7254	전북 정읍시	우수지역아동센터 지원	61,700	드림스타트	5	1	7	8	7	5	5	3
7255	전북 정읍시	지역아동센터 특수목적형 운영지원	14,616	드림스타트	5	1	7	8	7	5	5	3
7256	전북 정읍시	지역아동센터 토요운영 지원	36,480	드림스타트	5	1	7	8	7	5	5	3
7257	전북 정읍시	공공성 강화 선도모델 사업 지역아동센터 추가지원	4,800	드림스타트	5	1	7	8	7	5	5	3
7258	전북 정읍시	보육교직원 인건비 지원	6,607,800	아동보육	5	1	7	8	7	5	5	3
7259	전북 정읍시	다함께돌봄센터 인건비	13,260	드림스타트	5	1	7	8	7	5	5	3
7260	전북 정읍시	다함께돌봄센터 운영비	900,000	드림스타트	5	1	7	8	7	5	5	3
7261	전북 정읍시	다함께돌봄센터 설치비	50,000	다문화가족	5	1	7	8	7	5	5	3
7262	전북 정읍시	노인복지관 이용자 버스운영비 지원	96,000	노인시설팀	5	1	7	8	7	5	5	3
7263	전북 정읍시	대한노인회정읍시지회 운영	40,000	노인정책팀	5	1	7	8	7	5	5	3
7264	전북 정읍시	재가노인복지시설 종사자 특별수당	23,760	노인시설팀	5	1	7	8	7	5	5	3
7265	전북 정읍시	시니어클럽 운영	290,000	노인정책팀	5	1	7	8	7	5	5	3
7266	전북 정읍시	지체장애인협회 운영지원	18,500	장애인복지팀	5	1	7	8	7	5	5	3
7267	전북 정읍시	시각장애인협회 운영지원	17,967	장애인복지팀	5	1	7	8	7	5	5	3
7268	전북 정읍시	꿈드레(신체)장애인협회 운영지원	10,400	장애인복지팀	5	1	7	8	7	5	5	3
7269	전북 정읍시	농아인협회 운영지원	12,500	장애인복지팀	5	1	7	8	7	5	5	3
7270	전북 정읍시	한국장애인부모회 운영지원	7,000	장애인복지팀	5	1	7	8	7	5	5	3
7271	전북 정읍시	신장장애인협회 운영 지원	5,770	장애인복지팀	5	1	7	8	7	5	5	3
7272	전북 정읍시	전북장애인부모회 운영지원	4,000	장애인복지팀	5	1	7	8	7	5	5	3
7273	전북 정읍시	장애인거주시설(법인)운영 지원	6,523,567	장애인복지팀	5	1	7	8	7	5	5	3
7274	전북 정읍시	장애인거주시설 생활지도원 교대인력 지원	325,300	장애인복지팀	5	1	7	8	7	5	5	3
7275	전북 정읍시	장애인거주시설(개인)운영 지원	1,273,634	장애인복지팀	5	1	7	8	7	5	5	3
7276	전북 정읍시	장애인공동생활가정운영	48,797	장애인복지팀	5	1	7	8	7	5	5	3
7277	전북 정읍시	장애인 직업재활시설 운영	690,418	장애인복지팀	5	1	7	8	7	5	5	3
7278	전북 정읍시	울림주간보호센터 운영지원	137,696	장애인복지팀	5	1	7	8	7	5	5	3
7279	전북 정읍시	푸른나래주간보호센터 운영지원	127,479	장애인복지팀	5	1	7	8	7	5	5	3
7280	전북 정읍시	울림주간보호센터 운영지원	15,759	장애인복지팀	5	1	7	8	7	5	5	3
7281	전북 정읍시	푸른나래주간보호센터 운영지원	15,759	장애인복지팀	5	1	7	8	7	5	5	3
7282	전북 정읍시	장애인 수어통역센터 운영	219,918	장애인복지팀	5	1	7	8	7	5	5	3
7283	전북 정읍시	장애인생활이동지원센터 운영	266,369	장애인복지팀	5	1	7	8	7	5	5	3
7284	전북 남원시	새마을운동 남원시지회 운영	21,400	행정지원과	5	1	6	1	6	1	1	1
7285	전북 김제시	사회복지관 운영	576,582	주민복지과	5	1	7	8	7	1	1	1
7286	전북 김제시	사회복지관 운영	382,980	주민복지과	5	1	7	8	7	1	1	1
7287	전북 김제시	사회복지관 종사자 특별수당	45,000	주민복지과	5	6	7	8	7	1	1	1
7288	전북 김제시	마을만들기	10,000	주민복지과	5	6	7	8	7	1	1	1
7289	전북 김제시	해피패밀리	10,000	주민복지과	5	6	7	8	7	1	1	1

순번	시군구	지출명 (사업명)	2021년예산 (단위:천원/1년간)	담당자 (공무원)	민간이전 분류 (지방자치단체 세출예산 집행기준에 의거)	민간이전지출 근거 (지방보조금 관리기준 참고)	입찰방식			운영예산 산정		성과평가 실시여부
				담당부서	1. 민간경상사업보조(307-02) 2. 민간단체 법정운영비보조(307-03) 3. 민간행사사업보조(307-04) 4. 민간위탁금(307-05) 5. 사회복지시설 법정운영비보조(307-10) 6. 민간인위탁교육비(307-12) 7. 공기관등에대한경상적위탁사업비(308-10) 8. 민간자본사업보조,자체재원(402-01) 9. 민간자본사업보조,이전재원(402-02) 10. 민간위탁사업비(402-03) 11. 공기관등에 대한 자본적 대행사업비(403-02)	1. 법률에 규정 2. 국고보조 재원(국가지정) 3. 용도 지정 기부금 4. 조례에 직접규정 5. 지자체가 권장하는 사업을 하는 공공기관 6. 시,도 정책 및 재정사정 7. 기타 8. 해당없음	계약체결방법 (경쟁형태) 1. 일반경쟁 2. 제한경쟁 3. 지명경쟁 4. 수의계약 5. 법정위탁 6. 기타 ( ) 7. 해당없음	계약기간 1. 1년 2. 2년 3. 3년 4. 4년 5. 5년 6. 기타 ( )년 7. 단기계약 (1년미만) 8. 해당없음	낙찰자선정방법 1. 적격심사 2. 협상에의한계약 3. 최저가낙찰제 4. 규격가격분리 5. 2단계 경쟁입찰 6. 기타 ( ) 7. 해당없음	운영예산 산정 1. 내부산정 (지자체 자체적으로 산정) 2. 외부산정 (외부전문기관위탁 산정) 3. 내·외부 모두 산정 4. 산정 無 5. 해당없음	정산방법 1. 내부정산 (지자체 내부적으로 정산) 2. 외부정산 (외부전문기관위탁 정산) 3. 내·외부 모두 산정 4. 정산 無 5. 해당없음	1. 실시 2. 미실시 3. 향후 추진 4. 해당없음
7290	전북 김제시	좋은 이웃 만들기 캠페인	10,000	주민복지과	5	6	7	8	7	1	1	1
7291	전북 김제시	기초푸드뱅크 사업	49,400	주민복지과	5	1	7	8	7	1	1	1
7292	전북 김제시	지역자활센터 운영	400,535	주민복지과	5	2	7	8	7	1	1	1
7293	전북 김제시	자활일자리사업참여자 국비 사례관리	28,989	주민복지과	5	2	7	8	7	1	1	1
7294	전북 김제시	지역자활센터 종사자 특별수당	15,840	주민복지과	5	6	7	8	7	1	1	1
7295	전북 김제시	장애인종합복지관 운영	1,314,488	주민복지과	5	6	7	8	7	1	1	1
7296	전북 김제시	장애인 생활이동지원센터 운영	264,014	주민복지과	5	6	7	8	7	1	1	1
7297	전북 김제시	장애인수어통역센터 운영	248,926	주민복지과	5	6	7	8	7	1	1	1
7298	전북 김제시	장애인복지시설 종사자 특별수당 지급	92,220	주민복지과	5	6	7	8	7	1	1	1
7299	전북 김제시	장애인 주간보호시설 운영	146,391	주민복지과	5	6	7	8	7	1	1	1
7300	전북 김제시	장애인 주간보호시설 운영	15,759	주민복지과	5	6	7	8	7	1	1	1
7301	전북 김제시	장애인 직업재활시설 운영	476,508	주민복지과	5	6	7	8	7	1	1	1
7302	전북 김제시	장애인체육관 운영	232,334	주민복지과	5	4	7	8	7	1	1	1
7303	전북 김제시	장애인 평생교육센터 운영	193,880	주민복지과	5	6	7	8	7	1	1	1
7304	전북 김제시	개인운영 장애유형별 거주시설 운영비 지원	942,494	주민복지과	5	6	7	8	7	1	1	1
7305	전북 김제시	법인운영 장애유형별 거주시설 운영비 지원	524,974	주민복지과	5	2	7	8	7	1	1	1
7306	전북 김제시	장애인거주시설 생활지도원 교대인력 지원	26,643	주민복지과	5	2	7	8	7	1	1	1
7307	전북 김제시	경로당 운영비 지원	1,148,570	여성가족과	5	6	7	8	7	5	5	4
7308	전북 김제시	경로당 동절기 난방비,냉방비,양곡비 지원	1,411,840	여성가족과	5	2	7	8	7	5	5	4
7309	전북 김제시	청소년상담복지센터 운영비	211,875	체육청소년과	5	1	7	8	7	1	1	1
7310	전북 김제시	청소년상담복지센터 사업지원	18,000	체육청소년과	5	1	7	8	7	1	1	1
7311	전북 완주군	자원봉사센터 운영	156,249	행정지원과	5	1	7	8	7	3	3	1
7312	전북 완주군	전몰군경유족회 완주지회 운영 지원	7,100	사회복지과	5	1	7	8	7	1	1	1
7313	전북 완주군	전몰군경 미망인회 완주지회 운영 지원	6,000	사회복지과	5	1	7	8	7	1	1	1
7314	전북 완주군	상이군경회 완주지회 운영 지원	9,300	사회복지과	5	1	7	8	7	1	1	1
7315	전북 완주군	무공수훈자회 완주지회 운영 지원	8,000	사회복지과	5	1	7	8	7	1	1	1
7316	전북 완주군	6.25참전유공자회 완주지회 운영 지원	9,000	사회복지과	5	1	7	8	7	1	1	1
7317	전북 완주군	고엽제전우회 완주지회 운영 지원	7,200	사회복지과	5	1	7	8	7	1	1	1
7318	전북 완주군	월남전참전자전우회완주지회 운영지원	5,400	사회복지과	5	1	7	8	7	1	1	1
7319	전북 완주군	재향군인회 운영지원	8,000	사회복지과	5	1	7	8	7	1	1	1
7320	전북 완주군	보훈회관 운영협의회 운영지원	6,590	사회복지과	5	1	7	8	7	1	1	1
7321	전북 완주군	지역사회보장협의체 운영	47,000	사회복지과	5	4	7	8	7	1	1	1
7322	전북 완주군	사회복지협의회 운영	45,000	사회복지과	5	4	7	8	7	1	1	1
7323	전북 완주군	정신요양시설 운영지원	2,461,885	사회복지과	5	1	7	8	7	5	3	4
7324	전북 완주군	정신요양시설 종사자 특별수당	64,800	사회복지과	5	1	7	8	7	5	3	4
7325	전북 완주군	완주군장애인연합회 운영 지원	36,600	사회복지과	5	1	7	8	7	1	1	1
7326	전북 완주군	지체장애인협회 완주군지회 운영 지원	17,400	사회복지과	5	1	7	8	7	1	1	1
7327	전북 완주군	꿈드래장애인협회 완주군지부 운영 지원	17,400	사회복지과	5	1	7	8	7	1	1	1
7328	전북 완주군	농아인협회 완주군지부 운영 지원	17,400	사회복지과	5	1	7	8	7	1	1	1
7329	전북 완주군	장애인부모회 완주군지부 운영 지원	17,400	사회복지과	5	1	7	8	7	1	1	1
7330	전북 완주군	교통장애인협회 완주군지회 운영 지원	17,400	사회복지과	5	1	7	8	7	1	1	1
7331	전북 완주군	장애인생활이동지원센터 운영	153,617	사회복지과	5	1	7	8	7	5	1	4
7332	전북 완주군	수화통역센터 운영	129,522	사회복지과	5	1	7	8	7	5	1	4

순번	시군구	지출명 (사업명)	2021년예산 (단위:천원/1년간)	담당자 (공무원) 담당부서	민간이전 분류 (지방자치단체 세출예산 집행기준에 의거) 1. 민간경상사업보조(307-02) 2. 민간단체 법정운영비보조(307-03) 3. 민간행사사업보조(307-04) 4. 민간위탁금(307-05) 5. 사회복지시설 법정운영비보조(307-10) 6. 민간인위탁교육비(307-12) 7. 공기관등에대한경상적위탁사업비(308-10) 8. 민간자본사업보조,자체재원(402-01) 9. 민간자본사업보조,이전재원(402-02) 10. 민간위탁사업비(402-03) 11. 공기관등에 대한 자본적 대행사업비(403-02)	민간이전지출 근거 (지방보조금 관리기준 참고) 1. 법률에 규정 2. 국고보조 재원(국가지정) 3. 용도 지정 기부금 4. 조례에 직접규정 5. 지자체가 권장하는 사업을 하는 공공기관 6. 시,도 정책 및 재정사정 7. 기타 8. 해당없음	입찰방식 계약체결방법 (경쟁형태) 1. 일반경쟁 2. 제한경쟁 3. 지명경쟁 4. 수의계약 5. 법정위탁 6. 기타 ( ) 7. 해당없음	입찰방식 계약기간 1. 1년 2. 2년 3. 3년 4. 4년 5. 5년 6. 기타 ( )년 7. 단기계약 (1년미만) 8. 해당없음	입찰방식 낙찰자선정방법 1. 적격심사 2. 협상에의한계약 3. 최저가낙찰제 4. 규격가격분리 5. 2단계 경쟁입찰 6. 기타 ( ) 7. 해당없음	운영예산 산정 운영예산 산정 1. 내부산정 (지자체 자체적으로 산정) 2. 외부산정 (외부전문기관위탁 산정) 3. 내·외부 모두 산정 4. 산정 無 5. 해당없음	운영예산 산정 정산방법 1. 내부정산 (지자체 내부적으로 정산) 2. 외부정산 (외부전문기관위탁 정산) 3. 내·외부 모두 산정 4. 정산 無 5. 해당없음	성과평가 실시여부 1. 실시 2. 미실시 3. 향후 추진 4. 해당없음
7333	전북 완주군	장애인 주간보호시설 운영	152,563	사회복지과	5	1	7	8	7	5	1	4
7334	전북 완주군	장애인보장구지원센터 운영 지원	60,800	사회복지과	5	1	7	8	7	5	1	4
7335	전북 완주군	장애인인권정보센터 운영 지원	68,220	사회복지과	5	1	7	8	7	5	1	4
7336	전북 완주군	장애인 직업재활시설 운영	814,492	사회복지과	5	1	7	8	7	5	1	4
7337	전북 완주군	장애인거주시설 운영지원	7,439,165	사회복지과	5	1	7	8	7	5	1	4
7338	전북 완주군	장애인복지시설 종사자 특별수당	341,515	사회복지과	5	1	7	8	7	5	3	4
7339	전북 완주군	노인회 활성화 사업	135,710	사회복지과	5	1	7	1	7	1	1	1
7340	전북 완주군	노인단체 운영지원	18,000	사회복지과	5	1	7	1	7	1	1	1
7341	전북 완주군	시니어클럽 운영 지원	270,000	사회복지과	5	1	5	8	7	1	1	4
7342	전북 완주군	시니어클럽 종사자 특별수당	8,280	사회복지과	5	1	5	8	7	1	1	4
7343	전북 완주군	노인복지시설 종사자 특별수당	236,880	사회복지과	5	1	7	8	7	1	1	4
7344	전북 완주군	재가노인복지시설 종사자 특별수당	30,960	사회복지과	5	1	7	8	7	1	1	4
7345	전북 완주군	노인돌봄데이케어센터 운영	43,920	사회복지과	5	1	6	1	6	3	1	1
7346	전북 완주군	한부모가족복지시설 운영비	368,982	교육아동복지과	5	1	7	1	7	1	1	1
7347	전북 완주군	한부모가족복지시설 종사자 특별수당	9,000	교육아동복지과	5	1	7	1	7	1	1	1
7348	전북 완주군	지역아동센터 운영비 지원	951,120	교육아동복지과	5	2	7	8	7	5	1	1
7349	전북 완주군	공기청정기 지원	19,872	교육아동복지과	5	2	7	8	7	5	1	1
7350	전북 완주군	등하원 안심알림이 이용료 지원	4,680	교육아동복지과	5	2	7	8	7	5	1	1
7351	전북 완주군	우수지역아동센터 지원	33,880	교육아동복지과	5	2	7	8	7	5	1	1
7352	전북 완주군	지역아동센터 종사자 처우개선비	53,640	교육아동복지과	5	6	7	8	7	5	1	1
7353	전북 완주군	지역아동센터 종사자 처우개선비	12,800	교육아동복지과	5	6	7	8	7	5	1	1
7354	전북 완주군	지역아동센터 프로그램비 추가 지원	97,418	교육아동복지과	5	6	7	8	7	5	1	1
7355	전북 완주군	특수목적형 지역아동센터 추가지원	21,924	교육아동복지과	5	2	7	8	7	5	1	1
7356	전북 완주군	토요운영 지역아동센터 추가지원	10,944	교육아동복지과	5	2	7	8	7	5	1	1
7357	전북 완주군	지역아동센터 방과후 급식비 지원	466,250	교육아동복지과	5	6	7	8	7	5	1	1
7358	전북 완주군	공립지역아동센터 운영	30,800	교육아동복지과	5	4	7	8	7	5	1	1
7359	전북 완주군	지역아동센터 교재교구비 지원	11,120	교육아동복지과	5	4	7	8	7	5	1	1
7360	전북 완주군	지역아동센터 간식비 지원	33,000	교육아동복지과	5	4	7	8	7	5	1	1
7361	전북 완주군	지역아동센터 환경개선 지원	14,000	교육아동복지과	5	2	7	8	7	5	1	1
7362	전북 완주군	지역아동센터 운영비 추가지원	7,800	교육아동복지과	5	6	7	8	7	5	1	1
7363	전북 완주군	아동복지시설 운영비	1,029,824	교육아동복지과	5	1	7	8	7	5	1	1
7364	전북 완주군	아동복지시설 종사자 처우개선비	48,600	교육아동복지과	5	1	7	8	7	5	1	1
7365	전북 완주군	요보호아동 그룹홈 운영	267,489	교육아동복지과	5	2	7	8	7	5	1	1
7366	전북 완주군	보육 교직원 인건비 지원	7,266,400	교육아동복지과	5	1	7	8	7	5	1	4
7367	전북 완주군	보육교사 처우개선비	1,423,400	교육아동복지과	5	1	7	8	7	5	1	4
7368	전북 완주군	어린이집 대체교사	136,260	교육아동복지과	5	1	7	8	7	5	1	4
7369	전북 완주군	공공형어린이집 운영비	330,000	교육아동복지과	5	1	7	8	7	5	1	4
7370	전북 완주군	어린이집 차량운영비	236,000	교육아동복지과	5	1	7	8	7	5	1	4
7371	전북 완주군	농어촌법인어린이집 지원	35,800	교육아동복지과	5	1	7	8	7	5	1	4
7372	전북 완주군	어린이집 운영지원	50,000	교육아동복지과	5	1	7	8	7	5	1	4
7373	전북 완주군	어린이집 교원 양성지원	6,190	교육아동복지과	5	1	7	8	7	5	1	4
7374	전북 완주군	민간시설 농어촌차량운영비	70,200	교육아동복지과	5	1	7	8	7	5	1	4
7375	전북 완주군	어린이집 보육도우미 지원	80,000	교육아동복지과	5	1	7	8	7	5	1	4

순번	시군구	지출명 (사업명)	2021년예산 (단위:천원/1년간)	담당자 (공무원)	민간이전 분류 (지방자치단체 세출예산 집행기준에 의거)	민간이전지출 근거 (지방보조금 관리기준 참고)	입찰방식			운영예산 산정		성과평가 실시여부
				담당부서	1. 민간경상사업보조(307-02) 2. 민간단체 법정운영비보조(307-03) 3. 민간행사사업보조(307-04) 4. 민간위탁금(307-05) 5. 사회복지시설 법정운영비보조(307-10) 6. 민간인위탁교육비(307-12) 7. 공기관등에대한경상적위탁사업비(308-10) 8. 민간자본사업보조,자체재원(402-01) 9. 민간자본사업보조,이전재원(402-02) 10. 민간위탁사업비(402-03) 11. 공기관등에 대한 자본적 대행사업비(403-02)	1. 법률에 규정 2. 국고보조 재원(국가지정) 3. 용도 지정 기부금 4. 조례에 직접규정 5. 지자체가 권장하는 사업을 하는 공공기관 6. 시,도 정책 및 재정사정 7. 기타 8. 해당없음	계약체결방법 (경쟁형태) 1. 일반경쟁 2. 제한경쟁 3. 지명경쟁 4. 수의계약 5. 법정위탁 6. 기타 ( ) 7. 해당없음	계약기간 1. 1년 2. 2년 3. 3년 4. 4년 5. 5년 6. 기타 ( )년 7. 단기계약 (1년미만) 8. 해당없음	낙찰자선정방법 1. 적격심사 2. 협상에의한계약 3. 최저가낙찰제 4. 규격가격분리 5. 2단계 경쟁입찰 6. 기타 ( ) 7. 해당없음	운영예산 산정 1. 내부산정 (지자체 자체적으로 산정) 2. 외부산정 (외부전문기관위탁 산정) 3. 내·외부 모두 산정 4. 산정 無 5. 해당없음	정산방법 1. 내부정산 (지자체 내부적으로 정산) 2. 외부정산 (외부전문기관위탁 정산) 3. 내·외부 모두 산정 4. 정산 無 5. 해당없음	1. 실시 2. 미실시 3. 향후 추진 4. 해당없음
7376	전북 완주군	보육시설 냉난방비 지원	84,000	교육아동복지과	5	1	7	8	7	5	1	4
7377	전북 완주군	공공형어린이집 교육운영 지원비	8,000	교육아동복지과	5	1	7	8	7	5	1	4
7378	전북 완주군	교사,원장겸직 어린이집 조리원 인건비 지원	142,800	교육아동복지과	5	1	7	8	7	5	1	4
7379	전북 완주군	어린이집 운영비 특별지원	30,000	교육아동복지과	5	1	7	8	7	5	1	4
7380	전북 완주군	정신재활시설 운영	676,180	건강증진과	5	1	7	8	7	1	1	4
7381	전북 진안군	수어통역센터 운영	156,669	사회복지과	5	1	7	8	7	1	1	4
7382	전북 진안군	장애인 주간보호시설 운영	134,702	사회복지과	5	1	7	8	7	1	1	4
7383	전북 진안군	장애인 주간보호시설 운영	64,365	사회복지과	5	1	7	8	7	1	1	4
7384	전북 진안군	장애인 주간보호시설 운영	15,759	사회복지과	5	1	7	8	7	1	1	4
7385	전북 진안군	장애인 생활이동 지원센터	144,792	사회복지과	5	1	7	8	7	1	1	4
7386	전북 진안군	장애인복지시설 종사자 특별수당	90,300	사회복지과	5	1	7	8	7	1	1	4
7387	전북 진안군	장애인편의시설 지원센터 운영	64,404	사회복지과	5	1	7	8	7	1	1	4
7388	전북 진안군	장애인 거주시설 운영	1,142,229	사회복지과	5	1	7	8	7	1	1	4
7389	전북 진안군	장애인거주시설 생활지도원 교대인력 지원	58,613	사회복지과	5	1	7	8	7	1	1	4
7390	전북 진안군	장애인공동생활가정 운영	66,602	사회복지과	5	1	7	8	7	1	1	4
7391	전북 진안군	경력단절여성 취업지원설계사 운영	60,606	여성가족과	5	1	7	8	7	5	1	4
7392	전북 진안군	취업상담사 등 활동비 지원	3,600	여성가족과	5	1	7	8	7	5	1	4
7393	전북 진안군	재가노인복지시설 운영비	322,974	여성가족과	5	1	7	8	7	1	1	1
7394	전북 진안군	재가노인복지시설 종사자특별수당	12,960	여성가족과	5	1	7	8	7	1	1	1
7395	전북 진안군	노인데이케어센터 운영	44,640	여성가족과	5	1	7	8	7	1	1	1
7396	전북 진안군	노인복지관 노인맞춤형 운동처방관리사	28,060	여성가족과	5	1	7	8	7	1	1	1
7397	전북 진안군	노인복지관 종사자 특별수당	22,370	여성가족과	5	1	7	8	7	1	1	1
7398	전북 진안군	노인생활시설 종사자 특별수당	60,000	여성가족과	5	1	7	8	7	1	1	1
7399	전북 진안군	보육교직원 인건비 지원	200,839	여성가족과	5	2	7	8	7	5	1	4
7400	전북 진안군	보육교직원 인건비 지원	200,839	여성가족과	5	2	7	8	7	5	1	4
7401	전북 진안군	보육교직원 인건비 지원	200,839	여성가족과	5	2	7	8	7	5	1	4
7402	전북 진안군	보육교직원 인건비 지원	200,839	여성가족과	5	2	7	8	7	5	1	4
7403	전북 진안군	보육교직원 인건비 지원	200,839	여성가족과	5	2	7	8	7	5	1	4
7404	전북 진안군	보육교직원 인건비 지원	200,839	여성가족과	5	2	7	8	7	5	1	4
7405	전북 진안군	시간제보육 제공기관지원	2,700,000	여성가족과	5	2	7	8	7	5	5	4
7406	전북 진안군	보조교사 지원	490,400	여성가족과	5	2	7	8	7	5	1	4
7407	전북 진안군	연장교사 지원	490,400	여성가족과	5	2	7	8	7	5	1	4
7408	전북 진안군	연장교사 지원	490,400	여성가족과	5	2	7	8	7	5	1	4
7409	전북 진안군	시간제보육 제공기관지원	2,700,000	여성가족과	5	2	7	8	7	5	5	4
7410	전북 진안군	지역아동센터운영지원	886,680	여성가족과	5	1	7	8	7	5	1	4
7411	전북 진안군	지역아동센터종사자특별수당	93,330	여성가족과	5	1	7	8	7	5	1	4
7412	전북 진안군	지역아동센터 프로그램비 추가지원	87,750	여성가족과	5	1	7	8	7	5	1	4
7413	전북 진안군	지역아동센터 종사자 명절수당	10,800	여성가족과	5	1	7	8	7	5	1	4
7414	전북 진안군	지역아동센터 아동 급식지원	431,235	여성가족과	5	1	7	8	7	5	1	4
7415	전북 진안군	지역아동센터 차량운영비 지원	24,000	여성가족과	5	1	7	8	7	5	1	4
7416	전북 진안군	지역아동센터 냉난방비 지원	24,000	여성가족과	5	1	7	8	7	5	1	4
7417	전북 진안군	지역아동센트 프로그램비 지원	43,200	여성가족과	5	1	7	8	7	5	1	4
7418	전북 진안군	30인이상 지역아동센터 종사자 인건비 지원	18,000	여성가족과	5	1	7	8	7	5	1	4

순번	시군구	지출명 (사업명)	2021년예산 (단위:천원/1년간)	담당자 (공무원) 담당부서	민간이전 분류 (지방자치단체 세출예산 집행기준에 의거) 1. 민간경상사업보조(307-02) 2. 민간단체 법정운영비보조(307-03) 3. 민간행사사업보조(307-04) 4. 민간위탁금(307-05) 5. 사회복지시설 법정운영비보조(307-10) 6. 민간인위탁교육비(307-12) 7. 공기관등에대한경상적위탁사업비(308-10) 8. 민간자본사업보조,자체재원(402-01) 9. 민간자본사업보조,이전재원(402-02) 10. 민간위탁사업비(402-03) 11. 공기관등에 대한 자본적 대행사업비(403-02)	민간이전지출 근거 (지방보조금 관리기준 참고) 1. 법률에 규정 2. 국고보조 재원(국가지정) 3. 용도 지정 기부금 4. 조례에 직접규정 5. 지자체가 권장하는 사업을 하는 공공기관 6. 시,도 정책 및 재정사정 7. 기타 8. 해당없음	입찰방식 계약체결방법 (경쟁형태) 1. 일반경쟁 2. 제한경쟁 3. 지명경쟁 4. 수의계약 5. 법정위탁 6. 기타 ( ) 7. 해당없음	입찰방식 계약기간 1. 1년 2. 2년 3. 3년 4. 4년 5. 5년 6. 기타 ( )년 7. 단기계약 (1년미만) 8. 해당없음	입찰방식 낙찰자선정방법 1. 적격심사 2. 협상에의한계약 3. 최저가낙찰제 4. 규격가격분리 5. 2단계 경쟁입찰 6. 기타 ( ) 7. 해당없음	운영예산 산정 운영예산 산정 1. 내부산정 (지자체 자체적으로 산정) 2. 외부산정 (외부전문기관위탁 산정) 3. 내·외부 모두 산정 4. 산정 無 5. 해당없음	운영예산 산정 정산방법 1. 내부정산 (지자체 내부적으로 정산) 2. 외부정산 (외부전문기관위탁 정산) 3. 내·외부 모두 산정 4. 정산 無 5. 해당없음	성과평가 실시여부 1. 실시 2. 미실시 3. 향후 추진 4. 해당없음
7419	전북 진안군	지역아동센터 공기청정기 임대료 지원	14,628	여성가족과	5	1	7	8	7	5	1	4
7420	전북 진안군	토요운영 지역아동센터 추가지원	10,944	여성가족과	5	1	7	8	7	5	1	4
7421	전북 진안군	특수목적형 지역아동센터 추가지원	7,308	여성가족과	5	1	7	8	7	5	1	4
7422	전북 진안군	우수지역아동센터 지원	26,620	여성가족과	5	1	7	8	7	5	1	4
7423	전북 진안군	지역아동센터 알림이 카드발급 및 서비스 이용료	4,320	여성가족과	5	1	7	8	7	5	1	4
7424	전북 진안군	공공성강화 선도모델사업 지역아동센터 추가지원	4,800	여성가족과	5	1	7	8	7	5	1	4
7425	전북 진안군	지역아동센터 운영비 추가지원	7,200	여성가족과	5	1	7	8	7	5	1	4
7426	전북 진안군	공동생활가정 운영지원	267,489	여성가족과	5	1	7	8	7	5	5	4
7427	전북 진안군	공동생활가정 종사자 특별수당	15,120	여성가족과	5	1	7	8	7	5	1	4
7428	전북 진안군	공동생활가정 야간근무수당	5,400	여성가족과	5	1	7	8	7	5	1	4
7429	전북 진안군	공동생활가정 종사자 명절수당	3,600	여성가족과	5	1	7	8	7	5	1	4
7430	전북 진안군	마구동지구 주민돌봄사업	129,840	건설교통과	5	2	7	8	7	5	5	4
7431	전북 진안군	정신재활시설운영	512,860	보건소	5	1	7	8	7	1	1	4
7432	전북 무주군	지역자활센터운영	327,767	사회복지과	5	2	7	8	7	5	3	4
7433	전북 무주군	지역자활센터 종사자 특별수당	10,080	사회복지과	5	6	7	8	7	5	3	4
7434	전북 무주군	장애인거주시설 운영	1,176,780	사회복지과	5	2	5	8	7	5	3	4
7435	전북 무주군	장애인생활이동지원센터 운영	148,008	사회복지과	5	6	5	8	7	5	3	4
7436	전북 무주군	수어통역센터 운영	157,115	사회복지과	5	6	5	8	7	5	3	4
7437	전북 무주군	장애인복지시설 종사자 특별수당	90,660	사회복지과	5	6	5	8	7	5	3	4
7438	전북 무주군	장애인편의시설지원센터 운영	60,065	사회복지과	5	6	5	8	7	5	3	4
7439	전북 무주군	무료경로식당 운영지원	67,500	사회복지과	5	1	5	5	1	1	1	1
7440	전북 무주군	노인복지관 종사자 특별수당	13,700	사회복지과	5	1	5	5	1	1	1	1
7441	전북 무주군	시니어클럽 지원	279,000	사회복지과	5	1	2	1	1	1	1	4
7442	전북 무주군	노인 사회참여확대 지원	149,280	사회복지과	5	1	5	8	7	1	1	3
7443	전북 무주군	노인생활시설 종사자 특별수당 지원	45,000	사회복지과	5	1	5	5	1	1	1	1
7444	전북 무주군	경로당운영비지원	235,840	사회복지과	5	1	5	8	7	1	1	3
7445	전북 무주군	경로당 난방비 지원	320,950	사회복지과	5	1	5	8	7	1	1	3
7446	전북 무주군	경로당 간식비 지원	132,700	사회복지과	5	1	5	8	7	1	1	3
7447	전북 무주군	경로당 냉난방비 및 정부양곡 지원	613,604	사회복지과	5	1	5	8	7	1	1	3
7448	전북 무주군	노인복지관 연계프로그램 운영 지원	55,132	사회복지과	5	1	5	5	1	1	1	1
7449	전북 무주군	경로당 개보수사업	60,695	사회복지과	5	1	5	8	7	1	1	3
7450	전북 무주군	지역아동센터 운영비 지원	429,240	사회복지과	5	1	7	7	7	5	1	4
7451	전북 무주군	지역아동센터 냉난방비 지원	10,800	사회복지과	5	4	7	7	7	5	1	4
7452	전북 무주군	지역아동센터 종사자 인건비 지원	64,668	사회복지과	5	4	7	7	7	5	1	4
7453	전북 무주군	지역아동센터 프로그램비 추가지원	42,414	사회복지과	5	1	7	7	7	5	1	4
7454	전북 무주군	특수목적형 지원	7,308	사회복지과	5	1	7	7	7	5	1	4
7455	전북 무주군	지역아동센터 급식 종사자 인건비 지원	50,228	사회복지과	5	4	7	7	7	5	1	4
7456	전북 무주군	지역아동센터 장기근속 장려금	9,600	사회복지과	5	4	7	7	7	5	1	4
7457	전북 무주군	지역아동센터 종사자 명절수당	5,200	사회복지과	5	1	7	7	7	5	1	4
7458	전북 무주군	지역아동센터 차량 운영비 지원	16,800	사회복지과	5	4	7	7	7	5	1	4
7459	전북 무주군	지역아동센터 공기청정기 지원	5,520	사회복지과	5	1	7	7	7	5	1	4
7460	전북 무주군	보육교직원 인건비 지원	1,598,000	사회복지과	5	1	5	5	1	5	1	4
7461	전북 무주군	보육교직원 처우개선 지원	119,800	사회복지과	5	1	5	5	1	5	1	4

순번	시군구	지출명 (사업명)	2021년예산 (단위:천원/1년간)	담당자 (공무원)	민간이전 분류 (지방자치단체 세출예산 집행기준에 의거)	민간이전지출 근거 (지방보조금 관리기준 참고)	입찰방식			운영예산 산정		성과평가 실시여부
				담당부서	1. 민간경상사업보조(307-02) 2. 민간단체 법정운영비보조(307-03) 3. 민간행사사업보조(307-04) 4. 민간위탁금(307-05) 5. 사회복지시설 법정운영비보조(307-10) 6. 민간인위탁교육비(307-12) 7. 공기관등에대한경상적위탁사업비(308-10) 8. 민간자본사업보조,자체재원(402-01) 9. 민간자본사업보조,이전재원(402-02) 10. 민간위탁사업비(402-03) 11. 공기관등에 대한 자본적 대행사업비(403-02)	1. 법률에 규정 2. 국고보조 재원(국가지정) 3. 용도 지정 기부금 4. 조례에 직접규정 5. 지자체가 권장하는 사업을 하는 공공기관 6. 시,도 정책 및 재정사정 7. 기타 8. 해당없음	계약체결방법 (경쟁형태) 1. 일반경쟁 2. 제한경쟁 3. 지명경쟁 4. 수의계약 5. 법정위탁 6. 기타 ( ) 7. 해당없음	계약기간 1. 1년 2. 2년 3. 3년 4. 4년 5. 5년 6. 기타 ( )년 7. 단기계약 (1년미만) 8. 해당없음	낙찰자선정방법 1. 적격심사 2. 협상에의한계약 3. 최저가낙찰제 4. 규격가격분리 5. 2단계 경쟁입찰 6. 기타 ( ) 7. 해당없음	운영예산 산정 1. 내부산정 (지자체 자체적으로 산정) 2. 외부산정 (외부전문기관위탁 산정) 3. 내·외부 모두 산정 4. 산정 無 5. 해당없음	정산방법 1. 내부정산 (지자체 내부적으로 정산) 2. 외부정산 (외부전문기관위탁 정산) 3. 내·외부 모두 산정 4. 정산 無 5. 해당없음	1. 실시 2. 미실시 3. 향후 추진 4. 해당없음
7462	전북 무주군	보육교직원 처우개선 지원	684,000	사회복지과	5	1	5	5	1	5	1	4
7463	전북 무주군	보육교직원 처우개선 지원	68,000	사회복지과	5	1	5	5	1	5	1	4
7464	전북 무주군	보육교직원 처우개선비	43,000	사회복지과	5	1	5	5	1	5	1	4
7465	전북 무주군	시간제보육 지원	55,000	사회복지과	5	1	7	8	7	5	1	4
7466	전북 무주군	어린이집 교원 보수교육	600,000	사회복지과	5	1	5	5	1	5	1	4
7467	전북 무주군	어린이집 운영지원	34,900	사회복지과	5	1	5	5	1	5	1	4
7468	전북 무주군	어린이집 운영지원	14,500	사회복지과	5	1	5	5	1	5	1	4
7469	전북 무주군	어린이집 보육도우미 지원	13,200	사회복지과	5	1	5	5	1	5	1	4
7470	전북 장수군	사회복지심부름센터 운영	96,745	주민복지실	5	4	7	8	7	1	1	1
7471	전북 장수군	지역자활센터운영비	227,065	주민복지실	5	2	7	8	7	1	1	1
7472	전북 장수군	지역자활센터종사자특별수당	10,080	주민복지실	5	2	7	8	7	1	1	1
7473	전북 장수군	기초푸드뱅크 사업 지원	25,400	주민복지실	5	1	7	8	7	1	1	1
7474	전북 장수군	장애인생활이동지원센터 운영	144,615	주민복지실	5	1	7	8	7	1	1	1
7475	전북 장수군	장애인생활이동지원센터 종사자 특별수당	5,400	주민복지실	5	1	7	8	7	1	1	1
7476	전북 장수군	장애인 수어통역센터 운영	110,700	주민복지실	5	1	7	8	7	1	1	1
7477	전북 장수군	장애인 수어통역센터 종사자 특별수당	4,680	주민복지실	5	1	7	8	7	1	1	1
7478	전북 장수군	지체장애인 편의시설지원센터 운영	60,811	주민복지실	5	1	7	8	7	1	1	1
7479	전북 장수군	장애인보호작업장 종사자 특별수당	7,920	주민복지실	5	1	7	8	7	1	1	1
7480	전북 장수군	장애인복지관 종사자 특별수당	29,400	주민복지실	5	1	7	8	7	1	1	1
7481	전북 장수군	장애인 주간보호시설 운영	165,221	주민복지실	5	1	7	8	7	1	1	1
7482	전북 장수군	장애인 주간보호시설 운영	18,357	주민복지실	5	1	7	8	7	1	1	1
7483	전북 장수군	장애인 주간보호시설 종사자 특별수당	6,480	주민복지실	5	1	7	8	7	1	1	1
7484	전북 장수군	다문화가족지원센터 군비종사자 인력지원	27,685	주민복지실	5	4	7	8	7	1	1	1
7485	전북 장수군	종사자 시간외근무수당	4,800	주민복지실	5	4	7	8	7	1	1	1
7486	전북 장수군	종사자 명절수당	4,200	주민복지실	5	4	7	8	7	1	1	1
7487	전북 장수군	경로당 보험료 지원	26,544	주민복지실	5	1	7	8	7	1	1	1
7488	전북 장수군	경로당 공동급식 운영비 지원	724,632	주민복지실	5	1	7	8	7	1	1	1
7489	전북 장수군	읍면 대표경로당 공동급식 운영비 지원	19,045	주민복지실	5	1	7	8	7	1	1	1
7490	전북 장수군	시니어클럽 운영	290,000	주민복지실	5	1	2	1	1	1	1	1
7491	전북 장수군	시니어클럽 종사자 특별수당	8,280	주민복지실	5	1	2	1	1	1	1	1
7492	전북 장수군	재가노인복지시설 운영비 지원	327,398	주민복지실	5	1	7	8	7	1	1	1
7493	전북 장수군	노인생활시설종사자 특별근무수당	20,000	주민복지실	5	1	7	8	7	1	1	1
7494	전북 장수군	재가노인시설종사자 특별근무수당	12,240	주민복지실	5	1	7	8	7	1	1	1
7495	전북 장수군	노인돌봄데이케어센터 운영	44,640	주민복지실	5	1	7	8	7	1	1	1
7496	전북 장수군	노인복지관 종사자 특별수당	13,770	주민복지실	5	1	7	8	7	1	1	1
7497	전북 장수군	노인복지관 연계프로그램운영 지원	27,072	주민복지실	5	1	7	8	7	1	1	1
7498	전북 장수군	노인복지관 노인맞춤형 운동처방관리사 지원	28,060	주민복지실	5	1	7	8	7	1	1	1
7499	전북 장수군	노인복지관 노인맞춤형 운동처방관리사 지원	6,771	주민복지실	5	1	7	8	7	1	1	1
7500	전북 장수군	보육교직원 인건비 지원	1,740,000	주민복지실	5	1	7	1	1	5	1	4
7501	전북 장수군	보조 및 연장교사 지원	169,200	주민복지실	5	1	7	1	1	5	1	4
7502	전북 장수군	어린이집 차량운영비 지원	16,000	주민복지실	5	1	7	1	1	5	1	4
7503	전북 장수군	어린이집 교재교구비 지원	5,100	주민복지실	5	1	7	1	1	5	1	4
7504	전북 장수군	농어촌소재 법인어린이집 지원	10,000	주민복지실	5	1	7	1	1	5	1	4

순번	시군구	지출명 (사업명)	2021년예산 (단위:천원/1년간)	담당자 (공무원)	민간이전 분류 (지방자치단체 세출예산 집행기준에 의거)	민간이전지출 근거 (지방보조금 관리기준 참고)	입찰방식			운영예산 산정		성과평가 실시여부
				담당부서	1. 민간경상사업보조(307-02) 2. 민간단체 법정운영비보조(307-03) 3. 민간행사사업보조(307-04) 4. 민간위탁금(307-05) 5. 사회복지시설 법정운영비보조(307-10) 6. 민간인위탁교육비(307-12) 7. 공기관등에대한경상적위탁사업비(308-10) 8. 민간자본사업보조,자체재원(402-01) 9. 민간자본사업보조,이전재원(402-02) 10. 민간위탁사업비(402-03) 11. 공기관등에 대한 자본적 대행사업비(403-02)	1. 법률에 규정 2. 국고보조 재원(국가지정) 3. 용도 지정 기부금 4. 조례에 직접규정 5. 지자체가 권장하는 사업을 하는 공공기관 6. 시,도 정책 및 재정사정 7. 기타 8. 해당없음	계약체결방법 (경쟁형태) 1. 일반경쟁 2. 제한경쟁 3. 지명경쟁 4. 수의계약 5. 법정위탁 6. 기타 ( ) 7. 해당없음	계약기간 1. 1년 2. 2년 3. 3년 4. 4년 5. 5년 6. 기타 ( )년 7. 단기계약 (1년미만) 8. 해당없음	낙찰자선정방법 1. 적격심사 2. 협상에의한계약 3. 최저가낙찰제 4. 규격가격분리 5. 2단계 경쟁입찰 6. 기타 ( ) 7. 해당없음	운영예산 산정 1. 내부산정 (지자체 자체적으로 산정) 2. 외부산정 (외부전문기관위탁 산정) 3. 내·외부 모두 산정 4. 산정 無 5. 해당없음	정산방법 1. 내부정산 (지자체 내부적으로 정산) 2. 외부정산 (외부전문기관위탁 정산) 3. 내·외부 모두 산정 4. 정산 無 5. 해당없음	1. 실시 2. 미실시 3. 향후 추진 4. 해당없음
7505	전북 장수군	어린이집 교원 보수교육	800,000	주민복지실	5	1	7	1	1	5	1	4
7506	전북 장수군	평가인증 어린이집 냉난방비 지원	12,000	주민복지실	5	1	7	1	1	5	1	4
7507	전북 장수군	취약지역 어린이집 운영비	1,800,000	주민복지실	5	1	7	1	1	5	1	4
7508	전북 장수군	어린이집 보육도우미 지원	8,400	주민복지실	5	1	7	1	1	5	1	4
7509	전북 장수군	어린이집 급간식비 지원	8,760	주민복지실	5	1	7	1	7	5	1	4
7510	전북 장수군	어린이집 급간식비 지원	12,348	주민복지실	5	1	7	1	7	5	1	4
7511	전북 장수군	어린이집 운영비(공기청정기 렌탈료) 지원	21,420	주민복지실	5	1	7	1	1	1	1	4
7512	전북 장수군	차량운영비	708,000	주민복지실	5	1	7	1	1	1	1	4
7513	전북 장수군	교재교구비	207,200	주민복지실	5	1	7	1	1	1	1	4
7514	전북 장수군	급간식비	13,382	주민복지실	5	1	7	1	1	1	1	4
7515	전북 장수군	어린이집 실내공기질 검사비 지원	2,640,000	주민복지실	5	1	7	1	1	1	1	4
7516	전북 장수군	지역아동센터 기본운영비	476,280	주민복지실	5	1	7	1	7	5	1	4
7517	전북 장수군	지역아동센터 공기청정기	11,178	주민복지실	5	1	7	1	7	5	1	4
7518	전북 장수군	지역아동센터 등하원 안심알림이 이용료	2,520,000	주민복지실	5	1	7	1	7	5	1	4
7519	전북 장수군	지역아동센터 운영비 지원	25,200	주민복지실	5	1	7	1	7	1	1	4
7520	전북 장수군	지역아동센터 운영비 추가 지원	4,200	주민복지실	5	1	7	1	7	5	1	4
7521	전북 장수군	특수목적형 지역아동센터 추가지원	7,308	주민복지실	5	1	7	1	7	5	1	4
7522	전북 장수군	지역아동센터 방과후 급식비 지원	250,000	주민복지실	5	1	7	1	7	5	1	4
7523	전북 장수군	지역아동센터 종사자 처우개선비 지원	23,040	주민복지실	5	1	7	1	7	5	1	4
7524	전북 장수군	지역아동센터 냉난방비 지원	10,500	주민복지실	5	1	7	1	7	1	1	4
7525	전북 장수군	지역아동센터 프로그램비 추가 지원	46,914	주민복지실	5	1	7	1	7	5	1	4
7526	전북 장수군	장수보건복지센터 운영비	294,230	보건사업과	5	1	7	8	7	1	1	1
7527	전북 장수군	정신재활시설 종사자 특별수당	7,920	보건사업과	5	1	7	8	7	1	1	1
7528	전북 임실군	자원봉사센터운영지원	216,000	주민복지과	5	1	7	8	7	1	1	4
7529	전북 임실군	자원봉사자보험료	1,800,000	주민복지과	5	1	7	8	7	1	1	4
7530	전북 임실군	자원봉사코디네이터	58,966	주민복지과	5	1	7	8	7	1	1	4
7531	전북 임실군	자활센터운영비	299,261	주민복지과	5	1	5	1	7	1	1	4
7532	전북 임실군	민간위탁자활근로사업	1,116,017	주민복지과	5	1	5	1	7	1	1	4
7533	전북 임실군	종사자 특별수당	9,720	주민복지과	5	6	5	1	7	1	1	4
7534	전북 임실군	자활사업참여자사례관리	28,989	주민복지과	5	6	5	1	7	1	1	4
7535	전북 임실군	장애인생활이동지원센터 운영	157,776	주민복지과	5	1	7	8	7	5	1	4
7536	전북 임실군	장애인수어통역센터 운영비 지원	177,156	주민복지과	5	1	7	8	7	5	1	4
7537	전북 임실군	지체장애인 편의시설지원센터 운영	62,686	주민복지과	5	1	7	8	7	5	1	4
7538	전북 임실군	장애인복지시설 종사자 특별수당	55,020	주민복지과	5	6	7	8	7	5	1	4
7539	전북 임실군	장애인거주시설 운영 지원	1,234,872	주민복지과	5	1	7	8	7	5	3	4
7540	전북 임실군	임실시니어클럽 운영지원	299,000	주민복지과	5	1	7	8	7	5	1	1
7541	전북 임실군	대한노인회 임실군지회 운영지원	32,000	주민복지과	5	4	7	8	7	5	1	1
7542	전북 임실군	사회복지심부름센터운영	130,785	주민복지과	5	6	7	8	7	1	1	1
7543	전북 임실군	어린이집 보육도우미 지원	12,000	여성청소년과	5	2	7	8	7	2	2	4
7544	전북 임실군	보육교직원 인건비 지원	2,228,800	여성청소년과	5	2	7	8	7	2	2	4
7545	전북 임실군	보육교직원 보조,연장교사 지원	289,000	여성청소년과	5	2	7	8	7	2	2	4
7546	전북 임실군	요보호아동 그룹형태보호	178,326	여성청소년과	5	2	7	8	7	1	1	1
7547	전북 임실군	지역아동센터운영비 지원	423,774	여성청소년과	5	2	7	8	7	1	1	1

순번	시군구	지출명 (사업명)	2021년예산 (단위:천원/1년간)	담당자 (공무원)	민간이전 분류 (지방자치단체 세출예산 집행기준에 의거)	민간이전지출 근거 (지방보조금 관리기준 참고)	입찰방식			운영예산 산정		성과평가 실시여부
				담당부서	1. 민간경상사업보조(307-02) 2. 민간단체 법정운영비보조(307-03) 3. 민간행사사업보조(307-04) 4. 민간위탁금(307-05) 5. 사회복지시설 법정운영비보조(307-10) 6. 민간인위탁교육비(307-12) 7. 공기관등에대한경상적위탁사업비(308-10) 8. 민간자본사업보조,자체재원(402-01) 9. 민간자본사업보조,이전재원(402-02) 10. 민간위탁사업비(402-03) 11. 공기관등에 대한 자본적 대행사업비(403-02)	1. 법률에 규정 2. 국고보조 재원(국가지정) 3. 용도 지정 기부금 4. 조례에 직접규정 5. 지자체가 권장하는 사업을 하는 공공기관 6. 시,도 정책 및 재정사정 7. 기타 8. 해당없음	계약체결방법 (경쟁형태) 1. 일반경쟁 2. 제한경쟁 3. 지명경쟁 4. 수의계약 5. 법정위탁 6. 기타 ( ) 7. 해당없음	계약기간 1. 1년 2. 2년 3. 3년 4. 4년 5. 5년 6. 기타 ( )년 7. 단기계약 (1년미만) 8. 해당없음	낙찰자선정방법 1. 적격심사 2. 협상에의한계약 3. 최저가낙찰제 4. 규격가격분리 5. 2단계 경쟁입찰 6. 기타 ( ) 7. 해당없음	운영예산 산정 1. 내부산정 (지자체 자체적으로 산정) 2. 외부산정 (외부전문기관위탁 산정) 3. 내·외부 모두 산정 4. 산정 無 5. 해당없음	정산방법 1. 내부정산 (지자체 내부적으로 정산) 2. 외부정산 (외부전문기관위탁 정산) 3. 내·외부 모두 산정 4. 정산 無 5. 해당없음	1. 실시 2. 미실시 3. 향후 추진 4. 해당없음
7548	전북 임실군	지역아동센터 종사자 특별수당	21,960	여성청소년과	5	1	7	8	7	1	1	1
7549	전북 임실군	우수지역아동센터 지원	14,520	여성청소년과	5	1	7	8	7	1	1	1
7550	전북 임실군	그룹홈 운영지원	2,400,000	여성청소년과	5	1	7	8	7	1	1	1
7551	전북 임실군	지역아동센터 프로그램비 추가 지원	41,334	여성청소년과	5	1	7	8	7	1	1	1
7552	전북 임실군	지역아동센터 운영비 추가 지원	3,600	여성청소년과	5	1	7	8	7	1	1	1
7553	전북 순창군	자원봉사종합센터 운영	90,869	행정과	5	4	7	8	7	1	1	1
7554	전북 순창군	전국 통합 자원봉사보험 가입 서비스 지원	1,678,000	행정과	5	2	7	8	7	1	1	1
7555	전북 순창군	자원봉사자 코디네이터 지원, 육성	58,134	행정과	5	2	7	8	7	1	1	1
7556	전북 순창군	장애인거주시설 운영비지원	1,753,736	주민복지과	5	2	7	1	7	3	3	1
7557	전북 순창군	장애인거주시설 교대인력지원	87,718	주민복지과	5	2	7	1	7	3	3	1
7558	전북 순창군	장애인복지시설종사자특별수당	90,300	주민복지과	5	4	7	1	7	3	3	1
7559	전북 순창군	장애인개인시설 운영비지원	324,360	주민복지과	5	4	7	1	7	3	3	1
7560	전북 순창군	장애인이용시설지원	323,290	주민복지과	5	4	7	1	7	3	3	1
7561	전북 순창군	보훈단체 운영비 지원	80,484	주민복지과	5	4	7	8	7	1	1	1
7562	전북 순창군	순창군사회복지협의회 운영비 지원	10,920	주민복지과	5	1	7	8	7	1	1	1
7563	전북 순창군	기초푸드뱅크사업 운영지원	25,400	주민복지과	5	4	7	8	7	1	1	1
7564	전북 순창군	사회복지심부름센터 운영지원	90,185	주민복지과	5	4	7	8	7	1	1	1
7565	전북 순창군	지역자활센터 종사자 특별수당	10,800	주민복지과	5	2	7	8	7	1	1	1
7566	전북 순창군	지역자활센터 운영비	227,065	주민복지과	5	2	7	8	7	1	1	1
7567	전북 순창군	자활사업 참여자 사례관리	28,989	주민복지과	5	6	7	8	7	1	1	1
7568	전북 순창군	어린이집 교재교구비 지원	8,920	주민복지과	5	2	7	8	7	1	1	1
7569	전북 순창군	어린이집 차량운영비 지원	34,000	주민복지과	5	2	7	8	7	1	1	1
7570	전북 순창군	농어촌법인 어린이집 지원	2,200,000	주민복지과	5	2	7	8	7	1	1	1
7571	전북 순창군	보육교직원 인건비 지원	2,330,000	주민복지과	5	2	7	8	7	1	1	1
7572	전북 순창군	어린이집 담임교사 지원	183,800	주민복지과	5	2	7	8	7	1	1	1
7573	전북 순창군	농촌보육교사 특별근무수당	82,000	주민복지과	5	2	7	8	7	1	1	1
7574	전북 순창군	교사겸직원장지원	2,700,000	주민복지과	5	2	7	8	7	1	1	1
7575	전북 순창군	어린이집 급간식비 지원	26,472	주민복지과	5	6	7	8	7	1	1	1
7576	전북 순창군	보육교직원 처우개선비	66,000	주민복지과	5	6	7	8	7	1	1	1
7577	전북 순창군	어린이집 냉난방비 지원	13,200	주민복지과	5	6	7	8	7	1	1	1
7578	전북 순창군	취약지역 어린이집 운영비 지원	1,800,000	주민복지과	5	6	7	8	7	1	1	1
7579	전북 순창군	지역아동센터 운영비 지원	207,948	주민복지과	5	1	7	8	7	1	1	1
7580	전북 순창군	재가노인복지시설 종사자 특별수당	6,840	주민복지과	5	6	7	8	7	1	1	4
7581	전북 순창군	노인생활시설 종사자 특별수당	80,000	주민복지과	5	6	7	8	7	1	1	4
7582	전북 순창군	대한노인회 순창군지회 운영비	30,600	주민복지과	5	1	7	8	7	1	1	1
7583	전북 순창군	경로당 냉난방비 지원	673,200	주민복지과	5	1	7	8	7	2	1	1
7584	전북 순창군	경로당 운영비 등 지원	700,770	주민복지과	5	1	7	8	7	2	1	1
7585	전북 순창군	한센간이양로주택 운영지원	1,571,000	보건사업과	5	2	5	1	7	3	1	4
7586	전북 고창군	지역사회보장협의체운영지원	40,056	사회복지과	5	4	7	1	7	1	1	3
7587	전북 고창군	기부식품제공사업	90,000	사회복지과	5	1	7	7	7	1	1	1
7588	전북 고창군	지역자활센터 종사자 특별수당	9,720	사회복지과	5	2	7	8	7	5	5	4
7589	전북 고창군	지역자활센터 운영비	332,946	사회복지과	5	2	7	8	7	1	1	4
7590	전북 고창군	장애인자립생활지원센터지원	156,666	사회복지과	5	2	7	8	7	1	1	2

순번	시군구	지출명 (사업명)	2021년예산 (단위:천원/1년간)	담당자 (공무원)	민간이전 분류 (지방자치단체 세출예산 집행기준에 의거)	민간이전지출 근거 (지방보조금 관리기준 참고)	입찰방식			운영예산 산정		성과평가 실시여부
				담당부서	1. 민간경상사업보조(307-02) 2. 민간단체 법정운영비보조(307-03) 3. 민간행사사업보조(307-04) 4. 민간위탁금(307-05) 5. 사회복지시설 법정운영비보조(307-10) 6. 민간인위탁교육비(307-12) 7. 공기관등에대한경상적위탁사업비(308-10) 8. 민간자본사업보조,자체재원(402-01) 9. 민간자본사업보조,이전재원(402-02) 10. 민간위탁사업비(402-03) 11. 공기관등에 대한 자본적 대행사업비(403-02)	1. 법률에 규정 2. 국고보조 재원(국가지정) 3. 용도 지정 기부금 4. 조례에 직접규정 5. 지자체가 권장하는 사업을 하는 공공기관 6. 시,도 정책 및 재정사정 7. 기타 8. 해당없음	계약체결방법 (경쟁형태) 1. 일반경쟁 2. 제한경쟁 3. 지명경쟁 4. 수의계약 5. 법정위탁 6. 기타 ( ) 7. 해당없음	계약기간 1. 1년 2. 2년 3. 3년 4. 4년 5. 5년 6. 기타 ( )년 7. 단기계약 (1년미만) 8. 해당없음	낙찰자선정방법 1. 적격심사 2. 협상에의한계약 3. 최저가낙찰제 4. 규격가격분리 5. 2단계 경쟁입찰 6. 기타 ( ) 7. 해당없음	운영예산 산정 1. 내부산정 (지자체 자체적으로 산정) 2. 외부산정 (외부전문기관위탁 산정) 3. 내·외부 모두 산정 4. 산정 無 5. 해당없음	정산방법 1. 내부정산 (지자체 내부적으로 정산) 2. 외부정산 (외부전문기관위탁 정산) 3. 내·외부 모두 산정 4. 정산 無 5. 해당없음	1. 실시 2. 미실시 3. 향후 추진 4. 해당없음
7591	전북 고창군	장애인거주시설운영 지원	1,720,988	사회복지과	5	2	7	8	7	1	1	2
7592	전북 고창군	장애인복지시설 종사자 특별수당	118,017	사회복지과	5	4	7	8	7	1	1	2
7593	전북 고창군	장애인공동생활가정운영	52,420	사회복지과	5	4	7	8	7	1	1	2
7594	전북 고창군	시니어클럽 운영지원	297,200	사회복지과	5	1	7	8	7	1	1	1
7595	전북 고창군	경로당지원광역센터 운영	1,374,926	사회복지과	5	1	7	8	7	1	1	4
7596	전북 고창군	경로당지원광역센터 운영	1,216,860	사회복지과	5	1	7	8	7	1	1	4
7597	전북 고창군	재가노인복지시설 지원	209,779	사회복지과	5	1	7	8	7	1	1	4
7598	전북 고창군	노인생활시설지원	57,164	사회복지과	5	1	7	8	7	1	1	4
7599	전북 고창군	노인복지관운영지원	74,602	사회복지과	5	1	7	8	7	1	1	4
7600	전북 고창군	사회복지시설운영지원	26,200	사회복지과	5	1	7	8	7	1	1	4
7601	전북 고창군	공동육아나눔터 운영	55,268	사회복지과	5	2	1	3	1	3	3	1
7602	전북 고창군	다문화이해프로그램운영	15,000	사회복지과	5	2	1	3	1	3	3	1
7603	전북 고창군	결혼이주여성코디네이터운영	14,000	사회복지과	5	2	1	3	1	3	3	1
7604	전북 고창군	결혼이주여성안정적정착지원사업	20,000	사회복지과	5	2	1	3	1	3	3	1
7605	전북 고창군	다문화어울림행복나눔이운영지원사업	5,000	사회복지과	5	2	1	3	1	3	3	1
7606	전북 고창군	건강가정및다문화가족지원센터통합서비스기본운영비	345,740	사회복지과	5	2	1	3	1	3	3	1
7607	전북 고창군	자녀양육및자녀생활등방문교육서비스지원	140,288	사회복지과	5	2	1	3	1	3	3	1
7608	전북 고창군	이중언어가족환경조성사업	30,070	사회복지과	5	2	1	3	1	3	3	1
7609	전북 고창군	다문화가족자녀언어발달지원사업	35,520	사회복지과	5	2	1	3	1	3	3	1
7610	전북 고창군	결혼이민자 역량강화지원	15,500	사회복지과	5	2	1	3	1	3	3	1
7611	전북 고창군	결혼이민자통번역서비스지원	30,050	사회복지과	5	2	1	3	1	3	3	1
7612	전북 고창군	다문화가족지원센터종사자인건비및수당	67,676	사회복지과	5	2	1	3	1	3	3	1
7613	전북 고창군	다문화청소년진로지원사업	5,400	사회복지과	5	2	1	3	1	3	3	1
7614	전북 고창군	다문화가족고향나들이지원사업	2,200,000	사회복지과	5	2	1	3	1	3	3	1
7615	전북 고창군	결혼이주여성직업훈련교육사업	11,000	사회복지과	5	2	1	3	1	3	3	1
7616	전북 고창군	결혼이주여성학력취득지원사업	15,000	사회복지과	5	2	1	3	1	3	3	1
7617	전북 고창군	글로벌마을학당운영	102,000	사회복지과	5	2	1	3	1	3	3	1
7618	전북 고창군	찾아가는결혼이민자다이음사업	2,980,000	사회복지과	5	2	1	3	1	3	3	1
7619	전북 고창군	지역아동센터 급식 지원	218,750	사회복지과	5	2	7	8	7	5	5	4
7620	전북 고창군	지역아동센터 운영비 지원	435,600	사회복지과	5	2	7	8	7	5	5	4
7621	전북 고창군	지역아동센터운영지원	26,440	사회복지과	5	2	7	8	7	5	5	4
7622	전북 고창군	지역아동센터프로그램추가지원	42,414	사회복지과	5	2	7	8	7	5	5	4
7623	전북 고창군	아동복지시설운영지원	3,675,193	사회복지과	5	1	7	8	7	2	1	1
7624	전북 고창군	보육교직원 인건비 지원	4,184,800	사회복지과	5	1	7	8	7	2	1	1
7625	전북 고창군	어린이집 운영지원	90,000	사회복지과	5	1	7	8	7	2	1	1
7626	전북 고창군	어린이집 교원 양성지원	800,000	사회복지과	5	1	7	8	7	2	1	1
7627	전북 고창군	어린이집 복지향상	44,400	사회복지과	5	1	7	8	7	2	1	1
7628	전북 고창군	어린이집 운영지원	16,000	사회복지과	5	1	7	8	7	2	1	1
7629	전북 고창군	공공형어린이집 지원	48,000	사회복지과	5	1	7	8	7	2	1	1
7630	전북 고창군	군립어린이집 운영	34,040	사회복지과	5	1	7	8	7	1	1	1
7631	전북 고창군	보육교직원 처우개선비	379,800	사회복지과	5	1	7	8	7	2	1	1
7632	전북 고창군	어린이집 운영지원	12,000	사회복지과	5	1	7	8	7	2	1	1
7633	전북 고창군	시간차등형 보육지원	130,000	사회복지과	5	1	7	8	7	2	1	1

순번	시군구	지출명 (사업명)	2021년예산 (단위:천원/1년간)	담당자 (공무원)	민간이전 분류 (지방자치단체 세출예산 집행기준에 의거)	민간이전지출 근거 (지방보조금 관리기준 참고)	입찰방식			운영예산 산정		성과평가 실시여부
				담당부서	1. 민간경상사업보조(307-02) 2. 민간단체 법정운영비보조(307-03) 3. 민간행사사업보조(307-04) 4. 민간위탁금(307-05) 5. 사회복지시설 법정운영비보조(307-10) 6. 민간인위탁교육비(307-12) 7. 공기관등에대한경상적위탁사업비(308-10) 8. 민간자본사업보조,자체재원(402-01) 9. 민간자본사업보조,이전재원(402-02) 10. 민간위탁사업비(402-03) 11. 공기관등에 대한 자본적 대행사업비(403-02)	1. 법률에 규정 2. 국고보조 재원(국가지정) 3. 용도 지정 기부금 4. 조례에 직접규정 5. 지자체가 권장하는 사업을 하는 공공기관 6. 시,도 정책 및 재정사정 7. 기타 8. 해당없음	계약체결방법 (경쟁형태) 1. 일반경쟁 2. 제한경쟁 3. 지명경쟁 4. 수의계약 5. 법정위탁 6. 기타 ( ) 7. 해당없음	계약기간 1. 1년 2. 2년 3. 3년 4. 4년 5. 5년 6. 기타 ( )년 7. 단기계약 (1년미만) 8. 해당없음	낙찰자선정방법 1. 적격심사 2. 협상에의한계약 3. 최저가낙찰제 4. 규격가격분리 5. 2단계 경쟁입찰 6. 기타 ( ) 7. 해당없음	운영예산 산정 1. 내부산정 (지자체 자체적으로 산정) 2. 외부산정 (외부전문기관위탁 산정) 3. 내·외부 모두 산정 4. 산정 無 5. 해당없음	정산방법 1. 내부정산 (지자체 내부적으로 정산) 2. 외부정산 (외부전문기관위탁 정산) 3. 내·외부 모두 산정 4. 정산 無 5. 해당없음	1. 실시 2. 미실시 3. 향후 추진 4. 해당없음
7634	전북 고창군	보육교직원 처우개선비	154,000	사회복지과	5	1	7	8	7	2	1	1
7635	전북 고창군	어린이집 보육도우미 지원	31,200	사회복지과	5	1	7	8	7	2	1	1
7636	전북 고창군	보육교직원 처우개선비	310,400	사회복지과	5	1	7	8	7	2	1	1
7637	전북 고창군	보육교직원 처우개선비	176,000	사회복지과	5	1	7	8	7	2	1	1
7638	전북 고창군	보육교직원 처우개선비	7,200	사회복지과	5	1	7	8	7	1	1	1
7639	전북 고창군	보육교직원 대체교사 지원	189,767	사회복지과	5	1	7	8	7	2	1	1
7640	전북 고창군	청소년상담복지센터 운영	84,918	사회복지과	5	1	7	8	7	1	1	1
7641	전북 부안군	여성취업설계사 활동비 지원	3,600	교육청소년과	5	4	7	8	7	5	5	4
7642	전북 부안군	취업설계사 인건비 및 활동비	66,752	교육청소년과	5	2	7	8	7	5	5	4
7643	전북 부안군	주말돌봄서비스 종사자 인건비	31,200	교육청소년과	5	1	7	8	7	5	5	4
7644	전북 부안군	어린이집 보육도우미 추가지원	24,000	교육청소년과	5	1	7	8	7	5	5	4
7645	전북 부안군	어린이집 보육도우미 지원	52,000	교육청소년과	5	1	7	8	7	5	5	4
7646	전북 부안군	취약지역 어린이집 운영비	48,600	교육청소년과	5	1	7	8	7	5	5	4
7647	전북 부안군	평가인증 어린이집 교재교구비 지원	14,400	교육청소년과	5	1	7	8	7	5	5	4
7648	전북 부안군	평가인증 어린이집 냉난방비 지원	26,400	교육청소년과	5	1	7	8	7	5	5	4
7649	전북 부안군	보육교직원 인건비 지원	1,663,600	교육청소년과	5	1	7	8	7	5	5	4
7650	전북 부안군	어린이집 보조교사 연장교사 인건비 지원	399,800	교육청소년과	5	1	7	8	7	5	5	4
7651	전북 부안군	어린이집 대체교사 인건비 지원	272,520	교육청소년과	5	1	7	8	7	5	5	4
7652	전북 부안군	농어촌 소재 어린이집 차량 운영비	68,000	교육청소년과	5	1	7	8	7	5	5	4
7653	전북 부안군	어린이집 급간식비 지원	45,912	교육청소년과	5	1	7	8	7	5	5	4
7654	전북 부안군	공공형어린이집 운영비 지원	236,000	교육청소년과	5	1	7	8	7	5	5	4
7655	전북 부안군	공공형어린이집 교육환경개선비 지원	6,000	교육청소년과	5	1	7	8	7	5	5	4
7656	전북 부안군	시간제보육 제공기관 지원	37,000	교육청소년과	5	1	7	8	7	5	5	4
7657	전북 부안군	다함께돌봄센터 운영비 지원	10,170	교육청소년과	5	2	7	8	7	5	5	4
7658	전북 부안군	다함께돌봄센터 운영비 지원	585,000	교육청소년과	5	2	7	8	7	5	5	4
7659	전북 부안군	다함께돌봄센터 인건비 지원	149,838	교육청소년과	5	2	7	8	7	5	5	4
7660	전북 부안군	다함께돌봄센터 인건비 지원	8,619	교육청소년과	5	2	7	8	7	5	5	4
7661	전북 부안군	기본운영비 지원	503,040	교육청소년과	5	2	7	8	7	5	5	4
7662	전북 부안군	공기청정기 임대료 지원	9,384	교육청소년과	5	2	7	8	7	5	5	4
7663	전북 부안군	등하원 안심알림이 이용료 지원	2,160,000	교육청소년과	5	2	7	8	7	5	5	4
7664	전북 부안군	공공성강화 선도모델 사업	4,800	교육청소년과	5	2	7	8	7	5	5	4
7665	전북 부안군	지역아동센터 운영비 추가지원	3,600	교육청소년과	5	2	7	8	7	5	5	4
7666	전북 부안군	지역아동센터 냉난방비 지원	3,600	교육청소년과	5	2	7	8	7	5	5	4
7667	전북 부안군	지역아동센터 운영 지원	11,400	교육청소년과	5	2	7	8	7	5	5	4
7668	전북 부안군	지역아동센터 운영비 지원	3,650	교육청소년과	5	2	7	8	7	5	5	4
7669	전북 부안군	지역자활센터 운영	297,205	사회복지과	5	2	6	6	7	5	1	1
7670	전북 부안군	창북노인대학 운영	7,000	사회복지과	5	4	7	7	7	1	1	4
7671	전북 부안군	경로당 운영비 지원	326,160	사회복지과	5	4	7	8	7	1	1	1
7672	전북 부안군	경로당 난방비 지원	439,410	사회복지과	5	4	7	8	7	1	1	1
7673	전북 부안군	경로당 간식비 지원	98,500	사회복지과	5	4	7	8	7	1	1	1
7674	전북 부안군	경로당 운영비 추가지원	17,280	사회복지과	5	4	7	8	7	1	1	1
7675	전북 부안군	경로당 난방비 추가지원	23,280	사회복지과	5	4	7	8	7	1	1	1
7676	전북 부안군	경로당 간식비 추가지원	7,200	사회복지과	5	4	7	8	7	1	1	1

순번	시군구	지출명 (사업명)	2021년예산 (단위:천원/1년간)	담당자 (공무원)	민간이전 분류 (지방자치단체 세출예산 집행기준에 의거)	민간이전지출 근거 (지방보조금 관리기준 참고)	입찰방식			운영예산 산정		성과평가 실시여부
				담당부서	1. 민간경상사업보조(307-02) 2. 민간단체 법정운영비보조(307-03) 3. 민간행사사업보조(307-04) 4. 민간위탁금(307-05) 5. 사회복지시설 법정운영비보조(307-10) 6. 민간인위탁교육비(307-12) 7. 공기관등에대한경상적위탁사업비(308-10) 8. 민간자본사업보조,자체재원(402-01) 9. 민간자본사업보조,이전재원(402-02) 10. 민간위탁사업비(402-03) 11. 공기관등에 대한 자본적 대행사업비(403-02)	1. 법률에 규정 2. 국고보조 재원(국가지정) 3. 용도 지정 기부금 4. 조례에 직접규정 5. 지자체가 권장하는 사업을 하는 공공기관 6. 시,도 정책 및 재정사정 7. 기타 8. 해당없음	계약체결방법 (경쟁형태) 1. 일반경쟁 2. 제한경쟁 3. 지명경쟁 4. 수의계약 5. 법정위탁 6. 기타 ( ) 7. 해당없음	계약기간 1. 1년 2. 2년 3. 3년 4. 4년 5. 5년 6. 기타 ( )년 7. 단기계약 (1년미만) 8. 해당없음	낙찰자선정방법 1. 적격심사 2. 협상에의한계약 3. 최저가낙찰제 4. 규격가격분리 5. 2단계 경쟁입찰 6. 기타 ( ) 7. 해당없음	운영예산 산정 1. 내부산정 (지자체 자체적으로 산정) 2. 외부산정 (외부전문기관위탁 산정) 3. 내·외부 모두 산정 4. 산정 無 5. 해당없음	정산방법 1. 내부정산 (지자체 내부적으로 정산) 2. 외부정산 (외부전문기관위탁 정산) 3. 내·외부 모두 산정 4. 정산 無 5. 해당없음	1. 실시 2. 미실시 3. 향후 추진 4. 해당없음
7677	전북 부안군	미등록경로당 운영비 지원	2,160,000	사회복지과	5	4	7	8	7	5	5	4
7678	전북 부안군	미등록경로당 간식비 지원	600,000	사회복지과	5	4	7	8	7	5	5	4
7679	전북 부안군	미등록경로당 냉난방비 지원	8,310	사회복지과	5	4	7	8	7	5	5	4
7680	전북 부안군	경로당 임차료 지원	1,240,000	사회복지과	5	4	7	8	7	1	1	1
7681	전북 부안군	마실사랑방(그룹-홈) 운영비 지원	75,000	사회복지과	5	4	7	8	7	1	1	1
7682	전북 부안군	경로당 동절기 난방비 지원	763,200	사회복지과	5	2	7	8	7	1	1	1
7683	전북 부안군	경로당 냉방비 지원	95,400	사회복지과	5	2	7	8	7	1	1	1
7684	전북 부안군	노인생활시설 종사자 특별수당	45,000	사회복지과	5	1	7	8	7	3	1	1
7685	전북 부안군	재가 노인복지시설 종사자 특별수당	7,200	사회복지과	5	1	7	8	7	3	1	1
7686	전북 부안군	노인야간돌봄센터(데이케어)센터 운영	44,640	사회복지과	5	1	7	8	7	3	1	1
7687	전북 부안군	노인복지관 종사자 특별수당	12,600	사회복지과	5	4	7	8	7	3	1	1
7688	전북 부안군	노인맞춤형 운동처방 서비스 관리지원	28,060	사회복지과	5	4	7	8	7	5	5	4
7689	전북 부안군	노인복지관 연계 프로그램 운영지원	27,072	사회복지과	5	4	7	8	7	5	5	4
7690	전북 부안군	종합사회복지관 종사자 특별수당	11,880	사회복지과	5	1	4	1	1	1	1	3
7691	전북 부안군	장애인 주간보호시설 운영	117,280	사회복지과	5	1	4	1	1	1	1	3
7692	전북 부안군	장애인 주간보호시설 운영	15,759	사회복지과	5	1	4	1	1	1	1	3
7693	전북 부안군	둥근마음보금자리 중증장애인거주시설 운영	750,087	사회복지과	5	1	4	1	1	1	1	3
7694	전북 부안군	둥근마음보금자리 생활지도원 교대인력지원	45,292	사회복지과	5	1	4	1	1	1	1	3
7695	전북 부안군	장애인복지시설 종사자 특별수당	39,180	사회복지과	5	1	4	1	1	1	1	3
7696	전북 부안군	장애인생활이동지원센터 운영	143,001	사회복지과	5	1	4	1	1	1	1	3
7697	전북 부안군	한국수어통역센터 운영	185,707	사회복지과	5	1	4	1	1	1	1	3
7698	전북 부안군	한국수어통역센터 차량운영	5,000	사회복지과	5	1	4	1	1	1	1	3
7699	전남 완도군	완도군 수어통역센터 운영비	123,600	주민복지과	5	6	5	8	7	5	1	1
7700	전남 완도군	장애인복지시설 종사자 특별수당	17,280	주민복지과	5	2	5	8	7	5	1	1
7701	전남 완도군	완도지역자활센터 운영지원	227,065	주민복지과	5	2	5	1	7	5	3	4
7702	전남 완도군	지역자활센터종사자 특별수당	5,400	주민복지과	5	2	5	1	7	5	3	4
7703	전남 완도군	자활사례관리 운영 지원	30,728	주민복지과	5	2	5	1	7	5	3	4
7704	전남 완도군	시니어클럽 운영비	290,000	주민복지과	5	2	5	1	7	5	1	1
7705	전남 완도군	시니어클럽종사자 특별수당	5,400	주민복지과	5	2	5	1	7	5	1	1
7706	전남 완도군	독거노인생활관리사 처우개선비 지원	119,040	주민복지과	5	7	5	1	7	1	1	1
7707	전남 완도군	읍면 노인분회 운영비	37,440	주민복지과	5	4	7	8	7	5	5	4
7708	전남 완도군	양로시설 운영지원사업	311,980	주민복지과	5	2	5	8	7	5	1	1
7709	전남 완도군	양로시설 종사자 특별수당	8,280	주민복지과	5	2	5	8	7	5	1	1
7710	전남 완도군	노인생활시설운영비 지원	72,013	주민복지과	5	2	5	8	7	5	1	1
7711	전남 완도군	노인생활시설 종사자 특별수당	3,960	주민복지과	5	2	5	8	7	5	1	1
7712	전남 완도군	노인복지시설 특별급식비	6,023	주민복지과	5	2	5	8	7	5	1	1
7713	전남 완도군	노인복지시설 김장 및 춘계부식비	350,000	주민복지과	5	2	5	8	7	5	1	1
7714	전남 완도군	경로당운영비	469,700	주민복지과	5	2	5	8	7	5	1	1
7715	전남 완도군	복지센터 운영비	381,600	주민복지과	5	7	5	8	7	1	1	1
7716	전남 완도군	경로당특별난방비	488,000	주민복지과	5	2	5	8	7	5	1	1
7717	전남 완도군	경로당냉방비지원	61,000	주민복지과	5	2	5	8	7	5	1	1
7718	전남 완도군	지역아동센터 운영비 지원	870,000	여성가족과	5	1	7	8	7	3	1	1
7719	전남 완도군	영유아 보육료 지원	2,880,092	여성가족과	5	2	7	8	7	3	1	1

순번	시군구	지출명 (사업명)	2021년예산 (단위:천원/1년간)	담당자 (공무원)	민간이전 분류 (지방자치단체 세출예산 집행기준에 의거)	민간이전지출 근거 (지방보조금 관리기준 참고)	입찰방식			운영예산 산정		성과평가 실시여부
				담당부서	1. 민간경상사업보조(307-02) 2. 민간단체 법정운영비보조(307-03) 3. 민간행사사업보조(307-04) 4. 민간위탁금(307-05) 5. 사회복지시설 법정운영비보조(307-10) 6. 민간인위탁교육비(307-12) 7. 공기관등에대한경상적위탁사업비(308-10) 8. 민간자본사업보조,자체재원(402-01) 9. 민간자본사업보조,이전재원(402-02) 10. 민간위탁사업비(402-03) 11. 공기관등에 대한 자본적 대행사업비(403-02)	1. 법률에 규정 2. 국고보조 재원(국가지정) 3. 용도 지정 기부금 4. 조례에 직접규정 5. 지자체가 권장하는 사업을 하는 공공기관 6. 시,도 정책 및 재정사정 7. 기타 8. 해당없음	계약체결방법 (경쟁형태) 1. 일반경쟁 2. 제한경쟁 3. 지명경쟁 4. 수의계약 5. 법정위탁 6. 기타 ( ) 7. 해당없음	계약기간 1. 1년 2. 2년 3. 3년 4. 4년 5. 5년 6. 기타 ( )년 7. 단기계약 (1년미만) 8. 해당없음	낙찰자선정방법 1. 적격심사 2. 협상에의한계약 3. 최저가낙찰제 4. 규격가격분리 5. 2단계 경쟁입찰 6. 기타 ( ) 7. 해당없음	운영예산 산정 1. 내부산정 (지자체 자체적으로 산정) 2. 외부산정 (외부전문기관위탁 산정) 3. 내·외부 모두 산정 4. 산정 無 5. 해당없음	정산방법 1. 내부정산 (지자체 내부적으로 정산) 2. 외부정산 (외부전문기관위탁 정산) 3. 내·외부 모두 산정 4. 정산 無 5. 해당없음	1. 실시 2. 미실시 3. 향후 추진 4. 해당없음
7720	전남 완도군	어린이집 운영지원	98,416	여성가족과	5	1	7	8	7	3	1	1
7721	전남 완도군	보육교직원 인건비 지원	5,005,844	여성가족과	5	2	7	8	7	3	1	1
7722	전남 완도군	공공형 어린이집 지원	159,432	여성가족과	5	2	7	8	7	3	1	1
7723	전남 완도군	어린이집 운영지원	319,694	여성가족과	5	2	7	8	7	3	1	1
7724	전남 완도군	보육교직원 처우개선 지원	702,876	여성가족과	5	2	7	8	7	3	1	1
7725	전남 완도군	어린이집 운영지원	143,000	여성가족과	5	2	7	8	7	3	1	1
7726	전남 완도군	지역아동센터 이용아동 급식비 지원	327,600	여성가족과	5	2	7	8	7	3	1	1
7727	전남 완도군	지역아동센터 종사자 특별수당	48,960	여성가족과	5	2	7	8	7	3	1	1
7728	전남 완도군	지역아동센터 급식도우미 지원사업	24,840	여성가족과	5	2	7	8	7	3	1	1
7729	전남 완도군	특수목적형 지원	7,308	여성가족과	5	2	7	8	7	3	1	1
7730	전남 완도군	토요운영지원	7,296	여성가족과	5	1	7	8	7	3	1	1
7731	전남 완도군	건강가정 및 다문화가족지원센터 운영	474,480	여성가족과	5	2	7	4	7	3	1	1
7732	전남 완도군	시간제보육 지원	104,076	여성가족과	5	2	7	8	7	3	1	1
7733	전남 완도군	다함께돌봄 사업	14,160	여성가족과	5	2	7	8	7	3	1	1
7734	전남 완도군	대체교사 인건비 지원	10,000	여성가족과	5	2	7	8	7	3	1	1
7735	전남 목포시	목포시종합사회복지관 운영비	853,867	사회복지과	5	4	4	5	2	1	1	1
7736	전남 목포시	상동종합사회복지관 운영비	394,323	사회복지과	5	4	4	5	2	1	1	1
7737	전남 목포시	상리사회복지관 운영비	306,743	사회복지과	5	4	4	5	2	1	1	1
7738	전남 목포시	지역사회보장협의체 운영	39,878	사회복지과	5	4	7	8	7	1	1	1
7739	전남 목포시	노숙인시설운영	2,425,271	사회복지과	5	1	7	8	7	5	5	1
7740	전남 목포시	노숙인시설운영	49,320	사회복지과	5	1	7	8	7	5	5	1
7741	전남 목포시	아동복지시설 운영비	7,035,000	여성가족과	5	1	7	8	7	5	1	1
7742	전남 목포시	시설아동 자립지원 프로그램비	84,300	여성가족과	5	1	7	8	7	5	1	1
7743	전남 목포시	학대피해아동쉼터, 운영비, 인건비, 사업비	185,705	여성가족과	5	1	7	8	7	5	5	4
7744	전남 목포시	청소년 남자단기쉼터 운영	223,968	여성가족과	5	1	7	8	7	5	1	4
7745	전남 목포시	청소년 남자중장기쉼터 운영	212,700	여성가족과	5	1	7	8	7	5	1	4
7746	전남 목포시	청소년 쉼터 야간근무 대체인력 인건비 지급	74,220	여성가족과	5	1	7	8	7	5	1	4
7747	전남 목포시	청소년쉼터 종사자 특별수당	13,680	여성가족과	5	1	7	8	7	5	1	4
7748	전남 목포시	청소년쉼터 종사자 명절휴가비	4,800	여성가족과	5	1	7	8	7	1	1	4
7749	전남 목포시	청소년성문화센터 운영	154,552	여성가족과	5	1	5	3	1	5	1	4
7750	전남 목포시	청소년성문화센터 종사자 특별수당	4,200	여성가족과	5	1	5	3	1	5	1	4
7751	전남 목포시	청소년성문화센터 교육프로그램 보강	4,000	여성가족과	5	1	5	3	1	5	1	4
7752	전남 목포시	청소년 방과후 아카데미 운영	495,516	여성가족과	5	1	5	3	1	5	1	4
7753	전남 목포시	청소년참여위원회 운영 지원	3,500	여성가족과	5	1	5	3	1	1	1	4
7754	전남 목포시	청소년유해환경감시단 운영비 보조	7,200	여성가족과	5	1	7	8	7	5	1	1
7755	전남 목포시	지역청소년참여기구 운영	4,000	여성가족과	5	1	5	3	1	5	1	4
7756	전남 목포시	청소년문화센터 운영위원회 지원	3,000	여성가족과	5	1	5	3	1	1	1	4
7757	전남 목포시	청소년문화센터 운영	180,000	여성가족과	5	1	5	3	1	1	1	4
7758	전남 목포시	청소년수련시설 지도사 배치사업	68,940	여성가족과	5	1	5	3	1	5	1	4
7759	전남 목포시	민간, 가정어린이집 차량운영비	192,000	여성가족과	5	2	7	8	7	1	1	2
7760	전남 목포시	어린이집 냉난방비 지원	91,200	여성가족과	5	2	7	8	7	1	1	2
7761	전남 목포시	정부지원 어린이집 차량운영비	132,000	여성가족과	5	2	7	8	7	1	1	2
7762	전남 목포시	영아,장애아전담어린이집 냉난방비	4,800	여성가족과	5	2	7	8	7	1	1	2

순번	시군구	지출명 (사업명)	2021년예산 (단위:천원/1년간)	담당자 (공무원) 담당부서	민간이전 분류 (지방자치단체 세출예산 집행기준에 의거) 1. 민간경상사업보조(307-02) 2. 민간단체 법정운영비보조(307-03) 3. 민간행사사업보조(307-04) 4. 민간위탁금(307-05) 5. 사회복지시설 법정운영비보조(307-10) 6. 민간인위탁교육비(307-12) 7. 공기관등에대한경상적위탁사업비(308-10) 8. 민간자본사업보조,자체재원(402-01) 9. 민간자본사업보조,이전재원(402-02) 10. 민간위탁사업비(402-03) 11. 공기관등에 대한 자본적 대행사업비(403-02)	민간이전지출 근거 (지방보조금 관리기준 참고) 1. 법률에 규정 2. 국고보조 재원(국가지정) 3. 용도 지정 기부금 4. 조례에 직접규정 5. 지자체가 권장하는 사업을 하는 공공기관 6. 시,도 정책 및 재정사정 7. 기타 8. 해당없음	입찰방식 계약체결방법 (경쟁형태) 1. 일반경쟁 2. 제한경쟁 3. 지명경쟁 4. 수의계약 5. 법정위탁 6. 기타 ( ) 7. 해당없음	입찰방식 계약기간 1. 1년 2. 2년 3. 3년 4. 4년 5. 5년 6. 기타 ( )년 7. 단기계약 (1년미만) 8. 해당없음	입찰방식 낙찰자선정방법 1. 적격심사 2. 협상에의한계약 3. 최저가낙찰제 4. 규격가격분리 5. 2단계 경쟁입찰 6. 기타 ( ) 7. 해당없음	운영예산 산정 운영예산 산정 1. 내부산정 (지자체 자체적으로 산정) 2. 외부산정 (외부전문기관위탁 산정) 3. 내·외부 모두 산정 4. 산정 無 5. 해당없음	운영예산 산정 정산방법 1. 내부정산 (지자체 내부적으로 정산) 2. 외부정산 (외부전문기관위탁 정산) 3. 내·외부 모두 산정 4. 정산 無 5. 해당없음	성과평가 실시여부 1. 실시 2. 미실시 3. 향후 추진 4. 해당없음
7763	전남 목포시	영아,장애아전담어린이집 종사자 특별수당	135,600	여성가족과	5	2	7	8	7	1	1	2
7764	전남 목포시	장애아전문어린이집 운전원 인건비	64,631	여성가족과	5	2	7	8	7	1	1	2
7765	전남 목포시	공공형어린이집 취사부 인건비	134,004	여성가족과	5	2	7	8	7	1	1	2
7766	전남 목포시	장애전문어린이집 치료사 처우개선수당	32,400	여성가족과	5	2	7	8	7	1	1	2
7767	전남 목포시	민간,가정어린이집 취사부 인건비	639,096	여성가족과	5	2	7	8	7	1	1	2
7768	전남 목포시	어린이집 반당 운영비	1,007,160	여성가족과	5	2	7	8	7	1	1	2
7769	전남 목포시	열린어린이집 운영활성화비 지원	8,700	여성가족과	5	2	7	8	7	1	1	2
7770	전남 목포시	장애아전문어린이집 차량운영비	23,265	여성가족과	5	2	7	8	7	1	1	2
7771	전남 목포시	어린이집 교재교구비	93,445	여성가족과	5	2	7	8	7	1	1	2
7772	전남 목포시	어린이집 종사자 인건비	10,977,161	여성가족과	5	2	7	8	7	1	1	2
7773	전남 목포시	공공형어린이집 운영지원	1,056,116	여성가족과	5	2	7	8	7	1	1	2
7774	전남 목포시	어린이집 대체교사 인건비 지원	58,404	여성가족과	5	2	7	8	7	1	1	2
7775	전남 목포시	어린이집 대체교사 수당 지원	1,200,000	여성가족과	5	2	7	8	7	1	1	2
7776	전남 목포시	시간제보육서비스 지원사업	207,168	여성가족과	5	2	7	8	7	1	1	2
7777	전남 목포시	건강가정지원센터 운영	289,000	여성가족과	5	1	7	8	7	5	1	1
7778	전남 목포시	다문화가족지원센터 운영	151,300	여성가족과	5	1	7	8	7	5	1	1
7779	전남 목포시	아이돌봄 지원사업	2,672,380	여성가족과	5	1	7	8	7	5	1	1
7780	전남 목포시	취약위기가족지원	140,000	여성가족과	5	1	7	8	7	5	1	1
7781	전남 목포시	공동육아나눔터 운영	49,420	여성가족과	5	1	7	8	7	5	1	1
7782	전남 목포시	통합상담소 운영지원	183,813	여성가족과	5	1	7	8	7	5	1	1
7783	전남 목포시	가정폭력 가해자 교정치료프로그램운영	2,880,000	여성가족과	5	1	7	8	7	5	1	1
7784	전남 목포시	가정폭력피해자 보호시설 운영비	196,702	여성가족과	5	1	7	8	7	5	1	1
7785	전남 목포시	가정폭력피해자 보호시설 비수급자 생계비	18,550	여성가족과	5	1	7	8	7	5	1	1
7786	전남 목포시	가정폭력피해자 보호시설 퇴소자립금	20,000	여성가족과	5	1	7	8	7	5	1	1
7787	전남 목포시	가정폭력피해자 보호시설 직업훈련비	5,200	여성가족과	5	1	7	8	7	5	1	1
7788	전남 목포시	가정폭력피해자 의료비 지원	8,551	여성가족과	5	1	7	8	7	5	1	1
7789	전남 목포시	가정폭력피해자 치료회복프로그램 지원	25,322	여성가족과	5	1	7	8	7	5	1	1
7790	전남 목포시	가정폭력 피해 재발방지 사업	2,800,000	여성가족과	5	6	7	8	7	1	1	1
7791	전남 목포시	성폭력 상담소 운영지원	158,046	여성가족과	5	1	7	8	7	5	1	1
7792	전남 목포시	성폭력피해자 보호시설 운영지원	285,994	여성가족과	5	1	7	8	7	5	1	1
7793	전남 목포시	성폭력피해자 의료지원	10,135	여성가족과	5	1	7	8	7	5	1	1
7794	전남 목포시	성폭력피해자 치료회복지원	9,117	여성가족과	5	1	7	8	7	5	1	1
7795	전남 목포시	성매매피해자 지원시설 및 상담소 운영	160,780	여성가족과	5	1	7	8	7	5	1	1
7796	전남 목포시	성매매피해자 구조지원	25,835	여성가족과	5	1	7	8	7	5	1	1
7797	전남 목포시	폭력피해 이주여성 보호시설 운영지원	189,219	여성가족과	5	1	7	8	7	5	1	1
7798	전남 목포시	폭력피해 이주여성 보호시설 퇴소자립금	5,000	여성가족과	5	1	7	8	7	5	1	1
7799	전남 목포시	폭력피해 이주여성 상담소 운영지원	281,376	여성가족과	5	1	7	8	7	5	1	1
7800	전남 목포시	새일센터 운영지원	310,820	여성가족과	5	1	6	8	7	5	1	1
7801	전남 목포시	새일여성인턴연계	120,000	여성가족과	5	1	6	8	7	5	1	1
7802	전남 목포시	직업교육훈련 운영	123,375	여성가족과	5	1	6	8	7	5	1	1
7803	전남 목포시	새일여성인턴사업	6,000	여성가족과	5	1	6	8	7	5	1	1
7804	전남 목포시	여성취업창업교실운영	12,000	여성가족과	5	1	6	8	7	5	1	1
7805	전남 목포시	지역특산품 판매촉진지원사업	3,840	여성가족과	5	1	6	8	7	5	1	1

순번	시군구	지출명 (사업명)	2021년예산 (단위:천원/1년간)	담당자 (공무원) 담당부서	민간이전 분류 (지방자치단체 세출예산 집행기준에 의거) 1. 민간경상사업보조(307-02) 2. 민간단체 법정운영비보조(307-03) 3. 민간행사사업보조(307-04) 4. 민간위탁금(307-05) 5. 사회복지시설 법정운영비보조(307-10) 6. 민간인위탁교육비(307-12) 7. 공기관등에대한경상적위탁사업비(308-10) 8. 민간자본사업보조,자체재원(402-01) 9. 민간자본사업보조,이전재원(402-02) 10. 민간위탁사업비(402-03) 11. 공기관등에 대한 자본적 대행사업비(403-02)	민간이전지출 근거 (지방보조금 관리기준 참고) 1. 법률에 규정 2. 국고보조 재원(국가지정) 3. 용도 지정 기부금 4. 조례에 직접규정 5. 지자체가 권장하는 사업을 하는 공공기관 6. 시,도 정책 및 재정사정 7. 기타 8. 해당없음	입찰방식 계약체결방법 (경쟁형태) 1. 일반경쟁 2. 제한경쟁 3. 지명경쟁 4. 수의계약 5. 법정위탁 6. 기타 ( ) 7. 해당없음	입찰방식 계약기간 1. 1년 2. 2년 3. 3년 4. 4년 5. 5년 6. 기타 ( )년 7. 단기계약 (1년미만) 8. 해당없음	입찰방식 낙찰자선정방법 1. 적격심사 2. 협상에의한계약 3. 최저가낙찰제 4. 규격가격분리 5. 2단계 경쟁입찰 6. 기타 ( ) 7. 해당없음	운영예산 산정 운영예산 산정 1. 내부산정 (지자체 자체적으로 산정) 2. 외부산정 (외부전문기관위탁 산정) 3. 내·외부 모두 산정 4. 산정 無 5. 해당없음	운영예산 산정 정산방법 1. 내부정산 (지자체 내부적으로 정산) 2. 외부정산 (외부전문기관위탁 정산) 3. 내·외부 모두 산정 4. 정산 無 5. 해당없음	성과평가 실시여부 1. 실시 2. 미실시 3. 향후 추진 4. 해당없음
7806	전남 목포시	전남여성일자리박람회 추진	70,000	여성가족과	5	1	6	8	7	5	1	1
7807	전남 목포시	새일센터 종사자 활동비 지원	26,400	여성가족과	5	1	6	8	7	5	1	1
7808	전남 목포시	새일센터종사자 처우개선비	24,840	여성가족과	5	1	6	8	7	5	1	1
7809	전남 목포시	목포여성인력개발센터 운영지원	310,000	여성가족과	5	1	6	8	7	5	1	1
7810	전남 목포시	한부모가족복지시설입소자상담치료	17,616	여성가족과	5	1	7	8	7	5	1	1
7811	전남 목포시	태화모자원 시설보강	17,380	여성가족과	5	1	7	8	7	5	1	1
7812	전남 목포시	한부모가족복지시설 아이돌봄서비스	50,399	여성가족과	5	1	7	8	7	5	1	1
7813	전남 목포시	모자가족복지시설 운영비	402,780	여성가족과	5	1	7	8	7	5	1	1
7814	전남 목포시	한부모복지시설 종사자 특별수당	12,600	여성가족과	5	1	7	8	7	5	1	1
7815	전남 목포시	한부모가족복지시설 도비지원 운영비	42,000	여성가족과	5	1	7	8	7	5	1	1
7816	전남 목포시	모자복지시설 퇴소자 자립정착금	50,000	여성가족과	5	1	7	8	7	5	1	1
7817	전남 목포시	미혼모자가족복지시설 운영비	258,958	여성가족과	5	1	7	8	7	5	1	1
7818	전남 목포시	자녀양육 및 자녀생활 등 방문교육서비스 지원	175,120	여성가족과	5	1	7	8	7	5	1	1
7819	전남 목포시	이중언어 가족환경 조성	28,325	여성가족과	5	1	7	8	7	5	1	1
7820	전남 목포시	다문화가족 자녀언어발달 지원	65,640	여성가족과	5	1	7	8	7	5	1	1
7821	전남 목포시	결혼이민자 통번역서비스 지원	27,509	여성가족과	5	1	7	8	7	5	1	1
7822	전남 목포시	한국어교육 운영	20,000	여성가족과	5	1	7	8	7	5	1	1
7823	전남 목포시	다문화가족 사례관리 지원	61,298	여성가족과	5	1	7	8	7	5	1	1
7824	전남 목포시	찾아가는 결혼이주여성 다이음 사업	3,000	여성가족과	5	1	7	8	7	5	1	1
7825	전남 목포시	응급안전알림서비스 운영지원	76,845	노인장애인과	5	2	7	8	7	1	1	4
7826	전남 목포시	응급안전알림서비스 종사자 활동수당	1,800,000	노인장애인과	5	2	7	8	7	1	1	4
7827	전남 목포시	이랜드노인복지관 운영비	564,343	노인장애인과	5	4	7	8	7	1	1	1
7828	전남 목포시	하나노인복지관 운영비	400,686	노인장애인과	5	4	7	8	7	1	1	1
7829	전남 목포시	목포시노인복지관 운영비	457,693	노인장애인과	5	4	7	8	7	1	1	1
7830	전남 목포시	하당노인복지관 운영비	472,313	노인장애인과	5	4	7	8	7	1	1	1
7831	전남 목포시	노인복지관 종사자 특별수당	39,960	노인장애인과	5	1	7	8	7	1	1	1
7832	전남 목포시	시니어 합창단 운영비	10,000	노인장애인과	5	5	7	8	7	1	1	1
7833	전남 목포시	노인복지관 프로그램 지원사업	76,400	노인장애인과	5	6	7	8	7	1	1	1
7834	전남 목포시	경로당 운영지원	1,099,490	노인장애인과	5	6	7	8	7	1	1	1
7835	전남 목포시	경로당 순회프로그램 시군관리자 배치	41,680	노인장애인과	5	6	7	8	7	1	1	1
7836	전남 목포시	경로당 공동작업장 운영지원	10,000	노인장애인과	5	6	7	8	7	1	1	1
7837	전남 목포시	양로시설 운영비 지원	738,236	노인장애인과	5	2	7	8	7	1	1	1
7838	전남 목포시	양로시설 종사자 특별수당	15,840	노인장애인과	5	2	7	8	7	1	1	1
7839	전남 목포시	학대피해노인 일시보호비 지원	5,467	노인장애인과	5	7	7	8	7	1	1	4
7840	전남 목포시	노인생활시설 김장 및 춘계부식비	2,030,000	노인장애인과	5	6	7	8	7	1	1	1
7841	전남 목포시	노인생활시설 간식비	27,219	노인장애인과	5	6	7	8	7	1	1	1
7842	전남 목포시	재가노인복지시설(등급외자) 운영비	555,944	노인장애인과	5	6	7	8	7	1	1	1
7843	전남 목포시	재가노인복지시설(등급외자) 종사자 특별수당	2,160,000	노인장애인과	5	6	7	8	7	1	1	1
7844	전남 목포시	발달재활서비스 도비확대	292,320	노인장애인과	5	2	1	3	1	1	1	1
7845	전남 목포시	장애인활동지원 도 추가사업	1,094,965	노인장애인과	5	2	1	3	1	1	1	1
7846	전남 목포시	발달장애인 부모상담 지원	5,605	노인장애인과	5	2	1	3	1	1	1	1
7847	전남 목포시	발달장애인 주간활동서비스 지원	567,000	노인장애인과	5	2	1	3	1	1	1	1
7848	전남 목포시	발달장애인 방과후 돌봄서비스 지원	344,827	노인장애인과	5	2	1	3	1	1	1	1

순번	시군구	지출명 (사업명)	2021년예산 (단위:천원/1년간)	담당자 (공무원)	민간이전 분류 (지방자치단체 세출예산 집행기준에 의거)	민간이전지출 근거 (지방보조금 관리기준 참고)	입찰방식			운영예산 산정		성과평가 실시여부
				담당부서	1. 민간경상사업보조(307-02) 2. 민간단체 법정운영비보조(307-03) 3. 민간행사사업보조(307-04) 4. 민간위탁금(307-05) 5. 사회복지시설 법정운영비보조(307-10) 6. 민간인위탁교육비(307-12) 7. 공기관등에대한경상적위탁사업비(308-10) 8. 민간자본사업보조,자체재원(402-01) 9. 민간자본사업보조,이전재원(402-02) 10. 민간위탁사업비(402-03) 11. 공기관등에 대한 자본적 대행사업비(403-02)	1. 법률에 규정 2. 국고보조 재원(국가지정) 3. 용도 지정 기부금 4. 조례에 직접규정 5. 지자체가 권장하는 사업을 하는 공공기관 6. 시,도 정책 및 재정사정 7. 기타 8. 해당없음	계약체결방법 (경쟁형태) 1. 일반경쟁 2. 제한경쟁 3. 지명경쟁 4. 수의계약 5. 법정위탁 6. 기타 ( ) 7. 해당없음	계약기간 1. 1년 2. 2년 3. 3년 4. 4년 5. 5년 6. 기타 ( )년 7. 단기계약 (1년미만) 8. 해당없음	낙찰자선정방법 1. 적격심사 2. 협상에의한계약 3. 최저가낙찰제 4. 규격가격분리 5. 2단계 경쟁입찰 6. 기타 ( ) 7. 해당없음	운영예산 산정 1. 내부산정 (지자체 자체적으로 산정) 2. 외부산정 (외부전문기관위탁 산정) 3. 내·외부 모두 산정 4. 산정 無 5. 해당없음	정산방법 1. 내부정산 (지자체 내부적으로 정산) 2. 외부정산 (외부전문기관위탁 정산) 3. 내·외부 모두 산정 4. 정산 無 5. 해당없음	1. 실시 2. 미실시 3. 향후 추진 4. 해당없음
7849	전남 목포시	발달장애인 사회참여 프로그램 지원	12,000	노인장애인과	5	2	1	3	1	1	1	1
7850	전남 목포시	장애인 생활시설 운영비	9,725,159	노인장애인과	5	2	7	8	7	1	1	4
7851	전남 목포시	정신.지적.시각장애인음악치료사업	24,000	노인장애인과	5	1	7	8	7	1	1	4
7852	전남 목포시	재활복지 생활시설 김장부식비	6,980	노인장애인과	5	1	7	8	7	1	1	4
7853	전남 목포시	장애인생활시설 등 종사자특별수당	263,160	노인장애인과	5	1	7	8	7	1	1	4
7854	전남 목포시	장애인생활시설 퇴소자 초기정착금 지원	30,000	노인장애인과	5	1	7	8	7	1	1	4
7855	전남 목포시	명도복지관 운영비	1,118,438	노인장애인과	5	1	7	8	7	1	1	4
7856	전남 목포시	장애인 주간보호시설 운영비	838,682	노인장애인과	5	1	7	8	7	1	1	4
7857	전남 목포시	장애인 공동생활가정 운영비	199,500	노인장애인과	5	1	7	8	7	1	1	4
7858	전남 목포시	장애인 재가복지봉사센터 운영비	178,799	노인장애인과	5	1	7	8	7	1	1	4
7859	전남 목포시	장애인 단기보호시설 운영비	192,500	노인장애인과	5	1	7	8	7	1	1	4
7860	전남 목포시	시각장애인생활이동지원센터 운영비	304,907	노인장애인과	5	1	7	8	7	1	1	1
7861	전남 목포시	수어통역센터 운영비	318,676	노인장애인과	5	1	7	8	7	1	1	1
7862	전남 목포시	장애인복지관 및 지역재활시설 종사자 특별수당	106,920	노인장애인과	5	1	7	8	7	1	1	4
7863	전남 목포시	목포시 장애인 종합복지관 운영비	1,324,260	노인장애인과	5	1	7	8	7	1	1	4
7864	전남 목포시	장애인복지관 급식비 지원사업	180,000	노인장애인과	5	1	7	8	7	1	1	4
7865	전남 목포시	유달장애인자립생활지원센터운영비	156,666	노인장애인과	5	1	7	8	7	1	1	1
7866	전남 목포시	유달장애인자립생활지원센터운영비 도비 추가사업	33,100	노인장애인과	5	1	7	8	7	1	1	1
7867	전남 목포시	목포장애인자립생활센터운영비	153,000	노인장애인과	5	1	7	8	7	1	1	1
7868	전남 목포시	장애인 직업재활시설 운영비	925,820	노인장애인과	5	1	7	8	7	1	1	4
7869	전남 목포시	장애인가족지원센터 운영비	165,158	노인장애인과	5	1	7	8	7	1	1	1
7870	전남 목포시	장애인 체험홈 운영비지원	107,100	노인장애인과	5	1	7	8	7	1	1	1
7871	전남 목포시	정신요양시설 운영비	3,238,164	노인장애인과	5	2	7	8	7	1	1	4
7872	전남 목포시	지역자활센터 운영비	393,702	노인장애인과	5	1	7	8	7	5	5	2
7873	전남 목포시	지역자활센터 종사자 특별수당	8,640	노인장애인과	5	1	7	8	7	5	5	2
7874	전남 목포시	자활사례관리사 운영	30,729	노인장애인과	5	1	7	8	7	5	5	2
7875	전남 여수시	노인복지관 운영비	28,080	노인장애인과	5	1	7	8	7	1	1	1
7876	전남 여수시	노인일자리 및 사회활동지원 확대	860,438	노인장애인과	5	2	7	8	7	1	1	1
7877	전남 여수시	노인일자리 및 사회활동 지원 확대	20,400	노인장애인과	5	6	7	8	7	1	1	1
7878	전남 여수시	여수시니어클럽 운영	6,480	노인장애인과	5	6	7	8	7	1	1	1
7879	전남 여수시	경로당 냉난방비 및 양곡비지원	1,152,630	노인장애인과	5	2	7	8	7	2	1	2
7880	전남 여수시	경로당 운영비 지원	918,120	노인장애인과	5	1	7	8	7	2	1	2
7881	전남 여수시	미등록경로당 지원사업	73,920	노인장애인과	5	6	7	8	7	2	1	2
7882	전남 여수시	경로당 활성화 운영	869,945	노인장애인과	5	7	7	8	7	2	1	2
7883	전남 여수시	장애인거주시설 운영 지원	120,000	노인장애인과	5	1	7	8	7	1	1	2
7884	전남 여수시	장애인 이용시설 운영 지원	175,000	노인장애인과	5	4	7	8	7	1	1	2
7885	전남 여수시	장애인 이용시설 운영 지원	660,102	노인장애인과	5	1	7	8	7	1	1	2
7886	전남 여수시	장애인 이용시설 운영 지원	279,729	노인장애인과	5	1	7	8	7	1	1	2
7887	전남 여수시	장애인 이용시설 운영 지원	258,221	노인장애인과	5	1	7	8	7	1	1	2
7888	전남 여수시	장애인 이용시설 운영 지원	301,353	노인장애인과	5	1	7	8	7	1	1	2
7889	전남 여수시	장애인 이용시설 운영 지원	239,115	노인장애인과	5	1	7	8	7	1	1	2
7890	전남 여수시	장애인 이용시설 운영 지원	356,253	노인장애인과	5	1	7	8	7	1	1	2
7891	전남 여수시	장애인 이용시설 운영 지원	257,616	노인장애인과	5	1	7	8	7	1	1	2

순번	시군구	지출명 (사업명)	2021년예산 (단위:천원/1년간)	담당자 (공무원)	민간이전 분류 (지방자치단체 세출예산 집행기준에 의거)	민간이전지출 근거 (지방보조금 관리기준 참고)	입찰방식			운영예산 산정		성과평가 실시여부
				담당부서	1. 민간경상사업보조(307-02) 2. 민간단체 법정운영비보조(307-03) 3. 민간행사사업보조(307-04) 4. 민간위탁금(307-05) 5. 사회복지시설 법정운영비보조(307-10) 6. 민간인위탁교육비(307-12) 7. 공기관등에대한경상적위탁사업비(308-10) 8. 민간자본사업보조,자체재원(402-01) 9. 민간자본사업보조,이전재원(402-02) 10. 민간위탁사업비(402-03) 11. 공기관등에 대한 자본적 대행사업비(403-02)	1. 법률에 규정 2. 국고보조 재원(국가지정) 3. 용도 지정 기부금 4. 조례에 직접규정 5. 지자체가 권장하는 사업을 하는 공공기관 6. 시,도 정책 및 재정사정 7. 기타 8. 해당없음	계약체결방법 (경쟁형태) 1. 일반경쟁 2. 제한경쟁 3. 지명경쟁 4. 수의계약 5. 법정위탁 6. 기타 ( ) 7. 해당없음	계약기간 1. 1년 2. 2년 3. 3년 4. 4년 5. 5년 6. 기타 ( )년 7. 단기계약 (1년미만) 8. 해당없음	낙찰자선정방법 1. 적격심사 2. 협상에의한계약 3. 최저가낙찰제 4. 규격가격분리 5. 2단계 경쟁입찰 6. 기타 ( ) 7. 해당없음	운영예산 산정 1. 내부산정 (지자체 자체적으로 산정) 2. 외부산정 (외부전문기관위탁 산정) 3. 내·외부 모두 산정 4. 산정 無 5. 해당없음	정산방법 1. 내부정산 (지자체 내부적으로 정산) 2. 외부정산 (외부전문기관위탁 정산) 3. 내·외부 모두 산정 4. 정산 無 5. 해당없음	1. 실시 2. 미실시 3. 향후 추진 4. 해당없음
7892	전남 여수시	장애인 이용시설 운영 지원	221,457	노인장애인과	5	1	7	8	7	1	1	2
7893	전남 여수시	장애인 이용시설 운영 지원	246,082	노인장애인과	5	1	7	8	7	1	1	2
7894	전남 여수시	장애인 이용시설 운영 지원	253,283	노인장애인과	5	1	7	8	7	1	1	2
7895	전남 여수시	장애인 이용시설 운영 지원	230,760	노인장애인과	5	1	7	8	7	1	1	2
7896	전남 여수시	장애인 이용시설 운영 지원	160,782	노인장애인과	5	6	7	8	7	1	1	2
7897	전남 여수시	장애인 이용시설 운영 지원	106,920	노인장애인과	5	1	7	8	7	1	1	2
7898	전남 여수시	장애인자립생활지원센터 지원	156,666	노인장애인과	5	2	7	8	7	1	1	2
7899	전남 여수시	장애인자립생활지원센터 지원	33,100	노인장애인과	5	1	7	8	7	1	1	2
7900	전남 여수시	장애인거주시설 운영 지원	50,000	노인장애인과	5	1	7	8	7	1	1	2
7901	전남 여수시	장애인거주시설 운영 지원	50,000	노인장애인과	5	1	7	8	7	1	1	2
7902	전남 여수시	장애인거주시설 운영 지원	50,000	노인장애인과	5	1	7	8	7	1	1	2
7903	전남 여수시	장애인거주시설 운영 지원	50,000	노인장애인과	5	1	7	8	7	1	1	2
7904	전남 여수시	장애인거주시설 운영 지원	50,000	노인장애인과	5	1	7	8	7	1	1	2
7905	전남 여수시	장애인거주시설 운영 지원	50,000	노인장애인과	5	1	7	8	7	1	1	2
7906	전남 여수시	장애인거주시설 운영 지원	332,494	노인장애인과	5	1	7	8	7	1	1	2
7907	전남 여수시	장애인거주시설 운영 지원	240,698	노인장애인과	5	1	7	8	7	1	1	2
7908	전남 여수시	장애인거주시설 운영 지원	151,200	노인장애인과	5	1	7	8	7	1	1	2
7909	전남 여수시	장애인거주시설 운영 지원	3,800	노인장애인과	5	1	7	8	7	1	1	2
7910	전남 여수시	장애인거주시설 운영 지원	10,000	노인장애인과	5	1	7	8	7	1	1	2
7911	전남 여수시	장애인거주시설 운영 지원	1,844,334	노인장애인과	5	1	7	8	7	1	1	2
7912	전남 여수시	장애인거주시설 운영 지원	1,574,866	노인장애인과	5	1	7	8	7	1	1	2
7913	전남 여수시	장애인거주시설 운영 지원	604,151	노인장애인과	5	1	7	8	7	1	1	2
7914	전남 여수시	장애인거주시설 운영 지원	869,210	노인장애인과	5	1	7	8	7	1	1	2
7915	전남 여수시	한센시설 운영지원	866,765	노인장애인과	5	1	7	8	7	1	1	2
7916	전남 여수시	한센시설 운영지원	21,960	노인장애인과	5	1	7	8	7	1	1	2
7917	전남 여수시	장애인거주시설 공기청정기 렌탈지원	2,520,000	노인장애인과	5	1	7	8	7	1	1	2
7918	전남 여수시	자활사업	296,761	사회복지과	5	1	2	1	1	1	1	1
7919	전남 여수시	자활사업	374,271	사회복지과	5	1	2	1	1	1	1	1
7920	전남 여수시	지역자활센터 운영	5,000	사회복지과	5	1	2	1	1	1	1	1
7921	전남 여수시	지역자활센터 운영	4,500	사회복지과	5	1	2	1	1	1	1	1
7922	전남 여수시	지역자활센터 운영	38,293	사회복지과	5	1	2	1	1	1	1	1
7923	전남 여수시	지역자활센터 운영	38,293	사회복지과	5	1	2	1	1	1	1	1
7924	전남 여수시	종합사회복지관 운영 지원	16,920	사회복지과	5	4	2	5	1	1	1	2
7925	전남 여수시	종합사회복지관 운영 지원	15,120	사회복지과	5	4	2	5	1	1	1	2
7926	전남 여수시	종합사회복지관 운영 지원	15,840	사회복지과	5	4	2	5	1	1	1	2
7927	전남 여수시	종합사회복지관 운영 지원	14,400	사회복지과	5	4	2	5	1	1	1	2
7928	전남 여수시	노숙인 복지시설 운영	17,280	사회복지과	5	1	7	8	7	1	1	4
7929	전남 여수시	노숙인복지시설 운영	709,990	사회복지과	5	1	7	8	7	1	1	4
7930	전남 순천시	사회복지관운영	796,848	사회복지과	5	1	7	8	7	5	5	3
7931	전남 순천시	시니어클럽 운영지원	290,000	노인장애인과	5	1	7	8	7	5	5	3
7932	전남 순천시	장애인거주시설 운영 지원	1,170,733	노인장애인과	5	1	7	8	7	5	5	3
7933	전남 순천시	장애인거주시설 생활지도원 교대인력 증원	99,453	노인장애인과	5	1	7	8	7	5	5	3
7934	전남 순천시	장애인 단기보호시설 운영	151,388	노인장애인과	5	1	7	8	7	5	5	3

순번	시군구	지출명 (사업명)	2021년예산 (단위:천원/1년간)	담당자 (공무원)	민간이전 분류 (지방자치단체 세출예산 집행기준에 의거) 1. 민간경상사업보조(307-02) 2. 민간단체 법정운영비보조(307-03) 3. 민간행사사업보조(307-04) 4. 민간위탁금(307-05) 5. 사회복지시설 법정운영비보조(307-10) 6. 민간인위탁교육비(307-12) 7. 공기관등에대한경상적위탁사업비(308-10) 8. 민간자본사업보조,자체재원(402-01) 9. 민간자본사업보조,이전재원(402-02) 10. 민간위탁사업비(402-03) 11. 공기관등에 대한 자본적 대행사업비(403-02)	민간이전지출 근거 (지방보조금 관리기준 참고) 1. 법률에 규정 2. 국고보조 재원(국가지정) 3. 용도 지정 기부금 4. 조례에 직접규정 5. 지자체가 권장하는 사업을 하는 공공기관 6. 시,도 정책 및 재정사정 7. 기타 8. 해당없음	입찰방식			운영예산 산정		성과평가 실시여부
				담당부서			계약체결방법 (경쟁형태) 1. 일반경쟁 2. 제한경쟁 3. 지명경쟁 4. 수의계약 5. 법정위탁 6. 기타 ( ) 7. 해당없음	계약기간 1. 1년 2. 2년 3. 3년 4. 4년 5. 5년 6. 기타 ( )년 7. 단기계약 (1년미만) 8. 해당없음	낙찰자선정방법 1. 적격심사 2. 협상에의한계약 3. 최저가낙찰제 4. 규격가격분리 5. 2단계 경쟁입찰 6. 기타 ( ) 7. 해당없음	운영예산 산정 1. 내부산정 (지자체 자체적으로 산정) 2. 외부산정 (외부전문기관위탁 산정) 3. 내·외부 모두 산정 4. 산정 無 5. 해당없음	정산방법 1. 내부정산 (지자체 내부적으로 정산) 2. 외부정산 (외부전문기관위탁 정산) 3. 내·외부 모두 산정 4. 정산 無 5. 해당없음	1. 실시 2. 미실시 3. 향후 추진 4. 해당없음
7935	전남 순천시	장애인 생활이동지원센터 운영	309,857	노인장애인과	5	1	7	8	7	5	5	3
7936	전남 순천시	장애인 수어통역센터운영비	244,775	노인장애인과	5	1	7	8	7	5	5	3
7937	전남 순천시	장애인종합복지관 운영 지원	1,556,647	노인장애인과	5	1	7	8	7	5	5	3
7938	전남 순천시	장애인종합복지관 급식비	144,000	노인장애인과	5	1	7	8	7	5	5	3
7939	전남 순천시	노숙인 복지시설 운영	978,710	사회복지과	5	1	7	8	7	5	5	3
7940	전남 순천시	노숙인 복지시설 종사자 특별수당	17,280	사회복지과	5	1	7	8	7	5	5	3
7941	전남 순천시	사회복지관 종사자 특별수당	20,160	사회복지과	5	1	7	8	7	5	5	3
7942	전남 순천시	지역자활센터 운영	315,533	사회복지과	5	1	7	8	7	5	5	3
7943	전남 순천시	자활사례관리	30,729	사회복지과	5	1	7	8	7	5	5	3
7944	전남 순천시	지역자활센터종사자특별수당	7,560	사회복지과	5	1	7	8	7	5	5	3
7945	전남 순천시	모부자 복지시설 운영	275,083	여성가족과	5	1	7	8	7	5	5	3
7946	전남 순천시	가정폭력상담소 운영 지원	126,382	여성가족과	5	1	7	8	7	5	5	3
7947	전남 순천시	가정폭력 피해 재발방지 지원사업	5,250	여성가족과	5	1	7	8	7	5	5	3
7948	전남 순천시	가정폭력 피해자 보호시설 운영지원	191,494	여성가족과	5	1	7	8	7	5	5	3
7949	전남 순천시	성폭력 상담소 운영 지원	123,816	여성가족과	5	1	7	8	7	5	5	3
7950	전남 순천시	성매매피해자 지원시설 및 상담소 운영지원	390,918	여성가족과	5	1	7	8	7	5	5	3
7951	전남 순천시	여성복지시설 지원	152,331	여성가족과	5	1	7	8	7	5	5	3
7952	전남 순천시	지역아동센터 운영비 지원	3,544,800	아동청소년과	5	2	7	8	7	5	5	3
7953	전남 순천시	특성별 지역아동센터 추가지원	96,704	아동청소년과	5	2	7	8	7	5	5	3
7954	전남 순천시	정겨운 아동복지시설 운영	3,374,095	아동청소년과	5	5	7	8	7	5	5	3
7955	전남 순천시	요보호아동 그룹홈 운영지원	90,815	아동청소년과	5	5	7	8	7	5	5	3
7956	전남 순천시	다함께 돌봄 사업	94,960	아동청소년과	5	1	7	8	7	5	5	3
7957	전남 광양시	지역아동센터 운영비지원	1,294,560	여성가족과	5	2	7	1	7	1	1	1
7958	전남 광양시	지역아동센터 이용아동 급식비지원	478,800	여성가족과	5	2	7	1	7	1	1	1
7959	전남 광양시	경로당 운영비 지원	511,280	노인장애인과	5	1	2	6	7	1	1	4
7960	전남 광양시	경로식당 무료급식 지원 사업	264,000	노인장애인과	5	5	2	1	7	1	1	4
7961	전남 광양시	저소득 거동불편 재가노인 식사배달 사업	50,800	노인장애인과	5	5	2	1	7	1	1	4
7962	전남 광양시	장애인종합복지관 운영	4,134,613	노인장애인과	5	1	2	5	7	1	1	4
7963	전남 광양시	장애인 단체 지원	33,800	노인장애인과	5	4	2	6	7	1	1	4
7964	전남 광양시	장애 유형별 복지 사업	1,067,546	노인장애인과	5	1	2	6	7	1	1	4
7965	전남 광양시	대한노인회 지회 사업 보조	89,527	노인장애인과	5	1	2	6	7	1	1	4
7966	전남 광양시	장애인 공동생활가정 운영	53,333	노인장애인과	5	2	2	6	7	1	1	4
7967	전남 광양시	장애인 개인운영 거주시설 지원	401,682	노인장애인과	5	1	2	6	7	1	1	4
7968	전남 광양시	장애인단기거주시설 운영	360,000	노인장애인과	5	1	2	6	7	1	1	4
7969	전남 광양시	장애인주간보호시설 운영	466,136	노인장애인과	5	1	2	6	7	1	1	4
7970	전남 광양시	중증장애인자립생활센터 지원	189,766	노인장애인과	5	1	2	6	7	1	1	4
7971	전남 담양군	군지역사회보장협의체 운영비	15,000	주민행복과	5	4	7	1	7	1	1	2
7972	전남 담양군	읍면지역사회보장협의체 운영비	30,000	주민행복과	5	4	7	1	7	1	1	2
7973	전남 담양군	지역사회보장협의체 전담인력 인건비	35,256	주민행복과	5	4	7	1	7	1	1	2
7974	전남 담양군	노숙인복지시설 운영비	914,136	주민행복과	5	1	7	1	7	1	1	4
7975	전남 담양군	기쁨원 종사자 특별수당	18,720	주민행복과	5	4	7	1	7	1	1	4
7976	전남 담양군	장애인 생활시설 운영 지원	1,278,280	주민행복과	5	1	7	8	7	1	1	2
7977	전남 담양군	장애인 복지관 운영	1,710,569	주민행복과	5	1	7	8	7	1	1	2

순번	시군구	지출명 (사업명)	2021년예산 (단위:천원/1년간)	담당자 (공무원)	민간이전 분류 (지방자치단체 세출예산 집행기준에 의거)	민간이전지출 근거 (지방보조금 관리기준 참고)	입찰방식			운영예산 산정		성과평가 실시여부
				담당부서	1. 민간경상사업보조(307-02) 2. 민간단체 법정운영비보조(307-03) 3. 민간행사사업보조(307-04) 4. 민간위탁금(307-05) 5. 사회복지시설 법정운영비보조(307-10) 6. 민간인위탁교육비(307-12) 7. 공기관등에대한경상적위탁사업비(308-10) 8. 민간자본사업보조,자체재원(402-01) 9. 민간자본사업보조,이전재원(402-02) 10. 민간위탁사업비(402-03) 11. 공기관등에 대한 자본적 대행사업비(403-02)	1. 법률에 규정 2. 국고보조 재원(국가지정) 3. 용도 지정 기부금 4. 조례에 직접규정 5. 지자체가 권장하는 사업을 하는 공공기관 6. 시,도 정책 및 재정사정 7. 기타 8. 해당없음	계약체결방법 (경쟁형태) 1. 일반경쟁 2. 제한경쟁 3. 지명경쟁 4. 수의계약 5. 법정위탁 6. 기타 ( ) 7. 해당없음	계약기간 1. 1년 2. 2년 3. 3년 4. 4년 5. 5년 6. 기타 ( )년 7. 단기계약 (1년미만) 8. 해당없음	낙찰자선정방법 1. 적격심사 2. 협상에의한계약 3. 최저가낙찰제 4. 규격가격분리 5. 2단계 경쟁입찰 6. 기타 ( ) 7. 해당없음	운영예산 산정 1. 내부산정 (지자체 자체적으로 산정) 2. 외부산정 (외부전문기관위탁 산정) 3. 내·외부 모두 산정 4. 산정 無 5. 해당없음	정산방법 1. 내부정산 (지자체 내부적으로 정산) 2. 외부정산 (외부전문기관위탁 정산) 3. 내·외부 모두 산정 4. 정산 無 5. 해당없음	1. 실시 2. 미실시 3. 향후 추진 4. 해당없음
7978	전남 담양군	장애인 주간보호시설 운영	239,799	주민행복과	5	1	7	8	7	1	1	2
7979	전남 담양군	장애인 단기보호시설 운영	186,667	주민행복과	5	1	7	8	7	1	1	2
7980	전남 담양군	발달장애인 일시돌봄센터 운영	120,000	주민행복과	5	1	7	8	7	1	1	2
7981	전남 담양군	장애인복지관 급식비 지원	114,000	주민행복과	5	1	7	8	7	1	1	2
7982	전남 담양군	장애인 개인시설 운영 지원	728,726	주민행복과	5	1	7	8	7	1	1	2
7983	전남 담양군	장애인 거주시설 종사자 특별수당	63,360	주민행복과	5	1	7	8	7	1	1	2
7984	전남 담양군	장애인 이용시설 종사자 특별수당	45,360	주민행복과	5	1	7	8	7	1	1	2
7985	전남 담양군	지역자활센터운영	227,066	주민행복과	5	1	5	1	7	1	1	1
7986	전남 담양군	지역자활센터 종사자 특별수당	5,400	주민행복과	5	1	5	1	7	1	1	1
7987	전남 담양군	자활사례관리사	30,728	주민행복과	5	1	5	1	7	1	1	1
7988	전남 담양군	대한노인회 담양군지회 운영비 지원	62,000	주민행복과	5	4	5	1	1	1	1	1
7989	전남 담양군	담양인권지원상담소 임대료 지원	10,000	주민행복과	5	1	7	1	7	1	1	1
7990	전남 담양군	다문화가족지원센터 명절휴가비 지원	19,100	주민행복과	5	4	5	3	7	1	1	1
7991	전남 담양군	아이돌보미지원사업	816,507	주민행복과	5	2	5	1	7	3	2	1
7992	전남 담양군	아이돌보미 건강검진비 지원	750,000	주민행복과	5	2	5	1	7	3	2	1
7993	전남 담양군	만3~5세 누리과정 지원	965,124	주민행복과	5	6	5	1	7	3	2	1
7994	전남 담양군	만0-2세 영유아보육료 지원	1,642,864	주민행복과	5	2	5	1	7	3	2	1
7995	전남 담양군	교재교구비	11,000	주민행복과	5	2	5	1	7	3	2	1
7996	전남 담양군	차량운영비	34,360	주민행복과	5	2	5	1	7	3	2	1
7997	전남 담양군	농어촌소재법인어린이집 지원	4,800	주민행복과	5	2	5	1	7	3	2	1
7998	전남 담양군	국공립법인시설	1,400,116	주민행복과	5	2	5	1	7	3	2	1
7999	전남 담양군	영아전담시설	791,896	주민행복과	5	2	5	1	7	3	2	1
8000	전남 담양군	시간연장형교사(3명)	11,380	주민행복과	5	2	5	1	7	3	2	1
8001	전남 담양군	공공형어린이집운영비 지원	101,828	주민행복과	5	5	5	1	7	3	2	1
8002	전남 담양군	요보호아동 그룹홈 운영비지원	4,031	주민행복과	5	4	7	1	7	1	1	4
8003	전남 담양군	요보호아동 그룹홈 인건비지원	85,130	주민행복과	5	4	7	1	7	1	1	4
8004	전남 담양군	그룹홈 아동 자립프로그램비	120,000	주민행복과	5	4	7	1	7	1	1	4
8005	전남 담양군	기본운영비 지원	649,920	주민행복과	5	4	7	1	7	1	1	4
8006	전남 담양군	공기청정기 지원	5,520	주민행복과	5	4	7	1	7	1	1	4
8007	전남 담양군	등하원 안심알리미	3,600	주민행복과	5	4	7	1	7	1	1	4
8008	전남 담양군	토요운영 추가지원	3,648	주민행복과	5	4	7	1	7	1	1	4
8009	전남 담양군	공공성 강화 선도모델	3,000	주민행복과	5	4	7	1	7	1	1	4
8010	전남 곡성군	청소년상담복지센터 운영비	20,000	행정과	5	2	2	2	1	1	1	4
8011	전남 곡성군	청소년상담복지센터 운영비	82,714	행정과	5	2	2	2	1	1	1	4
8012	전남 곡성군	곡성 청소년 문화의 집 운영 지원	125,000	행정과	5	4	2	2	1	1	1	4
8013	전남 곡성군	옥과 청소년 문화의 집 운영 지원	130,000	행정과	5	4	2	2	1	1	1	4
8014	전남 곡성군	장애인 편의시설지원센터 운영	55,400	주민복지과	5	1	7	8	7	5	5	4
8015	전남 곡성군	시각장애인 생활이동센터 운영	132,556	주민복지과	5	1	7	8	7	5	5	4
8016	전남 곡성군	장애인거주시설 운영지원	2,410,025	주민복지과	5	1	7	8	7	5	5	4
8017	전남 곡성군	장애인거주시설 운영지원	1,107,517	주민복지과	5	1	7	8	7	5	5	4
8018	전남 곡성군	장애인거주시설 운영지원(곡성삼강원) 생활지도원 교대인력	182,329	주민복지과	5	1	7	8	7	5	5	4
8019	전남 곡성군	장애인거주시설 운영지원(인정원) 생활지도원 교대인력	82,876	주민복지과	5	1	7	8	7	5	5	4
8020	전남 곡성군	장애인 직업재활시설 운영 지원	280,881	주민복지과	5	1	7	8	7	5	5	4

순번	시군구	지출명 (사업명)	2021년예산 (단위:천원/1년간)	담당자 (공무원) 담당부서	민간이전 분류 (지방자치단체 세출예산 집행기준에 의거) 1. 민간경상사업보조(307-02) 2. 민간단체 법정운영비보조(307-03) 3. 민간행사사업보조(307-04) 4. 민간위탁금(307-05) 5. 사회복지시설 법정운영비보조(307-10) 6. 민간인위탁교육비(307-12) 7. 공기관등에대한경상적위탁사업비(308-10) 8. 민간자본사업보조,자체재원(402-01) 9. 민간자본사업보조,이전재원(402-02) 10. 민간위탁사업비(402-03) 11. 공기관등에 대한 자본적 대행사업비(403-02)	민간이전지출 근거 (지방보조금 관리기준 참고) 1. 법률에 규정 2. 국고보조 재원(국가지정) 3. 용도 지정 기부금 4. 조례에 직접규정 5. 지자체가 권장하는 사업을 하는 공공기관 6. 시,도 정책 및 재정사정 7. 기타 8. 해당없음	입찰방식 계약체결방법 (경쟁형태) 1. 일반경쟁 2. 제한경쟁 3. 지명경쟁 4. 수의계약 5. 법정위탁 6. 기타 ( ) 7. 해당없음	입찰방식 계약기간 1. 1년 2. 2년 3. 3년 4. 4년 5. 5년 6. 기타 ( )년 7. 단기계약 (1년미만) 8. 해당없음	입찰방식 낙찰자선정방법 1. 적격심사 2. 협상에의한계약 3. 최저가낙찰제 4. 규격가격분리 5. 2단계 경쟁입찰 6. 기타 ( ) 7. 해당없음	운영예산 산정 운영예산 산정 1. 내부산정 (지자체 자체적으로 산정) 2. 외부산정 (외부전문기관위탁 산정) 3. 내·외부 모두 산정 4. 산정 無 5. 해당없음	운영예산 산정 정산방법 1. 내부정산 (지자체 내부적으로 정산) 2. 외부정산 (외부전문기관위탁 정산) 3. 내·외부 모두 산정 4. 정산 無 5. 해당없음	성과평가 실시여부 1. 실시 2. 미실시 3. 향후 추진 4. 해당없음
8021	전남 곡성군	시니어합창단	5,000	주민복지과	5	6	7	8	7	5	1	1
8022	전남 곡성군	경로당 운영비 지원	502,040	주민복지과	5	4	7	8	7	1	1	4
8023	전남 곡성군	경로당 양곡지원	124,479	주민복지과	5	4	7	8	7	1	1	4
8024	전남 곡성군	경로당 냉방비 지원	65,000	주민복지과	5	4	7	8	7	1	1	4
8025	전남 곡성군	경로당 난방비 지원	520,000	주민복지과	5	4	7	8	7	1	1	4
8026	전남 곡성군	노인복지시설 간식비	548,000	주민복지과	5	6	7	8	7	5	1	4
8027	전남 곡성군	지역자활센터 운영비	227,065	주민복지과	5	1	5	1	7	1	1	1
8028	전남 곡성군	지역자활센터 종사자 특별수당	6,480	주민복지과	5	1	5	1	7	1	1	1
8029	전남 곡성군	지역자활센터 사례관리사 인건비	30,728	주민복지과	5	1	5	1	7	1	1	1
8030	전남 곡성군	시간제 보육 서비스 제공	62,632	주민복지과	5	2	5	1	7	5	1	4
8031	전남 곡성군	지역아동센터 기본운영비	518,280	주민복지과	5	2	5	8	7	5	1	4
8032	전남 곡성군	공동생활가정 운영지원	89,161	주민복지과	5	2	5	8	7	5	1	4
8033	전남 곡성군	다함께돌봄센터 인건비 지원	26,520	주민복지과	5	2	7	8	7	5	5	4
8034	전남 곡성군	다함께돌봄센터 운영비	1,800,000	주민복지과	5	2	7	8	7	5	5	4
8035	전남 구례군	경로당 운영비	426,580	주민복지과	5	1	7	8	7	2	1	4
8036	전남 구례군	경로당 냉난방비 및 양곡비 지원	604,694	주민복지과	5	1	7	8	7	2	1	4
8037	전남 구례군	지역자활센터운영	249,926	주민복지과	5	2	7	8	7	1	1	1
8038	전남 구례군	어린이집 종사자 인건비	1,425,040	평생교육과	5	2	7	8	7	5	1	4
8039	전남 구례군	평가인증 어린이집 교재교구비	4,000	평생교육과	5	2	7	8	7	5	1	4
8040	전남 구례군	어린이집 차량운영비	29,480	평생교육과	5	2	7	8	7	5	1	4
8041	전남 구례군	보육교직원 처우개선	120,160	평생교육과	5	2	7	8	7	5	1	4
8042	전남 구례군	어린이집 운영자체지원	69,960	평생교육과	5	2	7	8	7	5	1	4
8043	전남 구례군	지역아동센터 종사자 특별수당 지원	16,800	평생교육과	5	2	7	8	7	5	1	1
8044	전남 구례군	지역아동센터 급식비지원	239,400	평생교육과	5	2	7	8	7	5	1	1
8045	전남 구례군	지역아동센터 급식도우미 지원	14,904	평생교육과	5	2	7	8	7	5	1	1
8046	전남 구례군	지역아동센터 운영비 지원	506,640	평생교육과	5	2	7	8	7	5	1	1
8047	전남 구례군	특수목적형 지역아동센터 지원	14,616	평생교육과	5	2	7	8	7	5	1	1
8048	전남 구례군	지역아동센터 프로그램비 지원	23,640	평생교육과	5	2	7	8	7	5	1	1
8049	전남 구례군	요보호아동 그룹홈 인건비 지원	85,130	평생교육과	5	2	7	8	7	5	1	1
8050	전남 구례군	요보호아동 그룹홈 운영비 지원	4,031	평생교육과	5	2	7	8	7	5	1	1
8051	전남 화순군	지역자활센터 운영비	256,299	사회복지과	5	2	7	8	7	5	1	1
8052	전남 화순군	자활사례관리	30,728	사회복지과	5	6	7	8	7	1	1	4
8053	전남 화순군	장애인거주시설 운영지원	1,049,144	사회복지과	5	1	7	8	7	5	1	4
8054	전남 화순군	장애인 주간보호시설 운영	640,832	사회복지과	5	1	7	8	7	5	1	4
8055	전남 화순군	시각장애인생활이동지원센터운영	112,000	사회복지과	5	1	7	8	7	5	1	4
8056	전남 화순군	청각장애인수어통역센터운영비지원	172,000	사회복지과	5	1	7	8	7	5	1	4
8057	전남 화순군	장애인 수어교실 프로그램 운영	5,000	사회복지과	5	1	7	8	7	5	1	4
8058	전남 화순군	장애인직업재활시설 운영비	211,032	사회복지과	5	1	7	8	7	5	1	4
8059	전남 화순군	노인양로시설운영	531,963	가정활력과	5	2	7	8	7	5	1	4
8060	전남 화순군	나드리노인복지관운영	795,000	가정활력과	5	4	7	8	7	1	1	4
8061	전남 화순군	경로당 지원	956,159	가정활력과	5	2	7	8	7	1	1	4
8062	전남 화순군	가정폭력상담소 운영 지원	130,702,000	가정활력과	5	7	7	8	7	1	1	4
8063	전남 화순군	아동복지시설 운영지원	1,198,000	가정활력과	5	6	7	8	7	5	3	4

순번	시군구	지출명 (사업명)	2021년예산 (단위:천원/1년간)	담당자 (공무원)	민간이전 분류 (지방자치단체 세출예산 집행기준에 의거)	민간이전지출 근거 (지방보조금 관리기준 참고)	입찰방식			운영예산 산정		성과평가 실시여부
				담당부서	1. 민간경상사업보조(307-02) 2. 민간단체 법정운영비보조(307-03) 3. 민간행사사업보조(307-04) 4. 민간위탁금(307-05) 5. 사회복지시설 법정운영비보조(307-10) 6. 민간인위탁교육비(307-12) 7. 공기관등에대한경상적위탁사업비(308-10) 8. 민간자본사업보조,자체재원(402-01) 9. 민간자본사업보조,이전재원(402-02) 10. 민간위탁사업비(402-03) 11. 공기관등에 대한 자본적 대행사업비(403-02)	1. 법률에 규정 2. 국고보조 재원(국가지정) 3. 용도 지정 기부금 4. 조례에 직접규정 5. 지자체가 권장하는 사업을 하는 공공기관 6. 시,도 정책 및 재정사정 7. 기타 8. 해당없음	계약체결방법 (경쟁형태) 1. 일반경쟁 2. 제한경쟁 3. 지명경쟁 4. 수의계약 5. 법정위탁 6. 기타 ( ) 7. 해당없음	계약기간 1. 1년 2. 2년 3. 3년 4. 4년 5. 5년 6. 기타 ( )년 7. 단기계약 (1년미만) 8. 해당없음	낙찰자선정방법 1. 적격심사 2. 협상에의한계약 3. 최저가낙찰제 4. 규격가격분리 5. 2단계 경쟁입찰 6. 기타 ( ) 7. 해당없음	운영예산 산정 1. 내부산정 (지자체 자체적으로 산정) 2. 외부산정 (외부전문기관위탁 산정) 3. 내·외부 모두 산정 4. 산정 無 5. 해당없음	정산방법 1. 내부정산 (지자체 내부적으로 정산) 2. 외부정산 (외부전문기관위탁 정산) 3. 내·외부 모두 산정 4. 정산 無 5. 해당없음	1. 실시 2. 미실시 3. 향후 추진 4. 해당없음
8064	전남 화순군	지역아동센터 운영비 지원	1,091,640	가정활력과	5	2	7	8	7	5	3	4
8065	전남 화순군	어린이집 운영지원	224,168	가정활력과	5	1	7	8	7	5	3	4
8066	전남 화순군	공공형어린이집 운영비	141,060	가정활력과	5	1	7	8	7	5	3	4
8067	전남 화순군	보육교직원 인건비 지원	3,637,828	가정활력과	5	1	7	8	7	5	3	4
8068	전남 화순군	보육교직원 처우개선 지원	1,595,405	가정활력과	5	1	7	8	7	5	3	4
8069	전남 화순군	어린이집 자체지원	317,632	가정활력과	5	1	7	8	7	5	3	4
8070	전남 화순군	민간가정어린이집 취사부 지원	237,897	가정활력과	5	1	7	8	7	5	3	4
8071	전남 화순군	보육지원	198,000	가정활력과	5	1	7	8	7	5	3	1
8072	전남 화순군	열린어린이집 운영 지원	2,400,000	가정활력과	5	1	7	8	7	5	3	4
8073	전남 강진군	장애인공동생활가정 운영비 지원	35,000	주민복지실	5	8	7	8	7	5	5	4
8074	전남 강진군	강진군장애인종합복지관 운영	1,044,494	주민복지실	5	6	7	8	7	5	5	4
8075	전남 강진군	강진군장애인생활이동지원센터 운영	203,688	주민복지실	5	6	7	8	7	5	5	4
8076	전남 강진군	강진군수어통역센터 운영	200,000	주민복지실	5	6	7	8	7	5	5	4
8077	전남 강진군	강진군지체장애인편의시설지원센터 운영	42,300	주민복지실	5	6	7	8	7	5	5	4
8078	전남 강진군	양로시설 운영지원	601,441	주민복지실	5	2	2	5	1	3	3	3
8079	전남 강진군	건강가정 및 다문화가족지원센터운영	339,540	주민복지실	5	1	7	8	7	5	1	4
8080	전남 강진군	다함께돌봄센터	56,640	주민복지실	5	2	5	2	1	1	1	1
8081	전남 강진군	아동복지시설 운영지원	1,188,398	주민복지실	5	2	7	8	7	5	5	4
8082	전남 강진군	지역아동센터 운영비 지원	817,920	주민복지실	5	2	7	8	7	5	5	4
8083	전남 강진군	지역아동센터 운영비 추가 지원	39,174	주민복지실	5	2	7	8	7	5	5	4
8084	전남 강진군	특수목적형 지역아동센터 지원	14,616	주민복지실	5	2	7	8	7	5	5	4
8085	전남 해남군	해남종합사회복지관 운영비 지원	475,816	주민복지과	5	2	7	1	7	5	1	4
8086	전남 해남군	노숙인복지시설 종사자 특별수당	31,230	주민복지과	5	2	7	1	7	5	1	4
8087	전남 해남군	노숙인시설 운영비	45,434	주민복지과	5	2	7	1	7	5	1	4
8088	전남 해남군	노숙인시설 운영비	1,447,249	주민복지과	5	2	7	1	7	5	1	4
8089	전남 해남군	정신요양시설 김장부식비	4,200	주민복지과	5	2	7	1	7	5	1	4
8090	전남 해남군	정신요양시설 운영비	2,336,874	주민복지과	5	2	7	1	7	5	1	4
8091	전남 해남군	정신요양시설 종사자특별수당	41,400	주민복지과	5	2	7	1	7	5	1	4
8092	전남 해남군	수어통역센터운영	179,000	주민복지과	5	2	7	1	7	5	1	4
8093	전남 해남군	장애인 주간보호센터운영	195,986	주민복지과	5	2	7	1	7	5	1	4
8094	전남 해남군	장애인공동생활가정지원	53,333	주민복지과	5	2	7	1	7	5	1	4
8095	전남 해남군	장애인보호작업장 운영비	391,412	주민복지과	5	2	7	1	7	5	1	4
8096	전남 해남군	장애인복지시설 종사자특별수당	47,070	주민복지과	5	2	7	1	7	5	1	4
8097	전남 해남군	장애인생활이동지원센터 운영	332,345	주민복지과	5	2	7	1	7	5	1	4
8098	전남 해남군	장애인종합복지관 운영비	1,191,741	주민복지과	5	2	7	1	7	5	1	4
8099	전남 해남군	지체장애인편의시설지원센터 운영	54,097	주민복지과	5	2	7	1	7	5	1	4
8100	전남 해남군	지역자활센터 운영비	332,946	주민복지과	5	2	7	1	7	5	1	4
8101	전남 해남군	지역자활센터 종사자특별수당	7,560	주민복지과	5	2	7	1	7	5	1	4
8102	전남 해남군	자활사례관리 운영지원	30,989	주민복지과	5	2	7	1	7	5	1	4
8103	전남 해남군	독거노인 생활관리사 교통통신비 지원	80,000	주민복지과	5	2	7	1	7	5	1	4
8104	전남 해남군	거동불편 재가노인 식사배달	81,280	주민복지과	5	6	7	1	1	1	1	1
8105	전남 해남군	경로식당 무료급식	298,350	주민복지과	5	6	7	2	1	1	1	1
8106	전남 해남군	노인종합복지관 운영	796,780	주민복지과	5	2	7	1	7	5	1	4

순번	시군구	지출명 (사업명)	2021년예산 (단위:천원/1년간)	담당자 (공무원) 담당부서	민간이전 분류 (지방자치단체 세출예산 집행기준에 의거) 1. 민간경상사업보조(307-02) 2. 민간단체 법정운영비보조(307-03) 3. 민간행사사업보조(307-04) 4. 민간위탁금(307-05) 5. 사회복지시설 법정운영비보조(307-10) 6. 민간인위탁교육비(307-12) 7. 공기관등에대한경상적위탁사업비(308-10) 8. 민간자본사업보조,자체재원(402-01) 9. 민간자본사업보조,이전재원(402-02) 10. 민간위탁사업비(402-03) 11. 공기관등에 대한 자본적 대행사업비(403-02)	민간이전지출 근거 (지방보조금 관리기준 참고) 1. 법률에 규정 2. 국고보조 재원(국가지정) 3. 용도 지정 기부금 4. 조례에 직접규정 5. 지자체가 권장하는 사업을 하는 공공기관 6. 시,도 정책 및 재정사정 7. 기타 8. 해당없음	입찰방식 계약체결방법 (경쟁형태) 1. 일반경쟁 2. 제한경쟁 3. 지명경쟁 4. 수의계약 5. 법정위탁 6. 기타 ( ) 7. 해당없음	입찰방식 계약기간 1. 1년 2. 2년 3. 3년 4. 4년 5. 5년 6. 기타 ( )년 7. 단기계약 (1년미만) 8. 해당없음	입찰방식 낙찰자선정방법 1. 적격심사 2. 협상에의한계약 3. 최저가낙찰제 4. 규격가격분리 5. 2단계 경쟁입찰 6. 기타 ( ) 7. 해당없음	운영예산 산정 운영예산 산정 1. 내부산정 (지자체 자체적으로 산정) 2. 외부산정 (외부전문기관위탁 산정) 3. 내·외부 모두 산정 4. 산정 無 5. 해당없음	운영예산 산정 정산방법 1. 내부정산 (지자체 내부적으로 정산) 2. 외부정산 (외부전문기관위탁 정산) 3. 내·외부 모두 산정 4. 정산 無 5. 해당없음	성과평가 실시여부 1. 실시 2. 미실시 3. 향후 추진 4. 해당없음
8107	전남 해남군	노인복지관 종사자 특별수당	12,960	주민복지과	5	2	7	1	7	5	1	4
8108	전남 해남군	시니어합창단 운영비 지원	13,500	주민복지과	5	2	7	1	7	5	1	4
8109	전남 해남군	독거노인 응급안전알림서비스	153,800	주민복지과	5	2	7	2	7	5	1	4
8110	전남 해남군	독거노인 건강안전알림서비스	19,278	주민복지과	5	2	7	1	7	5	1	4
8111	전남 해남군	시니어클럽 운영 지원	295,400	주민복지과	5	2	7	1	7	5	1	4
8112	전남 해남군	경로당 동절기 특별난방비 지원	950,400	주민복지과	5	2	7	1	7	5	1	4
8113	전남 해남군	경로당 하절기 냉방비 지원	118,000	주민복지과	5	2	7	1	7	5	1	4
8114	전남 해남군	아동 양육시설 운영비 지원	1,533,049	주민복지과	5	2	7	1	7	5	1	4
8115	전남 해남군	아동그룹홈 시설아동 생필품 구입비 지원	3,360	주민복지과	5	2	7	1	7	5	1	4
8116	전남 해남군	아동그룹홈 시설아동 생활용돈 지원	10,920	주민복지과	5	2	7	1	7	5	1	4
8117	전남 해남군	아동그룹홈 시설아동 수학여행비 지원	1,100,000	주민복지과	5	2	7	1	7	5	1	4
8118	전남 해남군	아동그룹홈 시설아동 자립지원프로그램 지원	4,200	주민복지과	5	2	7	1	7	5	1	4
8119	전남 해남군	아동복지시설 종사자 특별수당	35,640	주민복지과	5	2	7	1	7	5	1	4
8120	전남 해남군	아동복지시설 자립지원 프로그램	16,500	주민복지과	5	2	7	1	7	5	1	4
8121	전남 해남군	시설아동 보호 및 지원	51,060	주민복지과	5	2	7	1	7	5	1	4
8122	전남 해남군	요보호아동그룹홈 운영비	8,063	주민복지과	5	2	7	1	7	5	1	4
8123	전남 해남군	요보호아동그룹홈 인건비	170,262	주민복지과	5	2	7	1	7	5	1	4
8124	전남 해남군	지역아동센터 운영비 지원	1,727,760	주민복지과	5	2	7	1	7	5	1	4
8125	전남 해남군	지역아동센터 아동급식 지원	693,000	주민복지과	5	2	7	1	7	5	1	4
8126	전남 해남군	특수목적형 지원	25,571	주민복지과	5	2	7	1	7	5	1	4
8127	전남 해남군	지역아동센터 운영지원	236,020	주민복지과	5	2	7	1	7	5	1	4
8128	전남 해남군	다함께돌봄사업	42,480	주민복지과	5	2	7	1	7	5	1	4
8129	전남 해남군	지역아동센터 급식도우미 지원	59,616	주민복지과	5	2	7	1	7	5	1	4
8130	전남 해남군	지역아동센터 프로그램비 지원	79,752	주민복지과	5	2	7	1	7	5	1	4
8131	전남 해남군	지역아동센터 종사자 특별수당 지원	56,160	주민복지과	5	2	7	1	7	5	1	4
8132	전남 해남군	지역아동센터 토요운영 지원	3,648	주민복지과	5	2	7	1	7	5	1	4
8133	전남 해남군	해남성폭력 상담소 운영	146,916	인구정책과	5	4	7	8	7	1	1	4
8134	전남 해남군	성폭력 가정폭력 상담소 운영지원	123,816	인구정책과	5	1	7	8	7	1	1	4
8135	전남 해남군	성폭력상담소 종사자 특별수당	4,320	인구정책과	5	6	7	8	7	1	1	4
8136	전남 해남군	어린이집 교직원 인건비 지원	4,430,160	인구정책과	5	1	7	8	7	1	1	4
8137	전남 해남군	어린이집 운영지원	121,556	인구정책과	5	1	7	8	7	1	1	4
8138	전남 해남군	공립어린이집 운영 지원	121,556	인구정책과	5	1	7	8	7	1	1	4
8139	전남 해남군	공공형 어린이집 지원	39,800	인구정책과	5	1	7	8	7	1	1	4
8140	전남 해남군	시간제보육서비스 제공지원	67,160	인구정책과	5	1	7	8	7	1	1	4
8141	전남 해남군	공공형 어린이집 취사부 인건비 지원	200,848	인구정책과	5	6	7	8	7	1	1	4
8142	전남 해남군	영아장애아전담 어린이집 지원	5,232	인구정책과	5	6	7	8	7	1	1	4
8143	전남 해남군	보육교직원 처우개선 지원	1,121,520	인구정책과	5	1	7	8	7	1	1	4
8144	전남 해남군	민간가정어린이집 학부모 차액보육료 지원	117,120	인구정책과	5	6	7	8	7	1	1	4
8145	전남 해남군	민간가정어린이집 취사부 인건비 지원	29,299	인구정책과	5	6	7	8	7	1	1	4
8146	전남 해남군	어린이집 반별 운영비 지원	182,400	인구정책과	5	6	7	8	7	1	1	4
8147	전남 해남군	열린어린이집 운영활성화비 지원	1,500,000	인구정책과	5	4	7	8	7	1	1	4
8148	전남 해남군	어린이집 차량보험료 지원	20,000	인구정책과	5	4	7	8	7	1	1	4
8149	전남 영암군	보육교직원 인건비	6,351,320	여성가족과	5	1	7	8	7	5	5	4

순번	시군구	지출명 (사업명)	2021년예산 (단위:천원/1년간)	담당자 (공무원)	민간이전 분류 (지방자치단체 세출예산 집행기준에 의거)	민간이전지출 근거 (지방보조금 관리기준 참고)	입찰방식			운영예산 산정		성과평가 실시여부
				담당부서	1. 민간경상사업보조(307-02) 2. 민간단체 법정운영비보조(307-03) 3. 민간행사사업보조(307-04) 4. 민간위탁금(307-05) 5. 사회복지시설 법정운영비보조(307-10) 6. 민간인위탁교육비(307-12) 7. 공기관등에대한경상적위탁사업비(308-10) 8. 민간자본사업보조,자체재원(402-01) 9. 민간자본사업보조,이전재원(402-02) 10. 민간위탁사업비(402-03) 11. 공기관등에 대한 자본적 대행사업비(403-02)	1. 법률에 규정 2. 국고보조 재원(국가지정) 3. 용도 지정 기부금 4. 조례에 직접규정 5. 지자체가 권장하는 사업을 하는 공공기관 6. 시,도 정책 및 재정사정 7. 기타 8. 해당없음	계약체결방법 (경쟁형태) 1. 일반경쟁 2. 제한경쟁 3. 지명경쟁 4. 수의계약 5. 법정위탁 6. 기타 ( ) 7. 해당없음	계약기간 1. 1년 2. 2년 3. 3년 4. 4년 5. 5년 6. 기타 ( )년 7. 단기계약 (1년미만) 8. 해당없음	낙찰자선정방법 1. 적격심사 2. 협상에의한계약 3. 최저가낙찰제 4. 규격가격분리 5. 2단계 경쟁입찰 6. 기타 ( ) 7. 해당없음	운영예산 산정 1. 내부산정 (지자체 자체적으로 산정) 2. 외부산정 (외부전문기관위탁 산정) 3. 내·외부 모두 산정 4. 산정 無 5. 해당없음	정산방법 1. 내부정산 (지자체 내부적으로 정산) 2. 외부정산 (외부전문기관위탁 정산) 3. 내·외부 모두 산정 4. 정산 無 5. 해당없음	1. 실시 2. 미실시 3. 향후 추진 4. 해당없음
8150	잔남 영암군	가정폭력상담소 운영 지원	126,382	여성가족과	5	1	7	8	7	5	1	4
8151	잔남 영암군	건강가정 및 다문화가족지원센터 통합서비스 운영	256,300	여성가족과	5	2	7	8	7	5	5	4
8152	잔남 영암군	건강가정 및 다문화가족지원센터 컴퓨터실 인터넷 이용료 지원	600,000	여성가족과	5	6	7	8	7	5	5	4
8153	전남 영암군	농촌 보육여건 개선사업	68,500	친환경농업과	5	6	7	8	7	1	1	4
8154	전남 무안군	독거노인장애인응급안전안심서비스 사업	376,560	주민생활과	5	1	1	1	7	1	1	1
8155	전남 무안군	시니어운영지원사업	295,400	주민생활과	5	1	1	3	1	1	1	3
8156	전남 무안군	가정폭력상담소 운영지원	134,382	주민생활과	5	1	7	8	7	5	1	4
8157	전남 무안군	성폭력상담소 운영지원	133,416	주민생활과	5	1	7	8	7	5	1	4
8158	전남 무안군	여성폭력 방지시설 종사자 특별수당	8,640	주민생활과	5	1	7	8	7	5	1	4
8159	전남 무안군	무안군가족센터 운영비	56,600	주민생활과	5	1	5	3	7	5	1	4
8160	전남 무안군	무안군가족센터 종사자 특별수당	9,720	주민생활과	5	1	5	3	7	5	1	4
8161	전남 무안군	무안군가족센터 운영비	298,140	주민생활과	5	1	5	3	7	5	1	4
8162	전남 무안군	경로당 운영비	703,860	주민생활과	5	1	7	8	7	1	1	1
8163	전남 무안군	보육교직원 인건비 지원	4,105,936	주민생활과	5	2	7	8	7	5	5	4
8164	전남 무안군	어린이집 운영지원	28,664	주민생활과	5	2	7	8	7	5	5	4
8165	전남 무안군	어린이집 운영지원	170,720	주민생활과	5	2	7	8	7	5	5	4
8166	전남 무안군	어린이집 운영지원	22,560	주민생활과	5	2	7	8	7	5	5	4
8167	전남 무안군	보육교직원 처우개선 지원	1,083,200	주민생활과	5	2	7	8	7	5	5	4
8168	전남 무안군	공공형어린이집 운영비 지원	60,184	주민생활과	5	2	7	8	7	5	5	4
8169	전남 무안군	공공형어린이집 취사부 인건비 지원	10,308	주민생활과	5	2	7	8	7	5	5	4
8170	전남 무안군	영유아장애아전담어린이집 냉난방비지원	1,600,000	주민생활과	5	2	7	8	7	5	5	4
8171	전남 무안군	장애전담어린이집 운전원 인건비 지원	21,544	주민생활과	5	2	7	8	7	5	5	4
8172	전남 무안군	민간가정어린이집 취사부 채용지원	185,544	주민생활과	5	2	7	8	7	5	5	4
8173	전남 무안군	어린이집 운영지원	234,300	주민생활과	5	2	7	8	7	5	5	4
8174	전남 무안군	아동복지시설운영지원	1,454,702	주민생활과	5	1	7	8	7	5	5	4
8175	전남 무안군	아동복지시설 종사자특별수당 지원	34,200	주민생활과	5	1	7	8	7	5	5	4
8176	전남 무안군	지역아동센터운영비지원	1,206,828	주민생활과	5	1	7	8	7	5	5	4
8177	전남 무안군	특성별지역아동센터추가지원	25,560	주민생활과	5	1	7	8	7	5	5	4
8178	전남 무안군	그룹홈 운영지원	5,860	주민생활과	5	1	7	8	7	5	5	4
8179	전남 무안군	그룹홈 종사자특별수당지원	1,980,000	주민생활과	5	1	7	8	7	5	5	4
8180	전남 무안군	무안군 장애인복지시설 종사자특별수당	41,040	사회복지과	5	1	7	8	7	1	1	4
8181	전남 무안군	수어통역센터운영	200,700	사회복지과	5	1	7	5	7	5	1	1
8182	전남 무안군	장애인 생활이동지원센터 운영	160,000	사회복지과	5	1	7	5	7	5	1	1
8183	전남 무안군	장애인거주시설 종사자 특별수당	11,160	사회복지과	5	1	7	8	7	1	1	4
8184	전남 무안군	장애인복지관 운영	1,283,294	사회복지과	5	1	1	5	1	1	1	1
8185	전남 무안군	장애인주간보호시설 운영	144,614	사회복지과	5	1	1	5	1	1	1	1
8186	전남 무안군	장애인직업재활시설 운영 지원	329,865	사회복지과	5	1	7	8	7	1	1	1
8187	전남 무안군	주바라무안복지원 운영비 지원	217,999	사회복지과	5	1	7	8	7	1	1	4
8188	전남 무안군	중증장애인 자립생활센터 운영	153,000	사회복지과	5	1	7	8	7	1	1	4
8189	전남 무안군	장애인 수화교실	5,000	사회복지과	5	1	7	8	7	5	1	1
8190	전남 무안군	자활근로사업 추진	1,058,296	사회복지과	5	2	7	8	7	5	1	4
8191	전남 무안군	자활사례관리	30,728	사회복지과	5	2	7	8	7	5	1	4
8192	전남 무안군	지역자활센터 운영	229,123	사회복지과	5	2	7	8	7	5	1	4

순번	시군구	지출명 (사업명)	2021년예산 (단위:천원/1년간)	담당자 (공무원)	민간이전 분류 (지방자치단체 세출예산 집행기준에 의거) 1. 민간경상사업보조(307-02) 2. 민간단체 법정운영비보조(307-03) 3. 민간행사사업보조(307-04) 4. 민간위탁금(307-05) 5. 사회복지시설 법정운영비보조(307-10) 6. 민간인위탁교육비(307-12) 7. 공기관등에대한경상적위탁사업비(308-10) 8. 민간자본사업보조,자체재원(402-01) 9. 민간자본사업보조,이전재원(402-02) 10. 민간위탁사업비(402-03) 11. 공기관등에 대한 자본적 대행사업비(403-02)	민간이전지출 근거 (지방보조금 관리기준 참고) 1. 법률에 규정 2. 국고보조 재원(국가지정) 3. 용도 지정 기부금 4. 조례에 직접규정 5. 지자체가 권장하는 사업을 하는 공공기관 6. 시,도 정책 및 재정사정 7. 기타 8. 해당없음	입찰방식			운영예산 산정		성과평가 실시여부
				담당부서			계약체결방법 (경쟁형태) 1. 일반경쟁 2. 제한경쟁 3. 지명경쟁 4. 수의계약 5. 법정위탁 6. 기타 ( ) 7. 해당없음	계약기간 1. 1년 2. 2년 3. 3년 4. 4년 5. 5년 6. 기타 ( )년 7. 단기계약 (1년미만) 8. 해당없음	낙찰자선정방법 1. 적격심사 2. 협상에의한계약 3. 최저가낙찰제 4. 규격가격분리 5. 2단계 경쟁입찰 6. 기타 ( ) 7. 해당없음	운영예산 산정 1. 내부산정 (지자체 자체적으로 산정) 2. 외부산정 (외부전문기관위탁 산정) 3. 내·외부 모두 산정 4. 산정 無 5. 해당없음	정산방법 1. 내부정산 (지자체 내부적으로 정산) 2. 외부정산 (외부전문기관위탁 정산) 3. 내·외부 모두 산정 4. 정산 無 5. 해당없음	1. 실시 2. 미실시 3. 향후 추진 4. 해당없음
8193	전남 무안군	지역자활센터 종사자 특별수당	6,480	사회복지과	5	2	7	8	7	5	1	4
8194	전남 무안군	사회복지관 종사자 특별수당	12,960	사회복지과	5	1	7	8	7	5	5	4
8195	전남 무안군	사회복지협의회 운영	40,000	사회복지과	5	1	7	8	7	1	1	1
8196	전남 무안군	종합사회복지관운영 지원	437,392	사회복지과	5	1	5	5	7	1	1	1
8197	전남 함평군	지역자활센터 운영	295,765	주민복지과	5	2	5	1	7	2	1	1
8198	전남 함평군	지역자활센터 운영	1,440,000	주민복지과	5	2	5	1	7	2	1	1
8199	전남 함평군	자활사례관리	30,728	주민복지과	5	6	5	1	7	2	1	1
8200	전남 함평군	지역자활센터 종사자 특별수당 지원	5,400	주민복지과	5	2	5	1	7	2	1	1
8201	전남 함평군	장애인보호작업장 운영	233,204	주민복지과	5	1	5	5	6	2	1	1
8202	전남 함평군	무지개장애인사업장 운영	396,108	주민복지과	5	1	5	5	6	2	1	1
8203	전남 함평군	무지개 주간보호센터 운영	285,627	주민복지과	5	1	6	8	6	2	1	1
8204	전남 함평군	장애인거주시설 운영지원	613,987	주민복지과	5	2	5	5	6	2	1	1
8205	전남 함평군	장애인생활시설(개인신고) 운영	424,708	주민복지과	5	1	6	8	6	2	1	1
8206	전남 함평군	장애인 편의시설 지원센터 운영	47,380	주민복지과	5	1	6	8	6	2	1	1
8207	전남 함평군	생활이동지원센터 운영 지원	133,240	주민복지과	5	1	6	8	6	2	1	1
8208	전남 함평군	수화통역센터 운영	115,640	주민복지과	5	1	6	8	6	2	1	1
8209	전남 함평군	장애인수어교실 운영	5,000	주민복지과	5	6	6	8	6	2	1	1
8210	전남 함평군	경로당 운영비 지원	1,419,836	가족행복과	5	2	7	8	7	1	1	4
8211	전남 함평군	노인생활시설 특별수당	11,880	가족행복과	5	1	7	8	7	1	1	2
8212	전남 함평군	재가노인복지시설 운영비	72,013	가족행복과	5	1	7	8	7	1	1	2
8213	전남 함평군	양로시설 운영비	599,752	가족행복과	5	2	7	8	7	1	1	2
8214	전남 함평군	결혼이민자 모국어 상담원 채용 지원	29,250	가족행복과	5	4	7	8	7	1	1	1
8215	전남 함평군	건강가정 및 다문화가족지원센터 종사자 특별수당	14,040	가족행복과	5	4	7	8	7	1	1	1
8216	전남 함평군	어린이집 운영지원	64,900	가족행복과	5	1	7	8	7	1	1	1
8217	전남 함평군	보육교직원 인건비 지원	2,623,000	가족행복과	5	1	7	8	7	1	1	1
8218	전남 함평군	가정폭력상담소 운영지원	126,382	가족행복과	5	2	7	8	7	1	1	1
8219	전남 함평군	성폭력피해상담소 운영지원	123,816	가족행복과	5	2	7	8	7	1	1	1
8220	전남 함평군	성폭력피해자 치료, 회복프로그램	9,116	가족행복과	5	2	7	8	7	1	1	1
8221	전남 함평군	여성폭력방지시설 종사자 특별수당	8,640	가족행복과	5	4	7	8	7	1	1	1
8222	전남 함평군	모자보호시설 운영지원	344,089	가족행복과	5	4	7	8	7	1	1	1
8223	전남 함평군	어린이집 지원사업	126,382	가족행복과	5	7	7	8	7	1	1	1
8224	전남 함평군	아동양육시설 운영	1,701,429	가족행복과	5	2	7	8	7	1	1	1
8225	전남 함평군	시설종사자특별수당	44,280	가족행복과	5	2	7	8	7	1	1	1
8226	전남 함평군	아동양육시설 자립프로그램	18,200	가족행복과	5	2	7	8	7	1	1	1
8227	전남 함평군	지역아동센터운영지원₩	841,680	가족행복과	5	2	7	8	7	1	1	1
8228	전남 영광군	지역자활센터 종사자수당 지원	6,480	사회복지과	5	2	7	8	7	5	1	4
8229	전남 영광군	영광군푸드뱅크 운영	30,000	사회복지과	5	1	7	8	7	5	1	1
8230	전남 영광군	장애인 지역사회재활시설 지원	993,661	사회복지과	5	1	7	8	7	1	1	4
8231	전남 영광군	장애인 거주시설 운영 지원	691,179	사회복지과	5	1	7	8	7	1	1	4
8232	전남 영광군	장애인 이용시설 종사자 특별수당	23,760	사회복지과	5	1	7	8	7	1	1	4
8233	전남 영광군	장애인 거주시설 종사자 특별수당	25,200	사회복지과	5	1	7	8	7	1	1	4
8234	전남 영광군	장애인 직업재활시설 방역장비 지원	4,000	사회복지과	5	1	7	8	7	1	1	4
8235	전남 영광군	양로시설 운영비 지원	833,095	노인가정과	5	1	7	8	7	5	1	4

순번	시군구	지출명 (사업명)	2021년예산 (단위:천원/1년간)	담당자 (공무원)	민간이전 분류 (지방자치단체 세출예산 집행기준에 의거)	민간이전지출 근거 (지방보조금 관리기준 참고)	입찰방식			운영예산 산정		성과평가 실시여부
				담당부서	1. 민간경상사업보조(307-02) 2. 민간단체 법정운영비보조(307-03) 3. 민간행사사업보조(307-04) 4. 민간위탁금(307-05) 5. 사회복지시설 법정운영비보조(307-10) 6. 민간인위탁교육비(307-12) 7. 공기관등에대한경상적위탁사업비(308-10) 8. 민간자본사업보조,자체재원(402-01) 9. 민간자본사업보조,이전재원(402-02) 10. 민간위탁사업비(402-03) 11. 공기관등에 대한 자본적 대행사업비(403-02)	1. 법률에 규정 2. 국고보조 재원(국가지정) 3. 용도 지정 기부금 4. 조례에 직접규정 5. 지자체가 권장하는 사업을 하는 공공기관 6. 시,도 정책 및 재정사정 7. 기타 8. 해당없음	계약체결방법 (경쟁형태) 1. 일반경쟁 2. 제한경쟁 3. 지명경쟁 4. 수의계약 5. 법정위탁 6. 기타 ( ) 7. 해당없음	계약기간 1. 1년 2. 2년 3. 3년 4. 4년 5. 5년 6. 기타 ( )년 7. 단기계약 (1년미만) 8. 해당없음	낙찰자선정방법 1. 적격심사 2. 협상에의한계약 3. 최저가낙찰제 4. 규격가격분리 5. 2단계 경쟁입찰 6. 기타 ( ) 7. 해당없음	운영예산 산정 1. 내부산정 (지자체 자체적으로 산정) 2. 외부산정 (외부전문기관위탁 산정) 3. 내·외부 모두 산정 4. 산정 無 5. 해당없음	정산방법 1. 내부정산 (지자체 내부적으로 정산) 2. 외부정산 (외부전문기관위탁 정산) 3. 내·외부 모두 산정 4. 정산 無 5. 해당없음	1. 실시 2. 미실시 3. 향후 추진 4. 해당없음
8236	전남 영광군	노인생활시설 운영	15,840	노인가정과	5	6	7	8	7	5	1	4
8237	전남 영광군	재가노인시설 운영	71,053	노인가정과	5	6	7	8	7	5	1	4
8238	전남 영광군	노인 개인운영 시설 지원	24,000	노인가정과	5	1	7	8	7	1	1	4
8239	전남 영광군	대한노인회 지원	107,212	노인가정과	5	1	7	8	7	1	1	1
8240	전남 영광군	경로당 운영 지원	680,400	노인가정과	5	6	7	1	7	1	1	4
8241	전남 영광군	경로당 냉난방비 등 지원	825,179	노인가정과	5	2	7	1	7	1	1	4
8242	전남 영광군	건강가정 및 다문화가족지원센터 운영	381,380	노인가정과	5	1	5	8	1	5	1	4
8243	전남 영광군	보육교직원 인건비 지원	4,076,528	노인가정과	5	2	7	8	7	5	1	2
8244	전남 영광군	보조교사지원	234,372	노인가정과	5	2	7	8	7	5	1	2
8245	전남 영광군	어린이집 운영지원	84,252	노인가정과	5	2	7	8	7	5	1	2
8246	전남 영광군	민간가정어린이집 취사부 인건비 지원	32,986	노인가정과	5	2	7	8	7	5	1	2
8247	전남 영광군	아동복지시설 운영지원	617,329	노인가정과	5	1	7	8	7	5	1	4
8248	전남 영광군	요보호아동 그룹홈형태 운영지원	713,304	노인가정과	5	2	7	8	7	5	1	4
8249	전남 영광군	지역아동센터 운영비 지원	956,040	노인가정과	5	2	7	8	7	5	1	4
8250	전남 영광군	특성별 지역아동센터 지원	32,856	노인가정과	5	2	7	8	7	5	1	4
8251	전남 영광군	지역아동센터 지원	25,200	노인가정과	5	4	7	8	7	1	1	4
8252	전남 영광군	지역아동센터 프로그램비 지원	47,208	노인가정과	5	6	7	8	7	5	1	4
8253	전남 영광군	공립염산지역아동센터	10,800	노인가정과	5	4	7	8	7	1	1	4
8254	전남 영광군	사회복지시설법정운영비 보조	653,403	보건소	5	1	7	8	7	1	1	4
8255	전남 영광군	사회복지시설법정운영비 보조	460,000	보건소	5	1	7	8	7	1	1	4
8256	전남 장성군	장애인 개인운영시설 지원	674,113	주민복지과	5	1	7	8	7	1	1	1
8257	전남 장성군	장애인 거주시설 종사자 특별수당 지급	27,000	주민복지과	5	1	7	8	7	1	1	1
8258	전남 장성군	장애인거주시설 김장부식비	1,100,000	주민복지과	5	1	7	8	7	1	1	1
8259	전남 장성군	장애인생활이동지원센터 운영	145,827	주민복지과	5	1	7	8	7	1	1	1
8260	전남 장성군	장애인 이용시설 종사자 특별수당	23,760	주민복지과	5	1	7	8	7	1	1	1
8261	전남 장성군	장애인종합복지관 운영 지원	1,028,365	주민복지과	5	1	5	2	1	1	1	1
8262	전남 장성군	장애인복지관 급식비 지원	84,000	주민복지과	5	1	5	2	1	1	1	1
8263	전남 장성군	발달장애인 자조모임	9,000	주민복지과	5	1	7	8	7	1	1	1
8264	전남 장성군	정신요양시설 운영비	2,626,303	주민복지과	5	2	7	8	7	1	1	1
8265	전남 장성군	정신보건시설 종사자 특별수당	63,000	주민복지과	5	6	7	8	7	1	1	1
8266	전남 장성군	정신보건시설 김장부식비	5,720	주민복지과	5	6	7	8	7	1	1	1
8267	전남 장성군	지역자활센터 임차료 지원	16,200	주민복지과	5	4	7	8	7	1	1	1
8268	전남 장성군	지역자활센터 운영 지원	40,000	주민복지과	5	1	7	8	7	1	1	1
8269	전남 장성군	지역자활센터 운영비	227,065	주민복지과	5	1	7	8	7	1	1	1
8270	전남 장성군	지역자활센터 종사자 특별수당	5,400	주민복지과	5	1	7	8	7	1	1	1
8271	전남 장성군	자활사례관리	30,728	주민복지과	5	1	7	8	7	1	1	1
8272	전남 장성군	경로당 반찬값	960,000	주민복지과	5	4	7	8	7	3	1	1
8273	전남 장성군	경로당 운영비	7,800	주민복지과	5	4	7	8	7	3	1	1
8274	전남 장성군	경로당 운영비	88,400	주민복지과	5	4	7	8	7	3	1	1
8275	전남 장성군	경로당 특별냉난방비	9,000	주민복지과	5	4	7	8	7	3	1	1
8276	전남 장성군	경로당 운영지원	522,060	주민복지과	5	4	7	8	7	3	1	1
8277	전남 장성군	경로당 냉방비	68,000	주민복지과	5	4	7	8	7	3	1	1
8278	전남 장성군	경로당 특별난방비	544,000	주민복지과	5	4	7	8	7	3	1	1

순번	시군구	지출명 (사업명)	2021년예산 (단위:천원/1년간)	담당자 (공무원)	민간이전 분류 (지방자치단체 세출예산 집행기준에 의거)	민간이전지출 근거 (지방보조금 관리기준 참고)	입찰방식			운영예산 산정		성과평가 실시여부
				담당부서	1. 민간경상사업보조(307-02) 2. 민간단체 법정운영비보조(307-03) 3. 민간행사사업보조(307-04) 4. 민간위탁금(307-05) 5. 사회복지시설 법정운영비보조(307-10) 6. 민간인위탁교육비(307-12) 7. 공기관등에대한경상적위탁사업비(308-10) 8. 민간자본사업보조,자체재원(402-01) 9. 민간자본사업보조,이전재원(402-02) 10. 민간위탁사업비(402-03) 11. 공기관등에 대한 자본적 대행사업비(403-02)	1. 법률에 규정 2. 국고보조 재원(국가지정) 3. 용도 지정 기부금 4. 조례에 직접규정 5. 지자체가 권장하는 사업을 하는 공공기관 6. 시,도 정책 및 재정사정 7. 기타 8. 해당없음	계약체결방법 (경쟁형태) 1. 일반경쟁 2. 제한경쟁 3. 지명경쟁 4. 수의계약 5. 법정위탁 6. 기타 ( ) 7. 해당없음	계약기간 1. 1년 2. 2년 3. 3년 4. 4년 5. 5년 6. 기타 ( )년 7. 단기계약 (1년미만) 8. 해당없음	낙찰자선정방법 1. 적격심사 2. 협상에의한계약 3. 최저가낙찰제 4. 규격가격분리 5. 2단계 경쟁입찰 6. 기타 ( ) 7. 해당없음	운영예산 산정 1. 내부산정 (지자체 자체적으로 산정) 2. 외부산정 (외부전문기관위탁 산정) 3. 내·외부 모두 산정 4. 산정 無 5. 해당없음	정산방법 1. 내부정산 (지자체 내부적으로 정산) 2. 외부정산 (외부전문기관위탁 정산) 3. 내·외부 모두 산정 4. 정산 無 5. 해당없음	1. 실시 2. 미실시 3. 향후 추진 4. 해당없음
8279	전남 장성군	경로당 양곡비	130,224	주민복지과	5	4	7	8	7	3	1	1
8280	전남 장성군	재가노인복지시설 등급외자 운영비	46,800	주민복지과	5	1	1	1	1	1	1	3
8281	전남 장성군	양로시설 운영비 지원	800,509	주민복지과	5	2	7	8	7	1	1	3
8282	전남 장성군	노인생활시설 등급외자 운영비	22,232	주민복지과	5	1	7	8	7	1	1	3
8283	전남 장성군	노인복지시설 간식비	25,185	주민복지과	5	1	7	8	7	1	1	3
8284	전남 장성군	양로시설 김장 및 춘계부식비	1,574,000	주민복지과	5	1	7	8	7	1	1	3
8285	전남 장성군	요양시설 종사자 특별수당	5,400	주민복지과	5	1	7	8	7	1	1	3
8286	전남 장성군	양로시설 종사자 특별수당	15,840	주민복지과	5	1	7	8	7	1	1	3
8287	전남 장성군	재가노인복지시설 등급외자 운영비	142,106	주민복지과	5	4	1	1	1	1	1	3
8288	전남 장성군	아동복지시설 운영지원	1,245,683	주민복지과	5	1	7	7	7	1	1	1
8289	전남 장성군	지역아동센터 기본운영비	848,520	주민복지과	5	2	7	7	7	1	1	1
8290	전남 장성군	지역아동센터 공기청정기 지원	6,480	주민복지과	5	2	7	7	7	1	1	1
8291	전남 장성군	지역아동센터 안심알림이 이용료	4,680	주민복지과	5	2	7	7	7	1	1	1
8292	전남 장성군	특수목적형 추가 지원	7,308	주민복지과	5	2	7	7	7	1	1	1
8293	전남 장성군	토요운영 추가 지원	7,296	주민복지과	5	2	7	7	7	1	1	1
8294	전남 장성군	어린이집 기능보강	2,000,000	주민복지과	5	2	7	7	7	1	1	1
8295	전남 진도군	장애인 종합복지관 운영비	1,087,228	주민복지과	5	6	7	8	7	3	1	2
8296	전남 진도군	장애인복지관 급식비 지원	84,000	주민복지과	5	6	7	8	7	3	1	2
8297	전남 진도군	장애인종합복지관 목욕장 운영비	43,500	주민복지과	5	6	7	8	7	3	1	2
8298	전남 진도군	장애인 복지시설 종사자 특별수당	34,560	주민복지과	5	6	7	8	7	3	1	2
8299	전남 진도군	수어통역센터 운영비	175,500	주민복지과	5	6	7	8	7	3	1	2
8300	전남 진도군	수어교실 운영비	5,000	주민복지과	5	6	7	8	7	3	1	2
8301	전남 진도군	장애인 생활이동지원센터 운영	142,600	주민복지과	5	6	7	8	7	3	1	2
8302	전남 진도군	장애인 공동생활가정 운영	46,510	주민복지과	5	6	7	8	7	3	1	2
8303	전남 진도군	장애인거주 및 정신보건시설 종사자 특별수당	1,440,000	주민복지과	5	6	7	8	7	3	1	2
8304	전남 진도군	지체장애인 편의시설 지원센터 운영	43,000	주민복지과	5	6	7	8	7	3	1	2
8305	전남 진도군	노인복지기금사업	1,500,000	주민복지과	5	6	7	1	1	1	1	3
8306	전남 진도군	서경노인복지관 운영	375,000	주민복지과	5	1	1	1	1	1	1	3
8307	전남 진도군	진도노인복지관 운영	786,000	주민복지과	5	1	1	5	1	1	1	3
8308	전남 진도군	노인복지관 종사자 특별수당	24,840	주민복지과	5	6	7	1	1	1	1	3
8309	전남 진도군	시니어 합창단 운영	5,000	주민복지과	5	6	7	1	1	1	1	3
8310	전남 진도군	재가노인복지시설 종사자 특별수당	5,400	주민복지과	5	1	7	1	1	1	1	3
8311	전남 진도군	경로당 운영비 지원	423,500	주민복지과	5	6	7	8	7	1	1	4
8312	전남 진도군	경로당 운영비 지원	65,000	주민복지과	5	4	7	8	7	1	1	4
8313	전남 진도군	경로당 운영비 지원	1,540,000	주민복지과	5	4	7	8	7	1	1	4
8314	전남 진도군	경로당 난방비 지원	440,000	주민복지과	5	2	7	8	7	1	1	4
8315	전남 진도군	경로당 냉방비 지원	55,000	주민복지과	5	2	7	8	7	1	1	4
8316	전남 진도군	경로당 양곡 지원	8,000	주민복지과	5	2	7	8	7	1	1	4
8317	전남 진도군	경로당 난방비 지원	1,900,000	주민복지과	5	4	7	8	7	1	1	4
8318	전남 진도군	경로당 냉방비 지원	200,000	주민복지과	5	4	7	8	7	1	1	4
8319	전남 신안군	지역자활센터 운영	227,065	주민복지과	5	2	7	8	7	5	1	1
8320	전남 신안군	지역자활센터 종사자 특별수당	4,320	주민복지과	5	2	7	8	7	5	1	1
8321	전남 신안군	자활사례관리	30,728	주민복지과	5	2	7	8	7	5	1	1

순번	시군구	지출명 (사업명)	2021년예산 (단위:천원/1년간)	담당자 (공무원) 담당부서	민간이전 분류 (지방자치단체 세출예산 집행기준에 의거) 1. 민간경상사업보조(307-02) 2. 민간단체 법정운영비보조(307-03) 3. 민간행사사업보조(307-04) 4. 민간위탁금(307-05) 5. 사회복지시설 법정운영비보조(307-10) 6. 민간인위탁교육비(307-12) 7. 공기관등에대한경상적위탁사업비(308-10) 8. 민간자본사업보조,자체재원(402-01) 9. 민간자본사업보조,이전재원(402-02) 10. 민간위탁사업비(402-03) 11. 공기관등에 대한 자본적 대행사업비(403-02)	민간이전지출 근거 (지방보조금 관리기준 참고) 1. 법률에 규정 2. 국고보조 재원(국가지정) 3. 용도 지정 기부금 4. 조례에 직접규정 5. 지자체가 권장하는 사업을 하는 공공기관 6. 시,도 정책 및 재정사정 7. 기타 8. 해당없음	입찰방식 계약체결방법 (경쟁형태) 1. 일반경쟁 2. 제한경쟁 3. 지명경쟁 4. 수의계약 5. 법정위탁 6. 기타 ( ) 7. 해당없음	입찰방식 계약기간 1. 1년 2. 2년 3. 3년 4. 4년 5. 5년 6. 기타 ( )년 7. 단기계약 (1년미만) 8. 해당없음	입찰방식 낙찰자선정방법 1. 적격심사 2. 협상에의한계약 3. 최저가낙찰제 4. 규격가격분리 5. 2단계 경쟁입찰 6. 기타 ( ) 7. 해당없음	운영예산 산정 운영예산 산정 1. 내부산정 (지자체 자체적으로 산정) 2. 외부산정 (외부전문기관위탁 산정) 3. 내·외부 모두 산정 4. 산정 無 5. 해당없음	운영예산 산정 정산방법 1. 내부정산 (지자체 내부적으로 정산) 2. 외부정산 (외부전문기관위탁 정산) 3. 내·외부 모두 산정 4. 정산 無 5. 해당없음	성과평가 실시여부 1. 실시 2. 미실시 3. 향후 추진 4. 해당없음
8322	전남 신안군	중증장애인자립생활지원센터 운영 지원	153,000	주민복지과	5	1	7	8	7	5	1	1
8323	전남 신안군	중증장애인자립생활지원센터 운영지원	80,000	주민복지과	5	4	7	8	7	1	1	1
8324	전남 신안군	신안군수화통역센터 운영 지원	148,000	주민복지과	5	1	7	8	7	5	1	4
8325	전남 신안군	장애인이용시설 종사자특별수당	14,040	주민복지과	5	4	7	8	7	5	1	4
8326	전남 신안군	장애인생활이동지원센터 운영 지원	114,253	주민복지과	5	1	7	8	7	5	1	4
8327	전남 신안군	신안군장애인거주시설 운영 지원	1,212,665	주민복지과	5	1	7	8	7	5	1	4
8328	전남 신안군	신안군장애인거주시설 운영 지원	231,880	주민복지과	5	4	7	8	7	1	1	4
8329	전남 신안군	꿈이있는집 운영비지원	387,967	주민복지과	5	1	7	8	7	5	1	4
8330	전남 신안군	장애인거주시설 종사자 특별수당	44,640	주민복지과	5	4	7	8	7	5	1	4
8331	전남 신안군	장애인주간보호시설 운영 지원	199,560	주민복지과	5	1	7	8	7	5	1	4
8332	전남 신안군	경로당 운영비 지원	620,620	주민복지과	5	1	7	8	7	5	5	4
8333	전남 신안군	경로당 운영비 등 지원	120,000	주민복지과	5	1	7	8	7	5	5	4
8334	전남 신안군	경로당 부식비 지원	290,000	주민복지과	5	1	7	8	7	5	5	4
8335	전남 신안군	경로당 양곡비	133,103	주민복지과	5	1	7	8	7	5	5	4
8336	전남 신안군	경로당 냉난방비	730,800	주민복지과	5	1	7	8	7	5	5	4
8337	전남 신안군	신안시니어클럽 운영비 지원	75,000	주민복지과	5	1	7	8	7	5	5	4
8338	전남 신안군	노인요양시설 운영비 지원	160,000	주민복지과	5	4	7	8	7	1	1	1
8339	전남 신안군	국공립법인시설 지원	16,800	교육복지과	5	2	7	8	7	5	5	4
8340	전남 신안군	그 밖의 연장형교사지원	193,600	교육복지과	5	2	7	8	7	5	5	4
8341	전남 신안군	보조교사지원	25,344	교육복지과	5	2	7	8	7	5	5	4
8342	전남 신안군	사회복지법인어린이집	2,000,000	교육복지과	5	2	7	8	7	5	5	4
8343	전남 신안군	3-5세 누리과정 운영비	44,200	교육복지과	5	2	7	8	7	5	5	4
8344	전남 신안군	어린이집 차량운영비	24,808	교육복지과	5	4	7	8	7	5	5	4
8345	전남 신안군	농어촌소재 법인어린이집 지원	17,632	교육복지과	5	2	7	8	7	5	5	4
8346	전남 신안군	평가인증어린이집 교재교구비 지원	4,012	교육복지과	5	4	7	8	7	5	5	4
8347	전남 신안군	반별운영비	38,400	교육복지과	5	4	7	8	7	5	5	4
8348	전남 신안군	아동복지시설 경계선지능 아동 자립지원비	3,518	교육복지과	5	2	7	8	7	5	5	4
8349	전남 신안군	아동복지시설 운영비 지원	1,475,246	교육복지과	5	4	7	8	7	5	5	4
8350	전남 신안군	시설아동 대학진학금 지원	3,000	교육복지과	5	4	7	8	7	5	5	4
8351	전남 신안군	시설아동 생활용돈 지원	25,120	교육복지과	5	4	7	8	7	5	5	4
8352	전남 신안군	시설아동 수학여행비 지원	1,100,000	교육복지과	5	4	7	8	7	5	5	4
8353	전남 신안군	시설종사자 특별수당 지원	32,400	교육복지과	5	4	7	8	7	5	5	4
8354	전남 신안군	아동복지시설자립프로그램 운영비	11,400	교육복지과	5	4	7	8	7	5	5	4
8355	전남 신안군	지역아동센터 기본운영비 지원	193,320	교육복지과	5	2	7	8	7	5	5	4
8356	전남 신안군	지역아동센터 종사자 특별수당 지원	10,800	교육복지과	5	4	7	8	7	5	5	4
8357	전남 신안군	지역아동센터 등하원안심알림이 이용료	1,080,000	교육복지과	5	4	7	8	7	5	5	4
8358	전남 신안군	지역아동센터 운영비 추가지원	18,000	교육복지과	5	4	7	8	7	5	5	4
8359	전남 신안군	지역아동센터 종사자 수당 추가지원	9,360	교육복지과	5	4	7	8	7	5	5	4
8360	전남 신안군	우수지역아동센터지원	7,446	교육복지과	5	2	7	8	7	5	5	4
8361	전남 신안군	지역아동센터 환경개선비 지원	10,000	교육복지과	5	2	7	8	7	5	5	4
8362	제주 서귀포시	지역자활센터종사자 인건미 및 운영비	516,897	주민복지과	5	1	7	8	7	5	5	4
8363	제주 서귀포시	서귀포시니어클럽 운영	534,957	노인장애인과	5	1	7	8	7	1	1	1
8364	제주 서귀포시	경로당 운영비 지원	618,484	노인장애인과	5	1	5	8	7	1	1	4

순번	시군구	지출명 (사업명)	2021년예산 (단위:천원/1년간)	담당자 (공무원)	민간이전 분류 (지방자치단체 세출예산 집행기준에 의거)	민간이전지출 근거 (지방보조금 관리기준 참고)	입찰방식			운영예산 산정		성과평가 실시여부
				담당부서	1. 민간경상사업보조(307-02) 2. 민간단체 법정운영비보조(307-03) 3. 민간행사사업보조(307-04) 4. 민간위탁금(307-05) 5. 사회복지시설 법정운영비보조(307-10) 6. 민간인위탁교육비(307-12) 7. 공기관등에대한경상적위탁사업비(308-10) 8. 민간자본사업보조,자체재원(402-01) 9. 민간자본사업보조,이전재원(402-02) 10. 민간위탁사업비(402-03) 11. 공기관등에 대한 자본적 대행사업비(403-02)	1. 법률에 규정 2. 국고보조 재원(국가지정) 3. 용도 지정 기부금 4. 조례에 직접규정 5. 지자체가 권장하는 사업을 하는 공공기관 6. 시,도 정책 및 재정사정 7. 기타 8. 해당없음	계약체결방법 (경쟁형태) 1. 일반경쟁 2. 제한경쟁 3. 지명경쟁 4. 수의계약 5. 법정위탁 6. 기타 ( ) 7. 해당없음	계약기간 1. 1년 2. 2년 3. 3년 4. 4년 5. 5년 6. 기타 ( )년 7. 단기계약 (1년미만) 8. 해당없음	낙찰자선정방법 1. 적격심사 2. 협상에의한계약 3. 최저가낙찰제 4. 규격가격분리 5. 2단계 경쟁입찰 6. 기타 ( ) 7. 해당없음	운영예산 산정 1. 내부산정 (지자체 자체적으로 산정) 2. 외부산정 (외부전문기관위탁 산정) 3. 내·외부 모두 산정 4. 산정 無 5. 해당없음	정산방법 1. 내부정산 (지자체 내부적으로 정산) 2. 외부정산 (외부전문기관위탁 정산) 3. 내·외부 모두 산정 4. 정산 無 5. 해당없음	1. 실시 2. 미실시 3. 향후 추진 4. 해당없음
8365	제주 서귀포시	장애인거주시설 운영비 지원	5,275,666	노인장애인과	5	1	7	8	7	1	1	1
8366	제주 서귀포시	장애인단기거주시설 운영비 지원	292,440	노인장애인과	5	1	7	8	7	1	1	1
8367	제주 서귀포시	장애인공동생활가정 운영비 지원	413,293	노인장애인과	5	1	7	8	7	1	1	1
8368	제주 서귀포시	장애인직업재활시설 운영비 지원	1,963,904	노인장애인과	5	1	7	8	7	1	1	1
8369	제주 서귀포시	장애인주간보호시설 운영비 지원	2,275,615	노인장애인과	5	1	7	8	7	1	1	1
8370	제주 서귀포시	장애인거주시설 생활지도원 교대인력 지원	306,311	노인장애인과	5	1	7	8	7	1	1	1
8371	제주 서귀포시	한부모가족복지시설 운영비 지원	312,776	여성가족과	5	1	7	8	7	1	1	1
8372	제주 서귀포시	통합상담소 운영비 지원	190,080	여성가족과	5	1	7	8	7	1	1	1
8373	제주 서귀포시	보육교직원 인건비 지원	21,453,920	여성가족과	5	1	7	8	7	1	1	1
8374	제주 서귀포시	담임교사 지원비	1,983,550	여성가족과	5	1	7	8	7	5	5	4
8375	제주 서귀포시	농촌보육교사 특별근무수당	1,059,520	여성가족과	5	1	7	8	7	5	5	4
8376	제주 서귀포시	보조교사 지원	2,772,900	여성가족과	5	1	7	8	7	5	5	4
8377	제주 서귀포시	대체교사 인건비 지원	163,600	여성가족과	5	1	7	8	7	5	5	4
8378	제주 서귀포시	교재교구비	54,000	여성가족과	5	1	7	8	7	5	5	4
8379	제주 서귀포시	차량운영비	327,540	여성가족과	5	1	7	8	7	5	5	4
8380	제주 서귀포시	농어촌 소재 법인어린이집 지원	73,480	여성가족과	5	1	7	8	7	5	5	4
8381	제주 서귀포시	공공형어린이집 운영비	1,412,000	여성가족과	5	1	7	8	7	5	5	4
8382	제주 서귀포시	누리과정 담당교사수당 및 운영비	2,739,035	여성가족과	5	1	7	8	7	5	5	4
8383	제주 서귀포시	시간제보육 제공기관 운영비	210,000	여성가족과	5	1	7	8	7	5	5	4
8384	제주 서귀포시	서귀포시육아종합지원센터 운영	433,237	여성가족과	5	1	7	8	7	5	5	4
8385	제주 서귀포시	청소년 회복지원시설 운영 지원	70,000	여성가족과	5	2	7	8	7	5	5	4
8386	제주 서귀포시	아동양육시설 운영비	3,373,167	여성가족과	5	4	7	8	7	5	1	1
8387	제주 서귀포시	다함께돌봄센터 인건비 지원	39,780	여성가족과	5	2	7	8	7	5	1	1
8388	제주 서귀포시	다함께돌봄센터 운영비 지원	2,700,000	여성가족과	5	2	7	8	7	5	1	1
8389	제주 서귀포시	학대피해아동쉼터운영비	198,492	여성가족과	5	2	7	8	7	5	1	1
8390	제주 서귀포시	한부모가족복지시설 운영비 지원	312,776	여성가족과	5	1	7	8	7	1	1	1
8391	제주 서귀포시	통합상담소 운영비 지원	190,080	여성가족과	5	1	7	8	7	1	1	1
8392	제주 서귀포시	보육교직원 인건비 지원	21,453,920	여성가족과	5	1	7	8	7	5	5	4
8393	제주 서귀포시	담임교사 지원비	1,983,550	여성가족과	5	1	7	8	7	5	5	4
8394	제주 서귀포시	농촌보육교사 특별근무수당	1,059,520	여성가족과	5	1	7	8	7	5	5	4
8395	제주 서귀포시	보조교사 지원	2,772,900	여성가족과	5	1	7	8	7	5	5	4
8396	제주 서귀포시	대체교사 인건비 지원	163,600	여성가족과	5	1	7	8	7	5	5	4
8397	제주 서귀포시	교재교구비	54,000	여성가족과	5	1	7	8	7	5	5	4
8398	제주 서귀포시	차량운영비	327,540	여성가족과	5	1	7	8	7	5	5	4
8399	제주 서귀포시	농어촌 소재 법인어린이집 지원	73,480	여성가족과	5	1	7	8	7	5	5	4
8400	제주 서귀포시	공공형어린이집 운영비	1,412,000	여성가족과	5	1	7	8	7	5	5	4
8401	제주 서귀포시	누리과정 담당교사수당 및 운영비	2,739,035	여성가족과	5	1	7	8	7	5	5	4
8402	제주 서귀포시	시간제보육 제공기관 운영비	210,000	여성가족과	5	1	7	8	7	5	5	4
8403	제주 서귀포시	서귀포시육아종합지원센터 운영	433,237	여성가족과	5	1	7	8	7	5	5	4
8404	제주 서귀포시	청소년 회복지원시설 운영 지원	70,000	여성가족과	5	2	7	8	7	5	5	4
8405	제주 서귀포시	아동양육시설 운영비	3,373,167	여성가족과	5	4	7	8	7	5	1	1
8406	제주 서귀포시	다함께돌봄센터 인건비 지원	39,780	여성가족과	5	2	7	8	7	5	1	1
8405	제주 서귀포시	다함께돌봄센터 운영비 지원	2,700,000	여성가족과	5	2	7	8	7	5	1	1

순번	시군구	지출명 (사업명)	2021년예산 (단위:천원/1년간)	담당자 (공무원)	민간이전 분류 (지방자치단체 세출예산 집행기준에 의거)	민간이전지출 근거 (지방보조금 관리기준 참고)	입찰방식			운영예산 산정		성과평가 실시여부
				담당부서	1. 민간경상사업보조(307-02) 2. 민간단체 법정운영비보조(307-03) 3. 민간행사사업보조(307-04) 4. 민간위탁금(307-05) 5. 사회복지시설 법정운영비보조(307-10) 6. 민간인위탁교육비(307-12) 7. 공기관등에대한경상적위탁사업비(308-10) 8. 민간자본사업보조,자체재원(402-01) 9. 민간자본사업보조,이전재원(402-02) 10. 민간위탁사업비(402-03) 11. 공기관등에 대한 자본적 대행사업비(403-02)	1. 법률에 규정 2. 국고보조 재원(국가지정) 3. 용도 지정 기부금 4. 조례에 직접규정 5. 지자체가 권장하는 사업을 하는 공공기관 6. 시,도 정책 및 재정사정 7. 기타 8. 해당없음	계약체결방법 (경쟁형태) 1. 일반경쟁 2. 제한경쟁 3. 지명경쟁 4. 수의계약 5. 법정위탁 6. 기타 ( ) 7. 해당없음	계약기간 1. 1년 2. 2년 3. 3년 4. 4년 5. 5년 6. 기타 ( )년 7. 단기계약 (1년미만) 8. 해당없음	낙찰자선정방법 1. 적격심사 2. 협상에의한계약 3. 최저가낙찰제 4. 규격가격분리 5. 2단계 경쟁입찰 6. 기타 ( ) 7. 해당없음	운영예산 산정 1. 내부산정 (지자체 자체적으로 산정) 2. 외부산정 (외부전문기관위탁 산정) 3. 내·외부 모두 산정 4. 산정 無 5. 해당없음	정산방법 1. 내부정산 (지자체 내부적으로 정산) 2. 외부정산 (외부전문기관위탁 정산) 3. 내·외부 모두 산정 4. 정산 無 5. 해당없음	1. 실시 2. 미실시 3. 향후 추진 4. 해당없음
8406	제주 서귀포시	학대피해아동쉼터운영비	198,492	여성가족과	5	2	7	8	7	5	1	1

chapter

3

민간인위탁교육비 (307-12)

2021년 전국 지방자치단체 민간인위탁교육비(307-12) 운영 현황

순번	시군구	지출명 (사업명)	2021년예산 (단위:천원/1년간)	담당자 (공무원)	민간이전 분류 (지방자치단체 세출예산 집행기준에 의거)	민간이전지출 근거 (지방보조금 관리기준 참고)	입찰방식			운영예산 산정		성과평가 실시여부
				담당부서	1. 민간경상사업보조(307-02) 2. 민간단체 법정운영비보조(307-03) 3. 민간행사사업보조(307-04) 4. 민간위탁금(307-05) 5. 사회복지시설 법정운영비보조(307-10) 6. 민간인위탁교육비(307-12) 7. 공기관등에대한경상적위탁사업비(308-11) 8. 민간자본사업보조,자체재원(402-01) 9. 민간자본사업보조,이전재원(402-02) 10. 민간위탁사업비(402-03) 11. 공기관등에 대한 자본적 대행사업비(403-02)	1. 법률에 규정 2. 국고보조 재원(국가지정) 3. 용도 지정 기부금 4. 조례에 직접규정 5. 지자체가 권장하는 사업을 하는 공공기관 6. 시,도 정책 및 재정사정 7. 기타 8. 해당없음	계약체결방법 (경쟁형태) 1. 일반경쟁 2. 제한경쟁 3. 지명경쟁 4. 수의계약 5. 법정위탁 6. 기타 ( ) 7. 해당없음	계약기간 1. 1년 2. 2년 3. 3년 4. 4년 5. 5년 6. 기타 ( )년 7. 단기계약 (1년미만) 8. 해당없음	낙찰자선정방법 1. 적격심사 2. 협상에의한계약 3. 최저가낙찰제 4. 규격가격분리 5. 2단계 경쟁입찰 6. 기타 ( ) 7. 해당없음	운영예산 산정 1. 내부산정 (지자체 자체적으로 산정) 2. 외부산정 (외부전문기관위탁 산정) 3. 내·외부 모두 산정 4. 산정 無 5. 해당없음	정산방법 1. 내부정산 (지자체 내부적으로 정산) 2. 외부정산 (외부전문기관위탁 정산) 3. 내·외부 모두 산정 4. 정산 無 5. 해당없음	1. 실시 2. 미실시 3. 향후 추진 4. 해당없음
1	서울 종로구	자금집행 및 결산업무 추진	400	재무과	6	1	5	8	7	5	5	4
2	서울 중구	행정협력 단체 등 활동지원	6,510	동정부과	6	1	7	8	7	1	1	4
3	서울 중구	회계업무 추진	650	재무과	6	1	6	8	7	5	5	4
4	서울 용산구	정보화교육 위탁운영	52,800	스마트정보과	6	4	2	7	2	1	1	1
5	서울 성동구	예산회계결산 및 재무회계결산	900	재무과	6	1	7	8	7	2	5	4
6	서울 동대문구	결산검사위원 교육비	850	재무과	6	1	7	8	7	1	2	4
7	서울 중랑구	결산검사위원 위탁교육비	390	재무과	6	1	5	8	7	3	2	4
8	서울 중랑구	숲체험 지도사 및 강사 심화교육 위탁교육비 지급	800	공원녹지과	6	8	7	8	5	5	5	4
9	서울 중랑구	민방위 사이버교육	21,000	도시안전과	6	7	4	1	1	1	1	1
10	서울 강북구	문화관광해설사 양성·운영	5,000	문화관광체육과	6	4	4	7	7	1	4	4
11	서울 강북구	세입・세출결산 및 지출관리	750	재무과	6	7	7	8	7	5	5	4
12	서울 노원구	폐매트리스 처리비	72,000	자원순환과	6	1	1	1	1	1	1	4
13	서울 은평구	자금수급관리 및 예산회계 결산	1,000	재무과	6	1	7	8	7	5	5	4
14	서울 서대문구	학교폭력 예방교육	22,000	교육지원과	6	1	6	7	6	1	1	1
15	서울 서대문구	결산검사위원 위탁교육비	750	재무과	6	1	7	8	7	2	5	4
16	서울 서대문구	환경강사 역량강화교육	1,000	기후환경과	6	1	7	8	7	5	5	4
17	서울 서대문구	기후위기대응단 위탁교육	14,000	기후환경과	6	1	7	8	7	5	5	4
18	서울 서대문구	여성 직업능력 향상 위탁교육	44,000	여성가족과	6	4	4	1	2	1	1	1
19	서울 마포구	계약·회계업무의 효율적 운영	1,750	재무과	6	1	7	8	7	2	2	4
20	서울 양천구	결산검사	650	재무과	6	1	7	8	7	2	1	4
21	서울 강서구	지출·회계 및 결산 관리	500	재무과	6	1	7	7	7	1	1	4
22	서울 구로구	어르신문화대학 운영	15,596	어르신청소년과	6	7	4	7	7	1	1	1
23	서울 영등포구	2020회계연도 통합결산	300	재무과	6	1	5	1	7	2	2	4
24	서울 관악구	중·장년 취업 재도약 프로그램 운영	33,000	일자리벤처과	6	4	2	7	6	1	1	3
25	서울 관악구	결산검사위원교육	500	재무과	6	1	7	8	7	2	2	4
26	서울 관악구	국민운동단체사업 지원	1,210	자치행정과	6	1	7	8	7	1	1	4
27	서울 관악구	정보화교육	196,800	스마트정보과	6	4	2	1	2	1	1	4
28	서울 관악구	전통야외소극장 운영	16,000	문화관광체육과	6	4	7	8	7	1	1	4
29	서울 관악구	민방위사이버교육위탁	22,000	안전관리과	6	1	7	8	7	5	5	4
30	서울 송파구	계약 및 회계관리	936	재무과	6	1	7	8	7	2	5	4
31	서울 강동구	사이버교육 운영	20,000	자치안전과	6	8	2	1	3	1	1	1
32	경기 수원시	청년 해외취업 희망드림 아카데미	45,000	일자리정책과	6	4	6	1	1	1	1	1
33	경기 안양시	아동통합사례관리사 전문화 교육	3,960	복지정책과	6	8	7	8	7	5	5	4
34	경기 광명시	결산검사 위원 교육비	1,500	회계과	6	1	7	8	7	5	5	4
35	경기 광명시	집수리학교	44,000	도시재생과	6	4	7	8	7	5	5	4
36	경기 광명시	너부대도시재생대학 운영	40,000	도시재생과	6	4	7	8	7	5	5	4
37	경기 광명시	광명시 주택학교	12,000	도시재생과	6	4	7	8	7	5	5	4
38	경기 동두천시	민방위 스마트교육 용역비	10,000	안전총괄과	6	6	7	8	7	5	5	4
39	경기 동두천시	새마을운동동두천시지회	4,080	자치행정과	6	1	7	7	7	1	1	3
40	경기 안산시	장애인거주시설 운영지원	68,943	장애인복지과	6	1	7	8	7	1	1	1

순번	시군구	지출명 (사업명)	2021년예산 (단위:천원/1년간)	담당자 (공무원)	민간이전 분류 (지방자치단체 세출예산 집행기준에 의거)	민간이전지출 근거 (지방보조금 관리기준 참고)	입찰방식			운영예산 산정		성과평가 실시여부
				담당부서	1. 민간경상사업보조(307-02) 2. 민간단체 법정운영비보조(307-03) 3. 민간행사사업보조(307-04) 4. 민간위탁금(307-05) 5. 사회복지시설 법정운영비보조(307-10) 6. 민간인위탁교육비(307-12) 7. 공기관등에대한경상적위탁사업비(308-11) 8. 민간자본사업보조,자체재원(402-01) 9. 민간자본사업보조,이전재원(402-02) 10. 민간위탁사업비(402-03) 11. 공기관등에 대한 자본적 대행사업비(403-02)	1. 법률에 규정 2. 국고보조 재원(국가지정) 3. 용도 지정 기부금 4. 조례에 직접규정 5. 지자체가 권장하는 사업을 하는 공공기관 6. 시,도 정책 및 재정사정 7. 기타 8. 해당없음	계약체결방법 (경쟁형태) 1. 일반경쟁 2. 제한경쟁 3. 지명경쟁 4. 수의계약 5. 법정위탁 6. 기타 ( ) 7. 해당없음	계약기간 1. 1년 2. 2년 3. 3년 4. 4년 5. 5년 6. 기타 ( )년 7. 단기계약 (1년미만) 8. 해당없음	낙찰자선정방법 1. 적격심사 2. 협상에의한계약 3. 최저가낙찰제 4. 규격가격분리 5. 2단계 경쟁입찰 6. 기타 ( ) 7. 해당없음	운영예산 산정 1. 내부산정 (지자체 자체적으로 산정) 2. 외부산정 (외부전문기관위탁 산정) 3. 내·외부 모두 산정 4. 산정 無 5. 해당없음	정산방법 1. 내부정산 (지자체 내부적으로 정산) 2. 외부정산 (외부전문기관위탁 정산) 3. 내·외부 모두 산정 4. 정산 無 5. 해당없음	1. 실시 2. 미실시 3. 향후 추진 4. 해당없음
41	경기 안산시	입주자 대표회의 구성원 교육 위탁	6,100	주택과	6	1	5	8	7	2	3	4
42	경기 과천시	결산검사위원 교육비	450	회계과	6	1	7	8	7	2	2	4
43	경기 구리시	문화관광해설사 심화교육	20,000	문화예술과	6	4	7	8	7	5	5	4
44	경기 남양주시	정신요양 및 정신재활시설 종사자 특수근무수당 등	6,432	치매건강과	6	8	7	3	5	4	5	4
45	경기 남양주시	정신요양 및 정신재활시설 종사자 특수근무수당 등	4,966	치매건강과	6	8	7	3	5	4	5	4
46	경기 남양주시	정신재활시설운영지원	128,911	치매건강과	6	8	7	3	5	4	5	4
47	경기 남양주시	정신재활시설운영지원	81,450	치매건강과	6	8	7	3	5	4	5	4
48	경기 남양주시	정신재활시설공동캠프	1,000	치매건강과	6	8	7	3	5	4	5	4
49	경기 남양주시	정신재활시설공동캠프	1,000	치매건강과	6	8	7	3	5	4	5	4
50	경기 남양주시	별내 자동클린넷 및 클린센터 운영	9,404	자원순환과	6	8	1	1	1	1	5	4
51	경기 남양주시	생활쓰레기20%감축	99,314	자원순환과	6	8	2	1	1	3	5	4
52	경기 남양주시	경기도 민속예술제 참가지원	10,500	문화예술과	6	8	7	1	1	1	5	4
53	경기 남양주시	지역문화예술 플랫폼 육성	205,146	문화예술과	6	8	7	3	3	4	5	4
54	경기 남양주시	진건공공하수처리시설관리대행비	12,271	하수처리과	6	8	2	2	1	1	5	4
55	경기 남양주시	지금·별내·진접·가운·팔현공공하수처리시설관리대행비	7,106	하수처리과	6	8	2	2	1	1	5	4
56	경기 남양주시	화도·월산공공하수처리시설관리대행비	42,074	하수처리과	6	8	2	2	1	1	5	4
57	경기 남양주시	노후경유차 운행제한 단속시스템 유지보수	69,900	기후에너지과	6	1	7	2	2	4	5	4
58	경기 남양주시	남양주 택시쉼터 운영	35,200	대중교통과	6	8	1	1	1	3	5	4
59	경기 남양주시	모범운전자회 보조	23,132	대중교통과	6	8	7	1	1	1	5	4
60	경기 남양주시	일반어르신생화생활체육지도자 처우개선	16,702	체육과	6	8	7	1	1	2	5	4
61	경기 남양주시	장애인생활체육지도자 처우개선	4,772	체육과	6	8	7	1	1	2	5	4
62	경기 남양주시	대학일자리센터 운영 지원	37,500	일자리복지과	6	8	7	5	5	4	5	4
63	경기 남양주시	사회적경제 창업지원센터 운영 지원	40,000	일자리복지과	6	8	7	5	5	4	5	4
64	경기 남양주시	탈수급 유지지원사업	39,000	일자리복지과	6	8	7	4	1	4	5	4
65	경기 남양주시	자활교육훈련 지원	15,000	일자리복지과	6	8	7	4	1	4	5	4
66	경기 남양주시	무한돌봄센터운영	939,592	복지정책과	6	1	7	1	1	4	5	4
67	경기 남양주시	장애인 맞춤형도우미 운영	94,490	장애인복지과	6	8	7	1	1	1	5	4
68	경기 군포시	청원경찰 위탁교육비	2,400	행정지원과	6	8	7	8	7	5	5	4
69	경기 군포시	결산 검사위원 위탁교육비	400	회계과	6	7	7	8	7	2	5	4
70	경기 용인시	입주자대표회의 구성원 온라인 교육	11,000	주택과	6	1	5	1	7	1	4	4
71	경기 이천시	결산검사위원 교육비	750	회계과	6	4	7	8	7	1	4	2
72	경기 시흥시	정보취약계층을 위한 4차산업 체험·교육	30,000	정보통신과	6	4	5	1	1	1	1	2
73	경기 시흥시	결산검사위원 교육비	750	회계과	6	1	7	8	7	5	5	4
74	경기 김포시	장애영유아보육교사 신규인력 양성과정	13,000	보육과	6	2	7	8	7	5	5	4
75	경기 김포시	민간인 사이버교육 위탁	24,000	안전총괄과	6	2	7	8	7	1	1	2
76	경기 김포시	공동주택관리 입주자대표회의 운영 및 윤리 온라인 교육	5,211	주택과	6	1	5	8	7	1	1	4
77	경기 화성시	산사태현장예방단위탁교육	100	산림녹지과	6	6	7	8	7	5	5	4
78	경기 화성시	입주자대표회의 온라인 교육 위탁비	6,948	주택과	6	1	7	8	7	5	5	4
79	경기 광주시	새마을운동 광주시지회	5,000	자치행정과	6	1	7	8	7	5	5	4
80	경기 양주시	공동주택 관리	5,000	주택과	6	1	7	8	7	5	5	4
81	경기 포천시	결산검사위원 위탁교육비	800	회계과	6	4	5	8	7	2	4	4
82	경기 포천시	입주자대표회의 구성원 위탁교육비	2,325	친환경도시재생과	6	6	5	1	7	1	1	3

순번	시군구	지출명 (사업명)	2021년예산 (단위:천원/1년간)	담당자 (공무원) 담당부서	민간이전 분류 (지방자치단체 세출예산 집행기준에 의거) 1. 민간경상사업보조(307-02) 2. 민간단체 법정운영비보조(307-03) 3. 민간행사사업보조(307-04) 4. 민간위탁금(307-05) 5. 사회복지시설 법정운영비보조(307-10) 6. 민간인위탁교육비(307-12) 7. 공기관등에대한경상적위탁사업비(308-11) 8. 민간자본사업보조,자체재원(402-01) 9. 민간자본사업보조,이전재원(402-02) 10. 민간위탁사업비(402-03) 11. 공기관등에 대한 자본적 대행사업비(403-02)	민간이전지출 근거 (지방보조금 관리기준 참고) 1. 법률에 규정 2. 국고보조 재원(국가지정) 3. 용도 지정 기부금 4. 조례에 직접규정 5. 지자체가 권장하는 사업을 하는 공공기관 6. 시,도 정책 및 재정사정 7. 기타 8. 해당없음	입찰방식 계약체결방법 (경쟁형태) 1. 일반경쟁 2. 제한경쟁 3. 지명경쟁 4. 수의계약 5. 법정위탁 6. 기타 ( ) 7. 해당없음	입찰방식 계약기간 1. 1년 2. 2년 3. 3년 4. 4년 5. 5년 6. 기타 ( )년 7. 단기계약 (1년미만) 8. 해당없음	입찰방식 낙찰자선정방법 1. 적격심사 2. 협상에의한계약 3. 최저가낙찰제 4. 규격가격분리 5. 2단계 경쟁입찰 6. 기타 ( ) 7. 해당없음	운영예산 산정 운영예산 산정 1. 내부산정 (지자체 자체적으로 산정) 2. 외부산정 (외부전문기관위탁 산정) 3. 내·외부 모두 산정 4. 산정 無 5. 해당없음	운영예산 산정 정산방법 1. 내부정산 (지자체 내부적으로 정산) 2. 외부정산 (외부전문기관위탁 정산) 3. 내·외부 모두 산정 4. 정산 無 5. 해당없음	성과평가 실시여부 1. 실시 2. 미실시 3. 향후 추진 4. 해당없음
83	경기 가평군	결산검사위원 역량강화 워크숍	10,000	회계과	6	8	7	8	7	5	5	4
84	경기 가평군	사회복지사 보수교육비 지원	13,720	복지정책과	6	6	5	8	1	3	2	4
85	경기 양평군	청소년진로체험지원센터 운영	66,000	교육체육과	6	1	7	8	7	5	5	4
86	경기 양평군	꽃중년 인생100세 3모작 프로젝트	20,000	교육체육과	6	4	7	8	7	5	5	4
87	경기 양평군	지방보조사업자 교육	10,000	기획예산담당관	6	7	4	1	7	3	5	4
88	경기 양평군	농업인대학운영 및 관리	30,000	농업경영과	6	1	4	7	7	5	5	1
89	경기 양평군	도시재생대학 운영	100,000	도시과	6	4	7	8	7	5	5	4
90	경기 양평군	청소년지원활동가 역량강화 교육	6,000	복지정책과	6	1	7	8	7	1	1	1
91	경기 양평군	민방위대원 5년차 이상 사이버교육운영	99,000	안전총괄과	6	7	7	8	7	5	5	4
92	경기 양평군	사회적경제 창업지원 사업	28,000	일자리경제과	6	6	7	8	7	1	1	1
93	경기 양평군	결산검사위원 위탁교육비	1,200	회계과	6	5	7	8	7	2	1	4
94	인천광역시	여성리더 양성	50,000	여성정책과	6	4	7	8	7	5	5	4
95	인천 중구	노래연습장 사업자 위탁교육비	1,200	문화관광과	6	1	7	8	7	5	5	4
96	인천 중구	찾아가는 세탁서비스	22,000	복지과	6	6	7	8	7	5	5	1
97	인천 미추홀구	결산검사위원 위탁교육비	550	재무과	6	1	7	8	7	5	4	4
98	인천 미추홀구	노래연습장업자 위탁교육	4,000	문화예술과	6	1	4	1	7	1	1	4
99	인천 미추홀구	공동주택관리 법정교육 위탁교육비	3,900	주택관리과	6	1	7	8	7	5	5	4
100	인천 연수구	계약·회계의 안정적 운영	1,000	재무회계과	6	1	7	8	7	1	1	2
101	인천 연수구	유통관련업 단속지원	3,900	문화체육과	6	1	5	1	7	1	1	4
102	광주 북구	결산운영	600	회계과	6	6	7	8	7	1	1	4
103	광주 광산구	입주자대표회의 운영교육	1,200	주택과	6	1	7	8	7	5	5	4
104	광주 광산구	공동주택 방범 및 안전교육	1,200	주택과	6	1	7	8	7	5	5	4
105	대구광역시	가족사랑 한마음 행사	30,000	여성가족과	6	5	4	1	7	1	1	2
106	대구광역시	가정의례지도원 양성 및 시민일자리 창출교육	11,880	여성가족과	6	6	7	8	7	5	1	4
107	대구광역시	양성평등부모교육	20,000	여성가족과	6	6	1	1	1	1	1	1
108	대구광역시	교통문화선진화 운영	9,200	교통정책과	6	1	5	8	7	4	4	4
109	대구 동구	원활한 계약 및 지출업무 수행	520	재무과	6	1	7	8	7	1	4	4
110	대구 동구	공동주택 관리	3,000	건축주택과	6	1	5	8	7	1	1	2
111	대구 서구	호국정신함양 보훈사업 지원	2,350	복지정책과	6	1	1	1	1	3	3	1
112	대구 서구	호국정신함양 보훈사업 지원	5,720	복지정책과	6	1	1	1	1	3	3	1
113	대구 서구	호국정신함양 보훈사업 지원	10,600	복지정책과	6	1	1	1	1	3	3	1
114	대구 서구	호국정신함양 보훈사업 지원	6,600	복지정책과	6	1	1	1	1	3	3	1
115	대구 서구	호국정신함양 보훈사업 지원	6,980	복지정책과	6	1	1	1	1	3	3	1
116	대구 서구	호국정신함양 보훈사업 지원	5,700	복지정책과	6	1	1	1	1	3	3	1
117	대구 서구	호국정신함양 보훈사업 지원	1,500	복지정책과	6	1	1	1	1	3	3	1
118	대구 서구	호국정신함양 보훈사업 지원	5,700	복지정책과	6	1	1	1	1	3	3	1
119	대구 서구	호국정신함양 보훈사업 지원	4,600	복지정책과	6	1	1	1	1	3	3	1
120	대구 서구	호국정신함양 보훈사업 지원	3,000	복지정책과	6	1	1	1	1	3	3	1
121	대구 서구	호국정신함양 보훈사업 지원	5,200	복지정책과	6	1	1	1	1	3	3	1
122	대구 서구	6.25전쟁 기념행사 지원	6,000	복지정책과	6	1	1	1	1	3	3	1
123	대구 서구	어린이집 아동간식비 지원	88,780	사회복지과	6	1	1	1	6	1	1	2
124	대구 서구	시간제보육서비스 제공지원	183,360	사회복지과	6	1	1	1	6	1	1	2

순번	시군구	지출명 (사업명)	2021년예산 (단위:천원/1년간)	담당자 (공무원)	민간이전 분류 (지방자치단체 세출예산 집행기준에 의거)	민간이전지출 근거 (지방보조금 관리기준 참고)	입찰방식			운영예산 산정		성과평가 실시여부
				담당부서	1. 민간경상사업보조(307-02) 2. 민간단체 법정운영비보조(307-03) 3. 민간행사사업보조(307-04) 4. 민간위탁금(307-05) 5. 사회복지시설 법정운영비보조(307-10) 6. 민간인위탁교육비(307-12) 7. 공기관등에대한경상적위탁사업비(308-11) 8. 민간자본사업보조,자체재원(402-01) 9. 민간자본사업보조,이전재원(402-02) 10. 민간위탁사업비(402-03) 11. 공기관등에 대한 자본적 대행사업비(403-02)	1. 법률에 규정 2. 국고보조 재원(국가지정) 3. 용도 지정 기부금 4. 조례에 직접규정 5. 지자체가 권장하는 사업을 하는 공공기관 6. 시,도 정책 및 재정사정 7. 기타 8. 해당없음	계약체결방법 (경쟁형태) 1. 일반경쟁 2. 제한경쟁 3. 지명경쟁 4. 수의계약 5. 법정위탁 6. 기타 ( ) 7. 해당없음	계약기간 1. 1년 2. 2년 3. 3년 4. 4년 5. 5년 6. 기타 ( )년 7. 단기계약 (1년미만) 8. 해당없음	낙찰자선정방법 1. 적격심사 2. 협상에의한계약 3. 최저가낙찰제 4. 규격가격분리 5. 2단계 경쟁입찰 6. 기타 ( ) 7. 해당없음	운영예산 산정 1. 내부산정 (지자체 자체적으로 산정) 2. 외부산정 (외부전문기관위탁 산정) 3. 내·외부 모두 산정 4. 산정 無 5. 해당없음	정산방법 1. 내부정산 (지자체 내부적으로 정산) 2. 외부정산 (외부전문기관위탁 정산) 3. 내·외부 모두 산정 4. 정산 無 5. 해당없음	1. 실시 2. 미실시 3. 향후 추진 4. 해당없음
125	대구 서구	보육교사 하계연수비 지원	8,000	사회복지과	6	1	1	1	6	1	1	2
126	대구 서구	장기근속 보육교사 처우개선 지원	20,000	사회복지과	6	1	1	1	6	1	1	2
127	대구 남구	결산검사위원 위탁교육비	600	행정지원과	6	1	5	8	7	5	5	4
128	대구 달서구	결산검사위원 위탁교육비 및 여비보상 등	2,000	총무과	6	1	7	8	7	1	1	4
129	대구 달서구	장애인복지 일자리 지원	226,130	어르신장애인과	6	2	7	8	7	5	1	1
130	대구 달서구	시각장애인 안마사 파견사업	201,670	어르신장애인과	6	2	7	8	7	5	1	1
131	대구 달서구	장애인 활동지원사업	284,740	어르신장애인과	6	2	7	8	7	5	1	1
132	대구 달서구	장애인 활동지원 추가지원	27,609	어르신장애인과	6	2	7	8	7	5	1	1
133	대구 달서구	활동보조 가산급여	58,910	어르신장애인과	6	2	7	8	7	5	1	1
134	대구 달서구	최중증장애인 야간순회방문서비스 지원사업	350,000	어르신장애인과	6	2	7	8	7	5	1	1
135	대구 달서구	발달장애인 요양보호사 보조일자리사업	266,196	어르신장애인과	6	2	7	8	7	5	1	1
136	대구 달서구	발달장애인 주간활동서비스 지원사업	16,585	어르신장애인과	6	2	7	8	7	5	1	1
137	대구 달서구	발달장애인 방과후 활동서비스 지원사업	755,715	어르신장애인과	6	2	7	8	7	5	1	1
138	대전광역시	어린이집 교원 양성지원	132,000	가족돌봄과	6	2	7	7	7	1	1	1
139	대전 동구	직원 이러닝 교육	16,000	자치분권과	6	1	4	1	1	1	1	3
140	대전 동구	결산검사위원 위탁교육비	800	회계과	6	1	7	7	7	2	5	4
141	대전 동구	여성장애가사도우미	39,600	사회복지과	6	1	7	8	7	1	1	1
142	대전 동구	정신요양시설 운영지원	80,040	건강생활지원과	6	1	7	8	7	5	1	4
143	대전 동구	결산검사위원 위탁 교육비	400	회계정보과	6	1	7	8	7	1	1	2
144	부산 동구	자원봉사 사례관리사업비	70,000	복지지원과	6	1	7	8	1	1	1	3
145	부산 동구	희망자활사업단 지원	45,000	복지지원과	6	1	7	8	1	1	1	3
146	부산 동구	장애인활동지원사업	3,202	복지지원과	6	1	7	8	1	1	1	3
147	부산 동구	장애인활동지원 가산급여 지원	1,818	복지지원과	6	1	7	8	1	1	1	3
148	부산 동구	장애인활동지원 가산급여	269,136	복지지원과	6	1	7	8	1	1	1	3
149	부산 동구	발달재활서비스사업	178,955	복지지원과	6	1	7	8	1	1	1	3
150	부산 동구	발달장애인부모 심리상담 지원	400	복지지원과	6	1	7	8	1	1	1	3
151	부산 동구	발달장애인 주간활동서비스 지원	97,200	복지지원과	6	1	7	8	1	1	1	3
152	부산 동구	발달장애인 방과후 돌봄서비스 지원	63,214	복지지원과	6	1	7	8	1	1	1	3
153	부산 동구	장애인공동작업장 운영	57,563	복지지원과	6	1	7	7	1	1	2	3
154	부산 동구	장애인 이동목욕차량 운영지원	90,000	복지지원과	6	6	7	7	1	1	1	3
155	부산 동구	장애인 운전재활센터 운영지원	100,000	복지지원과	6	6	7	7	1	1	1	3
156	부산 동구	여성장애인전화상담실 운영	4,250	복지지원과	6	6	7	7	1	1	1	3
157	부산 동구	장애인 전용전화 운영	43,137	복지지원과	6	6	7	7	1	1	1	3
158	부산 동구	생신상 차리기 지원	3,000	복지지원과	6	6	1	1	1	1	1	1
159	부산 동구	독거노인・중증장애인 응급안전알림서비스 운영지원	45,664	복지지원과	6	2	6	1	6	5	5	1
160	부산 영도구	결산검사위원 교육비	600	민원여권과	6	4	7	8	7	3	5	2
161	부산 동래구	결산검사위원 교육	300	재무과	6	1	7	8	7	1	1	4
162	부산 동래구	노인맞춤돌봄서비스	2,240	주민복지과	6	1	1	1	1	3	3	1
163	부산 동래구	독거노인 중증장애인 응급안전알림서비스	93,210	주민복지과	6	2	6	7	1	1	1	2
164	부산 동래구	노인급식지원	57,036	주민복지과	6	6	6	1	1	1	1	1
165	부산 동래구	노인급식지원	26,208	주민복지과	6	6	6	1	1	1	1	1
166	부산 동래구	장애인 목욕탕 운영지원	35,400	주민복지과	6	1	7	8	7	1	1	1

순번	시군구	지출명 (사업명)	2021년예산 (단위:천원/1년간)	담당자 (공무원)	민간이전 분류 (지방자치단체 세출예산 집행기준에 의거)	민간이전지출 근거 (지방보조금 관리기준 참고)	입찰방식			운영예산 산정		성과평가 실시여부
				담당부서	1. 민간경상사업보조(307-02) 2. 민간단체 법정운영비보조(307-03) 3. 민간행사사업보조(307-04) 4. 민간위탁금(307-05) 5. 사회복지시설 법정운영비보조(307-10) 6. 민간인위탁교육비(307-12) 7. 공기관등에대한경상적위탁사업비(308-11) 8. 민간자본사업보조,자체재원(402-01) 9. 민간자본사업보조,이전재원(402-02) 10. 민간위탁사업비(402-03) 11. 공기관등에 대한 자본적 대행사업비(403-02)	1. 법률에 규정 2. 국고보조 재원(국가지정) 3. 용도 지정 기부금 4. 조례에 직접규정 5. 지자체가 권장하는 사업을 하는 공공기관 6. 시,도 정책 및 재정사정 7. 기타 8. 해당없음	계약체결방법 (경쟁형태) 1. 일반경쟁 2. 제한경쟁 3. 지명경쟁 4. 수의계약 5. 법정위탁 6. 기타 ( ) 7. 해당없음	계약기간 1. 1년 2. 2년 3. 3년 4. 4년 5. 5년 6. 기타 ( )년 7. 단기계약 (1년미만) 8. 해당없음	낙찰자선정방법 1. 적격심사 2. 협상에의한계약 3. 최저가낙찰제 4. 규격가격분리 5. 2단계 경쟁입찰 6. 기타 ( ) 7. 해당없음	운영예산 산정 1. 내부산정 (지자체 자체적으로 산정) 2. 외부산정 (외부전문기관위탁 산정) 3. 내·외부 모두 산정 4. 산정 無 5. 해당없음	정산방법 1. 내부정산 (지자체 내부적으로 정산) 2. 외부정산 (외부전문기관위탁 정산) 3. 내·외부 모두 산정 4. 정산 無 5. 해당없음	1. 실시 2. 미실시 3. 향후 추진 4. 해당없음
167	부산 동래구	장애인 직업훈련비 지원	66,000	주민복지과	6	1	7	8	7	1	1	1
168	부산 동래구	장애인 이동목욕차량 운영 지원	28,000	주민복지과	6	1	7	8	7	1	1	1
169	부산 동래구	야간어린이집 폴리스콜 서비스 지원	460	주민복지과	6	1	7	8	7	5	3	4
170	부산 동래구	어린이집 보존식 기자재 지원	31,500	주민복지과	6	1	7	8	7	5	3	4
171	부산 동래구	우수지역아동센터 지원	42,134	주민복지과	6	2	7	8	7	5	1	1
172	부산 동래구	출석전자카드 운영비	5,937	주민복지과	6	2	7	8	7	5	1	1
173	부산 동래구	지역아동센터 행사지원	2,000	주민복지과	6	7	7	8	7	5	1	1
174	부산 동래구	지역사회중심 금연서비스 운영	320	건강증진과	6	7	7	8	7	5	5	4
175	부산 남구	결산검사위원 위탁교육비	800	재무담당관	6	1	7	8	7	5	5	4
176	부산 남구	새마을단체지원	9,792	행정지원과	6	1	7	8	7	1	1	1
177	부산 북구	결산검사위원 위탁교육비	1,080	재무과	6	1	7	8	7	1	1	4
178	부산 북구	노인일자리 및 사회활동지원 확대	12,618	주민복지과	6	1	5	1	7	1	1	4
179	부산 사하구	결산검사위원 교육비	450	재무과	6	1	7	8	7	5	5	4
180	부산 사하구	미등록 경로당 운영 지원	64,800	복지사업과	6	7	7	8	7	5	5	4
181	부산 금정구	결산검사위원 교육비	600	재무과	6	1	7	7	7	1	1	4
182	부산 금정구	공동주택 관계자 교육	4,040	건축과	6	1	7	8	7	3	1	4
183	부산 연제구	주택행정 활성화	4,200	건축과	6	1	5	1	7	1	2	4
184	부산 연제구	계약 및 결산, 복식부기회계제도 관리	450	재무과	6	1	7	8	7	3	3	4
185	부산 수영구	결산검사위원 교육	390	재무과	6	6	7	8	7	5	5	4
186	부산 사상구	결산검사위원 교육	450	재무과	6	8	7	8	7	5	5	4
187	부산 기장군	세입·세출 결산	300	재무과	6	1	7	7	7	1	2	4
188	부산 기장군	모다(多)-일 청년인턴지원 사업	10,368	일자리경제과	6	2	7	8	7	5	5	1
189	부산 기장군	청년 Dream 창업지원 사업	5,000	일자리경제과	6	2	7	8	7	5	5	1
190	울산 동구	결산검사위원 위탁교육 기관부담금	300	총무과	6	1	7	8	7	5	5	4
191	울산 북구	퇴직자 취업 지원 교육	6,000	경제일자리담당관	6	4	2	1	6	1	1	2
192	울산 북구	마을만들기 교육사업 위탁 운영	20,000	경제일자리담당관	6	6	4	1	1	1	1	1
193	울산 북구	결산검사위원 위탁 교육비	400	회계담당관	6	1	7	8	7	1	1	2
194	울산 북구	도시재생대학	40,000	도시과	6	1	4	1	1	1	1	4
195	울산 북구	역량강화교육	80,000	도시과	6	1	4	1	1	1	1	4
196	울산 북구	도시재생대학 운영	80,000	도시과	6	1	4	7	1	1	1	4
197	울산 북구	공동주택 관계자 교육	5,000	건축주택과	6	1	4	1	7	1	1	2
198	울산 울주군	지방재정관리시스템 유지보수 분담금	32,636	기획예산실	6	5	5	1	7	5	5	2
199	울산 울주군	결산검사위원 교육비	600	회계정보과	6	1	7	8	7	5	5	4
200	세종특별자치시	여성폭력 관련시설 종사자 보수교육	4,500	여성가족과	6	1	7	8	7	2	2	1
201	세종특별자치시	문화관광해설사 역량강화 교육	7,000	관광문화재과	6	1	7	8	7	5	5	4
202	강원 춘천시	공정한 예산집행 및 세입세출 결산	1,000	회계과	6	1	7	8	7	5	5	4
203	강원 춘천시	여성활동가 역량강화 지원	18,000	여성가족과	6	1	7	8	7	5	5	4
204	강원 춘천시	공동주택관리 일반	3,000	건축과	6	6	7	8	7	1	1	1
205	강원 강릉시	결산검사위원 위탁교육비	1,250	회계과	6	1	6	7	7	5	5	4
206	강원 강릉시	안전보건관리위탁용역	2,500	산림과	6	2	6	1	6	1	1	1
207	강원 태백시	기관공통운영경비 지원	5,000	기획예산담당관	6	6	7	8	7	5	5	4
208	강원 태백시	농업인 교육지원	8,000	농업기술센터	6	6	7	8	7	1	1	3

순번	시군구	지출명 (사업명)	2021년예산 (단위:천원/1년간)	담당자 (공무원) 담당부서	민간이전 분류 (지방자치단체 세출예산 집행기준에 의거) 1. 민간경상사업보조(307-02) 2. 민간단체 법정운영비보조(307-03) 3. 민간행사사업보조(307-04) 4. 민간위탁금(307-05) 5. 사회복지시설 법정운영비보조(307-10) 6. 민간인위탁교육비(307-12) 7. 공기관등에대한경상적위탁사업비(308-11) 8. 민간자본사업보조,자체재원(402-01) 9. 민간자본사업보조,이전재원(402-02) 10. 민간위탁사업비(402-03) 11. 공기관등에 대한 자본적 대행사업비(403-02)	민간이전지출 근거 (지방보조금 관리기준 참고) 1. 법률에 규정 2. 국고보조 재원(국가지정) 3. 용도 지정 기부금 4. 조례에 직접규정 5. 지자체가 권장하는 사업을 하는 공공기관 6. 시,도 정책 및 재정사정 7. 기타 8. 해당없음	입찰방식 계약체결방법 (경쟁형태) 1. 일반경쟁 2. 제한경쟁 3. 지명경쟁 4. 수의계약 5. 법정위탁 6. 기타 ( ) 7. 해당없음	입찰방식 계약기간 1. 1년 2. 2년 3. 3년 4. 4년 5. 5년 6. 기타 ( )년 7. 단기계약 (1년미만) 8. 해당없음	입찰방식 낙찰자선정방법 1. 적격심사 2. 협상에의한계약 3. 최저가낙찰제 4. 규격가격분리 5. 2단계 경쟁입찰 6. 기타 ( ) 7. 해당없음	운영예산 산정 운영예산 산정 1. 내부산정 (지자체 자체적으로 산정) 2. 외부산정 (외부전문기관위탁 산정) 3. 내·외부 모두 산정 4. 산정 無 5. 해당없음	운영예산 산정 정산방법 1. 내부정산 (지자체 내부적으로 정산) 2. 외부정산 (외부전문기관위탁 정산) 3. 내·외부 모두 산정 4. 정산 無 5. 해당없음	성과평가 실시여부 1. 실시 2. 미실시 3. 향후 추진 4. 해당없음
209	강원 태백시	농촌체험휴양마을 역량강화 교육	480	농업기술센터	6	2	7	8	7	1	1	3
210	강원 태백시	공동주택 주거지원	3,000	건축지적과	6	1	5	8	7	1	1	4
211	강원 속초시	공동주택 입주자대표회의 구성원 온라인 위탁교육비 지원	726	건축과	6	1	5	1	7	1	1	4
212	강원 횡성군	공동주택관리 법정교육	2,000	토지주택과	6	4	7	8	7	5	1	1
213	강원 횡성군	공동주택관리 비용 지원	21,000	토지주택과	6	4	7	8	7	5	1	1
214	강원 횡성군	지출 및 결산	450	세무회계과	6	1	7	8	7	5	5	4
215	강원 횡성군	귀농귀촌 유치지원	40,000	농업지원과	6	4	1	7	2	3	1	1
216	강원 횡성군	농업경영최고사관과정 위탁교육	25,000	농업기술센터	6	5	4	1	1	2	2	1
217	강원 횡성군	농식품디자인학교 위탁교육	20,000	농업기술센터	6	4	7	8	7	5	1	1
218	강원 영월군	결산검사위원 위탁교육	1,000	재무과	6	1	7	8	7	5	5	4
219	강원 평창군	도민감사관 연수 및 선진지 견학	7,000	기획실	6	8	7	8	7	5	5	3
220	강원 평창군	주민자치회 역량강화 교육	2,000	행정과	6	4	7	8	7	5	5	3
221	강원 평창군	이장역량교육 운영비	16,000	행정과	6	4	7	8	7	5	5	3
222	강원 평창군	결산검사위원 위탁교육비	500	재무과	6	4	7	8	7	5	5	3
223	강원 평창군	평생학습관계자 워크숍 위탁교육비	10,000	교육체육과	6	4	7	8	7	5	5	3
224	강원 평창군	지역특산품을 활용한 청년창업 위탁교육비	10,500	일자리경제과	6	2	7	8	7	5	5	4
225	강원 정선군	결산검사 위원 위탁 교육	1,200	회계과	6	1	7	8	7	1	1	4
226	강원 철원군	평화지역 "맛집만들기" 솔루션지원	25,000	보건소	6	4	7	8	7	5	5	4
227	강원 양구군	국가지질공원 운영 및 관리	5,000	문화관광과	6	6	7	8	7	5	1	3
228	강원 양구군	평화지역맛집만들기솔루션지원사업	25,000	환경위생과	6	4	1	1	3	2	2	3
229	강원 고성군	결산검사위원 위탁교육비	1,500	재무과	6	6	4	7	7	1	1	2
230	강원 고성군	창업투자생태계조성형「고성 평생살기」	19,500	경제투자과	6	8	7	8	7	1	1	4
231	강원 고성군	문화창작마을운영 전문가교육 및 컨설팅	10,000	경제투자과	6	8	7	8	7	1	1	4
232	강원 고성군	임대농기계(농용굴삭기) 위탁교육	19,500	농업기술센터	6	1	4	7	7	1	1	3
233	강원 고성군	자살예방교육(ASIST)위탁교육비	5,400	보건소	6	5	4	7	2	2	1	3
234	강원 고성군	평화지역 맛집만들기 솔루션 지원	25,000	보건소	6	4	2	1	7	1	1	2
235	강원 양양군	지역주민 수상안전요원 육성 사업	5,000	관광과	6	7	7	8	7	3	3	4
236	강원 양양군	산림병해충 예찰방제단 교육비	1,200	산림녹지과	6	2	7	8	7	5	5	4
237	강원 양양군	산사태현장예방단 교육비	280	산림녹지과	6	2	7	8	7	5	5	4
238	강원 양양군	결산검사위원 위탁교육	600	세무회계과	6	1	5	8	7	5	5	4
239	강원 양양군	재정일자리사업 교육비	3,960	경제에너지과	6	7	4	7	7	5	1	3
240	강원 양양군	이동 목욕차량 운영지원	12,000	복지과	6	4	7	8	7	5	1	1
241	강원 양양군	이동 세탁차량 운영지원	12,000	복지과	6	4	7	8	7	5	1	1
242	충북 청주시	세입.세출 회계 결산	500	회계과	6	1	7	8	7	5	5	4
243	충북 제천시	공동주택 관계자 위탁교육비	1,000	건축과	6	4	4	1	7	5	5	4
244	충북 보은군	새마을지도자 교육에 따른 위탁교육비	13,260	행정과	6	4	7	7	7	2	2	1
245	충북 보은군	문해교육사 역량강화 워크숍	10,000	행정과	6	4	4	7	7	1	1	1
246	충북 보은군	결산검사위원 교육여비	1,120	재무과	6	1	7	8	7	1	1	4
247	충북 보은군	지역리더 혁신역량강화 교육	57,500	경제전략과	6	4	6	1	6	1	1	3
248	충북 보은군	농촌체험휴양마을 역량강화교육	2,137	농정과	6	2	7	8	7	5	1	3
249	충북 보은군	지역자율방재단장 및 임원 교육비	1,540	안전건설과	6	1	7	1	7	1	1	1
250	충북 보은군	금연지도원 역량교육 교육비	320	건강증진과	6	2	7	8	7	2	3	2

순번	시군구	지출명 (사업명)	2021년예산 (단위:천원/1년간)	담당자(공무원) 담당부서	민간이전 분류 (지방자치단체 세출예산 집행기준에 의거) 1. 민간경상사업보조(307-02) 2. 민간단체 법정운영비보조(307-03) 3. 민간행사사업보조(307-04) 4. 민간위탁금(307-05) 5. 사회복지시설 법정운영비보조(307-10) 6. 민간인위탁교육비(307-12) 7. 공기관등에대한경상적위탁사업비(308-11) 8. 민간자본사업보조,자체재원(402-01) 9. 민간자본사업보조,이전재원(402-02) 10. 민간위탁사업비(402-03) 11. 공기관등에 대한 자본적 대행사업비(403-02)	민간이전지출 근거 (지방보조금 관리기준 참고) 1. 법률에 규정 2. 국고보조 재원(국가지정) 3. 용도 지정 기부금 4. 조례에 직접규정 5. 지자체가 권장하는 사업을 하는 공공기관 6. 시,도 정책 및 재정사정 7. 기타 8. 해당없음	입찰방식 계약체결방법 (경쟁형태) 1. 일반경쟁 2. 제한경쟁 3. 지명경쟁 4. 수의계약 5. 법정위탁 6. 기타 ( ) 7. 해당없음	입찰방식 계약기간 1. 1년 2. 2년 3. 3년 4. 4년 5. 5년 6. 기타 ( )년 7. 단기계약 (1년미만) 8. 해당없음	입찰방식 낙찰자선정방법 1. 적격심사 2. 협상에의한계약 3. 최저가낙찰제 4. 규격가격분리 5. 2단계 경쟁입찰 6. 기타 ( ) 7. 해당없음	운영예산 산정 운영예산 산정 1. 내부산정 (지자체 자체적으로 산정) 2. 외부산정 (외부전문기관위탁 산정) 3. 내·외부 모두 산정 4. 산정 無 5. 해당없음	운영예산 산정 정산방법 1. 내부정산 (지자체 내부적으로 정산) 2. 외부정산 (외부전문기관위탁 정산) 3. 내·외부 모두 산정 4. 정산 無 5. 해당없음	성과평가 실시여부 1. 실시 2. 미실시 3. 향후 추진 4. 해당없음
251	충북 보은군	산모신생아 건강관리사 교육비	400	건강증진과	6	8	7	8	7	5	3	4
252	충북 보은군	공공후견인 후보자 교육비	200	건강증진과	6	2	7	8	7	5	1	4
253	충북 영동군	민간단체교육비	20,400	행정과	6	1	7	8	7	1	1	1
254	충북 영동군	사회복지사 복지증진 지원사업	8,000	주민복지과	6	4	7	8	7	5	5	4
255	충북 영동군	2021년 사회복지의 날 기념행사	10,000	주민복지과	6	4	7	8	7	5	5	4
256	충북 영동군	결산검사위원 교육비	750	재무과	6	1	7	8	7	5	5	4
257	충북 영동군	농촌관광 리더 및 경영자 육성	21,000	농업기술센터	6	6	7	8	7	5	5	4
258	충북 영동군	사이버농업인 e-비즈니스 교육	6,000	농업기술센터	6	2	7	8	7	5	5	4
259	충북 영동군	농산물 가공기술 표준화 위탁 교육비	30,000	농업기술센터	6	2	7	8	7	5	5	4
260	충북 영동군	와인아카데미 운영	40,000	농업기술센터	6	6	1	1	3	1	1	1
261	충북 영동군	농가형 와인 컨설팅 지원	50,000	농업기술센터	6	6	1	1	3	1	1	1
262	충북 증평군	결산검사	750	재무과	6	1	7	8	7	1	5	4
263	충북 증평군	공동주택지원	500	민원과	6	1	7	8	7	5	5	4
264	충북 증평군	치매안심센터 운영지원	6,000	보건소	6	2	4	7	6	3	3	1
265	충북 진천군	결산검사위원 교육기관 훈련비	600	회계과	6	1	7	8	7	1	5	4
266	충북 진천군	특산자원융복합 가공상품화 창업교육	20,000	농촌지원과	6	2	7	8	7	5	5	4
267	충북 진천군	특산자원융복합 가공상품 기술이전교육	30,000	농촌지원과	6	2	7	8	7	5	5	4
268	충북 진천군	농식품가공 창업교육 활성화 교육	12,000	기술보급과	6	6	7	8	7	5	5	4
269	충북 진천군	농가형 가공상품 마케팅 기술지원 교육	20,000	기술보급과	6	2	7	8	7	5	5	4
270	충북 괴산군	지역사회중심 금연지원 서비스	160	보건소	6	2	7	8	7	2	2	3
271	충북 괴산군	특산자원 융복합 창업 기술지원	20,000	농업기술센터	6	1	7	8	7	5	5	4
272	충북 괴산군	특산자원 융복합 제품기술이전 컨설팅 교육	20,000	농업기술센터	6	1	7	8	7	5	5	4
273	충북 음성군	찾아가는 맞춤형 아동권리 및 아동폭력예방교육비	3,600	사회복지과	6	1	7	8	7	5	5	4
274	충남 아산시	행복한공동체문화만들기 위탁교육비	3,300	주택과	6	1	7	8	7	5	5	4
275	충남 서산시	장애인 건강교실 운영지원	10,000	경로장애인과	6	6	7	8	7	1	1	2
276	충남 서산시	성인문해 배움교실 운영	4,000	평생교육과	6	4	7	8	7	1	1	1
277	충남 서산시	민방위 사이버 교육	16,000	안전총괄과	6	6	1	7	1	3	1	1
278	충남 서산시	민방위대 사이버교육지원	12,000	안전총괄과	6	6	1	7	1	3	1	1
279	충남 서산시	농산물가공 창업농가 네트워크 시범	11,000	농업지원과	6	4	7	8	7	5	5	4
280	충남 서산시	농산물가공 창업 보육 시범 기초교육	14,550	농업지원과	6	4	7	8	7	5	5	4
281	충남 서산시	농산물가공 창업 보육 시범 심화교육	20,000	농업지원과	6	4	7	8	7	5	5	4
282	충남 서산시	라이스진저브레드 아카데미 운영	15,000	농업지원과	6	4	7	8	7	5	5	4
283	충남 계룡시	민방위 5년차이상 사이비교육(상반기)실시	3,776	안전총괄과	6	1	4	7	2	3	1	1
284	충남 계룡시	민방위 5년차이상 사이비교육(하반기)실시	3,500	안전총괄과	6	1	4	7	2	3	1	1
285	충남 당진시	지속가능발전거버넌스역량강화교육	15,000	지속가능발전담당관	6	6	7	1	7	1	1	1
286	충남 당진시	청년인턴 취업역량교육	14,000	평생학습과	6	4	7	8	7	5	5	4
287	충남 당진시	공동주택관리자 법정교육	5,000	건축과	6	1	4	1	2	1	2	4
288	충남 당진시	시민참여단 지역과제발굴 및 역량강화 위탁교육	4,000	여성가족과	6	4	7	8	7	5	5	4
289	충남 금산군	노인돌봄사업 힐링프로그램 민간위탁교육비	13,000	주민복지지원실	6	4	7	8	7	5	5	4
290	충남 금산군	이장 역량강화 워크숍	30,000	자치행정과	6	7	7	8	7	5	5	4
291	충남 금산군	역량강화사업	458,000	관광문화체육과	6	4	2	5	2	1	1	3
292	충남 금산군	화상영어 지원	90,000	교육가족과	6	4	7	8	7	5	5	4

순번	시군구	지출명 (사업명)	2021년예산 (단위:천원/1년간)	담당자 (공무원)	민간이전 분류 (지방자치단체 세출예산 집행기준에 의거) 1. 민간경상사업보조(307-02) 2. 민간단체 법정운영비보조(307-03) 3. 민간행사사업보조(307-04) 4. 민간위탁금(307-05) 5. 사회복지시설 법정운영비보조(307-10) 6. 민간인위탁교육비(307-12) 7. 공기관등에대한경상적위탁사업비(308-11) 8. 민간자본사업보조,자체재원(402-01) 9. 민간자본사업보조,이전재원(402-02) 10. 민간위탁사업비(402-03) 11. 공기관등에 대한 자본적 대행사업비(403-02)	민간이전지출 근거 (지방보조금 관리기준 참고) 1. 법률에 규정 2. 국고보조 재원(국가지정) 3. 용도 지정 기부금 4. 조례에 직접규정 5. 지자체가 권장하는 사업을 하는 공공기관 6. 시,도 정책 및 재정사정 7. 기타 8. 해당없음	입찰방식			운영예산 산정		성과평가 실시여부
				담당부서			계약체결방법 (경쟁형태) 1. 일반경쟁 2. 제한경쟁 3. 지명경쟁 4. 수의계약 5. 법정위탁 6. 기타 ( ) 7. 해당없음	계약기간 1. 1년 2. 2년 3. 3년 4. 4년 5. 5년 6. 기타 ( )년 7. 단기계약 (1년미만) 8. 해당없음	낙찰자선정방법 1. 적격심사 2. 협상에의한계약 3. 최저가낙찰제 4. 규격가격분리 5. 2단계 경쟁입찰 6. 기타 ( ) 7. 해당없음	운영예산 산정 1. 내부산정 (지자체 자체적으로 산정) 2. 외부산정 (외부전문기관위탁 산정) 3. 내·외부 모두 산정 4. 산정 無 5. 해당없음	정산방법 1. 내부정산 (지자체 내부적으로 정산) 2. 외부정산 (외부전문기관위탁 정산) 3. 내·외부 모두 산정 4. 정산 無 5. 해당없음	1. 실시 2. 미실시 3. 향후 추진 4. 해당없음
293	충남 금산군	지역주도형 청년일자리사업 위탁교육비	40,000	지역경제과	6	2	7	8	7	5	5	4
294	충남 부여군	효율적 회계운영	2,000	재무회계실	6	1	7	7	7	5	5	4
295	충남 부여군	공동주택관리 법정교육 위탁비	3,000	도시건축과	6	1	7	8	7	5	5	4
296	충남 서천군	찾아가는 맞춤형 친절교육 및 경영컨설팅	9,500	민원봉사과	6	8	4	1	1	1	2	4
297	충남 서천군	무형문화재 전승지원금	147,000	문화진흥과	6	6	7	8	7	1	1	1
298	충남 서천군	청년농업인 농업전문자격증 취득 지원	5,000	인력육성팀	6	4	7	8	7	5	5	4
299	충남 태안군	생태해설사 역량강화 교육	3,000	문화예술과	6	4	7	8	7	5	5	4
300	충남 태안군	해수욕장 안전교육 위탁	10,000	안전총괄과	6	1	4	3	7	1	4	4
301	충남 태안군	인명구조자격증 위탁교육	9,000	안전총괄과	6	7	7	8	7	5	5	4
302	경북 경주시	농산물가공 민간인위탁교육비	40,000	농업진흥과	6	4	7	8	7	5	5	4
303	경북 영천시	결산검사위원교육비	450	회계과	6	1	7	8	7	5	5	4
304	경북 영천시	방과후아카데미프로그램강사수당	12,000	가족행복과	6	8	7	8	7	5	5	4
305	경북 영천시	민방위사이버교육운영비	10,000	안전재난하천과	6	2	4	7	2	1	1	4
306	경북 영천시	와인학교위탁교육비	40,000	농업기술센터	6	2	4	7	7	1	1	4
307	경북 영천시	전문농업교육프로그램지원	30,000	농업기술센터	6	4	7	8	7	1	1	4
308	경북 김천시	공동주택 입주자대표 운영관련 교육	8,000	건축디자인과	6	1	5	7	7	1	1	2
309	경북 구미시	주민자치위원 역량강화 교육	10,000	총무과	6	4	7	8	7	5	5	4
310	경북 구미시	찾아가는 주민자치 아카데미	10,000	총무과	6	4	7	8	7	5	5	4
311	경북 구미시	결산검사위원 위탁교육	650	회계과	6	4	7	8	7	5	5	4
312	경북 영주시	숲가꾸기	5,154	산림녹지과	6	2	7	8	7	5	5	4
313	경북 영주시	산림서비스도우미 운영 지원	240	산림녹지과	6	2	7	8	7	5	5	4
314	경북 영주시	산림재해일자리	700	산림녹지과	6	2	7	8	7	5	5	4
315	경북 영주시	산림병해충방제	1,400	산림녹지과	6	2	7	8	7	5	5	4
316	경북 영주시	산림재해일자리	150	산림녹지과	6	2	7	8	7	5	5	4
317	경북 상주시	여성취업교육	7,200	경제기업과	6	4	7	8	7	1	1	4
318	경북 상주시	공동주택 입주자대표 운영 관련 교육	3,500	건축과	6	1	5	1	7	2	4	4
319	경북 상주시	시의전서 복원음식점 품질향상 및 역량강화	15,000	미래농업과	6	1	7	8	7	5	5	3
320	경북 상주시	스마트 테스트베드 아카데미 운영	20,000	미래농업과	6	1	7	8	7	5	5	3
321	경북 상주시	농산물가공 전문인력 양성교육	19,500	미래농업과	6	1	7	8	7	5	5	3
322	경북 상주시	민방위대원 사이버교육 운영	9,000	안전재난과	6	7	4	1	6	1	1	2
323	경북 상주시	민방위 전자통지 및 전자출결 운영	10,000	안전재난과	6	1	4	1	6	1	1	2
324	경북 상주시	이통장 능력개발교육	16,000	총무과	6	4	4	7	7	1	1	1
325	경북 상주시	자연과환경 바로알기 교육	13,000	환경관리과	6	8	7	1	7	1	1	2
326	경북 상주시	기후변화교육센터 운영지원	20,000	환경관리과	6	1	7	8	7	5	5	4
327	경북 상주시	저탄소생활실천운동사업지원	12,000	환경관리과	6	1	7	8	7	5	5	4
328	경북 경산시	결산검사위원 위탁교육비	750	회계과	6	1	7	7	7	5	5	4
329	경북 경산시	민방위사이버교육운영비	15,000	안전총괄과	6	7	1	7	1	1	5	4
330	경북 경산시	공동주택관리 법정교육	7,000	건축과	6	1	5	8	7	2	1	4
331	경북 경산시	공동주택관리 온라인교육	3,000	건축과	6	1	5	8	7	2	1	4
332	경북 경산시	치매환자 등 치유농장 위탁교육비	12,800	건강증진과	6	2	7	8	7	5	5	4
333	경북 군위군	민방위사이버교육운영비	8,000	안전관리과	6	1	4	1	2	1	1	1
334	경북 군위군	여성농업인일자리창출전문기능교육	10,000	농업기술센터	6	1	7	8	7	5	1	4

순번	시군구	지출명 (사업명)	2021년예산 (단위:천원/1년간)	담당자 (공무원)	민간이전 분류 (지방자치단체 세출예산 집행기준에 의거)	민간이전지출 근거 (지방보조금 관리기준 참고)	입찰방식			운영예산 산정		성과평가 실시여부
				담당부서	1. 민간경상사업보조(307-02) 2. 민간단체 법정운영비보조(307-03) 3. 민간행사사업보조(307-04) 4. 민간위탁금(307-05) 5. 사회복지시설 법정운영비보조(307-10) 6. 민간인위탁교육비(307-12) 7. 공기관등에대한경상적위탁사업비(308-11) 8. 민간자본사업보조,자체재원(402-01) 9. 민간자본사업보조,이전재원(402-02) 10. 민간위탁사업비(402-03) 11. 공기관등에 대한 자본적 대행사업비(403-02)	1. 법률에 규정 2. 국고보조 재원(국가지정) 3. 용도 지정 기부금 4. 조례에 직접규정 5. 지자체가 권장하는 사업을 하는 공공기관 6. 시,도 정책 및 재정사정 7. 기타 8. 해당없음	계약체결방법 (경쟁형태) 1. 일반경쟁 2. 제한경쟁 3. 지명경쟁 4. 수의계약 5. 법정위탁 6. 기타 ( ) 7. 해당없음	계약기간 1. 1년 2. 2년 3. 3년 4. 4년 5. 5년 6. 기타 ( )년 7. 단기계약 (1년미만) 8. 해당없음	낙찰자선정방법 1. 적격심사 2. 협상에의한계약 3. 최저가낙찰제 4. 규격가격분리 5. 2단계 경쟁입찰 6. 기타 ( ) 7. 해당없음	운영예산 산정 1. 내부산정 (지자체 자체적으로 산정) 2. 외부산정 (외부전문기관위탁 산정) 3. 내·외부 모두 산정 4. 산정 無 5. 해당없음	정산방법 1. 내부정산 (지자체 내부적으로 정산) 2. 외부정산 (외부전문기관위탁 정산) 3. 내·외부 모두 산정 4. 정산 無 5. 해당없음	1. 실시 2. 미실시 3. 향후 추진 4. 해당없음
335	경북 의성군	지질공원해설사양성교육비	3,000	환경과	6	4	7	8	7	5	5	4
336	경북 청송군	새마을국민교육참석자교육비지원	5,000	새마을도시과	6	7	7	8	7	1	1	1
337	경북 청송군	굴삭기및지게차운전자격증위탁교육비	5,000	농업기술센터	6	1	7	8	7	1	1	1
338	경북 영양군	전통음식육성사업	30,000	문화시설사업소	6	4	7	8	7	5	5	4
339	경북 영양군	인문학강좌 운영	13,000	문화관광과	6	4	7	8	7	1	1	1
340	경북 영덕군	여성지도자 역량강화사업	7,000	주민복지과	6	7	6	7	6	3	3	1
341	경북 영덕군	만3-5세부모부담보육료지원	137,876	주민복지과	6	6	5	8	7	5	5	4
342	경북 영덕군	영유아보육료지원	1,789,908	주민복지과	6	2	5	8	7	5	5	4
343	경북 고령군	귀농인 전문위탁교육	3,000	농업정책과	6	6	7	7	7	3	1	3
344	경북 성주군	결산검사위원교육여비	1,250	재무과	6	4	7	8	7	5	5	4
345	경북 성주군	결산검사위원교육비	750	재무과	6	4	7	8	7	5	5	4
346	경북 성주군	민방위사이버교육위탁교육비	7,000	건설안전과	6	7	7	8	7	5	5	4
347	경북 칠곡군	세입세출결산위원 위탁교육비	300	회계정보과	6	1	7	8	7	5	5	4
348	경북 칠곡군	시각장애인 점자교육	3,600	주민생활지원과	6	5	7	8	7	1	1	1
349	경북 칠곡군	청각 언어 장애인 사회화교육	3,600	주민생활지원과	6	5	7	8	7	1	1	1
350	경북 칠곡군	농아인동료상담요원 활동지원	17,185	주민생활지원과	6	1	7	8	7	1	1	4
351	경북 예천군	자활활성화사업 지원	15,000	주민복지실	6	4	5	8	7	1	1	2
352	경북 예천군	희망키움통장	8,160	주민복지실	6	2	5	8	7	1	2	2
353	경북 예천군	내일키움통장	3,298	주민복지실	6	2	5	8	7	1	2	2
354	경북 예천군	청년희망키움통장	11,100	주민복지실	6	2	5	8	7	1	2	2
355	경북 예천군	희망키움통장	47,742	주민복지실	6	2	5	8	7	1	2	2
356	경북 예천군	청년저축계좌	95,758	주민복지실	6	2	5	8	7	1	2	2
357	경북 예천군	민방위 사이버교육 운영	7,000	안전재난과	6	7	7	8	7	1	1	1
358	경북 울진군	문화관광해설사(가) 육성	8,000	문화관광과	6	4	7	8	7	5	5	4
359	경북 울진군	문화관광해설사 활용사업	64,800	문화관광과	6	4	7	8	7	5	5	4
360	경북 울진군	문화관광해설사 피복비	3,600	문화관광과	6	4	7	8	7	5	5	4
361	경북 울진군	관광홍보	60,000	문화관광과	6	4	7	8	7	5	5	4
362	경북 울진군	로컬푸드참여농가민간위탁교육	22,000	미래농정과	6	6	4	8	7	1	1	4
363	경북 울진군	청년농업인인턴십교육	20,000	농업기술센터	6	6	7	8	7	5	5	4
364	경북 울릉군	결산검사위원위탁교육비	900	재무과	6	1	7	8	7	5	5	4
365	경북 울릉군	공수의도축검사관위탁교육비	600	농업기술센터	6	7	7	8	7	5	5	4
366	경남 창원시	결산검사위원 교육비	600	회계과	6	1	7	8	7	5	5	4
367	경남 통영시	통영형 청년 보금자리 일자리 사업	4,000	일자리정책과	6	2	7	8	7	5	5	4
368	경남 통영시	청년 바다지킴이 사업	5,490	일자리정책과	6	2	7	8	7	5	5	4
369	경남 밀양시	관광 산업 육성	25,000	관광진흥과	6	4	7	8	7	5	5	4
370	경남 밀양시	자연재해예방	300	안전재난관리과	6	7	7	8	7	5	1	4
371	경남 밀양시	이재민구호	400	주민생활지원과	6	1	7	8	7	1	1	4
372	경남 밀양시	회계관리	1,000	회계과	6	1	4	7	7	2	2	4
373	경남 거제시	사회적경제 아카데미	20,000	생활경제과	6	4	4	7	7	1	1	4
374	경남 거제시	사회적공동체 육성 교육	20,000	생활경제과	6	4	4	7	7	1	1	4
375	경남 거제시	찾아가는 시민강사 역량강화 위탁교육	10,000	시정혁신담당관	6	4	7	8	7	5	5	4
376	경남 거제시	청년 아카데미 교육	66,000	시정혁신담당관	6	6	7	8	7	5	5	4

순번	시군구	지출명 (사업명)	2021년예산 (단위:천원/1년간)	담당자 (공무원)	민간이전 분류 (지방자치단체 세출예산 집행기준에 의거)	민간이전지출 근거 (지방보조금 관리기준 참고)	입찰방식			운영예산 산정		성과평가 실시여부
				담당부서	1. 민간경상사업보조(307-02) 2. 민간단체 법정운영비보조(307-03) 3. 민간행사사업보조(307-04) 4. 민간위탁금(307-05) 5. 사회복지시설 법정운영비보조(307-10) 6. 민간인위탁교육비(307-12) 7. 공기관등에대한경상적위탁사업비(308-11) 8. 민간자본사업보조,자체재원(402-01) 9. 민간자본사업보조,이전재원(402-02) 10. 민간위탁사업비(402-03) 11. 공기관등에 대한 자본적 대행사업비(403-02)	1. 법률에 규정 2. 국고보조 재원(국가지정) 3. 용도 지정 기부금 4. 조례에 직접규정 5. 지자체가 권장하는 사업을 하는 공공기관 6. 시,도 정책 및 재정사정 7. 기타 8. 해당없음	계약체결방법 (경쟁형태) 1. 일반경쟁 2. 제한경쟁 3. 지명경쟁 4. 수의계약 5. 법정위탁 6. 기타 ( ) 7. 해당없음	계약기간 1. 1년 2. 2년 3. 3년 4. 4년 5. 5년 6. 기타 ( )년 7. 단기계약 (1년미만) 8. 해당없음	낙찰자선정방법 1. 적격심사 2. 협상에의한계약 3. 최저가낙찰제 4. 규격가격분리 5. 2단계 경쟁입찰 6. 기타 ( ) 7. 해당없음	운영예산 산정 1. 내부산정 (지자체 자체적으로 산정) 2. 외부산정 (외부전문기관위탁 산정) 3. 내·외부 모두 산정 4. 산정 無 5. 해당없음	정산방법 1. 내부정산 (지자체 내부적으로 정산) 2. 외부정산 (외부전문기관위탁 정산) 3. 내·외부 모두 산정 4. 정산 無 5. 해당없음	1. 실시 2. 미실시 3. 향후 추진 4. 해당없음
377	경남 거제시	재해구호 민간인 위탁 교육	900	생활지원과	6	1	7	8	7	1	1	4
378	경남 거제시	청년취·창업 프로그램 및 특강	29,000	조선산업일자리과	6	6	7	8	7	1	1	3
379	경남 거제시	컨설팅(멘토링) 및 레시피 개발 교육	60,000	조선산업일자리과	6	4	7	8	7	1	1	3
380	경남 거제시	훈련장려금	644,000	조선산업일자리과	6	4	6	1	7	1	1	4
381	경남 거제시	새마을중앙교육 참석	13,056	행정과	6	1	7	8	7	5	5	4
382	경남 거제시	2020회계연도 결산검사위원 교육비 지원	600	회계과	6	1	5	8	7	5	5	4
383	경남 의령군	세입세출결산 검사위원 교육비	900	재무과	6	4	7	7	7	1	1	4
384	경남 의령군	공공후견인 위탁교육비	300	보건소	6	2	7	8	7	1	1	2
385	경남 함안군	결산검사위원 위탁교육비	1,000	세무회계과	6	8	7	8	7	5	5	4
386	경남 창녕군	투명한 회계관리	1,000	재무과	6	4	7	8	7	5	5	4
387	경남 창녕군	농촌관광 주체육성지원	1,000	농업정책과	6	2	7	8	7	1	1	1
388	경남 창녕군	농산물수급 전문조직 육성사업	20,000	농축산유통과	6	4	7	8	7	5	5	4
389	경남 창녕군	농촌신활력플러스사업	300,000	농축산유통과	6	2	7	8	7	5	5	4
390	경남 남해군	이재민 응급구호 민간위탁교육비	3,000	주민복지과	6	6	7	8	7	5	5	4
391	경남 남해군	청년 역량강화교육	40,000	청년혁신과	6	1	7	8	7	5	5	4
392	경남 남해군	공공급식 기획생산체계 구축지원	20,000	유통지원과	6	2	7	8	7	1	1	1
393	경남 하동군	푸드뱅크 운영	30,000	주민행복과	6	6	7	1	7	1	1	1
394	경남 하동군	귀농귀촌인 영농현장투어	10,000	농촌진흥과	6	1	4	7	1	1	1	1
395	경남 하동군	귀농인 교육 지원	24,000	농촌진흥과	6	1	4	7	1	1	1	1
396	경남 하동군	신규농업인 영농기초기술교육	12,000	농촌진흥과	6	1	4	7	1	1	1	1
397	경남 산청군	사이버농업인 e-비즈니스 소득창출 지원	5,000	농업진흥과	6	2	7	8	7	5	5	4
398	경남 산청군	귀농창업활성화지원	13,334	농업진흥과	6	2	7	8	7	5	5	4
399	경남 산청군	신규농업인 현장실습교육	11,000	농업진흥과	6	2	7	8	7	5	5	4
400	경남 산청군	농촌체험지도사 및 마을해설가 양성사업	8,400	농축산과	6	1	7	8	7	5	5	4
401	경남 산청군	약초재배전문기술교육	20,000	한방항노화과	6	4	7	8	7	5	5	4
402	경남 함양군	장애인활동지원급여지원	1,987,083	사회복지과	6	1	7	8	7	5	2	4
403	경남 함양군	중증장애인도우미수당지원	103,063	사회복지과	6	6	7	8	7	5	2	4
404	경남 함양군	활동보조가산급여	4,626	사회복지과	6	1	7	8	7	5	2	4
405	경남 함양군	예절학습당 운영	2,400	주민행복과	6	6	7	8	7	5	1	4
406	경남 함양군	노인여가선용 장려사업	11,500	주민행복과	6	6	7	8	7	5	1	4
407	경남 함양군	경로당 순회프로그램관리	32,332	주민행복과	6	4	7	8	7	1	1	4
408	경남 함양군	지역봉사지도자 활동비	43,200	주민행복과	6	4	7	8	7	1	1	4
409	경남 함양군	노년시대 신문구독료	14,280	주민행복과	6	4	7	8	7	5	1	4
410	경남 함양군	노인회관 관리비	10,000	주민행복과	6	4	7	8	7	5	1	4
411	경남 함양군	노인복지지도원 활동비	34,000	주민행복과	6	4	7	8	7	5	1	4
412	경남 함양군	경로당회장 교육비	9,800	주민행복과	6	4	7	8	7	5	1	4
413	경남 함양군	노인대학	13,000	주민행복과	6	4	7	8	7	5	1	4
414	경남 함양군	노인교실	8,000	주민행복과	6	1	7	8	7	5	1	4
415	경남 함양군	경로당 운영비	770,800	주민행복과	6	6	7	8	7	5	1	4
416	경남 함양군	경로당 냉난방비	845,509	주민행복과	6	2	7	8	7	5	1	4
417	경남 함양군	경로당 부식비 지원	252,000	주민행복과	6	4	7	8	7	5	1	4
418	경남 함양군	아동급식지원	351,400	주민행복과	6	1	7	8	7	5	1	4

순번	시군구	지출명 (사업명)	2021년예산 (단위:천원/1년간)	담당자 (공무원) 담당부서	민간이전 분류 (지방자치단체 세출예산 집행기준에 의거) 1. 민간경상사업보조(307-02) 2. 민간단체 법정운영비보조(307-03) 3. 민간행사사업보조(307-04) 4. 민간위탁금(307-05) 5. 사회복지시설 법정운영비보조(307-10) 6. 민간인위탁교육비(307-12) 7. 공기관등에대한경상적위탁사업비(308-11) 8. 민간자본사업보조,자체재원(402-01) 9. 민간자본사업보조,이전재원(402-02) 10. 민간위탁사업비(402-03) 11. 공기관등에 대한 자본적 대행사업비(403-02)	민간이전지출 근거 (지방보조금 관리기준 참고) 1. 법률에 규정 2. 국고보조 재원(국가지정) 3. 용도 지정 기부금 4. 조례에 직접규정 5. 지자체가 권장하는 사업을 하는 공공기관 6. 시,도 정책 및 재정사정 7. 기타 8. 해당없음	입찰방식 계약체결방법 (경쟁형태) 1. 일반경쟁 2. 제한경쟁 3. 지명경쟁 4. 수의계약 5. 법정위탁 6. 기타 ( ) 7. 해당없음	입찰방식 계약기간 1. 1년 2. 2년 3. 3년 4. 4년 5. 5년 6. 기타 ( )년 7. 단기계약 (1년미만) 8. 해당없음	입찰방식 낙찰자선정방법 1. 적격심사 2. 협상에의한계약 3. 최저가낙찰제 4. 규격가격분리 5. 2단계 경쟁입찰 6. 기타 ( ) 7. 해당없음	운영예산 산정 운영예산 산정 1. 내부산정 (지자체 자체적으로 산정) 2. 외부산정 (외부전문기관위탁 산정) 3. 내·외부 모두 산정 4. 산정 無 5. 해당없음	운영예산 산정 정산방법 1. 내부정산 (지자체 내부적으로 정산) 2. 외부정산 (외부전문기관위탁 정산) 3. 내·외부 모두 산정 4. 정산 無 5. 해당없음	성과평가 실시여부 1. 실시 2. 미실시 3. 향후 추진 4. 해당없음
419	경남 함양군	아동복지시설운영지원	79,050	주민행복과	6	1	7	8	7	5	1	4
420	경남 함양군	민방위 사이버교육 위탁	6,500	안전도시과	6	7	7	8	7	1	1	4
421	경남 거창군	금연지도원 역량강화 교육	480	보건소	6	2	7	8	7	5	1	4
422	경남 거창군	금연캠프 운영	9,000	보건소	6	2	4	8	7	5	1	4
423	경남 합천군	결산검사위원 집합교육 교육비	520	재무과	6	1	7	8	7	5	5	4
424	경남 합천군	결산검사위원 집합교육 교육수당	696	재무과	6	1	7	8	7	5	5	4
425	경남 합천군	민방위 사이버교육 위탁교육비	7,000	안전총괄과	6	6	4	7	6	1	1	3
426	경남 합천군	귀농인 영농정착 및 경제활동(소득창출) 전문교육	12,000	농정과	6	2	4	7	7	1	1	1
427	경남 합천군	전문가초청 맞춤형교육	15,000	농정과	6	4	4	7	7	1	1	1
428	경남 합천군	리더교육	15,000	농정과	6	4	4	7	7	1	1	1
429	경남 합천군	귀농창업활성화 교육	13,334	농정과	6	2	4	7	7	1	1	1
430	경남 합천군	농산물가공 창업아카데미	20,000	농업유통과	6	4	7	8	7	1	1	1
431	경남 합천군	농어촌민박사업자 서비스 안전교육 지원	1,000	농업유통과	6	2	7	8	7	1	1	4
432	전북 전주시	세입세출 결산검	1,700	회계과	6	1	7	8	7	1	1	4
433	전북 익산시	결산검사위원 교육비	650	회계과	6	7	7	8	7	1	1	2
434	전북 익산시	지역민과 함께하는 실용교육	35,000	농촌지원과	6	1	4	7	7	1	1	1
435	전북 익산시	귀농체험(현장실습) 학교 운영	21,000	농촌지원과	6	1	6	7	7	1	1	1
436	전북 익산시	농업기계(지게차,굴삭기) 조정면허 위탁교육	9,000	농촌지원과	6	4	6	8	7	5	5	4
437	전북 익산시	농업용 드론 자격증 취득 위탁교육	20,000	농촌지원과	6	4	6	8	7	5	5	4
438	전북 정읍시	노래연습장 및 게임제공업 영업자 위탁교육	5,000	문화예술과	6	1	7	8	7	5	5	4
439	전북 정읍시	결산검사위원 위탁교육비	750	회계과	6	1	7	8	7	5	5	4
440	전북 정읍시	시민정원사 양성교육	40,000	산림녹지과	6	1	1	7	1	1	1	3
441	전북 정읍시	외식업 영업주 아카데미 운영	30,000	보건위생과	6	1	7	8	7	5	5	4
442	전북 정읍시	외식업 컨설팅 지원사업	20,000	보건위생과	6	1	7	8	7	5	5	4
443	전북 김제시	주민참여예산학교 운영	11,000	기획감사실	6	1	4	7	7	3	2	4
444	전북 완주군	아동복지시설 아동지원	26,231	교육아동복지과	6	1	7	8	7	5	1	1
445	전북 완주군	경계선 지능아동 자립지원 사업	11,100	교육아동복지과	6	2	7	8	7	5	1	1
446	전북 완주군	결산검사위원교육비	1,000	재정관리과	6	1	7	8	7	5	5	4
447	전북 완주군	민방위대원 사이버교육 운영(1~4년차	18,000	재난안전과	6	1	4	7	1	1	1	1
448	전북 완주군	만방위대원 정자통지(출결)서비스 사업	11,000	재난안전과	6	1	4	7	1	1	1	1
449	전북 완주군	민방위대원 예약시스템 운영	10,000	재난안전과	6	1	4	7	1	1	1	1
450	전북 진안군	기초푸드뱅크	2,600	사회복지과	6	5	6	8	7	5	1	1
451	전북 무주군	여성지도자 교육 지원	15,000	사회복지과	6	1	4	7	3	1	1	1
452	전북 무주군	민방위 교육훈련 운영	8,000	안전재난과	6	1	7	1	7	1	1	1
453	전북 장수군	결산검사위원 교육참석 실비	1,000	재무과	6	1	7	8	7	2	5	4
454	전북 임실군	농업용 드론 전문 자격증반 육성	12,000	농촌지원과	6	1	7	8	7	5	5	4
455	전북 순창군	어린이집 교원 양성 지원	480	주민복지과	6	2	7	8	7	1	1	1
456	전북 순창군	어린이집 친환경쌀 지원	48,000	주민복지과	6	4	7	8	7	1	1	1
457	전북 순창군	어린이집 이용 아동 숲체험 지원	6,000	주민복지과	6	4	7	8	7	1	1	1
458	전북 순창군	어린이집 안전공제회비 지원	6,500	주민복지과	6	4	7	8	7	1	1	1
459	전북 순창군	보육교사 명절휴가비 지원	20,000	주민복지과	6	4	7	8	7	1	1	1
460	전북 순창군	시간연장형 어린이집 운영비	3,600	주민복지과	6	4	7	8	7	1	1	1

순번	시군구	지출명 (사업명)	2021년예산 (단위:천원/1년간)	담당자 (공무원)	민간이전 분류 (지방자치단체 세출예산 집행기준에 의거) 1. 민간경상사업보조(307-02) 2. 민간단체 법정운영비보조(307-03) 3. 민간행사사업보조(307-04) 4. 민간위탁금(307-05) 5. 사회복지시설 법정운영비보조(307-10) 6. 민간인위탁교육비(307-12) 7. 공기관등에대한경상적위탁사업비(308-11) 8. 민간자본사업보조,자체재원(402-01) 9. 민간자본사업보조,이전재원(402-02) 10. 민간위탁사업비(402-03) 11. 공기관등에 대한 자본적 대행사업비(403-02)	민간이전지출 근거 (지방보조금 관리기준 참고) 1. 법률에 규정 2. 국고보조 재원(국가지정) 3. 용도 지정 기부금 4. 조례에 직접규정 5. 지자체가 권장하는 사업을 하는 공공기관 6. 시,도 정책 및 재정사정 7. 기타 8. 해당없음	입찰방식			운영예산 산정		성과평가 실시여부
				담당부서			계약체결방법 (경쟁형태) 1. 일반경쟁 2. 제한경쟁 3. 지명경쟁 4. 수의계약 5. 법정위탁 6. 기타 ( ) 7. 해당없음	계약기간 1. 1년 2. 2년 3. 3년 4. 4년 5. 5년 6. 기타 ( )년 7. 단기계약 (1년미만) 8. 해당없음	낙찰자선정방법 1. 적격심사 2. 협상에의한계약 3. 최저가낙찰제 4. 규격가격분리 5. 2단계 경쟁입찰 6. 기타 ( ) 7. 해당없음	운영예산 산정 1. 내부산정 (지자체 자체적으로 산정) 2. 외부산정 (외부전문기관위탁 산정) 3. 내·외부 모두 산정 4. 산정 無 5. 해당없음	정산방법 1. 내부정산 (지자체 내부적으로 정산) 2. 외부정산 (외부전문기관위탁 정산) 3. 내·외부 모두 산정 4. 정산 無 5. 해당없음	1. 실시 2. 미실시 3. 향후 추진 4. 해당없음
461	전북 순창군	민간가정어린이집 보조교사 및 취사원 인건비 지원	3,600	주민복지과	6	4	7	8	7	1	1	1
462	전북 순창군	어린이집 기능보강사업	10,000	주민복지과	6	4	7	8	7	1	1	1
463	전북 순창군	어린이집 차량 운전기사인건비	24,740	주민복지과	6	4	7	8	7	1	1	1
464	전북 순창군	보육교사 장기근속수당	25,200	주민복지과	6	4	7	8	7	1	1	1
465	전북 순창군	국공립어린이집 차량구입비 지원	35,000	주민복지과	6	4	7	8	7	1	1	1
466	전북 순창군	쌍치어린이집 운영비 지원	9,600	주민복지과	6	4	7	8	7	1	1	1
467	전북 순창군	어린이집 보육도우미 지원	21,600	주민복지과	6	6	7	8	7	1	1	1
468	전북 순창군	어린이집 보조.연장교사 지원	220,000	주민복지과	6	2	7	8	7	1	1	1
469	전북 순창군	농업용 소형 중장비 교육지원사업	17,000	농업기술과	6	1	7	8	7	1	1	3
470	전북 고창군	한반도 첫수도 포럼	18,000	문화예술과	6	4	7	8	7	1	1	1
471	전북 고창군	농업용 드론 전문 자격증반 육성지원	12,000	농업기술센터	6	6	7	8	7	5	5	4
472	전북 고창군	농작업 재해예방 및 안전보건 교육	20,000	농업기술센터	6	2	7	8	7	5	5	4
473	전북 고창군	소형특수농기계 교육지원	10,000	농업기술센터	6	4	7	8	7	5	5	4
474	전북 부안군	공무직 직무역량 강화 교육	15,000	자치행정담당관	6	7	7	8	7	1	1	1
475	전북 부안군	시간여행 이야기꾼 자체 육성	20,000	문화관광과	6	4	7	8	7	5	5	4
476	전북 부안군	통역 서포터즈 등 교육	5,000	문화관광과	6	4	7	8	7	5	5	4
477	전북 부안군	평생교육 활성화(글로벌 온라인 교실)운영	20,000	교육청소년과	6	4	7	8	7	5	5	4
478	전북 부안군	평생학습 아카데미 사업	20,000	교육청소년과	6	4	7	8	7	5	5	4
479	전북 부안군	평생학습 지도자 역량강화 운영	10,000	교육청소년과	6	4	7	8	7	5	5	4
480	전북 부안군	자활일자리사업 참여자 사례관리	28,989	사회복지과	6	2	6	6	7	5	1	1
481	전북 부안군	기부식품뱅크 운영비	70,000	사회복지과	6	2	6	6	7	5	1	1
482	전북 부안군	노인맞춤돌봄서비스사업 수행인력 교육비	7,000	사회복지과	6	1	7	8	7	1	1	1
483	전북 부안군	위생업소 영업자 위탁교육비	10,000	사회복지과	6	5	4	7	2	1	1	2
484	전북 부안군	결산검사위원 교육	1,500	재무과	6	1	7	8	7	1	1	1
485	전북 부안군	농어촌민박 서비스 안전교육비	4,125	농업정책과	6	6	4	7	7	3	1	4
486	전북 부안군	유아숲 교육 용역	51,324	도시공원과	6	2	7	8	7	5	5	4
487	전북 부안군	매화풍류마을 도시재생 뉴딜사업	197,000	도시공원과	6	1	4	7	7	5	5	4
488	전북 부안군	도시재생 아카데미 포럼 운영	60,000	도시공원과	6	1	4	7	7	5	5	4
489	전북 부안군	도시재생 해커톤	16,400	도시공원과	6	1	4	7	7	5	5	4
490	전북 부안군	농업용 드론 전문 자격증반 육성지원	12,000	농촌지원과	6	1	1	1	1	1	1	1
491	전북 부안군	스마트팜 확산지원 대면 및 비대면학습	15,000	친환경기술과	6	2	7	8	7	5	5	4
492	전북 부안군	스마트팜 확산지원 현장 실습 전문교육	2,000	친환경기술과	6	2	7	8	7	5	5	4
493	전남 완도군	해양기후치유운영 강사 역량강화 및 중급교육	20,000	해양치유담당관	6	4	4	7	6	1	1	2
494	전남 완도군	농업인 소형기계 면허취득 위탁교육	15,000	농업기술센터	6	4	7	8	7	5	5	4
495	전남 완도군	농업인 드론방제기 면허취득 위탁교육	52,500	농업기술센터	6	4	7	8	7	5	5	4
496	전남 완도군	청년센터 운영	12,500	여성가족과	6	2	7	8	7	3	1	1
497	전남 목포시	사회복지관 종사자 특별수당	44,640	사회복지과	6	4	4	5	2	1	1	1
498	전남 순천시	리더십 교육 운영 관리	80,300	자치혁신과	6	4	7	8	7	5	5	3
499	전남 순천시	도시재생 뉴딜사업	190,000	도시재생과	6	2	7	8	7	5	5	3
500	전남 순천시	장년층 인생이모작 지원사업	27,000	여성가족과	6	6	7	8	7	5	5	3
501	전남 순천시	새마을지도자 관리	11,016	자치혁신과	6	1	7	8	7	5	5	3
502	전남 순천시	혁신 생태계 조성	10,000	자치혁신과	6	4	7	8	7	5	5	3

순번	시군구	지출명 (사업명)	2021년예산 (단위:천원/1년간)	담당자 (공무원)	민간이전 분류 (지방자치단체 세출예산 집행기준에 의거)	민간이전지출 근거 (지방보조금 관리기준 참고)	입찰방식			운영예산 산정		성과평가 실시여부
				담당부서	1. 민간경상사업보조(307-02) 2. 민간단체 법정운영비보조(307-03) 3. 민간행사사업보조(307-04) 4. 민간위탁금(307-05) 5. 사회복지시설 법정운영비보조(307-10) 6. 민간인위탁교육비(307-12) 7. 공기관등에대한경상적위탁사업비(308-11) 8. 민간자본사업보조,자체재원(402-01) 9. 민간자본사업보조,이전재원(402-02) 10. 민간위탁사업비(402-03) 11. 공기관등에 대한 자본적 대행사업비(403-02)	1. 법률에 규정 2. 국고보조 재원(국가지정) 3. 용도 지정 기부금 4. 조례에 직접규정 5. 지자체가 권장하는 사업을 하는 공공기관 6. 시,도 정책 및 재정사정 7. 기타 8. 해당없음	계약체결방법 (경쟁형태) 1. 일반경쟁 2. 제한경쟁 3. 지명경쟁 4. 수의계약 5. 법정위탁 6. 기타 ( ) 7. 해당없음	계약기간 1. 1년 2. 2년 3. 3년 4. 4년 5. 5년 6. 기타 ( )년 7. 단기계약 (1년미만) 8. 해당없음	낙찰자선정방법 1. 적격심사 2. 협상에의한계약 3. 최저가낙찰제 4. 규격가격분리 5. 2단계 경쟁입찰 6. 기타 ( ) 7. 해당없음	운영예산 산정 1. 내부산정 (지자체 자체적으로 산정) 2. 외부산정 (외부전문기관위탁 산정) 3. 내·외부 모두 산정 4. 산정 無 5. 해당없음	정산방법 1. 내부정산 (지자체 내부적으로 정산) 2. 외부정산 (외부전문기관위탁 정산) 3. 내·외부 모두 산정 4. 정산 無 5. 해당없음	1. 실시 2. 미실시 3. 향후 추진 4. 해당없음
503	전남 순천시	순천시민대학 운영	50,000	평생교육과	6	4	7	8	7	5	5	3
504	전남 순천시	귀농귀촌(청년) 안정정착 지원	217,000	농업정책과	6	4	7	8	7	5	5	3
505	전남 순천시	도시농업 교육 및 전문인력 양성	20,000	농업정책과	6	4	7	8	7	5	5	3
506	전남 광양시	치매안심관리사위탁교육비	300	건강증진과	6	2	7	8	7	2	1	2
507	전남 광양시	정원전문가 양성교육 과정	6,000	녹지과	6	2	7	8	7	5	5	4
508	전남 담양군	새마을연수원 위탁교육비	9,660	자치행정과	6	1	7	8	7	5	5	4
509	전남 담양군	결산검사위원 민간위탁교육비	650	세무회계과	6	1	7	8	7	5	5	4
510	전남 담양군	소형건설기계 면허취득 교육 추진 위탁교육	5,000	농업기술센터	6	1	7	8	7	5	5	4
511	전남 담양군	농업용 드론 전문자격증 취득 교육 지원	12,000	농업기술센터	6	1	7	8	7	5	5	4
512	전남 담양군	농촌힐링체험지도사 양성과정	20,000	농업기술센터	6	1	7	8	7	5	5	4
513	전남 구례군	결산검사위원 교육비	450	재무과	6	4	7	8	7	5	5	4
514	전남 화순군	여성친화도시조성	20,000	가정활력과	6	7	7	8	7	5	5	4
515	전남 강진군	꽃묘(초화,국화)농가 위탁 생산시범	117,120	농업기술센터	6	1	7	8	7	5	5	4
516	전남 해남군	문화관광해설가 위탁교육	10,000	관광과	6	4	7	8	7	5	5	4
517	전남 해남군	공공숲가꾸기	6,130	산림녹지과	6	2	7	8	7	5	5	4
518	전남 해남군	산림재해일자리 단기	200	산림녹지과	6	2	7	8	7	5	5	4
519	전남 해남군	산림재해일자리 장기	700	산림녹지과	6	2	7	8	7	5	5	4
520	전남 해남군	산림휴양시설 관리	750	산림녹지과	6	1	7	8	7	5	5	4
521	전남 해남군	수어교실 운영	5,000	주민복지과	6	2	7	1	7	5	1	4
522	전남 해남군	장애인가정 반찬지원사업	23,400	주민복지과	6	2	7	1	7	5	1	4
523	전남 해남군	시각장애인협회 흰지팡이날 행사	2,000	주민복지과	6	2	7	1	7	5	1	4
524	전남 해남군	시각장애인 하계수련회	1,500	주민복지과	6	2	7	1	7	5	1	4
525	전남 해남군	시각장애인 춘계 도보행사	4,200	주민복지과	6	2	7	1	7	5	1	4
526	전남 해남군	청각언어 장애인 재활증진대회	2,000	주민복지과	6	2	7	1	7	5	1	4
527	전남 해남군	전남 농아인의 날 행사	2,000	주민복지과	6	2	7	1	7	5	1	4
528	전남 해남군	영·호남, 제주지역 농아인대회	1,200	주민복지과	6	2	7	1	7	5	1	4
529	전남 해남군	장애인 차량봉사대 운영	10,000	주민복지과	6	2	7	1	7	5	1	4
530	전남 해남군	장애인복지관 이용자 급식지원	79,200	주민복지과	6	2	7	1	7	5	1	4
531	전남 해남군	장애인 학습도우미제 운영	2,000	주민복지과	6	2	7	1	7	5	1	4
532	전남 해남군	지체장애인 협회 하계수련회	4,000	주민복지과	6	2	7	1	7	5	1	4
533	전남 해남군	전남 장애인 한마음대축제 및 합동결혼식	4,000	주민복지과	6	2	7	1	7	5	1	4
534	전남 해남군	전남 장애인의 날 행사	4,000	주민복지과	6	2	7	1	7	5	1	4
535	전남 해남군	전국 지체 장애인의 날 행사	1,200	주민복지과	6	2	7	1	7	5	1	4
536	전남 해남군	여성지체 장애인 등반대회 행사	3,500	주민복지과	6	2	7	1	7	5	1	4
537	전남 해남군	장애인 기능 경진대회 지원	2,000	주민복지과	6	2	7	1	7	5	1	4
538	전남 해남군	노인종합복지관 프로그램 지원	14,400	주민복지과	6	2	7	1	7	5	1	4
539	전남 해남군	읍면 경로당 순회프로그램 운영	51,120	주민복지과	6	2	7	1	7	5	1	4
540	전남 해남군	읍면분회경로당 권역별 게이트볼대회	14,000	주민복지과	6	2	7	1	7	5	1	4
541	전남 해남군	군 노인회장기 게이트볼대회	7,000	주민복지과	6	2	7	1	7	5	1	4
542	전남 해남군	땅끝배 노인게이트볼대회	7,000	주민복지과	6	2	7	1	7	5	1	4
543	전남 영암군	입주자대표회의 구성원 온라인 교육 지원비	500	도시개발과	6	1	7	8	7	5	5	4
544	전남 함평군	정원전문가 양성교육	5,250	산림공원과	6	2	7	8	7	5	5	4

순번	시군구	지출명 (사업명)	2021년예산 (단위:천원/1년간)	담당자 (공무원)	민간이전 분류 (지방자치단체 세출예산 집행기준에 의거)	민간이전지출 근거 (지방보조금 관리기준 참고)	입찰방식			운영예산 산정		성과평가 실시여부
				담당부서	1. 민간경상사업보조(307-02) 2. 민간단체 법정운영비보조(307-03) 3. 민간행사사업보조(307-04) 4. 민간위탁금(307-05) 5. 사회복지시설 법정운영비보조(307-10) 6. 민간인위탁교육비(307-12) 7. 공기관등에대한경상적위탁사업비(308-11) 8. 민간자본사업보조,자체재원(402-01) 9. 민간자본사업보조,이전재원(402-02) 10. 민간위탁사업비(402-03) 11. 공기관등에 대한 자본적 대행사업비(403-02)	1. 법률에 규정 2. 국고보조 재원(국가지정) 3. 용도 지정 기부금 4. 조례에 직접규정 5. 지자체가 권장하는 사업을 하는 공공기관 6. 시,도 정책 및 재정사정 7. 기타 8. 해당없음	계약체결방법 (경쟁형태) 1. 일반경쟁 2. 제한경쟁 3. 지명경쟁 4. 수의계약 5. 법정위탁 6. 기타 ( ) 7. 해당없음	계약기간 1. 1년 2. 2년 3. 3년 4. 4년 5. 5년 6. 기타 ( )년 7. 단기계약 (1년미만) 8. 해당없음	낙찰자선정방법 1. 적격심사 2. 협상에의한계약 3. 최저가낙찰제 4. 규격가격분리 5. 2단계 경쟁입찰 6. 기타 ( ) 7. 해당없음	운영예산 산정 1. 내부산정 (지자체 자체적으로 산정) 2. 외부산정 (외부전문기관위탁 산정) 3. 내·외부 모두 산정 4. 산정 無 5. 해당없음	정산방법 1. 내부정산 (지자체 내부적으로 정산) 2. 외부정산 (외부전문기관위탁 정산) 3. 내·외부 모두 산정 4. 정산 無 5. 해당없음	1. 실시 2. 미실시 3. 향후 추진 4. 해당없음
545	전남 영광군	지역사회중심 금연지원서비스	390	보건소	6	2	7	8	7	3	3	4
546	전남 영광군	지역사회통합건강증진사업지원	800	보건소	6	2	7	8	7	3	3	4
547	전남 영광군	공공산림가꾸기 교육 훈련비	6,870	산림공원과	6	2	7	8	7	5	3	4
548	전남 장성군	이장 전문기관 위탁교육	20,000	총무과	6	7	7	8	7	5	5	4
549	전남 장성군	다문화가족 국적취득반 운영	5,000	주민복지과	6	4	5	2	7	1	1	1
550	전남 장성군	정원전문가 양성교육	6,400	산림편백과	6	5	7	8	7	5	5	4
551	전남 장성군	시민정원사 육성 교육	40,000	원예소득과	6	4	7	8	7	5	5	4
552	전남 장성군	식품가공기술교육 위탁	15,000	농식품유통과	6	4	7	8	7	5	5	4
553	전남 장성군	청년농업인 정예인력 양성 전문교육	20,000	농촌활력과	6	4	7	8	7	5	5	4
554	전남 장성군	여성농업인 리더십 역량강화 교육	15,000	농촌활력과	6	4	7	8	7	5	5	4
555	전남 장성군	여성농업인 전문능력 개발교육	10,000	농촌활력과	6	6	7	8	7	5	5	4
556	전남 진도군	청년농부 크리에이터 양성 위탁교육	20,000	농업기술센터	6	1	7	8	7	5	5	4
557	전남 진도군	무인항공조종사 자격증반 교육 운영	50,000	농업기술센터	6	1	7	8	7	5	5	4
558	전남 진도군	가공창업교육 운영 위탁교육비	30,000	농업기술센터	6	1	7	8	7	5	5	4
559	전남 진도군	6차산업 전문과정 운영	20,000	농업기술센터	6	1	7	8	7	5	5	4
560	전남 진도군	치유농업 전문과정 위탁교육 운영	20,000	농업기술센터	6	1	7	8	7	5	5	4
561	전남 진도군	농기계 자격증취득교육 위탁교육비	18,000	농업기술센터	6	1	7	8	7	5	5	4
562	전남 신안군	사회복지사 보수교육 지원사업	4,872	주민복지과	6	6	7	7	7	5	5	4
563	전남 신안군	결산검사위원 교육	600	세무회계과	6	1	7	1	7	1	5	4
564	전남 신안군	강소농육성 위탁교육	12,600	농촌진흥과	6	6	7	8	7	5	5	4
565	전남 신안군	정원전문가양성교육	8,000	공원녹지과	6	2	7	8	7	5	5	4

chapter

4

공기관등에대한경상적위탁사업비 (308-10)

2021년 전국 지방자치단체 공기관등에대한경상적위탁사업비(308-10) 운영 현황

순번	시군구	지출명 (사업명)	2021년예산 (단위:천원/1년간)	담당자 (공무원)	민간이전 분류 (지방자치단체 세출예산 집행기준에 의거)	민간이전지출 근거 (지방보조금 관리기준 참고)	입찰방식			운영예산 산정		성과평가 실시여부
				담당부서	1. 민간경상사업보조(307-02) 2. 민간단체 법정운영비보조(307-03) 3. 민간행사사업보조(307-04) 4. 민간위탁금(307-05) 5. 사회복지시설 법정운영비보조(307-10) 6. 민간인위탁교육비(307-12) 7. 공기관등에대한경상적위탁사업비(308-10) 8. 민간자본사업보조,자체재원(402-01) 9. 민간자본사업보조,이전재원(402-02) 10. 민간위탁사업비(402-03) 11. 공기관등에 대한 자본적 대행사업비(403-02)	1. 법률에 규정 2. 국고보조 재원(국가지정) 3. 용도 지정 기부금 4. 조례에 직접규정 5. 지자체가 권장하는 사업을 하는 공공기관 6. 시,도 정책 및 재정사정 7. 기타 8. 해당없음	계약체결방법 (경쟁형태) 1. 일반경쟁 2. 제한경쟁 3. 지명경쟁 4. 수의계약 5. 법정위탁 6. 기타 ( ) 7. 해당없음	계약기간 1. 1년 2. 2년 3. 3년 4. 4년 5. 5년 6. 기타 ( )년 7. 단기계약 (1년미만) 8. 해당없음	낙찰자선정방법 1. 적격심사 2. 협상에의한계약 3. 최저가낙찰제 4. 규격가격분리 5. 2단계 경쟁입찰 6. 기타 ( ) 7. 해당없음	운영예산 산정 1. 내부산정 (지자체 자체적으로 산정) 2. 외부산정 (외부전문기관위탁 산정) 3. 내·외부 모두 산정 4. 산정 無 5. 해당없음	정산방법 1. 내부정산 (지자체 내부적으로 정산) 2. 외부정산 (외부전문기관위탁 정산) 3. 내·외부 모두 산정 4. 정산 無 5. 해당없음	1. 실시 2. 미실시 3. 향후 추진 4. 해당없음
1	서울 종로구	영유아 건강검진 지원	1,200	건강증진과	7	1	7	8	7	3	3	4
2	서울 종로구	표준모자보건수첩 제작	1,860	건강증진과	7	1	7	8	7	3	3	4
3	서울 종로구	청소년산모 임신출산 의료비 지원	1,800	건강증진과	7	1	7	8	7	3	3	4
4	서울 종로구	지역자율형 사회서비스 투자사업	546,788	건강증진과	7	1	7	8	7	3	3	4
5	서울 종로구	기저귀 및 조제분유 지원	51,666	건강증진과	7	1	7	8	7	3	3	4
6	서울 종로구	치매치료관리비 지원	40,000	건강증진과	7	2	7	8	7	3	3	4
7	서울 종로구	국가암관리 지원	184,874	건강증진과	7	2	7	8	7	5	5	4
8	서울 종로구	도로명주소 홍보 및 시설물 유지 관리	17,724	부동산정보과	7	1	6	1	7	3	1	4
9	서울 종로구	도로명주소 홍보 및 시설물 유지 관리	3,790	부동산정보과	7	1	6	1	7	3	1	4
10	서울 종로구	장애인 활동지원 급여 지원	58,992	사회복지과	7	2	5	8	7	5	2	4
11	서울 종로구	장애인 활동지원 가산급여 지원	20,720	사회복지과	7	2	5	8	7	5	2	4
12	서울 종로구	장애인 활동지원사업	657,120	사회복지과	7	6	5	8	7	5	2	4
13	서울 종로구	장애인 활동지원사업	3,750	사회복지과	7	7	5	8	7	5	2	4
14	서울 종로구	의료급여수급권자 일반검진비 지원	29,000	의약과	7	1	5	8	7	5	5	4
15	서울 종로구	공동주택 지원	2,000	주거재생과	7	1	5	8	7	2	2	1
16	서울 종로구	희귀질환자 의료비 지원	220,000	질병예방과	7	2	7	8	7	5	5	4
17	서울 종로구	보건소 결핵 관리사업	4,155	질병예방과	7	2	7	8	7	1	1	1
18	서울 종로구	차세대 지방재정관리시스템 구축	77,230	재무과	7	1	5	8	7	5	5	4
19	서울 중구	반부패 행정 추진	10,399	감사담당관	7	1	5	1	2	1	2	1
20	서울 중구	수민등록등 민원처리	12,416	동정부과	7	2	6	8	7	5	5	4
21	서울 중구	중구 생활문화지원센터 운영 지원	28,000	문화관광과	7	6	7	2	7	1	1	2
22	서울 중구	지역 생활문화 활성화 사업	20,000	문화관광과	7	6	7	2	7	1	1	2
23	서울 중구	지역주도형 청년일자리사업	302,500	문화관광과	7	4	6	2	7	1	1	4
24	서울 중구	예술활동 거점지역 활성화	300,000	문화관광과	7	6	6	3	7	1	1	4
25	서울 중구	구립 예술단체 운영	91,200	문화관광과	7	4	6	3	6	1	1	4
26	서울 중구	구립도서관 위탁 운영	4,950	문화관광과	7	4	2	3	6	1	1	4
27	서울 중구	공공도서관 개관시간 연장	174,664	문화관광과	7	4	2	3	6	1	1	4
28	서울 중구	폐기물안정적처리	6,630	청소행정과	7	1	7	8	7	1	1	4
29	서울 중구	서울형 혁신교육지구 운영	20,000	교육아동청소년과	7	5	7	8	7	5	5	4
30	서울 중구	장애인 활동지원급여 지원	61,286	사회복지과	7	1	7	8	7	5	5	4
31	서울 중구	활동보조 가산급여	26,876	사회복지과	7	1	5	8	7	5	5	4
32	서울 중구	장애인활동지원사업 운영 지원	4,250	사회복지과	7	1	5	8	7	5	5	4
33	서울 중구	도로명주소 위치정보화 개선 및 운영	20,659	토지관리과	7	1	5	1	2	5	5	4
34	서울 중구	인사관리	24,277	행정지원과	7	7	1	1	2	2	2	2
35	서울 중구	예산편성 운영	25,386	기획조정과	7	7	7	1	7	2	2	4
36	서울 중구	정보화시스템 시설장비 유지	97,267	홍보전산과	7	2	1	1	6	2	2	4
37	서울 중구	치매치료관리비지원	63,320	시민건강과	7	2	7	8	7	3	3	1
38	서울 중구	표준모자보건수첩	1,592	건강관리과	7	1	7	8	7	3	1	4
39	서울 중구	청소년산모임신출산지원	2,400	건강관리과	7	2	7	8	7	3	2	1
40	서울 중구	저소득층기저귀·조제분유지원사업	74,900	건강관리과	7	2	7	8	7	3	2	1

순번	시군구	지출명 (사업명)	2021년예산 (단위:천원/1년간)	담당자 (공무원)	민간이전 분류 (지방자치단체 세출예산 집행기준에 의거)	민간이전지출 근거 (지방보조금 관리기준 참고)	입찰방식			운영예산 산정		성과평가 실시여부
				담당부서	1. 민간경상사업보조(307-02) 2. 민간단체 법정운영비보조(307-03) 3. 민간행사사업보조(307-04) 4. 민간위탁금(307-05) 5. 사회복지시설 법정운영비보조(307-10) 6. 민간인위탁교육비(307-12) 7. 공기관등에대한경상적위탁사업비(308-10) 8. 민간자본사업보조,자체재원(402-01) 9. 민간자본사업보조,이전재원(402-02) 10. 민간위탁사업비(402-03) 11. 공기관등에 대한 자본적 대행사업비(403-02)	1. 법률에 규정 2. 국고보조 재원(국가지정) 3. 용도 지정 기부금 4. 조례에 직접규정 5. 지자체가 권장하는 사업을 하는 공공기관 6. 시,도 정책 및 재정사정 7. 기타 8. 해당없음	계약체결방법 (경쟁형태) 1. 일반경쟁 2. 제한경쟁 3. 지명경쟁 4. 수의계약 5. 법정위탁 6. 기타 ( ) 7. 해당없음	계약기간 1. 1년 2. 2년 3. 3년 4. 4년 5. 5년 6. 기타 ( )년 7. 단기계약 (1년미만) 8. 해당없음	낙찰자선정방법 1. 적격심사 2. 협상에의한계약 3. 최저가낙찰제 4. 규격가격분리 5. 2단계 경쟁입찰 6. 기타 ( ) 7. 해당없음	운영예산 산정 1. 내부산정 (지자체 자체적으로 산정) 2. 외부산정 (외부전문기관위탁 산정) 3. 내·외부 모두 산정 4. 산정 無 5. 해당없음	정산방법 1. 내부정산 (지자체 내부적으로 정산) 2. 외부정산 (외부전문기관위탁 정산) 3. 내·외부 모두 산정 4. 정산 無 5. 해당없음	1. 실시 2. 미실시 3. 향후 추진 4. 해당없음
41	서울 중구	지역자율형사회서비스투자사업	588,036	건강관리과	7	2	7	8	7	3	2	1
42	서울 중구	서울형산모신생아건강관리지원사업	131,145	건강관리과	7	6	7	8	7	3	2	1
43	서울 중구	보건소결핵관리사업	1,000	감염관리과	7	2	7	8	7	1	1	1
44	서울 중구	국가암관리사업	189,874	건강관리과	7	2	7	8	7	5	5	4
45	서울 중구	저소득층일반건강검진지원	26,000	건강관리과	7	2	7	8	7	5	5	4
46	서울 중구	저소득층영유아건강검진지원	2,000	건강관리과	7	2	7	8	7	5	5	4
47	서울 중구	희귀질환자의료비지원	75,000	건강관리과	7	2	7	8	7	5	5	4
48	서울 용산구	지방재정관리시스템 운영관리	25,386	기획예산과	7	1	5	1	7	2	2	4
49	서울 용산구	공통기반 전산장비 유지관리	83,305	스마트정보과	7	1	5	1	7	2	2	4
50	서울 용산구	공통기반 재해복구시스템 유지관리	8,073	스마트정보과	7	1	5	1	7	2	2	4
51	서울 용산구	지방행정공통정보시스템 상담센터 운영	6,460	스마트정보과	7	1	5	1	7	2	2	4
52	서울 용산구	장애인활동지원	3,750	사회복지과	7	6	7	8	7	5	5	4
53	서울 용산구	일반폐기물 처리	24,008	자원순환과	7	4	7	8	7	5	5	4
54	서울 용산구	개인하수처리시설관리	1,191	자원순환과	7	4	7	8	7	1	1	4
55	서울 용산구	문화시설 셔틀버스 운영 대행사업	560,909	교통행정과	7	4	7	3	7	1	1	4
56	서울 용산구	청소년산모 임신출산 의료비 지원	1,200	건강관리과	7	2	7	8	7	1	1	1
57	서울 용산구	표준모자보건수첩 제작	2,792	건강관리과	7	2	7	8	7	1	1	1
58	서울 용산구	지역자율형 사회서비스 투자사업	1,086,236	건강관리과	7	2	7	8	7	1	1	1
59	서울 용산구	서울형 산모신생아 건강관리 지원사업	315,145	건강관리과	7	6	7	8	7	1	1	1
60	서울 용산구	기저귀 및 조제분유 지원	103,000	건강관리과	7	2	7	8	7	1	1	1
61	서울 용산구	의료급여수급권자 영유아검진비 지원	4,800	건강관리과	7	2	7	8	7	1	1	1
62	서울 용산구	치매치료관리비 지원	114,000	건강관리과	7	2	5	8	7	3	1	4
63	서울 용산구	국가건강검진사업 운영	44,000	건강관리과	7	2	7	8	7	2	2	2
64	서울 용산구	국가암관리지자체지원	364,000	건강관리과	7	2	7	8	7	2	2	1
65	서울 성동구	인사 운영	10,685	총무과	7	6	7	8	7	2	2	4
66	서울 성동구	차세대 주민등록정보시스템 운영	13,274	자치행정과	7	5	6	6	6	5	5	4
67	서울 성동구	예산편성 및 운용	29,012	기획예산과	7	1	5	1	7	2	2	4
68	서울 성동구	정보시스템 운영 및 유지보수	132,393	정보통신과	7	1	5	1	7	3	3	1
69	서울 성동구	지역 치매안심센터 운영	1,060,000	질병예방과	7	1	4	3	1	1	1	1
70	서울 성동구	보건소 결핵관리사업	7,554	질병예방과	7	2	5	1	7	2	2	1
71	서울 성동구	중증치매노인 공공후견인 지원	7,200	질병예방과	7	1	4	3	1	1	1	1
72	서울 광진구	주민등록시스템 운영 분담금	13,922	자치행정과	7	7	7	8	7	5	5	4
73	서울 광진구	치매치료관리비	78,000	건강관리과	7	1	7	8	7	1	1	1
74	서울 광진구	일반생활폐기물 처리	712,476	청소과	7	1	7	8	7	5	5	4
75	서울 동대문구	지적측량 및 토지관련 자료정비	20,847	부동산정보과	7	1	7	8	7	5	5	4
76	서울 동대문구	공통기반장비 유지보수	95,114	스마트도시과	7	1	5	1	7	3	2	4
77	서울 동대문구	재해복구장비 유지보수	8,073	스마트도시과	7	1	5	1	7	3	2	4
78	서울 동대문구	새올행정시스템운영지원	6,460	스마트도시과	7	1	5	1	7	5	2	4
79	서울 동대문구	휘경4건널목 존치에 따른 유지관리비 부담	260,000	도로과	7	8	7	8	7	4	5	4
80	서울 동대문구	차세대 주민등록시스템 운영 및 유지보수	13,922	자치행정과	7	2	7	1	7	2	2	4
81	서울 동대문구	지방재정관리시스템 운영관리	29,012	기획예산과	7	6	6	1	7	2	2	4
82	서울 동대문구	표준지방인사정보시스템 응용SW개발 및 인사통계 유지관리	11,569	행정지원과	7	6	7	8	7	2	2	4

순번	시군구	지출명 (사업명)	2021년예산 (단위:천원/1년간)	담당자 (공무원)	민간이전 분류 (지방자치단체 세출예산 집행기준에 의거) 1. 민간경상사업보조(307-02) 2. 민간단체 법정운영비보조(307-03) 3. 민간행사사업보조(307-04) 4. 민간위탁금(307-05) 5. 사회복지시설 법정운영비보조(307-10) 6. 민간인위탁교육비(307-12) 7. 공기관등에대한경상적위탁사업비(308-10) 8. 민간자본사업보조,자체재원(402-01) 9. 민간자본사업보조,이전재원(402-02) 10. 민간위탁사업비(402-03) 11. 공기관등에 대한 자본적 대행사업비(403-02)	민간이전지출 근거 (지방보조금 관리기준 참고) 1. 법률에 규정 2. 국고보조 재원(국가지정) 3. 용도 지정 기부금 4. 조례에 직접규정 5. 지자체가 권장하는 사업을 하는 공공기관 6. 시,도 정책 및 재정사정 7. 기타 8. 해당없음	입찰방식			운영예산 산정		성과평가 실시여부 1. 실시 2. 미실시 3. 향후 추진 4. 해당없음
				담당부서			계약체결방법 (경쟁형태) 1. 일반경쟁 2. 제한경쟁 3. 지명경쟁 4. 수의계약 5. 법정위탁 6. 기타 ( ) 7. 해당없음	계약기간 1. 1년 2. 2년 3. 3년 4. 4년 5. 5년 6. 기타 ( )년 7. 단기계약 (1년미만) 8. 해당없음	낙찰자선정방법 1. 적격심사 2. 협상에의한계약 3. 최저가낙찰제 4. 규격가격분리 5. 2단계 경쟁입찰 6. 기타 ( ) 7. 해당없음	운영예산 산정 1. 내부산정 (지자체 자체적으로 산정) 2. 외부산정 (외부전문기관위탁 산정) 3. 내·외부 모두 산정 4. 산정 無 5. 해당없음	정산방법 1. 내부정산 (지자체 내부적으로 정산) 2. 외부정산 (외부전문기관위탁 정산) 3. 내·외부 모두 산정 4. 정산 無 5. 해당없음	
83	서울 동대문구	장애인공무원 편의지원	72,000	행정지원과	7	4	7	8	7	1	1	4
84	서울 동대문구	우편물관리	5,300	민원여권과	7	5	7	1	2	2	2	1
85	서울 동대문구	장애인활동지원 위탁업무비	3,750	어르신장애인복지과	7	5	5	1	7	1	1	1
86	서울 동대문구	산모 신생아 건강관리 지원사업 예탁금	896,970	지역보건과	7	2	7	8	7	5	5	4
87	서울 동대문구	서울형 산모신생아 건강관리 지원사업 예탁금	395,375	지역보건과	7	6	7	8	7	5	5	4
88	서울 동대문구	만6세 미만 의료급여수급자 검진비	8,800	지역보건과	7	2	7	8	7	5	5	1
89	서울 동대문구	표준모자보건수첩 지원	2,557	지역보건과	7	2	7	8	7	5	5	4
90	서울 동대문구	치매치료관리비 지원	156,180	지역보건과	7	2	1	3	3	3	1	1
91	서울 중랑구	청백-e시스템 유지관리	11,291	감사담당관	7	2	2	1	2	2	3	4
92	서울 중랑구	표준지방인사정보시스템 인사통계 및 차세대 응용 SW개발	11,569	행정지원과	7	6	7	8	7	5	5	4
93	서울 중랑구	2021년 디지털 격차해소 로봇활용	28,000	행정지원과	7	8	7	8	7	5	5	4
94	서울 중랑구	시군구행정시스템 유지관리	117,235	행정지원과	7	1	5	1	7	2	2	4
95	서울 중랑구	통합민원창구 운영	13,922	마을협치과	7	7	7	8	7	2	5	4
96	서울 중랑구	예산편성 및 운영	32,636	기획예산과	7	6	6	1	2	2	2	4
97	서울 중랑구	장애인 활동지원 급여 지원	4,000	장애인복지과	7	1	7	1	7	5	5	4
98	서울 중랑구	서울주택도시공사(SH) 이전 지원	31,429	도시계획과	7	8	7	8	7	5	5	4
99	서울 중랑구	국가결핵예방사업	8,000	보건행정과	7	1	5	1	7	3	3	4
100	서울 중랑구	표준모자보건수첩 지원	3,412	건강증진과	7	1	7	8	7	5	5	4
101	서울 중랑구	청소년산모 의료비 지원	3,600	건강증진과	7	1	7	8	7	5	5	4
102	서울 중랑구	지역자율형사회서비스투자사업	21,043	건강증진과	7	2	7	8	7	5	3	1
103	서울 중랑구	저소득층 기저귀 및 조제분유 지원	354,400	건강증진과	7	1	7	8	7	5	5	4
104	서울 중랑구	서울시 모든 출산가정에 산후조리도우미 지원사업	546,145	건강증진과	7	2	7	8	7	5	3	1
105	서울 중랑구	지역사회서비스투자사업	149,000	건강증진과	7	1	7	8	7	1	3	1
106	서울 중랑구	국가건경검진사업	115,000	의약과	7	2	5	8	7	5	5	4
107	서울 중랑구	국가건강검진사업	6,000	의약과	7	2	5	8	7	5	5	4
108	서울 중랑구	국가암관리사업	517,989	의약과	7	2	5	8	7	5	5	4
109	서울 중랑구	희귀질환자 의료비 지원사업	450,000	의약과	7	2	7	8	7	5	5	4
110	서울 성북구	자율적내부통제인프라유지보수 지원	11,198	감사담당관	7	1	5	1	6	2	1	1
111	서울 성북구	주거급여	111,105	생활보장과	7	1	5	8	7	5	5	4
112	서울 성북구	장애인활동지원	4,704	어르신복지과	7	1	7	8	7	5	5	4
113	서울 성북구	도로명주소 기본도 위치 정확도 개선	6,090	지적과	7	2	5	1	7	2	3	2
114	서울 성북구	국가주소정보시스템 유지보수 및 운영	17,974	지적과	7	2	5	1	7	2	3	2
115	서울 성북구	공기관등에대한경상적위탁사업비	26,795	청소행정과	7	1	5	8	7	2	1	4
116	서울 성북구	주민등록 등 업무관리	14,570	자치행정과	7	8	7	8	7	5	5	4
117	서울 성북구	자치단체 공통기반 전산장비 및 재해복구시스템 유지관리	133,680	홍보전산과	7	5	7	1	7	2	2	4
118	서울 성북구	우편모아시스템 유지보수	5,300	민원여권과	7	1	6	1	6	2	2	4
119	서울 성북구	치매치료관리비지원	190,000	건강관리과	7	2	1	3	1	1	1	1
120	서울 성북구	보건소결핵관리사업	5,771	건강관리과	7	2	5	8	7	2	2	1
121	서울 성북구	산모신생아건강관리지원사업	19,297	건강관리과	7	2	7	8	7	1	1	1
122	서울 성북구	기저귀 및 조제분유 지원	202,900	건강관리과	7	2	7	8	7	1	1	1
123	서울 성북구	표준모자보건수첩제작	4,904	건강관리과	7	2	7	8	7	1	1	1
124	서울 성북구	청소년산모임신출산 의료비지원	2,400	건강관리과	7	2	7	8	7	1	2	4

순번	시군구	지출명 (사업명)	2021년예산 (단위:천원/1년간)	담당자 (공무원)	민간이전 분류 (지방자치단체 세출예산 집행기준에 의거)	민간이전지출 근거 (지방보조금 관리기준 참고)	입찰방식			운영예산 산정		성과평가 실시여부
				담당부서	1. 민간경상사업보조(307-02) 2. 민간단체 법정운영비보조(307-03) 3. 민간행사사업보조(307-04) 4. 민간위탁금(307-05) 5. 사회복지시설 법정운영비보조(307-10) 6. 민간인위탁교육비(307-12) 7. 공기관등에대한경상적위탁사업비(308-10) 8. 민간자본사업보조,자체재원(402-01) 9. 민간자본사업보조,이전재원(402-02) 10. 민간위탁사업비(402-03) 11. 공기관등에 대한 자본적 대행사업비(403-02)	1. 법률에 규정 2. 국고보조 재원(국가지정) 3. 용도 지정 기부금 4. 조례에 직접규정 5. 지자체가 권장하는 사업을 하는 공공기관 6. 시,도 정책 및 재정사정 7. 기타 8. 해당없음	계약체결방법 (경쟁형태) 1. 일반경쟁 2. 제한경쟁 3. 지명경쟁 4. 수의계약 5. 법정위탁 6. 기타 ( ) 7. 해당없음	계약기간 1. 1년 2. 2년 3. 3년 4. 4년 5. 5년 6. 기타 ( )년 7. 단기계약 (1년미만) 8. 해당없음	낙찰자선정방법 1. 적격심사 2. 협상에의한계약 3. 최저가낙찰제 4. 규격가격분리 5. 2단계 경쟁입찰 6. 기타 ( ) 7. 해당없음	운영예산 산정 1. 내부산정 (지자체 자체적으로 산정) 2. 외부산정 (외부전문기관위탁 산정) 3. 내·외부 모두 산정 4. 산정 無 5. 해당없음	정산방법 1. 내부정산 (지자체 내부적으로 정산) 2. 외부정산 (외부전문기관위탁 정산) 3. 내·외부 모두 산정 4. 정산 無 5. 해당없음	1. 실시 2. 미실시 3. 향후 추진 4. 해당없음
125	서울 강북구	자율적 내부통제시스템 운영	11,198	감사담당관	7	5	5	1	7	2	2	4
126	서울 강북구	인사관리 운영	11,569	행정지원과	7	1	5	1	7	2	2	4
127	서울 강북구	장애인공무원 편의지원	109,652	행정지원과	7	5	6	1	7	2	2	4
128	서울 강북구	주민등록 및 인감업무 관리	13,922	자치행정과	7	1	5	1	7	2	2	4
129	서울 강북구	시군구 공통기반 전산장비 유지관리	93,308	정보화지원과	7	1	5	1	7	2	2	4
130	서울 강북구	공통기반 종합장애대응체계 구축지원	8,073	정보화지원과	7	1	5	1	7	2	2	4
131	서울 강북구	예산편성 관리	29,012	기획예산과	7	1	5	1	7	2	2	4
132	서울 강북구	장애인활동지원 구비추가사업	3,750	생활보장과	7	2	7	8	7	5	5	4
133	서울 강북구	주거급여	300,000	어르신복지과	7	1	5	1	2	2	2	1
134	서울 강북구	생활폐기물 반입 처리비	39,091	청소행정과	7	1	7	8	7	5	5	4
135	서울 강북구	보건소 결핵관리사업	3,321	의약과	7	2	7	8	7	1	5	4
136	서울 강북구	치매치료 관리비 지원사업	160,953	지역보건과	7	2	7	8	7	5	1	4
137	서울 강북구	표준모자보건수첩 제공	1,420	지역보건과	7	2	7	8	7	5	5	4
138	서울 강북구	청소년 산모 의료비 지원	2,400	지역보건과	7	2	7	8	7	5	5	4
139	서울 강북구	영유아 건강관리	7,800	지역보건과	7	2	7	8	7	5	5	4
140	서울 강북구	지역자율형 사회서비스 투자사업	1,353	지역보건과	7	2	7	8	7	5	5	4
141	서울 강북구	서울형 산모신생아 건강관리 지원	176,145	지역보건과	7	2	7	8	7	5	5	4
142	서울 강북구	기저귀 및 조제분유 지원	262,600	지역보건과	7	2	7	8	7	5	5	4
143	서울 강북구	희귀질환자 의료비지원 사업	420,000	지역보건과	7	2	7	8	7	3	3	4
144	서울 노원구	표준모자보건수첩	2,826	생활보건과	7	1	7	8	7	5	1	1
145	서울 노원구	지역자율형사회서비스투자사업	21,099	생활보건과	7	2	7	8	7	3	3	1
146	서울 노원구	서울형모든출산가정산모신생아건강관리지원	531,145	생활보건과	7	6	7	8	7	3	3	1
147	서울 노원구	기저귀,조제분유지원	356,600	생활보건과	7	2	7	8	7	3	3	1
148	서울 노원구	선천선대사이상검사 및 환아관리	1,174	생활보건과	7	2	7	8	7	5	1	1
149	서울 노원구	신생아 난청 조기 진단	526	생활보건과	7	2	7	8	7	5	1	1
150	서울 노원구	국가건강검진사업운영	13,828	생활보건과	7	2	5	8	7	1	2	1
151	서울 노원구	지역사회서비스투자사업	920,000	아동청소년과	7	1	7	8	7	1	1	1
152	서울 노원구	폐목재 처리비	40,020	자원순환과	7	1	4	1	2	1	1	4
153	서울 은평구	청백-e시스템 운영	11,198	감사담당관	7	1	4	1	5	1	1	2
154	서울 은평구	투명한 인사관리	52,068	행정지원과	7	1	5	1	2	2	2	1
155	서울 은평구	예산회계시스템 유지관리	32,636	기획예산과	7	5	6	1	6	2	2	4
156	서울 은평구	통합민원창구 운영 활성화	14,471	자치안전과	7	6	7	8	7	5	2	2
157	서울 은평구	전산행정시스템 유지보수	199,819	스마트정보과	7	5	1	1	2	2	2	2
158	서울 은평구	주거급여	565,000	생활복지과	7	1	5	1	7	1	1	4
159	서울 은평구	장애인활동지원	3,750	장애인복지과	7	1	5	6	7	4	4	2
160	서울 은평구	특성화시장 육성사업	220,000	일자리경제과	7	2	7	8	7	5	2	1
161	서울 은평구	도로명주소 시설물 유지관리 및 홍보	24,438	지적과	7	1	6	1	7	3	1	4
162	서울 은평구	생활폐기물 처리	33,103	자원순환과	7	1	7	8	7	5	5	4
163	서울 은평구	선천성대사이상검사 및 환아관리	2,372	건강증진과	7	1	5	8	7	5	5	4
164	서울 은평구	선천성 난청검사 및 보청기 지원	451	건강증진과	7	1	5	8	7	5	5	4
165	서울 은평구	영유아 건강검진 지원	11,000	건강증진과	7	1	5	8	7	5	5	4
166	서울 은평구	표준모자보건수첩 제공	3,266	건강증진과	7	1	5	8	7	5	5	4

순번	시군구	지출명 (사업명)	2021년예산 (단위:천원/1년간)	담당자 (공무원)	민간이전 분류 (지방자치단체 세출예산 집행기준에 의거)	민간이전지출 근거 (지방보조금 관리기준 참고)	입찰방식			운영예산 산정		성과평가 실시여부
				담당부서	1. 민간경상사업보조(307-02) 2. 민간단체 법정운영비보조(307-03) 3. 민간행사사업보조(307-04) 4. 민간위탁금(307-05) 5. 사회복지시설 법정운영비보조(307-10) 6. 민간인위탁교육비(307-12) 7. 공기관등에대한경상적위탁사업비(308-10) 8. 민간자본사업보조,자체재원(402-01) 9. 민간자본사업보조,이전재원(402-02) 10. 민간위탁사업비(402-03) 11. 공기관등에 대한 자본적 대행사업비(403-02)	1. 법률에 규정 2. 국고보조 재원(국가지정) 3. 용도 지정 기부금 4. 조례에 직접규정 5. 지자체가 권장하는 사업을 하는 공공기관 6. 시,도 정책 및 재정사정 7. 기타 8. 해당없음	계약체결방법 (경쟁형태) 1. 일반경쟁 2. 제한경쟁 3. 지명경쟁 4. 수의계약 5. 법정위탁 6. 기타 ( ) 7. 해당없음	계약기간 1. 1년 2. 2년 3. 3년 4. 4년 5. 5년 6. 기타 ( )년 7. 단기계약 (1년미만) 8. 해당없음	낙찰자선정방법 1. 적격심사 2. 협상에의한계약 3. 최저가낙찰제 4. 규격가격분리 5. 2단계 경쟁입찰 6. 기타 ( ) 7. 해당없음	운영예산 산정 1. 내부산정 (지자체 자체적으로 산정) 2. 외부산정 (외부전문기관위탁 산정) 3. 내·외부 모두 산정 4. 산정 無 5. 해당없음	정산방법 1. 내부정산 (지자체 내부적으로 정산) 2. 외부정산 (외부전문기관위탁 정산) 3. 내·외부 모두 산정 4. 정산 無 5. 해당없음	1. 실시 2. 미실시 3. 향후 추진 4. 해당없음
167	서울 은평구	희귀질환자 의료비 지원	720,000	건강증진과	7	1	5	8	7	5	5	4
168	서울 은평구	의료급여수급권자 일반검진비지원	118,804	보건의료과	7	1	7	8	7	5	5	4
169	서울 은평구	보건소결핵관리사업	10,000	보건의료과	7	2	5	8	7	5	5	4
170	서울 은평구	국가암관리 지자체 지원	633,126	보건의료과	7	2	7	8	7	5	5	4
171	서울 은평구	치매치료관리비사업	198,060	보건지소	7	1	7	8	7	1	2	4
172	서울 서대문구	청백-e(통합)시스템 유지보수 및 운영지원	11,198	감사담당관	7	1	5	1	7	2	2	2
173	서울 서대문구	지방인사통계통합시스템 분담금	1,095	행정지원과	7	1	5	1	7	2	2	4
174	서울 서대문구	차세대 표준지방인사정보시스템 구축 자치구 분담금	45,945	행정지원과	7	1	5	1	7	2	2	4
175	서울 서대문구	차세대 주민등록정보시스템 운영비	13,922	자치행정과	7	2	7	8	7	5	5	4
176	서울 서대문구	우편모아시스템 통합유지비	5,300	민원여권과	7	7	5	1	6	2	1	2
177	서울 서대문구	지방재정관리시스템 유지보수	29,012	기획예산과	7	1	5	1	7	2	2	4
178	서울 서대문구	폐기물처리비	34,334	청소행정과	7	1	7	8	7	1	5	4
179	서울 서대문구	폐기물처리비	430,462	청소행정과	7	1	7	8	7	5	5	4
180	서울 서대문구	도로명주소기본도 유지관리	4,422	지적과	7	1	6	1	7	1	1	4
181	서울 서대문구	국가주소정보시스템 유지관리	17,724	지적과	7	1	6	1	7	3	1	4
182	서울 서대문구	수선유지급여	141,663	사회복지과	7	1	5	1	7	1	1	2
183	서울 서대문구	장애인활동지원(구비추가) 표준시스템 운영	3,500	사회복지과	7	7	7	1	7	2	2	3
184	서울 서대문구	시군구 공통기반 전산장비 유지관리비	96,660	스마트정보과	7	1	6	1	7	2	2	4
185	서울 서대문구	시군구 공통기반 상담센터 운영 관리비	6,460	스마트정보과	7	1	6	1	7	2	2	4
186	서울 서대문구	자치구 통합 재해복구시스템 유지관리	8,073	스마트정보과	7	1	6	1	7	2	2	4
187	서울 서대문구	영유아 건강검진비	15,000	지역건강과	7	2	7	8	7	1	1	4
188	서울 서대문구	표준모자보건수첩 제작	2,266	지역건강과	7	2	7	8	7	1	1	4
189	서울 서대문구	결핵환자 가족검진	5,374	지역건강과	7	6	7	8	7	5	5	4
190	서울 서대문구	암검진비	378,740	의약과	7	1	7	8	7	5	5	4
191	서울 서대문구	희귀질환자 의료비 지원	250,000	의약과	7	1	7	8	7	5	5	4
192	서울 서대문구	의료급여 수급권자 검진사업	52,000	의약과	7	1	7	8	7	5	5	4
193	서울 서대문구	치매치료비 지원	123,760	의약과	7	1	7	8	7	5	5	4
194	서울 마포구	투명하고 신뢰받는 구정운영	11,198	감사담당관	7	5	5	1	7	5	5	4
195	서울 마포구	인사 및 조직관리	11,569	총무과	7	5	5	3	7	1	1	4
196	서울 마포구	직원 후생복지 증진	73,828	총무과	7	5	6	8	7	1	1	4
197	서울 마포구	동행정 지원	13,922	자치행정과	7	1	5	7	7	3	2	4
198	서울 마포구	폐기물 처리	39,870	청소행정과	7	1	1	2	1	1	1	4
199	서울 마포구	고객 우선 행정	53,000	민원여권과	7	7	6	1	7	5	5	4
200	서울 마포구	정보시스템 유지보수	105,791	전산정보과	7	1	5	1	7	3	3	1
201	서울 마포구	투명하고 효율적인 재정 운영	29,012	기획예산과	7	1	5	1	2	2	2	2
202	서울 마포구	도로명 및 건물번호 활용	17,724	부동산정보과	7	1	6	1	7	3	1	4
203	서울 마포구	전통시장 경쟁력 강화	67,500	지역경제과	7	1	7	8	7	5	5	4
204	서울 마포구	주거급여지원	68,913	생활보장과	7	2	5	1	7	1	1	2
205	서울 마포구	장애인 활동지원급여 시·구 추가사업	40,000	노인장애인과	7	7	7	8	7	4	4	4
206	서울 마포구	암조기검진사업	379,878	보건행정과	7	1	7	8	7	3	3	2
207	서울 마포구	희귀난치성질환자 의료비 지원사업	500,000	보건행정과	7	1	7	8	7	3	3	2
208	서울 마포구	국가결핵관리사업	33,100	보건행정과	7	2	7	1	7	5	5	4

순번	시군구	지출명 (사업명)	2021년예산 (단위:천원/1년간)	담당자 (공무원)	민간이전 분류 (지방자치단체 세출예산 집행기준에 의거)	민간이전지출 근거 (지방보조금 관리기준 참고)	입찰방식			운영예산 산정		성과평가 실시여부
				담당부서	1. 민간경상사업보조(307-02) 2. 민간단체 법정운영비보조(307-03) 3. 민간행사사업보조(307-04) 4. 민간위탁금(307-05) 5. 사회복지시설 법정운영비보조(307-10) 6. 민간인위탁교육비(307-12) 7. 공기관등에대한경상적위탁사업비(308-10) 8. 민간자본사업보조,자체재원(402-01) 9. 민간자본사업보조,이전재원(402-02) 10. 민간위탁사업비(402-03) 11. 공기관등에 대한 자본적 대행사업비(403-02)	1. 법률에 규정 2. 국고보조 재원(국가지정) 3. 용도 지정 기부금 4. 조례에 직접규정 5. 지자체가 권장하는 사업을 하는 공공기관 6. 시,도 정책 및 재정사정 7. 기타 8. 해당없음	계약체결방법 (경쟁형태) 1. 일반경쟁 2. 제한경쟁 3. 지명경쟁 4. 수의계약 5. 법정위탁 6. 기타 ( ) 7. 해당없음	계약기간 1. 1년 2. 2년 3. 3년 4. 4년 5. 5년 6. 기타 ( )년 7. 단기계약 (1년미만) 8. 해당없음	낙찰자선정방법 1. 적격심사 2. 협상에의한계약 3. 최저가낙찰제 4. 규격가격분리 5. 2단계 경쟁입찰 6. 기타 ( ) 7. 해당없음	운영예산 산정 1. 내부산정 (지자체 자체적으로 산정) 2. 외부산정 (외부전문기관위탁 산정) 3. 내·외부 모두 산정 4. 산정 無 5. 해당없음	정산방법 1. 내부정산 (지자체 내부적으로 정산) 2. 외부정산 (외부전문기관위탁 정산) 3. 내·외부 모두 산정 4. 정산 無 5. 해당없음	1. 실시 2. 미실시 3. 향후 추진 4. 해당없음
209	서울 마포구	국가치매치료관리비	103,960	건강증진과	7	2	1	3	1	1	1	1
210	서울 마포구	의료급여수급권자 영유아검진비 지원	21,000	건강증진과	7	1	7	8	7	5	5	4
211	서울 마포구	표준모자보건수첩 제작	32,770	건강증진과	7	1	7	8	7	5	5	4
212	서울 마포구	의료급여수급권자 일반검진사업	60,000	의약과	7	2	5	8	7	5	4	4
213	서울 양천구	구립 도서관 조성 및 운영	60,093	교육지원과	7	4	7	8	7	1	1	1
214	서울 양천구	독서문화진흥 행사 지원	158,610	교육지원과	7	4	7	8	7	1	1	1
215	서울 양천구	양천구립실버합창단 운영	64,988	문화체육과	7	4	7	8	7	1	1	1
216	서울 양천구	행정정보시스템 통합 유지관리	131,362	스마트정보과	7	1	5	1	2	2	2	1
217	서울 양천구	행정정보시스템 통합 유지관리	25,431	스마트정보과	7	1	7	8	7	1	2	1
218	서울 강서구	감사 활동	12,000	감사담당관	7	6	2	1	2	3	3	1
219	서울 강서구	원활한 인사운영	1,155	행정지원과	7	1	5	1	7	1	1	1
220	서울 강서구	원활한 인사운영	11,337	행정지원과	7	1	5	1	7	1	1	1
221	서울 강서구	원활한 인사운영	48,901	행정지원과	7	1	5	6	7	1	1	1
222	서울 강서구	직원 후생 지원	130,000	행정지원과	7	1	6	8	7	1	1	2
223	서울 강서구	주민등록 인감제도 운영	15,735	자치행정과	7	2	5	1	7	3	3	4
224	서울 강서구	해외시장 개척 지원	99,660	지역경제과	7	5	7	8	7	2	1	4
225	서울 강서구	시장경영혁신 지원사업	250,000	지역경제과	7	2	7	2	7	2	2	1
226	서울 강서구	정보시스템 운영관리	121,131	정보통신과	7	7	6	1	1	2	2	2
227	서울 강서구	정보시스템 운영관리	8,073	정보통신과	7	7	6	1	1	2	2	2
228	서울 강서구	정보시스템 운영관리	38,863	정보통신과	7	7	6	1	1	2	2	2
229	서울 강서구	정보시스템 운영관리	5,300	정보통신과	7	7	6	1	1	2	2	2
230	서울 강서구	정보시스템 운영관리	6,460	정보통신과	7	7	6	1	1	2	2	2
231	서울 강서구	정보시스템 운영관리	110,186	정보통신과	7	2	7	8	7	5	5	4
232	서울 강서구	주거급여	120,000	생활보장과	7	2	5	1	7	1	1	4
233	서울 강서구	장애인활동지원급여 지원	4,500	장애인복지과	7	1	7	8	7	5	5	4
234	서울 강서구	보건소 결핵관리사업	20,000	보건행정과	7	1	7	8	7	2	3	4
235	서울 강서구	산모신생아 건강관리 지원사업	27,033	건강관리과	7	2	7	8	7	5	5	4
236	서울 강서구	저소득층 영유아 건강검진 지원	9,400	건강관리과	7	2	7	8	7	5	5	4
237	서울 강서구	표준모자보건수첩 제작	4,330	건강관리과	7	2	7	8	7	5	5	4
238	서울 강서구	청소년산모 의료비 지원	3,600	건강관리과	7	2	7	8	7	5	5	4
239	서울 강서구	지역자율형 사회서비스 투자사업	58,330	건강관리과	7	2	7	8	7	5	5	4
240	서울 강서구	저소득층 기저귀 및 조제분유 지원	378,000	건강관리과	7	2	7	8	7	5	5	4
241	서울 강서구	산후조리도우미 지원사업	979,506	건강관리과	7	6	7	8	7	5	5	4
242	서울 강서구	희귀질환자 의료비지원사업	1,000,000	건강관리과	7	1	5	8	7	5	5	4
243	서울 강서구	국가암관리 지자체지원	760,365	건강관리과	7	2	7	8	7	1	1	1
244	서울 강서구	지역자율형 사회서비스 투자사업	170,000	건강관리과	7	1	7	8	7	1	1	1
245	서울 강서구	치매치료관리비 지원	144,000	건강관리과	7	1	5	8	7	5	5	4
246	서울 강서구	의료급여수급권자 일반검진비 지원	169,000	의약과	7	1	5	8	7	2	1	2
247	서울 구로구	마을속 교육기관 교육활동 지원	25,000	교육지원과	7	5	6	7	7	1	1	4
248	서울 구로구	국가암검진	547,342	의약과	7	2	7	8	7	5	5	4
249	서울 구로구	의료수급권자 건강검진	62,000	의약과	7	2	7	8	7	5	5	4
250	서울 구로구	구로 시니어클럽 운영	342,072	어르신청소년과	7	1	5	5	6	5	1	1

순번	시군구	지출명 (사업명)	2021년예산 (단위:천원/1년간)	담당자 (공무원)	민간이전 분류 (지방자치단체 세출예산 집행기준에 의거)	민간이전지출 근거 (지방보조금 관리기준 참고)	입찰방식			운영예산 산정		성과평가 실시여부
				담당부서	1. 민간경상사업보조(307-02) 2. 민간단체 법정운영비보조(307-03) 3. 민간행사사업보조(307-04) 4. 민간위탁금(307-05) 5. 사회복지시설 법정운영비보조(307-10) 6. 민간인위탁교육비(307-12) 7. 공기관등에대한경상적위탁사업비(308-10) 8. 민간자본사업보조,자체재원(402-01) 9. 민간자본사업보조,이전재원(402-02) 10. 민간위탁사업비(402-03) 11. 공기관등에 대한 자본적 대행사업비(403-02)	1. 법률에 규정 2. 국고보조 재원(국가지정) 3. 용도 지정 기부금 4. 조례에 직접규정 5. 지자체가 권장하는 사업을 하는 공공기관 6. 시,도 정책 및 재정사정 7. 기타 8. 해당없음	계약체결방법 (경쟁형태) 1. 일반경쟁 2. 제한경쟁 3. 지명경쟁 4. 수의계약 5. 법정위탁 6. 기타 ( ) 7. 해당없음	계약기간 1. 1년 2. 2년 3. 3년 4. 4년 5. 5년 6. 기타 ( )년 7. 단기계약 (1년미만) 8. 해당없음	낙찰자선정방법 1. 적격심사 2. 협상에의한계약 3. 최저가낙찰제 4. 규격가격분리 5. 2단계 경쟁입찰 6. 기타 ( ) 7. 해당없음	운영예산 산정 1. 내부산정 (지자체 자체적으로 산정) 2. 외부산정 (외부전문기관위탁 산정) 3. 내·외부 모두 산정 4. 산정 無 5. 해당없음	정산방법 1. 내부정산 (지자체 내부적으로 정산) 2. 외부정산 (외부전문기관위탁 정산) 3. 내·외부 모두 산정 4. 정산 無 5. 해당없음	1. 실시 2. 미실시 3. 향후 추진 4. 해당없음
251	서울 구로구	구립 온수어르신복지관 운영지원	935,454	어르신청소년과	7	1	7	8	7	1	1	1
252	서울 구로구	구로시장 문화관광형시장 육성	230,000	지역경제과	7	2	7	8	7	5	5	4
253	서울 구로구	장애인 활동지원	3,750	사회복지과	7	1	5	1	7	2	3	4
254	서울 구로구	희귀 난치성 질환자 의료비 지원	500,000	지역보건과	7	2	7	8	7	3	3	1
255	서울 구로구	청소년산모 임신출산 지원	2,400	지역보건과	7	1	5	8	7	1	2	4
256	서울 구로구	표준모자보건수첩	4,520	지역보건과	7	2	7	8	7	1	2	4
257	서울 구로구	영유아 검진비 지원	5,400	지역보건과	7	1	5	8	7	2	2	1
258	서울 구로구	지역자율형사회서비스	41,000	지역보건과	7	1	7	8	7	1	3	1
259	서울 구로구	저소득층 기저귀 및 조제분유 지원	189,657	지역보건과	7	1	7	8	7	1	3	4
260	서울 구로구	지역자율형사회서비스	21,189	지역보건과	7	1	7	8	7	1	3	1
261	서울 구로구	국가결핵관리	11,000	지역보건과	7	2	7	8	7	5	1	1
262	서울 금천구	내부통제시스템 운영	10,399	민원감사담당관	7	1	7	1	7	2	2	2
263	서울 금천구	정보시스템 운영관리	26,853	홍보디지털과	7	5	5	1	7	4	4	1
264	서울 금천구	공통기반시스템 운영	231,660	홍보디지털과	7	1	1	1	2	1	1	1
265	서울 금천구	장애대응 재해복구시스템 운영	8,531	홍보디지털과	7	1	1	1	2	1	1	1
266	서울 금천구	도로명주소 정보화 사업	21,283	부동산정보과	7	2	6	1	6	1	1	2
267	서울 금천구	희귀질환자 의료비 지원	300,000	보건의료과	7	1	5	1	7	3	3	4
268	서울 금천구	의료급여수급권자 일반검진비 지원	68,000	보건의료과	7	1	5	1	7	3	3	4
269	서울 금천구	치매치료관리비 지원	100,000	보건의료과	7	1	5	3	7	3	3	1
270	서울 금천구	산모 신생아 건강관리 지원사업	1,537	건강증진과	7	2	5	8	7	5	1	2
271	서울 금천구	저소득층 기저귀 조제분유 지원사업	155,240	건강증진과	7	2	5	8	7	5	1	2
272	서울 금천구	영유아 건강검진 지원	8,400	건강증진과	7	2	5	8	7	5	1	2
273	서울 금천구	표준모자보건수첩 제작	1,166	건강증진과	7	2	5	8	7	5	1	2
274	서울 영등포구	효율적인 예산편성 운용	29,012	기획예산과	7	1	5	1	7	2	2	2
275	서울 영등포구	주거급여	33,462	사회복지과	7	1	6	8	7	1	1	4
276	서울 영등포구	장애인활동지원 급여 지원	2,500	사회복지과	7	7	7	8	7	5	5	4
277	서울 영등포구	영등포청소년문화의집 운영	746,935	아동청소년복지과	7	1	1	3	1	1	1	2
278	서울 영등포구	청소년자율문화공간 조성 운영	476,077	아동청소년복지과	7	4	1	3	1	1	1	2
279	서울 영등포구	수도권매립지, 양천자원회수시설 반입수수료	63,529	청소과	7	1	7	8	7	4	4	4
280	서울 영등포구	관내 하수시설물 유지관리공사	58,732	치수과	7	7	7	8	7	5	5	4
281	서울 영등포구	자전거 이용 활성화	14,000	교통행정과	7	7	7	8	7	5	5	4
282	서울 영등포구	효율적인 조직운영	11,569	총무과	7	1	7	8	7	1	1	4
283	서울 영등포구	효율적인 조직운영	30,000	총무과	7	4	7	8	7	5	5	4
284	서울 영등포구	정보시스템 유지관리	119,569	홍보미디어과	7	1	6	1	7	1	1	4
285	서울 영등포구	제8회 전국동시 지방선거	117,436	자치행정과	7	1	7	7	7	5	5	4
286	서울 영등포구	보궐선거	75,000	자치행정과	7	1	7	7	7	5	5	4
287	서울 영등포구	통합 민원창구 운영	13,922	자치행정과	7	2	6	1	6	2	2	4
288	서울 영등포구	지역문화행사 참가 및 지원	20,000	문화체육과	7	5	7	7	7	1	1	2
289	서울 영등포구	예술활동 거점지역 활성화 사업	350,000	문화체육과	7	5	7	8	7	1	1	1
290	서울 영등포구	공공미술 프로젝트 사업	400,000	문화체육과	7	5	7	8	7	1	1	1
291	서울 영등포구	편안하고 쾌적한 민원실 운영	5,300	민원여권과	7	7	6	1	6	2	2	1
292	서울 영등포구	보건소 결핵관리사업	9,138	보건지원과	7	2	7	8	7	5	5	4

순번	시군구	지출명 (사업명)	2021년예산 (단위:천원/1년간)	담당자 (공무원)	민간이전 분류 (지방자치단체 세출예산 집행기준에 의거) 1. 민간경상사업보조(307-02) 2. 민간단체 법정운영비보조(307-03) 3. 민간행사사업보조(307-04) 4. 민간위탁금(307-05) 5. 사회복지시설 법정운영비보조(307-10) 6. 민간인위탁교육비(307-12) 7. 공기관등에대한경상적위탁사업비(308-10) 8. 민간자본사업보조,자체재원(402-01) 9. 민간자본사업보조,이전재원(402-02) 10. 민간위탁사업비(402-03) 11. 공기관등에 대한 자본적 대행사업비(403-02)	민간이전지출 근거 (지방보조금 관리기준 참고) 1. 법률에 규정 2. 국고보조 재원(국가지정) 3. 용도 지정 기부금 4. 조례에 직접규정 5. 지자체가 권장하는 사업을 하는 공공기관 6. 시,도 정책 및 재정사정 7. 기타 8. 해당없음	입찰방식			운영예산 산정		성과평가 실시여부
				담당부서			계약체결방법 (경쟁형태) 1. 일반경쟁 2. 제한경쟁 3. 지명경쟁 4. 수의계약 5. 법정위탁 6. 기타 ( ) 7. 해당없음	계약기간 1. 1년 2. 2년 3. 3년 4. 4년 5. 5년 6. 기타 ( )년 7. 단기계약 (1년미만) 8. 해당없음	낙찰자선정방법 1. 적격심사 2. 협상에의한계약 3. 최저가낙찰제 4. 규격가격분리 5. 2단계 경쟁입찰 6. 기타 ( ) 7. 해당없음	운영예산 산정 1. 내부산정 (지자체 자체적으로 산정) 2. 외부산정 (외부전문기관위탁 산정) 3. 내·외부 모두 산정 4. 산정 無 5. 해당없음	정산방법 1. 내부정산 (지자체 내부적으로 정산) 2. 외부정산 (외부전문기관위탁 정산) 3. 내·외부 모두 산정 4. 정산 無 5. 해당없음	1. 실시 2. 미실시 3. 향후 추진 4. 해당없음
293	서울 영등포구	청소년 임산부 의료비 지원	3,600	건강증진과	7	2	7	8	7	2	3	1
294	서울 영등포구	표준모자보건수첩 제작	3,400	건강증진과	7	2	7	8	7	2	3	1
295	서울 영등포구	영유아 건강검진 지원	1,800	건강증진과	7	2	7	8	7	2	3	1
296	서울 영등포구	산모·신생아 건강관리 지원사업	21,071	건강증진과	7	2	7	8	7	2	3	1
297	서울 영등포구	서울형 산모신생아 건강관리지원사업	437,145	건강증진과	7	2	7	8	7	2	3	1
298	서울 영등포구	기저귀 조제분유 지원 사업	135,900	건강증진과	7	2	7	7	7	5	3	4
299	서울 영등포구	희귀질환자 의료비지원	100,000	건강증진과	7	2	7	7	7	5	3	4
300	서울 영등포구	암 조기검진	432,000	건강증진과	7	2	7	7	7	5	3	4
301	서울 영등포구	치매치료관리비 지원	138,920	건강증진과	7	2	1	3	1	1	3	1
302	서울 영등포구	의료급여수급권자 일반검진비 지원	30,000	의약과	7	2	7	8	7	5	5	4
303	서울 동작구	청백-e 시스템 운영	11,198	감사담당관	7	1	5	1	7	2	2	1
304	서울 동작구	지방재정관리시스템(e-호조) 유지비	29,012	기획조정과	7	1	5	1	2	2	5	1
305	서울 동작구	문화관광형시장 육성사업	250,000	경제진흥과	7	6	6	1	7	1	1	1
306	서울 동작구	사회복지관 기능보강	260,295	복지정책과	7	6	7	8	7	5	5	4
307	서울 동작구	인사통계 유지관리 및 차세대 인사랑 응용sw개발	11,569	행정지원과	7	7	7	8	7	5	5	4
308	서울 동작구	장애인공무원 편의지원	70,000	행정지원과	7	4	7	7	7	5	5	4
309	서울 동작구	공공도서관 개관시간 연장사업	289,608	교육정책과	7	2	7	8	7	1	1	3
310	서울 동작구	도서관 다문화서비스 지원	1,500	교육정책과	7	2	7	8	7	1	1	3
311	서울 관악구	청백-e시스템유지관리및운영지원	11,997	감사담당관	7	5	5	1	7	2	2	4
312	서울 관악구	2021년 지방재정정보화시스템 운영 관리	32,636	기획예산과	7	1	6	1	6	1	1	4
313	서울 관악구	별빛신사리상권르네상스사업	959,000	지역상권활성화과	7	2	6	5	6	5	2	3
314	서울 관악구	관악신사시장특성화문화관광형시장	73,600	지역상권활성화과	7	2	7	8	7	5	5	4
315	서울 관악구	인사통계시스템 유지관리 및 기능확대	53,743	행정지원과	7	1	5	1	7	2	2	2
316	서울 관악구	직원 후생복지 지원	20,000	행정지원과	7	4	5	8	7	1	1	3
317	서울 관악구	디지털정보격차해소로봇교육	21,000	스마트정보과	7	7	7	8	7	5	5	4
318	서울 관악구	2021년 공통기반 전산장비 유지관리 사업	85,395	스마트정보과	7	1	6	1	7	2	2	4
319	서울 관악구	2021년 공통기반 재해복구시스템 유지관리 사업	8,716	스마트정보과	7	1	6	1	7	2	2	4
320	서울 관악구	2021년 지방행정통합정보시스템 상담센터 운영 사업	6,460	스마트정보과	7	1	6	1	7	2	2	4
321	서울 관악구	맞춤형 민원행정서비스 제공	5,300	민원여권과	7	6	2	1	2	5	5	4
322	서울 관악구	전자바우처시스템운영관리비	4,500	장애인복지과	7	1	5	1	7	5	1	4
323	서울 관악구	생활폐기물 공공처리시설 공동이용	36,942	청소행정과	7	4	7	8	7	5	5	4
324	서울 관악구	피견인차량보관업무	434,000	교통지도과	7	1	4	3	7	1	1	4
325	서울 관악구	표준모자보건수첩제작	2,946	지역보건과	7	2	7	8	7	5	5	4
326	서울 관악구	산모·신생아건강관리지원	1,729	지역보건과	7	2	7	8	7	5	5	4
327	서울 관악구	서울형 산모신생아 건강관리 지원사업	159,387	지역보건과	7	6	7	8	7	5	5	4
328	서울 관악구	청소년산모 임신출산의료비지원	2,400	지역보건과	7	2	7	8	7	5	5	4
329	서울 관악구	저소득층 기저귀·조제분유지원	258,900	지역보건과	7	2	7	8	7	5	5	4
330	서울 관악구	의료수급권자 영유아검진비 지원	9,040	지역보건과	7	2	7	8	7	5	5	4
331	서울 관악구	치매치료관리비지원사업	215,920	지역보건과	7	2	7	8	7	5	5	4
332	서울 관악구	희귀질환의료비지원사업	580,000	지역보건과	7	2	5	1	7	5	4	2
333	서울 관악구	보건소결핵관리사업	17,000	지역보건과	7	2	5	8	7	5	4	2
334	서울 관악구	국가암조기검진 사업	522,842	지역보건과	7	2	7	8	7	2	2	1

순번	시군구	지출명 (사업명)	2021년예산 (단위:천원/1년간)	담당자 (공무원) 담당부서	민간이전 분류 (지방자치단체 세출예산 집행기준에 의거) 1. 민간경상사업보조(307-02) 2. 민간단체 법정운영비보조(307-03) 3. 민간행사사업보조(307-04) 4. 민간위탁금(307-05) 5. 사회복지시설 법정운영비보조(307-10) 6. 민간인위탁교육비(307-12) 7. 공기관등에대한경상적위탁사업비(308-10) 8. 민간자본사업보조,자체재원(402-01) 9. 민간자본사업보조,이전재원(402-02) 10. 민간위탁사업비(402-03) 11. 공기관등에 대한 자본적 대행사업비(403-02)	민간이전지출 근거 (지방보조금 관리기준 참고) 1. 법률에 규정 2. 국고보조 재원(국가지정) 3. 용도 지정 기부금 4. 조례에 직접규정 5. 지자체가 권장하는 사업을 하는 공공기관 6. 시,도 정책 및 재정사정 7. 기타 8. 해당없음	입찰방식 계약체결방법 (경쟁형태) 1. 일반경쟁 2. 제한경쟁 3. 지명경쟁 4. 수의계약 5. 법정위탁 6. 기타 ( ) 7. 해당없음	입찰방식 계약기간 1. 1년 2. 2년 3. 3년 4. 4년 5. 5년 6. 기타 ( )년 7. 단기계약 (1년미만) 8. 해당없음	입찰방식 낙찰자선정방법 1. 적격심사 2. 협상에의한계약 3. 최저가낙찰제 4. 규격가격분리 5. 2단계 경쟁입찰 6. 기타 ( ) 7. 해당없음	운영예산 산정 운영예산 산정 1. 내부산정 (지자체 자체적으로 산정) 2. 외부산정 (외부전문기관위탁 산정) 3. 내·외부 모두 산정 4. 산정 無 5. 해당없음	운영예산 산정 정산방법 1. 내부정산 (지자체 내부적으로 정산) 2. 외부정산 (외부전문기관위탁 정산) 3. 내·외부 모두 산정 4. 정산 無 5. 해당없음	성과평가 실시여부 1. 실시 2. 미실시 3. 향후 추진 4. 해당없음
335	서울 관악구	의료급여수급권자 일반검진 지원사업	113,000	지역보건과	7	2	7	8	7	2	2	1
336	서울 송파구	공공도서관 운영	49,958	교육협력과	7	4	5	3	1	1	1	2
337	서울 송파구	공공도서관 개관시간 연장지원	30,000	교육협력과	7	4	5	3	1	1	1	2
338	서울 송파구	작은도서관 연계 전담사서 운영	41,000	교육협력과	7	5	7	1	7	1	1	2
339	서울 송파구	조직 인력관리 등 인사시책 추진	11,629	총무과	7	7	7	8	7	5	5	4
340	서울 송파구	장애인 공무원 지원	6,000	총무과	7	1	5	1	7	2	2	1
341	서울 송파구	통합민원 운영지원	15,900	자치행정과	7	7	7	8	7	5	5	4
342	서울 송파구	정보시스템 유지보수	6,460	스마트도시과	7	8	5	1	7	2	2	4
343	서울 송파구	공통기반 및 재해복구시스템 유지관리	122,649	스마트도시과	7	8	5	1	7	2	2	4
344	서울 송파구	민원처리제도 개선	5,500	민원여권과	7	5	7	8	7	2	2	4
345	서울 송파구	지방재정관리시스템 유지관리	32,636	기획예산과	7	7	5	1	7	2	2	4
346	서울 송파구	지적측량기준점 설치 및 관리	23,146	부동산정보과	7	1	5	1	7	5	1	1
347	서울 송파구	주소정보관리시스템 유지관리 사업	24,740	부동산정보과	7	1	6	1	7	3	1	4
348	서울 송파구	교통시설 환경 개선	350,000	교통과	7	4	7	8	7	1	1	4
349	서울 송파구	각종 폐기물처리	21,980	자원순환과	7	1	7	8	7	5	5	4
350	서울 송파구	보건소 결핵관리사업	7,000	건강증진과	7	2	7	8	7	5	5	4
351	서울 송파구	국가암관리지자체지원	649,929	건강증진과	7	1	5	8	7	1	3	1
352	서울 송파구	희귀질환자의료비지원사업	159,303	건강증진과	7	1	5	8	7	1	3	1
353	서울 송파구	치매치료관리비지원	100,920	의약과	7	1	5	8	7	5	3	4
354	서울 송파구	표준모자보건수첩 제작	6,370	미래건강정책과	7	2	7	6	7	3	3	3
355	서울 송파구	산모신생아 건강관리 지원사업	27,668	미래건강정책과	7	2	7	6	7	3	3	3
356	서울 송파구	청소년산모 임신출산 의료비 지원	2,400	미래건강정책과	7	2	7	6	7	3	3	3
357	서울 송파구	기저귀 조제분유 지원사업	254,800	미래건강정책과	7	2	7	6	7	3	3	3
358	서울 송파구	서울시 모든 출산가정 산후조리도우미 지원사업	1,221	미래건강정책과	7	6	7	6	7	3	3	3
359	서울 강동구	차세대 주민등록시스템 운영	14,570	자치안전과	7	6	7	8	7	5	5	4
360	서울 강동구	생활폐기물 반입처리	20,988	청소행정과	7	1	7	8	7	3	5	4
361	서울 강동구	도로명주소 기본도 개선	5,098	부동산정보과	7	2	4	1	7	2	2	1
362	서울 강동구	도로명주소 시스템 운영	16,460	부동산정보과	7	2	4	1	7	2	2	1
363	서울 강동구	장애인활동지원	23,232	장애인복지과	7	1	7	8	1	5	1	4
364	서울 강동구	장애인공무원 편의 지원	166,078	총무과	7	5	7	8	7	1	1	2
365	경기 수원시	장애인공무원 편의지원사업	6,500	행정지원과	7	1	5	8	7	1	1	2
366	경기 수원시	주요 재정사업 평가	138,000	예산재정과	7	4	6	1	7	1	1	4
367	경기 수원시	자원봉사센터 운영	14,820	자치행정과	7	5	5	5	7	1	3	1
368	경기 수원시	공통기반 전산장비 및 재해복구 유지관리	140,000	정보통신과	7	5	7	1	7	2	2	2
369	경기 수원시	온나라시스템 유지관리	25,000	정보통신과	7	5	7	1	7	2	2	2
370	경기 수원시	지방행정공통정보시스템 서비스데스크운영 유지관리	6,460	정보통신과	7	5	7	1	7	2	2	2
371	경기 수원시	소상공인 특례보증 수수료 지원	300,000	지역경제과	7	6	7	8	7	1	1	4
372	경기 수원시	소상공인 경영안정 지원	200,000	지역경제과	7	4	7	8	7	5	5	4
373	경기 수원시	골목상권 시장상권매니저 지원	26,000	지역경제과	7	7	7	8	7	5	5	4
374	경기 수원시	사회적경제 창업교육	30,000	지역경제과	7	5	7	8	7	5	1	4
375	경기 수원시	사회적경제 나눔장터 조성	40,000	지역경제과	7	5	7	8	7	5	1	4
376	경기 수원시	문화관광형 시장 육성	3,000	지역경제과	7	1	7	8	7	1	1	1

순번	시군구	지출명 (사업명)	2021년예산 (단위:천원/1년간)	담당자 (공무원)	민간이전 분류 (지방자치단체 세출예산 집행기준에 의거)	민간이전지출 근거 (지방보조금 관리기준 참고)	입찰방식			운영예산 산정		성과평가 실시여부
				담당부서	1. 민간경상사업보조(307-02) 2. 민간단체 법정운영비보조(307-03) 3. 민간행사사업보조(307-04) 4. 민간위탁금(307-05) 5. 사회복지시설 법정운영비보조(307-10) 6. 민간인위탁교육비(307-12) 7. 공기관등에대한경상적위탁사업비(308-10) 8. 민간자본사업보조,자체재원(402-01) 9. 민간자본사업보조,이전재원(402-02) 10. 민간위탁사업비(402-03) 11. 공기관등에 대한 자본적 대행사업비(403-02)	1. 법률에 규정 2. 국고보조 재원(국가지정) 3. 용도 지정 기부금 4. 조례에 직접규정 5. 지자체가 권장하는 사업을 하는 공공기관 6. 시,도 정책 및 재정사정 7. 기타 8. 해당없음	계약체결방법 (경쟁형태) 1. 일반경쟁 2. 제한경쟁 3. 지명경쟁 4. 수의계약 5. 법정위탁 6. 기타 ( ) 7. 해당없음	계약기간 1. 1년 2. 2년 3. 3년 4. 4년 5. 5년 6. 기타 ( )년 7. 단기계약 (1년미만) 8. 해당없음	낙찰자선정방법 1. 적격심사 2. 협상에의한계약 3. 최저가낙찰제 4. 규격가격분리 5. 2단계 경쟁입찰 6. 기타 ( ) 7. 해당없음	운영예산 산정 1. 내부산정 (지자체 자체적으로 산정) 2. 외부산정 (외부전문기관위탁 산정) 3. 내·외부 모두 산정 4. 산정 無 5. 해당없음	정산방법 1. 내부정산 (지자체 내부적으로 정산) 2. 외부정산 (외부전문기관위탁 정산) 3. 내·외부 모두 산정 4. 정산 無 5. 해당없음	1. 실시 2. 미실시 3. 향후 추진 4. 해당없음
377	경기 수원시	수원 역세권 상권활성화	95,000	지역경제과	7	1	7	8	7	1	1	1
378	경기 수원시	역전지하상가 관리	375,831	지역경제과	7	6	7	8	7	1	1	2
379	경기 수원시	지역사회보장협의체 운영	343,233	복지협력과	7	4	7	8	7	1	1	1
380	경기 수원시	찾아가는 문화 공연	20,000	문화예술과	7	5	4	1	7	1	1	1
381	경기 수원시	시립공연단 운영	2,895	문화예술과	7	4	7	8	7	1	1	3
382	경기 수원시	수원 연극축제	511,500	문화예술과	7	5	7	8	7	1	1	3
383	경기 수원시	수원 재즈 페스티벌	153,000	문화예술과	7	5	7	8	7	1	1	3
384	경기 수원시	수원 문화재 야행	420,000	문화예술과	7	1	7	8	7	1	1	1
385	경기 수원시	생생문화재 사업	50,000	문화예술과	7	1	7	8	7	1	1	1
386	경기 수원시	향교골에서 만난 정조 대왕님	40,000	문화예술과	7	1	7	8	7	1	1	1
387	경기 수원시	거리로 나온 예술	35,000	문화예술과	7	5	7	8	7	1	1	3
388	경기 수원시	수원화성 낭만소풍	100,000	문화예술과	7	1	7	8	7	1	1	1
389	경기 수원시	수원시사 편찬기구 상설화 운영	100,000	문화예술과	7	5	7	8	7	1	1	1
390	경기 수원시	수원 문화도시 조성	871,000	문화예술과	7	5	4	1	7	1	1	1
391	경기 수원시	여자축구부 운영	21,897	체육진흥과	7	1	7	8	7	1	1	3
392	경기 수원시	종합운동장 운영관리	40,258	체육진흥과	7	1	7	8	7	1	1	3
393	경기 수원시	서수원칠보체육관	1,549	체육진흥과	7	1	7	8	7	1	1	3
394	경기 수원시	광교웰빙국민체육센터 운영	1,876	체육진흥과	7	1	7	8	7	1	1	3
395	경기 수원시	슬레이트 철거 및 개량 지원	100,350	환경정책과	7	2	7	8	7	5	5	4
396	경기 수원시	슬레이트 건축물 실태조사	10,000	환경정책과	7	2	7	8	7	5	5	4
397	경기 수원시	광역알뜰교통카드 마일리지 지원	1,018,000	대중교통과	7	2	6	8	7	2	2	4
398	경기 수원시	경기도 공공버스 운영지원	16,511	대중교통과	7	6	7	8	7	1	1	4
399	경기 수원시	교통약자 이동지원센터 운영	7,186	대중교통과	7	4	5	2	7	1	1	4
400	경기 수원시	택시운행정보관리시스템 운영	50,035	대중교통과	7	1	5	8	7	5	1	4
401	경기 수원시	교통약자 이동수단 운영	20,241	대중교통과	7	4	5	2	7	1	1	4
402	경기 수원시	희귀질환자 의료비 지원	1,220	4개구보건소 보건행정과	7	2	7	8	7	5	5	4
403	경기 수원시	국가암검진지원	14,782	4개구보건소 보건행정과	7	2	7	8	7	5	5	4
404	경기 수원시	일반건강검진지원	91,500	4개구보건소 보건행정과	7	2	7	8	7	5	5	4
405	경기 수원시	수리시설 관리	100,000	생명산업과	7	5	5	5	7	1	1	1
406	경기 수원시	농수산물도매시장 주차장관리	220,593	농수산물도매시장관리과	7	1	5	8	7	1	1	1
407	경기 수원시	어린이도서관(3개관) 운영	21,000	도서관정책과	7	4	4	3	6	1	1	1
408	경기 수원시	장안구민회관 및 주차장 운영	39,408	장안구 행정지원과	7	5	6	8	6	1	1	4
409	경기 성남시	판교 경기문화창조 허브 사업	1,000,000	아시아실리콘밸리담당관	7	6	7	8	7	5	2	2
410	경기 성남시	경기 콘텐츠코리아랩 사업	420,000	아시아실리콘밸리담당관	7	2	7	8	7	2	2	1
411	경기 성남시	지식재산 활용전략 지원사업	300,000	아시아실리콘밸리담당관	7	5	7	1	7	4	1	1
412	경기 성남시	청백-e 통합상시모니터링 시스템 운영비	11,997	감사관	7	7	6	6	6	5	5	4
413	경기 성남시	우편모아시스템 통합 유지관리비	5,300	행정지원과	7	1	5	1	2	2	2	4
414	경기 성남시	표준기록관리시스템 통합 유지관리비	56,527	행정지원과	7	1	5	1	2	2	2	4
415	경기 성남시	독도 문화 탐방	40,000	자치행정과	7	1	7	8	7	5	5	4
416	경기 성남시	인사관리 기본운영 경비	37,756	자치행정과	7	7	1	1	2	2	2	4
417	경기 성남시	청년 부실채무자 신용회복지원	40,000	청년정책과	7	4	7	8	7	1	1	4
418	경기 성남시	지방재정관리시스템 운영지원비	39,890	예산재정과	7	2	7	1	7	2	2	4

순번	시군구	지출명 (사업명)	2021년예산 (단위:천원/1년간)	담당자 (공무원) 담당부서	민간이전 분류 (지방자치단체 세출예산 집행기준에 의거) 1. 민간경상사업보조(307-02) 2. 민간단체 법정운영비보조(307-03) 3. 민간행사사업보조(307-04) 4. 민간위탁금(307-05) 5. 사회복지시설 법정운영비보조(307-10) 6. 민간인위탁교육비(307-12) 7. 공기관등에대한경상적위탁사업비(308-10) 8. 민간자본사업보조,자체재원(402-01) 9. 민간자본사업보조,이전재원(402-02) 10. 민간위탁사업비(402-03) 11. 공기관등에 대한 자본적 대행사업비(403-02)	민간이전지출 근거 (지방보조금 관리기준 참고) 1. 법률에 규정 2. 국고보조 재원(국가지정) 3. 용도 지정 기부금 4. 조례에 직접규정 5. 지자체가 권장하는 사업을 하는 공공기관 6. 시,도 정책 및 재정사정 7. 기타 8. 해당없음	입찰방식 계약체결방법 (경쟁형태) 1. 일반경쟁 2. 제한경쟁 3. 지명경쟁 4. 수의계약 5. 법정위탁 6. 기타 ( ) 7. 해당없음	입찰방식 계약기간 1. 1년 2. 2년 3. 3년 4. 4년 5. 5년 6. 기타 ( )년 7. 단기계약 (1년미만) 8. 해당없음	입찰방식 낙찰자선정방법 1. 적격심사 2. 협상에의한계약 3. 최저가낙찰제 4. 규격가격분리 5. 2단계 경쟁입찰 6. 기타 ( ) 7. 해당없음	운영예산 산정 운영예산 산정 1. 내부산정 (지자체 자체적으로 산정) 2. 외부산정 (외부전문기관위탁 산정) 3. 내·외부 모두 산정 4. 산정 無 5. 해당없음	운영예산 산정 정산방법 1. 내부정산 (지자체 내부적으로 정산) 2. 외부정산 (외부전문기관위탁 정산) 3. 내·외부 모두 산정 4. 정산 無 5. 해당없음	성과평가 실시여부 1. 실시 2. 미실시 3. 향후 추진 4. 해당없음
419	경기 성남시	차세대 주민등록시스템 운영비	15,735	민원여권과	7	7	6	6	6	5	5	4
420	경기 성남시	공통기반 및 재해복구 시스템 유지보수비	177,800	정보통신과	7	1	5	1	7	1	2	4
421	경기 성남시	온나라시스템 유지보수비	22,000	정보통신과	7	1	5	1	7	1	2	4
422	경기 성남시	새올행정시스템 서비스데스크 운영	7,000	정보통신과	7	1	5	1	7	2	2	4
423	경기 성남시	주요정보통신기반시설 보안취약점 분석·평가	45,683	정보통신과	7	1	5	1	7	2	2	1
424	경기 성남시	미래적응 직업훈련	100,000	고용노동과	7	5	7	8	7	5	5	4
425	경기 성남시	성남모란 상권진흥구역 지원사업	500,000	상권지원과	7	6	7	4	7	5	3	1
426	경기 성남시	상권활성화 사업	300,000	상권지원과	7	5	7	1	7	5	1	4
427	경기 성남시	기술닥터사업	466,956	산업지원과	7	4	6	1	6	1	1	4
428	경기 성남시	경기테크노파크 지역사업단 운영사업	150,000	산업지원과	7	4	6	1	6	1	1	4
429	경기 성남시	스타기업육성사업	300,000	산업지원과	7	4	6	1	6	1	1	4
430	경기 성남시	중소기업 수출보험(보증)료 지원사업	50,000	산업지원과	7	4	6	7	6	1	4	4
431	경기 성남시	차세대 세입정보시스템 구축 지방비분담금	87,826	세정과	7	2	7	1	7	2	2	4
432	경기 성남시	지방세프로그램 유지보수비	5,637	세정과	7	2	7	1	7	2	2	4
433	경기 성남시	중증장애인 활동지원사업	37,635	장애인복지과	7	2	7	8	7	1	1	4
434	경기 성남시	중증장애인 활동지원사업 가산급여	128,980	장애인복지과	7	2	7	8	7	1	1	4
435	경기 성남시	중증장애인 활동지원사업	30,346	장애인복지과	7	6	7	8	7	1	1	4
436	경기 성남시	부모 심리상담 지원사업	23,040	장애인복지과	7	2	7	8	7	1	1	4
437	경기 성남시	장애인의료비 지원	437,485	장애인복지과	7	2	7	8	7	1	1	4
438	경기 성남시	장애아동발달재활서비스 바우처사업	1,369	장애인복지과	7	2	7	8	7	1	1	4
439	경기 성남시	언어발달지원 바우처사업	6,471	장애인복지과	7	2	7	8	7	1	1	4
440	경기 성남시	발달장애인 주간활동서비스 지원	810,000	장애인복지과	7	2	7	8	7	1	1	4
441	경기 성남시	청소년 발달장애학생 방과후활동서비스	387,590	장애인복지과	7	2	7	8	7	1	1	4
442	경기 성남시	중증장애인 활동지원사업 24시간 지원	153,965	장애인복지과	7	6	7	8	7	1	1	4
443	경기 성남시	경기도종합예술제	23,620	교육청소년과	7	6	7	8	7	5	1	4
444	경기 성남시	청소년동아리활동지원	51,250	교육청소년과	7	2	7	8	7	5	1	4
445	경기 성남시	청소년어울림마당운영	71,250	교육청소년과	7	2	7	8	7	5	1	4
446	경기 성남시	청소년방과후아카데미 운영	14,565	교육청소년과	7	2	7	8	7	5	1	4
447	경기 성남시	공공청소년시설청소년지도사배치사업	180,180	교육청소년과	7	2	7	8	7	5	1	4
448	경기 성남시	공공청소년 수련시설 청소년 운영위원회 운영	8,000	교육청소년과	7	2	7	8	7	5	1	4
449	경기 성남시	공공청소년시설 프로그램운영비	70,000	교육청소년과	7	6	7	8	7	5	1	4
450	경기 성남시	청소년참여위원회운영지원	2,800	교육청소년과	7	2	7	8	7	5	1	4
451	경기 성남시	인성함양 프로그램 운영	20,000	교육청소년과	7	6	7	8	7	5	1	4
452	경기 성남시	시군 청소년 노동인권 보호 지원	30,000	교육청소년과	7	6	7	8	7	5	1	4
453	경기 성남시	청소년기업가정신 교육 활성화 사업	2,000	교육청소년과	7	6	7	8	7	5	1	4
454	경기 성남시	4차 산업혁명 과학·수학 체험관 운영	150,000	교육청소년과	7	4	7	7	7	1	1	1
455	경기 성남시	수도권매립지 쓰레기 반입료	168,135	자원순환과	7	8	7	8	7	1	4	4
456	경기 성남시	사업장 대기방지시설 유지관리 지원사업	221,000	기후에너지과	7	6	7	8	7	5	1	4
457	경기 성남시	3도어저상버스 도입 지원 사업	200,000	대중교통과	7	7	7	8	7	1	5	4
458	경기 성남시	콜비 무료화에 따른 운수종사자 통신비 지원	204,000	대중교통과	7	4	7	8	7	1	1	4
459	경기 성남시	택시 표시등 교체 지원사업	174,295	대중교통과	7	6	7	8	7	1	1	4
460	경기 성남시	택시운수종사자 쉼터조성	60,000	대중교통과	7	7	6	2	7	1	1	4

순번	시군구	지출명 (사업명)	2021년예산 (단위:천원/1년간)	담당자 (공무원)	민간이전 분류 (지방자치단체 세출예산 집행기준에 의거) 1. 민간경상사업보조(307-02) 2. 민간단체 법정운영비보조(307-03) 3. 민간행사사업보조(307-04) 4. 민간위탁금(307-05) 5. 사회복지시설 법정운영비보조(307-10) 6. 민간인위탁교육비(307-12) 7. 공기관등에대한경상적위탁사업비(308-10) 8. 민간자본사업보조,자체재원(402-01) 9. 민간자본사업보조,이전재원(402-02) 10. 민간위탁사업비(402-03) 11. 공기관등에 대한 자본적 대행사업비(403-02)	민간이전지출 근거 (지방보조금 관리기준 참고) 1. 법률에 규정 2. 국고보조 재원(국가지정) 3. 용도 지정 기부금 4. 조례에 직접규정 5. 지자체가 권장하는 사업을 하는 공공기관 6. 시,도 정책 및 재정사정 7. 기타 8. 해당없음	입찰방식			운영예산 산정		성과평가 실시여부
				담당부서			계약체결방법 (경쟁형태) 1. 일반경쟁 2. 제한경쟁 3. 지명경쟁 4. 수의계약 5. 법정위탁 6. 기타 ( ) 7. 해당없음	계약기간 1. 1년 2. 2년 3. 3년 4. 4년 5. 5년 6. 기타 ( )년 7. 단기계약 (1년미만) 8. 해당없음	낙찰자선정방법 1. 적격심사 2. 협상에의한계약 3. 최저가낙찰제 4. 규격가격분리 5. 2단계 경쟁입찰 6. 기타 ( ) 7. 해당없음	운영예산 산정 1. 내부산정 (지자체 자체적으로 산정) 2. 외부산정 (외부전문기관위탁 산정) 3. 내·외부 모두 산정 4. 산정 無 5. 해당없음	정산방법 1. 내부정산 (지자체 내부적으로 정산) 2. 외부정산 (외부전문기관위탁 정산) 3. 내·외부 모두 산정 4. 정산 無 5. 해당없음	1. 실시 2. 미실시 3. 향후 추진 4. 해당없음
461	경기 성남시	국가주소정보시스템 유지보수 및 운영지원	18,224	토지정보과	7	1	4	1	2	2	2	4
462	경기 성남시	공원 이용 프로그램 운영	15,000	공원과	7	4	6	7	1	2	1	1
463	경기 성남시	2021 도시재생 주민공모사업	60,000	지속가능도시과	7	1	7	8	7	1	1	3
464	경기 의정부시	청백-e 시스템 유지관리비	11,198	감사담당관	7	1	7	1	7	5	5	4
465	경기 의정부시	지방재정관리시스템(e-호조) 유지관리비	32,636	기획예산과	7	1	7	8	7	2	2	4
466	경기 의정부시	장애인공무원 보조공학기기 지원	10,000	자치행정과	7	1	7	8	7	5	5	4
467	경기 의정부시	공무원증 제작	5,590	자치행정과	7	5	7	8	7	1	1	4
468	경기 의정부시	북부 경기문화창조허브 운영	700,000	지역경제과	7	4	7	8	7	1	1	4
469	경기 의정부시	중소기업 개발생산판로 맞춤형 지원사업	49,700	지역경제과	7	4	7	8	7	1	1	4
470	경기 의정부시	경기 스마트미디어센터 운영지원	200,000	지역경제과	7	4	7	8	7	1	1	4
471	경기 의정부시	경기도 기술닥터사업	74,956	지역경제과	7	4	7	8	7	1	1	4
472	경기 의정부시	지식재산 창출지원	74,956	지역경제과	7	4	7	8	7	1	1	4
473	경기 의정부시	제5기 지역사회보장계획 수립을 위한 지역 사회보장조사	44,800	복지정책과	7	1	7	8	7	2	1	4
474	경기 의정부시	장애인의료비 지원	441,962	노인장애인과	7	1	5	8	7	5	2	4
475	경기 의정부시	장애인활동지원 위탁사업비	7,000	노인장애인과	7	1	7	8	7	5	2	4
476	경기 의정부시	시립예술단 위탁운영	1,252	문화관광과	7	5	7	8	7	5	5	4
477	경기 의정부시	청소년 오케스트라 지원사업	80,000	문화관광과	7	5	7	8	7	5	5	4
478	경기 의정부시	관광자원 간접광고	150,000	문화관광과	7	6	7	8	7	1	1	4
479	경기 의정부시	공동주택 관계자 교육	9,000	주택과	7	1	7	8	7	1	1	4
480	경기 의정부시	GIS엔진 SW 유지보수 및 KAIS 운영지원	17,724	토지정보과	7	1	5	1	7	2	2	4
481	경기 의정부시	도로명주소 기본도 유지관리	6,924	토지정보과	7	1	5	1	7	2	2	4
482	경기 의정부시	경기도형 준공영제(경기도 공공버스) 운영 지원	608,972	교통기획과	7	6	7	8	7	5	5	4
483	경기 의정부시	광역알뜰교통카드 연계 마일리지 지원	222,000	교통기획과	7	2	7	8	7	5	5	4
484	경기 의정부시	산모신생아 건강관리사 지원	15,929	건강증진과	7	2	7	8	7	2	3	4
485	경기 의정부시	산모신생아 건강관리사 둘째아 이상 지원	127,000	건강증진과	7	2	7	8	7	2	3	4
486	경기 의정부시	수도권매립지 반입수수료 생활폐기물	196,157	자원순환과	7	1	7	8	7	5	5	4
487	경기 의정부시	수도권매립지 반입수수료 연탄재	66,414	자원순환과	7	1	7	8	7	5	5	4
488	경기 의정부시	수도권매립지 반입수수료 반입총량제 초과반입수수료	202,883	자원순환과	7	1	7	8	7	5	5	4
489	경기 의정부시	차세대 주민등록시스템 구축(2차)사업 위탁비	14,570	민원여권과	7	5	6	1	7	2	2	4
490	경기 의정부시	표준기록관리시스템 통합 유지관리 운영 분담금 지원	13,000	민원여권과	7	1	5	1	7	2	2	4
491	경기 의정부시	표준기록관리시스템 보존포맷 변환서버 운영체제 업그레이드	10,460	민원여권과	7	1	5	1	7	2	2	4
492	경기 의정부시	표준기록관리시스템 비표준 구전자문서 변환	24,000	민원여권과	7	1	5	1	7	2	2	4
493	경기 안양시	청백-e(통합상시모니터링)시스템 유지보수비	11,997	감사관	7	8	7	8	7	5	5	4
494	경기 안양시	지방재정관리시스템 운영관리 부담액	36,264	예산법무과	7	8	7	8	7	5	5	4
495	경기 안양시	안양도시공사 위탁사업비	11,940	예산법무과	7	8	7	8	7	5	5	4
496	경기 안양시	중소기업 기술닥터 사업	273,749	기업경제과	7	8	7	8	7	5	5	4
497	경기 안양시	소공인 집적지구 공동기반시설 구축	63,000	기업경제과	7	8	7	8	7	5	5	4
498	경기 안양시	소공인 집적지구 공동기반시설 구축	124,000	기업경제과	7	8	7	8	7	5	5	4
499	경기 안양시	소공인 특화지원센터 운영	150,000	기업경제과	7	8	7	8	7	5	5	4
500	경기 안양시	도시공사 중앙지하상가 관리위탁금	269,902	회계과	7	8	7	8	7	5	5	4
501	경기 안양시	지방세 정보화사업 위탁대행사업 부담금	81,895	세정과	7	8	7	8	7	5	5	4
502	경기 안양시	차세대 지방세정보시스템 구축 3단계 분담금	3,502	세정과	7	8	7	8	7	5	5	4

순번	시군구	지출명 (사업명)	2021년예산 (단위:천원/1년간)	담당자 (공무원) 담당부서	민간이전 분류 (지방자치단체 세출예산 집행기준에 의거) 1. 민간경상사업보조(307-02) 2. 민간단체 법정운영비보조(307-03) 3. 민간행사사업보조(307-04) 4. 민간위탁금(307-05) 5. 사회복지시설 법정운영비보조(307-10) 6. 민간인위탁교육비(307-12) 7. 공기관등에대한경상적위탁사업비(308-10) 8. 민간자본사업보조,자체재원(402-01) 9. 민간자본사업보조,이전재원(402-02) 10. 민간위탁사업비(402-03) 11. 공기관등에 대한 자본적 대행사업비(403-02)	민간이전지출 근거 (지방보조금 관리기준 참고) 1. 법률에 규정 2. 국고보조 재원(국가지정) 3. 용도 지정 기부금 4. 조례에 직접규정 5. 지자체가 권장하는 사업을 하는 공공기관 6. 시,도 정책 및 재정사정 7. 기타 8. 해당없음	입찰방식 계약체결방법 (경쟁형태) 1. 일반경쟁 2. 제한경쟁 3. 지명경쟁 4. 수의계약 5. 법정위탁 6. 기타 ( ) 7. 해당없음	입찰방식 계약기간 1. 1년 2. 2년 3. 3년 4. 4년 5. 5년 6. 기타 ( )년 7. 단기계약 (1년미만) 8. 해당없음	입찰방식 낙찰자선정방법 1. 적격심사 2. 협상에의한계약 3. 최저가낙찰제 4. 규격가격분리 5. 2단계 경쟁입찰 6. 기타 ( ) 7. 해당없음	운영예산 산정 운영예산 산정 1. 내부산정 (지자체 자체적으로 산정) 2. 외부산정 (외부전문기관위탁 산정) 3. 내·외부 모두 산정 4. 산정 無 5. 해당없음	운영예산 산정 정산방법 1. 내부정산 (지자체 내부적으로 정산) 2. 외부정산 (외부전문기관위탁 정산) 3. 내·외부 모두 산정 4. 정산 無 5. 해당없음	성과평가 실시여부 1. 실시 2. 미실시 3. 향후 추진 4. 해당없음
503	경기 안양시	세외수입정보시스템 위탁대행사업부담금	35,298	세정과	7	8	7	8	7	5	5	4
504	경기 안양시	우편모아시스템 유지보수	5,300	총무과	7	8	7	8	7	5	5	4
505	경기 안양시	표준기록관리시스템 유지보수	45,073	총무과	7	8	7	8	7	5	5	4
506	경기 안양시	중요 기록물 DB 구축	230,000	총무과	7	8	7	8	7	5	5	4
507	경기 안양시	비표준 구전자문서 파일(OPT)변환 사업	52,000	총무과	7	8	7	8	7	5	5	4
508	경기 안양시	표준지방인사정보시스템(인사랑) 유지보수비	7,713	총무과	7	8	7	8	7	5	5	4
509	경기 안양시	차세대 표준지방인사정보시스템 S/W 개발비 분담금	27,503	총무과	7	8	7	8	7	5	5	4
510	경기 안양시	안양도시공사 위탁금	7,624	체육과	7	8	7	8	7	5	5	4
511	경기 안양시	차세대 주민등록시스템 2차 구축	15,735	시민봉사과	7	8	7	8	7	5	5	4
512	경기 안양시	온-나라시스템 운영지원 유지보수위탁비	68,741	정보통신과	7	8	7	8	7	5	5	4
513	경기 안양시	새올행정시스템 서비스데스크 운영위탁비	6,460	정보통신과	7	8	7	8	7	5	5	4
514	경기 안양시	시군구 공통기반시스템 유지보수위탁비	126,943	정보통신과	7	8	7	8	7	5	5	4
515	경기 안양시	시군구 재해복구체계 시도백업센터 유지보수위탁비	10,378	정보통신과	7	8	7	8	7	5	5	4
516	경기 안양시	지역사회보장조사 지원	50,400	복지정책과	7	8	7	8	7	5	5	4
517	경기 안양시	지역사회서비스 투자사업	1,428	복지정책과	7	8	7	8	7	5	5	4
518	경기 안양시	가사간병 방문지원 사업	115,000	복지정책과	7	8	7	8	7	5	5	4
519	경기 안양시	장애인의료비 지원	232,792	장애인복지과	7	8	7	8	7	5	5	4
520	경기 안양시	국가주소정보시스템 유지관리	17,724	도시계획과	7	8	7	8	7	5	5	4
521	경기 안양시	도로명주소 기본도 유지보수	7,557	도시계획과	7	8	7	8	7	5	5	4
522	경기 안양시	안양도시공사 위탁금	106,730	도로과	7	8	7	8	7	5	5	4
523	경기 안양시	가로·보안등 유지관리 자재구입비	310,000	도로과	7	8	7	8	7	5	5	4
524	경기 안양시	안양도시공사 위탁사업비	53,096	교통정책과	7	8	7	8	7	5	5	4
525	경기 안양시	광역알뜰교통카드 연계 마일리지 지원사업 부담금	370,000	대중교통과	7	8	7	8	7	5	5	4
526	경기 안양시	경기도 공공버스 사업 부담금	180,558	대중교통과	7	8	7	8	7	5	5	4
527	경기 안양시	택시운행정보관리시스템 운영 사업비	30,802	대중교통과	7	8	7	8	7	5	5	4
528	경기 안양시	교통약자 이동지원센터 운영 위탁금	30,000	대중교통과	7	8	7	8	7	5	5	4
529	경기 안양시	버스공영차고지 위탁금	312,487	대중교통과	7	8	7	8	7	5	5	4
530	경기 안양시	견인보관소 위탁금	307,233	대중교통과	7	8	7	8	7	5	5	4
531	경기 안양시	석면슬레이트 지붕교체 지원	27,520	환경정책과	7	8	7	8	7	5	5	4
532	경기 안양시	슬레이트 건축물 실태조사 사업	5,910	환경정책과	7	8	7	8	7	5	5	4
533	경기 안양시	안양도시공사 종량제봉투 위탁관리	55,286	자원순환과	7	8	7	8	7	5	5	4
534	경기 안양시	결핵환자 가족 검진비 등	7,370	만안보건과	7	8	7	8	7	5	5	4
535	경기 안양시	암조기검진사업	370,013	만안보건과	7	8	7	8	7	5	5	4
536	경기 안양시	희귀질환자 의료비 지원사업	384,000	만안보건과	7	8	7	8	7	5	5	4
537	경기 안양시	일반건강검진 지원	18,645	만안보건과	7	8	7	8	7	5	5	4
538	경기 안양시	치매치료관리비 지원	146,896	만안보건과	7	8	7	8	7	5	5	4
539	경기 안양시	영유아 건강검진 지원	1,715	만안보건과	7	8	7	8	7	5	5	4
540	경기 안양시	청소년산모 임신출산 의료비 지원	1,000	만안보건과	7	8	7	8	7	5	5	4
541	경기 안양시	기저귀 및 조제분유 지원	165,000	만안보건과	7	8	7	8	7	5	5	4
542	경기 안양시	산모신생아건강관리사 지원	562,960	만안보건과	7	8	7	8	7	5	5	4
543	경기 안양시	산모신생아건강관리사 지원	420,000	만안보건과	7	8	7	8	7	5	5	4
544	경기 안양시	표준모자보건수첩	2,400	만안보건과	7	8	7	8	7	5	5	4

순번	시군구	지출명 (사업명)	2021년예산 (단위:천원/1년간)	담당자 (공무원) 담당부서	민간이전 분류 (지방자치단체 세출예산 집행기준에 의거) 1. 민간경상사업보조(307-02) 2. 민간단체 법정운영비보조(307-03) 3. 민간행사사업보조(307-04) 4. 민간위탁금(307-05) 5. 사회복지시설 법정운영비보조(307-10) 6. 민간인위탁교육비(307-12) 7. 공기관등에대한경상적위탁사업비(308-10) 8. 민간자본사업보조,자체재원(402-01) 9. 민간자본사업보조,이전재원(402-02) 10. 민간위탁사업비(402-03) 11. 공기관등에 대한 자본적 대행사업비(403-02)	민간이전지출 근거 (지방보조금 관리기준 참고) 1. 법률에 규정 2. 국고보조 재원(국가지정) 3. 용도 지정 기부금 4. 조례에 직접규정 5. 지자체가 권장하는 사업을 하는 공공기관 6. 시,도 정책 및 재정사정 7. 기타 8. 해당없음	입찰방식 계약체결방법 (경쟁형태) 1. 일반경쟁 2. 제한경쟁 3. 지명경쟁 4. 수의계약 5. 법정위탁 6. 기타 ( ) 7. 해당없음	입찰방식 계약기간 1. 1년 2. 2년 3. 3년 4. 4년 5. 5년 6. 기타 ( )년 7. 단기계약 (1년미만) 8. 해당없음	입찰방식 낙찰자선정방법 1. 적격심사 2. 협상에의한계약 3. 최저가낙찰제 4. 규격가격분리 5. 2단계 경쟁입찰 6. 기타 ( ) 7. 해당없음	운영예산 산정 운영예산 산정 1. 내부산정 (지자체 자체적으로 산정) 2. 외부산정 (외부전문기관위탁 산정) 3. 내·외부 모두 산정 4. 산정 無 5. 해당없음	운영예산 산정 정산방법 1. 내부정산 (지자체 내부적으로 정산) 2. 외부정산 (외부전문기관위탁 정산) 3. 내·외부 모두 산정 4. 정산 無 5. 해당없음	성과평가 실시여부 1. 실시 2. 미실시 3. 향후 추진 4. 해당없음
545	경기 안양시	결핵환자 가족검진	7,370	동안보건과	7	8	7	8	7	5	5	4
546	경기 안양시	암조기검진사업	369,134	동안보건과	7	8	7	8	7	5	5	4
547	경기 안양시	치매치료관리비 지원	144,782	동안보건과	7	8	7	8	7	5	5	4
548	경기 안양시	희귀질환자 의료비 지원사업	256,000	동안보건과	7	8	7	8	7	5	5	4
549	경기 안양시	일반건강검진 지원	15,255	동안보건과	7	8	7	8	7	5	5	4
550	경기 안양시	영유아 건강검진 지원	1,715	동안보건과	7	8	7	8	7	5	5	4
551	경기 안양시	기저귀 및 조제분유 지원	165,000	동안보건과	7	8	7	8	7	5	5	4
552	경기 안양시	산모신생아건강관리사 지원	844,440	동안보건과	7	8	7	8	7	5	5	4
553	경기 안양시	산모신생아건강관리사 지원	630,000	동안보건과	7	8	7	8	7	5	5	4
554	경기 안양시	표준모자보건수첩	2,400	동안보건과	7	8	7	8	7	5	5	4
555	경기 안양시	안양도시공사 위탁금	219,997	공원관리과	7	8	7	8	7	5	5	4
556	경기 광명시	청백-e(통합상시모니터링) 시스템 유지관리비	9,600	감사담당관	7	1	5	1	7	5	5	4
557	경기 광명시	지방재정관리시스템 유지관리비	29,012	예산법무과	7	8	7	8	7	2	2	4
558	경기 광명시	자원봉사자 보험료 지원	18,934	자치분권과	7	2	7	8	7	1	1	1
559	경기 광명시	자원봉사 코디네이터 지원	59,076	자치분권과	7	2	7	8	7	1	1	1
560	경기 광명시	우편모아시스템 유지 관리비 부담금	5,300	총무과	7	1	5	1	6	5	5	4
561	경기 광명시	지방자치단체 선거관리 경비	112,206	총무과	7	1	7	7	7	4	4	4
562	경기 광명시	차세대 주민등록시스템 운영	13,922	민원여권과	7	5	7	8	7	5	5	4
563	경기 광명시	도로명주소 정보시스템 운영	18,360	토지정보과	7	1	6	1	7	3	1	4
564	경기 광명시	해외시장개척단 및 전시관 운영	100,000	지역경제과	7	4	7	8	7	1	1	4
565	경기 광명시	중소기업 개발생산 판로맞춤형 지원사업	80,000	지역경제과	7	4	7	8	7	3	3	1
566	경기 광명시	지식재산창출 지원	30,000	지역경제과	7	4	7	8	7	3	3	1
567	경기 광명시	디자인개발지원 보조사업	50,000	지역경제과	7	4	7	8	7	3	3	1
568	경기 광명시	비즈네비 사업추진	50,000	지역경제과	7	4	7	8	7	3	3	1
569	경기 광명시	기술닥터사업	79,254	지역경제과	7	4	7	8	7	3	3	1
570	경기 광명시	빅원(BIG-1) 광명기업기술포럼	40,000	지역경제과	7	4	7	8	7	3	3	1
571	경기 광명시	미디어콘텐츠 활용 홍보	35,000	문화관광과	7	8	7	1	7	1	1	4
572	경기 광명시	장애인의료비지원	132,196	장애인복지과	7	2	7	8	7	5	5	4
573	경기 광명시	장애인활동지원사업	12,365	장애인복지과	7	1	7	8	7	5	5	4
574	경기 광명시	중증장애인활동보조 가산급여	48,368	장애인복지과	7	1	7	8	7	5	5	4
575	경기 광명시	장애인활동지원사업	1,280	장애인복지과	7	1	7	8	7	5	5	4
576	경기 광명시	장애인활동지원급여 24시간 지원	166,558	장애인복지과	7	1	7	8	7	5	5	4
577	경기 광명시	장애인활동지원사업	6,500	장애인복지과	7	1	7	8	7	5	5	4
578	경기 광명시	발달재활서비스 바우처 지원	588,674	장애인복지과	7	8	7	8	7	4	4	4
579	경기 광명시	언어발달지원 바우처	12,501	장애인복지과	7	1	7	8	7	4	4	4
580	경기 광명시	발달장애인 부모심리상담지원	1,920	장애인복지과	7	1	7	8	7	4	4	4
581	경기 광명시	청소년 발달장애학생 방과후 활동서비스 사업	140,882	장애인복지과	7	1	7	8	7	4	4	4
582	경기 광명시	발달장애인 주간활동서비스	108,000	장애인복지과	7	1	7	8	7	4	4	4
583	경기 광명시	지역사회서비스투자사업	180,000	장애인복지과	7	2	5	8	7	4	1	1
584	경기 광명시	가사간병 방문 도우미사업	74,000	장애인복지과	7	2	5	8	7	4	1	4
585	경기 광명시	제99회 어린이날 행사	85,000	여성가족과	7	5	7	8	7	1	1	3
586	경기 광명시	새경기 준공영제 시범사업	218,248	도시교통과	7	6	7	7	7	1	1	4

순번	시군구	지출명 (사업명)	2021년예산 (단위:천원/1년간)	담당자 (공무원) 담당부서	민간이전 분류 (지방자치단체 세출예산 집행기준에 의거) 1. 민간경상사업보조(307-02) 2. 민간단체 법정운영비보조(307-03) 3. 민간행사사업보조(307-04) 4. 민간위탁금(307-05) 5. 사회복지시설 법정운영비보조(307-10) 6. 민간인위탁교육비(307-12) 7. 공기관등에대한경상적위탁사업비(308-10) 8. 민간자본사업보조,자체재원(402-01) 9. 민간자본사업보조,이전재원(402-02) 10. 민간위탁사업비(402-03) 11. 공기관등에 대한 자본적 대행사업비(403-02)	민간이전지출 근거 (지방보조금 관리기준 참고) 1. 법률에 규정 2. 국고보조 재원(국가지정) 3. 용도 지정 기부금 4. 조례에 직접규정 5. 지자체가 권장하는 사업을 하는 공공기관 6. 시,도 정책 및 재정사정 7. 기타 8. 해당없음	입찰방식 계약체결방법 (경쟁형태) 1. 일반경쟁 2. 제한경쟁 3. 지명경쟁 4. 수의계약 5. 법정위탁 6. 기타 ( ) 7. 해당없음	입찰방식 계약기간 1. 1년 2. 2년 3. 3년 4. 4년 5. 5년 6. 기타 ( )년 7. 단기계약 (1년미만) 8. 해당없음	입찰방식 낙찰자선정방법 1. 적격심사 2. 협상에의한계약 3. 최저가낙찰제 4. 규격가격분리 5. 2단계 경쟁입찰 6. 기타 ( ) 7. 해당없음	운영예산 산정 운영예산 산정 1. 내부산정 (지자체 자체적으로 산정) 2. 외부산정 (외부전문기관위탁 산정) 3. 내·외부 모두 산정 4. 산정 無 5. 해당없음	운영예산 산정 정산방법 1. 내부정산 (지자체 내부적으로 정산) 2. 외부정산 (외부전문기관위탁 정산) 3. 내·외부 모두 산정 4. 정산 無 5. 해당없음	성과평가 실시여부 1. 실시 2. 미실시 3. 향후 추진 4. 해당없음
587	경기 광명시	경기도 공공버스 사업	915,600	도시교통과	7	6	7	7	7	1	1	4
588	경기 광명시	광역알뜰교통카드 연계 마일리지 지원	168,000	도시교통과	7	6	7	7	7	1	1	4
589	경기 평택시	지역사회건강조사	68,966	평택보건소 건강증진과	7	2	7	8	7	5	1	1
590	경기 평택시	일반건강검진 지원	23,158	건강증진과	7	1	5	8	7	2	2	4
591	경기 평택시	희귀질환자 의료비 지원	408,000	건강증진과	7	2	7	8	7	5	5	4
592	경기 평택시	산모신생아 건강관리 지원	1,198	평택보건소 건강증진과	7	2	7	8	7	3	3	2
593	경기 평택시	청소년산모 의료비 지원	8,000	평택보건소 건강증진과	7	2	7	8	7	3	3	2
594	경기 평택시	표준모자보건수첩	3,000	평택보건소 건강증진과	7	2	7	8	7	3	3	2
595	경기 평택시	저소득층기저귀조제분유지원	300,000	평택보건소 건강증진과	7	2	7	8	7	3	3	2
596	경기 평택시	영유아 건강검진 지원	4,876	평택보건소 건강증진과	7	2	7	8	7	3	3	2
597	경기 평택시	청소년문화센터 프로그램 운영지원	366,100	교육청소년과	7	2	7	8	7	1	1	1
598	경기 평택시	학교 밖 청소년 지원사업	134,273	교육청소년과	7	2	7	8	7	1	1	1
599	경기 평택시	학교 밖 청소년 급식 지원	24,772	교육청소년과	7	2	7	8	7	1	1	1
600	경기 평택시	학교 밖 청소년 맞춤형 프로그램 운영 지원	153,760	교육청소년과	7	4	7	8	7	1	1	1
601	경기 평택시	학교 밖 청소년 문화활동 지원	80,000	교육청소년과	7	4	7	8	7	1	1	1
602	경기 평택시	학교 밖 청소년 자립지원 수당	9,350	교육청소년과	7	4	7	8	7	5	5	4
603	경기 평택시	청소년 노동인권 보호 지원 사업	30,000	교육청소년과	7	4	7	8	7	5	5	4
604	경기 평택시	미래성장 프로젝트	230,000	교육청소년과	7	6	7	8	7	1	1	1
605	경기 평택시	산모신생아건강관리지원사업	513,750	건강증진과	7	2	7	8	7	3	3	2
606	경기 평택시	표준모자보건수첩	1,280	건강증진과	7	2	7	8	7	3	3	2
607	경기 평택시	저소득층기저귀조제분유지원	100,000	건강증진과	7	2	7	8	7	3	3	2
608	경기 평택시	영유아 건강검진 지원	1,624	건강증진과	7	2	7	8	7	3	3	2
609	경기 평택시	지역사회 건강조사	68,890	건강증진과	7	2	6	1	6	2	2	2
610	경기 평택시	희귀질환자 의료비 지원	192,000	건강증진과	7	2	7	8	7	2	2	1
611	경기 평택시	진위천유원지 위탁운영비	1,163	송출총무과	7	8	7	2	7	1	1	4
612	경기 동두천시	지방행정공통정보시스템 서비스데스크 운영	6,460	공보전산과	7	8	5	1	7	1	1	4
613	경기 동두천시	행정정보 전산장비 유지관리	82,520	공보전산과	7	8	5	1	7	1	1	4
614	경기 동두천시	시군구 재해복구체계 시도백업센터 구축사업 유지관리	7,475	공보전산과	7	8	5	1	7	1	1	4
615	경기 동두천시	소규모 영세사업장 방지시설 지원	62,100	환경보호과	7	8	7	1	7	1	1	1
616	경기 동두천시	북부 중소기업 환경개선 지원사업	84,600	환경보호과	7	6	7	8	7	5	1	4
617	경기 동두천시	동두천시 골목상권 시장상권매니저 지원	7,000	일자리경제과	7	8	7	8	7	5	5	4
618	경기 동두천시	기술닥터 지원사업	5,686	일자리경제과	7	4	5	1	7	3	3	1
619	경기 안산시	차세대 주민등록정보시스템 구축 운영비	15,735	시민소통관	7	1	5	1	7	2	2	4
620	경기 안산시	2021년 지방재정 정보화 사업	36,264	기획예산과	7	1	7	1	7	5	5	4
621	경기 안산시	나들가게 지원	100,000	상생경제과	7	1	7	1	7	1	2	2
622	경기 안산시	안산9경-안산 어디까지 가봤니?	190,000	문화예술과	7	5	7	1	7	1	3	1
623	경기 안산시	에코뮤지엄센터 사업운영	42,000	문화예술과	7	6	4	1	1	1	1	1
624	경기 안산시	누에섬 예술섬 조성	55,000	문화예술과	7	6	4	1	1	1	1	1
625	경기 안산시	경기서부권 관광활성화 공동사업	500,000	관광과	7	1	7	8	7	1	1	3
626	경기 안산시	온-나라시스템 운영지원	36,179	정보콘텐츠과	7	1	6	1	7	2	2	4
627	경기 안산시	시군구 재해복구체계 시도백업구축시스템 유지관리	10,942	정보콘텐츠과	7	1	6	1	7	2	2	4
628	경기 안산시	시군구 공통기반 시스템(H/W) 유지관리	123,576	정보콘텐츠과	7	1	6	1	7	2	2	4

순번	시군구	지출명 (사업명)	2021년예산 (단위:천원/1년간)	담당자 (공무원)	민간이전 분류 (지방자치단체 세출예산 집행기준에 의거)	민간이전지출 근거 (지방보조금 관리기준 참고)	입찰방식			운영예산 산정		성과평가 실시여부
				담당부서	1. 민간경상사업보조(307-02) 2. 민간단체 법정운영비보조(307-03) 3. 민간행사사업보조(307-04) 4. 민간위탁금(307-05) 5. 사회복지시설 법정운영비보조(307-10) 6. 민간인위탁교육비(307-12) 7. 공기관등에대한경상적위탁사업비(308-10) 8. 민간자본사업보조,자체재원(402-01) 9. 민간자본사업보조,이전재원(402-02) 10. 민간위탁사업비(402-03) 11. 공기관등에 대한 자본적 대행사업비(403-02)	1. 법률에 규정 2. 국고보조 재원(국가지정) 3. 용도 지정 기부금 4. 조례에 직접규정 5. 지자체가 권장하는 사업을 하는 공공기관 6. 시,도 정책 및 재정사정 7. 기타 8. 해당없음	계약체결방법 (경쟁형태) 1. 일반경쟁 2. 제한경쟁 3. 지명경쟁 4. 수의계약 5. 법정위탁 6. 기타 ( ) 7. 해당없음	계약기간 1. 1년 2. 2년 3. 3년 4. 4년 5. 5년 6. 기타 ( )년 7. 단기계약 (1년미만) 8. 해당없음	낙찰자선정방법 1. 적격심사 2. 협상에의한계약 3. 최저가낙찰제 4. 규격가격분리 5. 2단계 경쟁입찰 6. 기타 ( ) 7. 해당없음	운영예산 산정 1. 내부산정 (지자체 자체적으로 산정) 2. 외부산정 (외부전문기관위탁 산정) 3. 내·외부 모두 산정 4. 산정 無 5. 해당없음	정산방법 1. 내부정산 (지자체 내부적으로 정산) 2. 외부정산 (외부전문기관위탁 정산) 3. 내·외부 모두 산정 4. 정산 無 5. 해당없음	1. 실시 2. 미실시 3. 향후 추진 4. 해당없음
629	경기 안산시	경기도 지역사회보장조사 지원	60,000	복지정책과	7	1	7	1	7	3	3	1
630	경기 안산시	지역사회서비스투자사업	24,285	복지정책과	7	1	7	8	7	5	5	1
631	경기 안산시	청년 창업 인큐베이팅 사업운영비	1,100,000	일자리정책과	7	5	7	1	7	3	1	1
632	경기 안산시	청년창업 인큐베이팅 팹랩 위탁운영비	300,000	일자리정책과	7	5	7	1	7	3	1	3
633	경기 안산시	발달장애인 방과후 활동서비스 지원	473,495	장애인복지과	7	2	7	8	7	5	5	4
634	경기 안산시	발달장애인 주간활동서비스 지원	793,491	장애인복지과	7	2	7	8	7	5	5	4
635	경기 안산시	발달재활서비스 바우처지원	22,071	장애인복지과	7	2	7	8	7	5	5	4
636	경기 안산시	언어발달지원 바우처지원	38,938	장애인복지과	7	2	7	8	7	5	5	4
637	경기 안산시	발달장애인 부모상담지원	13,440	장애인복지과	7	2	7	8	7	5	5	4
638	경기 안산시	장애인의료비 지원	312,974	장애인복지과	7	2	7	8	7	5	4	4
639	경기 안산시	주소정보관리시스템 유지관리 사업	16,711	토지정보과	7	1	6	1	7	3	1	4
640	경기 안산시	도로명주소기본도유지보수사업	6,132	토지정보과	7	1	6	1	7	3	1	4
641	경기 안산시	도로명주소 안내시설 일제조사	27,330	토지정보과	7	1	6	1	7	3	1	4
642	경기 안산시	노후경유차 운행제한 단속카메라 유지관리 대행사업	72,000	환경정책과	7	1	3	1	2	3	1	4
643	경기 안산시	에너지 투어 운영	40,000	에너지정책과	7	5	7	8	7	1	1	4
644	경기 안산시	신재생에너지 보급(주택지원) 사업	140,000	에너지정책과	7	5	7	8	7	5	5	4
645	경기 안산시	신재생에너지 보급(건물지원) 사업	80,000	에너지정책과	7	5	7	8	7	5	5	4
646	경기 안산시	수소충전소 운영비 지원	533,202	에너지정책과	7	5	7	8	7	5	5	4
647	경기 안산시	광역알뜰교통카드 연계 마일리지 지원	372,000	대중교통과	7	2	7	8	7	5	5	4
648	경기 안산시	차세대표준지방인사정보시스템 구축 SW개발비	27,503	총무과	7	1	5	1	7	2	2	4
649	경기 안산시	표준지방인사정보시스템 유지관리	7,903	총무과	7	1	5	1	7	2	2	4
650	경기 안산시	장애인공무원 근무지원 사업	20,000	총무과	7	4	7	8	7	5	5	4
651	경기 안산시	우편모아시스템 유지관리	5,300	총무과	7	1	5	1	7	1	1	4
652	경기 안산시	표준기록관리시스템 유지관리	56,903	총무과	7	1	5	1	7	1	1	4
653	경기 안산시	표준지방세정보시스템 유지관리	59,509	공정조세과	7	1	5	1	7	5	5	4
654	경기 안산시	세외수입정보시스템 유지관리	35,298	공정조세과	7	1	5	1	7	5	5	4
655	경기 안산시	위택스(통합지방세) 유지관리	25,969	공정조세과	7	1	5	1	7	5	5	4
656	경기 안산시	과세자료 통합관리시스템 유지관리	2,348	공정조세과	7	1	5	1	7	5	5	4
657	경기 안산시	차세대 지방세 정보시스템 유지관리	3,963	공정조세과	7	1	5	1	7	5	5	4
658	경기 안산시	육도 바다숲조성(사후관리)사업	30,000	해양수산과	7	1	7	8	7	1	1	4
659	경기 안산시	해삼 서식 기반 조성사업	111,000	해양수산과	7	1	7	8	7	1	1	4
660	경기 안산시	주꾸미산란장조성사업	300,000	해양수산과	7	1	7	8	7	1	1	4
661	경기 안산시	연안바다목장조성사업	500,000	해양수산과	7	1	7	8	7	1	1	4
662	경기 안산시	해면수산자원조성사업	700,000	해양수산과	7	1	7	8	7	1	1	4
663	경기 안산시	미래산업 육성 및 저변확대 사업	200,000	산업진흥과	7	6	7	8	7	5	5	4
664	경기 안산시	드론 체험공간 조성	100,000	산업진흥과	7	6	7	8	7	5	5	4
665	경기 안산시	자율주행차 시범운행	80,000	산업진흥과	7	6	7	8	7	5	5	4
666	경기 안산시	섬유기업 현장기술 돌봄이 지원사업	20,000	산업진흥과	7	4	7	8	7	1	2	3
667	경기 안산시	스마트공장 보급 확산 지원사업	400,000	산업진흥과	7	4	7	8	7	1	1	1
668	경기 안산시	안산사이언스밸리(ASV) 혁신클러스터 활성화 지원사업	300,000	산업진흥과	7	4	7	8	7	1	1	1
669	경기 안산시	안산사이언스밸리(ASV) 과학축제	200,000	산업진흥과	7	4	7	8	7	1	1	1
670	경기 안산시	경기테크노파크 거점기관 운영사업	130,000	산업진흥과	7	1	7	8	7	1	1	1

순번	시군구	지출명 (사업명)	2021년예산 (단위:천원/1년간)	담당자 (공무원) 담당부서	민간이전 분류 (지방자치단체 세출예산 집행기준에 의거) 1. 민간경상사업보조(307-02) 2. 민간단체 법정운영비보조(307-03) 3. 민간행사사업보조(307-04) 4. 민간위탁금(307-05) 5. 사회복지시설 법정운영비보조(307-10) 6. 민간인위탁교육비(307-12) 7. 공기관등에대한경상적위탁사업비(308-10) 8. 민간자본사업보조,자체재원(402-01) 9. 민간자본사업보조,이전재원(402-02) 10. 민간위탁사업비(402-03) 11. 공기관등에 대한 자본적 대행사업비(403-02)	민간이전지출 근거 (지방보조금 관리기준 참고) 1. 법률에 규정 2. 국고보조 재원(국가지정) 3. 용도 지정 기부금 4. 조례에 직접규정 5. 지자체가 권장하는 사업을 하는 공공기관 6. 시,도 정책 및 재정사정 7. 기타 8. 해당없음	입찰방식 계약체결방법 (경쟁형태) 1. 일반경쟁 2. 제한경쟁 3. 지명경쟁 4. 수의계약 5. 법정위탁 6. 기타 ( ) 7. 해당없음	입찰방식 계약기간 1. 1년 2. 2년 3. 3년 4. 4년 5. 5년 6. 기타 ( )년 7. 단기계약 (1년미만) 8. 해당없음	입찰방식 낙찰자선정방법 1. 적격심사 2. 협상에의한계약 3. 최저가낙찰제 4. 규격가격분리 5. 2단계 경쟁입찰 6. 기타 ( ) 7. 해당없음	운영예산 산정 운영예산 산정 1. 내부산정 (지자체 자체적으로 산정) 2. 외부산정 (외부전문기관위탁 산정) 3. 내·외부 모두 산정 4. 산정 無 5. 해당없음	운영예산 산정 정산방법 1. 내부정산 (지자체 내부적으로 정산) 2. 외부정산 (외부전문기관위탁 정산) 3. 내·외부 모두 산정 4. 정산 無 5. 해당없음	성과평가 실시여부 1. 실시 2. 미실시 3. 향후 추진 4. 해당없음
671	경기 안산시	안산 IT,SW기업 성장지원사업	200,000	산업진흥과	7	4	7	8	7	1	3	4
672	경기 안산시	안산정보산업진흥센터 운영지원	300,000	산업진흥과	7	4	7	8	7	1	3	4
673	경기 안산시	지역SW서비스 사업화 지원사업	314,000	산업진흥과	7	2	7	8	7	1	3	4
674	경기 안산시	안산스마트허브 기술혁신 지원사업	500,000	산업진흥과	7	4	7	8	7	1	1	1
675	경기 안산시	기술닥터사업	769,546	산업진흥과	7	6	7	8	7	1	3	1
676	경기 안산시	뿌리산업육성지원사업	200,000	산업진흥과	7	1	7	8	7	1	1	1
677	경기 안산시	안산시 강소기업육성지원사업	15,000	산업진흥과	7	4	7	8	7	1	1	1
678	경기 안산시	기술거래촉진 네트워크사업	280,000	산업진흥과	7	4	7	8	7	1	3	1
679	경기 안산시	중소기업 혁신성장 지원사업	300,000	기업지원과	7	5	6	1	7	5	5	1
680	경기 안산시	연구장비공동활용지원사업	40,000	기업지원과	7	5	6	1	7	5	5	1
681	경기 안산시	지식재산 창출 지원사업	40,000	기업지원과	7	5	6	1	7	5	5	1
682	경기 안산시	중소기업 수출보험료 지원사업	20,000	기업지원과	7	5	6	1	7	5	5	4
683	경기 안산시	중소제조업체 국제운송비 지원사업	20,000	기업지원과	7	5	6	1	7	5	5	4
684	경기 안산시	스마트허브 근로자 공동통근버스 분담금	183,850	기업지원과	7	5	7	8	7	1	2	1
685	경기 안산시	해외시장개척단 파견사업	120,000	기업지원과	7	5	7	8	7	5	1	1
686	경기 고양시	지방재정관리시스템 운영관리	38,830	예산담당관	7	1	5	1	7	2	2	4
687	경기 고양시	대화버스공영차고지	160,500	버스정책과	7	4	4	8	6	3	3	1
688	경기 고양시	고양누리버스 운영	1,258	버스정책과	7	4	7	8	7	1	1	4
689	경기 고양시	광역알뜰교통카드 연계마일리지 지원	626,000	버스정책과	7	7	7	8	7	3	1	4
690	경기 고양시	평화누리자전거길 기반시설 보강사업	110,000	녹색도시담당관	7	7	7	8	7	1	1	1
691	경기 고양시	선인장 전시관 위탁운영	90,000	화훼연구	7	5	5	3	2	1	1	1
692	경기 고양시	차세대 주민등록정보시스템 운영비	16,388	민원여권과	7	1	7	1	7	2	2	4
693	경기 고양시	백석동 창업지원시설 운영	29,680	전략산업과	7	6	5	3	7	1	2	4
694	경기 고양시	고양아쿠아특수촬영스튜디오 운영	273,076	전략산업과	7	1	5	2	7	1	2	1
695	경기 고양시	고양경기문화창조허브 운영	1,000,000	전략산업과	7	6	5	4	7	1	2	1
696	경기 고양시	킨텍스 캠핑장 대행사업	434,151	전략산업과	7	4	5	8	7	1	1	4
697	경기 고양시	1인 창조기업 지원센터	69,900	전략산업과	7	1	5	3	7	1	2	1
698	경기 고양시	중장년 기술창업센터	77,197	전략산업과	7	1	5	3	7	1	2	1
699	경기 고양시	지역SW서비스사업화 지원	738,000	전략산업과	7	1	5	2	7	1	2	1
700	경기 고양시	경기도 청소년종합예술제 지원	23,620	아동청소년과	7	6	7	8	7	5	1	4
701	경기 고양시	청소년지도사 배치 지원	116,040	아동청소년과	7	1	7	8	7	5	3	4
702	경기 고양시	청소년 방과후 아카데미 운영	516,966	아동청소년과	7	1	7	8	7	5	3	4
703	경기 고양시	지역청소년 참여기구 운영	2,800	아동청소년과	7	1	7	8	7	5	3	4
704	경기 고양시	지역청소년 참여기구 운영	4,000	아동청소년과	7	1	7	8	7	5	3	4
705	경기 고양시	공공 청소년수련시설 프로그램 운영 지원	50,000	아동청소년과	7	6	7	8	7	5	3	4
706	경기 고양시	청소년어울림마당 운영 지원	24,000	아동청소년과	7	1	7	8	7	5	3	4
707	경기 고양시	청소년 동아리 지원	52,500	아동청소년과	7	1	7	8	7	5	3	4
708	경기 고양시	청소년동반자 프로그램 운영	377,800	아동청소년과	7	1	5	8	7	1	1	4
709	경기 고양시	청소년 안전망 운영지원	102,990	아동청소년과	7	1	5	8	7	1	1	4
710	경기 고양시	학교 밖 청소년 지원	173,361	아동청소년과	7	1	5	8	7	1	1	4
711	경기 고양시	시군 학교 밖 청소년 프로그램 운영	184,591	아동청소년과	7	6	5	8	7	1	1	4
712	경기 고양시	시군 학교 밖 청소년 문화활동 지원	65,000	아동청소년과	7	6	5	8	7	1	1	4

순번	시군구	지출명 (사업명)	2021년예산 (단위:천원/1년간)	담당자 (공무원) 담당부서	민간이전 분류 (지방자치단체 세출예산 집행기준에 의거) 1. 민간경상사업보조(307-02) 2. 민간단체 법정운영비보조(307-03) 3. 민간행사사업보조(307-04) 4. 민간위탁금(307-05) 5. 사회복지시설 법정운영비보조(307-10) 6. 민간인위탁교육비(307-12) 7. 공기관등에대한경상적위탁사업비(308-10) 8. 민간자본사업보조,자체재원(402-01) 9. 민간자본사업보조,이전재원(402-02) 10. 민간위탁사업비(402-03) 11. 공기관등에 대한 자본적 대행사업비(403-02)	민간이전지출 근거 (지방보조금 관리기준 참고) 1. 법률에 규정 2. 국고보조 재원(국가지정) 3. 용도 지정 기부금 4. 조례에 직접규정 5. 지자체가 권장하는 사업을 하는 공공기관 6. 시,도 정책 및 재정사정 7. 기타 8. 해당없음	입찰방식 계약체결방법 (경쟁형태) 1. 일반경쟁 2. 제한경쟁 3. 지명경쟁 4. 수의계약 5. 법정위탁 6. 기타 ( ) 7. 해당없음	입찰방식 계약기간 1. 1년 2. 2년 3. 3년 4. 4년 5. 5년 6. 기타 ( )년 7. 단기계약 (1년미만) 8. 해당없음	입찰방식 낙찰자선정방법 1. 적격심사 2. 협상에의한계약 3. 최저가낙찰제 4. 규격가격분리 5. 2단계 경쟁입찰 6. 기타 ( ) 7. 해당없음	운영예산 산정 운영예산 산정 1. 내부산정 (지자체 자체적으로 산정) 2. 외부산정 (외부전문기관위탁 산정) 3. 내·외부 모두 산정 4. 산정 無 5. 해당없음	운영예산 산정 정산방법 1. 내부정산 (지자체 내부적으로 정산) 2. 외부정산 (외부전문기관위탁 정산) 3. 내·외부 모두 산정 4. 정산 無 5. 해당없음	성과평가 실시여부 1. 실시 2. 미실시 3. 향후 추진 4. 해당없음
713	경기 고양시	인터넷 중독 전담상담사 배치사업	35,074	아동청소년과	7	1	5	8	7	1	1	4
714	경기 고양시	학교 밖 청소년 지원센터 급식비 지원	44,618	아동청소년과	7	1	5	8	7	1	1	4
715	경기 고양시	인쇄문화 소공인특화지원센터 운영	300,000	기업지원과	7	5	7	8	7	1	1	1
716	경기 고양시	28청춘 창업소 운영	386,054	기업지원과	7	5	7	2	7	1	1	1
717	경기 고양시	중소기업 개발생산판로 맞춤형 지원사업	124,300	기업지원과	7	4	7	1	7	1	1	1
718	경기 고양시	G-디자인 개발 지원사업	60,753	기업지원과	7	4	7	1	7	1	1	1
719	경기 고양시	지식재산 창출 지원 사업	16,000	기업지원과	7	4	7	1	7	1	1	1
720	경기 고양시	기술 닥터 사업	131,896	기업지원과	7	4	7	1	7	1	1	1
721	경기 고양시	경기테크노파크 지역사업단 운영 지원	180,000	기업지원과	7	4	7	1	7	1	1	1
722	경기 고양시	고양도시관리공사 위탁사업비	1,308	주차교통과	7	5	7	8	7	5	4	4
723	경기 고양시	표준모자보건수첩	2,496	일산동구보건소	7	2	5	8	7	5	5	4
724	경기 고양시	청소년산모 임신출산 의료비지원	300	일산동구보건소	7	2	5	8	7	5	5	4
725	경기 고양시	저소득층 기저귀 조제분유 지원	126,960	일산동구보건소	7	2	5	8	7	5	5	4
726	경기 고양시	영유아건강검진 지원	2,118	일산동구보건소	7	2	5	8	7	5	5	4
727	경기 고양시	맘편한 산후조리 지원사업	335,250	일산동구보건소	7	6	5	8	7	5	5	4
728	경기 고양시	지역자율형 사회서비스 투자사업	753,480	일산동구보건소	7	2	5	8	7	5	5	4
729	경기 고양시	도시재생지원센터 위탁운영비	979,747	도시재생과	7	4	7	8	7	1	1	3
730	경기 고양시	토당문화플랫폼 및 공유주방 운영	211,000	도시재생과	7	1	7	8	7	1	1	3
731	경기 과천시	과천도시공사 지원	21,688	기획감사담당관	7	4	5	8	7	1	3	1
732	경기 과천시	지방재정관리시스템 유지보수	21,758	기획감사담당관	7	7	7	8	7	2	2	4
733	경기 과천시	인사랑 유지관리	6,602	자치행정과	7	7	7	8	7	5	5	4
734	경기 과천시	차세대 표준지방인사정보시스템 구축	17,063	자치행정과	7	7	7	8	7	5	5	4
735	경기 과천시	우편모아시스템 통합유지관리	5,419	자치행정과	7	7	6	1	6	2	2	4
736	경기 과천시	지방세정보화 사업 운영관리	54,168	세무과	7	6	5	1	6	2	2	1
737	경기 과천시	표준지방세외수입정보시스템 유지관리비	22,189	세무과	7	6	5	1	6	2	2	1
738	경기 과천시	국가주소정보시스템 유지관리	17,223	열린민원과	7	1	5	1	7	5	5	4
739	경기 과천시	도로명주소기본도 유지보수	2,208	열린민원과	7	1	5	1	7	5	5	4
740	경기 과천시	온-나라시스템 유지관리	22,150	정보통신과	7	5	7	1	7	2	2	1
741	경기 과천시	지방행정통합정보시스템 상담센터 운영	6,460	정보통신과	7	5	7	1	7	2	2	1
742	경기 과천시	공통기반 전산장비 유지보수	81,120	정보통신과	7	5	7	1	7	2	2	1
743	경기 과천시	공통기반 재해복구 유지보수	7,026	정보통신과	7	5	7	1	7	2	2	1
744	경기 과천시	기술닥터사업	5,686	일자리경제과	7	6	7	8	7	1	1	1
745	경기 과천시	지식재산창출지원사업	5,000	일자리경제과	7	6	7	8	7	1	1	1
746	경기 과천시	경기도 지역사회보장조사 지원	16,800	복지정책과	7	1	7	8	7	5	5	4
747	경기 과천시	장애인 활동지원	27,049	사회복지과	7	1	5	8	7	5	1	4
748	경기 과천시	장애인 활동보조 가산급여	11,516	사회복지과	7	1	5	8	7	5	1	4
749	경기 과천시	장애인 활동지원	210,600	사회복지과	7	1	5	8	7	5	1	4
750	경기 과천시	장애인 의료비	18,435	사회복지과	7	1	5	8	7	5	1	4
751	경기 과천시	장애아동 재활치료 바우처사업	96,616	사회복지과	7	1	5	8	7	5	1	4
752	경기 과천시	발달장애인부모 심리상담 서비스	1,920	사회복지과	7	1	5	8	7	5	1	4
753	경기 과천시	과천어린이축제	50,000	사회복지과	7	6	2	7	1	1	1	2
754	경기 과천시	공동급식지원센터 운영	76,700	교육청소년과	7	4	7	8	7	1	1	1

순번	시군구	지출명 (사업명)	2021년예산 (단위:천원/1년간)	담당자 (공무원) 담당부서	민간이전 분류 (지방자치단체 세출예산 집행기준에 의거) 1. 민간경상사업보조(307-02) 2. 민간단체 법정운영비보조(307-03) 3. 민간행사사업보조(307-04) 4. 민간위탁금(307-05) 5. 사회복지시설 법정운영비보조(307-10) 6. 민간인위탁교육비(307-12) 7. 공기관등에대한경상적위탁사업비(308-10) 8. 민간자본사업보조,자체재원(402-01) 9. 민간자본사업보조,이전재원(402-02) 10. 민간위탁사업비(402-03) 11. 공기관등에 대한 자본적 대행사업비(403-02)	민간이전지출 근거 (지방보조금 관리기준 참고) 1. 법률에 규정 2. 국고보조 재원(국가지정) 3. 용도 지정 기부금 4. 조례에 직접규정 5. 지자체가 권장하는 사업을 하는 공공기관 6. 시,도 정책 및 재정사정 7. 기타 8. 해당없음	입찰방식 계약체결방법 (경쟁형태) 1. 일반경쟁 2. 제한경쟁 3. 지명경쟁 4. 수의계약 5. 법정위탁 6. 기타 ( ) 7. 해당없음	입찰방식 계약기간 1. 1년 2. 2년 3. 3년 4. 4년 5. 5년 6. 기타 ( )년 7. 단기계약 (1년미만) 8. 해당없음	입찰방식 낙찰자선정방법 1. 적격심사 2. 협상에의한계약 3. 최저가낙찰제 4. 규격가격분리 5. 2단계 경쟁입찰 6. 기타 ( ) 7. 해당없음	운영예산 산정 운영예산 산정 1. 내부산정 (지자체 자체적으로 산정) 2. 외부산정 (외부전문기관위탁 산정) 3. 내·외부 모두 산정 4. 산정 無 5. 해당없음	운영예산 산정 정산방법 1. 내부정산 (지자체 내부적으로 정산) 2. 외부정산 (외부전문기관위탁 정산) 3. 내·외부 모두 산정 4. 정산 無 5. 해당없음	성과평가 실시여부 1. 실시 2. 미실시 3. 향후 추진 4. 해당없음
755	경기 과천시	친환경가공식품 차액지원	140,000	교육청소년과	7	4	7	8	7	1	1	1
756	경기 과천시	청소년상담복지센터 운영	867,040	교육청소년과	7	1	5	3	7	1	1	1
757	경기 과천시	학교 밖 청소년 지원사업	181,626	교육청소년과	7	1	5	3	7	1	1	1
758	경기 과천시	학교 밖 청소년 문화활동지원	40,000	교육청소년과	7	6	5	3	7	1	1	1
759	경기 과천시	청소년 안전망 운영	100,230	교육청소년과	7	1	5	3	7	1	1	1
760	경기 과천시	학교폭력 예방 및 지원	14,500	교육청소년과	7	1	5	3	7	1	1	1
761	경기 과천시	진로체험지원센터 운영	204,521	교육청소년과	7	1	5	3	7	1	1	1
762	경기 과천시	고등학생 진로진학 길찾기 사업	24,000	교육청소년과	7	6	5	3	7	1	1	1
763	경기 과천시	학교밖 청소년 급식비 지원	22,515	교육청소년과	7	2	5	3	7	1	1	1
764	경기 과천시	학교 밖 청소년 프로그램 운영	7,710	교육청소년과	7	6	5	3	7	1	1	1
765	경기 과천시	청소년 문화의 집 운영	200,000	교육청소년과	7	1	5	3	7	1	1	1
766	경기 과천시	공공청소년수련시설(청소년문화의 집) 프로그램 운영지원사업	10,000	교육청소년과	7	6	5	3	7	1	1	1
767	경기 과천시	체육관동 및 청소년수련관 시설물 종합관리 위탁운영	701,679	교육청소년과	7	4	7	8	7	1	3	1
768	경기 과천시	노후경유차 운행제한 단속시스템 유지관리 위탁사업	34,800	환경위생과	7	5	7	1	7	3	3	4
769	경기 과천시	택시운행정보관리 시스템지원	3,349	교통과	7	1	7	8	7	2	1	4
770	경기 과천시	국가 암조기 검진	70,800	보건행정과	7	2	5	8	7	5	5	4
771	경기 과천시	희귀 질환자 의료비 지원	68,000	보건행정과	7	2	7	8	7	5	3	4
772	경기 과천시	표준모자보건수첩	220	보건행정과	7	2	7	8	7	5	4	4
773	경기 과천시	청소년 산모 임신출산 의료비 지원	1,200	보건행정과	7	2	7	8	7	5	3	4
774	경기 과천시	저소득층 기저귀·조제분유 지원	22,000	보건행정과	7	2	7	8	7	5	3	4
775	경기 과천시	선천성대사이상 검사 및 환아관리	260	보건행정과	7	2	7	8	7	5	3	4
776	경기 과천시	신생아 청각 선별검사	60	보건행정과	7	2	7	8	7	5	3	4
777	경기 과천시	산모·신생아 건강관리 지원사업	104,500	보건행정과	7	2	7	8	7	5	3	1
778	경기 과천시	영유아 건강검진 지원	100	보건행정과	7	2	7	8	7	5	3	4
779	경기 과천시	일반 건강검진 지원	5,000	보건행정과	7	2	5	8	7	5	5	4
780	경기 과천시	산모 신생아 건강관리 지원	129,503	보건행정과	7	6	7	8	7	1	3	1
781	경기 구리시	지방재정관리시스템(e호조)유지보수	29,012	기획예산담당관	7	7	5	1	7	2	2	4
782	경기 구리시	장애인의료비지원	115,431	노인장애인복지과	7	1	7	8	7	5	1	4
783	경기 구리시	청소년 동반자 프로그램 운영	187,770	평생학습과	7	5	7	8	7	3	3	4
784	경기 구리시	시군 청소년안전망	102,990	평생학습과	7	5	7	8	7	3	3	4
785	경기 구리시	시군 학교 밖 청소년 지원	133,074	평생학습과	7	5	7	8	7	3	3	4
786	경기 구리시	시군 학교 밖 청소년 프로그램 운영	127,060	평생학습과	7	5	7	8	7	3	3	4
787	경기 구리시	학교 밖 청소년 문화활동 지원	40,000	평생학습과	7	5	7	8	7	3	3	4
788	경기 구리시	시군 학교 밖 청소년 급식비 지원	15,895	평생학습과	7	5	7	8	7	3	3	4
789	경기 구리시	시군 청소년 노동 인권 보호 지원	30,000	평생학습과	7	5	7	8	7	5	5	4
790	경기 구리시	학교 밖 청소년 자립지원 수당	9,500	평생학습과	7	5	7	8	7	5	5	4
791	경기 구리시	청소년어울림마당 지원	24,000	평생학습과	7	5	7	8	7	3	3	4
792	경기 구리시	공공청소년수련시설 프로그램 운영지원	10,000	평생학습과	7	5	7	8	7	3	3	4
793	경기 구리시	청소년지도사 배치지원	25,968	평생학습과	7	5	7	8	7	3	3	4
794	경기 구리시	청소년운영위원회 운영지원	2,000	평생학습과	7	5	7	8	7	3	3	4
795	경기 구리시	청소년 종합예술제	17,500	평생학습과	7	5	7	8	7	3	3	4
796	경기 구리시	청소년소식지발행 및 기자단 운영	8,000	평생학습과	7	5	7	8	7	3	3	4

순번	시군구	지출명 (사업명)	2021년예산 (단위:천원/1년간)	담당자 (공무원)	민간이전 분류 (지방자치단체 세출예산 집행기준에 의거)	민간이전지출 근거 (지방보조금 관리기준 참고)	입찰방식			운영예산 산정		성과평가 실시여부
				담당부서	1. 민간경상사업보조(307-02) 2. 민간단체 법정운영비보조(307-03) 3. 민간행사사업보조(307-04) 4. 민간위탁금(307-05) 5. 사회복지시설 법정운영비보조(307-10) 6. 민간인위탁교육비(307-12) 7. 공기관등에대한경상적위탁사업비(308-10) 8. 민간자본사업보조,자체재원(402-01) 9. 민간자본사업보조,이전재원(402-02) 10. 민간위탁사업비(402-03) 11. 공기관등에 대한 자본적 대행사업비(403-02)	1. 법률에 규정 2. 국고보조 재원(국가지정) 3. 용도 지정 기부금 4. 조례에 직접규정 5. 지자체가 권장하는 사업을 하는 공공기관 6. 시,도 정책 및 재정사정 7. 기타 8. 해당없음	계약체결방법 (경쟁형태) 1. 일반경쟁 2. 제한경쟁 3. 지명경쟁 4. 수의계약 5. 법정위탁 6. 기타 ( ) 7. 해당없음	계약기간 1. 1년 2. 2년 3. 3년 4. 4년 5. 5년 6. 기타 ( )년 7. 단기계약 (1년미만) 8. 해당없음	낙찰자선정방법 1. 적격심사 2. 협상에의한계약 3. 최저가낙찰제 4. 규격가격분리 5. 2단계 경쟁입찰 6. 기타 ( ) 7. 해당없음	운영예산 산정 1. 내부산정 (지자체 자체적으로 산정) 2. 외부산정 (외부전문기관위탁 산정) 3. 내·외부 모두 산정 4. 산정 無 5. 해당없음	정산방법 1. 내부정산 (지자체 내부적으로 정산) 2. 외부정산 (외부전문기관위탁 정산) 3. 내·외부 모두 산정 4. 정산 無 5. 해당없음	1. 실시 2. 미실시 3. 향후 추진 4. 해당없음
797	경기 구리시	지역 청소년 참여위원회 운영 사업	2,800	평생학습과	7	5	7	8	7	3	3	4
798	경기 구리시	청소년 동아리 지원	17,500	평생학습과	7	5	7	8	7	3	3	4
799	경기 구리시	청소년 방과후 아카데미	172,322	평생학습과	7	5	7	8	7	3	3	4
800	경기 구리시	도민 소통 공감 역량 강화 프로그램 운영	15,000	평생학습과	7	5	7	8	7	3	3	4
801	경기 구리시	구리도시공사 구리시멀티스포츠센터 관리대행비	46,508	평생학습과	7	1	4	3	7	3	3	1
802	경기 구리시	구리도시공사 구리왕숙체육공원 관리대행비	762,388	평생학습과	7	1	4	3	7	3	3	1
803	경기 구리시	구리도시공사 구리시체육관 관리대행비	787,489	평생학습과	7	1	4	3	7	3	3	1
804	경기 구리시	구리도시공사 구리국민체육센터 관리대행비	262,754	평생학습과	7	1	4	3	7	3	3	1
805	경기 구리시	광역알뜰교통카드 연계 마일리지 지원사업	128,000	교통행정과	7	2	7	1	7	3	3	4
806	경기 구리시	경기도 공공버스 운영 지원	848,801	교통행정과	7	4	7	1	7	3	3	4
807	경기 구리시	특별교통수단 운영 지원	1,213	교통행정과	7	4	7	2	7	1	1	4
808	경기 구리시	공영주차장 관리	20,532	교통행정과	7	5	7	1	7	1	1	4
809	경기 구리시	구리도시공사	791,906	회계과	7	1	6	3	7	1	1	3
810	경기 남양주시	쓰레기봉투 위탁판매	518,000	자원순환과	7	8	7	1	1	2	5	4
811	경기 남양주시	동물사체처리	144,000	자원순환과	7	1	1	2	1	2	5	4
812	경기 남양주시	호흡기클리닉 설치 운영 지원	400,000	남양주보건소 보건정책과	7	8	7	5	5	4	5	4
813	경기 남양주시	주민자치센터 지원관리	350,000	자치행정과	7	8	7	5	5	4	5	4
814	경기 남양주시	주민자치회 시범실시 지원	40,000	자치행정과	7	8	7	5	5	4	5	4
815	경기 오산시	수출보험지원사업	20,000	지역경제과	7	4	7	7	7	1	1	1
816	경기 오산시	중소기업 애로 지원사업	51,708	지역경제과	7	4	7	7	7	3	1	1
817	경기 오산시	개발생산판로 맞춤형 지원사업	41,000	지역경제과	7	4	7	7	7	3	1	1
818	경기 오산시	디자인개발지원사업	20,000	지역경제과	7	4	7	7	7	3	1	1
819	경기 오산시	지식재산권창출지원사업	10,000	지역경제과	7	4	7	7	7	3	1	1
820	경기 오산시	가사간병 방문관리사 지원사업	27,000	희망복지과	7	2	7	8	7	5	5	4
821	경기 오산시	희망키움통장1	16,800	희망복지과	7	2	7	8	7	5	5	4
822	경기 오산시	희망키움통장2	146,300	희망복지과	7	2	7	8	7	5	5	4
823	경기 오산시	청년희망키움통장	28,116	희망복지과	7	2	7	8	7	5	5	4
824	경기 오산시	내일키움통장	8,900	희망복지과	7	2	7	8	7	5	5	4
825	경기 오산시	청년저축계좌	129,371	희망복지과	7	2	7	8	7	5	5	4
826	경기 오산시	광역알뜰교통카드 연계 마일리지 지원	110,000	교통과	7	1	7	8	7	5	1	4
827	경기 오산시	택시운행정보관리시스템 구축 운영사업	7,295	교통과	7	1	7	8	7	5	1	4
828	경기 오산시	아이돌봄지원사업	16,741	가족보육과	7	1	5	3	1	5	1	4
829	경기 오산시	수도권 매립지 쓰레기 반입수수료	133,107	청소자원과	7	1	7	8	7	2	2	4
830	경기 오산시	화성소각장 쓰레기 반입 수수료	40,600	청소자원과	7	1	7	8	7	2	2	4
831	경기 오산시	화성소각장 온실가스 배출권 구매	82,080	청소자원과	7	1	7	8	7	2	2	4
832	경기 오산시	기초생활보장 주거급여	98,000	주택과	7	1	7	8	7	5	5	4
833	경기 군포시	군포도시공사 운영	11,527	기획예산담당관	7	4	5	8	5	1	3	4
834	경기 군포시	지방재정관리시스템(e-호조) 유지관리비	29,012	기획예산담당관	7	1	5	1	7	2	2	4
835	경기 군포시	경력단절여성 등 경제활동실태조사	15,000	홍보정보담당관	7	2	7	8	7	5	5	4
836	경기 군포시	온나라 시스템 위탁 유지보수	60,628	홍보정보담당관	7	1	5	1	7	2	2	4
837	경기 군포시	온나라 문서2.0 시스템 전환	550,000	홍보정보담당관	7	1	5	1	7	2	2	4
838	경기 군포시	공통기반 시스템 유지관리	123,479	홍보정보담당관	7	1	5	1	6	2	2	4

순번	시군구	지출명 (사업명)	2021년예산 (단위:천원/1년간)	담당자 (공무원)	민간이전 분류 (지방자치단체 세출예산 집행기준에 의거)	민간이전지출 근거 (지방보조금 관리기준 참고)	입찰방식			운영예산 산정		성과평가 실시여부
				담당부서	1. 민간경상사업보조(307-02) 2. 민간단체 법정운영비보조(307-03) 3. 민간행사사업보조(307-04) 4. 민간위탁금(307-05) 5. 사회복지시설 법정운영비보조(307-10) 6. 민간인위탁교육비(307-12) 7. 공기관등에대한경상적위탁사업비(308-10) 8. 민간자본사업보조,자체재원(402-01) 9. 민간자본사업보조,이전재원(402-02) 10. 민간위탁사업비(402-03) 11. 공기관등에 대한 자본적 대행사업비(403-02)	1. 법률에 규정 2. 국고보조 재원(국가지정) 3. 용도 지정 기부금 4. 조례에 직접규정 5. 지자체가 권장하는 사업을 하는 공공기관 6. 시,도 정책 및 재정사정 7. 기타 8. 해당없음	계약체결방법 (경쟁형태) 1. 일반경쟁 2. 제한경쟁 3. 지명경쟁 4. 수의계약 5. 법정위탁 6. 기타 ( ) 7. 해당없음	계약기간 1. 1년 2. 2년 3. 3년 4. 4년 5. 5년 6. 기타 ( )년 7. 단기계약 (1년미만) 8. 해당없음	낙찰자선정방법 1. 적격심사 2. 협상에의한계약 3. 최저가낙찰제 4. 규격가격분리 5. 2단계 경쟁입찰 6. 기타 ( ) 7. 해당없음	운영예산 산정 1. 내부산정 (지자체 자체적으로 산정) 2. 외부산정 (외부전문기관위탁 산정) 3. 내·외부 모두 산정 4. 산정 無 5. 해당없음	정산방법 1. 내부정산 (지자체 내부적으로 정산) 2. 외부정산 (외부전문기관위탁 정산) 3. 내·외부 모두 산정 4. 정산 無 5. 해당없음	1. 실시 2. 미실시 3. 향후 추진 4. 해당없음
839	경기 군포시	청백-e시스템 유지관리비	9,600	감사담당관	7	1	2	1	2	2	2	1
840	경기 군포시	차세대 주민등록정보시스템 운영비	13,064	시민봉사과	7	6	7	1	7	5	5	4
841	경기 군포시	국가주소정보시스템 유지관리	17,473	시민봉사과	7	1	5	1	7	5	5	4
842	경기 군포시	도로명주소 기본도 위치 정확도 개선사업	3,847	시민봉사과	7	1	5	1	7	5	5	4
843	경기 군포시	도로명주소 안내시설 일제조사	20,527	시민봉사과	7	5	7	1	7	5	5	4
844	경기 군포시	슬레이트 처리 지원사업	22,360	환경과	7	2	2	1	1	1	1	1
845	경기 군포시	노후경유차 운행제한시스템 유지관리 위탁	38,700	환경과	7	5	2	1	2	1	1	4
846	경기 군포시	공단전출금	6,564	위생자원과	7	4	5	8	7	1	1	4
847	경기 군포시	군포도시공사 운영	692,403	위생자원과	7	4	5	8	7	1	1	4
848	경기 군포시	특별교통수단 도입 및 운영	20,308	교통행정과	7	4	7	8	7	3	3	4
849	경기 군포시	경기도 공공버스 사업	1,197	교통행정과	7	1	7	8	7	5	5	4
850	경기 군포시	광역알뜰교통카드 연계 마일리지 지원	200,000	교통행정과	7	1	7	8	7	5	5	4
851	경기 군포시	택시운영정보관리시스템 운영	5,964	교통행정과	7	1	7	8	7	1	1	4
852	경기 군포시	군포도시공사 운영	7,020	교통행정과	7	4	7	8	7	1	1	4
853	경기 군포시	군포도시공사 운영	7,002	교통행정과	7	4	7	8	7	3	3	4
854	경기 군포시	지식재산권창출지원사업	50,000	일자리기업과	7	4	7	1	7	1	1	1
855	경기 군포시	군포형 내일채움공제 지원사업	120,000	일자리기업과	7	4	7	2	7	1	1	1
856	경기 군포시	기술닥터 지원사업	169,848	일자리기업과	7	4	7	1	7	1	1	1
857	경기 군포시	뿌리산업 육성 및 취급시설 개선 지원사업	80,000	일자리기업과	7	1	7	8	7	3	3	1
858	경기 군포시	스마트공장 보급,확산 지원사업	400,000	일자리기업과	7	1	7	8	7	5	5	4
859	경기 군포시	개발생산판로 맞춤형 지원사업	66,000	일자리기업과	7	1	7	8	7	5	1	1
860	경기 군포시	G-디자인개발지원사업	70,000	일자리기업과	7	1	7	8	7	5	1	1
861	경기 군포시	스타기업 육성지원사업	84,000	일자리기업과	7	1	7	8	7	5	5	4
862	경기 군포시	미래산업 정책세미나 개최	15,000	일자리기업과	7	4	7	8	7	1	1	1
863	경기 군포시	스마트팩토리 산업육성 및 활성화 방안	60,000	일자리기업과	7	4	7	8	7	1	1	1
864	경기 군포시	에너지신산업 분야 기업육성 방안	52,000	일자리기업과	7	4	7	8	7	1	1	1
865	경기 군포시	ICT융합기술 분야 기업실태 조사	45,000	일자리기업과	7	4	7	8	7	1	1	1
866	경기 군포시	창업지원센터 운영지원	135,310	일자리기업과	7	4	7	8	7	1	1	1
867	경기 군포시	맞춤형 마케팅 지원사업	52,100	일자리기업과	7	4	7	8	7	1	1	1
868	경기 군포시	해외지사화 지원사업	21,200	일자리기업과	7	4	7	8	7	1	1	1
869	경기 군포시	기업애로해결 컨설팅 지원사업	31,200	일자리기업과	7	4	7	8	7	1	1	1
870	경기 군포시	제품초기 상용화 지원사업	82,100	일자리기업과	7	4	7	8	7	1	1	1
871	경기 군포시	품질경쟁력강화 지원사업	33,000	일자리기업과	7	4	7	8	7	1	1	1
872	경기 군포시	군포기업 고충상담센터	32,960	일자리기업과	7	4	7	8	7	1	1	1
873	경기 군포시	도시형소공인 집적지구 지정 및 인프라구축	110,000	일자리기업과	7	4	7	8	7	1	1	1
874	경기 군포시	소프트웨어 유지보수	64,096	세정과	7	8	7	8	7	5	5	4
875	경기 군포시	차세대 징방세 정보시스템 유지보수	2,464	세정과	7	8	7	8	7	5	5	4
876	경기 군포시	장애인 의료비 지급	107,312	사회복지과	7	2	5	8	7	1	5	4
877	경기 군포시	청소년 방과후 아카데미 운영	293,748	청소년청년정책과	7	1	7	8	7	1	1	4
878	경기 군포시	공공청소년 수련시설 프로그램 운영	30,000	청소년청년정책과	7	6	7	8	7	1	1	4
879	경기 군포시	청소년수련시설 청소년지도사 배치	67,212	청소년청년정책과	7	1	7	8	7	1	1	4
880	경기 군포시	청소년수련시설 청소년지도사 배치지원	5,520	청소년청년정책과	7	1	7	8	7	1	1	4

순번	시군구	지출명 (사업명)	2021년예산 (단위:천원/1년간)	담당자 (공무원)	민간이전 분류 (지방자치단체 세출예산 집행기준에 의거)	민간이전지출 근거 (지방보조금 관리기준 참고)	입찰방식			운영예산 산정		성과평가 실시여부
				담당부서	1. 민간경상사업보조(307-02) 2. 민간단체 법정운영비보조(307-03) 3. 민간행사사업보조(307-04) 4. 민간위탁금(307-05) 5. 사회복지시설 법정운영비보조(307-10) 6. 민간인위탁교육비(307-12) 7. 공기관등에대한경상적위탁사업비(308-10) 8. 민간자본사업보조,자체재원(402-01) 9. 민간자본사업보조,이전재원(402-02) 10. 민간위탁사업비(402-03) 11. 공기관등에 대한 자본적 대행사업비(403-02)	1. 법률에 규정 2. 국고보조 재원(국가지정) 3. 용도 지정 기부금 4. 조례에 직접규정 5. 지자체가 권장하는 사업을 하는 공공기관 6. 시,도 정책 및 재정사정 7. 기타 8. 해당없음	계약체결방법 (경쟁형태) 1. 일반경쟁 2. 제한경쟁 3. 지명경쟁 4. 수의계약 5. 법정위탁 6. 기타 ( ) 7. 해당없음	계약기간 1. 1년 2. 2년 3. 3년 4. 4년 5. 5년 6. 기타 ( )년 7. 단기계약 (1년미만) 8. 해당없음	낙찰자선정방법 1. 적격심사 2. 협상에의한계약 3. 최저가낙찰제 4. 규격가격분리 5. 2단계 경쟁입찰 6. 기타 ( ) 7. 해당없음	운영예산 산정 1. 내부산정 (지자체 자체적으로 산정) 2. 외부산정 (외부전문기관위탁 산정) 3. 내·외부 모두 산정 4. 산정 無 5. 해당없음	정산방법 1. 내부정산 (지자체 내부적으로 정산) 2. 외부정산 (외부전문기관위탁 정산) 3. 내·외부 모두 산정 4. 정산 無 5. 해당없음	1. 실시 2. 미실시 3. 향후 추진 4. 해당없음
881	경기 군포시	청소년운영위원회 운영	6,000	청소년청년정책과	7	1	7	8	7	1	1	4
882	경기 군포시	청소년차세대위원회 운영	2,800	청소년청년정책과	7	1	7	8	7	1	1	4
883	경기 군포시	청소년어울림마당 지원	24,000	청소년청년정책과	7	1	7	8	7	1	1	4
884	경기 군포시	청소년 동아리활동	10,000	청소년청년정책과	7	1	7	8	7	1	1	4
885	경기 군포시	청소년종합예술제(예선)및 문화행사	17,500	청소년청년정책과	7	6	7	8	7	1	1	4
886	경기 군포시	청소년종합예술제	4,000	청소년청년정책과	7	6	7	8	7	1	1	4
887	경기 군포시	청소년 안전망팀 선도 사업	16,000	청소년청년정책과	7	2	7	8	7	1	1	4
888	경기 군포시	청소년안전망 구축 운영	102,990	청소년청년정책과	7	2	7	8	7	1	1	4
889	경기 군포시	청소년동반자 운영프로그램 운영	209,380	청소년청년정책과	7	2	7	8	7	1	1	4
890	경기 군포시	고위기청소년 맞춤형 프로그램 사업	50,000	청소년청년정책과	7	2	7	8	7	1	1	4
891	경기 군포시	학교 밖 청소년 지원	176,673	청소년청년정책과	7	2	7	8	7	1	1	4
892	경기 군포시	학교 밖 청소년 맞춤형 프로그램 지원	135,880	청소년청년정책과	7	6	7	8	7	1	1	4
893	경기 군포시	학교 밖 청소년 자립지원 수당 지원	11,625	청소년청년정책과	7	6	7	8	7	1	1	4
894	경기 군포시	학교 밖 청소년 문화활동 지원	40,000	청소년청년정책과	7	6	7	8	7	1	1	4
895	경기 군포시	학교 밖 청소년 지원	17,060	청소년청년정책과	7	2	7	8	7	1	1	4
896	경기 군포시	초등 돌봄교실 과일간식 지원	76,592	청소년청년정책과	7	4	6	8	7	1	1	4
897	경기 군포시	친환경 가공식품 차액 지원	600,000	청소년청년정책과	7	4	6	8	7	1	1	4
898	경기 군포시	우편모아프로그램 유지관리비	5,300	행정지원과	7	1	5	1	7	5	1	4
899	경기 군포시	인사랑시스템 구축 등 유지보수	28,363	행정지원과	7	1	5	1	7	5	1	4
900	경기 군포시	5060신중년 교육프로그램 지원	50,000	교육체육과	7	5	7	8	7	1	1	1
901	경기 군포시	마을활동가 양성 및 역량강화지원	7,000	교육체육과	7	5	7	8	7	1	1	1
902	경기 군포시	군포도시공사 운영	26,386	교육체육과	7	5	7	8	7	5	5	4
903	경기 군포시	수리 커뮤니티센터 프로그램 운영	12,000	문화예술과	7	5	7	8	7	1	1	4
904	경기 군포시	문화도시 네트워크 구축	20,000	문화예술과	7	5	7	8	7	1	1	4
905	경기 군포시	군포철쭉축제 운영	583,000	문화예술과	7	5	7	8	7	1	1	3
906	경기 군포시	지역문화예술단체 창작지원사업	80,000	문화예술과	7	5	7	8	7	1	1	3
907	경기 군포시	지역전문예술단체 협력지원사업	50,000	문화예술과	7	5	7	8	7	1	1	3
908	경기 군포시	생활문화제	70,000	문화예술과	7	5	7	8	7	1	1	3
909	경기 군포시	생동감 하이라이트	50,000	문화예술과	7	5	7	8	7	1	1	3
910	경기 군포시	문화파출소	120,000	문화예술과	7	2	7	8	7	1	1	3
911	경기 군포시	수리 커뮤니티센터 프로그램 운영	12,000	문화예술과	7	7	7	8	7	1	1	4
912	경기 군포시	희귀성질환자 의료비 지원	280,000	보건행정과(보건민원팀)	7	2	7	8	7	5	5	4
913	경기 군포시	치매치료관리비 지원	169,090	보건행정과(치매팀)	7	1	7	8	7	5	5	4
914	경기 군포시	표준모자보건수첩 제작	3,000	산본보건지소	7	2	7	8	7	5	5	4
915	경기 군포시	영유아건강검진지원	2,130	산본보건지소	7	2	7	8	7	5	5	4
916	경기 군포시	초막골생태공원 캠핑장 경상적위탁사업비	246,891	생태공원녹지과	7	1	7	8	7	1	1	4
917	경기 군포시	공원내 소규모체육시설	90,938	생태공원녹지과	7	4	7	8	7	1	1	4
918	경기 군포시	군포공영주차장운영	52,065	차량관리과	7	1	5	6	7	1	1	1
919	경기 군포시	표준지방세외수입정보시스템 유지보수	26,599	세원관리과	7	7	6	1	7	2	2	4
920	경기 하남시	지하철 5호선 위탁운영비	15,305	도시전략과	7	7	6	5	7	1	1	4
921	경기 하남시	경상적 유형자산 구매비용 지급	8,000	도시전략과	7	7	6	5	7	1	1	4
922	경기 하남시	공동주택 입주자 대표회의 등 운영교육	8,000	주택과	7	1	5	6	7	1	5	4

순번	시군구	지출명 (사업명)	2021년예산 (단위:천원/1년간)	담당자 (공무원)	민간이전 분류 (지방자치단체 세출예산 집행기준에 의거)	민간이전지출 근거 (지방보조금 관리기준 참고)	입찰방식			운영예산 산정		성과평가 실시여부
				담당부서	1. 민간경상사업보조(307-02) 2. 민간단체 법정운영비보조(307-03) 3. 민간행사사업보조(307-04) 4. 민간위탁금(307-05) 5. 사회복지시설 법정운영비보조(307-10) 6. 민간인위탁교육비(307-12) 7. 공기관등에대한경상적위탁사업비(308-10) 8. 민간자본사업보조,자체재원(402-01) 9. 민간자본사업보조,이전재원(402-02) 10. 민간위탁사업비(402-03) 11. 공기관등에 대한 자본적 대행사업비(403-02)	1. 법률에 규정 2. 국고보조 재원(국가지정) 3. 용도 지정 기부금 4. 조례에 직접규정 5. 지자체가 권장하는 사업을 하는 공공기관 6. 시,도 정책 및 재정사정 7. 기타 8. 해당없음	계약체결방법 (경쟁형태) 1. 일반경쟁 2. 제한경쟁 3. 지명경쟁 4. 수의계약 5. 법정위탁 6. 기타 ( ) 7. 해당없음	계약기간 1. 1년 2. 2년 3. 3년 4. 4년 5. 5년 6. 기타 ( )년 7. 단기계약 (1년미만) 8. 해당없음	낙찰자선정방법 1. 적격심사 2. 협상에의한계약 3. 최저가낙찰제 4. 규격가격분리 5. 2단계 경쟁입찰 6. 기타 ( ) 7. 해당없음	운영예산 산정 1. 내부산정 (지자체 자체적으로 산정) 2. 외부산정 (외부전문기관위탁 산정) 3. 내·외부 모두 산정 4. 산정 無 5. 해당없음	정산방법 1. 내부정산 (지자체 내부적으로 정산) 2. 외부정산 (외부전문기관위탁 정산) 3. 내·외부 모두 산정 4. 정산 無 5. 해당없음	1. 실시 2. 미실시 3. 향후 추진 4. 해당없음
923	경기 하남시	의료수급권자 일반검진비 지원	1,770	건강증진과	7	2	5	8	7	5	5	4
924	경기 하남시	희귀난치성 질환자 의료비 지원사업	120,000	건강증진과	7	2	5	8	7	5	5	4
925	경기 하남시	국가암관리 지자체 지원	303,400	건강증진과	7	2	5	8	7	5	5	4
926	경기 하남시	일반건강검진 지원	13,500	건강증진과	7	2	5	8	7	5	5	4
927	경기 하남시	지방재정관리시스템 유지관리	29,012	정책기획관	7	1	5	1	7	2	2	4
928	경기 하남시	표준모자보건수첩제작	1,620	미사보건센터	7	2	5	8	7	5	5	4
929	경기 하남시	청소년산모임신출산의료비지원	1,000	미사보건센터	7	2	5	8	7	5	5	4
930	경기 하남시	지역자율형 사회서비스 토자사업	990,000	미사보건센터	7	2	5	8	7	5	5	1
931	경기 하남시	산모신생아 건강관리지원사업	583,800	미사보건센터	7	2	5	8	7	5	5	1
932	경기 하남시	기저귀 및 조제분유 지원	204,000	미사보건센터	7	2	5	8	7	5	5	4
933	경기 하남시	공영주차장 운영대행	784,989	교통정책과	7	4	7	2	7	1	1	1
934	경기 하남시	이성산성 문화축제	200,000	문화체육과	7	5	7	8	7	1	1	1
935	경기 하남시	가사간병방문지원사업	100,000	복지정책과	7	1	7	8	7	1	1	4
936	경기 하남시	마루공원 운영	34,848	노인장애인복지과	7	5	4	3	1	1	1	1
937	경기 용인시	발달장애인 부모상담 지원	5,760	장애인복지과	7	1	7	8	7	1	1	4
938	경기 용인시	지방행정공통정보시스템 서비스 데스크 운영	6,460	정보통신과	7	1	5	1	7	5	5	1
939	경기 용인시	지방행정공통정보시스템 서비스 데스크 운영	6,460	정보통신과	7	1	5	1	7	5	5	1
940	경기 용인시	장애인활동지원 시 추가 지원사업	7,500	장애인복지과	7	1	7	8	7	1	1	4
941	경기 용인시	시군구 재해복구시스템 유지관리	10,048	정보통신과	7	1	5	1	7	5	5	1
942	경기 용인시	시군구 재해복구시스템 유지관리	10,048	정보통신과	7	1	5	1	7	5	5	1
943	경기 용인시	언어발달지원 바우처 지원	14,585	장애인복지과	7	1	7	8	7	1	1	4
944	경기 용인시	국가주소정보시스템 유지보수 및 운영	18,224	토지정보과	7	1	6	1	7	3	1	4
945	경기 용인시	청년학자금 부채 경감 지원	20,000	청년담당관	7	1	7	8	7	1	1	4
946	경기 용인시	택시운행 정보관리 시스템 운영	20,446	대중교통과	7	8	7	8	7	5	5	4
947	경기 용인시	도로명주소 기본도 유지보수	31,282	토지정보과	7	1	6	1	7	3	1	4
948	경기 용인시	온나라시스템 운영 및 상용SW 유지관리	33,285	정보통신과	7	1	5	1	7	5	5	1
949	경기 용인시	온나라시스템 운영 및 상용SW 유지관리	33,285	정보통신과	7	1	5	1	7	5	5	1
950	경기 용인시	지방재정관리시스템 유지보수	39,890	예산과	7	2	6	8	7	5	5	4
951	경기 용인시	나노융합기반고도화사업	45,000	기업지원과	7	4	7	8	7	1	1	4
952	경기 용인시	연구장비 공동활용사업	50,000	기업지원과	7	4	7	8	7	1	1	4
953	경기 용인시	공공도서관 개관시간 연장	52,656	도서관정책과	7	6	7	8	7	1	1	4
954	경기 용인시	디자인개발 지원	58,500	기업지원과	7	4	7	8	7	1	1	4
955	경기 용인시	지식재산창출지원	80,000	기업지원과	7	4	7	8	7	1	1	4
956	경기 용인시	생활폐기물 수집운반 위탁사업 대행수수료	88,945	도시청결과	7	7	6	8	7	1	1	1
957	경기 용인시	자치단체 공통기반 전산장비 유지관리	129,857	정보통신과	7	1	5	1	7	5	5	1
958	경기 용인시	자치단체 공통기반 전산장비 유지관리	129,857	정보통신과	7	1	5	1	7	5	5	1
959	경기 용인시	민주시민교육 운영	130,000	평생교육과	7	4	5	3	7	1	1	1
960	경기 용인시	개발생산판로 맞춤형 지원	165,800	기업지원과	7	4	7	8	7	1	1	4
961	경기 용인시	장애인 활동보조 가산급여	168,136	장애인복지과	7	1	7	8	7	1	1	4
962	경기 용인시	소상공인 디자인지원	176,570	일자리정책과	7	4	7	1	7	1	1	1
963	경기 용인시	경기테크노파크 지역사업단 운영	200,000	기업지원과	7	4	7	8	7	1	1	4
964	경기 용인시	스마트공장 보급.확산사업	200,000	기업지원과	7	4	7	8	7	5	5	4

순번	시군구	지출명 (사업명)	2021년예산 (단위:천원/1년간)	담당자 (공무원)	민간이전 분류 (지방자치단체 세출예산 집행기준에 의거)	민간이전지출 근거 (지방보조금 관리기준 참고)	입찰방식			운영예산 산정		성과평가 실시여부
				담당부서	1. 민간경상사업보조(307-02) 2. 민간단체 법정운영비보조(307-03) 3. 민간행사사업보조(307-04) 4. 민간위탁금(307-05) 5. 사회복지시설 법정운영비보조(307-10) 6. 민간인위탁교육비(307-12) 7. 공기관등에대한경상적위탁사업비(308-10) 8. 민간자본사업보조,자체재원(402-01) 9. 민간자본사업보조,이전재원(402-02) 10. 민간위탁사업비(402-03) 11. 공기관등에 대한 자본적 대행사업비(403-02)	1. 법률에 규정 2. 국고보조 재원(국가지정) 3. 용도 지정 기부금 4. 조례에 직접규정 5. 지자체가 권장하는 사업을 하는 공공기관 6. 시,도 정책 및 재정사정 7. 기타 8. 해당없음	계약체결방법 (경쟁형태) 1. 일반경쟁 2. 제한경쟁 3. 지명경쟁 4. 수의계약 5. 법정위탁 6. 기타 ( ) 7. 해당없음	계약기간 1. 1년 2. 2년 3. 3년 4. 4년 5. 5년 6. 기타 ( )년 7. 단기계약 (1년미만) 8. 해당없음	낙찰자선정방법 1. 적격심사 2. 협상에의한계약 3. 최저가낙찰제 4. 규격가격분리 5. 2단계 경쟁입찰 6. 기타 ( ) 7. 해당없음	운영예산 산정 1. 내부산정 (지자체 자체적으로 산정) 2. 외부산정 (외부전문기관위탁 산정) 3. 내·외부 모두 산정 4. 산정 無 5. 해당없음	정산방법 1. 내부정산 (지자체 내부적으로 정산) 2. 외부정산 (외부전문기관위탁 정산) 3. 내·외부 모두 산정 4. 정산 無 5. 해당없음	1. 실시 2. 미실시 3. 향후 추진 4. 해당없음
965	경기 용인시	스타기업 육성	240,000	기업지원과	7	4	7	8	7	1	1	4
966	경기 용인시	장애인 의료비 지원	288,306	장애인복지과	7	1	7	8	7	1	1	4
967	경기 용인시	기술닥터	323,050	기업지원과	7	4	7	8	7	1	1	4
968	경기 용인시	실내체육관 생활체육실 운영	395,247	체육진흥과	7	4	5	3	7	1	1	1
969	경기 용인시	용인종합운동장 운영	437,397	체육진흥과	7	4	5	3	7	1	1	1
970	경기 용인시	경찰대체육시설 운영	441,861	체육진흥과	7	4	5	6	7	1	1	1
971	경기 용인시	장애인활동지원 급여 24시간 지원	499,673	장애인복지과	7	1	7	8	7	1	1	4
972	경기 용인시	해외시장 판로개척 지원	560,000	기업지원과	7	8	7	8	7	1	1	4
973	경기 용인시	자동차번호판 발급운영사업	651,419	차량등록사업소	7	4	5	3	7	1	1	1
974	경기 용인시	종량제 물품 위탁판매	689,814	도시청결과	7	1	6	2	6	1	1	1
975	경기 용인시	청소년 발달장애학생 방과후활동 서비스 지원	703,243	장애인복지과	7	1	7	8	7	1	1	4
976	경기 용인시	광역알뜰교통카드 연계 마일리지 지원	756,000	대중교통과	7	6	7	8	7	5	5	4
977	경기 용인시	청덕도서관 운영금	756,319	도서관정책과	7	6	7	8	7	5	5	4
978	경기 용인시	모현다목적복지회관 운영	884,387	노인복지과	7	1	7	8	7	5	1	1
979	경기 용인시	용인실내체육관 운영	907,091	체육진흥과	7	4	5	3	7	1	1	1
980	경기 용인시	발달장애인 주간활동지원 서비스 지원	1,514	장애인복지과	7	1	7	8	7	1	1	4
981	경기 용인시	생활폐기물 수집운반 위탁사업	177,888	도시청결과	7	7	6	8	7	1	1	1
982	경기 용인시	용인자연휴양림	20,829	산림과	7	4	4	2	7	1	1	1
983	경기 용인시	용인미르스타디움 운영	22,102	체육진흥과	7	4	5	3	7	1	1	1
984	경기 용인시	발달재활서비스 바우처 지원	22,315	장애인복지과	7	1	7	8	7	1	1	4
985	경기 용인시	장애인활동지원 도 추가 지원사업	24,300	장애인복지과	7	1	7	8	7	1	1	4
986	경기 용인시	남사스포츠센터 운영	27,793	체육진흥과	7	4	5	3	7	1	1	1
987	경기 용인시	용인시민체육센터	30,643	도시청결과	7	4	4	2	7	1	1	1
988	경기 용인시	아르피아스포츠센터 운영	34,894	체육진흥과	7	4	5	3	7	1	1	1
989	경기 용인시	경기도 공공버스 운영지원	38,675	대중교통과	7	6	7	8	7	1	2	4
990	경기 용인시	재활용센터 위탁사업	41,279	도시청결과	7	1	6	3	7	1	1	1
991	경기 용인시	장애인활동지원 급여 지원	30,350	장애인복지과	7	1	7	8	7	1	1	4
992	경기 파주시	수도권매립지 폐기물반입 수수료	265,635	자원순환과	7	7	7	8	7	1	4	4
993	경기 파주시	수도권매립지 폐기물반입수수료	111,810	자원순환과	7	1	7	8	7	1	1	4
994	경기 파주시	차세대 주민등록정보시스템 구축	14,570	민원봉사과	7	6	7	8	7	5	5	4
995	경기 파주시	임진각관광지 문화공연	160,000	문화예술과	7	1	7	8	7	5	5	1
996	경기 파주시	공통기반 전산장비 유지관리	105,942	정보통신과	7	1	7	1	7	5	5	1
997	경기 파주시	시군구 재해복구시스템 유지관리	10,541	정보통신과	7	1	7	1	7	5	5	1
998	경기 파주시	지방행정통합정보시스템 상담센터 운영	6,460	정보통신과	7	1	7	1	7	5	5	1
999	경기 파주시	온-나라 문서시스템 운영	24,540	정보통신과	7	1	7	1	7	5	5	1
1000	경기 파주시	주요정보통신 기반시설 취약점 분석·평가	65,400	정보통신과	7	1	7	1	7	5	5	1
1001	경기 파주시	표준모자보건수첩	3,864	건강증진과	7	2	5	8	7	1	1	4
1002	경기 파주시	청소년산모 의료비 지원	4,800	건강증진과	7	2	5	8	7	1	1	1
1003	경기 파주시	지역자율형 사회서비스 투자	1,471	건강증진과	7	2	5	8	7	1	1	1
1004	경기 파주시	지역자율형 사회서비스 투자	562,500	건강증진과	7	2	5	8	7	1	1	1
1005	경기 파주시	저소득층 기저귀조제분유 지원	324,000	건강증진과	7	2	5	8	7	1	1	1
1006	경기 파주시	영유아 건강검진	4,658	건강증진과	7	2	5	8	7	1	1	1

순번	시군구	지출명 (사업명)	2021년예산 (단위:천원/1년간)	담당자 (공무원)	민간이전 분류 (지방자치단체 세출예산 집행기준에 의거)	민간이전지출 근거 (지방보조금 관리기준 참고)	입찰방식			운영예산 산정		성과평가 실시여부
				담당부서	1. 민간경상사업보조(307-02) 2. 민간단체 법정운영비보조(307-03) 3. 민간행사사업보조(307-04) 4. 민간위탁금(307-05) 5. 사회복지시설 법정운영비보조(307-10) 6. 민간인위탁교육비(307-12) 7. 공기관등에대한경상적위탁사업비(308-10) 8. 민간자본사업보조,자체재원(402-01) 9. 민간자본사업보조,이전재원(402-02) 10. 민간위탁사업비(402-03) 11. 공기관등에 대한 자본적 대행사업비(403-02)	1. 법률에 규정 2. 국고보조 재원(국가지정) 3. 용도 지정 기부금 4. 조례에 직접규정 5. 지자체가 권장하는 사업을 하는 공공기관 6. 시,도 정책 및 재정사정 7. 기타 8. 해당없음	계약체결방법 (경쟁형태) 1. 일반경쟁 2. 제한경쟁 3. 지명경쟁 4. 수의계약 5. 법정위탁 6. 기타 ( ) 7. 해당없음	계약기간 1. 1년 2. 2년 3. 3년 4. 4년 5. 5년 6. 기타 ( )년 7. 단기계약 (1년미만) 8. 해당없음	낙찰자선정방법 1. 적격심사 2. 협상에의한계약 3. 최저가낙찰제 4. 규격가격분리 5. 2단계 경쟁입찰 6. 기타 ( ) 7. 해당없음	운영예산 산정 1. 내부산정 (지자체 자체적으로 산정) 2. 외부산정 (외부전문기관위탁 산정) 3. 내·외부 모두 산정 4. 산정 無 5. 해당없음	정산방법 1. 내부정산 (지자체 내부적으로 정산) 2. 외부정산 (외부전문기관위탁 정산) 3. 내·외부 모두 산정 4. 정산 無 5. 해당없음	1. 실시 2. 미실시 3. 향후 추진 4. 해당없음
1007	경기 파주시	치매치료관리비 지원	320,740	건강증진과	7	1	7	8	7	3	3	4
1008	경기 파주시	기록물관리	5,300	자치행정과	7	5	4	1	7	2	2	1
1009	경기 파주시	채용 및 퇴임관리	33,069	자치행정과	7	7	7	1	2	4	4	4
1010	경기 파주시	독서바람열차 운영	60,678	교육지원과	7	7	7	8	7	1	1	4
1011	경기 파주시	청소년어울림마당 지원	24,000	보육청소년과	7	1	7	8	7	5	5	4
1012	경기 파주시	청소년동아리 지원	16,250	보육청소년과	7	1	7	8	7	5	5	4
1013	경기 파주시	청소년 종합예술제	17,500	보육청소년과	7	1	7	8	7	5	5	4
1014	경기 파주시	지역청소년참여위원회 운영	2,800	보육청소년과	7	1	7	8	7	5	5	4
1015	경기 파주시	지역청소년참여기구 운영	6,000	보육청소년과	7	1	7	8	7	5	5	4
1016	경기 파주시	지역청소년참여기구 운영	2,000	보육청소년과	7	1	7	8	7	5	5	4
1017	경기 파주시	청소년 방과후 아카데미 운영	123,018	보육청소년과	7	1	7	8	7	5	5	4
1018	경기 파주시	여성청소년 보건위생물품 지원	140,484	보육청소년과	7	1	7	8	7	5	5	4
1019	경기 파주시	공공청소년수련시설 프로그램 운영 지원	20,000	보육청소년과	7	1	7	8	7	5	5	4
1020	경기 파주시	청소년지도사 배치지원	77,904	보육청소년과	7	1	7	8	7	5	5	4
1021	경기 이천시	지방재정관리시스템(e-호조) 유지관리비	32,636	기획예산담당관	7	7	7	8	7	2	2	4
1022	경기 이천시	청백-e 시스템 운영 및 유지보수 분담비	10,399	감사법무담당관	7	5	2	1	1	2	2	1
1023	경기 이천시	우편모아시스템 대행료	5,300	자치행정과	7	7	7	8	7	2	3	1
1024	경기 이천시	표준지방인사정보시스템 유지보수 부담료	7,373	자치행정과	7	7	7	8	7	2	3	1
1025	경기 이천시	차세대 표준지방인사정보시스템 구축	24,532	자치행정과	7	5	1	3	2	3	2	1
1026	경기 이천시	지방세 정보시스템 유지관리	70,027	징수과	7	1	7	1	7	2	2	2
1027	경기 이천시	세외수입 정보시스템 유지관리	30,128	징수과	7	1	7	1	7	2	2	2
1028	경기 이천시	시군구 공통기반시스템 유지관리	117,756	정보통신과	7	1	7	1	7	2	2	4
1029	경기 이천시	시군구 재해복구시스템 유지관리	8,612	정보통신과	7	1	7	1	7	2	2	4
1030	경기 이천시	지방행정통합정보시스템(새올) 상담센터 운영	6,460	정보통신과	7	1	7	1	7	2	2	4
1031	경기 이천시	온-나라시스템 운영지원 및 유지관리	61,483	정보통신과	7	1	7	1	7	2	2	4
1032	경기 이천시	차세대 주민등록정보시스템 운영	13,064	민원봉사과	7	2	7	8	7	2	2	4
1033	경기 이천시	국가주소정보시스템 유지관리	17,724	토지정보과	7	1	6	1	6	2	2	1
1034	경기 이천시	도로명주소 기본도 유지관리	14,962	토지정보과	7	1	6	1	6	2	2	1
1035	경기 이천시	지역사회서비스투자사업	750,000	복지정책과	7	8	7	8	7	5	5	4
1036	경기 이천시	가사간병 방문서비스	50,000	복지정책과	7	2	7	8	7	5	5	2
1037	경기 이천시	장애인의료비 지원	136,134	노인장애인과	7	2	7	8	7	5	5	4
1038	경기 이천시	장애인 활동지원급여 지원	6,666	노인장애인과	7	1	5	8	7	5	5	4
1039	경기 이천시	중증장애인 활동보조 가산급여	11,516	노인장애인과	7	1	5	8	7	5	5	4
1040	경기 이천시	장애인 활동지원 급여 추가 지원	486,000	노인장애인과	7	1	5	8	7	5	5	4
1041	경기 이천시	장애인활동지원 추가 지원	399,900	노인장애인과	7	1	5	8	7	5	5	4
1042	경기 이천시	장애인활동지원 전산운영 위탁업무관리비	3,500	노인장애인과	7	1	5	8	7	5	5	4
1043	경기 이천시	발달재활서비스 바우처 지원	457,139	노인장애인과	7	1	5	8	7	5	5	4
1044	경기 이천시	언어발달지원 바우처 지원	2,084	노인장애인과	7	1	5	8	7	5	5	4
1045	경기 이천시	발달장애인 부모상담지원	1,920	노인장애인과	7	1	5	8	7	5	5	4
1046	경기 이천시	청소년 발달장애학생 방과후활동서비스 지원	281,297	노인장애인과	7	1	5	8	7	5	5	4
1047	경기 이천시	발달장애인 주간활동서비스지원	841,200	노인장애인과	7	1	5	8	7	5	5	4
1048	경기 이천시	장애인 활동지원급여 24시간 지원	111,039	노인장애인과	7	1	5	8	7	5	5	4

순번	시군구	지출명 (사업명)	2021년예산 (단위:천원/1년간)	담당자 (공무원) 담당부서	민간이전 분류 (지방자치단체 세출예산 집행기준에 의거) 1. 민간경상사업보조(307-02) 2. 민간단체 법정운영비보조(307-03) 3. 민간행사사업보조(307-04) 4. 민간위탁금(307-05) 5. 사회복지시설 법정운영비보조(307-10) 6. 민간인위탁교육비(307-12) 7. 공기관등에대한경상적위탁사업비(308-10) 8. 민간자본사업보조,자체재원(402-01) 9. 민간자본사업보조,이전재원(402-02) 10. 민간위탁사업비(402-03) 11. 공기관등에 대한 자본적 대행사업비(403-02)	민간이전지출 근거 (지방보조금 관리기준 참고) 1. 법률에 규정 2. 국고보조 재원(국가지정) 3. 용도 지정 기부금 4. 조례에 직접규정 5. 지자체가 권장하는 사업을 하는 공공기관 6. 시,도 정책 및 재정사정 7. 기타 8. 해당없음	입찰방식: 계약체결방법 (경쟁형태) 1. 일반경쟁 2. 제한경쟁 3. 지명경쟁 4. 수의계약 5. 법정위탁 6. 기타 ( ) 7. 해당없음	입찰방식: 계약기간 1. 1년 2. 2년 3. 3년 4. 4년 5. 5년 6. 기타 ( )년 7. 단기계약 (1년미만) 8. 해당없음	입찰방식: 낙찰자선정방법 1. 적격심사 2. 협상에의한계약 3. 최저가낙찰제 4. 규격가격분리 5. 2단계 경쟁입찰 6. 기타 ( ) 7. 해당없음	운영예산 산정: 운영예산 산정 1. 내부산정 (지자체 자체적으로 산정) 2. 외부산정 (외부전문기관위탁 산정) 3. 내·외부 모두 산정 4. 산정 無 5. 해당없음	운영예산 산정: 정산방법 1. 내부정산 (지자체 내부적으로 정산) 2. 외부정산 (외부전문기관위탁 정산) 3. 내·외부 모두 산정 4. 정산 無 5. 해당없음	성과평가 실시여부 1. 실시 2. 미실시 3. 향후 추진 4. 해당없음
1049	경기 이천시	경기도 문화의 날 문화예술지원 프로그램	92,800	문예관광과	7	1	7	8	7	1	1	1
1050	경기 이천시	중소기업개발생산판로 및 맞춤형지원사업	150,000	기업지원과	7	4	6	1	7	1	1	1
1051	경기 이천시	디자인개발지원사업	30,000	기업지원과	7	4	6	1	7	1	1	1
1052	경기 이천시	해외시장개척단지원사업	130,000	기업지원과	7	4	6	1	7	1	1	1
1053	경기 이천시	생산레벨업(level-up)지원사업	120,000	기업지원과	7	4	6	1	7	1	1	1
1054	경기 이천시	G-FAIR KOREA 참가지원사업	50,000	기업지원과	7	4	6	1	7	1	1	1
1055	경기 이천시	스타기업육성지원사업	84,800	기업지원과	7	4	6	1	7	1	1	1
1056	경기 이천시	해외전시회지원사업	50,000	기업지원과	7	4	6	1	7	1	1	1
1057	경기 이천시	스마트공장 보급확산 지원사업	200,000	기업지원과	7	4	7	8	7	5	5	4
1058	경기 이천시	맞춤형 성장지원사업	200,000	기업지원과	7	4	7	8	7	5	5	4
1059	경기 이천시	기술닥터사업	34,630	기업지원과	7	4	6	1	7	1	1	1
1060	경기 이천시	폭염대비 에너지복지 지원사업	8,000	기업지원과	7	1	5	7	2	2	2	3
1061	경기 이천시	새경기 준공영제 운영 지원	779,121	교통행정과	7	6	5	8	7	5	5	4
1062	경기 이천시	광역알뜰카드 연계 마일리지 지원사업	30,000	교통행정과	7	2	5	8	7	5	5	4
1063	경기 이천시	택시운행정보관리시스템(TIMS) 운영비	5,508	교통행정과	7	8	5	8	7	2	1	4
1064	경기 시흥시	데이터 분석 및 활용서비스 개발	300,000	미래전략담당관	7	5	7	8	7	5	5	4
1065	경기 시흥시	청백-e 통합 상시모니터링시스템 운영비	11,997	감사담당관	7	1	5	1	7	2	2	2
1066	경기 시흥시	시흥도시공사 경상적 대행사업비	22,532	예산법무과	7	5	5	8	7	1	1	1
1067	경기 시흥시	지방재정관리시스템 운영관리	32,636	예산법무과	7	1	7	8	7	5	5	4
1068	경기 시흥시	지방세 및 세외수입정보시스템 유지보수비	115,008	세정과	7	1	5	1	7	2	2	4
1069	경기 시흥시	차세대 지방세 및 세외수입정보시스템 구축비	337,754	세정과	7	1	5	6	7	2	2	4
1070	경기 시흥시	시군구 공통기반시스템 유지관리	108,646	정보통신과	7	1	5	1	7	2	2	4
1071	경기 시흥시	시군구 행정정보시스템 시도백업 유지관리	8,553	정보통신과	7	1	5	1	7	2	2	4
1072	경기 시흥시	온-나라 시스템 운영지원 부담금	25,398	정보통신과	7	1	5	1	7	2	2	4
1073	경기 시흥시	시흥사랑 청년재직자내일채움공제	192,000	일자리총괄과	7	1	5	4	7	1	1	3
1074	경기 시흥시	코로나 19 대응 시흥형 일자리 은행제	1,058,600	일자리총괄과	7	1	7	8	7	1	1	3
1075	경기 시흥시	지역상생 협력매장 운영	100,000	소상공인과	7	4	7	3	7	1	1	2
1076	경기 시흥시	G-STAR 기업육성 프로젝트 지원	120,000	기업지원과	7	5	7	1	7	1	1	1
1077	경기 시흥시	기술개발지원	750,000	기업지원과	7	5	7	1	7	1	1	1
1078	경기 시흥시	산업디자인지원	255,000	기업지원과	7	5	7	1	7	1	1	1
1079	경기 시흥시	스마트팩토리 기반 구축 사업	200,000	기업지원과	7	5	7	1	7	1	1	1
1080	경기 시흥시	시흥형 강소기업 육성 디딤돌 사업	1,000,000	기업지원과	7	5	7	1	7	1	1	1
1081	경기 시흥시	중소기업 리트로핏 지원사업	300,000	기업지원과	7	6	6	1	6	1	1	1
1082	경기 시흥시	지식재산 창출지원	60,000	기업지원과	7	5	7	1	7	1	1	1
1083	경기 시흥시	시흥 에코뮤지엄 사업	100,000	문화예술과	7	6	6	1	6	1	1	1
1084	경기 시흥시	도-시군 PPL	100,000	관광과	7	4	7	8	7	5	5	4
1085	경기 시흥시	시흥도시공사 경상적 대행사업비	92,468	관광과	7	5	5	8	7	1	1	1
1086	경기 시흥시	오이도 함상전망대 리노베이션	285,000	관광과	7	4	7	8	7	3	1	3
1087	경기 시흥시	시흥도시공사 경상적 대행사업비	32,863	체육진흥과	7	1	5	8	7	1	1	1
1088	경기 시흥시	시흥도시공사 경상적 대행사업비	52,841	교통행정과	7	1	5	8	7	1	1	1
1089	경기 시흥시	공공버스 운영지원	52,207	대중교통과	7	5	7	8	7	2	2	1
1090	경기 시흥시	광역알뜰교통카드 마일리지 지원	238,000	대중교통과	7	2	7	8	7	2	2	1

순번	시군구	지출명 (사업명)	2021년예산 (단위:천원/1년간)	담당자 (공무원) 담당부서	민간이전 분류 (지방자치단체 세출예산 집행기준에 의거) 1. 민간경상사업보조(307-02) 2. 민간단체 법정운영비보조(307-03) 3. 민간행사사업보조(307-04) 4. 민간위탁금(307-05) 5. 사회복지시설 법정운영비보조(307-10) 6. 민간인위탁교육비(307-12) 7. 공기관등에대한경상적위탁사업비(308-10) 8. 민간자본사업보조,자체재원(402-01) 9. 민간자본사업보조,이전재원(402-02) 10. 민간위탁사업비(402-03) 11. 공기관등에 대한 자본적 대행사업비(403-02)	민간이전지출 근거 (지방보조금 관리기준 참고) 1. 법률에 규정 2. 국고보조 재원(국가지정) 3. 용도 지정 기부금 4. 조례에 직접규정 5. 지자체가 권장하는 사업을 하는 공공기관 6. 시,도 정책 및 재정사정 7. 기타 8. 해당없음	입찰방식: 계약체결방법 (경쟁형태) 1. 일반경쟁 2. 제한경쟁 3. 지명경쟁 4. 수의계약 5. 법정위탁 6. 기타 ( ) 7. 해당없음	입찰방식: 계약기간 1. 1년 2. 2년 3. 3년 4. 4년 5. 5년 6. 기타 ( )년 7. 단기계약 (1년미만) 8. 해당없음	입찰방식: 낙찰자선정방법 1. 적격심사 2. 협상에의한계약 3. 최저가낙찰제 4. 규격가격분리 5. 2단계 경쟁입찰 6. 기타 ( ) 7. 해당없음	운영예산 산정: 운영예산 산정 1. 내부산정 (지자체 자체적으로 산정) 2. 외부산정 (외부전문기관위탁 산정) 3. 내·외부 모두 산정 4. 산정 無 5. 해당없음	운영예산 산정: 정산방법 1. 내부정산 (지자체 내부적으로 정산) 2. 외부정산 (외부전문기관위탁 정산) 3. 내·외부 모두 산정 4. 정산 無 5. 해당없음	성과평가 실시여부 1. 실시 2. 미실시 3. 향후 추진 4. 해당없음
1091	경기 시흥시	시흥도시공사 경상적 대행사업비	25,138	대중교통과	7	5	5	8	7	1	1	1
1092	경기 시흥시	택시운행정보관리시스템 운영 사업비	14,534	대중교통과	7	4	7	8	7	1	1	1
1093	경기 시흥시	지역사회보장조사	44,800	복지정책과	7	1	7	8	7	1	1	4
1094	경기 시흥시	장애인의료비 지원	283,865	장애인복지과	7	1	7	8	7	1	5	4
1095	경기 시흥시	노후경유차 운행제한 시스템 유지보수사업	47,000	대기정책과	7	5	7	8	7	1	1	4
1096	경기 시흥시	악취 오염도 분석비	22,330	대기정책과	7	1	7	8	7	1	1	4
1097	경기 시흥시	환경기술 및 환경개선사업	370,000	대기정책과	7	1	4	3	7	1	3	1
1098	경기 시흥시	시흥도시공사 대행사업	9,177	자원순환과	7	1	5	8	7	1	1	1
1099	경기 시흥시	시흥도시공사 경상적 대행사업비	673,827	공원과	7	5	5	8	7	1	1	1
1100	경기 시흥시	소래산 첫마을 S/W사업	610,000	도시재생과	7	1	7	8	7	3	3	3
1101	경기 시흥시	정왕동 뉴딜 현장지원센터 운영	40,000	도시재생과	7	1	7	8	7	3	3	3
1102	경기 시흥시	한울타리마을 S/W사업	763,000	도시재생과	7	1	7	8	7	3	3	3
1103	경기 시흥시	기록물관리 유지보수	33,485	행정과	7	1	5	1	7	2	1	4
1104	경기 시흥시	차세대 표준지방인사정보시스템 응용 SW 개발 및 유지보수	33,069	행정과	7	1	5	1	7	2	1	4
1105	경기 시흥시	새주소사업	29,859	토지정보과	7	1	4	1	2	2	2	3
1106	경기 시흥시	저수지 정밀점검	79,000	농업정책과	7	8	7	8	7	5	5	4
1107	경기 시흥시	호조벌 종합관리 대행사업비	38,880	농업정책과	7	5	7	8	7	1	3	4
1108	경기 시흥시	시흥도시공사 경상적 대행사업비	1,365	평생학습과	7	4	5	8	7	1	1	4
1109	경기 시흥시	배곧너나들이 대행사업비	427,800	교육자치과	7	1	5	3	7	1	1	2
1110	경기 시흥시	공공청소년수련시설 청소년지도사 배치 지원	47,664	청년청소년과	7	2	7	8	7	1	1	1
1111	경기 시흥시	시군청소년참여위원회 운영지원	2,800	청년청소년과	7	2	7	8	7	1	1	1
1112	경기 시흥시	시흥도시공사 경상적 대행사업비	579,402	청년청소년과	7	6	7	8	7	1	1	1
1113	경기 시흥시	청소년 동반자프로그램 운영	192,450	청년청소년과	7	1	1	3	1	1	1	1
1114	경기 시흥시	청소년 방과후 아카데미 운영지원	284,074	청년청소년과	7	2	7	8	7	1	1	1
1115	경기 시흥시	청소년안전망 운영	180,940	청년청소년과	7	1	1	3	1	1	1	1
1116	경기 시흥시	청소년운영위원회 운영지원	2,000	청년청소년과	7	2	7	8	7	1	1	1
1117	경기 시흥시	학교 밖 청소년 급식 지원	23,607	청년청소년과	7	1	4	3	1	1	1	1
1118	경기 시흥시	학교 밖 청소년 맞춤형 서비스 운영	130,060	청년청소년과	7	1	4	3	1	1	1	1
1119	경기 시흥시	학교 밖 청소년 문화활동 지원	50,000	청년청소년과	7	1	4	3	1	1	1	1
1120	경기 시흥시	학교 밖 청소년 자립지원 수당	7,500	청년청소년과	7	4	4	3	1	1	1	1
1121	경기 시흥시	학교 밖 청소년 지원	165,633	청년청소년과	7	1	4	3	1	1	1	1
1122	경기 시흥시	시흥스마트허브 공동통근버스 운영지원	200,600	산단재생과	7	2	5	1	7	5	2	1
1123	경기 시흥시	시흥도시공사 경상적 대행사업비	163,003	차량등록사업소	7	5	5	3	7	1	1	2
1124	경기 안성시	청백-e시스템위탁관리비	9,600	감사법무담당관	7	7	5	1	7	2	2	1
1125	경기 여주시	공통기반 전산장비 유지보수비	86,031	미래정보담당관	7	7	7	1	7	2	2	4
1126	경기 여주시	재해복구시스템 유지보수비	8,191	미래정보담당관	7	7	7	1	7	2	2	4
1127	경기 여주시	지방행정공통정보시스템 서비스데스크 운영	6,460	미래정보담당관	7	7	7	1	7	2	2	4
1128	경기 여주시	온나라시스템운영지원비	10,000	미래정보담당관	7	7	7	1	7	2	2	4
1129	경기 여주시	표준기록관리시스템 유지보수비	56,499	자치행정과	7	7	7	1	7	2	2	4
1130	경기 여주시	표준지방인사정보시스템 유지관리비	7,313	자치행정과	7	1	5	1	7	5	5	4
1131	경기 여주시	차세대 지방인사정보시스템 응용SW 개발비	22,465	자치행정과	7	1	5	1	7	5	5	4
1132	경기 여주시	차세대 주민등록시스템 운영 및 유지보수	12,296	행복민원과	7	2	7	8	7	5	5	4

순번	시군구	지출명 (사업명)	2021년예산 (단위:천원/1년간)	담당자 (공무원) 담당부서	민간이전 분류 (지방자치단체 세출예산 집행기준에 의거) 1. 민간경상사업보조(307-02) 2. 민간단체 법정운영비보조(307-03) 3. 민간행사사업보조(307-04) 4. 민간위탁금(307-05) 5. 사회복지시설 법정운영비보조(307-10) 6. 민간인위탁교육비(307-12) 7. 공기관등에대한경상적위탁사업비(308-10) 8. 민간자본사업보조,자체재원(402-01) 9. 민간자본사업보조,이전재원(402-02) 10. 민간위탁사업비(402-03) 11. 공기관등에 대한 자본적 대행사업비(403-02)	민간이전지출 근거 (지방보조금 관리기준 참고) 1. 법률에 규정 2. 국고보조 재원(국가지정) 3. 용도 지정 기부금 4. 조례에 직접규정 5. 지자체가 권장하는 사업을 하는 공공기관 6. 시,도 정책 및 재정사정 7. 기타 8. 해당없음	입찰방식 계약체결방법 (경쟁형태) 1. 일반경쟁 2. 제한경쟁 3. 지명경쟁 4. 수의계약 5. 법정위탁 6. 기타 ( ) 7. 해당없음	입찰방식 계약기간 1. 1년 2. 2년 3. 3년 4. 4년 5. 5년 6. 기타 ( )년 7. 단기계약 (1년미만) 8. 해당없음	입찰방식 낙찰자선정방법 1. 적격심사 2. 협상에의한계약 3. 최저가낙찰제 4. 규격가격분리 5. 2단계 경쟁입찰 6. 기타 ( ) 7. 해당없음	운영예산 산정 운영예산 산정 1. 내부산정 (지자체 자체적으로 산정) 2. 외부산정 (외부전문기관위탁 산정) 3. 내·외부 모두 산정 4. 산정 無 5. 해당없음	운영예산 산정 정산방법 1. 내부정산 (지자체 내부적으로 정산) 2. 외부정산 (외부전문기관위탁 정산) 3. 내·외부 모두 산정 4. 정산 無 5. 해당없음	성과평가 실시여부 1. 실시 2. 미실시 3. 향후 추진 4. 해당없음
1133	경기 여주시	국가주소정보시스템 유지보수 및 운영	18,000	행복민원과	7	1	6	1	7	3	1	4
1134	경기 여주시	도로명주소기본도 유지보수	11,497	행복민원과	7	1	6	1	7	3	1	4
1135	경기 여주시	도로명주소 안내시설 일제조사	66,051	행복민원과	7	1	6	1	7	3	1	4
1136	경기 여주시	장애인일자리지원사업	342,250	사회복지과	7	1	7	8	7	4	1	4
1137	경기 여주시	장애인 주간보호시설 운영	874,499	사회복지과	7	1	7	8	7	4	1	4
1138	경기 여주시	장애인복지시설 재활프로그램 운영	10,170	사회복지과	7	1	7	8	7	4	1	4
1139	경기 여주시	장애인직업재활시설 기능보강	8,000	사회복지과	7	1	7	8	7	4	1	4
1140	경기 여주시	장애인거주시설 종사자 연장,야간 근로수당 지원	49,960	사회복지과	7	1	7	8	7	4	1	4
1141	경기 여주시	장애인365쉼터 운영지원	72,000	사회복지과	7	1	7	8	7	4	1	4
1142	경기 여주시	장애인 활동지원급여 지원	56,442	사회복지과	7	1	7	8	7	5	1	4
1143	경기 여주시	장애인 활동지원급여 추가지원	481,140	사회복지과	7	1	7	8	7	5	1	4
1144	경기 여주시	중증장애인 활동보조 가산급여	23,032	사회복지과	7	1	7	8	7	5	1	4
1145	경기 여주시	장애인 활동지원급여 24시간 지원	333,116	사회복지과	7	1	7	8	7	5	1	4
1146	경기 여주시	사회보장정보원시스템 위탁 비용	2,500	사회복지과	7	1	7	8	7	5	1	4
1147	경기 여주시	24시간 지원	187,596	사회복지과	7	1	7	8	7	5	1	4
1148	경기 여주시	자립생활 지원	48,600	사회복지과	7	1	7	8	7	5	1	4
1149	경기 여주시	발달재활서비스 바우처 지원	366,574	사회복지과	7	1	7	8	7	5	1	4
1150	경기 여주시	언어발달지원 바우처 지원	4,314	사회복지과	7	1	7	8	7	5	1	4
1151	경기 여주시	발달장애인 부모상담지원	1,920	사회복지과	7	1	7	8	7	5	1	4
1152	경기 여주시	발달장애인 주간활동서비스 지원	201,888	사회복지과	7	1	7	8	7	5	1	4
1153	경기 여주시	청소년 발달장애학생 방과후활동서비스	125,843	사회복지과	7	1	7	8	7	5	1	4
1154	경기 여주시	장애인의료비 지원	75,377	사회복지과	7	1	7	8	7	5	1	4
1155	경기 여주시	여주 테마관광상품 홍보 마케팅	60,500	관광체육과	7	5	5	7	7	1	5	1
1156	경기 여주시	여주 오곡나루축제	60,600	관광체육과	7	2	5	8	7	1	1	4
1157	경기 여주시	해외시작개척단 운영	50,000	일자리경제과	7	4	6	1	6	1	1	1
1158	경기 여주시	스마트공장 보급/확산 지원사업	200,000	일자리경제과	7	5	6	1	6	1	1	1
1159	경기 여주시	수도권매립지 3-1매립장 반납 수수료	66,000	자원순환과	7	8	7	8	7	5	5	4
1160	경기 여주시	교통신호체계기술운영협약	170,000	교통행정과	7	1	5	1	2	1	1	1
1161	경기 김포시	김포 도심축제	50,000	관광진흥과	7	5	5	7	7	1	1	3
1162	경기 김포시	DMZ 트레일러닝대회	20,000	관광진흥과	7	5	5	7	7	1	1	3
1163	경기 김포시	평화누리길 걷기 프로그램	20,000	관광진흥과	7	5	5	7	7	1	1	3
1164	경기 김포시	진로체험지원센터 운영지원	209,300	교육청소년과	7	1	7	8	7	1	1	1
1165	경기 김포시	인성함양 프로그램 운영	15,000	교육청소년과	7	1	7	8	7	1	1	1
1166	경기 김포시	청소년운영위원회 운영지원	4,000	교육청소년과	7	5	5	8	7	5	5	1
1167	경기 김포시	청소년공부방 지원	16,320	교육청소년과	7	5	5	8	7	5	5	1
1168	경기 김포시	청소년방과후아카데미 운영	177,372	교육청소년과	7	5	5	8	7	5	5	1
1169	경기 김포시	청소년종합예술제	17,500	교육청소년과	7	5	5	8	7	5	5	1
1170	경기 김포시	청소년동아리 지원	12,500	교육청소년과	7	5	5	8	7	5	5	1
1171	경기 김포시	공공청소년수련시설 프로그램 운영지원	50,000	교육청소년과	7	5	5	8	7	5	5	1
1172	경기 김포시	청소년지도사 배치지원	155,808	교육청소년과	7	5	5	8	7	5	5	1
1173	경기 김포시	청소년안전망 구축	102,990	교육청소년과	7	5	5	8	7	5	5	1
1174	경기 김포시	청소년동반자 프로그램 운영	247,980	교육청소년과	7	5	5	8	7	5	5	1

순번	시군구	지출명 (사업명)	2021년예산 (단위:천원/1년간)	담당자 (공무원) 담당부서	민간이전 분류 (지방자치단체 세출예산 집행기준에 의거) 1. 민간경상사업보조(307-02) 2. 민간단체 법정운영비보조(307-03) 3. 민간행사사업보조(307-04) 4. 민간위탁금(307-05) 5. 사회복지시설 법정운영비보조(307-10) 6. 민간인위탁교육비(307-12) 7. 공기관등에대한경상적위탁사업비(308-10) 8. 민간자본사업보조,자체재원(402-01) 9. 민간자본사업보조,이전재원(402-02) 10. 민간위탁사업비(402-03) 11. 공기관등에 대한 자본적 대행사업비(403-02)	민간이전지출 근거 (지방보조금 관리기준 참고) 1. 법률에 규정 2. 국고보조 재원(국가지정) 3. 용도 지정 기부금 4. 조례에 직접규정 5. 지자체가 권장하는 사업을 하는 공공기관 6. 시,도 정책 및 재정사정 7. 기타 8. 해당없음	입찰방식 계약체결방법 (경쟁형태) 1. 일반경쟁 2. 제한경쟁 3. 지명경쟁 4. 수의계약 5. 법정위탁 6. 기타 ( ) 7. 해당없음	입찰방식 계약기간 1. 1년 2. 2년 3. 3년 4. 4년 5. 5년 6. 기타 ( )년 7. 단기계약 (1년미만) 8. 해당없음	입찰방식 낙찰자선정방법 1. 적격심사 2. 협상에의한계약 3. 최저가낙찰제 4. 규격가격분리 5. 2단계 경쟁입찰 6. 기타 ( ) 7. 해당없음	운영예산 산정 운영예산 산정 1. 내부산정 (지자체 자체적으로 산정) 2. 외부산정 (외부전문기관위탁 산정) 3. 내·외부 모두 산정 4. 산정 無 5. 해당없음	운영예산 산정 정산방법 1. 내부정산 (지자체 내부적으로 정산) 2. 외부정산 (외부전문기관위탁 정산) 3. 내·외부 모두 산정 4. 정산 無 5. 해당없음	성과평가 실시여부 1. 실시 2. 미실시 3. 향후 추진 4. 해당없음
1175	경기 김포시	청소년동반자 프로그램 운영	16,560	교육청소년과	7	5	5	8	7	5	5	1
1176	경기 김포시	학교폭력 예방프로그램 운영	61,506	교육청소년과	7	5	5	8	7	5	5	1
1177	경기 김포시	학교 밖 청소년 지원	134,273	교육청소년과	7	5	5	8	7	5	5	1
1178	경기 김포시	학교 밖 청소년 지원	23,799	교육청소년과	7	5	5	8	7	5	5	1
1179	경기 김포시	학교 밖 청소년 프로그램 운영 지원	141,060	교육청소년과	7	5	5	8	7	5	5	1
1180	경기 김포시	학교 밖 청소년 문화활동 지원	40,000	교육청소년과	7	5	5	8	7	5	5	1
1181	경기 김포시	학교 밖 청소년 자립지원수당 지원	8,575	교육청소년과	7	5	5	8	7	5	5	1
1182	경기 김포시	청소년쉼터 운영지원	300,400	교육청소년과	7	5	5	8	7	5	5	1
1183	경기 김포시	청소년쉼터 이용 청소년 등 지원	15,000	교육청소년과	7	5	5	8	7	5	5	1
1184	경기 김포시	지방재정통합관리시스템 운영	146,450	기획담당관	7	1	4	1	6	2	2	4
1185	경기 김포시	LEZ 노후경유차 운행제한 시스템 유지보수	64,800	기후에너지과	7	2	7	1	7	2	2	4
1186	경기 김포시	어린이 문화행사	120,000	여성가족과	7	5	7	8	7	1	1	1
1187	경기 김포시	아이돌봄지원	16,905	여성가족과	7	1	5	8	7	1	1	1
1188	경기 김포시	내수면수산자원조성	240,000	축수산과	7	1	7	8	7	1	1	2
1189	경기 김포시	해면수산자원조성	450,000	축수산과	7	1	7	8	7	1	1	2
1190	경기 김포시	중요기록물 DB구축	250,000	행정과	7	1	5	1	7	2	2	4
1191	경기 김포시	표준기록관리시스템 유지관리	101,500	행정과	7	1	5	1	7	2	2	4
1192	경기 김포시	우편모아시스템 위탁운영비	5,300	행정과	7	1	5	1	7	2	2	4
1193	경기 화성시	주꾸미 산란장 확대 조성 및 사후관리	300,000	해양수산과	7	1	7	7	7	1	1	4
1194	경기 화성시	고소득 패류종자 살포	1,000,000	해양수산과	7	1	7	7	7	1	1	4
1195	경기 화성시	고품질 김 양식시설 지원	390,406	해양수산과	7	1	7	7	7	1	1	4
1196	경기 화성시	김양식어장 활성처리제 지원	300,000	해양수산과	7	1	7	7	7	1	1	4
1197	경기 화성시	해면수산자원 조성	1,200	해양수산과	7	1	7	7	7	1	1	1
1198	경기 화성시	해양쓰레기 정화	700,000	해양수산과	7	1	7	7	7	1	1	1
1199	경기 화성시	수산물 포장재 지원	200,000	해양수산과	7	1	7	7	7	1	1	1
1200	경기 화성시	시립 반석산 에코스쿨 및 비봉습지공원 운영	657,039	수질관리과	7	4	5	2	7	1	1	3
1201	경기 화성시	화성습지 국제심포지엄 및 국제협력사업	180,000	수질관리과	7	7	6	7	7	1	2	3
1202	경기 화성시	시립 반석산 에코스쿨 및 비봉습지공원 운영	657,039	수질관리과	7	4	5	2	7	1	1	3
1203	경기 화성시	화성습지 국제심포지엄 및 국제협력사업	180,000	수질관리과	7	7	6	7	7	1	2	3
1204	경기 화성시	국민체력100 체력인증센터 운영	43,257	체육진흥과	7	6	5	3	7	1	1	4
1205	경기 화성시	화성종합경기타운 운영	45,204	체육진흥과	7	6	5	3	7	1	1	4
1206	경기 화성시	화성국민체육센터 운영	30,318	체육진흥과	7	6	5	3	7	1	1	4
1207	경기 화성시	동탄중앙어울림센터 운영	23,299	체육진흥과	7	6	5	1	7	1	1	4
1208	경기 화성시	반월체육센터 운영	28,268	체육진흥과	7	6	5	3	7	1	1	4
1209	경기 화성시	화성드림파크 운영	1,225	체육진흥과	7	6	5	3	7	1	1	4
1210	경기 화성시	정조효문화제	1,380	문화예술과	7	4	1	1	2	1	1	1
1211	경기 화성시	홍사용문화거리운영	20,000	문화예술과	7	4	7	1	7	1	1	1
1212	경기 화성시	제부도아트파크운영	51,000	문화예술과	7	4	5	2	7	1	1	1
1213	경기 화성시	동탄복합문화센터운영	61,167	문화예술과	7	4	5	3	7	1	1	1
1214	경기 화성시	생활문화센터운영	959,242	문화예술과	7	4	5	3	7	1	1	1
1215	경기 화성시	유휴공간문화재생사업	100,000	문화예술과	7	4	7	1	7	1	1	1
1216	경기 화성시	화성미디어센터 운영 및 관리	930,847	문화예술과	7	4	5	3	7	1	1	1

순번	시군구	지출명 (사업명)	2021년예산 (단위:천원/1년간)	담당자 (공무원)	민간이전 분류 (지방자치단체 세출예산 집행기준에 의거)	민간이전지출 근거 (지방보조금 관리기준 참고)	입찰방식			운영예산 산정		성과평가 실시여부
				담당부서	1. 민간경상사업보조(307-02) 2. 민간단체 법정운영비보조(307-03) 3. 민간행사사업보조(307-04) 4. 민간위탁금(307-05) 5. 사회복지시설 법정운영비보조(307-10) 6. 민간인위탁교육비(307-12) 7. 공기관등에대한경상적위탁사업비(308-10) 8. 민간자본사업보조,자체재원(402-01) 9. 민간자본사업보조,이전재원(402-02) 10. 민간위탁사업비(402-03) 11. 공기관등에 대한 자본적 대행사업비(403-02)	1. 법률에 규정 2. 국고보조 재원(국가지정) 3. 용도 지정 기부금 4. 조례에 직접규정 5. 지자체가 권장하는 사업을 하는 공공기관 6. 시,도 정책 및 재정사정 7. 기타 8. 해당없음	계약체결방법 (경쟁형태) 1. 일반경쟁 2. 제한경쟁 3. 지명경쟁 4. 수의계약 5. 법정위탁 6. 기타 ( ) 7. 해당없음	계약기간 1. 1년 2. 2년 3. 3년 4. 4년 5. 5년 6. 기타 ( )년 7. 단기계약 (1년미만) 8. 해당없음	낙찰자선정방법 1. 적격심사 2. 협상에의한계약 3. 최저가낙찰제 4. 규격가격분리 5. 2단계 경쟁입찰 6. 기타 ( ) 7. 해당없음	운영예산 산정 1. 내부산정 (지자체 자체적으로 산정) 2. 외부산정 (외부전문기관위탁 산정) 3. 내·외부 모두 산정 4. 산정 無 5. 해당없음	정산방법 1. 내부정산 (지자체 내부적으로 정산) 2. 외부정산 (외부전문기관위탁 정산) 3. 내·외부 모두 산정 4. 정산 無 5. 해당없음	1. 실시 2. 미실시 3. 향후 추진 4. 해당없음
1217	경기 화성시	문화재단 공연장 운영	43,740	문화예술과	7	4	5	3	7	1	1	1
1218	경기 화성시	문화의날 문화예술지원프로그램	184,000	문화예술과	7	4	7	1	7	1	1	1
1219	경기 화성시	거리로나온예술	90,000	문화예술과	7	1	7	8	7	1	1	1
1220	경기 화성시	공연장대관료지원	5,000	문화예술과	7	1	7	8	7	1	1	1
1221	경기 화성시	2021 해외전시회 단체관(KOREA관) 운영	100,000	기업지원과	7	5	7	1	7	1	1	1
1222	경기 화성시	2021 화성시 동남아 시장개척단 화상상담회	30,000	기업지원과	7	5	7	1	7	1	1	1
1223	경기 화성시	중소기업 개발생산판로 맞춤형 지원	50,000	기업지원과	7	5	7	8	7	1	1	1
1224	경기 화성시	강소,중견기업화 사업	120,000	기업지원과	7	5	7	8	7	1	1	1
1225	경기 화성시	디자인 개발 지원	40,000	기업지원과	7	5	7	8	7	1	1	1
1226	경기 화성시	연구장비 공동활용 사업	10,000	기업지원과	7	5	7	8	7	1	1	1
1227	경기 화성시	기술닥터 사업	302,218	기업지원과	7	2	7	8	7	2	3	1
1228	경기 화성시	뿌리산업 육성사업 및 취급시설 개선지원	70,000	기업지원과	7	5	7	8	7	2	3	1
1229	경기 화성시	지식재산창출 지원사업	80,000	기업지원과	7	5	7	8	7	2	3	1
1230	경기 화성시	스마트공장 구축 지원사업	450,000	기업지원과	7	5	7	8	7	2	3	1
1231	경기 화성시	소상공인 특례보증 수수료 지원	100,000	소상공인과	7	5	7	8	7	1	1	3
1232	경기 화성시	온-나라 문서시스템 유지관리	34,373	정보통신과	7	1	5	1	7	2	2	4
1233	경기 화성시	공통기반 전산장비 유지관리	116,029	정보통신과	7	1	5	1	7	2	2	4
1234	경기 화성시	행정정보시스템 상담센터 유지관리	6,460	정보통신과	7	1	5	1	7	2	2	4
1235	경기 화성시	공통기반 재해복구시스템 유지관리	10,101	정보통신과	7	1	5	1	7	2	2	4
1236	경기 화성시	장애인활동지원급여	18,870	장애인복지과	7	1	5	8	7	5	1	4
1237	경기 화성시	장애인활동지원 도자체 추가지원사업	1,766	장애인복지과	7	1	5	8	7	5	1	4
1238	경기 화성시	장애인활동지원 시 추가 지원	43,641	장애인복지과	7	1	5	8	7	5	1	4
1239	경기 화성시	장애인활동지원 가산급여	69,097	장애인복지과	7	1	5	8	7	5	1	4
1240	경기 화성시	장애인활동지원급여 24시간 지원	333,116	장애인복지과	7	1	5	8	7	5	1	4
1241	경기 화성시	발달재활서비스 바우처 지원	20,139	장애인복지과	7	1	5	8	7	5	1	4
1242	경기 화성시	언어발달지원 바우처 지원	12,501	장애인복지과	7	1	5	8	7	5	1	4
1243	경기 화성시	발달장애인 부모상담지원	17,280	장애인복지과	7	1	5	8	7	5	1	4
1244	경기 화성시	발달장애인 주간활동서비스지원	336,480	장애인복지과	7	1	5	8	7	5	1	4
1245	경기 화성시	장애인의료비 지원	381,802	장애인복지과	7	1	5	8	7	5	1	4
1246	경기 화성시	표준인사정보시스템 유지관리 및 차세대 시스템 구축	116,847	인사과	7	7	7	8	7	5	2	4
1247	경기 화성시	추모공원 운영	469,147	노인복지과	7	5	4	3	7	1	1	3
1248	경기 화성시	화성 함백산추모공원 운영비	25,715	노인복지과	7	5	7	8	7	5	5	4
1249	경기 화성시	택시운행정보관리시스템 운영	12,833	첨단교통과	7	1	5	1	6	5	5	4
1250	경기 화성시	교통분석플랫폼 구축	300,000	첨단교통과	7	2	7	8	7	5	5	4
1251	경기 화성시	2021년 지방재정 정보화	39,890	예산법무과	7	1	7	1	7	2	2	4
1252	경기 광주시	지방재정관리시스템 유지보수	32,636	기획예산담당관	7	1	2	1	2	5	5	4
1253	경기 광주시	인사행정운영	69,686	행정지원과	7	1	6	1	7	5	5	4
1254	경기 광주시	기록물업무 추진	5,300	행정지원과	7	1	5	1	7	2	2	4
1255	경기 광주시	기록물 전산화 사업	143,749	행정지원과	7	1	5	1	7	2	2	4
1256	경기 광주시	개발생산판로 맞춤형 지원사업	130,000	기업지원과	7	1	7	7	7	1	1	1
1257	경기 광주시	디자인개발 지원사업	30,000	기업지원과	7	1	7	7	7	1	1	1
1258	경기 광주시	지식재산 창출지원 사업	30,000	기업지원과	7	1	7	7	7	1	1	1

순번	시군구	지출명 (사업명)	2021년예산 (단위:천원/1년간)	담당자 (공무원)	민간이전 분류 (지방자치단체 세출예산 집행기준에 의거)	민간이전지출 근거 (지방보조금 관리기준 참고)	입찰방식			운영예산 산정		성과평가 실시여부
				담당부서	1. 민간경상사업보조(307-02) 2. 민간단체 법정운영비보조(307-03) 3. 민간행사사업보조(307-04) 4. 민간위탁금(307-05) 5. 사회복지시설 법정운영비보조(307-10) 6. 민간인위탁교육비(307-12) 7. 공기관등에대한경상적위탁사업비(308-10) 8. 민간자본사업보조,자체재원(402-01) 9. 민간자본사업보조,이전재원(402-02) 10. 민간위탁사업비(402-03) 11. 공기관등에 대한 자본적 대행사업비(403-02)	1. 법률에 규정 2. 국고보조 재원(국가지정) 3. 용도 지정 기부금 4. 조례에 직접규정 5. 지자체가 권장하는 사업을 하는 공공기관 6. 시,도 정책 및 재정사정 7. 기타 8. 해당없음	계약체결방법 (경쟁형태) 1. 일반경쟁 2. 제한경쟁 3. 지명경쟁 4. 수의계약 5. 법정위탁 6. 기타 ( ) 7. 해당없음	계약기간 1. 1년 2. 2년 3. 3년 4. 4년 5. 5년 6. 기타 ( )년 7. 단기계약 (1년미만) 8. 해당없음	낙찰자선정방법 1. 적격심사 2. 협상에의한계약 3. 최저가낙찰제 4. 규격가격분리 5. 2단계 경쟁입찰 6. 기타 ( ) 7. 해당없음	운영예산 산정 1. 내부산정 (지자체 자체적으로 산정) 2. 외부산정 (외부전문기관위탁 산정) 3. 내·외부 모두 산정 4. 산정 無 5. 해당없음	정산방법 1. 내부정산 (지자체 내부적으로 정산) 2. 외부정산 (외부전문기관위탁 정산) 3. 내·외부 모두 산정 4. 정산 無 5. 해당없음	1. 실시 2. 미실시 3. 향후 추진 4. 해당없음
1259	경기 광주시	기술닥터사업	131,886	기업지원과	7	1	7	7	7	1	1	1
1260	경기 광주시	해외시장개척단 파견	100,000	기업지원과	7	4	7	7	7	1	1	1
1261	경기 광주시	폭염대비 에너지복지 지원사업	24,000	기업지원과	7	6	7	1	7	3	3	4
1262	경기 광주시	경기테크노파크 지역사업단 운영사업	130,000	기업지원과	7	1	7	8	7	1	1	4
1263	경기 광주시	소공인공동기반시설 구축사업	527,410	기업지원과	7	1	7	8	7	1	1	3
1264	경기 광주시	슬레이트 처리 및 집붕개량 지원사업	250,740	환경정책과	7	1	2	1	1	3	3	4
1265	경기 광주시	슬레일트 건축물 실태조사	11,000	환경정책과	7	1	2	1	1	3	3	4
1266	경기 광주시	수도권매립지 반입 수수료	978,000	자원순환과	7	7	6	8	7	5	5	4
1267	경기 광주시	수도권매립지 대보수 자치단체분담금	62,076	자원순환과	7	7	6	8	7	5	5	4
1268	경기 광주시	종량제 및 대형폐기물스티커 판매 대행	409,134	자원순환과	7	1	7	8	7	1	1	4
1269	경기 광주시	보건소 주차장 위수탁 관리	61,711	보건행정과	7	2	7	2	7	1	1	4
1270	경기 광주시	청소년산모 의료비 지원	3,600	감염병관리과	7	2	7	8	7	3	3	4
1271	경기 광주시	산모신생아건강관리지원사업	1,759	감염병관리과	7	2	7	8	7	3	3	4
1272	경기 광주시	저소득층 기저귀.조제분유 지원	421,135	감염병관리과	7	2	7	8	7	3	3	4
1273	경기 광주시	표준 모자보건수첩 제작	3,200	감염병관리과	7	2	7	8	7	3	3	4
1274	경기 광주시	광주시 공원시설 관리 위탁	26,820	공원정책과	7	4	5	3	7	1	1	1
1275	경기 양주시	2021년 표준기록관리시스템 통합 유지관리	174,766	자치행정과	7	1	5	1	7	2	2	1
1276	경기 양주시	2021년 신우편모아시스템 유지관리	5,300	자치행정과	7	1	5	1	7	2	2	1
1277	경기 양주시	예산편성 및 관리	32,636	기획예산과	7	8	7	8	7	5	5	4
1278	경기 양주시	차질없는 주민등록서비스 제공	13,064	민원봉사과	7	6	7	8	7	5	5	4
1279	경기 양주시	도로명 및 건물번호 부여사업	55,000	토지관리과	7	1	7	8	7	5	5	4
1280	경기 양주시	정보화시스템 운영관리	107,464	정보통신과	7	1	5	1	7	2	2	4
1281	경기 양주시	저소득층 여성청소년 위생용품 지원	110,716	체육청소년과	7	1	7	8	7	5	5	4
1282	경기 양주시	제5기 지역사회보장조사 추진	28,000	사회복지과	7	1	7	8	7	5	5	4
1283	경기 양주시	지역자율형 사회서비스 투자사업(생활)(지역사회서비스투자사업)	714,286	사회복지과	7	2	7	8	7	1	1	1
1284	경기 양주시	방송 로케이션 활용 인센티브 지원	70,000	문화관광과	7	6	7	8	7	1	1	2
1285	경기 양주시	국내 규격인증 취득 지원사업	50,000	기업경제과	7	4	7	8	7	1	1	1
1286	경기 양주시	해외 규격인증 취득 지원사업	50,000	기업경제과	7	4	7	8	7	1	1	1
1287	경기 양주시	중소기업 개발생산판로 맞춤형 지원사업	121,800	기업경제과	7	4	7	8	7	1	1	1
1288	경기 양주시	지식재산권 출원 지원사업	70,000	기업경제과	7	4	7	8	7	1	1	1
1289	경기 양주시	기술닥터 사업	103,900	기업경제과	7	4	7	8	7	1	1	1
1290	경기 양주시	디자인개발 지원사업	60,000	기업경제과	7	4	7	8	7	1	1	1
1291	경기 양주시	내일채움공제 지원사업	252,000	기업경제과	7	1	7	8	7	1	1	1
1292	경기 양주시	양주시 우수기업제품 전시회(G-FAIR) 지원사업	25,000	기업경제과	7	4	7	8	7	1	1	1
1293	경기 양주시	해외전시회(박람회) 참가기업 지원사업	50,000	기업경제과	7	4	7	8	7	1	1	1
1294	경기 양주시	스마트공장 보급확산사업	300,000	기업경제과	7	1	7	8	7	5	5	4
1295	경기 양주시	섬유패션산업 육성	590,000	기업경제과	7	4	7	1	7	1	1	2
1296	경기 양주시	양주 섬유 소공인특화지원사업	100,000	기업경제과	7	4	7	1	7	1	1	2
1297	경기 양주시	지역 시장 및 골목상권 활성화지원	123,750	기업경제과	7	4	7	8	7	5	5	4
1298	경기 양주시	노후경유차 운행제한시스템 유지관리	38,700	환경관리과	7	1	2	1	2	1	1	4
1299	경기 양주시	축사 등 슬레이트 처리지원	172,000	환경관리과	7	1	7	1	2	5	5	4
1300	경기 양주시	슬레이트 처리지원	623,600	환경관리과	7	2	7	1	2	5	5	4

순번	시군구	지출명 (사업명)	2021년예산 (단위:천원/1년간)	담당자 (공무원)	민간이전 분류 (지방자치단체 세출예산 집행기준에 의거)	민간이전지출 근거 (지방보조금 관리기준 참고)	입찰방식			운영예산 산정		성과평가 실시여부
				담당부서	1. 민간경상사업보조(307-02) 2. 민간단체 법정운영비보조(307-03) 3. 민간행사사업보조(307-04) 4. 민간위탁금(307-05) 5. 사회복지시설 법정운영비보조(307-10) 6. 민간인위탁교육비(307-12) 7. 공기관등에대한경상적위탁사업비(308-10) 8. 민간자본사업보조,자체재원(402-01) 9. 민간자본사업보조,이전재원(402-02) 10. 민간위탁사업비(402-03) 11. 공기관등에 대한 자본적 대행사업비(403-02)	1. 법률에 규정 2. 국고보조 재원(국가지정) 3. 용도 지정 기부금 4. 조례에 직접규정 5. 지자체가 권장하는 사업을 하는 공공기관 6. 시,도 정책 및 재정사정 7. 기타 8. 해당없음	계약체결방법 (경쟁형태) 1. 일반경쟁 2. 제한경쟁 3. 지명경쟁 4. 수의계약 5. 법정위탁 6. 기타 ( ) 7. 해당없음	계약기간 1. 1년 2. 2년 3. 3년 4. 4년 5. 5년 6. 기타 ( )년 7. 단기계약 (1년미만) 8. 해당없음	낙찰자선정방법 1. 적격심사 2. 협상에의한계약 3. 최저가낙찰제 4. 규격가격분리 5. 2단계 경쟁입찰 6. 기타 ( ) 7. 해당없음	운영예산 산정 1. 내부산정 (지자체 자체적으로 산정) 2. 외부산정 (외부전문기관위탁 산정) 3. 내·외부 모두 산정 4. 산정 無 5. 해당없음	정산방법 1. 내부정산 (지자체 내부적으로 정산) 2. 외부정산 (외부전문기관위탁 정산) 3. 내·외부 모두 산정 4. 정산 無 5. 해당없음	1. 실시 2. 미실시 3. 향후 추진 4. 해당없음
1301	경기 양주시	새경기준공영제 운영지원	644,437	대중교통과	7	1	7	8	7	5	5	4
1302	경기 양주시	광역알뜰교통카드 연계 마일리지 지원	78,000	대중교통과	7	2	7	8	7	5	5	4
1303	경기 양주시	광역알뜰교통카드 연계 마일리지 지원	9,173	대중교통과	7	2	7	8	7	5	5	4
1304	경기 양주시	희귀질환자 의료비지원 사업	320,000	보건행정과	7	2	7	8	7	5	5	4
1305	경기 양주시	국가암관리(암검진사업)	350,800	보건행정과	7	2	7	8	7	5	5	4
1306	경기 양주시	일반검진사업	31,000	보건행정과	7	2	7	8	7	5	5	4
1307	경기 양주시	국가결핵예방(보건소결핵관리사업)	500	감염병관리과	7	5	7	8	7	1	1	4
1308	경기 양주시	지역자율형 사회서비스 투자사업 (산모신생아 건강관리 지원사업)	928,700	건강증진과	7	2	7	8	7	4	5	4
1309	경기 양주시	청소년산모 임신출산 의료비 지원	4,800	건강증진과	7	2	7	8	7	4	5	4
1310	경기 양주시	표준모자보건수첩 제작	1,516	건강증진과	7	2	7	8	7	4	5	4
1311	경기 양주시	저소득층 기저귀,조제분유 지원	280,000	건강증진과	7	2	7	8	7	4	5	4
1312	경기 양주시	의료급여수급권자 영유아건강검진 지원	1,760	건강증진과	7	2	7	8	7	4	5	4
1313	경기 양주시	치매치료관리비 지원	210,040	건강증진과	7	2	5	8	7	5	3	1
1314	경기 포천시	청백-e 시스템 유지관리비	9,600	감사담당관	7	1	7	1	7	2	2	1
1315	경기 포천시	인사랑시스템 유지보수 분담금	7,373	자치행정과	7	1	7	1	7	2	2	1
1316	경기 포천시	차세대 인사랑 구축 분담금	52,365	자치행정과	7	1	7	1	7	2	2	1
1317	경기 포천시	기록관리시스템 통합 유지관리 사업	44,094	자치행정과	7	5	7	1	7	2	2	1
1318	경기 포천시	우편모아시스템통합유지관리위탁사업비	5,300	자치행정과	7	5	7	1	7	2	2	1
1319	경기 포천시	e-호조시스템 유지 보수사업 분담금	32,636	기획예산과	7	1	5	1	7	2	2	1
1320	경기 포천시	자치단체(시군구) 공통기반시스템 운영	112,277	홍보전산과	7	1	5	1	2	2	2	1
1321	경기 포천시	온나라시스템 운영	58,030	홍보전산과	7	1	5	1	2	2	2	1
1322	경기 포천시	지방세정보시스템 유지보수비	58,159	세정과	7	5	7	1	7	2	2	1
1323	경기 포천시	차세대 지방세정보시스템 유지보수비	2,356	세정과	7	5	7	1	7	2	2	1
1324	경기 포천시	차세대 지방세정보시스템 구축(3차)	167,526	세정과	7	5	7	1	7	2	2	1
1325	경기 포천시	표준지방세외수입 정보시스템 운영관리비	26,559	세원관리과	7	1	5	1	7	2	2	2
1326	경기 포천시	국가주소정보시스템 유지관리비	17,724	민원토지과	7	5	6	1	7	1	1	4
1327	경기 포천시	도로명주소 기본도 유지보수사업 부담금	11,583	민원토지과	7	5	6	1	7	1	1	4
1328	경기 포천시	한국사학진흥재단 입사지원	13,200	교육지원과	7	7	7	8	7	1	5	4
1329	경기 포천시	지역사회보장조사	22,400	시민복지과	7	1	7	8	7	5	5	4
1330	경기 포천시	희망키움통장1	38,200	시민복지과	7	2	5	8	7	4	2	1
1331	경기 포천시	희망키움통장2	204,500	시민복지과	7	2	5	8	7	4	2	1
1332	경기 포천시	내일키움통장	16,200	시민복지과	7	2	5	8	7	4	2	1
1333	경기 포천시	청년희망키움통장	34,363	시민복지과	7	2	5	8	7	4	2	1
1334	경기 포천시	청년저축계좌	70,788	시민복지과	7	2	5	8	7	4	2	1
1335	경기 포천시	가사간병방문지원사업	48,000	시민복지과	7	2	7	8	7	5	1	1
1336	경기 포천시	지역사회서비스투자사업	532,857	시민복지과	7	2	7	8	7	1	1	1
1337	경기 포천시	통합문화체육이용권 사업	612,100	문화체육과	7	6	7	8	7	5	5	4
1338	경기 포천시	영상매체 활용 관광자원 홍보	100,000	관광산업과	7	6	7	1	7	1	1	1
1339	경기 포천시	비상하는 포천청춘 디딤돌 사업	99,000	일자리경제과	7	2	7	8	7	5	5	4
1340	경기 포천시	가구디자인 창작공간 조성	210,000	기업지원과	7	4	6	4	7	5	1	1
1341	경기 포천시	도시형소공인 집적지구 지정 및 인프라 구축사업	320,000	기업지원과	7	4	6	3	7	5	1	1
1342	경기 포천시	대한민국 명품특산물 페스티벌 박람회 참가지원	26,000	기업지원과	7	4	6	8	7	5	1	1

순번	시군구	지출명 (사업명)	2021년예산 (단위:천원/1년간)	담당자 (공무원)	민간이전 분류 (지방자치단체 세출예산 집행기준에 의거)	민간이전지출 근거 (지방보조금 관리기준 참고)	입찰방식			운영예산 산정		성과평가 실시여부
				담당부서	1. 민간경상사업보조(307-02) 2. 민간단체 법정운영비보조(307-03) 3. 민간행사사업보조(307-04) 4. 민간위탁금(307-05) 5. 사회복지시설 법정운영비보조(307-10) 6. 민간인위탁교육비(307-12) 7. 공기관등에대한경상적위탁사업비(308-10) 8. 민간자본사업보조,자체재원(402-01) 9. 민간자본사업보조,이전재원(402-02) 10. 민간위탁사업비(402-03) 11. 공기관등에 대한 자본적 대행사업비(403-02)	1. 법률에 규정 2. 국고보조 재원(국가지정) 3. 용도 지정 기부금 4. 조례에 직접규정 5. 지자체가 권장하는 사업을 하는 공공기관 6. 시,도 정책 및 재정사정 7. 기타 8. 해당없음	계약체결방법 (경쟁형태) 1. 일반경쟁 2. 제한경쟁 3. 지명경쟁 4. 수의계약 5. 법정위탁 6. 기타 ( ) 7. 해당없음	계약기간 1. 1년 2. 2년 3. 3년 4. 4년 5. 5년 6. 기타 ( )년 7. 단기계약 (1년미만) 8. 해당없음	낙찰자선정방법 1. 적격심사 2. 협상에의한계약 3. 최저가낙찰제 4. 규격가격분리 5. 2단계 경쟁입찰 6. 기타 ( ) 7. 해당없음	운영예산 산정 1. 내부산정 (지자체 자체적으로 산정) 2. 외부산정 (외부전문기관위탁 산정) 3. 내·외부 모두 산정 4. 산정 無 5. 해당없음	정산방법 1. 내부정산 (지자체 내부적으로 정산) 2. 외부정산 (외부전문기관위탁 정산) 3. 내·외부 모두 산정 4. 정산 無 5. 해당없음	1. 실시 2. 미실시 3. 향후 추진 4. 해당없음
1343	경기 포천시	중소기업전시(박람)회 참가지원사업	40,000	기업지원과	7	8	7	1	7	5	1	1
1344	경기 포천시	중소기업 해외시장개척단 운영사업	70,000	기업지원과	7	4	6	7	7	5	1	3
1345	경기 포천시	중소기업 개발생산판로 맞춤형 지원사업	100,000	기업지원과	7	4	6	1	7	5	1	3
1346	경기 포천시	디자인개발 지원사업	30,000	기업지원과	7	4	6	1	7	5	1	3
1347	경기 포천시	G-FAIR KOREA 포천시관 운영사업	34,000	기업지원과	7	4	6	7	7	5	1	3
1348	경기 포천시	수리시설 유지관리	165,110	친환경농업과	7	1	5	3	7	1	3	4
1349	경기 포천시	광알뜰교통카드 연계 마일리지 지원	34,000	교통행정과	7	2	7	8	7	1	1	4
1350	경기 포천시	경기도 공영버스 운영지원	14,601	교통행정과	7	5	7	8	7	1	1	4
1351	경기 포천시	택시운행정보관리시스템 운영	3,381	교통행정과	7	1	7	8	7	2	5	4
1352	경기 포천시	표준모자보건수업	968	보건사업과	7	2	7	8	7	5	3	4
1353	경기 포천시	청소년산모의료비지원	4,000	보건사업과	7	2	7	8	7	5	3	4
1354	경기 포천시	산모신생아의료비지원	517,400	보건사업과	7	2	7	8	7	5	3	4
1355	경기 포천시	산모신생아의료비지원	20,000	보건사업과	7	2	7	8	7	1	3	4
1356	경기 포천시	저소득층지저귀,조제분유지원	210,000	보건사업과	7	2	7	8	7	5	3	4
1357	경기 포천시	의료급여수급권자일반건강검진 지원	27,100	보건사업과	7	2	7	8	7	5	3	4
1358	경기 포천시	의료수급권자 영유아검진 지원	1,710	보건사업과	7	2	7	8	7	5	3	4
1359	경기 포천시	암검진사업	286,800	감염관리과	7	2	7	8	7	5	3	4
1360	경기 포천시	화적연 전통문화 창작공연	80,000	한탄강사업소	7	5	5	1	6	3	3	1
1361	경기 연천군	지역사회보장조사	16,800	복지정책과	7	6	7	8	7	1	1	4
1362	경기 연천군	가사간병방문 지원사업	26,000	복지정책과	7	1	7	8	7	5	5	4
1363	경기 연천군	지역자율형사회서비스투자사업	142,857	복지정책과	7	1	7	8	7	5	5	4
1364	경기 연천군	표준지방세정보시스템운영	17,870	세무과	7	5	5	1	7	2	2	4
1365	경기 연천군	통합지방세(위택스)정보시스템운영	21,742	세무과	7	5	5	1	7	2	2	4
1366	경기 연천군	과세통합시스템운영	748	세무과	7	5	5	1	7	2	2	4
1367	경기 연천군	차세대지방세정보시스템 구축에 따른 유지 보수	1,410	세무과	7	5	5	1	7	2	2	4
1368	경기 연천군	세외수입정보시스템유지관리	20,004	세무과	7	5	5	1	7	2	2	4
1369	경기 연천군	차세대 주민등록정보시스템 인프라 운영,유지관리 및 보안관제	10,975	종합민원과	7	7	7	8	7	5	5	4
1370	경기 연천군	장애인의료비 지원	52,971	사회복지과	7	2	7	8	7	5	5	4
1371	경기 연천군	장애인 활동지원급여 지원	21,298	사회복지과	7	2	7	8	7	5	5	4
1372	경기 연천군	발달재활서비스 바우처 지원	135,848	사회복지과	7	2	7	8	7	5	5	4
1373	경기 연천군	장애인 활동지원급여 추가 지원	48,600	사회복지과	7	1	7	8	7	5	5	4
1374	경기 연천군	활동보조가산급여 지원	9,123	사회복지과	7	2	7	8	7	5	5	4
1375	경기 연천군	평화누리길 관광홍보 팸투어	10,000	관광과	7	5	7	7	7	1	1	1
1376	경기 연천군	2021 DMZ국제트레일러닝 대회	10,000	관광과	7	5	7	7	7	1	1	1
1377	경기 연천군	2021 Tour de DMZ 대회	20,000	관광과	7	5	7	7	7	1	1	1
1378	경기 연천군	차세대 주민등록정보시스템 인프라 운영,유지관리 및 보안관제	10,975	종합민원과	7	7	7	8	7	5	5	4
1379	경기 연천군	지방재정 관리시스템 운영	25,386	기획감사담당관	7	5	5	1	7	2	2	4
1380	경기 연천군	표준기록관리시스템 유지관리	60,610	행정담당관	7	5	5	1	7	2	2	4
1381	경기 연천군	우편모아시스템 유지관리	5,500	행정담당관	7	5	5	1	7	2	2	4
1382	경기 가평군	온나라시스템 운영지원 위탁비	18,310	자치행정과	7	8	5	1	7	2	1	2
1383	경기 가평군	지방재정(e-호조) 유지보수	25,386	자치행정과	7	8	5	1	7	2	1	2
1384	경기 가평군	공통기반 전산장비 유지관리	91,521	자치행정과	7	8	5	1	7	2	1	2

순번	시군구	지출명 (사업명)	2021년예산 (단위:천원/1년간)	담당자 (공무원)	민간이전 분류 (지방자치단체 세출예산 집행기준에 의거)	민간이전지출 근거 (지방보조금 관리기준 참고)	입찰방식			운영예산 산정		성과평가 실시여부
				담당부서	1. 민간경상사업보조(307-02) 2. 민간단체 법정운영비보조(307-03) 3. 민간행사사업보조(307-04) 4. 민간위탁금(307-05) 5. 사회복지시설 법정운영비보조(307-10) 6. 민간인위탁교육비(307-12) 7. 공기관등에대한경상적위탁사업비(308-10) 8. 민간자본사업보조,자체재원(402-01) 9. 민간자본사업보조,이전재원(402-02) 10. 민간위탁사업비(402-03) 11. 공기관등에 대한 자본적 대행사업비(403-02)	1. 법률에 규정 2. 국고보조 재원(국가지정) 3. 용도 지정 기부금 4. 조례에 직접규정 5. 지자체가 권장하는 사업을 하는 공공기관 6. 시,도 정책 및 재정사정 7. 기타 8. 해당없음	계약체결방법 (경쟁형태) 1. 일반경쟁 2. 제한경쟁 3. 지명경쟁 4. 수의계약 5. 법정위탁 6. 기타 ( ) 7. 해당없음	계약기간 1. 1년 2. 2년 3. 3년 4. 4년 5. 5년 6. 기타 ( )년 7. 단기계약 (1년미만) 8. 해당없음	낙찰자선정방법 1. 적격심사 2. 협상에의한계약 3. 최저가낙찰제 4. 규격가격분리 5. 2단계 경쟁입찰 6. 기타 ( ) 7. 해당없음	운영예산 산정 1. 내부산정 (지자체 자체적으로 산정) 2. 외부산정 (외부전문기관위탁 산정) 3. 내·외부 모두 산정 4. 산정 無 5. 해당없음	정산방법 1. 내부정산 (지자체 내부적으로 정산) 2. 외부정산 (외부전문기관위탁 정산) 3. 내·외부 모두 산정 4. 정산 無 5. 해당없음	1. 실시 2. 미실시 3. 향후 추진 4. 해당없음
1385	경기 가평군	표준지방인사랑정보시스템 유지관리 및 구축	48,627	자치행정과	7	8	5	1	7	2	1	2
1386	경기 가평군	시군구재해복구시스템 시도백업센터 유지보수	8,137	자치행정과	7	8	5	1	7	2	1	2
1387	경기 가평군	지방행정공통정보시스템 서비스데스크 운영	6,460	자치행정과	7	8	5	1	7	2	1	2
1388	경기 가평군	표준기록관리시스템(RMS) 유지관리	34,230	자치행정과	7	8	5	1	7	1	1	1
1389	경기 가평군	우편모아시스템 유지관리	5,300	자치행정과	7	8	5	1	7	1	1	1
1390	경기 가평군	지식재산 창출지원사업	20,000	일자리경제과	7	8	5	1	7	3	3	4
1391	경기 가평군	중소기업 노후화생산시설 현대화지원사업	150,000	일자리경제과	7	8	7	8	7	5	5	4
1392	경기 가평군	기술닥터사업	5,686	일자리경제과	7	8	5	1	7	3	3	4
1393	경기 가평군	표준지방세 시스템 유지보수	23,073	세정과	7	8	7	8	7	5	5	4
1394	경기 가평군	위택스 시스템 유지보수	22,271	세정과	7	8	7	8	7	5	5	4
1395	경기 가평군	과세자료 및 체납정보 통합관리시스템 유지보수	948	세정과	7	8	7	8	7	5	5	4
1396	경기 가평군	표준지방세외수입정보 시스템 유지보수	21,389	세정과	7	8	7	8	7	5	5	4
1397	경기 가평군	공사공단	800	세정과	7	8	7	8	7	5	5	4
1398	경기 가평군	차세대 주민등록정보시스템 위탁사업비	11,623	민원지적과	7	1	7	8	7	5	5	4
1399	경기 가평군	국가주소정보시스템(KAIS) 유지보수 및 운영	17,473	민원지적과	7	8	5	1	1	2	1	1
1400	경기 가평군	도로명주소기본도 유지보수	9,915	민원지적과	7	8	5	1	1	2	1	1
1401	경기 가평군	도로명주소 안내시설 일제조사	40,546	민원지적과	7	8	5	1	1	2	1	1
1402	경기 가평군	도로명주소 안내시설 일제조사	5,250	민원지적과	7	8	5	1	1	2	1	1
1403	경기 가평군	기초수급자 수선유지급여 지원	305,658	복지정책과	7	8	2	1	1	2	2	1
1404	경기 가평군	장애인의료비 지원	155,109	행복돌봄과	7	8	7	8	7	1	1	4
1405	경기 가평군	노후경유차 조기폐차 지원 대행	12,000	환경과	7	8	5	1	7	2	2	4
1406	경기 가평군	광역알뜰카드 연계 마일리지 지원	8,000	교통과	7	8	7	8	7	5	5	4
1407	경기 가평군	경기도 공공버스 운영지원	742,000	교통과	7	8	7	8	7	5	5	4
1408	경기 가평군	경기도 공공버스 운영지원	737,000	교통과	7	8	7	8	7	5	5	4
1409	경기 가평군	택시운행정보 관리시스템 운영	2,000	교통과	7	8	7	8	7	5	5	4
1410	경기 가평군	지역사회 건강조사	68,282	방문보건팀	7	8	7	8	7	5	5	1
1411	경기 가평군	치매치료관리비 지원	58,918	치매관리팀	7	8	7	8	7	5	5	4
1412	경기 가평군	희귀질환자 의료비 지원	20,000	생명사랑팀	7	8	5	8	7	5	2	2
1413	경기 가평군	산모신생아 건강관리사 지원	128,700	생명사랑팀	7	8	5	8	7	5	3	1
1414	경기 가평군	표준모자보건수첩	376	생명사랑팀	7	8	5	8	7	5	3	2
1415	경기 가평군	청소년산모 임신출산 의료비 지원	1,200	생명사랑팀	7	8	5	8	7	5	3	2
1416	경기 가평군	저소득층 기저귀 조제분유 지원사업	60,000	생명사랑팀	7	8	5	8	7	5	3	2
1417	경기 가평군	영유아건강검진 지원	490	생명사랑팀	7	8	5	8	7	5	3	2
1418	경기 가평군	산모신생아 건강관리사지원사업	30,000	생명사랑팀	7	8	5	8	7	5	3	1
1419	경기 가평군	암 검진비 위탁	119,400	건강증진팀	7	8	7	8	7	5	5	4
1420	경기 가평군	건강검진비 위탁	18,000	건강증진팀	7	8	7	8	7	5	5	4
1421	경기 가평군	연합기숙사(홍제동행복기숙사) 입사지원 위탁금	24,000	인재양성팀	7	8	7	8	7	5	5	1
1422	경기 양평군	체육시설 운영	32,150	교육체육과	7	5	7	1	2	2	2	4
1423	경기 양평군	지방재정관리시스템 운영	29,012	기획예산담당관	7	2	7	8	7	2	5	4
1424	경기 양평군	차세대 주민등록시스템 운영비	12,296	민원바로센터	7	2	4	2	2	2	2	3
1425	경기 양평군	주거급여(수선유지급여)	350,000	복지정책과	7	2	5	1	1	2	2	1
1426	경기 양평군	지역사회보장조사	22,400	복지정책과	7	1	7	8	7	1	1	1

순번	시군구	지출명 (사업명)	2021년예산 (단위:천원/1년간)	담당자 (공무원)	민간이전 분류 (지방자치단체 세출예산 집행기준에 의거)	민간이전지출 근거 (지방보조금 관리기준 참고)	입찰방식			운영예산 산정		성과평가 실시여부
				담당부서	1. 민간경상사업보조(307-02) 2. 민간단체 법정운영비보조(307-03) 3. 민간행사사업보조(307-04) 4. 민간위탁금(307-05) 5. 사회복지시설 법정운영비보조(307-10) 6. 민간인위탁교육비(307-12) 7. 공기관등에대한경상적위탁사업비(308-10) 8. 민간자본사업보조,자체재원(402-01) 9. 민간자본사업보조,이전재원(402-02) 10. 민간위탁사업비(402-03) 11. 공기관등에 대한 자본적 대행사업비(403-02)	1. 법률에 규정 2. 국고보조 재원(국가지정) 3. 용도 지정 기부금 4. 조례에 직접규정 5. 지자체가 권장하는 사업을 하는 공공기관 6. 시,도 정책 및 재정사정 7. 기타 8. 해당없음	계약체결방법 (경쟁형태) 1. 일반경쟁 2. 제한경쟁 3. 지명경쟁 4. 수의계약 5. 법정위탁 6. 기타 ( ) 7. 해당없음	계약기간 1. 1년 2. 2년 3. 3년 4. 4년 5. 5년 6. 기타 ( )년 7. 단기계약 (1년미만) 8. 해당없음	낙찰자선정방법 1. 적격심사 2. 협상에의한계약 3. 최저가낙찰제 4. 규격가격분리 5. 2단계 경쟁입찰 6. 기타 ( ) 7. 해당없음	운영예산 산정 1. 내부산정 (지자체 자체적으로 산정) 2. 외부산정 (외부전문기관위탁 산정) 3. 내·외부 모두 산정 4. 산정 無 5. 해당없음	정산방법 1. 내부정산 (지자체 내부적으로 정산) 2. 외부정산 (외부전문기관위탁 정산) 3. 내·외부 모두 산정 4. 정산 無 5. 해당없음	1. 실시 2. 미실시 3. 향후 추진 4. 해당없음
1427	경기 양평군	친환경농산물전처리시설 및 용문산자연휴양림 대행운영비	147,613	산림과	7	5	4	1	2	3	1	1
1428	경기 양평군	양평군 온라인스토어 창업 지원사업	100,000	일자리경제과	7	5	7	8	7	5	5	4
1429	경기 양평군	경로당 양곡비 지원	245,532	지역돌봄과	7	2	7	8	7	1	1	1
1430	경기 양평군	슬레이트 처리 및 개량지원	617,950	환경과	7	1	2	1	1	3	3	1
1431	경기 양평군	종량제봉투 대행사업비	250,000	환경과	7	7	7	8	7	5	5	4
1432	경기 양평군	양평군 공공하수도시설 단순관리 대행사업	9,577	환경사업소	7	5	4	5	6	2	1	1
1433	인천광역시	청라국제도시 도시기반시설 유지관리비	7,085	청라관리과	7	4	7	8	7	1	1	1
1434	인천광역시	청라국제도시 공원 유지관리비	8,120	청라관리과	7	4	7	8	7	1	1	1
1435	인천광역시	광역알뜰교통카드 마일리지 지원사업	1,474	교통정책과	7	2	5	8	7	3	2	1
1436	인천광역시	2021년도 수도권 여객 기·종점통행량(O/D) 조사 및 현행화 공동사업	139,000	교통정책과	7	6	7	8	7	5	5	4
1437	인천광역시	스마트 도로관리시스템 구축 및 운영을 위한 위탁사업비 교부	1,509	도로과	7	6	7	8	7	5	5	4
1438	인천광역시	사회복지회관 운영	941,487	복지정책과	7	4	4	3	7	1	1	4
1439	인천광역시	대체인력지원센터 운영	275,034	복지정책과	7	1	5	1	7	1	1	4
1440	인천광역시	대체인력지원센터 운영	202,000	복지정책과	7	4	5	1	7	1	1	4
1441	인천광역시	인천청년문화창작소 운영	400,000	문화예술과	7	5	7	8	7	1	1	1
1442	인천광역시	인천공연예술 연습공간 지원	295,000	문화예술과	7	5	7	8	7	1	1	1
1443	인천광역시	문화공연콘텐츠 개발보급	200,000	문화예술과	7	5	7	1	7	1	1	4
1444	인천광역시	온라인예술활동 지원	1,700	문화예술과	7	5	7	1	7	1	1	4
1445	인천광역시	인천펜타포트음악축제	11,303	문화예술과	7	5	6	2	6	3	3	4
1446	인천광역시	섬마을밴드 운영	56,000	문화예술과	7	4	7	7	7	1	1	1
1447	인천광역시	천개의 생활문화동아리 육성 및 지원	300,000	문화예술과	7	4	7	7	7	1	1	1
1448	인천광역시	생활문화온라인플랫폼 유지관리	22,000	문화예술과	7	4	7	7	7	1	1	1
1449	인천광역시	문화예술특화거리 조성	300,000	문화예술과	7	5	7	8	7	1	1	1
1450	인천광역시	인천아트플랫폼 위탁사업비	26,014	문화예술과	7	5	7	8	7	1	1	1
1451	인천광역시	트라이보울 위탁사업비	27,097	문화예술과	7	5	7	8	7	1	1	1
1452	인천광역시	트라이보울 시설임차료	644,000	문화예술과	7	8	7	8	7	5	5	4
1453	인천광역시	인천지방산업단지 관리 위탁사업비	100,000	산업진흥과	7	5	7	8	7	1	1	1
1454	인천광역시	산업시설 환경개선사업	1,000,000	산업진흥과	7	4	5	5	7	1	1	1
1455	인천광역시	중소기업 저작권 활성화 사업	50,000	산업진흥과	7	2	5	1	7	1	2	1
1456	인천광역시	실내 초미세먼지 차단 시스템 고도화 기반조성	1,000,000	산업진흥과	7	2	5	4	7	2	2	1
1457	인천광역시	희소금속 고순도화 실증기반 조성사업지원	980,000	산업진흥과	7	2	5	4	7	2	2	1
1458	인천광역시	인천디자인지원센터 운영	810,000	산업진흥과	7	4	5	5	7	1	1	1
1459	인천광역시	디자인기반구축	200,000	산업진흥과	7	4	5	1	7	1	1	1
1460	인천광역시	지역특성화산업육성	22,290	산업진흥과	7	4	5	1	7	1	1	1
1461	인천광역시	인천국제디자인페어 개최	150,000	산업진흥과	7	4	5	1	7	1	1	1
1462	인천광역시	인천 파브(PAV)산업육성	1,000,000	산업진흥과	7	4	5	1	7	1	1	1
1463	인천광역시	인천가족공원운영	12,420	노인정책과	7	4	5	1	7	1	2	1
1464	인천광역시	고령사회대응센터 운영	1,005,754	노인정책과	7	4	7	3	7	1	1	1
1465	인천광역시	노인종합문화회관 운영	42,695	노인정책과	7	5	6	6	7	1	1	1
1466	인천광역시	인천가족공원 소풍나들이 행사	200,000	노인정책과	7	4	7	8	7	1	1	1
1467	인천광역시	국외 선진화 시찰	46,200	노인정책과	7	4	7	8	7	1	1	1
1468	인천광역시	장기요양요원지원센터운영	200,000	노인정책과	7	4	7	8	7	5	5	4

순번	시군구	지출명 (사업명)	2021년예산 (단위:천원/1년간)	담당자 (공무원) 담당부서	민간이전 분류 (지방자치단체 세출예산 집행기준에 의거) 1. 민간경상사업보조(307-02) 2. 민간단체 법정운영비보조(307-03) 3. 민간행사사업보조(307-04) 4. 민간위탁금(307-05) 5. 사회복지시설 법정운영비보조(307-10) 6. 민간인위탁교육비(307-12) 7. 공기관등에대한경상적위탁사업비(308-10) 8. 민간자본사업보조,자체재원(402-01) 9. 민간자본사업보조,이전재원(402-02) 10. 민간위탁사업비(402-03) 11. 공기관등에 대한 자본적 대행사업비(403-02)	민간이전지출 근거 (지방보조금 관리기준 참고) 1. 법률에 규정 2. 국고보조 재원(국가지정) 3. 용도 지정 기부금 4. 조례에 직접규정 5. 지자체가 권장하는 사업을 하는 공공기관 6. 시,도 정책 및 재정사정 7. 기타 8. 해당없음	입찰방식 계약체결방법 (경쟁형태) 1. 일반경쟁 2. 제한경쟁 3. 지명경쟁 4. 수의계약 5. 법정위탁 6. 기타 ( ) 7. 해당없음	입찰방식 계약기간 1. 1년 2. 2년 3. 3년 4. 4년 5. 5년 6. 기타 ( )년 7. 단기계약 (1년미만) 8. 해당없음	입찰방식 낙찰자선정방법 1. 적격심사 2. 협상에의한계약 3. 최저가낙찰제 4. 규격가격분리 5. 2단계 경쟁입찰 6. 기타 ( ) 7. 해당없음	운영예산 산정 운영예산 산정 1. 내부산정 (지자체 자체적으로 산정) 2. 외부산정 (외부전문기관위탁 산정) 3. 내·외부 모두 산정 4. 산정 無 5. 해당없음	운영예산 산정 정산방법 1. 내부정산 (지자체 내부적으로 정산) 2. 외부정산 (외부전문기관위탁 정산) 3. 내·외부 모두 산정 4. 정산 無 5. 해당없음	성과평가 실시여부 1. 실시 2. 미실시 3. 향후 추진 4. 해당없음
1469	인천광역시	노인맞춤돌봄서비스 광역지원기관 운영	69,850	노인정책과	7	2	5	1	7	1	1	4
1470	인천광역시	응급안전안심서비스 광역지원기관 운영	27,520	노인정책과	7	2	5	1	7	1	1	4
1471	인천광역시	요양보호사 예방접종	300,000	노인정책과	7	7	7	8	7	1	1	4
1472	인천광역시	도서발전지원센터 운영	360,557	도서지원과	7	4	5	3	2	1	1	4
1473	인천광역시	서해평화의 섬 방문의 해 사업	100,000	도서지원과	7	6	7	8	7	5	5	4
1474	인천광역시	서민층 LP가스 시설개선사업	38,700	에너지정책과	7	1	1	1	7	1	1	1
1475	인천광역시	택시 운행정보 관리시스템 운영	152,720	택시물류과	7	1	7	8	7	1	5	4
1476	인천광역시	국제크루즈유치활동	150,000	해양항만과	7	4	6	1	6	1	1	1
1477	인천광역시	인천항발전소통네트워크운영	100,000	해양항만과	7	5	7	8	7	1	1	3
1478	인천광역시	인천지역 항만 발전 지원	41,550	해양항만과	7	4	7	8	7	1	1	1
1479	인천광역시	물류발전인력양성및단체지원	56,250	해양항만과	7	1	1	5	1	1	1	1
1480	인천광역시	국내 관광홍보관 운영	151,000	관광진흥과	7	5	7	8	7	1	1	1
1481	인천광역시	스토리텔링 운영 및 문화콘텐츠 개발	108,000	관광진흥과	7	5	7	1	7	1	1	1
1482	인천광역시	인천관광기업지원센터 운영	1,000,000	관광진흥과	7	2	5	5	7	5	2	1
1483	인천광역시	인천 웰니스관광지 선정 및 육성	250,000	관광진흥과	7	4	7	8	7	5	5	4
1484	인천광역시	인천투어패스 운영	162,000	관광진흥과	7	5	7	8	7	1	1	1
1485	인천광역시	근로자 인천관광 휴가비 지원사업	200,000	관광진흥과	7	5	7	8	7	5	5	4
1486	인천광역시	국내 관광상품 개발 및 마케팅	1,000,000	관광진흥과	7	5	7	8	7	1	1	1
1487	인천광역시	인천 관광거점 콘텐츠 육성	230,000	관광진흥과	7	5	7	8	7	1	1	1
1488	인천광역시	섬 관광 콘텐츠 발굴 및 상품개발	300,000	관광진흥과	7	5	7	8	7	5	5	4
1489	인천광역시	주섬주섬 음악회	65,000	관광진흥과	7	5	7	8	7	1	1	1
1490	인천광역시	평화관광 활성화	200,000	관광진흥과	7	5	7	8	7	1	1	1
1491	인천광역시	관광안내 표지판 정비	170,000	관광진흥과	7	5	7	8	7	1	1	1
1492	인천광역시	인천관광 안내 홍보물 제작·배포	230,000	관광진흥과	7	5	7	8	7	1	1	1
1493	인천광역시	움직이는 관광안내소 운영	488,000	관광진흥과	7	4	4	1	7	1	1	2
1494	인천광역시	국내외 SNS 채널 운영 및 콘텐츠 제작	400,000	관광진흥과	7	5	7	8	7	1	1	1
1495	인천광역시	인천투어 홈페이지 콘텐츠 및 VR 제작	700,000	관광진흥과	7	5	7	8	7	5	5	4
1496	인천광역시	글로벌 관광도시 인천 해외인지도 제고	300,000	관광진흥과	7	5	7	8	7	1	1	1
1497	인천광역시	전략시장별 해외관광 상품 마케팅	700,000	관광진흥과	7	5	7	8	7	1	1	1
1498	인천광역시	해외관광객 유치 기반 강화 및 인센티브 운영	800,000	관광진흥과	7	5	7	8	7	1	1	1
1499	인천광역시	INK(Incheon K-Pop) 콘서트	800,000	관광진흥과	7	5	7	8	7	1	1	1
1500	인천광역시	송도세계문화관광축제 지원	160,000	관광진흥과	7	5	7	8	7	1	1	1
1501	인천광역시	지역특화 관광축제	600,000	관광진흥과	7	5	7	8	7	1	1	1
1502	인천광역시	인천시티투어 운영	898,000	관광진흥과	7	4	7	8	7	1	1	1
1503	인천광역시	e스포츠 등 게임콘텐츠 산업 육성	650,000	문화콘텐츠과	7	1	5	1	7	1	1	1
1504	인천광역시	평화도시 인천 스토리텔링 개발	70,000	남북교류협력담당관	7	4	7	8	7	1	1	4
1505	인천광역시	국민체력100 운영	206,250	체육진흥과	7	4	7	8	7	1	1	1
1506	인천광역시	굴포천 유지용수 공급시설 운영	934,000	수질환경과	7	2	7	8	7	5	5	4
1507	인천광역시	중소기업 근로자 기숙사 임차료 지원사업	600,000	일자리경제과	7	5	5	3	7	1	1	4
1508	인천광역시	중소기업 정년퇴직 고용연장 지원사업	700,000	일자리경제과	7	5	5	3	7	1	1	4
1509	인천광역시	기능경기대회 개최 및 참가	790,000	일자리경제과	7	1	7	8	7	3	3	4
1510	인천광역시	지역경제동향분석	45,000	일자리경제과	7	4	5	1	7	1	1	2

순번	시군구	지출명 (사업명)	2021년예산 (단위:천원/1년간)	담당자 (공무원) 담당부서	민간이전 분류 (지방자치단체 세출예산 집행기준에 의거) 1. 민간경상사업보조(307-02) 2. 민간단체 법정운영비보조(307-03) 3. 민간행사사업보조(307-04) 4. 민간위탁금(307-05) 5. 사회복지시설 법정운영비보조(307-10) 6. 민간인위탁교육비(307-12) 7. 공기관등에대한경상적위탁사업비(308-10) 8. 민간자본사업보조,자체재원(402-01) 9. 민간자본사업보조,이전재원(402-02) 10. 민간위탁사업비(402-03) 11. 공기관등에 대한 자본적 대행사업비(403-02)	민간이전지출 근거 (지방보조금 관리기준 참고) 1. 법률에 규정 2. 국고보조 재원(국가지정) 3. 용도 지정 기부금 4. 조례에 직접규정 5. 지자체가 권장하는 사업을 하는 공공기관 6. 시,도 정책 및 재정사정 7. 기타 8. 해당없음	입찰방식: 계약체결방법 (경쟁형태) 1. 일반경쟁 2. 제한경쟁 3. 지명경쟁 4. 수의계약 5. 법정위탁 6. 기타 ( ) 7. 해당없음	입찰방식: 계약기간 1. 1년 2. 2년 3. 3년 4. 4년 5. 5년 6. 기타 ( )년 7. 단기계약 (1년미만) 8. 해당없음	입찰방식: 낙찰자선정방법 1. 적격심사 2. 협상에의한계약 3. 최저가낙찰제 4. 규격가격분리 5. 2단계 경쟁입찰 6. 기타 ( ) 7. 해당없음	운영예산 산정: 운영예산 산정 1. 내부산정 (지자체 자체적으로 산정) 2. 외부산정 (외부전문기관위탁 산정) 3. 내·외부 모두 산정 4. 산정 無 5. 해당없음	운영예산 산정: 정산방법 1. 내부정산 (지자체 내부적으로 정산) 2. 외부정산 (외부전문기관위탁 정산) 3. 내·외부 모두 산정 4. 정산 無 5. 해당없음	성과평가 실시여부 1. 실시 2. 미실시 3. 향후 추진 4. 해당없음
1511	인천광역시	인천어린이과학관 위탁운영	54,659	미래산업과	7	1	5	1	2	1	1	1
1512	인천광역시	인천차이나포럼운영	284,450	국제협력과	7	4	7	8	7	5	5	4
1513	인천 중구	문화회관 시설물 관리 운영	48,752	문화관광과	7	4	5	8	7	1	1	1
1514	인천 중구	연안부두 해양광장 운영	46,680	문화관광과	7	4	5	8	7	1	1	4
1515	인천 중구	송월동 동화마을 트릭아트스토리 운영	30,100	문화관광과	7	4	5	8	7	1	1	4
1516	인천 중구	역무선방파제등대 관광명소화 사업	6,729	문화관광과	7	4	5	8	7	1	1	4
1517	인천 중구	1950 인천상륙작전 스토리텔링 센터 운영	14,896	문화관광과	7	4	5	8	7	1	1	4
1518	인천 중구	전시관 및 박물관 운영	365,940	문화관광과	7	4	5	8	7	5	5	2
1519	인천 중구	차세대 주민등록시스템 운영비	12,296	민원지적과	7	6	6	1	6	2	2	4
1520	인천 중구	민원지적과	5,419	민원지적과	7	5	1	1	2	4	4	1
1521	인천 중구	보건소 청사관리비	59,655	보건행정과	7	4	7	8	7	1	1	2
1522	인천 중구	보훈회관 운영 관리	24,839	복지과	7	4	5	8	7	1	1	1
1523	인천 중구	중소기업지원사업	30,000	안전관리과	7	7	7	8	7	5	5	4
1524	인천 중구	장애인의료비 지원	63,528	어르신장애인과	7	1	7	8	7	5	1	4
1525	인천 중구	장애인공무원편의지원 사업	32,228	총무과	7	5	6	8	7	1	3	4
1526	인천 중구	생활폐기물반입료	16,567	환경보호과	7	5	7	6	7	5	1	1
1527	인천 중구	생활폐기물반입료	16,567	환경보호과	7	5	7	6	7	5	1	1
1528	인천 중구	생활폐기물반입료	16,567	환경보호과	7	5	7	6	7	5	1	1
1529	인천 중구	생활폐기물반입료	16,567	환경보호과	7	5	7	6	7	5	1	1
1530	인천 중구	종량제봉투 공급대행사업	32,438	환경보호과	7	5	7	6	7	1	1	1
1531	인천 중구	광역폐기물 처리시설 (청라,송도) 음식물류폐기물 반입수수수료	139,920	환경보호과	7	5	7	8	7	5	1	4
1532	인천 중구	재활용 선별위탁 반입수수료	459,680	환경보호과	7	4	6	6	7	3	3	4
1533	인천 동구	차세대표준지방인사정보시스템운영	58,991	총무과	7	5	5	1	2	2	2	4
1534	인천 동구	인사정보시스템 유지보수 및 운영지원	6,602	총무과	7	5	5	1	2	2	2	4
1535	인천 동구	지방세정보시스템 개선 유지보수비	40,360	세무과	7	1	7	1	7	5	2	4
1536	인천 동구	차세대 지방세정보시스템 유지보수비	804	세무과	7	1	7	1	7	5	2	4
1537	인천 동구	세외수입정보시스템 유지보수비	19,204	세무과	7	1	7	1	7	5	2	4
1538	인천 동구	제5기 지역사회보장계획 수립을 위한 지역사회보장조사 용역	50,000	복지정책과	7	6	6	6	6	2	2	4
1539	인천 동구	장애인의료비 지원	61,580	노인장애인복지과	7	2	5	8	1	5	1	1
1540	인천 동구	저소득장애인주택편의시설 설치 지원사업	15,000	건축과	7	6	5	1	7	3	3	4
1541	인천 동구	해외무역사절단 운영	50,000	일자리경제과	7	4	7	8	7	5	3	1
1542	인천 동구	지역지식재산 창출 지원사업	30,000	일자리경제과	7	4	7	8	7	3	3	4
1543	인천 동구	해외 전시회 개별참가 지원	14,500	일자리경제과	7	4	7	8	7	5	3	1
1544	인천 동구	중소기업 기술지원단 운영	10,000	일자리경제과	7	4	7	8	7	3	3	4
1545	인천 미추홀구	인사정보시스템 유지보수비	112,120	총무과	7	1	5	1	7	5	5	4
1546	인천 미추홀구	제8회 전국동시지방선거 선관위 위탁금	111,030	총무과	7	1	7	8	7	5	5	4
1547	인천 미추홀구	시설관리공단 경상적 위탁사업비	87,517	재무과	7	4	5	1	7	4	1	1
1548	인천 미추홀구	시설관리공단 경상적 위탁사업비	2,700	복지정책과	7	4	7	8	7	1	1	4
1549	인천 미추홀구	제5기 지역사회보장계획 수립을 위한 지역사회보장조사	50,000	복지정책과	7	6	7	8	7	5	5	4
1550	인천 미추홀구	시설관리공단 경상적 위탁사업비	199,900	노인장애인복지과	7	1	7	3	7	1	1	1
1551	인천 미추홀구	시설관리공단 경상적 위탁사업비	126,348	환경보전과	7	4	5	8	7	1	1	1
1552	인천 미추홀구	슬레이트 전수조사	18,000	환경보전과	7	5	7	8	7	5	5	4

순번	시군구	지출명 (사업명)	2021년예산 (단위:천원/1년간)	담당자 (공무원) 담당부서	민간이전 분류 (지방자치단체 세출예산 집행기준에 의거) 1. 민간경상사업보조(307-02) 2. 민간단체 법정운영비보조(307-03) 3. 민간행사사업보조(307-04) 4. 민간위탁금(307-05) 5. 사회복지시설 법정운영비보조(307-10) 6. 민간인위탁교육비(307-12) 7. 공기관등에대한경상적위탁사업비(308-10) 8. 민간자본사업보조,자체재원(402-01) 9. 민간자본사업보조,이전재원(402-02) 10. 민간위탁사업비(402-03) 11. 공기관등에 대한 자본적 대행사업비(403-02)	민간이전지출 근거 (지방보조금 관리기준 참고) 1. 법률에 규정 2. 국고보조 재원(국가지정) 3. 용도 지정 기부금 4. 조례에 직접규정 5. 지자체가 권장하는 사업을 하는 공공기관 6. 시,도 정책 및 재정사정 7. 기타 8. 해당없음	입찰방식 계약체결방법 (경쟁형태) 1. 일반경쟁 2. 제한경쟁 3. 지명경쟁 4. 수의계약 5. 법정위탁 6. 기타 ( ) 7. 해당없음	입찰방식 계약기간 1. 1년 2. 2년 3. 3년 4. 4년 5. 5년 6. 기타 ( )년 7. 단기계약 (1년미만) 8. 해당없음	입찰방식 낙찰자선정방법 1. 적격심사 2. 협상에의한계약 3. 최저가낙찰제 4. 규격가격분리 5. 2단계 경쟁입찰 6. 기타 ( ) 7. 해당없음	운영예산 산정 운영예산 산정 1. 내부산정 (지자체 자체적으로 산정) 2. 외부산정 (외부전문기관위탁 산정) 3. 내·외부 모두 산정 4. 산정 無 5. 해당없음	운영예산 산정 정산방법 1. 내부정산 (지자체 내부적으로 정산) 2. 외부정산 (외부전문기관위탁 정산) 3. 내·외부 모두 산정 4. 정산 無 5. 해당없음	성과평가 실시여부 1. 실시 2. 미실시 3. 향후 추진 4. 해당없음
1553	인천 미추홀구	종량제봉투판매관리	67,184	자원순환과	7	4	5	8	7	1	1	4
1554	인천 미추홀구	생활쓰레기 최종처리시설 반입료	30,824	자원순환과	7	1	7	8	7	1	1	4
1555	인천 미추홀구	대형폐기물 최종처리시설반입료	12,610	자원순환과	7	8	7	8	7	5	5	4
1556	인천 미추홀구	음식물류폐기물 최종처리시설 반입료	490,000	자원순환과	7	1	7	8	7	1	1	1
1557	인천 미추홀구	불법투기 쓰레기 수거처리	214,055	자원순환과	7	6	7	8	7	1	1	4
1558	인천 미추홀구	시설관리공단 위탁 사업	909,585	공원녹지과	7	4	7	8	7	1	1	1
1559	인천 미추홀구	수선유지급여지원	1,287	주택관리과	7	1	7	8	7	5	5	4
1560	인천 미추홀구	저소득장애인 주택편의시설 설치지원사업	80,000	주택관리과	7	6	7	8	7	5	5	4
1561	인천 연수구	재정관리시스템 운영	29,012	기획예산실	7	7	7	8	7	2	2	4
1562	인천 연수구	시설안전관리공단 운영	9,747	기획예산실	7	4	7	8	7	1	1	1
1563	인천 연수구	연수구시설안전관리공단 공원・녹지 대행사업비	1,549	송도관리단	7	4	7	8	7	5	1	2
1564	인천 연수구	청백-e상시모니터링 시스템 운영	9,600	감사실	7	1	5	1	7	2	5	2
1565	인천 연수구	행정정보시스템 운영	34,111	홍보미디어실	7	7	7	8	7	3	2	4
1566	인천 연수구	공통기반시스템 운영	128,140	홍보미디어실	7	7	7	8	7	2	2	4
1567	인천 연수구	직원 후생복지 지원	83,474	총무과	7	1	7	8	6	1	2	1
1568	인천 연수구	원활한 인사시스템 운영	118,102	총무과	7	1	6	6	6	2	3	4
1569	인천 연수구	구청사 시설물 유지관리	308,949	재무회계과	7	4	7	8	7	1	1	1
1570	인천 연수구	지방세 정보화 운영	164,634	세무1과	7	1	5	1	2	2	2	4
1571	인천 연수구	세외수입 지원	28,744	세무2과	7	1	6	1	7	2	2	4
1572	인천 연수구	고객만족 민원환경 조성	5,300	민원여권과	7	8	7	1	7	5	5	4
1573	인천 연수구	기록관 운영	45,415	민원여권과	7	8	7	1	7	5	5	4
1574	인천 연수구	내실있는 주민등록 운영	13,922	민원여권과	7	1	5	1	7	2	2	4
1575	인천 연수구	교육복지우선지원사업	132,000	평생교육과	7	7	7	8	7	3	3	4
1576	인천 연수구	연수구 국제언어체험센터 운영	80,742	평생교육과	7	4	7	8	7	1	1	4
1577	인천 연수구	청학복합문화센터 유지관리 및 운영	35,866	문화체육과	7	4	7	8	7	1	1	1
1578	인천 연수구	선학체육관 관리 운영	21,505	문화체육과	7	5	5	8	6	1	3	3
1579	인천 연수구	공원 내 체육시설 유지 관리	78,618	문화체육과	7	5	5	8	6	1	3	3
1580	인천 연수구	송도체육센터 운영	759,562	문화체육과	7	7	6	8	6	1	1	3
1581	인천 연수구	마을방송국 운영	72,100	마을자치과	7	4	7	8	7	1	1	1
1582	인천 연수구	시설안전관리공단 운영경비	27,726	도서관정책과	7	5	5	8	7	1	1	2
1583	인천 연수구	지역사회보장계획 및 평가	50,000	복지정책과	7	1	6	7	6	1	1	3
1584	인천 연수구	시설안전관리공단 운영경비	31,825	복지정책과	7	4	5	8	7	1	1	1
1585	인천 연수구	장애인의료비지원	79,710	노인장애인과	7	2	5	8	7	5	2	4
1586	인천 연수구	언어발달지원 바우처 사업	4,320	노인장애인과	7	2	7	8	7	5	2	4
1587	인천 연수구	발달재활서비스 바우처 지원	637,200	노인장애인과	7	2	7	8	7	5	2	4
1588	인천 연수구	발달장애인 부모상담지원	5,714	노인장애인과	7	2	7	8	7	5	2	4
1589	인천 연수구	발달장애인 주간활동서비스	770,387	노인장애인과	7	2	7	8	7	5	2	4
1590	인천 연수구	발달장애인 방과후 활동서비스	381,983	노인장애인과	7	2	7	8	7	5	2	4
1591	인천 연수구	중증장애인 24시간 활동지원	72,040	노인장애인과	7	2	7	8	7	5	2	4
1592	인천 연수구	장애인등록증 개별배송 사업	10,372	노인장애인과	7	2	7	8	7	5	2	4
1593	인천 연수구	장애인활동지원 시추가	715,176	노인장애인과	7	2	7	8	7	5	2	4
1594	인천 연수구	장애인활동지원	13,311	노인장애인과	7	2	7	8	7	5	2	4

순번	시군구	지출명 (사업명)	2021년예산 (단위:천원/1년간)	담당자 (공무원)	민간이전 분류 (지방자치단체 세출예산 집행기준에 의거)	민간이전지출 근거 (지방보조금 관리기준 참고)	입찰방식			운영예산 산정		성과평가 실시여부
				담당부서	1. 민간경상사업보조(307-02) 2. 민간단체 법정운영비보조(307-03) 3. 민간행사사업보조(307-04) 4. 민간위탁금(307-05) 5. 사회복지시설 법정운영비보조(307-10) 6. 민간인위탁교육비(307-12) 7. 공기관등에대한경상적위탁사업비(308-10) 8. 민간자본사업보조,자체재원(402-01) 9. 민간자본사업보조,이전재원(402-02) 10. 민간위탁사업비(402-03) 11. 공기관등에 대한 자본적 대행사업비(403-02)	1. 법률에 규정 2. 국고보조 재원(국가지정) 3. 용도 지정 기부금 4. 조례에 직접규정 5. 지자체가 권장하는 사업을 하는 공공기관 6. 시,도 정책 및 재정사정 7. 기타 8. 해당없음	계약체결방법 (경쟁형태) 1. 일반경쟁 2. 제한경쟁 3. 지명경쟁 4. 수의계약 5. 법정위탁 6. 기타 ( ) 7. 해당없음	계약기간 1. 1년 2. 2년 3. 3년 4. 4년 5. 5년 6. 기타 ( )년 7. 단기계약 (1년미만) 8. 해당없음	낙찰자선정방법 1. 적격심사 2. 협상에의한계약 3. 최저가낙찰제 4. 규격가격분리 5. 2단계 경쟁입찰 6. 기타 ( ) 7. 해당없음	운영예산 산정 1. 내부산정 (지자체 자체적으로 산정) 2. 외부산정 (외부전문기관위탁 산정) 3. 내·외부 모두 산정 4. 산정 無 5. 해당없음	정산방법 1. 내부정산 (지자체 내부적으로 정산) 2. 외부정산 (외부전문기관위탁 정산) 3. 내·외부 모두 산정 4. 정산 無 5. 해당없음	1. 실시 2. 미실시 3. 향후 추진 4. 해당없음
1595	인천 연수구	장애인활동지원 가산급여	30,068	노인장애인과	7	2	7	8	7	5	2	4
1596	광주 북구	수출기업해외규격인증비지원	50,000	경제종합지원센터	7	5	7	8	7	5	5	4
1597	광주 북구	기업역량강화전문가컨설팅지원	200,000	경제종합지원센터	7	5	5	1	7	1	1	1
1598	광주 북구	산학연클러스터운영지원	162,000	경제종합지원센터	7	5	5	1	7	1	1	1
1599	광주 북구	청소년건강지원	178,144	교육지원과	7	2	7	8	7	5	5	4
1600	광주 북구	재정관리시스템운영	29,012	기획조정실	7	5	5	1	7	2	2	4
1601	광주 북구	중소기업브랜드(패키지)디자인개발지원	100,000	민생경제과	7	4	7	7	7	1	1	4
1602	광주 북구	중소기업우수기술시제품제작지원	100,000	민생경제과	7	4	7	7	7	1	1	4
1603	광주 북구	중소기업지식재산권리화지원	55,000	민생경제과	7	4	7	7	7	1	1	4
1604	광주 북구	작업환경개선지원	12,000	민생경제과	7	4	7	7	7	1	1	4
1605	광주 북구	2021년수출지원사업	50,000	민생경제과	7	4	7	7	7	1	1	4
1606	광주 북구	소상공인 종합 컨설팅 지원 사업	60,000	민생경제과	7	4	7	8	7	5	5	4
1607	광주 북구	문화관광형시장육성사업	100,000	시장산업과	7	1	7	8	7	5	5	4
1608	광주 북구	패션의거리희망사업프로젝트	88,000	시장산업과	7	1	7	8	7	5	5	4
1609	광주 북구	특성화첫걸음기반조성사업	56,000	시장산업과	7	1	7	8	7	5	5	4
1610	광주 광산구	국가주소정보시스템운영	17,974	부동산지적과	7	1	4	1	6	5	2	1
1611	광주 광산구	도로명주소기본도유지관리	9,886	부동산지적과	7	1	4	1	6	5	2	1
1612	광주 광산구	지적측량기준점관리	25,000	부동산지적과	7	1	5	1	7	1	1	1
1613	광주 광산구	지방행정통합정보시스템 상담센터 운영 위탁비	6,460	데이터정보과	7	1	5	1	7	2	2	4
1614	광주 광산구	자치단체 공통기반 전산장비 유지관리 위탁비	88,107	데이터정보과	7	1	5	1	7	2	2	4
1615	광주 광산구	자치단체 공통기반 재해복구시스템 유지관리 위탁비	3,211	데이터정보과	7	1	5	1	7	2	2	4
1616	광주 광산구	정부업무관리시스템	17,500	데이터정보과	7	1	5	1	7	2	2	4
1617	대구광역시	D-콘텐츠 큐브 조성 및 활성화 사업	200,000	홍보브랜드담당관	7	5	7	8	7	5	5	1
1618	대구광역시	청백-e시스템 운영지원	14,637	감사관	7	8	5	1	7	2	2	1
1619	대구광역시	산업별 육성과제 발굴 및 지역산업경제동향분석	780,000	경제산업분석담당관	7	5	7	8	7	1	2	3
1620	대구광역시	경제현안 및 지역경기지수 작성	66,400	경제산업분석담당관	7	1	7	8	7	1	1	3
1621	대구광역시	지방교부세 자료관리시스템 유지관리비 분담금	37,000	예산담당관	7	8	7	8	7	5	5	4
1622	대구광역시	통합지방세정보시스템 운영비	26,612	세정담당관	7	1	5	1	7	5	5	4
1623	대구광역시	지방세외수입정보시스템 유지관리 분담금	30,928	세정담당관	7	1	5	1	7	5	5	4
1624	대구광역시	차세대지방세정보시스템 구축 유지보수 분담금	14,943	세정담당관	7	1	5	1	7	5	5	4
1625	대구광역시	시도행정시스템 유지보수	90,000	정보화담당관	7	1	5	1	7	2	2	4
1626	대구광역시	시도행정복구시스템 유지보수	190,000	정보화담당관	7	1	5	1	7	2	2	4
1627	대구광역시	지방행정공통정보시스템 서비스데스크 운영	7,000	정보화담당관	7	1	5	1	7	2	2	4
1628	대구광역시	온-나라시스템 운영관리 유지보수	35,000	정보화담당관	7	1	5	1	7	2	2	4
1629	대구광역시	지방재정관리시스템 유지보수	44,000	정보화담당관	7	1	5	1	7	2	2	4
1630	대구광역시	신청사 건립 정보화계획 수립	95,000	정보화담당관	7	4	7	1	7	1	1	4
1631	대구광역시	주요정보통신기반시설 취약점 분석·평가	111,000	정보화담당관	7	5	5	1	7	2	2	4
1632	대구광역시	정보화 아카데미	120,000	정보화담당관	7	4	7	8	7	5	5	4
1633	대구광역시	블록체인 확산 지원	100,000	정보화담당관	7	4	7	1	7	1	1	4
1634	대구광역시	전 국민 디지털 역량강화 교육사업	532,400	정보화담당관	7	2	7	8	7	5	5	4
1635	대구광역시	대구빅데이터활용센터 활성화 추진	300,000	데이터통계담당관	7	4	7	8	7	1	1	4
1636	대구광역시	빅데이터 분석 및 경진대회	170,000	데이터통계담당관	7	4	7	8	7	1	1	4

순번	시군구	지출명 (사업명)	2021년예산 (단위:천원/1년간)	담당자 (공무원) 담당부서	민간이전 분류 (지방자치단체 세출예산 집행기준에 의거) 1. 민간경상사업보조(307-02) 2. 민간단체 법정운영비보조(307-03) 3. 민간행사사업보조(307-04) 4. 민간위탁금(307-05) 5. 사회복지시설 법정운영비보조(307-10) 6. 민간인위탁교육비(307-12) 7. 공기관등에대한경상적위탁사업비(308-10) 8. 민간자본사업보조,자체재원(402-01) 9. 민간자본사업보조,이전재원(402-02) 10. 민간위탁사업비(402-03) 11. 공기관등에 대한 자본적 대행사업비(403-02)	민간이전지출 근거 (지방보조금 관리기준 참고) 1. 법률에 규정 2. 국고보조 재원(국가지정) 3. 용도 지정 기부금 4. 조례에 직접규정 5. 지자체가 권장하는 사업을 하는 공공기관 6. 시,도 정책 및 재정사정 7. 기타 8. 해당없음	입찰방식 계약체결방법 (경쟁형태) 1. 일반경쟁 2. 제한경쟁 3. 지명경쟁 4. 수의계약 5. 법정위탁 6. 기타 ( ) 7. 해당없음	입찰방식 계약기간 1. 1년 2. 2년 3. 3년 4. 4년 5. 5년 6. 기타 ( )년 7. 단기계약 (1년미만) 8. 해당없음	입찰방식 낙찰자선정방법 1. 적격심사 2. 협상에의한계약 3. 최저가낙찰제 4. 규격가격분리 5. 2단계 경쟁입찰 6. 기타 ( ) 7. 해당없음	운영예산 산정 운영예산 산정 1. 내부산정 (지자체 자체적으로 산정) 2. 외부산정 (외부전문기관위탁 산정) 3. 내·외부 모두 산정 4. 산정 無 5. 해당없음	운영예산 산정 정산방법 1. 내부정산 (지자체 내부적으로 정산) 2. 외부정산 (외부전문기관위탁 정산) 3. 내·외부 모두 산정 4. 정산 無 5. 해당없음	성과평가 실시여부 1. 실시 2. 미실시 3. 향후 추진 4. 해당없음
1637	대구광역시	빅데이터 전문인력 양성	100,000	데이터통계담당관	7	4	7	8	7	1	1	4
1638	대구광역시	공공데이터이용활성화지원사업	95,000	데이터통계담당관	7	5	7	8	7	1	1	4
1639	대구광역시	균형발전박람회 참가	80,000	지역혁신담당관	7	1	4	7	7	1	1	2
1640	대구광역시	균형발전 관련 계획수립	48,000	지역혁신담당관	7	1	4	7	7	1	1	2
1641	대구광역시	영남권 발전방안 공동연구	100,000	지역혁신담당관	7	5	7	8	7	5	5	4
1642	대구광역시	대한민국 국제 쿨 산업전 지원	200,000	안전정책관	7	5	7	8	7	1	1	1
1643	대구광역시	재난안전포럼 지원	100,000	안전정책관	7	5	7	8	7	1	1	4
1644	대구광역시	신천시설물 유지관리	36,020	자연재난과	7	5	7	8	7	1	1	4
1645	대구광역시	영남권 경제관계관 포럼 공동연구과제 추진	6,000	경제정책과	7	7	7	8	7	1	1	4
1646	대구광역시	제9회 영남권 경제관계관 포럼 개최	20,000	경제정책과	7	7	7	8	7	5	5	4
1647	대구광역시	중소기업 기술정보 지원사업	50,000	경제정책과	7	5	7	8	7	1	1	1
1648	대구광역시	우수기업성장동력화사업	44,000	경제정책과	7	5	7	8	7	1	2	1
1649	대구광역시	중기업육성사업	24,000	경제정책과	7	5	7	8	7	1	2	1
1650	대구광역시	글로벌 강소기업 경쟁력 강화사업	500,000	경제정책과	7	5	7	8	7	1	2	1
1651	대구광역시	지역주력산업 육성사업	30,000	경제정책과	7	2	7	8	7	5	1	1
1652	대구광역시	지역연고산업 육성사업	120,000	경제정책과	7	2	7	8	7	5	1	1
1653	대구광역시	지역산업 온라인마케팅 지원	400,000	경제정책과	7	5	7	1	7	1	3	1
1654	대구광역시	조달물품 경쟁력강화 지원	440,000	경제정책과	7	5	7	1	7	1	3	1
1655	대구광역시	대구경북 상생장터 점포 임차료 지원	100,000	민생경제과	7	4	6	6	7	2	2	4
1656	대구광역시	의료소비자생활협동조합 감독업무 위탁수수료	1,500	민생경제과	7	1	5	8	7	5	5	4
1657	대구광역시	산단대개조 기획운영사업	300,000	산단진흥과	7	4	4	1	6	1	1	3
1658	대구광역시	대구국제로봇산업전	290,000	기계로봇과	7	1	7	1	7	1	2	1
1659	대구광역시	규제자유특구혁신사업육성	485,000	기계로봇과	7	1	7	8	7	5	5	4
1660	대구광역시	영세소재기업 제조혁신 및 부품경쟁력 강화 사업	500,000	기계로봇과	7	5	7	1	7	1	2	1
1661	대구광역시	소재산업 융합 유니언 구축지원	150,000	기계로봇과	7	5	7	1	7	1	2	1
1662	대구광역시	하이퍼 고분자 첨단소재부품 고도화사업	16,720	기계로봇과	7	2	7	1	7	1	2	1
1663	대구광역시	나노융합기반 고도화사업	100,000	기계로봇과	7	2	7	1	7	1	2	1
1664	대구광역시	첨단기능성소재 기반 시기능 보조기기 산업육성	650,000	기계로봇과	7	2	7	1	7	1	2	1
1665	대구광역시	첨단나노소재부품 사업화 실증기반 고도화사업	440,000	기계로봇과	7	2	7	1	7	1	2	1
1666	대구광역시	지역에코혁신사업	100,000	기계로봇과	7	2	7	1	7	1	2	1
1667	대구광역시	나노인프라를 활용한 특성화고 인력양성사업	100,000	기계로봇과	7	2	7	1	7	1	2	1
1668	대구광역시	부품·소재 품질향상 지원사업	100,000	기계로봇과	7	5	7	1	7	1	2	1
1669	대구광역시	품질분임조 활성화 지원사업	70,000	기계로봇과	7	5	7	1	7	1	2	1
1670	대구광역시	품질인증 레벨업 지원사업	50,000	기계로봇과	7	5	7	1	7	1	2	1
1671	대구광역시	스마트공장 보급. 확산 사업	36,870	기계로봇과	7	2	7	1	7	1	2	1
1672	대구광역시	농수산물도매시장 부설주차장 위탁관리	181,056	관리과	7	1	5	8	7	1	1	4
1673	대구광역시	관련상가 위탁관리	14,938	관리과	7	1	5	8	7	1	1	4
1674	대구광역시	식품산업 육성지원	150,000	농산유통과	7	6	7	7	7	1	1	1
1675	대구광역시	식품산업 육성지원	150,000	농산유통과	7	8	7	8	7	5	5	4
1676	대구광역시	농촌자원 복합산업화지원	1,000,000	농산유통과	7	5	7	1	2	3	3	4
1677	대구광역시	도축검사원 인건비 지원	300,000	농산유통과	7	8	7	8	7	5	5	4
1678	대구광역시	가축위생방역지원본부 방역직 인건비 지원	319,000	농산유통과	7	8	7	8	7	5	5	4

순번	시군구	지출명 (사업명)	2021년예산 (단위:천원/1년간)	담당자 (공무원)	민간이전 분류 (지방자치단체 세출예산 집행기준에 의거)	민간이전지출 근거 (지방보조금 관리기준 참고)	입찰방식			운영예산 산정		성과평가 실시여부
				담당부서	1. 민간경상사업보조(307-02) 2. 민간단체 법정운영비보조(307-03) 3. 민간행사사업보조(307-04) 4. 민간위탁금(307-05) 5. 사회복지시설 법정운영비보조(307-10) 6. 민간인위탁교육비(307-12) 7. 공기관등에대한경상적위탁사업비(308-10) 8. 민간자본사업보조,자체재원(402-01) 9. 민간자본사업보조,이전재원(402-02) 10. 민간위탁사업비(402-03) 11. 공기관등에 대한 자본적 대행사업비(403-02)	1. 법률에 규정 2. 국고보조 재원(국가지정) 3. 용도 지정 기부금 4. 조례에 직접규정 5. 지자체가 권장하는 사업을 하는 공공기관 6. 시,도 정책 및 재정사정 7. 기타 8. 해당없음	계약체결방법 (경쟁형태) 1. 일반경쟁 2. 제한경쟁 3. 지명경쟁 4. 수의계약 5. 법정위탁 6. 기타 ( ) 7. 해당없음	계약기간 1. 1년 2. 2년 3. 3년 4. 4년 5. 5년 6. 기타 ( )년 7. 단기계약 (1년미만) 8. 해당없음	낙찰자선정방법 1. 적격심사 2. 협상에의한계약 3. 최저가낙찰제 4. 규격가격분리 5. 2단계 경쟁입찰 6. 기타 ( ) 7. 해당없음	운영예산 산정 1. 내부산정 (지자체 자체적으로 산정) 2. 외부산정 (외부전문기관위탁 산정) 3. 내·외부 모두 산정 4. 산정 無 5. 해당없음	정산방법 1. 내부정산 (지자체 내부적으로 정산) 2. 외부정산 (외부전문기관위탁 정산) 3. 내·외부 모두 산정 4. 정산 無 5. 해당없음	1. 실시 2. 미실시 3. 향후 추진 4. 해당없음
1679	대구광역시	도축검사원 인건비 지원	300,000	농산유통과	7	2	7	8	7	5	1	4
1680	대구광역시	가축위생방역지원본부 방역직 인건비 지원	319,000	농산유통과	7	1	7	8	7	5	1	4
1681	대구광역시	일자리박람회	32,000	일자리노동정책과	7	6	4	7	1	1	1	3
1682	대구광역시	혁신전문인력 채용지원사업	350,000	일자리노동정책과	7	6	6	1	6	1	3	1
1683	대구광역시	고용친화기업 선정지원	900,000	일자리노동정책과	7	6	7	8	7	1	1	1
1684	대구광역시	뉴딜 청년인재 일자리 연결 사업	44,400	일자리노동정책과	7	2	6	1	6	1	3	1
1685	대구광역시	고용친화기업 청년채용 지원 사업	22,940	일자리노동정책과	7	2	7	8	7	3	3	1
1686	대구광역시	도시형소비재산업 청년적합형 일자리지원사업	555,000	일자리노동정책과	7	2	7	8	7	3	3	1
1687	대구광역시	기능경기대회 지원	1,050,000	일자리노동정책과	7	4	7	8	7	1	1	1
1688	대구광역시	청년 귀환 프로젝트	180,000	청년정책과	7	5	6	1	7	1	2	4
1689	대구광역시	도시혁신 플랫폼 구축 및 운영	100,000	청년정책과	7	4	6	1	7	1	2	4
1690	대구광역시	창조도시 글로벌포럼	100,000	청년정책과	7	4	6	7	7	1	2	4
1691	대구광역시	청년소셜벤처 육성사업	855,300	청년정책과	7	2	6	8	7	1	1	4
1692	대구광역시	청년 소셜리빙랩 운영	150,000	청년정책과	7	5	7	8	7	5	5	4
1693	대구광역시	사회적경제 혁신성장사업	323,801	사회적경제과	7	2	1	2	1	1	1	1
1694	대구광역시	국내복귀기업 맞춤형 컨설팅 지원	100,000	투자유치과	7	4	7	8	7	5	5	4
1695	대구광역시	중소기업 해외마케팅 지원	50,500	국제통상과	7	5	7	8	7	3	3	1
1696	대구광역시	우수전시회지원	200,000	국제통상과	7	1	7	8	7	1	1	1
1697	대구광역시	엑스코제2전시장 활성화를 위한 전시회유치지원	500,000	국제통상과	7	1	7	8	7	5	5	4
1698	대구광역시	행정산업정보박람회	60,000	국제통상과	7	1	7	8	7	1	1	1
1699	대구광역시	엑스코제2전시장 관리운영지원	1,000,000	국제통상과	7	1	7	8	7	5	5	4
1700	대구광역시	물산업 R&D 지원	15,000	물에너지산업과	7	1	7	1	7	1	1	4
1701	대구광역시	물산업 기업 네트워크 활성화	300,000	물에너지산업과	7	1	7	1	7	1	1	4
1702	대구광역시	물산업클러스터 정주여건 개선 셔틀버스 운행	100,000	물에너지산업과	7	1	7	1	7	1	1	4
1703	대구광역시	열린 도시재생 아카데미	60,000	도시재생과	7	1	5	3	7	1	1	3
1704	대구광역시	창의 도시재생지원센터 운영	800,000	도시재생과	7	1	5	3	7	1	1	3
1705	대구광역시	국가주소정보시스템 유지보수 및 운영	17,724	토지정보과	7	1	7	1	7	5	1	4
1706	대구광역시	시청 주차장 관리용역	166,089	총무과	7	4	5	8	7	1	1	4
1707	대구광역시	우편관리시스템 유지보수	5,900	총무과	7	5	7	8	7	2	2	1
1708	대구광역시	대한민국 지방자치 박람회	70,000	자치행정과	7	5	7	8	7	1	1	1
1709	대구광역시	시민원탁회의 운영	200,000	소통민원과	7	4	4	1	7	3	1	2
1710	대구광역시	지능형상담시스템 뚜봇 위탁운영	14,096	소통민원과	7	5	7	8	7	1	1	3
1711	대구광역시	사회복지시설종사자 대체인력지원	455,267	복지정책과	7	2	7	8	7	1	1	1
1712	대구광역시	정신요양시설(노숙인생활시설내) 운영지원	16,623	복지정책과	7	1	7	8	7	1	1	1
1713	대구광역시	정신요양시설 운영 추가지원	152,990	복지정책과	7	1	7	8	7	1	1	1
1714	대구광역시	노숙인시설 운영비	55,262	복지정책과	7	7	7	8	7	1	1	4
1715	대구광역시	노숙인시설 운영 시비추가지원	24,586	복지정책과	7	7	7	8	7	1	1	4
1716	대구광역시	치매안심요양병원 공공사업 지원	120,000	보건의료정책과	7	2	7	8	7	5	5	4
1717	대구광역시	공공보건의료협력체계 구축사업	530,000	보건의료정책과	7	1	7	8	7	5	5	4
1718	대구광역시	대구의료원 정보화지원사업	38,000	보건의료정책과	7	2	7	8	7	5	3	4
1719	대구광역시	희귀질환자 의료비 지원	35,671	보건의료정책과	7	2	7	8	7	5	3	4
1720	대구광역시	달구벌건강주치의 사업	150,000	보건의료정책과	7	5	7	8	7	3	3	4

순번	시군구	지출명 (사업명)	2021년예산 (단위:천원/1년간)	담당자 (공무원)	민간이전 분류 (지방자치단체 세출예산 집행기준에 의거)	민간이전지출 근거 (지방보조금 관리기준 참고)	입찰방식			운영예산 산정		성과평가 실시여부
				담당부서	1. 민간경상사업보조(307-02) 2. 민간단체 법정운영비보조(307-03) 3. 민간행사사업보조(307-04) 4. 민간위탁금(307-05) 5. 사회복지시설 법정운영비보조(307-10) 6. 민간인위탁교육비(307-12) 7. 공기관등에대한경상적위탁사업비(308-10) 8. 민간자본사업보조,자체재원(402-01) 9. 민간자본사업보조,이전재원(402-02) 10. 민간위탁사업비(402-03) 11. 공기관등에 대한 자본적 대행사업비(403-02)	1. 법률에 규정 2. 국고보조 재원(국가지정) 3. 용도 지정 기부금 4. 조례에 직접규정 5. 지자체가 권장하는 사업을 하는 공공기관 6. 시,도 정책 및 재정사정 7. 기타 8. 해당없음	계약체결방법 (경쟁형태) 1. 일반경쟁 2. 제한경쟁 3. 지명경쟁 4. 수의계약 5. 법정위탁 6. 기타 ( ) 7. 해당없음	계약기간 1. 1년 2. 2년 3. 3년 4. 4년 5. 5년 6. 기타 ( )년 7. 단기계약 (1년미만) 8. 해당없음	낙찰자선정방법 1. 적격심사 2. 협상에의한계약 3. 최저가낙찰제 4. 규격가격분리 5. 2단계 경쟁입찰 6. 기타 ( ) 7. 해당없음	운영예산 산정 1. 내부산정 (지자체 자체적으로 산정) 2. 외부산정 (외부전문기관위탁 산정) 3. 내·외부 모두 산정 4. 산정 無 5. 해당없음	정산방법 1. 내부정산 (지자체 내부적으로 정산) 2. 외부정산 (외부전문기관위탁 정산) 3. 내·외부 모두 산정 4. 정산 無 5. 해당없음	1. 실시 2. 미실시 3. 향후 추진 4. 해당없음
1721	대구광역시	응급처치 교육장비 운영	20,000	보건의료정책과	7	5	7	8	7	3	3	4
1722	대구광역시	대량재난 현장응급의료소 훈련지원	16,000	보건의료정책과	7	5	7	8	7	3	3	4
1723	대구광역시	대구응급의료협력추진단 운영	626,000	보건의료정책과	7	4	7	8	7	3	3	4
1724	대구광역시	심폐소생술 등 응급처치 교육비 지원	180,000	보건의료정책과	7	2	7	8	7	5	3	4
1725	대구광역시	재난의료 무선통신망 운영	101,795	보건의료정책과	7	2	7	8	7	5	3	4
1726	대구광역시	재난거점병원 운영지원	135,000	보건의료정책과	7	2	7	8	7	5	3	4
1727	대구광역시	응급의료지원센터 운영비	160,000	보건의료정책과	7	2	7	8	7	5	3	4
1728	대구광역시	맞춤형 응급의료서비스 질 향상 지원	20,000	보건의료정책과	7	7	7	8	7	1	3	4
1729	대구광역시	지역암센터운영비 지원	121,720	건강증진과	7	2	7	8	7	5	5	4
1730	대구광역시	암생존자통합지지센터 지원	125,000	건강증진과	7	2	7	8	7	5	5	4
1731	대구광역시	저소득층 금연지원	481,544	건강증진과	7	2	7	8	7	2	2	4
1732	대구광역시	2021 대구국제뷰티엑스포	400,000	위생정책과	7	4	7	1	7	1	1	2
1733	대구광역시	제19회 대구음식관광박람회 지원	400,000	위생정책과	7	1	7	1	7	1	1	2
1734	대구광역시	지역밀착형연구활동지원사업	220,000	교육협력정책관	7	4	7	8	7	1	1	1
1735	대구광역시	대학생 학자금 대출 부담경감	350,000	교육협력정책관	7	1	7	7	7	1	1	4
1736	대구광역시	법학전문대학원 지원	30,000	교육협력정책관	7	1	7	7	7	1	1	4
1737	대구광역시	2021 여성엑스포	330,000	여성가족과	7	5	7	1	7	1	1	1
1738	대구광역시	청년여성 멘토링 프로젝트	25,000	여성가족과	7	5	7	1	7	1	1	1
1739	대구광역시	일가정양립문화확산	13,500	여성가족과	7	5	7	8	7	1	1	1
1740	대구광역시	가족친화마을 조성	22,500	여성가족과	7	5	7	8	7	1	1	1
1741	대구광역시	워킹맘,대디 찾아가는 서비스	13,500	여성가족과	7	5	7	8	7	1	1	1
1742	대구광역시	일가정양립지원센터지원	333,000	여성가족과	7	5	7	8	7	1	1	1
1743	대구광역시	성별영향분석평가기반 구축지원	13,500	여성가족과	7	5	7	8	7	1	1	1
1744	대구광역시	양성평등 문화확산 공모시상	4,950	여성가족과	7	5	7	8	7	1	1	1
1745	대구광역시	찾아가는 시민교육	4,500	여성가족과	7	5	7	8	7	1	1	1
1746	대구광역시	해바라기센터(아동) 운영	555,434	여성가족과	7	2	7	8	7	1	1	4
1747	대구광역시	해바라기센터 운영	445,836	여성가족과	7	2	7	8	7	1	1	4
1748	대구광역시	해바라기센터 운영(아동) 추가지원	20,000	여성가족과	7	6	7	8	7	1	1	4
1749	대구광역시	성폭력피해자 방문상담 지원	55,714	여성가족과	7	2	7	8	7	1	1	4
1750	대구광역시	성폭력피해자 부대비용 지원	31,000	여성가족과	7	2	7	8	7	1	1	4
1751	대구광역시	찾아가는 폭력 예방교육	96,152	여성가족과	7	2	7	3	7	1	1	1
1752	대구광역시	여성안전 캠퍼스 환경조성	30,000	여성가족과	7	5	7	1	7	1	1	4
1753	대구광역시	여성1인가구 안전환경 조성	60,000	여성가족과	7	5	7	1	7	1	1	4
1754	대구광역시	지역사회 청소년안전망 구축	417,370	청소년과	7	2	7	8	7	5	1	1
1755	대구광역시	학교폭력 예방프로그램 운영	129,772	청소년과	7	2	7	8	7	5	1	1
1756	대구광역시	청소년 동반자 프로그램 운영	147,280	청소년과	7	2	7	8	7	5	1	1
1757	대구광역시	치유 및 심화 상담 프로그램 운영	30,000	청소년과	7	6	7	8	7	1	1	1
1758	대구광역시	인터넷중독 전담상담사 배치사업	70,148	청소년과	7	2	7	8	7	5	1	1
1759	대구광역시	청소년상담복지센터 운영	330,000	청소년과	7	6	7	8	7	1	1	1
1760	대구광역시	청소년쉼터 운영	327,360	청소년과	7	2	7	8	7	5	1	1
1761	대구광역시	청소년쉼터 기능강화 지원	33,200	청소년과	7	6	7	8	7	1	1	1
1762	대구광역시	청소년 인터넷·스마트폰 과의존 예방·치유 프로그램 운영	40,000	청소년과	7	6	7	8	7	1	1	1

순번	시군구	지출명 (사업명)	2021년예산 (단위:천원/1년간)	담당자 (공무원)	민간이전 분류 (지방자치단체 세출예산 집행기준에 의거)	민간이전지출 근거 (지방보조금 관리기준 참고)	입찰방식			운영예산 산정		성과평가 실시여부
				담당부서	1. 민간경상사업보조(307-02) 2. 민간단체 법정운영비보조(307-03) 3. 민간행사사업보조(307-04) 4. 민간위탁금(307-05) 5. 사회복지시설 법정운영비보조(307-10) 6. 민간인위탁교육비(307-12) 7. 공기관등에대한경상적위탁사업비(308-10) 8. 민간자본사업보조,자체재원(402-01) 9. 민간자본사업보조,이전재원(402-02) 10. 민간위탁사업비(402-03) 11. 공기관등에 대한 자본적 대행사업비(403-02)	1. 법률에 규정 2. 국고보조 재원(국가지정) 3. 용도 지정 기부금 4. 조례에 직접규정 5. 지자체가 권장하는 사업을 하는 공공기관 6. 시,도 정책 및 재정사정 7. 기타 8. 해당없음	계약체결방법 (경쟁형태) 1. 일반경쟁 2. 제한경쟁 3. 지명경쟁 4. 수의계약 5. 법정위탁 6. 기타 ( ) 7. 해당없음	계약기간 1. 1년 2. 2년 3. 3년 4. 4년 5. 5년 6. 기타 ( )년 7. 단기계약 (1년미만) 8. 해당없음	낙찰자선정방법 1. 적격심사 2. 협상에의한계약 3. 최저가낙찰제 4. 규격가격분리 5. 2단계 경쟁입찰 6. 기타 ( ) 7. 해당없음	운영예산 산정 1. 내부산정 (지자체 자체적으로 산정) 2. 외부산정 (외부전문기관위탁 산정) 3. 내·외부 모두 산정 4. 산정 無 5. 해당없음	정산방법 1. 내부정산 (지자체 내부적으로 정산) 2. 외부정산 (외부전문기관위탁 정산) 3. 내·외부 모두 산정 4. 정산 無 5. 해당없음	1. 실시 2. 미실시 3. 향후 추진 4. 해당없음
1763	대구광역시	대구아이조아카드유지보수	80,000	출산보육과	7	5	7	8	7	1	1	1
1764	대구광역시	지방육아종합지원센터 운영	488,808	출산보육과	7	2	4	5	7	1	1	2
1765	대구광역시	시청어린이집 운영지원	454,154	출산보육과	7	1	4	5	7	1	1	2
1766	대구광역시	보육고충상담센터 운영	16,588	출산보육과	7	1	4	5	7	1	1	1
1767	대구광역시	대구공연정보센터 운영	50,000	문화콘텐츠과	7	5	7	8	7	1	1	1
1768	대구광역시	대구오페라재단 사업 지원	32,600	문화콘텐츠과	7	4	7	8	7	1	1	1
1769	대구광역시	대구오페라축제	20,000	문화콘텐츠과	7	4	7	8	7	1	1	1
1770	대구광역시	문화콘텐츠 해외마케팅 지원	100,000	문화콘텐츠과	7	2	7	8	7	1	1	1
1771	대구광역시	게임콘텐츠 청년일자리 창출사업	370,000	문화콘텐츠과	7	2	7	8	7	1	1	1
1772	대구광역시	대구영상미디어센터 운영	300,000	문화콘텐츠과	7	5	7	8	7	1	1	1
1773	대구광역시	대구다양성영화제작지원	70,000	문화콘텐츠과	7	7	7	8	7	1	1	1
1774	대구광역시	웹투캠퍼스 운영 및 인력양성	850,000	문화콘텐츠과	7	2	7	8	7	1	1	1
1775	대구광역시	대구컬러풀페스티벌	20,500	문화콘텐츠과	7	5	7	8	7	1	1	1
1776	대구광역시	대구핫페스티벌 지원	180,000	문화콘텐츠과	7	5	7	8	7	1	1	1
1777	대구광역시	K-POP 관광 활성화	1,000,000	관광과	7	1	7	8	7	1	1	1
1778	대구광역시	콘서트하우스 위탁운영비	28,607	콘서트하우스관리과	7	7	5	8	7	3	3	2
1779	대구광역시	두류수영장 위탁운영	6,928	체육시설관리사무소	7	1	5	3	7	1	1	4
1780	대구광역시	대구사격장 위탁운영	35,701	체육시설관리사무소	7	1	5	3	7	1	1	4
1781	대구광역시	대덕승마장 위탁운영	1,345	체육시설관리사무소	7	1	5	3	7	1	1	4
1782	대구광역시	올림픽기념국민생활관 위탁운영	31,894	체육시설관리사무소	7	1	5	3	7	1	1	4
1783	대구광역시	승마힐링센터 위탁운영	11,333	체육시설관리사무소	7	1	5	3	7	1	1	4
1784	대구광역시	대구실내빙상장 위탁운영	1,748	체육시설관리사무소	7	1	5	3	7	1	1	4
1785	대구광역시	클린로드 시설관리	300,000	기후대기과	7	6	7	8	7	1	1	2
1786	대구광역시	도로재비산먼지 저감사업	180,627	기후대기과	7	6	7	8	7	1	1	2
1787	대구광역시	폐농약용기 수거 보상	5,000	자원순환과	7	1	7	8	7	1	1	4
1788	대구광역시	신천음식물류폐기물처리시설 위탁운영	26,198	자원순환과	7	4	7	8	7	1	1	4
1789	대구광역시	달성2차산업단지 자원회수시설 위탁운영	156,000	자원순환과	7	4	7	8	7	1	3	1
1790	대구광역시	성서생활폐기물소각시설 위탁운영	8,800	자원순환과	7	4	7	8	7	1	3	1
1791	대구광역시	서재문화체육센터 위탁운영	31,113	자원순환과	7	4	7	3	7	1	1	4
1792	대구광역시	상리음식물류폐기물처리시설 위탁운영	1,000,000	자원순환과	7	4	7	8	7	1	1	4
1793	대구광역시	대구국가산업단지 공공폐수처리시설 운영	550,000	수질개선과	7	1	6	6	6	1	1	4
1794	대구광역시	비점오염저감시설 유지관리비	200,000	수질개선과	7	1	6	6	6	1	1	4
1795	대구광역시	공원유원지 환경개선	290,000	공원조성과	7	5	5	8	7	1	1	4
1796	대구광역시	공원시설물 민간위탁관리	24,720	공원조성과	7	5	5	8	7	1	1	4
1797	대구광역시	침출수 전처리시설 위탁 운영	24,165	환경자원사업소	7	7	7	8	7	1	1	4
1798	대구광역시	서문주차빌딩공영주차장 CCTV 교체	300,000	교통정책과	7	5	6	5	7	1	1	2
1799	대구광역시	주차장 위탁관리	8,424	교통정책과	7	5	6	5	7	1	1	2
1800	대구광역시	중앙로 대중교통전용지구 유지관리	303,000	교통정책과	7	5	6	8	7	1	1	4
1801	대구광역시	교통체계 개선관련 교통노면표지 설치 및 관리	200,000	교통정책과	7	5	6	8	7	1	1	4
1802	대구광역시	버스전용차로 정비사업	80,000	버스운영과	7	4	5	8	7	5	5	4
1803	대구광역시	시내버스 유개승강장 관리위탁	182,900	버스운영과	7	1	4	5	2	1	1	4
1804	대구광역시	나드리콜 운영	16,355	택시물류과	7	6	5	5	7	1	2	1

순번	시군구	지출명 (사업명)	2021년예산 (단위:천원/1년간)	담당자 (공무원)	민간이전 분류 (지방자치단체 세출예산 집행기준에 의거)	민간이전지출 근거 (지방보조금 관리기준 참고)	입찰방식			운영예산 산정		성과평가 실시여부
				담당부서	1. 민간경상사업보조(307-02) 2. 민간단체 법정운영비보조(307-03) 3. 민간행사사업보조(307-04) 4. 민간위탁금(307-05) 5. 사회복지시설 법정운영비보조(307-10) 6. 민간인위탁교육비(307-12) 7. 공기관등에대한경상적위탁사업비(308-10) 8. 민간자본사업보조,자체재원(402-01) 9. 민간자본사업보조,이전재원(402-02) 10. 민간위탁사업비(402-03) 11. 공기관등에 대한 자본적 대행사업비(403-02)	1. 법률에 규정 2. 국고보조 재원(국가지정) 3. 용도 지정 기부금 4. 조례에 직접규정 5. 지자체가 권장하는 사업을 하는 공공기관 6. 시,도 정책 및 재정사정 7. 기타 8. 해당없음	계약체결방법 (경쟁형태) 1. 일반경쟁 2. 제한경쟁 3. 지명경쟁 4. 수의계약 5. 법정위탁 6. 기타 ( ) 7. 해당없음	계약기간 1. 1년 2. 2년 3. 3년 4. 4년 5. 5년 6. 기타 ( )년 7. 단기계약 (1년미만) 8. 해당없음	낙찰자선정방법 1. 적격심사 2. 협상에의한계약 3. 최저가낙찰제 4. 규격가격분리 5. 2단계 경쟁입찰 6. 기타 ( ) 7. 해당없음	운영예산 산정 1. 내부산정 (지자체 자체적으로 산정) 2. 외부산정 (외부전문기관위탁 산정) 3. 내·외부 모두 산정 4. 산정 無 5. 해당없음	정산방법 1. 내부정산 (지자체 내부적으로 정산) 2. 외부정산 (외부전문기관위탁 정산) 3. 내·외부 모두 산정 4. 정산 無 5. 해당없음	1. 실시 2. 미실시 3. 향후 추진 4. 해당없음
1805	대구광역시	택시운행정보관리시스템 운영비	171,000	택시물류과	7	1	7	8	7	1	1	1
1806	대구광역시	신서화물자동차공영차고지 관리 위착	515,000	택시물류과	7	1	7	3	7	1	1	4
1807	대구광역시	도로유지 관리위탁	14,374	도로과	7	4	7	8	7	1	1	1
1808	대구광역시	터널통합관리센터 운영 관리위탁	30,040	도로과	7	4	7	8	7	1	1	1
1809	대구광역시	가로등유지 관리위탁	56,750	도로과	7	4	7	8	7	1	1	1
1810	대구광역시	동대구역광장 운영 관리위탁	15,780	도로과	7	4	7	8	7	1	1	1
1811	대구광역시	자동차전용도로 구조체 안전점검 및 보수보강	1,057,000	도로과	7	4	7	8	7	1	1	1
1812	대구광역시	가로등 조도 개선사업	500,000	도로과	7	4	7	8	7	1	1	1
1813	대구광역시	노면표시 개선사업	1,000,000	도로과	7	4	7	8	7	1	1	1
1814	대구광역시	도로주변 안전시설 정비	300,000	도로과	7	4	7	8	7	1	1	1
1815	대구광역시	노후도로 정비 및 인도블럭 개체	573,000	도로과	7	4	7	8	7	1	1	1
1816	대구광역시	주요 정보통신기반시설 취약점 분석평가	55,560	119종합상황실	7	1	7	8	7	5	5	4
1817	대구 중구	지방재정관리시스템운영관리	21,758	기획예산실	7	7	7	1	7	2	2	4
1818	대구 중구	청백-e유지관리및운영비지원	8,002	기획예산실	7	7	7	1	7	2	2	4
1819	대구 중구	차세대주민등록정보시스템운영지원비	11,648	행정지원과	7	8	7	8	7	5	5	4
1820	대구 중구	주소정보관리시스템 유지관리 사업	17,473	민원토지과	7	1	6	1	7	3	1	4
1821	대구 중구	향촌문화관 운영	108,300	문화교육과	7	4	4	3	7	1	1	4
1822	대구 중구	향촌문화관대구문학관시설운영	149,600	문화교육과	7	4	4	3	7	1	1	4
1823	대구 중구	마당깊은집체험관운영	77,100	문화교육과	7	4	4	6	7	1	1	4
1824	대구 중구	문화가있는날자유기획프로그램운영지원사업	180,000	문화교육과	7	4	7	8	7	5	5	4
1825	대구 중구	패션주얼리전문타운운영	267,000	일자리경제과	7	4	7	3	7	1	1	4
1826	대구 중구	향촌수제화센터운영	116,000	일자리경제과	7	4	4	3	7	1	1	4
1827	대구 중구	공예주얼리산업의 collabo지원사업	178,800	일자리경제과	7	2	7	8	7	1	1	1
1828	대구 중구	음식점위생등급제 운영	1,400	위생과	7	1	5	8	7	5	5	4
1829	대구 동구	자체감사활동 역량강화	9,600	감사실	7	5	7	1	7	1	1	1
1830	대구 동구	예산편성관리	29,012	기획예산과	7	1	7	1	7	2	1	4
1831	대구 동구	행정정보시스템 유지관리	103,029	홍보전산과	7	5	7	8	7	5	5	4
1832	대구 동구	행정정보시스템 유지관리	2,310	홍보전산과	7	5	7	8	7	5	5	4
1833	대구 동구	행정정보시스템 유지관리	6,460	홍보전산과	7	5	7	8	7	5	5	4
1834	대구 동구	행정정보시스템 유지관리	10,000	홍보전산과	7	1	5	1	2	2	2	1
1835	대구 동구	문서관리 및 행정정보공개제도 운영	5,300	홍보전산과	7	6	5	1	6	2	2	2
1836	대구 동구	세정운영 및 홍보	70,027	세무1과	7	1	5	1	7	2	1	1
1837	대구 동구	세입관리	25,759	세무2과	7	1	7	8	7	5	5	4
1838	대구 동구	원활한 인사행정 관리	7,063	행정지원과	7	7	7	8	7	5	5	4
1839	대구 동구	행정복지센터 지원	13,712	행정지원과	7	7	7	8	7	5	5	4
1840	대구 동구	음식점 위생등급제 운영	5,600	식품산업과	7	1	5	1	7	1	1	4
1841	대구 동구	장애인의료비 지원	462,462	어르신장애인과	7	8	7	8	7	5	5	4
1842	대구 동구	음식물류 폐기물 처리	182,520	환경녹색과	7	5	7	8	7	1	1	3
1843	대구 동구	지역자율형 사회서비스 투자사업	1,265	건강증진과	7	2	7	8	7	5	1	1
1844	대구 동구	청소년 산모 의료비 지원	2,400	건강증진과	7	2	7	8	7	5	1	4
1845	대구 동구	저소득층 기저귀 조제분유 지원사업	296,640	건강증진과	7	2	7	8	7	5	1	4
1846	대구 서구	세외수입 및 세입자료 관리	21,389	세무과	7	1	5	1	7	2	2	4

순번	시군구	지출명 (사업명)	2021년예산 (단위:천원/1년간)	담당자 (공무원)	민간이전 분류 (지방자치단체 세출예산 집행기준에 의거)	민간이전지출 근거 (지방보조금 관리기준 참고)	입찰방식			운영예산 산정		성과평가 실시여부
				담당부서	1. 민간경상사업보조(307-02) 2. 민간단체 법정운영비보조(307-03) 3. 민간행사사업보조(307-04) 4. 민간위탁금(307-05) 5. 사회복지시설 법정운영비보조(307-10) 6. 민간인위탁교육비(307-12) 7. 공기관등에대한경상적위탁사업비(308-10) 8. 민간자본사업보조,자체재원(402-01) 9. 민간자본사업보조,이전재원(402-02) 10. 민간위탁사업비(402-03) 11. 공기관등에 대한 자본적 대행사업비(403-02)	1. 법률에 규정 2. 국고보조 재원(국가지정) 3. 용도 지정 기부금 4. 조례에 직접규정 5. 지자체가 권장하는 사업을 하는 공공기관 6. 시,도 정책 및 재정사정 7. 기타 8. 해당없음	계약체결방법 (경쟁형태) 1. 일반경쟁 2. 제한경쟁 3. 지명경쟁 4. 수의계약 5. 법정위탁 6. 기타 ( ) 7. 해당없음	계약기간 1. 1년 2. 2년 3. 3년 4. 4년 5. 5년 6. 기타 ( )년 7. 단기계약 (1년미만) 8. 해당없음	낙찰자선정방법 1. 적격심사 2. 협상에의한계약 3. 최저가낙찰제 4. 규격가격분리 5. 2단계 경쟁입찰 6. 기타 ( ) 7. 해당없음	운영예산 산정 1. 내부산정 (지자체 자체적으로 산정) 2. 외부산정 (외부전문기관위탁 산정) 3. 내·외부 모두 산정 4. 산정 無 5. 해당없음	정산방법 1. 내부정산 (지자체 내부적으로 정산) 2. 외부정산 (외부전문기관위탁 정산) 3. 내·외부 모두 산정 4. 정산 無 5. 해당없음	1. 실시 2. 미실시 3. 향후 추진 4. 해당없음
1847	대구 서구	원활한 세정운영을 위한 지원체계 강화	53,112	세무과	7	1	5	1	7	2	2	4
1848	대구 남구	청백e-시스템 유지관리 및 운영지원비	8,801	기획조정실	7	1	7	1	7	5	5	4
1849	대구 남구	차세대 주민등록시스템 운영비	12,416	행정지원과	7	7	7	1	7	2	2	4
1850	대구 남구	지방재정관리시스템 운영관리	21,758	민원정보과	7	5	6	8	7	5	5	4
1851	대구 남구	우편모아시스템 유지관리	5,300	민원정보과	7	5	6	8	7	5	5	4
1852	대구 남구	공통기반 전산장비 유지관리	89,170	민원정보과	7	5	6	8	7	5	5	4
1853	대구 남구	공통기반 재해복구 유지관리	2,804	민원정보과	7	5	6	8	7	5	5	4
1854	대구 남구	지방행정통합정보시스템 상담센터 운영	6,460	민원정보과	7	5	6	8	7	5	5	4
1855	대구 남구	온-나라문서시스템 유지관리	7,500	민원정보과	7	5	6	8	7	5	5	4
1856	대구 남구	표준지방세정보시스템 운영관리	23,073	세무과	7	5	7	8	7	2	2	4
1857	대구 남구	위택스시스템 운영관리	22,271	세무과	7	5	7	8	7	2	2	4
1858	대구 남구	과세자료 및 체납정보 통합관리시스템 운영관리	948	세무과	7	5	7	8	7	2	2	4
1859	대구 남구	차세대 지방세정보시스템 유지보수	830	세무과	7	5	7	8	7	2	2	4
1860	대구 남구	표준지방세외수입정보시스템 운영관리	21,389	세무과	7	5	7	8	7	2	2	4
1861	대구 남구	쓰레기 처리비용	261,950	녹색환경과	7	4	7	8	7	4	1	2
1862	대구 남구	음식물류폐기물 처리비용	172,718	녹색환경과	7	7	7	8	7	5	5	4
1863	대구 북구	청백-e시스템 유지관리비	10,399	감사실	7	8	6	8	7	2	1	4
1864	대구 북구	인사관리	23,306	총무과	7	7	6	1	7	5	5	4
1865	대구 북구	차세대주민등록시스템 운영비	14,570	총무과	7	1	5	1	6	2	2	2
1866	대구 북구	표준지방세정보시스템 유지보수	43,894	세무과	7	1	5	1	7	2	2	4
1867	대구 북구	위택스시스템 유지보수	24,385	세무과	7	1	5	1	7	2	2	4
1868	대구 북구	과세자료및체납정보통합관리시스템 유지보수	1,748	세무과	7	1	5	1	7	2	2	4
1869	대구 북구	세외수입정보시스템유지관리사업	27,944	징수과	7	2	5	8	7	2	1	4
1870	대구 북구	공통기반 전산장비 유지보수	78,510	정보통신과	7	1	7	8	7	5	5	4
1871	대구 북구	시군구 재해복구시스템 유지보수	3,452	정보통신과	7	1	7	8	7	5	5	4
1872	대구 북구	우편모아시스템 통합유지보수	5,300	정보통신과	7	1	7	8	7	5	5	4
1873	대구 북구	공통기반 서비스데스크운영비	7,000	정보통신과	7	1	7	8	7	5	5	4
1874	대구 북구	온나라시스템 운영비	31,656	정보통신과	7	1	7	8	7	5	5	4
1875	대구 북구	장애인의료비지원	490,896	복지정책과	7	2	7	8	7	1	1	4
1876	대구 북구	금호강 바람소리길 축제	290,000	문화예술과	7	4	2	7	2	1	1	1
1877	대구 북구	출산장려 창작뮤지컬 공연	20,000	문화예술과	7	4	7	8	7	5	5	4
1878	대구 북구	행복북구문화재단 사업 지원	52,221	문화예술과	7	4	5	6	6	1	3	1
1879	대구 북구	공공도서관 건립 지원사업	82,000	문화예술과	7	4	7	8	7	5	5	4
1880	대구 북구	공공도서관 개관시간 연장사업지원	78,984	문화예술과	7	2	7	8	7	5	5	4
1881	대구 북구	학교 밖 청소년지원사업	159,983	평생교육과	7	1	7	8	7	1	1	1
1882	대구 북구	청소년 안전망 운영	102,990	평생교육과	7	1	7	8	7	1	1	1
1883	대구 북구	청소년상담복지센터 운영	139,399	평생교육과	7	1	7	8	7	1	1	1
1884	대구 북구	청소년 동반자 프로그램 운영	124,010	평생교육과	7	1	7	8	7	1	1	1
1885	대구 북구	청소년 치유 및 심화 상담 프로그램 운영	17,000	평생교육과	7	1	7	8	7	1	1	1
1886	대구 북구	청소년회관운영보조	703,650	평생교육과	7	1	7	8	7	1	1	1
1887	대구 북구	공공생활수련시설보조	116,800	평생교육과	7	1	7	8	7	1	1	1
1888	대구 북구	방과후아카데미운영지원	518,780	평생교육과	7	1	7	8	7	1	1	1

순번	시군구	지출명 (사업명)	2021년예산 (단위:천원/1년간)	담당자 (공무원)	민간이전 분류 (지방자치단체 세출예산 집행기준에 의거)	민간이전지출 근거 (지방보조금 관리기준 참고)	입찰방식			운영예산 산정		성과평가 실시여부
				담당부서	1. 민간경상사업보조(307-02) 2. 민간단체 법정운영비보조(307-03) 3. 민간행사사업보조(307-04) 4. 민간위탁금(307-05) 5. 사회복지시설 법정운영비보조(307-10) 6. 민간인위탁교육비(307-12) 7. 공기관등에대한경상적위탁사업비(308-10) 8. 민간자본사업보조,자체재원(402-01) 9. 민간자본사업보조,이전재원(402-02) 10. 민간위탁사업비(402-03) 11. 공기관등에 대한 자본적 대행사업비(403-02)	1. 법률에 규정 2. 국고보조 재원(국가지정) 3. 용도 지정 기부금 4. 조례에 직접규정 5. 지자체가 권장하는 사업을 하는 공공기관 6. 시,도 정책 및 재정사정 7. 기타 8. 해당없음	계약체결방법 (경쟁형태) 1. 일반경쟁 2. 제한경쟁 3. 지명경쟁 4. 수의계약 5. 법정위탁 6. 기타 ( ) 7. 해당없음	계약기간 1. 1년 2. 2년 3. 3년 4. 4년 5. 5년 6. 기타 ( )년 7. 단기계약 (1년미만) 8. 해당없음	낙찰자선정방법 1. 적격심사 2. 협상에의한계약 3. 최저가낙찰제 4. 규격가격분리 5. 2단계 경쟁입찰 6. 기타 ( ) 7. 해당없음	운영예산 산정 1. 내부산정 (지자체 자체적으로 산정) 2. 외부산정 (외부전문기관위탁 산정) 3. 내·외부 모두 산정 4. 산정 無 5. 해당없음	정산방법 1. 내부정산 (지자체 내부적으로 정산) 2. 외부정산 (외부전문기관위탁 정산) 3. 내·외부 모두 산정 4. 정산 無 5. 해당없음	1. 실시 2. 미실시 3. 향후 추진 4. 해당없음
1889	대구 북구	청소년참여활동사업	2,000	평생교육과	7	1	7	8	7	1	1	1
1890	대구 북구	청소년동아리활동지원	6,000	평생교육과	7	1	7	8	7	1	1	1
1891	대구 북구	청소년문화의집운영보조	373,257	평생교육과	7	1	7	8	7	1	1	1
1892	대구 북구	주소정보관리시스템 유지관리 사업	17,974	토지정보과	7	1	6	1	7	3	1	4
1893	대구 수성구	효율적인 예산편성 및 재정운용	29,012	기획예산과	7	1	5	1	2	2	2	1
1894	대구 수성구	세정운영 및 홍보	77,072	세무1과	7	1	5	1	7	2	2	4
1895	대구 수성구	표준 지방세외수입 정보시스템 운영관리비	30,128	세무2과	7	1	5	1	7	2	2	1
1896	대구 수성구	생산 성과중심의 자체감사	10,399	감사실	7	1	1	1	2	2	2	1
1897	대구 수성구	치매치료관리비 지원	167,060	건강증진과	7	2	5	8	7	3	3	1
1898	대구 수성구	지역자율형 사회서비스 투자사업	996,353	건강증진과	7	2	5	8	7	3	3	1
1899	대구 수성구	표준모자보건수첩 제작	2,228	건강증진과	7	2	5	8	7	3	3	1
1900	대구 수성구	국가암관리지자체지원	656,925	건강증진과	7	2	5	8	7	3	3	1
1901	대구 수성구	수성아트피아 사업지원	40,504	문화예술과	7	5	7	8	7	1	1	1
1902	대구 수성구	도서관 사업지원	56,810	문화예술과	7	5	7	8	7	1	1	1
1903	대구 수성구	공공도서관 개관시간 연장	289,608	문화예술과	7	5	7	8	7	1	1	1
1904	대구 수성구	도심속 작은 음악회	40,000	문화예술과	7	5	7	8	7	1	1	1
1905	대구 수성구	새해 일출맞이 행사	30,000	문화예술과	7	5	7	8	7	1	1	1
1906	대구 수성구	수성빛예술제 개최	570,000	문화예술과	7	5	7	8	7	1	1	1
1907	대구 수성구	수성못 페스티벌 개최	320,000	문화예술과	7	5	7	8	7	1	1	1
1908	대구 수성구	문화도시 조성	627,433	문화예술과	7	5	7	8	7	1	1	3
1909	대구 수성구	구 여성합창단 운영	67,000	문화예술과	7	4	4	8	1	1	1	1
1910	대구 수성구	장애인 의료비 지원	344,784	복지정책과	7	2	7	8	7	1	1	4
1911	대구 수성구	차세대 주민등록정보시스템 지방비 부담금	14,570	행정지원과	7	1	5	1	7	2	2	4
1912	대구 달서구	지방재정관리시스템(e-호조) 운영 관리	32,636	기획조정실	7	7	7	1	7	2	2	2
1913	대구 달서구	장애인의료비	565,000	어르신장애인과	7	5	7	8	7	5	4	2
1914	대구 달서구	달서가족문화센터 운영	531,582	여성가족과	7	4	5	5	7	5	2	1
1915	대구 달서구	웃는얼굴아트센터 운영	24,860	문화체육관광과	7	4	7	1	7	1	1	1
1916	대구 달서구	생활문화센터 운영	80,964	문화체육관광과	7	4	7	1	7	1	1	1
1917	대구 달성군	사진,유튜브공모전지원	40,000	기획예산실	7	5	6	1	7	1	1	4
1918	대구 달성군	신혼부부 호텔아젤리아 숙박권 지원	66,000	기획예산실	7	5	7	1	7	1	1	4
1919	대구 달성군	지방재정관리시스템 유지보수비	32,636	기획예산실	7	5	5	1	7	2	2	4
1920	대구 달성군	청백-e 시스템 유지관리	9,600	법무감사실	7	5	7	1	7	2	1	2
1921	대구 달성군	과세자료현황조사	64,096	세무과	7	1	6	1	2	2	2	4
1922	대구 달성군	표준지방세외수입정보시스템 운영관리	28,744	징수과	7	1	6	1	2	2	2	4
1923	대구 달성군	차세대주민등록정보시스템 운영비	13,274	종합민원과	7	2	6	6	7	5	5	4
1924	대구 달성군	우편모아시스템 유지보수	5,300	정보통신과	7	5	5	1	7	2	2	4
1925	대구 달성군	자치단체 공통기반 전산장비 유지보수	105,299	정보통신과	7	5	5	1	7	3	3	4
1926	대구 달성군	온-나라 문서시스템 유지보수	29,397	정보통신과	7	5	5	1	7	3	3	4
1927	대구 달성군	중소기업 무역사절단 파견	60,000	일자리경제과	7	4	7	8	7	5	1	1
1928	대구 달성군	달성 혁신성장 포럼	80,000	일자리경제과	7	4	7	8	7	5	1	1
1929	대구 달성군	비대면 특화프로젝트 사업지원	60,000	일자리경제과	7	4	7	8	7	5	5	4
1930	대구 달성군	중소기업 일가정양립 환경조성 지원사업	40,000	일자리경제과	7	4	7	8	7	5	1	1

순번	시군구	지출명 (사업명)	2021년예산 (단위:천원/1년간)	담당자 (공무원) 담당부서	민간이전 분류 (지방자치단체 세출예산 집행기준에 의거) 1. 민간경상사업보조(307-02) 2. 민간단체 법정운영비보조(307-03) 3. 민간행사사업보조(307-04) 4. 민간위탁금(307-05) 5. 사회복지시설 법정운영비보조(307-10) 6. 민간인위탁교육비(307-12) 7. 공기관등에대한경상적위탁사업비(308-10) 8. 민간자본사업보조,자체재원(402-01) 9. 민간자본사업보조,이전재원(402-02) 10. 민간위탁사업비(402-03) 11. 공기관등에 대한 자본적 대행사업비(403-02)	민간이전지출 근거 (지방보조금 관리기준 참고) 1. 법률에 규정 2. 국고보조 재원(국가지정) 3. 용도 지정 기부금 4. 조례에 직접규정 5. 지자체가 권장하는 사업을 하는 공공기관 6. 시,도 정책 및 재정사정 7. 기타 8. 해당없음	입찰방식 계약체결방법 (경쟁형태) 1. 일반경쟁 2. 제한경쟁 3. 지명경쟁 4. 수의계약 5. 법정위탁 6. 기타 ( ) 7. 해당없음	입찰방식 계약기간 1. 1년 2. 2년 3. 3년 4. 4년 5. 5년 6. 기타 ( )년 7. 단기계약 (1년미만) 8. 해당없음	입찰방식 낙찰자선정방법 1. 적격심사 2. 협상에의한계약 3. 최저가낙찰제 4. 규격가격분리 5. 2단계 경쟁입찰 6. 기타 ( ) 7. 해당없음	운영예산 산정 운영예산 산정 1. 내부산정 (지자체 자체적으로 산정) 2. 외부산정 (외부전문기관위탁 산정) 3. 내·외부 모두 산정 4. 산정 無 5. 해당없음	운영예산 산정 정산방법 1. 내부정산 (지자체 내부적으로 정산) 2. 외부정산 (외부전문기관위탁 정산) 3. 내·외부 모두 산정 4. 정산 無 5. 해당없음	성과평가 실시여부 1. 실시 2. 미실시 3. 향후 추진 4. 해당없음
1931	대구 달성군	중소기업 청년근로자 기숙사 임차비 지원	130,000	일자리경제과	7	4	7	8	7	5	1	1
1932	대구 달성군	수출보험료 지원사업	50,000	일자리경제과	7	4	7	8	7	5	1	1
1933	대구 달성군	장애인 의료비 지원	115,350	희망지원과	7	1	7	8	7	1	1	1
1934	대전광역시	젠더공감2030 청년활동가 양성사업	161,500	성인지정책담당관	7	2	7	7	7	1	1	1
1935	대전광역시	일자리종합박람회	75,000	일자리노동경제과	7	5	7	1	7	1	1	4
1936	대전광역시	대전 일자리시스템	20,000	일자리노동경제과	7	5	7	1	7	1	1	4
1937	대전광역시	대학 일자리센터 지원	390,550	일자리노동경제과	7	5	7	1	7	1	1	4
1938	대전광역시	대전형 코업 청년 뉴리더 양성사업	4,059	일자리노동경제과	7	5	7	1	7	1	1	4
1939	대전광역시	청년 인턴지원 사업	650,000	일자리노동경제과	7	5	7	1	7	1	1	4
1940	대전광역시	대전 일자리지원센터 운영	770,000	일자리노동경제과	7	5	7	1	7	1	1	4
1941	대전광역시	해외취업 지원사업	200,000	일자리노동경제과	7	5	7	1	7	1	1	4
1942	대전광역시	대전 일자리카페 꿈터	313,000	일자리노동경제과	7	5	7	1	7	1	1	4
1943	대전광역시	대학취업역량강화 지원	100,000	일자리노동경제과	7	5	7	1	7	1	1	4
1944	대전광역시	대전 중소기업 내일채움공제	766,500	일자리노동경제과	7	5	7	1	7	1	1	4
1945	대전광역시	대전형 청년 내일채움공제	214,000	일자리노동경제과	7	5	7	1	7	1	1	4
1946	대전광역시	제56회 전국기능경기대회 개최	78,500	일자리노동경제과	7	5	7	8	7	5	5	4
1947	대전광역시	기능경기대회 지원	590,000	일자리노동경제과	7	5	6	8	7	1	1	1
1948	대전광역시	대한민국명장 장인 작품전시회 지원	28,000	일자리노동경제과	7	5	6	8	7	1	1	4
1949	대전광역시	신중년 경력형 일자리사업	335,178	일자리노동경제과	7	5	6	1	7	1	3	4
1950	대전광역시	우수기업 청년 채용	18,567	일자리노동경제과	7	2	6	1	7	1	3	4
1951	대전광역시	벤처기업과 전통기업 간 교류활성화 사업	10,000	기업창업지원과	7	4	7	8	7	1	1	4
1952	대전광역시	유망중소기업 대탐방사업	80,000	기업창업지원과	7	4	7	8	7	1	1	4
1953	대전광역시	중소기업 홍보지원 사업	50,000	기업창업지원과	7	4	7	8	7	1	1	4
1954	대전광역시	지역소기업특례보증 지원	500,000	기업창업지원과	7	5	7	8	7	1	1	4
1955	대전광역시	벤처타운 위탁수수료	76,953	기업창업지원과	7	4	7	8	7	1	1	4
1956	대전광역시	해외통상사무소 지원 및 관리운영비	969,896	기업창업지원과	7	1	7	8	7	1	1	1
1957	대전광역시	해외사무소주관 비즈니스 상담회 등	300,000	기업창업지원과	7	1	7	8	7	1	1	4
1958	대전광역시	지연산업마케팅 지원	16,000	기업창업지원과	7	5	7	8	7	1	1	4
1959	대전광역시	제22차 세계대표자대회및수출상담회	295,000	기업창업지원과	7	5	7	8	7	1	1	4
1960	대전광역시	북미시장 진출지원	250,000	기업창업지원과	7	5	7	8	7	1	1	4
1961	대전광역시	수출선도기업 육성사업	250,000	기업창업지원과	7	5	7	8	7	1	1	4
1962	대전광역시	해외물류비 지원사업	300,000	기업창업지원과	7	5	7	8	7	1	1	4
1963	대전광역시	글로벌 공급망지원사업	100,000	기업창업지원과	7	5	7	8	7	1	1	4
1964	대전광역시	글로벌 강소기업 육성사업	200,000	기업창업지원과	7	2	7	8	7	1	1	4
1965	대전광역시	해외규격인증 획득지원	300,000	기업창업지원과	7	5	7	8	7	1	1	4
1966	대전광역시	해외공공조달시장 진입지원	100,000	기업창업지원과	7	5	7	8	7	1	1	4
1967	대전광역시	수출보험료 지원	200,000	기업창업지원과	7	5	7	8	7	1	1	4
1968	대전광역시	수출정보화시스템 유지보수	40,000	기업창업지원과	7	5	7	8	7	1	1	4
1969	대전광역시	중소기업수출역량 강화교육	40,000	기업창업지원과	7	5	7	8	7	1	1	4
1970	대전광역시	해외마케팅 통번역 지원	20,000	기업창업지원과	7	5	7	8	7	1	1	4
1971	대전광역시	글로벌 네트워킹 지원사업	50,000	기업창업지원과	7	5	7	8	7	1	1	4
1972	대전광역시	수출기업 홍보물 제작지원	150,000	기업창업지원과	7	5	7	8	7	1	1	4

순번	시군구	지출명 (사업명)	2021년예산 (단위:천원/1년간)	담당자 (공무원)	민간이전 분류 (지방자치단체 세출예산 집행기준에 의거)	민간이전지출 근거 (지방보조금 관리기준 참고)	입찰방식			운영예산 산정		성과평가 실시여부
				담당부서	1. 민간경상사업보조(307-02) 2. 민간단체 법정운영비보조(307-03) 3. 민간행사사업보조(307-04) 4. 민간위탁금(307-05) 5. 사회복지시설 법정운영비보조(307-10) 6. 민간인위탁교육비(307-12) 7. 공기관등에대한경상적위탁사업비(308-10) 8. 민간자본사업보조,자체재원(402-01) 9. 민간자본사업보조,이전재원(402-02) 10. 민간위탁사업비(402-03) 11. 공기관등에 대한 자본적 대행사업비(403-02)	1. 법률에 규정 2. 국고보조 재원(국가지정) 3. 용도 지정 기부금 4. 조례에 직접규정 5. 지자체가 권장하는 사업을 하는 공공기관 6. 시,도 정책 및 재정사정 7. 기타 8. 해당없음	계약체결방법 (경쟁형태) 1. 일반경쟁 2. 제한경쟁 3. 지명경쟁 4. 수의계약 5. 법정위탁 6. 기타 ( ) 7. 해당없음	계약기간 1. 1년 2. 2년 3. 3년 4. 4년 5. 5년 6. 기타 ( )년 7. 단기계약 (1년미만) 8. 해당없음	낙찰자선정방법 1. 적격심사 2. 협상에의한계약 3. 최저가낙찰제 4. 규격가격분리 5. 2단계 경쟁입찰 6. 기타 ( ) 7. 해당없음	운영예산 산정 1. 내부산정 (지자체 자체적으로 산정) 2. 외부산정 (외부전문기관위탁 산정) 3. 내·외부 모두 산정 4. 산정 無 5. 해당없음	정산방법 1. 내부정산 (지자체 내부적으로 정산) 2. 외부정산 (외부전문기관위탁 정산) 3. 내·외부 모두 산정 4. 정산 無 5. 해당없음	1. 실시 2. 미실시 3. 향후 추진 4. 해당없음
1973	대전광역시	해외 온라인마케팅 지원사업	300,000	기업창업지원과	7	5	7	8	7	1	1	4
1974	대전광역시	대전우수상품판매장 운영	86,000	기업창업지원과	7	5	7	8	7	1	1	4
1975	대전광역시	국내온라인 쇼핑몰 판매지원	250,000	기업창업지원과	7	5	7	8	7	1	1	4
1976	대전광역시	조달청 나라장터 입점 컨설팅 지원	54,000	기업창업지원과	7	5	7	8	7	1	1	4
1977	대전광역시	대형유통점 구매상담회 개최	20,000	기업창업지원과	7	5	7	8	7	1	1	4
1978	대전광역시	국내 우수전시회 개별참가 지원	60,000	기업창업지원과	7	5	7	8	7	1	1	4
1979	대전광역시	홈쇼핑(방송)판매지원	40,000	기업창업지원과	7	5	7	8	7	1	1	4
1980	대전광역시	지역제품 전자상거래 판매지원	60,000	기업창업지원과	7	5	7	8	7	1	1	4
1981	대전광역시	매출의 탑 선정 홍보지원	35,000	기업창업지원과	7	5	7	8	7	1	1	4
1982	대전광역시	대전형 공공구매 온라인 플랫폼 운영	30,000	기업창업지원과	7	5	7	8	7	1	1	4
1983	대전광역시	매출채권보험료 지원	100,000	기업창업지원과	7	5	7	8	7	1	1	4
1984	대전광역시	충청권 중소벤처기업 박람회 개최	140,000	기업창업지원과	7	5	7	8	7	1	1	4
1985	대전광역시	창업기업 마케팅 지원사업	600,000	기업창업지원과	7	4	7	8	7	1	1	3
1986	대전광역시	기업맞춤형 AI솔루션 활용지원	100,000	기업창업지원과	7	4	7	8	7	1	1	3
1987	대전광역시	창업보육 경쟁력 강화사업	320,000	기업창업지원과	7	4	7	8	7	1	1	3
1988	대전광역시	창의인재육성 특성화사업	190,000	기업창업지원과	7	4	7	8	7	1	1	3
1989	대전광역시	온라인 창업지원 플랫폼 운영	200,000	기업창업지원과	7	8	7	8	7	1	1	4
1990	대전광역시	대전창업성장캠퍼스 활성화사업	20,900	기업창업지원과	7	8	7	8	7	1	1	3
1991	대전광역시	메이커스페이스(전문랩)운영	1,000,000	기업창업지원과	7	8	7	8	7	1	1	1
1992	대전광역시	컨택센터 전문인력 지원사업	293,000	투자유치과	7	5	7	8	7	1	1	4
1993	대전광역시	컨택센터 상담사 권익향상 지원사업	60,000	투자유치과	7	5	7	8	7	1	1	4
1994	대전광역시	컨택센터 청년 신규채용지원사업	933,408	투자유치과	7	2	7	8	7	3	3	4
1995	대전광역시	혁신성장기업 기술사업화종합지원	20,000	과학산업과	7	5	7	8	7	1	2	1
1996	대전광역시	유망중소기업 global-up 지원	1,000,000	과학산업과	7	5	7	8	7	1	2	1
1997	대전광역시	IR영상센터 운영	700,000	과학산업과	7	5	7	8	7	5	2	3
1998	대전광역시	생생기업 해커톤 캠프사업	850,000	과학산업과	7	5	7	8	7	1	2	2
1999	대전광역시	과학기술대전형일자리창출사업	123,128	과학산업과	7	5	6	1	7	3	3	1
2000	대전광역시	대전사이언스페스티벌	1,160	과학산업과	7	6	7	8	7	1	1	1
2001	대전광역시	지역특화산업 청년인재 채용 지원사업	4,628	기반산업과	7	6	6	1	7	1	2	1
2002	대전광역시	온택트 디자인 큐레이터 육성지원	607,000	기반산업과	7	2	7	8	7	5	5	4
2003	대전광역시	수소산업 전주기 제품안전성 지원센터 구축	650,000	기반산업과	7	2	6	3	7	3	2	4
2004	대전광역시	수소충전소 운영	1,739	기반산업과	7	5	6	7	7	1	2	1
2005	대전광역시	에너지산업전시회 참가지원	30,000	기반산업과	7	6	6	7	7	1	2	1
2006	대전광역시	품질경영혁신 지원사업	36,000	기반산업과	7	6	7	8	7	1	1	1
2007	대전광역시	지역에너지 안전관리 강화사업	28,045	기반산업과	7	5	6	7	7	1	2	1
2008	대전광역시	통일관 운영	90,000	자치분권과	7	1	7	8	7	1	1	4
2009	대전광역시	이북5도사무소	12,000	자치분권과	7	1	7	8	7	1	1	4
2010	대전광역시	이북5도민 기념 및 화합행사	9,000	자치분권과	7	1	7	8	7	1	1	1
2011	대전광역시	대통령기 이북도민체육대회 참가	5,000	자치분권과	7	1	7	8	7	1	1	1
2012	대전광역시	전국 실향민 대회 참가	3,000	자치분권과	7	1	7	8	7	1	1	1
2013	대전광역시	지방세외수입정보시스템 유지관리	31,755	세정과	7	1	5	8	6	2	1	4
2014	대전광역시	마을미디어 활성화사업 운영	160,000	지역공동체과	7	6	2	1	1	1	2	1

순번	시군구	지출명 (사업명)	2021년예산 (단위:천원/1년간)	담당자 (공무원)	민간이전 분류 (지방자치단체 세출예산 집행기준에 의거)	민간이전지출 근거 (지방보조금 관리기준 참고)	입찰방식			운영예산 산정		성과평가 실시여부
				담당부서	1. 민간경상사업보조(307-02) 2. 민간단체 법정운영비보조(307-03) 3. 민간행사사업보조(307-04) 4. 민간위탁금(307-05) 5. 사회복지시설 법정운영비보조(307-10) 6. 민간인위탁교육비(307-12) 7. 공기관등에대한경상적위탁사업비(308-10) 8. 민간자본사업보조,자체재원(402-01) 9. 민간자본사업보조,이전재원(402-02) 10. 민간위탁사업비(402-03) 11. 공기관등에 대한 자본적 대행사업비(403-02)	1. 법률에 규정 2. 국고보조 재원(국가지정) 3. 용도 지정 기부금 4. 조례에 직접규정 5. 지자체가 권장하는 사업을 하는 공공기관 6. 시,도 정책 및 재정사정 7. 기타 8. 해당없음	계약체결방법 (경쟁형태) 1. 일반경쟁 2. 제한경쟁 3. 지명경쟁 4. 수의계약 5. 법정위탁 6. 기타 ( ) 7. 해당없음	계약기간 1. 1년 2. 2년 3. 3년 4. 4년 5. 5년 6. 기타 ( )년 7. 단기계약 (1년미만) 8. 해당없음	낙찰자선정방법 1. 적격심사 2. 협상에의한계약 3. 최저가낙찰제 4. 규격가격분리 5. 2단계 경쟁입찰 6. 기타 ( ) 7. 해당없음	운영예산 산정 1. 내부산정 (지자체 자체적으로 산정) 2. 외부산정 (외부전문기관위탁 산정) 3. 내·외부 모두 산정 4. 산정 無 5. 해당없음	정산방법 1. 내부정산 (지자체 내부적으로 정산) 2. 외부정산 (외부전문기관위탁 정산) 3. 내·외부 모두 산정 4. 정산 無 5. 해당없음	1. 실시 2. 미실시 3. 향후 추진 4. 해당없음
2015	대전광역시	대전예술가의집 운영	14,205	문화예술정책과	7	5	7	8	7	1	1	1
2016	대전광역시	대전문학관 운영	620,606	문화예술정책과	7	5	7	8	7	1	1	1
2017	대전광역시	공연장상주단체 육성지원	580,000	문화예술정책과	7	5	7	8	7	1	1	1
2018	대전광역시	무형문화재 전수교육관 활성화사업	190,000	문화유산과	7	2	7	8	7	1	1	1
2019	대전광역시	무형문화재 전수회관 관리	733,384	문화유산과	7	4	7	8	7	1	1	1
2020	대전광역시	전통나래관 관리	783,266	문화유산과	7	4	7	8	7	1	1	1
2021	대전광역시	지역리서치	200,000	문화유산과	7	5	7	8	7	1	1	1
2022	대전광역시	대전 철도마을의 소소한 이야기	100,000	문화유산과	7	2	7	8	7	1	1	1
2023	대전광역시	전수교육관 문화예술교육사 지원	66,000	문화유산과	7	2	7	8	7	1	1	1
2024	대전광역시	지역기반 공정관광 운영	200,000	관광마케팅과	7	4	5	1	7	1	1	4
2025	대전광역시	지역관광 청년일꾼 채용 지원사업	114,724	관광마케팅과	7	4	5	1	7	1	1	4
2026	대전광역시	대전 토토즐 페스티벌	1,100,000	관광마케팅과	7	4	5	1	7	1	1	4
2027	대전광역시	핵심관광지 육성사업	140,000	관광마케팅과	7	6	5	1	7	1	1	4
2028	대전광역시	엑스포시민광장 운영	1,344	관광마케팅과	7	4	5	4	7	1	1	4
2029	대전광역시	대청호 명품오백리길 관리운영	659,292	관광마케팅과	7	4	5	3	7	1	1	4
2030	대전광역시	대청호 오색빛 호박마을 조성	138,000	관광마케팅과	7	4	5	3	7	1	1	4
2031	대전광역시	대청호 오색빛 호박마을 축제	70,000	관광마케팅과	7	4	5	3	7	1	1	4
2032	대전광역시	청소년 미래직업탐색 프로그램	100,000	관광마케팅과	7	4	5	3	7	1	1	4
2033	대전광역시	대전·세종 관광기업 지원센터 구축 및 운영	800,000	관광마케팅과	7	4	5	5	7	1	1	4
2034	대전광역시	경로당지원	447,288	노인복지과	7	1	1	1	5	1	1	4
2035	대전광역시	중장년일자리센터 운영	513,700	노인복지과	7	4	7	1	7	1	1	3
2036	대전광역시	노인맞춤돌봄서비스 거점기관 운영비	88,700	노인복지과	7	2	4	3	2	1	1	1
2037	대전광역시	노인맞춤돌봄서비스종사자특별수당	6,400	노인복지과	7	6	4	3	2	1	1	1
2038	대전광역시	독거노인·중증장애인 응급안전안심서비스 거점기관 운영	30,936	노인복지과	7	2	4	3	2	1	1	1
2039	대전광역시	독거노인·중증장애인 응급안전안심서비스종사자 특별수당 등	3,200	노인복지과	7	6	4	3	2	1	1	1
2040	대전광역시	장묘관리팀 운영	3,843	노인복지과	7	4	7	7	7	1	1	4
2041	대전광역시	해외환자 유치 활성화 사업	808,199	건강보건과	7	1	7	1	7	1	1	1
2042	대전광역시	학자금대출 부담경감 지원	270,000	청년정책과	7	4	6	1	7	1	1	4
2043	대전광역시	청년마음건강 지원	200,000	청년정책과	7	5	6	1	7	1	1	4
2044	대전광역시	청년 창업지원카드	1,010,000	청년정책과	7	5	6	1	7	1	1	4
2045	대전광역시	청년희망통장	32,000	청년정책과	7	4	6	1	7	1	1	4
2046	대전광역시	청년취업희망카드	8,260	청년정책과	7	4	6	1	7	1	1	4
2047	대전광역시	구직청년 면접용 정장 대여	60,000	청년정책과	7	5	6	1	7	1	1	4
2048	대전광역시	청년주도 활동지원	180,000	청년정책과	7	5	6	1	7	1	1	4
2049	대전광역시	대전청년 내일(JOB)로 프로젝트	798,000	청년정책과	7	4	6	7	7	1	1	1
2050	대전광역시	대전시설관리공단위탁	44,516	맑은물정책과	7	1	6	5	7	1	1	1
2051	대전광역시	대덕산업단지관리공단 위탁	31,500	맑은물정책과	7	1	6	3	7	1	1	1
2052	대전광역시	광역알뜰교통카드 연계 마일리지 지원	388,000	버스운영과	7	2	7	8	7	5	5	4
2053	대전광역시	가축방역요원지원	83,000	보건환경연구원 동물위생시험소	7	2	5	8	7	1	1	4
2054	대전광역시	도축검사원지원	130,000	보건환경연구원 동물위생시험소	7	2	5	8	7	1	1	4
2055	대전광역시	주요 정보통신기반시설(긴급구조시스템) 취약점 분석 평가	55,500	119종합상황실	7	6	5	1	7	2	2	4
2056	대전광역시	둔산대공원 주차장 관리운영	843,073	한밭수목원	7	4	6	5	7	1	1	4

순번	시군구	지출명 (사업명)	2021년예산 (단위:천원/1년간)	담당자 (공무원) 담당부서	민간이전 분류 (지방자치단체 세출예산 집행기준에 의거) 1. 민간경상사업보조(307-02) 2. 민간단체 법정운영비보조(307-03) 3. 민간행사사업보조(307-04) 4. 민간위탁금(307-05) 5. 사회복지시설 법정운영비보조(307-10) 6. 민간인위탁교육비(307-12) 7. 공기관등에대한경상적위탁사업비(308-10) 8. 민간자본사업보조,자체재원(402-01) 9. 민간자본사업보조,이전재원(402-02) 10. 민간위탁사업비(402-03) 11. 공기관등에 대한 자본적 대행사업비(403-02)	민간이전지출 근거 (지방보조금 관리기준 참고) 1. 법률에 규정 2. 국고보조 재원(국가지정) 3. 용도 지정 기부금 4. 조례에 직접규정 5. 지자체가 권장하는 사업을 하는 공공기관 6. 시,도 정책 및 재정사정 7. 기타 8. 해당없음	입찰방식 계약체결방법 (경쟁형태) 1. 일반경쟁 2. 제한경쟁 3. 지명경쟁 4. 수의계약 5. 법정위탁 6. 기타 ( ) 7. 해당없음	계약기간 1. 1년 2. 2년 3. 3년 4. 4년 5. 5년 6. 기타 ( )년 7. 단기계약 (1년미만) 8. 해당없음	낙찰자선정방법 1. 적격심사 2. 협상에의한계약 3. 최저가낙찰제 4. 규격가격분리 5. 2단계 경쟁입찰 6. 기타 ( ) 7. 해당없음	운영예산 산정 운영예산 산정 1. 내부산정 (지자체 자체적으로 산정) 2. 외부산정 (외부전문기관위탁 산정) 3. 내·외부 모두 산정 4. 산정 無 5. 해당없음	정산방법 1. 내부정산 (지자체 내부적으로 정산) 2. 외부정산 (외부전문기관위탁 정산) 3. 내·외부 모두 산정 4. 정산 無 5. 해당없음	성과평가 실시여부 1. 실시 2. 미실시 3. 향후 추진 4. 해당없음
2057	대전 동구	지방재정정보시스템(e-호조) 유지관리 분담금	25,386	기획공보실	7	1	7	1	7	4	5	4
2058	대전 동구	온-나라시스템 유지보수 및 운영지원분담금	18,107	기획공보실	7	1	1	1	2	2	2	1
2059	대전 동구	공통기반전산장비 유지보수	89,607	기획공보실	7	1	1	1	2	2	2	1
2060	대전 동구	재해복구시스템 유지보수 및 운영지원분담금	2,626	기획공보실	7	1	1	1	2	2	2	1
2061	대전 동구	지방행정통합정보시스템 상담센터 유지관리 분담금	6,460	기획공보실	7	1	1	1	2	2	2	1
2062	대전 동구	인사랑 시스템 유지관리 및 차세대 인사행정시스템 구축	28,363	자치분권과	7	1	5	1	7	2	2	4
2063	대전 동구	공무원 및 공무직증 신규 재발급	7,794	자치분권과	7	1	5	1	7	1	2	4
2064	대전 동구	주민등록증 신규 및 재발급	66,720	자치분권과	7	1	7	8	7	1	5	4
2065	대전 동구	차세대 주민등록정보시스템 운영비	13,064	자치분권과	7	5	7	8	7	1	5	4
2066	대전 동구	압류물건 공매처분 대행수수료	5,000	세무과	7	1	7	8	7	1	1	4
2067	대전 동구	지방세정보시스템 유지관리	58,159	세무과	7	1	5	1	2	2	2	4
2068	대전 동구	세외수입정보시스템 유지관리	23,574	세무과	7	1	5	1	2	2	2	4
2069	대전 동구	표준기록관리시스템 유지관리 분담금	37,230	민원여권과	7	5	5	1	7	2	2	4
2070	대전 동구	특성화(문화관광형)시장육성	100,000	일자리경제과	7	2	7	8	7	1	1	1
2071	대전 동구	특성화(문화관광형)시장육성	92,000	일자리경제과	7	2	7	8	7	1	1	1
2072	대전 동구	장애인활동지원	16,173	사회복지과	7	1	7	8	7	3	3	1
2073	대전 동구	장애인활동가산급여	46,181	사회복지과	7	1	7	8	7	3	3	1
2074	대전 동구	장애인활동추가지원	1,171,709	사회복지과	7	1	7	8	7	3	3	1
2075	대전 동구	장애인 의료비	345,263	사회복지과	7	5	7	7	7	1	1	2
2076	대전 동구	장애아동발달재활서비스	734,599	사회복지과	7	1	7	8	7	3	3	1
2077	대전 동구	언어발달지원서비스	17,491	사회복지과	7	1	7	8	7	3	3	1
2078	대전 동구	발달장애인 부모상담지원	11,332	사회복지과	7	1	7	8	7	3	3	1
2079	대전 동구	발달장애인 주간활동서비스지원	710,801	사회복지과	7	1	7	8	7	3	3	1
2080	대전 동구	발달장애인 방과후돌봄서비스지원	346,134	사회복지과	7	1	7	8	7	3	3	1
2081	대전 동구	여성청소년 보건위생물품지원	107,744	여성가족과	7	1	7	8	7	3	3	1
2082	대전 동구	자원 재활용 쓰레기	450,965	환경과	7	1	7	8	7	1	1	4
2083	대전 동구	생활쓰레기 수집운반 처리	575,503	환경과	7	1	7	8	7	1	1	4
2084	대전 동구	생활쓰레기 수집운반 처리	4,511	환경과	7	1	4	3	2	1	1	1
2085	대전 동구	도로명주소 기본도 현행화	5,242	토지정보과	7	6	4	1	7	5	5	4
2086	대전 동구	도로명주소 정보화	17,724	토지정보과	7	6	5	1	7	5	5	4
2087	대전 동구	보건소결핵관리사업	4,000	질병관리과	7	2	7	8	7	1	5	4
2088	대전 동구	국가암관리 민간지원	530,400	건강생활지원과	7	2	7	8	7	5	5	4
2089	대전 동구	일반건강검진지원	71,653	건강생활지원과	7	2	7	8	7	5	5	4
2090	대전 동구	희귀질환 의료비지원사업	394,000	건강생활지원과	7	2	5	8	6	5	2	1
2091	대전 동구	영유아건강검진비지원	6,252	건강생활지원과	7	2	7	8	7	3	2	4
2092	대전 동구	산모신생아건강관리지원	785,714	건강생활지원과	7	2	7	8	7	3	2	4
2093	대전 동구	공공산후조리지원	180,000	건강생활지원과	7	2	7	8	7	3	2	4
2094	대전 동구	표준모자보건수첩	1,720	건강생활지원과	7	2	7	8	7	3	2	4
2095	대전 동구	기저귀및조제분유지원	272,800	건강생활지원과	7	2	7	8	7	3	2	4
2096	대전 동구	청소년산모임신출산의료비	4,600	건강생활지원과	7	2	7	8	7	3	2	4
2097	대전 동구	치매치료관리비 지원	22,992	건강생활지원과	7	2	7	1	7	5	5	4
2098	대전 동구	지방재정관리시스템(e-호조)유지보수	25,386	기획공보실	7	1	5	1	7	2	2	4

순번	시군구	지출명 (사업명)	2021년예산 (단위:천원/1년간)	담당자 (공무원) 담당부서	민간이전 분류 (지방자치단체 세출예산 집행기준에 의거) 1. 민간경상사업보조(307-02) 2. 민간단체 법정운영비보조(307-03) 3. 민간행사사업보조(307-04) 4. 민간위탁금(307-05) 5. 사회복지시설 법정운영비보조(307-10) 6. 민간인위탁교육비(307-12) 7. 공기관등에대한경상적위탁사업비(308-10) 8. 민간자본사업보조,자체재원(402-01) 9. 민간자본사업보조,이전재원(402-02) 10. 민간위탁사업비(402-03) 11. 공기관등에 대한 자본적 대행사업비(403-02)	민간이전지출 근거 (지방보조금 관리기준 참고) 1. 법률에 규정 2. 국고보조 재원(국가지정) 3. 용도 지정 기부금 4. 조례에 직접규정 5. 지자체가 권장하는 사업을 하는 공공기관 6. 시,도 정책 및 재정사정 7. 기타 8. 해당없음	입찰방식 계약체결방법 (경쟁형태) 1. 일반경쟁 2. 제한경쟁 3. 지명경쟁 4. 수의계약 5. 법정위탁 6. 기타 ( ) 7. 해당없음	입찰방식 계약기간 1. 1년 2. 2년 3. 3년 4. 4년 5. 5년 6. 기타 ( )년 7. 단기계약 (1년미만) 8. 해당없음	입찰방식 낙찰자선정방법 1. 적격심사 2. 협상에의한계약 3. 최저가낙찰제 4. 규격가격분리 5. 2단계 경쟁입찰 6. 기타 ( ) 7. 해당없음	운영예산 산정 운영예산 산정 1. 내부산정 (지자체 자체적으로 산정) 2. 외부산정 (외부전문기관위탁 산정) 3. 내·외부 모두 산정 4. 산정 無 5. 해당없음	운영예산 산정 정산방법 1. 내부정산 (지자체 내부적으로 정산) 2. 외부정산 (외부전문기관위탁 정산) 3. 내·외부 모두 산정 4. 정산 無 5. 해당없음	성과평가 실시여부 1. 실시 2. 미실시 3. 향후 추진 4. 해당없음
2099	대전 동구	청백-e 시스템 운영지원비	8,801	감사실	7	1	5	1	7	2	2	1
2100	대전 동구	주민등록증 공급대금 납부	65,976	총무과	7	1	7	8	7	3	2	4
2101	대전 동구	차세대 주민등록정보시스템 운영비 분담금	13,274	총무과	7	2	7	8	7	2	2	4
2102	대전 동구	지방인사정보시스템 유지보수	7,123	총무과	7	1	7	1	7	2	2	4
2103	대전 동구	온나라시스템 위탁사업비	27,995	회계정보과	7	1	5	1	7	3	2	4
2104	대전 동구	공통기반 전산장비 유지보수	97,043	회계정보과	7	1	5	1	7	3	2	4
2105	대전 동구	공통기반 재해복구 유지보수	1,966	회계정보과	7	1	5	1	7	3	2	4
2106	대전 동구	지방행정통합정보시스템(새올) 서비스데스크 운영	6,460	회계정보과	7	1	5	1	7	3	2	4
2107	대전 동구	지방세시스템 운영	59,073	세무과	7	1	5	1	7	3	2	4
2108	대전 동구	세외수입정보시스템 유지보수	23,574	세무과	7	1	5	1	7	3	2	4
2109	대전 동구	기록관리시스템 유지보수	40,696	민원봉사과	7	1	5	1	7	3	2	1
2110	대전 동구	국가주소정보시스템(KAIS)및GIS엔진 유지보수	17,730	지적과	7	1	5	1	7	3	2	4
2111	대전 동구	도로명주소기본도 유지관리 사업	4,365	지적과	7	1	5	1	7	3	2	4
2112	대전 동구	장애인의료비 지원	360,274	복지정책과	7	2	5	8	7	5	5	4
2113	대전 동구	청소년증 발급수수료	9,204	여성가족과	7	1	7	8	7	1	1	1
2114	대전 동구	청소년증 우송 등기료	300	여성가족과	7	1	7	8	7	1	1	1
2115	대전 동구	여성청소년보건위생물품지원	99,900	여성가족과	7	2	7	8	7	1	1	1
2116	대전 동구	음식물류폐기물 반입처리비	526,126	환경과	7	4	7	1	7	1	1	4
2117	대전 동구	생활폐기물 반입처리비	503,700	환경과	7	1	7	8	7	1	1	2
2118	대전 동구	생활폐기물 반입수수료 가산금	50,370	환경과	7	1	7	8	7	1	1	2
2119	대전 동구	폐기물(생활및음식물) 수거 및 대행사업비	8,600	환경과	7	1	4	3	7	1	2	1
2120	대전 동구	현장지원센터 운영	204,703	도시활성화과	7	2	7	8	7	1	1	4
2121	대전 동구	현장지원센터 운영 지원	224,403	도시활성화과	7	2	7	8	7	1	1	4
2122	대전 동구	병의원 접촉자 검진비 공단위탁금	4,000	보건소	7	8	7	8	2	2	4	4
2123	대전 동구	일반건강검진비	56,076	보건소	7	1	5	8	7	2	2	4
2124	대전 동구	국가암검진사업	510,489	보건소	7	1	5	8	7	1	1	1
2125	대전 동구	의료수급권자 영유아 검진비	4,961	보건소	7	2	7	8	7	3	3	4
2126	대전 동구	산모신생아 건강관리사 지원	785,714	보건소	7	1	7	8	7	3	2	4
2127	대전 동구	공공산후조리 지원	220,000	보건소	7	1	7	8	7	3	2	4
2128	대전 동구	청소년 산모 임신출산 의료비 지원	2,400	보건소	7	1	7	8	7	3	2	4
2129	대전 동구	표준모자보건수첩 지원	1,840	보건소	7	1	7	8	7	3	2	4
2130	대전 동구	약제비 지원	182,000	보건소	7	1	7	8	7	1	3	2
2131	대전 동구	저소득층 기저귀 조제분유 지원사업	214,800	보건소	7	1	7	8	7	3	2	4
2132	대전 동구	희귀질환자 의료비 지원	466,000	보건소	7	1	5	8	7	1	1	1
2133	대전 대덕구	장애인의료비 지원	330,252	사회복지과	7	1	5	8	7	5	5	4
2134	대전 대덕구	의료급여수급권자 일반건강검진 지원	37,383	건강정책과	7	2	5	8	7	5	3	4
2135	대전 대덕구	의료급여수급권자 영유아 건강검진 지원	3,970	건강정책과	7	2	5	8	7	5	3	4
2136	부산 서구	의료급여수급권자 영유아검진비 지원	2,250	보건행정과	7	2	7	8	7	5	3	1
2137	부산 서구	치매치료관리비지원	94,000	보건행정과	7	2	7	7	7	5	5	4
2138	부산 서구	표준모자보건수첩	556	보건행정과	7	1	7	8	7	5	3	2
2139	부산 서구	의료급여수급권자 일반건강검진비 지원	28,000	보건행정과	7	1	7	8	7	5	5	4
2140	부산 서구	병의원 결핵접촉자 검진비 지원	1,000	보건행정과	7	2	7	8	7	5	5	4

순번	시군구	지출명 (사업명)	2021년예산 (단위:천원/1년간)	담당자 (공무원)	민간이전 분류 (지방자치단체 세출예산 집행기준에 의거)	민간이전지출 근거 (지방보조금 관리기준 참고)	입찰방식			운영예산 산정		성과평가 실시여부
				담당부서	1. 민간경상사업보조(307-02) 2. 민간단체 법정운영비보조(307-03) 3. 민간행사사업보조(307-04) 4. 민간위탁금(307-05) 5. 사회복지시설 법정운영비보조(307-10) 6. 민간인위탁교육비(307-12) 7. 공기관등에대한경상적위탁사업비(308-10) 8. 민간자본사업보조,자체재원(402-01) 9. 민간자본사업보조,이전재원(402-02) 10. 민간위탁사업비(402-03) 11. 공기관등에 대한 자본적 대행사업비(403-02)	1. 법률에 규정 2. 국고보조 재원(국가지정) 3. 용도 지정 기부금 4. 조례에 직접규정 5. 지자체가 권장하는 사업을 하는 공공기관 6. 시,도 정책 및 재정사정 7. 기타 8. 해당없음	계약체결방법 (경쟁형태) 1. 일반경쟁 2. 제한경쟁 3. 지명경쟁 4. 수의계약 5. 법정위탁 6. 기타 ( ) 7. 해당없음	계약기간 1. 1년 2. 2년 3. 3년 4. 4년 5. 5년 6. 기타 ( )년 7. 단기계약 (1년미만) 8. 해당없음	낙찰자선정방법 1. 적격심사 2. 협상에의한계약 3. 최저가낙찰제 4. 규격가격분리 5. 2단계 경쟁입찰 6. 기타 ( ) 7. 해당없음	운영예산 산정 1. 내부산정 (지자체 자체적으로 산정) 2. 외부산정 (외부전문기관위탁 산정) 3. 내·외부 모두 산정 4. 산정 無 5. 해당없음	정산방법 1. 내부정산 (지자체 내부적으로 정산) 2. 외부정산 (외부전문기관위탁 정산) 3. 내·외부 모두 산정 4. 정산 無 5. 해당없음	1. 실시 2. 미실시 3. 향후 추진 4. 해당없음
2141	부산 서구	지역사회보장계획 수립	12,000	복지정책과	7	1	7	8	7	5	5	4
2142	부산 서구	영유아보육료 지원	15,244	가족행복과	7	2	7	8	7	1	1	2
2143	부산 서구	만3~5세 누리과정 보육료 지원	2,223	가족행복과	7	1	7	8	7	1	1	2
2144	부산 서구	국가주소정보시스템(KAIS) 유지보수	17,473	토지관리과	7	1	6	1	7	3	1	4
2145	부산 서구	도로명주소 기본도 유지 보수	2,956	토지관리과	7	1	6	1	7	3	1	4
2146	부산 서구	지적측량기준점 위탁관리수수료	12,936	토지관리과	7	5	4	7	7	1	1	4
2147	부산 서구	온-나라 문서시스템 유지관리 사업 위수탁 협약	35,484	기획감사실	7	1	5	1	7	5	5	1
2148	부산 서구	지방행정통합정보시스템 상담센터 운영	6,460	기획감사실	7	1	5	1	7	5	5	1
2149	부산 서구	공통기반 및 재해복구시스템 유지보수	82,524	기획감사실	7	1	5	1	7	5	5	1
2150	부산 서구	지방재정 정보시스템 유지보수	21,758	기획감사실	7	1	5	1	7	2	2	1
2151	부산 서구	청백-e(통합 상시모니터링 시스템) 운영	8,002	기획감사실	7	1	5	1	7	5	5	1
2152	부산 동구	지방재정관리시스템(e-호조) 유지보수 분담금	18,132	기획감사실	7	2	7	1	7	2	2	1
2153	부산 동구	지방행정통합정보시스템 상담센터 운영 위탁사업비 지급	6,460	시민소통과	7	1	6	1	7	2	3	1
2154	부산 동구	자치단체 공통기반 전산장비 및 재해복구시스템 위탁사업비 지급	75,486	시민소통과	7	1	6	1	7	2	2	1
2155	부산 동구	온-나라 및 문서유통시스템 유지관리 업무 위탁사업비 지급	16,685	시민소통과	7	1	6	1	7	2	2	1
2156	부산 동구	지방세 정보화 사업	46,292	세무1과	7	1	5	1	7	2	2	1
2157	부산 동구	세외수입시스템 유지보수비	21,389	세무2과	7	1	5	1	7	2	2	1
2158	부산 동구	전통시장 경영현대화 사업	176,000	일자리경제과	7	4	7	8	7	5	5	4
2159	부산 영도구	차세대 표준지방인사정보시스템 구축 및 운영지원	26,275	행정지원과	7	1	5	1	7	2	2	3
2160	부산 영도구	차세대 주민등록시스템 운영	12,296	행정지원과	7	8	7	8	7	5	5	4
2161	부산 영도구	공통기반 재해복구시스템 운영지원비	1,594	평생교육과	7	1	5	1	7	2	2	4
2162	부산 영도구	공통기반시스템 전산장비 유지관리	73,674	평생교육과	7	1	5	1	7	2	2	4
2163	부산 영도구	지방행정정보시스템 서비스데스크 운영비	6,460	평생교육과	7	1	5	1	7	2	2	4
2164	부산 영도구	온-나라시스템 운영지원비	7,500	평생교육과	7	1	5	1	7	2	2	4
2165	부산 영도구	온-나라시스템 상용소프트웨어 유지비	5,225	평생교육과	7	1	5	1	7	2	2	4
2166	부산 영도구	태종대 소나무 재선충병 방제 및 피해목 제거	304,960	문화관광과	7	2	7	1	7	5	5	4
2167	부산 영도구	우편모아시스템 통합유지관리비	5,500	민원여권과	7	5	2	1	2	2	2	1
2168	부산 영도구	표준기록관리시스템 유지보수	35,313	민원여권과	7	5	2	1	2	2	2	1
2169	부산 영도구	도로명주소기본도 유지보수	2,970	토지정보과	7	1	7	1	7	5	5	4
2170	부산 영도구	국가주소정보시스템 유지보수 및 운영	17,473	토지정보과	7	1	7	1	7	5	5	4
2171	부산 영도구	지방재정관리시스템 유지관리	21,758	기획감사과	7	2	7	8	7	5	5	1
2172	부산 영도구	지방세정보시스템 유지관리	46,292	세무과	7	1	6	1	6	2	2	4
2173	부산 영도구	세외수입정보시스템 유지관리	21,389	세무과	7	1	6	1	6	2	2	4
2174	부산 영도구	제5기 지역사회보장계획 수립대비 지역사회보장조사 비용	12,000	복지정책과	7	1	7	8	7	1	1	4
2175	부산 영도구	장애인활동지원	7,602	복지사업과	7	2	7	8	7	5	5	4
2176	부산 영도구	활동보조 가산급여	4,236	복지사업과	7	2	7	8	7	5	5	4
2177	부산 영도구	중증장애인활동지원	304,380	복지사업과	7	6	7	8	7	5	5	4
2178	부산 영도구	발달재활서비스 바우처 지원	228,399	복지사업과	7	2	7	8	7	5	5	4
2179	부산 영도구	언어발달지원 바우처 지원	2,000	복지사업과	7	2	7	8	7	5	5	4
2180	부산 영도구	발달장애인 부모심리상담지원사업	400	복지사업과	7	2	7	8	7	5	5	4
2181	부산 영도구	발달장애인 주간활동서비스 지원	162,000	복지사업과	7	2	7	8	7	5	5	4
2182	부산 영도구	청소년 발달장애학생 방과후 활동서비스 지원	91,310	복지사업과	7	2	7	8	7	5	5	4

순번	시군구	지출명 (사업명)	2021년예산 (단위:천원/1년간)	담당자 (공무원) 담당부서	민간이전 분류 (지방자치단체 세출예산 집행기준에 의거) 1. 민간경상사업보조(307-02) 2. 민간단체 법정운영비보조(307-03) 3. 민간행사사업보조(307-04) 4. 민간위탁금(307-05) 5. 사회복지시설 법정운영비보조(307-10) 6. 민간인위탁교육비(307-12) 7. 공기관등에대한경상적위탁사업비(308-10) 8. 민간자본사업보조,자체재원(402-01) 9. 민간자본사업보조,이전재원(402-02) 10. 민간위탁사업비(402-03) 11. 공기관등에 대한 자본적 대행사업비(403-02)	민간이전지출 근거 (지방보조금 관리기준 참고) 1. 법률에 규정 2. 국고보조 재원(국가지정) 3. 용도 지정 기부금 4. 조례에 직접규정 5. 지자체가 권장하는 사업을 하는 공공기관 6. 시,도 정책 및 재정사정 7. 기타 8. 해당없음	입찰방식 계약체결방법 (경쟁형태) 1. 일반경쟁 2. 제한경쟁 3. 지명경쟁 4. 수의계약 5. 법정위탁 6. 기타 ( ) 7. 해당없음	입찰방식 계약기간 1. 1년 2. 2년 3. 3년 4. 4년 5. 5년 6. 기타 ( )년 7. 단기계약 (1년미만) 8. 해당없음	입찰방식 낙찰자선정방법 1. 적격심사 2. 협상에의한계약 3. 최저가낙찰제 4. 규격가격분리 5. 2단계 경쟁입찰 6. 기타 ( ) 7. 해당없음	운영예산 산정 운영예산 산정 1. 내부산정 (지자체 자체적으로 산정) 2. 외부산정 (외부전문기관위탁 산정) 3. 내·외부 모두 산정 4. 산정 無 5. 해당없음	운영예산 산정 정산방법 1. 내부정산 (지자체 내부적으로 정산) 2. 외부정산 (외부전문기관위탁 정산) 3. 내·외부 모두 산정 4. 정산 無 5. 해당없음	성과평가 실시여부 1. 실시 2. 미실시 3. 향후 추진 4. 해당없음
2183	부산 영도구	장애인의료비 지원	177,027	복지사업과	7	2	7	8	7	5	5	4
2184	부산 영도구	음식물류 위탁처리비	96,228	청소행정과	7	6	7	8	7	1	1	2
2185	부산 영도구	결핵환자 가족접촉자 조사	5,100	보건행정과	7	2	7	8	7	3	3	1
2186	부산 진구	지방재정관리시스템(e-호조) 운영관리	29,012	기획조정실	7	7	5	8	7	5	5	4
2187	부산 진구	인사랑 유지보수비 및 차세대 인사랑 SW개발비	29,588	행정자치과	7	2	7	8	7	5	5	4
2188	부산 진구	차세대 주민등록정보시스템 운영 자치단체 부담금	13,922	행정자치과	7	2	7	8	7	5	5	4
2189	부산 진구	청백-e 시스템 운영비	9,600	감사담당관	7	1	5	1	7	2	2	1
2190	부산 진구	폐합성수지 처리수수료	24,960	청소행정과	7	6	7	8	7	5	1	4
2191	부산 진구	발달재활서비스 지원	770,798	노인장애인복지과	7	2	7	8	7	5	5	4
2192	부산 진구	청소년 발달장애학생 방과후활동서비스	196,666	노인장애인복지과	7	2	7	8	7	5	5	4
2193	부산 진구	언어발달지원사업	5,018	노인장애인복지과	7	2	7	8	7	5	5	4
2194	부산 진구	발달장애인 부모상담 지원	1,920	노인장애인복지과	7	2	7	8	7	5	5	4
2195	부산 진구	장애인활동지원 바우처	11,971	노인장애인복지과	7	2	7	8	7	5	5	4
2196	부산 진구	장애인활동지원 가산급여	26,000	노인장애인복지과	7	2	7	8	7	5	5	4
2197	부산 진구	장애인활동지원	805,806	노인장애인복지과	7	2	7	8	7	5	5	4
2198	부산 진구	발달장애인 주간활동서비스 지원	405,000	노인장애인복지과	7	2	7	8	7	5	5	4
2199	부산 진구	발달장애인 주간활동서비스 시비 추가지원	46,170	노인장애인복지과	7	2	7	8	7	5	5	4
2200	부산 진구	장애인 의료비 지원	389,460	노인장애인복지과	7	2	7	8	7	5	5	4
2201	부산 진구	희귀질환자 의료비 지원	560,000	보건행정과	7	1	5	8	7	5	5	4
2202	부산 진구	암검진 사업	571,000	보건행정과	7	1	5	8	7	5	5	4
2203	부산 진구	의료급여수급권자 일반건강검진	65,000	보건행정과	7	1	5	8	7	5	5	4
2204	부산 진구	결핵환자 가족접촉자 검진비 예탁	6,000	보건행정과	7	2	7	8	7	2	2	2
2205	부산 진구	치매치료관리비 지원	266,036	건강증진과	7	1	7	8	7	5	2	4
2206	부산 동래구	청백-e(통합상시모니터링)시스템유지보수 및 운영지원	8,801	기획감사실	7	1	5	1	7	2	2	4
2207	부산 동래구	주민등록증 분실 재발급	43,785	총무과	7	1	7	8	7	1	1	4
2208	부산 동래구	주민등록증 신규자 및 기타 재발급	33,360	총무과	7	1	7	8	7	1	1	4
2209	부산 동래구	차세대 주민등록시스템 운영	13,064	총무과	7	7	7	7	7	2	2	4
2210	부산 동래구	표준지방인사행정시스템 유지관리	7,063	총무과	7	1	7	8	7	5	5	4
2211	부산 동래구	차세대 표준지방인사행정시스템 응용SW개발 부담금	19,152	총무과	7	1	7	8	7	5	5	4
2212	부산 동래구	지방세정보시스템 유지보수관리	64,096	세무1과	7	5	5	1	7	2	2	4
2213	부산 동래구	차세대 지방세정보시스템 유지보수관리	914	세무1과	7	5	5	1	7	2	2	4
2214	부산 동래구	세외수입전산화	25,759	세무2과	7	1	5	3	7	2	2	4
2215	부산 동래구	2021년 표준기록관리시스템 통합 유지관리	43,613	민원여권과	7	1	2	1	2	3	3	4
2216	부산 동래구	음식물류 폐기물 반입수수료	168,120	청소과	7	1	5	8	7	1	5	4
2217	부산 동래구	슬레이트 처리지원	120,200	환경위생과	7	1	5	5	7	1	1	4
2218	부산 동래구	도로명주소기본도 위치정확도 개선 사업	5,515	토지정보과	7	1	6	1	7	3	1	4
2219	부산 동래구	국가주소정보시스템 유지보수 및 운영	17,724	토지정보과	7	1	6	1	7	3	1	4
2220	부산 동래구	청소년증 제작 대금	5,684	복지정책과	7	1	7	8	7	4	1	2
2221	부산 동래구	가사간병방문지원사업	153,345	생활보장과	7	1	5	8	7	5	5	4
2222	부산 동래구	근로능력있는 수급자의 탈수급지원	161,729	생활보장과	7	1	5	8	7	5	5	4
2223	부산 동래구	근로능력있는 수급자의 탈수급지원	258,291	생활보장과	7	1	5	8	7	5	5	4
2224	부산 동래구	근로능력있는 수급자의 탈수급지원	18,361	생활보장과	7	1	5	8	7	5	5	4

순번	시군구	지출명 (사업명)	2021년예산 (단위:천원/1년간)	담당자 (공무원)	민간이전 분류 (지방자치단체 세출예산 집행기준에 의거)	민간이전지출 근거 (지방보조금 관리기준 참고)	입찰방식			운영예산 산정		성과평가 실시여부
				담당부서	1. 민간경상사업보조(307-02) 2. 민간단체 법정운영비보조(307-03) 3. 민간행사사업보조(307-04) 4. 민간위탁금(307-05) 5. 사회복지시설 법정운영비보조(307-10) 6. 민간인위탁교육비(307-12) 7. 공기관등에대한경상적위탁사업비(308-10) 8. 민간자본사업보조,자체재원(402-01) 9. 민간자본사업보조,이전재원(402-02) 10. 민간위탁사업비(402-03) 11. 공기관등에 대한 자본적 대행사업비(403-02)	1. 법률에 규정 2. 국고보조 재원(국가지정) 3. 용도 지정 기부금 4. 조례에 직접규정 5. 지자체가 권장하는 사업을 하는 공공기관 6. 시,도 정책 및 재정사정 7. 기타 8. 해당없음	계약체결방법 (경쟁형태) 1. 일반경쟁 2. 제한경쟁 3. 지명경쟁 4. 수의계약 5. 법정위탁 6. 기타 ( ) 7. 해당없음	계약기간 1. 1년 2. 2년 3. 3년 4. 4년 5. 5년 6. 기타 ( )년 7. 단기계약 (1년미만) 8. 해당없음	낙찰자선정방법 1. 적격심사 2. 협상에의한계약 3. 최저가낙찰제 4. 규격가격분리 5. 2단계 경쟁입찰 6. 기타 ( ) 7. 해당없음	운영예산 산정 1. 내부산정 (지자체 자체적으로 산정) 2. 외부산정 (외부전문기관위탁 산정) 3. 내·외부 모두 산정 4. 산정 無 5. 해당없음	정산방법 1. 내부정산 (지자체 내부적으로 정산) 2. 외부정산 (외부전문기관위탁 정산) 3. 내·외부 모두 산정 4. 정산 無 5. 해당없음	1. 실시 2. 미실시 3. 향후 추진 4. 해당없음
2225	부산 동래구	근로능력있는 수급자의 탈수급지원	135,389	생활보장과	7	1	5	8	7	5	5	4
2226	부산 동래구	근로능력있는 수급자의 탈수급지원	74,264	생활보장과	7	1	5	8	7	5	5	4
2227	부산 동래구	장애인활동지원급여 지원	3,390	주민복지과	7	1	7	8	7	1	1	2
2228	부산 동래구	장애인활동지원 시비추가지원	164,000	주민복지과	7	1	7	8	7	1	1	2
2229	부산 동래구	활동보조 가산급여	19,000	주민복지과	7	1	7	8	7	1	1	2
2230	부산 동래구	발달재활서비스 바우처 지원	604,800	주민복지과	7	1	7	8	7	1	1	2
2231	부산 동래구	언어발달지원바우처 지원	2,200	주민복지과	7	1	7	8	7	1	1	2
2232	부산 동래구	발달장애인 부모심리상담지원	1,920	주민복지과	7	1	7	8	7	1	1	2
2233	부산 동래구	발달장애인 주간활동서비스 시비추가 지원	28,728	주민복지과	7	1	7	8	7	1	1	2
2234	부산 동래구	발달장애인 방과후 돌봄서비스지원	51,266	주민복지과	7	1	7	8	7	1	1	2
2235	부산 동래구	장애인 의료비	191,155	주민복지과	7	1	7	8	7	4	3	2
2236	부산 동래구	의료급여수급권자 일반건강검진비	43,000	보건행정과	7	2	5	8	7	5	3	2
2237	부산 동래구	의료기관 결핵환자 접촉자 검진비 건강보험공단 예탁금	8,000	보건행정과	7	2	7	8	7	5	5	4
2238	부산 동래구	희귀난치성 질환자 의료비	600,000	보건행정과	7	2	7	8	7	5	5	4
2239	부산 동래구	국가암관리사업	380,000	건강증진과	7	2	7	8	7	5	5	4
2240	부산 동래구	치매치료관리비 지원	185,188	건강증진과	7	2	7	8	7	1	1	4
2241	부산 동래구	산모신생아 건강관리 지원사업	717,318	건강증진과	7	2	7	8	7	1	2	1
2242	부산 동래구	청소년산모 임신출산 의료비 지원	1,000	건강증진과	7	2	7	8	7	1	1	2
2243	부산 동래구	의료급여수급권자 영유아검진비 지원	2,500	건강증진과	7	2	7	8	7	1	2	2
2244	부산 동래구	기저귀 조제분유 지원	166,428	건강증진과	7	2	7	8	7	1	2	2
2245	부산 동래구	표준모자보건수첩 제작	1,932	건강증진과	7	2	7	8	7	1	1	2
2246	부산 남구	청백-e시스템 운영	8,801	소통감사담당관	7	1	5	1	7	2	2	2
2247	부산 남구	표준지방인사정보시스템 유지관리 등	28,303	행정지원과	7	7	7	7	7	2	2	4
2248	부산 남구	차세대 주민등록시스템 운영비 등	73,112	행정지원과	7	7	7	7	7	2	2	4
2249	부산 남구	지방세 정보시스템 운영지원	65,047	세무1과	7	1	5	1	7	2	2	4
2250	부산 남구	세외수입정보시스템 유지보수	23,574	세무2과	7	6	4	1	7	5	5	4
2251	부산 남구	생활폐기물 반입 수수료	464,640	자원순환과	7	7	7	8	7	1	5	4
2252	부산 남구	음식물류폐기물공공처리시설반입	277,200	자원순환과	7	1	7	8	7	1	1	1
2253	부산 남구	지역사회보장계획 수립	12,000	복지정책과	7	1	7	8	7	5	5	4
2254	부산 남구	지역자율형 사회서비스 투자사업	15,018	복지정책과	7	1	7	8	7	5	5	4
2255	부산 남구	평생학습우수프로그램 지원사업	50,000	평생교육과	7	4	7	8	7	5	5	4
2256	부산 남구	행복학습센터 프로그램 운영	10,000	평생교육과	7	4	7	8	7	5	5	4
2257	부산 남구	행정정보시스템 운영	117,136	평생교육과	7	8	7	8	7	5	5	4
2258	부산 남구	장애인 활동지원급여 지원	9,381	주민복지과	7	1	7	8	7	1	1	1
2259	부산 남구	활동보조 가산급여	28,594	주민복지과	7	1	7	8	7	1	1	1
2260	부산 남구	발달재활서비스 바우처 지원	782,329	주민복지과	7	1	7	3	7	1	1	1
2261	부산 남구	언어발달지원 바우처 지원	2,000	주민복지과	7	8	7	8	7	1	1	4
2262	부산 남구	발달장애인 부모상담지원	5,760	주민복지과	7	8	7	8	7	1	1	4
2263	부산 남구	발달장애인 주간활동서비스지원	243,000	주민복지과	7	8	7	8	7	1	1	4
2264	부산 남구	청소년 발달장애학생 방과후활동서비스지원	203,690	주민복지과	7	8	7	8	7	1	1	4
2265	부산 남구	아이돌봄지원	2,084	여성아동과	7	1	1	3	1	5	1	1
2266	부산 남구	영유아보육료지원	20,611	여성아동과	7	1	7	8	7	5	1	4

순번	시군구	지출명 (사업명)	2021년예산 (단위:천원/1년간)	담당자 (공무원)	민간이전 분류 (지방자치단체 세출예산 집행기준에 의거)	민간이전지출 근거 (지방보조금 관리기준 참고)	입찰방식			운영예산 산정		성과평가 실시여부
				담당부서	1. 민간경상사업보조(307-02) 2. 민간단체 법정운영비보조(307-03) 3. 민간행사사업보조(307-04) 4. 민간위탁금(307-05) 5. 사회복지시설 법정운영비보조(307-10) 6. 민간인위탁교육비(307-12) 7. 공기관등에대한경상적위탁사업비(308-10) 8. 민간자본사업보조,자체재원(402-01) 9. 민간자본사업보조,이전재원(402-02) 10. 민간위탁사업비(402-03) 11. 공기관등에 대한 자본적 대행사업비(403-02)	1. 법률에 규정 2. 국고보조 재원(국가지정) 3. 용도 지정 기부금 4. 조례에 직접규정 5. 지자체가 권장하는 사업을 하는 공공기관 6. 시,도 정책 및 재정사정 7. 기타 8. 해당없음	계약체결방법 (경쟁형태) 1. 일반경쟁 2. 제한경쟁 3. 지명경쟁 4. 수의계약 5. 법정위탁 6. 기타 ( ) 7. 해당없음	계약기간 1. 1년 2. 2년 3. 3년 4. 4년 5. 5년 6. 기타 ( )년 7. 단기계약 (1년미만) 8. 해당없음	낙찰자선정방법 1. 적격심사 2. 협상에의한계약 3. 최저가낙찰제 4. 규격가격분리 5. 2단계 경쟁입찰 6. 기타 ( ) 7. 해당없음	운영예산 산정 1. 내부산정 (지자체 자체적으로 산정) 2. 외부산정 (외부전문기관위탁 산정) 3. 내·외부 모두 산정 4. 산정 無 5. 해당없음	정산방법 1. 내부정산 (지자체 내부적으로 정산) 2. 외부정산 (외부전문기관위탁 정산) 3. 내·외부 모두 산정 4. 정산 無 5. 해당없음	1. 실시 2. 미실시 3. 향후 추진 4. 해당없음
2267	부산 남구	만3-5세 누리과정 보육료지원	5,600	여성아동과	7	1	7	8	7	5	1	4
2268	부산 남구	시간제보육서비스 지원	7,000	여성아동과	7	1	7	8	7	5	1	4
2269	부산 남구	정부미지원어린이집 모든아이 차액보육료 지원	625,401	여성아동과	7	6	7	8	7	5	1	4
2270	부산 남구	주거급여	12,836	생활보장과	7	2	5	1	7	1	3	4
2271	부산 남구	비주택 거주자 주거상향 지원	90,000	생활보장과	7	2	7	1	1	3	3	3
2272	부산 남구	지역자율형 사회서비스 투자사업	193,413	생활보장과	7	1	7	8	7	5	5	4
2273	부산 남구	국가주소정보시스템 유지관리	17,724	토지정보과	7	5	5	1	7	3	1	1
2274	부산 남구	도로명주소기본도 유지관리	4,623	토지정보과	7	5	5	1	7	3	1	1
2275	부산 남구	의료급여수급권자 일반검진비 지원	45,000	보건정책과	7	1	5	8	7	1	1	1
2276	부산 남구	보건소결핵관리사업	2,000	보건정책과	7	2	7	8	7	5	5	4
2277	부산 남구	국가암관리지원	414,704	보건정책과	7	1	5	8	7	1	1	1
2278	부산 남구	청소년산모의료비 지원	2,400	건강증진과	7	2	6	8	7	5	5	4
2279	부산 남구	표준모자보건수첩	1,760	건강증진과	7	2	6	8	7	5	5	4
2280	부산 남구	의료급여수급권자 영유아검진비 지원	3,750	건강증진과	7	2	6	8	7	5	5	4
2281	부산 남구	저소득층 기저귀 및 조제분유 지원사업	137,260	건강증진과	7	2	6	8	7	5	5	4
2282	부산 남구	지역자율형 사회서비스 투자사업	446,840	건강증진과	7	2	6	8	7	5	5	4
2283	부산 남구	희귀난치성질환자 의료비지원사업	405,000	건강증진과	7	2	5	8	7	5	5	4
2284	부산 남구	치매치료관리비 지원	156,000	건강증진과	7	2	5	8	7	5	5	4
2285	부산 북구	지역특화통계생산	10,000	기획감사실	7	5	7	8	7	5	5	4
2286	부산 북구	청백-e(통합상시모니터링) 시스템 운영비	8,801	기획감사실	7	6	7	8	7	5	5	4
2287	부산 북구	지방재정관리시스템 유지관리	25,386	기획감사실	7	7	7	8	7	5	5	4
2288	부산 북구	온-나라시스템 운영지원	10,000	소통담당관	7	1	7	8	7	5	5	4
2289	부산 북구	온-나라시스템 유지관리	23,082	소통담당관	7	1	7	8	7	5	5	4
2290	부산 북구	공통기반전산장비 유지관리	100,145	소통담당관	7	1	7	8	7	5	5	4
2291	부산 북구	재해복구시스템 유지관리	2,766	소통담당관	7	1	7	8	7	5	5	4
2292	부산 북구	새올행정시스템 서비스데스크 운영	6,460	소통담당관	7	1	7	8	7	5	5	4
2293	부산 북구	인사정보시스템 유지관리	7,123	행정지원과	7	7	7	8	7	5	5	4
2294	부산 북구	차세대 인사정보시스템 구축	21,240	행정지원과	7	7	7	8	7	5	5	4
2295	부산 북구	차세대 주민등록정보시스템 운영	13,064	행정지원과	7	7	5	7	1	3	3	4
2296	부산 북구	표준지방세정보시스템 운영지원비	33,484	세무1과	7	1	5	1	7	2	2	1
2297	부산 북구	통합지방세정보시스템 운영지원비	23,327	세무1과	7	1	5	1	7	2	2	1
2298	부산 북구	과세자료 및 체납정보 통합관리시스템 운영지원비	1,348	세무1과	7	1	5	1	7	2	2	1
2299	부산 북구	세무2과	23,574	세무2과	7	5	7	8	7	2	2	4
2300	부산 북구	표준기록관리시스템 유지관리비	38,313	민원봉사과	7	1	5	1	2	2	2	4
2301	부산 북구	기록물관리	5,300	민원봉사과	7	1	5	1	2	2	2	4
2302	부산 북구	제5기 지역사회보장계획 수립을 위한 지역사회보장조사	12,000	복지정책과	7	1	7	8	7	5	5	1
2303	부산 북구	장애인 의료비 지원	352,531	복지정책과	7	2	5	8	7	1	5	4
2304	부산 북구	지역사회서비스 투자사업	1,838	복지정책과	7	1	5	8	7	1	5	4
2305	부산 북구	가사·간병 방문지원 사업	611,448	희망복지과	7	2	7	8	7	5	5	4
2306	부산 북구	전문대학 혁신지원사업 후진학선도형(Ⅲ유형) 지원	10,000	교육지원과	7	7	7	8	7	5	5	4
2307	부산 북구	생활폐기물(일반쓰레기) 공공처리시설 반입수수료	412,800	자원순환과	7	4	7	8	7	5	5	4
2308	부산 북구	음식물류폐기물 공공처리시설 반입수수료	364,500	자원순환과	7	1	7	8	7	1	1	4

순번	시군구	지출명 (사업명)	2021년예산 (단위:천원/1년간)	담당자 (공무원)	민간이전 분류 (지방자치단체 세출예산 집행기준에 의거)	민간이전지출 근거 (지방보조금 관리기준 참고)	입찰방식			운영예산 산정		성과평가 실시여부
				담당부서	1. 민간경상사업보조(307-02) 2. 민간단체 법정운영비보조(307-03) 3. 민간행사사업보조(307-04) 4. 민간위탁금(307-05) 5. 사회복지시설 법정운영비보조(307-10) 6. 민간인위탁교육비(307-12) 7. 공기관등에대한경상적위탁사업비(308-10) 8. 민간자본사업보조,자체재원(402-01) 9. 민간자본사업보조,이전재원(402-02) 10. 민간위탁사업비(402-03) 11. 공기관등에 대한 자본적 대행사업비(403-02)	1. 법률에 규정 2. 국고보조 재원(국가지정) 3. 용도 지정 기부금 4. 조례에 직접규정 5. 지자체가 권장하는 사업을 하는 공공기관 6. 시,도 정책 및 재정사정 7. 기타 8. 해당없음	계약체결방법 (경쟁형태) 1. 일반경쟁 2. 제한경쟁 3. 지명경쟁 4. 수의계약 5. 법정위탁 6. 기타 ( ) 7. 해당없음	계약기간 1. 1년 2. 2년 3. 3년 4. 4년 5. 5년 6. 기타 ( )년 7. 단기계약 (1년미만) 8. 해당없음	낙찰자선정방법 1. 적격심사 2. 협상에의한계약 3. 최저가낙찰제 4. 규격가격분리 5. 2단계 경쟁입찰 6. 기타 ( ) 7. 해당없음	운영예산 산정 1. 내부산정 (지자체 자체적으로 산정) 2. 외부산정 (외부전문기관위탁 산정) 3. 내·외부 모두 산정 4. 산정 無 5. 해당없음	정산방법 1. 내부정산 (지자체 내부적으로 정산) 2. 외부정산 (외부전문기관위탁 정산) 3. 내·외부 모두 산정 4. 정산 無 5. 해당없음	1. 실시 2. 미실시 3. 향후 추진 4. 해당없음
2309	부산 북구	도로명및건물번호부여사업 유지보수	17,724	토지정보과	7	1	6	1	7	3	1	4
2310	부산 북구	도로명및건물번호부여사업 유지보수	3,890	토지정보과	7	1	6	1	7	3	1	4
2311	부산 북구	보건소 결핵환자 관리 사업	4,000	보건행정과	7	2	7	8	7	1	1	1
2312	부산 북구	희귀난치성질환자 의료비 지원	680,000	덕천지소	7	2	7	8	7	5	5	4
2313	부산 북구	암조기검진사업	828,622	덕천지소	7	2	7	8	7	5	5	4
2314	부산 북구	표준모자보건수첩제작	2,184	건강증진과	7	2	5	8	7	1	1	4
2315	부산 북구	의료급여수급권자 일반 건강검진	90,374	건강증진과	7	2	5	8	7	1	1	4
2316	부산 북구	의료급여수급권자 영유아 건강검진	5,500	건강증진과	7	2	5	8	7	1	1	4
2317	부산 북구	치매치료관리비지원 사업	199,008	건강증진과	7	1	5	8	7	1	1	4
2318	부산 해운대구	지역주도형청년일자리사업	506,814	일자리경제과	7	5	7	8	7	5	1	1
2319	부산 해운대구	지역주도형청년일자리사업	444,000	일자리경제과	7	5	7	8	7	5	1	1
2320	부산 해운대구	지역주도형청년일자리사업	330,000	일자리경제과	7	5	7	8	7	5	1	1
2321	부산 해운대구	지역개발형 바우처사업 운영	2,035	복지정책과	7	2	7	8	7	5	5	4
2322	부산 해운대구	기초수급자 수선유지급여	1,358	복지정책과	7	1	5	1	7	5	1	4
2323	부산 사하구	지방재정관리시스템 유지보수	25,386	기획실	7	1	5	1	2	1	1	1
2324	부산 사하구	자치단체 상시모니터링(청백-e)시스템 유지관리	9,600	청렴감사실	7	1	5	1	7	2	2	1
2325	부산 사하구	인사관리	28,553	총무과	7	6	6	1	7	4	1	1
2326	부산 사하구	주민등록 관리	13,922	총무과	7	6	6	7	7	2	5	4
2327	부산 사하구	지방세정보시스템유지보수	70,027	세무1과	7	1	5	1	7	2	2	1
2328	부산 사하구	세외수입정보시스템 유지보수	25,759	세무2과	7	1	5	1	7	5	5	1
2329	부산 사하구	장애인활동지원	5,520	복지사업과	7	1	7	8	7	5	3	2
2330	부산 사하구	장애인활동지원	403,218	복지사업과	7	6	7	8	7	5	3	2
2331	부산 사하구	활동보조가산급여	5,370	복지사업과	7	1	7	8	7	5	3	2
2332	부산 사하구	2021년도 도로명주소기본도 유지관리	4,839	토지정보과	7	1	6	1	2	2	2	1
2333	부산 금정구	지방재정관리시스템 운영관리	25,386	기획감사실	7	1	5	1	2	2	2	4
2334	부산 금정구	청백-e 시스템 유지보수	2,084	기획감사실	7	1	2	1	1	2	2	1
2335	부산 금정구	청백-e 시스템 운영지원	6,717	기획감사실	7	1	2	1	1	2	2	1
2336	부산 금정구	표준인사정보시스템 유지보수 및 차세대 시스템구축	28,363	총무과	7	5	5	1	2	2	2	4
2337	부산 금정구	차세대 주민등록정보시스템 운영 부담금	13,274	총무과	7	7	7	7	7	2	2	4
2338	부산 금정구	새마을교육 위탁비	8,772	총무과	7	1	7	8	7	1	1	1
2339	부산 금정구	문화도시 거버넌스 구축	30,000	문화관광과	7	5	4	1	6	3	1	4
2340	부산 금정구	금정산성축제	250,000	문화관광과	7	7	4	1	6	3	1	1
2341	부산 금정구	문화가 있는 날 자유기획 프로그램	80,000	문화관광과	7	7	7	8	7	1	1	1
2342	부산 금정구	공통기반 전산장비 유지관리비	90,979	재무과	7	1	1	1	2	2	2	4
2343	부산 금정구	공통기반 재해복구시스템 유지관리비	1,735	재무과	7	1	1	1	2	2	2	4
2344	부산 금정구	지방행정공통정보시스템 서비스데스크 운영비	7,000	재무과	7	1	1	1	2	2	2	4
2345	부산 금정구	온-나라시스템 서비스데스크 운영비	10,000	재무과	7	1	1	1	2	2	2	4
2346	부산 금정구	온-나라시스템 유지관리비	32,360	재무과	7	1	1	1	2	2	2	4
2347	부산 금정구	지방세정보시스템 유지보수비	58,159	세무1과	7	1	5	1	7	2	2	1
2348	부산 금정구	차세대 지방세정보시스템 유지보수비	918	세무1과	7	1	5	1	7	2	2	1
2349	부산 금정구	세외수입정보시스템 유지보수비	25,759	세무1과	7	1	5	1	7	2	2	1
2350	부산 금정구	우편모아시스템 운영 지원	5,300	민원봉사과	7	5	7	1	7	2	1	4

순번	시군구	지출명 (사업명)	2021년예산 (단위:천원/1년간)	담당자 (공무원) 담당부서	민간이전 분류 (지방자치단체 세출예산 집행기준에 의거) 1. 민간경상사업보조(307-02) 2. 민간단체 법정운영비보조(307-03) 3. 민간행사사업보조(307-04) 4. 민간위탁금(307-05) 5. 사회복지시설 법정운영비보조(307-10) 6. 민간인위탁교육비(307-12) 7. 공기관등에대한경상적위탁사업비(308-10) 8. 민간자본사업보조,자체재원(402-01) 9. 민간자본사업보조,이전재원(402-02) 10. 민간위탁사업비(402-03) 11. 공기관등에 대한 자본적 대행사업비(403-02)	민간이전지출 근거 (지방보조금 관리기준 참고) 1. 법률에 규정 2. 국고보조 재원(국가지정) 3. 용도 지정 기부금 4. 조례에 직접규정 5. 지자체가 권장하는 사업을 하는 공공기관 6. 시,도 정책 및 재정사정 7. 기타 8. 해당없음	입찰방식 계약체결방법 (경쟁형태) 1. 일반경쟁 2. 제한경쟁 3. 지명경쟁 4. 수의계약 5. 법정위탁 6. 기타 ( ) 7. 해당없음	입찰방식 계약기간 1. 1년 2. 2년 3. 3년 4. 4년 5. 5년 6. 기타 ( )년 7. 단기계약 (1년미만) 8. 해당없음	입찰방식 낙찰자선정방법 1. 적격심사 2. 협상에의한계약 3. 최저가낙찰제 4. 규격가격분리 5. 2단계 경쟁입찰 6. 기타 ( ) 7. 해당없음	운영예산 산정 운영예산 산정 1. 내부산정 (지자체 자체적으로 산정) 2. 외부산정 (외부전문기관위탁 산정) 3. 내·외부 모두 산정 4. 산정 無 5. 해당없음	운영예산 산정 정산방법 1. 내부정산 (지자체 내부적으로 정산) 2. 외부정산 (외부전문기관위탁 정산) 3. 내·외부 모두 산정 4. 정산 無 5. 해당없음	성과평가 실시여부 1. 실시 2. 미실시 3. 향후 추진 4. 해당없음
2351	부산 금정구	2021년 지역사회보장조사	12,000	사회복지과	7	1	7	1	7	1	1	1
2352	부산 금정구	지역사회서비스 투자사업	1,152,681	사회복지과	7	2	7	8	7	1	3	1
2353	부산 금정구	가사간병 방문지원사업	243,886	사회복지과	7	2	7	8	7	1	3	1
2354	부산 금정구	0~2세 보육료 등 지원	15,388	여성가족과	7	2	5	8	7	5	1	4
2355	부산 금정구	정부미지원어린이집 모든아이 차액보육료 지원	563,085	여성가족과	7	6	7	8	7	5	1	4
2356	부산 금정구	장애인의료비 지원	212,433	생활보장과	7	1	7	8	7	1	1	1
2357	부산 금정구	광역처리장 폐기물처리 반입수수료	584,000	자원순환과	7	4	7	8	7	5	4	4
2358	부산 금정구	음식물류폐기물 광역처리시설(수영,생곡) 반입 처리비	166,500	자원순환과	7	4	4	8	7	1	1	2
2359	부산 금정구	국가주소정보시스템(KAIS)유지관리	17,724	토지정보과	7	1	5	1	7	5	5	4
2360	부산 금정구	도로명주소기본도 유지보수	5,357	토지정보과	7	1	5	1	7	5	5	4
2361	부산 금정구	희귀질환자 의료비 지원	362,000	보건행정과	7	1	5	8	7	3	3	1
2362	부산 금정구	결핵환자 가족접촉자 검진비 지원	3,000	보건행정과	7	1	5	8	7	3	3	1
2363	부산 금정구	암검진사업비	575,456	건강증진과	7	1	7	8	7	5	5	4
2364	부산 금정구	일반 건강검진비	45,000	건강증진과	7	1	7	8	7	5	5	4
2365	부산 금정구	의료급여수급권자 영유아검진비 지원	2,400	건강증진과	7	1	7	8	7	5	5	4
2366	부산 금정구	산모신생아건강관리지원	485,858	건강증진과	7	1	7	8	7	5	5	4
2367	부산 금정구	표준모자보건수첩 제작	1,440	건강증진과	7	1	7	8	7	5	5	4
2368	부산 금정구	기저귀 및 조제분유 지원	114,480	건강증진과	7	1	7	8	7	5	5	4
2369	부산 금정구	치매치료관리비 지원	162,000	건강증진과	7	2	7	8	7	5	5	4
2370	부산 금정구	지역사회건강조사	68,966	건강증진과	7	7	7	8	7	1	1	1
2371	부산 강서구	지방세정보시스템 유지 및 보수	58,159	세무과	7	1	5	1	6	2	2	4
2372	부산 강서구	세외수입 정보시스템 유지보수	25,759	세무과	7	1	5	1	6	2	2	4
2373	부산 강서구	온-나라시스템 유지관리	42,325	민원봉사과	7	1	5	8	7	5	5	4
2374	부산 강서구	표준기록관리시스템 유지보수	45,313	민원봉사과	7	7	5	8	7	5	5	4
2375	부산 강서구	지역사회보장조사 실시	12,000	주민복지과	7	1	7	8	7	5	5	4
2376	부산 강서구	지역사회서비스 투자사업	914,898	주민복지과	7	1	7	8	7	4	3	2
2377	부산 강서구	지역드림스타트 통합사례관리 지원	800	주민복지과	7	2	7	8	7	5	5	4
2378	부산 강서구	장애인 활동지원급여 지원	2,641,662	주민복지과	7	2	7	8	7	4	3	2
2379	부산 강서구	활동보조 가산급여	2,850	주민복지과	7	2	7	8	7	4	3	2
2380	부산 강서구	장애인활동보조 추가지원	145,782	주민복지과	7	2	7	8	7	4	3	2
2381	부산 강서구	장애인의료비 지원	80,165	주민복지과	7	2	7	8	7	4	3	2
2382	부산 강서구	발달재활서비스 바우처 지원	587,785	주민복지과	7	2	7	8	7	4	3	2
2383	부산 강서구	발달장애인 부모상담지원	400	주민복지과	7	2	7	8	7	4	3	2
2384	부산 강서구	발달장애인 주간활동서비스 지원	97,200	주민복지과	7	2	7	8	7	4	3	2
2385	부산 강서구	발달장애인 방과후 돌봄서비스 지원	112,381	주민복지과	7	2	7	8	7	4	3	2
2386	부산 강서구	발달장애인 주간활동서비스 지원	8,640	주민복지과	7	2	7	8	7	4	3	2
2387	부산 강서구	슬레이트 전수조사	17,000	환경위생과	7	2	7	7	7	5	5	4
2388	부산 강서구	주소정보관리시스템 유지관리 사업	17,473	토지정보과	7	1	6	1	7	3	1	4
2389	부산 강서구	도로명주소기본도 유지관리 사업	8,420	토지정보과	7	1	6	1	7	3	1	4
2390	부산 강서구	국가결핵예방사업	3,108	보건행정과	7	2	5	8	7	5	5	4
2391	부산 강서구	저소득층 기저귀 조제분유 지원	195,380	보건행정과	7	2	7	8	7	5	5	3
2392	부산 강서구	치매치료비지원사업	82,920	보건행정과	7	2	7	8	7	5	1	4

순번	시군구	지출명 (사업명)	2021년예산 (단위:천원/1년간)	담당자 (공무원)	민간이전 분류 (지방자치단체 세출예산 집행기준에 의거)	민간이전지출 근거 (지방보조금 관리기준 참고)	입찰방식			운영예산 산정		성과평가 실시여부
				담당부서	1. 민간경상사업보조(307-02) 2. 민간단체 법정운영비보조(307-03) 3. 민간행사사업보조(307-04) 4. 민간위탁금(307-05) 5. 사회복지시설 법정운영비보조(307-10) 6. 민간인위탁교육비(307-12) 7. 공기관등에대한경상적위탁사업비(308-10) 8. 민간자본사업보조,자체재원(402-01) 9. 민간자본사업보조,이전재원(402-02) 10. 민간위탁사업비(402-03) 11. 공기관등에 대한 자본적 대행사업비(403-02)	1. 법률에 규정 2. 국고보조 재원(국가지정) 3. 용도 지정 기부금 4. 조례에 직접규정 5. 지자체가 권장하는 사업을 하는 공공기관 6. 시,도 정책 및 재정사정 7. 기타 8. 해당없음	계약체결방법 (경쟁형태) 1. 일반경쟁 2. 제한경쟁 3. 지명경쟁 4. 수의계약 5. 법정위탁 6. 기타 ( ) 7. 해당없음	계약기간 1. 1년 2. 2년 3. 3년 4. 4년 5. 5년 6. 기타 ( )년 7. 단기계약 (1년미만) 8. 해당없음	낙찰자선정방법 1. 적격심사 2. 협상에의한계약 3. 최저가낙찰제 4. 규격가격분리 5. 2단계 경쟁입찰 6. 기타 ( ) 7. 해당없음	운영예산 산정 1. 내부산정 (지자체 자체적으로 산정) 2. 외부산정 (외부전문기관위탁 산정) 3. 내·외부 모두 산정 4. 산정 無 5. 해당없음	정산방법 1. 내부정산 (지자체 내부적으로 정산) 2. 외부정산 (외부전문기관위탁 정산) 3. 내·외부 모두 산정 4. 정산 無 5. 해당없음	1. 실시 2. 미실시 3. 향후 추진 4. 해당없음
2393	부산 강서구	국가암관리사업	147,617	보건행정과	7	2	7	8	7	5	5	1
2394	부산 강서구	산모신생아 건강관리사 지원	809,875	보건행정과	7	2	7	8	7	5	5	4
2395	부산 강서구	청소년산모 임신출산 의료비 지원	1,000	보건행정과	7	2	7	8	7	5	5	4
2396	부산 연제구	지방재정관리시스템(e-호조) 운영관리비	21,758	기획조정실	7	1	7	1	7	5	5	4
2397	부산 연제구	기록관 운영	27,113	민원여권과	7	1	5	1	6	2	2	4
2398	부산 연제구	효율적 자료뱅크 관리	5,300	민원여권과	7	1	5	1	6	2	2	4
2399	부산 연제구	지방세정보시스템운영관리비	59,019	세무1과	7	1	5	1	7	1	1	4
2400	부산 연제구	세외수입정보시스템 운영관리비	23,574	세무1과	7	1	5	1	7	1	1	4
2401	부산 연제구	생활쓰레기 광역처리장 반입수수료	326,400	자원순환과	7	1	7	1	7	1	5	4
2402	부산 연제구	사업장 쓰레기 광역처리장 반입수수료	139,200	자원순환과	7	1	7	1	7	1	5	4
2403	부산 연제구	음식물쓰레기 공공시설 위탁처리비	241,920	자원순환과	7	1	7	8	7	1	1	4
2404	부산 연제구	폐비닐 광역처리장 반입수수료	11,520	자원순환과	7	1	7	6	7	1	5	4
2405	부산 연제구	표준지방인사정보시스템 운영	26,015	자치지원과	7	1	5	1	7	2	1	4
2406	부산 연제구	주민등록 관리	13,064	자치지원과	7	1	7	7	7	2	2	4
2407	부산 수영구	청백-e(통합상시모니터링)시스템 유지보수	1,766	기획감사실	7	1	5	1	7	2	2	2
2408	부산 수영구	청백-e(통합상시모니터링)시스템 운영지원	5,437	기획감사실	7	1	5	1	7	2	2	2
2409	부산 수영구	지방재정관리시스템 유지보수 운영관리 분담금	21,180	기획감사실	7	1	5	1	7	2	2	2
2410	부산 수영구	차세대 주민등록정보시스템 운영 부담금	12,626	총무과	7	2	5	8	7	5	5	4
2411	부산 수영구	공통기반 및 재해복구시스템 유지관리	78,803	총무과	7	1	5	8	7	5	5	4
2412	부산 수영구	지방행정통합정보시스템(새올) 상담센터 운영비	6,460	총무과	7	1	5	8	7	5	5	4
2413	부산 수영구	온-나라 및 문서유통시스템 유지관리	13,561	총무과	7	1	5	8	7	5	5	4
2414	부산 수영구	우편모아시스템 통합 유지관리비	5,300	민원여권과	7	5	5	1	7	3	3	1
2415	부산 수영구	표준기록물관리시스템 유지보수비	27,113	민원여권과	7	5	5	1	7	3	3	1
2416	부산 수영구	5기 지역사회보장계획 수립 관련 지역사회보장 조사 용역	12,000	복지정책과	7	1	7	8	7	5	5	4
2417	부산 수영구	지역사회서비스 투자사업	1,040,344	복지정책과	7	2	7	8	7	5	2	1
2418	부산 수영구	장애인 의료비 지원	70,811	가족행복과	7	2	7	8	6	3	2	4
2419	부산 수영구	장애인 활동지원급여 지원	5,609,390	가족행복과	7	2	7	8	6	3	2	1
2420	부산 수영구	장애인 활동지원급여 지원	315,594	가족행복과	7	6	7	8	6	3	2	2
2421	부산 수영구	장애인 활동지원 가산급여 지원	21,157	가족행복과	7	2	7	8	6	3	2	2
2422	부산 수영구	발달재활서비스 바우처 지원	364,921	가족행복과	7	2	7	8	6	3	2	3
2423	부산 수영구	언어발달지원 바우처 지원	1,000	가족행복과	7	2	7	8	6	3	2	3
2424	부산 수영구	발달장애인 부모상담지원	5,760	가족행복과	7	2	7	8	6	3	2	3
2425	부산 수영구	발달장애인 주간활동서비스지원	129,600	가족행복과	7	2	7	8	6	3	2	3
2426	부산 수영구	발달장애인 주간활동서비스지원	16,805	가족행복과	7	2	7	8	6	3	2	3
2427	부산 수영구	청소년 발달장애학생 방과후활동 서비스 지원	98,333	가족행복과	7	2	7	8	6	3	2	3
2428	부산 수영구	가사간병방문 지원사업	238,492	기초생활보장과	7	1	5	8	7	5	1	2
2429	부산 수영구	주거급여	311,194	기초생활보장과	7	1	5	1	7	5	1	2
2430	부산 수영구	생활폐기물 반입수수료	288,000	자원순환과	7	4	4	1	7	1	1	2
2431	부산 수영구	슬레이트 처리지원	63,640	환경위생과	7	6	6	5	6	1	1	4
2432	부산 수영구	도로명주소기본도 유지관리 사업	3,761	토지정보과	7	2	5	1	7	1	1	4
2433	부산 수영구	국가주소정보시스템 유지관리 사업	17,473	토지정보과	7	2	5	1	7	1	1	4
2434	부산 수영구	의료급여수급권자 일반건강검진비 지원	30,000	보건행정과	7	1	7	8	7	1	1	1

순번	시군구	지출명 (사업명)	2021년예산 (단위:천원/1년간)	담당자 (공무원)	민간이전 분류 (지방자치단체 세출예산 집행기준에 의거)	민간이전지출 근거 (지방보조금 관리기준 참고)	입찰방식			운영예산 산정		성과평가 실시여부
				담당부서	1. 민간경상사업보조(307-02) 2. 민간단체 법정운영비보조(307-03) 3. 민간행사사업보조(307-04) 4. 민간위탁금(307-05) 5. 사회복지시설 법정운영비보조(307-10) 6. 민간인위탁교육비(307-12) 7. 공기관등에대한경상적위탁사업비(308-10) 8. 민간자본사업보조,자체재원(402-01) 9. 민간자본사업보조,이전재원(402-02) 10. 민간위탁사업비(402-03) 11. 공기관등에 대한 자본적 대행사업비(403-02)	1. 법률에 규정 2. 국고보조 재원(국가지정) 3. 용도 지정 기부금 4. 조례에 직접규정 5. 지자체가 권장하는 사업을 하는 공공기관 6. 시,도 정책 및 재정사정 7. 기타 8. 해당없음	계약체결방법 (경쟁형태) 1. 일반경쟁 2. 제한경쟁 3. 지명경쟁 4. 수의계약 5. 법정위탁 6. 기타 ( ) 7. 해당없음	계약기간 1. 1년 2. 2년 3. 3년 4. 4년 5. 5년 6. 기타 ( )년 7. 단기계약 (1년미만) 8. 해당없음	낙찰자선정방법 1. 적격심사 2. 협상에의한계약 3. 최저가낙찰제 4. 규격가격분리 5. 2단계 경쟁입찰 6. 기타 ( ) 7. 해당없음	운영예산 산정 1. 내부산정 (지자체 자체적으로 산정) 2. 외부산정 (외부전문기관위탁 산정) 3. 내·외부 모두 산정 4. 산정 無 5. 해당없음	정산방법 1. 내부정산 (지자체 내부적으로 정산) 2. 외부정산 (외부전문기관위탁 정산) 3. 내·외부 모두 산정 4. 정산 無 5. 해당없음	1. 실시 2. 미실시 3. 향후 추진 4. 해당없음
2435	부산 수영구	보건소 결핵관리사업	2,000	보건행정과	7	2	7	8	7	3	3	1
2436	부산 수영구	희귀질환자 의료비 지원	400,000	건강증진과	7	2	7	8	7	3	3	1
2437	부산 수영구	암 조기검진사업 대행사업비	338,024	건강증진과	7	2	5	8	7	4	4	4
2438	부산 수영구	산모신생아 건강관리 사업	452,000	건강증진과	7	1	7	8	7	5	1	1
2439	부산 수영구	의료급여수급권자 영유아검진비 지원	2,000	건강증진과	7	1	7	8	7	5	1	1
2440	부산 수영구	저소득층 기저귀조제분유지원	101,280	건강증진과	7	1	7	8	7	5	1	1
2441	부산 수영구	표준모자보건수첩 제작	1,280	건강증진과	7	1	5	8	7	5	5	4
2442	부산 수영구	청소년산모 임신출산 의료비 지원	400	건강증진과	7	1	5	8	7	5	5	4
2443	부산 수영구	치매치료관리비 지원	170,000	건강증진과	7	2	7	8	7	5	1	4
2444	부산 사상구	지방재정관리시스템 운영 지원	25,386	기획감사실	7	8	6	1	7	5	5	4
2445	부산 사상구	청백-e시스템 운영 지원	8,801	기획감사실	7	8	6	1	7	5	5	4
2446	부산 사상구	인사랑시스템 유지관리	7,373	자치행정과	7	8	6	1	7	5	5	4
2447	부산 사상구	차세대 응용SW개발	20,377	자치행정과	7	8	6	1	7	5	5	4
2448	부산 사상구	차세대 주민등록시스템 운영 부담금	13,064	자치행정과	7	8	7	7	7	2	2	4
2449	부산 사상구	시군구 공통기반 전산장비 관리	86,989	자치행정과	7	1	7	8	7	5	5	4
2450	부산 사상구	재해복구시스템 운영 지원	2,635	자치행정과	7	1	7	8	7	5	5	4
2451	부산 사상구	새올행정시스템 헬프데스크 운영 지원	6,460	자치행정과	7	1	7	8	7	5	5	4
2452	부산 사상구	온-나라시스템 운영 지원 및 S/W 유지관리	14,423	자치행정과	7	1	7	8	7	5	5	4
2453	부산 사상구	우편모아시스템 운영 지원	5,300	민원여권과	7	5	7	1	7	1	1	1
2454	부산 사상구	표준기록관리시스템 운영 지원	30,113	민원여권과	7	5	7	1	7	1	1	1
2455	부산 사상구	세외수입정보시스템 운영 지원	23,574	세무1과	7	1	6	1	7	5	2	4
2456	부산 사상구	지방세정보시스템 운영 지원	58,159	세무1과	7	1	6	1	7	5	2	4
2457	부산 사상구	문화관광형시장 육성	200,000	일자리경제과	7	2	7	2	7	5	2	1
2458	부산 사상구	일반폐기물 반입수수료	414,720	청소행정과	7	4	7	8	7	5	5	4
2459	부산 사상구	음식물폐기물 반입수수료	30,240	청소행정과	7	4	6	8	7	4	4	4
2460	부산 사상구	폐비닐 처리수수료	11,520	청소행정과	7	7	7	8	7	5	5	4
2461	부산 사상구	지역개발형 바우처사업	1,576,812	복지정책과	7	4	7	8	7	5	5	4
2462	부산 사상구	지역사회보장조사 실시	12,000	복지정책과	7	5	7	8	7	5	5	4
2463	부산 사상구	시간제보육서비스 제공지원	240,628	아동청소년과	7	8	7	8	7	5	1	2
2464	부산 사상구	도로명주소기본도 현행화 사업	3,545	토지정보과	7	1	7	8	7	5	5	4
2465	부산 사상구	도로명주소정보시스템 운영 지원	17,724	토지정보과	7	1	7	8	7	5	5	4
2466	부산 사상구	의료급여수급권자 일반건강검진사업 예탁	63,218	보건행정과	7	2	5	8	7	5	5	2
2467	부산 사상구	병의원 접촉자 등 검진비 지원금	5,000	보건행정과	7	2	7	8	7	1	1	4
2468	부산 사상구	표준모자수첩 및 엠블럼 예탁	1,524	건강증진과	7	2	7	8	7	4	1	2
2469	부산 사상구	치매치료 관리비 지원사업 예탁	132,000	건강증진과	7	2	7	8	7	5	5	4
2470	부산 사상구	희귀질환자 의료비 지원사업 예탁	460,000	건강증진과	7	2	7	8	7	4	2	2
2471	부산 사상구	암 검진사업 예탁	613,624	건강증진과	7	2	7	8	7	4	2	2
2472	부산 사상구	영유아 건강검진사업 예탁	5,250	건강증진과	7	2	7	8	7	5	2	4
2473	부산 기장군	공무원 청렴 유지	2,084	기획청렴실	7	5	5	1	7	5	5	1
2474	부산 기장군	공무원 청렴 유지	6,717	기획청렴실	7	5	5	1	7	5	5	1
2475	부산 기장군	예산편성 및 관리	29,012	기획청렴실	7	5	5	1	7	5	5	1
2476	부산 기장군	인사업무 운영	28,613	행정지원과	7	2	7	1	7	5	5	4

순번	시군구	지출명 (사업명)	2021년예산 (단위:천원/1년간)	담당자 (공무원)	민간이전 분류 (지방자치단체 세출예산 집행기준에 의거)	민간이전지출 근거 (지방보조금 관리기준 참고)	입찰방식			운영예산 산정		성과평가 실시여부
				담당부서	1. 민간경상사업보조(307-02) 2. 민간단체 법정운영비보조(307-03) 3. 민간행사사업보조(307-04) 4. 민간위탁금(307-05) 5. 사회복지시설 법정운영비보조(307-10) 6. 민간인위탁교육비(307-12) 7. 공기관등에대한경상적위탁사업비(308-10) 8. 민간자본사업보조,자체재원(402-01) 9. 민간자본사업보조,이전재원(402-02) 10. 민간위탁사업비(402-03) 11. 공기관등에 대한 자본적 대행사업비(403-02)	1. 법률에 규정 2. 국고보조 재원(국가지정) 3. 용도 지정 기부금 4. 조례에 직접규정 5. 지자체가 권장하는 사업을 하는 공공기관 6. 시,도 정책 및 재정사정 7. 기타 8. 해당없음	계약체결방법 (경쟁형태) 1. 일반경쟁 2. 제한경쟁 3. 지명경쟁 4. 수의계약 5. 법정위탁 6. 기타 ( ) 7. 해당없음	계약기간 1. 1년 2. 2년 3. 3년 4. 4년 5. 5년 6. 기타 ( )년 7. 단기계약 (1년미만) 8. 해당없음	낙찰자선정방법 1. 적격심사 2. 협상에의한계약 3. 최저가낙찰제 4. 규격가격분리 5. 2단계 경쟁입찰 6. 기타 ( ) 7. 해당없음	운영예산 산정 1. 내부산정 (지자체 자체적으로 산정) 2. 외부산정 (외부전문기관위탁 산정) 3. 내·외부 모두 산정 4. 산정 無 5. 해당없음	정산방법 1. 내부정산 (지자체 내부적으로 정산) 2. 외부정산 (외부전문기관위탁 정산) 3. 내·외부 모두 산정 4. 정산 無 5. 해당없음	1. 실시 2. 미실시 3. 향후 추진 4. 해당없음
2477	부산 기장군	주민등록업무 운영	12,416	행정지원과	7	7	7	8	7	5	5	4
2478	부산 기장군	정보화시스템 안정적 운영	115,394	미래전략과	7	7	7	7	7	5	1	4
2479	부산 기장군	친절서비스 향상	5,300	열린민원과	7	5	1	1	2	2	2	2
2480	부산 기장군	기록관 운영	81,613	열린민원과	7	5	1	1	2	2	2	2
2481	부산 기장군	지방세 및 세외수입 전산화	92,928	자주재정과	7	7	6	1	7	2	2	4
2482	부산 기장군	지역인재 양성 및 교육협력 사업	868,400	인재양성과	7	8	7	8	7	5	5	4
2483	부산 기장군	사회복지종합지원 정책 수립	12,000	복지정책과	7	6	5	7	7	1	1	1
2484	부산 기장군	지역사회서비스 투자사업	1,070,328	복지정책과	7	2	5	8	7	5	5	4
2485	부산 기장군	가사간병 방문지원사업	101,715	복지정책과	7	1	7	8	7	1	1	1
2486	부산 기장군	장애인의료비 지원	184,763	행복나눔과	7	2	7	8	7	5	1	4
2487	부산 기장군	저수지 정밀안전진단	50,000	친환경농업과	7	1	5	6	7	5	5	2
2488	부산 기장군	의료급여수급권자 일반검진비 지원	27,000	보건행정과	7	2	7	8	7	4	1	2
2489	부산 기장군	의료급여수급권자 영유아검진비 지원	3,100	보건행정과	7	2	7	8	7	4	1	2
2490	부산 기장군	희귀난치성 질환자 의료비 지원	300,000	보건행정과	7	2	7	8	7	5	5	1
2491	부산 기장군	국가암관리사업	180,500	보건행정과	7	2	7	8	7	5	5	1
2492	부산 기장군	치매치료관리비 지원	126,000	건강증진과	7	1	7	8	7	5	1	1
2493	울산광역시	장기공공임대주택 공동전기요금 지원	72,000	건축주택과	7	4	5	8	7	1	1	2
2494	울산광역시	교통안전문화 확산지원	100,000	교통기획과	7	4	5	1	7	1	1	3
2495	울산광역시	정보통신기반시설 취약점 분석평가	55,500	교통기획과	7	5	5	1	7	2	2	1
2496	울산광역시	녹색포럼운영	10,000	녹지공원과	7	5	7	8	7	5	5	4
2497	울산광역시	농수산물도매시장 주차장 운영	717,964	농수산물도매시장관리사업소	7	1	7	2	7	1	1	2
2498	울산광역시	도축검사원 인건비 지원	212,000	농축산과	7	1	5	8	7	5	1	4
2499	울산광역시	방역직 인건비 지원	269,000	농축산과	7	1	5	8	7	5	1	4
2500	울산광역시	울산 프롬나드 페스티벌	600,000	문화예술과	7	4	7	8	7	5	5	4
2501	울산광역시	산재전문 공공병원 경쟁력 강화를 위한 인재양성 연구단 운영 지원	100,000	시민건강과	7	5	7	8	7	5	5	4
2502	울산광역시	일자리엑스포 운영	40,000	일자리경제과	7	7	7	8	7	1	1	3
2503	울산광역시	일자리창출 아이디어 공모전	15,000	일자리경제과	7	4	7	8	7	1	1	1
2504	울산광역시	일자리창출 우수기업 지원사업	250,000	일자리경제과	7	4	7	8	7	1	1	1
2505	울산광역시	영남권 경제관계관 포럼 개최	6,000	일자리경제과	7	7	7	8	7	1	1	3
2506	울산광역시	경제동향 분석사업	60,000	일자리경제과	7	7	7	8	7	1	1	3
2507	울산광역시	지역경제 교육 지원	34,000	일자리경제과	7	7	7	8	7	1	1	3
2508	울산광역시	울산중장년 일자리지원센터 운영	270,000	일자리경제과	7	5	7	8	7	1	1	4
2509	울산광역시	중장년 재취업 훈련사업	400,000	일자리경제과	7	5	7	8	7	1	1	4
2510	울산광역시	울산청년 취업역량강화 패키지 교육지원사업	30,000	일자리경제과	7	5	7	1	7	1	1	1
2511	울산광역시	울산청년 구직활동지원금	286,000	일자리경제과	7	5	7	1	7	1	1	1
2512	울산광역시	2030 U-Dream사업	221,000	일자리경제과	7	5	7	1	7	1	1	1
2513	울산광역시	기능경기대회 운영	600,000	일자리경제과	7	4	7	1	7	1	1	1
2514	울산광역시	청년 일자리 지킴이 지원사업	1,256,000	일자리경제과	7	5	7	1	7	1	1	1
2515	울산광역시	주력산업에 주력하는 청년일자리 사업	524,000	일자리경제과	7	5	7	1	7	1	1	1
2516	울산광역시	고용위기지역 청년행복 지원사업	517,500	일자리경제과	7	5	7	1	7	1	1	1
2517	울산광역시	울산청년 희망공제 사업	177,500	일자리경제과	7	5	7	1	7	1	1	1
2518	울산광역시	고용위기지역 청년드림 스페이스 지원사업	186,000	일자리경제과	7	5	7	1	7	1	1	1

순번	시군구	지출명 (사업명)	2021년예산 (단위:천원/1년간)	담당자 (공무원)	민간이전 분류 (지방자치단체 세출예산 집행기준에 의거)	민간이전지출 근거 (지방보조금 관리기준 참고)	입찰방식			운영예산 산정		성과평가 실시여부
				담당부서	1. 민간경상사업보조(307-02) 2. 민간단체 법정운영비보조(307-03) 3. 민간행사사업보조(307-04) 4. 민간위탁금(307-05) 5. 사회복지시설 법정운영비보조(307-10) 6. 민간인위탁교육비(307-12) 7. 공기관등에대한경상적위탁사업비(308-10) 8. 민간자본사업보조,자체재원(402-01) 9. 민간자본사업보조,이전재원(402-02) 10. 민간위탁사업비(402-03) 11. 공기관등에 대한 자본적 대행사업비(403-02)	1. 법률에 규정 2. 국고보조 재원(국가지정) 3. 용도 지정 기부금 4. 조례에 직접규정 5. 지자체가 권장하는 사업을 하는 공공기관 6. 시,도 정책 및 재정사정 7. 기타 8. 해당없음	계약체결방법 (경쟁형태) 1. 일반경쟁 2. 제한경쟁 3. 지명경쟁 4. 수의계약 5. 법정위탁 6. 기타 ( ) 7. 해당없음	계약기간 1. 1년 2. 2년 3. 3년 4. 4년 5. 5년 6. 기타 ( )년 7. 단기계약 (1년미만) 8. 해당없음	낙찰자선정방법 1. 적격심사 2. 협상에의한계약 3. 최저가낙찰제 4. 규격가격분리 5. 2단계 경쟁입찰 6. 기타 ( ) 7. 해당없음	운영예산 산정 1. 내부산정 (지자체 자체적으로 산정) 2. 외부산정 (외부전문기관위탁 산정) 3. 내·외부 모두 산정 4. 산정 無 5. 해당없음	정산방법 1. 내부정산 (지자체 내부적으로 정산) 2. 외부정산 (외부전문기관위탁 정산) 3. 내·외부 모두 산정 4. 정산 無 5. 해당없음	1. 실시 2. 미실시 3. 향후 추진 4. 해당없음
2519	울산광역시	울산 채용박람회	70,000	일자리경제과	7	5	7	1	7	1	1	1
2520	울산광역시	주력산업 우수기술인력양성 지원사업	500,000	일자리경제과	7	7	7	8	7	1	1	3
2521	울산광역시	폐농약용기 수거 처리비 분담금	13,917	자원순환과	7	5	7	8	7	3	1	4
2522	울산광역시	공공데이터 개방	22,720	정보화담당관	7	5	7	8	7	1	1	4
2523	울산광역시	공공데이터 개방	500,000	정보화담당관	7	5	7	8	7	1	1	4
2524	울산광역시	공공데이터 개방	500,000	정보화담당관	7	5	7	8	7	5	5	4
2525	울산광역시	정보화시스템 유지관리	121,355	정보화담당관	7	1	5	1	7	5	5	4
2526	울산광역시	자치단체 공통기반 노후장비 교체지원	184,781	정보화담당관	7	7	5	1	7	5	5	4
2527	울산광역시	자치단체 종합장애대응체계 구축지원	169,217	정보화담당관	7	7	5	1	7	5	5	4
2528	울산광역시	정보보호 인프라 확충 및 운영	55,500	정보화담당관	7	1	5	1	7	5	5	4
2529	울산광역시	정보보호 인프라 확충 및 운영	210,000	정보화담당관	7	7	7	8	7	1	1	4
2530	울산광역시	울산시가 홍보 콘테스트 공모	50,000	정책기획관	7	5	5	7	7	1	1	1
2531	울산광역시	영남권 발전방안 공동연구	100,000	정책기획관	7	5	7	1	7	1	1	4
2532	울산광역시	지역혁신협의회 연구회 지원	94,000	정책기획관	7	2	7	7	7	1	1	4
2533	울산광역시	글로벌강소기업 육성사업	500,000	중소벤처기업과	7	2	6	1	7	1	1	1
2534	울산광역시	신기술창업 활성화 민간지원사업	360,000	중소벤처기업과	7	5	7	8	7	1	1	1
2535	울산광역시	U-챔피언 육성사업	250,000	중소벤처기업과	7	5	7	8	7	1	1	1
2536	울산광역시	울산형 내일채움공제 지원	200,000	중소벤처기업과	7	1	6	8	7	1	1	1
2537	울산광역시	청년CEO육성사업	1,000,000	중소벤처기업과	7	5	7	8	7	1	1	1
2538	울산광역시	톡톡팩토리 운영	500,000	중소벤처기업과	7	5	7	8	7	1	1	1
2539	울산광역시	1인 창조기업 지원센터 운영	50,000	중소벤처기업과	7	2	7	8	7	1	1	1
2540	울산광역시	창업도약패키지 지원사업	230,000	중소벤처기업과	7	5	7	8	7	1	1	1
2541	울산광역시	지식기술 청년 창업지원사업	160,000	중소벤처기업과	7	5	7	8	7	1	1	1
2542	울산광역시	기업자율형 창업프로그램	200,000	중소벤처기업과	7	5	7	8	7	1	1	1
2543	울산광역시	글로벌 성장.진출 창업지원 플랫폼 구축	400,000	중소벤처기업과	7	5	7	8	7	1	1	1
2544	울산광역시	대학 기술창업 활성화 사업	500,000	중소벤처기업과	7	5	7	8	7	1	1	1
2545	울산광역시	민간협업 열린 창업캠퍼스 운영	300,000	중소벤처기업과	7	5	7	8	7	1	1	1
2546	울산광역시	울산창조경제혁신센터운영	1,200	중소벤처기업과	7	2	7	8	7	1	1	1
2547	울산광역시	벤처기업 육성지원 사업	140,000	중소벤처기업과	7	5	7	8	7	1	1	1
2548	울산광역시	벤처기업 R&D 맞춤형 기술정보 제공	70,000	중소벤처기업과	7	5	7	8	7	1	1	1
2549	울산광역시	노란우산 희망장려금 지원	200,000	중소벤처기업과	7	4	7	8	7	1	1	1
2550	울산광역시	대중소기업 상생협력 구매상담회	60,000	중소벤처기업과	7	5	7	8	7	1	1	1
2551	울산광역시	지역기업 공공조달 활성화 지원사업	460,000	중소벤처기업과	7	5	7	8	7	1	1	1
2552	울산광역시	중소기업 융합대전 개최	100,000	중소벤처기업과	7	5	7	8	7	1	1	1
2553	울산광역시	지역대표 비대면 판로 지원사업	125,000	중소벤처기업과	7	5	7	8	7	5	5	4
2554	울산광역시	중소기업 국제표준 인증 지원사업	60,000	중소벤처기업과	7	5	7	8	7	5	5	4
2555	울산광역시	문화관광형 시장 육성사업	345,000	중소벤처기업과	7	2	7	8	7	1	1	1
2556	울산광역시	특성화 첫걸음시장 사업	56,000	중소벤처기업과	7	2	7	8	7	1	1	1
2557	울산광역시	소상공인 경영환경개선 사업	300,000	중소벤처기업과	7	5	7	8	7	1	1	1
2558	울산광역시	소상공인 온라인 플랫폼 지원	180,000	중소벤처기업과	7	5	7	8	7	1	1	1
2559	울산광역시	소상공인 생애주기별 맞춤형 컨설팅	100,000	중소벤처기업과	7	5	7	8	7	1	1	1
2560	울산광역시	소상공인 창업경영 아카데미 운영	100,000	중소벤처기업과	7	5	7	8	7	1	1	1

순번	시군구	지출명 (사업명)	2021년예산 (단위:천원/1년간)	담당자 (공무원)	민간이전 분류 (지방자치단체 세출예산 집행기준에 의거)	민간이전지출 근거 (지방보조금 관리기준 참고)	입찰방식			운영예산 산정		성과평가 실시여부
				담당부서	1. 민간경상사업보조(307-02) 2. 민간단체 법정운영비보조(307-03) 3. 민간행사사업보조(307-04) 4. 민간위탁금(307-05) 5. 사회복지시설 법정운영비보조(307-10) 6. 민간인위탁교육비(307-12) 7. 공기관등에대한경상적위탁사업비(308-10) 8. 민간자본사업보조,자체재원(402-01) 9. 민간자본사업보조,이전재원(402-02) 10. 민간위탁사업비(402-03) 11. 공기관등에 대한 자본적 대행사업비(403-02)	1. 법률에 규정 2. 국고보조 재원(국가지정) 3. 용도 지정 기부금 4. 조례에 직접규정 5. 지자체가 권장하는 사업을 하는 공공기관 6. 시,도 정책 및 재정사정 7. 기타 8. 해당없음	계약체결방법 (경쟁형태) 1. 일반경쟁 2. 제한경쟁 3. 지명경쟁 4. 수의계약 5. 법정위탁 6. 기타 ( ) 7. 해당없음	계약기간 1. 1년 2. 2년 3. 3년 4. 4년 5. 5년 6. 기타 ( )년 7. 단기계약 (1년미만) 8. 해당없음	낙찰자선정방법 1. 적격심사 2. 협상에의한계약 3. 최저가낙찰제 4. 규격가격분리 5. 2단계 경쟁입찰 6. 기타 ( ) 7. 해당없음	운영예산 산정 1. 내부산정 (지자체 자체적으로 산정) 2. 외부산정 (외부전문기관위탁 산정) 3. 내·외부 모두 산정 4. 산정 無 5. 해당없음	정산방법 1. 내부정산 (지자체 내부적으로 정산) 2. 외부정산 (외부전문기관위탁 정산) 3. 내·외부 모두 산정 4. 정산 無 5. 해당없음	1. 실시 2. 미실시 3. 향후 추진 4. 해당없음
2561	울산광역시	1인 소상공인 고용보험료 지원사업	100,000	중소벤처기업과	7	5	7	8	7	1	1	1
2562	울산광역시	차세대 인사행정정보시스템 구축 분담금	27,503	총무과	7	2	5	1	2	2	2	2
2563	울산광역시	인사행정정보시스템 위탁운영	7,653	총무과	7	2	5	1	2	2	2	2
2564	울산광역시	인터넷원서접수시스템 시·도 운영비	14,769	총무과	7	1	5	1	7	3	3	1
2565	울산광역시	표준기록관리시스템 유지관리	68,000	총무과	7	5	5	1	2	2	2	2
2566	울산광역시	중요 비전자기록물 DB구축 사업	300,000	총무과	7	5	5	1	2	2	2	2
2567	울산광역시	연안어업실태조사	50,000	해양항만수산과	7	1	5	1	7	4	1	2
2568	울산광역시	수산종자매입방류효과조사	100,000	해양항만수산과	7	1	5	1	7	5	1	4
2569	울산광역시	수산자원산란, 서식장 조성사업 용역	70,000	해양항만수산과	7	1	5	1	7	1	1	2
2570	울산광역시	해중림조성지관리조사	80,000	해양항만수산과	7	1	5	1	7	1	1	1
2571	울산광역시	제3차 기후변화 적응대책 세부시행계획 수립용역	50,000	환경생태과	7	1	7	8	7	5	5	4
2572	울산광역시	2050 울산 탄소중립 전략 수립용역	180,000	환경생태과	7	2	7	8	7	5	5	4
2573	울산광역시	관광분야전문가양성	50,000	관광진흥과	7	2	7	8	7	1	1	3
2574	울산광역시	해돋이 관광포럼	10,000	관광진흥과	7	2	7	8	7	1	1	3
2575	울산광역시	찾아가는 관광안내소	56,668	관광진흥과	7	2	7	8	7	1	1	3
2576	울산광역시	관광스타트업프로젝트공모	50,000	관광진흥과	7	2	7	8	7	1	1	3
2577	울산광역시	울산시티투어운영	300,000	관광진흥과	7	4	7	8	7	1	1	3
2578	울산광역시	울산관광홍보	30,000	관광진흥과	7	5	7	8	7	1	1	3
2579	울산광역시	울산관광서비스컨설팅	30,000	관광진흥과	7	5	7	8	7	1	1	3
2580	울산광역시	울산전시컨벤션센터 관리운영	30,000	관광진흥과	7	4	7	8	7	1	1	4
2581	울산광역시	울산전시컨벤션센터 개관 행사	100,000	관광진흥과	7	4	7	8	7	1	1	4
2582	울산광역시	회의 유치 및 개최지원	50,000	관광진흥과	7	4	7	8	7	1	1	4
2583	울산광역시	지역특화 산업전시회 추진	1,000,000	관광진흥과	7	4	7	8	7	1	1	4
2584	울산광역시	민간전시회 발굴 및 개최지원	100,000	관광진흥과	7	4	7	8	7	1	1	4
2585	울산광역시	산업기술단지 거점기능지원	486,600	미래신산업과	7	2	7	8	7	5	2	1
2586	울산광역시	주력산업 기술개발지원	875,700	미래신산업과	7	2	7	8	7	5	2	1
2587	울산광역시	주력산업 기업지원	514,700	미래신산업과	7	2	7	8	7	5	2	1
2588	울산광역시	연구개발 조사분석 혁신 지원	250,000	미래신산업과	7	5	7	8	7	5	2	1
2589	울산광역시	전문경력인사 기술지원	100,000	미래신산업과	7	5	7	8	7	5	1	1
2590	울산광역시	기술거래촉진네트워크사업	300,000	미래신산업과	7	5	7	8	7	5	2	1
2591	울산광역시	기업부설연구소 설립유도 기술개발과제 지원	300,000	미래신산업과	7	5	7	8	7	5	1	1
2592	울산광역시	울산품질분임조 경진대회 개최	46,000	미래신산업과	7	5	7	8	7	5	1	1
2593	울산광역시	제47회 전국품질분임조 경진대회	30,000	미래신산업과	7	5	7	8	7	5	1	1
2594	울산광역시	지역에코혁신사업	60,000	미래신산업과	7	5	7	8	7	5	2	1
2595	울산광역시	온실가스감축 이산화탄소 포집 및 활용 실증화사업	200,000	미래신산업과	7	5	7	8	7	5	2	1
2596	울산광역시	생태산업단지 지역거점사업	100,000	미래신산업과	7	5	7	8	7	5	2	1
2597	울산광역시	4차산업혁명대응연구과제발굴및기획	100,000	미래신산업과	7	5	7	8	7	1	1	4
2598	울산광역시	지역s/w기업성장지원	362,800	미래신산업과	7	5	7	8	7	1	1	4
2599	울산광역시	지역s/w 서비스사업화 지원사업	200,000	미래신산업과	7	5	7	8	7	1	1	4
2600	울산광역시	에너지융합엔지니어링설계지원	200,000	미래신산업과	7	5	7	8	7	1	1	4
2601	울산광역시	울산시-ETRI 공동협력사업	1,000,000	미래신산업과	7	5	7	8	6	1	1	4
2602	울산광역시	스마트공장협업패키지기술개발사업	100,000	미래신산업과	7	5	7	8	6	1	1	4

순번	시군구	지출명 (사업명)	2021년예산 (단위:천원/1년간)	담당자 (공무원)	민간이전 분류 (지방자치단체 세출예산 집행기준에 의거)	민간이전지출 근거 (지방보조금 관리기준 참고)	입찰방식			운영예산 산정		성과평가 실시여부
				담당부서	1. 민간경상사업보조(307-02) 2. 민간단체 법정운영비보조(307-03) 3. 민간행사사업보조(307-04) 4. 민간위탁금(307-05) 5. 사회복지시설 법정운영비보조(307-10) 6. 민간인위탁교육비(307-12) 7. 공기관등에대한경상적위탁사업비(308-10) 8. 민간자본사업보조,자체재원(402-01) 9. 민간자본사업보조,이전재원(402-02) 10. 민간위탁사업비(402-03) 11. 공기관등에 대한 자본적 대행사업비(403-02)	1. 법률에 규정 2. 국고보조 재원(국가지정) 3. 용도 지정 기부금 4. 조례에 직접규정 5. 지자체가 권장하는 사업을 하는 공공기관 6. 시,도 정책 및 재정사정 7. 기타 8. 해당없음	계약체결방법 (경쟁형태) 1. 일반경쟁 2. 제한경쟁 3. 지명경쟁 4. 수의계약 5. 법정위탁 6. 기타 ( ) 7. 해당없음	계약기간 1. 1년 2. 2년 3. 3년 4. 4년 5. 5년 6. 기타 ( )년 7. 단기계약 (1년미만) 8. 해당없음	낙찰자선정방법 1. 적격심사 2. 협상에의한계약 3. 최저가낙찰제 4. 규격가격분리 5. 2단계 경쟁입찰 6. 기타 ( ) 7. 해당없음	운영예산 산정 1. 내부산정 (지자체 자체적으로 산정) 2. 외부산정 (외부전문기관위탁 산정) 3. 내·외부 모두 산정 4. 산정 無 5. 해당없음	정산방법 1. 내부정산 (지자체 내부적으로 정산) 2. 외부정산 (외부전문기관위탁 정산) 3. 내·외부 모두 산정 4. 정산 無 5. 해당없음	1. 실시 2. 미실시 3. 향후 추진 4. 해당없음
2603	울산광역시	국가인프라지능정보화사업	100,000	미래신산업과	7	5	7	8	6	1	1	4
2604	울산광역시	산업시설유틸리티성자원공유지원사업	850,000	미래신산업과	7	5	7	8	6	1	1	4
2605	울산광역시	지역ICT이노베이션스퀘어 조성	296,000	미래신산업과	7	5	7	8	7	1	1	4
2606	울산광역시	SW미래채움 사업	300,000	미래신산업과	7	5	7	8	7	1	1	4
2607	울산광역시	자율무인시스템기반스마트환경모니터링기술개발	296,000	미래신산업과	7	5	7	8	7	1	1	4
2608	울산광역시	초경량비행장치공역지운영	20,000	미래신산업과	7	5	7	8	6	1	1	4
2609	울산광역시	제조데이터 분석 기반 스마트공장 구축 지원	100,000	미래신산업과	7	6	7	8	7	3	3	1
2610	울산광역시	대한민국 3D프린팅 기술융합 공모전	50,000	미래신산업과	7	6	7	8	7	3	3	1
2611	울산광역시	세라믹 3D적층성형기반 신속생산 체제 구축	300,000	미래신산업과	7	2	7	8	7	3	3	1
2612	울산광역시	선박해양용 대형부품 주형제작 3D프린팅 기술개발	300,000	미래신산업과	7	2	7	8	7	3	3	1
2613	울산광역시	한수원-KINGS-울산시 공동 3D프린팅 원전부품 개발	100,000	미래신산업과	7	2	7	8	7	3	3	1
2614	울산광역시	울산 제조산업 융합VR/AR 콘텐츠 육성	450,000	미래신산업과	7	2	7	8	7	3	3	1
2615	울산광역시	스마트공장 보급 확산 지원	700,000	미래신산업과	7	2	7	8	7	3	3	1
2616	울산광역시	3D프린팅 소재 상용화 품질평가 체계 구축	5,500,000	미래신산업과	7	2	7	8	7	3	3	1
2617	울산광역시	3D프린팅 융합기술센터 구축	70,000	미래신산업과	7	2	7	8	7	3	3	1
2618	울산광역시	지방재정관리시스템 유지보수	39,890	예산담당관	7	5	5	1	7	2	2	4
2619	울산광역시	산하 공공기관 청년인턴 채용	249,210	사회혁신담당관	7	4	7	8	7	3	3	4
2620	울산광역시	사회적경제 판로 지원사업	80,000	사회혁신담당관	7	7	7	1	7	1	1	1
2621	울산광역시	사회적경제 혁신성장사업	323,801	사회혁신담당관	7	7	7	1	7	1	1	1
2622	울산광역시	노동인권센터 운영	315,000	노동정책과	7	4	7	2	7	1	1	1
2623	울산광역시	청년통계개발	10,000	법무통계담당관	7	1	7	7	7	2	2	4
2624	울산광역시	노인등록통계 작성	10,000	법무통계담당관	7	1	7	7	7	2	2	4
2625	울산광역시	울산국방벤처 센터	300,000	자동차조선산업과	7	7	7	8	7	1	1	4
2626	울산광역시	조선자동차 디지털기반 혁신지원사업	100,000	자동차조선산업과	7	7	7	8	7	1	1	4
2627	울산광역시	자동차의 날 기념식 개최	30,000	자동차조선산업과	7	7	7	8	7	1	1	4
2628	울산광역시	조선해양의 날 기념식 개최	25,000	자동차조선산업과	7	7	7	8	7	1	1	4
2629	울산광역시	초소형 전기차 산업육성 양산지원	500,000	자동차조선산업과	7	7	7	8	7	1	3	4
2630	울산광역시	미래형자동차부품 신기술 개발	260,000	자동차조선산업과	7	7	7	8	7	1	3	4
2631	울산광역시	내연기관차 부품기업의 전력전자 융합기술 전환지원	500,000	자동차조선산업과	7	2	7	8	7	5	3	4
2632	울산광역시	국가혁신클러스터 육성지원사업(비R&D)	500,000	자동차조선산업과	7	2	7	8	7	5	3	4
2633	울산광역시	미래자동차 종합안전시험장 구축 및 고안전부품개발	900,000	자동차조선산업과	7	2	7	8	7	5	3	4
2634	울산광역시	미래차연구소 연구지원	200,000	자동차조선산업과	7	7	7	8	7	1	1	4
2635	울산광역시	도심외 지역 대상 자율주행차 개발 및 실증	450,000	자동차조선산업과	7	7	7	8	7	1	3	4
2636	울산광역시	중소기업 맞춤형 생산기술지원	400,000	자동차조선산업과	7	7	7	8	7	1	3	4
2637	울산광역시	조선해양기자재 KOLAS 인증지원	200,000	자동차조선산업과	7	7	7	8	7	1	3	4
2638	울산광역시	조선해양 하이테크타운 관리 및 운영	200,000	자동차조선산업과	7	4	7	8	7	5	3	4
2639	울산광역시	선박해양플랜트연구소 공동연구실 운영지원사업	150,000	자동차조선산업과	7	7	7	8	7	1	1	4
2640	울산광역시	부유식 해상풍력 종합지원 콤플렉스 조성 기본계획	100,000	에너지산업과	7	5	7	8	7	1	1	4
2641	울산광역시	수소산업 글로벌 육성사업 추진	200,000	에너지산업과	7	5	7	8	7	1	1	1
2642	울산광역시	원전해체산업 활성화 지원사업	100,000	에너지산업과	7	5	7	1	7	3	2	1
2643	울산광역시	원자력 융복합 기술개발사업	150,000	에너지산업과	7	2	7	4	7	3	2	1
2644	울산광역시	스마트 원전해체 융합인력 양성	74,000	에너지산업과	7	2	7	5	7	3	2	1
2645	울산광역시	가스안전기기(타이머콕)보급사업	110,000	에너지산업과	7	5	7	8	7	3	3	1

순번	시군구	지출명 (사업명)	2021년예산 (단위:천원/1년간)	담당자 (공무원)	민간이전 분류 (지방자치단체 세출예산 집행기준에 의거)	민간이전지출 근거 (지방보조금 관리기준 참고)	입찰방식			운영예산 산정		성과평가 실시여부
				담당부서	1. 민간경상사업보조(307-02) 2. 민간단체 법정운영비보조(307-03) 3. 민간행사사업보조(307-04) 4. 민간위탁금(307-05) 5. 사회복지시설 법정운영비보조(307-10) 6. 민간인위탁교육비(307-12) 7. 공기관등에대한경상적위탁사업비(308-10) 8. 민간자본사업보조,자체재원(402-01) 9. 민간자본사업보조,이전재원(402-02) 10. 민간위탁사업비(402-03) 11. 공기관등에 대한 자본적 대행사업비(403-02)	1. 법률에 규정 2. 국고보조 재원(국가지정) 3. 용도 지정 기부금 4. 조례에 직접규정 5. 지자체가 권장하는 사업을 하는 공공기관 6. 시,도 정책 및 재정사정 7. 기타 8. 해당없음	계약체결방법 (경쟁형태) 1. 일반경쟁 2. 제한경쟁 3. 지명경쟁 4. 수의계약 5. 법정위탁 6. 기타 ( ) 7. 해당없음	계약기간 1. 1년 2. 2년 3. 3년 4. 4년 5. 5년 6. 기타 ( )년 7. 단기계약 (1년미만) 8. 해당없음	낙찰자선정방법 1. 적격심사 2. 협상에의한계약 3. 최저가낙찰제 4. 규격가격분리 5. 2단계 경쟁입찰 6. 기타 ( ) 7. 해당없음	운영예산 산정 1. 내부산정 (지자체 자체적으로 산정) 2. 외부산정 (외부전문기관위탁 산정) 3. 내·외부 모두 산정 4. 산정 無 5. 해당없음	정산방법 1. 내부정산 (지자체 내부적으로 정산) 2. 외부정산 (외부전문기관위탁 정산) 3. 내·외부 모두 산정 4. 정산 無 5. 해당없음	1. 실시 2. 미실시 3. 향후 추진 4. 해당없음
2646	울산광역시	울산이노베이션스쿨 운영	800,000	인재교육과	7	5	7	8	7	1	1	1
2647	울산광역시	기술강소기업허브화지원	800,000	외교투자통상과	7	4	6	1	7	1	1	2
2648	울산광역시	해외무역사절단 파견	100,000	외교투자통상과	7	4	7	8	7	1	1	2
2649	울산광역시	수출초보기업 발굴 지원	150,000	외교투자통상과	7	4	7	8	7	1	1	2
2650	울산광역시	비대면 수출 마케팅 지원	30,000	외교투자통상과	7	4	7	8	7	1	1	2
2651	울산광역시	베트남 온라인 쇼핑몰 입점 지원	7,000	외교투자통상과	7	4	7	8	7	1	1	2
2652	울산광역시	FTA 활용지원센터 운영	50,000	외교투자통상과	7	4	7	8	7	1	1	2
2653	울산광역시	무역의 날 행사	10,000	외교투자통상과	7	4	7	8	7	1	1	2
2654	울산광역시	수입국 다변화 지원	20,000	외교투자통상과	7	4	7	8	7	1	1	2
2655	울산광역시	ULSAN EXPORT PLAZA 2021	120,000	외교투자통상과	7	4	7	8	7	1	1	2
2656	울산광역시	수출유망기업 육성 지원	160,000	외교투자통상과	7	4	7	8	7	1	1	2
2657	울산광역시	수출강소기업 성장 지원	100,000	외교투자통상과	7	4	7	8	7	1	1	2
2658	울산광역시	중소기업 통·번역 지원	50,000	외교투자통상과	7	4	7	8	7	1	1	2
2659	울산광역시	전시용 모형물 제작 지원	40,000	외교투자통상과	7	4	7	8	7	1	1	2
2660	울산광역시	국제특송 해외물류비 지원	85,000	외교투자통상과	7	4	7	8	7	1	1	2
2661	울산광역시	동남권 공동 조선·해양플랜트 수출상담회	40,000	외교투자통상과	7	4	7	8	7	1	1	2
2662	울산광역시	시장개척단 파견	150,000	외교투자통상과	7	4	7	8	7	1	1	2
2663	울산광역시	사이버 무역상담회	50,000	외교투자통상과	7	4	7	8	7	1	1	2
2664	울산광역시	해외 유명 전문 전시·박람회 참가	472,000	외교투자통상과	7	4	7	8	7	1	1	2
2665	울산광역시	중소기업 해외홍보 지원	220,000	외교투자통상과	7	4	7	8	7	1	1	2
2666	울산광역시	해외규격 인증 획득 지원사업	100,000	외교투자통상과	7	4	7	8	7	1	1	2
2667	울산광역시	해외 비즈니스 사전 사후 마케팅 지원	40,000	외교투자통상과	7	4	7	8	7	1	1	2
2668	울산광역시	해외투자유치단 파견	20,000	외교투자통상과	7	5	7	8	7	1	1	2
2669	울산광역시	투자유치설명회 개최	10,000	외교투자통상과	7	5	7	8	7	1	1	2
2670	울산광역시	온택트 글로벌 투자유치 활동	40,000	외교투자통상과	7	5	7	8	7	1	1	2
2671	울산광역시	국제도시화 중장기 추진계획 수립	50,000	외교투자통상과	7	4	7	8	7	1	1	2
2672	울산광역시	지역 첨단화학소재 기술개발 지원사업	100,000	화학소재산업과	7	5	7	8	7	5	2	4
2673	울산광역시	화학산업 경쟁력강화 지원	200,000	화학소재산업과	7	4	7	8	7	5	1	4
2674	울산광역시	제15회 울산화학의 날 기념식 개최	50,000	화학소재산업과	7	5	7	8	7	5	2	4
2675	울산광역시	시-화연 정밀화학 기술협력	1,000,000	화학소재산업과	7	7	7	8	7	5	2	1
2676	울산광역시	자동차-화학 융합산업 기술개발	180,000	화학소재산업과	7	7	7	8	7	5	2	1
2677	울산광역시	뿌리기업 기술첨단화 지원	280,000	화학소재산업과	7	7	7	8	7	5	2	4
2678	울산광역시	Genome Expo 2021 개최	100,000	화학소재산업과	7	6	7	8	7	5	2	4
2679	울산광역시	세포간 신호교신에 의한 암 제어 기술개발	100,000	화학소재산업과	7	7	7	8	7	5	2	1
2680	울산광역시	UNIST-WFIRM-UniBasel 생체장기모사 공동연구센터 운영	100,000	화학소재산업과	7	7	7	8	7	5	2	1
2681	울산광역시	폐플라스틱 새화용 및 생분해성 플라스틱 제조기술 개발	200,000	화학소재산업과	7	7	7	8	7	5	5	4
2682	울산광역시	산학융합 혁신기반 활용사업	200,000	화학소재산업과	7	4	7	8	7	5	5	4
2683	울산광역시	산학융합 촉진사업	200,000	화학소재산업과	7	7	7	8	7	5	5	4
2684	울산광역시	동북아 오일·가스허브 투자단 유치 공동 마케팅 지원	15,000	화학소재산업과	7	6	7	8	7	5	5	4
2685	울산광역시	동북아 오일·가스허브 활성화 연구과제 발굴	50,000	화학소재산업과	7	6	7	8	7	5	5	4
2686	울산광역시	동북아 오일·가스허브 물류거래 활성화 연구 지원	200,000	화학소재산업과	7	6	7	8	7	5	1	1
2687	울산 중구	공공기관과 함께하는 멘토링데이 운영	10,000	일자리기업과	7	5	4	8	2	1	1	3
2688	울산 중구	중소기업경영안정자금 지원	4,000	일자리기업과	7	4	7	6	7	1	1	4

순번	시군구	지출명 (사업명)	2021년예산 (단위:천원/1년간)	담당자 (공무원)	민간이전 분류 (지방자치단체 세출예산 집행기준에 의거)	민간이전지출 근거 (지방보조금 관리기준 참고)	입찰방식			운영예산 산정		성과평가 실시여부
				담당부서	1. 민간경상사업보조(307-02) 2. 민간단체 법정운영비보조(307-03) 3. 민간행사사업보조(307-04) 4. 민간위탁금(307-05) 5. 사회복지시설 법정운영비보조(307-10) 6. 민간인위탁교육비(307-12) 7. 공기관등에대한경상적위탁사업비(308-10) 8. 민간자본사업보조,자체재원(402-01) 9. 민간자본사업보조,이전재원(402-02) 10. 민간위탁사업비(402-03) 11. 공기관등에 대한 자본적 대행사업비(403-02)	1. 법률에 규정 2. 국고보조 재원(국가지정) 3. 용도 지정 기부금 4. 조례에 직접규정 5. 지자체가 권장하는 사업을 하는 공공기관 6. 시,도 정책 및 재정사정 7. 기타 8. 해당없음	계약체결방법 (경쟁형태) 1. 일반경쟁 2. 제한경쟁 3. 지명경쟁 4. 수의계약 5. 법정위탁 6. 기타 ( ) 7. 해당없음	계약기간 1. 1년 2. 2년 3. 3년 4. 4년 5. 5년 6. 기타 ( )년 7. 단기계약 (1년미만) 8. 해당없음	낙찰자선정방법 1. 적격심사 2. 협상에의한계약 3. 최저가낙찰제 4. 규격가격분리 5. 2단계 경쟁입찰 6. 기타 ( ) 7. 해당없음	운영예산 산정 1. 내부산정 (지자체 자체적으로 산정) 2. 외부산정 (외부전문기관위탁 산정) 3. 내·외부 모두 산정 4. 산정 無 5. 해당없음	정산방법 1. 내부정산 (지자체 내부적으로 정산) 2. 외부정산 (외부전문기관위탁 정산) 3. 내·외부 모두 산정 4. 정산 無 5. 해당없음	1. 실시 2. 미실시 3. 향후 추진 4. 해당없음
2689	울산 중구	4차산업 맞춤형 중소기업 지원	200,000	일자리기업과	7	5	7	1	7	1	3	4
2690	울산 중구	중소기업 지식재산권 및 인증 확보 지원	10,000	일자리기업과	7	5	7	1	7	1	1	4
2691	울산 중구	지방세전산프로그램 유지보수비	59,064	세무1과	7	1	5	1	7	3	2	1
2692	울산 중구	지방세외수입정보시스템 유지보수비	23,574	세무2과	7	1	5	1	7	2	2	1
2693	울산 중구	청백-e시스템 운영비	8,002	주민소통과	7	7	7	8	7	5	5	4
2694	울산 남구	지방세 정보화사업 운영관리	77,047	세무1과	7	1	5	1	7	2	2	1
2695	울산 남구	주민등록운영	13,922	주민소통과	7	1	7	8	7	2	2	4
2696	울산 남구	스타트업 창의차고 위탁 운영	120,000	일자리정책과	7	4	1	2	1	1	2	2
2697	울산 동구	청백-e 시스템 유지보수 및 운영지원	6,404	기획예산실	7	1	7	1	7	5	1	2
2698	울산 동구	지방재정관리시스템 유지보수	18,132	기획예산실	7	1	5	1	7	2	1	2
2699	울산 동구	인사정보시스템운영지원	6,863	총무과	7	5	4	1	2	2	2	4
2700	울산 동구	차세대인사정보시스템 구축 지자체 분담금	106,542	총무과	7	5	4	1	2	2	2	4
2701	울산 동구	표준기록관리시스템 유지관리비	36,925	총무과	7	5	4	1	6	2	2	4
2702	울산 동구	우편모아시스템 유지보수비	5,500	총무과	7	1	4	1	2	2	2	4
2703	울산 동구	공통기반시스템 유지보수	87,423	자치행정과	7	5	5	1	7	2	2	4
2704	울산 동구	온-나라시스템 유지보수	12,109	자치행정과	7	5	5	1	7	2	2	4
2705	울산 동구	지방세 정보화사업 운영 관리	52,229	세무과	7	1	5	1	7	2	2	1
2706	울산 동구	표준지방세외수입정보시스템 운영지원	21,389	세무과	7	1	5	1	7	2	2	1
2707	울산 동구	차세대주민등록시스템 운영	12,416	민원지적과	7	1	7	7	7	2	2	4
2708	울산 동구	전통시장 경영현대화 사업	124,000	경제진흥과	7	2	7	8	7	5	5	4
2709	울산 동구	장애인의료비 지원	15,150	사회복지과	7	1	7	8	7	1	1	4
2710	울산 동구	치매치료관리비 지원사업	91,800	동구보건소	7	2	7	8	7	1	1	1
2711	울산 동구	산모신생아 건강관리 지원사업	400,000	동구보건소	7	1	7	8	7	5	5	2
2712	울산 동구	영유아 건강검진사업	1,867	동구보건소	7	1	7	8	7	5	5	2
2713	울산 동구	기저귀및조제분유지원	78,600	동구보건소	7	1	7	8	7	5	5	2
2714	울산 동구	표준모자보건수첩제작	2,200	동구보건소	7	1	7	8	7	5	5	2
2715	울산 동구	청소년산모 임신출산 의료비지원	1,174	동구보건소	7	1	7	8	7	5	5	2
2716	울산 동구	국가암관리 지자체지원	180,400	동구보건소	7	2	7	8	7	5	5	4
2717	울산 동구	의료급여수급권자 일반건강검진사업	23,654	동구보건소	7	2	7	8	7	5	5	4
2718	울산 동구	희귀질환자 의료비지원사업	76,000	동구보건소	7	2	7	8	7	5	5	4
2719	울산 북구	향토방위 작전 지원	3,180	안전정보과	7	1	7	8	7	5	1	4
2720	울산 북구	교육훈련 지원	16,604	안전정보과	7	1	7	8	7	5	1	4
2721	울산 북구	예비군 부대운영 지원	3,000	안전정보과	7	1	7	8	7	5	1	4
2722	울산 울주군	공통기반Ⅰ(시군구)시스템	23,708	회계정보과	7	1	7	8	7	5	5	4
2723	울산 울주군	공통기반Ⅱ(새올)시스템	42,291	회계정보과	7	1	7	8	7	5	5	4
2724	울산 울주군	시군구 재해복구시스템	5,590	회계정보과	7	1	7	8	7	5	5	4
2725	울산 울주군	시군구 재해복구시스템	518	회계정보과	7	1	7	8	7	5	5	4
2726	울산 울주군	청백e시스템	481	회계정보과	7	1	7	8	7	5	5	4
2727	울산 울주군	지킴e시스템	579	회계정보과	7	1	7	8	7	5	5	4
2728	울산 울주군	공통기반(Ⅰ,Ⅱ) 위탁소요경비	6,500	회계정보과	7	1	7	8	7	5	5	4
2729	울산 울주군	시군구 재해복구시스템 위탁소요경비	1,600	회계정보과	7	1	7	8	7	5	5	4
2730	울산 울주군	지방행정공통정보시스템 위탁소요경비	6,500	회계정보과	7	1	7	8	7	5	5	4
2731	울산 울주군	문서관리, 웹서비스보안 S/W, 개인정보보호솔루션	8,446	회계정보과	7	1	7	8	7	5	5	4

순번	시군구	지출명 (사업명)	2021년예산 (단위:천원/1년간)	담당자 (공무원)	민간이전 분류 (지방자치단체 세출예산 집행기준에 의거)	민간이전지출 근거 (지방보조금 관리기준 참고)	입찰방식			운영예산 산정		성과평가 실시여부
				담당부서	1. 민간경상사업보조(307-02) 2. 민간단체 법정운영비보조(307-03) 3. 민간행사사업보조(307-04) 4. 민간위탁금(307-05) 5. 사회복지시설 법정운영비보조(307-10) 6. 민간인위탁교육비(307-12) 7. 공기관등에대한경상적위탁사업비(308-10) 8. 민간자본사업보조,자체재원(402-01) 9. 민간자본사업보조,이전재원(402-02) 10. 민간위탁사업비(402-03) 11. 공기관등에 대한 자본적 대행사업비(403-02)	1. 법률에 규정 2. 국고보조 재원(국가지정) 3. 용도 지정 기부금 4. 조례에 직접규정 5. 지자체가 권장하는 사업을 하는 공공기관 6. 시,도 정책 및 재정사정 7. 기타 8. 해당없음	계약체결방법 (경쟁형태) 1. 일반경쟁 2. 제한경쟁 3. 지명경쟁 4. 수의계약 5. 법정위탁 6. 기타 ( ) 7. 해당없음	계약기간 1. 1년 2. 2년 3. 3년 4. 4년 5. 5년 6. 기타 ( )년 7. 단기계약 (1년미만) 8. 해당없음	낙찰자선정방법 1. 적격심사 2. 협상에의한계약 3. 최저가낙찰제 4. 규격가격분리 5. 2단계 경쟁입찰 6. 기타 ( ) 7. 해당없음	운영예산 산정 1. 내부산정 (지자체 자체적으로 산정) 2. 외부산정 (외부전문기관위탁 산정) 3. 내·외부 모두 산정 4. 산정 無 5. 해당없음	정산방법 1. 내부정산 (지자체 내부적으로 정산) 2. 외부정산 (외부전문기관위탁 정산) 3. 내·외부 모두 산정 4. 정산 無 5. 해당없음	1. 실시 2. 미실시 3. 향후 추진 4. 해당없음
2732	울산 울주군	온나라시스템 운영지원	10,000	회계정보과	7	1	7	8	7	5	5	4
2733	울산 울주군	울주아카데미 운영	40,000	인재교육과	7	4	5	6	7	1	1	2
2734	울산 울주군	온양문화복지센터 문화강좌 프로그램 운영	244,240	인재교육과	7	4	6	6	7	1	1	2
2735	울산 울주군	찾아가는 과학교실	32,000	인재교육과	7	8	7	8	7	1	1	4
2736	울산 울주군	울주 과학영재 육성사업	50,000	인재교육과	7	8	7	8	7	1	1	1
2737	울산 울주군	울주 스마트 리스닝	200,000	인재교육과	7	8	7	8	7	1	1	1
2738	울산 울주군	울주 과학 멘토링	362,000	인재교육과	7	8	7	8	7	1	1	4
2739	울산 울주군	울주 하이리더 캠프	36,000	인재교육과	7	8	7	8	7	1	1	4
2740	울산 울주군	울주 이공계 진로체험	202,000	인재교육과	7	8	7	8	7	1	1	4
2741	울산 울주군	지방세통합전산시스템운영	64,096	세무1과	7	5	5	1	2	2	2	1
2742	울산 울주군	차세대 지방세정보시스템 운영	2,182	세무1과	7	5	5	1	2	2	2	1
2743	울산 울주군	표준기록관리시스템 유지보수 위탁	26,471	총무과	7	7	4	1	2	1	1	1
2744	울산 울주군	표준지방인사정보시스템 구축 및 유지관리	203,922	총무과	7	7	5	1	7	2	2	4
2745	울산 울주군	노인사회활동지원사업	410,592	노인장애인과	7	2	7	8	7	1	1	1
2746	울산 울주군	노인사회활동지원사업	5,058,900	노인장애인과	7	2	7	8	7	1	1	1
2747	울산 울주군	노인사회활동지원사업	213,600	노인장애인과	7	2	7	8	7	1	1	1
2748	울산 울주군	노인사회활동지원사업	15,000	노인장애인과	7	2	7	8	7	1	1	1
2749	울산 울주군	노인사회활동지원사업	1,744,600	노인장애인과	7	2	7	8	7	1	1	1
2750	울산 울주군	시니어클럽 운영지원	346,324	노인장애인과	7	1	7	8	7	1	1	1
2751	울산 울주군	노인복지관 운영지원	3,181,837	노인장애인과	7	4	7	8	7	1	1	1
2752	울산 울주군	경로식당 운영지원	162,500	노인장애인과	7	6	7	1	7	1	1	1
2753	울산 울주군	경로식당 운영지원	262,500	노인장애인과	7	6	7	1	7	1	1	1
2754	울산 울주군	장애인목욕탕 운영지원	46,000	노인장애인과	7	6	7	8	7	1	1	4
2755	울산 울주군	장애인복지관 운영지원	523,296	노인장애인과	7	4	7	8	7	1	1	2
2756	울산 울주군	근로능력있는 수급자의 탈수급 지원	400,026	노인장애인과	7	1	5	8	7	1	1	1
2757	울산 울주군	특별지원 청소년 사례관리비	400	여성가족과	7	6	7	8	7	1	1	1
2758	울산 울주군	청소년상담복지센터 운영	433,000	여성가족과	7	6	7	8	7	1	1	1
2759	울산 울주군	청소년안전망사업 운영	111,000	여성가족과	7	2	7	8	7	1	1	1
2760	울산 울주군	청소년 동반자 프로그램 운영	91,150	여성가족과	7	2	7	8	7	1	1	1
2761	울산 울주군	학교밖 청소년 지원	107,500	여성가족과	7	2	7	8	7	1	1	1
2762	울산 울주군	학교밖 청소년 무상급식	16,740	여성가족과	7	6	7	8	7	1	1	1
2763	울산 울주군	청소년 진로직업체험센터 운영	170,000	여성가족과	7	6	7	8	7	1	1	1
2764	울산 울주군	청소년 방과후 아카데미 운영	215,308	여성가족과	7	1	7	8	7	1	1	2
2765	울산 울주군	지역청소년 참여위원회 운영	2,800	여성가족과	7	1	7	8	7	1	1	2
2766	울산 울주군	청소년수련관 운영위원회	3,000	여성가족과	7	1	7	8	7	1	1	2
2767	울산 울주군	청소년수련관 청소년지도사 배치	27,361	여성가족과	7	1	7	8	7	1	1	2
2768	울산 울주군	청소년의 달 행사	60,000	여성가족과	7	6	7	8	7	1	1	1
2769	울산 울주군	서부수련관 프로그램 지원사업	473,854	여성가족과	7	7	7	8	7	1	1	2
2770	울산 울주군	중부수련관 프로그램 지원사업	134,400	여성가족과	7	7	7	8	7	1	1	2
2771	울산 울주군	울주문화예술회관 운영	2,073,757	문화체육과	7	4	4	5	7	1	1	1
2772	울산 울주군	울주문화예술회관 운영	636,200	문화체육과	7	4	4	5	7	1	1	1
2773	울산 울주군	서울주문화센터 운영	827,484	문화체육과	7	4	4	5	7	1	1	1
2774	울산 울주군	서울주문화센터 운영	14,500	문화체육과	7	4	4	5	7	1	1	1

순번	시군구	지출명 (사업명)	2021년예산 (단위:천원/1년간)	담당자 (공무원)	민간이전 분류 (지방자치단체 세출예산 집행기준에 의거)	민간이전지출 근거 (지방보조금 관리기준 참고)	입찰방식			운영예산 산정		성과평가 실시여부
				담당부서	1. 민간경상사업보조(307-02) 2. 민간단체 법정운영비보조(307-03) 3. 민간행사사업보조(307-04) 4. 민간위탁금(307-05) 5. 사회복지시설 법정운영비보조(307-10) 6. 민간인위탁교육비(307-12) 7. 공기관등에대한경상적위탁사업비(308-10) 8. 민간자본사업보조,자체재원(402-01) 9. 민간자본사업보조,이전재원(402-02) 10. 민간위탁사업비(402-03) 11. 공기관등에 대한 자본적 대행사업비(403-02)	1. 법률에 규정 2. 국고보조 재원(국가지정) 3. 용도 지정 기부금 4. 조례에 직접규정 5. 지자체가 권장하는 사업을 하는 공공기관 6. 시,도 정책 및 재정사정 7. 기타 8. 해당없음	계약체결방법 (경쟁형태) 1. 일반경쟁 2. 제한경쟁 3. 지명경쟁 4. 수의계약 5. 법정위탁 6. 기타 ( ) 7. 해당없음	계약기간 1. 1년 2. 2년 3. 3년 4. 4년 5. 5년 6. 기타 ( )년 7. 단기계약 (1년미만) 8. 해당없음	낙찰자선정방법 1. 적격심사 2. 협상에의한계약 3. 최저가낙찰제 4. 규격가격분리 5. 2단계 경쟁입찰 6. 기타 ( ) 7. 해당없음	운영예산 산정 1. 내부산정 (지자체 자체적으로 산정) 2. 외부산정 (외부전문기관위탁 산정) 3. 내·외부 모두 산정 4. 산정 無 5. 해당없음	정산방법 1. 내부정산 (지자체 내부적으로 정산) 2. 외부정산 (외부전문기관위탁 정산) 3. 내·외부 모두 산정 4. 정산 無 5. 해당없음	1. 실시 2. 미실시 3. 향후 추진 4. 해당없음
2775	울산 울주군	울주생활문화센터 운영	164,146	문화체육과	7	4	4	5	7	1	1	1
2776	울산 울주군	지역문화예술행사 개최	100,000	문화체육과	7	4	4	8	7	1	1	1
2777	울산 울주군	간절곶 해맞이 행사	450,000	문화체육과	7	2	4	8	7	1	1	1
2778	울산 울주군	온산문화체육센터 운영	543,887	문화체육과	7	4	4	6	7	1	1	1
2779	울산 울주군	울주군국민체육센터 운영	681,784	문화체육과	7	4	4	6	7	1	1	1
2780	울산 울주군	울산옹기축제	850,000	관광과	7	4	7	8	7	5	5	4
2781	울산 울주군	문화관광축제(울산옹기축제)지원	30,300	관광과	7	2	7	8	7	5	5	4
2782	울산 울주군	세외수입정보시스템 운영	28,744	세무2과	7	2	7	1	7	2	2	1
2783	울산 울주군	UNIST 기업지원프로그램 이용 지원	38,000	지역경제과	7	4	4	1	2	1	1	1
2784	울산 울주군	그린뉴딜 상생협력 지원	300,000	지역경제과	7	4	7	8	7	5	5	4
2785	울산 울주군	수출입 다변화 지원	100,000	지역경제과	7	4	7	8	7	5	5	4
2786	울산 울주군	디지털 기업 마케팅 지원	100,000	지역경제과	7	4	7	8	7	5	5	4
2787	울산 울주군	신남방 수출시장 개척 지원	100,000	지역경제과	7	4	7	8	7	5	5	4
2788	울산 울주군	국내외 전시회 개별 참가 지원	100,000	지역경제과	7	4	4	1	2	1	1	1
2789	울산 울주군	기업주도형 글로벌 경쟁력 강화	70,000	지역경제과	7	4	4	1	2	1	1	1
2790	울산 울주군	해외무역관 지사화 지원	50,000	지역경제과	7	4	4	1	2	1	1	1
2791	울산 울주군	해외시장개척단 파견	50,000	지역경제과	7	4	4	1	2	1	1	1
2792	울산 울주군	수출보증보험료 지원	22,000	지역경제과	7	4	4	1	2	1	1	1
2793	울산 울주군	온산문화체육센터 대덕도서관 독서문화행사 운영비 지원	10,000	도서관과	7	1	7	8	7	1	1	4
2794	울산 울주군	가스안전장치 보급	27,680	에너지정책과	7	1	5	1	7	1	1	2
2795	울산 울주군	스마트팜 보급확산 지원사업	950,000	6차산업추진단	7	1	7	8	7	1	1	3
2796	울산 울주군	연안자원 조성 및 관리	250,000	축수산과	7	6	5	1	7	1	1	4
2797	울산 울주군	수산정책보험	65,842	축수산과	7	6	7	8	7	1	1	4
2798	울산 울주군	공동방제단 운영	426,452	축수산과	7	5	5	1	7	1	3	4
2799	울산 울주군	연어자원 증강 및 보존연구 사업위탁	60,000	축수산과	7	6	5	7	7	1	1	4
2800	울산 울주군	태화강 수산생물 서식 실태조사 사업위탁	150,000	축수산과	7	6	5	7	7	1	1	4
2801	울산 울주군	온산바이오가스화시설 대곡댐 상류 가축분뇨처리비	6,942	환경자원과	7	8	7	8	7	5	5	4
2802	울산 울주군	공중화장실 유지관리	1,270,000	건설과	7	7	6	1	2	1	1	3
2803	울산 울주군	온산처리장 분뇨 및 오니처리비	21,000	건설과	7	4	7	8	7	1	1	4
2804	세종특별자치시	부강산단 공공폐수처리시설 위탁운영	783,449	산업입지과	7	1	7	8	7	3	1	4
2805	세종특별자치시	전의산단 공공폐수처리시설 위탁운영	779,718	산업입지과	7	1	7	8	7	3	1	4
2806	세종특별자치시	누리과정 보육료	18,630,720	여성가족과	7	2	5	8	7	5	5	4
2807	세종특별자치시	영유아보육료	61,781,000	여성가족과	7	2	5	8	7	5	5	4
2808	세종특별자치시	민간어린이집 차액보육료	2,352,144	여성가족과	7	6	5	1	7	5	5	4
2809	세종특별자치시	시간제 보육료 지원	127,584	여성가족과	7	2	5	8	7	5	5	4
2810	세종특별자치시	통합문화이용권	594,200	문화예술과	7	2	7	8	7	5	1	4
2811	세종특별자치시	예술동아리 교육지원 사업	100,000	문화예술과	7	2	7	8	7	5	1	4
2812	세종특별자치시	지역문화예술교육 기반구축	297,000	문화예술과	7	2	7	8	7	5	1	4
2813	세종특별자치시	유아문화예술교육지원 사업	100,000	문화예술과	7	2	7	8	7	5	1	4
2814	세종특별자치시	청소년 문화도시기획단 운영	25,000	문화예술과	7	6	7	8	7	5	1	4
2815	세종특별자치시	지역문화예술특성화	550,000	문화예술과	7	2	5	1	6	1	1	1
2816	세종특별자치시	문화향유활동지원	100,000	문화예술과	7	4	5	1	6	1	1	1
2817	세종특별자치시	공연장 상주단체 지원	400,000	문화예술과	7	2	5	1	6	1	1	1

순번	시군구	지출명 (사업명)	2021년예산 (단위:천원/1년간)	담당자 (공무원)	민간이전 분류 (지방자치단체 세출예산 집행기준에 의거)	민간이전지출 근거 (지방보조금 관리기준 참고)	입찰방식			운영예산 산정		성과평가 실시여부
				담당부서	1. 민간경상사업보조(307-02) 2. 민간단체 법정운영비보조(307-03) 3. 민간행사사업보조(307-04) 4. 민간위탁금(307-05) 5. 사회복지시설 법정운영비보조(307-10) 6. 민간인위탁교육비(307-12) 7. 공기관등에대한경상적위탁사업비(308-10) 8. 민간자본사업보조,자체재원(402-01) 9. 민간자본사업보조,이전재원(402-02) 10. 민간위탁사업비(402-03) 11. 공기관등에 대한 자본적 대행사업비(403-02)	1. 법률에 규정 2. 국고보조 재원(국가지정) 3. 용도 지정 기부금 4. 조례에 직접규정 5. 지자체가 권장하는 사업을 하는 공공기관 6. 시,도 정책 및 재정사정 7. 기타 8. 해당없음	계약체결방법 (경쟁형태) 1. 일반경쟁 2. 제한경쟁 3. 지명경쟁 4. 수의계약 5. 법정위탁 6. 기타 ( ) 7. 해당없음	계약기간 1. 1년 2. 2년 3. 3년 4. 4년 5. 5년 6. 기타 ( )년 7. 단기계약 (1년미만) 8. 해당없음	낙찰자선정방법 1. 적격심사 2. 협상에의한계약 3. 최저가낙찰제 4. 규격가격분리 5. 2단계 경쟁입찰 6. 기타 ( ) 7. 해당없음	운영예산 산정 1. 내부산정 (지자체 자체적으로 산정) 2. 외부산정 (외부전문기관위탁 산정) 3. 내·외부 모두 산정 4. 산정 無 5. 해당없음	정산방법 1. 내부정산 (지자체 내부적으로 정산) 2. 외부정산 (외부전문기관위탁 정산) 3. 내·외부 모두 산정 4. 정산 無 5. 해당없음	1. 실시 2. 미실시 3. 향후 추진 4. 해당없음
2818	세종특별자치시	박연 문화관 관리 운영	700,000	문화예술과	7	4	7	8	7	1	1	4
2819	세종특별자치시	지역기반형 음악창작소 운영	200,000	문화예술과	7	4	7	8	7	1	1	4
2820	세종특별자치시	공연예술연습공간 운영	9,000	문화예술과	7	4	7	8	7	1	1	4
2821	세종특별자치시	상생형 문화거리 운영	200,000	문화예술과	7	7	7	8	7	1	1	4
2822	세종특별자치시	지역특화콘텐츠 개발지원	200,000	문화예술과	7	2	7	8	7	1	1	4
2823	세종특별자치시	조치원공공하수처리시설 관리대행	2,962,120	상하수도시설과	7	1	5	5	7	2	1	1
2824	세종특별자치시	전의공공하수처리시설 관리대행	441,362	상하수도시설과	7	1	5	5	7	2	1	1
2825	세종특별자치시	연서공공하수처리시설 관리대행	1,267,692	상하수도시설과	7	1	6	5	7	2	1	1
2826	세종특별자치시	세종고용복지+센터 관리	373,143	일자리정책과	7	4	7	8	7	1	1	1
2827	세종특별자치시	기능경기대회 지원	145,000	일자리정책과	7	1	5	1	7	1	1	4
2828	세종특별자치시	표준 지방세정보시스템 운영	75,960	세정과	7	1	7	8	7	5	5	4
2829	세종특별자치시	신용보증 및 소상공인자금지원 업무위탁	1,686,555	기업지원과	7	4	6	8	6	1	1	1
2830	세종특별자치시	지역대표 중견기업 지원	129,400	기업지원과	7	2	5	8	7	4	2	1
2831	세종특별자치시	중소기업육성자금지원	55,000	기업지원과	7	4	6	1	6	1	1	1
2832	세종특별자치시	노인건강관리	168,000	보건행정과	7	2	7	8	7	5	5	4
2833	세종특별자치시	가족접촉자 검진 지원 예탁	2,500	보건의료과	7	2	7	8	7	5	5	4
2834	세종특별자치시	공통기반시스템 등 유지보수	101,670	정보통계담당관	7	1	7	8	7	2	2	4
2835	세종특별자치시	공통기반 재해복구시스템 유지보수	86,353	정보통계담당관	7	1	7	8	7	2	2	4
2836	세종특별자치시	온나라 전자문서시스템 유지보수	27,996	정보통계담당관	7	1	7	8	7	2	2	4
2837	세종특별자치시	새올행정시스템 서비스데스크 운영	6,460	정보통계담당관	7	1	7	8	7	2	2	4
2838	세종특별자치시	주요정보통신기반시설 취약점 분석평가	75,300	정보통계담당관	7	1	7	8	7	2	2	1
2839	세종특별자치시	온-나라 2.0 문서관리시스템 전환 구축	118,136	정보통계담당관	7	6	7	8	7	2	2	4
2840	세종특별자치시	시립의료기관 운영관리	27,978	보건정책과	7	4	4	6	2	5	3	1
2841	세종특별자치시	심폐소생술 등 응급처치 교육비 지원	143,600	보건정책과	7	5	7	8	7	5	5	4
2842	세종특별자치시	재난 응급의료 무선통신망 운영비 등	22,000	보건정책과	7	5	7	8	7	2	2	1
2843	세종특별자치시	응급의료지원센터 운영지원	73,000	보건정책과	7	1	7	8	7	2	2	1
2844	세종특별자치시	응급의료 네트워크 구축사업	26,036	보건정책과	7	5	7	8	7	1	1	1
2845	세종특별자치시	중증응급환자 이송체계 구축사업	13,000	보건정책과	7	5	7	8	7	5	5	4
2846	세종특별자치시	지역지식재산 창출지원사업	412,000	경제정책과	7	1	7	8	7	3	3	1
2847	세종특별자치시	사이언스비즈플라자 운영	1,073,278	경제정책과	7	4	7	5	7	1	3	2
2848	세종특별자치시	인터넷접수 위탁비	9,576	운영지원과	7	1	7	1	7	2	2	4
2849	세종특별자치시	표준지방인사정보시스템 운영	7,653	운영지원과	7	5	7	1	7	5	5	2
2850	세종특별자치시	차세대 표준지방인사정보시스템 구축	27,503	운영지원과	7	5	7	1	7	5	5	2
2851	세종특별자치시	직장어린이집 위탁금 교부	15,000	운영지원과	7	1	4	5	1	1	1	3
2852	세종특별자치시	신교통형 BRT승강장 및 일반승강장 위탁관리	1,196,000	교통과	7	4	7	8	7	1	1	2
2853	세종특별자치시	CNG충전소 위탁운영	20,000	교통과	7	4	7	8	7	1	1	2
2854	세종특별자치시	광역알뜰교통카드 마일리지 보조	50,000	교통과	7	2	7	8	7	5	1	4
2855	세종특별자치시	노인장기요양보험 의료급여 부담금	4,919,849	노인장애인과	7	1	7	8	7	5	5	4
2856	세종특별자치시	아이돌봄 지원사업	3,719,676	아동청소년과	7	2	5	3	1	5	1	1
2857	세종특별자치시	청년센터 공기관 대행 운영	498,971	아동청소년과	7	5	6	2	7	1	1	4
2858	세종특별자치시	지역사회서비스투자사업 운영	1,737,571	복지정책과	7	2	7	8	7	5	5	1
2859	세종특별자치시	지역사회서비스 지원단 운영	300,000	복지정책과	7	2	5	3	7	5	5	1
2860	세종특별자치시	가사간병 방문 지원사업 운영	80,000	복지정책과	7	2	5	8	7	5	5	4

순번	시군구	지출명 (사업명)	2021년예산 (단위:천원/1년간)	담당자 (공무원)	민간이전 분류 (지방자치단체 세출예산 집행기준에 의거)	민간이전지출 근거 (지방보조금 관리기준 참고)	입찰방식			운영예산 산정		성과평가 실시여부
				담당부서	1. 민간경상사업보조(307-02) 2. 민간단체 법정운영비보조(307-03) 3. 민간행사사업보조(307-04) 4. 민간위탁금(307-05) 5. 사회복지시설 법정운영비보조(307-10) 6. 민간인위탁교육비(307-12) 7. 공기관등에대한경상적위탁사업비(308-10) 8. 민간자본사업보조,자체재원(402-01) 9. 민간자본사업보조,이전재원(402-02) 10. 민간위탁사업비(402-03) 11. 공기관등에 대한 자본적 대행사업비(403-02)	1. 법률에 규정 2. 국고보조 재원(국가지정) 3. 용도 지정 기부금 4. 조례에 직접규정 5. 지자체가 권장하는 사업을 하는 공공기관 6. 시,도 정책 및 재정사정 7. 기타 8. 해당없음	계약체결방법 (경쟁형태) 1. 일반경쟁 2. 제한경쟁 3. 지명경쟁 4. 수의계약 5. 법정위탁 6. 기타 ( ) 7. 해당없음	계약기간 1. 1년 2. 2년 3. 3년 4. 4년 5. 5년 6. 기타 ( )년 7. 단기계약 (1년미만) 8. 해당없음	낙찰자선정방법 1. 적격심사 2. 협상에의한계약 3. 최저가낙찰제 4. 규격가격분리 5. 2단계 경쟁입찰 6. 기타 ( ) 7. 해당없음	운영예산 산정 1. 내부산정 (지자체 자체적으로 산정) 2. 외부산정 (외부전문기관위탁 산정) 3. 내·외부 모두 산정 4. 산정 無 5. 해당없음	정산방법 1. 내부정산 (지자체 내부적으로 정산) 2. 외부정산 (외부전문기관위탁 정산) 3. 내·외부 모두 산정 4. 정산 無 5. 해당없음	1. 실시 2. 미실시 3. 향후 추진 4. 해당없음
2861	세종특별자치시	의료급여 진료비 지급	27,062,000	복지정책과	7	1	7	8	7	5	5	2
2862	강원 춘천시	춘천행복교육지구 지역특화사업	200,000	대외협력담당관	7	5	7	8	7	1	1	3
2863	강원 춘천시	차세대 주민등록정보시스템 운영	13,274	민원담당관	7	5	5	1	7	2	2	4
2864	강원 춘천시	청백-e(통합상시 모니터링)시스템 운영	11,997	감사담당관	7	4	5	1	7	1	2	1
2865	강원 춘천시	국가 연구단지 유치를 위한 주민 수용 제고	100,000	기획예산과	7	1	7	8	7	5	5	4
2866	강원 춘천시	예산편성 및 운영	36,264	기획예산과	7	8	7	8	7	2	2	4
2867	강원 춘천시	각종 통계조사	79,500	기획예산과	7	1	5	7	2	1	1	1
2868	강원 춘천시	춘천시 사회조사	8,000	기획예산과	7	1	5	7	2	1	1	1
2869	강원 춘천시	표준지방인사정보시스템 운영	33,069	행정지원과	7	1	1	1	1	2	2	2
2870	강원 춘천시	장애인공무원 편의 지원	30,000	행정지원과	7	1	5	8	7	1	1	4
2871	강원 춘천시	기록관리 행정지원	5,300	행정지원과	7	5	6	1	6	1	2	2
2872	강원 춘천시	체계적인 기록관리	148,000	행정지원과	7	5	6	1	6	1	2	2
2873	강원 춘천시	소프트웨어(SW) 미래채움 사업(국도비 직접지원)	250,000	정보통신과	7	7	6	3	7	1	1	1
2874	강원 춘천시	지방행정공통정보시스템 운영	94,546	정보통신과	7	1	6	1	7	1	1	2
2875	강원 춘천시	온나라시스템 운영	25,000	정보통신과	7	1	6	1	7	1	1	2
2876	강원 춘천시	국민체력100 체력인증센터 운영지원	206,250	체육과	7	1	6	1	6	1	1	1
2877	강원 춘천시	주소정보 운영 및 관리	31,930	토지정보과	7	1	6	1	7	3	1	4
2878	강원 춘천시	저소득노인가구 건강보험료 지원	77,280	경로복지과	7	4	5	8	7	1	1	4
2879	강원 춘천시	중증장애인활동보조사업	1,447,388	장애인복지과	7	1	7	8	7	5	5	4
2880	강원 춘천시	장애인활동지원	11,901,129	장애인복지과	7	1	7	8	7	5	5	4
2881	강원 춘천시	장애인활동지원 시자체사업	319,386	장애인복지과	7	1	7	8	7	5	5	4
2882	강원 춘천시	장애인활동지원 가산급여	50,886	장애인복지과	7	1	7	8	7	5	5	4
2883	강원 춘천시	발달장애인 주간활동서비스 지원	428,571	장애인복지과	7	1	7	8	7	5	5	4
2884	강원 춘천시	발달장애인 방과후활동서비스 지원	516,467	장애인복지과	7	1	7	8	7	5	5	4
2885	강원 춘천시	발달재활서비스지원	883,728	장애인복지과	7	1	7	8	7	5	5	4
2886	강원 춘천시	발달장애인 부모상담지원	9,740	장애인복지과	7	1	7	8	7	5	5	4
2887	강원 춘천시	시·청각·언어장애인부모자녀 언어발달지원	6,758	장애인복지과	7	1	7	8	7	5	5	4
2888	강원 춘천시	춘천사랑상품권 발행	800,000	사회적경제과	7	5	4	3	7	1	1	1
2889	강원 춘천시	춘천시 공공배달앱 운영	300,000	사회적경제과	7	5	4	1	7	1	1	1
2890	강원 춘천시	중소기업 마케팅 지원	524,000	기업과	7	5	6	1	2	1	1	4
2891	강원 춘천시	정밀의료 빅데이터 CDW 구축	285,460	데이터산업과	7	7	5	2	7	1	1	3
2892	강원 춘천시	드론산업 육성	360,000	전략산업과	7	5	7	8	7	5	5	4
2893	강원 춘천시	소재·부품·장비 기업육성 및 기술자립지원 프로젝트	225,000	전략산업과	7	5	6	1	7	1	1	3
2894	강원 춘천시	천연소재(대마) 연구개발 및 산업회	530,000	전략산업과	7	5	6	2	7	1	1	3
2895	강원 춘천시	천연소재(대마) 연구개발 및 산업화	270,000	전략산업과	7	5	6	2	7	1	1	3
2896	강원 춘천시	ICT이노베이션스퀘어 조성	87,500	전략산업과	7	5	6	6	7	1	1	3
2897	강원 춘천시	지방세정보시스템 유지관리	70,027	세정과	7	1	2	1	1	2	2	4
2898	강원 춘천시	차세대 지방세정보시스템 구축	2,465	세정과	7	1	7	8	7	5	5	4
2899	강원 춘천시	세외수입 관리	33,113	징수과	7	8	6	1	7	2	2	4
2900	강원 춘천시	기후변화 대응 및 적응	13,000	기후에너지과	7	6	6	1	7	5	1	4
2901	강원 춘천시	우리집 전기저금통 지원	5,778	기후에너지과	7	5	5	1	7	1	1	1
2902	강원 춘천시	도시형폐기물종합처리시설 운영	5,116,312	환경사업소	7	4	6	3	7	1	1	4
2903	강원 춘천시	김유정문학촌 운영 및 지원	550,000	문화예술과	7	4	4	3	7	1	1	4

순번	시군구	지출명 (사업명)	2021년예산 (단위:천원/1년간)	담당자 (공무원)	민간이전 분류 (지방자치단체 세출예산 집행기준에 의거)	민간이전지출 근거 (지방보조금 관리기준 참고)	입찰방식			운영예산 산정		성과평가 실시여부
				담당부서	1. 민간경상사업보조(307-02) 2. 민간단체 법정운영비보조(307-03) 3. 민간행사사업보조(307-04) 4. 민간위탁금(307-05) 5. 사회복지시설 법정운영비보조(307-10) 6. 민간인위탁교육비(307-12) 7. 공기관등에대한경상적위탁사업비(308-10) 8. 민간자본사업보조,자체재원(402-01) 9. 민간자본사업보조,이전재원(402-02) 10. 민간위탁사업비(402-03) 11. 공기관등에 대한 자본적 대행사업비(403-02)	1. 법률에 규정 2. 국고보조 재원(국가지정) 3. 용도 지정 기부금 4. 조례에 직접규정 5. 지자체가 권장하는 사업을 하는 공공기관 6. 시,도 정책 및 재정사정 7. 기타 8. 해당없음	계약체결방법 (경쟁형태) 1. 일반경쟁 2. 제한경쟁 3. 지명경쟁 4. 수의계약 5. 법정위탁 6. 기타 ( ) 7. 해당없음	계약기간 1. 1년 2. 2년 3. 3년 4. 4년 5. 5년 6. 기타 ( )년 7. 단기계약 (1년미만) 8. 해당없음	낙찰자선정방법 1. 적격심사 2. 협상에의한계약 3. 최저가낙찰제 4. 규격가격분리 5. 2단계 경쟁입찰 6. 기타 ( ) 7. 해당없음	운영예산 산정 1. 내부산정 (지자체 자체적으로 산정) 2. 외부산정 (외부전문기관위탁 산정) 3. 내·외부 모두 산정 4. 산정 無 5. 해당없음	정산방법 1. 내부정산 (지자체 내부적으로 정산) 2. 외부정산 (외부전문기관위탁 정산) 3. 내·외부 모두 산정 4. 정산 無 5. 해당없음	1. 실시 2. 미실시 3. 향후 추진 4. 해당없음
2904	강원 춘천시	영상 산업 육성	850,000	문화콘텐츠과	7	4	6	3	6	1	1	1
2905	강원 춘천시	단체관광객 유치 지원	10,000	관광과	7	7	6	8	7	1	1	3
2906	강원 춘천시	청평사 국민여가 캠핑장 운영	182,500	관광과	7	5	5	2	7	1	1	4
2907	강원 춘천시	청평사 국민여가 캠핑장 운영	20,000	관광과	7	5	5	2	7	1	1	4
2908	강원 춘천시	누룩연구소 육성	200,000	안심농식품과	7	1	6	3	7	1	1	1
2909	강원 춘천시	국립 전통주 산업 진흥원 유치 기반조성	50,000	안심농식품과	7	1	7	8	7	5	5	4
2910	강원 춘천시	학교급식 활성화	20,000	안심농식품과	7	5	5	8	7	1	1	1
2911	강원 춘천시	공공급식 친환경(우수) 식재료비 지원	127,000	안심농식품과	7	5	5	8	7	1	1	1
2912	강원 춘천시	유용미생물 생산지원	187,500	안심농식품과	7	4	7	1	7	1	1	4
2913	강원 춘천시	학생 승마체험 지원	92,480	축산과	7	2	7	8	7	5	1	1
2914	강원 춘천시	희귀질환자 의료비지원	370,000	방문보건과	7	1	7	8	7	1	1	1
2915	강원 춘천시	영유아건강검진 지원	3,927	방문보건과	7	1	5	8	7	2	2	1
2916	강원 춘천시	암 검진사업	464,637	방문보건과	7	1	5	8	7	2	2	1
2917	강원 춘천시	의료급여수급권자 일반건강검진	70,056	방문보건과	7	1	5	8	7	2	2	1
2918	강원 춘천시	치매치료관리비 지원	231,000	방문보건과	7	2	7	8	7	5	5	4
2919	강원 춘천시	상수도검침대행사업비	1,656,003	경영지원과	7	4	6	3	7	1	1	2
2920	강원 춘천시	하수관로정비 BTL 성과평가업무 위탁 수수료	39,668	하수시설과	7	5	5	6	7	2	5	4
2921	강원 춘천시	춘천하수슬러지 자원화시설 관리대행	900,000	하수운영과	7	4	6	3	7	1	1	4
2922	강원 강릉시	청백-e 시스템 유지관리	12,000	감사관	7	7	2	1	2	2	2	1
2923	강원 강릉시	결과분석 및 보고서 발간	8,000	예산정책과	7	7	7	8	7	5	5	4
2924	강원 강릉시	재정정보화 운영관리	32,636	예산정책과	7	5	4	1	1	2	2	1
2925	강원 강릉시	강릉원주대학교 과학영재교육원 지원	30,000	예산정책과	7	1	7	8	7	1	1	1
2926	강원 강릉시	우편모아 시스템 유지보수비	5,500	행정지원과	7	7	5	1	6	2	2	4
2927	강원 강릉시	인사정보시스템 유지보수	8,000	행정지원과	7	1	7	8	7	5	5	4
2928	강원 강릉시	차세대 인사정보시스템 SW 개발비	26,000	행정지원과	7	1	6	3	6	2	2	1
2929	강원 강릉시	지방세 정보시스템 유지관리	64,096	세무과	7	6	6	1	7	5	5	4
2930	강원 강릉시	차세대 지방세정보시스템 운영	2,244	세무과	7	6	6	1	7	5	5	4
2931	강원 강릉시	세외수입 정보시스템 유지관리	30,928	징수과	7	1	5	1	7	5	5	2
2932	강원 강릉시	ICT이노베이션스퀘어 조성사업	87,500	정보산업과	7	2	7	8	7	5	5	1
2933	강원 강릉시	시군구 공통기반 전산장비 유지관리 위탁	77,218	정보산업과	7	7	7	1	6	2	2	2
2934	강원 강릉시	시군구 재해복구시스템 유지관리 위탁	9,513	정보산업과	7	7	7	1	6	2	2	2
2935	강원 강릉시	지방행정공통정보시스템 서비스데스크 운영 위탁	6,460	정보산업과	7	7	7	1	6	2	2	2
2936	강원 강릉시	표준업무관리(온-나라)시스템 유지관리 위탁	25,500	정보산업과	7	7	7	1	6	2	2	2
2937	강원 강릉시	사회적경제기업 홍보체계구축 및 판로개척지원	30,000	일자리경제과	7	5	7	8	6	5	1	3
2938	강원 강릉시	사회적경제기업 네트워킹	10,000	일자리경제과	7	5	7	8	6	5	1	3
2939	강원 강릉시	주문진건어물시장 문화관광형시장 육성사업	220,000	일자리경제과	7	7	7	8	7	5	1	4
2940	강원 강릉시	인터넷쇼핑몰(강릉몰)운영 지원	60,000	기업지원과	7	5	6	6	7	5	1	4
2941	강원 강릉시	중소기업 맞춤형 토털 마케팅 지원사업	70,000	기업지원과	7	7	7	8	7	1	1	4
2942	강원 강릉시	공학교육혁신센터 지원사업	40,000	기업지원과	7	7	7	8	7	1	1	4
2943	강원 강릉시	중소기업지원 창업보육센터 운영	100,000	기업지원과	7	7	7	8	7	1	1	4
2944	강원 강릉시	사회맞춤형 산학협력 선도대학(LINC+) 육성사업 지원	200,000	기업지원과	7	7	7	8	7	1	1	4
2945	강원 강릉시	대학상생 협력사업	20,000	기업지원과	7	7	7	8	7	1	1	4
2946	강원 강릉시	초기창업패키지 사업 지원	80,000	기업지원과	7	7	7	8	7	1	1	4

순번	시군구	지출명 (사업명)	2021년예산 (단위:천원/1년간)	담당자 (공무원)	민간이전 분류 (지방자치단체 세출예산 집행기준에 의거)	민간이전지출 근거 (지방보조금 관리기준 참고)	입찰방식			운영예산 산정		성과평가 실시여부
				담당부서	1. 민간경상사업보조(307-02) 2. 민간단체 법정운영비보조(307-03) 3. 민간행사사업보조(307-04) 4. 민간위탁금(307-05) 5. 사회복지시설 법정운영비보조(307-10) 6. 민간인위탁교육비(307-12) 7. 공기관등에대한경상적위탁사업비(308-10) 8. 민간자본사업보조,자체재원(402-01) 9. 민간자본사업보조,이전재원(402-02) 10. 민간위탁사업비(402-03) 11. 공기관등에 대한 자본적 대행사업비(403-02)	1. 법률에 규정 2. 국고보조 재원(국가지정) 3. 용도 지정 기부금 4. 조례에 직접규정 5. 지자체가 권장하는 사업을 하는 공공기관 6. 시,도 정책 및 재정사정 7. 기타 8. 해당없음	계약체결방법 (경쟁형태) 1. 일반경쟁 2. 제한경쟁 3. 지명경쟁 4. 수의계약 5. 법정위탁 6. 기타 ( ) 7. 해당없음	계약기간 1. 1년 2. 2년 3. 3년 4. 4년 5. 5년 6. 기타 ( )년 7. 단기계약 (1년미만) 8. 해당없음	낙찰자선정방법 1. 적격심사 2. 협상에의한계약 3. 최저가낙찰제 4. 규격가격분리 5. 2단계 경쟁입찰 6. 기타 ( ) 7. 해당없음	운영예산 산정 1. 내부산정 (지자체 자체적으로 산정) 2. 외부산정 (외부전문기관위탁 산정) 3. 내·외부 모두 산정 4. 산정 無 5. 해당없음	정산방법 1. 내부정산 (지자체 내부적으로 정산) 2. 외부정산 (외부전문기관위탁 정산) 3. 내·외부 모두 산정 4. 정산 無 5. 해당없음	1. 실시 2. 미실시 3. 향후 추진 4. 해당없음
2947	강원 강릉시	해양생물 유래 천연소재 면역치료제 연구사업 지원	20,000	기업지원과	7	2	7	8	7	1	1	4
2948	강원 강릉시	헬스케어 힐링 융합 비즈니스 생태계 구축사업	3,950,000	기업지원과	7	2	7	8	7	1	1	4
2949	강원 강릉시	중소기업 해외마케팅 지원	30,000	기업지원과	7	6	7	8	7	1	1	4
2950	강원 강릉시	반도체 제조공정용 세라믹부품 생산기반 고도화	562,000	기업지원과	7	2	7	8	7	1	1	4
2951	강원 강릉시	나노옻칠 표면처리산업 고도화 경쟁력 강화사업	52,200	기업지원과	7	2	7	8	7	1	1	4
2952	강원 강릉시	우리집 전기저금통 사업	20,000	에너지과	7	5	4	1	2	1	2	4
2953	강원 강릉시	강릉커피축제 개최	300,000	문화예술과	7	1	5	1	7	1	1	1
2954	강원 강릉시	강릉관광기념품 공모전 지원	15,000	관광과	7	5	4	1	7	1	1	4
2955	강원 강릉시	강릉관광기념품 활성화 사업	20,000	관광과	7	5	4	1	7	1	1	4
2956	강원 강릉시	마이스(MICE)산업 활성화 사업	100,000	관광과	7	5	4	1	7	1	1	4
2957	강원 강릉시	철도관광상품 인센티브제 운영	30,000	관광과	7	5	4	1	7	1	1	4
2958	강원 강릉시	강릉체력인증센터 운영	206,250	체육과	7	2	7	8	7	3	3	1
2959	강원 강릉시	장애인의료비 지원	223,892	복지정책과	7	1	7	8	7	1	5	1
2960	강원 강릉시	장애아동 발달재활서비스 바우처 지원	838,354	복지정책과	7	1	5	1	7	1	1	1
2961	강원 강릉시	발달장애인 주간활동서비스	857,143	복지정책과	7	1	5	1	7	1	1	1
2962	강원 강릉시	발달장애학생 방과후활동서비스	516,467	복지정책과	7	1	5	1	7	1	1	1
2963	강원 강릉시	장애인 활동지원	8,610,691	복지정책과	7	1	5	1	7	1	1	1
2964	강원 강릉시	장애인 활동지원	6,938	복지정책과	7	1	5	1	7	1	1	1
2965	강원 강릉시	장애인 활동지원 추가사업	837,667	복지정책과	7	1	5	1	7	1	1	1
2966	강원 강릉시	장애인 활동지원 급여 지원	580,122	복지정책과	7	1	5	1	7	1	1	1
2967	강원 강릉시	수선유지 주거급여	1,427,794	생활보장과	7	1	7	8	7	5	5	4
2968	강원 강릉시	요양보호사 역량강화 프로그램 운영 지원	35,000	어르신복지과	7	6	7	8	7	5	5	4
2969	강원 강릉시	차세대 주민등록시스템 운영	13,064	민원증명과	7	1	5	1	7	5	5	2
2970	강원 강릉시	택시운행정보관리시스템(TIMS)운영비 지원	13,730	교통과	7	1	7	8	7	5	5	4
2971	강원 강릉시	2021년 국가주소정보시스템 유지관리	17,974	지적과	7	1	6	1	6	1	1	4
2972	강원 강릉시	2021년 도로명주소 기본도 유지관리	12,144	지적과	7	1	6	1	6	1	1	4
2973	강원 강릉시	지역관광추진조직 지원사업	100,000	미래성장과	7	7	5	1	6	2	1	3
2974	강원 강릉시	지역관광추진조직(DMO) 육성지원사업	475,000	미래성장과	7	2	7	8	7	5	5	4
2975	강원 강릉시	인접시군 여행에 대한 글로벌 인지도 향상 사업	500,000	미래성장과	7	2	7	8	7	5	5	4
2976	강원 강릉시	관광거점도시 글로벌 마케팅	500,000	미래성장과	7	2	7	8	7	5	5	4
2977	강원 강릉시	문화도시 조성사업 위탁사업비	500,000	미래성장과	7	4	7	8	7	1	1	1
2978	강원 강릉시	세계합창대회 개최	500,000	국제대회추진과	7	5	7	8	7	5	5	4
2979	강원 강릉시	치매치료관리비지원	231,000	건강증진과	7	1	7	8	7	1	1	4
2980	강원 강릉시	국가 암 검진비	397,331	건강증진과	7	1	5	1	7	5	5	4
2981	강원 강릉시	건강검진비	46,692	건강증진과	7	1	5	1	7	5	5	4
2982	강원 강릉시	영유아 건강검진비	2,365	건강증진과	7	1	5	1	7	5	5	4
2983	강원 강릉시	희귀질환자 의료비 지원	400,000	건강증진과	7	1	5	1	7	5	5	4
2984	강원 강릉시	표준모자보건수첩 제작	1,400	건강증진과	7	1	7	1	7	5	3	4
2985	강원 강릉시	보호자 없는 병실 운영	556,667	질병예방과	7	6	7	8	7	1	1	1
2986	강원 강릉시	보건의료복지 통합지원체계 구축	43,750	질병예방과	7	6	7	8	7	1	1	1
2987	강원 동해시	예산프로그램(e호조) 유지관리비	25,386	기획감사담당관	7	1	5	1	7	2	2	4
2988	강원 동해시	행복교육지구사업	70,000	문화교육과	7	7	7	8	7	5	5	4
2989	강원 동해시	생활과학교실위탁금	15,000	문화교육과	7	7	4	1	2	1	1	2

순번	시군구	지출명 (사업명)	2021년예산 (단위:천원/1년간)	담당자 (공무원)	민간이전 분류 (지방자치단체 세출예산 집행기준에 의거)	민간이전지출 근거 (지방보조금 관리기준 참고)	입찰방식			운영예산 산정		성과평가 실시여부
				담당부서	1. 민간경상사업보조(307-02) 2. 민간단체 법정운영비보조(307-03) 3. 민간행사사업보조(307-04) 4. 민간위탁금(307-05) 5. 사회복지시설 법정운영비보조(307-10) 6. 민간인위탁교육비(307-12) 7. 공기관등에대한경상적위탁사업비(308-10) 8. 민간자본사업보조,자체재원(402-01) 9. 민간자본사업보조,이전재원(402-02) 10. 민간위탁사업비(402-03) 11. 공기관등에 대한 자본적 대행사업비(403-02)	1. 법률에 규정 2. 국고보조 재원(국가지정) 3. 용도 지정 기부금 4. 조례에 직접규정 5. 지자체가 권장하는 사업을 하는 공공기관 6. 시,도 정책 및 재정사정 7. 기타 8. 해당없음	계약체결방법 (경쟁형태) 1. 일반경쟁 2. 제한경쟁 3. 지명경쟁 4. 수의계약 5. 법정위탁 6. 기타 ( ) 7. 해당없음	계약기간 1. 1년 2. 2년 3. 3년 4. 4년 5. 5년 6. 기타 ( )년 7. 단기계약 (1년미만) 8. 해당없음	낙찰자선정방법 1. 적격심사 2. 협상에의한계약 3. 최저가낙찰제 4. 규격가격분리 5. 2단계 경쟁입찰 6. 기타 ( ) 7. 해당없음	운영예산 산정 1. 내부산정 (지자체 자체적으로 산정) 2. 외부산정 (외부전문기관위탁 산정) 3. 내·외부 모두 산정 4. 산정 無 5. 해당없음	정산방법 1. 내부정산 (지자체 내부적으로 정산) 2. 외부정산 (외부전문기관위탁 정산) 3. 내·외부 모두 산정 4. 정산 無 5. 해당없음	1. 실시 2. 미실시 3. 향후 추진 4. 해당없음
2990	강원 동해시	우수 공예품 및 디자인 개발 지원	42,000	투자유치과	7	1	7	8	7	5	5	4
2991	강원 동해시	민간투자유치 사업추진	5,000	투자유치과	7	4	7	8	7	5	5	4
2992	강원 동해시	동해시 유망중소기업 지원	270,000	투자유치과	7	4	7	8	7	5	5	4
2993	강원 동해시	북방물류 연구지원센터 구축	200,000	투자유치과	7	4	7	8	7	5	5	4
2994	강원 동해시	수출기업 인증획득 및 국내권리화 지원	40,000	투자유치과	7	4	7	8	7	5	5	4
2995	강원 동해시	웰니스 관광클러스터 조성사업	200,000	관광과	7	2	7	8	7	1	1	1
2996	강원 태백시	태백시 사회조사	8,000	기획예산담당관	7	6	7	1	6	5	5	4
2997	강원 태백시	지방재정운영	21,758	기획예산담당관	7	1	1	1	2	2	2	4
2998	강원 태백시	시정업무 감사활동 추진	7,203	소통감사담당관	7	4	7	1	7	2	2	1
2999	강원 태백시	인사 및 조직관리	74,641	총무과	7	7	7	8	7	5	5	4
3000	강원 태백시	행정정보 시스템 운영관리	105,783	소통감사담당관	7	1	5	1	6	3	3	1
3001	강원 태백시	공정한 지방선거 태세확립	109,216	총무과	7	1	7	8	7	5	5	4
3002	강원 태백시	중고등학생 및 대학생 장학금 지원	11,000	평생교육과	7	7	7	8	7	5	5	4
3003	강원 태백시	세정관리운영	158,472	세무과	7	1	5	1	6	2	2	4
3004	강원 태백시	세외수입관리운영	83,555	세무과	7	1	5	1	6	2	2	4
3005	강원 태백시	주민등록·인감제도 운영	10,975	민원교통과	7	2	5	1	7	2	2	1
3006	강원 태백시	장애인 의료비 지원	57,806	사회복지과	7	1	7	8	7	3	1	1
3007	강원 태백시	청소년수련관 운영 관리	495,988	사회복지과	7	1	7	8	7	1	1	1
3008	강원 태백시	상장청소년문화의집 운영 관리	244,588	사회복지과	7	1	7	8	7	1	1	1
3009	강원 태백시	철암청소년문화의집 운영 관리	111,633	사회복지과	7	1	7	8	7	1	1	1
3010	강원 태백시	공공수련시설 청소년지도사 배치	77,904	사회복지과	7	1	7	8	7	1	1	1
3011	강원 태백시	지역청소년참여기구 운영	2,800	사회복지과	7	1	7	8	7	1	1	1
3012	강원 태백시	공공수련시설 청소년운영위원회 운영	6,000	사회복지과	7	1	7	8	7	1	1	1
3013	강원 태백시	청소년 동아리 지원	6,250	사회복지과	7	1	7	8	7	1	1	1
3014	강원 태백시	청소년 방과후아카데미 운영	172,322	사회복지과	7	1	7	8	7	1	1	1
3015	강원 태백시	청소년상담복지센터 운영 관리	167,149	사회복지과	7	1	7	8	7	1	1	1
3016	강원 태백시	청소년안전망 구축	102,990	사회복지과	7	1	7	8	7	1	1	1
3017	강원 태백시	청소년 동반자 프로그램 운영	44,490	사회복지과	7	1	7	8	7	1	1	1
3018	강원 태백시	학교 밖 청소년 지원	90,037	사회복지과	7	1	7	8	7	1	1	1
3019	강원 태백시	학교 밖 청소년 지원	5,200	사회복지과	7	1	7	8	7	1	1	1
3020	강원 태백시	관광진흥 및 홍보 활성화	20,000	문화관광과	7	6	7	8	7	1	1	4
3021	강원 태백시	특성화시장 육성사업	276,000	일자리경제과	7	1	7	8	7	5	5	4
3022	강원 태백시	중소기업 맞춤형 토털 마케팅 지원	92,000	일자리경제과	7	1	7	8	7	2	2	1
3023	강원 태백시	투자・유치 이전기업 지원	700,000	일자리경제과	7	4	7	8	7	5	5	4
3024	강원 태백시	우리집 전기저금통 사업	8,889	일자리경제과	7	1	7	8	7	5	5	4
3025	강원 태백시	우체국 쇼핑몰 이용촉진 지원	10,000	농업기술센터	7	6	7	8	7	1	1	3
3026	강원 태백시	도로명주소사업	20,766	건축지적과	7	1	6	1	7	3	1	4
3027	강원 태백시	의료급여수급권자일반건강검진	9,594	보건소	7	2	7	8	7	3	3	4
3028	강원 태백시	희귀·난치성질환자 의료비 지원	80,000	보건소	7	1	7	8	7	5	1	4
3029	강원 태백시	암검진비 지원	81,086	보건소	7	1	7	8	7	5	1	4
3030	강원 태백시	산모. 신생아 건강관리 지원	96,000	보건소	7	2	6	8	7	3	3	4
3031	강원 태백시	기저귀 및 조제분유 지원	24,000	보건소	7	2	6	8	7	3	3	4
3032	강원 태백시	청소년산모 임신출산 의료비지원	1,200	보건소	7	2	6	8	7	3	3	4

순번	시군구	지출명 (사업명)	2021년예산 (단위:천원/1년간)	담당자 (공무원) 담당부서	민간이전 분류 (지방자치단체 세출예산 집행기준에 의거) 1. 민간경상사업보조(307-02) 2. 민간단체 법정운영비보조(307-03) 3. 민간행사사업보조(307-04) 4. 민간위탁금(307-05) 5. 사회복지시설 법정운영비보조(307-10) 6. 민간인위탁교육비(307-12) 7. 공기관등에대한경상적위탁사업비(308-10) 8. 민간자본사업보조,자체재원(402-01) 9. 민간자본사업보조,이전재원(402-02) 10. 민간위탁사업비(402-03) 11. 공기관등에 대한 자본적 대행사업비(403-02)	민간이전지출 근거 (지방보조금 관리기준 참고) 1. 법률에 규정 2. 국고보조 재원(국가지정) 3. 용도 지정 기부금 4. 조례에 직접규정 5. 지자체가 권장하는 사업을 하는 공공기관 6. 시,도 정책 및 재정사정 7. 기타 8. 해당없음	입찰방식: 계약체결방법 (경쟁형태) 1. 일반경쟁 2. 제한경쟁 3. 지명경쟁 4. 수의계약 5. 법정위탁 6. 기타 ( ) 7. 해당없음	입찰방식: 계약기간 1. 1년 2. 2년 3. 3년 4. 4년 5. 5년 6. 기타 ( )년 7. 단기계약 (1년미만) 8. 해당없음	입찰방식: 낙찰자선정방법 1. 적격심사 2. 협상에의한계약 3. 최저가낙찰제 4. 규격가격분리 5. 2단계 경쟁입찰 6. 기타 ( ) 7. 해당없음	운영예산 산정: 운영예산 산정 1. 내부산정 (지자체 자체적으로 산정) 2. 외부산정 (외부전문기관위탁 산정) 3. 내·외부 모두 산정 4. 산정 無 5. 해당없음	운영예산 산정: 정산방법 1. 내부정산 (지자체 내부적으로 정산) 2. 외부정산 (외부전문기관위탁 정산) 3. 내·외부 모두 산정 4. 정산 無 5. 해당없음	성과평가 실시여부 1. 실시 2. 미실시 3. 향후 추진 4. 해당없음
3033	강원 태백시	표준모자보건수첩 제작	240	보건소	7	2	6	8	7	3	3	4
3034	강원 태백시	의료급여수급권자 영유아 검진비 지원	484	보건소	7	2	6	8	7	3	3	4
3035	강원 태백시	치매치료관리비(약제비)지원	92,000	보건소	7	2	7	8	7	5	3	1
3036	강원 태백시	원수 수질관리	3,149,838	상하수도사업소	7	1	5	6	7	2	2	1
3037	강원 속초시	지방재정관리시스템(e호조) 유지보수	21,758	기획예산과	7	1	5	1	7	5	5	4
3038	강원 속초시	발달장애인 부모상담	1,949	주민생활지원과	7	2	5	8	7	5	2	1
3039	강원 속초시	발달장애인 주간활동서비스	428,571	주민생활지원과	7	2	5	8	7	5	2	1
3040	강원 속초시	발달장애학생 방과후활동서비스	470,117	주민생활지원과	7	2	5	8	7	5	2	1
3041	강원 속초시	발달재활서비스 바우처지원	250,642	주민생활지원과	7	2	5	8	7	5	2	1
3042	강원 속초시	장애인활동지원급여	3,684,288	주민생활지원과	7	2	5	8	7	5	2	1
3043	강원 속초시	지역청소년참여기구 운영	2,000	교육청소년과	7	2	4	5	1	3	1	4
3044	강원 속초시	청소년수련관 대행사업비	77,000	교육청소년과	7	4	4	5	1	3	1	4
3045	강원 속초시	청소년동반자프로그램	88,980	교육청소년과	7	2	4	5	1	3	1	4
3046	강원 속초시	청소년방과후아카데미운영	172,322	교육청소년과	7	2	4	5	1	3	1	4
3047	강원 속초시	청소년방과후아카데 차량임차비	40,000	교육청소년과	7	2	4	5	1	3	1	4
3048	강원 속초시	청소년안전망	102,990	교육청소년과	7	2	4	5	1	3	1	4
3049	강원 속초시	청소년상담사업지원	131,745	교육청소년과	7	4	4	5	1	3	1	4
3050	강원 속초시	학교 밖 청소년 지원	131,513	교육청소년과	7	2	4	5	1	3	1	4
3051	강원 속초시	학교 밖 청소년 지원 급식비	10,000	교육청소년과	7	2	4	5	1	3	1	4
3052	강원 속초시	수소충전소 운영비 보조	100,000	환경위생과	7	1	7	8	7	5	5	4
3053	강원 속초시	자가가구 수선유지급여	657,862	건축과	7	1	7	8	7	5	5	4
3054	강원 속초시	버스정보시스템(BIS) 운영	81,730	교통과	7	1	7	8	7	1	1	1
3055	강원 속초시	도시형교통모델(공공형버스)보조사업	400,000	교통과	7	1	7	8	7	1	1	1
3056	강원 속초시	택시운행정보 관리시스템 운영	6,400	교통과	7	1	7	8	7	1	1	1
3057	강원 속초시	응급환자 후송체계 구축 인건비 지원	42,000	보건소	7	1	7	8	7	1	1	4
3058	강원 속초시	보호자없는병실운영사업	165,741	보건소	7	1	7	8	7	1	1	4
3059	강원 속초시	속초의료원 분만산부인과 운영	600,000	보건소	7	1	7	8	7	1	1	4
3060	강원 속초시	속초의료원 소아과 진료기능 보강사업	136,000	보건소	7	1	7	8	7	1	1	4
3061	강원 홍천군	장애인 활동지원	1,687,952	행복나눔과	7	4	5	8	7	1	1	4
3062	강원 홍천군	장애인활동지원 가산급여	9,252	행복나눔과	7	4	5	8	7	1	1	4
3063	강원 홍천군	독거중증장애인 활동보조지원	140,590	행복나눔과	7	4	7	8	7	1	1	4
3064	강원 홍천군	장애아동 발달재활서비스	99,392	행복나눔과	7	4	1	2	7	1	1	4
3065	강원 홍천군	언어발달지원 사업	2,224	행복나눔과	7	4	1	1	7	1	1	4
3066	강원 홍천군	발달장애인 부모심리상담 서비스 지원사업	1,949	행복나눔과	7	4	7	8	7	1	1	4
3067	강원 홍천군	장애인의료비 지원	49,430	행복나눔과	7	7	7	8	7	1	1	4
3068	강원 홍천군	수요자 맞춤형 기업지원	300,000	일자리경제과	7	4	7	1	7	3	1	4
3069	강원 홍천군	중소기업 수출활성화 지원	150,000	일자리경제과	7	4	7	1	7	3	1	4
3070	강원 홍천군	기업지원 인터넷 쇼핑몰 운영사업	135,000	일자리경제과	7	4	7	1	7	3	1	4
3071	강원 홍천군	중소기업 토털 마케팅 지원사업	44,000	일자리경제과	7	4	7	1	7	3	1	4
3072	강원 홍천군	중소기업 생산성 향상 기업지원	100,000	일자리경제과	7	4	7	8	7	5	5	4
3073	강원 홍천군	바이오메디칼허브 공동연구개발사업	100,000	일자리경제과	7	7	7	8	7	1	1	1
3074	강원 홍천군	제2차 기후변화 적응대책 세부시행계획	12,000	환경과	7	8	7	8	7	5	5	4
3075	강원 홍천군	공공부문 온실가스 목표관리	9,000	환경과	7	8	7	8	7	5	5	4

순번	시군구	지출명 (사업명)	2021년예산 (단위:천원/1년간)	담당자 (공무원)	민간이전 분류 (지방자치단체 세출예산 집행기준에 의거)	민간이전지출 근거 (지방보조금 관리기준 참고)	입찰방식			운영예산 산정		성과평가 실시여부
				담당부서	1. 민간경상사업보조(307-02) 2. 민간단체 법정운영비보조(307-03) 3. 민간행사사업보조(307-04) 4. 민간위탁금(307-05) 5. 사회복지시설 법정운영비보조(307-10) 6. 민간인위탁교육비(307-12) 7. 공기관등에대한경상적위탁사업비(308-10) 8. 민간자본사업보조,자체재원(402-01) 9. 민간자본사업보조,이전재원(402-02) 10. 민간위탁사업비(402-03) 11. 공기관등에 대한 자본적 대행사업비(403-02)	1. 법률에 규정 2. 국고보조 재원(국가지정) 3. 용도 지정 기부금 4. 조례에 직접규정 5. 지자체가 권장하는 사업을 하는 공공기관 6. 시,도 정책 및 재정사정 7. 기타 8. 해당없음	계약체결방법 (경쟁형태) 1. 일반경쟁 2. 제한경쟁 3. 지명경쟁 4. 수의계약 5. 법정위탁 6. 기타 ( ) 7. 해당없음	계약기간 1. 1년 2. 2년 3. 3년 4. 4년 5. 5년 6. 기타 ( )년 7. 단기계약 (1년미만) 8. 해당없음	낙찰자선정방법 1. 적격심사 2. 협상에의한계약 3. 최저가낙찰제 4. 규격가격분리 5. 2단계 경쟁입찰 6. 기타 ( ) 7. 해당없음	운영예산 산정 1. 내부산정 (지자체 자체적으로 산정) 2. 외부산정 (외부전문기관위탁 산정) 3. 내·외부 모두 산정 4. 산정 無 5. 해당없음	정산방법 1. 내부정산 (지자체 내부적으로 정산) 2. 외부정산 (외부전문기관위탁 정산) 3. 내·외부 모두 산정 4. 정산 無 5. 해당없음	1. 실시 2. 미실시 3. 향후 추진 4. 해당없음
3076	강원 홍천군	치매치료관리비 지원	96,000	보건소	7	2	7	8	7	1	1	4
3077	강원 홍천군	국가암검진사업	144,428	보건소	7	2	7	8	7	1	1	4
3078	강원 홍천군	희귀난치성질환자 의료비지원사업	50,000	보건소	7	2	7	8	7	1	1	4
3079	강원 홍천군	의료급여수급권자 일반검진비 지원	13,181	보건소	7	2	7	8	7	5	2	4
3080	강원 홍천군	영유아 건강검진비 지원	780	보건소	7	2	5	8	7	5	1	2
3081	강원 홍천군	청소년 산모 임신,출산의료비지원	2,400	보건소	7	2	5	8	7	5	1	2
3082	강원 홍천군	모자보건수첩제작	500	보건소	7	2	5	8	7	5	1	2
3083	강원 홍천군	산모신생아건강관리사지원	216,000	보건소	7	2	5	8	7	5	1	2
3084	강원 홍천군	저소득층기저귀 조제분유지원	60,000	보건소	7	2	5	8	7	5	1	2
3085	강원 횡성군	기후변화대응추진	13,000	환경관리과	7	4	4	1	7	1	1	1
3086	강원 횡성군	수요자 맞춤형 기업지원 사업	68,000	기업경제과	7	4	4	1	7	1	3	4
3087	강원 횡성군	수출경쟁력강화 지원사업	375,000	기업경제과	7	4	4	1	7	3	3	4
3088	강원 횡성군	횡성군 온라인쇼핑몰 운영 사업	80,000	기업경제과	7	4	4	1	7	1	1	4
3089	강원 횡성군	중소기업 맞춤형 토털마케팅 지원	44,000	기업경제과	7	5	4	1	7	3	3	4
3090	강원 횡성군	지식재산 권리화 지원활성화 사업	66,000	기업경제과	7	5	4	1	7	2	3	4
3091	강원 횡성군	세외수입 부과관리	21,389	세무회계과	7	1	5	1	7	2	2	4
3092	강원 횡성군	도세 및 군세부과	40,360	세무회계과	7	5	5	8	7	2	2	4
3093	강원 횡성군	재정정보시스템 관리	25,386	기획감사실	7	5	7	1	7	2	2	4
3094	강원 횡성군	공개감사 및 계약심사	7,203	기획감사실	7	5	1	1	6	2	2	1
3095	강원 영월군	예산시스템운영	25,386	기획혁신실	7	1	5	1	7	5	5	4
3096	강원 영월군	감사업무수행지원	7,203	기획혁신실	7	1	5	1	7	5	5	4
3097	강원 영월군	영유아보육료지원	1,445,120	여성가족과	7	2	7	8	7	2	2	1
3098	강원 영월군	시간제보육지원	13,220	여성가족과	7	2	7	8	7	2	2	1
3099	강원 영월군	누리과정보육료지원	708,666	여성가족과	7	6	7	8	7	2	2	1
3100	강원 영월군	보육료부모부담금지원	25,812	여성가족과	7	6	7	8	7	2	2	1
3101	강원 영월군	아이돌봄지원	250,000	여성가족과	7	2	7	8	7	2	2	1
3102	강원 영월군	2021년도 지방세 정보화 사업	34,427	재무과	7	1	5	1	7	5	5	4
3103	강원 영월군	2021년도 표준지방세외수입정보시스템 운영관리	22,189	재무과	7	1	5	1	7	5	5	4
3104	강원 영월군	의료급여수급권자 영유아검진비 지원	215	방문보건	7	2	7	8	7	5	5	4
3105	강원 영월군	의료급여수급권자 일반건강검진	8,274	방문보건	7	2	7	8	7	5	5	4
3106	강원 영월군	국가암검진사업	84,054	보건소	7	2	7	8	7	5	5	4
3107	강원 영월군	희귀질환의료비지원	10,000	보건소	7	2	7	8	7	5	5	4
3108	강원 영월군	희망택시 지원사업	14,809	도시교통과	7	5	7	8	7	1	1	4
3109	강원 평창군	청백-e 시스템 유지보수 및 운영비	8,801	기획실	7	1	7	8	7	5	5	4
3110	강원 평창군	보고서 분석 및 발간비	8,000	기획실	7	8	7	8	7	5	5	4
3111	강원 평창군	지방재정관리시스템 유지보수비	25,386	기획실	7	1	6	1	7	2	2	4
3112	강원 평창군	표준인사정보시스템 유지보수	6,602	행정과	7	5	5	1	7	2	2	4
3113	강원 평창군	차세대 인사시스템 구축	66,346	행정과	7	5	5	1	7	2	2	4
3114	강원 평창군	비전자기록물 행정DB구축 사업	135,000	행정과	7	5	2	1	2	1	5	4
3115	강원 평창군	표준기록관리시스템(RMS) 운영지원	7,000	행정과	7	5	2	1	2	1	5	4
3116	강원 평창군	행정종합시스템 유지보수	80,443	행정과	7	5	5	1	7	2	2	4
3117	강원 평창군	지방행정통합정보시스템 상담센터 운영	6,460	행정과	7	5	5	1	7	2	2	4
3118	강원 평창군	온-나라시스템 유지보수	12,010	행정과	7	5	5	1	7	2	2	4

순번	시군구	지출명 (사업명)	2021년예산 (단위:천원/1년간)	담당자 (공무원) 담당부서	민간이전 분류 (지방자치단체 세출예산 집행기준에 의거) 1. 민간경상사업보조(307-02) 2. 민간단체 법정운영비보조(307-03) 3. 민간행사사업보조(307-04) 4. 민간위탁금(307-05) 5. 사회복지시설 법정운영비보조(307-10) 6. 민간인위탁교육비(307-12) 7. 공기관등에대한경상적위탁사업비(308-10) 8. 민간자본사업보조,자체재원(402-01) 9. 민간자본사업보조,이전재원(402-02) 10. 민간위탁사업비(402-03) 11. 공기관등에 대한 자본적 대행사업비(403-02)	민간이전지출 근거 (지방보조금 관리기준 참고) 1. 법률에 규정 2. 국고보조 재원(국가지정) 3. 용도 지정 기부금 4. 조례에 직접규정 5. 지자체가 권장하는 사업을 하는 공공기관 6. 시,도 정책 및 재정사정 7. 기타 8. 해당없음	입찰방식 계약체결방법 (경쟁형태) 1. 일반경쟁 2. 제한경쟁 3. 지명경쟁 4. 수의계약 5. 법정위탁 6. 기타 ( ) 7. 해당없음	입찰방식 계약기간 1. 1년 2. 2년 3. 3년 4. 4년 5. 5년 6. 기타 ( )년 7. 단기계약 (1년미만) 8. 해당없음	입찰방식 낙찰자선정방법 1. 적격심사 2. 협상에의한계약 3. 최저가낙찰제 4. 규격가격분리 5. 2단계 경쟁입찰 6. 기타 ( ) 7. 해당없음	운영예산 산정 운영예산 산정 1. 내부산정 (지자체 자체적으로 산정) 2. 외부산정 (외부전문기관위탁 산정) 3. 내·외부 모두 산정 4. 산정 無 5. 해당없음	운영예산 산정 정산방법 1. 내부정산 (지자체 내부적으로 정산) 2. 외부정산 (외부전문기관위탁 정산) 3. 내·외부 모두 산정 4. 정산 無 5. 해당없음	성과평가 실시여부 1. 실시 2. 미실시 3. 향후 추진 4. 해당없음
3119	강원 평창군	지역사회서비스 투자사업 위탁비	142,500	복지정책과	7	2	5	1	7	2	2	4
3120	강원 평창군	가사간병 방문지원 위탁비	52,500	복지정책과	7	2	5	1	7	2	2	4
3121	강원 평창군	특화형 시각장애인 안마사 파견 위탁비	33,612	복지정책과	7	1	7	8	7	5	5	4
3122	강원 평창군	장애인 의료비 위탁비	14,973	복지정책과	7	1	7	8	7	5	2	4
3123	강원 평창군	발달재활서비스 사업 위탁비	51,857	복지정책과	7	1	7	8	7	5	5	4
3124	강원 평창군	장애인 활동지원사업 위탁비	897,392	복지정책과	7	1	7	8	7	5	5	4
3125	강원 평창군	장애인 활동지원 위탁비	9,253	복지정책과	7	1	7	8	7	5	5	4
3126	강원 평창군	보육료 부모부담금 지원	74,232	가족복지과	7	2	7	8	7	5	3	4
3127	강원 평창군	영아 보육료 위탁비	1,755,200	가족복지과	7	2	7	8	7	5	3	4
3128	강원 평창군	누리과정 보육료 위탁비	792,000	가족복지과	7	2	7	8	7	5	3	4
3129	강원 평창군	시간제보육료 위탁비	15,240	가족복지과	7	2	7	8	7	5	3	4
3130	강원 평창군	여성청소년 보건위생물품 지원	11,400	가족복지과	7	2	7	8	7	3	3	4
3131	강원 평창군	청소년 드림꾸러미사업 위탁비	90,000	가족복지과	7	2	7	8	7	2	3	4
3132	강원 평창군	아이돌봄 예탁금	150,000	가족복지과	7	2	7	8	7	3	3	4
3133	강원 평창군	차세대 주민등록정보시스템 구축 및 운영	10,975	민원과	7	7	4	8	7	5	5	4
3134	강원 평창군	기준점조사 위탁용역	91,900	민원과	7	5	7	8	7	5	5	4
3135	강원 평창군	지적(임야)도 오류정비사업	180,000	민원과	7	5	7	8	7	5	5	4
3136	강원 평창군	국가주소 정보시스템 및 도로명주소 기본도 유지관리	25,332	민원과	7	1	4	1	7	2	2	4
3137	강원 평창군	지방세 정보시스템 운영관리비	40,360	재무과	7	1	5	1	6	2	2	4
3138	강원 평창군	세외수입 프로그램 유지보수비	19,204	재무과	7	1	5	1	6	2	2	4
3139	강원 평창군	철도관광상품 인센티브 지원	20,000	문화관광과	7	4	7	1	7	1	1	4
3140	강원 평창군	수출경쟁력 강화지원사업 위탁사업비	40,000	일자리경제과	7	5	5	1	7	2	2	4
3141	강원 평창군	강원평창몰 활성화지원사업 위탁비	60,000	일자리경제과	7	5	7	8	7	5	5	4
3142	강원 평창군	시군쇼핑몰 운영 위탁비	75,000	일자리경제과	7	5	5	1	7	2	2	4
3143	강원 평창군	중소기업 맞춤형 토털 마케팅 위탁비	36,000	일자리경제과	7	5	5	1	7	2	2	4
3144	강원 평창군	지식재산 권리화 지원사업	40,000	일자리경제과	7	6	7	8	7	5	5	4
3145	강원 평창군	대관령수소충전소 운영 위탁비	166,000	일자리경제과	7	6	7	8	7	5	5	4
3146	강원 정선군	청백-e(개별상시모니터링)시스템 운영지원	7,203	기획관	7	1	7	1	7	5	2	4
3147	강원 정선군	지방재정관리시스템 유지보수	25,386	기획관	7	1	7	1	7	5	2	4
3148	강원 정선군	차세대 표준지방인사정보시스템 구축	64,648	총무행정관	7	6	7	1	7	2	3	4
3149	강원 정선군	보고서 발간 대행사업비	8,000	총무행정관	7	6	6	7	7	2	1	4
3150	강원 정선군	공통기반 전산장비 유지관리 위탁사업비	70,571	총무행정관	7	6	7	1	7	2	2	4
3151	강원 정선군	재해복구시스템 유지관리 업무 위탁사업비	8,127	총무행정관	7	6	7	1	7	2	2	4
3152	강원 정선군	우편모아시스템 위탁관리비	5,300	총무행정관	7	6	7	1	7	2	2	4
3153	강원 정선군	온-나라시스템 운영지원 위탁비	17,902	총무행정관	7	6	7	1	7	2	2	4
3154	강원 정선군	지방행정통합정보시스템 상담센터 운영 위탁비	6,460	총무행정관	7	6	7	1	7	2	2	4
3155	강원 정선군	지방세정보화사업 운영관리	40,360	세무과	7	7	7	1	7	2	2	4
3156	강원 정선군	표준지방세외수입정보시스템 운영관리	22,189	세무과	7	7	7	7	7	4	3	4
3157	강원 정선군	차세대 지방세외수입정보시스템 구축	64,351	세무과	7	7	7	3	7	4	3	4
3158	강원 정선군	지적(임야)도 정비사업	148,830	민원과	7	5	4	1	6	1	1	4
3159	강원 정선군	국가주소정보관리시스템 유지관리 위탁	17,473	민원과	7	2	5	1	6	3	3	4
3160	강원 정선군	도로명주소기본도 유지관리 위탁	4,609	민원과	7	2	5	1	6	3	3	4
3161	강원 정선군	장애인의료비 지원	29,702	복지과	7	2	7	8	7	5	1	4

순번	시군구	지출명 (사업명)	2021년예산 (단위:천원/1년간)	담당자 (공무원) 담당부서	민간이전 분류 (지방자치단체 세출예산 집행기준에 의거) 1. 민간경상사업보조(307-02) 2. 민간단체 법정운영비보조(307-03) 3. 민간행사사업보조(307-04) 4. 민간위탁금(307-05) 5. 사회복지시설 법정운영비보조(307-10) 6. 민간인위탁교육비(307-12) 7. 공기관등에대한경상적위탁사업비(308-10) 8. 민간자본사업보조,자체재원(402-01) 9. 민간자본사업보조,이전재원(402-02) 10. 민간위탁사업비(402-03) 11. 공기관등에 대한 자본적 대행사업비(403-02)	민간이전지출 근거 (지방보조금 관리기준 참고) 1. 법률에 규정 2. 국고보조 재원(국가지정) 3. 용도 지정 기부금 4. 조례에 직접규정 5. 지자체가 권장하는 사업을 하는 공공기관 6. 시,도 정책 및 재정사정 7. 기타 8. 해당없음	입찰방식 계약체결방법 (경쟁형태) 1. 일반경쟁 2. 제한경쟁 3. 지명경쟁 4. 수의계약 5. 법정위탁 6. 기타 ( ) 7. 해당없음	입찰방식 계약기간 1. 1년 2. 2년 3. 3년 4. 4년 5. 5년 6. 기타 ( )년 7. 단기계약 (1년미만) 8. 해당없음	입찰방식 낙찰자선정방법 1. 적격심사 2. 협상에의한계약 3. 최저가낙찰제 4. 규격가격분리 5. 2단계 경쟁입찰 6. 기타 ( ) 7. 해당없음	운영예산 산정 운영예산 산정 1. 내부산정 (지자체 자체적으로 산정) 2. 외부산정 (외부전문기관위탁 산정) 3. 내·외부 모두 산정 4. 산정 無 5. 해당없음	운영예산 산정 정산방법 1. 내부정산 (지자체 내부적으로 정산) 2. 외부정산 (외부전문기관위탁 정산) 3. 내·외부 모두 산정 4. 정산 無 5. 해당없음	성과평가 실시여부 1. 실시 2. 미실시 3. 향후 추진 4. 해당없음
3162	강원 정선군	지역사랑상품권(카드형) 발행수수료	50,000	경제과	7	5	4	1	7	1	1	4
3163	강원 정선군	지역사랑상품권 서버 및 프로그램 유지관리	10,000	경제과	7	8	4	1	7	1	1	4
3164	강원 정선군	정선아리랑시장 청년몰 이벤트 행사 개최	10,000	경제과	7	5	7	8	7	1	1	4
3165	강원 정선군	전통시장박람회 참가 및 홍보 지원	5,000	경제과	7	4	7	8	7	1	1	4
3166	강원 정선군	전통시장 활성화 이벤트	36,000	경제과	7	4	7	8	7	1	1	4
3167	강원 정선군	희망사업프로젝	440,000	경제과	7	2	7	8	7	5	5	4
3168	강원 정선군	청년몰 활성화 및 확장 지원	1,300	경제과	7	2	7	8	7	5	5	4
3169	강원 정선군	시장경영 바우처 지원사업	173,004	경제과	7	2	7	8	7	1	1	4
3170	강원 정선군	상권활성화재단 사업비	300,000	경제과	7	4	7	8	7	1	1	4
3171	강원 정선군	정선군 상품디자인 표준화 사업	20,000	경제과	7	4	7	8	7	1	1	4
3172	강원 정선군	저소득층 고령자가구 가스안전차단기 보급사업	15,600	전략산업과	7	6	5	1	7	2	1	4
3173	강원 정선군	저소득층 노후전기시설 개선	4,400	전략산업과	7	5	7	8	7	2	3	4
3174	강원 정선군	농어촌 전기공급사업 추진	64,000	전략산업과	7	1	5	8	7	2	3	4
3175	강원 정선군	중소기업 맞춤형 지원사업	30,000	전략산업과	7	4	7	1	7	1	1	4
3176	강원 정선군	중소기업 맞춤형 토털 마케팅 지원사업	45,000	전략산업과	7	4	7	1	7	1	1	4
3177	강원 정선군	아라리촌 주말 놀이 마당 운영	30,000	문화관광과	7	5	4	1	7	1	1	4
3178	강원 정선군	정선포럼 개최 지원	100,000	문화관광과	7	2	4	8	7	5	5	4
3179	강원 정선군	2021 유네스코 인류무형문화유산 대한민국 대축제	90,000	문화관광과	7	5	7	8	7	1	1	4
3180	강원 정선군	정선아리랑 전수보급	60,000	문화관광과	7	1	7	8	7	1	1	4
3181	강원 정선군	정선아리랑 문화사업	170,000	문화관광과	7	1	7	8	7	1	1	4
3182	강원 정선군	자원봉사자 선진지견학	10,000	문화관광과	7	1	7	8	7	1	1	4
3183	강원 정선군	정선아리랑제 행사	713,000	문화관광과	7	1	7	8	7	1	1	3
3184	강원 정선군	세계 대한민국 아리랑 축전	250,000	문화관광과	7	1	7	8	7	1	1	3
3185	강원 정선군	2020~2021년 문화관광축제	60,600	문화관광과	7	1	7	8	7	1	1	3
3186	강원 정선군	BIT, BIS 신설	41,250	안전과	7	5	5	1	6	1	5	4
3187	강원 정선군	bis통합센터 및 버스정보시스템 유지관리	26,700	안전과	7	5	5	1	6	1	5	4
3188	강원 정선군	택시운행정보관리시스템 운영	2,062	안전과	7	1	5	1	6	5	5	4
3189	강원 정선군	정선선(낙동리)청원건널목 유지관리비	9,000	건설과	7	5	7	8	7	5	5	4
3190	강원 정선군	별어곡역, 조동역 청원건널목 유지관리비	30,000	도시과	7	5	5	1	2	2	3	4
3191	강원 정선군	지역역량강화	32,000	농업기술센터	7	2	7	8	7	5	5	3
3192	강원 정선군	지역역량강화	58,000	농업기술센터	7	2	7	8	7	5	5	3
3193	강원 정선군	지역역량강화	72,000	농업기술센터	7	2	7	8	7	5	5	3
3194	강원 정선군	지역역량강화	15,000	농업기술센터	7	2	7	8	7	5	5	3
3195	강원 정선군	지하수영향조사	33,600	농업기술센터	7	5	5	1	7	1	1	4
3196	강원 정선군	농업용 공공관정 사후관리	30,000	농업기술센터	7	5	5	1	7	1	1	4
3197	강원 정선군	우체국 쇼핑몰 이용 촉진	10,000	농업기술센터	7	6	7	8	7	1	1	3
3198	강원 정선군	지역응급의료기관 운영비 지원	780,000	보건소	7	2	7	8	7	3	3	1
3199	강원 정선군	정선군립병원 소아청소년과 운영	250,000	보건소	7	2	7	8	7	3	3	2
3200	강원 정선군	당직의료기관 운영비 지원	120,000	보건소	7	2	7	8	7	3	3	2
3201	강원 정선군	희귀난치성 질환자 의료비지원	10,000	보건소	7	2	7	8	7	3	3	4
3202	강원 정선군	산모신생아 건강관리사 지원	60,000	보건소	7	1	7	8	7	5	5	4
3203	강원 정선군	청소년산모 임신출산 의료비 지원	1,200	보건소	7	1	7	8	7	5	5	4
3204	강원 정선군	저소득층 기저귀 및 조제분유 지원	28,000	보건소	7	1	7	8	7	5	5	4

순번	시군구	지출명 (사업명)	2021년예산 (단위:천원/1년간)	담당자 (공무원)	민간이전 분류 (지방자치단체 세출예산 집행기준에 의거)	민간이전지출 근거 (지방보조금 관리기준 참고)	입찰방식			운영예산 산정		성과평가 실시여부
				담당부서	1. 민간경상사업보조(307-02) 2. 민간단체 법정운영비보조(307-03) 3. 민간행사사업보조(307-04) 4. 민간위탁금(307-05) 5. 사회복지시설 법정운영비보조(307-10) 6. 민간인위탁교육비(307-12) 7. 공기관등에대한경상적위탁사업비(308-10) 8. 민간자본사업보조,자체재원(402-01) 9. 민간자본사업보조,이전재원(402-02) 10. 민간위탁사업비(402-03) 11. 공기관등에 대한 자본적 대행사업비(403-02)	1. 법률에 규정 2. 국고보조 재원(국가지정) 3. 용도 지정 기부금 4. 조례에 직접규정 5. 지자체가 권장하는 사업을 하는 공공기관 6. 시,도 정책 및 재정사정 7. 기타 8. 해당없음	계약체결방법 (경쟁형태) 1. 일반경쟁 2. 제한경쟁 3. 지명경쟁 4. 수의계약 5. 법정위탁 6. 기타 ( ) 7. 해당없음	계약기간 1. 1년 2. 2년 3. 3년 4. 4년 5. 5년 6. 기타 ( )년 7. 단기계약 (1년미만) 8. 해당없음	낙찰자선정방법 1. 적격심사 2. 협상에의한계약 3. 최저가낙찰제 4. 규격가격분리 5. 2단계 경쟁입찰 6. 기타 ( ) 7. 해당없음	운영예산 산정 1. 내부산정 (지자체 자체적으로 산정) 2. 외부산정 (외부전문기관위탁 산정) 3. 내·외부 모두 산정 4. 산정 無 5. 해당없음	정산방법 1. 내부정산 (지자체 내부적으로 정산) 2. 외부정산 (외부전문기관위탁 정산) 3. 내·외부 모두 산정 4. 정산 無 5. 해당없음	1. 실시 2. 미실시 3. 향후 추진 4. 해당없음
3205	강원 정선군	표준모자보건수첩 제작 위탁금	180	보건소	7	1	7	8	7	5	5	4
3206	강원 정선군	영유아건강검진비 위탁금	269	보건소	7	2	7	8	7	5	5	4
3207	강원 정선군	암조기검진사업 예탁금	80,645	보건소	7	2	7	8	7	5	2	1
3208	강원 정선군	치매치료관리비 지원	70,000	보건소	7	2	7	1	7	5	5	4
3209	강원 정선군	의료급여 일반건강검진 예탁금	7,864	보건소	7	2	7	8	7	5	2	1
3210	강원 정선군	지역운영센터(LSC)운영비용	5,050,033	상하수도사업소	7	7	7	8	7	1	1	4
3211	강원 정선군	통합운영센터(TSC)운영비용	987,075	상하수도사업소	7	7	7	8	7	1	1	4
3212	강원 철원군	여성청소년 위생용품 지원사업	12,800	인재육성과	7	1	5	8	7	1	1	4
3213	강원 철원군	청백-e시스템 유지보수 및 운영관리	8,002	기획감사실	7	1	5	1	7	2	2	2
3214	강원 철원군	시군구 공통기반시스템 유지보수	81,157	기획감사실	7	7	7	8	7	2	2	2
3215	강원 철원군	재해복구시스템 유지보수비	8,127	기획감사실	7	7	7	8	7	2	2	2
3216	강원 철원군	지방행정통합정보시스템 유지관리	6,460	기획감사실	7	7	7	8	7	2	2	2
3217	강원 철원군	온나라시스템 운영지원 유지보수비	7,500	기획감사실	7	7	7	8	7	2	2	2
3218	강원 철원군	통합정보관리시스템 유지보수비	1,000	기획감사실	7	7	7	8	7	2	2	2
3219	강원 철원군	지방재정관리시스템(e-호조) 위탁운영비	25,386	기획감사실	7	1	2	1	2	2	2	4
3220	강원 철원군	고위험산모맞춤형지원사업	200,000	보건소	7	2	5	8	7	5	2	1
3221	강원 철원군	우체국쇼핑몰 이용촉진 지원	10,000	농업유통과	7	6	7	8	7	1	1	4
3222	강원 철원군	표준기록관리시스템 운영지원	7,000	자치행정과	7	7	7	8	7	2	2	2
3223	강원 양구군	지방재정관리시스템(e호조) 운영관리	21,758	기획조정실	7	7	6	1	6	5	5	4
3224	강원 양구군	국토정중앙 가치 재조명 심포지엄	30,000	기획조정실	7	5	7	8	7	5	5	4
3225	강원 양구군	사회조사 보고서 분석발간비	8,000	자치행정과	7	6	4	6	6	1	1	2
3226	강원 양구군	차세대 표준지방인사정보시스템 구축 응용(SW 개발)	14,998	자치행정과	7	1	5	1	7	2	2	4
3227	강원 양구군	인사랑 유지보수비	6,602	자치행정과	7	1	5	1	7	2	2	4
3228	강원 양구군	온-나라 시스템 상용S/W 유지보수	15,299	자치행정과	7	7	7	8	7	5	5	4
3229	강원 양구군	지방행정공통정보시스템 상담센터 위탁 운영	7,000	자치행정과	7	7	7	8	7	5	5	4
3230	강원 양구군	공통기반 전산장비 및 재해복구 위탁관리비	90,323	자치행정과	7	7	7	8	7	5	5	4
3231	강원 양구군	청소년 복지 증진	8,880	교육생활지원과	7	2	7	8	7	5	1	1
3232	강원 양구군	문화예술행사 개최	70,000	문화관광과	7	1	7	8	7	5	1	3
3233	강원 양구군	지역문화관광 서비스 선진화	140,000	문화관광과	7	2	7	8	7	5	5	4
3234	강원 양구군	한반도 생태평화벨트 홍보마케팅	169,600	문화관광과	7	5	7	8	7	5	5	4
3235	강원 양구군	시장 활성화 운영	60,000	전략산업과	7	5	7	8	7	1	1	1
3236	강원 양구군	기업지원 인터넷쇼핑몰 구축·운영사업	97,000	전략산업과	7	4	5	1	2	1	1	3
3237	강원 양구군	수요자 맞춤형 기업지원 사업	90,000	전략산업과	7	4	5	1	2	1	1	3
3238	강원 양구군	중소기업 맞춤형 토털 마케팅 지원사업	28,000	전략산업과	7	4	5	1	2	1	1	1
3239	강원 양구군	양구군LPG배관망시설 안전관리 위탁	199,700	전략산업과	7	4	1	1	7	3	2	4
3240	강원 양구군	기후변화 적응대책 세부시행계획 이행평가	13,000	전략산업과	7	6	4	1	2	1	1	4
3241	강원 양구군	공공부문 온실가스 목표관리제	10,000	전략산업과	7	6	4	1	2	1	1	4
3242	강원 양구군	댐 부유물 운반처리비용 지원사업	13,000	환경위생과	7	2	2	1	1	1	1	1
3243	강원 인제군	소양강댐 부유물 처리	31,000	환경보호과	7	5	6	8	6	1	1	2
3244	강원 인제군	차세대 주민등록정보시스템 운영	11,000	종합민원과	7	1	5	1	7	2	2	4
3245	강원 인제군	주소정보시스템 유지관리	17,230	종합민원과	7	1	5	1	7	2	2	4
3246	강원 인제군	도로명주소 기본도 유지관리	4,040	종합민원과	7	1	5	1	7	2	2	4
3247	강원 인제군	우편모아시스템 유지보수	5,300	자치행정담당관	7	8	7	8	7	5	5	4

순번	시군구	지출명 (사업명)	2021년예산 (단위:천원/1년간)	담당자 (공무원)	민간이전 분류 (지방자치단체 세출예산 집행기준에 의거)	민간이전지출 근거 (지방보조금 관리기준 참고)	입찰방식			운영예산 산정		성과평가 실시여부
				담당부서	1. 민간경상사업보조(307-02) 2. 민간단체 법정운영비보조(307-03) 3. 민간행사사업보조(307-04) 4. 민간위탁금(307-05) 5. 사회복지시설 법정운영비보조(307-10) 6. 민간인위탁교육비(307-12) 7. 공기관등에대한경상적위탁사업비(308-10) 8. 민간자본사업보조,자체재원(402-01) 9. 민간자본사업보조,이전재원(402-02) 10. 민간위탁사업비(402-03) 11. 공기관등에 대한 자본적 대행사업비(403-02)	1. 법률에 규정 2. 국고보조 재원(국가지정) 3. 용도 지정 기부금 4. 조례에 직접규정 5. 지자체가 권장하는 사업을 하는 공공기관 6. 시,도 정책 및 재정사정 7. 기타 8. 해당없음	계약체결방법 (경쟁형태) 1. 일반경쟁 2. 제한경쟁 3. 지명경쟁 4. 수의계약 5. 법정위탁 6. 기타 ( ) 7. 해당없음	계약기간 1. 1년 2. 2년 3. 3년 4. 4년 5. 5년 6. 기타 ( )년 7. 단기계약 (1년미만) 8. 해당없음	낙찰자선정방법 1. 적격심사 2. 협상에의한계약 3. 최저가낙찰제 4. 규격가격분리 5. 2단계 경쟁입찰 6. 기타 ( ) 7. 해당없음	운영예산 산정 1. 내부산정 (지자체 자체적으로 산정) 2. 외부산정 (외부전문기관위탁 산정) 3. 내·외부 모두 산정 4. 산정 無 5. 해당없음	정산방법 1. 내부정산 (지자체 내부적으로 정산) 2. 외부정산 (외부전문기관위탁 정산) 3. 내·외부 모두 산정 4. 정산 無 5. 해당없음	1. 실시 2. 미실시 3. 향후 추진 4. 해당없음
3248	강원 인제군	산모신생아도우미지원	107,150	건강증진과	7	2	7	8	7	5	1	1
3249	강원 인제군	고위험산모맞춤형지원사업	200,000	건강증진과	7	2	6	8	7	2	2	1
3250	강원 인제군	저소득층 기저귀 및 조제분유지원	40,000	건강증진과	7	2	7	8	7	5	1	1
3251	강원 인제군	속초의료원 분만산부인과 운영비지원	100,000	건강증진과	7	5	7	8	7	5	5	4
3252	강원 고성군	지방재정관리시스템(e-호조)운영	21,758	기획감사실	7	5	4	1	2	2	2	4
3253	강원 고성군	KAIS시스템 운영 및 도로명주소 기본도 유지보수	20,846	종합민원실	7	1	6	1	7	1	1	2
3254	강원 고성군	KAIS시스템 운영	3,373	종합민원실	7	1	6	1	7	1	1	2
3255	강원 고성군	지역자율형사회서비스투자사업	97,144	주민복지실	7	2	7	7	7	1	1	4
3256	강원 고성군	장애인의료비지원	44,604	주민복지실	7	2	4	8	7	2	2	1
3257	강원 고성군	장애인활동지원급여지원	769,193	주민복지실	7	2	5	8	7	1	1	4
3258	강원 고성군	활동보조가산급여	2,313	주민복지실	7	2	5	8	7	1	1	4
3259	강원 고성군	장애인 활동지원급여 추가 지원	22,944	주민복지실	7	2	5	8	7	1	1	4
3260	강원 고성군	발달재활서비스바우처사업	51,857	주민복지실	7	2	5	8	7	1	1	4
3261	강원 고성군	발달장애인부모상담지원	1,949	주민복지실	7	2	5	8	7	1	1	4
3262	강원 고성군	발달장애인 주간활동서비스 지원	413,793	주민복지실	7	2	5	8	7	1	1	4
3263	강원 고성군	아이돌봄 서비스 지원	310,140	주민복지실	7	2	7	8	7	1	1	4
3264	강원 고성군	0~2세 보육료	1,157,720	주민복지실	7	2	7	8	7	1	1	4
3265	강원 고성군	누리과정 보육료	625,383	주민복지실	7	6	7	8	7	1	1	4
3266	강원 고성군	시간제보육 운영	11,700	주민복지실	7	2	7	8	7	1	1	1
3267	강원 고성군	여성청소년 보건위생물품 지원	6,420	주민복지실	7	1	5	1	6	1	1	2
3268	강원 고성군	지방인사정보시스템 유지보수비	6,343	자치행정과	7	6	7	8	7	2	2	2
3269	강원 고성군	차세대 표준지방인사정보시스템 SW개발비	14,998	자치행정과	7	6	7	8	7	2	2	2
3270	강원 고성군	사회조사 보고서 발행 대행사업비	8,000	자치행정과	7	6	7	8	7	5	5	4
3271	강원 고성군	공통기반 전산장비 유지관리	64,926	자치행정과	7	6	7	8	7	2	2	2
3272	강원 고성군	재해복구시스템 유지관리	8,127	자치행정과	7	6	7	8	7	2	2	2
3273	강원 고성군	행정통합정보시스템 상담센터 운영	6,460	자치행정과	7	6	7	8	7	2	2	2
3274	강원 고성군	온나라시스템 유지관리	7,500	자치행정과	7	6	7	8	7	2	2	2
3275	강원 고성군	표준지방세프로그램 유지보수비	12,664	재무과	7	1	7	8	7	2	2	2
3276	강원 고성군	통합지방세프로그램 유지보수비	21,215	재무과	7	1	7	8	7	2	2	2
3277	강원 고성군	과세통합시스템 유지보수비	548	재무과	7	1	7	8	7	2	2	2
3278	강원 고성군	차세대 지방세정보시스템 유지보수비	1,193	재무과	7	1	7	8	7	2	2	2
3279	강원 고성군	표준지방세외수입정보시스템운영	21,389	재무과	7	1	7	8	7	2	2	2
3280	강원 고성군	지역지식재산 창출 지원사업	25,000	경제투자과	7	4	7	1	7	2	1	1
3281	강원 고성군	중소기업 수요자 맞춤형 지원사업	40,000	경제투자과	7	4	7	1	7	2	1	1
3282	강원 고성군	중소기업 인터넷 쇼핑몰(고성몰) 운영 지원사업	80,000	경제투자과	7	4	7	1	7	2	1	1
3283	강원 고성군	고성몰 입점기업 물류비 지원사업	20,000	경제투자과	7	4	7	1	7	2	1	1
3284	강원 고성군	수출기업육성 맞춤형 역량강화 지원사업	60,000	경제투자과	7	4	7	1	7	2	1	1
3285	강원 고성군	중소기업 맞춤형 토털 마케팅 지원사업	34,000	경제투자과	7	4	7	1	7	2	1	1
3286	강원 고성군	중소기업 박람회 참가 지원사업	20,000	경제투자과	7	4	7	1	7	2	1	1
3287	강원 고성군	중소기업 TV홈쇼핑 판로 지원사업	33,000	경제투자과	7	4	7	1	7	2	1	1
3288	강원 고성군	공공기관 온실가스 목표관리제	9,000	환경보호과	7	1	5	1	7	1	1	4
3289	강원 고성군	DMZ 전망대 스마트 체험존	169,600	관광과	7	2	7	8	7	5	5	4
3290	강원 고성군	DMZ 테마 관광벤처 육성	140,000	관광과	7	2	7	8	7	5	5	4

순번	시군구	지출명 (사업명)	2021년예산 (단위:천원/1년간)	담당자 (공무원)	민간이전 분류 (지방자치단체 세출예산 집행기준에 의거)	민간이전지출 근거 (지방보조금 관리기준 참고)	입찰방식			운영예산 산정		성과평가 실시여부
				담당부서	1. 민간경상사업보조(307-02) 2. 민간단체 법정운영비보조(307-03) 3. 민간행사사업보조(307-04) 4. 민간위탁금(307-05) 5. 사회복지시설 법정운영비보조(307-10) 6. 민간인위탁교육비(307-12) 7. 공기관등에대한경상적위탁사업비(308-10) 8. 민간자본사업보조,자체재원(402-01) 9. 민간자본사업보조,이전재원(402-02) 10. 민간위탁사업비(402-03) 11. 공기관등에 대한 자본적 대행사업비(403-02)	1. 법률에 규정 2. 국고보조 재원(국가지정) 3. 용도 지정 기부금 4. 조례에 직접규정 5. 지자체가 권장하는 사업을 하는 공공기관 6. 시,도 정책 및 재정사정 7. 기타 8. 해당없음	계약체결방법 (경쟁형태) 1. 일반경쟁 2. 제한경쟁 3. 지명경쟁 4. 수의계약 5. 법정위탁 6. 기타 ( ) 7. 해당없음	계약기간 1. 1년 2. 2년 3. 3년 4. 4년 5. 5년 6. 기타 ( )년 7. 단기계약 (1년미만) 8. 해당없음	낙찰자선정방법 1. 적격심사 2. 협상에의한계약 3. 최저가낙찰제 4. 규격가격분리 5. 2단계 경쟁입찰 6. 기타 ( ) 7. 해당없음	운영예산 산정 1. 내부산정 (지자체 자체적으로 산정) 2. 외부산정 (외부전문기관위탁 산정) 3. 내·외부 모두 산정 4. 산정 無 5. 해당없음	정산방법 1. 내부정산 (지자체 내부적으로 정산) 2. 외부정산 (외부전문기관위탁 정산) 3. 내·외부 모두 산정 4. 정산 無 5. 해당없음	1. 실시 2. 미실시 3. 향후 추진 4. 해당없음
3291	강원 고성군	DMZ 문화예술 삼매경 프로그램 운영	200,000	관광과	7	2	7	8	7	5	5	4
3292	강원 고성군	치매치료관리비지원 공단 예탁금	52,000	보건소	7	2	7	8	7	5	3	1
3293	강원 고성군	희귀질환자 의료비지원	40,000	보건소	7	6	7	8	7	4	4	4
3294	강원 고성군	암검진비지원	56,202	보건소	7	6	7	8	7	4	4	4
3295	강원 고성군	의료급여수급자일반건강검진	6,872	보건소	7	6	7	8	7	4	4	4
3296	강원 고성군	영유아건강검진지원	269	보건소	7	6	7	8	7	4	4	4
3297	강원 고성군	속초의료원 소아과 진료기능 보강 사업	32,000	보건소	7	5	7	1	7	5	3	1
3298	강원 고성군	속초의료원 보호자 없는 병실 운영 사업	68,363	보건소	7	5	7	1	7	5	3	1
3299	강원 고성군	찾아가는 산부인과 운영	86,765	보건소	7	6	7	1	7	2	3	1
3300	강원 고성군	부인과 진료 운영	18,900	보건소	7	6	7	8	7	2	3	4
3301	강원 고성군	표준모자보건수첩제작	160	보건소	7	6	7	1	7	2	3	1
3302	강원 고성군	청소년 산모 의료비지원	1,200	보건소	7	6	7	1	7	2	3	1
3303	강원 고성군	저소득층 기저귀 및 조제 분유지원	28,000	보건소	7	6	7	1	7	2	3	1
3304	강원 고성군	산모·신생아건강관리지원	78,000	보건소	7	6	7	1	7	2	3	1
3305	강원 고성군	분만산부인과운영비지원	150,000	보건소	7	6	7	1	7	2	3	1
3306	강원 고성군	속초의료원 응급환자 후송체계 구축	14,000	보건소	7	6	7	1	7	2	3	1
3307	강원 양양군	버스정보시스템(BIS) 유지관리	14,183	전략교통과	7	6	7	1	7	2	2	2
3308	강원 양양군	택시운행정보 관리시스템 운영비	1,073	전략교통과	7	6	7	1	7	2	1	1
3309	강원 양양군	국가암 검진비	58,487	보건소	7	2	5	8	7	2	1	1
3310	강원 양양군	속초의료원 보호자없는 병실운영 지원	41,020	보건소	7	6	7	8	7	1	1	4
3311	강원 양양군	속초의료원 소아과 진료기능 보강	32,000	보건소	7	6	7	8	7	1	1	4
3312	강원 양양군	속초의료원 응급환자 후송체계구축 인건비지원사업	14,000	보건소	7	6	7	8	7	1	1	4
3313	강원 양양군	저소득층건강검진	24,500	보건소	7	5	7	8	7	2	1	4
3314	강원 양양군	의료급여수급권자 일반건강검진비	7,809	보건소	7	2	5	8	7	2	1	4
3315	강원 양양군	희귀질환의료비지원	30,000	보건소	7	2	5	8	7	5	5	4
3316	강원 양양군	치매치료관리비지원	56,000	보건소	7	2	7	8	7	5	5	4
3317	강원 양양군	의료급여 수급권자 영유아검진비	296	보건소	7	2	7	8	7	1	1	1
3318	강원 양양군	산모신생아건강관리	72,000	보건소	7	2	7	8	7	1	1	1
3319	강원 양양군	표준모자보건수첩	100	보건소	7	2	7	8	7	1	1	1
3320	강원 양양군	청소년산모임신출산의료비	1,200	보건소	7	2	7	8	7	1	1	1
3321	강원 양양군	기저귀조제분유 지원사업	24,000	보건소	7	2	7	8	7	1	1	1
3322	강원 양양군	찾아가는산부인과 운영	86,765	보건소	7	6	7	8	7	1	1	1
3323	강원 양양군	속초의료원분만 산부인과운영비	75,000	보건소	7	6	7	8	7	1	1	1
3324	강원 양양군	체험마을리더 교육지원	2,880	농업기술센터	7	2	5	7	7	5	3	1
3325	강원 양양군	농산물건조기 지원	24,000	농업기술센터	7	8	7	8	7	1	1	1
3326	강원 양양군	소형농기계(관리기) 지원	24,000	농업기술센터	7	8	7	8	7	1	1	1
3327	강원 양양군	농기계 전용 급유기 지원	10,450	농업기술센터	7	8	7	8	7	1	1	1
3328	강원 양양군	차세대지방세입정보시스템 운영	1,217	세무회계과	7	7	7	1	7	2	2	4
3329	강원 양양군	세외수입정보시스템 운영	17,019	세무회계과	7	7	7	1	7	2	2	4
3330	강원 양양군	차세대지방세외수입정보시스템구축	59,190	세무회계과	7	7	7	1	7	2	2	4
3331	강원 양양군	수출경쟁력강화지원사업	80,000	경제에너지과	7	4	7	8	7	5	5	4
3332	강원 양양군	중소기업 맞춤형 토털 마케팅 지원	30,000	경제에너지과	7	4	7	8	7	5	5	4
3333	강원 양양군	스마트공장 보급확산사업 지원	61,600	경제에너지과	7	4	7	8	7	5	5	4

순번	시군구	지출명 (사업명)	2021년예산 (단위:천원/1년간)	담당자 (공무원)	민간이전 분류 (지방자치단체 세출예산 집행기준에 의거)	민간이전지출 근거 (지방보조금 관리기준 참고)	입찰방식			운영예산 산정		성과평가 실시여부
				담당부서	1. 민간경상사업보조(307-02) 2. 민간단체 법정운영비보조(307-03) 3. 민간행사사업보조(307-04) 4. 민간위탁금(307-05) 5. 사회복지시설 법정운영비보조(307-10) 6. 민간인위탁교육비(307-12) 7. 공기관등에대한경상적위탁사업비(308-10) 8. 민간자본사업보조,자체재원(402-01) 9. 민간자본사업보조,이전재원(402-02) 10. 민간위탁사업비(402-03) 11. 공기관등에 대한 자본적 대행사업비(403-02)	1. 법률에 규정 2. 국고보조 재원(국가지정) 3. 용도 지정 기부금 4. 조례에 직접규정 5. 지자체가 권장하는 사업을 하는 공공기관 6. 시,도 정책 및 재정사정 7. 기타 8. 해당없음	계약체결방법 (경쟁형태) 1. 일반경쟁 2. 제한경쟁 3. 지명경쟁 4. 수의계약 5. 법정위탁 6. 기타 ( ) 7. 해당없음	계약기간 1. 1년 2. 2년 3. 3년 4. 4년 5. 5년 6. 기타 ( )년 7. 단기계약 (1년미만) 8. 해당없음	낙찰자선정방법 1. 적격심사 2. 협상에의한계약 3. 최저가낙찰제 4. 규격가격분리 5. 2단계 경쟁입찰 6. 기타 ( ) 7. 해당없음	운영예산 산정 1. 내부산정 (지자체 자체적으로 산정) 2. 외부산정 (외부전문기관위탁 산정) 3. 내·외부 모두 산정 4. 산정 無 5. 해당없음	정산방법 1. 내부정산 (지자체 내부적으로 정산) 2. 외부정산 (외부전문기관위탁 정산) 3. 내·외부 모두 산정 4. 정산 無 5. 해당없음	1. 실시 2. 미실시 3. 향후 추진 4. 해당없음
3334	강원 양양군	양양군 종합인터넷 쇼핑몰 위탁운영	40,000	자치행정과	7	6	5	1	7	1	1	2
3335	강원 양양군	공통기반시스템 관리 위탁	77,181	자치행정과	7	1	6	1	6	2	2	1
3336	강원 양양군	온나라시스템 운영 및 업무개발 위탁	18,368	자치행정과	7	1	6	1	6	2	2	1
3337	강원 양양군	재해복구시스템 관리 위탁	8,127	자치행정과	7	1	6	1	6	2	2	1
3338	강원 양양군	행정통합정보시스템 상담센터 운영 위탁	6,460	자치행정과	7	1	6	1	6	2	2	1
3339	강원 양양군	차세대 주민등록정보시스템 유지보수비	10,975	허가민원실	7	8	7	8	7	5	5	4
3340	강원 양양군	지적기준점 일제조사 사업	21,000	허가민원실	7	1	4	7	7	1	4	4
3341	강원 양양군	도로명주소 국가주소정보시스템 유지보수비	17,223	허가민원실	7	8	6	1	6	2	2	2
3342	강원 양양군	도로명 주소기본도 유지보수	4,695	허가민원실	7	8	6	1	6	2	2	2
3343	강원 양양군	강원도 사회조사 결과분석 및 보고서 발간 대행사업비	8,000	기획감사실	7	5	6	7	7	2	2	4
3344	강원 양양군	청백-e(통합상시모니터링) 시스템 유지보수	1,607	기획감사실	7	1	5	8	7	2	2	4
3345	강원 양양군	청백-e(통합상시모니터링) 시스템 운영지원	4,797	기획감사실	7	1	5	8	7	2	2	4
3346	강원 양양군	지방재정관리시스템(e호조) 운영비	21,758	기획감사실	7	1	5	1	7	2	3	4
3347	충북 청주시	지역선도대학 육성 사업 지원	50,000	청년정책담당관	7	4	7	5	7	1	1	2
3348	충북 청주시	충북대 정보보호 특성화대학 사업 지원	10,000	청년정책담당관	7	4	7	6	7	1	1	2
3349	충북 청주시	차세대 친환경산업 전문인력 양성사업 지원	30,000	청년정책담당관	7	4	7	5	7	1	1	2
3350	충북 청주시	대학생 학자금 대출이자 지원	125,400	청년정책담당관	7	4	7	8	7	1	1	2
3351	충북 청주시	충북학사 동서울관 운영	370,263	청년정책담당관	7	4	5	8	7	1	1	2
3352	충북 청주시	도시재생 전문인력 양성사업 지원	10,000	도시재생과	7	2	7	8	7	5	5	4
3353	충북 청주시	직원 후생복지 증진	49,200	행정지원과	7	4	5	7	7	2	2	4
3354	충북 청주시	인사운영관리	37,756	행정지원과	7	1	5	1	7	2	2	1
3355	충북 청주시	주민등록 및 제증명관리	15,735	민원과	7	5	7	1	7	2	2	4
3356	충북 청주시	우편물 관리	5,419	민원과	7	5	4	1	7	2	2	1
3357	충북 청주시	효율적인 예산편성 관리	39,890	예산과	7	8	6	8	7	5	5	4
3358	충북 청주시	대학 공동연구개발 지원	200,000	투자전략산업과	7	2	7	7	7	3	1	3
3359	충북 청주시	바이오 온라인 B2B 비즈니스 플랫폼 사업	700,000	투자전략산업과	7	5	7	7	7	3	1	3
3360	충북 청주시	제조혁신 스마트공장 구축사업	452,920	투자전략산업과	7	2	6	1	2	1	3	3
3361	충북 청주시	제조혁신 스마트공장 구축사업	398,610	투자전략산업과	7	5	6	1	2	1	3	3
3362	충북 청주시	지식재산 창출사업	150,000	투자전략산업과	7	2	5	1	2	3	3	1
3363	충북 청주시	다목적 방사광가속기 건립	20,000	투자전략산업과	7	5	4	1	2	1	1	1
3364	충북 청주시	소프트웨어 미래채움 사업	315,000	투자전략산업과	7	2	7	3	7	3	3	1
3365	충북 청주시	충북글로벌게임센터운영	1,120,000	투자전략산업과	7	2	7	5	7	3	3	1
3366	충북 청주시	SW융합클러스터 2.0	755,000	투자전략산업과	7	2	7	5	7	3	3	1
3367	충북 청주시	시군구 지역연고산업 육성(비R&D)사업	26,100	투자전략산업과	7	2	7	3	7	3	3	1
3368	충북 청주시	시군 지역특화산업 육성사업	150,000	투자전략산업과	7	5	7	1	7	1	3	1
3369	충북 청주시	산업전문인력양성사업	10,000	투자전략산업과	7	2	7	5	7	3	3	1
3370	충북 청주시	산업전문인력양성사업	10,000	투자전략산업과	7	2	7	5	7	3	3	1
3371	충북 청주시	중소기업 지원	50,000	기업지원과	7	4	4	1	7	1	1	3
3372	충북 청주시	국제통상 증대	40,000	기업지원과	7	5	7	8	7	1	1	2
3373	충북 청주시	국제통상 증대	75,000	기업지원과	7	5	7	8	7	1	1	2
3374	충북 청주시	국제통상 증대	50,000	기업지원과	7	5	7	8	7	1	1	2
3375	충북 청주시	국제통상 증대	50,000	기업지원과	7	5	7	8	7	1	1	2
3376	충북 청주시	납세편의 시책	87,826	세정과	7	1	5	6	7	3	1	4

순번	시군구	지출명 (사업명)	2021년예산 (단위:천원/1년간)	담당자 (공무원)	민간이전 분류 (지방자치단체 세출예산 집행기준에 의거)	민간이전지출 근거 (지방보조금 관리기준 참고)	입찰방식			운영예산 산정		성과평가 실시여부
				담당부서	1. 민간경상사업보조(307-02) 2. 민간단체 법정운영비보조(307-03) 3. 민간행사사업보조(307-04) 4. 민간위탁금(307-05) 5. 사회복지시설 법정운영비보조(307-10) 6. 민간인위탁교육비(307-12) 7. 공기관등에대한경상적위탁사업비(308-10) 8. 민간자본사업보조,자체재원(402-01) 9. 민간자본사업보조,이전재원(402-02) 10. 민간위탁사업비(402-03) 11. 공기관등에 대한 자본적 대행사업비(403-02)	1. 법률에 규정 2. 국고보조 재원(국가지정) 3. 용도 지정 기부금 4. 조례에 직접규정 5. 지자체가 권장하는 사업을 하는 공공기관 6. 시,도 정책 및 재정사정 7. 기타 8. 해당없음	계약체결방법 (경쟁형태) 1. 일반경쟁 2. 제한경쟁 3. 지명경쟁 4. 수의계약 5. 법정위탁 6. 기타 ( ) 7. 해당없음	계약기간 1. 1년 2. 2년 3. 3년 4. 4년 5. 5년 6. 기타 ( )년 7. 단기계약 (1년미만) 8. 해당없음	낙찰자선정방법 1. 적격심사 2. 협상에의한계약 3. 최저가낙찰제 4. 규격가격분리 5. 2단계 경쟁입찰 6. 기타 ( ) 7. 해당없음	운영예산 산정 1. 내부산정 (지자체 자체적으로 산정) 2. 외부산정 (외부전문기관위탁 산정) 3. 내·외부 모두 산정 4. 산정 無 5. 해당없음	정산방법 1. 내부정산 (지자체 내부적으로 정산) 2. 외부정산 (외부전문기관위탁 정산) 3. 내·외부 모두 산정 4. 정산 無 5. 해당없음	1. 실시 2. 미실시 3. 향후 추진 4. 해당없음
3377	충북 청주시	세외수입 체납처분 및 징수	34,498	세정과	7	8	4	1	7	3	3	4
3378	충북 청주시	행정정보시스템 운영 및 유지관리	109,430	정보통신과	7	1	5	1	7	2	2	1
3379	충북 청주시	행정정보시스템 운영 및 유지관리	15,980	정보통신과	7	1	5	1	7	2	2	1
3380	충북 청주시	행정정보시스템 운영 및 유지관리	6,460	정보통신과	7	1	5	1	7	2	2	4
3381	충북 청주시	행정정보시스템 운영 및 유지관리	31,082	정보통신과	7	1	5	1	7	2	2	1
3382	충북 청주시	지능화혁신 산업 연구인력 양성사업	60,000	정보통신과	7	1	7	6	7	5	5	4
3383	충북 청주시	지역사회서비스 투자사업	4,104,965	복지정책과	7	1	7	8	7	5	2	1
3384	충북 청주시	가사간병방문지원 사업	480,854	복지정책과	7	2	5	8	7	2	2	2
3385	충북 청주시	장애인의료비 지원	593,500	장애인복지과	7	2	5	8	2	2	2	1
3386	충북 청주시	장애인활동지원사업	40,948,325	장애인복지과	7	2	5	8	2	5	5	4
3387	충북 청주시	장애인활동보조 가산급여	128,809	장애인복지과	7	2	5	8	2	5	5	4
3388	충북 청주시	중증장애인활동보조 추가지원	678,839	장애인복지과	7	6	5	8	2	5	5	4
3389	충북 청주시	중증장애인 활동보조 24시간 지원	219,284	장애인복지과	7	6	5	8	2	5	5	4
3390	충북 청주시	장애인한부모가정 지원	115,344	장애인복지과	7	6	5	8	2	5	5	4
3391	충북 청주시	장애인활동지원 추가지원사업	96,120	장애인복지과	7	6	5	8	2	5	5	4
3392	충북 청주시	중증장애인활동지원서비스 추가지원	1,160,856	장애인복지과	7	6	5	8	2	5	5	4
3393	충북 청주시	중증장애인활동지원서비스 추가지원	807,552	장애인복지과	7	6	5	8	2	5	5	4
3394	충북 청주시	발달장애인 주간활동서비스 지원	1,524,453	장애인복지과	7	2	5	8	2	5	5	4
3395	충북 청주시	발달장애인 방과후 돌봄서비스	872,664	장애인복지과	7	2	5	8	2	5	5	4
3396	충북 청주시	발달장애인부모 심리상담 지원	4,197	장애인복지과	7	2	6	3	1	5	5	4
3397	충북 청주시	발달재활서비스 지원	1,351,290	장애인복지과	7	2	6	3	1	5	5	4
3398	충북 청주시	언어발달바우처 지원	20,678	장애인복지과	7	2	6	3	1	5	5	4
3399	충북 청주시	아이돌봄 지원사업	3,017,439	여성가족과	7	2	7	8	7	1	1	1
3400	충북 청주시	어린이집 차액보육료 지원	2,513,472	아동보육과	7	5	7	8	7	5	5	4
3401	충북 청주시	어린이집 차액보육료 지원	2,999,808	아동보육과	7	5	7	8	7	5	5	4
3402	충북 청주시	문화도시 사업	30,000	문화예술과	7	4	7	8	7	3	3	1
3403	충북 청주시	국가지정문화재 보수정비	100,000	문화예술과	7	2	7	8	7	5	5	4
3404	충북 청주시	청주시 영상문화산업 추진	500,000	문화예술과	7	4	6	8	7	3	1	2
3405	충북 청주시	지역기반형 콘텐츠코리아랩 운영지원	1,200	문화예술과	7	4	6	1	6	1	1	4
3406	충북 청주시	문화예술 플랫폼 활성화	500,000	문화예술과	7	4	6	8	7	3	1	2
3407	충북 청주시	문화파출소 청원 운영지원	100,000	문화예술과	7	4	6	8	7	3	1	2
3408	충북 청주시	김수현드라마아트홀 운영	300,000	문화예술과	7	4	6	8	7	3	1	2
3409	충북 청주시	농산물 가공식품 해외 마케팅 지원	140,000	농식품유통과	7	6	7	8	7	5	5	4
3410	충북 청주시	광역알뜰교통카드 연계 마일리지 지원	84,000	대중교통과	7	2	5	1	2	2	4	2
3411	충북 청주시	택시 운행정보관리시스템 구축 운영사업	44,059	대중교통과	7	5	5	1	2	2	4	2
3412	충북 청주시	암 조기검진 사업	302,760	상당보건소 건강증진과	7	2	5	1	7	1	2	4
3413	충북 청주시	의료급여수급권자 건강검진	36,250	상당보건소 건강증진과	7	2	5	1	7	1	2	4
3414	충북 청주시	시군결핵예방사업	4,000	상당보건소 건강증진과	7	1	7	1	7	1	1	4
3415	충북 청주시	희귀난치성질환자 의료비 지원	386,128	상당보건소 건강증진과	7	1	7	1	7	1	1	4
3416	충북 청주시	치매치료관리비(약제비)지원	140,097	상당보건소 건강증진과	7	2	5	1	7	1	1	1
3417	충북 청주시	청소년산모 임신출산 의료비 지원	3,000	상당보건소 건강증진과	7	2	5	1	7	1	1	4
3418	충북 청주시	산모신생아 건강관리사 지원사업	366,350	상당보건소 건강증진과	7	2	5	1	7	1	1	4
3419	충북 청주시	영유아 건강검진	2,700	상당보건소 건강증진과	7	2	5	1	7	1	1	4

순번	시군구	지출명 (사업명)	2021년예산 (단위:천원/1년간)	담당자 (공무원) 담당부서	민간이전 분류 (지방자치단체 세출예산 집행기준에 의거) 1. 민간경상사업보조(307-02) 2. 민간단체 법정운영비보조(307-03) 3. 민간행사사업보조(307-04) 4. 민간위탁금(307-05) 5. 사회복지시설 법정운영비보조(307-10) 6. 민간인위탁교육비(307-12) 7. 공기관등에대한경상적위탁사업비(308-10) 8. 민간자본사업보조,자체재원(402-01) 9. 민간자본사업보조,이전재원(402-02) 10. 민간위탁사업비(402-03) 11. 공기관등에 대한 자본적 대행사업비(403-02)	민간이전지출 근거 (지방보조금 관리기준 참고) 1. 법률에 규정 2. 국고보조 재원(국가지정) 3. 용도 지정 기부금 4. 조례에 직접규정 5. 지자체가 권장하는 사업을 하는 공공기관 6. 시,도 정책 및 재정사정 7. 기타 8. 해당없음	입찰방식 계약체결방법 (경쟁형태) 1. 일반경쟁 2. 제한경쟁 3. 지명경쟁 4. 수의계약 5. 법정위탁 6. 기타 ( ) 7. 해당없음	입찰방식 계약기간 1. 1년 2. 2년 3. 3년 4. 4년 5. 5년 6. 기타 ( )년 7. 단기계약 (1년미만) 8. 해당없음	입찰방식 낙찰자선정방법 1. 적격심사 2. 협상에의한계약 3. 최저가낙찰제 4. 규격가격분리 5. 2단계 경쟁입찰 6. 기타 ( ) 7. 해당없음	운영예산 산정 운영예산 산정 1. 내부산정 (지자체 자체적으로 산정) 2. 외부산정 (외부전문기관위탁 산정) 3. 내·외부 모두 산정 4. 산정 無 5. 해당없음	운영예산 산정 정산방법 1. 내부정산 (지자체 내부적으로 정산) 2. 외부정산 (외부전문기관위탁 정산) 3. 내·외부 모두 산정 4. 정산 無 5. 해당없음	성과평가 실시여부 1. 실시 2. 미실시 3. 향후 추진 4. 해당없음
3420	충북 청주시	표준모자보건수첩	1,718	상당보건소 건강증진과	7	2	5	1	7	1	1	4
3421	충북 청주시	저소득층 기저귀 조제분유 지원사업	207,500	상당보건소 건강증진과	7	2	5	1	7	1	1	4
3422	충북 청주시	암 조기검진 사업	338,600	서원보건소	7	2	5	1	7	1	2	4
3423	충북 청주시	의료급여수급권자 건강검진	40,000	서원보건소	7	2	5	1	7	1	2	4
3424	충북 청주시	시군결핵예방사업	6,000	서원보건소	7	1	7	1	7	1	1	4
3425	충북 청주시	희귀난치성질환자 의료비 지원	182,000	서원보건소	7	2	5	1	7	1	1	4
3426	충북 청주시	치매치료관리비지원	112,838	서원보건소	7	2	5	1	7	1	1	4
3427	충북 청주시	청소년산모 임신출산 의료비 지원	3,000	서원보건소	7	2	5	1	7	2	2	4
3428	충북 청주시	산모신생아 건강관리사 지원사업	474,100	서원보건소	7	2	5	1	7	2	2	4
3429	충북 청주시	영유아 건강검진	3,900	서원보건소	7	2	5	1	7	2	2	4
3430	충북 청주시	표준모자보건수첩	1,718	서원보건소	7	2	5	1	7	2	2	4
3431	충북 청주시	저소득층 기저귀 조제분유 지원사업	207,500	서원보건소	7	2	5	1	7	2	2	4
3432	충북 청주시	암 조기검진 사업	376,440	흥덕보건소	7	2	5	1	7	1	2	4
3433	충북 청주시	의료급여수급권자 건강검진	28,750	흥덕보건소	7	2	5	1	7	1	2	4
3434	충북 청주시	시군결핵예방사업	6,000	흥덕보건소	7	1	7	1	7	1	1	4
3435	충북 청주시	희귀난치성질환자 의료비지원	240,000	흥덕보건소	7	1	5	1	7	1	1	4
3436	충북 청주시	치매치료관리비지원(약제비)	121,463	흥덕보건소	7	2	5	1	7	1	1	1
3437	충북 청주시	청소년산모 임신출산 의료비 지원	3,000	흥덕보건소	7	1	5	1	7	2	2	4
3438	충북 청주시	산모신생아 건강관리사 지원사업	603,400	흥덕보건소	7	1	5	1	7	2	2	4
3439	충북 청주시	영유아 건강검진	3,375	흥덕보건소	7	1	5	1	7	2	2	4
3440	충북 청주시	표준모자보건수첩	1,718	흥덕보건소	7	1	5	1	7	2	2	4
3441	충북 청주시	저소득층 기저귀 조제분유 지원사업	207,500	흥덕보건소	7	1	5	1	7	2	2	4
3442	충북 청주시	암 조기검진 사업	239,700	청원보건소	7	2	5	1	7	1	2	4
3443	충북 청주시	의료급여수급권자 건강검진	20,000	청원보건소	7	2	5	1	7	1	2	4
3444	충북 청주시	시군결핵예방사업	4,000	청원보건소	7	1	7	1	7	1	1	4
3445	충북 청주시	희귀난치성질환자 의료비지원	500,000	청원보건소	7	2	5	1	7	1	1	4
3446	충북 청주시	치매치료관리비지원	133,196	청원보건소	7	2	5	1	7	1	1	4
3447	충북 청주시	청소년산모 임신출산 의료비지원	3,000	청원보건소	7	2	5	1	7	1	1	4
3448	충북 청주시	산모신생아 건강관리사 지원사업	711,150	청원보건소	7	2	5	1	7	1	1	4
3449	충북 청주시	영유아 건강검진	1,900	청원보건소	7	2	5	1	7	1	1	4
3450	충북 청주시	표준모자보건수첩	1,718	청원보건소	7	2	5	1	7	1	1	4
3451	충북 청주시	저소득층 기저귀 조제분유 지원사업	207,500	청원보건소	7	2	5	1	7	1	1	4
3452	충북 청주시	산단지역 대기환경개선 종합대책	100,000	환경관리본부 기후대기과	7	1	7	8	7	5	5	2
3453	충북 청주시	수돗물 생산 및 관리	320,694	상수도사업본부 정수과	7	5	5	3	6	1	1	1
3454	충북 청주시	열린도서관 관리운영	517,680	도서관평생학습본부 시립도서관	7	4	6	6	7	1	1	1
3455	충북 충주시	행정정보전산장비(공통기반1,2,)유지관리 위탁	94,951	정보통신과	7	1	1	1	7	5	5	4
3456	충북 충주시	재해복구시스템 유지관리 위탁	15,980	정보통신과	7	1	1	1	7	5	5	4
3457	충북 충주시	지방행정통합정보시스템 상담센터 운영 위탁	6,460	정보통신과	7	1	1	1	7	5	5	4
3458	충북 충주시	온-나라시스템 유지관리 위탁	21,350	정보통신과	7	1	1	1	7	5	5	4
3459	충북 충주시	택시운행정보관리시스템 운영사업비	11,228	교통정책과	7	1	7	8	7	2	2	4
3460	충북 충주시	소태면 기초생활거점 육성사업	1,397,140	도시재생과	7	2	4	4	7	1	1	4
3461	충북 충주시	산척면 농촌중심지 활성화사업	32,360	도시재생과	7	2	4	4	7	1	1	4
3462	충북 충주시	노은면 기초생활거점 육성사업	15,000	도시재생과	7	2	4	4	7	1	1	4

순번	시군구	지출명 (사업명)	2021년예산 (단위:천원/1년간)	담당자 (공무원)	민간이전 분류 (지방자치단체 세출예산 집행기준에 의거)	민간이전지출 근거 (지방보조금 관리기준 참고)	입찰방식			운영예산 산정		성과평가 실시여부
				담당부서	1. 민간경상사업보조(307-02) 2. 민간단체 법정운영비보조(307-03) 3. 민간행사사업보조(307-04) 4. 민간위탁금(307-05) 5. 사회복지시설 법정운영비보조(307-10) 6. 민간인위탁교육비(307-12) 7. 공기관등에대한경상적위탁사업비(308-10) 8. 민간자본사업보조,자체재원(402-01) 9. 민간자본사업보조,이전재원(402-02) 10. 민간위탁사업비(402-03) 11. 공기관등에 대한 자본적 대행사업비(403-02)	1. 법률에 규정 2. 국고보조 재원(국가지정) 3. 용도 지정 기부금 4. 조례에 직접규정 5. 지자체가 권장하는 사업을 하는 공공기관 6. 시,도 정책 및 재정사정 7. 기타 8. 해당없음	계약체결방법 (경쟁형태) 1. 일반경쟁 2. 제한경쟁 3. 지명경쟁 4. 수의계약 5. 법정위탁 6. 기타 ( ) 7. 해당없음	계약기간 1. 1년 2. 2년 3. 3년 4. 4년 5. 5년 6. 기타 ( )년 7. 단기계약 (1년미만) 8. 해당없음	낙찰자선정방법 1. 적격심사 2. 협상에의한계약 3. 최저가낙찰제 4. 규격가격분리 5. 2단계 경쟁입찰 6. 기타 ( ) 7. 해당없음	운영예산 산정 1. 내부산정 (지자체 자체적으로 산정) 2. 외부산정 (외부전문기관위탁 산정) 3. 내·외부 모두 산정 4. 산정 無 5. 해당없음	정산방법 1. 내부정산 (지자체 내부적으로 정산) 2. 외부정산 (외부전문기관위탁 정산) 3. 내·외부 모두 산정 4. 정산 無 5. 해당없음	1. 실시 2. 미실시 3. 향후 추진 4. 해당없음
3463	충북 충주시	수송기계 부품 전자파센터 구축사업	3,053,500	신성장전략과	7	2	7	8	7	5	5	4
3464	충북 충주시	자동차부품기업지원	300,000	신성장전략과	7	5	7	8	7	5	5	4
3465	충북 충주시	근로능력이 있는 수급자의 탈수급지원	146,800	복지정책과	7	2	5	1	7	5	1	4
3466	충북 충주시	근로능력이 있는 수급자의 탈수급지원	166,090	복지정책과	7	2	5	1	7	5	1	4
3467	충북 충주시	근로능력이 있는 수급자의 탈수급지원	46,248	복지정책과	7	2	5	1	7	5	1	4
3468	충북 충주시	근로능력이 있는 수급자의 탈수급지원	16,750	복지정책과	7	2	5	1	7	5	1	4
3469	충북 충주시	근로능력이 있는 수급자의 탈수급지원	143,476	복지정책과	7	2	5	1	7	5	1	4
3470	충북 충주시	가사간병 방문관리사 지원사업	251,194	복지정책과	7	2	5	1	7	5	1	1
3471	충북 충주시	지역사회서비스 투자사업	2,020,751	복지정책과	7	2	5	1	7	5	1	1
3472	충북 충주시	체험관광프로그램 운영비	170,360	관광과	7	4	4	3	7	1	1	3
3473	충북 충주시	의상대여소 위탁운영비	103,631	관광과	7	4	4	3	7	1	1	3
3474	충북 충주시	관광안내소 위탁운영비	128,529	관광과	7	4	4	3	7	1	1	3
3475	충북 충주시	초가집 위탁운영비	5,560	관광과	7	4	4	3	7	1	1	3
3476	충북 충주시	게스트하우스 위탁운영비	265,000	관광과	7	4	4	3	7	1	1	3
3477	충북 충주시	충북학사 동서울관 운영	94,575	평생학습과	7	4	7	1	7	4	4	2
3478	충북 충주시	대학생 학자금 이자지원	28,600	평생학습과	7	4	7	1	7	4	4	2
3479	충북 충주시	소프트웨어 미래채움사업	94,000	평생학습과	7	7	7	1	7	4	4	2
3480	충북 충주시	내수면인공산란장설치지원	6,000	축수산과	7	2	7	8	7	5	5	4
3481	충북 충주시	내수면어도개보수	125,000	축수산과	7	2	7	8	7	5	5	4
3482	충북 충주시	암조기검진	237,500	보건과	7	1	5	1	7	5	5	4
3483	충북 충주시	일반건강검진	37,500	보건과	7	1	5	1	7	5	5	4
3484	충북 충주시	희귀질환자의료비지원	490,000	보건과	7	1	5	1	7	5	5	4
3485	충북 충주시	충주 1~4산업단지 완충저류시설 설치	714,286	환경수자원과	7	2	6	6	6	2	1	3
3486	충북 충주시	중원산업단지 완충저류시설 설치	714,286	환경수자원과	7	2	7	8	7	5	5	4
3487	충북 충주시	가스 타이머 콕 설치 지원사업	117,300	기후에너지과	7	1	7	8	7	5	5	4
3488	충북 제천시	경로당 가스안전 점검	15,886	노인장애인과	7	1	5	7	7	2	1	4
3489	충북 제천시	(최)중증장애인활동지원서비스지원	148,500	노인장애인과	7	6	5	8	7	1	1	1
3490	충북 제천시	(최)중증장애인 활동지원바우처지원	3,000	노인장애인과	7	6	5	8	7	1	1	1
3491	충북 제천시	장애인의료비지원	199,150	노인장애인과	7	1	7	8	7	1	1	1
3492	충북 제천시	발달재활서비스지원	540,000	노인장애인과	7	1	5	8	7	1	2	4
3493	충북 제천시	최중증장애인 바우처서비스 지원	39,301	노인장애인과	7	6	5	8	7	1	1	1
3494	충북 제천시	최중증장애인 24시간 추가지원	47,444	노인장애인과	7	6	5	8	7	1	1	1
3495	충북 제천시	장애인활동지원사업	4,868,096	노인장애인과	7	1	5	8	7	1	1	4
3496	충북 제천시	장애인활동지원사업	17,237	노인장애인과	7	1	5	8	7	1	1	1
3497	충북 제천시	발달장애인 주간활동서비스 지원	740,026	노인장애인과	7	1	7	8	7	1	2	4
3498	충북 제천시	발달장애인 방과후 돌봄서비스	333,080	노인장애인과	7	1	7	8	7	1	2	4
3499	충북 제천시	발달장애인 부모심리상담지원사업	2,880	노인장애인과	7	1	5	8	7	1	1	1
3500	충북 제천시	대학생 학자금 이자지원	22,000	홍보학습담당관	7	5	7	1	7	1	1	1
3501	충북 제천시	지역선도대학 육성사업	50,000	홍보학습담당관	7	5	7	1	7	1	1	1
3502	충북 제천시	차세대 주민등록정보시스템 운영 부담금	12,296	민원지적과	7	5	6	1	6	2	2	1
3503	충북 제천시	아이돌봄 정부지원금	1,300	여성가족과	7	2	7	8	7	1	1	4
3504	충북 제천시	시군구 행정정보 전산장비 유지관리	92,627	정보통신과	7	5	7	1	7	2	2	4
3505	충북 제천시	시군구 재해복구시스템 통합유지관리 및 운영	15,980	정보통신과	7	5	7	1	7	2	2	4

순번	시군구	지출명 (사업명)	2021년예산 (단위:천원/1년간)	담당자 (공무원)	민간이전 분류 (지방자치단체 세출예산 집행기준에 의거)	민간이전지출 근거 (지방보조금 관리기준 참고)	입찰방식			운영예산 산정		성과평가 실시여부
				담당부서	1. 민간경상사업보조(307-02) 2. 민간단체 법정운영비보조(307-03) 3. 민간행사사업보조(307-04) 4. 민간위탁금(307-05) 5. 사회복지시설 법정운영비보조(307-10) 6. 민간인위탁교육비(307-12) 7. 공기관등에대한경상적위탁사업비(308-10) 8. 민간자본사업보조,자체재원(402-01) 9. 민간자본사업보조,이전재원(402-02) 10. 민간위탁사업비(402-03) 11. 공기관등에 대한 자본적 대행사업비(403-02)	1. 법률에 규정 2. 국고보조 재원(국가지정) 3. 용도 지정 기부금 4. 조례에 직접규정 5. 지자체가 권장하는 사업을 하는 공공기관 6. 시,도 정책 및 재정사정 7. 기타 8. 해당없음	계약체결방법 (경쟁형태) 1. 일반경쟁 2. 제한경쟁 3. 지명경쟁 4. 수의계약 5. 법정위탁 6. 기타 ( ) 7. 해당없음	계약기간 1. 1년 2. 2년 3. 3년 4. 4년 5. 5년 6. 기타 ( )년 7. 단기계약 (1년미만) 8. 해당없음	낙찰자선정방법 1. 적격심사 2. 협상에의한계약 3. 최저가낙찰제 4. 규격가격분리 5. 2단계 경쟁입찰 6. 기타 ( ) 7. 해당없음	운영예산 산정 1. 내부산정 (지자체 자체적으로 산정) 2. 외부산정 (외부전문기관위탁 산정) 3. 내·외부 모두 산정 4. 산정 無 5. 해당없음	정산방법 1. 내부정산 (지자체 내부적으로 정산) 2. 외부정산 (외부전문기관위탁 정산) 3. 내·외부 모두 산정 4. 정산 無 5. 해당없음	1. 실시 2. 미실시 3. 향후 추진 4. 해당없음
3506	충북 제천시	지방행정공통정보시스템 서비스데스크 운영	6,460	정보통신과	7	5	7	1	7	2	2	4
3507	충북 제천시	온나라시스템 운영지원비	14,235	정보통신과	7	5	7	1	7	2	2	4
3508	충북 보은군	청백-e시스템 유지보수 및 운영지원	8,002	기획감사실	7	1	6	1	6	3	3	2
3509	충북 보은군	지방재정관리시스템(e-호조)통합운영 및 유지보수비	25,386	기획감사실	7	1	6	1	6	3	3	2
3510	충북 보은군	표준지방인사정보시스템 운영지원	6,863	행정과	7	5	5	1	7	2	2	1
3511	충북 보은군	차세대 표준지방인사정보시스템 구축 분담	69,195	행정과	7	5	5	1	7	2	2	1
3512	충북 보은군	제2충북학사 운영비	13,816	행정과	7	4	7	8	7	1	1	4
3513	충북 보은군	대학생 학자금 이자지원 사업	2,200	행정과	7	6	7	8	7	1	1	4
3514	충북 보은군	소프트웨어 미래채움 사업	34,000	행정과	7	6	7	8	7	1	1	4
3515	충북 보은군	시군구 공통기반 전산장비 유지관리비	90,335	행정과	7	5	5	1	7	2	2	1
3516	충북 보은군	시군구 공통기반 재해복구 유지관리비	17,286	행정과	7	5	5	1	7	2	2	1
3517	충북 보은군	시군구 공통기반 서비스데스크 운영 분담금	6,460	행정과	7	5	5	1	7	2	2	1
3518	충북 보은군	온-나라시스템 서비스데스크 운영 분담금	7,500	행정과	7	5	5	1	7	2	2	1
3519	충북 보은군	지방세 정보시스템 유지비	34,427	재무과	7	5	7	1	7	2	2	4
3520	충북 보은군	차세대지방세정보시스템 구축에 따른 유지보수비	1,215	재무과	7	5	7	1	7	2	2	4
3521	충북 보은군	세외수입정보시스템 유지비	19,204	재무과	7	5	7	1	7	2	2	4
3522	충북 보은군	지역사회서비스 투자사업 추진	365,232	주민복지과	7	4	7	8	7	1	1	1
3523	충북 보은군	추가보육료(3세)	41,040	주민복지과	7	5	7	8	7	3	1	1
3524	충북 보은군	추가보육료(4,5세)	36,960	주민복지과	7	3	7	8	7	3	1	1
3525	충북 보은군	영유아보육료 지원	1,975,630	주민복지과	7	5	7	8	7	3	1	1
3526	충북 보은군	누리과정 보육료 지원	440,000	주민복지과	7	5	7	8	7	3	1	1
3527	충북 보은군	아이돌보미 지원	186,371	주민복지과	7	2	7	8	7	5	1	1
3528	충북 보은군	장애인의료비 지원	37,686	주민복지과	7	2	7	8	7	2	3	1
3529	충북 보은군	발달재활서비스 바우처 지원	90,720	주민복지과	7	2	1	8	7	5	3	1
3530	충북 보은군	발달장애인 부모상담 지원	960	주민복지과	7	2	7	8	7	5	3	1
3531	충북 보은군	장애인활동지원 사업	1,390,885	주민복지과	7	2	1	8	7	5	3	1
3532	충북 보은군	중증장애인 활동보조 추가지원	1,229	주민복지과	7	2	1	8	7	5	3	1
3533	충북 보은군	발달장애인 주간활동서비스 지원	148,005	주민복지과	7	2	7	8	7	5	5	3
3534	충북 보은군	발달장애인 방과후 돌봄서비스 바우처 지원	66,613	주민복지과	7	2	1	3	7	5	3	1
3535	충북 보은군	장애인활동지원 가산급여(수당)지원	4,626	주민복지과	7	2	1	8	7	5	3	1
3536	충북 보은군	가사간병방문관리사 지원사업	40,822	주민복지과	7	5	7	8	7	5	5	1
3537	충북 보은군	지적기준점 설치 및 유지보수	30,000	민원과	7	1	2	1	7	5	5	1
3538	충북 보은군	도로명주소 정보시스템 유지관리 및 운영지원	17,473	민원과	7	5	5	8	7	2	2	4
3539	충북 보은군	도로명주소 기본도 유지관리	5,342	민원과	7	5	5	8	7	2	2	4
3540	충북 보은군	택시운행정보관리시스템 운영비	1,150	민원과	7	7	4	1	7	1	4	4
3541	충북 보은군	택시(DRT)시스템 구축 운영비	3,600	민원과	7	7	7	8	7	5	5	4
3542	충북 보은군	충북행복결혼공제사업	82,647	경제전략과	7	2	7	8	7	5	1	1
3543	충북 보은군	농공단지 스마트화 지원	240,000	경제전략과	7	6	5	1	7	1	2	1
3544	충북 보은군	신규구축	14,840	경제전략과	7	6	5	1	7	1	2	1
3545	충북 보은군	고도화	20,000	경제전략과	7	6	5	1	7	1	2	1
3546	충북 보은군	소기업형 스마트공장 구축지원	27,810	경제전략과	7	6	5	1	7	1	2	1
3547	충북 보은군	한센병위탁사업비	13,000	보건행정과	7	1	5	8	7	5	1	4
3548	충북 보은군	지역사회건강조사 감시체계구축	66,690	건강증진과	7	2	7	8	7	2	3	1

순번	시군구	지출명 (사업명)	2021년예산 (단위:천원/1년간)	담당자 (공무원)	민간이전 분류 (지방자치단체 세출예산 집행기준에 의거)	민간이전지출 근거 (지방보조금 관리기준 참고)	입찰방식			운영예산 산정		성과평가 실시여부
				담당부서	1. 민간경상사업보조(307-02) 2. 민간단체 법정운영비보조(307-03) 3. 민간행사사업보조(307-04) 4. 민간위탁금(307-05) 5. 사회복지시설 법정운영비보조(307-10) 6. 민간인위탁교육비(307-12) 7. 공기관등에대한경상적위탁사업비(308-10) 8. 민간자본사업보조,자체재원(402-01) 9. 민간자본사업보조,이전재원(402-02) 10. 민간위탁사업비(402-03) 11. 공기관등에 대한 자본적 대행사업비(403-02)	1. 법률에 규정 2. 국고보조 재원(국가지정) 3. 용도 지정 기부금 4. 조례에 직접규정 5. 지자체가 권장하는 사업을 하는 공공기관 6. 시,도 정책 및 재정사정 7. 기타 8. 해당없음	계약체결방법 (경쟁형태) 1. 일반경쟁 2. 제한경쟁 3. 지명경쟁 4. 수의계약 5. 법정위탁 6. 기타 ( ) 7. 해당없음	계약기간 1. 1년 2. 2년 3. 3년 4. 4년 5. 5년 6. 기타 ( )년 7. 단기계약 (1년미만) 8. 해당없음	낙찰자선정방법 1. 적격심사 2. 협상에의한계약 3. 최저가낙찰제 4. 규격가격분리 5. 2단계 경쟁입찰 6. 기타 ( ) 7. 해당없음	운영예산 산정 1. 내부산정 (지자체 자체적으로 산정) 2. 외부산정 (외부전문기관위탁 산정) 3. 내·외부 모두 산정 4. 산정 無 5. 해당없음	정산방법 1. 내부정산 (지자체 내부적으로 정산) 2. 외부정산 (외부전문기관위탁 정산) 3. 내·외부 모두 산정 4. 정산 無 5. 해당없음	1. 실시 2. 미실시 3. 향후 추진 4. 해당없음
3549	충북 보은군	산모신생아 건강관리 지원사업 자체지원	8,000	건강증진과	7	4	5	8	7	1	3	4
3550	충북 보은군	사업관리비	88	건강증진과	7	1	5	8	7	5	3	4
3551	충북 보은군	산모신생아 건강관리사 지원	60,000	건강증진과	7	1	5	8	7	5	3	1
3552	충북 보은군	영유아 건강검진비 지원	500	건강증진과	7	1	5	8	7	5	3	4
3553	충북 보은군	표준모자보건수첩	100	건강증진과	7	1	5	8	7	5	3	4
3554	충북 보은군	청소년산모 임신.출산 의료비 지원	1,200	건강증진과	7	1	5	8	7	5	3	4
3555	충북 보은군	저소득층 기저귀 조제분유 지원	13,400	건강증진과	7	1	5	8	7	5	3	4
3556	충북 보은군	난청사업 관리비	44	건강증진과	7	1	5	8	7	5	3	4
3557	충북 보은군	치매치료 관리비 지원	131,816	건강증진과	7	2	7	8	7	5	1	4
3558	충북 보은군	보은군 하수관거(BTL) 민간위탁금	40,000	상하수도사업소	7	7	7	6	2	3	3	1
3559	충북 옥천군	공통기반 전산장비 및 재해복구시스템 운영장비 유지보수	115,953	자치행정과	7	7	7	1	7	2	2	4
3560	충북 옥천군	새올행정시스템 서비스데스크 운영비	6,460	자치행정과	7	7	7	1	7	2	2	4
3561	충북 옥천군	온-나라시스템 운영지원	7,500	자치행정과	7	7	7	1	7	2	2	4
3562	충북 옥천군	아이돌봄 지원	368,011	복지정책과	7	2	7	8	7	2	2	4
3563	충북 옥천군	영유아보육료 지원	3,360,354	복지정책과	7	2	7	8	7	2	2	4
3564	충북 옥천군	누리과정 교육비 지원	951,943	복지정책과	7	1	7	8	7	2	2	4
3565	충북 옥천군	시간제보육료 지원	23,744	복지정책과	7	1	7	8	7	2	2	4
3566	충북 옥천군	가사간병방문지원사업	90,013	복지정책과	7	2	5	8	7	5	1	4
3567	충북 옥천군	공동주택관리 법정교육 위탁	3,000	도시교통과	7	4	7	8	7	5	5	4
3568	충북 옥천군	버스정보시스템(BIS) 정보 이용료	10,440	도시교통과	7	1	4	1	7	1	1	4
3569	충북 옥천군	택시운행정보관리시스템 운영비	1,478	도시교통과	7	1	4	1	7	1	1	4
3570	충북 옥천군	헌혈권장사업	5,000	보건행정과	7	4	7	8	7	5	5	4
3571	충북 옥천군	영유아 건강검진 사업	500	건강관리과	7	2	7	8	7	5	3	2
3572	충북 옥천군	암조기검진	85,424	건강관리과	7	2	7	8	7	5	3	2
3573	충북 옥천군	일반건강검진	17,500	건강관리과	7	2	7	8	7	5	3	2
3574	충북 옥천군	희귀난치성 질환자의료비 지원	136,000	건강관리과	7	2	5	8	7	5	3	2
3575	충북 옥천군	산모 신생아 건강관리사 지원사업	99,000	건강관리과	7	2	5	8	7	5	3	1
3576	충북 옥천군	산모 신생아 건강관리 지원사업	12,600	건강관리과	7	4	5	8	7	5	3	1
3577	충북 옥천군	표준모자보건수첩제작	256	건강관리과	7	2	5	8	7	5	3	4
3578	충북 옥천군	청소년산모 임신출산 의료비지원	1,200	건강관리과	7	2	5	8	7	5	3	1
3579	충북 옥천군	저소득층 기저귀·조제분유 지원	38,400	건강관리과	7	2	5	8	7	5	3	1
3580	충북 옥천군	치매치료관리비지원	199,449	건강관리과	7	2	7	8	7	5	3	2
3581	충북 옥천군	저소득층 여성청소년 위생용품 지원	15,868	평생학습원	7	1	7	8	7	5	1	2
3582	충북 옥천군	지역균형발전 혁신역량강화교육	25,000	경제과	7	5	6	7	6	3	3	2
3583	충북 옥천군	지역균형발전사업 혁신역량강화교육	15,000	경제과	7	5	6	7	6	3	3	4
3584	충북 옥천군	전략산업 육성 고도화사업	1,200	경제과	7	5	5	2	7	3	3	4
3585	충북 옥천군	스마트공장 구축지원사업	42,260	경제과	7	5	7	2	7	3	3	4
3586	충북 옥천군	소기업형 스마트공장 구축지원사업	46,125	경제과	7	5	7	2	7	3	3	4
3587	충북 옥천군	가스타이머 콕 설치지원 사업	42,228	경제과	7	1	5	4	1	3	3	2
3588	충북 영동군	대학생 학자금 이자 지원	6,600	기획감사관	7	6	7	8	7	3	1	4
3589	충북 영동군	충북행복결혼공제	112,328	기획감사관	7	6	7	8	7	5	1	4
3590	충북 영동군	어린이집 차액보육료지원	26,832	가족행복과	7	5	7	8	7	5	5	4
3591	충북 영동군	영유아보육료지원	2,397,693	가족행복과	7	2	7	8	7	5	5	4

순번	시군구	지출명 (사업명)	2021년예산 (단위:천원/1년간)	담당자 (공무원) 담당부서	민간이전 분류 (지방자치단체 세출예산 집행기준에 의거) 1. 민간경상사업보조(307-02) 2. 민간단체 법정운영비보조(307-03) 3. 민간행사사업보조(307-04) 4. 민간위탁금(307-05) 5. 사회복지시설 법정운영비보조(307-10) 6. 민간인위탁교육비(307-12) 7. 공기관등에대한경상적위탁사업비(308-10) 8. 민간자본사업보조,자체재원(402-01) 9. 민간자본사업보조,이전재원(402-02) 10. 민간위탁사업비(402-03) 11. 공기관등에 대한 자본적 대행사업비(403-02)	민간이전지출 근거 (지방보조금 관리기준 참고) 1. 법률에 규정 2. 국고보조 재원(국가지정) 3. 용도 지정 기부금 4. 조례에 직접규정 5. 지자체가 권장하는 사업을 하는 공공기관 6. 시,도 정책 및 재정사정 7. 기타 8. 해당없음	입찰방식 계약체결방법 (경쟁형태) 1. 일반경쟁 2. 제한경쟁 3. 지명경쟁 4. 수의계약 5. 법정위탁 6. 기타 ( ) 7. 해당없음	입찰방식 계약기간 1. 1년 2. 2년 3. 3년 4. 4년 5. 5년 6. 기타 ( )년 7. 단기계약 (1년미만) 8. 해당없음	입찰방식 낙찰자선정방법 1. 적격심사 2. 협상에의한계약 3. 최저가낙찰제 4. 규격가격분리 5. 2단계 경쟁입찰 6. 기타 ( ) 7. 해당없음	운영예산 산정 운영예산 산정 1. 내부산정 (지자체 자체적으로 산정) 2. 외부산정 (외부전문기관위탁 산정) 3. 내·외부 모두 산정 4. 산정 無 5. 해당없음	운영예산 산정 정산방법 1. 내부정산 (지자체 내부적으로 정산) 2. 외부정산 (외부전문기관위탁 정산) 3. 내·외부 모두 산정 4. 정산 無 5. 해당없음	성과평가 실시여부 1. 실시 2. 미실시 3. 향후 추진 4. 해당없음
3592	충북 영동군	누리과정 운영비 예탁	856,474	가족행복과	7	2	7	8	7	5	5	4
3593	충북 영동군	시간차등형보육사업	15,872	가족행복과	7	2	7	8	7	5	5	4
3594	충북 영동군	농공단지 스마트공장 구축 지원사업	80,000	경제과	7	5	7	8	7	1	1	1
3595	충북 영동군	일라이트 소재 상용화 기술개발 지원	260,000	경제과	7	4	7	2	7	1	1	3
3596	충북 증평군	지역우수 인재양성 지원	29,000	미래기획실	7	5	7	8	7	5	5	4
3597	충북 증평군	대학생 학자금 이자지원	4,400	미래기획실	7	5	7	8	7	5	5	4
3598	충북 증평군	예산편성 운영	18,132	예산감사관	7	1	5	1	7	2	2	1
3599	충북 증평군	예산편성 운영	55,255	예산감사관	7	1	5	1	7	2	2	1
3600	충북 증평군	종합감사체계 확립	5,605	예산감사관	7	1	5	1	7	2	2	1
3601	충북 증평군	인사행정 운영	57,085	행정과	7	7	7	1	7	5	5	4
3602	충북 증평군	기록관 운영	43,400	행정과	7	7	7	1	7	5	5	4
3603	충북 증평군	행정정보시스템 구축 운영	136,110	행정과	7	5	5	1	2	2	2	4
3604	충북 증평군	장애인의료비 지원	10,500	생활지원과	7	2	7	8	7	5	5	4
3605	충북 증평군	어린이집, 아동복지시설 안전관리 지원	3,640	사회복지과	7	1	7	8	7	1	1	4
3606	충북 증평군	지방세정업무추진	34,427	재무과	7	1	7	8	7	2	2	1
3607	충북 증평군	세외수입 관리 운영	17,019	재무과	7	1	7	8	7	2	2	1
3608	충북 증평군	주민 서비스 제공	11,000	민원과	7	1	6	1	7	5	5	4
3609	충북 증평군	어린이급식관리지원센터 운영	210,000	환경위생과	7	1	7	3	1	5	2	4
3610	충북 증평군	지역자율형 사회서비스 투자사업	124,000	보건소	7	2	7	8	7	5	3	1
3611	충북 증평군	산모신생아 건강관리 지원사업	11,256	보건소	7	2	7	8	7	5	3	1
3612	충북 증평군	기저귀 및 조제분유 지원	43,000	보건소	7	2	7	8	7	5	3	1
3613	충북 증평군	의료급여수급권자 영유아검진비 지원	188	보건소	7	2	7	8	7	5	3	1
3614	충북 증평군	청소년산모 임신출산 의료비 지원	1,200	보건소	7	2	7	8	7	5	3	1
3615	충북 증평군	표준모자보건수첩 제작	220	보건소	7	2	7	8	7	5	3	1
3616	충북 증평군	결핵관리사업	800	보건소	7	2	7	8	7	5	5	4
3617	충북 증평군	희귀난치성 질환자 의료비 지원사업	61,000	보건소	7	2	7	8	7	5	5	4
3618	충북 증평군	지역사회건강조사 조사분석 위탁 운영	66,614	보건소	7	1	5	8	7	5	5	4
3619	충북 증평군	치매치료관리비 지원	80,755	보건소	7	2	7	8	7	3	3	2
3620	충북 증평군	기초정신건강복지센터 지원	184,224	보건소	7	2	7	8	7	3	3	1
3621	충북 증평군	정신건강복지센터 인력확충	145,296	보건소	7	2	7	8	7	3	3	1
3622	충북 증평군	아동청소년 정신보건사업	52,294	보건소	7	2	7	8	7	3	3	1
3623	충북 증평군	자살예방 및 정신건강증진사업	40,720	보건소	7	2	7	8	7	3	3	1
3624	충북 증평군	자살위험자 응급개입치료비 지원	7,000	보건소	7	6	7	8	7	3	3	1
3625	충북 증평군	정신건강복지센터 등 종사자 처우개선비 지원	10,800	보건소	7	6	7	8	7	3	3	1
3626	충북 증평군	지역사회 자살예방 네트워크 구축	3,000	보건소	7	6	7	8	7	3	3	1
3627	충북 증평군	우울증환자 치료관리비 지원	15,000	보건소	7	6	7	8	7	3	3	1
3628	충북 증평군	정신질환 치료비 지원 사업	18,000	보건소	7	2	7	8	7	3	3	1
3629	충북 증평군	국가암관리	72,340	보건소	7	2	7	8	7	5	5	4
3630	충북 증평군	의료급여수급권자 일반검진비 지원	8,125	보건소	7	2	7	8	7	5	5	4
3631	충북 진천군	지방재정통합정보시스템(e-호조) 유지관리	25,386	기획감사실	7	1	6	1	6	2	2	4
3632	충북 진천군	청백-e 시스템 유지관리비	8,801	기획감사실	7	7	6	1	6	2	2	4
3633	충북 진천군	지방행정공통정보시스템 지원사업 지자체분담금	6,460	홍보미디어실	7	1	7	1	7	5	5	4
3634	충북 진천군	공통기반시스템 Ⅰ,Ⅱ 유지관리 협약비	88,166	홍보미디어실	7	1	7	1	7	5	5	4

순번	시군구	지출명 (사업명)	2021년예산 (단위:천원/1년간)	담당자 (공무원)	민간이전 분류 (지방자치단체 세출예산 집행기준에 의거)	민간이전지출 근거 (지방보조금 관리기준 참고)	입찰방식			운영예산 산정		성과평가 실시여부
				담당부서	1. 민간경상사업보조(307-02) 2. 민간단체 법정운영비보조(307-03) 3. 민간행사사업보조(307-04) 4. 민간위탁금(307-05) 5. 사회복지시설 법정운영비보조(307-10) 6. 민간인위탁교육비(307-12) 7. 공기관등에대한경상적위탁사업비(308-10) 8. 민간자본사업보조,자체재원(402-01) 9. 민간자본사업보조,이전재원(402-02) 10. 민간위탁사업비(402-03) 11. 공기관등에 대한 자본적 대행사업비(403-02)	1. 법률에 규정 2. 국고보조 재원(국가지정) 3. 용도 지정 기부금 4. 조례에 직접규정 5. 지자체가 권장하는 사업을 하는 공공기관 6. 시,도 정책 및 재정사정 7. 기타 8. 해당없음	계약체결방법 (경쟁형태) 1. 일반경쟁 2. 제한경쟁 3. 지명경쟁 4. 수의계약 5. 법정위탁 6. 기타 ( ) 7. 해당없음	계약기간 1. 1년 2. 2년 3. 3년 4. 4년 5. 5년 6. 기타 ( )년 7. 단기계약 (1년미만) 8. 해당없음	낙찰자선정방법 1. 적격심사 2. 협상에의한계약 3. 최저가낙찰제 4. 규격가격분리 5. 2단계 경쟁입찰 6. 기타 ( ) 7. 해당없음	운영예산 산정 1. 내부산정 (지자체 자체적으로 산정) 2. 외부산정 (외부전문기관위탁 산정) 3. 내·외부 모두 산정 4. 산정 無 5. 해당없음	정산방법 1. 내부정산 (지자체 내부적으로 정산) 2. 외부정산 (외부전문기관위탁 정산) 3. 내·외부 모두 산정 4. 정산 無 5. 해당없음	1. 실시 2. 미실시 3. 향후 추진 4. 해당없음
3635	충북 진천군	재해복구시스템 유지관리 협약비	16,944	홍보미디어실	7	1	7	1	7	5	5	4
3636	충북 진천군	온-나라 시스템 운영지원 및 사용 S/W 유지보수	26,682	홍보미디어실	7	1	7	1	7	5	5	4
3637	충북 진천군	충북학사 동서울관 운영지원	33,450	행정지원과	7	4	7	8	7	5	5	4
3638	충북 진천군	인사정보시스템 유지관리비	6,863	행정지원과	7	7	7	8	7	5	5	4
3639	충북 진천군	장애인의료비지원	63,234	주민복지과	7	1	5	8	7	3	3	2
3640	충북 진천군	2021년 차세대 주민등록정보시스템 운영비	11,623	민원과	7	2	5	1	2	2	2	1
3641	충북 진천군	국가주소정보시스템 유지관리	17,473	민원과	7	1	6	1	7	3	1	4
3642	충북 진천군	도로명주소기본도 유지보수 사업	7,183	민원과	7	1	6	1	7	3	1	4
3643	충북 진천군	표준 지방세정보시스템 운영비	23,073	세정과	7	1	6	1	6	2	2	4
3644	충북 진천군	통합 지방세정보시스템 운영비	22,271	세정과	7	1	6	1	6	2	2	4
3645	충북 진천군	과세통합시스템(타기관자료) 운영비	948	세정과	7	1	6	1	6	2	2	4
3646	충북 진천군	세외수입정보시스템 유지보수관리비	23,574	세정과	7	1	6	1	6	2	2	4
3647	충북 진천군	충북행복결혼공제사업	496,222	경제과	7	4	7	8	7	1	1	1
3648	충북 진천군	진천군 수출보험 지원사업	10,000	경제과	7	7	7	8	7	1	1	3
3649	충북 진천군	SW융합 시스템반도체 클러스터 구축	100,000	경제과	7	6	6	5	6	3	3	3
3650	충북 진천군	대학생 학자금 이자 지원	8,800	평생학습과	7	4	6	1	6	1	1	4
3651	충북 진천군	2021 소프트웨어(SW) 미래채움 사업	35,000	평생학습과	7	2	6	3	6	2	2	1
3652	충북 진천군	K-스마트 교육시범도시 구축 사업	2,780,000	평생학습과	7	2	7	8	7	5	5	4
3653	충북 진천군	광역버스정보시스템 유지보수	24,670	건설교통과	7	5	5	8	7	1	1	4
3654	충북 진천군	표준모자보건수첩제작	172	건강증진과	7	2	7	8	7	5	3	4
3655	충북 진천군	산모신생아 건강관리지원사업 예탁금	307,000	건강증진과	7	2	7	8	7	5	3	4
3656	충북 진천군	산모신생아 건강관리지원사업 예외지원예탁금	20,000	건강증진과	7	2	7	8	7	5	3	4
3657	충북 진천군	지역사회건강조사 위탁	67,296	건강증진과	7	2	6	1	7	3	3	4
3658	충북 진천군	치매환자 의료비지원 예탁	166,323	건강증진과	7	2	7	8	7	2	2	2
3659	충북 진천군	의료급여수급권자 영유아 건강검진	1,434	건강증진과	7	2	7	8	7	5	5	4
3660	충북 진천군	암조기검진사업	126,980	건강증진과	7	2	7	8	7	5	5	4
3661	충북 진천군	농업용관정 지하수영향조사 및 사후관리	310,000	농업정책과	7	1	7	8	7	5	5	4
3662	충북 진천군	취입보(장양1) 수해복구공사	44,893	농업정책과	7	1	7	8	7	5	5	4
3663	충북 진천군	취입보(장양3) 수해복구공사	18,065	농업정책과	7	1	7	8	7	5	5	4
3664	충북 진천군	여방수로(화산저수지) 수해복구공사	46,121	농업정책과	7	1	7	8	7	5	5	4
3665	충북 진천군	산수배수암거 수해복구공사	11,958	농업정책과	7	1	7	8	7	5	5	4
3666	충북 진천군	노원간선 수해복구공사	12,423	농업정책과	7	1	7	8	7	5	5	4
3667	충북 진천군	성대보 수해복구공사	36,541	농업정책과	7	1	7	8	7	5	5	4
3668	충북 진천군	사곡지구 수해복구공사	13,353	농업정책과	7	1	7	8	7	5	5	4
3669	충북 진천군	백곡수로 수해복구공사	27,468	농업정책과	7	1	7	8	7	5	5	4
3670	충북 진천군	북부간선(토사유실) 수해복구공사	4,890	농업정책과	7	1	7	8	7	5	5	4
3671	충북 진천군	오갑2용수지선 수해복구공사	3,740	농업정책과	7	1	7	8	7	5	5	4
3672	충북 괴산군	발달장애인 부모상담지원	960	주민복지과	7	2	1	1	1	3	3	1
3673	충북 괴산군	발달장애인주간활동서비스지원	148,005	주민복지과	7	2	1	1	1	3	3	1
3674	충북 괴산군	발달장애인방과후돌봄서비스	99,922	수민복지과	7	2	1	1	1	3	3	1
3675	충북 괴산군	장애인활동지원 급여지원	1,324,180	주민복지과	7	2	1	1	1	3	3	1
3676	충북 괴산군	발달재활서비스 바우처지원	86,400	주민복지과	7	2	1	1	1	3	3	1
3677	충북 괴산군	언어발달지원바우처지원	2,067	주민복지과	7	2	1	1	1	3	3	1

순번	시군구	지출명 (사업명)	2021년예산 (단위:천원/1년간)	담당자 (공무원)	민간이전 분류 (지방자치단체 세출예산 집행기준에 의거)	민간이전지출 근거 (지방보조금 관리기준 참고)	입찰방식			운영예산 산정		성과평가 실시여부
				담당부서	1. 민간경상사업보조(307-02) 2. 민간단체 법정운영비보조(307-03) 3. 민간행사사업보조(307-04) 4. 민간위탁금(307-05) 5. 사회복지시설 법정운영비보조(307-10) 6. 민간인위탁교육비(307-12) 7. 공기관등에대한경상적위탁사업비(308-10) 8. 민간자본사업보조,자체재원(402-01) 9. 민간자본사업보조,이전재원(402-02) 10. 민간위탁사업비(402-03) 11. 공기관등에 대한 자본적 대행사업비(403-02)	1. 법률에 규정 2. 국고보조 재원(국가지정) 3. 용도 지정 기부금 4. 조례에 직접규정 5. 지자체가 권장하는 사업을 하는 공공기관 6. 시,도 정책 및 재정사정 7. 기타 8. 해당없음	계약체결방법 (경쟁형태) 1. 일반경쟁 2. 제한경쟁 3. 지명경쟁 4. 수의계약 5. 법정위탁 6. 기타 ( ) 7. 해당없음	계약기간 1. 1년 2. 2년 3. 3년 4. 4년 5. 5년 6. 기타 ( )년 7. 단기계약 (1년미만) 8. 해당없음	낙찰자선정방법 1. 적격심사 2. 협상에의한계약 3. 최저가낙찰제 4. 규격가격분리 5. 2단계 경쟁입찰 6. 기타 ( ) 7. 해당없음	운영예산 산정 1. 내부산정 (지자체 자체적으로 산정) 2. 외부산정 (외부전문기관위탁 산정) 3. 내·외부 모두 산정 4. 산정 無 5. 해당없음	정산방법 1. 내부정산 (지자체 내부적으로 정산) 2. 외부정산 (외부전문기관위탁 정산) 3. 내·외부 모두 산정 4. 정산 無 5. 해당없음	1. 실시 2. 미실시 3. 향후 추진 4. 해당없음
3678	충북 괴산군	장애인활동지원가산급여	9,312	주민복지과	7	2	1	1	1	3	3	1
3679	충북 괴산군	택시운행정보관리시스템 운영비 지원	700	민원지적과	7	1	4	1	2	1	1	4
3680	충북 괴산군	국가암관리 지자체 지원	80,806	보건소	7	1	5	8	7	3	3	1
3681	충북 괴산군	희귀난치성 질환자 의료비 지원	60,000	보건소	7	1	5	8	7	3	3	4
3682	충북 괴산군	의료급여수급권자 건강검진비 지원	8,750	보건소	7	1	5	8	7	3	3	1
3683	충북 괴산군	표준모자보건사업수첩제작	104	보건소	7	2	5	1	7	5	2	1
3684	충북 괴산군	청소년산모 임신출산 의료비 지원	1,200	보건소	7	2	5	1	7	5	2	1
3685	충북 괴산군	지역자율형 사회서비스 투자사업	67,000	보건소	7	2	5	1	7	5	2	1
3686	충북 괴산군	저소득층 기저귀 조제분유 지원	21,000	보건소	7	2	5	1	7	5	2	1
3687	충북 괴산군	산모신생아 건강관리사 지원사업	9,240	보건소	7	4	5	1	7	1	2	1
3688	충북 괴산군	의료급여수급권자 영유아 건강검진비 지원	437	보건소	7	1	5	8	7	3	3	1
3689	충북 괴산군	치매치료관리비 지원	88,003	보건소	7	2	5	8	7	5	2	4
3690	충북 음성군	지방재정관리시스템(e호조) 유지보수	29,012	기획감사실	7	1	5	1	2	5	2	4
3691	충북 음성군	청백-e 시스템 유지관리 및 운영지원비	8,801	기획감사실	7	1	7	8	7	5	5	4
3692	충북 음성군	지방인사정보시스템 유지관리 및 차세대인사랑시스템 구축 분담금	28,103	자치행정과	7	6	7	8	7	2	2	4
3693	충북 음성군	온나라시스템 유지관리 위수탁협약금	10,000	미디어정보과	7	1	5	1	7	5	2	4
3694	충북 음성군	공통기반시스템 유지보수 위수탁협약금	88,532	미디어정보과	7	1	5	1	7	5	2	4
3695	충북 음성군	공통기반시스템 서비스데스크 운영 위수탁협약금	7,000	미디어정보과	7	1	5	1	7	5	2	4
3696	충북 음성군	소프트웨어 미래채움 사업 부담금	47,000	평생학습과	7	4	7	8	7	1	2	4
3697	충북 음성군	충북학사 동서울관 운영비 지원	44,332	평생학습과	7	4	7	8	7	1	1	1
3698	충북 음성군	대학생 학자금 이자지원	11,000	평생학습과	7	6	7	8	7	1	1	1
3699	충북 음성군	지역사회서비스투자사업 추진	908,000	주민지원과	7	2	7	8	7	5	3	1
3700	충북 음성군	가사간병 방문(관리사) 지원 사업	65,793	주민지원과	7	1	7	8	7	5	3	1
3701	충북 음성군	장애인의료비 지원	119,201	주민지원과	7	1	7	8	7	5	1	4
3702	충북 음성군	발달재활서비스 지원	367,200	주민지원과	7	1	1	2	1	5	1	1
3703	충북 음성군	장애인활동지원 제도	2,329,808	주민지원과	7	1	1	3	1	5	1	1
3704	충북 음성군	중증장애인 활동보조 추가지원	9,825	주민지원과	7	1	1	8	1	5	1	1
3705	충북 음성군	발달장애인부모 심리상담 지원	960	주민지원과	7	1	1	3	1	5	1	1
3706	충북 음성군	발달장애인 주간활동서비스 지원	592,019	주민지원과	7	1	1	3	1	5	1	1
3707	충북 음성군	발달장애인 방과후 돌봄서비스	266,464	주민지원과	7	1	1	3	1	5	1	1
3708	충북 음성군	장애인활동지원제도 가산급여	7,318	주민지원과	7	1	1	3	1	5	1	1
3709	충북 음성군	지방세 정보화 관련 운영비	52,229	세정과	7	1	5	1	6	2	2	4
3710	충북 음성군	차세대 지방세정보시스템 운영비	1,534	세정과	7	1	5	1	6	2	2	4
3711	충북 음성군	세외수입정보시스템 유지관리비	25,759	세정과	7	1	5	1	6	2	2	4
3712	충북 음성군	차세대 주민등록정보시스템 운영비	11,648	민원과	7	7	7	8	7	5	5	4
3713	충북 음성군	스마트공장 보급지원	241,620	기업지원과	7	5	7	8	7	1	1	1
3714	충북 음성군	소기업형 스마트공장 구축 지원사업	120,510	기업지원과	7	5	7	8	7	1	1	1
3715	충북 음성군	희귀난치성질환자 의료비 지원	110,000	보건소	7	1	7	8	7	5	5	4
3716	충북 음성군	암 조기검진 사업	157,966	보건소	7	1	7	8	7	5	5	4
3717	충북 음성군	일반건강검진	17,500	보건소	7	1	7	8	7	5	5	4
3718	충북 음성군	영유아 건강검진	1,500	보건소	7	1	7	8	7	5	5	4
3719	충북 음성군	모자보건사업	2,400	보건소	7	2	7	8	7	5	5	3
3720	충북 음성군	지역자율형 사회서비스 투자사업	356,000	보건소	7	2	7	8	7	5	5	4

순번	시군구	지출명 (사업명)	2021년예산 (단위:천원/1년간)	담당자 (공무원)	민간이전 분류 (지방자치단체 세출예산 집행기준에 의거)	민간이전지출 근거 (지방보조금 관리기준 참고)	입찰방식			운영예산 산정		성과평가 실시여부
				담당부서	1. 민간경상사업보조(307-02) 2. 민간단체 법정운영비보조(307-03) 3. 민간행사사업보조(307-04) 4. 민간위탁금(307-05) 5. 사회복지시설 법정운영비보조(307-10) 6. 민간인위탁교육비(307-12) 7. 공기관등에대한경상적위탁사업비(308-10) 8. 민간자본사업보조,자체재원(402-01) 9. 민간자본사업보조,이전재원(402-02) 10. 민간위탁사업비(402-03) 11. 공기관등에 대한 자본적 대행사업비(403-02)	1. 법률에 규정 2. 국고보조 재원(국가지정) 3. 용도 지정 기부금 4. 조례에 직접규정 5. 지자체가 권장하는 사업을 하는 공공기관 6. 시,도 정책 및 재정사정 7. 기타 8. 해당없음	계약체결방법 (경쟁형태) 1. 일반경쟁 2. 제한경쟁 3. 지명경쟁 4. 수의계약 5. 법정위탁 6. 기타 ( ) 7. 해당없음	계약기간 1. 1년 2. 2년 3. 3년 4. 4년 5. 5년 6. 기타 ( )년 7. 단기계약 (1년미만) 8. 해당없음	낙찰자선정방법 1. 적격심사 2. 협상에의한계약 3. 최저가낙찰제 4. 규격가격분리 5. 2단계 경쟁입찰 6. 기타 ( ) 7. 해당없음	운영예산 산정 1. 내부산정 (지자체 자체적으로 산정) 2. 외부산정 (외부전문기관위탁 산정) 3. 내·외부 모두 산정 4. 산정 無 5. 해당없음	정산방법 1. 내부정산 (지자체 내부적으로 정산) 2. 외부정산 (외부전문기관위탁 정산) 3. 내·외부 모두 산정 4. 정산 無 5. 해당없음	1. 실시 2. 미실시 3. 향후 추진 4. 해당없음
3721	충북 음성군	저소득층 기저귀.조제분유 지원	104,000	보건소	7	2	7	8	7	5	5	4
3722	충북 음성군	치매치료관리비지원	143,204	보건소	7	1	5	8	7	3	3	4
3723	충북 단양군	다중분석을 통한 오염발생 최소화 연소로 제어기술 개발	105,000	지역경제과	7	4	6	1	7	2	2	1
3724	충북 단양군	스마트공장 구축사업	24,960	지역경제과	7	5	7	8	7	1	1	1
3725	충북 단양군	지식재산 창출지원사업	50,000	지역경제과	7	5	7	8	7	1	1	1
3726	충북 단양군	스마트공장 구축사업	24,960	지역경제과	7	5	7	8	7	1	1	1
3727	충북 단양군	지식재산 창출지원사업	50,000	지역경제과	7	5	7	8	7	1	1	1
3728	충북 단양군	대학생 학자금 이자 지원	1,367	문화체육과	7	4	7	8	7	5	5	4
3729	충남 공주시	시민대학 운영	160,000	평생교육과	7	4	6	1	7	1	1	1
3730	충남 공주시	옥룡캠퍼스 평생학습 활성화 지원	150,000	평생교육과	7	4	6	1	7	1	1	1
3731	충남 공주시	수촌리 고분군 교육체험 프로그램	45,000	문화재과	7	5	4	1	7	1	1	4
3732	충남 공주시	충청감영 역사문화자원 아카이브 구축 활용	120,000	문화재과	7	5	6	1	6	1	1	1
3733	충남 공주시	충청감영 체험프로그램 운영	80,000	문화재과	7	5	6	1	6	1	1	1
3734	충남 공주시	고도기반구축사업	100,000	문화재과	7	2	6	1	6	1	1	1
3735	충남 공주시	공산성 복원고증 심화연구	500,000	문화재과	7	2	4	1	7	1	3	4
3736	충남 공주시	공주 송산리 고분군 물리탐사	200,000	문화재과	7	5	4	1	7	1	1	4
3737	충남 공주시	백제왕도 학술대회	100,000	문화재과	7	5	4	1	7	1	1	4
3738	충남 공주시	조선통신사(기록유산) 활용사업	160,000	문화재과	7	2	4	7	7	2	3	4
3739	충남 공주시	공주이야기 발간사업	90,000	문화재과	7	5	4	8	7	5	5	4
3740	충남 공주시	박동진판소리전수관 전시개선 공사	400,000	문화재과	7	5	7	8	7	5	5	4
3741	충남 공주시	공주시 열혈청년패키지사업	75,000	경제과	7	5	7	8	7	3	3	3
3742	충남 공주시	못자리용 인공상토 지원	750,000	농업정책과	7	4	7	8	7	1	1	1
3743	충남 공주시	벼 재배농가 육묘상자 처리제 지원사업	700,000	농업정책과	7	4	7	8	7	1	1	1
3744	충남 공주시	벼 병해충 항공방제 지원사업	500,000	농업정책과	7	4	7	8	7	5	5	4
3745	충남 공주시	농촌고용 인력지원	80,000	농업정책과	7	2	7	8	7	5	5	4
3746	충남 공주시	농작업지원단 육성 운영	182,000	농업정책과	7	6	7	8	7	3	3	1
3747	충남 공주시	농작업지원단 운영	30,000	농업정책과	7	4	7	8	7	3	3	1
3748	충남 공주시	토양개량제 공급	1,138,277	농업정책과	7	2	7	8	7	3	3	3
3749	충남 공주시	유기질비료 지원	1,384,579	농업정책과	7	2	7	8	7	3	3	3
3750	충남 공주시	농약사용 안전장비지원사업	16,000	농업정책과	7	6	7	8	7	3	3	3
3751	충남 공주시	농업인안전공제 보험료 지원	1,200	농업정책과	7	2	7	8	7	3	3	3
3752	충남 공주시	농작물재해 보험료 지원	2,560,000	농업정책과	7	2	7	8	7	3	3	3
3753	충남 공주시	농기계종합보험 지원	432,000	농업정책과	7	2	7	8	7	3	3	3
3754	충남 보령시	산학협력전문선도대학 육성지원	15,000	기획감사실	7	1	7	8	7	1	1	4
3755	충남 보령시	청백-e(통합상시모니터링)시스템 운영	9,600	기획감사실	7	1	5	1	7	5	5	4
3756	충남 보령시	지방재정관리시스템 유지보수	29,012	기획감사실	7	1	5	1	7	5	5	4
3757	충남 보령시	온-나라 문서2.0시스템 유지관리	13,000	홍보미디어실	7	7	6	1	7	3	2	2
3758	충남 보령시	지방행정통합정보시스템 상담센터 운영	6,460	홍보미디어실	7	7	6	1	7	3	2	2
3759	충남 보령시	공통기반시스템 및 재해복구시스템 유지관리	101,258	홍보미디어실	7	7	6	1	7	3	2	2
3760	충남 보령시	가사간병방문지원 서비스	146,972	주민생활지원과	7	2	7	8	7	1	1	4
3761	충남 보령시	희망키움통장1	46,400	주민생활지원과	7	1	7	8	7	5	5	4
3762	충남 보령시	내일키움통장	19,335	주민생활지원과	7	1	7	8	7	5	5	4
3763	충남 보령시	청년희망키움통장	49,800	주민생활지원과	7	1	7	8	7	5	5	4

순번	시군구	지출명 (사업명)	2021년예산 (단위:천원/1년간)	담당자 (공무원) 담당부서	민간이전 분류 (지방자치단체 세출예산 집행기준에 의거) 1. 민간경상사업보조(307-02) 2. 민간단체 법정운영비보조(307-03) 3. 민간행사사업보조(307-04) 4. 민간위탁금(307-05) 5. 사회복지시설 법정운영비보조(307-10) 6. 민간인위탁교육비(307-12) 7. 공기관등에대한경상적위탁사업비(308-10) 8. 민간자본사업보조,자체재원(402-01) 9. 민간자본사업보조,이전재원(402-02) 10. 민간위탁사업비(402-03) 11. 공기관등에 대한 자본적 대행사업비(403-02)	민간이전지출 근거 (지방보조금 관리기준 참고) 1. 법률에 규정 2. 국고보조 재원(국가지정) 3. 용도 지정 기부금 4. 조례에 직접규정 5. 지자체가 권장하는 사업을 하는 공공기관 6. 시,도 정책 및 재정사정 7. 기타 8. 해당없음	입찰방식 계약체결방법 (경쟁형태) 1. 일반경쟁 2. 제한경쟁 3. 지명경쟁 4. 수의계약 5. 법정위탁 6. 기타 ( ) 7. 해당없음	입찰방식 계약기간 1. 1년 2. 2년 3. 3년 4. 4년 5. 5년 6. 기타 ( )년 7. 단기계약 (1년미만) 8. 해당없음	입찰방식 낙찰자선정방법 1. 적격심사 2. 협상에의한계약 3. 최저가낙찰제 4. 규격가격분리 5. 2단계 경쟁입찰 6. 기타 ( ) 7. 해당없음	운영예산 산정 운영예산 산정 1. 내부산정 (지자체 자체적으로 산정) 2. 외부산정 (외부전문기관위탁 산정) 3. 내·외부 모두 산정 4. 산정 無 5. 해당없음	운영예산 산정 정산방법 1. 내부정산 (지자체 내부적으로 정산) 2. 외부정산 (외부전문기관위탁 정산) 3. 내·외부 모두 산정 4. 정산 無 5. 해당없음	성과평가 실시여부 1. 실시 2. 미실시 3. 향후 추진 4. 해당없음
3764	충남 보령시	희망키움통장2	175,500	주민생활지원과	7	1	7	8	7	5	5	4
3765	충남 보령시	청년저축계좌	119,470	주민생활지원과	7	1	7	8	7	5	5	4
3766	충남 보령시	지역통계 제작 위탁	7,000	문화새마을과	7	1	5	1	7	1	2	4
3767	충남 보령시	해양쓰레기 제로화 사업	950,000	해양정책과	7	1	7	8	7	5	5	4
3768	충남 보령시	지역자율형 사회서비스 투자사업	350,000	보건소	7	1	5	1	7	5	2	1
3769	충남 보령시	청소년 산모 의료비 지원	3,600	보건소	7	1	5	1	7	5	2	2
3770	충남 보령시	표준모자보건수첩 제작	660	보건소	7	1	5	1	7	5	2	2
3771	충남 보령시	산모 신생아 건강 관리 지원	65,000	보건소	7	4	5	1	7	5	2	1
3772	충남 보령시	의료급여수급권자 영유아검진비 지원	1,355	보건소	7	1	5	1	7	5	2	2
3773	충남 보령시	저소득층 기저귀 및 조제분유 지원사업	71,724	보건소	7	1	5	1	7	5	2	2
3774	충남 보령시	지역사회건강조사 조사분석 위탁운영	67,978	보건소	7	1	5	1	7	5	3	1
3775	충남 보령시	국가암 관리 지자체 지원	321,160	보건소	7	1	5	1	7	5	2	2
3776	충남 보령시	희귀난치성 질환자 의료비 지원 사업	85,379	보건소	7	1	5	1	7	5	2	2
3777	충남 보령시	의료급여수급권자 일반검진비 지원	26,610	보건소	7	1	5	1	7	5	2	4
3778	충남 보령시	치매치료관리비 지원	250,000	보건소	7	1	5	1	7	5	2	4
3779	충남 아산시	외암마을 민속관 문화예술공연	70,000	문화유산과	7	1	7	8	7	5	5	4
3780	충남 아산시	저잣거리 문화공연 프로그램	70,000	문화유산과	7	1	7	8	7	5	5	4
3781	충남 아산시	현충사 야간개장 운영	200,000	문화유산과	7	1	7	8	7	5	5	4
3782	충남 아산시	BTL사업 성과평가수수료	21,500	하수도과	7	7	6	6	2	2	4	4
3783	충남 아산시	희귀질환자 의료비 지원사업	719,272	질병예방과	7	2	5	1	7	5	5	4
3784	충남 아산시	광역알뜰교통카드 마일리지 지원	14,720	대중교통과	7	2	7	8	7	3	2	2
3785	충남 아산시	국가암 관리 지자체 지원	521,856	건강증진과	7	2	5	7	7	4	1	2
3786	충남 아산시	의료수급권자 건강검진	42,300	건강증진과	7	2	5	7	7	4	1	2
3787	충남 아산시	창간기념 광고	44,000	홍보담당관	7	1	5	8	7	1	5	4
3788	충남 아산시	축제등기념광고	264,000	홍보담당관	7	1	5	8	7	1	5	4
3789	충남 아산시	캠페인 및 기획광고	132,000	홍보담당관	7	1	5	8	7	1	5	4
3790	충남 아산시	방송 스팟, 프로그램 홍보	100,000	홍보담당관	7	1	5	8	7	1	5	4
3791	충남 아산시	TV프로그램 유치	70,000	홍보담당관	7	1	5	8	7	1	5	4
3792	충남 아산시	제60회 성웅 이순신축제 전국 홍보	100,000	홍보담당관	7	1	5	8	7	1	5	4
3793	충남 아산시	주요 철도역사 및 지하철 등 홍보	45,000	홍보담당관	7	1	5	8	7	1	5	4
3794	충남 아산시	수도권 전광판 등 홍보	30,000	홍보담당관	7	1	5	8	7	1	5	4
3795	충남 아산시	포털사이트 광고	20,000	홍보담당관	7	1	5	8	7	1	5	4
3796	충남 아산시	홍보영상콘텐츠 기획 광고	48,000	홍보담당관	7	1	5	8	7	1	5	4
3797	충남 아산시	SNS 채널 홍보	64,000	홍보담당관	7	1	5	8	7	1	5	4
3798	충남 아산시	영유아보육료	22,975,000	여성가족과	7	8	7	8	7	5	5	4
3799	충남 아산시	방과후 보육료	9,250	여성가족과	7	8	7	8	7	5	5	4
3800	충남 아산시	만3-5세아 누리과정 보육료	16,200,000	여성가족과	7	8	7	8	7	5	5	4
3801	충남 아산시	시간제보육료	30,440	여성가족과	7	8	7	8	7	5	5	4
3802	충남 아산시	어린이집 차액보육료지원	3,859,674	여성가족과	7	8	7	8	7	5	5	4
3803	충남 아산시	천안아산상생협력센터 운영	706,004	자치행정과	7	4	7	8	7	1	1	4
3804	충남 아산시	가사·간병방문지원사업	55,114	사회복지과	7	1	5	8	7	5	1	1
3805	충남 아산시	희망키움통장 I	69,600	사회복지과	7	1	5	8	7	5	1	4
3806	충남 아산시	내일키움통장	17,655	사회복지과	7	1	5	8	7	5	1	4

순번	시군구	지출명 (사업명)	2021년예산 (단위:천원/1년간)	담당자 (공무원)	민간이전 분류 (지방자치단체 세출예산 집행기준에 의거) 1. 민간경상사업보조(307-02) 2. 민간단체 법정운영비보조(307-03) 3. 민간행사사업보조(307-04) 4. 민간위탁금(307-05) 5. 사회복지시설 법정운영비보조(307-10) 6. 민간인위탁교육비(307-12) 7. 공기관등에대한경상적위탁사업비(308-10) 8. 민간자본사업보조,자체재원(402-01) 9. 민간자본사업보조,이전재원(402-02) 10. 민간위탁사업비(402-03) 11. 공기관등에 대한 자본적 대행사업비(403-02)	민간이전지출 근거 (지방보조금 관리기준 참고) 1. 법률에 규정 2. 국고보조 재원(국가지정) 3. 용도 지정 기부금 4. 조례에 직접규정 5. 지자체가 권장하는 사업을 하는 공공기관 6. 시,도 정책 및 재정사정 7. 기타 8. 해당없음	입찰방식			운영예산 산정		성과평가 실시여부
				담당부서			계약체결방법 (경쟁형태) 1. 일반경쟁 2. 제한경쟁 3. 지명경쟁 4. 수의계약 5. 법정위탁 6. 기타 ( ) 7. 해당없음	계약기간 1. 1년 2. 2년 3. 3년 4. 4년 5. 5년 6. 기타 ( )년 7. 단기계약 (1년미만) 8. 해당없음	낙찰자선정방법 1. 적격심사 2. 협상에의한계약 3. 최저가낙찰제 4. 규격가격분리 5. 2단계 경쟁입찰 6. 기타 ( ) 7. 해당없음	운영예산 산정 1. 내부산정 (지자체 자체적으로 산정) 2. 외부산정 (외부전문기관위탁 산정) 3. 내·외부 모두 산정 4. 산정 無 5. 해당없음	정산방법 1. 내부정산 (지자체 내부적으로 정산) 2. 외부정산 (외부전문기관위탁 정산) 3. 내·외부 모두 산정 4. 정산 無 5. 해당없음	1. 실시 2. 미실시 3. 향후 추진 4. 해당없음
3807	충남 아산시	희망키움통장Ⅱ	156,200	사회복지과	7	1	5	8	7	5	1	4
3808	충남 아산시	청년희망키움통장	71,780	사회복지과	7	1	5	8	7	5	1	4
3809	충남 아산시	청년저축계좌	179,220	사회복지과	7	1	5	8	7	5	1	4
3810	충남 아산시	지역사회서비스투자사업	438,957	사회복지과	7	2	7	8	7	5	5	1
3811	충남 아산시	지역사회서비스투자사업	175,000	사회복지과	7	2	7	8	7	5	5	1
3812	충남 아산시	지역사회서비스투자사업	175,000	사회복지과	7	2	7	8	7	5	5	1
3813	충남 아산시	지역사회서비스투자사업	12,000	사회복지과	7	2	7	8	7	5	5	1
3814	충남 아산시	지역사회서비스투자사업	70,000	사회복지과	7	2	7	8	7	5	5	1
3815	충남 아산시	지역사회서비스투자사업	130,000	사회복지과	7	2	7	8	7	5	5	1
3816	충남 아산시	지역사회서비스투자사업	150,000	사회복지과	7	2	7	8	7	5	5	1
3817	충남 아산시	어촌뉴딜300	2,058,000	축수산과	7	2	7	8	7	5	5	4
3818	충남 아산시	낚시터 환경개선	100,000	축수산과	7	1	7	8	7	5	5	4
3819	충남 서산시	지방재정관리시스템(e-호조) 운영관리	31,769	기획예산담당관실	7	1	5	1	7	5	5	4
3820	충남 서산시	청백-e 시스템 유지관리비	10,500	감사담당관실	7	7	7	1	7	2	2	1
3821	충남 서산시	지방상수도 효율화사업 위탁운영	7,096,969	맑은물관리과	7	7	6	6	6	5	3	4
3822	충남 서산시	마을상수도 위탁운영	41,040	맑은물관리과	7	7	6	6	6	5	3	4
3823	충남 서산시	중점관리지역 수질검사 위탁운영	28,800	맑은물관리과	7	7	6	6	6	5	3	4
3824	충남 서산시	공공하수처리시설 관리업무대행 성과평가 대행수수료	63,500	맑은물관리과	7	1	4	7	7	5	4	4
3825	충남 서산시	희망키움통장Ⅰ	24,700	사회복지과	7	1	7	8	7	1	1	3
3826	충남 서산시	희망키움통장Ⅱ	103,700	사회복지과	7	1	7	8	7	1	1	3
3827	충남 서산시	내일키움통장	18,985	사회복지과	7	1	7	8	7	1	1	3
3828	충남 서산시	청년희망키움통장	32,320	사회복지과	7	1	7	8	7	1	1	3
3829	충남 서산시	청년저축계좌	35,850	사회복지과	7	1	7	8	7	1	1	3
3830	충남 서산시	서림단기보호 운영	235,875	경로장애인과	7	1	7	8	7	1	1	2
3831	충남 서산시	두리사랑단기보호 운영	203,883	경로장애인과	7	1	7	8	7	1	1	2
3832	충남 서산시	아이돌봄 지원사업	786,555	여성가족과	7	2	7	1	7	1	1	4
3833	충남 서산시	청소년 건강지원	36,700	여성가족과	7	2	5	1	1	2	2	1
3834	충남 서산시	영유아 보육료 지원	24,475,384	여성가족과	7	2	7	8	7	5	1	4
3835	충남 서산시	3~5세 누리과정 보육료 지원	7,486,080	여성가족과	7	2	7	8	7	5	1	4
3836	충남 서산시	시간제 보육지원 사업	15,171	여성가족과	7	2	7	8	7	5	1	4
3837	충남 서산시	관광브랜드 및 콘텐츠 홍보마케팅 추진	30,000	관광과	7	1	7	8	7	5	5	4
3838	충남 서산시	EBS청소년 영어스마트리스닝 학습지원	130,000	평생교육과	7	6	7	8	7	5	5	4
3839	충남 서산시	해양보호구역관리	112,860	해양수산과	7	1	5	1	7	2	2	4
3840	충남 서산시	해양보호구역관리 보조	50,000	해양수산과	7	1	5	1	7	2	2	4
3841	충남 서산시	서산시 지역통계 개발	16,000	정보통신과	7	1	6	7	7	5	5	4
3842	충남 서산시	공통기반 전산장비 유지관리	113,614	정보통신과	7	1	5	1	7	2	2	1
3843	충남 서산시	공통기반 재해복구시스템 유지관리	9,313	정보통신과	7	1	5	1	7	2	2	1
3844	충남 서산시	지방행정통합정보시스템 상담센터 운영	6,460	정보통신과	7	1	5	1	7	2	2	1
3845	충남 서산시	온나라 문서시스템 유지관리	39,857	정보통신과	7	1	5	1	7	2	2	1
3846	충남 서산시	야간영유아진료센터 운영지원	791,600	보건행정과	7	1	7	8	7	5	5	4
3847	충남 서산시	기저귀 및 조제분유 지원	126,768	건강증진과	7	2	5	8	7	5	5	4
3848	충남 서산시	청소년산모 임신출산 의료비 지원	4,900	건강증진과	7	2	5	8	7	5	5	4
3849	충남 서산시	산모신생아 건강관리 지원 사업	907,100	건강증진과	7	2	5	8	7	5	5	4

순번	시군구	지출명 (사업명)	2021년예산 (단위:천원/1년간)	담당자 (공무원)	민간이전 분류 (지방자치단체 세출예산 집행기준에 의거)	민간이전지출 근거 (지방보조금 관리기준 참고)	입찰방식			운영예산 산정		성과평가 실시여부
				담당부서	1. 민간경상사업보조(307-02) 2. 민간단체 법정운영비보조(307-03) 3. 민간행사사업보조(307-04) 4. 민간위탁금(307-05) 5. 사회복지시설 법정운영비보조(307-10) 6. 민간인위탁교육비(307-12) 7. 공기관등에대한경상적위탁사업비(308-10) 8. 민간자본사업보조,자체재원(402-01) 9. 민간자본사업보조,이전재원(402-02) 10. 민간위탁사업비(402-03) 11. 공기관등에 대한 자본적 대행사업비(403-02)	1. 법률에 규정 2. 국고보조 재원(국가지정) 3. 용도 지정 기부금 4. 조례에 직접규정 5. 지자체가 권장하는 사업을 하는 공공기관 6. 시,도 정책 및 재정사정 7. 기타 8. 해당없음	계약체결방법 (경쟁형태) 1. 일반경쟁 2. 제한경쟁 3. 지명경쟁 4. 수의계약 5. 법정위탁 6. 기타 ( ) 7. 해당없음	계약기간 1. 1년 2. 2년 3. 3년 4. 4년 5. 5년 6. 기타 ( )년 7. 단기계약 (1년미만) 8. 해당없음	낙찰자선정방법 1. 적격심사 2. 협상에의한계약 3. 최저가낙찰제 4. 규격가격분리 5. 2단계 경쟁입찰 6. 기타 ( ) 7. 해당없음	운영예산 산정 1. 내부산정 (지자체 자체적으로 산정) 2. 외부산정 (외부전문기관위탁 산정) 3. 내·외부 모두 산정 4. 산정 無 5. 해당없음	정산방법 1. 내부정산 (지자체 내부적으로 정산) 2. 외부정산 (외부전문기관위탁 정산) 3. 내·외부 모두 산정 4. 정산 無 5. 해당없음	1. 실시 2. 미실시 3. 향후 추진 4. 해당없음
3850	충남 서산시	산모신생아 건강관리 지원 사업	50,000	건강증진과	7	4	5	8	7	5	5	4
3851	충남 서산시	국가 암관리 지자체 지원	212,044	건강증진과	7	2	5	8	7	5	5	4
3852	충남 서산시	의료급여수급권자 일반건강검진비 지원	2,685	건강증진과	7	2	5	8	7	5	5	4
3853	충남 서산시	의료급여수급권자 일반검강검진비 지원	18,583	건강증진과	7	2	5	8	7	5	5	4
3854	충남 서산시	희귀난치성 질환자 의료비 지원사업	156,000	건강증진과	7	2	5	8	7	5	5	4
3855	충남 서산시	치매치료관리비 지원	237,501	건강증진과	7	2	5	8	7	5	5	4
3856	충남 계룡시	농어촌청소년육성사업	20,000	가족행복과	7	5	7	2	7	3	3	3
3857	충남 계룡시	도로명주소 정보시스템 유지관리 및 운영지원	17,223	민원봉사과	7	1	5	1	7	5	5	1
3858	충남 계룡시	도로명주소 기본도 현행화 사업	1,805	민원봉사과	7	1	5	1	7	5	5	1
3859	충남 계룡시	영유아교통안전용품 지원사업	27,780	안전총괄과	7	8	7	1	7	5	5	4
3860	충남 계룡시	스마트공장 구축 지원	20,000	일자리경제과	7	6	7	8	7	5	5	4
3861	충남 당진시	지방재정관리시스템 유지관리비	32,636	기획예산담당관	7	5	7	8	7	2	2	4
3862	충남 당진시	맞춤형지역통계조사(행정통계)	11,000	지속가능발전담당관	7	1	7	7	7	2	5	4
3863	충남 당진시	유무형문화재 유지관리	93,000	문화관광과	7	6	7	8	7	5	5	4
3864	충남 당진시	마을창고활용 청년창업가 양성	50,000	평생학습과	7	4	6	1	6	1	1	3
3865	충남 당진시	장애인의료비 지원	95,292	경로장애인과	7	2	5	8	7	5	5	1
3866	충남 당진시	장애인활동지원	6,089,605	경로장애인과	7	1	7	8	7	1	1	1
3867	충남 당진시	발달재활서비스	308,966	경로장애인과	7	1	7	8	7	1	1	1
3868	충남 당진시	언어발달지원	7,301	경로장애인과	7	1	7	8	7	1	1	1
3869	충남 당진시	발달장애인 부모상담지원	13,440	경로장애인과	7	1	7	8	7	1	1	1
3870	충남 당진시	중증장애인 활동보조 도 추가 지원	2,030,340	경로장애인과	7	1	7	8	7	1	1	1
3871	충남 당진시	활동보조 가산수당	9,000	경로장애인과	7	1	7	8	7	1	1	1
3872	충남 당진시	발달장애인 주간활동서비스	274,323	경로장애인과	7	1	7	8	7	1	1	1
3873	충남 당진시	청소년 발달장애학생 방과후활동서비스	248,876	경로장애인과	7	1	7	8	7	1	1	1
3874	충남 당진시	소상공인 시설개선사업	500,000	경제과	7	4	7	8	7	5	5	4
3875	충남 당진시	석문국가산업단지 분양 활성화 추진	20,000	경제과	7	4	7	8	7	5	5	4
3876	충남 당진시	중소기업 수출보험료 지원(한국무역보험공사)	10,000	경제과	7	6	7	8	7	5	5	4
3877	충남 당진시	맞춤형 수출 지원(충남TP)	40,000	경제과	7	6	7	8	7	1	1	1
3878	충남 당진시	중소기업 스마트공장 보급확산 지원사업	200,000	경제과	7	6	7	8	7	5	5	4
3879	충남 당진시	낚시터 환경개선사업	166,666	항만수산과	7	1	7	8	7	1	1	4
3880	충남 당진시	어촌뉴딜300사업	4,097,429	항만수산과	7	1	5	3	2	1	1	4
3881	충남 당진시	2020 어촌뉴딜300사업	6,263,200	항만수산과	7	1	5	3	2	1	1	4
3882	충남 당진시	2021 어촌뉴딜300사업	20,000	항만수산과	7	1	5	3	2	1	1	4
3883	충남 당진시	항만글로벌 네트워크 활성화 지원	320,000	항만수산과	7	4	7	8	7	1	1	1
3884	충남 당진시	삽교호 함상공원 관리 위탁료	3,250	항만수산과	7	5	7	8	7	1	1	1
3885	충남 당진시	요트세계일주홍보전시관위탁사업	130,000	항만수산과	7	4	4	3	7	2	1	2
3886	충남 당진시	노후상수관망 정비사업	3,510,000	수도과	7	6	7	8	7	5	1	2
3887	충남 당진시	스마트 관망관리 인프라 구축	2,911,000	수도과	7	6	7	8	7	5	1	2
3888	충남 당진시	예산-당진 공업용수도 운영관리 위탁	114,000	수도과	7	7	7	8	7	5	1	2
3889	충남 당진시	옥내배관 세척사업	52,540	수도과	7	7	7	8	7	5	1	2
3890	충남 당진시	온-나라시스템 운영지원 및 상용 S/W 유지보수	37,718	민원정보과	7	1	5	1	7	1	1	1
3891	충남 당진시	자치단체 공통기반전산장비 유지관리	103,749	민원정보과	7	1	5	1	7	1	1	1
3892	충남 당진시	공통기반 재해복구시스템 유지관리	11,266	민원정보과	7	1	5	1	7	1	1	1

순번	시군구	지출명 (사업명)	2021년예산 (단위:천원/1년간)	담당자 (공무원)	민간이전 분류 (지방자치단체 세출예산 집행기준에 의거)	민간이전지출 근거 (지방보조금 관리기준 참고)	입찰방식			운영예산 산정		성과평가 실시여부
				담당부서	1. 민간경상사업보조(307-02) 2. 민간단체 법정운영비보조(307-03) 3. 민간행사사업보조(307-04) 4. 민간위탁금(307-05) 5. 사회복지시설 법정운영비보조(307-10) 6. 민간인위탁교육비(307-12) 7. 공기관등에대한경상적위탁사업비(308-10) 8. 민간자본사업보조,자체재원(402-01) 9. 민간자본사업보조,이전재원(402-02) 10. 민간위탁사업비(402-03) 11. 공기관등에 대한 자본적 대행사업비(403-02)	1. 법률에 규정 2. 국고보조 재원(국가지정) 3. 용도 지정 기부금 4. 조례에 직접규정 5. 지자체가 권장하는 사업을 하는 공공기관 6. 시,도 정책 및 재정사정 7. 기타 8. 해당없음	계약체결방법 (경쟁형태) 1. 일반경쟁 2. 제한경쟁 3. 지명경쟁 4. 수의계약 5. 법정위탁 6. 기타 ( ) 7. 해당없음	계약기간 1. 1년 2. 2년 3. 3년 4. 4년 5. 5년 6. 기타 ( )년 7. 단기계약 (1년미만) 8. 해당없음	낙찰자선정방법 1. 적격심사 2. 협상에의한계약 3. 최저가낙찰제 4. 규격가격분리 5. 2단계 경쟁입찰 6. 기타 ( ) 7. 해당없음	운영예산 산정 1. 내부산정 (지자체 자체적으로 산정) 2. 외부산정 (외부전문기관위탁 산정) 3. 내·외부 모두 산정 4. 산정 無 5. 해당없음	정산방법 1. 내부정산 (지자체 내부적으로 정산) 2. 외부정산 (외부전문기관위탁 정산) 3. 내·외부 모두 산정 4. 정산 無 5. 해당없음	1. 실시 2. 미실시 3. 향후 추진 4. 해당없음
3893	충남 당진시	지방행정공통정보시스템 공통운영지원비	6,460	민원정보과	7	5	5	1	7	1	1	1
3894	충남 당진시	희귀질환자지원	110,000	건강증진과	7	1	5	8	7	5	5	4
3895	충남 당진시	산모신생아 건강관리 지원예탁	947,100	보건위생과	7	2	7	8	7	3	3	1
3896	충남 당진시	모자보건사업	91,350	보건위생과	7	4	7	8	7	1	3	1
3897	충남 당진시	저소득층 기저귀·조제분유 지원	128,436	보건위생과	7	2	7	8	7	3	3	4
3898	충남 당진시	표준모자보건수첩제작	3,300	보건위생과	7	2	7	8	7	3	3	4
3899	충남 당진시	청소년산모임신출산의료비 지원	3,600	보건위생과	7	2	7	8	7	3	3	4
3900	충남 당진시	시간제보육사업 보육료	6,000	여성가족과	7	2	7	8	7	5	5	4
3901	충남 당진시	만0~2세 어린이집 이용아동 보육료 지원	22,767,847	여성가족과	7	2	7	8	7	5	5	4
3902	충남 당진시	누리과정 보육료	8,931,008	여성가족과	7	2	7	8	7	5	5	4
3903	충남 당진시	민간어린이집 차액보육료	2,019,240	여성가족과	7	6	7	8	7	5	5	4
3904	충남 금산군	지방재정관리시스템 유지관리	25,386	기획조정실	7	1	7	8	7	2	2	4
3905	충남 금산군	차세대 지방재정관리시스템 구축	77,230	기획조정실	7	1	7	8	7	2	2	4
3906	충남 금산군	청백-e시스템 유지보수	8,801	기획조정실	7	1	7	8	7	2	2	4
3907	충남 금산군	시군구 공통기반 전산장비 유지보수	87,207	기획조정실	7	1	7	8	7	2	2	4
3908	충남 금산군	시군구 공통기반 재해복구 유지보수	9,577	기획조정실	7	1	7	8	7	2	2	4
3909	충남 금산군	시군구 행정정보시스템 서비스데스크 운영	6,460	기획조정실	7	1	7	8	7	2	2	4
3910	충남 금산군	온나라시스템 유지보수	19,750	기획조정실	7	1	7	8	7	2	2	4
3911	충남 금산군	금산군 지역통계 개발	5,500	기획조정실	7	6	7	8	7	2	2	4
3912	충남 금산군	가사간병방문도우미 사업	48,226	주민복지지원실	7	2	5	1	7	1	2	4
3913	충남 금산군	장애인 의료비 지원	235,794	주민복지지원실	7	2	5	1	7	1	3	4
3914	충남 금산군	중증장애인 활동보조 도 추가지원	483,316	주민복지지원실	7	6	5	1	7	1	3	4
3915	충남 금산군	활동보조 가산급여	4,039	주민복지지원실	7	2	5	1	7	1	3	4
3916	충남 금산군	발달재활서비스	183,687	주민복지지원실	7	2	5	1	7	1	3	4
3917	충남 금산군	장애인활동지원	3,830,777	주민복지지원실	7	2	5	1	7	1	3	4
3918	충남 금산군	언어발달 바우처사업	2,423	주민복지지원실	7	2	5	1	7	1	3	4
3919	충남 금산군	발달장애인 주간활동서비스	274,323	주민복지지원실	7	2	5	1	7	1	3	4
3920	충남 금산군	발달장애인 방과후 돌봄서비스	174,848	주민복지지원실	7	2	5	1	7	1	3	4
3921	충남 금산군	지역사회서비스투자사업	556,250	주민복지지원실	7	2	5	8	7	5	5	4
3922	충남 금산군	평가인증 어린이집 차액보육료 지원	126,503	주민복지지원실	7	2	5	8	7	1	1	4
3923	충남 금산군	방과후 보육료 지원	9,800	주민복지지원실	7	2	5	8	7	1	1	4
3924	충남 금산군	영유아보육료 지원	3,418,461	주민복지지원실	7	2	5	8	7	1	1	4
3925	충남 금산군	누리과정보육료	1,150,000	주민복지지원실	7	2	5	8	7	1	1	4
3926	충남 금산군	인사정보시스템 유지관리 및 시스템구축	69,715	사치행정과	7	5	7	8	7	2	2	4
3927	충남 금산군	표준지방세정보시스템 운영관리	17,870	재무과	7	1	7	1	7	2	2	2
3928	충남 금산군	통합지방세정보시스템 운영관리	21,742	재무과	7	1	7	1	7	2	2	2
3929	충남 금산군	과세자료및체납정보통합관리시스템 운영관리	748	재무과	7	1	7	1	7	2	2	2
3930	충남 금산군	차세대 지방세정보시스템 유지보수비	1,304	재무과	7	1	7	1	7	2	2	2
3931	충남 금산군	세외수입 프로그램 유지보수비	19,204	재무과	7	1	7	1	7	2	2	2
3932	충남 금산군	대입1:1 맞춤 컨설팅 운영	15,000	교육가족과	7	4	6	1	7	1	1	1
3933	충남 금산군	금산교육사랑장학재단 운영 지원	89,600	교육가족과	7	4	6	1	7	1	1	4
3934	충남 금산군	해외어학연수 지원	390,000	교육가족과	7	4	6	1	7	1	1	1
3935	충남 금산군	아이돌봄 지원(예탁금)	149,400	교육가족과	7	2	5	1	7	2	2	2

순번	시군구	지출명 (사업명)	2021년예산 (단위:천원/1년간)	담당자 (공무원)	민간이전 분류 (지방자치단체 세출예산 집행기준에 의거)	민간이전지출 근거 (지방보조금 관리기준 참고)	입찰방식			운영예산 산정		성과평가 실시여부
				담당부서	1. 민간경상사업보조(307-02) 2. 민간단체 법정운영비보조(307-03) 3. 민간행사사업보조(307-04) 4. 민간위탁금(307-05) 5. 사회복지시설 법정운영비보조(307-10) 6. 민간인위탁교육비(307-12) 7. 공기관등에대한경상적위탁사업비(308-10) 8. 민간자본사업보조,자체재원(402-01) 9. 민간자본사업보조,이전재원(402-02) 10. 민간위탁사업비(402-03) 11. 공기관등에 대한 자본적 대행사업비(403-02)	1. 법률에 규정 2. 국고보조 재원(국가지정) 3. 용도 지정 기부금 4. 조례에 직접규정 5. 지자체가 권장하는 사업을 하는 공공기관 6. 시,도 정책 및 재정사정 7. 기타 8. 해당없음	계약체결방법 (경쟁형태) 1. 일반경쟁 2. 제한경쟁 3. 지명경쟁 4. 수의계약 5. 법정위탁 6. 기타 ( ) 7. 해당없음	계약기간 1. 1년 2. 2년 3. 3년 4. 4년 5. 5년 6. 기타 ( )년 7. 단기계약 (1년미만) 8. 해당없음	낙찰자선정방법 1. 적격심사 2. 협상에의한계약 3. 최저가낙찰제 4. 규격가격분리 5. 2단계 경쟁입찰 6. 기타 ( ) 7. 해당없음	운영예산 산정 1. 내부산정 (지자체 자체적으로 산정) 2. 외부산정 (외부전문기관위탁 산정) 3. 내·외부 모두 산정 4. 산정 無 5. 해당없음	정산방법 1. 내부정산 (지자체 내부적으로 정산) 2. 외부정산 (외부전문기관위탁 정산) 3. 내·외부 모두 산정 4. 정산 無 5. 해당없음	1. 실시 2. 미실시 3. 향후 추진 4. 해당없음
3936	충남 금산군	저소득층 여성청소년 위생용품 지원	32,300	교육가족과	7	1	5	1	7	5	1	4
3937	충남 금산군	충남학 프로그램 운영	10,000	교육가족과	7	4	7	8	7	1	1	1
3938	충남 금산군	금산자치종합대학 운영	284,000	교육가족과	7	4	7	8	7	1	1	1
3939	충남 금산군	도로명주소 정보시스템 유지관리	17,473	민원지적과	7	6	7	8	7	2	2	4
3940	충남 금산군	도로명주소 기본도 유지관리	5,458	민원지적과	7	6	7	8	7	2	2	4
3941	충남 금산군	지하수관리계획 수립 용역	291,000	환경자원과	7	1	4	2	7	2	1	4
3942	충남 금산군	분뇨처리시설 위탁운영비	873,914	환경자원과	7	4	6	3	7	2	1	3
3943	충남 금산군	상수도 위탁 운영대가	5,100,000	환경자원과	7	1	6	6	7	5	3	4
3944	충남 금산군	정수 구입 대가	20,000	환경자원과	7	1	6	6	7	5	3	4
3945	충남 금산군	금산하수처리시설 위탁운영비	2,763,337	환경자원과	7	4	6	3	7	2	1	3
3946	충남 금산군	추부하수처리시설 위탁운영비	763,248	환경자원과	7	4	6	3	7	2	1	3
3947	충남 금산군	마을하수처리시설 위탁관리	596,849	환경자원과	7	4	6	3	7	2	1	3
3948	충남 금산군	침출수 및 간이가축분뇨처리시설 위탁운영	98,742	환경자원과	7	4	6	3	7	2	1	3
3949	충남 금산군	농작업지원단육성·운영	196,000	농업유통과	7	1	7	8	7	1	1	1
3950	충남 금산군	GAP 토양용수 분석지원	37,000	농업유통과	7	2	7	8	7	3	1	4
3951	충남 금산군	한우 광역브랜드 육성지원	436,362	농업유통과	7	1	7	8	7	1	1	1
3952	충남 금산군	한우개량 극대화 지원	32,050	농업유통과	7	1	7	8	7	1	1	1
3953	충남 금산군	한우 핵군우 농가육성	9,900	농업유통과	7	1	7	8	7	1	1	1
3954	충남 금산군	한우 육성률 향상지원	42,000	농업유통과	7	1	7	8	7	1	1	1
3955	충남 금산군	쇠고기이력추적제사업	29,682	농업유통과	7	2	7	8	7	1	1	1
3956	충남 금산군	조사료생산용 종자구입 지원	13,461	농업유통과	7	2	7	8	7	1	1	1
3957	충남 금산군	구제역예방백신지원	94,550	농업유통과	7	2	7	8	7	2	2	1
3958	충남 금산군	가축방역공동방제단 운영비지원	45,066	농업유통과	7	2	7	8	7	2	2	1
3959	충남 금산군	가축방역공동방제단 인건비지원	52,280	농업유통과	7	2	7	8	7	2	2	1
3960	충남 금산군	산림경영계획 작성	5,199	산림녹지과	7	1	7	7	7	1	1	4
3961	충남 금산군	금산인삼 세계화 심포지엄	15,000	인삼약초과	7	5	7	1	7	1	1	1
3962	충남 금산군	특화산업 R&DB 사업	950,000	인삼약초과	7	2	7	8	7	5	5	4
3963	충남 금산군	지역식품 QC 관리지원 체계구축	810,000	인삼약초과	7	2	7	8	7	5	5	4
3964	충남 금산군	인삼재배농가 안전성검사비 지원	10,000	인삼약초과	7	1	5	1	1	1	1	4
3965	충남 금산군	인삼 GAP인증비지원사업	150,000	인삼약초과	7	1	5	1	1	1	1	4
3966	충남 금산군	농산물우수관리(GAP)인증인삼 활성화사업	274,000	인삼약초과	7	1	5	1	1	1	1	4
3967	충남 금산군	약초전문가교육	30,000	인삼약초과	7	7	7	1	7	5	1	4
3968	충남 금산군	금산인삼 해외시장 개척	390,000	인삼약초과	7	7	7	1	7	1	1	4
3969	충남 금산군	군수품질인증 제품 성분검사 실시	20,000	인삼약초과	7	5	7	1	7	1	1	4
3970	충남 금산군	금산 수삼 가격 정보지원센터 운영	216,000	인삼약초과	7	6	7	8	7	5	5	4
3971	충남 금산군	중소기업 지식재산창출 지원	50,000	지역경제과	7	4	7	8	7	1	1	1
3972	충남 금산군	중소기업 스마트공장 구축지원	100,000	지역경제과	7	4	7	8	7	1	1	1
3973	충남 금산군	농업용 공공관정 지하수 영향조사 및 사후관리	134,210	건설교통과	7	1	7	8	7	5	5	4
3974	충남 금산군	암조기검진	70,668	보건소	7	1	5	8	7	3	3	1
3975	충남 금산군	의료수급자 건강검진	10,919	보건소	7	1	5	8	7	3	3	1
3976	충남 금산군	희귀난치성질환 의료비 지원	77,643	보건소	7	1	5	8	7	3	3	4
3977	충남 금산군	영유아 건강검진 검진비 지원	742	보건소	7	2	7	8	7	5	5	4
3978	충남 금산군	모자 보건수첩 제작	280	보건소	7	2	7	8	7	5	5	4

순번	시군구	지출명 (사업명)	2021년예산 (단위:천원/1년간)	담당자 (공무원)	민간이전 분류 (지방자치단체 세출예산 집행기준에 의거)	민간이전지출 근거 (지방보조금 관리기준 참고)	입찰방식			운영예산 산정		성과평가 실시여부
				담당부서	1. 민간경상사업보조(307-02) 2. 민간단체 법정운영비보조(307-03) 3. 민간행사사업보조(307-04) 4. 민간위탁금(307-05) 5. 사회복지시설 법정운영비보조(307-10) 6. 민간인위탁교육비(307-12) 7. 공기관등에대한경상적위탁사업비(308-10) 8. 민간자본사업보조,자체재원(402-01) 9. 민간자본사업보조,이전재원(402-02) 10. 민간위탁사업비(402-03) 11. 공기관등에 대한 자본적 대행사업비(403-02)	1. 법률에 규정 2. 국고보조 재원(국가지정) 3. 용도 지정 기부금 4. 조례에 직접규정 5. 지자체가 권장하는 사업을 하는 공공기관 6. 시,도 정책 및 재정사정 7. 기타 8. 해당없음	계약체결방법 (경쟁형태) 1. 일반경쟁 2. 제한경쟁 3. 지명경쟁 4. 수의계약 5. 법정위탁 6. 기타 ( ) 7. 해당없음	계약기간 1. 1년 2. 2년 3. 3년 4. 4년 5. 5년 6. 기타 ( )년 7. 단기계약 (1년미만) 8. 해당없음	낙찰자선정방법 1. 적격심사 2. 협상에의한계약 3. 최저가낙찰제 4. 규격가격분리 5. 2단계 경쟁입찰 6. 기타 ( ) 7. 해당없음	운영예산 산정 1. 내부산정 (지자체 자체적으로 산정) 2. 외부산정 (외부전문기관위탁 산정) 3. 내·외부 모두 산정 4. 산정 無 5. 해당없음	정산방법 1. 내부정산 (지자체 내부적으로 정산) 2. 외부정산 (외부전문기관위탁 정산) 3. 내·외부 모두 산정 4. 정산 無 5. 해당없음	1. 실시 2. 미실시 3. 향후 추진 4. 해당없음
3979	충남 금산군	청소년산모 임신출산의료비 지원	600	보건소	7	2	7	8	7	5	5	4
3980	충남 금산군	저소득층 조제분유 지원	8,304	보건소	7	2	7	8	7	5	5	4
3981	충남 금산군	저소득층 기저귀 지원	38,400	보건소	7	2	7	8	7	5	5	4
3982	충남 금산군	산모신생아도우미 지원	137,500	보건소	7	2	7	8	7	5	5	4
3983	충남 금산군	치매치료약제비 지원	346,000	보건소	7	1	5	8	7	5	5	4
3984	충남 금산군	청년농업인 영농정착지원	325,720	농업기술센터	7	2	7	8	7	1	1	3
3985	충남 부여군	지방재정관리시스템(e-호조) 유지관리비	29,012	기획조정실	7	7	7	7	7	5	2	4
3986	충남 부여군	세외수입징수	24,374	재무회계실	7	7	7	7	7	5	5	4
3987	충남 부여군	지방세과세 지원	41,676	재무회계실	7	7	7	7	7	5	5	4
3988	충남 부여군	국가주소정보시스템 유지관리	17,473	시민봉사과	7	1	5	1	7	2	2	2
3989	충남 부여군	도로명주소기본도 유지보수	5,084	시민봉사과	7	1	5	1	7	2	2	1
3990	충남 부여군	전통시장 시설, 장비 유지관리 등	18,000	공동체협력과	7	4	7	8	7	5	5	4
3991	충남 부여군	전통시장 소모품 구입	5,000	공동체협력과	7	4	7	8	7	5	5	4
3992	충남 부여군	공설시장 및 상설시장 소규모수선	30,000	공동체협력과	7	4	7	8	7	5	5	4
3993	충남 부여군	화지산유적 발굴조사	1,000,000	백제왕도팀	7	4	5	1	7	1	1	1
3994	충남 부여군	가림성 발굴조사	600,000	백제왕도팀	7	4	5	1	7	1	1	1
3995	충남 부여군	매장문화재 발굴현장 활용사업	10,000	백제왕도팀	7	4	5	1	7	1	1	1
3996	충남 부여군	부소산성 시발굴조사	850,000	백제왕도팀	7	4	5	1	7	1	1	1
3997	충남 부여군	나성 발굴조사	700,000	백제왕도팀	7	4	5	1	7	1	1	1
3998	충남 부여군	나성 기록화사업	100,000	백제왕도팀	7	4	5	1	7	1	1	1
3999	충남 부여군	부여세계유산 보존협의회 운영	12,000	문화재과	7	2	7	8	7	1	1	1
4000	충남 부여군	송국리유적 학술총서 발간	60,000	문화재과	7	2	5	1	7	1	1	1
4001	충남 부여군	문화재 야행	600,000	문화재과	7	2	1	1	2	1	2	1
4002	충남 부여군	테마여행 10선사업	140,000	문화체육관광과	7	2	7	8	7	5	5	4
4003	충남 부여군	도시청년 지역상생 고용사업	10,750	경제교통과	7	4	7	8	7	1	1	1
4004	충남 부여군	지역 마을창고 활용청년 창업가 양성 사업	172,550	경제교통과	7	4	7	1	7	1	1	1
4005	충남 부여군	농어촌버스 정보시스템(BIS) 구축	64,666	경제교통과	7	5	7	8	7	2	2	2
4006	충남 부여군	가사간병 방문지원 사업	192,900	기초생활보장팀	7	2	7	8	7	5	3	1
4007	충남 부여군	지역사회서비스투자사업 운영	584,000	기초생활보장팀	7	2	7	8	7	5	3	1
4008	충남 부여군	희망키움통장사업Ⅰ	39,501	기초생활보장팀	7	2	7	8	7	5	3	4
4009	충남 부여군	희망키움통장사업Ⅱ	77,600	기초생활보장팀	7	2	7	8	7	5	3	4
4010	충남 부여군	내일키움통장사업	16,975	기초생활보장팀	7	2	7	8	7	5	3	4
4011	충남 부여군	청년희망키움통장사업	6,830	기초생활보장팀	7	2	7	8	7	5	3	4
4012	충남 부여군	청년저축계좌사업	23,890	기초생활보장팀	7	2	7	8	7	5	3	4
4013	충남 부여군	장애인의료비 지원	109,562	사회복지과	7	2	7	1	7	5	4	4
4014	충남 부여군	장애인활동지원사업	4,960,188	사회복지과	7	2	7	1	7	5	3	4
4015	충남 부여군	활동보조 가산급여	5,986	사회복지과	7	2	7	1	7	5	3	4
4016	충남 부여군	중증장애인 활동보조지원	228,240	사회복지과	7	2	7	1	7	5	3	4
4017	충남 부여군	장애아동 재활치료사업	183,687	사회복지과	7	2	7	1	7	5	3	4
4018	충남 부여군	부모심리상담지원	2,043	사회복지과	7	2	7	1	7	5	3	4
4019	충남 부여군	발달장애인 주간활동서비스 지원	274,323	사회복지과	7	2	7	1	7	5	3	4
4020	충남 부여군	발달장애인 방과후 돌봄서비스 지원	174,848	사회복지과	7	2	7	1	7	5	3	4
4021	충남 부여군	재가노인 장기요양보험 지원	1,205,406	가족행복과	7	1	7	8	7	2	2	2

순번	시군구	지출명 (사업명)	2021년예산 (단위:천원/1년간)	담당자 (공무원) 담당부서	민간이전 분류 (지방자치단체 세출예산 집행기준에 의거) 1. 민간경상사업보조(307-02) 2. 민간단체 법정운영비보조(307-03) 3. 민간행사사업보조(307-04) 4. 민간위탁금(307-05) 5. 사회복지시설 법정운영비보조(307-10) 6. 민간인위탁교육비(307-12) 7. 공기관등에대한경상적위탁사업비(308-10) 8. 민간자본사업보조,자체재원(402-01) 9. 민간자본사업보조,이전재원(402-02) 10. 민간위탁사업비(402-03) 11. 공기관등에 대한 자본적 대행사업비(403-02)	민간이전지출 근거 (지방보조금 관리기준 참고) 1. 법률에 규정 2. 국고보조 재원(국가지정) 3. 용도 지정 기부금 4. 조례에 직접규정 5. 지자체가 권장하는 사업을 하는 공공기관 6. 시,도 정책 및 재정사정 7. 기타 8. 해당없음	입찰방식: 계약체결방법 (경쟁형태) 1. 일반경쟁 2. 제한경쟁 3. 지명경쟁 4. 수의계약 5. 법정위탁 6. 기타 ( ) 7. 해당없음	입찰방식: 계약기간 1. 1년 2. 2년 3. 3년 4. 4년 5. 5년 6. 기타 ( )년 7. 단기계약 (1년미만) 8. 해당없음	입찰방식: 낙찰자선정방법 1. 적격심사 2. 협상에의한계약 3. 최저가낙찰제 4. 규격가격분리 5. 2단계 경쟁입찰 6. 기타 ( ) 7. 해당없음	운영예산 산정: 운영예산 산정 1. 내부산정 (지자체 자체적으로 산정) 2. 외부산정 (외부전문기관위탁 산정) 3. 내·외부 모두 산정 4. 산정 無 5. 해당없음	운영예산 산정: 정산방법 1. 내부정산 (지자체 내부적으로 정산) 2. 외부정산 (외부전문기관위탁 정산) 3. 내·외부 모두 산정 4. 정산 無 5. 해당없음	성과평가 실시여부 1. 실시 2. 미실시 3. 향후 추진 4. 해당없음
4022	충남 부여군	노인생활시설 장기요양보험 지원	3,007,820	가족행복과	7	4	7	8	7	2	2	2
4023	충남 부여군	아이돌봄 지원사업 예탁금	280,000	가족행복과	7	1	7	8	7	1	1	4
4024	충남 부여군	청소년 상담복지센터 사업 추진	17,000	가족행복과	7	6	7	8	7	5	1	2
4025	충남 부여군	청소년 상담복지센터 종사자 처우개선비	7,560	가족행복과	7	6	7	8	7	5	1	2
4026	충남 부여군	지역사회 청소년통합지원체계 구축	102,990	가족행복과	7	2	7	8	7	5	1	2
4027	충남 부여군	청소년동반자 프로그램 운영	44,490	가족행복과	7	2	7	8	7	5	1	2
4028	충남 부여군	아동 청소년 마음행복 지원	11,900	가족행복과	7	6	7	8	7	5	1	2
4029	충남 부여군	또래상담연합회 및 또래상담자 지원	3,400	가족행복과	7	6	7	8	7	5	1	2
4030	충남 부여군	학교밖 청소년지원센터 지원	90,037	가족행복과	7	2	7	8	7	5	1	2
4031	충남 부여군	학교밖 청소년지원센터 지원	9,800	가족행복과	7	6	7	8	7	5	1	2
4032	충남 부여군	학교밖 청소년 급식 지원	2,022	가족행복과	7	6	7	8	7	5	1	2
4033	충남 부여군	학교 밖 청소년 소프트웨어 교육 활성화 지원	10,000	가족행복과	7	6	7	8	7	5	1	2
4034	충남 부여군	지역 청소년 참여기구 운영	2,800	가족행복과	7	2	7	8	7	5	1	2
4035	충남 부여군	지역 청소년 참여기구 운영	4,000	가족행복과	7	2	7	8	7	5	1	2
4036	충남 부여군	청소년수련시설 운영지원	25,568	가족행복과	7	2	7	8	7	5	1	2
4037	충남 부여군	청소년 어울림마당 지원	24,000	가족행복과	7	2	7	8	7	5	1	2
4038	충남 부여군	청소년 동아리 운영지원	8,400	가족행복과	7	2	7	8	7	5	1	2
4039	충남 부여군	청소년 방과후 아카데미 운영	177,372	가족행복과	7	2	7	8	7	5	1	2
4040	충남 부여군	청소년 방과후 아카데미 종사자 처우개선비	5,400	가족행복과	7	6	7	8	7	5	1	2
4041	충남 부여군	청소년 육성보호 시군지원	6,500	가족행복과	7	6	7	8	7	5	1	2
4042	충남 부여군	공공 청소년수련시설 종사자 처우개선비 지원	3,240	가족행복과	7	6	7	8	7	5	1	2
4043	충남 부여군	영유아 보육료 지원	3,987,693	가족행복과	7	1	7	8	7	1	1	4
4044	충남 부여군	만3~5세 누리과정 보육료 지원	1,200	가족행복과	7	1	7	8	7	1	1	4
4045	충남 부여군	시간제보육 보육료 지원 예탁금	6,000	가족행복과	7	1	7	8	7	1	1	4
4046	충남 부여군	지역사회건강조사	67,828	보건소	7	2	6	1	6	3	3	4
4047	충남 부여군	암검진(6대암)	70,668	보건소	7	2	5	8	7	2	2	4
4048	충남 부여군	희귀질환자 의료비 지원	100,000	보건소	7	2	5	8	7	2	2	4
4049	충남 부여군	의료급여수급권자 일반 건강검진	18,465	보건소	7	2	5	8	7	2	2	4
4050	충남 부여군	산모 신생아 건강관리 지원	123,750	보건소	7	2	7	8	7	5	1	4
4051	충남 부여군	청소년 산모 임신출산 의료비 지원	1,200	보건소	7	2	7	8	7	5	1	4
4052	충남 부여군	표준모자보건 수첩 제작	340	보건소	7	2	7	8	7	5	1	4
4053	충남 부여군	산모신생아 건강관리 지원(군자체)	15,225	보건소	7	2	7	8	7	5	1	4
4054	충남 부여군	기저귀 및 조제분유 지원사업비	38,364	보건소	7	2	7	8	7	5	1	4
4055	충남 부여군	의료급여수급권자 영유아검진비 지원	1,329	보건소	7	2	7	8	7	5	5	4
4056	충남 부여군	한센병관리 위탁사업비	23,000	보건소	7	1	7	1	2	5	5	4
4057	충남 부여군	치매치료관리비 지원	290,000	보건소	7	2	7	1	7	1	1	1
4058	충남 부여군	(구)부여국립박물관 운영 관리	350,000	사적관리팀	7	4	6	1	6	2	1	3
4059	충남 서천군	가사.간병방문도우미지원사업	80,376	사회복지실	7	1	7	8	7	5	1	1
4060	충남 서천군	노인생활시설 장기요양보험 지원	1,432,434	사회복지실	7	2	7	8	7	5	5	4
4061	충남 서천군	재가노인 장기요양보험 지원	1,410,493	사회복지실	7	2	7	8	7	5	5	4
4062	충남 서천군	영유아보육료지원	3,418,461	사회복지실	7	1	7	8	7	2	2	2
4063	충남 서천군	누리과정 보육료지원	1,240	사회복지실	7	1	7	8	7	2	2	2
4064	충남 서천군	장애인의료비 지원	110,221	사회복지실	7	1	7	8	7	5	3	2

순번	시군구	지출명 (사업명)	2021년예산 (단위:천원/1년간)	담당자 (공무원)	민간이전 분류 (지방자치단체 세출예산 집행기준에 의거)	민간이전지출 근거 (지방보조금 관리기준 참고)	입찰방식			운영예산 산정		성과평가 실시여부
				담당부서	1. 민간경상사업보조(307-02) 2. 민간단체 법정운영비보조(307-03) 3. 민간행사사업보조(307-04) 4. 민간위탁금(307-05) 5. 사회복지시설 법정운영비보조(307-10) 6. 민간인위탁교육비(307-12) 7. 공기관등에대한경상적위탁사업비(308-10) 8. 민간자본사업보조,자체재원(402-01) 9. 민간자본사업보조,이전재원(402-02) 10. 민간위탁사업비(402-03) 11. 공기관등에 대한 자본적 대행사업비(403-02)	1. 법률에 규정 2. 국고보조 재원(국가지정) 3. 용도 지정 기부금 4. 조례에 직접규정 5. 지자체가 권장하는 사업을 하는 공공기관 6. 시,도 정책 및 재정사정 7. 기타 8. 해당없음	계약체결방법 (경쟁형태) 1. 일반경쟁 2. 제한경쟁 3. 지명경쟁 4. 수의계약 5. 법정위탁 6. 기타 ( ) 7. 해당없음	계약기간 1. 1년 2. 2년 3. 3년 4. 4년 5. 5년 6. 기타 ( )년 7. 단기계약 (1년미만) 8. 해당없음	낙찰자선정방법 1. 적격심사 2. 협상에의한계약 3. 최저가낙찰제 4. 규격가격분리 5. 2단계 경쟁입찰 6. 기타 ( ) 7. 해당없음	운영예산 산정 1. 내부산정 (지자체 자체적으로 산정) 2. 외부산정 (외부전문기관위탁 산정) 3. 내·외부 모두 산정 4. 산정 無 5. 해당없음	정산방법 1. 내부정산 (지자체 내부적으로 정산) 2. 외부정산 (외부전문기관위탁 정산) 3. 내·외부 모두 산정 4. 정산 無 5. 해당없음	1. 실시 2. 미실시 3. 향후 추진 4. 해당없음
4065	충남 서천군	장애인 활동지원급여 지원	3,266,070	사회복지실	7	1	7	8	7	2	2	2
4066	충남 서천군	활동보조 가산급여	5,604	사회복지실	7	1	7	8	7	2	2	2
4067	충남 서천군	발달재활서비스 바우처 지원	142,646	사회복지실	7	1	7	8	7	2	2	2
4068	충남 서천군	중증장애인 활동보조 도 추가지원	389,504	사회복지실	7	1	7	8	7	2	2	2
4069	충남 서천군	아이돌봄지원사업 예탁금	200,000	사회복지실	7	1	7	3	7	5	1	4
4070	충남 서천군	저소득층 여성청소년 보건위생용품 지원	10,900	사회복지실	7	1	7	8	7	5	1	4
4071	충남 서천군	관내기업 지식재산(산업재산권)창출 지원사업	10,000	투자유치과	7	5	4	1	7	1	1	1
4072	충남 서천군	차세대 주민등록정보시스템 운영	11,623	민원봉사과	7	1	7	6	7	2	2	4
4073	충남 서천군	도로명주소 기본도 유지관리	4,437	민원봉사과	7	1	7	1	7	2	2	1
4074	충남 서천군	국가주소정보시스템 운영지원 및 지리정보시스템 s/w 유지관리	17,473	민원봉사과	7	1	7	1	7	2	2	4
4075	충남 서천군	온나라시스템 운영지원 및상용S/W위탁	16,500	자치행정과	7	1	5	1	7	2	2	4
4076	충남 서천군	시군구 공통기반 전산장비 유지보수비	86,496	자치행정과	7	1	5	1	7	5	5	4
4077	충남 서천군	시군구 재해복구시스템 유지보수비	9,313	자치행정과	7	1	5	1	7	5	5	4
4078	충남 서천군	지방행정통합정보시스템 서비스데스크 운영비	6,460	자치행정과	7	1	5	1	7	5	5	4
4079	충남 서천군	지역단위 농촌관광 홍보 대행	30,000	관광축제과	7	2	7	8	7	5	5	4
4080	충남 서천군	서천갯벌 해양보호구역 대회 개최	60,000	관광축제과	7	8	7	8	7	5	5	4
4081	충남 서천군	영유아 카시트 지원	21,400	안전총괄과	7	5	4	1	7	1	5	4
4082	충남 서천군	환경오염 피해지역 주변 건강영향 조사	165,000	환경보호과	7	1	7	8	7	1	1	2
4083	충남 서천군	마른김 가공 친환경에너지 보급시설 지원	1,280	해양수산과	7	1	1	1	1	1	1	4
4084	충남 서천군	희귀난치성질환자 의료비 지원	50,000	보건행정과	7	1	7	8	7	4	3	1
4085	충남 서천군	지역사회건강조사 조사분석 위탁운영	68,100	건강증진과	7	2	6	1	7	2	2	1
4086	충남 서천군	의료급여수급권자 일반검진비 지원	12,838	보건행정과	7	1	7	8	7	4	3	1
4087	충남 서천군	치매치료관리비 지원	182,287	건강증진과	7	2	7	8	7	3	2	4
4088	충남 서천군	국가암관리 지자체 지원	141,338	보건행정과	7	1	7	8	7	4	3	1
4089	충남 서천군	산모신생아 건강관리지원사업	112,500	건강증진과	7	2	7	8	7	5	5	4
4090	충남 서천군	청소년산모 임신출산 의료비 지원	1,200	건강증진과	7	2	7	8	7	5	5	4
4091	충남 서천군	기저귀 및 조제 분유 지원	39,424	건강증진과	7	2	7	8	7	5	5	4
4092	충남 서천군	의료급여수급권자 영유아검진비 지원	370	건강증진과	7	2	7	8	7	5	5	4
4093	충남 서천군	장항공공하수처리시설	1,315,235	맑은물사업소	7	1	7	8	7	4	1	3
4094	충남 청양군	영유아 보육료	1,993,847	복지정책과	7	2	7	8	7	1	1	1
4095	충남 청양군	만3세~5세 보육료 및 수수료	417,960	복지정책과	7	2	7	8	7	1	1	1
4096	충남 청양군	어린이집 차액보육료 지원	38,798	복지정책과	7	6	7	8	7	1	1	1
4097	충남 청양군	노인생활시설 장기요양보험 지원	799,408	통합돌봄과	7	1	7	8	7	1	1	4
4098	충남 청양군	노인장기요양보험 부담금	324,120	통합돌봄과	7	1	7	8	7	1	1	4
4099	충남 청양군	장애인의료비	54,937	통합돌봄과	7	2	7	8	7	3	3	2
4100	충남 청양군	장애인 활동지원제도운영	2,701,362	통합돌봄과	7	2	7	8	7	3	3	2
4101	충남 청양군	중증장애인활동보조추가지원	71,340	통합돌봄과	7	6	7	8	7	3	3	2
4102	충남 청양군	발달재활서비스	80,005	통합돌봄과	7	2	7	8	7	3	3	2
4103	충남 청양군	언어발달지원사업	2,423	통합돌봄과	7	2	7	8	7	3	3	2
4104	충남 청양군	활동보조 가산급여	3,888	통합돌봄과	7	2	7	8	7	3	3	2
4105	충남 청양군	발달장애인 주간활동서비스지원	190,191	통합돌봄과	7	2	7	8	7	3	3	2
4106	충남 청양군	발달장애인 방과후 돌봄서비스 지원	160,049	통합돌봄과	7	2	7	8	7	3	3	2
4107	충남 청양군	지역자율형 사회서비스 투자사업	424,500	통합돌봄과	7	2	7	8	7	5	5	1

순번	시군구	지출명 (사업명)	2021년예산 (단위:천원/1년간)	담당자 (공무원)	민간이전 분류 (지방자치단체 세출예산 집행기준에 의거)	민간이전지출 근거 (지방보조금 관리기준 참고)	입찰방식			운영예산 산정		성과평가 실시여부
				담당부서	1. 민간경상사업보조(307-02) 2. 민간단체 법정운영비보조(307-03) 3. 민간행사사업보조(307-04) 4. 민간위탁금(307-05) 5. 사회복지시설 법정운영비보조(307-10) 6. 민간인위탁교육비(307-12) 7. 공기관등에대한경상적위탁사업비(308-10) 8. 민간자본사업보조,자체재원(402-01) 9. 민간자본사업보조,이전재원(402-02) 10. 민간위탁사업비(402-03) 11. 공기관등에 대한 자본적 대행사업비(403-02)	1. 법률에 규정 2. 국고보조 재원(국가지정) 3. 용도 지정 기부금 4. 조례에 직접규정 5. 지자체가 권장하는 사업을 하는 공공기관 6. 시,도 정책 및 재정사정 7. 기타 8. 해당없음	계약체결방법 (경쟁형태) 1. 일반경쟁 2. 제한경쟁 3. 지명경쟁 4. 수의계약 5. 법정위탁 6. 기타 ( ) 7. 해당없음	계약기간 1. 1년 2. 2년 3. 3년 4. 4년 5. 5년 6. 기타 ( )년 7. 단기계약 (1년미만) 8. 해당없음	낙찰자선정방법 1. 적격심사 2. 협상에의한계약 3. 최저가낙찰제 4. 규격가격분리 5. 2단계 경쟁입찰 6. 기타 ( ) 7. 해당없음	운영예산 산정 1. 내부산정 (지자체 자체적으로 산정) 2. 외부산정 (외부전문기관위탁 산정) 3. 내·외부 모두 산정 4. 산정 無 5. 해당없음	정산방법 1. 내부정산 (지자체 내부적으로 정산) 2. 외부정산 (외부전문기관위탁 정산) 3. 내·외부 모두 산정 4. 정산 無 5. 해당없음	1. 실시 2. 미실시 3. 향후 추진 4. 해당없음
4108	충남 청양군	안전문화운동 (영유아 교통안전용품 지원)	19,800	안전재난과	7	4	5	1	2	1	1	4
4109	충남 청양군	도지정문화재 현황측량 및 구역재설정사업	77,000	문화체육관광과	7	6	6	1	7	5	1	1
4110	충남 청양군	색깔있는 마을만들기사업	200,000	농촌공동체과	7	6	7	8	7	1	1	1
4111	충남 청양군	로컬푸드직매장활성화	15,000	농촌공동체과	7	5	7	8	7	1	1	4
4112	충남 청양군	지역역량강화	400,000	농촌공동체과	7	2	7	8	7	1	1	1
4113	충남 청양군	푸드플랜 구축지원사업	43,000	농촌공동체과	7	5	7	8	7	1	1	4
4114	충남 청양군	농산물 시장개척	120,000	농업정책과	7	4	7	8	7	1	1	1
4115	충남 청양군	덕성지구 외 5개소 양수장 위탁관리 수수료	45,500	건설도시과	7	5	5	1	7	1	2	4
4116	충남 청양군	석화배수장 위탁관리 업무대행 수수료	46,000	건설도시과	7	5	5	1	7	1	2	4
4117	충남 청양군	표준(통합) 지방세정보시스템 및 과세통합시스템 운영관리	34,427	재무과	7	1	5	1	7	2	2	4
4118	충남 청양군	표준지방세외수입정보시스템 유지보수	19,204	재무과	7	1	5	1	7	2	2	4
4119	충남 청양군	온-나라시스템 유지관리	14,705	행정지원과	7	1	5	1	7	2	2	2
4120	충남 청양군	새올행정시스템 유지보수	97,249	행정지원과	7	1	5	1	7	2	2	2
4121	충남 청양군	재해복구시스템 유지보수	10,091	행정지원과	7	1	5	1	7	2	2	2
4122	충남 청양군	새올행정시스템 서비스데스크 운영	6,460	행정지원과	7	1	5	1	7	2	2	2
4123	충남 청양군	차세대 주민등록시스템 구축 사업	10,975	행정지원과	7	8	5	1	7	5	5	4
4124	충남 청양군	산모신생아건강관리지원	68,750	보건의료과	7	2	7	1	7	5	2	4
4125	충남 청양군	청소년산모임신출산의료비지원	2,400	보건의료과	7	2	7	1	7	5	2	4
4126	충남 청양군	저소득층기저귀..조제분유지원	18,380	보건의료과	7	2	7	1	7	5	2	4
4127	충남 청양군	표준모자보건수첩	240	보건의료과	7	2	7	1	7	5	2	4
4128	충남 청양군	국가주소정보시스템 유지관리 부담금	17,473	민원봉사실	7	1	5	1	7	2	2	2
4129	충남 청양군	도로명주소기본도 현행화 사업 부담금	3,962	민원봉사실	7	1	5	1	7	2	2	2
4130	충남 청양군	사회적경제 네트워크 조직 육성사업	26,000,000	사회적경제과	7	4	7	7	7	1	1	4
4131	충남 청양군	택시운행정보관리시스템 구축	50,000	사회적경제과	7	1	5	1	7	1	5	4
4132	충남 청양군	청양군 가스타이머콕 보급 지원사업	25,500,000	사회적경제과	7	4	6	5	2	1	1	4
4133	충남 청양군	지식재산 창출지원사업	20,000	사회적경제과	7	2	7	7	7	1	1	1
4134	충남 홍성군	지방재정관리시스템(E-호조) 운영관리	29,012	기획감사담당관	7	7	7	8	7	5	5	4
4135	충남 홍성군	청백E시스템 유지보수	8,801	기획감사담당관	7	1	7	8	7	5	5	4
4136	충남 태안군	탈수급지원	10,450	복지증진과	7	1	7	8	7	5	5	4
4137	충남 태안군	탈수급지원	84,380	복지증진과	7	1	7	8	7	5	5	4
4138	충남 태안군	탈수급지원	22,640	복지증진과	7	1	7	8	7	5	5	4
4139	충남 태안군	탈수급지원	11,386	복지증진과	7	1	7	8	7	5	5	4
4140	충남 태안군	탈수급지원	47,790	복지증진과	7	1	7	8	7	5	5	4
4141	충남 태안군	가사간병도우미사업	55,114	복지증진과	7	1	7	8	7	5	5	4
4142	충남 태안군	지역사회서비스투자사업(지역개발형) 추진	350,000	복지증진과	7	2	7	8	7	5	5	4
4143	충남 태안군	장애인 의료비 지원	46,602	복지증진과	7	2	7	8	7	5	5	4
4144	충남 태안군	장애인 활동지원급여 지원	3,828,376	복지증진과	7	2	7	8	7	5	5	4
4145	충남 태안군	활동보조 가산급여	1,321	복지증진과	7	2	7	8	7	5	5	4
4146	충남 태안군	중증장애인 활동보조 道 추가지원	251,230	복지증진과	7	2	7	8	7	5	5	4
4147	충남 태안군	발달재활서비스 바우처 지원	190,166	복지증진과	7	2	7	8	7	5	5	4
4148	충남 태안군	언어발달지원 바우처 지원	2,423	복지증진과	7	2	7	8	7	5	5	4
4149	충남 태안군	발달장애인 주간활동서비스 지원	440,163	복지증진과	7	2	7	8	7	5	5	4
4150	충남 태안군	발달장애학생 방과후 활동서비스 지원	174,848	복지증진과	7	2	7	8	7	5	5	4

순번	시군구	지출명 (사업명)	2021년예산 (단위:천원/1년간)	담당자 (공무원) 담당부서	민간이전 분류 (지방자치단체 세출예산 집행기준에 의거) 1. 민간경상사업보조(307-02) 2. 민간단체 법정운영비보조(307-03) 3. 민간행사사업보조(307-04) 4. 민간위탁금(307-05) 5. 사회복지시설 법정운영비보조(307-10) 6. 민간인위탁교육비(307-12) 7. 공기관등에대한경상적위탁사업비(308-10) 8. 민간자본사업보조,자체재원(402-01) 9. 민간자본사업보조,이전재원(402-02) 10. 민간위탁사업비(402-03) 11. 공기관등에 대한 자본적 대행사업비(403-02)	민간이전지출 근거 (지방보조금 관리기준 참고) 1. 법률에 규정 2. 국고보조 재원(국가지정) 3. 용도 지정 기부금 4. 조례에 직접규정 5. 지자체가 권장하는 사업을 하는 공공기관 6. 시,도 정책 및 재정사정 7. 기타 8. 해당없음	입찰방식 계약체결방법 (경쟁형태) 1. 일반경쟁 2. 제한경쟁 3. 지명경쟁 4. 수의계약 5. 법정위탁 6. 기타 ( ) 7. 해당없음	입찰방식 계약기간 1. 1년 2. 2년 3. 3년 4. 4년 5. 5년 6. 기타 ( )년 7. 단기계약 (1년미만) 8. 해당없음	입찰방식 낙찰자선정방법 1. 적격심사 2. 협상에의한계약 3. 최저가낙찰제 4. 규격가격분리 5. 2단계 경쟁입찰 6. 기타 ( ) 7. 해당없음	운영예산 산정 운영예산 산정 1. 내부산정 (지자체 자체적으로 산정) 2. 외부산정 (외부전문기관위탁 산정) 3. 내·외부 모두 산정 4. 산정 無 5. 해당없음	운영예산 산정 정산방법 1. 내부정산 (지자체 내부적으로 정산) 2. 외부정산 (외부전문기관위탁 정산) 3. 내·외부 모두 산정 4. 정산 無 5. 해당없음	성과평가 실시여부 1. 실시 2. 미실시 3. 향후 추진 4. 해당없음
4151	충남 태안군	아이돌봄지원 예탁금	340,000	가족정책과	7	2	7	8	7	5	5	4
4152	충남 태안군	만0~2세 보육료 등	4,556,923	가족정책과	7	2	7	8	7	5	5	4
4153	충남 태안군	3~5세 누리과정 보육료	1,524,120	가족정책과	7	2	7	8	7	5	5	4
4154	충남 태안군	시간제 보육료	10,620	가족정책과	7	2	7	8	7	5	5	4
4155	충남 태안군	민간 가정 어린이집 차액보육료 지원	56,973	가족정책과	7	6	7	8	7	5	5	4
4156	충남 태안군	저소득층 여성청소년 위생용품 지원	16,980	가족정책과	7	2	7	8	7	5	5	4
4157	충남 태안군	헬기장 노후시설 보강	6,026	안전총괄과	7	1	7	8	7	1	1	4
4158	충남 태안군	해양보호구역 관리사업	362,856	해양산업과	7	1	4	1	7	1	1	4
4159	충남 태안군	해양보호구역 관리사업 위탁수수료	50,000	해양산업과	7	1	4	1	7	1	1	4
4160	충남 태안군	택시운행정보시스템(TIMS) 운영비	1,680	도시교통과	7	1	7	8	7	5	5	4
4161	충남 태안군	희귀질환자 의료비 지원	8,500	보건의료원	7	1	7	8	7	5	5	4
4162	충남 태안군	표준모자보건수첩 제작	300	보건의료원	7	2	6	1	6	4	3	2
4163	충남 태안군	산모신생아 건강관리 지원사업 예탁	165,700	보건의료원	7	2	6	1	6	4	3	2
4164	충남 태안군	청소년산모 임신출산 의료비 지원	1,200	보건의료원	7	2	6	1	6	4	3	2
4165	충남 태안군	저소득층 기저귀 조제분유 지원사업	15,012	보건의료원	7	2	6	1	6	4	3	2
4166	충남 태안군	첫째아 산모 지원금 예탁	25,000	보건의료원	7	4	6	1	6	4	3	2
4167	충남 태안군	치매치료 진료 및 약제비 지원	141,000	보건의료원	7	2	7	8	7	5	5	4
4168	충남 태안군	암 조기검진사업	141,334	보건의료원	7	2	7	8	7	5	5	4
4169	충남 태안군	의료급여 수급권자 일반건강검진	10,672	보건의료원	7	2	7	8	7	5	5	4
4170	충남 태안군	의료수급권자 영유아검진비 지원	638	보건의료원	7	2	7	8	7	5	5	4
4171	경북 포항시	2021포항스틸아트페스티벌	466,700	시립미술관	7	5	5	8	7	3	2	4
4172	경북 포항시	국민체력100체력인증센터	204,155	새마을체육과	7	2	7	1	7	1	1	1
4173	경북 포항시	해돋이관광포럼운영	10,000	관광산업과	7	4	7	8	7	1	1	4
4174	경북 포항시	찾아가는 관광안내소 운영	56,666	관광산업과	7	4	7	8	7	1	1	4
4175	경북 포항시	경북나드리 e-커머스 상품판매	21,000	관광산업과	7	4	7	8	7	1	1	4
4176	경북 포항시	귀비고 전시관 및 신라마을 관리 운영비	500,000	관광산업과	7	4	7	8	7	1	1	4
4177	경북 포항시	국제불빛축제	860,600	관광산업과	7	4	7	8	7	1	1	4
4178	경북 포항시	포항해맞이축제	345,000	관광산업과	7	4	7	8	7	1	1	4
4179	경북 포항시	YOYO공연예술단 운영	3,500	노인장애인복지과	7	6	6	8	7	1	1	1
4180	경북 포항시	국가주소정보시스템 유지관리	18,224	도시계획과	7	5	5	1	2	2	2	4
4181	경북 포항시	도로명주소기본도 유지관리	20,915	도시계획과	7	5	5	1	2	2	2	1
4182	경북 포항시	경북동해안지질공원 운영지원	80,000	환경정책과	7	2	7	1	6	1	1	1
4183	경북 포항시	동해안지질대장정지원	12,500	환경정책과	7	2	7	8	7	1	1	1
4184	경북 경주시	경주벚꽃축제	290,000	관광컨벤션과	7	4	7	7	7	1	1	1
4185	경북 경주시	경주국악여행	220,000	관광컨벤션과	7	4	7	7	7	1	1	1
4186	경북 경주시	경주시 관광조사	80,000	관광컨벤션과	7	1	7	2	7	1	1	1
4187	경북 경주시	해돋이 관광포럼 운영	10,000	관광컨벤션과	7	4	6	1	7	1	1	1
4188	경북 경주시	VISIT-경북 페스티벌 관광상품판내	105,000	관광컨벤션과	7	4	7	7	7	1	1	1
4189	경북 경주시	보문단지 공중화장실 운영위탁	7,000	관광컨벤션과	7	5	5	5	7	1	1	4
4190	경북 경주시	교촌마을 문화공연(신라오기)	90,000	관광컨벤션과	7	4	7	1	7	1	1	1
4191	경북 경주시	2021 화백 마이스 포럼	50,000	관광컨벤션과	7	5	5	7	7	1	1	4
4192	경북 경주시	도시마케팅 및 마이스산업 활성화 사업	900,000	관광컨벤션과	7	4	5	1	7	1	1	4
4193	경북 경주시	제야의종 타종식	100,000	문화예술과	7	6	7	8	7	1	1	1

순번	시군구	지출명 (사업명)	2021년예산 (단위:천원/1년간)	담당자 (공무원)	민간이전 분류 (지방자치단체 세출예산 집행기준에 의거)	민간이전지출 근거 (지방보조금 관리기준 참고)	입찰방식			운영예산 산정		성과평가 실시여부
				담당부서	1. 민간경상사업보조(307-02) 2. 민간단체 법정운영비보조(307-03) 3. 민간행사사업보조(307-04) 4. 민간위탁금(307-05) 5. 사회복지시설 법정운영비보조(307-10) 6. 민간인위탁교육비(307-12) 7. 공기관등에대한경상적위탁사업비(308-10) 8. 민간자본사업보조,자체재원(402-01) 9. 민간자본사업보조,이전재원(402-02) 10. 민간위탁사업비(402-03) 11. 공기관등에 대한 자본적 대행사업비(403-02)	1. 법률에 규정 2. 국고보조 재원(국가지정) 3. 용도 지정 기부금 4. 조례에 직접규정 5. 지자체가 권장하는 사업을 하는 공공기관 6. 시,도 정책 및 재정사정 7. 기타 8. 해당없음	계약체결방법 (경쟁형태) 1. 일반경쟁 2. 제한경쟁 3. 지명경쟁 4. 수의계약 5. 법정위탁 6. 기타 ( ) 7. 해당없음	계약기간 1. 1년 2. 2년 3. 3년 4. 4년 5. 5년 6. 기타 ( )년 7. 단기계약 (1년미만) 8. 해당없음	낙찰자선정방법 1. 적격심사 2. 협상에의한계약 3. 최저가낙찰제 4. 규격가격분리 5. 2단계 경쟁입찰 6. 기타 ( ) 7. 해당없음	운영예산 산정 1. 내부산정 (지자체 자체적으로 산정) 2. 외부산정 (외부전문기관위탁 산정) 3. 내·외부 모두 산정 4. 산정 無 5. 해당없음	정산방법 1. 내부정산 (지자체 내부적으로 정산) 2. 외부정산 (외부전문기관위탁 정산) 3. 내·외부 모두 산정 4. 정산 無 5. 해당없음	1. 실시 2. 미실시 3. 향후 추진 4. 해당없음
4194	경북 경주시	문화엑스포 상설공연 플라잉 등 지원	100,000	문화예술과	7	5	7	8	7	1	1	4
4195	경북 경주시	경주엑스포민간콘텐츠운영	2,800	문화예술과	7	5	7	8	7	1	1	4
4196	경북 경주시	경주엑스포상시개장기능보강	1,700	문화예술과	7	5	7	8	7	1	1	4
4197	경북 경주시	봉황대뮤직스퀘어	600,000	문화예술과	7	5	7	8	7	5	1	1
4198	경북 경주시	전통공예청년승계자특별지원사업	25,516	문화예술과	7	6	7	8	7	1	1	1
4199	경북 경주시	경주 낭산 일원	200,000	문화재과	7	2	7	8	7	5	5	4
4200	경북 경주시	경주 문무대왕릉	150,000	문화재과	7	2	7	8	7	5	5	4
4201	경북 경주시	문화재 일자리 산업 박람회	600,000	문화재과	7	2	4	1	7	1	1	3
4202	경북 경주시	경주 양남 주상절리군 지질조사 학술용역	180,000	문화재과	7	2	7	8	7	5	5	4
4203	경북 경주시	경주 최부자댁 기록물 문화재 지정 용역	90,000	문화재과	7	5	7	8	7	5	5	4
4204	경북 경주시	경주 남산일원	600,000	문화재과	7	2	7	8	7	5	5	4
4205	경북 경주시	가사간병도우미사업	127,464	복지정책과	7	1	5	8	7	5	5	4
4206	경북 경주시	지역사회서비스투자사업	210,000	복지정책과	7	2	7	8	7	1	1	1
4207	경북 경주시	해오름동맹 원자력 정책연구센터 구축사업 추진	50,000	원자력정책과	7	4	7	8	7	1	1	4
4208	경북 경주시	일자리창출 우수기업 지원	217,392	일자리창출과	7	5	7	8	7	5	5	4
4209	경북 경주시	도시청년시골파견제	35,000	일자리창출과	7	5	7	8	7	1	1	4
4210	경북 경주시	중소기업 청년일자리지원사업	640,910	일자리창출과	7	5	7	8	7	1	1	4
4211	경북 경주시	언택트산업분야 청년일자리 지원사업	333,540	일자리창출과	7	5	7	8	7	1	1	4
4212	경북 경주시	청년창업 지역정착 지원사업	260,000	일자리창출과	7	6	7	8	7	5	5	4
4213	경북 경주시	청년마을 일자리 뉴딜사업	37,000	일자리창출과	7	5	7	8	7	1	1	4
4214	경북 경주시	청년공동체 활성화 사업	55,000	일자리창출과	7	6	7	8	7	5	5	4
4215	경북 경주시	청년창업CEO 임대료 지원사업	200,000	일자리창출과	7	7	7	8	7	5	5	4
4216	경북 경주시	청년근로자 사랑채움사업	62,160	일자리창출과	7	5	7	8	7	5	5	4
4217	경북 경주시	장애인의료비지원	161,501	장애인여성복지과	7	2	7	8	7	5	5	4
4218	경북 경주시	세외수입시스템 유지보수 대행	30,928	징수과	7	1	1	1	7	2	2	1
4219	경북 영천시	지방재정관리시스템 운영 및 유지관리	29,012	정책기획실	7	5	7	8	7	5	5	4
4220	경북 영천시	영천1인미디어스튜디오운영	50,000	홍보전산실	7	7	7	8	7	5	5	4
4221	경북 영천시	공통기반전산장비 유지보수료	99,085	홍보전산실	7	7	6	1	6	2	2	4
4222	경북 영천시	시군구재해복구시스템 유지보수료	6,532	홍보전산실	7	7	6	1	6	2	2	4
4223	경북 영천시	지방행정공통정보시스템서비스데스크운영	6,460	홍보전산실	7	7	6	1	6	2	2	4
4224	경북 영천시	운영지원 위탁비	10,000	홍보전산실	7	7	6	1	6	2	2	4
4225	경북 영천시	SW/HW 유지관리 위탁비	7,494	홍보전산실	7	7	6	1	6	2	2	4
4226	경북 영천시	인사랑시스템유지보수비	7,313	총무과	7	1	4	1	2	2	2	4
4227	경북 영천시	우편모아시스템 통합유지관리비	5,800	총무과	7	6	4	1	2	2	2	4
4228	경북 영천시	표준지방세정보시스템운영지원비	28,280	세정과	7	1	5	1	2	2	2	4
4229	경북 영천시	통합지방세정보시스템운영지원비	22,801	세정과	7	1	5	1	2	2	2	4
4230	경북 영천시	과세통합시스템운영지원비	1,148	세정과	7	1	5	1	2	2	2	4
4231	경북 영천시	차세대지방세정보시스템운영지원비	2,012	세정과	7	1	5	1	2	2	2	4
4232	경북 영천시	세외수입정보시스템유지관리	26,559	세정과	7	1	5	1	2	2	2	4
4233	경북 영천시	차세대주민등록정보시스템운영비	12,296	종합민원과	7	7	1	1	2	5	5	4
4234	경북 영천시	대한민국일자리엑스포참가	8,000	일자리노사과	7	2	7	8	7	5	5	4
4235	경북 영천시	도시청년시골파견제	170,000	일자리노사과	7	2	7	8	7	5	3	4
4236	경북 영천시	청년마을일자리뉴딜사업	37,000	일자리노사과	7	2	7	8	7	5	3	4

순번	시군구	지출명 (사업명)	2021년예산 (단위:천원/1년간)	담당자 (공무원) 담당부서	민간이전 분류 (지방자치단체 세출예산 집행기준에 의거) 1. 민간경상사업보조(307-02) 2. 민간단체 법정운영비보조(307-03) 3. 민간행사사업보조(307-04) 4. 민간위탁금(307-05) 5. 사회복지시설 법정운영비보조(307-10) 6. 민간인위탁교육비(307-12) 7. 공기관등에대한경상적위탁사업비(308-10) 8. 민간자본사업보조,자체재원(402-01) 9. 민간자본사업보조,이전재원(402-02) 10. 민간위탁사업비(402-03) 11. 공기관등에 대한 자본적 대행사업비(403-02)	민간이전지출 근거 (지방보조금 관리기준 참고) 1. 법률에 규정 2. 국고보조 재원(국가지정) 3. 용도 지정 기부금 4. 조례에 직접규정 5. 지자체가 권장하는 사업을 하는 공공기관 6. 시,도 정책 및 재정사정 7. 기타 8. 해당없음	입찰방식 계약체결방법 (경쟁형태) 1. 일반경쟁 2. 제한경쟁 3. 지명경쟁 4. 수의계약 5. 법정위탁 6. 기타 ( ) 7. 해당없음	입찰방식 계약기간 1. 1년 2. 2년 3. 3년 4. 4년 5. 5년 6. 기타 ( )년 7. 단기계약 (1년미만) 8. 해당없음	입찰방식 낙찰자선정방법 1. 적격심사 2. 협상에의한계약 3. 최저가낙찰제 4. 규격가격분리 5. 2단계 경쟁입찰 6. 기타 ( ) 7. 해당없음	운영예산 산정 운영예산 산정 1. 내부산정 (지자체 자체적으로 산정) 2. 외부산정 (외부전문기관위탁 산정) 3. 내·외부 모두 산정 4. 산정 無 5. 해당없음	운영예산 산정 정산방법 1. 내부정산 (지자체 내부적으로 정산) 2. 외부정산 (외부전문기관위탁 정산) 3. 내·외부 모두 산정 4. 정산 無 5. 해당없음	성과평가 실시여부 1. 실시 2. 미실시 3. 향후 추진 4. 해당없음
4237	경북 영천시	청년창업지역정착지원사업	52,000	일자리노사과	7	6	7	8	7	5	3	4
4238	경북 영천시	청년근로자사랑채움사업	54,390	일자리노사과	7	6	7	8	7	5	3	4
4239	경북 영천시	일자리창출우수기업지원	163,044	일자리노사과	7	6	7	8	7	5	3	4
4240	경북 영천시	스마트제조청년인력지원사업	182,000	일자리노사과	7	2	5	1	7	5	1	4
4241	경북 영천시	소상공인카드수수료지원사업	230,000	일자리노사과	7	1	7	8	7	5	5	4
4242	경북 영천시	강소기업육성기반구축사업	50,000	기업유치과	7	4	7	8	7	1	1	4
4243	경북 영천시	중소기업기숙사임차비지원사업	600,000	기업유치과	7	4	7	8	7	1	1	4
4244	경북 영천시	스타기업육성지원사업	200,000	기업유치과	7	4	7	8	7	5	5	4
4245	경북 영천시	우수제품온라인쇼핑몰지원사업	200,000	기업유치과	7	4	7	8	7	5	5	4
4246	경북 영천시	중소기업청년일자리지원사업	1,103,450	기업유치과	7	2	7	8	7	1	1	4
4247	경북 영천시	언택트산업분야청년일자리지원사업	511,430	기업유치과	7	4	7	8	7	5	5	4
4248	경북 영천시	중소기업혁신기술개발지원사업	500,000	기업유치과	7	4	7	8	7	1	1	4
4249	경북 영천시	중소기업고부가가치전환육성지원사업	500,000	기업유치과	7	4	7	8	7	1	1	4
4250	경북 영천시	미래자동차부품전환기업R&D협력사업	500,000	기업유치과	7	4	7	8	7	1	1	4
4251	경북 영천시	청정제조기반구축사업	80,000	기업유치과	7	4	7	8	7	1	1	4
4252	경북 영천시	도심형자율주행셔틀부품모듈기반소성사업	260,000	기업유치과	7	4	7	8	7	1	1	4
4253	경북 영천시	SW융합클러스터2.0	140,000	기업유치과	7	4	7	8	7	1	1	4
4254	경북 영천시	대기환경개선고효율집진필터실증화사업	16,000	기업유치과	7	4	7	8	7	1	1	4
4255	경북 영천시	지역산업연계형특성화학과혁신지원	550,000	기업유치과	7	4	7	8	7	1	1	4
4256	경북 영천시	영천시기업부설연구소R&D레벨업사업	50,000	기업유치과	7	4	7	8	7	1	1	4
4257	경북 영천시	영천댐부유물운반처리비용	38,000	환경보호과	7	7	7	8	7	2	2	4
4258	경북 영천시	경북나드리 e-커머스 상품판매	7,000	관광진흥과	7	6	7	8	7	1	1	4
4259	경북 영천시	관광서비스환경개선사업	150,000	관광진흥과	7	5	7	8	7	3	2	4
4260	경북 영천시	택시운행정보관리시스템운영	3,690	교통행정과	7	1	5	8	7	5	5	4
4261	경북 영천시	광역알뜰교통카드연계마일리지지원	2,000	교통행정과	7	2	5	8	7	5	5	4
4262	경북 김천시	지방재정관리시스템 운영관리	32,700	기획예산실	7	1	5	8	7	2	2	4
4263	경북 김천시	이전공공기관연계 육성사업	591,600	미래혁신전략과	7	2	7	8	7	1	1	3
4264	경북 김천시	장애인의료비지원	266,405	사회복지과	7	2	7	8	7	5	5	4
4265	경북 김천시	온나라 운영 및 소프트웨어 유지보수	24,020	정보기획과	7	7	6	1	6	1	3	2
4266	경북 김천시	공통기반 전산장비 유지보수	76,760	정보기획과	7	7	6	1	6	1	3	2
4267	경북 김천시	시군재해복구시스템 유지보수	5,690	정보기획과	7	7	6	1	6	1	3	2
4268	경북 김천시	지방행정통합정보시스템 상담센터	6,460	정보기획과	7	7	6	1	6	1	3	2
4269	경북 김천시	청백-e시스템 유지관리	10,399	청렴감사실	7	1	5	1	7	2	2	4
4270	경북 안동시	공공실버주택 관리 및 운영 위탁	209,000	사회복지과	7	5	4	1	2	1	1	1
4271	경북 안동시	수선유지급여 사업	1,400	사회복지과	7	2	7	7	7	1	1	1
4272	경북 안동시	국가암검진사업	313,000	건강증진과	7	2	5	6	7	2	2	4
4273	경북 안동시	국가건강검진사업	56,280	건강증진과	7	2	5	6	7	2	2	4
4274	경북 안동시	희귀질환자 의료비지원사업	220,000	건강증진과	7	2	5	6	7	2	2	4
4275	경북 안동시	영유아 건강검진사업	2,500	건강증진과	7	2	5	6	7	2	2	4
4276	경북 안동시	지역사회건강조사	67,978	건강증진과	7	2	6	6	7	2	2	1
4277	경북 안동시	산모신생아 건강관리 예외지원	120,000	건강증진과	7	5	7	8	7	2	2	4
4278	경북 안동시	산모신생아건강관리지원	500,000	건강증진과	7	2	7	8	7	2	2	4
4279	경북 안동시	저소득층기저귀조제분유지원	166,800	건강증진과	7	2	7	8	7	2	2	4

순번	시군구	지출명 (사업명)	2021년예산 (단위:천원/1년간)	담당자 (공무원)	민간이전 분류 (지방자치단체 세출예산 집행기준에 의거)	민간이전지출 근거 (지방보조금 관리기준 참고)	입찰방식			운영예산 산정		성과평가 실시여부
				담당부서	1. 민간경상사업보조(307-02) 2. 민간단체 법정운영비보조(307-03) 3. 민간행사사업보조(307-04) 4. 민간위탁금(307-05) 5. 사회복지시설 법정운영비보조(307-10) 6. 민간인위탁교육비(307-12) 7. 공기관등에대한경상적위탁사업비(308-10) 8. 민간자본사업보조,자체재원(402-01) 9. 민간자본사업보조,이전재원(402-02) 10. 민간위탁사업비(402-03) 11. 공기관등에 대한 자본적 대행사업비(403-02)	1. 법률에 규정 2. 국고보조 재원(국가지정) 3. 용도 지정 기부금 4. 조례에 직접규정 5. 지자체가 권장하는 사업을 하는 공공기관 6. 시,도 정책 및 재정사정 7. 기타 8. 해당없음	계약체결방법 (경쟁형태) 1. 일반경쟁 2. 제한경쟁 3. 지명경쟁 4. 수의계약 5. 법정위탁 6. 기타 ( ) 7. 해당없음	계약기간 1. 1년 2. 2년 3. 3년 4. 4년 5. 5년 6. 기타 ( )년 7. 단기계약 (1년미만) 8. 해당없음	낙찰자선정방법 1. 적격심사 2. 협상에의한계약 3. 최저가낙찰제 4. 규격가격분리 5. 2단계 경쟁입찰 6. 기타 ( ) 7. 해당없음	운영예산 산정 1. 내부산정 (지자체 자체적으로 산정) 2. 외부산정 (외부전문기관위탁 산정) 3. 내·외부 모두 산정 4. 산정 無 5. 해당없음	정산방법 1. 내부정산 (지자체 내부적으로 정산) 2. 외부정산 (외부전문기관위탁 정산) 3. 내·외부 모두 산정 4. 정산 無 5. 해당없음	1. 실시 2. 미실시 3. 향후 추진 4. 해당없음
4280	경북 안동시	난청조기진단	176	건강증진과	7	2	7	8	7	2	2	4
4281	경북 안동시	선천성대사이상 검사 및 환아관리	174	건강증진과	7	2	7	8	7	2	2	4
4282	경북 안동시	청소년산모의료비지원	2,400	건강증진과	7	2	7	8	7	2	2	4
4283	경북 안동시	표준모자보건수첩지원	1,300	건강증진과	7	2	7	8	7	2	2	4
4284	경북 안동시	치매환자 치료비 지원	250,000	치매안심센터	7	2	7	8	7	5	5	4
4285	경북 안동시	강소기업 육성 마중물사업	60,000	투자유치과	7	5	7	8	7	5	5	4
4286	경북 안동시	중소기업 레벨업 사업 지원	200,000	투자유치과	7	5	7	8	7	5	5	4
4287	경북 안동시	백신융합 플랫폼기술개발 및 산업화 지원 사업	350,000	투자유치과	7	5	7	8	7	5	5	4
4288	경북 안동시	백신산업 전문인력양성 고도화 사업	296,000	투자유치과	7	5	7	8	7	5	5	4
4289	경북 안동시	경북(안동) 백신클러스터 R&BD 활성화 사업	300,000	투자유치과	7	5	7	8	7	5	5	4
4290	경북 안동시	스마트공장 구축・보급 지원사업	50,000	투자유치과	7	6	7	8	7	5	5	4
4291	경북 안동시	중소기업 청년일자리 지원	426,300	투자유치과	7	2	7	8	7	5	5	4
4292	경북 안동시	언택트산업분야 청년일자리 지원	311,310	투자유치과	7	2	7	8	7	5	5	4
4293	경북 안동시	하천수문작동인부임	12,725	안전재난과	7	7	6	7	6	1	1	4
4294	경북 안동시	지역산업연계AI융합교육지원사업	904,200	평생교육과	7	5	7	8	7	1	1	2
4295	경북 안동시	청소년수련시설청소년지도사배치지원	27,216	평생교육과	7	2	7	8	7	1	1	1
4296	경북 안동시	청소년방과후아카데미운영지원	164,042	평생교육과	7	2	7	8	7	1	1	1
4297	경북 안동시	청소년수련시설운영위원회지원	2,000	평생교육과	7	2	7	8	7	1	1	1
4298	경북 안동시	장애인의료비지원	334,476	노인장애인복지과	7	2	7	8	7	5	5	1
4299	경북 안동시	도립안동도서관 문화학교 운영	8,300	전통문화예술과	7	1	7	8	7	1	1	3
4300	경북 안동시	경북콘텐츠코리아랩 운영지원	1,700	전통문화예술과	7	2	7	8	7	5	5	4
4301	경북 안동시	엄마까투리 콘텐츠 관리운영	100,000	전통문화예술과	7	4	7	8	7	5	5	4
4302	경북 안동시	콘텐츠 누림터 유지강화사업	30,000	전통문화예술과	7	4	7	8	7	5	5	4
4303	경북 안동시	1인창조기업 지원센터 지원	233,000	전통문화예술과	7	2	7	8	7	5	5	4
4304	경북 안동시	콘텐츠개발 지역기업 지원	300,000	전통문화예술과	7	4	7	8	7	5	5	4
4305	경북 안동시	웹드라마 제작지원	200,000	전통문화예술과	7	4	7	8	7	5	5	4
4306	경북 안동시	1인콘텐츠크리에이터 산업 육성	100,000	전통문화예술과	7	4	7	8	7	5	5	4
4307	경북 안동시	문화원형 DB플랫폼 구축	100,000	전통문화예술과	7	4	7	8	7	5	5	4
4308	경북 안동시	기업유치형 콘텐츠 인프라 조성 및 육성사업	276,000	전통문화예술과	7	4	7	8	7	5	5	4
4309	경북 안동시	안동시 관내 국도대체 우회도로 건설공사 위탁 보상업무 추진	180,000	건설과	7	7	7	8	7	5	5	4
4310	경북 구미시	청백e-시스템유지관리비	11,997	감사담당관	7	5	5	1	7	5	5	2
4311	경북 구미시	지방재정관리시스템(e-hojo)운영관리	36,264	기획예산과	7	7	7	8	7	2	2	2
4312	경북 구미시	탄소산업클러스터 조성사업	40,000	신산업정책과	7	2	1	5	7	5	3	1
4313	경북 구미시	탄소복합재 핵심기술 개발사업	340,000	신산업정책과	7	4	1	4	7	5	3	1
4314	경북 구미시	탄소산업 네트워크 강화(LightCon 컨벤션, JEC 월드 참가)	40,000	신산업정책과	7	4	4	7	1	1	1	1
4315	경북 구미시	유연인쇄전자 신전자산업 기술개발	280,000	신산업정책과	7	4	6	1	7	3	1	4
4316	경북 구미시	구미국방벤처센터 기술이전지원사업	400,000	신산업정책과	7	4	6	6	7	1	1	4
4317	경북 구미시	구미디지털전자산업관 위탁운영	1,630,000	신산업정책과	7	4	4	2	7	5	3	4
4318	경북 구미시	구미과학관 위탁 운영	460,000	신산업정책과	7	4	4	2	7	5	1	4
4319	경북 구미시	핵심부품소재 기술개발사업 지원	400,000	신산업정책과	7	4	4	2	7	5	3	4
4320	경북 구미시	생활과학교실 운영	50,000	신산업정책과	7	2	4	1	7	5	1	4
4321	경북 구미시	중소기업 수출보험료지원	15,000	기업지원과	7	7	7	7	7	5	5	4
4322	경북 구미시	중소기업 토탈솔루션 지원사업	340,000	기업지원과	7	7	7	7	7	5	1	4

순번	시군구	지출명 (사업명)	2021년예산 (단위:천원/1년간)	담당자 (공무원)	민간이전 분류 (지방자치단체 세출예산 집행기준에 의거)	민간이전지출 근거 (지방보조금 관리기준 참고)	입찰방식			운영예산 산정		성과평가 실시여부
				담당부서	1. 민간경상사업보조(307-02) 2. 민간단체 법정운영비보조(307-03) 3. 민간행사사업보조(307-04) 4. 민간위탁금(307-05) 5. 사회복지시설 법정운영비보조(307-10) 6. 민간인위탁교육비(307-12) 7. 공기관등에대한경상적위탁사업비(308-10) 8. 민간자본사업보조,자체재원(402-01) 9. 민간자본사업보조,이전재원(402-02) 10. 민간위탁사업비(402-03) 11. 공기관등에 대한 자본적 대행사업비(403-02)	1. 법률에 규정 2. 국고보조 재원(국가지정) 3. 용도 지정 기부금 4. 조례에 직접규정 5. 지자체가 권장하는 사업을 하는 공공기관 6. 시,도 정책 및 재정사정 7. 기타 8. 해당없음	계약체결방법 (경쟁형태) 1. 일반경쟁 2. 제한경쟁 3. 지명경쟁 4. 수의계약 5. 법정위탁 6. 기타 ( ) 7. 해당없음	계약기간 1. 1년 2. 2년 3. 3년 4. 4년 5. 5년 6. 기타 ( )년 7. 단기계약 (1년미만) 8. 해당없음	낙찰자선정방법 1. 적격심사 2. 협상에의한계약 3. 최저가낙찰제 4. 규격가격분리 5. 2단계 경쟁입찰 6. 기타 ( ) 7. 해당없음	운영예산 산정 1. 내부산정 (지자체 자체적으로 산정) 2. 외부산정 (외부전문기관위탁 산정) 3. 내·외부 모두 산정 4. 산정 無 5. 해당없음	정산방법 1. 내부정산 (지자체 내부적으로 정산) 2. 외부정산 (외부전문기관위탁 정산) 3. 내·외부 모두 산정 4. 정산 無 5. 해당없음	1. 실시 2. 미실시 3. 향후 추진 4. 해당없음
4323	경북 구미시	중소기업 청년일자리 사업	3,687,260	기업지원과	7	2	5	8	2	5	5	1
4324	경북 구미시	지역연고산업육성	110,000	기업지원과	7	7	7	7	7	5	1	4
4325	경북 구미시	기술닥터사업	300,000	기업지원과	7	5	7	7	7	1	1	1
4326	경북 구미시	구미시창업보육센터 위탁운영비	190,000	기업지원과	7	4	7	7	7	1	1	1
4327	경북 구미시	시제품제작센터 위탁운영비	145,000	기업지원과	7	4	7	7	7	1	1	1
4328	경북 구미시	투자유치단 파견	45,000	기업지원과	7	6	7	8	7	5	5	4
4329	경북 구미시	국내외 투자유치타깃기업 상담 및 설명회	30,000	기업지원과	7	6	7	8	7	5	5	4
4330	경북 구미시	산업환경안전 통합관제센터 구축	680,000	기업지원과	7	6	6	8	7	3	2	1
4331	경북 구미시	일자리창출우수기업지원	326,087	일자리경제과	7	5	7	1	1	5	1	4
4332	경북 구미시	청년근로자 사랑채움사업	139,860	일자리경제과	7	5	7	2	1	5	1	4
4333	경북 구미시	가야사 연구복원사업 기본계획수립	20,000	문화예술과	7	4	7	8	7	5	5	4
4334	경북 구미시	관광서비스 시설환경개선 지원사업	100,000	관광진흥과	7	6	6	1	6	1	1	4
4335	경북 구미시	차세대 주민등록시스템 운영비	14,570	총무과	7	7	7	8	7	2	2	2
4336	경북 구미시	지방인사정보시스템(인사랑) 유지관리	7,653	총무과	7	5	5	1	7	2	2	2
4337	경북 구미시	차세대표준지방인사정보시스템 구축 사업비분담금	27,503	총무과	7	5	5	1	7	2	2	2
4338	경북 구미시	지방세정보화사업 위탁사업비	75,960	세정과	7	1	5	1	7	2	2	4
4339	경북 구미시	차세대 지방세정보시스템 구축 유지보수	3,242	세정과	7	1	5	6	7	2	2	4
4340	경북 구미시	표준지방세외수입정보시스템 위탁사업비	33,113	징수과	7	1	5	1	7	2	3	4
4341	경북 구미시	장애인의료비지원	266,852	노인장애인과	7	2	7	8	7	5	1	2
4342	경북 구미시	우편모아시스템 통합유지관리 및 운영지원위탁	5,300	민원봉사과	7	7	7	1	7	1	2	4
4343	경북 구미시	공동주택 입주자대표회의 온라인교육	3,600	공동주택과	7	1	7	8	7	5	5	4
4344	경북 구미시	택시운행정보관리시스템 운영비	22,051	대중교통과	7	8	7	8	7	5	5	4
4345	경북 구미시	도로명주소 정보시스템 유지비	17,974	토지정보과	7	2	6	1	7	3	1	4
4346	경북 영주시	청백-e 시스템 유지관리(한국지역정보개발원)	10,399	기획예산실	7	1	5	1	7	2	1	1
4347	경북 영주시	차세대 지방재정관리시스템 구축비 지자체 분담금	88,230	기획예산실	7	2	1	3	2	2	2	4
4348	경북 영주시	항공MRO경진대회	100,000	미래전략실	7	6	7	8	7	1	1	4
4349	경북 영주시	온-나라시스템 유지관리비	17,769	홍보전산실	7	5	7	1	7	5	5	4
4350	경북 영주시	자치단체 공통기반 전산장비 유지관리	109,891	홍보전산실	7	5	7	1	7	5	5	4
4351	경북 영주시	지방재정관리시스템(e-호조) 유지관리	29,012	홍보전산실	7	5	7	1	7	5	5	4
4352	경북 영주시	시군구 재해복구시스템 유지관리	5,025	홍보전산실	7	5	7	1	7	5	5	4
4353	경북 영주시	지방행정공통정보시스템 상담센터 운영	6,460	홍보전산실	7	5	7	1	7	5	5	4
4354	경북 영주시	대한민국 일자리엑스포 참가	8,000	일자리경제과	7	5	7	7	7	5	1	4
4355	경북 영주시	도시청년 시골파견제	87,500	일자리경제과	7	4	7	8	7	5	5	4
4356	경북 영주시	청년근로자사랑채움사업	46,620	일자리경제과	7	4	7	8	7	5	5	4
4357	경북 영주시	일자리창출 우수기업 지원사업	65,217	일자리경제과	7	4	7	8	7	5	5	4
4358	경북 영주시	강소기업육성기반 구축사업	30,000	투자유치과	7	4	7	1	7	1	1	4
4359	경북 영주시	중소기업청년일자리지원사업	446,930	투자유치과	7	2	7	1	7	1	1	4
4360	경북 영주시	언택트산업분야청년일자리지원사업	177,890	투자유치과	7	2	7	1	7	1	1	4
4361	경북 영주시	영주시 농특산물 온라인 마케팅 사업	300,000	유통지원과	7	8	5	1	7	1	1	4
4362	경북 영주시	택시운행정보관리시스템 운영 사업비 지원	5,316	교통행정과	7	8	7	8	7	1	1	4
4363	경북 영주시	광역알뜰교통카드 연계마일리지 지원	4,000	교통행정과	7	2	7	8	7	2	2	4
4364	경북 영주시	버스정보시스템(BIS) 통신비	27,720	교통행정과	7	7	7	1	7	2	1	4
4365	경북 영주시	버스정보시스템(BIS) 유지관리비	61,829	교통행정과	7	7	7	1	7	2	1	4

순번	시군구	지출명 (사업명)	2021년예산 (단위:천원/1년간)	담당자 (공무원) 담당부서	민간이전 분류 (지방자치단체 세출예산 집행기준에 의거) 1. 민간경상사업보조(307-02) 2. 민간단체 법정운영비보조(307-03) 3. 민간행사사업보조(307-04) 4. 민간위탁금(307-05) 5. 사회복지시설 법정운영비보조(307-10) 6. 민간인위탁교육비(307-12) 7. 공기관등에대한경상적위탁사업비(308-10) 8. 민간자본사업보조,자체재원(402-01) 9. 민간자본사업보조,이전재원(402-02) 10. 민간위탁사업비(402-03) 11. 공기관등에 대한 자본적 대행사업비(403-02)	민간이전지출 근거 (지방보조금 관리기준 참고) 1. 법률에 규정 2. 국고보조 재원(국가지정) 3. 용도 지정 기부금 4. 조례에 직접규정 5. 지자체가 권장하는 사업을 하는 공공기관 6. 시,도 정책 및 재정사정 7. 기타 8. 해당없음	입찰방식 계약체결방법 (경쟁형태) 1. 일반경쟁 2. 제한경쟁 3. 지명경쟁 4. 수의계약 5. 법정위탁 6. 기타 ( ) 7. 해당없음	입찰방식 계약기간 1. 1년 2. 2년 3. 3년 4. 4년 5. 5년 6. 기타 ( )년 7. 단기계약 (1년미만) 8. 해당없음	입찰방식 낙찰자선정방법 1. 적격심사 2. 협상에의한계약 3. 최저가낙찰제 4. 규격가격분리 5. 2단계 경쟁입찰 6. 기타 ( ) 7. 해당없음	운영예산 산정 운영예산 산정 1. 내부산정 (지자체 자체적으로 산정) 2. 외부산정 (외부전문기관위탁 산정) 3. 내·외부 모두 산정 4. 산정 無 5. 해당없음	운영예산 산정 정산방법 1. 내부정산 (지자체 내부적으로 정산) 2. 외부정산 (외부전문기관위탁 정산) 3. 내·외부 모두 산정 4. 정산 無 5. 해당없음	성과평가 실시여부 1. 실시 2. 미실시 3. 향후 추진 4. 해당없음
4366	경북 영주시	영주시민을 위한 맞춤형 임산물 재배교육	10,000	산림녹지과	7	8	7	8	7	5	5	4
4367	경북 영주시	백두대간지역상생치유박람회 개최	200,000	산림녹지과	7	6	7	8	7	5	5	4
4368	경북 영주시	장애인의료비 지원	199,386	노인장애인과	7	2	7	8	7	5	5	4
4369	경북 영주시	표준지방세 운영관리	23,073	세무과	7	1	5	1	7	2	2	1
4370	경북 영주시	위택스(통합지방세) 운영관리	22,271	세무과	7	1	5	1	7	2	2	1
4371	경북 영주시	과세자료 및 체납정보 통합관리시스템 운영관리	948	세무과	7	1	5	1	7	2	2	1
4372	경북 영주시	차세대 지방세정보시스템 구축	137,206	세무과	7	1	5	1	7	2	2	1
4373	경북 영주시	세외수입시스템 유지보수비	23,574	세무과	7	1	5	1	7	2	2	1
4374	경북 영주시	차세대 지방세외수입 정보시스템 구축	74,675	세무과	7	1	5	1	7	2	2	1
4375	경북 영주시	지역대학 농업인교육과정 개설지원	168,000	농정과수과	7	5	7	8	7	1	1	4
4376	경북 영주시	경북농민사관학교 최고경영자과정 교육비지원	33,600	농정과수과	7	4	7	8	7	1	1	4
4377	경북 상주시	중동면 기초생활거점조성사업	1,130,000	개발지원과	7	7	7	1	7	5	1	3
4378	경북 상주시	청리면 기초생활거점조성사업	1,279,000	개발지원과	7	7	7	1	7	5	1	3
4379	경북 상주시	화동면 기초생활거점조성사업	1,841,000	개발지원과	7	7	7	1	7	5	1	3
4380	경북 상주시	화북면 기초생활거점조성사업	1,147,000	개발지원과	7	7	7	1	7	5	1	3
4381	경북 상주시	은척면 기초생활거점조성사업	1,144,000	개발지원과	7	7	7	1	7	5	1	3
4382	경북 상주시	사벌 삼덕리 마을만들기사업	350,000	개발지원과	7	7	7	1	7	5	1	3
4383	경북 상주시	낙동 분황리 마을만들기사업	307,000	개발지원과	7	7	7	1	7	5	1	3
4384	경북 상주시	내서 서만1리 마을만들기사업	260,000	개발지원과	7	7	7	1	7	5	1	3
4385	경북 상주시	모동 정양리 마을만들기사업	250,000	개발지원과	7	7	7	1	7	5	1	3
4386	경북 상주시	외서 대전3리 마을만들기사업	483,000	개발지원과	7	7	7	1	7	5	1	3
4387	경북 상주시	외서 관동리 마을만들기사업	350,000	개발지원과	7	7	7	1	7	5	1	3
4388	경북 상주시	공검 오태1리 마을만들기사업	350,000	개발지원과	7	7	7	1	7	5	1	3
4389	경북 상주시	이안 아천1리 마을만들기사업	164,000	개발지원과	7	7	7	1	7	5	1	3
4390	경북 상주시	중소기업 기술성장디딤돌	100,000	경제기업과	7	4	6	1	7	1	2	1
4391	경북 상주시	강소기업육성기반구축사업	150,000	경제기업과	7	4	6	1	7	1	2	1
4392	경북 상주시	중소기업근로자기숙사임차비지원	100,000	경제기업과	7	4	6	1	7	1	2	1
4393	경북 상주시	중소기업청년일자리지원사업	233,580	경제기업과	7	4	6	1	7	1	2	1
4394	경북 상주시	언택트산업분야 청년일자리지원사업	66,710	경제기업과	7	4	6	1	7	1	2	1
4395	경북 상주시	도시청년시골파견제	52,500	경제기업과	7	2	7	8	7	5	1	4
4396	경북 상주시	청년마을일자리뉴딜사업	18,500	경제기업과	7	2	7	8	7	5	1	4
4397	경북 상주시	일자리창출우수기업지원	65,217	경제기업과	7	6	7	8	7	5	1	4
4398	경북 상주시	도시청년시골파견제	52,500	경제기업과	7	2	7	8	7	5	1	4
4399	경북 상주시	청년마을일자리뉴딜사업	18,500	경제기업과	7	2	7	8	7	5	1	4
4400	경북 상주시	일자리창출우수기업지원	65,217	경제기업과	7	6	7	8	7	5	1	4
4401	경북 상주시	청년창업 지역정착지원사업	156,000	경제기업과	7	6	7	8	7	5	1	4
4402	경북 상주시	청백e-시스템 운영 위탁사업비	10,399	공보감사담당관실	7	1	5	1	7	2	2	2
4403	경북 상주시	경북나드리 e-커머스 상품판매사업	21,000	관광진흥과	7	4	7	8	7	1	3	3
4404	경북 상주시	지방재정 정보화 사업 운영관리	32,636	기획예산담당관	7	1	5	1	7	5	5	4
4405	경북 상주시	한복문화 진흥	80,000	문화예술과	7	5	5	7	7	1	1	2
4406	경북 상주시	표준지방세정보시스템운영유지보수	23,073	세정과	7	1	5	8	7	5	3	4
4407	경북 상주시	통합지방세정보시스템(WeTax) 유지보수	22,271	세정과	7	1	5	8	7	5	3	4
4408	경북 상주시	과세통합시스템 유지보수	948	세정과	7	1	5	8	7	5	3	4

순번	시군구	지출명 (사업명)	2021년예산 (단위:천원/1년간)	담당자 (공무원)	민간이전 분류 (지방자치단체 세출예산 집행기준에 의거) 1. 민간경상사업보조(307-02) 2. 민간단체 법정운영비보조(307-03) 3. 민간행사사업보조(307-04) 4. 민간위탁금(307-05) 5. 사회복지시설 법정운영비보조(307-10) 6. 민간인위탁교육비(307-12) 7. 공기관등에대한경상적위탁사업비(308-10) 8. 민간자본사업보조,자체재원(402-01) 9. 민간자본사업보조,이전재원(402-02) 10. 민간위탁사업비(402-03) 11. 공기관등에 대한 자본적 대행사업비(403-02)	민간이전지출 근거 (지방보조금 관리기준 참고) 1. 법률에 규정 2. 국고보조 재원(국가지정) 3. 용도 지정 기부금 4. 조례에 직접규정 5. 지자체가 권장하는 사업을 하는 공공기관 6. 시,도 정책 및 재정사정 7. 기타 8. 해당없음	입찰방식			운영예산 산정		성과평가 실시여부
				담당부서			계약체결방법 (경쟁형태) 1. 일반경쟁 2. 제한경쟁 3. 지명경쟁 4. 수의계약 5. 법정위탁 6. 기타 ( ) 7. 해당없음	계약기간 1. 1년 2. 2년 3. 3년 4. 4년 5. 5년 6. 기타 ( )년 7. 단기계약 (1년미만) 8. 해당없음	낙찰자선정방법 1. 적격심사 2. 협상에의한계약 3. 최저가낙찰제 4. 규격가격분리 5. 2단계 경쟁입찰 6. 기타 ( ) 7. 해당없음	운영예산 산정 1. 내부산정 (지자체 자체적으로 산정) 2. 외부산정 (외부전문기관위탁 산정) 3. 내·외부 모두 산정 4. 산정 無 5. 해당없음	정산방법 1. 내부정산 (지자체 내부적으로 정산) 2. 외부정산 (외부전문기관위탁 정산) 3. 내·외부 모두 산정 4. 정산 無 5. 해당없음	1. 실시 2. 미실시 3. 향후 추진 4. 해당없음
4409	경북 상주시	표준세외수입정보시스템운영유지보수	23,574	세정과	7	1	5	8	7	5	3	4
4410	경북 상주시	신활력플러스사업	1,150,000	유통마케팅과	7	2	5	4	2	3	3	1
4411	경북 상주시	차세대 주민등록정보시스템 운영비 분담금	11,648	총무과	7	7	6	1	6	2	2	4
4412	경북 상주시	온나라시스템 운영	32,370	총무과	7	5	5	1	7	2	2	4
4413	경북 상주시	우편모아 유지관리	5,300	총무과	7	5	5	1	7	2	2	4
4414	경북 상주시	표준지방인사시스템(인사랑) 유지보수	7,373	총무과	7	1	7	1	7	2	5	4
4415	경북 상주시	차세대 표준지방인사시스템 구축	24,532	총무과	7	1	7	1	7	2	5	4
4416	경북 문경시	visit-경북 페스티벌사업	14,000	관광진흥과	7	6	6	8	7	5	5	4
4417	경북 문경시	웹콘텐츠제작지원	100,000	관광진흥과	7	4	7	8	7	5	5	4
4418	경북 문경시	청백e 통합상시모니터링 시스템 유지보수	9,693	기획예산실	7	1	2	1	2	2	3	2
4419	경북 문경시	저탄소생활실천지원	12,000	환경보호과	7	2	7	7	7	1	2	2
4420	경북 문경시	중소기업 청년일자리 지원사업	319,590	일자리경제과	7	2	5	1	7	5	1	1
4421	경북 문경시	언택트 산업문야 청년일자리 지원사업	222,360	일자리경제과	7	2	5	1	7	5	1	1
4422	경북 문경시	일자리창출우수기업지원	97,828	일자리경제과	7	5	7	8	7	5	5	4
4423	경북 문경시	대한민국일자리엑스포참가	8,000	일자리경제과	7	5	7	8	7	5	5	4
4424	경북 문경시	도시청년시골파견제	150,000	일자리경제과	7	2	7	8	7	5	5	4
4425	경북 문경시	청년마을일자리뉴딜	55,500	일자리경제과	7	2	7	8	7	5	5	4
4426	경북 문경시	청년근로자사랑채움사업	15,540	일자리경제과	7	5	7	8	7	5	5	4
4427	경북 문경시	일자리창출우수기업지원	97,828	일자리경제과	7	5	7	8	7	5	5	4
4428	경북 경산시	청백-e시스템 유지관리	10,399	감사담당관실	7	1	4	1	7	2	2	2
4429	경북 경산시	지방재정관리시스템 유지보수	33,462	기획예산과	7	1	7	8	7	5	5	4
4430	경북 경산시	디지털 뷰티산업 육성	1,000,000	전략사업추진단	7	5	7	2	7	1	1	1
4431	경북 경산시	경상북도 기업부설연구소 R&D레벨업 사업	80,000	전략사업추진단	7	7	7	8	7	1	1	1
4432	경북 경산시	경북지역기반 게임산업 육성	1,400	전략사업추진단	7	2	7	8	7	1	3	1
4433	경북 경산시	글로벌 콘텐츠산업 생태계 조성	25,000	전략사업추진단	7	5	7	8	7	1	1	1
4434	경북 경산시	첨단 소재·부품 기술 고도화 사업	300,000	전략사업추진단	7	5	7	1	7	1	3	3
4435	경북 경산시	탄소복합재 핵심기술 개발사업	170,000	전략사업추진단	7	5	7	1	7	1	3	3
4436	경북 경산시	유연인쇄전자 신전자산업 기술개발 사업	280,000	전략사업추진단	7	2	7	8	7	3	3	3
4437	경북 경산시	생활소비재 융복합산업 기업역량 강화 사업	463,000	전략사업추진단	7	5	7	8	7	1	3	1
4438	경북 경산시	고기능성 타이타늄 소재 기술지원사업	167,000	전략사업추진단	7	5	7	8	7	1	3	1
4439	경북 경산시	경북 청년 키친랩 사업	295,000	전략사업추진단	7	4	7	5	7	1	1	1
4440	경북 경산시	1인 미디어 콘텐츠산업 육성사업	500,000	전략사업추진단	7	4	7	8	7	5	5	4
4441	경북 경산시	표준지방세 정보시스템 유지보수	43,894	세무과	7	1	6	1	6	2	3	1
4442	경북 경산시	통합지방세 정보시스템 유지보수	24,385	세무과	7	1	6	1	6	2	3	1
4443	경북 경산시	과세통합시스템 유지보수	1,748	세무과	7	1	6	1	6	2	3	1
4444	경북 경산시	차세대 지방세정보시스템 유지보수	2,451	세무과	7	1	6	1	6	2	3	1
4445	경북 경산시	세외수입정보시스템 유지보수	30,128	징수과	7	1	5	1	7	2	2	4
4446	경북 경산시	차세대 주민등록시스템 구축관련 지자체 부담금	13,064	총무과	7	7	4	1	2	2	2	1
4447	경북 경산시	인사랑시스템 유지보수	7,653	총무과	7	7	5	4	6	2	2	1
4448	경북 경산시	국가주소정보시스템 유지보수 및 운영	29,025	토지정보과	7	1	6	1	7	1	1	2
4449	경북 경산시	GIS엔진 및 S/W 유지보수	2,400	토지정보과	7	1	6	1	7	1	1	2
4450	경북 경산시	국가주소정보시스템 위치찾기 운영지원	15,574	토지정보과	7	1	6	1	7	1	1	2
4451	경북 경산시	도로명주소 기본도 유지보수	11,051	토지정보과	7	1	6	1	7	1	1	2

순번	시군구	지출명 (사업명)	2021년예산 (단위:천원/1년간)	담당자 (공무원)	민간이전 분류 (지방자치단체 세출예산 집행기준에 의거)	민간이전지출 근거 (지방보조금 관리기준 참고)	입찰방식			운영예산 산정		성과평가 실시여부
				담당부서	1. 민간경상사업보조(307-02) 2. 민간단체 법정운영비보조(307-03) 3. 민간행사사업보조(307-04) 4. 민간위탁금(307-05) 5. 사회복지시설 법정운영비보조(307-10) 6. 민간인위탁교육비(307-12) 7. 공기관등에대한경상적위탁사업비(308-10) 8. 민간자본사업보조,자체재원(402-01) 9. 민간자본사업보조,이전재원(402-02) 10. 민간위탁사업비(402-03) 11. 공기관등에 대한 자본적 대행사업비(403-02)	1. 법률에 규정 2. 국고보조 재원(국가지정) 3. 용도 지정 기부금 4. 조례에 직접규정 5. 지자체가 권장하는 사업을 하는 공공기관 6. 시,도 정책 및 재정사정 7. 기타 8. 해당없음	계약체결방법 (경쟁형태) 1. 일반경쟁 2. 제한경쟁 3. 지명경쟁 4. 수의계약 5. 법정위탁 6. 기타 ( ) 7. 해당없음	계약기간 1. 1년 2. 2년 3. 3년 4. 4년 5. 5년 6. 기타 ( )년 7. 단기계약 (1년미만) 8. 해당없음	낙찰자선정방법 1. 적격심사 2. 협상에의한계약 3. 최저가낙찰제 4. 규격가격분리 5. 2단계 경쟁입찰 6. 기타 ( ) 7. 해당없음	운영예산 산정 1. 내부산정 (지자체 자체적으로 산정) 2. 외부산정 (외부전문기관위탁 산정) 3. 내·외부 모두 산정 4. 산정 無 5. 해당없음	정산방법 1. 내부정산 (지자체 내부적으로 정산) 2. 외부정산 (외부전문기관위탁 정산) 3. 내·외부 모두 산정 4. 정산 無 5. 해당없음	1. 실시 2. 미실시 3. 향후 추진 4. 해당없음
4452	경북 경산시	온나라시스템 운영지원 및 상용 S/W 유지보수	25,000	정보통신과	7	5	6	1	6	5	5	4
4453	경북 경산시	시군구 행정정보 전산장비 유지보수	94,530	정보통신과	7	1	5	1	7	5	5	4
4454	경북 경산시	지방행정공통정보시스템 서비스데스크 운영	6,500	정보통신과	7	1	5	1	7	5	5	4
4455	경북 경산시	시군구 재해복구시스템 유지보수	6,130	정보통신과	7	1	5	1	7	5	5	4
4456	경북 경산시	2021년 경산시 행정통계(노인) 개발 용역	10,000	정보통신과	7	6	7	8	7	5	5	4
4457	경북 경산시	2021 일자리엑스포 참가	8,000	일자리경제과	7	1	7	8	7	5	5	4
4458	경북 경산시	일자리창출 우수기업지원	260,870	일자리경제과	7	1	7	8	7	5	5	4
4459	경북 경산시	경북 청년근로자 사랑채움 사업	77,700	일자리경제과	7	1	7	8	7	5	5	4
4460	경북 경산시	도시청년 시골파견제	70,000	일자리경제과	7	1	7	8	7	5	5	4
4461	경북 경산시	청년마을일자리뉴딜사업	37,000	일자리경제과	7	1	7	8	7	5	5	4
4462	경북 경산시	중소기업 디자인 개발 지원	300,000	중소기업벤처과	7	7	7	1	6	1	1	2
4463	경북 경산시	중소기업 청년일자리 지원	1,764,110	중소기업벤처과	7	6	7	8	7	5	1	4
4464	경북 경산시	언택트산업분야 청년일자리지원	844,970	중소기업벤처과	7	6	7	8	7	5	1	4
4465	경북 경산시	SW융합클러스터 2.0사업	280,000	중소기업벤처과	7	2	7	8	7	5	5	4
4466	경북 경산시	국가인적자원개발 컨소시엄 사업	200,000	중소기업벤처과	7	2	7	8	7	5	5	4
4467	경북 경산시	4차산업 스타트업 벤처기업육성지원	200,000	중소기업벤처과	7	6	7	8	7	5	5	4
4468	경북 경산시	스마트공장 보급·확산 사업	400,000	중소기업벤처과	7	2	7	8	7	5	5	4
4469	경북 경산시	향균소재기업 지원	50,000	중소기업벤처과	7	5	7	8	7	5	5	4
4470	경북 경산시	종합무역사절단 파견	120,000	중소기업벤처과	7	5	7	1	7	5	1	4
4471	경북 경산시	중소기업 수출보험료 지원	30,000	중소기업벤처과	7	5	4	1	7	1	1	2
4472	경북 경산시	해외지사화 사업 지원	80,000	중소기업벤처과	7	5	4	1	7	1	1	4
4473	경북 경산시	해외전시회 참가 지원	100,000	중소기업벤처과	7	4	7	1	7	5	1	4
4474	경북 경산시	해외바이어 온라인 수출상담회 개최	100,000	중소기업벤처과	7	5	4	1	7	1	1	4
4475	경북 경산시	택시운행정보관리시스템운영비	6,411	교통행정과	7	5	7	8	7	2	5	4
4476	경북 경산시	장애인 의료비 지원	252,606	사회복지과	7	1	5	8	7	1	1	1
4477	경북 경산시	장애인 활동지원 급여	7,053,090	사회복지과	7	2	7	8	7	5	5	4
4478	경북 경산시	중증장애인 활동보조 가산급여	47,971	사회복지과	7	2	7	8	7	5	5	4
4479	경북 경산시	경상북도 장애인 활동지원 급여	727,365	사회복지과	7	2	7	8	7	5	5	4
4480	경북 경산시	장애아동가족지원 발달재활서비스	711,691	사회복지과	7	2	7	8	7	5	5	4
4481	경북 경산시	장애아동가족지원 언어발달지원서비스	2,160	사회복지과	7	2	7	8	7	5	5	4
4482	경북 경산시	발달장애인 주간활동서비스 지원	1,108,956	사회복지과	7	2	7	8	7	5	5	4
4483	경북 경산시	청소년 발달장애학생 방과후활동서비스 지원	399,670	사회복지과	7	2	7	8	7	5	5	4
4484	경북 경산시	경북권역 재활병원 공공재활프로그램 운영	139,643	사회복지과	7	2	7	8	7	1	1	1
4485	경북 경산시	경북권역 재활병원 운영 지원	1,000,000	사회복지과	7	4	7	8	7	1	3	3
4486	경북 경산시	Visit-경북 페스티벌 상품 판매	7,000	문화관광과	7	6	6	8	6	5	5	4
4487	경북 경산시	디지털 경산문화대전 편찬	130,000	문화관광과	7	1	7	3	7	5	1	4
4488	경북 경산시	생생문화재사업	50,000	문화관광과	7	1	7	5	7	1	1	4
4489	경북 경산시	대학생 학자금대출 이자지원	30,000	평생학습과	7	4	7	8	7	1	1	1
4490	경북 경산시	조기 암 검진비	453,150	건강증진과	7	2	7	8	7	2	1	1
4491	경북 경산시	일반건강검진비	45,015	건강증진과	7	2	7	8	7	2	1	1
4492	경북 경산시	치매치료관리비지원	330,000	건강증진과	7	2	7	8	7	5	5	4
4493	경북 경산시	저소득층 기저귀 조제분유 지원	252,800	건강증진과	7	2	7	8	7	5	5	4
4494	경북 경산시	산모신생아 건강관리사 지원	927,143	건강증진과	7	2	7	8	7	5	5	4

순번	시군구	지출명 (사업명)	2021년예산 (단위:천원/1년간)	담당자 (공무원) 담당부서	민간이전 분류 (지방자치단체 세출예산 집행기준에 의거) 1. 민간경상사업보조(307-02) 2. 민간단체 법정운영비보조(307-03) 3. 민간행사사업보조(307-04) 4. 민간위탁금(307-05) 5. 사회복지시설 법정운영비보조(307-10) 6. 민간인위탁교육비(307-12) 7. 공기관등에대한경상적위탁사업비(308-10) 8. 민간자본사업보조,자체재원(402-01) 9. 민간자본사업보조,이전재원(402-02) 10. 민간위탁사업비(402-03) 11. 공기관등에 대한 자본적 대행사업비(403-02)	민간이전지출 근거 (지방보조금 관리기준 참고) 1. 법률에 규정 2. 국고보조 재원(국가지정) 3. 용도 지정 기부금 4. 조례에 직접규정 5. 지자체가 권장하는 사업을 하는 공공기관 6. 시,도 정책 및 재정사정 7. 기타 8. 해당없음	입찰방식 계약체결방법 (경쟁형태) 1. 일반경쟁 2. 제한경쟁 3. 지명경쟁 4. 수의계약 5. 법정위탁 6. 기타 ( ) 7. 해당없음	입찰방식 계약기간 1. 1년 2. 2년 3. 3년 4. 4년 5. 5년 6. 기타 ( )년 7. 단기계약 (1년미만) 8. 해당없음	입찰방식 낙찰자선정방법 1. 적격심사 2. 협상에의한계약 3. 최저가낙찰제 4. 규격가격분리 5. 2단계 경쟁입찰 6. 기타 ( ) 7. 해당없음	운영예산 산정 운영예산 산정 1. 내부산정 (지자체 자체적으로 산정) 2. 외부산정 (외부전문기관위탁 산정) 3. 내·외부 모두 산정 4. 산정 無 5. 해당없음	운영예산 산정 정산방법 1. 내부정산 (지자체 내부적으로 정산) 2. 외부정산 (외부전문기관위탁 정산) 3. 내·외부 모두 산정 4. 정산 無 5. 해당없음	성과평가 실시여부 1. 실시 2. 미실시 3. 향후 추진 4. 해당없음
4495	경북 경산시	청소년산모 의료비 지원	2,400	건강증진과	7	2	7	8	7	5	5	4
4496	경북 경산시	표준 모자보건 수첩 지원	2,500	건강증진과	7	2	7	8	7	5	5	4
4497	경북 경산시	영유아 건강검진비	3,000	건강증진과	7	2	7	8	7	5	5	4
4498	경북 군위군	지방재정관리시스템(e-호조)유지보수	21,758	기획감사실	7	1	5	1	7	2	2	4
4499	경북 군위군	청백-e 시스템 유지보수	6,404	기획감사실	7	4	5	1	7	2	2	4
4500	경북 군위군	장애인의료비지원	27,844	주민복지실	7	2	7	8	7	5	1	2
4501	경북 군위군	장애아동가족지원발달재활서비스	62,787	주민복지실	7	1	7	8	7	5	3	1
4502	경북 군위군	장애인활동지원급여지원	796,300	주민복지실	7	1	7	8	7	5	3	1
4503	경북 군위군	장애인활동보조서비스지원	27,081	주민복지실	7	1	7	8	7	5	3	1
4504	경북 군위군	발달장애인방과후돌봄서비스지원	66,620	주민복지실	7	1	7	8	7	5	3	1
4505	경북 군위군	발달장애인주간활동서비스지원	118,293	주민복지실	7	1	7	8	7	5	3	1
4506	경북 군위군	표준기록관리시스템 통합 유지관리	27,010	총무과	7	5	5	1	7	2	2	4
4507	경북 군위군	차세대 표준지방인사정보화 구축사업 분담금	22,615	총무과	7	5	5	1	7	2	2	4
4508	경북 군위군	표준지방인사정보시스템 유지보수	7,504	총무과	7	5	5	1	7	2	2	4
4509	경북 군위군	행정정보시스템 전산장비 유지보수	78,347	총무과	7	1	5	1	7	2	2	1
4510	경북 군위군	재해복구시스템 유지보수	5,140	총무과	7	1	5	1	7	2	2	1
4511	경북 군위군	새올행정시스템 서비스데스크 운영	6,460	총무과	7	1	5	1	7	2	2	1
4512	경북 군위군	온나라시스템 서비스데스크 운영	7,500	총무과	7	1	5	1	7	2	2	1
4513	경북 군위군	온나라시스템 상용S/W 유지보수	8,801	총무과	7	1	5	1	7	2	2	1
4514	경북 군위군	도로명주소 기본도 현행화 사업	3,958	민원봉사과	7	8	5	1	7	2	2	4
4515	경북 군위군	국가주소정보시스템 유지보수비	16,210	민원봉사과	7	8	5	1	7	2	2	4
4516	경북 군위군	표준지방세 운영비 지원	12,664	재무과	7	1	5	8	7	1	1	4
4517	경북 군위군	통합지방세(위택스,수납)운영비 지원	21,215	재무과	7	1	5	8	7	1	1	4
4518	경북 군위군	과세통합시스템 운영비 지원	548	재무과	7	1	5	8	7	1	1	4
4519	경북 군위군	세외수입정보시스템유지관리비	14,834	재무과	7	1	5	8	7	1	1	4
4520	경북 군위군	차세대 표준지방세외수입정보시스템 구축비	48,867	재무과	7	1	5	8	7	1	1	4
4521	경북 군위군	중소기업 청년일자리 지원사업	46,390	경제과	7	5	7	1	7	5	5	4
4522	경북 군위군	언택트산업분야 청년일자리 지원사업	22,240	경제과	7	5	7	1	7	5	5	4
4523	경북 군위군	도시청년시골파견제	65,000	경제과	7	2	7	8	7	5	5	4
4524	경북 군위군	청년창업지역정착지원사업	52,000	경제과	7	5	7	8	7	5	5	4
4525	경북 군위군	웹툰콘텐츠제작지원	100,000	문화관광과	7	7	7	8	7	1	1	4
4526	경북 군위군	삼국유사 세계기록유산 등재	100,000	문화관광과	7	7	7	8	7	1	1	4
4527	경북 군위군	온실가스 진단 및 교육 위탁	8,000	환경위생과	7	2	7	8	7	5	5	4
4528	경북 의성군	지방재정관리시스템운영지원	29,012	기획예산담당관	7	5	7	8	7	2	2	4
4529	경북 의성군	청백-e시스템유지관리	10,000	기획예산담당관	7	1	6	1	6	5	5	1
4530	경북 의성군	차세대주민등록시스템운영	11,623	민원과	7	2	7	1	7	2	2	4
4531	경북 의성군	국가주소정보시스템유지보수위탁	17,473	민원과	7	1	5	1	7	2	2	4
4532	경북 의성군	도로명주소기본도유지보수	5,817	민원과	7	1	5	1	7	2	2	4
4533	경북 의성군	장애인의료비지원	186,412	복지과	7	2	7	8	7	1	1	1
4534	경북 의성군	발달재활서비스	159,587	복지과	7	2	7	8	7	1	1	1
4535	경북 의성군	언어발달지원	2,160	복지과	7	2	7	8	7	1	1	1
4536	경북 의성군	활동지원급여	1,780,530	복지과	7	2	7	8	7	1	1	1
4537	경북 의성군	발달장애인주간활동서비스지원	147,866	복지과	7	2	7	8	7	1	1	1

순번	시군구	지출명 (사업명)	2021년예산 (단위:천원/1년간)	담당자 (공무원)	민간이전 분류 (지방자치단체 세출예산 집행기준에 의거)	민간이전지출 근거 (지방보조금 관리기준 참고)	입찰방식			운영예산 산정		성과평가 실시여부
				담당부서	1. 민간경상사업보조(307-02) 2. 민간단체 법정운영비보조(307-03) 3. 민간행사사업보조(307-04) 4. 민간위탁금(307-05) 5. 사회복지시설 법정운영비보조(307-10) 6. 민간인위탁교육비(307-12) 7. 공기관등에대한경상적위탁사업비(308-10) 8. 민간자본사업보조,자체재원(402-01) 9. 민간자본사업보조,이전재원(402-02) 10. 민간위탁사업비(402-03) 11. 공기관등에 대한 자본적 대행사업비(403-02)	1. 법률에 규정 2. 국고보조 재원(국가지정) 3. 용도 지정 기부금 4. 조례에 직접규정 5. 지자체가 권장하는 사업을 하는 공공기관 6. 시,도 정책 및 재정사정 7. 기타 8. 해당없음	계약체결방법 (경쟁형태) 1. 일반경쟁 2. 제한경쟁 3. 지명경쟁 4. 수의계약 5. 법정위탁 6. 기타 ( ) 7. 해당없음	계약기간 1. 1년 2. 2년 3. 3년 4. 4년 5. 5년 6. 기타 ( )년 7. 단기계약 (1년미만) 8. 해당없음	낙찰자선정방법 1. 적격심사 2. 협상에의한계약 3. 최저가낙찰제 4. 규격가격분리 5. 2단계 경쟁입찰 6. 기타 ( ) 7. 해당없음	운영예산 산정 1. 내부산정 (지자체 자체적으로 산정) 2. 외부산정 (외부전문기관위탁 산정) 3. 내·외부 모두 산정 4. 산정 無 5. 해당없음	정산방법 1. 내부정산 (지자체 내부적으로 정산) 2. 외부정산 (외부전문기관위탁 정산) 3. 내·외부 모두 산정 4. 정산 無 5. 해당없음	1. 실시 2. 미실시 3. 향후 추진 4. 해당없음
4538	경북 의성군	청소년발달장애학생방과후활동서비스	99,924	복지과	7	2	7	8	7	1	1	1
4539	경북 의성군	장애인활동지원서비스지원	26,580	복지과	7	6	7	8	7	1	1	4
4540	경북 의성군	지역사회서비스투자사업	362,044	복지과	7	2	7	8	7	1	1	4
4541	경북 의성군	저소득층여성청소년위생용품지원	10,808	복지과	7	2	7	8	7	1	1	4
4542	경북 의성군	경북나드리 e-커머스 상품 판매	7,000	관광문화과	7	5	5	1	7	1	1	1
4543	경북 의성군	도시청년시골파견제	140,000	일자리창출과	7	6	7	8	7	3	1	1
4544	경북 의성군	청년마을일자리뉴딜사업	37,000	일자리창출과	7	6	7	8	7	3	1	1
4545	경북 의성군	지역상생청년창업지원사업	60,000	일자리창출과	7	6	7	8	7	3	1	1
4546	경북 의성군	청년시범마을일자리사업	190,000	일자리창출과	7	6	7	8	7	3	1	1
4547	경북 의성군	지역기반청년일자리사업	97,611	일자리창출과	7	2	7	8	7	3	1	1
4548	경북 의성군	청년근로자사랑채움사업	15,540	일자리창출과	7	1	7	8	7	3	1	3
4549	경북 의성군	택시운행정보관리시스템운영비	1,085	일자리창출과	7	1	7	7	7	1	1	4
4550	경북 의성군	중소기업청년일자리지원	212,380	경제투자과	7	2	5	8	7	3	2	3
4551	경북 의성군	언택트산업분야청년일자리사업	111,180	경제투자과	7	2	7	8	7	5	5	4
4552	경북 의성군	세포배양산업지원센터운영지원	100,000	경제투자과	7	4	6	3	7	1	2	1
4553	경북 의성군	신재생에너지융복합지원사업	939,032	경제투자과	7	2	6	1	6	3	3	4
4554	경북 의성군	지역청년정착플러스사업	350,000	지역재생과	7	2	7	1	7	3	3	3
4555	경북 청송군	청백e시스템운영지원유지관리비	6,000	기획감사실	7	4	5	1	6	2	2	1
4556	경북 청송군	지방재정관리시스템(e호조)유지관리비	21,758	기획감사실	7	7	7	8	7	2	1	4
4557	경북 청송군	표준지방인사정보시스템유지보수	6,343	총무과	7	5	7	1	7	5	4	2
4558	경북 청송군	차세대표준지방인사정보시스템구축부담금	14,998	총무과	7	5	7	1	7	5	4	2
4559	경북 청송군	제8회전국동시지방선거준비및실시경비	108,988	총무과	7	7	7	8	7	1	5	4
4560	경북 청송군	공통기반시스템전산장비및상용SW유지관리	76,850	총무과	7	1	5	1	7	2	2	4
4561	경북 청송군	공통기반재해복구시스템전산장비유지관리	4,910	총무과	7	1	5	1	7	2	2	4
4562	경북 청송군	지킴-e시스템전산장비유지관리	600	총무과	7	1	5	1	7	2	2	4
4563	경북 청송군	청백e시스템전산장비유지관리	500	총무과	7	1	5	1	7	2	2	4
4564	경북 청송군	시군구공통기반재해복구시스템운영	5,030	총무과	7	1	5	1	7	2	2	4
4565	경북 청송군	지방행정공통정보시스템운영관리	6,460	총무과	7	1	5	1	7	2	2	4
4566	경북 청송군	온나라시스템운영지원	7,500	총무과	7	1	5	1	7	2	2	4
4567	경북 청송군	온나라시스템전산장비및상용SW유지관리	17,000	총무과	7	1	5	1	7	2	2	4
4568	경북 청송군	지방세정보화사업시스템운영유지비	34,427	재무과	7	1	7	8	7	5	5	4
4569	경북 청송군	표준지방세외수입정보시스템운영관리사업	14,834	재무과	7	1	7	8	7	5	5	4
4570	경북 청송군	택시운행정보관리시스템운영비	510	문화체육과	7	1	5	1	7	5	1	3
4571	경북 청송군	VISIT-경북페스티벌관광상품판매	7,000	관광정책과	7	6	7	8	7	5	1	1
4572	경북 청송군	지질공원협력학교운영	20,000	관광정책과	7	4	5	1	7	1	1	4
4573	경북 청송군	지질공원미래리더양성프로그램운영	10,000	관광정책과	7	5	5	1	7	1	1	4
4574	경북 청송군	청송지질공원강의영상제작	20,000	관광정책과	7	5	5	1	7	1	1	4
4575	경북 청송군	세계지질공원탐방안내소운영	20,000	관광정책과	7	5	5	1	7	1	1	4
4576	경북 청송군	농민사관학교지역특화전문경영인교육	39,200	농정과	7	5	7	8	7	1	1	4
4577	경북 청송군	차세대주민등록정보시스템운영비	10,975	종합민원과	7	1	5	1	7	2	2	4
4578	경북 청송군	국가주소정보시스템(KAIS)유지보수및운영지원	17,473	종합민원과	7	1	5	1	7	5	5	4
4579	경북 청송군	도로명주소기본도유지보수	3,876	종합민원과	7	1	5	1	7	5	5	4
4580	경북 청송군	청송임업인대학운영	100,000	산림자원과	7	5	7	8	7	5	5	4

순번	시군구	지출명 (사업명)	2021년예산 (단위:천원/1년간)	담당자 (공무원)	민간이전 분류 (지방자치단체 세출예산 집행기준에 의거)	민간이전지출 근거 (지방보조금 관리기준 참고)	입찰방식			운영예산 산정		성과평가 실시여부
				담당부서	1. 민간경상사업보조(307-02) 2. 민간단체 법정운영비보조(307-03) 3. 민간행사사업보조(307-04) 4. 민간위탁금(307-05) 5. 사회복지시설 법정운영비보조(307-10) 6. 민간인위탁교육비(307-12) 7. 공기관등에대한경상적위탁사업비(308-10) 8. 민간자본사업보조,자체재원(402-01) 9. 민간자본사업보조,이전재원(402-02) 10. 민간위탁사업비(402-03) 11. 공기관등에 대한 자본적 대행사업비(403-02)	1. 법률에 규정 2. 국고보조 재원(국가지정) 3. 용도 지정 기부금 4. 조례에 직접규정 5. 지자체가 권장하는 사업을 하는 공공기관 6. 시,도 정책 및 재정사정 7. 기타 8. 해당없음	계약체결방법 (경쟁형태) 1. 일반경쟁 2. 제한경쟁 3. 지명경쟁 4. 수의계약 5. 법정위탁 6. 기타 ( ) 7. 해당없음	계약기간 1. 1년 2. 2년 3. 3년 4. 4년 5. 5년 6. 기타 ( )년 7. 단기계약 (1년미만) 8. 해당없음	낙찰자선정방법 1. 적격심사 2. 협상에의한계약 3. 최저가낙찰제 4. 규격가격분리 5. 2단계 경쟁입찰 6. 기타 ( ) 7. 해당없음	운영예산 산정 1. 내부산정 (지자체 자체적으로 산정) 2. 외부산정 (외부전문기관위탁 산정) 3. 내·외부 모두 산정 4. 산정 無 5. 해당없음	정산방법 1. 내부정산 (지자체 내부적으로 정산) 2. 외부정산 (외부전문기관위탁 정산) 3. 내·외부 모두 산정 4. 정산 無 5. 해당없음	1. 실시 2. 미실시 3. 향후 추진 4. 해당없음
4581	경북 청송군	청송군지방상수도위탁운영	4,500,000	환경축산과	7	1	5	6	7	1	1	1
4582	경북 청송군	공공하수처리장민간위탁관리비	20,000	환경축산과	7	1	5	6	7	1	1	1
4583	경북 청송군	중소기업청년일자리지원사업	52,880	새마을도시과	7	4	7	8	7	5	1	3
4584	경북 청송군	일자리창출관련박람회참가비	8,000	새마을도시과	7	5	7	8	7	5	5	4
4585	경북 청송군	도시청년시골파견제	100,000	새마을도시과	7	2	7	8	7	5	5	4
4586	경북 청송군	청년마을일자리뉴딜사업	37,000	새마을도시과	7	2	7	8	7	5	5	4
4587	경북 청송군	일자리창출우수기업지원	32,608	새마을도시과	7	5	7	8	7	5	5	4
4588	경북 청송군	경북청년예비창업가육성사업	30,000	새마을도시과	7	6	7	8	7	5	5	4
4589	경북 청송군	청년창업지역정착지원사업	52,000	새마을도시과	7	6	7	8	7	5	5	4
4590	경북 영덕군	온-나라시스템 서비스데스크 운영	7,500	자치행정과	7	5	7	1	7	2	2	4
4591	경북 영덕군	온-나라시스템 상용 S/W 5종 유지보수	9,000	자치행정과	7	5	7	1	7	2	2	4
4592	경북 영덕군	지방행정통합정보시스템 상담센터 운영	6,460	자치행정과	7	5	7	1	7	2	2	4
4593	경북 영덕군	공통기반 시스템 유지보수	92,899	자치행정과	7	5	7	1	7	2	2	4
4594	경북 영덕군	시군구 재해복구시스템 유지보수	5,802	자치행정과	7	5	7	1	7	2	2	4
4595	경북 영덕군	제8회 전국동시지방선거관리경비	109,308	자치행정과	7	1	5	1	7	1	1	3
4596	경북 영덕군	차세대 지방인사 구축	19,112	자치행정과	7	1	7	1	7	2	1	3
4597	경북 영덕군	세정기반 조성 및 납세편의시책	34,427	재무과	7	6	6	1	7	5	5	1
4598	경북 영덕군	세정기반 조성 및 납세편의시책	1,204	재무과	7	6	6	1	7	5	5	1
4599	경북 영덕군	세외수입정보시스템 유지보수	19,204	재무과	7	6	6	1	7	5	5	1
4600	경북 영덕군	경북동해안국가지질공원운영지원	80,000	환경위생과	7	5	7	8	7	5	5	1
4601	경북 영덕군	동해안 지질대장정 지원	12,500	환경위생과	7	5	7	8	7	5	5	1
4602	경북 영덕군	제증명 등 민원일반	10,975	종합민원처리과	7	1	1	1	2	2	1	1
4603	경북 영덕군	백석항 어촌뉴딜 300사업	3,032,400	해양수산과	7	2	5	3	7	5	5	3
4604	경북 영덕군	재정운영관리	25,386	정책기획담당관	7	6	6	1	7	2	1	4
4605	경북 영덕군	산지사방	7,290	산림과	7	1	7	8	7	5	5	4
4606	경북 영덕군	계류보전	52,314	산림과	7	1	7	8	7	5	5	4
4607	경북 영덕군	사방댐조성관리	90,000	산림과	7	1	7	8	7	5	5	4
4608	경북 영덕군	사방댐관리 준설	1,260	산림과	7	1	7	8	7	5	5	4
4609	경북 영덕군	산림유역사업	101,790	산림과	7	1	7	8	7	5	5	4
4610	경북 영덕군	제증명 등 민원일반	10,975	종합민원처리과	7	1	1	1	2	2	1	1
4611	경북 영덕군	장애인의료비지원	194,557	주민복지과	7	2	7	8	7	1	1	1
4612	경북 영덕군	VISIT-경북페스티벌 관광상품판매	21,000	문화관광과	7	6	5	2	6	3	1	3
4613	경북 청도군	대한민국지방정부일자리정책박람회참가	8,000	경제산림과	7	6	7	8	7	5	5	4
4614	경북 청도군	일자리창출우수기업지원	32,608	경제산림과	7	6	7	8	7	5	5	4
4615	경북 청도군	강소기업육성 기반구축사업	66,000	경제산림과	7	6	7	1	7	1	1	4
4616	경북 청도군	중소기업 청년일자리지원사업	291,110	경제산림과	7	6	7	1	7	2	2	4
4617	경북 청도군	언택트산업분야 청년일자리지원사업	133,420	경제산림과	7	6	7	1	7	2	2	4
4618	경북 청도군	발달재활서비스	79,920	주민복지과	7	1	7	8	7	1	1	2
4619	경북 청도군	활동지원급여	2,641,400	주민복지과	7	1	7	8	7	1	1	2
4620	경북 청도군	중증장애인활동보조가산급여	1,747	주민복지과	7	1	7	8	7	1	1	2
4621	경북 청도군	장애인활동보조서비스지원	13,990	주민복지과	7	1	7	8	7	1	1	2
4622	경북 청도군	발달장애인주간활동서비스지원	147,866	주민복지과	7	1	7	8	7	1	1	2
4623	경북 청도군	발달장애인방과후돌봄서비스지원	166,534	주민복지과	7	1	7	8	7	1	1	2

순번	시군구	지출명 (사업명)	2021년예산 (단위:천원/1년간)	담당자 (공무원)	민간이전 분류 (지방자치단체 세출예산 집행기준에 의거)	민간이전지출 근거 (지방보조금 관리기준 참고)	입찰방식			운영예산 산정		성과평가 실시여부
				담당부서	1. 민간경상사업보조(307-02) 2. 민간단체 법정운영비보조(307-03) 3. 민간행사사업보조(307-04) 4. 민간위탁금(307-05) 5. 사회복지시설 법정운영비보조(307-10) 6. 민간인위탁교육비(307-12) 7. 공기관등에대한경상적위탁사업비(308-10) 8. 민간자본사업보조,자체재원(402-01) 9. 민간자본사업보조,이전재원(402-02) 10. 민간위탁사업비(402-03) 11. 공기관등에 대한 자본적 대행사업비(403-02)	1. 법률에 규정 2. 국고보조 재원(국가지정) 3. 용도 지정 기부금 4. 조례에 직접규정 5. 지자체가 권장하는 사업을 하는 공공기관 6. 시,도 정책 및 재정사정 7. 기타 8. 해당없음	계약체결방법 (경쟁형태) 1. 일반경쟁 2. 제한경쟁 3. 지명경쟁 4. 수의계약 5. 법정위탁 6. 기타 ( ) 7. 해당없음	계약기간 1. 1년 2. 2년 3. 3년 4. 4년 5. 5년 6. 기타 ( )년 7. 단기계약 (1년미만) 8. 해당없음	낙찰자선정방법 1. 적격심사 2. 협상에의한계약 3. 최저가낙찰제 4. 규격가격분리 5. 2단계 경쟁입찰 6. 기타 ( ) 7. 해당없음	운영예산 산정 1. 내부산정 (지자체 자체적으로 산정) 2. 외부산정 (외부전문기관위탁 산정) 3. 내·외부 모두 산정 4. 산정 無 5. 해당없음	정산방법 1. 내부정산 (지자체 내부적으로 정산) 2. 외부정산 (외부전문기관위탁 정산) 3. 내·외부 모두 산정 4. 정산 無 5. 해당없음	1. 실시 2. 미실시 3. 향후 추진 4. 해당없음
4624	경북 청도군	가사간병방문지원사업	76,478	주민복지과	7	1	7	8	7	1	1	2
4625	경북 청도군	지방재정시스템유지보수비	22,000	기획예산담당관	7	1	7	1	7	5	5	2
4626	경북 고령군	장애인의료비 지원	80,340	주민복지과	7	2	7	8	7	1	1	2
4627	경북 고령군	표준지방세프로그램 유지비	34,427	재무과	7	1	5	1	7	2	2	4
4628	경북 고령군	차세대 시스템 구축 유지보수	1,217	재무과	7	1	5	1	7	2	2	4
4629	경북 고령군	세외수입 프로그램 유지비	17,019	재무과	7	1	5	1	7	2	2	4
4630	경북 고령군	2021체험!경북	10,000	관광진흥과	7	1	5	1	7	1	1	1
4631	경북 고령군	2021 VISIT-경북페스티벌 관광상품판매	5,000	관광진흥과	7	1	5	1	7	1	1	1
4632	경북 고령군	지역특화콘텐츠 개발	270,000	관광진흥과	7	7	7	8	7	1	1	1
4633	경북 고령군	노후상수도정비사업	16,000	환경과	7	5	5	5	7	5	5	4
4634	경북 성주군	지방재정관리시스템(e-호조)유지관리비	25,386	기획감사실	7	7	7	1	6	2	2	4
4635	경북 성주군	청백e시스템유지보수및운영지원	8,100	기획감사실	7	7	7	1	7	2	2	4
4636	경북 성주군	재해복구시스템유지관리위탁사업비	5,802	총무과	7	7	2	1	2	2	2	4
4637	경북 성주군	공통기반시스템유지관리위탁사업비	86,480	총무과	7	7	2	1	2	2	2	4
4638	경북 성주군	온나라시스템유지관리위탁사업비	7,656	총무과	7	7	1	1	2	2	2	4
4639	경북 성주군	온나라시스템운영지원위탁사업비	7,500	총무과	7	7	1	1	2	2	2	4
4640	경북 성주군	지방행정통합정보시스템상담센터운영위탁사업비	6,460	총무과	7	7	1	1	2	2	2	4
4641	경북 성주군	지방세정보화사업	41,627	재무과	7	7	7	1	7	5	5	4
4642	경북 성주군	세외수입정보시스템운영유지보수비	19,204	재무과	7	7	5	1	7	5	5	4
4643	경북 성주군	경북나드리e-커머스상품판매	14,000	관광진흥과	7	4	7	8	7	5	5	4
4644	경북 성주군	관광서비스시설환경개선사업	250,000	관광진흥과	7	4	7	8	7	5	5	4
4645	경북 성주군	차세대주민등록정보시스템운영비	10,875	민원봉사과	7	7	7	1	7	2	2	4
4646	경북 성주군	차세대주민등록정보시스템SMS이용료	100	민원봉사과	7	7	7	1	7	2	2	4
4647	경북 성주군	국가주소정보시스템 유지관리	17,473	민원봉사과	7	7	6	1	6	2	2	1
4648	경북 성주군	도로명주소기본도 유지보수	6,320	민원봉사과	7	7	6	1	6	2	2	1
4649	경북 성주군	다문화가족항공택배비지원	3,000	가족지원과	7	7	7	7	7	1	1	4
4650	경북 성주군	저탄소 생활실천 지원	6,000	환경과	7	5	4	1	2	1	1	1
4651	경북 성주군	가야산선비산수길 유지관리	20,000	환경과	7	5	7	7	7	1	1	4
4652	경북 성주군	도시청년시골파견제	52,500	기업경제과	7	2	6	1	7	5	1	3
4653	경북 성주군	청년근로자사랑채움사업	15,540	기업경제과	7	6	6	6	7	5	1	3
4654	경북 성주군	중소기업청년일자리지원사업	570,990	기업경제과	7	2	7	8	7	5	5	4
4655	경북 성주군	중소기업해외마케팅지원	100,000	기업경제과	7	4	7	8	7	5	5	4
4656	경북 성주군	스마트공장구축지원	620,000	기업경제과	7	2	7	8	7	5	5	4
4657	경북 성주군	언택트산업분야청년일자리지원사업	244,600	기업경제과	7	2	7	8	7	5	5	4
4658	경북 성주군	택시운행관리시스템운영비지원	575	기업경제과	7	2	7	8	7	5	5	4
4659	경북 칠곡군	표준지방인사정보시스템 유지보수	7,123	총무과	7	1	5	1	7	2	2	1
4660	경북 칠곡군	차세대표준지방인사정보시스템구축 분담금	21,240	총무과	7	1	5	1	7	2	2	1
4661	경북 칠곡군	공통기반 전산장비 유지관리	82,983	회계정보과	7	1	7	1	7	5	5	4
4662	경북 칠곡군	재해복구시스템 유지관리	5,685	회계정보과	7	1	7	1	7	5	5	4
4663	경북 칠곡군	지방행정통합정보시스템 운영지원비	6,460	회계정보과	7	1	7	1	7	5	5	4
4664	경북 칠곡군	온-나라시스템 운영지원 및 상용SW 유지관리	18,023	회계정보과	7	1	7	1	7	5	5	4
4665	경북 칠곡군	차세대 주민등록시스템 위탁사업비	12,296	민원봉사과	7	7	7	1	7	2	2	4
4666	경북 칠곡군	국가주소정보시스템 유지관리	17,724	민원봉사과	7	1	5	1	7	2	2	4

순번	시군구	지출명 (사업명)	2021년예산 (단위:천원/1년간)	담당자 (공무원)	민간이전 분류 (지방자치단체 세출예산 집행기준에 의거)	민간이전지출 근거 (지방보조금 관리기준 참고)	입찰방식			운영예산 산정		성과평가 실시여부
				담당부서	1. 민간경상사업보조(307-02) 2. 민간단체 법정운영비보조(307-03) 3. 민간행사사업보조(307-04) 4. 민간위탁금(307-05) 5. 사회복지시설 법정운영비보조(307-10) 6. 민간인위탁교육비(307-12) 7. 공기관등에대한경상적위탁사업비(308-10) 8. 민간자본사업보조,자체재원(402-01) 9. 민간자본사업보조,이전재원(402-02) 10. 민간위탁사업비(402-03) 11. 공기관등에 대한 자본적 대행사업비(403-02)	1. 법률에 규정 2. 국고보조 재원(국가지정) 3. 용도 지정 기부금 4. 조례에 직접규정 5. 지자체가 권장하는 사업을 하는 공공기관 6. 시,도 정책 및 재정사정 7. 기타 8. 해당없음	계약체결방법 (경쟁형태) 1. 일반경쟁 2. 제한경쟁 3. 지명경쟁 4. 수의계약 5. 법정위탁 6. 기타 ( ) 7. 해당없음	계약기간 1. 1년 2. 2년 3. 3년 4. 4년 5. 5년 6. 기타 ( )년 7. 단기계약 (1년미만) 8. 해당없음	낙찰자선정방법 1. 적격심사 2. 협상에의한계약 3. 최저가낙찰제 4. 규격가격분리 5. 2단계 경쟁입찰 6. 기타 ( ) 7. 해당없음	운영예산 산정 1. 내부산정 (지자체 자체적으로 산정) 2. 외부산정 (외부전문기관위탁 산정) 3. 내·외부 모두 산정 4. 산정 無 5. 해당없음	정산방법 1. 내부정산 (지자체 내부적으로 정산) 2. 외부정산 (외부전문기관위탁 정산) 3. 내·외부 모두 산정 4. 정산 無 5. 해당없음	1. 실시 2. 미실시 3. 향후 추진 4. 해당없음
4667	경북 칠곡군	도로명주소기본도 유지보수	7,945	민원봉사과	7	1	5	1	7	2	2	4
4668	경북 칠곡군	발달장애인 부모상담지원	9,000	주민생활지원과	7	2	7	8	7	1	2	4
4669	경북 칠곡군	발달장애인 주간활동서비스지원	443,586	주민생활지원과	7	2	7	8	7	1	2	4
4670	경북 칠곡군	청소년 발달장애학생 방과후활동서비스	266,451	주민생활지원과	7	2	7	8	7	1	2	4
4671	경북 칠곡군	발달재활 서비스	648,346	주민생활지원과	7	2	7	8	7	1	2	4
4672	경북 칠곡군	언어발달지원	6,480	주민생활지원과	7	2	7	8	7	1	2	4
4673	경북 칠곡군	장애인활동지원	3,705,960	주민생활지원과	7	2	7	8	7	1	2	4
4674	경북 칠곡군	장애인활동보조 서비스지원	115,960	주민생활지원과	7	2	7	8	7	1	2	4
4675	경북 칠곡군	중증장애인 활동보조 가산급여	437	주민생활지원과	7	2	7	8	7	1	2	4
4676	경북 칠곡군	장애인 의료비 지원	143,343	주민생활지원과	7	2	7	8	7	1	2	4
4677	경북 칠곡군	가사간병 방문지원사업	96,660	주민생활지원과	7	1	7	8	7	1	2	1
4678	경북 칠곡군	지역사회서비스투자사업	612,042	주민생활지원과	7	2	5	8	7	5	5	1
4679	경북 칠곡군	미군기지주변지역(캠프캐롤) 오염확산방지시설 운영비	31,580	환경관리과	7	6	7	8	7	5	5	4
4680	경북 예천군	청백-e 시스템 유지보수	8,900	기획감사실	7	7	7	1	7	5	5	4
4681	경북 예천군	지방재정관리시스템(e-호조) 운영관리	24,711	기획감사실	7	7	7	1	7	5	5	4
4682	경북 예천군	장애인 의료비 지원	156,359	주민복지실	7	2	7	8	7	3	3	1
4683	경북 예천군	기록관리시스템 유지보수	26,500	행정지원실	7	1	7	1	7	1	3	4
4684	경북 예천군	차세대 표준지방인사정보시스템 구축 및 유지보수	25,754	행정지원실	7	7	6	6	6	2	2	1
4685	경북 예천군	온나라시스템 운영지원 대행사업	12,838	행정지원실	7	1	5	1	7	2	3	4
4686	경북 예천군	공통기반 재해복구시스템 유지보수	6,066	행정지원실	7	1	5	1	7	2	3	4
4687	경북 예천군	공통기반 전산장비 유지보수	100,420	행정지원실	7	1	5	1	7	2	3	4
4688	경북 예천군	지방행정통합정보시스템 서비스데스크 유지관리	6,460	행정지원실	7	1	5	1	7	2	3	4
4689	경북 예천군	소상공인 경영안정 지원사업	300,000	새마을경제과	7	5	7	8	7	5	5	4
4690	경북 예천군	중소기업 수출바우처 지원사업	100,000	새마을경제과	7	7	7	8	7	5	5	4
4691	경북 예천군	중소기업 청년일자리 지원사업	38,750	새마을경제과	7	2	7	8	7	3	3	4
4692	경북 예천군	언택트산업분야 청년일자리 지원사업	44,480	새마을경제과	7	2	7	8	7	5	5	4
4693	경북 예천군	도시청년시골파견제 사업	82,500	새마을경제과	7	2	7	8	7	5	3	4
4694	경북 예천군	2021년 대한민국 일자리 엑스포 참가	8,000	새마을경제과	7	6	7	8	7	5	5	4
4695	경북 예천군	청년마을일자리 뉴딜사업	55,500	새마을경제과	7	2	7	8	7	5	5	4
4696	경북 예천군	차세대 주민등록정보시스템 운영비	11,623	종합민원과	7	6	7	8	7	5	5	4
4697	경북 예천군	국가주소정보시스템 유지관리	17,473	종합민원과	7	1	5	1	7	2	2	4
4698	경북 예천군	도로명우소 기본도 유지보수	3,890	종합민원과	7	1	5	1	7	2	2	4
4699	경북 예천군	관광서비스시설환경개선사업	200,000	문화관광과	7	5	7	8	7	5	5	4
4700	경북 예천군	VISIT-경북 페스티벌 관광상품 판매	14,000	문화관광과	7	5	7	8	7	5	5	4
4701	경북 예천군	예천군 용궁역 테마관광지 실감형 콘텐츠 구축	135,000	문화관광과	7	5	7	8	7	5	5	4
4702	경북 예천군	지방상수도 위탁 운영 대가	5,833,000	맑은물사업소	7	2	6	6	2	1	1	1
4703	경북 예천군	하수도 사용료 위탁 징수	3,240	맑은물사업소	7	8	7	8	7	5	5	4
4704	경북 봉화군	저소득층 기저귀 조제분유 지원	37,200	모자보건팀	7	5	7	8	7	1	3	4
4705	경북 봉화군	산모신생아건강관리지원 사업	78,750	모자보건팀	7	5	7	8	7	1	3	4
4706	경북 봉화군	청소년산모의료비지원	600	모자보건팀	7	5	7	8	7	1	3	4
4707	경북 봉화군	영유아건강검진사업	300	모자보건팀	7	5	7	8	7	1	3	4
4708	경북 봉화군	표준모자보건수첩	200	모자보건팀	7	5	7	8	7	1	3	4
4709	경북 봉화군	택시운행정보관리시스템 운영사업비	850	도시교통과	7	5	7	8	7	1	1	4

순번	시군구	지출명 (사업명)	2021년예산 (단위:천원/1년간)	담당자 (공무원) 담당부서	민간이전 분류 (지방자치단체 세출예산 집행기준에 의거) 1. 민간경상사업보조(307-02) 2. 민간단체 법정운영비보조(307-03) 3. 민간행사사업보조(307-04) 4. 민간위탁금(307-05) 5. 사회복지시설 법정운영비보조(307-10) 6. 민간인위탁교육비(307-12) 7. 공기관등에대한경상적위탁사업비(308-10) 8. 민간자본사업보조,자체재원(402-01) 9. 민간자본사업보조,이전재원(402-02) 10. 민간위탁사업비(402-03) 11. 공기관등에 대한 자본적 대행사업비(403-02)	민간이전지출 근거 (지방보조금 관리기준 참고) 1. 법률에 규정 2. 국고보조 재원(국가지정) 3. 용도 지정 기부금 4. 조례에 직접규정 5. 지자체가 권장하는 사업을 하는 공공기관 6. 시,도 정책 및 재정사정 7. 기타 8. 해당없음	입찰방식 계약체결방법 (경쟁형태) 1. 일반경쟁 2. 제한경쟁 3. 지명경쟁 4. 수의계약 5. 법정위탁 6. 기타 ( ) 7. 해당없음	입찰방식 계약기간 1. 1년 2. 2년 3. 3년 4. 4년 5. 5년 6. 기타 ( )년 7. 단기계약 (1년미만) 8. 해당없음	입찰방식 낙찰자선정방법 1. 적격심사 2. 협상에의한계약 3. 최저가낙찰제 4. 규격가격분리 5. 2단계 경쟁입찰 6. 기타 ( ) 7. 해당없음	운영예산 산정 운영예산 산정 1. 내부산정 (지자체 자체적으로 산정) 2. 외부산정 (외부전문기관위탁 산정) 3. 내·외부 모두 산정 4. 산정 無 5. 해당없음	운영예산 산정 정산방법 1. 내부정산 (지자체 내부적으로 정산) 2. 외부정산 (외부전문기관위탁 정산) 3. 내·외부 모두 산정 4. 정산 無 5. 해당없음	성과평가 실시여부 1. 실시 2. 미실시 3. 향후 추진 4. 해당없음
4710	경북 울진군	청백-e 시스템 유지관리비	8,002	기획예산실	7	5	5	1	7	2	2	1
4711	경북 울진군	지방행정통합정보시스템 유지보수	7,000	기획예산실	7	5	7	8	7	2	2	2
4712	경북 울진군	온나라시스템 유지보수	9,491	기획예산실	7	5	7	8	7	2	2	2
4713	경북 울진군	공통기반 전산장비 유지보수	98,000	기획예산실	7	5	7	8	7	2	2	2
4714	경북 울진군	재해복구 전산장비 유지보수	5,025	기획예산실	7	5	7	8	7	2	2	2
4715	경북 울진군	재정시스템 유지보수	29,012	기획예산실	7	1	5	8	7	5	5	4
4716	경북 울진군	우편모아 시스템 유지보수	5,300	행정지원과	7	5	5	1	7	2	2	1
4717	경북 울진군	인사랑시스템 유지보수	66,000	행정지원과	7	5	7	8	7	5	5	2
4718	경북 울진군	차세대주민등록시스템운영	10,975	열린민원과	7	7	7	8	7	2	2	4
4719	경북 울진군	장애인의료비지원	127,748	사회복지과	7	1	7	8	7	5	5	1
4720	경북 울진군	경북청년예비창업가육성사업	30,000	일자리경제과	7	1	1	1	2	5	3	1
4721	경북 울진군	청년창업지역정착지원사업	78,000	일자리경제과	7	1	1	1	2	5	3	1
4722	경북 울진군	도시청년시골파견제	87,500	일자리경제과	7	1	1	1	2	5	3	1
4723	경북 울진군	국가지질공원운영	50,000	환경위생과	7	4	7	8	7	5	1	3
4724	경북 울진군	국가지질공원조성지원	12,500	환경위생과	7	4	7	8	7	5	1	3
4725	경북 울릉군	지방재정관리시스템(e-호조)운영관리비	18,132	기획감사실	7	1	5	1	7	5	5	4
4726	경북 울릉군	청백-e시스템유지관리	5,605	기획감사실	7	1	5	1	2	2	2	4
4727	경북 울릉군	표준지방인사정보시스템	6,863	총무과	7	7	7	1	7	2	2	4
4728	경북 울릉군	공통기반전산장비유지보수	90,417	총무과	7	5	6	1	6	1	2	4
4729	경북 울릉군	시군구장애복구시스템유지보수	5,025	총무과	7	5	6	1	6	1	2	4
4730	경북 울릉군	지방행정공통정보시스템운영	6,460	총무과	7	5	6	1	6	1	2	4
4731	경북 울릉군	온-나라및문서유통시스템유지관리	12,692	총무과	7	5	6	1	6	1	2	4
4732	경북 울릉군	차세대지방세정보화시스템유지보수	1,105	재무과	7	1	7	8	7	5	5	4
4733	경북 울릉군	지방세정보화시스템유지보수	34,427	재무과	7	1	7	8	7	5	5	4
4734	경북 울릉군	지방세외수입정보시스템유지보수비	14,834	재무과	7	1	7	8	7	5	5	4
4735	경북 울릉군	국가주소정보시스템(KAIS)유지보수	17,223	재무과	7	5	5	1	2	2	2	4
4736	경북 울릉군	공통점(세계측지계)조사위탁	3,500	재무과	7	5	7	8	7	5	5	4
4737	경북 울릉군	도시청년시골파견제사업	17,500	일자리경제교통과	7	2	7	8	7	5	1	4
4738	경북 울릉군	택시운행정보관리시스템운영비	500	일자리경제교통과	7	1	4	1	7	1	1	4
4739	경북 울릉군	관광서비스시설환경개선사업	50,000	관광문화체육과	7	8	7	8	7	5	5	4
4740	경북 울릉군	체험!경북(울릉)가족여행	10,000	관광문화체육과	7	8	7	8	7	5	5	4
4741	경북 울릉군	경북나드리e-커머스상품판매	21,000	관광문화체육과	7	8	7	8	7	5	5	4
4742	경북 울릉군	울릉힐링로드	20,000	관광문화체육과	7	8	7	8	7	5	5	4
4743	경북 울릉군	커플여행관광상품	20,000	관광문화체육과	7	8	7	8	7	5	5	4
4744	경북 울릉군	해상양식시설관리및운영지원	100,000	해양수산과	7	4	7	8	7	1	1	4
4745	경북 울릉군	해양보호구역방문객센터리모델링	1,142,858	해양수산과	7	4	7	8	7	1	1	4
4746	경북 울릉군	울릉도독도해양연구기지운영비지원	950,000	해양수산과	7	4	7	8	7	1	1	4
4747	경북 울릉군	국가건강검진비예탁금	1,679	보건의료원	7	2	5	1	7	5	3	4
4748	경북 울릉군	희귀난치성유전질환자지원	38,000	보건의료원	7	1	7	8	7	1	1	4
4749	경남 창원시	청백-e(통합 상시모니터링)시스템 운영 및 유지보수	12,796	감사관	7	1	5	1	7	2	2	2
4750	경남 창원시	공공기관 지방이전 당위성 연구	160,000	기획관	7	4	7	8	7	5	5	4
4751	경남 창원시	지방재정관리시스템(e-호조) 유지관리	39,890	예산담당관	7	1	5	1	7	5	5	4
4752	경남 창원시	시설공단 위탁사업비	46,942,943	예산담당관	7	4	4	8	7	1	1	1

순번	시군구	지출명 (사업명)	2021년예산 (단위:천원/1년간)	담당자 (공무원)	민간이전 분류 (지방자치단체 세출예산 집행기준에 의거)	민간이전지출 근거 (지방보조금 관리기준 참고)	입찰방식			운영예산 산정		성과평가 실시여부
				담당부서	1. 민간경상사업보조(307-02) 2. 민간단체 법정운영비보조(307-03) 3. 민간행사사업보조(307-04) 4. 민간위탁금(307-05) 5. 사회복지시설 법정운영비보조(307-10) 6. 민간인위탁교육비(307-12) 7. 공기관등에대한경상적위탁사업비(308-10) 8. 민간자본사업보조,자체재원(402-01) 9. 민간자본사업보조,이전재원(402-02) 10. 민간위탁사업비(402-03) 11. 공기관등에 대한 자본적 대행사업비(403-02)	1. 법률에 규정 2. 국고보조 재원(국가지정) 3. 용도 지정 기부금 4. 조례에 직접규정 5. 지자체가 권장하는 사업을 하는 공공기관 6. 시,도 정책 및 재정사정 7. 기타 8. 해당없음	계약체결방법 (경쟁형태) 1. 일반경쟁 2. 제한경쟁 3. 지명경쟁 4. 수의계약 5. 법정위탁 6. 기타 ( ) 7. 해당없음	계약기간 1. 1년 2. 2년 3. 3년 4. 4년 5. 5년 6. 기타 ( )년 7. 단기계약 (1년미만) 8. 해당없음	낙찰자선정방법 1. 적격심사 2. 협상에의한계약 3. 최저가낙찰제 4. 규격가격분리 5. 2단계 경쟁입찰 6. 기타 ( ) 7. 해당없음	운영예산 산정 1. 내부산정 (지자체 자체적으로 산정) 2. 외부산정 (외부전문기관위탁 산정) 3. 내·외부 모두 산정 4. 산정 無 5. 해당없음	정산방법 1. 내부정산 (지자체 내부적으로 정산) 2. 외부정산 (외부전문기관위탁 정산) 3. 내·외부 모두 산정 4. 정산 無 5. 해당없음	1. 실시 2. 미실시 3. 향후 추진 4. 해당없음
4753	경남 창원시	경륜공단 대행사업	23,300,000	예산담당관	7	4	5	8	7	1	1	1
4754	경남 창원시	공통기반 전산장비 유지관리 위탁협약	200,000	정보통신담당관	7	8	5	1	2	2	5	4
4755	경남 창원시	공통기반 재해복구 유지관리 위탁협약	5,000	정보통신담당관	7	8	5	1	2	2	5	4
4756	경남 창원시	온나라 전산장비 유지관리 위탁협약	109,300	정보통신담당관	7	8	5	1	2	2	5	4
4757	경남 창원시	지방행정통합정보시스템 서비스데스크 운영 위탁협약	6,460	정보통신담당관	7	8	5	1	2	2	5	4
4758	경남 창원시	여성통계 결과분석 대행사업비	10,000	정보통신담당관	7	8	7	7	7	5	5	4
4759	경남 창원시	경제지표조사 결과분석 대행사업비	10,000	정보통신담당관	7	8	7	7	7	5	5	4
4760	경남 창원시	우편모아시스템 위탁운영	5,600	자치행정과	7	1	5	1	2	2	2	4
4761	경남 창원시	주민등록증 발급 비용 및 송부 수수료	204,000	자치행정과	7	7	7	8	7	5	5	4
4762	경남 창원시	차세대 주민등록정보시스템 구축(2차)운영	16,388	자치행정과	7	7	7	8	7	5	5	4
4763	경남 창원시	남북경협 전문 인력 양성	40,000	자치행정과	7	4	7	8	7	1	1	1
4764	경남 창원시	장애인공무원 편의지원사업 위탁대행	30,000	인사조직과	7	1	5	6	7	1	1	2
4765	경남 창원시	평생교육원 운영비 지원	760,000	평생교육과	7	4	7	8	7	1	1	1
4766	경남 창원시	(도 주민참여)청년들을 위한 코딩&프로그래밍교육	15,000	평생교육과	7	6	7	8	7	1	1	1
4767	경남 창원시	과학문화확산프로그램 운영지원	180,000	평생교육과	7	5	7	1	7	5	5	4
4768	경남 창원시	수학·과학창의반 운영지원	148,500	평생교육과	7	5	7	1	7	5	5	4
4769	경남 창원시	과학영재교육원 지원사업	145,800	평생교육과	7	5	7	8	7	1	1	2
4770	경남 창원시	과학영재교육원 지원사업	145,800	평생교육과	7	5	7	8	7	1	1	2
4771	경남 창원시	산업위기대응특별지역 지정효과 등 분석	25,000	경제살리기과	7	6	5	7	7	1	1	4
4772	경남 창원시	지역상권 영향분석 및 지역협력계획 검증	20,000	경제살리기과	7	1	5	7	7	1	1	4
4773	경남 창원시	청소년 노동인권 실태조사	35,000	경제살리기과	7	4	7	8	7	1	1	1
4774	경남 창원시	창원형 노동정책 수립	150,000	경제살리기과	7	4	7	8	7	1	1	1
4775	경남 창원시	시설공단 대행사업비	22,622	경제살리기과	7	4	5	8	7	1	1	4
4776	경남 창원시	시설공단 대행사업비	19,590	경제살리기과	7	4	5	8	7	1	1	4
4777	경남 창원시	에너지공단 대행사업비	10,000	경제살리기과	7	4	5	8	7	1	1	4
4778	경남 창원시	경남스타트업 청년채용 연계사업 대행사업비	940,800	일자리창출과	7	2	7	2	7	1	3	3
4779	경남 창원시	경남 중소기업 청년활력사업 대행사업비	623,500	일자리창출과	7	2	7	2	7	1	3	3
4780	경남 창원시	청년 디지털 일자리사업 대행사업비	359,000	일자리창출과	7	2	7	8	7	5	5	4
4781	경남 창원시	청년 구직활동수당	2,084,000	일자리창출과	7	6	5	1	2	1	1	1
4782	경남 창원시	대학생 누비자 이용 교통비 지원	21,000	일자리창출과	7	6	5	1	2	1	1	3
4783	경남 창원시	해외투자유치활동	30,000	투자유치단	7	5	4	7	2	1	3	1
4784	경남 창원시	해외 민간네트워크 연계 바이어 발굴 및 매칭 지원	100,000	투자유치단	7	5	7	8	7	1	1	1
4785	경남 창원시	신흥시장 기술교류 지원	100,000	투자유치단	7	5	7	8	7	1	1	1
4786	경남 창원시	소비재산업 해외마케팅 지원	15,000	투자유치단	7	5	7	8	7	1	1	1
4787	경남 창원시	국제특송 해외 물류비 지원	50,000	투자유치단	7	5	7	8	7	1	1	1
4788	경남 창원시	온라인 마케팅 지원 사업	100,000	투자유치단	7	5	7	8	7	1	1	1
4789	경남 창원시	수출보험료 지원	50,000	투자유치단	7	5	7	8	7	1	1	1
4790	경남 창원시	글로벌 마케터 육성지원	30,000	투자유치단	7	5	7	8	7	1	1	1
4791	경남 창원시	수출지원 표준화 사업	630,000	투자유치단	7	5	7	8	7	1	1	1
4792	경남 창원시	수출 GVC 패키지 지원	416,000	투자유치단	7	5	7	8	7	1	1	1
4793	경남 창원시	글로벌 협력기반 구축 및 저변 확대	60,000	투자유치단	7	5	7	8	7	1	1	1
4794	경남 창원시	컨벤션(국제회의 등) 유치 및 개최 지원	188,500	투자유치단	7	1	7	1	7	1	1	1
4795	경남 창원시	지방세정보시스템 유지관리	92,999	세정과	7	1	7	8	7	5	5	4

순번	시군구	지출명 (사업명)	2021년예산 (단위:천원/1년간)	담당자 (공무원)	민간이전 분류 (지방자치단체 세출예산 집행기준에 의거)	민간이전지출 근거 (지방보조금 관리기준 참고)	입찰방식			운영예산 산정		성과평가 실시여부
				담당부서	1. 민간경상사업보조(307-02) 2. 민간단체 법정운영비보조(307-03) 3. 민간행사사업보조(307-04) 4. 민간위탁금(307-05) 5. 사회복지시설 법정운영비보조(307-10) 6. 민간인위탁교육비(307-12) 7. 공기관등에대한경상적위탁사업비(308-10) 8. 민간자본사업보조,자체재원(402-01) 9. 민간자본사업보조,이전재원(402-02) 10. 민간위탁사업비(402-03) 11. 공기관등에 대한 자본적 대행사업비(403-02)	1. 법률에 규정 2. 국고보조 재원(국가지정) 3. 용도 지정 기부금 4. 조례에 직접규정 5. 지자체가 권장하는 사업을 하는 공공기관 6. 시,도 정책 및 재정사정 7. 기타 8. 해당없음	계약체결방법 (경쟁형태) 1. 일반경쟁 2. 제한경쟁 3. 지명경쟁 4. 수의계약 5. 법정위탁 6. 기타 ( ) 7. 해당없음	계약기간 1. 1년 2. 2년 3. 3년 4. 4년 5. 5년 6. 기타 ( )년 7. 단기계약 (1년미만) 8. 해당없음	낙찰자선정방법 1. 적격심사 2. 협상에의한계약 3. 최저가낙찰제 4. 규격가격분리 5. 2단계 경쟁입찰 6. 기타 ( ) 7. 해당없음	운영예산 산정 1. 내부산정 (지자체 자체적으로 산정) 2. 외부산정 (외부전문기관위탁 산정) 3. 내·외부 모두 산정 4. 산정 無 5. 해당없음	정산방법 1. 내부정산 (지자체 내부적으로 정산) 2. 외부정산 (외부전문기관위탁 정산) 3. 내·외부 모두 산정 4. 정산 無 5. 해당없음	1. 실시 2. 미실시 3. 향후 추진 4. 해당없음
4796	경남 창원시	지방세외수입정보시스템 유지관리	35,298	세정과	7	1	7	8	7	5	5	4
4797	경남 창원시	창원 산업생태계분석시스템 운영	35,000	전략산업과	7	8	7	1	7	5	3	4
4798	경남 창원시	무인선박실증센터 구축	20,000	전략산업과	7	5	5	2	7	3	3	4
4799	경남 창원시	에너지혁신성장펀드 조성	150,000	전략산업과	7	5	5	8	7	4	3	4
4800	경남 창원시	방산혁신클러스터 시범사업 추진	1,000,000	전략산업과	7	2	6	5	6	3	3	1
4801	경남 창원시	수소충전소 운영비 지원	24,000	전략산업과	7	5	7	8	7	1	1	4
4802	경남 창원시	수소산업 전문인력양성 지원사업	100,000	전략산업과	7	5	7	8	7	1	1	4
4803	경남 창원시	지역에너지신산업 활성화 지원사업	1,105,000	전략산업과	7	2	7	8	7	1	1	4
4804	경남 창원시	수소충전소 구축 대상부지 적합도 조사용역	12,000	전략산업과	7	8	7	8	7	1	5	4
4805	경남 창원시	수소산업 전시회 및 포럼	300,000	전략산업과	7	5	7	8	7	1	1	4
4806	경남 창원시	풍력 너셀테스트베드 구축	1,000,000	전략산업과	7	5	5	5	7	3	2	4
4807	경남 창원시	창원형 강소기업 육성	1,400	전략산업과	7	6	7	8	7	5	5	4
4808	경남 창원시	신제품 신속개발 지원	600,000	전략산업과	7	6	7	8	7	5	5	4
4809	경남 창원시	창원기업지원단 현장애로컨설팅 지원	500,000	전략산업과	7	6	7	8	7	5	5	4
4810	경남 창원시	중소기업 Scale-Up 지원	400,000	전략산업과	7	6	7	8	7	5	5	4
4811	경남 창원시	창원시 기술혁신 전략세미나	20,000	전략산업과	7	6	7	8	7	5	5	4
4812	경남 창원시	선진기술인 네트워크 지원	20,000	전략산업과	7	6	7	8	7	5	5	4
4813	경남 창원시	창원지역산업 긴급현안 대응 사업	100,000	전략산업과	7	5	7	1	7	1	3	1
4814	경남 창원시	지역산업 진흥계획 수립	100,000	전략산업과	7	5	7	1	7	1	3	1
4815	경남 창원시	방산 중소기업 기술강화 지원	350,000	전략산업과	7	5	6	1	6	3	3	1
4816	경남 창원시	항공부품 기술경쟁력 강화 지원	350,000	전략산업과	7	5	6	1	6	3	3	1
4817	경남 창원시	방산항공부품기업 네트워크 지원	80,000	전략산업과	7	5	6	1	6	1	1	1
4818	경남 창원시	첨단(경량)소재 기업육성 사업	250,000	전략산업과	7	5	6	1	6	1	1	1
4819	경남 창원시	수소산업 부품 기술개발 지원사업	300,000	전략산업과	7	5	7	8	7	1	1	4
4820	경남 창원시	창원시 임상시험 연구인력 지원	50,000	전략산업과	7	5	7	1	7	1	3	1
4821	경남 창원시	첨단방위산업 대학원 지원	100,000	전략산업과	7	5	6	1	6	1	1	1
4822	경남 창원시	3D프린팅 기술활용 제조업혁신 지원사업	150,000	신성장산업과	7	5	7	8	7	1	3	1
4823	경남 창원시	시니어 엔지니어 센터 지원사업	30,000	신성장산업과	7	5	7	8	7	5	5	4
4824	경남 창원시	BUY R&D 신기술이전 지원사업	100,000	신성장산업과	7	5	7	8	7	5	5	4
4825	경남 창원시	뿌리산업 실태조사 및 발전방안 연구	20,000	신성장산업과	7	5	7	8	7	5	5	4
4826	경남 창원시	소부장 특화단지 조성 및 운영	100,000	신성장산업과	7	5	7	8	7	1	1	4
4827	경남 창원시	한독 소재 R&D센터 사업	500,000	신성장산업과	7	5	7	8	7	1	3	1
4828	경남 창원시	지능형 기계산업 제조기능안전 기술고도화지원 기반구축사업	1,000,000	신성장산업과	7	2	7	8	7	2	2	1
4829	경남 창원시	스마트공장용 중소기업 보급형 로봇개발 지원	720,000	신성장산업과	7	2	7	8	7	2	2	1
4830	경남 창원시	제조로봇 적용 뿌리산업 공정개발 지원	500,000	신성장산업과	7	2	7	8	7	2	2	1
4831	경남 창원시	로봇랜드 전국 지능로봇 경진대회 및 캠프지원	15,000	신성장산업과	7	4	7	8	7	5	5	4
4832	경남 창원시	기업맞춤형 인재육성 및 로봇교육	100,000	신성장산업과	7	4	7	8	7	5	5	4
4833	경남 창원시	제조·서비스분야 로봇선도기업 육성지원	150,000	신성장산업과	7	4	7	8	7	5	5	4
4834	경남 창원시	서비스로봇 산업육성 지원	200,000	신성장산업과	7	4	7	8	7	5	5	4
4835	경남 창원시	로봇문화 확산을 위한 콘텐츠 개발 및 마케팅 지원	750,000	신성장산업과	7	2	7	8	7	2	2	1
4836	경남 창원시	R&D센터 활성화 정책자금 지원	400,000	신성장산업과	7	4	7	8	7	3	3	1
4837	경남 창원시	컨벤션센터 마케팅 지원	100,000	신성장산업과	7	4	7	8	7	3	3	1
4838	경남 창원시	창원시 창업 네트워크 운영	10,000	신성장산업과	7	5	7	8	7	1	1	4

순번	시군구	지출명 (사업명)	2021년예산 (단위:천원/1년간)	담당자 (공무원)	민간이전 분류 (지방자치단체 세출예산 집행기준에 의거)	민간이전지출 근거 (지방보조금 관리기준 참고)	입찰방식			운영예산 산정		성과평가 실시여부
				담당부서	1. 민간경상사업보조(307-02) 2. 민간단체 법정운영비보조(307-03) 3. 민간행사사업보조(307-04) 4. 민간위탁금(307-05) 5. 사회복지시설 법정운영비보조(307-10) 6. 민간인위탁교육비(307-12) 7. 공기관등에대한경상적위탁사업비(308-10) 8. 민간자본사업보조,자체재원(402-01) 9. 민간자본사업보조,이전재원(402-02) 10. 민간위탁사업비(402-03) 11. 공기관등에 대한 자본적 대행사업비(403-02)	1. 법률에 규정 2. 국고보조 재원(국가지정) 3. 용도 지정 기부금 4. 조례에 직접규정 5. 지자체가 권장하는 사업을 하는 공공기관 6. 시,도 정책 및 재정사정 7. 기타 8. 해당없음	계약체결방법 (경쟁형태) 1. 일반경쟁 2. 제한경쟁 3. 지명경쟁 4. 수의계약 5. 법정위탁 6. 기타 ( ) 7. 해당없음	계약기간 1. 1년 2. 2년 3. 3년 4. 4년 5. 5년 6. 기타 ( )년 7. 단기계약 (1년미만) 8. 해당없음	낙찰자선정방법 1. 적격심사 2. 협상에의한계약 3. 최저가낙찰제 4. 규격가격분리 5. 2단계 경쟁입찰 6. 기타 ( ) 7. 해당없음	운영예산 산정 1. 내부산정 (지자체 자체적으로 산정) 2. 외부산정 (외부전문기관위탁 산정) 3. 내·외부 모두 산정 4. 산정 無 5. 해당없음	정산방법 1. 내부정산 (지자체 내부적으로 정산) 2. 외부정산 (외부전문기관위탁 정산) 3. 내·외부 모두 산정 4. 정산 無 5. 해당없음	1. 실시 2. 미실시 3. 향후 추진 4. 해당없음
4839	경남 창원시	스타트업 실태조사 및 발전방안 연구	20,000	신성장산업과	7	5	7	8	7	5	5	4
4840	경남 창원시	메이커 스페이스 운영	150,000	신성장산업과	7	5	7	8	7	1	1	1
4841	경남 창원시	스타트업 테크쇼	100,000	신성장산업과	7	5	7	8	7	1	1	1
4842	경남 창원시	스타트업 엑셀러레이팅 지원	65,000	신성장산업과	7	5	7	8	7	5	5	4
4843	경남 창원시	창원시 창업지원센터 운영	143,000	신성장산업과	7	5	7	8	7	1	1	3
4844	경남 창원시	1인창조기업지원센터 운영	340,000	신성장산업과	7	4	7	8	7	1	1	2
4845	경남 창원시	창업보육센터 운영	327,000	신성장산업과	7	1	7	8	7	1	1	1
4846	경남 창원시	창원시 중소벤처펀드 조성	300,000	신성장산업과	7	4	7	8	7	1	1	1
4847	경남 창원시	스마트공장 보급 확산사업	1,000,000	산업혁신과	7	5	7	8	7	5	5	4
4848	경남 창원시	한·캐나다 AI기술교류 지원사업	500,000	산업혁신과	7	2	6	1	7	1	2	1
4849	경남 창원시	AI기술분야 인력육성	100,000	산업혁신과	7	5	6	3	7	2	2	3
4850	경남 창원시	인공지능 종합계획 수립 용역	30,000	산업혁신과	7	5	6	1	7	2	1	3
4851	경남 창원시	공학분야 선도연구센터지원사업	50,000	산업혁신과	7	4	6	7	7	1	1	3
4852	경남 창원시	지역혁신 선도연구센터(RLRC) 지원사업	100,000	산업혁신과	7	2	7	8	7	1	1	1
4853	경남 창원시	사회맞춤형 산학협력 선도대학(LINC+) 육성사업	50,000	산업혁신과	7	2	7	8	7	1	1	1
4854	경남 창원시	기업 맞춤형 첨단기술 인력양성 운영	120,000	산업혁신과	7	2	7	8	7	1	1	1
4855	경남 창원시	지역SW서비스사업화지원사업	50,000	산업혁신과	7	5	7	8	7	5	5	4
4856	경남 창원시	동남권지역SW품질역량강화사업	38,750	산업혁신과	7	2	7	8	7	1	3	1
4857	경남 창원시	SOS랩 구축 및 SW서비스 개발사업	115,000	산업혁신과	7	2	7	8	7	1	3	1
4858	경남 창원시	지역SW성장지원사업	384,600	산업혁신과	7	2	7	8	7	1	3	1
4859	경남 창원시	SW융합클러스터 2.0 특화산업 강화사업	500,000	산업혁신과	7	2	7	8	7	1	3	1
4860	경남 창원시	ICT융합 제조운영체제 개발 및 실증사업	260,000	산업혁신과	7	2	7	8	7	1	3	1
4861	경남 창원시	중소기업 R&D기획맞춤정보지원사업	50,000	산업혁신과	7	5	7	8	7	1	3	1
4862	경남 창원시	유등배수장관리	40,000	시민안전과	7	4	5	8	7	1	1	1
4863	경남 창원시	택시운행정보관리시스템 운영 대행 사업비	54,776	교통정책과	7	4	7	8	7	1	1	4
4864	경남 창원시	특별교통수단 유료도로 통행료 지원	35,500	교통정책과	7	6	7	8	7	1	1	4
4865	경남 창원시	특별교통수단 운영 대행사업비	1,234,753	교통정책과	7	4	7	8	7	1	1	4
4866	경남 창원시	누비자 운영 위탁비	60,000	교통정책과	7	4	5	8	7	5	5	4
4867	경남 창원시	(주민참여)누비자 여성용(또는 소형) 구입 사업	120,000	교통정책과	7	4	5	8	7	5	5	1
4868	경남 창원시	공영주차장 위탁관리 운영비	1,217,152	교통정책과	7	8	7	8	7	1	1	1
4869	경남 창원시	창원종합버스터미널 운영 대행사업비	673,979	신교통추진단	7	5	5	1	7	1	1	4
4870	경남 창원시	광역알뜰교통카드 연계 마일리지 지원	200,000	신교통추진단	7	2	5	8	7	1	1	4
4871	경남 창원시	교통신호운영 위탁	400,000	신교통추진단	7	1	5	1	7	1	1	4
4872	경남 창원시	주요정보통신기반시설 취약점 분석 위탁	56,000	신교통추진단	7	1	5	1	7	1	1	4
4873	경남 창원시	덕동·성주공영차고지 위탁 운영비	172,459	신교통추진단	7	1	5	1	7	1	1	4
4874	경남 창원시	통합문화이용권(문화누리카드)사업	2,784,400	문화예술과	7	5	5	1	7	1	1	4
4875	경남 창원시	콘텐츠코리아 랩 운영	400,000	문화예술과	7	2	7	8	7	5	1	1
4876	경남 창원시	웹툰캠퍼스 운영	120,000	문화예술과	7	2	5	5	1	1	3	1
4877	경남 창원시	시티투어버스 공단위탁운영	220,000	관광과	7	2	5	5	1	1	3	1
4878	경남 창원시	시설공단 대행사업비	20,777	관광과	7	5	6	8	7	1	1	2
4879	경남 창원시	지역사회서비스투자사업	3,340,323	사회복지과	7	7	6	8	7	1	1	2
4880	경남 창원시	가사간병 방문 지원사업	574,458	사회복지과	7	1	7	1	6	1	5	4
4881	경남 창원시	희망키움통장1	108,062	사회복지과	7	1	7	1	6	1	5	4

순번	시군구	지출명 (사업명)	2021년예산 (단위:천원/1년간)	담당자 (공무원) 담당부서	민간이전 분류 (지방자치단체 세출예산 집행기준에 의거) 1. 민간경상사업보조(307-02) 2. 민간단체 법정운영비보조(307-03) 3. 민간행사사업보조(307-04) 4. 민간위탁금(307-05) 5. 사회복지시설 법정운영비보조(307-10) 6. 민간인위탁교육비(307-12) 7. 공기관등에대한경상적위탁사업비(308-10) 8. 민간자본사업보조,자체재원(402-01) 9. 민간자본사업보조,이전재원(402-02) 10. 민간위탁사업비(402-03) 11. 공기관등에 대한 자본적 대행사업비(403-02)	민간이전지출 근거 (지방보조금 관리기준 참고) 1. 법률에 규정 2. 국고보조 재원(국가지정) 3. 용도 지정 기부금 4. 조례에 직접규정 5. 지자체가 권장하는 사업을 하는 공공기관 6. 시,도 정책 및 재정사정 7. 기타 8. 해당없음	입찰방식 계약체결방법 (경쟁형태) 1. 일반경쟁 2. 제한경쟁 3. 지명경쟁 4. 수의계약 5. 법정위탁 6. 기타 ( ) 7. 해당없음	입찰방식 계약기간 1. 1년 2. 2년 3. 3년 4. 4년 5. 5년 6. 기타 ( )년 7. 단기계약 (1년미만) 8. 해당없음	입찰방식 낙찰자선정방법 1. 적격심사 2. 협상에의한계약 3. 최저가낙찰제 4. 규격가격분리 5. 2단계 경쟁입찰 6. 기타 ( ) 7. 해당없음	운영예산 산정 운영예산 산정 1. 내부산정 (지자체 자체적으로 산정) 2. 외부산정 (외부전문기관위탁 산정) 3. 내·외부 모두 산정 4. 산정 無 5. 해당없음	운영예산 산정 정산방법 1. 내부정산 (지자체 내부적으로 정산) 2. 외부정산 (외부전문기관위탁 정산) 3. 내·외부 모두 산정 4. 정산 無 5. 해당없음	성과평가 실시여부 1. 실시 2. 미실시 3. 향후 추진 4. 해당없음
4882	경남 창원시	희망키움통장2	626,895	사회복지과	7	1	7	1	6	1	5	4
4883	경남 창원시	내일키움통장	79,535	사회복지과	7	1	7	1	6	1	5	4
4884	경남 창원시	청년희망키움통장	209,811	사회복지과	7	1	7	1	6	1	5	4
4885	경남 창원시	청년저축계좌	426,684	사회복지과	7	1	7	1	6	1	5	4
4886	경남 창원시	자산형성지원사업비 위탁운영비	15,000	사회복지과	7	1	7	1	6	1	5	1
4887	경남 창원시	시설공단 대행사업비	957,290	사회복지과	7	4	5	8	7	1	1	1
4888	경남 창원시	시설공단 대행사업비	725,000	사회복지과	7	4	5	8	7	1	1	1
4889	경남 창원시	우리누리청소년문화센터	1,512,393	보육청소년과	7	1	4	8	6	1	1	4
4890	경남 창원시	늘푸른전당	1,154,684	보육청소년과	7	1	4	8	6	1	1	4
4891	경남 창원시	시설공단 대행사업비	1,840,479	노인장애인과	7	1	5	8	7	2	5	4
4892	경남 창원시	시설공단 대행사업비	5,033,253	노인장애인과	7	1	5	8	7	2	5	4
4893	경남 창원시	장애인의료비 지원	993,627	노인장애인과	7	2	7	8	7	1	1	4
4894	경남 창원시	장애인활동지원 급여 지원	42,279,343	노인장애인과	7	2	7	8	7	1	1	4
4895	경남 창원시	활동지원 가산 수당	47,071	노인장애인과	7	2	7	8	7	1	1	4
4896	경남 창원시	장애인 도우미 지원	3,686,016	노인장애인과	7	6	7	8	7	1	1	4
4897	경남 창원시	창원시 장애인활동지원사업	70,000	노인장애인과	7	6	7	8	7	1	1	4
4898	경남 창원시	발달장애인 주간활동서비스지원	7,462,701	노인장애인과	7	2	7	8	7	1	1	4
4899	경남 창원시	청소년 발달장애학생 방과후 활동서비스	2,453,348	노인장애인과	7	2	7	8	7	1	1	4
4900	경남 창원시	발달재활서비스 지원	2,343,403	노인장애인과	7	2	7	8	7	1	1	4
4901	경남 창원시	언어발달지원서비스	17,924	노인장애인과	7	2	7	8	7	1	1	4
4902	경남 창원시	발달장애인 부모상담지원	13,498	노인장애인과	7	2	7	8	7	1	1	4
4903	경남 창원시	창원시설공단 대행사업비	312,073	해양정책과	7	7	5	8	7	5	1	1
4904	경남 창원시	해양레저스포츠 교육프로그램	24,000	해양정책과	7	4	5	8	7	5	1	1
4905	경남 창원시	창원시설공단 대행사업비	850,000	해양정책과	7	4	5	8	7	5	1	1
4906	경남 창원시	신항(창원) 출퇴근 셔틀버스 운영 분담금	8,000	항만물류과	7	6	1	1	3	5	5	4
4907	경남 창원시	쓰레기종량제봉투 판매대행사업비	163,730	자원순환과	7	4	7	8	7	1	1	2
4908	경남 창원시	공기업회계시스템운영 부담금	7,200	주택정책과	7	1	7	8	7	5	5	4
4909	경남 창원시	공동방제단 운영비	90,356	축산과	7	2	7	8	7	5	5	4
4910	경남 창원시	공동방제단 재료비	100,535	축산과	7	2	7	8	7	5	5	4
4911	경남 창원시	치매 치료비 지원	149,100	창원보건소 건강관리과	7	1	7	8	7	5	5	4
4912	경남 창원시	표준모자보건수첩 제작비	4,360	창원보건소 건강관리과	7	2	5	8	7	3	2	2
4913	경남 창원시	청소년산모 임신출산 의료비 지원	3,600	창원보건소 건강관리과	7	2	5	8	7	3	2	2
4914	경남 창원시	기저귀 및 조제분유 지원	214,368	창원보건소 건강관리과	7	2	5	8	7	3	2	2
4915	경남 창원시	산모신생아 건강관리지원	469,844	창원보건소 건강관리과	7	2	5	8	7	3	2	2
4916	경남 창원시	의료급여수급권자 영유아검진비	4,110	창원보건소 건강관리과	7	2	5	8	7	3	2	2
4917	경남 창원시	의료기관 결핵관리사업 운영비	68,740	창원보건소 건강관리과	7	2	7	8	7	5	1	4
4918	경남 창원시	의료급여수급권자 일반건강검진비	43,010	창원보건소 건강관리과	7	7	7	8	7	5	5	4
4919	경남 창원시	지역사회서비스투자사업	91,000	창원보건소 건강증진과	7	2	7	8	7	1	1	1
4920	경남 창원시	희귀질환자 의료비 지원	637,420	창원보건소 건강증진과	7	2	5	8	7	5	5	4
4921	경남 창원시	암 조기검진비 지원	516,370	창원보건소 건강증진과	7	2	5	8	7	5	5	4
4922	경남 창원시	암조기검진비	211,418	마산보건소 보건행정과	7	2	5	8	7	5	5	4
4923	경남 창원시	표준모자보건수첩 제작비 예탁금	2,900	마산보건소 보건행정과	7	2	7	8	7	5	3	4
4924	경남 창원시	청소년산모 임신 출산 의료비	3,600	마산보건소 보건행정과	7	2	7	8	7	5	3	4

순번	시군구	지출명 (사업명)	2021년예산 (단위:천원/1년간)	담당자 (공무원)	민간이전 분류 (지방자치단체 세출예산 집행기준에 의거)	민간이전지출 근거 (지방보조금 관리기준 참고)	입찰방식			운영예산 산정		성과평가 실시여부
				담당부서	1. 민간경상사업보조(307-02) 2. 민간단체 법정운영비보조(307-03) 3. 민간행사사업보조(307-04) 4. 민간위탁금(307-05) 5. 사회복지시설 법정운영비보조(307-10) 6. 민간인위탁교육비(307-12) 7. 공기관등에대한경상적위탁사업비(308-10) 8. 민간자본사업보조,자체재원(402-01) 9. 민간자본사업보조,이전재원(402-02) 10. 민간위탁사업비(402-03) 11. 공기관등에 대한 자본적 대행사업비(403-02)	1. 법률에 규정 2. 국고보조 재원(국가지정) 3. 용도 지정 기부금 4. 조례에 직접규정 5. 지자체가 권장하는 사업을 하는 공공기관 6. 시,도 정책 및 재정사정 7. 기타 8. 해당없음	계약체결방법 (경쟁형태) 1. 일반경쟁 2. 제한경쟁 3. 지명경쟁 4. 수의계약 5. 법정위탁 6. 기타 ( ) 7. 해당없음	계약기간 1. 1년 2. 2년 3. 3년 4. 4년 5. 5년 6. 기타 ( )년 7. 단기계약 (1년미만) 8. 해당없음	낙찰자선정방법 1. 적격심사 2. 협상에의한계약 3. 최저가낙찰제 4. 규격가격분리 5. 2단계 경쟁입찰 6. 기타 ( ) 7. 해당없음	운영예산 산정 1. 내부산정 (지자체 자체적으로 산정) 2. 외부산정 (외부전문기관위탁 산정) 3. 내·외부 모두 산정 4. 산정 無 5. 해당없음	정산방법 1. 내부정산 (지자체 내부적으로 정산) 2. 외부정산 (외부전문기관위탁 정산) 3. 내·외부 모두 산정 4. 정산 無 5. 해당없음	1. 실시 2. 미실시 3. 향후 추진 4. 해당없음
4925	경남 창원시	기저귀 및 조제분유 지원	152,956	마산보건소 보건행정과	7	2	7	8	7	5	3	4
4926	경남 창원시	산모신생아 건강관리 지원	1,054,318	마산보건소 보건행정과	7	2	7	8	7	5	3	4
4927	경남 창원시	만6세미만 의료수급권자 검진비	3,940	마산보건소 보건행정과	7	2	7	8	7	5	3	4
4928	경남 창원시	희귀질환자의료비지원	710,688	마산보건소 건강관리과	7	2	5	8	7	5	5	4
4929	경남 창원시	치매치료관리비 공단 예탁금	303,500	마산보건소 건강관리과	7	1	7	8	7	5	5	4
4930	경남 창원시	의료기관 결핵관리사업 운영비	106,950	마산보건소 건강관리과	7	2	7	8	7	2	2	1
4931	경남 창원시	암검진비 국민건강보험공단 예탁금	100,700	진해보건소 보건행정과	7	2	5	8	7	5	5	4
4932	경남 창원시	만6세미만 의료급여수급권자 검진비	2,370	진해보건소 보건행정과	7	2	5	8	7	5	5	4
4933	경남 창원시	의료급여수급권자 일반건강검진비	17,186	진해보건소 보건행정과	7	2	5	8	7	5	5	4
4934	경남 창원시	희귀질환자 의료비 지원사업	120,000	진해보건소 보건행정과	7	2	5	8	7	5	5	4
4935	경남 창원시	표준모자보건 수첩 제작비 예탁금	2,100	진해보건소 보건행정과	7	2	5	8	7	5	5	4
4936	경남 창원시	청소년산모 임신출산 의료비	2,020	진해보건소 보건행정과	7	2	5	8	7	5	5	4
4937	경남 창원시	저소득층 기저귀 및 조제분유 지원	100,000	진해보건소 보건행정과	7	2	5	8	7	5	5	4
4938	경남 창원시	산모신생아 건강관리 지원	205,605	진해보건소 보건행정과	7	2	5	8	7	5	5	4
4939	경남 창원시	치매치료관리비지원	155,000	진해보건소 서부보건지소	7	1	7	8	7	5	5	4
4940	경남 창원시	주요정보통신기반시설 취약점 분석평가	55,500	창원소방본부 119종합상황실	7	1	5	1	7	2	1	4
4941	경남 창원시	시설관리공단 대행사업비	829,017	매립장관리과	7	4	7	8	7	5	5	4
4942	경남 창원시	주남저수지 수위조절 용수공급 사업	20,000	주남저수지과	7	7	7	8	7	1	1	4
4943	경남 창원시	북면골프연습장 관리대행 운영	691,219	하수행정과	7	4	7	8	7	1	1	4
4944	경남 창원시	시설공단대행사업비	123,028	창원차량등록과	7	1	1	3	1	1	1	2
4945	경남 창원시	철도건널목 유지관리비	2,500	의창구 안전건설과	7	8	7	1	7	2	2	2
4946	경남 창원시	철도건널목 청원시설물 유지보수	50,000	진해구 안전건설과	7	1	5	1	7	5	5	4
4947	경남 창원시	철도건널목 청원시설물 개량공사 수탁사업	90,000	진해구 안전건설과	7	1	5	1	7	5	5	4
4948	경남 창원시	시설관리공단 대행사업비	140,504	진해구 수산산림과	7	5	7	8	7	1	1	1
4949	경남 진주시	국가암관리 지원	524,827	건강증진과	7	2	7	8	7	3	3	1
4950	경남 진주시	일반건강검진	68,322	건강증진과	7	2	7	8	7	3	3	1
4951	경남 진주시	영유아의료급여수급권자 검진	5,607	건강증진과	7	2	7	8	7	3	3	1
4952	경남 진주시	희귀난치성질환자의료비지원	542,146	건강증진과	7	2	7	8	7	3	3	1
4953	경남 진주시	표준모자보건수첩	2,640	건강증진과	7	1	7	8	7	5	3	4
4954	경남 진주시	청소년산모 임신출산의료비 지원	3,000	건강증진과	7	1	7	8	7	5	3	4
4955	경남 진주시	저소득층 기저귀조제분유 지원	265,996	건강증진과	7	1	7	8	7	5	3	4
4956	경남 진주시	진양호근린공원 조성사업	252,000	공원관리과	7	1	7	6	7	1	1	4
4957	경남 진주시	뿌리산업 경쟁력 강화 지원	200,000	기업유치단	7	5	7	8	7	1	1	1
4958	경남 진주시	경남 항공산업지원단 운영 지원	50,000	기업유치단	7	5	7	8	7	1	1	1
4959	경남 진주시	PAV(드론) 경연대회 및 콘퍼런스 지원	100,000	기업유치단	7	5	7	8	7	1	1	1
4960	경남 진주시	항공부품 시험평가 기업지원사업	100,000	기업유치단	7	5	7	8	7	1	1	1
4961	경남 진주시	항공우주과학 문화확산 교육 지원사업	400,000	기업유치단	7	5	7	8	7	1	1	1
4962	경남 진주시	초소형위성 개발사업	310,000	기업유치단	7	5	7	8	7	1	1	1
4963	경남 진주시	K-ICT 3D 프린팅 경남센터 기술지원사업	100,000	기업유치단	7	1	7	8	7	1	1	1
4964	경남 진주시	항공핵심기술 선도연구센터 지원	100,000	기업유치단	7	2	7	8	7	1	1	1
4965	경남 진주시	항공기 구조물 스마트 엔지니어링 기반구축	345,000	기업유치단	7	2	7	8	7	1	1	1
4966	경남 진주시	혁신도시 공공기관 연계육성사업(Open Lab) 지원	271,000	기업유치단	7	2	7	8	7	1	1	1
4967	경남 진주시	지역 주력산업의 세라믹 융복합 첨단화사업	300,000	기업유치단	7	5	7	8	7	1	1	1

순번	시군구	지출명 (사업명)	2021년예산 (단위:천원/1년간)	담당자 (공무원) 담당부서	민간이전 분류 (지방자치단체 세출예산 집행기준에 의거) 1. 민간경상사업보조(307-02) 2. 민간단체 법정운영비보조(307-03) 3. 민간행사사업보조(307-04) 4. 민간위탁금(307-05) 5. 사회복지시설 법정운영비보조(307-10) 6. 민간인위탁교육비(307-12) 7. 공기관등에대한경상적위탁사업비(308-10) 8. 민간자본사업보조,자체재원(402-01) 9. 민간자본사업보조,이전재원(402-02) 10. 민간위탁사업비(402-03) 11. 공기관등에 대한 자본적 대행사업비(403-02)	민간이전지출 근거 (지방보조금 관리기준 참고) 1. 법률에 규정 2. 국고보조 재원(국가지정) 3. 용도 지정 기부금 4. 조례에 직접규정 5. 지자체가 권장하는 사업을 하는 공공기관 6. 시,도 정책 및 재정사정 7. 기타 8. 해당없음	입찰방식 계약체결방법 (경쟁형태) 1. 일반경쟁 2. 제한경쟁 3. 지명경쟁 4. 수의계약 5. 법정위탁 6. 기타 ( ) 7. 해당없음	입찰방식 계약기간 1. 1년 2. 2년 3. 3년 4. 4년 5. 5년 6. 기타 ( )년 7. 단기계약 (1년미만) 8. 해당없음	입찰방식 낙찰자선정방법 1. 적격심사 2. 협상에의한계약 3. 최저가낙찰제 4. 규격가격분리 5. 2단계 경쟁입찰 6. 기타 ( ) 7. 해당없음	운영예산 산정 운영예산 산정 1. 내부산정 (지자체 자체적으로 산정) 2. 외부산정 (외부전문기관위탁 산정) 3. 내·외부 모두 산정 4. 산정 無 5. 해당없음	운영예산 산정 정산방법 1. 내부정산 (지자체 내부적으로 정산) 2. 외부정산 (외부전문기관위탁 정산) 3. 내·외부 모두 산정 4. 정산 無 5. 해당없음	성과평가 실시여부 1. 실시 2. 미실시 3. 향후 추진 4. 해당없음
4968	경남 진주시	스마트공장 보급확산 지원	522,000	기업유치단	7	2	7	8	7	1	1	1
4969	경남 진주시	정보화구축관련 장비 유지보수비	10,000	기업통상과	7	5	7	8	7	1	1	4
4970	경남 진주시	노인요양시설 운영 예탁금	6,271,805	노인장애인과	7	1	7	8	7	1	1	4
4971	경남 진주시	재가노인복지시설 운영 예탁금	5,131,476	노인장애인과	7	1	7	8	7	1	1	4
4972	경남 진주시	의료기관 결핵환자 관리지원	141,316	보건행정과	7	2	3	1	7	1	3	2
4973	경남 진주시	지역사회서비스투자사업	1,372,840	복지정책과	7	2	7	8	7	1	1	1
4974	경남 진주시	가사간병방문지원사업	243,143	복지정책과	7	2	7	8	7	1	1	1
4975	경남 진주시	아이돌봄사업	1,259,192	여성가족과	7	2	7	8	7	5	5	4
4976	경남 진주시	온-나라시스템 유지관리	25,100	정보통신과	7	1	5	1	6	3	2	4
4977	경남 진주시	공통기반 전산장비 유지관리	79,000	정보통신과	7	1	5	1	6	3	2	4
4978	경남 진주시	지방행정통합정보시스템 상담센터 운영비	6,460	정보통신과	7	1	5	1	6	3	2	4
4979	경남 진주시	공통기반 재해복구시스템 유지관리	3,000	정보통신과	7	1	5	1	6	3	2	4
4980	경남 진주시	공동주택 입주자대표회의, 방범 및 소방안전교육 위탁	9,000	주택경관과	7	1	5	1	6	1	1	4
4981	경남 진주시	영어캠프	100,000	평생학습과	7	4	6	1	6	1	1	3
4982	경남 진주시	우편모아시스템 통합유지관리 위탁	5,500	행정과	7	6	4	1	7	3	3	1
4983	경남 진주시	기록관리시스템 유지관리	35,680	행정과	7	1	4	1	7	3	3	4
4984	경남 진주시	광역알뜰교통카드 연계 마일리지 지원	50,000	교통행정과	7	2	7	8	7	5	5	4
4985	경남 진주시	택시운영정보관리시스템(TIMS) 운영비	18,085	교통행정과	7	1	7	8	7	1	1	2
4986	경남 진주시	지방재정관리시스템(e-호조) 운영관리 부담액	36,264	기획예산과	7	7	6	1	6	2	2	4
4987	경남 통영시	예산편성 및 운용	28,241	기획예산담당관	7	7	6	1	7	2	2	4
4988	경남 통영시	표준지방세정보시스템 및 통합지방세정보시스템 유지보수 관리비	54,232	세무과	7	1	5	1	7	2	2	4
4989	경남 통영시	차세대 지방세정보시스템 운영, 유지보수비	2,003	세무과	7	1	5	1	7	2	2	4
4990	경남 통영시	세외수입정보시스템 유지보수 관리비	23,574	세무과	7	1	5	1	7	2	2	4
4991	경남 통영시	2021년도 인사운영시스템 유지관리사업	7,123	행정과	7	7	1	1	2	2	2	1
4992	경남 통영시	2021년도 차세대 표준지방인사정보시스템 응용 SW개발	22,465	행정과	7	7	1	1	2	2	2	1
4993	경남 통영시	차세대 주민등록시스템 운영	12,296	행정과	7	7	6	1	7	2	2	4
4994	경남 통영시	한산대첩축제 행사비	1,050,300	문화예술과	7	2	7	8	7	5	1	1
4995	경남 통영시	통제영 역사문화관광 콘텐츠 개발	70,000	문화예술과	7	4	7	8	7	1	1	4
4996	경남 통영시	통영한산대첩축제 60년사 편찬	200,000	문화예술과	7	4	7	8	7	1	1	4
4997	경남 통영시	통영국제트리엔날레 추진	2,405,236	문화예술과	7	4	7	8	7	5	1	4
4998	경남 통영시	거북선 등 군선 공제(보험) 가입(3척)	55,000	문화예술과	7	4	7	8	7	1	1	4
4999	경남 통영시	판옥선 선박보험 가입(1척)	25,000	문화예술과	7	4	7	8	7	1	1	4
5000	경남 통영시	운영비(윤이상기념관 운영 관리)	150,000	문화예술과	7	4	7	8	7	1	1	4
5001	경남 통영시	기획공연(윤이상기념관 운영 관리)	18,800	문화예술과	7	4	7	8	7	1	1	4
5002	경남 통영시	시설유지관리비(윤이상기념관 운영 관리)	44,700	문화예술과	7	4	7	8	7	1	1	4
5003	경남 통영시	통영국제음악당 운영 지원 인건비	1,700	문화예술과	7	4	7	8	7	1	1	4
5004	경남 통영시	운영비(통영국제음악당 운영 지원)	372,624	문화예술과	7	4	7	8	7	1	1	4
5005	경남 통영시	통영국제음악당 시설유지관리비	850,000	문화예술과	7	4	7	8	7	1	1	4
5006	경남 통영시	통영국제음악제 공연비	900,000	문화예술과	7	4	7	8	7	1	1	4
5007	경남 통영시	통영국제음악당 기획공연비	500,000	문화예술과	7	4	7	8	7	1	1	4
5008	경남 통영시	윤이상 동요제	50,000	문화예술과	7	4	7	8	7	1	1	4
5009	경남 통영시	꿈의 오케스트라 운영지원	137,000	문화예술과	7	4	7	8	7	1	1	4
5010	경남 통영시	인건비(시립소년소녀합창단 관리 운영)	49,400	문화예술과	7	4	7	8	7	1	1	4

순번	시군구	지출명 (사업명)	2021년예산 (단위:천원/1년간)	담당자 (공무원) 담당부서	민간이전 분류 (지방자치단체 세출예산 집행기준에 의거) 1. 민간경상사업보조(307-02) 2. 민간단체 법정운영비보조(307-03) 3. 민간행사사업보조(307-04) 4. 민간위탁금(307-05) 5. 사회복지시설 법정운영비보조(307-10) 6. 민간인위탁교육비(307-12) 7. 공기관등에대한경상적위탁사업비(308-10) 8. 민간자본사업보조,자체재원(402-01) 9. 민간자본사업보조,이전재원(402-02) 10. 민간위탁사업비(402-03) 11. 공기관등에 대한 자본적 대행사업비(403-02)	민간이전지출 근거 (지방보조금 관리기준 참고) 1. 법률에 규정 2. 국고보조 재원(국가지정) 3. 용도 지정 기부금 4. 조례에 직접규정 5. 지자체가 권장하는 사업을 하는 공공기관 6. 시,도 정책 및 재정사정 7. 기타 8. 해당없음	입찰방식 계약체결방법 (경쟁형태) 1. 일반경쟁 2. 제한경쟁 3. 지명경쟁 4. 수의계약 5. 법정위탁 6. 기타 ( ) 7. 해당없음	입찰방식 계약기간 1. 1년 2. 2년 3. 3년 4. 4년 5. 5년 6. 기타 ( )년 7. 단기계약 (1년미만) 8. 해당없음	입찰방식 낙찰자선정방법 1. 적격심사 2. 협상에의한계약 3. 최저가낙찰제 4. 규격가격분리 5. 2단계 경쟁입찰 6. 기타 ( ) 7. 해당없음	운영예산 산정 운영예산 산정 1. 내부산정 (지자체 자체적으로 산정) 2. 외부산정 (외부전문기관위탁 산정) 3. 내·외부 모두 산정 4. 산정 無 5. 해당없음	운영예산 산정 정산방법 1. 내부정산 (지자체 내부적으로 정산) 2. 외부정산 (외부전문기관위탁 정산) 3. 내·외부 모두 산정 4. 정산 無 5. 해당없음	성과평가 실시여부 1. 실시 2. 미실시 3. 향후 추진 4. 해당없음
5011	경남 통영시	운영비(시립소년소녀합창단 관리 운영)	80,000	문화예술과	7	4	7	8	7	1	1	4
5012	경남 통영시	여성합창단 관리 운영	10,000	문화예술과	7	4	7	8	7	1	1	4
5013	경남 통영시	유네스코 음악 창의도시 운영	80,000	문화예술과	7	5	7	8	7	1	1	4
5014	경남 통영시	통영 이순신학교 운영	110,000	문화예술과	7	2	7	8	7	1	1	4
5015	경남 통영시	나전칠기교실 운영	49,680	문화예술과	7	2	7	8	7	5	1	1
5016	경남 통영시	장애인 의료비 지원	102,790	노인장애인복지과	7	4	7	8	7	1	1	1
5017	경남 통영시	발달재활서비스 바우처지원	313,200	노인장애인복지과	7	2	7	8	7	5	2	4
5018	경남 통영시	발달장애인 부모상담지원	3,840	노인장애인복지과	7	1	7	8	7	5	1	4
5019	경남 통영시	주간활동서비스 바우처지원	518,061	노인장애인복지과	7	1	7	8	7	5	1	4
5020	경남 통영시	방과후활동서비스 바우처지원	199,868	노인장애인복지과	7	1	7	8	7	5	1	4
5021	경남 통영시	장애인활동지원	3,824,600	노인장애인복지과	7	1	7	8	7	5	1	4
5022	경남 통영시	장애인활동지원 가산급여	6,939	노인장애인복지과	7	1	7	8	7	5	1	4
5023	경남 통영시	장애인활동지원 급여지원	555,800	노인장애인복지과	7	1	7	8	7	5	1	4
5024	경남 통영시	경상남도 장애인도우미지원	127,041	노인장애인복지과	7	1	7	8	7	5	1	4
5025	경남 통영시	기능성 농식품 연구개발	100,000	미래농업과	7	1	7	8	7	5	1	4
5026	경남 통영시	희귀질환자 의료비 지원사업	200,000	건강증진과	7	4	7	8	7	5	5	4
5027	경남 통영시	의료급여수급권자 영유아검진비 지원	2,230	건강증진과	7	2	5	1	7	5	4	4
5028	경남 통영시	의료급여수급권자 일반건강검진사업	24,905	건강증진과	7	2	5	1	7	5	1	1
5029	경남 통영시	국가암 검진비	291,165	건강증진과	7	2	5	1	7	5	1	4
5030	경남 통영시	지역자율형 사회서비스 투자사업	219,204	주민생활복지과	7	2	5	1	7	5	1	4
5031	경남 통영시	근로능력있는 수급자의 탈수급지원	79,888	주민생활복지과	7	1	5	8	7	5	3	4
5032	경남 통영시	근로능력있는 수급자의 탈수급지원	73,513	주민생활복지과	7	1	5	8	7	5	3	4
5033	경남 통영시	근로능력있는 수급자의 탈수급지원	12,681	주민생활복지과	7	1	5	8	7	5	3	4
5034	경남 통영시	지역사회서비스투자사업	400,253	주민생활복지과	7	1	5	8	7	5	3	4
5035	경남 통영시	근로능력있는 수급자의 탈수급지원	43,217	주민생활복지과	7	1	5	8	7	5	3	4
5036	경남 통영시	근로능력있는 수급자의 탈수급지원	210,998	주민생활복지과	7	1	5	8	7	5	3	4
5037	경남 통영시	국가주소정보시스템 유지관리	17,724	정보통신과	7	1	5	8	7	5	3	4
5038	경남 통영시	도로명주소기본도 유지관리	8,765	정보통신과	7	2	7	8	7	5	5	4
5039	경남 통영시	온나라시스템 운영지원	31,265	정보통신과	7	2	7	8	7	5	5	4
5040	경남 통영시	표준기록관리시스템유지관리	43,480	정보통신과	7	1	5	1	7	2	2	4
5041	경남 통영시	공통기반시스템 전산장비 유지관리	80,722	정보통신과	7	1	5	1	7	2	2	4
5042	경남 통영시	공통기반 재해복구시스템 유지관리	3,023	정보통신과	7	1	5	1	7	2	2	4
5043	경남 통영시	지방행정공통정보시스템 서비스데스크 운영	6,460	정보통신과	7	1	5	1	7	2	2	4
5044	경남 사천시	국가주소정보시스템 유지관리	17,724	토지관리과	7	1	5	1	7	2	2	4
5045	경남 사천시	도로명주소기본도 유지관리	6,708	토지관리과	7	1	5	1	7	2	2	4
5046	경남 사천시	대학일자리센터 운영지원 사업	30,000	지역경제과	7	1	5	1	7	2	2	4
5047	경남 사천시	경남 중소기업 청년활력사업	541,200	지역경제과	7	6	7	8	7	1	3	3
5048	경남 사천시	경남 청년장인 프로젝트 사업	220,000	지역경제과	7	2	7	8	7	1	1	4
5049	경남 사천시	청년구직활동수당(드림카드)지원	88,500	지역경제과	7	2	7	8	7	1	1	4
5050	경남 사천시	경남 스타트업 청년채용 연계사업	327,320	지역경제과	7	6	7	8	7	1	1	4
5051	경남 사천시	경남형 뉴딜일자리사업 지원	205,000	지역경제과	7	2	7	8	7	1	1	4
5052	경남 사천시	항공기술인력양성사업	70,000	지역경제과	7	2	7	8	7	1	1	4
5053	경남 사천시	사천미술관 운영	35,000	문화체육과	7	6	7	8	7	1	3	4

순번	시군구	지출명 (사업명)	2021년예산 (단위:천원/1년간)	담당자 (공무원) 담당부서	민간이전 분류 (지방자치단체 세출예산 집행기준에 의거) 1. 민간경상사업보조(307-02) 2. 민간단체 법정운영비보조(307-03) 3. 민간행사사업보조(307-04) 4. 민간위탁금(307-05) 5. 사회복지시설 법정운영비보조(307-10) 6. 민간인위탁교육비(307-12) 7. 공기관등에대한경상적위탁사업비(308-10) 8. 민간자본사업보조,자체재원(402-01) 9. 민간자본사업보조,이전재원(402-02) 10. 민간위탁사업비(402-03) 11. 공기관등에 대한 자본적 대행사업비(403-02)	민간이전지출 근거 (지방보조금 관리기준 참고) 1. 법률에 규정 2. 국고보조 재원(국가지정) 3. 용도 지정 기부금 4. 조례에 직접규정 5. 지자체가 권장하는 사업을 하는 공공기관 6. 시,도 정책 및 재정사정 7. 기타 8. 해당없음	입찰방식 계약체결방법 (경쟁형태) 1. 일반경쟁 2. 제한경쟁 3. 지명경쟁 4. 수의계약 5. 법정위탁 6. 기타 ( ) 7. 해당없음	입찰방식 계약기간 1. 1년 2. 2년 3. 3년 4. 4년 5. 5년 6. 기타 ( )년 7. 단기계약 (1년미만) 8. 해당없음	입찰방식 낙찰자선정방법 1. 적격심사 2. 협상에의한계약 3. 최저가낙찰제 4. 규격가격분리 5. 2단계 경쟁입찰 6. 기타 ( ) 7. 해당없음	운영예산 산정 운영예산 산정 1. 내부산정 (지자체 자체적으로 산정) 2. 외부산정 (외부전문기관위탁 산정) 3. 내·외부 모두 산정 4. 산정 無 5. 해당없음	운영예산 산정 정산방법 1. 내부정산 (지자체 내부적으로 정산) 2. 외부정산 (외부전문기관위탁 정산) 3. 내·외부 모두 산정 4. 정산 無 5. 해당없음	성과평가 실시여부 1. 실시 2. 미실시 3. 향후 추진 4. 해당없음
5054	경남 사천시	사천문화재단 건물 유지관리	10,000	문화체육과	7	4	7	8	7	1	1	4
5055	경남 사천시	문화예술회관 운영관리	1,360,648	문화체육과	7	4	7	8	7	1	1	4
5056	경남 사천시	와룡스포츠센터 수영장 운영비 지원	155,000	문화체육과	7	7	7	8	7	5	1	4
5057	경남 사천시	지역자율형 사회서비스 투자사업	230,909	주민생활지원과	7	2	5	8	7	1	1	4
5058	경남 사천시	지역자율형 사회서비스 투자사업	303,204	주민생활지원과	7	2	5	8	7	1	1	4
5059	경남 사천시	일반산업단지 관리운영 대행사업비	50,000	산업입지과	7	4	5	5	7	1	1	4
5060	경남 사천시	미래자동차 부품실증 및 사업화 지원	100,000	산업입지과	7	6	7	5	7	5	5	4
5061	경남 사천시	지방재정관리시스템(e-호조) 운영관리	29,012	기획예산담당관	7	8	7	7	7	2	2	4
5062	경남 김해시	차세대 주민등록정보시스템 구축 운영비	15,010	자치행정과	7	1	1	1	2	2	1	1
5063	경남 김해시	장애인공무원 근무지원	55,000	총무과	7	4	7	8	7	5	5	4
5064	경남 김해시	우편모아시스템 유지보수비	5,300	총무과	7	8	7	8	7	5	5	4
5065	경남 김해시	표준지방인사시스템 부담금	124,922	총무과	7	2	5	8	7	2	2	4
5066	경남 김해시	전자공무원증 발급대금	8,100	총무과	7	2	5	8	7	2	2	4
5067	경남 김해시	지방세외수입 정보화 사업운영	35,298	납세과	7	1	5	1	7	2	2	1
5068	경남 김해시	영유아 보육료 지원	65,824,900	아동보육과	7	2	7	8	7	1	1	1
5069	경남 김해시	방과후 아동 보육료 지원	10,500	아동보육과	7	2	7	8	7	1	1	1
5070	경남 김해시	시간제 보육료	25,000	아동보육과	7	2	7	8	7	1	1	1
5071	경남 김해시	어린이집 안전보험료 지원	80,047	아동보육과	7	6	7	8	7	1	1	2
5072	경남 김해시	누리과정 보육료 지원	17,280,000	아동보육과	7	6	7	8	7	1	1	2
5073	경남 김해시	어린이집 부모부담 보육료 지원	37,200	아동보육과	7	6	7	8	7	1	1	2
5074	경남 김해시	무역사절단 파견사업	75,000	투자유치과	7	1	7	8	7	1	1	1
5075	경남 김해시	무역사절단 Follow-up지원사업	20,000	투자유치과	7	1	7	8	7	1	1	1
5076	경남 김해시	중장년 기술창업센터 운영사업	60,000	투자유치과	7	2	5	1	2	3	3	1
5077	경남 김해시	1인 창조기업 비즈니스센터 운영 사업	60,000	투자유치과	7	1	5	1	2	3	3	1
5078	경남 김해시	중소기업 판로지원사업	93,000	투자유치과	7	5	5	1	2	3	1	1
5079	경남 김해시	음악창작소 운영비	100,000	문화예술과	7	5	7	8	7	1	1	3
5080	경남 김해시	희망키움통장(Ⅰ)사업근로소득장려금	132,761	생활안정과	7	2	5	1	7	5	5	4
5081	경남 김해시	희망키움통장(Ⅱ)사업근로소득장려금	702,448	생활안정과	7	2	5	1	7	5	5	4
5082	경남 김해시	내일키움통장사업 근로소득 장려금	35,071	생활안정과	7	2	5	1	7	5	5	4
5083	경남 김해시	청년희망키움통장 근로소득 장려금	141,843	생활안정과	7	2	5	1	7	5	5	4
5084	경남 김해시	청년저축계좌 근로소득 장려금	257,886	생활안정과	7	2	5	1	7	5	5	4
5085	경남 김해시	지역사회서비스투자사업예탁금	2,042,282	생활안정과	7	2	5	1	7	5	5	4
5086	경남 김해시	가사간병 방문지원사업 예탁금	278,449	생활안정과	7	2	5	1	7	5	5	4
5087	경남 김해시	국가사적 승격 신청보고서 작성	36,000	가야사복원과	7	5	5	1	7	1	1	4
5088	경남 김해시	장애인의료비 지원	658,585	노인장애인과	7	2	7	8	7	5	5	4
5089	경남 김해시	발달재활서비스 지원	1,730,160	노인장애인과	7	2	7	8	7	5	5	4
5090	경남 김해시	언어발달 지원	2,160	노인장애인과	7	2	7	8	7	5	5	4
5091	경남 김해시	발달장애인 부모상담지원	9,600	노인장애인과	7	2	7	8	7	5	5	4
5092	경남 김해시	발달장애인 주간활동서비스 지원	3,226,414	노인장애인과	7	2	7	8	7	5	5	4
5093	경남 김해시	청소년 발달장애학생 방과후활동서비스 지원	866,100	노인장애인과	7	2	7	8	7	5	5	4
5094	경남 김해시	장애인활동지원	19,202,749	노인장애인과	7	2	7	8	7	5	5	4
5095	경남 김해시	장애인활동지원 가산급여	50,886	노인장애인과	7	2	7	8	7	5	5	4
5096	경남 김해시	장애인도우미지원	1,813,200	노인장애인과	7	6	7	8	7	5	5	4

순번	시군구	지출명 (사업명)	2021년예산 (단위:천원/1년간)	담당자 (공무원)	민간이전 분류 (지방자치단체 세출예산 집행기준에 의거)	민간이전지출 근거 (지방보조금 관리기준 참고)	입찰방식			운영예산 산정		성과평가 실시여부
				담당부서	1. 민간경상사업보조(307-02) 2. 민간단체 법정운영비보조(307-03) 3. 민간행사사업보조(307-04) 4. 민간위탁금(307-05) 5. 사회복지시설 법정운영비보조(307-10) 6. 민간인위탁교육비(307-12) 7. 공기관등에대한경상적위탁사업비(308-10) 8. 민간자본사업보조,자체재원(402-01) 9. 민간자본사업보조,이전재원(402-02) 10. 민간위탁사업비(402-03) 11. 공기관등에 대한 자본적 대행사업비(403-02)	1. 법률에 규정 2. 국고보조 재원(국가지정) 3. 용도 지정 기부금 4. 조례에 직접규정 5. 지자체가 권장하는 사업을 하는 공공기관 6. 시,도 정책 및 재정사정 7. 기타 8. 해당없음	계약체결방법 (경쟁형태) 1. 일반경쟁 2. 제한경쟁 3. 지명경쟁 4. 수의계약 5. 법정위탁 6. 기타 ( ) 7. 해당없음	계약기간 1. 1년 2. 2년 3. 3년 4. 4년 5. 5년 6. 기타 ( )년 7. 단기계약 (1년미만) 8. 해당없음	낙찰자선정방법 1. 적격심사 2. 협상에의한계약 3. 최저가낙찰제 4. 규격가격분리 5. 2단계 경쟁입찰 6. 기타 ( ) 7. 해당없음	운영예산 산정 1. 내부산정 (지자체 자체적으로 산정) 2. 외부산정 (외부전문기관위탁 산정) 3. 내·외부 모두 산정 4. 산정 無 5. 해당없음	정산방법 1. 내부정산 (지자체 내부적으로 정산) 2. 외부정산 (외부전문기관위탁 정산) 3. 내·외부 모두 산정 4. 정산 無 5. 해당없음	1. 실시 2. 미실시 3. 향후 추진 4. 해당없음
5097	경남 김해시	장애인활동지원 추가지원사업 위탁업무비	7,000	노인장애인과	7	6	7	8	7	5	5	4
5098	경남 김해시	장애인활동지원 급여 지원(시추가사업)	4,206,160	노인장애인과	7	6	7	8	7	5	5	4
5099	경남 김해시	광역알뜰교통카드 연계 마일리지 지원	50,424	대중교통과	7	2	7	8	7	3	2	4
5100	경남 김해시	사격팀운영	187,175	체육지원과	7	5	7	7	7	1	1	1
5101	경남 김해시	새일센터 지정운영	531,460	여성가족과	7	1	7	8	7	5	5	4
5102	경남 김해시	새일여성인턴 취업장려금 지급	27,600	여성가족과	7	6	7	8	7	5	5	4
5103	경남 김해시	여성 창업 지원서비스 확대	2,000	여성가족과	7	6	7	8	7	5	5	4
5104	경남 김해시	청소년건강지원	170,376	여성가족과	7	2	7	8	7	5	5	1
5105	경남 김해시	청년 뉴딜일자리 사업	205,000	일자리정책과	7	2	7	8	7	1	1	1
5106	경남 김해시	청년장인 프로젝트 사업	1,021,114	일자리정책과	7	2	7	8	7	1	1	1
5107	경남 김해시	경남 스타트업 청년채용 연계사업	447,560	일자리정책과	7	2	7	8	7	1	1	4
5108	경남 김해시	중소기업 청년활력사업	407,306	일자리정책과	7	2	7	8	7	1	1	4
5109	경남 김해시	청년 구직활동수당 지원사업	871,030	일자리정책과	7	6	7	8	7	1	1	4
5110	경남 밀양시	밀양물산 운영	550,000	6차산업과	7	4	7	8	7	1	1	3
5111	경남 밀양시	국가암관리 지원	263,309	건강증진과	7	2	6	6	7	5	2	1
5112	경남 밀양시	지역자율형 사회서비스 투자사업	198,623	건강증진과	7	2	7	8	7	5	3	1
5113	경남 밀양시	의료급여수급권자 영유아 검진	1,200	건강증진과	7	2	7	8	7	5	5	4
5114	경남 밀양시	희귀 질환자 의료비 지원	110,000	건강증진과	7	2	6	6	7	5	2	1
5115	경남 밀양시	의료급여수급권자 일반검진비 지원	24,181	건강증진과	7	2	6	6	7	5	2	1
5116	경남 밀양시	표준모자보건수첩 제작	540	건강증진과	7	2	7	8	7	5	3	4
5117	경남 밀양시	청소년산모 의료비 지원	3,200	건강증진과	7	2	7	8	7	5	3	4
5118	경남 밀양시	저소득층 기저귀 및 조제분유 지원	71,620	건강증진과	7	2	7	8	7	5	5	4
5119	경남 밀양시	치매치료관리비 지원	200,000	건강증진과	7	2	7	8	7	5	2	4
5120	경남 밀양시	행정정보화	36,530	공보전산담당관	7	1	5	1	7	5	5	4
5121	경남 밀양시	지방행정 공통정보화	125,065	공보전산담당관	7	1	5	1	7	5	5	4
5122	경남 밀양시	대중교통 운행관리	8,404	교통행정과	7	2	6	6	6	5	5	4
5123	경남 밀양시	청백-e시스템 운영	9,600	기획감사담당관	7	5	5	1	2	4	2	3
5124	경남 밀양시	지방재정관리시스템 유지관리	29,012	기획감사담당관	7	5	5	1	2	4	2	3
5125	경남 밀양시	나노융합산업단지	100,000	나노융합과	7	4	6	1	6	1	1	1
5126	경남 밀양시	나노피아 산업전	300,000	나노융합과	7	4	6	1	6	1	2	1
5127	경남 밀양시	삼문동 도시재생 뉴딜사업	567,622	도시재생과	7	6	6	4	7	3	3	4
5128	경남 밀양시	박물관 운영	36,380	문화예술과	7	5	6	7	7	1	1	4
5129	경남 밀양시	통합문화이용권 사업	546,500	문화예술과	7	1	5	1	7	5	5	4
5130	경남 밀양시	밀양공연예술축제 운영	800,000	문화예술과	7	4	7	1	7	1	1	1
5131	경남 밀양시	밀양아리랑 활성화	750,000	문화예술과	7	4	7	1	7	1	1	4
5132	경남 밀양시	밀양전통인문학 고전 강좌	50,000	문화예술과	7	4	7	1	7	5	1	4
5133	경남 밀양시	도로명주소 기본도유지보수	11,281	민원지적과	7	1	6	1	7	1	1	2
5134	경남 밀양시	국가정보주소정보시스템유지보수	17,724	민원지적과	7	1	6	1	7	3	1	4
5135	경남 밀양시	장애인의료비	300,379	사회복지과	7	1	5	8	7	5	5	4
5136	경남 밀양시	아이돌봄 지원사업	709,500	사회복지과	7	1	6	7	7	1	1	1
5137	경남 밀양시	발달재활서비스 바우처 지원	205,200	사회복지과	7	1	7	8	7	5	5	4
5138	경남 밀양시	장애인 활동지원 급여지원	7,414,169	사회복지과	7	1	7	8	7	5	5	4
5139	경남 밀양시	장애인도우미지원	1,003,563	사회복지과	7	1	7	8	7	5	5	4

순번	시군구	지출명 (사업명)	2021년예산 (단위:천원/1년간)	담당자 (공무원) 담당부서	민간이전 분류 (지방자치단체 세출예산 집행기준에 의거) 1. 민간경상사업보조(307-02) 2. 민간단체 법정운영비보조(307-03) 3. 민간행사사업보조(307-04) 4. 민간위탁금(307-05) 5. 사회복지시설 법정운영비보조(307-10) 6. 민간인위탁교육비(307-12) 7. 공기관등에대한경상적위탁사업비(308-10) 8. 민간자본사업보조,자체재원(402-01) 9. 민간자본사업보조,이전재원(402-02) 10. 민간위탁사업비(402-03) 11. 공기관등에 대한 자본적 대행사업비(403-02)	민간이전지출 근거 (지방보조금 관리기준 참고) 1. 법률에 규정 2. 국고보조 재원(국가지정) 3. 용도 지정 기부금 4. 조례에 직접규정 5. 지자체가 권장하는 사업을 하는 공공기관 6. 시,도 정책 및 재정사정 7. 기타 8. 해당없음	입찰방식 계약체결방법 (경쟁형태) 1. 일반경쟁 2. 제한경쟁 3. 지명경쟁 4. 수의계약 5. 법정위탁 6. 기타 ( ) 7. 해당없음	입찰방식 계약기간 1. 1년 2. 2년 3. 3년 4. 4년 5. 5년 6. 기타 ( )년 7. 단기계약 (1년미만) 8. 해당없음	입찰방식 낙찰자선정방법 1. 적격심사 2. 협상에의한계약 3. 최저가낙찰제 4. 규격가격분리 5. 2단계 경쟁입찰 6. 기타 ( ) 7. 해당없음	운영예산 산정 운영예산 산정 1. 내부산정 (지자체 자체적으로 산정) 2. 외부산정 (외부전문기관위탁 산정) 3. 내·외부 모두 산정 4. 산정 無 5. 해당없음	운영예산 산정 정산방법 1. 내부정산 (지자체 내부적으로 정산) 2. 외부정산 (외부전문기관위탁 정산) 3. 내·외부 모두 산정 4. 정산 無 5. 해당없음	성과평가 실시여부 1. 실시 2. 미실시 3. 향후 추진 4. 해당없음
5140	경남 밀양시	활동보조 가산급여	9,252	사회복지과	7	1	7	8	7	5	5	4
5141	경남 밀양시	언어발달지원 바우처 지원	8,640	사회복지과	7	1	7	8	7	5	5	4
5142	경남 밀양시	장애인활동지원 시자체사업	2,607,000	사회복지과	7	1	7	8	7	5	5	4
5143	경남 밀양시	발달장애인 주간활동서비스지원	503,260	사회복지과	7	1	7	8	7	5	5	4
5144	경남 밀양시	발달장애인 방과후 돌봄서비스지원	233,180	사회복지과	7	1	7	8	7	5	5	4
5145	경남 밀양시	하수도사업	6,991,587	상하수도과	7	4	5	5	7	3	1	1
5146	경남 밀양시	지방세정 운영	80,017	세무과	7	1	5	1	2	1	1	1
5147	경남 밀양시	배수장,배수문,우수저류 유지관리	20,000	안전재난관리과	7	7	6	1	7	5	1	4
5148	경남 밀양시	경남 스타트업 청년채용 연계	426,720	일자리경제과	7	2	7	8	7	1	1	3
5149	경남 밀양시	경남형 디지털 청년일자리 지원사업	205,000	일자리경제과	7	2	7	8	7	1	1	3
5150	경남 밀양시	청년구직활동수당 지원	126,000	일자리경제과	7	6	7	8	7	1	1	4
5151	경남 밀양시	경남청년 장인 프로젝트	311,100	일자리경제과	7	2	7	8	7	1	1	3
5152	경남 밀양시	중소기업 청년활력사업	940,000	일자리경제과	7	2	7	8	7	1	1	3
5153	경남 밀양시	지역자율형 사회서비스 투자사업	384,357	주민생활지원과	7	1	7	8	7	5	5	4
5154	경남 밀양시	지역자율형 사회서비스 투자사업	189,956	주민생활지원과	7	1	7	8	7	5	5	4
5155	경남 밀양시	수리시설관리	20,000	지역개발과	7	5	7	8	7	5	5	4
5156	경남 밀양시	저수지 용도폐지 대체시설	50,000	지역개발과	7	5	7	8	7	5	5	4
5157	경남 밀양시	중소기업 관리 및 지원	40,000	투자유치과	7	5	7	1	7	1	1	2
5158	경남 밀양시	산업단지관리	280,000	투자유치과	7	5	7	1	7	1	1	2
5159	경남 밀양시	교육경비 지원	64,240	평생학습관	7	4	7	8	7	5	1	4
5160	경남 밀양시	주민협력	12,296	행정과	7	1	5	1	7	2	2	4
5161	경남 밀양시	후생복지증진	5,000	행정과	7	1	5	8	7	1	5	2
5162	경남 밀양시	인사관리및운영	30,368	행정과	7	1	5	1	7	5	5	4
5163	경남 거제시	청백-e시스템 운영지원	10,399	감사법무담당관	7	5	5	1	7	2	2	4
5164	경남 거제시	택시운행정보 관리시스템 운영비	11,400	교통과	7	1	6	1	7	2	2	4
5165	경남 거제시	지방재정관리시스템(e-호조) 유지보수	32,636	기획예산담당관	7	5	5	1	7	2	2	4
5166	경남 거제시	차세대 지방재정관리시스템 구축 위탁사업비	99,185	기획예산담당관	7	5	5	1	7	2	2	4
5167	경남 거제시	해양관광개발공사 시설관리 위탁금	25,192,246	기획예산담당관	7	5	5	1	7	2	2	4
5168	경남 거제시	장애인도우미지원	263,488	노인장애인과	7	6	2	8	1	1	1	4
5169	경남 거제시	장애인활동지원 시 추가	485,300	노인장애인과	7	5	2	8	1	1	1	4
5170	경남 거제시	장애인활동지원 시 추가 위탁업무비	3,500	노인장애인과	7	5	2	8	1	1	1	4
5171	경남 거제시	가출 실종 위험군 안심서비스 지원	8,640	노인장애인과	7	6	7	3	7	1	1	4
5172	경남 거제시	유기질비료 공급	100,000	농업지원과	7	2	6	7	6	1	1	1
5173	경남 거제시	주민등록증 제작	55,949	민원과	7	5	5	1	7	2	2	4
5174	경남 거제시	차세대주민등록정보시스템 운영	13,064	민원과	7	5	5	1	7	2	2	4
5175	경남 거제시	업무관리(온나라)시스템 외 1종(문서유통) 유지보수	28,324	정보통신과	7	5	7	8	7	2	2	4
5176	경남 거제시	표준기록관리시스템 유지보수	39,617	정보통신과	7	5	7	8	7	2	2	4
5177	경남 거제시	시군구 행정정보 전산장비 유지관리	101,800	정보통신과	7	7	7	1	7	2	2	4
5178	경남 거제시	고현시장 문화관광형시장 육성사업 시비부담금	230,000	생활경제과	7	2	7	8	7	5	5	4
5179	경남 거제시	제32회 경남생활대축전 개최	1,200	생활체육과	7	4	7	8	7	5	5	4
5180	경남 거제시	차세대 지방세정보시스템 위탁사업비	2,395	세무과	7	1	5	1	7	2	2	1
5181	경남 거제시	교류도시 청소년 역사문화교류	16,000	시정혁신담당관	7	5	7	8	7	5	5	4
5182	경남 거제시	누리과정보육료 지원	9,136,771	아동돌봄과	7	6	7	8	7	1	4	1

순번	시군구	지출명 (사업명)	2021년예산 (단위:천원/1년간)	담당자 (공무원)	민간이전 분류 (지방자치단체 세출예산 집행기준에 의거)	민간이전지출 근거 (지방보조금 관리기준 참고)	입찰방식			운영예산 산정		성과평가 실시여부
				담당부서	1. 민간경상사업보조(307-02) 2. 민간단체 법정운영비보조(307-03) 3. 민간행사사업보조(307-04) 4. 민간위탁금(307-05) 5. 사회복지시설 법정운영비보조(307-10) 6. 민간인위탁교육비(307-12) 7. 공기관등에대한경상적위탁사업비(308-10) 8. 민간자본사업보조,자체재원(402-01) 9. 민간자본사업보조,이전재원(402-02) 10. 민간위탁사업비(402-03) 11. 공기관등에 대한 자본적 대행사업비(403-02)	1. 법률에 규정 2. 국고보조 재원(국가지정) 3. 용도 지정 기부금 4. 조례에 직접규정 5. 지자체가 권장하는 사업을 하는 공공기관 6. 시,도 정책 및 재정사정 7. 기타 8. 해당없음	계약체결방법 (경쟁형태) 1. 일반경쟁 2. 제한경쟁 3. 지명경쟁 4. 수의계약 5. 법정위탁 6. 기타 ( ) 7. 해당없음	계약기간 1. 1년 2. 2년 3. 3년 4. 4년 5. 5년 6. 기타 ( )년 7. 단기계약 (1년미만) 8. 해당없음	낙찰자선정방법 1. 적격심사 2. 협상에의한계약 3. 최저가낙찰제 4. 규격가격분리 5. 2단계 경쟁입찰 6. 기타 ( ) 7. 해당없음	운영예산 산정 1. 내부산정 (지자체 자체적으로 산정) 2. 외부산정 (외부전문기관위탁 산정) 3. 내·외부 모두 산정 4. 산정 無 5. 해당없음	정산방법 1. 내부정산 (지자체 내부적으로 정산) 2. 외부정산 (외부전문기관위탁 정산) 3. 내·외부 모두 산정 4. 정산 無 5. 해당없음	1. 실시 2. 미실시 3. 향후 추진 4. 해당없음
5183	경남 거제시	어린이집 부모부담 보육료 지원	1,607,376	아동돌봄과	7	6	7	8	7	1	4	1
5184	경남 거제시	스마트 리스닝(EBS영어학습) 지원	200,000	평생교육과	7	6	7	8	7	5	5	4
5185	경남 거제시	청년 지원금	280,000	조선산업일자리과	7	5	7	1	7	2	2	2
5186	경남 거제시	수행기관 운영비	35,000	조선산업일자리과	7	5	7	1	7	2	2	2
5187	경남 거제시	취업 성공수당	10,500	조선산업일자리과	7	5	7	1	7	2	2	2
5188	경남 거제시	경남형 스마트공장 보급	108,000	조선산업일자리과	7	5	6	1	7	1	1	4
5189	경남 거제시	메이커센터 및 코워킹 스페이스 운영	200,000	조선산업일자리과	7	5	6	8	7	1	1	4
5190	경남 거제시	국가주소정보시스템 운영지원	17,724	토지정보과	7	1	5	1	7	2	2	4
5191	경남 거제시	거제시장기『전국윈드서핑대회』대회	30,000	해양항만과	7	5	7	8	7	5	1	4
5192	경남 거제시	장애인공무원 보조공학기기 지원	3,000	행정과	7	4	7	8	7	1	1	2
5193	경남 거제시	인사행정시스템 유지보수	7,903	행정과	7	7	7	8	7	2	2	4
5194	경남 거제시	차세대 인사행정시스템 개발	84,181	행정과	7	7	7	8	7	2	2	4
5195	경남 거제시	지방세 정보화시스템 위탁사업비	64,096	세무과	7	1	5	1	7	2	2	1
5196	경남 거제시	세외수입 정보화 사업 운영	28,744	체납관리과	7	1	5	1	7	2	2	1
5197	경남 양산시	청백-e시스템 유지관리 지자체별 분담금	10,399	감사담당관	7	1	5	1	7	5	5	4
5198	경남 양산시	지역자율형 사회서비스 투자사업	2,026,454	건강증진과	7	2	7	8	7	1	1	2
5199	경남 양산시	치매치료관리비 지원	208,000	건강증진과	7	1	7	8	7	5	5	4
5200	경남 양산시	청소년산모 임신출산 의료비 지원	3,644	건강증진과	7	2	7	8	7	1	1	2
5201	경남 양산시	표준모자보건수첩 제작	2,860	건강증진과	7	2	7	8	7	1	1	2
5202	경남 양산시	기저귀 및 조제분유 지원	569,220	건강증진과	7	2	7	8	7	1	1	2
5203	경남 양산시	대학생 학자금 대출이자 지원	30,000	교육체육과	7	4	6	8	7	1	1	2
5204	경남 양산시	교통약자이동편의증진	2,524,715	교통과	7	4	5	2	6	1	1	1
5205	경남 양산시	광역알뜰교통카드 연계 마일리지 지원	76,000	교통과	7	2	7	8	7	1	1	4
5206	경남 양산시	지방재정관리시스템 관리	36,264	기획예산담당관	7	2	7	8	7	5	5	4
5207	경남 양산시	통합 문화이용권 사업	1,112,800	문화관광과	7	2	5	8	7	1	1	1
5208	경남 양산시	스마트공장보급확산사업	14,580	미래산업과	7	2	7	8	7	5	5	4
5209	경남 양산시	중소기업핵심기술맞춤정보제공사업	10,000	미래산업과	7	4	7	8	7	5	5	4
5210	경남 양산시	전시회및박람회참가업체지원	47,500	미래산업과	7	4	7	8	7	5	5	4
5211	경남 양산시	KOTRA무역사절단참가지원	90,000	미래산업과	7	4	7	8	7	5	5	4
5212	경남 양산시	중소기업수출보험료지원	20,000	미래산업과	7	4	7	8	7	5	5	4
5213	경남 양산시	중소기업온라인마케팅지원	30,000	미래산업과	7	4	7	8	7	5	5	4
5214	경남 양산시	소재부품산업기술고도화사업	180,000	미래산업과	7	6	7	8	7	5	5	4
5215	경남 양산시	미래자동차핵심부품기술개발지원	100,000	미래산업과	7	4	7	8	7	5	5	4
5216	경남 양산시	양산시 복지재단 운영	5,687,036	사회복지과	7	1	7	8	7	1	5	1
5217	경남 양산시	노인일자리창출지원센터 운영 지원	260,000	사회복지과	7	6	7	8	7	5	1	4
5218	경남 양산시	어르신센터 운영	189,000	사회복지과	7	6	5	5	7	1	1	4
5219	경남 양산시	경남형 노인일자리 시니어인턴십	71,250	사회복지과	7	6	7	8	7	5	1	4
5220	경남 양산시	어르신센터 운영	189,000	사회복지과	7	6	5	5	7	1	1	4
5221	경남 양산시	장애인의료비 지원	378,149	사회복지과	7	2	5	8	7	5	3	4
5222	경남 양산시	장애인 활동지원급여 지원	16,388,090	사회복지과	7	2	1	8	7	5	3	4
5223	경남 양산시	활동보조 가산급여	25,443	사회복지과	7	2	1	8	7	5	3	4
5224	경남 양산시	장애인 도우미지원 사업	1,498,403	사회복지과	7	2	1	8	7	5	3	4
5225	경남 양산시	장애인 활동지원 시추가지원사업	3,856,896	사회복지과	7	1	1	8	7	5	3	4

순번	시군구	지출명 (사업명)	2021년예산 (단위:천원/1년간)	담당자 (공무원)	민간이전 분류 (지방자치단체 세출예산 집행기준에 의거)	민간이전지출 근거 (지방보조금 관리기준 참고)	입찰방식			운영예산 산정		성과평가 실시여부
				담당부서	1. 민간경상사업보조(307-02) 2. 민간단체 법정운영비보조(307-03) 3. 민간행사사업보조(307-04) 4. 민간위탁금(307-05) 5. 사회복지시설 법정운영비보조(307-10) 6. 민간인위탁교육비(307-12) 7. 공기관등에대한경상적위탁사업비(308-10) 8. 민간자본사업보조,자체재원(402-01) 9. 민간자본사업보조,이전재원(402-02) 10. 민간위탁사업비(402-03) 11. 공기관등에 대한 자본적 대행사업비(403-02)	1. 법률에 규정 2. 국고보조 재원(국가지정) 3. 용도 지정 기부금 4. 조례에 직접규정 5. 지자체가 권장하는 사업을 하는 공공기관 6. 시,도 정책 및 재정사정 7. 기타 8. 해당없음	계약체결방법 (경쟁형태) 1. 일반경쟁 2. 제한경쟁 3. 지명경쟁 4. 수의계약 5. 법정위탁 6. 기타 ( ) 7. 해당없음	계약기간 1. 1년 2. 2년 3. 3년 4. 4년 5. 5년 6. 기타 ( )년 7. 단기계약 (1년미만) 8. 해당없음	낙찰자선정방법 1. 적격심사 2. 협상에의한계약 3. 최저가낙찰제 4. 규격가격분리 5. 2단계 경쟁입찰 6. 기타 ( ) 7. 해당없음	운영예산 산정 1. 내부산정 (지자체 자체적으로 산정) 2. 외부산정 (외부전문기관위탁 산정) 3. 내·외부 모두 산정 4. 산정 無 5. 해당없음	정산방법 1. 내부정산 (지자체 내부적으로 정산) 2. 외부정산 (외부전문기관위탁 정산) 3. 내·외부 모두 산정 4. 정산 無 5. 해당없음	1. 실시 2. 미실시 3. 향후 추진 4. 해당없음
5226	경남 양산시	발달재활서비스 바우처 지원	868,320	사회복지과	7	2	1	3	1	2	2	4
5227	경남 양산시	언어발달지원 바우처 지원	2,160	사회복지과	7	2	1	3	1	2	2	4
5228	경남 양산시	발달장애인 부모심리상담지원	12,942	사회복지과	7	2	1	3	1	2	2	4
5229	경남 양산시	한국양성평등교육진흥원 남부센터 운영비 지원	18,000	여성가족과	7	5	6	8	2	3	4	2
5230	경남 양산시	청년구직활동수당지원사업	525,000	일자리경제과	7	1	7	8	7	5	1	1
5231	경남 양산시	지역사회서비스투자사업	1,789,171	주민생활지원과	7	2	7	8	7	5	5	4
5232	경남 양산시	맞춤형급여 자가가구 수선유지급여	722,277	주민생활지원과	7	1	5	1	7	5	2	1
5233	경남 양산시	지역자율형 사회서비스 투자사업	198,734	주민생활지원과	7	1	7	8	7	5	5	4
5234	경남 양산시	희망키움통장1	117,325	주민생활지원과	7	2	5	1	7	5	2	4
5235	경남 양산시	희망키움통장2	350,203	주민생활지원과	7	2	5	1	7	5	2	4
5236	경남 양산시	내일키움통장	23,798	주민생활지원과	7	2	5	1	7	5	2	4
5237	경남 양산시	청년희망키움통장	109,338	주민생활지원과	7	2	5	1	7	5	2	4
5238	경남 양산시	청년저축계좌	187,554	주민생활지원과	7	2	5	1	7	5	2	4
5239	경남 의령군	재정관리시스템 유지보수비	25,386	기획예산담당관	7	1	6	1	7	2	2	4
5240	경남 의령군	청백-e 통합 상시모니터링 시스템 유지보수 및 운영지원	8,002	기획예산담당관	7	4	4	1	7	2	2	1
5241	경남 의령군	차세대주민등록정보시스템 운영 부담금	10,975	행정과	7	1	5	1	7	5	5	4
5242	경남 의령군	공통기반시스템 전산장비 유지관리	80,944	행정과	7	1	5	1	7	5	5	4
5243	경남 의령군	공통기반 재해복구시스템 유지관리	2,920	행정과	7	1	5	1	7	5	5	4
5244	경남 의령군	지방행정통합정보시스템 상담센터 운영	6,460	행정과	7	1	5	1	7	5	5	4
5245	경남 의령군	온-나라시스템 SW 유지관리	28,238	행정과	7	1	5	1	7	5	5	4
5246	경남 의령군	표준기록관리시스템 유지관리	21,300	행정과	7	1	5	1	7	5	5	4
5247	경남 의령군	대학 평생교육원 프로그램 지원	20,000	행정과	7	4	7	8	7	5	5	4
5248	경남 의령군	차세대 지방세정보시스템 구축 유지보수비	1,210	재무과	7	1	5	1	7	2	2	4
5249	경남 의령군	지방세정보시스템 유지보수비	34,427	재무과	7	1	5	1	7	2	2	4
5250	경남 의령군	세외수입프로그램 유지보수	19,204	재무과	7	1	5	1	7	2	2	4
5251	경남 의령군	스마트공장 확산 지원사업	36,000	일자리경제과	7	4	7	8	7	1	5	4
5252	경남 의령군	청년 구직활동 지원	20,000	일자리경제과	7	2	7	8	7	1	1	1
5253	경남 의령군	청년 구직활동 지원	2,500	일자리경제과	7	2	7	8	7	1	1	1
5254	경남 의령군	청년 구직활동 지원	1,500	일자리경제과	7	2	7	8	7	1	1	1
5255	경남 의령군	뉴딜일자리 사업	61,500	일자리경제과	7	2	7	8	7	1	1	1
5256	경남 의령군	경남 스타트업 청년채용 연계사업	82,320	일자리경제과	7	2	7	8	7	1	1	1
5257	경남 의령군	경남청년 장인 프로젝트	45,100	일자리경제과	7	2	7	8	7	1	1	1
5258	경남 의령군	경남 중소기업 청년활력사업	98,300	일자리경제과	7	2	7	8	7	1	1	1
5259	경남 의령군	택시운행정보관리시스템 운영 및 유지관리	818	일자리경제과	7	1	5	1	7	2	1	4
5260	경남 의령군	수요응답형 대중교통(DRT) 시스템 사용료	3,600	일자리경제과	7	2	7	8	7	4	4	4
5261	경남 의령군	희귀질환자 의료비지원사업	25,000	보건소	7	2	7	8	7	5	5	4
5262	경남 의령군	지역사회 건강조사 조사분석 위탁운영	66,766	보건소	7	2	7	1	7	5	5	1
5263	경남 의령군	의료급여수급권자 영유아건강 검진사업	128	보건소	7	2	7	1	7	5	5	4
5264	경남 의령군	표준모자보건수첩제작	180	보건소	7	2	7	1	7	5	5	4
5265	경남 의령군	청소년산모 임신 출산 의료비지원	1,200	보건소	7	2	7	1	7	5	5	4
5266	경남 의령군	지역자율형 사회서비스 투자사업	79,992	보건소	7	2	7	1	7	5	5	4
5267	경남 의령군	기저귀 조제분유 지원	18,220	보건소	7	2	7	1	7	5	5	4
5268	경남 의령군	치매치료관리비지원	150,000	보건소	7	2	7	8	7	5	3	2

순번	시군구	지출명 (사업명)	2021년예산 (단위:천원/1년간)	담당자 (공무원) 담당부서	민간이전 분류 (지방자치단체 세출예산 집행기준에 의거) 1. 민간경상사업보조(307-02) 2. 민간단체 법정운영비보조(307-03) 3. 민간행사사업보조(307-04) 4. 민간위탁금(307-05) 5. 사회복지시설 법정운영비보조(307-10) 6. 민간인위탁교육비(307-12) 7. 공기관등에대한경상적위탁사업비(308-10) 8. 민간자본사업보조,자체재원(402-01) 9. 민간자본사업보조,이전재원(402-02) 10. 민간위탁사업비(402-03) 11. 공기관등에 대한 자본적 대행사업비(403-02)	민간이전지출 근거 (지방보조금 관리기준 참고) 1. 법률에 규정 2. 국고보조 재원(국가지정) 3. 용도 지정 기부금 4. 조례에 직접규정 5. 지자체가 권장하는 사업을 하는 공공기관 6. 시,도 정책 및 재정사정 7. 기타 8. 해당없음	입찰방식 계약체결방법 (경쟁형태) 1. 일반경쟁 2. 제한경쟁 3. 지명경쟁 4. 수의계약 5. 법정위탁 6. 기타 ( ) 7. 해당없음	입찰방식 계약기간 1. 1년 2. 2년 3. 3년 4. 4년 5. 5년 6. 기타 ( )년 7. 단기계약 (1년미만) 8. 해당없음	입찰방식 낙찰자선정방법 1. 적격심사 2. 협상에의한계약 3. 최저가낙찰제 4. 규격가격분리 5. 2단계 경쟁입찰 6. 기타 ( ) 7. 해당없음	운영예산 산정 운영예산 산정 1. 내부산정 (지자체 자체적으로 산정) 2. 외부산정 (외부전문기관위탁 산정) 3. 내·외부 모두 산정 4. 산정 無 5. 해당없음	운영예산 산정 정산방법 1. 내부정산 (지자체 내부적으로 정산) 2. 외부정산 (외부전문기관위탁 정산) 3. 내·외부 모두 산정 4. 정산 無 5. 해당없음	성과평가 실시여부 1. 실시 2. 미실시 3. 향후 추진 4. 해당없음
5269	경남 의령군	국가암관리 지원	50,023	보건소	7	2	7	8	7	5	5	4
5270	경남 의령군	의료급여수급권자 일반건강검진비 지원	9,709	보건소	7	2	7	8	7	5	5	4
5271	경남 함안군	농촌공간 전력계획 및 농촌생활권 활성화계획 수립	200,000	혁신성장담당관	7	5	6	2	7	2	5	4
5272	경남 함안군	청백e시스템 유지관리	8,801	혁신성장담당관	7	1	7	1	7	5	2	4
5273	경남 함안군	청년 구직활동수당 지원사업	64,500	혁신성장담당관	7	6	6	7	7	2	1	2
5274	경남 함안군	GIS 엔진 S/W유지보수 및 KAIS 운영지원	17,473	종합민원과	7	1	4	1	2	2	1	2
5275	경남 함안군	스마트공장 보급확산 지원사업	792,000	경제기업과	7	4	1	1	1	1	3	1
5276	경남 함안군	미래자동차 부품실증 및 사업화 지원	100,000	경제기업과	7	4	1	1	1	1	3	1
5277	경남 함안군	중소기업 수출보험료 지원 사업	20,000	경제기업과	7	4	1	1	1	1	3	1
5278	경남 함안군	경남형 뉴딜일자리 사업	54,000	경제기업과	7	6	7	1	7	1	3	1
5279	경남 함안군	경남 스타트업 청년채용 연계사업	81,000	경제기업과	7	6	7	1	7	1	3	1
5280	경남 함안군	경남청년 장인프로젝트	522,000	경제기업과	7	6	7	1	7	1	3	1
5281	경남 창녕군	지방재정관리시스템 운영관리	25,386	기획예산담당관	7	5	7	7	7	1	1	1
5282	경남 창녕군	감사활동	8,801	기획예산담당관	7	5	7	8	7	5	5	4
5283	경남 창녕군	지역통계 관리	12,000	기획예산담당관	7	8	7	7	7	2	4	1
5284	경남 창녕군	지방세 정보화	62,549	재무과	7	5	5	1	7	2	2	4
5285	경남 창녕군	도로명 및 건물번호활용사업	17,473	민원봉사과	7	5	5	1	7	2	2	4
5286	경남 창녕군	장애인 활동지원급여 지원	1,281,989	주민복지과	7	1	7	7	7	5	4	4
5287	경남 창녕군	활동보조 가산급여	2,313	주민복지과	7	1	7	7	7	5	4	4
5288	경남 창녕군	발달재활서비스 바우처 지원	129,600	주민복지과	7	1	7	7	7	5	4	4
5289	경남 창녕군	발달장애인 주간활동서비스지원	384,800	주민복지과	7	1	7	7	7	5	4	4
5290	경남 창녕군	발달장애인 부모상담지원	3,840	주민복지과	7	1	7	7	7	5	4	4
5291	경남 창녕군	발달장애인 방과후 돌봄서비스지원	46,635	주민복지과	7	1	7	7	7	5	4	4
5292	경남 창녕군	지역자율형 사회서비스 투자사업	3,470	주민복지과	7	1	7	7	7	5	4	4
5293	경남 창녕군	청소년건강지원	18,660	노인여성아동과	7	4	7	8	7	1	1	4
5294	경남 창녕군	도서관 운영	50,000	문화체육과	7	1	7	8	7	5	5	4
5295	경남 창녕군	세계유산 잠정목록 연구지원 사업	34,000	문화체육과	7	2	6	1	6	3	3	4
5296	경남 창녕군	브라보 택시 등 운영지원	3,600	건설교통과	7	2	7	8	7	1	1	1
5297	경남 창녕군	택시운행정보 시스템 구축 운영	2,574	건설교통과	7	7	7	8	7	1	1	1
5298	경남 창녕군	광역알뜰교통카드 연계 마일리지 지원	280	건설교통과	7	7	7	8	7	1	1	1
5299	경남 창녕군	경남 스타트업 청년채용 연계사업	462,760	일자리경제과	7	2	7	1	7	1	1	4
5300	경남 창녕군	경남형 뉴딜일자리 사업	61,500	일자리경제과	7	2	7	8	7	5	5	4
5301	경남 창녕군	경남청년 장인프로젝트사업	123,000	일자리경제과	7	2	7	8	7	1	1	4
5302	경남 창녕군	청년 구직 활동수당 지원사업	60,000	일자리경제과	7	6	7	1	7	1	1	4
5303	경남 창녕군	기업유치 지원	100,000	일자리경제과	7	2	7	8	7	3	3	3
5304	경남 창녕군	주거급여	529,263	도시건축과	7	2	5	1	7	3	2	4
5305	경남 창녕군	국가하천유지보수	200,000	안전치수과	7	2	3	7	7	1	1	2
5306	경남 창녕군	국가하천유지관리	48,222	안전치수과	7	5	3	1	7	1	1	2
5307	경남 창녕군	희귀난치성 질환자 의료비 지원	99,192	보건소 건강관리과	7	1	7	8	7	5	5	4
5308	경남 창녕군	국가암관리 지원	107,843	보건소 건강관리과	7	1	7	8	7	5	5	4
5309	경남 창녕군	의료급여수급권자 일반검진비 지원	13,006	보건소 건강관리과	7	1	7	8	7	5	5	4
5310	경남 창녕군	의료급여수급권자 영유아검진비 지원	870	보건소 건강관리과	7	1	7	8	7	5	5	4
5311	경남 창녕군	지역자율형 사회서비스투자사업	206,571	보건소 건강관리과	7	2	7	8	7	5	5	4

순번	시군구	지출명 (사업명)	2021년예산 (단위:천원/1년간)	담당자 (공무원)	민간이전 분류 (지방자치단체 세출예산 집행기준에 의거)	민간이전지출 근거 (지방보조금 관리기준 참고)	입찰방식			운영예산 산정		성과평가 실시여부
				담당부서	1. 민간경상사업보조(307-02) 2. 민간단체 법정운영비보조(307-03) 3. 민간행사사업보조(307-04) 4. 민간위탁금(307-05) 5. 사회복지시설 법정운영비보조(307-10) 6. 민간인위탁교육비(307-12) 7. 공기관등에대한경상적위탁사업비(308-10) 8. 민간자본사업보조,자체재원(402-01) 9. 민간자본사업보조,이전재원(402-02) 10. 민간위탁사업비(402-03) 11. 공기관등에 대한 자본적 대행사업비(403-02)	1. 법률에 규정 2. 국고보조 재원(국가지정) 3. 용도 지정 기부금 4. 조례에 직접규정 5. 지자체가 권장하는 사업을 하는 공공기관 6. 시,도 정책 및 재정사정 7. 기타 8. 해당없음	계약체결방법 (경쟁형태) 1. 일반경쟁 2. 제한경쟁 3. 지명경쟁 4. 수의계약 5. 법정위탁 6. 기타 ( ) 7. 해당없음	계약기간 1. 1년 2. 2년 3. 3년 4. 4년 5. 5년 6. 기타 ( )년 7. 단기계약 (1년미만) 8. 해당없음	낙찰자선정방법 1. 적격심사 2. 협상에의한계약 3. 최저가낙찰제 4. 규격가격분리 5. 2단계 경쟁입찰 6. 기타 ( ) 7. 해당없음	운영예산 산정 1. 내부산정 (지자체 자체적으로 산정) 2. 외부산정 (외부전문기관위탁 산정) 3. 내·외부 모두 산정 4. 산정 無 5. 해당없음	정산방법 1. 내부정산 (지자체 내부적으로 정산) 2. 외부정산 (외부전문기관위탁 정산) 3. 내·외부 모두 산정 4. 정산 無 5. 해당없음	1. 실시 2. 미실시 3. 향후 추진 4. 해당없음
5312	경남 창녕군	청소년 산모 임신 출산 의료비 지원	1,800	보건소 건강관리과	7	2	7	8	7	5	5	4
5313	경남 창녕군	표준모자보건수첩제작	360	보건소 건강관리과	7	2	7	8	7	5	5	4
5314	경남 창녕군	기저귀 및 조제분유지원	48,556	보건소 건강관리과	7	2	7	8	7	5	5	4
5315	경남 창녕군	치매치료관리비 지원	200,000	보건소 건강관리과	7	1	7	8	7	5	5	4
5316	경남 고성군	경남청년 드림카드 사업	64,500	군정혁신담당관	7	6	7	8	7	5	5	4
5317	경남 고성군	지방재정관리시스템운영 유지관리비	25,386	기획감사담당관	7	1	7	8	7	2	2	4
5318	경남 고성군	2020년 청백-e시스템 유지관리 업무 위탁사업비 지급	8,894	기획감사담당관	7	1	5	1	7	2	2	1
5319	경남 고성군	고성군 평생학습 실태조사	12,000	기획감사담당관	7	6	7	8	7	1	1	4
5320	경남 고성군	지역자율형 사회서비스 투자사업	130,159	주민생활과	7	2	5	8	7	1	1	1
5321	경남 고성군	에너지효율개선사업	90,000	주민생활과	7	5	7	8	7	5	5	4
5322	경남 고성군	자산형성지원사업	131,055	주민생활과	7	2	5	8	7	1	1	1
5323	경남 고성군	가사간병방문지원사업	117,167	주민생활과	7	2	5	8	7	1	1	1
5324	경남 고성군	장애인 의료비 지원	84,843	복지지원과	7	1	7	8	7	2	2	2
5325	경남 고성군	장애인활동지원사업 급여 지원	2,734,909	복지지원과	7	1	7	8	7	5	5	4
5326	경남 고성군	활동보조 가산급여	2,313	복지지원과	7	1	7	8	7	5	5	4
5327	경남 고성군	도 장애인도우미지원사업	156,843	복지지원과	7	1	7	8	7	5	5	4
5328	경남 고성군	발달재활서비스 바우처 지원	82,080	복지지원과	7	1	7	8	7	5	5	4
5329	경남 고성군	발달장애인 주간활동서비스지원	325,600	복지지원과	7	1	7	8	7	5	5	4
5330	경남 고성군	청소년 발달장애학생 방과후활동서비스지원	106,598	복지지원과	7	1	7	8	7	5	5	4
5331	경남 고성군	청소년건강지원	21,200	교육청소년과	7	2	7	8	7	2	2	2
5332	경남 고성군	도지사배 PAV 경연대회	100,000	일자리경제과	7	6	7	1	7	1	1	1
5333	경남 고성군	경남 드론 페스티벌	50,000	일자리경제과	7	6	7	1	7	1	1	1
5334	경남 남해군	도립남해대학육성지원	105,000	기획예산담당관	7	5	7	8	7	1	1	4
5335	경남 남해군	청백e시스템유지보수	8,010	기획예산담당관	7	1	4	1	7	2	2	4
5336	경남 남해군	공통기반 및 재해복구시스템 유지관리 위수탁	94,500	행정과	7	1	5	1	7	5	2	1
5337	경남 남해군	근로능력있는 수급자의 탈수급 지원	6,946	주민복지과	7	2	7	8	7	5	5	4
5338	경남 남해군	근로능력있는 수급자의 탈수급 지원	56,283	주민복지과	7	2	7	8	7	5	5	4
5339	경남 남해군	근로능력있는 수급자의 탈수급 지원	13,386	주민복지과	7	2	7	8	7	5	5	4
5340	경남 남해군	근로능력있는 수급자의 탈수급 지원	16,622	주민복지과	7	2	7	8	7	5	5	4
5341	경남 남해군	근로능력있는 수급자의 탈수급지원	52,750	주민복지과	7	2	7	8	7	5	5	4
5342	경남 남해군	지역자율형 사회서비스 투자사업	165,821	주민복지과	7	1	5	8	7	5	1	4
5343	경남 남해군	지역자율형 사회서비스 투자사업	35,959	주민복지과	7	1	5	8	7	5	1	4
5344	경남 남해군	장애인활동지원급여	2,478,512	주민복지과	7	1	7	8	7	5	5	4
5345	경남 남해군	활동보조가산급여	4,626	주민복지과	7	1	7	8	7	5	5	4
5346	경남 남해군	장애인의료비지원	143,240	주민복지과	7	1	7	8	7	5	5	4
5347	경남 남해군	중증장애인인 도우미 수당	213,480	주민복지과	7	1	7	8	7	5	5	4
5348	경남 남해군	발달재활서비스 지원	54,000	주민복지과	7	1	7	8	7	5	5	4
5349	경남 남해군	발달장애인 주간활동서비스	355,200	주민복지과	7	1	7	8	7	5	5	4
5350	경남 남해군	발달장애인 방과후돌봄서비스	139,908	주민복지과	7	1	7	8	7	5	5	4
5351	경남 남해군	남해대학 귀농귀촌 정규교육 과정 운영	66,000	청년혁신과	7	1	7	8	7	1	1	3
5352	경남 남해군	군민 평생교육과정 운영	60,000	청년혁신과	7	4	4	1	7	1	1	3
5353	경남 남해군	청소년 건강지원	14,480	청년혁신과	7	2	7	8	7	1	1	1
5354	경남 남해군	수산자원조성 기반시설 유지보강	94,000	해양수산과	7	1	7	8	7	1	1	4

순번	시군구	지출명 (사업명)	2021년예산 (단위:천원/1년간)	담당자 (공무원) 담당부서	민간이전 분류 (지방자치단체 세출예산 집행기준에 의거) 1. 민간경상사업보조(307-02) 2. 민간단체 법정운영비보조(307-03) 3. 민간행사사업보조(307-04) 4. 민간위탁금(307-05) 5. 사회복지시설 법정운영비보조(307-10) 6. 민간인위탁교육비(307-12) 7. 공기관등에대한경상적위탁사업비(308-10) 8. 민간자본사업보조,자체재원(402-01) 9. 민간자본사업보조,이전재원(402-02) 10. 민간위탁사업비(402-03) 11. 공기관등에 대한 자본적 대행사업비(403-02)	민간이전지출 근거 (지방보조금 관리기준 참고) 1. 법률에 규정 2. 국고보조 재원(국가지정) 3. 용도 지정 기부금 4. 조례에 직접규정 5. 지자체가 권장하는 사업을 하는 공공기관 6. 시,도 정책 및 재정사정 7. 기타 8. 해당없음	입찰방식 계약체결방법 (경쟁형태) 1. 일반경쟁 2. 제한경쟁 3. 지명경쟁 4. 수의계약 5. 법정위탁 6. 기타 ( ) 7. 해당없음	입찰방식 계약기간 1. 1년 2. 2년 3. 3년 4. 4년 5. 5년 6. 기타 ( )년 7. 단기계약 (1년미만) 8. 해당없음	입찰방식 낙찰자선정방법 1. 적격심사 2. 협상에의한계약 3. 최저가낙찰제 4. 규격가격분리 5. 2단계 경쟁입찰 6. 기타 ( ) 7. 해당없음	운영예산 산정 운영예산 산정 1. 내부산정 (지자체 자체적으로 산정) 2. 외부산정 (외부전문기관위탁 산정) 3. 내·외부 모두 산정 4. 산정 無 5. 해당없음	운영예산 산정 정산방법 1. 내부정산 (지자체 내부적으로 정산) 2. 외부정산 (외부전문기관위탁 정산) 3. 내·외부 모두 산정 4. 정산 無 5. 해당없음	성과평가 실시여부 1. 실시 2. 미실시 3. 향후 추진 4. 해당없음
5355	경남 남해군	의료급여수급권자 영유아검진비 지원	734	보건소	7	2	7	8	7	5	1	4
5356	경남 남해군	지역자율형 사회서비스 투자사업	95,320	보건소	7	2	5	8	7	5	2	4
5357	경남 남해군	표준모자보건수첩 제작	180	보건소	7	2	5	8	7	5	2	4
5358	경남 남해군	청소년 산모 의료비 지원	600	보건소	7	2	5	8	7	5	2	4
5359	경남 남해군	저소득층 기저귀 조제분유 지원	29,020	보건소	7	2	5	8	7	5	2	4
5360	경남 남해군	국가암관리 지원	87,697	보건소	7	2	7	8	7	1	1	4
5361	경남 남해군	의료급여수급권자 일반검진비 지원	10,794	보건소	7	2	7	8	7	1	1	4
5362	경남 남해군	희귀난치성 질환자 의료비지원사업	169,494	보건소	7	2	7	8	7	1	1	4
5363	경남 남해군	지역사회건강조사 조사분석 위탁운영	67,524	보건소	7	2	7	8	7	1	1	4
5364	경남 하동군	서민층전기시설개선사업	30,000	도시건축과	7	6	4	1	2	1	3	1
5365	경남 하동군	취약계층전력효율향상사업	59,300	도시건축과	7	2	4	1	2	1	3	1
5366	경남 하동군	주거복지급여사업	467,860	도시건축과	7	2	6	8	2	1	3	1
5367	경남 하동군	공공건축물 그린리모델링 사업	70,000	보건정책과	7	2	7	8	7	5	1	1
5368	경남 하동군	희귀난치성 질환자 의료비 지원	150,000	건강관리과	7	8	7	8	7	2	2	4
5369	경남 하동군	지역사회건강조사 조사분석 위탁운영	67,600	건강관리과	7	8	7	8	7	2	2	4
5370	경남 하동군	국가 암관리 사업	104,013	건강관리과	7	8	7	8	7	2	2	4
5371	경남 하동군	청소년산모 의료지 지원	600	건강관리과	7	8	7	8	7	2	2	4
5372	경남 하동군	신생아난청 조기진단	1,320	건강관리과	7	8	7	8	7	2	2	4
5373	경남 하동군	저소득층 기저귀 조제분유 지원	48,568	건강관리과	7	8	7	8	7	2	2	4
5374	경남 하동군	수요응답형 대중교통 시스템 수수료	3,600	건설교통과	7	7	4	8	7	1	1	4
5375	경남 하동군	택시운행정보관리시스템 운영	1,612	건설교통과	7	7	4	8	7	1	1	4
5376	경남 산청군	2021년 스타트업 청연채용연계사업	17,080	경제전략과	7	2	7	8	7	3	3	1
5377	경남 산청군	2021년 청년드림카드사업	42,000	경제전략과	7	6	7	8	7	3	3	1
5378	경남 산청군	2021년 경남형뉴딜일자리사업	249,000	경제전략과	7	2	7	8	7	3	3	1
5379	경남 산청군	2021년 경남 장인프로젝트사업	227,068	경제전략과	7	2	7	8	7	3	3	1
5380	경남 산청군	2021년 지역사랑상품권 발행지원	500,000	경제전략과	7	2	7	8	7	3	3	1
5381	경남 산청군	2021년 경남 중소기업 청년활력사업	200,228	경제전략과	7	2	7	8	7	3	3	1
5382	경남 산청군	청백-e 시스템	8,100	기획조정실	7	7	2	1	2	2	2	1
5383	경남 산청군	통합문화이용권	193,100	문화체육과	7	4	7	8	7	5	5	4
5384	경남 산청군	공공도서관 운영	25,000	문화체육과	7	4	7	8	7	5	5	4
5385	경남 산청군	북스타트사업	3,000	문화체육과	7	4	7	8	7	5	5	4
5386	경남 산청군	차세대 주민등록시스템 구축사업 부담금	10,975	복지민원국 민원과	7	1	7	8	7	2	5	1
5387	경남 산청군	지적재조사 측량비	231,000	복지민원국 민원과	7	5	5	2	6	5	5	4
5388	경남 산청군	중증장애인 도우미지원	141,120	복지지원과	7	1	7	8	7	5	5	4
5389	경남 산청군	장애인활동지원	2,585,344	복지지원과	7	1	7	8	7	5	5	4
5390	경남 산청군	발달재활서비스 지원	75,600	복지지원과	7	1	7	8	7	5	5	4
5391	경남 산청군	장애인활동지원 가산수당	13,878	복지지원과	7	1	7	8	7	5	5	4
5392	경남 산청군	발달장애인 주간활동서비스지원	325,600	복지지원과	7	1	7	8	7	5	5	4
5393	경남 산청군	청소년 발달장애학생 방과후활동서비스지원	166,557	복지지원과	7	1	7	8	7	5	5	4
5394	경남 산청군	지역사회서비스투자사업	130,159	주민복지과	7	1	5	8	7	5	3	4
5395	경남 산청군	탈수급지원	144,083	주민복지과	7	2	5	8	7	1	1	1
5396	경남 산청군	가사간병방문지원사업	240,625	주민복지과	7	2	5	8	7	1	1	1
5397	경남 산청군	유네스코 세계기록 유산 동의보감 활용 및 홍보 지원 사업	854,000	한방항노화과	7	2	7	8	7	1	1	4

순번	시군구	지출명 (사업명)	2021년예산 (단위:천원/1년간)	담당자 (공무원)	민간이전 분류 (지방자치단체 세출예산 집행기준에 의거) 1. 민간경상사업보조(307-02) 2. 민간단체 법정운영비보조(307-03) 3. 민간행사사업보조(307-04) 4. 민간위탁금(307-05) 5. 사회복지시설 법정운영비보조(307-10) 6. 민간인위탁교육비(307-12) 7. 공기관등에대한경상적위탁사업비(308-10) 8. 민간자본사업보조,자체재원(402-01) 9. 민간자본사업보조,이전재원(402-02) 10. 민간위탁사업비(402-03) 11. 공기관등에 대한 자본적 대행사업비(403-02)	민간이전지출 근거 (지방보조금 관리기준 참고) 1. 법률에 규정 2. 국고보조 재원(국가지정) 3. 용도 지정 기부금 4. 조례에 직접규정 5. 지자체가 권장하는 사업을 하는 공공기관 6. 시,도 정책 및 재정사정 7. 기타 8. 해당없음	입찰방식			운영예산 산정		성과평가 실시여부
				담당부서			계약체결방법 (경쟁형태) 1. 일반경쟁 2. 제한경쟁 3. 지명경쟁 4. 수의계약 5. 법정위탁 6. 기타 ( ) 7. 해당없음	계약기간 1. 1년 2. 2년 3. 3년 4. 4년 5. 5년 6. 기타 ( )년 7. 단기계약 (1년미만) 8. 해당없음	낙찰자선정방법 1. 적격심사 2. 협상에의한계약 3. 최저가낙찰제 4. 규격가격분리 5. 2단계 경쟁입찰 6. 기타 ( ) 7. 해당없음	운영예산 산정 1. 내부산정 (지자체 자체적으로 산정) 2. 외부산정 (외부전문기관위탁 산정) 3. 내·외부 모두 산정 4. 산정 無 5. 해당없음	정산방법 1. 내부정산 (지자체 내부적으로 정산) 2. 외부정산 (외부전문기관위탁 정산) 3. 내·외부 모두 산정 4. 정산 無 5. 해당없음	1. 실시 2. 미실시 3. 향후 추진 4. 해당없음
5398	경남 산청군	표준지방인사정보시스템 유지관리	56,423	행정교육과	7	7	6	1	6	2	2	1
5399	경남 산청군	지방자치단체 선거관리 경비	109,191	행정교육과	7	1	7	8	7	5	5	4
5400	경남 산청군	공통기반전산장애유지관리등	105,695	행정교육과	7	7	6	1	7	2	2	1
5401	경남 산청군	산모신생아 건강관리사 지원사업	78,199	건강증진	7	2	7	7	7	5	3	4
5402	경남 산청군	청소년산모 임신출산 의료비 지원사업	1,200	건강증진	7	2	7	7	7	5	3	4
5403	경남 산청군	표준모자보건수첩 제작	220	건강증진	7	2	7	7	7	5	3	4
5404	경남 산청군	저소득층 기저귀 조제분유 지원사업	37,160	건강증진	7	2	7	7	7	5	3	4
5405	경남 산청군	희귀난치성질환자 의료비지원	35,000	건강지원	7	2	7	1	7	5	3	4
5406	경남 산청군	지역사회건강조사사업	67,644	건강지원	7	2	7	1	7	5	3	4
5407	경남 산청군	국가암관리지원	82,865	건강검진	7	1	7	8	7	2	2	1
5408	경남 산청군	의료급여수급권자 영유아 건강검진사업	578	건강검진	7	1	7	8	7	2	2	1
5409	경남 산청군	의료수급권자 일반검진비 지원사업	10,734	건강검진	7	1	7	8	7	2	2	1
5410	경남 함양군	차세대지방세정보시스템운영유지보수	1,232	재무과	7	8	7	8	7	5	5	4
5411	경남 함양군	2021 지방세정보화	34,427	재무과	7	8	7	8	7	5	5	4
5412	경남 함양군	표준지방세외수입정보화시스템 운영관리	19,204	재무과	7	8	7	8	7	5	5	4
5413	경남 함양군	지방재정관리시스템(e-호조) 유지보수 부담금	25,386	기획감사담당관	7	7	7	8	7	2	2	4
5414	경남 함양군	장애인의료비지원	95,868	사회복지과	7	1	7	8	7	5	2	4
5415	경남 함양군	경남 스타트업 청년채용 연계사업	186,220	일자리경제과	7	2	6	8	7	1	1	4
5416	경남 함양군	경남 중소기업 청년활력사업	236,500	일자리경제과	7	2	6	8	7	1	1	4
5417	경남 함양군	경남청년 장인 프로젝트 사업	122,000	일자리경제과	7	2	6	8	7	1	1	4
5418	경남 함양군	경남형 뉴딜일자리 사업	82,000	일자리경제과	7	2	6	8	7	1	1	4
5419	경남 함양군	소상공인 전문 컨설팅 지원	5,000	일자리경제과	7	5	7	8	7	5	5	4
5420	경남 함양군	청년구직활동수당 지원사업	37,500	일자리경제과	7	6	6	8	7	1	1	4
5421	경남 함양군	통합문화이용권 사업	228,000	문화관광과	7	2	7	8	6	1	1	1
5422	경남 거창군	창업보육센터 지원	60,000	미래전략과	7	4	7	8	7	1	1	1
5423	경남 거창군	산업농공단지 전력설비고장 예방진단사업	20,000	미래전략과	7	4	7	8	7	1	1	1
5424	경남 거창군	승강기산업 사업화 기술지원사업	500,000	미래전략과	7	4	7	8	7	1	1	3
5425	경남 거창군	거창문화재단 공연전시 축제 지원	1,781,000	문화관광과	7	4	7	8	7	5	5	4
5426	경남 거창군	장애인의료비지원	173,225	행복나눔과	7	2	5	8	7	5	3	4
5427	경남 거창군	농특산물 해외시장 개척활동	100,000	행복농촌과	7	4	7	8	7	5	5	4
5428	경남 거창군	의료급여 영유아 건강검진비사업	957	보건소	7	2	7	8	7	5	5	4
5429	경남 거창군	의료급여수급권자 일반건강검진사업	16,523	보건소	7	2	7	8	7	5	5	4
5430	경남 거창군	치매치료관리비 지원	190,000	보건소	7	1	7	8	7	5	5	4
5431	경남 거창군	국가암관리 지원	123,868	보건소	7	2	7	8	7	5	5	3
5432	경남 거창군	지역사회건강조사 조사분석 위탁운영	67,828	보건소	7	2	7	8	7	5	5	4
5433	경남 합천군	청백e시스템 유지관리 및 운영 자치단체 공동 부담금	8,801	기획감사관	7	4	5	1	7	2	2	2
5434	경남 합천군	지방재정관리시스템(e-호조) 유지보수	29,012	기획감사관	7	4	7	1	7	2	2	1
5435	경남 합천군	합천군 노인실태조사 결과분석 의뢰	10,000	기획감사관	7	5	7	8	7	2	2	2
5436	경남 합천군	시군역량강화사업	300,000	미래전략과	7	1	7	8	7	5	5	4
5437	경남 합천군	북스타트 사업	5,000	문화예술과	7	1	7	8	7	1	1	1
5438	경남 합천군	공공도서관 등 도서구입	20,000	문화예술과	7	1	7	8	7	1	1	1
5439	경남 합천군	직업능력향상 프로그램	20,000	문화예술과	7	1	7	8	7	5	5	4
5440	경남 합천군	지역특성화 프로그램	20,000	문화예술과	7	1	7	8	7	5	5	4

순번	시군구	지출명 (사업명)	2021년예산 (단위:천원/1년간)	담당자 (공무원) 담당부서	민간이전 분류 (지방자치단체 세출예산 집행기준에 의거) 1. 민간경상사업보조(307-02) 2. 민간단체 법정운영비보조(307-03) 3. 민간행사사업보조(307-04) 4. 민간위탁금(307-05) 5. 사회복지시설 법정운영비보조(307-10) 6. 민간인위탁교육비(307-12) 7. 공기관등에대한경상적위탁사업비(308-10) 8. 민간자본사업보조,자체재원(402-01) 9. 민간자본사업보조,이전재원(402-02) 10. 민간위탁사업비(402-03) 11. 공기관등에 대한 자본적 대행사업비(403-02)	민간이전지출 근거 (지방보조금 관리기준 참고) 1. 법률에 규정 2. 국고보조 재원(국가지정) 3. 용도 지정 기부금 4. 조례에 직접규정 5. 지자체가 권장하는 사업을 하는 공공기관 6. 시,도 정책 및 재정사정 7. 기타 8. 해당없음	입찰방식 계약체결방법 (경쟁형태) 1. 일반경쟁 2. 제한경쟁 3. 지명경쟁 4. 수의계약 5. 법정위탁 6. 기타 ( ) 7. 해당없음	입찰방식 계약기간 1. 1년 2. 2년 3. 3년 4. 4년 5. 5년 6. 기타 ( )년 7. 단기계약 (1년미만) 8. 해당없음	입찰방식 낙찰자선정방법 1. 적격심사 2. 협상에의한계약 3. 최저가낙찰제 4. 규격가격분리 5. 2단계 경쟁입찰 6. 기타 ( ) 7. 해당없음	운영예산 산정 운영예산 산정 1. 내부산정 (지자체 자체적으로 산정) 2. 외부산정 (외부전문기관위탁 산정) 3. 내·외부 모두 산정 4. 산정 無 5. 해당없음	운영예산 산정 정산방법 1. 내부정산 (지자체 내부적으로 정산) 2. 외부정산 (외부전문기관위탁 정산) 3. 내·외부 모두 산정 4. 정산 無 5. 해당없음	성과평가 실시여부 1. 실시 2. 미실시 3. 향후 추진 4. 해당없음
5441	경남 합천군	행복학습센터 프로그램 위탁운영	30,000	문화예술과	7	1	7	8	7	5	5	4
5442	경남 합천군	청소년사회성증진프로그램 지원	20,000	문화예술과	7	1	5	1	7	1	1	4
5443	경남 합천군	해인사 소리길 위탁대행사업비	30,000	관광진흥과	7	7	6	1	6	1	1	1
5444	경남 합천군	표준지방인사정보시스템 유지보수	7,123	행정과	7	1	5	1	7	5	5	4
5445	경남 합천군	차세대 표준지방인사정보시스템 개발비	58,271	행정과	7	1	5	1	7	5	5	4
5446	경남 합천군	직원 역량강화 위탁교육비	155,000	행정과	7	8	7	8	7	5	5	4
5447	경남 합천군	기록물 관리시스템 유지보수	108,858	행정과	7	5	7	1	7	1	2	2
5448	경남 합천군	우편모아시스템 유지보수	5,300	행정과	7	5	7	1	7	1	2	2
5449	경남 합천군	공통기반 전산장비 유지관리	68,724	행정과	7	1	5	1	7	5	5	4
5450	경남 합천군	재해복구시스템 유지관리	1,576	행정과	7	1	5	1	7	5	5	4
5451	경남 합천군	지방행정공통정보시스템 서비스데스크 운영	6,460	행정과	7	1	5	1	7	5	5	4
5452	경남 합천군	온-나라 문서시스템 운영지원	10,000	행정과	7	1	5	1	7	5	5	4
5453	경남 합천군	표준지방세정보시스템 유지관리	17,870	재무과	7	1	7	1	7	2	2	4
5454	경남 합천군	통합지방세정보시스템(위택스) 유지관리	21,742	재무과	7	1	7	1	7	2	2	4
5455	경남 합천군	과세자료통합관리시스템 유지관리	748	재무과	7	1	7	1	7	2	2	4
5456	경남 합천군	차세대 지방세입정보시스템 유지보수비	1,266	재무과	7	1	7	1	7	2	2	4
5457	경남 합천군	세외수입정보시스템 유지보수	21,389	재무과	7	1	7	1	7	2	2	4
5458	경남 합천군	장애인 의료비	100,606	주민복지과	7	4	7	8	7	1	1	2
5459	경남 합천군	한민족 해외문화권 탐방활동	30,000	노인아동여성과	7	5	7	8	7	1	1	4
5460	경남 합천군	국가주소정보시스템 유지관리	17,473	민원봉사과	7	1	7	8	7	5	5	4
5461	경남 합천군	도로명주소 기본도 유지관리	5,227	민원봉사과	7	1	7	8	7	5	5	4
5462	경남 합천군	서민층 전기시설 개선사업	25,000	경제교통과	7	2	5	1	7	5	1	1
5463	경남 합천군	서민층 가스타임밸브 보급사업	30,600	경제교통과	7	2	5	1	7	5	1	1
5464	경남 합천군	경남형 뉴딜일자리 사업 인건비	90,000	경제교통과	7	2	7	8	7	5	5	4
5465	경남 합천군	경남형 뉴딜일자리 사업 기타 지원금	12,500	경제교통과	7	2	7	8	7	5	5	4
5466	경남 합천군	경남 스타트업 청년채용 연계사업 인건비	131,400	경제교통과	7	2	7	8	7	5	5	4
5467	경남 합천군	경남 스타트업 청년채용 연계사업 기타지원금	11,680	경제교통과	7	2	7	8	7	5	5	4
5468	경남 합천군	경남 스타트업 청년채용 연계사업 인센티브	15,000	경제교통과	7	2	7	8	7	5	5	4
5469	경남 합천군	청년구직활동수당	33,000	경제교통과	7	4	7	8	7	5	5	4
5470	경남 합천군	경남 청년 장인프로젝트사업 인건비	216,000	경제교통과	7	2	7	8	7	5	5	4
5471	경남 합천군	경남 청년 장인프로젝트사업 기타지원금	30,000	경제교통과	7	2	7	8	7	5	5	4
5472	경남 합천군	경남 청년 장인프로젝트사업 인센티브	15,000	경제교통과	7	2	7	8	7	5	5	4
5473	경남 합천군	황말양수장 유지관리비 지원	8,000	건설과	7	7	5	1	7	1	1	2
5474	경남 합천군	광암배수장 유지관리비 지원	14,000	건설과	7	7	5	1	7	1	1	2
5475	경남 합천군	항노화 서비스 인력양성 사업	40,000	농정과	7	4	7	8	7	1	1	1
5476	전북 전주시	청백-e시스템 운영	11,997	감사담당관	7	1	7	1	7	3	3	4
5477	전북 전주시	표준기록관리시스템 유지보수	31,980	총무과	7	5	6	1	6	2	2	4
5478	전북 전주시	시정 우편물 관리	5,300	총무과	7	5	6	1	6	2	2	4
5479	전북 전주시	지방인사정보시스템운영	168,014	총무과	7	5	5	1	7	2	3	4
5480	전북 전주시	차세대 주민등록 시스템 구축	15,735	자치행정과	7	7	7	8	7	2	2	4
5481	전북 전주시	전통시장 특성화시장육성사업	230,000	일자리청년정책과	7	2	6	2	6	2	2	1
5482	전북 전주시	행정정보시스템 운영	106,282	스마트시티과	7	7	7	1	7	2	2	4
5483	전북 전주시	온-나라시스템 운영	32,530	스마트시티과	7	7	7	1	7	2	2	4

순번	시군구	지출명 (사업명)	2021년예산 (단위:천원/1년간)	담당자 (공무원)	민간이전 분류 (지방자치단체 세출예산 집행기준에 의거)	민간이전지출 근거 (지방보조금 관리기준 참고)	입찰방식			운영예산 산정		성과평가 실시여부
				담당부서	1. 민간경상사업보조(307-02) 2. 민간단체 법정운영비보조(307-03) 3. 민간행사사업보조(307-04) 4. 민간위탁금(307-05) 5. 사회복지시설 법정운영비보조(307-10) 6. 민간인위탁교육비(307-12) 7. 공기관등에대한경상적위탁사업비(308-10) 8. 민간자본사업보조,자체재원(402-01) 9. 민간자본사업보조,이전재원(402-02) 10. 민간위탁사업비(402-03) 11. 공기관등에 대한 자본적 대행사업비(403-02)	1. 법률에 규정 2. 국고보조 재원(국가지정) 3. 용도 지정 기부금 4. 조례에 직접규정 5. 지자체가 권장하는 사업을 하는 공공기관 6. 시,도 정책 및 재정사정 7. 기타 8. 해당없음	계약체결방법 (경쟁형태) 1. 일반경쟁 2. 제한경쟁 3. 지명경쟁 4. 수의계약 5. 법정위탁 6. 기타 ( ) 7. 해당없음	계약기간 1. 1년 2. 2년 3. 3년 4. 4년 5. 5년 6. 기타 ( )년 7. 단기계약 (1년미만) 8. 해당없음	낙찰자선정방법 1. 적격심사 2. 협상에의한계약 3. 최저가낙찰제 4. 규격가격분리 5. 2단계 경쟁입찰 6. 기타 ( ) 7. 해당없음	운영예산 산정 1. 내부산정 (지자체 자체적으로 산정) 2. 외부산정 (외부전문기관위탁 산정) 3. 내·외부 모두 산정 4. 산정 無 5. 해당없음	정산방법 1. 내부정산 (지자체 내부적으로 정산) 2. 외부정산 (외부전문기관위탁 정산) 3. 내·외부 모두 산정 4. 정산 無 5. 해당없음	1. 실시 2. 미실시 3. 향후 추진 4. 해당없음
5484	전북 전주시	표준지방세 정보시스템 운영	87,826	세정과	7	1	2	1	2	2	2	4
5485	전북 전주시	세외수입 정보시스템 운영	35,298	세정과	7	1	2	1	2	2	2	4
5486	전북 전주시	장애인의료비 지원	845,334	생활복지과	7	1	7	8	7	5	5	4
5487	전북 전주시	광역알뜰교통카드 연계 마일리지 지원	23,080	버스정책과	7	2	7	8	7	1	1	4
5488	전북 전주시	택시운행 정보관리시스템 유지관리	42,000	시민교통과	7	1	5	1	7	1	1	4
5489	전북 전주시	국가식품명인 전통식품 홍보 판촉지원	10,000	먹거리정책과	7	6	7	8	7	1	1	4
5490	전북 전주시	전주 국제발효식품엑스포 개최	100,000	먹거리정책과	7	6	7	8	7	1	1	4
5491	전북 전주시	전통식품마케팅 활성화 지원	80,000	먹거리정책과	7	6	7	8	7	1	1	4
5492	전북 전주시	사방사업	106,428	공원녹지과	7	1	7	8	7	1	1	2
5493	전북 전주시	주차장운영	141,422	동물원	7	7	7	8	7	1	1	4
5494	전북 전주시	의료급여수급권자 영유아검진비 지원	13,000	건강증진과	7	1	7	8	7	5	5	4
5495	전북 전주시	지역자율형 사회서비스 투자사업	2,122,858	건강증진과	7	1	7	8	7	5	5	4
5496	전북 전주시	청소년산모 임신출산 의료비 지원	6,000	건강증진과	7	1	7	8	7	5	5	4
5497	전북 전주시	표준모자보건수첩 제작	5,260	건강증진과	7	7	7	8	7	5	5	4
5498	전북 전주시	기저귀 및 조제분유 지원	604,000	건강증진과	7	1	7	8	7	5	5	4
5499	전북 전주시	국가암관리 지자체 지원	1,260	건강증진과	7	1	5	8	1	1	1	1
5500	전북 전주시	희귀질환자의료비지원	716,226	건강증진과	7	1	5	8	1	1	1	1
5501	전북 전주시	의료급여수급권자 일반검진비 지원	120,468	건강증진과	7	1	5	8	1	1	1	1
5502	전북 전주시	치매치료관리비지원	635,200	치매안심과	7	2	7	8	7	4	1	4
5503	전북 군산시	지방재정관리시스템 유지보수	36,264	기획예산과	7	1	5	1	7	2	2	1
5504	전북 군산시	공통기반 전산장비 및 재해복구시스템 유지관리	96,680	정보통신과	7	1	5	1	7	5	1	4
5505	전북 군산시	지방행정통합정보시스템 상담센터 운영 위탁비	6,460	정보통신과	7	1	5	1	7	5	1	4
5506	전북 군산시	온-나라 문서 및 문서유통시스템 유지관리	17,500	정보통신과	7	1	5	1	7	5	1	4
5507	전북 군산시	시군 청년혁신가 예비창업지원사업	35,000	일자리정책과	7	6	7	8	7	5	5	4
5508	전북 군산시	청년창업 특화단지 조성사업	30,000	일자리정책과	7	4	7	8	7	5	5	4
5509	전북 군산시	신재생에너지 국제박람회	100,000	새만금에너지과	7	5	7	8	7	5	5	4
5510	전북 군산시	양식어장 환경개선사업	40,500	수산진흥과	7	4	7	8	7	5	5	4
5511	전북 군산시	장애인 의료비 지원	443,034	경로장애인과	7	1	7	8	7	5	5	4
5512	전북 군산시	소규모 건축물(다중이용시설 등) 전기시설 안전점검	20,520	안전총괄과	7	5	4	1	7	1	1	2
5513	전북 군산시	택시운행 정보 관리시스템 운영사업비	15,342	교통행정과	7	1	7	8	7	1	5	3
5514	전북 군산시	광역알뜰교통카드 연계 마일리지 지원	4,000	교통행정과	7	2	7	8	7	1	1	3
5515	전북 정읍시	지방재정정보화 운영관리	31,769	기획예산실	7	6	7	1	7	2	2	4
5516	전북 정읍시	지방재정정보화 HW/SW 신규도입	867	기획예산실	7	6	7	1	7	2	2	4
5517	전북 정읍시	청백-e시스템 유지관리	10,399	감사과	7	1	5	1	7	5	5	4
5518	전북 정읍시	표준지방인사정보시스템 유지관리	7,373	총무과	7	1	5	1	7	5	5	4
5519	전북 정읍시	차세대 표준지방인사정보시스템 응용SW 개발	23,306	총무과	7	1	5	1	7	5	5	4
5520	전북 정읍시	표준기록관리시스템 유지보수	39,374	총무과	7	1	5	1	7	2	2	4
5521	전북 정읍시	대한민국 VR·AR 체험박람회 행사 추진	290,000	관광축제팀	7	1	7	8	7	5	5	4
5522	전북 정읍시	지방세 정보시스템 유지관리	48,228	부과팀	7	1	5	1	7	2	2	4
5523	전북 정읍시	세외수입 정보시스템 유지관리	25,759	세입관리팀	7	1	5	1	7	2	2	4
5524	전북 정읍시	차세대 주민등록정보시스템 운영	12,296	종합민원과	7	1	7	8	7	2	2	2
5525	전북 정읍시	효나눔복지센터 운영비	170,000	노인시설팀	7	1	6	8	2	1	1	1
5526	전북 정읍시	장애인 의료비	373,134	장애인복지팀	7	1	7	8	7	2	3	4

순번	시군구	지출명 (사업명)	2021년예산 (단위:천원/1년간)	담당자 (공무원)	민간이전 분류 (지방자치단체 세출예산 집행기준에 의거)	민간이전지출 근거 (지방보조금 관리기준 참고)	입찰방식			운영예산 산정		성과평가 실시여부
				담당부서	1. 민간경상사업보조(307-02) 2. 민간단체 법정운영비보조(307-03) 3. 민간행사사업보조(307-04) 4. 민간위탁금(307-05) 5. 사회복지시설 법정운영비보조(307-10) 6. 민간인위탁교육비(307-12) 7. 공기관등에대한경상적위탁사업비(308-10) 8. 민간자본사업보조,자체재원(402-01) 9. 민간자본사업보조,이전재원(402-02) 10. 민간위탁사업비(402-03) 11. 공기관등에 대한 자본적 대행사업비(403-02)	1. 법률에 규정 2. 국고보조 재원(국가지정) 3. 용도 지정 기부금 4. 조례에 직접규정 5. 지자체가 권장하는 사업을 하는 공공기관 6. 시,도 정책 및 재정사정 7. 기타 8. 해당없음	계약체결방법 (경쟁형태) 1. 일반경쟁 2. 제한경쟁 3. 지명경쟁 4. 수의계약 5. 법정위탁 6. 기타 ( ) 7. 해당없음	계약기간 1. 1년 2. 2년 3. 3년 4. 4년 5. 5년 6. 기타 ( )년 7. 단기계약 (1년미만) 8. 해당없음	낙찰자선정방법 1. 적격심사 2. 협상에의한계약 3. 최저가낙찰제 4. 규격가격분리 5. 2단계 경쟁입찰 6. 기타 ( ) 7. 해당없음	운영예산 산정 1. 내부산정 (지자체 자체적으로 산정) 2. 외부산정 (외부전문기관위탁 산정) 3. 내·외부 모두 산정 4. 산정 無 5. 해당없음	정산방법 1. 내부정산 (지자체 내부적으로 정산) 2. 외부정산 (외부전문기관위탁 정산) 3. 내·외부 모두 산정 4. 정산 無 5. 해당없음	1. 실시 2. 미실시 3. 향후 추진 4. 해당없음
5527	전북 정읍시	대학생 학자금 대출이자 지원	6,000	교육체육청소년과	7	1	7	8	7	5	5	4
5528	전북 정읍시	학자금대출 신용유의자 신용회복 지원	8,000	교육체육청소년과	7	1	7	8	7	5	5	4
5529	전북 정읍시	공통기반시스템 전산장비 유지보수	84,645	정보통신과	7	1	5	1	7	3	2	4
5530	전북 정읍시	공통기반 재해복구시스템(전북도 설치) 유지보수	6,405	정보통신과	7	1	5	1	7	3	2	4
5531	전북 정읍시	지방행정통합정보시스템 서비스데스크 운영	6,460	정보통신과	7	1	5	1	7	3	2	4
5532	전북 정읍시	온나라 및 문서유통시스템 유지관리	21,553	정보통신과	7	1	5	1	7	3	2	4
5533	전북 정읍시	정읍사랑상품권 운영	407,394	지역경제과	7	1	4	1	7	2	5	4
5534	전북 정읍시	청년혁신가 예비창업지원 사업	28,000	지역경제과	7	1	7	8	7	1	1	2
5535	전북 정읍시	덕천천 비점오염저감시설 사업	394,000	환경과	7	1	7	8	7	5	5	4
5536	전북 정읍시	하학리 인공습지 비점오염저감시설 사업	671,000	환경과	7	1	7	8	7	5	5	4
5537	전북 정읍시	주거급여 수선유지급여	1,500	건축과	7	2	7	8	7	5	5	3
5538	전북 정읍시	광역버스정보시스템(BIS) 운영	61,360	교통과	7	1	5	8	7	2	2	3
5539	전북 정읍시	식품명인 전통식품 홍보판촉 지원	10,000	농수산유통과	7	1	7	8	7	1	3	1
5540	전북 정읍시	전통식품 마케팅 활성화 지원사업	80,000	농수산유통과	7	1	7	8	7	1	3	1
5541	전북 정읍시	시설원예 고품질 생산기반 지원	100,000	농수산유통과	7	1	7	8	7	1	3	1
5542	전북 정읍시	지역특화품목 비닐하우스 지원	333,600	농수산유통과	7	1	7	8	7	1	3	1
5543	전북 남원시	청백-e 시스템 유지보수비	9,600	감사실	7	1	5	1	7	1	1	4
5544	전북 남원시	지방재정시스템 유지보수비	29,012	기획실	7	7	7	8	7	5	5	4
5545	전북 남원시	청년혁신가 예비창업지원사업	35,000	기획실	7	4	7	7	7	5	5	4
5546	전북 김제시	청백-e시스템 유지관리 및 운영	9,693	기획감사실	7	1	5	1	7	2	2	2
5547	전북 김제시	지방재정관리시스템 유지보수	32,636	기획감사실	7	1	5	1	7	2	2	4
5548	전북 김제시	차세대 지방재정관리시스템 구축비 분담금	99,185	기획감사실	7	1	5	8	7	2	2	4
5549	전북 김제시	전북 상용차산업 고용안정벨트 구축	4,210,621	경제진흥과	7	1	7	5	7	1	1	1
5550	전북 김제시	전라북도 더좋은 일자리 기금(특수시책추진)조성	300,000	경제진흥과	7	1	7	5	7	1	1	1
5551	전북 김제시	김제시 청년창업지원사업 '아리' 추진	500,500	경제진흥과	7	2	6	1	6	5	2	4
5552	전북 김제시	시군 청년혁신가 예비창업 지원	42,000	경제진흥과	7	2	6	1	6	5	2	4
5553	전북 김제시	청청 일자리 매칭 지원사업	1,439,600	경제진흥과	7	2	7	8	7	5	5	4
5554	전북 김제시	청년나래 일자리 지원사업	224,000	경제진흥과	7	2	7	8	7	5	5	4
5555	전북 김제시	문화관광형시장 육성사업	440,000	경제진흥과	7	2	7	8	7	3	3	4
5556	전북 김제시	글로벌시장 진출 맞춤형 마케팅 지원 사업	45,000	투자유치과	7	4	6	7	7	2	2	1
5557	전북 김제시	해외시장개척단 활동(온라인 등	40,000	투자유치과	7	4	6	7	7	2	2	1
5558	전북 김제시	중소기업 수출물류비 지원 사업	30,000	투자유치과	7	4	6	7	7	2	2	1
5559	전북 김제시	장애인활동지원	4,273,280	주민복지과	7	2	7	8	7	5	1	1
5560	전북 김제시	중증장애인 활동보조 가산급여	9,638	주민복지과	7	2	7	8	7	5	1	1
5561	전북 김제시	장애인 활동지원 도 추가지원 사업	189,111	주민복지과	7	6	7	8	7	5	1	1
5562	전북 김제시	장애아동 발달재활서비스	243,981	주민복지과	7	2	7	8	7	5	1	1
5563	전북 김제시	발달장애인 주간활동서비스 지원	369,730	주민복지과	7	2	7	8	7	5	1	1
5564	전북 김제시	방과후 활동서비스 지원	166,713	주민복지과	7	2	7	8	7	5	1	1
5565	전북 김제시	장애인의료비 지원	147,090	주민복지과	7	2	7	8	7	5	1	1
5566	전북 김제시	택시운행 정보관리 시스템	3,860	교통행정과	7	1	7	1	7	5	5	4
5567	전북 김제시	저소득층 여성청소년 위생용품 지원	40,824	체육청소년과	7	1	7	8	7	1	1	1
5568	전북 김제시	인사행정시스템 유지보수	7,313	자치행정과	7	5	1	1	2	2	2	4
5569	전북 김제시	차세대 표준지방인사정보 시스템 구축	113,033	자치행정과	7	5	1	1	2	2	2	4

순번	시군구	지출명 (사업명)	2021년예산 (단위:천원/1년간)	담당자 (공무원) 담당부서	민간이전 분류 (지방자치단체 세출예산 집행기준에 의거) 1. 민간경상사업보조(307-02) 2. 민간단체 법정운영비보조(307-03) 3. 민간행사사업보조(307-04) 4. 민간위탁금(307-05) 5. 사회복지시설 법정운영비보조(307-10) 6. 민간인위탁교육비(307-12) 7. 공기관등에대한경상적위탁사업비(308-10) 8. 민간자본사업보조,자체재원(402-01) 9. 민간자본사업보조,이전재원(402-02) 10. 민간위탁사업비(402-03) 11. 공기관등에 대한 자본적 대행사업비(403-02)	민간이전지출 근거 (지방보조금 관리기준 참고) 1. 법률에 규정 2. 국고보조 재원(국가지정) 3. 용도 지정 기부금 4. 조례에 직접규정 5. 지자체가 권장하는 사업을 하는 공공기관 6. 시,도 정책 및 재정사정 7. 기타 8. 해당없음	입찰방식 계약체결방법 (경쟁형태) 1. 일반경쟁 2. 제한경쟁 3. 지명경쟁 4. 수의계약 5. 법정위탁 6. 기타 ( ) 7. 해당없음	입찰방식 계약기간 1. 1년 2. 2년 3. 3년 4. 4년 5. 5년 6. 기타 ( )년 7. 단기계약 (1년미만) 8. 해당없음	입찰방식 낙찰자선정방법 1. 적격심사 2. 협상에의한계약 3. 최저가낙찰제 4. 규격가격분리 5. 2단계 경쟁입찰 6. 기타 ( ) 7. 해당없음	운영예산 산정 운영예산 산정 1. 내부산정 (지자체 자체적으로 산정) 2. 외부산정 (외부전문기관위탁 산정) 3. 내·외부 모두 산정 4. 산정 無 5. 해당없음	운영예산 산정 정산방법 1. 내부정산 (지자체 내부적으로 정산) 2. 외부정산 (외부전문기관위탁 정산) 3. 내·외부 모두 산정 4. 정산 無 5. 해당없음	성과평가 실시여부 1. 실시 2. 미실시 3. 향후 추진 4. 해당없음
5570	전북 김제시	도로명주소 정보시스템(KAIS) 운영지원	17,724	민원지적과	7	2	5	1	6	1	1	2
5571	전북 김제시	도로명주소 기본도 현행화 사업	6,191	민원지적과	7	2	5	1	6	1	1	2
5572	전북 김제시	지방세 정보화사업 운영관리	40,565	세정과	7	1	7	1	7	2	2	4
5573	전북 김제시	세외수입 정보시스템 유지관리	23,574	세정과	7	1	7	1	7	2	2	4
5574	전북 김제시	차세대 주민등록시스템 운영비	11,648	정보통신과	7	8	7	8	7	2	1	4
5575	전북 김제시	우편모아시스템 위탁	5,300	정보통신과	7	8	7	8	7	2	1	4
5576	전북 김제시	온나라시스템 유지관리 위탁	21,047	정보통신과	7	8	7	8	7	2	1	4
5577	전북 김제시	2021년 자치단체 공통기반 전산장비 유지관리	87,264	정보통신과	7	8	7	8	7	2	1	4
5578	전북 김제시	2021년 자치단체 공통기반 재해복구시스템 유지관리	6,704	정보통신과	7	8	7	8	7	2	1	4
5579	전북 김제시	2021년 지방행정통합정보시스템 상담센터 운영	6,460	정보통신과	7	8	7	8	7	2	1	4
5580	전북 김제시	빈집 실태조사 및 플랫폼 구축	157,000	건축과	7	1	7	8	7	5	5	2
5581	전북 김제시	표준모자 보건수첩	504	건강증진과	7	2	5	8	7	5	2	4
5582	전북 김제시	청소년산모 의료비 지원	2,000	건강증진과	7	2	5	8	7	5	2	4
5583	전북 김제시	산모신생아 건강관리 지원사업	146,250	건강증진과	7	2	5	8	7	5	2	4
5584	전북 김제시	의료급여 수급권자 영유아 검진사업	1,800	건강증진과	7	2	5	8	7	5	2	1
5585	전북 김제시	저소득층 기저귀 조제분유 지원사업	90,000	건강증진과	7	2	5	8	7	5	2	1
5586	전북 김제시	의료수급권자 일반검진 등 지원	41,000	건강증진과	7	2	5	1	7	5	2	1
5587	전북 김제시	의료급여수급권자 일반검진 등 지원	210,060	건강증진과	7	2	5	1	7	5	2	1
5588	전북 김제시	희귀질환자 의료비 지원	78,580	건강증진과	7	2	5	1	7	5	2	1
5589	전북 김제시	지역단위 농촌관광 사업(공동홍보비)	30,000	농업정책과	7	2	7	8	7	5	5	4
5590	전북 김제시	전통식품 마케팅 활성화 지원사업	80,000	먹거리유통과	7	1	7	8	7	5	2	1
5591	전북 김제시	국제종자박람회 지원	500,000	기술보급과	7	5	2	1	1	1	1	3
5592	전북 완주군	재정통합정보시스템 유지관리(e-호조)	29,012	기획감사실	7	1	7	8	7	5	2	4
5593	전북 완주군	우편모아 시스템 유지보수	5,491	행정지원과	7	5	7	8	7	2	2	2
5594	전북 완주군	지역자율형사회서비스투자사업	2,022,537	사회복지과	7	2	7	8	7	4	2	3
5595	전북 완주군	장애인 활동지원급여 지급	4,855,470	사회복지과	7	1	7	8	7	2	2	2
5596	전북 완주군	장애인활동지원 가산급여	11,566	사회복지과	7	1	7	8	7	2	2	2
5597	전북 완주군	장애인활동지원 추가지원사업	113,331	사회복지과	7	1	7	8	7	2	2	2
5598	전북 완주군	발달재활서비스 바우처지원	358,414	사회복지과	7	1	7	8	7	2	2	2
5599	전북 완주군	언어발달지원 바우처 지원	22,164	사회복지과	7	1	7	8	7	2	2	2
5600	전북 완주군	발달장애인 주간활동서비스 지원	458,917	사회복지과	7	1	7	8	7	2	2	2
5601	전북 완주군	발달장애인 방과후활동서비스지원	166,713	사회복지과	7	1	7	8	7	2	2	2
5602	전북 완주군	발달장애인 주간활동서비스 추가지원사업	94,498	사회복지과	7	1	7	8	7	2	2	2
5603	전북 완주군	인재육성재단 지원사업	465,000	교육아동복지과	7	5	7	8	7	5	5	4
5604	전북 완주군	차세대 주민등록시스템 운영비	11,523	종합민원과	7	1	5	1	7	2	2	1
5605	전북 완주군	국가주소정보시스템유지관리	17,473	종합민원과	7	1	5	1	7	2	2	1
5606	전북 완주군	도로명주소기본도 유지관리	7,787	종합민원과	7	1	5	1	7	2	2	1
5607	전북 완주군	지방세 프로그램 유지보수비	46,292	재정관리과	7	5	4	1	7	2	2	1
5608	전북 완주군	세외수입정보시스템 유지보수비	25,759	재정관리과	7	1	4	1	7	2	2	1
5609	전북 완주군	시군 청년혁신가 예비창업 지원사업	21,000	사회적경제과	7	1	7	8	7	5	5	4
5610	전북 완주군	먹거리통합관리체계구축 사업단 운영	220,000	먹거리정책과	7	7	6	3	7	1	1	1
5611	전북 완주군	입주자 대표 회의 교육	2,000	건축과	7	1	5	8	7	5	5	4
5612	전북 완주군	지역자율형 사회서비스 투자사업(산모,신생아 건강관리)	342,858	건강증진과	7	2	7	8	7	2	2	2

순번	시군구	지출명 (사업명)	2021년예산 (단위:천원/1년간)	담당자 (공무원)	민간이전 분류 (지방자치단체 세출예산 집행기준에 의거)	민간이전지출 근거 (지방보조금 관리기준 참고)	입찰방식			운영예산 산정		성과평가 실시여부
				담당부서	1. 민간경상사업보조(307-02) 2. 민간단체 법정운영비보조(307-03) 3. 민간행사사업보조(307-04) 4. 민간위탁금(307-05) 5. 사회복지시설 법정운영비보조(307-10) 6. 민간인위탁교육비(307-12) 7. 공기관등에대한경상적위탁사업비(308-10) 8. 민간자본사업보조,자체재원(402-01) 9. 민간자본사업보조,이전재원(402-02) 10. 민간위탁사업비(402-03) 11. 공기관등에 대한 자본적 대행사업비(403-02)	1. 법률에 규정 2. 국고보조 재원(국가지정) 3. 용도 지정 기부금 4. 조례에 직접규정 5. 지자체가 권장하는 사업을 하는 공공기관 6. 시,도 정책 및 재정사정 7. 기타 8. 해당없음	계약체결방법 (경쟁형태) 1. 일반경쟁 2. 제한경쟁 3. 지명경쟁 4. 수의계약 5. 법정위탁 6. 기타 ( ) 7. 해당없음	계약기간 1. 1년 2. 2년 3. 3년 4. 4년 5. 5년 6. 기타 ( )년 7. 단기계약 (1년미만) 8. 해당없음	낙찰자선정방법 1. 적격심사 2. 협상에의한계약 3. 최저가낙찰제 4. 규격가격분리 5. 2단계 경쟁입찰 6. 기타 ( ) 7. 해당없음	운영예산 산정 1. 내부산정 (지자체 자체적으로 산정) 2. 외부산정 (외부전문기관위탁 산정) 3. 내·외부 모두 산정 4. 산정 無 5. 해당없음	정산방법 1. 내부정산 (지자체 내부적으로 정산) 2. 외부정산 (외부전문기관위탁 정산) 3. 내·외부 모두 산정 4. 정산 無 5. 해당없음	1. 실시 2. 미실시 3. 향후 추진 4. 해당없음
5613	전북 완주군	표준모자보건수첩 제작	772	건강증진과	7	2	7	8	7	2	2	2
5614	전북 완주군	청소년산모 임신출산 의료비 지원	2,400	건강증진과	7	2	7	8	7	2	2	2
5615	전북 완주군	선천성대사이상 검사 및 환아관리	130	건강증진과	7	2	7	8	7	2	2	2
5616	전북 완주군	선천성 난청검사 및 보청기 지원사업	280	건강증진과	7	2	7	8	7	2	2	2
5617	전북 완주군	저소득층 기저귀,조제분유 지원사업	100,000	건강증진과	7	2	7	8	7	2	2	2
5618	전북 완주군	의료급여수급권자 일반검진비 지원	34,000	건강증진과	7	2	7	8	7	2	2	2
5619	전북 완주군	의료급여수급권자 영유아검진비 지원	2,400	건강증진과	7	2	7	8	7	2	2	2
5620	전북 완주군	국가암관리	154,200	건강증진과	7	2	7	8	7	2	2	2
5621	전북 완주군	노인건강검진	7,278	건강증진과	7	2	4	1	7	2	2	2
5622	전북 완주군	치매치료관리비지원	293,948	건강증진과	7	1	7	8	7	5	5	4
5623	전북 진안군	2021년 표준기록관리시스템 유지보수	42,887	행정지원과	7	7	6	1	6	2	2	4
5624	전북 진안군	호소 부유쓰레기 운반처리	30,000	환경과	7	5	7	8	7	5	5	4
5625	전북 무주군	장애인의료비 지원	51,293	사회복지과	7	2	5	8	7	5	3	4
5626	전북 무주군	차세대 주민등록정보 시스템 운영비	10,975	민원봉사과	7	1	5	2	2	2	2	2
5627	전북 무주군	지적측량기준점 유지관리	42,781	민원봉사과	7	1	5	1	7	5	1	3
5628	전북 무주군	도로명주소 기본도 유지	3,574	민원봉사과	7	1	5	1	7	5	5	3
5629	전북 무주군	국가주소정보시스템 유지관리	17,473	민원봉사과	7	1	5	1	7	5	5	3
5630	전북 무주군	국가 암 조기검진 지원	30,000	의료지원과	7	2	5	1	2	3	3	2
5631	전북 무주군	국가검간검진운영	8,500	의료지원과	7	2	5	1	2	3	3	2
5632	전북 무주군	의료급여수급권자 영유아검진지원	530	의료지원과	7	2	5	1	2	3	3	2
5633	전북 무주군	난청 조기진단	1,400	의료지원과	7	2	5	1	2	3	3	2
5634	전북 무주군	저소득층 기저귀.조제분유 지원사업	16,000	의료지원과	7	2	5	1	2	3	3	2
5635	전북 무주군	청소년산모 의료비 지원	600	의료지원과	7	2	5	1	2	3	3	2
5636	전북 무주군	표준모자보건수첩	116	의료지원과	7	2	5	1	2	3	3	2
5637	전북 무주군	희귀난치성 질환자 의료비 지원	98,000	의료지원과	7	2	5	1	2	3	3	2
5638	전북 무주군	산모.신생아 건강관리 지원	83,750	의료지원과	7	2	5	1	2	3	3	2
5639	전북 무주군	농촌협약 연구용역	305,000	농촌활력과	7	5	7	8	7	5	5	4
5640	전북 무주군	전통식품 마케팅 활성화 지원사업	80,000	농촌활력과	7	1	7	8	7	5	5	4
5641	전북 장수군	지방재정관리시스템 유지보수비	21,758	기획조정실	7	1	7	8	7	2	2	4
5642	전북 장수군	지역사회서비스 투자사업	573,804	주민복지실	7	1	5	8	7	5	2	1
5643	전북 장수군	가사간병방문도우미사업	161,312	주민복지실	7	2	7	8	7	1	1	1
5644	전북 장수군	장애인의료비 지원	55,315	주민복지실	7	2	7	8	7	1	1	1
5645	전북 장수군	장애인 활동지원	1,517,015	주민복지실	7	2	7	8	7	1	1	1
5646	전북 장수군	활동보조 가산수당	1,927	주민복지실	7	2	7	8	7	1	1	1
5647	전북 장수군	장애인활동지원 추가급여	41,106	주민복지실	7	2	7	8	7	1	1	1
5648	전북 장수군	발달재활서비스	47,501	주민복지실	7	2	7	8	7	1	1	1
5649	전북 장수군	발달장애학생방과후 활동서비스지원	106,696	주민복지실	7	2	7	8	7	1	1	1
5650	전북 장수군	발달장애인 주간활동바우처 지원	236,624	주민복지실	7	2	7	8	7	1	1	1
5651	전북 장수군	발달장애인 주간활동서비스지원 도추가 지원	67,804	주민복지실	7	2	7	8	7	1	1	1
5652	전북 장수군	장수군 청년 혁신가 예비창업 지원	14,000	일자리경제과	7	6	7	8	7	1	1	4
5653	전북 장수군	도시청년 지역상생 고용사업 인건비	29,920	일자리경제과	7	2	7	8	7	5	5	4
5654	전북 장수군	도시청년 지역상생 고용사업 자율지원비	10,200	일자리경제과	7	2	7	8	7	5	5	4
5655	전북 장수군	인건비 및 기타지원비	41,110	일자리경제과	7	2	7	8	7	5	5	4

순번	시군구	지출명 (사업명)	2021년예산 (단위:천원/1년간)	담당자 (공무원)	민간이전 분류 (지방자치단체 세출예산 집행기준에 의거)	민간이전지출 근거 (지방보조금 관리기준 참고)	입찰방식			운영예산 산정		성과평가 실시여부
				담당부서	1. 민간경상사업보조(307-02) 2. 민간단체 법정운영비보조(307-03) 3. 민간행사사업보조(307-04) 4. 민간위탁금(307-05) 5. 사회복지시설 법정운영비보조(307-10) 6. 민간인위탁교육비(307-12) 7. 공기관등에대한경상적위탁사업비(308-10) 8. 민간자본사업보조,자체재원(402-01) 9. 민간자본사업보조,이전재원(402-02) 10. 민간위탁사업비(402-03) 11. 공기관등에 대한 자본적 대행사업비(403-02)	1. 법률에 규정 2. 국고보조 재원(국가지정) 3. 용도 지정 기부금 4. 조례에 직접규정 5. 지자체가 권장하는 사업을 하는 공공기관 6. 시,도 정책 및 재정사정 7. 기타 8. 해당없음	계약체결방법 (경쟁형태) 1. 일반경쟁 2. 제한경쟁 3. 지명경쟁 4. 수의계약 5. 법정위탁 6. 기타 ( ) 7. 해당없음	계약기간 1. 1년 2. 2년 3. 3년 4. 4년 5. 5년 6. 기타 ( )년 7. 단기계약 (1년미만) 8. 해당없음	낙찰자선정방법 1. 적격심사 2. 협상에의한계약 3. 최저가낙찰제 4. 규격가격분리 5. 2단계 경쟁입찰 6. 기타 ( ) 7. 해당없음	운영예산 산정 1. 내부산정 (지자체 자체적으로 산정) 2. 외부산정 (외부전문기관위탁 산정) 3. 내·외부 모두 산정 4. 산정 無 5. 해당없음	정산방법 1. 내부정산 (지자체 내부적으로 정산) 2. 외부정산 (외부전문기관위탁 정산) 3. 내·외부 모두 산정 4. 정산 無 5. 해당없음	1. 실시 2. 미실시 3. 향후 추진 4. 해당없음
5656	전북 장수군	표준지방인사정보시스템 구축 분담금	52,788	행정지원과	7	6	7	8	7	5	5	4
5657	전북 장수군	기록관리시스템 유지보수	41,815	행정지원과	7	8	7	8	7	5	5	4
5658	전북 장수군	시군구 공통기반 시스템 유지관리	81,692	행정지원과	7	7	5	1	6	2	2	4
5659	전북 장수군	시군구재해복구시스템 유지관리 시군분담금	6,660	행정지원과	7	7	5	1	6	2	2	4
5660	전북 장수군	지방행정통합정보시스템 서비스데스크 운영 시군분담금	6,460	행정지원과	7	7	5	1	6	2	2	4
5661	전북 장수군	온나라시스템 상용SW 유지관리	9,910	행정지원과	7	7	5	1	6	2	2	4
5662	전북 장수군	온나라시스템 운영지원 시군분담금	7,500	행정지원과	7	7	5	1	6	2	2	4
5663	전북 장수군	지방세 정보시스템 유지보수비	34,427	재무과	7	1	7	8	7	5	5	4
5664	전북 장수군	차세대 지방세정보시스템 운영	1,152	재무과	7	1	7	8	7	5	5	4
5665	전북 장수군	표준지방세외수입정보시스템 유지관리비	17,019	재무과	7	1	7	8	7	5	5	4
5666	전북 장수군	차세대 주민등록정보시스템 운영	10,975	민원과	7	8	7	1	7	5	5	4
5667	전북 장수군	버스정보시스템(BIS) 유지보수비	20,486	건설교통과	7	7	5	8	7	2	2	4
5668	전북 장수군	치매치료관리비 지원	92,050	보건사업과	7	1	7	8	7	5	5	4
5669	전북 장수군	지역자율형 사회서비스 투자사업	60,000	의료지원과	7	2	5	8	7	5	5	4
5670	전북 장수군	청소년산모 임신출산 의료비지원	11,000	의료지원과	7	2	5	8	7	5	5	4
5671	전북 장수군	기저귀 및 조제분유 지원	14,000	의료지원과	7	2	5	8	7	5	5	4
5672	전북 장수군	표준모자보건수첩 제작	116	의료지원과	7	2	5	8	7	5	5	4
5673	전북 장수군	국가암관리 지자체지원	47,500	의료지원과	7	2	5	8	7	5	5	4
5674	전북 장수군	의료급여수급권자 일반검진비 지원	11,000	의료지원과	7	2	5	8	7	5	5	4
5675	전북 장수군	의료급여 수급권자 영유아 검진비 지원	500	의료지원과	7	2	5	8	7	5	5	4
5676	전북 장수군	전통식품 마케팅 활성화 지원사업	40,000	농축산유통과	7	4	7	8	7	5	1	1
5677	전북 장수군	장수한우 구충사업	185,400	축산과	7	4	7	8	7	5	5	4
5678	전북 장수군	장수한우 광물질 보급사업	216,300	축산과	7	4	7	8	7	5	5	4
5679	전북 장수군	친환경에너지타운 조성사업 타당성조사	200,000	환경자원사업소	7	4	7	8	7	5	5	4
5680	전북 임실군	청백 e-시스템 운영지원	8,010	기획감사실	7	1	5	1	6	2	2	1
5681	전북 임실군	지방재정관리시스템(e호조) 유지보수	25,386	기획감사실	7	1	5	1	6	2	2	1
5682	전북 임실군	지방인사정보시스템 유지보수	6,802	행정지원과	7	1	5	1	7	1	1	2
5683	전북 임실군	차세대 지방인사 구축	73,076	행정지원과	7	1	5	1	7	1	1	2
5684	전북 임실군	차세대주민등록시스템 운영	10,975	행정지원과	7	1	5	1	7	2	2	4
5685	전북 임실군	장애인 의료비 지원	63,865	주민복지과	7	2	5	8	7	2	2	4
5686	전북 임실군	시.군 행정구역간 이중경계 정비사업	86,874	주택토지과	7	2	7	8	7	5	5	4
5687	전북 순창군	지방인사정보시스템 유지관리 표준지방인사정보시스템 운영지원	61,885	행정과	7	1	1	1	7	1	1	2
5688	전북 순창군	공통기반 전산장비 유지보수	74,673	행정과	7	1	7	1	7	5	5	4
5689	전북 순창군	공통기반 재해복구시스템 유지보수	5,926	행정과	7	1	7	1	7	5	5	4
5690	전북 순창군	지방행정공통정보시스템 서비스데스크 운영	6,460	행정과	7	1	7	1	7	5	5	4
5691	전북 순창군	온나라 시스템 서비스데스크 운영	12,120	행정과	7	1	7	1	7	5	5	4
5692	전북 순창군	다문화가족 국제우편요금지원	8,000	주민복지과	7	4	4	8	2	1	3	1
5693	전북 순창군	지방세 정보시스템 유지관리	35,600	재무과	7	6	7	8	7	2	2	4
5694	전북 순창군	세외수입정보시스템 유지관리비	19,204	재무과	7	6	7	8	7	2	2	4
5695	전북 순창군	청년혁신가 예비창업지원사업	21,000	경제교통과	7	4	6	1	7	1	1	1
5696	전북 순창군	버스정보시스템 운영사업	15,936	경제교통과	7	7	4	7	6	2	2	1
5697	전북 순창군	섬진강 장군목생태관광지 도로 개설사업	4,466,000	건설과	7	1	5	8	7	1	1	3
5698	전북 순창군	주민역량강화, 휴먼케어	25,168	농촌개발과	7	2	7	8	7	3	3	1

순번	시군구	지출명 (사업명)	2021년예산 (단위:천원/1년간)	담당자 (공무원)	민간이전 분류 (지방자치단체 세출예산 집행기준에 의거)	민간이전지출 근거 (지방보조금 관리기준 참고)	입찰방식			운영예산 산정		성과평가 실시여부
				담당부서	1. 민간경상사업보조(307-02) 2. 민간단체 법정운영비보조(307-03) 3. 민간행사사업보조(307-04) 4. 민간위탁금(307-05) 5. 사회복지시설 법정운영비보조(307-10) 6. 민간인위탁교육비(307-12) 7. 공기관등에대한경상적위탁사업비(308-10) 8. 민간자본사업보조,자체재원(402-01) 9. 민간자본사업보조,이전재원(402-02) 10. 민간위탁사업비(402-03) 11. 공기관등에 대한 자본적 대행사업비(403-02)	1. 법률에 규정 2. 국고보조 재원(국가지정) 3. 용도 지정 기부금 4. 조례에 직접규정 5. 지자체가 권장하는 사업을 하는 공공기관 6. 시,도 정책 및 재정사정 7. 기타 8. 해당없음	계약체결방법 (경쟁형태) 1. 일반경쟁 2. 제한경쟁 3. 지명경쟁 4. 수의계약 5. 법정위탁 6. 기타 ( ) 7. 해당없음	계약기간 1. 1년 2. 2년 3. 3년 4. 4년 5. 5년 6. 기타 ( )년 7. 단기계약 (1년미만) 8. 해당없음	낙찰자선정방법 1. 적격심사 2. 협상에의한계약 3. 최저가낙찰제 4. 규격가격분리 5. 2단계 경쟁입찰 6. 기타 ( ) 7. 해당없음	운영예산 산정 1. 내부산정 (지자체 자체적으로 산정) 2. 외부산정 (외부전문기관위탁 산정) 3. 내·외부 모두 산정 4. 산정 無 5. 해당없음	정산방법 1. 내부정산 (지자체 내부적으로 정산) 2. 외부정산 (외부전문기관위탁 정산) 3. 내·외부 모두 산정 4. 정산 無 5. 해당없음	1. 실시 2. 미실시 3. 향후 추진 4. 해당없음
5699	전북 순창군	주민역량강화, 휴먼케어	31,000	농촌개발과	7	2	7	8	7	3	3	1
5700	전북 순창군	산모·신생아 건강관리 지원	86,250	보건사업과	7	2	7	1	7	1	2	4
5701	전북 순창군	표준모자보건수첩 지원	296	보건사업과	7	2	7	1	7	1	2	4
5702	전북 순창군	청소년 산모 임신·출산 의료비 지원	1,200	보건사업과	7	2	7	1	7	1	2	4
5703	전북 순창군	저소득층 기저귀·조제분유 지원	40,000	보건사업과	7	2	7	1	7	1	2	4
5704	전북 순창군	전통식품 마케팅 활성화 지원사업	40,000	농축산과	7	6	7	8	7	1	1	3
5705	전북 고창군	택시운행정보관리시스템 운영	1,600	상생경제과	7	1	7	8	7	1	1	1
5706	전북 고창군	광역 버스정보시스템(BIS) 운영	47,699	상생경제과	7	6	7	8	7	1	1	1
5707	전북 고창군	성두마을 새뜰마을 LPG배관망 구축사업	603,720	건설도시과	7	7	5	2	7	1	1	3
5708	전북 고창군	지역사회서비스투자사업	325,217	사회복지과	7	2	7	8	7	5	5	4
5709	전북 고창군	가사간병방문지원서비스지원사업	161,312	사회복지과	7	2	5	8	7	5	5	4
5710	전북 고창군	장애인의료비지원	189,585	사회복지과	7	2	7	8	7	1	1	2
5711	전북 고창군	도로명주소 정보시스템 유지관리	17,473	종합민원과	7	1	6	1	7	1	1	1
5712	전북 고창군	도로명주소 기본도 유지보수	4,322	종합민원과	7	1	6	1	7	3	1	4
5713	전북 부안군	온나라 시스템 운영지원 위탁사업비	15,115	자치행정담당관	7	1	5	1	7	1	1	4
5714	전북 부안군	지방행정공통정보 시스템 상담센터 운영 위탁사업비	6,460	자치행정담당관	7	1	5	1	7	1	1	4
5715	전북 부안군	행정정보 전산장비 유지관리 및 운영지원	80,009	자치행정담당관	7	1	5	1	7	1	1	4
5716	전북 부안군	시군구 재해복구체계 유지관리 및 운영지원	6,890	자치행정담당관	7	1	5	1	7	1	1	4
5717	전북 부안군	신성장지원 패키지 기업지원사업	210,000	신성장전략팀	7	1	7	8	7	3	3	1
5718	전북 부안군	고분자 연료전지 신뢰성평가센터 구축	400,000	신성장전략팀	7	1	7	8	7	3	3	1
5719	전북 부안군	청년혁신가 예비창업지원사업	14,000	일자리경제팀	7	5	7	8	7	5	5	2
5720	전북 부안군	디지털 부안문화대전 구축	150,000	문화관광과	7	5	7	8	7	1	1	2
5721	전북 부안군	공공실버주택 관리대행비	140,410	사회복지과	7	1	7	8	7	3	4	4
5722	전북 부안군	공공실버주택 공가세대 관리비 및 공과금	6,000	사회복지과	7	1	7	8	7	3	4	4
5723	전북 부안군	장애인 활동지원급여 지원	1,730,678	사회복지과	7	1	7	8	7	5	5	4
5724	전북 부안군	장애인 활동지원 가산급여	5,783	사회복지과	7	1	7	8	7	5	5	4
5725	전북 부안군	장애인 활동보조 추가지원	24,663	사회복지과	7	1	7	8	7	5	5	4
5726	전북 부안군	발달재활서비스 바우처 지원	107,956	사회복지과	7	1	7	8	7	5	5	4
5727	전북 부안군	발달장애인 주간활동서비스 지원	236,624	사회복지과	7	1	7	8	7	5	5	4
5728	전북 부안군	발달장애인 주간활동서비스 추가 지원	67,804	사회복지과	7	1	7	8	7	5	5	4
5729	전북 부안군	청소년 발달장애학생 방과후활동서비스 지원	106,696	사회복지과	7	1	7	8	7	5	5	4
5730	전북 부안군	장애인의료비 지원	196,122	사회복지과	7	1	7	8	7	5	5	4
5731	전북 부안군	지방세정보 시스템 운영 및 유지보수	40,360	재무과	7	6	7	8	7	5	5	4
5732	전북 부안군	차세대 지방세 정보시스템 운영 유지보수비	1,260	재무과	7	6	7	8	7	5	5	4
5733	전북 부안군	차세대 지방세 정보시스템 구축사업	90,266	재무과	7	6	7	8	7	5	5	4
5734	전북 부안군	세외수입정보시스템 유지관리	21,389	재무과	7	6	7	8	7	5	5	4
5735	전북 부안군	지적기준점 일제조사 및 재설치	30,080	민원과	7	1	5	1	7	5	1	2
5736	전북 부안군	빈집 플랫폼 구축사업	106,000	민원과	7	5	7	8	7	5	5	4
5737	전북 부안군	전통식품 명인 홍보 판촉지원	5,000	해양수산과	7	6	7	8	7	5	5	4
5738	전북 부안군	청년 챌리지숍 지원	50,000	도시공원과	7	1	6	7	1	5	5	4
5739	전북 부안군	부안군 버스정보시스템(BIS) 유지관리	64,122	건설교통과	7	5	7	8	7	1	1	4
5740	전남 완도군	친환경퇴비생산 수분조절재 지원사업 위탁비	60,000	농업축산과	7	5	7	8	7	4	3	1
5741	전남 완도군	한우인공수정료 지원사업 위탁비	50,000	농업축산과	7	5	7	8	7	4	3	1

순번	시군구	지출명 (사업명)	2021년예산 (단위:천원/1년간)	담당자 (공무원)	민간이전 분류 (지방자치단체 세출예산 집행기준에 의거)	민간이전지출 근거 (지방보조금 관리기준 참고)	입찰방식			운영예산 산정		성과평가 실시여부
				담당부서	1. 민간경상사업보조(307-02) 2. 민간단체 법정운영비보조(307-03) 3. 민간행사사업보조(307-04) 4. 민간위탁금(307-05) 5. 사회복지시설 법정운영비보조(307-10) 6. 민간인위탁교육비(307-12) 7. 공기관등에대한경상적위탁사업비(308-10) 8. 민간자본사업보조,자체재원(402-01) 9. 민간자본사업보조,이전재원(402-02) 10. 민간위탁사업비(402-03) 11. 공기관등에 대한 자본적 대행사업비(403-02)	1. 법률에 규정 2. 국고보조 재원(국가지정) 3. 용도 지정 기부금 4. 조례에 직접규정 5. 지자체가 권장하는 사업을 하는 공공기관 6. 시,도 정책 및 재정사정 7. 기타 8. 해당없음	계약체결방법 (경쟁형태) 1. 일반경쟁 2. 제한경쟁 3. 지명경쟁 4. 수의계약 5. 법정위탁 6. 기타 ( ) 7. 해당없음	계약기간 1. 1년 2. 2년 3. 3년 4. 4년 5. 5년 6. 기타 ( )년 7. 단기계약 (1년미만) 8. 해당없음	낙찰자선정방법 1. 적격심사 2. 협상에의한계약 3. 최저가낙찰제 4. 규격가격분리 5. 2단계 경쟁입찰 6. 기타 ( ) 7. 해당없음	운영예산 산정 1. 내부산정 (지자체 자체적으로 산정) 2. 외부산정 (외부전문기관위탁 산정) 3. 내·외부 모두 산정 4. 산정 無 5. 해당없음	정산방법 1. 내부정산 (지자체 내부적으로 정산) 2. 외부정산 (외부전문기관위탁 정산) 3. 내·외부 모두 산정 4. 정산 無 5. 해당없음	1. 실시 2. 미실시 3. 향후 추진 4. 해당없음
5742	전남 완도군	한우유전능력검정사업 위탁비	10,000	농업축산과	7	5	7	8	7	4	3	1
5743	전남 완도군	한우선형검사 및 친자감별사업 위탁비	10,000	농업축산과	7	5	7	8	7	4	3	1
5744	전남 완도군	어선어업 미끼 지원사업	189,000	수산경영과	7	5	7	8	7	5	5	4
5745	전남 완도군	폐사어 처리 수거비 지원	80,000	수산경영과	7	5	7	8	7	5	5	4
5746	전남 완도군	광어항생제 잔류 및 쿠도아충 검사 지원	70,000	수산경영과	7	5	7	8	7	5	5	4
5747	전남 완도군	완도 양식광어 비상품어 수매자금 지원	150,000	수산경영과	7	5	7	8	7	5	5	4
5748	전남 완도군	장애인활동지원 급여지원	1,371,000	주민복지과	7	2	5	8	7	5	1	1
5749	전남 완도군	활동보조 가산급여	6,457	주민복지과	7	2	5	8	7	5	1	1
5750	전남 완도군	장애인 활동지원 도 추가지원	23,668	주민복지과	7	6	5	8	7	5	1	1
5751	전남 완도군	발달재활서비스 바우처 지원	184,033	주민복지과	7	2	5	8	7	5	1	1
5752	전남 완도군	발달재활서비스 도비 확대지원	6,480	주민복지과	7	6	5	8	7	5	1	1
5753	전남 완도군	발달장애인 주간활동서비스 지원	177,400	주민복지과	7	2	5	8	7	5	1	1
5754	전남 완도군	지역사회서비스투자사업	360,349	주민복지과	7	2	5	1	7	5	1	1
5755	전남 완도군	가사간병방문지원사업	91,219	주민복지과	7	2	7	8	7	5	1	3
5756	전남 완도군	아이돌보미 지원	537,000	여성가족과	7	2	7	8	7	3	1	1
5757	전남 완도군	여성청소년 보건위생물품지원사업	17,771	여성가족과	7	2	7	8	7	3	1	1
5758	전남 완도군	학교 밖 청소년 참여수당지원	2,520	여성가족과	7	2	1	3	2	1	1	1
5759	전남 완도군	다함께돌봄(학교-지자체 협업모델) 사업	11,100	여성가족과	7	2	7	8	7	3	1	1
5760	전남 목포시	2021년 청백-e시스템 유지보수비	11,198	감사실	7	5	5	1	2	3	3	1
5761	전남 목포시	국가암검진비지원사업	573,924	건강증진과	7	2	5	8	7	5	1	4
5762	전남 목포시	의료급여수급권자 건강검진비 지원사업	54,715	건강증진과	7	2	5	8	7	5	1	4
5763	전남 목포시	지역사회건강조사 조사분석 위탁운영	68,130	건강증진과	7	2	5	1	7	5	3	4
5764	전남 목포시	의료급여수급권자 영유아건강검진 지원	5,055	건강증진과	7	1	7	8	7	5	3	2
5765	전남 목포시	지역자율형사회서비스투자사업	597,791	건강증진과	7	1	7	8	7	5	3	1
5766	전남 목포시	표준모자보건수첩제작	1,688	건강증진과	7	1	7	8	7	5	3	2
5767	전남 목포시	청소년산모임신출산의료비지원	6,000	건강증진과	7	1	7	8	7	5	3	2
5768	전남 목포시	저소득층 기저귀 및 조제분유 지원	295,000	건강증진과	7	2	5	8	7	1	2	4
5769	전남 목포시	제조업체 경쟁력강화를 위한 스마트공장 보급확산	249,000	지역경제과	7	2	7	8	7	1	1	1
5770	전남 목포시	2021년 전남 농공단지 기업 맞춤형 특화지원 사업	10,000	지역경제과	7	6	7	8	7	1	1	1
5771	전남 목포시	2021년 전남 뿌리산업 선도기업 육성사업 지원	63,200	지역경제과	7	6	7	8	7	1	1	1
5772	전남 목포시	수출업체지원	30,000	지역경제과	7	4	7	8	7	1	1	1
5773	전남 목포시	장애인 의료비	462,406	노인장애인과	7	1	7	8	7	1	1	1
5774	전남 여수시	농공단지 기업 맞춤형 특화지원 사업	32,500	산업지원과	7	5	7	8	7	3	2	1
5775	전남 여수시	내일로 티켓소지자 숙박비 및 철도 테마상품 이용객 지원	155,000	관광과	7	5	7	8	7	1	1	3
5776	전남 여수시	발달재활서비스 바우처 지원	1,015,200	노인장애인과	7	1	7	8	7	1	1	2
5777	전남 여수시	언어발달지원 바우처 지원	13,199	노인장애인과	7	1	7	8	7	1	1	2
5778	전남 여수시	발달장애인 부모상담 지원	1,904	노인장애인과	7	1	7	8	7	1	1	2
5779	전남 여수시	발달장애인 주간활동서비스 지원	813,086	노인장애인과	7	1	7	8	7	1	1	2
5780	전남 여수시	청소년 발달장애학생 방과후활동서비스 지원	253,100	노인장애인과	7	1	7	8	7	1	1	2
5781	전남 여수시	전남 청년 구직활동수당 지원사업	420,000	인구일자리과	7	6	7	8	7	5	5	4
5782	전남 여수시	지역주도형 청년일자리사업	422,400	인구일자리과	7	6	7	8	7	5	5	4
5783	전남 여수시	전남 청년 농수산 유통활동가 사업	107,191	인구일자리과	7	6	5	2	1	2	2	1
5784	전남 여수시	전남 청년 마을로 프로젝트	829,090	인구일자리과	7	6	7	1	6	1	1	3

순번	시군구	지출명 (사업명)	2021년예산 (단위:천원/1년간)	담당자 (공무원)	민간이전 분류 (지방자치단체 세출예산 집행기준에 의거)	민간이전지출 근거 (지방보조금 관리기준 참고)	입찰방식			운영예산 산정		성과평가 실시여부
				담당부서	1. 민간경상사업보조(307-02) 2. 민간단체 법정운영비보조(307-03) 3. 민간행사사업보조(307-04) 4. 민간위탁금(307-05) 5. 사회복지시설 법정운영비보조(307-10) 6. 민간인위탁교육비(307-12) 7. 공기관등에대한경상적위탁사업비(308-10) 8. 민간자본사업보조,자체재원(402-01) 9. 민간자본사업보조,이전재원(402-02) 10. 민간위탁사업비(402-03) 11. 공기관등에 대한 자본적 대행사업비(403-02)	1. 법률에 규정 2. 국고보조 재원(국가지정) 3. 용도 지정 기부금 4. 조례에 직접규정 5. 지자체가 권장하는 사업을 하는 공공기관 6. 시,도 정책 및 재정사정 7. 기타 8. 해당없음	계약체결방법 (경쟁형태) 1. 일반경쟁 2. 제한경쟁 3. 지명경쟁 4. 수의계약 5. 법정위탁 6. 기타 ( ) 7. 해당없음	계약기간 1. 1년 2. 2년 3. 3년 4. 4년 5. 5년 6. 기타 ( )년 7. 단기계약 (1년미만) 8. 해당없음	낙찰자선정방법 1. 적격심사 2. 협상에의한계약 3. 최저가낙찰제 4. 규격가격분리 5. 2단계 경쟁입찰 6. 기타 ( ) 7. 해당없음	운영예산 산정 1. 내부산정 (지자체 자체적으로 산정) 2. 외부산정 (외부전문기관위탁 산정) 3. 내·외부 모두 산정 4. 산정 無 5. 해당없음	정산방법 1. 내부정산 (지자체 내부적으로 정산) 2. 외부정산 (외부전문기관위탁 정산) 3. 내·외부 모두 산정 4. 정산 無 5. 해당없음	1. 실시 2. 미실시 3. 향후 추진 4. 해당없음
5785	전남 여수시	청소대행사업위탁운영	20,573,302	도시미화과	7	1	5	1	7	1	1	1
5786	전남 여수시	종량제봉투 등 공급대행	193,940	도시미화과	7	1	5	1	7	1	1	1
5787	전남 여수시	도시형폐기물 종합처리시설 위탁	4,910,626	도시미화과	7	1	7	1	7	1	1	1
5788	전남 여수시	갯녹음 예방 바다숲 조성	100,000	어업생산과	7	1	5	1	7	3	3	1
5789	전남 여수시	여수광양항 합동마케팅 활동 분담금	30,000	해양항만레저과	7	7	7	8	7	2	2	4
5790	전남 여수시	봉황산 자연휴양림 운영	499,315	산림과	7	4	5	3	7	1	1	4
5791	전남 여수시	치매치료관리비지원	454,237	보건사업과	7	2	5	8	7	5	3	4
5792	전남 여수시	지역자율형 사회서비스 투자사업	473,275	사회복지과	7	1	7	8	7	2	2	4
5793	전남 여수시	지역자율형 사회서비스 투자사업	1,500,844	사회복지과	7	1	7	8	7	2	2	4
5794	전남 순천시	교육환경개선사업	118,000	평생교육과	7	5	7	8	7	5	5	3
5795	전남 순천시	양성평등 실현	20,000	여성가족과	7	6	7	8	7	5	5	3
5796	전남 순천시	예산편성 및 재정관리제도 운영	36,264	기획예산실	7	7	7	8	7	5	5	3
5797	전남 순천시	생산적 감사 수행	11,198	감사실	7	7	7	8	7	5	5	3
5798	전남 순천시	중요기록물 관리	5,451	총무과	7	7	7	8	7	5	5	3
5799	전남 순천시	지방세정 전산망 유지관리	66,457	세정과	7	7	7	8	7	5	5	3
5800	전남 순천시	세외수입 관리	30,128	징수과	7	7	7	8	7	5	5	3
5801	전남 순천시	정보시스템 운영 관리	122,779	정보통신과	7	7	7	8	7	5	5	3
5802	전남 순천시	전남 청년 구직활동수당 지원	525,000	투자일자리과	7	4	7	8	7	5	5	3
5803	전남 순천시	스마트공장 보급 확산	495,000	미래산업과	7	2	7	8	7	5	5	3
5804	전남 순천시	4차산업혁명박람회 추진(2021 NEXPO in 순천	30,000	미래산업과	7	5	7	8	7	5	5	3
5805	전남 순천시	마그네슘 상용화 지원센터 구축	15,780	미래산업과	7	2	7	8	7	5	5	3
5806	전남 순천시	전남 VR·AR 제작거점센터 구축사업	720,000	미래산업과	7	2	7	8	7	5	5	3
5807	전남 순천시	향교에 즐기는 아고라 순천 운영	400,000	문화예술과	7	1	7	8	7	5	5	3
5808	전남 순천시	지역대학교 지역인재 육성 지원	890,000	평생교육과	7	4	7	8	7	5	5	3
5809	전남 순천시	행복한 노후생활 지원	299,400	노인장애인과	7	4	7	8	7	5	5	3
5810	전남 순천시	장애인의료비 지원	398,008	노인장애인과	7	1	7	8	7	5	5	3
5811	전남 순천시	발달재활서비스 바우처 지원	952,029	노인장애인과	7	1	7	8	7	5	5	3
5812	전남 순천시	발달장애인 주간활동서비스지원	739,169	노인장애인과	7	1	7	8	7	5	5	3
5813	전남 순천시	청소년 발달장애학생 방과후 활동서비스지원	213,137	노인장애인과	7	1	7	8	7	5	5	3
5814	전남 순천시	언어발달지원 바우처 지원	9,694	노인장애인과	7	1	7	8	7	5	5	3
5815	전남 순천시	발달장애인 부모상담지원	3,811	노인장애인과	7	1	7	8	7	5	5	3
5816	전남 순천시	장애인활동지원 급여지원	11,157,030	노인장애인과	7	1	7	8	7	5	5	3
5817	전남 순천시	활동보조 가산급여	25,286	노인장애인과	7	1	7	8	7	5	5	3
5818	전남 순천시	장애인 활동지원 도 추가지원	1,408,812	노인장애인과	7	1	7	8	7	5	5	3
5819	전남 순천시	고객중심의 통합민원창구 운영	30,874	허가민원과	7	2	7	8	7	5	5	3
5820	전남 순천시	지역사회서비스투자사업	1,168,853	사회복지과	7	1	7	8	7	5	5	3
5821	전남 순천시	가사 간병 방문지원사업	348,282	사회복지과	7	2	7	8	7	5	5	3
5822	전남 순천시	주거급여	1,230,362	사회복지과	7	2	7	8	7	5	5	3
5823	전남 순천시	청소년 건강 지원사업	76,798	아동청소년과	7	5	7	8	7	5	5	3
5824	전남 순천시	학교 밖 청소년 참여수당	38,160	아동청소년과	7	6	7	8	7	5	5	3
5825	전남 순천시	택시운행정보관리시스템 운영	12,514	교통과	7	2	7	8	7	5	5	3
5826	전남 순천시	마중택시 이용권 제작 및 정산시스템 운영	10,800	교통과	7	4	7	8	7	5	5	3
5827	전남 순천시	치매치료관리비 지원사업	320,045	보건사업과	7	2	7	8	7	5	5	3

순번	시군구	지출명 (사업명)	2021년예산 (단위:천원/1년간)	담당자 (공무원) 담당부서	민간이전 분류 (지방자치단체 세출예산 집행기준에 의거) 1. 민간경상사업보조(307-02) 2. 민간단체 법정운영비보조(307-03) 3. 민간행사사업보조(307-04) 4. 민간위탁금(307-05) 5. 사회복지시설 법정운영비보조(307-10) 6. 민간인위탁교육비(307-12) 7. 공기관등에대한경상적위탁사업비(308-10) 8. 민간자본사업보조,자체재원(402-01) 9. 민간자본사업보조,이전재원(402-02) 10. 민간위탁사업비(402-03) 11. 공기관등에 대한 자본적 대행사업비(403-02)	민간이전지출 근거 (지방보조금 관리기준 참고) 1. 법률에 규정 2. 국고보조 재원(국가지정) 3. 용도 지정 기부금 4. 조례에 직접규정 5. 지자체가 권장하는 사업을 하는 공공기관 6. 시,도 정책 및 재정사정 7. 기타 8. 해당없음	입찰방식 계약체결방법 (경쟁형태) 1. 일반경쟁 2. 제한경쟁 3. 지명경쟁 4. 수의계약 5. 법정위탁 6. 기타 ( ) 7. 해당없음	입찰방식 계약기간 1. 1년 2. 2년 3. 3년 4. 4년 5. 5년 6. 기타 ( )년 7. 단기계약 (1년미만) 8. 해당없음	입찰방식 낙찰자선정방법 1. 적격심사 2. 협상에의한계약 3. 최저가낙찰제 4. 규격가격분리 5. 2단계 경쟁입찰 6. 기타 ( ) 7. 해당없음	운영예산 산정 운영예산 산정 1. 내부산정 (지자체 자체적으로 산정) 2. 외부산정 (외부전문기관위탁 산정) 3. 내·외부 모두 산정 4. 산정 無 5. 해당없음	운영예산 산정 정산방법 1. 내부정산 (지자체 내부적으로 정산) 2. 외부정산 (외부전문기관위탁 정산) 3. 내·외부 모두 산정 4. 정산 無 5. 해당없음	성과평가 실시여부 1. 실시 2. 미실시 3. 향후 추진 4. 해당없음
5828	전남 순천시	표준모자보건수첩 제작	2,380	보건사업과	7	2	7	8	7	5	5	3
5829	전남 순천시	지역자율형 사회서비스 투자사업	536,445	보건사업과	7	2	7	8	7	5	5	3
5830	전남 순천시	영유아 건강검진	2,778	보건사업과	7	2	7	8	7	5	5	3
5831	전남 순천시	모자보건사업	200,000	보건사업과	7	2	7	8	7	5	5	3
5832	전남 순천시	청소년산모 의료비 지원	6,000	보건사업과	7	2	7	8	7	5	5	3
5833	전남 순천시	저소득층 기저귀 조제분유 지원	200,000	보건사업과	7	2	7	8	7	5	5	3
5834	전남 순천시	농업인 월급제 지원사업	8,000	농업정책과	7	6	7	8	7	5	5	3
5835	전남 순천시	여성농어업인 행복바우처 지원사업	1,116,000	농업정책과	7	6	7	8	7	5	5	3
5836	전남 순천시	농촌협약	500,000	농업정책과	7	8	7	8	7	5	5	3
5837	전남 순천시	벼 육묘용 상토 공급	430,000	친환경농업과	7	6	7	8	7	5	5	3
5838	전남 순천시	2020년산 벼 보급종 차액지원	99,000	친환경농업과	7	6	7	8	7	5	5	3
5839	전남 순천시	토양개량제 지원	344,849	친환경농업과	7	2	7	8	7	5	5	3
5840	전남 순천시	유기질 비료 공급	4,461,176	친환경농업과	7	2	7	8	7	5	5	3
5841	전남 순천시	유기질 비료 추가 지원	400,000	친환경농업과	7	6	7	8	7	5	5	3
5842	전남 순천시	맞춤형 및 NK비료 공급	528,005	친환경농업과	7	6	7	8	7	5	5	3
5843	전남 순천시	유기농업자재지원(친환경농자재)	30,829	친환경농업과	7	2	7	8	7	5	5	3
5844	전남 순천시	축산농가 위기대응	316,960	동물자원과	7	6	7	8	7	5	5	3
5845	전남 순천시	축산농가 헬퍼지원	60,000	동물자원과	7	6	7	8	7	5	5	3
5846	전남 순천시	한(육)우 고급화 사업	230,000	동물자원과	7	6	7	8	7	5	5	3
5847	전남 순천시	순천만 자연생태연구소 운영	100,000	순천만보전과	7	1	7	8	7	5	5	3
5848	전남 순천시	수산종자 매입 방류사업	100,000	순천만보전과	7	5	7	8	7	5	5	3
5849	전남 순천시	농어촌공사 용수로 정비사업	400,000	건설과	7	5	5	1	7	1	1	2
5850	전남 광양시	암 검진비 위탁금	175,656	건강증진과	7	2	5	8	7	2	2	4
5851	전남 광양시	의료수급권자 일반건강진단 위탁금	19,652	건강증진과	7	2	5	8	7	2	2	4
5852	전남 광양시	희귀질환자 의료비 지원	310,356	건강증진과	7	2	5	8	7	2	2	4
5853	전남 광양시	치매치료관리비 지원	174,018	건강증진과	7	1	7	8	7	4	3	2
5854	전남 광양시	전남 한우암소 개량 및 능력검정	2,744	농업지원과	7	6	7	8	7	1	1	4
5855	전남 광양시	주민등록증 제작	31,536	민원지적과	7	2	7	8	7	1	2	4
5856	전남 광양시	차세대 주민등록시스템 운영비	12,296	민원지적과	7	2	7	1	7	2	2	4
5857	전남 광양시	지적기준점 유지관리 위탁	32,052	민원지적과	7	1	5	1	7	2	2	2
5858	전남 광양시	국가주소정보시스템 유지관리	17,473	민원지적과	7	1	6	1	7	2	2	2
5859	전남 광양시	도로명주소기본도 유지관리	5,616	민원지적과	7	2	6	1	7	2	2	2
5860	전남 광양시	지역 SW서비스 사업화지원 사업	172,200	정보통신과	7	5	7	8	7	3	1	1
5861	전남 광양시	지역 ICT이노베이션스퀘어 운영	500,000	정보통신과	7	2	7	8	7	3	3	1
5862	전남 광양시	전자문서시스템 운영지원 위탁비	10,000	정보통신과	7	5	7	1	7	5	5	4
5863	전남 광양시	전자문서시스템 상용소프트웨어 위탁비	2,482	정보통신과	7	5	7	1	7	5	5	4
5864	전남 광양시	지방행정통합정보시스템 상담센터 운영지원 위탁비	6,460	정보통신과	7	5	7	1	7	5	5	4
5865	전남 광양시	시군구 공통기반시스템 유지관리	79,738	정보통신과	7	5	7	1	7	5	5	4
5866	전남 광양시	시군구 재해복구시스템 유지관리	10,635	정보통신과	7	5	7	1	7	5	5	4
5867	전남 광양시	소상공인 경영혁신 지원	34,000	지역경제과	7	1	7	8	7	1	1	4
5868	전남 광양시	광양항 물동량 증대 인센티브 지원	1,000,000	철강항만과	7	4	7	8	7	1	1	4
5869	전남 광양시	광양항 유관기관 합동마케팅	60,000	철강항만과	7	7	7	8	7	1	1	4
5870	전남 광양시	노인일자리 및 사회활동지원 확대	5,992,975	노인장애인과	7	1	2	8	1	1	1	4

순번	시군구	지출명 (사업명)	2021년예산 (단위:천원/1년간)	담당자 (공무원)	민간이전 분류 (지방자치단체 세출예산 집행기준에 의거)	민간이전지출 근거 (지방보조금 관리기준 참고)	입찰방식			운영예산 산정		성과평가 실시여부
				담당부서	1. 민간경상사업보조(307-02) 2. 민간단체 법정운영비보조(307-03) 3. 민간행사사업보조(307-04) 4. 민간위탁금(307-05) 5. 사회복지시설 법정운영비보조(307-10) 6. 민간인위탁교육비(307-12) 7. 공기관등에대한경상적위탁사업비(308-10) 8. 민간자본사업보조,자체재원(402-01) 9. 민간자본사업보조,이전재원(402-02) 10. 민간위탁사업비(402-03) 11. 공기관등에 대한 자본적 대행사업비(403-02)	1. 법률에 규정 2. 국고보조 재원(국가지정) 3. 용도 지정 기부금 4. 조례에 직접규정 5. 지자체가 권장하는 사업을 하는 공공기관 6. 시,도 정책 및 재정사정 7. 기타 8. 해당없음	계약체결방법 (경쟁형태) 1. 일반경쟁 2. 제한경쟁 3. 지명경쟁 4. 수의계약 5. 법정위탁 6. 기타 ( ) 7. 해당없음	계약기간 1. 1년 2. 2년 3. 3년 4. 4년 5. 5년 6. 기타 ( )년 7. 단기계약 (1년미만) 8. 해당없음	낙찰자선정방법 1. 적격심사 2. 협상에의한계약 3. 최저가낙찰제 4. 규격가격분리 5. 2단계 경쟁입찰 6. 기타 ( ) 7. 해당없음	운영예산 산정 1. 내부산정 (지자체 자체적으로 산정) 2. 외부산정 (외부전문기관위탁 산정) 3. 내·외부 모두 산정 4. 산정 無 5. 해당없음	정산방법 1. 내부정산 (지자체 내부적으로 정산) 2. 외부정산 (외부전문기관위탁 정산) 3. 내·외부 모두 산정 4. 정산 無 5. 해당없음	1. 실시 2. 미실시 3. 향후 추진 4. 해당없음
5871	전남 광양시	장애인의료비 지원	171,101	노인장애인과	7	1	2	8	1	1	1	4
5872	전남 광양시	발달재활서비스 바우처 지원	507,390	노인장애인과	7	1	2	8	1	1	1	4
5873	전남 광양시	장애인 활동지원 도 추가지원	818,438	노인장애인과	7	1	2	8	1	1	1	4
5874	전남 광양시	장애인활동지원급여지원	6,468,000	노인장애인과	7	1	2	8	1	1	1	4
5875	전남 광양시	활동보조 가산급여	21,771	노인장애인과	7	1	2	8	1	1	1	4
5876	전남 광양시	언어발달지원 바우처 지원	9,694	노인장애인과	7	1	2	8	1	1	1	4
5877	전남 광양시	발달장애인 부모상담지원	3,811	노인장애인과	7	1	2	8	1	1	1	4
5878	전남 광양시	발달장애인 주간활동서비스 바우처 지원	591,335	노인장애인과	7	1	2	8	1	1	1	4
5879	전남 광양시	청소년 발달장애학생 방과후활동서비스 바우처 지원	153,192	노인장애인과	7	1	2	8	1	1	1	4
5880	전남 담양군	e호조 시스템 유지보수비	21,758	지속가능경영기획실	7	1	7	8	7	5	5	4
5881	전남 담양군	청백-e시스템 유지보수	7,203	지속가능경영기획실	7	1	7	8	7	5	5	4
5882	전남 담양군	지방행정통합정보시스템 상담센터 운영	6,460	자치행정과	7	4	7	8	7	5	5	4
5883	전남 담양군	행정정보화공통기반시스템 주전산기 및 프로그램 유지보수비	72,831	자치행정과	7	4	7	8	7	5	5	4
5884	전남 담양군	재해복구시스템 유지보수비	10,517	자치행정과	7	4	7	8	7	5	5	4
5885	전남 담양군	온-나라시스템 운영지원 및 프로그램 유지비	22,186	자치행정과	7	4	7	8	7	5	5	4
5886	전남 담양군	차세대지방인사정보시스템 구축비	48,127	자치행정과	7	4	7	8	7	5	5	4
5887	전남 담양군	가사간병방문지원사업	106,193	주민행복과	7	1	7	8	7	1	1	2
5888	전남 담양군	장애인 의료비	233,599	주민행복과	7	5	5	1	7	3	3	4
5889	전남 담양군	지방세외수입 정보화사업	19,204	세무회계과	7	7	7	8	7	5	5	4
5890	전남 담양군	차세대 주민등록시스템 운영비	10,975	열린민원과	7	1	6	1	7	2	2	4
5891	전남 담양군	지적 · 임야경계일치사업	131,738	열린민원과	7	5	4	7	6	5	1	4
5892	전남 담양군	국가주소정보시스템 유지관리사업 및 운영비	17,473	열린민원과	7	1	6	1	7	3	1	4
5893	전남 담양군	도로명주소기본도 현행화 유지보수비	5,357	열린민원과	7	1	6	1	7	2	1	4
5894	전남 담양군	전남 청년 마을로 프로젝트	777,944	풀뿌리경제과	7	2	6	1	6	2	1	3
5895	전남 담양군	농수산유통활동가 육성	258,909	풀뿌리경제과	7	2	6	3	6	2	1	3
5896	전남 담양군	신중년 경력형 일자리창출 지원사업	54,400	풀뿌리경제과	7	2	7	8	7	5	5	4
5897	전남 담양군	택시운행정보관리시스템 운영사업비	958	풀뿌리경제과	7	5	5	1	7	2	4	4
5898	전남 담양군	여성농업인 행복바우처사업	672,120	친환경농정과	7	2	7	8	7	5	5	4
5899	전남 담양군	스마트공장 구축 지원사업	288,000	투자유치과	7	4	7	8	7	5	5	4
5900	전남 담양군	농공단지 기업맞춤형 특화지원사업	23,000	투자유치과	7	4	7	8	7	5	5	4
5901	전남 담양군	희귀난치성질환자 의료비 지원	165,782	보건소	7	1	7	8	7	5	1	4
5902	전남 담양군	산모 신생아 건강관리 지원	73,098	보건소	7	1	7	8	7	5	1	4
5903	전남 담양군	표준모자보건수첩	320	보건소	7	2	7	8	7	5	1	4
5904	전남 담양군	청소년산모 의료비 지원	1,200	보건소	7	1	7	8	7	5	1	4
5905	전남 담양군	기저귀 조제분유 지원	59,000	보건소	7	2	7	8	7	5	1	4
5906	전남 담양군	암 조기검진비 지원	95,140	보건소	7	2	7	8	7	5	1	4
5907	전남 담양군	의료급여수급권자 검진비 지원	17,143	보건소	7	2	7	8	7	5	1	4
5908	전남 담양군	만 6세미만 의료급여수급권자 검진비	617	보건소	7	2	7	8	7	5	1	4
5909	전남 담양군	치매치료비 지원	182,002	보건소	7	2	7	8	7	5	1	4
5910	전남 곡성군	지방재정정보시스템(e-호조) 유지관리	25,386	기획실	7	7	7	1	7	5	5	4
5911	전남 곡성군	청백-e시스템 유지관리 위탁	7,203	기획실	7	1	5	8	7	2	2	3
5912	전남 곡성군	도로명주소 정보시스템 GIS엔진 S/W 유지보수비	2,400	민원실	7	1	5	1	7	2	2	3
5913	전남 곡성군	도로명주소 정보시스템(KAIS) 운영지원비	15,073	민원실	7	1	5	1	7	2	2	3

순번	시군구	지출명 (사업명)	2021년예산 (단위:천원/1년간)	담당자 (공무원)	민간이전 분류 (지방자치단체 세출예산 집행기준에 의거)	민간이전지출 근거 (지방보조금 관리기준 참고)	입찰방식			운영예산 산정		성과평가 실시여부
				담당부서	1. 민간경상사업보조(307-02) 2. 민간단체 법정운영비보조(307-03) 3. 민간행사사업보조(307-04) 4. 민간위탁금(307-05) 5. 사회복지시설 법정운영비보조(307-10) 6. 민간인위탁교육비(307-12) 7. 공기관등에대한경상적위탁사업비(308-10) 8. 민간자본사업보조,자체재원(402-01) 9. 민간자본사업보조,이전재원(402-02) 10. 민간위탁사업비(402-03) 11. 공기관등에 대한 자본적 대행사업비(403-02)	1. 법률에 규정 2. 국고보조 재원(국가지정) 3. 용도 지정 기부금 4. 조례에 직접규정 5. 지자체가 권장하는 사업을 하는 공공기관 6. 시,도 정책 및 재정사정 7. 기타 8. 해당없음	계약체결방법 (경쟁형태) 1. 일반경쟁 2. 제한경쟁 3. 지명경쟁 4. 수의계약 5. 법정위탁 6. 기타 ( ) 7. 해당없음	계약기간 1. 1년 2. 2년 3. 3년 4. 4년 5. 5년 6. 기타 ( )년 7. 단기계약 (1년미만) 8. 해당없음	낙찰자선정방법 1. 적격심사 2. 협상에의한계약 3. 최저가낙찰제 4. 규격가격분리 5. 2단계 경쟁입찰 6. 기타 ( ) 7. 해당없음	운영예산 산정 1. 내부산정 (지자체 자체적으로 산정) 2. 외부산정 (외부전문기관위탁 산정) 3. 내·외부 모두 산정 4. 산정 無 5. 해당없음	정산방법 1. 내부정산 (지자체 내부적으로 정산) 2. 외부정산 (외부전문기관위탁 정산) 3. 내·외부 모두 산정 4. 정산 無 5. 해당없음	1. 실시 2. 미실시 3. 향후 추진 4. 해당없음
5914	전남 곡성군	도로명주소 기본도 유지보수사업	3,157	민원실	7	1	5	1	7	2	2	3
5915	전남 곡성군	지적기준점 위탁 관리 수수료	8,500	민원실	7	1	4	1	7	1	1	3
5916	전남 곡성군	택시운행 정보관리시스템 운영비	648	민원실	7	1	7	8	7	5	5	3
5917	전남 곡성군	인사랑시스템 유지관리 부담금	6,602	행정과	7	7	4	1	7	1	1	4
5918	전남 곡성군	인사랑시스템 차세대 구축 부담금	49,892	행정과	7	7	4	1	7	1	1	4
5919	전남 곡성군	온나라시스템 위수탁 운영대행비	13,347	행정과	7	1	5	1	7	2	2	4
5920	전남 곡성군	표준기록관리시스템 위수탁 운영대행비	69,552	행정과	7	1	5	1	7	2	2	4
5921	전남 곡성군	공통기반 정보시스템 유지비	92,461	행정과	7	5	6	1	7	2	2	4
5922	전남 곡성군	전라남도 재해복구시스템 통합운영 분담금	10,635	행정과	7	5	6	1	7	2	2	4
5923	전남 곡성군	공통기반시스템(새올)서비스데스크 운영 분담금	6,460	행정과	7	5	6	1	7	2	2	4
5924	전남 곡성군	숲 모험놀이 교육 운영	55,000	행정과	7	5	7	8	7	5	5	4
5925	전남 곡성군	표준지방세 정보시스템 유지보수비	12,664	재무과	7	1	5	1	7	2	2	4
5926	전남 곡성군	위택스시스템 유지보수비	21,215	재무과	7	1	5	1	7	2	2	4
5927	전남 곡성군	과세통합관리시스템 유지보수비	548	재무과	7	1	5	1	7	2	2	4
5928	전남 곡성군	차세대 지방세정보시스템 유지보수비	1,178	재무과	7	1	5	1	7	2	2	4
5929	전남 곡성군	세외수입정보시스템 유지관리 분담금	14,834	재무과	7	1	5	1	7	2	2	4
5930	전남 곡성군	지역사회서비스투자사업	454,177	주민복지과	7	2	6	8	7	5	2	1
5931	전남 곡성군	장애인 의료비 지원	58,316	주민복지과	7	1	7	8	7	5	5	4
5932	전남 곡성군	발달재활서비스	53,977	주민복지과	7	1	7	8	7	5	5	4
5933	전남 곡성군	장애인 활동지원 급여	1,028,080	주민복지과	7	1	7	8	7	5	5	4
5934	전남 곡성군	중증장애인 활동보조 가산급여	2,870	주민복지과	7	1	7	8	7	5	5	4
5935	전남 곡성군	주간활동서비스 지원	177,401	주민복지과	7	1	7	8	7	5	5	4
5936	전남 곡성군	방과후활동서비스 지원	86,587	주민복지과	7	1	7	8	7	5	5	4
5937	전남 곡성군	기초생활수급자 집수리사업	750,000	주민복지과	7	1	5	1	7	1	1	1
5938	전남 곡성군	가사간병 방문지원 사업	133,454	주민복지과	7	1	5	1	7	1	1	1
5939	전남 곡성군	0 ~ 2세 보육료	1,039,590	주민복지과	7	2	5	1	7	5	1	4
5940	전남 곡성군	만 3 ~ 5세 누리과정 보육료	541,388	주민복지과	7	2	5	1	7	5	1	4
5941	전남 곡성군	시간제 보육료	1,000	주민복지과	7	2	5	1	7	5	1	4
5942	전남 곡성군	농업인 월급제 이자 지원사업	5,400	농정과	7	6	7	8	7	5	1	4
5943	전남 곡성군	지리산권관광개발조합 운영 자치단체간 부담금	13,998	관광과	7	7	7	8	7	1	1	1
5944	전남 곡성군	지리산권 국가예산 확보 신규사업 발굴	7,142	관광과	7	7	7	8	7	1	1	1
5945	전남 곡성군	지리산권 관광정보화	14,146	관광과	7	7	7	8	7	1	1	1
5946	전남 곡성군	지리산권 관광모니터링 운영	1,800	관광과	7	7	7	8	7	1	1	1
5947	전남 곡성군	지리산권 연계관광 상품개발	7,621	관광과	7	7	7	8	7	1	1	1
5948	전남 곡성군	지리산권 농특산물 공동마케팅 지원	2,857	관광과	7	7	7	8	7	1	1	1
5949	전남 곡성군	스마트공장 보급 지원사업	140,000	도시경제과	7	2	7	8	7	2	2	4
5950	전남 곡성군	뿌리산업 선도기업 육성사업	16,000	도시경제과	7	2	7	8	7	5	5	4
5951	전남 곡성군	농공단지 특화지원사업	5,000	도시경제과	7	2	7	8	7	5	5	4
5952	전남 곡성군	지역단위 농촌관광 시스템 구축	30,000	농촌지원과	7	2	7	8	7	5	5	4
5953	전남 구례군	지방재정관리시스템 운영관리 유지보수비	21,758	기획예산실	7	1	5	1	7	2	2	1
5954	전남 구례군	청백-e 시스템 운영	6,404	기획예산실	7	4	5	1	7	5	5	4
5955	전남 구례군	초당대학교 계약학과 학비 지원	7,500	총무과	7	1	7	2	7	2	3	2
5956	전남 구례군	표준지방인사정보시스템 구축 및 유지보수	51,616	총무과	7	1	5	1	2	2	3	2

순번	시군구	지출명 (사업명)	2021년예산 (단위:천원/1년간)	담당자 (공무원) 담당부서	민간이전 분류 (지방자치단체 세출예산 집행기준에 의거) 1. 민간경상사업보조(307-02) 2. 민간단체 법정운영비보조(307-03) 3. 민간행사사업보조(307-04) 4. 민간위탁금(307-05) 5. 사회복지시설 법정운영비보조(307-10) 6. 민간인위탁교육비(307-12) 7. 공기관등에대한경상적위탁사업비(308-10) 8. 민간자본사업보조,자체재원(402-01) 9. 민간자본사업보조,이전재원(402-02) 10. 민간위탁사업비(402-03) 11. 공기관등에 대한 자본적 대행사업비(403-02)	민간이전지출 근거 (지방보조금 관리기준 참고) 1. 법률에 규정 2. 국고보조 재원(국가지정) 3. 용도 지정 기부금 4. 조례에 직접규정 5. 지자체가 권장하는 사업을 하는 공공기관 6. 시,도 정책 및 재정사정 7. 기타 8. 해당없음	입찰방식 계약체결방법 (경쟁형태) 1. 일반경쟁 2. 제한경쟁 3. 지명경쟁 4. 수의계약 5. 법정위탁 6. 기타 ( ) 7. 해당없음	입찰방식 계약기간 1. 1년 2. 2년 3. 3년 4. 4년 5. 5년 6. 기타 ( )년 7. 단기계약 (1년미만) 8. 해당없음	입찰방식 낙찰자선정방법 1. 적격심사 2. 협상에의한계약 3. 최저가낙찰제 4. 규격가격분리 5. 2단계 경쟁입찰 6. 기타 ( ) 7. 해당없음	운영예산 산정 운영예산 산정 1. 내부산정 (지자체 자체적으로 산정) 2. 외부산정 (외부전문기관위탁 산정) 3. 내·외부 모두 산정 4. 산정 無 5. 해당없음	운영예산 산정 정산방법 1. 내부정산 (지자체 내부적으로 정산) 2. 외부정산 (외부전문기관위탁 정산) 3. 내·외부 모두 산정 4. 정산 無 5. 해당없음	성과평가 실시여부 1. 실시 2. 미실시 3. 향후 추진 4. 해당없음
5957	전남 구례군	시군구 전산장비 통합유지보수비	79,961	총무과	7	7	7	1	7	5	5	4
5958	전남 구례군	시군구 재해복구시스템 통합유지보수비	10,517	총무과	7	7	7	1	7	5	5	4
5959	전남 구례군	지방행정공통(새올)정보시스템 서비스데스크	6,460	총무과	7	7	7	1	7	5	5	4
5960	전남 구례군	세외수입 전산프로그램 유지관리비	14,834	재무과	7	5	5	1	7	5	5	4
5961	전남 구례군	지방세 정보화시스템 운영관리	34,427	재무과	7	5	5	1	7	5	5	4
5962	전남 구례군	발달재활서비스 바우처 지원	46,735	주민복지과	7	2	7	8	7	5	1	4
5963	전남 구례군	장애인의료비 지원	92,920	주민복지과	7	2	7	8	7	5	1	4
5964	전남 구례군	노인생활시설 장기요양급여 부담금	815,820	주민복지과	7	1	7	8	7	2	1	4
5965	전남 구례군	재가노인복지시설 장기요양급여 부담금	1,102,161	주민복지과	7	1	7	8	7	2	1	4
5966	전남 구례군	지역사회서비스투자사업	431,728	주민복지과	7	2	7	8	7	5	5	1
5967	전남 구례군	가사간병방문서비스	151,125	주민복지과	7	2	7	8	7	1	1	4
5968	전남 구례군	지역주도형 청년일자리 사업	1,013,908	경제활력과	7	2	7	8	7	5	5	4
5969	전남 구례군	스마트공장 보급확산 사업	63,000	경제활력과	7	2	7	8	7	5	2	3
5970	전남 보성군	공통기반 전산장비 및 재해복구 유지관리 대행비	79,800	총무과	7	2	7	1	7	2	2	4
5971	전남 보성군	지방행정공통정보시스템 서비스데스크운영 유지관리 대행비	6,460	총무과	7	2	7	1	7	2	2	4
5972	전남 보성군	온-나라시스템 유지관리 대행비	7,500	총무과	7	2	7	1	7	2	2	4
5973	전남 화순군	전남 청년 농수산유통활동가 육성사업	204,652	일자리정책실	7	2	7	8	7	4	3	4
5974	전남 화순군	서민층 가스안전장치 보급사업	15,000	일자리정책실	7	6	7	8	7	5	5	4
5975	전남 화순군	장애인의료비 지원	125,933	사회복지과	7	1	7	8	7	5	2	4
5976	전남 화순군	학교 밖 청소년 참여수당	23,760	가정활력과	7	2	2	8	7	1	1	3
5977	전남 화순군	주거급여	800,000	도시과	7	1	7	8	7	5	5	4
5978	전남 화순군	희귀난치성 질환관리	69,766	보건소	7	2	5	8	6	2	2	2
5979	전남 강진군	공통기반 전산장비 유지관리 위수탁비	85,000	총무과	7	1	5	1	2	2	2	4
5980	전남 강진군	재해복구시스템 유지관리 위수탁비	11,000	총무과	7	1	5	1	2	2	2	4
5981	전남 강진군	지방행정통합정보시스템 서비스 데스크 운영 위수탁비	7,000	총무과	7	1	5	1	2	2	2	4
5982	전남 강진군	장애인 의료비 지원	122,362	주민복지실	7	2	7	8	7	5	5	4
5983	전남 강진군	장애인활동지원	906,450	주민복지실	7	2	7	8	7	5	5	4
5984	전남 강진군	장애인활동지원 가산수당	8,643	주민복지실	7	2	7	8	7	5	5	4
5985	전남 강진군	장애아동가족지원	129,546	주민복지실	7	2	7	8	7	5	5	4
5986	전남 강진군	의료관련감염병 예방관리사업	10,000	보건소	7	2	7	8	7	3	1	4
5987	전남 강진군	표준모자보건수첩	260	보건소	7	2	7	8	7	3	3	1
5988	전남 강진군	청소년산모 임신출산 의료비지원	1,200	보건소	7	2	7	8	7	3	3	1
5989	전남 강진군	분만취약지 지원사업	500,000	보건소	7	2	7	8	7	3	3	1
5990	전남 강진군	저소득층 기저귀조제분유 지원사업	39,000	보건소	7	2	7	8	7	3	3	1
5991	전남 강진군	산모신생아 건강관리 지원사업	41,925	보건소	7	2	7	8	7	3	3	1
5992	전남 강진군	산모신생아 건강관리지원사업	6,090	보건소	7	5	7	8	7	3	3	1
5993	전남 강진군	공공산후조리원 지원사업	204,000	보건소	7	6	7	8	7	3	3	1
5994	전남 강진군	치매치료관리지원사업	187,757	보건소	7	2	5	8	7	5	4	4
5995	전남 강진군	희귀난치성질환자관리	45,540	보건소	7	2	5	8	7	1	2	2
5996	전남 강진군	의료급여수급권자 검진사업	13,945	보건소	7	2	5	8	7	1	2	1
5997	전남 강진군	영유아건강검진사업	892	보건소	7	2	5	8	7	1	2	1
5998	전남 강진군	암 조기검진사업	85,023	보건소	7	2	5	8	7	1	2	1
5999	전남 해남군	농업인 월급제 이자보전 지원	60,000	농정과	7	6	7	8	7	1	1	3

순번	시군구	지출명 (사업명)	2021년예산 (단위:천원/1년간)	담당자 (공무원)	민간이전 분류 (지방자치단체 세출예산 집행기준에 의거)	민간이전지출 근거 (지방보조금 관리기준 참고)	입찰방식			운영예산 산정		성과평가 실시여부
				담당부서	1. 민간경상사업보조(307-02) 2. 민간단체 법정운영비보조(307-03) 3. 민간행사사업보조(307-04) 4. 민간위탁금(307-05) 5. 사회복지시설 법정운영비보조(307-10) 6. 민간인위탁교육비(307-12) 7. 공기관등에대한경상적위탁사업비(308-10) 8. 민간자본사업보조,자체재원(402-01) 9. 민간자본사업보조,이전재원(402-02) 10. 민간위탁사업비(402-03) 11. 공기관등에 대한 자본적 대행사업비(403-02)	1. 법률에 규정 2. 국고보조 재원(국가지정) 3. 용도 지정 기부금 4. 조례에 직접규정 5. 지자체가 권장하는 사업을 하는 공공기관 6. 시,도 정책 및 재정사정 7. 기타 8. 해당없음	계약체결방법 (경쟁형태) 1. 일반경쟁 2. 제한경쟁 3. 지명경쟁 4. 수의계약 5. 법정위탁 6. 기타 ( ) 7. 해당없음	계약기간 1. 1년 2. 2년 3. 3년 4. 4년 5. 5년 6. 기타 ( )년 7. 단기계약 (1년미만) 8. 해당없음	낙찰자선정방법 1. 적격심사 2. 협상에의한계약 3. 최저가낙찰제 4. 규격가격분리 5. 2단계 경쟁입찰 6. 기타 ( ) 7. 해당없음	운영예산 산정 1. 내부산정 (지자체 자체적으로 산정) 2. 외부산정 (외부전문기관위탁 산정) 3. 내·외부 모두 산정 4. 산정 無 5. 해당없음	정산방법 1. 내부정산 (지자체 내부적으로 정산) 2. 외부정산 (외부전문기관위탁 정산) 3. 내·외부 모두 산정 4. 정산 無 5. 해당없음	1. 실시 2. 미실시 3. 향후 추진 4. 해당없음
6000	전남 해남군	조업중 인양쓰레기 수매	50,000	해양수산과	7	6	7	7	7	1	1	4
6001	전남 해남군	전남 청년 마을로 프로젝트	2,187,878	인구정책과	7	2	7	8	7	3	3	3
6002	전남 해남군	청년 구직활동 수당	30,000	인구정책과	7	6	7	8	7	5	5	4
6003	전남 해남군	영유아건강검진	1,056	인구정책과	7	2	7	8	7	5	1	4
6004	전남 영암군	대불국가산단 내외국인 근로자기숙사 위탁운영비 지원	96,000	투자경제과	7	2	7	8	7	1	1	2
6005	전남 영암군	스마트공장 보급 확산사업	495,649	투자경제과	7	2	7	8	7	1	2	2
6006	전남 영암군	전남 청년 농수산유통 활동가 육성 사업	477,520	투자경제과	7	2	7	8	7	1	1	2
6007	전남 영암군	택시운행정보관리시스템 운영비	1,308	건설교통과	7	8	4	1	6	1	1	1
6008	전남 영암군	국가수조정보시스템(KAIS)운영	22,068	종합민원과	7	2	6	1	7	2	2	4
6009	전남 영암군	슬레이트 처리사업	1,230,500	환경보전과	7	5	5	2	7	1	2	4
6010	전남 영암군	슬레이트 실태조사 사업	20,600	환경보전과	7	5	5	1	7	1	2	4
6011	전남 무안군	시군구 공통기반사업 추진	100,698	자치행정과	7	2	5	1	6	2	2	1
6012	전남 무안군	온-나라 문서 및 문서유통시스템 유지관리 사업	15,940	자치행정과	7	1	5	1	7	2	2	4
6013	전남 무안군	표준기록관리시스템 유지관리	25,435	자치행정과	7	1	5	1	7	2	2	4
6014	전남 무안군	자치단체 우편모아시스템 통합유지관리	5,300	자치행정과	7	1	5	1	7	2	2	4
6015	전남 함평군	차세대 주민등록정보 시스템 운영	11,000	민원봉사실	7	8	5	1	7	5	5	4
6016	전남 함평군	도로명주소사업 추진	75,578	민원봉사실	7	8	7	1	7	5	5	4
6017	전남 함평군	국내 대학(원) 위탁교육비 지원	7,500	총무과	7	1	7	8	7	5	5	4
6018	전남 함평군	공통기반 전산장비 유지보수	90,303	총무과	7	1	7	8	7	1	1	4
6019	전남 함평군	공통기반 재해복구시스템 유지보수	11,323	총무과	7	1	7	8	7	1	1	4
6020	전남 함평군	지방행정통합정보시스템 유지관리	6,460	총무과	7	1	7	8	7	1	1	4
6021	전남 함평군	온나라시스템 운영지원	7,500	총무과	7	1	7	8	7	1	1	4
6022	전남 함평군	온나라 상용sw 유지보수	7,590	총무과	7	1	7	8	7	1	1	4
6023	전남 함평군	전남 농수산유통활동가 육성사업	50,000	일자리경제과	7	2	7	2	7	5	1	1
6024	전남 함평군	전남 청년 구직활동수당 지원사업	48,000	일자리경제과	7	2	7	7	7	5	1	1
6025	전남 함평군	에너지 ICT 일 경험 지원사업	21,850	일자리경제과	7	2	7	7	7	5	1	1
6026	전남 함평군	2021년 스마트공장 구축사업 부담금	225,000	일자리경제과	7	2	7	8	7	3	3	4
6027	전남 함평군	2021년 전남 뿌리산업 선도기업 육성 3단계 사업	132,800	일자리경제과	7	6	7	8	7	5	5	4
6028	전남 함평군	통합문화이용권사업	200,000	문화관광과	7	2	7	8	7	5	5	1
6029	전남 함평군	공기관 등에 대한 자본위탁사업	7,762,000	환경상하수도과	7	5	7	5	7	1	3	3
6030	전남 함평군	지역사회서비스투자사업	624,684	주민복지과	7	2	7	8	7	3	2	1
6031	전남 함평군	가사간병방문지원사업	152,984	주민복지과	7	2	7	8	7	3	2	1
6032	전남 함평군	결핵 및 한센병 관리	8,200	보건소	7	7	7	8	7	5	1	4
6033	전남 함평군	저소득층 기저귀 조제분유 지원	30,000	보건소	7	2	7	8	7	5	2	4
6034	전남 함평군	저소득층 기저귀 조제분유 지원	2,000	보건소	7	2	7	8	7	5	2	4
6035	전남 함평군	산모 신생아 건강관리 지원사업	29,475	보건소	7	2	7	8	7	5	2	4
6036	전남 함평군	영유아 건강검진	842	보건소	7	2	7	8	7	5	2	4
6037	전남 함평군	의료급여수급권자 건강검진	11,412	보건소	7	2	7	8	7	5	2	4
6038	전남 함평군	암조기검진사업	90,892	보건소	7	2	7	8	7	5	2	4
6039	전남 함평군	치매치료관리비 지원	134,207	보건소	7	2	7	8	7	5	2	4
6040	전남 영광군	전남 청년 마을로 사업	644,804	인구일자리정책실	7	2	7	8	7	5	5	4
6041	전남 영광군	장애인의료비지원	370,301	사회복지과	7	2	5	8	7	5	2	1
6042	전남 영광군	대학생 스마트 e-모빌리티 경진대회	200,000	이모빌리티산업과	7	7	7	8	7	5	5	4

순번	시군구	지출명 (사업명)	2021년예산 (단위:천원/1년간)	담당자 (공무원) 담당부서	민간이전 분류 (지방자치단체 세출예산 집행기준에 의거) 1. 민간경상사업보조(307-02) 2. 민간단체 법정운영비보조(307-03) 3. 민간행사사업보조(307-04) 4. 민간위탁금(307-05) 5. 사회복지시설 법정운영비보조(307-10) 6. 민간인위탁교육비(307-12) 7. 공기관등에대한경상적위탁사업비(308-10) 8. 민간자본사업보조,자체재원(402-01) 9. 민간자본사업보조,이전재원(402-02) 10. 민간위탁사업비(402-03) 11. 공기관등에 대한 자본적 대행사업비(403-02)	민간이전지출 근거 (지방보조금 관리기준 참고) 1. 법률에 규정 2. 국고보조 재원(국가지정) 3. 용도 지정 기부금 4. 조례에 직접규정 5. 지자체가 권장하는 사업을 하는 공공기관 6. 시,도 정책 및 재정사정 7. 기타 8. 해당없음	입찰방식 계약체결방법 (경쟁형태) 1. 일반경쟁 2. 제한경쟁 3. 지명경쟁 4. 수의계약 5. 법정위탁 6. 기타 ( ) 7. 해당없음	입찰방식 계약기간 1. 1년 2. 2년 3. 3년 4. 4년 5. 5년 6. 기타 ( )년 7. 단기계약 (1년미만) 8. 해당없음	입찰방식 낙찰자선정방법 1. 적격심사 2. 협상에의한계약 3. 최저가낙찰제 4. 규격가격분리 5. 2단계 경쟁입찰 6. 기타 ( ) 7. 해당없음	운영예산 산정 운영예산 산정 1. 내부산정 (지자체 자체적으로 산정) 2. 외부산정 (외부전문기관위탁 산정) 3. 내·외부 모두 산정 4. 산정 無 5. 해당없음	운영예산 산정 정산방법 1. 내부정산 (지자체 내부적으로 정산) 2. 외부정산 (외부전문기관위탁 정산) 3. 내·외부 모두 산정 4. 정산 無 5. 해당없음	성과평가 실시여부 1. 실시 2. 미실시 3. 향후 추진 4. 해당없음
6043	전남 영광군	포럼, 세미나 등 학술행사	100,000	이모빌리티산업과	7	7	7	8	7	5	5	4
6044	전남 영광군	전시, 시승체험장, 수출상담회, 블랙데이 개최	700,000	이모빌리티산업과	7	4	7	8	7	5	5	4
6045	전남 영광군	치매치료 관리비 지원	262,632	보건소	7	2	7	8	7	5	3	1
6046	전남 장성군	지방재정관리시스템(e-호조) 유지관리	25,386	기획실	7	5	6	1	6	2	2	4
6047	전남 장성군	청백-e 시스템 유지보수 및 운영관리비	7,203	기획실	7	5	6	1	6	2	2	4
6048	전남 장성군	온나라 시스템 유지보수	35,575	소통정보실	7	1	5	1	7	2	2	4
6049	전남 장성군	표준기록관리시스템 유지보수	31,400	소통정보실	7	1	5	1	7	2	2	4
6050	전남 장성군	우편모아시스템 통합유지관리	5,300	소통정보실	7	8	5	1	7	2	2	4
6051	전남 장성군	공통기반 시스템 유지보수	82,997	소통정보실	7	1	5	1	7	2	2	4
6052	전남 장성군	공통기반 재해복구 시스템 유지보수	10,517	소통정보실	7	1	5	1	7	2	2	4
6053	전남 장성군	공통기반 시스템 서비스데스크 운영위탁	6,460	소통정보실	7	1	5	1	7	2	2	4
6054	전남 장성군	인사랑정보시스템 유지관리	6,602	총무과	7	7	5	1	6	2	2	4
6055	전남 장성군	차세대 표준지방인사정보시스템 구축	49,067	총무과	7	7	5	1	6	2	2	4
6056	전남 장성군	장애인 의료비	116,565	주민복지과	7	2	7	8	7	1	1	1
6057	전남 장성군	장애아동가족지원	116,024	주민복지과	7	2	7	8	7	1	1	1
6058	전남 장성군	발달재활서비스 도 확대사업	4,320	주민복지과	7	4	7	8	7	1	1	1
6059	전남 장성군	장애인활동지원급여	2,915,000	주민복지과	7	2	7	8	7	1	1	1
6060	전남 장성군	중증장애인 활동보조 가산급여	2,586	주민복지과	7	2	7	8	7	1	1	1
6061	전남 장성군	장애인 활동지원	84,476	주민복지과	7	4	7	8	7	1	1	1
6062	전남 장성군	발달장애인 방과후활동서비스 지원	86,587	주민복지과	7	2	7	8	7	1	1	1
6063	전남 장성군	발달장애인 주간활동서비스 지원	177,400	주민복지과	7	2	7	8	7	1	1	1
6064	전남 장성군	가사간병 방문도우미사업	67,457	주민복지과	7	2	7	8	7	1	1	1
6065	전남 장성군	아이돌봄 지원사업 예탁금	805,563	주민복지과	7	2	5	1	7	1	1	1
6066	전남 장성군	주거현물집수리	450,000	주민복지과	7	1	5	1	7	1	3	3
6067	전남 장성군	지역사회서비스투자사업	435,987	주민복지과	7	2	5	1	7	3	1	2
6068	전남 장성군	관광자원 홍보	422,040	문화관광과	7	7	7	8	7	5	1	2
6069	전남 장성군	차세대 주민등록정보시스템 운영비	10,975	민원봉사과	7	1	7	8	7	5	5	4
6070	전남 장성군	도로명주소 정보시스템관리	17,473	민원봉사과	7	1	6	1	7	3	1	4
6071	전남 장성군	도로명주소 기본도사업	4,624	민원봉사과	7	1	6	1	7	3	1	4
6072	전남 장성군	지방세 정보화사업 위탁 운영비	40,360	재무과	7	5	6	8	7	5	5	4
6073	전남 장성군	차세대 지방세 정보시스템 운영	1,241	재무과	7	5	7	8	7	5	5	4
6074	전남 장성군	세외수입 정보시스템 유지보수	19,204	재무과	7	5	7	8	7	5	5	4
6075	전남 장성군	장성군 스타기업 육성사업 지원금	50,000	미래성장개발과	7	5	7	8	7	5	5	4
6076	전남 장성군	스마트공장 보급확산사업	312,000	미래성장개발과	7	5	7	8	7	5	5	4
6077	전남 장성군	뿌리산업 선도기업 육성사업	390,800	미래성장개발과	7	5	7	8	7	5	5	4
6078	전남 장성군	농공단지 기업맞춤형 특화지원사업	19,500	미래성장개발과	7	5	7	8	7	5	5	4
6079	전남 장성군	국가혁신융복합단지 지원사업	181,000	미래성장개발과	7	5	7	8	7	5	5	4
6080	전남 장성군	수행기관 위탁사업비	17,220	경제교통과	7	2	7	8	7	5	5	4
6081	전남 장성군	전남 청년 농수산유통활동가 지원사업 위탁비	85,070	경제교통과	7	2	7	8	7	5	5	4
6082	전남 장성군	전남 청년 구직활동수당 지원	51,000	경제교통과	7	4	7	8	7	5	5	4
6083	전남 장성군	수행기관 위탁사업비	15,940	경제교통과	7	2	7	8	7	5	5	4
6084	전남 장성군	조기취업형 계약학과 운영 지원	1,500	경제교통과	7	4	7	8	7	5	5	4
6085	전남 장성군	택시운행정보관리시스템 운영	978	경제교통과	7	1	7	8	7	5	5	4

순번	시군구	지출명 (사업명)	2021년예산 (단위:천원/1년간)	담당자 (공무원)	민간이전 분류 (지방자치단체 세출예산 집행기준에 의거)	민간이전지출 근거 (지방보조금 관리기준 참고)	입찰방식			운영예산 산정		성과평가 실시여부
				담당부서	1. 민간경상사업보조(307-02) 2. 민간단체 법정운영비보조(307-03) 3. 민간행사사업보조(307-04) 4. 민간위탁금(307-05) 5. 사회복지시설 법정운영비보조(307-10) 6. 민간인위탁교육비(307-12) 7. 공기관등에대한경상적위탁사업비(308-10) 8. 민간자본사업보조,자체재원(402-01) 9. 민간자본사업보조,이전재원(402-02) 10. 민간위탁사업비(402-03) 11. 공기관등에 대한 자본적 대행사업비(403-02)	1. 법률에 규정 2. 국고보조 재원(국가지정) 3. 용도 지정 기부금 4. 조례에 직접규정 5. 지자체가 권장하는 사업을 하는 공공기관 6. 시,도 정책 및 재정사정 7. 기타 8. 해당없음	계약체결방법 (경쟁형태) 1. 일반경쟁 2. 제한경쟁 3. 지명경쟁 4. 수의계약 5. 법정위탁 6. 기타 ( ) 7. 해당없음	계약기간 1. 1년 2. 2년 3. 3년 4. 4년 5. 5년 6. 기타 ( )년 7. 단기계약 (1년미만) 8. 해당없음	낙찰자선정방법 1. 적격심사 2. 협상에의한계약 3. 최저가낙찰제 4. 규격가격분리 5. 2단계 경쟁입찰 6. 기타 ( ) 7. 해당없음	운영예산 산정 1. 내부산정 (지자체 자체적으로 산정) 2. 외부산정 (외부전문기관위탁 산정) 3. 내·외부 모두 산정 4. 산정 無 5. 해당없음	정산방법 1. 내부정산 (지자체 내부적으로 정산) 2. 외부정산 (외부전문기관위탁 정산) 3. 내·외부 모두 산정 4. 정산 無 5. 해당없음	1. 실시 2. 미실시 3. 향후 추진 4. 해당없음
6086	전남 장성군	희귀난치성질환자 의료비 지원	65,760	보건소	7	2	7	8	7	3	3	2
6087	전남 장성군	한센정착촌 진료비부담	7,900	보건소	7	5	7	8	7	1	1	4
6088	전남 장성군	국가 5대암 검진비 예탁	132,990	보건소	7	2	5	1	1	2	2	2
6089	전남 장성군	의료급여수급권자 일반건강검진비 예탁	16,151	보건소	7	2	5	1	1	2	2	2
6090	전남 장성군	만6세미만 의료급여수급권자 검진비 예탁	1,013	보건소	7	2	7	8	7	1	1	4
6091	전남 장성군	표준모자보건수첩 제작	360	보건소	7	2	7	8	7	1	1	4
6092	전남 장성군	청소년산모 의료비 지원	1,200	보건소	7	2	7	8	7	1	1	4
6093	전남 장성군	저소득층 기저귀 조제분유 지원 사업	42,000	보건소	7	2	7	8	7	1	1	4
6094	전남 장성군	산모신생아도우미지원	67,203	보건소	7	2	7	8	7	1	1	4
6095	전남 장성군	산모신생아 건강관리사 지원	17,100	보건소	7	4	7	8	7	1	1	4
6096	전남 장성군	치매치료관리비 예탁	143,383	보건소	7	2	7	8	7	1	1	4
6097	전남 장성군	삼계하수처리시설 기술진단 수수료	70,000	맑은물관리사업소	7	8	7	8	7	5	5	4
6098	전남 장성군	학교 밖 청소년 참여수당 지원	10,980	평생교육센터	7	6	1	6	1	1	1	2
6099	전남 진도군	청백-e 시스템 유리관리 및 운영지원 사업	6,500	기획예산과	7	7	7	8	7	5	5	4
6100	전남 진도군	지방재정관리시스템 운영 및 유지관리	21,758	기획예산과	7	7	7	8	7	5	5	4
6101	전남 진도군	표준지방인사정보시스템 유지관리비 분담금	6,863	행정과	7	6	5	1	7	5	5	4
6102	전남 진도군	차세대 표준지방인사정보시스템 구축 분담금	51,703	행정과	7	6	5	1	7	5	5	4
6103	전남 진도군	제8회 전국동시지방선거 단속 사무경비	110,282	행정과	7	1	7	8	7	5	5	4
6104	전남 진도군	전남대학교 평생교육원생 학비보조	88,000	행정과	7	1	7	8	7	5	5	4
6105	전남 진도군	공통기반 전산장비 유지보수	88,862	행정과	7	7	1	1	6	3	3	4
6106	전남 진도군	공통기반 재해복구(DR) 유지보수	9,857	행정과	7	7	1	1	6	3	3	4
6107	전남 진도군	새올행정시스템 운영관리 유지보수	6,460	행정과	7	7	1	1	6	3	3	4
6108	전남 진도군	온나라시스템 운영지원 및 상용 S/W 유지보수	13,923	행정과	7	7	1	1	6	3	3	4
6109	전남 진도군	군단위 LPG배관망 유지 관리비	240,000	경제마케팅과	7	7	7	8	7	5	5	4
6110	전남 진도군	치매환자 치료 관리비 지원	96,312	보건소	7	2	7	8	7	5	3	4
6111	전남 진도군	국가암관리사업	90,938	보건소	7	2	7	8	7	5	1	1
6112	전남 진도군	의료급여수급권자 건강검진사업	14,543	보건소	7	2	7	8	7	5	1	1
6113	전남 진도군	희귀난치성질환자 의료비지원	43,670	보건소	7	2	7	8	7	5	1	1
6114	전남 진도군	산모신생아 건강관리지원 위탁금	37,325	보건소	7	2	7	8	7	5	1	1
6115	전남 진도군	청소년산모 임신출산 의료비 지원 위탁금	1,200	보건소	7	2	7	8	7	5	1	1
6116	전남 진도군	표준모자보건수첩 제작 위탁금	220	보건소	7	2	7	8	7	5	1	4
6117	전남 진도군	영유아 건강검진 위탁금	1,024	보건소	7	2	7	8	7	5	1	1
6118	전남 진도군	저소득층 기저귀 조제분유 지원 위탁금	42,000	보건소	7	2	7	8	7	5	1	1
6119	전남 신안군	청백-e 시스템 운영 유지보수	8,801	기획홍보실	7	7	5	1	7	2	2	2
6120	전남 신안군	지방재정관리시스템 유지보수	29,012	기획홍보실	7	2	5	1	7	2	2	2
6121	전남 신안군	차세대 주민등록시스템 운영비	10,975	민원봉사과	7	2	5	1	7	5	5	2
6122	전남 신안군	지적기준점 현황조사	11,757	민원봉사과	7	5	5	1	7	5	3	4
6123	전남 신안군	국가주소정보시스템 유지관리	17,473	민원봉사과	7	2	4	1	2	2	2	4
6124	전남 신안군	도로명주소 기본도 유지관리	5,530	민원봉사과	7	2	4	1	2	2	2	4
6125	전남 신안군	희망키움통장Ⅰ 근로소득장려금 지원	5,390	주민복지과	7	2	7	8	7	5	1	4
6126	전남 신안군	희망키움통장Ⅱ 근로소득장려금 지원	17,004	주민복지과	7	2	7	8	7	5	1	4
6127	전남 신안군	내일키움통장 내일근로장려금 지원	20,851	주민복지과	7	2	7	8	7	5	1	4
6128	전남 신안군	청년희망키움통장 근로소득장려금 지원	8,633	주민복지과	7	2	7	8	7	5	1	4

순번	시군구	지출명 (사업명)	2021년예산 (단위:천원/1년간)	담당자 (공무원)	민간이전 분류 (지방자치단체 세출예산 집행기준에 의거)	민간이전지출 근거 (지방보조금 관리기준 참고)	입찰방식			운영예산 산정		성과평가 실시여부
				담당부서	1. 민간경상사업보조(307-02) 2. 민간단체 법정운영비보조(307-03) 3. 민간행사사업보조(307-04) 4. 민간위탁금(307-05) 5. 사회복지시설 법정운영비보조(307-10) 6. 민간인위탁교육비(307-12) 7. 공기관등에대한경상적위탁사업비(308-10) 8. 민간자본사업보조,자체재원(402-01) 9. 민간자본사업보조,이전재원(402-02) 10. 민간위탁사업비(402-03) 11. 공기관등에 대한 자본적 대행사업비(403-02)	1. 법률에 규정 2. 국고보조 재원(국가지정) 3. 용도 지정 기부금 4. 조례에 직접규정 5. 지자체가 권장하는 사업을 하는 공공기관 6. 시,도 정책 및 재정사정 7. 기타 8. 해당없음	계약체결방법 (경쟁형태) 1. 일반경쟁 2. 제한경쟁 3. 지명경쟁 4. 수의계약 5. 법정위탁 6. 기타 ( ) 7. 해당없음	계약기간 1. 1년 2. 2년 3. 3년 4. 4년 5. 5년 6. 기타 ( )년 7. 단기계약 (1년미만) 8. 해당없음	낙찰자선정방법 1. 적격심사 2. 협상에의한계약 3. 최저가낙찰제 4. 규격가격분리 5. 2단계 경쟁입찰 6. 기타 ( ) 7. 해당없음	운영예산 산정 1. 내부산정 (지자체 자체적으로 산정) 2. 외부산정 (외부전문기관위탁 산정) 3. 내·외부 모두 산정 4. 산정 無 5. 해당없음	정산방법 1. 내부정산 (지자체 내부적으로 정산) 2. 외부정산 (외부전문기관위탁 정산) 3. 내·외부 모두 산정 4. 정산 無 5. 해당없음	1. 실시 2. 미실시 3. 향후 추진 4. 해당없음
6129	전남 신안군	청년저축계좌 근로장려금 지원	19,771	주민복지과	7	2	7	8	7	5	1	4
6130	전남 신안군	지역사회서비스투자사업	451,161	주민복지과	7	1	5	8	7	5	5	4
6131	전남 신안군	가사간병방문지원사업	215,295	주민복지과	7	1	5	8	7	5	5	4
6132	전남 신안군	장애인의료비 지원	42,318	주민복지과	7	2	5	8	7	5	1	4
6133	전남 신안군	장애인활동지원	1,149,500	주민복지과	7	2	5	8	7	5	1	4
6134	전남 신안군	중증장애인활동보조 가산급여	2,870	주민복지과	7	2	5	8	7	5	1	4
6135	전남 신안군	장애인활동지원 도 추가지원	23,442	주민복지과	7	2	5	8	7	5	1	4
6136	전남 신안군	발달재활서비스 바우처 지원	50,126	주민복지과	7	4	5	8	7	5	1	4
6137	전남 신안군	주간활동서비스지원	177,400	주민복지과	7	2	5	8	7	5	1	4
6138	전남 신안군	방과후돌봄서비스지원	79,925	주민복지과	7	2	5	8	7	5	1	4
6139	전남 신안군	노인맞춤형돌봄서비스지원	1,779,550	주민복지과	7	2	5	8	7	5	1	4
6140	전남 신안군	의료급여수급자 장기요양급여 부담금 지원	1,935,036	주민복지과	7	2	7	8	7	5	5	4
6141	전남 신안군	재가의료급여수급자 장기요양급여 부담금 지원	1,156,846	주민복지과	7	1	7	8	7	5	5	4
6142	전남 신안군	0-2세 보육료	749,692	교육복지과	7	1	7	8	7	5	5	4
6143	전남 신안군	3-5세 누리과정 보육료	403,200	교육복지과	7	2	7	8	7	5	5	4
6144	전남 신안군	학교밖청소년 참여수당	2,520	교육복지과	7	2	7	8	7	5	5	4
6145	전남 신안군	통합문화이용권	195,000	문화관광과	7	5	7	1	7	3	3	1
6146	전남 신안군	표준기록관리시스템 유지관리	40,064	행정지원과	7	5	7	8	7	1	1	1
6147	전남 신안군	공통기반시스템 유지보수	92,725	행정지원과	7	5	5	1	7	2	2	4
6148	전남 신안군	재해복구시스템 유지보수	10,635	행정지원과	7	5	5	1	7	2	2	4
6149	전남 신안군	지방행정통합정보시스템 상담센터 운영 유지보수	6,460	행정지원과	7	5	5	1	7	2	2	4
6150	전남 신안군	온나라시스템 상용S/W 유지보수	6,479	행정지원과	7	5	5	1	7	2	2	4
6151	전남 신안군	온나라서비스데스크 운영지원 유지보수	10,000	행정지원과	7	5	5	1	7	2	2	4
6152	전남 신안군	지방세정보화사업 소요예산 분담금	40,360	세무회계과	7	2	5	1	7	2	2	4
6153	전남 신안군	차세대지방세정보시스템 운영	1,208	세무회계과	7	2	5	1	7	2	2	2
6154	전남 신안군	세외수입 정보화사업 소요예산 분담금	19,204	세무회계과	7	2	5	1	7	2	2	2
6155	전남 신안군	흑산 예리 마을단위 특화개발사업	57,143	도서개발과	7	1	5	6	7	1	1	4
6156	전남 신안군	2020년 어촌뉴딜300 지역역량강화사업	500,000	도서개발과	7	1	5	3	7	1	1	4
6157	전남 신안군	해삼서식기반 조성사업	205,000	해양자원과	7	4	5	1	7	2	3	1
6158	전남 신안군	2021년 스마트공장 보급확산 지원사업	42,000	경제에너지과	7	2	6	1	7	5	5	4
6159	전남 신안군	전남청년마을로프로젝트청년활동가인건비 및 사업주보험료지원	856,800	경제에너지과	7	5	7	8	7	5	2	4
6160	전남 신안군	전남 청년 농수산유통활동가 육성사업	272,869	경제에너지과	7	5	7	8	7	5	2	4
6161	전남 신안군	향토자원활용청년창업지원	67,900	경제에너지과	7	5	7	8	7	5	2	4
6162	전남 신안군	전남형블루이코노미청년인턴사업	27,955	경제에너지과	7	5	7	8	7	5	2	4
6163	전남 신안군	청년 구직활동수당 지원	51,000	경제에너지과	7	5	7	8	7	5	2	4
6164	전남 신안군	택시운행정보관리시스템위탁운영비	713	교통지원과	7	1	5	1	7	2	5	4
6165	전남 신안군	표준모자보건수첩	220	보건소	7	2	7	8	7	5	5	4
6166	전남 신안군	산모신생아건강관리지원사업	35,370	보건소	7	1	7	8	7	5	5	4
6167	전남 신안군	영유아건강검진비	605	보건소	7	1	7	8	7	5	5	4
6168	전남 신안군	기저귀조제분유지원사업	35,000	보건소	7	1	7	8	7	5	5	4
6169	전남 신안군	의료수급권자일반건강검진사업	12,111	보건소	7	1	7	8	7	5	5	4
6170	전남 신안군	암조기검진사업비	132,000	보건소	7	1	7	8	7	5	5	4
6171	전남 신안군	치매치료관리비지원	139,787	보건소	7	2	5	6	6	3	1	4

순번	시군구	지출명 (사업명)	2021년예산 (단위:천원/1년간)	담당자 (공무원)	민간이전 분류 (지방자치단체 세출예산 집행기준에 의거)	민간이전지출 근거 (지방보조금 관리기준 참고)	입찰방식			운영예산 산정		성과평가 실시여부
				담당부서	1. 민간경상사업보조(307-02) 2. 민간단체 법정운영비보조(307-03) 3. 민간행사사업보조(307-04) 4. 민간위탁금(307-05) 5. 사회복지시설 법정운영비보조(307-10) 6. 민간인위탁교육비(307-12) 7. 공기관등에대한경상적위탁사업비(308-10) 8. 민간자본사업보조,자체재원(402-01) 9. 민간자본사업보조,이전재원(402-02) 10. 민간위탁사업비(402-03) 11. 공기관등에 대한 자본적 대행사업비(403-02)	1. 법률에 규정 2. 국고보조 재원(국가지정) 3. 용도 지정 기부금 4. 조례에 직접규정 5. 지자체가 권장하는 사업을 하는 공공기관 6. 시,도 정책 및 재정사정 7. 기타 8. 해당없음	계약체결방법 (경쟁형태) 1. 일반경쟁 2. 제한경쟁 3. 지명경쟁 4. 수의계약 5. 법정위탁 6. 기타 ( ) 7. 해당없음	계약기간 1. 1년 2. 2년 3. 3년 4. 4년 5. 5년 6. 기타 ( )년 7. 단기계약 (1년미만) 8. 해당없음	낙찰자선정방법 1. 적격심사 2. 협상에의한계약 3. 최저가낙찰제 4. 규격가격분리 5. 2단계 경쟁입찰 6. 기타 ( ) 7. 해당없음	운영예산 산정 1. 내부산정 (지자체 자체적으로 산정) 2. 외부산정 (외부전문기관위탁 산정) 3. 내·외부 모두 산정 4. 산정 無 5. 해당없음	정산방법 1. 내부정산 (지자체 내부적으로 정산) 2. 외부정산 (외부전문기관위탁 정산) 3. 내·외부 모두 산정 4. 정산 無 5. 해당없음	1. 실시 2. 미실시 3. 향후 추진 4. 해당없음
6172	전남 신안군	흥도1구 소규모상수도 유지관리 위탁수수료	120,000	상하수도사업소	7	5	6	3	6	1	1	4
6173	제주 서귀포시	도로명주소 기본도 유지관리 사업	19,592	종합민원실	7	1	4	1	1	2	3	1
6174	제주 서귀포시	국가주소정보시스템 유지관리 및 운영지원	17,974	종합민원실	7	1	1	1	2	2	2	1
6175	제주 서귀포시	지적측량기준점 현황조사 위탁관리	21,000	종합민원실	7	1	5	1	7	1	1	4
6176	제주 서귀포시	인사정보시스템 유지보수비	7,713	총무과	7	1	5	1	6	5	1	1
6177	제주 서귀포시	차세대 표준지방인사정보시스템 구축 2차	24,532	총무과	7	1	5	3	6	5	1	1
6178	제주 서귀포시	농촌신활력플러스사업	210,000	마을활력과	7	2	6	8	7	5	5	4
6179	제주 서귀포시	지역단위 농촌관광사업	120,000	마을활력과	7	2	7	3	7	5	5	4
6180	제주 서귀포시	서귀포시민대학 운영	29,000	평생교육지원과	7	4	1	1	2	1	1	4
6181	제주 서귀포시	지방행정통합정보시스템 상담센터 운영	6,460	정보화지원과	7	1	5	1	7	2	2	4
6182	제주 서귀포시	공통기반전산장비 유지관리	87,467	정보화지원과	7	1	5	1	7	2	2	4
6183	제주 서귀포시	시군구 재해복구시스템 유지관리	3,521	정보화지원과	7	1	5	1	7	2	2	4
6184	제주 서귀포시	서귀포 e스포츠 대회 운영	45,000	정보화지원과	7	4	4	1	7	1	1	4
6185	제주 서귀포시	장애인의료비 지원	253,789	노인장애인과	7	2	7	8	7	1	1	4
6186	제주 서귀포시	서귀포시 여성대학 운영	32,500	여성가족과	7	1	7	8	7	5	5	4
6187	제주 서귀포시	영유아(0~2세) 보육료 지원	18,869,230	여성가족과	7	1	7	8	7	5	5	4
6188	제주 서귀포시	누리과정(3~5세)보육료 지원	7,966,080	여성가족과	7	1	7	8	7	5	5	4
6189	제주 서귀포시	시간제보육 이용아동 보육료	40,000	여성가족과	7	1	7	8	7	5	5	4
6190	제주 서귀포시	서귀포시 여성대학 운영	32,500	여성가족과	7	1	7	8	7	5	5	4
6191	제주 서귀포시	영유아(0~2세) 보육료 지원	18,869,230	여성가족과	7	1	7	8	7	5	5	4
6192	제주 서귀포시	누리과정(3~5세)보육료 지원	7,966,080	여성가족과	7	1	7	8	7	5	5	4
6193	제주 서귀포시	시간제보육 이용아동 보육료	40,000	여성가족과	7	1	7	8	7	5	5	4
6194	제주 서귀포시	서귀포 지역관광 활성화 사업	30,000	관광진흥과	7	5	4	1	7	1	1	4
6195	제주 서귀포시	수출기업 농수산식품 영양 성분 분석지원	5,000	경제일자리과	7	1	4	1	7	1	1	4
6196	제주 서귀포시	취약계층 가스안전 타이머콕 설치 지원	30,000	경제일자리과	7	1	6	1	2	2	1	2
6197	제주 서귀포시	농업용 수리시설 사후 위탁관리	180,000	감귤농정과	7	4	5	1	7	1	1	4
6198	제주 서귀포시	서귀포시 시군 역량강화	120,000	해양수산과	7	2	7	8	7	5	5	4
6199	제주 서귀포시	어촌뉴딜300사업 기본설계 및 타당성 조사 용역	70,000	해양수산과	7	4	5	1	7	1	1	4
6200	제주 서귀포시	영천동 농촌중심지 활성화사업	300,000	도시과	7	1	5	5	7	1	1	1
6201	제주 서귀포시	남원읍 농촌중심지 활성화사업	650,000	도시과	7	1	5	5	7	1	1	1
6202	제주 서귀포시	안덕면 농촌중심지 활성화사업	100,000	도시과	7	1	5	5	7	1	1	1
6203	제주 서귀포시	공공산후조리원 운영비 지원	300,000	서귀포보건소	7	4	4	2	6	2	3	3
6204	제주 서귀포시	고혈압당뇨병 등록교육센터 운영비	250,000	서귀포보건소	7	4	4	1	6	1	2	3

배 성기 (裵 成基)

| 약 력 |

現 한국민간위탁경영연구소 소장, 브릿지협동조합 이사장, 사회적 가치 연구소 소장, 공공서비스경영연구소 소장
단국대학교 경영학 박사, 가천대학교 회계학 석사

現 단국대학교 경영학과 외래교수

現 파주시청 민간위탁 운영심의위원, 은평구청 민간위탁 적정성운영위원

現 중랑구의회 의정자문위원, 한국의정연구회 지방의회연구소 초빙교수

現 송파구 민간위탁 운영평가위원, 사회적기업 육성 위원

現 성북구 사회적경제 육성위원, 성북민관협치 운영위원

現 국민권익위원회 부패영향평가 자문위원

現 가천대학교 사회적기업과고용관계연구소 비상임 선임연구원

現 에코아이 지속가능경영연구소 비상임 소장

現 (재)현대산업경제연구원 비상임 연구위원

前 서울시 민간위탁 원가분석 자문위원

前 단국대학교 경제학과 외래교수

| 주요 연구수행실적 |

「정부 및 지자체 등으로부터 위탁받은 사업 매뉴얼 구축 용역」

「2017년 재정사업 성과평가 용역(산림자원육성)」

「농림축산식품 정보화사업 성과관리체계 구축 연구」

「자동차전용도로 효율적 관리를 위한 직무분석 용역」

「산림문화휴양촌 관리운영 방안 수립 연구 용역」

「생활폐기물 수집 · 운반 및 처리시설 민간위탁 타당성 및 운영효율화 방안」

「산업단지 폐수처리시설 민간위탁 타당성 및 운영효율화 방안」

「종합사회복지관 민간위탁 타당성 및 운영효율화 방안」

「장애인복지관 민간위탁 타당성 및 운영효율화 방안」

「노인종합복지관 민간위탁 타당성 및 운영효율화 방안」

「아동 · 청소년시설 민간위탁 타당성 및 운영효율화 방안」

「소각장 민간위탁 타당성 및 운영효율화 방안」

「자동집하시설 민간위탁 타당성 및 운영효율화 방안」

「가로등관리 민간위탁 타당성 및 운영효율화 방안」

「공원관리 민간위탁 타당성 및 운영효율화 방안」

「문화예술체육시설 운영관리 민간위탁 타당성 및 운영효율화 방안」 외 다수

| 주요 저술실적 |

저서 : 지방자치단체 민간위탁 운영관리메뉴얼 Ⅰ, Ⅱ, Ⅲ권, 민간위탁 원가산정, 공공관리와 성과,
민간위탁 조례 및 계약 관리 방안, 하수처리시설 민간위탁 서비스 평가, 공공하수도시설 민간위탁 서비스 경영,
생활폐기물 수집 · 운반 및 처리시설 민간위탁 서비스 경영 등

번역 : OECD 정부기능 및 정부서비스 민간위탁 외 4권

논문 : 민간위탁서비스 핵심운영요인이 운영성과에 미치는 영향에 관한 실증 연구(2014) 등 3개

발표 : 한국생산관리학회, 한국구매조달학회, 한국관광경영학회 등 다수

KCOMI 발간도서 소개

민간위탁 통계

KCOMI 통계 - Ebook

2020 전국 지방자치단체
민·관 협업사무 운영 현황 I

민간경상사업보조(307-02)
민간단체법정운영비보조(307-03)
민간행사사업보조(307-04)

본 도서는 전국 17개 광역자치단체를 포함한 243개 지방자치단체의 2020년 민관 협업사무 운영 현황으로서 국내에서 유일하게 전국 민관 협업사무 운영 현황을 파악할 수 있는 자료이다. 해당 시리즈는 총 3권으로 제작되었다.

배성기 지음
한국민간위탁경영구소
2020 7월 출간

KCOMI 통계 - Ebook

2020 전국 지방자치단체
민·관 협업사무 운영 현황 II

민간위탁금(307-05)
사회복지시설법정운영비보조(307-10)
민간인위탁교육비(307-12)
공기관등에대한경상적대행사업비(308-10)

본 도서는 전국 17개 광역자치단체를 포함한 243개 지방자치단체의 2020년 민관 협업사무 운영 현황으로서 국내에서 유일하게 전국 민관 협업사무 운영 현황을 파악할 수 있는 자료이다. 해당 시리즈는 총 3권으로 제작되었다.

배성기 지음
한국민간위탁경영구소
2020년 7월 출간

KCOMI 통계 - Ebook

2020 전국 지방자치단체
민·관 협업사무 운영 현황 III

민간자본사업보조,자체재원(402-01)
민간자본사업보조,이전재원(402-02)
민간위탁사업비(402-03)
공기관등에대한자본적위탁사업비(403-02)

본 도서는 전국 17개 광역자치단체를 포함한 243개 지방자치단체의 2020년 민관 협업사무 운영 현황으로서 국내에서 유일하게 전국 민관 협업사무 운영 현황을 파악할 수 있는 자료이다. 해당 시리즈는 총 3권으로 제작되었다.

배성기 지음
한국민간위탁경영구소
2020년 7월 출간

KCOMI 통계

2020 전국 지방자치단체
민·관 협업사무 운영 현황 통합본

본 도서는 전국 17개 광역자치단체를 포함한 243개 지방자치단체의 각 분야별 2018년 민관 협업사무 운영 현황으로 하수도시설, 하수슬러지건조화시설, 생활폐기물 수집운반, 생활폐기물 소각시설, 재활용 선별시설, 문화예술, 체육, 관광, 공원, 주차장, 청소년수련시설, 장애인복지시설의 운영 현황을 파악할 수 있는 자료이다.

배성기 지음
한국민간위탁경영구소
2020년 7월 출간

KCOMI 통계 - Ebook

2020 전국 지방자치단체
민·관 협업사무 운영 현황
|하수도시설|

본 도서는 전국 17개 광역자치단체를 포함한 243개 지방자치단체의 하수도시설에 대한 2020년 민관 협업사무 운영 현황을 파악할 수 있는 자료이다.

배성기 지음
한국민간위탁경영구소
2020년 5월 출간

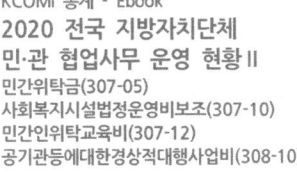

KCOMI 통계 - Ebook

2020 전국 지방자치단체
민·관 협업사무 운영 현황
|하수슬러지건조화시설(소각포함)|

본 도서는 전국 17개 광역자치단체를 포함한 243개 지방자치단체의 하수슬러지건조화시설(소각포함)에 대한 2018년 민관 협업사무 운영 현황을 파악할 수 있는 자료이다.

배성기 지음
한국민간위탁경영구소
2020년 5월 출간

KCOMI 통계 - Ebook

2020 전국 지방자치단체 민·관 협업사무 운영 현황

|생활폐기물 수집운반|

본 도서는 전국 17개 광역자치단체를 포함한 243개 지방자치단체의 생활폐기물 수집운반에 대한 2020년 민관 협업사무 운영 현황을 파악할 수 있는 자료이다.

배성기 지음
한국민간위탁경영구소
2020년 5월 출간

KCOMI 통계 - Ebook

2020 전국 지방자치단체 민·관 협업사무 운영 현황

|재활용 선별시설|

본 도서는 전국 17개 광역자치단체를 포함한 243개 지방자치단체의 재활용 선별시설에 대한 2020년 민관 협업사무 운영 현황을 파악할 수 있는 자료이다.

배성기 지음
한국민간위탁경영구소
2020년 5월 출간

KCOMI 통계 - Ebook

2020 전국 지방자치단체 민·관 협업사무 운영 현황

|관광부문|

본 도서는 전국 17개 광역자치단체를 포함한 243개 지방자치단체의 관광부문에 대한 2020년 민관 협업사무 운영 현황을 파악할 수 있는 자료이다.

배성기 지음
한국민간위탁경영구소
2020년 5월 출간

KCOMI 통계 - Ebook

2020 전국 지방자치단체 민·관 협업사무 운영 현황

|공원부문|

본 도서는 전국 17개 광역자치단체를 포함한 243개 지방자치단체의 공원부문에 대한 2020년 민관 협업사무 운영 현황을 파악할 수 있는 자료이다.

배성기 지음
한국민간위탁경영구소
2020년 5월 출간

KCOMI 통계 - Ebook

2020 전국 지방자치단체 민·관 협업사무 운영 현황

|청소년수련시설|

본 도서는 전국 17개 광역자치단체를 포함한 243개 지방자치단체의 청소년수련시설에 대한 2020년 민관 협업사무 운영 현황을 파악할 수 있는 자료이다.

배성기 지음
한국민간위탁경영구소
2020년 5월 출간

KCOMI 통계 - Ebook

2020 전국 지방자치단체 민·관 협업사무 운영 현황

|생활폐기물 소각시설|

본 도서는 전국 17개 광역자치단체를 포함한 243개 지방자치단체의 생활폐기물 소각시설에 대한 2020년 민관 협업사무 운영 현황을 파악할 수 있는 자료이다.

배성기 지음
한국민간위탁경영구소
2020년 5월 출간

KCOMI 통계 - Ebook

2020 전국 지방자치단체 민·관 협업사무 운영 현황

|문화예술부문|

본 도서는 전국 17개 광역자치단체를 포함한 243개 지방자치단체의 문화예술부문에 대한 2020년 민관 협업사무 운영 현황을 파악할 수 있는 자료이다.

배성기 지음
한국민간위탁경영구소
2020년 5월 출간

KCOMI 통계 - Ebook

2020 전국 지방자치단체 민·관 협업사무 운영 현황

|체육부문|

본 도서는 전국 17개 광역자치단체를 포함한 243개 지방자치단체의 체육부문에 대한 2020년 민관 협업사무 운영 현황을 파악할 수 있는 자료이다.

배성기 지음
한국민간위탁경영구소
2020년 5월 출간

KCOMI 통계 - Ebook

2020 전국 지방자치단체 민·관 협업사무 운영 현황

|주차장시설|

본 도서는 전국 17개 광역자치단체를 포함한 243개 지방자치단체의 체육부문에 대한 2020년 민관 협업사무 운영 현황을 파악할 수 있는 자료이다.

배성기 지음
한국민간위탁경영구소
2020년 5월 출간

KCOMI 통계 - Ebook

2020 전국 지방자치단체 민·관 협업사무 운영 현황

|장애인복지시설|

본 도서는 전국 17개 광역자치단체를 포함한 243개 지방자치단체의 장애인복지시설에 대한 2020년 민관 협업사무 운영 현황을 파악할 수 있는 자료이다.

배성기 지음
한국민간위탁경영구소
2020년 5월 출간

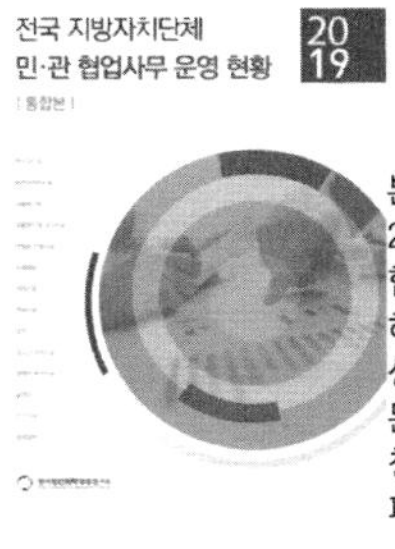

KCOMI 통계

2019 전국 지방자치단체 민·관 협업사무 운영 현황 통합본

본 도서는 전국 17개 광역자치단체를 포함한 245개 지방자치단체의 각 분야별 2019년 민관 협업사무 운영 현황으로 하수도시설, 하수슬러지건조화시설, 생활폐기물 수집운반, 생활폐기물 소각시설, 재활용 선별시설, 문화예술, 체육, 관광, 공원, 주차장, 청소년수련시설, 장애인복지시설의 운영 현황을 파악할 수 있는 자료이다.

배성기 지음
한국민간위탁경영구소
2019년 출간

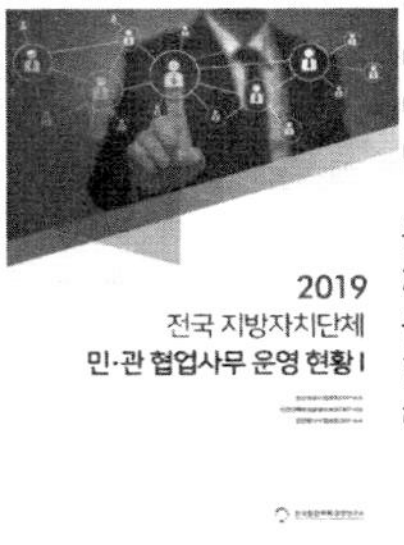

KCOMI 통계

2019 전국 지방자치단체 민·관 협업사무 운영 현황 I

민간경상사업보조(307-02)
민간단체법정운영비보조(307-03)
민간행사사업보조(307-04)

본 도서는 전국 17개 광역자치단체를 포함한 245개 지방자치단체의 2019년 민관 협업사무 운영 현황으로서 국내에서 유일하게 전국 민관 협업사무 운영 현황을 파악할 수 있는 자료이다. 해당 시리즈는 총 3권으로 제작되었다.

배성기 지음
한국민간위탁경영구소
2019년 출간

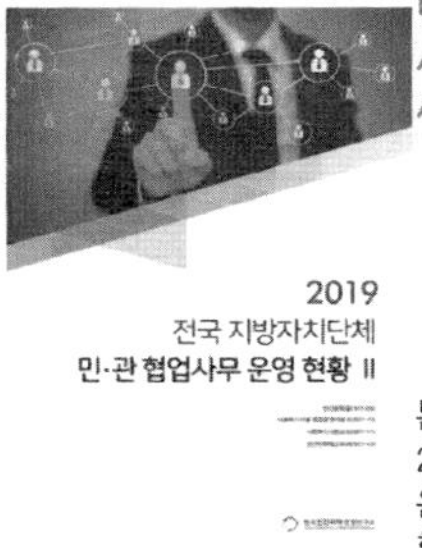

KCOMI 통계

2019 전국 지방자치단체 민·관 협업사무 운영 현황 II

민간위탁금(307-05)
사회복지시설법정운영비보조(307-10)
사회복지사업보조(307-11)

본 도서는 전국 17개 광역자치단체를 포함한 245개 지방자치단체의 2019년 민관 협업사무 운영 현황으로서 국내에서 유일하게 전국 민관 협업사무 운영 현황을 파악할 수 있는 자료이다. 해당 시리즈는 총 3권으로 제작되었다.

배성기 지음
한국민간위탁경영구소
2019년 출간

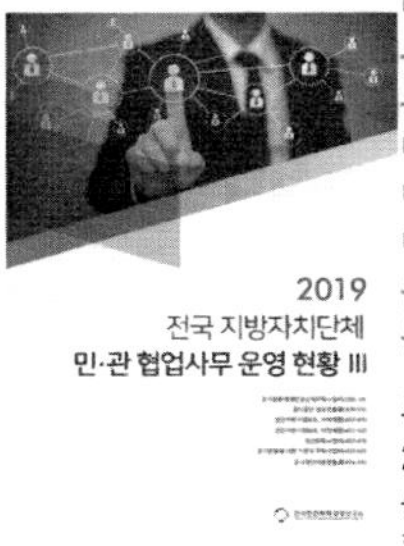

KCOMI 통계

2019 전국 지방자치단체 민·관 협업사무 운영 현황 III

민간인위탁교육비(307-12),
공기관등에대한경상적대행사업비(308-10)
공사공단경상전출금(309-01)
민간자본사업보조,자체재원(402-01)
민간자본사업보조,이전재원(402-02)
민간위탁사업비(402-03)
공기관등에대한자본적위탁사업비(403-02)
공사공단자본전출금(404-01)

본 도서는 전국 17개 광역자치단체를 포함한 245개 지방자치단체의 2019년 민관 협업사무 운영 현황으로서 국내에서 유일하게 전국 민관 협업사무 운영 현황을 파악할 수 있는 자료이다. 해당 시리즈는 총 3권으로 제작되었다.

배성기 지음
한국민간위탁경영구소
2019년 출간

KCOMI 통계 - Ebook

2019 전국 지방자치단체 민·관 협업사무 운영 현황 |하수도시설|

본 도서는 전국 17개 광역자치단체를 포함한 245개 지방자치단체의 하수도시설에 대한 2019년 민관 협업사무 운영 현황을 파악할 수 있는 자료이다.

배성기 지음
한국민간위탁경영구소
2019년 출간

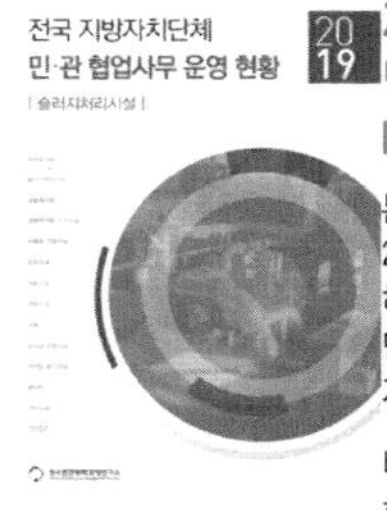

KCOMI 통계 - Ebook

2019 전국 지방자치단체 민·관 협업사무 운영 현황 |슬러지처리시설|

본 도서는 전국 17개 광역자치단체를 포함한 245개 지방자치단체의 하수슬러지건조화시설(소각포함)에 대한 2019년 민관 협업사무 운영 현황을 파악할 수 있는 자료이다.

배성기 지음
한국민간위탁경영구소
2019년 출간

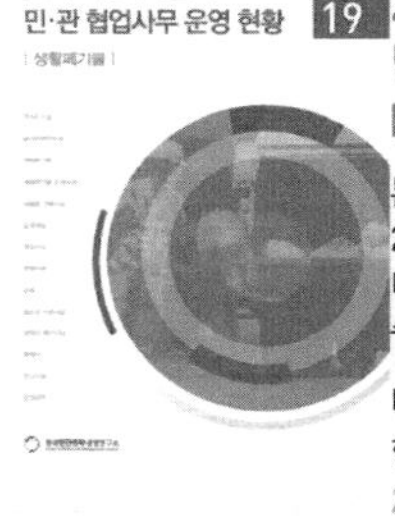

KCOMI 통계 - Ebook

2019 전국 지방자치단체 민·관 협업사무 운영 현황 |생활폐기물 수집운반

본 도서는 전국 17개 광역자치단체를 포함한 245개 지방자치단체의 생활폐기물 수집운반에 대한 2019년 민관 협업사무 운영 현황을 파악할 수 있는 자료이다.

배성기 지음
한국민간위탁경영구소
2019년 출간

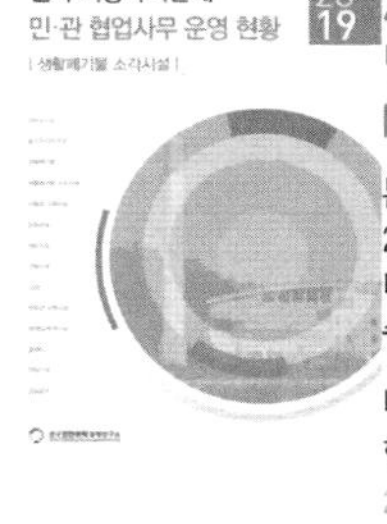

KCOMI 통계 - Ebook

2019 전국 지방자치단체 민·관 협업사무 운영 현황 |생활폐기물 소각시설|

본 도서는 전국 17개 광역자치단체를 포함한 245개 지방자치단체의 생활폐기물 소각시설에 대한 2019년 민관 협업사무 운영 현황을 파악할 수 있는 자료이다.

배성기 지음
한국민간위탁경영구소
2019년 출간

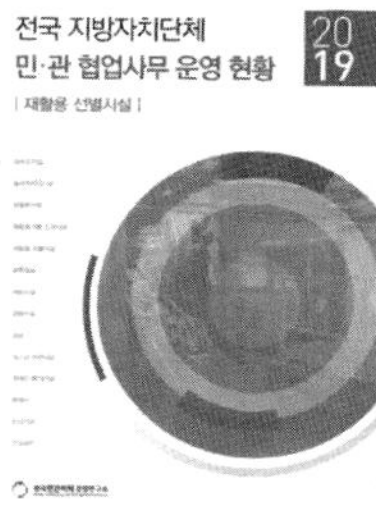

KCOMI 통계 - Ebook

2019 전국 지방자치단체 민·관 협업사무 운영 현황 |재활용 선별시설|

본 도서는 전국 17개 광역자치단체를 포함한 245개 지방자치단체의 재활용 선별시설에 대한 2019년 민관 협업사무 운영 현황을 파악할 수 있는 자료이다.

배성기 지음
한국민간위탁경영구소
2019년 출간

KCOMI 통계 - Ebook

2019 전국 지방자치단체 민·관 협업사무 운영 현황 |관광부문|

본 도서는 전국 17개 광역자치단체를 포함한 245개 지방자치단체의 관광부문에 대한 2019년 민관 협업사무 운영 현황을 파악할 수 있는 자료이다.

배성기 지음
한국민간위탁경영구소
2019년 출간

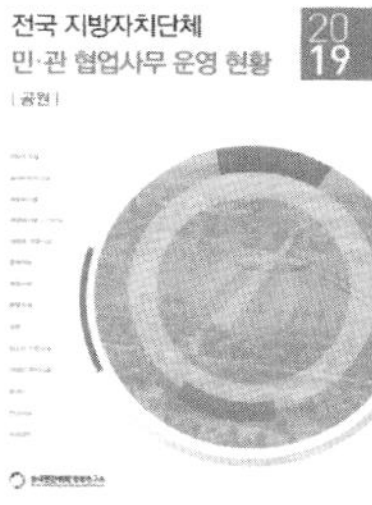

KCOMI 통계 - Ebook

2019 전국 지방자치단체 민·관 협업사무 운영 현황 |공원부문|

본 도서는 전국 17개 광역자치단체를 포함한 245개 지방자치단체의 공원부문에 대한 2019년 민관 협업사무 운영 현황을 파악할 수 있는 자료이다.

배성기 지음
한국민간위탁경영구소
2019년 출간

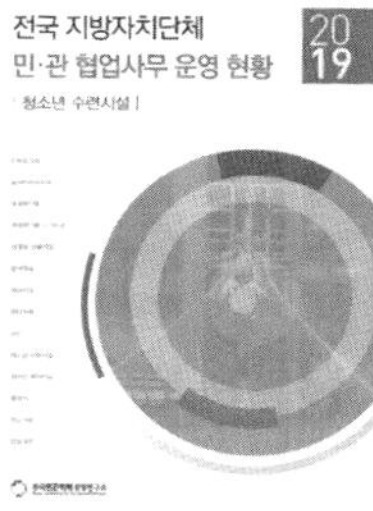

KCOMI 통계 - Ebook

2019 전국 지방자치단체 민·관 협업사무 운영 현황 |청소년수련시설|

본 도서는 전국 17개 광역자치단체를 포함한 245개 지방자치단체의 청소년수련시설에 대한 2019년 민관 협업사무 운영 현황을 파악할 수 있는 자료이다.

배성기 지음
한국민간위탁경영구소
2019년 출간

KCOMI 통계

2019 정보화사업 운영 현황

본 도서는 전국 지방자치단체, 중앙행정기관, 공공기관의 2019년 정보화사업을 대상으로 사업 현황을 분석한 운영 현황 자료이다.

배성기 지음
한국민간위탁경영구소
2019년 8월 출간

KCOMI 통계 - Ebook

2019 전국 지방자치단체 민·관 협업사무 운영 현황 |문화예술부문|

본 도서는 전국 17개 광역자치단체를 포함한 245개 지방자치단체의 문화예술부문에 대한 2019년 민관 협업사무 운영 현황을 파악할 수 있는 자료이다.

배성기 지음
한국민간위탁경영구소
2019년 출간

KCOMI 통계 - Ebook

2019 전국 지방자치단체 민·관 협업사무 운영 현황 |체육부문|

본 도서는 전국 17개 광역자치단체를 포함한 245개 지방자치단체의 체육부문에 대한 2019년 민관 협업사무 운영 현황을 파악할 수 있는 자료이다.

배성기 지음
한국민간위탁경영구소
2019년 출간

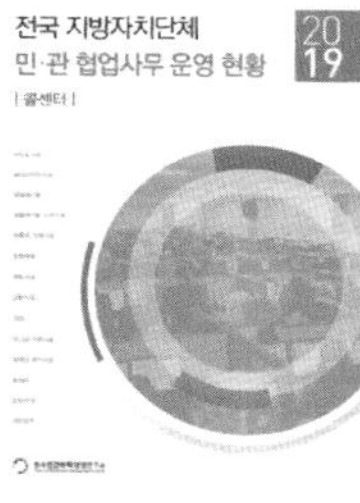

KCOMI 통계 - Ebook

2019 전국 지방자치단체 민·관 협업사무 운영 현황 |콜센터|

본 도서는 전국 17개 광역자치단체를 포함한 245개 지방자치단체의 콜센터 업무에 대한 2019년 민관 협업사무 운영 현황을 파악할 수 있는 자료이다.

배성기 지음
한국민간위탁경영구소
2019년 출간

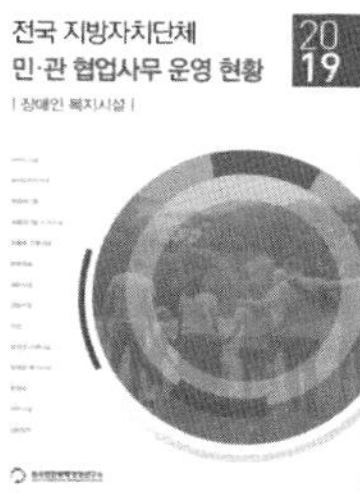

KCOMI 통계 - Ebook

2019 전국 지방자치단체 민·관 협업사무 운영 현황 |장애인복지시설|

본 도서는 전국 17개 광역자치단체를 포함한 245개 지방자치단체의 장애인복지시설에 대한 2019년 민관 협업사무 운영 현황을 파악할 수 있는 자료이다.

배성기 지음
한국민간위탁경영구소
2019년 출간

SVI 통계 - Ebook

2019 공공기관 사회적 가치 구현사업 운영현황 | 통계자료 |

본 도서는 공공기관 사회적 가차 구현사업의 운영 현황에 대한 통계를 파악할 수 있는 자료이다.

배성기 지음
사회적 가치 연구소
2019년 7월 출간

KCOMI 통계

2018 전국 지방자치단체 민·관 협업사무 운영 현황 통합본

본 도서는 전국 17개 광역자치단체를 포함한 243개 지방자치단체의 각 분야별 2018년 민관 협업사무 운영 현황으로 하수도시설, 하수슬러지건조화시설, 생활폐기물 수집운반, 생활폐기물 소각시설, 재활용 선별시설, 문화예술, 체육, 관광, 공원, 주차장, 청소년수련시설, 장애인복지시설의 운영 현황을 파악할 수 있는 자료이다.

배성기 지음
한국민간위탁경영구소
2018년 5월 출간

KCOMI 통계

2018 전국 지방자치단체 민·관 협업사무 운영 현황 I

민간경상사업보조(307-02)
민간단체법정운영비보조(307-03)
민간행사사업보조(307-04)

본 도서는 전국 17개 광역자치단체를 포함한 243개 지방자치단체의 2018년 민관 협업사무 운영 현황으로서 국내에서 유일하게 전국 민관 협업사무 운영 현황을 파악할 수 있는 자료이다. 해당 시리즈는 총 3권으로 제작되었다.

배성기 지음
한국민간위탁경영구소
2018년 5월 출간

KCOMI 통계

2018 전국 지방자치단체 민·관 협업사무 운영 현황 II

민간위탁금(307-05)
사회복지시설법정운영비보조(307-10)
사회복지사업보조(307-11)

본 도서는 전국 17개 광역자치단체를 포함한 243개 지방자치단체의 2018년 민관 협업사무 운영 현황으로서 국내에서 유일하게 전국 민관 협업사무 운영 현황을 파악할 수 있는 자료이다. 해당 시리즈는 총 3권으로 제작되었다.

배성기 지음
한국민간위탁경영구소
2018년 5월 출간

KCOMI 통계

2018 전국 지방자치단체 민·관 협업사무 운영 현황 III

민간인위탁교육비(307-12),
공기관등에대한경상적대행사업비(308-10)
공사공단경상전출금(309-01)
민간자본사업보조,자체재원(402-01)
민간자본사업보조,이전재원(402-02)
민간위탁사업비(402-03)
공기관등에대한자본적위탁사업비(403-02)
공사공단자본전출금(404-01)

본 도서는 전국 17개 광역자치단체를 포함한 243개 지방자치단체의 2018년 민관 협업사무 운영 현황으로서 국내에서 유일하게 전국 민관 협업사무 운영 현황을 파악할 수 있는 자료이다. 해당 시리즈는 총 3권으로 제작되었다.

배성기 지음
한국민간위탁경영구소
2018년 5월 출간

KCOMI 통계 - Ebook

2018 전국 지방자치단체 민·관 협업사무 운영 현황 |하수도시설|

본 도서는 전국 17개 광역자치단체를 포함한 243개 지방자치단체의 하수도시설에 대한 2018년 민관 협업사무 운영 현황을 파악할 수 있는 자료이다.

배성기 지음
한국민간위탁경영구소
2018년 5월 출간

KCOMI 통계 - Ebook

2018 전국 지방자치단체 민·관 협업사무 운영 현황 |하수슬러지건조화시설(소각포함)|

본 도서는 전국 17개 광역자치단체를 포함한 243개 지방자치단체의 하수슬러지건조화시설(소각포함)에 대한 2018년 민관 협업사무 운영 현황을 파악할 수 있는 자료이다.

배성기 지음
한국민간위탁경영구소
2018년 5월 출간

KCOMI 통계 - Ebook

2018 전국 지방자치단체 민·관 협업사무 운영 현황 |생활폐기물 수집운반|

본 도서는 전국 17개 광역자치단체를 포함한 243개 지방자치단체의 생활폐기물 수집운반에 대한 2018년 민관 협업사무 운영 현황을 파악할 수 있는 자료이다.

배성기 지음
한국민간위탁경영구소
2018년 5월 출간

KCOMI 통계 - Ebook

2018 전국 지방자치단체 민·관 협업사무 운영 현황 |생활폐기물 소각시설|

본 도서는 전국 17개 광역자치단체를 포함한 243개 지방자치단체의 생활폐기물 소각시설에 대한 2018년 민관 협업사무 운영 현황을 파악할 수 있는 자료이다.

배성기 지음
한국민간위탁경영구소
2018년 5월 출간

KCOMI 통계 - Ebook

2018 전국 지방자치단체 민·관 협업사무 운영 현황 |재활용 선별시설|

본 도서는 전국 17개 광역자치단체를 포함한 243개 지방자치단체의 재활용 선별시설에 대한 2018년 민관 협업사무 운영 현황을 파악할 수 있는 자료이다.

배성기 지음
한국민간위탁경영구소
2018년 5월 출간

KCOMI 통계 - Ebook

2018 전국 지방자치단체 민·관 협업사무 운영 현황 |관광부문|

본 도서는 전국 17개 광역자치단체를 포함한 243개 지방자치단체의 관광부문에 대한 2018년 민관 협업사무 운영 현황을 파악할 수 있는 자료이다.

배성기 지음
한국민간위탁경영구소
2018년 5월 출간

KCOMI 통계 - Ebook

2018 전국 지방자치단체 민·관 협업사무 운영 현황 |공원부문|

본 도서는 전국 17개 광역자치단체를 포함한 243개 지방자치단체의 공원부문에 대한 2018년 민관 협업사무 운영 현황을 파악할 수 있는 자료이다.

배성기 지음
한국민간위탁경영구소
2018년 5월 출간

KCOMI 통계 - Ebook

2018 전국 지방자치단체 민·관 협업사무 운영 현황 |청소년수련시설|

본 도서는 전국 17개 광역자치단체를 포함한 243개 지방자치단체의 청소년수련시설에 대한 2018년 민관 협업사무 운영 현황을 파악할 수 있는 자료이다.

배성기 지음
한국민간위탁경영구소
2018년 5월 출간

KCOMI 통계

2018 정보화사업 운영 현황

본 도서는 전국 지방자치단체, 중앙행정기관, 공공기관의 2018년 정보화사업을 대상으로 사업 현황을 분석한 운영 현황 자료이다.

배성기 지음
한국민간위탁경영구소
2018년 8월 출간

KCOMI 통계 - Ebook

2018 전국 지방자치단체 민·관 협업사무 운영 현황 |문화예술부문|

본 도서는 전국 17개 광역자치단체를 포함한 243개 지방자치단체의 문화예술부문에 대한 2018년 민관 협업사무 운영 현황을 파악할 수 있는 자료이다.

배성기 지음
한국민간위탁경영구소
2018년 5월 출간

KCOMI 통계 - Ebook

2018 전국 지방자치단체 민·관 협업사무 운영 현황 |체육부문|

본 도서는 전국 17개 광역자치단체를 포함한 243개 지방자치단체의 체육부문에 대한 2018년 민관 협업사무 운영 현황을 파악할 수 있는 자료이다.

배성기 지음
한국민간위탁경영구소
2018년 5월 출간

KCOMI 통계 - Ebook

2018 전국 지방자치단체 민·관 협업사무 운영 현황 |주차장시설|

본 도서는 전국 17개 광역자치단체를 포함한 243개 지방자치단체의 체육부문에 대한 2018년 민관 협업사무 운영 현황을 파악할 수 있는 자료이다.

배성기 지음
한국민간위탁경영구소
2018년 5월 출간

KCOMI 통계 - Ebook

2018 전국 지방자치단체 민·관 협업사무 운영 현황 |장애인복지시설|

본 도서는 전국 17개 광역자치단체를 포함한 243개 지방자치단체의 장애인복지시설에 대한 2018년 민관 협업사무 운영 현황을 파악할 수 있는 자료이다.

배성기 지음
한국민간위탁경영구소
2018년 5월 출간

KCOMI 통계

2018 중앙행정기관 및 그 소속기관 행정사무 민간이전 운영현황

본 도서는 전국 342개 중앙행정기관을 대상으로 2018년 민간이전 사업 현황을 분석한 자료로서 국내에서 유일하게 민간위탁 현황을 분석하여, 전국 민간위탁 사무의 관리 현황을 제시하고 있다.

배성기 지음
한국민간위탁경영구소
출간예정

KCOMI 통계

2017 전국 지자체 민관협업사무 운영현황 0. 총괄

전국 지자체 민간위탁 사무의 집대성!
본 도서는 전국 243개 지방자치단체의 2017년 민간위탁 사업 현황을 분석한 통계 자료로서 국내에서 유일하게 민간위탁 현황을 분석하여, 전국 민간위탁 사무의 관리 현황을 제시하고 있다.

배성기 지음
한국민간위탁경영구소 / 16,000원
2017년 출간

KCOMI 통계

2017 중앙행정기관 및 그 소속기관 민간이전 운영현황

본 도서는 전국 342개 중앙행정기관 및 그 소속기관 전부를 대상으로 2017년 민간위탁 사업 현황을 분석한 통계 자료로서 국내에서 유일하게 민간위탁 현황을 분석하여, 전국 민간위탁 사무의 관리 현황을 제시하고 있다.

배성기 지음
한국민간위탁경영구소 / 8,000원
2017년 출간

KCOMI 통계

2017 전국 민간위탁 현황분석

민간경상사업보조사무(307-02)
민간단체법정운영비보조사무(307-03)

전국 지자체 민간위탁 사무의 집대성!
본 도서는 전국 243개 지방자치단체의 2017년 민간위탁 사업 현황을 분석한 통계 자료로서 국내에서 유일하게 민간위탁 현황을 분석하여, 전국 민간위탁 사무의 관리 현황을 제시하고 있다.

배성기 지음
한국민간위탁경영구소 / 28,000원
2017년 4월 출간

KCOMI 통계

2017 전국 민간위탁 현황분석

민간행사사업보조(307-04)
민간위탁금사무(307-05)
사회복지시설법정운영비보조사무(307-10)

전국 지자체 민간위탁 사무의 집대성!
본 도서는 전국 243개 지방자치단체의 2017년 민간위탁 사업 현황을 분석한 통계 자료로서 국내에서 유일하게 민간위탁 현황을 분석하여, 전국 민간위탁 사무의 관리 현황을 제시하고 있다.

배성기 지음
한국민간위탁경영구소 / 28,000원
2017년 4월 출간

KCOMI 통계

2017 전국 민간위탁 현황분석

사회복지사업보조사무(307-11)
공공기관등에대한경상적대행사업비(308-10)
민간자본사업보조사무(402-01)
민간대행사업비사무(402-02)

전국 지자체 민간위탁 사무의 집대성!
본 도서는 전국 243개 지방자치단체의 2017년 민간위탁 사업 현황을 분석한 통계 자료로서 국내에서 유일하게 민간위탁 현황을 분석하여, 전국 민간위탁 사무의 관리 현황을 제시하고 있다.

배성기 지음
한국민간위탁경영구소 / 28,000원
2017년 4월 출간

2016 전국 지방자치단체

민·관 협업사무 운영 현황 분석 I

민간경상사업보조사무(307-02)

전국 지방자치단체 민·관 협업사무의 집대성! 본 도서는 전국 17개 광역자치단체를 포함한 243개 지방자치단체의 2016년 민·관 협업사무 현황을 분석한 자료로서 국내에서 유일하게 민·관 협업사무 현황을 분석하여, 전국 민·관 협업사무의 관리 현황을 제시하고 있다.

배성기 지음
한국민간위탁경영구소 / 564페이지 / 30,000원
2016년 11월 출간

2016 전국 지방자치단체

민·관 협업사무 운영 현황 분석 II

민간단체법정운영비보조사무(307-03)
민간행사사업보조(307-04)

전국 지방자치단체 민·관 협업사무의 집대성! 본 도서는 전국 17개 광역자치단체를 포함한 243개 지방자치단체의 2016년 민·관 협업사무 현황을 분석한 자료로서 국내에서 유일하게 민·관 협업사무 현황을 분석하여, 전국 민·관 협업사무의 관리 현황을 제시하고 있다.

배성기 지음
한국민간위탁경영구소 / 302페이지 / 20,000원
2016년 11월 출간

2016 전국 지방자치단체

민·관 협업사무 운영 현황 분석 III

민간위탁금사무(307-05)
사회복지시설법정운영비보조사무(307-10)

전국 지방자치단체 민·관 협업사무의 집대성! 본 도서는 전국 17개 광역자치단체를 포함한 243개 지방자치단체의 2016년 민·관 협업사무 현황을 분석한 자료로서 국내에서 유일하게 민·관 협업사무 현황을 분석하여, 전국 민·관 협업사무의 관리 현황을 제시하고 있다.

배성기 지음
한국민간위탁경영구소 / 402페이지 / 24,000원
2016년 11월 출간

2016 전국 지방자치단체

민·관 협업사무 운영 현황 분석 IV

사회복지사업보조사무(307-11)
민간자본사업보조사무(402-01)
민간대행사업비사무(402-02)

전국 지방자치단체 민·관 협업사무의 집대성! 본 도서는 전국 17개 광역자치단체를 포함한 243개 지방자치단체의 2016년 민·관 협업사무 현황을 분석한 자료로서 국내에서 유일하게 민·관 협업사무 현황을 분석하여, 전국 민·관 협업사무의 관리 현황을 제시하고 있다.

배성기 지음
한국민간위탁경영구소 / 628페이지 / 33,000원
2016년 11월 출간

KCOMI 통계

2016 전국 민간위탁 현황분석

전국 지자체 민간위탁 사무의 집대성! 본 도서는 전국 17개 광역자치단체를 포함한 243개 지방자치단체의 2016년 민간위탁 사업 현황을 분석한 통계 자료로서 국내에서 유일하게 민간위탁 현황을 분석하여, 전국 민간위탁 사무의 관리 현황을 제시하고 있다.

배성기 지음
한국민간위탁경영구소 / 355페이지 / 15,000원
2016년 10월 출간

KCOMI 통계

2015 전국 민간위탁 현황분석

전국 지자체 민간위탁 사무의 집대성! 본 도서는 전국 17개 광역자치단체를 포함한 243개 지방자치단체의 2015년 민간위탁 사업 현황을 분석한 통계 자료로서 국내에서 유일하게 민간위탁 현황을 분석하여, 전국 민간위탁 사무의 관리 현황을 제시하고 있다.

배성기 지음
한국민간위탁경영구소 / 352페이지 / 15,000원
2015년 8월 출간

KCOMI 통계

2014 민간위탁 현황분석 I 전국지방자치단체

전국 지자체 민간위탁 사무의 집대성! 본 도서는 전국 17개 광역자치단체를 포함한 242개 지방자치단체 민간위탁 현황을 분석한 통계 자료로서 국내에서 유일하게 민간위탁 현황을 분석하여, 전국 민간위탁 사무의 관리 현황을 제시하고 있다.

배성기 지음
한국민간위탁경영구소 / 352페이지 / 15,000원
2014년 9월 출간

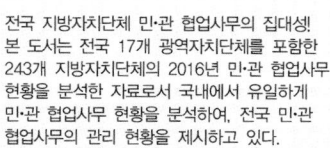

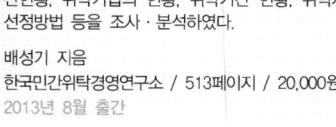

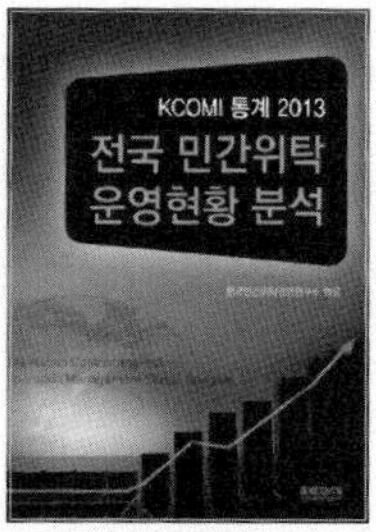

KCOMI 통계

2013 전국 민간위탁 운영현황 분석

본 도서는 민간위탁 본연의 목적과 기능을 유지하기 위해 발주처에서는 선택의 폭을 넓히고, 위탁기업들은 건전한 경쟁관계를 유도하기 위하여 전국 246개 지자체별 민간위탁 사무현황, 위탁예산현황, 위탁기업의 현황, 위탁기간 현황, 위탁자 선정방법 등을 조사 · 분석하였다.

배성기 지음
한국민간위탁경영연구소 / 513페이지 / 20,000원
2013년 8월 출간

민간위탁 운영 관리 매뉴얼

지방자치단체사무의 민간위탁서비스
운영관리매뉴얼 I

민간위탁조례 및 계약관리방안

민간위탁 성패의 키는 계약관리이다.
본 도서는 민간위탁 서비스를 공급함에 있어 사회적 문제와 이슈를 관리 할 수 있는 체계적인 조례 제정 및 계약관리방법론을 제시하고 있다.

배성기 지음
한국민간위탁경영구소 / 450페이지 / 40,000원
2012년 8월 출간

지방자치단체사무의 민간위탁서비스
운영관리매뉴얼 II

민간위탁 운영관리비용 산정

효율적인 서비스 제공을 위한 원가산정방법론 제시 민간위탁서비스의 대시민 만족도를 높이기 위한 시작은 적정한 비용산정과 지급에서 시작된다. 이를 위해 본 도서에서는 세부적인 원가산정방법과 산정예시를 들어 설명하고 있다.

배성기 지음
한국민간위탁경영구소 / 409페이지 / 40,000원
2012년 8월 출간

지방자치단체사무의 민간위탁서비스
운영관리매뉴얼 III

민간위탁 서비스 평가

평가 없는 성장 없다.
본 도서에서는 민간위탁 서비스의 지속적인 성장 경영을 위한 경영학적 관리지표개발 및 서비스평가방안을 제시하고 있다.

배성기 지음
한국민간위탁경영구소 / 407페이지 / 40,000원
2012년 8월 출간

지방자치단체 민간투자사업 매뉴얼

지방자치단체 공무원들이 민간투자사업 정책 수립을 위한 전반적인 내용을 포괄적으로 다루어, 실무에 직접 적용할 수 있도록 방향을 제시하고 있다.

배성기 지음
한국민간위탁경영구소 / 247페이지 / 25,000원
2015년 9월 출간

민간위탁 서비스 경영

공공하수도시설 민간위탁 서비스경영

환경부통계를 기준으로 전국 공공하수처리시설 중 민간위탁으로 운영되는 시설은 318개소, 운영비는 5,000억 원, 운영인원은 3,642명이다. 민간위탁서비스의 질을 높이기 위해서는 시설관리만이 아닌 경영학적 기법이 도입된 체계적인 관리가 필요하다. 이를 위해서 본 도서에서는 공공하수도시설 민간위탁 서비스 경영을 위한 다양한 방안을 제시하고 있다.

배성기 · 안영진 · 박철휘 · 박종운 지음
한국민간위탁경영연구소 / 530페이지 / 40,000원
2012년 4월 출간

공공체육시설 민간위탁 서비스경영

전국 공공체육시설수는 15,137개소로 지속적으로 증가하고 있으며, 국민이 영위하고자 하는 공공체육서비스의 수준도 날로 증가 하고 있다. 이에 민간위탁으로 운영중인 공공체육시설의 서비스 수준의 향상을 위하여 본 도서에서는 공공체육시설 민간위탁 서비스 경영을 위한 다양한 방안을 제시하고 있다.

배성기 · 김영철 지음
한국민간위탁경영연구소 / 500페이지 / 40,000원
출간예정

관광시설 민간위탁 서비스경영

관광시설은 관광을 위한 편익을 제공하는 시설로서 숙박, 교통, 휴식시설 등을 통해 지역경제 활성화에 도움을 주고 있다. 이중 민간위탁으로 운영중인 관광시설을 대상으로 본 도서에서는 관광시설 민간위탁 서비스 경영을 위한 다양한 방안을 제시하고 있다.

배성기 · 김상원 · 김혜진 지음
한국민간위탁경영연구소 / 500페이지 / 40,000원
2015년 9월 출간

생활폐기물 수집· 민간위탁 서비스경영

우리나라 일일 발생 생활폐기물량은 5만톤 수준으로 지자체에서는 소각, 매립, 재활용 등의 처리를 민간위탁을 통해 수행하고 있다. 본 도서는 민간위탁을 통해 생활폐기물을 처리하고 있는 지자체를 대상으로 효율적·효과적 관리기법을 제시하고 있다.

배성기 지음
한국민간위탁경영연구소 / 500페이지 / 40,000원
2012년 4월 출간

정부원가계산

공기업·준 정부기관·기타 공공기관
정부원가계산의 이론과 실제

공공감사법 적용대상기관인 중앙 41개 기관, 공공 272개 기관의 정부예산 지출시 합리적인 예산지출 및 효과성을 높이기 위해 본 도서는 정부원가계산의 올바른 방법을 이론과 사례를 기준으로 제시하고자 하였다.

배성기 지음

한국민간위탁경영연구소/400페이지/35,000원

2012년 8월 출간

사회적 기업 및 비영리 법인

사회적기업 및 비영리법인의
공공부문 계약 입찰

국가 공공서비스가 좀 더 선진 화 되기 위해서는 많은 사회적기업 및 비영리법인이 공공서비스 분야의 입찰 참가를 해야 한다. 정부와 동격의 파트너십을 통해 국민 모두를 파트너십의 수혜자로 만들기 위해 친절하고 자세하게 계약 참여 안내를 하고 있다.

배성기 옮김

한국민간위탁경영연구소 · scotland.gov.uk
/250페이지/30,000원

2012년 8월 출간

기타 민간위탁 분야 도서

공공하수처리시설 민간위탁 서비스평가

평가없는 성장 없다.
본 도서는 현행 공공하수처리시설 민간위탁 평가에 대한 법적 근거 및 제도에 대한 고찰을 통하여 보다 합리적인 민간위탁 서비스 평가 방안을 제시하고 있다.

배성기 · 안영진 · 박철휘 · 박종운 지음
한국민간위탁경영연구소 / 316페이지 / 25,000원
2011년 12월 출간

큰 사회(BIG Society)

영국 캐머론 총리의 큰 사회는 공공서비스 향상을 추구하며, 개념적으로는 국가를 반대하지 않으며 다양한 증거를 바탕으로 영국 사회를 지원하고 사회적 욕구를 충족시키는 현재 국가의 능력에 대해 깊이 있게 고민한다. 이는 우리나라에도 시사하는 바가 크므로 소개하고자 하였다.

배성기 · 이화진 · 김태현 · 남효응 옮김
나남출판사 · UBP / 165페이지 / 15,000원
출간 예정

공공관리 번역 도서

분쟁 후 취약한 상황에서의 정부기능 및 정부서비스 민간위탁

본 역서는 원조의 비효율적, 비효과적 집행을 방지하고, 수원국의 역량개발에 도움을 줄 수 있는 방안을 도모하여 현장실무자들과 정부의 정책입안자들과 협력하기 위한 안내서의 역할을 해 줄 것이다. 또한 선진국의 민간위탁제도 운영방법론은 국내에서 좋은 시사점을 제공하고 있다.

배성기 옮김

한국민간위탁경영연구소 · OECD / 165페이지 / 25,000원

2011년 11월 출간

지방정부 서비스계약 (Local Government Contract)

공공을 위한 최선의 거래를 추구하는데 있어서 책임성과 유연성, 공익성과 경제성 등을 최적으로 조합하는 것은 현대 서비스 계약업무의 핵심이다. 본 역서는 그 조합방식을 유용하게 제안하고 있다.

배성기 옮김

한국민간위탁경영연구소 · ICMA / 200페이지 / 30,000원

출간 예정

정부계약자들을 위한 가격책정 및 원가계산 (Pricing and Cost Accounting)

정부와 계약기간 중 요구사항을 준수하고, 이윤을 유지하기 위한 협상방법을 수록하고 있다. 입찰에 대한 변경 요구 사항은 가격책정, 원가계산, 하도급, 계약변경을 수반하며 이에 대한 정보를 제공하고 있다.

배성기 옮김

한국민간위탁경영연구소 · MC / 220페이지 / 25,000원

출간예정

서비스 수준관리 (Service Level Management)

서비스 수준관리(SLM)는 서비스 업무범위를 정의하여 서비스제공에 따른 업무목표, 해당부서 및 책임부서를 기술하고 고객과 서비스 공급업체의 업무분담을 명확히 하여 서비스 공급업체와 고객 양측 모두의 기대와 목적을 충족시키기 위한 내용을 기술하고 있다.

배성기 옮김

한국민간위탁경영연구소 · TAS / 240페이지 / 25,000원

출간 예정

공공관리와 성과 (Public Management and Performance)

공공서비스 성과가 뜻하는 바가 무엇이고, 이와 관련한 연구의 주요 성과는 무엇인가? 왜 관리가 중요한가? 연구자, 정책결정자, 실무자들에게 주는 함의는 무엇이며, 향후 과제는 무엇인가? 에 대해 저자들은 이야기 하고 있다.

배성기 · 김윤경 · 김영철 옮김

한국민간위탁경영연구소 · 캠브리지대학출판사 / 200페이지 / 35,000원

2012년 8월 출간

사회기반시설 자산관리 (Infrastructure Asset Management)

자산관리의 목표, 서비스 제공능력과 자산상태의 구체적 목표를 검토하고, 자산관리 활동을 최적화 · 체계화하기 위해 현재의 서비스 제공능력과 자산상태(condition)를 비교한다. 또 최적의 의사결정을 위해 필요한 재정적 고려사항에 대해서도 요약하고 있다.

유인균 · 박미연 · 배성기 옮김

한국민간위탁경영연구소 · CIRIA / 200페이지 / 35,000원

2012년 8월 출간

지방지치단체 사회적가치구현을 위한 공공조달프레임워크

영국의 중앙 및 지방정부기관들은 최저가 대신 사회적 가치를 고려해 최고가치(Best Value)를 지닌 쪽을 선택하도록 규정과 지침을 만들어 공공조달에 적용하고 있다.

이에, 영국의 사회적 가치 구현을 위한 조달규정 및 지침관련 사례를 발굴하여 국내에 홍보·전파하고자 출간하게 되었다.

배성기

브릿지협동조합 / 170페이지 / 25,000원

2016년 4월 출간

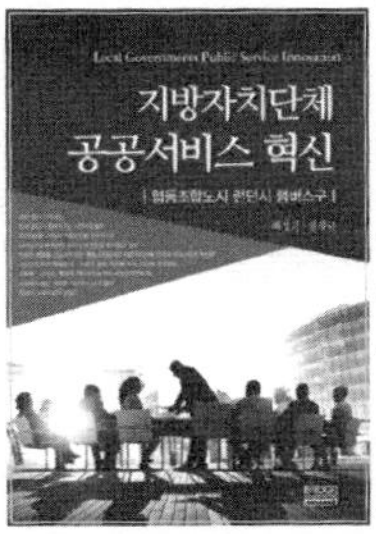

지방자치단체 공공서비스 혁신

협동조합도시 런던시 램버스구

영국 런던시 램버스구, 협동조합방식의 지방자치단체 경영과 공공서비스 혁신을 가능하게 하는 영국의 법·제도적 환경, 지자체조례, 지자체 경영원칙, 사회적 · 경제적 · 환경적 가치구현을 위한 목표달성전략 및 프로세스등을 자세히 소개하고 있다.

배성기 지음

브릿지협동조합 / 184페이지/ 25,000원

2016년 5월 출간

출간 예정 도서

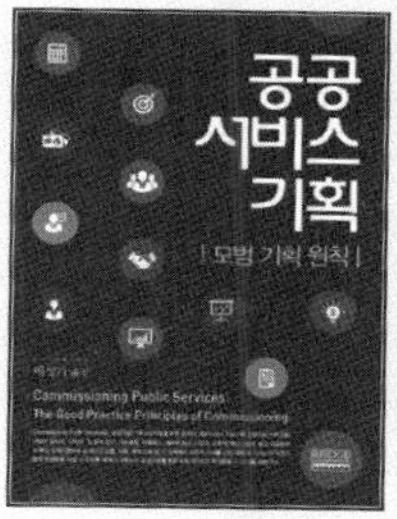

공공서비스 기획 |모범 기획 원칙|

Commissioning Public Services는 공공조달 기획담당자들을 위한 영국의 공공서비스 조달 기획 안내서로 지역고용, 양질의 일자리, 사회권·노동권 준수, 사회통합, 차별해소, 재분배 효과, 기업의 사회적 책임 이행도 등이 조달원칙의 핵심 고려사항으로 설계되고 입찰, 낙찰, 계약 이행 등 각 단계에서 사회적 가치를 가진 재화 및 서비스가 자연스럽게 경쟁력을 가질 수 있도록 체계가 구축되어 공공구매를 통한 사회적가치가 최대화될 수 있기를 바랍니다.

배성기 옮김

한국민간위탁경영연구소

2018년 5월 출간

공동체 편익 증대를 위한 안내서

장기간 경기침체와 부의 불평등 심화 그리고 인구의 수도권 집중은 취약계층에게 여러 가지 부담을 안겨 주었고, 그 중 인간으로서 가장기본적인 살 공간과 관련된 주거문제에 직면하게 하였습니다. Community Benefit Clause Guidance Manual은 영국의 사회임대주택사업자가 주택의 운영 및 관리 서비스 조달 시 서비스 공급자로 하여금 지역공동체 편익을 구현하도록 계약조항으로 수립하는 방법을 설명한안내서입니다.

배성기 옮김

한국민간위탁경영연구소

2018년 5월 출간

민·관 파트너십 구성 및 운영을 위한 안내서

공공사회파트너십은 공공기관이 사회적경제조직들로부터 재화 및 서비스를 단순히 구매한다는 차원을 넘어 공공기관이 주도하는 공공부문과 사회적경제조직들로 구성된 사회적경제부문이 함께 공공서비스를 설계하고 생산하는 것을 핵심으로 하는 개념입니다. Public Social Partnerships은 공공부문과 사회적경제조직이 공동으로 참여하는 공공서비스에 대한 새로운 접근방법을 묘사하고 있습니다.

배성기 옮김

한국민간위탁경영연구소

2018년 5월 출간

사회적 가치 구현을 위한 안내서

사회적기업 육성 예산은 일자리창출 예산의 의미를 부여받고 있으며, 일자리 창출 엔진이라는 꼬리표가 사회적기업의 지원 예산을 확보하는데는 유용했으나 사회적기업의 정상적인 발전을 가로막는 부작용을 낳고 있는 것 또한 사실입니다. 따라서 사회적기업 육성예산은 이 사회적 부가가치(social added value) 창출의 엔진을 육성한다는 본래의 의미를 부여 받아야 할 필요성이 있습니다.

배성기 옮김

한국민간위탁경영연구소

2018년 5월 출간

사회적기업을 위한 사업기획 안내서

이 안내서는 영국의 사회적경제 전문기관인 FSD(Fourth Sector Development)가 사회적기업 창업을 고려하거나 성장을 도모하는 이들을 위해 개발한 7단계 전략에 기초하여 급변하는 사회경제적 환경에서 사회적경제 활동가들에게 사회적기업을 위한 사업계획을 사례와 함께 단계별로 설명하여 시간과 비용을 절감하고, 합리적 투자를 유도하여 사회적경제부문의 경쟁력 강화를 지원하고자 합니다.

배성기 옮김

한국민간위탁경영연구소

2018년 5월 출간

사회투자성과 개발 안내서

SROI는 2000년대 들어 미국의 비영리재단 REDF가 제안한 개념으로, 사회적기업이나 비영리 조직이 생산한 사회적 가치와 경제적 가치를 통합해 정량적으로 측정하는 방법론이며, 주관적인 판단이 개입하기 쉬운 사회적 가치를 화폐가치로 객관화했습니다. 한편, 사회적기업에 관해 오랜 전통을 갖고 있는 영국에서는 SROI가 제안되기 이전부터 다양한 방식으로 사회적기업의 비재무적 성과를 측정하기 위한 방법론이 모색되었습니다.

배성기 옮김

한국민간위탁경영연구소

2018년 5월 출간

협업기획 - 공공서비스 기획에 대한 새로운 사고

Collaborative Commissioning은 협업을 통한 공공서비스 기획과 관련된 영국사례로 사회적 가치 창출을 주된 목적으로 하는 사회적경제조직과 사회책임경영(CSR)기업 등이 공공시장에서 영리지향적 기업보다 경쟁 우위에 설 수 있도록 유도하고, 약 100조원이 넘는 공공조달시장의 상당 비율을 사회적경제에 친화적인 공공시장으로 전환될 수 있는 토대가 마련되는 계기가 되길 바랍니다.

배성기 옮김

한국민간위탁경영연구소

2018년 5월 출간

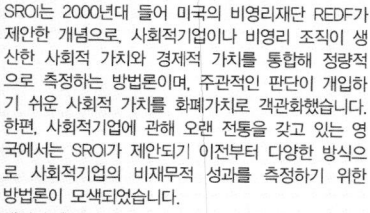

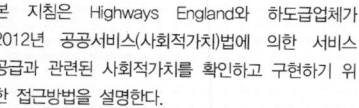

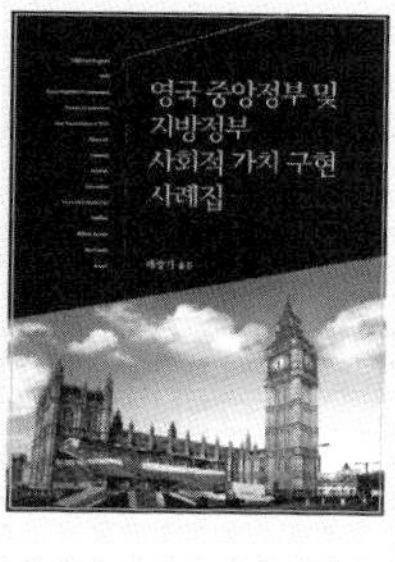

영국 중앙정부 및 지방정부 사회적 가치 구현 사례집

본 지침은 Highways England와 하도급업체가 2012년 공공서비스(사회적가치)법에 의한 서비스 공급과 관련된 사회적가치를 확인하고 구현하기 위한 접근방법을 설명한다.

배성기 옮김

한국민간위탁경영연구소

2018년 5월 출간

2021 전국 지방자치단체
민·관 협업사무 운영 현황 II

민간위탁금(307-05)
사회복지시설 법정운영비보조(307-10)
민간인위탁교육비(307-12)
공기관등에 대한 경상적대행사업비(308-10)

초판인쇄 | 2021년 3월 13일
초판발행 | 2021년 3월 13일
발 행 인 | 배 성기
엮 은 곳 | 한국민간위탁경영연구소
편 집 인 | 큰날개 홍 원기 선임연구원
펴 낸 곳 | 큰날개 출판사업부
서울시 성북구 종암로 167, 101-2001
전 화 | 02) 943-1947
팩 스 | 02) 943-1948
홈페이지 | https://bigwing.modoo.at
출판등록 | 제 307-2012-46 호
가 격 | 30,000원

MEMO.

MEMO.

한국민간위탁경영연구소
Korea Contracting-out Management Institute

한국민간위탁경영연구소는 공공서비스 관리 혁신을 통해
더 나은 정부, 더 나은 사회, 더 많은 사업기회를 만들어 갑니다.

T. 02-943-1941 F. 02-943-1948 E. kcomi@kcomi.re.kr H. www.kcomi.re.kr